W0381514

LIVRES *au format* DE POCHE

Édition 2001

ELECTRE
35, rue Grégoire-de-Tours - 75006 - Paris

MODE D'EMPLOI

Ce répertoire 2001 recense les *livres au format de poche* de langue française disponibles au moment de la mise sous presse ainsi que les livres "à paraître" jusqu'à l'été 2001. Il contient les références de 36 211 titres, publiés chez 159 éditeurs dans 729 collections.

Les ouvrages sont classés en 27 grandes rubriques listées page ci-contre. Pour accéder directement à la rubrique de votre choix, aidez-vous des repères visibles sur la tranche

Catalogage Electre bibliographie

ELECTRE (Paris)

Livres au format de poche : édition 2000 / Electre. - Paris : Electre, 2000

ISBN 2-7654-0812-2

RAMEAU : . . .livres de poche : France : bibliographie

. . . . .imprimés français : bibliographie

DEWEY : 011.2 : Bibliographies générales. Bibliographies d'ouvrages ou de travaux ayant des caractéristiques particulières.

Public concerné : Tout public

Maquette couverture : Mister Brown

Illustration : Martin Jarrie

ISBN 2-7654-0812-2

ISSN 0769-1696

© Electre, Mars 2001

CONTENU DES NOTICES

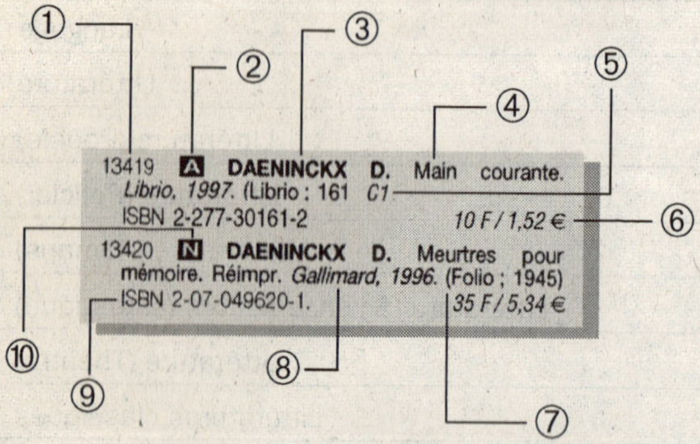

① N° de recherche par les tables
② A = à paraître
③ Auteur
④ Titre et sous-titre
⑤ Code prix, catégorie, ou nombre d'étoiles
⑥ Prix public avec équivalent Euro
⑦ Collection et N°
⑧ Éditeur
⑨ ISBN
⑩ N = paru dans l'année

TROIS INDEX

Pour faciliter vos recherches, les index renvoient au numéro de chaque notice figurant dans la liste des ouvrages classés par rubrique.

PRIX

Le prix des livres figurant dans ce répertoire est le prix public TTC indiqué au 1er janvier 2001 par l'éditeur. Lorsqu'il est exprimé dans une monnaie européenne, il est suivi de sa valeur calculée en euros. Ces informations, données à titre indicatif et susceptibles de variations, n'engagent en aucune façon la responsabilité d'Electre.
Tout renseignement complémentaire peut être obtenu auprès de l'éditeur des ouvrages.

ISBN

Cette numérotation internationale normalisée est destinée à faciliter, pour les professionnels du livre, le repérage et la commande des ouvrages. Les ISBN sont indiqués dans ce répertoire dans tous les cas où l'éditeur nous les a communiqués.

OUVRAGES CLASSÉS PAR RUBRIQUES

Repérez facilement les nouveautés et les livres à paraître

Situé devant la notice

A signifie : ouvrage à paraître

N signifie : ouvrage paru dans l'année

Arts Vie culturelle

00001 **Abbas Kiarostami :** textes, entretiens, filmographie complète. *Cahiers du cinéma, 1997.* (Petite bibliothèque des Cahiers du cinéma)
ISBN 2-86642-196-5. *49 F / 7,47 €*

00002 **ABIRACHED R.** La Crise du personnage dans le théâtre moderne. *Gallimard, 1994.* (Tel ; 245)
ISBN 2-07-073745-4. *72 F / 10,98 €*

00003 **ACKERMAN G. M.** Jean-Léon Gérôme, his life, his work : the orientalists. *ACR, 1997.* (Pochecouleur ; 21 c1)
ISBN 2-86770-101-5. *120 F / 18,29 €*

00004 **ACKERMAN G. M.** Jean-Léon Gérôme, sa vie, son oeuvre : les orientalistes. *ACR, 1997.* (Pochecouleur ; 21 c1)
ISBN 2-86770-100-7. *120 F / 18,29 €*

00005 **ADHÉMAR J.** Influences antiques dans l'art du Moyen Age français. *Ed. du CTHS, 1996.* (Format ; 21)
ISBN 2-7355-0332-1. *90 F / 13,72 €*

00006 **ADORNO T. W.** Philosophie de la nouvelle musique. *Gallimard, 1979.* (Tel ; 42)
ISBN 2-07-028704-1. *52 F / 7,93 €*

00007 **ALAIN** Propos sur les beaux-arts. *PUF, 1998.* (Quadrige ; 263)
ISBN 2-13-048875-7. *69 F / 10,52 €*

00008 **ALECHINSKY P.** Cobra et le Bassin parisien. *Echoppe, 1997.* (Envois c1)
ISBN 2-84068-078-5. *27 F / 4,12 €*

00009 **ALECHINSKY P.** Hors cadre : choix de textes avec trois inédits. *Labor, 1996.* (Espace Nord ; 108 c3)
ISBN 2-8040-1091-0. *54 F / 8,23 €*

00010 **ALECHINSKY P.** Plans sur la comète. *Echoppe, 1993.* (Envois c1)
ISBN 2-84068-012-2. *27 F / 4,12 €*

00011 **ALLEN W.** Annie Hall. *Cahiers du cinéma, 2000.* (Petite bibliothèque des Cahiers du cinéma)
ISBN 2-86642-256-2. *59 F / 8,99 €*

00012 **ALLEN W.** Manhattan. *Cahiers du cinéma, 2000.* (Petite bibliothèque des Cahiers du cinéma)
ISBN 2-86642-234-1. *59 F / 8,99 €*

00013 **ALLEN W.** Maris et femmes. *Seuil, 1995.* (Point-virgule c2)
ISBN 2-02-020796-6. *39 F / 5,95 €*

00014 **ALMODOVAR P.** Tout sur ma mère. *Cahiers du cinéma, 1999.* (Petite bibliothèque des Cahiers du cinéma ; 33)
ISBN 2-86642-248-1. *59 F / 8,99 €*

00015 **ALQUIN N.** Le Rêve de Séri. *Echoppe, 1994.* (Envois)
ISBN 2-84068-038-6. *27 F / 4,12 €*

00016 **N** **AMAGATSU U.** Dialogue avec la gravité. *Actes Sud, 2000.* (Le souffle de l'esprit)
ISBN 2-7427-3052-4. *39 F / 5,95 €*

00017 **AMAR P-J.** Histoire de la photographie. 2e éd. corr. *PUF, 1997.* (Que sais-je? ; 3142 c1)
ISBN 2-13-048122-1. *42 F / 6,40 €*

00018 **AMIEL V.** Les ateliers du septième art. 2, Après le clap. *Gallimard, 1995.* (Découvertes ; 247. Cinéma c5)
ISBN 2-07-053306-9. *85 F / 12,96 €*

00019 **AMOSSY R.** Dali et le filon de la paranoïa. *PUF, 1995.* (Le Texte rêve)
ISBN 2-13-047116-1. *65 F / 9,91 €*

00020 **L'amour est à réinventer :** dix histoires d'amour au temps du sida. *Mille et une nuits ; Arte Editions, 1996*
ISBN 2-84205-098-3. *20 F / 3,05 €*

00021 **ANSERMET E.** Les Fondements de la musique dans la conscience humaine : et autres écrits. *Laffont, 1989.* (Bouquins)
ISBN 2-221-05815-1. *150 F / 22,87 €*

00022 **APOLLINAIRE G.** Henri Matisse : 1907-1918. *Echoppe, 1993.* (Envois c1)
ISBN 2-84068-010-6. *27 F / 4,12 €*

00023 **APOLLINAIRE G.** Marcel Duchamp, 1910-1918. *Echoppe, 1994.* (Envois)
ISBN 2-84068-031-9. *27 F / 4,12 €*

00024 **ARNAULD P.** Fernand Léger, peindre la vie moderne. *Gallimard : Ed. du Centre Pompidou, 1997.* (Découvertes ; 322. Peinture c4)
ISBN 2-07-053417-0. ISBN 2-85850-963-8. *75 F / 11,43 €*

00025 **L'art du chef d'orchestre :** un choix de textes d'Hector Berlioz, Richard Wagner, Félix Weingartner, Bruno Walter, Charles Munch. *Hachette Littératures, 1988.* (Pluriel ; 8383 c6)
ISBN 2-01-008808-5. *75 F / 11,43 €*

00026 **L'art du XXe siècle.** *LGF, 1999.* (La Pochothèque ; 3023. Encyclopédies d'aujourd'hui)
ISBN 2-253-13023-0. *90 F / 13,72 €*

00027 **Art et fascisme :** totalitarisme et résistance au totalitarisme dans les arts en Italie, Allemagne et France des années 30 à la défaite de l'Axe. *Complexe, 1989.* (Questions au XXe siècle ; 8 cJ)
ISBN 2-87027-269-3. *175 F / 26,68 €*

00028 **ASSAYAS M.** Dictionnaire du rock. 1. *Laffont, 2000.* (Bouquins)
ISBN 2-221-08954-5. *185 F / 28,20 €*

00029 **ASSAYAS M.** Dictionnaire du rock. 2. *Laffont, 2000.* (Bouquins)
ISBN 2-221-08955-3. *185 F / 28,20 €*

00030 **ASSAYAS M.** Dictionnaire du rock. 3, Index. *Laffont, 2000.* (Bouquins)
ISBN 2-221-09224-4. *79 F / 12,04 €*

00031 **ASSAYAS M.** Dictionnaire du rock. *Laffont, 2000.* (Bouquins)
ISBN 2-221-91188-1. *449 F / 68,45 €*

00032 **ASSAYAS O.** Fin août début septembre. *Cahiers du cinéma, 1999.* (Petite bibliothèque des Cahiers du cinéma)
ISBN 2-86642-235-X. *49 F / 7,47 €*

00033 **N** **ASSAYAS O., FIESCHI J-A.** Les destinées sentimentales : d'après le roman de Jacques Chardonne. *Cahiers du cinéma, 2000.* (Petite bibliothèque des Cahiers du cinéma ; 48)
ISBN 2-86642-280-5. *69 F / 10,52 €*

00034 **ASSOULINE P.** L'Homme de l'art : D.H. Kahnweiler, 1884-1979. *Gallimard, 1989.* (Folio ; 2018)
ISBN 2-07-038106-4. *61 F / 9,30 €*

00035 **L'atelier du peintre :** dictionnaire des termes techniques. *Larousse, 1998.* (Références)
ISBN 2-03-720328-4. *80 F / 12,20 €*

00036 **AUCOUTURIER M.** Le réalisme socialiste. *PUF, 1998.* (Que sais-je? ; 3320 c1)
ISBN 2-13-048760-2. *42 F / 6,40 €*

00037 **N** **AUSTER P.** Smoke ; Brooklyn boogie ; suivi de Conte de Noël d'Auggie Wren. Réimpr. *Actes Sud, 2000.* (Babel ; 255 c4)
ISBN 2-7427-1167-8. *51 F / 7,77 €*

00038 **AUZEL D.** Alfred Hitchcock. *Milan, 1997.* (Les essentiels Milan ; 93 c1)
ISBN 2-84113-592-6. *25 F / 3,81 €*

00039 **AUZEL D.** Le cinéma. *Milan, 1995.* (Les essentiels Milan ; 1 c1)
ISBN 2-84113-260-9. *25 F / 3,81 €*

00040 **AVERY C.** La sculpture florentine de la Renaissance. *LGF, 1996.* (Le Livre de poche ; 533. Références art c18)
ISBN 2-253-90533-X. *65 F / 9,91 €*

00041 **BACHELARD P.** Derain, un fauve pas ordinaire. *Gallimard, 1994.* (Découvertes ; 231. Peinture c04)
ISBN 2-07-053285-2. *75 F / 11,43 €*

00042 **BACON F., ARCHIMBAUD M.** Entretiens avec Francis Bacon. *Gallimard, 1996.* (Folio ; 289. Essais c1)
ISBN 2-07-032926-7. *29,50 F / 4,50 €*

00043 **BADY J-P.** Les monuments historiques en France. 2e éd. mise à jour. *PUF, 1998.* (Que sais-je? ; 2205 c1)
ISBN 2-13-049515-X. *42 F / 6,40 €*

00044 **BAECQUE A. d.** Avignon : le royaume du théâtre. *Gallimard, 1996.* (Découvertes ; 290. Mémoire des lieux c3)
ISBN 2-07-053367-0. *65 F / 9,91 €*

00045 **BAKIS H., BONIN M.** La photographie aérienne et spatiale. *PUF, 2000.* (Que sais-je? ; 1700 c1)
ISBN 2-13-050423-X. *42 F / 6,40 €*

00046 **BALLIF C.** Berlioz. *Seuil, 1977.* (Microcosme. Solfèges ; 29 c00)
ISBN 2-02-000249-3. *49 F / 7,47 €*

00047 **BANU G.** L'Acteur qui ne revient pas : journées de théâtre au Japon. Nouv. éd. *Gallimard, 1993.* (Folio ; 225. Essais ; 225 c5)
ISBN 2-07-032772-8. *52 F / 7,93 €*

00048 **BARA G.** La techno. *Librio, 1999.* (Librio ; 265. Musique)
ISBN 2-277-30265-1. *10 F / 1,52 €*

00049 **N** **BARBOT P.** Bashung. *Librio, 2000.* (Librio ; 391. Musique c1)
ISBN 2-290-30716-5. *10 F / 1,52 €*

00050 **BARRAL I ALTET X.** Histoire de l'art. *PUF, 1991.* (Que sais-je? ; 2473 c1)
ISBN 2-13-043808-3. *42 F / 6,40 €*

00051 **BARRAQUÉ J.** Debussy. Ed. rev. et mise à jour. *Seuil, 1994.* (Microcosme. Solfèges c3)
ISBN 2-02-020626-9. *65 F / 9,91 €*

00052 **BARRAULT J-L.** Mise en scène de Phèdre. *Seuil, 1972.* (Points ; 33. Essais c3)
ISBN 2-02-000608-1. *52 F / 7,93 €*

00053 **BARRÈS M.** Greco ou le Secret de Tolède. *Table ronde, 1998.* (La petite vermillon ; 84)
ISBN 2-7103-0798-7. *35 F / 5,34 €*

00054 **BARRÈS M.** Greco ou le Secret de Tolède. *Complexe, 1988.* (Le Regard littéraire ; 17 c9)
ISBN 2-87027-239-1. *59 F / 8,99 €*

00055 **N** **BARRIER H., OLLIVIER M.** Bruce Springsteen. *Librio, 2001.* (Librio ; 433. Musique c1)
ISBN 2-290-30869-2. *10 F / 1,52 €*

00056 **BARROT O., CHIRAT R.** Le théâtre de Boulevard : Ciel, mon mari !. *Gallimard : Paris-Musées, 1998.* (Découvertes ; 359. Littérature)
ISBN 2-07-053382-4. *75 F / 11,43 €*

00057 **BARTHÉLEMY M.** De Léopold à Constance, Wolfgang Amadeus. *Actes Sud, 1993.* (Babel ; 79 c3)
ISBN 2-7427-0078-1. *45 F / 6,86 €*

00058 **Le Barzhaz Breizh.** *Coop Breizh, 1997.* (Les textes fondateurs)
ISBN 2-909924-85-8. *58 F / 8,84 €*

00059 **BATICLE J.** Velazquez, peintre hidalgo. *Gallimard, 1989.* (Découvertes ; 73. Peinture c5)
ISBN 2-07-053093-0. *85 F / 12,96 €*

00060 **BAUDELAIRE C.** Critique d'art ; Critique musicale. *Gallimard, 1992.* (Folio ; 183. Essais ; 183 cJ)
ISBN 2-07-032673-X. *76,50 F / 11,66 €*

00061 **BAUDELAIRE C.** Ecrits sur l'art : curiosités esthétiques. Nouv. éd. *LGF, 1999.* (Le Livre de poche ; 3921. Classiques de poche c15)
ISBN 2-253-06090-9. *50 F / 7,62 €*

00062 **BAUDELAIRE C.** Pour Delacroix. Réimpr. *Complexe, 1998.* (Le Regard littéraire ; 6 c11)
ISBN 2-87027-193-X. *65 F / 9,91 €*

00063 **N** **BAZIN A.** Charlie Chaplin. *Cahiers du cinéma, 2000.* (Petite bibliothèque des Cahiers du cinéma)
ISBN 2-86642-262-7. *49 F / 7,47 €*

00064 **BAZIN A.** Le cinéma français de la Libération à la Nouvelle Vague (1945-1958). *Cahiers du cinéma, 1998.* (Petite bibliothèque des Cahiers du cinéma)
ISBN 2-86642-205-8. *69 F / 10,52 €*

00065 **BEAUMONT O.** Couperin, le musicien des rois. *Gallimard, 1998.* (Découvertes ; 339. Musique)
ISBN 2-07-053312-3. *75 F / 11,43 €*

00066 **BEAUSSANT P.** Vous avez dit baroque?. *Actes Sud, 1994.* (Babel ; 97 c3)
ISBN 2-7427-0123-0. *45 F / 6,86 €*

00067 **BECQ A.** Genèse de l'esthétique française moderne, 1680-1814 : de la raison classique à l'imagination créatrice. *Albin Michel, 1994.* (Bibliothèque de l'évolution de l'humanité ; 9)
ISBN 2-226-07458-9. *98 F / 14,94 €*

00068 **BEGEL F.** La philosophie de l'art. *Seuil, 1998.* (Mémo ; 94)
ISBN 2-02-032400-8. *29 F / 4,42 €*

00069 **BÉHAR H., CARASSOU M.** Le Surréalisme. *LGF, 1992.* (Le Livre de poche ; 4156. Biblio essais c11)
ISBN 2-253-06044-5. *42 F / 6,40 €*

00070 **La Belgique artistique et littéraire :** une anthologie de langue française, 1848-1914. *Complexe, 1997.* (Bibliothèque Complexe)
ISBN 2-87027-671-0. *149 F / 22,71 €*

00071 **BELLONE R.** La photographie. *PUF, 1996.* (Que sais-je? ; 174 c1)
ISBN 2-13-047765-8. *42 F / 6,40 €*

00072 **BENAYOUN R.** Bonjour monsieur Lewis : journal ouvert : 1957-1980. *Seuil, 1989.* (Point-virgule ; 76 c4)
ISBN 2-02-010802-X. *52 F / 7,93 €*

00073 **BENAYOUN R.** Le Mystère Tex Avery. *Seuil, 1988.* (Point-virgule ; 57 c1)
ISBN 2-02-009870-9. *32 F / 4,88 €*

00074 **BENIGNI R., CERAMI V.** La vie est belle. Réimpr. *Gallimard, 1998.* (Folio ; 3146 c11)
ISBN 2-07-040623-7. *29,50 F / 4,50 €*

00075 **BENOIST L.** Histoire de la peinture. *PUF, 1997.* (Quadrige ; 240)
ISBN 2-13-048446-8. *49 F / 7,47 €*

00076 **BERGEROT F., MERLIN A.** Au-delà du bop. *Gallimard, 1991.* (L'Epopée du jazz; 2)(Découvertes ; 115. Musique c5)
ISBN 2-07-053143-0. *85 F / 12,96 €*

00077 **BERGEROT F., MERLIN A.** L'Epopée du jazz. 1, Du blues au bop. Réimpr. *Gallimard, 1998.* (Découvertes ; 114. Musique c5)
ISBN 2-07-053142-2. *90 F / 13,72 €*

00078 **BERNARD E.** Conversation avec Cézanne. *Séguier, 1995.* (Carré d'art ; 6)
ISBN 2-84049-049-8. *48 F / 7,32 €*

00079 **BERNARD G.** L'aventure des bastides. *Privat, 1998.* (Pages Grand Sud)
ISBN 2-7089-5406-7. *49 F / 7,47 €*

00080 **N** **BERNARDY M.** Le Jeu verbal. *Ed. de l'Aube, 2001.* (L'Aube poche ; 4 c5)
ISBN 2-87678-194-8. *49 F / 7,47 €*

00081 **BERTHIER P.** Le Théâtre au XIXe siècle. *PUF, 1986.* (Que sais-je? ; 2327 c1)
ISBN 2-13-039737-9. *42 F / 6,40 €*

00082 **BERTHOMÉ J-P.** Les ateliers du septième art. 1, Avant le clap. *Gallimard, 1995.* (Découvertes ; 246. Cinéma c5)
ISBN 2-07-053305-0. *85 F / 12,96 €*

00083 **BERTIN-MAGHIT J-P.** Le Cinéma français sous l'Occupation. *PUF, 1994.* (Que sais-je? ; 2803 c1)
ISBN 2-13-045823-8. *42 F / 6,40 €*

00084 **N** **BESANÇON A.** L'image interdite : une histoire intellectuelle de l'iconoclasme. *Gallimard, 2000.* (Folio ; 362. Essais)
ISBN 2-07-041071-4. *79,50 F / 12,12 €*

00085 **BETTON G.** Esthétique du cinéma. 4e éd. corr. *PUF, 1990.* (Que sais-je? ; 751 c1)
ISBN 2-13-042941-6. *42 F / 6,40 €*

00086 **BETTON G.** Histoire du cinéma. 4e éd. *PUF, 1994.* (Que sais-je? ; 81 c1)
ISBN 2-13-043908-X. *42 F / 6,40 €*

00087 **BEYLIE C.** Les films clés du cinéma. *Larousse, 1997.* (Larousse de poche)
ISBN 2-03-320170-8. *58 F / 8,84 €*

00088 **BIALOSTOCKI J.** L'Art du XVe siècle : des Parler à Dürer. *LGF, 1993.* (La Pochothèque ; 3052. Encyclopédies d'aujourd'hui)
ISBN 2-253-06542-0. *149 F / 22,71 €*

00089 **BIDIMA J. G.** L'art négro-africain. *PUF, 1997.* (Que sais-je? ; 3226 c1)
ISBN 2-13-048389-5. *42 F / 6,40 €*

00090 **BILLARD F., TORDJMAN G.** Duke Ellington. *Seuil, 1994.* (Microcosme. Solfèges c4)
ISBN 2-02-013700-3. *69 F / 10,52 €*

00091 **BILLARD P.** D'or et de palmes : le festival de Cannes. *Gallimard, 1997.* (Découvertes ; 314. Cinéma c4)
ISBN 2-07-053377-8. *75 F / 11,43 €*

00092 **BINH N.** Ingmar Bergman. *Gallimard, 1993.* (Découvertes ; 176. Cinéma c5)
ISBN 2-07-053218-6. *85 F / 12,96 €*

00093 **BITSCH M., BONFILS J., HOLSTEIN J-P.** La Fugue. *PUF, 1981.* (Que sais-je? ; 1849 c1)
ISBN 2-13-036484-5. *42 F / 6,40 €*

00094 **N** **BLUM B.** Le reggae. *Librio, 2000.* (Librio ; 366. Musique c1)
ISBN 2-290-30529-4. *10 F / 1,52 €*

00095 **BOAL A.** Jeux pour acteurs et non-acteurs : pratique du théâtre de l'opprimé. *La Découverte, 1997.* (La Découverte poche ; 28. Essais)
ISBN 2-7071-2701-9. *59 F / 8,99 €*

00096 **BOCQUET J-L., PIERRE-ADOLPHE P.** Rap ta France. *J'ai lu, 1999.* (J'ai lu ; 5278. Littérature générale cH)
ISBN 2-290-05278-7. *32 F / 4,88 €*

00097 **BONAFOUX P.** Rembrandt : le clair, l'obscur. *Gallimard, 1990.* (Découvertes ; 76. Peinture c5)
ISBN 2-07-053097-3. *85 F / 12,96 €*

00098 **BONAFOUX P.** Van Gogh, le soleil en face. Réimpr. *Gallimard, 1987.* (Découvertes ; 17. Peinture c4)
ISBN 2-07-053039-6. *75 F / 11,43 €*

00099 **BONAFOUX P.** Van Gogh par Vincent. *Gallimard, 1989.* (Folio ; 112. Essais ; 112 c6)
ISBN 2-07-032502-4. *56 F / 8,54 €*

00100 **BONELLO Y-H.** La ville. 2e éd. *PUF, 1998.* (Que sais-je? ; 3047 c1)
ISBN 2-13-047331-8. *42 F / 6,40 €*

00101 **BONFAND A.** L'art abstrait. *PUF, 1995.* (Que sais-je? ; 2854 c1)
ISBN 2-13-046189-1. *42 F / 6,40 €*

00102 **BONITZER P.** Le champ aveugle : essai sur le cinéma. *Cahiers du cinéma, 1999.* (Petite bibliothèque des Cahiers du cinéma)
ISBN 2-86642-243-0. *49 F / 7,47 €*

00103 **BONITZER P.** Rien sur Robert. *Cahiers du cinéma, 1999.* (Petite bibliothèque des Cahiers du cinéma)
ISBN 2-86642-236-8. *39 F / 5,95 €*

00104 **BONNEFOY Y.** Le nuage rouge : dessin, couleur, lumière ; Dessin, couleur et lumière. *Gallimard, 1999.* (Folio ; 345. Essais c5)
ISBN 2-07-040879-5. *52 F / 7,93 €*

00105 **BOREL P.** L'obélisque de Louqsor : 1833. *Echoppe, 1999.* (Envois)
ISBN 2-84068-108-0. *27 F / 4,12 €*

00106 **BORÉLY J.** Cézanne à Aix : 1902. *Echoppe, 1999.* (Envois)
ISBN 2-84068-111-0. *27 F / 4,12 €*

00107 **BOSSÉNO C-M.** La prochaine séance : les Français et leurs cinés. *Gallimard, 1997.* (Découvertes ; 308. Cinéma)
ISBN 2-07-053386-7. *75 F / 11,43 €*

00108 **BOSSÉNO C-M., GERSTENKORN J.** Hollywood, l'usine à rêves. *Gallimard, 1992.* (Découvertes ; 140. Cinéma c5)
ISBN 2-07-053153-8. *85 F / 12,96 €*

00109 **BOUBAT E.** La Photographie. *LGF, 1989.* (Le Livre de poche ; 7958. Pratique c9)
ISBN 2-253-05020-2. *36 F / 5,49 €*

00110 **BOUCHAUX A., JUTEAU M., ROUSSIN D.** L'Argot des musiciens. *Seuil, 1994.* (Point-virgule ; 38 c2)
ISBN 2-02-020800-8. *39 F / 5,95 €*

00111 **BOUCOURECHLIEV A.** Beethoven. Nouv. éd. *Seuil, 1994.* (Microcosme. Solfèges)
ISBN 2-02-021480-6. *69 F / 10,52 €*

00112 **BOUCOURECHLIEV A.** Schumann. Nouv. éd. *Seuil, 1995.* (Points. Musique ; 7 c2)
ISBN 2-02-024579-5. *59 F / 8,99 €*

00113 **BOUCOURECHLIEV A.** Schumann. *Seuil, 1989.* (Points. Musique ; 7 c4)
ISBN 2-02-010539-X. *23 F / 3,51 €*

00114 **BOULEZ P.** Penser la musique aujourd'hui. *Gallimard, 1987.* (Tel ; 124)
ISBN 2-07-070901-9. *48 F / 7,32 €*

00115 **BOURCIER P.** De la préhistoire à la fin de l'école classique. *Seuil, 1994.* (Histoire de la danse en Occident; 1)(Microcosme. Solfèges c1)
ISBN 2-02-022868-8. *59 F / 8,99 €*

00116 **BOURCIER P.** Du romantique au contemporain. *Seuil, 1994.* (Histoire de la danse en Occident; 2)(Microcosme. Solfèges c4)
ISBN 2-02-023512-9. *59 F / 8,99 €*

00117 **BOURGAT M.** Technique de la danse. 9e éd. rev. *PUF, 1993.* (Que sais-je? ; 196 c1)
ISBN 2-13-045374-0. *42 F / 6,40 €*

00118 **BOURGET J-L.** L'Histoire au cinéma : le passé retrouvé. *Gallimard, 1992.* (Découvertes ; 141. Cinéma c5)
ISBN 2-07-053152-X. *85 F / 12,96 €*

00119 **BOURNIQUEL C.** Chopin. Nouv. éd. rev. et augm. *Seuil, 1994.* (Microcosme. Solfèges c3)
ISBN 2-02-019944-0. *65 F / 9,91 €*

00120 **BRASSENS G.** Les Chansons d'abord. *LGF, 1993.* (Le Livre de poche ; 9621 c8)
ISBN 2-253-06298-7. *33 F / 5,03 €*

00121 **BRASSENS G.** Poèmes et chansons. *Seuil, 1991.* (Point-virgule ; 96 c4)
ISBN 2-02-012928-0. *52 F / 7,93 €*

00122 **BRECHT B.** Histoires d'almanach. Nouv. éd. *Arche éditeur, 1983.* (Travaux)
ISBN 2-85181-027-8. *65 F / 9,91 €*

00123 **N** **BREILLAT C.** A ma soeur. *Cahiers du cinéma, 2001.* (Petite bibliothèque des Cahiers du cinéma ; 55)
ISBN 2-86642-304-6. *39 F / 5,95 €*

00124 **BREILLAT C.** Romance. *Cahiers du cinéma, 1999.* (Petite bibliothèque des Cahiers du cinéma)
ISBN 2-86642-237-6. *39 F / 5,95 €*

00125 **BREL J.** Tout Brel. Nouv. éd. augm. et corr. *10-18, 1999.* (10-18 ; 2274. Domaine français c6)
ISBN 2-264-02873-4. *47 F / 7,17 €*

00126 **BRESC-BAUTIER G.** Mémoires du Louvre. Réimpr. *Gallimard, 1989.* (Découvertes ; 60. Architecture c4)
ISBN 2-07-053078-7. *90 F / 13,72 €*

00127 **BRESSON R.** Notes sur le cinématographe. *Gallimard, 1995.* (Folio ; 2705 c9)
ISBN 2-07-039312-7. *20,50 F / 3,13 €*

00128 **BRIDGMAN N.** La Musique italienne. *PUF, 1973.* (Que sais-je? ; 1534 c1)
ISBN 2-13-032647-1. *42 F / 6,40 €*

00129 **BRIGHELLI J-P.** Entre ciel et mer, le Mont-Saint-Michel. Réimpr. *Gallimard, 1987.* (Découvertes ; 28. Architecture c4)
ISBN 2-07-053042-6. *90 F / 13,72 €*

00130 **BRISAC C.** Le Vitrail : un art monumental au service de la lumière. *Cerf ; Fides, 1990.* (Bref ; 24)
ISBN 2-204-04059-2. ISBN 2-7621-1463-2. *92 F / 14,03 €*

00131 **BRISVILLE J-C.** Beaumarchais, l'insolent : d'après le scénario d'Edouard Molinaro et Jean Claude Brisville sur une idée de Sacha Guitry. *Gallimard, 1996.* (Folio ; 2853 c9)
ISBN 2-07-040035-2. *20,50 F / 3,13 €*

00132 **BROSSE J-S.** Le jazz. *Milan, 1996.* (Les essentiels Milan ; 60 c1)
ISBN 2-84113-463-6. *25 F / 3,81 €*

00133 **BRUHAMMER Y.** Le Beau dans l'utile : un musée pour les Arts décoratifs. *Gallimard, 1992.* (Découvertes ; 145. Mémoire des lieux c4)
ISBN 2-07-053196-1. *75 F / 11,43 €*

00134 **BRUNSCHWIG C., CALVET L-J., KLEIN J-C.** Cent ans de chanson française. Nouv. éd. *Seuil, 1996.* (Points ; 223 c15)
ISBN 2-02-028140-6. *59 F / 8,99 €*

00135 **BUFFIER D., JULLIEN P.** La philathélie : collections et placements. 2e éd. corr. *PUF, 1999.* (Que sais-je? ; 3387 c1)
ISBN 2-13-049292-4. *42 F / 6,40 €*

00136 **N** **BULTEAU M.** Breast pocket notes sur Roy Lichtenstein. *Echoppe, 2000.* (Envois c1)
ISBN 2-84068-119-6. *27 F / 4,12 €*

00137 **BURY P.** La France adultérine. *Echoppe, 1990.* (Envois c1)
ISBN 2-905657-62-6. *27 F / 4,12 €*

00138 **BUSSAGLI M.** L'art du Gandhara. *LGF, 1996.* (La Pochothèque ; 13055. Encyclopédies d'aujourd'hui)
ISBN 2-253-13055-9. *149 F / 22,71 €*

00139 **CABANNE P.** André Derain. *Gallimard, 1994.* (Folio. Essais ; 253 c4)
ISBN 2-07-032856-2. *46 F / 7,01 €*

00140 **CABANNE P.** Le Cubisme. 3e éd. mise à jour. *PUF, 1991.* (Que sais-je? ; 1036 c1)
ISBN 2-13-043535-1. *42 F / 6,40 €*

00141 **CABANNE P.** L'Epoque des métamorphoses : 1912-1937. *Gallimard, 1992.* (Le Siècle de Picasso; 2)(Folio ; 174. Essais ; 174 c9)
ISBN 2-07-032651-9. *71 F / 10,82 €*

00142 **CABANNE P.** La Naissance du cubisme : 1881-1912. *Gallimard, 1992.* (Le Siècle de Picasso; 1)(Folio ; 173. Essais ; 173 c9)
ISBN 2-07-032650-0. *71 F / 10,82 €*

00143 **CABANNE P.** Le Siècle de Picasso. 3. *Gallimard, 1992.* (Folio ; 185. Essais ; 185 cJ)
ISBN 2-07-032714-0. *76,50 F / 11,66 €*

00144 **CABANNE P.** Le Siècle de Picasso. 4. *Gallimard, 1992.* (Folio ; 186. Essais ; 186 cJ)
ISBN 2-07-032715-9. *76,50 F / 11,66 €*

00145 **CACHIN F.** Gauguin : "ce malgré moi de sauvage". Réimpr. *Gallimard, 1989.* (Découvertes ; 49. Peinture c6)
ISBN 2-07-053070-1. *90 F / 13,72 €*

00146 **CACHIN F.** Gauguin. *Hachette Littératures, 1988.* (Pluriel ; 8528 c4)
ISBN 2-01-015073-2. *58 F / 8,84 €*

00147 **CACHIN F.** Manet : j'ai fait ce que j'ai vu. *Gallimard : Réunion des musées nationaux, 1994.* (Découvertes ; 203. Peinture c6)
ISBN 2-07-053266-6. *90 F / 13,72 €*

00148 **CACHIN F.** Seurat : le rêve de l'art-science. Réimpr. *Gallimard, 1991.* (Découvertes ; 108. Peinture c5)
ISBN 2-07-053117-1. *85 F / 12,96 €*

00149 **CANDÉ R. d.** Dictionnaire de la musique. Nouv. éd. *Seuil, 1997.* (Microcosme. Solfèges ; 1)
ISBN 2-02-030897-5. *55 F / 8,38 €*

00150 **CANDÉ R. d.** Dictionnaire des compositeurs. Nouv. éd. *Seuil, 1996.* (Microcosme. Solfèges c6)
ISBN 2-02-025399-2. *79 F / 12,04 €*

00151 **A** **CANDÉ R. d.** Vivaldi. Nouv. éd. *Seuil, 2001.* (Microcosme. Solfèges ; 28 c2)
ISBN 2-02-021298-6. *59 F / 8,99 €*

00152 **CANUDO R.** Manifeste des sept arts. *Séguier, 1995.* (Carré d'art ; 3)
ISBN 2-84049-052-8. *38 F / 5,79 €*

00153 **CARASSO J-G.** Graines de théâtre. *Lansman, 1998.* (Contes, nouvelles récits, témoignages ; 3)
ISBN 2-87282-213-5. *60 F / 9,15 €*

00154 **CARELMAN J.** Catalogue d'objets introuvables. *LGF, 1989.* (Le Livre de poche ; 6536 c8)
ISBN 2-253-04778-3. *33 F / 5,03 €*

00155 **N** **CARLES P., COMOLLI J-L.** Free jazz, black power. *Gallimard, 2000.* (Folio ; 3400 c13)
ISBN 2-07-040469-2. *56 F / 8,54 €*

00156 **CARLIER C.** Marguerite Duras, Alain Resnais, Hiroshima mon amour. *PUF, 1994.* (Etudes littéraires ; 48)
ISBN 2-13-046265-0. *45 F / 6,86 €*

00157 **CARRAZ D.** Architecture médiévale en Occident. *PUF, 42.* (Que sais-je? ; 3528 c1)
ISBN 2-13-050076-5. *42 F / 6,40 €*

00158 **CARRIÈRE J-C.** La Controverse de Valladolid. *Pocket, 1993.* (Pocket ; 4689. Blanche c4)
ISBN 2-266-05401-5. *30 F / 4,57 €*

00159 **N** **CASTRO E. d., CORBIAU A., CORBIAU G.** Le roi danse. *Gallimard, 2000.* (Folio ; 3453 c4)
ISBN 2-07-041679-8. *20,50 F / 3,13 €*

00160 **N** **CAUQUELIN A.** L'art contemporain. 6e éd. *PUF, 2001.* (Que sais-je? ; 2671 c1)
ISBN 2-13-051560-6. *42 F / 6,40 €*

00161 **CAUQUELIN A.** L'invention du paysage. *PUF, 2000.* (Quadrige ; 307)
ISBN 2-13-050561-9. *55 F / 8,38 €*

00162 **CAUQUELIN A.** Les théories de l'art. 2e éd. corr. *PUF, 1999.* (Que sais-je? ; 3353 c1)
ISBN 2-13-048969-9. *42 F / 6,40 €*

00163 **CENTRE INTERNATIONAL D'ETHNOSCNOLOGIE** Internationale de l'imaginaire, nouvelle série. 5, La scène et la terre : questions d'ethnoscénologie. *Actes Sud, 1996.* (Babel ; 190)
ISBN 2-7427-0661-5. *45 F / 6,86 €*

00164 **CHAHINE Y.** Le destin : scénario. *Cahiers du cinéma, 1997.* (Petite bibliothèque des Cahiers du cinéma)
ISBN 2-86642-197-3. *49 F / 7,47 €*

00165 **CHAILLEY J.** Histoire musicale du Moyen Age. *PUF, 1984.* (Quadrige ; 55)
ISBN 2-13-038100-6. *55 F / 8,38 €*

00166 **CHALINE C.** La regénération urbaine. *PUF, 1999.* (Que sais-je? ; 3496 c1)
ISBN 2-13-050213-X. *42 F / 6,40 €*

00167 **CHALINE C.** Les villes nouvelles dans le monde. *PUF, 1995.* (Que sais-je? ; 2231 c1)
ISBN 2-13-047573-6. *42 F / 6,40 €*

00168 **Chansonnier révolutionnaire.** *Gallimard, 1989.* (Poésie ; 231 c3)
ISBN 2-07-032530-X. *42 F / 6,40 €*

00169 **CHAO R.** Un train de glace et de feu : la Mano Negra en Colombie. *Actes Sud, 1995.* (Babel ; 173. Terres d'aventure c3)
ISBN 2-7427-0581-3. *45 F / 6,86 €*

00170 **CHARRAK A.** Musique et philosophie à l'âge classique. *PUF, 1998.* (Philosophies ; 105 c1)
ISBN 2-13-049298-3. *48 F / 7,32 €*

00171 **CHARRE A.** Art et urbanisme. *PUF, 1983.* (Que sais-je? ; 2089 c1)
ISBN 2-13-037878-1. *42 F / 6,40 €*

00172 **CHASSAIN-DOLLIOU L.** Le Conservatoire de Paris ou Les voies de la création. *Gallimard, 1995.* (Découvertes ; 262. Mémoire des lieux c4)
ISBN 2-07-053336-0. *75 F / 11,43 €*

00173 **CHENG F.** Vide et plein : le langage pictural chinois. Nouv. éd. rev. *Seuil, 1991.* (Points. Essais ; 224 c4)
ISBN 2-02-012575-7. *52 F / 7,93 €*

00174 **CHOAY F.** L'Urbanisme, utopies et réalités : une anthologie. *Seuil, 1979.* (Points ; 108. Essais c4)
ISBN 2-02-005328-4. *55 F / 8,38 €*

00175 **CHRISTIE W., KHOURY M. D.** Purcell au coeur du baroque. *Gallimard, 1995.* (Découvertes ; 252. Musique c5)
ISBN 2-07-053278-X. *85 F / 12,96 €*

00176 **CHRISTOUT M-F.** Histoire du ballet. 2e éd. *PUF, 1975.* (Que sais-je? ; 177 c1)
ISBN 2-13-033627-2. *42 F / 6,40 €*

00177 **CIMENT M.** Le Crime à l'écran : une histoire de l'Amérique. *Gallimard, 1992.* (Découvertes ; 139. Cinéma c6)
ISBN 2-07-053195-3. *90 F / 13,72 €*

00178 **CITRON P.** Bartok. Nouv. éd. rev. et augm. *Seuil, 1994.* (Microcosme. Solfèges c3)
ISBN 2-02-018417-6. *65 F / 9,91 €*

00179 **CITRON P.** Couperin. *Seuil, 1996.* (Microcosme. Solfèges c2)
ISBN 2-02-028291-7. *59 F / 8,99 €*

00180 **CLAIR J.** Cinq notes sur l'oeuvre de Louise Bourgeois. *Echoppe, 1999.* (Envois c1)
ISBN 2-84068-100-5. *27 F / 4,12 €*

00181 **CLAIR J.** De l'invention simultanée de la pénicilline et de l'action painting, et de son sens. *Echoppe, 1990.* (Envois c1)
ISBN 2-905657-59-6. *27 F / 4,12 €*

00182 **CLARK K.** Le Nu. 1. *Hachette Littératures, 1998.* (Pluriel ; 908 c5)
ISBN 2-01-278908-0. *65 F / 9,91 €*

00183 **CLARK K.** Le Nu. 2. *Hachette Littératures, 1998.* (Pluriel ; 909 c7)
ISBN 2-01-278909-9. *55 F / 8,38 €*

00184 **CLAUDEL P.** L'Oeil écoute. *Gallimard, 1990.* (Folio ; 127. Essais ; 127 c5)
ISBN 2-07-032587-3. *52 F / 7,93 €*

00185 **COBBETT W. W.** Dictionnaire de la musique de chambre. 1. *Laffont, 1999.* (Bouquins)
ISBN 2-221-07847-0. *179 F / 27,29 €*

00186 **COBBETT W. W.** Dictionnaire de la musique de chambre. 2. *Laffont, 1999.* (Bouquins)
ISBN 2-221-07848-9. *179 F / 27,29 €*

00187 **COCTEAU J.** Orphée. Réimp. *J'ai lu, 1998.* (J'ai lu ; 2172. Littérature générale c1)
ISBN 2-290-02172-5. *13 F / 1,98 €*

00188 **COEN E., COEN J.** The Big Lebowski : scénario. *Cahiers du cinéma, 1998.* (Petite bibliothèque des Cahiers du cinéma)
ISBN 2-86642-214-7. *59 F / 8,99 €*

00189 **N** **COEN E., COEN J.** O' brother = O' brother, where hart thou ?. *Cahiers du cinéma, 2000.* (Petite bibliothèque des Cahiers du cinéma ; 791)
ISBN 2-86642-278-3. *69 F / 10,52 €*

00190 **COEURDEVEY A.** Histoire du langage musical occidental. *PUF, 1998.* (Que sais-je? ; 3391 c1)
ISBN 2-13-049344-0. *42 F / 6,40 €*

00191 **A** **Coffret jazz.** *Seuil, 2001.* (Microcosme. Solfèges)
ISBN 2-02-023612-5. *219 F / 33,39 €*

00192 **COGEVAL G.** Vuillard : le temps détourné. *Gallimard : Réunion des musées nationaux, 1993.* (Découvertes ; 178. Peinture c6)
ISBN 2-07-053261-5. *90 F / 13,72 €*

00193 **COHEN L.** Musique d'ailleurs. 1. *10-18, 1996.* (10-18 ; 2769. Domaine étranger c7)
ISBN 2-264-02284-1. *50 F / 7,62 €*

00194 **COHEN L.** Musique d'ailleurs. 2. *10-18, 1997.* (10-18 ; 2819. Domaine étranger c6)
ISBN 2-264-02285-X. *47 F / 7,17 €*

00195 **A** **COHEN-LEVINAS D.** Qu'est-ce-que la musique contemporaine ?. *Gallimard, 2001.* (Folio. Essais)
ISBN 2-07-041743-3. *20,50 F / 3,13 €*

00196 **N** **COLLARD O., OROVIO DIAZ H.** Musiques de Cuba. *Mille et une nuits, 2001.* (Guide Mille et une nuits)
ISBN 2-84205-457-1. *49 F / 7,47 €*

00197 **COMBARIEU C.** Le lied. *PUF, 1998.* (Que sais-je? ; 412 c1)
ISBN 2-13-048873-0. *42 F / 6,40 €*

00198 **CONSTANS C.** Versailles : château de la France et orgueil des rois. *Gallimard : Réunion des musées nationaux, 1999.* (Découvertes ; 61. Mémoire des lieux c5)
ISBN 2-07-053493-6. *85 F / 12,96 €*

00199 **CORTOT A.** La Musique française de piano. *PUF, 1981.* (Quadrige ; 25)
ISBN 2-13-037278-3. *69 F / 10,52 €*

00200 **CORVIN M.** Dictionnaire encyclopédique du théâtre. *Larousse, 1998.* (In extenso)
ISBN 2-03-750055-6. *280 F / 42,69 €*

00201 **CORVIN M.** Le Théâtre de Boulevard. *PUF, 1989.* (Que sais-je? ; 2442 c1)
ISBN 2-13-042091-5. *42 F / 6,40 €*

00202 **COSTA S.** La peinture italienne, du maniérisme au néoclassicisme. *PUF, 1996.* (Que sais-je? ; 3020 c1)
ISBN 2-13-047812-3. *42 F / 6,40 €*

00203 **COSTA S., DUFFREN T.** La peinture italienne des 19e et 20e siècles. *PUF, 1999.* (Que sais-je? ; 3446 c1)
ISBN 2-13-049707-1. *42 F / 6,40 €*

00204 **COUPRY F.** La corrida. *Milan, 1997.* (Les essentiels Milan ; 82 c1)
ISBN 2-84113-528-4. *25 F / 3,81 €*

00205 **N** **CROS P.** Les styles en architecture. *Milan, 2000.* (Les essentiels Milan ; 174 c1)
ISBN 2-7459-0049-8. *25 F / 3,81 €*

00206 **CROZET R.** L'Art roman. 3e éd. *PUF, 1991.* (Quadrige ; 16)
ISBN 2-13-044279-X. *62 F / 9,45 €*

00207 **N** **CUESTA S.** Léo Ferré. *Librio, 2001.* (Librio ; 446. Musique c1)
ISBN 2-290-31090-5. *10 F / 1,52 €*

00208 **CUZIN J-P., SALMON D.** Georges de La Tour : histoire d'une redécouverte. *Gallimard : Réunion des musées nationaux, 1997.* (Découvertes ; 329. Peinture c5)
ISBN 2-07-053425-1. *85 F / 12,96 €*

00209 **DAIX P.** Dictionnaire Picasso. *Laffont, 1995.* (Bouquins)
ISBN 2-221-07443-2. *169 F / 25,76 €*

00210 **DALI S.** Les Cocus du vieil art moderne. *Grasset, 1989.* (Les Cahiers rouges ; 107)
ISBN 2-246-42142-X. *40 F / 6,10 €*

00211 **DALI S.** Journal d'un génie. *Gallimard, 1994.* (L'imaginaire ; 311)
ISBN 2-07-073811-6. *60 F / 9,15 €*

00212 **DANEY S.** Ciné journal. 1, 1981-1982. *Cahiers du cinéma, 1998.* (Petite bibliothèque des Cahiers du cinéma)
ISBN 2-86642-212-0. *69 F / 10,52 €*

00213 **DANEY S.** Ciné journal. 2, 1983-1986. *Cahiers du cinéma, 1998.* (Petite bibliothèque des Cahiers du cinéma)
ISBN 2-86642-213-9. *69 F / 10,52 €*

00214 **DANEY S.** La rampe. *Cahiers du cinéma, 1996.* (Petite bibliothèque des Cahiers du cinéma)
ISBN 2-86642-175-2. *69 F / 10,52 €*

00215 **DAOUDI B.** Le raï. *Librio, 2000.* (Librio ; 348. Musique c1)
ISBN 2-290-30092-6. *10 F / 1,52 €*

00216 **DAOUDI B., MILIANI H.** L'aventure du raï : musique et société. *Seuil, 1996.* (Point-virgule c1)
ISBN 2-02-025587-1. *32 F / 4,88 €*

00217 **DARDENNE L., DARDENNE J-P.** Rosetta ; La promesse. *Cahiers du cinéma, 1999.* (Petite bibliothèque des Cahiers du cinéma)
ISBN 2-86642-253-8. *49 F / 7,47 €*

00218 **DARRAGON E.** Manet. *Hachette Littératures, 1991.* (Pluriel ; 8568 c4)
ISBN 2-01-017815-7. *58 F / 8,84 €*

00219 **N** **DARRÉ Y.** Histoire sociale du cinéma français. *La Découverte, 2000.* (Repères ; 309 c1)
ISBN 2-7071-3336-1. *52 F / 7,93 €*

00220 **DASSAS F.** L'illusion baroque : l'architecture de 1600 à 1750. *Gallimard, 1999.* (Découvertes ; 382. Architecture c5)
ISBN 2-07-053494-4. *85 F / 12,96 €*

00221 **DAVET S., TENAILLE F.** Le Printemps de Bourges, chroniques des musiques d'aujourd'hui. *Gallimard, 1996.* (Découvertes ; 283. Musique c4)
ISBN 2-07-053375-1. *75 F / 11,43 €*

00222 **DAVID C.** Simone Signoret ou la Mémoire partagée. *LGF, 1992.* (Le Livre de poche ; 4294 c8)
ISBN 2-253-05926-9. *33 F / 5,03 €*

00223 **DAVIS S.** Bob Marley. *Seuil, 1992.* (Point-virgule ; 117 c3)
ISBN 2-02-014657-6. *48 F / 7,32 €*

00224 **DE BRUYNE E.** Etudes d'esthétique médiévale. 1. *Albin Michel, 1998.* (Bibliothèque de l'évolution de l'humanité)
ISBN 2-226-09967-0. *110 F / 16,77 €*

00225 **DE BRUYNE E.** Etudes d'esthétique médiévale. 2. *Albin Michel, 1998.* (Bibliothèque de l'évolution de l'humanité)
ISBN 2-226-09968-9. *110 F / 16,77 €*

00226 **DE HEUSCH L.** Ceci n'est pas la Belgique : sur Alechinsky, Dotremont, Ensor, Reinhoud, Vélasquez... *Complexe, 1992.* (Le Regard littéraire ; 52 c13)
ISBN 2-87027-429-7. *69 F / 10,52 €*

00227 **DEBAUSSART E.** Les musiques celtiques. *Librio, 1999.* (Librio. Musique ; 294 c1)
ISBN 2-277-30294-5. *10 F / 1,52 €*

00228 **DEBRÉ O.** L'Espace et le comportement. 2e éd. *Echoppe, 1987.* (Envois c1)
ISBN 2-905657-20-0. *27 F / 4,12 €*

00229 **DEBUSSY C.** Monsieur Croche : et autres écrits. Ed. rev. et augm. *Gallimard, 1987.* (L'imaginaire ; 187)
ISBN 2-07-071107-2. *58 F / 8,84 €*

00230 **DELACROIX E.** Lettres intimes. *Gallimard, 1995.* (L'imaginaire ; 323)
ISBN 2-07-074119-2. *40 F / 6,10 €*

00231 **DELACROIX E.** Pensées sur les arts et les lettres. *Séguier, 1998.* (Carré d'art ; 28)
ISBN 2-84049-136-2. *48 F / 7,32 €*

00232 **DELAMARE F., GUINEAU B.** Les matériaux de la couleur. *Gallimard, 1999.* (Découvertes ; 383. Peinture c5)
ISBN 2-07-053478-2. *85 F / 12,96 €*

00233 **DELBÉE A.** Une Femme. *LGF, 1984.* (Le Livre de poche ; 5959 c9)
ISBN 2-253-03492-4. *36 F / 5,49 €*

00234 **DÉON M.** Orphée aimait-il Eurydice ? : un tableau du Poussin. *Séguier, 1996.* (Carré d'art ; 17)
ISBN 2-84049-081-1. *48 F / 7,32 €*

00235 **DES CARS L.** Les préraphaélites : un modernisme à l'anglaise. *Gallimard : Réunion des musées nationaux, 1999.* (Découvertes ; 368. Peinture)
ISBN 2-07-053459-6. *75 F / 11,43 €*

00236 **N** **DESPLECHIN A., BOURDIEU E.** Esther Kahn. *Cahiers du cinéma, 2000.* (Petite bibliothèque des Cahiers du cinéma)
ISBN 2-86642-279-1. *69 F / 10,52 €*

00237 **DEVAUX P.** La Comédie-Française. *PUF, 1993.* (Que sais-je? ; 2736 c1)
ISBN 2-13-045114-4. *42 F / 6,40 €*

00238 **Dictionnaire chronologique de l'opéra :** de 1597 à nos jours. Nouv. éd. rev. et augm. *LGF, 1994.* (Le Livre de poche ; 7861. Pratique c12)
ISBN 2-253-03868-7. *44 F / 6,71 €*

00239 **Dictionnaire de la musique.** *Larousse, 1996.* (In extenso)
ISBN 2-03-750013-0. *280 F / 42,69 €*

00240 **Dictionnaire de la peinture.** *Larousse, 1996.* (In extenso)
ISBN 2-03-750010-6. *280 F / 42,69 €*

00241 **Dictionnaire de la photo.** *Larousse, 1996.* (In extenso c1)
ISBN 2-03-750014-9. *160 F / 24,39 €*

00242 **Dictionnaire des films. Nouv. éd. mise à jour.** *Larousse, 1999.* (In extenso)
ISBN 2-03-750064-5. *160 F / 24,39 €*

00243 **N** **Dictionnaire du cinéma. Nouv. éd.** *Larousse, 2000.* (In extenso)
ISBN 2-03-575066-0. *280 F / 42,69 €*

00244 **DIDEROT D.** Chardin. *Echoppe, 1999.* (Envois c1)
ISBN 2-84068-106-4. *27 F / 4,12 €*

00245 **DIDEROT D.** Paradoxe sur le comédien ; Lettres sur le théâtre à madame Riccobini et à mademoiselle Jodin. *Gallimard, 1994.* (Folio ; 2575. Classique c11)
ISBN 2-07-038856-5. *29,50 F / 4,50 €*

00246 **DIDEROT D.** Paradoxe sur le comédien. *Mille et une nuits, 1999.* (La petite collection ; 233 c3)
ISBN 2-84205-393-1. *13 F / 1,98 €*

00247 **Diderot et le théâtre :** l'acteur. *Pocket, 1995.* (Agora ; 159 c9)
ISBN 2-266-06434-7. *48 F / 7,32 €*

00248 **Diderot et le théâtre :** le drame. *Pocket, 1995.* (Agora ; 158. Les Classiques c9)
ISBN 2-266-06433-9. *48 F / 7,32 €*

00249 **DIEDERICHS O., LUBEN I.** La déconcentration. *PUF, 1995.* (Que sais-je? ; 2954 c1)
ISBN 2-13-046886-1. *42 F / 6,40 €*

00250 **DISTEL A.** Renoir : il faut embellir. Réimpr. *Gallimard : Réunion des musées nationaux, 1993.* (Découvertes ; 177. Peinture c6)
ISBN 2-07-053259-3. *90 F / 13,72 €*

00251 **DISTER A.** L'Age du rock. *Gallimard, 1992.* (Découvertes ; 160. Musique c6)
ISBN 2-07-053200-3. *90 F / 13,72 €*

00252 **DISTER A.** Cultures rock. *Milan, 1996.* (Les essentiels Milan ; 44 c1)
ISBN 2-84113-379-6. *25 F / 3,81 €*

00253 **N** **DOISNEAU R.** A l'imparfait de l'objectif. Réimpr. *Actes Sud, 2001.* (Babel ; 174 c3)
ISBN 2-7427-0582-1. *45 F / 6,86 €*

00254 **N** **DOISNEAU R.** A l'imparfait de l'objectif. *Actes Sud, 2001.* (Babel ; 174 c3)
ISBN 2-7427-3182-2. *45 F / 6,86 €*

00255 **DOMECQ J-P.** Artistes sans art ?. *Pocket, 1999.* (Agora ; 220)
ISBN 2-266-09662-1. *38 F / 5,79 €*

00256 **DOMINO C.** Bacon, monstre de peinture. *Gallimard : Ed. du Centre Pompidou, 1996.* (Découvertes ; 287. Peinture)
ISBN 2-07-053374-3. *85 F / 12,96 €*

00257 **DONADONI S.** L'Art égyptien. *LGF, 1993.* (La Pochothèque ; 3050. Encyclopédies d'aujourd'hui)
ISBN 2-253-06540-4. *169 F / 25,76 €*

00258 **DORIVAL J.** La cantate française au XVIIIe siècle. *PUF, 1999.* (Que sais-je? ; 3476 c1)
ISBN 2-13-049974-0. *42 F / 6,40 €*

00259 **DOUCHET J.** Alfred Hitchcock. *Cahiers du cinéma, 1999.* (Petite bibliothèque des Cahiers du cinéma)
ISBN 2-86642-244-9. *79 F / 12,04 €*

00260 **DREYER C. T.** Réflexions sur mon métier. *Cahiers du cinéma, 1997.* (Petite bibliothèque des Cahiers du cinéma)
ISBN 2-86642-183-3. *69 F / 10,52 €*

00261 **DU BOUCHET P.** Magnificat, Jean-Sébastien Bach : le cantor. Réimpr. *Gallimard, 1999.* (Découvertes ; 116. Musique c6)
ISBN 2-07-053144-9. *90 F / 13,72 €*

00262 **N** **DUAULT A.** Verdi, une passion, un destin. Nouv. éd. *Gallimard, 2000.* (Découvertes ; 9. Musique c4)
ISBN 2-07-053526-6. *90 F / 13,72 €*

00263 **DUBUFFET J.** L'Homme du commun à l'ouvrage. *Gallimard, 1991.* (Folio ; 162. Essais ; 162 c6)
ISBN 2-07-032632-2. *56 F / 8,54 €*

00264 **DUBY G.** Art et société au Moyen Age. *Seuil, 1997.* (Points ; 243. Histoire c7)
ISBN 2-02-031607-2. *35 F / 5,34 €*

00265 **DUCHAMP M.** Deux interviews new-yorkaises : septembre 1915. *Echoppe, 1996.* (Envois c1)
ISBN 2-84068-064-5. *27 F / 4,12 €*

00266 **DUCHAMP M.** Marcel Duchamp parle des Ready-made : à Philippe Collin. *Echoppe, 1999.* (Envois c1)
ISBN 2-84068-098-X. *27 F / 4,12 €*

00267 **DUCHAMP M.** Le Processus créatif. 3e éd. *Echoppe, 1987.* (Envois c1)
ISBN 2-905657-25-1. *27 F / 4,12 €*

00268 **DUCHAMP M., ASHTON D.** Rencontre avec Marcel Duchamp. *Echoppe, 1996.* (Envois c1)
ISBN 2-84068-066-1. *27 F / 4,12 €*

00269 **DUCHAMP-VILLON R.** L'Architecture et le fer : la tour Eiffel. *Echoppe, 1994.* (Envois)
ISBN 2-84068-030-0. *27 F / 4,12 €*

00270 **N** **DUCRAY F.** Pink Floyd. *Librio, 2000.* (Librio ; 386. Musique c1)
ISBN 2-290-30646-0. *10 F / 1,52 €*

00271 **DUFOURCQ N., BENOIT M., GAGNEPAIN B.** Les Grandes dates de l'histoire de la musique. 4e éd. *PUF, 1991.* (Que sais-je? ; 1333 c1)
ISBN 2-13-043931-4. *42 F / 6,40 €*

00272 **DUMAS A.** Eugène Delacroix. *Mercure de France, 1996.* (Le petit Mercure)
ISBN 2-7152-1973-3. *24 F / 3,66 €*

00273 **DURANTY L-E.** Adolphe Menzel. *Séguier, 1996.* (Carré d'art ; 19)
ISBN 2-84049-079-X. *58 F / 8,84 €*

00274 **DURAS M.** Les yeux verts. *Cahiers du cinéma, 1996.* (Petite bibliothèque des Cahiers du cinéma)
ISBN 2-86642-177-9. *59 F / 8,99 €*

00275 **N** **DUTEURTRE B.** Requiem pour une avant-garde. Nouv. éd. augm. d'une préface. *Pocket, 2000.* (Agora ; 234 c7)
ISBN 2-266-10574-4. *42 F / 6,40 €*

00276 **Edward Burne-Jones :** le rayonnement international d'un artiste anglais à l'aube du XXe siècle. *ACR, 1999.* (Pochecouleur ; 26)
ISBN 2-86770-119-8. *120 F / 18,29 €*

00277 **EINSTEIN A.** Mozart : l'homme et l'oeuvre. Nouv. éd. rev. *Gallimard, 1991.* (Tel ; 175)
ISBN 2-07-072194-9. *98 F / 14,94 €*

00278 **EINSTEIN A.** La Musique romantique. *Gallimard, 1984.* (Tel ; 88)
ISBN 2-07-070108-5. *72 F / 10,98 €*

00279 **EINSTEIN A.** Schubert : portrait d'un musicien. *Gallimard, 1997.* (Tel ; 285)
ISBN 2-07-074837-5. *65 F / 9,91 €*

00280 **ELISSEEFF D.** Les Arts de l'Extrême-Orient. *PUF, 1994.* (Que sais-je? ; 77 c1)
ISBN 2-13-046359-2. *42 F / 6,40 €*

00281 **ENAUD-LECHIEN I.** James Whistler, le peintre et le polémiste : 1834-1903. *ACR, 1995.* (Pochecouleur ; 9)
ISBN 2-86770-087-6. *120 F / 18,29 €*

00282 **N** **Encyclopédie de l'art. Nouv. éd.** *LGF, 2000.* (La Pochothèque ; 3003. Encyclopédies d'aujourd'hui)
ISBN 2-253-13025-7. *195 F / 29,73 €*

00283 **Encyclopédie de la musique.** *LGF, 1992.* (La Pochothèque ; 3002. Encyclopédies d'aujourd'hui)
ISBN 2-253-05302-3. *175 F / 26,68 €*

00284 **ERLANDE-BRANDENBURG A.** Quand les cathédrales étaient peintes. *Gallimard, 1993.* (Découvertes ; 180. Architecture c5)
ISBN 2-07-053234-8. *85 F / 12,96 €*

00285 **EUSTACHE J.** La maman et la putain : scénario. Nouv. éd. *Cahiers du cinéma, 1998.* (Petite bibliothèque des Cahiers du cinéma)
ISBN 2-86642-208-2. *49 F / 7,47 €*

00286 **FAURE E.** L'Art antique. *Gallimard, 1988.* (Histoire de l'art; 1)(Folio ; 62. Essais ; 62 c9)
ISBN 2-07-032417-6. *71 F / 10,82 €*

00287 **FAURE E.** L'Art médiéval. *Gallimard, 1988.* (Histoire de l'art; 2)(Folio ; 63. Essais ; 63 c9)
ISBN 2-07-032418-4. *71 F / 10,82 €*

00288 **FAURE E.** L'Art moderne 2. *Gallimard, 1988.* (Histoire de l'art; 5)(Folio ; 66. Essais ; 66 c9)
ISBN 2-07-032421-4. *71 F / 10,82 €*

00289 **FAURE E.** L'Art renaissant. *Gallimard, 1988.* (Histoire de l'art; 3)(Folio ; 64. Essais ; 64 c9)
ISBN 2-07-032419-2. *71 F / 10,82 €*

00290 **FAURE E.** L'Esprit des formes. 1. *Gallimard, 1992.* (Folio ; 176. Essais ; 176 cK)
ISBN 2-07-032521-0. *76,50 F / 11,66 €*

00291 **FAURE E.** L'Esprit des formes. 2. *Gallimard, 1992.* (Folio ; 177. Essais ; 177 cK)
ISBN 2-07-032656-X. *76,50 F / 11,66 €*

00292 **FAUTRIER J.** Sur la virtuosité : lettre à Jean Paulhan. 3e éd. *Echoppe, 1987.* (Envois c1)
ISBN 2-905657-21-9. *27 F / 4,12 €*

00293 **FAUTRIER J., LESCURE J.** En écoutant Fautrier. *Echoppe, 1999.* (Envois c1)
ISBN 2-84068-101-3. *27 F / 4,12 €*

00294 **FELLINI F.** Faire un film. *Seuil, 1996.* (Point-virgule c9)
ISBN 2-02-022249-3. *42 F / 6,40 €*

00295 **FELLINI F.** 8 1/2. *Seuil, 1996.* (Point-virgule c11)
ISBN 2-02-023535-8. *48 F / 7,32 €*

00296 **FELLINI F.** La strada : scénario bilingue. *Seuil, 1996.* (Point-virgule c11)
ISBN 2-02-023534-X. *48 F / 7,32 €*

00297 **FERMIGIER A.** Picasso. Nouv. éd. mise à jour. *LGF, 1996.* (Le Livre de poche ; 445. Références art c12)
ISBN 2-253-90445-7. *44 F / 6,71 €*

00298 **FERMIGIER A.** Toulouse-Lautrec. *Pocket, 1992.* (Agora ; 114 c5)
ISBN 2-266-04789-2. *34 F / 5,18 €*

00299 **FERNANDEZ D., FERRANTI F.** La perle et le croissant : l'Europe baroque de Naples à Saint-Petersbourg. *Pocket, 1997.* (Pocket ; 10272. Terre humaine c12)
ISBN 2-266-07675-2. *60 F / 9,15 €*

00300 **FERNANDEZ D., ZHU C.** La beauté. *Desclée De Brouwer ; Presses littéraires et artistiques de Shanghai, 2000.* (Proches lointains)
ISBN 2-220-04731-8. *62 F / 9,45 €*

00301 **FERRER N.** Textes?. *Seuil, 1997.* (Point-virgule c8)
ISBN 2-02-028563-0. *39 F / 5,95 €*

00302 **FERRIER J-L.** Brève histoire de l'art : trente tableaux de la Renaissance à nos jours. *Hachette Littératures, 1999.* (Pluriel ; 923)
ISBN 2-01-278923-4. *70 F / 10,67 €*

00303 **FERRIER J-L.** De Picasso à Guernica : généalogie d'un tableau. *Hachette Littératures, 1998.* (Pluriel ; 893 c8)
ISBN 2-01-278893-9. *60 F / 9,15 €*

00304 **FERRO M.** Cinéma et histoire. Nouv. éd. *Gallimard, 1993.* (Folio ; 55. Histoire ; 55 c6)
ISBN 2-07-032805-8. *56 F / 8,54 €*

00305 **FLEISCHER A.** La pornographie, une idée fixe de la photographie. *la Musardine, 2000.* (L'attrape-corps)
ISBN 2-84271-100-9. *49 F / 7,47 €*

00306 **FLÉOUTER C.** Johnny, la dernière des légendes. *J'ai lu, 1994.* (J'ai lu ; 3610. Littérature générale)
ISBN 2-277-23610-1. *36 F / 5,49 €*

00307 **FLUCHÈRE H.** Shakespeare, dramaturge élisabéthain. *Gallimard, 1987.* (Tel ; 122)
ISBN 2-07-071126-9. *61 F / 9,30 €*

00308 **FOCILLON H.** L'Art des sculpteurs romans : recherches sur l'histoire des formes. 2e éd. *PUF, 1988.* (Quadrige ; 38)
ISBN 2-13-042047-8. *69 F / 10,52 €*

00309 **FOCILLON H.** Arts d'Occident : le Moyen Age roman, le Moyen Age gothique. *LGF, 1988.* (Le Livre de poche ; 4070. Biblio essais c15)
ISBN 2-253-04393-1. *50 F / 7,62 €*

00310 **FOCILLON H.** Raphaël. *Pocket, 1990.* (Agora ; 76 c6)
ISBN 2-266-03786-2. *38 F / 5,79 €*

00311 **FOCILLON H.** Vie des formes ; suivi de Eloge de la main. 6e éd. *PUF, 1996.* (Quadrige ; 6)
ISBN 2-13-045546-8. *49 F / 7,47 €*

00312 **N** **FOUCHET M-P.** Baudelaire annonçait l'art d'aujourd'hui suivi de A quoi sert la poésie?. *La Renaissance du livre, 2001.* (Conférences des Midis de la poésie)
ISBN 2-8046-0462-4. *39 F / 5,95 €*

00313 **Four rooms.** *10-18, 1996.* (10-18 ; 2698. Domaine étranger c3)
ISBN 2-264-02359-7. *38 F / 5,79 €*

00314 **FOUSNAQUER J-E.** Rachmaninov. *Seuil, 1994.* (Microcosme. Solfèges)
ISBN 2-02-013699-6. *65 F / 9,91 €*

00315 **FRANCASTEL P.** Art et technique : aux XIXe et XXe siècles. *Gallimard, 1988.* (Tel ; 132)
ISBN 2-07-071401-2. *68 F / 10,37 €*

00316 **FRANCASTEL P.** Etudes de sociologie de l'art. *Gallimard, 1989.* (Tel ; 152)
ISBN 2-07-071718-6. *55 F / 8,38 €*

00317 **N** **FRANCK D.** Bohèmes. *Pocket, 2000.* (Pocket ; 10637 c10)
ISBN 2-266-09202-2. *50 F / 7,62 €*

00318 **FRANCK D.** Le Petit livre des instruments de musique. *Seuil, 1993.* (Point-virgule ; 127 c3)
ISBN 2-02-019555-0. *48 F / 7,32 €*

00319 **FRANÇOIS-SAPPEY B.** Histoire de la musique en Europe. *PUF, 1992.* (Que sais-je? ; 40 c1)
ISBN 2-13-044548-9. *42 F / 6,40 €*

00320 **FRÈCHES J.** Le Caravage, peintre et assassin. *Gallimard, 1995.* (Découvertes ; 254. Peinture c6)
ISBN 2-07-053265-8. *90 F / 13,72 €*

00321 **FREUND G.** Photographie et société. *Seuil, 1974.* (Points. Histoire ; 15 c4)
ISBN 2-02-000660-X. *52 F / 7,93 €*

00322 **FROMENTIN E.** Rubens et Rembrandt : les maîtres d'autrefois. *Complexe, 1991.* (Le Regard littéraire ; 49 cM)
ISBN 2-87027-415-7. *69 F / 10,52 €*

00323 **FUCHS R. H.** Conflits avec le modernisme ou l'Absence de Kurt Schwitters. *Echoppe, 1993.* (Envois c1)
ISBN 2-84068-021-1. *27 F / 4,12 €*

00324 **N** **FUCHS R. H.** Eloge de Jan Dibbets. *Echoppe, 2000.* (Envois c1)
ISBN 2-84068-124-2. *27 F / 4,12 €*

00325 **GAEHTGENS T.** L'art sans frontières : les relations artistiques franco-allemandes. *LGF, 1999.* (Le Livre de poche ; 559. Références art c19)
ISBN 2-253-90559-3. *70 F / 10,67 €*

00326 **GAGNEPAIN B.** Histoire de la musique du Moyen Age. 2, XIIIe-XIVe siècle. *Seuil, 1996.* (Microcosme. Solfèges c3)
ISBN 2-02-018165-7. *65 F / 9,91 €*

00327 **GAINSBOURG S.** Dernières nouvelles des étoiles : l'intégrale. *Pocket, 1996.* (Pocket ; 10037. Best c5)
ISBN 2-266-06792-3. *35 F / 5,34 €*

00328 **GAINSBOURG S.** Mauvaises nouvelles des étoiles : chansons et photos. *Seuil, 1994.* (Point-virgule ; 147 c1)
ISBN 2-02-022688-X. *32 F / 4,88 €*

00329 **GALLOIS J.** Haendel. *Seuil, 1980.* (Microcosme. Solfèges ; 39 c01)
ISBN 2-02-005707-7. *49 F / 7,47 €*

00330 **GARÇON F.** Gaumont, un siècle de cinéma. *Gallimard, 1994.* (Découvertes ; 224. Cinéma c04)
ISBN 2-07-053251-8. *75 F / 11,43 €*

00331 **GAUGUIN P.** Noa Noa. *Mille et une nuits, 1998.* (La petite collection ; 217 c3)
ISBN 2-84205-365-6. *13 F / 1,98 €*

00332 **GAUGUIN P.** Qui trompe-t-on ici ?. *Echoppe, 1996.* (Envois c1)
ISBN 2-84068-067-X. *27 F / 4,12 €*

00333 **N** **GAUGUIN P.** Sous deux latitudes ; suivi de Natures mortes. *Echoppe, 2000.* (Envois c1)
ISBN 2-84068-118-8. *27 F / 4,12 €*

00334 **GAUTHIER A.** Puccini. Réimpr. *Seuil, 1998.* (Microcosme. Solfèges ; 20 c1)
ISBN 2-02-033636-7. *55 F / 8,38 €*

00335 **GAUTIER T.** Bonjour Monsieur Corot !. *Séguier, 1996.* (Carré d'art ; 16)
ISBN 2-84049-082-X. *68 F / 10,37 €*

00336 **GAUTIER T.** Courbet : le Watteau du laid. *Séguier, 2000.* (Carré d'art ; 32)
ISBN 2-84049-167-2. *48 F / 7,32 €*

00337 **GEFFROY G.** Paul Cézanne et Gustave Geffroy ou Le portrait inachevé. *Séguier, 1995.* (Carré d'art)
ISBN 2-84049-061-7. *68 F / 10,37 €*

00338 **GEORGEL P.** Courbet : le poème de la nature. *Gallimard, 1995.* (Découvertes ; 271. Peinture c5)
ISBN 2-07-053132-5. *90 F / 13,72 €*

00339 **GIACOMETTI A.** Je ne sais ce que je vois qu'en travaillant. *Echoppe, 1993.* (Envois c1)
ISBN 2-84068-025-4. *27 F / 4,12 €*

00340 **GIDE A.** Notes sur Chopin. 2e éd. *Arche éditeur, 1983.* (Travaux)
ISBN 2-85181-021-9. *55 F / 8,38 €*

00341 **GINOUVES R.** L'Art grec. 4e éd. *PUF, 1994.* (Quadrige ; 4)
ISBN 2-13-042463-5. *62 F / 9,45 €*

00342 **GIOVANNONI G.** L'urbanisme face aux villes anciennes. *Seuil, 1998.* (Points. Essais ; 362)
ISBN 2-02-028943-1. *55 F / 8,38 €*

00343 **GIRARD X.** Matisse, une splendeur inouie. Réimpr. *Gallimard, 1999.* (Découvertes ; 165. Peinture c6)
ISBN 2-07-053221-6. *90 F / 13,72 €*

00344 **GIROUD F.** Alma Mahler ou l'Art d'être aimée. *Pocket, 1989.* (Pocket ; 3325)
ISBN 2-266-02981-9. *26 F / 3,96 €*

00345 **GODARD J-L.** Deux ou trois choses que je sais d'elle. *Seuil, 1971.* (Points. Films ; 5 c3)
ISBN 2-02-000643-X. *48 F / 7,32 €*

00346 **GOMEZ F-X.** Les musiques cubaines. *Librio, 1999.* (Librio ; 279. Musique c1)
ISBN 2-277-30279-1. *10 F / 1,52 €*

00347 **GONÇALVES J.** Jean-Siméon Chardin. *ACR, 1999.* (Pochecouleur ; 28 c1)
ISBN 2-86770-125-2. *120 F / 18,29 €*

00348 **GONÇALVES J.** Philippe de Champaigne, le patriarche de la peinture : 1602-1674. *ACR, 1995.* (Pochecouleur ; 12)
ISBN 2-86770-064-7. *120 F / 18,29 €*

00349 **GONCOURT E. d., GONCOURT J. d.** L'Italie d'hier : notes de voyages 1855-1856. *Complexe, 1991.* (Le Regard littéraire ; 47 cM)
ISBN 2-87027-396-7. *69 F / 10,52 €*

00350 **GONZALEZ C.** Le Western. *PUF, 1979.* (Que sais-je? ; 1760 c1)
ISBN 2-13-035923-X. *42 F / 6,40 €*

00351 **GORIN F.** Sur le rock. *Ed. de l'Olivier, 1998.* (Petite bibliothèque américaine ; 21)
ISBN 2-87929-200-X. *69 F / 10,52 €*

00352 **Le grand guignol :** le théâtre des peurs de la Belle-Epoque. *Laffont, 1995.* (Bouquins)
ISBN 2-221-06901-3. *179 F / 27,29 €*

00353 **GROMAIRE M.** Idées d'un peintre sur le cinéma ; suivi de Le cinéma actuel et ses deux tendances. *Séguier, 1995.* (Carré d'art ; 4)
ISBN 2-84049-050-1. *38 F / 5,79 €*

00354 **GROS B.** Benno Besson, maître de stage. *Lansman, 1999.* (Maître de stage ; 2)
ISBN 2-87282-251-8. *85 F / 12,96 €*

00355 **GUÉRAND J-P., MORICONI M.** Cyril Collard : la passion. *J'ai lu, 1994.* (J'ai lu ; 3590. Littérature générale)
ISBN 2-277-23590-3. *36 F / 5,49 €*

00356 **GUICHARD-MEILI J.** L'Art de Matisse. *Pocket, 1993.* (Agora ; 151 c6)
ISBN 2-266-05631-X. *38 F / 5,79 €*

00357 **Guide de la musique ancienne et baroque.** *Laffont, 1993.* (Bouquins)
ISBN 2-221-06903-X. *189 F / 28,81 €*

00358 **GUILLARD G.** Jean-Sébastien Bach et l'orgue. *PUF, 1987.* (Que sais-je? ; 2318 c1)
ISBN 2-13-039660-7. *42 F / 6,40 €*

00359 **GUIOMAR M.** Principes d'une esthétique de la mort : les modes de présences, les présences immédiates, le seuil de l'au-delà. Ed. rev. et corr. *LGF, 1993.* (Le Livre de poche ; 4186. Biblio essais c20)
ISBN 2-253-06535-8. *80 F / 12,20 €*

00360 **Gulliver. 2, Musique !.** *Librio, 1999.* (Librio ; 269 c1)
ISBN 2-277-30269-4. *10 F / 1,52 €*

00361 **GUYOT A., RESTELLINI P.** L'art nazi. *Complexe, 1996.* (Historiques ; 102 c11)
ISBN 2-87027-635-4. *65 F / 9,91 €*

00362 **HANDKE P.** La Leçon de la Sainte-Victoire = Die Lehre der Sainte-Victoire. *Gallimard, 1991.* (Folio bilingue ; 18)
ISBN 2-07-038438-1. *46 F / 7,01 €*

00363 **HANOTELLE M.** Paris-Bruxelles : autour de Rodin et Meunier. *ACR, 1997.* (Pochecouleur ; 22 c1)
ISBN 2-86770-102-3. *120 F / 18,29 €*

00364 **HARNONCOURT N.** Le Dialogue musical : Monteverdi, Bach et Mozart. *Gallimard, 1985.* (Arcades ; 7)
ISBN 2-07-070488-2. *80 F / 12,20 €*

00365 **HARSANYI Z.** La Vie de Liszt est un roman. *Actes Sud, 1993.* (Babel ; 81 c7)
ISBN 2-7427-0075-7. *69 F / 10,52 €*

00366 **HASKELL F.** L'amateur d'art. *LGF, 1997.* (Le Livre de poche ; 531. Références art c18)
ISBN 2-253-90531-3. *65 F / 9,91 €*

00367 **HASKELL F., PENNY N.** Pour l'amour de l'antique : la statuaire gréco-romaine et le goût européen, 1500-1900. Réimpr. *Hachette Littératures, 1999.* (Pluriel ; 918)
ISBN 2-01-278918-8. *70 F / 10,67 €*

00368 **HAUSMANN R.** Considérations objectives sur le rôle du dadaïsme. *Echoppe, 1994.* (Envois)
ISBN 2-84068-039-4. *27 F / 4,12 €*

00369 **HEINE H.** Mais qu'est-ce que la musique ? : chroniques. *Actes Sud, 1997.* (Babel ; 298 c2)
ISBN 2-7427-1448-0. *39 F / 5,95 €*

00370 **HEINICH N.** Pour en finir avec la querelle de l'art contemporain. *Echoppe, 2000.* (Envois c1)
ISBN 2-84068-114-5. *27 F / 4,12 €*

00371 **HELFFER C., MICHAUD-PRADEILLES C.** Le piano. 2e éd. mise à jour. *PUF, 1996.* (Que sais-je? ; 26 c1)
ISBN 2-13-048038-1. *42 F / 6,40 €*

00372 **HELLMANN M-C.** L'architecture grecque. *LGF, 1998.* (Le Livre de poche ; 544. Références art c14)
ISBN 2-253-90544-5. *48 F / 7,32 €*

00373 **HENRY P.** Journal de mes sons. *Séguier, 1996.* (Carré musique ; 23)
ISBN 2-84049-096-X. *50 F / 7,62 €*

00374 **HERZHAFT G.** Le blues. 4e éd. corr. *PUF, 1999.* (Que sais-je? ; 1956 c1)
ISBN 2-13-046544-7. *42 F / 6,40 €*

00375 **HERZHAFT G.** La country-music. 2e éd. corr. *PUF, 1995.* (Que sais-je? ; 2134 c1)
ISBN 2-13-038168-5. *42 F / 6,40 €*

00376 **HESS R.** Le tango. 2e éd. *PUF, 1999.* (Que sais-je? ; 3100 c1)
ISBN 2-13-047571-X. *42 F / 6,40 €*

00377 **HEYMANN D.** Pauvre petite fille riche. *J'ai lu, 1991.* (J'ai lu ; 2963. Littérature générale)
ISBN 2-277-22963-6. *36 F / 5,49 €*

00378 **A** **Histoire de l'architecture.** *Seuil, 2001.* (Points. Essais)
ISBN 2-02-013290-7. *195 F / 29,73 €*

00379 **Histoire de l'art.** *Larousse, 1995.* (In extenso)
ISBN 2-03-750025-4. *160 F / 24,39 €*

00380 **Histoire de la musique.** *Larousse, 1998.* (In extenso c1)
ISBN 2-03-750021-1. *160 F / 24,39 €*

00381 **A** **Histoire de la musique. 1-1.** *Gallimard, 2001.* (Folio. Essais)
ISBN 2-07-041745-X. *20,50 F / 3,13 €*

00382 **A** **Histoire de la musique. 1-2.** *Gallimard, 2001.* (Folio. Essais)
ISBN 2-07-041746-8. *20,50 F / 3,13 €*

00383 **A** **Histoire de la musique. 2-1.** *Gallimard, 2001.* (Folio. Essais)
ISBN 2-07-041747-6. *20,50 F / 3,13 €*

00384 **A** **Histoire de la musique. 2-2.** *Gallimard, 2001.* (Folio. Essais)
ISBN 2-07-041748-4. *20,50 F / 3,13 €*

00385 **HITCHCOCK A.** La mort aux trousses = North by Northwest. *Cahiers du cinéma, 1999.* (Petite bibliothèque des Cahiers du cinéma)
ISBN 2-86642-245-7. *79 F / 12,04 €*

00386 **HOCQUARD J-V.** Mozart. Nouv. éd. rev. et augm. *Seuil, 1994.* (Microcosme. Solfèges c3)
ISBN 2-02-019455-4. *65 F / 9,91 €*

00387 **HODEIR A.** Les formes de la musique. 14e éd. *PUF, 1998.* (Que sais-je? ; 478 c1)
ISBN 2-13-042502-X. *42 F / 6,40 €*

00388 **HOFFMANN R., LEDUC J-M.** Rock babies : 25 ans de pop music. *Seuil, 1978.* (Points. Actuels ; 18 c3)
ISBN 2-02-004912-0. *48 F / 7,32 €*

00389 **HONOUR H.** Le néo-classicisme. *LGF, 1998.* (Le Livre de poche ; 450. Références art c17)
ISBN 2-253-90450-3. *60 F / 9,15 €*

00390 **HOOG E., HOOG M.** Le Marché de l'art. *PUF, 1991.* (Que sais-je? ; 2630 c1)
ISBN 2-13-044204-8. *42 F / 6,40 €*

00391 **HOOG M.** Cézanne puissant et solitaire. Réimpr. *Gallimard : Réunion des musées nationaux, 1995.* (Découvertes ; 55. Peinture c5)
ISBN 2-07-053059-0. *85 F / 12,96 €*

00392 **HOPKINS J., SUGERMAN D.** Personne ne sortira d'ici vivant. *10-18, 1992.* (10-18 ; 2241. Domaine étranger c6)
ISBN 2-264-01711-2. *47 F / 7,17 €*

00393 **HUBERT M-C.** Le théâtre. *Milan, 1996.* (Les essentiels Milan ; 38 c1)
ISBN 2-84113-373-7. *25 F / 3,81 €*

00394 **N** **HUELSENBECK R.** En avant dada : l'histoire du dadaïsme. *Presses du réel, 2000.* (L'écart absolu poche)
ISBN 2-84066-045-8. *30 F / 4,57 €*

00395 **HURÉ P-A., KNEPPER C.** Liszt en son temps ; Dionysos ou le Crucifié?. *Hachette Littératures, 1987.* (Pluriel ; 8469)
ISBN 2-01-011770-0. *65 F / 9,91 €*

00396 **N** **ICHBIAH D.** Enquête sur la génération MP3 : la victoire de la musique. *Mille et une nuits, 2000.* (Guide Mille et une nuits)
ISBN 2-84205-498-9. *49 F / 7,47 €*

00397 **IEHL D.** Le grotesque. *PUF, 1997.* (Que sais-je? ; 3228 c1)
ISBN 2-13-048127-2. *42 F / 6,40 €*

00398 **N** **INGALLINA P.** Le projet urbain. *PUF, 2001.* (Que sais-je? ; 3585 c1)
ISBN 2-13-051137-6. *42 F / 6,40 €*

00399 **INSDORF A.** François Truffaut, les films de sa vie. *Gallimard, 1996.* (Découvertes ; 292. Cinéma)
ISBN 2-07-053282-8. *85 F / 12,96 €*

00400 **Internationale de l'imaginaire, nouvelle série. 11, Les musiques du monde en question.** *Actes Sud, 1999.* (Babel ; 387)
ISBN 2-7427-2302-1. *51 F / 7,77 €*

00401 **Internationale de l'imaginaire, nouvelle série. 4, La musique et le monde.** *Actes Sud, 1995.* (Babel ; 162 c3)
ISBN 2-7427-0280-6. *45 F / 6,86 €*

00402 **IONESCO E.** Notes et contre-notes. *Gallimard, 1991.* (Folio ; 163. Essais ; 163 c5)
ISBN 2-07-032631-4. *52 F / 7,93 €*

00403 **IRVING J.** L'oeuvre de Dieu, la part du diable : scénario. *Seuil, 2000.* (Points ; 709 c9)
ISBN 2-02-039934-2. *42 F / 6,40 €*

00404 **ISHAGHPOUR Y.** Poussin, là où le lointain... : mythe et paysage. *Echoppe, 1996.* (Envois c1)
ISBN 2-84068-074-2. *27 F / 4,12 €*

00405 **ISHAGHPOUR Y.** Seurat : la pureté de l'élément spectral. *Echoppe, 1991.* (Envois c1)
ISBN 2-905657-94-4. *27 F / 4,12 €*

00406 **Itinéraire de Roger Planchon.** *Arche éditeur, 1970.* (Travaux ; 5)
ISBN 2-85181-285-8. *42 F / 6,40 €*

00407 **JACKSON D. P., JACKSON J. A.** La Peinture tibétaine. *Peuples du monde, 1990.* (Domaine tibétain)
ISBN 2-907629-06-9. *120 F / 18,29 €*

00408 **JACOBS R.** La Symphonie. 2e éd. *PUF, 1983.* (Que sais-je? ; 1633 c1)
ISBN 2-13-037989-3. *42 F / 6,40 €*

00409 **JACQUES A., MOUILLESEAUX J-P.** Les Architectes de la liberté. *Gallimard, 1988.* (Découvertes ; 47. Architecture c5)
ISBN 2-07-053067-1. *85 F / 12,96 €*

00410 **JACQUOT B., BEAUJOUR J.** Le septième ciel. *Cahiers du cinéma, 1997.* (Petite bibliothèque des Cahiers du cinéma)
ISBN 2-86642-203-1. *39 F / 5,95 €*

00411 **JAMEUX D.** Berg. *Seuil, 1980.* (Microcosme. Solfèges ; 38 c00)
ISBN 2-02-005515-5. *49 F / 7,47 €*

00412 **JANKÉLÉVITCH V.** Ravel. Nouv. éd. *Seuil, 1995.* (Microcosme. Solfèges ; 3 c2)
ISBN 2-02-023490-4. *59 F / 8,99 €*

00413 **JANOVER L.** La révolution surréaliste. *Hachette Littératures, 1995.* (Pluriel ; 8751 c4)
ISBN 2-01-278751-7. *58 F / 8,84 €*

00414 **Les jardins :** paysagistes, jardiniers, poètes. Réimpr. *Laffont, 1999.* (Bouquins)
ISBN 2-221-06707-X. *189 F / 28,81 €*

00415 **Jardins et paysages.** *Larousse, 1996.* (Textes essentiels)
ISBN 2-03-741023-9. *150 F / 22,87 €*

00416 **JARRY A.** Le temps dans l'art. *Echoppe, 1995.* (Envois c1)
ISBN 2-84068-046-7. *27 F / 4,12 €*

00417 **JESTAZ B.** La Renaissance de l'architecture : de Brunelleschi à Palladio. *Gallimard, 1995.* (Découvertes ; 242. Architecture c5)
ISBN 2-07-053313-1. *85 F / 12,96 €*

00418 **JIMENEZ M.** Qu'est-ce que l'esthétique ?. *Gallimard, 1997.* (Folio ; 303. Essais c8)
ISBN 2-07-032910-0. *66 F / 10,06 €*

00419 **JULER C.** Les Orientalistes de l'école italienne. *ACR, 1994.* (Pochecouleur ; 7)
ISBN 2-86770-076-0. *120 F / 18,29 €*

00420 **KAHNWEILER D-H.** Huit entretiens avec Picasso. 2e éd. *Echoppe, 1988.* (Envois c1)
ISBN 2-905657-40-5. *27 F / 4,12 €*

00421 **KAHNWEILER D-H.** Juan Gris : sa vie, son oeuvre, ses écrits. *Gallimard, 1990.* (Folio ; 153. Essais ; 153 c7)
ISBN 2-07-032609-8. *66 F / 10,06 €*

00422 **KAHNWEILER D-H., BERNIER G., CABANNE P.** D.H. Kahnweiler, marchand et critique. *Séguier, 1997.* (Carré d'art ; 27)
ISBN 2-84049-113-3. *48 F / 7,32 €*

00423 **KAHNWEILER D-H., CRÉMIEUX F.** Entretiens avec Francis Crémieux : mes galeries et mes peintres. Nouv. éd. *Gallimard, 1998.* (L'imaginaire ; 376)
ISBN 2-07-075175-9. *55 F / 8,38 €*

00424 **KAHNWEILER D-H., PICASSO P.** Entretiens avec Picasso au sujet des Femmes d'Alger. *Echoppe, 1991.* (Envois c1)
ISBN 2-905657-79-0. *27 F / 4,12 €*

00425 **KAHR M. M.** La peinture hollandaise du siècle d'or. *LGF, 1998.* (Le Livre de poche ; 453. Références art c19)
ISBN 2-253-90453-8. *70 F / 10,67 €*

00426 **KANDINSKY W.** Du spirituel dans l'art et dans la peinture en particulier. *Gallimard, 1988.* (Folio ; 72. Essais ; 72 c7)
ISBN 2-07-032432-X. *60 F / 9,15 €*

00427 **KANDINSKY W.** Point et ligne sur plan : contribution à l'analyse des éléments de la peinture. *Gallimard, 1991.* (Folio ; 168. Essais ; 168 c9)
ISBN 2-07-032639-X. *71 F / 10,82 €*

00428 **KLEE P.** Théorie de l'art moderne. *Gallimard, 1998.* (Folio ; 322. Essais c2)
ISBN 2-07-032697-7. *37 F / 5,64 €*

00429 **KOBBÉ G.** Tout l'opéra : de Monteverdi à nos jours. Nouv. éd. *Laffont, 1999.* (Bouquins)
ISBN 2-221-08880-8. *169 F / 25,76 €*

00430 **KOECHLIN S.** Le blues. *Librio, 2000.* (Librio ; 359. Musique c1)
ISBN 2-290-30499-9. *10 F / 1,52 €*

00431 **N** **LA CERDA A. d.** Pablo Sarasate. *Séguier, 2001.* (Carré musique)
ISBN 2-84049-219-9. *65 F / 9,91 €*

00432 **LABIE J-F., LABIE C.** Vivaldi : une saison à Venise. *Gallimard, 1996.* (Découvertes ; 304. Musique c5)
ISBN 2-07-053169-4. *85 F / 12,96 €*

00433 **LACAMBRE G.** Gustave Moreau, maître sorcier. Réimpr. *Gallimard : Réunion des musées nationaux, 1997.* (Découvertes ; 312. Peinture c4)
ISBN 2-07-053388-3. *75 F / 11,43 €*

00434 **LACAZE J-P.** Les Méthodes de l'urbanisme. 2e éd. *PUF, 1993.* (Que sais-je? ; 2524 c1)
ISBN 2-13-045214-0. *42 F / 6,40 €*

00435 **LAMIRAULT T.** La nature mise en perspective dans l'art de la peinture et l'art des jardins. *Economica, 1997.* (Environnement-poche ; 8 c1)
ISBN 2-7178-3195-9. *49 F / 7,47 €*

00436 **LANDON H. C. R.** Mozart connu et inconnu. *Gallimard, 1996.* (Arcades ; 46)
ISBN 2-07-074302-0. *95 F / 14,48 €*

00437 **LANGFORD M.** La photo. Réimpr. *Mango-Pratique, 1998.* (101 trucs et conseils ; 9 c1)
ISBN 2-910635-64-3. *35 F / 5,34 €*

00438 **LANZMANN C.** Shoah. *Gallimard, 1997.* (Folio ; 3026 c8)
ISBN 2-07-040378-5. *37 F / 5,64 €*

00439 **LANZMANN C.** Un vivant qui passe : Auschwitz 1943-Theresienstadt 1944. *Mille et une nuits ; Arte Editions, 1997.* (La petite collection ; 183 cA)
ISBN 2-84205-187-4. *10 F / 1,52 €*

00440 **LARTHOMAS P.** Technique du théâtre. 2e éd. *PUF, 1991.* (Que sais-je? ; 859 c1)
ISBN 2-13-044173-4. *42 F / 6,40 €*

00441 **LAUDE J.** Les Arts de l'Afrique noire. *LGF, 1990.* (Le Livre de poche ; 4118. Biblio essais c13)
ISBN 2-253-05318-X. *46 F / 7,01 €*

00442 **LAURENT S.** Les arts appliqués en France : genèse d'un enseignement. *Ed. du CTHS, 1999.* (Format ; 34)
ISBN 2-7355-0417-4. *120 F / 18,29 €*

00443 **LAVERTY P.** Carla's Song : scénario. *Seuil, 1996.* (Points ; 292 c6)
ISBN 2-02-030016-8. *32 F / 4,88 €*

00444 **LE CLÉZIO J-M. G.** Diego et Frida. *Gallimard, 1995.* (Folio ; 2746 c9)
ISBN 2-07-038944-8. *41 F / 6,25 €*

00445 **LE CORBUSIER** La Charte d'Athènes. *Seuil, 1971.* (Points ; 25. Essais c1)
ISBN 2-02-000600-6. *39 F / 5,95 €*

00446 **LE LIONNAIS F.** La peinture à Dora. *Echoppe, 1999.* (Envois c1)
ISBN 2-84068-107-2. *27 F / 4,12 €*

00447 **A** **LE ROUX H.** On appelle ça le printemps. *Cahiers du cinéma, 2001.* (Petite bibliothèque des Cahiers du cinéma ; 54)
ISBN 2-86642-305-4. *65 F / 9,91 €*

00448 **A** **LE TANNEUR H.** Charlie Parker. *Librio, 2001.* (Librio ; 455. Musique c1)
ISBN 2-290-31303-3. *10 F / 1,52 €*

00449 **LEBENSZTEJN J-C.** Les couilles de Cézanne ; suivi de Persistance de la mémoire. *Séguier, 1995.* (Carré d'art ; 5)
ISBN 2-84049-051-X. *68 F / 10,37 €*

00450 **LECHARNY L-M.** L'art pompier. *PUF, 1998.* (Que sais-je? ; 3392 c1)
ISBN 2-13-049341-6. *42 F / 6,40 €*

00451 **LEDUC J-M.** Rock-Vinyl : pour une discothèque du rock. *Seuil, 1985.* (Point-virgule c4)
ISBN 2-02-008657-3. *52 F / 7,93 €*

00452 **LEDUC J-M., MULARD C.** Louis Amstrong. *Seuil, 1994.* (Microcosme. Solfèges)
ISBN 2-02-020639-0. *75 F / 11,43 €*

00453 **LÉGER F.** Fonctions de la peinture. *Gallimard, 1997.* (Folio ; 309. Essais c5)
ISBN 2-07-032921-6. *52 F / 7,93 €*

00454 **LEIBOWITZ R.** Le Compositeur et son double : essais sur l'interprétation musicale. Ed. augm. Version définitive. *Gallimard, 1986.* (Tel ; 97)
ISBN 2-07-070376-2. *74 F / 11,28 €*

00455 **LEMOINE B.** Les stades en gloire. *Gallimard, 1998.* (Découvertes ; 355. Architecture c3)
ISBN 2-07-053437-5. *65 F / 9,91 €*

00456 **LEMOINE B.** La Tour de monsieur Eiffel. *Gallimard, 1989.* (Découvertes ; 62. Architecture c5)
ISBN 2-07-053083-3. *85 F / 12,96 €*

00457 **LEMONNIER C.** L'Ecole belge de peinture : 1830-1905. *Labor, 1991.* (Espace Nord ; 71 c3)
ISBN 2-8040-0638-7. *54 F / 8,23 €*

00458 **LEROI J.** Le peuple du blues : la musique noire dans l'Amérique blanche. *Gallimard, 1997.* (Folio ; 3003 c9)
ISBN 2-07-040344-0. *41 F / 6,25 €*

00459 **LEROY F.** La peinture italienne du Moyen-Age. *PUF, 1996.* (Que sais-je? ; 3089 c1)
ISBN 2-13-047544-2. *42 F / 6,40 €*

00460 **LETOUZEY V.** La Typographie. 2e éd. *PUF, 1970.* (Que sais-je? ; 1101)
ISBN 2-13-031006-0. *42 F / 6,40 €*

00461 **LEUTRAT J-L.** Le western : quand la légende devient réalité. *Gallimard, 1995.* (Découvertes ; 258. Cinéma c5)
ISBN 2-07-053222-4. *85 F / 12,96 €*

00462 **LÉVÊQUE J-J.** L'aventure de l'impressionnisme. *ACR, 1998.* (Pochecouleur ; 24 c1)
ISBN 2-86770-108-2. *120 F / 18,29 €*

00463 **LÉVÊQUE J-J.** Gustave Caillebotte : l'oublié de l'Impressionnisme, 1848-1894. *ACR, 1994.* (Pochecouleur ; 6)
ISBN 2-86770-070-1. *120 F / 18,29 €*

00464 **LÉVÊQUE J-J.** Henri Fantin-Latour, un peintre intimiste. *ACR, 1996.* (Pochecouleur ; 19 c1)
ISBN 2-86770-092-2. *120 F / 18,29 €*

00465 **LÉVÊQUE J-J.** Honoré Daumier. *ACR, 1999.* (Pochecouleur ; 29 c1)
ISBN 2-86770-126-0. *120 F / 18,29 €*

00466 **LÉVÊQUE J-J.** The impressionist adventure. *ACR, 1998.* (Pochecouleur ; 24 c1)
ISBN 2-86770-112-0. *120 F / 18,29 €*

00467 **LÉVÊQUE J-J.** Nicolas Poussin : le poète de la rigueur, 1594-1665. *ACR, 1994.* (Pochecouleur ; 5)
ISBN 2-86770-069-8. *120 F / 18,29 €*

00468 **LÉVÊQUE J-J.** Paul Cézanne, le précurseur de la modernité. *ACR, 1995.* (Pochecouleur ; 13)
ISBN 2-86770-072-8. *120 F / 18,29 €*

00469 **N** **LÉVÊQUE J-J.** Versailles : Le palais de la monarchie, le musée de la nation. *ACR, 2000.* (Pochecouleur ; 30 c1)
ISBN 2-86770-131-7. *120 F / 18,29 €*

00470 **N** **LÉVÊQUE J-J.** Versailles : The Palace of the Monarchy, the Museum of the Nation. *ACR, 2000.* (Pochecouleur ; 30 c1)
120 F / 18,29 €

00471 **LÉVÊQUE J-J.** Vincent Van Gogh : les chemins du soleil. *ACR, 1998.* (Pochecouleur ; 23 c1)
ISBN 2-86770-110-4. *120 F / 18,29 €*

00472 **LÉVÊQUE J-J.** Vincent Van Gogh : the path to the light. *ACR, 1998.* (Pochecouleur ; 23 c1)
ISBN 2-86770-111-2. *120 F / 18,29 €*

00473 **LEYMARIE I.** La musique sud-américaine : rythmes et danses d'un continent. *Gallimard, 1997.* (Découvertes ; 317. Musique)
ISBN 2-07-053391-3. *75 F / 11,43 €*

00474 **LEYMARIE I.** La Salsa et le latin jazz. *PUF, 1993.* (Que sais-je? ; 2742 c1)
ISBN 2-13-045317-1. *42 F / 6,40 €*

00475 **LICHTENSTEIN J., RIOUT D., LANEYRIE-DAGEN N.** La peinture. Nouv. éd. *Larousse, 1997.* (Textes essentiels)
ISBN 2-03-741027-1. *150 F / 22,87 €*

00476 **LIÉBERT G.** Ni empereur ni roi, chef d'orchestre. *Gallimard, 1990.* (Découvertes ; 87. Musique)
ISBN 2-07-053114-7. *85 F / 12,96 €*

00477 **LIÉBERT G.** Nietzsche et la musique. *PUF, 2000.* (Quadrige ; 298)
ISBN 2-13-050414-0. *69 F / 10,52 €*

00478 **LIÈVRE-CROSSON E.** Comprendre la peinture. *Milan, 1999.* (Les essentiels Milan ; 128 c1)
ISBN 2-84113-772-4. *25 F / 3,81 €*

00479 **LIÈVRE-CROSSON E.** De l'impressionnisme à l'expressionnisme. *Milan, 1999.* (Les essentiels Milan ; 149 c1)
ISBN 2-84113-873-9. *25 F / 3,81 €*

00480 **LIÈVRE-CROSSON E.** Du baroque au romantisme. *Milan, 2000.* (Les essentiels Milan ; 163 c1)
ISBN 2-7459-0011-0. *25 F / 3,81 €*

00481 **LIÈVRE-CROSSON E.** Du cubisme au surréalisme. *Milan, 1996.* (Les essentiels Milan ; 20 c1)
ISBN 2-84113-272-2. *25 F / 3,81 €*

00482 **LIÈVRE-CROSSON E.** Du réalisme au symbolisme. *Milan, 2000.* (Les essentiels Milan ; 158 c1)
ISBN 2-84113-994-8. *25 F / 3,81 €*

00483 **Livrets d'opéra. 1, De Beethoven à Purcell. Réimpr.** *Laffont, 1998.* (Bouquins)
ISBN 2-221-05345-1. *189 F / 28,81 €*

00484 **Livrets d'opéra. 2, De Rossini à Weber. Réimpr.** *Laffont, 1998.* (Bouquins)
ISBN 2-221-05346-X. *189 F / 28,81 €*

00485 **LOEWY R.** La Laideur se vend mal. *Gallimard, 1990.* (Tel ; 165)
ISBN 2-07-072013-6. *76 F / 11,59 €*

00486 **LOREAU M.** De la création. *Labor, 1998.* (Espace Nord ; 143)
ISBN 2-8040-1326-X. *54 F / 8,23 €*

00487 **LOURCELLES J.** Dictionnaire du cinéma. 3, Les films. Réimpr. *Laffont, 1999.* (Bouquins)
ISBN 2-221-09112-4. *189 F / 28,81 €*

00488 **Louvre Museum, from the palace to the museum.** *ACR, 1999.* (Pochecouleur ; 27 c1)
ISBN 2-86770-121-X. *120 F / 18,29 €*

00489 **LOWRY B.** Aux frontières du réel. 1, La vérité est ailleurs : le guide officiel de The X-files, série créée par Chris Carter. *J'ai lu, 1997.* (J'ai lu ; 4574. Littérature générale cK)
ISBN 2-290-04574-8. *42 F / 6,40 €*

00490 **LOWRY B.** Aux frontières du réel. 2, Ne faites confiance à personne : troisième saison. *J'ai lu, 1998.* (J'ai lu ; 4702. Littérature générale cK)
ISBN 2-290-04702-3. *42 F / 6,40 €*

00491 **N** **LOYRETTE H.** Degas : je voudrais être illustre et inconnu. *Gallimard : Réunion des musées nationaux, 2001.* (Découvertes ; 36. Peinture c5)
ISBN 2-07-053052-3. *85 F / 12,96 €*

00492 **LYNCH D.** Une histoire vraie. *Cahiers du cinéma, 1999.* (Petite bibliothèque des Cahiers du cinéma)
ISBN 2-86642-255-4. *59 F / 8,99 €*

00493 **LYNCH D., GIFFORD B.** Lost Highway. *Cahiers du cinéma, 1997.* (Petite bibliothèque des Cahiers du cinéma)
ISBN 2-86642-184-1. *59 F / 8,99 €*

00494 **MAC ORLAN P.** Toulouse-Lautrec peintre de la lumière froide. *Complexe, 1992.* (Le Regard littéraire ; 51 c11)
ISBN 2-87027-425-4. *65 F / 9,91 €*

00495 **MACHABEY A.** La Notation musicale. 3e éd. *PUF, 1971.* (Que sais-je? ; 514)
ISBN 2-13-031591-7. *42 F / 6,40 €*

00496 **MACHART R.** Poulenc. *Seuil, 1995.* (Microcosme. Solfèges c4)
ISBN 2-02-013695-3. *69 F / 10,52 €*

00497 **N** **MAFFRE J-J.** L'art grec. 5e éd. *PUF, 2001.* (Que sais-je? ; 2278 c1)
ISBN 2-13-051392-1. *42 F / 6,40 €*

00498 **N** **MAGRITTE R.** Les mots et les images : choix d'écrits. Réimpr. *Labor, 2000.* (Espace Nord ; 98)
ISBN 2-8040-0962-9. *54 F / 8,23 €*

00499 **MAISON ROUGE I. d., PRÉVOST J-M., SALEM L.** L'art contemporain. *Milan, 1997.* (Les essentiels Milan ; 63 c1)
ISBN 2-84113-466-0. *25 F / 3,81 €*

00500 **MALIGNON J.** Rameau. *Seuil, 1978.* (Microcosme. Solfèges ; 18 c00)
ISBN 2-02-000238-8. *49 F / 7,47 €*

00501 **MALLE L.** Au revoir les enfants. *Gallimard, 1994.* (Folio ; 2593 c11)
ISBN 2-07-038873-5. *29,50 F / 4,50 €*

00502 **MALRAUX A.** Espoir, Sierra de Teruel. *Gallimard, 1997.* (Folio ; 2958 c11)
ISBN 2-07-040322-X. *29,50 F / 4,50 €*

00503 **MALRAUX A.** Le musée imaginaire. *Gallimard, 1996.* (Folio ; 300. Essais)
ISBN 2-07-032948-8. *66 F / 10,06 €*

00504 **MALSON L.** Histoire du jazz et de la musique afro-américaine. *Seuil, 1994.* (Microcosme. Solfèges)
ISBN 2-02-014435-2. *75 F / 11,43 €*

00505 **MAMY S.** Les castrats. *PUF, 1998.* (Que sais-je? ; 3417 c1)
ISBN 2-13-049503-6. *42 F / 6,40 €*

00506 **MANGIN C.** Les villes et l'organisation de l'espace en Europe médiane. *Economica, 1998.* (Géographie-concours-poche ; 6 c1)
ISBN 2-7178-3777-9. *49 F / 7,47 €*

00507 **N** **MARC O.** Balthus et les artisans du réel. *Séguier, 2000.* (Carré d'art ; 33)
ISBN 2-84049-201-6. *55 F / 8,38 €*

00508 **MARCEL L-A.** Bach. Nouv. éd. *Seuil, 1996.* (Microcosme. Solfèges ; 19 c4)
ISBN 2-02-028867-2. *65 F / 9,91 €*

00509 **MARCHESSEAU D.** Chagall, ivre d'images. *Gallimard, 1995.* (Découvertes ; 241. Peinture c6)
ISBN 2-07-053298-4. *90 F / 13,72 €*

00510 **N** **MARCUS G.** Lipstick traces : une histoire secrète du vingtième siècle. Ed. abrégée. *Gallimard, 2000.* (Folio ; 80. Actuel c10)
ISBN 2-07-041077-3. *79,50 F / 12,12 €*

00511 **MARION D.** Le cinéma selon André Malraux. *Cahiers du cinéma, 1997.* (Petite bibliothèque des Cahiers du cinéma)
ISBN 2-86642-179-5. *59 F / 8,99 €*

00512 **MARNAT M.** Stravinsky. *Seuil, 1995.* (Microcosme. Solfèges ; 12 c4)
ISBN 2-02-021109-2. *69 F / 10,52 €*

00513 **N** **MARTIN-BAGNAUDEZ J.** Les arts. *Desclée De Brouwer, 2000.* (Petits dictionnaires)
ISBN 2-220-04242-1. *62 F / 9,45 €*

00514 **MARTIN-BAGNAUDEZ J.** Petit dictionnaire de l'architecture. *Desclée De Brouwer, 1990.* (Petits dictionnaires)
ISBN 2-220-03139-X. *62 F / 9,45 €*

00515 **MARTIN R.** L'art grec. *LGF, 1994.* (La Pochothèque ; 3053. Encyclopédies d'aujourd'hui)
ISBN 2-253-06573-0. *180 F / 27,44 €*

00516 **MATHIEU P-L.** Gustave Moreau : l'assembleur de rêves. *ACR, 1998.* (Pochecouleur ; 25 c1)
ISBN 2-86770-115-5. *120 F / 18,29 €*

00517 **MAYER H.** Sur Richard Wagner. *Arche éditeur, 1972.* (Travaux ; 20)
ISBN 2-85181-151-7. *55 F / 8,38 €*

00518 **MELVILLE J-P., NOGUEIRA R.** Le cinéma selon Melville. Nouv. éd. augm. *Cahiers du cinéma, 1996.* (Petite bibliothèque des Cahiers du cinéma)
ISBN 2-86642-176-0. *69 F / 10,52 €*

00519 **MÉRIMÉE P.** La naissance des monuments historiques : la correspondance de Prosper Mérimée avec Ludovic Vitet, 1840-1848. Ed. rev. et augm. *Ed. du CTHS, 1998.* (Format ; 30)
ISBN 2-7355-0389-5. *90 F / 13,72 €*

00520 **MERLEAU-PONTY M.** L'Oeil et l'esprit. *Gallimard, 1985.* (Folio ; 13. Essais ; 13 c2)
ISBN 2-07-032290-4. *37 F / 5,64 €*

00521 **MERLIN P.** Les techniques de l'urbanisme. *PUF, 1995.* (Que sais-je? ; 609 c1)
ISBN 2-13-046849-7. *42 F / 6,40 €*

00522 **MERLIN P.** L'urbanisme. 4e éd. corr. *PUF, 1998.* (Que sais-je? ; 187 c1)
ISBN 2-13-044097-5. *42 F / 6,40 €*

00523 **MERLIN P.** Les Villes nouvelles en France. *PUF, 1991.* (Que sais-je? ; 2609 c1)
ISBN 2-13-043979-9. *42 F / 6,40 €*

00524 **MESQUI J.** Les châteaux forts : de la guerre à la paix. Réimpr. *Gallimard, 1995.* (Découvertes ; 256. Architecture c5)
ISBN 2-07-053297-6. *85 F / 12,96 €*

00525 **MICHEL A.** La Parole et la beauté : rhétorique et esthétique dans la tradition occidentale. *Albin Michel, 1994.* (Bibliothèque de l'évolution de l'humanité ; 7)
ISBN 2-226-07489-9. *72 F / 10,98 €*

00526 **MICHEL R.** Géricault, l'invention du réel. *Gallimard, 1992.* (Découvertes ; 154. Peinture c6)
ISBN 2-07-053214-3. *90 F / 13,72 €*

00527 **N** **MIÉVILLE A-M.** Après la réconciliation. *Cahiers du cinéma, 2001.* (Petite bibliothèque des Cahiers du cinéma)
ISBN 2-86642-300-3. *39 F / 5,95 €*

00528 **MIRBEAU O.** Rodin, l'affaire du Balzac ; suivi de Les dessins d'Auguste Rodin. *Séguier, 1995.* (Carré d'art ; 1)
ISBN 2-84049-042-0. *38 F / 5,79 €*

00529 **MOCK J-Y.** Erica Brausen, premier marchand de Francis Bacon. *Echoppe, 1996.* (Envois c1)
ISBN 2-84068-069-6. *27 F / 4,12 €*

00530 **MOHEN J-P.** L'art et la science : l'esprit des chefs-d'oeuvre. *Gallimard : Réunion des musées nationaux, 1996.* (Découvertes ; 299. Sciences)
ISBN 2-07-059413-0. *90 F / 13,72 €*

00531 **MONICHON P.** L'Accordéon. *PUF, 1971.* (Que sais-je? ; 1432 c1)
ISBN 2-13-031523-2. *42 F / 6,40 €*

00532 **MONNERET S.** L'impressionisme et son époque. *Laffont, 1987.* (Bouquins)
ISBN 2-221-05503-9. *240 F / 36,59 €*

00533 **MONNERET S.** L'Impressionnisme et son époque. 1, Noms propres A à T. *Laffont, 1987.* (Bouquins)
ISBN 2-221-05412-1. *120 F / 18,29 €*

00534 **MONNERET S.** L'Impressionnisme et son époque. 2, Noms propres U à ZNoms communs A à Z. *Laffont, 1987.* (Bouquins)
ISBN 2-221-05413-X. *120 F / 18,29 €*

00535 **MONNIER G.** L'art et ses institutions en France : de la Révolution à nos jours. *Gallimard, 1995.* (Folio ; 66. Histoire c8)
ISBN 2-07-032865-1. *66 F / 10,06 €*

00536 **MONNIER G.** Les grandes dates de l'architecture en Europe de 1815 à nos jours. *PUF, 1999.* (Que sais-je? ; 3439 c1)
ISBN 2-13-049649-0. *42 F / 6,40 €*

00537 **MONNIER G.** Histoire de l'architecture. *PUF, 1994.* (Que sais-je? ; 18 c1)
ISBN 2-13-046264-2. *42 F / 6,40 €*

00538 **N** **MONOD J., CASTELBAJAC P. d.** L'aménagement du territoire. 10e éd. mise à jour. *PUF, 2001.* (Que sais-je? ; 987 c1)
ISBN 2-13-051130-9. *42 F / 6,40 €*

00539 **MONTAND Y.** La chansonnette : intégrale. *LGF, 1996.* (Le Livre de poche ; 14048 c9)
ISBN 2-253-14048-1. *36 F / 5,49 €*

00540 **MONTRICHER N. d.** L'aménagement du territoire. *La Découverte, 1995.* (Repères ; 176 c1)
ISBN 2-7071-2478-8. *52 F / 7,93 €*

00541 **MOREAU-NÉLATON E.** Deux heures avec Degas. *Echoppe, 1999.* (Envois c1)
ISBN 2-84068-109-9. *27 F / 4,12 €*

00542 **MORIN E.** Les Stars. *Seuil, 1972.* (Points ; 34. Essais c1)
ISBN 2-02-000609-X. *32 F / 4,88 €*

00543 **MORTET V., DESCHAMPS P.** Recueil de textes relatifs à l'histoire de l'architecture et à la condition des architectes en France, au Moyen Age XIe-XIIIe siècles. *Ed. du CTHS, 1995.* (Format ; 15)
ISBN 2-7355-0300-3. *150 F / 22,87 €*

00544 **MOTHERWELL R.** L'Humanisme de l'abstraction. *Echoppe, 1991.* (Envois c1)
ISBN 2-905657-78-2. *27 F / 4,12 €*

00545 **MURASE M.** L'art du Japon. *LGF, 1996.* (La Pochothèque ; 13054. Encyclopédies d'aujourd'hui)
ISBN 2-253-13054-0. *140 F / 21,34 €*

00546 **Musée du Louvre, du palais au musée.** *ACR, 1999.* (Pochecouleur ; 27 c1)
ISBN 2-86770-120-1. *120 F / 18,29 €*

00547 **NECTOUX J-M.** Fauré. *Seuil, 1995.* (Microcosme. Solfèges ; 33)
ISBN 2-02-023488-2. *69 F / 10,52 €*

00548 **NÉRAUDAU J-P.** L'art romain. Réimpr. *PUF, 1997.* (Que sais-je? ; 1714 c1)
ISBN 2-13-048296-1. *42 F / 6,40 €*

00549 **NÉRAUDAU J-P.** Dictionnaire d'histoire de l'art. *PUF, 1996.* (Quadrige ; 215)
ISBN 2-13-047756-9. *98 F / 14,94 €*

00550 **NOUGIER L-R.** L'Art de la préhistoire. *LGF, 1993.* (La Pochothèque ; 3051. Encyclopédies d'aujourd'hui)
ISBN 2-253-06541-2. *149 F / 22,71 €*

00551 **La Nouvelle Vague :** Claude Chabrol, Jean-Luc Godard, Jacques Rivette, Eric Rohmer, François Truffaut. *Cahiers du cinéma, 1999.* (Petite bibliothèque des Cahiers du cinéma)
ISBN 2-86642-223-6. *79 F / 12,04 €*

00552 **N** **OLMI P.** Musique. *Dakota, 2000.* (Créer-réussir son projet, guides Défi jeunes)
ISBN 2-910932-48-6. *34 F / 5,18 €*

00553 **ORS E. d.** Du baroque. *Gallimard, 2000.* (Folio ; 365. Essais cA)
ISBN 2-07-041341-1. *29,50 F / 4,50 €*

00554 **N** **OSHIMA N.** Tabou. *Cahiers du cinéma, 2000.* (Petite bibliothèque des Cahiers du cinéma)
ISBN 2-86642-275-9. *69 F / 10,52 €*

00555 **OTTINGER D.** Francis Bacon : la figure en filigrane. *Echoppe, 1996.* (Envois c1)
ISBN 2-84068-071-8. *27 F / 4,12 €*

00556 **N** **OTTINGER D.** La trahison de Philip Guston. *Echoppe, 2000.* (Envois c1)
ISBN 2-84068-122-6. *27 F / 4,12 €*

00557 **PAGNOL M.** Cinématurgie de Paris : 1939-1966. *Ed. de Fallois, 1991.* (Fortunio ; 21 c1)
ISBN 2-87706-070-5. *34 F / 5,18 €*

00558 **PAGNOL M.** Jofroi. *Ed. de Fallois, 1990.* (Fortunio ; 18 c1)
ISBN 2-87706-067-5. *34 F / 5,18 €*

00559 **PAGNOL M.** Merlusse. *Ed. de Fallois, 1990.* (Fortunio ; 17 c1)
ISBN 2-87706-066-7. *34 F / 5,18 €*

00560 **PAGNOL M.** Naïs. *Ed. de Fallois, 1990.* (Fortunio ; 16 c1)
ISBN 2-87706-065-9. *34 F / 5,18 €*

00561 **PANOFSKY E.** Idea : contribution à l'histoire du concept de l'ancienne théorie de l'art. *Gallimard, 1989.* (Tel ; 146)
ISBN 2-07-071529-9. *65 F / 9,91 €*

00562 **PAQUOT T.** Le monde des villes : panorama urbain de la planète. *Complexe, 1996.* (Bibliothèque Complexe)
ISBN 2-87027-553-6. *169 F / 25,76 €*

00563 **PÂRIS A.** Dictionnaire des interprètes et de l'interprétation musicale. 4 éd. *Laffont, 1995.* (Bouquins)
ISBN 2-221-08064-5. *149 F / 22,71 €*

00564 **PARISET F-G.** L'Art classique. *PUF, 1985.* (Quadrige ; 46)
ISBN 2-13-037996-6. *51 F / 7,77 €*

00565 **PARISOT C.** Amedeo Modigliani : itinéraire anecdotique entre France et Italie. *ACR, 1996.* (Pochecouleur ; 20 c1)
ISBN 2-86770-091-4. *120 F / 18,29 €*

00566 **PAROUTY M.** Le guide de l'opéra. *Mille et une nuits : Canal Plus, 1999*
ISBN 2-84205-439-3. *45 F / 6,86 €*

00567 **PAROUTY M.** Mozart aimé des dieux. Réimpr. *Gallimard, 1999.* (Découvertes ; 41. Musique c6)
ISBN 2-07-053062-0. *90 F / 13,72 €*

00568 **PASOLINI P. P.** Ecrits sur le cinéma. *Cahiers du cinéma, 2000.* (Petite bibliothèque des Cahiers du cinéma)
ISBN 2-86642-258-9. *69 F / 10,52 €*

00569 **PATIER D.** Schubert, le promeneur solitaire. *Gallimard, 1994.* (Découvertes ; 225. Musique c05)
ISBN 2-07-053245-3. *,85 F / 12,96 €*

00570 **PATIN S.** Impression... impressionnisme. *Gallimard, 1998.* (Découvertes texto ; 4 c2)
ISBN 2-07-053455-3. *52 F / 7,93 €*

00571 **PATIN S.** Monet, un oeil mais bon Dieu quel oeil!. *Gallimard, 1991.* (Découvertes ; 131. Peinture)
ISBN 2-07-053154-6. *90 F / 13,72 €*

00572 **PATOCKA J.** L'Art et le temps. *Pocket, 1992.* (Agora ; 96 c7)
ISBN 2-266-04530-X. *42 F / 6,40 €*

00573 **PAULHAN J.** Braque ou la Peinture sacrée. *Echoppe, 1993.* (Envois c1)
ISBN 2-84068-013-0. *27 F / 4,12 €*

00574 **PAULHAN J.** Explications muettes. *Echoppe, 1995.* (Envois c1)
ISBN 2-84068-055-6. *27 F / 4,12 €*

00575 **PAULHAN J.** Lettre à Jean Dubuffet. 2e éd. *Echoppe, 1987.* (Envois c1)
ISBN 2-905657-24-3. *27 F / 4,12 €*

00576 **PAULHAN J.** La Peinture moderne et le secret mal gardé. *Echoppe, 1991.* (Envois c1)
ISBN 2-905657-86-3. *27 F / 4,12 €*

00577 **PAZDRO M.** Frédéric Chopin : chapeau bas, messieurs, un génie. *Gallimard, 1989.* (Découvertes ; 70. Musique c4)
ISBN 2-07-053080-9. *85 F / 12,96 €*

00578 **PERELMAN M.** Le stade barbare : la fureur du spectacle sportif. *Mille et une nuits, 1998.* (Les petits libres ; 18 cA)
ISBN 2-84205-197-1. *10 F / 1,52 €*

00579 **PÉRIER A.** Messiaen. *Seuil, 1979.* (Microcosme. Solfèges ; 37 c00)
ISBN 2-02-005285-7. *49 F / 7,47 €*

00580 **PERRET P.** Chansons de toute une vie. *Pocket, 1995.* (Pocket ; 4264 c7)
ISBN 2-266-06330-8. *42 F / 6,40 €*

00581 **PERRUCHOT H.** La Vie de Toulouse-Lautrec. *LGF, 1992.* (Le Livre de poche ; 565 c9)
ISBN 2-253-06096-8. *36 F / 5,49 €*

00582 **PETIT P.** Verdi. Réimpr. *Seuil, 1998.* (Microcosme. Solfèges ; 10 c1)
ISBN 2-02-033633-2. *55 F / 8,38 €*

00583 **A** **Petite anthologie des cahiers du cinéma. 1, La politique des auteurs, entretiens :** les cahiers du cinéma, 1951-1963. *Cahiers du cinéma, 2001.* (Petite bibliothèque des Cahiers du cinéma)
ISBN 2-86642-287-2. *69 F / 10,52 €*

00584 **A** **Petite anthologie des cahiers du cinéma. 2, La politique des auteurs, textes :** les Cahiers du cinéma, des années 70 à nos jours. *Cahiers du cinéma, 2001.* (Petite bibliothèque des Cahiers du cinéma)
ISBN 2-86642-288-0. *69 F / 10,52 €*

00585 **A** **Petite anthologie des cahiers du cinéma. 3, Tout contre le cinéma français :** 50 ans de cinéma français dans les Cahiers du cinéma. *Cahiers du cinéma, 2001.* (Petite bibliothèque des Cahiers du cinéma)
ISBN 2-86642-289-9. *69 F / 10,52 €*

00586 **A** **Petite anthologie des cahiers du cinéma. 4, Le goût de l'Amérique** : 50 ans de cinéma américain dans les Cahiers du cinéma. *Cahiers du cinéma, 2001.* (Petite bibliothèque des Cahiers du cinéma)
ISBN 2-86642-290-2. *69 F / 10,52 €*

00587 **PIAF E.** Hymne à l'amour. *LGF, 1994.* (Le Livre de poche ; 9624 c9)
ISBN 2-253-09624-5. *36 F / 5,49 €*

00588 **PIAT J-B.** Guide du mélomane averti. *LGF, 1992.* (Le Livre de poche ; 8026. Pratique c10)
ISBN 2-253-06088-7. *40 F / 6,10 €*

00589 **PICASSO P., KAHNWEILER D-H.** Six entretiens avec Picasso. *Echoppe, 1995.* (Envois c1)
ISBN 2-84068-047-5. *27 F / 4,12 €*

00590 **PICON G.** 1863, naissance de la peinture moderne. *Gallimard, 1996.* (Folio ; 295. Essais ; 295 c2)
ISBN 2-07-032934-8. *37 F / 5,64 €*

00591 **PIERRE A.** Calder, la sculpture en mouvement. *Gallimard : Paris-Musées, 1996.* (Découvertes ; 289. Sculpture c4)
ISBN 2-07-053383-2. ISBN 2-87900-313-X. *75 F / 11,43 €*

00592 **PIGNARRE R.** Histoire de la mise en scène. *PUF, 1975.* (Que sais-je? ; 309 c1)
ISBN 2-13-033469-5. *42 F / 6,40 €*

00593 **PIGNARRE R.** Histoire du théâtre. 16e éd. *PUF, 1999.* (Que sais-je? ; 160 c1)
ISBN 2-13-043515-7. *42 F / 6,40 €*

00594 **PILLARD J-F.** La Musique française classique. 3e éd. *PUF, 1973.* (Que sais-je? ; 878)
ISBN 2-13-032825-3. *42 F / 6,40 €*

00595 **PINEL V.** Techniques du cinéma. 6e éd. corr. *PUF, 1999.* (Que sais-je? ; 1873 c1)
ISBN 2-13-044011-8. *42 F / 6,40 €*

00596 **PINELLI A.** La belle manière : anticlassicisme et maniérisme dans l'art du XVIe siècle. *LGF, 1996.* (Le Livre de poche ; 532. Références art c18)
ISBN 2-253-90532-1. *65 F / 9,91 €*

00597 **PINET H.** Rodin, les mains du génie. *Gallimard, 1988.* (Découvertes ; 44. Sculpture c4)
ISBN 2-07-053065-5. *75 F / 11,43 €*

00598 **PLAZY G.** Le Douanier Rousseau, un naïf dans la jungle. *Gallimard, 1992.* (Découvertes ; 153. Peinture c5)
ISBN 2-07-053197-X. *85 F / 12,96 €*

00599 **PLEYNET M.** Matisse. *Gallimard, 1993.* (Folio ; 215. Essais ; 215 c9)
ISBN 2-07-032747-7. *71 F / 10,82 €*

00600 **PLEYNET M.** Système de la peinture : essais. *Seuil, 1977.* (Points ; 82. Essais c3)
ISBN 2-02-004595-8. *48 F / 7,32 €*

00601 **Les Plus belles chansons anglaises = The Best of english song.** *LGF, 1990.* (Les Langues modernes ; 8802. Bilingue c8)
ISBN 2-253-05208-6. *33 F / 5,03 €*

00602 **POIRIER M.** Western : scénario. *Cahiers du cinéma, 1997.* (Petite bibliothèque des Cahiers du cinéma)
ISBN 2-86642-195-7. *39 F / 5,95 €*

00603 **N** **La politique des auteurs :** entretiens. *Cahiers du cinéma, 2000.* (Petite bibliothèque des Cahiers du cinéma)
ISBN 2-86642-273-2. *65 F / 9,91 €*

00604 **POMARÈDE V., WALLENS G. d.** Corot : la mémoire du paysage. *Gallimard : Réunion des musées nationaux, 1996.* (Découvertes ; 277. Peinture c6)
ISBN 2-07-053348-4. *90 F / 13,72 €*

00605 **POURVOYEUR R.** Offenbach. *Seuil, 1994.* (Microcosme. Solfèges)
ISBN 2-02-014433-6. *75 F / 11,43 €*

00606 **PRÉVERT J., HEINRICH A.** Le crime de monsieur Lange ; Les portes de la nuit : scénarios. *Gallimard, 1998.* (Folio ; 3033 c11)
ISBN 2-07-040390-4. *50 F / 7,62 €*

00607 **PRIGENT H., ROSENBERG P.** Chardin, la nature silencieuse. *Gallimard : Réunion des musées nationaux, 1999.* (Découvertes ; 377. Peinture c4)
ISBN 2-07-053484-7. *75 F / 11,43 €*

00608 **PUNYET-MIRO J., LOLIVIER G.** Miro : le peintre aux étoiles. *Gallimard, 1993.* (Découvertes ; 186. Peinture c5)
ISBN 2-07-053225-9. *85 F / 12,96 €*

00609 **N La quête en épouse :** Mämiminbin, une épopée palawan chantée par Mäsinu = The quest for a wife : Mämiminbin, a Palawan epic sung by Mäsinu. *Langues et mondes-l'Asiathèque : Unesco, 2000.* (Littératures de la voix)
ISBN 2-911053-57-5. ISBN 92-3-003732-X. *295 F / 44,97 €*

00610 **QUIGNARD P.** La Frontière. *Gallimard, 1994.* (Folio ; 2572 c6)
ISBN 2-07-038804-2. *29,50 F / 4,50 €*

00611 **QUIGNARD P.** La haine de la musique. *Gallimard, 1997.* (Folio ; 3008 c8)
ISBN 2-07-040070-0. *41 F / 6,25 €*

00612 **QUIGNARD P.** Le sexe et l'effroi. *Gallimard, 1996.* (Folio ; 2839 c9)
ISBN 2-07-040002-6. *41 F / 6,25 €*

00613 **RABOURDIN D.** Truffaut. Le cinéma et la vie. *Mille et une nuits, 1996.* (Les petits libres ; 6 cA)
ISBN 2-910233-84-7. *10 F / 1,52 €*

00614 **RAGON M.** De Brasilia au post-modernisme : 1940-1991. Nouv. éd. mise à jour. *Seuil, 1991.* (Histoire de l'architecture et de l'urbanisme modernes; 3)(Points. Essais ; 233 c7)
ISBN 2-02-013289-3. *65 F / 9,91 €*

00615 **RAGON M.** Le Dessin d'humour : histoire de la caricature et du dessin humoristique en France. *Seuil, 1992.* (Point-virgule ; 109 c3)
ISBN 2-02-012556-0. *48 F / 7,32 €*

00616 **RAGON M.** Histoire de l'architecture et de l'urbanisme modernes. 1, Idéologies et pionniers : 1800-1910. Nouv. éd. mise à jour. *Seuil, 1991.* (Points. Essais ; 231 c7)
ISBN 2-02-013287-7. *65 F / 9,91 €*

00617 **RAGON M.** Naissance de la cité moderne : 1900-1940. Nouv. éd. mise à jour. *Seuil, 1991.* (Histoire de l'architecture et de l'urbanisme modernes; 2)(Points. Essais ; 232 c7)
ISBN 2-02-013288-5. *65 F / 9,91 €*

00618 **RAINE J.** Apocopes pour Marcel Broodthaers : pop hap pub and Co. *Echoppe, 1993.* (Envois c1)
ISBN 2-84068-020-3. *27 F / 4,12 €*

00619 **RAMAUT-CHEVASSUS B.** Musique et postmodernité. *PUF, 1998.* (Que sais-je? ; 3378 c1)
ISBN 2-13-049254-1. *42 F / 6,40 €*

00620 **RAMIREZ F., ROLOT C.** Tapis et tissages du Maroc : une écriture du silence. *ACR, 1995.* (Pochecouleur ; 11)
ISBN 2-86770-085-X. *120 F / 18,29 €*

00621 **Le rap français.** *Table ronde, 2000.* (La petite vermillon ; 118)
ISBN 2-7103-0947-5. *45 F / 6,86 €*

00622 **Rapologie.** *Mille et une nuits, 1997.* (Les petits libres ; 14 cA)
ISBN 2-84205-184-X. *10 F / 1,52 €*

00623 **RÉAU L., FLEURY M.** Histoire du vandalisme : les monuments détruits de l'art français. *Laffont, 1994.* (Bouquins)
ISBN 2-221-07015-1. *149 F / 22,71 €*

00624 **REBATET L.** Une histoire de la musique : des origines à nos jours. Réimpr. *Laffont, 1998.* (Bouquins)
ISBN 2-221-03591-7. *139 F / 21,19 €*

00625 **RÉDA J.** L'Improviste : une lecture du jazz. Nouv. éd. rev. et augm. *Gallimard, 1990.* (Folio ; 143. Essais ; 143 c5)
ISBN 2-07-032582-2. *52 F / 7,93 €*

00626 **REED L.** Parole de la nuit sauvage. *10-18, 1996.* (10-18 ; 2712. Domaine étranger c7)
50 F / 7,62 €

00627 **A Regards sur l'art contemporain.** *Gallimard, 2001.* (Folio. Essais)
ISBN 2-07-041829-4. *20,50 F / 3,13 €*

00628 **RENAUD** Renaud bille en tête. *Seuil, 1994.* (Point-virgule)
ISBN 2-02-022208-6. *32 F / 4,88 €*

00629 **RENAUD** Le Temps des noyaux ; Mistral gagnant : chansons et dessins. *Seuil, 1988.* (Point-virgule ; 64 c4)
ISBN 2-02-010306-0. *52 F / 7,93 €*

00630 **RENOIR E.** Pierre-Auguste Renoir. *Echoppe, 1990.* (Envois c1)
ISBN 2-905657-68-5. *27 F / 4,12 €*

00631 **RENOIR J.** La règle du jeu. *LGF, 1998.* (Le Livre de poche ; 14559 c6)
ISBN 2-253-14559-9. *26 F / 3,96 €*

00632 **Représenter la ville.** *Economica, 1995.* (Géographie-poche ; 5 c1)
ISBN 2-7178-2956-3. *49 F / 7,47 €*

00633 **A REUZEAU J-Y.** Jim Morrison et les Doors. *Librio, 2001.* (Librio ; 456. Musique c1)
ISBN 2-290-31304-1. *10 F / 1,52 €*

00634 **REVEL J-F.** L'oeil et la connaissance : écrits sur l'art. *Pocket, 1999.* (Agora ; 207 c8)
ISBN 2-266-08783-5. *45 F / 6,86 €*

00635 **REVERDY P.** Pablo Picasso. *Mercure de France, 1999.* (Brefs écrits sur l'art / éd. Alban Cerisier; 1)(Le petit Mercure)
ISBN 2-7152-2146-0. *22 F / 3,35 €*

00636 **REVUE DU CINEMA (Paris)** La Revue du cinéma : anthologie. *Gallimard, 1992.* (Tel ; 205)
ISBN 2-07-072503-0. *110 F / 16,77 €*

00637 **REWALD J.** Le Post-impressionnisme. 1. Nouv. éd. rev. *Hachette Littératures, 1987.* (Pluriel ; 8505)
ISBN 2-01-013141-X. *65 F / 9,91 €*

00638 **REWALD J.** Le Post-impressionnisme. 2. Nouv. éd. rev. *Hachette Littératures, 1987.* (Pluriel ; 8506)
ISBN 2-01-013142-8. *65 F / 9,91 €*

00639 **REY A.** Satie. Nouv. éd. *Seuil, 1995.* (Microcosme. Solfèges c4)
ISBN 2-02-023487-4. *69 F / 10,52 €*

00640 **RICHARD A.** La Critique d'art. 4e éd. *PUF, 1980.* (Que sais-je? ; 806 c1)
ISBN 2-13-036425-X. *42 F / 6,40 €*

00641 **N** **RICHET P.** L'âge du verre. *Gallimard, 2000.* (Découvertes ; 399. Techniques c5)
ISBN 2-07-053518-5. *85 F / 12,96 €*

00642 **RINGON G.** Histoire du métier d'architecte en France. *PUF, 1997.* (Que sais-je? ; 3251 c1)
ISBN 2-13-048417-4. *42 F / 6,40 €*

00643 **N** **RIOUT D.** Qu'est-ce que l'art moderne ?. *Gallimard, 2000.* (Folio ; 371. Essais c9)
ISBN 2-07-041088-9. *61 F / 9,30 €*

00644 **RIVIÈRE R., SCHNERB J.** L'Atelier de Cézanne. *Echoppe, 1991.* (Envois c1)
ISBN 2-905657-83-9. *27 F / 4,12 €*

00645 **ROBINSON D.** Charlot entre rire et larmes. *Gallimard, 1995.* (Découvertes ; 245. Cinéma c5)
ISBN 2-07-053317-4. *85 F / 12,96 €*

00646 **RODIN A.** L'art. *Grasset, 1997.* (Les Cahiers rouges ; 245)
ISBN 2-246-19246-3. *52 F / 7,93 €*

00647 **ROHMER E.** Comédie et proverbes. 1. *Cahiers du cinéma, 1999.* (Petite bibliothèque des Cahiers du cinéma)
ISBN 2-86642-240-6. *59 F / 8,99 €*

00648 **ROHMER E.** Comédie et proverbes. 2. *Cahiers du cinéma, 1999.* (Petite bibliothèque des Cahiers du cinéma)
ISBN 2-86642-241-4. *59 F / 8,99 €*

00649 **ROHMER E.** Les contes des quatre saisons. *Cahiers du cinéma, 1998.* (Petite bibliothèque des Cahiers du cinéma ; 18)
ISBN 2-86642-219-8. *69 F / 10,52 €*

00650 **ROHMER E.** L'organisation de l'espace dans le Faust de Murnau. *Cahiers du cinéma, 2000.* (Petite bibliothèque des Cahiers du cinéma)
ISBN 2-86642-257-0. *49 F / 7,47 €*

00651 **ROPS F.** Mémoires pour nuire à l'histoire artistique de mon temps & autres feuilles volantes. *Labor, 1998.* (Espace Nord ; 146)
ISBN 2-8040-1329-4. *399 FB / 9,89 €*

00652 **ROSAND D.** Titien : l'art plus fort que la nature. *Gallimard, 1993.* (Découvertes ; 169. Peinture c6)
ISBN 2-07-053252-6. *90 F / 13,72 €*

00653 **N** **ROSEN C.** Le style classique : Haydn, Mozart, Beethoven. Nouv. éd. augm. *Gallimard, 2000.* (Tel ; 309)
ISBN 2-07-075642-4. *98 F / 14,94 €*

00654 **ROSENBERG P.** Poussin : je n'ai rien négligé. *Gallimard, 1994.* (Découvertes ; 233. Peinture c06)
ISBN 2-07-053269-0. *90 F / 13,72 €*

00655 **ROSTAND C.** Liszt. *Seuil, 1977.* (Microcosme. Solfèges ; 15 c00)
ISBN 2-02-000235-3. *49 F / 7,47 €*

00656 **ROUAN F.** Mon cher André Derain. *Echoppe, 1995.* (Envois c1)
ISBN 2-84068-056-4. *27 F / 4,12 €*

00657 **ROUAN F.** Tord boyaux : Lascaux, Mondrian, Bacon, Freud. *Echoppe, 1997.* (Envois c1)
ISBN 2-84068-076-9. *27 F / 4,12 €*

00658 **ROUAULT G.** Sur l'art et sur la vie. *Gallimard, 1992.* (Folio. Essais c3)
ISBN 2-07-032668-3. *41 F / 6,25 €*

00659 **ROUCHOUSE J.** L'opérette. *PUF, 1999.* (Que sais-je? ; 1006 c1)
ISBN 2-13-050073-0. *42 F / 6,40 €*

00660 **ROUSSEAU D., VAUZELLE G.** L'Aménagement urbain. *PUF, 1992.* (Que sais-je? ; 2664 c1)
ISBN 2-13-044601-9. *42 F / 6,40 €*

00661 **N** **ROUSSEAU-PLOTTO E.** Igor Stravinsky à Biarritz. *Séguier, 2001.* (Carré musique)
ISBN 2-84049-212-1. *85 F / 12,96 €*

00662 **ROUX D., RIPOLL F.** La photographie. *Milan, 1996.* (Les essentiels Milan ; 31 c1)
ISBN 2-84113-340-0. *25 F / 3,81 €*

00663 **ROY C.** L'Amour de la peinture. *Gallimard, 1987.* (Folio ; 75. Essais ; 75 c2)
ISBN 2-07-032435-4. *37 F / 5,64 €*

00664 **ROY C.** Arts baroques, arts classiques, arts fantastiques. *Gallimard, 1992.* (L'Art à la source; 2)(Folio ; 208. Essais ; 208 c6)
ISBN 2-07-032733-7. *56 F / 8,54 €*

00665 **ROY C.** Arts premiers, arts sauvages. *Gallimard, 1992.* (L'Art à la source; 1)(Folio ; 207. Essais ; 207 c4)
ISBN 2-07-032732-9. *46 F / 7,01 €*

00666 **ROY J.** Bizet. *Seuil, 1983.* (Microcosme. Solfèges ; 40 c00)
ISBN 2-02-006512-6. *49 F / 7,47 €*

00667 **ROY J.** Le Groupe des Six. *Seuil, 1994.* (Microcosme. Solfèges c3)
ISBN 2-02-013701-1. *65 F / 9,91 €*

00668 **RUDEL J.** Les Grandes dates de l'histoire de l'art. 5e éd. corr. *PUF, 1993.* (Que sais-je? ; 1433 c1)
ISBN 2-13-044045-2. *42 F / 6,40 €*

00669 **RUDEL J.** La peinture italienne de la Renaissance. *PUF, 1996.* (Que sais-je? ; 2352 c1)
ISBN 2-13-047585-X. *42 F / 6,40 €*

00670 **RYDBECK I.** Chez Bonnard à Deauville. *Echoppe, 1992.* (Envois c1)
ISBN 2-905657-93-6. *27 F / 4,12 €*

00671 **SABARD V., GENESLAY V.** La calligraphie. *Milan, 1998.* (Les essentiels Milan ; 116 c1)
ISBN 2-84113-684-1. *25 F / 3,81 €*

00672 **SACRE G.** La musique de piano. 1, A-I. *Laffont, 1998.* (Bouquins)
ISBN 2-221-05017-7. *189 F / 28,81 €*

00673 **SACRE G.** La musique de piano. 2, J-Z. *Laffont, 1998.* (Bouquins)
ISBN 2-221-08566-3. *189 F / 28,81 €*

00674 **SACRÉ R.** Les Negro spirituals et les gospel songs. *PUF, 1993.* (Que sais-je? ; 2791 c1)
ISBN 2-13-045704-5. *42 F / 6,40 €*

00675 **SADOUL G., BRETON E.** Dictionnaire des cinéastes. 4e éd. rev. et augm. *Seuil, 1990.* (Microcosme. Dictionnaire ; 4)
ISBN 2-02-011516-6. *52 F / 7,93 €*

00676 **SADOUL G., BRETON E.** Dictionnaire des films. 4e éd. rev. et augm. *Seuil, 1990.* (Microcosme. Dictionnaire ; 5)
ISBN 2-02-010904-2. *52 F / 7,93 €*

00677 **SAGAN F.** Sarah Bernhardt, le rire incassable. *Pocket, 1989.* (Pocket ; 3298 c3)
ISBN 2-266-02984-3. *26 F / 3,96 €*

00678 **SAINT-FOIX G. d., WYZEWA T. d.** Wolfgang Amadeus Mozart. 1, 1756-1777 : l'enfant prodige, le jeune maître. *Laffont, 1986.* (Bouquins)
ISBN 2-221-07055-0. *120 F / 18,29 €*

00679 **SAINT-FOIX G. d., WYZEWA T. d.** Wolfgang Amadeus Mozart. 2, 1777-1791 : le grand voyage, l'épanouissement, les dernières années. *Laffont, 1986.* (Bouquins)
ISBN 2-221-07056-9. *120 F / 18,29 €*

00680 **A** **SAKA P.** Anthologie de la chanson française. *LGF, 2001.* (Le Livre de poche ; 13027)
ISBN 2-253-13027-3. *50 F / 7,62 €*

00681 **SALAS H.** Le Tango. *Actes Sud, 1994.* (Babel ; 111 c5)
ISBN 2-7427-0219-9. *57 F / 8,69 €*

00682 **SALKIN D.** Jorge Lavelli, maître de stage. *Lansman, 1999.* (Maître de stage ; 3)
ISBN 2-87282-256-9. *93 F / 14,18 €*

00683 **SALLOIS J.** Les musées et collections de France. *PUF, 1995.* (Que sais-je? ; 447 c1)
ISBN 2-13-046903-5. *42 F / 6,40 €*

00684 **SAMUEL C.** Prokofiev. Nouv. éd. *Seuil, 1995.* (Microcosme. Solfèges ; 16 c2)
ISBN 2-02-024580-9. *59 F / 8,99 €*

00685 **SANDOVAL B., SANDOVAL G.** Le flamenco, entre révolte et passion. *Milan, 1998.* (Les essentiels Milan ; 119 c1)
ISBN 2-84113-709-0. *25 F / 3,81 €*

00686 **SARDUY S.** Barroco. *Gallimard, 1991.* (Folio ; 167. Essais ; 167 c5)
ISBN 2-07-032640-3. *52 F / 7,93 €*

00687 **SARTRE J-P.** L'engrenage. *Gallimard, 1996.* (Folio ; 2804 c11)
ISBN 2-07-039481-6. *29,50 F / 4,50 €*

00688 **SARTRE J-P.** Les jeux sont faits. *Gallimard, 1996.* (Folio ; 2805 c11)
ISBN 2-07-039482-4. *29,50 F / 4,50 €*

00689 **SARTRE J-P.** Un Théâtre de situations. *Gallimard, 1992.* (Folio ; 192. Essais ; 192 c9)
ISBN 2-07-032691-8. *71 F / 10,82 €*

00690 **SAURA A.** Discours de Cuenca. *Echoppe, 1998.* (Envois c1)
ISBN 2-84068-086-6. *27 F / 4,12 €*

00691 **SAURA A.** Francis Bacon et la beauté obscène. *Séguier, 1996.* (Carré d'art ; 22)
ISBN 2-84049-097-8. *30 F / 4,57 €*

00692 **SAURA A.** Le miroir singulier, Bram Van Velde. *Echoppe, 1999.* (Envois c1)
ISBN 2-84068-096-3. *27 F / 4,12 €*

00693 **SAUTER P.** Le guide de l'Art nouveau à Nancy. *Nuée bleue, 1998.* (Guide poche)
ISBN 2-7165-0459-8. *39 F / 5,95 €*

00694 **SCHAER R.** L'Invention des musées. *Gallimard : Réunion des musées nationaux, 1993.* (Découvertes ; 187. Histoire c5)
ISBN 2-07-053230-5. *85 F / 12,96 €*

00695 **SCHAPIRO M.** Style, artiste et société. *Gallimard, 1990.* (Tel ; 155)
ISBN 2-07-071819-0. *82 F / 12,50 €*

00696 **SCHEFER J-L.** L'homme ordinaire du cinéma. Nouv. éd. *Cahiers du cinéma, 1997.* (Petite bibliothèque des Cahiers du cinéma)
ISBN 2-86642-193-0. *69 F / 10,52 €*

00697 **SCHNEIDER M.** Glenn Gould, piano solo : aria et trente variations. Nouv. éd. augm. *Gallimard, 1994.* (Folio ; 2549 c8)
ISBN 2-07-038841-7. *37 F / 5,64 €*

00698 **SCHNEIDER M.** Schubert. Nouv. éd. rev. et mise à jour. *Seuil, 1994.* (Microcosme. Solfèges)
ISBN 2-02-019889-4. *65 F / 9,91 €*

00699 **SCHNEIDER M.** Wagner. Nouv. éd. *Seuil, 1977.* (Microcosme. Solfèges ; 17 c3)
ISBN 2-02-023489-0. *65 F / 9,91 €*

00700 **SCHNEIDER M.** Wagner. *Seuil, 1989.* (Points. Musique ; 6 c4)
ISBN 2-02-010526-8. *52 F / 7,93 €*

00701 **SCHNITZLER A., KUBRICK S., RAPHAEL F.** Eyes wide shut. *Pocket, 1999.* (Pocket ; 10795)
ISBN 2-266-09701-6. *30 F / 4,57 €*

00702 **SCHULMANN D.** Le Design industriel. *PUF, 1991.* (Que sais-je? ; 2623 c1)
ISBN 2-13-044140-8. *42 F / 6,40 €*

00703 **SCOBELTZINE A.** L'Art féodal et son enjeu social. *Gallimard, 1988.* (Tel ; 134)
ISBN 2-07-071435-7. *62 F / 9,45 €*

00704 **SCORSESE M.** Mes plaisirs de cinéphile. Réimpr. *Cahiers du cinéma, 2000.* (Petite bibliothèque des Cahiers du cinéma)
ISBN 2-86642-217-1. *59 F / 8,99 €*

00705 **SCULLY S.** Mark Rothko, corps de lumière. *Echoppe, 1999.* (Envois c1)
ISBN 2-84068-097-1. *27 F / 4,12 €*

00706 **SÉCHAN T.** Le Roman de Renaud. *Seuil, 1989.* (Point-virgule ; 75 c2)
ISBN 2-02-010727-9. *39 F / 5,95 €*

00707 **SELZ J.** Albrecht Dürer, le peintre, le graveur et le théoricien. *ACR, 1996.* (Pochecouleur ; 18 c1)
ISBN 2-86770-090-6. *120 F / 18,29 €*

00708 **SELZ J.** Camille Corot, un rêveur solitaire. *ACR, 1996.* (Pochecouleur ; 15)
ISBN 2-86770-071-X. *120 F / 18,29 €*

00709 **SEMPRUN J.** Montand, la vie continue. *Gallimard, 1985.* (Folio ; 5. Actuel ; 5 c2)
ISBN 2-07-032319-6. *37 F / 5,64 €*

00710 **SENNETT M.** Le Roi du comique. *Seuil, 1994.* (Point-virgule ; 139 c2)
ISBN 2-02-019556-9. *39 F / 5,95 €*

00711 **SÉRULLAZ A., DOUTRIAUX A.** Delacroix : une fête pour l'oeil. *Gallimard : Réunion des musées nationaux, 1998.* (Découvertes ; 347. Peinture c5)
ISBN 2-07-053414-6. ISBN 2-7118-3698-3. *85 F / 12,96 €*

00712 **SERULLAZ M.** L'Impressionnisme. 9e éd. mise à jour. *PUF, 1990.* (Que sais-je? ; 974 c1)
ISBN 2-13-043017-1. *42 F / 6,40 €*

00713 **SHAW G. B.** Ecrits sur la musique. *Laffont, 1994.* (Bouquins)
ISBN 2-221-06799-1. *249 F / 37,96 €*

00714 **SIRE M-A.** La France du patrimoine : les choix de la mémoire. Réimpr. *Gallimard : CNMHS, 1996.* (Découvertes ; 291. Mémoire des lieux c5)
ISBN 2-07-053343-3. *85 F / 12,96 €*

00715 **SITTE C.** L'art de bâtir les villes : l'urbanisme selon ses fondements artistiques. *Seuil, 1996.* (Points. Essais ; 324 c8)
ISBN 2-02-029327-7. *39 F / 5,95 €*

00716 **SKUBISZEWSKI P.** L'art du haut Moyen Age : l'art européen du VIe au IXe siècle. *LGF, 1998.* (La Pochothèque ; 3056. Encyclopédies d'aujourd'hui)
ISBN 2-253-13056-7. *140 F / 21,34 €*

00717 **SOUCHON A.** C'est déjà tout a : 123 chansons. *Seuil, 1993.* (Point-virgule ; 136 c2)
ISBN 2-02-021104-1. *39 F / 5,95 €*

00718 **STASSINOPOULOS-HUFFINGTON A.** Picasso : créateur et destructeur. *LGF, 1991.* (Le Livre de poche ; 6948 c14)
ISBN 2-253-05633-2. *48 F / 7,32 €*

00719 **STEGHENS A.** L'orchestre. *Milan, 1999.* (Les essentiels Milan ; 138 c1)
ISBN 2-84113-798-8. *25 F / 3,81 €*

00720 **STEINER G.** Réelles présences : les arts du sens. *Gallimard, 1994.* (Folio ; 255. Essais ; 255 c2)
ISBN 2-07-032853-8. *37 F / 5,64 €*

00721 **STENDHAL** Histoire de la peinture en Italie. *Gallimard, 1996.* (Folio ; 297. Essais ; 297 c7)
ISBN 2-07-032807-4. *60 F / 9,15 €*

00722 **STÉPHANE B.** La critique : examen critique des arts. *Economica, 1995.* (Médias-poche ; 2)
ISBN 2-7178-2915-6. *49 F / 7,47 €*

00723 **STIERLIN H.** L'Architecture islamique. *PUF, 1993.* (Que sais-je? ; 2745 c1)
ISBN 2-13-045345-7. *42 F / 6,40 €*

00724 **STRICKER R.** Mozart et ses opéras : fiction et vérité. *Gallimard, 1987.* (Tel ; 123)
ISBN 2-07-071127-7. *60 F / 9,15 €*

00725 **STRICKER R.** Robert Schumann : le musicien et la folie. *Gallimard, 1996.* (Tel ; 266)
ISBN 2-07-074354-3. *45 F / 6,86 €*

00726 **SUQUET J.** Le Grand verre : visite guidée. *Echoppe, 1992.* (Envois c1)
ISBN 2-905657-99-5. *27 F / 4,12 €*

00727 **SURCHAMP A., YANG X.** Architecture. *Desclée De Brouwer ; Presses littéraires et artistiques de Shanghai, 2000.* (Proches lointains)
ISBN 2-220-04437-8. *62 F / 9,45 €*

00728 **TABARD M.** Brancusi : l'inventeur de la sculpture moderne. *Gallimard : Ed. du Centre Pompidou, 1995.* (Découvertes ; 243. Sculpture)
ISBN 2-07-053321-2. *75 F / 11,43 €*

00729 **N** **TAPIÉ V-L.** Baroque et classicisme. *Hachette Littératures, 2000.* (Pluriel ; 9011 c9)
ISBN 2-01-279011-9. *65 F / 9,91 €*

00730 **TAPIÉ V-L.** Le Baroque. 7e éd. *PUF, 1991.* (Que sais-je? ; 923 c1)
ISBN 2-13-043585-8. *42 F / 6,40 €*

00731 **TÀPIES A.** La Pratique de l'art. *Gallimard, 1994.* (Folio c8)
ISBN 2-07-032862-7. *41 F / 6,25 €*

00732 **TARANTINO Q.** Jackie Brown : scénario. *10-18, 1998.* (10-18 ; 2854. Domaine étranger c5)
ISBN 2-264-02726-6. *44 F / 6,71 €*

00733 **N** **TEIGE K.** Le marché de l'art. *Allia, 2000.* (Petite collection)
ISBN 2-84485-034-0. *40 F / 6,10 €*

00734 **TERRASSE A.** Bonnard : La couleur agit. *Gallimard, 1999.* (Découvertes ; 376. Peinture c5)
ISBN 2-07-053474-X. *85 F / 12,96 €*

00735 **TERRASSE A.** Pont-Aven : l'école buissonnière. *Gallimard, 1993.* (Découvertes ; 173. Peinture c5)
ISBN 2-07-053209-7. *85 F / 12,96 €*

00736 **Le Théâtre en France :** du Moyen Age à nos jours. *LGF, 1993.* (La Pochothèque ; 3108. Encyclopédies d'aujourd'hui)
ISBN 2-253-06396-7. *145 F / 22,11 €*

00737 **THERRIEN L.** L'histoire de l'art en France : genèse d'une discipline universitaire. *Ed. du CTHS, 1998.* (Format ; 26)
ISBN 2-7355-0371-2. *120 F / 18,29 €*

00738 **THIÉBAUT P.** Guimard, l'Art nouveau. *Gallimard : Réunion des musées nationaux, 1992.* (Découvertes ; 136. Architecture c4)
ISBN 2-07-053194-5. *75 F / 11,43 €*

00739 **THIÉBAUT-SISSON F.** Degas sculpteur raconté par lui-même. *Echoppe, 1999.* (Envois c1)
ISBN 2-84068-110-2. *27 F / 4,12 €*

00740 **THOMPSON D., CHÉREAU P., TRIVIDIC P.** Ceux qui m'aiment prendront le train. *Cahiers du cinéma, 1998.* (Petite bibliothèque des Cahiers du cinéma)
ISBN 2-86642-215-5. *59 F / 8,99 €*

00741 **THORNTON L.** La Femme dans la peinture orientaliste. *ACR, 1993.* (Pochecouleur ; 2)
ISBN 2-86770-061-2. *120 F / 18,29 €*

00742 **THORNTON L.** Les Orientalistes, peintres voyageurs. *ACR, 1993.* (Pochecouleur ; 1)
ISBN 2-86770-060-4. *120 F / 18,29 €*

00743 **THORNTON L.** The Orientalists : painters-travellers. *ACR, 1994.* (Pochecouleur ; 1)
ISBN 2-86770-083-3. *120 F / 18,29 €*

00744 **THORNTON L.** Women as portrayed orientalist painting. *ACR, 1994.* (Pochecouleur)
ISBN 2-86770-084-1. *120 F / 18,29 €*

00745 **TOBEY M.** Traditions japonaises et art américain. *Echoppe, 1995.* (Envois c1)
ISBN 2-84068-058-0. *27 F / 4,12 €*

00746 **TODOROV T.** Eloge du quotidien : essai sur la peinture hollandaise du XVIIe siècle. *Seuil, 1997.* (Points ; 349. Essais c12)
ISBN 2-02-031198-4. *50 F / 7,62 €*

00747 **TORGUE H-S.** Pop-music et les musiques rock. Réimpr. *PUF, 1984.* (Que sais-je? ; 1601 c1)
ISBN 2-13-048587-1. *42 F / 6,40 €*

00748 **TORRES GUARDIOLA P.** La peinture en Espagne du XVe au XXe siècle. *PUF, 1999.* (Que sais-je? ; 3521 c1)
ISBN 2-13-050444-2. *42 F / 6,40 €*

00749 **TOULET E.** Cinématographe, invention du siècle. Réimpr. *Gallimard : Réunion des musées nationaux, 1988.* (Découvertes ; 35. Cinéma c5)
ISBN 2-07-053054-X. *85 F / 12,96 €*

00750 **TOURNIER M.** Le Tabor et le Sinaï : essais sur l'art contemporain. *Gallimard, 1994.* (Folio ; 2550 c11)
ISBN 2-07-038747-X. *37 F / 5,64 €*

00751 **TRANCHEFORT F-R.** De Tristan à nos jours. *Seuil, 1978.* (L'Opéra; 2)(Points. Musique ; 3 c5)
ISBN 2-02-005021-8. *55 F / 8,38 €*

00752 **TRANCHEFORT F-R.** Les Instruments de musique dans le monde. 1. *Seuil, 1980.* (Points. Musique ; 4 c6)
ISBN 2-02-005688-7. *62 F / 9,45 €*

00753 **TRANCHEFORT F-R.** Les Instruments de musique dans le monde. 2. *Seuil, 1980.* (Points. Musique ; 5 c5)
ISBN 2-02-005689-5. *55 F / 8,38 €*

00754 **TRENET C.** Boum. *Seuil, 1988.* (Point-virgule c1)
ISBN 2-02-009915-2. *32 F / 4,88 €*

00755 **TRENET C.** Le Jardin extraordinaire. *LGF, 1993.* (Le Livre de poche ; 9620 c9)
ISBN 2-253-06297-9. *36 F / 5,49 €*

00756 **TRIBILLON J-F.** L'Urbanisme. *La Découverte, 1991.* (Repères ; 96)
ISBN 2-7071-2002-2. *52 F / 7,93 €*

00757 **TRIER L. v.** Breaking the waves : scénario. *Cahiers du cinéma, 1996.* (Petite bibliothèque des Cahiers du cinéma)
ISBN 2-86642-174-4. *59 F / 8,99 €*

00758 **N** **TRIER L. v.** Dancer in the dark : scénario bilingue. *Cahiers du cinéma, 2000.* (Petite bibliothèque des Cahiers du cinéma ; 51)
ISBN 2-86642-271-6. *69 F / 10,52 €*

00759 **N** **TRUFFAUT F.** Les aventures d'Antoine Doinel. 1. *Cahiers du cinéma, 2001.* (Petite bibliothèque des Cahiers du cinéma)
ISBN 2-86642-284-8. *59 F / 8,99 €*

00760 **N** **TRUFFAUT F.** Les aventures d'Antoine Doinel. 2. *Cahiers du cinéma, 2001.* (Petite bibliothèque des Cahiers du cinéma)
ISBN 2-86642-299-6. *59 F / 8,99 €*

00761 **TRUFFAUT F.** Jules et Jim. Rééd. sous une nouv. prés. *Seuil, 1995.* (Points c11)
ISBN 2-02-025622-3. *48 F / 7,32 €*

00762 **N** **TRUFFAUT F.** La nuit américaine : scénario du film ; suivi de Journal de tournage de Farenheit 451. *Cahiers du cinéma, 2000.* (Petite bibliothèque des Cahiers du cinéma)
ISBN 2-86642-261-9. *69 F / 10,52 €*

00763 **N** **TRUFFAUT F.** Le plaisir des yeux. *Cahiers du cinéma, 2000.* (Petite bibliothèque des Cahiers du cinéma)
ISBN 2-86642-276-7. *79 F / 12,04 €*

00764 **N** **TRUFFAUT F., SCHIFFMAN S.** Le dernier métro. *Cahiers du cinéma, 2001.* (Petite bibliothèque des Cahiers du cinéma ; 53)
ISBN 2-86642-264-3. *59 F / 8,99 €*

00765 **TULARD J.** Dictionnaire du cinéma. 1, Les réalisateurs. 7e éd. mise à jour. *Laffont, 1999.* (Bouquins)
ISBN 2-221-09134-5. *149 F / 22,71 €*

00766 **TULARD J.** Dictionnaire du cinéma. 2, Les acteurs. Nouv. éd. *Laffont, 1999.* (Bouquins)
ISBN 2-221-08952-9. *169 F / 25,76 €*

00767 **TULARD J.** Guide des films. 1, A-K. Nouv. éd. *Laffont, 1995.* (Bouquins)
ISBN 2-221-08640-6. *169 F / 25,76 €*

00768 **TULARD J.** Guide des films. 2, L-Z. Nouv. éd. mise à jour. *Laffont, 1995.* (Bouquins)
ISBN 2-221-08641-4. *169 F / 25,76 €*

00769 **TULARD J.** Guide des films. Nouv. éd. *Laffont, 1997.* (Bouquins)
ISBN 2-221-91130-X. *338 F / 51,53 €*

00770 **TURNER S.** L'intégrale des Beatles : le secret de toutes leurs chansons. *Pocket, 1998.* (Pocket ; 10386 c4)
ISBN 2-266-08047-4. *30 F / 4,57 €*

00771 **UNGARETTI G.** Vermeer. *Echoppe, 1990.* (Envois c1)
ISBN 2-905657-60-X. *27 F / 4,12 €*

00772 **UNIVERSITE D'OXFORD** Dictionnaire encyclopédique de la musique. 1. Réimpr. *Laffont, 1997.* (Bouquins)
ISBN 2-221-05654-X. *179 F / 27,29 €*

00773 **UNIVERSITE D'OXFORD** Dictionnaire encyclopédique de la musique. 2. Réimpr. *Laffont, 1997.* (Bouquins)
ISBN 2-221-05655-8. *179 F / 27,29 €*

00774 **UNIVERSITE D'OXFORD** Dictionnaire encyclopédique de la musique. *Laffont, 1997.* (Bouquins)
ISBN 2-221-90024-3. *358 F / 54,58 €*

00775 **VALÉRY F.** Les séries TV. *Milan, 1997.* (Les essentiels Milan ; 67 c1)
ISBN 2-84113-490-3. *25 F / 3,81 €*

00776 **VALÉRY P.** Degas danse dessin. *Gallimard, 1998.* (Folio ; 323. Essais c10)
ISBN 2-07-040489-7. *76,50 F / 11,66 €*

00777 **VALÉRY P.** Introduction à la méthode de Léonard de Vinci : 1894. *Gallimard, 1992.* (Folio ; 195. Essais ; 195 c2)
ISBN 2-07-032699-3. *37 F / 5,64 €*

00778 **VALLIER D.** L'art abstrait. *Hachette Littératures, 1998.* (Pluriel ; 8425)
ISBN 2-01-278906-4. *60 F / 9,15 €*

00779 **VALLIER D.** Ce pont-là de Kyôto. *Echoppe, 1991.* (Envois c1)
ISBN 2-905657-84-7. *27 F / 4,12 €*

00780 **VALLIER D.** Chez Brancusi : vendredi 4 mai 1956. *Echoppe, 1995.* (Envois c1)
ISBN 2-84068-052-1. *27 F / 4,12 €*

00781 **VALLIER D.** Julius Bissier : là où les mots louvoient. *Echoppe, 1990.* (Envois c1)
ISBN 2-905657-65-0. *27 F / 4,12 €*

00782 **VALOIS J. d.** Le Chant grégorien. 2e éd. *PUF, 1974.* (Que sais-je? ; 1041)
ISBN 2-13-033056-8. *42 F / 6,40 €*

00783 **VAN G. d.** L'opéra italien. *PUF, 2000.* (Que sais-je? ; 3543 c1)
ISBN 2-13-050513-9. *42 F / 6,40 €*

00784 **VAN ZUYLEN G.** Tous les jardins du monde. *Gallimard, 1994.* (Découvertes ; 207. Art de vivre)
ISBN 2-07-053241-0. *90 F / 13,72 €*

00785 **VANDROMME P.** Brassens : le petit père. *Table ronde, 1996.* (La petite vermillon ; 69 c2)
ISBN 2-7103-0764-2. *45 F / 6,86 €*

00786 **VASSILIEV A.** Anatoli Vassiliev, maître de stage : à propos de Bal masqué de Mikhaïl Lermontov. *Lansman, 1996.* (Maître de stage ; 1)
ISBN 2-87282-170-8. *89 F / 13,57 €*

00787 **VEILLON O-R.** Les Années cinquante : 1945-1960. *Seuil, 1984.* (Le Cinéma américain; 1)(Point-virgule ; 25 c6)
ISBN 2-02-006737-4. *62 F / 9,45 €*

00788 **VEILLON O-R.** Les Années quatre-vingt. *Seuil, 1988.* (Le Cinéma américain; 3)(Point-virgule ; 63 c5)
ISBN 2-02-010291-9. *55 F / 8,38 €*

00789 **VEILLON O-R.** Les Années trente, 1929-1945. *Seuil, 1986.* (Le Cinéma américain; 2)(Point-virgule ; 40 c5)
ISBN 2-02-009109-7. *55 F / 8,38 €*

00790 **VENDRIX P.** La musique à la Renaissance. *PUF, 1999.* (Que sais-je? ; 3448 c1)
ISBN 2-13-049709-8. *42 F / 6,40 €*

00791 **VERGELY B.** Les grandes interrogations esthétiques. *Milan, 1999.* (Les essentiels Milan ; 150 c1)
ISBN 2-84113-957-3. *25 F / 3,81 €*

00792 **VERHAEGEN P.** Les icônes. *Fidélité, 1995.* (Que penser de...? ; 25 c1)
ISBN 2-87356-102-5. *15 F / 2,29 €*

00793 **VERHAEREN E.** Sur James Ensor. *Complexe, 1990.* (Le Regard littéraire ; 36 cL)
ISBN 2-87027-333-9. *65 F / 9,91 €*

00794 **VERLANT G.** Gainsbourg. *LGF, 1993.* (Le Livre de poche ; 9704 c13)
ISBN 2-253-06463-7. *46 F / 7,01 €*

00795 **VERNILLAT F., CHARPENTREAU J.** La Chanson française. 3e éd. *PUF, 1983.* (Que sais-je? ; 1453 c1)
ISBN 2-13-037829-3. *42 F / 6,40 €*

00796 **VEYSSET S.** Y'aura-t'il de la neige à Noël ?. *Cahiers du cinéma, 1997.* (Petite bibliothèque des Cahiers du cinéma)
ISBN 2-86642-187-6. *49 F / 7,47 €*

00797 **VEZZOSI A.** Leonard de Vinci : art et science de l'univers. *Gallimard, 1996.* (Découvertes ; 293. Peinture c6)
ISBN 2-07-053353-0. *90 F / 13,72 €*

00798 **VIAN B.** Chansons. *LGF, 1997.* (Le Livre de poche ; 14195 c16)
ISBN 2-253-14195-X. *55 F / 8,38 €*

00799 **VIAN B.** Chroniques de jazz. *LGF, 1998.* (Le Livre de poche ; 14535 c14)
ISBN 2-253-14535-1. *48 F / 7,32 €*

00800 **VIAN B.** Cinéma, science-fiction. *LGF, 1998.* (Le Livre de poche ; 14456 c9)
ISBN 2-253-14456-8. *36 F / 5,49 €*

00801 **VIAN B.** Derrière la zizique. *LGF, 1997.* (Le Livre de poche ; 14269 c8)
ISBN 2-253-14269-7. *33 F / 5,03 €*

00802 **VIAN B.** Ecrits sur le jazz. *LGF, 1999.* (Le Livre de poche ; 14583 c17)
ISBN 2-253-14583-1. *60 F / 9,15 €*

00803 **VIAN B.** En avant la zizique... : et par ici les gros sous. *LGF, 1997.* (Le Livre de poche ; 14088 c8)
ISBN 2-253-14088-0. *33 F / 5,03 €*

00804 **VIAN B.** Jazz in Paris. *LGF, 1998.* (Le Livre de poche ; 14555 c8)
ISBN 2-253-14555-6. *33 F / 5,03 €*

00805 **VIAN B.** Rue des ravissantes : et dix-sept autres scénarios. *LGF, 1998.* (Le Livre de poche ; 14369 c12)
ISBN 2-253-14369-3. *44 F / 6,71 €*

00806 **VIGNAL M.** Mahler. Nouv. éd. *Seuil, 1995.* (Microcosme. Solfèges ; 26 c4)
ISBN 2-02-025671-1. *69 F / 10,52 €*

00807 **VIGNEAU F.** Les espaces du sport. *PUF, 1998.* (Que sais-je? ; 3410 c1)
ISBN 2-13-049432-3. *42 F / 6,40 €*

00808 **VILAR J.** De la tradition théâtrale. *Arche éditeur, 1999.* (Scène ouverte)
ISBN 2-85181-451-6. *79 F / 12,04 €*

00809 **Villes et civilisation urbaine :** XVIIIe-XXe siècle. *Larousse, 1992.* (Textes essentiels)
ISBN 2-03-741007-7. *150 F / 22,87 €*

00810 **N** **VISEUX C.** La cavée : introspection d'un voyageur en Artalie. *Séguier, 2000.* (Carré d'art ; 34)
ISBN 2-84049-209-1. *59 F / 8,99 €*

00811 **VITRAC R.** Georges de Chirico. *Mercure de France, 1999.* (Brefs écrits sur l'art / éd. Alban Cerisier; 2)(Le petit Mercure)
ISBN 2-7152-2147-9. *22 F / 3,35 €*

00812 **Vocabulaire d'esthétique.** *PUF, 1999.* (Quadrige ; 300)
ISBN 2-13-050445-0. *198 F / 30,18 €*

00813 **VOILLOT P.** Diamants et pierres précieuses. *Gallimard, 1997.* (Découvertes ; 336. Art de vivre)
ISBN 2-07-053427-8. *75 F / 11,43 €*

00814 **VOLLARD A.** En écoutant Cézanne, Degas, Renoir. *Grasset, 1994.* (Les Cahiers rouges ; 197)
ISBN 2-246-16723-X. *59 F / 8,99 €*

00815 **VOLLARD A., PICASSO P.** De Cézanne à Picasso, mes portraits. *Séguier, 1996.* (Carré d'art ; 24)
ISBN 2-84049-105-2. *38 F / 5,79 €*

00816 **VON DER WEID J-N.** La Musique du XXe siècle. Nouv. éd. *Hachette Littératures, 1997.* (Pluriel)
ISBN 2-01-278845-9. *160 F / 24,39 €*

00817 **VON DER WEID J-N.** La musique du XXe siècle. *Hachette Littératures, 1999.* (Pluriel ; 989)
ISBN 2-01-278989-7. *170 F / 25,92 €*

00818 **VUILLERMOZ E.** Histoire de la musique. *LGF, 1988.* (Le Livre de poche ; 4805. Pratique)
ISBN 2-253-01394-3. *49 F / 7,47 €*

00819 **WAGNER R.** Tristan et Isolde. *Gallimard, 1996.* (Folio ; 31. Théâtre ; 31 c8)
ISBN 2-07-040019-0. *37 F / 5,64 €*

00820 **WEBER J.** Don Juan. *Gallimard, 1998.* (Folio ; 3101 c9)
ISBN 2-07-040457-9. *20,50 F / 3,13 €*

00821 **WEILL M.** L'urbanisme. *Milan, 1997.* (Les essentiels Milan ; 91 c1)
ISBN 2-84113-590-X. *25 F / 3,81 €*

00822 **WEKWERTH M.** La Mise en scène dans le théâtre d'amateurs. *Arche éditeur, 1971.* (Travaux ; 13)
ISBN 2-85181-143-6. *69 F / 10,52 €*

00823 **Le western :** approches, mythologies, auteurs-acteurs, filmographies. 3e éd. *Gallimard, 1993.* (Tel ; 219)
ISBN 2-07-072839-0. *85 F / 12,96 €*

00824 **WHISTLER J. M.** Mon ami Oscar Wilde... ; suivi de Les critiques, et mes propositions. *Séguier, 1995.* (Carré d'art ; 8)
ISBN 2-84049-056-0. *48 F / 7,32 €*

00825 **WHISTLER J. M.** Le procès contre Ruskin ; suivi de L'art et les critiques d'art. *Séguier, 1995.* (Carré d'art ; 7)
ISBN 2-84049-055-2. *38 F / 5,79 €*

00826 **WILDE L. d.** Monk. *Gallimard, 1997.* (Folio ; 3009 c8)
ISBN 2-07-040314-9. *37 F / 5,64 €*

00827 **WILDE O.** La Critique créatrice. *Complexe, 1989.* (Le Regard littéraire ; 22 c9)
ISBN 2-87027-272-3. *59 F / 8,99 €*

00828 **WILLIAMS T.** Baby Doll. *10-18, 1995.* (10-18 ; 2628. Domaine étranger c6)
ISBN 2-264-02184-5. *44 F / 6,71 €*

00829 **WRIGHT S.** La danse facile pour tous. *De Vecchi, 1988.* (De Vecchi poche ; 4175 c3)
ISBN 2-7328-4175-7. *33 F / 5,03 €*

00830 **XENAKIS I.** Musique et originalité. *Séguier, 1996.* (Carré musique ; 20)
ISBN 2-84049-094-3. *58 F / 8,84 €*

00831 **YODA Y.** Souvenirs de Kenji Mizoguchi. *Cahiers du cinéma, 1997.* (Petite bibliothèque des Cahiers du cinéma)
ISBN 2-86642-182-5. *59 F / 8,99 €*

00832 **N** **ZALKO N.** Tango, passion du corps et de l'esprit. *Milan, 2001.* (Les essentiels Milan ; 185 c1)
ISBN 2-7459-0196-6. *25 F / 3,81 €*

00833 **ZÉPHIR T.** L'empire des rois khmers. *Gallimard : Réunion des musées nationaux, 1997.* (Découvertes ; 310. Histoire)
ISBN 2-07-053394-8. *76 F / 11,59 €*

00834 **A** **ZERI F.** J'avoue m'être trompé : fragments d'une autobiographie. *10-18, 2001.* (10-18 ; 3353. Bibliothèques)
ISBN 2-264-03323-1

00835 **N** **ZEVI B., HOYET M-J.** Le langage moderne de l'architecture. *Pocket, 2001.* (Agora ; 210 c5)
ISBN 2-266-09213-8. *35 F / 5,34 €*

00836 **ZOLA E.** Ecrits sur l'art. *Gallimard, 1991.* (Tel ; 174)
ISBN 2-07-072142-6. *96 F / 14,64 €*

00837 **ZOLA E.** Pour Manet. *Complexe, 1989.* (Le Regard littéraire ; 32 c6)
ISBN 2-87027-306-1. *52 F / 7,93 €*

00838 **ZOLOTOW M.** Marilyn Monroe. *Gallimard, 1992.* (Folio ; 2381 c12)
ISBN 2-07-038518-3. *52 F / 7,93 €, AUTIN J.* Vingt ans de politique financière. *Seuil, 1972.* (Société ; 47 c1). ISBN 2-02-000425-9. *20 F / 3,05 €*

Bandes dessinées Humour

00840 **ALGOUD A.** Oeil de verre, jambe de bois : petite encyclopédie des éclopés. *Seuil, 1992.* (Point-virgule ; 116 c2)
ISBN 2-02-013386-5. *39 F / 5,95 €*

00841 **ALLAIS A.** Le Captain Cap : ses aventures, ses idées, ses breuvages. *Table ronde, 1997.* (La petite vermillon ; 78 c2)
ISBN 2-7103-0806-1. *45 F / 6,86 €*

00842 **ALLAIS A.** Le parapluie de l'escouade. *Arléa, 1997.* (Arléa-poche ; 29)
ISBN 2-86959-355-4. *35 F / 5,34 €*

00843 **A** **ALLEN W.** Dieu, Shakespeare et moi : opus 1. Nouv. éd. *Seuil, 2001.* (Point-virgule ; 49 c6)
ISBN 2-02-048235-5. *39 F / 5,95 €*

00844 **A** **ALLEN W.** Pour en finir une bonne fois pour toutes avec la culture. *Seuil, 2001.* (Point-virgule ; 1001)
ISBN 2-02-039861-3. *39 F / 5,95 €*

00845 **ALLEN W.** Tout ce que vous avez toujours voulu savoir sur le sexe sans jamais oser le demander. *Seuil, 1990.* (Point-virgule ; 85 c2)
ISBN 2-02-012022-4. *39 F / 5,95 €*

00846 **N** **AMADOU J.** Vous n'êtes pas obligés de me croire !. *J'ai lu, 2000.* (J'ai lu ; 5486. Littérature générale cJ)
ISBN 2-290-30201-5. *39 F / 5,95 €*

00847 **L'ange, l'assaut.** *Glénat, 1998.* (Neon-Genesis Evangelion; 1)(Manga c1)
ISBN 2-7234-2517-7. *42 F / 6,40 €*

00848 **ANTILOGUS P., FESTJENS J-L.** L'école expliquée aux parents. *Pocket, 1999.* (Pocket ; 10671)
ISBN 2-266-09211-1. *30 F / 4,57 €*

00849 **ANTILOGUS P., FESTJENS J-L.** Guide de survie au bureau. *Pocket, 1998.* (Pocket ; 10196 c4)
ISBN 2-266-07535-7. *30 F / 4,57 €*

00850 **ANTILOGUS P., FESTJENS J-L.** Le guide du self-control à l'usage des conducteurs. *Pocket, 1995.* (Pocket ; 4304. Best c4)
ISBN 2-266-06410-X. *30 F / 4,57 €*

00851 **ANTILOGUS P., FESTJENS J-L.** L'homme expliqué aux femmes. *Pocket, 1997.* (Pocket ; 10059 c4)
ISBN 2-266-07021-5. *30 F / 4,57 €*

00852 **AOYAMA G.** Détective Conan. 1. *Kana, 1997.* (Mangas)
ISBN 2-87129-128-4. *33 F / 5,03 €*

00853 **AOYAMA G.** Détective Conan. 2. *Kana, 1997.* (Mangas)
ISBN 2-87129-132-2. *33 F / 5,03 €*

00854 **AOYAMA G.** Détective Conan. 3. *Kana, 1997.* (Mangas)
ISBN 2-87129-139-X. *33 F / 5,03 €*

00855 **AOYAMA G.** Détective Conan. 4. *Kana, 1997.* (Mangas)
ISBN 2-87129-144-6. *33 F / 5,03 €*

00856 **AOYAMA G.** Détective Conan. 5. *Kana, 1997.* (Mangas)
ISBN 2-87129-149-7. *33 F / 5,03 €*

00857 **AOYAMA G.** Détective Conan. 6. *Kana, 1998.* (Mangas)
ISBN 2-87129-159-4. *33 F / 5,03 €*

00858 **AOYAMA G.** Détective Conan. 7. *Kana, 1998.* (Mangas)
ISBN 2-87129-163-2. *33 F / 5,03 €*

00859 **AOYAMA G.** Détective Conan. 8. *Kana, 1998.* (Mangas)
ISBN 2-87129-175-6. *33 F / 5,03 €*

00860 **AOYAMA G.** Détective Conan. 9. *Kana, 1998.* (Mangas)
ISBN 2-87129-180-2. *33 F / 5,03 €*

00861 **AOYAMA G.** Détective Conan. 10. *Kana, 1998.* (Mangas)
ISBN 2-87129-182-9. *33 F / 5,03 €*

00862 **AOYAMA G.** Détective Conan. 11. *Kana, 1999.* (Mangas)
ISBN 2-87129-205-1. *33 F / 5,03 €*

00863 **AOYAMA G.** Détective Conan. 12. *Kana, 1999.* (Mangas)
ISBN 2-87129-206-X. *33 F / 5,03 €*

00864 **AOYAMA G.** Détective Conan. 13. *Kana, 1999.* (Mangas)
ISBN 2-87129-207-8. *33 F / 5,03 €*

00865 **AOYAMA G.** Détective Conan. 14. *Kana, 1999.* (Mangas)
ISBN 2-87129-208-6. *33 F / 5,03 €*

00866 **AOYAMA G.** Détective Conan. 15. *Kana, 1999.* (Mangas)
ISBN 2-87129-209-4. *33 F / 5,03 €*

00867 **AOYAMA G.** Détective Conan. 16. *Kana, 1999.* (Mangas)
ISBN 2-87129-210-8. *33 F / 5,03 €*

00868 **AOYAMA G.** Détective Conan. 17. *Kana, 1999.* (Mangas)
ISBN 2-87129-211-6. *33 F / 5,03 €*

00869 **AOYAMA G.** Détective Conan. 18. *Kana, 1999.* (Mangas)
ISBN 2-87129-212-4. *33 F / 5,03 €*

00870 **AOYAMA G.** Détective Conan. 19. *Kana, 2000.* (Mangas)
ISBN 2-87129-213-2. *33 F / 5,03 €*

00871 **AOYAMA G.** Détective Conan. 20. *Kana, 2000.* (Mangas)
ISBN 2-87129-214-0. *33 F / 5,03 €*

00872 N **AOYAMA G.** Détective Conan. 21. *Kana, 2000.* (Mangas)
ISBN 2-87129-257-4. *33 F / 5,03 €*

00873 N **AOYAMA G.** Détective Conan. 25. *Kana, 2001.* (Mangas)
ISBN 2-87129-336-8. *33 F / 5,03 €*

00874 A **AOYAMA G.** Détective Conan. 26. *Kana, 2001.* (Mangas)
ISBN 2-87129-337-6. *33 F / 5,03 €*

00875 A **AOYAMA G.** Détective Conan. 27. *Kana, 2001.* (Mangas)
ISBN 2-87129-338-4. *33 F / 5,03 €*

00876 A **AOYAMA G.** Détective Conan. 28. *Kana, 2001.* (Mangas)
ISBN 2-87129-339-2. *33 F / 5,03 €*

00877 A **AOYAMA G.** Détective Conan. 29. *Kana, 2001.* (Mangas)
ISBN 2-87129-340-6. *33 F / 5,03 €*

00878 **ARNAL J. C.** Pif le Chien. 1. *J'ai lu, 1988.* (J'ai lu. BD ; 81 c4)
ISBN 2-277-33081-7. *36 F / 5,49 €*

00879 **L'arrivée d'Asuka.** *Glénat, 1999.* (Neon-Genesis Evangelion; 4)(Manga c1)
ISBN 2-7234-2784-6. *42 F / 6,40 €*

00880 **ARTHUR** Aimons-nous les uns les autres : l'essentiel de la drague. *J'ai lu, 1997.* (J'ai lu ; 4524. Littérature générale c2)
ISBN 2-290-04524-1. *22 F / 3,35 €*

00881 **ARTHUR** Ta mère, la réponse. *J'ai lu, 1996.* (J'ai lu ; 4225. Littérature générale c2)
ISBN 2-277-24225-X. *22 F / 3,35 €*

00882 **ARTHUR** Ta mère, la revanche. *J'ai lu, 1997.* (J'ai lu ; 4365. Littérature générale c2)
ISBN 2-290-04365-6. *22 F / 3,35 €*

00883 **ARTHUR** Ta mère. *J'ai lu, 1996.* (J'ai lu ; 4075. Littérature générale c2)
ISBN 2-277-24075-3. *22 F / 3,35 €*

00884 **ASADA H.** Diamant sauvage. *Glénat, 1999.* (I'll; 1)(Manga c1)
ISBN 2-7234-2918-0. *42 F / 6,40 €*

00885 **ASADA H.** I'll. 5. *Glénat, 2000.* (Manga c1)
ISBN 2-7234-2988-1. *42 F / 6,40 €*

00886 N **ASADA H.** I'll. 6, Nouveau jeu, nouvelles règles. *Glénat, 2000.* (Manga c1)
ISBN 2-7234-2989-X. *42 F / 6,40 €*

00887 N **ASADA H.** I'll. 7. *Glénat, 2000.* (Manga c1)
ISBN 2-7234-3150-9. *42 F / 6,40 €*

00888 N **ASADA H.** I'll. 8. *Glénat, 2000.* (Manga c1)
ISBN 2-7234-3154-1. *42 F / 6,40 €*

00889 **ASADA H.** Image publique. *Glénat, 1999.* (I'll; 2)(Manga)
ISBN 2-7234-2919-9. *42 F / 6,40 €*

00890 **ASADA H.** Lobotomie adolescente. *Glénat, 1999.* (I'll; 3)(Manga c1)
ISBN 2-7234-2933-4. *42 F / 6,40 €*

00891 A **ASADA H.** Pokemon, attrapez-les tous !. 1. *Glénat, 2001.* (Manga c1)
ISBN 2-7234-3510-5. *49 F / 7,47 €*

00892 A **ASADA H.** Pokemon, attrapez-les tous !. 2. *Glénat, 2001.* (Manga c1)
ISBN 2-7234-3529-6. *49 F / 7,47 €*

00893 **ASADA H.** Le traître. *Glénat, 2000.* (I'll; 4)(Manga c1)
ISBN 2-7234-2987-3. *42 F / 6,40 €*

00894 **BAKER S.** Comment vivre avec un maître névrotique. *J'ai lu, 1994.* (J'ai lu. BD ; 271 c3)
ISBN 2-277-33271-2. *29 F / 4,42 €*

00895 **BALEZ O.** L'opus à l'oreille. *Baleine, 1998.* (Le Poulpe ; 101)
ISBN 2-84219-115-3. *41 F / 6,25 €*

00896 **BAROUKH E., LEMBERG D.** 5000 ans d'humour juif : de Deauville à Jérusalem. *J'ai lu, 1997.* (J'ai lu ; 4602. Littérature générale c5)
ISBN 2-290-04602-7. *39 F / 5,95 €*

00897 **BAUCHARD D., VAN DEN BROUCK J.** Les leçons du nourrisson savant. *Seuil, 1998.* (Point-virgule c10)
ISBN 2-02-034706-7. *45 F / 6,86 €*

00898 **BECHTEL G., CARRIÈRE J-C.** Dictionnaire de la bêtise et des erreurs de jugement ; Le Livre des bizarres. Nouv. éd. rev. *Laffont, 1991.* (Bouquins)
ISBN 2-221-06747-9. *130 F / 19,82 €*

00899 N **BECHTEL G., CARRIÈRE J-C.** Dictionnaire des révélations historiques et contemporaines : contenant des paradoxes sociaux et politiques, des errata de l'Histoire, des inventions osées... *Pocket, 2001.* (Pocket ; 10892 c5)
ISBN 2-266-09956-6. *35 F / 5,34 €*

00900 **BEDOS G.** Inconsolable et gai ; Envie de jouer. *Seuil, 1995.* (Point-virgule c9)
ISBN 2-02-028062-0. *64 F / 9,76 €*

00901 **BEDOS G.** Inconsolable et gai. *Seuil, 1995.* (Point-virgule ; 162 c1)
ISBN 2-02-025860-9. *32 F / 4,88 €*

00902 **BEDOS G.** Journal d'un mégalo : Mitterrand, Pasqua, Balladur et moi. *Seuil, 1999.* (Point-virgule)
ISBN 2-02-037425-0. *32 F / 4,88 €*

00903 **BEDOS G.** Petites drôleries et autres méchancetés. *Seuil, 1992.* (Point-virgule ; 119 c1)
ISBN 2-02-018398-6. *32 F / 4,88 €*

00904 **BEDOS G.** Pointes, piques et répliques. *J'ai lu, 2000.* (J'ai lu ; 5414. Littérature générale cG)
ISBN 2-290-30034-9. *29 F / 4,42 €*

00905 **BEDOS G., PLANTU** Envie de jouer. *Seuil, 1995.* (Point-virgule c6)
ISBN 2-02-028043-4. *32 F / 4,88 €*

00906 **BENAYOUN R.** Les Dingues du nonsense : de Lewis Carroll à Woody Allen. *Seuil, 1986.* (Point-virgule ; 46 c3)
ISBN 2-02-009310-3. *55 F / 8,38 €*

00907 **BENAYOUN R.** Les Marx Brothers ont la parole. Nouv. éd. *Seuil, 1991.* (Point-virgule ; 107 c2)
ISBN 2-02-012931-0. *39 F / 5,95 €*

00908 **N** **BERTHOMMIER M.** Le roi des os. *Bayard Jeunesse, 2000.* (Touffu; 1)(BD poche)
ISBN 2-227-71510-3. *35 F / 5,34 €*

00909 **N** **BERTHOMMIER M.** T'es un chef !. *Bayard Jeunesse, 2000.* (Touffu; 2)(BD poche)
ISBN 2-227-71511-1. *35 F / 5,34 €*

00910 **BIENNE G.** Bleu, je veux. *Seuil, 1983.* (Point-virgule ; 16 c2)
ISBN 2-02-006387-5. *39 F / 5,95 €*

00911 **BINET** Monsieur le Ministre. 1. *J'ai lu, 1995.* (J'ai lu ; 3287. BD c3)
ISBN 2-277-33287-9. *29 F / 4,42 €*

00912 **BINET C.** Les Bidochon en habitation à loyer modéré. *J'ai lu, 1988.* (Les Bidochon; 3)(J'ai lu. BD ; 104 c3)
ISBN 2-277-33104-X. *29 F / 4,42 €*

00913 **BINET C.** Forum. *J'ai lu, 1992.* (J'ai lu. BD ; 237 c3)
ISBN 2-277-33237-2. *29 F / 4,42 €*

00914 **BINET C.** Kador. 1. *J'ai lu, 1987.* (J'ai lu. BD ; 27 c3)
ISBN 2-277-33027-2. *29 F / 4,42 €*

00915 **BINET C.** Kador. 3. *J'ai lu, 1990.* (J'ai lu. BD ; 192 c3)
ISBN 2-277-33192-9. *29 F / 4,42 €*

00916 **BINET C.** Kador. 4. *J'ai lu, 1991.* (J'ai lu. BD ; 224 c3)
ISBN 2-277-33224-0. *29 F / 4,42 €*

00917 **BINET C.** Propos irresponsables. 1. *J'ai lu, 1993.* (J'ai lu. BD ; 248 c3)
ISBN 2-277-33248-8. *29 F / 4,42 €*

00918 **Blame. 1.** *Glénat, 2000.* (Manga c1)
ISBN 2-7234-3102-9. *42 F / 6,40 €*

00919 **BLANCHE F.** Pensées, répliques et anecdotes. *J'ai lu, 1999.* (J'ai lu ; 5228. Littérature générale c3)
ISBN 2-290-05228-0. *29 F / 4,42 €*

00920 **BLANCHE F.** Pensées. *Pocket, 1985.* (Pocket ; 2382 c2)
ISBN 2-266-01587-7. *23 F / 3,51 €*

00921 **BOLLAND B., MOORE A.** Souriez!. *J'ai lu, 1990.* (J'ai lu. BD ; 176 c5)
ISBN 2-277-33176-7. *39 F / 5,95 €*

00922 **BOUVARD P.** Journal drôle et impertinent. *J'ai lu, 1999.* (J'ai lu ; 5186. Littérature générale c5)
ISBN 2-290-05186-1. *39 F / 5,95 €*

00923 **BOUVARD P.** Les pensées. Ed. augmentée. *Pocket, 1996.* (Pocket ; 4326. Best c3)
ISBN 2-266-06464-9. *26 F / 3,96 €*

00924 **BOUVARD P., GAZEAU J.** 20 ans de Grosses Têtes présentés par Philippe Bouvard : rires, sourires, délires. *Pocket, 2000.* (Pocket ; 10434 c3)
ISBN 2-266-08211-6. *26 F / 3,96 €*

00925 **BRAMI E., ZAD** Cent bêtes pour ceux qui s'embêtent. *Seuil, 1997.* (Point-virgule c12)
ISBN 2-02-032772-4. *48 F / 7,32 €*

00926 **BRAVO C.** Les Grosses bêtes. *J'ai lu, 1994.* (J'ai lu ; 3770. Littérature générale)
ISBN 2-277-23770-1. *29 F / 4,42 €*

00927 **N** **BURON N. d.** Arrêtez de piquer mes sous!. Réimp. *J'ai lu, 2000.* (J'ai lu ; 3652. Littérature générale cJ)
ISBN 2-290-30584-7. *39 F / 5,95 €*

00928 **BURONSON, HARA T.** Ken le survivant. 1, Le cri du coeur. *J'ai lu, 1999.* (J'ai lu ; 5319. Manga c4)
ISBN 2-290-05319-8. *36 F / 5,49 €*

00929 **BURONSON, HARA T.** Ken le survivant. 2, L'exécution des démons !. *J'ai lu, 1999.* (J'ai lu ; 5321. Manga)
ISBN 2-290-05321-X. *36 F / 5,49 €*

00930 **BURONSON, HARA T.** Ken le survivant. 3, Jusqu'en enfer !. *J'ai lu, 1999.* (J'ai lu ; 5323. Manga c4)
ISBN 2-290-05323-6. *36 F / 5,49 €*

00931 **N** **BURONSON, HARA T.** Ken le survivant. 4, Deux étoiles néfastes !. Réimpr. *J'ai lu, 2000.* (J'ai lu ; 5325. Manga cl)
ISBN 2-290-05325-2. *36 F / 5,49 €*

00932 **BURONSON, HARA T.** Ken le survivant. 5, Combat mortel. *J'ai lu, 2000.* (J'ai lu ; 5416. Manga cl)
ISBN 2-290-30035-7. *36 F / 5,49 €*

00933 **BURONSON, HARA T.** Ken le survivant. 6, Retrouvailles tragiques. *J'ai lu, 2000.* (J'ai lu ; 5440. Manga cl)
ISBN 2-290-30052-7. *36 F / 5,49 €*

00934 **BURONSON, HARA T.** Ken le survivant. 7, Pas de sépulture pour les ordures !. *J'ai lu, 2000.* (J'ai lu ; 5490. Manga cl)
ISBN 2-290-30206-6. *36 F / 5,49 €*

00935 **N** **BURONSON, HARA T.** Ken le survivant. 8, Le poing du mal !. *J'ai lu, 2000.* (J'ai lu ; 5525. Manga cl)
ISBN 2-290-30183-3. *36 F / 5,49 €*

00936 **N** **BURONSON, HARA T.** Ken le survivant. 9, Sous la lumière des étoiles du nanto. *J'ai lu, 2000.* (J'ai lu ; 5558. Manga cl)
ISBN 2-290-30272-4. *36 F / 5,49 €*

00937 **N** **BURONSON, HARA T.** Ken le survivant. 10, L'empereur du Nantol. *J'ai lu, 2000.* (J'ai lu. Manga cl)
ISBN 2-290-30372-0. *36 F / 5,49 €*

00938 **N** **BURONSON, HARA T.** Ken le survivant. 11, Le poing qui brise le ciel. *J'ai lu, 2000.* (J'ai lu ; 5716. Manga cl)
ISBN 2-290-30588-X. *36 F / 5,49 €*

00939 **N** **BURONSON, HARA T.** Ken le survivant. 12, Le serment du passé. *J'ai lu, 2000.* (J'ai lu ; 5718. Manga cl)
ISBN 2-290-30589-8. *36 F / 5,49 €*

00940 **N** **BURONSON, HARA T.** Ken le survivant. 13, Le dernier éveil du nanto !. *J'ai lu, 2000.* (J'ai lu ; 5726. Manga cl)
ISBN 2-290-30702-5. *36 F / 5,49 €*

00941 **N** **BURONSON, HARA T.** Ken le survivant. 14, Le temps est venu !. *J'ai lu, 2000.* (J'ai lu ; 5728. Manga cl)
ISBN 2-290-30704-1. *36 F / 5,49 €*

00942 **N** **BURONSON, HARA T.** Ken le survivant. 15, La gloire du vaincu !. *J'ai lu, 2000.* (J'ai lu ; 5730. Manga cl)
ISBN 2-290-30706-8. *36 F / 5,49 €*

00943 **N** **BURONSON, HARA T.** Ken le survivant. 16, Le hurlement du louveteau !!. *J'ai lu, 2000.* (J'ai lu ; 5732. Manga cl)
ISBN 2-290-30708-4. *36 F / 5,49 €*

00944 **N** **BURONSON, HARA T.** Ken le survivant. 17, L'assassin doré. *J'ai lu, 2001.* (J'ai lu ; 5789. Manga)
ISBN 2-290-30951-6. *36 F / 5,49 €*

00945 **A** **BURONSON, HARA T.** Ken le survivant. 19, Masque d'ambition. *J'ai lu, 2001.* (J'ai lu ; 5763. Manga)
ISBN 2-290-31098-0. *35 F / 5,34 €*

00946 **A** **BURONSON, HARA T.** Ken le survivant. 20, La légende de Kao continue. *J'ai lu, 2001.* (J'ai lu ; 5763. Manga)
ISBN 2-290-31102-2. *36 F / 5,49 €*

00947 **A** **BURONSON, HARA T.** Ken le survivant. 21. *J'ai lu, 2001.* (J'ai lu ; 5763. Manga)
ISBN 2-290-31103-0. *36 F / 5,49 €*

00948 **A** **BURONSON, HARA T.** Ken le survivant. 22. *J'ai lu, 2001.* (J'ai lu ; 5763. Manga)
ISBN 2-290-31104-9. *36 F / 5,49 €*

00949 **A** **BURONSON, HARA T.** Ken le survivant. 23. *J'ai lu, 2001.* (J'ai lu ; 6038. Manga)
ISBN 2-290-31324-6

00950 **A** **BURONSON, HARA T.** Ken le survivant. 24. *J'ai lu, 2001.* (J'ai lu ; 6040. Manga)
ISBN 2-290-31325-4

00951 **A** **BURONSON, HARA T.** Ken le survivant. 25. *J'ai lu, 2001.* (J'ai lu ; 6042. Manga)
ISBN 2-290-31326-2

00952 **A** **BURONSON, HARA T.** Ken le survivant. 26. *J'ai lu, 2001.* (J'ai lu ; 6044. Manga)
ISBN 2-290-31327-0

00953 **A** **BURONSON, HARA T.** Ken le survivant. 27. *J'ai lu, 2001.* (J'ai lu ; 6046. Manga)
ISBN 2-290-06046-1

00954 **CABU** Les Abrutis sont parmi nous : 251 dessins. *Seuil, 1993.* (Points. Actuels ; 132 c2)
ISBN 2-02-019431-7. *39 F / 5,95 €*

00955 **CABU** Duo sur l'Elysée. *LGF, 1999.* (Le Livre de poche ; 14699 c3)
ISBN 2-253-14699-4. *18 F / 2,74 €*

00956 **CABU** Les Nouveaux beaufs sont arrivés!. *J'ai lu, 1994.* (J'ai lu. BD ; 268 c4)
ISBN 2-277-33268-2. *36 F / 5,49 €*

00957 **CABU, VADROT C-M.** Plutôt Russe que mort!. *Seuil, 1990.* (Points. Actuels ; 96 c2)
ISBN 2-02-012248-0. *39 F / 5,95 €*

00958 **CAMI P.** Pour lire sous la douche. *Arléa, 1998.* (Arléa-poche ; 45)
ISBN 2-86959-403-8. *40 F / 6,10 €*

00959 **CARLOS** Les meilleures histoires drôles de Carlos. *LGF, 1999.* (Le Livre de poche ; 14634 c6)
ISBN 2-253-14634-X. *26 F / 3,96 €*

00960 **N** **CARMET J.** Je suis le badaud de moi-même. *Pocket, 2000.* (Pocket ; 10889 c4B)
ISBN 2-266-09967-1. *32 F / 4,88 €*

00961 **CAUNES A. d., ALGOUD A.** J'aime beaucoup ce que vous faites. *Seuil, 1992.* (Point-virgule ; 115 c3)
ISBN 2-02-013316-4. *48 F / 7,32 €*

00962 **CAUNES A. d., ALGOUD A.** Pas mal pour un lundi ! ; Vous permettez que je vous appelle Raymond ; J'aime beaucoup ce que vous faites. *Seuil, 1993.* (Point-virgule ; 897)
ISBN 2-02-021397-4. *126 F / 19,21 €*

00963 **CAUNES A. d., ALGOUD A.** Pas mal pour un lundi!. *Seuil, 1990.* (Point-virgule ; 87 c2)
ISBN 2-02-012421-1. *39 F / 5,95 €*

00964 **CAUNES A. d., ALGOUD A.** Une ambulance peut en cacher une autre. *Seuil, 1993.* (Point-virgule ; 134 c2)
ISBN 2-02-019554-2. *39 F / 5,95 €*

00965 **CAUVIN R., HARDY V.** Des os pilants. *J'ai lu, 1993.* (Pierre Tombal; 4)(J'ai lu. BD ; 255 c3)
ISBN 2-277-33255-0. *29 F / 4,42 €*

00966 **N** **CERUTTI E.** 600 devinettes bêtes et méchantes. *J'ai lu, 2000.* (J'ai lu ; 5588. Littérature générale cE)
ISBN 2-290-30277-5. *22 F / 3,35 €*

00967 **CHIFLET J-L.** L'anglais saugrenu. *Seuil, 1995.* (Points ; 20 c1)
ISBN 2-02-022969-2. *32 F / 4,88 €*

00968 **CHIFLET J-L.** J'apprends l'anglais avec la reine : manuel de révision pour petits et grands. *LGF, 1999.* (Le Livre de poche ; 8197. Pratique c5)
ISBN 2-253-08197-3. *23 F / 3,51 €*

00969 **CHIFLET J-L.** Sky Mr. Allgood! parlons français avec M. Toubon. *Mille et une nuits, 1994.* (Les petits libres ; 2 cA)
ISBN 2-910233-39-1. *10 F / 1,52 €*

00970 **CHIFLET J-L.** Sky, my husband : ciel, mon mari : guide de l'anglais courant (guide of the running english). *Seuil, 1999.* (Point-virgule)
ISBN 2-02-037804-3. *32 F / 4,88 €*

00971 **CHIFLET J-L.** Sky my kids! : ciel, mes enfants! : dictionnary of branches english (dictionnaire de l'anglais branché). *Seuil, 1993.* (Points. Actuels ; 135 c1)
ISBN 2-02-015994-5. *32 F / 4,88 €*

00972 **CHIFLET J-L., KRISTY N.** Le dictionnaire des mots qui n'existent pas. *Pocket, 1997.* (Pocket ; 4305 c3)
ISBN 2-266-06411-8. *26 F / 3,96 €*

00973 **COCHET J-L., MAKO, BALEZ O.** Cent pour sang bande dessinée. *Baleine, 1997.* (Le Poulpe ; 100 à 102)
ISBN 2-84219-113-7. *120 F / 18,29 €*

00974 **COHEN J., REBERG E., DESPRÉS B.** Au zoo, les zozos !. *Bayard, 1999.* (Tom-Tom et Nana c1)
ISBN 2-227-73123-0. *45 F / 6,86 €*

00975 **COHEN J., REBERG E., DESPRÉS B.** Bande de sauvages!. Réimpr. *Bayard, 1998.* (Tom-Tom et Nana; 6)(Tom-Tom et Nana ; 6)
ISBN 2-227-73109-5. *45 F / 6,86 €*

00976 **COHEN J., REBERG E., DESPRÉS B.** Bonjour les cadeaux!. *Bayard, 1996.* (Tom-Tom et Nana; 13)(Tom-Tom et Nana ; 13)
ISBN 2-227-73115-X. *45 F / 6,86 €*

00977 **COHEN J., REBERG E., DESPRÉS B.** C'est magique. Réimpr. *Bayard, 1996.* (Tom-Tom et Nana; 21)(Tom-Tom et Nana ; 21)
ISBN 2-227-73120-6. *45 F / 6,86 €*

00978 **COHEN J., REBERG E., DESPRÉS B.** Les cartables décollent. *Bayard, 1996.* (Tom-Tom et Nana; 4)(Tom-Tom et Nana ; 4)
ISBN 2-227-73107-9. *45 F / 6,86 €*

00979 **COHEN J., REBERG E., DESPRÉS B.** Dégâts à gogo. *Bayard, 1998.* (Tom-Tom et Nana ; 23 c1)
ISBN 2-227-73122-2. *45 F / 6,86 €*

00980 **COHEN J., REBERG E., DESPRÉS B.** Les deux terreurs. Réimpr. *Bayard, 1998.* (Tom-Tom et Nana; 8)(Tom-Tom et Nana ; 9)
ISBN 2-227-73111-7. *45 F / 6,86 €*

00981 **COHEN J., REBERG E., DESPRÉS B.** Drôle de cirque. *Bayard, 1996.* (Tom-Tom et Nana; 7)(Tom-Tom et Nana ; 7)
ISBN 2-227-73110-9. *45 F / 6,86 €*

00982 **COHEN J., REBERG E., DESPRÉS B.** Les fous du mercredi. Réimpr. *Bayard, 1998.* (Tom-Tom et Nana; 9)(Tom-Tom et Nana ; 9)
ISBN 2-227-73112-5. *45 F / 6,86 €*

00983 **COHEN J., REBERG E., DESPRÉS B.** Ici radio-casserole. Réimpr. *Bayard, 1998.* (Tom-Tom et Nana; 11)(Tom-Tom et Nana ; 11)
ISBN 2-227-73114-1. *45 F / 6,86 €*

00984 **N** **COHEN J., REBERG E., DESPRÉS B.** Les mabouls déboulent. *Bayard Jeunesse, 2000.* (Tom-Tom et Nana; 25)(Tom-Tom et Nana c1)
ISBN 2-7470-0029-X. *45 F / 6,86 €*

00985 **COHEN J., REBERG E., DESPRÉS B.** Le roi de la tambouille. Réimpr. *Bayard, 1998.* (Tom-Tom et Nana; 3)(Tom-Tom et Nana ; 3)
ISBN 2-227-73104-4. *45 F / 6,86 €*

00986 **COHEN J., REBERG E., DESPRÉS B.** Tom-Tom et l'impossible Nana. Réimpr. *Bayard, 1998.* (Tom-Tom et Nana; 1)(Tom-Tom et Nana ; 1)
ISBN 2-227-73101-X. *45 F / 6,86 €*

00987 **COHEN J., REBERG E., DESPRÉS B.** Tom-Tom et Nana superstars. *Bayard, 1997.* (Tom-Tom et Nana; 22)(Tom-Tom et Nana ; 22)
ISBN 2-227-73121-4. *45 F / 6,86 €*

00988 **COHEN J., REBERG E., DESPRÉS B.** Tom-Tom et ses idées explosives. Réimpr. *Bayard, 1998.* (Tom-Tom et Nana; 2)(Tom-Tom et Nana ; 2)
ISBN 2-227-73106-0. *45 F / 6,86 €*

00989 **COHEN J., REBERG E., DESPRÉS B.** Les vacances infernales. *Bayard, 1996.* (Tom-Tom et Nana; 5)(Tom-Tom et Nana ; 5)
ISBN 2-227-73108-7. *45 F / 6,86 €*

00990 **COLUCHE** Et vous trouvez ça drôle ?. *LGF, 2000.* (Le Livre de poche ; 14809)
ISBN 2-253-14809-1. *29 F / 4,42 €*

00991 **COLUCHE** L'Horreur est humaine. *LGF, 1993.* (Le Livre de poche ; 9655 c7)
ISBN 2-253-06371-1. *30 F / 4,57 €*

00992 **COLUCHE** Les Inoubliables. *Pocket, 1994.* (Pocket ; 3249 c5)
ISBN 2-266-00287-2. *35 F / 5,34 €*

00993 **COLUCHE** Pensées et anecdotes. *LGF, 1998.* (Le Livre de poche ; 14382 c6)
ISBN 2-253-14382-0. *26 F / 3,96 €*

00994 **COLUCHE, REISER J-M.** Y'en aura pour tout le monde : les histoires de Coluche ranontées par Reiser. *Gallimard, 1992.* (Folio ; 2403 c8)
ISBN 2-07-038541-8. *37 F / 5,64 €*

00995 **Contes pour rire :** fabliaux de 18e et 19e siècles. *10-18, 1984.* (10-18 ; 1147 c5)
ISBN 2-264-00166-6. *44 F / 6,71 €*

00996 **Le couteau et l'adolescent.** *Glénat, 1998.* (Neon-Genesis Evangelion; 2)(Manga c1)
ISBN 2-7234-2644-0. *42 F / 6,40 €*

00997 **COYOTE** Litteul Kevin. 2. *J'ai lu, 1996.* (J'ai lu. BD ; 289 c3)
ISBN 2-277-33289-5. *29 F / 4,42 €*

00998 **D'ORTA M.** J'espérons que je m'en sortira : soixante rédactions d'enfants napolitains. *Seuil, 1993.* (Point-virgule ; 122 c1)
ISBN 2-02-012856-X. *32 F / 4,88 €*

00999 **N** **DAC P.** Arrière-pensées : maximes inédites. *J'ai lu, 2000.* (J'ai lu ; 5619. Littérature générale cG)
ISBN 2-290-30345-3. *29 F / 4,42 €*

01000 **DAC P.** Bons baisers de partout. 1. Réimp. *Librio, 2000.* (Librio ; 275 c1)
ISBN 2-290-30643-6. *10 F / 1,52 €*

01001 **DAC P.** Dico franco-loufoque. *Librio, 1996.* (Librio ; 128 c1)
ISBN 2-277-30128-0. *10 F / 1,52 €*

01002 **A** **DAC P.** Essais, maximes et conférences. *J'ai lu, 2001.* (J'ai lu ; 5920. Littérature générale)
ISBN 2-290-31168-5

01003 **DAC P.** Les Pensées. Réimpr. *Pocket, 1998.* (Pocket ; 2073. Best c2)
ISBN 2-266-05452-X. *23 F / 3,51 €*

01004 **DAC P., ROGNONI L.** Bons baisers de partout. 2. *Librio, 1999.* (Librio ; 292 c1)
ISBN 2-277-30292-9. *10 F / 1,52 €*

01005 **N** **DAC P., ROGNONI L.** Bons baisers de partout. 3. *Librio, 2000.* (Librio ; 326 c1)
ISBN 2-290-30133-7. *10 F / 1,52 €*

01006 **DANINOS P.** Les Carnets du Major W. Marnaduke Thomson. Rééd. *LGF, 1983.* (Le Livre de poche ; 554 c5)
ISBN 2-253-00008-6. *23 F / 3,51 €*

01007 **DARD F.** Les pensées de San Antonio. *Pocket, 1998.* (Pocket ; 10342 c3)
ISBN 2-266-07991-3. *26 F / 3,96 €*

01008 **DÉBARÈDE A.** Les Enfants, oui! L'eau ferrugineuse, non!. *Seuil, 1988.* (Point-virgule ; 67 c2)
ISBN 2-02-010354-0. *39 F / 5,95 €*

01009 **DEBARRE C.** Joe Bar Team : dans les années 75, le Joe Bar Team écumait les routes. *J'ai lu, 1994.* (J'ai lu. BD ; 274 c3)
ISBN 2-277-33274-7. *29 F / 4,42 €*

01010 **Déclaration universelle des droits du cochon.** *PARC, 1998.* (Collection grise. 10/15)
ISBN 2-912010-01-2. *15 F / 2,29 €*

01011 **DEGOTTE C.** Les Motards. 2. *J'ai lu, 1992.* (J'ai lu. BD ; 210 c3)
ISBN 2-277-33210-0. *29 F / 4,42 €*

01012 **DELINX M., GODARD C.** La Jungle en folie : la conquête de l'espace. *J'ai lu, 1989.* (J'ai lu. BD ; 133 c4)
ISBN 2-277-33133-3. *36 F / 5,49 €*

01013 **DELINX M., GODARD C.** La Jungle en folie : salut la compagnie. *J'ai lu, 1990.* (J'ai lu. BD ; 172 c5)
ISBN 2-277-33172-4. *39 F / 5,95 €*

01014 **DESCLOZEAUX J-P., POZNER A.** Petite histoire de la langue. *Seuil, 1991.* (Point-virgule ; 105 c1)
ISBN 2-02-013527-2. *32 F / 4,88 €*

01015 **DESPROGES P.** Chroniques de la haine ordinaire. *Seuil, 1997.* (Points ; 375 c7)
ISBN 2-02-032041-X. *35 F / 5,34 €*

01016 **DESPROGES P.** Coffret Pierre Desproges. *Seuil, 1997.* (Points)
ISBN 2-02-033036-9. *106 F / 16,16 €*

01017 **DESPROGES P.** Dictionnaire superflu : à l'usage de l'élite et des biens nantis. Réimpr. *Seuil, 1997.* (Points ; 403 c2)
ISBN 2-02-032436-9. *39 F / 5,95 €*

01018 **DESPROGES P.** Les étrangers sont nuls. Réimpr. *Seuil, 1998.* (Points ; 487 c6)
ISBN 2-02-033655-3. *32 F / 4,88 €*

01019 **DESPROGES P.** Des femmes qui tombent. Réimpr. *Seuil, 1998.* (Points ; 479 c6)
ISBN 2-02-033625-1. *32 F / 4,88 €*

01020 **DESPROGES P.** Le manuel du savoir-vivre. *Seuil, 1997.* (Points ; 401 c7)
ISBN 2-02-032128-9. *35 F / 5,34 €*

01021 **DESPROGES P.** La minute nécessaire de monsieur Cyclopède. *Seuil, 1997.* (Points ; 348 c5)
ISBN 2-02-031427-4. *29 F / 4,42 €*

01022 **A** **DESPROGES P.** Le petit reporter. *Seuil, 2001.* (Points ; 836)
ISBN 2-02-049064-1. *35 F / 5,34 €*

01023 **DESPROGES P.** Textes de scène. *Seuil, 1997.* (Points ; 433 c6)
ISBN 2-02-032645-0. *32 F / 4,88 €*

01024 **DESPROGES P.** Vivons heureux en attendant la mort. *Seuil, 1997.* (Points ; 384 c7)
ISBN 2-02-032042-8. *35 F / 5,34 €*

01025 **DEVOS R.** A plus d'un titre. *Pocket, 1990.* (Pocket ; 3469 c3)
ISBN 2-266-03475-8. *26 F / 3,96 €*

01026 **DEVOS R.** Un jour sans moi : extravagances. *Pocket, 1998.* (Pocket ; 10331 c3)
ISBN 2-266-08027-X. *26 F / 3,96 €*

01027 **DEVOS R.** Sens dessus dessous. *LGF, 1978.* (Le Livre de poche ; 5102 c5)
ISBN 2-253-01958-5. *23 F / 3,51 €*

01028 **DRACHLINE P.** Dictionnaire humoristique des surréalistes et des dadaïstes. *Seuil, 1996.* (Point-virgule c8)
ISBN 2-02-026349-1. *39 F / 5,95 €*

01029 **A** **Dragon ball. 3 et 4.** *Glénat, 2001.* (Manga c1)
ISBN 2-7234-3457-5. *42 F / 6,40 €*

01030 **DUHAMEL J.** La fête des perles. *J'ai lu, 1998.* (J'ai lu ; 4778. Littérature générale c3)
ISBN 2-290-04778-3. *29 F / 4,42 €*

01031 **DUHAMEL J.** Le Grand méchant bêtisier. *LGF, 1993.* (Le Livre de poche ; 9745 c9)
ISBN 2-253-06550-1. *36 F / 5,49 €*

01032 **N** **DUHAMEL J.** Les perles des fonctionnaires : l'administration face aux Français. Réimp. *J'ai lu, 2000.* (J'ai lu ; 5209. Littérature générale cG)
ISBN 2-290-30689-4. *29 F / 4,42 €*

01033 **N** **DUHAMEL J.** Le XXe siècle bête et méchant : esprit et mauvais esprit de 1900 à nos jours. *LGF, 2000.* (Le Livre de poche ; 14953 c13)
ISBN 2-253-14953-5. *46 F / 7,01 €*

01034 **DUHAMEL J., APOSTOLIDÈS J.** Le gros dico du vrai-faux. *LGF, 1998.* (Le Livre de poche ; 14543 c10)
ISBN 2-253-14543-2. *40 F / 6,10 €*

01035 **EDIKA** Absurdomanies. *J'ai lu, 1991.* (J'ai lu. BD ; 216 c3)
ISBN 2-277-33216-X. *29 F / 4,42 €*

01036 **EDIKA** Debiloff profondikoum. *J'ai lu, 1987.* (J'ai lu. BD ; 38 c3)
ISBN 2-277-33038-8. *29 F / 4,42 €*

01037 **EDIKA** Knock-out!. *J'ai lu, 1995.* (J'ai lu. BD ; 282 c3)
ISBN 2-277-33282-8. *29 F / 4,42 €*

01038 **EPHRON D.** Comment faire l'enfant : 17 leçons pour ne pas grandir. *Seuil, 1983.* (Point-virgule ; 13 c2)
ISBN 2-02-006322-0. *39 F / 5,95 €*

01039 **EPHRON D.** Sacrée salade! ou les Joies de l'autorité parentale conjointe. *Seuil, 1994.* (Point-virgule ; 146 c4)
ISBN 2-02-012247-2. *25 F / 3,81 €*

01040 **FINKIELKRAUT A.** Petit fictionnaire illustré. *Seuil, 1981.* (Point-virgule ; 2 c2)
ISBN 2-02-005987-8. *39 F / 5,95 €*

01041 **FOURNIER J-L.** L'arithmétique appliquée et impertinente. *LGF, 1999.* (Le Livre de poche ; 8188. Pratique c6)
ISBN 2-253-08188-4. *26 F / 3,96 €*

01042 **FOURNIER J-L.** Le curriculum vitae de Dieu. *Seuil, 1997.* (Point-virgule c7)
ISBN 2-02-029332-3. *35 F / 5,34 €*

01043 **FOURNIER J-L.** La grammaire française et impertinente ; L'arithmétique appliquée et impertinente. *LGF, 1999.* (Le Livre de poche ; 8187. Pratique c7)
ISBN 2-253-08187-6. *30 F / 4,57 €*

01044 **FOURNIER J-L.** Je vais t'apprendre la politesse : adultes, ne pas s'abstenir. *LGF, 2000.* (Le Livre de poche ; 16521. Pratique c7)
ISBN 2-253-16521-2. *30 F / 4,57 €*

01045 **FOURNIER J-L.** Le pain des Français : quand il y en a pour 4, y en a pas pour 5. *Seuil, 1996.* (Point-virgule c8)
ISBN 2-02-028580-0. *39 F / 5,95 €*

01046 **FOURNIER J-L.** Peinture à l'huile et au vinaigre : les grands peintres et leurs mauvais élèves. *LGF, 1999.* (Le Livre de poche ; 6504. Pratique c7)
ISBN 2-253-16502-6. *30 F / 4,57 €*

01047 **FOURNIER J-L.** Le pense-bêtes de saint François d'Assise. *LGF, 2000.* (Le Livre de poche ; 16520. Pratique c7)
ISBN 2-253-16520-4. *30 F / 4,57 €*

01048 **FOURNIER J-L.** Sciences naturelles et impertinentes. *LGF, 1999.* (Le Livre de poche ; 8186. Pratique c7)
ISBN 2-253-08186-8. *30 F / 4,57 €*

01049 **FRANQUIN A.** Idées noires. *J'ai lu, 1986.* (J'ai lu. BD ; 1 c3)
ISBN 2-277-33001-9. *29 F / 4,42 €*

01050 **FRANQUIN A.** Il y a un sorcier à Champignac. *J'ai lu, 1991.* (J'ai lu. BD ; 215 c6)
ISBN 2-277-33215-1. *42 F / 6,40 €*

01051 **FRANQUIN A.** Le Nid des Marsupilamis. *J'ai lu, 1990.* (J'ai lu. BD ; 186 c5)
ISBN 2-277-33186-4. *39 F / 5,95 €*

01052 **FRANQUIN A.** Les Voleurs du Marsupilami. *J'ai lu, 1990.* (J'ai lu. BD ; 200 c6)
ISBN 2-277-33200-3. *42 F / 6,40 €*

01053 **FRANQUIN A.** Le Voyageur du mésozoïque. *J'ai lu, 1991.* (J'ai lu. BD ; 223 c6)
ISBN 2-277-33223-2. *42 F / 6,40 €*

01054 **FULLENBAUM M.** Le Petit livre des casseurs. *Mille et une nuits, 1994.* (Les petits libres ; 4 cA)
ISBN 2-910233-41-3. *10 F / 1,52 €*

01055 **GAASH M.** Comment faire son alyah en 20 leçons : voyage en Terre promise. *Seuil, 1987.* (Point-virgule ; 53 c1)
ISBN 2-02-009621-8. *32 F / 4,88 €*

01056 **N** **GAINAX, SADAMOTO Y.** Neon-Genesis Evangelion. 5. *Glénat, 2000.* (Manga c1)
ISBN 2-7234-2793-5. *42 F / 6,40 €*

01057 **GÉBÉ** L'An 01. *Gallimard, 1975.* (Folio ; 648 c11)
ISBN 2-07-036648-0. *29,50 F / 4,50 €*

01058 **GÉBÉ** Berck. *Gallimard, 1978.* (Folio ; 1004 c8)
ISBN 2-07-037004-6. *37 F / 5,64 €*

01059 **GELUCK P.** Le Chat : jamais 203. *J'ai lu, 1993.* (J'ai lu. BD ; 253)
ISBN 2-277-33253-4. *29 F / 4,42 €*

01060 **GILLOT-PÉTRÉ A.** Ma gueule d'atmosphère. *Seuil, 1988.* (Point-virgule ; 56 c2)
ISBN 2-02-009813-X. *39 F / 5,95 €*

01061 **GIMENEZ C.** Amour toujours. *J'ai lu, 1996.* (J'ai lu. BD ; 291)
ISBN 2-277-33291-7. *29 F / 4,42 €*

01062 **GIRARD E., KERNEL B.** Les chefs : comment les reconnaître, comment les dompter, comment s'en servir. *Pocket, 1997.* (Pocket ; 4303 c6)
ISBN 2-266-06409-6. *38 F / 5,79 €*

01063 **N** **GIRON C.** Histoires belges : le livre qui donne la frite. *Pocket, 2000.* (Pocket ; 10820 c2)
ISBN 2-266-09751-2. *23 F / 3,51 €*

01064 **GOOSSENS D.** Le Romantisme à la valise est revenu. *J'ai lu, 1991.* (J'ai lu. BD ; 213 c3)
ISBN 2-277-33213-5. *29 F / 4,42 €*

01065 **GOSCINNY R., SEMPÉ J-J.** Le Petit Nicolas a des ennuis. *Gallimard, 1994.* (Folio ; 2666 c11)
ISBN 2-07-039261-9. *29,50 F / 4,50 €*

01066 **GOSCINNY R., SEMPÉ J-J.** Le Petit Nicolas et les copains. *Gallimard, 1994.* (Folio ; 2663 c11)
ISBN 2-07-039260-0. *29,50 F / 4,50 €*

01067 **GOSCINNY R., SEMPÉ J-J.** Les Récrés du petit Nicolas. *Gallimard, 1994.* (Folio ; 2665 c11)
ISBN 2-07-039259-7. *29,50 F / 4,50 €*

01068 **GOSCINNY R., SEMPÉ J-J.** Les vacances du petit Nicolas. *Gallimard, 1994.* (Folio ; 2664 c11)
ISBN 2-07-039262-7. *29,50 F / 4,50 €*

01069 **GOTLIB** Ecrits fluides, rires glaciaux : commentaires lyriques en cinq chants. *J'ai lu, 1992.* (J'ai lu. BD ; 226 c4)
ISBN 2-277-33226-7. *36 F / 5,49 €*

01070 **GOTLIB** Gai-Luron en écrase méchamment. *J'ai lu, 1988.* (J'ai lu. BD ; 75 c3)
ISBN 2-277-33075-2. *29 F / 4,42 €*

01071 **GOTLIB** Gai-Luron fait rien qu'à copier. *J'ai lu, 1992.* (J'ai lu ; 238. BD c3)
ISBN 2-277-33238-0. *29 F / 4,42 €*

01072 **GOTLIB** Hamster Jovial et ses louveteaux. *J'ai lu, 1988.* (J'ai lu. BD ; 83)
ISBN 2-277-33083-3. *22 F / 3,35 €*

01073 **GOTLIB** Pervers pépère. *J'ai lu, 1987.* (J'ai lu. BD ; 8 c3)
ISBN 2-277-33008-6. *29 F / 4,42 €*

01074 **GOTLIB** Rhâ-gnagna. 2. *J'ai lu, 1990.* (J'ai lu. BD ; 195 c3)
ISBN 2-277-33195-3. *29 F / 4,42 €*

01075 **GOTLIB** Rhââ Lovely. 3. *J'ai lu, 1989.* (J'ai lu. BD ; 131 c3)
ISBN 2-277-33131-7. *29 F / 4,42 €*

01076 **GOTLIB, ALEXIS** Dans la joie jusqu'au cou. *J'ai lu, 1988.* (J'ai lu. BD ; 93 c3)
ISBN 2-277-33093-0. *29 F / 4,42 €*

01077 **GOTLIB, LOB J.** Oui nide iou : Superdupont. *J'ai lu, 1992.* (J'ai lu ; 3244. BD c3)
ISBN 2-277-33244-5. *29 F / 4,42 €*

01078 **GOURIO J-M.** Brèves de comptoir. 1. *J'ai lu, 1995.* (J'ai lu ; 3978. Littérature générale c3)
ISBN 2-277-23978-X. *29 F / 4,42 €*

01079 **GOURIO J-M.** Brèves de comptoir. 2. *J'ai lu, 1995.* (J'ai lu ; 4015. Littérature générale c3)
ISBN 2-277-24015-X. *29 F / 4,42 €*

01080 **GOURIO J-M.** Brèves de comptoir. 4. *J'ai lu, 1996.* (J'ai lu ; 4292. Littérature générale c4)
ISBN 2-290-04291-9. *36 F / 5,49 €*

01081 **GOURIO J-M.** Brèves de comptoir. 5, 1996. *J'ai lu, 1997.* (J'ai lu ; 4441. Littérature générale c4)
ISBN 2-290-04441-5. *36 F / 5,49 €*

01082 **GOURIO J-M.** Brèves de comptoir. 6. *J'ai lu, 1998.* (J'ai lu ; 4933. Littérature générale c5)
ISBN 2-290-04933-6. *39 F / 5,95 €*

01083 **A** **GOURIO J-M.** L'intégrale des brèves de comptoir 1987-1991. *J'ai lu, 2001.* (J'ai lu ; 5844. Littérature générale)
ISBN 2-290-31047-6

01084 **A** **GOURIO J-M.** L'intégrale des brèves de comptoir 1992-1993. *J'ai lu, 2001.* (J'ai lu ; 5908. Littérature générale)
ISBN 2-290-31151-0

01085 **A** **GOURIO J-M.** L'intégrale des brèves de comptoir 1994-1995. Réimpr. *J'ai lu, 2001.* (J'ai lu ; 5935. Littérature générale)
ISBN 2-290-31180-4

01086 **A** **GOURIO J-M.** L'intégrale des brèves de comptoir 1996-1997. Réimpr. *J'ai lu, 2001.* (J'ai lu ; 5971. Littérature générale)
ISBN 2-290-31207-X

01087 **N** **GOURIO J-M.** L'intégrale des brèves de comptoir 1998-2000. *J'ai lu, 2000.* (J'ai lu ; 5754. Littérature générale cM)
ISBN 2-290-30904-4. *49 F / 7,47 €*

01088 **GOURIO J-M., JEANROY B.** Chiens de comptoir. *J'ai lu, 1998.* (J'ai lu ; 4699. Littérature générale c4)
ISBN 2-290-04699-X. *36 F / 5,49 €*

01089 **GREENBURG D.** Le Manuel du parfait masochiste. *Seuil, 1985.* (Point-virgule ; 34 c2)
ISBN 2-02-008693-X. *45 F / 6,86 €*

01090 **GRODENT M.** La Grèce n'existe pas. *Talus d'approche, 2000.* (Libre choix ; 7)
ISBN 2-87246-077-2. *57 F / 8,69 €*

01091 **N** **GUIBERT E., SFAR J.** Le bar des ennemis. *Bayard Jeunesse, 2000.* (Sardine de l'espace; 2)(BD poche)
ISBN 2-227-71514-6. *45 F / 6,86 €*

01092 **N** **GUIBERT E., SFAR J.** Le doigt dans l'oeil. *Bayard Jeunesse, 2000.* (Sardine de l'espace; 1)(BD poche)
ISBN 2-227-71505-7. *45 F / 6,86 €*

01093 **A** **GUIBERT E., SFAR J.** La machine à laver la cervelle. *Bayard Jeunesse, 2001.* (Sardine de l'espace; 3)(BD poche)
ISBN 2-7470-0159-8. *45 F / 6,86 €*

01094 **HAGIWARA K.** L'adolescent. *Glénat, 1997.* (Bastard ; 3)(Manga c1)
ISBN 2-7234-2244-5. *42 F / 6,40 €*

01095 **HAGIWARA K.** L'ange déchu. *Glénat, 1999.* (Bastard ; 15)(Manga c1)
ISBN 2-7234-2705-6. *42 F / 6,40 €*

01096 **HAGIWARA K.** Au frontière de la magie. *Glénat, 1998.* (Bastard ; 10)(Manga)
ISBN 2-7234-2275-5. *42 F / 6,40 €*

01097 **HAGIWARA K.** L'avènement. *Glénat, 1998.* (Bastard ; 14)(Manga)
ISBN 2-7234-2681-5. *42 F / 6,40 €*

01098 **HAGIWARA K.** Bastard. 9, La terrible tempête. *Glénat, 1998.* (Manga)
ISBN 2-7234-2274-7. *42 F / 6,40 €*

01099 **N** **HAGIWARA K.** Bastard. 21. *Glénat, 2000.* (Manga c1)
ISBN 2-7234-3152-5. *42 F / 6,40 €*

01100 **HAGIWARA K.** Une bataille sacrée. *Glénat, 1998.* (Bastard ; 11)(Manga c1)
ISBN 2-7234-2643-2. *42 F / 6,40 €*

01101 **HAGIWARA K.** Le cortège funèbre. *Glénat, 1998.* (Bastard ; 13)(Manga)
ISBN 2-7234-2663-7. *42 F / 6,40 €*

01102 **HAGIWARA K.** Le cri. *Glénat, 1999.* (Bastard ; 17)(Manga c1)
ISBN 2-7234-2795-1. *42 F / 6,40 €*

01103 **HAGIWARA K.** Entrée en scène. *Glénat, 1996.* (Bastard ; 1)(Manga)
ISBN 2-7234-2186-4. *42 F / 6,40 €*

01104 **HAGIWARA K.** Extrême limite. *Glénat, 1999.* (Bastard ; 16)(Manga c1)
ISBN 2-7234-2706-4. *42 F / 6,40 €*

01105 **HAGIWARA K.** Le fragment. *Glénat, 1999.* (Bastard ; 18)(Manga c1)
ISBN 2-7234-2869-9. *42 F / 6,40 €*

01106 **HAGIWARA K.** L'intrusion. *Glénat, 1996.* (Bastard ; 2)(Manga c1)
ISBN 2-7234-2221-6. *42 F / 6,40 €*

01107 **N** **HAGIWARA K.** Les lois immorales : deuxième partie. *Glénat, 2000.* (Bastard ; 20)(Manga c1)
ISBN 2-7234-2944-X. *42 F / 6,40 €*

01108 **HAGIWARA K.** Les lois immorales : première partie. *Glénat, 2000.* (Bastard ; 19)(Manga c1)
ISBN 2-7234-2924-5. *42 F / 6,40 €*

01109 **HAGIWARA K.** Panique. *Glénat, 1997.* (Bastard ; 5)(Manga)
ISBN 2-7234-2270-4. *42 F / 6,40 €*

01110 **HAGIWARA K.** Le rassemblement. *Glénat, 1998.* (Bastard ; 12)(Manga)
ISBN 2-7234-2650-5. *42 F / 6,40 €*

01111 **HAGIWARA K.** Résolution. *Glénat, 1997.* (Bastard ; 4)(Manga)
ISBN 2-7234-2269-0. *42 F / 6,40 €*

01112 **HAGIWARA K.** Révolte ; Révolte. *Glénat, 1997.* (Bastard ; 8)(Manga)
ISBN 2-7234-2273-9. *42 F / 6,40 €*

01113 **HAGIWARA K.** Le seigneur de la foudre. *Glénat, 1997.* (Bastard ; 7)(Manga)
ISBN 2-7234-2272-0. *42 F / 6,40 €*

01114 **HAGIWARA K.** Le sortilège interdit. *Glénat, 1997.* (Bastard ; 6)(Manga)
ISBN 2-7234-2271-2. *42 F / 6,40 €*

01115 **N** **HAMORI T.** Katsuo, l'arme humaine. 1. *Glénat, 2000.* (Manga c1)
ISBN 2-7234-3310-2. *42 F / 6,40 €*

01116 **N** **HAMORI T.** Katsuo, l'arme humaine. 2. *Glénat, 2000.* (Manga c1)
ISBN 2-7234-3336-6. *42 F / 6,40 €*

01117 **N** **HAMORI T.** Katsuo, l'arme humaine. 3. *Glénat, 2001.* (Manga c1)
ISBN 2-7234-3387-0. *42 F / 6,40 €*

01118 **A** **HAMORI T.** Katsuo, l'arme humaine. 4. *Glénat, 2001.* (Manga c1)
ISBN 2-7234-3388-9. *42 F / 6,40 €*

01119 **A** **HAMORI T.** Katsuo, l'arme humaine. 5. *Glénat, 2001.* (Manga c1)
ISBN 2-7234-3389-7. *42 F / 6,40 €*

01120 **A** **HAMORI T.** Katsuo, l'arme humaine. 6. *Glénat, 2001.* (Manga c1)
42 F / 6,40 €

01121 **HAMORI T., HIDEO M.** Noritaka. 01. *Glénat, 1996.* (Manga)
ISBN 2-7234-2091-4. *42 F / 6,40 €*

01122 **HAMORI T., HIDEO M.** Noritaka. 02. *Glénat, 1996.* (Manga)
ISBN 2-7234-2170-8. *42 F / 6,40 €*

01123 **HAMORI T., HIDEO M.** Noritaka. 03. *Glénat, 1996.* (Manga)
ISBN 2-7234-2171-6. *42 F / 6,40 €*

01124 **HAMORI T., HIDEO M.** Noritaka. 04. *Glénat, 1996.* (Manga)
ISBN 2-7234-2191-0. *42 F / 6,40 €*

01125 **HAMORI T., HIDEO M.** Noritaka. 05. *Glénat, 1996.* (Manga)
ISBN 2-7234-2192-9. *42 F / 6,40 €*

01126 **HAMORI T., HIDEO M.** Noritaka. 06. *Glénat, 1997.* (Manga)
ISBN 2-7234-2193-7. *42 F / 6,40 €*

01127 **HAMORI T., HIDEO M.** Noritaka. 07. *Glénat, 1997.* (Manga)
ISBN 2-7234-2310-7. *42 F / 6,40 €*

01128 **HAMORI T., HIDEO M.** Noritaka. 08. *Glénat, 1997.* (Manga)
ISBN 2-7234-2311-5. *42 F / 6,40 €*

01129 **HAMORI T., HIDEO M.** Noritaka. 09. *Glénat, 1997.* (Manga)
ISBN 2-7234-2312-3. *42 F / 6,40 €*

01130 **HAMORI T., HIDEO M.** Noritaka. 10. *Glénat, 1997.* (Manga)
ISBN 2-7234-2313-1. *42 F / 6,40 €*

01131 **HAMORI T., HIDEO M.** Noritaka. 11. *Glénat, 1997.* (Manga)
ISBN 2-7234-2314-X. *42 F / 6,40 €*

01132 **HAMORI T., HIDEO M.** Noritaka. 12. *Glénat, 1998.* (Manga)
ISBN 2-7234-2342-5. *42 F / 6,40 €*

01133 **HAMORI T., HIDEO M.** Noritaka. 13. *Glénat, 1998.* (Manga)
ISBN 2-7234-2566-5. *42 F / 6,40 €*

01134 **HAMORI T., HIDEO M.** Noritaka. 14. *Glénat, 1998.* (Manga)
ISBN 2-7234-2572-X. *42 F / 6,40 €*

01135 **HAMORI T., HIDEO M.** Noritaka. 15. *Glénat, 1998.* (Manga)
ISBN 2-7234-2573-8. *42 F / 6,40 €*

01136 **HAMORI T., HIDEO M.** Noritaka. 16. *Glénat, 1998.* (Manga)
ISBN 2-7234-2574-6. *42 F / 6,40 €*

01137 **HAMORI T., HIDEO M.** Noritaka. 17. *Glénat, 1998.* (Manga)
ISBN 2-7234-2575-4. *42 F / 6,40 €*

01138 **HAMORI T., HIDEO M.** Noritaka. 18. *Glénat, 1999.* (Manga c1)
ISBN 2-7234-2716-1. *42 F / 6,40 €*

01139 **HARRIS S.** Quoi! c'est a, le big bang?. *Seuil, 1992.* (Points. Sciences ; 76 c2)
ISBN 2-02-013651-1. *39 F / 5,95 €*

01140 **A** **HÉRACLÈS P.** Le grand livre de l'humour noir. Réimpr. *J'ai lu, 2001.* (J'ai lu ; 3994. Littérature générale)
ISBN 2-290-30889-7

01141 **N** **HOJO T.** Accroche-toi, Kaori. Réimpr. *J'ai lu, 2001.* (City Hunter (Nicky Larson); 14)(J'ai lu ; 4459. Manga cG)
ISBN 2-290-04459-8. *29 F / 4,42 €*

01142 **HOJO T.** L'aéroport des aveux. *J'ai lu, 1997.* (City Hunter (Nicky Larson); 15)(J'ai lu ; 4486. Manga)
ISBN 2-290-04486-5. *29 F / 4,42 €*

01143 **N** **HOJO T.** L'ange triste. Réimpr. *J'ai lu, 2000.* (City Hunter (Nicky Larson); 19)(J'ai lu ; 4570. Manga cG)
ISBN 2-290-04570-5. *29 F / 4,42 €*

01144 **HOJO T.** Ce n'est qu'un au revoir... *J'ai lu, 1997.* (City Hunter (Nicky Larson); 20)(J'ai lu ; 4646. Manga c4)
ISBN 2-290-04646-9. *36 F / 5,49 €*

01145 **HOJO T.** Cendrillon dans la ville. *J'ai lu, 1998.* (City Hunter (Nicky Larson); 27)(J'ai lu ; 4766. Manga)
ISBN 2-290-04685-X. *36 F / 5,49 €*

01146 **HOJO T.** Un coeur pour deux. *J'ai lu, 1998.* (City Hunter (Nicky Larson); 31)(J'ai lu ; 5008. Manga c4)
ISBN 2-290-05008-3. *36 F / 5,49 €*

01147 **HOJO T.** Confessions dans le ciel. *J'ai lu, 1998.* (City Hunter (Nicky Larson); 24)(J'ai lu ; 4679. Manga c4)
ISBN 2-290-04679-5. *36 F / 5,49 €*

01148 **HOJO T.** Départ pour l'enfer. *J'ai lu, 1999.* (City Hunter (Nicky Larson); 33)(J'ai lu ; 5094. Manga c4)
ISBN 2-290-05093-8. *36 F / 5,49 €*

01149 **HOJO T.** Un drôle de couple. *J'ai lu, 1998.* (City Hunter (Nicky Larson); 32)(J'ai lu ; 5034. Manga c4)
ISBN 2-290-05034-2. *36 F / 5,49 €*

01150 **HOJO T.** Effacez mes souvenirs. *J'ai lu, 1998.* (City Hunter (Nicky Larson); 30)(J'ai lu ; 4949. Manga c4)
ISBN 2-290-04949-2. *36 F / 5,49 €*

01151 **HOJO T.** L'éléphant est à moi !. *J'ai lu, 1997.* (City Hunter (Nicky Larson); 18)(J'ai lu ; 4556. Manga)
ISBN 2-290-04556-X. *29 F / 4,42 €*

01152 **HOJO T.** Un faux pour City Hunter. *J'ai lu, 1999.* (City Hunter (Nicky Larson); 35)(J'ai lu ; 5147. Manga c4)
ISBN 2-290-05147-0. *36 F / 5,49 €*

01153 **HOJO T.** Folle de City Hunter. *J'ai lu, 1997.* (City Hunter (Nicky Larson); 16)(J'ai lu ; 4514. Manga)
ISBN 2-290-04514-4. *29 F / 4,42 €*

01154 **N** **HOJO T.** Forever City Hunter. Réimpr. *J'ai lu, 1999.* (City Hunter (Nicky Larson); 36)(J'ai lu ; 5149. Manga c4)
ISBN 2-290-05149-7. *36 F / 5,49 €*

01155 **HOJO T.** Le glas du destin. *J'ai lu, 1996.* (City Hunter (Nicky Larson); 4)(J'ai lu ; 4233. Manga c3)
ISBN 2-277-24233-0. *29 F / 4,42 €*

01156 **N** **HOJO T.** L'issue du combat !!. Réimpr. *J'ai lu, 2000.* (City Hunter (Nicky Larson); 28)(J'ai lu ; 4925. Manga cl)
ISBN 2-290-04925-5. *36 F / 5,49 €*

01157 **HOJO T.** La joueuse mélancolique. *J'ai lu, 1996.* (City Hunter (Nicky Larson); 6)(J'ai lu ; 4258. Manga c3)
ISBN 2-290-04258-7. *29 F / 4,42 €*

01158 **HOJO T.** Un jour tranquille. *J'ai lu, 1998.* (City Hunter (Nicky Larson); 29)(J'ai lu ; 4945. Manga c4)
ISBN 2-290-04945-X. *36 F / 5,49 €*

01159 **HOJO T.** Ne touchez pas à l'infirmière. *J'ai lu, 1997.* (City Hunter (Nicky Larson); 10)(J'ai lu ; 4354. Manga c3)
ISBN 2-290-04354-0. *29 F / 4,42 €*

01160 **HOJO T.** L'oubli de Makimura. *J'ai lu, 1997.* (City Hunter (Nicky Larson); 11)(J'ai lu ; 4381. Manga)
ISBN 2-290-04381-8. *29 F / 4,42 €*

01161 **HOJO T.** Le piège du général. *J'ai lu, 1996.* (City Hunter (Nicky Larson); 2)(J'ai lu ; 4228. Manga c3)
ISBN 2-290-04228-5. *29 F / 4,42 €*

01162 **N** **HOJO T.** Play it again, Mami !. Réimpr. *J'ai lu, 2000.* (City Hunter (Nicky Larson); 25)(J'ai lu ; 4681. Manga cl)
ISBN 2-290-04681-7. *36 F / 5,49 €*

01163 **HOJO T.** La poussière d'ange de la peur. *J'ai lu, 1996.* (City Hunter (Nicky Larson); 1)(J'ai lu ; 4227. Manga c3)
ISBN 2-290-04227-7. *29 F / 4,42 €*

01164 **HOJO T.** Un python 357 pour la demoiselle !. *J'ai lu, 1998.* (City Hunter (Nicky Larson); 22)(J'ai lu ; 4675. Manga cl)
ISBN 2-290-04675-2. *36 F / 5,49 €*

01165 **HOJO T.** Rencontre inattendue !!. *J'ai lu, 1998.* (City Hunter (Nicky Larson); 26)(J'ai lu ; 4766. Manga)
ISBN 2-290-04683-3. *36 F / 5,49 €*

01166 **N** **HOJO T.** La résurrection du lendemain. Réimp. *J'ai lu, 2000.* (City Hunter (Nicky Larson); 23)(J'ai lu ; 4766. Manga cl)
ISBN 2-290-04677-9. *36 F / 5,49 €*

01167 **HOJO T.** Le retour de l'éléphant. *J'ai lu, 1997.* (City Hunter (Nicky Larson); 13)(J'ai lu ; 4431. Manga)
ISBN 2-290-04431-8. *29 F / 4,42 €*

01168 **HOJO T.** Retour de l'enfer. *J'ai lu, 1999.* (City Hunter (Nicky Larson); 34)(J'ai lu ; 5143. Manga c4)
ISBN 2-290-05143-8. *36 F / 5,49 €*

01169 **N** **HOJO T.** Une révélation surprenante. Réimpr. *J'ai lu, 2001.* (City Hunter (Nicky Larson); 12)(J'ai lu ; 4407. Manga cG)
ISBN 2-290-04407-5. *29 F / 4,42 €*

01170 **HOJO T.** Les rives du souvenir. *J'ai lu, 1996.* (City Hunter (Nicky Larson); 9)(J'ai lu ; 4352. Manga c3)
ISBN 2-290-04352-4. *29 F / 4,42 €*

01171 **HOJO T.** Un signal dans la ville. *J'ai lu, 1997.* (City Hunter (Nicky Larson); 21)(J'ai lu ; 4673. Manga c4)
ISBN 2-290-04673-6. *36 F / 5,49 €*

01172 **HOJO T.** Le sourire de l'ange. *J'ai lu, 1996.* (City Hunter (Nicky Larson); 8)(J'ai lu ; 4350. Manga c3)
ISBN 2-290-04350-8. *29 F / 4,42 €*

01173 **N** **HOJO T.** Le souvenir de l'aube. Réimpr. *J'ai lu, 2000.* (City Hunter (Nicky Larson); 17)(J'ai lu ; 4536. Manga cG)
ISBN 2-290-04536-5. *29 F / 4,42 €*

01174 **HOJO T.** Un sur mille. *J'ai lu, 1996.* (City Hunter (Nicky Larson); 5)(J'ai lu ; 4243. Manga c3)
ISBN 2-277-24243-8. *29 F / 4,42 €*

01175 **HYUN SE LEE** Angel Dick. 2, Le jardin du rêve. *Kana, 1997.* (Mangas)
ISBN 2-87129-112-8. *49 F / 7,47 €*

01176 **HYUN SE LEE** Angel Dick. 3. *Kana, 1997.* (Mangas)
ISBN 2-87129-114-4. *49 F / 7,47 €*

01177 **HYUN SE LEE** Armagedon. 1. *Kana, 1996.* (Mangas)
ISBN 2-87129-105-5. *33 F / 5,03 €*

01178 **HYUN SE LEE** Armagedon. 2. *Kana, 1996.* (Mangas)
ISBN 2-87129-106-3. *33 F / 5,03 €*

01179 **HYUN SE LEE** Armagedon. 3. *Kana, 1996.* (Mangas)
ISBN 2-87129-110-1. *33 F / 5,03 €*

01180 **HYUN SE LEE** Armagedon. 4. *Kana, 1997.* (Mangas)
ISBN 2-87129-111-X. *33 F / 5,03 €*

01181 **HYUN SE LEE** Armagedon. 5. *Kana, 1997.* (Mangas)
ISBN 2-87129-113-6. *33 F / 5,03 €*

01182 **HYUN SE LEE** Armagedon. 6. *Kana, 1997.* (Mangas)
ISBN 2-87129-127-6. *33 F / 5,03 €*

01183 **HYUN SE LEE** Armagedon. 7. *Kana, 1997.* (Mangas)
ISBN 2-87129-131-4. *33 F / 5,03 €*

01184 **HYUN SE LEE** Armagedon. 8. *Kana, 1997.* (Mangas)
ISBN 2-87129-134-9. *33 F / 5,03 €*

01185 **HYUN SE LEE** Armagedon. 9. *Kana, 1998.* (Mangas)
ISBN 2-87129-138-1. *33 F / 5,03 €*

01186 **HYUN SE LEE** Armagedon. 10. *Kana, 1998.* (Mangas)
ISBN 2-87129-141-1. *33 F / 5,03 €*

01187 **HYUN SE LEE** Armagedon. 11. *Kana, 1999.* (Mangas)
ISBN 2-87129-234-5. *33 F / 5,03 €*

01188 **IKEGAMI R., FUMIMURA S.** Sanctuary. 1. *Glénat, 1996.* (Manga)
ISBN 2-7234-2019-1. *69 F / 10,52 €*

01189 **INOUE T.** Slam Dunk. 1. *Kana, 1999.* (Mangas)
ISBN 2-87129-229-9. *33 F / 5,03 €*

01190 **INOUE T.** Slam Dunk. 3. *Kana, 1999.* (Mangas)
ISBN 2-87129-231-0. *33 F / 5,03 €*

01191 **INOUE T.** Slam Dunk. 4. *Kana, 1999.* (Mangas)
ISBN 2-87129-232-9. *33 F / 5,03 €*

01192 **INOUE T.** Slam Dunk. 5. *Kana, 2000.* (Mangas)
ISBN 2-87129-233-7. *33 F / 5,03 €*

01193 **INOUE T.** Slam Dunk. 6. *Kana, 2000.* (Mangas)
ISBN 2-87129-261-2. *33 F / 5,03 €*

01194 **N** **INOUE T.** Slam Dunk. 7. *Kana, 2000.* (Mangas)
ISBN 2-87129-262-0. *33 F / 5,03 €*

01195 **N** **INOUE T.** Slam Dunk. 8. *Kana, 2000.* (Mangas)
ISBN 2-87129-263-9. *33 F / 5,03 €*

01196 **N** **INOUE T.** Slam Dunk. 9. *Kana, 2000.* (Mangas)
ISBN 2-87129-264-7. *33 F / 5,03 €*

01197 **N** **INOUE T.** Slam Dunk. 10. *Kana, 2000.* (Mangas)
ISBN 2-87129-318-X. *33 F / 5,03 €*

01198 **A** **INOUE T.** Slam Dunk. 12. *Kana, 2001.* (Mangas)
ISBN 2-87129-342-2. *33 F / 5,03 €*

01199 **A** **INOUE T.** Slam Dunk. 13. *Kana, 2001.* (Mangas)
ISBN 2-87129-343-0. *33 F / 5,03 €*

01200 **A** **INOUE T.** Slam Dunk. 14. *Kana, 2001.* (Mangas)
ISBN 2-87129-344-9. *33 F / 5,03 €*

01201 **A** **INOUE T.** Slam Dunk. 15. *Kana, 2001.* (Mangas)
ISBN 2-87129-345-7. *33 F / 5,03 €*

01202 **JANICOT S.** Ulysse : petite mythologie dérisoire mais néanmoins exacte, librement adaptée du texte d'Homère. *Zulma, 2000.* (Grain d'orage)
ISBN 2-84304-056-6. *72 F / 10,98 €*

01203 **JAVEAU C.** Dieu est-il gnangnan ?. *Talus d'approche, 1999.* (Libre choix ; 3)
ISBN 2-87246-071-3. *57 F / 8,69 €*

01204 **JAVEAU C.** Esquisse d'une histoire naturelle du plouc. *Talus d'approche, 2000.* (Libre choix ; 5)
ISBN 2-87246-074-8. *57 F / 8,69 €*

01205 **JEAN-CHARLES** La foire aux cancres. *Librio, 1996.* (Librio ; 132 c1)
ISBN 2-277-30132-9. *10 F / 1,52 €*

01206 **KAKOU E.** La vérité j'te la raconte. *J'ai lu, 1999.* (J'ai lu ; 5098. Littérature générale c3)
ISBN 2-290-05098-9. *29 F / 4,42 €*

01207 **KATZMANN F.** L'Evangile selon pitbull. *PARC, 1998.* (Collection grise. 10/15)
ISBN 2-912010-02-0. *15 F / 2,29 €*

01208 **KEATING K., NOLAND M.** Le Petit livre des gros câlins. *Seuil, 1994.* (Point-virgule ; 144 c1)
ISBN 2-02-017782-X. *32 F / 4,88 €*

01209 **KEATON B.** Slapstick. *Seuil, 1987.* (Point-virgule ; 49 c4)
ISBN 2-02-009450-9. *52 F / 7,93 €*

01210 **KIRIYAMA K.** Les cinq éléments. *Glénat, 1997.* (Ninku; 5)(Manga)
ISBN 2-7234-2381-6. *42 F / 6,40 €*

01211 **KIRIYAMA K.** La coalition. *Glénat, 1998.* (Ninku; 8)(Manga)
ISBN 2-7234-2645-9. *42 F / 6,40 €*

01212 **KIRIYAMA K.** Fusuke, fils du vent. *Glénat, 1998.* (Ninku; 7)(Manga)
ISBN 2-7234-2565-7. *42 F / 6,40 €*

01213 **KIRIYAMA K.** Le grand pouvoir de ninkû. *Glénat, 1998.* (Ninku; 9)(Manga)
ISBN 2-7234-2651-3. *42 F / 6,40 €*

01214 **KIRIYAMA K.** Ninku. 1, Fusuke. *Glénat, 1997.* (Manga c1)
ISBN 2-7234-2377-8. *42 F / 6,40 €*

01215 **KIRIYAMA K.** Ninku. 2, La compagnie du loup. *Glénat, 1997.* (Manga)
ISBN 2-7234-2378-6. *42 F / 6,40 €*

01216 **KIRIYAMA K.** Ninku. 3, Le coeur déchiré. *Glénat, 1997.* (Manga c1)
ISBN 2-7234-2379-4. *42 F / 6,40 €*

01217 **KIRIYAMA K.** Ninku. 6, Les combattants Ninku. *Glénat, 1998.* (Manga)
ISBN 2-7234-2432-4. *42 F / 6,40 €*

01218 **KIRIYAMA K.** Le nouveau voyage. *Glénat, 1997.* (Ninku; 4)(Manga)
ISBN 2-7234-2380-8. *42 F / 6,40 €*

01219 **KISHIRO Y.** Gunnm. 1. *Glénat, 1995.* (Manga)
ISBN 2-7234-1900-2. *42 F / 6,40 €*

01220 **KISHIRO Y.** Gunnm. 2. *Glénat, 1995.* (Manga)
ISBN 2-7234-1906-1. *42 F / 6,40 €*

01221 **KISHIRO Y.** Gunnm. 3. *Glénat, 1995.* (Manga)
ISBN 2-7234-1947-9. *42 F / 6,40 €*

01222 **KISHIRO Y.** Gunnm. 4. *Glénat, 1995.* (Manga)
ISBN 2-7234-1942-8. *42 F / 6,40 €*

01223 **KISHIRO Y.** Gunnm. 5. *Glénat, 1996.* (Manga)
ISBN 2-7234-1974-6. *42 F / 6,40 €*

01224 **KISHIRO Y.** Gunnm. 6. *Glénat, 1996.* (Manga)
ISBN 2-7234-2119-8. *42 F / 6,40 €*

01225 **KISHIRO Y.** Gunnm. 7. *Glénat, 1997.* (Manga)
ISBN 2-7234-2120-1. *42 F / 6,40 €*

01226 **KISHIRO Y.** Gunnm. 8. *Glénat, 1997.* (Manga)
ISBN 2-7234-2121-X. *42 F / 6,40 €*

01227 **KISHIRO Y.** Gunnm. 9. *Glénat, 1998.* (Manga c1)
ISBN 2-7234-2430-8. *42 F / 6,40 €*

01228 **KISHIRO Y.** Gunnm, l'intégrale. 1, Tomes 1 à 9. *Glénat, 1999.* (Manga)
ISBN 2-7234-2946-6. *378 F / 57,63 €*

01229 **N** **KITOH M.** Narutaru. 1. *Glénat, 2000.* (Manga c1)
ISBN 2-7234-3149-5. *42 F / 6,40 €*

01230 **N** **KITOH M.** Narutaru. 2. *Glénat, 2000.* (Manga c1)
ISBN 2-7234-3151-7. *42 F / 6,40 €*

01231 **A** **KITOH M.** Narutaru. 3. *Glénat, 2000.* (Manga c1)
ISBN 2-7234-3161-4. *42 F / 6,40 €*

01232 **KOBAYASHI M.** Michael ?!. 1. *Glénat, 1998.* (Manga ; 1)
ISBN 2-7234-2515-0. *42 F / 6,40 €*

01233 **KOBAYASHI M.** Michael ?!. 2. *Glénat, 1998.* (Manga ; 2)
ISBN 2-7234-2583-5. *42 F / 6,40 €*

01234 **KOBAYASHI M.** Michael ?!. 3. *Glénat, 1998.* (Manga ; 3 c1)
ISBN 2-7234-2584-3. *42 F / 6,40 €*

01235 **KURUMADA M.** Les chevaliers du Zodiaque. 01. *Kana, 1997.* (Mangas)
ISBN 2-87129-126-8. *33 F / 5,03 €*

01236 **KURUMADA M.** Les chevaliers du Zodiaque. 02. *Kana, 1997.* (Mangas)
ISBN 2-87129-130-6. *33 F / 5,03 €*

01237 **KURUMADA M.** Les chevaliers du Zodiaque. 03. *Kana, 1997.* (Mangas)
ISBN 2-87129-136-5. *33 F / 5,03 €*

01238 **KURUMADA M.** Les chevaliers du Zodiaque. 04. *Kana, 1997.* (Mangas)
ISBN 2-87129-142-X. *33 F / 5,03 €*

01239 **KURUMADA M.** Les chevaliers du Zodiaque. 05. *Kana, 1997.* (Mangas)
ISBN 2-87129-148-9. *33 F / 5,03 €*

01240 **KURUMADA M.** Les chevaliers du Zodiaque. 06. *Kana, 1998.* (Mangas)
ISBN 2-87129-154-3. *33 F / 5,03 €*

01241 **KURUMADA M.** Les chevaliers du Zodiaque. 07. *Kana, 1998.* (Mangas)
ISBN 2-87129-161-6. *33 F / 5,03 €*

01242 **KURUMADA M.** Les chevaliers du Zodiaque. 08. *Kana, 1998.* (Mangas)
ISBN 2-87129-162-4. *33 F / 5,03 €*

01243 **KURUMADA M.** Les chevaliers du Zodiaque. 09. *Kana, 1998.* (Mangas)
ISBN 2-87129-168-3. *33 F / 5,03 €*

01244 **KURUMADA M.** Les chevaliers du Zodiaque. 10. *Kana, 1998.* (Mangas)
ISBN 2-87129-176-4. *33 F / 5,03 €*

01245 **KURUMADA M.** Les chevaliers du Zodiaque. 11. *Kana, 1998.* (Mangas)
ISBN 2-87129-178-0. *33 F / 5,03 €*

01246 **KURUMADA M.** Les chevaliers du Zodiaque. 12. *Kana, 1998.* (Mangas)
ISBN 2-87129-181-0. *33 F / 5,03 €*

01247 **KURUMADA M.** Les chevaliers du Zodiaque. 13. *Kana, 1998.* (Mangas)
ISBN 2-87129-184-5. *33 F / 5,03 €*

01248 **KURUMADA M.** Les chevaliers du Zodiaque. 14. *Kana, 1999.* (Mangas)
ISBN 2-87129-241-8. *33 F / 5,03 €*

01249 **KURUMADA M.** Les chevaliers du Zodiaque. 15. *Kana, 1999.* (Mangas)
ISBN 2-87129-196-9. *33 F / 5,03 €*

01250 **KURUMADA M.** Les chevaliers du Zodiaque. 16. *Kana, 1999.* (Mangas)
ISBN 2-87129-197-7. *33 F / 5,03 €*

01251 **KURUMADA M.** Les chevaliers du Zodiaque. 17. *Kana, 1999.* (Mangas)
ISBN 2-87129-242-6. *33 F / 5,03 €*

01252 **KURUMADA M.** Les chevaliers du Zodiaque. 18. *Kana, 1999.* (Mangas)
ISBN 2-87129-199-3. *33 F / 5,03 €*

01253 **KURUMADA M.** Les chevaliers du Zodiaque. 19. *Kana, 1999.* (Mangas)
ISBN 2-87129-200-0. *33 F / 5,03 €*

01254 **KURUMADA M.** Les chevaliers du Zodiaque. 20. *Kana, 1999.* (Mangas)
ISBN 2-87129-201-9. *33 F / 5,03 €*

01255 **KURUMADA M.** Les chevaliers du Zodiaque. 21. *Kana, 1999.* (Mangas)
ISBN 2-87129-202-7. *33 F / 5,03 €*

01256 **KURUMADA M.** Les chevaliers du Zodiaque. 22. *Kana, 2000.* (Mangas)
ISBN 2-87129-203-5. *33 F / 5,03 €*

01257 **KURUMADA M.** Les chevaliers du Zodiaque. 23. *Kana, 2000.* (Mangas)
ISBN 2-87129-204-3. *33 F / 5,03 €*

01258 **N** **KURUMADA M.** Les chevaliers du Zodiaque. 24. *Kana, 2000.* (Mangas)
ISBN 2-87129-272-8. *33 F / 5,03 €*

01259 **N** **KURUMADA M.** Les chevaliers du Zodiaque. 25. *Kana, 2000.* (Mangas)
ISBN 2-87129-273-6. *33 F / 5,03 €*

01260 **N** **KURUMADA M.** Les chevaliers du Zodiaque. 26. *Kana, 2000.* (Mangas)
ISBN 2-87129-274-4. *33 F / 5,03 €*

01261 **N** **KURUMADA M.** Les chevaliers du Zodiaque. 27. *Kana, 2000.* (Mangas)
ISBN 2-87129-275-2. *33 F / 5,03 €*

01262 **N** **KURUMADA M.** Les chevaliers du Zodiaque. 28. *Kana, 2000.* (Mangas)
ISBN 2-87129-276-0. *33 F / 5,03 €*

01263 **LACAMP Y., GALLIAND J-M., BORDIER A.** Fleur de prunus au pays des courges magiques. *J'ai lu, 1992.* (J'ai lu ; 235. BD c6)
ISBN 2-277-33235-6. *42 F / 6,40 €*

01264 **N** **LACLOS M.** Trucs, machins et autres choses. *Zulma, 2000.* (Grain d'orage)
ISBN 2-84304-113-9. *49 F / 7,47 €*

01265 **LE MÉTAYER B., WILLEY B.** Crac! boum! hue! : les animaux ne pensent qu'à a. *Seuil, 1993.* (Point-virgule ; 128 c1)
ISBN 2-02-018908-9. *32 F / 4,88 €*

01266 **LIBERATORE T., TAMBURINI S.** Ranxerox à New York. *J'ai lu, 1986.* (Ranxerox; 1)(J'ai lu. BD ; 3 c5)
ISBN 2-277-33003-5. *39 F / 5,95 €*

01267 **LIPPERT J-L.** L'affaire du Satan de Stan. *Talus d'approche, 2000.* (Libre choix ; 4)
ISBN 2-87246-073-X. *57 F / 8,69 €*

01268 **MAEKAWA T.** L'adversaire aux yeux bleus. *J'ai lu, 1998.* (Tekken Chinmi; 11)(J'ai lu ; 5049. Manga c4)
ISBN 2-290-05049-0. *36 F / 5,49 €*

01269 **MAEKAWA T.** Chinmi rencontre Riky. *J'ai lu, 1998.* (Tekken Chinmi; 6)(J'ai lu ; 4765. Manga)
ISBN 2-290-04899-2. *36 F / 5,49 €*

01270 **MAEKAWA T.** Chinmi, suis ta voie. *J'ai lu, 1998.* (Tekken Chinmi; 9)(J'ai lu ; 5007. Manga c4)
ISBN 2-290-05007-5. *36 F / 5,49 €*

01271 **MAEKAWA T.** Le clan des flammes noires. *J'ai lu, 1998.* (Tekken Chinmi; 5)(J'ai lu ; 4765. Manga)
ISBN 2-290-04867-4. *36 F / 5,49 €*

01272 **MAEKAWA T.** L'entraînement dans la montagne. *J'ai lu, 1998.* (Tekken Chinmi; 2)(J'ai lu ; 4765. Manga)
ISBN 2-290-04765-1. *36 F / 5,49 €*

01273 **MAEKAWA T.** Kung-Fu Boy Chinmi. *J'ai lu, 1998.* (Tekken Chinmi; 1)(J'ai lu ; 4720. Manga c4)
ISBN 2-290-04720-1. *36 F / 5,49 €*

01274 **MAEKAWA T.** Le kung-Fu des ténèbres. *J'ai lu, 1998.* (Tekken Chinmi; 4)(J'ai lu ; 4765. Manga c4)
ISBN 2-290-04836-4. *36 F / 5,49 €*

01275 **MAEKAWA T.** Le kung-fu magique de Yôsen. *J'ai lu, 1998.* (Tekken Chinmi; 10)(J'ai lu ; 5033. Manga c4)
ISBN 2-290-05033-4. *36 F / 5,49 €*

01276 **MAEKAWA T.** La puissance du Tsuhaï-Ken. *J'ai lu, 1999.* (Tekken Chinmi; 12)(J'ai lu ; 5124. Manga c4)
ISBN 2-290-05124-1. *36 F / 5,49 €*

01277 **MAEKAWA T.** Riki, le maître aveugle. *J'ai lu, 160.* (Tekken Chinmi; 7)(J'ai lu ; 4924. Manga c4)
ISBN 2-290-04924-7. *36 F / 5,49 €*

01278 **MAEKAWA T.** Ryûkaï, l'homme de fer. *J'ai lu, 1998.* (Tekken Chinmi; 3)(J'ai lu ; 4765. Manga c4)
ISBN 2-290-04805-4. *36 F / 5,49 €*

01279 **MAEKAWA T.** Shi-Fuan, le génie du bâton. *J'ai lu, 1998.* (Tekken Chinmi; 8)(J'ai lu ; 4948. Manga c4)
ISBN 2-290-04948-4. *36 F / 5,49 €*

01280 **MAËSTER** Genèse. *J'ai lu, 1992.* (Athanagor Wurlitzer; 2)(J'ai lu. BD ; 234)
ISBN 2-277-33234-8. *29 F / 4,42 €*

01281 **MAËSTER** Obsédé sexuel non pratiquant. *J'ai lu, 1991.* (Athanagor Wurlitzer; 1)(J'ai lu ; 202. BD c3)
ISBN 2-277-33202-X. *29 F / 4,42 €*

01282 **MAËSTER** Soeur Marie-Thérèse des Batignolles. 1. *J'ai lu, 1991.* (J'ai lu. BD ; 220)
ISBN 2-277-33220-8. *29 F / 4,42 €*

01283 **MAKO** Le Nord aux dents. *Baleine, 1998.* (Le Poulpe ; 100)
ISBN 2-84219-114-5. *40 F / 6,10 €*

01284 **MANARA M.** Le Parfum de l'invisible. Réimpr. *J'ai lu, 1990.* (J'ai lu. BD ; 105 c4)
ISBN 2-277-33105-8. *36 F / 5,49 €*

01285 **MARC M.** Petite fille rouge avec un couteau. *Seuil, 1982.* (Point-virgule ; 10 c2)
ISBN 2-02-006221-6. *39 F / 5,95 €*

01286 **MARTIN J., LE GOISTRE R.** Les contrepétarades. Nouv. éd. *Seuil, 1997.* (Point-virgule c6)
ISBN 2-02-032735-X. *32 F / 4,88 €*

01287 **MARX BROTHERS** Pensées, répliques et anecdotes. *J'ai lu, 1999.* (J'ai lu ; 5334. Littérature générale c2)
ISBN 2-290-05334-1. *22 F / 3,35 €*

01288 **MARX G.** Crise et grouchotement. *Seuil, 1996.* (Point-virgule c9)
ISBN 2-02-020908-X. *42 F / 6,40 €*

01289 **MARX G.** Plumards, de cheval. *Seuil, 1983.* (Point-virgule ; 15 c1)
ISBN 2-02-006386-7. *32 F / 4,88 €*

01290 **MASURE B.** Débloc-notes. *J'ai lu, 1999.* (J'ai lu ; 5203. Littérature générale cH)
ISBN 2-290-05203-5. *32 F / 4,88 €*

01291 **MATSUMOTO I.** Amours adolescentes. *J'ai lu, 1998.* (Les tribulations de Orange Road; 10)(J'ai lu ; 5032. Manga c4)
ISBN 2-290-05032-6. *36 F / 5,49 €*

01292 **MATSUMOTO I.** Les anges draguent !. *J'ai lu, 1998.* (Les tribulations de Orange Road; 7)(J'ai lu ; 4923. Manga c4)
ISBN 2-290-04923-9. *36 F / 5,49 €*

01293 **MATSUMOTO I.** Attention à ces deux là !. *J'ai lu, 1999.* (Les tribulations de Orange Road; 12)(J'ai lu ; 5123. Manga c4)
ISBN 2-290-05123-3. *36 F / 5,49 €*

01294 **MATSUMOTO I.** Un baiser pour la nouvelle année. *J'ai lu, 1998.* (Les tribulations de Orange Road; 11)(J'ai lu ; 5048. Manga c4)
ISBN 2-290-05048-2. *36 F / 5,49 €*

01295 **MATSUMOTO I.** 100 % sentiment. *J'ai lu, 1999.* (Les tribulations de Orange Road; 13)(J'ai lu ; 5144. Manga)
ISBN 2-290-05144-6. *36 F / 5,49 €*

01296 **MATSUMOTO I.** Le chapeau de paille rouge !. *J'ai lu, 1998.* (Les tribulations de Orange Road; 1)(J'ai lu ; 4719. Manga)
ISBN 2-290-04719-8. *36 F / 5,49 €*

01297 **MATSUMOTO I.** L'éternel été. *J'ai lu, 1999.* (Les tribulations de Orange Road; 18)(J'ai lu ; 5274. Manga c4)
ISBN 2-290-05274-4. *36 F / 5,49 €*

01298 **MATSUMOTO I.** Le fugitif de l'amour. *J'ai lu, 1998.* (Les tribulations de Orange Road; 8)(J'ai lu ; 4947. Manga c4)
ISBN 2-290-04947-6. *36 F / 5,49 €*

01299 **MATSUMOTO I.** Graffitis des amours malheureuses !. *J'ai lu, 1999.* (Les tribulations de Orange Road; 17)(J'ai lu ; 5273. Manga c4)
ISBN 2-290-05273-6. *36 F / 5,49 €*

01300 **MATSUMOTO I.** L'idole du printemps !. *J'ai lu, 1999.* (Les tribulations de Orange Road; 16)(J'ai lu ; 5272. Manga c4)
ISBN 2-290-05272-8. *36 F / 5,49 €*

01301 **MATSUMOTO I.** L'île des amours interdites !. *J'ai lu, 1998.* (Les tribulations de Orange Road; 3)(J'ai lu ; 4719. Manga c4)
ISBN 2-290-04804-6. *36 F / 5,49 €*

01302 **MATSUMOTO I.** Le message tracé au rouge à lèvres !. *J'ai lu, 1998.* (Les tribulations de Orange Road; 6)(J'ai lu ; 4719. Manga)
ISBN 2-290-04898-4. *36 F / 5,49 €*

01303 **MATSUMOTO I.** Pluie et... jalousie. *J'ai lu, 1998.* (Les tribulations de Orange Road; 2)(J'ai lu ; 4764. Manga)
ISBN 2-290-04764-3. *36 F / 5,49 €*

01304 **MATSUMOTO I.** Un rêve annonciateur de chance !. *J'ai lu, 1998.* (Les tribulations de Orange Road; 9)(J'ai lu ; 5006. Manga c4)
ISBN 2-290-05006-7. *36 F / 5,49 €*

01305 **MATSUMOTO I.** Rêves sous un ciel étoilé !. *J'ai lu, 1998.* (Les tribulations de Orange Road; 4)(J'ai lu ; 4835. Manga c4)
ISBN 2-290-04835-6. *36 F / 5,49 €*

01306 **MATSUMOTO I.** Le rouge à lèvre du soir !. *J'ai lu, 1999.* (Les tribulations de Orange Road; 15)(J'ai lu ; 5159. Manga c4)
ISBN 2-290-05159-4. *36 F / 5,49 €*

01307 **MATSUMOTO I.** Une troublante berceuse... !. *J'ai lu, 1998.* (Les tribulations de Orange Road; 5)(J'ai lu ; 4719. Manga)
ISBN 2-290-04866-6. *36 F / 5,49 €*

01308 **Les meilleures histoires drôles de Rire et Chansons.** *J'ai lu, 2000.* (J'ai lu ; 5566. Littérature générale cG)
ISBN 2-290-30264-3. *29 F / 4,42 €*

01309 **MÉLON P.** Petit glossaire de la sous-France. *Talus d'approche, 2000.* (Libre choix ; 6)
ISBN 2-87246-076-4. *69 F / 10,52 €*

01310 **MENDENHALL** Lois de la thermodynamique du chat. *J'ai lu, 1995.* (J'ai lu. BD ; 277 c01)
ISBN 2-277-33277-1. *13 F / 1,98 €*

01311 **MERCIER L.** Lettres de motivation. *Zulma, 1996.* (Grain d'orage)
ISBN 2-909031-83-7. *39 F / 5,95 €*

01312 **MERLE P.** Les drôlesses. *Seuil, 1995.* (Point-virgule c1)
ISBN 2-02-019599-2. *32 F / 4,88 €*

01313 **MEYER P.** Du futur faisons table rase. *Gallimard, 1999.* (Chroniques; 3)(Folio ; 3163 c11)
ISBN 2-07-040742-X. *29,50 F / 4,50 €*

01314 **MEYER P.** Eaux-fortes : croquis politiques. *LGF, 1996.* (Le Livre de poche ; 14052 c4)
ISBN 2-253-14052-X. *20 F / 3,05 €*

01315 **MEYER P.** Le futur ne manque pas d'avenir. *Gallimard, 1999.* (Chroniques; 2)(Folio ; 3162 c11)
ISBN 2-07-040741-1. *29,50 F / 4,50 €*

01316 **MEYER P.** Heureux habitants de l'Aveyron et des autres départements français. Rééd. *Seuil, 1906.* (Points ; 100 c9)
ISBN 2-02-025592-8. *42 F / 6,40 €*

01317 **N** **MEYER P.** Portraits acides et autres pensées édifiantes. *J'ai lu, 2001.* (J'ai lu ; 5776. Littérature générale cF)
ISBN 2-290-30932-X. *26 F / 3,96 €*

01318 **MEYER P.** Les progrès du progrès ; Ce n'est pas pour me vanter ; Heureux habitants de l'Aveyron. *Seuil, 1995.* (Points)
ISBN 2-02-025927-3. *132 F / 20,12 €*

01319 **MEYER P.** Le progrès fait rage. *Gallimard, 1999.* (Chroniques; 1)(Folio ; 3161 c11)
ISBN 2-07-040719-5. *29,50 F / 4,50 €*

01320 **MIGNAVAL P.** Le sottisier des journalistes. *Pocket, 1998.* (Pocket ; 10238 c3)
ISBN 2-266-07621-3. *26 F / 3,96 €*

01321 **MIKIMOTO H.** Macross 7 trash. 1. *Glénat, 1998.* (Manga)
ISBN 2-7234-2579-7. *42 F / 6,40 €*

01322 **MIKIMOTO H.** Macross 7 trash. 2. *Glénat, 1998.* (Manga)
ISBN 2-7234-2580-0. *42 F / 6,40 €*

01323 **MIKIMOTO H.** Macross 7 trash. 3. *Glénat, 1998.* (Manga)
ISBN 2-7234-2682-3. *42 F / 6,40 €*

01324 **MIKIMOTO H.** Macross 7 trash. 4. *Glénat, 1999.* (Manga c1)
ISBN 2-7234-2690-4. *42 F / 6,40 €*

01325 **MIKIMOTO H.** Macross 7 trash. 5. *Glénat, 1999.* (Manga c1)
ISBN 2-7234-2797-8. *42 F / 6,40 €*

01326 **MIKIMOTO H.** Macross 7 trash. 6. *Glénat, 2000.* (Manga c1)
ISBN 2-7234-2983-0. *42 F / 6,40 €*

01327 **A** **MIKIMOTO H.** Macross 7 trash. 7. *Glénat, 2001.* (Manga c1)
ISBN 2-7234-3163-0. *42 F / 6,40 €*

01328 **MIYAZAKI H.** Princesse Mononoke. 1. *Glénat, 2000.* (Manga)
ISBN 2-7234-3180-0. *59 F / 8,99 €*

01329 **MIYAZAKI H.** Princesse Mononoke. 2. *Glénat, 2000.* (Manga)
ISBN 2-7234-3181-9. *59 F / 8,99 €*

01330 **N** **MIYAZAKI H.** Princesse Mononoke. 3. *Glénat, 2000.* (Manga)
ISBN 2-7234-3217-3. *59 F / 8,99 €*

01331 **N** **MIYAZAKI H.** Princesse Mononoke. 4. *Glénat, 2000.* (Manga)
ISBN 2-7234-3218-1. *59 F / 8,99 €*

01332 **MONTAGNÉ G.** Les meilleures histoires drôles de Guy Montagné. *Pocket, 1995.* (Pocket ; 4320 c4)
ISBN 2-266-06457-6. *30 F / 4,57 €*

01333 **MONTAGNÉ G.** Les nouvelles histoires drôles. *Pocket, 1996.* (Pocket ; 10071 c4)
ISBN 2-266-07114-9. *30 F / 4,57 €*

01334 **MONTAGNÉ G.** Les toutes dernières histoires drôles. *Pocket, 1999.* (Pocket ; 10436 c4)
ISBN 2-266-08210-8. *30 F / 4,57 €*

01335 N **MONTAGNÉ G.** Les toutes dernières histoires drôles. *Pocket, 2001.* (Pocket ; 11149 c4)
ISBN 2-266-10719-4. *30 F / 4,57 €*

01336 **MOREL F.** Meuh !. *Pocket, 1996.* (Pocket ; 10120 c3)
ISBN 2-266-07360-5. *26 F / 3,96 €*

01337 N **NAHUM M., REZNIKOW J.** Les Skalts, peuple extraordinaire. *Seuil, 2001.* (Point-virgule c5)
ISBN 2-02-042632-3. *29 F / 4,42 €*

01338 **NÈGRE H.** Dictionnaire des histoires drôles. Nouv. éd. *LGF, 1988.* (Le Livre de poche ; 6462 c15)
ISBN 2-253-04573-X. *50 F / 7,62 €*

01339 N **NIHEI T.** Blame. 2. *Glénat, 2000.* (Manga c1)
ISBN 2-7234-3103-7. *42 F / 6,40 €*

01340 N **NIHEI T.** Blame. 3. *Glénat, 2000.* (Manga c1)
ISBN 2-7234-3292-0. *42 F / 6,40 €*

01341 A **NIHEI T.** Blame. 4. *Glénat, 2001.* (Manga c1)
ISBN 2-7234-3491-5. *42 F / 6,40 €*

01342 **NONYME A.** Monsieur et madame ont un fils. 1. *J'ai lu, 1995.* (J'ai lu ; 4036. Littérature générale c2)
ISBN 2-277-24036-2. *22 F / 3,35 €*

01343 **NONYME A.** Monsieur et madame ont un fils. 2. *J'ai lu, 1996.* (J'ai lu ; 4036. Littérature générale c2)
ISBN 2-277-24118-0. *22 F / 3,35 €*

01344 **NULS (Les; pseud. collectif)** L'Info, c'est rigolo. *Seuil, 1994.* (Points. Actuels ; 143 c3)
ISBN 2-02-020009-0. *48 F / 7,32 €*

01345 **NULS (Les; pseud. collectif)** Le livre. Rééd. *Seuil, 1995.* (Points c11)
ISBN 2-02-025807-2. *48 F / 7,32 €*

01346 N **ODA E.** One Piece. 1. *Glénat, 2000.* (Manga c1)
ISBN 2-7234-3335-8. *42 F / 6,40 €*

01347 N **ODA E.** One Piece. 2. *Glénat, 2000.* (Manga c1)
ISBN 2-7234-3431-1. *42 F / 6,40 €*

01348 N **ODA E.** One Piece. 3. *Glénat, 2001.* (Manga c1)
ISBN 2-7234-3480-X. *42 F / 6,40 €*

01349 N **ODA E.** One Piece. 4. *Glénat, 2001.* (Manga c1)
ISBN 2-7234-3481-8. *42 F / 6,40 €*

01350 A **ODA E.** One Piece. 5. *Glénat, 2001.* (Manga c1)
ISBN 2-7234-3482-6. *42 F / 6,40 €*

01351 A **ODA E.** One Piece. 6. *Glénat, 2001.* (Manga c1)
42 F / 6,40 €

01352 **OUAKNIN M-A., OUAKNIN-ROTNEMER D.** La bible de l'humour juif. 1. Réimp. *J'ai lu, 1996.* (J'ai lu ; 4263. Littérature générale c5)
ISBN 2-290-04263-3. *39 F / 5,95 €*

01353 **OUAKNIN M-A., OUAKNIN-ROTNEMER D.** La bible de l'humour juif. 2. *J'ai lu, 1998.* (J'ai lu ; 4976. Littérature générale c5)
ISBN 2-290-14976-4. *39 F / 5,95 €*

01354 **PAGES F.** Au vrai chic anatomique. *Seuil, 1983.* (Point-virgule ; 18 c2)
ISBN 2-02-006427-8. *39 F / 5,95 €*

01355 **PATER J.** Le Petit pater illustré. *Seuil, 1983.* (Point-virgule ; 19 c2)
ISBN 2-02-006475-8. *39 F / 5,95 €*

01356 **PEIGNÉ J.** La grande encyclopédie des histoires drôles. *LGF, 1995.* (Le Livre de poche ; 13776 c10)
ISBN 2-253-13776-6. *40 F / 6,10 €*

01357 **PERRET P.** Les grandes pointures de l'histoire. *Pocket, 1995.* (Pocket ; 4263 c6)
ISBN 2-266-06328-6. *38 F / 5,79 €*

01358 **PERRET P.** Les pensées. *J'ai lu, 1999.* (J'ai lu ; 4819. Littérature générale c3)
ISBN 2-290-04819-4. *29 F / 4,42 €*

01359 **PÉTILLON R.** Un Détective dans le yucca. *J'ai lu, 1992.* (Jack Palmer; 4)(J'ai lu. BD ; 239 c6)
ISBN 2-277-33239-9. *42 F / 6,40 €*

01360 **PÉTILLON R.** Un privé dans la nuit. *J'ai lu, 1996.* (Jack Palmer; 1)(J'ai lu. BD ; 288 c3)
ISBN 2-277-33288-7. *29 F / 4,42 €*

01361 **PIEM** Bonne santé, mode d'emploi. *J'ai lu, 1994.* (J'ai lu ; 3609. Littérature générale cB)
ISBN 2-277-23609-8. *13 F / 1,98 €*

01362 **PLANTU** A la soupe!. *Seuil, 1989.* (Points. Actuels ; 86 c3)
ISBN 2-02-010891-7. *48 F / 7,32 €*

01363 **PLANTU** Ca manque de femmes!. *Gallimard, 1991.* (Folio ; 2269 c10)
ISBN 2-07-038384-9. *46 F / 7,01 €*

01364 **PLANTU** Les Cours du caoutchouc sont trop élastiques. *Gallimard, 1991.* (Folio ; 2268 c8)
ISBN 2-07-038382-2. *37 F / 5,64 €*

01365 **PLANTU** Des Fourmis dans les jambes. *Gallimard, 1991.* (Folio ; 2273 c10)
ISBN 2-07-038388-1. *46 F / 7,01 €*

01366 **PLANTU** Ouverture en bémol. *Gallimard, 1991.* (Folio ; 2270 c10)
ISBN 2-07-038385-7. *46 F / 7,01 €*

01367 **PLANTU** Pas nette, la planète!. *Gallimard, 1991.* (Folio ; 2271 c9)
ISBN 2-07-038386-5. *41 F / 6,25 €*

01368 **PLANTU** Le petit Mitterrand illustré : 1981-1996. *Seuil, 1996.* (Points ; 271 c1)
ISBN 2-02-029772-8. *32 F / 4,88 €*

01369 **PLANTU** Wolfgang, tu feras informatique!. *Gallimard, 1991.* (Folio ; 2272 c8)
ISBN 2-07-038387-3. *37 F / 5,64 €*

01370 **PRATT H., OSTERHELD H.** Ernie Pike : premières chroniques. *J'ai lu, 1988.* (J'ai lu. BD ; 85 c4)
ISBN 2-277-33085-X. *36 F / 5,49 €*

01371 **QUINO** La Famille de Mafalda. *J'ai lu, 1993.* (J'ai lu. BD ; 259 c4)
ISBN 2-277-33259-3. *36 F / 5,49 €*

01372 **QUINO** Le Monde de Mafalda. *J'ai lu, 1990.* (Mafalda; 5)(J'ai lu. BD ; 198 c3)
ISBN 2-277-33198-8. *29 F / 4,42 €*

01373 **RAY H.** Juliette a-t-elle un grand cui?. *Seuil, 1982.* (Point-virgule ; 8 c2)
ISBN 2-02-006222-4. *39 F / 5,95 €*

01374 **RAYMOND D., SZLAKMANN C.** La Folie sans peine. *Seuil, 1991.* (Point-virgule ; 108 c3)
ISBN 2-02-012932-9. *48 F / 7,32 €*

01375 **REISER J-M.** Les Copines. *Gallimard, 1985.* (Folio ; 1636 c11)
ISBN 2-07-037636-2. *50 F / 7,62 €*

01376 **REISER J-M.** La famille Oboulot en vacances. *Gallimard, 1993.* (Folio ; 2451 c11)
ISBN 2-07-038592-2. *29,50 F / 4,50 €*

01377 **REISER J-M.** Fous d'amour. *Gallimard, 1989.* (Folio ; 2067 c9)
ISBN 2-07-038155-2. *41 F / 6,25 €*

01378 **REISER J-M.** Gros dégueulasse. *Gallimard, 1985.* (Folio ; 1689 c8)
ISBN 2-07-037689-3. *37 F / 5,64 €*

01379 **REISER J-M.** Jeanine. *Gallimard, 1994.* (Folio ; 2596 c11)
ISBN 2-07-038250-8. *29,50 F / 4,50 €*

01380 **REISER J-M.** On vit une époque formidable. *Gallimard, 1978.* (Folio ; 1005 c11)
ISBN 2-07-037005-4. *29,50 F / 4,50 €*

01381 **REISER J-M.** Les oreilles rouges. *Gallimard, 1998.* (Folio ; 3096 c11)
ISBN 2-07-040361-0. *29,50 F / 4,50 €*

01382 **REISER J-M.** Phantasmes. *Gallimard, 1987.* (Folio ; 1872 c10)
ISBN 2-07-037872-1. *46 F / 7,01 €*

01383 **REISER J-M.** La vie au grand air. 3. *Gallimard, 1998.* (Folio ; 3095 c11)
ISBN 2-07-040362-9. *29,50 F / 4,50 €*

01384 **REISER J-M.** La Vie des bêtes. *Gallimard, 1987.* (Folio ; 1833 c10)
ISBN 2-07-037833-0. *46 F / 7,01 €*

01385 **REISER J-M.** Vive les femmes!. *Gallimard, 1988.* (Folio ; 2001 c11)
ISBN 2-07-038089-0. *29,50 F / 4,50 €*

01386 **REISER J-M.** Vive les vacances!. *Gallimard, 1986.* (Folio ; 1710 c10)
ISBN 2-07-037710-5. *46 F / 7,01 €*

01387 **Le repaire de la murène.** *J'ai lu : J'ai lu, 1993.* (Les Aventures de Spirou et Fantasio; 9)(J'ai lu. Littérature générale ; 256 c5)
ISBN 2-277-33256-9. *39 F / 5,95 €*

01388 **RIVOIRE J.** Vacheries : dictionnaire des insolences. *LGF, 2000.* (Le Livre de poche ; 14786)
ISBN 2-253-14786-9. *34 F / 5,18 €*

01389 **ROCHE M.** Qui n'a pas vu Dieu n'a rien vu : zapping. *Seuil, 1990.* (Point-virgule ; 91 c2)
ISBN 2-02-010898-4. *39 F / 5,95 €*

01390 **ROLAND T., LARQUÉ J-M., SEMPÉ J-J.** Tout à fait, Jean-Michel! : fragments d'un discours sur le football. *Seuil, 1993.* (Point-virgule ; 125 c1)
ISBN 2-02-019456-2. *25 F / 3,81 €*

01391 **ROSINSKI, VAN HAMME J.** La Galère noire. *J'ai lu, 1989.* (J'ai lu. BD ; 123 c5)
ISBN 2-277-33123-6. *39 F / 5,95 €*

01392 **ROSINSKI, VAN HAMME J.** L'Ile des mers gelées. *J'ai lu, 1988.* (J'ai lu. BD ; 74 c5)
ISBN 2-277-33074-4. *39 F / 5,95 €*

01393 **N** **RUQUIER L.** Il faut savoir changer de certitudes. *Pocket, 2000.* (Pocket ; 10890 c3B)
ISBN 2-266-09954-X. *28 F / 4,27 €*

01394 **N** **RUQUIER L.** Je ne vais pas me gêner. *Pocket, 2001.* (Pocket ; 11162 c4B)
ISBN 2-266-10768-2. *32 F / 4,88 €*

01395 **SAINT-DRÔME O.** Le Ronfleur apprivoisé : petite encyclopédie pratique à l'usage des ronchopathes et de leurs victimes. *Seuil, 1990.* (Point-virgule ; 89 c2)
ISBN 2-02-012346-0. *39 F / 5,95 €*

01396 **SAN-ANTONIO** Réflexions passionnées sur l'amour. *Fleuve noir, 1999.* (San-Antonio ; 6)
ISBN 2-265-06717-2. *25 F / 3,81 €*

01397 **SAN-ANTONIO** Réflexions sur les gens de chez nous et d'ailleurs. *Fleuve noir, 1999.* (San-Antonio ; 5)
ISBN 2-265-06712-1. *25 F / 3,81 €*

01398 **N** **SANJO R.** La bataille la plus importante que la Terre ait connue !!. Réimpr. *J'ai lu, 2001.* (Fly; 12)(J'ai lu ; 4408. Manga cG)
ISBN 2-290-04408-3. *29 F / 4,42 €*

01399 **N** **SANJO R.** Myst et Kilvan. Réimpr. *J'ai lu, 2001.* (Fly; 33)(J'ai lu ; 5094. Manga cl)
ISBN 2-290-05094-6. *36 F / 5,49 €*

01400 **N** **SANJO R.** La résurrection du démon !!!. Réimpr. *J'ai lu, 2000.* (Fly; 17)(J'ai lu ; 4537. Manga cG)
ISBN 2-290-04537-3. *29 F / 4,42 €*

01401 **SANJO R., INADA K.** L'adieu au combat. *J'ai lu, 1998.* (Fly; 30)(J'ai lu ; 4950. Manga c4)
ISBN 2-290-04950-6. *36 F / 5,49 €*

01402 **SANJO R., INADA K.** Adieu mon fils...!. *J'ai lu, 1997.* (Fly; 21)(J'ai lu ; 4674. Manga c4)
ISBN 2-290-04674-4. *36 F / 5,49 €*

01403 **SANJO R., INADA K.** Adieu, terre adorée !!. *J'ai lu, 1999.* (Fly; 37)(J'ai lu ; 5150. Manga c4)
ISBN 2-290-05150-0. *36 F / 5,49 €*

01404 **SANJO R., INADA K.** Le chevalier du dragon. *J'ai lu, 1996.* (Fly; 9)(J'ai lu ; 4259. Manga c3)
ISBN 2-290-04353-2. *29 F / 4,42 €*

01405 **SANJO R., INADA K.** Le cinquième talisman... *J'ai lu, 1998.* (Fly; 24)(J'ai lu ; 4680. Manga c4)
ISBN 2-290-04680-9. *36 F / 5,49 €*

01406 **SANJO R., INADA K.** Combat décisif de Myst. *J'ai lu, 1998.* (Fly; 32)(J'ai lu ; 5035. Manga c4)
ISBN 2-290-05035-0. *36 F / 5,49 €*

01407 **SANJO R., INADA K.** La combat entre le père et le fils. *J'ai lu, 1996.* (Fly; 10)(J'ai lu ; 4355. Manga c3)
ISBN 2-290-04355-9. *29 F / 4,42 €*

01408 **N** **SANJO R., INADA K.** La confrontation : Hadora contre Aban. Réimp. *J'ai lu, 2000.* (Fly; 2)(J'ai lu ; 4230. Manga c3)
ISBN 2-290-04230-7. *29 F / 4,42 €*

01409 **SANJO R., INADA K.** La confrontation. *J'ai lu, 1997.* (Fly; 19)(J'ai lu ; 4571. Manga c3)
ISBN 2-290-04571-3. *29 F / 4,42 €*

01410 **N** **SANJO R., INADA K.** Disciples d'Aban, tous unis !. Réimp. *J'ai lu, 2000.* (Fly; 3)(J'ai lu ; 4232. Manga c3)
ISBN 2-290-04232-3. *29 F / 4,42 €*

01411 **SANJO R., INADA K.** Le duel du vrai Dragon !!!. *J'ai lu, 1998.* (Fly; 27)(J'ai lu ; 4767. Manga)
ISBN 2-290-04686-8. *36 F / 5,49 €*

01412 **SANJO R., INADA K.** L'éclair du glaive de la justice. *J'ai lu, 1996.* (Fly; 5)(J'ai lu ; 4244. Manga c3)
ISBN 2-277-24244-6. *29 F / 4,42 €*

01413 **SANJO R., INADA K.** L'épée de Fly. *J'ai lu, 1997.* (Fly; 16)(J'ai lu ; 4515. Manga)
ISBN 2-290-04515-2. *29 F / 4,42 €*

01414 **SANJO R., INADA K.** La garde d'acier. *J'ai lu, 1997.* (Fly; 18)(J'ai lu ; 4557. Manga c3)
ISBN 2-290-04557-8. *29 F / 4,42 €*

01415 **SANJO R., INADA K.** Le grand débarquement du rocher du démon. *J'ai lu, 1997.* (Fly; 15)(J'ai lu ; 4487. Manga)
ISBN 2-290-04487-3. *29 F / 4,42 €*

01416 **SANJO R., INADA K.** Le grand héros ressuscite !!!. *J'ai lu, 1998.* (Fly; 28)(J'ai lu ; 4926. Manga c4)
ISBN 2-290-04926-3. *36 F / 5,49 €*

01417 **SANJO R., INADA K.** Maintenant, l'incantation suprême !!!. *J'ai lu, 1996.* (Fly; 8)(J'ai lu ; 4351. Manga c3)
ISBN 2-290-04351-6. *29 F / 4,42 €*

01418 **SANJO R., INADA K.** Naissance d'une arme surpuissante !!!. *J'ai lu, 1998.* (Fly; 29)(J'ai lu ; 4946. Manga c4)
ISBN 2-290-04946-8. *36 F / 5,49 €*

01419 **SANJO R., INADA K.** Où est l'épée la plus puissante ?. *J'ai lu, 1997.* (Fly; 13)(J'ai lu ; 4432. Manga)
ISBN 2-290-04432-6. *29 F / 4,42 €*

01420 **SANJO R., INADA K.** Par le pouvoir de Minakator !. *J'ai lu, 1998.* (Fly; 25)(J'ai lu ; 4682. Manga c4)
ISBN 2-290-04682-5. *36 F / 5,49 €*

01421 **N** **SANJO R., INADA K.** Le précepteur du héros. Réimp. *J'ai lu, 2000.* (Fly; 1)(J'ai lu ; 4229. Manga c3)
ISBN 2-290-04229-3. *29 F / 4,42 €*

01422 **N** **SANJO R., INADA K.** Prélude à l'apocalypse !!!. Réimp. *J'ai lu, 2000.* (Fly; 23)(J'ai lu ; 4767. Manga cl)
ISBN 2-290-04678-7. *36 F / 5,49 €*

01423 **SANJO R., INADA K.** Le rassemblement des six généraux. *J'ai lu, 1996.* (Fly; 4)(J'ai lu ; 4234. Manga c3)
ISBN 2-277-24234-9. *29 F / 4,42 €*

01424 **SANJO R., INADA K.** S'enflammer comme un éclair. *J'ai lu, 1999.* (Fly; 36)(J'ai lu ; 5148. Manga c4)
ISBN 2-290-05148-9. *36 F / 5,49 €*

01425 **SANJO R., INADA K.** Se livrer à fond au combat !!. *J'ai lu, 1999.* (Fly; 35)(J'ai lu ; 5146. Manga c4)
ISBN 2-290-05146-2. *36 F / 5,49 €*

01426 **SANJO R., INADA K.** Le second éveil !!!. *J'ai lu, 1998.* (Fly; 31)(J'ai lu ; 5009. Manga c4)
ISBN 2-290-05009-1. *36 F / 5,49 €*

01427 **SANJO R., INADA K.** Le secret de la naissance de Fly. *J'ai lu, 1997.* (Fly; 11)(J'ai lu ; 4380. Manga)
ISBN 2-290-04380-X. *29 F / 4,42 €*

01428 **SANJO R., INADA K.** Le serment de la lance magique. *J'ai lu, 1997.* (Fly; 20)(J'ai lu ; 4647. Manga c4)
ISBN 2-290-04647-7. *36 F / 5,49 €*

01429 **SANJO R., INADA K.** Le super-démon, une redoutable créature. *J'ai lu, 1997.* (Fly; 14)(J'ai lu ; 4355. Manga)
ISBN 2-290-04460-1. *29 F / 4,42 €*

01430 **SANJO R., INADA K.** Sus à l'ennemi. *J'ai lu, 1998.* (Fly; 26)(J'ai lu ; 4767. Manga)
ISBN 2-290-04684-1. *36 F / 5,49 €*

01431 **SANJO R., INADA K.** La véritable résurrection du dieu du mal !!!. *J'ai lu, 1999.* (Fly; 34)(J'ai lu ; 5142. Manga c4)
ISBN 2-290-05142-X. *36 F / 5,49 €*

01432 **N** **SANJO R., INADA K., HORII Y.** L'apparition du palais de Ban !!!. Réimpr. *J'ai lu, 2000.* (Fly; 22)(J'ai lu ; 4676. Manga cl)
ISBN 2-290-04676-0. *36 F / 5,49 €*

01433 **SEMPÉ J-J.** Ames soeurs. *Gallimard, 1995.* (Folio c11)
ISBN 2-07-039391-7. *29,50 F / 4,50 €*

01434 **SEMPÉ J-J.** Comme par hasard. *Gallimard, 1989.* (Folio ; 2088 c11)
ISBN 2-07-038176-5. *29,50 F / 4,50 €*

01435 **SEMPÉ J-J.** De bon matin. *Gallimard, 1990.* (Folio ; 2135 c11)
ISBN 2-07-038222-2. *29,50 F / 4,50 €*

01436 **SEMPÉ J-J.** Face à face. *Gallimard, 1989.* (Folio ; 2055 c8)
ISBN 2-07-038144-7. *37 F / 5,64 €*

01437 **SEMPÉ J-J.** La Grande panique. *Gallimard, 1972.* (Folio ; 82 c11)
ISBN 2-07-036082-2. *29,50 F / 4,50 €*

01438 **SEMPÉ J-J.** Des hauts et des bas. *Gallimard, 1988.* (Folio ; 1971 c11)
ISBN 2-07-038057-2. *29,50 F / 4,50 €*

01439 **SEMPÉ J-J.** Insondables mystères. *Gallimard, 1996.* (Folio ; 2850 c11)
ISBN 2-07-039329-1. *29,50 F / 4,50 €*

01440 **SEMPÉ J-J.** Luxe, calme et volupté. *Gallimard, 1993.* (Folio ; 2535 c8)
ISBN 2-07-038815-8. *37 F / 5,64 €*

01441 **SEMPÉ J-J.** Monsieur Lambert. *Gallimard, 1990.* (Folio ; 2200 c11)
ISBN 2-07-038306-7. *29,50 F / 4,50 €*

01442 **SEMPÉ J-J.** Les musiciens. Nouv. éd. augm. *Gallimard, 1999.* (Folio ; 1507 c9)
ISBN 2-07-041210-5. *41 F / 6,25 €*

01443 **SEMPÉ J-J.** Par avion. *Gallimard, 1992.* (Folio ; 2370 c8)
ISBN 2-07-038507-8. *37 F / 5,64 €*

01444 **SEMPÉ J-J.** Raoul Taburin. *Gallimard, 1999.* (Folio ; 3305 c10)
ISBN 2-07-041196-6. *46 F / 7,01 €*

01445 **SEMPÉ J-J.** Rien n'est simple. *Gallimard, 1978.* (Folio ; 873 c11)
ISBN 2-07-036873-4. *29,50 F / 4,50 €*

01446 **SEMPÉ J-J.** Saint-Tropez. *Gallimard, 1975.* (Folio ; 706 c11)
ISBN 2-07-036706-1. *29,50 F / 4,50 €*

01447 **SEMPÉ J-J.** Sauve qui peut. *Gallimard, 1972.* (Folio ; 81 c11)
ISBN 2-07-036081-4. *29,50 F / 4,50 €*

01448 **SEMPÉ J-J.** Simple question d'équilibre. *Gallimard, 1998.* (Folio ; 3123)
ISBN 2-07-040560-5. *20,50 F / 3,13 €*

01449 **SEMPÉ J-J.** Tout se complique. *Gallimard, 1976.* (Folio ; 867 c11)
ISBN 2-07-036867-X. *29,50 F / 4,50 €*

01450 **SEMPÉ J-J., GOSCINNY R.** Le Petit Nicolas. *Gallimard, 1973.* (Folio ; 423 c11)
ISBN 2-07-036423-2. *29 F / 4,42 €*

01451 **SERRE C.** Humour noir. *J'ai lu, 1987.* (J'ai lu. BD ; 35 c5)
ISBN 2-277-33035-3. *39 F / 5,95 €*

01452 **SERRE C.** Les Meilleurs dessins de Serre. *J'ai lu, 1986.* (J'ai lu. BD ; 6 c5)
ISBN 2-277-33006-X. *39 F / 5,95 €*

01453 **SERRE C.** Sport en Serre. *J'ai lu, 1993.* (J'ai lu. BD ; 261 c5)
ISBN 2-277-33261-5. *39 F / 5,95 €*

01454 **SERVAIS J-C., DEWAMME G.** Tendre Violette. *J'ai lu, 1987.* (J'ai lu. BD ; 42 c5)
ISBN 2-277-33042-6. *39 F / 5,95 €*

01455 **SHIROW M.** Ghost in the shell. Réimpr. *Kana, 1997.* (Mangas)
ISBN 2-87129-124-1. *79 F / 12,04 €*

01456 **SIM** Le Penseur. *J'ai lu, 1995.* (J'ai lu ; 3937. Littérature générale c2)
ISBN 2-290-03937-3. *22 F / 3,35 €*

01457 **SIMON L.** A hurler de rire : 1001 histoires drôles. *Pocket, 1996.* (Pocket ; 10057 c6)
ISBN 2-266-07019-3. *38 F / 5,79 €*

01458 **Slam Dunk. 2.** *Kana, 1999.* (Mangas)
ISBN 2-87129-230-2. *33 F / 5,03 €*

01459 **N** **SONODA K.** Exaxxion. 1. *Glénat, 2000.* (Manga c1)
ISBN 2-7234-3104-5. *42 F / 6,40 €*

01460 **N** **SONODA K.** Exaxxion. 2. *Glénat, 2000.* (Manga c1)
ISBN 2-7234-3105-3. *42 F / 6,40 €*

01461 **N** **SONODA K.** Exaxxion. 3. *Glénat, 2001.* (Manga c1)
ISBN 2-7234-3157-6. *42 F / 6,40 €*

01462 **A** **SONODA K.** Exaxxion. 4. *Glénat, 2001.* (Manga c1)
42 F / 6,40 €

01463 **SONODA K.** Gun Smith cats. 1. *Glénat, 1996.* (Manga)
ISBN 2-7234-2169-4. *42 F / 6,40 €*

01464 **SONODA K.** Gun Smith cats. 2. *Glénat, 1998.* (Manga)
ISBN 2-7234-2231-3. *42 F / 6,40 €*

01465 **SONODA K.** Gun Smith cats. 3. *Glénat, 1998.* (Manga)
ISBN 2-7234-2232-1. *42 F / 6,40 €*

01466 **SONODA K.** Gun Smith cats. 4. *Glénat, 1999.* (Manga c1)
ISBN 2-7234-2233-X. *42 F / 6,40 €*

01467 **N** **SONODA K.** Gun Smith cats. 5. *Glénat, 2000.* (Manga c1)
ISBN 2-7234-2234-8. *42 F / 6,40 €*

01468 **N** **SONODA K.** Gun Smith cats. 6. *Glénat, 2000.* (Manga ; 5 c1)
ISBN 2-7234-3160-6. *42 F / 6,40 €*

01469 **A** **SONODA K.** Gun Smith cats. 7. *Glénat, 2001.* (Manga ; 5 c1)
ISBN 2-7234-3546-6. *42 F / 6,40 €*

01470 **TAKAHASHI K.** Yu-Gi-Oh !. 1. *Kana, 1999.* (Mangas)
ISBN 2-87129-223-X. *33 F / 5,03 €*

01471 **TAKAHASHI K.** Yu-Gi-Oh !. 2. *Kana, 1999.* (Mangas)
ISBN 2-87129-224-8. *33 F / 5,03 €*

01472 **TAKAHASHI K.** Yu-Gi-Oh !. 3. *Kana, 1999.* (Mangas)
ISBN 2-87129-225-6. *33 F / 5,03 €*

01473 **TAKAHASHI K.** Yu-Gi-Oh !. 4. *Kana, 1999.* (Mangas)
ISBN 2-87129-226-4. *33 F / 5,03 €*

01474 **TAKAHASHI K.** Yu-Gi-Oh !. 5. *Kana, 1999.* (Mangas)
ISBN 2-87129-227-2. *33 F / 5,03 €*

01475 **TAKAHASHI K.** Yu-Gi-Oh !. 6. *Kana, 1999.* (Mangas)
ISBN 2-87129-228-0. *33 F / 5,03 €*

01476 **TAKAHASHI K.** Yu-Gi-Oh !. 7. *Kana, 2000.* (Mangas)
ISBN 2-87129-251-5. *33 F / 5,03 €*

01477 **TAKAHASHI K.** Yu-Gi-Oh !. 8. *Kana, 2000.* (Mangas)
ISBN 2-87129-252-3. *33 F / 5,03 €*

01478 **N** **TAKAHASHI K.** Yu-Gi-Oh !. 9. *Kana, 2000.* (Mangas)
ISBN 2-87129-253-1. *33 F / 5,03 €*

01479 **N** **TAKAHASHI K.** Yu-Gi-Oh !. 10. *Kana, 2000.* (Mangas)
ISBN 2-87129-254-X. *33 F / 5,03 €*

01480 **N** **TAKAHASHI K.** Yu-Gi-Oh !. 11. *Kana, 2000.* (Mangas)
ISBN 2-87129-255-8. *33 F / 5,03 €*

01481 **N** **TAKAHASHI K.** Yu-Gi-Oh !. 12. *Kana, 2000.* (Mangas)
ISBN 2-87129-256-6. *33 F / 5,03 €*

01482 **N** **TAKAHASHI K.** Yu-Gi-Oh !. 13. *Kana, 2001.* (Mangas)
ISBN 2-87129-331-7. *33 F / 5,03 €*

01483 **A** **TAKAHASHI K.** Yu-Gi-Oh !. 14. *Kana, 2001.* (Mangas)
ISBN 2-87129-332-5. *33 F / 5,03 €*

01484 **A** **TAKAHASHI K.** Yu-Gi-Oh !. 15. *Kana, 2001.* (Mangas)
ISBN 2-87129-333-3. *33 F / 5,03 €*

01485 **A** **TAKAHASHI K.** Yu-Gi-Oh !. 16. *Kana, 2001.* (Mangas)
ISBN 2-87129-334-1. *33 F / 5,03 €*

01486 **A** **TAKAHASHI K.** Yu-Gi-Oh !. 17. *Kana, 2001.* (Mangas)
ISBN 2-87129-335-X. *33 F / 5,03 €*

01487 **TAKAHASHI R.** L'affront. *Glénat, 1995.* (Ranma 1/2; 7)(Manga)
ISBN 2-7234-1935-5. *42 F / 6,40 €*

01488 **N** **TAKAHASHI R.** Un amour de cochon. *Glénat, 2001.* (Ranma 1/2; 30)(Manga c1)
ISBN 2-7234-3484-2. *42 F / 6,40 €*

01489 **TAKAHASHI R.** L'ancêtre. *Glénat, 1995.* (Ranma 1/2; 6)(Manga c1)
ISBN 2-7234-1852-9. *42 F / 6,40 €*

01490 **TAKAHASHI R.** Le bracelet magique. *Glénat, 1997.* (Ranma 1/2; 10)(Manga)
ISBN 2-7234-2286-0. *42 F / 6,40 €*

01491 **TAKAHASHI R.** Le combat des gourmets. *Glénat, 1998.* (Ranma 1/2; 16)(Manga)
ISBN 2-7234-2478-2. *42 F / 6,40 €*

01492 **TAKAHASHI R.** Le cordon bleu. *Glénat, 1996.* (Ranma 1/2; 9)(Manga c1)
ISBN 2-7234-2107-4. *42 F / 6,40 €*

01493 **TAKAHASHI R.** La disciple de Happôsai. *Glénat, 2000.* (Ranma 1/2; 25)(Manga c1)
ISBN 2-7234-3070-7. *42 F / 6,40 €*

01494 **TAKAHASHI R.** L'épreuve de force. *Comics-USA, 1994.* (Ranma 1/2; 3)(Manga ; 3 c1)
ISBN 2-87695-231-9. *42 F / 6,40 €*

01495 **TAKAHASHI R.** Les Félins. *Glénat, 1994.* (Ranma 1/2; 5)(Manga c1)
ISBN 2-7234-1845-6. *42 F / 6,40 €*

01496 **TAKAHASHI R.** La folie du principal. *Glénat, 1997.* (Ranma 1/2; 12)(Manga)
ISBN 2-7234-2288-7. *42 F / 6,40 €*

01497 **TAKAHASHI R.** Le graffiti mystérieux. *Glénat, 1997.* (Ranma 1/2; 14)(Manga)
ISBN 2-7234-2290-9. *42 F / 6,40 €*

01498 **N** **TAKAHASHI R.** La grotte de la séparation. *Glénat, 2000.* (Ranma 1/2; 27)(Manga c1)
ISBN 2-7234-3072-3. *42 F / 6,40 €*

01499 **TAKAHASHI R.** La Guerre froide. *Comics-USA, 1994.* (Ranma 1/2; 4)(Manga ; 4 c1)
ISBN 2-87695-233-5. *42 F / 6,40 €*

01500 **TAKAHASHI R.** L'homme aux collants. *Glénat, 1998.* (Ranma 1/2; 18)(Manga)
ISBN 2-7234-2658-0. *42 F / 6,40 €*

01501 **TAKAHASHI R.** L'île aux pastèques. *Glénat, 1998.* (Ranma 1/2; 19)(Manga)
ISBN 2-7234-2680-7. *42 F / 6,40 €*

01502 **TAKAHASHI R.** La mère de Ranma. *Glénat, 1999.* (Ranma 1/2; 22)(Manga c1)
ISBN 2-7234-2806-0. *42 F / 6,40 €*

01503 **TAKAHASHI R.** La natte de Ranma. *Glénat, 1998.* (Ranma 1/2; 15)(Manga)
ISBN 2-7234-2291-7. *42 F / 6,40 €*

01504 **N** **TAKAHASHI R.** L'ombre de Ranma. *Glénat, 2000.* (Ranma 1/2; 28)(Manga c1)
ISBN 2-7234-3073-1. *42 F / 6,40 €*

01505 **N** **TAKAHASHI R.** Le pays des géants. *Glénat, 2000.* (Ranma 1/2; 26)(Manga c1)
ISBN 2-7234-3071-5. *42 F / 6,40 €*

01506 **TAKAHASHI R.** Le piège de Nabiki. *Glénat, 1998.* (Ranma 1/2; 17)(Manga)
ISBN 2-7234-2479-0. *42 F / 6,40 €*

01507 **TAKAHASHI R.** Un piège tentaculaire. *Glénat, 1999.* (Ranma 1/2; 23)(Manga c1)
ISBN 2-7234-2921-0. *42 F / 6,40 €*

01508 N **TAKAHASHI R.** Ranma 1/2. 29. *Glénat, 2000.* (Manga c1)
ISBN 2-7234-3071-5. *42 F / 6,40 €*

01509 A **TAKAHASHI R.** Ranma 1/2. 31. *Glénat, 2001.* (Manga c1)
ISBN 2-7234-3509-1. *42 F / 6,40 €*

01510 A **TAKAHASHI R.** Ranma 1/2. 32. *Glénat, 2001.* (Manga c1)
42 F / 6,40 €

01511 A **TAKAHASHI R.** Ranma 1/2. 33. *Glénat, 2001.* (Manga c1)
42 F / 6,40 €

01512 **TAKAHASHI R.** La recette miraculeuse. *Glénat, 1997.* (Ranma 1/2; 11)(Manga)
ISBN 2-7234-2287-9. *42 F / 6,40 €*

01513 **TAKAHASHI R.** Roméo et Juliette. *Glénat, 1996.* (Ranma 1/2; 8)(Manga)
ISBN 2-7234-2017-5. *42 F / 6,40 €*

01514 **TAKAHASHI R.** La rose noire. *Comics-USA, 1994.* (Ranma 1/2; 2)(Manga c1)
ISBN 2-87695-230-0. *42 F / 6,40 €*

01515 **TAKAHASHI R.** La source maléfique. *Comics-USA, 1994.* (Ranma 1/2; 1)(Manga)
ISBN 2-87695-227-0. *42 F / 6,40 €*

01516 **TAKAHASHI R.** Tel père, tel fils. *Glénat, 1999.* (Ranma 1/2; 21)(Manga c1)
ISBN 2-7234-2794-3. *42 F / 6,40 €*

01517 **TAKAHASHI R.** Le trio infernal. *Glénat, 1999.* (Ranma 1/2; 24)(Manga c1)
ISBN 2-7234-2934-2. *42 F / 6,40 €*

01518 **TAKAHASHI R.** La vengeance d'Happosai. *Glénat, 1997.* (Ranma 1/2; 13)(Manga)
ISBN 2-7234-2289-5. *42 F / 6,40 €*

01519 **TAKAHASHI R.** La victoire de Ryôga. *Glénat, 1999.* (Ranma 1/2; 20)(Manga c1)
ISBN 2-7234-2789-7. *42 F / 6,40 €*

01520 **TAKAHASHI Y.** Captain Tsubasa. 2, Le destin se joue sur un tir de loin. *J'ai lu, 1999.* (J'ai lu ; 5322. Manga)
ISBN 2-290-05322-8. *36 F / 5,49 €*

01521 **TAKAHASHI Y.** Captain Tsubasa. 3, Un match difficile inattendu. *J'ai lu, 1999.* (J'ai lu ; 5324. Manga c4)
ISBN 2-290-05324-4. *36 F / 5,49 €*

01522 **TAKAHASHI Y.** Captain Tsubasa. 4, Accéder au niveau national !. *J'ai lu, 1999.* (J'ai lu ; 5326. Manga c4)
ISBN 2-290-05326-0. *36 F / 5,49 €*

01523 **TAKAHASHI Y.** Captain Tsubasa. 5, Une surprenante embuscade. *J'ai lu, 2000.* (J'ai lu ; 5417. Manga cl)
ISBN 2-290-30036-5. *36 F / 5,49 €*

01524 **TAKAHASHI Y.** Captain Tsubasa. 6, Alors, prêts pour le tournoi décisif ?. *J'ai lu, 2000.* (J'ai lu ; 5441. Manga cl)
ISBN 2-290-30053-5. *36 F / 5,49 €*

01525 **TAKAHASHI Y.** Captain Tsubasa. 7, Coup d'envoi du face-à-face tant espéré !. *J'ai lu, 2000.* (J'ai lu ; 5491. Manga cl)
ISBN 2-290-30207-4. *36 F / 5,49 €*

01526 N **TAKAHASHI Y.** Captain Tsubasa. 8, La renaissance d'un champion !!. *J'ai lu, 2000.* (J'ai lu ; 5526. Manga cl)
ISBN 2-290-30184-1. *36 F / 5,49 €*

01527 N **TAKAHASHI Y.** Captain Tsubasa. 9, En route pour la finale !!. *J'ai lu, 2000.* (J'ai lu ; 5559. Manga cJ)
ISBN 2-290-30273-2. *36 F / 5,49 €*

01528 N **TAKAHASHI Y.** Captain Tsubasa. 10, Une contre-attaque flamboyante. *J'ai lu, 2000.* (J'ai lu ; 5584. Manga cJ)
ISBN 2-290-05584-0. *36 F / 5,49 €*

01529 N **TAKAHASHI Y.** Captain Tsubasa. 11, Coup d'envoi des prolongations. *J'ai lu, 2000.* (J'ai lu ; 5717. Manga cl)
ISBN 2-290-30590-1. *36 F / 5,49 €*

01530 N **TAKAHASHI Y.** Captain Tsubasa. 12, Le moment de gloire. *J'ai lu, 2000.* (J'ai lu ; 5719. Manga cl)
ISBN 2-290-30591-X. *36 F / 5,49 €*

01531 N **TAKAHASHI Y.** Captain Tsubasa. 13, Les compétitions d'été commencent. *J'ai lu, 2000.* (J'ai lu ; 5727. Manga cl)
ISBN 2-290-30703-3. *36 F / 5,49 €*

01532 N **TAKAHASHI Y.** Captain Tsubasa. 14, Le faucon contre Tsubasa. *J'ai lu, 2000.* (J'ai lu ; 5729. Manga cl)
ISBN 2-290-30705-X. *36 F / 5,49 €*

01533 N **TAKAHASHI Y.** Captain Tsubasa. 15, Misugi contre Hyûga. *J'ai lu, 2000.* (J'ai lu ; 5731. Manga cl)
ISBN 2-290-30707-6. *36 F / 5,49 €*

01534 N **TAKAHASHI Y.** Captain Tsubasa. 16, La démonstration de force. *J'ai lu, 2000.* (J'ai lu ; 5733. Manga cl)
ISBN 2-290-30709-2. *36 F / 5,49 €*

01535 N **TAKAHASHI Y.** Captain Tsubasa. 17, De nouveau sur le champ de bataille. *J'ai lu, 2001.* (J'ai lu ; 5794. Manga)
ISBN 2-290-30952-4. *36 F / 5,49 €*

01536 A **TAKAHASHI Y.** Captain Tsubasa. 19, Numéro 10 contre numéro 10. *J'ai lu, 2001.* (J'ai lu ; 5795. Manga)
ISBN 2-290-31099-9. *35 F / 5,34 €*

01537 A **TAKAHASHI Y.** Captain Tsubasa. 20, Et le phénix s'envola. *J'ai lu, 2001.* (J'ai lu ; 5795. Manga)
ISBN 2-290-31105-7. *36 F / 5,49 €*

01538 A **TAKAHASHI Y.** Captain Tsubasa. 21. *J'ai lu, 2001.* (J'ai lu ; 5795. Manga)
ISBN 2-290-31106-5. *36 F / 5,49 €*

01539 **A** **TAKAHASHI Y.** Captain Tsubasa. 22. *J'ai lu, 2001.* (J'ai lu ; 5795. Manga)
ISBN 2-290-31107-3. *36 F / 5,49 €*

01540 **A** **TAKAHASHI Y.** Captain Tsubasa. 23. *J'ai lu, 2001.* (J'ai lu ; 6039. Manga)
ISBN 2-290-31329-7

01541 **A** **TAKAHASHI Y.** Captain Tsubasa. 24. *J'ai lu, 2001.* (J'ai lu ; 6041. Manga)
ISBN 2-290-31330-0

01542 **A** **TAKAHASHI Y.** Captain Tsubasa. 25. *J'ai lu, 2001.* (J'ai lu ; 6043. Manga)
ISBN 2-290-31332-7

01543 **A** **TAKAHASHI Y.** Captain Tsubasa. 26. *J'ai lu, 2001.* (J'ai lu ; 6045. Manga)
ISBN 2-290-31333-5

01544 **A** **TAKAHASHI Y.** Captain Tsubasa. 27. *J'ai lu, 2001.* (J'ai lu ; 6047. Manga)
ISBN 2-290-31335-1

01545 **TAKAHASHI Y.** Voler de ses propres ailes. *J'ai lu, 1999.* (Captain Tsubasa : Olive et Tom; 1)(J'ai lu ; 5320. Manga c4)
ISBN 2-290-05320-1. *36 F / 5,49 €*

01546 **TAKEI H.** Shaman king. 1. *Kana, 2000.* (Mangas)
ISBN 2-87129-277-9. *33 F / 5,03 €*

01547 **N** **TAKEI H.** Shaman king. 2. *Kana, 2000.* (Mangas)
ISBN 2-87129-278-7. *33 F / 5,03 €*

01548 **N** **TAKEI H.** Shaman king. 3. *Kana, 2000.* (Mangas)
ISBN 2-87129-279-5. *33 F / 5,03 €*

01549 **N** **TAKEI H.** Shaman king. 4. *Kana, 2000.* (Mangas)
ISBN 2-87129-280-9. *33 F / 5,03 €*

01550 **N** **TAKEI H.** Shaman king. 5. *Kana, 2000.* (Mangas)
ISBN 2-87129-281-7. *33 F / 5,03 €*

01551 **N** **TAKEI H.** Shaman king. 6. *Kana, 2001.* (Mangas)
ISBN 2-87129-326-0. *33 F / 5,03 €*

01552 **A** **TAKEI H.** Shaman king. 7. *Kana, 2001.* (Mangas)
ISBN 2-87129-327-9. *33 F / 5,03 €*

01553 **A** **TAKEI H.** Shaman king. 8. *Kana, 2001.* (Mangas)
ISBN 2-87129-328-7. *33 F / 5,03 €*

01554 **A** **TAKEI H.** Shaman king. 9. *Kana, 2001.* (Mangas)
ISBN 2-87129-329-5. *33 F / 5,03 €*

01555 **A** **TAKEI H.** Shaman king. 10. *Kana, 2001.* (Mangas)
ISBN 2-87129-330-9. *33 F / 5,03 €*

01556 **TAKEUCHI N.** Black Lady. *Glénat, 1996.* (Sailor Moon; 7)(Manga)
ISBN 2-7234-2092-2. *42 F / 6,40 €*

01557 **TAKEUCHI N.** Le chaos galactique. *Glénat, 1998.* (Sailor Moon; 18)(Manga)
ISBN 2-7234-2512-6. *42 F / 6,40 €*

01558 **TAKEUCHI N.** Le cristal d'argent. *Glénat, 1995.* (Sailor Moon; 4)(Manga)
ISBN 2-7234-1910-X. *42 F / 6,40 €*

01559 **TAKEUCHI N.** La gardienne du temps. *Glénat, 1995.* (Sailor Moon; 5)(Manga)
ISBN 2-7234-1911-8. *42 F / 6,40 €*

01560 **TAKEUCHI N.** Hélios. *Glénat, 1997.* (Sailor Moon; 13)(Manga)
ISBN 2-7234-2300-X. *42 F / 6,40 €*

01561 **TAKEUCHI N.** L'homme masqué. *Glénat, 1995.* (Sailor Moon; 2)(Manga c1)
ISBN 2-7234-1904-5. *42 F / 6,40 €*

01562 **TAKEUCHI N.** Les justicières de la lune. *Glénat, 1995.* (Sailor Moon; 3)(Manga)
ISBN 2-7234-1909-6. *42 F / 6,40 €*

01563 **TAKEUCHI N.** Le lycée infini. *Glénat, 1996.* (Sailor Moon; 8)(Manga)
ISBN 2-7234-2172-4. *42 F / 6,40 €*

01564 **TAKEUCHI N.** Métamorphose. *Glénat, 1995.* (Sailor Moon; 1)(Manga c1)
ISBN 2-7234-1853-7. *42 F / 6,40 €*

01565 **TAKEUCHI N.** Pegase. *Glénat, 1997.* (Sailor Moon; 12)(Manga)
ISBN 2-7234-2299-2. *42 F / 6,40 €*

01566 **TAKEUCHI N.** La planète de Nemesis. *Glénat, 1996.* (Sailor Moon; 6)(Manga)
ISBN 2-7234-2050-7. *42 F / 6,40 €*

01567 **TAKEUCHI N.** La princesse Kaguya. *Glénat, 1997.* (Sailor Moon; 11)(Manga)
ISBN 2-7234-2298-4. *42 F / 6,40 €*

01568 **TAKEUCHI N.** La reine Nérénia. *Glénat, 1997.* (Sailor Moon; 15)(Manga)
ISBN 2-7234-2302-6. *42 F / 6,40 €*

01569 **TAKEUCHI N.** Le royaume d'Elusion. *Glénat, 1997.* (Sailor Moon; 14)(Manga)
ISBN 2-7234-2301-8. *42 F / 6,40 €*

01570 **TAKEUCHI N.** Sailor Galaxia. *Glénat, 1998.* (Sailor Moon; 17)(Manga)
ISBN 2-7234-2511-8. *42 F / 6,40 €*

01571 **TAKEUCHI N.** Sailor Saturne. *Glénat, 1996.* (Sailor Moon; 10)(Manga)
ISBN 2-7234-2188-0. *42 F / 6,40 €*

01572 **TAKEUCHI N.** Sailor V. 2. *Glénat, 1999.* (Manga c1)
ISBN 2-7234-2787-0. *42 F / 6,40 €*

01573 **TAKEUCHI N.** Sailor V. 3. *Glénat, 1999.* (Manga c1)
ISBN 2-7234-2798-6. *42 F / 6,40 €*

01574 **TAKEUCHI N.** Les starlights. *Glénat, 1998.* (Sailor Moon; 16)(Manga)
ISBN 2-7234-2510-X. *42 F / 6,40 €*

01575 **TAKEUCHI N.** Uranus et Neptune. *Glénat, 1996.* (Sailor Moon; 9)(Manga c1)
ISBN 2-7234-2187-2. *42 F / 6,40 €*

01576 **TARDI J.** Le Savant fou. *J'ai lu, 1989.* (J'ai lu. BD ; 120 c4)
ISBN 2-277-33120-1. *36 F / 5,49 €*

01577 **TARDI J., FOREST J-C.** Ici même. *J'ai lu, 1988.* (J'ai lu. BD ; 62 c6)
ISBN 2-277-33062-0. *42 F / 6,40 €*

01578 **TEZUKA O.** Astro Boy. 1. *Glénat, 1996.* (Manga)
ISBN 2-7234-2259-3. *42 F / 6,40 €*

01579 **TEZUKA O.** Astro Boy. 2. *Glénat, 1997.* (Manga)
ISBN 2-7234-2304-2. *42 F / 6,40 €*

01580 **TEZUKA O.** Astro Boy. 3. *Glénat, 1997.* (Manga)
ISBN 2-7234-2305-0. *42 F / 6,40 €*

01581 **TEZUKA O.** Astro Boy. 4. *Glénat, 1997.* (Manga)
ISBN 2-7234-2306-9. *42 F / 6,40 €*

01582 **TEZUKA O.** Astro Boy. 5. *Glénat, 1998.* (Manga)
ISBN 2-7234-2420-0. *42 F / 6,40 €*

01583 **TEZUKA O.** Astro Boy. 6. *Glénat, 1998.* (Manga)
ISBN 2-7234-2421-9. *42 F / 6,40 €*

01584 **TEZUKA O.** Astro Boy. 7. *Glénat, 1998.* (Manga)
ISBN 2-7234-2677-7. *42 F / 6,40 €*

01585 **TEZUKA O.** Astro Boy. 8. *Glénat, 1999.* (Manga c1)
ISBN 2-7234-2786-2. *42 F / 6,40 €*

01586 **TEZUKA O.** Astro Boy. 9. *Glénat, 1999.* (Manga c1)
ISBN 2-7234-2803-6. *42 F / 6,40 €*

01587 **TEZUKA O.** Astro Boy. 10. *Glénat, 1999.* (Manga c1)
ISBN 2-7234-2931-8. *42 F / 6,40 €*

01588 **TEZUKA O.** Astro Boy. 11. *Glénat, 2000.* (Manga c1)
ISBN 2-7234-3155-X. *42 F / 6,40 €*

01589 **N** **TEZUKA O.** Astro Boy. 12. *Glénat, 2000.* (Manga c1)
ISBN 2-7234-3164-9. *42 F / 6,40 €*

01590 **TEZUKA O.** Black Jack. 1. *Glénat, 1996.* (Manga)
ISBN 2-7234-2260-7. *42 F / 6,40 €*

01591 **TEZUKA O.** Black Jack. 2. *Glénat, 1996.* (Manga)
ISBN 2-7234-2307-7. *42 F / 6,40 €*

01592 **TEZUKA O.** Black Jack. 3. *Glénat, 1997.* (Manga)
ISBN 2-7234-2308-5. *42 F / 6,40 €*

01593 **TEZUKA O.** Black Jack. 4. *Glénat, 1997.* (Manga)
ISBN 2-7234-2309-3. *42 F / 6,40 €*

01594 **TEZUKA O.** Black Jack. 5. *Glénat, 1998.* (Manga)
ISBN 2-7234-2422-7. *42 F / 6,40 €*

01595 **TEZUKA O.** Black Jack. 6. *Glénat, 1998.* (Manga)
ISBN 2-7234-2423-5. *42 F / 6,40 €*

01596 **TEZUKA O.** Black Jack. 7. *Glénat, 1998.* (Manga)
ISBN 2-7234-2678-5. *42 F / 6,40 €*

01597 **TEZUKA O.** Black Jack. 8. *Glénat, 1999.* (Manga c1)
ISBN 2-7234-2788-9. *42 F / 6,40 €*

01598 **TEZUKA O.** Black Jack. 9. *Glénat, 1999.* (Manga c1)
ISBN 2-7234-2804-4. *42 F / 6,40 €*

01599 **TEZUKA O.** Black Jack. 10. *Glénat, 1999.* (Manga c1)
ISBN *2-7234-2932-. *42 F / 6,40 €*

01600 **TEZUKA O.** Black Jack. 11. *Glénat, 2000.* (Manga c1)
ISBN 2-7234-3156-8. *42 F / 6,40 €*

01601 **N** **TEZUKA O.** Black Jack. 12. *Glénat, 2000.* (Manga c1)
ISBN 2-7234-3165-7. *42 F / 6,40 €*

01602 **TEZUKA O.** Roi Léo. 1. *Glénat, 1996.* (Manga)
ISBN 2-7234-2261-5. *42 F / 6,40 €*

01603 **TEZUKA O.** Roi Léo. 2. *Glénat, 1997.* (Manga)
ISBN 2-7234-2315-8. *42 F / 6,40 €*

01604 **TEZUKA O.** Roi Léo. 3. *Glénat.* (Manga)
ISBN 2-7234-2316-6. *42 F / 6,40 €*

01605 **N** **THIRIET** Comme un chien dans la soupe. *les mal élevés, 2000.* (Humour de poche)
ISBN 2-913363-03-2. *36 F / 5,49 €*

01606 **A** **THURBER J., WHITE E. B.** Le sexe pour quoi faire ?. *10-18, 2001.* (10-18 ; 3303. Domaine étranger)
ISBN 2-264-03188-3

01607 **TILLIEUX M.** Libellule s'évade : une enquête de Gil Jourdan. *J'ai lu, 1987.* (J'ai lu. BD ; 28 c4)
ISBN 2-277-33028-0. *36 F / 5,49 €*

01608 **TOGASHI Y.** Hunter x Hunter. 1. *Kana, 2000.* (Mangas)
ISBN 2-87129-266-3. *33 F / 5,03 €*

01609 **TOGASHI Y.** Hunter x Hunter. 2. *Kana, 2000.* (Mangas)
ISBN 2-87129-267-1. *33 F / 5,03 €*

01610 **N** **TOGASHI Y.** Hunter x Hunter. 3. *Kana, 2000.* (Mangas)
ISBN 2-87129-268-X. *33 F / 5,03 €*

01611 **N** **TOGASHI Y.** Hunter x Hunter. 4. *Kana, 2000.* (Mangas)
ISBN 2-87129-269-8. *33 F / 5,03 €*

01612 **N** **TOGASHI Y.** Hunter x Hunter. 5. *Kana, 2000.* (Mangas)
ISBN 2-87129-270-1. *33 F / 5,03 €*

01613 N **TOGASHI Y.** Hunter x Hunter. 6. *Kana, 2001.* (Mangas)
ISBN 2-87129-321-X. *33 F / 5,03 €*

01614 A **TOGASHI Y.** Hunter x Hunter. 7. *Kana, 2001.* (Mangas)
ISBN 2-87129-322-8. *33 F / 5,03 €*

01615 A **TOGASHI Y.** Hunter x Hunter. 8. *Kana, 2001.* (Mangas)
ISBN 2-87129-323-6. *33 F / 5,03 €*

01616 A **TOGASHI Y.** Hunter x Hunter. 9. *Kana, 2001.* (Mangas)
ISBN 2-87129-324-4. *33 F / 5,03 €*

01617 A **TOGASHI Y.** Hunter x Hunter. 10. *Kana, 2001.* (Mangas)
ISBN 2-87129-325-2. *33 F / 5,03 €*

01618 **TOGASHI Y.** Yuyu Hakusho. 3, Le gardien des âmes. *Kana, 1997.* (Mangas)
ISBN 2-87129-135-7. *33 F / 5,03 €*

01619 **TOGASHI Y.** Yuyu Hakusho. 4. *Kana, 1997.* (Mangas)
ISBN 2-87129-140-3. *33 F / 5,03 €*

01620 **TOGASHI Y.** Yuyu Hakusho. 5. *Kana, 1997.* (Mangas)
ISBN 2-87129-151-9. *33 F / 5,03 €*

01621 **TOGASHI Y.** Yuyu Hakusho. 6. *Kana, 1998.* (Mangas)
ISBN 2-87129-153-5. *33 F / 5,03 €*

01622 **TOGASHI Y.** Yuyu Hakusho. 7. *Kana, 1998.* (Mangas)
ISBN 2-87129-164-0. *33 F / 5,03 €*

01623 **TOGASHI Y.** Yuyu Hakusho. 8. *Kana, 1998.* (Mangas)
ISBN 2-87129-165-9. *33 F / 5,03 €*

01624 **TOGASHI Y.** Yuyu Hakusho. 9. *Kana, 1998.* (Mangas)
ISBN 2-87129-179-9. *33 F / 5,03 €*

01625 **TOGASHI Y.** Yuyu Hakusho. 10. *Kana, 1998.* (Mangas)
ISBN 2-87129-183-7. *33 F / 5,03 €*

01626 **TOGASHI Y.** Yuyu Hakusho. 11. *Kana, 1999.* (Mangas)
ISBN 2-87129-215-9. *33 F / 5,03 €*

01627 **TOGASHI Y.** Yuyu Hakusho. 12. *Kana, 1999.* (Mangas)
ISBN 2-87129-216-7. *33 F / 5,03 €*

01628 **TOGASHI Y.** Yuyu Hakusho. 13. *Kana, 1999.* (Mangas)
ISBN 2-87129-217-5. *33 F / 5,03 €*

01629 **TOGASHI Y.** Yuyu Hakusho. 14. *Kana, 1999.* (Mangas)
ISBN 2-87129-218-3. *33 F / 5,03 €*

01630 **TOGASHI Y.** Yuyu Hakusho. 15. *Kana, 1999.* (Mangas)
ISBN 2-87129-219-1. *33 F / 5,03 €*

01631 **TOGASHI Y.** Yuyu Hakusho. 16. *Kana, 1999.* (Mangas)
ISBN 2-87129-220-5. *33 F / 5,03 €*

01632 **TOGASHI Y.** Yuyu Hakusho. 17. *Kana, 1999.* (Mangas)
ISBN 2-87129-221-3. *33 F / 5,03 €*

01633 **TOGASHI Y.** Yuyu Hakusho. 18. *Kana, 1999.* (Mangas)
ISBN 2-87129-222-1. *33 F / 5,03 €*

01634 **TOME, JANRY** Qui arrêtera Cyanure?. *J'ai lu, 1994.* (Les Aventures de Spirou et Fantasio; 3)(J'ai lu. BD ; 273 c4)
ISBN 2-277-33273-9. *36 F / 5,49 €*

01635 **TOME, JANRY** Virus. *J'ai lu, 1994.* (Les Aventures de Spirou et Fantasio; 2)(J'ai lu. BD ; 270 c4)
ISBN 2-277-33270-4. *36 F / 5,49 €*

01636 **TOPOR R.** Café panique. *Seuil, 1982.* (Point-virgule ; 5 c2)
ISBN 2-02-006097-3. *39 F / 5,95 €*

01637 **TOPOR R.** Le Courrier des lettres. *Seuil, 1992.* (Point-virgule ; 110 c3)
ISBN 2-02-012662-1. *48 F / 7,32 €*

01638 **TOPOR R.** La Cuisine cannibale. *Seuil, 1986.* (Point-virgule ; 44 c1)
ISBN 2-02-009232-8. *32 F / 4,88 €*

01639 **TOPOR R.** Mémoires d'un vieux con. *Seuil, 1988.* (Point-virgule ; 62 c1)
ISBN 2-02-010196-3. *32 F / 4,88 €*

01640 **TOPOR R., XHONNEUX H.** A rebrousse-poil : le tour du monde de Groucha en 80 jours. *Seuil, 1987.* (Point-virgule ; 54 c2)
ISBN 2-02-009627-7. *39 F / 5,95 €*

01641 **TORIYAMA A.** L'adieu de Sangoku. *Glénat, 1998.* (Dragon ball; 35)(Manga c1)
ISBN 2-7234-2353-0. *42 F / 6,40 €*

01642 **TORIYAMA A.** Les androïdes. *Glénat, 1997.* (Dragon ball; 29)(Manga)
ISBN 2-7234-2347-6. *42 F / 6,40 €*

01643 **TORIYAMA A.** Boo. *Glénat, 1999.* (Dragon ball; 39)(Manga c1)
ISBN 2-7234-2855-9. *42 F / 6,40 €*

01644 **TORIYAMA A.** Le capitaine Ginne. *Glénat, 1997.* (Dragon ball; 24)(Manga)
ISBN 2-7234-1867-7. *42 F / 6,40 €*

01645 **TORIYAMA A.** Cell. *Glénat, 1998.* (Dragon ball; 31)(Manga)
ISBN 2-7234-2349-2. *42 F / 6,40 €*

01646 **TORIYAMA A.** Chichi. *Glénat, 1995.* (Dragon ball; 15)(Manga)
ISBN 2-7234-1858-8. *42 F / 6,40 €*

01647 **TORIYAMA A.** Le combat final de Sangoku. *Glénat, 1998.* (Dragon ball; 34)(Manga)
ISBN 2-7234-2352-2. *42 F / 6,40 €*

01648 **TORIYAMA A.** Cowa. *Glénat, 1999.* (Manga c1)
ISBN 2-7234-2913-X. *42 F / 6,40 €*

01649 **TORIYAMA A.** Le défi. *Glénat, 1998.* (Dragon ball; 33)(Manga)
ISBN 2-7234-2351-4. *42 F / 6,40 €*

01650 **TORIYAMA A.** Le démon. *Glénat, 1995.* (Dragon ball; 14)(Manga)
ISBN 2-7234-1857-X. *42 F / 6,40 €*

01651 **TORIYAMA A.** Le dictionnaire de Dragon Ball. *Glénat, 1999.* (Manga)
ISBN 2-7234-2945-8. *159 F / 24,24 €*

01652 **TORIYAMA A.** Docteur Slump. 1. *Glénat, 1995.* (Manga c1)
ISBN 2-7234-1903-7. *42 F / 6,40 €*

01653 **TORIYAMA A.** Docteur Slump. 2. *Glénat, 1995.* (Manga c1)
ISBN 2-7234-1934-7. *42 F / 6,40 €*

01654 **TORIYAMA A.** Docteur Slump. 3. *Glénat, 1995.* (Manga)
ISBN 2-7234-1943-6. *42 F / 6,40 €*

01655 **TORIYAMA A.** Docteur Slump. 4. *Glénat, 1996.* (Manga)
ISBN 2-7234-2073-6. *42 F / 6,40 €*

01656 **TORIYAMA A.** Docteur Slump. 5. *Glénat, 1996.* (Manga)
ISBN 2-7234-2122-8. *42 F / 6,40 €*

01657 **TORIYAMA A.** Docteur Slump. 6. *Glénat, 1996.* (Manga)
ISBN 2-7234-2123-6. *42 F / 6,40 €*

01658 **TORIYAMA A.** Docteur Slump. 7. *Glénat, 1996.* (Manga)
ISBN 2-7234-2124-4. *42 F / 6,40 €*

01659 **TORIYAMA A.** Docteur Slump. 8. *Glénat, 1996.* (Manga)
ISBN 2-7234-2125-2. *42 F / 6,40 €*

01660 **TORIYAMA A.** Docteur Slump. 9. *Glénat, 1997.* (Manga)
ISBN 2-7234-2126-0. *42 F / 6,40 €*

01661 **TORIYAMA A.** Docteur Slump. 10. *Glénat, 1997.* (Manga)
ISBN 2-7234-2367-0. *42 F / 6,40 €*

01662 **TORIYAMA A.** Docteur Slump. 11. *Glénat, 1997.* (Manga)
ISBN 2-7234-2368-9. *42 F / 6,40 €*

01663 **TORIYAMA A.** Docteur Slump. 12. *Glénat, 1997.* (Manga)
ISBN 2-7234-2382-4. *42 F / 6,40 €*

01664 **TORIYAMA A.** Docteur Slump. 13. *Glénat, 1997.* (Manga ; 13)
ISBN 2-7234-2383-2. *42 F / 6,40 €*

01665 **TORIYAMA A.** Docteur Slump. 14. *Glénat, 1998.* (Manga)
ISBN 2-7234-2431-6. *42 F / 6,40 €*

01666 **TORIYAMA A.** Docteur Slump. 15. *Glénat, 1998.* (Manga)
ISBN 2-7234-2631-9. *42 F / 6,40 €*

01667 **TORIYAMA A.** Docteur Slump. 16. *Glénat, 1998.* (Manga)
ISBN 2-7234-2647-5. *42 F / 6,40 €*

01668 **TORIYAMA A.** Docteur Slump. 17. *Glénat, 1998.* (Manga)
ISBN 2-7234-2657-2. *42 F / 6,40 €*

01669 **TORIYAMA A.** Docteur Slump. 18. *Glénat, 1998.* (Manga)
ISBN 2-7234-2679-3. *42 F / 6,40 €*

01670 **N** **TORIYAMA A.** Dragon ball. 1 et 2. *Glénat, 2001.* (Manga c1)
ISBN 2-7234-3456-7. *59 F / 8,99 €*

01671 **A** **TORIYAMA A.** Dragon ball. 5 et 6. *Glénat, 2001.* (Manga c1)
ISBN 2-7234-3458-3. *59 F / 8,99 €*

01672 **TORIYAMA A.** Le duel. *Comics-USA, 1994.* (Dragon ball; 8)(Manga ; 8)
ISBN 2-87695-218-1. *42 F / 6,40 €*

01673 **TORIYAMA A.** L'empire du chaos. *Glénat, 1995.* (Dragon ball; 13)(Manga c1)
ISBN 2-7234-1856-1. *42 F / 6,40 €*

01674 **TORIYAMA A.** L'empire du ruban rouge. *Comics-USA, 1994.* (Dragon ball; 6)(Manga ; 6)
ISBN 2-87695-212-2. *42 F / 6,40 €*

01675 **TORIYAMA A.** Les forces du mal. *Glénat, 1995.* (Dragon ball; 12)(Manga)
ISBN 2-7234-1855-3. *42 F / 6,40 €*

01676 **TORIYAMA A.** La fusion. *Glénat, 2000.* (Dragon ball; 40)(Manga c1)
ISBN 2-7234-2856-7. *42 F / 6,40 €*

01677 **TORIYAMA A.** Le grand défi. *Comics-USA, 1994.* (Dragon ball; 11)(Manga ; 11)
ISBN 2-87695-221-1. *42 F / 6,40 €*

01678 **TORIYAMA A.** L'héritier. *Glénat, 1995.* (Dragon ball; 16)(Manga c1)
ISBN 2-7234-1859-6. *42 F / 6,40 €*

01679 **TORIYAMA A.** Histoires courtes. 1. *Glénat, 1998.* (Manga)
ISBN 2-7234-2567-3. *42 F / 6,40 €*

01680 **TORIYAMA A.** Histoires courtes. 2. *Glénat, 1998.* (Manga c1)
ISBN 2-7234-2608-4. *42 F / 6,40 €*

01681 **TORIYAMA A.** Histoires courtes. 3. *Glénat, 1999.* (Manga)
ISBN 2-7234-2925-3. *42 F / 6,40 €*

01682 **TORIYAMA A.** L'Initiation. *Comics-USA, 1993.* (Dragon ball; 3)(Manga ; 3)
ISBN 2-87695-207-6. *42 F / 6,40 €*

01683 **TORIYAMA A.** Kaïo Shin. *Glénat, 1999.* (Dragon ball; 37)(Manga c1)
ISBN 2-7234-2792-7. *42 F / 6,40 €*

01684 **N** **TORIYAMA A.** Kajika. *Glénat, 2001.* (Manga c1)
ISBN 2-7234-3148-7. *42 F / 6,40 €*

01685 **TORIYAMA A.** Kamehameha. *Comics-USA, 1993.* (Dragon ball; 2)(Manga ; 2)
ISBN 2-87695-206-8. *42 F / 6,40 €*

01686 **TORIYAMA A.** Maître Kaïo. *Glénat, 1995.* (Dragon ball; 18)(Manga)
ISBN 2-7234-1861-8. *42 F / 6,40 €*

01687 **TORIYAMA A.** La menace. *Comics-USA, 1994.* (Dragon ball; 7)(Manga ; 7)
ISBN 2-87695-217-3. *42 F / 6,40 €*

01688 **TORIYAMA A.** Le miraculé. *Comics-USA, 1994.* (Dragon ball; 10)(Manga ; 10)
ISBN 2-87695-220-3. *42 F / 6,40 €*

01689 **TORIYAMA A.** Monsieur Freezer. *Glénat, 1996.* (Dragon ball; 21)(Manga)
ISBN 2-7234-1864-2. *42 F / 6,40 €*

01690 **TORIYAMA A.** Un nouveau héros. *Glénat, 1999.* (Dragon ball; 36)(Manga c1)
ISBN 2-7234-2354-9. *42 F / 6,40 €*

01691 **TORIYAMA A.** Le petit Dendé. *Glénat, 1997.* (Dragon ball; 26)(Manga)
ISBN 2-7234-2225-9. *42 F / 6,40 €*

01692 **TORIYAMA A.** Piccolo. *Glénat, 1997.* (Dragon ball; 25)(Manga)
ISBN 2-7234-2224-0. *42 F / 6,40 €*

01693 **TORIYAMA A.** Recoom et Guldo. *Glénat, 1996.* (Dragon ball; 23)(Manga)
ISBN 2-7234-1866-9. *42 F / 6,40 €*

01694 **TORIYAMA A.** Réunification. *Glénat, 1998.* (Dragon ball; 30)(Manga)
ISBN 2-7234-2348-4. *42 F / 6,40 €*

01695 **TORIYAMA A.** Sangohan. *Comics-USA, 1994.* (Dragon ball; 9)(Manga ; 9)
ISBN 2-87695-219-X. *42 F / 6,40 €*

01696 **TORIYAMA A.** Sangoku. *Comics-USA, 1993.* (Dragon ball; 1)(Manga ; 1)
ISBN 2-87695-205-X. *42 F / 6,40 €*

01697 **TORIYAMA A.** Le sorcier Babidi. *Glénat, 1999.* (Dragon ball; 38)(Manga c1)
ISBN 2-7234-2805-2. *42 F / 6,40 €*

01698 **N** **TORIYAMA A.** Super Gotenks. *Glénat, 2000.* (Dragon ball; 41)(Manga c1)
ISBN 2-7234-2857-5. *42 F / 6,40 €*

01699 **TORIYAMA A.** Super Saiyen. *Glénat, 1997.* (Dragon ball; 27)(Manga)
ISBN 2-7234-2226-7. *42 F / 6,40 €*

01700 **TORIYAMA A.** Le tournoi. *Comics-USA, 1993.* (Dragon ball; 4)(Manga ; 4)
ISBN 2-87695-210-6. *42 F / 6,40 €*

01701 **TORIYAMA A.** Transformation ultime. *Glénat, 1998.* (Dragon ball; 32)(Manga)
ISBN 2-7234-2350-6. *42 F / 6,40 €*

01702 **TORIYAMA A.** Trunks. *Glénat, 1997.* (Dragon ball; 28)(Manga)
ISBN 2-7234-2346-8. *42 F / 6,40 €*

01703 **TORIYAMA A.** L'ultime combat. *Comics-USA, 1994.* (Dragon ball; 5)(Manga ; 5)
ISBN 2-87695-211-4. *42 F / 6,40 €*

01704 **TORIYAMA A.** Vegeta. *Glénat, 1996.* (Dragon ball; 19)(Manga)
ISBN 2-7234-1902-9. *42 F / 6,40 €*

01705 **N** **TORIYAMA A.** La victoire. *Glénat, 2000.* (Dragon ball; 42)(Manga c1)
ISBN 2-7234-2858-3. *60 F / 9,15 €*

01706 **TORIYAMA A.** Yajirobé. *Glénat, 1996.* (Dragon ball; 20)(Manga)
ISBN 2-7234-1923-1. *42 F / 6,40 €*

01707 **TORIYAMA A.** Zabon et Doria. *Glénat, 1996.* (Dragon ball; 22)(Manga)
ISBN 2-7234-1865-0. *42 F / 6,40 €*

01708 **TREPS M.** Allons-y, alonzo! ou le Petit théâtre de l'interjection. *Seuil, 1994.* (Point-virgule ; 137 c1)
ISBN 2-02-020051-1. *32 F / 4,88 €*

01709 **TREPS M.** Calembourdes. *Seuil, 1999.* (Point-virgule ; 189)
ISBN 2-02-023100-X. *35 F / 5,34 €*

01710 **TRONCHET** Jean-Claude Tergal garde le moral!. *J'ai lu, 1993.* (J'ai lu. BD ; 254 c3)
ISBN 2-277-33254-2. *29 F / 4,42 €*

01711 **VALADIÉ A.** Ma vie de chien. *Seuil, 1994.* (Point-virgule ; 152 c1)
ISBN 2-02-021808-9. *32 F / 4,88 €*

01712 **VAN DEN BROUCK J.** Manuel à l'usage des enfants qui ont des parents difficiles. *Seuil, 1982.* (Point-virgule ; 11 c2)
ISBN 2-02-006284-4. *39 F / 5,95 €*

01713 **VANDEL P.** C'est mon avis et je le partage : le dico des politiques. *LGF, 1997.* (Le Livre de poche ; 14091 c6)
ISBN 2-253-14091-0. *26 F / 3,96 €*

01714 **VANDEL P.** Le dico des paradoxes. *LGF, 1996.* (Le Livre de poche ; 13987 c6)
ISBN 2-253-13987-4. *26 F / 3,96 €*

01715 **VANDEL P.** Encore des pourquoi. *LGF, 1997.* (Le Livre de poche ; 14350 c8)
ISBN 2-253-14350-2. *33 F / 5,03 €*

01716 **VANDEL P., DUHAMEL J.** Le grand bazar du pire et du n'importe quoi. *LGF, 1998.* (Le Livre de poche ; 14509 c6)
ISBN 2-253-14509-2. *26 F / 3,96 €*

01717 **VARENNE A.** Les caprices d'Erma. *J'ai lu, 1995.* (Erma Jaguar; 3)(J'ai lu. BD ; 283 c4)
ISBN 2-277-33283-6. *36 F / 5,49 €*

01718 **VERHEGGEN J-P.** Les Folies belgères. *Seuil, 1990.* (Point-virgule ; 82 c2)
ISBN 2-02-011480-1. *39 F / 5,95 €*

01719 **VEYRON M.** Bernard Lermite : l'éternel féminin dure. *J'ai lu, 1989.* (J'ai lu. BD ; 153 c6)
ISBN 2-277-33153-8. *42 F / 6,40 €*

01720 **VEYRON M.** Ce n'est plus le peuple qui gronde mais le public qui réagit : Bernard Lermite. *J'ai lu, 1992.* (J'ai lu. BD ; 243 c5)
ISBN 2-277-33243-7. *39 F / 5,95 €*

01721 **VEYRON M.** Executive woman. *J'ai lu, 1990.* (J'ai lu. BD ; 194 c6)
ISBN 2-277-33194-5. *42 F / 6,40 €*

01722 **VINER M., REMKIEWICZ F.** Pour en finir avec tout chat : guide du suicide félin. *J'ai lu, 1994.* (J'ai lu. BD ; 265 c3)
ISBN 2-277-33265-8. *29 F / 4,42 €*

01723 **WAGNER E.** Profession auto-stoppeur. *Zulma, 1997.* (Grain d'orage)
ISBN 2-84304-019-1. *49 F / 7,47 €*

01724 **WALTHÉRY F.** Natacha : la mémoire de métal. *J'ai lu, 1988.* (J'ai lu. BD ; 101 c4)
ISBN 2-277-33101-5. *36 F / 5,49 €*

01725 **WALTHÉRY F., MITTÉÏ** Double vol. *J'ai lu, 1989.* (J'ai lu. BD ; 151 c4)
ISBN 2-277-33151-1. *36 F / 5,49 €*

01726 **WATSUKI N.** L'arrivée. *Glénat, 2000.* (Kenshin, le vagabond; 9)(Manga c1)
ISBN 2-7234-3096-0. *42 F / 6,40 €*

01727 **WATSUKI N.** L'avenir du Kenjiutsu. *Glénat, 1999.* (Kenshin, le vagabond; 5)(Manga c1)
ISBN 2-7234-2796-X. *42 F / 6,40 €*

01728 **WATSUKI N.** Les deux assassins. *Glénat, 1998.* (Kenshin, le vagabond; 2)(Manga c1)
ISBN 2-7234-2582-7. *42 F / 6,40 €*

01729 **WATSUKI N.** Les deux destinées. *Glénat, 1999.* (Kenshin, le vagabond; 4)(Manga c1)
ISBN 2-7234-2790-0. *42 F / 6,40 €*

01730 **N** **WATSUKI N.** Incendie à Kyoto. *Glénat, 2000.* (Kenshin, le vagabond; 12)(Manga c1)
ISBN 2-7234-3099-5. *42 F / 6,40 €*

01731 **WATSUKI N.** Un jour de mai. *Glénat, 1999.* (Kenshin, le vagabond; 7)(Manga c1)
ISBN 2-7234-2926-1. *42 F / 6,40 €*

01732 **WATSUKI N.** Kenshin, dit Battosaï Hinura. *Glénat, 1998.* (Kenshin, le vagabond; 1)(Manga)
ISBN 2-7234-2581-9. *42 F / 6,40 €*

01733 **WATSUKI N.** Kenshin, le vagabond. 10. *Glénat, 2000.* (Manga c1)
ISBN 2-7234-3097-9. *42 F / 6,40 €*

01734 **N** **WATSUKI N.** Kenshin, le vagabond. 13. *Glénat, 2000.* (Manga c1)
ISBN 2-7234-3153-3. *42 F / 6,40 €*

01735 **N** **WATSUKI N.** Kenshin, le vagabond. 14. *Glénat, 2000.* (Manga c1)
ISBN 2-7234-3158-4. *42 F / 6,40 €*

01736 **N** **WATSUKI N.** Kenshin, le vagabond. 15. *Glénat, 2001.* (Manga c1)
ISBN 2-7234-3313-7. *42 F / 6,40 €*

01737 **N** **WATSUKI N.** Kenshin, le vagabond. 16. *Glénat, 2001.* (Manga c1)
ISBN 2-7234-3314-5. *42 F / 6,40 €*

01738 **A** **WATSUKI N.** Kenshin, le vagabond. 17. *Glénat, 2001.* (Manga c1)
ISBN 2-7234-3315-3. *42 F / 6,40 €*

01739 **A** **WATSUKI N.** Kenshin, le vagabond. 18. *Glénat, 2001.* (Manga c1)
ISBN 2-7234-3316-1. *42 F / 6,40 €*

01740 **N** **WATSUKI N.** Prélude à la chute. *Glénat, 2000.* (Kenshin, le vagabond; 11)(Manga c1)
ISBN 2-7234-3098-7. *42 F / 6,40 €*

01741 **WATSUKI N.** La raison d'agir. *Glénat, 1999.* (Kenshin, le vagabond; 3)(Manga c1)
ISBN 2-7234-2777-3. *42 F / 6,40 €*

01742 **WATSUKI N.** Sans souci. *Glénat, 1999.* (Kenshin, le vagabond; 6)(Manga c1)
ISBN 2-7234-2831-1. *42 F / 6,40 €*

01743 **WATSUKI N.** Sur le chemin de Kyoto. *Glénat, 1999.* (Kenshin, le vagabond; 8)(Manga c1)
ISBN 2-7234-2947-4. *42 F / 6,40 €*

01744 **WILLEM** Quais baltiques. *Mille et une nuits, 1994.* (Les petits libres ; 3 cA)
ISBN 2-910233-38-3. *10 F / 1,52 €*

01745 **WOLINSKI G.** Les Cocos. *Mille et une nuits, 1994.* (Les petits libres ; 5 cA)
ISBN 2-910233-65-0. *10 F / 1,52 €*

01746 **WOLINSKI G.** Enfin, des vrais hommes!. *J'ai lu, 1995.* (J'ai lu ; 286. BD c3)
ISBN 2-277-33286-0. *29 F / 4,42 €*

01747 **A** **WOLINSKI G.** Mes aveux : textes et dessins. *J'ai lu, 2001.* (J'ai lu ; 5861. Littérature générale)
ISBN 2-290-31057-3

01748 **WOLINSKI G.** On ne connait pas notre bonheur. *Gallimard, 1976.* (Folio ; 813 c11)
ISBN 2-07-036813-0. *29,50 F / 4,50 €*

01749 **WOLINSKI G.** Scoopette : la nympho de l'info. *J'ai lu, 1995.* (J'ai lu ; 280. BD c3)
ISBN 2-277-33280-1. *29 F / 4,42 €*

01750 **WOLINSKI G.** La Vie compliquée de Georges le Tueur ; Ma voisine est une salope. *Gallimard, 1974.* (Folio ; 581 c11)
ISBN 2-07-036581-6. *29,50 F / 4,50 €*

01751 **WOLINSKI G., DUHAMEL J.** Vos gueules les femmes !. *J'ai lu, 1998.* (J'ai lu ; 5015. Littérature générale c3)
ISBN 2-290-05015-6. *29 F / 4,42 €*

01752 **WOLINSKI G., PICHARD G.** Paulette. 2. *Gallimard, 1981.* (Folio ; 1306 c8)
ISBN 2-07-037306-1. *37 F / 5,64 €*

01753 **WRUBLE J-C.** Power Rangers. *Glénat, 1994.* (Manga c1)
ISBN 2-7234-1844-8. *42 F / 6,40 €*

01754 **A** **YANNE J.** Pensées, répliques, textes et anecdotes. *J'ai lu, 2001.* (J'ai lu ; 5629. Littérature générale)
ISBN 2-290-30357-7

01755 **N** **YANNE J.** Sketches joués, non joués, à jouer ou injouables. *Pocket, 2001.* (Pocket ; 11006 c5)
ISBN 2-266-10294-X. *35 F / 5,34 €*

01756 **Yuyu Hakusho. 1.** *Kana, 1997.* (Mangas)
ISBN 2-87129-125-X. *33 F / 5,03 €*

01757 **Yuyu Hakusho. 2.** *Kana, 1997.* (Mangas)
ISBN 2-87129-129-2. *33 F / 5,03 €*

01758 **ZÉRO K.** Farce nationale. *Seuil, 1999.* (Point-virgule)
ISBN 2-02-037314-9. *35 F / 5,34 €*

01759 **ZIEGELMEYER P., THIRION J-B.** Le A nouveau est arrivé : dico de poche révolver. *Seuil, 1982.* (Point-virgule ; 12 c2)
ISBN 2-02-006285-2. *39 F / 5,95 €*

Biographies

01760 **ABBÉ PIERRE** Mémoire d'un croyant. *LGF, 1999.* (Le Livre de poche ; 14593 c6)
ISBN 2-253-14593-9. *26 F / 3,96 €*

01761 **N** **ADLER L.** Marguerite Duras. *Gallimard, 2000.* (Folio ; 3417 c13)
ISBN 2-07-041472-8. *61 F / 9,30 €*

01762 **ALI M., WAIN J.** Au nom de tous les enfants. *Pocket, 1999.* (Pocket ; 10443 c5)
ISBN 2-266-08249-3. *35 F / 5,34 €*

01763 **ALLÉGRET C.** Au non du père. *LGF, 1999.* (Le Livre de poche ; 14653 c3)
ISBN 2-253-14653-6. *18 F / 2,74 €*

01764 **ALLÉGRET C.** Les souvenirs et les regrets aussi. *J'ai lu, 1995.* (J'ai lu ; 4000. Littérature générale c7)
ISBN 2-277-24000-1. *45 F / 6,86 €*

01765 **ANDERSEN C.** Le dernier jour de Diana. *J'ai lu, 1999.* (J'ai lu ; 5107. Littérature générale c5)
ISBN 2-290-05107-1. *39 F / 5,95 €*

01766 **ANDERSEN C.** Jackie après John : une héroïne américaine. Réimp. *J'ai lu, 2000.* (J'ai lu ; 5122. Littérature générale cM)
ISBN 2-290-30677-0. *49 F / 7,47 €*

01767 **A** **ANDERSEN C.** John-John ou la malédiction des Kennedy. *J'ai lu, 2001.* (J'ai lu ; 5882. Littérature générale)
ISBN 2-290-31100-6

01768 **ANDERSEN C.** Mick Jagger le scandaleux. *J'ai lu, 1995.* (J'ai lu ; 3771. Littérature générale)
ISBN 2-277-23771-X. *49 F / 7,47 €*

01769 **ANISSIMOV M.** Primo Levi ou La tragédie d'un optimiste. *LGF, 1998.* (Le Livre de poche ; 14515 c18)
ISBN 2-253-14515-7. *65 F / 9,91 €*

01770 **A** **ANTÉBI E.** Charlotte. *Zulma, 2001.* (Les prénoms de Zulma c1)
ISBN 2-84304-152-X. *49 F / 7,47 €*

01771 **A** **ANTÉBI E.** Salomé. *Zulma, 2001.* (Les prénoms de Zulma)
ISBN 2-84304-138-4. *49 F / 7,47 €*

01772 **ANTIER J-J.** Marthe Robin : le voyage immobile. Nouv. éd. augm. *J'ai lu, 1997.* (J'ai lu ; 4617. Aventure secrète c8)
ISBN 2-290-04617-5. *49 F / 7,47 €*

01773 **N** **ANTOINE (pseud.)** Bord à bord. *J'ai lu, 2000.* (J'ai lu ; 4364. Littérature générale cK)
ISBN 2-290-04364-8. *42 F / 6,40 €*

01774 **ANTONETTI P.** Les Médicis. *PUF, 1997.* (Que sais-je? ; 1696 c1)
ISBN 2-13-048621-5. *42 F / 6,40 €*

01775 **ARBAN D.** Dostoïevski. Nouv. éd. *Seuil, 1995.* (Ecrivains de toujours c0)
ISBN 2-02-023972-8. *59 F / 8,99 €*

01776 **ARENDT H., VARNHAGEN R.** Rahel Varnhagen : la vie d'une juive allemande à l'époque du romantisme ; Lettres de Rahel (1793-1814). *Pocket, 1994.* (Agora ; 133 c7)
ISBN 2-266-05117-2. *42 F / 6,40 €*

01777 **A** **ARMEL A.** Sylvie. *Zulma, 2001.* (Les prénoms de Zulma)
ISBN 2-84304-140-6. *49 F / 7,47 €*

01778 **ARNAUD N.** Les vies parallèles de Boris Vian. *LGF, 1998.* (Le Livre de poche ; 14521 c16)
ISBN 2-253-14521-1. *55 F / 8,38 €*

01779 **ASSOULINE P.** Le dernier des Camondo. Ed. rev. et augm. *Gallimard, 1999.* (Folio ; 3268 c8)
ISBN 2-07-041051-X. *37 F / 5,64 €*

01780 **ASSOULINE P.** Gaston Gallimard. *Seuil, 1996.* (Points ; 220 c16)
ISBN 2-02-025787-4. *62 F / 9,45 €*

01781 **N** **ASSOULINE P.** Henri Cartier-Bresson : l'oeil du siècle. *Gallimard, 2001.* (Folio ; 3455 c10)
ISBN 2-07-041410-8. *45 F / 6,86 €*

01782 **ASSOULINE P.** Hergé. Ed. rev. et corr. *Gallimard, 1998.* (Folio ; 3064 c15)
ISBN 2-07-040235-5. *61 F / 9,30 €*

01783 **ASSOULINE P.** Simenon. Ed. rev. et augm. *Gallimard, 1996.* (Folio ; 2797 c15)
ISBN 2-07-038879-4. *61 F / 9,30 €*

01784 **AUBRAC L.** Ils partiront dans l'ivresse : Lyon, mai 1943, Londres, février 1944. Nouv. éd. augm. *Seuil, 1997.* (Points ; 169 c10)
ISBN 2-02-031654-4. *45 F / 6,86 €*

01785 **AUCLAIR M.** La vie de sainte Thérèse d'Avila. Réimpr. *Seuil, 1996.* (Livre de vie ; 77 c14)
ISBN 2-02-029455-9. *55 F / 8,38 €*

01786 **AVRIL N.** L'impératrice. *LGF, 1995.* (Le Livre de poche ; 13730 c9)
ISBN 2-253-13730-8. *36 F / 5,49 €*

01787 **AYLMER-ROUBENNE M.** J'ai donné la vie dans un camp de la mort. *J'ai lu, 1999.* (J'ai lu ; 5375. Littérature générale c3)
ISBN 2-290-05375-9. *29 F / 4,42 €*

01788 **A** **AYOUB M.** La vérité. *J'ai lu, 2001.* (J'ai lu ; 5896. Littérature générale)
ISBN 2-290-31217-7

01789 **BADINTER E., BADINTER R.** Condorcet : un intellectuel en politique, 1743-1794. Nouv. éd. rev. et augm. *LGF, 1990.* (Le Livre de poche ; 6775 c15)
ISBN 2-253-05327-9. *50 F / 7,62 €*

01790 **A** **BADORC U.** Philippe. *Zulma, 2001.* (Les prénoms de Zulma)
ISBN 2-84304-137-6. *49 F / 7,47 €*

01791 **A** **BAECQUE A. d., TOUBIANA S.** François Truffaut. *Gallimard, 2001.* (Folio)
ISBN 2-07-041818-9. *41 F / 6,25 €*

01792 **BAKER T., SLONIMSKY N.** Dictionnaire biographique des musiciens. 1, A-G. *Laffont, 1995.* (Bouquins)
ISBN 2-221-06510-7. *198 F / 30,18 €*

01793 **BAKER T., SLONIMSKY N.** Dictionnaire biographique des musiciens. 2, H-O. *Laffont, 1995.* (Bouquins)
ISBN 2-221-06787-8. *198 F / 30,18 €*

01794 **BAKER T., SLONIMSKY N.** Dictionnaire biographique des musiciens. 3, P-Z. *Laffont, 1995.* (Bouquins)
ISBN 2-221-07778-4. *198 F / 30,18 €*

01795 **BAKER T., SLONIMSKY N.** Dictionnaire biographique des musiciens. *Laffont, 995.* (Bouquins)
ISBN 2-221-90103-7. *594 F / 90,55 €*

01796 **A** **BALENBOIS A-M.** Mathilde. *Zulma, 2001.* (Les prénoms de Zulma c1)
ISBN 2-84304-171-6. *49 F / 7,47 €*

01797 **BARBARA** Il était un piano noir : mémoires interrompus. *LGF, 1999.* (Le Livre de poche ; 14730 c6)
ISBN 2-253-14730-3. *26 F / 3,96 €*

01798 **N** **BARBAULT M., DUBOY B.** Choisir son prénom, choisir son destin. Réimpr. *J'ai lu, 2000.* (J'ai lu ; 7129. Bien-être cN)
ISBN 2-290-07129-3. *52 F / 7,93 €*

01799 **BARDOT B.** Initiales B.B. : mémoires. *LGF, 1998.* (Le Livre de poche ; 14380 c12)
ISBN 2-253-14380-4. *44 F / 6,71 €*

01800 **BARRAULT J-M.** Magellan : la terre est ronde. *Gallimard, 1999.* (Folio ; 3196 c9)
ISBN 2-07-040846-9. *41 F / 6,25 €*

01801 **A** **BARRAULT M-C.** Le cheval dans la pierre. *Pocket, 2001.* (Pocket ; 11039)
ISBN 2-266-10389-X

01802 **BARRY J.** George Sand ou Le scandale de la liberté. Réimpr. *Seuil, 1992.* (Points ; 253. Essais)
ISBN 2-02-018927-5. *62 F / 9,45 €*

01803 **BARTHAS L.** Les carnets de guerre de Louis Barthas, tonnelier : 1914-1918. *La Découverte, 1997.* (La Découverte poche ; 31. Essais)
ISBN 2-7071-2715-9. *85 F / 12,96 €*

01804 **BASS R.** Oil notes. *10-18, 1999.* (10-18 ; 3098. Domaine étranger c5)
ISBN 2-264-02780-0. *44 F / 6,71 €*

01805 **BAUBY J-D.** Le scaphandre et le papillon. *Pocket, 1998.* (Pocket ; 10372 c4)
ISBN 2-266-08059-8. *30 F / 4,57 €*

01806 **BAYROU F.** Henri IV, le roi libre. *J'ai lu, 1996.* (J'ai lu ; 4183. Littérature générale c6)
ISBN 2-277-24183-0. *42 F / 6,40 €*

01807 **BAZIN A.** Orson Welles. *Cahiers du cinéma, 1998.* (Petite bibliothèque des Cahiers du cinéma)
ISBN 2-86642-206-6. *59 F / 8,99 €*

01808 **BEATTIE M.** Les leçons de l'amour. *J'ai lu, 1997.* (J'ai lu ; 4564. Aventure secrète c2)
ISBN 2-290-04564-0. *22 F / 3,35 €*

01809 **BEAUCARNOT J-L.** La généalogie. 2e éd. corr. *PUF, 1998.* (Que sais-je? ; 917 c1)
ISBN 2-13-048919-2. *42 F / 6,40 €*

01810 **N** **BEAUCARNOT J-L.** Trésors et secrets de la généalogie : mémoire, patrimoine, noms de famille, ancêtres, racines, archives, souvenirs, dynasties. *J'ai lu, 2001.* (J'ai lu ; 5753. Littérature générale)
ISBN 2-290-30903-6. *36 F / 5,49 €*

01811 **BEAUCARNOT J-L.** Votre arbre généalogique : guide pratique de recherche. *LGF, 1997.* (Le Livre de poche ; 8165. Pratique c6)
ISBN 2-253-08165-5. *26 F / 3,96 €*

01812 **BEAUMONT S.** D'Artagnan : aventures de cape et d'épée. *Privat, 1999.* (Pages Grand Sud)
ISBN 2-7089-5413-X. *49 F / 7,47 €*

01813 **BELFOND P.** Les pendus de Victor Hugo : scènes de la vie d'un éditeur. *LGF, 1996.* (Le Livre de poche ; 14030 c10)
ISBN 2-253-14030-9. *40 F / 6,10 €*

01814 **BELLEMARE P., ANTOINE J.** Les aventuriers. *LGF, 1997.* (Le Livre de poche ; 5388 c9)
ISBN 2-253-02468-6. *36 F / 5,49 €*

01815 **BELLEMARE P., CUNY M-T.** Marqués par la gloire. *LGF, 1993.* (Le Livre de poche ; 9738 c9)
ISBN 2-253-06526-9. *36 F / 5,49 €*

01816 **BELLERET R.** Léo Ferré, une vie d'artiste. *Actes Sud, 1998.* (Babel ; 311)
ISBN 2-7427-1681-5. *75 F / 11,43 €*

01817 **BEN ARTZI-PELOSSOF N.** Au nom du chagrin et de l'espoir. *Pocket, 1997.* (Pocket ; 10265. Best c3)
ISBN 2-266-07760-0. *26 F / 3,96 €*

01818 **BENAMOU G-M.** Le dernier Mitterrand. *Pocket, 1998.* (Pocket ; 10382 c4B)
ISBN 2-266-08074-1. *32 F / 4,88 €*

01819 **BERTIN C.** Jean Renoir, cinéaste. *Gallimard, 1994.* (Découvertes ; 209. Cinéma c5)
ISBN 2-07-053264-X. *85 F / 12,96 €*

01820 **A** **BITTON A.** Guillaume. *Zulma, 2001.* (Les prénoms de Zulma c1)
ISBN 2-84304-170-8. *49 F / 7,47 €*

01821 **BLACK ELK** Elan Noir parle. *10-18, 2000.* (10-18 ; 3154. Domaine étranger c6)
ISBN 2-264-02918-8. *47 F / 7,17 €*

01822 **BLOT J.** Albert Cohen ou Solal dans le siècle. *Albin Michel, 1995.* (Présences du judaïsme poche ; 16 c4)
ISBN 2-226-07910-6. *49 F / 7,47 €*

01823 **BLUCHE F.** Louis XIV. Réimpr. *Hachette Littératures, 1999.* (Pluriel ; 987)
ISBN 2-01-278987-0. *85 F / 12,96 €*

01824 **BLUE-BOSSELET C.** L'oiseau libre. *J'ai lu, 1997.* (J'ai lu ; 4493. Littérature générale c3)
ISBN 2-290-04493-8. *29 F / 4,42 €*

01825 **BLUNDELL N., BLACKHALL S.** Diana, Fergie, Charles et les autres : toute l'histoire des Windsors. Réimpr. *J'ai lu, 1997.* (J'ai lu ; 3533. Littérature générale)
ISBN 2-290-03533-5. *42 F / 6,40 €*

01826 **BOGGIO P.** Boris Vian. *LGF, 1995.* (Le Livre de poche ; 13871 c12)
ISBN 2-253-13871-1. *44 F / 6,71 €*

01827 **BOGGIO P.** Coluche. Réimpr. *J'ai lu, 1992.* (J'ai lu ; 3268. Littérature générale c7)
ISBN 2-277-23268-8. *45 F / 6,86 €*

01828 **BONAL G.** Gérard Philipe : biographie. *Seuil, 1996.* (Points ; 276 c10)
ISBN 2-02-028966-0. *45 F / 6,86 €*

01829 **BOOS E. d.** La généalogie : familles, je vous aime. *Gallimard, 1998.* (Découvertes ; 362. Traditions)
ISBN 2-07-053457-X. *75 F / 11,43 €*

01830 **N** **BORDONOVE G.** Vercingétorix. *Pocket, 2001.* (Pocket ; 11120 c5)
ISBN 2-266-10589-2. *35 F / 5,34 €*

01831 **N** **BOTTON P.** Mes chers amis. Réimp. *J'ai lu, 2000.* (J'ai lu. Littérature générale cJ)
ISBN 2-290-31286-X. *39 F / 5,95 €*

01832 **BOTUL J-B.** La vie sexuelle d'Emmanuel Kant. *Mille et une nuits, 1999.* (La petite collection ; 251)
ISBN 2-84205-424-5. *10 F / 1,52 €*

01833 **BRANDO M.** Les chansons que m'apprenait ma mère. *J'ai lu, 1996.* (J'ai lu ; 4143. Littérature générale c7)
ISBN 2-277-24143-1. *45 F / 6,86 €*

01834 **BRAVO C.** Changer tout : journal d'une année sabbatique. *J'ai lu, 1997.* (J'ai lu ; 4497. Littérature générale c6)
ISBN 2-290-04497-0. *42 F / 6,40 €*

01835 **BREDIN J-D.** Bernard Lazare. *LGF, 1994.* (Le Livre de poche ; 424. Références histoire c17)
ISBN 2-253-90424-4. *60 F / 9,15 €*

01836 **A** **BRITE P. Z.** Courtney Love. *J'ai lu, 2001.* (J'ai lu ; 5976. Littérature générale)
ISBN 2-290-31214-2

01837 **N** **BROCHEUX P.** Ho Chi Minh. *Presses de Sciences Po, 2000.* (Références-Facettes)
ISBN 2-7246-0795-3. *84 F / 12,81 €*

01838 **BROUSSARD R.** Mémoires. 1. *Pocket, 1998.* (Pocket ; 10339 c6)
ISBN 2-266-07992-1. *38 F / 5,79 €*

01839 **BROUSSARD R.** Mémoires. 2. *Pocket, 1999.* (Pocket ; 10569)
ISBN 2-266-09437-8. *38 F / 5,79 €*

01840 **A** **BRUCCOLI M. J.** Francis Scott Fitzgerald. *Table ronde, 2001.* (La petite vermillon)
ISBN 2-7103-2409-1. *65 F / 9,91 €*

01841 **BRUNET M.** L'amour adopté. *J'ai lu, 1999.* (J'ai lu ; 4775. Littérature générale c2)
ISBN 2-290-04775-9. *22 F / 3,35 €*

01842 **BUBER-NEUMANN M.** Déportée à Ravensbrück. *Seuil, 1995.* (Prisonnière de Staline et d'Hitler; 2)(Points ; 73 c11)
ISBN 2-02-025156-6. *48 F / 7,32 €*

01843 **BUBER-NEUMANN M.** Milena. *Seuil, 1997.* (Points ; 443 c11)
ISBN 2-02-033035-0. *48 F / 7,32 €*

01844 **BUGE J.** Connaissez-vous Milosz?. 2è éd. *A. Silvaire, 1979.* (Connaissez-vous? c1)
60 F / 9,15 €

01845 **BURON N. d.** Arrête ton cinéma. Réimp. *J'ai lu, 1999.* (J'ai lu ; 4251. Littérature générale c4)
ISBN 2-290-30137-X. *36 F / 5,49 €*

01846 **N** **BUSSY P.** Charles Trenet. *Librio, 1999.* (Librio ; 306. Musique c1)
ISBN 2-277-30306-2. *10 F / 1,52 €*

01847 **BUSSY P.** Coltrane. *Librio, 1999.* (Librio ; 267. Musique)
ISBN 2-277-30267-8. *10 F / 1,52 €*

01848 **CABANIS J.** Saint-Simon, l'admirable. *Gallimard, 1994.* (Folio ; 2578 c11)
ISBN 2-07-038857-3. *29,50 F / 4,50 €*

01849 **A** **CADET O.** Jules. *Zulma, 2001.* (Les prénoms de Zulma c1)
ISBN 2-84304-157-0. *49 F / 7,47 €*

01850 **A** **CADET O.** Mathieu. *Zulma, 2001.* (Les prénoms de Zulma)
ISBN 2-84304-134-1. *49 F / 7,47 €*

01851 **A** **CADET O.** Olivier. *Zulma, 2001.* (Les prénoms de Zulma)
ISBN 2-84304-136-8. *49 F / 7,47 €*

01852 **N** **CAHOURS D'ASPRY J-B.** Joseph Canteloube : 1879-1957. *Séguier, 2000.* (Carré musique)
ISBN 2-84049-204-0. *70 F / 10,67 €*

01853 **A** **CALON O.** Bernard. *Zulma, 2001.* (Les prénoms de Zulma)
ISBN 2-84304-125-2. *49 F / 7,47 €*

01854 **A** **CALON O.** Florence. *Zulma, 2001.* (Les prénoms de Zulma c1)
ISBN 2-84304-153-8. *49 F / 7,47 €*

01855 **CAMPAN M.** Mémoires de Madame Campan : première femme de chambre de Marie-Antoinette. *Mercure de France, 1999.* (Le temps retrouvé)
ISBN 2-7152-2181-9. *60 F / 9,15 €*

01856 **CARCO F.** Le roman de François Villon. *Table ronde, 1996.* (La petite vermillon ; 66 c2)
ISBN 2-7103-0749-9. *55 F / 8,38 €*

01857 **A** **CARIGUEL O.** Claire. *Zulma, 2001.* (Les prénoms de Zulma)
ISBN 2-84304-128-7. *49 F / 7,47 €*

01858 **CARLES E.** Une soupe aux herbes sauvages. *Pocket, 1999.* (Pocket ; 4233 c3B)
ISBN 2-266-06267-0. *28 F / 4,27 €*

01859 **CARRÈRE D'ENCAUSSE H.** Lénine. *Hachette Littératures, 2000.* (Pluriel ; 963)
ISBN 2-01-278963-3. *70 F / 10,67 €*

01860 **CARRÈRE D'ENCAUSSE H.** Nicolas II : la transition interrompue : une biographie politique : une biographie politique. *Hachette Littératures, 1999.* (Pluriel ; 889 c8)
ISBN 2-01-278889-0. *60 F / 9,15 €*

01861 **N** **CASADESUS J-C.** Le plus court chemin d'un coeur à un autre : histoire d'une passion. *LGF, 2000.* (Le Livre de poche ; 14879 c7)
ISBN 2-253-14879-2. *30 F / 4,57 €*

01862 **CATE C.** Saint-Exupery. *LGF, 1996.* (Le Livre de poche ; 14010 c15)
ISBN 2-253-14010-4. *50 F / 7,62 €*

01863 **N** **CATHERINE 2** L'éloge du sang-froid. *Mercure de France, 2001.* (Le petit Mercure)
ISBN 2-7152-2246-7. *22 F / 3,35 €*

01864 **CÉLINE L-F.** Semmelweis. *Gallimard, 1999.* (L'imaginaire ; 406)
ISBN 2-07-075583-5. *38 F / 5,79 €*

01865 **CHABROL D.** Desproges. *J'ai lu, 1996.* (J'ai lu ; 4056. Littérature générale c3)
ISBN 2-277-24056-7. *29 F / 4,42 €*

01866 **CHALON J.** Chère Nathalie Barney : portrait d'une séductrice. *LGF, 1995.* (Le Livre de poche ; 13773 c11)
ISBN 2-253-13773-1. *42 F / 6,40 €*

01867 **CHALON J.** Colette : l'éternelle apprentie. *LGF, 1999.* (Le Livre de poche ; 14692 c11)
ISBN 2-253-14692-7. *42 F / 6,40 €*

01868 **CHALON J.** Liane de Pougy : courtisane, princesse et sainte. *LGF, 1995.* (Le Livre de poche ; 13772 c10)
ISBN 2-253-13772-3. *40 F / 6,10 €*

01869 **CHALON J.** Le Lumineux destin d'Alexandra David-Néel. *Pocket, 1988.* (Pocket ; 2616. Best c8)
ISBN 2-266-02615-1. *45 F / 6,86 €*

01870 **CHALON J.** Thérèse de Lisieux : une vie d'amour. *LGF, 1997.* (Le Livre de poche ; 14360 c7)
ISBN 2-253-14360-X. *30 F / 4,57 €*

01871 **CHANTRAINE F.** La danse de la vie. *Cerf, 1998.* (Paroles pour vivre)
ISBN 2-204-05883-1. *50 F / 7,62 €*

01872 **CHARLES-ROUX E.** Un désir d'Orient : jeunesse d'Isabelle Eberhardt, 1877-1899. Réimpr. *LGF, 1991.* (Le Livre de poche ; 6971 c15)
ISBN 2-253-05690-1. *50 F / 7,62 €*

01873 **CHARLES-ROUX E.** Nomade j'étais : les années africaines d'Isabelle Eberhardt, 1899-1904. *LGF, 1997.* (Le Livre de poche ; 14165 c15)
ISBN 2-253-14165-8. *50 F / 7,62 €*

01874 **CHARPAK G., SAUDINOS D.** La Vie à fil tendu. *LGF, 1994.* (Le Livre de poche ; 13572 c7)
ISBN 2-253-13572-0. *30 F / 4,57 €*

01875 **CHATEAUBRIAND F. R. d.** Napoléon : livres XIX à XXIV des Mémoires d'outre-tombe. *Table ronde, 1998.* (La petite vermillon ; 93)
ISBN 2-7103-0857-6. *65 F / 9,91 €*

01876 **CHATEAUBRIAND F. R. d.** Vie de Napoléon. *LGF, 1999.* (Le Livre de poche ; 6052. Classiques de poche c10)
ISBN 2-253-06052-6. *40 F / 6,10 €*

01877 **CHATEAUBRIAND F. R. d.** Vie de Rancé. Réimpr. *Gallimard, 1986.* (Folio ; 1769. Classique c8)
ISBN 2-07-037769-5. *37 F / 5,64 €*

01878 **A** **CHRISTOPHE F.** Une petite fille privilégiée : une enfant dans le monde des camps 1942-1945. *Pocket, 2001.* (Pocket ; 11146)
ISBN 2-266-10722-4

01879 **CLÉMENT C.** Le coeur transporté : Adrienne Lecouvreur. *J'ai lu, 1997.* (J'ai lu ; 3957. Littérature générale c4)
ISBN 2-277-23957-7. *36 F / 5,49 €*

01880 **CLERC C.** Cent jours à l'hôpital : chronique d'un séjour forcé. *J'ai lu, 1997.* (J'ai lu ; 4566. Littérature générale c3)
ISBN 2-290-04566-7. *29 F / 4,42 €*

01881 **N** **CLOSTERMANN P.** Le grand cirque : souvenirs d'un pilote de chasse français dans la R.A.F. Réimp. *J'ai lu, 2000.* (J'ai lu ; 2710. Littérature générale cJ)
ISBN 2-290-30861-7. *39 F / 5,95 €*

01882 **COCTEAU J.** Reines de la France. *Grasset, 1994.* (Les Cahiers rouges ; 201)
ISBN 2-246-11302-4. *47 F / 7,17 €*

01883 **COHEN-SOLAL A.** Sartre : 1905-1980. Réimpr. *Gallimard, 1999.* (Folio ; 353. Essais c10)
ISBN 2-07-041105-2. *76,50 F / 11,66 €*

01884 **COLOMBANI J-M.** Mitterrand : le roman d'une vie. *Mille et une nuits, 1996.* (Les petits libres ; 9 cA)
ISBN 2-84205-054-1. *10 F / 1,52 €*

01885 **COLOMBEL J.** Jean-Paul Sartre : un homme en situation. *LGF, 2000.* (Le Livre de poche ; 4299. Biblio essais c18)
ISBN 2-253-94299-5. *65 F / 9,91 €*

01886 **COMBEAUD B.** Molière, l'homme théâtre. *Milan, 1999.* (Les essentiels Milan ; 147 c1)
ISBN 2-84113-871-2. *25 F / 3,81 €*

01887 **N** **COMBESCOT P.** Les petites Mazarines. *LGF, 2001.* (Le Livre de poche ; 14982 c13)
ISBN 2-253-14982-9. *46 F / 7,01 €*

01888 **CORMIER J.** Che Guevara. *LGF, 1997.* (Le Livre de poche ; 14333 c11)
ISBN 2-253-14333-2. *42 F / 6,40 €*

01889 **COUDERC C.** Le petit. *Pocket, 1998.* (Pocket ; 10183 c4B)
ISBN 2-266-07512-8. *32 F / 4,88 €*

01890 **CRAVERI B.** Madame du Deffand et son monde. *Seuil, 1999.* (Points ; 378. Essais)
ISBN 2-02-034781-4. *69 F / 10,52 €*

01891 **CRICHTON M.** Voyages : l'auteur de Jurassic park raconte ses aventures extraordinaires. *Pocket, 1999.* (Pocket ; 10524 c7)
ISBN 2-266-08723-1. *42 F / 6,40 €*

01892 **CROW DOG M.** Femme sioux : envers et contre tous. *LGF, 1997.* (Le Livre de poche ; 14340 c7)
ISBN 2-253-14340-5. *30 F / 4,57 €*

01893 **N** **CUESTA S.** Edith Piaf. *Librio, 2000.* (Librio ; 384. Musique c1)
ISBN 2-290-30639-8. *10 F / 1,52 €*

01894 **N** **DACHKOVA E. R.** Mémoires. Nouv. éd. *Mercure de France, 2001.* (Le temps retrouvé)
ISBN 2-7152-2256-4. *55 F / 8,38 €*

01895 **A** **DAG NAUD A.** Catherine. *Zulma, 2001.* (Les prénoms de Zulma)
ISBN 2-84304-126-0. *49 F / 7,47 €*

01896 **A** **DAG NAUD A.** Sébastien. *Zulma, 2001.* (Les prénoms de Zulma)
ISBN 2-84304-139-2. *49 F / 7,47 €*

01897 **DANIEL J.** Avec le temps : carnets 1970-1998. *LGF, 2000.* (Le Livre de poche ; 14806 c17)
ISBN 2-253-14806-7. *60 F / 9,15 €*

01898 **DANIEL J.** La blessure ; suivi de Le temps qui vient. *LGF, 1995.* (Le Livre de poche ; 13637 c10)
ISBN 2-253-13637-9. *40 F / 6,10 €*

01899 **N** **DAVY M-M.** Bernard de Clairvaux. *Albin Michel, 2001.* (Spiritualités vivantes poche)
ISBN 2-226-12202-8. *39 F / 5,95 €*

01900 **N** **De Gaulle vu par les écrivains.** *Table ronde, 2000.* (La petite vermillon)
ISBN 2-7103-0976-9. *55 F / 8,38 €*

01901 **N** **DEBRAY R.** Loués soient nos seigneurs : une éducation politique. *Gallimard, 2000.* (Folio ; 3051 c13)
ISBN 2-07-040411-0. *56 F / 8,54 €*

01902 **N** **DEBRAY R.** Les masques : une éducation amoureuse. Ed. augm. *Gallimard, 2000.* (Folio ; 2348 c6)
ISBN 2-07-038469-1. *29,50 F / 4,50 €*

01903 **N** **DEBRAY R.** Par amour de l'art : une éducation intellectuelle. *Gallimard, 2000.* (Folio ; 3352 c10)
ISBN 2-07-041280-6. *46 F / 7,01 €*

01904 **N** **DEBRAY R.** Le temps d'apprendre à vivre. *Gallimard, 2000.* (Folio)
ISBN 2-07-041385-3. *142,50 F / 21,72 €*

01905 **DECAUX A.** Nouvelles histoires extraordinaires. *Pocket, 1996.* (Pocket ; 4373 c6)
ISBN 2-266-06552-1. *38 F / 5,79 €*

01906 **DEFONSECA M., LEE V.** Survivre avec les loups : de la Belgique à l'Ukraine, une enfant juive à travers l'Europe nazie : 1941-1944. *Pocket, 1999.* (Pocket ; 10499 c4B)
ISBN 2-266-08608-1. *32 F / 4,88 €*

01907 **DEGAS E.** Lettres. *Grasset, 1997.* (Les Cahiers rouges ; 242)
ISBN 2-246-11423-3. *58 F / 8,84 €*

01908 **A** **DÉGUIGNET J-M.** Mémoires d'un paysan bas-breton. *Pocket, 2001.* (Pocket ; 11155)
ISBN 2-266-10729-1

01909 **DELACÔTE Y.** La Généalogie : retrouvez vos ancêtres et vos origines. *De Vecchi, 1996.* (De Vecchi poche ; 4167 c3)
ISBN 2-7328-4167-6. *33 F / 5,03 €*

01910 **DELANGE Y.** Jean Henri Fabre, l'homme qui aimait les insectes : naturaliste total et pédagogue du XIXe siècle. *Actes Sud, 1999.* (Babel ; 385 c4)
ISBN 2-7427-2188-6. *51 F / 7,77 €*

01911 **DELANNOY L.** Billie Holiday. *Librio, 2000.* (Librio ; 358. Musique c1)
ISBN 2-290-30498-0. *10 F / 1,52 €*

01912 **DELPASTRE M.** Les chemins creux : une enfance limousine. *Pocket, 1998.* (Pocket ; 10192 c9)
ISBN 2-266-07498-9. *48 F / 7,32 €*

01913 **DELPECH M.** L'homme qui avait bâti sa maison sur le sable. *Pocket, 1996.* (Pocket ; 4405 c4)
ISBN 2-266-06744-3. *30 F / 4,57 €*

01914 **DELTEIL J.** La Fayette. *Grasset, 1997.* (Les Cahiers rouges ; 243)
ISBN 2-246-54302-9. *58 F / 8,84 €*

01915 **DENIAU J-F.** L'Atlantique est mon désert. *Gallimard, 1998.* (Folio ; 3052 c11)
ISBN 2-07-040412-9. *29,50 F / 4,50 €*

01916 **DENIAU J-F.** Mémoires de 7 vies. 1, Les temps aventureux. *Pocket, 1996.* (Pocket ; 10048 c9)
ISBN 2-266-06948-9. *48 F / 7,32 €*

01917 **DENIAU J-F.** Mémoires de 7 vies. 2, Croire et oser. *Pocket, 1999.* (Pocket ; 10628 c9)
ISBN 2-266-08382-1. *48 F / 7,32 €*

01918 **DES RIVIÈRES M.** Ozanam : un savant chez les pauvres. *Cerf ; Bellarmin, 1997.* (Foi vivante ; 391. Témoins c4)
ISBN 2-204-05886-6. ISBN 2-89007-868-X. *55 F / 8,38 €*

01919 **DESROCHES-NOBLECOURT C.** Ramsès II, la véritable histoire. *LGF, 1998.* (Le Livre de poche ; 14331 c12)
ISBN 2-253-14331-6. *44 F / 6,71 €*

01920 **DEVI P., CUNY M-T.** Moi, Phoolan Devi, reine des bandits : document. *J'ai lu, 1997.* (J'ai lu ; 4494. Littérature générale c8)
ISBN 2-290-04494-6. *49 F / 7,47 €*

01921 **DEVIERS-JONCOUR C.** La putain de la République. *J'ai lu, 1999.* (J'ai lu ; 5241. Littérature générale c3)
ISBN 2-290-30419-0. *29 F / 4,42 €*

01922 **DI FALCO J-M.** Mère Teresa ou Les miracles de la foi. *LGF, 1998.* (Le Livre de poche ; 14556 c6)
ISBN 2-253-14556-4. *26 F / 3,96 €*

01923 **Diana :** la biographie du souvenir. *J'ai lu, 1998.* (J'ai lu ; 4838. Littérature générale c6)
ISBN 2-290-04838-0. *42 F / 6,40 €*

01924 **DIBANGO M.** Trois kilos de café : autobiographie. Nouv. éd. mise à jour et augm. *Seuil, 1995.* (Points ; 63 c7)
ISBN 2-02-023801-2. *35 F / 5,34 €*

01925 **N** **DIRIE W., MILLER C.** Fleur du désert : le combat d'un top-model contre l'excision. *J'ai lu, 2000.* (J'ai lu ; 5560. Littérature générale cl)
ISBN 2-290-30257-0. *36 F / 5,49 €*

01926 **A** **DOLTO F.** Autoportrait d'une psychanalyste : 1934-1988. Nouv. éd. *Seuil, 2001.* (Points. Actuels ; 123)
ISBN 2-02-049522-8. *45 F / 6,86 €*

01927 **DONNAY M.** Autour du Chat noir. *Grasset, 1996.* (Les Cahiers rouges ; 225)
ISBN 2-246-11562-0. *49 F / 7,47 €*

01928 **DORDOR F.** Bob Marley. *Librio, 1999.* (Librio ; 278. Musique c1)
ISBN 2-277-30278-3. *10 F / 1,52 €*

01929 **DORMANN G.** La gourmandise de Guillaume Apollinaire. *LGF, 1996.* (Le Livre de poche ; 13979 c5)
ISBN 2-253-13979-3. *23 F / 3,51 €*

01930 **DOUTRELEAU V.** Et Dior créa Victoire. *LGF, 1999.* (Le Livre de poche ; 14706 c9)
ISBN 2-253-14706-0. *36 F / 5,49 €*

01931 **DU PONTAVICE G., DU PONTAVICE B.** Prénoms en Bretagne. *Ouest-France, 1999.* (Guide pratique de poche)
ISBN 2-7373-2422-X. *35 F / 5,34 €*

01932 **DUBOIS S.** Journal d'un éléphant dans une peau de gazelle. *J'ai lu, 1998.* (J'ai lu ; 4845. Littérature générale c3)
ISBN 2-290-04845-3. *29 F / 4,42 €*

01933 **DUCLOS P., MARTIN G.** Piaf. *Seuil, 1995.* (Points ; 61 c11)
ISBN 2-02-023916-7. *48 F / 7,32 €*

01934 **DUCRAY F.** Les Beatles. *Librio, 1999.* (Librio ; 324. Musique c1)
ISBN 2-290-30076-4. *10 F / 1,52 €*

01935 **DUCRAY F.** Serge Gainsbourg. *Librio, 1999.* (Librio ; 264. Musique)
ISBN 2-277-30264-3. *10 F / 1,52 €*

01936 **DUCRUET D.** Lettre à Stéphanie. *J'ai lu, 1997.* (J'ai lu ; 4648. Littérature générale c2)
ISBN 2-290-04648-5. *22 F / 3,35 €*

01937 **A** **DUFOUR B.** Mes modèles, femmes-nues-à-l'atelier. *la Musardine, 2001.* (L'attrape-corps)
ISBN 2-84271-106-8. *61 F / 9,30 €*

01938 **A** **DUFOUR H.** Moi, Néron. *J'ai lu, 2001.* (J'ai lu ; 5968. Littérature générale)
ISBN 2-290-31204-5

01939 **DUHAMEL A.** Portrait d'un artiste. *J'ai lu, 1998.* (J'ai lu ; 4740. Littérature générale c4)
ISBN 2-290-04740-6. *36 F / 5,49 €*

01940 **DUJOVNE ORTIZ A.** Eva Peron. *LGF, 1997.* (Le Livre de poche ; 14157 c11)
ISBN 2-253-14157-7. *42 F / 6,40 €*

01941 **DUMOULIN O.** Marc Bloch. *Presses de Sciences Po, 2000.* (Références-Facettes)
ISBN 2-7246-0791-0. *90 F / 13,72 €*

01942 **DUNCAN I.** Ma vie. *Gallimard, 1999.* (Folio ; 3150 c8)
ISBN 2-07-040701-2. *37 F / 5,64 €*

01943 **DUNETON C.** Petit Louis dit XIV : l'enfance du Roi-Soleil. *Seuil, 1999.* (Points ; 629 c13)
ISBN 2-02-037231-2. *52 F / 7,93 €*

01944 **DUPEREY A.** Je vous écris. *Seuil, 1995.* (Points ; 147 c9)
ISBN 2-02-023152-2. *42 F / 6,40 €*

01945 **DUPEREY A.** Le voile noir. *Seuil, 1995.* (Points ; 146 c9)
ISBN 2-02-023153-0. *42 F / 6,40 €*

01946 **A** **DUPUY C.** Clément. *Zulma, 2001.* (Les prénoms de Zulma)
ISBN 2-84304-129-5. *49 F / 7,47 €*

01947 **ELIAS N.** Norbert Elias par lui-même. *Pocket, 1994.* (Agora ; 162 c06)
ISBN 2-266-06568-8. *38 F / 5,79 €*

01948 **ENGEL C-E.** La Reine Victoria. *Seuil, 1962.* (Microcosme. Le Temps qui court ; 27 c1)
ISBN 2-02-000174-8. *49 F / 7,47 €*

01949 **ENGLEBERT O.** Vie de saint François d'Assise. *Albin Michel, 1998.* (La bibliothèque spirituelle ; 12)
ISBN 2-226-09997-2. *85 F / 12,96 €*

01950 **ENSOR J.** Mes écrits. *Labor, 2000.* (Espace Nord ; 158)
ISBN 2-8040-1447-9. *62 F / 9,45 €*

01951 **A** **ESTIN C.** Valentin. *Zulma, 2001.* (Les prénoms de Zulma c1)
ISBN 2-84304-163-5. *49 F / 7,47 €*

01952 **ETCHEBEHERE M.** Ma guerre d'Espagne à moi : une femme à la tête d'une colonne au combat. *Actes Sud, 1998.* (Babel ; 356. Révolutions)
ISBN 2-7427-2061-8. *57 F / 8,69 €*

01953 **A** **ETIENNE J-L.** Le pôle intérieur : mener sa vie comme une aventure. *J'ai lu, 2001.* (J'ai lu ; 5843. Littérature générale)
ISBN 2-290-31046-8

01954 **FABERT G.** Autoportrait en érection. *Pocket, 1989.* (Pocket ; 3430 c3)
ISBN 2-266-03330-1. *26 F / 3,96 €*

01955 **N** **FOLCHER G.** Les carnets de guerre d'un paysan languedocien (1939-1945). *La Découverte, 2000.* (La Découverte poche ; 90. Essais)
ISBN 2-7071-3252-7. *65 F / 9,91 €*

01956 **FORRESTER V.** Van Gogh ou L'enterrement dans les blés. Réimpr. *Seuil, 1992.* (Points ; 252. Essais c12)
ISBN 2-02-018928-3. *48 F / 7,32 €*

01957 **FORSNE C.** François : quinze ans avec Mitterrand. *Seuil, 1998.* (Points ; 553 c2)
ISBN 2-02-035041-6. *39 F / 5,95 €*

01958 **A** **FOUGÈRE S.** François. *Zulma, 2001.* (Les prénoms de Zulma c1)
ISBN 2-84304-154-6. *49 F / 7,47 €*

01959 **N** **FOURNIER J-L.** Il a jamais tué personne, mon papa. *LGF, 2000.* (Le Livre de poche ; 14867 c4)
ISBN 2-253-14867-9. *20 F / 3,05 €*

01960 **FRAIGNEAU A.** Le Livre de raison d'un roi fou : Louis II de Bavière. *Table ronde, 1994.* (La petite vermillon ; 40)
ISBN 2-7103-0644-1. *35 F / 5,34 €*

01961 **Les Français vus par eux-mêmes :** le XVIIIe siècle : anthologie des mémorialistes du XVIIIe siècle. Réimpr. *Laffont, 1998.* (Bouquins)
ISBN 2-221-06517-4. *189 F / 28,81 €*

01962 **FRANCK D., ZIDANE Z.** Zidane, le roman d'une victoire. *Pocket, 2000.* (Pocket ; 10976 c4B)
ISBN 2-266-10199-4. *32 F / 4,88 €*

01963 **A** **FRANCK J.** Oscar Wilde. *La Renaissance du livre, 2001.* (Conférences des Midis de la poésie)
ISBN 2-8046-0479-9. *39 F / 5,95 €*

01964 **FRIEDLÄNDER S.** Quand vient le souvenir... Rééd. *Seuil, 1998.* (Points ; 560 c1)
ISBN 2-02-034968-X. *32 F / 4,88 €*

01965 **FRUGONI C.** Saint François d'Assise, la vie d'un homme. *Hachette Littératures, 1999.* (Pluriel ; 937 c4)
ISBN 2-01-278937-4. *40 F / 6,10 €*

01966 **GABEIRA F.** Les guérilleros sont fatigués : témoignage. *Métailié, 1998.* (Suites ; 9. Suite brésilienne)
ISBN 2-86424-264-8. *50 F / 7,62 €*

01967 **N** **GALLMANN K.** Je rêvais de l'Afrique. *Pocket, 2000.* (Pocket ; 10649 c6)
ISBN 2-266-09107-7. *38 F / 5,79 €*

01968 **GALLO M.** De Gaulle. 1, L'appel du destin. *Pocket, 1999.* (Pocket ; 10641)
ISBN 2-266-09302-9. *38 F / 5,79 €*

01969 **GALLO M.** De Gaulle. 2, La solitude du combattant. *Pocket, 2000.* (Pocket ; 10642 c7)
ISBN 2-266-09303-7. *42 F / 6,40 €*

01970 **GALLO M.** De Gaulle. 3, Le premier des Français. *Pocket, 2000.* (Pocket ; 10643 c7)
ISBN 2-266-09304-5. *42 F / 6,40 €*

01971 **N** **GALLO M.** De Gaulle. 4, La statue du Commandeur. *Pocket, 2000.* (Pocket ; 10644 c7)
ISBN 2-266-09305-3. *42 F / 6,40 €*

01972 **A** **GAMIN C.** Anne. *Zulma, 2001.* (Les prénoms de Zulma)
ISBN 2-84304-123-6. *49 F / 7,47 €*

01973 **N** **GANDIN P.** La petite fille qui boitait. *J'ai lu, 2000.* (J'ai lu ; 5638. Littérature générale cE)
ISBN 2-290-30369-0. *22 F / 3,35 €*

01974 **GATTÉGNO J.** Lewis Carroll : une vie. *Seuil, 1984.* (Points. Biographie ; 6 c4)
ISBN 2-02-008501-1. *52 F / 7,93 €*

01975 **GAY P.** Freud, une vie. 1. *Hachette Littératures, 1995.* (Pluriel ; 8681 c6)
ISBN 2-01-278681-2. *75 F / 11,43 €*

01976 **GAY P.** Freud, une vie. 2. *Hachette Littératures, 1995.* (Pluriel ; 8740 c7)
ISBN 2-01-278740-1. *75 F / 11,43 €*

01977 **GENETTE G., TODOROV T.** Travail de Flaubert. *Seuil, 1983.* (Points ; 150. Essais c4)
ISBN 2-02-006565-7. *52 F / 7,93 €*

01978 **GENTZBITTEL M.** La foi du charbonnier. *Seuil, 1997.* (Points ; 322 c7)
ISBN 2-02-030902-5. *35 F / 5,34 €*

01979 **GHEERBRANT A.** La transversale. *Actes Sud, 1995.* (Babel)
ISBN 2-7427-0610-0. *108 F / 16,46 €*

01980 **GHEERBRANT A.** La transversale. *Actes Sud, 1998.* (Babel ; 320 c3)
ISBN 2-7427-1680-7. *45 F / 6,86 €*

01981 **GIESBERT F-O.** François Mitterrand, une vie. *Seuil, 1997.* (Points ; 434. Biographie c9)
ISBN 2-02-031426-6. *67 F / 10,21 €*

01982 **GIESBERT F-O.** Jacques Chirac. *Seuil, 1995.* (Points ; 21 c12)
ISBN 2-02-012961-2. *50 F / 7,62 €*

01983 **GIESBERT F. O.** Le vieil homme et la mort. *Gallimard, 1997.* (Folio ; 2972 c11)
ISBN 2-07-040229-0. *29,50 F / 4,50 €*

01984 **GILBERT G.** Dieu, mon premier amour. *LGF, 1997.* (Le Livre de poche ; 14351 c7)
ISBN 2-253-14351-0. *30 F / 4,57 €*

01985 **GINZBOURG E. S.** Le vertige. 1. Réimpr. *Seuil, 1997.* (Points ; 362 c11)
ISBN 2-02-031636-6. *48 F / 7,32 €*

01986 **GINZBOURG E. S.** Le vertige. 2, Le ciel de la Kolyma. Réimpr. *Seuil, 1997.* (Points ; 363 c13)
ISBN 2-02-031639-0. *52 F / 7,93 €*

01987 **GIROUD F.** Coeur de tigre. *Pocket, 1997.* (Pocket ; 7188 c4)
ISBN 2-266-07236-6. *30 F / 4,57 €*

01988 **GIROUD F.** Cosima la sublime. *Pocket, 1998.* (Pocket ; 10277 c4B)
ISBN 2-266-07863-1. *32 F / 4,88 €*

01989 **GIROUD F.** Gais-z-et-contents. *Seuil, 1998.* (Journal d'une parisienne; 3)(Points ; 522 c2)
ISBN 2-02-034480-7. *39 F / 5,95 €*

01990 **N** **GIROUD F.** La rumeur du monde : journal d'une Européenne, 1997-1998. *LGF, 2000.* (Le Livre de poche ; 14923 c6)
ISBN 2-253-14923-3. *26 F / 3,96 €*

01991 **GOFFETTE G.** Verlaine d'ardoise et de pluie. *Gallimard, 1998.* (Folio ; 3055 c11)
ISBN 2-07-040413-7. *29,50 F / 4,50 €*

01992 **GOYET B.** Charles Maurras. *Presses de Sciences Po, 2000.* (Références-Facettes)
ISBN 2-7246-0781-3. *90 F / 13,72 €*

01993 **GREEN J.** Frère François. *Seuil, 1997.* (Points ; 325 c10)
ISBN 2-02-030904-1. *45 F / 6,86 €*

01994 **GRUDET C.** Madam. *J'ai lu, 1995.* (J'ai lu ; 4039. Littérature générale c4)
ISBN 2-277-24039-7. *36 F / 5,49 €*

01995 **N** **GUÉNARD T.** Plus fort que la haine. *J'ai lu, 2000.* (J'ai lu ; 5502. Littérature générale cG)
ISBN 2-290-30153-1. *29 F / 4,42 €*

01996 **GUEVARA E.** Journal de Bolivie : 7 novembre 1966-7 octobre 1967. *La Découverte, 1997.* (La Découverte poche ; 34. Essais)
ISBN 2-7071-2798-1. *63 F / 9,60 €*

01997 **GUILBERT Y.** La chanson de ma vie : mes mémoires. *Grasset, 1995.* (Les Cahiers rouges ; 214)
ISBN 2-246-37952-0. *59 F / 8,99 €*

01998 **GUILLERMAZ J.** Une Vie pour la Chine : mémoires, 1937-1989. *Hachette Littératures, 1994.* (Pluriel ; 8567 c5)
ISBN 2-01-017436-4. *65 F / 9,91 €*

01999 **GUTHRIE W.** En route pour la gloire. *10-18, 1994.* (10-18 ; 2460. Domaine étranger c7)
ISBN 2-264-00222-0. *50 F / 7,62 €*

02000 **N** **HALÉVY D.** Nietzsche. *LGF, 2000.* (Le Livre de poche ; 4303. Biblio essais)
ISBN 2-253-94303-7. *50 F / 7,62 €*

02001 **HALLYDAY J.** Destroy. *LGF, 1998.* (Le Livre de poche ; 14499 c11)
ISBN 2-253-14499-1. *42 F / 6,40 €*

02002 **N** **HAMON H.** L'Abeille d'Ouessant. *Seuil, 2000.* (Points ; 736 c9)
ISBN 2-02-040804-X. *42 F / 6,40 €*

02003 **HAMON H.** Besoin de mer. *Seuil, 1999.* (Points ; 607)
ISBN 2-02-036714-9. *42 F / 6,40 €*

02004 **HAMON H., ROTMAN P.** Tu vois, je n'ai pas oublié. Réimpr. *Seuil, 1997.* (Points)
ISBN 2-02-033325-2. *62 F / 9,45 €*

02005 **HARPER K.** Minik, l'Esquimau déraciné. *Pocket, 1999.* (Pocket ; 10842. Terre humaine c7)
ISBN 2-266-09822-5. *42 F / 6,40 €*

02006 **HARRER H.** Sept ans d'aventures au Tibet. *J'ai lu, 1998.* (J'ai lu ; 4774. Littérature générale c5)
ISBN 2-290-04774-0. *39 F / 5,95 €*

02007 **N** **HASSELL F. v.** Les jours sombres : le destin extraordinaire d'une Allemande antinazie. *J'ai lu, 2000.* (J'ai lu ; 5751. Littérature générale cM)
ISBN 2-290-30901-X. *49 F / 7,47 €*

02008 **HAUCOURT G. d., DURIVAULT G.** Le Blason. 9e éd. cor. *PUF, 1992.* (Que sais-je? ; 336 c1)
ISBN 2-13-044335-4. *42 F / 6,40 €*

02009 **HAYSLIP L. L.** Entre le ciel et la terre. *Seuil, 1995.* (Points ; 83 c10)
ISBN 2-02-023915-9. *45 F / 6,86 €*

02010 **A** **HÉAUME S.** Emma. *Zulma, 2001.* (Les prénoms de Zulma)
ISBN 2-84304-130-9. *49 F / 7,47 €*

02011 **HERMARY-VIEILLE C.** Romy. *Gallimard, 1988.* (Folio ; 1962 c11)
ISBN 2-07-038042-4. *29,50 F / 4,50 €*

02012 **HERSH S. M.** La face cachée du clan Kennedy. *J'ai lu, 2000.* (J'ai lu ; 5455. Littérature générale cL)
ISBN 2-290-30102-7. *45 F / 6,86 €*

02013 **HILLESUM E.** Une vie bouleversée : journal : 1941-1943 ; Lettres de Westerbork. *Seuil, 1995.* (Points ; 59 c13)
ISBN 2-02-024628-7. *52 F / 7,93 €*

02014 **HOLROYD M.** Carrington. *LGF, 1996.* (Le Livre de poche ; 13932 c12)
ISBN 2-253-13932-7. *44 F / 6,71 €*

02015 **HOPKINS J.** Jim Morrison, le roi lézard. *10-18, 1994.* (10-18 ; 2528. Domaine étranger c5)
ISBN 2-264-02019-9. *47 F / 7,17 €*

02016 **N** **HORNBY N.** Carton jaune. *10-18, 2000.* (10-18 ; 3202. Domaine étranger c5)
ISBN 2-264-02897-1. *44 F / 6,71 €*

02017 **N** **HUÈGES D.** À quoi sert de maudire la nuit ? : de la prison au ministère. *Pocket, 2000.* (Pocket ; 10673 c5)
ISBN 2-266-09309-6. *35 F / 5,34 €*

02018 **N** **HULOT N.** A mes risques et plaisirs. *Pocket, 2000.* (Pocket ; 10719 c4)
ISBN 2-266-09350-9. *30 F / 4,57 €*

02019 **HUTCHINS C., THOMPSON P.** Le cauchemar de Diana : la famille. *J'ai lu, 1997.* (J'ai lu ; 4696. Littérature générale c7)
ISBN 2-290-04696-5. *45 F / 6,86 €*

02020 **INK L.** Il suffit d'y croire... *J'ai lu, 1995.* (J'ai lu ; 3977. Aventure secrète c4)
ISBN 2-277-23977-1. *36 F / 5,49 €*

02021 **ITZHAKI M.** Juda Halevi : d'Espagne à Jérusalem,. *Albin Michel, 1997.* (Présences du judaïsme poche ; 21 c4)
ISBN 2-226-08920-9. *49 F / 7,47 €*

02022 **JACQUET A.** Ma vie pour une étoile. *Pocket, 2000.* (Pocket ; 10895 c4)
ISBN 2-266-09999-X. *30 F / 4,57 €*

02023 **N** **JAMIS R.** Frida Kahlo. Réimpr. *Actes Sud, 2000.* (Babel ; 170 c5)
ISBN 2-7427-0578-3. *57 F / 8,69 €*

02024 **JANZÉ G. d.** Généalogie. *Ouest-France, 1998.* (Guide pratique de poche)
ISBN 2-7373-2335-5. *30 F / 4,57 €*

02025 **N** **JEAN R.** Vie de Paul Cézanne. *Arléa, 2000.* (Arléa-poche ; 69)
ISBN 2-86959-515-8. *50 F / 7,62 €*

02026 **JONG E.** Henry Miller ou Le diable en liberté. *LGF, 1997.* (Le Livre de poche ; 14176 c10)
ISBN 2-253-14176-3. *40 F / 6,10 €*

02027 **JONG E.** La peur de l'âge : ne craignons pas nos 50 ans. *LGF, 1998.* (Le Livre de poche ; 14553 c11)
ISBN 2-253-14553-X. *42 F / 6,40 €*

02028 **JOSSELIN J-F.** Gérard Philipe, le prince d'Avignon. *Mille et une nuits ; Arte Editions, 1996.* (Les petits libres ; 10 cA)
ISBN 2-84205-057-6. *10 F / 1,52 €*

02029 **N** **KALFA J.** Isaac Albeniz. *Séguier, 2000.* (Carré musique)
ISBN 2-84049-182-6. *70 F / 10,67 €*

02030 **KALFON P.** Che : Ernesto Guevara, une légende du siècle. *Seuil, 1998.* (Points ; 564 c15)
ISBN 2-02-034962-0. *59 F / 8,99 €*

02031 **KAPUSCINSKI R.** Le Shah ou La démesure du pouvoir. *10-18, 1994.* (10-18 ; 2544 c3)
ISBN 2-264-02086-5. *38 F / 5,79 €*

02032 **KEPINSKI T.** Witold Gombrowicz et le monde de sa jeunesse. *Gallimard, 2000.* (Arcades ; 66)
ISBN 2-07-075120-1. *160 F / 24,39 €*

02033 **KOESTLER A.** Les militants. *Mille et une nuits, 1997.* (La petite collection ; 149 cC)
ISBN 2-84205-121-1. *20 F / 3,05 €*

02034 **N** **KORCZAK J.** Journal du ghetto. Nouv. éd. augm. *10-18, 2000.* (10-18 ; 3201. Bibliothèques)
ISBN 2-264-02937-4. *55 F / 8,38 €*

02035 **KÜBLER-ROSS E.** Mémoires de vie, mémoires d'éternité. *Pocket, 1999.* (Pocket ; 10485 c6)
ISBN 2-266-08518-2. *38 F / 5,79 €*

02036 **KUROSAWA A.** Comme une autobiographie. *Cahiers du cinéma, 1997.* (Petite bibliothèque des Cahiers du cinéma)
ISBN 2-86642-180-9. *79 F / 12,04 €*

02037 **A** **LA BOUILLERIE A. d.** Jeanne. *Zulma, 2001.* (Les prénoms de Zulma c1)
ISBN 2-84304-156-2. *49 F / 7,47 €*

02038 **N** **LA ROCHEFOUCAULD (duchesse de)** Lettres à William Short. *Mercure de France, 2001.* (Le temps retrouvé)
ISBN 2-7152-2251-3. *30 F / 4,57 €*

02039 **LABBA A.** Anta : mémoires d'un Lapon. *Pocket, 1996.* (Pocket ; 10148. Terre humaine c7)
ISBN 2-266-07354-0. *42 F / 6,40 €*

02040 **LABORIT E.** Le cri de la mouette. *Pocket, 1996.* (Pocket ; 10033. Best c5)
ISBN 2-266-06746-X. *35 F / 5,34 €*

02041 **LABROUSSE E.** Pierre Bayle : hétérodoxie et rigorisme. *Albin Michel, 1996.* (Bibliothèque de l'évolution de l'humanité ; 20)
ISBN 2-226-08620-X. *85 F / 12,96 €*

02042 **LACAN S.** Un père : puzzle. *Gallimard, 1997.* (Folio ; 2923 c9)
ISBN 2-07-040180-4. *20,50 F / 3,13 €*

02043 **N** **LACOUTURE J.** François Mitterrand, une histoire de Français. 1, Les risques de l'escalade. *Seuil, 2000.* (Points ; 744 c15)
ISBN 2-02-040807-4. *59 F / 8,99 €*

02044 **N** **LACOUTURE J.** François Mitterrand, une histoire de Français. 2, Les vertiges du sommet. *Seuil, 2000.* (Points ; 745 c16)
ISBN 2-02-040808-2. *62 F / 9,45 €*

02045 **LACOUTURE J.** Malraux, une vie dans le siècle. Réimpr. *Seuil, 1996.* (Points ; 251 c13)
ISBN 2-02-028954-7. *52 F / 7,93 €*

02046 **LACOUTURE J.** Mes héros et nos monstres. *Arléa, 1997.* (Arléa-poche ; 21)
ISBN 2-86959-328-7. *35 F / 5,34 €*

02047 **LACOUTURE J.** Montaigne à cheval. *Seuil, 1998.* (Points ; 500 c12)
ISBN 2-02-034132-8. *50 F / 7,62 €*

02048 **N** **LALANDE F.** Christian Dotremont, l'inventeur de Cobra. *Ancrage, 2000.* (Poche)
ISBN 2-930311-14-2. *92 F / 14,03 €*

02049 **N** **LALANDE F.** Madame Rimbaud. *Labor, 2000.* (Espace Nord ; 164)
ISBN 2-8040-1518-1. *54 F / 8,23 €*

02050 **LAME DEER A. F.** Le cercle sacré : mémoires d'un homme-médecine sioux. *Albin Michel, 2000.* (Espaces libres ; 100 c6)
ISBN 2-226-11448-3. *59 F / 8,99 €*

02051 **LAMY M.** Jeanne d'Arc : histoire vraie et genèse d'un mythe. *Pocket, 1999.* (Pocket ; 10765 c5)
ISBN 2-266-09564-1. *35 F / 5,34 €*

02052 **LANG J.** François Ier ou Le rêve italien. *Pocket, 1999.* (Pocket ; 10583 c8)
ISBN 2-266-09130-1. *45 F / 6,86 €*

02053 **LANOUX A.** Maupassant le Bel-ami. *Grasset, 1995.* (Les Cahiers rouges ; 220)
ISBN 2-246-08482-2. *72 F / 10,98 €*

02054 **LAPIERRE A.** Fanny Stevenson : entre passion et liberté. *Pocket, 1995.* (Pocket ; 3632. Best c9)
ISBN 2-266-00820-X. *48 F / 7,32 €*

02055 **LAPIERRE D.** Mille soleils. *Pocket, 1999.* (Pocket ; 10626 c8)
ISBN 2-266-08933-1. *45 F / 6,86 €*

02056 **N** **LAPIERRE N.** Le silence de la mémoire : à la recherche des Juifs de Plock. *LGF, 2001.* (Le Livre de poche ; 4287. Biblio essais c11)
ISBN 2-253-94287-1. *42 F / 6,40 €*

02057 **LAPORTE H.** Journal d'un poilu. *Mille et une nuits, 1998.* (La petite collection ; 219)
ISBN 2-84205-369-9. *16,50 F / 2,52 €*

02058 **N** **LARRE C.** Trois racines dans un jardin. *Joie de lire, 2000.* (Qui suis-je?)
ISBN 2-88258-184-X. *65 F / 9,91 €*

02059 **LAS CASES E. d.** Mémorial de Sainte-Hélène. 1. *Seuil, 1999.* (Points ; 677)
ISBN 2-02-035797-6. *67 F / 10,21 €*

02060 **LAS CASES E. d.** Mémorial de Sainte-Hélène. 2. *Seuil, 1999.* (Points ; 678 c18)
ISBN 2-02-038634-8. *67 F / 10,21 €*

02061 **A** **LE CAM A.** Véronique. *Zulma, 2001.* (Les prénoms de Zulma c1)
ISBN 2-84304-164-3. *49 F / 7,47 €*

02062 **A** **LE CORNEC E.** Jacques. *Zulma, 2001.* (Les prénoms de Zulma c1)
ISBN 2-84304-155-4. *49 F / 7,47 €*

02063 **LE ROUX Y., LEDERMAN D.** Le cachalot : mémoires d'un SDF. *J'ai lu, 1999.* (J'ai lu ; 5068. Littérature générale c3)
ISBN 2-290-05068-7. *29 F / 4,42 €*

02064 **LEAMER L.** Les femmes Kennedy : la saga d'une famille américaine. *LGF, 1998.* (Le Livre de poche ; 14511 c15)
ISBN 2-253-14511-4. *50 F / 7,62 €*

02065 **N** **LEBEAU P.** Etty Hillesum, un itinéraire spirituel : Amsterdam 1941-Auschwitz 1943. *Albin Michel, 2001.* (Spiritualités vivantes poche ; 180)
ISBN 2-226-12169-2. *55 F / 8,38 €*

02066 **LECLERC G., MURACCIOLE F.** Lionel Jospin, l'héritier rebelle. *J'ai lu, 1997.* (J'ai lu ; 4600. Littérature générale c6)
ISBN 2-290-04600-0. *42 F / 6,40 €*

02067 **N** **LEE C. A.** Anne Frank, les secrets d'une vie. *J'ai lu, 2001.* (J'ai lu ; 5820. Littérature générale)
ISBN 2-290-31010-7. *45 F / 6,86 €*

02068 **A** **LEIBOWITZ R.** Schoenberg. Nouv. éd. *Seuil, 2001.* (Microcosme. Solfèges ; 30 c1)
ISBN 2-02-036080-2. *55 F / 8,38 €*

02069 **A** **LELOUVIER V.** Laurent. *Zulma, 2001.* (Les prénoms de Zulma c1)
ISBN 2-84304-158-9. *49 F / 7,47 €*

02070 **LENOIR F., SAINT-MARTIN E.** Mère Teresa : biographie. *Pocket, 1994.* (Pocket ; 4199 c5)
ISBN 2-266-06160-7. *35 F / 5,34 €*

02071 **LENTZ T.** Napoléon : Mon ambition était grande. *Gallimard, 1998.* (Découvertes ; 361. Histoire)
ISBN 2-07-053451-0. *85 F / 12,96 €*

02072 **N** **LEPAPE P.** André Gide : le messager. *Seuil, 2001.* (Points ; 817 c13)
ISBN 2-02-048156-1. *52 F / 7,93 €*

02073 **N** **LEVER E.** Marie-Antoinette. *Gallimard, 2000.* (Découvertes ; 402. Histoire c5)
ISBN 2-07-053522-3. *85 F / 12,96 €*

02074 **LEYDIER M.** Jacques Dutronc. *Librio, 1999.* (Librio ; 343. Musique c1)
ISBN 2-290-30077-2. *10 F / 1,52 €*

02075 **N** **LIVINGSTON G.** Le temps d'un printemps. *J'ai lu, 2000.* (J'ai lu ; 5372. Littérature générale cH)
ISBN 2-290-05372-4. *32 F / 4,88 €*

02076 **A** **LLOYDS C.** Cécile. *Zulma, 2001.* (Les prénoms de Zulma)
ISBN 2-84304-127-9. *49 F / 7,47 €*

02077 **LONDRES A.** L'homme qui s'évada. *Arléa, 1999.* (Arléa-poche ; 52)
ISBN 2-86959-439-9. *30 F / 4,57 €*

02078 **LONGO L.** Elle dort dans la mer. *J'ai lu, 1997.* (J'ai lu ; 4599. Littérature générale c3)
ISBN 2-290-30099-3. *29 F / 4,42 €*

02079 **LOTTMAN H. R.** La dynastie Rothschild. *Seuil, 1996.* (Points ; 256 c13)
ISBN 2-02-029152-5. *52 F / 7,93 €*

02080 **N** **LOUPIEN S.** Elvis Presley. *Librio, 2000.* (Librio ; 406. Musique c1)
ISBN 2-290-30743-2. *10 F / 1,52 €*

02081 **LOUPIEN S.** Miles Davis. *Librio, 1999.* (Librio ; 307. Musique c1)
ISBN 2-277-30307-0. *10 F / 1,52 €*

02082 **N** **LUEZ P.** Jacques Offenbach : musicien européen. *Séguier, 2001.* (Carré musique)
ISBN 2-84049-221-0. *95 F / 14,48 €*

02083 **LYOTARD J-F.** Signé Malraux. *LGF, 1998.* (Le Livre de poche ; 14510 c13)
ISBN 2-253-14510-6. *46 F / 7,01 €*

02084 **MACINTYRE B.** La vie aventureuse d'Adam Worth, roi des voleurs, escroc et gentleman. *Pocket, 1999.* (Pocket ; 10617 c4B)
ISBN 2-266-09133-6. *32 F / 4,88 €*

02085 **MANDELA N.** Un long chemin vers la liberté : autobiographie. *LGF, 1996.* (Le Livre de poche ; 14063 c18)
ISBN 2-253-14063-5. *65 F / 9,91 €*

02086 **N** **MARCHAND P. M.** Sympathie pour le diable. *J'ai lu, 2000.* (J'ai lu ; 5738. Littérature générale cG)
ISBN 2-290-30725-4. *29 F / 4,42 €*

02087 **MARÉCHAL I.** Le poids du silence : un combat qu'ils vont mener seuls, car personne ne doit savoir. *J'ai lu, 1997.* (J'ai lu ; 4665. Littérature générale c4)
ISBN 2-290-04665-5. *36 F / 5,49 €*

02088 **A** **MARIE-THÉRÈSE** Vie d'une prostituée. *Blanche, 2001.* (Bibliothèque blanche)
ISBN 2-84628-005-3. *59 F / 8,99 €*

02089 **MARIETTI M.** Savonarole. *PUF, 1997.* (Que sais-je? ; 3295 c1)
ISBN 2-13-048643-6. *42 F / 6,40 €*

02090 **MARIN M.** Le saut de l'ange. Réimpr. *J'ai lu, 1998.* (J'ai lu ; 2443. Littérature générale c4)
ISBN 2-290-02443-0. *36 F / 5,49 €*

02091 **N** **MARION P.** Mémoires de l'ombre : un homme dans les secrets de l'Etat. *J'ai lu, 2000.* (J'ai lu ; 5723. Littérature générale cF)
ISBN 2-290-30625-8. *32 F / 4,88 €*

02092 **N** **MARKOVITS C.** Gandhi. *Presses de Sciences Po, 2000.* (Références-Facettes)
ISBN 2-7246-0820-8. *84 F / 12,81 €*

02093 **MARTIN-CHAUFFIER L.** L'homme et la bête. *Gallimard, 1996.* (Folio ; 2791 c11)
ISBN 2-07-039426-3. *29,50 F / 4,50 €*

02094 **MARX G.** Lettres de Groucho à sa fille Miriam : morceaux choisis par Miriam Marx Allen. *Seuil, 1995.* (Point-virgule c2)
ISBN 2-02-019890-8. *39 F / 5,95 €*

02095 **N** **MATTHIAS P.** Fêtes gourmandes. *J'ai lu, 2000.* (J'ai lu ; 7200. Bien-être cG)
ISBN 2-290-30290-2. *29 F / 4,42 €*

02096 **MATTHIEU J-L.** Les prénoms : 1300 prénoms : origine, signification, loi. *Ouest-France, 1998.* (Guide pratique de poche)
ISBN 2-7373-2330-4. *30 F / 4,57 €*

02097 **MAURIAC J.** La mort du général de Gaulle. *Grasset, 1999.* (Les Cahiers rouges ; 290)
ISBN 2-246-14512-0. *48 F / 7,32 €*

02098 **MAYLE P.** Une année en Provence. *Seuil, 1996.* (Points ; 252 c2)
ISBN 2-02-023704-0. *39 F / 5,95 €*

02099 **MAYLE P.** Provence toujours. *Seuil, 1997.* (Points ; 367 c7)
ISBN 2-02-028282-8. *35 F / 5,34 €*

02100 **A** **MCCULLERS C.** Illumination et nuits blanches. *10-18, 2001.* (10-18 ; 3277. Domaine étranger)
ISBN 2-264-03145-X. *55 F / 8,38 €*

02101 **MENCHU R.** Moi, Rigoberta Menchu : une vie et une voix, la révolution au Guatemala. *Gallimard, 1999.* (Folio ; 3170 c11)
ISBN 2-07-040743-8. *50 F / 7,62 €*

02102 **MERNISSI F.** Rêves de femme : une enfance au harem. *LGF, 1998.* (Le Livre de poche ; 14513 c6)
ISBN 2-253-14513-0. *26 F / 3,96 €*

02103 **MICHEL L.** La Commune, histoire et souvenirs. Nouv. éd. *La Découverte, 1999.* (La Découverte poche ; 65. Littérature et voyages)
ISBN 2-7071-2942-9. *75 F / 11,43 €*

02104 **MICHELET E.** Rue de la Liberté : Dachau, 1943-1945. Réimpr. *Seuil, 1998.* (Livre de vie ; 102)
ISBN 2-02-033449-6. *45 F / 6,86 €*

02105 **N** **MILAREPA** La vie. *Seuil, 2001.* (Points ; 159. Sagesses c9)
ISBN 2-02-048955-4. *42 F / 6,40 €*

02106 **MIN A.** L'Azalée rouge. *J'ai lu, 1996.* (J'ai lu ; 4329. Littérature générale c5)
ISBN 2-290-04329-X. *39 F / 5,95 €*

02107 **N** **MINOIS G.** Galilée. *PUF, 2000.* (Que sais-je? ; 3574 c1)
ISBN 2-13-050919-3. *42 F / 6,40 €*

02108 **MITTERRAND D.** Le printemps des insoumis. *LGF, 1998.* (Le Livre de poche ; 14536 c8)
ISBN 2-253-14536-X. *33 F / 5,03 €*

02109 **MITTERRAND F.** Les aigles foudroyés : la fin des Romanov, des Habsbourg et des Hohenzollern. *Pocket, 1998.* (Pocket ; 10417 c6)
ISBN 2-266-08250-7. *38 F / 5,79 €*

02110 **N** **MITTERRAND F.** Destins d'étoiles. *Pocket, 2000.* (Pocket ; 10442 c3B)
ISBN 2-266-08257-4. *28 F / 4,27 €*

02111 **N** **MOITESSIER B.** La longue route : seul entre mers et ciels. Réimpr. *J'ai lu, 2000.* (J'ai lu ; 3738. Littérature générale cL)
ISBN 2-290-30582-0. *45 F / 6,86 €*

02112 **MOLHO D.** François Mitterrand. *Milan, 1996.* (Les essentiels Milan ; 48)
ISBN 2-84113-386-9. *25 F / 3,81 €*

02113 **N** **MOLL G.** Yvonne de Gaulle : l'inattendue. *LGF, 2000.* (Le Livre de poche ; 14917 c12)
ISBN 2-253-14917-9. *44 F / 6,71 €*

02114 **N** **MONOD T.** Le chercheur d'absolu ; suivi de Textes de combat. Réimpr. *Gallimard, 1998.* (Folio ; 3120 c6)
ISBN 2-07-040441-2. *29,50 F / 4,50 €*

02115 **N** **MONOD T., ESTIBAL S.** Terre et ciel : entretiens avec Sylvain Estibal. Réimpr. *Actes Sud, 2000.* (Babel ; 364 c4)
ISBN 2-7427-2070-7. *51 F / 7,77 €*

02116 A **MONTPENSIER A. M. L. d. (. d.** Mémoires (1627-1643). *Mercure de France, 2001.* (Le petit Mercure)
ISBN 2-7152-2242-4. *22 F / 3,35 €*

02117 N **MORELLET A.** Mémoires de l'abbé Morellet. *Mercure de France, 2000.* (Le temps retrouvé)
ISBN 2-7152-2211-4. *59 F / 8,99 €*

02118 **MORIN E.** Mes démons. *Seuil, 1998.* (Points ; 528 c10)
ISBN 2-02-034400-9. *45 F / 6,86 €*

02119 **MORIN E.** Vidal et les siens. *Seuil, 1996.* (Points ; 300 c10)
ISBN 2-02-028523-1. *45 F / 6,86 €*

02120 **MOUSSEAU R.** Mon enfant, mon amour. Réimpr. *J'ai lu, 1998.* (J'ai lu ; 1196. Littérature générale c1)
ISBN 2-290-01196-7. *13 F / 1,98 €*

02121 N **MOUSTAKI G.** Les filles de la mémoire : souvenirs. *LGF, 2000.* (Le Livre de poche ; 14864 c6)
ISBN 2-253-14864-4. *26 F / 3,96 €*

02122 N **MOY J-Y.** Petite vie du père Anizan. *Desclée De Brouwer, 2000.* (Petite vie)
ISBN 2-220-04816-0. *65 F / 9,91 €*

02123 **MUGGERIDGE M.** Mère Teresa de Calcutta. Nouv. éd. *Seuil, 1998.* (Livre de vie ; 126 c8)
ISBN 2-02-033573-5. *39 F / 5,95 €*

02124 **MUKAGASANA Y.** N'aie pas peur de savoir. *J'ai lu, 2000.* (J'ai lu ; 5453. Littérature générale cK)
ISBN 2-290-30063-2. *42 F / 6,40 €*

02125 **MULLER D.** Une reine pas très catholique : Anne Boleyn, une biographie. *J'ai lu, 1998.* (J'ai lu ; 4911. Littérature générale c7)
ISBN 2-290-04911-5. *45 F / 6,86 €*

02126 **MURRAY C. S.** Jimi Hendrix : vie et légende. *Seuil, 1996.* (Points ; 215 c9)
ISBN 2-02-022492-5. *42 F / 6,40 €*

02127 **NADAR** Quand j'étais photographe. *Actes Sud, 1998.* (Babel ; 337)
ISBN 2-7427-1797-8. *39 F / 5,95 €*

02128 **NADAUD M.** Léonard, maçon de la Creuse. *La Découverte, 1998.* (La Découverte poche ; 52. Littérature et voyages)
ISBN 2-7071-2848-1. *85 F / 12,96 €*

02129 **NGUYEN P. L., WALTER G.** La montagne des parfums. *LGF, 1998.* (Le Livre de poche ; 14514 c15)
ISBN 2-253-14514-9. *50 F / 7,62 €*

02130 **NICOLAIEVSKI B., MAENCHEN-HELFEN O.** La vie de Karl Marx : l'homme et le lutteur. *Table ronde, 1997.* (La petite vermillon ; 77)
ISBN 2-7103-0784-7. *55 F / 8,38 €*

02131 **NIEMETZ S.** Stefan Zweig, le voyageur et ses mondes. *LGF, 1998.* (Le Livre de poche ; 14459 c17)
ISBN 2-253-14459-2. *60 F / 9,15 €*

02132 N **NIJINSKI V.** Cahiers. *Actes Sud, 2000.* (Babel ; 448 c4)
ISBN 2-7427-2919-4. *51 F / 7,77 €*

02133 N **NJIKÉ-BERGERET C.** Ma passion africaine. Réimpr. *J'ai lu, 2000.* (J'ai lu ; 4903. Littérature générale cJ)
ISBN 2-290-30979-6. *39 F / 5,95 €*

02134 **NOVAC A.** Les beaux jours de ma jeunesse : le seul journal jamais sorti d'un camp d'extermination nazi. *Gallimard, 1999.* (Folio ; 3164 c9)
ISBN 2-07-040320-3. *41 F / 6,25 €*

02135 **NUC O.** Jimi Hendrix. *Librio, 2000.* (Librio ; 342. Musique c1)
ISBN 2-290-30091-8. *10 F / 1,52 €*

02136 N **OBERKIRCH H. L. d. W. d. F. (. d.** Mémoires de la baronne d'Oberkirch. Nouv. éd. *Mercure de France, 2000.* (Le temps retrouvé)
ISBN 2-7152-2227-0. *66 F / 10,06 €*

02137 **OCKRENT C.** La mémoire du coeur. *LGF, 1998.* (Le Livre de poche ; 14447 c6)
ISBN 2-253-14447-9. *26 F / 3,96 €*

02138 **OUAKNIN M-A., OUAKNIN-ROTNEMER D.** Le livre des prénoms bibliques et hébraïques. *Albin Michel, 1997.* (Espaces libres ; 77 c6)
ISBN 2-226-09410-5. *59 F / 8,99 €*

02139 A **OUFKIR F.** Les jardins du roi : Oufkir, Hassan II et nous. *LGF, 2001.* (Le Livre de poche ; 15041)
ISBN 2-253-15041-X. *33 F / 5,03 €*

02140 N **OUFKIR M., FITOUSSI M.** La prisonnière. *LGF, 2000.* (Le Livre de poche ; 14884 c10)
ISBN 2-253-14884-9. *40 F / 6,10 €*

02141 **PAGÈS F.** Descartes et le cannabis. *Mille et une nuits, 1996.* (Les petits libres ; 8 cA)
ISBN 2-84205-056-8. *10 F / 1,52 €*

02142 **PAHOR B.** Pèlerin parmi les ombres. *Table ronde, 1996.* (La petite vermillon ; 53 c2)
ISBN 2-7103-0709-X. *45 F / 6,86 €*

02143 **PALDEN GYATSO** Le feu sous la neige : mémoires d'un moine tibétain : autobiographie. *Actes Sud, 1998.* (Babel ; 344 c5)
ISBN 2-7427-1897-4. *57 F / 8,69 €*

02144 **PANCOL K.** Une si belle image : Jackie Kennedy, 1929-1994. *Seuil, 1995.* (Points ; 156 c7)
ISBN 2-02-025909-5. *35 F / 5,34 €*

02145 **PANEN P.** Claude Michelet sur la terre des hommes. *Pocket, 1995.* (Pocket ; 3634. Best c4)
ISBN 2-266-00814-5. *30 F / 4,57 €*

02146 N **PANNEQUIN R.** Ami, si tu tombes : révolutions. *Actes Sud, 2000.* (Les années sans suite; 1)(Babel ; 444)
ISBN 2-7427-2899-6. *51 F / 7,77 €*

02147 **PASTOUREAU M.** Figures de l'héraldique. Réimpr. *Gallimard, 1996.* (Découvertes ; 284. Traditions c4)
ISBN 2-07-053365-4. *75 F / 11,43 €*

02148 **N** **PATTYN P.** Mon enfance assassinée : le long martyre d'une petite fille du nord de la France. Réimp. *J'ai lu, 2000.* (J'ai lu ; 4470. Littérature générale cG)
ISBN 2-290-30947-8. *29 F / 4,42 €*

02149 **PAWAR D.** Ma vie d'intouchable. *La Découverte, 1996.* (La Découverte poche ; 15. Essais)
ISBN 2-7071-2630-6. *60 F / 9,15 €*

02150 **PÉAN P.** L'extrémiste : François Genoud, de Hitler à Carlos. *LGF, 1998.* (Le Livre de poche ; 14500 c10)
ISBN 2-253-14500-9. *40 F / 6,10 €*

02151 **A** **PÉGUET T.** Juliette. *Zulma, 2001.* (Les prénoms de Zulma)
ISBN 2-84304-133-3. *49 F / 7,47 €*

02152 **PELLETIER M.** La ligne brisée. *J'ai lu, 1996.* (J'ai lu ; 4313. Littérature générale c2)
ISBN 2-290-04313-3. *22 F / 3,35 €*

02153 **N** **PEPYS S.** Journal. *Mercure de France, 2001.* (Le temps retrouvé)
ISBN 2-7152-2253-X. *55 F / 8,38 €*

02154 **PERNOUD R.** Hildegarde de Bingen : conscience inspirée du XIIe siècle. *LGF, 1996.* (Le Livre de poche ; 13913 c9)
ISBN 2-253-13913-0. *36 F / 5,49 €*

02155 **PERNOUD R.** Histoire et lumière. *Cerf, 1998.* (Paroles pour vivre)
ISBN 2-204-05932-3. *50 F / 7,62 €*

02156 **PERNOUD R.** J'ai nom Jeanne la Pucelle. *Gallimard, 1994.* (Découvertes ; 198. Histoire c4)
ISBN 2-07-053267-4. *75 F / 11,43 €*

02157 **PERNOUD R.** Jeanne d'Arc : la reconquête de la France. *Gallimard, 1997.* (Folio ; 2975 c11)
ISBN 2-07-040230-4. *29,50 F / 4,50 €*

02158 **PEYREFITTE A.** C'était de Gaulle. 1. *LGF, 1999.* (Le Livre de poche ; 14767 c15)
ISBN 2-253-14767-2. *50 F / 7,62 €*

02159 **PEYREFITTE A.** C'était de Gaulle. 2. *LGF, 1999.* (Le Livre de poche ; 14768 c15)
ISBN 2-253-14768-0. *50 F / 7,62 €*

02160 **PEYTRAL M.** Les couleurs du temps. *Cerf, 1998.* (Paroles pour vivre)
ISBN 2-204-05882-3. *50 F / 7,62 €*

02161 **N** **PICHOIS C., BRUNET A.** Colette. *LGF, 2000.* (Le Livre de poche ; 14934 c17)
ISBN 2-253-14934-9. *60 F / 9,15 €*

02162 **PLANELLES A.** La pitchoune. *LGF, 1997.* (Le Livre de poche ; 14174 c5)
ISBN 2-253-14174-7. *23 F / 3,51 €*

02163 **POIVRE D'ARVOR P.** Elle n'était pas d'ici. *LGF, 1997.* (Le Livre de poche ; 14146 c5)
ISBN 2-253-14146-1. *23 F / 3,51 €*

02164 **N** **POMMIES E.** Vincent d'Indy au service de la musique (1851-1931). *Séguier, 2001.* (Carré musique)
ISBN 2-84049-220-2. *48 F / 7,32 €*

02165 **PORETSKI E. K.** Les nôtres : vie et mort d'un agent soviétique. *Actes Sud, 1997.* (Babel ; 290. Révolutions c5)
ISBN 2-7427-1379-4. *57 F / 8,69 €*

02166 **POURTALÈS G. d.** La Vie de Franz Liszt. *Gallimard, 1983.* (Folio ; 1442 c10)
ISBN 2-07-037442-4. *46 F / 7,01 €*

02167 **PRATER D.** Stefan Zweig. *Table ronde, 1999.* (La petite vermillon)
ISBN 2-7103-0932-7. *55 F / 8,38 €*

02168 **N** **PRÉFAUT J-M.** Maman, pas l'hôpital !. Réimp. *J'ai lu, 2000.* (J'ai lu ; 5160. Littérature générale cl)
ISBN 2-290-30681-9. *36 F / 5,49 €*

02169 **A** **RAFKIN L.** Les moutons sous votre lit : mémoires curieuses et édifiantes d'une femme de ménage. *J'ai lu, 2001.* (J'ai lu ; 5862. Littérature générale)
ISBN 2-290-31058-1

02170 **RAICHVARG D.** Louis Pasteur : l'empire du microbe. *Gallimard, 1995.* (Découvertes ; 235. Sciences c5)
ISBN 2-07-053300-X. *85 F / 12,96 €*

02171 **N** **RAY M.** Autoportrait. Réimpr. *Actes Sud, 2000.* (Babel ; 310)
ISBN 2-7427-1765-X. *69 F / 10,52 €*

02172 **REBÉRIOUX M.** Jaurès : la parole et l'acte. *Gallimard, 1994.* (Découvertes ; 220. Histoire c5)
ISBN 2-07-053291-7. *85 F / 12,96 €*

02173 **RENOIR J.** Pierre-Auguste Renoir, mon père. Réimpr. *Gallimard, 1999.* (Folio ; 1292 c9)
ISBN 2-07-037292-8. *41 F / 6,25 €*

02174 **RETZ J-F. P. d. G. (. d.** Mémoires ; précédé de La conjuration du comte de Fiesque. *LGF, 1999.* (La Pochothèque ; 3249. Classiques modernes)
ISBN 2-253-13249-7. *140 F / 21,34 €*

02175 **REVEL J-F.** Mémoires : le voleur dans la maison vide. *Pocket, 1998.* (Pocket ; 10289 c12)
ISBN 2-266-07935-2. *60 F / 9,15 €*

02176 **RIGAUD J.** Le bénéfice de l'âge. *LGF, 1998.* (Le Livre de poche ; 22 c8)
ISBN 2-253-14422-3. *33 F / 5,03 €*

02177 **RIZZO J-L.** Pierre Mendès France. *La Découverte, 1994.* (Repères ; 157 c1)
ISBN 2-7071-2392-7. *52 F / 7,93 €*

02178 **A** **ROBERTS M.** L'homme qui sait parler aux chevaux. *Pocket, 2000.* (Pocket ; 10624)
ISBN 2-266-09212-X. *42 F / 6,40 €*

02179 **ROBYNS G.** La vie extraordinaire de Barbara Cartland. *J'ai lu, 1999.* (J'ai lu ; 5208. Littérature générale c5)
ISBN 2-290-05208-6. *39 F / 5,95 €*

02180 **N** **ROCHEFORT-PARISY H.** Henri Sauguet : un académicien autodidacte. *Séguier, 2000.* (Carré musique)
ISBN 2-84049-183-4. *85 F / 12,96 €*

02181 **RODINSON M.** Mahomet. Réimpr. *Seuil, 1994.* (Points ; 282. Essais)
ISBN 2-02-022033-4. *52 F / 7,93 €*

02182 **ROMILLY J. d.** Alcibiade ou Les dangers de l'ambition. *LGF, 1997.* (Le Livre de poche ; 14196 c9)
ISBN 2-253-14196-8. *36 F / 5,49 €*

02183 **N** **RONDEAU D.** Johnny. *Pocket, 2001.* (Pocket ; 11158 c4)
ISBN 2-266-10726-7. *30 F / 4,57 €*

02184 **N** **ROUART J-M.** Bernis le cardinal des plaisirs. *Gallimard, 2000.* (Folio ; 3411 c8)
ISBN 2-07-041279-2. *37 F / 5,64 €*

02185 **N** **ROZENBAUM W.** La vie est une maladie sexuellement transmissible constamment mortelle. *LGF, 2000.* (Le Livre de poche ; 14860)
ISBN 2-253-14860-1. *29 F / 4,42 €*

02186 **RUSSEL R.** Bird lives. *10-18, 1995.* (10-18 ; 2596. Documents c7)
ISBN 2-264-02208-6. *50 F / 7,62 €*

02187 **A** **SABLÉ E.** Isabelle. *Zulma, 2001.* (Les prénoms de Zulma)
ISBN 2-84304-131-7. *49 F / 7,47 €*

02188 **N** **SAFRANSKI R.** Heidegger et son temps. *LGF, 2000.* (Le Livre de poche ; 4307. Biblio essais c18)
ISBN 2-253-94307-X. *65 F / 9,91 €*

02189 **N** **SAINT-EXUPÉRY C. d.** Mémoires de la rose. *Pocket, 2001.* (Pocket ; 11166 c6)
ISBN 2-266-10764-X. *38 F / 5,79 €*

02190 **SAINT-FOIX G. d., WYZEWA T. d.** Wolfgang Amadeus Mozart : sa vie musicale et son oeuvre. *Laffont, 1986.* (Bouquins)
ISBN 2-221-90073-1. *240 F / 36,59 €*

02191 **SALINGER P.** De mémoire. *Gallimard, 1997.* (Folio ; 2953 c11)
ISBN 2-07-040219-3. *50 F / 7,62 €*

02192 **SAUBIN B.** Quand la porte s'ouvre. *Pocket, 1998.* (Pocket ; 10083 c4B)
ISBN 2-266-07184-X. *32 F / 4,88 €*

02193 **SAVIGNEAU J.** Carson McCullers : un coeur de jeune fille. *LGF, 1997.* (Le Livre de poche ; 14109 c12)
ISBN 2-253-14109-7. *44 F / 6,71 €*

02194 **SCHWEIGHOFFER N.** J'avais douze ans... Réimpr. *Pocket, 1992.* (Pocket ; 3709. Best c4)
ISBN 2-266-04261-0. *30 F / 4,57 €*

02195 **SELL M.** La loi, c'est l'amour. *Pocket, 1999.* (Pocket ; 10421 c4B)
ISBN 2-266-08194-2. *32 F / 4,88 €*

02196 **SHAPIRO M.** Dossier Gillian Anderson : la biographie non autorisée. *J'ai lu, 1997.* (J'ai lu ; 4573. Littérature générale c3)
ISBN 2-290-04573-X. *29 F / 4,42 €*

02197 **SHERGOLD M.** L'enfant qui ne voulait pas mourir. *J'ai lu, 1997.* (J'ai lu ; 4401. Littérature générale c4)
ISBN 2-290-04401-6. *36 F / 5,49 €*

02198 **SIMON A.** Molière ou La vie de Jean-Baptiste Poquelin. *Seuil, 1995.* (Points ; 175 c13)
ISBN 2-02-025990-7. *52 F / 7,93 €*

02199 **SINOUÉ G.** Le dernier pharaon : Méhémet-Ali (1770-1849). Réimp. *J'ai lu, 2000.* (J'ai lu ; 5097. Littérature générale cN)
ISBN 2-290-30682-7. *52 F / 7,93 €*

02200 **SIROT S.** Maurice Thorez. *Presses de Sciences Po, 2000.* (Références-Facettes)
ISBN 2-7246-0796-1. *90 F / 13,72 €*

02201 **SIX J-F.** Vie de Charles de Foucauld. *Seuil, 2000.* (Livre de vie ; 33 c14)
ISBN 2-02-039886-9. *55 F / 8,38 €*

02202 **SIX J-F.** Vie de Thérèse de Lisieux. Nouv. éd. *Seuil, 1997.* (Livre de vie ; 124)
ISBN 2-02-031042-2. *59 F / 8,99 €*

02203 **SOBEL D.** Longitude : l'histoire vraie du génie solitaire qui résolut le plus grand problème scientifique de son temps. *Seuil, 1998.* (Points ; 126. Sciences c2)
ISBN 2-02-033858-0. *39 F / 5,95 €*

02204 **SOISSON J-P.** Charles le Téméraire. *LGF, 1999.* (Le Livre de poche ; 14721 c12)
ISBN 2-253-14721-4. *44 F / 6,71 €*

02205 **SOLLERS P.** Le cavalier du Louvre : Vivant Denon, 1747-1825. *Gallimard, 1997.* (Folio ; 2938 c9)
ISBN 2-07-040046-8. *41 F / 6,25 €*

02206 **SOROS G.** Le défi de l'argent. *Pocket, 1998.* (Pocket ; 10419 c4)
ISBN 2-266-08216-7. *30 F / 4,57 €*

02207 **N** **SOUTY G.** Pour l'amour d'un père. Réimp. *J'ai lu, 2000.* (J'ai lu ; 5037. Littérature générale cE)
ISBN 2-290-30698-3. *22 F / 3,35 €*

02208 **N** **STEEL D.** Un rayon de lumière : l'histoire de Nick Traina, mon fils. *Pocket, 2000.* (Pocket ; 10907 c6)
ISBN 2-266-10017-3. *38 F / 5,79 €*

02209 **N** **STEINBERG P.** Chroniques d'ailleurs. *Pocket, 2000.* (Pocket ; 10247 c3B)
ISBN 2-266-07659-0. *28 F / 4,27 €*

02210 **STIL A.** Une vie à écrire : entretiens avec Jean-Claude Lebrun. *LGF, 1995.* (Le Livre de poche ; 13881 c8)
ISBN 2-253-13881-9. *33 F / 5,03 €*

02211 **SULTANA P. s., SASSON J. P.** Les filles de Sultana. *Pocket, 1997.* (Pocket ; 10118. Best c5)
ISBN 2-266-07332-X. *35 F / 5,34 €*

02212 **SULTANA P. s., SASSON J. P.** Sultana. *Pocket, 1994.* (Pocket ; 3633 c5)
ISBN 2-266-00815-3. *35 F / 5,34 €*

02213 **SUTTON N.** Bruno Bettelheim : une vie. *Hachette Littératures, 1997.* (Pluriel ; 875)
ISBN 2-01-278875-0. *80 F / 12,20 €*

02214 **SZAFRAN M.** Simone Veil : destin. *J'ai lu, 1996.* (J'ai lu ; 4140. Littérature générale c4)
ISBN 2-277-24140-7. *36 F / 5,49 €*

02215 **TABARLY E.** Mémoires du large. *LGF, 1998.* (Le Livre de poche ; 14448 c8)
ISBN 2-253-14448-7. *33 F / 5,03 €*

02216 **TADIÉ J-Y.** Marcel Proust. 1. *Gallimard, 1999.* (Folio ; 3213 c10)
ISBN 2-07-040887-6. *46 F / 7,01 €*

02217 **TADIÉ J-Y.** Marcel Proust. 2. *Gallimard, 1999.* (Folio ; 3214 c10)
ISBN 2-07-040980-5. *46 F / 7,01 €*

02218 **TADIÉ J-Y.** Marcel Proust. *Gallimard, 1999.* (Folio)
ISBN 2-07-040981-3. *41 F / 6,25 €*

02219 **TAPIE B.** Librement. *Pocket, 1999.* (Pocket ; 10634 c4B)
ISBN 2-266-09077-1. *32 F / 4,88 €*

02220 **N** **TAPPERT H.** Derrick et moi : mes deux vies. *LGF, 2000.* (Le Livre de poche ; 14932 c9)
ISBN 2-253-14932-2. *36 F / 5,49 €*

02221 **TERESA (missionnaire de la Charité)** Un chemin tout simple. *Pocket, 1997.* (Pocket ; 10146. Best c3)
ISBN 2-266-07474-1. *26 F / 3,96 €*

02222 **THÉRÈSE D'AVILA (sainte)** Vie écrite par elle-même. *Seuil, 1995.* (Points. Sagesses ; 100 c11)
ISBN 2-02-026136-7. *48 F / 7,32 €*

02223 **THIÈRY D.** La petite-fille de Marie Gare. *Pocket, 1998.* (Pocket ; 10360 c4)
ISBN 2-266-08060-1. *30 F / 4,57 €*

02224 **N** **THOMAS E.** Le viol du silence. Réimpr. *J'ai lu, 2000.* (J'ai lu ; 2527. Littérature générale cG)
ISBN 2-290-30597-9. *29 F / 4,42 €*

02225 **THOUIN L.** De l'autre côté des choses : le miracle de la vie. *Pocket, 1999.* (Pocket ; 10340)
ISBN 2-266-07945-X. *42 F / 6,40 €*

02226 **TILLION G., LACOUTURE J.** La traversée du mal : entretiens avec Jean Lacouture. *Arléa, 2000.* (Arléa-poche ; 66)
ISBN 2-86959-498-4. *35 F / 5,34 €*

02227 **TODD O.** Albert Camus, une vie. *Gallimard, 1999.* (Folio ; 3263 c16)
ISBN 2-07-041062-5. *66 F / 10,06 €*

02228 **A** **TOMKIEWICZ S.** Adolescence volée. *Hachette Littératures, 2001.* (Pluriel ; 9013 c5)
ISBN 2-01-279013-5. *45 F / 6,86 €*

02229 **A** **TOMKINS C.** Tendre est la vie. *Table ronde, 2001.* (La petite vermillon)
ISBN 2-7103-2412-1. *55 F / 8,38 €*

02230 **N** **TOP D.** Albert Roussel. *Séguier, 2000.* (Carré musique)
ISBN 2-84049-194-X. *80 F / 12,20 €*

02231 **N** **TOULOUSE-LA-ROSE** La véritable biographie maspérisatrice de Guy-Ernest Debord : considérée sous ses aspects orduriers, cancaniers, folkloriques, malveillants, nauséabonds, fielleux, et notamment vulgaires et du manque de moyens pour y remédier... *Talus d'approche, 2000.* (Libre choix ; 8)
ISBN 2-87246-078-0. *57 F / 8,69 €*

02232 **N** **TOURLIER P.** Conduite à gauche : mémoires du chauffeur de François Mitterrand. *J'ai lu, 2001.* (J'ai lu ; 5756. Littérature générale cH)
ISBN 2-290-30906-0. *32 F / 4,88 €*

02233 **A** **TOURNILLON N.** Nathalie. *Zulma, 2001.* (Les prénoms de Zulma c1)
ISBN 2-84304-159-7. *49 F / 7,47 €*

02234 **TREDEZ F.** Georges Brassens. *Librio, 1999.* (Librio ; 295. Musique c1)
ISBN 2-277-30295-3. *10 F / 1,52 €*

02235 **N** **TREDEZ F.** Madonna. *Librio, 2000.* (Librio ; 405. Musique c1)
ISBN 2-290-30742-4. *10 F / 1,52 €*

02236 **TROYAT H.** Balzac. *J'ai lu, 1997.* (J'ai lu ; 4492. Littérature générale c8)
ISBN 2-290-04492-X. *49 F / 7,47 €*

02237 **TROYAT H.** Baudelaire. *LGF, 1995.* (Le Livre de poche ; 13876 c10)
ISBN 2-253-13876-2. *40 F / 6,10 €*

02238 **TROYAT H.** Catherine la Grande. *J'ai lu, 1984.* (J'ai lu ; 1618. Littérature générale c7)
ISBN 2-290-01618-7. *45 F / 6,86 €*

02239 **N** **TROYAT H.** Nicolas II : le dernier tsar. Réimpr. *J'ai lu, 2000.* (J'ai lu ; 3481. Littérature générale cJ)
ISBN 2-290-30852-8. *39 F / 5,95 €*

02240 **N** **TROYAT H.** Pierre le Grand. Réimpr. *J'ai lu, 2000.* (J'ai lu ; 1723. Littérature générale cJ)
ISBN 2-290-30853-6. *39 F / 5,95 €*

02241 **N** **TROYAT H.** Raspoutine. Réimp. *J'ai lu, 2000.* (J'ai lu ; 4807. Littérature générale cI)
ISBN 2-290-30607-X. *36 F / 5,49 €*

02242 **N** **TROYAT H.** Terribles tsarines. *LGF, 2001.* (Le Livre de poche ; 14983 c7)
ISBN 2-253-14983-7. *30 F / 4,57 €*

02243 **TROYAT H.** Verlaine. *LGF, 1996.* (Le Livre de poche ; 13962 c9)
ISBN 2-253-13962-9. *36 F / 5,49 €*

02244 **TROYAT H.** Zola. *LGF, 1994.* (Le Livre de poche ; 13537 c9)
ISBN 2-253-13537-2. *36 F / 5,49 €*

02245 **TUCOO-CHALA P.** Gaston Fébus, grand prince médiéval, 1331-1391. *J & D, 1996.* (J et D poche ; 1)
ISBN 2-84127-090-4. *70 F / 10,67 €*

02246 **UNGEMUTH N.** David Bowie. *Librio, 1999.* (Librio ; 266. Musique)
ISBN 2-277-30266-X. *10 F / 1,52 €*

02247 **A** **VALLET S.** Nicolas. *Zulma, 2001.* (Les prénoms de Zulma)
ISBN 2-84304-135-X. *49 F / 7,47 €*

02248 **A** **VALLET S.** Sophie. *Zulma, 2001.* (Les prénoms de Zulma c1)
ISBN 2-84304-161-9. *49 F / 7,47 €*

02249 **A** **VALLET S.** Tristan. *Zulma, 2001.* (Les prénoms de Zulma)
ISBN 2-84304-141-4. *49 F / 7,47 €*

02250 **VALTIN J.** Sans patrie ni frontières. *Actes Sud, 1997.* (Babel ; 238. Révolutions c9)
ISBN 2-7427-0915-0. *80 F / 12,20 €*

02251 **VAN DER MEERSCH M.** La petite sainte Thérèse. *Albin Michel, 1997.* (Espaces libres ; 81 c4)
ISBN 2-226-09556-X. *49 F / 7,47 €*

02252 **VAN GOGH V.** Dernières lettres. *Mille et une nuits, 1998.* (La petite collection ; 212 c3)
ISBN 2-84205-354-0. *13 F / 1,98 €*

02253 **VANDROMME P.** Jacques Brel, l'exil du far west. *Table ronde, 1998.* (La petite vermillon ; 94)
ISBN 2-7103-0877-0. *45 F / 6,86 €*

02254 **VEGH C.** Je ne lui ai pas dit au revoir : des enfants de déportés parlent. *Gallimard, 1996.* (Folio ; 2899 c11)
ISBN 2-07-040085-9. *29,50 F / 4,50 €*

02255 **VERGÈS J.** J'ai plus de souvenirs que si j'avais mille ans. *J'ai lu, 1999.* (J'ai lu ; 5240. Littérature générale c4)
ISBN 2-290-05240-X. *36 F / 5,49 €*

02256 **VEYNE P., DARBO-PESCHANSKI C.** Le quotidien et l'intéressant : entretiens avec Catherine Darbo-Peschanski. *Hachette Littératures, 1997.* (Pluriel ; 8817 c4)
ISBN 2-01-278817-3. *58 F / 8,84 €*

02257 **A** **VICTOR C.** Le coeur d'un couple. *J'ai lu, 2001.* (J'ai lu ; 5921. Littérature générale)
ISBN 2-290-31169-3

02258 **VICTOR P-E.** Dialogues à une voix. *Pocket, 1999.* (Pocket ; 10098 c4B)
ISBN 2-266-07341-9. *32 F / 4,88 €*

02259 **VIDOCQ F.** Les voleurs. *Laffont, 1998.* (Mémoires; 1)(Bouquins)
ISBN 2-221-08040-8. *159 F / 24,24 €*

02260 **VIGAND P., VIGAND S.** Putain de silence !. *LGF, 1999.* (Le Livre de poche ; 14606 c6)
ISBN 2-253-14606-4. *26 F / 3,96 €*

02261 **VILLERS C.** Les grands aventuriers. *Pocket, 1996.* (Marchand d'histoires; 2)(Pocket ; 4481. Best c5)
ISBN 2-266-07101-7. *35 F / 5,34 €*

02262 **VILLERS C.** Les grands voyageurs. *Pocket, 1995.* (Marchand d'histoires; 1)(Pocket ; 4314 c4)
ISBN 2-266-06446-0. *30 F / 4,57 €*

02263 **N** **VILOTEAU N.** La femme aux serpents. Réimp. *J'ai lu, 2000.* (J'ai lu ; 2022. Littérature générale cl)
ISBN 2-290-30945-1. *36 F / 5,49 €*

02264 **VINCENOT C.** Le maître du bonheur : mon père Henri Vincenot. *LGF, 1997.* (Le Livre de poche ; 14095 c7)
ISBN 2-253-14095-3. *30 F / 4,57 €*

02265 **A** **VINCENT P.** Alice. *Zulma, 2001.* (Les prénoms de Zulma)
ISBN 2-84304-122-8. *49 F / 7,47 €*

02266 **A** **VINCENT P.** Joseph. *Zulma, 2001.* (Les prénoms de Zulma)
ISBN 2-84304-132-5. *49 F / 7,47 €*

02267 **A** **VINCENT P.** Pierre. *Zulma, 2001.* (Les prénoms de Zulma c1)
ISBN 2-84304-160-0. *49 F / 7,47 €*

02268 **A** **VIOLET B.** Les mystères Delon : la biographie non autorisée. *J'ai lu, 2001.* (J'ai lu ; 5901. Littérature générale)
ISBN 2-290-31223-1

02269 **A** **VITAL V.** Arthur. *Zulma, 2001.* (Les prénoms de Zulma)
ISBN 2-84304-124-4. *49 F / 7,47 €*

02270 **VITOUX F.** Bébert : le chat de Louis-Ferdinand Céline. *Grasset, 1994.* (Les Cahiers rouges ; 194)
ISBN 2-246-03872-3. *48 F / 7,32 €*

02271 **VLADY M.** Du coeur au ventre. *LGF, 1997.* (Le Livre de poche ; 14265 c5)
ISBN 2-253-14265-4. *23 F / 3,51 €*

02272 **N** **VRAY N.** Monsieur Monod : scientifique, voyageur et protestant. *Actes Sud, 2000.* (Babel ; 445)
ISBN 2-7427-2900-3. *69 F / 10,52 €*

02273 **N** **VUILLAUME M.** Mes cahiers rouges au temps de la Commune. Réimpr. *Actes Sud, 2000.* (Babel ; 312. Révolutions c6)
ISBN 2-7427-1463-4. *63 F / 9,60 €*

02274 **WAGENER F.** La reine Hortense : 1783-1837. *LGF, 1995.* (Le Livre de poche ; 13597 c10)
ISBN 2-253-13597-6. *40 F / 6,10 €*

02275 **WELLES O., BOGDANOVICH P.** Moi, Orson Welles : entretiens avec Peter Bogdanovich. *Seuil, 1996.* (Point-virgule c12)
ISBN 2-02-021096-7. *50 F / 7,62 €*

02276 **WIESEL E.** Et la mer n'est pas remplie. *Seuil, 1998.* (Mémoires; 2)(Points ; 502 c14)
ISBN 2-02-033921-8. *55 F / 8,38 €*

02277 **N** **WILHELMINE FRÉDÉRIQUE SOPHIE (margrave de Bayreuth)** Mémoires. *Mercure de France, 2001.* (Le temps retrouvé)
ISBN 2-7152-2254-8. *55 F / 8,38 €*

02278 **A** **WILKOMIRSKI B.** Fragments d'une enfance, 1939-1948. *Pocket, 2099.* (Pocket ; 10348)
ISBN 2-266-08004-0. *38 F / 5,79 €*

02279 **WOLFE D.** Marilyn Monroe : enquête sur un assassinat. *J'ai lu, 2000.* (J'ai lu ; 5400. Littérature générale cO)
ISBN 2-290-30001-2. *55 F / 8,38 €*

02280 **A** **WORONOFF D.** François de Wendel. *Presses de Sciences Po, 2001.* (Références-Facettes)
ISBN 2-7246-0805-4

02281 **ZWEIG S.** Balzac : le roman de sa vie. *LGF, 1996.* (Le Livre de poche ; 13925 c12)
ISBN 2-253-13925-4. *44 F / 6,71 €*

02282 **ZWEIG S.** Erasme : grandeur et décadence d'une idée. *LGF, 1996.* (Le Livre de poche ; 14019 c7)
ISBN 2-253-14019-8. *30 F / 4,57 €*

02283 **ZWEIG S.** Fouché. *LGF, 2000.* (Le Livre de poche ; 14796 c7)
ISBN 2-253-14796-6. *30 F / 4,57 €*

02284 **ZWEIG S.** La Guérison par l'esprit. *LGF, 1994.* (Le Livre de poche ; 9524 c9)
ISBN 2-253-06488-2. *36 F / 5,49 €*

02285 **ZWEIG S.** Marie-Antoinette. *LGF, 1999.* (Le Livre de poche ; 14669 c13)
ISBN 2-253-14669-2. *46 F / 7,01 €*

02286 **N** **ZWEIG S.** Marie Stuart. *Grasset, 2000.* (Les Cahiers rouges ; 300)
ISBN 2-246-16825-2. *65 F / 9,91 €*

02287 **ZWEIG S.** Nietzsche. *Stock, 1996.* (Bibliothèque cosmopolite c1)
ISBN 2-234-04595-9. *50 F / 7,62 €*

Economie Droit Gestion

02288 **A l'Est, en Europe :** des économies en transition. *Presses de la Fondation nationale des sciences politiques, 1990.* (Références ; 25)
ISBN 2-7246-0590-X. *80 F / 12,20 €*

02289 **N** **ABATE B.** La nouvelle gestion publique. *LGDJ, 2000.* (Systèmes. Collectivités locales)
ISBN 2-275-01908-1. *100 F / 15,24 €*

02290 **ABRAHAM-FROIS G.** Les fluctuations économiques : analyses contemporaines. *Economica, 1995.* (Economie-poche ; 22 c1)
ISBN 2-7178-2854-0. *49 F / 7,47 €*

02291 **N** **ADANS B., BOYER B., LAURENT P.** La comptabilité communale. 2e éd. *LGDJ, 2001.* (Politiques locales)
ISBN 2-275-01990-1. *55 F / 8,38 €*

02292 **N** **ADDA J.** La mondialisation de l'économie. 1, La genèse. Nouv. éd. *La Découverte, 2001.* (Repères ; 198 c1)
ISBN 2-7071-3418-X. *52 F / 7,93 €*

02293 **N** **ADDA J.** La mondialisation de l'économie. 2, Les problèmes. Nouv. éd. *La Découverte, 2001.* (Repères ; 199 c1)
ISBN 2-7071-3419-8. *52 F / 7,93 €*

02294 **ADRET** Travailler deux heures par jour. *Seuil, 1979.* (Points. Actuels ; 23 c1)
ISBN 2-02-005077-3. *32 F / 4,88 €*

02295 **AFTALION F.** L'économie de la Révolution française. *PUF, 1996.* (Quadrige ; 204)
ISBN 2-13-047422-5. *78 F / 11,89 €*

02296 **AFTALION F., PONCET P., PORTRAIT ROLAND** La théorie du portefeuille. *PUF, 1998.* (Que sais-je? ; 3451 c1)
ISBN 2-13-049768-3. *42 F / 6,40 €*

02297 **N** **AGLIETTA M.** Macroéconomie financière. 1, Finance, croissance et cycles. 3e éd. *La Découverte, 2001.* (Repères ; 307 c1)
ISBN 2-7071-3393-0. *52 F / 7,93 €*

02298 **N** **AGLIETTA M.** Macroéconomie financière. 2, Crises financières et régulation monétaire. 3e éd. *La Découverte, 2001.* (Repères ; 308 c1)
ISBN 2-7071-3394-9. *52 F / 7,93 €*

02299 **N** **AGUER S., COROUGE-GUERREIRO A.** L'entretien d'embauche réussi. *De Vecchi, 2001.* (De Vecchi poche)
ISBN 2-7328-4238-9. *33 F / 5,03 €*

02300 **A** **AGUER S., COROUGE-GUERREIRO A.** L'entretien d'embauche réussi. *De Vecchi, 2001.* (De Vecchi poche)
33 F / 5,03 €

02301 **ALAOUI A. e.** Guide des marchés mondiaux. *Economica, 1996.* (Cyclope-poche ; 5)
ISBN 2-7178-3150-9. *49 F / 7,47 €*

02302 **ALBERT J-L., PEREAU J-L.** L'exécution des budgets locaux. *Economica, 1997.* (Finances publiques-poche ; 6 c1)
ISBN 2-7178-3387-0. *49 F / 7,47 €*

02303 **ALBERT M.** Capitalisme contre capitalisme. Réimpr. *Seuil, 1998.* (Points ; 477 c11)
ISBN 2-02-033427-5. *48 F / 7,32 €*

02304 **ALBERT M.** Le Pari français. Nouv. éd. ref. et augm. *Seuil, 1985.* (Points. Politique ; 127 c14)
ISBN 2-02-008654-9. *55 F / 8,38 €*

02305 **ALBERTINI J-M.** L'argent de la France : à quoi servent nos impôts ?. *Milan, 2000.* (Les essentiels Milan ; 166 c1)
ISBN 2-7459-0037-4. *25 F / 3,81 €*

02306 **ALBERTINI J-M.** L'argent. *Milan, 1997.* (Les essentiels Milan ; 71 c1)
ISBN 2-84113-494-6. *25 F / 3,81 €*

02307 **ALBERTINI J-M.** L'économie de la France. *Milan, 1996.* (Les essentiels Milan ; 18 c1)
ISBN 2-84113-278-1. *25 F / 3,81 €*

02308 **ALBERTINI J-M.** Mondialisation et stratégies industrielles. *Milan, 1999.* (Les essentiels Milan ; 134 c1)
ISBN 2-84113-792-9. *25 F / 3,81 €*

02309 **ALBERTINI J-M.** Pour en finir avec le chômage. *Milan, 1998.* (Les essentiels Milan ; 99 c1)
ISBN 2-84113-610-8. *25 F / 3,81 €*

02310 **ALBERTINI J-M.** Des Sous et des hommes : ce que vous n'avez jamais osé demander à un économiste. *Seuil, 1985.* (Point-virgule ; 36 c4)
ISBN 2-02-008947-5. *52 F / 7,93 €*

02311 **ALBERTINI J-M., SILEM A.** Clés de lecture. *Seuil, 1983.* (Comprendre les théories économiques; 1)(Points. Economie c5)
ISBN 2-02-006567-3. *55 F / 8,38 €*

02312 **ALBERTINI J-M., SILEM A.** Petit guide de grands courants. *Seuil, 1983.* (Comprendre les théories économiques; 2)(Points. Economie c4)
ISBN 2-02-006568-1. *52 F / 7,93 €*

02313 **ALBOUY-DELPONTE I.** L'agriculture de la France. *Milan, 1997.* (Les essentiels Milan ; 84 c1)
ISBN 2-84113-535-7. *25 F / 3,81 €*

02314 **ALLA F., PY B.** Droit de la santé, textes juridiques. *PUF, 1997.* (Que sais-je? ; 3215 c1)
ISBN 2-13-048051-9. *42 F / 6,40 €*

02315 **ALLAND D.** Les textes du droit de l'asile. *PUF, 1998.* (Que sais-je? ; 3437 c1)
ISBN 2-13-049647-4. *42 F / 6,40 €*

02316 **ALLIX D.** Le droit pénal. *LGDJ, 2000.* (Systèmes)
ISBN 2-275-01868-9. *100 F / 15,24 €*

02317 **ALLOUCHE J., SCHMIDT G.** Les outils de la décision stratégique. 1, Avant 1980. *La Découverte, 1995.* (Repères ; 162 c1)
ISBN 2-7071-2407-9. *52 F / 7,93 €*

02318 **ALLOUCHE J., SCHMIDT G.** Les outils de la décision stratégique. 2, Depuis 1980. *La Découverte, 1995.* (Repères ; 163 c1)
ISBN 2-7071-2408-7. *52 F / 7,93 €*

02319 [N] **ALMEIDA N. d., LIBAERT T.** La communication interne de l'entreprise. 2e éd. *Dunod, 2000.* (Les topos. Eco gestion c1)
ISBN 2-10-005313-2. *52 F / 7,93 €*

02320 **ALT E., LUC I.** La lutte contre la corruption. *PUF, 1997.* (Que sais-je? ; 3258 c1)
ISBN 2-13-048542-1. *42 F / 6,40 €*

02321 **AMADIEU J-F., CADIN L.** Compétence et organisation qualifiante. *Economica, 1996.* (Gestion-poche ; 36 c1)
ISBN 2-7178-3024-3. *49 F / 7,47 €*

02322 [N] **AMELLER M., BERGOUGNOUS G.** L'Assemblée nationale. 2e éd. mise à jour. *PUF, 2000.* (Que sais-je? ; 2897 c1)
ISBN 2-13-050845-6. *42 F / 6,40 €*

02323 **AMMON G.** L'Europe des régions. *Economica, 1996.* (Economie-poche ; 30 c1)
ISBN 2-7178-3048-0. *49 F / 7,47 €*

02324 **AMNESTY INTERNATIONAL** Les Disparus : rapport sur une nouvelle technique de répression. *Seuil, 1982.* (Points. Politique ; 115 c8)
ISBN 2-02-006065-5. *39 F / 5,95 €*

02325 **ANANOU T.** Investissement et capital. *Seuil, 1997.* (Mémo ; 73 c1)
ISBN 2-02-030907-6. *29 F / 4,42 €*

02326 [N] **ANDOLFATTO D., LABBÉ D.** Sociologie des syndicats. *La Découverte, 2000.* (Repères ; 304 c1)
ISBN 2-7071-3257-8. *52 F / 7,93 €*

02327 **ANDRÉ C., SICOT C.** Le Chômage dans les pays industrialisés. *Syros, 1994.* (Alternatives économiques. Poches)
ISBN 2-84146-066-5. *49 F / 7,47 €*

02328 **ANDREFF W.** Les multinationales globales. *La Découverte, 1996.* (Repères ; 187 c1)
ISBN 2-7071-2534-2. *52 F / 7,93 €*

02329 [N] **ANDREFF W., NYS J-F.** Économie du sport. 4e éd. mise à jour. *PUF, 2001.* (Que sais-je? ; 2294 c1)
ISBN 2-13-051393-X. *42 F / 6,40 €*

02330 **ANGIBAUD B.** Le Parquet. *PUF, 1999.* (Que sais-je? ; 3474 c1)
ISBN 2-13-049942-2. *42 F / 6,40 €*

02331 [N] **ARCHIER G., SERIEYX H.** L'entreprise du troisième type. Nouv. éd. mise à jour. *Seuil, 2000.* (Points. Economie ; 24 c13)
ISBN 2-02-040350-1. *50 F / 7,62 €*

02332 **ARNOULT E., MONNIER F.** Le Conseil d'Etat : juger, conseiller, servir. *Gallimard, 1999.* (Découvertes ; 388. Histoire)
ISBN 2-07-053491-X. *65 F / 9,91 €*

02333 **ARROUS J.** Les théories de la croissance. *Seuil, 1999.* (La pensée économique contemporaine; 3)(Points. Economie ; 43 c11)
ISBN 2-02-021506-3. *48 F / 7,32 €*

02334 **ARTUS P.** Anomalies sur les marchés financiers. *Economica, 1995.* (Economie-poche ; 16 c1)
ISBN 2-7178-2764-1. *49 F / 7,47 €*

02335 **ARTUS P.** Déficits publics : théorie et pratique. *Economica, 1996.* (Economie-poche ; 34 c1)
ISBN 2-7178-3117-7. *49 F / 7,47 €*

02336 **ARTUS P.** Economie des taux de change. *Economica, 1997.* (Economie-poche ; 45 c1)
ISBN 2-7178-3431-1. *49 F / 7,47 €*

02337 **ARTUS P.** Macroéconomie. *Economica, 1995.* (Economie-poche ; 27 c1)
ISBN 2-7178-2947-4. *49 F / 7,47 €*

02338 [A] **ARTUS P.** La nouvelle économie. *La Découverte, 2000.* (Repères ; 303 c1)
ISBN 2-7071-3335-3. *52 F / 7,93 €*

02339 **ARTUS P., MUET P-A.** Théories du chômage. *Economica, 1995.* (Economie-poche ; 17 c01)
ISBN 2-7178-2769-2. *49 F / 7,47 €*

02340 **ARVISENET P. d.** La politique économique conjoncturelle. *Dunod, 1999.* (Les topos. Eco gestion c1)
ISBN 2-10-003542-8. *52 F / 7,93 €*

02341 [N] **ASSERAF-OLIVIER F., BARBRY E.** Le droit du multimédia : du CD-ROM à l'Internet. 2e éd. mise à jour. *PUF, 2000.* (Que sais-je? ; 3219 c1)
ISBN 2-13-050630-5. *42 F / 6,40 €*

02342 **ASSIDON E.** Les théories économiques du développement. *La Découverte, 2000.* (Repères ; 108 c1)
ISBN 2-7071-3181-4. *52 F / 7,93 €*

02343 [N] **ASSOCIATION POUR UNE TAXATION DES TRANSACTIONS FINANCIRES POUR L'AIDE AUX CITOYENS** Avenue du plein emploi. *Mille et une nuits, 2001.* (Les petits libres ; 33)
ISBN 2-84205-521-7. *15 F / 2,29 €*

02344 **N** **ASSOCIATION POUR UNE TAXATION DES TRANSACTIONS FINANCIRES POUR L'AIDE AUX CITOYENS** Les paradis fiscaux ou La finance sans loi. *Mille et une nuits, 2000.* (Les petits libres ; 30)
ISBN 2-84205-485-7. *10 F / 1,52 €*

02345 **N** **ASSOCIATION POUR UNE TAXATION DES TRANSACTIONS FINANCIRES POUR L'AIDE AUX CITOYENS** Tout sur ATTAC. *Mille et une nuits, 2000.* (Les petits libres ; 29)
ISBN 2-84205-484-9. *10 F / 1,52 €*

02346 **ATIAS C.** Le Droit civil. 4e éd. *PUF, 1993.* (Que sais-je? ; 2161 c1)
ISBN 2-13-045198-5. *42 F / 6,40 €*

02347 **ATIAS C.** Epistémologie du droit. *PUF, 1994.* (Que sais-je? ; 2840 c1)
ISBN 2-13-046067-4. *42 F / 6,40 €*

02348 **ATTALI J.** Analyse économique de la vie politique. 2e éd. *PUF, 1981.* (Quadrige ; 13)
ISBN 2-13-037023-3. *47 F / 7,17 €*

02349 **ATTALI J., GUILLAUME M.** L'Anti-économique. *PUF, 1990.* (Quadrige ; 114)
ISBN 2-13-042811-8. *51 F / 7,77 €*

02350 **AUBERT J-L.** Introduction au droit. 7e éd. *PUF, 1993.* (Que sais-je? ; 1808 c1)
ISBN 2-13-045290-6. *42 F / 6,40 €*

02351 **AUBERTIN C., VIVIEN F-D.** Les enjeux de la biodiversité. *Economica, 1998.* (Environnement-poche ; 10 c1)
ISBN 2-7178-3492-3. *49 F / 7,47 €*

02352 **AUBIN C., NOREL P.** Economie internationale : faits, théories et politiques. *Seuil, 2000.* (Points ; 47. Economie c14)
ISBN 2-02-036112-4. *55 F / 8,38 €*

02353 **AUBRET J., GILBERT P.** Psychologie de la ressource humaine. *PUF, 1997.* (Que sais-je? ; 3288 c1)
ISBN 2-13-048629-0. *42 F / 6,40 €*

02354 **AUBY J-F.** La Délégation de service public. *PUF, 1995.* (Que sais-je? ; 3027 c1)
ISBN 2-13-047282-6. *42 F / 6,40 €*

02355 **AUBY J-F.** Les services publics en Europe. *PUF, 1998.* (Que sais-je? ; 3414 c1)
ISBN 2-13-049484-6. *42 F / 6,40 €*

02356 **AUDRERIE D.** La notion et la protection du patrimoine. *PUF, 1997.* (Que sais-je? ; 3304 c1)
ISBN 2-13-048702-5. *42 F / 6,40 €*

02357 **AUDRERIE D., SOUCHIER R., VILAR L.** Le patrimoine mondial. *PUF, 1998.* (Que sais-je? ; 3436 c1)
ISBN 2-13-049646-6. *42 F / 6,40 €*

02358 **AUDROING J-F.** Les industries agro-alimentaires. *Economica, 1995.* (Economie-poche ; 21 c1)
ISBN 2-7178-2833-8. *49 F / 7,47 €*

02359 **Automobilistes, quels sont vos droits :** le guide complet. 2e éd. *Seconde, 1996.* (Droits en poche)
ISBN 2-911433-01-7. *89 F / 13,57 €*

02360 **AZNAR G.** Emploi, la grande mutation. Ed. rev. et corr. *Hachette Littératures, 1998.* (Pluriel ; 890 c3)
ISBN 2-01-278890-4. *35 F / 5,34 €*

02361 **BADINTER R.** Un antisémitisme ordinaire : Vichy et les avocats juifs, 1940-1944. *LGF, 1999.* (Le Livre de poche ; 14747 c9)
ISBN 2-253-14747-8. *36 F / 5,49 €*

02362 **BADINTER R.** L'Exécution. *LGF, 1976.* (Le Livre de poche ; 3454 c5)
ISBN 2-253-01122-3. *23 F / 3,51 €*

02363 **BAECHLER J.** Le capitalisme. 1, Les origines. *Gallimard, 1995.* (Folio ; 64. Histoire c7)
ISBN 2-07-032841-4. *60 F / 9,15 €*

02364 **BAGUENARD J.** La Décentralisation. 4e éd. rev. *PUF, 1994.* (Que sais-je? ; 1879 c1)
ISBN 2-13-046068-2. *42 F / 6,40 €*

02365 **BAICET G.** Economie de l'Italie. *La Découverte, 1995.* (Repères ; 175 c1)
ISBN 2-7071-2470-2. *52 F / 7,93 €*

02366 **BAIROCH P.** Mythes et paradoxes de l'histoire économique. Nouv. éd. *La Découverte, 1999.* (La Découverte poche ; 62. Sciences humaines et sociales)
ISBN 2-7071-2926-7. *69 F / 10,52 €*

02367 **BAIROCH P.** Le Tiers-monde dans l'impasse : le démarrage économique du XVIIIe au XXe siècle. 3e éd. *Gallimard, 1992.* (Folio ; 26. Actuel ; 26 cK)
ISBN 2-07-032660-8. *76,50 F / 11,66 €*

02368 **BAIROCH P.** Victoires et déboires. 1. *Gallimard, 1997.* (Folio ; 78. Histoire c7)
ISBN 2-07-032976-3. *60 F / 9,15 €*

02369 **BAIROCH P.** Victoires et déboires. 2. *Gallimard, 1997.* (Folio ; 79. Histoire c10)
ISBN 2-07-032977-1. *76,50 F / 11,66 €*

02370 **BAIROCH P.** Victoires et déboires. 3. *Gallimard, 1997.* (Folio ; 80. Histoire c10)
ISBN 2-07-032978-X. *76,50 F / 11,66 €*

02371 **BALFET M.** L'audit marketing touristique. *Economica, 1997.* (Economie des services-poche ; 4 c1)
ISBN 2-7178-3365-X. *49 F / 7,47 €*

02372 **BALLET J.** Les entreprises d'insertion. *PUF, 1997.* (Que sais-je? ; 3243 c1)
ISBN 2-13-048385-2. *42 F / 6,40 €*

02373 **BANCEL F.** La gouvernance des entreprises. *Economica, 1997.* (Gestion-poche ; 54 c1)
ISBN 2-7178-3397-8. *49 F / 7,47 €*

02374 **BARBERGER C.** Droit pénal. *La Découverte, 1997.* (Repères ; 225 c1)
ISBN 2-7071-2759-0. *52 F / 7,93 €*

02375 **BARBIERI J-J.** La procédure civile. *PUF, 1995.* (Que sais-je? ; 2988 c1)
ISBN 2-13-047102-1. *42 F / 6,40 €*

02376 **BARDET P.** Les échanges internationaux. *LGF, 1997.* (Le Livre de poche ; 540. Références économie c12)
ISBN 2-253-90540-2. *44 F / 6,71 €*

02377 **N** **BARILARI A.** Le consentement à l'impôt. *Presses de Sciences Po, 2000.* (La Bibliothèque du citoyen c1)
ISBN 2-7246-0831-3. *75 F / 11,43 €*

02378 **BARILARI A.** L'Etat de droit : réflexion sur les limites du juridisme. *LGDJ, 2000.* (Systèmes. Droit public)
ISBN 2-275-01774-7. *100 F / 15,24 €*

02379 **BARILARI A.** La Modernisation de l'administration. *LGDJ, 1994.* (Systèmes)
ISBN 2-275-00434-3. *95 F / 14,48 €*

02380 **BAROU Y., KEIZER B.** Les Grandes économies : Etats-Unis, Japon, Allemagne fédérale, France, Royaume-Uni, Italie. Nouv. éd. actualisée. *Seuil, 1988.* (Points. Economie ; 22 c13)
ISBN 2-02-009872-5. *55 F / 8,38 €*

02381 **BARRET-KRIEGEL B.** Les Droits de l'homme et le droit naturel. *PUF, 1989.* (Quadrige ; 115)
ISBN 2-13-042873-8. *43 F / 6,56 €*

02382 **BARTOLOMEI H. G., EUZÉBY A.** L'Organisation Internationale du Travail. Nouv. éd. *PUF, 1997.* (Que sais-je? ; 836 c1)
ISBN 2-13-048245-7. *42 F / 6,40 €*

02383 **N** **BASLÉ M.** Le budget de l'Etat. 5e éd. *La Découverte, 2000.* (Repères ; 33 c1)
ISBN 2-7071-3313-2. *52 F / 7,93 €*

02384 **BASTIEN C.** La lettre de motivation. *LGF, 1995.* (Le Livre de poche ; 8145. Pratique c6)
ISBN 2-253-08145-0. *26 F / 3,96 €*

02385 **BATIFOULIER P.** L'économie sociale. *PUF, 1995.* (Que sais-je? ; 2131 c1)
ISBN 2-13-046861-6. *42 F / 6,40 €*

02386 **N** **BATSCH L.** Le diagnostic financier. 3e éd. *Economica, 2000.* (Gestion-poche ; 17 c1)
ISBN 2-7178-4041-9. *49 F / 7,47 €*

02387 **BATTAGLIOLA F.** Histoire du travail des femmes. *La Découverte, 2000.* (Repères ; 284 c1)
ISBN 2-7071-3178-4. *52 F / 7,93 €*

02388 **BAUCHARD D.** Le Jeu mondial des pétroliers. *Seuil, 1970.* (Société ; 42 c1)
ISBN 2-02-000420-8. *15 F / 2,29 €*

02389 **BAUDRY B.** L'économie des relations interentreprises. *La Découverte, 1995.* (Repères ; 165 c1)
ISBN 2-7071-2416-8. *52 F / 7,93 €*

02390 **N** **BAUER A., VENTRE A-M.** Les polices en France. *PUF, 2001.* (Que sais-je? ; 2761 c1)
ISBN 2-13-051497-9. *42 F / 6,40 €*

02391 **BAUMONT S.** Le droit, l'affaire de tous. *Milan, 1999.* (Les essentiels Milan ; 127 c1)
ISBN 2-84113-775-9. *25 F / 3,81 €*

02392 **BAVELIER A., DONNELLIER J-C.** Les relations économiques internationales. Réimpr. *PUF, 1986.* (Que sais-je? ; 1323 c1)
ISBN 2-13-048012-8. *42 F / 6,40 €*

02393 **BAYART J-F.** L'Etat au Cameroun. Nouv. éd. rev. *Presses de la Fondation nationale des sciences politiques, 1985.* (Références ; 13 c2)
ISBN 2-7246-0510-1. *60 F / 9,15 €*

02394 **BAYEUX P.** Le sport et les collectivités territoriales. *PUF, 1996.* (Que sais-je? ; 3198 c1)
ISBN 2-13-047992-8. *42 F / 6,40 €*

02395 **N** **BEAUD M.** Le basculement du monde. Réimpr. *La Découverte, 2001.* (La Découverte poche ; 82. Essais)
ISBN 2-7071-3203-9. *75 F / 11,43 €*

02396 **BEAUD M.** Histoire du capitalisme ; de 1500 à 2000. 5e éd. mise à jour. *Seuil, 2000.* (Points ; 18. Economie c15)
ISBN 2-02-012035-6. *59 F / 8,99 €*

02397 **BEAUD M., DOSTALER G.** La pensée économique depuis Keynes : historique et dictionnaire des principaux auteurs. *Seuil, 1996.* (Points ; 40. Economie ; 4 c15)
ISBN 2-02-028969-5. *59 F / 8,99 €*

02398 **BEAUFRE A.** Introduction à la stratégie. *Hachette Littératures, 1998.* (Pluriel ; 902 c5)
ISBN 2-01-278902-1. *45 F / 6,86 €*

02399 **BEAUJEU-GARNIER J., LEFORT C.** L'Economie de l'Amérique latine. 10e éd. *PUF, 1991.* (Que sais-je? ; 357 c1)
ISBN 2-13-043780-X. *42 F / 6,40 €*

02400 **BÉCHADE A.** La promotion immobilière. *PUF, 1997.* (Que sais-je? ; 1937 c1)
ISBN 2-13-048386-0. *42 F / 6,40 €*

02401 **BEIGBEDER Y.** Le Haut Commissariat des Nations unies pour les réfugiés. *PUF, 1999.* (Que sais-je? ; 3489 c1)
ISBN 2-13-050088-9. *42 F / 6,40 €*

02402 **BEIGNIER B.** Les Régimes matrimoniaux. *PUF, 1994.* (Que sais-je? ; 2889 c1)
ISBN 2-13-046518-8. *42 F / 6,40 €*

02403 **N** **BEKERMAN G., SAINT-MARC M.** L'euro. 4e éd. mise à jour. *PUF, 2001.* (Que sais-je? ; 2599)
ISBN 2-13-051396-4. *42 F / 6,40 €*

02404 **BELLENGER L.** La Négociation. 3e éd. corr. *PUF, 1991.* (Que sais-je? ; 2187 c1)
ISBN 2-13-044399-0. *42 F / 6,40 €*

02405 **BELLIER DELIENNE A.** Les institutions financières françaises. *Economica, 1997.* (Economie appliquée-Poche ; 6 c1)
ISBN 2-7178-3371-4. *49 F / 7,47 €*

02406 **BELLISARIO M. K.** S'installer en Italie. *Rebondir, 1999.* (Guides pratiques ; 304)
ISBN 2-910325-70-9. *49 F / 7,47 €*

02407 **BELORGEY G., BERTRAND G.** Les DOM-TOM. *La Découverte, 1994.* (Repères ; 151 c1)
ISBN 2-7071-2355-2. *52 F / 7,93 €*

02408 **BENAROYA F., LANDAU J-P.** L'échange international. *PUF, 1999.* (Que sais-je? ; 1727 c1)
ISBN 2-13-050449-3. *42 F / 6,40 €*

02409 **BÉNASSY-QUÉRÉ A., BOONE L., COUDERT V.** Les taux d'intérêt. *La Découverte, 1998.* (Repères ; 251 c1)
ISBN 2-7071-2905-4. *52 F / 7,93 €*

02410 **BENAYOUN S. G.** L'indemnisation des victimes d'accidents de la voie publique. *PUF, 1996.* (Que sais-je? ; 3062 c1)
ISBN 2-13-047420-9. *42 F / 6,40 €*

02411 **A** **BENECH I.** Le guide de la formation en ligne. *Rebondir, 2001.* (Guides pratiques ; 508)
ISBN 2-84593-017-8. *49 F / 7,47 €*

02412 **BENHAMOU F.** L'économie de la culture. Réimpr. *La Découverte, 2000.* (Repères ; 192 c1)
ISBN 2-7071-3226-8. *52 F / 7,93 €*

02413 **BENHAYOUN G., LAZZERI Y.** L'évaluation des politiques publiques de l'emploi. *PUF, 1998.* (Que sais-je? ; 3358 c1)
ISBN 2-13-049094-8. *42 F / 6,40 €*

02414 **BENKO G.** La science régionale. *PUF, 1998.* (Que sais-je? ; 3355 c1)
ISBN 2-13-049274-6. *42 F / 6,40 €*

02415 **BENSADON N.** Les Droits de la femme : des origines à nos jours. 4e éd. rev. *PUF, 1994.* (Que sais-je? ; 1842 c1)
ISBN 2-13-045919-6. *42 F / 6,40 €*

02416 **BERBAUM J.** Apprentissage et formation. 5e éd. corr. *PUF, 1999.* (Que sais-je? ; 2129 c1)
ISBN 2-13-044971-9. *42 F / 6,40 €*

02417 **BERGEL J-L.** Le Droit des biens. 2e éd. *PUF, 1990.* (Que sais-je? ; 2132 c1)
ISBN 2-13-042853-3. *42 F / 6,40 €*

02418 **BERGER M.** Le droit communautaire des télécommunications. *PUF, 1999.* (Que sais-je? ; 3449 c1)
ISBN 2-13-049750-0. *42 F / 6,40 €*

02419 **BERGOT E.** La Légion au combat. 1, De la Grande Guerre à nos jours. *LGF, 1995.* (Le Livre de poche ; 13726 c10)
ISBN 2-253-13726-X. *40 F / 6,10 €*

02420 **BERGOUNIOUX A.** Force ouvrière. *Seuil, 1975.* (Points. Politique ; 74 c11)
ISBN 2-02-000378-3. *48 F / 7,32 €*

02421 **BERNARD-GELABERT M-C.** L'intercommunalité. 2e éd. *LGDJ, 1999.* (Politiques locales)
ISBN 2-275-01869-7. *55 F / 8,38 €*

02422 **BERNARD-GELABERT M-C., LABIA P.** Zones d'aménagement du territoire, mode d'emploi. *LGDJ, 1997.* (Systèmes. Collectivités locales)
ISBN 2-275-01550-7. *95 F / 14,48 €*

02423 **BERNARD Y., COLLI J-C.** Vocabulaire économique et financier. 7e éd. mise à jour. *Seuil, 1998.* (Points ; 40. Economie ; 5 c16)
ISBN 2-02-033828-9. *62 F / 9,45 €*

02424 **BERNIER X.** Les mutations des espaces ruraux dans les pays en voie de développement. *Economica, 1997.* (Géographie-concours-poche ; 2 c1)
ISBN 2-7178-3251-3. *49 F / 7,47 €*

02425 **BERNOT J.** La répartition des compétences. *LGDJ, 1996.* (Politiques locales)
ISBN 2-275-00172-7. *55 F / 8,38 €*

02426 **N** **BERNSTEIN P. L.** Des idées capitales. *PUF, 2000.* (Quadrige ; 306)
ISBN 2-13-050670-4. *69 F / 10,52 €*

02427 **BERTONÈCHE M., VICKERY L.** Le Capital risque. *PUF, 1987.* (Que sais-je? ; 2344 c1)
ISBN 2-13-039857-X. *42 F / 6,40 €*

02428 **BERTRAND A., PIETTE-COUDOL T.** Internet et le droit. *PUF, 1999.* (Que sais-je? ; 3504 c1)
ISBN 2-13-050289-X. *42 F / 6,40 €*

02429 **BERTRAND J-P., BLANCHET J., REVEL A.** Le pouvoir alimentaire mondial en question. *Economica, 1997.* (Cyclope-poche ; 9 c1)
ISBN 2-7178-3486-9. *49 F / 7,47 €*

02430 **A** **BESNARD P., LIÉTARD B.** La formation continue. 6e éd. mise à jour. *PUF, 2001.* (Que sais-je? ; 1655 c1)
ISBN 2-13-051691-2. *42 F / 6,40 €*

02431 **BÉTEILLE R.** La crise rurale. *PUF, 1994.* (Que sais-je? ; 2914 c1)
ISBN 2-13-046646-X. *42 F / 6,40 €*

02432 **N** **BÉTEILLE R.** Le tourisme vert. 2e éd. *PUF, 2000.* (Que sais-je? ; 3124 c1)
ISBN 2-13-047691-0. *42 F / 6,40 €*

02433 **BEZBAKH P.** Inflation et désinflation. Nouv. éd. *La Découverte, 1995.* (Repères ; 48)
ISBN 2-7071-1637-8. *52 F / 7,93 €*

02434 **BIANCHINI R-L.** Monaco : une affaire qui tourne. *Seuil, 1994.* (Points. Actuels ; 144 c3)
ISBN 2-02-021455-5. *48 F / 7,32 €*

02435 **Bien communiquer aujourd'hui :** s'exprimer, rédiger, téléphoner, faxer, maîtriser Internet. *Larousse, 1999.* (Guides pratiques)
ISBN 2-03-507400-2. *85 F / 12,96 €*

02436 **BIGAUT C.** Les cabinets ministériels. *LGDJ, 1997.* (Systèmes. Droit public)
ISBN 2-275-00115-8. *95 F / 14,48 €*

02437 **BIGAUT C.** La responsabilité pénale des hommes politiques. *LGDJ, 1996.* (Systèmes)
ISBN 2-275-00170-0. *95 F / 14,48 €*

02438 **BILGER P., PREVOST B.** Le Droit de la presse. 2e éd. rev. *PUF, 1990.* (Que sais-je? ; 2469 c1)
ISBN 2-13-043167-4. *42 F / 6,40 €*

02439 **N** **BINET L.** Des métiers pour travailler à domicile. *Rebondir, 2000.* (Guides pratiques ; 207)
ISBN 2-84593-002-X. *49 F / 7,47 €*

02440 **BINET L., LIVIO C.** L'action humanitaire à l'étranger. *Rebondir, 1997.* (Guides pratiques ; 47)
ISBN 2-910325-47-4. *39 F / 5,95 €*

02441 **BISSON B.** Modèles de données, études conceptuelle et relationnelle. *Economica, 1997.* (Gestion-poche ; 51 c1)
ISBN 2-7178-3299-8. *49 F / 7,47 €*

02442 **BITO C., FONTAINE P.** Les marchés financiers internationaux. 3e éd. *PUF, 1997.* (Que sais-je? ; 2431 c1)
ISBN 2-13-048659-2. *42 F / 6,40 €*

02443 **N** **BITO C., FONTAINE P.** Les marchés financiers internationaux. 4e éd. mise à jour. *PUF, 2000.* (Que sais-je? ; 2431 c1)
42 F / 6,40 €

02444 **BLAMONT E.** Les Techniques parlementaires. 8e éd. *PUF, 1958.* (Que sais-je? ; 786 c1)
ISBN 2-13-025002-5. *42 F / 6,40 €*

02445 **BLANC J.** La dotation globale de fonctionnement. *LGDJ, 1999.* (Politiques locales)
ISBN 2-275-01775-5. *55 F / 8,38 €*

02446 **BLANC J.** Les péréquations dans les finances locales. *LGDJ, 1996.* (Systèmes)
ISBN 2-275-00197-2. *95 F / 14,48 €*

02447 **BLANC J., MARZIALS A.** Les Relations financières entre l'Etat et les collectivités locales. *LGDJ, 1993.* (Systèmes)
ISBN 2-275-00500-5. *95 F / 14,48 €*

02448 **BLANC J., MORAUD J-C., VIRIEUX J-M.** La taxe professionnelle. 2e éd. *LGDJ, 2000.* (Politiques locales)
ISBN 2-275-01879-4. *55 F / 8,38 €*

02449 **BLANC L.** La Fonction publique. 2e éd. *PUF, 1978.* (Que sais-je? ; 1415 c1)
ISBN 2-13-035659-1. *42 F / 6,40 €*

02450 **BLANCHET J., CHÉREAU J., REVEL A.** La révolution agricole américaine. *Economica, 1996.* (Cyclope-poche ; 7 c1)
ISBN 2-7178-3163-0. *49 F / 7,47 €*

02451 **BLOCH A.** L'intelligence économique. 2e éd. rev. *Economica, 1999.* (Economie-poche ; 38 c1)
ISBN 2-7178-3821-X. *49 F / 7,47 €*

02452 **BLUMANN C.** La fonction législative communautaire. *LGDJ, 1995.* (Systèmes)
ISBN 2-275-00360-6. *95 F / 14,48 €*

02453 **BODIGUEL J-L.** Les fonctions publiques dans l'Europe des douze. *LGDJ, 1994.* (Systèmes)
ISBN 2-275-00361-4. *95 F / 14,48 €*

02454 **BODINEAU P.** Les Conseils économiques et sociaux. *PUF, 1994.* (Que sais-je? ; 2836 c1)
ISBN 2-13-046048-8. *42 F / 6,40 €*

02455 **BODINEAU P., VERPEAUX M.** La coopération locale et régionale. *PUF, 1998.* (Que sais-je? ; 3374 c1)
ISBN 2-13-049244-4. *42 F / 6,40 €*

02456 **BODINEAU P., VERPEAUX M.** Histoire constitutionnelle de la France. *PUF, 2000.* (Que sais-je? ; 3547 c1)
ISBN 2-13-050588-0. *42 F / 6,40 €*

02457 **BODINEAU P., VERPEAUX M.** Histoire de la décentralisation. 2e éd. mise à jour. *PUF, 1997.* (Que sais-je? ; 2741 c1)
ISBN 2-13-047899-9. *42 F / 6,40 €*

02458 **BONDUELLE P.** S'installer aux Etats-Unis. *Rebondir, 1999.* (Guides pratiques ; 307)
ISBN 2-910325-86-5. *69 F / 10,52 €*

02459 **N** **BONDUELLE P.** S'installer en Australie. Nouv. éd. rev.et augm. *Rebondir, 2000.* (Guides pratiques ; 309)
ISBN 2-910325-92-X. *69 F / 10,52 €*

02460 **BONIN H.** La crise bancaire française et mondiale. *PUF, 1997.* (Que sais-je? ; 3265 c1)
ISBN 2-13-048552-9. *42 F / 6,40 €*

02461 **BONNECHÈRE M.** Le droit du travail. *La Découverte, 1997.* (Repères ; 230 c1)
ISBN 2-7071-2784-1. *52 F / 7,93 €*

02462 **BONNECHÈRE M.** Introduction au droit. *La Découverte, 1994.* (Repères ; 156 c1)
ISBN 2-7071-2391-9. *52 F / 7,93 €*

02463 **BONNET F.** Pièges et délices de la comptabilité créative. *Economica, 1995.* (Gestion-poche ; 26 c1)
ISBN 2-7178-2900-8. *49 F / 7,47 €*

02464 **BONVIN J., MORRISSON C.** L'Organisation de coopération et de développement économiques. *PUF, 1998.* (Que sais-je? ; 3405 c1)
ISBN 2-13-049429-3. *42 F / 6,40 €*

02465 **BORRAS P., GARAY A.** Le Contentieux du recouvrement fiscal. *LGDJ, 1994.* (Systèmes)
ISBN 2-275-00462-9. *95 F / 14,48 €*

02466 **BOSQUET-DENIS J-B.** Droit pénal des sociétés. *Economica, 1997.* (Droit-Poche ; 13. Droit des affaires c1)
ISBN 2-7178-3224-6. *49 F / 7,47 €*

02467 **BOSSERELLE E.** Les nouvelles approches de la croissance du cycle. *Dunod, 1999.* (Les topos. Eco gestion c1)
ISBN 2-10-003985-7. *52 F / 7,93 €*

02468 **BOTTIN M.** Histoire des finances publiques. *Economica, 1997.* (Finances publiques-poche ; 3 c1)
ISBN 2-7178-3298-X. *49 F / 7,47 €*

02469 **BOUBLI B.** Les Prud'hommes. *PUF, 1984.* (Que sais-je? ; 2197 c1)
ISBN 2-13-038676-8. *42 F / 6,40 €*

02470 **BOUCHOUX C.** L'Allemagne réunifiée. *Syros, 1992.* (Alternatives économiques. Poches)
ISBN 2-86738-794-9. *49 F / 7,47 €*

02471 **BOUCOURECHLIEV J.** Une société de droit européen ?. *Presses de Sciences Po, 1999.* (La Bibliothèque du décideur)
ISBN 2-7246-0785-6. *75 F / 11,43 €*

02472 **BOUGEARD J-F.** La Comptabilité, une clé pour l'économie. *Seuil, 1991.* (Points. Economie ; 30 c3)
ISBN 2-02-013318-0. *48 F / 7,32 €*

02473 **A** **BOUQUIN H.** La comptabilité de gestion. 2e éd. mise à jour. *PUF, 2001.* (Que sais-je? ; 3175)
ISBN 2-13-051129-5

02474 **BOUQUIN H.** Les Fondements du contrôle de gestion. *PUF, 1994.* (Que sais-je? ; 2892 c1)
ISBN 2-13-046547-1. *42 F / 6,40 €*

02475 **BOURBONNAIS R., VALLIN P.** Comment optimiser les approvisionnements. *Economica, 1995.* (Gestion-poche ; 18 c1)
ISBN 2-7178-2779-X. *49 F / 7,47 €*

02476 **N** **BOURG J-F., GOUGUET J-J.** Economie du sport. *La Découverte, 2001.* (Repères ; 309 c1)
ISBN 2-7071-2970-4. *52 F / 7,93 €*

02477 **BOURGUIGNON A.** Le Modèle japonais de gestion. *La Découverte, 1993.* (Repères ; 121)
ISBN 2-7071-2212-2. *52 F / 7,93 €*

02478 **BOURJOL M.** La coopération intercommunale : les deux logiques. *LGDJ, 1996.* (Systèmes)
ISBN 2-275-00173-5. *95 F / 14,48 €*

02479 **BOURSIN J-L.** La décision rationnelle. *Economica, 1996.* (Economie-poche ; 33 c1)
ISBN 2-7178-3101-0. *49 F / 7,47 €*

02480 **BOURSIN J-L.** Des préférences individuelles aux choix collectifs. *Economica, 1995.* (Economie-poche ; 25 c1)
ISBN 2-7178-2946-6. *49 F / 7,47 €*

02481 **BOURSIN J-L., LEBLOND F.** L'administration de l'Education nationale. 2e éd. mise à jour. *PUF, 1998.* (Que sais-je? ; 1957 c1)
ISBN 2-13-049499-4. *42 F / 6,40 €*

02482 **BOUSSINESQ J.** La Laïcité française : mémento juridique. *Seuil, 1994.* (Points. Essais ; 286 c3)
ISBN 2-02-022522-0. *48 F / 7,32 €*

02483 **A** **BOUTEILLER E., FOUQUIN M.** Le développement économique de l'Asie orientale. Nouv. éd. *La Découverte, 2001.* (Repères ; 172 c1)
ISBN 2-7071-3468-6. *52 F / 7,93 €*

02484 **BOUTILLIER S., UZUNIDIS D.** L'entrepreneur : une analyse socio-économique. *Economica, 1995.* (Economie appliquée-Poche ; 4 c1)
ISBN 2-7178-2819-2. *49 F / 7,47 €*

02485 **BOUTONNET J-P., SIMIER J-P.** Les viandes. *Economica, 1995.* (Cyclope-poche ; 2 c1)
ISBN 2-7178-2930-X. *49 F / 7,47 €*

02486 **BOUVIER M.** Les finances locales. 6e éd. *LGDJ, 1999.* (Systèmes. Collectivités locales)
ISBN 2-275-01857-3. *100 F / 15,24 €*

02487 **N** **BOUVIER M.** Introduction au droit fiscal et à la théorie de l'impôt. 3e éd. *LGDJ, 2000.* (Systèmes)
ISBN 2-275-01938-3. *100 F / 15,24 €*

02488 **BOUVIER P.** Le Travail. 2e éd. corr. *PUF, 1994.* (Que sais-je? ; 2614 c1)
ISBN 2-13-044026-6. *42 F / 6,40 €*

02489 **N** **BOVÉ J., DUFOUR F., LUNEAU G.** Le monde n'est pas une marchandise : des paysans contre la malbouffe : entretiens avec Gilles Luneau. Nouv. ed. augm. *Pocket, 2001.* (Pocket ; 11117 c6)
ISBN 2-266-10557-4. *38 F / 5,79 €*

02490 **BOYER R., DURAND J-P.** L'après-fordisme. Nouv. éd. *Syros, 1998.* (Alternatives économiques. Poches)
ISBN 2-84146-564-0. *89 F / 13,57 €*

02491 **N** **BOYER R., FREYSSENET M.** Les modèles productifs. *La Découverte, 2000.* (Repères ; 298 c1)
ISBN 2-7071-3317-5. *52 F / 7,93 €*

02492 **BRANCHET B.** La Révision de la Constitution sous la Ve République. *LGDJ, 1994.* (Systèmes)
ISBN 2-275-00445-9. *95 F / 14,48 €*

02493 **BRÉHON N-J.** Le budget de l'Europe. *LGDJ, 1997.* (Systèmes)
ISBN 2-275-01616-3. *95 F / 14,48 €*

02494 **BRENDER A.** La France face à la mondialisation. Nouv. éd. *La Découverte, 1998.* (Repères ; 248 c1)
ISBN 2-7071-2880-5. *52 F / 7,93 €*

02495 **BRENDER A., PISANI F.** Les taux d'intérêt : approche empirique. *Economica, 1997.* (Economie-poche ; 43 c1)
ISBN 2-7178-3369-2. *49 F / 7,47 €*

02496 **BRIQUET F.** Les plans de financement. *Economica, 1997.* (Gestion-poche ; 55 c1)
ISBN 2-7178-3399-4. *49 F / 7,47 €*

02497 **BROCINER A.** L'Europe monétaire : SME, UEM, monnaie unique. *Seuil, 1997.* (Mémo ; 61 c1)
ISBN 2-02-022886-6. *29 F / 4,42 €*

02498 **A** **BROOKSON S.** Gérer un budget. *Mango-Pratique, 2001.* (101 trucs et conseils ; 68)
ISBN 2-84270-262-X. *35 F / 5,34 €*

02499 **A** **BRUCE A., LONGDON K.** Développer un projet. *Mango-Pratique, 2001.* (101 trucs et conseils ; 67)
ISBN 2-84270-261-1. *35 F / 5,34 €*

02500 **A** **BRUCE A., LONGDON K.** Développer une stratégie. *Mango-Pratique, 2001.* (101 trucs et conseils ; 66)
ISBN 2-84270-259-X. *35 F / 5,34 €*

02501 **BRUNELLI P.** Le contrôle de légalité. *LGDJ, 1998.* (Politiques locales)
ISBN 2-275-01598-1. *55 F / 8,38 €*

02502 **BRUNHES B.** Eurothérapie de l'emploi. *Presses de Sciences Po, 1999.* (La Bibliothèque du citoyen c1)
ISBN 2-7246-0754-6. *75 F / 11,43 €*

02503 **BRURON J.** Le Contrôle fiscal. *LGDJ, 1991.* (Systèmes)
ISBN 2-275-00670-2. *90 F / 13,72 €*

02504 **BRURON J.** Droits et garanties du contribuable vérifié. *LGDJ, 1991.* (Systèmes)
ISBN 2-275-00656-7. *100 F / 15,24 €*

02505 **BRY X.** Analyses factorielles multiples. *Economica, 1996.* (Techniques quantitatives-poche ; 2 c1)
ISBN 2-7178-2996-2. *49 F / 7,47 €*

02506 **BUIRETTE P.** Le droit international humanitaire. *La Découverte, 1996.* (Repères ; 196 c1)
ISBN 2-7071-2561-X. *52 F / 7,93 €*

02507 **BURBAN L.** Le Conseil de l'Europe. 3e éd. rev. *PUF, 1996.* (Que sais-je? ; 885 c1)
ISBN 2-13-045257-4. *42 F / 6,40 €*

02508 **BURCKEL V., CRÉMIERS C. d.** Histoire de la comptabilité publique. *Economica, 1997.* (Finances publiques-poche ; 5 c1)
ISBN 2-7178-3378-1. *49 F / 7,47 €*

02509 **BURDEAU G.** Le Libéralisme. *Seuil, 1979.* (Points. Politique ; 96 c11)
ISBN 2-02-005148-6. *52 F / 7,93 €*

02510 **BURGAT F.** La protection de l'animal. *PUF, 1997.* (Que sais-je? ; 3147 c1)
ISBN 2-13-048255-4. *42 F / 6,40 €*

02511 **N** **BURGEL G.** Du tiers-monde aux tiers-mondes. *Dunod, 2000.* (Les topos. Eco gestion c1)
ISBN 2-10-003747-1. *52 F / 7,93 €*

02512 **BÜRGENMEIER B.** La socio-économie. *Economica, 1994.* (Economie-poche ; 7)
ISBN 2-7178-2592-4. *49 F / 7,47 €*

02513 **BURLAUD A., SIMON C. J.** Le contrôle de gestion. *La Découverte, 1997.* (Repères ; 227 c1)
ISBN 2-7071-2768-X. *52 F / 7,93 €*

02514 **BUTTOUD G.** Les politiques forestières. *PUF, 1998.* (Que sais-je? ; 3335 c1)
ISBN 2-13-048863-3. *42 F / 6,40 €*

02515 **BUZELAY A.** Intégration et désintégration européennes. *Economica, 1996.* (Economie-poche ; 24 c1)
ISBN 2-7178-2970-9. *49 F / 7,47 €*

02516 **CABRILLAC B.** Economie de la Chine. Nouv. éd. *PUF, 1997.* (Que sais-je? ; 1102 c1)
ISBN 2-13-048102-7. *42 F / 6,40 €*

02517 **CADIN L., GUÉRIN F.** La gestion des ressources humaines. *Dunod, 1999.* (Les topos. Eco gestion c1)
ISBN 2-10-003877-X. *52 F / 7,93 €*

02518 **CAHUC P.** La nouvelle microéconomie. Nouv. éd. *La Découverte, 1998.* (Repères ; 126 c1)
ISBN 2-7071-2901-1. *52 F / 7,93 €*

02519 **CAILLOSSE J.** Introduire au droit. 3e éd. *Montchrestien, 1998.* (Clefs. Politique)
ISBN 2-7076-0786-X. *70 F / 10,67 €*

02520 **CAKIROGLU B.** Les Droits du couple. *J'ai lu, 1993.* (J'ai lu ; 7018. Bien-être)
ISBN 2-277-07018-1. *42 F / 6,40 €*

02521 **CAPRON M.** La Comptabilité en perspective. *La Découverte, 1993.* (Repères ; 119 c1)
ISBN 2-7071-2203-3. *52 F / 7,93 €*

02522 **CAPRON M., LACOMBE-SABOLY M.** Introduction à la comptabilité d'entreprise. *La Découverte, 1996.* (Repères ; 191 c1)
ISBN 2-7071-2548-2. *52 F / 7,93 €*

02523 **CAPUTO I.** Entrer dans la fonction publique hospitalière. *Rebondir, 1997.* (Guides pratiques ; 51)
ISBN 2-910325-53-9. *69 F / 10,52 €*

02524 **CARABIN T. M.** Testez vos aptitudes et talents professionnels. Réimpr. *De Vecchi, 1999.* (De Vecchi poche ; 4231 c2)
ISBN 2-7328-4231-1. *29 F / 4,42 €*

02525 **CARABIN T. M.** Testez votre réussite professionnelle. *De Vecchi, 1999.* (De Vecchi poche ; 4234)
ISBN 2-7328-4234-6. *33 F / 5,03 €*

02526 **CARBONNIER J.** Sociologie juridique. *PUF, 1994.* (Quadrige ; 175)
ISBN 2-13-046182-4. *92 F / 14,03 €*

02527 **CARFANTAN J-Y.** Les Finances du monde : à la merci des séismes monétaires. *Seuil, 1989.* (Points. Economie ; 27 c4)
ISBN 2-02-010939-5. *52 F / 7,93 €*

02528 **CARNEGIE D.** Comment parler en public. *LGF, 1992.* (Le Livre de poche ; 8027. Pratique c7)
ISBN 2-253-06120-4. *30 F / 4,57 €*

02529 **CARNEGIE D.** Comment trouver le leader en vous. *LGF, 1995.* (Le Livre de poche ; 8147. Pratique c8)
ISBN 2-253-08147-7. *33 F / 5,03 €*

02530 **CARON F.** Les deux révolutions industrielles du XXe siècle. *Pocket, 1998.* (Agora ; 200 c12)
ISBN 2-266-08605-7. *60 F / 9,15 €*

02531 **CARRÉ J-J., DUBOIS P., MALINVAUD E.** Abrégé de la croissance française : un essai d'analyse économique causale de l'après-guerre. *Seuil, 1984.* (Points. Economie ; 19 c4)
ISBN 2-02-006805-2. *52 F / 7,93 €*

02532 **CARRÈRE M-O.** Microéconomie : les concepts de base. *Economica, 1996.* (Economie-poche ; 35 c1)
ISBN 2-7178-3173-8. *49 F / 7,47 €*

02533 **CASSESE S.** La construction du droit adminstratif : France et Royaume-Uni. *Montchrestien, 2000.* (Clefs c1)
ISBN 2-7076-1175-1. *70 F / 10,67 €*

02534 **CASTEIGTS M.** L'aménagement de l'espace. *LGDJ, 1999.* (Politiques locales)
ISBN 2-275-01599-X. *55 F / 8,38 €*

02535 **CASTELL R., PASQUALINI F.** Le commissaire aux comptes. *Economica, 1995.* (Droit-Poche ; 9. Droit des affaires c1)
ISBN 2-7178-2901-6. *49 F / 7,47 €*

02536 **CASTERA B. d.** Le Compagnonnage. 3e éd. *PUF, 1996.* (Que sais-je? ; 1203 c1)
ISBN 2-13-044392-3. *42 F / 6,40 €*

02537 **CAUMONT D.** Les études de marché. *Dunod, 1998.* (Les topos. Eco gestion c1)
ISBN 2-10-003543-6. *52 F / 7,93 €*

02538 **CAVA R.** Réussir et être heureuse au travail. *J'ai lu, 1994.* (J'ai lu ; 7082. Bien-être c5)
ISBN 2-277-07082-3. *39 F / 5,95 €*

02539 **CAZAL H., VAJDA P.** Les Pièges de l'épargne. *Seuil, 1966.* (Société ; 14 c1)
ISBN 2-02-000392-9. *15 F / 2,29 €*

02540 **CAZALS M., BRANA S.** La monnaie. *Dunod, 1997.* (Les topos. Eco gestion c1)
ISBN 2-10-003429-4. *52 F / 7,93 €*

02541 **N** **CAZES G., LANQUAR R.** L'aménagement touristique et le développement durable. 5e éd. mise à jour. *PUF, 2001.* (Que sais-je? ; 1882 c1)
ISBN 2-13-050757-3. *42 F / 6,40 €*

02542 **CAZIER B.** La Crise de 1929. 3e éd. mise à jour. *PUF, 1989.* (Que sais-je? ; 2126 c1)
ISBN 2-13-042144-X. *42 F / 6,40 €*

02543 **CÉDRAS J.** Le droit pénal américain. *PUF, 1997.* (Que sais-je? ; 3173 c1)
ISBN 2-13-047911-1. *42 F / 6,40 €*

02544 **N** **CENTRE D'ETUDES PROSPECTIVES ET D'INFORMATIONS INTERNATIONALES (France)** L'économie mondiale 2001. *La Découverte, 2000.* (Repères ; 296 c1)
ISBN 2-7071-3294-2. *52 F / 7,93 €*

02545 **CENTRE DE VULGARISATION DE LA CONNAISSANCE (Saint-Aubin, Essonne)** Guide de l'Etat. *Milan, 1997.* (Les essentiels Milan ; 83 c1)
ISBN 2-84113-529-2. *25 F / 3,81 €*

02546 **CENTRE DE VULGARISATION DE LA CONNAISSANCE (Saint-Aubin, Essonne)** Guide de la commune. *Milan, 1996.* (Les essentiels Milan ; 56 c1)
ISBN 2-84113-459-8. *25 F / 3,81 €*

02547 **CENTRE DE VULGARISATION DE LA CONNAISSANCE (Saint-Aubin, Essonne)** Guide de la région. *Milan, 1996.* (Les essentiels Milan ; 58 c1)
ISBN 2-84113-461-X. *25 F / 3,81 €*

02548 **CENTRE DE VULGARISATION DE LA CONNAISSANCE (Saint-Aubin, Essonne)** Guide du Conseil économique et social. *Milan, 1998.* (Les essentiels Milan ; 105 c1)
ISBN 2-84113-621-3. *25 F / 3,81 €*

02549 **CENTRE DE VULGARISATION DE LA CONNAISSANCE (Saint-Aubin, Essonne)** Guide du département. *Milan, 1996.* (Les essentiels Milan ; 57 c1)
ISBN 2-84113-460-1. *25 F / 3,81 €*

02550 **CENTRE DE VULGARISATION DE LA CONNAISSANCE (Saint-Aubin, Essonne)** Mini-guide de la justice. *Milan, 1996.* (Les essentiels Milan ; 42 c1)
ISBN 2-84113-377-X. *25 F / 3,81 €*

02551 **CHABANOL D.** Le Juge administratif. *LGDJ, 1993.* (Systèmes)
ISBN 2-275-00490-4. *95 F / 14,48 €*

02552 **CHAINEAU A.** Mécanismes et politique monétaires. *PUF, 2000.* (Quadrige ; 305)
ISBN 2-13-050607-0. *89 F / 13,57 €*

02553 **CHAINEAU A.** Qu'est-ce que la monnaie?. 2e éd. *Economica, 1997.* (Economie-poche ; 1)
ISBN 2-7178-3201-7. *49 F / 7,47 €*

02554 **CHALINE C.** Les politiques de la ville. *PUF, 1997.* (Que sais-je? ; 3232 c1)
ISBN 2-13-048372-0. *42 F / 6,40 €*

02555 **CHALMIN P.** Marchés mondiaux, 1986-1996 : dix ans qui ébranlèrent le monde. *Economica, 1996.* (Cyclope-poche ; 6 c1)
ISBN 2-7178-3165-7. *49 F / 7,47 €*

02556 **CHAMBON F.** La déontologie administrative. *LGDJ, 1996.* (Systèmes)
ISBN 2-275-00121-2. *95 F / 14,48 €*

02557 **CHAMEYROL F.** Les Achats. *PUF, 1990.* (Que sais-je? ; 2492 c1)
ISBN 2-13-042705-7. *42 F / 6,40 €*

02558 **CHAMOUX J-P.** Droit de la communication. *PUF, 1994.* (Que sais-je? ; 2884 c1)
ISBN 2-13-046486-6. *42 F / 6,40 €*

02559 **CHANARON J-J., LUNG Y.** Economie de l'automobile. *La Découverte, 1995.* (Repères ; 171 c1)
ISBN 2-7071-2446-X. *52 F / 7,93 €*

02560 **CHAPUISAT F.** Le droit des assurances. *PUF, 1995.* (Que sais-je? ; 1905 c1)
ISBN 2-13-047015-7. *42 F / 6,40 €*

02561 **CHAPUISAT J.** Le droit de l'urbanisme. 4e éd. mise à jour. *PUF, 1996.* (Que sais-je? ; 2130 c1)
ISBN 2-13-044126-2. *42 F / 6,40 €*

02562 **CHAPUT Y.** Aborder le droit des affaires. *Seuil, 1997.* (Mémo ; 70 c3)
ISBN 2-02-030007-9. *36 F / 5,49 €*

02563 **CHAPUT Y.** Le commissaire aux comptes. *Presses de Sciences Po, 1999.* (La Bibliothèque du décideur)
ISBN 2-7246-0784-8. *75 F / 11,43 €*

02564 **CHARRETON R., BOURDAIRE J-M.** La Décision économique. *PUF, 1985.* (Que sais-je? ; 2235 c1)
ISBN 2-13-039042-0. *42 F / 6,40 €*

02565 **CHARVET J-P.** Le blé. *Economica, 1996.* (Cyclope-poche ; 4 c1)
ISBN 2-7178-3088-X. *49 F / 7,47 €*

02566 **CHASSARD Y., CONCIALDI P.** Les Revenus en France. *La Découverte, 1989.* (Repères ; 69 c1)
ISBN 2-7071-1787-0. *52 F / 7,93 €*

02567 **CHAUMELY J., HUISMAN D.** Les Relations publiques. 8e éd. *PUF, 1992.* (Que sais-je? ; 966 c1)
ISBN 2-13-044696-5. *42 F / 6,40 €*

02568 **CHEVALLIER J.** Le Service public. Nouv. éd. *PUF, 1997.* (Que sais-je? ; 2359 c1)
ISBN 2-13-046769-5. *42 F / 6,40 €*

02569 **CHEVANDIER C.** Les métiers de l'hôpital. *La Découverte, 1997.* (Repères ; 218 c1)
ISBN 2-7071-2711-6. *52 F / 7,93 €*

02570 **CHIAVERINI P., MARDESSON D.** Tribunaux administratifs et cours administratives d'appel. *LGDJ, 1996.* (Systèmes)
ISBN 2-275-00391-6. *95 F / 14,48 €*

02571 **CHOLLET P.** Les bons de souscription d'actions. *Economica, 1995.* (Gestion-poche ; 20)
ISBN 2-7178-2781-1. *49 F / 7,47 €*

02572 **Le Chômage persistant en Europe.** *Presses de la Fondation nationale des sciences politiques, 1994.* (OFCE c2)
ISBN 2-7246-0651-5. *60 F / 9,15 €*

02573 **N** **CHOMSKY N.** La conférence d'Albuquerque. *Allia, 2001.* (Petite collection)
ISBN 2-84485-057-X. *40 F / 6,10 €*

02574 **CHRISTIN I.** La banque mondiale. *PUF, 1995.* (Que sais-je? ; 2330 c1)
ISBN 2-13-046993-0. *42 F / 6,40 €*

02575 **CLAISSE A., MEININGER M-C.** Fonctions publiques en Europe. *Montchrestien, 1994.* (Clefs. Politique)
ISBN 2-7076-0499-2. *60 F / 9,15 €*

02576 **Les Classiques de l'économie :** une anthologie. *Pocket, 1991.* (Agora ; 77 c9)
ISBN 2-266-03843-5. *48 F / 7,32 €*

02577 **CLAUSEWITZ C. v.** La campagne de 1796 en Italie : Bonaparte en Italie. *Pocket, 1999.* (Agora ; 212 c8)
ISBN 2-266-09097-6. *45 F / 6,86 €*

02578 **CLERC D.** Déchiffrer l'économie : les fondateurs. Nouv. éd. *Syros, 1996.* (Alternatives économiques. Poches)
ISBN 2-84146-067-3. *75 F / 11,43 €*

02579 **CLERC D.** Déchiffrer l'économie. Nouv. éd. *Syros, 1999.* (Alternatives économiques. Poches)
ISBN 2-84146-740-6. *92 F / 14,03 €*

02580 **CLERC D., LIPIETZ A., SATRE-BUISSON J.** La crise. Nouv. éd. *Syros, 1983.* (Alternatives économiques ; 3. Poches)
ISBN 2-86738-000-6. *49 F / 7,47 €*

02581 **CLERGEAU C.** Microéconomie. 1, Théorie de la consommation et de la demande. *Seuil, 1998.* (Mémo ; 84)
ISBN 2-02-031009-0. *29 F / 4,42 €*

02582 **CLERGEAU C.** Microéconomie. 2, Théorie de la production et de l'offre. *Seuil, 1998.* (Mémo ; 85 c2)
ISBN 2-02-031010-4. *29 F / 4,42 €*

02583 **CLERGEAU C.** Microéconomie. 3, Théorie des marchés. *Seuil, 1999.* (Mémo ; 117. Economie c2)
ISBN 2-02-033822-X. *29 F / 4,42 €*

02584 **CLOSETS F. d.** Tant et plus!. Nouv. éd. mise à jour. *LGF, 1993.* (Le Livre de poche ; 9701 c12)
ISBN 2-253-06459-9. *44 F / 6,71 €*

02585 **CLOSETS F. d.** Tous ensemble : pour en finir avec la syndicratie. *Seuil, 1987.* (Points. Actuels ; 79 c4)
ISBN 2-02-009486-X. *52 F / 7,93 €*

02586 **CLOT Y.** Le travail sans l'homme ? : pour une psychologie des milieux de travail et de vie. Nouv. éd. *La Découverte, 1998.* (La Découverte poche ; 58. Sciences humaines et sociales)
ISBN 2-7071-2897-X. *65 F / 9,91 €*

02587 **COCHET F.** La grande crise 1929-1939. *Dunod, 1998.* (Les topos. Sciences économiques c1)
ISBN 2-10-003731-5. *52 F / 7,93 €*

02588 **COCHET F.** Histoire économique de la France depuis 1945. *Dunod, 1997.* (Les topos. Eco gestion c1)
ISBN 2-10-003427-8. *52 F / 7,93 €*

02589 **COCULA F.** Introduction générale à la gestion. *Dunod, 1999.* (Les topos. Eco gestion c1)
ISBN 2-10-004270-X. *52 F / 7,93 €*

02590 **COHEN D.** Les infortunes de la prospérité. *Pocket, 1997.* (Agora ; 177 c6)
ISBN 2-266-07237-4. *38 F / 5,79 €*

02591 **COHEN E.** Dictionnaire de gestion. Nouv. éd. *La Découverte, 2000.* (Dictionnaires Repères ; 999999)
ISBN 2-7071-3213-6. *98 F / 14,94 €*

02592 **COHEN S.** La bombe, la stratégie de l'épouvante. *Gallimard, 1995.* (Découvertes ; 248. Histoire c6)
ISBN 2-07-053290-9. *90 F / 13,72 €*

02593 **COHEN V.** La Recherche opérationnelle. *PUF, 1995.* (Que sais-je? ; 941 c1)
ISBN 2-13-046585-4. *42 F / 6,40 €*

02594 **COLAS D.** Les constitutions de l'URSS et de la Russie (1905-1993). *PUF, 1997.* (Que sais-je? ; 2364 c1)
ISBN 2-13-048324-0. *42 F / 6,40 €*

02595 **COLASSE B.** L'analyse financière de l'entreprise. Nouv. éd. *La Découverte, 1999.* (Repères ; 153 c1)
ISBN 2-7071-3125-3. *52 F / 7,93 €*

02596 **COLLET A.** Les guerres locales au XXe siècle. *PUF, 1998.* (Que sais-je? ; 3341 c1)
ISBN 2-13-048878-1. *42 F / 6,40 €*

02597 **COMBEMALE P.** Introduction à Keynes. *La Découverte, 1999.* (Repères ; 258 c1)
ISBN 2-7071-2936-4. *52 F / 7,93 €*

02598 **COMBIER J., BLAZY R.** Les défaillances d'entreprises. *PUF, 1998.* (Que sais-je? ; 3311 c1)
ISBN 2-13-048725-4. *42 F / 6,40 €*

02599 **COMBY J., RENARD V.** Les politiques foncières. *PUF, 1996.* (Que sais-je? ; 3143 c1)
ISBN 2-13-047786-0. *42 F / 6,40 €*

02600 **COMMELIN B.** L'Europe économique : UEM, marché unique, politiques communes. *Seuil, 1997.* (Mémo ; 60 c1)
ISBN 2-02-029877-5. *29 F / 4,42 €*

02601 **N** **COMMUNIER J-M.** Le droit communautaire des aides d'Etat. *LGDJ, 2000.* (Systèmes)
ISBN 2-275-01907-3. *100 F / 15,24 €*

02602 **CONFEDERATION FRANCAISE DEMOCRATIQUE DU TRAVAIL** Les Dégâts du progrès : les travailleurs face au changement technique. *Seuil, 1977.* (Points. Politique ; 85 c13)
ISBN 2-02-004620-2. *52 F / 7,93 €*

02603 **N** **La Constitution. 4e éd.** *Seuil, 2000.* (Points. Essais ; 319 c13)
ISBN 2-02-042624-2. *52 F / 7,93 €*

02604 **COOPE L., PANNETIER G.** Télétravail et téléservices. *Economica, 1998.* (Gestion-poche ; 58 c1)
ISBN 2-7178-3563-6. *49 F / 7,47 €*

02605 **COPEL E.** Vaincre la guerre, c'est possible. *Gallimard, 1985.* (Folio ; 2. Actuel ; 2 c2)
ISBN 2-07-032312-9. *37 F / 5,64 €*

02606 **CORDIER J.** Les Marchés à terme. 2e éd. corr. *PUF, 1992.* (Que sais-je? ; 2164 c1)
ISBN 2-13-044494-6. *42 F / 6,40 €*

02607 **COREI T. (. c.** L'économie institutionnaliste : les fondateurs. *Economica, 1995.* (Economie-poche ; 23 c1)
ISBN 2-7178-2855-9. *49 F / 7,47 €*

02608 **CORIAT B.** Made in Japan : l'industrie japonaise au tournant du siècle. *LGF, 1998.* (Le Livre de poche ; 4266. Biblio essais c17)
ISBN 2-253-94266-9. *60 F / 9,15 €*

02609 **CORIAT B., TADDÉI D.** Made in france. 1, L'Industrie française dans la compétition mondiale. *LGF, 1993.* (Le Livre de poche ; 4169. Biblio essais c18)
ISBN 2-253-06322-3. *65 F / 9,91 €*

02610 **CORIAT B., WEINSTEIN O.** Les nouvelles théories de l'entreprise. *LGF, 1995.* (Le Livre de poche ; 519. Références économie c9)
ISBN 2-253-90519-4. *36 F / 5,49 €*

02611 **COSSON J.** Les Industriels de la fraude fiscale. Nouv. éd. *Seuil, 1974.* (Points. Actuels ; 5 c2)
ISBN 2-02-000680-4. *39 F / 5,95 €*

02612 **COTTA A.** La troisième révolution française. *Hachette Littératures, 1996.* (Pluriel ; 8808 c3)
ISBN 2-01-278808-4. *49 F / 7,47 €*

02613 **COUDER A.** Travailler dans une association : humanitaire, logement, santé, droits sociaux. *Rebondir, 1997.* (Guides pratiques ; 37)
ISBN 2-910325-37-7. *39 F / 5,95 €*

02614 **N** **La Cour pénale internationale :** le statut de Rome. *Seuil, 2000.* (Points ; 426. Essais c11)
ISBN 2-02-037194-4. *48 F / 7,32 €*

02615 **COURET A., IGALENS J.** La certification. *PUF, 1995.* (Que sais-je? ; 3006 c1)
ISBN 2-13-047164-1. *42 F / 6,40 €*

02616 **COURET A., MEDUS J-L.** Les augmentations de capital. *Economica, 1994.* (Droit-Poche ; 2. Droit des affaires)
ISBN 2-7178-2595-9. *49 F / 7,47 €*

02617 **COURET A., MORVILLIERS N., DE SENTENAC G-A.** Le traitement amiable des difficultés des entreprises. *Economica, 1995.* (Droit-Poche ; 5. Droit des affaires c1)
ISBN 2-7178-2739-0. *49 F / 7,47 €*

02618 **COUTANT M-F.** Les tribunaux de commerce. *PUF, 1998.* (Que sais-je? ; 3388 c1)
ISBN 2-13-049300-9. *42 F / 6,40 €*

02619 **COUTROT B., DROESBEKE J-J.** Les Méthodes de prévision. 2e éd. *PUF, 1990.* (Que sais-je? ; 2157 c1)
ISBN 2-13-042729-4. *42 F / 6,40 €*

02620 **COUTROT T.** Critique de l'organisation du travail. *La Découverte, 1999.* (Repères ; 270 c1)
ISBN 2-7071-3102-4. *52 F / 7,93 €*

02621 **Crises en Asie du Sud-Est.** *Presses de Sciences Po, 1999.* (Références inédites)
ISBN 2-7246-0766-X. *85 F / 12,96 €*

02622 **CROUY-CHANEL I. d., PERRON C.** La Cour des comptes européenne. *PUF, 1998.* (Que sais-je? ; 3357 c1)
ISBN 2-13-049074-3. *42 F / 6,40 €*

02623 **CROZIER M.** L'Entreprise à l'écoute : apprendre le management postindustriel. *Seuil, 1994.* (Points. Essais ; 279 c3)
ISBN 2-02-020442-8. *48 F / 7,32 €*

02624 **N** **CURIEN N.** Economie des réseaux. *La Découverte, 2000.* (Repères ; 293 c1)
ISBN 2-7071-3167-9. *52 F / 7,93 €*

02625 **Les Cycles économiques. 1.** *Presses de la Fondation nationale des sciences politiques, 1994.* (OFCE c2)
ISBN 2-7246-0641-8. *60 F / 9,15 €*

02626 **Les Cycles économiques. 2.** *Presses de la Fondation nationale des sciences politiques, 1994.* (OFCE c2)
ISBN 2-7246-0642-6. *60 F / 9,15 €*

02627 **DALMAZ P.** Histoire des sapeurs-pompiers français. 2e éd. rev. *PUF, 1998.* (Que sais-je? ; 3116 c1)
ISBN 2-13-047956-1. *42 F / 6,40 €*

02628 **DALOZ J-P., MARTIN M.** Stratégies pour la gestion du risque de taux. *Economica, 1995.* (Gestion-poche ; 25 c1)
ISBN 2-7178-2858-3. *49 F / 7,47 €*

02629 **DANGEARD A-L., PONTET P.** Techniques de l'exportation. 7e éd. mise à jour. *PUF, 1989.* (Que sais-je? ; 889 c1)
ISBN 2-13-048116-7. *42 F / 6,40 €*

02630 **DARRIGRAND A., PÉLISSIER S.** La Poste. *PUF, 1996.* (Que sais-je? ; 260 c1)
ISBN 2-13-048252-X. *42 F / 6,40 €*

02631 **DAUBERVILLE B., GILBERT P., PIGEYRE F.** Les sciences humaines dans l'entreprise. *Economica, 1996.* (Gestion-poche ; 40 c1)
ISBN 2-7178-3081-2. *49 F / 7,47 €*

02632 **DAUDIN J-J., TAPIERO C. S.** Les outils et le contrôle de la qualité. *Economica, 1996.* (P.I.Q.-poche ; 3)
ISBN 2-7178-3152-5. *49 F / 7,47 €*

02633 **DAVID R., BLANC-JOUVAN X.** Le droit anglais. 8e éd. corr. *PUF, 1998.* (Que sais-je? ; 1162 c1)
ISBN 2-13-046619-2. *42 F / 6,40 €*

02634 **DAVIET J-P.** Nouvelle histoire économique de la France contemporaine. 1, L'Economie préindustrielle : 1750-1840. *La Découverte, 1993.* (Repères ; 125 c1)
ISBN 2-7071-2226-2. *52 F / 7,93 €*

02635 **DAYAN A.** Les études de marché. *PUF, 1997.* (Que sais-je? ; 1219 c1)
ISBN 2-13-048092-6. *42 F / 6,40 €*

02636 **DAYAN A.** Le Marketing industriel. 3e éd. corr. *PUF, 1991.* (Que sais-je? ; 2036 c1)
ISBN 2-13-044299-4. *42 F / 6,40 €*

02637 **DAYAN A.** Le marketing. 9e éd. corr. *PUF, 1997.* (Que sais-je? ; 1672 c1)
ISBN 2-13-048929-X. *42 F / 6,40 €*

02638 **A** **DAYAN A.** Le marketing. 10e éd. mise à jour. *PUF, 2001.* (Que sais-je? ; 1672)
ISBN 2-13-051699-8. *42 F / 6,40 €*

02639 **DAYAN A., TROADEC A., TROADEC L.** Promotion des ventes et PLV. *PUF, 1989.* (Que sais-je? ; 2482 c1)
ISBN 2-13-042612-3. *42 F / 6,40 €*

02640 **DEBBASCH C., BOURDON J.** Les associations. 7e éd. *PUF, 1998.* (Que sais-je? ; 2209 c1)
ISBN 2-13-045315-5. *42 F / 6,40 €*

02641 **DEBOUZY M.** Le Capitalisme sauvage aux Etats-Unis : 1860-1900. *Seuil, 1991.* (Points. Histoire ; 151 c3)
ISBN 2-02-013393-8. *48 F / 7,32 €*

02642 **DECAUDIN J-M.** Glossaire de la communication marketing. *Economica, 1996.* (Gestion-poche ; 43 c1)
ISBN 2-7178-3125-8. *49 F / 7,47 €*

02643 **N** **DEFALVARD H.** La pensée économique néoclassique. *Dunod, 2000.* (Les topos. Eco gestion c1)
ISBN 2-10-005030-3. *52 F / 7,93 €*

02644 **DEGOS J-G.** Histoire de la comptabilité. *PUF, 1998.* (Que sais-je? ; 3398 c1)
ISBN 2-13-049378-5. *42 F / 6,40 €*

02645 **DEHOUSSE R.** La Cour de justice des Communautés européennes. 2e éd. *Montchrestien, 1997.* (Clefs. Politique)
ISBN 2-7076-0787-8. *60 F / 9,15 €*

02646 **N** **DEKEUWER-DEFOSSEZ F.** Les droits de l'enfant. 5e éd. mise à jour. *PUF, 2001.* (Que sais-je? ; 852 c1)
ISBN 2-13-051390-5. *42 F / 6,40 €*

02647 **DELAUNAY B.** Le médiateur de la République. *PUF, 1999.* (Que sais-je? ; 3422 c1)
ISBN 2-13-049561-3. *42 F / 6,40 €*

02648 **DÉLÉGUE B.** La Vente par correspondance. *PUF, 1978.* (Que sais-je? ; 1744 c1)
ISBN 2-13-035764-4. *42 F / 6,40 €*

02649 **DELEPLACE B.** Une Vie de flic. *Gallimard, 1989.* (Folio ; 16. Actuel ; 16 c2)
ISBN 2-07-032528-8. *37 F / 5,64 €*

02650 **DELFAUD P.** Keynes et le keynésianisme. 5e éd. *PUF, 1991.* (Que sais-je? ; 1686 c1)
ISBN 2-13-043440-1. *42 F / 6,40 €*

02651 **DELFAUD P.** Les Théories économiques. 3e éd. corr. *PUF, 1998.* (Que sais-je? ; 2289 c1)
ISBN 2-13-042512-7. *42 F / 6,40 €*

02652 **DELMAS-MARTY M.** Le Droit de la famille. 2e éd. *PUF, 1980.* (Que sais-je? ; 1474 c1)
ISBN 2-13-036337-7. *42 F / 6,40 €*

02653 **N** **DELORME A.** Guide juridique des locataires et des propriétaires : le guide complet. Nouv. éd. *Seconde, 2000.* (Droits en poche)
ISBN 2-911433-15-7. *69 F / 10,52 €*

02654 **DELPÉRÉE F.** Le contentieux électoral. *PUF, 1998.* (Que sais-je? ; 3334 c1)
ISBN 2-13-048833-1. *42 F / 6,40 €*

02655 **DELPEUCH B.** L'enjeu alimentaire Nord-Sud. 3e éd. mise à jour. *Syros, 1992.* (Alternatives économiques ; 13. Poches)
ISBN 2-86738-801-5. *59 F / 8,99 €*

02656 **DELPIT B., SCHWARTZ M.** Le Système financier français. *Montchrestien, 1993.* (Clefs. Economie)
ISBN 2-7076-0566-2. *60 F / 9,15 €*

02657 **DEMAZET B., DAUBE J-M.** Lexique bilingue des techniques de commercialisation : français-anglais, anglais-français. *Langues pour tous, 1996.* (Langues pour tous ; 4433 c7)
ISBN 2-266-06871-7. *42 F / 6,40 €*

02658 **DEMBINSKI P. H.** Les Economies planifiées : la logique du système. *Seuil, 1988.* (Points. Economie ; 23 c5)
ISBN 2-02-009920-9. *55 F / 8,38 €*

02659 **DEMOTES-MAINARD M.** L'Economie de la RFA. *La Découverte, 1989.* (Repères ; 77 c1)
ISBN 2-7071-1872-9. *52 F / 7,93 €*

02660 **DENIAU J-F., DRUESNE G.** Le Marché commun. Nouv. éd. *PUF, 1996.* (Que sais-je? ; 778 c1)
ISBN 2-13-047633-3. *42 F / 6,40 €*

02661 **DENIS H.** Histoire de la pensée économique. *PUF, 1999.* (Quadrige ; 290)
ISBN 2-13-050171-0. *129 F / 19,67 €*

02662 **DENIS-JUDICIS X., PETIT J-P.** Les privatisations. *Montchrestien, 1998.* (Clefs. Economie)
ISBN 2-7076-1043-7. *70 F / 10,67 €*

02663 **DESCHANEL J-P., LEMOINE L.** L'assurance-crédit. *PUF, 1996.* (Que sais-je? ; 3065 c1)
ISBN 2-13-047448-9. *42 F / 6,40 €*

02664 **DESMET P., ZEYL A.** Le CD-ROM : porte du multimédia pour le marketing. *Economica, 1997.* (Médias-poche ; 4 c1)
ISBN 2-7178-3354-4. *49 F / 7,47 €*

02665 **DESMONS E.** La responsabilité pénale des agents publics. *PUF, 1998.* (Que sais-je? ; 3345 c1)
ISBN 2-13-048913-3. *42 F / 6,40 €*

02666 **DESPAX M.** Le droit du travail. 8e éd. *PUF, 1996.* (Que sais-je? ; 1268 c1)
ISBN 2-13-044042-8. *42 F / 6,40 €*

02667 **N** **DEURIAN O.** Gagner de l'argent sur le Web. *Micro application, 2001.* (E-poche)
ISBN 2-7429-1977-5. *52 F / 7,93 €*

02668 **DÉVOLUY M.** La banque centrale européenne. *PUF, 2000.* (Que sais-je? ; 3552 c1)
ISBN 2-13-050621-6. *42 F / 6,40 €*

02669 **DEYSINE A.** Justice aux Etats-Unis. *PUF, 1998.* (Que sais-je? ; 3379 c1)
ISBN 2-13-049257-6. *42 F / 6,40 €*

02670 **N** **Dictionnaire de l'économie.** *Larousse : Le Monde Editions, 2000.* (Larousse de poche)
ISBN 2-03-505142-8. *195 F / 29,73 €*

02671 **DIDIER P.** Les Sociétés commerciales. 7e éd. *PUF, 1991.* (Que sais-je? ; 1190 c1)
ISBN 2-13-043494-0. *42 F / 6,40 €*

02672 **DION-LOYE S.** Les pauvres et le droit. *PUF, 1997.* (Que sais-je? ; 3254 c1)
ISBN 2-13-048442-5. *42 F / 6,40 €*

02673 **DOLLFUS O.** La mondialisation. *Presses de Sciences Po, 1997.* (La Bibliothèque du citoyen c1)
ISBN 2-7246-0711-2. *75 F / 11,43 €*

02674 **N** **DONNET P-A., GARRIGUE A.** Japon, la fin d'une économie. *Gallimard, 2000.* (Folio ; 81. Actuel. Le Monde cC)
ISBN 2-07-041355-1. *41 F / 6,25 €*

02675 **DOSIÈRE R.** La fiscalité locale. *PUF, 1996.* (Que sais-je? ; 3113 c1)
ISBN 2-13-047702-X. *42 F / 6,40 €*

02676 **N** **DOSTALER G.** Le libéralisme de Hayek. *La Découverte, 2001.* (Repères ; 310 c1)
ISBN 2-7071-3384-1. *52 F / 7,93 €*

02677 **DOUET F.** Le droit patrimonial de la famille. *PUF, 1999.* (Que sais-je? ; 3517 c1)
ISBN 2-13-050433-7. *42 F / 6,40 €*

02678 **DOURILLE-FEER E.** L'économie du Japon. *La Découverte, 1998.* (Repères ; 235 c1)
ISBN 2-7071-2818-X. *52 F / 7,93 €*

02679 **N** **DOUSTALY T.** Guide du Pacs. *Milan, 2000.* (Les essentiels Milan ; 169 c1)
ISBN 2-7459-0042-0. *25 F / 3,81 €*

02680 **DREYFUS M.** Histoire de la CGT. *Complexe, 1995.* (Questions au XXe siècle ; 80 c10)
ISBN 2-87027-574-9. *59 F / 8,99 €*

02681 **N** **Le droit des assemblées locales.** *LGDJ, 2001.* (Systèmes. Collectivités locales)
ISBN 2-275-01997-9. *120 F / 18,29 €*

02682 **Droit humanitaire.** *Seuil, 2000.* (Points ; 415. Essais)
ISBN 2-02-023070-4. *42 F / 6,40 €*

02683 **Le droit international de la bioéthique :** textes. *PUF, 1998.* (Que sais-je? ; 3395 c1)
ISBN 2-13-049377-7. *42 F / 6,40 €*

02684 **DRUCKER P. F.** Les Entrepreneurs. *Hachette Littératures, 1987.* (Pluriel ; 8502 c4)
ISBN 2-01-012853-2. *58 F / 8,84 €*

02685 **N** **DUBAR C.** La formation professionnelle continue. 4e éd. *La Découverte, 2000.* (Repères ; 28 c1)
ISBN 2-7071-3351-5. *52 F / 7,93 €*

02686 **DUBOEUF F.** Introduction aux théories économiques. *La Découverte, 1999.* (Repères ; 262 c1)
ISBN 2-7071-2957-7. *52 F / 7,93 €*

02687 **DUBOIS J-P.** La responsabilité administrative. *La Découverte, 1996.* (Repères ; 185 c1)
ISBN 2-7071-2526-1. *52 F / 7,93 €*

02688 **DUBY G.** Guerriers et paysans : 7e-9e siècle, premier essor de l'économie européenne. *Gallimard, 1978.* (Tel ; 24)
ISBN 2-07-029542-7. *65 F / 9,91 €*

02689 **DUCOS M.** Rome et le droit. *LGF, 1996.* (Le Livre de poche ; 526. Références histoire c10)
ISBN 2-253-90526-7. *40 F / 6,10 €*

02690 **DUFLOUX C., KARLIN M.** La Balance des paiements. *Economica, 1994.* (Economie appliquée-Poche ; 1)
ISBN 2-7178-2594-0. *49 F / 7,47 €*

02691 **DUFOUR A.** Le cybermarketing : intégrer Internet dans la stratégie d'entreprise. 2e éd. *PUF, 1997.* (Que sais-je? ; 3186 c1)
ISBN 2-13-048352-6. *42 F / 6,40 €*

02692 **DUFOUR J-F.** Les NPI asiatiques. *Dunod, 1998.* (Les topos c1)
ISBN 2-10-004029-4. *52 F / 7,93 €*

02693 **N** **DUGOT P.** Le commerce de gros. *PUF, 2000.* (Que sais-je? ; 3565 c1)
ISBN 2-13-050551-1. *42 F / 6,40 €*

02694 **DUGRIP O., SAÏDJ L.** Les Etablissements publics nationaux. *LGDJ, 1992.* (Systèmes)
ISBN 2-275-00594-3. *95 F / 14,48 €*

02695 **DUHAMEL O.** Droit constitutionnel. 1, Le pouvoir politique en France. 4e éd. actualisée. *Seuil, 1999.* (Points ; 312. Essais)
ISBN 2-02-037797-7. *50 F / 7,62 €*

02696 **DUHAMEL O.** Droit constitutionnel. 2, Les démocraties. Nouv. éd. *Seuil, 2000.* (Points ; 312. Essais c16)
ISBN 2-02-038982-7. *62 F / 9,45 €*

02697 **DUHAMEL O., PARODI J-L.** La Constitution de la Ve République. *Presses de la Fondation nationale des sciences politiques, 1988.* (Références ; 17 c3)
ISBN 2-7246-0554-3. *80 F / 12,20 €*

02698 **DUMONT R.** L'Afrique noire est mal partie. Ed. rev. *Seuil, 1978.* (Points. Politique ; 2 c8)
ISBN 2-02-000306-6. *48 F / 7,32 €*

02699 **DUMONT R.** Un Monde intolérable : le libéralisme en question. *Seuil, 1991.* (Points. Politique ; 146 c11)
ISBN 2-02-013045-9. *48 F / 7,32 €*

02700 **DUMONT R.** Pour l'Afrique, j'accuse : le journal d'un agronome au Sahel en voie de destruction. *Pocket, 1989.* (Pocket ; 3023. Terre humaine c8)
ISBN 2-266-03130-9. *45 F / 6,86 €*

02701 **DUMONT R., MOTTIN M-F.** Le Mal-développement en Amérique latine. *Seuil, 1983.* (Points. Politique ; 118 c11)
ISBN 2-02-006383-2. *48 F / 7,32 €*

02702 **DUPICHOT J.** Le droit des obligations. 5e éd. rev. *PUF, 1993.* (Que sais-je? ; 1718 c1)
ISBN 2-13-045082-2. *42 F / 6,40 €*

02703 **DUPIN DE SAINT-CYR C.** Conditions bancaires : analyse, contrôle, négociation. *Economica, 1996.* (Gestion-poche ; 47 c1)
ISBN 2-7178-3168-1. *49 F / 7,47 €*

02704 **N** **DUPUIS G.** Le centre et la périphérie en France : essai historique et juridique. *LGDJ, 2000.* (Systèmes. Collectivités locales)
ISBN 2-275-01912-X. *100 F / 15,24 €*

02705 **DUPUY J-P.** Libéralisme et justice sociale : le sacrifice et l'envie. *Hachette Littératures, 1997.* (Pluriel ; 842)
ISBN 2-01-278842-4. *60 F / 9,15 €*

02706 **DUPUY M.** Le dollar. *Dunod, 1999.* (Les topos. Eco gestion c1)
ISBN 2-10-003618-1. *52 F / 7,93 €*

02707 **A** **DUPUY R-J.** Le Droit international. 11e éd. mise à jour. *PUF, 2001.* (Que sais-je? ; 1060 c1)
ISBN 2-13-051701-3. *42 F / 6,40 €*

02708 **DURAND H., GOUIRAND P., SPINDLER J.** Economie et politique du tourisme. *LGDJ, 1994.* (Systèmes)
ISBN 2-275-00437-8. *95 F / 14,48 €*

02709 **DURAND M., MAYER D.** Le caoutchouc naturel. *Economica, 1997.* (Cyclope-poche ; 8 c1)
ISBN 2-7178-3345-5. *49 F / 7,47 €*

02710 **DURAND V., SALLÉ V.** Introduction à l'analyse financière de l'entreprise. *LGDJ, 1997.* (Systèmes)
ISBN 2-275-00143-3. *95 F / 14,48 €*

02711 **DUVERGER M.** Les Constitutions de la France. 12e éd. *PUF, 1991.* (Que sais-je? ; 162 c1)
ISBN 2-13-043804-0. *42 F / 6,40 €*

02712 **DZEVER S.** Le comportement d'achat industriel. *Economica, 1996.* (Gestion-poche ; 46 c1)
ISBN 2-7178-3145-2. *49 F / 7,47 €*

02713 **Ecodigest :** 50 ans de statistiques. *Economica, 1996.* (Economie-poche ; 36 c1)
ISBN 2-7178-3149-5. *49 F / 7,47 €*

02714 **L'économie politique :** analyse économique des choix publics et de la vie politique. *Larousse, 1996.* (Textes essentiels)
ISBN 2-03-741019-0. *150 F / 22,87 €*

02715 **EDELMAN B.** La propriété littéraire et artistique. 3e éd. mise à jour. *PUF, 1999.* (Que sais-je? ; 1388 c1)
ISBN 2-13-045314-7. *42 F / 6,40 €*

02716 **EGLEM J-Y., KENNEDY J.** Lexique bilingue comptabilité-finance : français-anglais, anglais-français. Nouv. éd. *Langues pour tous, 1999.* (Langues pour tous ; 4417 c7)
ISBN 2-266-09824-1. *42 F / 6,40 €*

02717 **EGRET G.** La TVA. 3e éd. *PUF, 1989.* (Que sais-je? ; 1748 c1)
ISBN 2-13-042266-7. *42 F / 6,40 €*

02718 **Entre convergences et intérêts nationaux :** l'Europe. *Presses de la Fondation nationale des sciences politiques, 1994.* (OFCE c3)
ISBN 2-7246-0632-9. *80 F / 12,20 €*

02719 **L'entreprise, une affaire de société.** *Presses de la Fondation nationale des sciences politiques, 1992.* (Références ; 30)
ISBN 2-7246-0611-6. *85 F / 12,96 €*

02720 **EPAULARD A.** Les modèles appliqués de la macroéconomie. *Dunod, 1997.* (Les topos. Eco gestion c1)
ISBN 2-10-003539-8. *52 F / 7,93 €*

02721 **ESPOSITO A.** Cours pour apprendre à étudier. *De Vecchi, 1999.* (De Vecchi poche)
ISBN 2-7328-4235-4. *33 F / 5,03 €*

02722 **L'Etat moderne et l'administration :** nouveaux contextes, nouvelles éthiques, nouveaux experts. *LGDJ, 1994.* (Systèmes)
ISBN 2-275-00435-1. *95 F / 14,48 €*

02723 **ETIENNE G.** Chine-Inde, le match du siècle. *Presses de Sciences Po, 1998.* (Références inédites)
ISBN 2-7246-0739-2. *80 F / 12,20 €*

02724 **L'euro et les collectivités locales.** *LGDJ, 1999.* (Politiques locales)
ISBN 2-275-01814-X. *55 F / 8,38 €*

02725 **Europe, la nouvelle vague :** perspectives économiques de l'élargissement. *Presses de Sciences Po, 1996.* (Références-OFCE)
ISBN 2-7246-0704-X. *95 F / 14,48 €*

02726 **EUZÉBY C.** Mutations économiques et sociales en France depuis 1973. *Dunod, 1998.* (Les topos. Sciences économiques c1)
ISBN 2-10-003561-4. *52 F / 7,93 €*

02727 **A** **EWALD F., CHAUVIN P.** Le principe de précaution. *PUF, 2001.* (Que sais-je? ; 3596 c1)
ISBN 2-13-051447-2. *42 F / 6,40 €*

02728 **FABERON J-Y.** Les Polices des activités maritimes. *LGDJ, 1993.* (Systèmes)
ISBN 2-275-00535-8. *95 F / 14,48 €*

02729 **A** **FAHY J-M.** Le chômage en France. 7e éd. mise à jour. *PUF, 2001.* (Que sais-je? ; 349 c1)
ISBN 2-13-051456-1. *42 F / 6,40 €*

02730 **FAIVRET J-P., MISSIKA J-L., WOLTON D.** Le Tertiaire éclaté : le travail sans modèle. *Seuil, 1980.* (Points. Politique ; 104 c14)
ISBN 2-02-005527-9. *55 F / 8,38 €*

02731 **FALIGOT U.** Réussir professionnellement. Réimpr. *De Vecchi, 1999.* (De Vecchi poche ; 4230 c3)
ISBN 2-7328-4230-3. *33 F / 5,03 €*

02732 **FALZON M.** Les interventions économiques des collectivités locales. *LGDJ, 1996.* (Politiques locales)
ISBN 2-275-00168-9. *55 F / 8,38 €*

02733 **FANACHI P.** La Justice administrative : tribunaux administratifs et Conseil d'Etat. 3e éd. refondue. *PUF, 1992.* (Que sais-je? ; 1806 c1)
ISBN 2-13-044551-9. *42 F / 6,40 €*

02734 **FARNETTI R., WARDÉ I.** Le modèle anglo-saxon en question. *Economica, 1997.* (Economie-poche ; 22 c1)
ISBN 2-7178-3436-2. *49 F / 7,47 €*

02735 **FAUGÈRE J-P.** La monnaie et la politique monétaire. *Seuil, 1996.* (Mémo ; 37)
ISBN 2-02-026436-6. *36 F / 5,49 €*

02736 **FAVOREU L.** Les cours constitutionnelles. 3e éd. rev. *PUF, 1996.* (Que sais-je? ; 2293 c1)
ISBN 2-13-048011-X. *42 F / 6,40 €*

02737 **FAVOREU L., PHILIP L.** Le Conseil constitutionnel. 5e éd. mise à jour. *PUF, 1991.* (Que sais-je? ; 1724 c1)
ISBN 2-13-044125-4. *42 F / 6,40 €*

02738 **FENECH G., PETIT P.** La moralisation des marchés publics. *PUF, 1998.* (Que sais-je? ; 3452 c1)
ISBN 2-13-049778-0. *42 F / 6,40 €*

02739 **FENNETEAU H.** Cycle de vie des produits. *Economica, 1998.* (Gestion-poche ; 60 c1)
ISBN 2-7178-3606-3. *49 F / 7,47 €*

02740 **FERNANDEZ A.** Les politiques économiques en France de 1914 à 1974. *Seuil, 1997.* (Mémo ; 78 c1)
ISBN 2-02-031290-5. *29 F / 4,42 €*

02741 **N** **FERRÉ J-L.** Les start-up : nouvelle économie, nouvel eldorado ?. *Milan, 2000.* (Les essentiels Milan ; 176 c1)
ISBN 2-7459-0124-9. *25 F / 3,81 €*

02742 **N** **FERREIRA DA CUNHA P.** Responsabilité et culpabilité. *PUF, 2001.* (Médecine et société)
ISBN 2-13-051002-7. *59 F / 8,99 €*

02743 **FIALAIRE J.** Le droit des services publics locaux. *LGDJ, 1998.* (Systèmes)
ISBN 2-275-01651-1. *100 F / 15,24 €*

02744 **FINGERHUT J.** La fiscalité du marché de l'art. *PUF, 1999.* (Que sais-je? ; 3532 c1)
ISBN 2-13-050559-7. *42 F / 6,40 €*

02745 **N** **FITOUSSI J-P.** Le débat interdit : monnaie, Europe, pauvreté. *Seuil, 2000.* (Points. Economie ; 48 c11)
ISBN 2-02-038579-1. *48 F / 7,32 €*

02746 **FIXARI D.** Méthodologie de l'investissement dans l'entreprise. *La Découverte, 1993.* (Repères ; 123)
ISBN 2-7071-2216-5. *52 F / 7,93 €*

02747 **FLOUZAT D.** L'euro. *Milan, 1998.* (Les essentiels Milan ; 114 c1)
ISBN 2-84113-681-7. *25 F / 3,81 €*

02748 **FOMBONNE J.** La criminalistique. *PUF, 1996.* (Que sais-je? ; 370 c1)
ISBN 2-13-047630-9. *42 F / 6,40 €*

02749 **FONTAINE P.** Gestion du risque de change. *Economica, 1996.* (Gestion-poche ; 35 c1)
ISBN 2-7178-3016-2. *49 F / 7,47 €*

02750 **FONTANEL J.** La Conversion économique du secteur militaire. *Economica, 1994.* (Economie-poche ; 12)
ISBN 2-7178-2650-5. *49 F / 7,47 €*

02751 **FONTERS J-L., MAILLOT D.** La Fiscalité des professions libérales. *LGDJ, 1992.* (Systèmes)
ISBN 2-275-00622-2. *100 F / 15,24 €*

02752 **FONTETTE F.** Les Grandes dates du droit. *PUF, 1994.* (Que sais-je? ; 2890 c1)
ISBN 2-13-046452-1. *42 F / 6,40 €*

02753 **N** **FORAY D.** L'économie de la connaissance. *La Découverte, 2000.* (Repères ; 302 c1)
ISBN 2-7071-3199-7. *52 F / 7,93 €*

02754 **FORGES J-M. d.** Le droit de la santé. 4e éd. mise à jour. *PUF, 2000.* (Que sais-je? ; 2308 c1)
ISBN 2-13-050672-0. *42 F / 6,40 €*

02755 **FORRESTER V.** L'horreur économique. *LGF, 1999.* (Le Livre de poche ; 14601 c6)
ISBN 2-253-14601-3. *26 F / 3,96 €*

02756 **FOUET M.** L'Economie des Etats-Unis. *La Découverte, 1989.* (Repères ; 999999)
ISBN 2-7071-1879-6. *52 F / 7,93 €*

02757 **FOUQUET-LAPAR P.** Histoire de l'armée française. 2e éd. mise à jour. *PUF, 1998.* (Que sais-je? ; 2320 c1)
ISBN 2-13-046472-6. *42 F / 6,40 €*

02758 **FOUQUOIRE-BRILLET E.** La Chine et le nucléaire. *PUF, 1999.* (Que sais-je? ; 3512 c1)
ISBN 2-13-050349-7. *42 F / 6,40 €*

02759 **FOURASTIÉ J.** Le Grand espoir du XXe siècle. Ed. rev. et mise à jour. *Gallimard, 1989.* (Tel ; 147)
ISBN 2-07-071704-6. *63 F / 9,60 €*

02760 **FOURASTIÉ J., FOURASTIÉ J.** La Réalité économique. *Hachette Littératures, 1986.* (Pluriel ; 8448 c5)
ISBN 2-01-012272-0. *65 F / 9,91 €*

02761 **FOYER J.** Histoire de la justice. Nouv. éd. *PUF, 1996.* (Que sais-je? ; 137 c1)
ISBN 2-13-047802-6. *42 F / 6,40 €*

02762 **FRAISSEIX P.** Entrer dans la fonction publique d'Etat. *Rebondir, 2000.* (Guides pratiques ; 50)
ISBN 2-910325-52-0. *69 F / 10,52 €*

02763 **FRANCE. Ministre du travail et des affaires sociales. Direction de l'animation de la recherche, des tudes et des statistiques** La politique de l'emploi. *La Découverte, 1997.* (Repères ; 228 c1)
ISBN 2-7071-2779-5. *52 F / 7,93 €*

02764 **FRÈGE X.** La Décentralisation. *La Découverte, 1986.* (Repères ; 44 c1)
ISBN 2-7071-1614-9. *52 F / 7,93 €*

02765 **FREYSSINET J.** Le chômage. 8e éd. *La Découverte, 2000.* (Repères ; 22 c1)
ISBN 2-7071-3212-8. *52 F / 7,93 €*

02766 **N** **FULCHIRON H.** La nationalité française. *PUF, 2000.* (Que sais-je? ; 3567 c1)
ISBN 2-13-050872-3. *42 F / 6,40 €*

02767 **FUMAROLI M.** L'Etat culturel : une religion moderne. Nouv. éd. augm. *LGF, 1999.* (Le Livre de poche ; 4158. Biblio essais c15)
ISBN 2-253-06081-X. *50 F / 7,62 €*

02768 **GABSZEWICZ J-J.** La Concurrence imparfaite. *La Découverte, 1994.* (Repères ; 146 c1)
ISBN 2-7071-2319-6. *52 F / 7,93 €*

02769 **GADREY J.** L'économie des services. Réimpr. *La Découverte, 1996.* (Repères ; 113 c1)
ISBN 2-7071-2161-4. *52 F / 7,93 €*

02770 **GAILLARD J-M.** L'ENA : miroir de l'Etat. *Complexe, 1995.* (Questions au XXe siècle ; 79)
ISBN 2-87027-563-3. *125 F / 19,06 €*

02771 **GALBRAITH J. K.** L'Argent. Nouv. éd. rev. et augm. *Gallimard, 1994.* (Folio ; 61. Histoire ; 61 cJ)
ISBN 2-07-032815-5. *71 F / 10,82 €*

02772 **GALBRAITH J. K.** Le Nouvel Etat industriel : essai sur le système économique américain. 3e éd. rev. et augm. *Gallimard, 1989.* (Tel ; 143)
ISBN 2-07-071528-0. *73 F / 11,13 €*

02773 **GALBRAITH J. K., SALINGER N.** Tout savoir, ou presque, sur l'économie. *Seuil, 1981.* (Points. Economie ; 15 c2)
ISBN 2-02-005779-4. *39 F / 5,95 €*

02774 **GALIMARD M.** La copropriété. *PUF, 1995.* (Que sais-je? ; 3051 c1)
ISBN 2-13-047333-4. *42 F / 6,40 €*

02775 **GALIMARD M., GALIMARD B.** Les Sociétés civiles. 2e éd. *PUF, 1989.* (Que sais-je? ; 1979 c1)
ISBN 2-13-042319-1. *42 F / 6,40 €*

02776 **GALLISSOT R.** L'Economie de l'Afrique du Nord. 4e éd. *PUF, 1978.* (Que sais-je? ; 965 c1)
ISBN 2-13-035327-4. *42 F / 6,40 €*

02777 **GALLOUJ C., GALLOUJ F.** L'innovation dans les services. *Economica, 1996.* (Economie appliquée-Poche ; 5 c1)
ISBN 2-7178-3162-2. *49 F / 7,47 €*

02778 **GAMBIER D., VERNIÈRES M.** L'emploi en France. Nouv. éd. *La Découverte, 1998.* (Repères ; 68 c1)
ISBN 2-7071-2756-6. *52 F / 7,93 €*

02779 **GANEM R., BOURET P.** Les marchés publics d'informatique. *PUF, 1997.* (Que sais-je? ; 3344 c1)
ISBN 2-13-048925-7. *42 F / 6,40 €*

02780 **GASTINEL H., BERNARD E.** Les marchés boursiers dans le monde : situation et évolutions. *Montchrestien, 1996.* (Clefs. Economie)
ISBN 2-7076-0763-0. *60 F / 9,15 €*

02781 **GATES B.** La route du futur. Nouv. éd. rev. et corr. *Pocket, 1997.* (Pocket ; 10151 c5)
ISBN 2-266-07515-2. *35 F / 5,34 €*

02782 **GATSI J.** Le droit du sport. *PUF, 2000.* (Que sais-je? ; 3542 c1)
ISBN 2-13-050550-3. *42 F / 6,40 €*

02783 **GAUDEMET J.** Le Droit canonique. *Cerf ; Fides, 1989.* (Bref ; 16)
ISBN 2-204-03053-8. ISBN 2-7621-1453-5. *50 F / 7,62 €*

02784 **GAUDU A.** Un emploi dans l'hôtellerie-restauration. *Rebondir, 1995.* (Guides pratiques ; 17)
ISBN 2-910325-17-2. *49 F / 7,47 €*

02785 **GAUTIÉ J.** Coût du travail et emploi. *La Découverte, 1998.* (Repères ; 241 c1)
ISBN 2-7071-2837-6. *52 F / 7,93 €*

02786 **GAUVIN A.** La nouvelle gestion du risque financier. *LGDJ, 2000.* (Systèmes. Droit privé)
ISBN 2-275-01861-1. *100 F / 15,24 €*

02787 **GAVINI C.** La gestion de l'emploi. *Economica, 1997.* (Gestion-poche ; 52 c1)
ISBN 2-7178-3304-8. *49 F / 7,47 €*

02788 **GAY F. J., WAGRET P.** L'économie de l'Italie. 9e éd. ref. *PUF, 1997.* (Que sais-je? ; 1007 c1)
ISBN 2-13-048715-7. *42 F / 6,40 €*

02789 **GAY F. J., WAGRET P.** L'Economie des pays du Bénélux. *PUF, 1987.* (Que sais-je? ; 2310 c1)
ISBN 2-13-039557-0. *42 F / 6,40 €*

02790 **GAZIER B.** Les Stratégies des ressources humaines. *La Découverte, 1993.* (Repères ; 137 c1)
ISBN 2-7071-2281-5. *52 F / 7,93 €*

02791 **GEAY B.** Le syndicalisme enseignant. *La Découverte, 1997.* (Repères ; 212 c1)
ISBN 2-7071-2669-1. *52 F / 7,93 €*

02792 **GÉNÉREUX J.** Chiffres clés de l'économie française. *Seuil, 1993.* (Points. Economie ; 36 c2)
ISBN 2-02-020110-0. *39 F / 5,95 €*

02793 **GÉNÉREUX J.** Chiffres clés de l'économie mondiale. *Seuil, 1993.* (Points. Economie ; 37 c2)
ISBN 2-02-020111-9. *39 F / 5,95 €*

02794 **N** **GÉNÉREUX J.** Introduction à l'économie. 3e éd. *Seuil, 2001.* (Points. Economie ; 31 c11)
ISBN 2-02-048184-7. *48 F / 7,32 €*

02795 **GÉNÉREUX J.** Introduction à la politique économique. 3e éd. mise à jour. *Seuil, 1999.* (Points ; 35. Economie ; 35 c14)
ISBN 2-02-039651-3. *55 F / 8,38 €*

02796 **GÉNÉREUX J.** Les politiques économiques. *Seuil, 1996.* (Mémo ; 6)
ISBN 2-02-022844-0. *29 F / 4,42 €*

02797 **GENIN F.** Monnaie européenne : enjeux et réflexions. *Economica, 1995.* (Economie appliquée-Poche ; 3 c1)
ISBN 2-7178-2813-3. *49 F / 7,47 €*

02798 **GENTOT M.** Les autorités administratives indépendantes. 2e éd. *Montchrestien, 1991.* (Clefs. Politique)
ISBN 2-7076-0653-7. *60 F / 9,15 €*

02799 **GEORGE P.** Géopolitique des minorités. *PUF, 1984.* (Que sais-je? ; 2189 c1)
ISBN 2-13-038557-5. *42 F / 6,40 €*

02800 **N** **GÉRÉ F.** Dictionnaire de la pensée stratégique. *Larousse, 2000.* (Les référents)
ISBN 2-03-572329-9. *110 F / 16,77 €*

02801 **GERMAIN M.** L'intranet. *Economica, 1998.* (Gestion-poche ; 64 c1)
ISBN 2-7178-3698-5. *49 F / 7,47 €*

02802 **GHERTMAN M.** Le management stratégique de l'entreprise. 4e éd. *PUF, 1999.* (Que sais-je? ; 2463 c1)
ISBN 2-13-043258-1. *42 F / 6,40 €*

02803 **GIARD V.** Processus productifs et programmation linéaire. *Economica, 1998.* (P.I.Q.-poche ; 8)
ISBN 2-7178-3493-1. *49 F / 7,47 €*

02804 **GIARD V.** Statistique descriptive pour les gestionnaires. *Economica, 1995.* (P.I.Q.-poche ; 1)
ISBN 2-7178-2889-3. *49 F / 7,47 €*

02805 **GILBERT G.** Des Jeunes y entrent des fauves en sortent. Nouv. éd. *LGF, 1985.* (Le Livre de poche ; 6012 c7)
ISBN 2-253-03596-3. *30 F / 4,57 €*

02806 **GILBERT G., GUENGANT A.** La fiscalité locale en question. 2e éd. *Montchrestien, 1998.* (Clefs. Economie)
ISBN 2-7076-1067-4. *70 F / 10,67 €*

02807 **A** **GIRARDET R.** La société militaire : de 1815 à nos jours. *Pocket, 2001.* (Agora ; 221)
ISBN 2-266-09776-8

02808 **GIRAUD P-N.** L'Economie mondiale des matières premières. *La Découverte, 1989.* (Repères ; 76 c1)
ISBN 2-7071-1857-5. *52 F / 7,93 €*

02809 **GIRAUD P-N.** L'inégalité du monde : économie du monde contemporain. *Gallimard, 1996.* (Folio ; 50. Actuel ; 50 c3)
ISBN 2-07-032954-2. *41 F / 6,25 €*

02810 **GIVADINOVITCH J-M.** Comment bien rédiger des notes et des rapports. Nouv. éd. *De Vecchi, 1994.* (De Vecchi poche c4)
ISBN 2-7328-4216-8. *33 F / 5,03 €*

02811 **GODET M.** Emploi, le grand mensonge : vive l'activité !. *Pocket, 1997.* (Pocket ; 10327 c7)
ISBN 2-266-07913-1. *42 F / 6,40 €*

02812 **GODFRYD M.** Textes de droit hospitalier. *PUF, 1997.* (Que sais-je? ; 3328 c1)
ISBN 2-13-048800-5. *42 F / 6,40 €*

02813 **GOGUE J-M.** Management de la qualité. 2e éd. *Economica, 1997.* (Gestion-poche ; 4)
ISBN 2-7178-3189-4. *49 F / 7,47 €*

02814 **GOGUELIN P.** La prévention des risques professionnels. *PUF, 1996.* (Que sais-je? ; 3082 c1)
ISBN 2-13-047505-1. *42 F / 6,40 €*

02815 **N** **GOLLAC M., VOLKOFF S.** Les conditions de travail. *La Découverte, 2000.* (Repères ; 301 c1)
ISBN 2-7071-3168-7. *52 F / 7,93 €*

02816 **GOUNIN Y., VIVIER-LIRIMONT S.** La crise asiatique. *PUF, 1999.* (Que sais-je? ; 3500 c1)
ISBN 2-13-050199-0. *42 F / 6,40 €*

02817 **GOURION P-A., PEYRARD G.** Droit du commerce international. 2e éd. *LGDJ, 1997.* (Systèmes)
ISBN 2-275-01524-8. *95 F / 14,48 €*

02818 **GOURLAOUEN J-P.** La structure par terme des taux d'intérêt. *Economica, 1997.* (Gestion-poche ; 49 c1)
ISBN 2-7178-3232-7. *49 F / 7,47 €*

02819 **GOUSSEAU J-L.** Les emprunts et la dette des collectivités locales. *Economica, 1997.* (Finances publiques-poche ; 4 c1)
ISBN 2-7178-3324-2. *49 F / 7,47 €*

02820 **GOUX J-F.** Inflation, désinflation, déflation. *Dunod, 1998.* (Les topos. Sciences économiques c1)
ISBN 2-10-003533-9. *52 F / 7,93 €*

02821 **A** **GOYAU D., TARAZI A.** La bourse. *La Découverte, 2001.* (Repères ; 317 c1)
ISBN 2-7071-3486-4. *52 F / 7,93 €*

02822 **GRAND B., VERDALLE B.** Audit comptable et financier. *Economica, 1999.* (Gestion-poche ; 65 c1)
ISBN 2-7178-3854-6. *49 F / 7,47 €*

02823 **GRANDIN P.** Mesure de performance des fonds d'investissement : méthodologie et résultats. *Economica, 1998.* (Gestion-poche ; 57 c1)
ISBN 2-7178-3574-1. *49 F / 7,47 €*

02824 **GRANGEAS G., LE PAGE J-M.** Les politiques de l'emploi. 2e éd. *PUF, 1997.* (Que sais-je? ; 2641 c1)
ISBN 2-13-044365-6. *42 F / 6,40 €*

02825 **GRANGER T.** Micro-économie financière. *Economica, 1994.* (Economie-poche ; 14 c01)
ISBN 2-7178-2692-0. *49 F / 7,47 €*

02826 **GRATACAP A.** La gestion de production. *Dunod, 1999.* (Les topos. Eco gestion c1)
ISBN 2-10-004568-7. *52 F / 7,93 €*

02827 **GREFFE X.** Comprendre la politique économique. 2e éd. *Economica, 1995.* (Economie-poche ; 2 c1)
ISBN 2-7178-2763-3. *49 F / 7,47 €*

02828 **GRÉGOIRE L.** Le dépôt de bilan. *LGDJ, 1997.* (Systèmes. Droit privé)
ISBN 2-275-00167-0. *95 F / 14,48 €*

02829 **GRESSE C.** Les Entreprises en difficulté. *Economica, 1994.* (Gestion-poche ; 8)
ISBN 2-7178-2666-1. *49 F / 7,47 €*

02830 **GRIMBERT D., MORDACQ P., TCHEMENI E.** Les marchés émergents. *Economica, 1995.* (Gestion-poche ; 29 c1)
ISBN 2-7178-2936-9. *49 F / 7,47 €*

02831 **GRIZEAU F.** L'égalité professionnelle. *Economica, 1994.* (Economie appliquée-Poche ; 2 c1)
ISBN 2-7178-2648-3. *49 F / 7,47 €*

02832 **GRJEBINE A.** La Politique économique ou la Maîtrise des contraintes. *Seuil, 1991.* (Points. Economie c4)
ISBN 2-02-012953-1. *52 F / 7,93 €*

02833 **N** **GROSS A., MAIER-FREY M.** S'installer en Allemagne. *Rebondir, 2000.* (Guides pratiques ; 310)
ISBN 2-910325-99-7. *69 F / 10,52 €*

02834 **GROUPE INTERNATIONAL DE POLITIQUE ECONOMIQUE DE L'OFCE** Pour l'emploi et la cohésion sociale. *Presses de la Fondation nationale des sciences politiques, 1994.* (OFCE)
ISBN 2-7246-0653-1. *60 F / 9,15 €*

02835 **GRYNFOGEL C.** Droit communautaire de la concurrence. 2e éd. *LGDJ, 2000.* (Droit communautaire)
ISBN 2-275-01873-5. *100 F / 15,24 €*

02836 **GUÉDON M-J.** Les Autorités administratives indépendantes. *LGDJ, 1991.* (Systèmes)
ISBN 2-275-00655-9. *95 F / 14,48 €*

02837 **GUELLEC D.** Economie de l'innovation. *La Découverte, 1999.* (Repères ; 259 c1)
ISBN 2-7071-2937-2. *52 F / 7,93 €*

02838 **N** **GUELLEC D., RALLE P.** Les nouvelles théories de la croissance. 4e éd. *La Découverte, 2000.* (Repères ; 161 c1)
ISBN 2-7071-3298-5. *52 F / 7,93 €*

02839 **GUENGANT A.** Analyse financière des communes. *Economica, 1998.* (Finances publiques-poche ; 8 c1)
ISBN 2-7178-3527-X. *49 F / 7,47 €*

02840 **GUERRIEN B.** Dictionnaire d'analyse économique : microéconomie, macroéconomie, théorie des jeux, etc. *La Découverte, 1996.* (Dictionnaires Repères ; 999999)
ISBN 2-7071-2537-7. *198 F / 30,18 €*

02841 **GUERRIEN B.** La microéconomie. *Seuil, 1995.* (La pensée économique contemporaine; 1)(Points. Economie ; 38 c16)
ISBN 2-02-021268-4. *35 F / 5,34 €*

02842 **GUERRIEN B.** La théorie des jeux. 2e éd. *Economica, 1995.* (Economie-poche ; 4 c1)
ISBN 2-7178-2737-4. *49 F / 7,47 €*

02843 **GUERRIEN B.** La théorie économique néoclassique. 1, Microéconomie. *La Découverte, 1999.* (Repères ; 275 c1)
ISBN 2-7071-3146-6. *52 F / 7,93 €*

02844 **GUERRIEN B.** La théorie économique néoclassique. 2, Macroéconomie. *La Découverte, 1999.* (Repères ; 276 c1)
ISBN 2-7071-3147-4. *52 F / 7,93 €*

02845 **GUERRIEN B.** Les théories de l'économie politique internationale. *Seuil, 1999.* (La pensée économique contemporaine; 4)(Points. Economie ; 45 c14)
ISBN 2-02-036055-1. *55 F / 8,38 €*

02846 **GUERRIEN B., THIS I.** Les mathématiques de la microéconomie. *Economica, 1998.* (Economie-poche ; 51 c1)
ISBN 2-7178-3564-4. *49 F / 7,47 €*

02847 **GUESLIN A.** Nouvelle histoire économique de la France contemporaine. 4, L'économie ouverte : 1948-1990. Rééd. *La Découverte, 1994.* (Repères ; 79 c1)
ISBN 2-7071-1874-5. *52 F / 7,93 €*

02848 **GUETTIER C.** La responsabilité administrative. *LGDJ, 1996.* (Systèmes)
ISBN 2-275-00119-0. *95 F / 14,48 €*

02849 **GUÉVEL D.** Droit des affaires. *LGDJ, 1999.* (Systèmes. Droit privé)
ISBN 2-275-01782-8. *100 F / 15,24 €*

02850 **GUILHON B.** Les firmes globales. *Economica, 1998.* (Gestion-poche ; 63 c1)
ISBN 2-7178-3690-X. *49 F / 7,47 €*

02851 **GUILLAUME-HOFNUNG M.** La médiation. 2e éd. corr. *PUF, 2000.* (Que sais-je? ; 2930 c1)
ISBN 2-13-046765-2. *42 F / 6,40 €*

02852 **A** **GUILYARDI C.** S'installer en Espagne. *Rebondir, 2001.* (Guides pratiques)
ISBN 2-84593-026-7. *49 F / 7,47 €*

02853 **GUIMARD A.** La communication financière. 2e éd. *Economica, 1998.* (Gestion-poche ; 16 c1)
ISBN 2-7178-3584-9. *49 F / 7,47 €*

02854 **GUYON Y.** L'arbitrage. *Economica, 1995.* (Droit-Poche ; 1. Droit des affaires c1)
ISBN 2-7178-2904-0. *49 F / 7,47 €*

02855 **HABERER J-Y.** Cinq ans de Crédit lyonnais (1988-1993). *LGF, 2000.* (Le Livre de poche ; 14788 c14)
ISBN 2-253-14788-5. *48 F / 7,32 €*

02856 **HAËM R. d.** L'entrée et le séjour des étrangers en France. *PUF, 1999.* (Que sais-je? ; 3455 c1)
ISBN 2-13-049771-3. *42 F / 6,40 €*

02857 **HAENEL H., PICHON R.** La Gendarmerie. *PUF, 1996.* (Que sais-je? ; 2143 c1)
ISBN 2-13-047457-8. *42 F / 6,40 €*

02858 **HALBA B.** Economie du sport. *Economica, 1997.* (Economie-poche ; 40 c1)
ISBN 2-7178-3287-4. *49 F / 7,47 €*

02859 **HAMON F.** Le référendum : étude comparative. *LGDJ, 1995.* (Systèmes)
ISBN 2-275-00263-4. *95 F / 14,48 €*

02860 **HAMON H., ROTMAN P.** La Deuxième Gauche : histoire intellectuelle et politique de la CFDT. *Seuil, 1984.* (Points. Politique ; 122 c16)
ISBN 2-02-006729-3. *62 F / 9,45 €*

02861 **HAMON J.** Marchés d'actions : architecture et microstructure. *Economica, 1995.* (Gestion-poche ; 23 c1)
ISBN 2-7178-2796-X. *49 F / 7,47 €*

02862 **N** **HAMONIAUX T.** L'intérêt général et le juge communautaire. *LGDJ, 2001.* (Systèmes)
ISBN 2-275-01996-0. *120 F / 18,29 €*

02863 **HARDY J.** Les collectivités locales. *La Découverte, 1998.* (Repères ; 242 c1)
ISBN 2-7071-2849-X. *52 F / 7,93 €*

02864 **N** **HAROUEL J-L.** Histoire de l'expropriation. *PUF, 2000.* (Que sais-je? ; 3580 c1)
ISBN 2-13-050871-5. *42 F / 6,40 €*

02865 **N** **Harrap's business japanese :** anglais-japonais, japonais-anglais. *Harrap, 2000.* (La vie des affaires)
ISBN 0-245-50409-5. *59 F / 8,99 €*

02866 **Harrap's finance :** anglais-francais, français-anglais. *Harrap, 2000.* (La vie des affaires)
ISBN 0-245-50405-2. *59 F / 8,99 €*

02867 **HARRIBEY J-M.** Le développement soutenable. *Economica, 1998.* (Economie-poche ; 50 c1)
ISBN 2-7178-3547-4. *49 F / 7,47 €*

02868 **HATEM F.** Introduction à la prospective. *Economica, 1996.* (Gestion-poche ; 42 c1)
ISBN 2-7178-3082-0. *49 F / 7,47 €*

02869 **HATEM F.** Les multinationales en l'an 2000 : les nouvelles tendances de l'investissement international. *Economica, 1995.* (Economie-poche ; 28 c1)
ISBN 2-7178-2969-5. *49 F / 7,47 €*

02870 **N** **HAUMONT E.** Droit de la famille. *Seconde, 2000.* (Droits en poche ; 340)
ISBN 2-911433-17-3. *69 F / 10,52 €*

02871 **N** **HAUMONT E.** Les droits des salariés 2001 : le guide complet. *Seconde, 2000.* (Droits en poche)
ISBN 2-911433-20-3. *69 F / 10,52 €*

02872 **HAUMONT E., HAUMONT G.** Droit des salariés 1996 : le guide complet. *Seconde, 1996.* (Droits en poche)
ISBN 2-911433-00-9. *69 F / 10,52 €*

02873 **N** **HAUMONT G.** Les droits des musiciens : le guide pratique. 3e éd. *Seconde, 2000.* (Droits en poche)
ISBN 2-911433-16-5. *189 F / 28,81 €*

02874 **HAZEBROUCQ J-M., BADOT O.** Le management de projet. *PUF, 1996.* (Que sais-je? ; 3059 c1)
ISBN 2-13-047417-9. *42 F / 6,40 €*

02875 **HECKLY C.** La politique fiscale dans les pays industrialisés. *Dunod, 1999.* (Les topos. Eco gestion c1)
52 F / 7,93 €

02876 **A** **HEILBRONNER R. L.** Les grands économistes. Nouv. éd. *Seuil, 2001.* (Points. Economie ; 7 c14)
ISBN 2-02-048101-4. *55 F / 8,38 €*

02877 **N** **HELLER R.** Développer son potentiel. *Mango-Pratique, 2000.* (101 trucs et conseils ; 63)
ISBN 2-84270-213-1. *35 F / 5,34 €*

02878 **N** **HELLER R.** Diriger efficacement. *Mango-Pratique, 2000.* (101 trucs et conseils ; 61)
ISBN 2-84270-211-5. *35 F / 5,34 €*

02879 **HELLER R.** Diriger une équipe. *Mango-Pratique, 1999.* (101 trucs et conseils)
ISBN 2-84270-132-1. *35 F / 5,34 €*

02880 **HELLER R.** Gérer le changement. *Mango-Pratique, 1999.* (101 trucs et conseils ; 53)
ISBN 2-84270-134-8. *35 F / 5,34 €*

02881 **HELLER R.** Prendre des décisions. *Mango-Pratique, 1999.* (101 trucs et conseils ; 52)
ISBN 2-84270-133-X. *35 F / 5,34 €*

02882 **HELLER R.** Savoir déléguer. *Mango-Pratique, 1999.* (101 trucs et conseils ; 48)
ISBN 2-84270-129-1. *35 F / 5,34 €*

02883 **N** **HELLER R.** Savoir manager. *Mango-Pratique, 2000.* (101 trucs et conseils ; 62)
ISBN 2-84270-212-3. *35 F / 5,34 €*

02884 **N** **HELLER R.** Vendre avec succès. *Mango-Pratique, 2000.* (101 trucs et conseils ; 60)
ISBN 2-84270-210-7. *35 F / 5,34 €*

02885 **N** **HELME B.** Les questions type de l'entretien de recrutement. *Rebondir, 2000.* (Guides pratiques ; 119)
ISBN 2-84593-006-2. *49 F / 7,47 €*

02886 **A** **HÉRIN J-L.** Le Sénat. *Montchrestien, 2001.* (Clefs. Politique)
ISBN 2-7076-0760-6. *70 F / 10,67 €*

02887 **HERMEL L.** La recherche marketing. *Economica, 1995.* (Gestion-poche ; 27 c1)
ISBN 2-7178-2892-3. *49 F / 7,47 €*

02888 **HERMEL L., NICOLAS A-L.** Le multimédia marketing et Internet. *Economica, 1997.* (Gestion-poche ; 48 c1)
ISBN 2-7178-3213-0. *49 F / 7,47 €*

02889 **HERMEL L., QUIOC J-P.** Le Marketing direct. *Economica, 1994.* (Gestion-poche ; 9)
ISBN 2-7178-2654-8. *49 F / 7,47 €*

02890 **HERMEL L., QUIOC J-P.** Le télémarketing. *Economica, 1996.* (Gestion-poche ; 32 c1)
ISBN 2-7178-3004-9. *49 F / 7,47 €*

02891 **HERMEL L., SCHOLASCH A.** Le marketing industriel. *Economica, 1996.* (Gestion-poche ; 45 c1)
ISBN 2-7178-3133-9. *49 F / 7,47 €*

02892 **HERPIN N., VERGER D.** La consommation des Français. 1, Alimentation, habillement, logement. Nouv. éd. *La Découverte, 2000.* (Repères ; 279 c1)
ISBN 2-7071-3150-4. *52 F / 7,93 €*

02893 **HERPIN N., VERGER D.** La consommation des Français. 2, Transports, loisirs, santé. *La Découverte, 2000.* (Repères ; 280 c1)
ISBN 2-7071-3189-X. *52 F / 7,93 €*

02894 **N** **HEYMANN-DOAT A.** Libertés publiques et droits de l'homme. 6e éd. *LGDJ, 2000.* (Systèmes. Droit public)
ISBN 2-275-01937-5. *130 F / 19,82 €*

02895 **HINDLE T.** Organiser une réunion. *Mango-Pratique, 1998.* (101 trucs et conseils ; 46)
ISBN 2-84270-105-4. *35 F / 5,34 €*

02896 **HINDLE T.** Techniques d'entretien. *Mango-Pratique, 1998.* (101 trucs et conseils ; 44)
ISBN 2-84270-103-8. *35 F / 5,34 €*

02897 **Histoire économique :** XVIIIe-XXe siècle. *Larousse, 1992.* (Textes essentiels)
ISBN 2-03-741006-9. *150 F / 22,87 €*

02898 **Histoire militaire de la France.** *PUF, 1997.* (Quadrige)
ISBN 2-13-048957-5. *480 F / 73,18 €*

02899 **Histoire militaire de la France. 1, Des origines à 1715.** *PUF, 1997.* (Quadrige ; 251)
ISBN 2-13-048906-0. *120 F / 18,29 €*

02900 **Histoire militaire de la France. 2, De 1715 à 1871.** *PUF, 1997.* (Quadrige ; 252)
ISBN 2-13-048907-9. *120 F / 18,29 €*

02901 **Histoire militaire de la France. 3, De 1871 à 1940.** *PUF, 1997.* (Quadrige ; 253)
ISBN 2-13-048908-7. *120 F / 18,29 €*

02902 **Histoire militaire de la France. 4, De 1940 à nos jours.** *PUF, 1997.* (Quadrige ; 254)
ISBN 2-13-048909-5. *120 F / 18,29 €*

02903 **N** **HOANG-NGOC LIÊM** Les politiques de l'emploi. *Seuil, 2000.* (Points. Economie ; 50)
ISBN 2-02-039619-X. *48 F / 7,32 €*

02904 **HOORENS D., PERETTI M-P.** Les collectivités locales et l'emprunt. *LGDJ, 1996.* (Politiques locales)
ISBN 2-275-00174-3. *55 F / 8,38 €*

02905 **N** **HOWARD S.** Créer son CV. *Mango-Pratique, 2000.* (101 trucs et conseils ; 64 c1)
ISBN 2-84270-214-X. *35 F / 5,34 €*

02906 **HREBLAY V.** La police judiciaire. 2e éd. *PUF, 1997.* (Que sais-je? ; 2435 c1)
ISBN 2-13-042065-6. *42 F / 6,40 €*

02907 **HUAULT I.** Le management international. *La Découverte, 1998.* (Repères ; 237 c1)
ISBN 2-7071-2820-1. *52 F / 7,93 €*

02908 **HUE J-P.** Droit BTS 1re année. *Seuil, 1999.* (Mémo ; 108. Droit-sciences politiques)
ISBN 2-02-034398-3. *36 F / 5,49 €*

02909 **HUE J-P.** Droit BTS 2e année. *Seuil, 1999.* (Mémo ; 109. Droit-sciences politiques c3)
ISBN 2-02-034399-1. *36 F / 5,49 €*

02910 **HUE J-P.** Introduction élémentaire au droit. *Seuil, 1997.* (Points. Essais ; 342 c13)
ISBN 2-02-030687-5. *52 F / 7,93 €*

02911 **A** **HUGON P.** L'économie de l'Afrique. Nouv. éd. *La Découverte, 2001.* (Repères ; 117 c1)
52 F / 7,93 €

02912 **HUGON P.** Economie politique internationale et mondialisation. *Economica, 1997.* (Economie-poche ; 47 c1)
ISBN 2-7178-3464-8. *49 F / 7,47 €*

02913 **HURON D., SPINDLER J.** Le management public local. *LGDJ, 1998.* (Politiques locales)
ISBN 2-275-01724-0. *55 F / 8,38 €*

02914 **HURSON C., ZOPOUNIDIS C.** Gestion de portefeuille et analyse multicritère. *Economica, 1997.* (Gestion-poche ; 53 c1)
ISBN 2-7178-3422-2. *49 F / 7,47 €*

02915 **HUSSON M., HOLCBLAT N.** L'Industrie française. *La Découverte, 1990.* (Repères ; 85 c1)
ISBN 2-7071-1933-4. *52 F / 7,93 €*

02916 **ICHBIAH D.** Bill Gates et la saga de Microsoft. *Pocket, 1995.* (Pocket ; 4458. Best c6)
ISBN 2-266-06995-0. *38 F / 5,79 €*

02917 **N** **ICHER F.** Le compagnonnage. *Desclée De Brouwer, 2000.* (Petits dictionnaires)
ISBN 2-220-04767-9. *65 F / 9,91 €*

02918 **ICHER F.** Les compagnons ou L'amour de la belle ouvrage. *Gallimard, 1995.* (Découvertes ; 255. Traditions c5)
ISBN 2-07-053274-7. *85 F / 12,96 €*

02919 **ICHER F.** Les compagnons. *Milan, 1999.* (Les essentiels Milan ; 146 c1)
ISBN 2-84113-870-4. *25 F / 3,81 €*

02920 **IMBERT J.** Le Droit antique. 3e éd. *PUF, 1976.* (Que sais-je? ; 924 c1)
ISBN 2-13-034173-X. *42 F / 6,40 €*

02921 **IMBERT J.** Histoire du droit privé. 7e éd. *PUF, 1992.* (Que sais-je? ; 408 c1)
ISBN 2-13-044593-4. *42 F / 6,40 €*

02922 **INSTITUT NATIONAL DE LA STATISTIQUE ET DES ETUDES ECONOMIQUES (France)** L'économie française : édition 1998-1999 : rapport sur les comptes de la Nation de 1997. *LGF, 1998.* (Le Livre de poche ; 550. Références économie c9)
ISBN 2-253-90550-X. *36 F / 5,49 €*

02923 **INSTITUT NATIONAL DE LA STATISTIQUE ET DES ETUDES ECONOMIQUES (France)** L'économie française : édition 1999-2000 : rapport sur les comptes de la Nation de 1998. *LGF, 1999.* (Le Livre de poche ; 560. Références économie c10)
ISBN 2-253-90560-7. *40 F / 6,10 €*

02924 **N** **INSTITUT NATIONAL DE LA STATISTIQUE ET DES ETUDES ECONOMIQUES (France)** L'économie française, édition 2000-2001 : rapport sur les comptes de la Nation de 1999. *LGF, 2000.* (Le Livre de poche ; 573. Références économie c10)
ISBN 2-253-90573-9. *40 F / 6,10 €*

02925 **IRIBARNE P. d.** La Logique de l'honneur : gestion des entreprises et traditions nationales. *Seuil, 1993.* (Points. Essais ; 268 c5)
ISBN 2-02-020784-2. *55 F / 8,38 €*

02926 **ISAIA H.** L'évaluation des contrats de plan Etat-Région : 2000-2006. *LGDJ, 1999.* (Systèmes)
ISBN 2-275-01844-1. *100 F / 15,24 €*

02927 **JACOUD G.** Inflation et désinflation : faits, théories, politiques. *Seuil, 1997.* (Mémo ; 42 c1)
ISBN 2-02-030424-4. *29 F / 4,42 €*

02928 **JACQUARD A.** J'accuse l'économie triomphante. *LGF, 2000.* (Le Livre de poche ; 14775 c5)
ISBN 2-253-14775-3. *23 F / 3,51 €*

02929 **A** **JAMBART C.** L'assurance qualité : les normes ISO 9000 et 9001 en pratique. 3e éd. *Economica, 2001.* (Gestion-poche c1)
ISBN 2-7178-4199-7. *49 F / 7,47 €*

02930 **N** **JAMOIS-DESAUTEL D.** Recherche d'emploi sur Internet. *CampusPress France, 2000.* (Web Book)
ISBN 2-7440-1081-2. *59 F / 8,99 €*

02931 **N** **JARDILLIER P., BURG P.** Psychologie et management. *PUF, 2001.* (Que sais-je? ; 3589 c1)
ISBN 2-13-051013-2. *42 F / 6,40 €*

02932 **JEAN F.** Les économies des guerres civiles. *Hachette Littératures, 1996.* (Pluriel ; 8788)
ISBN 2-01-278788-6. *98 F / 14,94 €*

02933 **JEAN-PIERRE D.** La déontologie de l'administration. *PUF, 1999.* (Que sais-je? ; 3447 c1)
ISBN 2-13-049710-1. *42 F / 6,40 €*

02934 **JEANNOT G.** Les usagers du service public. *PUF, 1998.* (Que sais-je? ; 3359 c1)
ISBN 2-13-049061-1. *42 F / 6,40 €*

02935 **JOFFRE P.** Comprendre la mondialisation de l'entreprise. *Economica, 1994.* (Gestion-poche ; 7)
ISBN 2-7178-2640-8. *49 F / 7,47 €*

02936 **JOMINI A. H. d.** Les guerres de la Révolution 1792-1797 : de Jemmapes à la campagne d'Italie. *Hachette Littératures, 1998.* (Pluriel ; 890 c8)
ISBN 2-01-278903-X. *60 F / 9,15 €*

02937 **A** **JORAS M.** Le bilan des compétences. 2e éd. mise à jour. *PUF, 2001.* (Que sais-je? ; 2979)
ISBN 2-13-051704-8. *42 F / 6,40 €*

02938 **JOUANNEAU D.** Le GATT et l'organisation mondiale du commerce. Nouv. éd. *PUF, 1996.* (Que sais-je? ; 1858 c1)
ISBN 2-13-047827-1. *42 F / 6,40 €*

02939 **JOUVE D., MASSONI D.** Le recrutement. *PUF, 1996.* (Que sais-je? ; 3099 c1)
ISBN 2-13-047736-4. *42 F / 6,40 €*

02940 **JOUVE E.** Le Droit des peuples. 2e éd. rev. *PUF, 1992.* (Que sais-je? ; 2315 c1)
ISBN 2-13-045113-6. *42 F / 6,40 €*

02941 **JUÈS J-P.** Les cadres en France. *PUF, 1999.* (Que sais-je? ; 1538 c1)
ISBN 2-13-049490-0. *42 F / 6,40 €*

02942 **JUÈS J-P.** La grève en France. *PUF, 1998.* (Que sais-je? ; 3350 c1)
ISBN 2-13-048937-0. *42 F / 6,40 €*

02943 **JUÈS J-P.** L'industrie pharmaceutique. *PUF, 1998.* (Que sais-je? ; 3276 c1)
ISBN 2-13-048551-0. *42 F / 6,40 €*

02944 **JULIEN P-A., MARCHESNAY M.** Economie et stratégie industrielles. *Economica, 1997.* (Economie-poche ; 42 c1)
ISBN 2-7178-3363-3. *49 F / 7,47 €*

02945 **JULIEN P-A., MARCHESNAY M.** L'entrepreneuriat. *Economica, 1996.* (Gestion-poche ; 33 c1)
ISBN 2-7178-2984-9. *49 F / 7,47 €*

02946 **JUNGHANS P.** Les métiers du marketing. *Milan, 1996.* (Les essentiels Milan ; 27 c1)
ISBN 2-84113-345-1. *25 F / 3,81 €*

02947 **La justice :** l'obligation impossible. *Seuil, 1999.* (Points. Essais ; 391 c8)
ISBN 2-02-033776-2. *39 F / 5,95 €*

02948 **KARLIN M.** Back offices et marchés financiers. *Economica, 1997.* (Gestion-poche ; 50 c1)
ISBN 2-7178-3260-2. *49 F / 7,47 €*

02949 **KAST R.** La Théorie de la décision. *La Découverte, 1993.* (Repères ; 120)
ISBN 2-7071-2211-4. *52 F / 7,93 €*

02950 **KAUFFMANN P.** L'euro. 2e éd. *Dunod, 1999.* (Les topos. Eco gestion c1)
ISBN 2-10-004341-2. *52 F / 7,93 €*

02951 **KEEGAN J.** Anatomie de trois batailles : Azincourt 1415, Waterloo 1815, la Somme 1916. *Pocket, 1996.* (Agora ; 155 c7)
ISBN 2-266-00137-X. *42 F / 6,40 €*

02952 **KEREN V.** La bancassurance. *PUF, 1997.* (Que sais-je? ; 3279 c1)
ISBN 2-13-048596-0. *42 F / 6,40 €*

02953 **KERNINON J.** Les Cadres juridiques de l'économie mixte. 2e éd. *LGDJ, 1994.* (Systèmes)
ISBN 2-275-00408-4. *95 F / 14,48 €*

02954 **KERVERN G. Y.** Eléments fondamentaux des cindyniques. *Economica, 1995.* (Gestion-poche ; 14 c01)
ISBN 2-7178-2756-0. *49 F / 7,47 €*

02955 **KERVERN G. Y.** Latest advances in cindynics. *Economica, 1994.* (Gestion-poche)
ISBN 2-7178-2694-7. *49 F / 7,47 €*

02956 **KHAYAT D.** Le droit du surendettement des particuliers. *LGDJ, 1997.* (Systèmes. Droit privé)
ISBN 2-275-01502-7. *95 F / 14,48 €*

02957 **KHAYAT D.** Le surendettement des ménages : à jour des lois du 23 janvier et du 29 juillet 1998. *PUF, 1999.* (Que sais-je? ; 3471 c1)
ISBN 2-13-049946-5. *42 F / 6,40 €*

02958 **KIRAT T.** Economie du droit. *La Découverte, 1999.* (Repères ; 261 c1)
ISBN 2-7071-2960-7. *52 F / 7,93 €*

02959 **KLATZMANN J.** Attention, statistiques ! : comment en déjouer les pièges. *La Découverte, 1996.* (La Découverte poche ; 17. Essais)
ISBN 2-7071-2643-8. *65 F / 9,91 €*

02960 **KOENIG G.** Les politiques budgétaires dans l'Union européenne. *Economica, 1998.* (Economie-poche ; 52 c1)
ISBN 2-7178-3764-7. *49 F / 7,47 €*

02961 **KOENIG G.** Les théories de la firme. 2e éd. *Economica, 1998.* (Gestion-poche ; 3)
ISBN 2-7178-3677-2. *49 F / 7,47 €*

02962 **KOPP P.** L'économie de la drogue. *La Découverte, 1997.* (Repères ; 213 c1)
ISBN 2-7071-2670-5. *52 F / 7,93 €*

02963 **KRUGMAN P. R.** La mondialisation n'est pas coupable : vertus et limites du libre-échange. *La Découverte, 2000.* (La Découverte poche ; 81. Essais)
ISBN 2-7071-3113-X. *49 F / 7,47 €*

02964 **LA MAISONNEUVE E. d.** Incitation à la réflexion stratégique. *Economica, 1998.* (Géopolitique-poche ; 9 c1)
ISBN 2-7178-3559-8. *49 F / 7,47 €*

02965 **LABARONNE D.** Aborder la comptabilité nationale. *Seuil, 1997.* (Mémo ; 40 c2)
ISBN 2-02-030298-5. *36 F / 5,49 €*

02966 **N** **LABARONNE D.** Comptabilité nationale : la nouvelle base. *Seuil, 2001.* (Points. Economie ; 51)
ISBN 2-02-048503-6. *50 F / 7,62 €*

02967 **LABARONNE D.** Economie générale, 1re année. *Seuil, 1998.* (Mémo ; 86)
ISBN 2-02-031615-3. *36 F / 5,49 €*

02968 **LABARONNE D.** Economie générale, 2e année. *Seuil, 1998.* (Mémo ; 87)
ISBN 2-02-031616-1. *36 F / 5,49 €*

02969 **LABARONNE D.** Macroéconomie. 1, Les fonctions économiques. *Seuil, 1999.* (Mémo ; 118)
ISBN 2-02-034028-3. *36 F / 5,49 €*

02970 **LABARONNE D.** Macroéconomie. 2, Équilibres macroéconomiques. *Seuil, 1999.* (Mémo ; 119 c3)
ISBN 2-02-034029-1. *36 F / 5,49 €*

02971 **LABARONNE D.** Macroéconomie. 3, Croissance, cycles et fluctuations. *Seuil, 1999.* (Mémo ; 120 c3)
ISBN 2-02-034030-5. *29 F / 4,42 €*

02972 **N** **LABIE F.** La fiscalité du sport. *LGDJ, 2000.* (Systèmes. Droit fiscal)
ISBN 2-275-01917-0. *100 F / 15,24 €*

02973 **LACHAUME J-F.** L'administration communale. 2e éd. *LGDJ, 1997.* (Systèmes)
ISBN 2-275-01620-1. *95 F / 14,48 €*

02974 **LACHMANN J.** L'action économique régionale. *Economica, 1997.* (Economie appliquée-Poche ; 7 c1)
ISBN 2-7178-3408-7. *49 F / 7,47 €*

02975 **LACHMANN J.** Financer l'innovation des PME. *Economica, 1996.* (Gestion-poche ; 30 c1)
ISBN 2-7178-2971-7. *49 F / 7,47 €*

02976 **LACHNITT J.** L'Analyse de la valeur. 2e éd. *PUF, 1987.* (Que sais-je? ; 1815 c1)
ISBN 2-13-039956-8. *42 F / 6,40 €*

02977 **LADWEIN R.** Les études marketing. *Economica, 1996.* (Gestion-poche ; 41 c1)
ISBN 2-7178-3083-9. *49 F / 7,47 €*

02978 **LAFAY G.** Comprendre la mondialisation. 3e éd. *Economica, 1998.* (Economie-poche ; 29 c1)
ISBN 2-7178-3775-2. *49 F / 7,47 €*

02979 **LAFAY G., SIROËN J-M.** Maîtriser le libre-échange. *Economica, 1994.* (Economie-poche ; 9)
ISBN 2-7178-2597-5. *49 F / 7,47 €*

02980 **LAFERRÈRE A.** Les finances publiques. *LGF, 1998.* (Le Livre de poche ; 548. Références économie c10)
ISBN 2-253-90548-8. *40 F / 6,10 €*

02981 **LAFON J.** Jérusalem. *Montchrestien, 1998.* (Clefs. Politique)
ISBN 2-7076-1076-3. *70 F / 10,67 €*

02982 **LAGRIFA M-O.** Cours de secrétariat moderne : comment devenir une secrétaire indispensable. *De Vecchi, 1997.* (De Vecchi poche ; 4226)
ISBN 2-7328-4226-5. *33 F / 5,03 €*

02983 **LAJUGIE J.** Les Doctrines économiques. Nouv. éd. *PUF, 1994.* (Que sais-je? ; 386 c1)
ISBN 2-13-046709-1. *42 F / 6,40 €*

02984 **LAMOTTE H., VINCENT J-P.** La Nouvelle macroéconomie classique. *PUF, 1993.* (Que sais-je? ; 2713 c1)
ISBN 2-13-045074-1. *42 F / 6,40 €*

02985 **LAMOTTE H., VINCENT J-P.** La nouvelle macroéconomie keynésienne. *PUF, 1998.* (Que sais-je? ; 3323 c1)
ISBN 2-13-048806-4. *42 F / 6,40 €*

02986 **LAMY P.** Les bourses de valeurs. *Economica, 1995.* (Gestion-poche ; 28 c1)
ISBN 2-7178-2929-6. *49 F / 7,47 €*

02987 **LANGLOIS D.** Les Dossiers noirs de la justice française. *Seuil, 1975.* (Points. Actuels ; 10 c2)
ISBN 2-02-000685-5. *39 F / 5,95 €*

02988 **LANGLOIS D.** Les Dossiers noirs de la police française. *Seuil, 1973.* (Points. Actuels ; 3 c3)
ISBN 2-02-000678-2. *48 F / 7,32 €*

02989 **LANGOT J.** Les comptes consolidés. *Economica, 1996.* (Gestion-poche ; 44 c1)
ISBN 2-7178-3135-5. *49 F / 7,47 €*

02990 **LANQUAR R.** L'Empire Disney. *PUF, 1992.* (Que sais-je? ; 2726 c1)
ISBN 2-13-045183-7. *42 F / 6,40 €*

02991 **LAPOUBLE J-C.** Droit du sport. *LGDJ, 1999.* (Systèmes. Droit public)
ISBN 2-275-01860-3. *100 F / 15,24 €*

02992 **N** **LARANGÉ A.** La déconcentration. *LGDJ, 2000.* (Politiques locales)
ISBN 2-275-01915-4. *55 F / 8,38 €*

02993 **LARGUIER J.** La procédure pénale. 10e éd. *PUF, 1996.* (Que sais-je? ; 1089 c1)
ISBN 2-13-048301-1. *42 F / 6,40 €*

02994 **A** **LARPIN E.** Les contrats aidés. *Rebondir, 2001.* (Guides pratiques ; 509)
ISBN 2-84593-021-6. *49 F / 7,47 €*

02995 **LARROUTUROU P.** Pour la semaine de quatre jours. *La Découverte, 1999.* (La Découverte poche ; 66. Essais)
ISBN 2-7071-2961-5. *49 F / 7,47 €*

02996 **LATOUCHE S.** Les dangers du marché planétaire. *Presses de Sciences Po, 1998.* (La Bibliothèque du citoyen c1)
ISBN 2-7246-0747-3. *75 F / 11,43 €*

02997 **N** **LATRONCHE B.** Les métiers du cinéma. 1. *Rebondir, 2000.* (Guides pratiques ; 203)
ISBN 2-910325-96-2. *49 F / 7,47 €*

02998 **N** **LATRONCHE B.** Les métiers du cinéma. 2. *Rebondir, 2000.* (Guides pratiques ; 204)
49 F / 7,47 €

02999 **LAURENT P., BOYER B.** La stratégie financière des collectivités locales. 2e éd. *LGDJ, 1997.* (Systèmes. Collectivités locales)
ISBN 2-275-01540-X. *95 F / 14,48 €*

03000 **LAUTIER B.** L'Economie informelle. *La Découverte, 1994.* (Repères ; 155 c1)
ISBN 2-7071-2373-0. *52 F / 7,93 €*

03001 **LAUTRETTE L.** Le droit de la retraite en France. *PUF, 1999.* (Que sais-je? ; 3469 c1)
ISBN 2-13-049947-3. *42 F / 6,40 €*

03002 **LAVIGNE A., POLLIN J-P.** Les théories de la monnaie. *La Découverte, 1997.* (Repères ; 226 c1)
ISBN 2-7071-2767-1. *52 F / 7,93 €*

03003 **LAVILLE A.** L'Ergonomie. 5e éd. *PUF, 1993.* (Que sais-je? ; 1626 c1)
ISBN 2-13-043365-0. *42 F / 6,40 €*

03004 **LE BAS C.** Economie de l'innovation. *Economica, 1995.* (Economie-poche ; 19 c1)
ISBN 2-7178-2817-6. *49 F / 7,47 €*

03005 **LE BIHAN A-S.** 18 métiers dans le social. *Rebondir, 1997.* (Guides pratiques ; 49)
ISBN 2-910325-48-2. *39 F / 5,95 €*

03006 **LE COUR GRANDMAISON O.** Les constitutions françaises. *La Découverte, 1996.* (Repères ; 184 c1)
ISBN 2-7071-2525-3. *52 F / 7,93 €*

03007 **LE GALL J-M.** La gestion des ressources humaines. 5e éd. corr. *PUF, 1998.* (Que sais-je? ; 2646 c1)
ISBN 2-13-045337-6. *42 F / 6,40 €*

03008 **N** **LE GOFF J-P.** Les illusions du management : pour le retour du bon sens. Nouv. éd. *La Découverte, 2000.* (La Découverte poche ; 97. Essais)
ISBN 2-7071-3319-1. *45 F / 6,86 €*

03009 **LE JEUNE P.** Introduction au droit des relations internationales. *LGDJ, 1994.* (Systèmes)
ISBN 2-275-00370-3. *95 F / 14,48 €*

03010 **LE ROY P.** La Politique agricole commune. *Economica, 1994.* (Economie-poche ; 8)
ISBN 2-7178-2599-1. *49 F / 7,47 €*

03011 **LE TOURNEAU D.** Le Droit canonique. Nouv. éd. *PUF, 1988.* (Que sais-je? ; 779 c1)
ISBN 2-13-047938-3. *42 F / 6,40 €*

03012 **LE TOURNEAU P.** La concession commerciale exclusive. *Economica, 1994.* (Droit-Poche ; 6. Droit des affaires c1)
49 F / 7,47 €

03013 **LE TOURNEAU P.** Le franchisage. *Economica, 1994.* (Droit-Poche ; 7. Droit des affaires c1)
ISBN 2-7178-2736-6. *49 F / 7,47 €*

03014 **LE TOURNEAU P.** La responsabilité civile professionnelle. *Economica, 1995.* (Droit-Poche ; 10. Droit des affaires)
ISBN 2-7178-2888-5. *49 F / 7,47 €*

03015 **LÉAUD A.** Amnesty International : le parti des droits de l'homme. *Seuil, 1993.* (Points. Actuels ; 140 c3)
ISBN 2-02-020695-1. *48 F / 7,32 €*

03016 **LEBIGRE A.** La Police : une histoire sous influence. *Gallimard, 1993.* (Découvertes ; 168. Histoire c5)
ISBN 2-07-053236-4. *85 F / 12,96 €*

03017 **LECLERCQ E.** Les théories du marché du travail. *Seuil, 1999.* (La pensée économique contemporaine; 4)(Points. Economie ; 44 c15)
ISBN 2-02-035423-3. *59 F / 8,99 €*

03018 **LEFLOCH P., SONNAC N.** Economie de la presse. *La Découverte, 2000.* (Repères ; 283 c1)
ISBN 2-7071-3174-1. *52 F / 7,93 €*

03019 **LEGEAIS D.** Le cautionnement. *Economica, 1995.* (Droit-Poche ; 8. Droit des affaires)
ISBN 2-7178-2856-7. *49 F / 7,47 €*

03020 **LEGENDRE P.** Miroir d'une nation : l'Ecole nationale d'administration. *Mille et une nuits, 1999.* (La petite collection ; 249)
ISBN 2-84205-422-9. *10 F / 1,52 €*

03021 **LEGOHÉREL H.** Histoire du droit international public. *PUF, 1996.* (Que sais-je? ; 3090 c1)
ISBN 2-13-047561-2. *42 F / 6,40 €*

03022 **LEGOHÉREL H.** Histoire du droit public français : des origines à 1789. 2e éd. corr. *PUF, 1991.* (Que sais-je? ; 755 c1)
ISBN 2-13-044012-6. *42 F / 6,40 €*

03023 **LEGRAND P.** Le droit comparé. *PUF, 1999.* (Que sais-je? ; 3478 c1)
ISBN 2-13-049810-8. *42 F / 6,40 €*

03024 **LEHMANN P-J.** Economie monétaire : théories et politique. *Seuil, 1999.* (Points ; 46. Economie c12)
ISBN 2-02-034499-8. *50 F / 7,62 €*

03025 **LEHMANN P-J.** Economie monétaire. *Seuil, 1997.* (Mémo ; 41 c2)
ISBN 2-02-030203-9. *36 F / 5,49 €*

03026 **LEHMANN P-J.** Le financement de l'économie. *Seuil, 1998.* (Mémo ; 103 c3)
ISBN 2-02-033144-6. *36 F / 5,49 €*

03027 **LEHMANN P-J.** Histoire de la Bourse de Paris. *PUF, 1997.* (Que sais-je? ; 3262 c1)
ISBN 2-13-048573-1. *42 F / 6,40 €*

03028 **LEHMANN P-J.** Les sociétés de bourse. *PUF, 1998.* (Que sais-je? ; 3360 c1)
ISBN 2-13-049095-6. *42 F / 6,40 €*

03029 **LEHNISCH J-P.** La communication dans l'entreprise. 4e éd. corr. *PUF, 1998.* (Que sais-je? ; 2229 c1)
ISBN 2-13-042938-6. *42 F / 6,40 €*

03030 **LELART M.** Le système monétaire international. 4e éd. *La Découverte, 2000.* (Repères ; 97 c1)
ISBN 2-7071-2844-9. *52 F / 7,93 €*

03031 **LELEUX C.** Travail ou revenu ? : pour un revenu inconditionnel. *Cerf, 1998.* (Humanités c1)
ISBN 2-204-05816-5. *62 F / 9,45 €*

03032 **LEMASURIER J.** Le droit d'expropriation. *PUF, 1998.* (Que sais-je? ; 3326 c1)
ISBN 2-13-048832-3. *42 F / 6,40 €*

03033 **LEMÉNOREL A.** Nouvelle histoire économique de la France contemporaine. 3, L'économie libérale à l'épreuve : 1914-1948. Nouv. éd. *La Découverte, 1998.* (Repères ; 232 c1)
ISBN 2-7071-2809-0. *52 F / 7,93 €*

03034 **LEMESLE L., PANSIER F-J.** Le procureur de la République. *PUF, 1998.* (Que sais-je? ; 3315 c1)
ISBN 2-13-048718-1. *42 F / 6,40 €*

03035 **LEMESLE R-M.** Le commerce colonial triangulaire : XVIIIe-XIXe siècles. *PUF, 1998.* (Que sais-je? ; 3393 c1)
ISBN 2-13-049340-8. *42 F / 6,40 €*

03036 **LEMESLE R-M., MAROT J-C.** Le Télétravail. *PUF, 1994.* (Que sais-je? ; 2809 c1)
ISBN 2-13-045878-5. *42 F / 6,40 €*

03037 **LEMOINE F.** La Nouvelle économie chinoise. *La Découverte, 1994.* (Repères ; 144)
ISBN 2-7071-2313-7. *52 F / 7,93 €*

03038 **LEMOINE Y., NGUYEN F.** Tristes justices. *Hachette Littératures, 1995.* (Pluriel ; 8658)
ISBN 2-01-021216-9. *89 F / 13,57 €*

03039 **LENAIN P.** Le FMI. Nouv. éd. *La Découverte, 1996.* (Repères ; 133 c1)
ISBN 2-7071-2268-8. *52 F / 7,93 €*

03040 **LENOBLE J.** Droit et communication : la transformation du droit contemporain. *Cerf, 1994.* (Humanités)
ISBN 2-204-05001-6. *62 F / 9,45 €*

03041 **LENOIR N., MATHIEU B.** Les normes internationales de la bioéthique. *PUF, 1998.* (Que sais-je? ; 3356 c1)
ISBN 2-13-049064-6. *42 F / 6,40 €*

03042 **LEPICK O.** Les armes chimiques. *PUF, 1999.* (Que sais-je? ; 3472 c1)
ISBN 2-13-049951-1. *42 F / 6,40 €*

03043 **LEPIDI J.** L'Or. 6e éd. *PUF, 1997.* (Que sais-je? ; 776 c1)
ISBN 2-13-048495-6. *42 F / 6,40 €*

03044 **LEROND M., GENAIN L.** Trouver son premier emploi. *De Vecchi, 1992.* (De Vecchi poche ; 4168 c4)
ISBN 2-7328-4168-4. *38 F / 5,79 €*

03045 **LEROUX A., MARCIANO A.** La philosophie économique. *PUF, 1998.* (Que sais-je? ; 3361 c1)
ISBN 2-13-049104-9. *42 F / 6,40 €*

03046 **LEROY-FORGEOT F.** Histoire juridique de l'homosexualité en Europe. *PUF, 1997.* (Médecine et société ; 3 c1)
ISBN 2-13-048794-7. *52 F / 7,93 €*

03047 **LÉVÊQUE F.** Economie de la réglementation. *La Découverte, 1998.* (Repères ; 238 c1)
ISBN 2-7071-2825-2. *52 F / 7,93 €*

03048 **LEVINSON C.** L'Inflation mondiale et les firmes multinationales. *Seuil, 1976.* (Points. Economie ; 6 c3)
ISBN 2-02-004513-3. *48 F / 7,32 €*

03049 **LEVY J-P.** Histoire de la propriété. *PUF, 1972.* (Que sais-je? ; 36 c1)
ISBN 2-13-032083-X. *42 F / 6,40 €*

03050 **LÉVY M-L.** Comprendre les statistiques. *Seuil, 1979.* (Points. Economie ; 12 c3)
ISBN 2-02-005344-6. *48 F / 7,32 €*

03051 **LEYGUES J-C.** Les politiques internes de l'Union européenne : 1994-1999. *LGDJ, 1994.* (Systèmes)
ISBN 2-275-00365-7. *95 F / 14,48 €*

03052 **LIBAERT T.** La communication de l'entreprise. *Economica, 1998.* (Gestion-poche ; 62 c1)
ISBN 2-7178-3679-9. *49 F / 7,47 €*

03053 **A** **Libertés et droits fondamentaux. Nouv. éd.** *Seuil, 2001.* (Points. Essais ; 328 c14)
ISBN 2-02-043655-8. *55 F / 8,38 €*

03054 **LINANT DE BELLEFONDS X., HOLLANDE A.** L'arbitrage. *PUF, 1995.* (Que sais-je? ; 2952 c1)
ISBN 2-13-046862-4. *42 F / 6,40 €*

03055 **LINHART D.** La Modernisation des entreprises. *La Découverte, 1994.* (Repères ; 152 c1)
ISBN 2-7071-2356-0. *52 F / 7,93 €*

03056 **LINHART R.** L'Etabli. *Minuit, 1981.* (Double ; 6 c1)
ISBN 2-7073-0329-1. *34 F / 5,18 €*

03057 **LIPIETZ A.** La société en sablier : le partage du travail contre la déchirure sociale. *La Découverte, 1998.* (La Découverte poche ; 51. Essais)
ISBN 2-7071-2847-3. *75 F / 11,43 €*

03058 **LIST F.** Système national d'économie politique. *Gallimard, 1998.* (Tel ; 297)
ISBN 2-07-075340-9. *80 F / 12,20 €*

03059 **LIVIAN Y-F.** Introduction à l'analyse des organisations. 2e éd. *Economica, 2000.* (Gestion-poche ; 15 c1)
ISBN 2-7178-4008-7. *49 F / 7,47 €*

03060 **LOCHAK D.** La justice administrative. 3e éd. *Montchrestien, 1998.* (Clefs. Politique c1)
ISBN 2-7076-1092-5. *70 F / 10,67 €*

03061 **N** **LONDON C.** Commerce et environnement. *PUF, 2001.* (Que sais-je? ; 3592 c1)
ISBN 2-13-051035-3. *42 F / 6,40 €*

03062 **N** **LONGHI C., SPINDLER J.** Le développement local. *LGDJ, 2000.* (Politiques locales)
ISBN 2-275-01975-8. *55 F / 8,38 €*

03063 **N** **LORD H.** Le contrat à durée déterminée de A à Z. *Rebondir, 2000.* (Guides pratiques)
ISBN 2-84593-009-7. *49 F / 7,47 €*

03064 **LOUBERGÉ H.** Les options sur indices. *Economica, 1998.* (Gestion-poche ; 59 c1)
ISBN 2-7178-3588-1. *49 F / 7,47 €*

03065 **LOUBET DEL BAYLE J-L.** La Police : approche socio-politique. *Montchrestien, 1992.* (Clefs. Politique)
ISBN 2-7076-0535-2. *60 F / 9,15 €*

03066 **LUCHAIRE F.** L'Aide aux pays sous-développés. 4e éd. *PUF, 1977.* (Que sais-je? ; 1227 c1)
ISBN 2-13-035105-0. *42 F / 6,40 €*

03067 **LUSSATO A.** Les tests de recrutement. *PUF, 1998.* (Que sais-je? ; 3372 c1)
ISBN 2-13-049120-0. *42 F / 6,40 €*

03068 **MABILEAU A.** Le Système local en France. 2e éd. *Montchrestien, 1994.* (Clefs. Politique)
ISBN 2-7076-0592-1. *60 F / 9,15 €*

03069 **MACCIONI H.** L'image de marque : étude juridique de la notoriété commerciale. *Economica, 1995.* (Droit-Poche ; 11. Droit des affaires)
ISBN 2-7178-2910-5. *49 F / 7,47 €*

03070 **MAGNET J.** Les comptables publics. *LGDJ, 1995.* (Systèmes)
ISBN 2-275-00342-8. *95 F / 14,48 €*

03071 **A** **MAGNET J.** Eléments de comptabilité publique. 5e éd. *LGDJ, 2001.* (Systèmes)
ISBN 2-275-02013-6. *120 F / 18,29 €*

03072 **MAGNET J.** La gestion de fait des deniers publics locaux. *LGDJ, 2000.* (Politiques locales)
ISBN 2-275-01880-8. *55 F / 8,38 €*

03073 **MAGNET J.** Les gestions de fait. *LGDJ, 1998.* (Systèmes)
ISBN 2-275-01590-6. *100 F / 15,24 €*

03074 **MAGNIN E.** Les transformations économiques en Europe de l'Est depuis 1989. *Dunod, 1999.* (Les topos. Eco gestion c1)
ISBN 2-10-003804-4. *52 F / 7,93 €*

03075 **MAHIEU F-R.** Ricardo. *Economica, 1995.* (Economie-poche ; 18 c1)
ISBN 2-7178-2771-4. *49 F / 7,47 €*

03076 **MAHIEU F-R.** William Petty (1623-1687) : fondateur de l'économie politique. *Economica, 1997.* (Economie-poche ; 44 c1)
ISBN 2-7178-3370-6. *49 F / 7,47 €*

03077 **MAILLET P., ROLLET P.** La croissance économique. 9e éd. *PUF, 1998.* (Que sais-je? ; 1210 c1)
ISBN 2-13-048758-0. *42 F / 6,40 €*

03078 **MAIRESSE J.** Emploi et chômage. *Presses de la Fondation nationale des sciences politiques, 1982.* (Références ; 9 c1)
ISBN 2-7246-0470-9. *40 F / 6,10 €*

03079 **MAISL H.** Le droit des données publiques. *LGDJ, 1996.* (Systèmes)
ISBN 2-275-00140-9. *95 F / 14,48 €*

03080 **MAJNONI D'INTIGNANO B.** L'usine à chômeurs. *Pocket, 1999.* (Pocket ; 10563 c4B)
ISBN 2-266-08785-1. *32 F / 4,88 €*

03081 **MAJONE G.** La Communauté européenne : un Etat régulateur. *Montchrestien, 1996.* (Clefs. Politique)
ISBN 2-7076-0699-5. *60 F / 9,15 €*

03082 **MAJOROS F.** Le Droit international privé. 3e éd. *PUF, 1990.* (Que sais-je? ; 1615 c1)
ISBN 2-13-043122-4. *42 F / 6,40 €*

03083 **MANESSE J.** L'aménagement du territoire : des instruments pour quelle politique ?. *LGDJ, 1998.* (Systèmes)
ISBN 2-275-01592-2. *100 F / 15,24 €*

03084 **MANIER B.** Le travail des enfants dans le monde. *La Découverte, 1999.* (Repères ; 265 c1)
ISBN 2-7071-3026-5. *52 F / 7,93 €*

03085 **MARCHAND C.** Economie des interventions de l'Etat : théorie des droits publics. *PUF, 1999.* (Que sais-je? ; 3484 c1)
ISBN 2-13-050074-9. *42 F / 6,40 €*

03086 **A** **Les marchés obligataires.** *LGDJ, 2001.* (Systèmes)
ISBN 2-275-02014-4. *120 F / 18,29 €*

03087 **MARIS B.** Keynes ou L'économiste citoyen. *Presses de Sciences Po, 1999.* (La Bibliothèque du citoyen c1)
ISBN 2-7246-0782-1. *75 F / 11,43 €*

03088 **N** **MARTIN H. P., SCHUMANN H.** Le piège de la mondialisation. *Actes Sud, 2000.* (Babel ; 453)
ISBN 2-7427-3104-0. *63 F / 9,60 €*

03089 **MARTIN M. L., CABANIS A.** Histoire constitutionnelle et politique de la France de la Révolution à nos jours. *LGDJ, 2000.* (Droit constitutionnel)
ISBN 2-275-01871-9. *100 F / 15,24 €*

03090 **MARTIN P-M.** Les échecs du droit international. *PUF, 1996.* (Que sais-je? ; 3151 c1)
ISBN 2-13-047846-8. *42 F / 6,40 €*

03091 **MARTINAGE R.** Histoire du droit pénal en Europe. *PUF, 1998.* (Que sais-je? ; 3401 c1)
ISBN 2-13-049413-7. *42 F / 6,40 €*

03092 **MARUANI M.** Travail et emploi des femmes. *La Découverte, 2000.* (Repères ; 287 c1)
ISBN 2-7071-3180-6. *52 F / 7,93 €*

03093 **MASCLET J-C.** Les grands arrêts de droit communautaire. *PUF, 1995.* (Que sais-je? ; 3014 c1)
ISBN 2-13-047200-1. *42 F / 6,40 €*

03094 **MATHE H., TIXIER D.** La Logistique. 4e éd. mise à jour. *PUF, 1997.* (Que sais-je? ; 2351 c1)
ISBN 2-13-048098-5. *42 F / 6,40 €*

03095 **MATHIEU B., RENOUX T. S., ROUX A.** La Cour de justice de la République. *PUF, 1995.* (Que sais-je? ; 2981 c1)
ISBN 2-13-047040-8. *42 F / 6,40 €*

03096 **MATHIEU J-L.** La Défense internationale des droits de l'homme. 2e éd. mise à jour. *PUF, 1998.* (Que sais-je? ; 2733 c1)
ISBN 2-13-048749-1. *42 F / 6,40 €*

03097 **MATHIEU J-L.** La défense nationale. *PUF, 1996.* (Que sais-je? ; 2028 c1)
ISBN 2-13-047832-8. *42 F / 6,40 €*

03098 **MATHIOT J.** Adam Smith, philosophie et économie : de la sympathie à l'échange. *PUF, 1990.* (Philosophies ; 24)
ISBN 2-13-042832-0. *37 F / 5,64 €*

03099 **N** **MATOUK J.** La Bourse. *Milan, 2000.* (Les essentiels Milan ; 179 c1)
ISBN 2-7459-0158-3. *25 F / 3,81 €*

03100 **MATTRET J-B.** L'analyse financière des communes. *LGDJ, 1997.* (Systèmes. Collectivités locales)
ISBN 2-275-01520-5. *95 F / 14,48 €*

03101 **MAUS D.** Aborder le droit constitutionnel. *Seuil, 1998.* (Mémo ; 89)
ISBN 2-02-030297-7. *36 F / 5,49 €*

03102 **MAZEL O.** La France des chômages. *Gallimard, 1999.* (Folio ; 72. Actuel. Le Monde cC)
ISBN 2-07-041123-0. *41 F / 6,25 €*

03103 **MAZIER J.** Les grandes économies européennes. *La Découverte, 1999.* (Repères ; 256 c1)
ISBN 2-7071-2929-1. *52 F / 7,93 €*

03104 **MEADE J. E.** Retour au plein emploi ?. *Economica, 1996.* (Economie-poche ; 32 c1)
ISBN 2-7178-3079-0. *49 F / 7,47 €*

03105 **MÉCARY C., GEOUFFRE DE LA PRADELLE G. d.** Les droits des homosexuels. 2e éd. rev. *PUF, 1998.* (Que sais-je? ; 3367 c1)
ISBN 2-13-049118-9. *42 F / 6,40 €*

03106 **MÉGRET J.** Le Droit rural. 2e éd. *PUF, 1976.* (Que sais-je? ; 1372 c1)
ISBN 2-13-034131-4. *42 F / 6,40 €*

03107 **MÉNARD C.** L'Economie des organisations. Rééd. *La Découverte, 1995.* (Repères ; 86 c1)
ISBN 2-7071-1950-4. *52 F / 7,93 €*

03108 **MERCIER S.** L'éthique dans les entreprises. *La Découverte, 1999.* (Repères ; 263 c1)
ISBN 2-7071-3025-7. *52 F / 7,93 €*

03109 **MERLE J-P., HAMMER-MERLE L.** Lexique bilingue de la bureautique : français-anglais, anglais-français. *Langues pour tous, 1996.* (Langues pour tous ; 4434 c7)
ISBN 2-266-06872-5. *42 F / 6,40 €*

03110 **A** **MESSIER J-M.** J6M.com : faut-il avoir peur de la nouvelle économie ?. *LGF, 2001.* (Le Livre de poche ; 15054)
ISBN 2-253-15054-1

03111 N **Les métiers du secrétariat et de l'assistanat.** *Rebondir, 2001.* (Guides pratiques ; 24)
ISBN 2-84593-014-3. *49 F / 7,47 €*

03112 **MÉVELLEC P.** Le calcul des coûts dans les organisations. *La Découverte, 1995.* (Repères ; 181 c1)
ISBN 2-7071-2508-3. *52 F / 7,93 €*

03113 **MIALON M-F.** Les pouvoirs de l'employeur. *LGDJ, 1996.* (Systèmes)
ISBN 2-275-00196-4. *95 F / 14,48 €*

03114 **MICHALET C-A.** Le capitalisme mondial. *PUF, 1998.* (Quadrige ; 259)
ISBN 2-13-049125-1. *78 F / 11,89 €*

03115 **MICHAUD J-L.** Les institutions du tourisme. *PUF, 1995.* (Que sais-je? ; 3012 c1)
ISBN 2-13-047201-X. *42 F / 6,40 €*

03116 **MIKOL A.** Le contrôle interne. *PUF, 1998.* (Que sais-je? ; 3302 c1)
ISBN 2-13-048645-2. *42 F / 6,40 €*

03117 **MIKOL A.** Gestion comptable et financière. 3e éd. mise à jour. *PUF, 1992.* (Que sais-je? ; 2328 c1)
ISBN 2-13-044492-X. *42 F / 6,40 €*

03118 **MINC A.** L'Avenir en face. *Seuil, 1986.* (Points. Actuels ; 70 c3)
ISBN 2-02-009048-1. *48 F / 7,32 €*

03119 **MINC A.** La mondialisation heureuse. *Pocket, 1998.* (Pocket ; 10473 c4B)
ISBN 2-266-08333-3. *32 F / 4,88 €*

03120 **MOLINIER J.** Droit du contentieux européen. *LGDJ, 1996.* (Systèmes)
ISBN 2-275-00274-X. *95 F / 14,48 €*

03121 **MOLINIER J.** Droit du marché intérieur européen. *LGDJ, 1995.* (Systèmes)
ISBN 2-275-00332-0. *95 F / 14,48 €*

03122 N **La mondialisation au-delà des mythes.** *La Découverte, 2000.* (La Découverte poche ; 91. Essais)
ISBN 2-7071-3273-X. *49 F / 7,47 €*

03123 N **MONJAL P-Y.** Les normes de droit communautaire. *PUF, 2000.* (Que sais-je? ; 3560 c1)
ISBN 2-13-050671-2. *42 F / 6,40 €*

03124 **MONNIER J-M.** Les prélèvements obligatoires. *Economica, 1998.* (Economie-poche ; 49 c1)
ISBN 2-7178-3538-5. *49 F / 7,47 €*

03125 N **MONTALEMBERT G. d.** Contribuables, le fisc vous cerne. *Milan, 2000.* (Les essentiels Milan ; 169 c1)
ISBN 2-7459-0159-1. *25 F / 3,81 €*

03126 **MONTEIL V-M.** Les Officiers. *Seuil, 1958.* (Microcosme. Le Temps qui court ; 8 c1)
ISBN 2-02-000155-1. *49 F / 7,47 €*

03127 **MONTMOLLIN M. d.** L'Ergonomie. 3e éd. *La Découverte, 1996.* (Repères ; 43 c1)
ISBN 2-7071-1600-9. *52 F / 7,93 €*

03128 N **MORAND-DEVILLER J.** Le droit de l'environnement. 4e éd. mise à jour. *PUF, 2000.* (Que sais-je? ; 2334 c1)
ISBN 2-13-050714-X. *42 F / 6,40 €*

03129 N **MORAND-DEVILLER J.** L'environnement et le droit. *LGDJ, 2001.* (Politiques locales)
ISBN 2-275-02002-0. *55 F / 8,38 €*

03130 **MORANGE J.** La Liberté d'expression. *PUF, 1993.* (Que sais-je? ; 2751 c1)
ISBN 2-13-045396-1. *42 F / 6,40 €*

03131 **MORANGE J.** Les Libertés publiques. 5e éd. rev. *PUF, 1993.* (Que sais-je? ; 1804 c1)
ISBN 2-13-045786-X. *42 F / 6,40 €*

03132 **MORAUD J-C., PICQUENOT L.** La nouvelle comptabilité des communes : un guide pour la M 14. *LGDJ, 1996.* (Systèmes)
ISBN 2-275-00165-4. *95 F / 14,48 €*

03133 **MOREAU J.** La responsabilité administrative. 3e éd. corr. *PUF, 1996.* (Que sais-je? ; 2292 c1)
ISBN 2-13-047118-8. *42 F / 6,40 €*

03134 **MOREAU J-L.** La Fonction publique : principes généraux. *LGDJ, 1987.* (Systèmes)
ISBN 2-275-00851-9. *60 F / 9,15 €*

03135 N **MOREAU M.** L'économie du Japon. 11e éd. refond. *PUF, 2000.* (Que sais-je? ; 811 c1)
ISBN 2-13-050869-3. *42 F / 6,40 €*

03136 **MOREAU M.** La grève. *Economica, 1998.* (Droit-Poche ; 16. Droit des affaires ; 1 c1)
ISBN 2-7178-3691-8. *49 F / 7,47 €*

03137 **MORIN J-M.** Sociologie de l'entreprise. *PUF, 1999.* (Que sais-je? ; 3493 c1)
ISBN 2-13-050409-4. *42 F / 6,40 €*

03138 **MORINEAU M.** Les grandes compagnies des Indes orientales : XVIe-XIXe siècle. *PUF, 1999.* (Que sais-je? ; 2832 c1)
ISBN 2-13-046076-3. *42 F / 6,40 €*

03139 **MORVAN Y., MARCHAND M-J.** L'Intervention économique des régions. *Montchrestien, 1994.* (Clefs. Economie)
ISBN 2-7076-0610-3. *60 F / 9,15 €*

03140 N **MOSCHETTO B., ROUSSILLON J.** La banque et ses fonctions. *PUF, 2000.* (Que sais-je? ; 2447 c1)
ISBN 2-13-051058-2. *42 F / 6,40 €*

03141 **MOSSÉ E.** Comprendre l'économie. *Seuil, 1974.* (Points. Economie ; 8 c3)
ISBN 2-02-000625-1. *48 F / 7,32 €*

03142 **MOSSÉ E.** La Crise... et après. Nouv. éd. rev. *Seuil, 1989.* (Comprendre la politique économique; 2)(Points. Economie ; 26 c3)
ISBN 2-02-010497-0. *48 F / 7,32 €*

03143 **MOSSÉ E.** L'ère des certitudes : 1945-1973. Nouv. éd. rev. *Seuil, 1990.* (Comprendre la politique économique; 1)(Points. Economie ; 28 c2)
ISBN 2-02-011404-6. *39 F / 5,95 €*

03144 **MOSSÉ E.** Les politiques économiques depuis 1974. *Seuil, 1997.* (Mémo ; 82 c2)
ISBN 2-02-031045-7. *36 F / 5,49 €*

03145 **MOSSÉ E.** Les Riches et les pauvres. Nouv. éd. *Seuil, 1985.* (Points. Economie ; 20 c4)
ISBN 2-02-008748-0. *52 F / 7,93 €*

03146 **N** **Les mots de l'Europe :** lexique de l'intégration européenne. *Presses de Sciences Po, 2001.* (Références inédites)
ISBN 2-7246-0813-5. *85 F / 12,96 €*

03147 **MOUCHOT C.** Les Théories de la valeur. *Economica, 1994.* (Economie-poche ; 11)
ISBN 2-7178-2630-0. *49 F / 7,47 €*

03148 **MOUGEOT M., NAEGELEN F.** La Discrimination par les prix. *Economica, 1994.* (Economie-poche ; 13)
ISBN 2-7178-2646-7. *49 F / 7,47 €*

03149 **MOULINE A.** L'industrie des services informatiques. *Economica, 1996.* (Economie des services-poche ; 3 c1)
ISBN 2-7178-3172-X. *49 F / 7,47 €*

03150 **MOULINIER P.** Les politiques publiques de la culture en France. *PUF, 1999.* (Que sais-je? ; 3427 c1)
ISBN 2-13-049596-6. *42 F / 6,40 €*

03151 **MOURGUES N.** Capitaux propres et quasi-fonds propres. *Economica, 1996.* (Gestion-poche ; 34 c1)
ISBN 2-7178-3009-X. *49 F / 7,47 €*

03152 **MOURGUES N.** Le Choix des investissements dans l'entreprise. *Economica, 1994.* (Gestion-poche ; 10)
ISBN 2-7178-2693-9. *49 F / 7,47 €*

03153 **MOURGUES N.** L'évaluation des investissements. *Economica, 1995.* (Gestion-poche ; 12 c01)
ISBN 2-7178-2711-0. *49 F / 7,47 €*

03154 **MOURIAUX R.** La crise du syndicalisme français. *Montchrestien, 1998.* (Clefs. Politique)
ISBN 2-7076-1070-4. *70 F / 10,67 €*

03155 **MOURIAUX R.** Le Syndicalisme en France depuis 1945. *La Découverte, 1994.* (Repères ; 143)
ISBN 2-7071-2304-8. *52 F / 7,93 €*

03156 **MOURIAUX R.** Le Syndicalisme en France. 2e éd. corr. *PUF, 1994.* (Que sais-je? ; 585 c1)
ISBN 2-13-044954-9. *42 F / 6,40 €*

03157 **MOUTON J-D., SOULARD C.** La Cour de justice des Communautés européennes. Nouv. éd. *PUF, 1998.* (Que sais-je? ; 2102 c1)
ISBN 2-13-049060-3. *42 F / 6,40 €*

03158 **MUCCHIELLI J-L.** Multinationales et mondialisation. *Seuil, 1998.* (Points. Economie ; 41 c13)
ISBN 2-02-020007-4. *52 F / 7,93 €*

03159 **MUET P-A.** Croissance et cycles : théories contemporaines. *Economica, 1993.* (Economie-poche ; 3 c1)
ISBN 2-7178-2479-0. *49 F / 7,47 €*

03160 **A** **MULLER A.** La net économie. *PUF, 2001.* (Que sais-je? ; 3597 c1)
ISBN 2-13-051009-4. *42 F / 6,40 €*

03161 **MULLER P.** Les politiques publiques. 3e éd. corr. *PUF, 1998.* (Que sais-je? ; 2534)
ISBN 2-13-043168-2. *42 F / 6,40 €*

03162 **MULLER P., SUREL Y.** L'analyse des politiques publiques. *Montchrestien, 1998.* (Clefs. Politique c1)
ISBN 2-7076-0668-5. *70 F / 10,67 €*

03163 **N** **Multitudes. 2, Les nouveaux étalons de la mesure de la richesse.** *Exils, 2000*
ISBN 2-912969-13-1. *100 F / 15,24 €*

03164 **N** **Multitudes. 4,.** *Exils, 2001*
100 F / 15,24 €

03165 **NEURISSE A.** Histoire du franc. 3e éd. *PUF, 1974.* (Que sais-je? ; 1082 c1)
ISBN 2-13-033010-X. *42 F / 6,40 €*

03166 **NEURRISSE A.** Histoire de l'impôt. *PUF, 1978.* (Que sais-je? ; 651 c1)
ISBN 2-13-035735-0. *42 F / 6,40 €*

03167 **NEURRISSE A.** Histoire de la fiscalité en France. *Economica, 1996.* (Finances publiques-poche ; 2 c1)
ISBN 2-7178-3080-4. *49 F / 7,47 €*

03168 **NEZEYS B.** Les politiques de compétitivité. *Economica, 1994.* (Economie-poche ; 15 c1)
ISBN 2-7178-2730-7. *49 F / 7,47 €*

03169 **NICOLAS-MAGUIN M-F.** Droit de la famille. *La Découverte, 1998.* (Repères ; 239 c1)
ISBN 2-7071-2832-5. *52 F / 7,93 €*

03170 **A** **NICOLIER E.** La bourse sur Internet. *Milan, 2001.* (Les essentiels Milan c1)
ISBN 2-7459-0265-2. *25 F / 3,81 €*

03171 **N** **NIVEAU M., CROZET Y.** Histoire des faits économiques contemporains. *PUF, 2000.* (Quadrige ; 311)
ISBN 2-13-050890-1. *149 F / 22,71 €*

03172 **NORA D.** Les Possédés de Wall Street. Nouv. éd. *Gallimard, 1989.* (Folio ; 17. Actuel ; 17 c8)
ISBN 2-07-032525-3. *66 F / 10,06 €*

03173 **NOREL P.** Problèmes du développement économique. *Seuil, 1997.* (Mémo ; 44 c2)
ISBN 2-02-029822-8. *36 F / 5,49 €*

03174 **NOTAT N.** Je voudrais vous dire. *Seuil, 1998.* (Points ; 552 c7)
ISBN 2-02-035018-1. *35 F / 5,34 €*

03175 **NOUGIER L-R.** L'Economie préhistorique. 2e éd. *PUF, 1977.* (Que sais-je? ; 1397 c1)
ISBN 2-13-035323-1. *42 F / 6,40 €*

03176 **NOUSCHI M.** Croissance, fluctuations et crises dans les économies industrielles de 1945 à nos jours. *Seuil, 1997.* (Mémo ; 43 c2)
ISBN 2-02-024655-4. *36 F / 5,49 €*

03177 **Nouveau code pénal.** *Seuil, 1994.* (Points. Essais ; 280 c5)
ISBN 2-02-021063-0. *55 F / 8,38 €*

03178 **N** **OBSERVATOIRE DES SCIENCES ET DES TECHNIQUES (France)** Les chiffres-clés de la science et de la technologie : édition 2000-2001. 3e éd. *Economica, 2000.* (Economie-poche ; 39 c1)
ISBN 2-7178-4109-1. *49 F / 7,47 €*

03179 **N** **OBSERVATOIRE FRANCAIS DES CONJONCTURES ECONOMIQUES** L'économie française 2001. *La Découverte, 2001.* (Repères ; 306 c1)
ISBN 2-7071-3391-4. *52 F / 7,93 €*

03180 **OFFICE FRANCAIS DU COMMERCE EXTERIEUR** Taux d'intérêt et chômage. *Presses de la Fondation nationale des sciences politiques, 1993.* (OFCE)
ISBN 2-7246-0640-X. *60 F / 9,15 €*

03181 **OLLIVIER A., DAYAN A., OURSET R.** Le Marketing international. 2e éd. corr. *PUF, 1991.* (Que sais-je? ; 2494 c1)
ISBN 2-13-043932-2. *42 F / 6,40 €*

03182 **OLSZAK N.** Histoire des banques centrales. *PUF, 1998.* (Que sais-je? ; 3385 c1)
ISBN 2-13-049326-2. *42 F / 6,40 €*

03183 **OLSZAK N.** Histoire du droit du travail. *PUF, 1999.* (Que sais-je? ; 3450 c1)
ISBN 2-13-049760-8. *42 F / 6,40 €*

03184 **ORLIAC C.** Le Contrat de travail. 3e éd. *PUF, 1978.* (Que sais-je? ; 1332 c1)
ISBN 2-13-035493-9. *42 F / 6,40 €*

03185 **ORSONI G.** L'administration de l'économie. *LGDJ, 1995.* (Systèmes)
ISBN 2-275-00313-4. *95 F / 14,48 €*

03186 **ORSONI G.** L'exécution de la loi de finances. *Economica, 1998.* (Finances publiques-poche ; 9 c1)
ISBN 2-7178-3577-6. *49 F / 7,47 €*

03187 **PANSIER F-J., GUELLATY K.** Le droit musulman. *PUF, 2000.* (Que sais-je? ; 702 c1)
ISBN 2-13-050576-7. *42 F / 6,40 €*

03188 **PAPADOPOULOS Y.** Complexité sociale et politiques publiques. *Montchrestien, 1995.* (Clefs. Politique)
ISBN 2-7076-0697-9. *60 F / 9,15 €*

03189 **PARANQUE R.** La Semaine de trente heures. *Seuil, 1967.* (Société ; 17 c1)
ISBN 2-02-000395-3. *15 F / 2,29 €*

03190 **Le parfait secrétaire :** 300 modèles de lettres pour l'entreprise. Nouv. éd. *Larousse, 2000.* (Guides pratiques)
ISBN 2-03-560210-6. *85 F / 12,96 €*

03191 **PARTANT F.** La fin du développement : naissance d'une alternative ?. *Actes Sud, 1997.* (Babel ; 297 c3)
ISBN 2-7427-1447-2. *45 F / 6,86 €*

03192 **PASTRÉ O.** La banque. *Milan, 1997.* (Les essentiels Milan ; 81 c1)
ISBN 2-84113-527-6. *25 F / 3,81 €*

03193 **PATAT J-P.** Histoire de l'Europe monétaire. Nouv. éd. *La Découverte, 1998.* (Repères ; 250 c1)
ISBN 2-7071-2888-0. *52 F / 7,93 €*

03194 **PATEYRON E-A.** Le Management stratégique de l'information : applications à l'entreprise. *Economica, 1994.* (Gestion-poche ; 11)
ISBN 2-7178-2689-0. *49 F / 7,47 €*

03195 **PATEYRON E-A., SALMON R.** Les nouvelles technologies de l'information et l'entreprise. *Economica, 1996.* (Gestion-poche ; 38 c1)
ISBN 2-7178-3047-2. *49 F / 7,47 €*

03196 **PAYS B.** La Gestion de patrimoine. *PUF, 1992.* (Que sais-je? ; 2699 c1)
ISBN 2-13-044979-4. *42 F / 6,40 €*

03197 **PELLEGRIN C.** Fondements de la décision de maintenance. *Economica, 1997.* (P.I.Q.-poche ; 6)
ISBN 2-7178-3489-3. *49 F / 7,47 €*

03198 **A** **PELLET A.** Aborder le droit international public. *Seuil, 1998.* (Mémo ; 110. Droit-sciences politiques c3)
ISBN 2-02-029823-6. *36 F / 5,49 €*

03199 **PELLET R.** La Cour des comptes. *La Découverte, 1998.* (Repères ; 240 c1)
ISBN 2-7071-2833-3. *52 F / 7,93 €*

03200 **N** **PELLET R.** Les finances sociales : économie, droit et politique. *LGDJ, 2001.* (Systèmes)
ISBN 2-275-02003-9. *120 F / 18,29 €*

03201 **PELLISSIER G.** Le principe d'égalité en droit public. *LGDJ, 1996.* (Systèmes)
ISBN 2-275-00261-8. *95 F / 14,48 €*

03202 **PELTIER F., DOMPÉ M-N.** Le droit des marchés financiers. *PUF, 1998.* (Que sais-je? ; 3283 c1)
ISBN 2-13-048595-2. *42 F / 6,40 €*

03203 **PERRIER A., SCACCHI R.** Les stratégies anti-OPA. *Economica, 1995.* (Gestion-poche ; 22 c1)
ISBN 2-7178-2816-8. *49 F / 7,47 €*

03204 **PERROT A.** Les nouvelles théories du marché du travail. *La Découverte, 1995.* (Repères ; 107 c1)
ISBN 2-7071-2110-X. *52 F / 7,93 €*

03205 **PERRUT D.** Le système monétaire et financier français. *Seuil, 1998.* (Points. Economie ; 42 c11)
ISBN 2-02-034952-3. *48 F / 7,32 €*

03206 **N** **PERTEK J.** Les avocats en Europe. *LGDJ, 2000.* (Systèmes. Droit privé)
ISBN 2-275-01895-6. *100 F / 15,24 €*

03207 **PERTHUIS C. d.** Le Monde après la reprise : tableaux de conjonctures et politiques économiques. *Economica, 1994.* (Cyclope-poche)
ISBN 2-7178-2726-9. *49 F / 7,47 €*

03208 **PETER L. J., HULL R.** Le Principe de Peter ou Pourquoi tout va si mal. Rééd. *LGF, 1988.* (Le Livre de poche ; 3118 c3)
ISBN 2-253-00593-2. *18 F / 2,74 €*

03209 **PETIT-ROBIN A.** Aborder la théorie des jeux. *Seuil, 1998.* (Mémo ; 102)
ISBN 2-02-033554-9. *29 F / 4,42 €*

03210 **PETIT Y.** Droit international du maintien de la paix. *LGDJ, 2000.* (Droit international)
ISBN 2-275-01885-9. *100 F / 15,24 €*

03211 **PETITET S.** Histoire des institutions urbaines. *PUF, 1998.* (Que sais-je? ; 3291 c1)
ISBN 2-13-048625-8. *42 F / 6,40 €*

03212 **PFLIMLIN E.** L'odyssée de l'euro. *Gallimard, 1999.* (Découvertes ; 379. Histoire c3)
ISBN 2-07-053452-9. *65 F / 9,91 €*

03213 **PHILIP C.** Textes institutifs des communautés européennes. 4e éd. rev. *PUF, 1998.* (Que sais-je? ; 2182 c1)
ISBN 2-13-048309-7. *42 F / 6,40 €*

03214 **PHILIP L.** Les fondements constitutionnels des finances publiques. *Economica, 1995.* (Finances publiques-poche ; 1 c1)
ISBN 2-7178-2887-7. *49 F / 7,47 €*

03215 **PHILIPPE X.** Droit administratif des libertés. *Economica, 1998.* (Droit public fondamental-poche ; 2 c1)
ISBN 2-7178-3426-5. *49 F / 7,47 €*

03216 [N] **PICAVET E.** Kelsen et Hart. *PUF, 2000.* (Philosophies ; 131 c1)
ISBN 2-13-050639-9. *48 F / 7,32 €*

03217 [N] **PICCA G.** La criminologie. 5e éd. mise à jour. *PUF, 2000.* (Que sais-je? ; 2136 c1)
ISBN 2-13-050656-9. *42 F / 6,40 €*

03218 **PICHAULT F., NIZET J.** Les pratiques de gestion des ressources humaines : approches contingente et politique. *Seuil, 2000.* (Points ; 410. Essais ; 410 c15)
ISBN 2-02-034770-9. *59 F / 8,99 €*

03219 **PIERRAT C.** La politique financière de l'entreprise. *La Découverte, 1996.* (Repères ; 183)
ISBN 2-7071-2524-5. *52 F / 7,93 €*

03220 **PIGEON P.** Espaces ruraux et échanges internationaux. *Economica, 1997.* (Géographie-concours-poche ; 1 c1)
ISBN 2-7178-3196-7. *49 F / 7,47 €*

03221 [A] **PIKETTY T.** Economie des inégalités. Nouv. éd. *La Découverte, 2001.* (Repères ; 216)
ISBN 2-7071-3444-9. *52 F / 7,93 €*

03222 **PILVERDIER-LATREYTE J.** Le marché boursier. *Economica, 1998.* (Gestion-poche ; 61)
ISBN 2-7178-3639-X. *49 F / 7,47 €*

03223 **PINEL V.** Les métiers du cinéma. *Milan, 1996.* (Les essentiels Milan ; 16 c1)
ISBN 2-84113-261-7. *25 F / 3,81 €*

03224 **PIOLE G.** Les chambres régionales des comptes. *LGDJ, 1999.* (Politiques locales)
ISBN 2-275-01870-0. *55 F / 8,38 €*

03225 [N] **PIRIOU J-P.** La comptabilité nationale. 10e éd. *La Découverte, 2001.* (Repères ; 57 c1)
ISBN 2-7071-3387-6. *52 F / 7,93 €*

03226 **PIRIOU J-P.** L'indice des prix. 3e éd. *La Découverte, 1992.* (Repères ; 9 c1)
ISBN 2-7071-1425-1. *52 F / 7,93 €*

03227 **PISANI E.** Pour une agriculture marchande et ménagère. *Ed. de l'Aube, 1996.* (L'Aube poche ; 34 c5)
ISBN 2-87678-288-X. *55 F / 8,38 €*

03228 **PLAGNET B.** La Taxe sur la valeur ajoutée. *LGDJ, 1990.* (Systèmes)
ISBN 2-275-00733-4. *90 F / 13,72 €*

03229 **PLAISANT F.** Le ministère des Affaires étrangères. *Milan, 2000.* (Les essentiels Milan ; 165 c1)
ISBN 2-7459-0036-6. *25 F / 3,81 €*

03230 [N] **PLANE J-M.** Théorie des organisations. *Dunod, 2000.* (Les topos. Eco gestion c1)
ISBN 2-10-004804-X. *52 F / 7,93 €*

03231 [N] **PLIHON D.** La monnaie et ses mécanismes. *La Découverte, 2000.* (Repères ; 295 c1)
ISBN 2-7071-3185-7. *52 F / 7,93 €*

03232 **PLIHON D.** Les taux de change. Nouv. éd. *La Découverte, 1999.* (Repères ; 103)
ISBN 2-7071-2930-5. *52 F / 7,93 €*

03233 **POIRIER L., CHALIAND G.** Le chantier stratégique. *Hachette Littératures, 1997.* (Pluriel ; 8823 c5)
ISBN 2-01-278823-8. *65 F / 9,91 €*

03234 [N] **POIRRIER P.** L'Etat et la culture en France au XXe siècle. *LGF, 2000.* (Le Livre de poche ; 464. Références histoire)
ISBN 2-253-90464-3. *42 F / 6,40 €*

03235 **POISSON M.** Audit et collectivités territoriales. 2e éd. mise à jour. *PUF, 1996.* (Que sais-je? ; 2477 c1)
ISBN 2-13-047816-6. *42 F / 6,40 €*

03236 **POLYNÔME** Le risque d'entreprendre. *Milan, 1999.* (Les essentiels Milan ; 139 c1)
ISBN 2-84113-838-0. *25 F / 3,81 €*

03237 **PONCHON F.** Les droits des patients à l'hôpital. *PUF, 1999.* (Que sais-je? ; 3530 c1)
ISBN 2-13-050420-5. *42 F / 6,40 €*

03238 [A] **PONT F.** Les métiers de la croisière et de la plaisance. *Rebondir, 2001.* (Guides pratiques)
ISBN 2-84593-028-3. *49 F / 7,47 €*

03239 **PONTIER J-M.** Les contrats de plan entre l'Etat et les régions. *PUF, 1998.* (Que sais-je? ; 3281 c1)
ISBN 2-13-048602-9. *42 F / 6,40 €*

03240 **POUGET M.** Taylor et le taylorisme. *PUF, 1998.* (Que sais-je? ; 3318 c1)
ISBN 2-13-048719-X. *42 F / 6,40 €*

03241 **POUGHON J-M.** Le Code civil. *PUF, 1992.* (Que sais-je? ; 2718 c1)
ISBN 2-13-045184-5. *42 F / 6,40 €*

03242 **N** **POULON F.** La pensée économique de Keynes. *Dunod, 2000.* (Les topos. Eco gestion c1)
ISBN 2-10-004202-5. *52 F / 7,93 €*

03243 **POUSSIN P.** Histoire des idées économiques : de Platon à Adam Smith. *LGDJ, 1994.* (Systèmes)
ISBN 2-275-00459-9. *95 F / 14,48 €*

03244 **PRADEL J.** Histoire des doctrines pénales. 2e éd. *PUF, 1991.* (Que sais-je? ; 2484 c1)
ISBN 2-13-043273-5. *42 F / 6,40 €*

03245 **PUAUX P.** Les chambres de commerce et d'industrie. *PUF, 1998.* (Que sais-je? ; 1869 c1)
ISBN 2-13-048823-4. *42 F / 6,40 €*

03246 **PUIGELIER C.** La modification du contrat de travail. *Economica, 1997.* (Droit social pratique-poche ; 1)
ISBN 2-7178-3267-X. *49 F / 7,47 €*

03247 **PUIGELIER C.** Le pouvoir disciplinaire de l'employeur. *Economica, 1997.* (Droit social pratique-poche ; 2 c1)
ISBN 2-7178-3315-3. *49 F / 7,47 €*

03248 **PUPION P-C.** Economie et gestion bancaire. *Dunod, 1999.* (Les topos. Eco gestion c1)
ISBN 2-10-004332-3. *52 F / 7,93 €*

03249 **PY B.** La mort et le droit. *PUF, 1997.* (Que sais-je? ; 3339 c1)
ISBN 2-13-048885-4. *42 F / 6,40 €*

03250 **PY B.** Le sexe et le droit. *PUF, 1999.* (Que sais-je? ; 3466 c1)
ISBN 2-13-049991-0. *42 F / 6,40 €*

03251 **QUÉNELLE B.** S'installer en Grande-Bretagne. *Rebondir, 1998.* (Guides pratiques ; 301)
ISBN 2-910325-63-6. *69 F / 10,52 €*

03252 **QUÉNELLE B.** S'installer en Irlande. *Rebondir, 1999.* (Guides pratiques ; 303)
ISBN 2-910325-69-5. *49 F / 7,47 €*

03253 **QUERMONNE J-L.** L'Appareil administratif de l'Etat. *Seuil, 1991.* (Points. Politique ; 143 c13)
ISBN 2-02-012968-X. *52 F / 7,93 €*

03254 **QUEROL F.** L'élaboration de la loi de finances. *Economica, 1998.* (Finances publiques-poche ; 7 c1)
ISBN 2-7178-3500-8. *49 F / 7,47 €*

03255 **N** **Questions économiques et sociales.** *Gallimard, 2000.* (Folio ; 82. Actuel. Le Monde cD)
ISBN 2-07-041526-0. *46 F / 7,01 €*

03256 **RACHLINE F.** De zéro à epsilon : l'économie de la capture. *Hachette Littératures, 1994.* (Pluriel ; 8714 c3)
ISBN 2-01-278714-2. *49 F / 7,47 €*

03257 **RACHLINE F.** Que l'argent soit : capitalisme et alchimie de l'avenir. *Hachette Littératures, 1996.* (Pluriel ; 8785 c4)
ISBN 2-01-278785-1. *58 F / 8,84 €*

03258 **RACHLINE F.** Services publics, économie de marché. *Presses de Sciences Po, 1996.* (La Bibliothèque du citoyen c1)
ISBN 2-7246-0689-2. *75 F / 11,43 €*

03259 **RAFFEGEAU J., DUBOIS F.** L'Evaluation financière de l'entreprise. 3e éd. corr. *PUF, 1998.* (Que sais-je? ; 2409)
ISBN 2-13-042581-X. *42 F / 6,40 €*

03260 **RAFFINOT M.** La Dette des tiers-mondes. *La Découverte, 1993.* (Repères ; 136 c1)
ISBN 2-7071-2280-7. *52 F / 7,93 €*

03261 **RAINAUD J-M.** La crise du service public français. *PUF, 1999.* (Que sais-je? ; 3482 c1)
ISBN 2-13-050029-3. *42 F / 6,40 €*

03262 **N** **RAINELLI M.** Le commerce international. 7e éd. *La Découverte, 2000.* (Repères ; 65 c1)
ISBN 2-7071-3299-3. *52 F / 7,93 €*

03263 **A** **RAINELLI M.** La nouvelle théorie du commerce international. 2e éd. *La Découverte, 2001.* (Repères ; 211)
ISBN 2-7071-3417-1. *52 F / 7,93 €*

03264 **RAINELLI M.** L'organisation mondiale du commerce. Nouv. éd. *La Découverte, 1999.* (Repères ; 193 c1)
ISBN 2-7071-3045-1. *52 F / 7,93 €*

03265 **RAMACKERS P., VILBOEUF L.** L'inspection du travail. *PUF, 1997.* (Que sais-je? ; 3195 c1)
ISBN 2-13-047983-9. *42 F / 6,40 €*

03266 **RAMBAUD P.** Aborder le droit communautaire. *Seuil, 1997.* (Mémo ; 69 c3)
ISBN 2-02-029875-9. *36 F / 5,49 €*

03267 **RANCIÈRE J.** La nuit des prolétaires : archives du rêve ouvrier. *Hachette Littératures, 1997.* (Pluriel ; 8812 c5)
ISBN 2-01-278812-2. *65 F / 9,91 €*

03268 **RANSAN N., RANSAN F.** Les successions : aspects civils et fiscaux. 2e éd. *LGDJ, 1995.* (Systèmes)
ISBN 2-275-00393-2. *95 F / 14,48 €*

03269 **RASSAT M-L.** La Justice en France. 4e éd. rev. *PUF, 1994.* (Que sais-je? ; 612 c1)
ISBN 2-13-045938-2. *42 F / 6,40 €*

03270 **RASSAT M-L.** La responsabilité civile. 4e éd. *PUF, 1998.* (Que sais-je? ; 1521 c1)
ISBN 2-13-042114-8. *42 F / 6,40 €*

03271 **RAVIGNAN F. d.** La faim, pourquoi ?. 4e éd. réactualisée. *Syros, 1993.* (Alternatives économiques. Poches)
ISBN 2-86738-935-6. *49 F / 7,47 €*

03272 **RAVIX J. T.** La pensée économique classique : 1776-1870. *Dunod, 1999.* (Les topos. Eco gestion c1)
ISBN 2-10-003629-7. *52 F / 7,93 €*

03273 **RAWLS J.** Le droit des gens. *10-18, 1998.* (10-18 ; 2712. Bibliothèques c3)
ISBN 2-264-02804-1. *38 F / 5,79 €*

03274 **RAY J-E.** Aborder le droit du travail. *Seuil, 1998.* (Mémo ; 107. Droit-sciences politiques c3)
ISBN 2-02-028199-6. *36 F / 5,49 €*

03275 **RAYNAUD J.** La Cour des comptes. 2e éd. *PUF, 1988.* (Que sais-je? ; 1876 c1)
ISBN 2-13-041681-0. *42 F / 6,40 €*

03276 **RECHER J.** Le grand métier : journal d'un capitaine de pêche de Fécamp. Nouv. éd. *Pocket, 1999.* (Pocket ; 3002. Terre humaine c8)
ISBN 2-266-09460-2. *45 F / 6,86 €*

03277 **REDOR D.** Les économies d'Europe de l'Est : Europe centrale, Europe orientale, Russie depuis 1989. *Seuil, 1997.* (Mémo ; 83 c2)
ISBN 2-02-030713-8. *36 F / 5,49 €*

03278 **REFAIT M.** L'Analyse financière. *PUF, 1994.* (Que sais-je? ; 2910 c1)
ISBN 2-13-046587-0. *42 F / 6,40 €*

03279 **REFAIT M.** Epargne et investissement. *PUF, 1998.* (Que sais-je? ; 822 c1)
ISBN 2-13-048716-5. *42 F / 6,40 €*

03280 **A** **REINER C., FRAISE E.** Le contrat à durée déterminée de A à Z. *Rebondir, 2001.* (Guides pratiques ; 507)
ISBN 2-84593-008-9. *49 F / 7,47 €*

03281 **RÉMOND B.** La région : une unité politique d'avenir. 3e éd. *Montchrestien, 1999.* (Clefs. Politique)
ISBN 2-7076-1144-1. *70 F / 10,67 €*

03282 **RENUCCI J-F.** Le droit pénal des mineurs. 3e éd. corr. *PUF, 1998.* (Que sais-je? ; 2616)
ISBN 2-13-048395-X. *42 F / 6,40 €*

03283 **RENUCCI J-F., CARDIX M.** L'abus de biens sociaux. *PUF, 1998.* (Que sais-je? ; 3297 c1)
ISBN 2-13-048666-5. *42 F / 6,40 €*

03284 **RETOUT J-P.** Les titres subordonnés. *Economica, 1995.* (Gestion-poche ; 24 c1)
ISBN 2-7178-2832-X. *49 F / 7,47 €*

03285 **REVEL E.** Guide juridique des vacanciers : le guide complet. Nouv. éd. *Seconde, 1999.* (Droits en poche)
ISBN 2-911433-11-4. *69 F / 10,52 €*

03286 **REVEL E., DELORME A.** Guide des consommateurs : le guide complet. Nouv. éd. *Seconde, 1999.* (Droits en poche)
ISBN 2-911433-13-0. *69 F / 10,52 €*

03287 **REYNAUD B.** Les Théories du salaire. *La Découverte, 1993.* (Repères ; 138 c1)
ISBN 2-7071-2282-3. *52 F / 7,93 €*

03288 **REYNAUD J-D.** Les Syndicats en France. 2, Textes et documents. *Seuil, 1977.* (Points. Politique ; 73 c13)
ISBN 2-02-000377-5. *52 F / 7,93 €*

03289 **N** **RIALS S.** Textes constitutionnels étrangers. 9e éd. *PUF, 2000.* (Que sais-je? ; 2060 c1)
ISBN 2-13-051109-0. *42 F / 6,40 €*

03290 **A** **RIALS S.** Textes constitutionnels français. 15 éd. mise à jour. *PUF, 2001.* (Que sais-je? ; 2022)
ISBN 2-13-051845-1. *42 F / 6,40 €*

03291 **N** **RIALS S.** Villey et les idoles : petite introduction à la lecture de Michel Villey. *PUF, 2000.* (Quadrige ; 319)
ISBN 2-13-050968-1. *45 F / 6,86 €*

03292 **RICHARD F.** Recherche, invention et innovation. *Economica, 1998.* (Economie appliquée-Poche ; 9 c1)
ISBN 2-7178-3766-3. *49 F / 7,47 €*

03293 **RICHÉ P., WYPLOSZ C.** L'Union monétaire de l'Europe. *Seuil, 1993.* (Points. Economie ; 34 c3)
ISBN 2-02-020108-9. *48 F / 7,32 €*

03294 **RICHER D.** Les droits du contribuable dans le contentieux fiscal. *LGDJ, 1997.* (Systèmes. Droit fiscal)
ISBN 2-275-01617-1. *150 F / 22,87 €*

03295 **RICHES V.** L'Economie britannique depuis 1945. *La Découverte, 1992.* (Repères ; 111 c1)
ISBN 2-7071-2133-9. *52 F / 7,93 €*

03296 **RIDEAU J.** Le droit des Communautés européennes. 2e éd. *PUF, 1998.* (Que sais-je? ; 2067 c1)
ISBN 2-13-047103-X. *42 F / 6,40 €*

03297 **RIFKIN J.** La fin du travail. *La Découverte, 1997.* (La Découverte poche ; 34. Essais)
ISBN 2-7071-2733-7. *75 F / 11,43 €*

03298 **RIOUFOL J., RICO F.** Le Notariat français. 2e éd. rev. *PUF, 1992.* (Que sais-je? ; 1794 c1)
ISBN 2-13-044845-3. *42 F / 6,40 €*

03299 **N** **ROBAULT A., VILLEMINOT V.** Les métiers du graphisme. *Rebondir, 2000.* (Guides pratiques ; 202)
ISBN 2-910325-95-4. *49 F / 7,47 €*

03300 **ROBE J-P.** L'entreprise et le droit. *PUF, 1999.* (Que sais-je? ; 3442 c1)
ISBN 2-13-049657-1. *42 F / 6,40 €*

03301 **ROBERT M.** Les artisans et les métiers. *PUF, 1999.* (Que sais-je? ; 1778 c1)
ISBN 2-13-049501-X. *42 F / 6,40 €*

03302 **ROBINEAU Y., TRUCHET D.** Le Conseil d'Etat. *PUF, 1994.* (Que sais-je? ; 2855 c1)
ISBN 2-13-046191-3. *42 F / 6,40 €*

03303 **ROCCA J-L.** La corruption : pouvoir, argent, développement. *Syros, 1993.* (Alternatives économiques. Poches)
ISBN 2-86738-932-1. *59 F / 8,99 €*

03304 **ROLIN E.** Le Conseil d'Etat, juge de l'extradition. *LGDJ, 1999.* (Systèmes. Droit public)
ISBN 2-275-01798-4. *100 F / 15,24 €*

03305 **ROLLAND P., TAVERNIER P.** Textes sur la protection internationale des droits de l'homme. 2e éd. rev. *PUF, 1994.* (Que sais-je? ; 2461 c1)
ISBN 2-13-046224-3. *42 F / 6,40 €*

03306 **N** **ROMANOWSKI S.** Comment négocier les 35 heures. *Rebondir, 2000.* (Guides pratiques ; 505)
ISBN 2-84593-013-5. *49 F / 7,47 €*

03307 **ROSANVALLON P.** L'Age de l'autogestion. *Seuil, 1976.* (Points. Politique ; 80 c6)
ISBN 2-02-004419-6. *32 F / 4,88 €*

03308 **ROSANVALLON P.** Le capitalisme utopique : histoire de l'idée de marché. *Seuil, 1999.* (Points ; 385. Essais)
ISBN 2-02-036493-X. *48 F / 7,32 €*

03309 **ROSANVALLON P.** Le Libéralisme économique : histoire de l'idée de marché. *Seuil, 1989.* (Points. Politique ; 134 c11)
ISBN 2-02-010527-6. *48 F / 7,32 €*

03310 **ROSANVALLON P.** La question syndicale. Réimpr. *Hachette Littératures, 1999.* (Pluriel ; 953 c5)
ISBN 2-01-278953-6. *45 F / 6,86 €*

03311 **N** **ROSIER B.** Les théories des crises économiques. 4e éd. *La Découverte, 2000.* (Repères ; 56 c1)
ISBN 2-7071-3248-9. *52 F / 7,93 €*

03312 **ROTILLON G.** Introduction à la microéconomie. 2e éd. *La Découverte, 1996.* (Repères ; 106 c1)
ISBN 2-7071-2109-6. *52 F / 7,93 €*

03313 **ROUACH D.** La veille technologique et l'intelligence économique. *PUF, 1996.* (Que sais-je? ; 3086 c1)
ISBN 2-13-047565-5. *42 F / 6,40 €*

03314 **ROUBAN L.** La fonction publique. *La Découverte, 1996.* (Repères ; 189 c1)
ISBN 2-7071-2536-9. *52 F / 7,93 €*

03315 **ROUILLÉ D'ORFEUIL H.** Le tiers monde. Nouv. éd. *La Découverte, 1997.* (Repères ; 53 c1)
ISBN 2-7071-2795-7. *52 F / 7,93 €*

03316 **ROUSSEAU D.** La justice constitutionnelle en Europe. 3e éd. *Montchrestien, 1998.* (Clefs. Politique c1)
ISBN 2-7076-1078-X. *70 F / 10,67 €*

03317 **ROUSSELET J.** L'Allergie au travail. *Seuil, 1978.* (Points. Actuels ; 20 c2)
ISBN 2-02-004920-1. *39 F / 5,95 €*

03318 **ROUSSET M.** L'action internationale des collectivités locales. *LGDJ, 1998.* (Systèmes)
ISBN 2-275-01687-2. *100 F / 15,24 €*

03319 **ROUTIER R.** La responsabilité du banquier. *LGDJ, 1996.* (Systèmes)
ISBN 2-275-00122-0. *95 F / 14,48 €*

03320 **ROUX A.** Droit constitutionnel local. *Economica, 1995.* (Droit public fondamental-poche ; 1 c1)
ISBN 2-7178-2860-5. *49 F / 7,47 €*

03321 **ROY A.** Le coût de la vie. *Gallimard, 1999.* (Arcades ; 63)
ISBN 2-07-075728-5. *98 F / 14,94 €*

03322 **RUELLAN C., GRAS F.** Les groupements d'employeurs. *Economica, 1997.* (Droit-Poche ; 14. Droit des affaires c1)
ISBN 2-7178-3269-6. *49 F / 7,47 €*

03323 **RUFFINI P-B.** Les théories monétaires. *Seuil, 1996.* (La pensée économique contemporaine; 2)(Points. Economie ; 39 c11)
ISBN 2-02-021507-1. *48 F / 7,32 €*

03324 **SABOURET A.** MM. Lazard frères et Cie : une saga de la fortune. réimp. *LGF, 1996.* (Le Livre de poche ; 6856 c11)
ISBN 2-253-05442-9. *42 F / 6,40 €*

03325 **SADRAN P.** Le système administratif français. 2e éd. *Montchrestien, 1997.* (Clefs. Politique)
ISBN 2-7076-0605-7. *60 F / 9,15 €*

03326 **SAGET E.** S'installer au Canada. *Rebondir, 1998.* (Guides pratiques ; 302)
ISBN 2-910325-64-4. *69 F / 10,52 €*

03327 **SAINT-ETIENNE C.** Macrofinance et marchés financiers. *Economica, 1998.* (Economie appliquée-Poche ; 8 c1)
ISBN 2-7178-3581-4. *49 F / 7,47 €*

03328 **SAINT-MARC M.** Le mark. *PUF, 1998.* (Que sais-je? ; 3264 c1)
ISBN 2-13-048571-5. *42 F / 6,40 €*

03329 **SAINT-SIMON C. H. d. R. (. d.** Le Nouveau christianisme et les écrits sur la religion. *Seuil, 1969.* (Points. Politique ; 30 c6)
ISBN 2-02-000334-1. *32 F / 4,88 €*

03330 **SALAIS R., BAVEREZ N., REYNAUD B.** L'invention du chômage : histoire et transformation d'une catégorie en France des années 1890 aux années 1980. *PUF, 1999.* (Quadrige ; 286)
ISBN 2-13-049943-0. *69 F / 10,52 €*

03331 **SALAMA M.** Les Marchés financiers dans le monde. *PUF, 1980.* (Que sais-je? ; 1814 c1)
ISBN 2-13-036254-0. *42 F / 6,40 €*

03332 **SALAMA P., TRAN H. H.** Introduction à l'économie de Marx. *La Découverte, 1992.* (Repères ; 114 c1)
ISBN 2-7071-2170-3. *52 F / 7,93 €*

03333 **SALAS D.** Le tiers pouvoir : vers une autre justice. *Hachette Littératures, 2000.* (Pluriel ; 994)
ISBN 2-01-278994-3. *50 F / 7,62 €*

03334 **SALIN P.** La concurrence. *PUF, 1995.* (Que sais-je? ; 1063 c1)
ISBN 2-13-046677-X. *42 F / 6,40 €*

03335 **SALIN P.** Libre-échange et protectionnisme. *PUF, 1991.* (Que sais-je? ; 1032)
ISBN 2-13-044007-X. *42 F / 6,40 €*

03336 **SALOMON J-J.** Le Destin technologique. *Gallimard, 1994.* (Folio ; 35. Actuel ; 35 c5)
ISBN 2-07-032811-2. *52 F / 7,93 €*

03337 **SANTO V-M., VERRIER P-E.** Le Management public. *PUF, 1993.* (Que sais-je? ; 2724 c1)
ISBN 2-13-045164-0. *42 F / 6,40 €*

03338 **SAPIR J.** Le krach russe. *La Découverte, 1998.* (Sur le vif)
ISBN 2-7071-2916-X. *42 F / 6,40 €*

03339 **SARDA F.** Les responsabilités des juridictions. *PUF, 1999.* (Que sais-je? ; 3503 c1)
ISBN 2-13-050288-1. *42 F / 6,40 €*

03340 **SAURON J-L.** Droit communautaire et décision nationale : le processus décisionnel national dans l'élaboration et la mise en oeuvre du droit communautaire. *LGDJ, 1998.* (Systèmes)
ISBN 2-275-01688-0. *100 F / 15,24 €*

03341 **SAUVY A.** Conjoncture et prévision économiques. 8e éd. *PUF, 1977.* (Que sais-je? ; 112 c1)
ISBN 2-13-034969-2. *42 F / 6,40 €*

03342 **SCANDELLA L.** Le Kondratieff : essai de théorie des cycles longs économiques et politiques. *Economica, 1998.* (Economie-poche ; 48 c1)
ISBN 2-7178-3542-3. *49 F / 7,47 €*

03343 **SCANNAVINO A.** Les marchés financiers internationaux. *Dunod, 1999.* (Les topos. Eco gestion c1)
ISBN 2-10-003433-2. *52 F / 7,93 €*

03344 **SCHAPIRA J.** Le droit européen des affaires. 4e éd. rev. *PUF, 1997.* (Que sais-je? ; 2281 c1)
ISBN 2-13-048280-5. *42 F / 6,40 €*

03345 **SCHAPIRA J., LEBEN C.** Le Droit international des affaires. 4e éd. ref. *PUF, 1994.* (Que sais-je? ; 1465 c1)
ISBN 2-13-046054-2. *42 F / 6,40 €*

03346 **SCHULTZ P.** Eléments du droit des marchés publics. *LGDJ, 1996.* (Systèmes)
ISBN 2-275-00218-9. *95 F / 14,48 €*

03347 **A** **SCHULTZ P.** Eléments du droit des marchés publics. 2e éd. *LGDJ, 2001.* (Systèmes)
ISBN 2-275-01795-X. *120 F / 18,29 €*

03348 **SCHWARTZ B.** Moderniser sans exclure. *La Découverte, 1997.* (La Découverte poche ; 38. Essais)
ISBN 2-7071-2773-6. *65 F / 9,91 €*

03349 **SCIALOM L.** Economie bancaire. *La Découverte, 1999.* (Repères ; 268 c1)
ISBN 2-7071-3103-2. *52 F / 7,93 €*

03350 **SÉGUÉLA J.** L'Argent n'a pas d'idées, seules les idées font de l'argent. *Seuil, 1993.* (Point-virgule ; 132 c4)
ISBN 2-02-019942-4. *25 F / 3,81 €*

03351 **SÉGUÉLA J.** La publicité. *Milan, 1995.* (Les essentiels Milan ; 15 c1)
ISBN 2-84113-266-8. *25 F / 3,81 €*

03352 **SEMPRINI A.** La marque. *PUF, 1995.* (Que sais-je? ; 2982 c1)
ISBN 2-13-047053-X. *42 F / 6,40 €*

03353 **SÉRÉVILLE C. d., MYERS B.** Exercez-vous aux tests d'entreprises : passeport pour le succès. *LGF, 1993.* (Le Livre de poche ; 8125. Pratique c6)
ISBN 2-253-06484-X. *26 F / 3,96 €*

03354 **SÉRÉVILLE C. d., MYERS B.** Exercez-vous aux tests psychotechniques : passeport pour le succès. *LGF, 1993.* (Le Livre de poche ; 8126. Pratique c7)
ISBN 2-253-06485-8. *30 F / 4,57 €*

03355 **SÉRIAUX A.** Le droit naturel. 2e éd. corr. *PUF, 1999.* (Que sais-je? ; 2806 c1)
ISBN 2-13-045842-4. *42 F / 6,40 €*

03356 **SÉRIAUX A.** Les personnes. *PUF, 1997.* (Que sais-je? ; 2680 c1)
ISBN 2-13-047818-2. *42 F / 6,40 €*

03357 **SERLOOTEN P.** Fiscalité de la transmission des entreprises. *Economica, 1994.* (Droit-Poche ; 3. Droit des affaires)
ISBN 2-7178-2604-1. *49 F / 7,47 €*

03358 **SERLOOTEN P.** La fiscalité des contrats d'affaires. *Economica, 1998.* (Droit-Poche ; 15. Droit des affaires c1)
ISBN 2-7178-3578-4. *49 F / 7,47 €*

03359 **SERLOOTEN P.** Fiscalité du financement des entreprises. *Economica, 1994.* (Droit-Poche ; 1. Droit des affaires)
ISBN 2-7178-2639-4. *49 F / 7,47 €*

03360 **SERVERIN E.** Sociologie du droit. *La Découverte, 2000.* (Repères ; 282 c1)
ISBN 2-7071-2973-9. *52 F / 7,93 €*

03361 **SERVOLIN C.** L'Agriculture moderne. *Seuil, 1989.* (Points. Economie ; 25 c5)
ISBN 2-02-010525-X. *55 F / 8,38 €*

03362 **SHIMIZU K.** Le toyotisme. *La Découverte, 1999.* (Repères ; 254 c1)
ISBN 2-7071-2921-6. *52 F / 7,93 €*

03363 **SIGNORA A.** Les aciers. *Economica, 1996.* (Cyclope-poche ; 3 c1)
ISBN 2-7178-3010-3. *49 F / 7,47 €*

03364 **N** **SILGUY Y-T. d.** L'économie, fil d'Ariane de l'Europe. *Presses de Sciences Po, 2000.* (La Bibliothèque du citoyen)
ISBN 2-7246-0818-6. *75 F / 11,43 €*

03365 **SIMON J. C.** Les Banques. Rééd. *La Découverte, 1994.* (Repères ; 21 c1)
ISBN 2-7071-1479-0. *52 F / 7,93 €*

03366 **SIMON Y.** Les marchés à terme de taux d'intérêt. 2e éd. *Economica, 1998.* (Gestion-poche ; 6)
ISBN 2-7178-3558-X. *49 F / 7,47 €*

03367 **SIMON Y.** Les Marchés dérivés : origines et développement. 2e éd. *Economica, 1997.* (Gestion-poche ; 1)
ISBN 2-7178-3437-0. *49 F / 7,47 €*

03368 **SIMONNOT P.** 39 leçons d'économie contemporaine. *Gallimard, 1998.* (Folio ; 61. Actuel)
ISBN 2-07-040536-2. *60 F / 9,15 €*

03369 **SIROËN J-M.** La régionalisation de l'économie mondiale. *La Découverte, 2000.* (Repères ; 288 c1)
ISBN 2-7071-3183-0. *52 F / 7,93 €*

03370 **A** **SLEIGHT S.** Internet et l'entreprise. *Mango-Pratique, 2001.* (101 trucs et conseils ; 65)
ISBN 2-84270-260-3. *38 F / 5,79 €*

03371 **SOLJÉNITSYNE A.** Les Droits de l'écrivain ; Discours de Stockholm. *Seuil, 1972.* (Points. Essais ; 38 c1)
ISBN 2-02-000613-8. *32 F / 4,88 €*

03372 **A** **SOLLE G.** Aborder la gestion financière. *Seuil, 2099.* (Mémo ; 111. Economie)
ISBN 2-02-035124-2. *36 F / 5,49 €*

03373 **SORMAN G.** Le Capital, suite et fins. *Hachette Littératures, 1995.* (Pluriel ; 8770)
ISBN 2-01-278770-3. *75 F / 11,43 €*

03374 **SOUCHARD M., WAHNICH S.** La communication politique locale. *PUF, 1995.* (Que sais-je? ; 3039 c1)
ISBN 2-13-047305-9. *42 F / 6,40 €*

03375 **SOULEZ-LARIVIÈRE D.** Les Juges dans la balance. Nouv. éd. mise à jour. *Seuil, 1990.* (Points. Politique ; 137 c16)
ISBN 2-02-012090-9. *62 F / 9,45 €*

03376 **SOULLEZ C., RUDOLPH L.** La police en France. *Milan, 2000.* (Les essentiels Milan ; 164 c1)
ISBN 2-7459-0012-9. *25 F / 3,81 €*

03377 **SOUSSE M.** Droit public des contrats de construction. *LGDJ, 1998.* (Systèmes. Droit public)
ISBN 2-275-01721-6. *100 F / 15,24 €*

03378 **A** **SOUTY F.** Le droit de la concurrence de l'Union européenne. 3e éd. *Montchrestien, 2001.* (Clefs. Politique c1)
ISBN 2-7076-1189-1. *70 F / 10,67 €*

03379 **SPENCER J.** La procédure pénale anglaise. *PUF, 1998.* (Que sais-je? ; 3274 c1)
ISBN 2-13-048559-6. *42 F / 6,40 €*

03380 **STANKIEWICZ F.** L'économie des ressources humaines. *La Découverte, 1999.* (Repères ; 271 c1)
ISBN 2-7071-3118-0. *52 F / 7,93 €*

03381 **STEINER P.** La science nouvelle de l'économie politique. *PUF, 1998.* (Philosophies c1)
ISBN 2-13-048870-6. *48 F / 7,32 €*

03382 **STEWART M.** Keynes. *Seuil, 1973.* (Points. Economie ; 4 c1)
ISBN 2-02-000615-4. *32 F / 4,88 €*

03383 **STINGRE D.** La fonction publique hospitalière. *PUF, 1999.* (Que sais-je? ; 3511 c1)
ISBN 2-13-050351-9. *42 F / 6,40 €*

03384 **N** **STIRN B.** Les libertés en question. 3e éd. *Montchrestien, 2000.* (Clefs. Politique c1)
ISBN 2-7076-1191-3. *70 F / 10,67 €*

03385 **STIRN B.** Les sources constitutionnelles du droit administratif : introduction au droit public. 3e éd. *LGDJ, 1999.* (Systèmes)
ISBN 2-275-01865-4. *100 F / 15,24 €*

03386 **STOLOWY H.** Les tableaux de financement et de flux. 2e éd. mise à jour. *PUF, 1998.* (Que sais-je? ; 2488)
ISBN 2-13-047972-3. *42 F / 6,40 €*

03387 **SUDRE F.** La Convention européenne des droits de l'homme. 3e éd. rev. *PUF, 1994.* (Que sais-je? ; 2513 c1)
ISBN 2-13-046505-6. *42 F / 6,40 €*

03388 **SUDRE F.** Les grands arrêts de la Cour européenne des droits de l'homme. *PUF, 1997.* (Que sais-je? ; 3269 c1)
ISBN 2-13-048723-8. *42 F / 6,40 €*

03389 **SUN Z.** L'art de la guerre. *Mille et une nuits, 1996.* (La petite collection ; 122 cC)
ISBN 2-84205-075-4. *10 F / 1,52 €*

03390 **SUN Z.** L'art de la guerre. *Hachette Littératures, 2000.* (Pluriel ; 917)
ISBN 2-01-278917-X. *60 F / 9,15 €*

03391 **N** **TARLÉ J-G. d.** Les métiers du tourisme. *Rebondir, 2000.* (Guides pratiques ; 210)
ISBN 2-84593-005-4. *49 F / 7,47 €*

03392 **TARONDEAU J-C.** La flexibilité dans les entreprises. *PUF, 1999.* (Que sais-je? ; 3474 c1)
ISBN 2-13-049972-4. *42 F / 6,40 €*

03393 **TARONDEAU J-C.** La gestion de production. *PUF, 1996.* (Que sais-je? ; 3115 c1)
ISBN 2-13-047693-7. *42 F / 6,40 €*

03394 **TARONDEAU J-C.** Le management des savoirs. *PUF, 1998.* (Que sais-je? ; 3407 c1)
ISBN 2-13-049427-7. *42 F / 6,40 €*

03395 **TCHEMENI E.** L'évaluation des entreprises. 2e éd. *Economica, 1998.* (Gestion-poche ; 2 c1)
ISBN 2-7178-3600-4. *49 F / 7,47 €*

03396 **TCHIBOZO G.** Economie du travail. *Dunod, 1998.* (Les topos. Sciences économiques c1)
ISBN 2-10-003534-7. *52 F / 7,93 €*

03397 **TCHIKAYA B.** Le droit international des télécommunications. *PUF, 1998.* (Que sais-je? ; 3319 c1)
ISBN 2-13-048751-3. *42 F / 6,40 €*

03398 **TCHOBROUTSKY G., WONG O.** Le Métier de médecin. *PUF, 1993.* (Que sais-je? ; 2812 c1)
ISBN 2-13-045934-X. *42 F / 6,40 €*

03399 **TELNES-TAN M.** S'installer en Scandinavie : Norvège et Danemark. *Rebondir, 1999.* (Guides pratiques ; 305)
ISBN 2-910325-72-5. *69 F / 10,52 €*

03400 **TELNES-TAN M.** S'installer en Scandinavie : Suède et Finlande. *Rebondir, 1999.* (Guides pratiques ; 306)
ISBN 2-910325-71-7. *69 F / 10,52 €*

03401 **TERRAZONI A.** L'Administration territoriale en Europe. *LGDJ, 1992.* (Systèmes)
ISBN 2-275-00552-8. *95 F / 14,48 €*

03402 **TEULE-MARTIN C.** La douane : instrument de la stratégie internationale. *Economica, 1995.* (Gestion-poche ; 19 c1)
ISBN 2-7178-2780-3. *49 F / 7,47 €*

03403 **TEULON F.** Le chômage et les politiques de l'emploi. *Seuil, 1996.* (Mémo ; 38)
ISBN 2-02-026438-2. *36 F / 5,49 €*

03404 **TEULON F.** Chronologie de l'économie française. *Seuil, 1996.* (Mémo ; 2)
ISBN 2-02-022888-2. *29 F / 4,42 €*

03405 **TEULON F.** Chronologie de l'économie mondiale. *Seuil, 1996.* (Mémo ; 1)
ISBN 2-02-022889-0. *29 F / 4,42 €*

03406 **TEULON F.** Le commerce international. *Seuil, 1996.* (Mémo ; 5. Economie)
ISBN 2-02-023992-2. *36 F / 5,49 €*

03407 **TEULON F.** L'économie française depuis 1945. *Seuil, 1996.* (Mémo ; 3)
ISBN 2-02-022887-4. *36 F / 5,49 €*

03408 **TEULON F.** Introduction à l'économie. 2e éd. *PUF, 1993.* (Que sais-je? ; 2649 c1)
ISBN 2-13-044487-3. *42 F / 6,40 €*

03409 **TEULON F.** Les marchés de capitaux. *Seuil, 1997.* (Mémo ; 81 c2)
ISBN 2-02-029724-8. *36 F / 5,49 €*

03410 **TEULON F.** Le rôle de l'Etat dans l'économie. *Seuil, 1997.* (Mémo ; 39 c2)
ISBN 2-02-026437-4. *36 F / 5,49 €*

03411 **TEULON F.** Le système monétaire international. *Seuil, 1996.* (Mémo ; 4)
ISBN 2-02-023993-0. *36 F / 5,49 €*

03412 **TEULON F.** Vocabulaire économique. 3e éd. rev. et corr. *PUF, 1993.* (Que sais-je? ; 2624 c1)
ISBN 2-13-044970-0. *42 F / 6,40 €*

03413 **TEULON F.** Vocabulaire monétaire et financier. 2e éd. *PUF, 1993.* (Que sais-je? ; 2628 c1)
ISBN 2-13-045595-6. *42 F / 6,40 €*

03414 **Textes constitutionnels français et étrangers.** *Larousse, 1994.* (Textes essentiels)
ISBN 2-03-741021-2. *150 F / 22,87 €*

03415 **Textes constitutionnels révolutionnaires français.** *PUF, 1998.* (Que sais-je? ; 3256 c1)
ISBN 2-13-048440-9. *42 F / 6,40 €*

03416 **Textes de droit de la psychiatrie.** *PUF, 1999.* (Médecine et société ; 12 c1)
ISBN 2-13-050273-3. *55 F / 8,38 €*

03417 **Textes du droit des étrangers.** *PUF, 1999.* (Que sais-je? ; 3525 c1)
ISBN 2-13-050498-1. *42 F / 6,40 €*

03418 **TEYSSIÉ B.** Le licenciement. *Economica, 1997.* (Droit-Poche ; 12. Droit des affaires c1)
ISBN 2-7178-3207-6. *49 F / 7,47 €*

03419 **TEYSSIER F.** Milieux financiers et communication. *PUF, 1998.* (Que sais-je? ; 3327 c1)
ISBN 2-13-048834-X. *42 F / 6,40 €*

03420 **Théories de la crise et politiques économiques.** *Seuil, 1986.* (Points. Economie ; 21 c5)
ISBN 2-02-009107-0. *55 F / 8,38 €*

03421 **THÉVENET M.** La Culture d'entreprise. 2e éd. *PUF, 1994.* (Que sais-je? ; 2756 c1)
ISBN 2-13-045398-8. *42 F / 6,40 €*

03422 **N** **THIBAULT F.** La Bourse en ligne de A à Z. *Micro application, 2000.* (E-poche)
ISBN 2-7429-1943-0. *52 F / 7,93 €*

03423 **THIÉTART R-A.** Le management. 10e éd. *PUF, 1999.* (Que sais-je? ; 1860 c1)
ISBN 2-13-048912-5. *42 F / 6,40 €*

03424 **THOMAS Y.** Histoire de l'administration. *La Découverte, 1995.* (Repères ; 177 c1)
ISBN 2-7071-2477-X. *52 F / 7,93 €*

03425 **THOUMIEUX X.** Le LBO : acquérir une entreprise par effets de levier. *Economica, 1996.* (Gestion-poche ; 37 c1)
ISBN 2-7178-3041-3. *49 F / 7,47 €*

03426 **THUILLIER G., TULARD J.** Histoire de l'administration française. 2e éd. rev. *PUF, 1994.* (Que sais-je? ; 2137 c1)
ISBN 2-13-045753-3. *42 F / 6,40 €*

03427 **THULLIER G., TULARD J.** Le Métier d'historien. *PUF, 1991.* (Que sais-je? ; 2615 c1)
ISBN 2-13-044024-X. *42 F / 6,40 €*

03428 **N** **TIGER P.** Droit des affaires en Afrique. 2e éd. *PUF, 2000.* (Que sais-je? ; 3536 c1)
ISBN 2-13-050560-0. *42 F / 6,40 €*

03429 **TIMBAL-DUCLAUX L.** Savoir écrire dans l'entreprise. *LGF, 1994.* (Le Livre de poche ; 8132. Pratique c6)
ISBN 2-253-08132-9. *26 F / 3,96 €*

03430 **TISSERON S.** Les associations anti-chômage. *Rebondir, 1997.* (Guides pratiques ; 48)
ISBN 2-910325-49-0. *39 F / 5,95 €*

03431 **TODD E.** L'illusion économique : essai sur la stagnation des sociétés développées. *Gallimard, 1999.* (Folio ; 66. Actuel c3)
ISBN 2-07-041058-7. *41 F / 6,25 €*

03432 **TOERNIG J-P., BRION F.** Les moyens de paiement. *PUF, 1999.* (Que sais-je? ; 3513 c1)
ISBN 2-13-050634-8. *42 F / 6,40 €*

03433 **TOPSACALIAN P.** Les indices boursiers sur actions. *Economica, 1996.* (Gestion-poche ; 39 c1)
ISBN 2-7178-3073-1. *49 F / 7,47 €*

03434 **TOURJANSKY-CABART L.** Le développement économique local. *PUF, 1996.* (Que sais-je? ; 3150 c1)
ISBN 2-13-047813-1. *42 F / 6,40 €*

03435 **TOURNIER J-C.** L'économie du bâtiment et des travaux publics. *PUF, 1998.* (Que sais-je? ; 3253 c1)
ISBN 2-13-048443-3. *42 F / 6,40 €*

03436 **TOUSSAINT-DESMOULINS N.** L'Economie des médias. 3e éd. *PUF, 1992.* (Que sais-je? ; 1701 c1)
ISBN 2-13-044209-9. *42 F / 6,40 €*

03437 **TRÉBOUL J-B.** Les stratégies des entreprises de tourisme. *PUF, 1998.* (Que sais-je? ; 3284 c1)
ISBN 2-13-048606-1. *42 F / 6,40 €*

03438 **N** **TRENTE CINQ MAI PRODUCTIONS** Trouver un emploi sur Internet. *Micro application, 2000.* (E-poche)
ISBN 2-7429-1978-3. *52 F / 7,93 €*

03439 **TRÉPOS J-Y.** La sociologie de l'expertise. *PUF, 1996.* (Que sais-je? ; 3119 c1)
ISBN 2-13-047690-2. *42 F / 6,40 €*

03440 **TURIN M.** La Planète Bourse : de bas en hauts. *Gallimard, 1993.* (Découvertes ; 166. Histoire c5)
ISBN 2-07-053206-2. *85 F / 12,96 €*

03441 **UBERTI M-L.** Les métiers de la psy. *Rebondir, 2000.* (Guides pratiques ; 205)
ISBN 2-910325-98-9. *49 F / 7,47 €*

03442 **N** **VALLÉE A.** Les systèmes fiscaux. *Seuil, 2000.* (Points. Economie ; 49)
ISBN 2-02-035836-0. *48 F / 7,32 €*

03443 **VALLÈS A., NOËLLE R.** Gagner sa vie avec la vente directe. *Rebondir, 1996.* (Guides pratiques ; 35)
ISBN 2-910325-35-0. *39 F / 5,95 €*

03444 **VAN PRAAG N.** Crédit management et crédit scoring. *Economica, 1995.* (Gestion-poche ; 31 c1)
ISBN 2-7178-2943-1. *49 F / 7,47 €*

03445 **VAN RUYMBEKE R.** Le juge d'instruction. 3e éd. rev. et corr. *PUF, 1992.* (Que sais-je? ; 2429 c1)
ISBN 2-13-045266-3. *42 F / 6,40 €*

03446 **VARTANIAN J-C.** Le Média-planning. *Economica, 1994.* (Gestion-poche ; 5)
ISBN 2-7178-2593-2. *49 F / 7,47 €*

03447 **VASSEUR F.** La mairie de Paris. *PUF, 1999.* (Que sais-je? ; 3481 c1)
ISBN 2-13-050010-2. *42 F / 6,40 €*

03448 **VATIMBELLA A.** Le Capitalisme vert. *Syros, 1992.* (Alternatives économiques. Poches)
ISBN 2-86738-795-7. *49 F / 7,47 €*

03449 **VATIN F.** Le Travail : économie et physique, 1780-1830. *PUF, 1993.* (Philosophies ; 42 c1)
ISBN 2-13-045219-1. *45 F / 6,86 €*

03450 **VELLAS F.** Le tourisme mondial. *Economica, 1996.* (Economie des services-poche ; 1)
ISBN 2-7178-2733-1. *49 F / 7,47 €*

03451 **VERNIER D.** La Justice en France. *La Découverte, 1993.* (Repères ; 116)
ISBN 2-7071-2184-3. *52 F / 7,93 €*

03452 **VERNIER D., PEYROT M.** La Cour d'assises. *PUF, 1989.* (Que sais-je? ; 2497 c1)
ISBN 2-13-047725-9. *42 F / 6,40 €*

03453 **VERNIÈRES M.** Nord-Sud, renouveler la coopération. *Economica, 1995.* (Economie-poche ; 20 c1)
ISBN 2-7178-2818-4. *49 F / 7,47 €*

03454 **VESSEREAU A.** La statistique. 20e éd. *PUF, 1999.* (Que sais-je? ; 281 c1)
ISBN 2-13-044206-4. *42 F / 6,40 €*

03455 **VIART J-P.** Les salons professionnels. *PUF, 1998.* (Que sais-je? ; 3324 c1)
ISBN 2-13-048804-8. *42 F / 6,40 €*

03456 **VICQ A.** La recherche de partenaires. *Dakota, 2000.* (Créer-réussir son projet, guides Défi jeunes)
ISBN 2-910932-50-8. *34 F / 5,18 €*

03457 **A** **VIDAL-NAQUET P.** Les Crimes de l'armée française. Nouv. éd. *La Découverte, 2001.* (La Découverte poche ; 105. Essais)
ISBN 2-7071-3406-6. *42 F / 6,40 €*

03458 **VIENNEY C.** L'Economie sociale. *La Découverte, 1994.* (Repères ; 148 c1)
ISBN 2-7071-2337-4. *52 F / 7,93 €*

03459 **VILLEGIER R.** L'Intégration fiscale des groupes de sociétés. *LGDJ, 1992.* (Systèmes)
ISBN 2-275-00631-1. *95 F / 14,48 €*

03460 **VILLEY M.** Le Droit romain. Nouv. éd. *PUF, 1993.* (Que sais-je? ; 195 c1)
ISBN 2-13-045670-7. *42 F / 6,40 €*

03461 **VILLIEU P.** Macroéconomie, consommation et épargne. *La Découverte, 1997.* (Repères ; 215 c1)
ISBN 2-7071-2687-X. *52 F / 7,93 €*

03462 **VILLIEU P.** Macroéconomie, l'investissement. *La Découverte, 2000.* (Repères ; 278 c1)
ISBN 2-7071-3187-3. *52 F / 7,93 €*

03463 **VINCENT P. M.** Le droit de l'alimentation. *PUF, 1996.* (Que sais-je? ; 3103 c1)
ISBN 2-13-047631-7. *42 F / 6,40 €*

03464 **20 métiers pour travailler tout de suite.** *Rebondir, 1995.* (Guides pratiques ; 22)
ISBN 2-910325-22-9. *39 F / 5,95 €*

03465 **VIVIEN F-D.** Economie et écologie. *La Découverte, 1994.* (Repères ; 158 c1)
ISBN 2-7071-2393-5. *52 F / 7,93 €*

03466 **VIVIEN G., ARNÉ V.** Le parfait secrétaire : la correspondance commerciale et administrative. *Larousse, 2000.* (Larousse de poche)
ISBN 2-03-560219-X. *50 F / 7,62 €*

03467 **VLES V.** Les stations touristiques. *Economica, 1996.* (Economie des services-poche ; 2 c1)
ISBN 2-7178-3169-X. *49 F / 7,47 €*

03468 **N** **Vocabulaire juridique.** *PUF, 2000.* (Quadrige ; 309)
ISBN 2-13-050601-1. *164 F / 25 €*

03469 **VOGEL E. F.** Le Japon, médaille d'or. *Gallimard, 1985.* (Folio ; 6. Actuel ; 6 c4)
ISBN 2-07-032320-X. *46 F / 7,01 €*

03470 **VOLCOUVE V.** La Crise du franc. *Seuil, 1969.* (Société ; 34 c1)
ISBN 2-02-000412-7. *15 F / 2,29 €*

03471 **VOLFF J.** Le ministère public. *PUF, 1998.* (Que sais-je? ; 3394 c1)
ISBN 2-13-049342-4. *42 F / 6,40 €*

03472 **WAGRET J-M.** Brevets d'invention et propriété industrielle. 5e éd. refondue. *PUF, 1992.* (Que sais-je? ; 1143 c1)
ISBN 2-13-048392-5. *42 F / 6,40 €*

03473 **WALLERSTEIN I.** Le capitalisme historique. Nouv. éd. *La Découverte, 1996.* (Repères ; 29 c1)
ISBN 2-7071-1515-0. *52 F / 7,93 €*

03474 **WALLISER B.** Le Calcul économique. *La Découverte, 1990.* (Repères ; 89 c1)
ISBN 2-7071-1958-X. *52 F / 7,93 €*

03475 **WALTON P.** La comptabilité anglo-saxonne. *La Découverte, 1996.* (Repères ; 201 c1)
ISBN 2-7071-2595-4. *52 F / 7,93 €*

03476 **WEIL P.** Le Droit administratif. 15e éd. *PUF, 1992.* (Que sais-je? ; 1152 c1)
ISBN 2-13-044846-1. *42 F / 6,40 €*

03477 **A** **WEILL M.** Le management de la qualité. *La Découverte, 2001.* (Repères ; 315 c1)
ISBN 2-7071-3467-8. *52 F / 7,93 €*

03478 **WEILLER J.** La Balance des paiements. 4e éd. *PUF, 1979.* (Que sais-je? ; 1329 c1)
ISBN 2-13-036148-X. *42 F / 6,40 €*

03479 **WESTPHALEN M-H.** La communication externe de l'entreprise. *Dunod, 1997.* (Les topos. Eco gestion c1)
ISBN 2-10-003526-6. *52 F / 7,93 €*

03480 **WLIOLING I.** S'installer aux Pays-Bas. *Rebondir, 2000.* (Guides pratiques ; 308)
ISBN 2-910325-89-X. *49 F / 7,47 €*

03481 **WOLFF J.** Malthus et les malthusiens. *Economica, 1994.* (Economie-poche ; 10)
ISBN 2-7178-2598-3. *49 F / 7,47 €*

03482 **WOLFF J.** Les Pensées économiques : des origines à nos jours. *Economica, 1993.* (Economie-poche ; 6 c1)
ISBN 2-7178-2543-6. *49 F / 7,47 €*

03483 **WOLFF J.** La psychologie économique. *Economica, 1996.* (Economie-poche ; 31 c1)
ISBN 2-7178-3075-8. *49 F / 7,47 €*

03484 **WORONOFF D.** Histoire de l'industrie en France : du XVIe siècle à nos jours. *Seuil, 1998.* (Points. Histoire ; 248 c17)
ISBN 2-02-033824-6. *65 F / 9,91 €*

03485 **XARDEL D.** Le marketing direct. 4e éd. mise à jour. *PUF, 1996.* (Que sais-je? ; 2063 c1)
ISBN 2-13-047743-7. *42 F / 6,40 €*

03486 **XARDEL D., TARONDEAU J-C.** La Distribution. 3e éd. rev. *PUF, 1992.* (Que sais-je? ; 2215 c1)
ISBN 2-13-044754-6. *42 F / 6,40 €*

03487 **ZERAH D.** La monnaie. *LGF, 1996.* (Le Livre de poche ; 518. Références économie c12)
ISBN 2-253-90518-6. *44 F / 6,71 €*

03488 **ZILLER J.** Les Dom-Tom : départements, régions d'outre-mer, territoires et collectivités territoriales d'outre-mer. 2e éd. *LGDJ, 1996.* (Systèmes)
ISBN 2-275-00117-4. *95 F / 14,48 €*

03489 **N** **ZOLLER E.** Le droit des Etats-Unis. *PUF, 2001.* (Que sais-je? ; 1159 c1)
ISBN 2-13-050840-5. *42 F / 6,40 €*

03490 **ZORGBIBE C.** Les Organisations internationales. 3e éd. rev. *PUF, 1994.* (Que sais-je? ; 792 c1)
ISBN 2-13-045978-1. *42 F / 6,40 €*

Esotérisme

03491 **AIVANHOV O. M.** La balance cosmique : le nombre 2. 2e éd., réimpr. *Prosveta, 1998.* (Izvor ; 237 c1)
ISBN 2-85566-613-9. *57 F / 8,69 €*

03492 **AIVANHOV O. M.** Centres et corps subtils : aura, plexus solaire, centre hara, chakras... 9e éd. *Prosveta, 1999.* (Izvor ; 219 c1)
ISBN 2-85566-310-5. *57 F / 8,69 €*

03493 [N] **AIVANHOV O. M.** Une éducation qui commence avant la naissance. 7e éd. *Prosveta, 2000.* (Izvor ; 203 c1)
ISBN 2-85566-208-7. *57 F / 8,69 €*

03494 **AIVANHOV O. M.** L'Egrégore de la Colombe ou Le règne de la paix. 4e éd., réimpr. *Prosveta, 1995.* (Izvor ; 208 c1)
ISBN 2-85566-204-4. *57 F / 8,69 €*

03495 **AIVANHOV O. M.** La Force sexuelle ou le Dragon ailé. 8e éd. *Prosveta, 1999.* (Izvor ; 205 c1)
ISBN 2-85566-345-8. *57 F / 8,69 €*

03496 **AIVANHOV O. M.** La galvanoplastie spirituelle et l'avenir de l'humanité. 8e éd., réimpr. *Prosveta, 1997.* (Izvor ; 214 c1)
ISBN 2-85566-288-5. *57 F / 8,69 €*

03497 [N] **AIVANHOV O. M.** L'Homme à la conquête de sa destinée. 10e éd. *Prosveta, 2000.* (Izvor ; 202 c1)
ISBN 2-85566-344-X. *57 F / 8,69 €*

03498 **AIVANHOV O. M.** Le langage des figures géométriques. 6e éd., réimpr. *Prosveta, 1997.* (Izvor ; 218 c1)
ISBN 2-85566-297-4. *57 F / 8,69 €*

03499 **AIVANHOV O. M.** La lumière, esprit vivant. 8e éd. *Prosveta, 1999.* (Izvor ; 212 c1)
ISBN 2-85566-235-4. *57 F / 8,69 €*

03500 [N] **AIVANHOV O. M.** Nature humaine et nature divine. 6e éd. *Prosveta, 2000.* (Izvor ; 213 c1)
ISBN 2-85566-287-7. *57 F / 8,69 €*

03501 **AIVANHOV O. M.** Noël et Pâques dans la tradition initiatique. 6e éd., réimpr. *Prosveta, 1996.* (Izvor ; 209 c1)
ISBN 2-85566-328-8. *57 F / 8,69 €*

03502 **AIVANHOV O. M.** Qu'est-ce qu'un maître spirituel?. 9e éd., réimpr. *Prosveta, 1997.* (Izvor ; 207 c1)
ISBN 2-85566-193-5. *57 F / 8,69 €*

03503 [N] **AIVANHOV O. M.** Regards sur l'invisible. 4e éd., réimpr. *Prosveta, 2000.* (Izvor ; 228 c1)
ISBN 2-85566-463-2. *57 F / 8,69 €*

03504 **AIVANHOV O. M.** Les révélations du feu et de l'eau. 2e éd., réimpr. *Prosveta, 1997.* (Izvor ; 232 c1)
ISBN 2-85566-496-9. *57 F / 8,69 €*

03505 **AIVANHOV O. M.** Les secrets du livre de la nature. 7e éd., réimpr. *Prosveta, 1997.* (Izvor ; 216 c1)
ISBN 2-85566-291-5. *57 F / 8,69 €*

03506 **AIVANHOV O. M.** Vers une civilisation solaire. 5e éd., réimpr. *Prosveta, 1996.* (Izvor ; 201 c1)
ISBN 2-85566-206-0. *57 F / 8,69 €*

03507 **AIVANHOV O. M.** La vie psychique : éléments et structures. 4e éd., réimpr. *Prosveta, 1997.* (Izvor ; 222 c1)
ISBN 2-85566-368-7. *57 F / 8,69 €*

03508 **AIVANHOV O. M.** Le Yoga de la nutrition. 7e éd. *Prosveta, 1999.* (Izvor ; 204 c1)
ISBN 2-85566-209-5. *57 F / 8,69 €*

03509 **AIVANHOV O. M.** Le zodiaque, clé de l'homme et de l'univers. 8e éd., réimpr. *Prosveta, 1998.* (Izvor ; 220 c1)
ISBN 2-85566-320-2. *57 F / 8,69 €*

03510 [A] **Anthologie de la non-dualité.** *Pocket, 2001.* (Pocket ; 10750)
ISBN 2-266-09452-1

03511 **AROMATICO A.** L'alchimie : le grand secret. *Gallimard, 1996.* (Découvertes ; 302. Traditions c4)
ISBN 2-07-053354-9. *75 F / 11,43 €*

03512 **BARBAULT A.** Balance. Nouv. éd. mise à jour. *Seuil, 1989.* (Zodiaque ; 7)
ISBN 2-02-010401-6. *23 F / 3,51 €*

03513 **BARBAULT A.** Bélier. Nouv. éd. mise à jour. *Seuil, 1989.* (Zodiaque ; 1)
ISBN 2-02-010395-8. *23 F / 3,51 €*

03514 **BARBAULT A.** Cancer. Nouv. éd. mise à jour. *Seuil, 1989.* (Zodiaque ; 4)
ISBN 2-02-010398-2. *23 F / 3,51 €*

03515 **BARBAULT A.** Capricorne. Nouv. éd. mise à jour. *Seuil, 1989.* (Zodiaque ; 10)
ISBN 2-02-010404-0. *23 F / 3,51 €*

03516 **BARBAULT A.** Gémeaux. Nouv. éd. mise à jour. *Seuil, 1989.* (Zodiaque ; 3)
ISBN 2-02-010397-4. *23 F / 3,51 €*

03517 **BARBAULT A.** Lion. Nouv. éd. mise à jour. *Seuil, 1989.* (Zodiaque ; 5)
ISBN 2-02-010399-0. *23 F / 3,51 €*

03518 **BARBAULT A.** Petit manuel d'astrologie. Nouv. éd. *Seuil, 1997.* (Zodiaque ; 13)
ISBN 2-02-031241-7. *35 F / 5,34 €*

03519 **BARBAULT A.** Poissons. Nouv. éd. mise à jour. *Seuil, 1989.* (Zodiaque ; 12)
ISBN 2-02-010406-7. *23 F / 3,51 €*

03520 **BARBAULT A.** Sagittaire. Nouv. éd. mise à jour. *Seuil, 1989.* (Zodiaque ; 9)
ISBN 2-02-010403-2. *23 F / 3,51 €*

03521 **BARBAULT A.** Scorpion. Nouv. éd. mise à jour. *Seuil, 1989.* (Zodiaque ; 8)
ISBN 2-02-010402-4. *23 F / 3,51 €*

03522 **BARBAULT A.** Taureau. Nouv. éd. mise à jour. *Seuil, 1989.* (Zodiaque ; 2)
ISBN 2-02-010396-6. *23 F / 3,51 €*

03523 **BARBAULT A.** Verseau. Nouv. éd. mise à jour. *Seuil, 1989.* (Zodiaque ; 11)
ISBN 2-02-010405-9. *23 F / 3,51 €*

03524 **BARBAULT A.** Vierge. Nouv. éd. mise à jour. *Seuil, 1989.* (Zodiaque ; 6)
ISBN 2-02-010400-8. *23 F / 3,51 €*

03525 **BARTON W. G.** L'aura humaine. *Mortagne, 1992.* (Poche)
ISBN 2-89074-516-3. *39 F / 5,95 €*

03526 **BEAUREGARD D.** Instruments d'énergie. *Mortagne, 1994.* (Poche c3)
ISBN 2-89074-545-7. *44 F / 6,71 €*

03527 **BELLEMARE P.** Ils ont vu l'au-delà. *LGF, 1999.* (Les aventuriers du XXe siècle; 2)(Le Livre de poche ; 14731 c9)
ISBN 2-253-14731-1. *36 F / 5,49 €*

03528 **BELLINE M.** La troisième oreille : à l'écoute de l'au-delà. Réimpr. *J'ai lu, 1996.* (J'ai lu ; 2015. Aventure secrète c3)
ISBN 2-277-22015-9. *29 F / 4,42 €*

03529 **BENOIST L.** L'Esotérisme. 6 éd. *PUF, 1993.* (Que sais-je? ; 1031 c1)
ISBN 2-13-044542-X. *42 F / 6,40 €*

03530 **BÉRANGER R-L.** Manuel de magie pratique. *De Vecchi, 1987.* (De Vecchi poche ; 4046 c2)
ISBN 2-7328-4046-7. *29 F / 4,42 €*

03531 **BERNAND A.** Sorciers grecs. *Hachette Littératures, 1995.* (Pluriel ; 8762 c6)
ISBN 2-01-278762-2. *75 F / 11,43 €*

03532 **BERTRAND J. A.** Tristesse de la Balance et autres signes. *J'ai lu, 1999.* (J'ai lu ; 2711. Littérature générale c2)
ISBN 2-290-02711-1. *22 F / 3,35 €*

03533 **BONARDEL F.** L'irrationnel. *PUF, 1996.* (Que sais-je? ; 3058 c1)
ISBN 2-13-047418-7. *42 F / 6,40 €*

03534 **BOURRE J-P.** Voyage au centre de la vie : par la mort nous sortons du temps. *J'ai lu, 1995.* (J'ai lu ; 3913. Aventure secrète c2)
ISBN 2-277-23913-5. *22 F / 3,35 €*

03535 **BRASEY E.** Enquête sur l'existence des anges rebelles. *J'ai lu, 1997.* (J'ai lu ; 4434. Aventure secrète c7)
ISBN 2-290-04434-2. *45 F / 6,86 €*

03536 **BRASEY E.** Enquête sur l'existence des fées et des esprits de la nature. *J'ai lu, 1998.* (J'ai lu ; 4753. Aventure secrète c6)
ISBN 2-290-04753-8. *39 F / 5,95 €*

03537 **BRÉBART M., PATTYN P.** La Franc-Maçonnerie. *Fidélité, 1999.* (Que penser de...? ; 38 c1)
ISBN 2-87356-163-7. *15 F / 2,29 €*

03538 **BRINKLEY D.** Sauvé par les anges. *J'ai lu, 1997.* (J'ai lu ; 4379. Aventure secrète c3)
ISBN 2-290-04379-6. *29 F / 4,42 €*

03539 **BROCH H.** Le Paranormal : ses documents, ses hommes, ses méthodes. Nouv. éd. *Seuil, 1989.* (Points. Sciences ; 60 c4)
ISBN 2-02-010725-2. *52 F / 7,93 €*

03540 **BROSSES M-T. d.** Enquête sur les enlèvements extraterrestres. *J'ai lu, 1997.* (J'ai lu ; 4643. Aventure secrète c7)
ISBN 2-290-04643-4. *45 F / 6,86 €*

03541 **BRUNE F.** Les Morts nous parlent. *LGF, 1989.* (Le Livre de poche ; 6678 c8)
ISBN 2-253-05123-3. *33 F / 5,03 €*

03542 **BRUNO G.** De la magie. *Allia, 2000.* (Petite collection)
ISBN 2-84485-026-X. *40 F / 6,10 €*

03543 **CARON M., HUTIN S.** Les alchimistes. *Seuil, 1999.* (Points ; 145. Sagesses)
ISBN 2-02-037388-2. *45 F / 6,86 €*

03544 **CASTELLAN Y.** Le Spiritisme. 6e éd. *PUF, 1995.* (Que sais-je? ; 641 c1)
ISBN 2-13-041401-X. *42 F / 6,40 €*

03545 **CCMM-CENTRE ROGER IKOR (France)** Les sectes. *Milan, 1996.* (Les essentiels Milan ; 55 c1)
ISBN 2-84113-458-X. *25 F / 3,81 €*

03546 **CHABOUD J.** Les francs-maçons. *Milan, 1997.* (Les essentiels Milan ; 69 c1)
ISBN 2-84113-492-X. *25 F / 3,81 €*

03547 **CHEVALIER J.** Le Soufisme. 2e éd. *PUF, 1991.* (Que sais-je? ; 2176 c1)
ISBN 2-13-043805-9. *42 F / 6,40 €*

03548 **CHURCH W.** Les retours d'Edgar Cayce : l'histoire de ses réincarnations. *Mortagne, 1994.* (Poche c2)
ISBN 2-89074-541-4. *44 F / 6,71 €*

03549 **COCKELL J.** Mes enfants d'une autre vie. *J'ai lu, 1995.* (J'ai lu ; 3874. Aventure secrète c03)
ISBN 2-277-23874-0. *29 F / 4,42 €*

03550 **A** **DE MARCO S.** Qui êtes-vous selon vos mains ?. *Pocket, 2000.* (Pocket ; 10901)
ISBN 2-266-10008-4

03551 **DEL RE M. C.** La Divination informatique. *Cerf*; *Fides, 1993.* (Bref ; 46)
ISBN 2-204-04779-1. ISBN 2-7621-1533-7. *50 F / 7,62 €*

03552 **DELHEZ C.** Spiritisme et channelling. 2e éd. *Fidélité, 1995.* (Que penser de...? ; 20 c1)
ISBN 2-87356-082-7. *15 F / 2,29 €*

03553 **DENNING M., PHILLIPS O.** La visualisation créatrice. Réimpr. *J'ai lu, 1996.* (J'ai lu ; 5598. Aventure secrète c3)
ISBN 2-290-02676-X. *29 F / 4,42 €*

03554 **DUNOIS CANETTE F.** Les prêtres exorcistes : enquête et témoignages. *J'ai lu, 1995.* (J'ai lu ; 3803. Aventure secrète c03)
ISBN 2-277-23803-1. *29 F / 4,42 €*

03555 **EDIGHOFFER R.** Les Rose-Croix. 3e éd. corr. *PUF, 1991.* (Que sais-je? ; 1982 c1)
ISBN 2-13-044226-9. *42 F / 6,40 €*

03556 **ELIADE M.** Le Mythe de l'alchimie. *LGF, 1992.* (Le Livre de poche ; 4157. Biblio essais c7)
ISBN 2-253-06045-3. *30 F / 4,57 €*

03557 **Encyclopédie de la franc-maçonnerie.** *LGF, 2000.* (La Pochothèque ; 3252. Encyclopédies d'aujourd'hui)
ISBN 2-253-13252-7. *149 F / 22,71 €*

03558 **EVOLA J.** Le petit livre noir. *R. Perrin, 2000.* (La petite bibliothèque ; 5)
ISBN 2-913960-02-2. *55 F / 8,38 €*

03559 **FAVRET SAADA J.** Les Mots, la mort, les sorts : La Sorcellerie dans le bocage. *Gallimard, 1985.* (Folio ; 3. Essais ; 3 c5)
ISBN 2-07-032281-5. *52 F / 7,93 €*

03560 **FERGUSON M.** Les enfants du Verseau : pour un nouveau paradygme. *J'ai lu, 1995.* (J'ai lu ; 4029. Aventure secrète c7)
ISBN 2-277-24029-X. *45 F / 6,86 €*

03561 **FONTBRUNE J-C. d.** Nostradamus historien et prophète : ses prophéties de 1555 à l'an 2000. Réimpr. *Pocket, 1982.* (Pocket ; 2077. Best c6)
ISBN 2-266-03939-3. *38 F / 5,79 €*

03562 **FRANZ M-L. v.** La psychologie de la divination. *Albin Michel, 1995.* (Espaces libres ; 50 c2)
ISBN 2-226-07618-2. *39 F / 5,95 €*

03563 **FUZEAU-BRAESCH S.** L'Astrologie. 2e éd. *PUF, 1992.* (Que sais-je? ; 2481 c1)
ISBN 2-13-043958-6. *42 F / 6,40 €*

03564 **GABIROL S.** La Kabbale : les mystères des grands textes enfin révélés. *De Vecchi, 1992.* (De Vecchi poche c3)
ISBN 2-7328-4162-5. *33 F / 5,03 €*

03565 **GABOURY P.** Paroles pour le coeur. *Mortagne, 1993.* (Poche c2)
ISBN 2-89074-523-6. *39 F / 5,95 €*

03566 **GASCON R.** Pratique de la géomancie : construction du thème géomantique, significations, aspects et passations, technique de l'interprétation. Réimpr. *De Vecchi, 1999.* (De Vecchi poche ; 4330 c3)
ISBN 2-7328-4330-X. *33 F / 5,03 €*

03567 **GAWAIN S.** Techniques de visualisation créatrice. *J'ai lu, 1995.* (J'ai lu ; 3853. Aventure secrète c2)
ISBN 2-277-23853-8. *22 F / 3,35 €*

03568 **GAWAIN S., KING L.** Vivez dans la lumière : guide de transformation personnelle et planétaire. *J'ai lu, 1999.* (J'ai lu ; 5112. Aventure secrète c5)
ISBN 2-290-05112-8. *39 F / 5,95 €*

03569 **GAYOT G.** La Franc-maçonnerie française : textes et pratiques : 18e-19e siècles. *Gallimard, 1991.* (Folio ; 37. Histoire ; 37 c2)
ISBN 2-07-032653-5. *37 F / 5,64 €*

03570 **GORCEIX B.** La Bible des Rose-Croix. *PUF, 1998.* (Quadrige ; 209)
ISBN 2-13-047634-1. *55 F / 8,38 €*

03571 **GRAEF H.** Histoire de la mystique. *Seuil, 1972.* (Livre de vie ; 112 c3)
ISBN 2-02-000563-8. *48 F / 7,32 €*

03572 **GRAF F.** La magie dans l'Antiquité gréco-romaine : idéologie et pratique. *Hachette Littératures, 1997.* (Pluriel ; 8822 c4)
ISBN 2-01-278822-X. *58 F / 8,84 €*

03573 **GRESLÉ J-G.** Extraterrestres, secret d'Etat : l'affaire Roswell. *J'ai lu, 1999.* (J'ai lu ; 5145. Aventure secrète c4)
ISBN 2-290-05145-4. *36 F / 5,49 €*

03574 **N** **GRIFFON L.** La ronde des saisons et des signes. *Pocket, 2001.* (Pocket ; 10741 c5)
ISBN 2-266-09426-2. *35 F / 5,34 €*

03575 **GUÉNON R.** La crise du monde moderne. *Gallimard, 1994.* (Folio ; 250. Essais ; 250 c2)
ISBN 2-07-032817-1. *37 F / 5,64 €*

03576 **HALEVI Z. b. S.** L'Arbre de vie : introduction à la cabale. *Albin Michel, 1989.* (Spiritualités vivantes poche ; 78 c4)
ISBN 2-226-03785-3. *49 F / 7,47 €*

03577 **HARDY C.** La connaissance de l'invisible : une approche ethnologique et psychologique de l'autre réalité. *Pocket, 1996.* (Pocket ; 4787. L'Age d'être c7)
ISBN 2-266-06342-1. *42 F / 6,40 €*

03578 **HAUMONT Y.** L'astrologie. *Fides*; *Cerf, 1992.* (Bref ; 41)
ISBN 2-7621-1788-7. ISBN 2-204-04456-3. *50 F / 7,62 €*

03579 **HEAD J., CRANSTON S. L.** Le livre de la réincarnation : le phénix et le mystère de sa renaissance. *LGF, 1998.* (Le Livre de poche ; 14414 c16)
ISBN 2-253-14414-2. *55 F / 8,38 €*

03580 **HIRSIG W.** ABC de l'astrologie. *Mortagne, 1996.* (Poche c2)
ISBN 2-89074-524-4. *39 F / 5,95 €*

03581 **HIRSIG W.** Manuel d'astrologie. *Mortagne, 1994.* (Poche c3)
ISBN 2-89074-540-6. *44 F / 6,71 €*

03582 [N] **Histoire des francs-maçons en France. 1, 1725-1815.** *Privat, 2000.* (Hommes et communautés)
ISBN 2-7089-6838-6. *95 F / 14,48 €*

03583 [N] **Histoire des francs-maçons en France. 2, De 1815 à nos jours.** *Privat, 2000.* (Hommes et communautés)
ISBN 2-7089-6839-4. *95 F / 14,48 €*

03584 **HOLLEY G.** Comment comprendre son horoscope. *Pocket, 1993.* (Pocket ; 4765. L'Age d'être c7)
ISBN 2-266-05585-2. *38 F / 5,79 €*

03585 **HUTIN S.** L'Alchimie. 8e éd. mise à jour. *PUF, 1991.* (Que sais-je? ; 506 c1)
ISBN 2-13-043806-7. *42 F / 6,40 €*

03586 **HUTIN S.** Les Gnostiques. 4e éd. *PUF, 1978.* (Que sais-je? ; 808 c1)
ISBN 2-13-035696-6. *42 F / 6,40 €*

03587 **HUTIN S.** Les Sociétés secrètes. 11e éd. corr. *PUF, 1993.* (Que sais-je? ; 515 c1)
ISBN 2-13-045713-4. *42 F / 6,40 €*

03588 [N] **JACQ C.** Le message des constructeurs de cathédrales. Réimp. *J'ai lu, 2000.* (J'ai lu ; 2090. Littérature générale cG)
ISBN 2-290-12090-1. *29 F / 4,42 €*

03589 **JAYANT S. D.** Les I Ching. Nouv. éd. *De Vecchi, 1997.* (De Vecchi poche ; 4073 c3)
ISBN 2-7328-4323-7. *33 F / 5,03 €*

03590 **KARDEC A.** Le livre des esprits. *Mortagne, 1995.* (Poche c4)
ISBN 2-89074-555-4. *49 F / 7,47 €*

03591 [N] **KARDEC A.** Le Livre des médiums. *Mortagne, 2000.* (Poche)
ISBN 2-89074-560-0. *49 F / 7,47 €*

03592 **KEHOE J.** Mind power, la puissance de votre esprit. *Mortagne, 1992.* (Poche c2)
ISBN 2-89074-514-7. *39 F / 5,95 €*

03593 **KINGSTON K.** L'harmonie de la maison par le feng shui. Réimpr. *J'ai lu, 2000.* (J'ai lu ; 7158. Bien-être cJ)
ISBN 2-290-30629-0. *39 F / 5,95 €*

03594 **KLIMO J.** Les médiateurs de l'invisible. *J'ai lu, 1996.* (J'ai lu ; 4325. Aventure secrète c8)
ISBN 2-290-04325-7. *49 F / 7,47 €*

03595 [N] **KOECHLIN DE BIZEMONT D-M.** Les prophéties d'Edgar Cayce. Réimp. *J'ai lu, 2000.* (J'ai lu ; 2978. Aventure secrète cK)
ISBN 2-290-02978-5. *42 F / 6,40 €*

03596 **KRISTEN M.** Fille des étoiles. *J'ai lu, 1996.* (J'ai lu ; 4224. Aventure secrète c4)
ISBN 2-277-24224-1. *36 F / 5,49 €*

03597 **KÜBLER-ROSS E.** La mort est un nouveau soleil. Réimpr. *Pocket, 1998.* (Pocket ; 4710)
ISBN 2-266-07819-4. *26 F / 3,96 €*

03598 **LACARRIÈRE J.** Les Gnostiques. *Albin Michel, 1994.* (Spiritualités vivantes poche ; 126 c3)
ISBN 2-226-07024-9. *45 F / 6,86 €*

03599 **LANGUIRAND J.** La voie initiatique, le sens caché de la vie. *Mortagne, 1992.* (Poche)
ISBN 2-89074-517-1. *39 F / 5,95 €*

03600 **LANZA DEL VASTO** Vinôbâ ou le nouveau pèlerinage. *Gallimard, 1982.* (Folio ; 1424 c9)
ISBN 2-07-037424-6. *41 F / 6,25 €*

03601 **LASSALLE P.** Pratique de l'astrologie holistique : astro-thérapie. Réimpr. *De Vecchi, 2000.* (De Vecchi poche ; 4204 c3)
ISBN 2-7328-4204-4. *33 F / 5,03 €*

03602 **LASSALLE P.** Réussir vos prévisions annuelles par l'astrologie. *De Vecchi, 1998.* (De Vecchi poche ; 4325)
ISBN 2-7328-4325-3. *33 F / 5,03 €*

03603 **LAURANT J-P.** L'Esotérisme. *Cerf* ; *Fides, 1993.* (Bref ; 47 c1)
ISBN 2-204-04850-X. ISBN 2-7621-1534-5. *50 F / 7,62 €*

03604 **LAVAL J.** L'amour cosmique. *Mortagne, 1993.* (L'heure des révélations; 2)(Poche)
ISBN 2-89074-526-0. *39 F / 5,95 €*

03605 **LAVAL J.** L'appel des étoiles. *Mortagne, 1992.* (L'heure des révélations; 1)(Poche)
ISBN 2-89074-513-9. *39 F / 5,95 €*

03606 **LAVAL J.** La connaissance et la spiritualité. *Mortagne, 1993.* (L'heure des révélations; 3)(Poche)
ISBN 2-89074-527-9. *39 F / 5,95 €*

03607 **LAVAL J.** Le voyage initiatique. *Mortagne, 1993.* (L'heure des révélations; 4)(Poche)
ISBN 2-89074-531-7. *39 F / 5,95 €*

03608 **LAVALLÉE G.** L'alliance de la brebis : douze ans dans l'enfer d'une secte. *J'ai lu, 1995.* (J'ai lu ; 3996. Littérature générale c6)
ISBN 2-277-23996-8. *42 F / 6,40 €*

03609 [N] **LÉVI E.** Secrets de la magie. 1. *Laffont, 2000.* (Bouquins)
ISBN 2-221-07808-X. *169 F / 25,76 €*

03610 **LIGNON Y.** Les phénomènes paranormaux. *Milan, 1997.* (Les essentiels Milan ; 72 c1)
ISBN 2-84113-495-4. *25 F / 3,81 €*

03611 **LOBSANG RAMPA T.** C'était ainsi. *J'ai lu, 1986.* (J'ai lu ; 1976. Aventure secrète c2)
ISBN 2-290-01976-3. *22 F / 3,35 €*

03612 [N] **LOBSANG RAMPA T.** La caverne des anciens. Nouv. éd. *J'ai lu, 2000.* (J'ai lu ; 1828. Aventure secrète c4)
ISBN 2-277-21828-6. *36 F / 5,49 €*

03613 **LOBSANG RAMPA T.** Les clés du Nirvâna. Nouv. éd. *J'ai lu, 1998.* (J'ai lu ; 1831. Aventure secrète c2)
ISBN 2-277-21831-6. *22 F / 3,35 €*

03614 **LOBSANG RAMPA T.** Crépuscule. Nouv. éd. *J'ai lu, 1998.* (J'ai lu ; 1851. Aventure secrète c3)
ISBN 2-290-01851-1. *29 F / 4,42 €*

03615 **LOBSANG RAMPA T.** Le dictionnaire de Rampa : la sagesse des anciens. *J'ai lu, 1995.* (J'ai lu ; 3053. Aventure secrète c4)
ISBN 2-277-23053-7. *36 F / 5,49 €*

03616 **LOBSANG RAMPA T.** L'ermite. *J'ai lu, 1989.* (J'ai lu ; 2538. Aventure secrète c3)
ISBN 2-277-22538-X. *29 F / 4,42 €*

03617 **LOBSANG RAMPA T.** Histoire de Rampa. Nouv. éd. *J'ai lu, 1984.* (J'ai lu ; 1827. Aventure secrète c3)
ISBN 2-277-21827-8. *29 F / 4,42 €*

03618 **LOBSANG RAMPA T.** Lama médecin. *J'ai lu, 1995.* (J'ai lu ; 2017. Aventure secrète)
ISBN 2-277-22017-5. *29 F / 4,42 €*

03619 **LOBSANG RAMPA T.** La robe de sagesse. Réimpr. *J'ai lu, 1998.* (J'ai lu ; 1922. Aventure secrète c4)
ISBN 2-290-01922-4. *36 F / 5,49 €*

03620 **N** **LOBSANG RAMPA T.** Les secrets de l'aura. Réimpr. *J'ai lu, 2000.* (J'ai lu ; 1830. Aventure secrète cG)
ISBN 2-277-21830-8. *29 F / 4,42 €*

03621 **LOBSANG RAMPA T.** La treizième chandelle. Rééd. *J'ai lu, 1997.* (J'ai lu ; 2593. Aventure secrète c3)
ISBN 2-290-02593-3. *29 F / 4,42 €*

03622 **LOBSANG RAMPA T.** Les trois vies. *J'ai lu, 1986.* (J'ai lu ; 1982. Aventure secrète c2)
ISBN 2-277-21982-7. *22 F / 3,35 €*

03623 **LOBSANG RAMPA T.** Les univers secrets. *J'ai lu, 1991.* (J'ai lu ; 2991. Aventure secrète c4)
ISBN 2-277-22991-1. *36 F / 5,49 €*

03624 **LONNERSTRAND S.** Shanti Devi, l'enfant réincarné. *Pocket, 1999.* (Pocket ; 10398 c3)
ISBN 2-266-08212-4. *26 F / 3,96 €*

03625 **MACLAINE S.** Danser dans la lumière. *J'ai lu, 1988.* (J'ai lu ; 2462. Aventure secrète c5)
ISBN 2-277-22462-6. *39 F / 5,95 €*

03626 **MACLAINE S.** Le voyage intérieur : à la recherche de l'harmonie. *J'ai lu, 1991.* (J'ai lu ; 3077. Aventure secrète c3)
ISBN 2-290-03077-5. *29 F / 4,42 €*

03627 **N** **MAFFRAY B.** Histoire de l'astologie spirituelle : de l'antiquité à nos jours. *Sophiakalia, 2000.* (Astrologie christique)
ISBN 2-913415-05-9. *50 F / 7,62 €*

03628 **N** **MAFFRAY B.** L'origine spirituelle du thème astral : le parcours de l'entre-deux vies. *Sophiakalia, 2000.* (Astrologie christique)
ISBN 2-913415-06-7. *50 F / 7,62 €*

03629 **N** **MAISONBLANCHE F.** Astrologie druidique. Nouv. éd. *De Vecchi, 2001.* (De Vecchi poche ; 4343)
ISBN 2-7328-4343-1. *33 F / 5,03 €*

03630 **MANDINO O.** Le Plus grand vendeur du monde. *Mortagne, 1993.* (Poche)
ISBN 2-89074-521-X. *34 F / 5,18 €*

03631 **N** **MARTINO B.** Les chants de l'invisible. Réimpr. *J'ai lu, 2000.* (J'ai lu ; 3228. Aventure secrète cM)
ISBN 2-290-30387-9. *49 F / 7,47 €*

03632 **N** **MARY R. L.** Le livre de l'astrologie : comment prévoir le futur et maîtriser sa destinée. *De Vecchi, 2000.* (De Vecchi poche ; 4338)
ISBN 2-7328-4338-5. *33 F / 5,03 €*

03633 **MELCHIOR A.** La numérologie. *Bernet-Danilo, 1998.* (Essentialis ; 21 c1)
ISBN 2-912663-10-5. *33 F / 5,03 €*

03634 **MERCIER M.** L'énergie et le pouvoir des mains. *Mortagne, 1993.* (Poche c2)
ISBN 2-89074-532-5. *39 F / 5,95 €*

03635 **MERCIER M.** Le livre de l'ange. *J'ai lu, 1995.* (J'ai lu ; 4010. Aventure secrète c2)
ISBN 2-277-24010-9. *22 F / 3,35 €*

03636 **MESNARD B.** Numérologie et vie amoureuse. *De Vecchi, 1995.* (De Vecchi poche ; 4306 c3)
ISBN 2-7328-4306-7. *33 F / 5,03 €*

03637 **MICHELET S.** Lorsque la maison crie : tensions familiales et phénomènes paranormaux. *J'ai lu, 1996.* (J'ai lu ; 4343. Aventure secrète c4)
ISBN 2-290-04343-5. *36 F / 5,49 €*

03638 **MOODY R.** Lumières nouvelles sur la vie après la vie. *J'ai lu, 1990.* (J'ai lu ; 2784. Aventure secrète c2)
ISBN 2-277-22784-6. *22 F / 3,35 €*

03639 **MOODY R.** La vie après la vie : enquête à propos d'un phénomène, la survie de la conscience après la mort du corps. Réimp. *J'ai lu, 1992.* (J'ai lu ; 1984. Aventure secrète c2)
ISBN 2-277-21984-3. *22 F / 3,35 €*

03640 **MOODY R.** Voyages dans les vies antérieures : une autre thérapie, le retour dans le passé par l'hypnose. *J'ai lu, 1994.* (J'ai lu ; 3692. Aventure secrète c4)
ISBN 2-277-23692-6. *36 F / 5,49 €*

03641 **N** **MORIN G.** Guide de l'astrologie planétaire. Nouv. éd. *De Vecchi, 2000.* (De Vecchi poche)
ISBN 2-7328-4341-5. *33 F / 5,03 €*

03642 **MÜLLER H.** Pratique de la radiesthésie : les fabuleux pouvoirs du pendule. *De Vecchi, 1998.* (De Vecchi poche ; 4123)
ISBN 2-7328-4123-4. *33 F / 5,03 €*

03643 **MURPHY J.** Comment utiliser les pouvoirs du subconscient. Réimpr. *J'ai lu, 1996.* (J'ai lu ; 2879. Aventure secrète c4)
ISBN 2-277-22879-6. *36 F / 5,49 €*

03644 **NAUDON P.** La Franc-maçonnerie. 14e éd. *PUF, 1994.* (Que sais-je? ; 1064 c1)
ISBN 2-13-046732-6. *42 F / 6,40 €*

03645 **NEFONTAINE L.** La Franc-maçonnerie : une fraternité révélée. Réimpr. *Gallimard, 1994.* (Découvertes ; 211. Traditions c5)
ISBN 2-07-053136-8. *85 F / 12,96 €*

03646 **NEFONTAINE L.** La Franc-maçonnerie. *Cerf ; Fides, 1990.* (Bref ; 26)
ISBN 2-204-04100-9. ISBN 2-7621-1488-8. *50 F / 7,62 €*

03647 **NELSON S.** Le Futur révélé par les cartes : manuel pratique de cartomancie. *De Vecchi, 1990.* (De Vecchi poche ; 4128 c3)
ISBN 2-7328-4128-5. *33 F / 5,03 €*

03648 **NOLANE R. D.** Les ovni. *Milan, 1997.* (Les essentiels Milan ; 88 c1)
ISBN 2-84113-587-X. *25 F / 3,81 €*

03649 **NOSTRADAMUS** Les prophéties. *Mille et une nuits, 1998.* (La petite collection ; 211 c4)
ISBN 2-84205-353-2. *16,50 F / 2,52 €*

03650 **N** **NOURE B., NOURE M.** Scorpion 2001. Nouv. éd. *De Vecchi, 2000.* (De Vecchi poche)
ISBN 2-7328-3890-X. *29 F / 4,42 €*

03651 **O'JACOBSON N.** La Vie après la mort. *Pocket, 1992.* (Pocket ; 4753. L'Age d'être c6)
ISBN 2-266-05231-4. *30 F / 4,57 €*

03652 **OSAIMOND** Signes prémonitoires et présages. *De Vecchi, 1996.* (De Vecchi poche ; 4320)
ISBN 2-7328-4320-2. *33 F / 5,03 €*

03653 **PACE J.** Les secrets maçonniques. Réimpr. *De Vecchi, 1999.* (De Vecchi poche ; 4307 c2)
ISBN 2-7328-4307-5. *29 F / 4,42 €*

03654 **PALOU J.** La Sorcellerie. 8e éd. *PUF, 1992.* (Que sais-je? ; 756 c1)
ISBN 2-13-044437-7. *42 F / 6,40 €*

03655 **PAUWELS L., BERGIER J.** Le Matin des magiciens : introduction au réalisme fantastique. *Gallimard, 1972.* (Folio ; 129 c11)
ISBN 2-07-036129-2. *50 F / 7,62 €*

03656 **PECK S.** Les gens du mensonge. *J'ai lu, 1992.* (J'ai lu ; 3207. Aventure secrète c5)
ISBN 2-277-23207-6. *39 F / 5,95 €*

03657 **PERRAS M.** Astronumérologie pratique. *Mortagne, 1994.* (Poche c3)
ISBN 2-89074-544-9. *44 F / 6,71 €*

03658 **PETIT J-P.** Enquête sur des extraterrestres qui sont déjà parmi nous : le mystère des Ummites. Réimpr. *J'ai lu, 1997.* (J'ai lu ; 3438. Aventure secrète c4)
ISBN 2-290-03438-X. *36 F / 5,49 €*

03659 **Philosopher par le feu :** anthologie de textes alchimiques occidentaux. *Seuil, 1995.* (Points ; 93. Sagesses c16)
ISBN 2-02-022491-7. *62 F / 9,45 €*

03660 **PICHÉ B.** Guide complet de numérologie. *Mortagne, 1992.* (Poche)
ISBN 2-89074-525-2. *39 F / 5,95 €*

03661 **A** **PIGANI E.** Psi, enquête sur les phénomènes paranormaux. *J'ai lu, 2001.* (J'ai lu ; 5912. Littérature générale)
ISBN 2-290-31163-4

03662 **POISSON O.** La main, reflet de soi, reflet de l'infini. *Mortagne, 1994.* (Poche)
ISBN 2-89074-542-2. *44 F / 6,71 €*

03663 **PRIEUR J.** Le mystère des retours éternels : réincarnations, un problème ouvert. *J'ai lu, 1995.* (J'ai lu ; 4066. Aventure secrète c4)
ISBN 2-277-24066-4. *36 F / 5,49 €*

03664 **N** **RABANNE P.** La fin des temps : d'une ère à l'autre. Réimp. *J'ai lu, 2000.* (J'ai lu ; 3786. Littérature générale cG)
ISBN 2-290-30593-6. *28 F / 4,27 €*

03665 **RABANNE P.** Trajectoire : d'une vie à l'autre... Réimpr. *J'ai lu, 1999.* (J'ai lu ; 3411. Littérature générale c3)
ISBN 2-290-03411-8. *29 F / 4,42 €*

03666 **RAGUENEAU P.** L'autre côté de la vie : dialogues avec l'invisible. Nouv. éd. *Pocket, 1997.* (Pocket ; 10175. Best c5)
ISBN 2-266-07519-5. *35 F / 5,34 €*

03667 **REDFIELD J.** L'expérience de la Dixième prophétie. *J'ai lu, 1999.* (J'ai lu ; 5117. Aventure secrète c8)
ISBN 2-290-05117-9. *49 F / 7,47 €*

03668 **REDFIELD J.** Les leçons de vie de la Prophétie des Andes. *J'ai lu, 1997.* (J'ai lu ; 4463. Aventure secrète c5)
ISBN 2-290-04463-6. *39 F / 5,95 €*

03669 **RENARD H.** L'après-vie. *Pocket, 1997.* (Pocket ; 10171. Best)
ISBN 2-266-07516-0. *30 F / 4,57 €*

03670 **RENARD H.** Des prodiges et des hommes. *Pocket, 1999.* (Pocket ; 10172 c4)
ISBN 2-266-07517-9. *30 F / 4,57 €*

03671 **RENARD J-B.** Les Extraterrestres : une nouvelle croyance religieuse. *Cerf ; Fides, 1988.* (Bref ; 7)
ISBN 2-204-02897-5. ISBN 2-7621-1409-8. *50 F / 7,62 €*

03672 **RIFFARD P. A.** L'ésotérisme : qu'est-ce que l'ésotérisme ? : anthologie de l'ésotérisme occidental. Réimp. *Laffont, 1999.* (Bouquins)
ISBN 2-221-05464-4. *159 F / 24,24 €*

03673 **RIFFARD P. A.** Esotérismes d'ailleurs : les ésotérismes non occidentaux : primitifs, civilisateurs, Indiens, Extrême-orientaux, monothéistes. *Laffont, 1997.* (Bouquins)
ISBN 2-221-07354-1. *179 F / 27,29 €*

03674 **RIVIÈRE P.** Alchimie : science et mystique. 2e éd. *De Vecchi, 1999.* (De Vecchi poche ; 4329 c3)
ISBN 2-7328-4329-6. *33 F / 5,03 €*

03675 **RIVIÈRE P.** Les secrets du Graal. *De Vecchi, 1995.* (De Vecchi poche ; 4304 c3)
ISBN 2-7328-4304-0. *33 F / 5,03 €*

03676 **ROCARD Y.** Les Sourciers. 2e éd. *PUF, 1991.* (Que sais-je? ; 1939 c1)
ISBN 2-13-043539-4. *42 F / 6,40 €*

03677 **ROTH M-L.** Le meilleur moment pour tout réussir : votre chance déchiffrée par la numérologie. *Jouvence, 1997.* (Pratiques Jouvence ; 20 c1)
ISBN 2-88353-133-1. *29 F / 4,42 €*

03678 **ROTH M-L.** Le numéro gagnant, c'est moi ! : votre personnalité déchiffrée par la numérologie. *Jouvence, 1997.* (Pratiques Jouvence)
ISBN 2-88353-131-5. *29 F / 4,42 €*

03679 **ROTH M-L.** Pourquoi je suis né : votre destin déchiffré par la numérologie. *Jouvence, 1997.* (Pratiques Jouvence)
ISBN 2-88353-132-3. *29 F / 4,42 €*

03680 **SCHURE E.** Les Grands initiés. Réimpr. *Pocket, 1983.* (Pocket ; 2182. Blanche c6)
ISBN 2-266-03311-5. *38 F / 5,79 €*

03681 **SERVIER J.** La Magie. *PUF, 1993.* (Que sais-je? ; 413 c1)
ISBN 2-13-045508-5. *42 F / 6,40 €*

03682 **SHEMESH L.** La cartomancie : comment prédire l'avenir avec les cartes. *De Vecchi, 1996.* (De Vecchi poche ; 4006 c3)
ISBN 2-7328-4006-8. *33 F / 5,03 €*

03683 **SIEGEL B. S.** Messages de vie : de l'amour à l'autoguérison. *J'ai lu, 1993.* (J'ai lu ; 3499. Aventure secrète c5)
ISBN 2-290-03499-1. *39 F / 5,95 €*

03684 **SOUZENELLE A. d.** Le Symbolisme du corps humain. *Albin Michel, 1991.* (Espaces libres ; 13 c7)
ISBN 2-226-05181-3. *65 F / 9,91 €*

03685 **SPALDING B. T.** La vie des maîtres. *J'ai lu, 1988.* (J'ai lu ; 2437. Aventure secrète c5)
ISBN 2-277-22437-5. *39 F / 5,95 €*

03686 **STREUER M.** Les miracles de la pensée positive. *Mortagne, 1992.* (Poche c2)
ISBN 2-89074-508-2. *39 F / 5,95 €*

03687 **N** **TABET M.** Le rêve éveillé astrologique : voyage dans les profondeurs de soi. *De Vecchi, 2000.* (De Vecchi poche)
ISBN 2-7328-4342-3. *33 F / 5,03 €*

03688 **TANSLEY D.** L'Aura : le corps de lumière. *Albin Michel, 1989.* (Espaces libres ; 3 c3)
ISBN 2-226-03815-9. *45 F / 6,86 €*

03689 **TAU M.** La magie des tarots. Nouv. éd. *De Vecchi, 1997.* (De Vecchi poche ; 4076 c1)
ISBN 2-7328-4322-9. *29 F / 4,42 €*

03690 **TORT-NOUGUÈS H.** L'idée maçonnique : essai sur une philosophie de la Franc-Maçonnerie. *Albin Michel, 1995.* (Spiritualités vivantes poche ; 129 c4)
ISBN 2-226-07714-6. *49 F / 7,47 €*

03691 **TUAN L.** Le voyage astral. Nouv. éd. *De Vecchi, 1996.* (De Vecchi poche ; 4124 c3)
ISBN 2-7328-4124-2. *33 F / 5,03 €*

03692 **TYLER K.** Sous l'oeil de votre ange gardien. *J'ai lu, 1996.* (J'ai lu ; 4203. Aventure secrète c3)
ISBN 2-277-24203-9. *29 F / 4,42 €*

03693 **VAN EERSEL P.** La Source noire : révélations aux portes de la mort. *LGF, 1987.* (Le Livre de poche ; 6358 c9)
ISBN 2-253-04192-0. *36 F / 5,49 €*

03694 **N** **VIGNE P.** Oui, la vie existe après la mort ! : récits authentiques et extraordinaires de ceux qui sont revenus à la vie après avoir été cliniquement morts. Nouv. éd. *De Vecchi, 2000.* (De Vecchi poche)
ISBN 2-7328-4340-7. *33 F / 5,03 €*

03695 **WEBSTER R.** Le feng shui au quotidien. *J'ai lu, 2000.* (Equilibres ; 6023)
ISBN 2-277-26023-1. *65 F / 9,91 €*

03696 **WEISS B. L.** Nos vies antérieures, une thérapie pour demain. *J'ai lu, 1999.* (J'ai lu ; 5349. Aventure secrète cH)
ISBN 2-290-05349-X. *32 F / 4,88 €*

03697 **WESSELMAN H.** Celui qui marchait avec les esprits : messages du futur. *Pocket, 1998.* (Pocket ; 10364 c8)
ISBN 2-266-08054-7. *45 F / 6,86 €*

Histoire Civilisations

03698 **1789, la commémoration.** *Gallimard, 1999.* (Folio ; 91. Histoire ; 91 c2)
ISBN 2-07-040783-7. *37 F / 5,64 €*

03699 **ABÉCASSIS A.** De l'état politique à l'éclat politique. *LGF, 1987.* (La pensée juive; 2)(Le Livre de poche ; 4051. Biblio essais c13)
ISBN 2-253-03995-0. *46 F / 7,01 €*

03700 **ABÉCASSIS A.** Du désert au désir. *LGF, 1987.* (La pensée juive; 1)(Le Livre de poche ; 4050. Biblio essais c13)
ISBN 2-253-03677-3. *46 F / 7,01 €*

03701 **ABÉCASSIS A.** Espaces de l'oubli et mémoires du temps. *LGF, 1989.* (La pensée juive; 3)(Le Livre de poche ; 4100. Biblio essais c14)
ISBN 2-253-04884-4. *48 F / 7,32 €*

03702 **ACHARD G.** La femme à Rome. *PUF, 1995.* (Que sais-je? ; 2950 c1)
ISBN 2-13-046864-0. *42 F / 6,40 €*

03703 **ACHARD G.** Néron. *PUF, 1995.* (Que sais-je? ; 3029 c1)
ISBN 2-13-047286-9. *42 F / 6,40 €*

03704 **L'Affaire Dreyfus.** *Seuil, 1998.* (Points. Histoire ; 245 c12)
ISBN 2-02-032848-8. *50 F / 7,62 €*

03705 **N** **AGEL F-N.** L'Antiquité. *Milan, 2001.* (Les essentiels Milan ; 187 c1)
ISBN 2-7459-0212-1. *25 F / 3,81 €*

03706 **AGERON C-R.** Histoire de l'Algérie contemporaine : 1830-1968. 9e éd. *PUF, 1990.* (Que sais-je? ; 400 c1)
ISBN 2-13-042159-8. *42 F / 6,40 €*

03707 **AGULHON M.** 1848 ou l'Apprentissage de la République : 1848-1852. Nouv. éd. mise à jour et augm. *Seuil, 1992.* (Nouvelle histoire de la France contemporaine; 8)(Points. Histoire ; 108 c5)
ISBN 2-02-016451-5. *55 F / 8,38 €*

03708 **AGULHON M.** Les Quarante-huitards. *Gallimard, 1992.* (Folio. Histoire ; 44 c3)
ISBN 2-07-032685-3. *41 F / 6,25 €*

03709 **AGULHON M.** La République. 1, L'élan fondateur et la grande blessure : 1880-1932. Nouv. éd. *Hachette Littératures, 1999.* (Pluriel ; 8602 c9)
ISBN 2-01-278969-2. *65 F / 9,91 €*

03710 **AGULHON M.** La République. 2, Nouveaux drames et nouveaux espoirs : 1932 à nos jours. Nouv. éd. *Hachette Littératures, 1999.* (Pluriel ; 8603 c9)
ISBN 2-01-278970-6. *65 F / 9,91 €*

03711 **AGULHON M., BONTE P.** Marianne, les visages de la République. *Gallimard, 1992.* (Découvertes ; 146. Histoire c4)
ISBN 2-07-053208-9. *75 F / 11,43 €*

03712 **A** **AGULHON M., COULET N.** Histoire de la Provence. 4e éd. *PUF, 2001.* (Que sais-je? ; 149 c1)
ISBN 2-13-051700-5. *42 F / 6,40 €*

03713 **AGULHON M., DÉSERT G., SPECKLIN R.** Apogée et crise de la civilisation paysanne de 1789 à 1914. *Seuil.* (Histoire de la France rurale / dir. Georges Duby, Armand Wallon; 3)(Points. Histoire ; 168 c9)
ISBN 2-02-017334-4. *69 F / 10,52 €*

03714 **ALBARET L.** L'Inquisition : rempart de la foi ?. *Gallimard, 1998.* (Découvertes ; 366. Religions)
ISBN 2-07-053458-8. *75 F / 11,43 €*

03715 **ALBERT P., TUDESQ A-J.** Histoire de la radio-télévision. 5e éd. *PUF, 1996.* (Que sais-je? ; 1904 c1)
ISBN 2-13-047317-2. *42 F / 6,40 €*

03716 **ALEM J-P.** 1917, la déclaration Balfour : aux sources de l'Etat d'Israël. Réimp. *Complexe, 1991.* (La mémoire du siècle ; 20 c8)
ISBN 2-87027-092-5. *47 F / 7,17 €*

03717 **N** **ALEM J-P., BOURRAT P.** Le Liban. 6e éd. mise à jour. *PUF, 2000.* (Que sais-je? ; 1081 c1)
ISBN 2-13-050739-5. *42 F / 6,40 €*

03718 **L'Algérie des Français.** *Seuil, 1993.* (Points. Histoire ; 178 c4)
ISBN 2-02-020303-0. *52 F / 7,93 €*

03719 **AMIET P.** L'antiquité orientale. Nouv. éd. *PUF, 1995.* (Que sais-je? ; 185 c1)
ISBN 2-13-046453-X. *42 F / 6,40 €*

03720 **Amour et sexualité en Occident.** *Seuil, 1991.* (Points. Histoire ; 140 c4)
ISBN 2-02-012500-5. *52 F / 7,93 €*

03721 **AMOUROUX H.** Les beaux jours des collabos ; Le peuple réveillé : juin 1940-juin 1942. *Laffont, 1998.* (La grande histoire des Français sous l'Occupation; 2)(Bouquins)
ISBN 2-221-08326-1. *159 F / 24,24 €*

03722 **AMOUROUX H.** La grande histoire des Français sous l'Occupation. 4, 1943-1944. Nouv. éd. rev. et corr. *Laffont, 1999.* (Bouquins)
ISBN 2-221-08328-8. *179 F / 27,29 €*

03723 **AMOUROUX H.** Les passions et les haines : l'impitoyable guerre civile : avril 1942-décembre 1943. *Laffont, 1998.* (La grande histoire des Français sous l'Occupation; 3)(Bouquins)
ISBN 2-221-08327-X. *159 F / 24,24 €*

03724 **AMOUROUX H.** Le peuple du désastre ; Quarante millions de pétainistes. *Laffont, 1997.* (La grande histoire des Français sous l'Occupation; 1)(Bouquins)
ISBN 2-221-08325-3. *159 F / 24,24 €*

03725 **AMOUROUX H.** Les règlements de comptes ; La page n'est pas encore tournée. Nouv. éd. *Laffont, 1999.* (La grande histoire des Français sous l'Occupation; 5)(Bouquins)
ISBN 2-221-08329-6. *179 F / 27,29 €*

03726 **ANCEL J.** Peuples et nations des Balkans : géographie politique. Réimpr. *Ed. du CTHS, 1995.* (Format ; 8)
ISBN 2-7355-0242-2. *75 F / 11,43 €*

03727 **N** **ANDREAU J.** Banque et affaires dans le monde romain : IVe siècle av. J.-C.-IIIe siècle apr. J.-C. *Seuil, 2001.* (Points ; 285. Histoire c10)
ISBN 2-02-047759-9. *45 F / 6,86 €*

03728 **ANDREU G.** Les Egyptiens au temps des pharaons. *Hachette Littératures, 1997.* (Pluriel ; 850)
ISBN 2-01-278850-5. *60 F / 9,15 €*

03729 **ANGOULVENT A-L.** L'Esprit baroque. *PUF, 1994.* (Que sais-je? ; 3000 c1)
ISBN 2-13-046528-5. *42 F / 6,40 €*

03730 **ANGOUSTURES A.** Histoire de l'Espagne au XXe siècle. *Complexe, 1993.* (Questions au XXe siècle ; 63 c13)
ISBN 2-87027-493-9. *69 F / 10,52 €*

03731 **N** **L'Antiquité, retrouver, imaginer, utiliser... :** actes du colloque international de Carcassonne, 19 au 20 mai 2000. *Privat, 2001.* (Regards sur l'histoire)
ISBN 2-7089-0520-1. *175 F / 26,68 €*

03732 **ANTOINE M.** Louis XV. Nouv. éd. *Hachette Littératures, 1997.* (Pluriel ; 860)
ISBN 2-01-278560-2 (rron) 2-01-278860-2. *80 F / 12,20 €*

03733 **ANTONETTI G.** L'Economie médiévale. *PUF, 1975.* (Que sais-je? ; 1606 c1)
ISBN 2-13-033639-6. *42 F / 6,40 €*

03734 **ARENDT H.** Eichmann à Jérusalem : rapport sur la banalité du mal. *Gallimard, 1991.* (Folio ; 32. Histoire ; 32 c6)
ISBN 2-07-032621-7. *56 F / 8,54 €*

03735 **ARENDT H.** Le système totalitaire. Nouv. éd. *Seuil, 1995.* (Les origines du totalitarisme; 3)(Points ; 307. Essais c13)
ISBN 2-02-024658-9. *52 F / 7,93 €*

03736 **ARIES P.** L'Enfant et la vie familiale sous l'Ancien Régime. *Seuil, 1975.* (Points. Histoire ; 20 c3)
ISBN 2-02-004235-5. *48 F / 7,32 €*

03737 **ARIÈS P.** La Mort ensauvagée. *Seuil, 1985.* (L'Homme devant la mort; 2)(Points. Histoire ; 83 c4)
ISBN 2-02-008945-9. *52 F / 7,93 €*

03738 **ARIÈS P.** Le Temps des gisants. *Seuil, 1985.* (L'Homme devant la mort; 1)(Points ; 82. Histoire ; 82 c3)
ISBN 2-02-008944-0. *48 F / 7,32 €*

03739 **ARON R.** Leçons sur l'histoire : cours du Collège de France. *LGF, 1991.* (Le Livre de poche ; 4136. Biblio essais c17)
ISBN 2-253-05689-8. *60 F / 9,15 €*

03740 **ARRIGHI P., POMPONI F.** Histoire de la Corse. 8e éd. *PUF, 2000.* (Que sais-je? ; 262 c1)
ISBN 2-13-044821-6. *42 F / 6,40 €*

03741 **ARTAUD D.** Chronologie des Etats-Unis. *Seuil, 1997.* (Mémo ; 49 c1)
ISBN 2-02-029878-3. *29 F / 4,42 €*

03742 **ARTAUD D.** Les Etats-Unis depuis 1945. *Seuil, 2000.* (Mémo ; 124 c3)
ISBN 2-02-034397-5. *36 F / 5,49 €*

03743 **ARTAUD D.** Les Etats-Unis et leur arrière-cour : la défense de la troisième frontière. *Hachette Littératures, 1995.* (Pluriel ; 8678)
ISBN 2-01-278678-2. *145 F / 22,11 €*

03744 **Assassins, hors-la-loi, brigands de grand chemin :** mémoires et histoires de Lacenaire, Robert Macaire, Vidocq et Mandrin. *Complexe, 1996.* (Bibliothèque Complexe)
ISBN 2-87027-606-0. *189 F / 28,81 €*

03745 **ASSELAIN J-C.** De 1919 à nos jours. *Seuil, 1984.* (Histoire économique de la France; 2)(Points. Histoire ; 72 c3)
ISBN 2-02-006732-3. *48 F / 7,32 €*

03746 **ASSELAIN J-C.** De l'Ancien Régime à la Première Guerre mondiale. *Seuil, 1984.* (Histoire économique de la France; 1)(Points. Histoire ; 71 c3)
ISBN 2-02-006731-5. *48 F / 7,32 €*

03747 **ASSOULINE P.** L'épuration des intellectuels : 1944-1945. Nouv. éd. *Complexe, 1996.* (Historiques ; 105 c2)
ISBN 2-87027-667-2. *47 F / 7,17 €*

03748 **ATTALI J.** 1492. *LGF, 1993.* (Le Livre de poche ; 9563 c11)
ISBN 2-253-06234-0. *42 F / 6,40 €*

03749 **ATTAR F.** 1792, la Révolution française déclare la guerre à l'Europe : géopolitique de l'Europe de 1792. *Complexe, 1992.* (La mémoire des siècles ; 224)
ISBN 2-87027-448-3. *28 F / 4,27 €*

03750 **AUBÉ P.** Baudouin IV de Jérusalem, le roi lépreux. *Hachette Littératures, 1996.* (Pluriel ; 8807 c6)
ISBN 2-01-278807-6. *75 F / 11,43 €*

03751 **AUBÉ P.** Les empires normands d'Orient : XIe-XIIIe siècle. *Hachette Littératures, 1995.* (Pluriel ; 8738 c4)
ISBN 2-01-278738-X. *58 F / 8,84 €*

03752 **AUDOIN-ROUZEAU S., BECKER A.** La Grande Guerre : 1914-1918. Réimpr. *Gallimard, 1998.* (Découvertes ; 357. Histoire)
ISBN 2-07-053434-0. *85 F / 12,96 €*

03753 **AUGÉ C., DENTZER J-M.** Pétra, la cité des caravanes. *Gallimard, 1999.* (Découvertes ; 372. Archéologie c4)
ISBN 2-07-053428-6. *75 F / 11,43 €*

03754 **AYCOBERRY P.** La société allemande sous le IIIe Reich : 1933-1945. *Seuil, 1998.* (Points ; 246. Histoire c13)
ISBN 2-02-031525-4. *52 F / 7,93 €*

03755 **AYMARD A., AUBOYER J.** L'Orient et la Grèce antique. 2e éd. *PUF, 1994.* (Quadrige ; 68)
ISBN 2-13-038956-2. *118 F / 17,99 €*

03756 **AYMARD A., AUBOYER J.** Rome et son Empire. *PUF, 1995.* (Quadrige ; 179)
ISBN 2-13-046750-4. *118 F / 17,99 €*

03757 **AZÉMA J-P.** De Munich à la libération : 1938-1944. *Seuil, 1979.* (Nouvelle histoire de la France contemporaine; 14)(Points. Histoire ; 114 c5)
ISBN 2-02-005215-6. *55 F / 8,38 €*

03758 **AZÉMA J-P., WINOCK M.** La Troisième République. Nouv. éd. rev. et mise à jour. *Hachette Littératures, 1986.* (Pluriel ; 8426 c5)
ISBN 2-01-010055-7. *65 F / 9,91 €*

03759 **AZZOUZ R.** La France de 1870 à 1958. *PUF, 2000.* (Que sais-je? ; 3545 c1)
ISBN 2-13-050264-4. *42 F / 6,40 €*

03760 **BABELON J.** La Numismatique antique. 4e éd. *PUF, 1970.* (Que sais-je? ; 168 c1)
ISBN 2-13-031504-6. *42 F / 6,40 €*

03761 **BACHARAN N.** Histoire des Noirs américains au XXe siècle. Rééd. *Complexe, 1998.* (Questions au XXe siècle ; 68 c20)
ISBN 2-87027-524-2. *120 F / 18,29 €*

03762 **BADINTER E.** Emilie, Emilie : l'ambition féminine au 18e siècle. *LGF, 1984.* (Le Livre de poche ; 5952 c10)
ISBN 2-253-03484-3. *40 F / 6,10 €*

03763 **BADINTER R.** Libres et égaux... : l'émancipation des juifs (1789-1791). *LGF, 1990.* (Le Livre de poche ; 6732 c8)
ISBN 2-253-05239-6. *33 F / 5,03 €*

03764 **BAECHLER J.** Le capitalisme. 2, L'économie capitaliste. *Gallimard, 1995.* (Folio ; 65. Histoire ; 65 c7)
ISBN 2-07-032881-3. *60 F / 9,15 €*

03765 **BALAZS E.** La Bureaucratie céleste : recherches sur l'économie et la société de la Chine traditionnelle. *Gallimard, 1988.* (Tel ; 137)
ISBN 2-07-071458-6. *57 F / 8,69 €*

03766 **BALZAC J-L. G. d.** Le prince. *Table ronde, 1996.* (La petite vermillon ; 65)
ISBN 2-7103-0750-2. *55 F / 8,38 €*

03767 **BANNIARD M.** Genèse culturelle de l'Europe : Ve-VIII siècles. *Seuil, 1989.* (Points. Histoire ; 127 c10)
ISBN 2-02-010972-7. *48 F / 7,32 €*

03768 **BARK D. L., GRESS D. R.** Histoire de l'Allemagne. *Laffont, 1992.* (Bouquins)
ISBN 2-221-06665-0. *180 F / 27,44 €*

03769 **BARON S. W.** Histoire d'Israël. 1, Des origines au début de l'ère chrétienne. *PUF, 1986.* (Quadrige ; 75)
ISBN 2-13-038667-9. *74 F / 11,28 €*

03770 **BARON S. W.** Histoire d'Israël. 2, Les Premiers siècles de l'ère chrétienne. *PUF, 1986.* (Quadrige ; 76)
ISBN 2-13-038668-7. *79 F / 12,04 €*

03771 **BARON X.** Les Palestiniens : genèse d'une nation. Nouv. éd. rev. et augm. *Seuil, 2000.* (Points ; 269. Histoire c20)
ISBN 2-02-039820-6. *74 F / 11,28 €*

03772 **BARRAL I ALTET X.** Compostelle, le grand chemin. *Gallimard, 1993.* (Découvertes ; 174. Religions c6)
ISBN 2-07-053249-6. *90 F / 13,72 €*

03773 **BARRIÈRE P.** La Vie intellectuelle en France : du XVIe siècle à l'époque contemporaine. *Albin Michel, 1974.* (L'Evolution de l'humanité poche ; 37)
ISBN 2-226-00025-9. *55 F / 8,38 €*

03774 **BARTHÉLEMY D.** L'Ordre seigneurial : XIe-XIIe siècle. *Seuil, 1990.* (Nouvelle histoire de la France médiévale; 3)(Points. Histoire ; 203 c5)
ISBN 2-02-011554-9. *55 F / 8,38 €*

03775 **BARUCH M-O.** Le régime de Vichy. *La Découverte, 1996.* (Repères ; 206 c1)
ISBN 2-7071-2640-3. *52 F / 7,93 €*

03776 **BAUDEZ C., PICASSO S.** Les Cités perdues des Mayas. *Gallimard, 1987.* (Découvertes ; 20. Archéologie c4)
ISBN 2-07-053035-3. *75 F / 11,43 €*

03777 **BAYROU F.** Ils portaient l'écharpe blanche : l'aventure des premiers réformés des guerres de Religion à l'édit de Nantes, de la révocation à la Révolution. *LGF, 2000.* (Le Livre de poche ; 14779 c10)
ISBN 2-253-14779-6. *40 F / 6,10 €*

03778 **BEAUNE C.** Naissance de la nation France. *Gallimard, 1993.* (Folio ; 56. Histoire ; 56 cl)
ISBN 2-07-032808-2. *76,50 F / 11,66 €*

03779 **BEC C.** Histoire de Venise. 2e éd. *PUF, 1998.* (Que sais-je? ; 522 c1)
ISBN 2-13-045677-4. *42 F / 6,40 €*

03780 **BECHTEL G.** La sorcière et l'Occident : la destruction de la sorcellerie en Europe, des origines aux grands bûchers. *Pocket, 2000.* (Agora ; 218 c14)
ISBN 2-266-09573-0. *70 F / 10,67 €*

03781 **BECK C., RÉMY E.** Le Faucon, favori des princes. *Gallimard, 1990.* (Découvertes ; 94. Histoires naturelles)
ISBN 2-07-053108-2. *59 F / 8,99 €*

03782 **BECK F., CHEW H.** Quand les Gaulois étaient romains. *Gallimard : Réunion des musées nationaux, 1989.* (Découvertes ; 63. Histoire c5)
ISBN 2-07-053094-9. *85 F / 12,96 €*

03783 **BECKER J-J.** Crises et alternances : 1974-1995. *Seuil, 1998.* (Nouvelle histoire de la France contemporaine; 19)(Points. Histoire ; 119 c19)
ISBN 2-02-012984-1. *69 F / 10,52 €*

03784 **BECKER J-J.** La France en guerre : 1914-1918, la grande mutation. Réimp. *Complexe, 1996.* (Questions au XXe siècle ; 6 c9)
ISBN 2-87027-261-8. *59 F / 8,99 €*

03785 **BECKER J-J.** 1917 en Europe. *Complexe, 1997.* (Questions au XXe siècle ; 93 c17)
ISBN 2-87027-681-8. *110 F / 16,77 €*

03786 **BECKER J-J., BERSTEIN S.** Victoire et frustrations : 1919-1929. *Seuil, 1990.* (Nouvelle histoire de la France contemporaine; 12)(Points. Histoire ; 112 c7)
ISBN 2-02-012069-0. *65 F / 9,91 €*

03787 **BÉDARIDA F.** La bataille d'Angleterre. Rééd. *Complexe, 1996.* (Historiques ; 103 c4)
ISBN 2-87027-653-2. *52 F / 7,93 €*

03788 **BÉDARIDA F.** L'Ere victorienne. 4e éd. *PUF, 1993.* (Que sais-je? ; 1566 c1)
ISBN 2-13-043536-X. *42 F / 6,40 €*

03789 **BÉDARIDA F.** La Société anglaise : du milieu de XIXe siècle à nos jours. Éd. poche compl. *Seuil, 1990.* (Points. Histoire ; 137 c7)
ISBN 2-02-012404-1. *65 F / 9,91 €*

03790 **BÉGUIN G., MOREL D.** La Cité interdite des Fils du ciel. *Gallimard : Paris-Musées, 1996.* (Découvertes ; 303. Histoire c4)
ISBN 2-07-053395-6. *75 F / 11,43 €*

03791 **BELINA P., CORNEJ P., POKORNY J.** Histoire des pays tchèques. *Seuil, 1995.* (Points ; 191. Histoire c8)
ISBN 2-02-020810-5. *67 F / 10,21 €*

03792 **BELLONCI M.** Lucrèce Borgia. *Complexe, 1991.* (Historiques ; 77 c13)
ISBN 2-87027-423-8. *69 F / 10,52 €*

03793 **BENBASSA E.** Histoire des juifs de France. Nouv. éd. rev. et mise à jour. *Seuil, 2000.* (Points. Histoire ; 232 c12)
ISBN 2-02-040400-1. *52 F / 7,93 €*

03794 **BÉNICHOU P.** Morales du grand siècle. *Gallimard, 1988.* (Folio. Essais ; 99 c3)
ISBN 2-07-032473-7. *41 F / 6,25 €*

03795 **BENNASSAR B.** Histoire des Espagnols : VIe-XXe siècle. *Laffont, 1992.* (Bouquins)
ISBN 2-221-06811-4. *169 F / 25,76 €*

03796 **BENNASSAR B.** L'Homme espagnol : attitudes et mentalités du XVIe au XIXe siècle. *Complexe, 1992.* (Historiques ; 79 c11)
ISBN 2-87027-433-5. *65 F / 9,91 €*

03797 [A] **BENNASSAR B.** L'Inquisition espagnole : XVe-XIXe siècles. Nouv. éd. *Hachette Littératures, 2001.* (Pluriel c7)
ISBN 2-01-279021-6. *55 F / 8,38 €*

03798 [A] **BENNASSAR B., VINCENT B.** Le temps de l'Espagne : XVIe-XVIIe siècles. *Hachette Littératures, 2001.* (Pluriel ; 9022 c8)
ISBN 2-01-279022-4. *60 F / 9,15 €*

03799 **BENOIST-MÉCHIN J.** Ibn-Séoud ou la Naissance d'un royaume. *Complexe, 1991.* (Historiques ; 68 cM)
ISBN 2-87027-412-2. *69 F / 10,52 €*

03800 **BENOIST-MÉCHIN J.** Soixante jours qui ébranlèrent l'Occident. *Laffont, 1981.* (Bouquins)
ISBN 2-221-50202-7. *69 F / 10,52 €*

03801 [A] **BENOT Y.** Massacres coloniaux : 1944-1950, la IVe République et la mise au pas des colonies françaises. *La Découverte, 2001.* (La Découverte poche ; 108. Sciences humaines et sociales)
ISBN 2-7071-3465-1. *49 F / 7,47 €*

03802 **BENSA A.** La Nouvelle-Calédonie : vers l'émancipation. Nouv. éd. *Gallimard, 1998.* (Découvertes ; 85. Histoire c5)
ISBN 2-07-052388-8. *85 F / 12,96 €*

03803 **BENSOUSSAN G.** Auschwitz en héritage : d'un bon usage de la mémoire. *Mille et une nuits, 1998.* (Les petits libres ; 24 c6)
ISBN 2-84205-363-X. *23 F / 3,51 €*

03804 **BENSOUSSAN G.** Histoire de la shoah. *PUF, 1996.* (Que sais-je? ; 3081 c1)
ISBN 2-13-047542-6. *42 F / 6,40 €*

03805 **BÉRAUD H.** Le Flâneur salarié. *10-18, 1985.* (10-18 ; 1712. Grands reporters c5)
ISBN 2-264-00681-1. *44 F / 6,71 €*

03806 **BERCÉ Y-M.** Croquants et nu-pieds : les soulèvements paysans en France du XVIe au XIXe siècle. *Gallimard, 1991.* (Folio. Histoire ; 34 c3)
ISBN 2-07-032626-8. *41 F / 6,25 €*

03807 **BERCÉ Y-M.** Fête et révolte : des mentalités populaires du XVIe au XVIIIe siècle. *Hachette Littératures, 1994.* (Pluriel ; 8683 c3)
ISBN 2-01-278683-9. *49 F / 7,47 €*

03808 **BERCÉ Y-M.** La Naissance dramatique de l'absolutisme : 1598-1661. *Seuil : Seuil, 1992.* (Nouvelle histoire de la France moderne; 3)(Points. Histoire ; 209 c4)
ISBN 2-02-015937-6. *52 F / 7,93 €*

03809 **BERG E.** Chronologie internationale : 1945-1995. 4e éd. *PUF, 1997.* (Que sais-je? ; 1756 c1)
ISBN 2-13-048082-9. *42 F / 6,40 €*

03810 **BERGERON L.** L'Episode napoléonien (1799-1815). Aspects intérieurs : 1799-1815, aspects intérieurs. *Seuil, 1972.* (Nouvelle histoire de la France contemporaine; 4)(Points. Histoire ; 104 c3)
ISBN 2-02-000664-2. *48 F / 7,32 €*

03811 **BERGERON L., RONCAYOLO M., PIETRI L.** Les Révolutions européennes et le partage du monde : XVIIIe siècle-XIXe siècle ; Le Monde contemporain : 1914-1938. *Laffont, 1985.* (Le Monde et son histoire / dir. Maurice Meuleau ; dir. Luce Pietri; 3)(Bouquins)
ISBN 2-221-04842-3. *149 F / 22,71 €*

03812 **BERLIOZ J.** Le commentaire de documents en histoire médiévale. *Seuil, 1996.* (Mémo ; 17)
ISBN 2-02-023126-3. *36 F / 5,49 €*

03813 **BERNADAC C.** La libération des camps : le dernier jour de notre mort. *LGF, 1999.* (Le Livre de poche ; 14566 c16)
ISBN 2-253-14566-1. *55 F / 8,38 €*

03814 **BERNAND A.** Alexandrie la grande. *Hachette Littératures, 1996.* (Pluriel ; 8806 c3)
ISBN 2-01-278806-8. *49 F / 7,47 €*

03815 **BERNAND C.** Les Incas, peuple du Soleil. *Gallimard, 1988.* (Découvertes ; 37. Histoire c6)
ISBN 2 07 053060 4. *90 F / 13,72 €*

03816 **BERSTEIN G., BERSTEIN S.** Dictionnaire historique de la France contemporaine. 1, 1870 à 1945. *Complexe, 1995.* (Bibliothèque Complexe)
ISBN 2-87027-549-8. *170 F / 25,92 €*

03817 **BERSTEIN S.** La France de l'expansion : la République gaullienne, 1958-1969. *Seuil, 1989.* (Nouvelle histoire de la France contemporaine; 17)(Points. Histoire ; 117 c5)
ISBN 2-02-010408-3. *55 F / 8,38 €*

03818 **BERSTEIN S., MILZA P.** Histoire de la France au XXe siècle. 1, 1900-1930. Nouv. éd. *Complexe, 1999.* (Historiques ; 121 c11)
ISBN 2-87027-758-X. *69 F / 10,52 €*

03819 **BERSTEIN S., MILZA P.** Histoire de la France au XXe siècle. 2, 1930-1945. Nouv. éd. *Complexe, 1999.* (Historiques ; 122 cL)
ISBN 2-87027-759-8. *65 F / 9,91 €*

03820 **BERSTEIN S., MILZA P.** Histoire de la France au XXe siècle. 3, 1945-1958. Nouv. éd. *Complexe, 1999.* (Historiques ; 124 c11)
ISBN 2-87027-761-X. *65 F / 9,91 €*

03821 **BERSTEIN S., MILZA P.** Histoire de la France au XXe siècle. 4, 1958-1974. Nouv. éd. *Complexe, 1999.* (Historiques ; 123 c11)
ISBN 2-87027-760-1. *65 F / 9,91 €*

03822 **BERSTEIN S., MILZA P.** Histoire de la France au XXe siècle. 5, De 1974 à nos jours. Nouv. éd. *Complexe, 1999.* (Historiques ; 125 c13)
ISBN 2-87027-762-8. *69 F / 10,52 €*

03823 **BERSTEIN S., RIOUX J-P.** La France de l'expansion : l'apogée Pompidou, 1969-1974. *Seuil, 1995.* (Nouvelle histoire de la France contemporaine; 18)(Points ; 118. Histoire ; 117 c14)
ISBN 2-02-025632-0. *55 F / 8,38 €*

03824 **BERTAUD J-P.** 1799, Bonaparte prend le pouvoir : la République meurt-elle assassinée ?. *Complexe, 1987.* (La mémoire des siècles ; 203 c5)
ISBN 2-87027-203-0. *28 F / 4,27 €*

03825 **N** **BERTAUD J-P.** 1799, Bonaparte prend le pouvoir : le 18 Brumaire, la République meurt-elle assassinée ?. Nouv. éd. *Complexe, 2000.* (Historiques ; 119)
ISBN 2-87027-791-1. *59 F / 8,99 €*

03826 **BERTIÈRE S.** Les reines de France au temps des Bourbons. 1, Les deux régentes. *LGF, 1998.* (Le Livre de poche ; 14529 c12)
ISBN 2-253-14529-7. *44 F / 6,71 €*

03827 **BERTIÈRE S.** Les reines de France au temps des Bourbons. 2, Les femmes du Roi-Soleil. *LGF, 1999.* (Le Livre de poche ; 14712 c12)
ISBN 2-253-14712-5. *44 F / 6,71 €*

03828 **BERTIÈRE S.** Les reines de France au temps des Valois. 1, Le beau XVIe siècle. *LGF, 1996.* (Le Livre de poche ; 13873 c10)
ISBN 2-253-13873-8. *40 F / 6,10 €*

03829 **BERTIÈRE S.** Les reines de France au temps des Valois. 2, Les années sanglantes. *LGF, 1996.* (Le Livre de poche ; 13874 c10)
ISBN 2-253-13874-6. *40 F / 6,10 €*

03830 **BESCHAOUCH A.** La Légende de Carthage. *Gallimard, 1993.* (Découvertes ; 172. Archéologie c6)
ISBN 2-07-053212-7. *90 F / 13,72 €*

03831 **BEZBAKH P.** Histoire de la France : de 1914 à nos jours. *Larousse, 1997.* (Larousse de poche)
ISBN 2-03-507142-9. *58 F / 8,84 €*

03832 **BEZBAKH P.** Histoire de la France : des origines à 1914. *Larousse, 1997.* (Larousse de poche)
ISBN 2-03-507141-0. *58 F / 8,84 €*

03833 **BIANCO L.** Les origines de la révolution chinoise : 1915-1949. 3e éd. *Gallimard, 1997.* (Folio ; 15. Histoire ; 15 c7)
ISBN 2-07-040310-6. *60 F / 9,15 €*

03834 **BIDDISS M. D.** L'Ere des masses. *Seuil, 1980.* (Histoire de la pensée européenne; 6)(Points. Histoire ; 46 c5)
ISBN 2-02-005552-X. *55 F / 8,38 €*

03835 **BIONDI J-P.** Les Anticolonialistes : 1881-1962. *Hachette Littératures, 1993.* (Pluriel ; 8638)
ISBN 2-01-020696-7. *58 F / 8,84 €*

03836 **BIRNBAUM P.** L'Affaire Dreyfus : la république en péril. *Gallimard, 1994.* (Découvertes ; 213. Histoire c4)
ISBN 2-07-053277-1. *76 F / 11,59 €*

03837 **BIRNBAUM P.** Les Fous de la République : histoire politique des juifs d'Etat, de Gambetta à Vichy. *Seuil, 1994.* (Points. Histoire ; 181 c6)
ISBN 2-02-020505-X. *62 F / 9,45 €*

03838 **BIRNBAUM P.** Un mythe politique, la république juive : de Léon Blum à Mendès France. *Gallimard, 1995.* (Tel ; 257)
ISBN 2-07-073555-9. *90 F / 13,72 €*

03839 **BITTAR T.** Soliman : l'empire magnifique. *Gallimard, 1994.* (Découvertes ; 196. Histoire c6)
ISBN 2-07-053201-1. *90 F / 13,72 €*

03840 **BLOCH J-R.** Destin du siècle. *PUF, 1996.* (Quadrige ; 200)
ISBN 2-13-047459-4. *78 F / 11,89 €*

03841 **BLOCH M.** L'Etrange défaite. *Gallimard, 1990.* (Folio ; 27. Histoire ; 27 c7)
ISBN 2-07-032569-5. *60 F / 9,15 €*

03842 **BLOCH M.** La Société féodale. *Albin Michel, 1994.* (Bibliothèque de l'évolution de l'humanité ; 1)
ISBN 2-226-06873-2. *95 F / 14,48 €*

03843 **BLOCH R.** Les Etrusques. 9e éd. *PUF, 1993.* (Que sais-je? ; 645 c1)
ISBN 2-13-045583-2. *42 F / 6,40 €*

03844 **BLOCH R.** Les Origines de Rome. 10e éd. *PUF, 1994.* (Que sais-je? ; 216 c1)
ISBN 2-13-043295-6. *42 F / 6,40 €*

03845 **BLONDY A.** Chypre. *PUF, 1998.* (Que sais-je? ; 1009 c1)
ISBN 2-13-048605-3. *42 F / 6,40 €*

03846 **BLOT J-Y.** L'histoire sous-marine ou L'archéologie sous-marine. *Gallimard, 1995.* (Découvertes ; 266. Archéologie c6)
ISBN 2-07-053311-5. *90 F / 13,72 €*

03847 **BLUCHE F.** L'Ancien Régime : institutions et société. *LGF, 1993.* (Le Livre de poche ; 501. Références histoire c10)
ISBN 2-253-06423-8. *40 F / 6,10 €*

03848 **N** **BLUCHE F.** Le despotisme éclairé. Réimpr. *Hachette Littératures, 2000.* (Pluriel ; 8442 c9)
ISBN 2-01-279012-7. *65 F / 9,91 €*

03849 **BLUCHE F., RIALS S., TULARD J.** La Révolution française. 3e éd. *PUF, 1992.* (Que sais-je? ; 142 c1)
ISBN 2-13-043778-8. *42 F / 6,40 €*

03850 **BLUM L.** Souvenirs sur l'affaire. *Gallimard, 1993.* (Folio. Histoire ; 51 c1)
ISBN 2-07-032752-3. *29,50 F / 4,50 €*

03851 **BODINIER J-L., BRETEAU J.** Les fondements culturels du monde contemporain. *Seuil, 1998.* (Mémo ; 91)
ISBN 2-02-031231-X. *29 F / 4,42 €*

03852 **BOGDAN H.** Histoire des pays de l'Est : des origines à nos jours. *Hachette Littératures, 1994.* (Pluriel ; 8705 c6)
ISBN 2-01-278705-3. *75 F / 11,43 €*

03853 **BOGDAN H.** Histoire des peuples de l'ex-URSS : du IXe siècle à nos jours. *Hachette Littératures, 1995.* (Pluriel ; 8706 c4)
ISBN 2-01-278706-1. *58 F / 8,84 €*

03854 **BOIGNE E. A. d. (. d.** Mémoires. 1. *Mercure de France, 1999.* (Le temps retrouvé)
ISBN 2-7152-2178-9. *69 F / 10,52 €*

03855 **BOIGNE E. A. d. (. d.** Mémoires. 2. *Mercure de France, 1999.* (Le temps retrouvé)
ISBN 2-7152-2179-7. *67 F / 10,21 €*

03856 **BOIS G.** Crise du féodalisme : économie rurale et démographie en Normandie orientale du début du XIVe siècle au milieu du XVIe siècle. *Presses de la Fondation nationale des sciences politiques, 1981.* (Références ; 2 c2)
ISBN 2-7246-0453-9. *60 F / 9,15 €*

03857 **BOIVIN M.** Histoire de l'Inde. *PUF, 1996.* (Que sais-je? ; 489 c1)
ISBN 2-13-047348-2. *42 F / 6,40 €*

03858 **BONNARD A.** D'Antigone à Sophocle. *Complexe, 1991.* (Civilisation grecque; 2)(Historiques ; 82 c12)
ISBN 2-87027-421-1. *65 F / 9,91 €*

03859 **BONNARD A.** D'Euripide à Alexandre. *Complexe, 1991.* (Civilisation grecque; 3)(Historiques ; 83 cM)
ISBN 2-87027-422-X. *69 F / 10,52 €*

03860 **BONNARD A.** De l'Iliade au Parthénon. Réimp. *Complexe, 1996.* (Civilisation grecque; 1)(Historiques ; 81 c12)
ISBN 2-87027-420-3. *65 F / 9,91 €*

03861 **BONNET C.** Athènes des origines à 338 av. J.-C. *PUF, 1997.* (Que sais-je? ; 3208 c1)
ISBN 2-13-048002-0. *42 F / 6,40 €*

03862 **BONNEY R.** L'Absolutisme. 2e éd. *PUF, 1994.* (Que sais-je? ; 2486 c1)
ISBN 2-13-042616-6. *42 F / 6,40 €*

03863 **BOORSTIN D.** Histoire des Américains. Réimp. *Laffont, 1999.* (Bouquins)
ISBN 2-221-06798-3. *199 F / 30,34 €*

03864 **BORNE D., DUBIEF H.** La Crise des années trente : 1929-1938. Nouv. éd. *Seuil, 1989.* (Nouvelle histoire de la France contemporaine; 13)(Points. Histoire ; 113)
ISBN 2-02-010949-2. *55 F / 8,38 €*

03865 **BORWICZ M.** Ecrits des condamnés à mort sous l'occupation nazie, 1939-1945 ; précédé de Ma pendaison. *Gallimard, 1996.* (Folio ; 75. Histoire c5)
ISBN 2-07-032959-3. *52 F / 7,93 €*

03866 **BOSSUAT G.** L'Europeçoccidentale à l'heure américaine : le plan Marshall et l'unité européenne, 1945-1952. *Complexe, 1992.* (Questions au XXe siècle ; 51)
ISBN 2-87027-431-9. *69 F / 10,52 €*

03867 **BOTÉRO J., STEVE M-J.** La Mésopotamie. *Gallimard, 1993.* (Découvertes ; 191. Archéologie c5)
ISBN 2-07-053254-2. *85 F / 12,96 €*

03868 **BOTTÉRO J.** Babylone, à l'aube de notre culture. *Gallimard, 1994.* (Découvertes ; 230. Histoire c05)
ISBN 2-07-053255-0. *85 F / 12,96 €*

03869 **BOTTÉRO J.** Mésopotamie : l'écriture, la raison et les dieux. *Gallimard, 1997.* (Folio ; 81. Histoire ; 81 c5)
ISBN 2-07-040308-4. *52 F / 7,93 €*

03870 **BOTTÉRO J.** Naissance de Dieu : La Bible et l'historien. *Gallimard, 1992.* (Folio ; 49. Histoire ; 49 c5)
ISBN 2-07-032725-6. *52 F / 7,93 €*

03871 **BOTTÉRO J., MONSACRÉ H.** Babylone et la Bible : entretiens avec Hélène Monsacré. Réimpr. *Hachette Littératures, 1999.* (Pluriel ; 8756 c8)
ISBN 2-01-278976-5. *60 F / 9,15 €*

03872 **BOTTÉRO J., VERNANT J-P., HERRENSCHMIDT C.** L'Orient ancien et nous : l'écriture, la raison, les dieux. *Hachette Littératures, 1998.* (Pluriel ; 855 c5)
ISBN 2-01-278855-6. *45 F / 6,86 €*

03873 **BOUDET J.** Les mots de l'histoire. *Larousse, 1998.* (In extenso c1)
ISBN 2-03-750044-0. *160 F / 24,39 €*

03874 **BOUDON J-O.** Le Consulat et l'Empire. *Montchrestien, 1997.* (Clefs. Histoire)
ISBN 2-7076-1003-8. *60 F / 9,15 €*

03875 **BOUKOVSKI V. K.** Jugement à Moscou : un dissident dans les archives du Kremlin. *Hachette Littératures, 1996.* (Pluriel ; 8811 c7)
ISBN 2-01-278811-4. *79 F / 12,04 €*

03876 **BOULOISEAU M.** La République jacobine : 1792-1794. *Seuil, 1972.* (Nouvelle histoire de la France contemporaine; 2)(Points. Histoire ; 102 c2)
ISBN 2-02-000653-7. *39 F / 5,95 €*

03877 **N** **BOUQUET J-J.** Histoire de la Suisse. 3e éd. *PUF, 2000.* (Que sais-je? ; 140 c1)
ISBN 2-13-051132-5. *42 F / 6,40 €*

03878 **BOURDE A. J.** Histoire de la Grande-Bretagne. 5e éd. *PUF, 1986.* (Que sais-je? ; 282 c1)
ISBN 2-13-039821-9. *42 F / 6,40 €*

03879 **BOURDE G., MARTIN H.** Les écoles historiques. Nouv. éd. *Seuil, 1997.* (Points ; 67. Histoire c17)
ISBN 2-02-030022-2. *65 F / 9,91 €*

03880 **BOURGIN G.** La Révolution, l'agriculture, la forêt : lois et règlements. *Ed. du CTHS, 1989.* (Format ; 5)
ISBN 2-7355-0184-1. *70 F / 10,67 €*

03881 **BOURIN-DERRUAU M.** Temps d'équilibres, temps de ruptures : XIIIe siècle. *Seuil, 1990.* (Nouvelle histoire de la France médiévale; 4)(Points. Histoire ; 204 c5)
ISBN 2-02-012220-0. *55 F / 8,38 €*

03882 **BOURIN M.** L'Europe de l'an mil. *LGF, 1999.* (Le Livre de poche ; 564. Références histoire c11)
ISBN 2-253-90564-X. *42 F / 6,40 €*

03883 **BOUTHOUL G.** La Guerre. 7e éd. *PUF, 1983.* (Que sais-je? ; 577 c1)
ISBN 2-13-037948-6. *42 F / 6,40 €*

03884 **BOUVIER J.** Les Rothschild. *Complexe, 1992.* (Historiques ; 85 c12)
ISBN 2-87027-459-9. *65 F / 9,91 €*

03885 **N** **BOYER R.** L'Islande médiévale. *Belles lettres, 2001.* (Guide des civilisations)
ISBN 2-251-41014-7. *95 F / 14,48 €*

03886 **BRACHER K. D.** Hitler et la dictature allemande : naissance, structure et conséquences du national-socialisme. *Complexe, 1995.* (Bibliothèque Complexe)
ISBN 2-87027-569-2. *120 F / 18,29 €*

03887 **BRAUDEL F.** Les ambitions de l'histoire. *LGF, 1999.* (Le Livre de poche ; 462. Références histoire c17)
ISBN 2-253-90462-7. *60 F / 9,15 €*

03888 **BRAUDEL F.** Autour de la Méditerranée. *LGF, 1998.* (Le Livre de poche ; 460. Références histoire c17)
ISBN 2-253-90460-0. *60 F / 9,15 €*

03889 **BRAUDEL F.** Civilisation, économie et capitalisme. 1, Les structures du quotidien : le possible et l'impossible. *LGF, 1993.* (Le Livre de poche ; 411. Références histoire c18)
ISBN 2-253-06455-6. *65 F / 9,91 €*

03890 **BRAUDEL F.** Les jeux de l'échange. *LGF, 1993.* (Civilisation, économie et capitalisme : XVe-XVIIIe siècle; 2)(Le Livre de poche ; 412. Références histoire c18)
ISBN 2-253-06456-4. *65 F / 9,91 €*

03891 **BRAUDEL F.** La Méditerranée et le monde méditerranéen à l'époque de Philippe II. 1, La part du milieu. *LGF, 1993.* (Le Livre de poche ; 400. Références histoire c16)
ISBN 2-253-06168-9. *55 F / 8,38 €*

03892 **BRAUDEL F.** La Méditerranée et le monde méditerranéen à l'époque de Philippe II. 2, Destins collectifs et mouvements d'ensemble. *LGF, 1993.* (Le Livre de poche ; 401. Références histoire c16)
ISBN 2-253-06169-7. *55 F / 8,38 €*

03893 **BRAUDEL F.** La Méditerranée et le monde méditerranéen à l'époque de Philippe II. 3, Les évènements, la politique et les hommes. *LGF, 1993.* (Le Livre de poche ; 402. Références histoire c16)
ISBN 2-253-06170-0. *55 F / 8,38 €*

03894 **BRAUDEL F.** Le Temps du monde. *LGF, 1993.* (Civilisation, économie et capitalisme : XVe-XVIIIe siècle; 3)(Le Livre de poche ; 413. Références histoire c18)
ISBN 2-253-06457-2. *65 F / 9,91 €*

03895 **BRAUDEL F., LABROUSSE E.** L'avènement de l'ère industrielle : 1789-années 1880. *PUF, 1993.* (Histoire économique et sociale de la France; 3)(Quadrige ; 163)
ISBN 2-13-044655-8. *145 F / 22,11 €*

03896 **BRAUDEL F., LABROUSSE E.** Des derniers temps de l'âge seigneurial aux préludes de l'âge industriel : 1660-1789. *PUF, 1993.* (Histoire économique et sociale de la France; 2)(Quadrige ; 162)
ISBN 2-13-044654-X. *135 F / 20,58 €*

03897 **BRAUDEL F., LABROUSSE E.** L'Etat et la ville, paysannerie et croissance : 1450-1660. *PUF, 1993.* (Histoire économique et sociale de la France; 1)(Quadrige ; 161)
ISBN 2-13-044653-1. *145 F / 22,11 €*

03898 **BRAUDEL F., LABROUSSE E.** Le Second XXe siècle : 1950-1980 ; Conclusion, index thématique général. *PUF, 1993.* (Histoire économique et sociale de la France; 4-3)(Quadrige ; 165)
ISBN 2-13-044657-4. *135 F / 20,58 €*

03899 **BRAUDEL F., LABROUSSE E.** Le Temps des guerres mondiales et la grande crise : années 1880-1950. *PUF, 1993.* (Histoire économique et sociale de la France; 4-1)(Quadrige ; 164)
ISBN 2-13-044656-6. *145 F / 22,11 €*

03900 **BRAUNSTEIN P., DELORT R.** Venise : portrait historique d'une cité. *Seuil, 1971.* (Points. Histoire ; 4 c3)
ISBN 2-02-000649-9. *48 F / 7,32 €*

03901 **BRAURE M.** Histoire des Pays-Bas. 3e éd. *PUF, 1975.* (Que sais-je? ; 490 c1)
ISBN 2-13-033426-1. *42 F / 6,40 €*

03902 **BREDIN J-D.** L'Affaire Caillaux. *Gallimard, 1985.* (Folio ; 2. Histoire ; 2 c7)
ISBN 2-07-032294-7. *60 F / 9,15 €*

03903 **BREDIN J-D.** Sieyès : la clé de la Révolution française. *LGF, 1990.* (Le Livre de poche ; 6842 c15)
ISBN 2-253-05417-8. *50 F / 7,62 €*

03904 **BRÉHIER L.** Le monde byzantin. 1, Vie et mort de Byzance. Nouv. éd. *Albin Michel, 1992.* (L'Evolution de l'humanité poche ; 13 c7)
ISBN 2-226-05719-6. *69 F / 10,52 €*

03905 **BRÉHIER L.** Le monde byzantin. 2, Les institutions de l'Empire byzantin. *Albin Michel, 1970.* (L'Evolution de l'humanité poche ; 20)
ISBN 2-226-04722-0. *49 F / 7,47 €*

03906 **BRÉHIER L.** Le monde byzantin. 3, La civilisation byzantine. *Albin Michel, 1970.* (L'Evolution de l'humanité poche ; 21)
ISBN 2-226-04721-2. *49 F / 7,47 €*

03907 **BRIANT P.** Alexandre le Grand. Nouv. éd. *PUF, 1993.* (Que sais-je? ; 622 c1)
ISBN 2-13-046024-0. *42 F / 6,40 €*

03908 **BRIANT P.** Darius, les Perses et l'Empire. *Gallimard, 1992.* (Découvertes ; 159. Histoire c6)
ISBN 2-07-053166-X. *90 F / 13,72 €*

03909 **BRIANT P.** De la Grèce à l'Orient, Alexandre le Grand. Réimpr. *Gallimard, 1987.* (Découvertes ; 27. Histoire c3)
ISBN 2-07-053041-8. *85 F / 12,96 €*

03910 **BRIQUEL-CHATONNET F., GUBEL E.** Les Phéniciens aux origines du Liban. *Gallimard, 1998.* (Découvertes ; 358. Archéologie)
ISBN 2-07-053456-1. *90 F / 13,72 €*

03911 **BROHM J-M.** Jeux olympiques à Berlin, 1936. *Complexe, 1983.* (La mémoire du siècle ; 25 c1)
ISBN 2-87027-104-2. *52 F / 7,93 €*

03912 **BROSSAT A.** Les Tondues : un carnaval moche. *Hachette Littératures, 1994.* (Pluriel ; 8657 c6)
ISBN 2-01-021043-3. *75 F / 11,43 €*

03913 **BROSSOLLET J., MOLLARET H. H.** Pourquoi la peste? : le rat, la puce et le bubon. *Gallimard, 1994.* (Découvertes ; 229. Sciences c05)
ISBN 2-07-053283-6. *85 F / 12,96 €*

03914 **BROWNING C. R.** Des hommes ordinaires : le 101e bataillon de réserve de la police allemande et la Solution finale en Pologne. *10-18, 1996.* (10-18 ; 2775. Bibliothèques c6)
ISBN 2-264-02278-7. *47 F / 7,17 €*

03915 **BRULÉ P.** Les Grecs et leur monde. *Gallimard, 1998.* (Découvertes texto ; 3 c1)
ISBN 2-07-053422-7. *48 F / 7,32 €*

03916 **BRULÉ P.** Périclès : l'apogée d'Athènes. *Gallimard, 1994.* (Découvertes ; 217. Histoire c5)
ISBN 2-07-053229-1. *85 F / 12,96 €*

03917 **BRUNEL F.** 1794, Thermidor : la chute de Robespierre. *Complexe, 1989.* (La mémoire des siècles ; 211 c9)
ISBN 2-87027-275-8. *59 F / 8,99 €*

03918 **BRUNET J-P.** Histoire du P.C.F. : 1920-1982. 2e éd. *PUF, 1987.* (Que sais-je? ; 2021 c1)
ISBN 2-13-039961-4. *42 F / 6,40 €*

03919 **BRUNOT P., AVIOUTSKII V.** La Tchétchénie. *PUF, 1998.* (Que sais-je? ; 3332 c1)
ISBN 2-13-048837-4. *42 F / 6,40 €*

03920 **BUFFET C.** Histoire de Berlin. *PUF, 1994.* (Que sais-je? ; 2043 c1)
ISBN 2-13-046665-6. *42 F / 6,40 €*

03921 **BURCKHARDT J.** Civilisation de la Renaissance en Italie. 1. *LGF, 1986.* (Le Livre de poche ; 4055. Biblio essais c12)
ISBN 2-253-04023-1. *44 F / 6,71 €*

03922 **BURDEAU F.** La troisième République. *Montchrestien, 1996.* (Clefs. Histoire c1)
ISBN 2-7076-0718-5. *60 F / 9,15 €*

03923 **BURKE E.** Réflexions sur la Révolution de France. *Hachette Littératures, 1989.* (Pluriel ; 8475 c6)
ISBN 2-01-011890-1. *75 F / 11,43 €*

03924 **N** **BURRIN P.** Fascisme, nazisme, autoritarisme. *Seuil, 2000.* (Points. Histoire ; 280)
ISBN 2-02-041482-1. *50 F / 7,62 €*

03925 **BURRIN P.** La France à l'heure allemande : 1940-1944. *Seuil, 1997.* (Points. Histoire ; 239 c17)
ISBN 2-02-031477-0. *65 F / 9,91 €*

03926 **BURRIN P.** Hitler et les juifs : genèse d'un génocide. *Seuil, 1995.* (Points ; 190. Histoire ; 190 c2)
ISBN 2-02-023408-4. *39 F / 5,95 €*

03927 **CABANEL P.** La question nationale au XIXe siècle. *La Découverte, 1997.* (Repères ; 214 c1)
ISBN 2-7071-2686-1. *52 F / 7,93 €*

03928 **CABANES P.** Le monde hellénistique : de la mort d'Alexandre à la paix d'Apamée, 323-188. *Seuil, 1995.* (Nouvelle histoire de l'Antiquité; 4)(Points. Histoire ; 215 c10)
ISBN 2-02-013130-7. *45 F / 6,86 €*

03929 **CABANIS J.** Le Sacre de Napoléon : 2 décembre 1804. *Gallimard, 1994.* (Folio ; 59. Histoire c2)
ISBN 2-07-032816-3. *37 F / 5,64 €*

03930 **CAHEN C.** L'Islam, des origines au début de l'Empire ottoman. *Hachette Littératures, 1997.* (Pluriel ; 8852)
ISBN 2-01-278852-1. *50 F / 7,62 €*

03931 **CAHM E.** L'Affaire Dreyfus : histoire, politique et société. *LGF, 1994.* (Le Livre de poche ; 512. Références histoire c10)
ISBN 2-253-90512-7. *40 F / 6,10 €*

03932 **CALET H.** Contre l'oubli. *Grasset, 1992.* (Les Cahiers rouges ; 161)
ISBN 2-246-17852-5. *51 F / 7,77 €*

03933 **CAMARA C.** Le Nigéria. *PUF.* (Que sais-je? ; 1015 c1)
ISBN 2-13-037704-1. *42 F / 6,40 €*

03934 **CAMPS G.** Introduction à la préhistoire : à la recherche du paradis perdu. *Seuil, 1994.* (Points. Histoire ; 182 c6)
ISBN 2-02-021567-5. *62 F / 9,45 €*

03935 **N** **CARBONELL C-O.** Les grandes dates du XXe siècle. 4e éd. mise à jour. *PUF, 2000.* (Que sais-je? ; 2326 c1)
ISBN 2-13-050841-3. *42 F / 6,40 €*

03936 **CARBONELL C-O.** L'Historiographie. 4e éd. corr. *PUF, 1993.* (Que sais-je? ; 1966 c1)
ISBN 2-13-045846-7. *42 F / 6,40 €*

03937 **CARELL P.** Ils arrivent ! : le débarquement vécu du côté allemand. *J'ai lu, 1998.* (J'ai lu ; 5092. Littérature générale c7)
ISBN 2-290-05092-X. *45 F / 6,86 €*

03938 **CARIOU D.** La Méditerranée au XIIe siècle. *PUF, 1997.* (Que sais-je? ; 3299 c1)
ISBN 2-13-048687-8. *42 F / 6,40 €*

03939 **CARLIER P.** Le IVe siècle grec : jusqu'à la mort d'Alexandre. *Seuil, 1995.* (Nouvelle histoire de l'Antiquité; 3)(Points ; 212. Histoire c3)
ISBN 2-02-013129-3. *48 F / 7,32 €*

03940 **CARMONA M.** La France de Richelieu. *Complexe, 1985.* (Historiques ; 29 c8)
ISBN 2-87027-170-0. *56 F / 8,54 €*

03941 **CARON F.** La France des patriotes : de 1851 à 1918. *LGF, 1993.* (Histoire de France / dir. Jean Favier; 5)(Le Livre de poche ; 2945. Références histoire c17)
ISBN 2-253-06388-6. *60 F / 9,15 €*

03942 **CARR E. H.** Qu'est-ce que l'histoire?. *10-18, 1996.* (10-18 ; 2758. Bibliothèques c4)
ISBN 2-264-02416-X. *41 F / 6,25 €*

03943 **CARRÉ O.** Septembre noir, 1970 : refus arabe de la résistance palestinienne. *Complexe, 1981.* (La mémoire du siècle ; 5 c2)
ISBN 2-87027-051-8. *47 F / 7,17 €*

03944 **CARRÈRE D'ENCAUSSE H.** La Déstalinisation commence, 1956. *Complexe, 1984.* (La mémoire du siècle ; 34 c5)
ISBN 2-87027-142-5. *52 F / 7,93 €*

03945 **CARRÈRE D'ENCAUSSE H.** Le Malheur russe : essai sur le meurtre politique. *LGF, 1991.* (Le Livre de poche ; 6916 c14)
ISBN 2-253-05562-X. *48 F / 7,32 €*

03946 **CARRÈRE D'ENCAUSSE H.** Réforme et révolution chez les Musulmans de l'Empire russe. *Presses de la Fondation nationale des sciences politiques, 1981.* (Références ; 4 c2)
ISBN 2-7246-0455-5. *60 F / 9,15 €*

03947 **CARRÈRE D'ENCAUSSE H.** L'URSS, de la révolution à la mort de Staline : 1917-1953. *Seuil, 1993.* (Points. Histoire ; 179 c3)
ISBN 2-02-014049-7. *48 F / 7,32 €*

03948 **CARRIÉ J-M., ROUSSELLE A.** L'Empire romain en mutation : des Sévères à Constantin, 192-337. *Seuil, 1999.* (Nouvelle histoire de l'Antiquité; 10)(Points ; 221. Histoire c22)
ISBN 2-02-025819-6. *77 F / 11,74 €*

03949 **CARTER H.** La fabuleuse découverte de la tombe de Toutankhamon. *J'ai lu, 1999.* (J'ai lu ; 5096. Littérature générale c3)
ISBN 2-290-05096-2. *29 F / 4,42 €*

03950 **CASAS B. d. l.** Très brève relation de la destruction des Indes. *La Découverte, 1996.* (La Découverte poche ; 1. Littérature et voyages)
ISBN 2-7071-2574-1. *40 F / 6,10 €*

03951 **CASAS B. d. l.** Très brève relation de la destruction des Indes. *Mille et une nuits, 1999.* (La petite collection ; 250)
ISBN 2-84205-423-7. *16,50 F / 2,52 €*

03952 **N** **CASSOU J.** La mémoire courte. *Mille et une nuits, 2001.* (La petite collection ; 314)
ISBN 2-84205-548-9. *10 F / 1,52 €*

03953 **CASTELLAN G.** Histoire de la Roumanie. 2e éd. corr. *PUF, 1994.* (Que sais-je? ; 2124 c1)
ISBN 2-13-038137-5. *42 F / 6,40 €*

03954 **CASTELLAN G., VIDAN G.** La Croatie. *PUF, 1998.* (Que sais-je? ; 3400 c1)
ISBN 2-13-049412-9. *42 F / 6,40 €*

03955 **CHALAMOV V.** Essais sur le monde du crime. *Gallimard, 1993.* (Arcades)
ISBN 2-07-072987-7. *70 F / 10,67 €*

03956 **CHALINE J-P.** La Restauration : 1814-1830. 6e éd. *PUF, 1998.* (Que sais-je? ; 1214 c1)
ISBN 2-13-048836-6. *42 F / 6,40 €*

03957 **CHALINE J-P.** Sociabilité et érudition : les sociétés savantes en France : XIXe-XXe siècles. Nouv. éd. *Ed. du CTHS, 1998.* (Format ; 31)
ISBN 2-7355-0394-1. *90 F / 13,72 €*

03958 **CHARLE C.** Histoire sociale de la France au XIXe siècle. *Seuil, 1991.* (Points. Histoire ; 148 c6)
ISBN 2-02-010327-3. *62 F / 9,45 €*

03959 **CHARMASSON T.** Chronologie de la France médiévale. *PUF, 1998.* (Que sais-je? ; 3368 c1)
ISBN 2-13-049111-1. *42 F / 6,40 €*

03960 **CHARNAY J-P.** La Vie musulmane en Algérie d'après la jurisprudence de la première moitié du XXe siècle. *PUF, 1991.* (Quadrige ; 130)
ISBN 2-13-044019-3. *58 F / 8,84 €*

03961 **CHARTIER R.** Les origines culturelles de la Révolution française. *Seuil, 2000.* (Points ; 268. Histoire ; 268 c11)
ISBN 2-02-039817-6. *48 F / 7,32 €*

03962 **CHARYN J.** New York : chronique d'une ville sauvage. *Gallimard, 1994.* (Découvertes ; 204. Mémoire des lieux c5)
ISBN 2-07-053219-4. *85 F / 12,96 €*

03963 **CHATEAUBRIAND F. R. d.** Analyse raisonnée de l'histoire de France et fragments : depuis Philippe VI jusqu'à la bataille de Poitiers ; suivi de De l'analyse raisonnée de l'histoire de France : depuis Jean II jusqu'à Louis XVI. *Table ronde, 1998.* (La petite vermillon ; 91)
ISBN 2-7103-0856-8. *65 F / 9,91 €*

03964 **CHÂTELET F.** La naissance de l'histoire. 1. *Seuil, 1996.* (Points ; 322. Essais c13)
ISBN 2-02-028548-7. *52 F / 7,93 €*

03965 **CHÂTELET F.** La naissance de l'histoire. 2. *Seuil, 1996.* (Points ; 323. Essais ; 323 c13)
ISBN 2-02-029052-9. *52 F / 7,93 €*

03966 **CHÂTELET F.** Périclès et son siècle. *Complexe, 1990.* (Historiques ; 56 c9)
ISBN 2-87027-332-0. *59 F / 8,99 €*

03967 **CHAUNU P.** L'aventure de la Réforme : le monde de Jean Calvin. Réimp. *Complexe, 1999.* (Historiques ; 76 cL)
ISBN 2-87027-417-3. *65 F / 9,91 €*

03968 **CHAUNU P.** La Crise de la chrétienté : 1250-1550. Réimpr. *Complexe, 1988.* (Le Temps des réformes; 1)(Historiques ; 4 c4)
ISBN 2-87027-124-7. *52 F / 7,93 €*

03969 **CHAUNU P.** Histoire de l'Amérique latine. 14e éd. rev. *PUF, 1999.* (Que sais-je? ; 361 c1)
ISBN 2-13-045761-4. *42 F / 6,40 €*

03970 **CHAUNU P.** La Réforme protestante. Réimpr. *Complexe, 1988.* (Le Temps des réformes; 2)(Historiques ; 5 c04)
ISBN 2-87027-126-3. *52 F / 7,93 €*

03971 **CHAUNU P.** Le temps des réformes : histoire religieuse et système de civilisation : la crise de la chrétienté, l'éclatement, 1250-1550. *Hachette Littératures, 1996.* (Pluriel ; 8801 c6)
ISBN 2-01-278801-7. *75 F / 11,43 €*

03972 **CHAUNU P.** Trois millions d'années : quatre-vingts milliards de destins. *Hachette Littératures, 1996.* (Pluriel ; 8804 c4)
ISBN 2-01-278804-1. *58 F / 8,84 €*

03973 **CHAUSSINAND-NOGARET G.** 1789, la Bastille est prise : la Révolution française commence. *Complexe, 1988.* (La mémoire des siècles ; 207 cJ)
ISBN 2-87027-249-9. *59 F / 8,99 €*

03974 **CHAUSSINAND-NOGARET G.** Le Citoyen des Lumières. *Complexe, 1994.* (Historiques ; 91 c9)
ISBN 2-87027-531-5. *59 F / 8,99 €*

03975 **CHAUSSINAND-NOGARET G.** Mirabeau. *Seuil, 1984.* (Points. Biographie ; 2 c4)
ISBN 2-02-006734-X. *52 F / 7,93 €*

03976 **N** **CHAUSSINAND-NOGARET G.** La noblesse au XVIIIe siècle : de la féodalité aux Lumières. Nouv. éd. *Complexe, 2000.* (Historiques ; 7 c4)
ISBN 2-87027-817-9. *52 F / 7,93 €*

03977 **CHÉDEVILLE A., CROIX A.** Histoire de la Bretagne. *PUF, 1993.* (Que sais-je? ; 147 c1)
ISBN 2-13-045501-8. *42 F / 6,40 €*

03978 **CHÉDEVILLE A., LE GOFF J., ROSSIAUD J.** La ville en France au Moyen Age : des Carolingiens à la Renaissance. Ed. rev. et complétée. *Seuil, 1998.* (Histoire de la France urbaine; 2)(Points. Histoire ; 247 c18)
ISBN 2-02-028201-1. *65 F / 9,91 €*

03979 **CHEVALIER L.** Classes laborieuses et classes dangereuses à Paris : pendant la première moitié du 19e siècle. *Hachette Littératures, 1984.* (Pluriel ; 9741 c5)
ISBN 2-01-279741-5. *65 F / 9,91 €*

03980 **CHEVALLIER R.** La patrie. *PUF, 1998.* (Que sais-je? ; 3346 c1)
ISBN 2-13-048914-1. *42 F / 6,40 €*

03981 **CHEVALLIER R., POIGNAULT R.** L'empereur Hadrien. *PUF, 1998.* (Que sais-je? ; 3280 c1)
ISBN 2-13-048594-4. *42 F / 6,40 €*

03982 **CHEVRIER Y.** La Chine moderne. 2e éd. rev. et corr. *PUF, 1992.* (Que sais-je? ; 308 c1)
ISBN 2-13-042320-5. *42 F / 6,40 €*

03983 **CHOURAQUI A.** L'Etat d'Israel. 11e éd. corr. *PUF, 1998.* (Que sais-je? ; 673 c1)
ISBN 2-13-044340-0. *42 F / 6,40 €*

03984 **CHOURAQUI A.** Jérusalem : une ville sanctuaire. *Hachette Littératures, 1998.* (Pluriel ; 858 c9)
ISBN 2-01-278858-0. *65 F / 9,91 €*

03985 **Chronique anonyme de la première croisade.** *Arléa, 1998.* (Retour aux grands textes poche ; 33)
ISBN 2-86959-396-1. *40 F / 6,10 €*

03986 **Chronique du religieux de Saint-Denys :** contenant le règne de Charles VI de 1380 à 1422. *Ed. du CTHS, 1994.* (Format ; 13)
ISBN 2-7355-0294-5. *550 F / 83,85 €*

03987 **Chronologie universelle d'histoire.** *Larousse, 1997.* (In extenso c1)
ISBN 2-03-750045-9. *160 F / 24,39 €*

03988 **CIZEK E.** Mentalités et institutions politiques romaines. *Hachette Littératures, 1996.* (Pluriel ; 8800 c5)
ISBN 2-01-278800-9. *65 F / 9,91 €*

03989 **CLAVIÈRE E., BRISSOT DE WARVILLE J-P.** De la France et des Etats-Unis ou De l'importance de la révolution de l'Amérique pour le bonheur de la France, des rapports de ce royaume et des Etats-Unis... *Ed. du CTHS, 1996.* (Format ; 22)
ISBN 2-7355-0351-8. *90 F / 13,72 €*

03990 **CLÉMENT C.** Gandhi : athlète de la liberté. *Gallimard, 1989.* (Découvertes ; 50. Histoire c4)
ISBN 2-07-053071-X. *85 F / 12,96 €*

03991 **CLÉMENT C.** Sissi, l'impératrice anarchiste. *Gallimard, 1992.* (Découvertes ; 148. Histoire c6)
ISBN 2-07-053204-6. *90 F / 13,72 €*

03992 **CLOUT H.** Histoire de Londres. *PUF, 1999.* (Que sais-je? ; 3428 c1)
ISBN 2-13-049583-4. *42 F / 6,40 €*

03993 **COHN N.** Histoire d'un mythe : la conspiration juive et les Protocoles des sages de Sion. *Gallimard, 1992.* (Folio ; 44. Histoire c2)
ISBN 2-07-032692-6. *37 F / 5,64 €*

03994 **COINTET-LABROUSSE M.** Vichy et le fascisme. Réimp. *Complexe, 1991.* (Questions au XXe siècle ; 2 cK)
ISBN 2-87027-212-X. *59 F / 8,99 €*

03995 **COINTET M., COINTET J-P.** La France à Londres : renaissance d'un Etat, 1940-1943. *Complexe, 1990.* (Questions au XXe siècle ; 14 cL)
ISBN 2-87027-329-0. *65 F / 9,91 €*

03996 **COLOMER C.** Histoire du Roussillon. *PUF, 1997.* (Que sais-je? ; 1020 c1)
ISBN 2-13-048444-1. *42 F / 6,40 €*

03997 **N** **COMBEAU Y.** Histoire de Paris. 2e éd. *PUF, 2001.* (Que sais-je? ; 34)
ISBN 2-13-051502-9. *42 F / 6,40 €*

03998 **CONAN E., ROUSSO H.** Vichy, un passé qui ne passe pas. Nouv. éd. *Gallimard, 1996.* (Folio ; 71. Histoire ; 71 c10)
ISBN 2-07-032900-3. *76,50 F / 11,66 €*

03999 **CONQUEST R.** La grande terreur : les purges staliniennes des années trente ; précédé de Sanglantes moissons : la collectivisation soviétique et la terreur par la famine. *Laffont, 1995.* (Bouquins)
ISBN 2-221-06954-4. *149 F / 22,71 €*

04000 **CONRAD P.** Histoire de la reconquista. 2e éd. *PUF, 1998.* (Que sais-je? ; 3287 c1)
ISBN 2-13-048597-9. *42 F / 6,40 €*

04001 **CONTAMINE P.** La Guerre de Cent Ans. 6e éd. cor. *PUF, 1992.* (Que sais-je? ; 1309 c1)
ISBN 2-13-044606-X. *42 F / 6,40 €*

04002 **CONTE F.** Les Slaves : aux origines des civilisations d'Europe centrale et orientale, VIe-XIIIe siècles. *Albin Michel, 1996.* (Bibliothèque de l'évolution de l'humanité ; 22)
ISBN 2-226-08738-9. *98 F / 14,94 €*

04003 **COQUEREL P.** La nouvelle Afrique du Sud. *Gallimard, 1999.* (Découvertes ; 143. Histoire c5)
ISBN 2-07-053489-8. *85 F / 12,96 €*

04004 **COQUERY-VIDROVITCH C., AGERON C-R.** Histoire de la France coloniale. 3, Le déclin : 1931 à nos jours. *Pocket, 1996.* (Agora ; 175 c12)
ISBN 2-266-07047-9. *60 F / 9,15 €*

04005 **COQUIN F-X.** La Révolution russe manquée, 1905. *Complexe, 1985.* (La mémoire du siècle ; 41 c6)
ISBN 2-87027-161-1. *52 F / 7,93 €*

04006 **CORNEVIN R., CORNEVIN M.** La France et les Français d'outre-mer : de la première croisade à la fin du Second Empire. *Hachette Littératures, 1993.* (Pluriel ; 8630 c6)
ISBN 2-01-020325-9. *75 F / 11,43 €*

04007 **CORTES H.** La conquête du Mexique. *La Découverte, 1996.* (La Découverte poche ; 2. Littérature et voyages)
ISBN 2-7071-2575-X. *85 F / 12,96 €*

04008 **CORVISIER J-N., SUDER W.** La population de l'Antiquité classique. *PUF, 2000.* (Que sais-je? ; 3516 c1)
ISBN 2-13-050432-9.. *42 F / 6,40 €*

04009 **COURTIER P.** La Quatrième République. 5e éd. rev. *PUF, 1989.* (Que sais-je? ; 1613 c1)
ISBN 2-13-042505-4. *42 F / 6,40 €*

04010 **CROCE B.** Histoire de l'Europe au XIXe siècle. *Gallimard, 1994.* (Folio ; 259. Essais ; 259 c6)
ISBN 2-07-032800-7. *56 F / 8,54 €*

04011 **Croisades et pèlerinages :** chroniques et voyages en Terre sainte, XIIe-XVIe siècle. *Laffont, 1997.* (Bouquins)
ISBN 2-221-06826-2. *189 F / 28,81 €*

04012 **CROISILLE J-M.** 59, Néron tue Agrippine. *Complexe, 1994.* (La mémoire des siècles ; 223 c13)
ISBN 2-87027-506-4. *69 F / 10,52 €*

04013 **CROS C. R.** La civilisation amérindienne. *PUF, 1995.* (Que sais-je? ; 2994 c1)
ISBN 2-13-047135-8. *42 F / 6,40 €*

04014 **CUBERTAFOND B.** L'Algérie contemporaine. 3e éd. refondue. *PUF, 1995.* (Que sais-je? ; 1977 c1)
ISBN 2-13-047226-5. *42 F / 6,40 €*

04015 **CUNHA E. d.** Hautes terres : la guerre de Canudos. *Métailié, 1997.* (Suites ; 7. Suite brésilienne)
ISBN 2-86424-260-5. *80 F / 12,20 €*

04016 **N** **CUSSLER C., DIRGO C.** Chasseurs d'épaves. *LGF, 2000.* (Le Livre de poche ; 17144 c13)
ISBN 2-253-17144-1. *46 F / 7,01 €*

04017 **CUSTINE A. d.** Lettres de Russie. *Gallimard, 1975.* (Folio ; 689 c8)
ISBN 2-07-036689-8. *37 F / 5,64 €*

04018 **DADRIAN V. N.** Autopsie du génocide arménien : entre l'Empire Ottoman et les grandes puissances. *Complexe, 1995.* (Historiques ; 92 c13)
ISBN 2-87027-570-6. *69 F / 10,52 €*

04019 **DAGENS B.** Angkor : la forêt de pierre. *Gallimard, 1989.* (Découvertes ; 64. Archéologie c6)
ISBN 2-07-053091-4. *90 F / 13,72 €*

04020 **DAHAN L., MOREL P.** Score civilisation USA. *Langues pour tous, 1990.* (Langues pour tous ; 3092 c6)
ISBN 2-266-02548-1. *38 F / 5,79 €*

04021 **DAIX P.** L'Avènement de la Nomenklatura, la chute de Khrouchtchev : 1964. *Complexe, 1982.* (La mémoire du siècle ; 22 c1)
ISBN 2-87027-094-1. *47 F / 7,17 €*

04022 **DALLOZ J.** La Guerre d'Indochine : 1945-1954. *Seuil, 1987.* (Points. Histoire ; 93 c5)
ISBN 2-02-009483-5. *55 F / 8,38 €*

04023 **DALLOZ J.** La IVe République. *Seuil, 1996.* (Mémo ; 14)
ISBN 2-02-023122-0. *29 F / 4,42 €*

04024 **DAMIEN A.** L'Institut de France. *PUF, 1999.* (Que sais-je? ; 3454 c1)
ISBN 2-13-049749-7. *42 F / 6,40 €*

04025 **DANIÉLOU J.** L'Eglise des premiers temps : des origines à la fin du IIIe siècle. Nouv. éd. *Seuil, 1985.* (Points. Histoire ; 80 c4)
ISBN 2-02-008746-4. *52 F / 7,93 €*

04026 **DARD O.** La France contemporaine. 3, Les années 30 : le choix impossible. *LGF, 1999.* (Le Livre de poche ; 556. Références histoire c11)
ISBN 2-253-90556-9. *42 F / 6,40 €*

04027 **DARMON P.** 1774, la variole, les nobles et les princes : la petite vérole mortelle de Louis XV. *Complexe, 1989.* (La mémoire des siècles ; 216 c9)
ISBN 2-87027-301-0. *59 F / 8,99 €*

04028 **DARMON P.** Le Mythe de la procréation à l'âge baroque. *Seuil, 1981.* (Points. Histoire ; 48 c3)
ISBN 2-02-005778-6. *48 F / 7,32 €*

04029 **DARMON P.** Le Tribunal de l'impuissance : virilité et défaillances conjugales dans l'ancienne France. *Seuil, 1986.* (Points. Histoire ; 84 c3)
ISBN 2-02-009049-X. *48 F / 7,32 €*

04030 **DAUMARD A.** La bourgeoisie parisienne de 1815 à 1848. *Albin Michel, 1996.* (Bibliothèque de l'évolution de l'humanité ; 21)
ISBN 2-226-08557-2. *98 F / 14,94 €*

04031 **DAUMAS M.** La tendresse amoureuse aux XVIe-XVIIe siècles. *Hachette Littératures, 1997.* (Pluriel ; 8833 c4)
ISBN 2-01-278833-5. *58 F / 8,84 €*

04032 **DAVID C.** Hitler et le nazisme. 14e éd. *PUF, 1996.* (Que sais-je? ; 624 c1)
ISBN 2-13-045543-3. *42 F / 6,40 €*

04033 **N** **DAVID J-M.** La République romaine : de la deuxième guerre punique à la bataille d'Actium, 218-31 : crise d'une aristocratie. *Seuil, 2000.* (Nouvelle histoire de l'Antiquité; 7)(Points. Histoire ; 218 c11)
ISBN 2-02-023959-0. *48 F / 7,32 €*

04034 **DAVIET J-P.** La société industrielle en France (1814-1914) : productions, échanges, représentations. *Seuil, 1997.* (Points. Histoire ; 240 c10)
ISBN 2-02-022156-X. *45 F / 6,86 €*

04035 **DAVIS L. A.** La Province de la mort : archives américaines concernant le génocide des Arméniens (1915). *Complexe, 1994.* (Historiques ; 90 c12)
ISBN 2-87027-523-4. *65 F / 9,91 €*

04036 **De la situation du Trésor public au 1er juin 1791 par les commissaires de la Trésorerie nationale :** Condorcet, Lavoisier, de Vaines, Dutremblay, Rouillé de L'Etang, Cornut de La Fontaine. *Ed. du CTHS, 1997.* (Format ; 27)
ISBN 2-7355-0373-9. *80 F / 12,20 €*

04037 **DEBAINE-FRANCFORT C.** La redécouverte de la Chine ancienne. *Gallimard, 1998.* (Découvertes ; 360. Archéologie)
ISBN 2-07-053352-2. *90 F / 13,72 €*

04038 **A** **DEBENEDETTI G.** 16 octobre 1943. *Allia, 2001.* (Petite collection)
ISBN 2-84485-058-8. *40 F / 6,10 €*

04039 **DECAUX A.** C'était le XXe siècle. 1, De la Belle Epoque aux années folles. *Pocket, 1999.* (Pocket ; 10579 c6)
ISBN 2-266-08911-0. *38 F / 5,79 €*

04040 **DECAUX A.** C'était le XXe siècle. 2, La course à l'abîme. *Pocket, 1999.* (Pocket ; 10580 c5)
ISBN 2-266-08912-9. *35 F / 5,34 €*

04041 **DECAUX A.** C'était le XXe siècle. 3, La guerre absolue : 1940-1945. *Pocket, 2000.* (Pocket ; 10703 c6)
ISBN 2-266-09239-1. *38 F / 5,79 €*

04042 **N** **DECAUX A.** C'était le XXe siècle. 4, De Staline à Kennedy. *Pocket, 2000.* (Pocket ; 11160 c6)
ISBN 2-266-10774-7. *38 F / 5,79 €*

04043 **La Déclaration des droits de l'homme et du citoyen.** *Hachette Littératures, 1988.* (Pluriel ; 8527 c5)
ISBN 2-01-014671-9. *65 F / 9,91 €*

04044 **La découverte des Indiens (1492-1550) :** documents et témoignages. *Librio, 1999.* (Librio ; 303 c1)
ISBN 2-277-30303-8. *10 F / 1,52 €*

04045 **DECRET F.** Carthage ou l'Empire de la mer. *Seuil, 1977.* (Points. Histoire ; 30 c5)
ISBN 2-02-004712-8. *55 F / 8,38 €*

04046 **DEDIEU J-P.** L'Inquisition. *Cerf; Fides, 1987.* (Bref ; 2)
ISBN 2-204-02830-4. ISBN 2-7621-1378-4. *50 F / 7,62 €*

04047 **DEFRASNE J.** Histoire de la collaboration. 2e éd. *PUF, 1989.* (Que sais-je? ; 2030 c1)
ISBN 2-13-042713-8. *42 F / 6,40 €*

04048 **DELMAS C.** 1941, Pearl Harbor, la guerre devient mondiale. *Complexe, 1990.* (La mémoire du siècle ; 56 cL)
ISBN 2-87027-331-2. *65 F / 9,91 €*

04049 **A** **DELMAS C.** Pearl Harbor : la guerre devient mondiale. *Complexe, 2001.* (Historiques ; 129)
ISBN 2-87027-884-5. *66 F / 10,06 €*

04050 **DELORME J.** Les Grandes dates de l'Antiquité. 8e éd. corr. *PUF, 1992.* (Que sais-je? ; 1013 c1)
ISBN 2-13-044929-8. *42 F / 6,40 €*

04051 **DELORME J.** Les Grandes dates des Temps modernes. 7e éd. *PUF, 1993.* (Que sais-je? ; 1147 c1)
ISBN 2-13-042678-6. *42 F / 6,40 €*

04052 **DELORME J.** Les Grandes dates du dix-neuvième siècle. 7e éd. *PUF, 1985.* (Que sais-je? ; 1192 c1)
ISBN 2-13-043372-3. *42 F / 6,40 €*

04053 **DELORME J.** Les Grandes dates du Moyen Age. 9e éd. corr. *PUF, 1994.* (Que sais-je? ; 1088 c1)
ISBN 2-13-046053-4. *42 F / 6,40 €*

04054 **DELORT R.** La Vie au Moyen Age. *Seuil, 1982.* (Points. Histoire ; 62 c6)
ISBN 2-02-006194-5. *62 F / 9,45 €*

04055 **DELUMEAU J.** Rome au XVIe siècle. *Hachette Littératures, 1994.* (Pluriel ; 8684 c3)
ISBN 2-01-278684-7. *49 F / 7,47 €*

04056 **DELVERT J.** Le Cambodge. 3e éd. corr. *PUF, 1998.* (Que sais-je? ; 2080 c1)
ISBN 2-13-045262-0. *42 F / 6,40 €*

04057 **N** **DÉMERIN P.** Berlin, enfin. *Gallimard, 2000.* (Découvertes ; 394. Mémoire des lieux c5)
ISBN 2-07-053499-5. *85 F / 12,96 €*

04058 **N** **DÉMIER F.** La France du XIXe siècle (1814-1914). *Seuil, 2000.* (Points. Histoire ; 278)
ISBN 2-02-040647-0. *62 F / 9,45 €*

04059 **DEMURGER A.** Temps de crises, temps d'espoir : XIVe-XVe siècle. *Seuil, 1990.* (Nouvelle histoire de la France médiévale; 5)(Points. Histoire ; 205 c13)
ISBN 2-02-012221-9. *55 F / 8,38 €*

04060 **DEMURGER A.** Vie et mort de l'ordre du Temple : 1118-1314. *Seuil, 1989.* (Points. Histoire ; 123 c5)
ISBN 2-02-010482-2. *55 F / 8,38 €*

04061 **DENON D. V., GABARTÎ A-AR. i. a-H. a.** Sur l'expédition de Bonaparte en Egypte. *Actes Sud, 1998.* (Babel ; 308 c4)
ISBN 2-7427-1458-8. *51 F / 7,77 €*

04062 **DESROCHES NOBLECOURT C.** La Femme au temps des pharaons. *LGF, 1988.* (Le Livre de poche ; 6481 c11)
ISBN 2-253-04641-8. *42 F / 6,40 €*

04063 **DESSERT D.** 1661, Louis XIV prend le pouvoir : naissance d'un mythe?. *Complexe, 1989.* (La mémoire des siècles ; 215 c8)
ISBN 2-87027-302-9. *56 F / 8,54 €*

04064 **N** **DESSERT D.** 1661, Louis XIV prend le pouvoir : naissance d'un mythe ?. *Complexe, 2000.* (Historiques ; 126 c7)
ISBN 2-87027-792-X. *56 F / 8,54 €*

04065 **DESTI M.** Les civilisations anatoliennes. *PUF, 1998.* (Que sais-je? ; 3277 c1)
ISBN 2-13-048644-4. *42 F / 6,40 €*

04066 **DETIENNE M.** Dionysos à ciel ouvert. Nouv. éd. *Hachette Littératures, 1998.* (Pluriel ; 895 c2)
ISBN 2-01-278895-5. *30 F / 4,57 €*

04067 **2000 ans d'Algérie. 2.** *Séguier, 1998.* (Les Carnets Séguier)
ISBN 2-84049-142-7. *129 F / 19,67 €*

04068 **N** **2000 ans d'Algérie. 3.** *Séguier, 2000.* (Les Carnets Séguier)
ISBN 2-84049-174-5. *129 F / 19,67 €*

04069 **A** **2000 ans d'Algérie. 4.** *Séguier, 2001.* (Les Carnets Séguier)
ISBN 2-84049-232-6. *129 F / 19,67 €*

04070 **DEVÈZE M.** L'Europe et le monde à la fin du 18e siècle. *Albin Michel, 1971.* (L'Evolution de l'humanité poche ; 27)
ISBN 2-226-04723-9. *49 F / 7,47 €*

04071 **DEWACHTER M.** Champollion : un scribe pour l'Egypte. *Gallimard, 1990.* (Découvertes ; 96. Archéologie)
ISBN 2-07-053103-1. *75 F / 11,43 €*

04072 **DIAZ DEL CASTILLO B.** La conquête du Mexique. *Actes Sud, 1996.* (Babel ; 239)
ISBN 2-7427-0990-8. *75 F / 11,43 €*

04073 **Dictionnaire de l'Antiquité :** mythologie, littérature, civilisation. Réimpr. *Laffont, 1998.* (Bouquins)
ISBN 2-221-06800-9. *159 F / 24,24 €*

04074 **Dictionnaire de la préhistoire.** *PUF, 1997.* (Quadrige ; 248)
ISBN 2-13-048752-1. *149 F / 22,71 €*

04075 **Dictionnaire des personnages historiques.** *LGF, 1995.* (La Pochothèque ; 3011. Encyclopédies d'aujourd'hui)
ISBN 2-253-13011-7. *175 F / 26,68 €*

04076 **A** **DJILAS M.** Conversations avec Staline. *Actes Sud, 2001.* (Babel ; 479)
ISBN 2-7427-3236-5. *45 F / 6,86 €*

04077 **DOISE J., VAÏSSE M.** Diplomatie et outil militaire : politique étrangère de la France, 1871-1991. *Seuil, 1992.* (Points. Histoire ; 153 c7)
ISBN 2-02-014159-0. *65 F / 9,91 €*

04078 **DOMENACH J-L., RICHER P.** La Chine. 1, 1949-1971. *Seuil, 1995.* (Points ; 188. Histoire ; 188 c4)
ISBN 2-02-019895-9. *52 F / 7,93 €*

04079 **DOMENACH J-L., RICHER P.** La Chine. 2, 1971 à nos jours. *Seuil, 1995.* (Points ; 189. Histoire ; 189 c4)
ISBN 2-02-021826-7. *52 F / 7,93 €*

04080 **DOMENACH J-L., RICHER P.** La Chine. *Seuil, 1995.* (Points. Histoire ; 2222)
ISBN 2-02-023746-6. *104 F / 15,85 €*

04081 **DOSSE F.** L'Histoire en miettes : des Annales à la Nouvelle histoire. Ed. revue. *Pocket, 1997.* (Agora ; 176 c6)
ISBN 2-266-07063-0. *38 F / 5,79 €*

04082 **N** **DOUSTALY-DUNYACH A.** Le Moyen Age. *Milan, 2000.* (Les essentiels Milan ; 183 c1)
ISBN 2-7459-0162-1. *25 F / 3,81 €*

04083 **DRÈGE J-P.** Marco Polo et la route de la soie. Réimpr. *Gallimard, 1998.* (Découvertes ; 53. Histoire c5)
ISBN 2-07-053076-0. *90 F / 13,72 €*

04084 **DREYFUS F-G.** Histoire du IIIe Reich. *LGF, 1998.* (Le Livre de poche ; 543. Références histoire c14)
ISBN 2-253-90543-7. *48 F / 7,32 €*

04085 **DREYFUS F-G.** L'unité allemande. 3e éd. corr. *PUF, 1996.* (Que sais-je? ; 1314 c1)
ISBN 2-13-045304-X. *42 F / 6,40 €*

04086 **DROYSEN G.** Alexandre Le Grand. Réimp. *Complexe, 1999.* (Historiques ; 74 c13)
ISBN 2-87027-413-0. *69 F / 10,52 €*

04087 **DROZ B.** Les décolonisations. *Seuil, 1996.* (Mémo ; 32 c2)
ISBN 2-02-023121-2. *36 F / 5,49 €*

04088 **DROZ B., LEVER E.** Histoire de la guerre d'Algérie : 1954-1962. *Seuil, 1982.* (Points. Histoire ; 60 c5)
ISBN 2-02-006100-7. *55 F / 8,38 €*

04089 **DROZ B., ROWLEY A.** Crises et mutations : de 1973 à nos jours. *Seuil, 1992.* (Histoire générale du XXe siècle : depuis 1950; 4)(Points. Histoire ; 160 c7)
ISBN 2-02-014622-3. *65 F / 9,91 €*

04090 **DROZ B., ROWLEY A.** Déclins européens. *Seuil, 1986.* (Histoire générale du XXe siècle : jusqu'en 1949; 1)(Points ; 85. Histoire ; 85 c5)
ISBN 2-02-009102-X. *55 F / 8,38 €*

04091 **DROZ B., ROWLEY A.** Expansion et indépendances : 1950-1973. *Seuil, 1987.* (Histoire générale du XXe siècle : depuis 1950; 3)(Points. Histoire ; 96 c7)
ISBN 2-02-009810-5. *65 F / 9,91 €*

04092 **DROZ B., ROWLEY A.** Histoire générale du XXe siècle. *Seuil, 1992.* (Points. Histoire)
ISBN 2-02-019128-8. *237 F / 36,13 €*

04093 **DROZ B., ROWLEY A.** La Naissance du monde contemporain. *Seuil, 1986.* (Histoire générale du XXe siècle : jusqu'en 1949; 2)(Points. Histoire ; 86 c4)
ISBN 2-02-009103-8. *52 F / 7,93 €*

04094 **DROZ J.** Les Causes de la première guerre mondiale : essai d'historiographie. *Seuil, 1973.* (Points. Histoire ; 11 c1)
ISBN 2-02-000656-1. *39 F / 5,95 €*

04095 **DROZ J.** Histoire de l'Allemagne. 12e éd. corr. *PUF, 1994.* (Que sais-je? ; 186 c1)
ISBN 2-13-044326-5. *42 F / 6,40 €*

04096 **DUBY A., DUBY G.** Les procès de Jeanne d'Arc. *Gallimard, 1995.* (Folio ; 69. Histoire ; 69 c4)
ISBN 2-07-032894-5. *46 F / 7,01 €*

04097 **DUBY G.** L'An mil. *Gallimard, 1993.* (Folio ; 52. Histoire c5)
ISBN 2-07-032774-4. *52 F / 7,93 €*

04098 **DUBY G.** Dames du XIIe siècle. 1, Héloïse, Aliénor, Iseut et quelques autres. *Gallimard, 1997.* (Folio ; 84. Histoire c1)
ISBN 2-07-040305-X. *29,50 F / 4,50 €*

04099 **DUBY G.** Dames du XIIe siècle. 2, Le souvenir des aïeules. *Gallimard, 1998.* (Folio ; 89. Histoire c2)
ISBN 2-07-040611-3. *37 F / 5,64 €*

04100 **DUBY G.** Dames du XIIe siècle. 3, Eve et les prêtres. *Gallimard, 1999.* (Folio ; 96. Histoire c1)
ISBN 2-07-041018-8. *29,50 F / 4,50 €*

04101 **DUBY G.** Le Dimanche de Bouvines, 27 juillet 1214. *Gallimard, 1985.* (Folio ; 1. Histoire ; 1 c5)
ISBN 2-07-032295-5. *52 F / 7,93 €*

04102 **DUBY G.** Guillaume le Maréchal ou Le meilleur chevalier du monde. *Gallimard, 1986.* (Folio ; 11. Histoire ; 11 c2)
ISBN 2-07-032344-7. *37 F / 5,64 €*

04103 **DUBY G.** Histoire de la France, des origines à nos jours. Nouv. ed. *Larousse, 1999.* (In extenso)
ISBN 2-03-750060-2. *160 F / 24,39 €*

04104 **DUBY G.** Le Moyen Age : de Hugues Capet à Jeanne d'Arc (947-1460). Réimpr. *Hachette Littératures, 1998.* (Histoire de France Hachette; 1)(Pluriel ; 928 c8)
ISBN 2-01-278928-5. *60 F / 9,15 €*

04105 **DUBY G., MANDROU R.** Histoire de la civilisation française. 1, Moyen Age-XVIe siècle. *Pocket, 1998.* (Agora ; 186 c11)
ISBN 2-266-07761-9. *55 F / 8,38 €*

04106 **DUBY G., MANDROU R.** Histoire de la civilisation française. 2, XVIIe siècle-XXe siècle. *Pocket, 1998.* (Agora ; 187 c11)
ISBN 2-266-07762-7. *55 F / 8,38 €*

04107 **DUCELLIER A.** Les Byzantins : histoire et culture. Nouv. éd. rev. et augm. *Seuil, 1988.* (Points. Histoire ; 99 c4)
ISBN 2-02-009919-5. *52 F / 7,93 €*

04108 **DUCELLIER A.** Le drame de Byzance : idéal et échec d'une société chrétienne. Nouv. éd. *Hachette Littératures, 1997.* (Pluriel ; 8689)
ISBN 2-01-278848-3. *50 F / 7,62 €*

04109 **DUCHÊNE H.** L'or de Troie ou Le rêve de Schliemann. *Gallimard, 1995.* (Découvertes ; 250. Archéologie c5)
ISBN 2-07-053310-7. *85 F / 12,96 €*

04110 **DUCLERT V.** L'Affaire Dreyfus. *La Découverte, 1994.* (Repères ; 141 c1)
ISBN 2-7071-2302-1. *52 F / 7,93 €*

04111 **DUCREY P.** Guerre et guerriers dans la Grèce antique. *Hachette Littératures, 1999.* (Pluriel ; 986)
ISBN 2-01-278986-2. *60 F / 9,15 €*

04112 **N** **DUFOUR A.** Histoire de Genève. 3e éd. mise à jour. *PUF, 2001.* (Que sais-je? ; 3210 c1)
ISBN 2-13-051394-8. *42 F / 6,40 €*

04113 **DUFRAISSE R.** Napoléon. 2e éd. *PUF, 1991.* (Que sais-je? ; 2358 c1)
ISBN 2-13-043462-2. *42 F / 6,40 €*

04114 **DUFRAISSE R., KERAUTRET M.** La France napoléonienne : aspects extérieurs 1799-1815. *Seuil, 1999.* (Nouvelle histoire de la France contemporaine; 5)(Points ; 105. Histoire ; 105 c13)
ISBN 2-02-023900-0. *52 F / 7,93 €*

04115 **DUHAMEL E.** La Ve République. *Seuil, 1997.* (Mémo ; 50 c1)
ISBN 2-02-023423-8. *29 F / 4,42 €*

04116 **DULLIN S.** Histoire de l'URSS. *La Découverte, 1994.* (Repères ; 150 c1)
ISBN 2-7071-2354-4. *52 F / 7,93 €*

04117 **DULONG C.** Anne d'Autriche : mère de Louis XIV. *Gallimard, 1985.* (Folio ; 8. Histoire ; 8 cJ)
ISBN 2-07-032315-3. *71 F / 10,82 €*

04118 **DUMONT G-H.** La Belgique. Nouv. éd. *PUF, 1993.* (Que sais-je? ; 319 c1)
ISBN 2-13-044949-2. *42 F / 6,40 €*

04119 **DUMONT P.** Mustafa Kemal invente la Turquie moderne. Réimpr. *Complexe, 1997.* (Historiques ; 109 c7)
ISBN 2-87027-686-9. *56 F / 8,54 €*

04120 **DUNAND F., LICHTENBERG A.** Les momies, un voyage dans l'éternité. Nouv. éd. *Gallimard, 1998.* (Découvertes ; 118. Archéologie c4)
ISBN 2-07-053167-8. *75 F / 11,43 €*

04121 **DUPRONT A.** Qu'est-ce que les Lumières ?. *Gallimard, 1996.* (Folio ; 76. Histoire c9)
ISBN 2-07-032960-7. *71 F / 10,82 €*

04122 **DUQUESNE J.** Les catholiques français sous l'Occupation. Nouv. éd. rev. et augm. *Seuil, 1996.* (Points. Histoire ; 230 c14)
ISBN 2-02-029049-9. *55 F / 8,38 €*

04123 **DURAND Y.** Histoire de la Deuxième Guerre mondiale. *Complexe, 1997.* (Bibliothèque Complexe)
ISBN 2-87027-740-7. *195 F / 29,73 €*

04124 **DURAND Y.** Le Nouvel ordre européen nazi : la collaboration dans l'Europe allemande, 1938-1945. *Complexe, 1990.* (Questions au XXe siècle ; 20 cM)
ISBN 2-87027-358-4. *69 F / 10,52 €*

04125 **DURANDIN C.** Histoire de la nation roumaine. *Complexe, 1994.* (Questions au XXe siècle ; 67 cV)
ISBN 2-87027-515-3. *130 F / 19,82 €*

04126 **DURANTON-CRABOL A-M.** Le temps de l'OAS. *Complexe, 1995.* (Questions au XXe siècle ; 69 c11)
ISBN 2-87027-542-0. *65 F / 9,91 €*

04127 **DUROSELLE J-B.** L'Abîme : 1939-1945, politique étrangère de la France. *Seuil, 1990.* (Points. Histoire ; 138 c7)
ISBN 2-02-012413-0. *65 F / 9,91 €*

04128 **DUROSELLE J-B.** L'Europe, histoire de ses peuples : une initiative européenne de Frédéric Delouche. *Hachette Littératures, 1998.* (Pluriel ; 8755 c9)
ISBN 2-01-278912-9. *65 F / 9,91 €*

04129 **DUROSELLE J-B.** La France de la Belle Epoque. *Presses de la Fondation nationale des sciences politiques, 1992.* (Références ; 31)
ISBN 2-7246-0614-0. *80 F / 12,20 €*

04130 **A** **DUVAL L-E.** Au nom de la vérité. *Albin Michel, 2001.* (Espaces libres)

04131 **EAGLETON W.** La République kurde de 1946. *Complexe, 1991.* (Historiques ; 75 c13)
ISBN 2-87027-418-1. *69 F / 10,52 €*

04132 **EDWARDS I. E. S.** Les Pyramides d'Egypte. Nouv. éd. rev. et compl. *LGF, 1992.* (Le Livre de poche ; 4144. Biblio essais c12)
ISBN 2-253-05863-7. *44 F / 6,71 €*

04133 **EHRARD J.** L'Idée de nature en France dans la première moitié du XVIIIe siècle. *Albin Michel, 1994.* (Bibliothèque de l'évolution de l'humanité ; 3)
ISBN 2-226-06871-6. *92 F / 14,03 €*

04134 **EISEN G.** Les enfants pendant l'Holocauste : jouer parmi les ombres. *Hachette Littératures, 1995.* (Pluriel ; 8743 c3)
ISBN 2-01-278743-6. *49 F / 7,47 €*

04135 **ELIAS N.** La Dynamique de l'Occident. *Pocket, 1990.* (Agora ; 80 c7)
ISBN 2-266-03875-3. *42 F / 6,40 €*

04136 **ELLIOTT J. H.** Olivares. *Laffont, 1992.* (Bouquins)
ISBN 2-221-06664-2. *155 F / 23,63 €*

04137 **ELUÈRE C.** L'Europe des Celtes. *Gallimard, 1992.* (Découvertes ; 158. Histoire c6)
ISBN 2-07-053171-6. *90 F / 13,72 €*

04138 **EMPEREUR J-Y.** Le phare d'Alexandrie : la merveille retrouvée. *Gallimard, 1998.* (Découvertes ; 352. Archéologie)
ISBN 2-07-053392-1. *75 F / 11,43 €*

04139 **ENDERS A.** Histoire du Brésil au XXe siècle. *Complexe, 1997.* (Questions au XXe siècle ; 70 c20)
ISBN 2-87027-637-0. *120 F / 18,29 €*

04140 **ENGEL J-M.** L'Empire romain. 6e éd. *PUF, 1998.* (Que sais-je? ; 1536 c1)
ISBN 2-13-045132-2. *42 F / 6,40 €*

04141 **EPSTEIN S.** Histoire du peuple juif au XXe siècle : de 1914 à nos jours. Nouv. éd. *Hachette Littératures, 2000.* (Pluriel ; 993)
ISBN 2-01-278993-5. *60 F / 9,15 €*

04142 **ERLANGER P.** Henri III. *Gallimard, 1988.* (Folio ; 21. Histoire ; 21 c6)
ISBN 2-07-032472-9. *56 F / 8,54 €*

04143 **ETIENNE R.** Pompéi, la cité ensevelie. Réimpr. *Gallimard, 1998.* (Découvertes ; 16. Archéologie c5)
ISBN 2-07-053024-8. *90 F / 13,72 €*

04144 **ETIENNE R., ETIENNE F.** La Grèce antique : archéologie d'une découverte. *Gallimard, 1990.* (Découvertes ; 84. Archéologie c5)
ISBN 2-07-053043-4. *85 F / 12,96 €*

04145 **N** **Europes :** de l'Antiquité au XXe siècle : anthologie critique et commentée. *Laffont, 2000.* (Bouquins)
ISBN 2-221-08575-2. *189 F / 28,81 €*

04146 **L'expédition d'Egypte :** 1798-1801. *Seuil, 1997.* (Points ; 244. Histoire c19)
ISBN 2-02-030698-0. *69 F / 10,52 €*

04147 **EYCHENNE E.** Les Pyrénées de la liberté. *Privat, 1998.* (Pages Grand Sud)
ISBN 2-7089-5403-2. *59 F / 8,99 €*

04148 **FABRE P., FABRE D.** Histoire de l'Europe au XXe siècle. 3, De 1945 à 1974 : première partie. *Complexe, 1995.* (Questions au XXe siècle ; 73 c11)
ISBN 2-87027-581-1. *65 F / 9,91 €*

04149 **FABRE P., FABRE D.** Histoire de l'Europe au XXe siècle. 4, De 1945 à 1974 : deuxième partie. *Complexe, 1995.* (Questions au XXe siècle ; 74 c11)
ISBN 2-87027-594-3. *65 F / 9,91 €*

04150 **FARGE A.** Le goût de l'archive. *Seuil, 1997.* (Points. Histoire ; 233 c8)
ISBN 2-02-030909-2. *39 F / 5,95 €*

04151 **FARGE A.** La Vie fragile : violence, pouvoirs et solidarités à Paris au XVIIIe siècle. *Seuil, 1992.* (Points. Histoire ; 156 c5)
ISBN 2-02-013707-0. *55 F / 8,38 €*

04152 **FARGE A.** Vivre dans les rues de Paris au 18e siècle. *Gallimard, 1992.* (Folio. Histoire ; 43 c3)
ISBN 2-07-032693-4. *41 F / 6,25 €*

04153 **FARNOUX A.** Cnossos, l'archéologie d'un rêve. *Gallimard, 1993.* (Découvertes ; 175. Archéologie c5)
ISBN 2-07-053183-X. *85 F / 12,96 €*

04154 **FAURÉ C.** Mai 68, jours et nuits. *Gallimard, 1998.* (Découvertes ; 350. Histoire)
ISBN 2-07-053448-0. *85 F / 12,96 €*

04155 **FAURE P.** Parfums et aromates dans l'Antiquité. *Hachette Littératures, 1996.* (Pluriel ; 8799 c4)
ISBN 2-01-278799-1. *58 F / 8,84 €*

04156 **FAURE P.** La Renaissance. 10e éd. *PUF, 1994.* (Que sais-je? ; 345 c1)
ISBN 2-13-042779-0. *42 F / 6,40 €*

04157 **FAVIER J.** Les Archives. 5e éd. corr. *PUF, 1991.* (Que sais-je? ; 805 c1)
ISBN 2-13-044144-0. *42 F / 6,40 €*

04158 **FAVIER J.** De l'or et des épices : naissance de l'homme d'affaires au Moyen Age. *Hachette Littératures, 1995.* (Pluriel ; 8772 c5)
ISBN 2-01-278772-X. *65 F / 9,91 €*

04159 **FAVIER J.** Les Grandes découvertes : d'Alexandre à Magellan. *LGF, 1992.* (Le Livre de poche ; 2934. Références histoire c18)
ISBN 2-253-06171-9. *65 F / 9,91 €*

04160 **FAVIER J.** Le Temps des principautés : de l'an mil à 1515. *LGF, 1992.* (Histoire de France / dir. Jean Favier; 2)(Le Livre de poche ; 2937. Références histoire c16)
ISBN 2-253-06204-9. *55 F / 8,38 €*

04161 **FEBVRE L.** Combats pour l'histoire. *Pocket, 1995.* (Agora ; 170 c8)
ISBN 2-266-06911-X. *55 F / 8,38 €*

04162 **A** **FEBVRE L.** Honneur et patrie. *Pocket, 2001.* (Agora ; 215)
ISBN 2-266-09240-5

04163 **FEBVRE L.** Le Problème de l'incroyance au XVIe siècle : la religion de Rabelais. Réimpr. *Albin Michel, 1988.* (L'Evolution de l'humanité poche ; 9)
ISBN 2-226-03472-2. *59 F / 8,99 €*

04164 **FEJTÖ F.** 1956, Budapest, l'insurrection : la première révolution anti-totalitaire. Nouv. éd. *Complexe, 1990.* (La mémoire du siècle ; 12 cL)
ISBN 2-87027-356-8. *65 F / 9,91 €*

04165 **FEJTÖ F.** Après Staline. Réimpr. *Seuil, 1992.* (Histoire des démocraties populaires; 2)(Points. Histoire ; 155 c4)
ISBN 2-02-014444-1. *52 F / 7,93 €*

04166 **FEJTÖ F.** L'Ere de Staline. Réimpr. *Seuil, 1992.* (Histoire des démocraties populaires; 1)(Points. Histoire ; 154 c4)
ISBN 2-02-014443-3. *52 F / 7,93 €*

04167 **FEJTÖ F.** Requiem pour un Empire défunt : histoire de la destruction de l'Autriche-Hongrie. *Seuil, 1993.* (Points. Histoire ; 173 c6)
ISBN 2-02-014674-6. *62 F / 9,45 €*

04168 **Fernand Braudel et l'histoire.** *Hachette Littératures, 1999.* (Pluriel ; 962)
ISBN 2-01-278962-5. *70 F / 10,67 €*

04169 **FERNANDEZ D.** La magie blanche de Saint-Pétersbourg. Réimpr. *Gallimard, 1994.* (Découvertes ; 205. Mémoire des lieux c5)
ISBN 2-07-053272-0. *85 F / 12,96 €*

04170 **FERRO M.** 1917, l'Occident devant la révolution soviétique : l'histoire et ses mythes. Nouv. éd. *Complexe, 1991.* (La mémoire du siècle ; 3 c9)
ISBN 2-87027-394-0. *59 F / 8,99 €*

04171 **FERRO M.** La Grande Guerre : 1914-1918. Nouv. éd. *Gallimard, 1990.* (Folio ; 29. Histoire ; 29 c7)
ISBN 2-07-032583-0. *60 F / 9,15 €*

04172 **FERRO M.** Histoire des colonisations : des conquêtes aux indépendances, XIIIe-XXe siècle. Nouv. éd. mise à jour. *Seuil, 1996.* (Points. Histoire ; 229 c15)
ISBN 2-02-029371-4. *59 F / 8,99 €*

04173 **FERRO M.** L'Histoire sous surveillance : science et conscience de l'Histoire. *Gallimard, 1987.* (Folio ; 19. Histoire ; 19 c5)
ISBN 2-07-032380-3. *52 F / 7,93 €*

04174 **FERRO M.** Naissance et effondrement du régime communiste en Russie. *LGF, 1997.* (Le Livre de poche ; 538. Références histoire c7)
ISBN 2-253-90538-0. *30 F / 4,57 €*

04175 **FERRO M.** Pétain. *Hachette Littératures, 1990.* (Pluriel ; 8541)
66 F / 10,06 €

04176 **FERRO M.** La révolution de 1917. *Albin Michel, 1997.* (Bibliothèque de l'évolution de l'humanité ; 27)
ISBN 2-226-09321-4. *120 F / 18,29 €*

04177 **FERRO M.** Suez, naissance d'un tiers monde : 1956. Réimpr. *Complexe, 1995.* (La mémoire du siècle ; 24 c1)
ISBN 2-87027-101-8. *47 F / 7,17 €*

04178 **FHIMA C.** Chronologie de la France au XXe siècle. *La Découverte, 2000.* (Repères ; 286 c1)
ISBN 2-7071-3153-9. *52 F / 7,93 €*

04179 **FICHOU J-P.** La Civilisation américaine. 3e éd. corr. *PUF, 1994.* (Que sais-je? ; 2372 c1)
ISBN 2-13-043526-2. *42 F / 6,40 €*

04180 **FINLEY M. I.** Les Anciens Grecs : une introduction à leur vie et à leur pensée. *Seuil, 1993.* (Points. Essais ; 262 c3)
ISBN 2-02-013663-5. *48 F / 7,32 €*

04181 **FINLEY M. I.** Economie et société en Grèce ancienne. *Seuil, 1997.* (Points. Histoire ; 234 c11)
ISBN 2-02-014644-4. *48 F / 7,32 €*

04182 **FINLEY M. I.** Le Monde d'Ulysse. *Seuil, 1990.* (Points. Essais ; 213 c4)
ISBN 2-02-012393-2. *52 F / 7,93 €*

04183 **FINLEY M. I.** On a perdu la guerre de Troie : propos et polémiques sur l'Antiquité. *Hachette Littératures, 1995.* (Pluriel ; 8758 c4)
ISBN 2-01-278758-4. *58 F / 8,84 €*

04184 **FINLEY M. I., BAILEY C.** Héritage de la Grèce et de Rome. *Laffont, 1992.* (Bouquins)
ISBN 2-221-05763-5. *140 F / 21,34 €*

04185 **FLAMARION E.** Cléopâtre : vie et mort d'un pharaon. *Gallimard, 1993.* (Découvertes ; 183. Histoire c5)
ISBN 2-07-053192-9. *84 F / 12,81 €*

04186 **FLANDRIN J-L.** Les Amours paysannes : XVIe-XIXe siècle. *Gallimard, 1993.* (Folio ; 53. Histoire ; 53 c6)
ISBN 2-07-032777-9. *56 F / 8,54 €*

04187 **FLANDRIN J-L.** Familles : parenté, maison, sexualité dans l'ancienne société. *Seuil, 1995.* (Points. Histoire ; 194 c4)
ISBN 2-02-023691-5. *52 F / 7,93 €*

04188 **FLANDRIN J-L.** Le Sexe et l'Occident : évolution des attitudes et des comportements. *Seuil, 1986.* (Points. Histoire c4)
ISBN 2-02-009385-5. *52 F / 7,93 €*

04189 **A** **FLORI J.** La première croisade : l'Occident chrétien contre l'Islam. Nouv. éd. *Complexe, 2001.* (Historiques ; 107 c7)
ISBN 2-87027-867-5. *56 F / 8,54 €*

04190 **FOLZ R.** Le Couronnement impérial de Charlemagne : 25 décembre 800. Nouv. éd. *Gallimard, 1989.* (Folio ; 26. Histoire ; 26 c5)
ISBN 2-07-032544-X. *52 F / 7,93 €*

04191 **FONTAINE A.** De la Révolution d'octobre à la guerre de Corée : 1917-1950. *Seuil, 1983.* (Histoire de la guerre froide; 1)(Points. Histoire ; 64 c6)
ISBN 2-02-006424-3. *62 F / 9,45 €*

04192 **FONTETTE F.** Histoire de l'antisémitisme. 4e éd. corr. *PUF, 1993.* (Que sais-je? ; 2039 c1)
ISBN 2-13-043964-0. *42 F / 6,40 €*

04193 **FONTETTE F.** Le procès de Nuremberg. *PUF, 1996.* (Que sais-je? ; 3221 c1)
ISBN 2-13-048083-7. *42 F / 6,40 €*

04194 **La Formation des campagnes françaises des origines à 1340.** *Seuil.* (Histoire de la France rurale / dir. Georges Duby, Armand Wallon; 1)(Points. Histoire ; 166 c9)
ISBN 2-02-017332-8. *69 F / 10,52 €*

04195 **FOUCAULT M.** Surveiller et punir : naissance de la prison. *Gallimard, 1993.* (Tel ; 225)
ISBN 2-07-072968-0. *79 F / 12,04 €*

04196 **FOURASTIÉ J.** Les Trente glorieuses ou La révolution invisible de 1946 à 1975. Nouv. éd. *Hachette Littératures, 1998.* (Pluriel ; 8458 c5)
ISBN 2-01-278905-6. *50 F / 7,62 €*

04197 **FOURNIER G.** Les Mérovingiens. 6e éd. *PUF, 1991.* (Que sais-je? ; 1238 c1)
ISBN 2-13-043275-1. *42 F / 6,40 €*

04198 **FRAISSE G.** Les femmes et leur histoire. Nouv. éd. *Gallimard, 1998.* (Folio ; 90. Histoire ; 90 c9)
ISBN 2-07-040601-6. *71 F / 10,82 €*

04199 **FRAISSE G.** Muse de la raison : démocratie et exclusion des femmes en France. *Gallimard, 1995.* (Folio ; 68. Histoire ; 68 c5)
ISBN 2-07-032896-1. *52 F / 7,93 €*

04200 **Les Français vus par eux-mêmes :** le Consulat et l'Empire. *Laffont, 1998.* (Bouquins)
ISBN 2-221-07066-6. *189 F / 28,81 €*

04201 **La France allemande, 1933-1945 :** paroles françaises. *Gallimard, 1995.* (Folio ; 67. Histoire ; 67 c6)
ISBN 2-07-032893-7. *56 F / 8,54 €*

04202 **La France de l'an mil.** *Seuil, 1990.* (Points. Histoire ; 130 c5)
ISBN 2-02-011524-7. *55 F / 8,38 €*

04203 **N** **La France des années noires. 1, De la défaite à Vichy. Ed. rev. et mise à jour.** *Seuil, 2000.* (Points. Histoire ; 281)
ISBN 2-02-018306-4. *59 F / 8,99 €*

04204 **N** **La France des années noires. 2, De la l'Occupation à la Libération.** *Seuil, 2000.* (Points. Histoire ; 282 c16)
ISBN 2-02-018307-2. *62 F / 9,45 €*

04205 **La France du XXe siècle :** documents d'histoire. *Seuil, 1994.* (Nouvelle histoire de la France contemporaine; 20)(Points. Histoire ; 120 c8)
ISBN 2-02-013224-9. *67 F / 10,21 €*

04206 **FRÉDÉRIC L.** Le Japon : dictionnaire et civilisation. *Laffont, 1996.* (Bouquins)
ISBN 2-221-06764-9. *199 F / 30,34 €*

04207 **FREDOUILLE J-C.** Dictionnaire de la civilisation romaine. *Larousse, 1999.* (Les référents)
ISBN 2-03-573022-8. *110 F / 16,77 €*

04208 **A** **FRESNAIS J.** La protection du patrimoine en République populaire de Chine, 1949-1999. *Ed. du CTHS, 2001.* (Format ; 40)
ISBN 2-7355-0460-3. *120 F / 18,29 €*

04209 **FUNK A.** 1945, de Yalta à Potsdam : des illusions à la guerre froide. Réimpr. *Complexe, 1995.* (La mémoire du siècle ; 18 c24)
ISBN 2-87027-086-0. *52 F / 7,93 €*

04210 **FURET F.** Penser la Révolution française. *Gallimard, 1985.* (Folio. Histoire ; 3 c3)
ISBN 2-07-032298-X. *41 F / 6,25 €*

04211 **FURET F.** La Révolution. 1, La Révolution française de Turgot à Napoléon : 1770-1814. Réimpr. *Hachette Littératures, 1997.* (Pluriel ; 8549)
ISBN 2-01-278881-5. *60 F / 9,15 €*

04212 **FURET F.** La Révolution. 2, Terminer la Révolution : de Louis XVIII à Jules Ferry, 1814-1880. Réimpr. *Hachette Littératures, 1997.* (Pluriel ; 8550)
ISBN 2-01-278882-3. *60 F / 9,15 €*

04213 **FURET F.** La Révolution en débat. *Gallimard, 1999.* (Folio. Histoire ; 92 c1)
ISBN 2-07-040784-5. *29,50 F / 4,50 €*

04214 **FURET F., RICHET D.** La Révolution française. *Hachette Littératures, 1999.* (Pluriel ; 8485 c9)
ISBN 2-01-278950-1. *65 F / 9,91 €*

04215 **GABORY E.** Les Guerres de Vendée. *Laffont, 1989.* (Bouquins)
ISBN 2-221-05405-9. *189 F / 28,81 €*

04216 **GAILLARD J.** Rome, le temps, les choses. *Actes Sud, 1997.* (Babel ; 262 c4)
ISBN 2-7427-1173-2. *51 F / 7,77 €*

04217 **GALLAND X.** Histoire de la Thaïlande. *PUF, 1998.* (Que sais-je? ; 1095)
ISBN 2-13-048669-X. *42 F / 6,40 €*

04218 **GALLOUX-FOURNIER B.** Histoire de l'Europe au XXe siècle. 5, De 1974 à nos jours. *Complexe, 1995.* (Questions au XXe siècle ; 75 c14)
ISBN 2-87027-554-4. *76 F / 11,59 €*

04219 **GANDHI M.** Autobiographie ou Mes expériences de vérité. 5e éd. *PUF, 1982.* (Quadrige ; 35)
ISBN 2-13-043435-5. *118 F / 17,99 €*

04220 **GANDINI J-J.** Le procès Papon : histoire d'une ignominie ordinaire au service de l'Etat. *Librio, 1999.* (Librio ; 314 c1)
ISBN 2-277-30314-3. *10 F / 1,52 €*

04221 **GARIN E.** L'éducation de l'homme moderne : la pédagogie de la Renaissance, 1400-1600. *Hachette Littératures, 1995.* (Pluriel ; 8732 c3)
ISBN 2-01-278732-0. *49 F / 7,47 €*

04222 **GARIN E.** Moyen Age et Renaissance. *Gallimard, 1989.* (Tel ; 154)
ISBN 2-07-071840-9. *52 F / 7,93 €*

04223 **GARLAN Y.** Guerre et économie en Grèce ancienne. Nouv. éd. *La Découverte, 1999.* (La Découverte poche ; 75. Sciences humaines et sociales)
ISBN 2-7071-3097-4. *49 F / 7,47 €*

04224 **GARRIGUES J.** La France de 1848 à 1914. *Seuil, 1997.* (Mémo ; 68 c1)
ISBN 2-02-030862-2. *29 F / 4,42 €*

04225 **GARRISSON J.** L'édit de Nantes et sa révocation : histoire d'une intolérance. Réimpr. *Seuil, 1998.* (Points ; 94. Histoire c3)
ISBN 2-02-009556-4. *48 F / 7,32 €*

04226 **GARRISSON J.** Guerre civile et compromis : 1559-1598. *Seuil, 1991.* (Nouvelle histoire de la France moderne; 2)(Points. Histoire ; 208 c4)
ISBN 2-02-013689-9. *52 F / 7,93 €*

04227 **N** **GARRISSON J.** 1572, la Saint-Barthélemy. Nouv. éd. *Complexe, 2000.* (Historiques ; 119 c12)
ISBN 2-87027-721-0. *65 F / 9,91 €*

04228 **GARRISSON J.** Royaume, Renaissance et Réforme : 1483-1559. *Seuil, 1991.* (Nouvelle histoire de la France moderne; 1)(Points. Histoire ; 207 c5)
ISBN 2-02-013688-0. *55 F / 8,38 €*

04229 **GAXOTTE P.** La Révolution française. Nouv. éd. *Complexe, 1988.* (Historiques ; 41 cL)
ISBN 2-87027-243-X. *69 F / 10,52 €*

04230 **GAY P.** Le suicide d'une République : Weimar 1918-1933. *Gallimard, 1995.* (Tel ; 258)
ISBN 2-07-074081-1. *53 F / 8,08 €*

04231 **A** **GERNET J.** La Chine ancienne : des origines à l'Empire. 8e éd. *PUF, 2001.* (Que sais-je? ; 1113 c1)
ISBN 2-13-051702-1. *42 F / 6,40 €*

04232 **GERVAIS M., JOLIVET M., TAVERNIER Y.** La Fin de la France paysanne depuis 1914. *Seuil, 1992.* (Histoire de la France rurale / dir. Georges Duby, Armand Wallon; 4)(Points. Histoire ; 169 c9)
ISBN 2-02-017335-2. *69 F / 10,52 €*

04233 **GHEERBRANT A.** L'Amazone, un géant blessé. *Gallimard, 1988.* (Découvertes ; 40. Aventures c6)
ISBN 2-07-053061-2. *90 F / 13,72 €*

04234 **GIDE A.** Voyage au Congo ; Le retour du Tchad. *Gallimard, 1995.* (Folio ; 2731 c11)
ISBN 2-07-039310-0. *50 F / 7,62 €*

04235 **GIMPEL J.** La Révolution industrielle du Moyen-Age. *Seuil, 1975.* (Points. Histoire ; 19 c3)
ISBN 2-02-004210-X. *48 F / 7,32 €*

04236 **GINOUVES R.** L'Archéologie gréco-romaine. 3e éd. *PUF, 1992.* (Que sais-je? ; 54 c1)
ISBN 2-13-045032-6. *42 F / 6,40 €*

04237 **GIRARD L.** Napoléon III. *Hachette Littératures, 1993.* (Pluriel ; 8627)
ISBN 2-01-020286-4. *75 F / 11,43 €*

04238 **GIRARDET R.** Mythes et mythologies politiques. *Seuil, 1990.* (Points. Histoire ; 129 c3)
ISBN 2-02-011484-4. *48 F / 7,32 €*

04239 **GIRARDIN D. d.** Chroniques parisiennes : 1836-1848. *Des femmes-Antoinette Fouque, 1986.* (Ecrits d'hier)
ISBN 2-7210-0296-1. *128 F / 19,51 €*

04240 **GIROUD F.** Jenny Marx ou la Femme du diable. *Pocket, 1993.* (Pocket ; 4149. Best c4)
ISBN 2-266-05224-1. *30 F / 4,57 €*

04241 **GLOTZ G.** La Cité grecque. *Albin Michel, 1988.* (L'Evolution de l'humanité poche ; 1)
ISBN 2-226-03345-9. *59 F / 8,99 €*

04242 **GODECHOT J.** La Prise de la Bastille : 14 juillet 1789. *Gallimard, 1989.* (Folio ; 24. Histoire ; 24 c7)
ISBN 2-07-032527-X. *60 F / 9,15 €*

04243 **GOGLIN J-L.** Les Misérables dans l'Occident médiéval. *Seuil, 1976.* (Points. Histoire ; 25 c3)
ISBN 2-02-004489-7. *48 F / 7,32 €*

04244 **GOLDHAGEN D. J.** Les bourreaux volontaires de Hitler : les Allemands ordinaires et l'Holocauste. *Seuil, 1998.* (Points ; 467 c17)
ISBN 2-02-033417-8. *65 F / 9,91 €*

04245 **GONZALES J-J.** 2000 ans d'Algérie. 1. *Séguier, 1998.* (Les Carnets Séguier ; 1)
ISBN 2-84049-139-7. *119 F / 18,14 €*

04246 **GORIELY G.** 1933, Hitler prend le pouvoir. Nouv. éd. *Complexe, 1999.* (Historiques ; 117)
ISBN 2-87027-775-X. *65 F / 9,91 €*

04247 **GOUBERT P.** L'avènement du Roi-Soleil, 1661. *Hachette Littératures, 1996.* (Pluriel ; 8790 c5)
ISBN 2-01-278790-8. *65 F / 9,91 €*

04248 **GOUBERT P.** Initiation à l'histoire de France. *Hachette Littératures, 1986.* (Pluriel ; 8464 c4)
ISBN 2-01-011569-4. *58 F / 8,84 €*

04249 **GOUBERT P.** Louis XIV et vingt millions de Français. Réimpr. *Hachette Littératures, 1998.* (Pluriel ; 8460 c3)
ISBN 2-01-278870-X. *50 F / 7,62 €*

04250 **GOUBERT P.** Mazarin. *LGF, 1993.* (Le Livre de poche ; 414. Références histoire c15)
ISBN 2-253-06487-4. *50 F / 7,62 €*

04251 **GOUBERT P.** Le siècle de Louis XIV. *LGF, 1998.* (Le Livre de poche ; 545. Références histoire c15)
ISBN 2-253-90545-3. *50 F / 7,62 €*

04252 **N** **GOUDINEAU C.** César et la Gaule. *Seuil, 2000.* (Points ; 271. Histoire c15)
ISBN 2-02-039639-4. *59 F / 8,99 €*

04253 **GOYON G.** Le secret des bâtisseurs des grandes pyramides : Khéops. *J'ai lu, 1999.* (J'ai lu ; 5226. Littérature générale c6)
ISBN 2-290-05226-4. *42 F / 6,40 €*

04254 **GRANDAZZI A.** La fondation de Rome : réflexion sur l'Histoire. *Hachette Littératures, 1997.* (Pluriel ; 8820 c5)
ISBN 2-01-278820-3. *65 F / 9,91 €*

04255 **Grandes sources de l'histoire médiévale.** *Larousse, 1992.* (Textes essentiels)
ISBN 2-03-741004-2. *150 F / 22,87 €*

04256 **GRANET M.** La Civilisation chinoise : la vie publique et la vie privée. Nouv. éd. *Albin Michel, 1994.* (Bibliothèque de l'évolution de l'humanité ; 6)
ISBN 2-226-06930-5. *78 F / 11,89 €*

04257 **GRAVEREAU J.** Le Japon au XXe siècle. Nouv. éd. augm. *Seuil, 1993.* (Points. Histoire ; 177 c7)
ISBN 2-02-013186-2. *65 F / 9,91 €*

04258 **GRAY P.** L'Irlande au temps de la grande famine. *Gallimard, 1995.* (Découvertes ; 265. Histoire c5)
ISBN 2-07-053319-0. *85 F / 12,96 €*

04259 **GRÈCE M. d.** L'Envers du Soleil : Louis XIV. *Pocket, 1989.* (Pocket ; 3178 c9)
ISBN 2-266-02706-9. *48 F / 7,32 €*

04260 **GREEN N.** Et ils peuplèrent l'Amérique : l'odyssée des émigrants. *Gallimard, 1994.* (Découvertes ; 212. Histoire c5)
ISBN 2-07-053177-5. *85 F / 12,96 €*

04261 **GREEN P.** D'Alexandre à Actium. *Laffont, 1997.* (Bouquins)
ISBN 2-221-08471-3. *189 F / 28,81 €*

04262 **GRENIER A.** Le Génie romain dans la religion, la pensée et l'art. *Albin Michel, 1969.* (L'Évolution de l'humanité poche ; 14)
ISBN 2-226-04727-1. *49 F / 7,47 €*

04263 **GRIMAL H.** Le Commonwealth britannique. 4e éd. *PUF, 1982.* (Que sais-je? ; 334 c1)
ISBN 2-13-037574-X. *42 F / 6,40 €*

04264 **GRIMAL H.** La décolonisation de 1919 à nos jours. Nouv. éd. *Complexe, 2000.* (Historiques ; 25 cL)
ISBN 2-87027-157-3. *65 F / 9,91 €*

04265 **GRIMAL N.** Histoire de l'Egypte ancienne. *LGF, 1993.* (Le Livre de poche ; 416. Références histoire c17)
ISBN 2-253-06547-1. *60 F / 9,15 €*

04266 **GRIMAL P.** Cicéron. 2e éd. corr. *PUF, 1993.* (Que sais-je? ; 2199 c1)
ISBN 2-13-045628-6. *42 F / 6,40 €*

04267 **GRIMAL P.** L'Empire romain. *LGF, 1993.* (Le Livre de poche ; 506. Références histoire c10)
ISBN 2-253-06486-6. *40 F / 6,10 €*

04268 **GRIMAL P.** Les erreurs de la liberté dans l'Antiquité. 2e éd. rev. et corr. *Hachette Littératures, 1997.* (Pluriel ; 8821 c3)
ISBN 2-01-278821-1. *49 F / 7,47 €*

04269 **GRIMAL P.** Le procès Néron. *LGF, 1997.* (Le Livre de poche ; 14128 c8)
ISBN 2-253-14128-3. *33 F / 5,03 €*

04270 **GRIMAL P.** La Vie à Rome dans l'Antiquité. 10e éd. *PUF, 1994.* (Que sais-je? ; 596 c1)
ISBN 2-13-043218-2. *42 F / 6,40 €*

04271 **GRIMAL P.** Les Villes romaines. 7e éd. *PUF, 1990.* (Que sais-je? ; 657 c1)
ISBN 2-13-043368-5. *42 F / 6,40 €*

04272 N **GRONDEUX J.** La France entre en République (1870-1893). *LGF, 2000.* (Le Livre de poche ; 572. Références histoire c11)
ISBN 2-253-90572-0. *42 F / 6,40 €*

04273 **GROSSER A.** Les Occidentaux : les pays d'Europe et les Etats-Unis depuis la guerre. *Seuil, 1982.* (Points. Histoire ; 61 c5)
ISBN 2-02-006158-9. *62 F / 9,45 €*

04274 **GROSSER P.** Les temps de la guerre froide : reflexions sur l'histoire de la guerre froide et les causes de sa fin. *Complexe, 1995.* (Questions au XXe siècle ; 77)
ISBN 2-87027-559-5. *159 F / 24,24 €*

04275 **GRUNWALD C. d.** Société et civilisation russes au 19e siècle. *Seuil, 1975.* (Points. Histoire ; 17 c4)
ISBN 2-02-000662-6. *55 F / 8,38 €*

04276 **GRUZINSKI S.** Le Destin brisé de l'empire aztèque. *Gallimard, 1988.* (Découvertes ; 33. Histoire c5)
ISBN 2-07-053050-7. *85 F / 12,96 €*

04277 **GRYNBERG A.** Les camps de la honte : les internés juifs des camps français, 1939-1944. Nouv. éd. *La Découverte, 1999.* (La Découverte poche ; 73. Sciences humaines et sociales)
ISBN 2-7071-3046-X. *85 F / 12,96 €*

04278 **GRYNBERG A.** La Shoah : l'impossible oubli. *Gallimard, 1995.* (Découvertes ; 236. Histoire c6)
ISBN 2-07-053302-6. *90 F / 13,72 €*

04279 **GRYNBERG A.** Vers la terre d'Israël. *Gallimard, 1998.* (Découvertes ; 346. Histoire c5)
ISBN 2-07-053369-7. *85 F / 12,96 €*

04280 **GUÉRIN D.** Front populaire, révolution manquée : témoignage militant. *Actes Sud, 1997.* (Babel ; 269. Révolutions c6)
ISBN 2-7427-1270-4. *63 F / 9,60 €*

04281 **GUICCIARDINI F.** Histoire d'Italie. 1, 1492-1513. *Laffont, 1996.* (Bouquins)
ISBN 2-221-06518-2. *175 F / 26,68 €*

04282 **GUICCIARDINI F.** Histoire d'Italie. 2, 1513-1534. *Laffont, 1996.* (Bouquins)
ISBN 2-221-08314-8. *175 F / 26,68 €*

04283 **GUICHARDIN F.** Histoire d'Italie : 1492-1534. *Laffont, 1996.* (Bouquins)
ISBN 2-221-91029-X. *350 F / 53,36 €*

04284 **GUICHETEAU G.** Papon Maurice ou La continuité de l'Etat. *Mille et une nuits, 1998.* (Les petits libres ; 16 cA)
ISBN 2-84205-195-5. *10 F / 1,52 €*

04285 **GUICHONNET P.** Histoire de l'Italie. 6e éd. rev. *PUF, 1992.* (Que sais-je? ; 286 c1)
ISBN 2-13-044343-5. *42 F / 6,40 €*

04286 **GUICHONNET P.** Mussolini et le fascisme. 9e éd. corr. *PUF, 2000.* (Que sais-je? ; 1225 c1)
ISBN 2-13-045199-3. *42 F / 6,40 €*

04287 **GUICHONNET P.** L'Unité italienne. 6e éd. *PUF, 1996.* (Que sais-je? ; 942 c1)
ISBN 2-13-035376-2. *42 F / 6,40 €*

04288 **GUIFFAN J.** Histoire de l'Europe au XXe siècle. 2, De 1918 à 1945. *Complexe, 1995.* (Questions au XXe siècle ; 72 c13)
ISBN 2-87027-551-X. *69 F / 10,52 €*

04289 **GUIFFAN J.** La question d'Irlande. Nouv. éd. *Complexe, 1999.* (Historiques ; 115 c12)
ISBN 2-87027-767-9. *65 F / 9,91 €*

04290 A **GUIFFAN J.** La question d'Irlande. Nouv. éd. rev. et corr. *Complexe, 2001.* (Historiques ; 115)
ISBN 2-87027-885-3. *69 F / 10,52 €*

04291 N **GUILAINE J.** Au temps des dolmens : le Midi au temps des mégalithes. *Privat, 2000.* (Pages Grand Sud)
ISBN 2-7089-5416-4. *49 F / 7,47 €*

04292 **GUILHAUMOU J.** 1793, la mort de Marat. *Complexe, 1989.* (La mémoire des siècles ; 212 c9)
ISBN 2-87027-276-6. *59 F / 8,99 €*

04293 **GUILLEMIN H.** Jeanne dite Jeanne d'Arc. *Gallimard, 1977.* (Folio ; 983 c8)
ISBN 2-07-036983-8. *37 F / 5,64 €*

04294 **GUILLEMIN H.** Silence aux pauvres : libelle. *Arléa, 1996.* (Arléa-poche ; 11)
ISBN 2-86959-315-5. *30 F / 4,57 €*

04295 **GUILLEMINAULT G.** Le Roman vrai de la IIIe et de la IVe République. 1, 1870-1918. *Laffont, 1991.* (Bouquins)
ISBN 2-221-06713-4. *130 F / 19,82 €*

04296 **GUILLEMINAULT G.** Le Roman vrai de la IIIe et de la IVe République. 2, 1919-1958. *Laffont, 1991.* (Bouquins)
ISBN 2-221-06714-2. *130 F / 19,82 €*

04297 **GUIZOT F.** Histoire de la Révolution d'Angleterre. *Laffont, 1997.* (Bouquins)
ISBN 2-221-06814-9. *159 F / 24,24 €*

04298 **GUTTON J-P.** La sociabilité villageoise dans la France d'Ancien régime. *Hachette Littératures, 1998.* (Pluriel ; 932 c6)
ISBN 2-01-278932-3. *50 F / 7,62 €*

04299 **GUYOTJEANNIN O.** Les sources de l'histoire médiévale. *LGF, 1998.* (Le Livre de poche ; 551. Références histoire c12)
ISBN 2-253-90551-8. *44 F / 6,71 €*

04300 **GUZZO P. G.** Magna Grecia : les colonies grecques dans l'Italie antique. *Gallimard, 1997.* (Découvertes ; 324. Histoire)
ISBN 2-07-053418-9. *75 F / 11,43 €*

04301 **HALÉVY D.** La fin des notables. 1. *Hachette Littératures, 1995.* (Pluriel ; 8767 c4)
ISBN 2-01-278767-3. *58 F / 8,84 €*

04302 **HALÉVY D.** La République des ducs. *Hachette Littératures, 1995.* (La fin des notables; 2)(Pluriel ; 8768 c5)
ISBN 2-01-278768-1. *65 F / 9,91 €*

04303 **HALÉVY D.** Visites aux paysans du Centre : 1907-1934. *Hachette Littératures, 1995.* (Pluriel ; 8778 c4)
ISBN 2-01-278778-9. *58 F / 8,84 €*

04304 **HALÉVY E.** L'Ere des tyrannies : études sur le socialisme et la guerre. *Gallimard, 1990.* (Tel ; 168)
ISBN 2-07-072015-2. *54 F / 8,23 €*

04305 **HALPHEN L.** Charlemagne et l'Empire carolingien. Nouv. éd. mise à jour et augm. *Albin Michel, 1995.* (Bibliothèque de l'évolution de l'humanité ; 13)
ISBN 2-226-07763-4. *78 F / 11,89 €*

04306 **HALTER M.** La force du bien. *Pocket, 1999.* (Pocket ; 10540 c5)
ISBN 2-266-08700-2. *35 F / 5,34 €*

04307 **HAMON H., ROTMAN P.** Les années de poudre. Réimpr. *Seuil, 1998.* (Génération; 2)(Points ; 498 c14)
ISBN 2-02-034351-7. *55 F / 8,38 €*

04308 **HAMON H., ROTMAN P.** Les années de rêve. Nouv. éd. *Seuil, 1998.* (Génération; 1)(Points ; 497 c14)
ISBN 2-02-034350-9. *55 F / 8,38 €*

04309 **HAMON H., ROTMAN P.** Génération. *Seuil, 1998.* (Points ; 8999)
ISBN 2-02-034352-5. *110 F / 16,77 €*

04310 **HAMON H., ROTMAN P.** Les Porteurs de valise : la résistance française à la guerre d'Algérie. *Seuil, 1982.* (Points. Histoire ; 59 c5)
ISBN 2-02-006096-5. *55 F / 8,38 €*

04311 **HAMPSON N.** Le Siècle des lumières. *Seuil, 1972.* (Histoire de la pensée européenne; 4)(Points. Histoire ; 7 c2)
ISBN 2-02-000673-1. *48 F / 7,32 €*

04312 **HAN S.** Le siècle de Zhou Enlai. *LGF, 1995.* (Le Livre de poche ; 13863 c16)
ISBN 2-253-13863-0. *55 F / 8,38 €*

04313 N **HANOUM L.** Le harem impérial au XIXe siècle. Réimpr. *Complexe, 2000.* (Historiques ; 67 c9)
ISBN 2-87027-372-X. *59 F / 8,99 €*

04314 **HANOUNE R., SCHEID J.** Nos ancêtres les Romains. *Gallimard, 1995.* (Découvertes ; 259. Histoire c5)
ISBN 2-07-053159-7. *85 F / 12,96 €*

04315 **HARBI M.** 1954, la guerre commence en Algérie. Nouv. éd. *Complexe, 1998.* (Historiques ; 111 c12)
ISBN 2-87027-720-2. *65 F / 9,91 €*

04316 A **HARTOG F.** Le XIXe siècle et l'histoire : le cas Fustel de Coulanges. *Seuil, 2001.* (Points ; 288. Histoire)
ISBN 2-02-047563-4. *59 F / 8,99 €*

04317 **HAUCOURT G. d.** La Vie au Moyen-Age. 14e éd. *PUF, 1998.* (Que sais-je? ; 132 c1)
ISBN 2-13-045106-3. *42 F / 6,40 €*

04318 A **HAZAN P.** 1967, la guerre des six jours : la victoire empoisonnée. Nouv. éd. *Complexe, 2001.* (La mémoire du siècle ; 55)
ISBN 2-87027-865-9. *59 F / 8,99 €*

04319 **HAZARD P.** La Crise de la conscience européenne : 1680-1715. *LGF, 1994.* (Le Livre de poche ; 423. Références histoire c14)
ISBN 2-253-90423-6. *48 F / 7,32 €*

04320 **HEERS J.** 1492-1530, la ruée vers l'Amérique : les mirages et les fièvres. *Complexe, 1992.* (La mémoire des siècles ; 222)
ISBN 2-87027-437-8. *65 F / 9,91 €*

04321 **HEERS J.** Le Clan familial au Moyen Age : étude sur les structures politiques et sociales des milieux urbains. Nouv. éd. *PUF, 1993.* (Quadrige ; 147)
ISBN 2-13-044658-2. *69 F / 10,52 €*

04322 **HEERS J.** La Découverte de l'Amérique : 1492. *Complexe, 1991.* (La mémoire des siècles ; 219 cL)
ISBN 2-87027-408-4. *65 F / 9,91 €*

04323 **HEERS J.** Esclaves et domestiques au Moyen Age dans le monde méditerranéen. *Hachette Littératures, 1996.* (Pluriel ; 8777 c3)
ISBN 2-01-278777-0. *49 F / 7,47 €*

04324 **HEERS J.** Le Travail au Moyen-Age. 4e éd. *PUF, 1982.* (Que sais-je? ; 1186 c1)
ISBN 2-13-037307-0. *42 F / 6,40 €*

04325 **HEERS J.** La ville au Moyen Age en Occident : paysages, pouvoirs et conflits. Réimpr. *Hachette Littératures, 1998.* (Pluriel ; 927 c9)
ISBN 2-01-278927-7. *65 F / 9,91 €*

04326 **HEFFER J.** La Grande dépression : les Etats-Unis en crise, 1929-1933. Nouv. éd. *Gallimard, 1991.* (Folio. Histoire ; 33 c3)
ISBN 2-07-032625-X. *41 F / 6,25 €*

04327 **HÉMERY D.** Hô Chi Minh : de l'Indochine au Vietnam. *Gallimard, 1990.* (Découvertes ; 97. Histoire)
ISBN 2-07-053053-1. *85 F / 12,96 €*

04328 **HÉRICART DE THURY L-EF.** Descriptions des catacombes de Paris. *Ed. du CTHS, 2000.* (Format ; 36)
ISBN 2-7355-0424-7. *120 F / 18,29 €*

04329 **HERLING G.** Un monde à part. *Gallimard, 1995.* (Folio ; 2769 c10)
ISBN 2-07-039381-X. *46 F / 7,01 €*

04330 **HERMET G.** La Guerre d'Espagne. *Seuil, 1989.* (Points. Histoire ; 124 c5)
ISBN 2-02-010646-9. *55 F / 8,38 €*

04331 **HERMET G.** Histoire des nations et du nationalisme en Europe. *Seuil, 1996.* (Points. Histoire c12)
ISBN 2-02-021492-X. *50 F / 7,62 €*

04332 **HERMON-BELOT R.** L'émancipation des juifs en France. *PUF, 1999.* (Que sais-je? ; 3514 c1)
ISBN 2-13-050422-1. *42 F / 6,40 €*

04333 **HILBERG R.** La Destruction des juifs d'Europe. 1. *Gallimard, 1992.* (Folio ; 38. Histoire ; 38 cK)
ISBN 2-07-032709-4. *76,50 F / 11,66 €*

04334 **HILBERG R.** La Destruction des juifs d'Europe. 2. *Gallimard, 1992.* (Folio ; 39. Histoire ; 39 cK)
ISBN 2-07-032710-8. *76,50 F / 11,66 €*

04335 **HILBERG R.** La politique de la mémoire. *Gallimard, 1996.* (Arcades ; 50)
ISBN 2-07-074298-9. *85 F / 12,96 €*

04336 **HINARD F.** La République romaine. 3e éd. *PUF, 1998.* (Que sais-je? ; 686 c1)
ISBN 2-13-044546-2. *42 F / 6,40 €*

04337 **L'histoire d'Homère à Augustin :** préface des historiens et textes sur l'Histoire. *Seuil, 1999.* (Points. Essais ; 388)
ISBN 2-02-030805-3. *69 F / 10,52 €*

04338 **Histoire de France.** *Seuil, 1989.* (Points. Histoire c14)
ISBN 2-02-010879-8. *62 F / 9,45 €*

04339 **Histoire de l'armée allemande. 1.** *Laffont, 1984.* (Bouquins)
ISBN 2-221-04537-8. *120 F / 18,29 €*

04340 **Histoire de l'Europe. Nouv. éd. mise à jour.** *Seuil, 1992.* (Points. Histoire ; 157 c7)
ISBN 2-02-014607-X. *65 F / 9,91 €*

04341 **Histoire de l'extrême droite en France.** *Seuil, 1994.* (Points. Histoire ; 186 c4)
ISBN 2-02-023200-6. *52 F / 7,93 €*

04342 **Histoire de la famille. 1, Mondes lointains.** *LGF, 1994.* (Le Livre de poche ; 420. Références histoire c16)
ISBN 2-253-90420-1. *55 F / 8,38 €*

04343 **Histoire de la famille. 2, Temps médiévaux, Orient-Occident.** *LGF, 1994.* (Le Livre de poche ; 421. Références histoire c17)
ISBN 2-253-90421-X. *60 F / 9,15 €*

04344 **Histoire de la famille. 3, Le choc des modernités.** *LGF, 1994.* (Le Livre de poche ; 422. Références histoire c18)
ISBN 2-253-90422-8. *65 F / 9,91 €*

04345 **N** **Histoire de la France. 1, L'espace français.** *Seuil, 2000.* (Points. Histoire ; 272)
ISBN 2-02-036182-5. *59 F / 8,99 €*

04346 **N** **Histoire de la France. 2, Héritages.** *Seuil, 2000.* (Points. Histoire ; 273 c15)
ISBN 2-02-036183-3. *59 F / 8,99 €*

04347 **N** **Histoire de la France. 3, Choix culturels et mémoire.** *Seuil, 2000.* (Points. Histoire ; 274 c15)
ISBN 2-02-036184-1. *59 F / 8,99 €*

04348 **N** **Histoire de la France. 4, La longue durée de l'Etat.** *Seuil, 2000.* (Points. Histoire ; 275 c15)
ISBN 2-02-036186-8. *59 F / 8,99 €*

04349 **N** **Histoire de la France. 5, Les conflits.** *Seuil, 2000.* (Points ; 276. Histoire ; 276 c15)
ISBN 2-02-036187-6. *59 F / 8,99 €*

04350 **Histoire de la France rurale.** *Seuil, 1992.* (Points. Histoire)
ISBN 2-02-013706-2. *276 F / 42,08 €*

04351 **Histoire de la France urbaine. 4, La ville de l'âge industriel :** le cycle haussmannien. Nouv. éd. rev. et compl. *Seuil, 1998.* (Points. Histoire ; 255 c18)
ISBN 2-02-034311-8. *67 F / 10,21 €*

04352 **Histoire de la vie privée.** *Seuil, 1999.* (Points. Histoire)
ISBN 2-02-038736-0. *295 F / 44,97 €*

04353 **Histoire de la vie privée. 1, De l'Empire romain à l'an mil.** *Seuil, 1999.* (Points. Histoire ; 260)
ISBN 2-02-036417-4. *59 F / 8,99 €*

04354 **Histoire de la vie privée. 2, De l'Europe féodale à la Renaissance.** *Seuil, 1999.* (Points. Histoire ; 261 c15)
ISBN 2-02-036418-2. *59 F / 8,99 €*

04355 **Histoire de la vie privée. 3, De la Renaissance aux Lumières.** *Seuil, 1999.* (Points. Histoire ; 262 c15)
ISBN 2-02-037642-3. *59 F / 8,99 €*

04356 **Histoire de la vie privée. 4, De la Révolution à la Grande Guerre.** *Seuil, 1999.* (Points. Histoire ; 263 c15)
ISBN 2-02-037644-X. *59 F / 8,99 €*

04357 **Histoire de la vie privée. 5, De la Première Guerre mondiale à nos jours.** *Seuil, 1999.* (Points. Histoire ; 264 c15)
ISBN 2-02-037646-6. *59 F / 8,99 €*

04358 **L'Histoire en France.** *La Découverte, 1990.* (Repères ; 84)
ISBN 2-7071-1926-1. *52 F / 7,93 €*

04359 **Histoire et dictionnaire des Capétiens.** *Laffont, 1999.* (Bouquins)
ISBN 2-221-05687-6. *199 F / 30,34 €*

04360 **Histoire et dictionnaire des guerres de Religion.** *Laffont, 1998.* (Bouquins)
ISBN 2-221-07425-4. *199 F / 30,34 €*

04361 **HISTOIRE, L' (Paris)** La droite depuis 1789 : les hommes, les idées, les réseaux. *Seuil, 1995.* (Points ; 197. Histoire c13)
ISBN 2-02-025473-5. *52 F / 7,93 €*

04362 **HISTOIRE, L' (Paris)** L'Egypte ancienne. *Seuil, 1996.* (Points. Histoire ; 231 c12)
ISBN 2-02-029753-1. *50 F / 7,62 €*

04363 **HISTOIRE, L' (Paris)** La France de la monarchie absolue. *Seuil, 1997.* (Points. Histoire ; 235 c16)
ISBN 2-02-030202-0. *62 F / 9,45 €*

04364 **HISTOIRE, L' (Paris)** La Grèce ancienne. *Seuil, 1986.* (Points. Histoire ; 87 c5)
ISBN 2-02-009234-4. *55 F / 8,38 €*

04365 **HISTOIRE, L' (Paris)** Israël. *Seuil, 1998.* (Points. Histoire)
ISBN 2-02-033986-2. *50 F / 7,62 €*

04366 **HISTOIRE (Paris)** 14-18, mourir pour la patrie. *Seuil, 1992.* (Points. Histoire ; 163 c4)
ISBN 2-02-014656-8. *52 F / 7,93 €*

04367 **HISTOIRE (Paris)** L'Allemagne de Hitler : 1933-1945. *Seuil, 1991.* (Points. Histoire ; 149 c4)
ISBN 2-02-012647-8. *55 F / 8,38 €*

04368 **HISTOIRE (Paris)** Les Années trente. *Seuil, 1990.* (Points. Histoire ; 128 c12)
ISBN 2-02-011389-9. *52 F / 7,93 €*

04369 **HISTOIRE (Paris)** Les Croisades. *Seuil, 1988.* (Points. Histoire ; 100 c3)
ISBN 2-02-009996-9. *48 F / 7,32 €*

04370 **HISTOIRE (Paris)** La France de 1939 à nos jours. *Seuil, 1985.* (Points. Histoire ; 76 c6)
ISBN 2-02-008653-0. *62 F / 9,45 €*

04371 **Histoire politique et sciences sociales.** *Complexe, 1991.* (Questions au XXe siècle ; 47 cM)
ISBN 2-87027-373-8. *69 F / 10,52 €*

04372 **Histoire universelle.** *Larousse, 1998.* (In extenso c1)
ISBN 2-03-750050-5. *480 F / 73,18 €*

04373 **HOBSBAWM E. J.** L'âge des extrêmes : le Court Vingtième Siècle, 1914-1991. *Complexe, 2000.* (Bibliothèque Complexe)
ISBN 2-87027-745-8. *159 F / 24,24 €*

04374 **N** **HOBSBAWM E. J.** L'ère des empires : 1875-1914. Nouv. éd. *Hachette Littératures, 2000.* (Pluriel ; 997 c9)
ISBN 2-01-278997-8. *65 F / 9,91 €*

04375 **N** **HOBSBAWM E. J.** L'ère des révolutions. Nouv. éd. *Complexe, 2000.* (Historiques cL)
ISBN 2-87027-242-1. *65 F / 9,91 €*

04376 **HOBSBAWM E. J.** L'ère du capital. *Hachette Littératures, 1997.* (Pluriel ; 8829 c4)
ISBN 2-01-278829-7. *58 F / 8,84 €*

04377 **N** **HOBSBAWM E. J.** Nations et nationalisme depuis 1780 : programme, mythe et réalité. *Gallimard, 2001.* (Folio ; 99. Histoire c11)
ISBN 2-07-041652-6. *49 F / 7,47 €*

04378 **HODEIR C., PIERRE M.** 1931, l'Exposition coloniale. *Complexe, 1991.* (La mémoire du siècle ; 58 c9)
ISBN 2-87027-382-7. *59 F / 8,99 €*

04379 **L'homme grec.** *Seuil, 2000.* (Points ; 267. Histoire)
ISBN 2-02-038969-X. *55 F / 8,38 €*

04380 **L'Homme médiéval.** *Seuil, 1994.* (Points. Histoire ; 183 c7)
ISBN 2-02-022211-6. *65 F / 9,91 €*

04381 **HOMO L.** Les Institutions politiques romaines : de la cité à l'état. Nouv. éd. *Albin Michel, 1970.* (L'Evolution de l'humanité poche ; 24)
ISBN 2-226-04732-8. *45 F / 6,86 €*

04382 **HOMO L.** Rome impériale et l'urbanisme dans l'antiquité. *Albin Michel, 1971.* (L'Evolution de l'humanité poche ; 33)
ISBN 2-226-04733-6. *49 F / 7,47 €*

04383 **HOURANI A.** Histoire des peuples arabes. *Seuil, 1993.* (Points. Histoire ; 175 cJ)
ISBN 2-02-020001-5. *72 F / 10,98 €*

04384 **HOURS F.** Les Civilisations du paléolithique. 2e éd. *PUF, 1987.* (Que sais-je? ; 2057 c1)
ISBN 2-13-039940-1. *42 F / 6,40 €*

04385 **HOURS-MIEDAN M.** Carthage. 5e éd. *PUF, 1982.* (Que sais-je? ; 340 c1)
ISBN 2-13-037489-1. *42 F / 6,40 €*

04386 **HOWARD M.** La Guerre dans l'histoire de l'Occident. *Hachette Littératures, 1990.* (Pluriel ; 8543 c2)
ISBN 2-01-016211-0. *39 F / 5,95 €*

04387 **A** **HUBERT H.** Les Celtes. *Albin Michel, 2001.* (Bibliothèque de l'évolution de l'humanité)
ISBN 2-226-11423-8. *120 F / 18,29 €*

04388 **HUNKE S.** Le soleil d'Allah brille sur l'Occident : notre héritage arabe. *Albin Michel, 1997.* (Espaces libres ; 76 c6)
ISBN 2-226-09358-3. *59 F / 8,99 €*

04389 **N** **IBN KHALDÛN** Discours sur l'histoire universelle : Al-Muqaddima. Réimpr. *Actes Sud, 1997.* (Thésaurus ; 2)
ISBN 2-7427-0924-X. *170 F / 25,92 €*

04390 **A** **L'Inde classique (VIe-XIIe siècles).** *Belles lettres, 2001.* (Guide des civilisations)
ISBN 2-251-41015-5. *95 F / 14,48 €*

04391 **Initiation à l'Orient ancien :** de Sumer à la Bible. *Seuil, 1992.* (Points. Histoire ; 170 c5)
ISBN 2-02-018130-4. *55 F / 8,38 €*

04392 **Inquisition en terre cathare :** paroles d'hérétiques devant leurs juges. *Privat, 1998.* (Pages Grand Sud)
ISBN 2-7089-5409-1. *49 F / 7,47 €*

04393 **ISAAC J.** Genèse de l'antisémitisme. *10-18, 1998.* (10-18 ; 2934. Bibliothèques c7)
ISBN 2-264-02733-9. *50 F / 7,62 €*

04394 **J'accuse ! :** Emile Zola et l'affaire Dreyfus. *Librio, 1998.* (Librio ; 201 c1)
ISBN 2-277-30201-5. *10 F / 1,52 €*

04395 **JACKEL E.** Hitler idéologue. *Gallimard, 1995.* (Tel ; 256)
ISBN 2-07-073251-7. *60 F / 9,15 €*

04396 **JACKSON H. H.** Un siècle de déshonneur. *10-18, 1997.* (10-18 ; 730. Bibliothèques c6)
ISBN 2-264-02578-6. *47 F / 7,17 €*

04397 **JACQ C.** Les Egyptiennes : portraits de femmes de l'Egypte pharaonique. *Pocket, 1998.* (Pocket ; 10260 c5)
ISBN 2-266-07738-4. *35 F / 5,34 €*

04398 **JACQUARD A.** Cinq milliards d'hommes dans un vaisseau. *Seuil, 1987.* (Point-virgule ; 51 c1)
ISBN 2-02-009481-9. *32 F / 4,88 €*

04399 **N** **JACQUIN P.** La terre des Peaux-Rouges. *Gallimard, 2000.* (Découvertes ; 14. Histoire c5)
ISBN 2-07-053523-1. *85 F / 12,96 €*

04400 **JARDIN A.** Alexis de Tocqueville : 1805-1859. *Hachette Littératures, 1986.* (Pluriel ; 8474 c5)
ISBN 2-01-011883-9. *65 F / 9,91 €*

04401 **JARDIN A., TUDESQ A-J.** La France des notables : l'évolution générale, 1815-1848. *Seuil, 1973.* (Nouvelle histoire de la France contemporaine; 6)(Points. Histoire ; 106 c3)
ISBN 2-02-000666-9. *48 F / 7,32 €*

04402 **JEAN G.** Voyages en utopie. *Gallimard, 1994.* (Découvertes ; 200. Philosophie c5)
ISBN 2-07-053155-4. *84 F / 12,81 €*

04403 **JEANNENEY J-N.** L'Actualité du passé : concordances des temps. Nouv. éd. augm. *Seuil, 1991.* (Points. Histoire ; 152 c4)
ISBN 2-02-013637-6. *52 F / 7,93 €*

04404 **JERPHAGNON L.** Histoire de la Rome antique : les armes et les mots. 3e éd. rev. et augm. *Hachette Littératures, 1994.* (Pluriel ; 8660 c7)
ISBN 2-01-021242-8. *79 F / 12,04 €*

04405 **JOHNSTON W. M.** L'Esprit viennois : une histoire intellectuelle et sociale, 1848-1938. *PUF, 1991.* (Quadrige ; 124)
ISBN 2-13-043637-4. *75 F / 11,43 €*

04406 **JOUGUET P.** L'Impérialisme macédonien et l'hellénisation de l'Orient. Ed. rev. *Albin Michel, 1972.* (L'Evolution de l'humanité poche ; 34)
ISBN 2-226-04734-4. *49 F / 7,47 €*

04407 **JOUTARD P.** Les Camisards. *Gallimard, 1994.* (Folio. Histoire ; 60 c4)
ISBN 2-07-032615-2. *46 F / 7,01 €*

04408 **KAPLAN K.** 1952, procès politiques à Prague. Nouv. éd. *Complexe, 1990.* (La mémoire du siècle ; 8 c8)
ISBN 2-87027-057-7. *56 F / 8,54 €*

04409 **KAPLAN M.** Tout l'or de Byzance. Réimpr. *Gallimard, 1998.* (Découvertes ; 104. Histoire c5)
ISBN 2-07-053119-8. *85 F / 12,96 €*

04410 **KAPUSCINSKI R.** Imperium. *10-18, 1999.* (10-18 ; 3093. Domaine étranger c7)
ISBN 2-264-02672-3. *50 F / 7,62 €*

04411 **KASPI A.** La deuxième guerre mondiale : chronologie commentée. *Complexe, 1995.* (Bibliothèque Complexe)
ISBN 2-87027-591-9. *90 F / 13,72 €*

04412 **KASPI A.** Etats-Unis 68, l'année des contestations. *Complexe, 1988.* (La mémoire du siècle ; 52 c1)
ISBN 2-87027-252-9. *59 F / 8,99 €*

04413 **KASPI A.** Les Etats-Unis de 1945 à nos jours. *Seuil, 1986.* (Les Américains; 2)(Points. Histoire ; 90 c4)
ISBN 2-02-009361-8. *52 F / 7,93 €*

04414 **KASPI A.** La Guerre de Sécession : les Etats désunis. *Gallimard, 1992.* (Découvertes ; 157. Histoire c6)
ISBN 2-07-053165-1. *90 F / 13,72 €*

04415 **KASPI A.** Les Juifs pendant l'Occupation. Nouv. éd. rev. et mise à jour. *Seuil, 1997.* (Points. Histoire ; 238 c13)
ISBN 2-02-031210-7. *52 F / 7,93 €*

04416 **KASPI A.** Naissance et essor des Etats-Unis : 1607-1945. *Seuil, 1986.* (Les Américains; 1)(Points. Histoire ; 89 c4)
ISBN 2-02-009360-X. *52 F / 7,93 €*

04417 **KEMP A.** 1939-1945, le monde en guerre. *Gallimard, 1995.* (Découvertes ; 244. Histoire c5)
ISBN 2-07-053320-4. *85 F / 12,96 €*

04418 **KEMP A.** 6 juin 1944 : Le Débarquement en Normandie. *Gallimard, 1994.* (Découvertes ; 202. Histoire c6)
ISBN 2-07-058353-8. *90 F / 13,72 €*

04419 **KENRICK D., PUXON G.** Destins gitans : des origines à la solution finale. *Gallimard, 1995.* (Tel ; 254)
ISBN 2-07-073550-8. *70 F / 10,67 €*

04420 **KERSHAW I.** Qu'est-ce que le nazisme? : problèmes et perspectives d'interprétation. Nouv. éd. augm. et mise à jour. *Gallimard, 1997.* (Folio ; 83. Histoire ; 83 c10)
ISBN 2-07-040351-3. *76,50 F / 11,66 €*

04421 **KESSEL J.** Mermoz. *Gallimard, 1972.* (Folio ; 232 c9)
ISBN 2-07-036232-9. *41 F / 6,25 €*

04422 **KITSIKIS D.** L'Empire ottoman. 3e éd. corr. *PUF, 1994.* (Que sais-je? ; 2222 c1)
ISBN 2-13-043459-2. *42 F / 6,40 €*

04423 **KLOCK-FONTANILLE I.** Les Hittites. *PUF, 1998.* (Que sais-je? ; 3349 c1)
ISBN 2-13-048966-4. *42 F / 6,40 €*

04424 **KOGON E.** L'Etat SS : le système des camps de concentration allemands. Nouv. éd. *Seuil, 1993.* (Points ; 158. Histoire ; 158 c6)
ISBN 2-02-014136-1. *62 F / 9,45 €*

04425 **A** **KOGON E., LANGBEIN H., RUCKERL A.** Les chambres à gaz, secret d'Etat. Nouv. éd. *Seuil, 2001.* (Points. Histoire ; 95 c15)
ISBN 2-02-040960-7. *59 F / 8,99 €*

04426 **KONDRATIEVA T.** La Russie ancienne. *PUF, 1996.* (Que sais-je? ; 3092 c1)
ISBN 2-13-047722-4. *42 F / 6,40 €*

04427 **KONOPNICKI M., BEN RAFAEL E.** Jérusalem. *PUF, 1987.* (Que sais-je? ; 2366 c1)
ISBN 2-13-048381-X. *42 F / 6,40 €*

04428 **KOTEK J., KOTEK D.** L'Affaire Lyssenko, 1948. *Complexe, 1986.* (La mémoire du siècle ; 46 c7)
ISBN 2-87027-187-5. *56 F / 8,54 €*

04429 **KRAUTHEIMER R.** Rome, portrait d'une ville (312-1308). *LGF, 1999.* (Le Livre de poche ; 562. Références art c22)
ISBN 2-253-90562-3. *90 F / 13,72 €*

04430 **KREINS J-M.** Histoire du Luxembourg, des origines à nos jours. 2e éd. corr. *PUF, 1999.* (Que sais-je? ; 3101 c1)
ISBN 2-13-047586-8. *42 F / 6,40 €*

04431 **KRIEGEL B.** Les académies de l'histoire. *PUF, 1996.* (L'histoire à l'âge classique; 3)(Quadrige ; 233)
ISBN 2-13-047904-9. *78 F / 11,89 €*

04432 **KRIEGEL B.** La défaite de l'érudition. *PUF, 1996.* (L'histoire à l'âge classique; 2)(Quadrige ; 232)
ISBN 2-13-047903-0. *69 F / 10,52 €*

04433 **KRIEGEL B.** L'histoire à l'âge classique. *PUF, 1996.* (Quadrige)
ISBN 2-13-047901-4. *278 F / 42,38 €*

04434 **KRIEGEL B.** Jean Mabillon. *PUF, 1996.* (L'histoire à l'âge classique; 1)(Quadrige ; 231)
ISBN 2-13-047902-2. *69 F / 10,52 €*

04435 **KRIEGEL B.** La République incertaine. *PUF, 1996.* (L'histoire à l'âge classique; 4)(Quadrige ; 234)
ISBN 2-13-047905-7. *62 F / 9,45 €*

04436 **KRIEGEL M.** Les Juifs à la fin du Moyen Age dans l'Europe méditerranéenne. *Hachette Littératures, 1994.* (Pluriel ; 8718 c3)
ISBN 2-01-278718-5. *49 F / 7,47 €*

04437 **KRULIC J.** Histoire de la Yougoslavie de 1945 à nos jours. *Complexe, 1993.* (Questions au XXe siècle ; 58 cM)
ISBN 2-87027-481-5. *69 F / 10,52 €*

04438 **N** **KRUTA V.** Les Celtes : des origines à la romanisation et au christianisme. *Laffont, 2000.* (Bouquins)
ISBN 2-221-05690-6. *189 F / 28,81 €*

04439 **N** **KRUTA V.** Les Celtes. 8e éd. mise à jour. *PUF, 2000.* (Que sais-je? ; 1649 c1)
ISBN 2-13-050808-1. *42 F / 6,40 €*

04440 **KWIATKOWSKA-VIATTEAU A.** 1940-1943, Katyn, l'armée polonaise assassinée. Nouv. éd. *Complexe, 1992.* (La mémoire du siècle ; 21 c1)
ISBN 2-87027-310-X. *52 F / 7,93 €*

04441 **KWIATKOWSKA-VIATTEAU A.** Varsovie insurgée, 1944. *Complexe, 1984.* (La mémoire du siècle ; 35 c5)
ISBN 2-87027-143-3. *52 F / 7,93 €*

04442 **L'HUILLIER F.** Histoire de l'Alsace. 4e éd. *PUF, 1974.* (Que sais-je? ; 255)
ISBN 2-13-033567-5. *42 F / 6,40 €*

04443 **A** **LABORIE P.** L'opinion française sous Vichy. *Seuil, 2001.* (Points. Histoire ; 286)
ISBN 2-02-032291-9. *59 F / 8,99 €*

04444 **N** **LABOURDETTE J-F.** Histoire du Portugal. 2e éd. mise à jour. *PUF, 2000.* (Que sais-je? ; 1394 c1)
ISBN 2-13-050898-7. *42 F / 6,40 €*

04445 **LACOSTE Y.** Ibn Khaldoun : naissance de l'histoire, passé du tiers-monde. Nouv. éd. *La Découverte, 1998.* (La Découverte poche ; 22. Sciences humaines et sociales)
ISBN 2-7071-2680-2. *69 F / 10,52 €*

04446 **LACOUTURE J.** Algérie la guerre est finie, 1962. *Complexe, 1985.* (La mémoire du siècle ; 37 c6)
ISBN 2-87027-149-2. *52 F / 7,93 €*

04447 **LACOUTURE J.** Champollion : une vie de lumières. *LGF, 1991.* (Le Livre de poche ; 6995 c15)
ISBN 2-253-05753-3. *50 F / 7,62 €*

04448 **LACOUTURE J.** Léon Blum. *Seuil, 1979.* (Points. Histoire ; 42 c5)
ISBN 2-02-005350-0. *67 F / 10,21 €*

04449 **LACOUTURE J.** Le Politique : 1944-1959. *Seuil, 1990.* (De Gaulle; 2)(Points. Histoire ; 133 c6)
ISBN 2-02-012122-0. *62 F / 9,45 €*

04450 **LACOUTURE J.** Le Souverain : 1959-1970. *Seuil, 1990.* (De Gaulle; 3)(Points. Histoire ; 134 c7)
ISBN 2-02-012123-9. *65 F / 9,91 €*

04451 **LAMOINE G.** Histoire constitutionnelle anglaise. *PUF, 1995.* (Que sais-je? ; 2947 c1)
ISBN 2-13-046847-0. *42 F / 6,40 €*

04452 **LAMORE J.** Cuba. 6e éd. corr. *PUF, 1998.* (Que sais-je? ; 1395 c1)
ISBN 2-13-048492-1. *42 F / 6,40 €*

04453 **LANÇON B.** L'Antiquité tardive. *PUF, 1997.* (Que sais-je? ; 1455 c1)
ISBN 2-13-048125-6. *42 F / 6,40 €*

04454 **LANÇON B.** Constantin. *PUF, 1998.* (Que sais-je? ; 3443 c1)
ISBN 2-13-049656-3. *42 F / 6,40 €*

04455 **LANDAU P. E.** L'opinion juive et l'affaire Dreyfus. *Albin Michel, 1995.* (Présences du judaïsme poche ; 17 c3)
ISBN 2-226-07553-4. *45 F / 6,86 €*

04456 **LAPERROUSAZ E-M.** Les manuscrits de la mer Morte. 9e éd. mise à jour. *PUF, 1999.* (Que sais-je? ; 953 c1)
ISBN 2-13-044014-2. *42 F / 6,40 €*

04457 **LARTÉGUY J.** Mourir pour Jérusalem. *LGF, 1997.* (Le Livre de poche ; 14092 c10)
ISBN 2-253-14092-9. *40 F / 6,10 €*

04458 **LATOUCHE R.** Les Origines de l'économie occidentale : IVe-XIe siècle. Nouv. éd. *Albin Michel, 1971.* (L'Evolution de l'humanité poche ; 26)
ISBN 2-226-04735-2. *45 F / 6,86 €*

04459 **LAUNAY M.** 1919, Versailles, une paix bâclée ? : le XXe siècle est mal parti. Nouv. éd. *Complexe, 1999.* (Historiques ; 112 c12)
ISBN 2-87027-744-X. *65 F / 9,91 €*

04460 **LAVISSE E.** Louis XIV : 1643-1715, histoire d'un grand règne. *Laffont, 1989.* (Bouquins)
ISBN 2-221-05502-0. *159 F / 24,24 €*

04461 **LAVOISIER A-L. d.** De la richesse territoriale du royaume de France. *Ed. du CTHS, 1988.* (Format ; 3)
ISBN 2-7355-0159-0. *60 F / 9,15 €*

04462 **LAWRENCE T. E.** Guérilla dans le désert. *Mille et une nuits, 1997.* (La petite collection ; 180 cA)
ISBN 2-84205-180-7. *10 F / 1,52 €*

04463 **LAZARE L.** Le livre des justes : histoire du sauvetage des juifs par des non-juifs en France, 1940-1944. *Hachette Littératures, 1996.* (Pluriel ; 8809 c3)
ISBN 2-01-278809-2. *49 F / 7,47 €*

04464 **LAZITCH B.** Le Rapport Khrouchtchev et son histoire. *Seuil, 1976.* (Points. Histoire ; 23 c1)
ISBN 2-02-004355-6. *32 F / 4,88 €*

04465 **N** **LE BIHAN A.** Auschwitz graffiti. *Librio, 2000.* (Librio ; 394 c1)
ISBN 2-290-30730-0. *10 F / 1,52 €*

04466 **LE BOHEC Y.** César. *PUF, 1994.* (Que sais-je? ; 1049 c1)
ISBN 2-13-046142-5. *42 F / 6,40 €*

04467 **LE GOFF J.** La bourse et la vie. *Hachette Littératures, 1997.* (Pluriel ; 847)
ISBN 2-01-278847-5. *25 F / 3,81 €*

04468 **LE GOFF J.** Histoire et mémoire. *Gallimard, 1988.* (Folio ; 20. Histoire ; 20 c6)
ISBN 2-07-032404-4. *56 F / 8,54 €*

04469 **LE GOFF J.** Les intellectuels au Moyen Age. *Seuil, 1985.* (Points ; 78. Histoire ; 78 c3)
ISBN 2-02-008691-3. *48 F / 7,32 €*

04470 **LE GOFF J.** La Naissance du purgatoire. *Gallimard, 1991.* (Folio. Histoire ; 31 c4)
ISBN 2-07-032644-6. *46 F / 7,01 €*

04471 **LE GOFF J.** Pour un autre Moyen Age : temps, travail et culture en Occident : 18 essais. *Gallimard, 1991.* (Tel ; 181)
ISBN 2-07-072256-2. *66 F / 10,06 €*

04472 **LE QUINTREC G.** La France dans le monde depuis 1945. *Seuil, 1998.* (Mémo ; 90)
ISBN 2-02-030595-X. *29 F / 4,42 €*

04473 **LE RIDER J.** La Mitteleuropa. *PUF, 1994.* (Que sais-je? ; 2846 c1)
ISBN 2-13-046138-7. *42 F / 6,40 €*

04474 **N** **LE ROY LADURIE E.** L'Ancien Régime, 1610-1715. Nouv. éd. *Hachette Littératures, 2000.* (Histoire de France Hachette; 3-1)(Pluriel ; 1000)
ISBN 2-01-279000-3. *65 F / 9,91 €*

04475 **N** **LE ROY LADURIE E.** L'Ancien Régime, 1715-1770. Nouv. éd. *Hachette Littératures, 2000.* (Histoire de France Hachette; 3-2)(Pluriel ; 1001)
ISBN 2-01-279001-1. *65 F / 9,91 €*

04476 **N** **LE ROY LADURIE E.** L'Etat royal : de Louis XI à Henri IV, 1460-1610. *Hachette Littératures, 2000.* (Histoire de France Hachette; 2)(Pluriel ; 999 c9)
ISBN 2-01-278999-4. *65 F / 9,91 €*

04477 **N** **LE ROY LADURIE E.** Histoire du Languedoc. 6e éd. mise à jour. *PUF, 2000.* (Que sais-je? ; 958 c1)
ISBN 2-13-051030-2. *42 F / 6,40 €*

04478 **LE ROY LADURIE E.** Montaillou, village occitan : de 1294 à 1324. Ed. rev. et corr. *Gallimard, 1985.* (Folio ; 9. Histoire ; 9 c5)
ISBN 2-07-032328-5. *52 F / 7,93 €*

04479 **LEBECQ S.** Les Origines franques : Ve-IXe siècle. *Seuil, 1990.* (Nouvelle histoire de la France médiévale; 1)(Points. Histoire ; 201 c5)
ISBN 2-02-011552-2. *55 F / 8,38 €*

04480 **A** **LEBIGRE A.** 1679-1682, l'affaire des poisons. Nouv. éd. *Complexe, 2001.* (La mémoire des siècles ; 213)
ISBN 2-87027-866-7. *59 F / 8,99 €*

04481 **LEBIGRE A.** La justice du roi : la vie judiciaire dans l'ancienne France. *Complexe, 1995.* (Historiques ; 97 c12)
ISBN 2-87027-589-7. *65 F / 9,91 €*

04482 **N** **LEBRUN F.** Croyances et cultures dans la France d'Ancien Régime. *Seuil, 2001.* (Points. Histoire ; 283 c12)
ISBN 2-02-040719-1. *50 F / 7,62 €*

04483 **LEBRUN F.** Histoire des catholiques en France du 15e siècle à nos jours. Nouv. éd. *Hachette Littératures, 1985.* (Pluriel ; 8408 c5)
ISBN 2-01-009597-9. *65 F / 9,91 €*

04484 **LEBRUN F.** La puissance et la guerre : 1661-1715. *Seuil, 1997.* (Nouvelle histoire de la France moderne; 4)(Points ; 210. Histoire ; 208 c14)
ISBN 2-02-024965-0. *55 F / 8,38 €*

04485 **LEBRUN F.** Se soigner autrefois. *Seuil, 1995.* (Points. Histoire ; 193 c3)
ISBN 2-02-023210-3. *45 F / 6,86 €*

04486 **LECLER J.** Histoire de la tolérance au siècle de la Réforme. *Albin Michel, 1994.* (Bibliothèque de l'évolution de l'humanité ; 5)
ISBN 2-226-06950-X. *92 F / 14,03 €*

04487 **LEDUC J.** Les historiens et le temps : conceptions, problématiques, écritures. *Seuil, 1999.* (Points ; 259. Histoire ; 259)
ISBN 2-02-037493-5. *52 F / 7,93 €*

04488 **LEGOHEREL H.** Histoire de la marine française. Nouv. éd. *PUF, 1999.* (Que sais-je? ; 342 c1)
ISBN 2-13-049626-1. *42 F / 6,40 €*

04489 **LEGOHÉREL H.** Les Plantagenêts. *PUF, 1999.* (Que sais-je? ; 3510)
ISBN 2-13-050345-4. *42 F / 6,40 €*

04490 **LEHMANN H.** Les Civilisations précolombiennes. 10e éd. *PUF, 1994.* (Que sais-je? ; 567 c1)
ISBN 2-13-046147-6. *42 F / 6,40 €*

04491 **LELORRAIN A-M.** Chronologie de la France contemporaine de 1815 à nos jours. *PUF, 1997.* (Que sais-je? ; 3163 c1)
ISBN 2-13-047872-7. *42 F / 6,40 €*

04492 **N** **LEMAIRE A.** Histoire du peuple hébreu. 5e éd. *PUF, 2001.* (Que sais-je? ; 1898 c1)
ISBN 2-13-051126-0. *42 F / 6,40 €*

04493 **LEMERLE P.** Histoire de Byzance. 13e éd. *PUF, 1998.* (Que sais-je? ; 107 c1)
ISBN 2-13-045545-X. *42 F / 6,40 €*

04494 **LENGELLÉ M.** L'Esclavage. 6e éd. *PUF, 1992.* (Que sais-je? ; 667 c1)
ISBN 2-13-044231-5. *42 F / 6,40 €*

04495 **LENÔTRE G.** Napoléon, croquis de l'épopée : la petite histoire. *Grasset, 1996.* (Les Cahiers rouges ; 231)
ISBN 2-246-13763-2. *56 F / 8,54 €*

04496 **LENÔTRE G.** La Révolution par ceux qui l'ont vue. *Grasset, 1989.* (Les Cahiers rouges ; 99)
ISBN 2-246-13802-7. *49 F / 7,47 €*

04497 **LENÔTRE G.** Sous le bonnet rouge. *Grasset, 1989.* (Les Cahiers rouges ; 100)
ISBN 2-246-13812-4. *49 F / 7,47 €*

04498 **LENÔTRE G.** Versailles au temps des rois. *Grasset, 1995.* (Les Cahiers rouges ; 213)
ISBN 2-246-13823-X. *59 F / 8,99 €*

04499 **LENTZ T.** Napoléon III. *PUF, 1995.* (Que sais-je? ; 3021 c1)
ISBN 2-13-047213-3. *42 F / 6,40 €*

04500 **LEROI-GOURHAN A.** Les Religions de la préhistoire. 3e éd. *PUF, 1990.* (Quadrige ; 44)
ISBN 2-13-043205-0. *55 F / 8,38 €*

04501 **LEROY B.** Les Juifs dans l'Espagne chrétienne avant 1492. *Albin Michel, 1993.* (Présences du judaïsme poche ; 11)
ISBN 2-226-06299-8. *39 F / 5,95 €*

04502 **LEROY-BEAULIEU A.** L'Empire des tsars et les Russes : le pays et les habitants, les institutions, la religion. *Laffont, 1991.* (Bouquins)
ISBN 2-221-06597-2. *150 F / 22,87 €*

04503 **A** **LESCOT P.** L'empire rouge : Moscou-Pékin, 1919-1989. *J'ai lu, 2001.* (J'ai lu ; 5900. Littérature générale)
ISBN 2-290-31222-3

04504 **LESCURE J-C.** Fascisme et nazisme. *Seuil, 1998.* (Mémo ; 92)
ISBN 2-02-032655-8. *29 F / 4,42 €*

04505 **LEVENSON C. B.** 1949-1959, la Chine envahit le Tibet. *Complexe, 1995.* (La mémoire du siècle ; 62 c1)
ISBN 2-87027-580-3. *56 F / 8,54 €*

04506 **LÉVÊQUE P.** L'aventure grecque. *LGF, 1997.* (Le Livre de poche ; 449. Références histoire c19)
ISBN 2-253-90449-X. *70 F / 10,67 €*

04507 **LÉVÊQUE P.** Empires et barbaries : IIIe siècle avant J.-C.-Ier siècle après J.-C. *LGF, 1996.* (Le Livre de poche ; 444. Références histoire c14)
ISBN 2-253-90444-9. *48 F / 7,32 €*

04508 **LÉVÊQUE P.** La naissance de la Grèce : des rois aux cités. Réimpr. *Gallimard, 1998.* (Découvertes ; 86. Histoire c5)
ISBN 2-07-053110-4. *85 F / 12,96 €*

04509 **LEVER E.** Louis XVIII. *Hachette Littératures, 1993.* (Pluriel ; 8623)
ISBN 2-01-020262-7. *65 F / 9,91 €*

04510 **LEVI P.** Le devoir de mémoire. *Mille et une nuits, 1995.* (La petite collection ; 50 cA)
ISBN 2-910233-67-7. *10 F / 1,52 €*

04511 **LEVI P.** Les Naufragés et les rescapés : quarante ans après Auschwitz. *Gallimard, 1989.* (Arcades ; 15)
ISBN 2-07-071511-6. *72 F / 10,98 €*

04512 **LEVISSE-TOUZÉ C.** Paris libéré, Paris retrouvé. *Gallimard : Paris-Musées, 1994.* (Découvertes ; 214. Histoire)
ISBN 2-07-053280-1. *65 F / 9,91 €*

04513 **LÉVY B-H.** Les Aventures de la liberté : une histoire subjective des intellectuels. *LGF, 1993.* (Le Livre de poche ; 9599 c15)
ISBN 2-253-06295-2. *50 F / 7,62 €*

04514 **LÉVY E.** La Grèce au Ve siècle : de Clisthène à Socrate. *Seuil, 1995.* (Nouvelle histoire de l'Antiquité; 2)(Points ; 213. Histoire c3)
ISBN 2-02-013128-5. *48 F / 7,32 €*

04515 **LEW R.** La Chine populaire. 11e éd. *PUF, 1999.* (Que sais-je? ; 840 c1)
ISBN 2-13-049748-9. *42 F / 6,40 €*

04516 **LEW R.** 1949, Mao prend le pouvoir. Nouv. éd. *Complexe, 1999.* (Historiques ; 118)
ISBN 2-87027-776-8. *65 F / 9,91 €*

04517 **LEWIS B.** Comment l'Islam a découvert l'Europe. *Gallimard, 1990.* (Tel ; 173)
ISBN 2-07-072113-2. *62 F / 9,45 €*

04518 **LEWIS B.** Le Retour de l'islam. *Gallimard, 1993.* (Folio ; 54. Histoire ; 54 c7)
ISBN 2-07-032796-5. *60 F / 9,15 €*

04519 **LEWIS B.** Sémites et antisémites. *Pocket, 1991.* (Agora ; 83 c6)
ISBN 2-266-03932-6. *38 F / 5,79 €*

04520 **LEYMARIE M.** La France contemporaine. 1, De la Belle Epoque à la Grande Guerre : le triomphe de la République (1893-1918). *LGF, 1999.* (Le Livre de poche ; 557. Références histoire c14)
ISBN 2-253-90557-7. *48 F / 7,32 €*

04521 **LIAUZU C.** Histoire des migrations méditerranéennes. *Complexe, 1996.* (Questions au XXe siècle ; 83 c14)
ISBN 2-87027-608-7. *76 F / 11,59 €*

04522 **Les Libéraux. 1.** *Hachette Littératures, 1986.* (Pluriel ; 8447)
ISBN 2-01-010846-9. *65 F / 9,91 €*

04523 **Les Libéraux. 2.** *Hachette Littératures, 1986.* (Pluriel ; 8495)
ISBN 2-01-012557-6. *65 F / 9,91 €*

04524 **LIDOVE M.** Les Vendéens de 1793. *Seuil, 1971.* (Microcosme. Le Temps qui court ; 41 c1)
ISBN 2-02-000188-8. *49 F / 7,47 €*

04525 **LINTEAU P-A.** Histoire du Canada. *PUF, 1994.* (Que sais-je? ; 232 c1)
ISBN 2-13-046131-X. *42 F / 6,40 €*

04526 **LISSAGARAY P-O.** Histoire de la Commune de 1871. Réimpr. *La Découverte, 2000.* (La Découverte poche ; 12. Sciences humaines et sociales)
ISBN 2-7071-2608-X. *85 F / 12,96 €*

04527 **LIVET G.** La Guerre de Trente Ans. Nouv. éd. *PUF, 1994.* (Que sais-je? ; 1083 c1)
ISBN 2-13-045988-9. *42 F / 6,40 €*

04528 **LIVET G.** Les Guerres de religion : 1559-1598. 6e éd. *PUF, 1996.* (Que sais-je? ; 1016 c1)
ISBN 2-13-044928-X. *42 F / 6,40 €*

04529 **N** **Le livre noir. 1.** *LGF, 2001.* (Le Livre de poche ; 468. Références histoire c14)
ISBN 2-253-90468-6. *48 F / 7,32 €*

04530 **N** **Le livre noir. 2.** *LGF, 2001.* (Le Livre de poche ; 468. Références histoire c14)
ISBN 2-253-90469-4. *48 F / 7,32 €*

04531 **Le livre noir du communisme :** crimes, terreur et répression. Nouv. éd. *Laffont, 1998.* (Bouquins)
ISBN 2-221-08861-1. *119 F / 18,14 €*

04532 **Le livre noir du communisme :** crimes, terreur et répression. *Pocket, 1999.* (Pocket ; 10522)
ISBN 2-266-08611-1. *65 F / 9,91 €*

04533 **LLYOD G. R.** Pour en finir avec les mentalités. *La Découverte, 1996.* (La Découverte poche ; 6. Sciences humaines et sociales)
ISBN 2-7071-2579-2. *67 F / 10,21 €*

04534 **LODS A.** Israël : des origines au milieu du VIIIe siècle avant notre ère. *Albin Michel, 1969.* (L'Evolution de l'humanité poche ; 16)
ISBN 2-226-04736-0. *49 F / 7,47 €*

04535 **LOMBARD D.** La Chine impériale. 5e éd. corr. *PUF, 1992.* (Que sais-je? ; 1244 c1)
ISBN 2-13-044438-5. *42 F / 6,40 €*

04536 **LONDRES A.** La Chine en folie. *Arléa, 1999.* (Arléa-poche ; 59)
ISBN 2-86959-462-3. *35 F / 5,34 €*

04537 **LONDRES A.** Les comitadjis ; En Bulgarie. *Arléa, 1999.* (Arléa-poche ; 60)
ISBN 2-86959-463-1. *35 F / 5,34 €*

04538 **LONDRES A.** Contre le bourrage de crâne. *Arléa, 1998.* (Arléa-poche ; 36)
ISBN 2-86959-380-5. *45 F / 6,86 €*

04539 **LONDRES A.** Le Juif errant est arrivé. *Arléa, 1997.* (Arléa-poche ; 31)
ISBN 2-86959-364-3. *40 F / 6,10 €*

04540 **LONGCHAMP J-P.** L'Affaire Galilée. *Cerf ; Fides, 1988.* (Bref ; 10)
ISBN 2-204-02965-3. ISBN 2-7621-1422-5. *50 F / 7,62 €*

04541 **LORAUX N.** Les Enfants d'Athéna : idées athéniennes sur la citoyenneté et la division des sexes. Nouv. éd. augm. d'une postf. *Seuil, 1990.* (Points. Essais ; 214 c4)
ISBN 2-02-012468-8. *52 F / 7,93 €*

04542 **LORRAIN S.** Histoire de la RDA. *PUF, 1994.* (Que sais-je? ; 964 c1)
ISBN 2-13-046104-2. *42 F / 6,40 €*

04543 **LOT F.** La Fin du monde antique et le début du Moyen Age. Nouv. éd. *Albin Michel, 1989.* (L'Evolution de l'humanité poche ; 5)
ISBN 2-226-03700-4. *65 F / 9,91 €*

04544 **LOTTMAN H. R.** La Rive gauche : du front populaire à la guerre froide. *Seuil, 1984.* (Points ; 161. Essais c6)
ISBN 2-02-006776-5. *62 F / 9,45 €*

04545 **LOUIS 11 (roi de France)** Lettres choisies. *LGF, 1996.* (Le Livre de poche ; 4546. Lettres gothiques c19)
ISBN 2-253-06659-1. *70 F / 10,67 €*

04546 **LOUIS 14 (roi de France)** Louis XIV par lui-même : morceaux choisis du roi. *Gallimard, 1991.* (Folio ; 2305)
ISBN 2-07-038419-5. *50 F / 7,62 €*

04547 **LOUIS J. H., HÉRON J. O.** William Penn et les quakers : ils inventèrent le Nouveau Monde. *Gallimard, 1990.* (Découvertes ; 90. Philosophies et religions c4)
ISBN 2-07-053096-5. *75 F / 11,43 €*

04548 **LOUTCHISKY I.** Propriété paysanne et ventes des biens nationaux pendant la Révolution française. Nouv. éd. *Ed. du CTHS, 1999.* (Format ; 33)
ISBN 2-7355-0414-X. *90 F / 13,72 €*

04549 **MAALOUF A.** Les croisades vues par les Arabes. Réimpr. *J'ai lu, 1992.* (J'ai lu ; 1916. Littérature générale c4)
ISBN 2-290-11916-4. *36 F / 5,49 €*

04550 **MACAULAY T. B.** Histoire d'Angleterre. 1. *Laffont, 1989.* (Bouquins)
ISBN 2-221-05332-X. *150 F / 22,87 €*

04551 **MACAULAY T. B.** Histoire d'Angleterre. 2. *Laffont, 1989.* (Bouquins)
ISBN 2-221-05333-8. *150 F / 22,87 €*

04552 **MACHIAVEL** Portrait de la France, portrait de l'Allemagne. *Aire, 1981.* (Le Chant du monde)
26 F / 3,96 €

04553 **MAFFRE J-J.** Le siècle de Périclès. Nouv. éd. *PUF, 1994.* (Que sais-je? ; 347 c1)
ISBN 2-13-042891-6. *42 F / 6,40 €*

04554 **MAFFRE J-J.** La Vie dans la Grèce classique. 2e éd. corr. *PUF, 1992.* (Que sais-je? ; 231 c1)
ISBN 2-13-044974-3. *42 F / 6,40 €*

04555 **MAHN-LOT M.** La Conquête de l'Amérique espagnole. 4e éd. corr. *PUF, 1993.* (Que sais-je? ; 1584 c1)
ISBN 2-13-045633-2. *42 F / 6,40 €*

04556 **MAHN-LOT M.** Portrait historique de Christophe Colomb. Nouv. éd. mise à jour et augm. *Seuil, 1988.* (Points. Histoire ; 122 c3)
ISBN 2-02-010355-9. *48 F / 7,32 €*

04557 **MAISTRE J. d.** Ecrits sur la Révolution. *PUF, 1989.* (Quadrige ; 113)
ISBN 2-13-042620-4. *51 F / 7,77 €*

04558 **MAITRON J.** Le Mouvement anarchiste en France. 1. *Gallimard, 1992.* (Tel ; 196)
ISBN 2-07-072498-0. *68 F / 10,37 €*

04559 **MAITRON J.** Le Mouvement anarchiste en France. 2. *Gallimard, 1992.* (Tel ; 197)
ISBN 2-07-072499-9. *62 F / 9,45 €*

04560 **MAITRON J.** Ravachol et les anarchistes. *Gallimard, 1992.* (Folio. Histoire ; 41 c4)
ISBN 2-07-032675-6. *46 F / 7,01 €*

04561 **MALAURIE J.** Ultima Thulé. *Pocket, 1992.* (Pocket ; 3032. Terre humaine cO)
ISBN 2-266-05272-1. *80 F / 12,20 €*

04562 **MALIA M.** Comprendre la révolution russe. *Seuil, 1980.* (Points. Histoire ; 45 c3)
ISBN 2-02-005421-3. *48 F / 7,32 €*

04563 **MALIA M.** La tragédie soviétique : histoire du socialisme en Russie, 1917-1991. *Seuil, 1999.* (Points. Histoire ; 257)
ISBN 2-02-036283-X. *62 F / 9,45 €*

04564 **MANDROU R.** Des humanistes aux hommes de science : 16e et 17e siècle. *Seuil, 1973.* (Histoire de la pensée européenne; 3)(Points. Histoire ; 8 c3)
ISBN 2-02-000674-X. *48 F / 7,32 €*

04565 **MANDROU R.** Introduction à la France moderne : 1500-1640, essai de psychologie historique. Nouv. éd. *Albin Michel, 1989.* (L'Evolution de l'humanité poche ; 36)
ISBN 2-226-03655-5. *59 F / 8,99 €*

04566 **MANDROU R.** Introduction à la France moderne : essai de psychologie historique (1500-1640). Nouv. éd. augm. *Albin Michel, 1998.* (Bibliothèque de l'évolution de l'humanité)
ISBN 2-226-09498-9. *110 F / 16,77 €*

04567 **MANIGAT L.** L'Amérique latine au XXe siècle. 1, 1889-1929. *Seuil, 1991.* (Points. Histoire ; 146 c6)
ISBN 2-02-012373-8. *62 F / 9,45 €*

04568 **MARAVAL P.** L'empereur Justinien. *PUF, 1999.* (Que sais-je? ; 415733 c1)
ISBN 2-13-050421-3. *42 F / 6,40 €*

04569 **MARCHAND B.** Paris, histoire d'une ville : XIXe-XXe siècle. *Seuil, 1993.* (Points. Histoire ; 176 c5)
ISBN 2-02-012864-0. *55 F / 8,38 €*

04570 **MARÈS A.** L'Institut de France. *Gallimard, 1995.* (Découvertes ; 261. Mémoire des lieux c4)
ISBN 2-07-053329-8. *75 F / 11,43 €*

04571 **MARIE J-J.** 1953, les derniers complots de Staline : l'affaire des blouses blanches. *Complexe, 1993.* (La mémoire du siècle ; 61 c13)
ISBN 2-87027-475-0. *69 F / 10,52 €*

04572 **MARIE J-J.** Le goulag. *PUF, 1999.* (Que sais-je? ; 3444 c1)
ISBN 2-13-049694-6. *42 F / 6,40 €*

04573 **MARIE J-J.** Les peuples déportés d'Union soviétique. *Complexe, 1996.* (Questions au XXe siècle ; 81 c20)
ISBN 2-87027-598-6. *120 F / 18,29 €*

04574 **MARROU H-I.** De la connaissance historique. *Seuil, 1975.* (Points. Histoire ; 21 c4)
ISBN 2-02-004301-7. *52 F / 7,93 €*

04575 **MARROU H-I.** Décadence romaine ou Antiquité tardive? : 3e-6e siècle. *Seuil, 1977.* (Points. Histoire ; 29 c3)
ISBN 2-02-004713-6. *48 F / 7,32 €*

04576 **MARROU H-I.** L'Eglise de l'Antiquité tardive : 303-604. Nouv. éd. *Seuil, 1985.* (Points ; 81. Histoire ; 81 c4)
ISBN 2-02-008747-2. *52 F / 7,93 €*

04577 **MARROU H-I.** Le Monde grec. *Seuil, 1981.* (Histoire de l'éducation dans l'Antiquité; 1)(Points. Histoire ; 56 c5)
ISBN 2-02-006014-0. *59 F / 8,99 €*

04578 **MARROU H-I.** Le Monde romain. *Seuil, 1981.* (Histoire de l'éducation dans l'Antiquité; 2)(Points. Histoire ; 57 c3)
ISBN 2-02-006015-9. *48 F / 7,32 €*

04579 **MARROU H-I.** Les Troubadours. Ed. rev. *Seuil, 1971.* (Points. Histoire ; 5 c3)
ISBN 2-02-000650-2. *48 F / 7,32 €*

04580 **MARSEILLE J.** Empire colonial et capitalisme français : histoire d'un divorce. *Seuil, 1989.* (Points. Histoire ; 126 c7)
ISBN 2-02-010894-1. *65 F / 9,91 €*

04581 **MARTIN-FUGIER A.** La Vie élégante ou la Formation du tout-Paris : 1815-1848. *Seuil, 1993.* (Points. Histoire ; 171 c5)
ISBN 2-02-018218-1. *55 F / 8,38 €*

04582 **MARTIN J-C.** Contre-révolution, Révolution et nation en France : 1789+-1799. *Seuil, 1998.* (Points. Histoire ; 250)
ISBN 2-02-025872-2. *52 F / 7,93 €*

04583 **MARTIN J-C.** La Révolution française : étapes, bilans et conséquences. *Seuil, 1996.* (Mémo ; 12)
ISBN 2-02-023127-1. *29 F / 4,42 €*

04584 **MARTIN P. M.** Antoine et Cléopâtre : la fin d'un rêve. *Complexe, 1995.* (Historiques ; 96 c11)
ISBN 2-87027-579-X. *65 F / 9,91 €*

04585 **MARTIN P. M.** 44 av. J.-C., tuer César. *Complexe, 1988.* (La mémoire des siècles ; 206 c9)
ISBN 2-87027-248-0. *59 F / 8,99 €*

04586 **MARTINEZ G.** La Shoah. *Seuil, 1999.* (Mémo ; 113)
ISBN 2-02-034953-1. *29 F / 4,42 €*

04587 **MARTINEZ G., SCOTTO DI COVELLA T.** Le conflit israélo-arabe : des origines à nos jours. *Seuil, 1997.* (Mémo ; 59 c1)
ISBN 2-02-030422-8. *29 F / 4,42 €*

04588 **MARTINEZ G., SCOTTO DI COVELLA T.** La France de 1939 à 1945 : le régime de Vichy, l'Occupation, la Libération. *Seuil, 1997.* (Mémo ; 79 c1)
ISBN 2-02-031458-4. *29 F / 4,42 €*

04589 **MARTINEZ G., SCOTTO DI COVELLA T.** La Seconde Guerre mondiale. *Seuil, 1998.* (Mémo ; 106 c3)
ISBN 2-02-033634-0. *36 F / 5,49 €*

04590 **MARX K.** Le 18 brumaire de Louis Bonaparte. *Mille et une nuits, 1997.* (La petite collection ; 182 cC)
ISBN 2-84205-182-3. *20 F / 3,05 €*

04591 **MARX R.** 1888, Jack l'éventreur et les fantasmes victoriens : du monde du crime aux abysses des passions victoriennes. *Complexe, 1987.* (La mémoire des siècles ; 204 c4)
ISBN 2-87027-204-9. *52 F / 7,93 €*

04592 **MARX R.** La Grande-Bretagne depuis 1945. *Seuil, 1996.* (Mémo ; 29 c2)
ISBN 2-02-026173-1. *36 F / 5,49 €*

04593 **MASSON P.** Une Guerre totale, 1939-1945 : stratégies, moyens, controverses. *Hachette Littératures, 1993.* (Pluriel ; 8650 c7)
ISBN 2-01-020870-6. *79 F / 12,04 €*

04594 **MASSON P.** Histoire de l'armée allemande, 1939-1945. *Hachette Littératures, 1996.* (Pluriel ; 8787 c6)
ISBN 2-01-278787-8. *75 F / 11,43 €*

04595 **MAYEUR J-M.** Les Débuts de la 3e République : 1871-1899. *Seuil, 1973.* (Nouvelle histoire de la France contemporaine; 10)(Points. Histoire ; 110 c3)
ISBN 2-02-000670-7. *48 F / 7,32 €*

04596 **MAYEUR J-M.** La Vie quotidienne sous la IIIe République : 1870-1940. *Seuil, 1984.* (Points. Histoire ; 73 c6)
ISBN 2-02-006777-3. *62 F / 9,45 €*

04597 **MAZARIN J.** Bréviaire des politiciens. *Arléa, 1997.* (Retour aux grands textes poche ; 29)
ISBN 2-86959-363-5. *30 F / 4,57 €*

04598 **MAZENOD L., SCHOELLER G.** Dictionnaire des femmes célèbres. Nouv. éd. *Laffont, 1992.* (Bouquins)
ISBN 2-221-05292-7. *140 F / 21,34 €*

04599 **MCPHERSON J. M.** La guerre de Sécession : 1861-1865. Réimpr. *Laffont, 1999.* (Bouquins)
ISBN 2-221-06742-8. *159 F / 24,24 €*

04600 **MÉCHOULAN H.** Etre juif à Amsterdam au temps de Spinoza. *Albin Michel, 1991.* (Présences du judaïsme poche ; 1 c2)
ISBN 2-226-05544-4. *39 F / 5,95 €*

04601 **MELEZE-MODRZEJEWSKI J.** Les Juifs d'Egypte, de Ramsès II à Hadrien. *PUF, 1997.* (Quadrige ; 247)
ISBN 2-13-048753-X. *98 F / 14,94 €*

04602 **MENU B.** Ramsès II : souverain des souverains. *Gallimard, 1998.* (Découvertes ; 344. Histoire)
ISBN 2-07-053442-1. *85 F / 12,96 €*

04603 **MERNISSI F.** Le Harem politique : le Prophète et les femmes. *Complexe, 1992.* (Historiques ; 84 c11)
ISBN 2-87027-446-7. *65 F / 9,91 €*

04604 **MÉTHIVIER H.** La Fin de l'Ancien Régime. 8e éd. rev. et corr. *PUF, 1996.* (Que sais-je? ; 1411 c1)
ISBN 2-13-045904-8. *42 F / 6,40 €*

04605 **MÉTHIVIER H.** Le Siècle de Louis XIII. Nouv. éd. *PUF, 1994.* (Que sais-je? ; 1138 c1)
ISBN 2-13-044871-2. *42 F / 6,40 €*

04606 **N** **MÉTHIVIER H.** Le siècle de Louis XIV. 10e éd. mise à jour. *PUF, 2000.* (Que sais-je? ; 426 c1)
ISBN 2-13-050958-4. *42 F / 6,40 €*

04607 **MÉTHIVIER H.** Le Siècle de Louis XV. 8e éd. rev. *PUF, 1993.* (Que sais-je? ; 1229 c1)
ISBN 2-13-045205-1. *42 F / 6,40 €*

04608 **MÉTRAUX A.** Les Incas. *Seuil, 1983.* (Points. Histoire ; 66 c3)
ISBN 2-02-006473-1. *48 F / 7,32 €*

04609 **MEYER J.** 1638, la naissance de Louis XIV. *Complexe, 1989.* (La mémoire des siècles ; 214 c9)
ISBN 2-87027-303-7. *59 F / 8,99 €*

04610 **MEYER J.** La France moderne : de 1515 à 1789. *LGF, 1993.* (Histoire de France / dir. Jean Favier; 3)(Le Livre de poche ; 2938. Références histoire c17)
ISBN 2-253-06277-4. *60 F / 9,15 €*

04611 **MEYER J.** La Noblesse française à l'époque moderne : 16e-18e siècles. *PUF, 1991.* (Que sais-je? ; 830 c1)
ISBN 2-13-043612-9. *42 F / 6,40 €*

04612 **MEYER J., TARRADE J., REY-GOLDZEIGUER A.** Histoire de la France coloniale. 1, La conquête : des origines à 1870. *Pocket, 1996.* (Agora ; 173 c12)
ISBN 2-266-07045-2. *60 F / 9,15 €*

04613 **MEYNIER G., THOBIE J.** Histoire de la France coloniale. 2, L'apogée : 1871-1931. *Pocket, 1996.* (Agora ; 174 c12)
ISBN 2-266-07046-0. *60 F / 9,15 €*

04614 **MICHEL H.** 1939, la Deuxième Guerre mondiale commence. Nouv. éd. *Complexe, 1989.* (La mémoire du siècle ; 2 c4)
ISBN 2-87027-048-8. *52 F / 7,93 €*

04615 **MICHEL H.** Jean Moulin, l'unificateur. *Hachette Littératures, 1993.* (Pluriel ; 8643)
ISBN 2-01-020744-0. *49 F / 7,47 €*

04616 **MICHEL H.** Pétain et le régime de Vichy. 3e éd. *PUF, 1986.* (Que sais-je? ; 1720 c1)
ISBN 2-13-039742-5. *42 F / 6,40 €*

04617 **MICHEL H.** La Seconde Guerre mondiale. 10e éd. *PUF, 2000.* (Que sais-je? ; 265 c1)
ISBN 2-13-042504-6. *42 F / 6,40 €*

04618 **MICHELET J.** L'Agonie du Moyen Age. *Complexe, 1990.* (Historiques ; 58 c2)
ISBN 2-87027-341-X. *47 F / 7,17 €*

04619 **MICHELET J.** Histoire de la Révolution : les grandes journées. *LGF, 1988.* (Le Livre de poche ; 4281. Nouvelle approche c6)
ISBN 2-253-04767-8. *26 F / 3,96 €*

04620 **MICHELET J.** Histoire de la révolution française. 1. Nouv. éd. *Laffont, 1998.* (Bouquins)
ISBN 2-221-08884-0. *149 F / 22,71 €*

04621 **MICHELET J.** Histoire de la révolution française. 2. Nouv. éd. *Laffont, 1999.* (Bouquins)
ISBN 2-221-08885-9. *149 F / 22,71 €*

04622 **MICHELET J.** Histoire de la Révolution française. *Laffont, 1999.* (Bouquins)
ISBN 2-221-21183-9. *298 F / 45,43 €*

04623 **MICHELET J.** Le Moyen Age ; histoire de France. Réimpr. *Laffont, 1998.* (Bouquins)
ISBN 2-221-08868-9. *169 F / 25,76 €*

04624 **MICHELET J.** Le Procès de Louis XVI. *Complexe, 1993.* (Historiques ; 86 c7)
ISBN 2-87027-469-6. *56 F / 8,54 €*

04625 **MICHELET J.** Renaissance et Réforme : histoire de France au 16e siècle. Réimpr. *Laffont, 1998.* (Bouquins)
ISBN 2-221-08867-0. *139 F / 21,19 €*

04626 **MICHELET J.** Le tableau de la France. *Complexe, 1995.* (Historiques ; 98 c2)
ISBN 2-87027-593-5. *47 F / 7,17 €*

04627 **A** **MIÈGE J-L.** Le Maroc. 9e éd. *PUF, 2001.* (Que sais-je? ; 439 c1)
ISBN 2-13-051112-0. *42 F / 6,40 €*

04628 **MILLER G.** Les Pousse-au-jouir du maréchal Pétain. *LGF, 1988.* (Le Livre de poche ; 4095. Biblio essais c12)
ISBN 2-253-04776-7. *44 F / 6,71 €*

04629 **MILO D. S.** Trahir le temps (histoire). *Hachette Littératures, 1997.* (Pluriel ; 8819 c3)
ISBN 2-01-278819-X. *49 F / 7,47 €*

04630 **MILZA P.** Les Fascismes. *Seuil, 1991.* (Points. Histoire ; 147 c7)
ISBN 2-02-012863-2. *65 F / 9,91 €*

04631 **MILZA P.** Sources de la France du XXe siècle : de 1918 à nos jours. *Larousse, 1997.* (Textes essentiels)
ISBN 2-03-741022-0. *150 F / 22,87 €*

04632 **MILZA P., BERSTEIN S.** Le Fascisme italien : 1919-1945. *Seuil, 1980.* (Points. Histoire ; 44 c5)
ISBN 2-02-005513-9. *55 F / 8,38 €*

04633 **MINOIS G.** L'Angleterre georgienne. *PUF, 1998.* (Que sais-je? ; 3303 c1)
ISBN 2-13-048686-X. *42 F / 6,40 €*

04634 **MINOIS G.** Les Stuarts. *PUF, 1996.* (Que sais-je? ; 3091 c1)
ISBN 2-13-047535-3. *42 F / 6,40 €*

04635 **MINOIS G.** Les Tudors. *PUF, 1996.* (Que sais-je? ; 3140 c1)
ISBN 2-13-047721-6. *42 F / 6,40 €*

04636 **MIQUEL P.** L'Affaire Dreyfus. 9e éd. *PUF, 1996.* (Que sais-je? ; 867 c1)
ISBN 2-13-044345-1. *42 F / 6,40 €*

04637 **MIQUEL P.** Le chemin des Dames. *Pocket, 1998.* (Pocket ; 10403 c4)
ISBN 2-266-08196-9. *30 F / 4,57 €*

04638 **MOATTI C.** A la recherche de la Rome antique. *Gallimard, 1989.* (Découvertes ; 56. Archéologie c6)
ISBN 2-07-053073-6. *90 F / 13,72 €*

04639 **MOHEN J-P.** Les mégalithes, pierres de mémoire. *Gallimard, 1998.* (Découvertes ; 353. Archéologie)
ISBN 2-07-053439-1. *90 F / 13,72 €*

04640 **MOHEN J-P., ELUÈRE C.** L'Europe à l'âge du bronze : le temps des héros. *Gallimard : Réunion des musées nationaux, 1999.* (Découvertes ; 378. Histoire)
ISBN 2-07-053333-6. *85 F / 12,96 €*

04641 **Moines et religieux au Moyen Age.** *Seuil, 1994.* (Points. Histoire ; 185 c5)
ISBN 2-02-022685-5. *55 F / 8,38 €*

04642 **MOLLAT DU JOURDIN M.** La Guerre de Cent Ans vue par ceux qui l'ont vécue. *Seuil, 1992.* (Points. Histoire ; 164 c3)
ISBN 2-02-013693-7. *48 F / 7,32 €*

04643 **MOLLAT M.** Genèse médiévale de la France moderne : 14e-15e siècle. *Seuil, 1977.* (Points. Histoire ; 28 c4)
ISBN 2-02-004682-2. *52 F / 7,93 €*

04644 **MOLLAT M.** Les Pauvres au Moyen Age : étude sociale. *Complexe, 1984.* (Historiques ; 11 cM)
ISBN 2-87027-135-2. *69 F / 10,52 €*

04645 **A** **MOLLIEN G-T.** Histoire et moeurs d'Haïti. 1, De Christophe Colomb à la révolte des esclaves. *le Serpent de mer, 2001.* (Le serpentin ; 2)
ISBN 2-913490-06-9. *49 F / 7,47 €*

04646 **MOMIGLIANO A.** Sagesses barbares : les limites de l'hellénisation. *Gallimard, 1991.* (Folio ; 35. Histoire ; 35 c2)
ISBN 2-07-032657-8. *37 F / 5,64 €*

04647 **MOMMSEN T.** Des commencements de Rome jusqu'aux guerres civiles : livres I à IV. *Laffont, 1985.* (Histoire romaine; 1)(Bouquins)
ISBN 2-221-04657-9. *159 F / 24,24 €*

04648 **MOMMSEN T.** La Monarchie militaire : livre V. *Laffont, 1985.* (Histoire romaine; 2)(Bouquins)
ISBN 2-221-04658-7. *110 F / 16,77 €*

04649 **MONIER F.** La France contemporaine. 2, Les années 20 (1919-1930). *LGF, 1999.* (Le Livre de poche ; 558. Références histoire c11)
ISBN 2-253-90558-5. *42 F / 6,40 €*

04650 **MONNIER P.** Introduction au Quattrocento. *Complexe, 1995.* (Historiques ; 93 c2)
ISBN 2-87027-586-2. *47 F / 7,17 €*

04651 **MORAND P.** Fouquet ou le Soleil offusqué. *Gallimard, 1985.* (Folio ; 7. Histoire ; 338 c1)
ISBN 2-07-032314-5. *29,50 F / 4,50 €*

04652 **MORAZE C.** A la conquête du monde, 1848-1890. *Complexe, 1985.* (Les Bourgeois conquérants; 2)(Historiques ; 22 c5)
ISBN 2-87027-151-4. *52 F / 7,93 €*

04653 **MORAZE C.** La Montée en puissance, 1780-1848. *Complexe, 1985.* (Les Bourgeois conquérants; 1)(Historiques ; 21 c5)
ISBN 2-87027-150-6. *52 F / 7,93 €*

04654 **MORIN E.** Penser l'Europe. Ed. rev. et compl. *Gallimard, 1990.* (Folio. Actuel ; 20 c3)
ISBN 2-07-032584-9. *41 F / 6,25 €*

04655 **MORRISSON C.** Les croisades. 8e éd. corr. *PUF, 1998.* (Que sais-je? ; 157 c1)
ISBN 2-13-044489-X. *42 F / 6,40 €*

04656 **MOSSÉ C.** Dictionnaire de la civilisation grecque. Réimpr. *Complexe, 1998.* (Bibliothèque Complexe)
ISBN 2-87027-703-2. *130 F / 19,82 €*

04657 **MOSSÉ C.** La femme dans la Grèce antique. Réimp. *Complexe, 1999.* (Historiques ; 72 c9)
ISBN 2-87027-409-2. *59 F / 8,99 €*

04658 **MOSSÉ C.** La Grèce archaïque d'Homère à Eschyle : 8e-6e siècles av. J.-C. *Seuil, 1984.* (Points. Histoire ; 74 c3)
ISBN 2-02-006944-X. *48 F / 7,32 €*

04659 **MOSSÉ C.** Histoire d'une démocratie : Athènes, des origines à la conquête de la Macédoine. Réimpr. *Seuil, 1992.* (Points. Histoire ; 1 c2)
ISBN 2-02-000646-4. *39 F / 5,95 €*

04660 **MOSSÉ C.** Le procès de Socrate. Nouv. éd. *Complexe, 1996.* (Historiques ; 106 c2)
ISBN 2-87027-668-0. *47 F / 7,17 €*

04661 **MOUGEL F-C.** L'Angleterre, du 16e siècle à l'ère victorienne. Nouv. éd. *PUF, 1997.* (Que sais-je? ; 1697 c1)
ISBN 2-13-045371-6. *42 F / 6,40 €*

04662 **MOUGEL F-C.** L'Europe du Nord au XXe siècle. *PUF, 1999.* (Que sais-je? ; 3432 c1)
ISBN 2-13-049585-0. *42 F / 6,40 €*

04663 **MOUGEL F-C.** La Grande-Bretagne au XXe siècle. 3e éd. rev. *PUF, 1993.* (Que sais-je? ; 2464 c1)
ISBN 2-13-045887-4. *42 F / 6,40 €*

04664 **MOULIN A.** Les Paysans dans la société française. *Seuil, 1988.* (Points. Histoire ; 121 c6)
ISBN 2-02-010260-9. *62 F / 9,45 €*

04665 **MOULINAS R.** Les Juifs du pape : Avignon et le comtat Venaissin. *Albin Michel, 1992.* (Présences du judaïsme poche ; 7 c4)
ISBN 2-226-05866-4. *49 F / 7,47 €*

04666 **MOURADIAN C.** L'Arménie. *PUF, 1995.* (Que sais-je? ; 851 c1)
ISBN 2-13-047327-X. *42 F / 6,40 €*

04667 **MOUSNIER R.** L'Assassinat d'Henri IV : 14 mai 1610. *Gallimard, 1992.* (Folio. Histoire ; 45 c4)
ISBN 2-07-032684-5. *46 F / 7,01 €*

04668 **MOUSNIER R.** L'Homme rouge ou la Vie du cardinal de Richelieu : 1585-1642. *Laffont, 1992.* (Bouquins)
ISBN 2-221-06592-1. *159 F / 24,24 €*

04669 **MOUSNIER R.** Les Seizième et dix-septième siècles. *PUF, 1993.* (Quadrige ; 146)
ISBN 2-13-044649-3. *118 F / 17,99 €*

04670 **MUCHEMBLED R.** L'invention de l'homme moderne : culture et sensibilités en France du XVe au XVIIIe siècle. *Hachette Littératures, 1994.* (Pluriel ; 8712 c6)
ISBN 2-01-278712-6. *75 F / 11,43 €*

04671 **MUCHEMBLED R.** La Sorcière au village : 15e-18e siècle. *Gallimard, 1991.* (Folio. Histoire ; 36 c3)
ISBN 2-07-032652-7. *46 F / 7,01 €*

04672 **MURACCIOLE J-F.** Histoire de la France libre. *PUF, 1996.* (Que sais-je? ; 1078 c1)
ISBN 2-13-047520-5. *42 F / 6,40 €*

04673 **MURACCIOLE J-F.** Histoire de la Résistance en France. *PUF, 1993.* (Que sais-je? ; 429 c1)
ISBN 2-13-045787-8. *42 F / 6,40 €*

04674 **MURAT L., WEILL N.** L'expédition d'Egypte : le rêve oriental de Bonaparte. *Gallimard, 1998.* (Découvertes ; 343. Histoire)
ISBN 2-07-053399-9. *85 F / 12,96 €*

04675 **MURAY P.** Le dix-neuvième siècle à travers les âges. *Gallimard, 1999.* (Tel ; 304)
ISBN 2-07-075671-8. *84 F / 12,81 €*

04676 **MUSSOT-GOULARD R.** Charlemagne. 3e éd. cor. *PUF, 1998.* (Que sais-je? ; 471 c1)
ISBN 2-13-049492-7. *42 F / 6,40 €*

04677 **MUSSOT-GOULARD R.** Clovis. *PUF, 1997.* (Que sais-je? ; 3237 c1)
ISBN 2-13-048373-9. *42 F / 6,40 €*

04678 **MUSSOT-GOULARD R.** La France carolingienne : 843-987. 2e éd. *PUF, 1994.* (Que sais-je? ; 2390 c1)
ISBN 2-13-041410-9. *42 F / 6,40 €*

04679 **NANTET B.** Dictionnaire des civilisations africaines. *Larousse, 1999.* (Les référents)
ISBN 2-03-720321-7. *110 F / 16,77 €*

04680 **Nazisme et communisme :** deux régimes dans le siècle. *Hachette Littératures, 1999.* (Pluriel ; 961 c9)
ISBN 2-01-278961-7. *65 F / 9,91 €*

04681 **NEAU P.** L'Empire allemand. *PUF, 1997.* (Que sais-je? ; 3172 c1)
ISBN 2-13-048328-3. *42 F / 6,40 €*

04682 **NEHER R.** Jérusalem, trois millénaires d'histoire : du Roi David à nos jours. *Albin Michel, 1997.* (Présences du judaïsme poche ; 20 c4)
ISBN 2-226-08948-9. *49 F / 7,47 €*

04683 **NÉRÉ J.** La Guerre de Sécession. 6e éd. *PUF, 1992.* (Que sais-je? ; 914 c1)
ISBN 2-13-044048-7. *42 F / 6,40 €*

04684 **NEVEUX H.** Les révoltes paysannes en Europe : XIVe-XVIIe siècle. *Hachette Littératures, 1999.* (Pluriel ; 854 c7)
ISBN 2-01-278854-8. *55 F / 8,38 €*

04685 **NEVEUX H., JACQUART J., LE ROY LADURIE E.** L'Age classique des paysans de 1340 à 1789. *Seuil.* (Histoire de la France rurale / dir. Georges Duby, Armand Wallon; 2)(Points. Histoire ; 167 c9)
ISBN 2-02-017333-6. *69 F / 10,52 €*

04686 **NICOLET C.** L'idée républicaine en France (1789-1924) : essai d'histoire critique. *Gallimard, 1995.* (Tel ; 251)
ISBN 2-07-074032-3. *78 F / 11,89 €*

04687 **NICOLET C.** L'inventaire du monde : géographie et politique aux origines de l'Empire romain. *Hachette Littératures, 1996.* (Pluriel ; 8771 c6)
ISBN 2-01-278771-1. *75 F / 11,43 €*

04688 **NICOLET C.** Le Métier de citoyen dans la Rome républicaine. 2e éd. rev. et corr. *Gallimard, 1989.* (Tel ; 140)
ISBN 2-07-071530-2. *77 F / 11,74 €*

04689 **NIEL F.** Albigeois et cathares. 14e éd. *PUF, 1994.* (Que sais-je? ; 689 c1)
ISBN 2-13-044434-2. *42 F / 6,40 €*

04690 **NOIRIEL G.** Le Creuset français : histoire de l'immigration, XIXe-XXe siècle. *Seuil, 1992.* (Points. Histoire ; 161 c5)
ISBN 2-02-015393-9. *55 F / 8,38 €*

04691 **NOIRIEL G.** Les Ouvriers dans la société française : XIXe-XXe siècle. *Seuil, 1986.* (Points. Histoire ; 88 c5)
ISBN 2-02-009309-X. *55 F / 8,38 €*

04692 **NOLTE E.** Les Mouvements fascistes : l'Europe de 1919 à 1945. *Hachette Littératures, 1992.* (Pluriel ; 8576 c4)
ISBN 2-01-018340-1. *58 F / 8,84 €*

04693 **NOUSCHI M.** Bilan de la Seconde Guerre mondiale : l'après-guerre 1945-1950. *Seuil, 1996.* (Mémo ; 13)
ISBN 2-02-023194-8. *29 F / 4,42 €*

04694 **Nouveaux objets.** *Gallimard, 1986.* (Faire de l'histoire; 3)(Folio ; 18. Histoire ; 18 c4)
ISBN 2-07-032377-3. *46 F / 7,01 €*

04695 **Nouveaux problèmes.** *Gallimard, 1986.* (Faire de l'histoire; 1)(Folio ; 16. Histoire ; 16 c4)
ISBN 2-07-032375-7. *46 F / 7,01 €*

04696 **La nouvelle histoire. Nouv. éd.** *Complexe, 1999.* (Historiques ; 47 c14)
ISBN 2-87027-256-1. *76 F / 11,59 €*

04697 **Nouvelles approches.** *Gallimard, 1986.* (Faire de l'histoire; 2)(Folio ; 17. Histoire ; 17 c4)
ISBN 2-07-032376-5. *46 F / 7,01 €*

04698 **NOVICK P.** L'Epuration française : 1944-1949. *Seuil, 1991.* (Points. Histoire ; 145 c12)
ISBN 2-02-012761-X. *52 F / 7,93 €*

04699 **OLDENBOURG Z.** Le Bûcher de Montségur : 16 mars 1244. *Gallimard, 1989.* (Folio ; 23. Histoire ; 23 c10)
ISBN 2-07-032507-5. *71 F / 10,82 €*

04700 **OLDENBOURG Z.** Catherine de Russie. *Gallimard, 1986.* (Folio. Histoire ; 14 c3)
ISBN 2-07-032355-2. *41 F / 6,25 €*

04701 **OLENDER M.** Les Langues du paradis : Aryens et Sémites, un couple providentiel. *Seuil, 1994.* (Points. Essais ; 294 c5)
ISBN 2-02-021148-3. *55 F / 8,38 €*

04702 **Les Orateurs de la Révolution française.** *Larousse, 1989.* (Petits classiques Larousse c1)
ISBN 2-03-871355-3. *21 F / 3,20 €*

04703 **ORLÉANS C. E. d. B. (. d.** Lettres. *Mercure de France, 1999.* (Le temps retrouvé)
ISBN 2-7152-2180-0. *69 F / 10,52 €*

04704 **ORLIAC C., ORLIAC M.** Des Dieux regardent les étoiles : les derniers secrets de l'Ile de Pâques. *Gallimard, 1988.* (Découvertes ; 38. Histoire c4)
ISBN 2-07-053063-9. *75 F / 11,43 €*

04705 **ORY P.** 1889, l'Expo universelle. *Complexe, 1989.* (La mémoire des siècles ; 210 c9)
ISBN 2-87027-277-4. *59 F / 8,99 €*

04706 **ORY P.** Les Collaborateurs. *Seuil.* (Points ; 43. Histoire ; 43 c4)
ISBN 2-02-005427-2. *52 F / 7,93 €*

04707 **OUDIN B.** Villa, Zapata et le Mexique en feu. *Gallimard, 1989.* (Découvertes ; 54. Histoire c4)
ISBN 2-07-053082-5. *75 F / 11,43 €*

04708 **OUZAN F.** Ces Juifs dont l'Amérique ne voulait pas : les personnes déplacées juives, 1945-1950. *Complexe, 1996.* (Questions au XXe siècle ; 82 c20)
ISBN 2-87027-599-4. *120 F / 18,29 €*

04709 **OZOUF M.** L'Ecole, l'Eglise et la République : 1874-1914. *Seuil, 1992.* (Points. Histoire ; 165 c3)
ISBN 2-02-014730-0. *48 F / 7,32 €*

04710 **OZOUF M.** La Fête révolutionnaire : 1789-1799. *Gallimard, 1988.* (Folio ; 22. Histoire ; 22 c9)
ISBN 2-07-032496-6. *71 F / 10,82 €*

04711 **PACTEAU S., MOUGEL F-C.** Histoire des relations internationales : 1815-1989. 4e éd. corr. *PUF, 1993.* (Que sais-je? ; 2423 c1)
ISBN 2-13-044529-2. *42 F / 6,40 €*

04712 **N** **Paroles de poilus :** lettres et carnets du front (1914-1918). Réimpr. *Librio, 2000.* (Librio ; 245 c1)
ISBN 2-277-30245-7. *10 F / 1,52 €*

04713 **PAXTON R. O.** La France de Vichy (1940-1944). Nouv. éd. revue et corr. *Seuil, 1999.* (Points ; 16. Histoire ; 16 c14)
ISBN 2-02-039210-0. *55 F / 8,38 €*

04714 **N** **PÉAN P.** La diabolique de Caluire. *LGF, 2001.* (Le Livre de poche ; 14990 c10)
ISBN 2-253-14990-X. *40 F / 6,10 €*

04715 **N** **PÉJU P.** Ratonnades à Paris ; précédé de Les harkis à Paris. *La Découverte, 2000.* (La Découverte poche ; 100. Essais)
ISBN 2-7071-3329-9. *59 F / 8,99 €*

04716 **PENNA M-T.** L'archéologie historique aux Etats-Unis. *Ed. du CTHS, 1999.* (Format ; 32)
ISBN 2-7355-0399-2. *90 F / 13,72 €*

04717 **PÉREZ J.** Charles Quint : Empereur des deux mondes. *Gallimard, 1994.* (Découvertes ; 197. Histoire c5)
ISBN 2-07-053237-2. *85 F / 12,96 €*

04718 **PERNAUD-ORLIAC J.** Petit guide de la préhistoire. *Seuil, 1997.* (Points. Sciences ; 120 c7)
ISBN 2-02-030892-4. *39 F / 5,95 €*

04719 **PERNOUD R.** Aliénor d'Aquitaine. *LGF, 1983.* (Le Livre de poche ; 5731 c9)
ISBN 2-253-03129-1. *36 F / 5,49 €*

04720 **PERNOUD R.** La Femme au temps des croisades. *LGF, 1992.* (Le Livre de poche ; 9509 c10)
ISBN 2-253-06152-2. *40 F / 6,10 €*

04721 **PERNOUD R.** Jeanne d'Arc par elle-même et par ses témoins. Nouv. éd. *Seuil, 1996.* (Livre de vie ; 123 c14)
ISBN 2-02-028769-2. *55 F / 8,38 €*

04722 **PERNOUD R.** Jeanne d'Arc. *PUF, 1982.* (Que sais-je? ; 211 c1)
ISBN 2-13-037266-X. *42 F / 6,40 €*

04723 **PERNOUD R.** Des origines aux temps modernes. *Seuil, 1981.* (Histoire de la bourgeoisie en France; 1)(Points. Histoire ; 49 c6)
ISBN 2-02-005812-X. *62 F / 9,45 €*

04724 **PERNOUD R.** Pour en finir avec le Moyen-Age. *Seuil, 1979.* (Points. Histoire ; 38 c1)
ISBN 2-02-005074-9. *32 F / 4,88 €*

04725 **PERNOUD R.** Les Templiers : chevaliers du Christ. *Gallimard, 1995.* (Découvertes ; 260. Histoire c4)
ISBN 2-07-053286-0. *75 F / 11,43 €*

04726 **PERNOUD R.** Les Templiers. 8e éd. *PUF, 1999.* (Que sais-je? ; 1557 c1)
ISBN 2-13-044401-6. *42 F / 6,40 €*

04727 **PERNOUD R.** Les Temps modernes. *Seuil, 1981.* (Histoire de la bourgeoisie en France; 2)(Points. Histoire ; 50 c6)
ISBN 2-02-005813-8. *62 F / 9,45 €*

04728 **PERRAULT G.** L'ombre de la Bastille. *LGF, 1996.* (Le secret du roi; 2)(Le Livre de poche ; 13910 c12)
ISBN 2-253-13910-6. *44 F / 6,71 €*

04729 **PERRAULT G.** Le secret du roi. 1. *LGF, 1996.* (Le Livre de poche ; 13703 c12)
ISBN 2-253-13703-0. *44 F / 6,71 €*

04730 **PERRAULT G.** Le secret du roi. 3, La revanche américaine. *LGF, 1998.* (Le Livre de poche ; 14466 c12)
ISBN 2-253-14466-5. *44 F / 6,71 €*

04731 **PERROT M.** Le Mode de vie des familles bourgeoises : 1873-1953. *Presses de la Fondation nationale des sciences politiques, 1982.* (Références ; 8 c2)
ISBN 2-7246-0468-7. *98 F / 14,94 €*

04732 **PERROT P.** Le Corps féminin : le travail des apparences, XVIIIe-XIXe siècles. *Seuil, 1991.* (Points. Histoire ; 141 c4)
ISBN 2-02-012646-X. *52 F / 7,93 €*

04733 **PERROY E.** Le Moyen Age : l'expansion de l'Orient et la naissance de la civilisation occidentale. Nouv. éd. *PUF, 1993.* (Quadrige ; 155)
ISBN 2-13-044113-0. *118 F / 17,99 €*

04734 **PESCHANSKI D.** Vichy 1940-1944 : contrôle et exclusion. *Complexe, 1997.* (Questions au XXe siècle ; 94 c20)
ISBN 2-87027-683-4. *120 F / 18,29 €*

04735 **PESCI D.** Amistad : les mutins de la liberté. *J'ai lu, 1998.* (J'ai lu ; 4886. Littérature générale c6)
ISBN 2-290-04886-0. *42 F / 6,40 €*

04736 **PETIT-DUTAILLIS C.** La Monarchie féodale en France et en Angleterre : 10e-13e siècles. Nouv. éd. *Albin Michel, 1971.* (L'Evolution de l'humanité poche ; 29)
ISBN 2-226-04739-5. *45 F / 6,86 €*

04737 **PETIT P.** Le Bas-Empire : 284-395. *Seuil, 1978.* (Histoire générale de l'Empire romain; 3)(Points. Histoire ; 37 c4)
ISBN 2-02-004971-6. *52 F / 7,93 €*

04738 **PETIT P.** La Crise de l'Empire : 161-284. *Seuil, 1978.* (Histoire générale de l'Empire romain; 2)(Points. Histoire ; 36 c3)
ISBN 2-02-004970-8. *48 F / 7,32 €*

04739 **PETIT P.** Le Haut-Empire : 27 avant J.-C., 161 après J.-C. *Seuil, 1978.* (Histoire générale de l'Empire romain; 1)(Points. Histoire ; 35 c4)
ISBN 2-02-004969-4. *52 F / 7,93 €*

04740 **PETIT P., LARONDE A.** La Civilisation hellénistique. 6e éd. *PUF, 1993.* (Que sais-je? ; 1028 c1)
ISBN 2-13-045409-7. *42 F / 6,40 €*

04741 **PETITFRÈRE C.** Le scandale du Mariage de Figaro : prélude à la Révolution française?. Nouv. éd. *Complexe, 1999.* (Historiques ; 114 c12)
ISBN 2-87027-766-0. *65 F / 9,91 €*

04742 **PETRUF P.** La Slovaquie. *PUF, 1998.* (Que sais-je? ; 3382 c1)
ISBN 2-13-049151-0. *42 F / 6,40 €*

04743 **PEYREFITTE A.** L'Empire immobile ou le Choc des mondes : récit historique. *LGF, 1991.* (Le Livre de poche ; 6897 c14)
ISBN 2-253-05532-8. *48 F / 7,32 €*

04744 **PEYREFITTE A.** Quand la Chine s'éveillera... : le monde tremblera (Napoléon Ier). Nouv. éd. mise à jour. *LGF, 1991.* (Le Livre de poche ; 5829 c14)
ISBN 2-253-05880-7. *48 F / 7,32 €*

04745 **PEYREFITTE A.** La Tragédie chinoise. Nouv. éd. mise à jour. *LGF, 1992.* (Le Livre de poche ; 4367 c14)
ISBN 2-253-06087-9. *48 F / 7,32 €*

04746 **PHILIPPE B.** Etre juif dans la société française du Moyen Age à nos jours. *Complexe, 1997.* (Bibliothèque Complexe)
ISBN 2-87027-672-9. *120 F / 18,29 €*

04747 **PICADOU N.** La Déchirure libanaise. Nouv. éd. rev. *Complexe, 1992.* (Questions au XXe siècle ; 10 cK)
ISBN 2-87027-273-1. *65 F / 9,91 €*

04748 **PICAUDOU N.** La Décennie qui ébranla le Moyen-Orient : 1914-1923. *Complexe, 1992.* (Questions au XXe siècle ; 55 c11)
ISBN 2-87027-464-5. *65 F / 9,91 €*

04749 **PIERRE M.** Une autre histoire du XXe siècle : de l'actualité à l'histoire. *Gallimard, 1999.* (Découvertes. Histoire)
ISBN 2-07-053488-X. *699 F / 106,56 €*

04750 **PIERRE M.** Une autre histoire du XXe siècle. 01, 1900-1910 : une presque Belle Epoque. *Gallimard, 1999.* (Découvertes. Histoire)
ISBN 2-07-053464-2. *69 F / 10,52 €*

04751 **PIERRE M.** Une autre histoire du XXe siècle. 02, 1910-1920 : un monde en guerres. *Gallimard, 1999.* (Découvertes. Histoire)
ISBN 2-07-053465-0. *69 F / 10,52 €*

04752 **PIERRE M.** Une autre histoire du XXe siècle. 03, 1920-1930 : une paix si fragile. *Gallimard, 1999.* (Découvertes. Histoire)
ISBN 2-07-053466-9. *69 F / 10,52 €*

04753 **PIERRE M.** Une autre histoire du XXe siècle. 04, 1930-1940 : les grandes illusions. *Gallimard, 1999.* (Découvertes. Histoire)
ISBN 2-07-053467-7. *69 F / 10,52 €*

04754 **PIERRE M.** Une autre histoire du XXe siècle. 06, 1950-1960 : deux blocs, trois mondes. *Gallimard, 1999.* (Découvertes. Histoire)
ISBN 2-07-053469-3. *69 F / 10,52 €*

04755 **PIERRE M.** Une autre histoire du XXe siècle. 07, 1960-1970 : les temps changent. *Gallimard, 1999.* (Découvertes. Histoire)
ISBN 2-07-053470-7. *69 F / 10,52 €*

04756 **PIERRE M.** Une autre histoire du XXe siècle. 08, 1970-1980 : les années de doute. *Gallimard, 1999.* (Découvertes. Histoire c3)
ISBN 2-07-053471-5. *69 F / 10,52 €*

04757 **PIERRE M.** Une autre histoire du XXe siècle. 09, 1980-1990 : un nouvel échiquier. *Gallimard, 1999.* (Découvertes. Histoire c3)
ISBN 2-07-053472-3. *69 F / 10,52 €*

04758 **PIERRE M.** Une autre histoire du XXe siècle. 10, 1990-2000 : mémoires du futur. *Gallimard, 1999.* (Découvertes. Histoire c3)
ISBN 2-07-053473-1. *69 F / 10,52 €*

04759 **PIERRE M., QUÉTEL C.** Une autre histoire du XXe siècle. 05, 1940-1950 : de fer et de feu. *Gallimard, 1999.* (Découvertes. Histoire)
ISBN 2-07-053468-5. *69 F / 10,52 €*

04760 **PILLORGET R., PILLORGET S.** France baroque, France classique : 1589-1715. *Laffont, 1996.* (Bouquins)
ISBN 2-221-91002-8. *398 F / 60,67 €*

04761 **PILLORGET R., PILLORGET S.** France baroque, France classique. 1, Récit. *Laffont, 1996.* (Bouquins)
ISBN 2-221-04868-7. *199 F / 30,34 €*

04762 **PILLORGET R., PILLORGET S.** France baroque, France classique. 2, Dictionnaire. *Laffont, 1996.* (Bouquins)
ISBN 2-221-08110-2. *199 F / 30,34 €*

04763 **PINGUET M.** La Mort volontaire au Japon. *Gallimard, 1991.* (Tel ; 185)
ISBN 2-07-072368-2. *61 F / 9,30 €*

04764 **PINON P.** La Gaule retrouvée. *Gallimard, 1991.* (Découvertes ; 103. Archéologie c5)
ISBN 2-07-053115-5. *85 F / 12,96 €*

04765 **PIRENNE H.** Mahomet et Charlemagne. *PUF, 1992.* (Quadrige ; 136)
ISBN 2-13-044070-3. *48 F / 7,32 €*

04766 **PITTE J-R.** Histoire du paysage français. 1, Le sacré : de la préhistoire au XVe siècle. Réimpr. *Hachette Littératures, 1998.* (Pluriel c7)
ISBN 2-01-278930-7. *55 F / 8,38 €*

04767 **PLESSIS A.** De la fête impériale au mur des fédérés : 1852-1871. *Seuil, 1973.* (Nouvelle histoire de la France contemporaine; 9)(Points. Histoire ; 109 c3)
ISBN 2-02-000669-3. *48 F / 7,32 €*

04768 **Les poilus ont la parole :** lettres du front (1917-1918). *Complexe, 1998.* (Bibliothèque Complexe)
ISBN 2-87027-728-8. *169 F / 25,76 €*

04769 **N** **POIRRIER P.** Aborder l'histoire. *Seuil, 2000.* (Mémo ; 126)
ISBN 2-02-034986-8. *36 F / 5,49 €*

04770 **POIRRIER P.** Société et culture en France depuis 1945. *Seuil, 1998.* (Mémo ; 100 c3)
ISBN 2-02-031199-2. *36 F / 5,49 €*

04771 **POLIAKOV L.** L'Age de la foi. Nouv. éd. corr. et mise à jour. *Seuil, 1991.* (Histoire de l'antisémitisme; 1)(Points. Histoire ; 143 c6)
ISBN 2-02-012824-1. *65 F / 9,91 €*

04772 **POLIAKOV L.** L'Age de la science. Nouv. éd. corr. et mise à jour. *Seuil, 1991.* (Histoire de l'antisémitisme; 2)(Points. Histoire ; 144 c7)
ISBN 2-02-012825-X. *65 F / 9,91 €*

04773 **POLIAKOV L.** Le Bréviaire de la haine. *Pocket, 1993.* (Agora ; 137 c8)
ISBN 2-266-05324-8. *44 F / 6,71 €*

04774 **POLLAK M.** Vienne 1900 : une identité blessée. *Gallimard, 1992.* (Folio. Histoire ; 46 c3)
ISBN 2-07-032701-9. *41 F / 6,25 €*

04775 **POMEAU R.** L'Europe des Lumières : cosmopolitisme et unité européenne au XVIIIe siècle. *Hachette Littératures, 1995.* (Pluriel ; 8739 c4)
ISBN 2-01-278739-8. *58 F / 8,84 €*

04776 **POMIAN K.** Sur l'histoire. *Gallimard, 1999.* (Folio ; 97. Histoire c5)
ISBN 2-07-075526-6. *52 F / 7,93 €*

04777 **PONTEIL F.** Les Bourgeois et la démocratie sociale : 1914-1968. *Albin Michel, 1971.* (L'Evolution de l'humanité poche ; 32)
ISBN 2-226-04740-9. *49 F / 7,47 €*

04778 **PONTEIL F.** Les Classes bourgeoises et l'avènement de la démocratie. Réimpr. *Albin Michel, 1989.* (L'Evolution de l'humanité poche ; 4)
ISBN 2-226-03606-7. *59 F / 8,99 €*

04779 **PORTAL R.** Pierre le Grand. *Complexe, 1990.* (Historiques ; 65 cL)
ISBN 2-87027-355-X. *65 F / 9,91 €*

04780 **PORTELLI H.** La Ve République. Ed. rev. et augm. *LGF, 1994.* (Le Livre de poche ; 419. Références sciences politiques et sociales c15)
ISBN 2-253-90419-8. *50 F / 7,62 €*

04781 **PORTES J.** Les Américains et la guerre du Vietnam. *Complexe, 1993.* (Questions au XXe siècle ; 56)
ISBN 2-87027-471-8. *139 F / 21,19 €*

04782 **PORTES J.** Histoire des Etats-Unis depuis 1945. *La Découverte, 1992.* (Repères ; 104 c1)
ISBN 2-7071-2096-0. *52 F / 7,93 €*

04783 **Possession et sorcellerie au XVIIe siècle :** textes inédits. *Hachette Littératures, 1997.* (Pluriel ; 8815 c4)
ISBN 2-01-278815-7. *58 F / 8,84 €*

04784 **POTOK C.** Une histoire du peuple juif : des origines à nos jours. *Pocket, 1998.* (Agora ; 184 c12)
ISBN 2-266-07663-9. *60 F / 9,15 €*

04785 **POULAT E.** Histoire, dogme et critique dans la crise moderniste. 3e éd. *Albin Michel, 1996.* (Bibliothèque de l'évolution de l'humanité ; 18)
ISBN 2-226-08464-9. *98 F / 14,94 €*

04786 **Pour une histoire politique.** *Seuil, 1996.* (Points. Histoire ; 199 c13)
ISBN 2-02-028233-X. *52 F / 7,93 €*

04787 **POURCHER Y.** Les jours de guerre : la vie des Français au jour le jour entre 1914 et 1918. *Hachette Littératures, 1995.* (Pluriel ; 8741 c6)
ISBN 2-01-278741-X. *75 F / 11,43 €*

04788 **POURSAT J-C.** La Grèce préclassique : des origines à la fin du VIe siècle. *Seuil, 1995.* (Nouvelle histoire de l'Antiquité; 1)(Points ; 212. Histoire c2)
ISBN 2-02-013127-7. *42 F / 6,40 €*

04789 **POUSSOU J-P.** Cromwell : la révolution d'Angleterre et la guerre civile. *PUF, 1993.* (Que sais-je? ; 2708 c1)
ISBN 2-13-045075-X. *42 F / 6,40 €*

04790 **POZNANSKI L.** La chute du temple de Jérusalem. *Complexe, 1997.* (Historiques ; 108 c7)
ISBN 2-87027-678-8. *56 F / 8,54 €*

04791 **Problèmes de la guerre en Grèce ancienne.** *Seuil, 1999.* (Points. Histoire ; 265)
ISBN 2-02-038620-8. *59 F / 8,99 €*

04792 **Le Procès des Templiers. 1.** *Ed. du CTHS, 1987.* (Format)
ISBN 2-7355-0161-2. *80 F / 12,20 €*

04793 **Le Procès des Templiers. 2.** *Ed. du CTHS, 1987.* (Format)
ISBN 2-7355-0162-0. *80 F / 12,20 €*

04794 **PROCHASSON C.** Introduction à l'histoire de la France au XXe siècle. *La Découverte, 2000.* (Repères ; 285 c1)
ISBN 2-7071-3184-9. *52 F / 7,93 €*

04795 **PROST A.** Douze leçons sur l'histoire. *Seuil, 1996.* (Points. Histoire ; 225 c12)
ISBN 2-02-028546-0. *50 F / 7,62 €*

04796 **PROUST F.** L'histoire à contretemps : le temps historique chez Walter Benjamin. *LGF, 1999.* (Le Livre de poche ; 4278. Biblio essais c10)
ISBN 2-253-94278-2. *40 F / 6,10 €*

04797 **Puissance et faiblesse de la France industrielle :** XIXe-XXe siècle. *Seuil, 1997.* (Points ; 241. Histoire c18)
ISBN 2-02-031995-0. *67 F / 10,21 €*

04798 **Questions à l'histoire des temps présents :** actes. *Complexe, 1992.* (Questions au XXe siècle ; 54 cK)
ISBN 2-87027-458-0. *65 F / 9,91 €*

04799 **RABAUT J.** Jaurès assassiné, 1914. *Complexe, 1984.* (La mémoire du siècle ; 33 c5)
ISBN 2-87027-134-4. *52 F / 7,93 €*

04800 **RABINOVITCH G.** Questions sur la Shoah. *Milan, 2000.* (Les essentiels Milan ; 111 c1)
ISBN 2-84113-349-4. *25 F / 3,81 €*

04801 **RACHET G.** Dictionnaire de l'archéologie. Réimpr. *Laffont, 1998.* (Bouquins)
ISBN 2-221-07904-3. *169 F / 25,76 €*

04802 **RACHET G.** Dictionnaire de la civilisation égyptienne. *Larousse, 1998.* (Les référents)
ISBN 2-03-720330-6. *110 F / 16,77 €*

04803 **RACHET G.** Dictionnaire de la civilisation grecque. *Larousse, 1992.* (Références. Histoire)
ISBN 2-03-720314-4. *80 F / 12,20 €*

04804 **RACHET G.** Dictionnaire des civilisations de l'Orient ancien. *Larousse, 1999.* (Les référents)
ISBN 2-03-720325-X. *110 F / 16,77 €*

04805 **RACINE N., BODIN L.** Le Parti communiste français pendant l'entre-deux-guerres. *Presses de la Fondation nationale des sciences politiques, 1982.* (Références ; 5 c2)
ISBN 2-7246-0463-6. *60 F / 9,15 €*

04806 **N** **RAUCH A.** Vacances en France, de 1830 à nos jours. *Hachette Littératures, 2001.* (Pluriel ; 9019 c6)
ISBN 2-01-279019-4. *50 F / 7,62 €*

04807 **RAUSCHNING H.** Hitler m'a dit. Nouv. éd. rev. et augm. *Hachette Littératures, 1995.* (Pluriel ; 8779 c4)
ISBN 2-01-278779-7. *58 F / 8,84 €*

04808 **RÉAU L.** L'Europe française au siècle des Lumières. *Albin Michel, 1971.* (L'Evolution de l'humanité poche ; 31)
ISBN 2-226-04741-7. *45 F / 6,86 €*

04809 **REBÉRIOUX M.** La République radicale : 1899-1914. *Seuil, 1975.* (Nouvelle histoire de la France contemporaine; 11)(Points. Histoire ; 111 c3)
ISBN 2-02-000671-5. *48 F / 7,32 €*

04810 **REBEYROL Y.** Lucy et les siens : chroniques préhistoriques. *LGF, 1990.* (Le Livre de poche ; 4119. Biblio essais c14)
ISBN 2-253-05319-8. *48 F / 7,32 €*

04811 **REISCHAUER E. O.** Histoire du Japon et des Japonais. 1, Des origines à 1945. *Seuil, 1997.* (Points. Histoire ; 9 c8)
ISBN 2-02-000675-8. *39 F / 5,95 €*

04812 **REISCHAUER E. O.** Histoire du Japon et des Japonais. 2, De 1945 à 1970. Réimpr. *Seuil, 1997.* (Points. Histoire ; 10 c13)
ISBN 2-02-031883-0. *50 F / 7,62 €*

04813 **RÉMOND R.** Le 20e siècle de 1914 à nos jours. Nouv. éd. *Seuil, 1989.* (Introduction à l'histoire de notre temps; 3)(Points. Histoire ; 14 c3)
ISBN 2-02-010656-6. *48 F / 7,32 €*

04814 **RÉMOND R.** L'Ancien régime et la révolution : 1750-1815. *Seuil, 1974.* (Introduction à l'histoire de notre temps; 1)(Points. Histoire ; 12 c3)
ISBN 2-02-000657-X. *48 F / 7,32 €*

04815 **RÉMOND R.** Introduction à l'histoire de notre temps. 2, Le 19e siècle : 1815-1914. *Seuil, 1974.* (Points. Histoire ; 13 c3)
ISBN 2-02-000658-8. *48 F / 7,32 €*

04816 **RÉMOND R.** 1958, le retour de De Gaulle. Nouv. éd. *Complexe, 1998.* (Questions au XXe siècle ; 96 c19)
ISBN 2-87027-723-7. *110 F / 16,77 €*

04817 **RÉMOND R.** Notre siècle : de 1918 à 1991. *LGF, 1993.* (Histoire de France / dir. Jean Favier; 6)(Le Livre de poche ; 2941. Références histoire c20)
ISBN 2-253-06389-4. *80 F / 12,20 €*

04818 **RÉMOND R.** Regard sur le siècle. *Presses de Sciences Po, 2000.* (La Bibliothèque du citoyen c1)
ISBN 2-7246-0780-5. *75 F / 11,43 €*

04819 **RÉMY B.** Dioclétien et la tétrarchie. *PUF, 1998.* (Que sais-je? ; 3418 c1)
ISBN 2-13-049545-1. *42 F / 6,40 €*

04820 **RENAN E.** Etudes d'histoire religieuse ; Nouvelles études d'histoire religieuse. *Gallimard, 1992.* (Tel ; 205)
ISBN 2-07-072160-4. *85 F / 12,96 €*

04821 **RENAUDEAU P-M.** La IIIe République. *Seuil, 1998.* (Mémo ; 93)
ISBN 2-02-029719-1. *29 F / 4,42 €*

04822 **RENOUVIN P.** La Première Guerre mondiale. 9e éd. corr. *PUF, 1998.* (Que sais-je? ; 326 c1)
ISBN 2-13-045719-3. *42 F / 6,40 €*

04823 **RENOUVIN P., RÉMOND R.** Léon Blum, chef de gouvernement : 1936-1937. *Presses de la Fondation nationale des sciences politiques, 1981.* (Références ; 3 c2)
ISBN 2-7246-0454-7. *60 F / 9,15 €*

04824 **Le retour des exilés ou La lutte pour la Palestine.** *Laffont, 1998.* (Bouquins)
ISBN 2-221-07870-5. *189 F / 28,81 €*

04825 **RIASANOVSKY N. V.** Histoire de la Russie : des origines à 1984. Nouv. éd. *Laffont, 1996.* (Bouquins)
ISBN 2-221-08399-7. *159 F / 24,24 €*

04826 **RICHARD L.** Le Nazisme et la culture. Nouv. éd. *Complexe, 1988.* (Historiques ; 42 cL)
ISBN 2-87027-244-8. *65 F / 9,91 €*

04827 **RICHÉ P.** Les Carolingiens : une famille qui fit l'Europe. *Hachette Littératures, 1997.* (Pluriel ; 8851)
ISBN 2-01-278851-3. *65 F / 9,91 €*

04828 **RICHÉ P.** Education et culture dans l'Occident barbare : VIe-VIIIe siècle. 4e éd. rev. et corr. *Seuil, 1995.* (Points ; 195. Histoire c9)
ISBN 2-02-023829-2. *69 F / 10,52 €*

04829 **RICHÉ P., LE MAITRE P.** Les Invasions barbares. 8e éd. corr. *PUF, 1989.* (Que sais-je? ; 556 c1)
ISBN 2-13-043588-2. *42 F / 6,40 €*

04830 **RICHELIEU A. J. D. P. (. d. d.** Testament politique ou les Maximes d'Etat de monsieur le cardinal de Richelieu. *Complexe, 1990.* (Historiques ; 63. Politiques cL)
ISBN 2-87027-365-7. *65 F / 9,91 €*

04831 **RIGOULOT P.** L'Alsace-Lorraine pendant la guerre de 1939-1945. 2e éd. mise à jour. *PUF, 1998.* (Que sais-je? ; 3230 c1)
ISBN 2-13-048106-X. *42 F / 6,40 €*

04832 **RIOUX J-P.** La France de la IVe République : l'expansion et l'impuissance, 1952-1958. *Seuil, 1983.* (Nouvelle histoire de la France contemporaine; 16)(Points. Histoire ; 116 c5)
ISBN 2-02-006385-9. *55 F / 8,38 €*

04833 **RIOUX J-P.** La IV République : 1944-1958. *Seuil, 1980.* (Nouvelle histoire de la France contemporaine; 15)(Points. Histoire ; 115 c5)
ISBN 2-02-005659-3. *55 F / 8,38 €*

04834 **RIOUX J-P.** La révolution industrielle : 1780-1880. Nouv. éd. *Seuil, 1989.* (Points. Histoire ; 6 c11)
ISBN 2-02-010871-2. *48 F / 7,32 €*

04835 **RIOUX J-P.** La Vie culturelle sous Vichy. *Complexe, 1990.* (Questions au XXe siècle ; 18 cM)
ISBN 2-87027-359-2. *69 F / 10,52 €*

04836 **RIOUX J-P., SIRINELLI J-F.** La Guerre d'Algérie et les intellectuels français. *Complexe, 1991.* (Questions au XXe siècle ; 26 c13)
ISBN 2-87027-377-0. *69 F / 10,52 €*

04837 **ROBERT J-B.** Histoire de Monaco. 2e éd. *PUF, 1971.* (Que sais-je? ; 1497 c1)
ISBN 2-13-048264-3. *42 F / 6,40 €*

04838 **ROBERT J-N.** Eros romain : sexe et morale dans l'ancienne Rome. Nouv. éd. *Hachette Littératures, 1998.* (Pluriel ; 911 c8)
ISBN 2-01-278911-0. *60 F / 9,15 €*

04839 **ROBIN L.** La Pensée grecque et les origines de l'esprit scientifique. Nouv. éd. *Albin Michel, 1973.* (L'Evolution de l'humanité poche ; 35)
ISBN 2-226-04742-5. *49 F / 7,47 €*

04840 **ROCHE D.** La Culture des apparences : une histoire du vêtement, XVIIe-XVIIIe siècle. *Seuil, 1991.* (Points. Histoire ; 139 c13)
ISBN 2-02-012332-0. *55 F / 8,38 €*

04841 **RODINSON M.** La Fascination de l'islam ; Le Seigneur bourguignon et l'esclave sarrasin. *Pocket, 1993.* (Agora ; 132 c6)
ISBN 2-266-05145-8. *38 F / 5,79 €*

04842 **ROMANO S.** Histoire de l'Italie du Risorgimento à nos jours. *Seuil, 1977.* (Points. Histoire ; 27 c5)
ISBN 2-02-004641-5. *62 F / 9,45 €*

04843 **ROMILLY J. d.** La douceur dans la pensée grecque. *Hachette Littératures, 1995.* (Pluriel ; 8757 c4)
ISBN 2-01-278757-6. *58 F / 8,84 €*

04844 **ROMILLY J. d.** La Grèce antique à la découverte de la la liberté. *LGF, 1991.* (Le Livre de poche ; 4128. Biblio essais c9)
ISBN 2-253-05586-7. *36 F / 5,49 €*

04845 **ROMILLY J. d.** Pourquoi la Grèce?. *LGF, 1994.* (Le Livre de poche ; 13549 c9)
ISBN 2-253-13549-6. *36 F / 5,49 €*

04846 **ROMILLY J. d.** Problèmes de la démocratie grecque. *Pocket, 1986.* (Agora ; 10 c3)
ISBN 2-86917-011-4. *26 F / 3,96 €*

04847 **RONCAYOLO M., PIETRI L.** Le monde contemporain de la Seconde Guerre mondiale à nos jours : le second XXe siècle. *Laffont, 1985.* (Le Monde et son histoire / dir. Maurice Meuleau ; dir. Luce Pietri; 4)(Bouquins)
ISBN 2-221-04843-1. *139 F / 21,19 €*

04848 **RONDOT P.** L'Irak. *PUF, 1995.* (Que sais-je? ; 1771 c1)
ISBN 2-13-046840-3. *42 F / 6,40 €*

04849 **ROQUEBERT M.** Montségur, les cendres de la liberté. *Privat, 1998.* (Pages Grand Sud)
ISBN 2-7089-5401-6. *49 F / 7,47 €*

04850 **ROSANVALLON P.** L'Etat en France : de 1789 à nos jours. *Seuil, 1993.* (Points. Histoire ; 172 c5)
ISBN 2-02-019403-1. *55 F / 8,38 €*

04851 **ROSTOVTSEFF M. I.** Histoire économique et sociale de l'Empire romain. *Laffont, 1988.* (Bouquins)
ISBN 2-221-04587-4. *130 F / 19,82 €*

04852 **ROSTOVTSEFF M. I.** Histoire économique et sociale du monde hellénistique. *Laffont, 1989.* (Bouquins)
ISBN 2-221-05015-0. *185 F / 28,20 €*

04853 **ROTH F.** La Guerre de 70. *Hachette Littératures, 1993.* (Pluriel ; 8628)
ISBN 2-01-020287-2. *98 F / 14,94 €*

04854 **ROTMAN P., TAVERNIER B.** La Guerre sans nom : les appelés d'Algérie, 1954-1962. *Seuil, 1994.* (Points. Actuels ; 153 c3)
ISBN 2-02-019743-X. *48 F / 7,32 €*

04855 **ROUGERIE J.** La Commune de 1871. 2e éd. cor. *PUF, 1992.* (Que sais-je? ; 581 c1)
ISBN 2-13-044395-8. *42 F / 6,40 €*

04856 **ROUGERIE J.** Paris insurgé : la Commune de 1871. *Gallimard, 1995.* (Découvertes ; 263. Histoire c5)
ISBN 2-07-053289-5. *85 F / 12,96 €*

04857 **ROUILLARD P., GRAS M., TEIXIDOR J.** L'univers phénicien. Nouv. éd. rev. *Hachette Littératures, 1995.* (Pluriel ; 8753 c5)
ISBN 2-01-278753-3. *65 F / 9,91 €*

04858 **ROULAND N.** Rome, démocratie impossible?. *Actes Sud, 1994.* (Babel ; 89 c6)
ISBN 2-7427-0122-2. *63 F / 9,60 €*

04859 **ROULET E.** La conquête des Amériques au XVIe siècle. *PUF, 2000.* (Que sais-je? ; 3526 c1)
ISBN 2-13-050075-7. *42 F / 6,40 €*

04860 **ROUSSET D.** Les Jours de notre mort. 1. *Hachette Littératures, 1993.* (Pluriel ; 8665)
ISBN 2-01-021247-9. *65 F / 9,91 €*

04861 **ROUSSET D.** Les Jours de notre mort. 2. *Hachette Littératures, 1993.* (Pluriel ; 8670)
ISBN 2-01-021287-8. *79 F / 12,04 €*

04862 **ROUSSET D.** L'univers concentrationnaire. Réimpr. *Hachette Littératures, 1998.* (Pluriel ; 913 c4)
ISBN 2-01-278913-7. *40 F / 6,10 €*

04863 **ROUSSO H.** Les Années noires : vivre sous l'Occupation. *Gallimard, 1992.* (Découvertes ; 156. Histoire c5)
ISBN 2-07-053217-8. *85 F / 12,96 €*

04864 **ROUSSO H.** Pétain et la fin de la collaboration : Sigmaringen, 1944-1945. Réimpr. *Complexe, 1999.* (Historiques ; 13 c7)
ISBN 2-87027-138-7. *56 F / 8,54 €*

04865 **A** **ROUSSO H.** Le régime de Vichy. *Gallimard, 2001.* (Folio. Histoire)
ISBN 2-07-041749-2. *87 F / 13,26 €*

04866 **ROUSSO H.** Le Syndrome de Vichy : de 1944 à nos jours. *Seuil, 1990.* (Points. Histoire ; 135 c5)
ISBN 2-02-012157-3. *55 F / 8,38 €*

04867 **ROUX G.** La Mésopotamie. Ed. rev. et augm. *Seuil, 1995.* (Points ; 192. Histoire c9)
ISBN 2-02-023636-2. *69 F / 10,52 €*

04868 **ROUX J-P.** Les explorateurs au Moyen Age. *Hachette Littératures, 1995.* (Pluriel ; 8773 c4)
ISBN 2-01-278773-8. *58 F / 8,84 €*

04869 **ROUZAUD A.** La préhistoire. *Milan, 1996.* (Les essentiels Milan ; 35 c1)
ISBN 2-84113-277-3. *25 F / 3,81 €*

04870 **ROVAN J.** Histoire de l'Allemagne : des origines à nos jours. *Seuil, 1999.* (Points ; 254. Histoire)
ISBN 2-02-035136-6. *77 F / 11,74 €*

04871 **RUCQUOI A.** Histoire médiévale de la péninsule Ibérique. *Seuil, 1993.* (Points. Histoire ; 180 c6)
ISBN 2-02-012935-3. *62 F / 9,45 €*

04872 **RUDELLE O.** De Gaulle : pour mémoire. *Gallimard, 1990.* (Découvertes ; 101. Histoire)
ISBN 2-07-053058-2. *85 F / 12,96 €*

04873 **RUHLMANN J.** De 1900 à 1918. *Complexe, 1994.* (Histoire de l'Europe au XXe siècle; 1)(Questions au XXe siècle ; 71 c14)
76 F / 11,59 €

04874 **RUSCIO A.** Le credo de l'homme blanc. *Complexe, 1996.* (Bibliothèque Complexe)
ISBN 2-87027-597-8. *120 F / 18,29 €*

04875 **RYAN C.** Le Jour le plus long : 6 juin 1944. Reimpr. *Pocket, 1994.* (Pocket ; 4174 c4)
ISBN 2-266-09015-1. *30 F / 4,57 €*

04876 **Sachso.** *Pocket, 1995.* (Pocket ; 1001. Terre humaine c10)
ISBN 2-266-06685-4. *50 F / 7,62 €*

04877 **SAINT-DENIS A.** Le Siècle de Saint Louis. *PUF, 1994.* (Que sais-je? ; 1481 c1)
ISBN 2-13-046598-6. *42 F / 6,40 €*

04878 **SAINT-SIMON L. d. R. (. d.** La Cour du Régent. *Complexe, 1990.* (Historiques ; 60 cL)
ISBN 2-87027-360-6. *65 F / 9,91 €*

04879 **SALLES C.** 73 av. J.-C., Spartacus et la révolte des gladiateurs. *Complexe, 1990.* (La mémoire des siècles ; 217 cL)
ISBN 2-87027-354-1. *65 F / 9,91 €*

04880 **N** **SALLES C.** L'Antiquité romaine. *Larousse, 2000.* (In extenso c1)
ISBN 2-03-575059-8. *160 F / 24,39 €*

04881 **SALLMANN J-M.** Les Sorcières, fiancées de Satan. *Gallimard, 1989.* (Découvertes ; 57. Histoire c6)
ISBN 2-07-053077-9. *90 F / 13,72 €*

04882 **SANBAR E.** Les Palestiniens dans le siècle. *Gallimard, 1994.* (Découvertes ; 201. Histoire c5)
ISBN 2-07-053256-9. *85 F / 12,96 €*

04883 **SARTRE M.** Le haut-Empire romain : les provinces de Méditerranée orientale d'Auguste aux Sévères, 31 av. J.C-235 apr. J.C. *Seuil, 1997.* (Nouvelle histoire de l'Antiquité; 9)(Points. Histoire ; 220 c15)
ISBN 2-02-028153-8. *59 F / 8,99 €*

04884 **SARTRE M.** Le Haut-Empire romain en Occident. *Seuil, 1997.* (Nouvelle histoire de l'Antiquité; 8)(Points ; 219. Histoire ; 220 c15)
ISBN 2-02-025932-X. *59 F / 8,99 €*

04885 **N** **SCHILTZ V.** La redécouverte de l'or des Scythes : histoires de kourganes. Nouv. éd. *Gallimard, 2001.* (Découvertes ; 130. Archéologie c4)
ISBN 2-07-076085-5. *75 F / 11,43 €*

04886 **SCHNAPP A.** La conquête du passé : aux origines de l'archéologie. *LGF, 1998.* (Le Livre de poche ; 546. Références art c18)
ISBN 2-253-90546-1. *65 F / 9,91 €*

04887 **SCHNERB R.** Le Dix-neuvième siècle. Nouv. éd. *PUF, 1993.* (Quadrige ; 154)
ISBN 2-13-044947-6. *104 F / 15,85 €*

04888 **SCHOELCHER V.** Des colonies françaises : abolition immédiate de l'esclavage. Réimpr. *Ed. du CTHS, 1998.* (Format ; 28)
ISBN 2-7355-0382-8. *90 F / 13,72 €*

04889 **A** **SCHOELCHER V., LINSTANT S.** Contre le préjugé de couleur : le leg de l'abbé Grégoire. *Ed. du CTHS, 2001.* (Format ; 41)
ISBN 2-7355-0467-0. *91,80 F / 13,99 €*

04890 **N** **SCHOENBAUM D.** La révolution brune : la société allemande sous le IIIe Reich, 1933-1945. *Gallimard, 2000.* (Tel ; 307)
ISBN 2-07-075918-0. *68 F / 10,37 €*

04891 **SCHWENTZEL C-G.** Cléopâtre. *PUF, 1999.* (Que sais-je? ; 3440 c1)
ISBN 2-13-049650-4. *42 F / 6,40 €*

04892 **Les Sciences historiques :** de l'Antiquité à nos jours. *Larousse, 1994.* (Textes essentiels)
ISBN 2-03-741014-X. *150 F / 22,87 €*

04893 **Seigneurs et seigneuries au Moyen Age :** actes. Nouv. éd. *Ed. du CTHS, 1995.* (Format ; 16)
ISBN 2-7355-0306-2. *80 F / 12,20 €*

04894 **SEIGNOBOS C.** Histoire sincère de la nation française : essai d'une histoire de l'évolution du peuple français. 8e éd. *PUF, 1982.* (Quadrige ; 33)
ISBN 2-13-037440-9. *55 F / 8,38 €*

04895 **SEMPRUN J., WIESEL E.** Se taire est impossible. *Mille et une nuits*; *Arte Editions, 1995.* (La petite collection ; 85 cA)
ISBN 2-84205-026-6. *10 F / 1,52 €*

04896 **SERGE V.** L'an 1 de la révolution russe. *La Découverte, 1999.* (La Découverte poche ; 35. Essais)
ISBN 2-7071-2732-9. *89 F / 13,57 €*

04897 **SERRES M.** Rome, le livre des fondations. *Hachette Littératures, 1999.* (Pluriel ; 873 c8)
ISBN 2-01-278873-4. *60 F / 9,15 €*

04898 **SHIRER W. L.** La Chute de la IIIe République : une enquête sur la défaite de 1940. *Hachette Littératures, 1990.* (Pluriel ; 8544 c6)
ISBN 2-01-016212-9. *70 F / 10,67 €*

04899 **SHORTER E.** Naissance de la famille moderne : 18e-20e siècle. *Seuil, 1981.* (Points. Histoire ; 47 c4)
ISBN 2-02-005741-7. *52 F / 7,93 €*

04900 **SINGER C.** Vichy, l'université et les juifs : les silences et la mémoire. *Hachette Littératures, 1996.* (Pluriel ; 8776 c5)
ISBN 2-01-278776-2. *65 F / 9,91 €*

04901 **SIRINELLI J-F.** Les droites françaises : de la Révolution à nos jours. *Gallimard, 1995.* (Folio ; 63. Histoire ; 63 c10)
ISBN 2-07-032873-2. *76,50 F / 11,66 €*

04902 **SIRINELLI J-F.** Génération intellectuelle, khâgneux et normaliens dans l'entre-deux-guerres. *PUF, 1994.* (Quadrige ; 160)
ISBN 2-13-044685-X. *118 F / 17,99 €*

04903 **SIRINELLI J-F.** Intellectuels et passions françaises : manifestes et pétitions au XXe siècle. *Gallimard, 1996.* (Folio ; 72. Histoire ; 72 c10)
ISBN 2-07-032919-4. *76,50 F / 11,66 €*

04904 **N** **Les sites préhistoriques de la Touraine du sud.** *ARCHEA : Patrimoine vivant en Claise tourangelle, 2000*
ISBN 2-912610-03-6. *40 F / 6,10 €*

04905 **SLAMA A-G.** La guerre d'Algérie : histoire d'une déchirure. *Gallimard, 1996.* (Découvertes ; 301. Histoire c6)
ISBN 2-07-053360-3. *90 F / 13,72 €*

04906 **SNODGRASS A.** La Grèce archaïque : le temps des apprentissages. *Hachette Littératures, 1995.* (Pluriel ; 8759 c4)
ISBN 2-01-278759-2. *58 F / 8,84 €*

04907 **SOBOUL A.** La Révolution française. *PUF, 1989.* (Quadrige ; 112)
ISBN 2-13-042520-8. *43 F / 6,56 €*

04908 **SOBOUL A.** La Révolution française. Nouv. éd. rev. et augm. *Gallimard, 1984.* (Tel ; 88)
ISBN 2-07-070106-9. *98 F / 14,94 €*

04909 **La société française au XIXe siècle :** tradition, transition, transformations. *Hachette Littératures, 1995.* (Pluriel ; 8750 c7)
ISBN 2-01-278750-9. *79 F / 12,04 €*

04910 **SOLÉ J.** La Révolution en questions. *Seuil, 1988.* (Points ; 98. Histoire ; 98 c6)
ISBN 2-02-009827-X. *62 F / 9,45 €*

04911 **SOLÉ R.** L'Egypte, passion française. *Seuil, 1999.* (Points ; 638)
ISBN 2-02-037426-9. *50 F / 7,62 €*

04912 **SOLNON J-F.** La cour de France. *LGF, 1996.* (Le Livre de poche ; 0439. Références histoire c18)
ISBN 2-253-90439-2. *65 F / 9,91 €*

04913 **SONNET M.** Chronologie de la France moderne, 1515-1815. *PUF, 1996.* (Que sais-je? ; 3178 c1)
ISBN 2-13-047935-9. *42 F / 6,40 €*

04914 **SOULET J-F.** L'empire stalinien : l'URSS et l'Europe de l'Est depuis 1945. *LGF, 2000.* (Le Livre de poche ; 565. Références histoire)
ISBN 2-253-90565-8. *43 F / 6,56 €*

04915 **Sources d'histoire de la France d'Ancien Régime :** XVIe, XVIIe, XVIIIe siècles. *Larousse, 1994.* (Textes essentiels)
ISBN 2-03-741016-6. *150 F / 22,87 €*

04916 **Sources d'histoire romaine :** 1er siècle av. J.-C., début du Ve siècle apr. J.-C. *Larousse, 1993.* (Textes essentiels)
ISBN 2-03-741009-3. *150 F / 22,87 €*

04917 **SOUSTELLE J.** Les Aztèques. 8e éd. *PUF, 2000.* (Que sais-je? ; 1391 c1)
ISBN 2-13-043587-4. *42 F / 6,40 €*

04918 **STAËL-HOLSTEIN G. d.** Réflexions sur le procès de la reine. *Mercure de France, 1996.* (Le petit Mercure)
ISBN 2-7152-1964-4. *18 F / 2,74 €*

04919 **STAMM A.** L'Afrique de la colonisation à l'indépendance. *PUF, 1998.* (Que sais-je? ; 3317 c1)
ISBN 2-13-048803-X. *42 F / 6,40 €*

04920 **STAMM A.** Histoire de l'Afrique précoloniale. *PUF, 1997.* (Que sais-je? ; 241 c1)
ISBN 2-13-047875-1. *42 F / 6,40 €*

04921 **STAUFFER R.** La Réforme : 1517-1564. 7e éd. *PUF, 1998.* (Que sais-je? ; 1376 c1)
ISBN 2-13-044930-1. *42 F / 6,40 €*

04922 **STEINERT M.** Hitler. *Hachette Littératures, 1992.* (Pluriel ; 8616 c6)
ISBN 2-01-019986-3. *75 F / 11,43 €*

04923 **STERNHELL Z.** La droite révolutionnaire, 1885-1914 : les origines françaises du fascisme. Nouv. éd. *Gallimard, 1997.* (Folio ; 85. Histoire ; 69 c10)
ISBN 2-07-074929-0. *76,50 F / 11,66 €*

04924 **N** **STERNHELL Z.** Maurice Barrès et le nationalisme français. Réimpr. *Complexe, 2000.* (Historiques ; 26 c7)
ISBN 2-87027-164-6. *56 F / 8,54 €*

04925 **STERNHELL Z.** Naissance de l'idéologie fasciste. *Gallimard, 1994.* (Folio ; 58. Histoire ; 58 cl)
ISBN 2-07-032818-X. *76,50 F / 11,66 €*

04926 **N** **STERNHELL Z.** Ni droite ni gauche : l'idéologie fasciste en France. 3e éd. refondue et augm. *Complexe, 2000.* (Historiques ; 35)
ISBN 2-87027-788-1. *69 F / 10,52 €*

04927 **STOLIAROV I. I.** Un village russe : récit d'un paysan de la région de Voronej (1880-1906). *Pocket, 1997.* (Pocket ; 10291. Terre humaine c8)
ISBN 2-266-07734-1. *45 F / 6,86 €*

04928 **STORA B.** Appelés en guerre d'Algérie. *Gallimard, 1997.* (Découvertes ; 316. Histoire c4)
ISBN 2-07-053404-9. *75 F / 11,43 €*

04929 **STORA B.** La gangrène et l'oubli : la mémoire de la guerre d'Algérie. Nouv. éd. *La Découverte, 1998.* (La Découverte poche ; 57. Essais)
ISBN 2-7071-2896-1. *79 F / 12,04 €*

04930 **STORA B.** Histoire de l'Algérie coloniale : 1890-1954. *La Découverte, 1991.* (Repères ; 102 c1)
ISBN 2-7071-2041-3. *52 F / 7,93 €*

04931 **A** **STORA B.** Histoire de l'Algérie depuis l'indépendance. 1, 1962-1988. 3e éd. *La Découverte, 2001.* (Repères ; 316 c1)
ISBN 2-7071-3430-9. *52 F / 7,93 €*

04932 **STORA B.** Histoire de la guerre d'Algérie : 1954-1962. Réimpr. *La Découverte, 1993.* (Repères ; 115)
ISBN 2-7071-2183-5. *52 F / 7,93 €*

04933 **SYME R.** La Révolution romaine. *Gallimard, 1978.* (Tel ; 32)
ISBN 2-07-029952-X. *69 F / 10,52 €*

04934 **SZAVAI J.** La Hongrie. *PUF, 1996.* (Que sais-je? ; 2138 c1)
ISBN 2-13-047564-7. *42 F / 6,40 €*

04935 **TAÏEB J.** Etre juif au Maghreb à la veille de la colonisation. *Albin Michel, 1994.* (Présences du judaïsme poche ; 14 c4)
ISBN 2-226-06802-3. *49 F / 7,47 €*

04936 **TAINE H.** L'Ancien Régime, la Révolution, la conquête jacobine. *Laffont, 1986.* (Les Origines de la France contemporaine; 1)(Bouquins)
120 F / 18,29 €

04937 **TAINE H.** L'Ancien Régime. *Complexe, 1991.* (Historiques ; 69 c9)
ISBN 2-87027-403-3. *59 F / 8,99 €*

04938 **TALLEMANT DES RÉAUX G.** Le Cardinal de Richelieu : sa famille, son favori Bois-Robert. *Complexe, 1990.* (Historiques ; 61 c9)
ISBN 2-87027-364-9. *59 F / 8,99 €*

04939 **TARNERO J.** Mai 68, la révolution fiction. *Milan, 1998.* (Les essentiels Milan ; 112 c1)
ISBN 2-84113-679-5. *25 F / 3,81 €*

04940 **TARTAKOWSKY D.** Le Front populaire : la vie est à nous. *Gallimard, 1996.* (Découvertes ; 275. Histoire c5)
ISBN 2-07-053330-1. *85 F / 12,96 €*

04941 **TEMIME E.** La guerre d'Espagne, un évènement traumatisme. *Complexe, 1996.* (Questions au XXe siècle ; 89 c13)
ISBN 2-87027-627-3. *69 F / 10,52 €*

04942 **Le Temps de la guerre froide :** du rideau de fer à l'effondrement du communisme. *Seuil, 1994.* (Points. Histoire ; 187 c7)
ISBN 2-02-022853-X. *62 F / 9,45 €*

04943 **TER MINASSIAN A.** 1918-1920, la république d'Arménie. *Complexe, 1989.* (La mémoire du siècle ; 54 c9)
ISBN 2-87027-280-4. *59 F / 8,99 €*

04944 **TERNON Y.** Les Arméniens : histoire d'un génocide. Nouv. éd. mise à jour. *Seuil, 1996.* (Points. Histoire ; 228 c13)
ISBN 2-02-025685-1. *52 F / 7,93 €*

04945 **TERNON Y.** Raspoutine, une tragédie russe : 1906-1916. *Complexe, 1991.* (La mémoire du siècle ; 59 cL)
ISBN 2-87027-391-6. *65 F / 9,91 €*

04946 **La terre et les hommes :** France et Grande-Bretagne, XVIIe et XVIIIe siècle. *Hachette Littératures, 1998.* (Pluriel ; 919 c8)
ISBN 2-01-278919-6. *60 F / 9,15 €*

04947 **N** **TESTAS J., TESTAS G.** L'Inquisition. 7e éd. *PUF, 2001.* (Que sais-je? ; 1237 c1)
ISBN 2-13-051077-9. *42 F / 6,40 €*

04948 **THABAULT R.** Mon village : ses hommes, ses routes, son école. 10e éd. *Presses de la Fondation nationale des sciences politiques, 1993.* (Références ; 7)
ISBN 2-7246-0631-0. *60 F / 9,15 €*

04949 **THALMANN R.** La République de Weimar. 2e éd. *PUF, 1991.* (Que sais-je? ; 2300 c1)
ISBN 2-13-043705-2. *42 F / 6,40 €*

04950 **THEIS L.** L'Héritage des Charles : de la mort de Charlemagne aux environs de l'an mil. *Seuil, 1990.* (Nouvelle histoire de la France médiévale; 2)(Points. Histoire ; 202 c5)
ISBN 2-02-011553-0. *55 F / 8,38 €*

04951 **THEIS L.** Histoire du Moyen-Age français : chronologie commentée de Clovis à Louis XIV (486-1483). *Complexe, 1995.* (Bibliothèque Complexe)
ISBN 2-87027-587-0. *90 F / 13,72 €*

04952 **THÉVENOT E.** Histoire des Gaulois. 8e éd. *PUF, 1987.* (Que sais-je? ; 206 c1)
ISBN 2-13-040124-4. *42 F / 6,40 €*

04953 **THIBAUX J-M.** Pour comprendre l'Egypte antique. *Pocket, 1997.* (Pocket ; 10188 c4)
ISBN 2-266-07490-3. *30 F / 4,57 €*

04954 **N** **THIBAUX J-M.** Pour comprendre la Rome antique. *Pocket, 2001.* (Pocket ; 10851)
ISBN 2-266-09827-6. *45 F / 6,86 €*

04955 **THIBAUX J-M.** Pour comprendre les Celtes et les Gaulois. *Pocket, 1999.* (Pocket ; 10267 c4)
ISBN 2-266-08527-1. *30 F / 4,57 €*

04956 **THIERRY A.** Récits des temps mérovingiens. *Complexe, 1995.* (Historiques ; 94 c11)
ISBN 2-87027-585-4. *65 F / 9,91 €*

04957 **THOMAS H.** La guerre d'Espagne : juillet 1936-mars 1939. Réimpr. *Laffont, 1999.* (Bouquins)
ISBN 2-221-04844-X. *169 F / 25,76 €*

04958 **N** **THUAU E.** Raison d'Etat et pensée politique à l'époque de Richelieu. *Albin Michel, 2000.* (Bibliothèque de l'évolution de l'humanité)
ISBN 2-226-11665-6. *98 F / 14,94 €*

04959 **THUCYDIDE, THIBAUDET A.** Histoire de la guerre du Péloponnèse. Réimpr. *Laffont, 1998.* (Bouquins)
ISBN 2-221-05854-2. *169 F / 25,76 €*

04960 **THUILLIER J-P.** Les Etrusques : la fin d'un mystère. *Gallimard, 1990.* (Découvertes ; 89. Archéologie c4)
ISBN 2-07-053026-4. *85 F / 12,96 €*

04961 **TILLION G.** Ravensbrück. Nouv. éd. augm. *Seuil, 1997.* (Points. Histoire ; 237 c16)
ISBN 2-02-031007-4. *62 F / 9,45 €*

04962 **TINGUY A. d.** USA-URSS : la détente, 1972. *Complexe, 1985.* (La mémoire du siècle ; 40 c1)
ISBN 2-87027-159-X. *52 F / 7,93 €*

04963 **TOCQUEVILLE A. d.** L'Ancien régime et la Révolution. Ed. rev. *Gallimard, 1985.* (Folio. Histoire ; 5 c4)
ISBN 2-07-032299-8. *46 F / 7,01 €*

04964 **TOCQUEVILLE A. d.** Souvenirs. *Gallimard, 1999.* (Folio ; 94. Histoire c7)
ISBN 2-07-040572-9. *60 F / 9,15 €*

04965 **TODD E.** L'invention de l'Europe. *Seuil, 1996.* (Points ; 321. Essais c16)
ISBN 2-02-028522-3. *62 F / 9,45 €*

04966 **TODOROV T.** La Conquête de l'Amérique : la conquête de l'autre. *Seuil, 1991.* (Points. Essais ; 226 c5)
ISBN 2-02-012576-5. *55 F / 8,38 €*

04967 **TODOROV T.** Face à l'extrême. Nouv. éd. mise à jour. *Seuil, 1994.* (Points. Essais ; 295 c13)
ISBN 2-02-022222-1. *55 F / 8,38 €*

04968 **TOINET M-F.** 1947-1957, la chasse aux sorcières : le maccarthysme. Réimp. *Complexe, 1995.* (La mémoire du siècle ; 32 c1)
ISBN 2-87027-118-2. *52 F / 7,93 €*

04969 **TOUSSAINT A.** Histoire de l'île Maurice. 2e éd. *PUF, 1974.* (Que sais-je? ; 1449 c1)
ISBN 2-13-033582-9. *42 F / 6,40 €*

04970 **TREVELYAN G. M.** Histoire sociale de l'Angleterre. *Laffont, 1993.* (Bouquins)
ISBN 2-221-05395-8. *120 F / 18,29 €*

04971 **TROTSKY L.** Histoire de la révolution russe. 1, La révolution de février. *Seuil, 1995.* (Points ; 314. Essais c16)
ISBN 2-02-026127-8. *62 F / 9,45 €*

04972 **TROTSKY L.** Histoire de la révolution russe. 2, La révolution d'Octobre. *Seuil, 1995.* (Points. Essais ; 315 c17)
ISBN 2-02-026130-8. *62 F / 9,45 €*

04973 **TUCOO-CHALA P.** Quand l'Islam était aux portes des Pyrénées : de Gaston IV le Croisé à la Croisade des Albigeois. *J & D, 2000.* (J et D poche)
ISBN 2-84127-158-7. *70 F / 10,67 €*

04974 **TULARD J.** Dictionnaire du Consulat de l'Empire. *Laffont, 1995.* (Bouquins)
ISBN 2-221-05858-5. *179 F / 27,29 €*

04975 **TULARD J.** Histoire de la Crète. 3e éd. *PUF, 1979.* (Que sais-je? ; 1018 c1)
ISBN 2-13-036274-5. *42 F / 6,40 €*

04976 **TULARD J.** Napoléon : le pouvoir, la nation, la légende. *LGF, 1997.* (Le Livre de poche ; 534. Références histoire c7)
ISBN 2-253-90534-8. *30 F / 4,57 €*

04977 **TULARD J.** Napoléon ou le Mythe du sauveur. *Hachette Littératures, 1988.* (Pluriel ; 8520 c5)
ISBN 2-01-014516-X. *65 F / 9,91 €*

04978 **TULARD J.** Les Révolutions : 1789-1851. *LGF, 1993.* (Histoire de France / dir. Jean Favier; 4)(Le Livre de poche ; 2939. Références histoire c16)
ISBN 2-253-06278-2. *55 F / 8,38 €*

04979 **TULARD J., FAYARD J-F., FIERRO A.** Histoire et dictionnaire de la Révolution française : 1789-1799. *Laffont, 1998.* (Bouquins)
ISBN 2-221-08850-6. *169 F / 25,76 €*

04980 **VALBELLE D.** L'Egyptologie. *PUF, 1991.* (Que sais-je? ; 1312 c1)
ISBN 2-13-043562-9. *42 F / 6,40 €*

04981 **VALÉRY P.** Regards sur le monde actuel : et autres essais. *Gallimard, 1988.* (Folio ; 106. Essais ; 106 c2)
ISBN 2-07-032494-X. *37 F / 5,64 €*

04982 **VALLAUD P.** Le XXe siècle : atlas historique. *Hachette Littératures, 1996.* (Pluriel ; 8796)
ISBN 2-01-278796-7. *99 F / 15,09 €*

04983 **VANDERLINDEN J.** La Crise congolaise, 1960-1961 : l'indépendance du Congo. *Complexe, 1985.* (La mémoire du siècle ; 43 c6)
ISBN 2-87027-163-8. *52 F / 7,93 €*

04984 **VARAUT J-M.** Le Procès de Nuremberg. *Hachette Littératures, 1993.* (Pluriel ; 8617 c5)
ISBN 2-01-019987-1. *65 F / 9,91 €*

04985 **VAYSSIÈRE P.** Les Révolutions d'Amérique latine. *Seuil, 1991.* (Points. Histoire ; 150 c5)
ISBN 2-02-013458-6. *55 F / 8,38 €*

04986 **N** **VEGA G. d. l.** Commentaires royaux sur le Pérou des Incas. 1. Nouv. éd. *La Découverte, 2000.* (La Découverte poche ; 92. Littérature et voyages)
ISBN 2-7071-3269-1. *65 F / 9,91 €*

04987 **N** **VEGA G. d. l.** Commentaires royaux sur le Pérou des Incas. 2. Rééd. *La Découverte, 2000.* (La Découverte poche ; 93. Littérature et voyages)
ISBN 2-7071-3270-5. *65 F / 9,91 €*

04988 **N** **VEGA G. d. l.** Commentaires royaux sur le Pérou des Incas. 3. Nouv. éd. *La Découverte, 2000.* (La Découverte poche ; 94. Littérature et voyages)
ISBN 2-7071-3271-3. *65 F / 9,91 €*

04989 **Venise et la Révolution française :** les 470 dépêches des ambassadeurs de Venise au Doge (1786-1795). *Laffont, 1997.* (Bouquins)
ISBN 2-221-06568-9. *179 F / 27,29 €*

04990 **VERCOUTTER J.** A la découverte de l'Egypte oubliée. Nouv. éd. *Gallimard, 1998.* (Découvertes ; 1. Archéologie)
ISBN 2-07-053090-6. *85 F / 12,96 €*

04991 **VERCOUTTER J.** L'Egypte ancienne. Nouv. éd. *PUF, 1997.* (Que sais-je? ; 247 c1)
ISBN 2-13-045880-7. *42 F / 6,40 €*

04992 **VERDON J.** La nuit au Moyen Age. *Hachette Littératures, 1995.* (Pluriel ; 8754 c4)
ISBN 2-01-278754-1. *58 F / 8,84 €*

04993 **VERDON J.** Le plaisir au Moyen Age. *Hachette Littératures, 1997.* (Pluriel ; 8832 c3)
ISBN 2-01-278832-7. *49 F / 7,47 €*

04994 **VERLEY P.** Nouvelle histoire économique de la France contemporaine. 2, L'Industrialisation : 1830-1914. Rééd. *La Découverte, 1995.* (Repères ; 78 c1)
ISBN 2-7071-1873-7. *52 F / 7,93 €*

04995 **VERLEY P.** La révolution industrielle. *Gallimard, 1997.* (Folio ; 77. Histoire ; 77 c10)
ISBN 2-07-032769-8. *71 F / 10,82 €*

04996 **N** **VERNANT J-P.** Entre mythe et politique. *Seuil, 2000.* (Points. Essais ; 430)
ISBN 2-02-041970-X. *65 F / 9,91 €*

04997 **VERNANT J-P.** L'individu, la mort, l'amour : soi-même et l'autre en Grèce ancienne. *Gallimard, 1996.* (Folio. Histoire ; 73 c1)
ISBN 2-07-032922-4. *29,50 F / 4,50 €*

04998 **VERNANT J-P., VIDAL-NAQUET P.** Du mythe à la raison. *Seuil, 1990.* (La Grèce ancienne; 1)(Points. Essais ; 215 c4)
ISBN 2-02-012411-4. *52 F / 7,93 €*

04999 **VERNANT J-P., VIDAL-NAQUET P.** Rites de passage et transgressions. *Seuil, 1992.* (La Grèce ancienne; 3)(Points. Essais ; 256 c6)
ISBN 2-02-013137-4. *62 F / 9,45 €*

05000 **VERNANT J-P., VIDAL-NAQUET P.** Travail et esclavage en Grèce ancienne. *Complexe, 1988.* (Historiques ; 44 c7)
ISBN 2-87027-246-4. *56 F / 8,54 €*

05001 **A** **VERNUS P.** Affaires et scandales sous les Ramsès. *J'ai lu, 2001.* (J'ai lu ; 5970. Littérature générale)
ISBN 2-290-31206-1

05002 **VEYNE P.** Comment on écrit l'histoire ; Foucault révolutionne l'histoire. Rééd. *Seuil, 1996.* (Points ; 226. Histoire ; 226 c14)
ISBN 2-02-028778-1. *55 F / 8,38 €*

05003 **VEYNE P.** Les Grecs ont-ils cru à leurs mythes? : essai sur l'imagination constituante. *Seuil, 1992.* (Points. Essais ; 246 c2)
ISBN 2-02-015953-8. *39 F / 5,95 €*

05004 **VEYNE P.** Le pain et le cirque : sociologie historique d'un pluralisme politique. *Seuil, 1995.* (Points ; 196. Histoire ; 196 c18)
ISBN 2-02-025463-8. *67 F / 10,21 €*

05005 **VIAL C.** Les Grecs : de la paix d'Apamée à la bataille d'Actium, 188-31. *Seuil, 1995.* (Nouvelle histoire de l'Antiquité; 5)(Points. Histoire ; 216 c10)
ISBN 2-02-013131-5. *45 F / 6,86 €*

05006 **VIALOU D.** Chasseurs et artistes au coeur de la préhistoire. *Gallimard, 1996.* (Découvertes ; 295. Histoire c6)
ISBN 2-07-053301-8. *90 F / 13,72 €*

05007 **VIANSSON-PONTÉ P.** Histoire de la république gaullienne. 1, La fin d'une époque, mai 1958-juillet 1962. *Hachette Littératures, 1994.* (Pluriel ; 8715 c6)
ISBN 2-01-278715-0. *75 F / 11,43 €*

05008 **VIANSSON-PONTÉ P.** Histoire de la république gaullienne. 2, Le temps des orphelins, août 1962-avril 1969. *Hachette Littératures, 1994.* (Pluriel ; 8716 c7)
ISBN 2-01-278716-9. *79 F / 12,04 €*

05009 **VIBART E.** 1767-1797, Tahiti : naissance d'un paradis au siècle des lumières. *Complexe, 1987.* (La mémoire des siècles ; 202 c6)
ISBN 2-87027-202-2. *52 F / 7,93 €*

05010 **VIDAL-NAQUET P.** Les assassins de la mémoire : Un Eichmann de papier et autres essais sur le révisionnisme. *Seuil, 1995.* (Points. Essais ; 302 c3)
ISBN 2-02-020527-0. *45 F / 6,86 €*

05011 **VIDAL-NAQUET P.** Les Juifs, la mémoire et le présent. *Seuil, 1995.* (Points. Essais ; 301 c6)
ISBN 2-02-020526-2. *62 F / 9,45 €*

05012 **VIÉ M.** Histoire du Japon : des origines à Meiji. 4e éd. *PUF, 1990.* (Que sais-je? ; 1328 c1)
ISBN 2-13-043467-3. *42 F / 6,40 €*

05013 **N** **VIGARELLO G.** Histoire du viol : XVIe-XXe siècle. *Seuil, 2000.* (Points. Histoire ; 270 c13)
ISBN 2-02-040364-1. *52 F / 7,93 €*

05014 **VILAR P.** La Guerre d'Espagne : 1936-1939. 3e éd. corr. *PUF, 1994.* (Que sais-je? ; 2338 c1)
ISBN 2-13-043016-3. *42 F / 6,40 €*

05015 **A** **VILAR P.** Histoire de l'Espagne. 20e éd. mise à jour. *PUF, 2001.* (Que sais-je? ; 275 c1)
ISBN 2-13-051585-1. *42 F / 6,40 €*

05016 **La ville au Moyen Age :** actes du 120e Congrès national des sociétés historiques et scientifiques, 1995, Aix-en-Provence, section histoire médiévale et de philologie. *Ed. du CTHS, 1999.* (Format ; 35)
ISBN 2-7355-0422-0. *100 F / 15,24 €*

05017 **La ville des Temps modernes :** de la Renaissance aux révolutions. Ed. rev. et compl. *Seuil, 1998.* (Histoire de la France urbaine; 3)(Points ; 249. Histoire ; 247 c17)
ISBN 2-02-034310-X. *65 F / 9,91 €*

05018 **VILLEFOSSE L. d.** Lincoln. *Seuil, 1965.* (Microcosme. Le Temps qui court ; 37 c1)
ISBN 2-02-000184-5. *49 F / 7,47 €*

05019 **VINCENT C.** Introduction à l'histoire de l'Occident médiéval. *LGF, 1995.* (Le Livre de poche ; 516. Références histoire c10)
ISBN 2-253-90516-X. *40 F / 6,10 €*

05020 **VIOLET B.** L'affaire Ben Barka. *Seuil, 1995.* (Points ; 157 c11)
ISBN 2-02-026212-6. *48 F / 7,32 €*

05021 **VISSIÈRE I.** Procès des femmes au temps des philosophes ou la Violence masculine au XVIIIe siècle. *Des femmes-Antoinette Fouque, 1985.* (Ecrits d'hier)
ISBN 2-7210-0283-X. *92 F / 14,03 €*

05022 **N** **Vivre en Egypte gréco-romaine :** une sélection de papyrus. *Aire, 2000.* (Le Chant du monde)
ISBN 2-88108-562-8. *79 F / 12,04 €*

05023 **VOVELLE M.** 1793, la Révolution contre l'Eglise : de la Raison à l'Etre suprême. *Complexe, 1988.* (La mémoire des siècles ; 208 c9)
ISBN 2-87027-254-5. *59 F / 8,99 €*

05024 **VOVELLE M.** La chute de la monarchie : 1787-1792. Nouv. éd. *Seuil, 1999.* (Nouvelle histoire de la France contemporaine; 1)(Points ; 101. Histoire c11)
ISBN 2-02-037519-2. *48 F / 7,32 €*

05025 **VOVELLE M.** Idéologies et mentalités. éd. rev. et augm. *Gallimard, 1992.* (Folio. Histoire ; 48 c4)
ISBN 2-07-032700-0. *46 F / 7,01 €*

05026 **VOVELLE M.** Mourir autrefois : attitudes collectives devant la mort aux XVIIe et XVIIIe siècles. *Gallimard, 1990.* (Folio. Histoire ; 28 c2)
ISBN 2-07-032564-4. *41 F / 6,25 €*

05027 **VOVELLE M.** Piété baroque et déchristianisation en Provence au XVIIIe siècle. 2e éd. rev. *Ed. du CTHS, 1997.* (Format ; 24)
ISBN 2-7355-0365-8. *90 F / 13,72 €*

05028 **WACHTEL N.** La Vision des vaincus : les Indiens du Pérou devant la conquête espagnole : 1530-1570. *Gallimard, 1992.* (Folio. Histoire ; 47 c4)
ISBN 2-07-032702-7. *46 F / 7,01 €*

05029 **WALLON H.** Histoire de l'esclavage dans l'Antiquité. *Laffont, 1988.* (Bouquins)
ISBN 2-221-04953-5. *150 F / 22,87 €*

05030 **WALTER G.** Le Procès de Marie-Antoinette : 23-25 vendémiaire an II, 15-16 octobre 1793. *Complexe, 1993.* (Historiques ; 88 c7)
ISBN 2-87027-507-2. *56 F / 8,54 €*

05031 **WANEGFFELEN T.** L'édit de Nantes : une histoire européenne de la tolérance du XVIe au XXe siècle. *LGF, 1998.* (Le Livre de poche ; 454. Références histoire c12)
ISBN 2-253-90454-6. *44 F / 6,71 €*

05032 **WEBER E. J.** L'Action française. *Hachette Littératures, 1990.* (Pluriel ; 8542 c6)
ISBN 2-01-016210-2. *75 F / 11,43 €*

05033 **A** **WEBER M.** Économie et société dans l'Antiquité ; précédé de Les causes sociales du déclin de la civilisation antique. *La Découverte, 2001.* (La Découverte poche ; 107. Sciences humaines et sociales)
ISBN 2-7071-3463-5. *85 F / 12,96 €*

05034 **WERNER K. F.** Histoire de France. 1, Les origines : avant l'an mil. *LGF, 1995.* (Le Livre de poche ; 432. Références histoire c17)
ISBN 2-253-90432-5. *60 F / 9,15 €*

05035 **WERTH N.** 1936-1938, les procès de Moscou. *Complexe, 1987.* (La mémoire du siècle ; 48 c5)
ISBN 2-87027-211-1. *52 F / 7,93 €*

05036 **WERTH N.** Histoire de l'Union soviétique : 1917-1953. *PUF, 1995.* (Que sais-je? ; 2963 c1)
ISBN 2-13-046983-3. *42 F / 6,40 €*

05037 **WERTH N.** Histoire de l'Union soviétique de Khrouchtchev à Gorbatchev : 1953-1985. *PUF, 1995.* (Que sais-je? ; 3038 c1)
ISBN 2-13-047332-6. *42 F / 6,40 €*

05038 **WERTH N.** La Russie en révolution. *Gallimard, 1997.* (Découvertes ; 327. Histoire)
ISBN 2-07-053415-4. *85 F / 12,96 €*

05039 **WEYMULLER F.** Histoire du Mexique. 6e éd. *PUF, 1980.* (Que sais-je? ; 574 c1)
ISBN 2-13-036558-2. *42 F / 6,40 €*

05040 **WIEVIORKA A.** 1961, le procès Eichmann. *Complexe, 1989.* (La mémoire du siècle ; 53 c9)
ISBN 2-87027-282-0. *59 F / 8,99 €*

05041 **WIEVIORKA A.** Déportation et génocide : entre la mémoire et l'oubli. *Hachette Littératures, 1995.* (Pluriel ; 8737 c6)
ISBN 2-01-278737-1. *75 F / 11,43 €*

05042 **WINOCK M.** Chronique des années soixante. *Seuil, 1990.* (Points. Histoire ; 136 c4)
ISBN 2-02-012341-X. *52 F / 7,93 €*

05043 **WINOCK M.** La fièvre hexagonale : les grandes crises politiques : 1871-1968. Réimpr. *Seuil, 1999.* (Points ; 97. Histoire)
ISBN 2-02-028516-9. *55 F / 8,38 €*

05044 **WINOCK M.** La France politique : XIXe-XXe siècles. *Seuil, 1999.* (Points ; 256. Histoire)
ISBN 2-02-035051-3. *65 F / 9,91 €*

05045 **WINOCK M.** Nationalisme, antisémitisme et fascisme en France. *Seuil, 1990.* (Points. Histoire ; 131 c5)
ISBN 2-02-011628-6. *55 F / 8,38 €*

05046 **WINOCK M.** La République se meurt, 1956-1958. Nouv. éd. *Gallimard, 1985.* (Folio. Histoire ; 4 c3)
ISBN 2-07-032300-5. *41 F / 6,25 €*

05047 **WINOCK M.** Le siècle des intellectuels. *Seuil, 1999.* (Points ; 613 c18)
ISBN 2-02-036416-6. *67 F / 10,21 €*

05048 **WINOCK M.** Le Socialisme en France et en Europe : XIXe-XXe siècle. *Seuil, 1992.* (Points. Histoire ; 162 c5)
ISBN 2-02-014658-4. *55 F / 8,38 €*

05049 **WOLFF P.** L'Eveil intellectuel de l'Europe. *Seuil, 1971.* (Histoire de la pensée européenne; 1)(Points. Histoire ; 2 c2)
ISBN 2-02-000647-2. *39 F / 5,95 €*

05050 **WOLIKOW S.** Le Front populaire en France. *Complexe, 1996.* (Questions au XXe siècle ; 90 c13)
ISBN 2-87027-628-1. *115 F / 17,53 €*

05051 **WORONOFF D.** La République bourgeoise : 1794-1799. *Seuil, 1972.* (Nouvelle histoire de la France contemporaine; 3)(Points. Histoire ; 103 c3)
ISBN 2-02-000654-5. *48 F / 7,32 €*

05052 **YACONO X.** Les Etapes de la décolonisation française. 6e éd. corr. *PUF, 1994.* (Que sais-je? ; 428 c1)
ISBN 2-13-044010-X. *42 F / 6,40 €*

05053 **YERUSHALMI Y. H.** Zakhor : histoire juive et mémoire juive. *Gallimard, 1991.* (Tel ; 176)
ISBN 2-07-072197-3. *48 F / 7,32 €*

05054 **ZELDIN T.** Anxiété et hypocrisie. *Seuil, 1981.* (Histoire des passions françaises; 5)(Points. Histoire ; 55 c6)
ISBN 2-02-005935-5. *62 F / 9,45 €*

05055 **ZIEGLER J.** La Suisse, l'or et les morts. *Seuil, 1998.* (Points ; 450 c10)
ISBN 2-02-033509-3. *45 F / 6,86 €*

05056 **ZIMMERMANN M., ZIMMERMANN M-C.** Histoire de la Catalogne. *PUF, 1997.* (Que sais-je? ; 3212 c1)
ISBN 2-13-048354-2. *42 F / 6,40 €*

05057 **ZWEIG S.** Amerigo : récit d'une erreur historique. *LGF, 1996.* (Le Livre de poche ; 14058 c3)
ISBN 2-253-14058-9. *18 F / 2,74 €*

05058 **ZWEIG S.** Erasme : grandeur et décadence d'une idée. *Grasset, 1988.* (Les Cahiers rouges ; 91)
ISBN 2-246-16852-X. *54 F / 8,23 €*

05059 **ZYSBERG A.** Les Galériens : vies et destins de 60000 forçats sur les galères de France (1680-1748). *Seuil, 1991.* (Points. Histoire ; 142 c7)
ISBN 2-02-012895-0. *65 F / 9,91 €*

05060 **N** **ZYSBERG A., BURLET R.** Venise : la Sérénissime et la mer. *Gallimard, 2000.* (Découvertes ; 396. Histoire)
ISBN 2-07-053519-3. *75 F / 11,43 €*

Jeunesse (Ecole)

05061 **40 leçons junior pour parler l'anglais.** *Langues pour tous, 1997.* (Langues pour tous ; 8589)
ISBN 2-266-07616-7. *119 F / 18,14 €*

05062 **AKAMATSU E.** Perception, art, imagination. *PUF, 1999.* (Major bac)
ISBN 2-13-048610-X. *42 F / 6,40 €*

05063 **AMMIRATI C.** Le drame romantique : thèmes et sujets. *PUF, 1996.* (Major bac)
ISBN 2-13-048052-7. *42 F / 6,40 €*

05064 **AMMIRATI C.** Grammaire du bachelier. *PUF, 1998.* (Major bac)
ISBN 2-13-048608-8. *68 F / 10,37 €*

05065 **AMMIRATI C.** Principes et méthodes de l'épreuve écrite de français. *PUF, 1996.* (Major bac)
ISBN 2-13-048143-4. *68 F / 10,37 €*

05066 **AMMIRATI C.** Rapports entre maîtres et valets dans la comédie du XVIIIe : thèmes et sujets. *PUF, 1999.* (Major bac)
ISBN 2-13-050235-0. *42 F / 6,40 €*

05067 **AMMIRATI C.** Le roman d'apprentissage, thèmes et sujets. *PUF, 1995.* (Major bac)
ISBN 2-13-047228-1. *42 F / 6,40 €*

05068 **ANOUILH J.** Le bal des voleurs : comédie-ballet. *Gallimard, 1998.* (Folio ; 46. Plus c6)
ISBN 2-07-040385-8. *29,50 F / 4,50 €*

05069 **APOLLINAIRE G.** Alcools. *Gallimard-Education, 1999.* (La bibliothèque Gallimard ; 21)
ISBN 2-07-040632-6. *52 F / 7,93 €*

05070 **ARAGON L.** Aurélien. *Gallimard, 1996.* (Folio ; 8. Plus ; 8 c14)
ISBN 2-07-039368-2. *60 F / 9,15 €*

05071 **N** **ARÈNE P.** Contes et histoires de Provence. *Pocket, 2000.* (Pocket. Classiques ; 6236 c4)
ISBN 2-266-10325-3. *30 F / 4,57 €*

05072 **ARONDEL-ROHAUT M.** Exercices philosophique. 2e éd. *PUF, 1998.* (Major bac)
ISBN 2-13-048063-2. *42 F / 6,40 €*

05073 **ASSAYAG J.** Algèbre, des exercices aux problèmes. *PUF, 1996.* (Major bac)
ISBN 2-13-047728-3. *42 F / 6,40 €*

05074 **ASSAYAG J.** Analyse, des exercices aux problèmes. *PUF, 1995.* (Major bac)
ISBN 2-13-047229-X. *42 F / 6,40 €*

05075 **N** **AYMÉ M.** Contes du chat perché : contes choisis. *Gallimard-Education, 2000.* (La bibliothèque Gallimard ; 55 c7)
ISBN 2-07-041494-9. *30 F / 4,57 €*

05076 **BACHOFEN B.** Premières leçons sur le Discours sur l'origine de l'inégalité de J.-J. Rousseau. *PUF, 1996.* (Major bac)
ISBN 2-13-048064-0. *42 F / 6,40 €*

05077 **BALZAC H. d.** César Birotteau. Nouv. éd. *Pocket, 1999.* (Pocket ; 6119. Classiques)
ISBN 2-266-09375-4. *30 F / 4,57 €*

05078 **BALZAC H. d.** Le Colonel Chabert. Réimpr. *Pocket, 1994.* (Pocket ; 6052. Classiques c0)
ISBN 2-266-08330-9. *15 F / 2,29 €*

05079 **BALZAC H. d.** Le cousin Pons : les parents pauvres. Nouv. éd. *Pocket, 1999.* (Pocket ; 6121. Classiques c4)
ISBN 2-266-09376-2. *30 F / 4,57 €*

05080 **BALZAC H. d.** La cousine Bette. Réimpr. *Pocket, 1999.* (Pocket ; 6120. Classiques c3)
ISBN 2-266-09174-3. *26 F / 3,96 €*

05081 **BALZAC H. d.** Le curé de Tours. *Pocket, 1999.* (Pocket ; 6146. Classiques c4B)
ISBN 2-266-05358-2. *32 F / 4,88 €*

05082 **BALZAC H. d.** Le curé de village. Réimpr. *Pocket, 1999.* (Pocket ; 6193. Classiques c5)
ISBN 2-266-09173-5. *35 F / 5,34 €*

05083 **BALZAC H. d.** Eugénie Grandet. Réimpr. *Pocket, 1998.* (Pocket ; 6005. Classiques c1)
ISBN 2-266-08327-9. *19 F / 2,90 €*

05084 **BALZAC H. d.** La femme de trente ans. Nouv. éd. *Pocket, 1999.* (Pocket ; 6076. Classiques c4)
ISBN 2-266-09368-1. *30 F / 4,57 €*

05085 **BALZAC H. d.** Ferragus. *Gallimard-Education, 1998.* (La bibliothèque Gallimard ; 10 c5)
ISBN 2-07-040526-5. *26 F / 3,96 €*

05086 **BALZAC H. d.** Histoire des Treize. Réimpr. *Pocket, 1998.* (Pocket ; 6075. Classiques c4B)
ISBN 2-266-08328-7. *32 F / 4,88 €*

05087 **BALZAC H. d.** Illusions perdues. Nouv. éd. *Pocket, 1999.* (Pocket ; 6070. Classiques c6)
ISBN 2-266-09369-X. *38 F / 5,79 €*

05088 **BALZAC H. d.** Le lys dans la vallée. Réimpr. *Pocket, 1999.* (Pocket ; 6034. Classiques c3B)
ISBN 2-266-09022-4. *28 F / 4,27 €*

05089 **BALZAC H. d.** Le médecin de campagne : utopies balzaciennes. Nouv. éd. *Pocket, 1999.* (Pocket ; 6192. Classiques c4B)
ISBN 2-266-09366-5. *32 F / 4,88 €*

05090 **BALZAC H. d.** La peau de chagrin. *Pocket, 1998.* (Pocket ; 6017. Classiques c2)
ISBN 2-266-08332-5. *23 F / 3,51 €*

05091 N **BALZAC H. d.** Le Père Goriot. *Gallimard-Education, 2000.* (La bibliothèque Gallimard ; 59 c4)
ISBN 2-07-041499-X. *32 F / 4,88 €*

05092 **BALZAC H. d.** La rabouilleuse. Nouv. éd. *Pocket, 1999.* (Pocket ; 6106. Classiques c4B)
ISBN 2-266-09367-3. *32 F / 4,88 €*

05093 **BALZAC H. d.** Splendeurs et misères des courtisanes. *Pocket, 1999.* (Pocket ; 6073. Classiques c8)
ISBN 2-266-09168-9. *45 F / 6,86 €*

05094 **BALZAC H. d.** Une ténébreuse affaire. Nouv.éd. *Pocket, 1999.* (Pocket ; 6112. Classiques)
ISBN 2-266-09370-3. *32 F / 4,88 €*

05095 **BALZAC H. d., DAUMAS J.** Les Chouans. *Larousse, 1990.* (Petits classiques Larousse c2)
ISBN 2-03-871022-8. *29 F / 4,42 €*

05096 **BARBEY D'AUREVILLY J. A.** Le chevalier des Touches. Réimpr. *Pocket, 1998.* (Pocket ; 6208. Classiques c3B)
ISBN 2-266-07525-X. *28 F / 4,27 €*

05097 **BARBEY D'AUREVILLY J. A.** Le chevalier des Touches. *Gallimard-Education, 1999.* (La bibliothèque Gallimard ; 22)
ISBN 2-07-040888-4. *26 F / 3,96 €*

05098 **BARBEY D'AUREVILLY J. A.** Les Diaboliques. Réimpr. *Pocket, 1999.* (Pocket ; 6136. Classiques c5)
ISBN 2-266-08939-0. *30 F / 4,57 €*

05099 **BARJAVEL R.** Ravage. *Gallimard, 1996.* (Folio ; 9. Plus ; 9 c8)
ISBN 2-07-039428-X. *37 F / 5,64 €*

05100 **BASTIN G.** Les grands débats des sciences économiques et sociales. *PUF, 1998.* (Major bac)
ISBN 2-13-049350-5. *42 F / 6,40 €*

05101 **BAUDELAIRE C.** Les fleurs du mal. Nouv. éd. *Larousse, 1999.* (Petits classiques Larousse ; 27)
ISBN 2-03-871714-1. *29 F / 4,42 €*

05102 **BAUDELAIRE C.** Les fleurs du mal. *Pocket, 1998.* (Pocket ; 6022. Classiques c1)
ISBN 2-266-08326-0. *19 F / 2,90 €*

05103 **BAUDELAIRE C.** Les fleurs du mal. *Gallimard-Education, 1999.* (La bibliothèque Gallimard ; 38 c6)
ISBN 2-07-040939-2. *28 F / 4,27 €*

05104 **BAUDELAIRE C.** Petits poèmes en prose. Réimpr. *Pocket, 1995.* (Pocket ; 6195. Classiques c1)
ISBN 2-266-08762-2. *19 F / 2,90 €*

05105 N **BAUDELAIRE C.** Le spleen de Paris. *Gallimard-Education, 2000.* (La bibliothèque Gallimard ; 64 c4)
ISBN 2-07-041599-6. *24 F / 3,66 €*

05106 **BEAUMARCHAIS P-A. C. d.** Le barbier de Séville ; Le Mariage de Figaro ; La Mère coupable. Réimpr. *Pocket, 1999.* (Pocket ; 6168. Classiques c5)
ISBN 2-266-08717-7. *35 F / 5,34 €*

05107 **BEAUMARCHAIS P-A. C. d.** Le Barbier de Séville ou la Précaution inutile. *Larousse, 1998.* (Petits classiques Larousse c2)
ISBN 2-03-871610-2. *29 F / 4,42 €*

05108 **BEAUMARCHAIS P-A. C. d.** Le barbier de Séville. *Pocket, 1999.* (Pocket ; 6226. Classiques c0)
ISBN 2-266-09670-2. *15 F / 2,29 €*

05109 **BEAUMARCHAIS P-A. C. d.** La Folle journée ou le Mariage de Figaro. *Larousse, 1992.* (Petits classiques Larousse)
ISBN 2-03-871611-0. *33 F / 5,03 €*

05110 **BEAUMARCHAIS P-A. C. d.** Le mariage de Figaro. *Gallimard-Education, 1999.* (La bibliothèque Gallimard ; 28 c4)
ISBN 2-07-041010-2. *24 F / 3,66 €*

05111 **BEAUMARCHAIS P-A. C. d.** Le mariage de Figaro. *Pocket, 1999.* (Pocket ; 6227. Classiques c1)
ISBN 2-266-09657-5. *19 F / 2,90 €*

05112 **BELLEHIGUE M.** L'ABC du vocabulaire anglais. *PUF, 1997.* (Major bac)
ISBN 2-13-048379-8. *42 F / 6,40 €*

05113 **BERNARDIN DE SAINT-PIERRE H.** Paul et Virginie. Réimpr. *Pocket, 1991.* (Pocket ; 6041. Classiques c3B)
ISBN 2-266-08578-6. *28 F / 4,27 €*

05114 N **BÉROUL** Tristan et Yseut. *Gallimard-Education, 2000.* (La bibliothèque Gallimard ; 63 c4)
ISBN 2-07-041598-8. *24 F / 3,66 €*

05115 **BERTHIER P.** La chartreuse de Parme de Stendhal. *Gallimard, 1995.* (Foliothèque ; 49 c3)
ISBN 2-07-038937-5. *41 F / 6,25 €*

05116 N **BILEMDJIAN S.** Premières leçons sur L'existentialisme est un humanisme de Jean-Paul Sartre. *PUF, 2000.* (Bibliothèque major ; 23)
ISBN 2-13-049320-3. *49 F / 7,47 €*

05117 **BLOCKER D.** Premières leçons sur les fables de La Fontaine. 2e éd. corr. *PUF, 1998.* (Major bac)
ISBN 2-13-048060-8. *42 F / 6,40 €*

05118 N **BOBER R.** Quoi de neuf sur la guerre?. *Gallimard-Education, 2000.* (La bibliothèque Gallimard ; 56 c4)
ISBN 2-07-041495-7. *32 F / 4,88 €*

05119 **BONAN R.** Premières leçons sur l'Esthétique de Merleau-Ponty. *PUF, 1997.* (Major bac)
ISBN 2-13-049068-9. *42 F / 6,40 €*

05120 **BONNEWITZ P.** Premières leçons sur la sociologie de Bourdieu. 3e éd. *PUF, 1997.* (Major bac ; 9)
ISBN 2-13-049569-9. *42 F / 6,40 €*

05121 **BOSCO H.** L'enfant et la rivière. *Gallimard, 1997.* (Folio ; 22. Plus c6)
ISBN 2-07-039434-4. *29,50 F / 4,50 €*

05122 **N** **BOTTET B.** Isis et Osiris. *Retz, 2001.* (Un récit, des jeux pour découvrir ses classiques)
ISBN 2-7256-2020-1. *49 F / 7,47 €*

05123 **BOUGAINVILLE L. A. d.** Voyage autour du monde. *Pocket, 1999.* (Pocket ; 6222. Classiques c4)
ISBN 2-266-09428-9. *30 F / 4,57 €*

05124 **N** **BOUGAINVILLE L. A. d.** Le voyage de Bougainville (extraits) : dossier pédagogique. *Larousse, 2000.* (Petits classiques Larousse)
ISBN 2-03-588174-9. *24 F / 3,66 €*

05125 **N** **BOUGAINVILLE L. A. d.** Le voyage de Bougainville (extraits). *Larousse, 2000.* (Petits classiques Larousse c1)
ISBN 2-03-588122-6. *29 F / 4,42 €*

05126 **A** **BOULLE P.** Contes du futur. Nouv. éd. *Pocket, 2000.* (Pocket. Classiques ; 6235)
ISBN 2-266-10309-1. *30 F / 4,57 €*

05127 **BOY J-P.** Mémento de physique. *PUF, 1995.* (Major bac)
ISBN 2-13-047231-1. *42 F / 6,40 €*

05128 **BRETON A.** Nadja. *Gallimard, 1998.* (Folio ; 37. Plus c6)
ISBN 2-07-040130-8. *29,50 F / 4,50 €*

05129 **BRISAC A-L.** Le drame romantique, textes commentés. *PUF, 1996.* (Major bac)
ISBN 2-13-048129-9. *42 F / 6,40 €*

05130 **BRISAC A-L.** Fables de La Fontaine. *PUF, 1996.* (Major bac)
ISBN 2-13-047989-8. *42 F / 6,40 €*

05131 **BRISAC A-L.** La tragédie racinienne : textes commentés. *PUF, 1996.* (Major bac)
ISBN 2-13-047713-5. *42 F / 6,40 €*

05132 **BRISAC A-L.** Travailler le français au lycée. *PUF, 1998.* (Major bac)
ISBN 2-13-048160-4. *42 F / 6,40 €*

05133 **BRISOU-PELLEN E.** Le fantôme de maître Guillemin. *Gallimard-Education, 1999.* (La bibliothèque Gallimard ; 18)
ISBN 2-07-040631-8. *28 F / 4,27 €*

05134 **BRONTË C.** Jane Eyre. Réimpr. *Pocket, 1999.* (Pocket ; 6045. Classiques c7)
ISBN 2-266-08325-2. *41 F / 6,25 €*

05135 **CAMUS A.** La chute. *Gallimard, 1997.* (Folio ; 36. Plus c4)
ISBN 2-07-040356-4. *20,50 F / 3,13 €*

05136 **CAMUS A.** L'étranger. *Gallimard, 1996.* (Folio ; 10. Plus ; 10 c4)
ISBN 2-07-039371-2. *20,50 F / 3,13 €*

05137 **CAMUS A.** La peste. *Gallimard, 1996.* (Folio ; 21. Plus ; 21 c6)
ISBN 2-07-039438-7. *29,50 F / 4,50 €*

05138 **N** **CAREL N., DAUBE J-M., GUËT A.** Anglais : 365 fautes à éviter : première, terminale, toutes sections. 2e éd. *PUF, 2000.* (Major bac)
ISBN 2-13-051374-3. *42 F / 6,40 €*

05139 **CAVALLIER F.** Premières leçons sur L'oeil et l'esprit de Maurice Merleau-Ponty. *PUF, 1998.* (Bibliothèque major ; 3)
ISBN 2-13-048344-5. *42 F / 6,40 €*

05140 **CAVALLIER F.** Premières leçons sur La raison dans l'histoire de Hegel. *PUF, 1999.* (Bibliothèque major ; 19)
ISBN 2-13-049321-1. *49 F / 7,47 €*

05141 **CÉLINE L-F.** Voyage au bout de la nuit. *Gallimard, 1996.* (Folio ; 17. Plus ; 17 c11)
ISBN 2-07-039431-X. *50 F / 7,62 €*

05142 **CENDRARS B.** L'or : la merveilleuse histoire du général Johann August Suter. *Gallimard, 1997.* (Folio ; 30. Plus c6)
ISBN 2-07-040089-1. *29,50 F / 4,50 €*

05143 **CHANDLER R.** La dame du lac. *Gallimard, 1998.* (Folio ; 43. Plus c10)
ISBN 2-07-040335-1. *29,50 F / 4,50 €*

05144 **CHARPENTIER V.** Ecrire le français au lycée. *PUF, 1998.* (Major bac)
ISBN 2-13-048286-4. *42 F / 6,40 €*

05145 **CHATEAUBRIAND F. R. d.** Atala-René ; René. Nouv. éd. *Pocket, 1999.* (Pocket ; 6191. Classiques c3)
ISBN 2-266-09016-X. *26 F / 3,96 €*

05146 **CHATEAUBRIAND F. R. d.** René. *Larousse, 1991.* (Petits classiques Larousse c1)
ISBN 2-03-871075-9. *21 F / 3,20 €*

05147 **CHIBAUDEL P.** Les mathématiques sur Casio : programmes utilitaires. *PUF, 1996.* (Major bac)
ISBN 2-13-048088-8. *75 F / 11,43 €*

05148 **CHODERLOS DE LACLOS P-AF.** Les Liaisons dangereuses. *Pocket, 1998.* (Pocket ; 6010. Classiques c4B)
ISBN 2-266-08303-1. *32 F / 4,88 €*

05149 **N** **CHRÉTIEN DE TROYES** Le chevalier au lion. *Gallimard-Education, 2001.* (La bibliothèque Gallimard ; 65 c8)
ISBN 2-07-076014-6. *28 F / 4,27 €*

05150 **CHRÉTIEN DE TROYES** Yvain, le chevalier au lion. *Larousse, 1999.* (Petits classiques Larousse ; 28)
ISBN 2-03-871717-6. *21 F / 3,20 €*

05151 **CLAVIER P.** Premières leçons sur Critique de la raison pure. *PUF, 1996.* (Major bac)
ISBN 2-13-048161-2. *42 F / 6,40 €*

05152 **COBAST E.** Mémento de français du bachelier. *PUF, 1996.* (Major bac)
ISBN 2-13-047949-9. *42 F / 6,40 €*

05153 **COBAST E.** Première leçons sur Candide, un conte voltairien. *PUF, 1995.* (Major bac)
ISBN 2-13-047233-8. *42 F / 6,40 €*

05154 **COCHI C.** Grammaire italienne pour tous. *Langues pour tous, 1989.* (Langues pour tous ; 3208 c7)
ISBN 2-266-02788-3. *42 F / 6,40 €*

05155 **COHEN A.** Le livre de ma mère. *Gallimard, 1995.* (Folio. Plus ; 2 c4)
ISBN 2-07-039356-9. *20,50 F / 3,13 €*

05156 **COHEN A.** Solal. *Gallimard, 1998.* (Folio ; 38. Plus c9)
ISBN 2-07-040054-9. *41 F / 6,25 €*

05157 **COLARD J-M.** Le bac de français 1998 : La Fontaine, Rousseau, Giraudoux. *PUF, 1997.* (Major bac)
ISBN 2-13-048773-4. *42 F / 6,40 €*

05158 **COLARD J-M.** Le bac de français 1999. *PUF, 1998.* (Major bac)
ISBN 2-13-049532-X. *42 F / 6,40 €*

05159 **COLARD J-M.** Premières leçons sur La vie est un songe de Calderon. 2e éd. *PUF, 1997.* (Major bac)
ISBN 2-13-047986-3. *42 F / 6,40 €*

05160 **COLETTE** Dialogues de bêtes. *Gallimard, 1998.* (Folio ; 39. Plus c4)
ISBN 2-07-040158-8. *20,50 F / 3,13 €*

05161 **CONSTANT B., FROMENTIN E.** Adolphe. *Pocket, 1998.* (Pocket ; 6084. Classiques c5)
ISBN 2-266-04319-6. *35 F / 5,34 €*

05162 **CORNEILLE P.** Le Cid. Nouv. éd. *Larousse, 1990.* (Petits classiques Larousse c1)
ISBN 2-03-871620-X. *21 F / 3,20 €*

05163 **CORNEILLE P.** Le Cid. Réimpr. *Pocket, 1998.* (Pocket ; 6085. Classiques c1)
ISBN 2-266-08324-4. *19 F / 2,90 €*

05164 **CORNEILLE P.** Le Cid. *Gallimard-Education, 1998.* (La bibliothèque Gallimard c2)
ISBN 2-07-040527-3. *20 F / 3,05 €*

05165 **CORNEILLE P.** Horace, dossier pédagogique. *Larousse, 1999.* (Petits classiques Larousse)
ISBN 2-03-587846-2. *24 F / 3,66 €*

05166 **CORNEILLE P.** Horace. Réimpr. *Larousse, 1999.* (Petits classiques Larousse ; 45)
ISBN 2-03-587735-0. *21 F / 3,20 €*

05167 **CORNEILLE P.** L'Illusion comique, dossier pédagogique. *Larousse, 1999.* (Petits classiques Larousse)
ISBN 2-03-587847-0. *24 F / 3,66 €*

05168 **CORNEILLE P.** L'Illusion comique. Réimpr. *Larousse, 1999.* (Petits classiques Larousse ; 46)
ISBN 2-03-587739-3. *21 F / 3,20 €*

05169 **CORNEILLE P.** L'illusion comique. *Gallimard-Education, 2000.* (La bibliothèque Gallimard ; 45 c3)
ISBN 2-07-041221-0. *22 F / 3,35 €*

05170 **CORNEILLE P.** Polyeucte. *Larousse, 1991.* (Petits classiques Larousse c1)
ISBN 2-03-871105-4. *21 F / 3,20 €*

05171 **CORNEILLE P., RABAUD-GOUILLART D.** Cinna. *Larousse, 1990.* (Petits classiques Larousse c1)
ISBN 2-03-871101-1. *21 F / 3,20 €*

05172 **COUDREUSE A.** Premières leçons sur La chute d'Albert Camus. Réimpr. *PUF, 1997.* (Major bac ; 12)
ISBN 2-13-049847-7. *42 F / 6,40 €*

05173 **N** **COULAREAU M.** Copies conformes. *Retz, 2001.* (Petits comédiens. 8-10 ans c1)
ISBN 2-7256-2071-6. *18 F / 2,74 €*

05174 **COULEAU C.** Premières leçons sur Illusions perdues : un roman d'apprentissage. *PUF, 1996.* (Major bac)
ISBN 2-13-047732-1. *42 F / 6,40 €*

05175 **COUSIN DE RAVEL A.** Le bac français 2000. *PUF, 1999.* (Major bac)
ISBN 2-13-050231-8. *42 F / 6,40 €*

05176 **DAENINCKX D.** Meurtres pour mémoire. *Gallimard-Education, 1999.* (La bibliothèque Gallimard ; 35 c9)
ISBN 2-07-040978-3. *34 F / 5,18 €*

05177 **DAUDET A.** Contes du lundi. Nouv. éd. *Pocket, 1999.* (Pocket ; 6072. Classiques c3)
ISBN 2-266-09172-7. *26 F / 3,96 €*

05178 **DAUDET A.** Lettres de mon moulin. Réimpr. *Pocket, 1998.* (Pocket ; 6038. Classiques c0)
ISBN 2-266-08323-6. *15 F / 2,29 €*

05179 **DAUDET A.** Lettres de mon moulin. Nouv. éd. *Larousse, 1999.* (Petits classiques Larousse ; 29)
ISBN 2-03-871720-6. *29 F / 4,42 €*

05180 **DAUDET A.** Lettres de mon moulin. *Gallimard, 1997.* (Folio ; 23. Plus c8)
ISBN 2-07-040043-3. *37 F / 5,64 €*

05181 **DAUDET A.** Lettres de mon moulin. *Gallimard-Education, 2000.* (La bibliothèque Gallimard ; 42 c3)
ISBN 2-07-041219-9. *22 F / 3,35 €*

05182 **DAUDET A.** Le Petit Chose. *Pocket, 1998.* (Pocket ; 6016. Classiques c1)
ISBN 2-266-08761-4. *19 F / 2,90 €*

05183 **DAUDET A.** Tartarin de Tarascon. *Pocket, 1999.* (Pocket ; 6130. Classiques c0)
ISBN 2-266-09171-9. *15 F / 2,29 €*

05184 **N** **DE COSTER C.** Contes et histoires des Flandres. *Pocket, 2000.* (Pocket ; 6237. Classiques c4)
ISBN 2-266-10467-5. *30 F / 4,57 €*

05185 **DECOSSAS B.** Travail, échange, technique : thèmes et sujets. *PUF, 1997.* (Major bac)
ISBN 2-13-048070-5. *42 F / 6,40 €*

05186 **DELAVEAU P.** Premières leçons sur Ethiopiques de Léopold Sédar Senghor. *PUF, 1997.* (Major bac)
ISBN 2-13-048777-7. *42 F / 6,40 €*

05187 **N** **DELTEIL G.** Les métiers de l'écriture : Gérard Delteil. *Rebondir, 2000.* (Guides pratiques ; 201)
ISBN 2-910325-94-6. *49 F / 7,47 €*

05188 **DEMORAND N.** Premières leçons sur le roman d'apprentissage. *PUF, 1995.* (Major bac)
ISBN 2-13-047235-4. *42 F / 6,40 €*

05189 **DEMORAND N.** Premières leçons sur Ruy Blas, de Victor Hugo. 2e éd. *PUF, 1997.* (Major bac)
ISBN 2-13-048065-9. *42 F / 6,40 €*

05190 **DERON D., WEISS F.** Le mythe antique dans le théâtre contemporain : textes commentés. *PUF, 1998.* (Major bac)
ISBN 2-13-049533-8. *42 F / 6,40 €*

05191 **DERON F.** Premières leçons sur Lancelot ou Le chevalier de la Charette. *PUF, 1997.* (Major bac)
ISBN 2-13-048044-6. *42 F / 6,40 €*

05192 **DETAMBEL R.** Les contes d'Apothicaire ou Apo à la recherche du bonheur. *Gallimard-Education, 1998.* (La bibliothèque Gallimard ; 2 c1)
ISBN 2-07-040532-X. *18 F / 2,74 €*

05193 **DIDEROT D.** Jacques le Fataliste. Rééd. *Pocket, 1998.* (Pocket ; 6013. Classiques c3)
ISBN 2-266-08322-8. *26 F / 3,96 €*

05194 **DIDEROT D.** La religieuse. Réimpr. *Pocket, 1999.* (Pocket ; 6149. Classiques)
ISBN 2-266-09028-3. *26 F / 3,96 €*

05195 **DIMBERTON F., HE D.** Coup de théâtre sur le Nil. *Gallimard-Education, 2000.* (La bibliothèque Gallimard ; 41 c4)
ISBN 2-07-040999-6. *24 F / 3,66 €*

05196 **DROUIN J-C.** Les grandes notions de l'économie : dictionnaire de poche. *PUF, 1997.* (Major bac)
ISBN 2-13-048546-4. *42 F / 6,40 €*

05197 **DROUIN J-C.** Les grandes notions de la sociologie : dictionnaire de poche. *PUF, 1997.* (Major bac)
ISBN 2-13-048994-X. *42 F / 6,40 €*

05198 **DROUIN J-C.** Les grands auteurs en sciences économiques et sociales. *PUF, 1996.* (Major bac)
ISBN 2-13-048074-8. *42 F / 6,40 €*

05199 **DUBOIS M.** Premières leçons sur la sociologie de Raymond Boudon. *PUF, 2000.* (Bibliothèque major ; 22)
ISBN 2-13-049351-3. *66 F / 10,06 €*

05200 **DUMAS A.** Le comte de Monte-Cristo. 1. *Pocket, 1998.* (Pocket ; 6216. Classiques c5)
ISBN 2-266-09033-X. *35 F / 5,34 €*

05201 **DUMAS A.** Le comte de Monte-Cristo. 2. *Pocket, 1998.* (Pocket ; 6217. Classiques c5)
ISBN 2-266-09034-8. *35 F / 5,34 €*

05202 **N** **DUMAS A.** La femme au collier de velours. *Gallimard-Education, 2000.* (La bibliothèque Gallimard ; 57 c5)
ISBN 2-07-041445-0. *36 F / 5,49 €*

05203 **DUMAS A.** Les trois mousquetaires. Réimpr. *Pocket, 1999.* (Pocket ; 6048. Classiques c5)
ISBN 2-266-08579-4. *35 F / 5,34 €*

05204 **DUMONT J-N.** Premières leçons sur l'Apologie de Socrate de Platon. *PUF, 1998.* (Bibliothèque major ; 2)
ISBN 2-13-048378-X. *42 F / 6,40 €*

05205 **DUMONT J-N.** Premières leçons sur le Manifeste du parti communiste de Marx. *PUF, 1999.* (Bibliothèque major ; 21)
ISBN 2-13-049308-4. *49 F / 7,47 €*

05206 **DUMONT J-N.** Premières leçons sur Les pensées de Blaise Pascal. *PUF, 1996.* (Major bac)
ISBN 2-13-048066-7. *42 F / 6,40 €*

05207 **DURAS M.** Un barrage contre le Pacifique. *Gallimard, 1997.* (Folio ; 24. Plus c8)
ISBN 2-07-040094-8. *37 F / 5,64 €*

05208 **ERCKMANN E., CHATRIAN A.** Contes et histoires d'Alsace et de Lorraine. *Pocket, 1999.* (Pocket ; 6229. Classiques c4B)
ISBN 2-266-09665-6. *32 F / 4,88 €*

05209 **ERNAUX A.** La place. *Gallimard, 1997.* (Folio ; 25. Plus c4)
ISBN 2-07-040010-7. *20,50 F / 3,13 €*

05210 **ESCHYLE, SOPHOCLE, EURIPIDE** Antigone ; Electre. *Pocket, 1998.* (Pocket ; 6212. Classiques c1)
ISBN 2-266-08765-7. *19 F / 2,90 €*

05211 **EVANO B.** Erik et Harald, guerriers vikings : CM2, 6e, 5e. *Retz, 1997.* (Un récit, des jeux pour découvrir ses classiques ; 3)
ISBN 2-7256-1778-2. *49 F / 7,47 €*

05212 **N** **La farce de maître Pathelin.** *Larousse, 2000.* (Petits classiques Larousse)
ISBN 2-03-588110-2. *21 F / 3,20 €*

05213 **N** **La farce de maître Pathelin :** dossier pédagogique. *Larousse, 2000.* (Petits classiques Larousse)
ISBN 2-03-588162-5. *24 F / 3,66 €*

05214 **FERRÉOL G., VIN-DATICHE D.** Les nouvelles épreuves de sciences économiques et sociales. *PUF, 1997.* (Major bac)
ISBN 2-13-048159-0. *42 F / 6,40 €*

05215 **FESSIER G.** Electre de Jean Giraudoux : thèmes et sujets. *PUF, 1997.* (Major bac)
ISBN 2-13-048772-6. *42 F / 6,40 €*

05216 **FESSIER G.** Le mythe antique dans le théâtre contemporain : thèmes et sujets. *PUF, 1998.* (Major bac)
ISBN 2-13-049534-6. *42 F / 6,40 €*

05217 **FESSIER G.** Romans de Maupassant et de Zola : thèmes et sujets. *PUF, 1999.* (Major bac)
ISBN 2-13-050233-4. *42 F / 6,40 €*

05218 N **FEYDEAU G.** Feu la mère de Madame. *Gallimard-Education, 2000.* (La bibliothèque Gallimard ; 47 c5)
ISBN 2-07-041373-X. *26 F / 3,96 €*

05219 N **FLAUBERT G.** Un coeur simple. *Gallimard-Education, 2000.* (La bibliothèque Gallimard ; 58 c4)
ISBN 2-07-041496-5. *24 F / 3,66 €*

05220 **FLAUBERT G.** Madame Bovary. Réimpr. *Pocket, 1998.* (Pocket ; 6033. Classiques c3)
ISBN 2-266-08314-7. *26 F / 3,96 €*

05221 **FLAUBERT G.** Madame Bovary. *Gallimard, 1998.* (Folio ; 40. Plus c9)
ISBN 2-07-040352-1. *41 F / 6,25 €*

05222 A **FLAUBERT G.** Mémoires d'un fou ; Novembre. *Pocket, 2001.* (Pocket. Classiques ; 6218)
ISBN 2-266-09182-4. *30 F / 4,57 €*

05223 **FLAUBERT G.** Salammbô. Réimpr. *Pocket, 1998.* (Pocket ; 6088. Classiques c4)
ISBN 2-266-08317-1. *30 F / 4,57 €*

05224 **FLAUBERT G.** La tentation de saint Antoine. *Pocket, 1999.* (Pocket ; 6209. Classiques c4)
ISBN 2-266-07526-8. *30 F / 4,57 €*

05225 N **FLAUBERT G.** Trois contes : dossier pédagogique. *Larousse, 2000.* (Petits classiques Larousse)
ISBN 2-03-588167-6. *24 F / 3,66 €*

05226 N **FLAUBERT G.** Trois contes. Nouv. éd. *Larousse, 2000.* (Petits classiques Larousse c1)
ISBN 2-03-588115-3. *29 F / 4,42 €*

05227 **FLAUBERT G.** Trois contes. Réimpr. *Pocket, 1998.* (Pocket ; 6009. Classiques c2)
ISBN 2-266-08315-5. *15 F / 2,29 €*

05228 **FLAUBERT G., COUTY D.** Hérodias. *Larousse, 1990.* (Petits classiques Larousse c1)
ISBN 2-03-871150-X. *21 F / 3,20 €*

05229 **FONTAINE F.** C'est Kiki : et autres sketches. *Retz, 2000.* (Petits comédiens. 6-8 ans c1)
ISBN 2-7256-2001-5. *18 F / 2,74 €*

05230 N **FONTAINE F.** Une drôle de vache : et autres sketches. *Retz, 2001.* (Petits comédiens. 6-8 ans c1)
ISBN 2-7256-2068-6. *18 F / 2,74 €*

05231 N **FOURCHARD B.** Pas de salade pour Vertuchou. *Retz, 2001.* (Petits comédiens. 8-10 ans c1)
ISBN 2-7256-2073-2. *18 F / 2,74 €*

05232 N **Le français en 3e :** livret d'activités. *Edicef, 2000.* (Nouveaux programmes)
ISBN 2-84129-641-5. *13 F / 1,98 €*

05233 **GARRIGUES F.** Principes et méthodes de la dissertation d'histoire. *PUF, 1995.* (Major bac)
ISBN 2-13-047234-6. *42 F / 6,40 €*

05234 **GAUTIER T.** Le capitaine Fracasse. Réimpr. *Pocket, 1998.* (Pocket ; 6100. Classiques c5)
ISBN 2-266-08312-0. *35 F / 5,34 €*

05235 **GAUTIER T.** Contes et récits fantastiques, la Morte amoureuse, dossier pédagogique. *Larousse, 1999.* (Petits classiques Larousse)
ISBN 2-03-588152-8. *24 F / 3,66 €*

05236 **GAUTIER T.** Contes fantastiques. *Gallimard-Education, 1999.* (La bibliothèque Gallimard ; 36 c7)
ISBN 2-07-040942-2. *30 F / 4,57 €*

05237 **GAUTIER T.** La morte amoureuse : contes et récits fantastiques. Rééd. *Larousse, 1999.* (Petits classiques Larousse ; 47)
ISBN 2-03-588102-1. *21 F / 3,20 €*

05238 **GENEVOIX M.** Le roman de Renard. Réimpr. *Pocket, 1991.* (Pocket ; 6053. Classiques c1)
ISBN 2-266-08715-0. *19 F / 2,90 €*

05239 **GENGEMBRE G.** Premières leçons sur le drame romantique. *PUF, 1996.* (Major bac)
ISBN 2-13-048048-9. *42 F / 6,40 €*

05240 **GERBIER L.** Premières leçons sur le Traité des principes de la connaissance humaine, de George Berkeley. *PUF, 1997.* (Major bac)
ISBN 2-13-048609-6. *42 F / 6,40 €*

05241 **GIDE A.** Les faux-monnayeurs. *Gallimard, 1997.* (Folio ; 26. Plus c8)
ISBN 2-07-040082-4. *37 F / 5,64 €*

05242 N **GIDE A.** La porte étroite. *Gallimard-Education, 2000.* (La bibliothèque Gallimard ; 50 c6)
ISBN 2-07-040855-8. *28 F / 4,27 €*

05243 **GIDE A.** La symphonie pastorale. *Gallimard, 1997.* (Folio ; 34. Plus c6)
ISBN 2-07-040011-5. *29,50 F / 4,50 €*

05244 **GIRAUDOUX J.** Electre : Texte intégral. *Larousse, 1998.* (Petits classiques Larousse c2)
ISBN 2-03-871702-8. *29 F / 4,42 €*

05245 **GIRAUDOUX J., POISSON C.** La guerre de Troie n'aura pas lieu. *Larousse, 1998.* (Petits classiques Larousse c2)
ISBN 2-03-871713-3. *29 F / 4,42 €*

05246 **GOBRY I.** Premières leçons sur le Phédon de Platon. *PUF, 1999.* (Bibliothèque major ; 14)
ISBN 2-13-050082-X. *42 F / 6,40 €*

05247 **GOGOL N.** Nouvelles de Pétersbourg. *Gallimard-Education, 1998.* (La bibliothèque Gallimard ; 14 c2)
ISBN 2-07-040580-X. *20 F / 3,05 €*

05248 **GOURINAT J-B.** Premières leçons sur Le manuel d'Epictète. *PUF, 1998.* (Major bac)
ISBN 2-13-048345-3. *42 F / 6,40 €*

05249 **GUIGUE A.** Droit, justice, Etat : thèmes et sujets. *PUF, 1997.* (Major bac)
ISBN 2-13-048053-5. *42 F / 6,40 €*

05250 **GUIGUE A.** Premières leçons sur l'Ethique à Nicomaque d'Aristote. *PUF, 1997.* (Major bac)
ISBN 2-13-048547-2. *42 F / 6,40 €*

05251 **HAERI G., ROCHE B.** Introduction à la philosophie des sciences : thèmes et sujets. *PUF, 1999.* (Major bac ; 18)
ISBN 2-13-048779-3. *49 F / 7,47 €*

05252 **HEMINGWAY E.** Le vieil homme et la mer. *Gallimard, 1996.* (Folio ; 11. Plus ; 11 c4)
ISBN 2-07-039394-1. *20,50 F / 3,13 €*

05253 **HOMÈRE** Iliade. Réimpr. *Pocket, 1998.* (Pocket ; 6148. Classiques c4B)
ISBN 2-266-05356-6. *32 F / 4,88 €*

05254 **N** **HOMÈRE** L'Odysée (extraits). *Larousse, 2000.* (Petits classiques Larousse)
ISBN 2-03-588111-0. *21 F / 3,20 €*

05255 **N** **HOMÈRE** L'Odyssée (extraits) : dossier pédagogique. *Larousse, 2000.* (Petits classiques Larousse)
ISBN 2-03-588163-3. *24 F / 3,66 €*

05256 **HOMÈRE** Odyssée. Réimpr. *Pocket, 1998.* (Pocket ; 6018. Classiques c4B)
ISBN 2-266-08311-2. *32 F / 4,88 €*

05257 **HOMÈRE, VIRGILE, OVIDE** L'Antiquité : textes choisis. *Gallimard-Education, 1999.* (La bibliothèque Gallimard ; 16)
ISBN 2-07-040714-4. *24 F / 3,66 €*

05258 **HUGO V.** Châtiments. Réimpr. *Pocket, 1998.* (Pocket ; 6197. Classiques c3)
ISBN 2-266-08577-8. *26 F / 3,96 €*

05259 **HUGO V.** Les châtiments. *Gallimard-Education, 1998.* (La bibliothèque Gallimard ; 13)
ISBN 2-07-040579-6. *26 F / 3,96 €*

05260 **HUGO V.** Châtiments. Réimpr. *Larousse, 1998.* (Petits classiques Larousse c2)
ISBN 2-03-871712-5. *29 F / 4,42 €*

05261 **HUGO V.** Les contemplations. Réimpr. *Pocket, 1998.* (Pocket ; 6040. Classiques c5)
ISBN 2-266-08307-4. *35 F / 5,34 €*

05262 **HUGO V.** Le dernier jour d'un condamné. *Gallimard-Education, 2000.* (La bibliothèque Gallimard ; 46 c4)
ISBN 2-07-040998-8. *24 F / 3,66 €*

05263 **HUGO V.** Hernani. *Larousse, 1999.* (Petits classiques Larousse ; 30)
ISBN 2-03-871718-4. *29 F / 4,42 €*

05264 **HUGO V.** Les Misérables. 1. Réimpr. *Pocket, 1999.* (Pocket ; 6097. Classiques c4B)
ISBN 2-266-08308-2. *32 F / 4,88 €*

05265 **HUGO V.** Les Misérables. 2. Réimpr. *Pocket, 1998.* (Pocket ; 6098. Classiques c4B)
ISBN 2-266-08309-0. *32 F / 4,88 €*

05266 **HUGO V.** Les Misérables. 3. Réimpr. *Pocket, 1998.* (Pocket ; 6099. Classiques c4B)
ISBN 2-266-08310-4. *32 F / 4,88 €*

05267 **N** **HUGO V.** Les misérables (extraits) : dossier pédagogique. *Larousse, 2000.* (Petits classiques Larousse)
ISBN 2-03-588172-2. *24 F / 3,66 €*

05268 **N** **HUGO V.** Les misérables (extraits). *Larousse, 2000.* (Petits classiques Larousse c2)
ISBN 2-03-588120-X. *33 F / 5,03 €*

05269 **HUGO V.** Quatre-vingt-treize. *Pocket, 1998.* (Pocket ; 6110. Classiques c4B)
ISBN 2-266-08306-6. *32 F / 4,88 €*

05270 **HUGO V.** Quatre-vingt-treize. *Larousse, 1987.* (Petits classiques Larousse c1)
ISBN 2-03-870402-3. *21 F / 3,20 €*

05271 **HUGO V.** Ruy Blas : drame. Nouv. éd. *Larousse, 1999.* (Petits classiques Larousse ; 31)
ISBN 2-03-871719-2. *29 F / 4,42 €*

05272 **HUGO V.** Ruy Blas. *Pocket, 1999.* (Pocket ; 6154. Classiques c1)
ISBN 2-266-05350-7. *19 F / 2,90 €*

05273 **IONESCO E.** La cantatrice chauve. *Gallimard-Education, 1998.* (La bibliothèque Gallimard ; 11)
ISBN 2-07-040578-8. *20 F / 3,05 €*

05274 **JAPRISOT S.** Piège pour Cendrillon. *Gallimard-Education, 1999.* (La bibliothèque Gallimard ; 39 c9)
ISBN 2-07-041056-0. *34 F / 5,18 €*

05275 **N** **JARRY A.** Ubu Roi. *Pocket, 2000.* (Pocket ; 6153. Classiques c3B)
ISBN 2-266-05351-5. *28 F / 4,27 €*

05276 **N** **JARRY A.** Ubu Roi. *Gallimard-Education, 2000.* (La bibliothèque Gallimard ; 60 c5)
ISBN 2-07-041498-1. *22 F / 3,35 €*

05277 **JONQUET T.** La bête et la belle. *Gallimard-Education, 1998.* (La bibliothèque Gallimard ; 12)
ISBN 2-07-040533-8. *26 F / 3,96 €*

05278 **JUANALS B., PETERS J-A.** Anglais, 40 leçons junior. *Langues pour tous, 1997.* (Langues pour tous ; 10129 c12)
ISBN 2-266-07331-1. *60 F / 9,15 €*

05279 **KEROUAC J.** Sur la route. *Gallimard, 1997.* (Folio ; 31. Plus c9)
ISBN 2-07-039403-4. *41 F / 6,25 €*

05280 **KESSEL J.** Le lion. *Gallimard, 1997.* (Folio ; 32. Plus c6)
ISBN 2-07-040095-6. *29,50 F / 4,50 €*

05281 **LA BALME D.** La mort, le sens, l'existence. *PUF, 1997.* (Major bac)
ISBN 2-13-048612-6. *42 F / 6,40 €*

05282 **LA BRUYÈRE J. d.** Les Caractères ou les Moeurs de ce siècle : choix de fragments intégraux. *Larousse, 1992.* (Petits classiques Larousse c1)
ISBN 2-03-871215-8. *21 F / 3,20 €*

05283 **LA FAYETTE M-M. P. d. L. V. (. d.** La Princesse de Clèves. Réimpr. *Pocket, 1998.* (Pocket ; 6003. Classiques c2)
ISBN 2-266-08302-3. *23 F / 3,51 €*

05284 **LA FAYETTE M-M. P. d. L. V. (. d.** La princesse de Clèves. *Larousse, 1995.* (Petits classiques Larousse c2)
ISBN 2-03-871225-5. *29 F / 4,42 €*

05285 **N LA FONTAINE J. d.** Fables : choix. *Gallimard-Education, 2000.* (La bibliothèque Gallimard ; 52 c7)
ISBN 2-07-041404-3. *30 F / 4,57 €*

05286 **N LA FONTAINE J. d.** Fables : livres 1 à 6, fables choisies. *Larousse, 2000.* (Petits classiques Larousse ; 70)
ISBN 2-03-588116-1. *29 F / 4,42 €*

05287 **N LA FONTAINE J. d.** Fables : livres I à VI, choix de fables intégrales : dossier pédagogique. *Larousse, 2000.* (Petits classiques Larousse)
ISBN 2-03-588168-4. *24 F / 3,66 €*

05288 **LA FONTAINE J. d.** Fables. *Pocket, 1998.* (Pocket ; 6012. Classiques c1)
ISBN 2-266-08304-X. *19 F / 2,90 €*

05289 **N LABICHE E.** Un chapeau de paille d'Italie : dossier pédagogique. *Larousse, 2000.* (Petits classiques Larousse)
ISBN 2-03-588175-7. *24 F / 3,66 €*

05290 **LABICHE E.** Un chapeau de paille d'Italie. *Gallimard-Education, 1999.* (La bibliothèque Gallimard ; 17)
ISBN 2-07-040682-2. *24 F / 3,66 €*

05291 **N LABICHE E.** Un chapeau de paille d'Italie. *Larousse, 2000.* (Petits classiques Larousse ; 69 c1)
ISBN 2-03-588123-4. *29 F / 4,42 €*

05292 **LABICHE E.** Le voyage de M. Perrichon. Nouv. éd. *Larousse, 1999.* (Petits classiques Larousse ; 32)
ISBN 2-03-871722-2. *29 F / 4,42 €*

05293 **LAIZÉ H.** Premières leçons sur Electre de Jean Giraudoux. 3e éd. *PUF, 1998.* (Major bac ; 7)
ISBN 2-13-049578-8. *42 F / 6,40 €*

05294 **LAKEHAL M.** Principes et méthodes de la dissertation de sciences économiques et sociales. *PUF, 1997.* (Major bac)
ISBN 2-13-048624-X. *42 F / 6,40 €*

05295 **LAMBLIN C.** Le problème ; suivi de Le discours. *Retz, 2000.* (Petits comédiens. 8-10 ans c1)
ISBN 2-7256-2004-X. *18 F / 2,74 €*

05296 **LANGEVIN F.** Shéhérazade et les Mille et Une Nuits. *Retz, 1998.* (Un récit, des jeux pour découvrir ses classiques ; 6)
ISBN 2-7256-1881-9. *49 F / 7,47 €*

05297 **LARUELLE P.** L'anglais en 20 leçons. *PUF, 1996.* (Major bac)
ISBN 2-13-047985-5. *42 F / 6,40 €*

05298 **LAUNAY J., ZERNIK E.** La dissertation philosophique : travaux d'approche. *PUF, 1998.* (Major bac)
ISBN 2-13-048179-5. *42 F / 6,40 €*

05299 **LAUPIES F.** Premières leçons de philosophie. 3 éd. *PUF, 1999.* (Major bac)
ISBN 2-13-047236-2. *42 F / 6,40 €*

05300 **LE BIHAN A-S.** Les métiers du paramédical. *Rebondir, 2000.* (Guides pratiques ; 208)
ISBN 2-84593-003-8. *49 F / 7,47 €*

05301 **LE BRAZ A.** Contes et histoires de Bretagne. *Pocket, 1999.* (Pocket ; 6228. Classiques c4)
ISBN 2-266-09666-4. *30 F / 4,57 €*

05302 **LE CLÉZIO J-M. G.** Mondo : et autres histoires. *Gallimard, 1996.* (Folio ; 18. Plus ; 18 c8)
ISBN 2-07-039399-2. *37 F / 5,64 €*

05303 **LE GALL D.** Electre de Jean Giraudoux : textes commentés. *PUF, 1997.* (Major bac)
ISBN 2-13-048771-8. *42 F / 6,40 €*

05304 **LE GALL D.** Le roman d'apprentissage : textes commentés. *PUF, 1996.* (Major bac)
ISBN 2-13-047230-3. *42 F / 6,40 €*

05305 **LE GALL D.** Romans de Maupassant et de Zola : textes commentés. *PUF, 1999.* (Major bac)
ISBN 2-13-050232-6. *42 F / 6,40 €*

05306 **LE ROY E.** Jacquou le Croquant. *Pocket, 1999.* (Pocket ; 6063. Classiques c3B)
ISBN 2-266-09180-8. *28 F / 4,27 €*

05307 **LEFEBVRE B., LORENCEAU D.** Premières leçons sur De natura rerum, de Lucrèce (livre I, vers 1-634). *PUF, 1997.* (Major bac)
ISBN 2-13-048778-5. *42 F / 6,40 €*

05308 **LELIEPVRE-BOTTON S.** Premières leçons sur Gorgias de Platon. *PUF, 1996.* (Major bac)
ISBN 2-13-048067-5. *42 F / 6,40 €*

05309 **LESCANNE D.** Réussir l'anglais au bac. *Langues pour tous, 1993.* (Langues pour tous ; 3722 c5)
ISBN 2-266-04285-8. *35 F / 5,34 €*

05310 **LHOSTE-NAVARRE M.** Premières leçons sur Le banquet, de Platon. *PUF, 1997.* (Major bac)
ISBN 2-13-048164-7. *42 F / 6,40 €*

05311 **LIVIO C.** Changer de métier. *Rebondir, 1996.* (Guides pratiques ; 33)
ISBN 2-910325-25-3. *39 F / 5,95 €*

05312 **LONDON J.** Croc-Blanc. *Pocket, 1999.* (Pocket ; 6042. Classiques c3)
ISBN 2-266-09179-4. *26 F / 3,96 €*

05313 **MAIGNE C.** Premières leçons sur La monadologie de Leibniz. *PUF, 1998.* (Major bac)
ISBN 2-13-048652-5. *42 F / 6,40 €*

05314 **Maîtres et valets dans la comédie du XVIIIe siècle.** *Pocket, 1999.* (Pocket ; 6223. Classiques)
ISBN 2-266-09585-4. *19 F / 2,90 €*

05315 **MALET L.** Brouillard au pont de Tolbiac. *Pocket, 1999.* (Pocket ; 6215. Classiques c4)
ISBN 2-266-08844-0. *30 F / 4,57 €*

05316 **MALRAUX A.** La condition humaine. *Gallimard, 1996.* (Folio ; 15. Plus c8)
ISBN 2-07-040065-4. *37 F / 5,64 €*

05317 **MALRAUX A.** L'espoir. *Gallimard, 1996.* (Folio. Plus ; 16 c10)
ISBN 2-07-039432-8. *46 F / 7,01 €*

05318 **MARCANDIER-COLARD C.** Premières leçons sur le conte voltairien. *PUF, 1995.* (Major bac)
ISBN 2-13-047237-0. *42 F / 6,40 €*

05319 **MARCANDIER-COLARD C.** Premières leçons sur le Père Goriot, un roman d'apprentissage. *PUF, 1995.* (Major bac)
ISBN 2-13-047529-9. *42 F / 6,40 €*

05320 **MARCANDIER-COLARD C.** Premières leçons sur Les châtiments de Victor Hugo. *PUF, 1998.* (Bibliothèque major ; 8)
ISBN 2-13-049529-X. *42 F / 6,40 €*

05321 **MARÉCHAUX P.** Premières leçons sur la deuxième Tusculane de Cicéron. *PUF, 1998.* (Bibliothèque major ; 11)
ISBN 2-13-049536-2. *49 F / 7,47 €*

05322 **MARÉCHAUX P.** Premières leçons sur les Métamorphoses d'Ovide. *PUF, 1999.* (Bibliothèque major ; 15)
ISBN 2-13-050311-X. *48 F / 7,32 €*

05323 **N** **MARÉCHAUX P.** Recueils de poésie française des 19e et 20e siècles : premières leçons. *PUF, 2001.* (Bibliothèque major ; 28)
ISBN 2-13-051782-X. *49 F / 7,47 €*

05324 **N** **MARI G., GUEANT I.** Espagnol, 365 fautes à éviter. *PUF, 2000.* (Major bac)
ISBN 2-13-049590-7. *49 F / 7,47 €*

05325 **MARIVAUX P. C. d. C. d.** La double inconstance, dossier pédagogique. *Larousse, 1999.* (Petits classiques Larousse)
ISBN 2-03-588160-9. *24 F / 3,66 €*

05326 **MARIVAUX P. C. d. C. d.** La double inconstance. Nouv. éd. *Larousse, 1999.* (Petits classiques Larousse ; 48)
ISBN 2-03-588108-0. *21 F / 3,20 €*

05327 **MARIVAUX P. C. d. C. d.** La double inconstance. *Pocket, 1999.* (Pocket ; 6190. Classiques c0)
ISBN 2-266-09644-3. *15 F / 2,29 €*

05328 **MARIVAUX P. C. d. C. d.** Les fausses confidences, dossier pédagogique. *Larousse, 1999.* (Petits classiques Larousse)
ISBN 2-03-588156-0. *24 F / 3,66 €*

05329 **MARIVAUX P. C. d. C. d.** Les fausses confidences. Nouv. éd. *Larousse, 1999.* (Petits classiques Larousse ; 49)
ISBN 2-03-588104-8. *21 F / 3,20 €*

05330 **MARIVAUX P. C. d. C. d.** Les fausses confidences. *Pocket, 1999.* (Pocket ; 6162. Classiques c0)
ISBN 2-266-09607-9. *15 F / 2,29 €*

05331 **N** **MARIVAUX P. C. d. C. d.** L'île aux esclaves. Nouv. éd. *Larousse, 2000.* (Petits classiques Larousse c1)
ISBN 2-03-587737-7. *21 F / 3,20 €*

05332 **N** **MARIVAUX P. C. d. C. d.** L'île des esclaves : dossier pédagogique. Nouv. éd. *Larousse, 2000.* (Petits classiques Larousse)
ISBN 2-03-587848-9. *24 F / 3,66 €*

05333 **MARIVAUX P. C. d. C. d.** L'île des esclaves. *Pocket, 1999.* (Pocket ; 6225. Classiques)
ISBN 2-266-09606-0. *15 F / 2,29 €*

05334 **MARIVAUX P. C. d. C. d.** Le jeu de l'amour et du hasard. Nouv. éd. *Larousse, 1999.* (Petits classiques Larousse ; 33)
ISBN 2-03-871721-4. *21 F / 3,20 €*

05335 **MARIVAUX P. C. d. C. d.** Le jeu de l'amour et du hasard. *Gallimard-Education, 1998.* (La bibliothèque Gallimard ; 9 c3)
ISBN 2-07-040524-9. *22 F / 3,35 €*

05336 **N** **MARTIN DU GARD R.** Le cahier gris. *Gallimard-Education, 2000.* (La bibliothèque Gallimard ; 53 c3)
ISBN 2-07-040594-X. *30 F / 4,57 €*

05337 **MARTIN G., VALLÉE F., WAQUET I.** Pratique de l'économie : annales corrigées. *PUF, 1996.* (Major bac)
ISBN 2-13-047759-3. *42 F / 6,40 €*

05338 **MARTIN G., VALLÉE F., WAQUET I.** Pratique de la sociologie : annales corrigées. *PUF, 1996.* (Major bac)
ISBN 2-13-047779-8. *42 F / 6,40 €*

05339 **MAUPASSANT G. d.** Au soleil : et autres récits de voyage. *Pocket, 1998.* (Pocket ; 6206. Classiques c3)
ISBN 2-266-07523-3. *26 F / 3,96 €*

05340 **MAUPASSANT G. d.** Bel-Ami. Réimpr. *Pocket, 1998.* (Pocket ; 6025. Classiques c2)
ISBN 2-266-08296-5. *23 F / 3,51 €*

05341 **MAUPASSANT G. d.** Bel-Ami. *Gallimard-Education, 1999.* (La bibliothèque Gallimard ; 27 c6)
ISBN 2-07-041009-9. *28 F / 4,27 €*

05342 **MAUPASSANT G. d.** Boule de suif : et autres nouvelles de guerre. Nouv. éd. *Larousse, 1999.* (Petits classiques Larousse ; 50)
ISBN 2-03-588109-9. *21 F / 3,20 €*

05343 **MAUPASSANT G. d.** Boule de suif, dossier pédagogique. Nouv. éd. *Larousse, 1999.* (Petits classiques Larousse)
ISBN 2-03-588161-7. *24 F / 3,66 €*

05344 **MAUPASSANT G. d.** Boule de suif. *Pocket, 1998.* (Pocket ; 6055. Classiques c0)
ISBN 2-266-08297-3. *15 F / 2,29 €*

05345 **MAUPASSANT G. d.** Contes de la bécasse. Réimpr. *Pocket, 1998.* (Agora ; 6096. Les Classiques c3)
ISBN 2-266-08294-9. *19 F / 2,90 €*

05346 **MAUPASSANT G. d.** Fort comme la mort. Nouv.éd. *Pocket, 1999.* (Pocket ; 6127. Classiques c3B)
ISBN 2-266-09167-0. *28 F / 4,27 €*

05347 **MAUPASSANT G. d.** Le Horla, dossier pédagogique. *Larousse, 1999.* (Petits classiques Larousse ; 34)
ISBN 2-03-587834-9. *24 F / 3,66 €*

05348 **MAUPASSANT G. d.** Le Horla. *Pocket, 1998.* (Pocket ; 6002. Classiques c0)
ISBN 2-266-08298-1. *15 F / 2,29 €*

05349 **MAUPASSANT G. d.** Le Horla. Réimpr. *Larousse, 1999.* (Petits classiques Larousse ; 34 c1)
ISBN 2-03-871725-7. *21 F / 3,20 €*

05350 **MAUPASSANT G. d.** La maison Tellier. Nouv.éd. *Pocket, 1999.* (Pocket ; 6067. Classiques)
ISBN 2-266-09371-1. *19 F / 2,90 €*

05351 **MAUPASSANT G. d.** Mont Oriol. *Pocket, 1998.* (Pocket ; 6210. Classiques)
ISBN 2-266-08002-4. *32 F / 4,88 €*

05352 **MAUPASSANT G. d.** La Petite Roque : et autres récits noirs. Nouv. éd. *Pocket, 1999.* (Pocket ; 6091. Classiques c2)
ISBN 2-266-08936-6. *23 F / 3,51 €*

05353 **MAUPASSANT G. d.** La peur : et autres contes fantastiques. Nouv. éd. *Larousse, 1999.* (Petits classiques Larousse ; 35)
ISBN 2-03-871723-0. *21 F / 3,20 €*

05354 **N** **MAUPASSANT G. d.** Pierre et Jean : dossier pédagogique. *Larousse, 2000.* (Petits classiques Larousse)
ISBN 2-03-588166-8. *24 F / 3,66 €*

05355 **MAUPASSANT G. d.** Pierre et Jean. Réimpr. *Pocket, 1998.* (Pocket ; 6020. Classiques c1)
ISBN 2-266-08299-X. *19 F / 2,90 €*

05356 **N** **MAUPASSANT G. d.** Pierre et Jean. *Larousse, 2000.* (Petits classiques Larousse)
ISBN 2-03-588114-5. *33 F / 5,03 €*

05357 **MAUPASSANT G. d.** Un réveillon : contes et nouvelles de Normandie. Nouv. éd. *Larousse, 1999.* (Petits classiques Larousse ; 51)
ISBN 2-03-587738-5. *21 F / 3,20 €*

05358 **MAUPASSANT G. d.** Un réveillon, dossier pédagogique. Nouv. éd. *Larousse, 1999.* (Petits classiques Larousse)
ISBN 2-03-587849-7. *24 F / 3,66 €*

05359 **MAUPASSANT G. d.** Le rosier de madame Husson : et autres contes. Nouv.éd. *Pocket, 1999.* (Pocket ; 6092. Classiques)
ISBN 2-266-09372-X. *32 F / 4,88 €*

05360 **MAUPASSANT G. d.** Les soeurs Rondoli : et autres histoires lestes. Réimpr. *Pocket, 1999.* (Pocket ; 6207. Classiques c1)
ISBN 2-266-07524-1. *19 F / 2,90 €*

05361 **MAUPASSANT G. d.** Sur l'eau : et autres récits méditerranéens. Nouv. éd. *Pocket, 1999.* (Pocket ; 6184. Classiques c3B)
ISBN 2-266-09377-0. *28 F / 4,27 €*

05362 **MAUPASSANT G. d.** Textes sur le roman naturaliste. *Pocket, 1999.* (Pocket ; 6224. Classiques)
ISBN 2-266-09584-6. *19 F / 2,90 €*

05363 **MAUPASSANT G. d.** 13 histoires vraies. *Gallimard-Education, 2000.* (La bibliothèque Gallimard ; 44 c4)
ISBN 2-07-040997-X. *24 F / 3,66 €*

05364 **MAUPASSANT G. d.** Une vie. *Gallimard-Education, 1999.* (La bibliothèque Gallimard ; 26 c3)
ISBN 2-07-041008-0. *22 F / 3,35 €*

05365 **MAUPASSANT G. d.** Une vie. Rééd. *Pocket, 1998.* (Pocket ; 6026. Classiques c0)
ISBN 2-266-08295-7. *15 F / 2,29 €*

05366 **MERCOYROL Y.** La bibliothèque du littéraire. *PUF, 1998.* (Bibliothèque major ; 1)
ISBN 2-13-048611-8. *69 F / 10,52 €*

05367 **MERCOYROL Y.** Premières leçons sur Les yeux d'Elsa d'Aragon. *PUF, 1996.* (Major bac)
ISBN 2-13-047695-3. *42 F / 6,40 €*

05368 **MERCOYROL Y., ROBERT R.** Premières leçons sur La condition humaine d'André Malraux. 3e éd. *PUF, 1997.* (Major bac)
ISBN 2-13-047991-X. *42 F / 6,40 €*

05369 **MÉRIMÉE P.** Carmen : et autres nouvelles espagnoles. Réimpr. *Pocket, 1999.* (Pocket ; 6030. Classiques c1)
ISBN 2-266-09023-2. *19 F / 2,90 €*

05370 **MÉRIMÉE P.** Carmen. *Larousse, 1999.* (Petits classiques Larousse ; 36)
ISBN 2-03-871726-5. *21 F / 3,20 €*

05371 **MÉRIMÉE P.** Colomba ; Mateo Falcone. Réimpr. *Pocket, 1998.* (Pocket ; 6011. Classiques c1)
ISBN 2-266-08293-0. *19 F / 2,90 €*

05372 **MÉRIMÉE P.** Colomba, dossier pédagogique. *Larousse, 1999.* (Petits classiques Larousse)
ISBN 2-03-588150-1. *24 F / 3,66 €*

05373 **MÉRIMÉE P.** Colomba. Nouv. éd. *Larousse, 1999.* (Petits classiques Larousse ; 52)
ISBN 2-03-588100-5. *29 F / 4,42 €*

05374 **N** **MÉRIMÉE P.** Mateo Falcone : et autres nouvelles : dossier pédagogique. Nouv. éd. *Larousse, 2000.* (Petits classiques Larousse)
ISBN 2-03-588169-2. *24 F / 3,66 €*

05375 **N** **MÉRIMÉE P.** Mateo Falcone : et autres nouvelles. Nouv. éd. *Larousse, 2000.* (Petits classiques Larousse c1)
ISBN 2-03-588117-X. *21 F / 3,20 €*

05376 **MÉRIMÉE P.** La Vénus d'Ille. Nouv. éd. *Larousse, 1998.* (Petits classiques Larousse ; 4 c1)
ISBN 2-03-871650-1. *21 F / 3,20 €*

05377 **MEYNIEL N.** Le conte voltairien, textes commentés. *PUF, 1995.* (Major bac)
ISBN 2-13-047238-9. *42 F / 6,40 €*

05378 **MILLET L.** Premières leçons sur L'éthique de Spinoza. *PUF, 1998.* (Bibliothèque major ; 4 c1)
ISBN 2-13-048858-7. *42 F / 6,40 €*

05379 **MILLET L.** Volonté, devoir, liberté : thèmes et sujets. *PUF, 1997.* (Major bac)
ISBN 2-13-048380-1. *42 F / 6,40 €*

05380 **MODIANO P.** Une jeunesse. *Gallimard, 1995.* (Folio ; 5. Plus ; 5 c6)
ISBN 2-07-039411-5. *29,50 F / 4,50 €*

05381 **MOLIÈRE** Amphitryon, dossier pédagogique. *Larousse, 1999.* (Petits classiques Larousse)
ISBN 2-03-588159-5. *24 F / 3,66 €*

05382 **MOLIÈRE** Amphitryon. Nouv. éd. *Larousse, 1999.* (Petits classiques Larousse ; 53)
ISBN 2-03-588107-2. *21 F / 3,20 €*

05383 **MOLIÈRE** L'Avare. *Larousse, 1990.* (Petits classiques Larousse c1)
ISBN 2-03-871660-9. *21 F / 3,20 €*

05384 **N** **MOLIÈRE** L'avare. *Gallimard-Education, 2001.* (La bibliothèque Gallimard ; 66 c3)
ISBN 2-07-041664-X. *22 F / 3,35 €*

05385 **MOLIÈRE** Le Bourgeois gentilhomme. *Pocket, 1998.* (Pocket ; 6095. Classiques c1)
ISBN 2-266-08580-8. *19 F / 2,90 €*

05386 **MOLIÈRE** Le Bourgeois gentilhomme. *Larousse, 1998.* (Petits classiques Larousse ; 6 c2)
ISBN 2-03-871661-7. *29 F / 4,42 €*

05387 **MOLIÈRE** Le bourgeois gentilhomme. *Gallimard-Education, 1999.* (La bibliothèque Gallimard ; 33 c4)
ISBN 2-07-040938-4. *24 F / 3,66 €*

05388 **MOLIÈRE** Dom Juan ou le Festin de pierre. Nouv. éd. *Larousse, 1998.* (Petits classiques Larousse ; 7 c1)
ISBN 2-03-871662-5. *21 F / 3,20 €*

05389 **MOLIÈRE** Dom Juan. Réimpr. *Pocket, 1998.* (Pocket ; 6079. Classiques c1)
ISBN 2-266-08290-6. *19 F / 2,90 €*

05390 **MOLIÈRE** L'Ecole des Femmes. *Larousse, 1998.* (Petits classiques Larousse ; 8 c1)
ISBN 2-03-871663-3. *21 F / 3,20 €*

05391 **N** **MOLIÈRE** L'école des femmes. *Gallimard-Education, 2001.* (La bibliothèque Gallimard ; 71 c3)
ISBN 2-07-076022-7. *24 F / 3,66 €*

05392 **MOLIÈRE** Les Femmes Savantes. *Larousse, 1998.* (Petits classiques Larousse ; 8 c1)
ISBN 2-03-871664-1. *21 F / 3,20 €*

05393 **MOLIÈRE** Les femmes savantes. *Gallimard-Education, 1999.* (La bibliothèque Gallimard ; 34 c4)
ISBN 2-07-040941-4. *24 F / 3,66 €*

05394 **MOLIÈRE** Les Fourberies de Scapin. *Larousse, 1998.* (Petits classiques Larousse ; 10 c1)
ISBN 2-03-871665-X. *21 F / 3,20 €*

05395 **MOLIÈRE** Les fourberies de Scapin. *Gallimard-Education, 1998.* (La bibliothèque Gallimard c1)
ISBN 2-07-040528-1. *18 F / 2,74 €*

05396 **MOLIÈRE** George Dandin ou Le mari confondu. Nouv. éd. *Larousse, 1999.* (Petits classiques Larousse ; 37)
ISBN 2-03-871727-3. *21 F / 3,20 €*

05397 **N** **MOLIÈRE** George Dandin ou Le mari confondu. *Pocket, 2001.* (Pocket ; 6240. Classiques c1)
ISBN 2-266-10979-0. *19 F / 2,90 €*

05398 **MOLIÈRE** Le Malade imaginaire. *Larousse, 1998.* (Petits classiques Larousse ; 11 c2)
ISBN 2-03-871666-8. *29 F / 4,42 €*

05399 **MOLIÈRE** Le Malade imaginaire. Réimpr. *Pocket, 1993.* (Pocket ; 6104. Classiques c1)
ISBN 2-266-08760-6. *19 F / 2,90 €*

05400 **N** **MOLIÈRE** Le mariage forcé ; L'étourdi. *Pocket, 2001.* (Pocket ; 6241. Classiques)
ISBN 2-266-10987-1. *32 F / 4,88 €*

05401 **MOLIÈRE** Le Médecin malgré lui. *Larousse, 1998.* (Petits classiques Larousse ; 12 c1)
ISBN 2-03-871667-6. *21 F / 3,20 €*

05402 **MOLIÈRE** Le médecin malgré lui. *Gallimard-Education, 1998.* (La bibliothèque Gallimard c1)
ISBN 2-07-040529-X. *18 F / 2,74 €*

05403 **MOLIÈRE** Le médecin malgré lui. *Pocket, 1999.* (Pocket ; 6170. Classiques c0)
ISBN 2-266-05491-0. *15 F / 2,29 €*

05404 **N** **MOLIÈRE** Le médecin volant ; Sganarelle. *Pocket, 2000.* (Pocket ; 6232. Classiques c3B)
ISBN 2-266-10206-0. *28 F / 4,27 €*

05405 **MOLIÈRE** Le misanthrope ou l'Atrabilaire amoureux. *Larousse, 1998.* (Petits classiques Larousse ; 13 c1)
ISBN 2-03-871668-4. *21 F / 3,20 €*

05406 **N** **MOLIÈRE** Le misanthrope. *Pocket, 2000.* (Pocket ; 6139. Classiques ; 6139 c1)
ISBN 2-266-04913-5. *19 F / 2,90 €*

05407 **N** **MOLIÈRE** Le misanthrope. *Gallimard-Education, 2000.* (La bibliothèque Gallimard ; 61 c3)
ISBN 2-07-041500-7. *24 F / 3,66 €*

05408 **MOLIÈRE** Les Précieuses Ridicules. *Larousse, 1998.* (Petits classiques Larousse ; 14 c1)
ISBN 2-03-871669-2. *21 F / 3,20 €*

05409 **N** **MOLIÈRE** Les précieuses ridicules. *Pocket, 2000.* (Pocket ; 6234. Classiques c1)
ISBN 2-266-10308-3. *19 F / 2,90 €*

05410 **MOLIÈRE** Le Tartuffe ou l'Imposteur. *Larousse, 1998.* (Petits classiques Larousse ; 15 c1)
ISBN 2-03-871670-6. *21 F / 3,20 €*

05411 **N** **MOLIÈRE** Le Tartuffe ou L'imposteur. *Gallimard-Education, 2000.* (La bibliothèque Gallimard ; 54 c4)
ISBN 2-07-041377-2. *24 F / 3,66 €*

05412 **MOLIÈRE** Le Tartuffe. Réimpr. *Pocket, 1998.* (Pocket ; 6086. Classiques c1)
ISBN 2-266-08289-2. *19 F / 2,90 €*

05413 **MOLIÈRE, TERENCE** Les fourberies de Scapin. Nouv. éd. *Pocket, 1999.* (Pocket ; 6169. Classiques c0)
ISBN 2-266-08292-2. *15 F / 2,29 €*

05414 **MONTAIGNE M. d.** Essais. Réimpr. *Pocket, 1998.* (Pocket ; 6182. Classiques c4)
ISBN 2-266-06250-6. *30 F / 4,57 €*

05415 **MONTESQUIEU C-L. d. S. (. d. L. B. e. d.** De l'esprit des lois : choix de textes. *Larousse, 1995.* (Petits classiques Larousse c2)
ISBN 2-03-871331-6. *29 F / 4,42 €*

05416 **MONTESQUIEU C-L. d. S. (. d. L. B. e. d.** Lettres persanes : choix de 75 lettres intégrales. *Larousse, 1990.* (Petits classiques Larousse c1)
ISBN 2-03-871333-2. *29 F / 4,42 €*

05417 **MONTESQUIEU C-L. d. S. (. d. L. B. e. d.** Lettres persanes : lettres choisies. *Gallimard-Education, 1999.* (La bibliothèque Gallimard ; 37 c7)
ISBN 2-07-041012-9. *30 F / 4,57 €*

05418 **MORROW J.** Cité de vérité. *Gallimard-Education, 1998.* (La bibliothèque Gallimard ; 6 c5)
ISBN 2-07-040577-X. *26 F / 3,96 €*

05419 **MOURRAL I.** Nature, culture : thèmes et sujets. 2e éd. corr. *PUF, 1997.* (Major bac)
ISBN 2-13-048068-3. *42 F / 6,40 €*

05420 **MUSSET A. d.** Les caprices de Marianne, dossier pédagogique. *Larousse, 1999.* (Petits classiques Larousse)
ISBN 2-03-588151-X. *24 F / 3,66 €*

05421 **MUSSET A. d.** Les caprices de Marianne. Nouv. éd. *Larousse, 1999.* (Petits classiques Larousse ; 54)
ISBN 2-03-588101-3. *21 F / 3,20 €*

05422 **MUSSET A. d.** Fantasio : comédie en deux actes, 1834. *Larousse, 1998.* (Petits classiques Larousse c1)
ISBN 2-03-871728-1. *21 F / 3,20 €*

05423 **MUSSET A. d.** Lorenzaccio. Nouv. éd. *Larousse, 1999.* (Petits classiques Larousse ; 38)
ISBN 2-03-871724-9. *29 F / 4,42 €*

05424 **MUSSET A. d.** On ne badine pas avec l'amour. Nouv. éd. *Larousse, 1999.* (Petits classiques Larousse ; 39)
ISBN 2-03-871210-7. *21 F / 3,20 €*

05425 **MUSSET A. d.** On ne badine pas avec l'amour. Réimpr. *Pocket, 1998.* (Pocket ; 6102. Classiques c3)
ISBN 2-266-08286-8. *26 F / 3,96 €*

05426 **NERVAL G. d.** Aurélia ou Le rêve et la vie. Nouv. éd. *Pocket, 1999.* (Pocket ; 6109. Classiques c2)
ISBN 2-266-09166-2. *23 F / 3,51 €*

05427 **NERVAL G. d.** Sylvie, dossier pédagogique. *Larousse, 1999.* (Petits classiques Larousse)
ISBN 2-03-588153-6. *24 F / 3,66 €*

05428 **NERVAL G. d.** Sylvie. Nouv. éd. *Larousse, 1999.* (Petits classiques Larousse ; 55)
ISBN 2-03-587740-7. *21 F / 3,20 €*

05429 **OTTAVIANI D.** Premières leçons sur les trois lettres d'Epicure. *PUF, 1998.* (Major bac)
ISBN 2-13-048859-5. *42 F / 6,40 €*

05430 **OVIDE** Les métamorphoses : extraits. *Larousse, 1999.* (Petits classiques Larousse ; 40)
ISBN 2-03-871716-8. *21 F / 3,20 €*

05431 **OVIDE** Les métamorphoses, dossier pédagogique. *Larousse, 1999.* (Petits classiques Larousse)
ISBN 2-03-587827-6. *24 F / 3,66 €*

05432 **PEREC G.** Un homme qui dort. *Gallimard, 1998.* (Folio ; 44. Plus c6)
ISBN 2-07-040367-X. *29,50 F / 4,50 €*

05433 **PERGAUD L.** La guerre des boutons : roman de ma douzième année. *Gallimard, 1995.* (Folio ; 3. Plus ; 3 c6)
ISBN 2-07-039386-0. *29,50 F / 4,50 €*

05434 **PERRAULT C.** Les contes, dossier pédagogique. *Larousse, 1999.* (Petits classiques Larousse)
ISBN 2-03-588155-2. *24 F / 3,66 €*

05435 **PERRAULT C.** Les contes. Nouv. éd. *Larousse, 1999.* (Petits classiques Larousse ; 56)
ISBN 2-03-588103-X. *21 F / 3,20 €*

05436 **PERRAULT C.** Histoires ou Contes du temps passé : avec des moralités. *Gallimard-Education, 1999.* (La bibliothèque Gallimard ; 30 c3)
ISBN 2-07-040940-6. *22 F / 3,35 €*

05437 **POE E. A.** Histoires extraordinaires, dossier pédagogique. *Larousse, 1999.* (Petits classiques Larousse)
ISBN 2-03-588158-7. *24 F / 3,66 €*

05438 **POE E. A.** Histoires extraordinaires. Réimpr. *Pocket, 1998.* (Pocket ; 6019. Classiques c2)
ISBN 2-266-08284-1. *23 F / 3,51 €*

05439 **POE E. A.** Histoires extraordinaires. *Larousse, 1999.* (Petits classiques Larousse ; 57)
ISBN 2-03-588106-4. *21 F / 3,20 €*

05440 **POE E. A.** Nouvelles histoires extraordinaires. *Pocket, 1998.* (Pocket ; 6050. Classiques c2)
ISBN 2-266-08285-X. *23 F / 3,51 €*

05441 **N** **La poésie engagée :** anthologie. *Gallimard-Education, 2001.* (La bibliothèque Gallimard ; 68 c7)
ISBN 2-07-041665-8. *32 F / 4,88 €*

05442 **POLO M.** Le devisement du monde. *Gallimard-Education, 1998.* (La bibliothèque Gallimard ; 1 c5)
ISBN 2-07-040530-3. *26 F / 3,96 €*

05443 **N** **POLO M.** Le livre des merveilles (extraits) : dossier pédagogique. *Larousse, 2000.* (Petits classiques Larousse)
ISBN 2-03-588165-X. *24 F / 3,66 €*

05444 **N** **POLO M.** Le livre des merveilles (extraits). *Larousse, 2000.* (Petits classiques Larousse)
ISBN 2-03-588113-7. *21 F / 3,20 €*

05445 **POUSSARD A.** Premières leçons sur Le discours de la méthode de Descartes. *PUF, 1999.* (Bibliothèque major ; 13 c1)
ISBN 2-13-048775-0. *42 F / 6,40 €*

05446 **POUSSARD A.** Premières leçons sur les Méditations métaphysiques de Descartes. *PUF, 1996.* (Major bac)
ISBN 2-13-048069-1. *42 F / 6,40 €*

05447 **PRÉVERT J.** Paroles. *Gallimard, 1997.* (Folio ; 27. Plus c6)
ISBN 2-07-039425-5. *29,50 F / 4,50 €*

05448 **PRÉVOST A. F.** Manon Lescaut. *Pocket, 1998.* (Pocket ; 6031. Classiques c1)
ISBN 2-266-08283-3. *19 F / 2,90 €*

05449 **PRIGENT M. A., NAIGEON M.** L'Europe de l'Est depuis 1945. *PUF, 1997.* (Major bac)
ISBN 2-13-048615-0. *42 F / 6,40 €*

05450 **PRIGENT M. A., NAIGEON M.** La France depuis 1945. *PUF, 1995.* (Major bac)
ISBN 2-13-047240-0. *42 F / 6,40 €*

05451 **PRIGENT M. A., NAIGEON M.** Histoire, économie des pays développés depuis 1945 : manuel de poche. *PUF, 1996.* (Major bac)
ISBN 2-13-047958-8. *42 F / 6,40 €*

05452 **PRIGENT M. A., NAIGEON M.** Manuel de poche histoire : les relations internationales depuis 1945. 2e éd. *PUF, 1996.* (Major bac)
ISBN 2-13-048154-X. *42 F / 6,40 €*

05453 **N** **PROUST M.** Un amour de Swann. *Pocket, 2000.* (Pocket ; 6101. Classiques c2)
ISBN 2-266-08282-5. *23 F / 3,51 €*

05454 **QUENEAU R.** Exercices de style. *Gallimard, 1995.* (Folio ; 7. Plus ; 7 c4)
ISBN 2-07-039357-7. *20,50 F / 3,13 €*

05455 **QUENEAU R.** Les fleurs bleues. *Gallimard-Education, 1999.* (La bibliothèque Gallimard ; 29 c8)
ISBN 2-07-041083-8. *32 F / 4,88 €*

05456 **QUENEAU R.** Loin de Rueil. *Gallimard-Education, 1999.* (La bibliothèque Gallimard ; 40 c8)
ISBN 2-07-040686-5. *55 F / 8,38 €*

05457 **QUENEAU R.** Zazie dans le métro. *Gallimard, 1996.* (Folio ; 19. Plus ; 19 c4)
ISBN 2-07-039363-1. *20,50 F / 3,13 €*

05458 **QUENEL A.** Premières leçons sur les romans de Maupassant. *PUF, 1999.* (Major bac ; 16)
ISBN 2-13-050165-6. *42 F / 6,40 €*

05459 **QUESNEL A.** Premières leçons sur la tragédie racinienne. *PUF, 1995.* (Major bac)
ISBN 2-13-047242-7. *42 F / 6,40 €*

05460 **QUESNEL A.** Premières leçons sur Le rouge et le noir : un roman d'apprentissage. *PUF, 1996.* (Major bac)
ISBN 2-13-047696-1. *42 F / 6,40 €*

05461 **QUESNEL A.** Premières leçons sur les Confessions de Jean-Jacques. *PUF, 1998.* (Bibliothèque major ; 6)
ISBN 2-13-049570-2. *42 F / 6,40 €*

05462 **QUESNEL A.** Premières leçons sur les Fleurs bleues de R. Queneau. *PUF, 1999.* (Bibliothèque major ; 20)
ISBN 2-13-050380-2. *45 F / 6,86 €*

05463 **N** **RABELAIS F.** Gargantua (extraits) ; Pantagruel (extraits) : dossier pédagogique. Nouv. éd. *Larousse, 2000.* (Petits classiques Larousse)
ISBN 2-03-588173-0. *24 F / 3,66 €*

05464 **N** **RABELAIS F.** Gargantua (extraits) ; Pantagruel (extraits). Nouv. éd. *Larousse, 2000.* (Petits classiques Larousse c2)
ISBN 2-03-588121-8. *21 F / 3,20 €*

05465 **RABELAIS F.** Gargantua. Réimpr. *Pocket, 1998.* (Pocket ; 6089. Classiques c3B)
ISBN 2-266-08281-7. *28 F / 4,27 €*

05466 **RABELAIS F.** Pantagruel. Réimpr. *Pocket, 1998.* (Pocket ; 6204. Classiques c5)
ISBN 2-266-08581-6. *28 F / 4,27 €*

05467 **RACINE J.** Andromaque. *Larousse, 1998.* (Petits classiques Larousse ; 16 c2)
ISBN 2-03-871680-3. *29 F / 4,42 €*

05468 **N** **RACINE J.** Andromaque. *Gallimard-Education, 2001.* (La bibliothèque Gallimard ; 70 c4)
ISBN 2-07-041667-4. *26 F / 3,96 €*

05469 **RACINE J.** Bajazet. *Larousse, 1993.* (Petits classiques Larousse c1)
ISBN 2-03-871402-9. *21 F / 3,20 €*

05470 **RACINE J.** Bérénice. Nouv. éd. *Larousse, 1999.* (Petits classiques Larousse ; 41)
ISBN 2-03-871732-X. *21 F / 3,20 €*

05471 **N** **RACINE J.** Bérénice. *Gallimard-Education, 2001.* (La bibliothèque Gallimard ; 72 c4)
ISBN 2-07-041668-2. *28 F / 4,27 €*

05472 **RACINE J.** Britannicus. *Larousse, 1998.* (Petits classiques Larousse ; 17 c1)
ISBN 2-03-871681-1. *21 F / 3,20 €*

05473 **RACINE J.** Britannicus. Nouv. éd. *Pocket, 1999.* (Pocket ; 6126. Classiques c1)
ISBN 2-266-08712-6. *19 F / 2,90 €*

05474 **RACINE J.** Britannicus. *Gallimard-Education, 1999.* (La bibliothèque Gallimard ; 20)
ISBN 2-07-040624-5. *20 F / 3,05 €*

05475 **RACINE J.** Iphigénie. Nouv. éd. *Larousse, 1999.* (Petits classiques Larousse ; 42)
ISBN 2-03-871731-1. *29 F / 4,42 €*

05476 **RACINE J.** Phèdre. *Larousse, 1998.* (Petits classiques Larousse ; 18 c1)
ISBN 2-03-871682-X. *21 F / 3,20 €*

05477 **RACINE J.** Phèdre. Réimpr. *Pocket, 1998.* (Pocket ; 6080. Classiques)
ISBN 2-266-08278-7. *15 F / 2,29 €*

05478 **RACINE J.** Phèdre. *Gallimard-Education, 1999.* (La bibliothèque Gallimard ; 25)
ISBN 2-07-040889-2. *20 F / 3,05 €*

05479 **RACINE J., EURIPIDE** Iphigénie. Nouv. éd. *Pocket, 1999.* (Pocket ; 6138. Classiques c1)
ISBN 2-266-08280-9. *19 F / 2,90 €*

05480 **Récits fantastiques. Réimpr.** *Pocket, 1998.* (Pocket ; 6087. Classiques c6)
ISBN 2-266-08264-7. *38 F / 5,79 €*

05481 **REED K., CURTIS J-L., HARRISON H.** 3 nouvelles de l'an 2000. *Gallimard-Education, 2000.* (La bibliothèque Gallimard ; 43 c4)
ISBN 2-07-041220-2. *24 F / 3,66 €*

05482 **REFFAIT C.** Fables de La Fontraine : livres VII à XII. 2e éd. *PUF, 1997.* (Major bac)
ISBN 2-13-048030-6. *42 F / 6,40 €*

05483 **REFFAIT C.** Hippolyte Taine : La Fontaine et ses fables. 2e éd. corr. *PUF, 1997.* (Major bac)
ISBN 2-13-048071-3. *42 F / 6,40 €*

05484 **RENARD J.** Poil de carotte, dossier pédagogique. *Larousse, 1999.* (Petits classiques Larousse ; 58)
ISBN 2-03-587842-X. *24 F / 3,66 €*

05485 **RENARD J.** Poil de Carotte ; suivi de Poil de carotte, comédie en un acte. *Gallimard, 1997.* (Folio ; 33. Plus c8)
ISBN 2-07-040083-2. *37 F / 5,64 €*

05486 **RENARD J.** Poil de carotte. Nouv. éd. *Larousse, 1999.* (Petits classiques Larousse ; 58)
ISBN 2-03-587734-2. *29 F / 4,42 €*

05487 **RENARD J.** Poil de carotte. Réimpr. *Pocket, 1998.* (Pocket ; 6051. Classiques c2)
ISBN 2-266-00503-0. *15 F / 2,29 €*

05488 **RENOIR J.** La règle du jeu. *Gallimard-Education, 1998.* (La bibliothèque Gallimard ; 15)
ISBN 2-07-040690-3. *24 F / 3,66 €*

05489 **N** **Repères chronologiques et spatiaux de la sixième à la troisième :** réflexions et pistes pour le brevet des collèges : complément aux Corrigés et transparents couleurs pour le professeur. *CRDP de Lyon, 2000.* (Fonds de cartes et documents de travail)
ISBN 2-86625-233-0. *65 F / 9,91 €*

05490 **A** **RICE A.** La Momie. *Pocket, 2099.* (Pocket ; 6214. Classiques)
ISBN 2-266-08845-9. *30 F / 4,57 €*

05491 **RIVAIS Y.** L'affaire Barbe-Bleue ; suivi de Un bandit qui retourne sa veste. *Retz, 2000.* (Petits comédiens. 8-10 ans c1)
ISBN 2-7256-2003-1. *18 F / 2,74 €*

05492 **ROBERT R.** Premières leçons sur le mythe antique dans le théâtre contemporain. *PUF, 1998.* (Bibliothèque major ; 5)
ISBN 2-13-049530-3. *42 F / 6,40 €*

05493 **ROBERT R.** Premières leçons sur les rapports maîtres et valets dans la comédie du XVIIIe. *PUF, 1999.* (Bibliothèque major ; 17 c1)
ISBN 2-13-050167-2. *42 F / 6,40 €*

05494 **ROCHE B.** Premières leçons sur Crépuscule des idoles de Nietzsche. *PUF, 1996.* (Major bac)
ISBN 2-13-048165-5. *42 F / 6,40 €*

05495 **ROMAINS J.** Knock. *Gallimard-Education, 1998.* (La bibliothèque Gallimard ; 5 c2)
ISBN 2-07-040534-6. *20 F / 3,05 €*

05496 **N** **Le roman de Renard :** dossier pédagogique. *Larousse, 2000.* (Petits classiques Larousse)
ISBN 2-03-588171-4. *24 F / 3,66 €*

05497 **N** **Le roman de Renart.** *Larousse, 2000.* (Petits classiques Larousse ; 68 c1)
ISBN 2-03-588119-6. *21 F / 3,20 €*

05498 **N** **ROSTAND E.** Cyrano de Bergerac : dossier pédagogique. Nouv. éd. *Larousse, 2000.* (Petits classiques Larousse)
ISBN 2-03-587839-X. *24 F / 3,66 €*

05499 **N** **ROSTAND E.** Cyrano de Bergerac. Nouv. éd. *Larousse, 2000.* (Petits classiques Larousse)
ISBN 2-03-871730-3. *33 F / 5,03 €*

05500 **ROSTAND E.** Cyrano de Bergerac. *Pocket, 1998.* (Pocket ; 6007. Classiques c2)
ISBN 2-266-08275-2. *23 F / 3,51 €*

05501 **ROUMEGAS J-P.** Le conte voltairien, thèmes et sujets. *PUF, 1995.* (Major bac)
ISBN 2-13-047243-5. *42 F / 6,40 €*

05502 **ROUSSEAU J-J.** Les confessions. 1, Livres I à IV. Réimpr. *Pocket, 1998.* (Pocket ; 6211. Classiques c0)
ISBN 2-266-08525-5. *15 F / 2,29 €*

05503 **ROUSSEAU J-J.** Les confessions. 2. *Pocket, 1996.* (Pocket ; 6202. Classiques c3)
ISBN 2-266-08274-4. *26 F / 3,96 €*

05504 **ROUSSEAU J-J.** Les confessions. *Larousse, 1998.* (Petits classiques Larousse ; 25)
ISBN 2-03-871690-0. *33 F / 5,03 €*

05505 **ROUSSEAU J-J.** Emile ou De l'éducation, dossier pédagogique. *Larousse, 1999.* (Petits classiques Larousse)
ISBN 2-03-587838-1. *24 F / 3,66 €*

05506 **ROUSSEAU J-J.** Emile ou De l'éducation. *Larousse, 1999.* (Petits classiques Larousse ; 43)
ISBN 2-03-871729-X. *33 F / 5,03 €*

05507 **ROUSSEAU J-J.** Les Rêveries du promeneur solitaire ; Mon portrait ; Lettres à Malesherbes. *Larousse, 1993.* (Petits classiques Larousse c2)
ISBN 2-03-871468-1. *29 F / 4,42 €*

05508 **ROYER P.** Principes et méthodes du commentaire de document historique. *PUF, 1995.* (Major bac)
ISBN 2-13-047528-0. *42 F / 6,40 €*

05509 **SAID L.** Mathématiques : 130 exercices et problèmes pour s'entraîner. *PUF, 1998.* (Major bac)
ISBN 2-13-049396-3. *42 F / 6,40 €*

05510 **SAINT-EXUPÉRY A. d.** Vol de nuit. *Gallimard, 1996.* (Folio ; 20. Plus ; 20 c4)
ISBN 2-07-039395-X. *20,50 F / 3,13 €*

05511 **SAND G.** La Mare au diable. *Larousse, 1993.* (Petits classiques Larousse c2)
ISBN 2-03-871475-4. *29 F / 4,42 €*

05512 **SAND G.** La Petite Fadette. Réimpr. *Pocket, 1999.* (Pocket ; 6059. Classiques c1)
ISBN 2-266-08940-4. *19 F / 2,90 €*

05513 **N** **SAND G.** La petite Fadette. *Gallimard-Education, 2000.* (La bibliothèque Gallimard ; 51 c7)
ISBN 2-07-041376-4. *30 F / 4,57 €*

05514 **SANTERRE J-P.** Confessions de Jean-Jacques Rousseau : thèmes et sujets. *PUF, 1997.* (Major bac)
ISBN 2-13-048768-8. *42 F / 6,40 €*

05515 **SARRAUTE N.** Enfance. *Gallimard, 1995.* (Folio. Plus ; 4 c8)
ISBN 2-07-039358-5. *37 F / 5,64 €*

05516 **N** **SAUSSARD B.** Les amis du roi. *Retz, 2001.* (Petits comédiens. 6-8 ans c1)
ISBN 2-7256-2069-4. *18 F / 2,74 €*

05517 **SAUSSARD B.** Coccinelle Demoiselle : et autres sketches. *Retz, 2000.* (Petits comédiens. 6-8 ans c1)
ISBN 2-7256-2002-3. *18 F / 2,74 €*

05518 **SAUZADE J-L.** L'anniversaire de Sardinette ; suivi de Kiritimati. *Retz, 2000.* (Petits comédiens. 6-8 ans c1)
ISBN 2-7256-2000-7. *18 F / 2,74 €*

05519 **SHAKESPEARE W.** Hamlet ; Othello. Réimpr. *Pocket, 1998.* (Pocket ; 6128. Classiques c3)
ISBN 2-266-08271-X. *26 F / 3,96 €*

05520 **SHELLEY M. W.** Frankenstein ou Le Prométhée moderne. *Gallimard, 1997.* (Folio ; 29. Plus c6)
ISBN 2-07-040283-5. *29,50 F / 4,50 €*

05521 **SILVERBERG R.** La porte des mondes. *Pocket, 1999.* (Pocket ; 6213. Classiques c4B)
ISBN 2-266-08843-2. *32 F / 4,88 €*

05522 **SIMENON G.** Le port des brumes. *Pocket, 2000.* (Pocket ; 6233. Classiques c4)
ISBN 2-266-10224-9. *30 F / 4,57 €*

05523 **SIMENON G.** La vérité sur Bébé Donge. *Gallimard-Education, 1999.* (La bibliothèque Gallimard ; 23)
ISBN 2-07-040687-3. *32 F / 4,88 €*

05524 **SOLAL A.** Entrer dans la fonction publique européenne. *Rebondir, 1999.* (Guides pratiques ; 402)
ISBN 2-910325-87-3. *69 F / 10,52 €*

05525 **SOLÈRE B.** Génétique, manuel de poche. *PUF, 1996.* (Major bac)
ISBN 2-13-048022-5. *42 F / 6,40 €*

05526 **SOLÈRE B.** Immunologie, manuel de poche. *PUF, 1997.* (Major bac)
ISBN 2-13-048158-2. *42 F / 6,40 €*

05527 **N** **SOPHOCLE** Oedipe roi : le mythe d'Oedipe. *Gallimard-Education, 2000.* (La bibliothèque Gallimard ; 62 c4)
ISBN 2-07-041497-3. *26 F / 3,96 €*

05528 **STEINBECK J.** La perle. *Gallimard, 1998.* (Folio ; 45. Plus c6)
ISBN 2-07-040424-2. *29,50 F / 4,50 €*

05529 **STEINBECK J.** Des souris et des hommes. *Gallimard, 1995.* (Folio ; 6. Plus ; 6 c4)
ISBN 2-07-039362-3. *20,50 F / 3,13 €*

05530 **STENDHAL** L'abbesse de Castro. Nouv. éd. *Pocket, 1999.* (Pocket ; 6174. Classiques c4B)
ISBN 2-266-09178-6. *32 F / 4,88 €*

05531 **STENDHAL** Armance. *Pocket, 1999.* (Pocket ; 6117. Classiques)
ISBN 2-266-09365-7. *30 F / 4,57 €*

05532 **STENDHAL** La chartreuse de Parme. *Pocket, 1998.* (Pocket ; 6001. Classiques c3B)
ISBN 2-266-08269-8. *28 F / 4,27 €*

05533 **STENDHAL** De l'amour. *Pocket, 1998.* (Pocket ; 6173. Classiques c4)
ISBN 2-266-06241-7. *30 F / 4,57 €*

05534 **STENDHAL** Lucien Leuwen. 1. *Pocket, 1999.* (Pocket ; 6219. Classiques c6)
ISBN 2-266-05360-4. *38 F / 5,79 €*

05535 **STENDHAL** Lucien Leuwen. 2. *Pocket, 1999.* (Pocket ; 6220. Classiques c6)
ISBN 2-266-09268-5. *38 F / 5,79 €*

05536 **STENDHAL** Le Rouge et le noir : chronique du XIXe siècle. Réimpr. *Pocket, 1998.* (Pocket ; 6028. Classiques c3B)
ISBN 2-266-08270-1. *28 F / 4,27 €*

05537 **STENDHAL** Le rouge et le noir. *Gallimard-Education, 1999.* (La bibliothèque Gallimard ; 24)
ISBN 2-07-040890-6. *36 F / 5,49 €*

05538 **STEVENSON R. L.** L'étrange cas du Dr Jekyll et de M. Hyde. *Pocket, 1999.* (Pocket ; 6122. Classiques c3)
ISBN 2-266-05360-4. *26 F / 3,96 €*

05539 **STEVENSON R. L.** L'Ile au trésor. Nouv.éd. *Pocket, 1999.* (Pocket ; 6065. Classiques)
ISBN 2-266-09163-8. *23 F / 3,51 €*

05540 **STEVENSON R. L.** L'île au trésor. *Gallimard-Education, 1999.* (La bibliothèque Gallimard ; 32 c10)
ISBN 2-07-040681-4. *60 F / 9,15 €*

05541 **SUPERVIELLE J.** L'enfant de la haute-mer. Réimpr. *Gallimard, 1997.* (Folio ; 28. Plus c4)
ISBN 2-07-039400-X. *20,50 F / 3,13 €*

05542 **Le Surréalisme et ses alentours :** anthologie poétique. *Larousse, 1992.* (Petits classiques Larousse c2)
ISBN 2-03-871587-4. *29 F / 4,42 €*

05543 **SWIFT J.** Voyage à Lilliput. *Gallimard-Education, 1999.* (La bibliothèque Gallimard ; 31 c4)
ISBN 2-07-040977-5. *24 F / 3,66 €*

05544 **SZWEBEL G.** Mémento de mathématiques. *PUF, 1995.* (Major bac)
ISBN 2-13-047246-X. *42 F / 6,40 €*

05545 **SZWEBEL G.** Pratiques des mathématiques : problèmes, méthodes et corrigés. *PUF, 1996.* (Major bac)
ISBN 2-13-047767-4. *42 F / 6,40 €*

05546 **TCHEKHOV A. P.** La cerisaie. Nouv. éd. *Pocket, 1999.* (Pocket ; 6134. Classiques c1)
ISBN 2-266-09364-9. *19 F / 2,90 €*

05547 **TEULON F.** Vocabulaire économique et social. *PUF, 1995.* (Major bac)
ISBN 2-13-047319-9. *42 F / 6,40 €*

05548 **TOUCHARD P.** Géographie, économie : les chiffres du bac. *PUF, 1995.* (Major bac)
ISBN 2-13-047248-6. *42 F / 6,40 €*

05549 **TOURNIER M.** Le roi des Aulnes. *Gallimard, 1996.* (Folio ; 14. Plus ; 14 c10)
ISBN 2-07-039388-7. *46 F / 7,01 €*

05550 **TOURNIER M.** Vendredi ou Les limbes du Pacifique. *Gallimard, 1996.* (Folio. Plus ; 12 c6)
28 F / 4,27 €

05551 **Tristan et Iseut.** *Larousse, 1999.* (Petits classiques Larousse ; 26)
ISBN 2-03-871733-8. *21 F / 3,20 €*

05552 **TURIEL F.** L'argumentation au bac de français : exercices. *PUF, 1998.* (Major bac)
ISBN 2-13-048287-2. *68 F / 10,37 €*

05553 **TURIEL F.** Les confessions de Jean-Jacques Rousseau : textes commentés. *PUF, 1997.* (Major bac)
ISBN 2-13-048769-6. *42 F / 6,40 €*

05554 **TURIEL F.** L'oral de français au baccalauréat : textes commentés. *PUF, 1996.* (Major bac)
ISBN 2-13-047936-7. *42 F / 6,40 €*

05555 **UHLMAN F.** L'ami retrouvé. *Gallimard, 1997.* (Folio ; 35. Plus c6)
ISBN 2-07-040060-3. *29,50 F / 4,50 €*

05556 **VALLÈS J.** Le bachelier. Nouv.éd. *Pocket, 1999.* (Pocket ; 6150. Classiques)
ISBN 2-266-09380-0. *28 F / 4,27 €*

05557 **VALLÈS J.** L'Enfant. Réimpr. *Pocket, 1998.* (Pocket ; 6015. Classiques c3)
ISBN 2-266-08268-X. *26 F / 3,96 €*

05558 **VALPIERRE** La chanson de Roland. *Retz, 2000.* (Un récit, des jeux pour découvrir ses classiques)
ISBN 2-7256-1067-2. *49 F / 7,47 €*

05559 **VALTAT J-C.** Premières leçons sur l'Education sentimentale : un roman d'apprentissage. *PUF, 1996.* (Major bac)
ISBN 2-13-047712-7. *42 F / 6,40 €*

05560 **VALTAT J-C.** Premières leçons sur L'Espoir, d'André Malraux. *PUF, 1996.* (Major bac)
ISBN 2-13-048072-1. *42 F / 6,40 €*

05561 **N** **VERLAINE P.** Poésies. *Pocket, 2000.* (Pocket ; 6144. Classiques c3B)
ISBN 2-266-09358-4. *28 F / 4,27 €*

05562 **N** **VERLAINE P.** Romances sans paroles. *Gallimard-Education, 2001.* (La bibliothèque Gallimard ; 67 c6)
ISBN 2-07-076024-3. *22 F / 3,35 €*

05563 **A** **VERNE J.** Le château des Carpathes. Réimpr. *Pocket, 1999.* (Pocket ; 6078. Classiques)
ISBN 2-266-09162-X

05564 **VERNE J.** De la Terre à la Lune. *Larousse, 1987.* (Petits classiques Larousse c1)
ISBN 2-03-870401-5. *21 F / 3,20 €*

05565 **N** **VERNE J.** Le tour du monde en 80 jours (extraits) : dossier pédagogique. *Larousse, 2000.* (Petits classiques Larousse)
ISBN 2-03-588170-6. *24 F / 3,66 €*

05566 **N** **VERNE J.** Le tour du monde en 80 jours (extraits). *Larousse, 2000.* (Petits classiques Larousse c2)
ISBN 2-03-588118-8. *33 F / 5,03 €*

05567 **VERNE J.** Vingt mille lieues sous les mers. Nouv. éd. *Pocket, 1999.* (Pocket ; 6058. Classiques c4B)
ISBN 2-266-09177-8. *32 F / 4,88 €*

05568 **VERNE J.** Voyage au centre de la Terre. Nouv.éd. *Pocket, 1999.* (Pocket ; 6056. Classiques)
ISBN 2-266-09161-1. *26 F / 3,96 €*

05569 **VIDALIN A.** Mémento de mathématiques. *PUF, 1995.* (Major bac)
ISBN 2-13-047249-4. *42 F / 6,40 €*

05570 **VILLANI J.** Premières leçons sur Une partie de campagne de Maupassant. *PUF, 1995.* (Major bac)
ISBN 2-13-047250-8. *42 F / 6,40 €*

05571 **VINOGRADOVA A.** Premières leçons sur Nouvelles de Saint-Pétersbourg de Gogol. *PUF, 1998.* (Bibliothèque major ; 10)
ISBN 2-13-049531-1. *42 F / 6,40 €*

05572 **VIRGILE** L'Enéide, dossier pédagogique. *Larousse, 1999.* (Petits classiques Larousse)
ISBN 2-03-587826-8. *24 F / 3,66 €*

05573 **VIRGILE** L'Enéide. Réimpr. *Larousse, 1999.* (Petits classiques Larousse ; 44 c1)
ISBN 2-03-587715-6. *21 F / 3,20 €*

05574 **VIVET-RÉMY A-C.** Agamemnon et la Guerre de Troie. *Retz, 1998.* (Un récit, des jeux pour découvrir ses classiques ; 5)
ISBN 2-7256-1879-7. *49 F / 7,47 €*

05575 **VIVET-RÉMY A-C.** D'Apollon à Zeus, la vengeance des dieux. *Retz, 1999.* (Un récit, des jeux pour découvrir ses classiques ; 7)
ISBN 2-7256-1961-0. *49 F / 7,47 €*

05576 **VIVET-RÉMY A-C.** Lancelot et les chevaliers de la table ronde. *Retz, 1998.* (Un récit, des jeux pour découvrir ses classiques ; 4)
ISBN 2-7256-1880-0. *49 F / 7,47 €*

05577 **VIVET-RÉMY A-C.** L'opéra grammatical ; suivi de Le juste mot. *Retz, 2000.* (Petits comédiens. 8-10 ans c1)
ISBN 2-7256-2005-8. *18 F / 2,74 €*

05578 **A** **VIVET-RÉMY A-C.** Le Roman de Renart. *Retz, 2001.* (Un récit, des jeux pour découvrir ses classiques)
ISBN 2-7256-2019-8. *49 F / 7,47 €*

05579 **VIVET-RÉMY A-C.** Romulus et Rémus. *Retz, 2000.* (Un récit, des jeux pour découvrir ses classiques)
ISBN 2-7256-1060-5. *49 F / 7,47 €*

05580 **N** **VIVET-RÉMY A-C.** Thésée et le minotaure. *Retz, 2000.* (Un récit, des jeux pour découvrir ses classiques)
ISBN 2-7256-1460-0. *49 F / 7,47 €*

05581 **VIVET-RÉMY A-C.** Les travaux d'Hercule : CM2, 6e, 5e. *Retz, 1997.* (Un récit, des jeux pour découvrir ses classiques ; 1)
ISBN 2-7256-1779-0. *49 F / 7,47 €*

05582 **VIVET-RÉMY A-C.** Les voyages d'Ulysse : CM2, 6e, 5e. *Retz, 1997.* (Un récit, des jeux pour découvrir ses classiques ; 2)
ISBN 2-7256-1776-6. *49 F / 7,47 €*

05583 **VOLTAIRE** Candide. Nouv. éd. *Larousse, 1990.* (Petits classiques Larousse c1)
ISBN 2-03-871700-1. *29 F / 4,42 €*

05584 **N** **VOLTAIRE** Candide. *Gallimard-Education, 2000.* (La bibliothèque Gallimard ; 48 c4)
ISBN 2-07-041375-6. *24 F / 3,66 €*

05585 **N** **VOLTAIRE** L'ingénu : dossier pédagogique. Nouv. éd. *Larousse, 2000.* (Petits classiques Larousse)
ISBN 2-03-587850-0. *24 F / 3,66 €*

05586 **N** **VOLTAIRE** L'ingénu. Nouv. éd. *Larousse, 2000.* (Petits classiques Larousse ; 71 c1)
ISBN 2-03-587736-9. *29 F / 4,42 €*

05587 **VOLTAIRE** Micromégas ; L'ingénu. Réimpr. *Pocket, 1998.* (Pocket ; 6083. Classiques c1)
ISBN 2-266-08582-4. *19 F / 2,90 €*

05588 **N** **VOLTAIRE** Micromégas ; Jeannot et Colin ; Le monde comme il va : dossier pédagogique. *Larousse, 2000.* (Petits classiques Larousse)
ISBN 2-03-588176-5. *24 F / 3,66 €*

05589 **N** **VOLTAIRE** Micromégas ; Jeannot et Colin ; Le monde comme il va. *Larousse, 2000.* (Petits classiques Larousse c1)
ISBN 2-03-588124-2. *21 F / 3,20 €*

05590 **VOLTAIRE** Zadig ou la Destinée. *Larousse, 1998.* (Petits classiques Larousse ; 20 c1)
ISBN 2-03-871701-X. *21 F / 3,20 €*

05591 **VOLTAIRE** Zadig. *Gallimard-Education, 1998.* (La bibliothèque Gallimard c3)
ISBN 2-07-040531-1. *22 F / 3,35 €*

05592 **WAQUET I.** Crises et politiques économiques : manuel de poche. *PUF, 1998.* (Major bac)
ISBN 2-13-049065-4. *42 F / 6,40 €*

05593 **WEISS F.** La comédie du XVIIIe siècle : les rapports entre maîtres et valets : textes commentés. *PUF, 1999.* (Major bac)
ISBN 2-13-050234-2. *42 F / 6,40 €*

05594 **WELLS H. G.** La guerre des mondes. *Gallimard, 1998.* (Folio ; 42. Plus c6)
ISBN 2-07-040334-3. *29,50 F / 4,50 €*

05595 **WILDE O.** Le portrait de Dorian Gray. Réimpr. *Pocket, 1998.* (Pocket ; 6066. Classiques c2)
ISBN 2-266-08265-5. *23 F / 3,51 €*

05596 **ZARKA A-M.** Jules César et la guerre des Gaules. *Retz, 1999.* (Un récit, des jeux pour découvrir ses classiques ; 8)
ISBN 2-7256-1962-9. *49 F / 7,47 €*

05597 **ZOLA E.** L'argent. Nouv.éd. *Pocket, 1999.* (Pocket ; 6113. Classiques)
ISBN 2-266-09159-X. *30 F / 4,57 €*

05598 **ZOLA E.** L'Assommoir. Réimpr. *Pocket, 1998.* (Pocket ; 6039. Classiques c3B)
ISBN 2-266-08263-9. *28 F / 4,27 €*

05599 **N** **ZOLA E.** Au bonheur des dames (extraits) : dossier pédagogique. *Larousse, 2000.* (Petits classiques Larousse)
ISBN 2-03-588164-1. *24 F / 3,66 €*

05600 **N** **ZOLA E.** Au bonheur des dames (extraits). *Larousse, 2000.* (Petits classiques Larousse c1)
ISBN 2-03-588112-9. *33 F / 5,03 €*

05601 **ZOLA E.** Au Bonheur des Dames. Réimpr. *Pocket, 1998.* (Pocket ; 6032. Classiques c3B)
ISBN 2-266-08260-4. *28 F / 4,27 €*

05602 **N** **ZOLA E.** Au bonheur des dames. *Gallimard-Education, 2000.* (La bibliothèque Gallimard ; 49 c8)
ISBN 2-07-041378-0. *34 F / 5,18 €*

05603 **ZOLA E.** La Bête humaine. Réimpr. *Pocket, 1998.* (Pocket ; 6062. Classiques c2)
ISBN 2-266-08261-2. *23 F / 3,51 €*

05604 **ZOLA E.** La conquête de Plassans. Nouv.éd. *Pocket, 1999.* (Pocket ; 6172. Classiques)
ISBN 2-266-09160-3. *30 F / 4,57 €*

05605 **ZOLA E.** La curée. *Gallimard-Education, 1999.* (La bibliothèque Gallimard ; 19)
ISBN 2-07-040624-5. *32 F / 4,88 €*

05606 **ZOLA E.** La curée. Réimpr. *Pocket, 1999.* (Pocket ; 6035. Classiques c3)
ISBN 2-266-09025-9. *26 F / 3,96 €*

05607 **ZOLA E.** La débâcle. Nouv.éd. *Pocket, 1999.* (Pocket ; 6118. Classiques)
ISBN 2-266-09379-7. *32 F / 4,88 €*

05608 **ZOLA E.** Le docteur Pascal. Nouv.éd. *Pocket, 1999.* (Pocket ; 6140. Classiques)
ISBN 2-266-09363-0. *30 F / 4,57 €*

05609 **ZOLA E.** Ecrits sur le roman naturaliste. *Pocket, 1999.* (Pocket ; 6230. Classiques c0)
ISBN 2-266-09730-X. *19 F / 2,90 €*

05610 **ZOLA E.** La faute de l'abbé Mouret. *Pocket, 1999.* (Pocket ; 6114. Classiques c3B)
ISBN 2-266-09170-0. *32 F / 4,88 €*

05611 **ZOLA E.** La fortune des Rougon. *Pocket, 1999.* (Pocket ; 6071. Classiques c3)
ISBN 2-266-09373-8. *26 F / 3,96 €*

05612 **ZOLA E.** Germinal. *Pocket, 1998.* (Pocket ; 6029. Classiques c3)
ISBN 2-266-08262-0. *26 F / 3,96 €*

05613 **ZOLA E.** Germinal. *Larousse, 1998.* (Petits classiques Larousse c1)
ISBN 2-03-871710-9. *21 F / 3,20 €*

05614 **ZOLA E.** La joie de vivre. Nouv. éd. *Pocket, 2000.* (Pocket ; 6111. Classiques c4)
ISBN 2-266-09378-9. *30 F / 4,57 €*

05615 **ZOLA E.** Nana. Réimpr. *Pocket, 1999.* (Pocket ; 6054. Classiques c3)
ISBN 2-266-07298-6. *26 F / 3,96 €*

05616 **ZOLA E.** L'oeuvre. *Pocket, 1998.* (Pocket ; 6077. Classiques c7)
ISBN 2-266-08259-0. *32 F / 4,88 €*

05617 **ZOLA E.** Pot-Bouille. Nouv.éd. *Pocket, 1999.* (Pocket ; 6061. Classiques)
ISBN 2-266-09374-6. *30 F / 4,57 €*

05618 **ZOLA E.** Le rêve. *Pocket, 1999.* (Pocket ; 6074. Classiques c3)
ISBN 2-266-09176-X. *26 F / 3,96 €*

05619 **ZOLA E.** Son Excellence Eugène Rougon. *Pocket, 1999.* (Pocket ; 6141. Classiques c4B)
ISBN 2-266-09164-6. *32 F / 4,88 €*

05620 **ZOLA E.** La Terre. Nouv. éd. *Pocket, 1999.* (Pocket ; 6115. Classiques c4B)
ISBN 2-266-09165-4. *32 F / 4,88 €*

05621 **ZOLA E.** Thérèse Raquin. Réimpr. *Pocket, 1998.* (Pocket ; 6060. Classiques c2)
ISBN 2-266-08258-2. *23 F / 3,51 €*

05622 **ZOLA E.** Le ventre de Paris. *Pocket, 1999.* (Pocket ; 6057. Classiques c3B)
ISBN 2-266-09175-1. *28 F / 4,27 €*

Jeunesse (Littérature enfantine)

05623 **AARON C.** A la dérive sur le Mississippi. *Flammarion-Père Castor, 1991.* (Castor-Poche ; 336. Junior c5)
ISBN 2-08-162188-6. *35,50 F / 5,41 €*

05624 **AARON C.** La Ballade des Lackawanna. *Flammarion-Père Castor, 1990.* (Castor-Poche ; 290. Junior c5)
ISBN 2-08-162124-X. *35,50 F / 5,41 €*

05625 **AARON C.** Le courage d'Alex. *Flammarion-Père Castor, 1996.* (Castor-Poche ; 531. Senior c5)
ISBN 2-08-162275-0. *35,50 F / 5,41 €*

05626 [A] **ABGRAL J-M.** Martin et le gourou. *Magnard, 2001.* (Les policiers)
ISBN 2-210-98417-3. *43 F / 6,56 €*

05627 **ABITAN A-M., THEINHARDT V.** Sorcière contre robot. *Bayard, 1994.* (Les belles histoires ; 64 c1)
ISBN 2-227-72175-8. *27 F / 4,12 €*

05628 **ADAM G.** Marco et Ngalula. *Labor, 2000.* (Espace nord junior ; 26)
ISBN 2-8040-1452-5. *34 F / 5,18 €*

05629 **ADAMS G., YOUNG S.** Nounou renard. Réimpr. *Pocket Jeunesse, 1998.* (Kid pocket ; 183 c3)
ISBN 2-266-08903-X. *26 F / 3,96 €*

05630 [N] **ADLER C.** Beaucoup plus qu'un amour de vacances. *Hachette-Jeunesse, 2001.* (Vertige ; 1412. Coup de foudre)
ISBN 2-01-200615-9. *28 F / 4,27 €*

05631 **ADLER C.** La soeur de mon frère. *Flammarion-Père Castor, 1997.* (Castor-Poche ; 580. Junior c5)
ISBN 2-08-164185-2. *35,50 F / 5,41 €*

05632 [N] **ADORJAN C.** Le mystère de la maison aux chats. Réimpr. *Flammarion-Père Castor, 2000.* (Castor-Poche ; 348. Junior c3)
ISBN 2-08-164737-0. *29,50 F / 4,50 €*

05633 [N] **AGÉNOR M.** Le châtiment de la déesse. *Syros, 2000.* (Souris noire ; 49 c1)
ISBN 2-84146-842-9. *32 F / 4,88 €*

05634 [N] **AGÉNOR M.** Plongée dans l'île aux tortues. *Syros, 2001.* (Souris verte ; 37)
ISBN 2-84146-904-2. *32 F / 4,88 €*

05635 **AHLBERG A., AHLBERG J.** Je veux une maman. Réimpr. *Gallimard-Jeunesse, 1992.* (Folio benjamin ; 238 c4)
ISBN 2-07-050556-1. *32,50 F / 4,95 €*

05636 **AHLBERG A., AHLBERG J.** Quentin la cambriole. *Gallimard-Jeunesse, 1995.* (Folio benjamin ; 286 c3)
ISBN 2-07-059219-7. *28 F / 4,27 €*

05637 **AHLBERG A., AHLBERG J.** Qui a volé les tartes ?. *Gallimard-Jeunesse, 1999.* (Folio cadet ; 242 c5)
ISBN 2-07-052484-1. *36 F / 5,49 €*

05638 **AHLBERG A., AMSTUTZ A.** Les Bizardos, carambolages dans la nuit. *Gallimard-Jeunesse, 1998.* (Folio benjamin ; 363. Panique c3)
ISBN 2-07-052350-0. *30 F / 4,57 €*

05639 **AHLBERG A., AMSTUTZ A.** Les Bizardos et le train fantôme. *Gallimard-Jeunesse, 1995.* (Folio benjamin ; 275 c3)
ISBN 2-07-058733-9. *28 F / 4,27 €*

05640 [A] **AHLBERG A., AMSTUTZ A.** Les Bizardos et les mystères de la nuit. *Gallimard-Jeunesse, 1998.* (Folio benjamin. Panique)
ISBN 2-07-050550-2. *25,50 F / 3,89 €*

05641 **AHLBERG A., AMSTUTZ A.** Les Bizardos et les pirates. *Gallimard-Jeunesse, 1999.* (Folio benjamin ; 370. Panique c2)
ISBN 2-07-052401-9. *28 F / 4,27 €*

05642 **AHLBERG A., AMSTUTZ A.** Les Bizardos rêvent de dinosaures. Nouv. éd. *Gallimard-Jeunesse, 1994.* (Folio benjamin ; 265)
ISBN 2-07-050551-0. *30 F / 4,57 €*

05643 **AHLBERG A., AMSTUTZ A.** Les Bizardos, un os pour le chien. *Gallimard-Jeunesse, 1998.* (Folio benjamin ; 362. Panique c3)
ISBN 2-07-052349-7. *30 F / 4,57 €*

05644 **AHLBERG A., CHICHESTER-CLARK E.** Madame Campagnol la vétérinaire. *Gallimard-Jeunesse, 1999.* (Folio benjamin ; 364 c2)
ISBN 2-07-052399-3. *28 F / 4,27 €*

05645 **AHLBERG A., MCNAUGHTON C.** La famille Batibien. Réimpr. *Gallimard-Jeunesse, 1988.* (Folio benjamin ; 199 c2)
ISBN 2-07-052456-6. *28 F / 4,27 €*

05646 **AHLBERG A., ROSS T.** Ma vie est un tourbillon. *Gallimard-Jeunesse, 1998.* (Folio benjamin ; 348)
ISBN 2-07-051244-4. *28 F / 4,27 €*

05647 **AHLBERG J., AHLBERG A.** L'Ours que personne n'aimait. *Gallimard-Jeunesse, 1993.* (Folio junior ; 711 c3)
ISBN 2-07-058304-X. *30 F / 4,57 €*

05648 **N** **AKKARI M.** Les invisibles attaquent. *Alyssa, 2000.* (Grain de sésame)
ISBN 9973-758-29-3. *40 F / 6,10 €*

05649 **AKKOUCHE M.** Une marque d'enfer. *Albin Michel, 1999.* (Le Furet enquête ; 14 c1)
ISBN 2-226-10213-2. *35 F / 5,34 €*

05650 **ALAIN-FOURNIER** Le Grand Meaulnes. *Hachette-Jeunesse, 1997.* (Le livre de poche jeunesse ; 1123. Gai savoir c12)
ISBN 2-01-321524-X. *35 F / 5,34 €*

05651 **ALBAUT C.** Comptines au bord de l'eau. Réimpr. *Actes Sud junior, 2000.* (Les petits bonheurs c1)
ISBN 2-7427-1919-9. *39 F / 5,95 €*

05652 **ALBAUT C.** Comptines de la tête aux pieds. *Actes Sud junior, 1998.* (Les petits bonheurs c1)
ISBN 2-7427-1570-3. *39 F / 5,95 €*

05653 **ALBAUT C.** Comptines pour avoir bonne mine. *Actes Sud junior, 1997.* (Les petits bonheurs)
ISBN 2-7427-1264-X. *39 F / 5,95 €*

05654 **ALBAUT C.** Comptines pour mon anniversaire. *Actes Sud junior, 1998.* (Les petits bonheurs c1)
ISBN 2-7427-1569-X. *39 F / 5,95 €*

05655 **ALBAUT C., BERTRAND P.** Comptines pour apprivoiser le soleil. *Actes Sud junior, 1999.* (Les petits bonheurs c1)
ISBN 2-7427-2203-3. *39 F / 5,95 €*

05656 **N** **ALBAUT C., BESNIER Y.** Comptines pour avoir la trouille. *Actes Sud junior, 2000.* (Les petits bonheurs c1)
ISBN 2-7427-2927-5. *39 F / 5,95 €*

05657 **N** **ALBAUT C., BOUCHER M.** Comptines pour compter. Réimpr. *Actes Sud junior, 2001.* (Les petits bonheurs)
ISBN 2-7427-1398-0. *39 F / 5,95 €*

05658 **ALBAUT C., BOUCHER M.** Comptines pour mes jouets préférés. *Actes Sud junior, 1996.* (Les petits bonheurs)
ISBN 2-7427-0928-2. *39 F / 5,95 €*

05659 **N** **ALBAUT C., BRUNELET M.** Comptines en pyjama. Réimpr. *Actes Sud junior, 2000.* (Les petits bonheurs)
ISBN 2-7427-1128-7. *39 F / 5,95 €*

05660 **ALBAUT C., CECCARELLI S.** Comptines à croquer. *Actes Sud junior, 1995.* (Les petits bonheurs)
ISBN 2-7427-0733-6. *39 F / 5,95 €*

05661 **ALBAUT C., CECCARELLI S.** Les comptines à mimer. Réimpr. *Actes Sud junior, 2000.* (Les petits bonheurs)
ISBN 2-7427-0774-3. *39 F / 5,95 €*

05662 **ALBAUT C., CECCARELLI S.** Comptines à moteur. *Actes Sud junior, 1999.* (Les petits bonheurs c1)
ISBN 2-7427-2204-1. *39 F / 5,95 €*

05663 **ALBAUT C., FICHAUX C.** Comptines de la mer et du vent. Réimpr. *Actes Sud junior, 2000.* (Les petits bonheurs)
ISBN 2-7427-0938-X. *39 F / 5,95 €*

05664 **N** **ALBAUT C., FICHAUX C.** Comptines des secrets de la forêt. Réimpr. *Actes Sud junior, 2001.* (Les petits bonheurs)
ISBN 2-7427-1787-0. *39 F / 5,95 €*

05665 **ALBAUT C., FICHAUX C.** Comptines pour mon nounours. *Actes Sud junior, 1996.* (Les petits bonheurs)
ISBN 2-7427-0927-4. *39 F / 5,95 €*

05666 **ALBAUT C., GARD M.** Comptines en chocolat. *Actes Sud junior, 1997.* (Les petits bonheurs)
ISBN 2-7427-1331-X. *39 F / 5,95 €*

05667 **ALBAUT C., LAPOINTE C.** Comptines pour la rentrée des classes. Réimpr. *Actes Sud junior, 1999.* (Les petits bonheurs)
ISBN 2-7427-1295-X. *39 F / 5,95 €*

05668 **ALBAUT C., THIBAULT D.** Comptines arc-en-ciel. *Actes Sud junior, 1999.* (Les petits bonheurs c1)
ISBN 2-7427-2202-5. *39 F / 5,95 €*

05669 **ALCANTARA R.** Et qui fera le ménage?. Réimpr. *Pocket Jeunesse, 1995.* (Kid pocket ; 93 c3)
ISBN 2-266-08635-9. *26 F / 3,96 €*

05670 **ALCANTARA R., GUSTI** Qui fera de la gymnastique ?. *Pocket Jeunesse, 1996.* (Kid pocket ; 243)
ISBN 2-266-07321-4. *26 F / 3,96 €*

05671 **ALCANTARA R., GUSTI** Qui ramassera les crottes de chien?. Réimpr. *Pocket Jeunesse, 1998.* (Kid pocket c3)
ISBN 2-266-08829-7. *26 F / 3,96 €*

05672 **ALCANTARA R., GUSTI** Thomas et le crayon magique. Réimpr. *Pocket Jeunesse, 1999.* (Kid pocket ; 53 c03)
ISBN 2-266-09900-0. *26 F / 3,96 €*

05673 **ALCOCK V.** Le Fantôme vous salue bien. *Hachette-Jeunesse, 1977.* (Le livre de poche jeunesse ; 259. Junior c8)
ISBN 2-01-321651-3. *28 F / 4,27 €*

05674 **ALCOTT L. M.** Les quatre filles du docteur March. *Flammarion, 1995.* (Castor-Poche ; 482. Senior c4)
ISBN 2-08-164126-7. *32,50 F / 4,95 €*

05675 **ALCOTT L. M.** Les Quatre filles du docteur March. *J'ai lu, 1995.* (J'ai lu ; 3877. Les Classiques c3)
ISBN 2-277-23877-5. *29 F / 4,42 €*

05676 **ALCOTT L. M.** Les quatre filles du docteur March. *Hachette-Jeunesse, 1995.* (Le livre de poche jeunesse ; 41 c10)
ISBN 2-01-020922-2. *31 F / 4,73 €*

05677 **ALCOTT L. M.** Les quatre filles du docteur March. Réimpr. *Pocket Jeunesse, 1999.* (Pocket junior ; 124. Références c6)
ISBN 2-266-09440-8. *38 F / 5,79 €*

05678 N **ALEMAGNA B., SAINT-DIZIER M.** Comment mon chat a appris à dessiner. Réimpr. *Hachette-Jeunesse, 2000.* (Le livre de poche jeunesse ; 1318. Benjamin c8)
ISBN 2-01-321804-4. *28 F / 4,27 €*

05679 **ALESSANDRINI J.** Le Détective de minuit. *Rageot, 1994.* (Les Enquêtes du capitaine Nox; 1)(Cascade. Policier c3)
ISBN 2-7002-2151-6. *48 F / 7,32 €*

05680 **ALESSANDRINI J.** Le Labyrinthe des cauchemars. *Rageot, 1992.* (Les Enquêtes du capitaine Nox; 3)(Cascade. Policier c3)
ISBN 2-7002-1189-8. *48 F / 7,32 €*

05681 **ALESSANDRINI J.** La malédiction de Cheops. *Rageot, 1995.* (Cascade. Policier c3)
ISBN 2-7002-2347-0. *48 F / 7,32 €*

05682 **ALESSANDRINI J.** Mystère et charchafouille. *Rageot, 1997.* (Cascade. 7-9 ans c1)
ISBN 2-7002-2425-6. *44 F / 6,71 €*

05683 **ALESSANDRINI J.** Mystère et hamburger. *Rageot, 1998.* (Cascade. 9-11 ans c2)
ISBN 2-7002-2542-2. *46 F / 7,01 €*

05684 **ALESSANDRINI J.** Mystère express. *Rageot, 1995.* (Cascade. 7-9 ans c1)
ISBN 2-7002-2301-2. *44 F / 6,71 €*

05685 **ALESSANDRINI J.** L'ours sort ses griffes. *Rageot, 1999.* (Cascade. Policier)
ISBN 2-7002-2611-9. *46 F / 7,01 €*

05686 **ALESSANDRINI J.** Pas de quoi rire. *Rageot, 1996.* (Cascade. Policier c3)
ISBN 2-7002-2403-5. *48 F / 7,32 €*

05687 **ALESSANDRINI J., BESSON J-L.** Mystère et chocolat. *Bayard, 1990.* (J'aime lire ; 11 c1)
ISBN 2-227-72217-7. *27 F / 4,12 €*

05688 **ALEXANDRE C., ADAM C.** Derrière le rideau de scène. *Gallimard-Jeunesse, 1999.* (Folio junior ; 1020. Drôles d'aventures ; 17 c3)
ISBN 2-07-052233-4. *30 F / 4,57 €*

05689 **Ali-Baba et les quarante voleurs :** tiré de Les Milles et Une Nuits. *Hachette-Jeunesse, 1989.* (Le livre de poche jeunesse ; 17 c9)
ISBN 2-01-015153-4. *26,50 F / 4,04 €*

05690 A **ALLADAYE R.** Le tennis. *Milan, 2001.* (Carnets du sport)
ISBN 2-7459-0290-3. *38 F / 5,79 €*

05691 **ALLAN T.** Histoire d'un souricureuil. Réimpr. *Gallimard-Jeunesse, 1998.* (Folio cadet ; 173)
ISBN 2-07-051803-5. *44 F / 6,71 €*

05692 **ALLEY R.** Les grosses bêtises de Monsieur Dubois. *Pocket Jeunesse, 1999.* (Kid pocket ; 120 c03)
ISBN 2-266-09899-3. *26 F / 3,96 €*

05693 **ALMÉRAS A.** Mon ogre bien-aimé. *Milan, 2000.* (Milan poche cadet ; 28 c1)
ISBN 2-7459-0006-4. *28 F / 4,27 €*

05694 **ALMÉRAS A., CLEYET-MERLE L.** La blague la plus drôle du monde. *Milan, 1999.* (Milan poche cadet ; 16 c1)
ISBN 2-84113-899-2. *28 F / 4,27 €*

05695 **ALMÉRAS A., JUNGE N.** Mystère et carabistouilles. *Bayard, 1998.* (J'aime lire ; 120 c1)
ISBN 2-227-72738-1. *27 F / 4,12 €*

05696 N **ALMÉRAS A., LAPOINTE C.** Attention, voilà Simon !. *Bayard Jeunesse, 2000.* (Les belles histoires ; 118 c1)
ISBN 2-227-72843-4. *27 F / 4,12 €*

05697 **ALMÉRAS A., MATJE M.** Courage, Trouillard!. *Bayard, 1999.* (J'aime lire ; 127 c1)
ISBN 2-227-72752-7. *27 F / 4,12 €*

05698 **ALMÉRAS A., MATJE M.** Le lit voyageur. *Bayard Jeunesse, 1998.* (J'aime lire ; 121 c1)
ISBN 2-227-72740-3. *27 F / 4,12 €*

05699 N **ALMÉRAS A., PILLOT F.** Le secret de l'épée magique. *Milan, 2000.* (Milan poche cadet ; 35 c1)
ISBN 2-7459-0044-7. *28 F / 4,27 €*

05700 N **ALMOND D.** Ange des marais noirs. *Gallimard-Jeunesse, 2001.* (Folio junior ; 1128)
ISBN 2-07-054414-1. *32,50 F / 4,95 €*

05701 **ALMOND D.** Skellig. *Flammarion-Père Castor, 2000.* (Castor-Poche ; 733. Senior)
ISBN 2-08-164581-5. *35,50 F / 5,41 €*

05702 A **ALPAC D.** L'alliance noire. *Flammarion-Père Castor, 2001.* (Lumina; 7)(Castor-Poche ; 782)
ISBN 2-08-164821-0. *29,50 F / 4,50 €*

05703 N **ALPAC D.** Les araignées d'Arcanie. *Flammarion-Père Castor, 2001.* (Lumina; 6)(Castor-Poche ; 782)
ISBN 2-08-164786-9. *29,50 F / 4,50 €*

05704 N **ALPAC D.** Le chevalier masqué. *Flammarion-Père Castor, 2000.* (Lumina; 3)(Castor-Poche ; 755)
ISBN 2-08-164774-5. *29,50 F / 4,50 €*

05705 N **ALPAC D.** Le désert ensorcelé. *Flammarion-Père Castor, 2000.* (Lumina; 4)(Castor-Poche ; 776)
ISBN 2-08-164784-2. *29,50 F / 4,50 €*

05706 N **ALPAC D.** L'épée de feu. *Flammarion-Père Castor, 2000.* (Lumina; 2)(Castor-Poche ; 754)
ISBN 2-08-164767-2. *29,50 F / 4,50 €*

05707 N **ALPAC D.** Le royaume maudit. *Flammarion-Père Castor, 2000.* (Lumina; 1)(Castor-Poche ; 753)
ISBN 2-08-164687-0. *29,50 F / 4,50 €*

05708 [N] **ALPAC D.** Le seigneur des gladiateurs. *Flammarion-Père Castor, 2000.* (Lumina; 5)(Castor-Poche ; 782)
ISBN 2-08-164785-0. *29,50 F / 4,50 €*

05709 **ALPHANDARI Y.** A la découverte des hiéroglyphes. *Flammarion-Père Castor, 1999.* (Castor doc. Junior c2)
ISBN 2-08-163850-9. *34 F / 5,18 €*

05710 [N] **ALQUIER T.** La mémoire en miettes. Réimpr. *Flammarion-Père Castor, 2000.* (Castor-Poche ; 447. Junior c4)
ISBN 2-08-164736-2. *32,50 F / 4,95 €*

05711 **ALTER R. E., BRITTAIN W., HARDWICK R.** Cinq crimes en eaux troubles. *Pocket Jeunesse, 1999.* (Alfred Hitchcock présente; 1)(Pocket junior ; 452. Policier c4)
ISBN 2-266-08998-6. *30 F / 4,57 €*

05712 **ALVAREZ A.** Objets volants. *Milan, 1997.* (Carnets de nature c1)
ISBN 2-84113-403-2. *34 F / 5,18 €*

05713 **AMELIN F., CALARNOU Y.** Mamma l'ogresse. *Bayard, 1997.* (Les belles histoires ; 95 c1)
ISBN 2-227-72816-7. *27 F / 4,12 €*

05714 **AMELIN M.** A vos marques !. *Flammarion-Père Castor, 1999.* (Castor-Poche ; 720. Senior)
ISBN 2-08-164599-8. *25 F / 3,81 €*

05715 [N] **AMELIN M.** Arrête ton cinéma, Juliette !. *Milan, 2001.* (Les romans de Julie ; 1)
ISBN 2-7459-0169-9. *29 F / 4,42 €*

05716 **AMELIN M.** L'attaque de méduse. *Bayard, 1998.* (Passion de lire ; 412. Polar gothique)
ISBN 2-227-73859-6. *29 F / 4,42 €*

05717 **AMELIN M.** Cache-cache avec la mort. *Milan, 2000.* (Milan poche junior ; 29)
ISBN 2-7459-0034-X. *32 F / 4,88 €*

05718 **AMELIN M.** Cent vingt minutes pour mourir. *Rageot, 1997.* (Cascade. Policier c1)
ISBN 2-7002-2476-0. *44 F / 6,71 €*

05719 **AMELIN M.** Les chiens de l'enfer. *Bayard, 1999.* (Passion de lire ; 414. Polar gothique)
ISBN 2-227-73855-3. *29 F / 4,42 €*

05720 **AMELIN M.** La colère du puma inca. *Bayard, 1998.* (Passion de lire ; 407. Polar gothique)
ISBN 2-227-73812-X. *29 F / 4,42 €*

05721 **AMELIN M.** Les crocs de l'homme-tigre. *Bayard, 1998.* (Passion de lire ; 410. Polar gothique)
ISBN 2-227-73835-9. *29 F / 4,42 €*

05722 **AMELIN M.** Dans les griffes du sphinx. *Bayard, 1997.* (Passion de lire ; 405. Polar gothique)
ISBN 2-227-72988-0. *29 F / 4,42 €*

05723 **AMELIN M.** Du feu pour la salamandre. *Bayard, 1998.* (Passion de lire ; 409. Polar gothique)
ISBN 2-227-73827-8. *29 F / 4,42 €*

05724 **AMELIN M.** L'empreinte du dragon. *Bayard, 1997.* (Passion de lire ; 403. Polar gothique)
ISBN 2-227-72987-2. *29 F / 4,42 €*

05725 **AMELIN M.** L'énigme des araignées. *Flammarion-Père Castor, 1998.* (Castor-Poche ; 659. Enigmes)
ISBN 2-08-164331-6. *19,50 F / 2,97 €*

05726 [N] **AMELIN M.** Les énigmes du zoo. *Bayard Jeunesse, 2000.* (Passion de lire ; 233. Délires c1)
ISBN 2-227-75706-X. *29 F / 4,42 €*

05727 **AMELIN M.** La flèche du Centaure. *Bayard, 1998.* (Passion de lire ; 408. Polar gothique)
ISBN 2-227-73813-8. *29 F / 4,42 €*

05728 [A] **AMELIN M.** Une journée en enfer (TP). *Milan, 2001.* (Les romans de Julie ; 7)
ISBN 2-7459-0298-9. *29 F / 4,42 €*

05729 **AMELIN M.** La malédiction de la licorne. *Bayard, 1997.* (Passion de lire ; 401. Polar gothique)
ISBN 2-227-72964-3. *29 F / 4,42 €*

05730 **AMELIN M.** La marque de l'homme-loup. *Bayard, 1999.* (Passion de lire ; 416. Polar gothique)
ISBN 2-227-73851-0. *29 F / 4,42 €*

05731 **AMELIN M.** La menace du Minotaure. *Bayard, 1997.* (Passion de lire ; 404. Polar gothique)
ISBN 2-227-72990-2. *29 F / 4,42 €*

05732 **AMELIN M.** La morsure du cobra. *Bayard, 1999.* (Passion de lire ; 415. Polar gothique)
ISBN 2-227-73852-9. *29 F / 4,42 €*

05733 **AMELIN M.** La mort du lion ailé. *Bayard, 1998.* (Passion de lire ; 411. Polar gothique)
ISBN 2-227-73848-0. *29 F / 4,42 €*

05734 [N] **AMELIN M.** Musiques à coeur. Nouv. éd. *Bayard Jeunesse, 2001.* (Passion de lire ; 316. Coeur grenadine c1)
ISBN 2-7470-0183-0. *29 F / 4,42 €*

05735 **AMELIN M.** Le secret de la sirène. *Bayard, 1997.* (Passion de lire ; 406. Polar gothique)
ISBN 2-227-72989-9. *29 F / 4,42 €*

05736 **AMELIN M.** Le signe du vampire. *Bayard, 2000.* (Passion de lire ; 418. Polar gothique)
ISBN 2-227-73854-5. *29 F / 4,42 €*

05737 **AMELIN M.** Sous l'oeil du cyclope. *Bayard, 1997.* (Passion de lire ; 402. Polar gothique)
ISBN 2-227-72986-4. *29 F / 4,42 €*

05738 **AMELIN M.** Sur les traces du crabe. *Bayard, 1999.* (Passion de lire ; 417. Polar gothique)
ISBN 2-227-73850-2. *29 F / 4,42 €*

05739 **AMELIN M.** Le tombeau du lézard. *Bayard Jeunesse, 1999.* (Passion de lire ; 413. Polar gothique c1)
ISBN 2-227-73853-7. *29 F / 4,42 €*

05740 **AMELIN M.** Train d'enfer. Nouv. éd. *Pocket Jeunesse, 2000.* (Pocket junior ; 486. Policier c4)
ISBN 2-266-09223-5. *30 F / 4,57 €*

05741 **AMELIN M., CAMIL C.** Mon papa le roi. *Bayard, 1995.* (Les belles histoires ; 75 c1)
ISBN 2-227-72189-8. *27 F / 4,12 €*

05742 **L'Amitié des poètes :** 160 poèmes inédits. *Hachette-Jeunesse, 1994.* (Fleurs d'encre ; 135 cJ)
ISBN 2-01-019200-1. *31 F / 4,73 €*

05743 **AMMI K.** Le partage du monde. *Gallimard-Jeunesse, 1999.* (Frontières ; 8 c5)
ISBN 2-07-052500-7. *36 F / 5,49 €*

05744 **N** **AMOR S.** Les aliments, mode d'emploi. *Flammarion-Père Castor, 2000.* (Castor doc. Junior)
ISBN 2-08-163862-2. *38 F / 5,79 €*

05745 **Un amour de bébé cocker.** *Hemma, 2001.* (Mini-club ; 36)
ISBN 2-8006-1233-9. *21 F / 3,20 €*

05746 **L'amour et l'amitié en poésie. Nouv. éd.** *Gallimard-Jeunesse, 1998.* (Folio junior ; 860. En poésie ; 4)
ISBN 2-07-051584-2. *36 F / 5,49 €*

05747 **ANASTASIO D., HERMAN G., MCMULLAN K-H.** Coffret folio benjamin panique. *Gallimard-Jeunesse, 1999.* (Folio benjamin. Panique)
ISBN 2-07-052926-6. *90 F / 13,72 €*

05748 **ANASTASIO D., SMATH J.** La plante carnivore. *Gallimard-Jeunesse, 1997.* (Folio benjamin ; 302. Panique c3)
ISBN 2-07-050911-7. *30 F / 4,57 €*

05749 **N** **ANDERSEN H. C.** Les habits neufs de l'empereur : et autres contes. *Hachette-Jeunesse, 2000.* (Côté court ; 23)
ISBN 2-01-200579-9. *10 F / 1,52 €*

05750 **ANDERSEN H. C.** Poucette et autres contes. Réimpr. *Hachette-Jeunesse, 1995.* (Le livre de poche jeunesse ; 19 c9)
ISBN 2-01-020174-4. *29 F / 4,42 €*

05751 **ANDERSEN H. C.** La reine des neiges : conte en sept histoires. Réimpr. *Gallimard-Jeunesse, 1998.* (Folio junior ; 18 c1)
ISBN 2-07-051630-X. *28 F / 4,27 €*

05752 **ANDERSEN H. C., LEMOINE G.** La petite fille aux allumettes. *Gallimard-Jeunesse, 1999.* (Folio cadet ; 183 c3)
ISBN 2-07-052477-9. *30 F / 4,57 €*

05753 **ANDERSEN H. C., LEMOINE G.** Le rossignol de l'empereur de Chine. *Gallimard-Jeunesse, 1998.* (Folio cadet ; 179 c4)
ISBN 2-07-051790-X. *32,50 F / 4,95 €*

05754 **ANDERSEN H. C., WALZ R.** Les Habits neufs de l'empereur. *Mango-Jeunesse, 1994.* (Contes classiques)
ISBN 2-7404-0325-9. *20 F / 3,05 €*

05755 **ANDERSON K. J., MOESTA R.** L'alliance de la diversité. *Pocket Jeunesse, 1999.* (Star Wars, les jeunes chevaliers Jedi; 8)(Pocket junior ; 502. SF c4)
ISBN 2-266-09030-5. *30 F / 4,57 €*

05756 **N** **ANDERSON K. J., MOESTA R.** L'arme secrète de l'Empereur. *Pocket Jeunesse, 2000.* (Star Wars, les jeunes chevaliers Jedi; 11)(Pocket junior ; 592. SF c5)
ISBN 2-266-09536-6. *35 F / 5,34 €*

05757 **ANDERSON K. J., MOESTA R.** Les cadets de l'ombre. Nouv. éd. *Pocket Jeunesse, 1999.* (Star Wars, les jeunes chevaliers Jedi; 2)(Pocket junior ; 284. SF c4)
ISBN 2-266-09529-3. *30 F / 4,57 €*

05758 **ANDERSON K. J., MOESTA R.** Le chevalier de la nuit. *Pocket Jeunesse, 1999.* (Star Wars, les jeunes chevaliers Jedi; 5)(Pocket junior ; 403. SF c4)
ISBN 2-266-09294-4. *30 F / 4,57 €*

05759 **ANDERSON K. J., MOESTA R.** Le coeur d'Alderaan. *Pocket Jeunesse, 1999.* (Star Wars, les jeunes chevaliers Jedi; 7)(Pocket junior ; 466. Fantastique c4)
ISBN 2-266-08991-9. *30 F / 4,57 €*

05760 **N** **ANDERSON K. J., MOESTA R.** Crise sur récif Cristal. *Pocket Jeunesse, 2000.* (Star Wars, les jeunes chevaliers Jedi; 14)(Pocket junior ; 635. SF c6)
ISBN 2-266-09539-0. *38 F / 5,79 €*

05761 **ANDERSON K. J., MOESTA R.** Les enfants de la force. Nouv. éd. *Pocket Jeunesse, 1999.* (Star Wars, les jeunes chevaliers Jedi; 1)(Pocket junior ; 283. SF c4)
ISBN 2-266-08850-5. *30 F / 4,57 €*

05762 **ANDERSON K. J., MOESTA R.** Génération perdue. *Pocket Jeunesse, 1999.* (Star Wars, les jeunes chevaliers Jedi; 3)(Pocket junior ; 285. SF c4)
ISBN 2-266-09583-8. *30 F / 4,57 €*

05763 **ANDERSON K. J., MOESTA R.** L'honneur et l'amitié. *Pocket Jeunesse, 2000.* (Star Wars, les jeunes chevaliers Jedi; 10)(Pocket junior ; 561. Fantastique c5)
ISBN 2-266-09535-8. *35 F / 5,34 €*

05764 **ANDERSON K. J., MOESTA R.** Illusions de grandeur. *Pocket Jeunesse, 1999.* (Star Wars, les jeunes chevaliers Jedi; 9)(Pocket junior ; 503. SF c4)
ISBN 2-266-09227-8. *30 F / 4,57 €*

05765 **ANDERSON K. J., MOESTA R.** Les Jedi assiégés. *Pocket Jeunesse, 1999.* (Star Wars, les jeunes chevaliers Jedi; 6)(Pocket junior ; 404. SF c4)
ISBN 2-266-09295-2. *30 F / 4,57 €*

05766 **N** **ANDERSON K. J., MOESTA R.** Piège sur la Cité des nuages. *Pocket Jeunesse, 2000.* (Star Wars, les jeunes chevaliers Jedi; 13)(Pocket junior ; 622. Fantastique c5)
ISBN 2-266-09538-2. *35 F / 5,34 €*

05767 **ANDERSON K. J., MOESTA R.** Les sabres de lumière. *Pocket Jeunesse, 1999.* (Star Wars, les jeunes chevaliers Jedi; 4)(Pocket junior ; 402. SF c4)
ISBN 2-266-09293-6. *30 F / 4,57 €*

05768 **N** **ANDERSON K. J., MOESTA R.** La vengeance du soleil noir. *Pocket Jeunesse, 2000.* (Star Wars, les jeunes chevaliers Jedi; 12)(Pocket junior ; 611. SF c5)
ISBN 2-266-09537-4. *35 F / 5,34 €*

05769 **ANDERSON W.** La Vie aventureuse de Laura Ingalls Wilder. *Flammarion-Père Castor, 1993.* (Castor-Poche ; 432. Junior c7)
ISBN 2-08-162282-3. *45 F / 6,86 €*

05770 **ANDREVON J-P.** Gandahar et l'oiseau-monde. *Hachette-Jeunesse, 1997.* (Vertige ; 1006. Science-fiction c8)
ISBN 2-01-209634-4. *28 F / 4,27 €*

05771 **ANDREVON J-P.** Le jour du grand saut. *Hachette-Jeunesse, 1996.* (Le livre de poche jeunesse ; 591. Cadet c5)
ISBN 2-01-321393-X. *26,50 F / 4,04 €*

05772 **ANDREVON J-P.** Kofi et les buveurs de vie. *Magnard, 1998.* (Les fantastiques c1)
ISBN 2-210-97763-0. *43 F / 6,56 €*

05773 **ANDREVON J-P.** Une nuit dans la tour de verre. *Magnard, 1999.* (Les policiers c1)
ISBN 2-210-97798-3. *43 F / 6,56 €*

05774 **ANDREVON J-P.** La nuit des bêtes. *Hachette-Jeunesse, 1997.* (Le livre de poche jeunesse ; 637. Cadet c5)
ISBN 2-01-321582-7. *26,50 F / 4,04 €*

05775 **ANDREVON J-P.** Le parking mystérieux. *Magnard, 1997.* (Les fantastiques c1)
ISBN 2-210-97748-7. *43 F / 6,56 €*

05776 **ANDREVON J-P.** Les portes de Gandahar. *Hachette-Jeunesse, 1999.* (Vertige ; 1021. Science-fiction c7)
ISBN 2-01-200031-2. *27,50 F / 4,19 €*

05777 **A** **ANDREVON J-P.** Un animal, des z'animots. *Milan, 2001.* (Milan poche junior ; 45)
ISBN 2-7459-0251-2. *24 F / 3,66 €*

05778 **ANDRIAT F.** L'amour à boire. *Labor, 1999.* (Espace nord junior ; 20 c2)
ISBN 2-8040-1398-7. *44 F / 6,71 €*

05779 **N** **ANDRIAT F.** Journal de Jamila : suivi d'un entretien avec l'auteur. *Labor, 2000.* (Espace Nord zone J ; 28)
ISBN 2-8040-1492-4. *44 F / 6,71 €*

05780 **N** **ANDRIEU P.** Les pirates de Neptune. *Bayard Jeunesse, 2001.* (Dina; 1)(Les mondes imaginaires c1)
ISBN 2-227-76001-X. *38 F / 5,79 €*

05781 **ANDRIEUX J-Y.** Les Travailleurs du fer. *Gallimard, 1991.* (Découvertes ; 121. Techniques c5)
ISBN 2-07-053148-1. *85 F / 12,96 €*

05782 **N** **ANGE** L'oeil des dieux. *Mango-Jeunesse, 2000.* (Autres mondes)
ISBN 2-7404-1094-8. *59 F / 8,99 €*

05783 **N** **ANGELI M. d.** Le conquérant. *Flammarion-Père Castor, 2000.* (Castor-Poche ; 764. Junior)
ISBN 2-08-164622-6. *29,50 F / 4,50 €*

05784 **N** **L'animal lumineux :** six histoires de préhistoire. *Fleurus, 2000.* (Z'azimut)
ISBN 2-215-05162-0. *39 F / 5,95 €*

05785 **ANTOINE Y.** Les malheurs de Sophie. *Hemma, 1992.* (Livre club jeunesse ; 11)
ISBN 2-8006-2155-9. *26 F / 3,96 €*

05786 **ANTOINE Y.** Les petites filles modèles. *Hemma, 1992.* (Livre club jeunesse ; 9)
ISBN 2-8006-2154-0. *26 F / 3,96 €*

05787 **N** **APPLEGATE K. A.** A la recherche de Senna. *Gallimard-Jeunesse, 2000.* (Everworld; 1)(Folio junior ; 1087 c4)
ISBN 2-07-054366-8. *32,50 F / 4,95 €*

05788 **APPLEGATE K. A.** L'affrontement. *Gallimard-Jeunesse, 1997.* (Folio junior ; 791. Animorphs)
ISBN 2-07-050979-6. *32 F / 4,88 €*

05789 **APPLEGATE K. A.** L'alerte. *Gallimard-Jeunesse, 1998.* (Folio junior ; 913. Animorphs ; 16)
ISBN 2-07-052191-5. *32 F / 4,88 €*

05790 **N** **APPLEGATE K. A.** L'arrivée. *Gallimard-Jeunesse, 2000.* (Folio junior ; 1106. Animorphs ; 38 c4)
ISBN 2-07-054344-7. *32,50 F / 4,95 €*

05791 **APPLEGATE K. A.** Au temps des dinosaures. *Gallimard-Jeunesse, 1999.* (Folio junior ; 996. Animorphs)
ISBN 2-07-052798-0. *32,50 F / 4,95 €*

05792 **APPLEGATE K. A.** La capture. *Gallimard-Jeunesse, 1997.* (Folio junior ; 823. Animorphs ; 6 c4)
ISBN 2-07-050982-6. *32 F / 4,88 €*

05793 **N** **APPLEGATE K. A.** Le cauchemar. *Gallimard-Jeunesse, 2001.* (Folio junior ; 1123. Animorphs ; 41 c4)
ISBN 2-07-054537-7. *32,50 F / 4,95 €*

05794 **N** **APPLEGATE K. A.** Chroniques des Andalites. *Gallimard-Jeunesse, 2000.* (Folio junior ; 1072. Animorphs c5)
ISBN 2-07-054163-0. *36 F / 5,49 €*

05795 **APPLEGATE K. A.** Chroniques des Hork-Bajirs. *Gallimard-Jeunesse, 1999.* (Folio junior ; 997. Animorphs)
ISBN 2-07-052799-9. *32,50 F / 4,95 €*

05796 **N** **APPLEGATE K. A.** La civilisation. *Gallimard-Jeunesse, 2000.* (Folio junior ; 1092. Animorphs ; 36 c4)
ISBN 2-07-054342-0. *32,50 F / 4,95 €*

05797 **APPLEGATE K. A.** Coffret folio junior ennemi animorphs. *Gallimard-Jeunesse, 1999.* (Folio junior. Animorphs)
ISBN 2-07-052931-2. *96 F / 14,64 €*

05798 **APPLEGATE K. A.** Coffret folio junior invasion animorphs. *Gallimard-Jeunesse, 1999.* (Folio junior. Animorphs)
ISBN 2-07-052930-4. *96 F / 14,64 €*

05799 **APPLEGATE K. A.** La conspiration. *Gallimard-Jeunesse, 2000.* (Folio junior ; 1049. Animorphs ; 31 c4)
ISBN 2-07-054161-4. *32,50 F / 4,95 €*

05800 **APPLEGATE K. A.** La créature. *Gallimard-Jeunesse, 1998.* (Folio junior ; 905. Animorphs ; 1 c4)
ISBN 2-07-052217-2. *32,50 F / 4,95 €*

05801 **APPLEGATE K. A.** La décision. *Gallimard-Jeunesse, 1999.* (Folio junior ; 939. Animorphs ; 18)
ISBN 2-07-052412-4. *32,50 F / 4,95 €*

05802 **APPLEGATE K. A.** La découverte. *Gallimard-Jeunesse, 1999.* (Folio junior ; 960. Animorphs ; 20 c4)
ISBN 2-07-052615-1. *32,50 F / 4,95 €*

05803 **N** **APPLEGATE K. A.** La défaite. *Gallimard-Jeunesse, 2000.* (Folio junior ; 1105. Animorphs ; 37)
ISBN 2-07-054343-9. *32,50 F / 4,95 €*

05804 **APPLEGATE K. A.** Le départ. *Gallimard-Jeunesse, 1999.* (Folio junior ; 947. Animorphs ; 19 c4)
ISBN 2-07-052413-2. *32,50 F / 4,95 €*

05805 **N** **APPLEGATE K. A.** Le destructeur. *Gallimard-Jeunesse, 2000.* (Everworld; 5)(Folio junior ; 1113 c4)
ISBN 2-07-054482-6. *32,50 F / 4,95 €*

05806 **N** **APPLEGATE K. A.** Le domaine de la peur. *Gallimard-Jeunesse, 2000.* (Everworld; 4)(Folio junior ; 1090 c4)
ISBN 2-07-054369-2. *32,50 F / 4,95 €*

05807 **N** **APPLEGATE K. A.** Le double. *Gallimard-Jeunesse, 2000.* (Folio junior ; 1062. Animorphs ; 32 c4)
ISBN 2-07-054162-2. *32 F / 4,88 €*

05808 **APPLEGATE K. A.** Le duel. *Gallimard-Jeunesse, 1999.* (Folio junior ; 1019. Animorphs ; 26)
ISBN 2-07-052797-2. *32,50 F / 4,95 €*

05809 **N** **APPLEGATE K. A.** L'enchanteur. *Gallimard-Jeunesse, 2000.* (Everworld; 3)(Folio junior ; 1089)
ISBN 2-07-054368-4. *32,50 F / 4,95 €*

05810 **APPLEGATE K. A.** L'ennemi. *Gallimard-Jeunesse, 1999.* (Folio junior ; 965. Animorphs ; 21)
ISBN 2-07-052616-X. *32 F / 4,88 €*

05811 **APPLEGATE K. A.** L'épidémie. *Gallimard-Jeunesse, 2000.* (Folio junior ; 1030. Animorphs ; 29 c4)
ISBN 2-07-054097-9. *32,50 F / 4,95 €*

05812 **N** **APPLEGATE K. A.** L'épopée fantastique. *Gallimard-Jeunesse, 2001.* (Everworld; 6)(Folio junior ; 1124 c4)
ISBN 2-07-054483-4. *32 F / 4,88 €*

05813 **A** **APPLEGATE K. A.** L'expédition. *Gallimard-Jeunesse, 2001.* (Folio junior ; 1135. Animorphs ; 42 c4)
ISBN 2-07-054538-5. *32 F / 4,88 €*

05814 **APPLEGATE K. A.** L'extraterrestre. *Gallimard-Jeunesse, 1997.* (Folio junior ; 825. Animorphs ; 8 c4)
ISBN 2-07-051571-0. *32 F / 4,88 €*

05815 **APPLEGATE K. A.** L'héritier. *Gallimard-Jeunesse, 1999.* (Folio junior ; 984. Animorphs ; 23)
ISBN 2-07-052696-8. *32 F / 4,88 €*

05816 **N** **APPLEGATE K. A.** L'illusion. *Gallimard-Jeunesse, 2000.* (Folio junior ; 1071. Animorphs ; 33 c4)
ISBN 2-07-054178-9. *32,50 F / 4,95 €*

05817 **APPLEGATE K. A.** L'inconnu. *Gallimard-Jeunesse, 1997.* (Folio junior ; 824. Animorphs ; 7 c4)
ISBN 2-07-050983-4. *32 F / 4,88 €*

05818 **APPLEGATE K. A.** L'invasion. *Gallimard-Jeunesse, 1997.* (Folio junior ; 789. Animorphs)
ISBN 2-07-050977-X. *32 F / 4,88 €*

05819 **APPLEGATE K. A.** La manipulation. *Gallimard-Jeunesse, 1999.* (Folio junior ; 1028. Animorphs ; 28)
ISBN 2-07-052969-X. *32,50 F / 4,95 €*

05820 **APPLEGATE K. A.** La menace. *Gallimard-Jeunesse, 1998.* (Folio junior ; 874. Animorphs)
ISBN 2-07-051762-4. *32 F / 4,88 €*

05821 **APPLEGATE K. A.** Un mensonge d'amitié. *Mango-Jeunesse, 1998.* (Mango poche. Coups de coeur c1)
ISBN 2-7404-0794-7. *30 F / 4,57 €*

05822 **APPLEGATE K. A.** Le message. *Gallimard-Jeunesse, 1997.* (Folio junior ; 792. Animorphs c4)
ISBN 2-07-050980-X. *32 F / 4,88 €*

05823 **APPLEGATE K. A.** La mission. *Gallimard-Jeunesse, 1999.* (Folio junior ; 1024. Animorphs ; 27 c4)
ISBN 2-07-052968-1. *32,50 F / 4,95 €*

05824 **A** **APPLEGATE K. A.** La montagne des dieux. *Gallimard-Jeunesse, 2001.* (Everworld)(Folio junior ; 1136 c4)
ISBN 2-07-054533-4. *32 F / 4,88 €*

05825 **APPLEGATE K. A.** La mutation. *Gallimard-Jeunesse, 1998.* (Folio junior ; 891. Animorphs)
ISBN 2-07-051968-6. *32 F / 4,88 €*

05826 **APPLEGATE K. A.** L'oubli. *Gallimard-Jeunesse, 1998.* (Folio junior ; 869. Animorphs)
ISBN 2-07-051761-6. *32 F / 4,88 €*

05827 **N** **APPLEGATE K. A.** Le pays perdu. *Gallimard-Jeunesse, 2000.* (Everworld; 2)(Folio junior ; 1088 c4)
ISBN 2-07-054367-6. *32,50 F / 4,95 €*

05828 **N** **APPLEGATE K. A.** Le péril. *Gallimard-Jeunesse, 2000.* (Folio junior ; 1085. Animorphs ; 35 c4)
ISBN 2-07-054179-7. *32,50 F / 4,95 €*

05829 **APPLEGATE K. A.** Le piège. *Gallimard-Jeunesse, 1998.* (Folio junior ; 933. Animorphs ; 17 c4)
ISBN 2-07-052242-3. *32 F / 4,88 €*

05830 **N** **APPLEGATE K. A.** Prénom Zoé. 1, Mauvaise soirée. *J'ai lu, 2000.* (J'ai lu ; 5449. Jeunes adultes cG)
ISBN 2-290-30060-8. *29 F / 4,42 €*

05831 **N** **APPLEGATE K. A.** Prénom Zoé. 2, Coup de théâtre. *J'ai lu, 2000.* (J'ai lu ; 5450. Jeunes adultes cG)
ISBN 2-290-30061-6. *29 F / 4,42 €*

05832 **N** **APPLEGATE K. A.** Prénom Zoé. 3, Le secret. *J'ai lu, 2000.* (J'ai lu ; 4825. Jeunes adultes cG)
ISBN 2-290-04825-9. *29 F / 4,42 €*

05833 **N** **APPLEGATE K. A.** Prénom Zoé. 4, Descente aux enfers. *J'ai lu, 2000.* (J'ai lu ; 4837. Jeunes adultes cG)
ISBN 2-290-04837-2. *29 F / 4,42 €*

05834 **N** **APPLEGATE K. A.** Prénom Zoé. 5, Langue de vipère. *J'ai lu, 2000.* (J'ai lu ; 5744. Jeunes adultes cG)
ISBN 2-290-30806-4. *29 F / 4,42 €*

05835 **N** **APPLEGATE K. A.** Prénom Zoé. 6, Douche froide. *J'ai lu, 2000.* (J'ai lu ; 5768. Jeunes adultes cG)
ISBN 2-290-30900-1. *29 F / 4,42 €*

05836 **N** **APPLEGATE K. A.** Prénom Zoé. 7, Volte-face. *J'ai lu, 2001.* (J'ai lu ; 5790. Jeunes adultes cG)
ISBN 2-290-30919-2. *29 F / 4,42 €*

05837 **A** **APPLEGATE K. A.** Prénom Zoé. 8, Désillusions. *J'ai lu, 2001.* (J'ai lu ; 5813. Jeunes adultes)
ISBN 2-290-30997-4

05838 **A** **APPLEGATE K. A.** Prénom Zoé. 9, L'intruse. *J'ai lu, 2001.* (J'ai lu ; 5834. Jeunes adultes)
ISBN 2-290-31029-8

05839 **A** **APPLEGATE K. A.** Prénom Zoé. 10. *J'ai lu, 2001.* (J'ai lu ; 5855. Jeunes adultes)
ISBN 2-290-31041-7

05840 **A** **APPLEGATE K. A.** Prénom Zoé. 11. *J'ai lu, 2001.* (J'ai lu ; 5876. Jeunes adultes)
ISBN 2-290-31078-6

05841 **A** **APPLEGATE K. A.** Prénom Zoé. 12. *J'ai lu, 2001.* (J'ai lu ; 5919. Jeunes adultes)
ISBN 2-290-31166-9

05842 **N** **APPLEGATE K. A.** La prophétie. *Gallimard-Jeunesse, 2000.* (Folio junior ; 1077. Animorphs ; 34 c4)
ISBN 2-07-054177-0. *32,50 F / 4,95 €*

05843 **APPLEGATE K. A.** La rencontre. *Gallimard-Jeunesse, 2000.* (Folio junior ; 1036. Animorphs ; 30 c4)
ISBN 2-07-054098-7. *32,50 F / 4,95 €*

05844 **APPLEGATE K. A.** Le secret d'Elfangor. *Gallimard-Jeunesse, 2000.* (Folio junior ; 1050. Animorphs c4)
ISBN 2-07-054164-9. *32,50 F / 4,95 €*

05845 **APPLEGATE K. A.** Le secret. *Gallimard-Jeunesse, 1998.* (Folio junior ; 846. Animorphs)
ISBN 2-07-051759-4. *32 F / 4,88 €*

05846 **APPLEGATE K. A.** La solution. *Gallimard-Jeunesse, 1999.* (Folio junior ; 974. Animorphs ; 22)
ISBN 2-07-052695-X. *32 F / 4,88 €*

05847 **APPLEGATE K. A.** Le soupçon. *Gallimard-Jeunesse, 1999.* (Folio junior ; 993. Animorphs ; 24)
ISBN 2-07-052697-6. *32 F / 4,88 €*

05848 **N** **APPLEGATE K. A.** Les survivants. *Gallimard-Jeunesse, 2001.* (Folio junior ; 1117. Animorphs ; 40 c4)
ISBN 2-07-054536-9. *32 F / 4,88 €*

05849 **N** **APPLEGATE K. A.** La traque. *Gallimard-Jeunesse, 2000.* (Folio junior ; 1115. Animorphs ; 39 c4)
ISBN 2-07-054486-9. *30 F / 4,57 €*

05850 **APPLEGATE K. A.** Le visiteur. *Gallimard-Jeunesse, 1997.* (Folio junior ; 790. Animorphs)
ISBN 2-07-050978-8. *32 F / 4,88 €*

05851 **APPLEGATE K. A.** Le voyage. *Gallimard-Jeunesse, 1999.* (Folio junior ; 995. Animorphs ; 25)
ISBN 2-07-052796-4. *32,50 F / 4,95 €*

05852 **N** **APPLEGATE K. A.** Vysserk. *Gallimard-Jeunesse, 2000.* (Folio junior ; 1093. Animorphs)
ISBN 2-07-054345-5. *32,50 F / 4,95 €*

05853 **APPS R.** Les soeurcières en vatrouille. *Pocket Jeunesse, 1999.* (Kid pocket ; 480 c4)
ISBN 2-266-08794-0. *30 F / 4,57 €*

05854 **APPS R.** Les soeurcières. Nouv. éd. *Pocket Jeunesse, 2000.* (Kid pocket ; 387 c4)
ISBN 2-266-09112-3. *30 F / 4,57 €*

05855 **ARBOGAST C.** Un Coeur presque tout neuf. *Flammarion-Père Castor, 1992.* (Castor-Poche ; 371. Junior c2)
ISBN 2-08-162211-4. *25 F / 3,81 €*

05856 **ARBONA C., PILLOT F.** L'orientation. *Milan, 1995.* (Carnets de nature ; 8 c1)
ISBN 2-84113-139-4. *34 F / 5,18 €*

05857 **L'arbre en poésie. Nouv. éd.** *Gallimard-Jeunesse, 1998.* (Folio junior ; 861. En poésie ; 5 c4)
ISBN 2-07-051586-9. *36 F / 5,49 €*

05858 **A** **ARCHER C.** A travers le temps. *Pocket Jeunesse, 2001.* (Haute tension; 9)(Pocket séries ; 704)
ISBN 2-266-09327-4

05859 **N** **ARCHER C.** Le courant dans mon corps. *Pocket Jeunesse, 2000.* (Haute tension; 6)(Pocket séries ; 629 c3B)
ISBN 2-266-09324-X. *28 F / 4,27 €*

05860 **N** **ARCHER C.** Un démon dans ma peau. *Pocket Jeunesse, 2000.* (Haute tension; 5)(Pocket séries ; 628 c3B)
ISBN 2-266-09323-1. *28 F / 4,27 €*

05861 **N** **ARCHER C.** Un double inquiétant. *Pocket Jeunesse, 2000.* (Haute tension; 2)(Pocket séries ; 625 c3B)
ISBN 2-266-09320-7. *28 F / 4,27 €*

05862 **A** **ARCHER C.** Face à l'ennemi. *Pocket Jeunesse, 2001.* (Haute tension; 8)(Pocket séries ; 680 c3B)
ISBN 2-266-09326-6. *28 F / 4,27 €*

05863 **N** **ARCHER C.** Mes pouvoirs en alerte. *Pocket Jeunesse, 2000.* (Haute tension; 3)(Pocket séries ; 626 c3B)
ISBN 2-266-09321-5. *28 F / 4,27 €*

05864 **N** **ARCHER C.** Mon sixième sens en action. *Pocket Jeunesse, 2000.* (Haute tension; 4)(Pocket séries ; 627 c3B)
ISBN 2-266-09322-3. *28 F / 4,27 €*

05865 **N** **ARCHER C.** Planète en péril. *Pocket Jeunesse, 2001.* (Haute tension; 7)(Pocket séries ; 658)
ISBN 2-266-09325-8. *28 F / 4,27 €*

05866 **N** **ARCHER C.** La puissance est en moi. *Pocket Jeunesse, 2000.* (Haute tension; 1)(Pocket séries ; 624 c3B)
ISBN 2-266-09319-3. *28 F / 4,27 €*

05867 **ARCIS F.** La peur du loup. *Magnard, 1998.* (Les policiers c1)
ISBN 2-210-97768-1. *43 F / 6,56 €*

05868 **N** **ARDIZIO M.** L'affaire du Toon tueur. *Hachette-Jeunesse, 2000.* (Vertige ; 837. Policier c8)
ISBN 2-01-200476-8. *28 F / 4,27 €*

05869 **ARGILLI M.** Nouvelles d'aujourd'hui. Nouv. éd. *Flammarion-Père Castor, 1998.* (Castor-Poche ; 303. Senior c4)
ISBN 2-08-164466-5. *32,50 F / 4,95 €*

05870 **N** **ARIS F.** Le canon du diable. *Magnard, 2000.* (Les policiers c1)
ISBN 2-210-98402-5. *43 F / 6,56 €*

05871 **N** **ARMANGE X.** L'anneau de dragon. *D'Orbestier, 2000.* (Azymut ; 1)
ISBN 2-84238-025-8. *45 F / 6,86 €*

05872 **N** **ARMANGE X.** Le prisonnier de la bibliothèque. *D'Orbestier, 2000.* (Azymut ; 4)
ISBN 2-84238-027-4. *42 F / 6,40 €*

05873 **ARMANGE X., GREBU D.** Le Calife que personne n'aimait. *Bayard, 1994.* (J'aime lire ; 77 c1)
ISBN 2-227-72288-6. *27 F / 4,12 €*

05874 **ARMSTRONG C.** Au bord de l'abîme. *Syros, 1999.* (Souris noire ; 29 c1)
ISBN 2-84146-651-5. *32 F / 4,88 €*

05875 **A** **ARMSTRONG C.** La mort d'un chien. *Syros, 2001.* (Souris noire ; 56)
ISBN 2-84146-921-2. *32 F / 4,88 €*

05876 **ARMSTRONG W. H.** Un Jour, un enfant noir... *Rageot, 1990.* (Cascade c2)
ISBN 2-7002-1073-5. *44 F / 6,71 €*

05877 **ARNAUD M.** Derrière la caméra. *Flammarion-Père Castor, 1997.* (Castor doc ; 17. Junior)
ISBN 2-08-163840-1. *43 F / 6,56 €*

05878 **ARNAUD-VALENCE S.** La longue veille. *Magnard, 1996.* (Les romans)
ISBN 2-210-97727-4. *48 F / 7,32 €*

05879 **N** **ARONSON L.** Vent de panique sur l'île aux Algues. *Hachette-Jeunesse, 2000.* (Vertige ; 706. Fou rire c11)
ISBN 2-01-200526-8. *33 F / 5,03 €*

05880 **ARROU-VIGNOD J-P.** Agence Pertinax. *Gallimard-Jeunesse, 1997.* (Folio junior ; 799 c3)
ISBN 2-07-051521-4. *30 F / 4,57 €*

05881 **N** **ARROU-VIGNOD J-P.** Le Club des inventeurs. *Gallimard-Jeunesse, 2000.* (Folio junior ; 1083 c3)
ISBN 2-07-054190-8. *30 F / 4,57 €*

05882 **N** **ARROU-VIGNOD J-P.** Le collège fantôme. *Gallimard-Jeunesse, 2000.* (Folio junior ; 1108 c2)
ISBN 2-07-054430-3. *20 F / 3,05 €*

05883 **ARROU-VIGNOD J-P.** Enquête au collège. Réimpr. *Gallimard-Jeunesse, 1998.* (Folio junior ; 633 c3)
ISBN 2-07-051442-0. *30 F / 4,57 €*

05884 **ARROU-VIGNOD J-P.** L'omelette au sucre. *Gallimard-Jeunesse, 1999.* (Folio junior ; 1007 c3)
ISBN 2-07-052821-9. *44 F / 6,71 €*

05885 **ARROU-VIGNOD J-P.** P.-P. Cul-Vert et le mystère du Loch Ness. *Gallimard-Jeunesse, 1998.* (Folio junior ; 870)
ISBN 2-07-051849-3. *28 F / 4,27 €*

05886 **ARROU-VIGNOD J-P.** P.P. Cul-Vert détective privé. Réimpr. *Gallimard-Jeunesse, 1993.* (Folio junior ; 701 c3)
ISBN 2-07-051617-2. *30 F / 4,57 €*

05887 **ARROU-VIGNOD J-P.** La statuette de jade. *Gallimard-Jeunesse, 1998.* (Page blanche c1)
ISBN 2-07-051562-1. *20 F / 3,05 €*

05888 **ARROU-VIGNOD J-P.** Sur la piste de la salamandre. Réimpr. *Gallimard-Jeunesse, 1995.* (Folio junior ; 753 c3)
ISBN 2-07-051616-4. *30 F / 4,57 €*

05889 **ARROU-VIGNOD J-P., BLOCH S.** Le professeur a disparu. Réimpr. *Gallimard-Jeunesse, 1998.* (Folio junior ; 558 c2)
ISBN 2-07-051351-3. *28 F / 4,27 €*

05890 **Arthur Rimbaud, un poète. Nouv. éd.** *Gallimard-Jeunesse, 1998.* (Folio junior ; 858. En poésie ; 2)
ISBN 2-07-051528-1. *36 F / 5,49 €*

05891 **ASHLEY B.** L'Enfant du vent : récits traditionnels d'Afrique. *Flammarion-Père Castor, 1990.* (Castor-Poche ; 293. Junior c2)
ISBN 2-08-162134-7. *25 F / 3,81 €*

05892 **ASHLEY B.** Pièce à convicton. Réimpr. *Flammarion-Père Castor, 1996.* (Castor-Poche ; 296. Senior c7)
ISBN 2-08-164223-9. *45 F / 6,86 €*

05893 **ASIMOV I., WHITE F.** Avant et après l'an 2000. *Flammarion-Père Castor, 1999.* (Castor doc ; 3854)
ISBN 2-08-163854-1. *43 F / 6,56 €*

05894 **ASKLUND J.** La bande de Fort Apache. *Rageot, 2000.* (Cascade. 9-11 ans)
ISBN 2-7002-2640-2. *46 F / 7,01 €*

05895 **ASKLUND J.** L'homme qui rajeunit. *Flammarion-Père Castor, 1998.* (Castor-Poche ; 673. Senior c2)
ISBN 2-08-164499-1. *25 F / 3,81 €*

05896 **N** **ASKLUND J.** Opération tombeau d'Achille. Réimpr. *Flammarion-Père Castor, 2000.* (Castor-Poche ; 584. Junior c3)
ISBN 2-08-164739-7. *29,50 F / 4,50 €*

05897 **ASKLUND J.** Un trésor dans l'ordinateur. *Rageot, 1995.* (Cascade. 11-13 ans c2)
ISBN 2-7002-2321-7. *46 F / 7,01 €*

05898 **ASTRAPI (Paris)** Blagues et gags pour rigoler à la récré. *Bayard, 1998.* (Passion de lire ; 217. Délires)
ISBN 2-227-73840-5. *29 F / 4,42 €*

05899 **ASTURIAS M. A., DUHÊME J.** La machine à parler. *Gallimard-Jeunesse, 1999.* (Folio benjamin ; 394 c3)
ISBN 2-07-052237-7. *30 F / 4,57 €*

05900 **ATXAGA B., VALVERDE M.** Shola et les lions. *Joie de lire, 1999.* (Récits)
ISBN 2-88258-143-2. *48 F / 7,32 €*

05901 **ATXAGA B., VALVERDE M.** Shola et les sangliers. *Joie de lire, 1999.* (Récits)
ISBN 2-88258-142-4. *48 F / 7,32 €*

05902 **AUBERT B., CAVALI G.** Passagère sans retour. *Albin Michel, 1999.* (Le Furet enquête ; 12 c1)
ISBN 2-226-10212-4. *35 F / 5,34 €*

05903 **AUBINAIS M., BOUR D.** Petit Ours Brun et son copain. *Bayard Jeunesse, 1999.* (Popi-Pomme d'api Petit Ours Brun c1)
ISBN 2-227-72544-3. *13 F / 1,98 €*

05904 **AUBINAIS M., BOUR D.** Petit Ours Brun joue dans la mer. *Bayard Jeunesse, 1999.* (Popi-Pomme d'api Petit Ours Brun c1)
ISBN 2-227-72542-7. *13 F / 1,98 €*

05905 **AUBINAIS M., BOUR D.** Petit Ours Brun lave la voiture. *Bayard Jeunesse, 1999.* (Popi-Pomme d'api Petit Ours Brun c1)
ISBN 2-227-72545-1. *13 F / 1,98 €*

05906 **AUBINAIS M., BOUR D.** Petit Ours Brun prend le train. *Bayard Jeunesse, 1999.* (Popi-Pomme d'api Petit Ours Brun c1)
ISBN 2-227-72547-8. *13 F / 1,98 €*

05907 **AUBINAIS M., BOUR D.** Petit Ours Brun regarde les étoiles. *Bayard Jeunesse, 1999.* (Popi-Pomme d'api Petit Ours Brun c1)
ISBN 2-227-72546-X. *13 F / 1,98 €*

05908 **AUBINAIS M., BOUR D.** Petit Ours Brun se déguise. *Bayard Jeunesse, 1999.* (Popi-Pomme d'api Petit Ours Brun c1)
ISBN 2-227-72543-5. *13 F / 1,98 €*

05909 **A** **AUBRIN C.** Cruelle boucherie. *Syros, 2001.* (Souris noire ; 57)
ISBN 2-84146-922-0. *32 F / 4,88 €*

05910 **N** **AUBRUN C.** Léa et le rôdeur. *Magnard, 2000.* (Les policiers c1)
ISBN 2-210-98403-3. *43 F / 6,56 €*

05911 **A** **AUBRY F.** La prisonnière d'Aqualud. *Magnard, 2001.* (Les policiers)
ISBN 2-210-98420-3. *43 F / 6,56 €*

05912 **A** **Aux frontières du réel. 22.** *J'ai lu, 2001.* (J'ai lu ; 5929. Jeunes adultes)
ISBN 2-290-31161-8

05913 **A** **Aux frontières du réel. 25.** *J'ai lu, 2001.* (J'ai lu ; 6014. Jeunes adultes)
ISBN 2-290-31266-5

05914 **A** **Aux frontières du réel. 26.** *J'ai lu, 2001.* (J'ai lu ; 6018. Jeunes adultes)
ISBN 2-290-31249-5

05915 **N** **AUZEL D.** Le cinéma : silence on tourne. *Milan, 2000.* (Les essentiels Milan junior ; 6)
ISBN 2-7459-0092-7. *28 F / 4,27 €*

05916 **Les aventures du baron de Münchhausen.** *Hachette-Jeunesse, 1997.* (Le livre de poche jeunesse ; 277 c7)
ISBN 2-01-321558-4. *27,50 F / 4,19 €*

05917 **N** **AVI** La course du diable. *Pocket Jeunesse, 2000.* (Pocket junior ; 633. Frissons c7)
ISBN 2-266-09234-0. *42 F / 6,40 €*

05918 **AVI** L'héritier du magicien. Rééd. *Flammarion-Père Castor, 1999.* (Castor-Poche ; 575. Junior c5)
ISBN 2-08-164514-9. *35,50 F / 5,41 €*

05919 **AVI** Un loup dans le manège. *Flammarion-Père Castor, 1999.* (Castor-Poche ; 701. Senior c4)
ISBN 2-08-164390-1. *32,50 F / 4,95 €*

05920 **AVI** Match nul. Nouv. éd. *Flammarion-Père Castor, 1999.* (Castor-Poche ; 599. Junior cD)
ISBN 2-08-164563-7. *29,50 F / 4,50 €*

05921 **AVI** Pense à moi. *Pocket Jeunesse, 1999.* (Pocket junior ; 498 c4)
ISBN 2-266-08503-4. *30 F / 4,57 €*

05922 **N** **AVI** Punch et Judy. *Flammarion-Père Castor, 2000.* (Castor-Poche ; 745. Senior)
ISBN 2-08-164548-3. *32,50 F / 4,95 €*

05923 **N** **AVI** La vengeance d'Emily Upham. Réimpr. *Flammarion-Père Castor, 2000.* (Castor-Poche ; 614. Junior c4)
ISBN 2-08-164741-9. *32,50 F / 4,95 €*

05924 **AVIGNEAU P. M. d., PAUZIN P.** Mon papa est chercheur d'or. *Bayard, 1994.* (J'aime lire ; 73 c1)
ISBN 2-227-72275-4. *27 F / 4,12 €*

05925 **N** **Avis de tempête :** 6 histoires de sauvetage. *Fleurus, 2000.* (Z'azimut)
ISBN 2-215-05163-9. *39 F / 5,95 €*

05926 **AYATS R., LEGRAND C.** Le loup qui voulait manger le Père Noël. *Milan, 1999.* (Milan poche cadet ; 19 c1)
ISBN 2-84113-902-6. *28 F / 4,27 €*

05927 **AYMÉ G.** Les douze travaux d'Hercule : récits des temps mythologiques. *Hachette-Jeunesse, 1997.* (Le livre de poche jeunesse ; 640. Junior c11)
ISBN 2-01-321607-6. *33 F / 5,03 €*

05928 **AYMÉ M.** Les boîtes de peinture. Réimpr. *Gallimard-Jeunesse, 1999.* (Les contes du chat perché; 3)(Folio cadet ; 199 c5)
ISBN 2-07-052467-1. *36 F / 5,49 €*

05929 **AYMÉ M.** Les bottes de sept lieues : et autre nouvelles. Réimpr. *Gallimard-Jeunesse, 1998.* (Folio junior ; 462. Edition spéciale c3)
ISBN 2-07-051357-2. *30 F / 4,57 €*

05930 **AYMÉ M.** Le canard et la panthère. Réimpr. *Gallimard-Jeunesse, 1999.* (Les contes du chat perché; 8)(Folio cadet ; 128 c5)
ISBN 2-07-052471-X. *36 F / 5,49 €*

05931 **AYMÉ M.** Le cerf et le chien. Réimpr. *Gallimard-Jeunesse, 1999.* (Les contes du chat perché; *)(Folio cadet ; 308 c6)
ISBN 2-07-052940-1. *41 F / 6,25 €*

05932 **AYMÉ M.** Le chien. *Gallimard-Jeunesse, 1999.* (Les contes du chat perché; 2)(Folio cadet ; 201 c5)
ISBN 2-07-052469-8. *36 F / 5,49 €*

05933 **AYMÉ M.** Les contes bleus du chat perché. Réimpr. *Gallimard-Jeunesse, 1998.* (Folio junior ; 433. Edition spéciale)
ISBN 2-07-051339-4. *36 F / 5,49 €*

05934 **AYMÉ M.** L'éléphant. *Gallimard-Jeunesse, 1999.* (Les contes du chat perché; *)(Folio cadet ; 307 c6)
ISBN 2-07-052472-8. *41 F / 6,25 €*

05935 **AYMÉ M.** Le loup. Réimpr. *Gallimard-Jeunesse, 1998.* (Les contes du chat perché; *)(Folio cadet ; 283 c5)
ISBN 2-07-051782-9. *36 F / 5,49 €*

05936 **AYMÉ M.** Le mauvais jars. Réimpr. *Gallimard-Jeunesse, 1999.* (Les contes du chat perché; 6)(Folio cadet ; 236 c5)
ISBN 2-07-052468-X. *36 F / 5,49 €*

05937 **AYMÉ M.** Le paon. Réimpr. *Gallimard-Jeunesse, 1999.* (Les contes du chat perché; *)(Folio cadet ; 263 c6)
ISBN 2-07-052939-8. *41 F / 6,25 €*

05938 **AYMÉ M.** La patte du chat. Réimpr. *Gallimard-Jeunesse, 1998.* (Les contes du chat perché; 4)(Folio cadet ; 200 c5)
ISBN 2-07-052278-4. *36 F / 5,49 €*

05939 **AYMÉ M.** Le problème. Réimpr. *Gallimard-Jeunesse, 1999.* (Les contes du chat perché; 1)(Folio cadet ; 198 c5)
ISBN 2-07-052938-X. *36 F / 5,49 €*

05940 **N** **AYMÉ M.** Trois contes du chat perché. *Gallimard-Jeunesse, 2001.* (Folio junior ; 1133. Théâtre)
ISBN 2-07-054514-8. *30 F / 4,57 €*

05941 **AYMÉ M.** Les vaches. Réimpr. *Gallimard-Jeunesse, 1998.* (Les contes du chat perché; 5)(Folio cadet ; 215 c5)
ISBN 2-07-051781-0. *36 F / 5,49 €*

05942 **N** **AYRES K.** Esclaves en fuite. *Hachette-Jeunesse, 2001.* (Mon bel oranger)
ISBN 2-01-321695-5. *33 F / 5,03 €*

05943 **N** **AZÉMA F.** Comprends mieux tes parents. *Milan, 2000.* (Les essentiels Milan junior ; 8)
ISBN 2-7459-0166-4. *28 F / 4,27 €*

05944 **BABBITT N.** Dix histoires de diable. Nouv. éd. *Flammarion-Père Castor, 1998.* (Castor-Poche ; 108 cD)
ISBN 2-08-164491-6. *29,50 F / 4,50 €*

05945 **N** **BABBITT N.** Le Mugigruff : la bête du Mont Grommelon. Réimpr. *Flammarion-Père Castor, 2000.* (Castor-Poche ; 430. Junior c3)
ISBN 2-08-164735-4. *29,50 F / 4,50 €*

05946 **BABBITT N.** La source enchantée. Nouv. éd. *Flammarion-Père Castor, 1998.* (Castor-Poche ; 183 cF)
ISBN 2-08-164391-X. *35,50 F / 5,41 €*

05947 **BABBITT N.** Les yeux de l'amaryllis. Réimpr. *Gallimard-Jeunesse, 1998.* (Page blanche c4)
ISBN 2-07-052272-5. *32,50 F / 4,95 €*

05948 **BACCHETTA F., MOTTU V.** Je t'aime, un peu, beaucoup. *Joie de lire, 1995.* (Qui suis-je?)
ISBN 2-88258-054-1. *43 F / 6,56 €*

05949 **BACCHETTA F., SALEM-MARIN A.** La vie, une aventure dont tu es le héros. *Joie de lire, 1994.* (Qui suis-je?)
ISBN 2-88258-048-7. *45 F / 6,86 €*

05950 **BACH R.** Jonathan Livingston le goéland. Nouv. éd. *Flammarion-Père Castor, 1998.* (Castor-Poche ; 12. Senior c1)
ISBN 2-08-164345-6. *19,50 F / 2,97 €*

05951 **BACRI R.** Le petit poète. *Syros, 1998.* (Mini Souris poésie c1)
ISBN 2-84146-594-2. *19 F / 2,90 €*

05952 **N** **BAFFERT S.** Laisse tomber la neige. *Syros, 2000.* (Souris verte ; 34)
ISBN 2-84146-869-0. *32 F / 4,88 €*

05953 **N** **BAFFERT S.** Mère, détective privée. *Syros, 2000.* (Mini Souris humour c1)
ISBN 2-84146-818-6. *19 F / 2,90 €*

05954 **BAFFERT S.** Panique sur la rivière. *Syros, 2000.* (Souris verte ; 28)
ISBN 2-84146-775-9. *32 F / 4,88 €*

05955 **BAILEY I.** Le Mystère de Compton. Nouv. éd. *Gallimard, 1996.* (Un Livre dont vous êtes le héros ; 678. Super-Sherlock ; 1 c5)
ISBN 2-07-050699-1. *36 F / 5,49 €*

05956 **BAILEY I.** Le Villa des revenants. Nouv. éd. *Gallimard-Jeunesse, 1996.* (Un Livre dont vous êtes le héros ; 679. Super-Sherlock ; 2 c5)
ISBN 2-07-050700-9. *36 F / 5,49 €*

05957 **BAILLIE A.** Petit frère. *Flammarion-Père Castor, 1994.* (Castor-Poche ; 457. Senior c4)
ISBN 2-08-164028-7. *32,50 F / 4,95 €*

05958 **BAKER I.** Un Chien tombé du ciel. *Flammarion-Père Castor, 1992.* (Castor-Poche ; 356. Junior c4)
ISBN 2-08-162194-0. *32,50 F / 4,95 €*

05959 **BALAERT E.** La lettre déchirée. Réimpr. *Flammarion-Père Castor, 1998.* (Castor-Poche ; 579. Senior c2)
ISBN 2-08-164486-X. *25 F / 3,81 €*

05960 **BALAN B.** Alerte à la NASA. *Pocket Jeunesse, 1999.* (Cyberclub; 1)(Pocket junior ; 465 c6)
ISBN 2-266-08443-7. *38 F / 5,79 €*

05961 **BALAN B.** Pirates poursuite. *Pocket Jeunesse, 1999.* (Cyberclub; 2)(Pocket junior ; 470 c5)
ISBN 2-266-08444-5. *38 F / 5,79 €*

05962 **BALCELLS J., MÉREL** Léo contre Léa. *Bayard, 1996.* (J'aime lire ; 106 c1)
ISBN 2-227-72717-9. *27 F / 4,12 €*

05963 **BALIGAND C.** La petite princesse. *Hemma, 1992.* (Livre club jeunesse ; 5)
ISBN 2-8006-2149-4. *26 F / 3,96 €*

05964 **BALIGAND C.** Les quatre filles du Docteur March. *Hemma, 1992.* (Livre club jeunesse ; 12)
ISBN 2-8006-2156-7. *26 F / 3,96 €*

05965 **BALIGAND C.** Heidi, maman. *Hemma, 1994.* (Livre club jeunesse ; 40)
ISBN 2-8006-4157-6. *26 F / 3,96 €*

05966 **BALIGAND C.** Jane Eyre. *Hemma, 1994.* (Livre club jeunesse ; 32)
ISBN 2-8006-3974-1. *26 F / 3,96 €*

05967 **BALIGAND C.** Les lettres de mon moulin. *Hemma, 1997.* (Livre club jeunesse ; 23)
ISBN 2-8006-3117-1. *26 F / 3,96 €*

05968 **BALIS A., REISER R.** Jessie la parfaite. Nouv. éd. *Flammarion-Père Castor, 2000.* (Castor-Poche ; 281. Junior c4)
ISBN 2-08-164703-6. *32,50 F / 4,95 €*

05969 **BALLU Y.** A la conquête du mont Blanc. *Gallimard, 1986.* (Découvertes ; 5. Aventures c4)
ISBN 2-07-053017-5. *90 F / 13,72 €*

05970 **BALLU Y.** L'Hiver de glisse et de glace. *Gallimard, 1991.* (Découvertes ; 127. Sports et jeux)
ISBN 2-07-053172-4. *85 F / 12,96 €*

05971 **BALZAC H. d.** Eugénie Grandet. *Hachette-Jeunesse, 1999.* (Le livre de poche jeunesse ; 1149. Gai savoir c11)
ISBN 2-01-321723-4. *33 F / 5,03 €*

05972 **BANKS K., HALLENSLEBEN G.** Araignée, petite araignée. *Gallimard-Jeunesse, 1999.* (Folio benjamin ; 387 c2)
ISBN 2-07-052848-0. *28 F / 4,27 €*

05973 **BANKS K., HALLENSLEBEN G.** Baboon. *Gallimard-Jeunesse, 1999.* (Folio benjamin ; 366 c2)
ISBN 2-07-052400-0. *28 F / 4,27 €*

05974 **BANKS K., HALLENSLEBEN G.** Si la lune pouvait parler. *Gallimard-Jeunesse, 2000.* (Folio benjamin ; 398 c3)
ISBN 2-07-054084-7. *30 F / 4,57 €*

05975 **BANKS L. R.** Moïse en Egypte. *J'ai lu, 1998.* (Séries TV c3)
ISBN 2-290-05101-2. *36 F / 5,49 €*

05976 **BANSCHERUS J.** L'affaire des chewing-gums Carpenters : Kiatovski détective. *Hachette-Jeunesse, 1999.* (Bibliothèque rose ; 560 c5)
ISBN 2-01-200046-0. *26,50 F / 4,04 €*

05977 **N** **BANSCHERUS J.** Le cirque Zampano : Kiatovski détective. *Hachette-Jeunesse, 2000.* (Bibliothèque rose ; 564)
ISBN 2-01-200308-7. *25 F / 3,81 €*

05978 **N** **BANSCHERUS J.** Citron vanille ou citron chocolat ? : Kiatovski détective. *Hachette-Jeunesse, 2000.* (Bibliothèque rose ; 565 c3)
ISBN 2-01-200309-5. *25 F / 3,81 €*

05979 **N** **BANSCHERUS J.** Droit au but : Kiatovski détective. *Hachette-Jeunesse, 2000.* (Bibliothèque rose ; 563)
ISBN 2-01-200307-9. *25 F / 3,81 €*

05980 **BANSCHERUS J.** Drôle de manège : Kiatovski détective. *Hachette-Jeunesse, 2000.* (Bibliothèque rose ; 562)
ISBN 2-01-200306-0. *25 F / 3,81 €*

05981 **BANSCHERUS J.** Mystère, pizza et roller-skates : Kiatovski détective. Nouv. présentation. *Hachette-Jeunesse, 2000.* (Bibliothèque rose ; 561)
ISBN 2-01-200310-9. *25 F / 3,81 €*

05982 **N** **BANSCHERUS J.** Une peur bleue : Kiatovski détective. *Hachette-Jeunesse, 2000.* (Bibliothèque rose ; 566 c3)
ISBN 2-01-200311-7. *25 F / 3,81 €*

05983 **BARBARA D., CAMIL C.** Il faut partir, petit castor!. *Bayard, 1995.* (Les belles histoires ; 78 c1)
ISBN 2-227-72190-1. *27 F / 4,12 €*

05984 **BARBEAU P.** Accroche-toi Faustine !. Nouv. éd. *Flammarion-Père Castor, 1998.* (Castor-Poche ; 341. Senior cD)
ISBN 2-08-164437-1. *29,50 F / 4,50 €*

05985 **BARBEAU P.** L'année Rase-Bitume. Nouv. éd. *Flammarion-Père Castor, 1998.* (Castor-Poche ; 535. Junior c4)
ISBN 2-08-164361-8. *32,50 F / 4,95 €*

05986 **BARBEAU P.** Le bonheur d'Eliane. *Syros, 1999.* (Souris histoire ; 27 c1)
ISBN 2-84146-715-5. *32 F / 4,88 €*

05987 **A** **BARBEAU P.** L'évasion de Yanor. *Magnard, 2001.* (Les fantastiques)
ISBN 2-210-98411-4. *43 F / 6,56 €*

05988 **BARBEAU P.** La guerre d'Eliane. *Syros, 1998.* (Souris histoire ; 5)
ISBN 2-84146-526-8. *32 F / 4,88 €*

05989 **BARBEAU P.** La menace de Vylchymyk. *Magnard, 1999.* (Les fantastiques c1)
ISBN 2-210-97790-8. *43 F / 6,56 €*

05990 **BARBEAU P.** L'odeur de la mer. Nouv. éd. *Flammarion-Père Castor, 1998.* (Castor-Poche ; 170 c4)
ISBN 2-08-164464-9. *32,50 F / 4,95 €*

05991 **BARBEAU P.** Un sprint pour Marie. Nouv. éd. *Flammarion-Père Castor, 1998.* (Castor-Poche ; 485. Senior c2)
ISBN 2-08-164481-9. *25 F / 3,81 €*

05992 **N** **BARBEAU P.** Le stylo magique. *Rageot, 2000.* (Cascade. Contes)
ISBN 2-7002-2652-6. *42 F / 6,40 €*

05993 **BARBEAU P., COUÉ J.** Le vélo. *Flammarion-Père Castor, 1998.* (Castor doc ; 21)
ISBN 2-08-163819-3. *34 F / 5,18 €*

05994 **BARBIER M-J.** Des inconnus dans le jardin. *Actes Sud junior, 2000.* (Les petits polars ; 10 c1)
ISBN 2-7427-2628-4. *39 F / 5,95 €*

05995 **N** **BARBIER M-J.** La jeune fille à la fenêtre. Réimpr. *Actes Sud junior, 2001.* (Les petits polars c1)
ISBN 2-7427-1965-2. *39 F / 5,95 €*

05996 **A** **BARBIER M-J.** Mercredi ou jamais. *Actes Sud junior, 2001.* (Les petits polars c1)
ISBN 2-7427-3221-7. *39 F / 5,95 €*

05997 **BARBIER M-J.** Le mystère au pas du loup. *Actes Sud junior, 1997.* (Les petits polars c1)
ISBN 2-7427-1399-9. *39 F / 5,95 €*

05998 **BARBIER M-J.** Les requins sont dans le pré. *Actes Sud junior, 1998.* (Les petits polars c1)
ISBN 2-7427-1707-2. *39 F / 5,95 €*

05999 **BARJAVEL R.** La nuit des temps. Réimpr. *Pocket Jeunesse, 1999.* (Pocket junior ; 19 c6)
ISBN 2-266-09331-2. *38 F / 5,79 €*

06000 **BARKER C.** Le voleur d'éternité. Nouv. présentation. *Pocket Jeunesse, 1998.* (Pocket junior. Frissons ; 29 c6)
ISBN 2-266-08551-4. *38 F / 5,79 €*

06001 **N** **BARKER D.** Un détective en cabane. *Hachette-Jeunesse, 2001.* (Vertige ; 709. Fou rire)
ISBN 2-01-200627-2. *28 F / 4,27 €*

06002 **A** **BARNES-SVARNEY P.** Salem. 2. *Pocket Jeunesse, 2001.* (Kid pocket ; 732)
ISBN 2-266-11152-3. *26 F / 3,96 €*

06003 **BAROKAS B.** Mystère dans la vallée des rois. Réimpr. *Gallimard-Jeunesse, 1995.* (Folio junior ; 747 c3)
ISBN 2-07-051973-2. *30 F / 4,57 €*

06004 **BARONIAN J-B.** Lord John. *Labor, 1996.* (Espace nord junior ; 2)
ISBN 2-8040-1092-9. *42 F / 6,40 €*

06005 **N** **BARONIAN J-B.** Lord John. *Labor, 2001.* (Espace Nord zone J ; 2)
ISBN 2-8040-1571-8. *259 FB / 6,42 €*

06006 **BARRAQUÉ G.** Cosmopollen. *Flammarion-Père Castor, 1998.* (Castor-Poche ; 653. Senior c2)
ISBN 2-08-164387-1. *25 F / 3,81 €*

06007 **BARRIE J. M.** Peter Pan. Réimpr. *Gallimard-Jeunesse, 1988.* (Folio junior ; 411 c5)
ISBN 2-07-051627-X. *36 F / 5,49 €*

06008 **N** **BARTLETT C.** Arnold et le roi des égoûts : Hey Arnold !. *Hachette-Jeunesse, 2000.* (Bibliothèque rose ; 1366 c3)
ISBN 2-01-200610-8. *25 F / 3,81 €*

06009 **N** **BARTLETT C.** Arnold président : Hey Arnold !. *Hachette-Jeunesse, 2000.* (Bibliothèque rose ; 1365)
ISBN 2-01-200611-6. *25 F / 3,81 €*

06010 **A** **BARTON C.** Jean Quête, détective privé. *Hachette-Jeunesse, 2001.* (Le livre de poche jeunesse ; 757. Cadet)
ISBN 2-01-321828-1. *26,50 F / 4,04 €*

06011 **BARTON T.** Sept contes du Maroc. Nouv. éd. *Flammarion, 1998.* (Castor-Poche ; 32. Junior)
ISBN 2-08-164488-6. *25 F / 3,81 €*

06012 **BASTIA F.** La Traille. *Labor, 1996.* (Espace nord junior ; 6)
ISBN 2-8040-1158-5. *34 F / 5,18 €*

06013 **BAT A.** Heidi et l'enfant sauvage. *Hemma, 1997.* (Livre club jeunesse ; 60)
ISBN 2-8006-5897-5. *26 F / 3,96 €*

06014 **BAT A.** Sissi. *Hemma, 1997.* (Livre club jeunesse ; 55)
ISBN 2-8006-5892-4. *23 F / 3,51 €*

06015 **BAT A.** Tom Sawyer. *Hemma, 1997.* (Livre club jeunesse ; 59)
ISBN 2-8006-5896-7. *26 F / 3,96 €*

06016 **BATAILLE M-L.** La Joconde a disparu. *Milan, 2000.* (Milan poche cadet ; 25 c1)
ISBN 2-7459-0003-X. *28 F / 4,27 €*

06017 **BATAILLE M-L., TARRIDE M.** Adolphe, aux pieds !. *Milan, 1999.* (Milan poche cadet ; 9 c1)
ISBN 2-84113-855-0. *28 F / 4,27 €*

06018 **BATES D.** Une grand-mère au volant. *Flammarion-Père Castor, 1999.* (Castor-Poche ; 359. Junior cC)
ISBN 2-08-164632-3. *25 F / 3,81 €*

06019 **N** **BATHELOT L.** Du sable dans l'engrenage. *Albin Michel, 2000.* (Le Furet enquête ; 21 c1)
ISBN 2-226-11266-9. *35 F / 5,34 €*

06020 **BATICLE J.** Goya d'or et de sang. *Gallimard, 1986.* (Découvertes ; 7. Peinture c4)
ISBN 2-07-053023-X. *85 F / 12,96 €*

06021 **BATTISTI C.** Copier-coller. *Flammarion-Père Castor, 1997.* (Castor-Poche ; 623. Senior)
ISBN 2-08-164281-6. *25 F / 3,81 €*

06022 **BAUCHAU C.** La balade des jouets. *Hemma, 2001.* (Mini-club ; 26)
ISBN 2-8006-1039-5. *21 F / 3,20 €*

06023 **BAUCHAU C.** Dame Hermine se marie. *Hemma, 2001.* (Mini-club ; 79)
ISBN 2-8006-6459-2. *21 F / 3,20 €*

06024 **BAUCHAU C.** Missouri, chaton fugueur. *Hemma, 2001.* (Mini-club ; 40)
ISBN 2-8006-1237-1. *21 F / 3,20 €*

06025 **BAUCHAU C.** Mistouffe, le petit poney. *Hemma, 1986.* (Mini-club)
ISBN 2-8006-0641-X. *21 F / 3,20 €*

06026 **BAUCHAU C.** Le petit mouton noir. *Hemma, 2001.* (Mini-club ; 53)
ISBN 2-8006-1694-6. *21 F / 3,20 €*

06027 **BAUCHAU C.** Le voyage du prince Misha. *Hemma, 1999.* (Mini-club ; 88)
ISBN 2-8006-2789-1. *21 F / 3,20 €*

06028 **BAUDOUY M-A.** Mystère à Carnac. *Rageot, 1990.* (Cascade. 9-11 ans c2)
ISBN 2-7002-1082-4. *46 F / 7,01 €*

06029 **BAUM L. F.** Le Magicien d'Oz. *Hachette-Jeunesse, 1993.* (Le livre de poche jeunesse ; 383. Senior c10)
ISBN 2-01-321526-6. *31 F / 4,73 €*

06030 **BAUM L. F.** Le magicien d'Oz. Réimpr. *Gallimard-Jeunesse, 1998.* (Folio junior ; 695 c4)
ISBN 2-07-051621-0. *32,50 F / 4,95 €*

06031 **BAUM L. F.** Le magicien d'Oz. *Flammarion-Père Castor, 1998.* (Castor-Poche ; 505. Junior cF)
ISBN 2-08-164415-0. *35,50 F / 5,41 €*

06032 **BAUMANN H.** J'ai bien connu Icare. Nouv. éd. *Flammarion-Père Castor, 1998.* (Castor-Poche ; 151. Senior c5)
ISBN 2-08-164355-3. *35,50 F / 5,41 €*

06033 **BAUMANN H., FRANQUIN G.** Le mystère des grottes oubliées. Nouv. éd. *Flammarion-Père Castor, 1998.* (Castor-Poche ; 29. Junior c4)
ISBN 2-08-164366-9. *32,50 F / 4,95 €*

06034 **BAUMANN H., MICHL R.** Jambes-rouges l'apprenti pirate. Nouv. éd. *Flammarion-Père Castor, 1999.* (Castor-Poche ; 36 c4)
ISBN 2-08-164569-6. *32,50 F / 4,95 €*

06035 **A** **BAUSSIER S.** Les religions. *Milan, 2001.* (Les essentiels Milan junior ; 15)
ISBN 2-7459-0293-8. *28 F / 4,27 €*

06036 **A** **BAUSSIER S., BOISTEAU M.** Vas-y !. *Syros, 2001.* (Souris ; 43. Documents)
ISBN 2-84146-935-2. *32 F / 4,88 €*

06037 **BAYNTON M.** Dis-moi pourquoi tu m'aimes. Réimpr. *Pocket Jeunesse, 1998.* (Kid pocket ; 31 c2)
ISBN 2-266-08833-5. *23 F / 3,51 €*

06038 **BAYOT F.** La cavale de Tony Racaille. *Syros, 1999.* (Souris sentiments ; 22)
ISBN 2-84146-728-7. *32 F / 4,88 €*

06039 **BAYOT F.** La première robe de Caroline. *Hemma, 2001.* (Mini-club ; 54)
ISBN 2-8006-1695-4. *21 F / 3,20 €*

06040 **BEACH L.** Le cri du puma. *Bayard, 1997.* (Passion de lire ; 105. Vallée fantôme)
ISBN 2-227-72949-X. *29 F / 4,42 €*

06041 **BEACH L.** Dans la tombe de la momie. *Bayard, 1997.* (Passion de lire ; 102. Vallée fantôme)
ISBN 2-227-72948-1. *29 F / 4,42 €*

06042 **BEACH L.** Le maléfice. *Bayard, 1997.* (Passion de lire ; 106. Vallée fantôme c1)
ISBN 2-227-72946-5. *29 F / 4,42 €*

06043 **BEACH L.** Nuit noire. *Bayard, 1997.* (Passion de lire ; 104. Vallée fantôme)
ISBN 2-227-72917-1. *29 F / 4,42 €*

06044 **BEACH L.** Prisonnière du passé. *Bayard, 1997.* (Passion de lire ; 101. Vallée fantôme)
ISBN 2-227-72918-X. *29 F / 4,42 €*

06045 **BEACH L.** Le secret du pendu. *Bayard, 1997.* (Passion de lire ; 103. Vallée fantôme)
ISBN 2-227-72919-8. *29 F / 4,42 €*

06046 **BEAU D.** Lulu chez les abeilles. *Hemma, 1999.* (Mini-club ; 87)
ISBN 2-8006-7088-6. *21 F / 3,20 €*

06047 **BEAU D.** Lulu chez les Zog-Zog. *Hemma, 2001.* (Mini-club ; 35)
ISBN 2-8006-1232-0. *21 F / 3,20 €*

06048 **BEAU D.** Lulu sur la planète Axa. *Hemma, 2001.* (Mini-club ; 57)
ISBN 2-8006-1698-9. *21 F / 3,20 €*

06049 **BEAUDE P-M.** Coeur de louve. *Gallimard-Jeunesse, 1999.* (Page blanche c8)
ISBN 2-07-052809-X. *46 F / 7,01 €*

06050 **BEAUDE P-M.** Flora l'inconnue de l'espace. *Flammarion-Père Castor, 1999.* (Castor-Poche ; 184. Senior cD)
ISBN 2-08-164574-2. *29,50 F / 4,50 €*

06051 **BEAUDE P-M.** Issa, enfant des sables. Réimpr. *Gallimard-Jeunesse, 1999.* (Page blanche ; 37)
ISBN 2-07-052744-1. *32,50 F / 4,95 €*

06052 **BEAUDE P-M.** Ocre. *Gallimard-Jeunesse, 1998.* (Page blanche c1)
ISBN 2-07-051566-4. *30 F / 4,57 €*

06053 **BÉCHAUX C.** Le secret de Martin. *Bayard Jeunesse, 1998.* (Envol ; 502 c1)
ISBN 2-227-72356-4. *29 F / 4,42 €*

06054 **N** **BEGAG A.** La force du berger. Réimpr. *Joie de lire, 2000.* (Récits)
ISBN 2-88258-011-8. *48 F / 7,32 €*

06055 **BEGAG A.** Quand on est mort, c'est pour toute la vie. *Gallimard-Jeunesse, 1998.* (Frontières ; 5 c4)
ISBN 2-07-051980-5. *32,50 F / 4,95 €*

06056 **N** **BEGAG A.** Le temps des villages. Réimpr. *Joie de lire, 2000.* (Récits)
ISBN 2-88258-037-1. *48 F / 7,32 €*

06057 **BEGAG A.** Les voleurs d'écritures. *Seuil, 1998.* (Point-virgule)
ISBN 2-02-034705-9. *35 F / 5,34 €*

06058 **BEGAG A., LOUIS C.** Ma maman est devenue une étoile. *Joie de lire, 1995.* (Récits)
ISBN 2-88258-065-7. *55 F / 8,38 €*

06059 **A** **BEIGEL C.** Attention chien méchant. *Magnard, 2001.* (Les p'tits policiers)
ISBN 2-210-98053-4. *40 F / 6,10 €*

06060 **N** **BEIGEL C.** Du rififi chez les poules. *Magnard, 2000.* (Les p'tits policiers)
ISBN 2-210-98023-2. *40 F / 6,10 €*

06061 **BELAMRI R.** L'oiseau du grenadier : contes d'Algérie. *Flammarion-Père Castor, 1998.* (Castor-Poche ; 135 cE)
ISBN 2-08-164492-4. *32,50 F / 4,95 €*

06062 **BELBIN D.** Appel à témoin. *J'ai lu, 1999.* (Police secours; 4)(Noir mystère cF)
ISBN 2-290-05317-1. *26 F / 3,96 €*

06063 **BELBIN D.** Corps non identifié. *J'ai lu, 1999.* (Police secours; 5)(Noir mystère cF)
ISBN 2-290-05364-3. *26 F / 3,96 €*

06064 **BELBIN D.** Pas de fumée sans feu. *J'ai lu, 1999.* (Police secours; 3)(Noir mystère cF)
ISBN 2-290-05224-8. *26 F / 3,96 €*

06065 **BELBIN D.** Passage à tabac. *J'ai lu, 1999.* (Police secours; 2)(Noir mystère cF)
ISBN 2-290-05223-X. *26 F / 3,96 €*

06066 **BELBIN D.** Preuves à l'appui. *J'ai lu, 1999.* (Police secours; 1)(Noir mystère cF)
ISBN 2-290-05176-4. *26 F / 3,96 €*

06067 **BELFIORE R.** Crime de papier. *Bayard Jeunesse, 1999.* (Envol ; 515 c1)
ISBN 2-227-72375-0. *29 F / 4,42 €*

06068 **BELFIORE R.** Le maître de Juventa. *Hachette-Jeunesse, 1996.* (Vertige ; 1002. Science-fiction c9)
ISBN 2-01-209597-6. *29 F / 4,42 €*

06069 **BELFIORE R.** La pieuvre de Xeltar. *Hachette-Jeunesse, 1999.* (Vertige ; 702. Fou rire c6)
ISBN 2-01-200117-3. *27 F / 4,12 €*

06070 **BELLET A.** Les mutins du faubourg. *Magnard, 1999.* (Les policiers c1)
ISBN 2-210-97796-7. *43 F / 6,56 €*

06071 **BELLET A.** Le noyé du canal Saint-Martin. *Magnard, 1998.* (Les policiers c1)
ISBN 2-210-97765-7. *43 F / 6,56 €*

06072 **BELLINGHAM B.** Les princesses ne portent pas de jeans. *Pocket Jeunesse, 1995.* (Kid pocket ; 103 c3)
ISBN 2-266-08819-X. *26 F / 3,96 €*

06073 **BEN AYCH G.** Le Voyage de Mémé. Réimpr. *Pocket Jeunesse, 1999.* (Pocket junior ; 207. C'est ça la vie ! c4)
ISBN 2-266-09418-1. *30 F / 4,57 €*

06074 **BEN KEMOUN H.** Bouffon du roi, roi des bouffons. Nouv. éd. *Flammarion-Père Castor, 1999.* (Castor-Poche ; 583. Junior cA)
ISBN 2-08-164509-2. *19,50 F / 2,97 €*

06075 **A** **BEN KEMOUN H.** Un cadeau d'enfer. *Bayard Jeunesse, 2001.* (Les romans de Je bouquine)
ISBN 2-7470-0333-7. *38 F / 5,79 €*

06076 **N** **BEN KEMOUN H.** Comment ma mère est devenue célèbre. *Hachette-Jeunesse, 2001.* (Le livre de poche jeunesse ; 752. Cadet c5)
ISBN 2-01-321817-6. *26,50 F / 4,04 €*

06077 **BEN KEMOUN H.** Ma mère m'épuise. *Hachette-Jeunesse, 1999.* (Le livre de poche jeunesse ; 696. Senior c8)
ISBN 2-01-321734-X. *27,50 F / 4,19 €*

06078 **BEN KEMOUN H.** Marathon sur l'estuaire. *Syros, 1998.* (Souris noire ; 21 c1)
ISBN 2-84146-542-X. *32 F / 4,88 €*

06079 **BEN KEMOUN H.** Le naufragé du cinquième monde. *Flammarion-Père Castor, 2000.* (Castor-Poche ; 738. Junior c2)
ISBN 2-08-164661-7. *25 F / 3,81 €*

06080 **BEN KEMOUN H.** L'ogre du sommeil. *Flammarion-Père Castor, 1998.* (Castor-Poche ; 667. Junior c2)
ISBN 2-08-164500-9. *25 F / 3,81 €*

06081 **BEN KEMOUN H.** Le président perd les pédales. *Bayard, 1996.* (Passion de lire ; 203. Délires c1)
ISBN 2-227-72951-1. *29 F / 4,42 €*

06082 **BEN KEMOUN H.** Prise d'otages à la Bastille. *Flammarion-Père Castor, 1998.* (Castor-Poche ; 642. Senior c1)
ISBN 2-08-164299-9. *19,50 F / 2,97 €*

06083 **BENAMEUR J.** Adil, coeur rebelle. *Flammarion-Père Castor, 1999.* (Castor-Poche ; 473. Senior cC)
ISBN 2-08-164562-9. *25 F / 3,81 €*

06084 **BENAMEUR J.** Une histoire de peau et autres nouvelles. *Hachette-Jeunesse, 1997.* (Le livre de poche jeunesse ; 635. Senior c5)
ISBN 2-01-321547-9. *26,50 F / 4,04 €*

06085 **BENAMEUR J.** Pourquoi pas moi ?. *Hachette-Jeunesse, 1997.* (Le livre de poche jeunesse ; 614. Senior c7)
ISBN 2-01-321519-3. *27,50 F / 4,19 €*

06086 **BENAMEUR J.** Samira des quatre routes. Nouv. éd. *Flammarion-Père Castor, 1999.* (Castor-Poche ; 353. Junior cD)
ISBN 2-08-164629-3. *29,50 F / 4,50 €*

06087 **N** **BENLAKHEL N.** Sais-tu vraiment ce que tu manges ?. *Milan, 2000.* (Les essentiels Milan junior ; 4)
ISBN 2-7459-0090-0. *28 F / 4,27 €*

06088 **BENNETT J.** Allô! ici le tueur. *Rageot, 1994.* (Cascade. Policier c3)
ISBN 2-7002-0467-0. *48 F / 7,32 €*

06089 **N** **BENOIT C.** Un amour de poète. *les 2 encres, 2001.* (Manuscrit ; 8)
ISBN 2-912975-03-4. *80 F / 12,20 €*

06090 **BENSON S.** Cauchemar-rail. *Syros, 1997.* (Souris noire ; 5)
ISBN 2-84146-435-0. *32 F / 4,88 €*

06091 **N** **BENSON S.** Le cheval fantôme. *Syros, 2000.* (Souris noire ; 43 c1)
ISBN 2-84146-806-2. *32 F / 4,88 €*

06092 **BENSON S.** L'inconnue dans la maison. *Syros, 1998.* (Souris noire ; 19 c1)
ISBN 2-84146-540-3. *32 F / 4,88 €*

06093 **BENSON S.** Mémé méchante. *Syros, 1998.* (Mini Souris sentiments c1)
ISBN 2-84146-555-1. *19 F / 2,90 €*

06094 **BENSON S.** Le mystère de la toile d'araignée. *Albin Michel, 1998.* (Le Furet enquête c1)
ISBN 2-226-09152-1. *35 F / 5,34 €*

06095 **A** **BENSON S.** La revanche de Momo. *Magnard, 2001.* (Les p'tits policiers)
ISBN 2-210-98054-2. *40 F / 6,10 €*

06096 **BENSON S.** Zelna contre les vampires. *Milan, 2000.* (Milan poche junior ; 30)
ISBN 2-7459-0035-8. *28 F / 4,27 €*

06097 **BERNA P.** Le Cheval sans tête. *Hachette-Jeunesse, 1980.* (Le livre de poche jeunesse ; 34. Cadet c9)
ISBN 2-01-020492-1. *29 F / 4,42 €*

06098 **BERNADAC M-L., DU BOUCHET P.** Picasso, le sage et le fou. *Gallimard, 1986.* (Découvertes ; 4. Peinture c5)
ISBN 2-07-053016-7. *90 F / 13,72 €*

06099 **BERNARDIN DE SAINT-PIERRE H.** Paul et Virginie. *Gallimard-Jeunesse, 1995.* (Folio junior ; 760. Edition spéciale c4)
ISBN 2-07-058837-8. *32,50 F / 4,95 €*

06100 **N** **BERNOS C.** Tellement tu es ma soeur. *Syros, 2001.* (Souris sentiments ; 40)
ISBN 2-84146-898-4. *32 F / 4,88 €*

06101 **BEROT M-C.** Ninon Silence. *Flammarion-Père Castor, 2000.* (Castor-Poche ; 731. Senior)
ISBN 2-08-164674-9. *25 F / 3,81 €*

06102 **BERRY J.** Le royaume volé. *Gallimard-Jeunesse, 1999.* (Page blanche ; 48 c4)
ISBN 2-07-052934-7. *32,50 F / 4,95 €*

06103 **BERRY J.** Un voleur dans le village. *Gallimard-Jeunesse, 2000.* (Folio junior ; 1033 c3)
ISBN 2-07-054100-2. *32,50 F / 4,95 €*

06104 **BERTHELOT F.** La maison brisée. *Hachette-Jeunesse, 1999.* (Le livre de poche jeunesse ; 708. Cadet)
ISBN 2-01-321731-5. *26,50 F / 4,04 €*

06105 **BERTHERAT M., PILLOT F.** Messages secrets. *Milan, 1996.* (Carnets de nature ; 19 c1)
ISBN 2-84113-324-9. *34 F / 5,18 €*

06106 **N** **BERTIN M., BERTIN R.** Journal sans faim. *Rageot, 2000.* (Cascade. Pluriel)
ISBN 2-7002-2651-8. *44 F / 6,71 €*

06107 **BERTIN R.** L'inconnu du jeudi soir. *Rageot, 1997.* (Cascade. 11-13 ans c2)
ISBN 2-7002-2429-9. *46 F / 7,01 €*

06108 **BERTIN R.** Max est amoureux. *Rageot, 1998.* (Cascade. Pluriel c2)
ISBN 2-7002-2510-4. *46 F / 7,01 €*

06109 **BERTIN R.** Mini Max et maxi durs. *Rageot, 1996.* (Cascade. Pluriel c3)
ISBN 2-7002-2377-2. *48 F / 7,32 €*

06110 **BERTIN R.** SOS urgences. *Rageot, 2000.* (Cascade. 9-11 ans)
ISBN 2-7002-2638-0. *44 F / 6,71 €*

06111 **N** **BERTIN R.** Tempête sur l'Erika. *Rageot, 2001.* (Cascade. 11-13 ans)
ISBN 2-7002-2698-4. *46 F / 7,01 €*

06112 **BERTIN R.** Le trouble-fête. *Rageot, 1999.* (Cascade. Pluriel)
ISBN 2-7002-2580-5. *46 F / 7,01 €*

06113 **BERTRAND D.** Un cafard pas possible. *Syros, 1998.* (Mini Souris sentiments c1)
ISBN 2-84146-588-8. *19 F / 2,90 €*

06114 **BERTRAND D.** Des souris plein l'école. *Syros, 1999.* (Mini Souris sentiments c1)
ISBN 2-84146-719-8. *19 F / 2,90 €*

06115 **N** **BERTRON A.** La promenade infernale. *Milan, 2000.* (Milan poche cadet ; 39 c1)
ISBN 2-7459-0146-X. *28 F / 4,27 €*

06116 **BERTRON A., CAPDEVILA R.** Flora chanteuse d'opéra. *Bayard, 1997.* (Les belles histoires ; 92 c1)
ISBN 2-227-72819-1. *27 F / 4,12 €*

06117 **BERTRON A., CAPDEVILA R.** Flora part à Pékin. *Bayard, 2000.* (Les belles histoires ; 116 c1)
ISBN 2-227-72848-5. *27 F / 4,12 €*

06118 **BERTRON A., CAPDEVILA R.** La marmaille de la reine. *Bayard, 1998.* (Les belles histoires ; 106 c1)
ISBN 2-227-72831-0. *27 F / 4,12 €*

06119 **BERTRON A., PERCY G.** Mousse et Toupet vont à l'école. *Bayard, 1998.* (Les belles histoires ; 105 c1)
ISBN 2-227-72826-4. *27 F / 4,12 €*

06120 **BERTRON A., SCHEFFLER A.** La rentrée de la maîtresse. *Bayard, 1999.* (Les belles histoires ; 112 c1)
ISBN 2-227-72838-8. *27 F / 4,12 €*

06121 **BEZUEL S., HEINRICH C.** Nichoirs et mangeoires. *Milan, 1995.* (Carnets de nature ; 14 c1)
ISBN 2-84113-239-0. *34 F / 5,18 €*

06122 **BEZUEL S., LABEYRIE L.** Le secourisme. *Milan, 1995.* (Carnets de nature ; 9 c1)
ISBN 2-84113-146-7. *34 F / 5,18 €*

06123 **BIALESTOWSKI G.** J'aime pas la nature. *Rageot, 1997.* (Cascade. 9-11 ans c1)
ISBN 2-7002-2428-0. *44 F / 6,71 €*

06124 **N** **BIALESTOWSKI G.** La pieuvre bricole et autres poèmes. *Milan, 2000.* (Milan poche cadet ; 37 c1)
ISBN 2-7459-0144-3. *28 F / 4,27 €*

06125 **A** **La Bible de l'oncle Simon :** récits de l'Ancien Testament. *Flammarion, 2001.* (Castor doc ; 14)
ISBN 2-08-160718-2. *44 F / 6,71 €*

06126 **BICHONNIER H.** Emilie et le crayon magique. *Hachette-Jeunesse, 1984.* (Le livre de poche jeunesse ; 176. Cadet c5)
ISBN 2-01-020142-6. *26,50 F / 4,04 €*

06127 **BICHONNIER H.** Kiki la casse. *Hachette-Jeunesse, 1995.* (Le livre de poche jeunesse ; 556. Cadet c5)
ISBN 2-01-321351-4. *26,50 F / 4,04 €*

06128 **BICHONNIER H., FELLNER H.** Les bobards d'Emile. *Gallimard-Jeunesse, 1999.* (Folio cadet ; 389 c5)
ISBN 2-07-052794-8. *36 F / 5,49 €*

06129 **N** **BICHONNIER H., PEF** La maison éléphant. *Gallimard-Jeunesse, 2001.* (Folio cadet ; 412 c2)
ISBN 2-07-054347-1. *28 F / 4,27 €*

06130 **BICHONNIER H., PEF** Pincemi, Pincemoi et la sorcière. Réimpr. *Gallimard-Jeunesse, 1998.* (Folio benjamin ; 143 c3)
ISBN 2-07-050564-2. *30 F / 4,57 €*

06131 **BICHONNIER H., PEF** Le retour du monstre poilu. Réimpr. *Gallimard-Jeunesse, 1998.* (Folio benjamin ; 357 c3)
ISBN 2-07-052173-7. *30 F / 4,57 €*

06132 **BICHONNIER H., ROSY M.** Panique au jardin public. *Bayard, 2000.* (J'aime lire ; 131 c1)
ISBN 2-227-72769-1. *27 F / 4,12 €*

06133 **N** **BICHONNIER H., WILSDORF A.** Grabotte la sotte. *Bayard Jeunesse, 2000.* (Mes premiers J'aime lire ; 8 c1)
ISBN 2-7470-0018-4. *27 F / 4,12 €*

06134 **BICKHAM J. M.** Le faucon de Billy Baker. Réimpr. *Hachette-Jeunesse, 1996.* (Le livre de poche jeunesse ; 25 c11)
ISBN 2-01-014429-5. *33 F / 5,03 €*

06135 **BIDAL B., ROSS T.** Le cadeau magique. *Bayard, 1996.* (Les belles histoires ; 89 c1)
ISBN 2-227-72800-0. *27 F / 4,12 €*

06136 **BIED-CHARRETON X., CLAVERIE J.** Les Boutons de Bérangère. *Bayard, 1994.* (Les belles histoires ; 70 c1)
ISBN 2-227-72168-5. *27 F / 4,12 €*

06137 **BIGOT R.** Dans les jardins d'mon père. *Actes Sud junior, 2000.* (Les couleurs de l'histoire ; 5)
ISBN 2-7427-2634-9. *45 F / 6,86 €*

06138 **BIGOT R.** La double vie de Chloris Locuste. *Actes Sud junior, 2000.* (Les petits polars ; 9 c1)
ISBN 2-7427-2629-2. *39 F / 5,95 €*

06139 **BIGOT R.** Les lumières du matin. *Actes Sud junior, 2000.* (Les couleurs de l'histoire ; 1)
ISBN 2-7427-2633-0. *45 F / 6,86 €*

06140 **BILLE S. C.** L'arbre. *Joie de lire, 1995.* (Récits)
ISBN 2-88258-059-2. *49 F / 7,47 €*

06141 **BILLE S. C.** Un garçon vêtu de noir dans un paysage blanc. *Joie de lire, 1995.* (Récits)
ISBN 2-88258-060-6. *49 F / 7,47 €*

06142 **BILLE S. C.** Jour de Foehn. *Joie de lire, 1995.* (Ecriture)
ISBN 2-88258-052-5. *45 F / 6,86 €*

06143 **BILLE S. C.** Monsieur Tuuyo et madame Rondo. *Joie de lire, 1995.* (Récits)
ISBN 2-88258-058-4. *56 F / 8,54 €*

06144 **BILLE S. C.** Oeuvres complètes pour la jeunesse. *Joie de lire, 1999.* (Récits)
ISBN 2-88258-153-X. *198 F / 30,18 €*

06145 **BILLE S. C.** Le pantin noir. *Joie de lire, 1995.* (Ecriture)
ISBN 2-88258-051-7. *45 F / 6,86 €*

06146 **N** **BILLIOUD J-M.** Vivre en ville. *Flammarion-Père Castor, 2000.* (Castor doc. Senior)
ISBN 2-08-163859-2. *38 F / 5,79 €*

06147 **BILSTEIN J. T.** Nicolas à la ferme. *Hemma, 1987.* (Mini-club ; 17)
ISBN 2-8006-0925-7. *21 F / 3,20 €*

06148 **BILSTEIN J. T.** Poupiou s'évade. *Hemma, 2000.* (Mini-club ; 3)
21 F / 3,20 €

06149 **BISSON T.** Alien : la résurrection (version junior) : un roman de Terry Bisson d'après un scénario de Joss Whedon. *J'ai lu, 1997.* (J'ai lu ; 4691. Jeunes adultes c2)
ISBN 2-290-04691-4. *22 F / 3,35 €*

06150 **BLACHON R.** Ali Baba et les quarante voleurs. Réimpr. *Gallimard-Jeunesse, 1999.* (Folio junior ; 595. Édition spéciale c3)
ISBN 2-07-051353-X. *30 F / 4,57 €*

06151 **BLACK J.** L'attaque des morts-vivants. *Bayard, 1998.* (Passion de lire ; 113. Zone d'ombre)
ISBN 2-227-73816-2. *28,50 F / 4,34 €*

06152 **BLACK J.** Un extraterrestre sous mon lit. *Bayard, 1997.* (Passion de lire ; 108. Zone d'ombre)
ISBN 2-227-72922-8. *28,50 F / 4,34 €*

06153 **BLACK J.** Le fantôme de la colline hantée. *Bayard, 1997.* (Passion de lire ; 110. Zone d'ombre)
ISBN 2-227-72973-2. *28,50 F / 4,34 €*

06154 **BLACK J.** Le métro vampire. *Bayard, 1997.* (Passion de lire ; 107. Zone d'ombre)
ISBN 2-227-72921-X. *28,50 F / 4,34 €*

06155 **BLACK J.** Panique autour du feu. *Bayard, 1998.* (Passion de lire ; 114. Zone d'ombre)
ISBN 2-227-73815-4. *28,50 F / 4,34 €*

06156 **BLACK J.** Les sorcières d'à côté. *Bayard, 1997.* (Passion de lire ; 109. Zone d'ombre)
ISBN 2-227-72920-1. *28,50 F / 4,34 €*

06157 **BLACK J.** Un squelette dans le placard. *Bayard, 1997.* (Passion de lire ; 112. Zone d'ombre c1)
ISBN 2-227-72947-3. *27,50 F / 4,19 €*

06158 **BLACK J.** Des tentacules sur la plage. *Bayard, 1998.* (Passion de lire ; 115. Zone d'ombre)
ISBN 2-227-73831-6. *28,50 F / 4,34 €*

06159 **BLACK J.** La vengeance de l'ordinateur. *Bayard Jeunesse, 1997.* (Passion de lire ; 111. Zone d'ombre c1)
ISBN 2-227-72966-X. *28,50 F / 4,34 €*

06160 **BLACKER T.** La fuite. Nouv. éd. *Pocket Jeunesse, 2000.* (Pocket junior ; 332)
ISBN 2-266-10052-1. *32 F / 4,88 €*

06161 **BLACKER T.** Mademoiselle Wiz à l'école des magiciens. *Hachette-Jeunesse, 1998.* (Bibliothèque rose ; 335. Mini-rose c5)
ISBN 2-01-209730-8. *26,50 F / 4,04 €*

06162 **N** **BLACKER T.** Mademoiselle Wiz, docteur magique. Nouv. présentation. *Hachette-Jeunesse, 2000.* (Bibliothèque rose ; 331 c3)
ISBN 2-01-200280-3. *25 F / 3,81 €*

06163 **N** **BLACKER T.** Mademoiselle Wiz est en prison. Nouv. présentation. *Hachette-Jeunesse, 2000.* (Bibliothèque rose ; 332 c3)
ISBN 2-01-200278-1. *25 F / 3,81 €*

06164 **BLACKER T.** Mademoiselle Wiz et Dracula pour la vie. Nouv. présentation. *Hachette-Jeunesse, 2000.* (Bibliothèque rose ; 337)
ISBN 2-01-200277-3. *25 F / 3,81 €*

06165 **N** **BLACKER T.** Mademoiselle Wiz, maîtresse sorcière. Nouv. présentation. *Hachette-Jeunesse, 2000.* (Bibliothèque rose ; 330 c3)
ISBN 2-01-200494-6. *25 F / 3,81 €*

06166 **N** **BLACKER T.** Mademoiselle Wiz passe à la télévision. Nouv. présentation. *Hachette-Jeunesse, 2000.* (Bibliothèque rose ; 334 c3)
ISBN 2-01-200279-X. *25 F / 3,81 €*

06167 **BLACKER T.** Votez mademoiselle Wiz !. Nouv. présentation. *Hachette-Jeunesse, 2000.* (Bibliothèque rose ; 336)
ISBN 2-01-200276-5. *25 F / 3,81 €*

06168 **BLACKER T., LOUCHARD A.** Mademoiselle Wiz est unique. *Hachette-Jeunesse, 1999.* (Bibliothèque rose ; 338. Mini-rose c5)
ISBN 2-01-209726-X. *26,50 F / 4,04 €*

06169 **BLACKER T., LOUCHARD A.** La poudre magique de mademoiselle Wiz. *Hachette-Jeunesse, 1998.* (Bibliothèque rose ; 333. Mini-rose c5)
ISBN 2-01-209732-4. *26,50 F / 4,04 €*

06170 **N** **BLADÉ J-F.** Dix contes de loups. Nouv. éd. *Pocket Jeunesse, 2000.* (Kid pocket ; 81 c03)
ISBN 2-266-10712-7. *26 F / 3,96 €*

06171 **BLAKE M.** Danse avec les loups. *Flammarion-Père Castor, 1992.* (Castor-Poche ; 351. Senior c8)
ISBN 2-08-162214-9. *49 F / 7,47 €*

06172 **BLAKE Q.** Armeline et la grosse vague. *Gallimard-Jeunesse, 1999.* (Folio benjamin ; 384 c3)
ISBN 2-07-052678-X. *30 F / 4,57 €*

06173 **BLAKE Q.** Armeline Fourchedrue ou La bicyclette infernale. Réimpr. *Gallimard-Jeunesse, 1999.* (Folio benjamin ; 254 c3)
ISBN 2-07-050563-4. *30 F / 4,57 €*

06174 **N** **BLAKE Q.** Le bateau vert. *Gallimard-Jeunesse, 2000.* (Folio benjamin ; 405)
ISBN 2-07-052139-7. *30 F / 4,57 €*

06175 **BLAKE Q.** C'est génial !. *Gallimard-Jeunesse, 1996.* (Folio benjamin ; 294 c5)
ISBN 2-07-059487-4. *36 F / 5,49 €*

06176 **BLAKE Q.** Les Cacatoes. Réimpr. *Gallimard-Jeunesse, 1999.* (Folio benjamin ; 264)
ISBN 2-07-050566-9. *32,50 F / 4,95 €*

06177 **BLAKE Q.** Danse, danse !. *Gallimard-Jeunesse, 1999.* (Folio cadet ; 324 c4)
ISBN 2-07-052490-6. *32,50 F / 4,95 €*

06178 **BLANC J-N.** Bardane par exemple. *Gallimard-Jeunesse, 1999.* (Frontières ; 9 c5)
ISBN 2-07-052608-9. *36 F / 5,49 €*

06179 **BLANC J-N.** Fil de fer, la vie. *Gallimard-Jeunesse, 1998.* (Page blanche ; 1 c5)
ISBN 2-07-051992-9. *36 F / 5,49 €*

06180 **BLANC J-N.** Langue de chat. Nouv. éd. *Pocket Jeunesse, 1999.* (Pocket junior ; 114 c4)
ISBN 2-266-09603-6. *30 F / 4,57 €*

06181 **BLANC J-P.** 90 minutes pour gagner. *Gallimard-Jeunesse, 1998.* (Folio junior ; 889. Drôles d'aventures ; 9 c3)
ISBN 2-07-051865-5. *30 F / 4,57 €*

06182 **BLANCHE B.** L'équitation. *Milan, 2000.* (Carnets du sport)
ISBN 2-7459-0027-7. *38 F / 5,79 €*

06183 **BLIN M-N.** Trucs à troquer. *Rageot, 1992.* (Cascade c1)
ISBN 2-7002-1199-5. *43 F / 6,56 €*

06184 **N** **BLIN M-N.** Une vie de chien. Réimpr. *Flammarion-Père Castor, 2000.* (Castor-Poche ; 250. Junior c2)
ISBN 2-08-164740-0. *25 F / 3,81 €*

06185 **N** **BLOCH-HENRY A.** Le voyage de la sorcière gélatine. *Pocket Jeunesse, 2001.* (Kid pocket ; 653 c4)
ISBN 2-266-10543-4. *30 F / 4,57 €*

06186 **N** **BLOCH-HENRY A., LATYK O.** Le roi superbe. *Milan, 2001.* (Milan poche cadet ; 46 c1)
ISBN 2-7459-0234-2. *28 F / 4,27 €*

06187 **BLUA G., NOURRIT S.** Grand-père et les papillons. *Autres temps, 1999.* (Temps jeunesse)
ISBN 2-84521-016-7. *49 F / 7,47 €*

06188 **BLYTON E.** Une Astuce de Oui-Oui. *Hachette-Jeunesse, 1994.* (Bibliothèque rose ; 429. Mini-rose ; 429 c8)
ISBN 2-01-209226-8. *26,50 F / 4,04 €*

06189 **BLYTON E.** L'avion du Clan des sept. Réimpr. *Hachette-Jeunesse, 1996.* (Bibliothèque rose ; 870 c5)
ISBN 2-01-018443-2. *26,50 F / 4,04 €*

06190 **BLYTON E.** Bien joué, Clan des sept. Nouv. éd. *Hachette-Jeunesse, 1993.* (Bibliothèque rose ; 868 c6)
ISBN 2-01-018441-6. *26,50 F / 4,04 €*

06191 **N** **BLYTON E.** La boussole du Club des cinq. Nouv. présentation. *Hachette-Jeunesse, 2000.* (Bibliothèque rose ; 836)
ISBN 2-01-200170-X. *25 F / 3,81 €*

06192 **BLYTON E.** Le Carnaval du Clan des sept. *Hachette-Jeunesse, 1993.* (Bibliothèque rose ; 869 c6)
ISBN 2-01-018442-4. *26,50 F / 4,04 €*

06193 **BLYTON E.** Le Cheval du Clan des sept. Nouv. éd. *Hachette-Jeunesse, 1993.* (Bibliothèque rose ; 880 c6)
ISBN 2-01-018453-X. *26,50 F / 4,04 €*

06194 **BLYTON E.** Les Cinq au bal des espions. *Hachette-Jeunesse, 1993.* (Bibliothèque rose ; 855 c8)
ISBN 2-01-021283-5. *26,50 F / 4,04 €*

06195 **BLYTON E.** Les Cinq contre le masque noir. *Hachette-Jeunesse, 1993.* (Bibliothèque rose ; 852 c5)
ISBN 2-01-020248-1. *26,50 F / 4,04 €*

06196 **BLYTON E.** Les Cinq contre les fantômes. Réimpr. *Hachette-Jeunesse, 1996.* (Bibliothèque rose ; 849 c5)
ISBN 2-01-019326-1. *26,50 F / 4,04 €*

06197 **BLYTON E.** Les Cinq détectives au camp de vacances. *Hachette-Jeunesse, 1992.* (Bibliothèque rose ; 1027 c7)
ISBN 2-01-018389-4. *26,50 F / 4,04 €*

06198 **BLYTON E.** Les Cinq détectives et la chaloupe verte. *Hachette-Jeunesse, 1992.* (Bibliothèque rose ; 1030 c8)
ISBN 2-01-018392-4. *26,50 F / 4,04 €*

06199 **BLYTON E.** Les Cinq détectives et la maison des bois. *Hachette-Jeunesse, 1992.* (Bibliothèque rose ; 1026 c7)
ISBN 2-01-018388-6. *26,50 F / 4,04 €*

06200 **BLYTON E.** Les Cinq détectives et la maison vide. *Hachette-Jeunesse, 1991.* (Bibliothèque rose ; 1025 c7)
ISBN 2-01-018248-0. *26,50 F / 4,04 €*

06201 **BLYTON E.** Les Cinq détectives et le camion fantôme. *Hachette-Jeunesse, 1991.* (Bibliothèque rose ; 1021 c7)
ISBN 2-01-017135-7. *27,50 F / 4,19 €*

06202 **BLYTON E.** Les Cinq détectives et le chat siamois. *Hachette-Jeunesse, 1991.* (Bibliothèque rose ; 1024 c7)
ISBN 2-01-018247-2. *26,50 F / 4,04 €*

06203 **BLYTON E.** Les Cinq détectives et le pavillon rose. *Hachette-Jeunesse, 1991.* (Bibliothèque rose ; 1022 c7)
ISBN 2-01-017789-4. *26,50 F / 4,04 €*

06204 **BLYTON E.** Les Cinq détectives et le sac magique. *Hachette-Jeunesse, 1992.* (Bibliothèque rose ; 1028 c7)
ISBN 2-01-018390-8. *26,50 F / 4,04 €*

06205 **BLYTON E.** Les Cinq détectives et le voleur invisible. *Hachette-Jeunesse, 1991.* (Bibliothèque rose ; 1029 c7)
ISBN 2-01-018391-6. *26,50 F / 4,04 €*

06206 **BLYTON E.** Les Cinq et le Galion d'or. *Hachette-Jeunesse, 1977.* (Bibliothèque rose ; 847 c6)
ISBN 2-01-018438-6. *26,50 F / 4,04 €*

06207 **BLYTON E.** Les Cinq et le rayon Z. *Hachette-Jeunesse, 1979.* (Bibliothèque rose ; 842 c5)
ISBN 2-01-018434-3. *26,50 F / 4,04 €*

06208 **N** **BLYTON E.** Les Cinq et le rubis d'Akbar. *Hachette-Jeunesse, 2000.* (Bibliothèque rose ; 853)
ISBN 2-01-200302-8. *25 F / 3,81 €*

06209 **N** **BLYTON E.** Les Cinq et le trésor de Roquépine. Nouv. présentation. *Hachette-Jeunesse, 2000.* (Bibliothèque rose ; 864)
ISBN 2-01-200298-6. *25 F / 3,81 €*

06210 **BLYTON E.** Les Cinq et les pirates du ciel. *Hachette-Jeunesse, 1976.* (Bibliothèque rose ; 845 c6)
ISBN 2-01-019517-5. *26,50 F / 4,04 €*

06211 **BLYTON E.** Les Cinq font de la brocante. Réimpr. *Hachette-Jeunesse, 1996.* (Bibliothèque rose ; 860 c5)
ISBN 2-01-209366-3. *26,50 F / 4,04 €*

06212 **N** **BLYTON E.** Le Clan des sept à la grange aux loups. Nouv. présentation. *Hachette-Jeunesse, 2000.* (Bibliothèque rose ; 873)
ISBN 2-01-200484-9. *25 F / 3,81 €*

06213 **N** **BLYTON E.** Le clan des Sept à la rescousse. Nouv. présentation. *Hachette-Jeunesse, 2000.* (Bibliothèque rose ; 866 c3)
ISBN 2-01-200559-4. *25 F / 3,81 €*

06214 **N** **BLYTON E.** Le clan des sept et l'homme de paille. Nouv. présentation. *Hachette-Jeunesse, 2001.* (Bibliothèque rose ; 874 c8)
ISBN 2-01-200656-6. *28 F / 4,27 €*

06215 **BLYTON E.** Le Clan des Sept et les bonshommes de neige. Réimpr. *Hachette-Jeunesse, 1995.* (Bibliothèque rose ; 879 c6)
ISBN 2-01-018452-1. *26,50 F / 4,04 €*

06216 **N** **BLYTON E.** Le Clan des sept va au cirque. Nouv. présentation. *Hachette-Jeunesse, 2000.* (Bibliothèque rose ; 877)
ISBN 2-01-200483-0. *25 F / 3,81 €*

06217 **BLYTON E.** Le Club des cinq au bord de la mer. *Hachette-Jeunesse, 1992.* (Bibliothèque rose ; 833 c5)
ISBN 2-01-018428-9. *26,50 F / 4,04 €*

06218 **BLYTON E.** Le Club des cinq aux sports d'hiver. Nouv. éd. *Hachette-Jeunesse, 1992.* (Bibliothèque rose ; 830 c5)
ISBN 2-01-020235-X. *29 F / 4,42 €*

06219 **BLYTON E.** Le Club des Cinq contre-attaque. Réimpr. *Hachette-Jeunesse, 1996.* (Bibliothèque rose ; 841 c9)
ISBN 2-01-020480-8. *29 F / 4,42 €*

06220 **BLYTON E.** Le Club des cinq en embuscade. Nouv. éd. *Hachette-Jeunesse, 1993.* (Bibliothèque rose ; 825 c9)
ISBN 2-01-018422-X. *29 F / 4,42 €*

06221 **N** **BLYTON E.** Le Club des cinq en péril. Nouv. présentation. *Hachette-Jeunesse, 2000.* (Bibliothèque rose ; 838 c3)
ISBN 2-01-200178-5. *25 F / 3,81 €*

06222 **BLYTON E.** Le Club des cinq en roulotte. *Hachette-Jeunesse, 1988.* (Bibliothèque rose ; 822 c9)
ISBN 2-01-019530-2. *29 F / 4,42 €*

06223 **N** **BLYTON E.** Le Club des cinq et le coffre aux merveilles. Nouv. présentation. *Hachette-Jeunesse, 2000.* (Bibliothèque rose ; 829)
ISBN 2-01-200294-3. *25 F / 3,81 €*

06224 **N** **BLYTON E.** Le club des cinq et le secret du vieux puits. *Hachette-Jeunesse, 2001.* (Bibliothèque rose)
ISBN 2-01-200658-2. *28 F / 4,27 €*

06225 **N** **BLYTON E.** Le Club des cinq et le trésor de l'île. Nouv. présentation. *Hachette-Jeunesse, 2000.* (Bibliothèque rose ; 839)
ISBN 2-01-200295-1. *25 F / 3,81 €*

06226 **BLYTON E.** Le Club des cinq et les gitans. Réimpr. *Hachette-Jeunesse, 1996.* (Bibliothèque rose ; 835 c5)
ISBN 2-01-018430-0. *26,50 F / 4,04 €*

06227 **N** **BLYTON E.** Le Club des cinq et les papillons. Nouv. présentation. *Hachette-Jeunesse, 2000.* (Bibliothèque rose ; 826)
ISBN 2-01-200171-8. *25 F / 3,81 €*

06228 **N** **BLYTON E.** Le Club des cinq et les saltimbanques. Nouv. présentation. *Hachette-Jeunesse, 2000.* (Bibliothèque rose ; 828 c3)
ISBN 2-01-200177-7. *25 F / 3,81 €*

06229 **BLYTON E.** Le club des cinq joue et gagne. Nouv. présentation. *Hachette-Jeunesse, 2000.* (Bibliothèque rose ; 831)
ISBN 2-01-200174-2. *25 F / 3,81 €*

06230 **N** **BLYTON E.** Le Club des cinq se distingue. Nouv. présentation. *Hachette-Jeunesse, 2000.* (Bibliothèque rose ; 834 c3)
ISBN 2-01-200176-9. *25 F / 3,81 €*

06231 **N** **BLYTON E.** Le Club des cinq va camper. Nouv. présentation. *Hachette-Jeunesse, 2000.* (Bibliothèque rose ; 832)
ISBN 2-01-200297-8. *25 F / 3,81 €*

06232 **BLYTON E.** Le club des cinq. Nouv. présentation. *Hachette-Jeunesse, 2000.* (Bibliothèque rose ; 837)
ISBN 2-01-200173-4. *25 F / 3,81 €*

06233 **BLYTON E.** Du neuf pour les cinq. *Hachette-Jeunesse, 1994.* (Bibliothèque rose ; 865 c5)
ISBN 2-01-209221-7. *26,50 F / 4,04 €*

06234 **BLYTON E.** Enlèvement au club des cinq. Nouv. présentation. *Hachette-Jeunesse, 2000.* (Bibliothèque rose ; 821)
ISBN 2-01-200175-0. *25 F / 3,81 €*

06235 **BLYTON E.** Un Exploit du Clan des sept. Nouv. éd. *Hachette-Jeunesse, 1978.* (Bibliothèque rose ; 872 c6)
ISBN 2-01-018445-9. *26,50 F / 4,04 €*

06236 **N** **BLYTON E.** Le feu de joie du Clan des sept. Nouv. présentation. *Hachette-Jeunesse, 2000.* (Bibliothèque rose ; 878 c3)
ISBN 2-01-200321-4. *25 F / 3,81 €*

06237 **BLYTON E.** Jojo Lapin fait le brave. *Hachette-Jeunesse, 1993.* (Bibliothèque rose ; 461. Mini-rose c8)
ISBN 2-01-018198-0. *26,50 F / 4,04 €*

06238 **BLYTON E.** Jojo Lapin joue à cache-cache. *Hachette-Jeunesse, 1977.* (Bibliothèque rose ; 454. Mini-rose c8)
ISBN 2-01-018196-4. *26,50 F / 4,04 €*

06239 **BLYTON E.** Jojo lapin va à la pêche. Réimpr. *Hachette-Jeunesse, 1995.* (Bibliothèque rose ; 463. Mini-rose c5)
ISBN 2-01-019487-X. *26,50 F / 4,04 €*

06240 **BLYTON E.** Jojo lapin va au marché. *Hachette-Jeunesse, 1995.* (Bibliothèque rose ; 460. Mini-rose c5)
ISBN 2-01-018189-1. *26,50 F / 4,04 €*

06241 **N** **BLYTON E.** La locomotive du Club des cinq. Nouv. présentation. *Hachette-Jeunesse, 2000.* (Bibliothèque rose ; 840 c3)
ISBN 2-01-200296-X. *25 F / 3,81 €*

06242 **N** **BLYTON E.** La médaille du clan des sept. Nouv. présentation. *Hachette-Jeunesse, 2000.* (Bibliothèque rose ; 867 c3)
ISBN 2-01-200320-6. *25 F / 3,81 €*

06243 **BLYTON E.** Oui-Oui chauffeur de taxi. *Hachette-Jeunesse, 1992.* (Bibliothèque rose ; 423. Mini-rose c8)
ISBN 2-01-018193-X. *26,50 F / 4,04 €*

06244 **BLYTON E.** Oui-Oui et la gomme magique. *Hachette-Jeunesse, 1993.* (Bibliothèque rose ; 427. Mini-rose ; 427 c8)
ISBN 2-01-021284-3. *26,50 F / 4,04 €*

06245 **BLYTON E.** Oui-Oui et le cerf-volant. *Hachette-Jeunesse, 1993.* (Bibliothèque rose ; 411. Mini-rose c8)
ISBN 2-01-019500-0. *26,50 F / 4,04 €*

06246 **BLYTON E.** Oui-Oui et le clown mécanique. *Hachette-Jeunesse, 1997.* (Bibliothèque rose ; 424. Mini-rose c8)
ISBN 2-01-209712-X. *26,50 F / 4,04 €*

06247 **BLYTON E.** Oui-Oui et le lapinzé. *Hachette-Jeunesse, 1992.* (Bibliothèque rose ; 414. Mini-rose c8)
ISBN 2-01-019503-5. *26,50 F / 4,04 €*

06248 **BLYTON E.** Oui-oui et le magicien. *Hachette-Jeunesse, 1994.* (Bibliothèque rose ; 428. Mini-rose c5)
ISBN 2-01-209339-6. *26,50 F / 4,04 €*

06249 **BLYTON E.** Oui-Oui et le Père Noël. Réimpr. *Hachette-Jeunesse, 1996.* (Bibliothèque rose ; 412. Mini-rose c5)
ISBN 2-01-209482-1. *26,50 F / 4,04 €*

06250 **BLYTON E.** Oui-Oui et le roi Ho Ho. *Hachette-Jeunesse, 1995.* (Bibliothèque rose ; 436. Mini-rose c5)
ISBN 2-01-209294-2. *26,50 F / 4,04 €*

06251 **BLYTON E.** Oui-Oui et les bottes magiques. *Hachette-Jeunesse, 1995.* (Bibliothèque rose ; 437. Mini-rose c5)
ISBN 2-01-209295-0. *26,50 F / 4,04 €*

06252 **BLYTON E.** Oui-Oui et les petits nuages. Réimpr. *Hachette-Jeunesse, 1996.* (Bibliothèque rose ; 434. Mini-rose c5)
ISBN 2-01-209292-6. *26,50 F / 4,04 €*

06253 **BLYTON E.** Oui-Oui et les voleurs. *Hachette-Jeunesse, 1996.* (Bibliothèque rose ; 439. Mini-rose c5)
ISBN 2-01-209451-1. *26,50 F / 4,04 €*

06254 **BLYTON E.** Oui-Oui fait des bêtises. *Hachette-Jeunesse, 1995.* (Bibliothèque rose ; 435. Mini-rose c5)
ISBN 2-01-209293-4. *26,50 F / 4,04 €*

06255 **BLYTON E.** Oui-Oui fait les courses. *Hachette-Jeunesse, 1997.* (Bibliothèque rose ; 417. Mini-rose c5)
ISBN 2-01-209643-3. *26,50 F / 4,04 €*

06256 **BLYTON E.** Oui-Oui part en voyage. Réimpr. *Hachette-Jeunesse, 1996.* (Bibliothèque rose ; 409. Mini-rose c8)
ISBN 2-01-019498-5. *26,50 F / 4,04 €*

06257 **BLYTON E.** Oui-oui va à l'école. Réimpr. *Hachette-Jeunesse, 1996.* (Bibliothèque rose ; 410. Mini-rose c5)
ISBN 2-01-019499-3. *26,50 F / 4,04 €*

06258 **BLYTON E.** Oui-Oui veut faire fortune. Réimpr. *Hachette-Jeunesse, 1995.* (Bibliothèque rose ; 432. Mini-rose c5)
ISBN 2-01-209265-9. *26,50 F / 4,04 €*

06259 **BLYTON E.** Les Sept et le magicien. *Hachette-Jeunesse, 1994.* (Bibliothèque rose ; 891 c5)
ISBN 2-01-021358-0. *26,50 F / 4,04 €*

06260 **BLYTON E.** Les Sept et les bulldozers. *Hachette-Jeunesse, 1993.* (Bibliothèque rose ; 888 c6)
ISBN 2-01-020247-3. *26,50 F / 4,04 €*

06261 **BLYTON E.** Les Sept et les soucoupes volantes. Nouv. éd. *Hachette-Jeunesse, 1993.* (Bibliothèque rose ; 884 c6)
ISBN 2-01-018457-2. *26,50 F / 4,04 €*

06262 **N** **BLYTON E.** Les sept ne croient pas au Père Noël. Nouv. présentation. *Hachette-Jeunesse, 2000.* (Bibliothèque rose ; 890 c3)
ISBN 2-01-200624-8. *25 F / 3,81 €*

06263 **BLYTON E.** Surprise au Clan des sept. *Hachette-Jeunesse, 1995.* (Bibliothèque rose ; 871 c5)
ISBN 2-01-018444-0. *26,50 F / 4,04 €*

06264 **BLYTON E.** Le Violon du Clan des sept. *Hachette-Jeunesse, 1980.* (Bibliothèque rose ; 875 c5)
ISBN 2-01-018448-3. *27 F / 4,12 €*

06265 **BLYTON E., BAZIN J.** Oui-Oui à la ferme. Réimpr. *Hachette-Jeunesse, 1992.* (Bibliothèque rose ; 400. Mini-rose c8)
ISBN 2-01-019491-8. *26,50 F / 4,04 €*

06266 **BLYTON E., BAZIN J.** Oui-Oui en avion. *Hachette-Jeunesse, 1996.* (Bibliothèque rose ; 440. Mini-rose c5)
ISBN 2-01-209450-3. *26,50 F / 4,04 €*

06267 **BLYTON E., BAZIN J.** Oui-Oui et la girafe rose. Réimpr. *Hachette-Jeunesse, 1999.* (Bibliothèque rose ; 406. Mini-rose c5)
ISBN 2-01-200040-1. *26,50 F / 4,04 €*

06268 **BLYTON E., BAZIN J.** Oui-Oui et le chien qui saute. *Hachette-Jeunesse, 1993.* (Bibliothèque rose ; 426. Mini-rose c8)
ISBN 2-01-021210-X. *26,50 F / 4,04 €*

06269 **BLYTON E., BAZIN J.** Oui-oui et le gendarme. *Hachette-Jeunesse, 1994.* (Bibliothèque rose ; 433. Mini-rose c5)
ISBN 2-01-209277-2. *26,50 F / 4,04 €*

06270 **BLYTON E., BAZIN J.** Oui-Oui et son âne. *Hachette-Jeunesse, 1998.* (Bibliothèque rose ; 430. Mini-rose c5)
ISBN 2-01-209250-0. *26,50 F / 4,04 €*

06271 **BLYTON E., BAZIN J.** Oui-Oui et son igloo. *Hachette-Jeunesse, 1995.* (Bibliothèque rose ; 438. Mini-rose c5)
ISBN 2-01-209416-3. *26,50 F / 4,04 €*

06272 **BLYTON E., LALLEMAND E.** Les sept et la déesse d'or. Réimpr. *Hachette-Jeunesse, 1993.* (Bibliothèque rose ; 885 c5)
ISBN 2-01-018458-0. *26,50 F / 4,04 €*

06273 **BODKER C.** Sur la piste du léopard. *Flammarion-Père Castor, 1993.* (Castor-Poche ; 425. Junior c6)
ISBN 2-08-162299-8. *39 F / 5,95 €*

06274 **BOEGEHOLD B., MICHAUT V.** Tu es trop petite. Réimpr. *Pocket Jeunesse, 1998.* (Kid pocket ; 032)
ISBN 2-266-08620-0. *23 F / 3,51 €*

06275 **BOEHRER V., SANCHEZ V.** Paris-sur-mer. *Milan, 1999.* (Milan poche cadet ; 18 c1)
ISBN 2-84113-901-8. *28 F / 4,27 €*

06276 **BOILEAU P., NARCEJAC T.** L'Invisible agresseur. Réimpr. *Gallimard-Jeunesse, 1998.* (Folio junior ; 703. Edition spéciale c4)
ISBN 2-07-051359-9. *32,50 F / 4,95 €*

06277 **BOILEAU P., NARCEJAC T.** Les pistolets de Sans-Atout. Réimpr. *Gallimard-Jeunesse, 1998.* (Folio junior ; 604. Edition spéciale c4)
ISBN 2-07-051360-2. *32,50 F / 4,95 €*

06278 **BOILEAU P., NARCEJAC T.** Sans-Atout dans la gueule du loup. *Gallimard-Jeunesse, 1998.* (Folio junior ; 847)
ISBN 2-07-051765-9. *32,50 F / 4,95 €*

06279 **BOILEAU P., NARCEJAC T.** Sans-Atout, le cadavre fait le mort. Réimpr. *Gallimard-Jeunesse, 1998.* (Folio junior ; 848)
ISBN 2-07-051766-7. *32,50 F / 4,95 €*

06280 **BOILEAU P., NARCEJAC T.** Sans-Atout, une étrange disparition. *Gallimard-Jeunesse, 1998.* (Folio junior ; 849)
ISBN 2-07-051764-0. *32,50 F / 4,95 €*

06281 **BOILEAU P., NARCEJAC T.** La vengeance de la mouche. Réimpr. *Gallimard-Jeunesse, 1999.* (Folio junior ; 704. Edition spéciale c4)
ISBN 2-07-051362-9. *32,50 F / 4,95 €*

06282 **BOILEAU P., NARCEJAC T., MARTIN A-C.** La villa d'en face. Nouv. éd. *Bayard, 1997.* (J'aime lire ; 30 c1)
ISBN 2-227-72213-4. *26,50 F / 4,04 €*

06283 **BOISSET E.** Arkandias contre-attaque. *Magnard, 1998.* (Les fantastiques c1)
ISBN 2-210-97785-1. *43 F / 6,56 €*

06284 **N** **BOISSET E.** Le grimoire d'Arkandias. Réimpr. *Magnard, 2000.* (Les fantastiques c1)
ISBN 2-210-97734-7. *43 F / 6,56 €*

06285 **BOISSET E.** Nicostratos. *Magnard, 1998.* (Les romans)
ISBN 2-210-97731-2. *43 F / 6,56 €*

06286 **BOISSET E.** Le sarcophage d'outre-temps. *Magnard, 1999.* (Les fantastiques c1)
ISBN 2-210-98400-9. *43 F / 6,56 €*

06287 **N** **BOIX A.** Le jardin des automates. *Flammarion-Père Castor, 2000.* (Castor-Poche. Senior c4)
ISBN 2-08-164550-5. *32,50 F / 4,95 €*

06288 **BON D.** Un bon petit diable. *Hemma, 1992.* (Livre club jeunesse ; 21)
ISBN 2-8006-3115-5. *26 F / 3,96 €*

06289 **BOND M.** Charlotte parlotte. Nouv. éd. *Pocket Jeunesse, 1998.* (Kid pocket ; 163 c5)
ISBN 2-266-08726-6. *35 F / 5,34 €*

06290 **BOND N.** Le Cercle de pierres. *Flammarion-Père Castor, 1990.* (Castor-Poche ; 285. Senior c9)
ISBN 2-08-162113-4. *48 F / 7,32 €*

06291 **BONDOUX A-L.** Noémie superstar. *Syros, 1999.* (Mini Souris sentiments c1)
ISBN 2-84146-696-5. *19 F / 2,90 €*

06292 **BONGIOVANNI F.** Le cochon de Noël : et autres nouvelles argentines. *Hachette-Jeunesse, 1998.* (Courts toujours ! c17)
ISBN 2-01-209525-9. *49 F / 7,47 €*

06293 **BONZOM G., ROUILLON A., VOGEL N.** Luges, traîneaux et raquettes. *Milan, 1996.* (Carnets de nature ; 20 c1)
ISBN 2-84113-248-X. *34 F / 5,18 €*

06294 **N** **BONZON J.** Les six compagnons et le mystère du parc. Nouv. présentation. *Hachette-Jeunesse, 2001.* (Bibliothèque verte ; 202 c8)
ISBN 2-01-200353-2. *28 F / 4,27 €*

06295 **BONZON P-J.** Les Six compagnons à l'affût. *Hachette-Jeunesse, 1991.* (Bibliothèque verte ; 173 c8)
ISBN 2-01-017000-8. *26,50 F / 4,04 €*

06296 **N** **BONZON P-J.** Les six compagnons à l'étang de Berre. Nouv. présentation. *Hachette-Jeunesse, 2000.* (Bibliothèque verte ; 182 c3)
ISBN 2-01-200351-6. *25 F / 3,81 €*

06297 **BONZON P. J.** Les Six compagnons à la tour Eiffel. *Hachette-Jeunesse, 1994.* (Bibliothèque verte ; 205 c7)
ISBN 2-01-209217-9. *26,50 F / 4,04 €*

06298 **BONZON P-J.** Les Six compagnons à Scotland Yard. *Hachette-Jeunesse, 1990.* (Bibliothèque verte ; 172 c7)
ISBN 2-01-015091-0. *26,50 F / 4,04 €*

06299 **BONZON P-J.** Les Six compagnons à Scotland Yard. *Hachette-Jeunesse, 2000.* (Bibliothèque verte ; 172 c5)
ISBN 2-01-200349-4. *26,50 F / 4,04 €*

06300 **BONZON P-J.** Les Six compagnons au concours hippique. *Hachette-Jeunesse, 1990.* (Bibliothèque verte ; 170 c6)
ISBN 2-01-014316-7. *26,50 F / 4,04 €*

06301 N **BONZON P-J.** Les six compagnons au concours hippique. Nouv. présentation. *Hachette-Jeunesse, 2000.* (Bibliothèque verte ; 170 c3)
ISBN 2-01-200337-0. *25 F / 3,81 €*

06302 N **BONZON P-J.** Les six compagnons au gouffre Marzal. *Hachette-Jeunesse, 2001.* (Bibliothèque verte ; 191 c8)
ISBN 2-01-200352-4. *28 F / 4,27 €*

06303 **BONZON P-J.** Les Six compagnons au tour de France. *Hachette-Jeunesse, 1988.* (Bibliothèque verte ; 162 c7)
ISBN 2-01-019401-2. *26,50 F / 4,04 €*

06304 N **BONZON P-J.** Les six compagnons dans la ville rose. Nouv. présentation. *Hachette-Jeunesse, 2000.* (Bibliothèque verte ; 175 c3)
ISBN 2-01-200338-9. *25 F / 3,81 €*

06305 N **BONZON P-J.** Les six compagnons de la Croix-Rousse. Nouv. présentation. *Hachette-Jeunesse, 2000.* (Bibliothèque verte ; 163 c3)
ISBN 2-01-200442-3. *25 F / 3,81 €*

06306 **BONZON P-J.** Les Six compagnons devant les caméras. *Hachette-Jeunesse, 1994.* (Bibliothèque verte ; 179 c7)
ISBN 2-01-015099-6. *26,50 F / 4,04 €*

06307 N **BONZON P-J.** Les Six compagnons devant les caméras. Nouv. présentation. *Hachette-Jeunesse, 2000.* (Bibliothèque verte ; 179 c3)
ISBN 2-01-200350-8. *25 F / 3,81 €*

06308 **BONZON P-J.** Les Six compagnons et l'âne vert. *Hachette-Jeunesse, 1995.* (Bibliothèque verte ; 204 c8)
ISBN 2-01-020334-8. *26,50 F / 4,04 €*

06309 **BONZON P-J.** Les Six compagnons et l'émetteur pirate. *Hachette-Jeunesse, 1991.* (Bibliothèque verte ; 197 c8)
ISBN 2-01-017796-7. *26,50 F / 4,04 €*

06310 **BONZON P-J.** Les six compagnons et l'homme au gant. Nouv. présentation. *Hachette-Jeunesse, 2000.* (Bibliothèque verte ; 192)
ISBN 2-01-200341-9. *25 F / 3,81 €*

06311 **BONZON P-J.** Les Six compagnons et l'homme des neiges. *Hachette-Jeunesse, 1990.* (Bibliothèque verte ; 177 c5)
ISBN 2-01-016869-0. *26,50 F / 4,04 €*

06312 **BONZON P-J.** Les six compagnons et la bouteille à la mer. Nouv. présentation. *Hachette-Jeunesse, 2000.* (Bibliothèque verte ; 169)
ISBN 2-01-200339-7. *25 F / 3,81 €*

06313 **BONZON P-J.** Les six compagnons et la brigade volante. *Hachette-Jeunesse, 1995.* (Bibliothèque verte ; 206 c5)
ISBN 2-01-209327-2. *26,50 F / 4,04 €*

06314 N **BONZON P-J.** Les six compagnons et la clef-minute. Nouv. présentation. *Hachette-Jeunesse, 2000.* (Bibliothèque verte ; 203 c3)
ISBN 2-01-200343-5. *25 F / 3,81 €*

06315 **BONZON P-J.** Les Six compagnons et la disparue de Montélimar. Nouv. éd. *Hachette-Jeunesse, 1995.* (Bibliothèque verte ; 201 c5)
ISBN 2-01-209400-7. *26,50 F / 4,04 €*

06316 **BONZON P-J.** Les six compagnons et la fiancée de Kafi. Réimpr. *Hachette-Jeunesse, 1999.* (Bibliothèque verte ; 161 c5)
ISBN 2-01-020265-1. *26,50 F / 4,04 €*

06317 **BONZON P-J.** Les Six compagnons et la perruque rouge. Nouv. éd. *Hachette-Jeunesse, 1995.* (Bibliothèque verte ; 190 c5)
ISBN 2-01-209395-7. *26,50 F / 4,04 €*

06318 **BONZON P-J.** Les six compagnons et la radio libre. *Hachette-Jeunesse, 1995.* (Bibliothèque verte ; 187 c5)
ISBN 2-01-209358-2. *26,50 F / 4,04 €*

06319 **BONZON P-J.** Les six compagnons et le chasseur de scoop. Nouv. présentation. *Hachette-Jeunesse, 2000.* (Bibliothèque verte ; 185)
ISBN 2-01-200342-7. *25 F / 3,81 €*

06320 N **BONZON P-J.** Les six compagnons et le château maudit. Nouv. présentation. *Hachette-Jeunesse, 2000.* (Bibliothèque verte ; 181)
ISBN 2-01-200348-6. *25 F / 3,81 €*

06321 N **BONZON P-J.** Les six compagnons et le cigare volant. Nouv. présentation. *Hachette-Jeunesse, 2000.* (Bibliothèque verte ; 166 c3)
ISBN 2-01-200344-3. *25 F / 3,81 €*

06322 **BONZON P-J.** Les Six compagnons et le petit rat de l'opéra. *Hachette-Jeunesse, 1990.* (Bibliothèque verte ; 176 c6)
ISBN 2-01-014587-9. *26,50 F / 4,04 €*

06323 **BONZON P-J.** Les Six compagnons et le piano à queue. *Hachette-Jeunesse, 1990.* (Bibliothèque verte ; 189 c6)
ISBN 2-01-015571-8. *26,50 F / 4,04 €*

06324 **BONZON P. J.** Les Six compagnons et le secret de la calanque. *Hachette-Jeunesse, 1991.* (Bibliothèque verte ; 200 c8)
ISBN 2-01-017794-0. *28 F / 4,27 €*

06325 **BONZON P-J.** Les six compagnons et les agents secrets. Nouv. présentation. *Hachette-Jeunesse, 2000.* (Bibliothèque verte ; 198)
ISBN 2-01-200340-0. *25 F / 3,81 €*

06326 **BONZON P-J.** Les six compagnons et les agneaux de l'Apocalypse. *Hachette-Jeunesse, 1995.* (Bibliothèque verte ; 160 c5)
ISBN 2-01-209359-0. *26,50 F / 4,04 €*

06327 **BONZON P-J.** Les Six compagnons et les bébés phoques. *Hachette-Jeunesse, 1991.* (Bibliothèque verte ; 184 c8)
ISBN 2-01-016870-4. *26,50 F / 4,04 €*

06328 **BONZON P-J.** Les Six compagnons et les espions du ciel. *Hachette-Jeunesse, 1991.* (Bibliothèque verte ; 196 c7)
ISBN 2-01-016249-8. *26,50 F / 4,04 €*

06329 **BONZON P-J.** Les Six compagnons et les pirates du rail. *Hachette-Jeunesse, 1991.* (Bibliothèque verte ; 199 c8)
ISBN 2-01-017793-2. *26,50 F / 4,04 €*

06330 **BONZON P-J.** Les six compagnons et les piroguiers. Réimpr. *Hachette-Jeunesse, 1995.* (Bibliothèque verte ; 174 c5)
ISBN 2-01-016998-0. *26,50 F / 4,04 €*

06331 **BONZON P-J.** Les Six compagnons et les voix de la nuit. *Hachette-Jeunesse, 1991.* (Bibliothèque verte ; 193 c8)
ISBN 2-01-016995-6. *26,50 F / 4,04 €*

06332 **N** **BONZON P-J.** Les six compagnons se jettent à l'eau. Nouv. présentation. *Hachette-Jeunesse, 2000.* (Bibliothèque verte ; 195 c3)
ISBN 2-01-200346-X. *25 F / 3,81 €*

06333 **BONZON P-J., DAUTUN P.** Les six compagnons et l'énigme de la télémagie : une nouvelle aventure des personnages créés par Jean-Paul Bonzon. Nouv. éd. *Hachette-Jeunesse, 1996.* (Bibliothèque verte ; 186 c5)
ISBN 2-01-209502-X. *26,50 F / 4,04 €*

06334 **N** **BONZON P-J., SECHAN O.** Les six compagnons et le carré magique. Nouv. présentation. *Hachette-Jeunesse, 2000.* (Bibliothèque verte ; 183)
ISBN 2-01-200347-8. *25 F / 3,81 €*

06335 **BOSCO H.** L'âne Culotte. Réimpr. *Gallimard-Jeunesse, 1998.* (Folio junior ; 489. Edition spéciale)
ISBN 2-07-051363-7. *32,50 F / 4,95 €*

06336 **BOSCO H.** L'enfant et la rivière. Réimpr. *Gallimard-Jeunesse, 1998.* (Folio junior ; 455. Edition spéciale c4)
ISBN 2-07-051332-7. *32,50 F / 4,95 €*

06337 **BOSCO H.** Le renard dans l'île. Réimpr. *Gallimard-Jeunesse, 2000.* (Folio junior ; 381 c4)
ISBN 2-07-054107-X. *36 F / 5,49 €*

06338 **BOSONNET M.** L'été catastrophe !. *Flammarion-Père Castor, 2000.* (Castor-Poche ; 737. Senior)
ISBN 2-08-164292-1. *35,50 F / 5,41 €*

06339 **BOSSE M. J.** Les 79 carrés. *Flammarion-Père Castor, 1998.* (Castor-Poche ; 130. Junior cG)
ISBN 2-08-164395-2. *39 F / 5,95 €*

06340 **BOSSE M. J., FRANQUIN G.** Ganesh. Nouv. éd. *Flammarion-Père Castor, 1998.* (Castor-Poche ; 79. Senior c6)
ISBN 2-08-164474-6. *39 F / 5,95 €*

06341 **BOTTET B.** Les aventuriers des 18 mondes. *Milan, 2000.* (Milan poche junior ; 22)
ISBN 2-84113-989-1. *28 F / 4,27 €*

06342 **BOTTET B.** L'appel de la forêt. *Hemma, 1994.* (Livre club jeunesse ; 31)
ISBN 2-8006-3973-3. *26 F / 3,96 €*

06343 **BOTTET B.** Le petit Lord. *Hemma, 1992.* (Livre club jeunesse ; 20)
ISBN 2-8006-3114-7. *26 F / 3,96 €*

06344 **BOTTET B.** La petite Fadette. *Hemma, 1992.* (Livre club jeunesse ; 22)
ISBN 2-8006-3116-3. *26 F / 3,96 €*

06345 **BOUCHARD C., MEZINSKI P.** L'amour fantôme. *Magnard, 1998.* (Les fantastiques c1)
ISBN 2-210-97777-0. *43 F / 6,56 €*

06346 **BOUCHERAT O.** Charlotte en bateau. *Hemma, 2001.* (Mini-club ; 74)
ISBN 2-8006-4360-9. *21 F / 3,20 €*

06347 **BOUCHET A.** Contes et légendes des Vikings. *Pocket Jeunesse, 2000.* (Pocket junior ; 567. Mythologies)
ISBN 2-266-10044-0. *35 F / 5,34 €*

06348 **BOUDET R.** Objectif Terre !. *Milan, 1999.* (Milan poche junior ; 14)
ISBN 2-84113-950-6. *32 F / 4,88 €*

06349 **BOULLE P.** La planète des singes. Nouv. éd. *Pocket Jeunesse, 2000.* (Pocket junior ; 48. Fantastique c4)
ISBN 2-266-08630-8. *30 F / 4,57 €*

06350 **BOUR D.** Les chansons de Petit Ours Brun. *Bayard Jeunesse, 1998.* (Popi-Pomme d'api Petit Ours Brun c1)
ISBN 2-227-72537-0. *13 F / 1,98 €*

06351 **BOUR D.** Les comptines de Petit Ours Brun. *Bayard Jeunesse, 1998.* (Popi-Pomme d'api Petit Ours Brun c1)
ISBN 2-227-72536-2. *13 F / 1,98 €*

06352 **BOUR D.** Petit Ours Brun a peur du noir. *Bayard Jeunesse, 1993.* (Popi-Pomme d'api Petit Ours Brun c1)
ISBN 2-227-72501-X. *13 F / 1,98 €*

06353 **BOUR D.** Petit Ours Brun a très faim. *Bayard Jeunesse, 1995.* (Popi-Pomme d'api Petit Ours Brun c1)
ISBN 2-227-72527-3. *13 F / 1,98 €*

06354 **BOUR D.** Petit Ours Brun au toboggan. *Bayard Jeunesse, 1994.* (Popi-Pomme d'api Petit Ours Brun c1)
ISBN 2-227-72523-0. *13 F / 1,98 €*

06355 **BOUR D.** Petit Ours Brun dit non. *Bayard Jeunesse, 1993.* (Popi-Pomme d'api Petit Ours Brun c1)
ISBN 2-227-72506-0. *13 F / 1,98 €*

06356 **BOUR D.** Petit Ours Brun est malade. *Bayard Jeunesse, 1993.* (Popi-Pomme d'api Petit Ours Brun c1)
ISBN 2-227-72514-1. *13 F / 1,98 €*

06357 **BOUR D.** Petit Ours Brun et la balançoire. *Bayard Jeunesse, 1993.* (Popi-Pomme d'api Petit Ours Brun c1)
ISBN 2-227-72511-7. *13 F / 1,98 €*

06358 **BOUR D.** Petit Ours Brun et le téléphone. *Bayard Jeunesse, 1993.* (Popi-Pomme d'api Petit Ours Brun c1)
ISBN 2-227-72503-6. *13 F / 1,98 €*

06359 **BOUR D.** Petit Ours Brun et son parapluie. *Bayard Jeunesse, 1993.* (Popi-Pomme d'api Petit Ours Brun c1)
ISBN 2-227-72507-9. *13 F / 1,98 €*

06360 **BOUR D.** Petit Ours Brun et son voilier. *Bayard Jeunesse, 1998.* (Popi-Pomme d'api Petit Ours Brun c1)
ISBN 2-227-72538-9. *13 F / 1,98 €*

06361 **BOUR D.** Petit Ours Brun fait une colère. *Bayard Jeunesse, 1995.* (Popi-Pomme d'api Petit Ours Brun c1)
ISBN 2-227-72528-1. *13 F / 1,98 €*

06362 **BOUR D.** Petit Ours Brun joue à être papa. *Bayard Jeunesse, 1994.* (Popi-Pomme d'api Petit Ours Brun c1)
ISBN 2-227-72520-6. *13 F / 1,98 €*

06363 **BOUR D.** Petit Ours brun joue avec sa poupée. *Bayard, 1994.* (Popi-Pomme d'api Petit Ours Brun)
ISBN 2-227-72522-2. *13 F / 1,98 €*

06364 **BOUR D.** Petit Ours Brun joue dans la neige. *Bayard Jeunesse, 1993.* (Popi-Pomme d'api Petit Ours Brun c1)
ISBN 2-227-72513-3. *13 F / 1,98 €*

06365 **BOUR D.** Petit Ours Brun joue dans son bain. *Bayard Jeunesse, 1993.* (Popi-Pomme d'api Petit Ours Brun c1)
ISBN 2-227-72509-5. *13 F / 1,98 €*

06366 **BOUR D.** Petit Ours brun mange son oeuf. *Bayard Jeunesse, 1993.* (Popi-Pomme d'api Petit Ours Brun c1)
ISBN 2-227-72517-6. *13 F / 1,98 €*

06367 **BOUR D.** Petit Ours brun n'a pas faim. *Bayard, 1994.* (Popi-Pomme d'api Petit Ours Brun)
ISBN 2-227-72521-4. *13 F / 1,98 €*

06368 **BOUR D.** Petit Ours brun prépare son sac. Réimpr. *Bayard, 1999.* (Popi-Pomme d'api Petit Ours Brun c1)
ISBN 2-227-72508-7. *13 F / 1,98 €*

06369 **BOUR D.** Petit Ours Brun retrouve sa maman. *Bayard Jeunesse, 1993.* (Popi-Pomme d'api Petit Ours Brun c1)
ISBN 2-227-72510-9. *13 F / 1,98 €*

06370 **BOUR D.** Petit Ours brun s'amuse à faire peur. *Bayard Jeunesse, 2000.* (Popi-Pomme d'api Petit Ours Brun)
ISBN 2-227-72550-8. *12 F / 1,83 €*

06371 **BOUR D.** Petit Ours Brun s'habille. *Bayard Jeunesse, 1994.* (Popi-Pomme d'api Petit Ours Brun c1)
ISBN 2-227-72518-4. *13 F / 1,98 €*

06372 **BOUR D.** Petit Ours Brun sent les odeurs. *Bayard Jeunesse, 1995.* (Popi-Pomme d'api Petit Ours Brun c1)
ISBN 2-227-72526-5. *13 F / 1,98 €*

06373 **BOUR D.** Petit Ours Brun veut aider. *Bayard Jeunesse, 1995.* (Popi-Pomme d'api Petit Ours Brun c1)
ISBN 2-227-72525-7. *13 F / 1,98 €*

06374 **BOUR D.** Petit Ours Brun veut aller à l'école. *Bayard Jeunesse, 1993.* (Popi-Pomme d'api Petit Ours Brun c1)
ISBN 2-227-72512-5. *13 F / 1,98 €*

06375 **BOUR D.** Petit Ours Brun veut devenir grand. *Bayard Jeunesse, 1994.* (Popi-Pomme d'api Petit Ours Brun c1)
ISBN 2-227-72516-8. *13 F / 1,98 €*

06376 **BOUR D.** Petit Ours Brun veut qu'on le regarde. *Bayard Jeunesse, 1998.* (Popi-Pomme d'api Petit Ours Brun c1)
ISBN 2-227-72539-7. *13 F / 1,98 €*

06377 **BOUR D.** Petit Ours Brun veut un baiser. *Bayard Jeunesse, 1994.* (Popi-Pomme d'api Petit Ours Brun c1)
ISBN 2-227-72519-2. *13 F / 1,98 €*

06378 **BOUR D.** Petit Ours Brun veut un robot. *Bayard Jeunesse, 2000.* (Popi-Pomme d'api Petit Ours Brun c1)
ISBN 2-227-72549-4. *13 F / 1,98 €*

06379 **BOUR D., AUBINAIS M.** Petit Ours Brun a un secret. *Bayard Jeunesse, 2000.* (Popi-Pomme d'api Petit Ours Brun c1)
ISBN 2-227-72551-6. *13 F / 1,98 €*

06380 **BOUR D., AUBINAIS M.** Petit Ours Brun aime la bagarre. *Bayard Jeunesse, 2000.* (Popi-Pomme d'api Petit Ours Brun c1)
ISBN 2-227-72553-2. *13 F / 1,98 €*

06381 **BOUR D., AUBINAIS M.** Petit Ours Brun aime le dimanche. *Bayard Jeunesse, 1998.* (Popi-Pomme d'api Petit Ours Brun c1)
ISBN 2-227-72541-9. *13 F / 1,98 €*

06382 **BOUR D., AUBINAIS M.** Petit Ours Brun est fier de lui. *Bayard Jeunesse, 2000.* (Popi-Pomme d'api Petit Ours Brun c1)
ISBN 2-227-72548-6. *13 F / 1,98 €*

06383 **BOUR D., AUBINAIS M.** Petit Ours Brun est grognon. *Bayard Jeunesse, 2000.* (Popi-Pomme d'api Petit Ours Brun c1)
ISBN 2-227-72552-4. *13 F / 1,98 €*

06384 **BOUR D., AUBINAIS M.** Petit Ours Brun et son arrosoir. *Bayard Jeunesse, 1998.* (Popi-Pomme d'api Petit Ours Brun c1)
ISBN 2-227-72540-0. *13 F / 1,98 €*

06385 **BOUR D., LEBRUN C.** Petit Ours Brun et son mouchoir chéri. *Bayard Jeunesse, 1995.* (Popi-Pomme d'api Petit Ours Brun c1)
ISBN 2-227-72524-9. *13 F / 1,98 €*

06386 **BOUR D., LEBRUN C.** Petit Ours Brun joue avec son chat. *Bayard Jeunesse, 1995.* (Popi-Pomme d'api Petit Ours Brun c1)
ISBN 2-227-72529-X. *13 F / 1,98 €*

06387 **BOURGEAT P., FRANQUIN G.** Bachir et les sept épreuves. Nouv. éd. *Flammarion-Père Castor, 2000.* (Castor-Poche ; 85. Senior)
ISBN 2-08-164719-2. *25 F / 3,81 €*

06388 **BOURGEOIS W.** Les colosses de feu. *Labor, 1997.* (Espace nord junior ; 13)
ISBN 2-8040-1253-0. *34 F / 5,18 €*

06389 **BOURGUIGNON C.** José, le peintre et le bouffon. *Hachette-Jeunesse, 1996.* (Le livre de poche jeunesse ; 573. Junior c9)
ISBN 2-01-321092-2. *29 F / 4,42 €*

06390 **BOURNAUD M.** 21 contes d'ours. *Flammarion-Père Castor, 1998.* (Castor-Poche ; 663. Contes et récits c2)
ISBN 2-08-164407-X. *29,50 F / 4,50 €*

06391 **N** **BOUSSEMAERE M.** Shazam, le petit magicien. *Hemma, 2000.* (Mini-club ; 91)
ISBN 2-8006-7628-0. *21 F / 3,20 €*

06392 **BOUTIN C.** Pars, sans te retourner. *Grasset, 1999.* (Lampe de poche ; 28. 11 ans et +)
ISBN 2-246-57731-4. *42 F / 6,40 €*

06393 **BOUTIN C.** Rue du masque. *Grasset, 1997.* (Lampe de poche ; 10)
ISBN 2-246-54081-X. *35 F / 5,34 €*

06394 **BOUTIN C., CORNUEL P.** L'ordinateur fantôme. *Grasset, 1998.* (Lampe de poche ; 13)
ISBN 2-246-54071-2. *29 F / 4,42 €*

06395 **BOWIE B.** Les esprits mènent la danse. *Dapper, 1999.* (Au bout du monde)
ISBN 2-906067-47-4. *35 F / 5,34 €*

06396 **BOWIE B.** Un vélo dans la tête. *Dapper, 1998.* (Au bout du monde)
ISBN 2-906067-42-3. *35 F / 5,34 €*

06397 **BOYD L.** C'est moi qui commande !. Réimpr. *Pocket Jeunesse, 1999.* (Kid pocket ; 043 c3)
ISBN 2-266-08853-X. *26 F / 3,96 €*

06398 **BOZELLEC A.** Les Cinq vendent la peau de l'ours. *Hachette-Jeunesse, 1995.* (Bibliothèque rose ; 862 c5)
ISBN 2-01-209417-1. *26,50 F / 4,04 €*

06399 **BRADBURY R.** Un coup de tonnerre. Réimpr. *Gallimard-Jeunesse, 1992.* (Folio junior ; 664. Edition spéciale c5)
ISBN 2-07-051364-5. *36 F / 5,49 €*

06400 **BRADBURY R., MAX L. R.** Avec un chat pour édredon. *Gallimard-Jeunesse, 1998.* (Folio benjamin ; 345)
ISBN 2-07-051882-5. *28 F / 4,27 €*

06401 **BRADBURY R., MAX L. R.** Pour les chiens, c'est tous les jours Noël. *Gallimard-Jeunesse, 1998.* (Folio benjamin ; 358)
ISBN 2-07-051936-8. *28 F / 4,27 €*

06402 **BRAGANCE A.** Anibal. Réimpr. *Pocket Jeunesse, 1997.* (Pocket junior ; 269. Références c4)
ISBN 2-266-08902-1. *30 F / 4,57 €*

06403 **N** **BRAMI M.** Vis ta vie Nina. *Grasset, 2000.* (Lampe de poche ; 47. 11 ans et +)
ISBN 2-246-60011-1. *42 F / 6,40 €*

06404 **BRANFIELD J.** Pour une barre de chocolat. *Flammarion-Père Castor, 1989.* (Castor-Poche ; 253. Junior c6)
ISBN 2-08-161986-5. *39 F / 5,95 €*

06405 **A** **BRANFORD H.** Avril est en danger. *Gallimard-Jeunesse, 2001.* (Folio cadet ; 413 c3)
ISBN 2-07-054154-1. *30 F / 4,57 €*

06406 **BRANFORD H.** Superbébé. *Gallimard-Jeunesse, 1999.* (Folio cadet ; 373 c3)
ISBN 2-07-052221-0. *30 F / 4,57 €*

06407 **BRANLEY F. M.** Top chrono. *Flammarion-Père Castor, 1998.* (Castor doc ; 22)
ISBN 2-08-163846-0. *34 F / 5,18 €*

06408 **BRANTÔME M.** Sans honte et sans regret. *Gallimard-Jeunesse, 1998.* (Frontières ; 1 c7)
ISBN 2-07-052225-3. *44 F / 6,71 €*

06409 **A** **BRAUD F.** Le couteau de Pépé. *Syros, 2001.* (Mini Souris sentiments c1)
ISBN 2-84146-917-4. *19 F / 2,90 €*

06410 **BRAVO-VILLASANTE C.** 17 contes d'Espagne. *Flammarion-Père Castor, 2000.* (Castor-Poche. Senior)
ISBN 2-08-164718-4. *32,50 F / 4,95 €*

06411 **BRAVO-VILLASANTE C.** Les Trois oranges d'amour. *Flammarion-Père Castor, 1987.* (Castor-Poche ; 185 c4)
32 F / 4,88 €

06412 **BRÉHON N-J.** Une décharge de trop. *Syros, 2000.* (Souris verte ; 29)
ISBN 2-84146-747-3. *32 F / 4,88 €*

06413 **BRÉHON N-J.** Du troc à l'euro. *Flammarion-Père Castor, 1998.* (Castor doc ; 26)
ISBN 2-08-163844-4. *38 F / 5,79 €*

06414 **BRENNAN J. H.** L'antre des dragons. Réimpr. *Gallimard-Jeunesse, 1999.* (Un Livre dont vous êtes le héros ; 314. La Quête du Graal ; 2 c5)
ISBN 2-07-050677-0. *36 F / 5,49 €*

06415 **BRENNAN J. H.** Au royaume de l'épouvante. *Gallimard-Jeunesse, 1997.* (Un Livre dont vous êtes le héros ; 349. La Quête du Graal ; 5 c5)
ISBN 2-07-050939-7. *36 F / 5,49 €*

06416 **BRENNAN J. H.** Le Château de Dracula. *Gallimard-Jeunesse, 1997.* (Un Livre dont vous êtes le héros ; 401. Epouvante! ; 1 c5)
ISBN 2-07-050936-2. *36 F / 5,49 €*

06417 **BRENNAN J. H.** Le Château des ténèbres. *Gallimard-Jeunesse, 1997.* (Un Livre dont vous êtes le héros ; 315. La Quête du Graal ; 1 c5)
ISBN 2-07-050937-0. *36 F / 5,49 €*

06418 **BRENNAN J. H.** Frankenstein le maudit. *Gallimard-Jeunesse, 1996.* (Un Livre dont vous êtes le héros ; 402. Epouvante! ; 2 c5)
ISBN 2-07-050675-4. *36 F / 5,49 €*

06419 **BRENNAN J. H.** La Horde des démons. *Gallimard-Jeunesse, 1997.* (Un Livre dont vous êtes le héros ; 318. Loup Ardent ; 1 c5)
ISBN 2-07-050940-0. *36 F / 5,49 €*

06420 **BRENNAN J. H.** La Légion des morts. *Gallimard-Jeunesse, 1997.* (Un Livre dont vous êtes le héros ; 419. La Quête du Graal ; 8 c5)
ISBN 2-07-050963-X. *36 F / 5,49 €*

06421 **BRENNAN J. H.** Les Maîtres du mal. *Gallimard-Jeunesse, 1997.* (Un Livre dont vous êtes le héros ; 334. Loup Ardent ; 4 c5)
ISBN 2-07-050942-7. *36 F / 5,49 €*

06422 **BRENNAN J. H.** Les portes de l'au-delà. Réimpr. *Gallimard-Jeunesse, 1999.* (Un Livre dont vous êtes le héros ; 328. La Quête du Graal ; 3 c5)
ISBN 2-07-050676-2. *36 F / 5,49 €*

06423 **BRENNAN J. H.** Le Temps de la malédiction. *Gallimard-Jeunesse, 1997.* (Un Livre dont vous êtes le héros ; 363. La Quête du Graal ; 6 c5)
ISBN 2-07-050961-3. *36 F / 5,49 €*

06424 **BRENNAN J. H.** L'Ultime combat de la horde. *Gallimard-Jeunesse, 1997.* (Un Livre dont vous êtes le héros ; 331. Loup Ardent ; 3 c5)
ISBN 2-07-050941-9. *36 F / 5,49 €*

06425 **BRENNAN J. H.** Le Voyage de l'effroi. *Gallimard-Jeunesse, 1997.* (Un Livre dont vous êtes le héros ; 329. La Quête du Graal ; 4 c5)
ISBN 2-07-050938-9. *36 F / 5,49 €*

06426 **BRESNER L.** Lully de Chine en Chine. *Gallimard-Jeunesse, 2000.* (Folio junior ; 1042. Drôles d'aventures ; 21 c3)
ISBN 2-07-052380-2. *30 F / 4,57 €*

06427 **BRETAGNE J-M.** Une fée maladroite : nouvelles. *Gallimard-Jeunesse, 1999.* (Frontières ; 7 c4)
ISBN 2-07-052389-6. *32,50 F / 4,95 €*

06428 **BRIDWELL N.** L'enfance de Ketchup. Réimpr. *Pocket Jeunesse, 1998.* (Kid pocket ; 128 c2)
ISBN 2-266-09121-2. *23 F / 3,51 €*

06429 **BRIDWELL N.** Ketchup et le chaton. Réimpr. *Pocket Jeunesse, 1998.* (Kid pocket ; 64 c3)
ISBN 2-266-08834-3. *23 F / 3,51 €*

06430 **BRISOU-PELLEN E.** A l'heure des chiens. *Rageot, 1995.* (Cascade. Policier c2)
ISBN 2-7002-2345-4. *46 F / 7,01 €*

06431 **BRISOU-PELLEN E.** L'année du deuxième fantôme. *Hachette-Jeunesse, 1996.* (Le livre de poche jeunesse ; 569. Junior c8)
ISBN 2-01-321585-1. *28 F / 4,27 €*

06432 **BRISOU-PELLEN E.** La bague aux trois hermines. *Milan, 1999.* (Milan poche junior ; 17)
ISBN 2-84113-953-0. *32 F / 4,88 €*

06433 **[A]** **BRISOU-PELLEN E.** Le chevalier de Haute-Terre. *Gallimard-Jeunesse, 2001.* (Folio junior ; 1138 c5)
ISBN 2-07-054457-5. *44 F / 6,71 €*

06434 **BRISOU-PELLEN E.** Le chevalier qui ne savait pas lire. *Rageot, 1999.* (Cascade. Contes c1)
ISBN 2-7002-2518-X. *42 F / 6,40 €*

06435 **BRISOU-PELLEN E.** Les Cinq écus de Bretagne. *Hachette-Jeunesse, 1993.* (Le livre de poche jeunesse ; 453. Junior c10)
ISBN 2-01-020026-8. *31 F / 4,73 €*

06436 **BRISOU-PELLEN E.** Comment vivre 7 vies sans avoir mal aux pieds. *Rageot, 1997.* (Cascade. 7-9 ans c1)
ISBN 2-7002-2467-1. *44 F / 6,71 €*

06437 **BRISOU-PELLEN E.** La cour aux étoiles. *Rageot, 1996.* (Cascade. 11-13 ans c3)
ISBN 2-7002-2365-9. *48 F / 7,32 €*

06438 **BRISOU-PELLEN E.** Un crâne percé d'un trou. *Gallimard-Jeunesse, 1998.* (Folio junior ; 929 c4)
ISBN 2-07-051946-5. *32,50 F / 4,95 €*

06439 **BRISOU-PELLEN E.** Le défi des druides. Réimpr. *Gallimard-Jeunesse, 1994.* (Folio junior ; 718 c5)
ISBN 2-07-051628-8. *36 F / 5,49 €*

06440 **[N]** **BRISOU-PELLEN E.** Deux graines de cacao. *Hachette-Jeunesse, 2001.* (Le livre de poche jeunesse ; 748. Junior c11)
ISBN 2-01-321803-6. *33 F / 5,03 €*

06441 **BRISOU-PELLEN E.** Le fantôme de maître Guillemin. Réimpr. *Gallimard-Jeunesse, 1996.* (Folio junior ; 770 c3)
ISBN 2-07-051806-X. *30 F / 4,57 €*

06442 **[N]** **BRISOU-PELLEN E.** L'héritier du désert. *Hachette-Jeunesse, 2000.* (Le livre de poche jeunesse ; 720. Junior c10)
ISBN 2-01-321778-1. *31 F / 4,73 €*

06443 **[N]** **BRISOU-PELLEN E.** Himalaya : l'enfance d'un chef. Nouv. éd. *Pocket, 2000.* (Pocket junior ; 531 c4B)
ISBN 2-266-10648-1. *32 F / 4,88 €*

06444 **BRISOU-PELLEN E.** L'inconnu du donjon. Réimpr. *Gallimard-Jeunesse, 1997.* (Folio junior ; 809 c4)
ISBN 2-07-058509-3. *32,50 F / 4,95 €*

06445 **BRISOU-PELLEN E.** La maison aux 52 portes. *Pocket Jeunesse, 2000.* (Pocket junior ; 570 c4)
ISBN 2-266-09978-7. *30 F / 4,57 €*

06446 **BRISOU-PELLEN E.** Le maître de la septième porte. *Rageot ; Amitié, 1999.* (Cascade. 11-13 ans c3)
ISBN 2-7002-2548-1. *48 F / 7,32 €*

06447 **BRISOU-PELLEN E.** Mon extraterrestre préféré. *Rageot, 1999.* (Cascade. 7-9 ans c1)
ISBN 2-7002-2572-4. *44 F / 6,71 €*

06448 **BRISOU-PELLEN E.** Mystère au point mort. *Rageot, 1999.* (Cascade. Policier)
ISBN 2-7002-2584-8. *46 F / 7,01 €*

06449 **BRISOU-PELLEN E.** Le mystère de la nuit des pierres. *Rageot, 1989.* (Cascade. 11-13 ans c3)
ISBN 2-7002-1020-4. *48 F / 7,32 €*

06450 **BRISOU-PELLEN E.** Le mystère Eléonore. *Gallimard-Jeunesse, 1999.* (Folio junior ; 962 c3)
ISBN 2-07-052454-X. *30 F / 4,57 €*

06451 **BRISOU-PELLEN E.** Les pèlerins maudits. *Gallimard-Jeunesse, 1999.* (Folio junior ; 1003 c4)
ISBN 2-07-052726-3. *32,50 F / 4,95 €*

06452 **BRISOU-PELLEN E.** La plus grosse bêtise. *Rageot, 1999.* (Cascade. 7-9 ans c1)
ISBN 2-7002-2604-6. *44 F / 6,71 €*

06453 **BRISOU-PELLEN E.** Les Portes de Vannes. *Hachette-Jeunesse, 1993.* (Le livre de poche jeunesse ; 475 c10)
ISBN 2-01-020027-6. *31 F / 4,73 €*

06454 **BRISOU-PELLEN E.** Prisonnière des Mongols. *Rageot, 1996.* (Cascade c2)
ISBN 2-7002-2366-7. *46 F / 7,01 €*

06455 **N** **BRISOU-PELLEN E.** Prisonnière des Mongols. Réimpr. *Rageot, 2000.* (Cascade c2)
ISBN 2-7002-2616-X. *46 F / 7,01 €*

06456 **BRISOU-PELLEN E.** Le roi de Trouille-les-Pétoches. Nouv. éd. *Rageot, 1999.* (Cascade. Contes)
ISBN 2-7002-2520-1. *42 F / 6,40 €*

06457 **BRISOU-PELLEN E.** Un si terrible secret. *Rageot, 1997.* (Cascade. Pluriel c1)
ISBN 2-7002-2461-2. *44 F / 6,71 €*

06458 **BRISOU-PELLEN E.** Le trésor des Aztèques. Nouv. éd. *Flammarion-Père Castor, 1998.* (Castor-Poche ; 171 cC)
ISBN 2-08-164617-X. *25 F / 3,81 €*

06459 **BRISOU-PELLEN E.** Le Trésor des deux chouettes. *Rageot, 1991.* (Cascade. 7-9 ans c1)
ISBN 2-7002-1112-X. *44 F / 6,71 €*

06460 **BRISOU-PELLEN E.** La vengeance de la momie. *Hachette-Jeunesse, 1995.* (Le livre de poche jeunesse ; 525 c5)
ISBN 2-01-321076-0. *26,50 F / 4,04 €*

06461 **BRISOU-PELLEN E.** Du venin dans le miel. *Rageot, 2000.* (Cascade. Policier)
ISBN 2-7002-2643-7. *48 F / 7,32 €*

06462 **BRISOU-PELLEN E.** La voix du volcan. *Rageot, 1993.* (Cascade. 11-13 ans c3)
ISBN 2-7002-2043-9. *48 F / 7,32 €*

06463 **BRISOU-PELLEN E.** Le Vrai prince Thibault. *Rageot, 1994.* (Cascade. 7-9 ans c1)
ISBN 2-7002-2124-9. *44 F / 6,71 €*

06464 **BRISOU-PELLEN E.** La vraie princesse Aurore. *Rageot, 1995.* (Cascade. 7-9 ans c1)
ISBN 2-7002-2341-1. *44 F / 6,71 €*

06465 **BRISOU-PELLEN E., DAVOT F.** L'étrange chanson de Sveti. Nouv. éd. *Flammarion-Père Castor, 1998.* (Castor-Poche ; 123 c4)
ISBN 2-08-164460-6. *32,50 F / 4,95 €*

06466 **BRISOU-PELLEN E., DE GIETER L.** La cité des scribes. *Pocket Jeunesse, 1998.* (Papyrus; 3)(Pocket junior ; 428. Télévision c3)
ISBN 2-266-08457-7. *26 F / 3,96 €*

06467 **BRISOU-PELLEN E., DE GIETER L.** La momie engloutie. *Pocket Jeunesse, 1998.* (Papyrus; 1)(Pocket junior ; 426. Télévision c3)
ISBN 2-266-08454-2. *26 F / 3,96 €*

06468 **BRISOU-PELLEN E., DE GIETER L.** La plume d'or du grand faucon. *Pocket Jeunesse, 1998.* (Papyrus; 4)(Pocket junior ; 429. Télévision c3)
ISBN 2-266-08458-5. *26 F / 3,96 €*

06469 **BRISOU-PELLEN E., DE GIETER L.** Le réveil du Sphinx rouge. *Pocket Jeunesse, 1998.* (Papyrus; 6)(Pocket junior ; 431. Télévision c3)
ISBN 2-266-08459-3. *26 F / 3,96 €*

06470 **BRISOU-PELLEN E., DE GIETER L.** Le triomphe de Bastet. *Pocket Jeunesse, 1998.* (Papyrus; 5)(Pocket junior ; 430. Télévision c3)
ISBN 2-266-08456-9. *26 F / 3,96 €*

06471 **BRISOU-PELLEN E., PUIG ROSADO F.** Un roi beaucoup trop gourmand. Nouv. éd. *Bayard, 1997.* (J'aime lire ; 36 c1)
ISBN 2-227-72734-9. *27 F / 4,12 €*

06472 **BRISSAC E. d.** Grabuge et l'indomptable Amélie. *Gallimard-Jeunesse, 1999.* (Folio cadet ; 212 c3)
ISBN 2-07-052483-3. *30 F / 4,57 €*

06473 **BRÖGER A.** Tu me plais. *Flammarion-Père Castor, 1995.* (Castor-Poche ; 497. Senior c5)
ISBN 2-08-164079-1. *35,50 F / 5,41 €*

06474 **A** **BROOKE L.** Après l'orage... *Pocket Jeunesse, 2001.* (Heartland, le refuge; 2)(Pocket junior ; 690)
ISBN 2-266-09961-2

06475 **A** **BROOKE L.** Un choix difficile... *Pocket Jeunesse, 2001.* (Heartland, le refuge; 4)(Pocket junior ; 692)
ISBN 2-266-09963-9

06476 **A** **BROOKE L.** Je reste !. *Pocket Jeunesse, 2001.* (Heartland, le refuge; 1)(Pocket junior ; 689)
ISBN 2-266-09960-4

06477 **A** **BROOKE L.** Une nouvelle chance ?. *Pocket Jeunesse, 2001.* (Heartland, le refuge; 3)(Pocket junior ; 691)
ISBN 2-266-09962-0

06478 **BROUILLET C.** Les collégiens mènent l'enquête. Nouv. éd. *Pocket Jeunesse, 2000.* (Pocket junior ; 273. Policier c3)
ISBN 2-266-08852-1. *26 F / 3,96 €*

06479 **N** **BROUTIN C.** Comptines du temps qu'il fait. *Actes Sud junior, 2000.* (Les petits bonheurs c1)
ISBN 2-7427-2943-7. *39 F / 5,95 €*

06480 **BROWN J., ROSS T.** Clément aplati. Réimpr. *Gallimard-Jeunesse, 1998.* (Folio cadet ; 196 c6)
ISBN 2-07-051799-3. *41 F / 6,25 €*

06481 **BROWN K.** Le Noël de Salsifi. *Gallimard-Jeunesse, 1999.* (Folio benjamin ; 386 c2)
ISBN 2-07-052656-9. *28 F / 4,27 €*

06482 **BROWN K.** Pourquoi pas moi?. Réimpr. *Gallimard-Jeunesse, 1999.* (Folio benjamin ; 237 c2)
ISBN 2-07-050570-7. *28 F / 4,27 €*

06483 **BROWN K.** Salsifi ça suffit !. *Gallimard-Jeunesse, 1999.* (Folio benjamin ; 367 c2)
ISBN 2-07-051246-0. *28 F / 4,27 €*

06484 **N** **BROWN K.** Salsifi, sauve-toi vite !. *Gallimard-Jeunesse, 2000.* (Folio benjamin ; 409 c3)
ISBN 2-07-054239-4. *30 F / 4,57 €*

06485 **N** **BROWN R.** Boule de Noël : l'histoire vraie d'un chat. *Gallimard-Jeunesse, 2000.* (Folio benjamin ; 408)
ISBN 2-07-054401-X. *30 F / 4,57 €*

06486 **BROWN R.** Crapaud. *Gallimard-Jeunesse, 1998.* (Folio benjamin ; 330)
ISBN 2-07-050344-5. *28 F / 4,27 €*

06487 **BROWN R.** Doudou. *Gallimard-Jeunesse, 1999.* (Folio benjamin ; 368 c2)
ISBN 2-07-051247-9. *28 F / 4,27 €*

06488 **BROWN R.** Une histoire sombre... très sombre. Réimpr. *Gallimard-Jeunesse, 1998.* (Folio benjamin ; 95 c3)
ISBN 2-07-050571-5. *30 F / 4,57 €*

06489 **BROWN R.** Petit ange. *Gallimard-Jeunesse, 1999.* (Folio benjamin ; 389 c2)
ISBN 2-07-052850-2. *28 F / 4,27 €*

06490 **BROYDE L., BALLOUHEY P.** Mobiles. *Milan, 1998.* (Carnets de nature c1)
ISBN 2-84113-624-8. *34 F / 5,18 €*

06491 **BRULET G.** Poèmes à l'air libre. *Hachette-Jeunesse, 1996.* (Le livre de poche jeunesse ; 1050. Cadet c5)
ISBN 2-01-321374-3. *26,50 F / 4,04 €*

06492 **BRUMPTON K.** Le shérif à quatre pattes. Réimpr. *Pocket Jeunesse, 1999.* (Kid pocket ; 245 c04)
ISBN 2-266-08648-0. *30 F / 4,57 €*

06493 **BRUN-COSME N.** Le gardien du château. *Flammarion-Père Castor, 1997.* (Castor-Poche ; 616. Senior)
ISBN 2-08-164297-2. *19,50 F / 2,97 €*

06494 **BRYAN A.** Le boeuf aux cornes magiques : contes d'Afrique noire. Nouv. éd. *Flammarion-Père Castor, 1998.* (Castor-Poche ; 169 cE)
ISBN 2-08-164493-2. *32,50 F / 4,95 €*

06495 **N** **BRYANT B.** Une amie pour le club. *Bayard Jeunesse, 2001.* (Passion de lire ; 629. Grand galop c1)
ISBN 2-7470-0055-9. *29 F / 4,42 €*

06496 **N** **BRYANT B.** Anniversaire au club. *Bayard Jeunesse, 2000.* (Passion de lire ; 625. Grand galop c1)
ISBN 2-227-75737-X. *29 F / 4,42 €*

06497 **BRYANT B.** Aventures au Far West. *Bayard, 1999.* (Passion de lire ; 610. Grand galop c1)
ISBN 2-227-73876-6. *29 F / 4,42 €*

06498 **BRYANT B.** Un cheval pour pleurer. *Bayard, 1999.* (Passion de lire ; 607. Grand galop c1)
ISBN 2-227-73866-9. *29 F / 4,42 €*

06499 **BRYANT B.** Le club prend des risques. *Bayard, 1999.* (Passion de lire ; 612. Grand galop c1)
ISBN 2-227-73879-0. *29 F / 4,42 €*

06500 **BRYANT B.** Un concours à New York. *Bayard, 1999.* (Passion de lire ; 611. Grand galop c1)
ISBN 2-227-73873-1. *28,50 F / 4,34 €*

06501 **A** **BRYANT B.** Coup de théâtre au pin creux. *Bayard Jeunesse, 2001.* (Passion de lire ; 630. Grand galop c1)
ISBN 2-7470-0050-8. *29 F / 4,42 €*

06502 **BRYANT B.** Coups de coeur au club. *Bayard, 1999.* (Passion de lire ; 609. Grand galop)
ISBN 2-227-73886-3. *29 F / 4,42 €*

06503 **N** **BRYANT B.** Un défi pour le club. *Bayard Jeunesse, 2000.* (Passion de lire ; 622. Grand galop c1)
ISBN 2-227-75723-X. *29 F / 4,42 €*

06504 **BRYANT B.** En vacances au ranch. *Bayard, 1998.* (Passion de lire ; 604. Grand galop)
ISBN 2-227-72969-4. *29 F / 4,42 €*

06505 **N** **BRYANT B.** Une escapade orageuse. *Bayard Jeunesse, 2000.* (Passion de lire ; 627. Grand galop c1)
ISBN 2-227-75731-0. *29 F / 4,42 €*

06506 **BRYANT B.** Une étoile pour le club. *Bayard, 1998.* (Passion de lire ; 603. Grand galop)
ISBN 2-227-72961-9. *29 F / 4,42 €*

06507 **A** **BRYANT B.** Une étrange maladie. *Bayard Jeunesse, 2001.* (Passion de lire ; 631. Grand galop c1)
ISBN 2-7470-0051-6. *29 F / 4,42 €*

06508 **N** **BRYANT B.** Une fiancée pour Max !. *Bayard Jeunesse, 2001.* (Passion de lire ; 628. Grand galop c1)
ISBN 2-227-75739-6. *29 F / 4,42 €*

06509 **BRYANT B.** Il faut sauver le club. *Bayard, 1998.* (Passion de lire ; 602. Grand galop)
ISBN 2-227-72970-8. *29 F / 4,42 €*

06510 **N** **BRYANT B.** Lune de miel au Pin creux. *Bayard Jeunesse, 2000.* (Passion de lire ; 624. Grand galop c1)
ISBN 2-227-75730-2. *29 F / 4,42 €*

06511 **N** **BRYANT B.** Une naissance au club. Nouv. éd. *Bayard Jeunesse, 2001.* (Passion de lire ; 608. Grand galop c1)
ISBN 2-7470-0190-3. *29 F / 4,42 €*

06512 **N** **BRYANT B.** Panique au Pin creux. *Bayard Jeunesse, 2000.* (Passion de lire ; 621. Grand galop c1)
ISBN 2-227-75712-4. *29 F / 4,42 €*

06513 **BRYANT B.** Un poulain en danger. *Bayard, 1999.* (Passion de lire ; 613. Grand galop c1)
ISBN 2-227-73887-1. *28,50 F / 4,34 €*

06514 **BRYANT B.** Une randonnée très périlleuse. *Bayard Jeunesse, 2000.* (Passion de lire ; 618. Grand galop c1)
ISBN 2-227-75703-5. *29 F / 4,42 €*

06515 **BRYANT B.** Rodéo pour le club. *Bayard, 1999.* (Passion de lire ; 614. Grand galop c1)
ISBN 2-227-73882-0. *29 F / 4,42 €*

06516 **BRYANT B.** Une sacrée équipe. *Bayard, 1999.* (Passion de lire ; 616. Grand galop c1)
ISBN 2-227-73891-X. *29 F / 4,42 €*

06517 **BRYANT B.** Un si lourd secret. *Bayard, 2000.* (Passion de lire ; 620. Grand galop c1)
ISBN 2-227-75713-2. *29 F / 4,42 €*

06518 **BRYANT B.** Une star au Pin creux. *Bayard, 2000.* (Passion de lire ; 619. Grand galop)
ISBN 2-227-75714-0. *29 F / 4,42 €*

06519 **BRYANT B.** Tricheries au club. *Bayard, 1998.* (Passion de lire ; 605. Grand galop)
ISBN 2-227-72971-6. *28,50 F / 4,34 €*

06520 **BRYANT B.** Les trois font la paire. *Bayard, 1998.* (Passion de lire ; 601. Grand galop)
ISBN 2-227-73830-8. *29 F / 4,42 €*

06521 **N** **BRYANT B.** Des vacances mouvementées. *Bayard Jeunesse, 2000.* (Passion de lire ; 623. Grand galop c1)
ISBN 2-227-75754-X. *28,50 F / 4,34 €*

06522 **BUCHAN J.** Les trente-neuf marches. *Flammarion-Père Castor, 1995.* (Castor-Poche ; 528. Senior c5)
ISBN 2-08-164161-5. *35,50 F / 5,41 €*

06523 **BUCHANAN D. S.** Le goût des mures. *Gallimard-Jeunesse, 1999.* (Folio cadet ; 310 c7)
ISBN 2-07-052480-9. *44 F / 6,71 €*

06524 **BUCKERIDGE A.** Bennett et sa cabane. *Hachette-Jeunesse, 1979.* (Le livre de poche jeunesse ; 7 c9)
ISBN 2-01-020896-X. *29 F / 4,42 €*

06525 **N** **BUISSET D.** Course poursuite à l'italienne. Réimpr. *Flammarion-Père Castor, 2000.* (Castor-Poche ; 577. Senior c3)
ISBN 2-08-164523-8. *29,50 F / 4,50 €*

06526 **BUISSET D.** Les douze travaux d'Hercule. Nouv. éd. *Flammarion-Père Castor, 1998.* (Castor-Poche ; 618. Junior cE)
ISBN 2-08-164496-7. *32,50 F / 4,95 €*

06527 **BUISSET D.** Marseille, de Phocée à César. *Flammarion-Père Castor, 1999.* (Castor-Poche ; 728. Senior)
ISBN 2-08-164582-3. *32,50 F / 4,95 €*

06528 **BUISSON V.** L'Algérie ou La mort des autres. Réimpr. *Gallimard-Jeunesse, 2000.* (Folio junior ; 201 c4)
ISBN 2-07-054240-8. *28 F / 4,27 €*

06529 **BULLA C. R.** Sarah Ida. Réimpr. *Pocket Jeunesse, 1998.* (Kid pocket c3)
ISBN 2-266-08660-X. *26 F / 3,96 €*

06530 **BULLIT P.** Je ne veux plus jamais avoir 13 ans. *Hachette-Jeunesse, 1998.* (Le livre de poche jeunesse ; 661. Senior c9)
ISBN 2-01-321619-X. *29 F / 4,42 €*

06531 **BUNTING E., MADDAUGH S.** Bonne fête papa !. Nouv. éd. *Pocket Jeunesse, 1999.* (Kid pocket ; 216 c03)
ISBN 2-266-09504-8. *26 F / 3,96 €*

06532 **BURGESS M.** Le cri du loup. Nouv. éd. *Pocket Jeunesse, 1998.* (Pocket junior ; 230. C'est ça la vie ! c5)
ISBN 2-266-08627-8. *35 F / 5,34 €*

06533 **BURGESS M.** La déroute. *Gallimard-Jeunesse, 1999.* (Frontières ; 14 c8)
ISBN 2-07-052781-6. *46 F / 7,01 €*

06534 **BURGESS M.** L'esprit du tigre. *Gallimard-Jeunesse, 1999.* (Folio junior ; 1005)
ISBN 2-07-052791-3. *32,50 F / 4,95 €*

06535 **BURGESS M.** Un été au bord du fleuve. *Gallimard-Jeunesse, 1999.* (Page blanche ; 54 c7)
ISBN 2-07-052956-8. *44 F / 6,71 €*

06536 **BURGESS M.** Géante. *Gallimard-Jeunesse, 2000.* (Folio junior ; 1032 c4)
ISBN 2-07-052792-1. *32,50 F / 4,95 €*

06537 **BURGESS M.** Isa, la sorcière. *Hachette-Jeunesse, 1998.* (Le livre de poche jeunesse ; 673. Senior c10)
ISBN 2-01-321669-6. *31 F / 4,73 €*

06538 **N** **BURGESS M.** Une promesse pour May. *Gallimard-Jeunesse, 2001.* (Folio junior ; 1119 c3)
ISBN 2-07-052795-6. *30 F / 4,57 €*

06539 **BURGESS M.** Un trésor dans la Tamise. *Hachette-Jeunesse, 2000.* (Le livre de poche jeunesse ; 713. Junior c5)
ISBN 2-01-321761-7. *26,50 F / 4,04 €*

06540 **N** **BURGESS M.** Le voleur de rapaces. *Pocket Jeunesse, 2000.* (Pocket junior ; 590 c6)
ISBN 2-266-08615-4. *38 F / 5,79 €*

06541 **BURNETT F. H.** Le jardin secret. Réimpr. *Gallimard-Jeunesse, 1992.* (Folio junior ; 559 c6)
ISBN 2-07-051844-2. *41 F / 6,25 €*

06542 **BURNETT F. H.** Le jardin secret. Nouv. éd. *Flammarion-Père Castor, 1998.* (Castor-Poche ; 295. Junior cJ)
ISBN 2-08-164448-7. *49 F / 7,47 €*

06543 **BURNETT F. H.** Le petit lord Fauntleroy. *Hachette-Jeunesse, 1992.* (Le livre de poche jeunesse ; 377. Cadet c11)
ISBN 2-01-321432-4. *33 F / 5,03 €*

06544 **BURNETT F. H.** La petite princesse. Réimpr. *Gallimard-Jeunesse, 1999.* (Folio junior ; 659 c6)
ISBN 2-07-051994-5. *41 F / 6,25 €*

06545 **N** **BUSINO J-J.** Classe foot. *Syros, 2000.* (Souris noire ; 46 c1)
ISBN 2-84146-820-8. *32 F / 4,88 €*

06546 **N** **BUSTARRET N., APPEL-MERTINY H.** Champignons des bois et des prés. Réimpr. *Milan, 2000.* (Carnets de nature ; 11 c1)
ISBN 2-84113-240-4. *34 F / 5,18 €*

6547 **BUSTARRET N., LOCOSTE N.** Fleur d'eau douce. *Milan, 1998.* (Carnets de nature c1)
ISBN 2-84113-625-6. *34 F / 5,18 €*

6548 **BUSTARRET N., LOCOSTE N.** Fleurs des champs. *Milan, 1996.* (Carnets de nature ; 29 c1)
ISBN 2-84113-402-4. *34 F / 5,18 €*

6549 **BUTLINE N.** Buffalo Bill. *Hemma, 1999.* (Livre club jeunesse ; 64)
ISBN 2-8006-6752-4. *26 F / 3,96 €*

6550 [N] **BUZZATI D.** Le chien qui a vu Dieu. Réimpr. *Pocket Jeunesse, 2000.* (Pocket junior ; 287. Contes c3)
ISBN 2-266-09441-6. *26 F / 3,96 €.*

6551 **BUZZATI D.** La fameuse invasion de la Sicile par les ours. Réimpr. *Gallimard-Jeunesse, 1998.* (Folio junior ; 490. Edition spéciale)
ISBN 2-07-051365-3. *30 F / 4,57 €*

6552 **BYARS B.** Balles de flipper. Nouv. éd. *Flammarion-Père Castor, 1998.* (Castor-Poche ; 86 cD)
ISBN 2-08-164424-X. *29,50 F / 4,50 €*

6553 **BYARS B.** Cap sur l'Ouest. *Flammarion-Père Castor, 1995.* (Castor-Poche ; 532. Senior c6)
ISBN 2-08-162281-5. *39 F / 5,95 €*

6554 **BYARS B.** Comme à la télé. Nouv. éd. *Flammarion-Père Castor, 1999.* (Castor-Poche ; 73 cD)
ISBN 2-08-164618-8. *29,50 F / 4,50 €*

6555 **BYARS B.** Piscine de nuit. *Flammarion-Père Castor, 1998.* (Castor-Poche ; 629. Junior)
ISBN 2-08-164316-2. *32,50 F / 4,95 €*

6556 **BYARS B.** Rude journée pour Sara !. Nouv. éd. *Flammarion-Père Castor, 1999.* (Castor-Poche ; 157 cE)
ISBN 2-08-164559-9. *32,50 F / 4,95 €*

6557 **BYARS B.** Les sept chasses au trésor. Nouv. éd. *Flammarion-Père Castor, 1998.* (Castor-Poche ; 495. Junior c1)
ISBN 2-08-164349-9. *19,50 F / 2,97 €*

6558 **BYARS B., BEAUJARD Y.** Ma renarde de minuit. Réimpr. *Flammarion-Père Castor, 1999.* (Castor-Poche ; 97. Junior c5)
ISBN 2-08-164603-X. *35,50 F / 5,41 €*

6559 **C'était la guerre.** *Hachette-Jeunesse, 1996.* (Courts toujours ! c17)
ISBN 2-01-209521-6. *49 F / 7,47 €*

6560 **Ça ne se fait pas ?.** *Hachette-Jeunesse, 1996.* (Courts toujours ! c17)
ISBN 2-01-209524-0. *49 F / 7,47 €*

6561 [N] **CABAN G.** La lettre allemande ; suivi de Arthur. *Gallimard-Jeunesse, 2000.* (Folio junior ; 1097 c2)
ISBN 2-07-054257-2. *27 F / 4,12 €*

6562 **CABAN G.** La peur au rendez-vous. *Gallimard-Jeunesse, 2000.* (Folio junior ; 1038 c2)
ISBN 2-07-054088-X. *28 F / 4,27 €*

06563 **CABAN G., MODIANO Z.** Je t'écris, j'écris... Réimpr. *Gallimard-Jeunesse, 1995.* (Folio cadet ; 315 c7)
ISBN 2-07-052476-0. *44 F / 6,71 €*

06564 [N] **CABROL E.** Comment cuisiner un cochon. *Milan, 2000.* (Milan poche benjamin ; 18 c1)
ISBN 2-7459-0121-4. *24 F / 3,66 €*

06565 **CAGE-FLORENTINY N.** Confidentiel. *Dapper, 2000.* (Au bout du monde)
ISBN 2-906067-56-3. *30 F / 4,57 €*

06566 **CAHOUR C.** Adieu Benjamin. *Rageot, 1995.* (Cascade. 11-13 ans c2)
ISBN 2-7002-2303-9. *46 F / 7,01 €*

06567 **CAHOUR C.** Champions les rollers !. *Rageot, 1997.* (Cascade. 7-9 ans c1)
ISBN 2-7002-2469-8. *44 F / 6,71 €*

06568 **CAHOUR C.** Clément cherche la petite bête. *Rageot, 1999.* (Cascade. 7-9 ans c1)
ISBN 2-7002-2601-1. *44 F / 6,71 €*

06569 **CAHOUR C.** Deux poisons dans l'eau. *Rageot, 1996.* (Cascade. 9-11 ans c2)
ISBN 2-7002-2385-3. *46 F / 7,01 €*

06570 **CAHOUR C.** Loisillon la terreur. Réimpr. *Flammarion-Père Castor, 1999.* (Castor-Poche ; 512. Junior c1)
ISBN 2-08-164606-4. *19,50 F / 2,97 €*

06571 **CAHOUR C.** Loulou la Menace. *Rageot, 1994.* (Cascade c1)
ISBN 2-7002-2254-7. *44 F / 6,71 €*

06572 **CAHOUR C.** Mon chien va à l'école. *Rageot, 1999.* (Cascade. 9-11 ans c2)
ISBN 2-7002-2573-2. *46 F / 7,01 €*

06573 [N] **CAHOUR C.** Mon cousin est célèbre. *Rageot, 2000.* (Cascade. 7-9 ans)
ISBN 2-7002-2669-0. *44 F / 6,71 €*

06574 **CAHOUR C.** Myrtille n'en fait qu'à sa tête. *Rageot, 1998.* (Cascade. 7-9 ans c1)
ISBN 2-7002-2492-2. *44 F / 6,71 €*

06575 **CAHOUR C.** Les quatre font la paire. *Rageot, 1998.* (Cascade. 7-9 ans c1)
ISBN 2-7002-2494-9. *44 F / 6,71 €*

06576 **CAHOUR C.** Surprise au bric-à-brac. *Rageot, 1997.* (Cascade. 7-9 ans c1)
ISBN 2-7002-2468-X. *44 F / 6,71 €*

06577 **CALIGARIS N.** Le maléfice des enfants de l'ombre. *Flammarion-Père Castor, 1998.* (Castor-Poche ; 670. Senior)
ISBN 2-08-164498-3. *19,50 F / 2,97 €*

06578 **CALVINO I.** Romarine. Nouv. éd. *Pocket Jeunesse, 2000.* (Kid pocket ; 12 c03)
ISBN 2-266-09233-2. *26 F / 3,96 €*

06579 **CAMERON A., STRUGNELL A.** Le Petit frère de Julien. *Gallimard-Jeunesse, 1993.* (Folio cadet ; 280)
ISBN 2-07-052309-8. *41 F / 6,25 €*

06580 **CAMIGLIERI L.** Contes et légendes des chevaliers de la Table ronde. Réimpr. *Pocket Jeunesse, 2000.* (Pocket junior ; 58. Mythologies c4)
ISBN 2-266-09282-0. *30 F / 4,57 €*

06581 **N** **CAMIGLIERI L.** Contes et légendes des cités disparues. *Pocket Jeunesse, 2000.* (Pocket junior ; 605. Mythologies c5)
ISBN 2-266-10181-1. *35 F / 5,34 €*

06582 **N** **CAMP L., ROSS T.** Pourquoi ?. *Gallimard-Jeunesse, 2000.* (Folio benjamin ; 406 c3)
ISBN 2-07-052387-X. *30 F / 4,57 €*

06583 **CAMPBELL J.** Un duo d'enfer. *Bayard, 1997.* (Passion de lire ; 305. Coeur grenadine)
ISBN 2-227-72981-3. *29 F / 4,42 €*

06584 **CAMPBELL J.** Le secret du rocker. *Bayard, 1997.* (Passion de lire ; 302. Coeur grenadine)
ISBN 2-227-72991-0. *29 F / 4,42 €*

06585 **CAMUS W.** Le Faiseur de pluie. *Hachette-Jeunesse, 1982.* (Le livre de poche jeunesse ; 84. Junior c10)
ISBN 2-01-020493-X. *31 F / 4,73 €*

06586 **CAMUS W.** Légendes de la vieille Amérique. *Pocket Jeunesse, 1996.* (Pocket junior ; 259. Mythologies c4)
ISBN 2-266-07008-8. *30 F / 4,57 €*

06587 **N** **CAMUS W.** Mémoires d'un sauvage. *Pocket Jeunesse, 2000.* (Pocket junior ; 631. Contes c5)
ISBN 2-266-10608-2. *35 F / 5,34 €*

06588 **CAMUS W.** Un os au bout de l'autoroute. *Hachette-Jeunesse, 1996.* (Le livre de poche jeunesse ; 565. Senior c10)
ISBN 2-01-321362-X. *31 F / 4,73 €*

06589 **CANTIN A.** Coupable d'être innocent. *Rageot, 1998.* (Cascade. Policier c2)
ISBN 2-7002-2545-7. *46 F / 7,01 €*

06590 **CANTIN A.** Mon papa flingueur. *Milan, 2000.* (Milan poche cadet ; 26 c1)
ISBN 2-7459-0004-8. *28 F / 4,27 €*

06591 **N** **CANTIN A.** Le secret du fétiche. *Flammarion-Père Castor, 2000.* (Castor-Poche ; 787)
ISBN 2-08-164775-3. *29,50 F / 4,50 €*

06592 **N** **CANTIN A., LE GOFF H.** Attention, dragon !. *Milan, 2000.* (Milan poche benjamin ; 2 c1)
ISBN 2-7459-0053-6. *24 F / 3,66 €*

06593 **N** **CANTIN A., PALAYER C.** Le voleur de goûter. *Milan, 2000.* (Milan poche benjamin ; 8 c1)
ISBN 2-7459-0059-5. *24 F / 3,66 €*

06594 **CANTIN A., PILLOT F.** Un fantôme très rigolo. *Milan, 1999.* (Milan poche cadet ; 12 c1)
ISBN 2-84113-858-5. *28 F / 4,27 €*

06595 **CANTIN A., TARRIDE M.** Le pirate couve la grippe. *Milan, 1999.* (Milan poche cadet ; 10 c1)
ISBN 2-84113-856-9. *28 F / 4,27 €*

06596 **CANTIN M.** Les ailes de Kayak. *Grasset, 1999.* (Lampe de poche ; 36. 11 ans et +)
ISBN 2-246-58831-6. *42 F / 6,40 €*

06597 **A** **CANTIN M.** Un coupable idéal (TP). *Milan, 2001.* (Les romans de Julie ; 10)
ISBN 2-7459-0301-2. *29 F / 4,42 €*

06598 **N** **CANTIN M.** La dernière nuit du loup-garou. *Milan, 2000.* (Milan poche junior ; 33)
ISBN 2-7459-0109-5. *24 F / 3,66 €*

06599 **CANTIN M.** Moi, Félix, 10 ans, sans-papiers. *Milan, 2000.* (Milan poche junior ; 21)
ISBN 2-84113-988-3. *28 F / 4,27 €*

06600 **A** **CANTIN M.** Le mystère de la fille sans nom. *Milan, 2001.* (Milan poche junior ; 46)
ISBN 2-7459-0252-0. *26 F / 3,96 €*

06601 **N** **CANTIN M.** Pas facile d'être une star. *Rageot, 2000.* (Cascade. 9-11 ans)
ISBN 2-7002-2670-4. *44 F / 6,71 €*

06602 **N** **CANTIN M., CANTIN A.** Oh, les z'amoureux. *Rageot, 2001.* (Cascade. 7-9 ans)
ISBN 2-7002-2712-3. *44 F / 6,71 €*

06603 **N** **CANTIN M., LANGLOIS F.** Princesse-la-tornade. *Milan, 2000.* (Milan poche benjamin ; 6 c1)
ISBN 2-7459-0057-9. *24 F / 3,66 €*

06604 **CANTIN M., PERDREAU B.** Le meilleur papa du monde. *Grasset, 1998.* (Lampe de poche ; 18)
ISBN 2-246-54151-4. *29 F / 4,42 €*

06605 **N** **CANTIN M., PILLOT F.** L'Indien et le dinosaure. *Milan, 2000.* (Milan poche benjamin ; 12 c1)
ISBN 2-7459-0063-3. *24 F / 3,66 €*

06606 **A** **CANTIN M., RICHARD L.** La course de l'espace (TP). *Milan, 2001.* (Milan poche benjamin ; 21 c1)
ISBN 2-7459-0245-8. *24 F / 3,66 €*

06607 **N** **CANTIN M., RICHARD L.** Le monstre de l'espace. *Milan, 2000.* (Milan poche benjamin ; 10 c1)
ISBN 2-7459-0061-7. *24 F / 3,66 €*

06608 **CANTIN M., TOSSAN O.** Un ogre pour s'endormir. *Milan, 1999.* (Milan poche cadet ; 3 c1)
ISBN 2-84113-849-6. *28 F / 4,27 €*

06609 **CANTIN M., TURRIER F.** Le loup a les crocs. *Milan, 1999.* (Milan poche cadet ; 24 c1)
ISBN 2-84113-907-7. *28 F / 4,27 €*

06610 **CARBONE G.** La Peur du loup. *Gallimard, 1991.* (Découvertes ; 124. Histoires naturelles)
ISBN 2-07-053127-9. *85 F / 12,96 €*

06611 **CARÊME M.** A l'ami Carême. *Hachette-Jeunesse, 1993.* (Fleurs d'encre ; 137 c8)
ISBN 2-01-020219-8. *26,50 F / 4,04 €*

06612 **CARÊME M.** La bille de verre. *Labor, 1997.* (Espace nord junior ; 9)
ISBN 2-8040-1184-4. *34 F / 5,18 €*

06613 **CARÊME M.** Pigeon vole. *Hachette-Jeunesse, 1998.* (Fleurs d'encre c5)
ISBN 2-01-321625-4. *27,50 F / 4,19 €*

06614 **CAREY P.** Le jackpot. *Gallimard-Jeunesse, 1998.* (Folio junior ; 855 c3)
ISBN 2-07-059509-9. *30 F / 4,57 €*

06615 **CARMINATI M.** L'espion de Bonaparte. *Hachette-Jeunesse, 1997.* (Le livre de poche jeunesse ; 636. Senior c10)
ISBN 2-01-321442-1. *31 F / 4,73 €*

06616 **CARMINATI M.** La nourriture des anges. *Hachette-Jeunesse, 1994.* (Le livre de poche jeunesse ; 493 c10)
ISBN 2-01-020488-3. *31 F / 4,73 €*

06617 **CARRANZA M.** Défense de pleuvoir le samedi. *Flammarion-Père Castor, 1996.* (Castor-Poche ; 557. Junior c2)
ISBN 2-08-164177-1. *25 F / 3,81 €*

06618 **CARRÉ C.** Mer calme, vue sur l'enfer. *Hachette-Jeunesse, 1998.* (Vertige ; 1321. Cauchemar c8)
ISBN 2-01-209982-3. *28 F / 4,27 €*

06619 **CARRÉ C., DESPRÉS B.** Disparitions à répétitions. *Bayard, 1996.* (J'aime lire ; 95 c1)
ISBN 2-227-72708-X. *27 F / 4,12 €*

06620 **CARRÉ G.** Sèvres-Babylone. *Syros, 1997.* (Mini Souris noire c1)
ISBN 2-84146-444-X. *19 F / 2,90 €*

06621 **CARRIS J.** Pandora, cochon de compagnie. *Flammarion-Père Castor, 1994.* (Castor-Poche ; 444. Junior c4)
ISBN 2-08-164033-3. *32,50 F / 4,95 €*

06622 **CARRIS J.** Tante Morbelia et les crânes hurleurs. *Flammarion-Père Castor, 2000.* (Castor-Poche ; 736. Senior)
ISBN 2-08-164293-X. *32,50 F / 4,95 €*

06623 **CARRIS J. D.** La Révolte de 10 X. *Flammarion-Père Castor, 1982.* (Castor-Poche ; 49 c5)
ISBN 2-08-161758-7. *35,50 F / 5,41 €*

06624 **CARROLL L.** Alice au pays des merveilles. Nouv. éd. rev. et corr. *Hachette-Jeunesse, 1998.* (Le livre de poche jeunesse ; 1134. Gai savoir)
ISBN 2-01-321628-9. *29 F / 4,42 €*

06625 **CARROLL L.** Alice au pays des merveilles. Réimpr. *Gallimard-Jeunesse, 1998.* (Folio junior ; 437. Edition spéciale c4)
ISBN 2-07-051366-1. *32,50 F / 4,95 €*

06626 **CARROLL L.** Ce qu'Alice trouva de l'autre côté du miroir. *Gallimard-Jeunesse, 1980.* (Folio junior ; 151 c3)
ISBN 2-07-052292-X. *32,50 F / 4,95 €*

06627 **CARTER F.** Petit Arbre. *Hachette-Jeunesse, 1989.* (Mon bel oranger cM)
ISBN 2-01-015222-0. *35 F / 5,34 €*

06628 **CARVAJAL V.** Chipana. *Flammarion-Père Castor, 1994.* (Castor-Poche ; 474. Junior c1)
ISBN 2-08-162263-7. *19,50 F / 2,97 €*

06629 **CASCONE A.** Les gorilles du lac maudit. *Bayard Jeunesse, 1999.* (Passion de lire ; 1005. Rue de la peur c1)
ISBN 2-227-72983-X. *29 F / 4,42 €*

06630 **CASCONE A.** L'oeil de la voyante. *Bayard Jeunesse, 1999.* (Passion de lire ; 1004. Rue de la peur c1)
ISBN 2-227-72985-6. *29 F / 4,42 €*

06631 **CASSABOIS J.** Sinbad le marin. *Hachette-Jeunesse, 1997.* (Le livre de poche jeunesse ; 610. Senior c10)
ISBN 2-01-321539-8. *31 F / 4,73 €*

06632 **CASSIDY A.** Affaires de famille. *J'ai lu, 1997.* (Les enquêtes de Patsy Kelly; 1)(Noir mystère)
ISBN 2-290-04522-5. *22 F / 3,35 €*

06633 **CASSIDY A.** Un frère bien sous tous rapports. *J'ai lu, 1997.* (Les enquêtes de Patsy Kelly; 4)(Noir mystère)
ISBN 2-290-04621-3. *22 F / 3,35 €*

06634 **CASSIDY A.** Mort accidentelle. *J'ai lu, 1998.* (Les enquêtes de Patsy Kelly; 5)(Noir mystère c2)
ISBN 2-290-14645-5. *26 F / 3,96 €*

06635 **CASSIDY A.** Pas de temps à perdre. *J'ai lu, 1999.* (Les enquêtes de Patsy Kelly; 7)(Noir mystère cF)
ISBN 2-290-05291-4. *26 F / 3,96 €*

06636 **CASSIDY A.** Rendez-vous nocturne. *J'ai lu, 1998.* (Les enquêtes de Patsy Kelly; 6)(Noir mystère c2)
ISBN 2-290-04922-0. *22 F / 3,35 €*

06637 **CASSIDY A.** Sans issue. *J'ai lu, 1997.* (Les enquêtes de Patsy Kelly; 3)(Noir mystère)
ISBN 2-290-04533-0. *22 F / 3,35 €*

06638 **CASSIDY A.** Voie de garage. *J'ai lu, 1997.* (Les enquêtes de Patsy Kelly; 2)(Noir mystère)
ISBN 2-290-04526-8. *22 F / 3,35 €*

06639 **CASSIM S.** Achille aime Joséphine qui aime Paul (qui n'aime personne). *Hachette-Jeunesse, 1998.* (Vertige ; 1402. Coup de foudre)
ISBN 2-01-209936-X. *27,50 F / 4,19 €*

06640 **CASSIM S.** Le charme fou des Emilie. *Hachette-Jeunesse, 2000.* (Vertige ; 1408. Coup de foudre c7)
ISBN 2-01-200431-8. *27,50 F / 4,19 €*

06641 **CASSIM S.** Ne pas tout dire. *Grasset, 2000.* (Lampe de poche ; 41. Adolescents)
ISBN 2-246-59851-6. *45 F / 6,86 €*

06642 **N** **CASSIM S.** Thomas, les cheveux rouges. *Grasset, 2000.* (Lampe de poche ; 46. 11 ans et +)
ISBN 2-246-59991-1. *38 F / 5,79 €*

06643 **A** **CATELLAIN D.** Main basse sur la sablière. *Syros, 2001.* (Souris verte ; 42 c1)
ISBN 2-84146-919-0. *32 F / 4,88 €*

06644 **CAUSSE R.** Couleurs bonheurs. *Syros, 1998.* (Mini Souris poésie c1)
ISBN 2-84146-598-5. *19 F / 2,90 €*

06645 **CAUSSE R.** Rouge braise. Réimpr. *Gallimard-Jeunesse, 1998.* (Folio junior ; 303 c3)
ISBN 2-07-052371-3. *30 F / 4,57 €*

06646 **A** **CAUVIN P.** Tout ce que Joseph écrivit cette année-là. *Hachette-Jeunesse, 1999.* (Le livre de poche jeunesse ; 687. Junior c9)
ISBN 2-01-321705-6. *29 F / 4,42 €*

06647 **CAZALBOU J.** Fabrice et les passeurs de l'ombre. Nouv. éd. *Flammarion-Père Castor, 1998.* (Castor-Poche ; 161 c3)
ISBN 2-08-164462-2. *29,50 F / 4,50 €*

06648 **CAZALBOU J., FRANQUIN G.** Fabrice et Berger. Nouv. éd. *Flammarion-Père Castor, 2000.* (Castor-Poche ; 19)
ISBN 2-08-164423-1. *19,50 F / 2,97 €*

06649 **CAZENOVE L. d., WEULERSSE O.** 13 contes de l'empire mongol. *Flammarion-Père Castor, 1998.* (Castor-Poche ; 665. Contes et récits c2)
ISBN 2-08-164324-3. *25 F / 3,81 €*

06650 **CECCALDI G.** Tikendi. *Syros, 1998.* (Souris sentiments ; 9)
ISBN 2-84146-561-6. *32 F / 4,88 €*

06651 **CECCARELLI S.** Le Petit poucet. *Mango-Jeunesse, 1995.* (Contes classiques)
ISBN 2-7404-0457-3. *20 F / 3,05 €*

06652 **CÉNAC C.** Les cavernes de la rivière rouge. Réimpr. *Magnard, 1996.* (Les romans c1)
ISBN 2-210-97735-5. *48 F / 7,32 €*

06653 **CÉNAC C.** Le coeur sur la patte. *Magnard, 1995.* (Les romans)
ISBN 2-210-97713-4. *48 F / 7,32 €*

06654 **CÉNAC C.** Des milliards de soleils. *Magnard, 1995.* (Les romans)
ISBN 2-210-97712-6. *48 F / 7,32 €*

06655 **CÉNAC C.** La planète du bonheur. *Magnard, 1995.* (Les romans)
ISBN 2-210-97721-5. *48 F / 7,32 €*

06656 **CÉNAC C.** Souviens-toi de la rivière rouge. *Magnard, 1995.* (Les romans)
ISBN 2-210-97710-X. *48 F / 7,32 €*

06657 **CENDRARS B., DUHÊME J.** Petits contes nègres pour les enfants des Blancs. Réimpr. *Gallimard-Jeunesse, 1998.* (Folio cadet ; 224)
ISBN 2-07-051787-X. *46 F / 7,01 €*

06658 **N** **CERVANTES SAAVEDRA M. d.** Don Quichotte. *Hachette-Jeunesse, 2000.* (Le livre de poche jeunesse ; 1154. Gai savoir c9)
ISBN 2-01-321719-6. *29 F / 4,42 €*

06659 **N** **CESCO F. d.** Khan, cheval des steppes. *Flammarion-Père Castor, 2000.* (Junior ; 749. Roman-cheval)
ISBN 2-08-164769-9. *32,50 F / 4,95 €*

06660 **CHAÂBANE B. B.** Ommi Sissi. *Alyssa, 1999.* (Grain de sésame ; 1)
ISBN 9973-758-25-0. *40 F / 6,10 €*

06661 **CHAÂBANE B. B., GRISSI N.** Le mariage de la Khanfoussa. *Alyssa, 1999.* (Grain de sésame ; 2)
ISBN 9973-758-27-7. *40 F / 6,10 €*

06662 **N** **CHABAS J-F.** Camille la louve. *Hachette-Jeunesse, 2000.* (Le livre de poche jeunesse ; 743. Cadet c5)
ISBN 2-01-321775-7. *26,50 F / 4,04 €*

06663 **N** **CHABAS J-F.** Txontxongilo. *Hachette-Jeunesse, 2000.* (Le livre de poche jeunesse ; 739. Cadet c5)
ISBN 2-01-321776-5. *26,50 F / 4,04 €*

06664 **N** **CHABAS J-F., BLOCH S.** Alerte au Goulglott. *Bayard Jeunesse, 2000.* (J'aime lire ; 137 c1)
ISBN 2-227-72762-4. *27 F / 4,12 €*

06665 **CHABOUD J.** L'énigme de la forêt d'Orient. *Magnard, 1998.* (Les fantastiques c1)
ISBN 2-210-97758-4. *43 F / 6,56 €*

06666 **N** **CHABOUD J.** La galaxie des clafoutis. *Magnard, 2001.* (Les p'tits fantastiques)
ISBN 2-210-98043-7. *40 F / 6,10 €*

06667 **N** **CHABOUD J.** Léopard Nicolos. *Magnard, 2000.* (Les p'tits policiers)
ISBN 2-210-98037-2. *40 F / 6,10 €*

06668 **CHABOUD J.** La nuit du 8 décembre. *Magnard, 1996.* (Les fantastiques c1)
ISBN 2-210-97741-X. *43 F / 6,56 €*

06669 **CHABOUD J.** L'ombre de Guignol. *Magnard, 1998.* (Les policiers)
ISBN 2-210-97770-3. *43 F / 6,56 €*

06670 **CHABOUD J.** Les zigs-zags de Zigoto. *Magnard, 1998.* (Les p'tits fantastiques)
ISBN 2-210-97780-0. *40 F / 6,10 €*

06671 **CHAILLOU M.** La vindicte du sourd. Réimpr. *Gallimard-Jeunesse, 2000.* (Folio junior ; 263. Edition spéciale c5)
ISBN 2-07-051367-X. *36 F / 5,49 €*

06672 **CHALLANDES C., LOUIS C.** Symphonie pour piano et patins à roulettes. *Joie de lire, 1995.* (Récits)
ISBN 2-88258-066-5. *62 F / 9,45 €*

06673 **CHALLET O.** Bardin retourne au lycée. *Hachette-Jeunesse, 1998.* (Vertige ; 819. Policier c10)
ISBN 2-01-209956-4. *31 F / 4,73 €*

06674 **CHAMBERS J. W., SIMON R.** Une Chatte dans l'île. *Flammarion-Père Castor, 1983.* (Castor-Poche ; 60 c3)
ISBN 2-08-161768-4. *29,50 F / 4,50 €*

06675 **CHAMISSO A. v.** L'étrange histoire de Peter Schlemihl. *Hachette-Jeunesse, 2000.* (Le livre de poche jeunesse ; 1153. Gai savoir c8)
ISBN 2-01-321720-X. *28 F / 4,27 €*

06676 **CHANDON G.** Contes et récits tirés de l'Iliade et l'Odyssée. Réimpr. *Pocket Jeunesse, 1999.* (Pocket junior ; 22. Mythologies c4)
ISBN 2-266-08827-0. *30 F / 4,57 €*

06677 **CHANDON G.** Récits tirés du théâtre grec. *Pocket Jeunesse, 1999.* (Pocket junior ; 513. Mythologies c4)
ISBN 2-266-09541-2. *30 F / 4,57 €*

06678 **CHAPIN K.** En route pour Wembley. *Flammarion-Père Castor, 1996.* (Castor-Poche ; 556. Senior c5)
ISBN 2-08-164164-X. *35,50 F / 5,41 €*

06679 **CHAPMAN A.** Le Mercenaire de l'espace. *Gallimard-Jeunesse, 1996.* (Un Livre dont vous êtes le héros ; 298. Défis fantastiques c5)
ISBN 2-07-050698-3. *36 F / 5,49 €*

06680 **CHAPOUTON A-M.** L'année du mistouflon. Nouv. éd. *Flammarion-Père Castor, 1998.* (Castor-Poche ; 45. Junior c2)
ISBN 2-08-164347-2. *25 F / 3,81 €*

06681 **CHAPOUTON A-M.** Un creux dans le mur. *Flammarion-Père Castor, 1999.* (Castor-Poche ; 329. Junior cD)
ISBN 2-08-164558-0. *29,50 F / 4,50 €*

06682 **CHAPOUTON A-M.** Janus, le chat des bois. *Flammarion-Père Castor, 1998.* (Castor-Poche ; 211 cD)
ISBN 2-08-164429-0. *29,50 F / 4,50 €*

06683 **CHAPOUTON A-M.** Millie et la petite clé. Nouv. éd. *Flammarion-Père Castor, 1998.* (Castor-Poche ; 304. Junior cC)
ISBN 2-08-164467-3. *25 F / 3,81 €*

06684 **CHAPOUTON A-M.** Le retour de Biscotte Mulotte. Nouv. éd. *Flammarion-Père Castor, 1999.* (Castor-Poche ; 274. Junior cC)
ISBN 2-08-164673-0. *25 F / 3,81 €*

06685 **CHAPOUTON A-M., BLOCH S.** Rodogon le voleur. Nouv. éd. *Bayard, 1997.* (Les belles histoires ; 41 c1)
ISBN 2-227-72808-6. *27 F / 4,12 €*

06686 **CHAPOUTON A-M., COURTIN T.** Mic la souris. *Bayard, 1990.* (Les belles histoires ; 5 c1)
ISBN 2-227-72108-1. *27 F / 4,12 €*

06687 **CHAPOUTON A-M., DIETZSCH-CAPELLE E.** Le loup Loulou. *Bayard, 1995.* (Les belles histoires ; 76 c1)
ISBN 2-227-72187-1. *27 F / 4,12 €*

06688 **CHAPOUTON A-M., IVES P.** Une famille pour Duvet. Nouv. éd. *Bayard, 1996.* (Les belles histoires ; 14 c1)
ISBN 2-227-72809-4. *27 F / 4,12 €*

06689 **CHAPOUTON A-M., ROSENSTIEHL A.** Grimoire. *Flammarion-Père Castor, 1998.* (Castor-Poche. Benjamin)
ISBN 2-08-165089-4. *74 F / 11,28 €*

06690 **CHAPOUTON A-M., SOLÉ VENDRELL C.** Le Déménagement. *Bayard, 1992.* (Les belles histoires ; 35 c1)
ISBN 2-227-72147-2. *27 F / 4,12 €*

06691 **CHAPOUTON A-M., THEINHARDT V.** La Chappendicite. *Bayard, 1994.* (Les belles histoires ; 59 c1)
ISBN 2-227-72160-X. *27 F / 4,12 €*

06692 **CHAPOUTON A-M., VARLEY S.** La Souris tombée du ciel. *Bayard, 1994.* (Les belles histoires ; 66 c1)
ISBN 2-227-72179-0. *27 F / 4,12 €*

06693 **CHAPOUTON A-M., WENSELL U.** Mélanie Pilou. *Bayard, 1991.* (Les belles histoires ; 20 c1)
ISBN 2-227-72123-5. *27 F / 4,12 €*

06694 **CHAPPAZ M.** Partir à vingt ans. *Joie de lire, 1999.* (Qui suis-je?)
ISBN 2-88258-154-8. *65 F / 9,91 €*

06695 **CHARBON P.** Quelle belle invention que la poste!. *Gallimard, 1991.* (Découvertes ; 123. Techniques c4)
ISBN 2-07-053147-3. *76 F / 11,59 €*

06696 **CHARBONNET G.** Le Serpent d'Anaïs. *Rageot, 1993.* (Cascade c1)
ISBN 2-7002-2026-9. *44 F / 6,71 €*

06697 **CHARLES F.** L'Assassin est un fantôme. *Rageot, 1993.* (Cascade. Policier c2)
ISBN 2-7002-0028-4. *46 F / 7,01 €*

06698 **CHARLES F.** Cyrano junior. *Rageot, 1992.* (Cascade. 11-13 ans c2)
ISBN 2-7002-1191-X. *46 F / 7,01 €*

06699 **CHARLES F.** La guerre des enfants-microbes. *Magnard, 2000.* (Les fantastiques c1)
ISBN 2-210-98408-4. *43 F / 6,56 €*

06700 **CHARLES F.** Histoire de Lucien. *Rageot, 1990.* (Cascade. 9-11 ans c2)
ISBN 2-7002-1089-1. *46 F / 7,01 €*

06701 **CHARLES F.** Meurtres à l'harmonica. *Rageot, 2000.* (Cascade. Policier)
ISBN 2-7002-2644-5. *44 F / 6,71 €*

06702 **N** **CHARLES N.** Bac option amour. *Hachette-Jeunesse, 2001.* (Vertige ; 1413. Coup de foudre c9)
ISBN 2-01-200643-4. *29 F / 4,42 €*

06703 **CHARLES N.** Les ficelles du crime. *Rageot, 2000.* (Cascade. Policier)
ISBN 2-7002-2645-3. *46 F / 7,01 €*

06704 **CHARLES N.** Pour toujours mon amour. *Hachette-Jeunesse, 1999.* (Vertige ; 834. Policier c6)
ISBN 2-01-200075-4. *27 F / 4,12 €*

06705 **N** **CHARLES N.** Sang d'encre. *Hachette-Jeunesse, 2000.* (Vertige ; 836. Policier c9)
ISBN 2-01-200462-8. *29 F / 4,42 €*

06706 **CHARPENTREAU J.** Racine, l'enfant à la cicatrice. *Hachette-Jeunesse, 1999.* (Le livre de poche jeunesse ; 681. Senior c12)
ISBN 2-01-321633-5. *35 F / 5,34 €*

06707 **A** **CHARYN J.** Une petite histoire de guerre. Réimpr. *Hachette-Jeunesse, 1999.* (Mon bel oranger c9)
ISBN 2-01-320720-4. *28,50 F / 4,34 €*

06708 **CHARYN J., DENIS J-C.** Bande à part. *Gallimard-Jeunesse, 1998.* (Folio cadet ; 345)
ISBN 2-07-051305-X. *32,50 F / 4,95 €*

06709 **Le chat botté.** *Mango-Jeunesse, 1993.* (Contes classiques)
ISBN 2-7404-0251-1. *20 F / 3,05 €*

06710 **CHAULET G.** C'est quelqu'un, Fantômette !. *Hachette-Jeunesse, 1998.* (Bibliothèque rose ; 926 c9)
ISBN 2-01-209854-1. *29 F / 4,42 €*

06711 **CHAULET G.** Les exploits de Fantômette. Nouv. présentation. *Hachette-Jeunesse, 2000.* (Bibliothèque rose ; 946)
ISBN 2-01-200443-1. *25 F / 3,81 €*

06712 **CHAULET G.** Fantastique Fantômette. Nouv. présentation. *Hachette-Jeunesse, 2000.* (Bibliothèque rose ; 927)
ISBN 2-01-200283-8. *25 F / 3,81 €*

06713 **CHAULET G.** Fantômette à la mer de sable. *Hachette-Jeunesse, 1977.* (Bibliothèque rose ; 932 c7)
ISBN 2-01-018185-9. *26,50 F / 4,04 €*

06714 **CHAULET G.** Fantômette au carnaval. Nouv. présentation. *Hachette-Jeunesse, 2000.* (Bibliothèque rose ; 958)
ISBN 2-01-200161-0. *25 F / 3,81 €*

06715 **CHAULET G.** Fantômette brise la glace. Nouv. présentation. *Hachette-Jeunesse, 2000.* (Bibliothèque rose ; 929)
ISBN 2-01-200284-6. *25 F / 3,81 €*

06716 **CHAULET G.** Fantomette chez le roi. *Hachette-Jeunesse, 1988.* (Bibliothèque rose ; 920 c6)
ISBN 2-01-209489-9. *26,50 F / 4,04 €*

06717 **CHAULET G.** Fantômette contre fantômette. Nouv. présentation. *Hachette-Jeunesse, 2000.* (Bibliothèque rose ; 945)
ISBN 2-01-200169-6. *25 F / 3,81 €*

06718 **N** **CHAULET G.** Fantômette contre le géant. Nouv. présentation. *Hachette-Jeunesse, 2000.* (Bibliothèque rose ; 957 c3)
ISBN 2-01-200289-7. *25 F / 3,81 €*

06719 **N** **CHAULET G.** Fantômette contre le hibou. Nouv. présentation. *Hachette-Jeunesse, 2000.* (Bibliothèque rose ; 955)
ISBN 2-01-200287-0. *25 F / 3,81 €*

06720 **CHAULET G.** Fantômette dans l'espace. Nouv. éd. *Hachette-Jeunesse, 1998.* (Bibliothèque rose ; 933 c6)
ISBN 2-01-209862-5. *26,50 F / 4,04 €*

06721 **N** **CHAULET G.** Fantômette en danger. Nouv. présentation. *Hachette-Jeunesse, 2000.* (Bibliothèque rose ; 935 c3)
ISBN 2-01-200290-0. *25 F / 3,81 €*

06722 **CHAULET G.** Fantômette en plein mystère. Réimpr. *Hachette-Jeunesse, 1998.* (Bibliothèque rose ; 937 c9)
ISBN 2-01-209966-1. *29 F / 4,42 €*

06723 **CHAULET G.** Fantômette et l'île de la sorcière. *Hachette-Jeunesse, 1993.* (Bibliothèque rose ; 950 c5)
ISBN 2-01-020399-2. *26,50 F / 4,04 €*

06724 **N** **CHAULET G.** Fantômette et la dent du diable. Nouv. présentation. *Hachette-Jeunesse, 2000.* (Bibliothèque rose ; 953 c3)
ISBN 2-01-200291-9. *25 F / 3,81 €*

06725 **CHAULET G.** Fantômette et la grosse bête. *Hachette-Jeunesse, 1995.* (Bibliothèque rose ; 947 c7)
ISBN 2-01-019051-3. *26,50 F / 4,04 €*

06726 **CHAULET G.** Fantômette et la lampe merveilleuse. Nouv. présentation. *Hachette-Jeunesse, 2000.* (Bibliothèque rose ; 944)
ISBN 2-01-200168-8. *25 F / 3,81 €*

06727 **N** **CHAULET G.** Fantômette et la maison hantée. *Hachette-Jeunesse, 2001.* (Bibliothèque rose ; 951 c8)
ISBN 2-01-200288-9. *28 F / 4,27 €*

06728 **CHAULET G.** Fantômette et la télévision. *Hachette-Jeunesse, 1994.* (Bibliothèque rose ; 954 c5)
ISBN 2-01-209264-0. *26,50 F / 4,04 €*

06729 **CHAULET G.** Fantômette et le château mystérieux. Nouv. présentation. *Hachette-Jeunesse, 2000.* (Bibliothèque rose ; 921)
ISBN 2-01-200163-7. *25 F / 3,81 €*

06730 **CHAULET G.** Fantômette et le dragon d'or. *Hachette-Jeunesse, 1998.* (Bibliothèque rose ; 925 c5)
ISBN 2-01-209855-X. *26,50 F / 4,04 €*

06731 **CHAULET G.** Fantômette et le masque d'argent. Nouv. présentation. *Hachette-Jeunesse, 2000.* (Bibliothèque rose ; 942)
ISBN 2-01-200285-4. *25 F / 3,81 €*

06732 **CHAULET G.** Fantômette et le mystère de la tour. *Hachette-Jeunesse, 1979.* (Bibliothèque rose ; 943 c7)
ISBN 2-01-018494-7. *26,50 F / 4,04 €*

06733 **CHAULET G.** Fantômette et le trésor du pharaon. Nouv. présentation. *Hachette-Jeunesse, 2000.* (Bibliothèque rose ; 952)
ISBN 2-01-200286-2. *25 F / 3,81 €*

06734 **CHAULET G.** Fantomette et les 40 milliards. Nouv. présentation. *Hachette-Jeunesse, 2000.* (Bibliothèque rose ; 923)
ISBN 2-01-200165-3. *25 F / 3,81 €*

06735 **CHAULET G.** Fantômette et son prince. Nouv. présentation. *Hachette-Jeunesse, 2000.* (Bibliothèque rose ; 959 c4)
ISBN 2-01-200164-5. *25 F / 3,81 €*

06736 **CHAULET G.** Fantômette fait tout sauter. Réimpr. *Hachette-Jeunesse, 1997.* (Bibliothèque rose ; 930 c9)
ISBN 2-01-209761-8. *29 F / 4,42 €*

06737 **N** **CHAULET G.** Fantômette fait tout sauter. Nouv. présentation. *Hachette-Jeunesse, 2000.* (Bibliothèque rose ; 930 c3)
ISBN 2-01-200293-5. *25 F / 3,81 €*

06738 **CHAULET G.** Fantômette ouvre l'oeil. Nouv. présentation. *Hachette-Jeunesse, 2000.* (Bibliothèque rose ; 924)
ISBN 2-01-200282-X. *25 F / 3,81 €*

06739 **CHAULET G.** Fantômette s'envole. Nouv. présentation. *Hachette-Jeunesse, 2000.* (Bibliothèque rose ; 938)
ISBN 2-01-200281-1. *25 F / 3,81 €*

06740 **CHAULET G.** Fantômette viendra ce soir. *Hachette-Jeunesse, 1997.* (Bibliothèque rose ; 939 c5)
ISBN 2-01-209693-X. *26,50 F / 4,04 €*

06741 **N** **CHAULET G.** Mission impossible pour Fantômette. Nouv. présentation. *Hachette-Jeunesse, 2000.* (Bibliothèque rose ; 928 c3)
ISBN 2-01-200292-7. *25 F / 3,81 €*

06742 **CHAULET G.** Mission impossible pour Fantômette. *Hachette-Jeunesse, 1998.* (Bibliothèque rose ; 928 c9)
ISBN 2-01-209853-3. *29 F / 4,42 €*

06743 **CHAULET G.** Olé Fantômette. *Hachette-Jeunesse, 1998.* (Bibliothèque rose ; 940 c5)
ISBN 2-01-209955-6. *26,50 F / 4,04 €*

06744 **CHAULET G.** Opération Fantômette. Réimpr. *Hachette-Jeunesse, 1998.* (Bibliothèque rose ; 936 c5)
ISBN 2-01-018612-5. *26,50 F / 4,04 €*

06745 **CHAULET G.** Pas de vacances pour Fantômette. *Hachette-Jeunesse, 1992.* (Bibliothèque rose ; 948 c6)
ISBN 2-01-019339-3. *26,50 F / 4,04 €*

06746 **CHAULET G.** Les sept Fantômettes. Nouv. présentation. *Hachette-Jeunesse, 2000.* (Bibliothèque rose ; 956)
ISBN 2-01-200167-X. *25 F / 3,81 €*

06747 **CHAUSSE S.** Les Vikings. *Flammarion-Père Castor, 1999.* (Castor doc ; 32)
ISBN 2-08-163849-5. *34 F / 5,18 €*

06748 **CHEDID A.** L'autre. *Flammarion-Père Castor, 1981.* (Castor-Poche. Senior ; 21 cF)
ISBN 2-08-161728-5. *35,50 F / 5,41 €*

06749 **CHEDID A.** Derrière les visages. *Flammarion-Père Castor, 1984.* (Castor-Poche ; 80. Senior cC)
ISBN 2-08-161787-0. *25 F / 3,81 €*

06750 **CHEDID A.** L'enfant multiple. Nouv. éd. *Flammarion-Père Castor, 1998.* (Castor-Poche ; 321. Senior cF)
ISBN 2-08-164446-0. *35,50 F / 5,41 €*

06751 **CHEDID A.** Le Survivant. *Flammarion-Père Castor, 1987.* (Castor-Poche ; 188. Senior c5)
ISBN 2-08-161911-3. *35,50 F / 5,41 €*

06752 **CHEDID A., FRANQUIN G.** Le Sixième jour. *Flammarion-Père Castor, 1985.* (Castor-Poche ; 109. Senior c4)
ISBN 2-08-161819-2. *32,50 F / 4,95 €*

06753 **CHESBRO G. C.** Mongo et les sorciers. *Syros, 1999.* (Souris noire ; 37 c1)
ISBN 2-84146-687-6. *32 F / 4,88 €*

06754 **CHESTER K.** Disparue. *J'ai lu, 1998.* (Le mystère Sara Howell; 2)(Noir mystère cF)
ISBN 2-290-14800-8. *26 F / 3,96 €*

06755 **CHESTER K.** La prochaine sur la liste. *J'ai lu, 1998.* (Le mystère Sara Howell; 1)(Noir mystère)
ISBN 2-290-14724-9. *26 F / 3,96 €*

06756 **CHESTER K.** Règlement de compte. *J'ai lu, 1998.* (Le mystère Sara Howell; 3)(Noir mystère c2)
ISBN 2-290-04865-8. *22 F / 3,35 €*

06757 **N** **Le chevalier maudit :** six histoires de chevaliers. *Fleurus, 2000.* (Z'azimut)
ISBN 2-215-05140-X. *39 F / 5,95 €*

06758 **CHEVRON M.** La femme en noir. *Albin Michel, 1999.* (Le Furet enquête ; 11 c1)
ISBN 2-226-10112-8. *35 F / 5,34 €*

06759 **Chien et chat et caetera :** nouvelles. *Hachette-Jeunesse, 1998.* (Courts toujours ! c17)
ISBN 2-01-209531-3. *49 F / 7,47 €*

06760 **CHOTOMSKA W.** L'arbre à voile. Nouv. éd. *Flammarion-Père Castor, 1998.* (Castor-Poche ; 2 cA)
ISBN 2-08-164431-2. *19,50 F / 2,97 €*

06761 **CHOUAKI A.** Aigle. *Gallimard-Jeunesse, 2000.* (Frontières ; 17 c7)
ISBN 2-07-054000-6. *44 F / 6,71 €*

06762 **CHOUCHAN M.** Irène Joliot-Curie ou La science au coeur. *Hachette-Jeunesse, 1998.* (Le livre de poche jeunesse ; 646. Senior c11)
ISBN 2-01-321510-X. *33 F / 5,03 €*

06763 **CHRÉTIEN DE TROYES** Perceval ou le Roman du Graal. Réimpr. *Gallimard-Jeunesse, 1998.* (Folio junior ; 668. Edition spéciale)
ISBN 2-07-051369-6. *41 F / 6,25 €*

06764 **CHRÉTIEN DE TROYES** Yvain le chevalier au lion : extrait des Romans de la Table Ronde. Réimpr. *Gallimard-Jeunesse, 1998.* (Folio junior ; 653. Edition spéciale c4)
ISBN 2-07-051370-X. *32,50 F / 4,95 €*

06765 **CHRÉTIEN DE TROYES** Yvain ou Le chevalier au lion. *Flammarion-Père Castor, 1998.* (Castor-Poche ; 634. Senior)
ISBN 2-08-164216-6. *32,50 F / 4,95 €*

06766 **CHRISTIE A.** ABC contre Poirot. *Hachette-Jeunesse, 1981.* (Le livre de poche jeunesse ; 67 c9)
ISBN 2-01-015155-0. *29 F / 4,42 €*

06767 **CHRISTIE A.** Cinq petits cochons. *Hachette-Jeunesse, 1997.* (Vertige ; 822. Policier c11)
ISBN 2-01-209725-1. *33 F / 5,03 €*

06768 **CHRISTIE A.** Le crime de l'Orient-Express. *Hachette-Jeunesse, 1997.* (Le livre de poche jeunesse ; 1130. Gai savoir c12)
ISBN 2-01-321580-0. *35 F / 5,34 €*

06769 **CHRISTIE A.** Dix petits Nègres. Réimpr. *Hachette-Jeunesse, 1997.* (Vertige ; 816. Policier c11)
ISBN 2-01-209631-X. *33 F / 5,03 €*

06770 **CHRISTIE A.** Le meurtre de Roger Ackroyd. Réimpr. *Hachette-Jeunesse, 1996.* (Vertige ; 807. Policier c11)
ISBN 2-01-209601-8. *33 F / 5,03 €*

06771 **CHRISTIE A.** Mort sur le Nil. Réimpr. *Hachette-Jeunesse, 1996.* (Vertige ; 800. Policier c11)
ISBN 2-01-209572-0. *33 F / 5,03 €*

06772 **Les Cinq contre le loup-garou.** *Hachette-Jeunesse, 1993.* (Bibliothèque rose ; 854 c8)
ISBN 2-01-020890-0. *26,50 F / 4,04 €*

06773 **Cinq crimes à vous coller au fauteuil.** *Pocket Jeunesse, 1999.* (Alfred Hitchcock présente)(Pocket junior ; 524. Policier c4)
ISBN 2-266-09031-3. *30 F / 4,57 €*

06774 **Les Cinq en croisière. Réimp.** *Hachette-Jeunesse, 1996.* (Bibliothèque rose ; 863 c5)
ISBN 2-01-209484-8. *26,50 F / 4,04 €*

06775 **Cinq suspects sous surveillance.** *Pocket Jeunesse, 2000.* (Pocket junior ; 593. Policier c4)
ISBN 2-266-10038-6. *30 F / 4,57 €*

06776 **CIRAVÉGNA N.** Aldo et Sarah. *Magnard, 1996.* (La rue qui descend vers la mer; 2)(Les romans)
ISBN 2-210-97738-X. *48 F / 7,32 €*

06777 **CIRAVÉGNA N.** Chichois de la rue des Mauvestis. Nouv. éd. *Pocket Jeunesse, 1999.* (Kid pocket ; 123 c03)
ISBN 2-266-09727-X. *26 F / 3,96 €*

06778 **CIRAVÉGNA N.** Chichois et Chichois premier. *Pocket Jeunesse, 1999.* (Pocket junior ; 522)
ISBN 2-266-09003-8. *26 F / 3,96 €*

06779 **CIRAVÉGNA N.** Chichois et la rigolade. Réimpr. *Pocket Jeunesse, 2000.* (Kid pocket ; 202 c03)
ISBN 2-266-08671-5. *26 F / 3,96 €*

06780 **CIRAVÉGNA N.** Chichois et les copains du globe. *Pocket Jeunesse, 1998.* (Kid pocket ; 171 c3)
ISBN 2-266-08670-7. *26 F / 3,96 €*

06781 **CIRAVÉGNA N.** Chichois et les histoires de France. Réimpr. *Pocket Jeunesse, 1998.* (Kid pocket ; 280)
ISBN 2-266-08672-3. *26 F / 3,96 €*

06782 **CIRAVÉGNA N.** Chichois et les troubadours. *Pocket, 1999.* (Kid pocket ; 342 c03)
ISBN 2-266-10180-3. *26 F / 3,96 €*

06783 **CIRAVÉGNA N.** Le colchique et l'étoile. *Magnard, 1996.* (Les romans)
ISBN 2-210-97714-2. *48 F / 7,32 €*

06784 **CIRAVÉGNA N.** La rue qui descend vers la mer. 1. *Magnard, 1996.* (Les romans)
ISBN 2-210-97737-1. *48 F / 7,32 €*

06785 **CIRAVÉGNA N.** Le sentier sous les herbes. *Magnard, 1996.* (Les romans)
ISBN 2-210-97724-X. *48 F / 7,32 €*

06786 **CIRAVÉGNA N.** Les tambours de la nuit. *Magnard, 1996.* (Les romans)
ISBN 2-210-97725-8. *48 F / 7,32 €*

06787 **N** **CLARCK J. P.** 15 contes de l'Inde. *Flammarion-Père Castor, 2000.* (Castor-Poche)
ISBN 2-08-164804-0. *32,50 F / 4,95 €*

06788 **CLARK C.** Angela, 15 ans. 1. *J'ai lu, 1997.* (Séries TV c3)
ISBN 2-290-04387-7. *29 F / 4,42 €*

06789 **N** **CLARK C.** Les bonnes résolutions. *J'ai lu, 2000.* (Angela, 15 ans : d'après la série télévisée créee par Winnie Holzman; 2)(Séries TV cG)
ISBN 2-290-30628-2. *29 F / 4,42 €*

06790 **A** **CLARK C.** Les jeux de l'amour. *J'ai lu, 2001.* (Angela, 15 ans : d'après la série télévisée créee par Winnie Holzman; 3)(Séries TV)
ISBN 2-290-31272-X

06791 **CLARK L.** Contes du Panchatantra. *Flammarion-Père Castor, 1982.* (Castor-Poche ; 46. Junior cA)
ISBN 2-08-161750-1. *19,50 F / 2,97 €*

06792 **CLARK M.** Fables d'Esope. *Gallimard-Jeunesse, 1999.* (Folio cadet ; 391 c5)
ISBN 2-07-052835-9. *36 F / 5,49 €*

06793 **CLARKE G.** Pat, l'ami parfait. *Gallimard-Jeunesse, 1996.* (Folio benjamin ; 296 c2)
ISBN 2-07-058508-5. *28 F / 4,27 €*

06794 **A** **CLAUSENER-PETIT M.** De l'Europe à l'euro. *Milan, 2001.* (Les essentiels Milan junior ; 16)
ISBN 2-7459-0294-6. *28 F / 4,27 €*

06795 **CLAVEL B.** Akita. Nouv. éd. *Pocket Jeunesse, 1999.* (Kid pocket ; 372 c03)
ISBN 2-266-09743-1. *26 F / 3,96 €*

06796 **CLAVEL B.** La chienne Tempête. Nouv. éd. *Pocket Jeunesse, 2000.* (Pocket junior ; 449 c4)
ISBN 2-266-08504-2. *30 F / 4,57 €*

06797 **CLAVEL B.** Jésus, le fils du charpentier. *Pocket Jeunesse, 1998.* (Pocket junior ; 383. Références c4B)
ISBN 2-266-08817-3. *32 F / 4,88 €*

06798 **CLAVEL B.** Légendes de la mer. *Hachette-Jeunesse, 1990.* (Le livre de poche jeunesse ; 63 c5)
ISBN 2-01-013922-4. *26,50 F / 4,04 €*

06799 **CLAVEL B.** Légendes des lacs et des rivières. *Hachette-Jeunesse, 1995.* (Le livre de poche jeunesse ; 42 c5)
ISBN 2-01-321584-3. *27,50 F / 4,19 €*

06800 **CLAVEL B.** Légendes des montagnes et forêts. Réimpr. *Hachette-Jeunesse, 1983.* (Le livre de poche jeunesse ; 154 c5)
ISBN 2-01-014154-7. *26,50 F / 4,04 €*

06801 **CLAVEL B.** Légendes du Léman. *Hachette-Jeunesse, 1996.* (Le livre de poche jeunesse ; 563. Junior c9)
ISBN 2-01-321365-4. *29 F / 4,42 €*

06802 **CLAVEL B.** La louve du Noirmont. *Pocket Jeunesse, 2000.* (Pocket junior ; 559 c4)
ISBN 2-266-10033-5. *30 F / 4,57 €*

06803 **CLAVEL B.** Le mouton noir et le loup blanc. Nouv. éd. *Flammarion-Père Castor, 1998.* (Castor-Poche ; 421. Junior c2)
ISBN 2-08-164472-X. *25 F / 3,81 €*

06804 **CLAVEL B.** Wang chat-tigre. Réimpr. *Pocket Jeunesse, 1998.* (Kid pocket ; 381 c03)
ISBN 2-266-08919-6. *26 F / 3,96 €*

06805 **CLAVERIE J.** La batterie de Théophile. Réimpr. *Gallimard-Jeunesse, 1997.* (Folio benjamin ; 239 c4)
ISBN 2-07-050576-6. *32,50 F / 4,95 €*

06806 **CLAVERIE J.** Little Lou. *Gallimard-Jeunesse, 1999.* (Folio cadet ; 309)
ISBN 2-07-052481-7. *41 F / 6,25 €*

06807 **CLÉMENCE A.** Dans son habit de lumière. *Syros, 2000.* (Souris noire ; 42 c1)
ISBN 2-84146-777-5. *32 F / 4,88 €*

06808 **CLÉMENCE A.** Le disparu de Cabrérac. *Syros, 1998.* (Souris noire ; 16)
ISBN 2-84146-517-9. *32 F / 4,88 €*

06809 **CLÉMENCE A.** Ninon et l'homme en noir. *Syros, 1999.* (Souris noire ; 31 c1)
ISBN 2-84146-654-X. *32 F / 4,88 €*

06810 **N** **CLÉMENCE A.** Traquenard à Pompéi. *Syros, 2001.* (Souris noire ; 54 c1)
ISBN 2-84146-902-6. *32 F / 4,88 €*

06811 **CLÉMENT C.** Le cadeau oublié. *Syros, 1998.* (Souris sentiments ; 16)
ISBN 2-84146-622-1. *32 F / 4,88 €*

06812 **CLÉMENT C.** La frontière de sable. *Syros, 1999.* (Souris sentiments ; 20)
ISBN 2-84146-721-X. *32 F / 4,88 €*

06813 **CLÉMENT C., BRUM L.** A la plage. *Bayard Jeunesse, 1999.* (Léo et Popi c1)
ISBN 2-227-73216-4. *13 F / 1,98 €*

06814 **CLÉMENT C., BRUM L.** Un clown à la garderie. *Bayard Jeunesse, 1999.* (Léo et Popi c1)
ISBN 2-227-73219-9. *13 F / 1,98 €*

06815 **CLÉMENT C., BRUM L.** Il faut laver Popi. *Bayard Jeunesse, 1999.* (Léo et Popi c1)
ISBN 2-227-73222-9. *13 F / 1,98 €*

06816 **CLÉMENT C., BRUM L.** Léo veut des baskets. *Bayard Jeunesse, 1999.* (Léo et Popi c1)
ISBN 2-227-73221-0. *13 F / 1,98 €*

06817 **CLÉMENT C., BRUM L.** Popi a faim. *Bayard Jeunesse, 1999.* (Léo et Popi c1)
ISBN 2-227-73217-2. *13 F / 1,98 €*

06818 **CLÉMENT C., BRUM L.** Sur le pot. *Bayard Jeunesse, 1999.* (Léo et Popi c1)
ISBN 2-227-73223-7. *13 F / 1,98 €*

06819 **CLÉMENT C., BRUM L.** La télévision. *Bayard Jeunesse, 1999.* (Léo et Popi c1)
ISBN 2-227-73218-0. *13 F / 1,98 €*

06820 **CLÉMENT C., CLAVELOUX N.** Boris a la bougeotte. *Bayard, 1997.* (Les belles histoires ; 91 c1)
ISBN 2-227-72813-2. *27 F / 4,12 €*

06821 **N** **CLÉMENT C., CLAVELOUX N.** Mister Bonflair mène l'enquête. *Bayard Jeunesse, 2001.* (Les belles histoires ; 122)
ISBN 2-7470-0107-5. *27 F / 4,12 €*

06822 **CLÉMENT C., GALLI L.** Une sorcière pas ordinaire. *Bayard, 1997.* (Les belles histoires ; 96 c1)
ISBN 2-227-72814-0. *27 F / 4,12 €*

06823 **N** **CLÉMENT C., GAUDRAT M-A., OXENBURY H.** Au parc. *Bayard Jeunesse, 2000.* (Léo et Popi c1)
ISBN 2-227-73227-X. *13 F / 1,98 €*

06824 **N** **CLÉMENT C., GAUDRAT M-A., OXENBURY H.** Cache-cache avec papa. *Bayard Jeunesse, 2000.* (Léo et Popi c1)
ISBN 2-227-73224-5. *13 F / 1,98 €*

06825 **N** **CLÉMENT C., GAUDRAT M-A., OXENBURY H.** En route pour la garderie. *Bayard Jeunesse, 2000.* (Léo et Popi c1)
ISBN 2-227-73225-3. *13 F / 1,98 €*

06826 **N** **CLÉMENT C., GAUDRAT M-A., OXENBURY H.** L'heure du lit. *Bayard Jeunesse, 2000.* (Léo et Popi c1)
ISBN 2-227-73226-1. *13 F / 1,98 €*

06827 **CLÉMENT C., MARTIN J-F.** Le facteur du ciel. *Bayard, 1999.* (Les belles histoires ; 107)
ISBN 2-227-72835-3. *27 F / 4,12 €*

06828 **CLÉMENT C., OXENBURY H.** A la ferme. *Bayard Jeunesse, 1998.* (Léo et Popi c1)
ISBN 2-227-73212-1. *13 F / 1,98 €*

06829 **CLÉMENT C., OXENBURY H.** A la garderie. *Bayard Jeunesse, 1997.* (Léo et Popi c1)
ISBN 2-227-73200-8. *13 F / 1,98 €*

06830 **CLÉMENT C., OXENBURY H.** Au restaurant. *Bayard Jeunesse, 1999.* (Léo et Popi c1)
ISBN 2-227-73220-2. *13 F / 1,98 €*

06831 **CLÉMENT C., OXENBURY H.** Le bain avec papa. *Bayard Jeunesse, 1998.* (Léo et Popi c1)
ISBN 2-227-73209-1. *13 F / 1,98 €*

06832 **CLÉMENT C., OXENBURY H.** Les bottes de Léo. *Bayard Jeunesse, 1998.* (Léo et Popi c1)
ISBN 2-227-73210-5. *13 F / 1,98 €*

06833 **CLÉMENT C., OXENBURY H.** Le chaton. *Bayard Jeunesse, 1998.* (Léo et Popi c1)
ISBN 2-227-73211-3. *13 F / 1,98 €*

06834 **CLÉMENT C., OXENBURY H.** Chez le docteur. *Bayard Jeunesse, 1997.* (Léo et Popi c1)
ISBN 2-227-73207-5. *13 F / 1,98 €*

06835 **CLÉMENT C., OXENBURY H.** Léo retrouve sa maison. *Bayard Jeunesse, 1998.* (Léo et Popi c1)
ISBN 2-227-73213-X. *13 F / 1,98 €*

06836 **A** **CLÉMENT C., OXENBURY H., BRUM L.** A la piscine. *Bayard Jeunesse, 2001.* (Léo et Popi)
ISBN 2-7470-0135-0. *13 F / 1,98 €*

06837 **A** **CLÉMENT C., OXENBURY H., BRUM L.** Au zoo. *Bayard Jeunesse, 2001.* (Léo et Popi c1)
ISBN 2-7470-0138-5. *13 F / 1,98 €*

06838 **A** **CLÉMENT C., OXENBURY H., BRUM L.** Léo est malade. *Bayard Jeunesse, 2001.* (Léo et Popi c1)
ISBN 2-7470-0137-7. *13 F / 1,98 €*

06839 **A** **CLÉMENT C., OXENBURY H., BRUM L.** La pêche aux crabes. *Bayard Jeunesse, 2001.* (Léo et Popi c1)
ISBN 2-7470-0136-9. *13 F / 1,98 €*

06840 **CLÉMENT Y-M.** Baychimo, vaisseau des glaces. *Hachette-Jeunesse, 1997.* (Le livre de poche jeunesse ; 622. Junior c6)
ISBN 2-01-321417-0. *27 F / 4,12 €*

06841 **N** **CLÉMENT Y-M.** Danger chasse truquée !. *Syros, 2001.* (Souris verte ; 38)
ISBN 2-84146-905-0. *32 F / 4,88 €*

06842 **CLÉMENT Y-M.** Douze contes de Guyane. *Flammarion-Père Castor, 1999.* (Castor-Poche ; 703. Junior)
ISBN 2-08-164321-9. *25 F / 3,81 €*

06843 **CLÉMENT Y-M.** La Griffe du jaguar. *Rageot, 1992.* (Cascade c2)
ISBN 2-7002-1194-4. *45 F / 6,86 €*

06844 **CLÉMENT Y-M.** Un Kimono pour Tadao. *Rageot, 1992.* (Cascade c1)
ISBN 2-7002-1206-1. *43 F / 6,56 €*

06845 **CLÉMENT Y-M.** Meurtre à la crique. Nouv. éd. *Flammarion-Père Castor, 1999.* (Castor-Poche ; 622. Junior cD)
ISBN 2-08-164520-3. *29,50 F / 4,50 €*

06846 **N** **CLÉMENT Y-M.** Mort aux crocos !. *Syros, 2000.* (Mini Souris aventure c1)
ISBN 2-84146-825-9. *19 F / 2,90 €*

06847 **CLÉMENT Y-M.** Pablo, à la vie, à la mort. *Rageot, 2000.* (Cascade. 11-13 ans)
ISBN 2-7002-2641-0. *46 F / 7,01 €*

06848 **CLÉMENT Y-M.** Le prix de la liberté. *Hachette-Jeunesse, 1998.* (Le livre de poche jeunesse ; 670. Junior c9)
ISBN 2-01-321466-9. *29 F / 4,42 €*

06849 **CLÉMENT Y-M.** Qui a tué Ariane ?. *Rageot, 1997.* (Cascade. Policier c1)
ISBN 2-7002-2477-9. *44 F / 6,71 €*

06850 **N** **CLÉMENT Y-M.** La soif de l'or. *Albin Michel, 2000.* (Le Furet enquête ; 23 c1)
ISBN 2-226-11320-7. *35 F / 5,34 €*

06851 **CLÉMENT Y-M.** Les sorcières. *Grasset, 2000.* (Lampe de poche ; 39. 9 ans et +)
ISBN 2-246-59831-1. *38 F / 5,79 €*

06852 **N** **CLÉMENT Y-M.** Les trafiquants de San Fernando. *Syros, 2000.* (Souris verte ; 32)
ISBN 2-84146-850-X. *32 F / 4,88 €*

06853 **CLÉMENT Y-M.** Un vampire à l'école. Nouv. éd. *Rageot, 1999.* (Cascade. Contes)
ISBN 2-7002-2525-2. *42 F / 6,40 €*

06854 **CLÉMENT Y-M., CLÉMENT N.** Qui veut la peau de l'anaconda ?. *Syros, 1999.* (Mini Souris aventure c1)
ISBN 2-84146-695-7. *19 F / 2,90 €*

06855 **CLIFFORD E.** Les naufragés du Moonraker. Nouv. éd. *Flammarion-Père Castor, 1998.* (Castor-Poche ; 106 cG)
ISBN 2-08-164438-X. *39 F / 5,95 €*

06856 **CLIFFORD E., CAZIN C.** Le Village fantôme. *Flammarion-Père Castor, 1985.* (Castor-Poche ; 124 c3)
ISBN 2-08-161804-4. *29,50 F / 4,50 €*

06857 **A** **CLOVER P.** Sheltie à la rescousse. *Bayard Jeunesse, 2001.* (SOS animaux ; 5. Spécial poneys c1)
ISBN 2-7470-0063-X. *29 F / 4,42 €*

06858 **A** **CLOVER P.** Sheltie en danger. *Bayard Jeunesse, 2001.* (SOS animaux ; 6. Spécial poneys c1)
ISBN 2-7470-0062-1. *29 F / 4,42 €*

06859 **N** **CLOVER P.** Sheltie et le trésor caché. *Bayard Jeunesse, 2001.* (Sheltie; 2)(SOS animaux ; 402. Spécial poneys c1)
ISBN 2-7470-0066-4. *28,50 F / 4,34 €*

06860 **N** **CLOVER P.** Sheltie et les fugitifs. *Bayard Jeunesse, 2001.* (Sheltie; 3)(SOS animaux ; 403. Spécial poneys c1)
ISBN 2-7470-0065-6. *28,50 F / 4,34 €*

06861 **N** **CLOVER P.** Sheltie le poney shetland. *Bayard Jeunesse, 2001.* (Sheltie; 1)(SOS animaux ; 401. Spécial poneys)
ISBN 2-7470-0067-2. *28,50 F / 4,34 €*

06862 **N** **CLOVER P.** Sheltie trouve un ami. *Bayard Jeunesse, 2001.* (Sheltie; 4)(SOS animaux ; 404. Spécial poneys c1)
ISBN 2-7470-0064-8. *28,50 F / 4,34 €*

06863 **COELHO P.** L'alchimiste. *Flammarion-Père Castor, 1996.* (Castor-Poche ; 546. Senior c4)
ISBN 2-08-164162-3. *32,50 F / 4,95 €*

06864 **COHAT Y.** Les Vikings, rois des mers. *Gallimard, 1987.* (Découvertes ; 13. Histoire c4)
ISBN 2-07-053027-2. *85 F / 12,96 €*

06865 **COHEN D.** Graine de championne. *Hachette-Jeunesse, 1998.* (Le livre de poche jeunesse ; 658. Cadet c10)
ISBN 2-01-321655-6. *31 F / 4,73 €*

06866 **COHEN J., DESPRÉS B.** Les Mots de Zaza. *Bayard, 1991.* (Les belles histoires ; 25 c1)
ISBN 2-227-72134-0. *27 F / 4,12 €*

06867 **COHEN J., REBERG E., DESPRÉS B.** Abracada... boum !. Réimpr. *Bayard, 1998.* (Tom-Tom et Nana; 16)(Tom-Tom et Nana ; 16)
ISBN 2-227-73117-6. *45 F / 6,86 €*

06868 **COHEN J., REBERG E., DESPRÉS B.** Allez les monstres. Réimpr. *Bayard, 1996.* (Tom-Tom et Nana; 17)(Tom-Tom et Nana ; 17)
ISBN 2-227-73118-4. *45 F / 6,86 €*

06869 **COHEN J., REBERG E., DESPRÉS B.** Bienvenue au club!. Réimpr. *Bayard, 1996.* (Tom-Tom et Nana; 19)(Tom-Tom et Nana ; 19)
ISBN 2-227-73102-8. *45 F / 6,86 €*

06870 **COHEN J., REBERG E., DESPRÉS B.** Ca va chauffer. Réimpr. *Bayard, 1998.* (Tom-Tom et Nana; 15)(Tom-Tom et Nana ; 15)
ISBN 2-227-73116-8. *45 F / 6,86 €*

06871 **COHEN J., REBERG E., DESPRÉS B.** Et que ça saute!. Réimpr. *Bayard, 1998.* (Tom-Tom et Nana; 12)(Tom-Tom et Nana ; 12)
ISBN 2-227-73105-2. *45 F / 6,86 €*

06872 **COHEN J., REBERG E., DESPRÉS B.** Poux, papous et pas papous. Réimpr. *Bayard, 1995.* (Tom-Tom et Nana; 20)(Tom-Tom et Nana ; 20)
ISBN 2-227-73100-1. *45 F / 6,86 €*

06873 **COHEN J., REBERG E., DESPRÉS B.** Les premiers de la casse. Réimpr. *Bayard, 1999.* (Tom-Tom et Nana; 10)(Tom-Tom et Nana ; 10)
ISBN 2-227-73113-3. *45 F / 6,86 €*

06874 **COHEN J., REBERG E., DESPRÉS B.** Salut les zinzins. Réimpr. *Bayard, 1996.* (Tom-Tom et Nana; 18)(Tom-Tom et Nana ; 18)
ISBN 2-227-73119-2. *45 F / 6,86 €*

06875 **COHEN J., REBERG E., DESPRÉS B.** La tribu des affreux. Réimpr. *Bayard, 1998.* (Tom-Tom et Nana; 14)(Tom-Tom et Nana ; 14)
ISBN 2-227-73103-6. *45 F / 6,86 €*

06876 **COHEN M.** Enfant de la samba. Nouv. éd. *Flammarion-Père Castor, 1999.* (Castor-Poche ; 177 cF)
ISBN 2-08-164560-2. *35,50 F / 5,41 €*

06877 **COHEN-SCALI S.** Agathe en flagrant délire. *Rageot, 1996.* (Cascade. Policier c2)
ISBN 2-7002-2401-9. *46 F / 7,01 €*

06878 **COHEN-SCALI S.** Arthur Rimbaud, le voleur de feu. *Hachette-Jeunesse, 1994.* (Le livre de poche jeunesse ; 491 c10)
ISBN 2-01-321023-X. *31 F / 4,73 €*

06879 **N** **COHEN-SCALI S.** Bleu de peur. *Rageot, 2000.* (Cascade. Contes)
ISBN 2-7002-2653-4. *42 F / 6,40 €*

06880 **N** **COHEN-SCALI S.** Cauchemar à Noël. *Magnard, 2000.* (Les p'tits policiers)
ISBN 2-210-98039-9. *40 F / 6,10 €*

06881 **COHEN-SCALI S.** Danse avec les spectres. *Rageot, 1998.* (Cascade. Pluriel c2)
ISBN 2-7002-2509-0. *46 F / 7,01 €*

06882 **COHEN-SCALI S.** L'inconnue de la Seine. *Rageot, 1997.* (Cascade. Policier c2)
ISBN 2-7002-2472-8. *46 F / 7,01 €*

06883 **COHEN-SCALI S.** Ombres noires pour Noël rouge. *Rageot, 1992.* (Cascade. Policier c3)
ISBN 2-7002-1212-6. *48 F / 7,32 €*

06884 **COHEN-SCALI S.** Tête de lune. Nouv. éd. *Rageot, 1999.* (Cascade. Contes)
ISBN 2-7002-2524-4. *42 F / 6,40 €*

06885 **COHEN-SCALI S., DIAZ M.** Vega, enfant de la nuit. *Magnard, 1998.* (Les fantastiques c1)
ISBN 2-210-97775-4. *43 F / 6,56 €*

06886 **COLE B.** J'ai un problème avec ma mère. Réimpr. *Gallimard-Jeunesse, 1998.* (Folio benjamin ; 126 c2)
ISBN 2-07-050526-X. *28 F / 4,27 €*

06887 **COLE B.** La princesse Finemouche. Réimpr. *Gallimard-Jeunesse, 1998.* (Folio benjamin ; 194 c5)
ISBN 2-07-050527-8. *36 F / 5,49 €*

06888 **COLEMAN M.** Echec et Net. *Gallimard-Jeunesse, 1998.* (Internet détectives; 2)(Folio junior ; 880. Internet aventures c3)
ISBN 2-07-052141-9. *30 F / 4,57 €*

06889 **COLEMAN M.** Tempête sur le Net. *Gallimard-Jeunesse, 1998.* (Internet détectives; 3)(Folio junior ; 881. Internet aventures c3)
ISBN 2-07-052143-5. *30 F / 4,57 €*

06890 **N** **COLEMAN M.** Tire au but, P'pa !. Nouv. éd. *Bayard Jeunesse, 2001.* (Passion de lire ; 214. Délires c1)
ISBN 2-7470-0176-8. *29 F / 4,42 €*

06891 **COLEMAN M., JONES A. F.** Connexion interdite. *Gallimard-Jeunesse, 1998.* (Internet détectives; 8)(Folio junior ; 886. Internet aventures c3)
ISBN 2-07-051573-7. *30 F / 4,57 €*

06892 **COLEMAN M., JONES A. F.** Danger virus !. *Gallimard-Jeunesse, 1998.* (Internet détectives; 7)(Folio junior ; 885. Internet aventures c3)
ISBN 2-07-051572-9. *30 F / 4,57 €*

06893 **N** **COLIN P.** La baie des secrets : les filles de Sidh. *Ed. du Laquet, 2001.* (Roman jeunesse)
ISBN 2-84523-028-1. *49 F / 7,47 €*

06894 **COLLINOT J-F., VOGEL N.** Engins flottants. *Milan, 1995.* (Carnets de nature ; 5 c1)
ISBN 2-84113-140-8. *34 F / 5,18 €*

06895 **A** **COLLINSON R.** Grisel-la-tornade (TP). *Milan, 2001.* (Les romans de Julie ; 9)
ISBN 2-7459-0300-4. *29 F / 4,42 €*

06896 **COLLINSON R.** Super-cousine. Réimpr. *Flammarion-Père Castor, 1999.* (Castor-Poche ; 391. Junior c4)
ISBN 2-08-164609-9. *32,50 F / 4,95 €*

06897 **COLLODI C.** Les aventures de Pinocchio : histoire d'un pantin. *Mille et une nuits, 1997.* (La petite collection ; 176 cC)
ISBN 2-84205-161-0. *20 F / 3,05 €*

06898 **COLLODI C.** Les aventures de Pinocchio. *Flammarion-Père Castor, 1996.* (Castor-Poche ; 548. Junior c5)
ISBN 2-08-164176-3. *35,50 F / 5,41 €*

06899 **COLLODI C.** Les aventures de Pinocchio. Réimpr. *Gallimard-Jeunesse, 1996.* (Folio junior ; 283 c5)
ISBN 2-07-051843-4. *36 F / 5,49 €*

06900 **COLLODI C.** Pinocchio. *Hachette-Jeunesse, 1996.* (Le livre de poche jeunesse ; 97 c10)
ISBN 2-01-020846-3. *31 F / 4,73 €*

06901 **COLMERAUER A.** Meurs la faim. *Gallimard-Jeunesse, 1999.* (Frontières ; 15 c5)
ISBN 2-07-052749-2. *36 F / 5,49 €*

06902 **N** **COLMONT M.** 25 contes peuples indiens. *Flammarion-Père Castor, 2000.* (Castor-Poche)
ISBN 2-08-164802-4. *39 F / 5,95 €*

06903 **N** **Comme une fleur :** six histoires de danse. *Fleurus, 2000.* (Z'azimut)
ISBN 2-215-05137-X. *39 F / 5,95 €*

06904 **Complot contre Athènes.** *Bayard, 2000.* (Les aventuriers de l'histoire ; 1202. Athéna c1)
ISBN 2-227-74901-6. *29 F / 4,42 €*

06905 **CONDÉ M.** Haïti chérie. *Bayard Jeunesse, 1998.* (Envol ; 507 c1)
ISBN 2-227-72364-5. *29 F / 4,42 €*

06906 **N** **CONFORD E.** Un papa vraiment terrible. *Hachette-Jeunesse, 2000.* (Le livre de poche jeunesse ; 742. Cadet c5)
ISBN 2-01-321795-1. *26,50 F / 4,04 €*

06907 **N** **CONKLIN B.** La course au bonheur. *Bayard Jeunesse, 2001.* (Passion de lire ; 331. Coeur grenadine c1)
ISBN 2-7470-0098-2. *29 F / 4,42 €*

06908 **N** **CONKLIN B.** Le garçon que je n'attendais pas. Nouv. éd. *Bayard Jeunesse, 2001.* (Passion de lire ; 318. Coeur grenadine c1)
ISBN 2-7470-0208-X. *29 F / 4,42 €*

06909 **CONKLIN B.** Rêves d'hiver. *Bayard, 1997.* (Passion de lire ; 308. Coeur grenadine c1)
ISBN 2-227-72994-5. *29 F / 4,42 €*

06910 **CONRAD P.** Zoé, Louise, mon amie fantôme. *Hachette-Jeunesse, 1998.* (Vertige ; 1124. Fantastique)
ISBN 2-01-209826-6. *28 F / 4,27 €*

06911 **CONVARD D.** A ce cher Romuald. *Magnard, 1999.* (Les fantastiques c1)
ISBN 2-210-97792-4. *43 F / 6,56 €*

06912 **CONVARD D.** Les dix petits Blacks. *Magnard, 1998.* (Les policiers c1)
ISBN 2-210-97766-5. *43 F / 6,56 €*

06913 **CONVARD D.** Le manoir d'Orleur. *Magnard, 1996.* (Les fantastiques c1)
ISBN 2-210-97740-1. *43 F / 6,56 €*

06914 **N** **CONVARD D.** Les trois crimes d'Anubis. Réimpr. *Magnard, 2000.* (Les policiers)
ISBN 2-210-97757-6. *43 F / 6,56 €*

06915 **COOPER J. F.** Le dernier des Mohicans. Réimpr. *Gallimard-Jeunesse, 1998.* (Folio junior ; 256 c6)
ISBN 2-07-051975-9. *41 F / 6,25 €*

06916 **COPPARD Y.** Cache-cache. *Pocket Jeunesse, 2000.* (Pocket junior ; 571. Policier c5)
ISBN 2-266-09788-1. *35 F / 5,34 €*

06917 **COPPIN B.** Aliénor d'Aquitaine, une reine à l'aventure. *Flammarion-Père Castor, 1998.* (Castor-Poche ; 641. Senior c3)
ISBN 2-08-164337-5. *29,50 F / 4,50 €*

06918 **COPPIN B.** Chez nous au Moyen Age. *Flammarion-Père Castor, 1998.* (Castor doc ; 27)
ISBN 2-08-163848-7. *34 F / 5,18 €*

06919 **N** **COPPIN B.** Dix-sept récits de pirates et de corsaires. *Flammarion-Père Castor, 2000.* (Castor-Poche ; 768. Contes et récits)
ISBN 2-08-164621-8. *32,50 F / 4,95 €*

06920 **N** **COPPIN B.** Le quai des secrets. *Flammarion-Père Castor, 2000.* (Castor-Poche ; 767. Junior)
ISBN 2-08-164797-4. *29,50 F / 4,50 €*

06921 **COPPIN B.** 16 contes de loup. *Flammarion-Père Castor, 1998.* (Castor-Poche ; 674. Junior c2)
ISBN 2-08-164325-1. *25 F / 3,81 €*

06922 **CORAN P.** Le commando des pièces-à-trou. *Milan, 1999.* (Milan poche junior ; 18)
ISBN 2-84113-954-9. *32 F / 4,88 €*

06923 **CORAN P.** Les disparus de Lilliput. *Magnard, 1999.* (Les p'tits policiers c1)
ISBN 2-210-98016-X. *40 F / 6,10 €*

06924 **N** **CORAN P.** L'éphélide. *Labor, 2000.* (Espace Nord zone J ; 31)
ISBN 2-8040-1505-X. *44 F / 6,71 €*

06925 **CORAN P.** Inimaginaire : poèmes. *Labor, 2000.* (Espace nord junior ; 27)
ISBN 2-8040-1453-3. *199 FB / 4,93 €*

06926 **N** **CORAN P.** Les matous d'Osiris. *Labor, 2001.* (Espace Nord zone J ; 33)
ISBN 2-8040-1557-2. *34 F / 5,18 €*

06927 **N** **CORAN P.** La momie d'Halloween. *Magnard, 2000.* (Les p'tits fantastiques)
ISBN 2-210-98029-1. *40 F / 6,10 €*

06928 **CORAN P., LEFEBVRE G.** Jaffabules. *Hachette-Jeunesse, 1990.* (Fleurs d'encre c6)
ISBN 2-01-321553-3. *27,50 F / 4,19 €*

06929 **N** **CORAN P., NOVI N.** Et patati et patata. *Milan, 2001.* (Milan poche cadet ; 48 c1)
ISBN 2-7459-0236-9. *28 F / 4,27 €*

06930 **CORCORAN M.** Les musiciens de Brême : d'après Wilhelm et Jacob Grimm. *Mango-Jeunesse, 1993.* (Contes classiques)
ISBN 2-7404-0231-7. *20 F / 3,05 €*

06931 **CORENTIN M., LACQ G.** L'énergie d'un fol espoir. *Labor, 1997.* (Espace nord junior ; 11)
ISBN 2-8040-1228-X. *42 F / 6,40 €*

06932 **CORGIBET V.** La photo de classe. *Syros, 1998.* (Souris sentiments)
ISBN 2-84146-875-5. *32 F / 4,88 €*

06933 **CORNEC-UTUDJI M.** Un fabuleux chapeau. *Grasset, 2000.* (Lampe de poche ; 38. 7 ans et +)
ISBN 2-246-59821-4. *29 F / 4,42 €*

06934 **CORNEC-UTUDJI M.** Les sorcières n'existent pas. *Grasset, 1998.* (Lampe de poche ; 19)
ISBN 2-246-54161-1. *35 F / 5,34 €*

06935 **CORNU M.** La confiance dans tous ses états. *Joie de lire, 1997.* (Qui suis-je?)
ISBN 2-88258-101-7. *45 F / 6,86 €*

06936 **CORTEX H.** Un coeur au creux de la vague. *Rageot, 1998.* (Cascade. 11-13 ans c3)
ISBN 2-7002-2496-5. *48 F / 7,32 €*

06937 **COSEM M.** Les chevaux du paradis. *Ed. du Laquet, 1999.* (Roman jeunesse)
ISBN 2-910333-82-5. *49 F / 7,47 €*

06938 **COSEM M.** Les neiges rebelles de l'Artigou. *Milan, 1999.* (Milan poche junior ; 12)
ISBN 2-84113-920-4. *28 F / 4,27 €*

06939 **COSEM M.** Les oiseaux du Mont Perdu. *Milan, 1999.* (Milan poche junior ; 10)
ISBN 2-84113-918-2. *32 F / 4,88 €*

06940 **N** **COSEM M.** La rose rouge du désert. *Ed. du Laquet, 2000.* (Roman jeunesse ; 3)
ISBN 2-84523-023-0. *49 F / 7,47 €*

06941 **COSTA B.** Dis non. Nouv. éd. *Syros, 1999.* (Souris ; 18. Documents)
ISBN 2-84146-701-5. *32 F / 4,88 €*

06942 **N** **COSTA M.** Concerto pour Guillaume : l'instit. Nouv. présentation. *Hachette-Jeunesse, 2000.* (Bibliothèque verte ; 651)
ISBN 2-01-200379-6. *25 F / 3,81 €*

06943 **COSTA-MAGNA M.** Les chaudrons du divin. *Actes Sud junior, 1998.* (Du côté de chez Freud ; 2 c1)
ISBN 2-7427-1792-7. *39 F / 5,95 €*

06944 **COSTA-MAGNA M.** Les méandres d'un rêve. *Actes Sud junior, 1999.* (Du côté de chez Freud ; 3)
ISBN 2-7427-1971-7. *49 F / 7,47 €*

06945 **COSTA-MAGNA M.** Les noces d'Oedipe. *Actes Sud junior, 1997.* (Du côté de chez Freud ; 1 c1)
ISBN 2-7427-1420-0. *39 F / 5,95 €*

06946 **COSTA-MAGNA M.** Les ratures de Pygmalion. *Actes Sud junior, 1999.* (Du côté de chez Freud ; 4)
ISBN 2-7427-2465-6. *49 F / 7,47 €*

06947 **COSTA-PRADES B., BOISTEAU M.** Résiste !. *Syros, 1999.* (Souris ; 26. Documents)
ISBN 2-84146-760-0. *32 F / 4,88 €*

06948 **CÔTÉ D.** Traque dans la neige. *Albin Michel, 2000.* (Le Furet enquête ; 16 c1)
ISBN 2-226-11173-5. *35 F / 5,34 €*

06949 **COUDERT A.** Ratafia. *Flammarion-Père Castor, 1989.* (Castor-Poche ; 263. Junior c4)
ISBN 2-08-161996-2. *32,50 F / 4,95 €*

06950 **COUDRAY J-L.** Le mouton Marcel. *Milan, 1999.* (Milan poche junior ; 9)
ISBN 2-84113-917-4. *24 F / 3,66 €*

06951 **COUÉ J.** Les conquérants du ciel. *Flammarion-Père Castor, 1997.* (Castor doc ; 13. Junior c2)
ISBN 2-08-163830-4. *38 F / 5,79 €*

06952 **COUÉ J.** Le dernier rezzou. Nouv. éd. *Flammarion-Père Castor, 2000.* (Castor-Poche ; 369. Senior cF)
ISBN 2-08-164696-X. *35,50 F / 5,41 €*

06953 **N** **COUÉ J.** Duel dans l'enfer vert. Réimpr. *Flammarion-Père Castor, 2000.* (Castor-Poche ; 448. Junior c4)
ISBN 2-08-164747-8. *32,50 F / 4,95 €*

06954 **COUÉ J.** L'harmonica rouge. Réimpr. *Flammarion-Père Castor, 1999.* (Castor-Poche ; 502. Senior c3)
ISBN 2-08-164610-2. *29,50 F / 4,50 €*

06955 **COULONGES G.** On demande grand-père gentil et connaissant des trucs. Nouv. éd. *Pocket Jeunesse, 2000.* (Kid pocket ; 189 c4)
ISBN 2-266-08657-X. *30 F / 4,57 €*

06956 **COULONGES G., MÉREL** Une grand-mère en chocolat. Réimpr. *Pocket Jeunesse, 1998.* (Kid pocket ; 340)
ISBN 2-266-08658-8. *30 F / 4,57 €*

06957 **COULONGES G., MÉREL** Grand-père est un fameux berger. Nouv. éd. *Pocket Jeunesse, 1999.* (Kid pocket ; 294 c04)
ISBN 2-266-09500-5. *30 F / 4,57 €*

06958 **Coups francs.** *Gallimard-Jeunesse, 1998.* (Folio junior ; 894)
ISBN 2-07-051771-3. *28 F / 4,27 €*

06959 **N** **La course de l'univers :** six histoires d'équitation. *Fleurus, 2000.* (Z'azimut)
ISBN 2-215-05136-1. *39 F / 5,95 €*

06960 **COUTURIER H. G.** Grand-mère Mambo. *Syros, 1999.* (Mini Souris noire c1)
ISBN 2-84146-731-7. *19 F / 2,90 €*

06961 **COVILLE B.** Bleurk et la planète des Pids. *Pocket Jeunesse, 2000.* (Bleurk)(Kid pocket ; 566 c3B)
ISBN 2-266-08088-1. *28 F / 4,27 €*

06962 **COVILLE B.** Bleurk et Mimi Sékotine. *Pocket Jeunesse, 1999.* (Bleurk; 2)(Kid pocket ; 457 c03)
ISBN 2-266-08081-4. *26 F / 3,96 €*

06963 **COVILLE B.** Bleurk, l'enquiquineur de l'espace. *Pocket Jeunesse, 1999.* (Bleurk; 1)(Kid pocket ; 388 c03)
ISBN 2-266-09542-0. *26 F / 3,96 €*

06964 **COVILLE B.** Ciel ! encore un prof extraterrestre !. Réimpr. *Pocket Jeunesse, 1999.* (Pocket junior ; 70. Fantastique c4)
ISBN 2-266-08647-2. *30 F / 4,57 €*

06965 **N** **COVILLE B.** Le crâne de la vérité. *Pocket, 2000.* (Pocket junior ; 577. Fantastique c4B)
ISBN 2-266-08501-8. *32 F / 4,88 €*

06966 **COVILLE B.** Embrasse-moi, crapaud !. Nouv. éd. *Pocket Jeunesse, 1998.* (Pocket junior ; 255. Fantastique c4)
ISBN 2-266-08682-0. *30 F / 4,57 €*

06967 **COVILLE B.** Le fantôme dans la chambre verte. *Pocket Jeunesse, 2000.* (Pocket junior ; 563. Frissons c4B)
ISBN 2-266-08706-1. *32 F / 4,88 €*

06968 **COVILLE B.** Le fantôme du soldat bleu. *Pocket Jeunesse, 1999.* (Pocket junior ; 525. Frissons c4)
ISBN 2-266-08707-X. *30 F / 4,57 €*

06969 **COVILLE B.** Le fantôme sur le fauteuil rouge. *Pocket Jeunesse, 1999.* (Pocket junior ; 499. Frissons c4)
ISBN 2-266-08708-8. *30 F / 4,57 €*

06970 **COVILLE B.** Grakker a mangé mon devoir de maths. *Pocket Jeunesse, 1999.* (Les aventures galactiques; 1)(Pocket junior ; 323. Fantastique c5)
ISBN 2-266-08654-5. *35 F / 5,34 €*

06971 **COVILLE B.** J'ai laissé mes baskets dans la dimension X. *Pocket Jeunesse, 1999.* (Les aventures galactiques; 2)(Pocket junior ; 363. Fantastique c5)
ISBN 2-266-08655-3. *35 F / 5,34 €*

06972 **COVILLE B.** Mon cerveau congelé a capté un message de Museau. *Pocket Jeunesse, 1999.* (Les aventures galactiques; 3)(Pocket junior ; 459. Fantastique c5)
ISBN 2-266-07879-8. *35 F / 5,34 €*

06973 **COVILLE B.** Mon prof a bousillé la planète. Réimpr. *Pocket Jeunesse, 1999.* (Pocket junior ; 198. Fantastique c4)
ISBN 2-266-08823-8. *30 F / 4,57 €*

06974 **COVILLE B.** Mon prof est un extraterrestre. Réimpr. *Pocket Jeunesse, 1999.* (Pocket junior ; 17. Fantastique c4)
ISBN 2-266-08646-4. *30 F / 4,57 €*

06975 **COVILLE B.** Mon prof s'allume dans le noir. Réimpr. *Pocket Jeunesse, 1999.* (Pocket junior ; 142. Fantastique c4)
ISBN 2-266-08920-X. *30 F / 4,57 €*

06976 **N** **COVILLE B.** Rendez-moi mon corps ou je vais m'énerver. *Pocket Jeunesse, 2000.* (Pocket junior ; 599. Fantastique c6)
ISBN 2-266-09524-2. *38 F / 5,79 €*

06977 **COVILLE B.** Sors de là, dragon !. *Pocket Jeunesse, 2000.* (Pocket junior ; 301. Fantastique c4)
ISBN 2-266-08681-2. *30 F / 4,57 €*

06978 **N** **COVILLE B.** Venge-toi, monstre !. Nouv. éd. *Pocket Jeunesse, 2000.* (Pocket junior ; 409. Fantastique c4)
ISBN 2-266-10212-5. *30 F / 4,57 €*

06979 **COVILLE B.** La vengeance de Croupi. *Pocket Jeunesse, 1999.* (Bleurk; 3)(Kid pocket ; 490 c3)
ISBN 2-266-08082-2. *26 F / 3,96 €*

06980 **CRAIGHEAD-GEORGE J.** Julie des loups. *Hachette-Jeunesse, 1983.* (Le livre de poche jeunesse ; 91. Junior c8)
ISBN 2-01-321702-1. *28 F / 4,27 €*

06981 **CRAIPEAU J-L.** Crime caramels. *Syros, 1997.* (Mini Souris noire c1)
ISBN 2-84146-409-1. *19 F / 2,90 €*

06982 **CRAIPEAU J-L.** Les défis d'Ortogue. *Flammarion-Père Castor, 1999.* (Castor-Poche ; 698. Junior c2)
ISBN 2-08-164584-X. *25 F / 3,81 €*

06983 **CRAIPEAU J-L.** Dracula fait son cinéma. Nouv. éd. *Flammarion, 1999.* (Castor-Poche ; 621. Senior c4)
ISBN 2-08-164623-4. *32,50 F / 4,95 €*

06984 **CRAIPEAU J-L.** Drôle de nom pour un chien. Réimpr. *Flammarion-Père Castor, 1998.* (Castor-Poche ; 573. Junior c3)
ISBN 2-08-164485-1. *29,50 F / 4,50 €*

06985 **CRAIPEAU J-L.** Gare au carnage, Amédée Petitpotage !. Réimpr. *Pocket Jeunesse, 1998.* (Pocket junior ; 47. Policier c4)
ISBN 2-266-08644-8. *30 F / 4,57 €*

06986 **CRAIPEAU J-L.** Pépé grognon. *Syros, 1998.* (Souris noire ; 23 c1)
ISBN 2-84146-563-2. *32 F / 4,88 €*

06987 **N** **CRAIPEAU J-L.** Le secret de Nadia. *Pocket Jeunesse, 2001.* (Kid pocket ; 645 c4B)
ISBN 2-266-10544-2. *32 F / 4,88 €*

06988 **CRAIPEAU J-L.** Tiny MacTimid : fantôme d'Ecosse. Nouv. éd. *Flammarion-Père Castor, 1998.* (Castor-Poche ; 461. Junior cC)
ISBN 2-08-164434-7. *25 F / 3,81 €*

06989 **CRAIPEAU J-L., DELAFOSSE C.** Mamie Coton. *Bayard, 1996.* (J'aime lire ; 96 c1)
ISBN 2-227-72705-5. *27 F / 4,12 €*

06990 **CRAIPEAU J-L., KOVALENKOV S.** La hotte magique de pépère Nono. *Bayard, 1995.* (J'aime lire ; 93 c1)
ISBN 2-227-72706-3. *27 F / 4,12 €*

06991 **CRAY J.** Destinataire inconnu. *Gallimard-Jeunesse, 1999.* (Danger.com; 3)(Folio junior ; 998. Internet aventures c4)
ISBN 2-07-052800-6. *32,50 F / 4,95 €*

06992 **CRAY J.** Le maître du cybermonde. *Gallimard-Jeunesse, 1999.* (Danger.com; 4)(Folio junior ; 1017. Internet aventures c4)
ISBN 2-07-052801-4. *32,50 F / 4,95 €*

06993 **CRAY J.** Meurtres dans le cyberspace. *Gallimard-Jeunesse, 1999.* (Danger.com; 2)(Folio junior ; 955. Internet aventures c4)
ISBN 2-07-052429-9. *32,50 F / 4,95 €*

06994 **CRAY J.** Nom de code Gemini 7. *Gallimard-Jeunesse, 1999.* (Danger.com; 1)(Folio junior ; 954. Internet aventures c4)
ISBN 2-07-052428-0. *32,50 F / 4,95 €*

06995 **Les crayons enchantés de Morgane.** *Hemma, 2001.* (Mini-club ; 42)
ISBN 2-8006-1410-2. *21 F / 3,20 €*

06996 **CREECH S.** Boogie- woogie. *Gallimard-Jeunesse, 1999.* (Page blanche ; 27 c8)
ISBN 2-07-051638-5. *46 F / 7,01 €*

06997 **A** **CREECH S.** Les voix de l'océan. *Gallimard-Jeunesse, 2001.* (Folio junior ; 1139 c5)
ISBN 2-07-054571-7. *44 F / 6,71 €*

06998 **CREECH S.** Le voyage à rebours. *Gallimard-Jeunesse, 1998.* (Page blanche ; 22 c9)
ISBN 2-07-059333-9. *49 F / 7,47 €*

06999 **CREIGHTON M.** La conspiration des dynamiteurs. *Gallimard-Jeunesse, 2000.* (Folio junior ; 650. Un Livre dont vous êtes le héros ; 5 c5)
ISBN 2-07-051451-X. *36 F / 5,49 €*

07000 **N** **CREIGHTON M.** Pour l'honneur de la reine. Réimpr. *Gallimard-Jeunesse, 2000.* (Un Livre dont vous êtes le héros ; 680. Sherlock Holmes ; 7 c5)
ISBN 2-07-051452-8. *36 F / 5,49 €*

07001 **CRÉTOIS C.** Le fado de José. *Syros, 1999.* (Souris sentiments ; 17)
ISBN 2-84146-655-8. *32 F / 4,88 €*

07002 **CRÉTOIS C.** Marine. *Flammarion-Père Castor, 1999.* (Castor-Poche ; 683. Senior c1)
ISBN 2-08-164501-7. *19,50 F / 2,97 €*

07003 **CRÉTOIS C.** Pas sous le même toit !. Nouv. éd. *Flammarion-Père Castor, 1999.* (Castor-Poche ; 352. Junior cD)
ISBN 2-08-164571-8. *29,50 F / 4,50 €*

07004 **CRÉTOIS C.** Petit-Jean d'Angoulême. Nouv. éd. *Flammarion-Père Castor, 1998.* (Castor-Poche ; 328. Junior c4)
ISBN 2-08-164468-1. *32,50 F / 4,95 €*

07005 **CRÉTOIS C., BRUM L.** Les histoires de grand-père. *Bayard, 1998.* (Les belles histoires ; 109 c1)
ISBN 2-227-72833-7. *27 F / 4,12 €*

07006 **CRÉTOIS C., PILORGET B.** L'exploit de Gara. *Bayard, 1996.* (J'aime lire ; 101 c1)
ISBN 2-227-72719-5. *27 F / 4,12 €*

07007 **CREW L.** Sundara, fille du Mékong. *Flammarion-Père Castor, 1991.* (Castor-Poche. Senior ; 354 c7)
ISBN 2-08-162196-7. *45 F / 6,86 €*

07008 **N** **CRIFO T.** La dernière séquence. *Albin Michel, 2001.* (Le Furet enquête ; 28 c1)
ISBN 2-226-11824-1. *35 F / 5,34 €*

07009 **Crimes et sans châtiments.** *Hachette-Jeunesse, 1997.* (Courts toujours ! c17)
ISBN 2-01-209529-1. *49 F / 7,47 €*

07010 **N** **Crises de la fin du Moyen Age.** *Publications de l'Ecole moderne française, 2000.* (Bonjour l'histoire)
ISBN 2-84526-041-5. *54 F / 8,23 €*

07011 **CROMPTON A. E.** Un poney blanc neige. *Rageot, 1993.* (Cascade. 11-13 ans c2)
ISBN 2-7002-0018-7. *46 F / 7,01 €*

07012 **CROMPTON R.** L'anniversaire de William. *Gallimard-Jeunesse, 2000.* (Folio cadet ; 398 c3)
ISBN 2-07-054080-4. *30 F / 4,57 €*

07013 **N** **CROMPTON R.** William et la maison hantée. *Gallimard-Jeunesse, 2000.* (Folio cadet ; 409 c3)
ISBN 2-07-054221-1. *30 F / 4,57 €*

07014 **CROMPTON R.** William et le trésor caché. *Gallimard-Jeunesse, 2000.* (Folio cadet ; 400 c3)
ISBN 2-07-054081-2. *30 F / 4,57 €*

07015 **CROMPTON R., ROSS T.** William le vengeur. *Gallimard-Jeunesse, 1990.* (Folio junior ; 589 c4)
ISBN 2-07-033589-5. *32,50 F / 4,95 €*

07016 **A** **CROWTHER K.** Champions du monde : la vie héroïque d'Antoine Lebic. *Mango-Jeunesse, 2001.* (Mango poche. Zygomatiques)
ISBN 2-7404-1173-1. *25 F / 3,81 €*

07017 **A** **CUENCA C.** La marraine. *Hachette-Jeunesse, 2001.* (Le livre de poche jeunesse. Senior)
ISBN 2-01-321816-8. *26,50 F / 4,04 €*

07018 **CULLIMORE S.** Pourquoi les filles grandissent-elles ?. *Hachette-Jeunesse, 1999.* (Le livre de poche jeunesse ; 695. Senior c8)
ISBN 2-01-321648-3. *27,50 F / 4,19 €*

07019 **N** **CURELLI J-J., LANDURÉ P.** Le hand-ball. *Milan, 2000.* (Carnets du sport)
ISBN 2-7459-0104-4. *38 F / 5,79 €*

07020 **CURTIS P.** Message extraterrestre. Nouv. éd. *Flammarion-Père Castor, 1998.* (Castor-Poche ; 397. Junior cE)
ISBN 2-08-164413-4. *32,50 F / 4,95 €*

07021 **CURWOOD J. O.** Les chasseurs d'or. *Pocket Jeunesse, 1999.* (Pocket junior ; 274. Références c5)
ISBN 2-266-09443-2. *34 F / 5,18 €*

07022 **CURWOOD J. O.** Les chasseurs de loups. *Pocket Jeunesse, 1996.* (Pocket junior ; 204. Références c5)
ISBN 2-266-08941-2. *35 F / 5,34 €*

07023 **CURWOOD J. O.** Le grizzli. *Hachette-Jeunesse, 1996.* (Le livre de poche jeunesse ; 1113. Gai savoir c9)
ISBN 2-01-321458-8. *29 F / 4,42 €*

07024 **CURWOOD J. O.** Le grizzli. *Gallimard-Jeunesse, 2000.* (Folio junior ; 766 c4)
ISBN 2-07-052728-X. *32,50 F / 4,95 €*

07025 **CURWOOD J-O.** Kazan. *Hachette-Jeunesse, 1989.* (Le livre de poche jeunesse ; 10. Junior c12)
ISBN 2-01-321439-1. *35 F / 5,34 €*

07026 **CUSHMAN J.** Hasard ou probabilités. *Flammarion-Père Castor, 1996.* (Castor doc ; 4. Junior c2)
ISBN 2-08-162276-9. *34 F / 5,18 €*

07027 **N** **CUSICK R. T.** Le maître de l'horreur. *J'ai lu, 2000.* (Peur bleue cF)
ISBN 2-290-30432-8. *26 F / 3,96 €*

07028 **CUVELIER J.** Avoir un chat. *Milan, 1997.* (Carnets de nature c1)
ISBN 2-84113-397-4. *34 F / 5,18 €*

07029 **CUVELIER J.** Avoir un cochon d'Inde. *Milan, 1997.* (Carnets de nature c1)
ISBN 2-84113-519-5. *34 F / 5,18 €*

07030 **N** **CUVELIER J., PILLOT F., LEFEBVRE S.** Un hamster à la maison. *Milan, 2001.* (Carnets de nature ; 77 c1)
ISBN 2-7459-0238-5. *34 F / 5,18 €*

07031 **CUYVERS P.** Le cirque Fric-Frac. *Hemma, 1988.* (Mini-club ; 24)
ISBN 2-8006-1037-9. *21 F / 3,20 €*

07032 **CUYVERS P.** Minoutte, la petite chatte. *Hemma, 2001.* (Mini-club ; 27)
ISBN 2-8006-1040-9. *21 F / 3,20 €*

07033 **DAENINCKX D.** A louer sans commission. *Gallimard-Jeunesse, 1998.* (Frontières ; 4 c5)
ISBN 2-07-051988-0. *36 F / 5,49 €*

07034 **DAENINCKX D.** Le chat de Tigali. *Syros, 1997.* (Mini Souris noire c1)
ISBN 2-84146-405-9. *19 F / 2,90 €*

07035 **DAHAN A.** Bonne nuit petite lune. *Gallimard-Jeunesse, 1996.* (Folio benjamin ; 290 c3)
ISBN 2-07-057972-7. *28 F / 4,27 €*

07036 **DAHAN A.** Hélico et l'oiseau. *Gallimard-Jeunesse, 1995.* (Folio benjamin ; 276 c4)
ISBN 2-07-058734-7. *30 F / 4,57 €*

07037 **DAHL R.** Le bon gros géant. Réimpr. *Gallimard-Jeunesse, 1998.* (Folio junior ; 602. Edition spéciale c6)
ISBN 2-07-051372-6. *40 F / 6,10 €*

07038 **DAHL R.** Charlie et la chocolaterie. Réimpr. *Gallimard-Jeunesse, 1998.* (Folio junior ; 446. Edition spéciale c4)
ISBN 2-07-051333-5. *32 F / 4,88 €*

07039 **DAHL R.** Danny, le champion du monde. *Hachette-Jeunesse, 1981.* (Le livre de poche jeunesse ; 53 c9)
ISBN 2-01-014769-3. *29 F / 4,42 €*

07040 **DAHL R.** Les deux gredins. Réimpr. *Gallimard-Jeunesse, 1983.* (Folio junior ; 141 c1)
ISBN 2-07-051518-4. *28 F / 4,27 €*

07041 **DAHL R.** Le doigt magique. Réimpr. *Gallimard-Jeunesse, 1998.* (Folio cadet ; 185 c5)
ISBN 2-07-051784-5. *36 F / 5,49 €*

07042 **DAHL R.** L'Enfant qui parlait aux animaux. Réimpr. *Gallimard-Jeunesse, 1998.* (Folio junior ; 674. Edition spéciale c3)
ISBN 2-07-051373-4. *30 F / 4,57 €*

07043 **DAHL R.** Escadrille 80. Réimpr. *Gallimard-Jeunesse, 1999.* (Folio junior ; 418 c6)
ISBN 2-07-052133-8. *41 F / 6,25 €*

07044 **DAHL R.** James et la grosse pêche. Réimpr. *Gallimard-Jeunesse, 1997.* (Folio junior ; 517. Edition spéciale c4)
ISBN 2-07-051374-2. *32,50 F / 4,95 €*

07045 **DAHL R.** Matilda. Réimpr. *Gallimard-Jeunesse, 1999.* (Folio junior ; 744. Edition spéciale c6)
ISBN 2-07-051254-1. *41 F / 6,25 €*

07046 **DAHL R.** Moi, boy : souvenirs d'enfance. Réimpr. *Gallimard-Jeunesse, 1998.* (Folio junior ; 393)
ISBN 2-07-051519-2. *36 F / 5,49 €*

07047 **DAHL R.** La potion magique de Georges Bouillon. Réimpr. *Gallimard-Jeunesse, 1999.* (Folio junior ; 463. Edition spéciale c4)
ISBN 2-07-051340-8. *32 F / 4,88 €*

07048 **DAHL R., BENSON P.** Les minuscules. Réimpr. *Gallimard-Jeunesse, 1998.* (Folio cadet ; 289 c8)
ISBN 2-07-052024-2. *46 F / 7,01 €*

07049 **DAHL R., BLAKE Q.** Un amour de tortue. Réimpr. *Gallimard-Jeunesse, 1998.* (Folio cadet ; 232)
ISBN 2-07-051804-3. *44 F / 6,71 €*

07050 **DAHL R., BLAKE Q.** Un conte peut en cacher un autre. Réimpr. *Gallimard-Jeunesse, 1998.* (Folio cadet ; 313 c7)
ISBN 2-07-052021-8. *44 F / 6,71 €*

07051 **DAHL R., BLAKE Q.** L'énorme Crocodile. Réimpr. *Gallimard-Jeunesse, 1996.* (Folio benjamin ; 15 c4)
ISBN 2-07-050580-4. *32,50 F / 4,95 €*

07052 **DAHL R., BLAKE Q.** La girafe, le pélican et moi. *Gallimard-Jeunesse, 1993.* (Folio cadet ; 278 c7)
ISBN 2-07-052023-4. *44 F / 6,71 €*

07053 **DAHL R., ROSS T.** Fantastique Maître Renard. Réimpr. *Gallimard-Jeunesse, 1998.* (Folio cadet ; 174 c7)
ISBN 2-07-051783-7. *44 F / 6,71 €*

07054 **DAKIA** Dakia, fille d'Alger. Nouv. éd. *Flammarion-Père Castor, 1998.* (Castor-Poche ; 561. Senior c3)
ISBN 2-08-164359-6. *29,50 F / 4,50 €*

07055 **N** **DALADIER N.** Alerte à la marée noire. *Gallimard-Jeunesse, 2000.* (Folio junior ; 1102. Drôles d'aventures ; 24 c3)
ISBN 2-07-054324-2. *30 F / 4,57 €*

07056 **DALADIER N., MIGNON P.** Le plus beau vase d'Ulysse. *Gallimard-Jeunesse, 1999.* (Folio junior ; 1022. Drôles d'aventures ; 19 c3)
ISBN 2-07-052610-0. *30 F / 4,57 €*

07057 **DALADIER N., PALLIDA I.** Parfum volé. *Gallimard-Jeunesse, 1998.* (Folio junior ; 918. Drôles d'aventures ; 13 c3)
ISBN 2-07-052169-9. *30 F / 4,57 €*

07058 **DALE E., JOOS F.** Igor. *Gallimard-Jeunesse, 1997.* (Folio benjamin ; 300)
ISBN 2-07-059453-X. *30 F / 4,57 €*

07059 **N** **DALE J.** Dotty fait des bêtises. *Bayard Jeunesse, 2000.* (SOS animaux ; 101. Spécial chiens c1)
ISBN 2-227-07001-3. *29 F / 4,42 €*

07060 **N** **DALE J.** Un maître pour Jessie. *Bayard Jeunesse, 2000.* (SOS animaux ; 103. Spécial chiens c1)
ISBN 2-227-07004-8. *29 F / 4,42 €*

07061 **N** **DALE J.** Les malheurs de Gros Ben. *Bayard Jeunesse, 2000.* (SOS animaux ; 102. Spécial chiens c1)
ISBN 2-227-07000-5. *29 F / 4,42 €*

07062 **N** **DALE J.** Pagaille au chenil. *Bayard Jeunesse, 2000.* (SOS animaux. Spécial chiens c1)
ISBN 2-227-07007-2. *29 F / 4,42 €*

07063 **A** **DALE J.** Perle, le chien star. *Bayard Jeunesse, 2001.* (SOS animaux ; 105. Spécial chiens c1)
ISBN 2-7470-0022-2. *29 F / 4,42 €*

07064 **DALRYMPLE J.** Trois rollers pour deux. *Bayard Jeunesse, 2000.* (J'aime lire ; 135 c1)
ISBN 2-227-72767-5. *27 F / 4,12 €*

07065 **N** **DALY C.** Titan. *Pocket Jeunesse, 2000.* (Pocket junior ; 640. Cinéma c5)
ISBN 2-266-10600-7. *35 F / 5,34 €*

07066 **N** **DANIEL K.** Le cauchemar d'Alice. *J'ai lu, 2000.* (Peur bleue cF)
ISBN 2-290-30405-0. *26 F / 3,96 €*

07067 **N** **DANIEL K.** Témoins à charge. *J'ai lu, 2001.* (Peur bleue cF)
ISBN 2-290-30907-9. *26 F / 3,96 €*

07068 **DANIEL O.** Le château de Martine et de Léon. *Grasset, 1997.* (Lampe de poche ; 7)
ISBN 2-246-54041-0. *35 F / 5,34 €*

07069 **DANIEL O.** La poudre au coeur. *Grasset, 1999.* (Lampe de poche ; 29. 11 ans et +)
ISBN 2-246-57901-5. *42 F / 6,40 €*

07070 **A** **DANIEL S.** Carton noir. *Magnard, 2001.* (Les policiers)
ISBN 2-210-98418-1. *43 F / 6,56 €*

07071 **DANIEL S.** Deux maîtresses pour une rentrée. *Rageot, 1996.* (Cascade. 7-9 ans c1)
ISBN 2-7002-2395-0. *44 F / 6,71 €*

07072 **DANIEL S.** L'enfer du samedi soir. *Rageot, 1998.* (Cascade. Policier c2)
ISBN 2-7002-2503-1. *48 F / 7,32 €*

07073 **DANIEL S.** Mensonge mortel. *Rageot, 1997.* (Cascade. Policier c2)
ISBN 2-7002-2431-0. *46 F / 7,01 €*

07074 **DANIEL S.** Ping-pong au camping. *Rageot, 1997.* (Cascade. 9-11 ans c1)
ISBN 2-7002-2466-3. *44 F / 6,71 €*

07075 **DANIEL S.** Rollers de choc. *Rageot, 2000.* (Cascade. 11-13 ans)
ISBN 2-7002-2642-9. *46 F / 7,01 €*

07076 **DANIEL S.** Un tueur à la fenêtre. *Rageot, 1996.* (Cascade. Policier c2)
ISBN 2-7002-2367-5. *46 F / 7,01 €*

07077 **DANIEL S.** Les Visiteurs d'outre-tombe. *Rageot, 1994.* (Cascade. Policier)
ISBN 2-7002-2126-5. *48 F / 7,32 €*

07078 **N** **DANIELS L.** Au feu !. *Mango-Jeunesse, 2000.* (Mango poche ; 4. Jenny et Jess c1)
ISBN 2-7404-1029-8. *30 F / 4,57 €*

07079 **N** **DANIELS L.** Au secours des loutres. *Bayard Jeunesse, 2000.* (SOS animaux ; 303 c1)
ISBN 2-227-75751-5. *29 F / 4,42 €*

07080 **A** **DANIELS L.** La baleine en détresse. *Bayard Jeunesse, 2001.* (SOS animaux ; 309. Nos compagnons c1)
ISBN 2-7470-0057-5. *29 F / 4,42 €*

07081 **N** **DANIELS L.** Blaireaux en danger. *Bayard Jeunesse, 2000.* (SOS animaux ; 302 c1)
ISBN 2-227-75746-9. *29 F / 4,42 €*

07082 **N** **DANIELS L.** Bravo, les poussins !. *Bayard Jeunesse, 2000.* (SOS animaux ; 203. Les petits compagnons c1)
ISBN 2-227-07005-6. *29 F / 4,42 €*

07083 **N** **DANIELS L.** Le chevreau imprudent. *Bayard Jeunesse, 2000.* (SOS animaux ; 306. Nos compagnons)
ISBN 2-227-75750-7. *29 F / 4,42 €*

07084 **N** **DANIELS L.** Disparition dans la tempête. *Mango-Jeunesse, 2000.* (Mango poche ; 3. Jenny et Jess c1)
ISBN 2-7404-0983-4. *30 F / 4,57 €*

07085 **A** **DANIELS L.** Le gang du cochon d'inde. *Bayard Jeunesse, 2001.* (SOS animaux ; 205. Les petits compagnons c1)
ISBN 2-7470-0044-3. *29 F / 4,42 €*

07086 **N** **DANIELS L.** Il faut retrouver Perle. *Bayard Jeunesse, 2000.* (SOS animaux ; 301)
ISBN 2-227-75747-7. *29 F / 4,42 €*

07087 **N** **DANIELS L.** Les larmes du dauphin. *Bayard Jeunesse, 2000.* (SOS animaux ; 304. Nos compagnons c1)
ISBN 2-227-75752-3. *29 F / 4,42 €*

07088 **DANIELS L.** La naissance de Jess. *Mango-Jeunesse, 2000.* (Mango poche ; 500. Jenny et Jess c1)
ISBN 2-7404-0981-8. *30 F / 4,57 €*

07089 **N** **DANIELS L.** Où est passé le hamster ?. *Bayard Jeunesse, 2000.* (SOS animaux ; 202. Les petits compagnons c1)
ISBN 2-227-07003-X. *29 F / 4,42 €*

07090 **N** **DANIELS L.** Le panda abandonné. *Bayard Jeunesse, 2000.* (SOS animaux. Nos compagnons)
ISBN 2-227-75753-1. *29 F / 4,42 €*

07091 **N** **DANIELS L.** Le phoque pris au piège. *Bayard Jeunesse, 2001.* (SOS animaux ; 307. Nos compagnons)
ISBN 2-227-75749-3. *29 F / 4,42 €*

07092 **N** **DANIELS L.** Un poney très courageux. *Bayard Jeunesse, 2001.* (SOS animaux ; 204. Les petits compagnons c1)
ISBN 2-227-07006-4. *29 F / 4,42 €*

07093 **A** **DANIELS L.** Réglisse a disparu. *Bayard Jeunesse, 2001.* (SOS animaux ; 310. Nos compagnons)
ISBN 2-7470-0351-5. *29 F / 4,42 €*

07094 **N** **DANIELS L.** Six chatons cherchent une maison. *Bayard Jeunesse, 2000.* (SOS animaux ; 201. Les petits compagnons c1)
ISBN 2-227-07002-1. *29 F / 4,42 €*

07095 **N** **DANIELS L.** Sur les traces du léopard. *Bayard Jeunesse, 2001.* (SOS animaux ; 308. Nos compagnons)
ISBN 2-7470-0059-1. *29 F / 4,42 €*

07096 **DANIELS L.** Vous n'aurez pas Windy Hill !. *Mango-Jeunesse, 2000.* (Mango poche ; 501. Jenny et Jess c1)
ISBN 2-7404-0982-6. *30 F / 4,57 €*

07097 **DANZIGER P.** Courage Lili Graffiti !. *Gallimard-Jeunesse, 1998.* (Les aventures de Lili Graffiti; 4)(Folio cadet ; 366 c3)
ISBN 2-07-051250-9. *30 F / 4,57 €*

07098 **DANZIGER P.** Lili Graffiti. *Gallimard-Jeunesse, 1998.* (Les aventures de Lili Graffiti; 1)(Folio cadet ; 341)
ISBN 2-07-050470-0. *30 F / 4,57 €*

07099 **N** **DANZIGER P.** Moi, Lili Graffiti. *Gallimard-Jeunesse, 2001.* (Les aventures de Lili Graffiti; 8)(Folio cadet ; 396 c3)
ISBN 2-07-054496-6. *30 F / 4,57 €*

07100 **DANZIGER P.** La rentrée de Lili Graffiti. *Gallimard-Jeunesse, 1998.* (Les aventures de Lili Graffiti; 3)(Folio cadet ; 362)
ISBN 2-07-051249-5. *30 F / 4,57 €*

07101 **DANZIGER P.** Rien ne va plus pour Lili Graffiti. *Gallimard-Jeunesse, 2000.* (Les aventures de Lili Graffiti; 7)(Folio cadet ; 396 c3)
ISBN 2-07-052967-3. *30 F / 4,57 €*

07102 **DANZIGER P.** Les vacances de Lili Graffiti. *Gallimard-Jeunesse, 1998.* (Les aventures de Lili Graffiti; 2)(Folio cadet ; 342)
ISBN 2-07-050471-9. *30 F / 4,57 €*

07103 **DANZIGER P., MARTIN A. M.** PS réponds moi vite !. *Gallimard-Jeunesse, 1999.* (Folio junior ; 950 c4)
ISBN 2-07-052254-7. *32,50 F / 4,95 €*

07104 **DANZIGER P., ROSS T.** Lili Graffiti voit rouge. *Gallimard-Jeunesse, 1999.* (Les aventures de Lili Graffiti; 6)(Folio cadet ; 390 c3)
ISBN 2-07-052157-5. *30 F / 4,57 €*

07105 **N** **DARNAUD G.** Le vol du Mermoz. *Albin Michel, 2000.* (Le Furet enquête ; 26 c1)
ISBN 2-226-11346-0. *35 F / 5,34 €*

07106 **DARTEVELLE A.** Océan noir. *Labor, 1998.* (Espace nord junior ; 18)
ISBN 2-8040-1356-1. *42 F / 6,40 €*

07107 **DAUDET A.** Aventures prodigieuses de Tartarin de Tarascon. *Gallimard-Jeunesse, 1997.* (Folio junior ; 454. Edition spéciale c3)
ISBN 2-07-051375-0. *30 F / 4,57 €*

07108 **DAUDET A.** La dernière classe : et autres contes du lundi. *Gallimard-Jeunesse, 1995.* (Folio junior ; 748. Edition spéciale c2)
ISBN 2-07-058744-4. *27 F / 4,12 €*

07109 **DAUDET A.** Lettres de mon moulin. *Hachette-Jeunesse, 1982.* (Le livre de poche jeunesse ; 73. Cadet c9)
ISBN 2-01-321013-2. *29 F / 4,42 €*

07110 **DAUDET A.** Lettres de mon moulin. Réimpr. *Gallimard-Jeunesse, 1998.* (Folio junior ; 450. Edition spéciale c4)
ISBN 2-07-051376-9. *32,50 F / 4,95 €*

07111 **DAUDET A.** Le Petit Chose : histoire d'un enfant. Réimpr. *Gallimard-Jeunesse, 1998.* (Folio junior ; 228 c4)
ISBN 2-07-051623-7. *32,50 F / 4,95 €*

07112 **DAUDET A.** Le Petit Chose. *Hachette-Jeunesse, 2000.* (Le livre de poche jeunesse ; 482. Gai savoir)
ISBN 2-01-321749-8. *37 F / 5,64 €*

07113 **N** **DAUDET A.** Le secret de maître Cornille : et autres lettres de mon moulin. *Hachette-Jeunesse, 2000.* (Côté court ; 11)
ISBN 2-01-200567-5. *10 F / 1,52 €*

07114 **DAUDET A.** Tartarin de Tarascon. Réimpr. *Hachette-Jeunesse, 1996.* (Le livre de poche jeunesse ; 27 c6)
ISBN 2-01-014430-9. *26,50 F / 4,04 €*

07115 **DAUDET A.** Tartarin de Tarascon. Nouv. éd. *Flammarion-Père Castor, 1998.* (Castor-Poche ; 470. Senior cC)
ISBN 2-08-164392-8. *25 F / 3,81 €*

07116 **DAUTUN P.** Les six compagnons au tournoi de la chanson : d'après Paul-Jacques Bonzon. Nouv. éd. *Hachette-Jeunesse, 1996.* (Bibliothèque verte ; 164 c5)
ISBN 2-01-209492-9. *26,50 F / 4,04 €*

07117 **N** **DAUTUN P.** Les six compagnons hors la loi. Nouv. présentation. *Hachette-Jeunesse, 2000.* (Bibliothèque verte ; 167 c3)
ISBN 2-01-200345-1. *25 F / 3,81 €*

07118 **DAVID F.** Comptines sous un chapiteau. *Actes Sud junior, 1997.* (Les petits bonheurs)
ISBN 2-7427-1263-1. *39 F / 5,95 €*

07119 **DAVID F., BESNIER Y.** Comptines pour saisir la balle au bond. *Actes Sud junior, 1999.* (Les petits bonheurs c1)
ISBN 2-7427-1921-0. *39 F / 5,95 €*

07120 **A** **DAVID F., CHOLLAT E.** Comptines qui chatouillent. *Milan, 2001.* (Milan poche benjamin ; 22 c1)
ISBN 2-7459-0246-6. *24 F / 3,66 €*

07121 **N** **DAVID F., GALERON H.** Comptines pour donner sa langue au chat. Réimpr. *Actes Sud junior, 2001.* (Les petits bonheurs c1)
ISBN 2-7427-1920-2. *39 F / 5,95 €*

07122 **DAVIDS P., DAVIDS H.** La cité perdue des Jedi. *Pocket Jeunesse, 1999.* (Star Wars : la saga du Prince Ken; 2)(Pocket junior ; 75. SF ; 75 c3)
ISBN 2-266-09297-9. *26 F / 3,96 €*

07123 **DAVIDS P., DAVIDS H.** Le destin du prince Jedi. Nouv. éd. *Pocket Jeunesse, 1999.* (Star Wars : la saga du Prince Ken; 6)(Pocket junior ; 263. SF ; 75 c3)
ISBN 2-266-08848-3. *26 F / 3,96 €*

07124 **DAVIDS P., DAVIDS H.** Le gant de Dark Vador. Réimpr. *Pocket Jeunesse, 1999.* (Star Wars : la saga du Prince Ken; 1)(Pocket junior ; 027. SF ; 27 c3)
ISBN 2-266-09296-0. *26 F / 3,96 €*

07125 **DAVIDS P., DAVIDS H.** Le prophète suprême du côté obscur. Nouv. éd. *Pocket Jeunesse, 1999.* (Star Wars : la saga du Prince Ken; 4)(Pocket junior ; 165. SF ; 75 c3)
ISBN 2-266-08849-1. *26 F / 3,96 €*

07126 **DAVIDS P., DAVIDS H.** La reine de l'empire. Nouv. éd. *Pocket Jeunesse, 1999.* (Star Wars : la saga du Prince Ken; 5)(Pocket junior ; 235. SF c3)
ISBN 2-266-08847-5. *26 F / 3,96 €*

07127 **DAVIDS P., DAVIDS H.** La vengeance de Zorba le Hutt. Réimpr. *Pocket Jeunesse, 1999.* (Star Wars : la saga du Prince Ken; 3)(Pocket junior ; 126. SF ; 75 c3)
ISBN 2-266-08846-7. *26 F / 3,96 €*

07128 **DAVIDSON M.** Louis Braille, l'enfant de la nuit. Réimpr. *Gallimard-Jeunesse, 1998.* (Folio cadet ; 225 c7)
ISBN 2-07-051800-0. *43 F / 6,56 €*

07129 **DAVIDSON M.** La métamorphose d'Helen Keller. *Gallimard-Jeunesse, 1999.* (Folio cadet ; 383 c8)
ISBN 2-07-051858-2. *46 F / 7,01 €*

07130 **DAVIS G.** Les Rôdeurs de la nuit. *Gallimard-Jeunesse, 1997.* (Un Livre dont vous êtes le héros ; 522. Défis fantastiques ; 29 c5)
ISBN 2-07-050930-3. *36 F / 5,49 €*

07131 **DAYRE V.** C'est la vie, Lili. *Rageot, 1991.* (Cascade c2)
ISBN 2-7002-1116-2. *46 F / 7,01 €*

07132 **N** **DE GROEN E.** Sans toit en Bosnie. *Flammarion-Père Castor, 2000.* (Castor-Poche ; 765. Senior)
ISBN 2-08-164596-3. *39 F / 5,95 €*

07133 **N** **De Henri IV à Louis XIV.** *Publications de l'Ecole moderne française, 2000.* (Bonjour l'histoire)
ISBN 2-84526-043-1. *54 F / 8,23 €*

07134 **DEARSLEY L., RODGERS F.** Un amour de crocodile. Nouv. éd. *Pocket Jeunesse, 2000.* (Kid pocket ; 7 c04)
ISBN 2-266-08623-5. *30 F / 4,57 €*

07135 **DEBRY H.** Rock'n loup. *Milan, 1999.* (Milan poche junior ; 4 c4)
ISBN 2-84113-912-3. *28 F / 4,27 €*

07136 **DEEM J. M.** Dossier fantômes. Nouv. éd. *Flammarion-Père Castor, 1998.* (Castor-Poche ; 453. Senior cE)
ISBN 2-08-164417-7. *32,50 F / 4,95 €*

07137 **DEFOE D.** Robinson Crusoé. Réimpr. *Gallimard-Jeunesse, 1998.* (Folio junior ; 626. Edition spéciale c6)
ISBN 2-07-051377-7. *41 F / 6,25 €*

07138 **DEFOE D.** Robinson Crusoé. *Hachette-Jeunesse, 1997.* (Le livre de poche jeunesse ; 1127. Gai savoir c12)
ISBN 2-01-321443-X. *35 F / 5,34 €*

07139 **DEFONTAINE B.** Boréal, le petit ours blanc. *Hemma, 2001.* (Mini-club ; 76)
ISBN 2-8006-4362-5. *21 F / 3,20 €*

07140 **DEFONTAINE B.** De si gentils kangourous. *Hemma, 2001.* (Mini-club ; 47)
ISBN 2-8006-1444-7. *21 F / 3,20 €*

07141 **N** **DEFONTAINE B.** Un super papy. *Hemma, 2000.* (Mini-club ; 92)
ISBN 2-8006-7629-9. *21 F / 3,20 €*

07142 **DEFRASNE J.** Récits tirés de l'histoire de Byzance. *Pocket Jeunesse, 1997.* (Pocket junior ; 268. Mythologies c4)
ISBN 2-266-07547-0. *30 F / 4,57 €*

07143 **DEFRASNE J.** Récits tirés de l'histoire de Rome. Nouv. éd. *Pocket Jeunesse, 2000.* (Pocket junior ; 229. Mythologies c4)
ISBN 2-266-08942-0. *30 F / 4,57 €*

07144 **DÉJEAN J-L.** Le coureur de marathon et autres récits d'héroïsme. *Hachette-Jeunesse, 1998.* (Le livre de poche jeunesse ; 662. Senior)
ISBN 2-01-321440-5. *29 F / 4,42 €*

07145 **DÉJEAN J-L.** Histoires de la préhistoire. *Hachette-Jeunesse, 1993.* (Le livre de poche jeunesse ; 471 c10)
ISBN 2-01-019667-8. *31 F / 4,73 €*

07146 **DÉJEAN J-L., BEAUJARD Y.** Le premier chien. *Hachette-Jeunesse, 1999.* (Le livre de poche jeunesse ; 189. Cadet c9)
ISBN 2-01-020144-2. *31 F / 4,73 €*

07147 **DELABORDE G., HOUBRE G.** Poneys et chevaux. *Milan, 1998.* (Carnets de nature c1)
ISBN 2-84113-600-0. *34 F / 5,18 €*

07148 **DELABORDE G., PILLOT F.** Avoir un poney. *Milan, 1998.* (Carnets de nature c1)
ISBN 2-84113-399-0. *34 F / 5,18 €*

07149 **DELAVIE A.** Le jardinage : les plantes d'intérieur. *Milan, 1998.* (Carnets de nature c1)
ISBN 2-84113-629-9. *34 F / 5,18 €*

07150 **DELERM M.** L'anse rouge. *Magnard, 1998.* (Les policiers c1)
ISBN 2-210-97769-X. *43 F / 6,56 €*

07151 **DELERM M.** Crime en coulisse. *Magnard, 1999.* (Les p'tits policiers c1)
ISBN 2-210-98017-8. ISBN 2-210-98017-8. *40 F / 6,10 €* *40 F / 6,10 €*

07152 **DELERM M.** Meurtre à Honfleur. *Magnard, 1997.* (Les policiers)
ISBN 2-210-97756-8. *43 F / 6,56 €*

07153 **N** **DELERM M.** Meurtre à la romaine. *Magnard, 2000.* (Les policiers c1)
ISBN 2-210-98404-1. *43 F / 6,56 €*

07154 **N** **DELERM P.** C'est bien. *Milan, 2001.* (Milan poche junior ; 37)
ISBN 2-7459-0219-9. *24 F / 3,66 €*

07155 **N** **DELERM P.** C'est toujours bien !. *Milan, 2001.* (Milan poche junior ; 40)
ISBN 2-7459-0216-4. *26 F / 3,96 €*

07156 **DELERM P.** Elle s'appelait Marine. Réimpr. *Gallimard-Jeunesse, 1998.* (Folio junior ; 901 c3)
ISBN 2-07-052158-3. *30 F / 4,57 €*

07157 **DELERM P.** Sortilège au Muséum. *Magnard, 1996.* (Les fantastiques c1)
ISBN 2-210-97739-8. *43 F / 6,56 €*

07158 **DELEUSE R.** Un pavé dans la mare. *Syros, 1998.* (Souris noire ; 24 c1)
ISBN 2-84146-577-2. *32 F / 4,88 €*

07159 **DELMAS M-C.** La ferme du diable et autres récits fantastiques. *Syros, 1999.* (Souris contes ; 19)
ISBN 2-84146-709-0. *32 F / 4,88 €*

07160 **DELMAS M-C.** La malédiction des pendus. *Syros, 2000.* (Chauve-souris ; 3 c1)
ISBN 2-84146-786-4. *32 F / 4,88 €*

07161 **DELMAS M-C.** Le mystère du puits qui parle. *Syros, 2000.* (Chauve-souris ; 1)
ISBN 2-84146-772-4. *32 F / 4,88 €*

07162 **DELMAS M-C.** Petit lexique des sorcières. *Syros, 2000.* (Chauve-souris ; 5)
ISBN 2-84146-784-8. *32 F / 4,88 €*

07163 **DELMAS M-C.** Petit lexique des superstitions. *Syros, 1999.* (Mini Souris document c1)
ISBN 2-84146-657-4. *19 F / 2,90 €*

07164 **DELMAS M-C.** Petit lexique du fantastique. *Syros, 2000.* (Chauve-souris ; 6)
ISBN 2-84146-783-X. *32 F / 4,88 €*

07165 **N** **DELMAS M-C.** La vengeance du meneur de rats. *Syros; 2000.* (Chauve-souris ; 9)
ISBN 2-84146-870-4. *32 F / 4,88 €*

07166 **N** **DELMAS M-C., CABANES M.** Petit lexique des fantômes. *Syros, 2000.* (Chauve-souris ; 7)
ISBN 2-84146-867-4. *32 F / 4,88 €*

07167 **N** **DELMAS M-C., CABANES M.** Petit lexique des vampires. *Syros, 2000.* (Chauve-souris ; 8)
ISBN 2-84146-866-6. *32 F / 4,88 €*

07168 **N** **DELOBBE K.** Des enfants au Moyen Age. *Publications de l'Ecole moderne française, 2000.* (Bonjour l'histoire)
ISBN 2-84526-063-6. *54 F / 8,23 €*

07169 **N** **DELOBBE K.** Des enfants au XIXe siècle. *Publications de l'Ecole moderne française, 2000.* (Bonjour l'histoire)
ISBN 2-84526-120-9. *54 F / 8,23 €*

07170 **N** **DELOBBE K.** Des enfants au XXe siècle. *Publications de l'Ecole moderne française, 2000.* (Bonjour l'histoire)
ISBN 2-84526-123-3. *54 F / 8,23 €*

07171 **N** **DELOBBE K.** Des enfants du XVIe au XVIIIe siècle. *Publications de l'Ecole moderne française, 2000.* (Bonjour l'histoire)
ISBN 2-84526-090-3. *54 F / 8,23 €*

07172 **A** **DELPERDANGE P.** La beauté Louise. *Pocket Jeunesse, 2001.* (Pocket junior ; 932)
ISBN 2-266-09622-2. *32 F / 4,88 €*

07173 **DELPERDANGE P.** Petit baiser, petit bijou. *Pocket Jeunesse, 1999.* (Pocket junior ; 484 c3B)
ISBN 2-266-08816-5. *28 F / 4,27 €*

07174 **N** **DELPERDANGE P.** Tombé des nues. *Labor, 2000.* (Espace Nord zone J ; 29)
ISBN 2-8040-1506-8. *44 F / 6,71 €*

07175 **DELPEUX H., CALARNOU Y.** Un fantôme de trop. *Bayard, 1996.* (J'aime lire ; 102 c1)
ISBN 2-227-72714-4. *27 F / 4,12 €*

07176 **DELPUECH I.** Bleu comme la nuit. *Bayard, 1999.* (Passion de lire ; 315. Coeur grenadine)
ISBN 2-227-73885-5. *29 F / 4,42 €*

07177 **DELPUECH I.** Un gros mensonge. *Hachette-Jeunesse, 2000.* (Le livre de poche jeunesse ; 711. Cadet c5)
ISBN 2-01-321760-9. *26,50 F / 4,04 €*

07178 **DELTEIL G.** Fugue à Buenos Aires. *Albin Michel, 2000.* (Le Furet enquête ; 18 c1)
ISBN 2-226-10227-2. *35 F / 5,34 €*

07179 **DELTEIL G.** Piège sur Internet. *Hachette-Jeunesse, 1996.* (Vertige ; 810. Policier c9)
ISBN 2-01-209751-0. *29 F / 4,42 €*

07180 **DELVAL J.** Anne B., figurante. *Actes Sud junior, 1997.* (Les petits polars ; 1 c1)
ISBN 2-7427-1400-6. *39 F / 5,95 €*

07181 **DELVAL J.** Un barrage dans la vallée. Nouv. éd. *Flammarion-Père Castor, 1999.* (Castor-Poche ; 212. Senior cD)
ISBN 2-08-164573-4. *29,50 F / 4,50 €*

07182 **DELVAL J.** Les fils du garçon boucher. *Flammarion-Père Castor, 1999.* (Castor-Poche ; 705. Senior)
ISBN 2-08-164590-4. *25 F / 3,81 €*

07183 **DELVAL J.** Laura et le mystère de la chambre rose. Nouv. éd. *Flammarion-Père Castor, 1998.* (Castor-Poche ; 310. Junior cC)
ISBN 2-08-164411-8. *25 F / 3,81 €*

07184 **DELVAL J.** Noria. Nouv. éd. *Flammarion-Père Castor, 2000.* (Castor-Poche ; 374. Senior cC)
ISBN 2-08-164699-4. *25 F / 3,81 €*

07185 **A** **DELVAL J.** L'onde Ka. *Magnard, 2001.* (Les fantastiques)
ISBN 2-210-98414-9. *43 F / 6,56 €*

07186 **DELVAL J.** Salut bahut !. Nouv. éd. *Flammarion-Père Castor, 1999.* (Castor-Poche ; 445. Senior cE)
ISBN 2-08-164631-5. *32,50 F / 4,95 €*

07187 **DELVAL J.** Le train d'El Kantara. Nouv. éd. *Flammarion-Père Castor, 1998.* (Castor-Poche ; 173. Senior c1)
ISBN 2-08-164463-0. *19,50 F / 2,97 €*

07188 **N** **DELVAL M-H.** Les glaces d'Antéria. *Bayard Jeunesse, 2001.* (Les mondes imaginaires c1)
ISBN 2-7470-0126-1. *38 F / 5,79 €*

07189 **DELVAL M-H.** Lettres secrètes. *Flammarion-Père Castor, 1999.* (Castor-Poche ; 689. Senior c1)
ISBN 2-08-164529-7. *19,50 F / 2,97 €*

07190 **DELVAL M-H., BEAUJARD Y.** Victor l'enfant sauvage. *Bayard, 1992.* (J'aime lire ; 40 c1)
ISBN 2-227-72214-2. *27 F / 4,12 €*

07191 **N** **DELVAL M-H., BLOCH S.** Le petit roi qu'on entendait tousser. *Bayard Jeunesse, 2000.* (Les belles histoires)
ISBN 2-7470-0053-2. *27 F / 4,12 €*

07192 **DELVAL M-H., BLOCH S.** Le Professeur Cerise. *Bayard, 1990.* (J'aime lire ; 7 c1)
ISBN 2-227-72216-9. *27 F / 4,12 €*

07193 **DELVAL M-H., CAMIL C.** Les Trois sorcières. *Bayard, 1992.* (Les belles histoires ; 40 c1)
ISBN 2-227-72140-5. *27 F / 4,12 €*

07194 **DELVAL M-H., DENIEUIL P.** L'ogre qui avait peur des enfants. Nouv. éd. *Bayard, 1997.* (Les belles histoires ; 28 c1)
ISBN 2-227-72810-8. *27 F / 4,12 €*

07195 **DELVAL M-H., HAHN N.** Rose-Cochon veut voir le monde. *Bayard, 1990.* (Les belles histoires ; 9 c1)
ISBN 2-227-72110-3. *27 F / 4,12 €*

07196 **DELVAL M-H., IVERS M.** La nuit de l'ange et du diable. *Bayard, 1994.* (J'aime lire ; 79 c1)
ISBN 2-227-72290-8. *27 F / 4,12 €*

07197 **DELVAL M-H., LANGLEY J.** La sorcière qui avait peur de la nuit. *Bayard, 1999.* (Les belles histoires ; 111 c1)
ISBN 2-227-72836-1. *27 F / 4,12 €*

07198 **DELVAL M-H., LAPOINTE C.** L'école des géants. *Bayard, 1996.* (Les belles histoires ; 87 c1)
ISBN 2-227-72802-7. *27 F / 4,12 €*

07199 **DELVAL M-H., MCPHAIL D.** Les Deux maisons de Petit-Blaireau. *Bayard, 1993.* (Les belles histoires ; 46 c1)
ISBN 2-227-72164-2. *27 F / 4,12 €*

07200 **DELVAL M-H., MILLET C., MILLET D.** Un Petit loup de plus. *Bayard, 1993.* (Les belles histoires ; 54 c1)
ISBN 2-227-72167-7. *27 F / 4,12 €*

07201 **DELVAL M-H., THEINHARDT V.** La moufette qui n'avait pas de maison. *Bayard Jeunesse, 1996.* (Les belles histoires ; 11 c1)
ISBN 2-227-72821-3. *27 F / 4,12 €*

07202 **DELVAL M-H., VARLEY S.** Un petit frère pas comme les autres. *Bayard, 1993.* (Les belles histoires ; 50 c1)
ISBN 2-227-72172-3. *27 F / 4,12 €*

07203 **DELVAL M-H., WENSELL U.** Eloïse et les loups. *Bayard, 1994.* (Les belles histoires ; 69 c1)
ISBN 2-227-72186-3. *27 F / 4,12 €*

07204 **DELVAL M-H., ZAÜ** Les Sept sorcières. *Bayard, 1991.* (J'aime lire ; 19 c1)
ISBN 2-227-72220-7. *27 F / 4,12 €*

07205 **Demain dès l'aube...** : les cent plus beaux poèmes pour l'enfance et la jeunesse... *Hachette-Jeunesse, 1990.* (Fleurs d'encre c11)
ISBN 2-01-020897-8. *33 F / 5,03 €*

07206 **DEMEESTER A.** Le château des vacances. *Hemma, 1987.* (Mini-club ; 11)
ISBN 2-8006-0831-5. *21 F / 3,20 €*

07207 **DEMEESTER A.** D'incroyables vacances. *Hemma, 1988.* (Mini-club ; 22)
ISBN 2-8006-0964-8. *21 F / 3,20 €*

07208 **DEMONIO L.** Le secret de la femme rose. *Bayard Jeunesse, 1999.* (Envol ; 514 c1)
ISBN 2-227-72366-1. *29 F / 4,42 €*

07209 **Les démons de la nuit.** *Bayard, 1999.* (Les aventuriers de l'histoire ; 804. Marcantour c1)
ISBN 2-227-74603-3. *29 F / 4,42 €*

07210 **DEMOUZON A.** Les contes d'Excalibur. Nouv. éd. *Pocket Jeunesse, 2000.* (Pocket junior ; 418. Mythologies c5)
ISBN 2-266-08100-4. *35 F / 5,34 €*

07211 **N** **DEMOUZON A.** Le génie dans une boîte de coca : et autres contes du gobe-mouches. Réimpr. *Pocket Jeunesse, 2000.* (Kid pocket ; 407 c04)
ISBN 2-266-09109-3. *30 F / 4,57 €*

07212 **DEMOUZON A.** La sorcière du congélateur : et autres contes du gobe-mouches. Nouv. éd. *Pocket Jeunesse, 2000.* (Kid pocket ; 408 c04)
ISBN 2-266-09110-7. *30 F / 4,57 €*

07213 **DENIAU J-F.** Un mari délicieux et autres contes. *Pocket Jeunesse, 1999.* (Pocket junior ; 415. Contes c4)
ISBN 2-266-08434-8. *30 F / 4,57 €*

07214 **DENIAU J-F.** Le secret du roi des serpents et autres contes. *Pocket Jeunesse, 1998.* (Pocket junior ; 415. Contes c4)
ISBN 2-266-08433-X. *30 F / 4,57 €*

07215 **DÉON M., DELESSERT E.** Thomas et l'infini. Réimpr. *Gallimard-Jeunesse, 1999.* (Folio cadet ; 202)
ISBN 2-07-052479-5. *44 F / 6,71 €*

07216 **N DESHORS M.** L'athlétisme. *Milan, 2000.* (Carnets du sport)
ISBN 2-7459-0106-0. *38 F / 5,79 €*

07217 **DESHORS M.** Le football. *Milan, 1999.* (Carnets du sport)
ISBN 2-84113-884-4. *38 F / 5,79 €*

07218 **DESHORS M.** Le rugby à XV. *Milan, 1999.* (Carnets du sport)
ISBN 2-84113-885-2. *38 F / 5,79 €*

07219 **DESHORS M.** La voile. *Milan, 2000.* (Carnets du sport)
ISBN 2-7459-0028-5. *38 F / 5,79 €*

07220 **N DESJEUX C., DESJEUX B.** La vigne. *Milan, 2000.* (Carnets de nature ; 75)
ISBN 2-7459-0136-2. *34 F / 5,18 €*

07221 **DESMAZURES F.** Les aventures de Bull Mastik : la bulle mystérieuse. *Grasset, 2000.* (Lampe de poche ; 37. 7 ans et +)
ISBN 2-246-45241-4. *29 F / 4,42 €*

07222 **DESMAZURES F.** Les aventures de Bull Mastik : le musée du Chat Botté. *Grasset, 1999.* (Lampe de poche ; 32. 7 ans et +)
ISBN 2-246-45231-7. *29 F / 4,42 €*

07223 **DESMAZURES F.** Les aventures de Bull Mastik : signé Le braque qui attaque. *Grasset, 1999.* (Lampe de poche ; 27. 7 ans et +)
ISBN 2-246-45221-X. *29 F / 4,42 €*

07224 **DESMAZURES F.** Zagal. *Grasset, 1998.* (Lampe de poche ; 21)
ISBN 2-246-49651-9. *35 F / 5,34 €*

07225 **DESMURGER M.** Récits tirés de l'histoire grecque. *Pocket Jeunesse, 1999.* (Pocket junior ; 304. Mythologies c4)
ISBN 2-266-09505-6. *30 F / 4,57 €*

07226 **DESNOS R.** Robert Desnos : un poète. *Gallimard-Jeunesse, 1998.* (Folio junior ; 921. En poésie ; 8 c5)
ISBN 2-07-051583-4. *36 F / 5,49 €*

07227 **N DESPLAT-DUC A-M.** Bons baisers de Bretagne. *Bayard Jeunesse, 2000.* (Passion de lire ; 325. Coeur grenadine c1)
ISBN 2-7470-0186-5. *29 F / 4,42 €*

07228 **DESPLAT-DUC A-M.** La caverne de l'ours sacré. *Grasset, 1998.* (Lampe de poche ; 24)
ISBN 2-246-57151-0. *35 F / 5,34 €*

07229 **DESPLAT-DUC A-M.** Cet été, on déménage. *Rageot, 1997.* (Cascade. 9-11 ans c2)
ISBN 2-7002-2426-4. *46 F / 7,01 €*

07230 **N DESPLAT-DUC A-M.** Comme chien et chat. *Bayard Jeunesse, 2001.* (Passion de lire ; 330. Coeur grenadine c1)
ISBN 2-7470-0001-X. *29 F / 4,42 €*

07231 **DESPLAT-DUC A-M.** Les exilés de l'an II. *Hachette-Jeunesse, 1996.* (Le livre de poche jeunesse ; 577. Junior c10)
ISBN 2-01-321295-X. *31 F / 4,73 €*

07232 **DESPLAT-DUC A-M.** Félix Têtedeveau. Réimpr. *Flammarion-Père Castor, 1998.* (Castor-Poche ; 514. Junior c1)
ISBN 2-08-164483-5. *19,50 F / 2,97 €*

07233 **DESPLAT-DUC A-M.** Frissons bretons. *Hachette-Jeunesse, 1999.* (Vertige ; 1320. Cauchemar c6)
ISBN 2-01-209960-2. *27 F / 4,12 €*

07234 **DESPLAT-DUC A-M.** Fugue en duo. *Syros, 1998.* (Souris sentiments ; 6)
ISBN 2-84146-527-6. *32 F / 4,88 €*

07235 **N DESPLAT-DUC A-M.** Un héros pas commes les autres. *Flammarion-Père Castor, 2000.* (Castor-Poche ; 742. Junior)
ISBN 2-08-164755-9. *19,50 F / 2,97 €*

07236 **N DESPLAT-DUC A-M.** Il pleut des chiens et des chats. *Hachette-Jeunesse, 2000.* (Le livre de poche jeunesse ; 1314. Benjamin c8)
ISBN 2-01-321743-9. *28 F / 4,27 €*

07237 **DESPLAT-DUC A-M.** J'ai un chat dans la gorge. *Hachette-Jeunesse, 1999.* (Le livre de poche jeunesse ; 1302. Benjamin)
ISBN 2-01-321661-0. *28 F / 4,27 €*

07238 **DESPLAT-DUC A-M.** Je serai pompier. *Hachette-Jeunesse, 1999.* (Le livre de poche jeunesse ; 707. Cadet c5)
ISBN 2-01-321754-4. *26,50 F / 4,04 €*

07239 **DESPLAT-DUC A-M.** Magic Morgan. *Rageot, 1998.* (Cascade. 7-9 ans c1)
ISBN 2-7002-2539-2. *44 F / 6,71 €*

07240 **N DESPLAT-DUC A-M.** Piège pour petits rats. *Milan, 2001.* (Les romans de Julie ; 3)
ISBN 2-7459-0171-0. *29 F / 4,42 €*

07241 **DESPLAT-DUC A-M.** La soie au bout des doigts. *Hachette-Jeunesse, 1999.* (Le livre de poche jeunesse ; 686. Junior c7)
ISBN 2-01-321681-5. *27,50 F / 4,19 €*

07242 **DESPLAT-DUC A-M.** SOS grands-pères. *Hachette-Jeunesse, 1995.* (Le livre de poche jeunesse ; 536 c5)
ISBN 2-01-321039-6. *26,50 F / 4,04 €*

07243 **DESPLAT-DUC A-M.** Le trésor de Mazan. Nouv. éd. *Flammarion-Père Castor, 1998.* (Castor-Poche ; 388. Junior cE)
ISBN 2-08-164439-8. *32,50 F / 4,95 €*

07244 **DESPLAT-DUC A-M.** Vétérinaire, c'est super !. *Rageot, 2000.* (Cascade. 7-9 ans)
ISBN 2-7002-2636-4. *44 F / 6,71 €*

07245 **DESPLAT-DUC A-M.** La voiture d'Arthur. *Hachette-Jeunesse, 1998.* (Le livre de poche jeunesse ; 647. Cadet)
ISBN 2-01-321615-7. *26,50 F / 4,04 €*

07246 **DESPLAT-DUC A-M.** Le Zorro du bocal. *Milan, 2000.* (Milan poche cadet ; 29 c1)
ISBN 2-7459-0007-2. *28 F / 4,27 €*

07247 **DESPLECHIN M.** Dis-moi tout !. *Bayard Jeunesse, 1998.* (Envol ; 505 c1)
ISBN 2-227-72359-9. *29 F / 4,42 €*

07248 **DETAMBEL R.** L'arbre à palabres. *Flammarion-Père Castor, 1997.* (Castor-Poche ; 604. Junior c1)
ISBN 2-08-164267-0. *19,50 F / 2,97 €*

07249 **DETAMBEL R.** La boîte aux lettres de Souriceau. *Hachette-Jeunesse, 1999.* (Le livre de poche jeunesse ; 1308. Benjamin c8)
ISBN 2-01-321727-7. *28 F / 4,27 €*

07250 **DETAMBEL R.** La comédie des mots. 1. *Gallimard-Jeunesse, 1998.* (Page blanche ; 7 c6)
ISBN 2-07-051983-X. *41 F / 6,25 €*

07251 **N** **DETAMBEL R.** Ecoutez-moi !. *Bayard Jeunesse, 2000.* (Les romans de Je bouquine)
ISBN 2-227-72367-X. *38 F / 5,79 €*

07252 **DETAMBEL R.** Ernest Poustoufle cavale après monsieur Cruciphore. *Flammarion-Père Castor, 1998.* (Castor-Poche ; 660. Enigmes)
ISBN 2-08-164340-5. *19,50 F / 2,97 €*

07253 **DETAMBEL R.** Ernest Poustoufle danse la javanaise. *Flammarion-Père Castor, 1998.* (Castor-Poche ; 661. Enigmes)
ISBN 2-08-164458-4. *19,50 F / 2,97 €*

07254 **DETAMBEL R.** Ernest Poustoufle fait son numéro. *Flammarion-Père Castor, 1999.* (Castor-Poche ; 708. Junior c2)
ISBN 2-08-164587-4. *25 F / 3,81 €*

07255 **DETAMBEL R.** Les Massachussets prennent la plume. *Gallimard-Jeunesse, 1997.* (Folio junior ; 805)
ISBN 2-07-050465-4. *28 F / 4,27 €*

07256 **DETAMBEL R.** Le mémo des gens merveilleux. *Hachette-Jeunesse, 1999.* (Le livre de poche jeunesse ; 1006. Benjamin c8)
ISBN 2-01-321722-6. *28 F / 4,27 €*

07257 **DETAMBEL R.** La nouvelle comédie des mots. *Gallimard-Jeunesse, 1999.* (Page blanche)
ISBN 2-07-052131-1. *41 F / 6,25 €*

07258 **DETAMBEL R.** Le poème indigo. *Gallimard-Jeunesse, 1998.* (Page blanche c1)
ISBN 2-07-051567-2. *20 F / 3,05 €*

07259 **DETAMBEL R.** Solos. *Gallimard-Jeunesse, 1998.* (Page blanche ; 3 c4)
ISBN 2-07-051991-0. *32,50 F / 4,95 €*

07260 **DETAMBEL R.** Le valet de carreau. *Gallimard-Jeunesse, 1998.* (Page blanche ; 23 c4)
ISBN 2-07-051589-3. *32,50 F / 4,95 €*

07261 **DETAMBEL R., FÉRET-FLEURY C., WINTZ N.** Premier galop. *Gallimard-Jeunesse, 1999.* (Folio junior ; 1021. Drôles d'aventures ; 18 c3)
ISBN 2-07-052381-0. *30 F / 4,57 €*

07262 **DEUTSCH X.** Pas de soleil en Alaska. *Labor, 1996.* (Espace nord junior ; 7)
ISBN 2-8040-1141-0. *42 F / 6,40 €*

07263 **DEUTSCH X.** Si ça nous chante. *Labor, 1999.* (Espace nord junior ; 22)
ISBN 2-8040-1371-5. *44 F / 6,71 €*

07264 **DEVER J.** Le Captif du roi-sorcier. Réimpr. *Gallimard-Jeunesse, 1991.* (Un Livre dont vous êtes le héros ; 611. Loup solitaire ; 13 c5)
ISBN 2-07-050944-3. *36 F / 5,49 €*

07265 **DEVER J.** Les démons des profondeurs. *Gallimard-Jeunesse, 1999.* (Un Livre dont vous êtes le héros ; 946. Loup solitaire ; 26 c5)
ISBN 2-07-051904-X. *36 F / 5,49 €*

07266 **DEVER J.** Les Druides de Cener. Réimpr. *Gallimard-Jeunesse, 1997.* (Un Livre dont vous êtes le héros ; 608. Loup solitaire ; 13 c5)
ISBN 2-07-050945-1. *36 F / 5,49 €*

07267 **DEVER J.** Le Gouffre maudit. Réimpr. *Gallimard-Jeunesse, 1996.* (Un Livre dont vous êtes le héros ; 297. Loup solitaire ; 4 c5)
ISBN 2-07-050681-9. *36 F / 5,49 €*

07268 **DEVER J.** Les grottes de Kalte. Réimpr. *Gallimard-Jeunesse, 1999.* (Un Livre dont vous êtes le héros ; 296. Loup solitaire ; 3 c5)
ISBN 2-07-050684-3. *36 F / 5,49 €*

07269 **DEVER J.** La guerre des runes. *Gallimard-Jeunesse, 1997.* (Un Livre dont vous êtes le héros ; 779. Loup solitaire c5)
ISBN 2-07-059545-5. *36 F / 5,49 €*

07270 **DEVER J.** Le héros de Mynuit. Réimpr. *Gallimard-Jeunesse, 1997.* (Un Livre dont vous êtes le héros ; 788. Loup solitaire ; 24 c5)
ISBN 2-07-059337-1. *36 F / 5,49 €*

07271 **DEVER J.** La Pierre de la sagesse. Réimpr. *Gallimard-Jeunesse, 1987.* (Un Livre dont vous êtes le héros ; 369. Loup solitaire ; 6 c5)
ISBN 2-07-050947-8. *36 F / 5,49 €*

07272 **DEVER J.** La Porte d'ombre. Réimpr. *Gallimard-Jeunesse, 1997.* (Un Livre dont vous êtes le héros ; 707. Loup solitaire ; 18 c5)
ISBN 2-07-051268-1. *36 F / 5,49 €*

07273 **DEVER J.** Sur la piste du loup. *Gallimard-Jeunesse, 1999.* (Un Livre dont vous êtes le héros ; 945. Loup solitaire ; 25 c5)
ISBN 2-07-051903-1. *36 F / 5,49 €*

07274 **DEVER J.** La Traversée infernale. Réimpr. *Gallimard-Jeunesse, 1996.* (Un Livre dont vous êtes le héros ; 291. Loup solitaire ; 1 c5)
ISBN 2-07-050685-1. *36 F / 5,49 €*

07275 **DEVER J.** Le voyage de la pierre de lune. *Gallimard-Jeunesse, 1999.* (Un Livre dont vous êtes le héros ; 763. Loup solitaire ; 21 c5)
ISBN 2-07-050943-5. *36 F / 5,49 €*

07276 **DEVER J., CHALK G.** La Forteresse maudite. Réimpr. *Gallimard-Jeunesse, 1996.* (Un Livre dont vous êtes le héros ; 403. Loup solitaire ; 7 c5)
ISBN 2-07-050683-5. *36 F / 5,49 €*

07277 **DEVER J., CHALK G.** La Métropole de la peur. Réimpr. *Gallimard-Jeunesse, 1997.* (Un Livre dont vous êtes le héros ; 472. Loup solitaire ; 9 c5)
ISBN 2-07-051266-5. *36 F / 5,49 €*

07278 **DEVER J., WILLIAMS B.** Le crépuscule des maîtres. Réimpr. *Gallimard-Jeunesse, 1990.* (Un Livre dont vous êtes le héros ; 570. Loup solitaire ; 12 c5)
ISBN 2-07-050946-X. *36 F / 5,49 €*

07279 **DEVERNOIS E.** Menteuse !. *Bayard, 1999.* (Passion de lire ; 314. Coeur grenadine)
ISBN 2-227-73849-9. *29 F / 4,42 €*

07280 **DEVÈZE C.** La bande des karts. *Grasset, 1997.* (Lampe de poche ; 8)
ISBN 2-246-51321-9. *35 F / 5,34 €*

07281 **DEVÈZE C.** Développement instantané. *Grasset, 1999.* (Lampe de poche ; 33. 9 ans et +)
ISBN 2-246-57881-7. *35 F / 5,34 €*

07282 **DEVÈZE C.** Oh, l'amoureux !. *Grasset, 1998.* (Lampe de poche ; 17)
ISBN 2-246-43811-X. *29 F / 4,42 €*

07283 **DEVLIN D., EMMERICH R., MOLSTAD S.** Independence day : le jour de la riposte. *J'ai lu, 1996.* (J'ai lu ; 4357. Jeunes adultes)
ISBN 2-290-04357-5. *29 F / 4,42 €*

07284 **DEVOS L.** Le Parisien. *Grasset, 1998.* (Lampe de poche ; 20)
ISBN 2-246-56611-8. *35 F / 5,34 €*

07285 **DHÔTEL A.** L'enfant qui disait n'importe quoi. *Gallimard-Jeunesse, 1998.* (Folio junior ; 491. Edition spéciale)
ISBN 2-07-051378-5. *32,50 F / 4,95 €*

07286 **DHÔTEL A.** Le pays où l'on n'arrive jamais. *Gallimard-Jeunesse, 1997.* (Folio junior ; 464. Edition spéciale c5)
ISBN 2-07-051379-3. *36 F / 5,49 €*

07287 **Les diables rouges.** *Bayard, 1999.* (Les aventuriers de l'histoire ; 801. Marcantour c1)
ISBN 2-227-74600-9. *29 F / 4,42 €*

07288 **DICKENS C.** Un chant de Noël : une histoire de fantômes pour Noël. Réimpr. *Gallimard-Jeunesse, 1998.* (Folio junior ; 742 c3)
ISBN 2-07-051974-0. *30 F / 4,57 €*

07289 **DICKENS C.** David Copperfield. *Hachette-Jeunesse, 1996.* (Le livre de poche jeunesse ; 1116. Gai savoir c12)
ISBN 2-01-321471-5. *35 F / 5,34 €*

07290 **DICKENS C.** Oliver Twist. *Hachette-Jeunesse, 1996.* (Le livre de poche jeunesse ; 1117. Gai savoir c11)
ISBN 2-01-321470-7. *33 F / 5,03 €*

07291 **DICKINSON P.** La ville d'or : et autres récits de l'Ancien Testament. *Gallimard-Jeunesse, 1995.* (Folio junior ; 754 c6)
ISBN 2-07-058512-3. *41 F / 6,25 €*

07292 **DICKS T.** L'attaque du cybervirus. *Pocket Jeunesse, 1997.* (Kid pocket ; 310 c02)
ISBN 2-266-07277-3. *23 F / 3,51 €*

07293 **DIETERLÉ N.** Où es-tu, Lulu ?. *Pocket Jeunesse, 1999.* (Kid pocket ; 489 c4)
ISBN 2-266-08886-6. *30 F / 4,57 €*

07294 **DIETERLÉ N.** Princesse Lédéga. *Pocket Jeunesse, 1996.* (Kid pocket ; 184 c3)
ISBN 2-266-08835-1. *26 F / 3,96 €*

07295 **DIEUAIDE S.** Ce rat de Custer. *Mango-Jeunesse, 2000.* (La vie héroïque d'Antoine Lebic)(Mango poche ; 304. Zygomatiques c1)
ISBN 2-7404-0975-3. *25 F / 3,81 €*

07296 **N** **DIEUAIDE S.** Champion du monde. *Mango-Jeunesse, 2000.* (La vie héroïque d'Antoine Lebic)(Mango poche ; 309. Zygomatiques)
ISBN 2-7404-1092-1. *25 F / 3,81 €*

07297 **DIEUAIDE S.** Le chouchou de Madame. *Bayard, 1997.* (Passion de lire ; 208. Délires c1)
ISBN 2-227-72998-8. *28,50 F / 4,34 €*

07298 **DIEUAIDE S.** Le scoop du siècle. *Mango-Jeunesse, 2000.* (La vie héroïque d'Antoine Lebic)(Mango poche ; 305. Zygomatiques c1)
ISBN 2-7404-0976-1. *25 F / 3,81 €*

07299 **DIEUAIDE S.** Vive la mariée !. *Bayard, 1998.* (Passion de lire ; 215. Délires c1)
ISBN 2-227-73819-7. *29 F / 4,42 €*

07300 **DIEUAIDE S.** Vive les crapules !. *Bayard, 1999.* (Passion de lire ; 221. Délires c1)
ISBN 2-227-73888-X. *28,50 F / 4,34 €*

07301 **DILLON E.** L'île des chevaux. Réimpr. *Pocket Jeunesse, 1998.* (Pocket junior ; 135. C'est ça la vie ! c5)
ISBN 2-266-08633-2. *35 F / 5,34 €*

07302 **DIONNOT J-F.** J'étais enfant sous l'occupation. *Sorbier, 1981.* (J'étais enfant)
ISBN 2-7320-3011-2. *52 F / 7,93 €*

07303 **DISCH T. M.** Brave petit grille-pain. *Flammarion-Père Castor, 1989.* (Castor-Poche ; 264. Junior c3)
28 F / 4,27 €

07304 **N** **Le disparu du Pont-Neuf :** six histoires de détectives. *Fleurus, 2000.* (Z'azimut)
ISBN 2-215-05139-6. *39 F / 5,95 €*

07305 **DIVERS L.** Croc-Blanc. *Hemma, 1997.* (Livre club jeunesse ; 61)
ISBN 2-8006-5898-3. *26 F / 3,96 €*

07306 **DIVERS L.** Frankenstein. *Hemma, 2000.* (Livre club jeunesse ; 75)
ISBN 2-8006-7771-6. *26 F / 3,96 €*

07307 **DIVERS L.** L'île mystérieuse. *Hemma, 1999.* (Livre club jeunesse ; 71)
ISBN 2-8006-7346-X. *26 F / 3,96 €*

07308 **DIVERS L.** Pauvre Blaise. *Hemma, 1999.* (Livre club jeunesse ; 72)
ISBN 2-8006-7347-8. *26 F / 3,96 €*

07309 **N** **DIVIN M.** Contes et légendes de l'Egypte ancienne. *Pocket Jeunesse, 2000.* (Pocket junior ; 72. Mythologies c4)
ISBN 2-266-09442-4. *30 F / 4,57 €*

07310 **A** **DJIAN J-C., WILLEKENS P.** Ariane : mission accomplie. *Gallimard-Jeunesse, 2001.* (Folio junior ; 1132. Drôles d'aventures ; 26 c3)
ISBN 2-07-052167-2. *30 F / 4,57 €*

7311 **DOHERTY B.** L'enfant des rues. *Hachette-Jeunesse, 1998.* (Le livre de poche jeunesse ; 801. Junior c10)
ISBN 2-01-321614-9. *31 F / 4,73 €*

7312 **N** **DOHERTY B.** Le grand voilier dans les arbres. *Gallimard-Jeunesse, 2000.* (Folio junior ; 1098 c4)
ISBN 2-07-052981-9. *35 F / 5,34 €*

7313 **DOHERTY B.** La pierre-serpent. *Gallimard-Jeunesse, 1998.* (Folio junior ; 911)
ISBN 2-07-059297-9. *32,50 F / 4,95 €*

7314 **DOHERTY B., LAWRENCE J.** L'oiseau d'or. *Gallimard-Jeunesse, 1999.* (Folio cadet ; 379 c5)
ISBN 2-07-052420-5. *36 F / 5,49 €*

7315 **DOMECQ J-P.** Derniers essais avant le Grand Prix. *Gallimard-Jeunesse, 1999.* (Folio junior ; 953. Drôles d'aventures ; 16 c3)
ISBN 2-07-051726-8. *30 F / 4,57 €*

7316 **DONALDSON J., SCHEFFLER A.** Gruffalo. *Gallimard-Jeunesse, 1999.* (Folio benjamin ; 390 c2)
ISBN 2-07-052672-0. *28 F / 4,27 €*

7317 **DONNELLY E., STEHR F.** Docteur Willy. *Bayard, 1994.* (J'aime lire ; 67 c1)
ISBN 2-227-72274-6. *27 F / 4,12 €*

7318 **N** **DONNER C.** Tu aimeras ton prochain comme toi-même. *Hachette-Jeunesse, 2000.* (Décalogue; 10)(Côté court ; 10)
ISBN 2-01-200606-X. *10 F / 1,52 €*

7319 **N** **DONNER C.** Tu n'auras pas d'autres dieux. *Hachette-Jeunesse, 2000.* (Décalogue; 1)(Côté court ; 1)
ISBN 2-01-200597-7. *10 F / 1,52 €*

7320 **N** **DONNER C.** Tu ne commettras pas l'adultère. *Hachette-Jeunesse, 2000.* (Décalogue; 7)(Côté court ; 7)
ISBN 2-01-200603-5. *10 F / 1,52 €*

7321 **N** **DONNER C.** Tu ne jureras pas. *Hachette-Jeunesse, 2000.* (Décalogue; 3)(Côté court ; 3)
ISBN 2-01-200599-3. *10 F / 1,52 €*

7322 **N** **DONNER C.** Tu ne porteras pas de faux témoignage. *Hachette-Jeunesse, 2000.* (Décalogue; 9)(Côté court ; 9)
ISBN 2-01-200605-1. *10 F / 1,52 €*

7323 **N** **DONNER C.** Tu ne te feras aucune image. *Hachette-Jeunesse, 2000.* (Décalogue; 5)(Côté court ; 2)
ISBN 2-01-200601-9. *10 F / 1,52 €*

7324 **N** **DONNER C.** Tu ne tueras pas. *Hachette-Jeunesse, 2000.* (Décalogue; 6)(Côté court ; 6)
ISBN 2-01-200602-7. *10 F / 1,52 €*

7325 **N** **DONNER C.** Tu ne voleras pas. *Hachette-Jeunesse, 2000.* (Décalogue; 8)(Côté court ; 8)
ISBN 2-01-200604-3. *10 F / 1,52 €*

07326 **N** **DONNER C.** Tu respecteras tes parents. *Hachette-Jeunesse, 2000.* (Décalogue; 2)(Côté court ; 5)
ISBN 2-01-200598-5. *10 F / 1,52 €*

07327 **N** **DONNER C.** Tu te souviendras. *Hachette-Jeunesse, 2000.* (Décalogue; 4)(Côté court ; 4)
ISBN 2-01-200600-0. *10 F / 1,52 €*

07328 **DONNER C., MOSNER R.** Jean et Pascal. *Grasset, 1998.* (Lampe de poche ; 15)
ISBN 2-246-54351-7. *29 F / 4,42 €*

07329 **DOREY M-C.** Une école sur une poudrière. *Syros, 1999.* (Souris verte ; 23)
ISBN 2-84146-744-9. *32 F / 4,88 €*

07330 **DORIN P.** Coeur de pierre. *Syros, 1997.* (Mini Souris noire c1)
ISBN 2-84146-445-8. *19 F / 2,90 €*

07331 **A** **DORRA M.** La gardienne des tortues. *Syros, 2001.* (Mini Souris sentiments c1)
ISBN 2-84146-918-2. *19 F / 2,90 €*

07332 **DORRA M., BESSON J-L.** En route pour hier. *Bayard, 1995.* (J'aime lire ; 86 c1)
ISBN 2-227-72701-2. *27 F / 4,12 €*

07333 **Les Douze pendules de Théodule.** *Hachette-Jeunesse, 1982.* (Le livre de poche jeunesse ; 76. Junior c9)
ISBN 2-01-020934-6. *29 F / 4,42 €*

07334 **DOYLE A. C.** L'aventure du pied du diable. *Syros, 1999.* (Souris noire ; 27 c1)
ISBN 2-84146-645-0. *32 F / 4,88 €*

07335 **DOYLE A. C.** Les aventures de Sherlock Holmes. 1. Nouv. éd. *Flammarion-Père Castor, 1998.* (Castor-Poche ; 468. Senior c2)
ISBN 2-08-164480-0. *25 F / 3,81 €*

07336 **N** **DOYLE A. C.** Les aventures de Sherlock Holmes. 1. *Milan, 2000.* (Milan poche junior ; 35)
ISBN 2-7459-0111-7. *30 F / 4,57 €*

07337 **DOYLE A. C.** Les aventures de Sherlock Holmes. 2. *Flammarion-Père Castor, 1994.* (Castor-Poche ; 469. Senior c2)
ISBN 2-08-164057-0. *25 F / 3,81 €*

07338 **A** **DOYLE A. C.** Les aventures de Sherlock Holmes. 2. *Milan, 2001.* (Milan poche junior ; 47)
ISBN 2-7459-0253-9. *28 F / 4,27 €*

07339 **DOYLE A. C.** Le chien des Baskerville. Réimpr. *Gallimard-Jeunesse, 1999.* (Folio junior ; 562. Edition spéciale c5)
ISBN 2-07-051346-7. *36 F / 5,49 €*

07340 **DOYLE A. C.** Le chien des Baskerville. *Hachette-Jeunesse, 1994.* (Le livre de poche jeunesse ; 515 c11)
ISBN 2-01-321064-7. *33 F / 5,03 €*

07341 **DOYLE A. C.** Le chien des Baskerville. Réimpr. *Flammarion-Père Castor, 1995.* (Castor-Poche ; 478. Senior c5)
ISBN 2-08-164517-3. *35,50 F / 5,41 €*

07342 **DOYLE A. C.** Une étude en rouge : la première enquête de Sherlock Holmes. Réimpr. *Gallimard-Jeunesse, 1998.* (Folio junior ; 726 c3)
ISBN 2-07-051811-6. *30 F / 4,57 €*

07343 **DOYLE A. C.** Le monde perdu. *Hachette-Jeunesse, 1979.* (Le livre de poche jeunesse ; 15 c11)
ISBN 2-01-019693-7. *33 F / 5,03 €*

07344 **DOYLE A. C.** Le monde perdu. Réimpr. *Gallimard-Jeunesse, 1998.* (Folio junior ; 665. Edition spéciale c6)
ISBN 2-07-051371-8. *41 F / 6,25 €*

07345 **DOYLE A. C.** Le ruban moucheté. Réimpr. *Gallimard-Jeunesse, 1995.* (Folio junior ; 746 c3)
ISBN 2-07-051864-7. *30 F / 4,57 €*

07346 **DOYLE A. C.** Le signe des quatre. Nouv. éd. *Hachette-Jeunesse, 1997.* (Vertige ; 820. Policier c9)
ISBN 2-01-209652-2. *29 F / 4,42 €*

07347 **N** **DOYLE A. C.** La société protectrice des rouquins. *Hachette-Jeunesse, 2000.* (Côté court ; 32)
ISBN 2-01-200587-X. *10 F / 1,52 €*

07348 **DOYLE A. C.** La vallée de la peur : une enquête de Sherlock Holmes. Nouv. éd. *Pocket Jeunesse, 2000.* (Pocket junior ; 251. Policier c4)
ISBN 2-266-08680-4. *30 F / 4,57 €*

07349 **DOYLE B.** Un haricot dans la mélasse. *Actes Sud junior, 1998.* (Les petits polars ; 6)
ISBN 2-7427-1402-2. *49 F / 7,47 €*

07350 **DOYLE B.** Les pollueurs font tâche d'huile. *Actes Sud junior, 1998.* (Les petits polars)
ISBN 2-7427-1401-4. *49 F / 7,47 €*

07351 **DOYLE D., MACDONALD J. D.** La nuit des Hommogres. *Hachette-Jeunesse, 1998.* (Vertige ; 1111. Fantastique)
ISBN 2-01-209818-5. *27 F / 4,12 €*

07352 **DOYON S.** Le garçon derrière l'écran. *Mango-Jeunesse, 1998.* (Mango poche ; 201. Coups de coeur c1)
ISBN 2-7404-0757-2. *30 F / 4,57 €*

07353 **N** **DR SEUSS** Comment le Grinch a volé Noël. *Pocket Jeunesse, 2000.* (Kid pocket ; 623 c5)
ISBN 2-266-10432-2. *35 F / 5,34 €*

07354 **DRAC R.** Le fantôme du TGV. *Milan, 2000.* (Milan poche cadet ; 33 c1)
ISBN 2-7459-0070-6. *28 F / 4,27 €*

07355 **N** **DRAC R.** Le Martien de Noël. *Milan, 2000.* (Milan poche cadet ; 41 c1)
ISBN 2-7459-0148-6. *28 F / 4,27 €*

07356 **DRAC R., CLEYET-MERLE L.** Un génie malicieux. *Milan, 1999.* (Milan poche cadet ; 4 c1)
ISBN 2-84113-850-X. *28 F / 4,27 €*

07357 **DRAC R., JOLIBOIS C., LE BOURVELLEC G.** Maître cuistot sur un arbre perché. *Milan, 1999.* (Milan poche cadet ; 17 c1)
ISBN 2-84113-900-X. *28 F / 4,27 €*

07358 **DRAC R., PAWLAK P.** Sauvons les sapins !. *Milan, 1999.* (Milan poche cadet ; 20 c1)
ISBN 2-84113-903-4. *28 F / 4,27 €*

07359 **DRAC R., ZAD** La fleur de pluie. *Milan, 1999.* (Milan poche cadet ; 5 c1)
ISBN 2-84113-851-8. *28 F / 4,27 €*

07360 **N** **DROZD I.** Le garçon qui se taisait. *Bayard Jeunesse, 2000.* (Les romans de Je bouquine)
ISBN 2-227-72376-9. *38 F / 5,79 €*

07361 **DRUON M.** Tistou les pouces verts. *Hachette-Jeunesse, 1979.* (Le livre de poche jeunesse ; 3 c5)
ISBN 2-01-014156-3. *26,50 F / 4,04 €*

07362 **DU BOUCHET P.** A la vie à la mort. *Gallimard-Jeunesse, 1999.* (Page blanche ; 38 c4)
ISBN 2-07-052612-7. *32,50 F / 4,95 €*

07363 **A** **DU BOUCHET P.** Comme un ours en cage. *Gallimard-Jeunesse, 2001.* (Folio junior ; 1140 c5)
ISBN 2-07-054604-7. *44 F / 6,71 €*

07364 **DU BOUCHET P.** Le journal d'Adèle. *Gallimard-Jeunesse, 1998.* (Folio junior ; 876)
ISBN 2-07-051900-7. *30 F / 4,57 €*

07365 **DUBELAAR-BALZAMONT T.** Jamais deux sans trois. *Flammarion-Père Castor, 1987.* (Castor-Poche ; 201 c4)
ISBN 2-08-161926-1. *32,50 F / 4,95 €*

07366 **N** **DUBILLARD R.** Le gobe-douille et autres diablogues. *Gallimard-Jeunesse, 2000.* (Folio junior ; 1101. Théâtre ; 6 c3)
ISBN 2-07-054410-9. *30 F / 4,57 €*

07367 **DUBOIS J.** Pimprenelle et le poireau facteur. *Hemma, 1986.* (Mini-club ; 5)
ISBN 2-8006-0642-8. *21 F / 3,20 €*

07368 **N** **DUBOWSKI C. E.** Un Noël presque parfait. *Pocket Jeunesse, 2000.* (Sabrina, l'apprentie sorcière; 3)(Pocket séries ; 644 c3B)
ISBN 2-266-10611-2. *28 F / 4,27 €*

07369 **A** **DUBOWSKI M.** Salem. 1. *Pocket Jeunesse, 2001.* (Kid pocket ; 731)
ISBN 2-266-11103-5. *26 F / 3,96 €*

07370 **N** **DUBOWSKY C. E.** Un Noël presque parfait. *Pocket, 2000.* (Sabrina, l'apprentie sorcière; 3)(Pocket junior ; 644)
ISBN 2-266-10511-6. *2021 F / 308,10 €*

07371 **N** **DUBOWSKY C. E.** Les Razmoket. 2, Les Razmoket à Paris. *Pocket Jeunesse, 2001.* (Pocket junior ; 732. Cinéma c3)
ISBN 2-266-10818-2. *28 F / 4,27 €*

07372 **DUCHÉ J.** Les douze travaux d'Hercule. *Grasset, 1997.* (Lampe de poche ; 12)
ISBN 2-246-54761-X. *35 F / 5,34 €*

07373 **DUCHESNE C.** La 42e soeur de Bébert. *Hachette-Jeunesse, 1998.* (Le livre de poche jeunesse ; 668. Cadet c5)
ISBN 2-01-321670-X. *26,50 F / 4,04 €*

07374 **DUCHET-SUCHAUX G.** Dictionnaire du Moyen Age européen. *Hachette-Jeunesse, 1999.* (Le livre de poche jeunesse ; 1504. Dictionnaires c14)
ISBN 2-01-321769-2. *37 F / 5,64 €*

07375 **DUCOM F.** Nettoyage scolaire. *Hachette-Jeunesse, 1998.* (Vertige ; 821. Policier c6)
ISBN 2-01-209984-X. *27 F / 4,12 €*

07376 **DUFEUTREL M.** Chut... secret de famille. *Rageot, 1994.* (Cascade. 9-11 ans c1)
ISBN 2-7002-2234-2. *44 F / 6,71 €*

07377 **DUFEUTREL M.** Le défi de miss Cambouis. *Rageot, 1996.* (Cascade. 11-13 ans c2)
ISBN 2-7002-2374-8. *46 F / 7,01 €*

07378 **DUFEUTREL M.** L'été Jonathan. *Rageot, 1991.* (Cascade. 11-13 ans c3)
ISBN 2-7002-1118-9. *48 F / 7,32 €*

07379 **DUFEUTREL M., PAWLAK P.** Une vache très encombrante. *Milan, 1999.* (Milan poche cadet ; 21 c1)
ISBN 2-84113-904-2. *28 F / 4,27 €*

07380 **DUFRESNE D.** Une histoire d'école. *Flammarion-Père Castor, 1998.* (Castor doc ; 25)
ISBN 2-08-163838-X. *34 F / 5,18 €*

07381 **[A]** **DUFRESNE D., RUILLIER J.** Moi, j'attends un bébé. *Milan, 2001.* (Milan poche benjamin ; 19 c1)
ISBN 2-7459-0243-1. *24 F / 3,66 €*

07382 **DUFRESNE D., SCOUVART R.** Souviens-toi d'Abel Zébutte. *Milan, 1999.* (Milan poche cadet ; 2 c1)
ISBN 2-84113-848-8. *28 F / 4,27 €*

07383 **DUFRESNE D., TARRIDE M.** Un amour de pharaon. *Milan, 1999.* (Milan poche cadet ; 1 c1)
ISBN 2-84113-847-X. *28 F / 4,27 €*

07384 **DUHAMEL C-A., BALAZ C.** Le gros dico des tout-petits : 3000 mots racontés par les enfants. *LGF, 1995.* (Le Livre de poche ; 8142. Pratique c14)
ISBN 2-253-08142-6. *48 F / 7,32 €*

07385 **DUINO M.** Terreur en mer. *Labor, 1999.* (Espace nord junior ; 23)
ISBN 2-8040-1405-3. *44 F / 6,71 €*

07386 **DUMAS A.** Le comte de Monte-Cristo. 1. *Hachette-Jeunesse, 1998.* (Le livre de poche jeunesse ; 1135. Gai savoir)
ISBN 2-01-321626-2. *37 F / 5,64 €*

07387 **DUMAS A.** Le comte de Monte-Cristo. 2. *Hachette-Jeunesse, 1998.* (Le livre de poche jeunesse ; 1136. Gai savoir c14)
ISBN 2-01-321627-0. *37 F / 5,64 €*

07388 **DUMAS A.** Le roman du masque de fer. *Hachette-Jeunesse, 1998.* (Le livre de poche jeunesse ; 1137. Gai savoir c12)
ISBN 2-01-321612-2. *35 F / 5,34 €*

07389 **DUMAS A.** Les trois mousquetaires. *Hemma, 1993.* (Livre club jeunesse ; 28)
ISBN 2-8006-3520-7. *26 F / 3,96 €*

07390 **[N]** **DUMOULIN H.** Le mousse du bout du monde. *D'Orbestier, 2000.* (Azymut ; 3)
ISBN 2-84238-030-4. *45 F / 6,86 €*

07391 **DUNCAN L.** Ne te retourne pas. *Rageot, 1996.* (Cascade. Policier c3)
ISBN 2-7002-2368-3. *48 F / 7,32 €*

07392 **DUPASQUIER P.** Un dimanche chez grand-père. *Gallimard-Jeunesse, 2000.* (Folio benjamin ; 400 c3)
ISBN 2-07-054085-5. *30 F / 4,57 €*

07393 **DUPASQUIER P.** Fini la télévision. *Gallimard-Jeunesse, 1997.* (Folio benjamin ; 310)
ISBN 2-07-051274-6. *30 F / 4,57 €*

07394 **DURAND J-B.** BD mode d'emploi. *Flammarion-Père Castor, 1998.* (Castor doc ; 28)
ISBN 2-08-163847-9. *34 F / 5,18 €*

07395 **DURAND J-B.** La chronologie des rois de France. *Flammarion-Père Castor, 1999.* (Castor doc ; 3852)
ISBN 2-08-163852-5. *34 F / 5,18 €*

07396 **DURAND J-B.** Presse mode d'emploi. *Flammarion-Père Castor, 2000.* (Castor doc. Junior)
ISBN 2-08-163857-6. *38 F / 5,79 €*

07397 **DURANTHON F.** Les dinosaures et leurs cousins. *Milan, 1997.* (Carnets de nature c1)
ISBN 2-84113-570-5. *34 F / 5,18 €*

07398 **DURANTHON F., EYDOUX A.** Fossiles d'Europe. *Milan, 1996.* (Carnets de nature ; 17 c1)
ISBN 2-84113-245-5. *34 F / 5,18 €*

07399 **DURANTHON F., FICHAUX C.** Roches et minéraux. *Milan, 1996.* (Carnets de nature ; 26 c1)
ISBN 2-84113-330-3. *34 F / 5,18 €*

07400 **DURRANT L.** Faucon blanc. *Hachette-Jeunesse, 1999.* (Mon bel oranger c11)
ISBN 2-01-321663-7. *33 F / 5,03 €*

07401 **[N]** **DURRANT L.** Ma vie chez les Indiens : l'histoire de Mary Campbell. *Hachette-Jeunesse, 2000.* (Mon bel oranger c11)
ISBN 2-01-321696-3. *31 F / 4,73 €*

07402 **DUSSLING J., LAMUT S.** Une étrange maison de poupée. *Gallimard-Jeunesse, 1998.* (Folio benjamin ; 347. Panique c4)
ISBN 2-07-050778-5. *32,50 F / 4,95 €*

07403 **DUSSLING J., WUMMER A.** Mort aux bestioles !. *Gallimard-Jeunesse, 1998.* (Folio benjamin ; 333. Panique)
ISBN 2-07-051754-3. *32,50 F / 4,95 €*

07404 **[N]** **DUTHEIL F., FELLNER H.** Le petit livre pour dire non à l'intolérance et au racisme. Rééd. *Bayard Jeunesse, 2000.* (Les petits livres pour dire non c1)
ISBN 2-7470-0103-2. *27 F / 4,12 €*

07405 **DUTRUC-ROSSET F.** L'assassin habite à côté. *Syros, 1997.* (Mini Souris noire c1)
ISBN 2-84146-447-4. *19 F / 2,90 €*

07406 **EASTON S., BYWATERS L.** Cendrillon : d'après Charles Perrault. *Mango-Jeunesse, 1993.* (Contes classiques)
ISBN 2-7404-0234-1. *20 F / 3,05 €*

07407 **L'eau.** *Gallimard-Jeunesse, 1999.* (Folio junior ; 980. En poésie ; 9)
ISBN 2-07-051585-0. *36 F / 5,49 €*

07408 **ECKEN C.** Monsieur Routine s'efface : et autres aventures fantastiques. *Hachette-Jeunesse, 1998.* (Le livre de poche jeunesse ; 644. Cadet c5)
ISBN 2-01-321599-1. *26,50 F / 4,04 €*

07409 **N** **ECKHERT A. W.** La rencontre : l'histoiree véridique de Ben MacDonald. *Hachette-Jeunesse, 2000.* (Mon bel oranger)
ISBN 2-01-200550-0. *79 F / 12,04 €*

07410 **N** **L'éclat de la Renaissance.** *Publications de l'Ecole moderne française, 2000.* (Bonjour l'histoire)
ISBN 2-84526-042-3. *54 F / 8,23 €*

07411 **ECRIVA V.** Le Dernier sultan de Grenade. *Flammarion-Père Castor, 1993.* (Castor-Poche ; 418. Senior c8)
48 F / 7,32 €

07412 **EDMONDS Y.** Liak et la déesse de la mer. Nouv. éd. *Flammarion-Père Castor, 1998.* (Castor-Poche ; 559. Junior cE)
ISBN 2-08-164432-0. *32,50 F / 4,95 €*

07413 **A** **EHO J.** Lettres anonymes. *Bayard Jeunesse, 2001.* (Passion de lire ; 236. Délires c1)
ISBN 2-7470-0020-6. *29 F / 4,42 €*

07414 **EHRET M.** Sept récits des premiers trains. *Flammarion-Père Castor, 1999.* (Castor-Poche ; 702. Junior c2)
ISBN 2-08-164525-4. *19,50 F / 2,97 €*

07415 **EHRET M-F.** A cloche-coeur. *Rageot, 1990.* (Cascade. 11-13 ans c1)
ISBN 2-7002-1097-2. *44 F / 6,71 €*

07416 **N** **EHRET M-F.** Vol sans effraction. *Syros, 2000.* (Souris noire ; 50 c1)
ISBN 2-84146-885-2. *32 F / 4,88 €*

07417 **EHRET M-F., UBAC C.** Mortel coup d'oeil. *Rageot, 1999.* (Cascade. Policier c2)
ISBN 2-7002-2581-3. *46 F / 7,01 €*

07418 **EISEN A. v.** Ash et la bête-qui-parle. *Flammarion-Père Castor, 1987.* (Castor-Poche ; 176 c5)
ISBN 2-08-161901-6. *35,50 F / 5,41 €*

07419 **N** **ELLIS C.** Portrait-robot. *J'ai lu, 2000.* (Peur bleue cF)
ISBN 2-290-30439-5. *26 F / 3,96 €*

07420 **ELLIS M.** Je suis innocent !!!. Nouv. éd. *Flammarion-Père Castor, 1999.* (Castor-Poche ; 193. Senior cF)
ISBN 2-08-164421-5. *35,50 F / 5,41 €*

07421 **ELMAN F.** La Double chance de Juliette. *Rageot, 1992.* (Cascade. 9-11 ans c3)
ISBN 2-7002-1200-2. *48 F / 7,32 €*

07422 **ELUARD P.** Grain d'aile. Nouv. éd. *Pocket Jeunesse, 2000.* (Kid pocket ; 292 c4)
ISBN 2-266-08820-3. *30 F / 4,57 €*

07423 **ELUARD P., DUHÊME J.** L'enfant qui ne voulait pas grandir. *Pocket Jeunesse, 1999.* (Kid pocket ; 455 c4B)
ISBN 2-266-09001-1. *32 F / 4,88 €*

07424 **ENDE M.** Des parents sur mesure. *Hachette-Jeunesse, 1998.* (Le livre de poche jeunesse ; 676. Cadet c5)
ISBN 2-01-321586-X. *26,50 F / 4,04 €*

07425 **Enfants terribles.** *Hachette-Jeunesse, 1996.* (Courts toujours ! c17)
ISBN 2-01-209523-2. *49 F / 7,47 €*

07426 **A** **L'énigme du château.** *Disney Hachette, 2001.* (Collection mystère ; 35 c1)
ISBN 2-230-01067-0. *26 F / 3,96 €*

07427 **N** **EPHÉMÈRE** Les yeux du tigre. *Magnard, 2000.* (Les p'tits policiers)
ISBN 2-210-98022-4. *40 F / 6,10 €*

07428 **ERIC (frère de Taizé)** Le musée des clones. *Joie de lire, 1999.* (Récits)
ISBN 2-88258-152-1. *65 F / 9,91 €*

07429 **ERIKSSON D.** Les gardiens d'éternité. *Mnémos, 1998.* (L'éclipse des dragons; 2)(Daemonicon c1)
ISBN 2-911618-35-5 (rron) 2-911618-33-5.
37 F / 5,64 €

07430 **ERIKSSON D.** La guerre des deux lunes. *Mnémos, 1998.* (L'éclipse des dragons; 3)(Daemonicon c1)
ISBN 2-911618-35-1. *37 F / 5,64 €*

07431 **ERIKSSON D.** La prophétie des flammes. *Mnémos, 1997.* (L'éclipse des dragons; 1)(Daemonicon c1)
ISBN 2-911618-30-0. *37 F / 5,64 €*

07432 **A** **ERLINGER M-C., LEFÈVRE M-R.** Chair de poule, hoquets, pets et rots : les signaux du corps. *Milan, 2001.* (Les essentiels Milan junior ; 13)
ISBN 2-7459-0270-9. *28 F / 4,27 €*

07433 **ESCARPIT R.** Les Contes de la Saint-Glinglin. *Magnard, 1996.* (Les romans)
ISBN 2-210-97718-5. *48 F / 7,32 €*

07434 **ESCARPIT R.** Les Contes de la Saint-Glinglin. *Hachette-Jeunesse, 1979.* (Le livre de poche jeunesse ; 1 c9)
ISBN 2-01-014428-7. *29 F / 4,42 €*

07435 **ESCARPIT R.** Les enquêtes de Rouletabosse. *Magnard, 1995.* (Les romans)
ISBN 2-210-97715-0. *42 F / 6,40 €*

07436 **ESCARPIT R.** Papa 1000. *Magnard, 1996.* (Les romans)
ISBN 2-210-97723-1. *48 F / 7,32 €*

07437 **ESCARPIT R.** Les vacances de Rouletabosse. *Magnard, 1996.* (Rouletabosse; 2)(Les romans)
ISBN 2-210-97716-9. *48 F / 7,32 €*

07438 **ESCUDIÉ R.** Grand-Loup-Sauvage. *Pocket Jeunesse, 1994.* (Kid pocket ; 14 c3)
ISBN 2-266-08824-6. *26 F / 3,96 €*

07439 **ESCUDIÉ R., CLAVERIE J.** Les Peurs de Petit-Jean. *Bayard, 1990.* (Les belles histoires ; 10 c1)
ISBN 2-227-72103-0. *27 F / 4,12 €*

07440 **ESCUDIÉ R., WENSELL U.** La dispute de Poulou et Sébastien. *Bayard, 1996.* (Les belles histoires ; 84 c1)
ISBN 2-227-72199-5. *27 F / 4,12 €*

07441 **ESCUDIÉ R., WENSELL U.** Poulou et Sébastien. *Bayard, 1990.* (Les belles histoires ; 17 c1)
ISBN 2-227-72118-9. *26,50 F / 4,04 €*

07442 **A** **ESPINASSOUS L.** Jean de l'Ours. *Milan, 2001.* (Milan poche junior ; 44)
ISBN 2-7459-0250-4. *32 F / 4,88 €*

07443 **EVETTE J-B.** Mademoiselle V. *Magnard, 1999.* (Les fantastiques c1)
ISBN 2-210-97788-6. *43 F / 6,56 €*

07444 **FACKLAM M.** Des animaux disparus ou menacés. *Flammarion-Père Castor, 1997.* (Castor doc ; 8. Junior)
ISBN 2-08-163824-X. *29 F / 4,42 €*

07445 **FACKLAM M.** Des animaux inséparables. *Flammarion-Père Castor, 1998.* (Castor doc ; 24)
ISBN 2-08-163815-0. *29 F / 4,42 €*

07446 **FACKLAM M.** Les animaux qui hibernent. *Flammarion-Père Castor, 1996.* (Castor doc ; 3. Junior c4)
ISBN 2-08-163817-7. *29 F / 4,42 €*

07447 **FÄHRMANN W.** Le grand méchant Balèze. *Hachette-Jeunesse, 1997.* (Le livre de poche jeunesse ; 620. Cadet c7)
ISBN 2-01-321512-6. *27,50 F / 4,19 €*

07448 **FAILLER J.** L'Ombre du vétéran. *Flammarion-Père Castor, 1994.* (Castor-Poche ; 441. Senior c5)
ISBN 2-08-164044-9. *35,50 F / 5,41 €*

07449 **FAILLER J.** Le Seigneur de l'île Tristan. *Flammarion-Père Castor, 1994.* (Castor-Poche ; 459. Senior c7)
ISBN 2-08-164078-3. *45 F / 6,86 €*

07450 **FAJARDIE F-H.** Combats de nuit. *Albin Michel, 1998.* (Le Furet enquête c1)
ISBN 2-226-09086-X. *35 F / 5,34 €*

07451 **FAJARDIE F-H.** La planque. *Syros, 1998.* (Souris noire ; 18)
ISBN 2-84146-525-X. *32 F / 4,88 €*

07452 **FALKNER J. M.** Moonfleet. *Gallimard-Jeunesse, 1999.* (Folio junior ; 509 c6)
ISBN 2-07-052495-7. *41 F / 6,25 €*

07453 **FALKNER J. M.** Moonfleet. *Pocket Jeunesse, 2000.* (Pocket junior ; 84 c5)
ISBN 2-266-09543-9. *35 F / 5,34 €*

07454 **FALLET R.** Bulle ou la Voix de l'océan. Réimpr. *Gallimard-Jeunesse, 1998.* (Folio junior ; 469. Edition spéciale c3)
ISBN 2-07-051349-1. *30 F / 4,57 €*

07455 **FARIAS J.** A l'ombre du maître. *Joie de lire, 1999.* (Récits)
ISBN 2-88258-141-6. *55 F / 8,38 €*

07456 **FARIAS J.** Chroniques de mon pays. *Joie de lire, 1998.* (Récits)
ISBN 2-88258-102-5. *75 F / 11,43 €*

07457 **FARIAS J.** Pedro du bout du monde. *Joie de lire, 1996.* (Récits)
ISBN 2-88258-072-X. *62 F / 9,45 €*

07458 **FARIAS J., RUANO A.** La ronde des soupirs. *Joie de lire, 1997.* (Récits)
ISBN 2-88258-093-2. *62 F / 9,45 €*

07459 **FARJEON A., DUNTZE D.** Le Village abandonné. *Gallimard-Jeunesse, 1992.* (Folio cadet ; 209 c7)
ISBN 2-07-052311-X. *44 F / 6,71 €*

07460 **N** **FARLEY W.** Une cavalière pour l'Etalon noir. Réimpr. *Hachette-Jeunesse, 2000.* (Bibliothèque verte ; 327 c3)
ISBN 2-01-200333-8. *25 F / 3,81 €*

07461 **N** **FARLEY W.** Le courage de l'Etalon noir. *Hachette-Jeunesse, 2000.* (Bibliothèque verte ; 328 c3)
ISBN 2-01-200608-6. *25 F / 3,81 €*

07462 **FARLEY W.** L'empreinte de l'étalon noir. Nouv. présentation. *Hachette-Jeunesse, 2000.* (Bibliothèque verte ; 332)
ISBN 2-01-200329-X. *25 F / 3,81 €*

07463 **FARLEY W.** L'étalon noir. Nouv. présentation. *Hachette-Jeunesse, 2000.* (Bibliothèque verte ; 334)
ISBN 2-01-200331-1. *25 F / 3,81 €*

07464 **N** **FARLEY W.** Le fantôme de l'Etalon noir. Nouv. présentation. *Hachette-Jeunesse, 2000.* (Bibliothèque verte ; 322 c3)
ISBN 2-01-200554-3. *25 F / 3,81 €*

07465 **FARLEY W.** Le fils de l'étalon noir. Nouv. présentation. *Hachette-Jeunesse, 2000.* (Bibliothèque verte ; 335)
ISBN 2-01-200330-3. *25 F / 3,81 €*

07466 **N** **FARLEY W.** Flamme, cheval sauvage. Nouv. présentation. *Hachette-Jeunesse, 2000.* (Bibliothèque verte ; 320 c3)
ISBN 2-01-200562-4. *25 F / 3,81 €*

07467 **FARLEY W.** Flamme et l'étalon noir. Nouv. présentation. *Hachette-Jeunesse, 2000.* (Bibliothèque verte ; 325)
ISBN 2-01-200332-X. *25 F / 3,81 €*

07468 **FARLEY W.** Flamme et les pur-sang. Nouv. présentation. *Hachette-Jeunesse, 2000.* (Bibliothèque verte ; 331)
ISBN 2-01-200323-0. *25 F / 3,81 €*

07469 [N] **FARLEY W.** Flamme part en flèche. Nouv. présentation. *Hachette-Jeunesse, 2000.* (Bibliothèque verte ; 324)
ISBN 2-01-200335-4. *25 F / 3,81 €*

07470 [N] **FARLEY W.** La légende de l'étalon noir. Nouv. présentation. *Hachette-Jeunesse, 2000.* (Bibliothèque verte ; 321 c3)
ISBN 2-01-200336-2. *25 F / 3,81 €*

07471 **FARLEY W.** Le Prestige de l'Etalon noir. *Hachette-Jeunesse, 1990.* (Bibliothèque verte ; 329 c8)
ISBN 2-01-016859-3. *26,50 F / 4,04 €*

07472 [N] **FARLEY W.** Le prestige de l'Etalon noir. Nouv. présentation. *Hachette-Jeunesse, 2000.* (Bibliothèque verte ; 329 c3)
ISBN 2-01-200334-6. *25 F / 3,81 €*

07473 **FARLEY W.** Le ranch de l'étalon noir. Nouv. présentation. *Hachette-Jeunesse, 2000.* (Bibliothèque verte ; 323)
ISBN 2-01-200322-2. *25 F / 3,81 €*

07474 **FARLEY W.** Le retour de l'étalon noir. Nouv. présentation. *Hachette-Jeunesse, 2000.* (Bibliothèque verte ; 337)
ISBN 2-01-200326-5. *25 F / 3,81 €*

07475 **FARLEY W.** La révolte de l'étalon noir. Nouv. présentation. *Hachette-Jeunesse, 2000.* (Bibliothèque verte ; 336)
ISBN 2-01-200324-9. *25 F / 3,81 €*

07476 **FARLEY W.** Un Rival pour l'Etalon noir. *Hachette-Jeunesse, 1977.* (Bibliothèque verte ; 330 c8)
ISBN 2-01-016858-5. *26,50 F / 4,04 €*

07477 **FARLEY W.** Un rival pour l'étalon noir. Nouv. présentation. *Hachette-Jeunesse, 2000.* (Bibliothèque verte ; 330)
ISBN 2-01-200325-7. *25 F / 3,81 €*

07478 **FARLEY W.** Le secret de l'étalon noir. Nouv. présentation. *Hachette-Jeunesse, 2000.* (Bibliothèque verte ; 326)
ISBN 2-01-200327-3. *25 F / 3,81 €*

07479 **FARLEY W.** Sur les traces de l'étalon noir. Nouv. présentation. *Hachette-Jeunesse, 2000.* (Bibliothèque verte ; 333)
ISBN 2-01-200328-1. *25 F / 3,81 €*

07480 **FARRÉ M.** La petite fille qui s'appelait Malice. Nouv. éd. rev. *Hachette-Jeunesse, 1997.* (Le livre de poche jeunesse ; 627. Cadet c5)
ISBN 2-01-321577-0. *26,50 F / 4,04 €*

07481 **FARRÉ M-R.** Ah! si j'étais un monstre. *Hachette-Jeunesse, 1983.* (Le livre de poche jeunesse ; 93. Cadet c7)
ISBN 2-01-321562-2. *27,50 F / 4,19 €*

07482 **FARRÉ M., SCHEFFLER A.** Mina change de tête. *Gallimard-Jeunesse, 1993.* (Folio cadet ; 281)
ISBN 2-07-057975-1. *44 F / 6,71 €*

07483 **Le faucon de la mort.** *Bayard, 1999.* (Les aventuriers de l'histoire ; 802. Marcantour c1)
ISBN 2-227-74601-7. *29 F / 4,42 €*

07484 **FAULKNER W.** L'arbre aux souhaits. Réimpr. *Gallimard-Jeunesse, 1998.* (Folio junior ; 459. Edition spéciale)
ISBN 2-07-051380-7. *28 F / 4,27 €*

07485 **FAUQUE J-C.** Pescotomagne. *Magnard, 2000.* (Les fantastiques c1)
ISBN 2-210-98409-2. *43 F / 6,56 €*

07486 **FAVARO P.** Le secret du maître luthier. *Hachette-Jeunesse, 1997.* (Le livre de poche jeunesse ; 605. Senior c10)
ISBN 2-01-321415-4. *31 F / 4,73 €*

07487 **FAVARO P.** Le solitaire des Salicornes. *Albin Michel, 1999.* (Le Furet enquête ; 13 c1)
ISBN 2-226-10211-6. *35 F / 5,34 €*

07488 [N] **Fées, fantômes, farfadets... en poésie.** *Gallimard-Jeunesse, 2000.* (Folio junior ; 1106. En poésie ; 17)
ISBN 2-07-054353-6. *32,50 F / 4,95 €*

07489 **FENG JI CAI** Que cent fleurs s'épanouissent. *Gallimard-Jeunesse, 1995.* (Folio junior ; 756. Edition spéciale c4)
ISBN 2-07-058834-3. *32,50 F / 4,95 €*

07490 **FERDJOUKH M.** L'assassin de papa. Nouv. éd. *Syros, 1998.* (Souris noire ; 14)
ISBN 2-84146-519-5. *32 F / 4,88 €*

07491 **FERDJOUKH M.** Comme sur des roulettes. *Rageot, 1992.* (Cascade c1)
ISBN 2-7002-1187-1. *44 F / 6,71 €*

07492 **FERDJOUKH M.** Embrouille à minuit. *Syros, 1997.* (Souris noire ; 9)
ISBN 2-84146-455-5. *32 F / 4,88 €*

07493 **FERDJOUKH M.** Le mystère de Greenwood. *Bayard Jeunesse, 1998.* (Envol ; 510 c1)
ISBN 2-227-72362-9. *29 F / 4,42 €*

07494 [A] **FÉRET-FLEURY C.** Baisse pas les bras, papa !. *Flammarion-Père Castor, 2001.* (Castor-Poche ; 803)
ISBN 2-08-160380-2. *19,50 F / 2,97 €*

07495 **FÉRET-FLEURY C.** Dans le miroir. *Gallimard-Jeunesse, 2000.* (Frontières ; 16 c6)
ISBN 2-07-053000-0. *32,50 F / 4,95 €*

07496 [N] **FÉRET-FLEURY C., PEF** Moi, j'aime pas Halloween. *Gallimard-Jeunesse, 2000.* (Folio benjamin ; 407 c3)
ISBN 2-07-054375-7. *28 F / 4,27 €*

07497 **FERGUSON A.** Secrets. *Hachette-Jeunesse, 1999.* (Mon bel oranger c11)
ISBN 2-01-321675-0. *33 F / 5,03 €*

07498 **FERNEZ A.** Cerveaux à vendre. *Labor, 1996.* (Espace nord junior ; 4)
ISBN 2-8040-1157-7. *34 F / 5,18 €*

07499 [N] **FÉRON ROMANO J.** La bête du Gévaudan. Nouv. éd. *Hachette Littératures, 2001.* (Le livre de poche jeunesse ; 267 c8)
ISBN 2-01-321837-0. *28 F / 4,27 €*

07500 **A** **FÉRON ROMANO J.** L'éclipse. *Hachette-Jeunesse, 1999.* (Le livre de poche jeunesse. Junior)
ISBN 2-01-321352-2. *28,50 F / 4,34 €*

07501 **FÉRON ROMANO J.** Martin Luther King : la force des mots. *Hachette-Jeunesse, 1993.* (Le livre de poche jeunesse ; 457 c10)
ISBN 2-01-019067-X. *31 F / 4,73 €*

07502 **FÉRON ROMANO J., ABESHERA J.** Gandhi : une âme pour la liberté. *Hachette-Jeunesse, 1998.* (Le livre de poche jeunesse ; 656. Senior c11)
ISBN 2-01-321346-8. *33 F / 5,03 €*

07503 **FÉRON ROMANO J., LEBACQ L.** La fuite à Varennes et autres histoires de France. *Hachette-Jeunesse, 1999.* (Le livre de poche jeunesse ; 682. Senior c5)
ISBN 2-01-019066-1. *26,50 F / 4,04 €*

07504 **N** **FERRÉ J-L.** Cyber élève : le multimédia à ton service. *Milan, 2000.* (Les essentiels Milan junior ; 3)
ISBN 2-7459-0088-9. *28 F / 4,27 €*

07505 **A** **FERRET C.** Le prince grenouille. *Pocket Jeunesse, 2001.* (Kid pocket ; 665 c4B)
ISBN 2-266-10472-1. *32 F / 4,88 €*

07506 **FESTIS H., SEIGNEUR P.** Dictionnaire du citoyen. *Hachette-Jeunesse, 1997.* (Le livre de poche jeunesse ; 1507. Dictionnaires c11)
ISBN 2-01-321537-1. *33 F / 5,03 €*

07507 **N** **La fête en poésie.** *Gallimard-Jeunesse, 2000.* (Folio junior ; 1095. En poésie c4)
ISBN 2-07-054352-8. *32 F / 4,88 €*

07508 **FEUSTEL G.** La louve et le Gitan. Nouv. éd. *Flammarion-Père Castor, 1999.* (Castor-Poche ; 156 cE)
ISBN 2-08-164611-0. *32,50 F / 4,95 €*

07509 **FEUSTEL G., MÜLLER D.** Tchourk mon chien. *Flammarion-Père Castor, 1983.* (Castor-Poche ; 58 c3)
ISBN 2-08-161766-8. *29,50 F / 4,50 €*

07510 **FÉVAL P.** Le bossu. *Hachette-Jeunesse, 1997.* (Le livre de poche jeunesse ; 1132. Senior c15)
ISBN 2-01-321576-2. *39 F / 5,95 €*

07511 **FILIPOVIC Z.** Le journal de Zlata. Nouv. éd. *Pocket Jeunesse, 2000.* (Pocket junior ; 406 c5)
ISBN 2-266-10323-7. *35 F / 5,34 €*

07512 **FILLOL L.** L'enfer noir. Nouv. éd. *Flammarion-Père Castor, 1999.* (Castor-Poche ; 174 cC)
ISBN 2-08-164567-X. *25 F / 3,81 €*

07513 **N** **FILLOL L.** Il fera beau demain. Réimpr. *Flammarion-Père Castor, 2000.* (Castor-Poche ; 155. Junior c4)
ISBN 2-08-164748-6. *32,50 F / 4,95 €*

07514 **FINE A.** Je ne sais pas quoi écrire. *Gallimard-Jeunesse, 1998.* (Folio cadet ; 358 c6)
ISBN 2-07-051633-4. *41 F / 6,25 €*

07515 **FINIFTER G., POLITZER M.** L'attrape-mots : mon premier dictionnaire. *Hachette-Jeunesse, 1996.* (Le livre de poche jeunesse ; 1506. Dictionnaires c15)
ISBN 2-01-321468-5. *39 F / 5,95 €*

07516 **FISK N.** Méfiez-vous de la reine des fourmis. *Hachette-Jeunesse, 1997.* (Vertige ; 1304. Cauchemar c8)
ISBN 2-01-209701-4. *28 F / 4,27 €*

07517 **FITZHUGH L.** Harriet l'espionne. *Gallimard-Jeunesse, 1997.* (Folio junior ; 815 c6)
ISBN 2-07-058141-1. *41 F / 6,25 €*

07518 **N** **FLAKE S. G.** Black blues. *Dapper, 2000.* (Au bout du monde)
ISBN 2-906067-61-X. *45 F / 6,86 €*

07519 **FLANDERS J.** L'île noire. *Labor, 1998.* (Espace nord junior ; 17)
ISBN 2-8040-1283-2. *249 FB / 6,17 €*

07520 **FLAUBERT G.** Salammbô. *Gallimard-Jeunesse, 1995.* (Folio junior ; 757. Edition spéciale c6)
ISBN 2-07-058835-1. *41 F / 6,25 €*

07521 **FLAUBERT G.** Trois contes. *Gallimard-Jeunesse, 1995.* (Folio junior ; 750. Edition spéciale c3)
ISBN 2-07-058730-4. *30 F / 4,57 €*

07522 **FLEISCHMAN P.** Saturnalia. *Flammarion-Père Castor, 1996.* (Castor-Poche ; 534. Senior c4)
ISBN 2-08-164048-1. *32,50 F / 4,95 €*

07523 **FLEUROT C.** Le jour de la photo. *Flammarion-Père Castor, 1997.* (Castor-Poche ; 600. Junior c1)
ISBN 2-08-164266-2. *19,50 F / 2,97 €*

07524 **FLEUROT C.** Le poil dans la main. *Grasset, 1999.* (Lampe de poche ; 25. 7 ans et + c1)
ISBN 2-246-57501-X. *29 F / 4,42 €*

07525 **Fleurs d'été :** et autres nouvelles japonaises. *Gallimard-Jeunesse, 1996.* (Folio junior ; 773)
ISBN 2-07-059392-4. *30 F / 4,57 €*

07526 **FLEUTIAUX P.** Trini à l'île de Pâques. *Gallimard-Jeunesse, 1999.* (Folio junior ; 1009 c4)
ISBN 2-07-052820-0. *32,50 F / 4,95 €*

07527 **FLEUTIAUX P.** Trini fait des vagues. *Gallimard-Jeunesse, 1997.* (Folio junior ; 807)
ISBN 2-07-059464-5. *32,50 F / 4,95 €*

07528 **FON EISEN A.** Le prince d'Omeyya. *Pocket Jeunesse, 1998.* (Pocket junior ; 417. Références c5)
ISBN 2-266-07643-4. *35 F / 5,34 €*

07529 **FONTANIÈRES H.** Le cadavre renvoie l'ascenseur. *Rageot, 1998.* (Cascade. Policier c2)
ISBN 2-7002-2546-5. *46 F / 7,01 €*

07530 **FONTANIÈRES H.** Rendez-vous en enfer. *Rageot, 1997.* (Cascade. Pluriel c1)
ISBN 2-7002-2462-0. *44 F / 6,71 €*

07531 **FONTANIÈRES H.** Le tueur mène le bal. *Rageot, 1995.* (Cascade. Policier c2)
ISBN 2-7002-2346-2. *46 F / 7,01 €*

07532 **FONTANIÈRES H.** Le vampire contre-attaque. *Rageot, 1996.* (Cascade. Policier c1)
ISBN 2-7002-2402-7. *44 F / 6,71 €*

07533 **FORSYTH F., FECK L.** Le berger. Réimpr. *Gallimard-Jeunesse, 1998.* (Folio junior ; 64 c3)
ISBN 2-07-052259-8. *30 F / 4,57 €*

07534 **FORWARD T.** Le visiteur de Noël. *Gallimard-Jeunesse, 1998.* (Folio benjamin ; 372 c6)
ISBN 2-07-059538-2. *41 F / 6,25 €*

07535 **FOSSETTE D.** Le chasseur de mouches. Nouv. éd. *Flammarion-Père Castor, 1999.* (Castor-Poche ; 530. Junior cD)
ISBN 2-08-164522-X. *29,50 F / 4,50 €*

07536 **FOURNEL P.** Les Aventures très douces de Timothée le rêveur. Nouv. éd. *Hachette-Jeunesse, 1985.* (Le livre de poche jeunesse ; 197. Cadet c5)
ISBN 2-01-321437-5. *26,50 F / 4,04 €*

07537 **N** **La France au XIXe siècle.** *Publications de l'Ecole moderne française, 2000.* (Bonjour l'histoire)
ISBN 2-84526-047-4. *54 F / 8,23 €*

07538 **N** **La France au XXe siècle.** *Publications de l'Ecole moderne française, 2000.* (Bonjour l'histoire)
ISBN 2-84526-049-0. *54 F / 8,23 €*

07539 **N** **La France de Louis XV à Louis XVI.** *Publications de l'Ecole moderne française, 2000.* (Bonjour l'histoire)
ISBN 2-84526-045-8. *54 F / 8,23 €*

07540 **N** **La France industrielle, XIXe-XXe siècle.** *Publications de l'Ecole moderne française, 2000.* (Bonjour l'histoire)
ISBN 2-84526-048-2. *54 F / 8,23 €*

07541 **FRASSETO C.** Ne me dites jamais je t'aime. *Bayard, 1998.* (Passion de lire ; 313. Coeur grenadine)
ISBN 2-227-73834-0. *28,50 F / 4,34 €*

07542 **N** **FRASSETO C.** Le silence des sables. *Bayard Jeunesse, 2001.* (J'aime lire ; 140 c1)
ISBN 2-7470-0090-7. *27 F / 4,12 €*

07543 **FRASSETO C., GALLAND A.** Non, pas lui !. *Bayard, 1999.* (Passion de lire ; 320. Coeur grenadine)
ISBN 2-227-73874-X. *29 F / 4,42 €*

07544 **FRATTINI S.** Les chats. *Milan, 1997.* (Carnets de nature c1)
ISBN 2-84113-568-3. *34 F / 5,18 €*

07545 **A** **FRATTINI S.** Les dinosaures et leur disparition. *Milan, 2001.* (Les essentiels Milan junior ; 11)
ISBN 2-7459-0269-5. *28 F / 4,27 €*

07546 **FRATTINI S., CHARLES B.** Les félins. *Milan, 1998.* (Carnets de nature c1)
ISBN 2-84113-633-7. *34 F / 5,18 €*

07547 **FRÈCHES C., FRÈCHES J.** Toulouse-Lautrec, les lumières de la nuit. *Gallimard, 1991.* (Découvertes ; 132. Peinture c6)
ISBN 2-07-053178-3. *90 F / 13,72 €*

07548 **N** **FREEMAN M.** Mon abominable grand-père. *Hachette-Jeunesse, 2001.* (Vertige ; 708. Fou rire c9)
ISBN 2-01-200623-X. *29 F / 4,42 €*

07549 **FRÉGNI R.** La vengeance de la petite Gitane. *Syros, 1998.* (Souris noire ; 22 c1)
ISBN 2-84146-562-4. *32 F / 4,88 €*

07550 **FRÈRE M.** Vacances secrètes. Réimpr. *Gallimard-Jeunesse, 1998.* (Folio junior ; 35 c4)
ISBN 2-07-051620-2. *32,50 F / 4,95 €*

07551 **FRESSE G.** Inspecteur Catastrophe. *Rageot, 1996.* (Cascade. 7-9 ans c1)
ISBN 2-7002-2394-2. *44 F / 6,71 €*

07552 **FRESSE G.** Juju la pétoche. *Rageot, 2000.* (Cascade. 7-9 ans)
ISBN 2-7002-2637-2. *44 F / 6,71 €*

07553 **FRESSE G.** Une potion magique pour la maîtresse. *Rageot, 1995.* (Cascade. 7-9 ans c1)
ISBN 2-7002-2300-4. *44 F / 6,71 €*

07554 **FRESSE G.** Privés de télé. *Rageot, 1998.* (Cascade. 7-9 ans c1)
ISBN 2-7002-2537-6. *44 F / 6,71 €*

07555 **FRESSE G.** Le rock de la maîtresse. *Rageot, 1997.* (Cascade. 7-9 ans c1)
ISBN 2-7002-2465-5. *44 F / 6,71 €*

07556 **N** **FRESSE G.** Supermamie. *Rageot, 2001.* (Cascade. 7-9 ans)
ISBN 2-7002-2693-3. *44 F / 6,71 €*

07557 **FRIEDRICH J.** Ana Laura Tango. Réimpr. *Pocket Jeunesse, 1999.* (Pocket junior ; 270. Policier c4)
ISBN 2-266-09445-9. *30 F / 4,57 €*

07558 **N** **FRIOT B.** Encore des histoires pressées. *Milan, 2001.* (Milan poche junior ; 38)
ISBN 2-7459-0218-0. *28 F / 4,27 €*

07559 **FRIOT B.** Histoires pressées. *Milan, 1999.* (Milan poche junior ; 2 c3)
ISBN 2-84113-910-7. *26 F / 3,96 €*

07560 **FRIOT B.** Nouvelles histoires pressées. *Milan, 2000.* (Milan poche junior ; 20)
ISBN 2-84113-987-5. *26 F / 3,96 €*

07561 **FRIOT B., GRACIA M.** La Princesse élastique. *Bayard, 1993.* (J'aime lire ; 51 c1)
ISBN 2-227-72261-4. *26,50 F / 4,04 €*

07562 **FRISON-ROCHE R.** La grande crevasse. *Flammarion-Père Castor, 1993.* (Castor-Poche ; 410. Senior cl)
ISBN 2-08-162277-7. *45 F / 6,86 €*

07563 **FRISON-ROCHE R.** Premier de cordée. Nouv. éd. *Flammarion-Père Castor, 1998.* (Castor-Poche ; 408. Senior c7)
ISBN 2-08-164471-1. *45 F / 6,86 €*

07564 **FRISON-ROCHE R.** Le rapt. Réimpr. *Flammarion-Père Castor, 1998.* (Castor-Poche ; 501. Senior c7)
ISBN 2-08-164482-7. *45 F / 6,86 €*

07565 **FRISON-ROCHE R.** Retour à la montagne. *Flammarion-Père Castor, 1993.* (Castor-Poche ; 413. Senior c7)
ISBN 2-08-162278-5. *45 F / 6,86 €*

07566 **FRITH M., DURELL J.** Mystère dans l'île. *Gallimard-Jeunesse, 1998.* (Folio benjamin ; 332. Panique c4)
ISBN 2-07-051753-5. *32,50 F / 4,95 €*

07567 **FRITZ J.** Je suis née en Chine. Nouv. éd. *Flammarion-Père Castor, 2000.* (Castor-Poche ; 181 cF)
ISBN 2-08-164695-1. *35,50 F / 5,41 €*

07568 **FROELICH J-C.** La horde de Gor. *Magnard, 1996.* (Les romans)
ISBN 2-210-97733-9. *48 F / 7,32 €*

07569 **FROELICH J-C.** Naufrage dans le temps. *Magnard, 1996.* (Les romans)
ISBN 2-210-97732-0. *48 F / 7,32 €*

07570 **FROELICH J-C.** Voyage au pays de la pierre ancienne. *Magnard, 1996.* (Les romans)
ISBN 2-210-97730-4. *48 F / 7,32 €*

07571 **FROST E., HALL S.** Dur, dur d'être un grand frère. Réimpr. *Pocket Jeunesse, 1998.* (Kid pocket c4)
ISBN 2-266-08656-1. *30 F / 4,57 €*

07572 **[N]** **FUROIS S.** Toi, futur citoyen. *Milan, 2000.* (Les essentiels Milan junior ; 1)
ISBN 2-7459-0086-2. *28 F / 4,27 €*

07573 **[N]** **FUTRELLE J.** L'enlèvement du bébé Blake. *Syros, 2000.* (Souris noire ; 45 c1)
ISBN 2-84146-815-1. *32 F / 4,88 €*

07574 **FUTRELLE J.** Le problème de la cellule 13. *Syros, 1999.* (Souris noire ; 33 c1)
ISBN 2-84146-679-5. *32 F / 4,88 €*

07575 **GABRIEL B., BIARD P.** Apprentis archéologues au Zimistan. *Gallimard-Jeunesse, 1998.* (Folio junior ; 889. Drôles d'aventures ; 7 c3)
ISBN 2-07-051851-5. *30 F / 4,57 €*

07576 **[N]** **GADRIEL P.** Callaghan en eaux troubles. *Gallimard-Jeunesse, 2000.* (Folio junior ; 1063 c3)
ISBN 2-07-052823-5. *30 F / 4,57 €*

07577 **GADRIEL P., SERGENT B.** Ca plane pour Callaghan. *Gallimard-Jeunesse, 1997.* (Folio junior ; 811 c3)
ISBN 2-07-059672-9. *30 F / 4,57 €*

07578 **GADRIEL P., SERGENT B.** Callaghan se déchaîne. *Gallimard-Jeunesse, 1999.* (Folio junior ; 943 c4)
ISBN 2-07-052240-7. *32,50 F / 4,95 €*

07579 **GAGE W.** Mathilde a des problèmes. Réimpr. *Gallimard-Jeunesse, 1985.* (Folio benjamin ; 133 c4)
ISBN 2-07-050586-3. *32,50 F / 4,95 €*

07580 **GAGE W., HAFNER M.** Mathilde et le corbeau. Réimpr. *Gallimard-Jeunesse, 1999.* (Folio benjamin ; 102 c4)
ISBN 2-07-050585-5. *32,50 F / 4,95 €*

07581 **GAGE W., HAFNER M.** Mathilde et le fantôme. Réimpr. *Gallimard-Jeunesse, 1999.* (Folio benjamin ; 16 c5)
ISBN 2-07-050527-8. *36 F / 5,49 €*

07582 **GALIN D.** Les aventures d'un chien perdu. *Rageot* ; *Amitié, 1989.* (Cascade. 9-11 ans c2)
ISBN 2-7002-1035-2. *46 F / 7,01 €*

07583 **[N]** **GALLAGHER D. G.** Une rivale inattendue. *Pocket Jeunesse, 2000.* (Sabrina, l'apprentie sorcière; 2)(Pocket séries ; 643 c3B)
ISBN 2-266-10607-4. *28 F / 4,27 €*

07584 **[N]** **GALLAND A.** Sindbad et la baleine ; suivi de Sindbad et l'oiseau roc. *Hachette-Jeunesse, 2000.* (Côté court ; 22)
ISBN 2-01-200573-X. *10 F / 1,52 €*

07585 **GALT H.** La Folle poursuite. *Flammarion-Père Castor, 1992.* (Castor-Poche ; 380. Junior c5)
ISBN 2-08-162234-3. *35,50 F / 5,41 €*

07586 **GAMARRA P.** Six colonnes à la une. Nouv. éd. *Pocket Jeunesse, 2000.* (Pocket junior ; 324. Policier c5)
ISBN 2-266-09258-8. *35 F / 5,34 €*

07587 **GANDON O.** Dictionnaire de la mythologie grecque et latine. *Hachette-Jeunesse, 1996.* (Le livre de poche jeunesse ; 382. Dictionnaires c15)
ISBN 2-01-321525-8. *39 F / 5,95 €*

07588 **[A]** **GANZ-MULLER C.** La bille bleue. *Bayard Jeunesse, 2001.* (Passion de lire ; 332. Coeur grenadine c1)
ISBN 2-7470-0002-8. *29 F / 4,42 €*

07589 **[N]** **GANZ-MULLER C.** La jalouse. Nouv. éd. *Bayard Jeunesse, 2001.* (Passion de lire ; 324. Coeur grenadine c1)
ISBN 2-7470-0222-5. *29 F / 4,42 €*

07590 **[N]** **GANZL F., BOIRY** Mystère dans l'escalier. *Bayard Jeunesse, 2000.* (Mes premiers J'aime lire ; 7 c1)
ISBN 2-7470-0016-8. *27 F / 4,12 €*

07591 **GANZL F., WENSELL U.** Les trois soeurs de Martin. *Bayard, 1999.* (Les belles histoires ; 113 c1)
ISBN 2-227-72834-5. *27 F / 4,12 €*

07592 **GARCIA-VALDECASAS B.** L'ombre fripouille. *Flammarion-Père Castor, 1995.* (Castor-Poche ; 523. Junior c2)
ISBN 2-08-164135-6. *25 F / 3,81 €*

07593 **GARDAM J., GELDART W.** Un poney dans la neige. Réimpr. *Gallimard-Jeunesse, 1999.* (Folio cadet ; 175 c6)
ISBN 2-07-051792-6. *41 F / 6,25 €*

07594 **GARDÉ D.** Caramel le gentil caniche. *Hemma, 1988.* (Mini-club ; 20)
ISBN 2-8006-0962-1. *21 F / 3,20 €*

07595 **GARDÉ D.** Une émouvante rencontre. *Hemma, 1986.* (Mini-club ; 10)
ISBN 2-8006-0647-9. *21 F / 3,20 €*

07596 **GARDÉ D.** Quand Boule de Neige s'en mêle. *Hemma, 2001.* (Mini-club ; 58)
ISBN 2-8006-1699-7. *21 F / 3,20 €*

07597 **GARDÉ D.** Quatre cousins mènent l'enquête. *Hemma, 1986.* (Mini-club ; 9)
ISBN 2-8006-0646-0. *21 F / 3,20 €*

07598 **N** **GARDÉ D., GARDÉ V.** Un drôle de boute-en-train. *Hemma, 2001.* (Lire et délires ; 8)
ISBN 2-8006-7761-9. *23 F / 3,51 €*

07599 **GARDNER J.** Men in black : d'après l'histoire et le scénario de Ed Solomon. Nouv. éd. *Pocket Jeunesse, 1999.* (Pocket junior ; 334. Cinéma c4)
ISBN 2-266-09726-1. *30 F / 4,57 €*

07600 **GARFIELD L.** A l'enseigne du diable. Réimpr. *Gallimard-Jeunesse, 2000.* (Folio junior ; 727 c6)
ISBN 2-07-052764-6. *41 F / 6,25 €*

07601 **GARFIELD L.** La montre en or. *Gallimard-Jeunesse, 1998.* (Folio junior ; 902 c3)
ISBN 2-07-052017-X. *30 F / 4,57 €*

07602 **GARFIELD L.** La rose de décembre. *Gallimard-Jeunesse, 2000.* (Folio junior ; 581 c6)
ISBN 2-07-054108-8. *41 F / 6,25 €*

07603 **GARFIELD L., BLISHEN E.** Printemps des dieux. *Gallimard-Jeunesse, 1999.* (Folio junior ; 971. Edition spéciale c5)
ISBN 2-07-052639-9. *36 F / 5,49 €*

07604 **GARFIELD L., BLISHEN E.** Le Temps des héros. *Gallimard-Jeunesse, 1994.* (Le roman de la mythologie grecque; 2)(Folio junior ; 736 c5)
ISBN 2-07-058352-X. *36 F / 5,49 €*

07605 **N** **GARLAND S.** L'homme au doigt coupé. Nouv. éd. *Pocket Jeunesse, 2000.* (Kid pocket ; 225 c03)
ISBN 2-266-10055-6. *26 F / 3,96 €*

07606 **GARLASCHELLI B.** Le dernier été. *Gallimard-Jeunesse, 2000.* (Page blanche c6)
ISBN 2-07-052782-4. *32,50 F / 4,95 €*

07607 **GARLASCHELLI B.** La peur au bout du fil. *Gallimard-Jeunesse, 1998.* (Page noire ; 24 c4)
ISBN 2-07-051880-9. *32,50 F / 4,95 €*

07608 **N** **GARNIER P.** Le chemin de sable. *Pocket Jeunesse, 2000.* (J'irai te voir...; 1)(Pocket junior ; 630 c4)
ISBN 2-266-09274-X. *30 F / 4,57 €*

07609 **GARNIER P.** Lili bouche d'enfer. Nouv. éd. *Syros, 1998.* (Mini Souris sentiments c1)
ISBN 2-84146-511-X. *19 F / 2,90 €*

07610 **GARNIER P.** Les naufragés du mois d'août. *Bayard Jeunesse, 1998.* (Envol ; 504 c1)
ISBN 2-227-72358-0. *29 F / 4,42 €*

07611 **N** **GARNIER P.** La neige au coeur. *Pocket Jeunesse, 2001.* (J'irai te voir...; 2)(Pocket junior ; 655)
ISBN 2-266-09281-2. *32 F / 4,88 €*

07612 **GARNIER P.** Nono. Nouv. éd. *Syros, 1997.* (Mini Souris noire c1)
ISBN 2-84146-446-6. *19 F / 2,90 €*

07613 **GARREL N.** Au pays du grand condor. Réimpr. *Gallimard-Jeunesse, 1998.* (Folio junior ; 486. Edition spéciale)
ISBN 2-07-051381-5. *36 F / 5,49 €*

07614 **GARREL N.** Giovanna ou le miracle des eaux. *Gallimard-Jeunesse, 1998.* (Page blanche ; 26 c4)
ISBN 2-07-051640-7. *32,50 F / 4,95 €*

07615 **GARREL N.** Les princes de l'exil. Réimpr. *Gallimard-Jeunesse, 2000.* (Folio junior ; 260 c6)
ISBN 2-07-054241-6. *32,50 F / 4,95 €*

07616 **GARRETA B., WENSELL U.** A la santé du roi. *Bayard, 1996.* (Les belles histoires ; 81 c1)
ISBN 2-227-72192-8. *27 F / 4,12 €*

07617 **N** **GARTON R.** Baiser mortel. *J'ai lu, 2000.* (J'ai lu ; 5674. Jeunes adultes cF)
ISBN 2-290-30556-1. *26 F / 3,96 €*

07618 **N** **GARTON R.** La mort au bout du fil. *J'ai lu, 2000.* (J'ai lu ; 5711. Jeunes adultes cG)
ISBN 2-290-30566-9. *29 F / 4,42 €*

07619 **GAUDRAT M-A., BLOCH S.** Surprise chez les Dupont. *Bayard, 1996.* (Les belles histoires ; 82 c1)
ISBN 2-227-72198-7. *27 F / 4,12 €*

07620 **GAUDRAT M-A., CAMIL C.** La famille Cochon aux sports d'hiver. *Bayard, 1998.* (Les belles histoires ; 100 c1)
ISBN 2-227-72829-9. *27 F / 4,12 €*

07621 **GAUDRAT M-A., CAMIL C.** La famille Cochon déménage. *Bayard, 1997.* (Les belles histoires ; 94 c1)
ISBN 2-227-72811-6. *27 F / 4,12 €*

07622 **N** **GAUDRAT M-A., CAMIL C.** La famille Cochon part à la mer. *Bayard Jeunesse, 2000.* (Les belles histoires ; 117 c1)
ISBN 2-227-72842-6. *27 F / 4,12 €*

07623 **GAUDRAT M-A., CAMIL C.** La rentrée de la famille Cochon. *Bayard, 1996.* (Les belles histoires ; 88 c1)
ISBN 2-227-72801-9. *27 F / 4,12 €*

07624 **GAUDRAT M-A., CAMIL C.** Timothée fils de sorcière. *Bayard, 1993.* (Les belles histoires ; 48 c1)
ISBN 2-227-72163-4. *26,50 F / 4,04 €*

07625 **GAUDRAT M-A., GASTÉ E.** Le Père Noël et Tom Chiffon. *Bayard, 1997.* (Les belles histoires ; 98 c1)
ISBN 2-227-72819-1. *27 F / 4,12 €*

07626 **GAUDRAT M-A., OXENBURY H.** L'aspirateur. *Bayard Jeunesse, 1997.* (Léo et Popi c1)
ISBN 2-227-73201-6. *13 F / 1,98 €*

07627 **GAUDRAT M-A., OXENBURY H.** Au bord de l'eau. *Bayard Jeunesse, 1998.* (Léo et Popi c1)
ISBN 2-227-73214-8. *13 F / 1,98 €*

07628 **GAUDRAT M-A., OXENBURY H.** Au jardin. *Bayard Jeunesse, 1997.* (Léo et Popi c1)
ISBN 2-227-73202-4. *13 F / 1,98 €*

07629 **GAUDRAT M-A., OXENBURY H.** Le goûter. *Bayard Jeunesse, 1997.* (Léo et Popi c1)
ISBN 2-227-73203-2. *13 F / 1,98 €*

07630 **GAUDRAT M-A., OXENBURY H.** Le manège. *Bayard Jeunesse, 1998.* (Léo et Popi c1)
ISBN 2-227-73208-3. *13 F / 1,98 €*

07631 **GAUDRAT M-A., OXENBURY H.** Popi perdu et retrouvé. *Bayard Jeunesse, 1997.* (Léo et Popi c1)
ISBN 2-227-73204-0. *13 F / 1,98 €*

07632 **GAUDRAT M-A., OXENBURY H.** La promenade à vélo. *Bayard Jeunesse, 1998.* (Léo et Popi c1)
ISBN 2-227-73215-6. *13 F / 1,98 €*

07633 **GAUDRAT M-A., OXENBURY H.** La promenade avec Mamie. *Bayard Jeunesse, 1997.* (Léo et Popi c1)
ISBN 2-227-73206-7. *13 F / 1,98 €*

07634 **GAUDRAT M-A., OXENBURY H.** Le toboggan. *Bayard Jeunesse, 1997.* (Léo et Popi c1)
ISBN 2-227-73205-9. *13 F / 1,98 €*

07635 **GAUDRAT M-A., ROSS T.** Le faramineux pouce de Paul. *Bayard, 1997.* (Les belles histoires ; 97 c1)
ISBN 2-227-72812-4. *27 F / 4,12 €*

07636 **N** **GAUTHIER G.** Les visiteurs débarquent !. *Flammarion-Père Castor, 2000.* (Castor-Poche. Junior c3)
ISBN 2-08-164544-0. *29,50 F / 4,50 €*

07637 **GAUTIER T.** Le capitaine Fracasse. *Hachette-Jeunesse, 1998.* (Le livre de poche jeunesse ; 1139. Gai savoir)
ISBN 2-01-321638-6. *37 F / 5,64 €*

07638 **GAUTIER T.** Le roman de la momie. *Hachette-Jeunesse, 1995.* (Le livre de poche jeunesse ; 479 c11)
ISBN 2-01-021073-5. *33 F / 5,03 €*

07639 **GAUTIER T.** Le roman de la momie. *Hemma, 1999.* (Livre club jeunesse ; 67)
ISBN 2-8006-6755-9. *26 F / 3,96 €*

07640 **GAUTIER T.** Le roman de la momie. Réimpr. *Gallimard-Jeunesse, 1998.* (Folio junior ; 465. Edition spéciale)
ISBN 2-07-051382-3. *36 F / 5,49 €*

07641 **N** **GAY J. M.** La province oubliée. *Labor, 2001.* (Espace Nord zone J ; 32)
ISBN 2-8040-1556-4. *199 FB / 4,93 €*

07642 **A** **GEHLERT S.** Paris-Brest. *Actes Sud junior, 2001.* (Les petits polars c1)
ISBN 2-7427-3223-3. *39 F / 5,95 €*

07643 **A** **GEHLERT S.** Trous de mémoire. *Actes Sud junior, 2001.* (Les petits polars c1)
ISBN 2-7427-3222-5. *39 F / 5,95 €*

07644 **N** **GENEST E.** Contes et légendes mythologiques. Réimpr. *Pocket Jeunesse, 2000.* (Pocket junior ; 21. Mythologies c4)
ISBN 2-266-09508-0. *30 F / 4,57 €*

07645 **GENEVOIX M.** Rroû. Nouv. éd. *Flammarion-Père Castor, 1999.* (Castor-Poche ; 25. Senior cF)
ISBN 2-08-164652-8. *35,50 F / 5,41 €*

07646 **N** **GENTIL M.** La disquette du GRAAL. *Syros, 2000.* (Souris noire ; 48 c1)
ISBN 2-84146-819-4. *32 F / 4,88 €*

07647 **GEORGEL T.** Contes et légendes des Antilles. Nouv. éd. *Pocket Jeunesse, 1998.* (Pocket junior ; 88. Mythologies c4)
ISBN 2-266-08638-3. *30 F / 4,57 €*

07648 **GERAS A.** L'album-photo des Fantora. *Flammarion-Père Castor, 1997.* (Castor-Poche ; 602. Junior c4)
ISBN 2-08-164230-1. *32,50 F / 4,95 €*

07649 **GERAS A.** Les dossiers de la famille Fantora. *Flammarion-Père Castor, 1997.* (Castor-Poche ; 595. Junior c5)
ISBN 2-08-164231-X. *32,50 F / 4,95 €*

07650 **A** **GERAS A.** Louisa près des étoiles. *Flammarion-Père Castor, 2001.* (Graine de ballerine)(Castor-Poche)
ISBN 2-08-164810-5. *25 F / 3,81 €*

07651 **GERAS A.** Nabab le héros. *Flammarion-Père Castor, 1999.* (Les chats du square Edouard)(Castor-Poche ; 717. Junior c1)
ISBN 2-08-164556-4. *19,50 F / 2,97 €*

07652 **GERAS A.** Popeline a disparu. *Flammarion-Père Castor, 1999.* (Les chats du square Edouard)(Castor-Poche ; 716. Junior c1)
ISBN 2-08-164555-6. *19,50 F / 2,97 €*

07653 **A** **GERAS A.** Les premiers chaussons de Louisa. *Flammarion-Père Castor, 2001.* (Graine de ballerine)(Castor-Poche)
ISBN 2-08-164808-3. *25 F / 3,81 €*

07654 **GERAS A.** La revanche de Mimosa. *Flammarion-Père Castor, 1999.* (Les chats du square Edouard)(Castor-Poche ; 714. Junior c1)
ISBN 2-08-164553-X. *19,50 F / 2,97 €*

07655 **A** **GERAS A.** Une rivale pour Louisa. *Flammarion-Père Castor, 2001.* (Graine de ballerine)(Castor-Poche)
ISBN 2-08-164811-3. *25 F / 3,81 €*

07656 **A** **GERAS A.** Le secret de Louisa. *Flammarion-Père Castor, 2001.* (Graine de ballerine)(Castor-Poche)
ISBN 2-08-164809-1. *25 F / 3,81 €*

07657 **GERAS A.** Signé Fouji. *Flammarion-Père Castor, 1999.* (Les chats du square Edouard)(Castor-Poche ; 715. Junior c1)
ISBN 2-08-164554-8. *19,50 F / 2,97 €*

07658 **GERMAIN A.** Les origines de l'homme ou Les aventures du professeur Coppensius. *Hachette-Jeunesse, 1997.* (Le livre de poche jeunesse ; 638. Junior c5)
ISBN 2-01-321574-6. *26,50 F / 4,04 €*

07659 **GERMAIN A.** La ville invisible. *Hachette-Jeunesse, 1999.* (Le livre de poche jeunesse ; 701. Junior c6)
ISBN 2-01-321689-0. *26,50 F / 4,04 €*

07660 **GERMAIN S.** L'encre du poulpe. *Gallimard-Jeunesse, 1998.* (Page blanche c1)
ISBN 2-07-051565-6. *20 F / 3,05 €*

07661 **GERSTENFELD S. L.** Les coulisses de l'aquarium. *Flammarion-Père Castor, 1997.* (Castor doc ; 16. Junior c2)
ISBN 2-08-163818-5. *34 F / 5,18 €*

07662 **GERSTENFELD S. L.** Les coulisses du zoo. Nouv. éd. *Flammarion-Père Castor, 1997.* (Castor doc ; 5. Junior)
ISBN 2-08-163831-2. *34 F / 5,18 €*

07663 **N** **GHEUR B.** La bande originale ; suivi de Nos années soixante. *Labor, 2000.* (Espace Nord zone J ; 30)
ISBN 2-8040-1507-6. *44 F / 6,71 €*

07664 **GHEUR B.** Le lieutenant souriant. Rééd. *Labor, 1998.* (Espace nord junior ; 15 c2)
ISBN 2-8040-1279-4. *42 F / 6,40 €*

07665 **N** **GIKOW L.** Le Grinch. *Pocket Jeunesse, 2000.* (Pocket junior ; 634. Cinéma c5)
ISBN 2-266-10601-5. *35 F / 5,34 €*

07666 **GILBRETH E., GILBRETH F.** Treize à la douzaine. Réimpr. *Gallimard-Jeunesse, 1998.* (Folio junior ; 460. Edition spéciale c5)
ISBN 2-07-051383-1. *36 F / 5,49 €*

07667 **N** **GILBRETH F., GILBRETH E.** Six filles à marier. *Hachette-Jeunesse, 2000.* (Le livre de poche jeunesse ; 740. Junior c8)
ISBN 2-01-321801-X. *28 F / 4,27 €*

07668 **GILLET-EDOM F.** Julie, mon amie la gorille. *Flammarion-Père Castor, 1990.* (Castor-Poche ; 608. Junior c4)
ISBN 2-08-162127-4. *32,50 F / 4,95 €*

07669 **GILLOT L.** Les autocollants. *Hachette-Jeunesse, 1999.* (Le livre de poche jeunesse ; 1305. Benjamin c8)
ISBN 2-01-321716-1. *28 F / 4,27 €*

07670 **N** **GILLOT L.** Coup de foudre. *Bayard Jeunesse, 2001.* (Les romans de Je bouquine)
ISBN 2-7470-0205-5. *38 F / 5,79 €*

07671 **GILLOT L., MILLET C., MILLET D.** Invités à l'Elysée. *Bayard, 2000.* (J'aime lire ; 133 c1)
ISBN 2-227-72763-2. *27 F / 4,12 €*

07672 **GIONO J., BESSON J-L.** Le petit garçon qui avait envie d'espace. Réimpr. *Gallimard-Jeunesse, 1995.* (Folio cadet ; 317 c4)
ISBN 2-07-052284-9. *32,50 F / 4,95 €*

07673 **GIONO J., GLASAUER W.** L'homme qui plantait des arbres. Réimpr. *Gallimard-Jeunesse, 1998.* (Folio cadet ; 180 c6)
ISBN 2-07-051785-3. *41 F / 6,25 €*

07674 **GIORDA** C'était juste après la guerre... Réimpr. *Pocket Jeunesse, 1998.* (Pocket junior ; 374. C'est ça la vie ! c2)
ISBN 2-266-09189-1. *23 F / 3,51 €*

07675 **GIORDA** L'incendiaire. *Hachette-Jeunesse, 1995.* (Le livre de poche jeunesse ; 523 c5)
ISBN 2-01-321048-5. *26,50 F / 4,04 €*

07676 **GIORDA, BOSNIA N.** L'Epée de bois. *Bayard, 1994.* (Les belles histoires ; 63)
ISBN 2-227-72176-6. *27 F / 4,12 €*

07677 **GIORDA, BOUBERT J.** Les Deux oursons. *Bayard, 1990.* (Les belles histoires ; 3 c1)
ISBN 2-227-72104-9. *27 F / 4,12 €*

07678 **GIRAUD R.** Observer le ciel. *Flammarion-Père Castor, 1997.* (Castor doc ; 18. Junior c2)
ISBN 2-08-163839-8. *34 F / 5,18 €*

07679 **GIRAUD R.** 14 contes de Russie. *Flammarion-Père Castor, 1999.* (Castor-Poche ; 687. Junior c2)
ISBN 2-08-164406-1. *29,50 F / 4,50 €*

07680 **GIRAUD R., ASIMOV I.** Les planètes visitées. *Flammarion-Père Castor, 1997.* (Castor doc ; 14. Junior c2)
ISBN 2-08-163834-7. *34 F / 5,18 €*

07681 **GIRIN M.** L'île aux tortues. *Rageot, 1996.* (Cascade. 9-11 ans c2)
ISBN 2-7002-2372-1. *46 F / 7,01 €*

07682 **GIRIN M.** Série noire pour Babacar. *Rageot, 1994.* (Cascade. 11-13 ans c2)
ISBN 2-7002-2125-7. *46 F / 7,01 €*

07683 **GIRIN M.** La sirène aux yeux d'or. *Rageot, 1999.* (Cascade. 9-11 ans c2)
ISBN 2-7002-2574-0. *46 F / 7,01 €*

07684 **GLEITZMAN M.** Le bébé de papa compte plus que moi : quel monde de fou. *Hachette-Jeunesse, 1998.* (Bibliothèque rose ; 1324 c9)
ISBN 2-01-209882-7. *29 F / 4,42 €*

07685 **N** **GLEITZMAN M.** Le bébé de papa compte plus que moi : quel monde de fous !. *Hachette-Jeunesse, 2001.* (Bibliothèque rose c8)
ISBN 2-01-200421-0. *28 F / 4,27 €*

07686 **GLEITZMAN M.** Heureusement que mamie est là ! : quel monde de fous !. *Hachette-Jeunesse, 1999.* (Bibliothèque rose ; 1325 c9)
ISBN 2-01-209880-0. *29 F / 4,42 €*

07687 **GLEITZMAN M.** Maman n'a jamais le temps : quel monde de fous !. *Hachette-Jeunesse, 1999.* (Bibliothèque rose ; 1326 c9)
ISBN 2-01-209879-7. *29 F / 4,42 €*

07688 **N** **GLEITZMAN M.** Mes parents ont besoin d'air : quel monde de fous !. Nouv. présentation. *Hachette-Jeunesse, 2000.* (Bibliothèque rose ; 1321 c3)
ISBN 2-01-200478-4. *25 F / 3,81 €*

07689 **N** **GLEITZMAN M.** Mes parents sont de mauvais poil : quel monde de fous !. *Hachette-Jeunesse, 2000.* (Bibliothèque rose ; 1320)
ISBN 2-01-200479-2. *29 F / 4,42 €*

07690 **GLEITZMAN M.** Papa est un peu ringard. *Hachette-Jeunesse, 1998.* (Bibliothèque rose ; 1323 c9)
ISBN 2-01-209883-5. *29 F / 4,42 €*

07691 **N** **GLEITZMAN M.** Des parents de rêve : quel monde de fous !. Nouv. présentation. *Hachette-Jeunesse, 2000.* (Bibliothèque rose ; 1322)
ISBN 2-01-200481-4. *25 F / 3,81 €*

07692 **N** **GLEITZMAN M.** Pas facile de marier papa. *Hachette-Jeunesse, 2000.* (Bibliothèque rose ; 1323 c3)
ISBN 2-01-200482-2. *25 F / 3,81 €*

07693 **N** **GLEITZMAN M., JENNINGS P.** L'attaque des vers géants. *Gallimard-Jeunesse, 2000.* (Dément !; 1)(Folio junior ; 1011 c1a)
ISBN 2-07-052827-8. *15 F / 2,29 €*

07694 **N** **GLEITZMAN M., JENNINGS P.** Le bout du tunnel. *Gallimard-Jeunesse, 2000.* (Dément !; 6)(Folio junior ; 1016 c1a)
ISBN 2-07-052832-4. *15 F / 2,29 €*

07695 **N** **GLEITZMAN M., JENNINGS P.** Faux frère. *Gallimard-Jeunesse, 2000.* (Dément !; 4)(Folio junior ; 1014 c1a)
ISBN 2-07-052830-8. *15 F / 2,29 €*

07696 **N** **GLEITZMAN M., JENNINGS P.** La grenouille tueuse. *Gallimard-Jeunesse, 2000.* (Dément !; 3)(Folio junior ; 1013 c1a)
ISBN 2-07-052829-4. *15 F / 2,29 €*

07697 **N** **GLEITZMAN M., JENNINGS P.** La guerre des moutons. *Gallimard-Jeunesse, 2000.* (Dément !; 2)(Folio junior ; 1012 c1a)
ISBN 2-07-052828-6. *15 F / 2,29 €*

07698 **N** **GLEITZMAN M., JENNINGS P.** Piège à rats. *Gallimard-Jeunesse, 2000.* (Dément !; 5)(Folio junior ; 1015 c1a)
ISBN 2-07-052831-6. *15 F / 2,29 €*

07699 **N** **GLOCKO, DURICKOVA** Dix contes de Slovaquie. *Flammarion-Père Castor, 2000.* (Castor-Poche ; 773. Contes et récits)
ISBN 2-08-164778-8. *32,50 F / 4,95 €*

07700 **GODDEN R.** Les lumières de Diwali. *Flammarion-Père Castor, 1999.* (Castor-Poche ; 682. Junior c2)
ISBN 2-08-164261-1. *25 F / 3,81 €*

07701 **GODDEN R.** La Petite fille à la roulotte. Nouv. éd. *Gallimard-Jeunesse, 1998.* (Folio junior ; 865 c3)
ISBN 2-07-051901-5. *30 F / 4,57 €*

07702 **Godzilla.** *Pocket Jeunesse, 1998.* (Pocket junior ; 446. Cinéma c3)
ISBN 2-266-08809-2. *26 F / 3,96 €*

07703 **GOHIER J.** Le secret du targui blanc. *Hachette-Jeunesse, 1996.* (Le livre de poche jeunesse ; 586. Senior c8)
ISBN 2-01-321623-8. *28 F / 4,27 €*

07704 **N** **GOLDEN C.** La moisson. *Pocket Jeunesse, 2000.* (Buffy contre les vampires; 1)(Pocket junior ; 638. Cinéma c3B)
ISBN 2-266-10598-1. *28 F / 4,27 €*

07705 **N** **GOLDEN C.** La pluie d'Halloween. *Pocket Jeunesse, 2000.* (Buffy contre les vampires; 2)(Pocket junior ; 642. Cinéma c3B)
ISBN 2-266-10606-6. *28 F / 4,27 €*

07706 **GOLDEN C.** Star wars : les ombres de l'empire. Nouv. éd. *Pocket Jeunesse, 1999.* (Pocket junior ; 271. SF c5)
ISBN 2-266-09787-3. *35 F / 5,34 €*

07707 **A** **GOLDEN C., VORNHOLT J.** La lune des coyotes. *Pocket Jeunesse, 2001.* (Buffy contre les vampires; 3)(Pocket junior ; 694. Cinéma)
ISBN 2-266-11217-1

07708 **GOLDING W.** Sa Majesté des mouches. Réimpr. *Gallimard-Jeunesse, 1999.* (Folio junior ; 447. Edition spéciale c6)
ISBN 2-07-051384-X. *41 F / 6,25 €*

07709 **GONZALEZ L.** Complot à Rome. *Flammarion-Père Castor, 1998.* (Castor-Poche ; 639. Senior c4)
ISBN 2-08-164298-0. *32,50 F / 4,95 €*

07710 **A** **GORCE X., CALARNOU Y.** Le gros chagrin d'Edgar. *Bayard Jeunesse, 2001.* (Les belles histoires ; 125 c1)
ISBN 2-7470-0105-9. *27 F / 4,12 €*

07711 **GORDON S.** En attendant la pluie. *Gallimard-Jeunesse, 1999.* (Folio junior ; 725. Edition spéciale c6)
ISBN 2-07-052293-8. *41 F / 6,25 €*

07712 **GORMAN C.** L'homme-insecte : R. L. Stine présente. *Bayard Jeunesse, 2000.* (Passion de lire ; 1007. Rue de la peur c1)
ISBN 2-227-75708-6. *29 F / 4,42 €*

07713 **N** **GOURÉVITCH J-P.** Le gang du métro. *Hachette-Jeunesse, 2000.* (Le livre de poche jeunesse ; 717. Senior c9)
ISBN 2-01-321711-0. *29 F / 4,42 €*

07714 **GOURÉVITCH J-P.** Les tribulations d'Evariste. *Hachette-Jeunesse, 1997.* (Le livre de poche jeunesse ; 599. Junior c9)
ISBN 2-01-321441-3. *29 F / 4,42 €*

07715 **GOURIER J.** Arbres des villes et des jardins. *Milan, 1997.* (Carnets de nature c1)
ISBN 2-84113-474-1. *34 F / 5,18 €*

07716 **GOURIER J.** Arbres fruitiers. *Milan, 2000.* (Carnets de nature c1)
ISBN 2-7459-0001-3. *34 F / 5,18 €*

07717 **N** **GOURIER J.** Herbiers et fleurs séchées. *Milan, 2000.* (Carnets de nature c1)
ISBN 2-7459-0078-1. *34 F / 5,18 €*

07718 **GOURIER J., APPEL-MERTINY H.** Arbres d'Europe. *Milan, 1995.* (Carnets de nature ; 2 c1)
ISBN 2-84113-142-4. *34 F / 5,18 €*

07719 **GOURIER J., APPEL-MERTINY H.** Les arbustes et leurs secrets. *Milan, 1996.* (Carnets de nature ; 23 c1)
ISBN 2-84113-328-1. *34 F / 5,18 €*

07720 **GRAAS L.** Notre-Dame de Buze. *Flammarion-Père Castor, 1994.* (Castor-Poche ; 443. Junior c4)
ISBN 2-08-164041-4. *32,50 F / 4,95 €*

07721 **GRAHAM H.** Le casse-tête chinois. *Flammarion-Père Castor, 1994.* (Castor-Poche ; 486. Senior c06)
ISBN 2-08-162270-X. *35,50 F / 5,41 €*

07722 **GRAHAM H.** Le dresseur d'ours. *Flammarion-Père Castor, 1997.* (Castor-Poche ; 615. Senior)
ISBN 2-08-164204-2. *45 F / 6,86 €*

07723 **GRAHAM R., VARLEY S.** Ma vie avec le monstre. *Gallimard-Jeunesse, 1993.* (Folio benjamin)
ISBN 2-07-057971-9. *28 F / 4,27 €*

07724 **GRAHAME K.** Le Vent dans les saules. *Gallimard-Jeunesse, 1993.* (Folio junior ; 713 c5)
ISBN 2-07-058312-0. *36 F / 5,49 €*

07725 **N** **Graines de futurs.** *Mango-Jeunesse, 2000.* (Autres mondes)
ISBN 2-7404-1093-X. *59 F / 8,99 €*

07726 **GRANOTIER S.** Secrets de famille. *Albin Michel, 1998.* (Le Furet enquête c1)
ISBN 2-226-09087-8. *35 F / 5,34 €*

07727 **N** **GRANOTIER S., RÉBÉNA F.** L'homme qui n'était pas mort. *Albin Michel-Jeunesse, 2001.* (Le Furet enquête ; 27)
ISBN 2-226-11823-3. *35 F / 5,34 €*

07728 **GRANT C.** Hypnose. *Pocket Jeunesse, 1997.* (Pocket junior ; 277. Frissons c5)
ISBN 2-266-07555-1. *35 F / 5,34 €*

07729 **GRANT P.** Si c'est une fille. *Hachette-Jeunesse, 1997.* (Le livre de poche jeunesse ; 601. Senior c9)
ISBN 2-01-321312-3. *31 F / 4,73 €*

07730 **GRARD F.** Le rôdeur de Saint-André. *Actes Sud junior, 1999.* (Les petits polars c1)
ISBN 2-7427-1966-0. *39 F / 5,95 €*

07731 **GRAVEL F.** Klonk. *Hachette-Jeunesse, 1997.* (Le livre de poche jeunesse ; 608. Junior c5)
ISBN 2-01-321540-1. *26,50 F / 4,04 €*

07732 **GRAVEL G.** Hook. *Flammarion-Père Castor, 1992.* (Castor-Poche ; 360. Junior c5)
ISBN 2-08-162227-0. *35,50 F / 5,41 €*

07733 **GRAVES R.** Le grand livre vert. *Gallimard-Jeunesse, 2000.* (Folio cadet ; 237 c3)
ISBN 2-07-052485-X. *30 F / 4,57 €*

07734 **GRAY M.** Au nom de tous les miens. Nouv. éd. *Pocket Jeunesse, 2000.* (Pocket junior ; 319 c5)
ISBN 2-266-08828-9. *35 F / 5,34 €*

07735 **GREEN J.** Les chevaliers du destin. Réimpr. *Gallimard-Jeunesse, 1997.* (Un Livre dont vous êtes le héros ; 764. Défis fantastiques ; 55 c5)
ISBN 2-07-050935-4. *36 F / 5,49 €*

07736 **GREEN J.** Le sépulcre des ombres. Réimpr. *Gallimard-Jeunesse, 1997.* (Un Livre dont vous êtes le héros ; 740. Défis fantastiques c5)
ISBN 2-07-050934-6. *36 F / 5,49 €*

07737 **N** **GREEN Y.** Embrasse-moi !. *Bayard Jeunesse, 2000.* (Passion de lire ; 329. Coeur grenadine c1)
ISBN 2-7470-0225-X. *29 F / 4,42 €*

07738 **A** **GREENBURG D.** Comment parler dauphin en trois leçons. *Gallimard-Jeunesse, 2001.* (Une histoire bizarre de Zack; 8)(Folio cadet ; 384 c3)
ISBN 2-07-054214-9. *30 F / 4,57 €*

07739 **GREENBURG D.** Une dent contre le docteur Jekyll. *Gallimard-Jeunesse, 1999.* (Folio cadet ; 374 c3)
ISBN 2-07-052257-1. *30 F / 4,57 €*

07740 **GREENBURG D.** Un fantôme nommé Wanda. *Gallimard-Jeunesse, 1998.* (Une histoire bizarre de Zack; 3)(Folio cadet ; 353)
ISBN 2-07-051443-9. *30 F / 4,57 €*

07741 **GREENBURG D.** Le voyage astral de Zack. *Gallimard-Jeunesse, 1999.* (Une histoire bizarre de Zack; 6)(Folio cadet ; 384)
ISBN 2-07-052258-X. *30 F / 4,57 €*

07742 **GREENBURG D., DAVIS J. E.** Au secours, je lis dans les pensées. *Gallimard-Jeunesse, 1998.* (Folio cadet ; 361 c3)
ISBN 2-07-051444-7. *30 F / 4,57 €*

07743 **N** **GREENBURG D., DAVIS J. E.** Zack et l'an mil. *Gallimard-Jeunesse, 2000.* (Folio cadet ; 406 c3)
ISBN 2-07-054346-3. *30 F / 4,57 €*

07744 **GREENBURG D., DAVIS J. E.** Zack et le chat infernal. *Gallimard-Jeunesse, 1998.* (Folio cadet ; 343)
ISBN 2-07-051306-8. *30 F / 4,57 €*

07745 **GREENBURG D., DAVIS J. E.** Zack voit double. *Gallimard-Jeunesse, 1998.* (Folio cadet ; 344)
ISBN 2-07-051307-6. *30 F / 4,57 €*

07746 **N** **GREENE B.** Petits miracles en Arkansas. *Gallimard-Jeunesse, 2001.* (Folio junior ; 1121 c3)
ISBN 2-07-054531-8. *30 F / 4,57 €*

07747 **GREENE G.** Le rocher de Brighton. *LGF ; GP Rouge et or, 1996.* (Le Livre de poche ; 661 c9)
ISBN 2-253-01292-0. *36 F / 5,49 €*

07748 **GREENE S.** Question de taille. *Hachette-Jeunesse, 1999.* (Le livre de poche jeunesse ; 688. Cadet c5)
ISBN 2-01-321687-4. *26,50 F / 4,04 €*

07749 **N** **GREENE Y.** Petite soeur. Nouv. éd. *Bayard Jeunesse, 2001.* (Passion de lire ; 309. Coeur grenadine c1)
ISBN 2-7470-0181-4. *29 F / 4,42 €*

07750 **GREENWALD S.** Souris donc, Rosy Cole. *Flammarion-Père Castor, 1995.* (Castor-Poche ; 503. Junior c1)
ISBN 2-08-164074-0. *19,50 F / 2,97 €*

07751 **GREENWAY J., OFFICER R.** La petite sirène : d'après Hans Christian Andersen. *Mango-Jeunesse, 1993.* (Contes classiques)
ISBN 2-7404-0233-3. *20 F / 3,05 €*

07752 **GREER G., RUDDICK B.** Les Champions de l'île aux tortues. *Flammarion-Père Castor, 1992.* (Castor-Poche ; 379. Junior c4)
ISBN 2-08-162226-2. *32,50 F / 4,95 €*

07753 **GREGORY V., MUNSINGER L.** Calme-toi, Benjamin !. *Pocket Jeunesse, 1998.* (Kid pocket ; 421 c3)
ISBN 2-266-07395-8. *28 F / 4,27 €*

07754 **GREIF J-J.** De trop longues vacances. *Bayard Jeunesse, 1999.* (Envol ; 516 c1)
ISBN 2-227-72370-X. *29 F / 4,42 €*

07755 **GRENIER C.** Arrêtez la musique !. *Rageot, 1999.* (Cascade. Policier)
ISBN 2-7002-2582-1. *48 F / 7,32 €*

07756 **GRENIER C.** Les cascadeurs du temps. Nouv. éd. *Flammarion-Père Castor, 1999.* (Castor-Poche ; 569. Senior cE)
ISBN 2-08-164645-5. *32,50 F / 4,95 €*

07757 **GRENIER C.** Le coeur en abîme. Ed. rev. et augm. *Hachette-Jeunesse, 1995.* (Le livre de poche jeunesse ; 557. Junior)
ISBN 2-01-321324-7. *29 F / 4,42 €*

07758 **GRENIER C.** Coups de théâtre. *Rageot, 1994.* (Cascade. Policier c2)
ISBN 2-7002-2152-4. *46 F / 7,01 €*

07759 **GRENIER C.** Cyberpark. *Hachette-Jeunesse, 1997.* (Vertige ; 1010. Science-fiction c9)
ISBN 2-01-209512-7. *29 F / 4,42 €*

07760 **GRENIER C.** La fille de 3e B. *Rageot, 1995.* (Cascade. Pluriel c2)
ISBN 2-7002-2315-2. *46 F / 7,01 €*

07761 **GRENIER C.** La Guerre des poireaux. *Rageot, 1990.* (Cascade. 9-11 ans c2)
ISBN 2-7002-1081-6. *46 F / 7,01 €*

07762 **GRENIER C.** La Machination. *Hachette-Jeunesse, 1981.* (Le livre de poche jeunesse ; 56. Junior c10)
ISBN 2-01-020490-5. *31 F / 4,73 €*

07763 **GRENIER C.** Mission en mémoire morte. *Hachette-Jeunesse, 1997.* (Vertige ; 1011. Science-fiction c9)
ISBN 2-01-209517-8. *29 F / 4,42 €*

07764 **GRENIER C.** La musicienne de l'aube. *Hachette-Jeunesse, 1996.* (Vertige ; 1004. Science-fiction c9)
ISBN 2-01-209705-7. *29 F / 4,42 €*

07765 **GRENIER C.** L'ordinatueur. *Rageot, 1997.* (Cascade. Policier c3)
ISBN 2-7002-2433-7. *48 F / 7,32 €*

07766 **GRENIER C.** Le pianiste sans visage. *Rageot, 1995.* (Cascade. Pluriel c2)
ISBN 2-7002-2316-0. *46 F / 7,01 €*

07767 **GRENIER C.** Le satellite venu d'ailleurs. *Milan, 1999.* (Milan poche junior ; 11)
ISBN 2-84113-919-0. *34 F / 5,18 €*

07768 **GRENIER C.** Le seigneur des neuf soleils. *Milan, 2000.* (Milan poche junior ; 27)
ISBN 2-7459-0032-3. *34 F / 5,18 €*

07769 **GRENIER C.** Virus Liv 3 ou La mort des livres. *Hachette-Jeunesse, 1998.* (Le livre de poche jeunesse ; 653. Senior c9)
ISBN 2-01-321454-5. *29 F / 4,42 €*

07770 **GRIMAL P.** Contes et légendes du temps d'Alexandre. *Pocket Jeunesse, 1996.* (Pocket junior ; 252. Mythologies c4)
ISBN 2-266-07009-6. *30 F / 4,57 €*

07771 **GRIMAUD M.** L'Assassin crève l'écran. *Rageot, 1991.* (Cascade. Policier c2)
ISBN 2-7002-1154-5. *46 F / 7,01 €*

07772 **GRIMAUD M.** Les Aventures de La Ficelle. *Flammarion-Père Castor, 1994.* (Castor-Poche ; 438 c5)
ISBN 2-08-164040-6. *35,50 F / 5,41 €*

07773 **GRIMAUD M.** Chapeau les tueurs !. *Rageot, 1998.* (Cascade. Policier c2)
ISBN 2-7002-2506-6. *46 F / 7,01 €*

07774 **GRIMAUD M.** Le fantôme des Cassegrain. Réimpr. *Hachette-Jeunesse, 1996.* (Vertige ; 1113. Fantastique c8)
ISBN 2-01-209706-5. *28 F / 4,27 €*

07775 **GRIMAUD M.** L'inconnu dans le frigo. Nouv. éd. *Flammarion-Père Castor, 1999.* (Castor-Poche ; 587. Junior cE)
ISBN 2-08-164507-6. *32,50 F / 4,95 €*

07776 **GRIMAUD M.** Les larmes de la Terre. *Actes Sud junior, 2000.* (Les couleurs de l'histoire ; 4)
ISBN 2-7427-2635-7. *45 F / 6,86 €*

07777 **GRIMAUD M.** Le meilleur détective du monde. Réimpr. *Gallimard-Jeunesse, 1997.* (Page noire ; 2 c5)
ISBN 2-07-052165-6. *36 F / 5,49 €*

07778 **GRIMAUD M.** Père loup. Nouv. éd. *Flammarion-Père Castor, 1998.* (Castor-Poche ; 358. Junior cE)
ISBN 2-08-164441-X. *32,50 F / 4,95 €*

07779 **GRIMAUD M.** Règlement de comptes en morte saison. *Rageot, 1994.* (Cascade. Policier c2)
ISBN 2-7002-0460-3. *46 F / 7,01 €*

07780 **GRIMAUD M.** Le Tyran d'Axilane. Réimpr. *Gallimard-Jeunesse, 1998.* (Folio junior ; 545 c4)
ISBN 2-07-051850-7. *32 F / 4,88 €*

07781 **GRIMAUD M.** La ville hors du temps. *Gallimard-Jeunesse, 1999.* (Page blanche ; 34 c6)
ISBN 2-07-052234-2. *41 F / 6,25 €*

07782 **N** **GRIMAUD M.** Le violon maudit. *Gallimard-Jeunesse, 2000.* (Folio junior ; 1062 c2)
ISBN 2-07-052657-7. *30 F / 4,57 €*

07783 **N** **GRIMBERT P.** La malédiction du coquillage. *Bayard Jeunesse, 2001.* (Les mondes imaginaires c1)
ISBN 2-227-06800-0. *38 F / 5,79 €*

07784 **N** **GRIMBERT P.** La reine des Amazones. *Bayard Jeunesse, 2001.* (Les mondes imaginaires c1)
ISBN 2-227-06801-9. *38 F / 5,79 €*

07785 **GRIMM J., GRIMM W.** Les contes de Grimm. Nouv. éd. *Flammarion-Père Castor, 1999.* (Castor-Poche ; 566. Junior cD)
ISBN 2-08-164588-2. *29,50 F / 4,50 €*

07786 **N** **GRIMM J., GRIMM W.** Les douze frères : et autres contes. *Hachette-Jeunesse, 2000.* (Côté court ; 21)
ISBN 2-01-200577-2. *10 F / 1,52 €*

07787 **GRIMM J., GRIMM W.** Hans mon hérisson : et treize autres contes. *Gallimard-Jeunesse, 1979.* (Folio junior ; 114 c3)
ISBN 2-07-033114-8. *30 F / 4,57 €*

07788 **GRIMM J., GRIMM W.** Le Roi grenouille : et autres contes. *Hachette-Jeunesse, 1989.* (Le livre de poche jeunesse ; 18. Cadet c9)
ISBN 2-01-020491-3. *31 F / 4,73 €*

07789 **GRIMM J., GRIMM W.** Les Trois plumes et douze autres contes. *Gallimard-Jeunesse, 1979.* (Folio junior ; 113 c3)
ISBN 2-07-033113-X. *30 F / 4,57 €*

07790 **GRIMM J., GRIMM W., COOLEY G.** Broumpristoche. *Mango-Jeunesse, 1994.* (Contes classiques)
ISBN 2-7404-0326-7. *20 F / 3,05 €*

07791 **GRINDLEY S., DODDS S.** Papa, je peux t'aider ?. Nouv. éd. *Pocket Jeunesse, 2000.* (Kid pocket ; 119 c03)
ISBN 2-266-10041-6. *26 F / 3,96 €*

07792 **GRINDLEY S., VARLEY S.** Pourquoi le ciel est bleu. *Gallimard-Jeunesse, 1998.* (Folio benjamin ; 343)
ISBN 2-07-051883-3.. *30 F / 4,57 €*

07793 **GRIPARI P.** La Cinq fois belle. *Grasset, 1999.* (Lampe de poche ; 31. 7 ans et +)
ISBN 2-246-58971-1. *29 F / 4,42 €*

07794 **GRIPARI P.** Le diable aux cheveux blancs : et autres contes. *Grasset, 1997.* (Les contes de la Folie Méricourt; 2)(Lampe de poche ; 6)
ISBN 2-246-54631-1. *49 F / 7,47 €*

07795 **GRIPARI P.** La fée du robinet : et autres contes. *Grasset, 1996.* (Les contes de la rue Broca; 3)(Lampe de poche ; 3)
ISBN 2-246-53671-5. *49 F / 7,47 €*

07796 **GRIPARI P.** Le géant aux chaussettes rouges : et autres contes. *Grasset, 1996.* (Les contes de la rue Broca; 2)(Lampe de poche ; 2)
ISBN 2-246-53661-8. *49 F / 7,47 €*

07797 **GRIPARI P.** Le gentil petit diable : et autres contes de la rue Broca. Réimpr. *Gallimard-Jeunesse, 1998.* (Folio junior ; 451. Edition spéciale c3)
ISBN 2-07-051343-2. *30 F / 4,57 €*

07798 **GRIPARI P.** Histoire du prince Pipo, de Pipo le cheval et de la princesse Popi. *Hachette-Jeunesse, 1982.* (Le livre de poche jeunesse ; 83 c5)
ISBN 2-01-015693-5. *26,50 F / 4,04 €*

07799 **GRIPARI P.** Le marchand de fessées : et autres contes. *Grasset, 1997.* (Les contes de la Folie Méricourt; 1)(Lampe de poche ; 4)
ISBN 2-246-54621-4. *49 F / 7,47 €*

07800 **GRIPARI P.** Petite soeur. *Grasset, 1997.* (Lampe de poche ; 11)
ISBN 2-246-55241-9. *35 F / 5,34 €*

07801 **GRIPARI P.** La princesse Barbue. *Grasset, 1998.* (Lampe de poche ; 23)
ISBN 2-246-57131-6. *29 F / 4,42 €*

07802 **N** **GRIPARI P.** Le renard et sa queue ; suivi de Le gel au nez rouge. *Grasset, 2000.* (Lampe de poche ; 45. 7 ans et +)
ISBN 2-246-60711-6. *29 F / 4,42 €*

07803 **GRIPARI P.** La sorcière de la rue Mouffetard : et autres contes de la rue Broca. Réimpr. *Gallimard-Jeunesse, 1998.* (Folio junior ; 440. Edition spéciale c3)
ISBN 2-07-051330-0. *30 F / 4,57 €*

07804 **GRIPARI P.** La sorcière du placard aux balais : et autres contes. *Grasset, 1996.* (Les contes de la rue Broca; 1)(Lampe de poche ; 1)
ISBN 2-246-53651-0. *49 F / 7,47 €*

07805 **GRIPARI P.** La sorcière et le commissaire : et autres contes. *Grasset, 1997.* (Les contes de la Folie Méricourt; 3)(Lampe de poche ; 5)
ISBN 2-246-54641-9. *49 F / 7,47 €*

07806 **GRIPE M.** Cécilia retrouvée. Nouv. éd. *Flammarion-Père Castor, 1999.* (Une histoire étrange; 2)(Castor-Poche ; 555. Senior cE)
ISBN 2-08-164650-1. *32,50 F / 4,95 €*

07807 **GRIPE M.** La Fille de papa Pèlerine. *Gallimard-Jeunesse, 1994.* (Folio junior ; 723 c5)
ISBN 2-07-058450-X. *36 F / 5,49 €*

07808 **GRIPE M.** Qui est à l'appareil ?. Nouv. éd. *Flammarion-Père Castor, 1999.* (Une histoire étrange; 1)(Castor-Poche ; 551. Senior cE)
ISBN 2-08-164651-X. *32,50 F / 4,95 €*

07809 **GRISOLIA M.** L'été rouge. *Hachette-Jeunesse, 1996.* (Vertige ; 809. Policier c8)
ISBN 2-01-209711-1. *28 F / 4,27 €*

07810 **GROUSSET A.** Les chasse-marées. Réimpr. *Hachette-Jeunesse, 1996.* (Le livre de poche jeunesse ; 463 c5)
ISBN 2-01-321482-0. *26,50 F / 4,04 €*

07811 **GROUSSET A.** La citadelle du vertige. *Hachette-Jeunesse, 1991.* (Le livre de poche jeunesse ; 338. Junior c5)
ISBN 2-01-321596-7. *27,50 F / 4,19 €*

07812 **GROUSSET A., MARTINIGOL D.** 68, boulevard Saint-Michel. *Flammarion-Père Castor, 1998.* (Castor-Poche ; 644. Senior c3)
ISBN 2-08-164381-2. *29,50 F / 4,50 €*

07813 **GRUBER S., BRITT S.** Maman, viens voir !. Réimpr. *Pocket Jeunesse, 1998.* (Kid pocket ; 001)
ISBN 2-266-08621-9. *26 F / 3,96 €*

07814 **N** **GUDULE** A quoi ça sert d'apprendre ? : l'instit. Nouv. présentation. *Hachette-Jeunesse, 2000.* (Bibliothèque verte ; 672)
ISBN 2-01-200378-8. *26,50 F / 4,04 €*

07815 **N** **GUDULE** L'abominable petite fille des neiges : les frousses de Zoé. Nouv. présentation. *Hachette-Jeunesse, 2000.* (Bibliothèque rose ; 984 c3)
ISBN 2-01-200263-3. *25 F / 3,81 €*

07816 **N** **GUDULE** Aimer par coeur : l'instit. Nouv. présentation. *Hachette-Jeunesse, 2000.* (Bibliothèque verte ; 655 c3)
ISBN 2-01-200387-7. *25 F / 3,81 €*

07817 **N** **GUDULE** L'angelus du corbeau : l'instit. *Hachette-Jeunesse, 2001.* (Bibliothèque verte)
ISBN 2-01-200636-1. *25 F / 3,81 €*

07818 **GUDULE** Après vous, M. de La Fontaine! : contrefables. *Hachette-Jeunesse, 1995.* (Le livre de poche jeunesse ; 524 c5)
ISBN 2-01-321032-9. *26,50 F / 4,04 €*

07819 **GUDULE** Au Gringo's bar. *Syros, 1998.* (Souris aventure ; 12)
ISBN 2-84146-576-4. *32 F / 4,88 €*

07820 **N** **GUDULE** L'autre : l'instit, d'après la série télévisée de Pierre Grimblat. Nouv. présentation. *Hachette-Jeunesse, 2000.* (Bibliothèque verte ; 665 c3)
ISBN 2-01-200388-5. *25 F / 3,81 €*

07821 **N** **GUDULE** Barbès-blues. *Hachette-Jeunesse, 2001.* (Le livre de poche jeunesse ; 750. Senior c6)
ISBN 2-01-321818-4. *27 F / 4,12 €*

07822 **GUDULE** La bibliothécaire. *Hachette-Jeunesse, 1995.* (Le livre de poche jeunesse ; 547 c5)
ISBN 2-01-321036-1. *26,50 F / 4,04 €*

07823 **N** **GUDULE** Les bonbons de l'épouvante. *Mango-Jeunesse, 2000.* (Un pour Rita, Rita pour tous)(Mango poche ; 307. Zygomatiques)
ISBN 2-7404-1032-8. *25 F / 3,81 €*

07824 **GUDULE** Bonjour, monsieur Frankenstein ! : les frousses de Zoé. *Hachette-Jeunesse, 1997.* (Bibliothèque rose ; 978 c5)
ISBN 2-01-209755-3. *26,50 F / 4,04 €*

07825 **N** **GUDULE** Le bouc émissaire : l'instit. Nouv. présentation. *Hachette-Jeunesse, 2000.* (Bibliothèque verte ; 670)
ISBN 2-01-200381-8. *25 F / 3,81 €*

07826 **GUDULE** Le boulard : l'instit, d'après le scénario de Didier Cohen et Gilles Gérardin. *Hachette-Jeunesse, 1996.* (Bibliothèque verte ; 658 c5)
ISBN 2-01-209486-4. *26,50 F / 4,04 €*

07827 **GUDULE** Un bout de chemin ensemble : et autres récits. *Hachette-Jeunesse, 1999.* (Le livre de poche jeunesse ; 699. Senior c5)
ISBN 2-01-321546-0. *26,50 F / 4,04 €*

07828 **GUDULE** Le château des chiens perdus. *Hachette-Jeunesse, 1996.* (Le livre de poche jeunesse ; 588. Cadet c5)
ISBN 2-01-321399-9. *26,50 F / 4,04 €*

07829 **GUDULE** Le chemin des étoiles : l'instit. *Hachette-Jeunesse, 1997.* (Bibliothèque verte ; 667 c5)
ISBN 2-01-209790-1. *26,50 F / 4,04 €*

07830 **N** **GUDULE** Coeur de guimauve. *Hachette-Jeunesse, 2000.* (Côté court ; 17)
ISBN 2-01-200575-6. *10 F / 1,52 €*

07831 **GUDULE** Le crime de Valentin : l'instit. *Hachette-Jeunesse, 1995.* (Bibliothèque verte ; 656 c5)
ISBN 2-01-209433-3. *26,50 F / 4,04 €*

07832 **N** **GUDULE** Demain, dès l'aube : l'instit. Nouv. présentation. *Hachette-Jeunesse, 2000.* (Bibliothèque verte ; 659)
ISBN 2-01-200383-4. *25 F / 3,81 €*

07833 **N** **GUDULE** L'école qui n'existait pas. *Pocket Jeunesse, 2000.* (Pocket junior ; 609. Fantastique c3B)
ISBN 2-266-10277-X. *28 F / 4,27 €*

07834 **GUDULE** En colo avec des démons : les frousses de Zoé. *Hachette-Jeunesse, 1997.* (Bibliothèque rose ; 976 c5)
ISBN 2-01-209641-7. *26,50 F / 4,04 €*

07835 **GUDULE** L'envers du décor. *Hachette-Jeunesse, 1996.* (Le livre de poche jeunesse ; 564. Senior c5)
ISBN 2-01-321653-X. *28 F / 4,27 €*

07836 **GUDULE** Le fantôme du panier à linge : les frousses de Zoé. *Hachette-Jeunesse, 1997.* (Bibliothèque rose ; 976 c5)
ISBN 2-01-209639-5. *26,50 F / 4,04 €*

07837 **GUDULE** La fille au chien noir. *Hachette-Jeunesse, 1998.* (Vertige ; 1019. Science-fiction)
ISBN 2-01-209983-1. *27 F / 4,12 €*

07838 **N** **GUDULE** Le film dont vous êtes le héros. *Grasset, 2000.* (Lampe de poche ; 44. 7 ans et +)
ISBN 2-246-60101-0. *35 F / 5,34 €*

07839 **GUDULE** La forêt des hurlements. *Hachette-Jeunesse, 1997.* (Vertige ; 1307. Cauchemar c8)
ISBN 2-01-209771-5. *28 F / 4,27 €*

07840 **N** **GUDULE** Frères de sang : l'instit. Nouv. présentation. *Hachette-Jeunesse, 2000.* (Bibliothèque verte ; 664 c3)
ISBN 2-01-200385-0. *25 F / 3,81 €*

07841 **N** **GUDULE** Le génie de la lampe de poche. *Mango-Jeunesse, 2000.* (Un pour Rita, Rita pour tous)(Mango poche ; 308. Zygomatiques)
ISBN 2-7404-1091-3. *25 F / 3,81 €*

07842 **A** **GUDULE** Le grand méchant Louis. *Pocket Jeunesse, 2001.* (Kid pocket ; 699)
ISBN 2-266-10547-7

07843 **N** **GUDULE** La guerre des poils. *Mango-Jeunesse, 2000.* (Un pour Rita, Rita pour tous)(Mango poche ; 306. Zygomatiques)
ISBN 2-7404-1031-X. *25 F / 3,81 €*

07844 **N** **GUDULE** Horrible baby-sitting. *Magnard, 2000.* (Les p'tits fantastiques)
ISBN 2-210-98030-5. *40 F / 6,10 €*

07845 **GUDULE** L'île du docteur Morora : les frousses de Zoé. *Hachette-Jeunesse, 1998.* (Bibliothèque rose ; 381 c5)
ISBN 2-01-209937-8. *26,50 F / 4,04 €*

07846 **N** **GUDULE** L'immigré. *Hachette-Jeunesse, 2000.* (Le livre de poche jeunesse ; 734. Junior c9)
ISBN 2-01-321799-4. *29 F / 4,42 €*

07847 **GUDULE** J'irai dormir au fond du puits. *Grasset, 1999.* (Lampe de poche ; 30)
ISBN 2-246-57861-2. *45 F / 6,86 €*

07848 **GUDULE** Le jour où Marion devint un lapin. *Hachette-Jeunesse, 1998.* (Le livre de poche jeunesse ; 680. Cadet c7)
ISBN 2-01-321665-3. *27,50 F / 4,19 €*

07849 **N** **GUDULE** Jurassic square. *Mango-Jeunesse, 2001.* (Un pour Rita, Rita pour tous; 4)(Mango poche ; 400. Zygomatiques)
ISBN 2-7404-1177-4. *25 F / 3,81 €*

07850 **N** **GUDULE** Ma petite soeur a des super pouvoirs !. *Magnard, 2001.* (Les p'tits fantastiques)
ISBN 2-210-98046-1. *40 F / 6,10 €*

07851 **N** **GUDULE** La maison cannibale. *Pocket Jeunesse, 2000.* (Pocket junior ; 600 c4)
ISBN 2-266-10056-4. *30 F / 4,57 €*

07852 **GUDULE** Méchante : l'instit. *Hachette-Jeunesse, 1996.* (Bibliothèque verte ; 662 c5)
ISBN 2-01-209585-2. *26,50 F / 4,04 €*

07853 **N** **GUDULE** Menteur ! : l'instit. Nouv. présentation. *Hachette-Jeunesse, 2000.* (Bibliothèque verte ; 669)
ISBN 2-01-200380-X. *25 F / 3,81 €*

07854 **GUDULE** Le métro de l'horreur : les frousses de Zoé. Nouv. présentation. *Hachette-Jeunesse, 2000.* (Bibliothèque rose ; 980)
ISBN 2-01-200265-X. *25 F / 3,81 €*

07855 **GUDULE** Le microbe qui rend invisible : les frousses de Zoé. *Hachette-Jeunesse, 1999.* (Bibliothèque rose ; 986 c5)
ISBN 2-01-200102-5. *26,50 F / 4,04 €*

07856 **GUDULE** Mon papy s'appelle Barbe-Bleue : les frousses de Zoé. Nouv. présentation. *Hachette-Jeunesse, 2000.* (Bibliothèque rose ; 977)
ISBN 2-01-200264-1. *25 F / 3,81 €*

07857 **N** **GUDULE** Le mot de passe : l'instit : un roman de Sarah Cohen-Scali d'après le scénario de Eric Kristy, Jean-Patrick Rousseau et Alex Steiner. Nouv. présentation. *Hachette-Jeunesse, 2000.* (Bibliothèque verte ; 652 c3)
ISBN 2-01-200386-9. *25 F / 3,81 €*

07858 **GUDULE** Ne vous disputez jamais avec un spectre. *Hachette-Jeunesse, 1997.* (Vertige ; 1300. Cauchemar)
ISBN 2-01-209697-2. *27,50 F / 4,19 €*

07859 **N** **GUDULE** Notre secret à nous. *Grasset, 2001.* (Lampe de poche ; 49. Adolescents)
ISBN 2-246-61411-2. *42 F / 6,40 €*

07860 **GUDULE** Les ogres du centre commercial : les frousses de Zoé. Nouv. présentation. *Hachette-Jeunesse, 2000.* (Bibliothèque rose ; 973)
ISBN 2-01-200266-8. *25 F / 3,81 €*

07861 **GUDULE** Pas de pizza pour les mutants : les frousses de Zoé. *Hachette-Jeunesse, 1999.* (Bibliothèque rose ; 985 c5)
ISBN 2-01-200063-0. *26,50 F / 4,04 €*

07862 **GUDULE** Le Père Noël est un extra-terrestre : les frousses de Zoé. *Hachette-Jeunesse, 1998.* (Bibliothèque rose ; 983 c5)
ISBN 2-01-209994-7. *26,50 F / 4,04 €*

07863 **GUDULE** Les poilantes aventures de René le virus. *Bayard, 1996.* (Passion de lire ; 206. Délires c1)
ISBN 2-227-72959-7. *29 F / 4,42 €*

07864 **GUDULE** Qui hante la tour morte ?. *Magnard, 1998.* (Les fantastiques c1)
ISBN 2-210-97786-X. *43 F / 6,56 €*

07865 **GUDULE** Un requin dans la piscine : les frousses de Zoé. *Hachette-Jeunesse, 1997.* (Bibliothèque rose ; 975 c5)
ISBN 2-01-209640-9. *26,50 F / 4,04 €*

07866 **GUDULE** Le rêve du tigre : l'instit. *Hachette-Jeunesse, 1997.* (Bibliothèque verte ; 666 c5)
ISBN 2-01-209756-1. *26,50 F / 4,04 €*

07867 **GUDULE** Le réveil : l'instit, d'après le scénario de Didier Cohen et Sylvie Simon. *Hachette-Jeunesse, 1996.* (Bibliothèque verte ; 661 c5)
ISBN 2-01-209554-2. *26,50 F / 4,04 €*

07868 **GUDULE** La révélation : l'instit, d'après un scénario de Didier Cohen et Gilles Thomas. *Hachette-Jeunesse, 1996.* (Bibliothèque verte ; 660 c5)
ISBN 2-01-209507-0. *26,50 F / 4,04 €*

07869 **N** **GUDULE** Samson l'innocent : l'instit. *Hachette-Jeunesse, 2001.* (Bibliothèque verte ; 663 c8)
ISBN 2-01-200389-3. *28 F / 4,27 €*

07870 **GUDULE** Sanson l'innocent : l'instit. *Hachette-Jeunesse, 1996.* (Bibliothèque verte ; 663 c5)
ISBN 2-01-209623-9. *26,50 F / 4,04 €*

07871 **N** **GUDULE** Une seconde chance : l'instit. Nouv. présentation. *Hachette-Jeunesse, 2000.* (Bibliothèque verte ; 653)
ISBN 2-01-200382-6. *25 F / 3,81 €*

07872 **GUDULE** La sorcière est dans l'école : les frousses de Zoé. Nouv. présentation. *Hachette-Jeunesse, 2000.* (Bibliothèque rose ; 972)
ISBN 2-01-200267-6. *25 F / 3,81 €*

07873 **GUDULE** Le squelette connaît la musique : les frousses de Zoé. *Hachette-Jeunesse, 1998.* (Bibliothèque rose ; 982 c5)
ISBN 2-01-209974-2. *26,50 F / 4,04 €*

07874 **GUDULE** T'es une sorcière, maman ?. Réimpr. *Hachette-Jeunesse, 1999.* (Le livre de poche jeunesse ; 704. Cadet c6)
ISBN 2-01-321768-4. *27 F / 4,12 €*

07875 **GUDULE** Touche pas à mon école : l'instit. *Hachette-Jeunesse, 1998.* (Bibliothèque verte ; 668 c5)
ISBN 2-01-209864-9. *26,50 F / 4,04 €*

07876 **GUDULE** Le trésor de l'anse du bout : l'instit. *Hachette-Jeunesse, 1998.* (Bibliothèque verte ; 671 c5)
ISBN 2-01-209971-8. *26,50 F / 4,04 €*

07877 **N** **GUDULE** Tu m'avais promis : l'instit, d'après la série télévisée de Pierre Grimblat. Nouv. présentation. *Hachette-Jeunesse, 2000.* (Bibliothèque verte ; 654 c3)
ISBN 2-01-200384-2. *25 F / 3,81 €*

07878 **N** **GUDULE** Le vampire du CE1. *Pocket Jeunesse, 2000.* (Kid pocket ; 603 c4)
ISBN 2-266-10156-0. *30 F / 4,57 €*

07879 **GUDULE** Vanessa, la petite dormeuse : l'instit : un roman de Gudule d'après le scénario de Patrick Mosconi et Joseph Périgot. *Hachette-Jeunesse, 1995.* (Bibliothèque verte ; 650)
ISBN 2-01-209363-9. *26,50 F / 4,04 €*

07880 **GUDULE** La vie à reculons. *Hachette-Jeunesse, 1994.* (Le livre de poche jeunesse ; 509 c9)
ISBN 2-01-321009-4. *29 F / 4,42 €*

07881 **GUDULE** Villa des dunes. *Grasset, 2000.* (Lampe de poche ; 42. Adolescents)
ISBN 2-246-59861-3. *42 F / 6,40 €*

07882 **GUDULE** Zoé contre Zoé : les frousses de Zoé. *Hachette-Jeunesse, 1998.* (Bibliothèque rose ; 979 c5)
ISBN 2-01-209862-2. *26,50 F / 4,04 €*

07883 **Une guerre en Europe :** nouvelles de Sarajevo. *Hachette-Jeunesse, 1999.* (Le livre de poche jeunesse ; 705. Senior c7)
ISBN 2-01-321758-7. *27,50 F / 4,19 €*

07884 **La guerrière enchaînée.** *Bayard, 2000.* (Les aventuriers de l'histoire ; 1201. Athéna c1)
ISBN 2-227-74900-8. *29 F / 4,42 €*

07885 **GUILHOMON-LAMAZE A.** Les Esprits du monde vert. *Flammarion-Père Castor, 1989.* (Castor-Poche ; 251. Junior c3)
ISBN 2-08-161976-8. *29,50 F / 4,50 €*

07886 **GUILLORÉ J.** Le Voyage de Nicolas. *Flammarion-Père Castor, 1985.* (Castor-Poche ; 133 c3)
ISBN 2-08-161849-4. *29,50 F / 4,50 €*

07887 **GUILLORÉ J., BLOCH S.** Mon copain bizarre. *Bayard, 1995.* (J'aime lire ; 80 c1)
ISBN 2-227-72296-7. *27 F / 4,12 €*

07888 **GUILLOT R.** Contes des mille et une bêtes. *Magnard, 1995.* (Les romans)
ISBN 2-210-97707-X. *48 F / 7,32 €*

07889 **GUILLOT R.** Drame sur la banquise. *Magnard, 1995.* (Les romans)
ISBN 2-210-97704-5. *48 F / 7,32 €*

07890 **GUILLOT R.** La grande terre des éléphants. *Magnard, 1995.* (Les romans)
ISBN 2-210-97709-6. *48 F / 7,32 €*

07891 **GUILLOT R.** Il était mille et une fois. *Magnard, 1995.* (Les romans)
ISBN 2-210-97706-1. *48 F / 7,32 €*

07892 **GUILLOT R.** Kpo la panthère. *Magnard, 1995.* (Les romans)
ISBN 2-210-97708-8. *48 F / 7,32 €*

07893 **N** **GUILLOT R.** Le maître des éléphants. Réimpr. *Magnard, 2000.* (Les romans)
ISBN 2-210-97700-2. *48 F / 7,32 €*

07894 **GUILLOT R.** Ouoro le chimpanzé. *Magnard, 1995.* (Les romans)
ISBN 2-210-97703-7. *48 F / 7,32 €*

07895 **GUILLOT R.** Shrimp le corsaire. *Magnard, 1995.* (Les romans)
ISBN 2-210-97705-3. *48 F / 7,32 €*

07896 **GUILLOT R.** Sirga la lionne. *Magnard, 1996.* (Les romans)
ISBN 2-210-97722-3. *48 F / 7,32 €*

07897 **GUILLOT R.** Le 397e éléphant blanc. *Pocket Jeunesse, 1998.* (Pocket junior ; 422. Contes c3)
ISBN 2-266-08532-8. *26 F / 3,96 €*

07898 **GUILLOT R., SZABO A.** Crin-Blanc : d'après le film d'Albert Lamorisse. *Hachette-Jeunesse, 1991.* (Le livre de poche jeunesse ; 1118. Gai savoir c7)
ISBN 2-01-321563-0. *27,50 F / 4,19 €*

07899 **GUILLOUX L., MIGNON P.** Grand Bêta. *Gallimard-Jeunesse, 1999.* (Folio benjamin ; 54 c3)
ISBN 2-07-052729-8. *30 F / 4,57 €*

07900 **GUTMAN C.** La folle cavale de Toufdepoil. Nouv. éd. *Pocket Jeunesse, 1999.* (Pocket junior ; 175. C'est ça la vie ! c3)
ISBN 2-266-09501-3. *26 F / 3,96 €*

07901 **GUTMAN C.** L'hôtel du retour. *Gallimard-Jeunesse, 1999.* (Folio junior ; 970. Edition spéciale c3)
ISBN 2-07-052620-8. *30 F / 4,57 €*

07902 **GUTMAN C.** Les nougats. *Pocket Jeunesse, 1999.* (Kid pocket ; 534 c3B)
ISBN 2-266-09602-8. *28 F / 4,27 €*

07903 **N** **GUTMAN C.** Pistolet-souvenir. Réimpr. *Pocket Jeunesse, 2000.* (Pocket junior ; 157 c4)
ISBN 2-266-08943-9. *30 F / 4,57 €*

07904 **N** **GUTMAN C.** Rue de Paris. *Gallimard-Jeunesse, 2000.* (Folio junior ; 1118 c3)
ISBN 2-07-052621-6. *30 F / 4,57 €*

07905 **GUTMAN C.** Toufdepoil. *Pocket Jeunesse, 1995.* (Pocket junior ; 125. C'est ça la vie ! c3)
ISBN 2-266-08948-X. *26 F / 3,96 €*

07906 **GUTMAN C., PEF** Danger gros mots. Réimpr. *Gallimard-Jeunesse, 1998.* (Folio cadet ; 319 c6)
ISBN 2-07-052283-0. *41 F / 6,25 €*

07907 **GUTMAN D.** Victor crève l'écran. *Flammarion-Père Castor, 2000.* (Castor-Poche ; 739. Senior c4)
ISBN 2-08-164528-9. *32,50 F / 4,95 €*

07908 **GUYOT C.** La légende de la ville d'Ys. Nouv. éd. *Flammarion-Père Castor, 1999.* (Castor-Poche ; 545. Senior c4)
ISBN 2-08-164638-2. *32,50 F / 4,95 €*

07909 **GUYOT D.** Le voyage de fin d'année. *Hemma, 2000.* (Livre club jeunesse ; 81)
ISBN 2-8006-7842-9. *26 F / 3,96 €*

07910 **HAAS B.** Petits fantômes et gros voleurs. *Pocket Jeunesse, 1999.* (Kid pocket ; 550 c3)
ISBN 2-266-09404-1. *26 F / 3,96 €*

07911 **HAAS B.** Une surprise pour papa. Réimpr. *Pocket Jeunesse, 1998.* (Kid pocket ; 241)
ISBN 2-266-08619-7. *23 F / 3,51 €*

07912 **HAAS B.** Thé de sorcière et gâteau de roi. *Pocket Jeunesse, 1996.* (Kid pocket ; 768 c04)
ISBN 2-266-08673-1. *30 F / 4,57 €*

07913 **N** **HADDAD L.** Les volcans. *Milan, 2000.* (Carnets de nature c1)
ISBN 2-7459-0076-5. *34 F / 5,18 €*

07914 **N** **HADDAD L., JAGERSCHMIDT V.** Les tremblements de terre. *Milan, 2000.* (Carnets de nature ; 73)
ISBN 2-7459-0156-7. *34 F / 5,18 €*

07915 **N** **HAFNAOUI C.** La couronne. *Alyssa, 2001.* (Grain de sésame)
ISBN 9973-758-30-7. *40 F / 6,10 €*

07916 **HAFT E.** Un amour de copain. *Mango-Jeunesse, 1998.* (Mango poche ; 205. Coups de coeur c1)
ISBN 2-7404-0795-5. *30 F / 4,57 €*

07917 **HAGERUP K., JESS** Chasseurs de stars. *Flammarion-Père Castor, 1998.* (Castor-Poche ; 657. Senior)
ISBN 2-08-164336-7. *35,50 F / 5,41 €*

07918 **HAHN M. D.** Surgi du passé. *Pocket Jeunesse, 1998.* (Pocket junior ; 369. C'est ça la vie ! c6)
ISBN 2-266-08020-2. *38 F / 5,79 €*

07919 **HALL K.** Les parents de la 13e dimension. *Bayard Jeunesse, 2000.* (Passion de lire ; 1008. Rue de la peur c1)
ISBN 2-227-75720-5. *29 F / 4,42 €*

07920 **HALL W.** Le dernier des vampires. Nouv. éd. *Flammarion-Père Castor, 1998.* (Castor-Poche ; 219. Junior c5)
ISBN 2-08-164350-2. *35,50 F / 5,41 €*

07921 **HALL W.** Sauvons les dragons. Nouv. éd. *Flammarion-Père Castor, 1998.* (Castor-Poche ; 265. Junior cF)
ISBN 2-08-164447-9. *35,50 F / 5,41 €*

07922 **HALL W.** Un si petit dinosaure. Nouv. éd. *Flammarion-Père Castor, 1998.* (Castor-Poche ; 370. Junior c5)
ISBN 2-08-164470-3. *35,50 F / 5,41 €*

07923 **HALL W.** La vengeance du vampire. *Flammarion-Père Castor, 1999.* (Castor-Poche ; 718. Junior)
ISBN 2-08-164260-3. *32,50 F / 4,95 €*

07924 **N** **HALL W., SÉGUIN DE HONS G.** L'île du vampire. *Flammarion-Père Castor, 2000.* (Castor-Poche ; 778. Junior)
ISBN 2-08-164757-5. *45 F / 6,86 €*

07925 **HALLER C.** Poèmes du petit matin. *Hachette-Jeunesse, 1994.* (Fleurs d'encre)
ISBN 2-01-321021-3. *26,50 F / 4,04 €*

07926 **HALLEY A.** L'oasis d'Aïcha. *Syros, 1998.* (Mini Souris sentiments c1)
ISBN 2-84146-507-1. *19 F / 2,90 €*

07927 **A** **HALLEY A.** La plus longue rédaction du monde. *Syros, 2001.* (Mini Souris sentiments c1)
ISBN 2-84146-925-5. *19 F / 2,90 €*

07928 **N** **HAMROUNE BESSON N., HOUDU J-L.** Opération Ariane. *Syros, 2000.* (Souris verte ; 31)
ISBN 2-84146-855-0. *32 F / 4,88 €*

07929 **HAND E.** The X-Files, le film : d'après un scénario de Chris Carter. *J'ai lu, 1998.* (Séries TV c3)
ISBN 2-290-04973-5. *29 F / 4,42 €*

07930 **HAND S.** L'Arpenteur de la lune. Réimpr. *Gallimard-Jeunesse, 1997.* (Un Livre dont vous êtes le héros ; 283. Défis fantastiques ; 46 c5)
ISBN 2-07-051261-4. *36 F / 5,49 €*

07931 **HAND S.** La Légende des Guerriers fantômes. Réimpr. *Gallimard-Jeunesse, 1996.* (Un Livre dont vous êtes le héros ; 644. Défis fantastiques ; 44 c5)
ISBN 2-07-050696-7. *36 F / 5,49 €*

07932 **Hans et Gretel.** *Mango-Jeunesse, 1993.* (Contes classiques)
ISBN 2-7404-0252-X. *20 F / 3,05 €*

07933 **HANSKA E.** Le crime du Père-Lachaise. *Albin Michel, 2000.* (Le Furet enquête ; 15 c1)
ISBN 2-226-11212-X. *35 F / 5,34 €*

07934 **N** **HARDCASTLE M.** Penalty. Nouv. éd. *Pocket Jeunesse, 2000.* (Pocket junior ; 24 c4)
ISBN 2-266-04123-1. *30 F / 4,57 €*

07935 **HARRIS C.** La chose qui tue. *Hachette-Jeunesse, 2000.* (Vertige ; 1328. Cauchemar c6)
ISBN 2-01-200027-4. *27 F / 4,12 €*

07936 **HARRY M.** J'aime qui je veux. *Mango-Jeunesse, 1999.* (Mango poche ; 208. Coups de coeur c1)
ISBN 2-7404-0933-8. *30 F / 4,57 €*

07937 **HÄRTLING P.** Ben est amoureux d'Anna. Réimpr. *Pocket Jeunesse, 1995.* (Kid pocket ; 122 c4)
ISBN 2-266-08640-5. *30 F / 4,57 €*

07938 **HÄRTLING P.** Béquille. *Pocket Jeunesse, 1997.* (Pocket junior ; 335. C'est ça la vie !)
ISBN 2-266-08024-5. *35 F / 5,34 €*

07939 **HÄRTLING P.** Et de six avec Clara !. *Pocket Jeunesse, 1996.* (Kid pocket ; 262 c5)
ISBN 2-266-08676-6. *35 F / 5,34 €*

07940 **HÄRTLING P.** Oma, ma grand-mère à moi. 2e éd. *Pocket Jeunesse, 2000.* (Pocket junior ; 141 c4)
ISBN 2-266-10045-9. *30 F / 4,57 €*

07941 **HÄRTLING P.** Sophie fait des histoires. Nouv. éd. *Pocket Jeunesse, 2000.* (Kid pocket ; 293 c3)
ISBN 2-266-08674-X. *26 F / 3,96 €*

07942 **HASSAN Y.** Momo, petits prince des bleuets. *Syros, 1998.* (Souris sentiments ; 14)
ISBN 2-84146-643-4. *32 F / 4,88 €*

07943 **HASSAN Y.** La promesse. *Flammarion-Père Castor, 1999.* (Castor-Poche ; 690. Senior c2)
ISBN 2-08-164534-3. *25 F / 3,81 €*

07944 **A** **HASSAN Y., HAUSFATER-DOUÏEB R.** De S@cha à M@cha. *Flammarion-Père Castor, 2001.* (Castor-Poche ; 802)
ISBN 2-08-164815-6. *32,50 F / 4,95 €*

07945 **HATANO I., HATANO I.** L'enfant d'Hiroshima. Réimpr. *Gallimard-Jeunesse, 1999.* (Folio junior ; 564. Edition spéciale c5)
ISBN 2-07-051387-4. *36 F / 5,49 €*

07946 **N** **HATRICK G.** Un monstre dans la piscine. *Bayard Jeunesse, 2000.* (Passion de lire. Rue de la peur c1)
ISBN 2-227-75719-1. *29 F / 4,42 €*

07947 **HAUGAARD E. C.** Sous le drapeau noir. Nouv. éd. *Flammarion-Père Castor, 2000.* (Castor-Poche ; 619. Senior)
ISBN 2-08-164770-2. *35,50 F / 5,41 €*

07948 **HAUGAARD K.** Lee chercheur d'or. *Flammarion-Père Castor, 1995.* (Castor-Poche ; 526. Senior c6)
ISBN 2-08-164107-0. *39 F / 5,95 €*

07949 **HAUGAARD K.** La Petite fille au kimono rouge. *Hachette-Jeunesse, 1993.* (Le livre de poche jeunesse ; 64. Cadet c5)
ISBN 2-01-321642-4. *28 F / 4,27 €*

07950 **HAUGER T. T.** La Corbille. *Flammarion-Père Castor, 1997.* (Castor-Poche ; 601. Senior c5)
ISBN 2-08-164210-7. *39 F / 5,95 €*

07951 **HAUGER T. T.** Prisonnier des Vikings. *Flammarion-Père Castor, 1993.* (Castor-Poche ; 427. Junior c6)
ISBN 2-08-162292-0. *39 F / 5,95 €*

07952 **HAUGER T. T.** Sigurd, le tueur de dragon : prisonnier des Vikings. *Flammarion-Père Castor, 1995.* (Castor-Poche ; 509. Junior c6)
ISBN 2-08-164124-0. *39 F / 5,95 €*

07953 **HAUMONT T.** Mémoires d'un chasseur d'échos. *Labor, 1997.* (Espace nord junior ; 12)
ISBN 2-8040-1252-2. *42 F / 6,40 €*

07954 **N** **HAUSFATER-DOUÏEB R.** Viola violon. *Flammarion-Père Castor, 2000.* (Castor-Poche ; 743. Senior)
ISBN 2-08-164760-5. *19,50 F / 2,97 €*

07955 **HAWK W.** L'ombre de Noth. *Mnémos, 1998.* (L'âme des rois nains; 3)(Daemonicon c1)
ISBN 2-911618-36-X. *37 F / 5,64 €*

07956 **HAWK W.** Le roi déchu. *Mnémos, 1997.* (L'âme des rois nains; 1)(Daemonicon c1)
ISBN 2-911618-28-9. *37 F / 5,64 €*

07957 **HAWK W.** La tour des mages. *Mnémos, 1998.* (L'âme des rois nains; 2)(Daemonicon c1)
ISBN 2-911618-31-9. *37 F / 5,64 €*

07958 **N** **HAWKINS C., HAWKINS J.** Cap'taine Beny le pirate : journal de bord du Cap'taine Beny la Gaffe. *Gallimard-Jeunesse, 2000.* (Folio benjamin ; 413. Panique)
ISBN 2-07-054440-0. *28 F / 4,27 €*

07959 **HAWKINS C., HAWKINS J.** La famille Lémure. *Gallimard-Jeunesse, 2000.* (Folio benjamin ; 404. Panique c3)
ISBN 2-07-052855-3. *30 F / 4,57 €*

07960 **HAWKINS C., HAWKINS J.** La famille von Raisiné. *Gallimard-Jeunesse, 1999.* (Folio benjamin ; 396. Panique c3)
ISBN 2-07-052854-5. *30 F / 4,57 €*

07961 **HAWKINS C., HAWKINS J.** Suzy la sorcière. *Gallimard-Jeunesse, 1999.* (Folio benjamin ; 397. Panique c3)
ISBN 2-07-052853-7. *30 F / 4,57 €*

07962 **HAWKINS J., HAWKINS C.** Les sorcières. Réimpr. *Gallimard-Jeunesse, 1998.* (Folio cadet ; 211 c6)
ISBN 2-07-052103-6. *41 F / 6,25 €*

07963 **N** **HAWTHORNE N.** Le paradis des enfants ; suivi de La main d'or. *Hachette-Jeunesse, 2000.* (Côté court ; 25)
ISBN 2-01-200578-0. *10 F / 1,52 €*

07964 **N** **HAWTHORNE N.** Le premier livre des merveilles. Réimpr. *Pocket Jeunesse, 2000.* (Pocket junior ; 205. Mythologies c4)
ISBN 2-266-08650-2. *30 F / 4,57 €*

07965 **HAWTHORNE N.** Le second livre des merveilles. *Pocket Jeunesse, 1999.* (Pocket junior ; 206. Mythologies c4)
ISBN 2-266-08649-9. *30 F / 4,57 €*

07966 **N** **HAWTHORNE N.** Les trois pommes d'or ; suivi de La cruche miraculeuse. *Hachette-Jeunesse, 2001.* (Côté court ; 40 c1)
ISBN 2-01-200678-7. *10 F / 1,52 €*

07967 **HAYASHI N.** Camarade cosmique. *Flammarion-Père Castor, 1991.* (Castor-Poche ; 342. Junior c2)
ISBN 2-08-162192-4. *25 F / 3,81 €*

07968 **HAYNES B.** L'apprentie-sorcière. *Pocket Jeunesse, 1998.* (Froid dans le dos; 3)(Pocket séries ; 357 c1)
ISBN 2-266-08021-0. *28,50 F / 4,34 €*

07969 **HAYNES B.** L'attaque des fourmis géantes. *Pocket Jeunesse, 1998.* (Froid dans le dos; 9)(Pocket séries ; 399 c1)
ISBN 2-266-08037-7. *28,50 F / 4,34 €*

07970 **HAYNES B.** Baby-sitter, quelle galère. *Pocket Jeunesse, 1999.* (Froid dans le dos; 13)(Pocket séries ; 487 c1)
ISBN 2-266-09229-4. *28,50 F / 4,34 €*

07971 **HAYNES B.** Bataille nasale. *Pocket Jeunesse, 1998.* (Froid dans le dos; 11)(Pocket séries ; 445 c1)
ISBN 2-266-08041-5. *28,50 F / 4,34 €*

07972 **HAYNES B.** La chose sous le lit. *Pocket Jeunesse, 1998.* (Froid dans le dos; 8)(Pocket séries ; 398 c1)
ISBN 2-266-08038-5. *28,50 F / 4,34 €*

07973 **HAYNES B.** Dans la peau d'un chien. *Pocket Jeunesse, 1998.* (Froid dans le dos; 1)(Pocket séries ; 355 c1)
28,50 F / 4,34 €

07974 **HAYNES B.** Le dindon de Frankenstein 2. *Pocket Jeunesse, 1998.* (Froid dans le dos; 7)(Pocket séries ; 397 c1)
ISBN 2-266-08035-0. *28,50 F / 4,34 €*

07975 **HAYNES B.** Le dindon de Frankenstein. *Pocket Jeunesse, 1998.* (Froid dans le dos; 6)(Pocket séries ; 357 c1)
ISBN 2-266-08033-4. *28,50 F / 4,34 €*

07976 **HAYNES B.** La galerie de tous les dangers. Nouv. éd. *Pocket Jeunesse, 2000.* (Froid dans le dos; 16)(Pocket séries ; 539)
ISBN 2-266-08683-9. *28,50 F / 4,34 €*

07977 **HAYNES B.** Le homard en cavale. *Pocket Jeunesse, 1999.* (Froid dans le dos; 15)(Pocket séries ; 542)
ISBN 2-266-09286-3. *28,50 F / 4,34 €*

07978 **HAYNES B.** Hôtel mortel. *Pocket Jeunesse, 1998.* (Froid dans le dos; 4)(Pocket séries ; 367 c1)
ISBN 2-266-08036-9. *28,50 F / 4,34 €*

07979 **HAYNES B.** Méfiez- vous des ours en peluche !. *Pocket Jeunesse, 1999.* (Froid dans le dos; 12)(Pocket séries ; 514 c1)
ISBN 2-266-09285-5. *28,50 F / 4,34 €*

07980 **HAYNES B.** Le monstre du marécage. *Pocket Jeunesse, 1998.* (Froid dans le dos; 5)(Pocket séries ; 379 c1)
ISBN 2-266-08034-2. *28,50 F / 4,34 €*

07981 **HAYNES B.** Des monstres très collants. *Pocket Jeunesse, 1998.* (Froid dans le dos; 10)(Pocket séries ; 436 c1)
ISBN 2-266-08040-7. *28,50 F / 4,34 €*

07982 **HAYNES B.** Une nièce de l'oncle Tom. Réimpr. *Hachette-Jeunesse, 1997.* (Le livre de poche jeunesse ; 36 c8)
ISBN 2-01-321622-X. *28 F / 4,27 €*

07983 **HAYNES B.** Panique à la cantine. *Pocket Jeunesse, 1998.* (Froid dans le dos; 2)(Pocket séries ; 356 c1)
ISBN 2-266-07949-2. *28,50 F / 4,34 €*

07984 **HAYNES B.** La terreur des toilettes. *Pocket Jeunesse, 1999.* (Froid dans le dos; 12)(Pocket séries ; 460 c1)
ISBN 2-266-08039-3. *28,50 F / 4,34 €*

07985 **N** **HAZELHOFF V.** Le garçon qui voulait absolument aller à l'école. *Pocket Jeunesse, 2000.* (Pocket junior ; 617 c4)
ISBN 2-266-07746-5. *30 F / 4,57 €*

07986 **HÉDELIN P., HOFFMAN G.** Le secret de Farida. *Bayard, 2000.* (J'aime lire ; 132 c1)
ISBN 2-227-72765-9. *27 F / 4,12 €*

07987 **HEILIGMAN D., RAY D. K.** Que se passe-t-il à Paradiville ?. *Gallimard-Jeunesse, 2000.* (Folio benjamin ; 402. Panique c4)
ISBN 2-07-052856-1. *32,50 F / 4,95 €*

07988 **HEINE H.** Dix petites effrontées. *Gallimard-Jeunesse, 1993.* (Folio benjamin ; 251 c3)
ISBN 2-07-057967-0. *28 F / 4,27 €*

07989 **HEINE H.** Fier-de-l'Aile. *Gallimard-Jeunesse, 1997.* (Folio benjamin ; 103)
ISBN 2-07-050776-9. *28 F / 4,27 €*

07990 **HEINE H.** L'Invitée des trois amis. Réimpr. *Gallimard-Jeunesse, 1997.* (Folio benjamin ; 119)
ISBN 2-07-051243-6. *30 F / 4,57 €*

07991 **HEINRICH C.** Jouets des bois et des champs. *Milan, 1996.* (Carnets de nature ; 25 c1)
ISBN 2-84113-383-4. *34 F / 5,18 €*

07992 **HEITZ B.** La cabane frontière. *Mango-Jeunesse, 1999.* (Les Zarutis et les Rétins)(Mango poche ; 302. Zygomatiques)
ISBN 2-7404-0900-1. *25 F / 3,81 €*

07993 **HEITZ B.** Un chien à mi-temps. *Mango-Jeunesse, 1999.* (Les Zarutis et les Rétins)(Mango poche ; 303. Zygomatiques)
ISBN 2-7404-0901-X. *25 F / 3,81 €*

07994 **HEITZ B.** L'inconnu célèbre. *Mango-Jeunesse, 1999.* (Les Zarutis et les Rétins)(Mango poche ; 301. Zygomatiques)
ISBN 2-7404-0830-7. *19 F / 2,90 €*

07995 **HEITZ B.** Voyage en Espalie. *Mango-Jeunesse, 1999.* (Les Zarutis et les Rétins)(Mango poche ; 300. Zygomatiques)
ISBN 2-7404-0829-3. *19 F / 2,90 €*

07996 **HEKMAT A.** Pour l'amour d'un cheval. *Milan, 1999.* (Milan poche junior ; 3)
ISBN 2-84113-911-5. *34 F / 5,18 €*

07997 **A** **HELD J.** Corktou est malade. *Pocket Jeunesse, 2001.* (Kid pocket ; 662 c04)
ISBN 2-266-10731-3. *30 F / 4,57 €*

07998 **HELD J.** Croktou à l'école. *Pocket Jeunesse, 1999.* (Kid pocket ; 506)
ISBN 2-266-09146-8. *26 F / 3,96 €*

07999 **HELD J.** Croktou, drôle de loup. *Pocket Jeunesse, 1999.* (Kid pocket ; 479 c03)
ISBN 2-266-09145-X. *26 F / 3,96 €*

08000 **HELD J.** Croktou Père Noël. *Pocket Jeunesse, 1999.* (Kid pocket ; 517 c03)
ISBN 2-266-09147-6. *26 F / 3,96 €*

08001 **HELD J., ROSY** Croktou aux sports d'hiver. *Pocket Jeunesse, 1999.* (Kid pocket ; 545 c03)
ISBN 2-266-09981-7. *26 F / 3,96 €*

08002 **HELD J., ROSY M.** Le carnaval de Croktou. *Pocket Jeunesse, 2000.* (Kid pocket ; 558 c3)
ISBN 2-266-09982-5. *26 F / 3,96 €*

08003 **HELGERSON M-C.** L'apprenti amoureux. Nouv. éd. *Flammarion-Père Castor, 2000.* (Castor-Poche ; 288. Junior c3)
ISBN 2-08-164700-1. *29,50 F / 4,50 €*

08004 **HELGERSON M-C.** Claudine de Lyon. Nouv. éd. *Flammarion-Père Castor, 1998.* (Castor-Poche ; 100. Junior c3)
ISBN 2-08-164346-4. *29,50 F / 4,50 €*

08005 **HELGERSON M-C.** Dans l'officine de maître Arnaud. Nouv. éd. *Flammarion-Père Castor, 1999.* (Castor-Poche ; 333. Junior cD)
ISBN 2-08-164643-9. *29,50 F / 4,50 €*

08006 **HELGERSON M-C.** Dans les cheminées de Paris : et autres récits. *Flammarion-Père Castor, 1992.* (Castor-Poche. Junior)
ISBN 2-08-162252-1. *85 F / 12,96 €*

08007 **HELGERSON M-C.** Dans les cheminées de Paris. Nouv. éd. *Flammarion-Père Castor, 1999.* (Castor-Poche ; 119. Junior cE)
ISBN 2-08-164634-X. *32,50 F / 4,95 €*

08008 **N** **HELGERSON M-C.** Louison et M. Molière. *Flammarion-Père Castor, 2001.* (Castor-Poche ; 798)
ISBN 2-08-164820-2. *25 F / 3,81 €*

08009 **N** **HELGERSON M-C.** Moi, Alfredo Perez. Nouv. éd. *Flammarion-Père Castor, 2000.* (Castor-Poche ; 260. Junior cF)
ISBN 2-08-164724-9. *35,50 F / 5,41 €*

08010 **HELGERSON M-C.** Quitter son pays. Nouv. éd. *Flammarion-Père Castor, 1998.* (Castor-Poche ; 30. Junior c1)
ISBN 2-08-164365-0. *19,50 F / 2,97 €*

08011 **N** **HELGERSON M-C.** Vas-y Claire. Réimpr. *Flammarion-Père Castor, 2000.* (Castor-Poche ; 506. Junior c4)
ISBN 2-08-164745-1. *32,50 F / 4,95 €*

08012 **HELLMANN-HURPOIL O.** Le lapin Valentin. *Grasset, 1998.* (Lampe de poche ; 14)
ISBN 2-246-49431-1. *29 F / 4,42 €*

08013 **HELLMANN-HURPOIL O., BENSON P.** Le Prince Olivier ne veut pas se laver. *Bayard, 1991.* (Les belles histoires ; 19 c1)
ISBN 2-227-72122-7. *27 F / 4,12 €*

08014 **HELLMANN-HURPOIL O., GASTÉ E.** Ric la terreur. *Bayard Jeunesse, 1999.* (Mes premiers J'aime lire ; 6 c1)
ISBN 2-227-72760-8. *27 F / 4,12 €*

08015 **HEMINGWAY E.** Le vieil homme et la mer. Réimpr. *Gallimard-Jeunesse, 1998.* (Folio junior ; 435. Edition spéciale c4)
ISBN 2-07-051388-2. *32,50 F / 4,95 €*

08016 **HENEGHAN J.** Les passagers de la dernière chance. *Hachette-Jeunesse, 1998.* (Mon bel oranger c11)
ISBN 2-01-321608-4. *33 F / 5,03 €*

08017 **HENKES K.** Chrysanthème. *Gallimard-Jeunesse, 1998.* (Folio benjamin ; 350 c3)
ISBN 2-07-051292-4. *30 F / 4,57 €*

08018 **HENKES K.** Lilly adore l'école. *Gallimard-Jeunesse, 1999.* (Folio benjamin ; 391 c4)
ISBN 2-07-052328-4. *32,50 F / 4,95 €*

08019 **HENKES K.** Oscar. *Gallimard-Jeunesse, 1998.* (Folio benjamin ; 355 c2)
ISBN 2-07-052171-0. *28 F / 4,27 €*

08020 **HENRY-GALI J.** Caroline Poil-de-Carotte. *Hemma, 2001.* (Mini-club ; 81)
ISBN 2-8006-6461-4. *21 F / 3,20 €*

08021 **N** **HERLEM D.** Mystère au chocolat. *Hachette-Jeunesse, 2000.* (Le livre de poche jeunesse ; 731. Cadet c10)
ISBN 2-01-321780-3. *31 F / 4,73 €*

08022 **HERMAN C.** Le fauteuil de grand-mère. Nouv. éd. *Flammarion-Père Castor, 1998.* (Castor-Poche ; 5. Junior c3)
ISBN 2-08-164360-X. *29,50 F / 4,50 €*

08023 **HERMAN G.** Le monde perdu, Jurassic Park. *Pocket Jeunesse, 1997.* (Pocket junior ; 326. Cinéma c3)
ISBN 2-266-07936-0. *26 F / 3,96 €*

08024 **HERMAN G., SIMS B.** La bicyclette hantée. *Gallimard-Jeunesse, 1997.* (Folio benjamin ; 303. Panique c3)
ISBN 2-07-050777-7. *30 F / 4,57 €*

08025 **HERMES P.** L'envolée sauvage : d'après un scénario de Robert Rodat et Vince McKewin. Réimpr. *Pocket Jeunesse, 1998.* (Pocket junior ; 313. Cinéma c3)
ISBN 2-266-08815-7. *26 F / 3,96 €*

08026 **HERMES P.** Le secret de Jeremy. Nouv. éd. *Flammarion-Père Castor, 1998.* (Castor-Poche ; 26 cD)
ISBN 2-08-164443-6. *29,50 F / 4,50 €*

08027 **HERVE C.** Lili la souris et Agnès la tigresse. *Hemma, 2000.* (Lire et délires ; 3)
ISBN 2-8006-7374-5. *23 F / 3,51 €*

08028 **HERZHAFT G.** Des crocs dans la nuit. *Flammarion-Père Castor, 1998.* (Castor-Poche ; 647. Senior c2)
ISBN 2-08-164376-6. *25 F / 3,81 €*

08029 **HERZHAFT G.** Le dernier chant de l'Inca. *Gallimard-Jeunesse, 1999.* (Page blanche c5)
ISBN 2-07-051448-X. *36 F / 5,49 €*

08030 **HERZHAFT G.** Un long blues en la mineur. *Gallimard-Jeunesse, 1998.* (Page blanche ; 8 c5)
ISBN 2-07-051984-8. *36 F / 5,49 €*

08031 **HEUCK S.** Au galop Raspoutine. *Flammarion-Père Castor, 1996.* (Castor-Poche ; 558. Junior c4)
ISBN 2-08-164200-X. *32,50 F / 4,95 €*

08032 **HEURTÉ Y.** L'horloger de l'aube. *Syros, 1997.* (Souris contes ; 1)
ISBN 2-84146-439-3. *32 F / 4,88 €*

08033 N **HEURTÉ Y., LE GRAND C.** Chocolats chauds et autres poèmes sucrés. *Milan, 2001.* (Milan poche cadet ; 47 c1)
ISBN 2-7459-0235-0. *28 F / 4,27 €*

08034 **HEUSCHEN I.** Cornichou, le monstre mal élevé !. *Hemma, 2000.* (Lire et délires ; 1)
ISBN 2-8006-7372-9. *23 F / 3,51 €*

08035 **HEUSCHEN I.** Croc-Blanc. *Hemma, 1992.* (Livre club jeunesse ; 1)
ISBN 2-8006-2756-5. *26 F / 3,96 €*

08036 **HEUSCHEN I.** Le grand voyage de Tifou et Carotte. *Hemma, 2001.* (Mini-club ; 84)
ISBN 2-8006-6464-9. *21 F / 3,20 €*

08037 **HEUSCHEN I.** Robinson Crusoé. *Hemma, 1992.* (Livre club jeunesse ; 3)
ISBN 2-8006-2148-6. *26 F / 3,96 €*

08038 **HEUSCHEN I.** Stéphanie dans le ventre de la lune. *Hemma, 1999.* (Mini-club ; 89)
ISBN 2-8006-7090-8. *21 F / 3,20 €*

08039 **HEUSCHEN I.** Le tour du monde en 80 jours. *Hemma, 1992.* (Livre club jeunesse ; 9)
ISBN 2-8006-2153-2. *26 F / 3,96 €*

08040 **HEYNE I.** La croisade des enfants. *Flammarion-Père Castor, 1995.* (Castor-Poche ; 487. Senior c5)
ISBN 2-08-164067-8. *35,50 F / 5,41 €*

08041 N **HEYNE I.** Personne ne m'a demandé mon avis. *Flammarion-Père Castor, 2000.* (Castor-Poche ; 232 cF)
ISBN 2-08-164728-1. *35,50 F / 5,41 €*

08042 A **HEYNE I.** Rendez-vous sous l'horloge. Nouv. éd. *Flammarion-Père Castor, 2001.* (Castor-Poche ; 261. Junior cF)
ISBN 2-08-164729-X. *35,50 F / 5,41 €*

08043 **HICKOK L. A.** L'histoire d'Helen Keller. Réimpr. *Pocket Jeunesse, 1997.* (Pocket junior ; 289. C'est ça la vie ! c4)
ISBN 2-266-08662-6. *30 F / 4,57 €*

08044 N **HILTON N.** L'araignée magique. *Flammarion-Père Castor, 2000.* (Castor-Poche ; 780)
ISBN 2-08-164790-7. *25 F / 3,81 €*

08045 **HINES B.** Kes. Réimpr. *Gallimard-Jeunesse, 1998.* (Folio junior ; 159 c5)
ISBN 2-07-051437-4. *36 F / 5,49 €*

08046 N **HION M., BRUNELET M.** Comptines pour les fêtes et les saisons. Réimpr. *Actes Sud junior, 2000.* (Les petits bonheurs)
ISBN 2-7427-1129-5. *39 F / 5,95 €*

08047 **HION M., THEINHARDT V.** Comptines des petites bêtes à malices. *Actes Sud junior, 1998.* (Les petits bonheurs c1)
ISBN 2-7427-1700-5. *39 F / 5,95 €*

08048 **HION M., THEINHARDT V.** Comptines insolites. *Actes Sud junior, 1997.* (Les petits bonheurs)
ISBN 2-7427-1138-4. *39 F / 5,95 €*

08049 **HION M., THIBAULT D.** Comptines de mon jardin. Réimpr. *Actes Sud junior, 2000.* (Les petits bonheurs c1)
ISBN 2-7427-1911-3. *39 F / 5,95 €*

08050 N **HIRSCHING N. d.** La maman du Père Noël. *Bayard Jeunesse, 2000.* (J'aime lire ; 138 c1)
ISBN 2-227-72761-6. *27 F / 4,12 €*

08051 **HIRSCHING N. d.** La plus affreuse des sorcières. Nouv. éd. *Rageot, 1999.* (Cascade. Contes)
ISBN 2-7002-2516-3. *42 F / 6,40 €*

08052 **HIRSCHING N. d., BESSON J-L.** Sauvons la maîtresse. *Bayard, 1994.* (J'aime lire ; 76 c1)
ISBN 2-227-72287-8. *27 F / 4,12 €*

08053 **HIRSCHING N. d., BLOCH S.** L'Atroce monsieur Terroce. *Bayard, 1992.* (J'aime lire ; 38 c1)
ISBN 2-227-72238-X. *26,50 F / 4,04 €*

08054 **HIRSCHING N. d., CLAVERIE J.** Le Mot interdit. *Bayard : Bayard, 1990.* (J'aime lire ; 6 c1)
ISBN 2-227-72203-7. *26,50 F / 4,04 €*

08055 **HIRSCHING N. d., DELAFOSSE C.** Père Noël Maboul. *Bayard, 1993.* (J'aime lire ; 61 c1)
ISBN 2-227-72272-X. *27 F / 4,12 €*

08056 **HIRSCHING N. d., LUTON J-C.** Treize gouttes de magie. *Bayard, 1991.* (J'aime lire ; 28 c1)
ISBN 2-227-72212-6. *27 F / 4,12 €*

08057 **HIRSCHING N. d., MILLET C., MILLET D.** Les cent mensonges de Vincent. *Bayard, 1996.* (J'aime lire ; 100 c1)
ISBN 2-227-72716-0. *27 F / 4,12 €*

3058 **HIRSCHING N. d., MILLET C., MILLET D.** La marelle magique. *Bayard, 1995.* (J'aime lire ; 91 c1)
ISBN 2-227-72709-8. *27 F / 4,12 €*

3059 **HIRSCHING N. d., PENOT V.** La Sorcière habite au 47. *Bayard, 1993.* (J'aime lire ; 53 c1)
ISBN 2-227-72265-7. *27 F / 4,12 €*

3060 **HIRSCHING N. d., ROSY M.** Bonne nuit, Julien !. *Bayard Jeunesse, 1999.* (Mes premiers J'aime lire ; 4 c1)
ISBN 2-227-72755-1. *27 F / 4,12 €*

3061 **Histoire d'Aladdin ou La lampe merveilleuse. Réimpr.** *Gallimard-Jeunesse, 1999.* (Folio junior ; 77 c3)
ISBN 2-07-051810-8. *30 F / 4,57 €*

3062 **Histoire de Sindbad le marin. Réimpr.** *Gallimard-Jeunesse, 1999.* (Folio junior ; 516. Edition spéciale c3)
ISBN 2-07-051354-8. *30 F / 4,57 €*

3063 **Histoires de fantômes.** *Hachette-Jeunesse, 1985.* (Le livre de poche jeunesse ; 209. Senior c10)
ISBN 2-01-020955-9. *31 F / 4,73 €*

3064 **HO M.** La bille magique. *Pocket Jeunesse, 1997.* (Pocket junior ; 275. C'est ça la vie ! c4)
ISBN 2-266-07260-9. *30 F / 4,57 €*

3065 **HOBAN R.** Bonne nuit, Adèle. *Pocket Jeunesse, 1999.* (Kid pocket ; 454 c3B)
28 F / 4,27 €

3066 **HODGE M.** Laetitia de Trinidad. *Flammarion-Père Castor, 1995.* (Castor-Poche ; 513. Senior c5)
ISBN 2-08-164037-6. *35,50 F / 5,41 €*

8067 **N** **HOESTLANDT J.** Le cahier d'amour. Nouv. éd. *Bayard Jeunesse, 2001.* (Passion de lire ; 321. Coeur grenadine c1)
ISBN 2-7470-0220-9. *29 F / 4,42 €*

8068 **A** **HOESTLANDT J.** Les deux chéries de Jonathan. *Pocket Jeunesse, 2001.* (Les jouets s'amusent; 2)(Kid pocket ; 683)
ISBN 2-266-10707-0. *32 F / 4,88 €*

8069 **HOESTLANDT J.** Emile, bille de clown. *Bayard, 1995.* (J'aime lire ; 84 c1)
ISBN 2-227-72700-4. *27 F / 4,12 €*

8070 **A** **HOESTLANDT J.** Jonathan ne dort pas. *Pocket Jeunesse, 2001.* (Les jouets s'amusent; 1)(Kid pocket ; 682)
ISBN 2-266-10706-2. *32 F / 4,88 €*

8071 **HOESTLANDT J.** Une journée pleine de secrets. *Syros, 1998.* (Mini Souris sentiments c1)
ISBN 2-84146-536-5. *19 F / 2,90 €*

8072 **A** **HOESTLANDT J.** La maîtresse est amoureuse. *Bayard Jeunesse, 2001.* (J'aime lire ; 145 c1)
ISBN 2-7470-0093-1. *27 F / 4,12 €*

8073 **N** **HOESTLANDT J.** Mes petites étoiles. *Milan, 2000.* (Milan poche cadet ; 38 c1)
ISBN 2-7459-0145-1. *28 F / 4,27 €*

08074 **A** **HOESTLANDT J.** Miranda reine du cirque. *Bayard Jeunesse, 2001.* (J'aime lire ; 145 c1)
ISBN 2-7470-0054-0. *27 F / 4,12 €*

08075 **HOESTLANDT J.** Les passants de Noël. Nouv. éd. *Syros, 1998.* (Mini Souris sentiments c1)
ISBN 2-84146-509-8. *19 F / 2,90 €*

08076 **HOESTLANDT J.** Peur bleue chez les souris grises. *Actes Sud junior, 1998.* (Les contes philosophiques c1)
ISBN 2-7427-1933-4. *49 F / 7,47 €*

08077 **N** **HOESTLANDT J.** Pique et pique école et drame. *Pocket Jeunesse, 2000.* (Pocket junior ; 579 c3)
ISBN 2-266-10328-8. *26 F / 3,96 €*

08078 **A** **HOESTLANDT J.** Le plus beau chien du monde. *Pocket Jeunesse, 2001.* (Kid pocket ; 667 c4B)
ISBN 2-266-10179-X. *32 F / 4,88 €*

08079 **A** **HOESTLANDT J.** Qui est le plus riche ?. *Pocket Jeunesse, 2001.* (Les jouets s'amusent; 3)(Kid pocket ; 684)
ISBN 2-266-10708-9. *32 F / 4,88 €*

08080 **N** **HOESTLANDT J., BERTHOMMIER M.** La nuit de la rentrée. *Bayard Jeunesse, 2000.* (Mes premiers J'aime lire ; 9 c1)
ISBN 2-7470-0017-6. *27 F / 4,12 €*

08081 **HOESTLANDT J., BESNIER Y.** Petite Poupée s'en va-t-en guerre. *Actes Sud junior, 1998.* (Les contes philosophiques c1)
ISBN 2-7427-1566-5. *49 F / 7,47 €*

08082 **HOESTLANDT J., BOUTRY P.** Comptines en forme d'alphabet. Réimpr. *Actes Sud junior, 2000.* (Les petits bonheurs c1)
ISBN 2-7427-1910-5. *39 F / 5,95 €*

08083 **N** **HOESTLANDT J., CALARNOU Y.** Le petit monstre. *Bayard Jeunesse, 2001.* (Les belles histoires ; 123)
ISBN 2-7470-0108-3. *27 F / 4,12 €*

08084 **N** **HOESTLANDT J., FELLNER H.** La maison de mon grand-père. *Bayard Jeunesse, 2000.* (J'aime lire ; 136 c1)
ISBN 2-227-72764-0. *27 F / 4,12 €*

08085 **HOESTLANDT J., MIGNON P.** Le pouvoir d'Aimé. *Actes Sud junior, 1998.* (Les contes philosophiques c1)
ISBN 2-7427-1565-7. *49 F / 7,47 €*

08086 **HOESTLANDT J., MILLET D.** La Rentrée des mamans. Réimpr. *Bayard, 1994.* (Les belles histoires ; 1)
ISBN 2-227-72106-5. *27 F / 4,12 €*

08087 **HOESTLANDT J., PILORGET B.** Coup de théâtre à l'école. *Bayard, 1999.* (J'aime lire ; 129 c1)
ISBN 2-227-72750-0. *26,50 F / 4,04 €*

08088 **HOFFMANN E. T. A.** Coppelius : et autres contes. *Gallimard-Jeunesse, 1994.* (Folio junior ; 734. Edition spéciale c4)
ISBN 2-07-058497-6. *32,50 F / 4,95 €*

08089 **HOFFMANN E. T. A., TUNNER E.** Maître Martin le tonnelier. *Flammarion-Père Castor, 1992.* (Castor-Poche ; 364. Senior c3)
ISBN 2-08-162177-0. *29,50 F / 4,50 €*

08090 **N** **HOH D.** Voleuse de vie. *J'ai lu, 2000.* (Peur bleue cF)
ISBN 2-290-30303-8. *26 F / 3,96 €*

08091 **HOLLER C.** Mélisande, journal intime. Nouv. éd. *Flammarion-Père Castor, 2000.* (Castor-Poche ; 492. Junior c4)
ISBN 2-08-164706-0. *32,50 F / 4,95 €*

08092 **HOLM A.** David, c'est moi. *Hachette-Jeunesse, 1988.* (Mon bel oranger cJ)
ISBN 2-01-016686-8. *31 F / 4,73 €*

08093 **HOLUB J., FISHER C.** Nuit blanche. *Gallimard-Jeunesse, 2000.* (Folio benjamin ; 403. Panique c3)
ISBN 2-07-052857-X. *32,50 F / 4,95 €*

08094 **HOMÈRE** L'Iliade. *Hachette-Jeunesse, 1996.* (Le livre de poche jeunesse ; 1111. Gai savoir c10)
ISBN 2-01-321460-X. *31 F / 4,73 €*

08095 **HOMÈRE** L'Odyssée. *Hachette-Jeunesse, 1996.* (Le livre de poche jeunesse ; 1110. Gai savoir c9)
ISBN 2-01-321459-6. *29 F / 4,42 €*

08096 **HOMÈRE** Voyages et aventures d'Ulysse. Réimpr. *Gallimard-Jeunesse, 1998.* (Folio junior ; 728. Edition spéciale ; 728 c5)
ISBN 2-07-052369-1. *36 F / 5,49 €*

08097 **HONAKER M.** Le baron Ténèbre. *Flammarion-Père Castor, 1998.* (Castor-Poche ; 668. Senior c4)
ISBN 2-08-164405-3. *32,50 F / 4,95 €*

08098 **HONAKER M.** Le bras de la vengeance. *Rageot, 1994.* (Le chevalier de Terre-Noire; 2)(Cascade. Pluriel c2)
ISBN 2-7002-0462-X. *46 F / 7,01 €*

08099 **HONAKER M.** Les buveurs de rêves. *Flammarion-Père Castor, 2000.* (Castor-Poche ; 740. Senior c4)
ISBN 2-08-164597-1. *32,50 F / 4,95 €*

08100 **HONAKER M.** Le cachot de l'enfer. *Rageot, 1998.* (Policier. Le Commandeur c2)
ISBN 2-7002-2507-4. *46 F / 7,01 €*

08101 **HONAKER M.** La cantate des anges. *Rageot, 1996.* (Cascade. Musique c2)
ISBN 2-7002-2353-5. *46 F / 7,01 €*

08102 **HONAKER M.** Le chant de la reine froide. *Rageot, 1996.* (Policier. Le Commandeur c2)
ISBN 2-7002-2379-9. *46 F / 7,01 €*

08103 **HONAKER M.** Le chant des aulnes. *Rageot, 1997.* (Cascade. Musique c2)
ISBN 2-7002-2441-8. *46 F / 7,01 €*

08104 **HONAKER M.** La créature du néant. *Rageot, 1997.* (Policier. Le Commandeur)
ISBN 2-7002-2479-5. *46 F / 7,01 €*

08105 **HONAKER M.** Croisière en meurtre majeur. *Rageot, 1993.* (Cascade. Policier c2)
ISBN 2-7002-0029-2. *46 F / 7,01 €*

08106 **HONAKER M.** Le danseur des marais. *Rageot, 1999.* (Policier. Le Commandeur)
ISBN 2-7002-2586-4. *46 F / 7,01 €*

08107 **HONAKER M.** Le démon de San Marco. *Rageot, 1997.* (Cascade. Policier c3)
ISBN 2-7002-2434-5. *48 F / 7,32 €*

08108 **HONAKER M.** Erwan le maudit. *Rageot, 1995.* (Cascade. Pluriel c2)
ISBN 2-7002-2314-4. *46 F / 7,01 €*

08109 **HONAKER M.** Esteban du désert rouge. *Flammarion-Père Castor, 1998.* (Castor-Poche ; 626. Senior c1)
ISBN 2-08-164315-4. *19,50 F / 2,97 €*

08110 **HONAKER M.** Le grand maître des mémoires. *Rageot, 1997.* (Policier. Le Commandeur c2)
ISBN 2-7002-2442-6. *46 F / 7,01 €*

08111 **HONAKER M.** Les héritiers du secret. *Rageot, 1996.* (Le chevalier de Terre-noire; 3)(Cascade. Pluriel c3)
ISBN 2-7002-2407-8. *48 F / 7,32 €*

08112 **HONAKER M.** Magie noire dans le Bronx. *Rageot, 1996.* (Policier. Le Commandeur c2)
ISBN 2-7002-2378-0. *46 F / 7,01 €*

08113 **HONAKER M.** La mélodie fantastique. *Rageot, 1998.* (Cascade. Musique c2)
ISBN 2-7002-2513-9. *46 F / 7,01 €*

08114 **HONAKER M.** Les morsures du passé. *Rageot, 1997.* (Policier. Le Commandeur c2)
ISBN 2-7002-2443-4. *46 F / 7,01 €*

08115 **HONAKER M.** Le musicien des princes. *Rageot, 1997.* (Cascade. Musique c2)
ISBN 2-7002-2440-X. *46 F / 7,01 €*

08116 **N** **HONAKER M.** Nobody mange la nuit. *Hachette-Jeunesse, 2001.* (Vertige. Fantastique)
ISBN 2-01-200696-5. *31 F / 4,73 €*

08117 **HONAKER M.** Nocturne pour une passion. *Rageot, 1996.* (Cascade. Musique c2)
ISBN 2-7002-2355-1. *46 F / 7,01 €*

08118 **HONAKER M.** Les ombres du destin. *Rageot, 1998.* (Policier. Le Commandeur c1)
ISBN 2-7002-2562-7. *44 F / 6,71 €*

08119 **HONAKER M.** L'opéra des tempêtes. *Rageot, 1998.* (Cascade. Musique c2)
ISBN 2-7002-2512-0. *46 F / 7,01 €*

08120 **HONAKER M.** Le prince d'ébène. *Rageot, 1996.* (Cascade. Pluriel c2)
ISBN 2-7002-2392-6. *46 F / 7,01 €*

08121 **HONAKER M.** Rendez-vous à Apocalypse. *Rageot, 1997.* (Policier. Le Commandeur)
ISBN 2-7002-2478-7. *46 F / 7,01 €*

08122 **HONAKER M.** La Sorcière de midi. *Rageot, 1991.* (Cascade. Policier c3)
ISBN 2-7002-1150-2. *48 F / 7,32 €*

08123 **HONAKER M.** Le sortilège de la dame blanche. *Rageot, 1998.* (Policier. Le Commandeur c2)
ISBN 2-7002-2508-2. *46 F / 7,01 €*

08124 **HONAKER M.** La symphonie du destin. *Rageot, 1996.* (Cascade. Musique c2)
ISBN 2-7002-2354-3. *46 F / 7,01 €*

08125 **HONAKER M.** Taxiphobie. *Flammarion-Père Castor, 1999.* (Castor-Poche ; 688. Senior c3)
ISBN 2-08-164526-2. *25 F / 3,81 €*

08126 **HONAKER M.** Terminus : Vampire city. *Rageot, 1998.* (Policier. Le Commandeur c1)
ISBN 2-7002-2549-X. *44 F / 6,71 €*

08127 **HONAKER M.** La valse des maudits. *Rageot, 1999.* (Cascade. Musique)
ISBN 2-7002-2590-2. *46 F / 7,01 €*

08128 **[N]** **HOOBLER D., HOOBLER T.** La vengeance du samouraï. *Flammarion-Père Castor, 2000.* (Castor-Poche ; 786)
ISBN 2-08-164780-X. *39 F / 5,95 €*

08129 **HORELOVA E.** Mon bonheur s'appelle Jonas. Réimpr. *Flammarion-Père Castor, 1990.* (Castor-Poche ; 31. Junior c5)
ISBN 2-08-161729-3. *35,50 F / 5,41 €*

08130 **HORN S., BROWN K.** Folpaillou. Réimpr. *Gallimard-Jeunesse, 1999.* (Folio benjamin ; 376 c2)
ISBN 2-07-058833-5. *28 F / 4,27 €*

08131 **HOROWITZ A.** La citadelle d'argent. Nouv. éd. *Hachette-Jeunesse, 1996.* (Vertige ; 1100. Fantastique c9)
ISBN 2-01-209583-6. *29 F / 4,42 €*

08132 **HOROWITZ A.** Devine qui vient tuer. *Hachette-Jeunesse, 1993.* (Vertige ; 813. Policier cJ)
ISBN 2-01-209747-2. *31 F / 4,73 €*

08133 **HOROWITZ A.** Le diable et son valet. *Hachette-Jeunesse, 1998.* (Le livre de poche jeunesse ; 678. Junior c10)
ISBN 2-01-321634-3. *31 F / 4,73 €*

08134 **HOROWITZ A.** Le faucon malté. Nouv. éd. *Hachette-Jeunesse, 1996.* (Vertige ; 803. Policier c9)
ISBN 2-01-209741-3. *29 F / 4,42 €*

08135 **HOROWITZ A.** L'île du Crâne. Nouv. éd. *Hachette-Jeunesse, 1998.* (Vertige ; 1106. Fantastique c7)
ISBN 2-01-209707-3. *27,50 F / 4,19 €*

08136 **HOROWITZ A.** Le jour du dragon. *Hachette-Jeunesse, 1997.* (Vertige ; 1108. Fantastique c10)
ISBN 2-01-209699-9. *31 F / 4,73 €*

08137 **HOROWITZ A.** Mortel chassé-croisé. *Hachette-Jeunesse, 1996.* (Vertige ; 1107. Fantastique c9)
ISBN 2-01-209780-4. *29 F / 4,42 €*

08138 **[N]** **HOROWITZ A.** Pagaille à Paris. *Hachette-Jeunesse, 2000.* (Côté court ; 31)
ISBN 2-01-200587-X. *10 F / 1,52 €*

08139 **HOROWITZ A.** Les portes du diable. Réimpr. *Hachette-Jeunesse, 1996.* (Vertige ; 1102. Fantastique c9)
ISBN 2-01-209600-X. *29 F / 4,42 €*

08140 **HOROWITZ A.** Satanée grand-mère !. *Hachette-Jeunesse, 1994.* (Le livre de poche jeunesse ; 522 c5)
ISBN 2-01-321071-X. *26,50 F / 4,04 €*

08141 **HOROWITZ A.** Signé Frederik K. Bower. *Hachette-Jeunesse, 1992.* (Vertige ; 801. Policier c8)
ISBN 2-01-209748-0. *28 F / 4,27 €*

08142 **[A]** **HOROWITZ A.** Stormbreaker. 1. *Hachette-Jeunesse, 2001.* (Vertige)
ISBN 2-01-200697-3. *69 F / 10,52 €*

08143 **HOROWITZ J.** Sauvez Willy. 1. Nouv. éd. *Flammarion-Père Castor, 1998.* (Castor-Poche ; 446. Junior c3)
ISBN 2-08-164342-1. *29,50 F / 4,50 €*

08144 **HOROWITZ J.** Sauvez Willy. 1. *J'ai lu, 1994.* (J'ai lu ; 3627. Littérature générale cl)
ISBN 2-290-03627-7. *36 F / 5,49 €*

08145 **HOROWITZ J.** Sauvez Willy. 2. *Flammarion-Père Castor, 1995.* (Castor-Poche ; 521. Junior c4)
ISBN 2-08-164154-2. *32,50 F / 4,95 €*

08146 **HORVENO G.** L'appel du fonds des temps. Réimpr. *Flammarion-Père Castor, 1998.* (Castor-Poche ; 606. Senior c2)
ISBN 2-08-164487-8. *29,50 F / 4,50 €*

08147 **HOUSTON J.** Akavak. Nouv. éd. *Flammarion-Père Castor, 1998.* (Castor-Poche ; 1. Junior c2)
ISBN 2-08-164343-X. *25 F / 3,81 €*

08148 **HOUSTON J.** L'archer blanc. Nouv. éd. *Flammarion-Père Castor, 1998.* (Castor-Poche ; 64. Junior c3)
ISBN 2-08-164344-8. *29,50 F / 4,50 €*

08149 **HOUSTON J.** Le passage des loups. Nouv. éd. *Flammarion-Père Castor, 1998.* (Castor-Poche ; 15 c1)
ISBN 2-08-164479-7. *19,50 F / 2,97 €*

08150 **HOUSTON J.** Tikta' liktak. *Flammarion-Père Castor, 1982.* (Castor-Poche ; 50 c1)
ISBN 2-08-161759-5. *19,50 F / 2,97 €*

08151 **HUBERT J-P.** Le bleu des mondes. *Hachette-Jeunesse, 1997.* (Vertige ; 1005. Science-fiction c9)
ISBN 2-01-209736-7. *29 F / 4,42 €*

08152 **[N]** **HUBERT J-P.** Les cendres de Ligna. *Mango-Jeunesse, 2000.* (Autres mondes)
ISBN 2-7404-1095-6. *59 F / 8,99 €*

08153 **HUBERT-RICHOU G.** Comme la griffe d'un dragon. *Hachette-Jeunesse, 1996.* (Le livre de poche jeunesse ; 593. Senior c9)
ISBN 2-01-321403-0. *29 F / 4,42 €*

08154 **HUBERT-RICHOU G.** Maudite épave. *Magnard, 1998.* (Les fantastiques c1)
ISBN 2-210-97761-4. *43 F / 6,56 €*

08155 **N** **HUC M-C.** Les gants disparus. *Flammarion-Père Castor, 2001.* (Castor-Poche ; 797)
ISBN 2-08-164816-4. *25 F / 3,81 €*

08156 **HUDELOT C.** La Longue Marche vers la Chine moderne. *Gallimard, 1986.* (Découvertes ; 6. Histoire c4)
ISBN 2-07-053014-0. *75 F / 11,43 €*

08157 **HUET K.** Bienvenue au phare de Men-Ruz. *Syros, 1997.* (Souris aventure ; 4)
ISBN 2-84146-451-2. *32 F / 4,88 €*

08158 **HUGHES D.** Clandestin à l'hôtel. *Flammarion-Père Castor, 1993.* (Castor-Poche ; 402. Senior c5)
ISBN 2-08-162269-6. *35,50 F / 5,41 €*

08159 **HUGHES F., RIDDELL C.** La chose du lavabo. *Pocket Jeunesse, 1999.* (Kid pocket ; 223 c04)
ISBN 2-266-09744-X. *30 F / 4,57 €*

08160 **HUGHES M.** Raz-de-marée sur Aquarius. *Hachette-Jeunesse, 1996.* (Vertige ; 1003. Science-fiction c10)
ISBN 2-01-209598-4. *31 F / 4,73 €*

08161 **HUGHES T.** Le géant de fer. Réimpr. *Gallimard-Jeunesse, 1999.* (Folio cadet ; 295 c6)
ISBN 2-07-052686-0. *41 F / 6,25 €*

08162 **HUGHES Y.** Coeur de piaf. *Gallimard-Jeunesse, 2000.* (Page noire ; 59 c5)
ISBN 2-07-054106-1. *41 F / 6,25 €*

08163 **HUGHES Y.** Contre la montre. *Gallimard-Jeunesse, 1998.* (Page noire ; 25)
ISBN 2-07-051604-0. *41 F / 6,25 €*

08164 **HUGHES Y.** Fausse note. *Gallimard-Jeunesse, 1998.* (Page noire ; 4 c6)
ISBN 2-07-051985-6. *41 F / 6,25 €*

08165 **HUGHES Y.** Sale temps. *Gallimard-Jeunesse, 1999.* (Page noire ; 40 c5)
ISBN 2-07-051738-1. *36 F / 5,49 €*

08166 **HUGHES Y.** Vieilles neiges. Réimpr. *Gallimard-Jeunesse, 1994.* (Page noire ; 18 c5)
ISBN 2-07-052251-2. *36 F / 5,49 €*

08167 **HUGLO M-P.** Rap à Cambridge. *Gallimard-Jeunesse, 1999.* (Folio junior ; 967 c3)
ISBN 2-07-052453-1. *30 F / 4,57 €*

08168 **HUGLO M-P.** Saut de puce. *Gallimard-Jeunesse, 2000.* (Folio junior ; 1040 c3)
ISBN 2-07-054104-5. *30 F / 4,57 €*

08169 **HUGO H.** Aubagne la galère. *Syros, 1998.* (Mini Souris noire c1)
ISBN 2-84146-586-1. *19 F / 2,90 €*

08170 **HUGO H.** Lambada pour l'enfer. *Syros, 1997.* (Souris noire ; 2)
ISBN 2-84146-430-X. *32 F / 4,88 €*

08171 **HUGO H.** Omar et Juliette. Nouv. éd. *Syros, 1999.* (Mini Souris sentiments c1)
ISBN 2-84146-658-2. *19 F / 2,90 €*

08172 **HUGO H.** Le petit napperon rouge. *Syros, 1999.* (Mini Souris humour c1)
ISBN 2-84146-727-9. *19 F / 2,90 €*

08173 **A** **HUGO V.** Le dernier jour d'un comdamné. *Hachette-Jeunesse, 2001.* (Le livre de poche jeunesse. Senior)
ISBN 2-01-321831-1. *26,50 F / 4,04 €*

08174 **HUGO V.** Gavroche. *Hemma, 1995.* (Livre club jeunesse ; 46)
24 F / 3,66 €

08175 **HUGO V.** Gavroche. *Hachette-Jeunesse, 1997.* (Les misérables; 3)(Le livre de poche jeunesse ; 1107. Gai savoir c10)
ISBN 2-01-321469-3. *31 F / 4,73 €*

08176 **HUGO V.** Jean Valjean. *Hemma, 1996.* (Livre club jeunesse ; 52)
24 F / 3,66 €

08177 **HUGO V.** Les misérables. 1, Jean Valjean. *Hachette-Jeunesse, 1996.* (Le livre de poche jeunesse ; 1105. Gai savoir c10)
ISBN 2-01-321447-2. *31 F / 4,73 €*

08178 **HUGO V.** Les misérables. 2. *Hachette-Jeunesse, 1996.* (Le livre de poche jeunesse ; 1106. Gai savoir c10)
ISBN 2-01-321472-3. *31 F / 4,73 €*

08179 **A** **HUGO V.** Mon premier Hugo. *Milan, 2001.* (Milan poche junior ; 48)
ISBN 2-7459-0254-7. *30 F / 4,57 €*

08180 **HUGO V.** Notre-Dame de Paris. *Hachette-Jeunesse, 1996.* (Le livre de poche jeunesse ; 1109. Gai savoir c13)
ISBN 2-01-321455-3. *35 F / 5,34 €*

08181 **HUGO V.** Notre-Dame de Paris. *Hemma, 1996.* (Livre club jeunesse ; 50)
24 F / 3,66 €

08182 **HUGO V.** Les travailleurs de la mer. *Hachette-Jeunesse, 1998.* (Le livre de poche jeunesse ; 1143. Gai savoir c12)
ISBN 2-01-321677-7. *35 F / 5,34 €*

08183 **HUISMAN M., HUISMAN G.** Contes et légendes du Moyen Age français. *Pocket Jeunesse, 1998.* (Pocket junior ; 330. Mythologies c4)
ISBN 2-266-08639-1. *30 F / 4,57 €*

08184 **HULOT A.** Enquête et patins à roulettes. *Rageot, 1996.* (Cascade. 9-11 ans c2)
ISBN 2-7002-2362-4. *46 F / 7,01 €*

08185 **HULOT A.** L'inconnu du quatrième. *Rageot, 1995.* (Cascade. 9-11 ans c1)
ISBN 2-7002-2312-8. *44 F / 6,71 €*

08186 **N** **HULOT A.** Minuit l'heure du fantôme. *Rageot, 2001.* (Cascade. 9-11 ans)
ISBN 2-7002-2695-X. *44 F / 6,71 €*

08187 **HULOT A.** Secrets de sorcières. *Rageot, 1997.* (Cascade. 9-11 ans c2)
ISBN 2-7002-2470-1. *44 F / 6,71 €*

08188 **HUMBERT H.** La nuit du voleur. *Syros, 1998.* (Mini Souris noire c1)
ISBN 2-84146-566-7. *19 F / 2,90 €*

08189 **HUNTER M.** L'inquiétant naufrage. *Flammarion-Père Castor, 1996.* (Castor-Poche ; 553. Senior c4)
ISBN 2-08-164169-0. *32,50 F / 4,95 €*

08190 **HURWITZ J.** Anne Frank, la vie en cachette. *Hachette-Jeunesse, 1997.* (Le livre de poche jeunesse ; 628. Junior c5)
ISBN 2-01-321516-9. *26,50 F / 4,04 €*

08191 **HUSTON N.** Les souliers d'or. *Gallimard-Jeunesse, 1998.* (Page blanche c1)
ISBN 2-07-051569-9. *30 F / 4,57 €*

08192 **HUXLEY A.** Le Meilleur des mondes. Réimpr. *Pocket, 1988.* (Pocket ; 1438. Jeunesse c3)
ISBN 2-266-02310-1. *26 F / 3,96 €*

08193 **HUXLEY A.** Le meilleur des mondes. Réimpr. *Pocket Jeunesse, 1998.* (Pocket junior ; 71. Fantastique c5)
ISBN 2-266-08632-4. *35 F / 5,34 €*

08194 **Idées fixes.** *Hachette-Jeunesse, 1996.* (Courts toujours ! c17)
ISBN 2-01-209519-4. *49 F / 7,47 €*

08195 **IKE V. C.** Fils de panthère. *Dapper, 2000.* (Au bout du monde)
ISBN 2-906067-54-7. *38 F / 5,79 €*

08196 **Iles.** *Gallimard : Bibliothèque publique d'information, 1987.* (Découvertes. Littérature c1)
ISBN 2-07-056363-4. *39,50 F / 6,02 €*

08197 **IMPEY R., KEMP M.** L'agrippeur de chevilles. *Gallimard-Jeunesse, 1999.* (Folio benjamin ; 373. Panique c4)
ISBN 2-07-052404-3. *32,50 F / 4,95 €*

08198 **IMPEY R., KEMP M.** L'homme tout plat. *Gallimard-Jeunesse, 1999.* (Folio benjamin ; 371. Panique c4)
ISBN 2-07-052402-7. *32,50 F / 4,95 €*

08199 **IMPEY R., KEMP M.** L'inconnue du grenier. *Gallimard-Jeunesse, 1999.* (Folio benjamin ; 381. Panique)
ISBN 2-07-052682-8. *32,50 F / 4,95 €*

08200 **IMPEY R., KEMP M.** Peur dans la nuit. *Gallimard-Jeunesse, 1999.* (Folio benjamin ; 372. Panique c4)
ISBN 2-07-052403-5. *32,50 F / 4,95 €*

08201 **L'incendiaire de Rome.** *Bayard, 1999.* (Les aventuriers de l'histoire ; 902. Mysteria c1)
ISBN 2-227-74703-X. *29 F / 4,42 €*

08202 **N** **INDRIO M.** Monsieur Labulle super cosmonaute. *Flammarion, 2000.* (Castor-Poche ; 758. Junior c2)
ISBN 2-08-164678-1. *25 F / 3,81 €*

08203 **N** **INDRIO M.** Monsieur Labulle super détective. *Flammarion-Père Castor, 2000.* (Castor-Poche ; 757. Junior c2)
ISBN 2-08-164677-3. *25 F / 3,81 €*

08204 **N** **INDRIO M.** Monsieur Labulle super magicien. *Flammarion-Père Castor, 2000.* (Castor-Poche ; 759. Junior c2)
ISBN 2-08-164679-X. *25 F / 3,81 €*

08205 **N** **INDRIO M.** Monsieur Labulle super pilote. *Flammarion-Père Castor, 2000.* (Castor-Poche ; 756. Junior c2)
ISBN 2-08-164676-5. *25 F / 3,81 €*

08206 **N** **IONESCO E.** Le roi se meurt. *Gallimard-Jeunesse, 2001.* (Folio junior ; 1134. Théâtre c3)
ISBN 2-07-054513-X. *30 F / 4,57 €*

08207 **IRISH W.** Une incroyable histoire. *Syros, 1998.* (Souris noire ; 25 c1)
ISBN 2-84146-600-0. *32 F / 4,88 €*

08208 **Les ironies du sport :** nouvelles. *Hachette-Jeunesse, 1998.* (Courts toujours ! c17)
ISBN 2-01-209530-5. *49 F / 7,47 €*

08209 **ISHERWOOD S.** Monsieur Mitaine. *Flammarion-Père Castor, 1994.* (Castor-Poche ; 456. Junior c4)
ISBN 2-08-164015-5. *32,50 F / 4,95 €*

08210 **JABLONSKA W.** Le drôle d'oiseau. *Alyssa, 1999.* (Grain de sésame ; 2)
ISBN 9973-758-26-9. *40 F / 6,10 €*

08211 **JACKSON S.** La Citadelle du chaos : livre-jeu. Réimpr. *Gallimard-Jeunesse, 1996.* (Un Livre dont vous êtes le héros ; 268. Défis fantastiques c5)
ISBN 2-07-050672-X. *36 F / 5,49 €*

08212 **JACKSON S.** La Cité des pièges. Réimpr. *Gallimard-Jeunesse, 1996.* (Un Livre dont vous êtes le héros ; 294. Sorcellerie ; 2 c5)
ISBN 2-07-050697-5. *36 F / 5,49 €*

08213 **JACKSON S.** Les Collines maléfiques. *Gallimard-Jeunesse, 1997.* (Un Livre dont vous êtes le héros ; 293. Sorcellerie ; 1 c5)
ISBN 2-07-050924-9. *36 F / 5,49 €*

08214 **JACKSON S.** La Couronne des rois. Réimpr. *Gallimard-Jeunesse, 1997.* (Un Livre dont vous êtes le héros ; 310. Sorcellerie ; 4 c5)
ISBN 2-07-050926-5. *44 F / 6,71 €*

08215 **JACKSON S.** Le manoir de l'enfer. Réimpr. *Gallimard-Jeunesse, 1999.* (Folio junior ; 286. Un Livre dont vous êtes le héros)
ISBN 2-07-050923-0. *36 F / 5,49 €*

08216 **JACKSON S.** Les Sept serpents. Réimpr. *Gallimard-Jeunesse, 1997.* (Un Livre dont vous êtes le héros ; 295. Sorcellerie ; 3 c5)
ISBN 2-07-050925-7. *36 F / 5,49 €*

08217 **JACKSON S., LIVINGSTONE I.** Le Sorcier de la montagne de feu. Réimpr. *Gallimard-Jeunesse, 1997.* (Un Livre dont vous êtes le héros ; 252. Défis fantastiques c5)
ISBN 2-07-050919-2. *36 F / 5,49 €*

08218 **N** **JACOB M.** Histoire du roi Kaboul Ier et du marmiton Gauwain ; La couronne de Vulcain. *Gallimard-Jeunesse, 2000.* (Folio cadet ; 401 c3)
ISBN 2-07-054208-4. *30 F / 4,57 €*

08219 **JACOBS J.** Dictionnaire des fêtes. *Hachette-Jeunesse, 1996.* (Le livre de poche jeunesse ; 1505. Dictionnaires c12)
ISBN 2-01-321461-8. *35 F / 5,34 €*

08220 **JACOBS J.** Dictionnaire du cinéma. *Hachette-Jeunesse, 1998.* (Le livre de poche jeunesse ; 1511. Dictionnaires c13)
ISBN 2-01-321569-X. *35 F / 5,34 €*

08221 **JACOBS J.** Les trois petits cochons ; Monsieur Vinaigre ; Yallery Brown. *Hachette-Jeunesse, 1994.* (Bibliothèque rose ; 740 c5)
ISBN 2-01-020734-3. *26,50 F / 4,04 €*

08222 **JACQ C.** La fiancée du Nil. *Magnard, 1996.* (Les romans)
ISBN 2-210-97729-0. *48 F / 7,32 €*

08223 **JACQUARD A., AUDERSET M-J., PONCELET B.** Le Mime. *Joie de lire, 1994.* (Récits)
ISBN 2-88258-038-X. *49 F / 7,47 €*

08224 **JACQUES B.** A l'assaut de Terramort. *Mango-Jeunesse, 1999.* (Mariel; 4)(Mango poche ; 112. Rougemuraille c1)
ISBN 2-7404-0874-9. *30 F / 4,57 €*

08225 **JACQUES B.** Les baladins de l'Eglantine. *Mango-Jeunesse, 1999.* (Le fils de Luc; 2)(Mango poche. Rougemuraille c1)
ISBN 2-7404-0935-4. *30 F / 4,57 €*

08226 **JACQUES B.** La bataille de Marpoigne. *Mango-Jeunesse, 1999.* (Le fils de Luc; 4)(Mango poche. Rougemuraille c1)
ISBN 2-7404-0937-0. *30 F / 4,57 €*

08227 **N** **JACQUES B.** Coffret Rougemuraille. 1, Cluny. *Mango-Jeunesse, 2000.* (Mango poche. Rougemuraille)
ISBN 2-7404-1114-6. *90 F / 13,72 €*

08228 **N** **JACQUES B.** Coffret Rougemuraille. 2, Martin. *Mango-Jeunesse, 2000.* (Mango poche. Rougemuraille)
ISBN 2-7404-1115-4. *90 F / 13,72 €*

08229 **N** **JACQUES B.** Coffret Rougemuraille. 3, Mattimeo. *Mango-Jeunesse, 2000.* (Mango poche. Rougemuraille)
ISBN 2-7404-1116-2. *90 F / 13,72 €*

08230 **JACQUES B.** Les évadés de Méridion. *Mango-Jeunesse, 2000.* (Joseph; 3)(Mango poche ; 122. Rougemuraille c1)
ISBN 2-7404-0998-2. *30 F / 4,57 €*

08231 **N** **JACQUES B.** Ferrago l'assassin. *Mango-Jeunesse, 2000.* (Salamandastron; 1)(Mango poche ; 124. Rougemuraille c1)
ISBN 2-7404-1055-7. *30 F / 4,57 €*

08232 **N** **JACQUES B.** La fièvre du fossé. *Mango-Jeunesse, 2000.* (Salamandastron; 2)(Mango poche ; 125. Rougemuraille c1)
ISBN 2-7404-1056-5. *30 F / 4,57 €*

08233 **JACQUES B.** La forêt hostile. *Mango-Jeunesse, 1999.* (Mariel; 3)(Mango poche ; 111. Rougemuraille c1)
ISBN 2-7404-0873-0. *30 F / 4,57 €*

08234 **JACQUES B.** Le général Becdacier. *Mango-Jeunesse, 1998.* (Mattimeo; 2)(Mango poche. Rougemuraille c1)
ISBN 2-7404-0797-1. *30 F / 4,57 €*

08235 **JACQUES B.** Le jugement du guerrier. *Mango-Jeunesse, 1999.* (Solaris; 3)(Mango poche. Rougemuraille c1)
ISBN 2-7404-0906-0. *30 F / 4,57 €*

08236 **JACQUES B.** Kamoul le sauvage. *Mango-Jeunesse, 1999.* (Mariel; 2)(Mango poche ; 110. Rougemuraille c1)
ISBN 2-7404-0872-2. *30 F / 4,57 €*

08237 **JACQUES B.** La longue route. *Mango-Jeunesse, 1999.* (Le fils de Luc; 3)(Mango poche. Rougemuraille c1)
ISBN 2-7404-0936-2. *30 F / 4,57 €*

08238 **N** **JACQUES B.** Mara de Rougemuraille. *Mango-Jeunesse, 2000.* (Salamandastron; 4)(Mango poche ; 127. Rougemuraille c1)
ISBN 2-7404-1058-1. *30 F / 4,57 €*

08239 **JACQUES B.** La menace d'Ourgan le garou. *Mango-Jeunesse, 2000.* (Joseph; 1)(Mango poche ; 120. Rougemuraille c1)
ISBN 2-7404-0996-6. *30 F / 4,57 €*

08240 **JACQUES B.** La montagne de feu. *Mango-Jeunesse, 1998.* (Martin le guerrier; 2)(Mango poche. Rougemuraille c1)
ISBN 2-7404-0785-8. *30 F / 4,57 €*

08241 **JACQUES B.** L'orphelin maudit. *Mango-Jeunesse, 1999.* (Solaris; 2)(Mango poche. Rougemuraille c1)
ISBN 2-7404-0905-2. *30 F / 4,57 €*

08242 **JACQUES B.** La reconquête. *Mango-Jeunesse, 2000.* (Joseph; 4)(Mango poche ; 123. Rougemuraille c1)
ISBN 2-7404-0999-0. *30 F / 4,57 €*

08243 **JACQUES B.** La reine aux yeux multiples. *Mango-Jeunesse, 1998.* (Martin le guerrier; 1)(Mango poche ; 103. Rougemuraille c1)
ISBN 2-7404-0784-X. *30 F / 4,57 €*

08244 **JACQUES B.** La Reine-de-Nacre. *Mango-Jeunesse, 2000.* (Joseph; 2)(Mango poche ; 121. Rougemuraille c1)
ISBN 2-7404-0997-4. *30 F / 4,57 €*

08245 **JACQUES B.** Le retour triomphal. *Mango-Jeunesse, 1998.* (Martin le guerrier; 3)(Mango poche. Rougemuraille c1)
ISBN 2-7404-0786-6. *30 F / 4,57 €*

08246 **JACQUES B.** La révolte de Tempête. *Mango-Jeunesse, 1999.* (Mariel; 1)(Mango poche ; 109. Rougemuraille c1)
ISBN 2-7404-0871-4. *30 F / 4,57 €*

08247 **JACQUES B.** Le royaume du mal. *Mango-Jeunesse, 1998.* (Mattimeo; 3)(Mango poche. Rougemuraille c1)
ISBN 2-7404-0798-X. *30 F / 4,57 €*

08248 **JACQUES B.** Salik le barbare. *Mango-Jeunesse, 1998.* (Mattimeo; 1)(Mango poche. Rougemuraille c1)
ISBN 2-7404-0796-3. *30 F / 4,57 €*

08249 **JACQUES B.** Le sauveur à tête d'or. *Mango-Jeunesse, 1999.* (Solaris; 1)(Mango poche. Rougemuraille c1)
ISBN 2-7404-0904-4. *30 F / 4,57 €*

08250 **N** **JACQUES B.** Le serpentissime. *Mango-Jeunesse, 2000.* (Salamandastron; 3)(Mango poche ; 126. Rougemuraille c1)
ISBN 2-7404-1057-3. *30 F / 4,57 €*

08251 **JACQUES B.** Tarkan le tyran. *Mango-Jeunesse, 1999.* (Le fils de Luc; 1)(Mango poche. Rougemuraille c1)
ISBN 2-7404-0934-6. *30 F / 4,57 €*

08252 **JACQUES B.** La vipère géante. *Mango-Jeunesse, 1998.* (Cluny le fléau; 3)(Mango poche. Rougemuraille c1)
ISBN 2-7404-0783-1. *30 F / 4,57 €*

08253 **Jacques Prévert, un poète. Nouv. éd.** *Gallimard-Jeunesse, 1998.* (Folio junior ; 857. En poésie ; 1)
ISBN 2-07-051527-3. *32,50 F / 4,95 €*

08254 **JAMES E.** Cache-cache des morts-vivants. *Bayard Jeunesse, 1999.* (Passion de lire ; 1001. Rue de la peur c1)
ISBN 2-227-72984-8. *29 F / 4,42 €*

08255 **JAMMES F., DUHÊME J.** Prière pour aller au paradis avec les ânes. *Gallimard-Jeunesse, 1998.* (Folio benjamin ; 331)
ISBN 2-07-051748-9. *28 F / 4,27 €*

08256 **JAN DAU MELHAU** Contes du Limousin. *Flammarion-Père Castor, 1998.* (Castor-Poche ; 625 cE)
ISBN 2-08-164497-5. *32,50 F / 4,95 €*

08257 **JANICHON G., MAUREL G.** Tempêtes sur un baleinier. *Gallimard-Jeunesse, 1998.* (Folio junior ; 919. Drôles d'aventures ; 14 c3)
ISBN 2-07-051824-8. *30 F / 4,57 €*

08258 **N** **JANICHON G., VOGEL N.** Alex et Monette à la conquête des pôles. *Gallimard-Jeunesse, 2000.* (Folio junior ; 1103. Drôles d'aventures ; 25)
ISBN 2-07-052936-3. *30 F / 4,57 €*

08259 **JANSSON T.** L'été dramatique de Moumine. *Pocket Jeunesse, 1996.* (Kid pocket ; 209 c5)
ISBN 2-266-06821-0. *35 F / 5,34 €*

08260 **JANSSON T.** Un hiver dans la vallée de Moumine. *Pocket Jeunesse, 1997.* (Kid pocket ; 321)
ISBN 2-266-07931-X. *30 F / 4,57 €*

08261 **JANSSON T.** Moumine le troll. Nouv. éd. *Pocket Jeunesse, 1999.* (Pocket junior ; 55)
ISBN 2-266-08855-6. *35 F / 5,34 €*

08262 **JAOUEN H.** Le cahier noir. *Gallimard-Jeunesse, 1999.* (Page noire ; 42 c4)
ISBN 2-07-052416-7. *32,50 F / 4,95 €*

08263 **JAOUEN H.** Mamie mémoire. *Gallimard-Jeunesse, 1999.* (Page blanche ; 44 c6)
ISBN 2-07-052645-3. *41 F / 6,25 €*

08264 **JAOUEN H.** Le monstre du lac noir. *Syros, 1997.* (Mini Souris noire c1)
ISBN 2-84146-443-1. *19 F / 2,90 €*

08265 **N** **JARMAN J.** Un élève de trop. *Hachette-Jeunesse, 2000.* (Le livre de poche jeunesse ; 719. Senior c8)
ISBN 2-01-321771-4. *28 F / 4,27 €*

08266 **JARRELL R., GARTH W.** Le lapin de pain d'épice. *Pocket Jeunesse, 1995.* (Kid pocket ; 94 c3)
ISBN 2-266-06512-2. *26 F / 3,96 €*

08267 **JAY A.** A la poursuite d'Olympe. *Hachette-Jeunesse, 1995.* (Le livre de poche jeunesse ; 535 c11)
ISBN 2-01-321049-3. *33 F / 5,03 €*

08268 **JAY A.** Complot à Versailles. *Hachette-Jeunesse, 1993.* (Le livre de poche jeunesse ; 478 c12)
ISBN 2-01-020025-X. *35 F / 5,34 €*

08269 **JAY A.** Un fantôme en héritage. *Hachette-Jeunesse, 1997.* (Vertige ; 1110. Fantastique c9)
ISBN 2-01-209775-8. *27 F / 4,12 €*

08270 **JAY A.** Le trône de Cléopâtre. *Hachette-Jeunesse, 1996.* (Le livre de poche jeunesse ; 571. Senior c11)
ISBN 2-01-321354-9. *33 F / 5,03 €*

08271 **A** **JAY D'ALBON F.** Sacré scarabée sacré. *Magnard, 2001.* (Les policiers)
ISBN 2-210-98419-X. *43 F / 6,56 €*

08272 **JEAN-CHARLES** Vive le rire !. *Flammarion-Père Castor, 1996.* (Castor-Poche ; 537. Junior c5)
ISBN 2-08-164163-1. *35,50 F / 5,41 €*

08273 **JEAN D., ZAD** Bienvenue sur Konditor. *Hachette-Jeunesse, 1997.* (Le livre de poche jeunesse ; 598. Cadet c5)
ISBN 2-01-321413-8. *26,50 F / 4,04 €*

08274 **JEAN F.** Les dauphins de l'apocalypse. *Syros, 1998.* (Souris aventure ; 13 c3)
ISBN 2-84146-642-6. *32 F / 4,88 €*

08275 **JEAN F.** L'enfant dauphin. *Syros, 1999.* (Souris aventure ; 25 c1)
ISBN 2-84146-745-7. *32 F / 4,88 €*

08276 **JEAN R., NOURRIT S.** Bel et Bulle ou Les mystères de la rue. *Autres temps, 1999.* (Temps jeunesse)
ISBN 2-84521-014-0. *49 F / 7,47 €*

08277 **JEFFRIES R.** Les horloges de la nuit. *Pocket Jeunesse, 1999.* (Pocket junior ; 501. Policier c3B)
ISBN 2-266-09224-3. *28 F / 4,27 €*

08278 **JENNINGS P.** Le machin-bidule court toujours. *Gallimard-Jeunesse, 1998.* (Folio junior ; 909 c3)
ISBN 2-07-052196-6. *30 F / 4,57 €*

08279 **JENNINGS P., PEF** Le machin-bidule. 1. *Gallimard-Jeunesse, 1998.* (Folio junior ; 872)
ISBN 2-07-050799-8. *30 F / 4,57 €*

08280 [N] **JEURY D.** Squatteur de rêve. *Mango-Jeunesse, 2001.* (Autres mondes)
ISBN 2-7404-1186-3. *59 F / 8,99 €*

08281 **JEURY M., JEURY D.** Le chat venu du futur. *Hachette-Jeunesse, 1998.* (Vertige ; 1015. Science-fiction)
ISBN 2-01-209857-6. *27 F / 4,12 €*

08282 **JIMENES G.** Basket balle. *Rageot, 1997.* (Cascade. Policier c2)
ISBN 2-7002-2432-9. *46 F / 7,01 €*

08283 **JIMENES G.** Lace-moi les baskets. *Rageot, 1999.* (Cascade. 7-9 ans)
ISBN 2-7002-2593-7. *44 F / 6,71 €*

08284 **JIMENES G.** Vive les punitions. *Rageot, 1996.* (Cascade. 9-11 ans c1)
ISBN 2-7002-2371-3. *44 F / 6,71 €*

08285 **JIMENES G., BLOCH S.** Monsieur Boniface rajeunit. *Bayard, 1996.* (J'aime lire ; 105 c1)
ISBN 2-227-72712-8. *26,50 F / 4,04 €*

08286 **JIMENES G., IVERS M.** La sorcière au scooter. Nouv. éd. *Bayard, 1997.* (J'aime lire ; 42 c1)
ISBN 2-227-72723-3. *27 F / 4,12 €*

08287 **JOFFO J.** Baby-foot. *Hachette-Jeunesse, 1995.* (Le livre de poche jeunesse ; 537 c10)
ISBN 2-01-321323-9. *31 F / 4,73 €*

08288 **JOFFO J.** Un sac de billes. *Hachette-Jeunesse, 1998.* (Le livre de poche jeunesse ; 1140. Gai savoir c14)
ISBN 2-01-321673-4. *37 F / 5,64 €*

08289 **JOFFO J.** Simon et l'enfant. *Hachette-Jeunesse, 1999.* (Le livre de poche jeunesse ; 697. Senior c10)
ISBN 2-01-321737-4. *31 F / 4,73 €*

08290 **JOHANSEN H., BHEND K.** Il était une fois deux oursons. Réimpr. *Gallimard-Jeunesse, 1998.* (Folio cadet ; 191 c7)
ISBN 2-07-051789-6. *44 F / 6,71 €*

08291 **JOHANSEN H., BHEND K.** La Petite oie qui n'allait pas assez vite. *Gallimard-Jeunesse, 1993.* (Folio cadet ; 286)
ISBN 2-07-052315-2. *44 F / 6,71 €*

08292 [A] **JOHNSON C.** Harold et la lune magique. *Pocket Jeunesse, 2001.* (Kid pocket ; 676)
ISBN 2-266-09595-1. *30 F / 4,57 €*

08293 [A] **JOHNSON C.** Harold et le crayon rose. *Pocket Jeunesse, 2001.* (Kid pocket ; 674)
ISBN 2-266-09592-7. *30 F / 4,57 €*

08294 [A] **JOHNSON C.** Harold et le jardin magique. *Pocket Jeunesse, 2001.* (Kid pocket ; 675)
ISBN 2-266-09596-X. *30 F / 4,57 €*

08295 [N] **JOHNSON O.** La malédiction du pharaon. *Gallimard-Jeunesse, 2000.* (Dragon d'or; 4)(Folio junior ; 333. Un Livre dont vous êtes le héros c5)
ISBN 2-07-054404-4. *35 F / 5,34 €*

08296 [N] **JOHNSON O.** Le seigneur de l'ombre. *Gallimard-Jeunesse, 2000.* (Dragon d'or; 3)(Folio junior ; 327. Un Livre dont vous êtes le héros c5)
ISBN 2-07-054403-6. *36 F / 5,49 €*

08297 **JOHNSTON J.** Sara la farouche. *Hachette-Jeunesse, 1996.* (Mon bel oranger)
ISBN 2-01-321358-1. *33 F / 5,03 €*

08298 **JOLIBOIS C.** Kidnappée par les Sioux. *Milan, 2000.* (Milan poche cadet ; 31 c1)
ISBN 2-7459-0068-4. *28 F / 4,27 €*

08299 [N] **JOLIBOIS C.** La petite poule qui voulait voir la mer. Réimpr. *Pocket Jeunesse, 2000.* (Kid pocket ; 589 c4)
ISBN 2-266-10053-X. *30 F / 4,57 €*

08300 **JOLIS A.** Monsieur Métro. *Hachette-Jeunesse, 1997.* (Le livre de poche jeunesse ; 613. Junior c9)
ISBN 2-01-321059-0. *29 F / 4,42 €*

08301 **JOLIS A.** Panique à Trolhaven ou Une sorcière contre l'ONU. *Hachette-Jeunesse, 1996.* (Le livre de poche jeunesse ; 560. Cadet c5)
ISBN 2-01-321552-5. *27,50 F / 4,19 €*

08302 **JOLIS A.** Les sorcières de Rochenoire ou la Guerre du rire. *Hachette-Jeunesse, 1994.* (Le livre de poche jeunesse ; 506 c5)
ISBN 2-01-020923-0. *26,50 F / 4,04 €*

08303 **JOLIS A., DEBECKER B.** Les aventures de la sorcière Infecte au Shengali. *Hachette-Jeunesse, 1997.* (Le livre de poche jeunesse ; 632. Cadet c7)
ISBN 2-01-321548-7. *28 F / 4,27 €*

08304 **JOLY D.** Dictionnaire des inventions. *Hachette-Jeunesse, 1999.* (Le livre de poche jeunesse ; 1513. Dictionnaires c12)
ISBN 2-01-321605-X. *35 F / 5,34 €*

08305 [N] **JOLY D.** Dictionnaire des religions. *Hachette-Jeunesse, 2000.* (Le livre de poche jeunesse ; 1514. Dictionnaires c12)
ISBN 2-01-321742-0. *35 F / 5,34 €*

08306 **JOLY F.** L'affaire Poupoune. *Pocket Jeunesse, 1999.* (Kid pocket ; 172 c03)
ISBN 2-266-09446-7. *26 F / 3,96 €*

08307 [N] **JOLY F.** L'amour toujours. *Bayard Jeunesse, 2000.* (Passion de lire ; 226. Délires c1)
ISBN 2-227-75741-8. *28,50 F / 4,34 €*

08308 [N] **JOLY F.** Baby-sitter, l'horreur !. *Bayard Jeunesse, 2000.* (Passion de lire ; 230. Délires c1)
ISBN 2-227-75743-4. *28,50 F / 4,34 €*

08309 **JOLY F.** La calanque des ermites. *Syros, 1997.* (Souris noire ; 7)
ISBN 2-84146-450-4. *32 F / 4,88 €*

08310 [N] **JOLY F.** Le club des pingouins : hôtel Bordemer. *Hachette-Jeunesse, 2000.* (Bibliothèque rose ; 11534)
ISBN 2-01-200255-2. *25 F / 3,81 €*

08311 **JOLY F.** Cynthia, le rock et moi. *Hachette-Jeunesse, 1998.* (Le livre de poche jeunesse ; 674. Senior c5)
ISBN 2-01-321666-1. *28 F / 4,27 €*

08312 **JOLY F.** Drôles d'oiseaux : hôtel Bordemer. Nouv. présentation. *Hachette-Jeunesse, 2000.* (Bibliothèque rose ; 1152)
ISBN 2-01-200253-6. *25 F / 3,81 €*

08313 **A** **JOLY F.** Fast-food, c'est fou !. *Bayard Jeunesse, 2001.* (Passion de lire ; 235. Délires c1)
ISBN 2-7470-0204-7. *29 F / 4,42 €*

08314 **JOLY F.** Les frisettes de Mademoiselle Henriette. *Hachette-Jeunesse, 1997.* (Le livre de poche jeunesse ; 603. Cadet c5)
ISBN 2-01-321517-7. *26,50 F / 4,04 €*

08315 **N** **JOLY F.** Héros zéro : hôtel Bordemer. *Hachette-Jeunesse, 2000.* (Bibliothèque rose ; 1153)
ISBN 2-01-200254-4. *25 F / 3,81 €*

08316 **JOLY F.** Jennifer, l'enfer !. *Bayard, 2000.* (Passion de lire ; 226. Délires c1)
ISBN 2-227-75742-6. *29 F / 4,42 €*

08317 **N** **JOLY F.** Plumes et poils à tous les étages : hôtel Bordemer. *Hachette-Jeunesse, 2000.* (Bibliothèque rose ; 1155 c3)
ISBN 2-01-200491-1. *25 F / 3,81 €*

08318 **JOLY F.** Qu'est-ce qui fait craquer la Praline ?. *Hachette-Jeunesse, 1997.* (Le livre de poche jeunesse ; 597. Cadet c5)
ISBN 2-01-321515-0. *26,50 F / 4,04 €*

08319 **JOLY F.** Qui a peur des kidnappeurs ?. *Bayard, 1999.* (Passion de lire ; 223. Délires c1)
ISBN 2-227-73878-2. *28,50 F / 4,34 €*

08320 **JOLY F.** Qui a peur du noir?. *Pocket Jeunesse, 1999.* (Kid pocket ; 496 c2)
ISBN 2-266-09029-1. *23 F / 3,51 €*

08321 **JOLY F.** Sale temps pour la maîtresse. *Bayard, 1996.* (Passion de lire ; 205. Délires)
ISBN 2-227-72950-3. *29 F / 4,42 €*

08322 **N** **JOLY F.** Sale temps pour les hamsters. *Bayard Jeunesse, 2001.* (Passion de lire ; 212. Délires c1)
ISBN 2-227-75711-6. *29 F / 4,42 €*

08323 **JOLY F.** Si on jouait ?. *Hachette-Jeunesse, 1999.* (Le livre de poche jeunesse ; 1301. Benjamin)
ISBN 2-01-321667-X. *28 F / 4,27 €*

08324 **JOLY F.** Tous aux fourneaux : hôtel Bordemer. *Hachette-Jeunesse, 1999.* (Bibliothèque rose ; 1151 c5)
ISBN 2-01-200085-1. *26,50 F / 4,04 €*

08325 **N** **JOLY F.** Vive la gym ! : hôtel Bordemer. *Hachette-Jeunesse, 2001.* (Bibliothèque rose c3)
ISBN 2-01-200634-5. *28 F / 4,27 €*

08326 **N** **JOLY F., ARNAUD B.** Qui a peur de la sorcière ?. *Pocket Jeunesse, 2000.* (Kid pocket ; 573 c4)
ISBN 2-266-10036-X. *30 F / 4,57 €*

08327 **A** **JOLY F., ARNAUD B.** Qui a peur de la souris ?. *Pocket Jeunesse, 2001.* (Kid pocket ; 660 c04)
ISBN 2-266-10677-5. *30 F / 4,57 €*

08328 **JOLY F., CALARNOU Y.** Sacrés pistolets. *Bayard, 1998.* (Les belles histoires ; 99 c1)
ISBN 2-227-72830-2. *27 F / 4,12 €*

08329 **JOLY F., CAPDEVILA R.** Drôle de cadeau. *Bayard, 1996.* (J'aime lire ; 104 c1)
ISBN 2-227-72703-9. *27 F / 4,12 €*

08330 **JOLY F., CAPDEVILA R.** Drôle de colo. *Bayard, 1995.* (J'aime lire ; 88 c1)
ISBN 2-227-72711-X. *27 F / 4,12 €*

08331 **JOLY F., CAPDEVILA R.** Drôles de contrôles. *Bayard, 1992.* (J'aime lire ; 41 c1)
ISBN 2-227-72243-6. *27 F / 4,12 €*

08332 **JOLY F., CAPDEVILA R.** La reine de la récré. *Bayard Jeunesse, 1999.* (Mes premiers J'aime lire ; 5 c1)
ISBN 2-227-72759-4. *27 F / 4,12 €*

08333 **JOLY F., DANIEL F.** Les cadeaux du Père Lëno. *Bayard, 1998.* (J'aime lire ; 122 c1)
ISBN 2-227-72739-X. *27 F / 4,12 €*

08334 **JOLY F., GIBRAT J-P.** La ruse de Cunégonde. *Bayard, 1998.* (J'aime lire ; 119 c1)
ISBN 2-227-72741-1. *27 F / 4,12 €*

08335 **JOLY F., LAPOINTE C.** Parfaite la princesse?. *Bayard, 1996.* (Les belles histoires ; 51 c1)
ISBN 2-227-72820-5. *27 F / 4,12 €*

08336 **JOLY F., MÉREL** Le prince congelé. *Bayard, 1997.* (J'aime lire ; 111 c1)
ISBN 2-227-72729-2. *27 F / 4,12 €*

08337 **JOLY F., MILLET C., MILLET D.** La Charabiole. *Bayard, 1993.* (J'aime lire ; 50 c1)
ISBN 2-227-72260-6. *27 F / 4,12 €*

08338 **JOLY F., MILLET C., MILLET D.** Les pâtacolors, j'adore. *Bayard, 1996.* (J'aime lire ; 97 c1)
ISBN 2-227-72715-2. *27 F / 4,12 €*

08339 **JOLY F., ROCHUT J-N.** Qui a peur du loup?. *Pocket Jeunesse, 1999.* (Kid pocket ; 447 c02)
ISBN 2-266-09000-3. *23 F / 3,51 €*

08340 **JOLY F., ROCHUT J-N.** Qui a peur du monstre ?. *Pocket Jeunesse, 2000.* (Kid pocket ; 546 c2)
ISBN 2-266-10035-1. *23 F / 3,51 €*

08341 **JOLY F., ROSY M.** La Télé toquée. *Bayard, 1994.* (J'aime lire ; 70 c1)
ISBN 2-227-72291-6. *27 F / 4,12 €*

08342 **JOLY F., STRASSER T., PIASECKI J.** Sale temps pour la maîtresse. *Bayard, 1998.* (Passion de lire. Délires)
87 F / 13,26 €

08343 **JOLY F., THEINHARDT V.** Jeannot-Loup et le cruel Albert. *Bayard, 1996.* (Les belles histoires ; 86 c1)
ISBN 2-227-72803-5. *27 F / 4,12 €*

08344 **JONES D. W.** Les neuf vies du magicien. *Gallimard-Jeunesse, 1998.* (Folio junior ; 931 c6)
ISBN 2-07-058360-0. *40 F / 6,10 €*

08345 **JONES E.** Aventures sur la planète Knos. *Dapper, 1998.* (Au bout du monde)
ISBN 2-906067-39-3. *35 F / 5,34 €*

08346 **JONQUET T.** Un enfant dans la guerre. *Gallimard-Jeunesse, 1995.* (Folio junior ; 761. Edition spéciale c4)
ISBN 2-07-058836-X. *32,50 F / 4,95 €*

08347 **JONQUET T.** On a volé le Nkoro-Nkoro. *Syros, 1997.* (Mini Souris noire c1)
ISBN 2-84146-408-3. *19 F / 2,90 €*

08348 **JONQUET T.** Paolo et la crapule. Nouv. éd. *Pocket Jeunesse, 1999.* (Pocket junior ; 203. Policier c3)
ISBN 2-266-09401-7. *26 F / 3,96 €*

08349 **JORIS D.** Erik le chétif. *Hemma, 2001.* (Mini-club ; 78)
ISBN 2-8006-4364-1. *21 F / 3,20 €*

08350 **JORIS D.** Marie Castelain. *Hemma, 2000.* (Livre club jeunesse)
ISBN 2-8006-7837-2. *26 F / 3,96 €*

08351 **JORIS D.** Le pentacle d'Anaël. *Hemma, 2000.* (Livre club jeunesse ; 80)
ISBN 2-8006-7841-0. *26 F / 3,96 €*

08352 **JORIS D., JORIS L.** La fée des rêves. *Hemma, 2000.* (Lire et délires ; 6)
ISBN 2-8006-7377-X. *23 F / 3,51 €*

08353 **JOSSET X.** Une lionne au village. *Gallimard-Jeunesse, 1998.* (Folio junior ; 890. Drôles d'aventures ; 10 c3)
ISBN 2-07-050986-9. *30 F / 4,57 €*

08354 **JOST A.** Mini-club Sissi. 1, La visite impériale. *Hemma, 1997.* (Mini-club ; 1)
ISBN 2-8006-5828-2. *23 F / 3,51 €*

08355 **JOST A.** Mini-club Sissi. 2, La route de Vienne. *Hemma, 1997.* (Mini-club ; 2)
23 F / 3,51 €

08356 **JOST A.** Les yeux de Mara. *Hemma, 2000.* (Livre club jeunesse ; 77)
ISBN 2-8006-7838-0. *26 F / 3,96 €*

08357 **N** **JOUBERT J.** Blouson bleu. *Autres temps, 2000.* (Temps jeunesse)
ISBN 2-84521-061-2. *49 F / 7,47 €*

08358 **Jouer avec les poètes :** 200 poèmes-jeux inédits de 65 poètes contemporains. *Hachette-Jeunesse, 1999.* (Fleurs d'encre c11)
ISBN 2-01-321736-6. *33 F / 5,03 €*

08359 **Journal de la reine Amidala.** *Pocket Jeunesse, 1999.* (Star Wars : Episode 1)(Pocket junior ; 520. Cinéma)
ISBN 2-266-09600-1. *32 F / 4,88 €*

08360 **JOUVE E.** La nuit de l'étrangleur. *Rageot, 1999.* (Cascade. Policier)
ISBN 2-7002-2614-3. *48 F / 7,32 €*

08361 **N** **JOYEUX O.** L'âge heureux : le journal de Delphine. *Hachette-Jeunesse, 2000.* (Le livre de poche jeunesse ; 741. Junior c5)
ISBN 2-01-321789-7. *26,50 F / 4,04 €*

08362 **N** **JOYEUX O.** Côté jardin. *Hachette-Jeunesse, 2000.* (Le livre de poche jeunesse ; 725. Junior c8)
ISBN 2-01-321787-0. *29 F / 4,42 €*

08363 **JOZAN O.** Ciné-cauchemar. *Hachette-Jeunesse, 1997.* (Le livre de poche jeunesse ; 633. Junior c8)
ISBN 2-01-321509-6. *28 F / 4,27 €*

08364 **JOZAN O.** Malicorne. *Hachette-Jeunesse, 1996.* (Le livre de poche jeunesse ; 592. Senior c10)
ISBN 2-01-321370-0. *31 F / 4,73 €*

08365 **JUDENNE R.** Bruits de couloir. *Rageot, 1999.* (Cascade. Pluriel)
ISBN 2-7002-2589-9. *44 F / 6,71 €*

08366 **JUDENNE R.** Le Chauve était de mèche. *Rageot, 1993.* (Cascade. Policier c2)
ISBN 2-7002-2064-1. *46 F / 7,01 €*

08367 **JUDENNE R.** Deux pirates pour un trésor. Nouv. éd. *Rageot, 1999.* (Cascade. Contes)
ISBN 2-7002-2514-7. *42 F / 6,40 €*

08368 **JUDENNE R.** L'enfant chevreuil. *Rageot, 1995.* (Cascade. 9-11 ans c1)
ISBN 2-7002-2343-8. *44 F / 6,71 €*

08369 **JUDENNE R.** La momie du temple interdit. *Magnard, 1998.* (Les fantastiques c1)
ISBN 2-210-97762-2. *43 F / 6,56 €*

08370 **JUDENNE R.** Le rêve de l'oiseau bleu. *Rageot, 1998.* (Cascade. 11-13 ans c1)
ISBN 2-7002-2495-7. *44 F / 6,71 €*

08371 **N** **JUDENNE R.** Le secret de l'écrivain. *Milan, 2001.* (Milan poche junior ; 39)
ISBN 2-7459-0217-2. *28 F / 4,27 €*

08372 **JUDENNE R.** Une vie à tout prix. *Rageot, 1997.* (Cascade. Pluriel c1)
ISBN 2-7002-0463-8. *46 F / 7,01 €*

08373 **Les justiciers de l'ombre.** *Bayard, 1999.* (Les aventuriers de l'histoire ; 805. Marcantour c1)
ISBN 2-227-74604-1. *29 F / 4,42 €*

08374 **N** **KA O.** Le manteau du Père Noël. *Grasset, 2000.* (Lampe de poche ; 43. 7 ans et +)
ISBN 2-246-60121-5. *35 F / 5,34 €*

08375 **N** **KA O.** Y'a pas plus trouillard qu'un vampire. *Magnard, 2001.* (Les p'tits fantastiques)
ISBN 2-210-98041-0. *40 F / 6,10 €*

08376 **KACIMI M.** Le secret de la reine de Saba. *Dapper, 1999.* (Au bout du monde)
ISBN 2-906067-50-4. *35 F / 5,34 €*

08377 **KAHN M.** Contes et légendes de la Bible. 1, Du jardin d'Eden à la Terre promise. Réimpr. *Pocket Jeunesse, 1999.* (Pocket junior ; 85. Mythologies c4)
ISBN 2-266-08678-2. *30 F / 4,57 €*

08378 **KAHN M.** Contes et légendes de la Bible. 2, Juges, rois et prophètes. Réimpr. *Pocket Jeunesse, 1999.* (Pocket junior ; 174. Mythologies c4)
ISBN 2-266-08679-0. *30 F / 4,57 €*

08379 **KAHN M.** Un ordinateur pas ordinaire. Réimpr. *Pocket Jeunesse, 1995.* (Kid pocket ; 164 c5)
ISBN 2-266-08629-4. *35 F / 5,34 €*

08380 **KALIOTSOS P.** Les épées de bois. *Flammarion-Père Castor, 1995.* (Castor-Poche ; 498. Junior c5)
ISBN 2-08-160216-4. *23 F / 3,51 €*

08381 **N** **KALLOK E.** Le journal intime d'une chipie. *Milan, 2001.* (Les romans de Julie ; 6)
ISBN 2-7459-0174-5. *29 F / 4,42 €*

08382 **KÄSTNER E.** La classe volante. *Hachette-Jeunesse, 1999.* (Le livre de poche jeunesse ; 700. Junior c10)
ISBN 2-01-321744-7. *31 F / 4,73 €*

08383 **KÄSTNER E.** Deux pour une. *Hachette-Jeunesse, 1989.* (Le livre de poche jeunesse ; 12. Junior c9)
ISBN 2-01-020845-5. *29 F / 4,42 €*

08384 **KÄSTNER E.** Emile et les détectives. Réimpr. *Hachette-Jeunesse, 1996.* (Le livre de poche jeunesse ; 30. Cadet c8)
ISBN 2-01-321621-1. *28 F / 4,27 €*

08385 **KÄSTNER E.** Petit-Point et ses amis. *Hachette-Jeunesse, 1996.* (Le livre de poche jeunesse ; 74. Cadet c5)
ISBN 2-01-321714-5. *28 F / 4,27 €*

08386 **KÄSTNER E.** Le Trente-cinq mai. *Hachette-Jeunesse, 1979.* (Le livre de poche jeunesse ; 5 c7)
ISBN 2-01-321565-7. *27,50 F / 4,19 €*

08387 **KATOU** A la poursuite de Luc Ifer. *Flammarion-Père Castor, 1998.* (Castor-Poche ; 662. Enigmes)
ISBN 2-08-164457-6. *19,50 F / 2,97 €*

08388 **KATOU** Enquête à Venise. *Flammarion-Père Castor, 1999.* (Castor-Poche ; 684. Enigmes)
ISBN 2-08-164527-0. *19,50 F / 2,97 €*

08389 **N** **KATOU, NEDJMA** Le masque dérobé. *Flammarion-Père Castor, 2000.* (Castor-Poche ; 788. Enigmes)
ISBN 2-08-164624-2. *25 F / 3,81 €*

08390 **KATZ H.** La case de l'oncle Tom. *Hemma, 1992.* (Livre club jeunesse ; 2)
ISBN 2-8006-2146-X. *26 F / 3,96 €*

08391 **KAYE G.** Café au lait. *Hachette-Jeunesse, 1995.* (Le livre de poche jeunesse ; 538 c11)
ISBN 2-01-021325-4. *33 F / 5,03 €*

08392 **N** **KAYE M.** Amy, numéro 7. *Pocket Jeunesse, 2001.* (Replica; 1)(Pocket séries ; 670)
ISBN 2-266-09004-6. *28 F / 4,27 €*

08393 **N** **KAYE M.** Ange ou démon ? : terrible face-à-face. *Pocket Jeunesse, 2001.* (Replica; 3)(Pocket séries ; 671)
ISBN 2-266-09006-2. *28 F / 4,27 €*

08394 **A** **KAYE M.** Replica. 5. *Pocket Jeunesse, 2001.* (Pocket séries ; 688)
ISBN 2-266-10023-8. *28 F / 4,27 €*

08395 **N** **KAYE M.** Toutes parfaites... *Pocket Jeunesse, 2001.* (Replica; 4)(Pocket séries ; 672)
ISBN 2-266-09007-0. *28 F / 4,27 €*

08396 **N** **KAYE M.** Traquée : à qui faire confiance ?. *Pocket Jeunesse, 2001.* (Replica; 2)(Pocket séries ; 673)
ISBN 2-266-09005-4. *28 F / 4,27 €*

08397 **KAYSER R., BALLOUHEY P.** Cabanes et abris. *Milan, 1995.* (Carnets de nature ; 6 c1)
ISBN 2-84113-136-X. *34 F / 5,18 €*

08398 **KAYSER R., BALLOUHEY P.** Feux et cuisine. *Milan, 1995.* (Carnets de nature ; 15 c1)
ISBN 2-84113-137-8. *34 F / 5,18 €*

08399 **KAYSER R., VOGEL N.** Le jardinage, les fleurs. *Milan, 1997.* (Carnets de nature ; 32 c1)
ISBN 2-84113-329-X. *34 F / 5,18 €*

08400 **KAYSER R., VOGEL N.** Le jardinage, les légumes. *Milan, 1996.* (Carnets de nature ; 31 c1)
ISBN 2-84113-247-1. *34 F / 5,18 €*

08401 **N** **KAZAR N.** Les prisonniers de l'éclipse. *Albin Michel, 2000.* (Le Furet enquête ; 22 c1)
ISBN 2-226-11267-7. *35 F / 5,34 €*

08402 **KELLETT R.** Le téléphérique de la peur. Nouv. éd. *Flammarion-Père Castor, 1998.* (Castor-Poche ; 259. Junior c4)
ISBN 2-08-164348-0. *32,50 F / 4,95 €*

08403 **KELLY F.** La baie des contrebandiers. *Actes Sud junior, 2000.* (Jamais deux sans trois ; 4 c1)
ISBN 2-7427-1132-5. *39 F / 5,95 €*

08404 **N** **KELLY F.** Cachette surprise. Réimpr. *Actes Sud junior, 2001.* (Jamais deux sans trois ; 2 c1)
ISBN 2-7427-0956-8. *39 F / 5,95 €*

08405 **KELLY F.** Course-poursuite. *J'ai lu, 1998.* (Mystery club; 9)(Noir mystère c2)
ISBN 2-290-04940-9. *22 F / 3,35 €*

08406 **KELLY F.** Crash. *J'ai lu, 1999.* (Mystery club; 14)(Noir mystère cF)
ISBN 2-290-05243-4. *26 F / 3,96 €*

08407 **N** **KELLY F.** Un drôle de numéro. Réimpr. *Actes Sud junior, 2000.* (Jamais deux sans trois ; 1 c1)
ISBN 2-7427-0955-X. *39 F / 5,95 €*

08408 **KELLY F.** L'empoisonneuse. *J'ai lu, 1999.* (Mystery club; 15)(Noir mystère cF)
ISBN 2-290-05345-7. *26 F / 3,96 €*

08409 N **KELLY F.** Fausse alerte. *Actes Sud junior, 2000.* (Jamais deux sans trois ; 12 c1)
ISBN 2-7427-2959-3. *39 F / 5,95 €*

08410 **KELLY F.** Le hasard fait bien les choses. *J'ai lu, 1999.* (Mystery club; 12)(Noir mystère c2)
ISBN 2-290-05114-4. *22 F / 3,35 €*

08411 **KELLY F.** L'île interdite. *J'ai lu, 1997.* (Mystery club; 3)(Noir mystère)
ISBN 2-290-04535-7. *22 F / 3,35 €*

08412 **KELLY F.** Indices secrets. *J'ai lu, 1997.* (Mystery club; 1)(Noir mystère)
ISBN 2-290-04523-3. *22 F / 3,35 €*

08413 **KELLY F.** Jeux dangereux. *J'ai lu, 1997.* (Mystery club; 5)(Noir mystère)
ISBN 2-290-14672-2. *26 F / 3,96 €*

08414 N **KELLY F.** Mary Nelson a disparu. Réimpr. *Actes Sud junior, 2001.* (Jamais deux sans trois ; 7 c1)
ISBN 2-7427-1403-0. *39 F / 5,95 €*

08415 **KELLY F.** Minuit, l'heure du crime. *J'ai lu, 1997.* (Mystery club; 4)(Noir mystère)
ISBN 2-290-04623-X. *22 F / 3,35 €*

08416 **KELLY F.** Monnaie de singe. *Actes Sud junior, 1998.* (Jamais deux sans trois ; 9 c1)
ISBN 2-7427-1963-6. *39 F / 5,95 €*

08417 **KELLY F.** Une occasion à saisir. *Actes Sud junior, 1997.* (Jamais deux sans trois ; 6 c1)
ISBN 2-7427-1134-1. *39 F / 5,95 €*

08418 N **KELLY F.** Piège sur le Net. *Actes Sud junior, 2000.* (Jamais deux sans trois ; 11 c1)
ISBN 2-7427-2960-7. *39 F / 5,95 €*

08419 N **KELLY F.** Quand le brouillard s'en mêle. Réimpr. *Actes Sud junior, 2001.* (Jamais deux sans trois ; 8 c1)
ISBN 2-7427-1404-9. *39 F / 5,95 €*

08420 N **KELLY F.** 14, chemin des rosiers. Réimpr. *Actes Sud junior, 2001.* (Jamais deux sans trois ; 3 c1)
ISBN 2-7427-1133-3. *39 F / 5,95 €*

08421 **KELLY F.** La rançon du renard. *Actes Sud junior, 1998.* (Jamais deux sans trois ; 10 c1)
ISBN 2-7427-1963-6. *39 F / 5,95 €*

08422 **KELLY F.** Un témoin trop gênant. *J'ai lu, 1997.* (Mystery club; 2)(Noir mystère)
ISBN 2-290-04531-4. *22 F / 3,35 €*

08423 N **KELLY F.** Le trésor des Granville. Réimpr. *Actes Sud junior, 2001.* (Jamais deux sans trois ; 5 c1)
ISBN 2-7427-1135-X. *39 F / 5,95 €*

08424 **KEMP G.** Mon chien. *Gallimard-Jeunesse, 1999.* (Folio cadet ; 364 c3)
ISBN 2-07-050960-5. *30 F / 4,57 €*

08425 **KEMP G.** Le terrible trimestre de Gus. *Gallimard-Jeunesse, 1999.* (Folio junior ; 949 c3)
ISBN 2-07-052426-4. *30 F / 4,57 €*

08426 N **KENT J.** Amour, amitié. *J'ai lu, 2000.* (Hartley, coeurs à vif; 1)(Séries TV cG)
ISBN 2-290-30626-6. *22 F / 3,35 €*

08427 N **KENT J.** Envers et contre tous. *J'ai lu, 2000.* (Hartley, coeurs à vif; 3)(Séries TV cE)
ISBN 2-290-30807-2. *22 F / 3,35 €*

08428 N **KENT J.** Le mauvais garçon. *J'ai lu, 2000.* (Hartley, coeurs à vif; 2)(Séries TV cG)
ISBN 2-290-30627-4. *22 F / 3,35 €*

08429 N **KENT J.** Règlement de comptes. *J'ai lu, 2000.* (Hartley, coeurs à vif; 4)(Séries TV cE)
ISBN 2-290-30808-0. *22 F / 3,35 €*

08430 **KERLOC'H J-P.** Les compagnons de l'ombre. *Hachette-Jeunesse, 1998.* (Le livre de poche jeunesse ; 677. Junior c9)
ISBN 2-01-321674-2. *29 F / 4,42 €*

08431 **KESSEL J.** Une balle perdue. Réimpr. *Gallimard-Jeunesse, 1997.* (Folio junior ; 501. Edition spéciale c4)
ISBN 2-07-051391-2. *32,50 F / 4,95 €*

08432 **KESSEL J.** Le lion. Réimpr. *Gallimard-Jeunesse, 1998.* (Folio junior ; 442. Edition spéciale c6)
ISBN 2-07-051344-0. *41 F / 6,25 €*

08433 **KESSEL J.** Le petit âne blanc. Réimpr. *Gallimard-Jeunesse, 1998.* (Folio junior ; 216 c3)
ISBN 2-07-051622-9. *32,50 F / 4,95 €*

08434 **KESTREL E.** L'alliance elfique. *Mnémos, 1998.* (Le sanctuaire des elfes; 3)(Daemonicon c1)
ISBN 2-911618-37-8. *37 F / 5,64 €*

08435 **KESTREL E.** L'épée des éthers. *Mnémos, 1998.* (Le sanctuaire des elfes; 2)(Daemonicon c1)
ISBN 2-911618-32-7. *37 F / 5,64 €*

08436 **KESTREL E.** Le secret des faylings. *Mnémos, 1997.* (Le sanctuaire des elfes; 1)(Daemonicon c1)
ISBN 2-911618-29-7. *37 F / 5,64 €*

08437 **KEYES D.** Des fleurs pour Algernon. *Flammarion-Père Castor, 1997.* (Castor-Poche ; 613. Senior c5)
ISBN 2-08-164302-2. *35,50 F / 5,41 €*

08438 N **KHAN M.** La vague noire. Réimpr. *Actes Sud junior, 2001.* (Les couleurs de l'histoire ; 3)
ISBN 2-7427-2703-5. *45 F / 6,86 €*

08439 **KING S.** Les yeux du dragon. *Pocket Jeunesse, 1997.* (Pocket junior ; 333. Frissons)
ISBN 2-266-07551-9. *45 F / 6,86 €*

08440 **KING-SMITH D.** As de trèfle. *Gallimard-Jeunesse, 1999.* (Folio junior ; 948 c3)
ISBN 2-07-052414-0. *30 F / 4,57 €*

08441 **KING-SMITH D.** Cul-Blanc. *Gallimard-Jeunesse, 1999.* (Folio junior ; 990 c3)
ISBN 2-07-052707-7. *30 F / 4,57 €*

08442 **KING-SMITH D.** L'escargot de Sophie. Réimpr. *Gallimard-Jeunesse, 1998.* (Folio cadet ; 158 c7)
ISBN 2-07-052122-2. *44 F / 6,71 €*

08443 **KING-SMITH D.** Harry est fou. Réimpr. *Gallimard-Jeunesse, 1998.* (Folio junior ; 406 c3)
ISBN 2-07-051580-X. *30 F / 4,57 €*

08444 **KING-SMITH D.** Longue vie aux dodos. Réimpr. *Gallimard-Jeunesse, 1998.* (Folio cadet ; 230 c3)
ISBN 2-07-052100-1. *30 F / 4,57 €*

08445 **KING-SMITH D.** Magnus super-souris. Réimpr. *Gallimard-Jeunesse, 1999.* (Folio junior ; 591 c4)
ISBN 2-07-052653-4. *32,50 F / 4,95 €*

08446 **KING-SMITH D.** Le nez de la reine. Réimpr. *Gallimard-Jeunesse, 1996.* (Folio junior ; 775 c3)
ISBN 2-07-051725-X. *30 F / 4,57 €*

08447 **KING-SMITH D.** Le petit bandit des grands chemins. Nouv. éd. *Flammarion-Père Castor, 1998.* (Castor-Poche ; 508. Junior c3)
ISBN 2-08-164354-5. *29,50 F / 4,50 €*

08448 **KING-SMITH D.** Sauterelle. *Gallimard-Jeunesse, 1999.* (Folio junior ; 1004 c3)
ISBN 2-07-052816-2. *30 F / 4,57 €*

08449 **KING-SMITH D.** Les terribles triplés. *Gallimard-Jeunesse, 1998.* (Folio junior ; 878 c3)
ISBN 2-07-051489-7. *30 F / 4,57 €*

08450 **KING-SMITH D.** Une vie de château. *Gallimard-Jeunesse, 1999.* (Folio junior ; 968 c4)
ISBN 2-07-052699-2. *32,50 F / 4,95 €*

08451 **KING-SMITH D., BROWN J.** Mon petit frère est un génie. Réimpr. *Gallimard-Jeunesse, 1997.* (Folio cadet ; 338 c6)
ISBN 2-07-052279-2. *41 F / 6,25 €*

08452 **KING-SMITH D., GELDART W.** Une marmite pleine d'or. *Gallimard-Jeunesse, 1998.* (Folio cadet ; 279)
ISBN 2-07-051793-4. *44 F / 6,71 €*

08453 **KING-SMITH D., PARKINS D.** Le chat de Sophie. *Gallimard-Jeunesse, 1998.* (Folio cadet ; 306 c6)
ISBN 2-07-052099-4. *41 F / 6,25 €*

08454 **KING-SMITH D., PARKINS D.** Une surprise pour Sophie. Réimpr. *Gallimard-Jeunesse, 1996.* (Folio cadet ; 323 c8)
ISBN 2-07-052473-6. *46 F / 7,01 €*

08455 **N** **KIPLING R.** Comment le chameau acquit sa bosse. *Hachette-Jeunesse, 2000.* (Côté court ; 29)
ISBN 2-01-200585-3. *10 F / 1,52 €*

08456 **KIPLING R.** Histoires comme ça. *Hachette-Jeunesse, 1988.* (Le livre de poche jeunesse ; 340 c9)
ISBN 2-01-019669-4. *29 F / 4,42 €*

08457 **KIPLING R.** Histoires comme ça. Réimpr. *Gallimard-Jeunesse, 1998.* (Folio junior ; 432. Edition spéciale c3)
ISBN 2-07-051392-0. *30 F / 4,57 €*

08458 **KIPLING R.** Le Livre de la jungle. *Flammarion-Père Castor, 1993.* (Castor-Poche ; 434. Junior c7)
ISBN 2-08-164043-0. *45 F / 6,86 €*

08459 **KIPLING R.** Le livre de la jungle. *Hachette-Jeunesse, 1998.* (Le livre de poche jeunesse ; 1133. Gai savoir c10)
ISBN 2-01-321629-7. *33 F / 5,03 €*

08460 **KIPLING R.** Le Second livre de la jungle. *Flammarion-Père Castor, 1994.* (Castor-Poche ; 467. Junior c6)
ISBN 2-08-164053-8. *39 F / 5,95 €*

08461 **KIPLING R., DELESSERT E.** Histoires comme ça. *Gallimard-Jeunesse, 1995.* (Folio cadet ; 316 c7)
ISBN 2-07-051791-8. *44 F / 6,71 €*

08462 **KLAUSE A. C.** Sang et chocolat. *Pocket Jeunesse, 1998.* (Pocket junior ; 348. Frissons c6)
ISBN 2-266-07989-1. *38 F / 5,79 €*

08463 **KLAUSE A. C.** La solitude du buveur de sang. Nouv. éd. *Pocket Jeunesse, 2000.* (Pocket junior ; 28. Frissons c5)
ISBN 2-266-08550-6. *35 F / 5,34 €*

08464 **KLEIN R.** Au milieu de la galaxie, tournez à gauche. *Flammarion-Père Castor, 1999.* (Castor-Poche ; 695. Senior)
ISBN 2-08-164327-8. *32,50 F / 4,95 €*

08465 **KLEINBERGER L., CAPDEVILA R.** Une sorcière dans le cartable. *Bayard Jeunesse, 1999.* (Mes premiers J'aime lire ; 3 c1)
ISBN 2-227-72758-6. *27 F / 4,12 €*

08466 **KLOTZ C.** Drôle de samedi soir! ; Rue de la chance ; Le Mois de mai de monsieur Bobichon. *Hachette-Jeunesse, 1985.* (Le livre de poche jeunesse ; 216 c7)
ISBN 2-01-015159-3. *26,50 F / 4,04 €*

08467 **KNAPPERT J., ROY J.** Trente sept fables d'Afrique. Nouv. éd. *Flammarion-Père Castor, 1998.* (Castor-Poche ; 39)
ISBN 2-08-164489-4. *19,50 F / 2,97 €*

08468 **KNIFFKE S.** Poésies, comptines et chansons pour l'école. *Gallimard-Jeunesse, 1997.* (Folio benjamin ; 307)
ISBN 2-07-050958-3. *30 F / 4,57 €*

08469 **KNIGHT E.** Lassie, chien fidèle. Nouv. éd. *Hachette-Jeunesse, 1981.* (Le livre de poche jeunesse ; 62. Junior c10)
ISBN 2-01-020494-8. *31 F / 4,73 €*

08470 **A** **KOCHKA** Rendez-vous dans l'impasse. *Flammarion-Père Castor, 2001.* (Castor-Poche ; 801)
ISBN 2-08-164806-7. *19,50 F / 2,97 €*

08471 **N** **KODA-CALLAN E.** Les chaussons d'argent. *Ed. du Petit Musc, 2000.* (Les livres bijoux)
ISBN 2-84607-002-4. *79 F / 12,04 €*

08472 **N** **KODA-CALLAN E.** Le médaillon magique. *Ed. du Petit Musc, 2000.* (Les livres bijoux)
ISBN 2-84607-003-2. *79 F / 12,04 €*

08473 **KOENIG V.** L'ignoble Panb. *Hachette-Jeunesse, 1998.* (Le livre de poche jeunesse ; 660. Junior)
ISBN 2-01-321656-4. *29 F / 4,42 €*

08474 **KOENING V.** Dictionnaire de la mythologie égyptienne. *Hachette-Jeunesse, 1996.* (Le livre de poche jeunesse ; 1502. Dictionnaires c15)
ISBN 2-01-321325-5. *39 F / 5,95 €*

08475 **KOLEBKA G.** Le dicouac : alphabêtisier. *Hachette-Jeunesse, 1999.* (Le livre de poche jeunesse ; 1512. Dictionnaires c12)
ISBN 2-01-321611-4. *35 F / 5,34 €*

08476 **KOLEBKA G.** L'épicier rose et autres contes de la même couleur. *Hachette-Jeunesse, 1999.* (Le livre de poche jeunesse ; 684. Cadet)
ISBN 2-01-321664-5. *27,50 F / 4,19 €*

08477 **KOLEBKA G.** Escampette et le filou : et autres histoires. *Hachette-Jeunesse, 1998.* (Le livre de poche jeunesse ; 650. Cadet c5)
ISBN 2-01-321635-1. *26,50 F / 4,04 €*

08478 **KOLLER J. F.** Je veux ton dragon. *Pocket Jeunesse, 1999.* (Kid pocket ; 482 c3)
ISBN 2-266-08451-8. *26 F / 3,96 €*

08479 **N** **KOLLER J. F.** Laissez-moi mon dragon !. Nouv. éd. *Pocket Jeunesse, 2000.* (Kid pocket ; 170 c3)
ISBN 2-266-09507-2. *26 F / 3,96 €*

08480 **KOLLER J. F.** Laissez-moi mon dragon !. Nouv. éd. *Pocket Jeunesse, 1999.* (Kid pocket ; 370 c03)
ISBN 2-266-09506-4. *26 F / 3,96 €*

08481 **KOLLER J. F.** Moi, Daniel, cireur de chaussures... *Hachette-Jeunesse, 1994.* (Le livre de poche jeunesse ; 486 c12)
ISBN 2-01-020486-7. *35 F / 5,34 €*

08482 **KOLLER J. F.** Un toit pour nous trois. *Hachette-Jeunesse, 1998.* (Le livre de poche jeunesse ; 642. Senior c11)
ISBN 2-01-321514-2. *33 F / 5,03 €*

08483 **N** **KORANTENG K.** Mission spéciale. *Dapper, 2000.* (Au bout du monde)
ISBN 2-906067-58-X. *38 F / 5,79 €*

08484 **KORB L.** Temps sans frontières. *Flammarion-Père Castor, 1989.* (Castor-Poche ; 273. Junior c5)
ISBN 2-08-162107-X. *35,50 F / 5,41 €*

08485 **KORB L., LEFÈVRE L.** Bout d'ficelle ou le Secret du chemin-vert. Nouv. éd. *Flammarion-Père Castor, 2000.* (Castor-Poche ; 450. Junior c5)
ISBN 2-08-164707-9. *35,50 F / 5,41 €*

08486 **KORB L., LEFÈVRE L.** Ciné-magic. *Flammarion-Père Castor, 1995.* (Castor-Poche ; 500. Junior c4)
ISBN 2-08-164114-3. *32,50 F / 4,95 €*

08487 **KORB L., LEFÈVRE L.** L'élixir de tante Ermolina. Nouv. éd. *Flammarion-Père Castor, 1998.* (Castor-Poche ; 419. Junior cF)
ISBN 2-08-164404-5. *35,50 F / 5,41 €*

08488 **KORB L., LEFÈVRE L.** Les embûches de Noël. *Flammarion-Père Castor, 1995.* (Castor-Poche ; 527. Junior c2)
ISBN 2-08-164158-5. *25 F / 3,81 €*

08489 **N** **KORB L., LEFÈVRE L.** L'étrange affaire Plumet. Réimpr. *Flammarion-Père Castor, 2000.* (Castor-Poche ; 552. Senior c4)
ISBN 2-08-164738-9. *32,50 F / 4,95 €*

08490 **KORB L., LEFÈVRE L.** 9 récits de Paris. *Flammarion-Père Castor, 1998.* (Castor-Poche ; 666. Contes et récits c2)
ISBN 2-08-164309-X. *25 F / 3,81 €*

08491 **KORB L., LEFÈVRE L.** Le Pont-Neuf à travers les siècles. *Flammarion-Père Castor, 1997.* (Castor doc ; 7. Junior)
ISBN 2-08-163820-7. *38 F / 5,79 €*

08492 **KORB L., LEFÈVRE L.** Les portes d'Arthim. Nouv. éd. *Flammarion-Père Castor, 1999.* (Castor-Poche ; 624. Junior cC)
ISBN 2-08-164628-5. *25 F / 3,81 €*

08493 **KORB L., LEFÈVRE L.** Un prince en baskets. *Flammarion-Père Castor, 2000.* (Castor-Poche ; 734. Senior)
ISBN 2-08-164685-4. *29,50 F / 4,50 €*

08494 **KORB L., LEFÈVRE L.** Les voyageurs de l'infini. *Flammarion-Père Castor, 1998.* (Castor-Poche ; 645. Junior c2)
ISBN 2-08-164330-8. *25 F / 3,81 €*

08495 **KORCZAK J., DAVOT F.** La gloire. Réimpr. *Flammarion-Père Castor, 1980.* (Castor-Poche ; 4. Junior c2)
ISBN 2-08-161704-8. *25 F / 3,81 €*

08496 **KORDON K.** Ce cher Monsieur Dieu. *Flammarion-Père Castor, 1997.* (Castor-Poche ; 581. Junior c4)
ISBN 2-08-164228-X. *32,50 F / 4,95 €*

08497 **KORDON K.** Je t'écris de Berlin. *Gallimard-Jeunesse, 1999.* (Folio junior ; 979 c5)
ISBN 2-07-052703-4. *36 F / 5,49 €*

08498 **KORKOS A.** Le boubou du marabout. *Syros, 1999.* (Mini Souris aventure c1)
ISBN 2-84146-758-9. *19 F / 2,90 €*

08499 **KORKOS A.** Pas de myosotis pour miss Bérénice. *Syros, 1999.* (Mini Souris aventure c1)
ISBN 2-84146-764-3. *19 F / 2,90 €*

08500 **KORMAN J., FONTES R.** Babe le cochon dans la ville : d'après le scénario du film de long métrage écrit par George Miller, Judy Morris, Mark Lamprell. *Flammarion-Père Castor, 1999.* (Castor-Poche ; 689. Junior c4)
ISBN 2-08-164557-2. *32,50 F / 4,95 €*

08501 **KÜHL K.** Gros flan. *Pocket Jeunesse, 1996.* (Kid pocket ; 250)
ISBN 2-266-06900-4. *30 F / 4,57 €*

08502 **KUIJER G.** Les bonbons sont faits pour être mangés. Réimpr. *Pocket Jeunesse, 1999.* (Kid pocket ; 248)
ISBN 2-266-09232-4. *30 F / 4,57 €*

08503 **KUIJER G.** La maison au fond du jardin. Réimpr. *Pocket Jeunesse, 1998.* (Kid pocket ; 295 c4)
ISBN 2-266-08885-8. *30 F / 4,57 €*

08504 **KUPFERMAN S., KUPFERMAN F.** La nuit des dragons. Nouv. éd. *Hachette-Jeunesse, 1996.* (Le livre de poche jeunesse ; 236 c9)
ISBN 2-01-020495-6. *29 F / 4,42 €*

08505 **L'ENGLE M.** Un raccourci dans le temps. *Pocket Jeunesse, 1998.* (Pocket junior ; 390. Fantastique c6)
ISBN 2-266-08159-4. *38 F / 5,79 €*

08506 **L'ENGLE M.** Le vent dans la porte. *Pocket Jeunesse, 1999.* (Pocket junior ; 485. Fantastique c6)
ISBN 2-266-08161-6. *38 F / 5,79 €*

08507 **LA FONTAINE J. d.** Fables : un choix de quarante-deux fables. Réimpr. *Gallimard-Jeunesse, 1995.* (Folio cadet ; 311 c7)
ISBN 2-07-052127-3. *43 F / 6,56 €*

08508 [N] **LA FONTAINE J. d.** Les grenouilles qui demandent un roi : et autres fables. *Hachette-Jeunesse, 2001.* (Côté court ; 39 c1)
ISBN 2-01-200644-2. *10 F / 1,52 €*

08509 **LA FONTAINE J. d., FRANQUIN G.** Fables. *Flammarion-Père Castor, 1996.* (Castor-Poche ; 529. Junior c4)
ISBN 2-08-164099-6. *32,50 F / 4,95 €*

08510 [N] **LA FONTAINE J. d., PILLOT F.** Fables de La Fontaine. 1. *Milan, 2000.* (Milan poche cadet ; 27 c1)
ISBN 2-7459-0005-6. *28 F / 4,27 €*

08511 [N] **LA FONTAINE J. d., PILLOT F.** Fables de La Fontaine. 2. *Milan, 2001.* (Milan poche cadet ; 45 c1)
ISBN 2-7459-0233-4. *28 F / 4,27 €*

08512 [A] **LA TAILLE G. d.** Les arts martiaux. *Milan, 2001.* (Carnets du sport)
ISBN 2-7459-0292-X. *38 F / 5,79 €*

08513 **LA TAILLE G. d.** Le judo. *Milan, 1999.* (Carnets du sport)
ISBN 2-84113-883-6. *38 F / 5,79 €*

08514 **LA TAILLE G. d., RICCIO L.** Le karaté. *Milan, 2000.* (Carnets du sport)
ISBN 2-7459-0029-3. *38 F / 5,79 €*

08515 **LABADIE-LARROUDÉ C.** Le rugby. *Flammarion-Père Castor, 1999.* (Castor doc ; 3853)
ISBN 2-08-163853-3. *34 F / 5,18 €*

08516 **LABADIE-LARROUDÉ C.** Le tennis. *Flammarion-Père Castor, 1999.* (Castor doc. Junior)
ISBN 2-08-163851-7. *34 F / 5,18 €*

08517 [N] **LABALESTRA R-C.** Le roi vagabond. *Rageot, 2000.* (Cascade. 11-13 ans)
ISBN 2-7002-2676-3. *44 F / 6,71 €*

08518 [N] **LABBÉ B., PUECH M.** Le bien et le mal. *Milan, 2001.* (Les goûters philo)
ISBN 2-7459-0227-X. *28 F / 4,27 €*

08519 [N] **LABBÉ B., PUECH M.** Ce qu'on sait et ce qu'on ne sait pas. *Milan, 2001.* (Les goûters philo)
ISBN 2-7459-0230-X. *28 F / 4,27 €*

08520 [N] **LABBÉ B., PUECH M.** Les dieux et Dieu. *Milan, 2000.* (Les goûters philo)
ISBN 2-7459-0178-8. *28 F / 4,27 €*

08521 [N] **LABBÉ B., PUECH M.** Les garçons et les filles. *Milan, 2001.* (Les goûters philo)
ISBN 2-7459-0228-8. *28 F / 4,27 €*

08522 [N] **LABBÉ B., PUECH M.** La guerre et la paix. *Milan, 2000.* (Les goûters philo)
ISBN 2-7459-0177-X. *28 F / 4,27 €*

08523 [N] **LABBÉ B., PUECH M.** La justice et l'injustice. *Milan, 2001.* (Les goûters philo)
ISBN 2-7459-0229-6. *28 F / 4,27 €*

08524 [N] **LABBÉ B., PUECH M.** Pour de vrai, pour de faux. *Milan, 2000.* (Les goûters philo)
ISBN 2-7459-0181-8. *28 F / 4,27 €*

08525 [N] **LABBÉ B., PUECH M.** Prendre son temps, perdre son temps. *Milan, 2000.* (Les goûters philo)
ISBN 2-7459-0180-X. *28 F / 4,27 €*

08526 [N] **LABBÉ B., PUECH M.** Le travail et l'argent. *Milan, 2000.* (Les goûters philo)
ISBN 2-7459-0179-6. *28 F / 4,27 €*

08527 [N] **LABBÉ B., PUECH M.** La vie et la mort. *Milan, 2000.* (Les goûters philo)
ISBN 2-7459-0176-1. *28 F / 4,27 €*

08528 [A] **LABBÉ D.** Le pavillon maudit. *Syros, 2001.* (Chauve-souris ; 12 c1)
ISBN 2-84146-939-5. *32 F / 4,88 €*

08529 [N] **LABOUZE X.** Sommes-nous seuls dans l'Univers ?. *Milan, 2000.* (Les essentiels Milan junior ; 5)
ISBN 2-7459-0091-9. *28 F / 4,27 €*

08530 **LACEY E. A.** Les animaux qui se ressemblent. *Flammarion-Père Castor, 1996.* (Castor doc ; 2. Junior c4)
ISBN 2-08-163813-4. *29 F / 4,42 €*

08531 **LACQ G.** Les enfants de la guerre. *Labor, 1998.* (Espace nord junior ; 19)
ISBN 2-8040-1357-X. *42 F / 6,40 €*

08532 **LAFFON M.** J'ai interrogé les étoiles. *Joie de lire, 1999.* (Qui suis-je?)
ISBN 2-88258-136-X. *45 F / 6,86 €*

08533 [N] **LAFLAQUIÈRE A.** L'acteur américain : Hollywood-en-Provence. *Milan, 2001.* (Les romans de Julie ; 2)
ISBN 2-7459-0170-2. *29 F / 4,42 €*

08534 [N] **LAGERLÖF S.** Le merveilleux voyage de Nils Holgersson à travers la Suède. *Hachette-Jeunesse, 2000.* (Le livre de poche jeunesse. Gai savoir c12)
ISBN 2-01-321800-1. *35 F / 5,34 €*

08535 **LAGERLÖF S.** Nils Holgersson. *Flammarion-Père Castor, 1998.* (Castor-Poche ; 645. Junior c4)
ISBN 2-08-164386-3. *29,50 F / 4,50 €*

08536 **LAIRD E.** Une amitié secrète. Réimpr. *Gallimard-Jeunesse, 1998.* (Folio junior ; 856)
ISBN 2-07-051641-5. *30 F / 4,57 €*

08537 **LAIRD E.** Mon drôle de petit frère. *Gallimard-Jeunesse, 1997.* (Folio junior ; 837)
ISBN 2-07-051718-7. *32,50 F / 4,95 €*

08538 **LAIRD E.** Si loin de mon pays. *Gallimard-Jeunesse, 1999.* (Folio junior ; 989 c6)
ISBN 2-07-052706-9. *41 F / 6,25 €*

08539 **A** **LALANA F., ALMARCEGUI J. M.** Dossier super banlieue : quitte ou double. *Hachette-Jeunesse, 1999.* (Bibliothèque rose ; 1339 c5)
ISBN 2-01-200009-6. *26,50 F / 4,04 €*

08540 **LALLEMAND E.** Les Sept à 200 à l'heure : une nouvelle aventure des personnages créés par Enid Blyton. *Hachette-Jeunesse, 1993.* (Bibliothèque rose ; 883 c6)
ISBN 2-01-018456-4. *26,50 F / 4,04 €*

08541 **N** **LALLEMAND E.** Les Sept et la boule de cristal : une nouvelle aventure des personnages créés par Enid Blyton. Nouv. présentation. *Hachette-Jeunesse, 2000.* (Bibliothèque rose ; 882 c3)
ISBN 2-01-200553-5. *25 F / 3,81 €*

08542 **LALLEMAND E.** Les Sept font du cinéma : une nouvelle aventure des personnages créés par Enid Blyton. *Hachette-Jeunesse, 1992.* (Bibliothèque rose ; 886 c6)
ISBN 2-01-019716-X. *26,50 F / 4,04 €*

08543 **LALLEMAND E.** Les Sept sont dans de beaux draps : une nouvelle aventure des personnages créés par Enid Blyton. nouv. ed. *Hachette-Jeunesse, 1995.* (Bibliothèque rose ; 887 c6)
ISBN 2-01-019715-1. *26,50 F / 4,04 €*

08544 **LAMB J. L.** Laisse ton coeur s'ouvrir à la vie. *Pocket Jeunesse, 1998.* (Pocket junior ; 441. C'est ça la vie ! c4B)
ISBN 2-266-07779-1. *32 F / 4,88 €*

08545 **LAMBERT C.** Meurtres à 30.000 km/s. *Hachette-Jeunesse, 1998.* (Vertige ; 1014. Science-fiction c8)
ISBN 2-01-209787-1. *28 F / 4,27 €*

08546 **LAMBERT C.** La nuit des mutants. *Hachette-Jeunesse, 1997.* (Vertige ; 1007. Science-fiction c8)
ISBN 2-01-209646-8. *28 F / 4,27 €*

08547 **LAMBERT C.** Pages blanches et magie noire. *Hachette-Jeunesse, 1998.* (Vertige ; 1314. Cauchemar c7)
ISBN 2-01-209875-4. *28 F / 4,27 €*

08548 **LAMBERT C.** Sitcom en péril. *Hachette-Jeunesse, 1996.* (Vertige ; 812. Policier c5)
ISBN 2-01-209743-X. *27,50 F / 4,19 €*

08549 **A** **LAMBERT C.** Le souffle de Mars. *Mango-Jeunesse, 2001.* (Autres mondes)
ISBN 2-7404-1179-0. *59 F / 8,99 €*

08550 **LAMBERT C., KERVÉVAN J-Y.** Console à haut risque. *Hachette-Jeunesse, 1999.* (Vertige ; 829. Policier)
ISBN 2-01-200005-3. *28 F / 4,27 €*

08551 **LAMON-MIGNOT C.** Allô, maman, je suis vivante!. *Hachette-Jeunesse, 1994.* (Le livre de poche jeunesse ; 508 c10)
ISBN 2-01-321018-3. *31 F / 4,73 €*

08552 **LAMON-MIGNOT C.** Une sorcière dans le coffre à jouets. *Hachette-Jeunesse, 1998.* (Le livre de poche jeunesse ; 672. Cadet c5)
ISBN 2-01-321632-7. *26,50 F / 4,04 €*

08553 **LANCE K.** La nuit du chat-garou : R. L. Stine présente. *Bayard Jeunesse, 1999.* (Passion de lire ; 1006. Rue de la peur c1)
ISBN 2-227-73837-5. *29 F / 4,42 €*

08554 **LANDA N.** Prends garde aux dragons !. *Flammarion-Père Castor, 1999.* (Castor-Poche ; 721. Junior)
ISBN 2-08-164589-0. *25 F / 3,81 €*

08555 **N** **LANDA N.** Quatre poules maboules. *Flammarion-Père Castor, 2001.* (Castor-Poche)
ISBN 2-08-164788-5. *29,50 F / 4,50 €*

08556 **LANDREAUX-VALABRÈGUE J.** Aliocha, cheval des steppes. *Hachette-Jeunesse, 1998.* (Le livre de poche jeunesse ; 659. Junior)
ISBN 2-01-321636-X. *27,50 F / 4,19 €*

08557 **N** **LANDREAUX-VALABRÈGUE J.** Amour et mensonges. *Bayard Jeunesse, 2000.* (Passion de lire ; 326. Coeur grenadine c1)
ISBN 2-7470-0207-1. *29 F / 4,42 €*

08558 **LANDREAUX-VALABRÈGUE J.** Chatalma : la voix des Indiens. *Hachette-Jeunesse, 1999.* (Le livre de poche jeunesse ; 692. Senior c11)
ISBN 2-01-321688-2. *33 F / 5,03 €*

08559 **LANDREAUX-VALABRÈGUE J.** Jean de La Fontaine : l'ami de toujours. *Hachette-Jeunesse, 1995.* (Le livre de poche jeunesse ; 526 c5)
ISBN 2-01-321007-8. *26,50 F / 4,04 €*

08560 **N** **LANDREAUX-VALABRÈGUE J.** Légère comme une poussière du ciel. *Hachette-Jeunesse, 2000.* (Vertige ; 1410. Coup de foudre c6)
ISBN 2-01-200457-1. *27 F / 4,12 €*

08561 **LANDREAUX-VALABRÈGUE J.** La maison en folie. *Hachette-Jeunesse, 2000.* (Vertige ; 704. Fou rire c7)
ISBN 2-01-200150-5. *27,50 F / 4,19 €*

08562 **LANDREAUX-VALABRÈGUE J.** Un pingouin sous les étoiles. *Hachette-Jeunesse, 1999.* (Vertige ; 1406. Coup de foudre c7)
ISBN 2-01-200016-9. *27,50 F / 4,19 €*

08563 **LANDREAUX-VALABRÈGUE J.** Un zombi dans les bayous. *Hachette-Jeunesse, 1998.* (Vertige ; 1319. Cauchemar c7)
ISBN 2-01-209935-1. *27,50 F / 4,19 €*

08564 **N** **LAPORTE M.** Dix contes des Mille et Une nuits. *Flammarion-Père Castor, 2000.* (Castor-Poche ; 772. Contes et récits)
ISBN 2-08-164762-1. *35,50 F / 5,41 €*

08565 **LARCHET J-C.** Ceci est mon corps. *Joie de lire, 1996.* (Qui suis-je?)
ISBN 2-88258-069-X. *45 F / 6,86 €*

08566 **A** **Largo Winch. 1.** *J'ai lu, 2001.* (J'ai lu ; 5953. Jeunes adultes)
ISBN 2-290-31225-8

08567 **A** **Largo Winch. 2, Les liens du sang.** *J'ai lu, 2001.* (J'ai lu ; 5954. Jeunes adultes)
ISBN 2-290-31226-6

08568 **A** **Largo Winch. 3, Projet arctique.** *J'ai lu, 2001.* (J'ai lu ; 5958. Jeunes adultes)
ISBN 2-290-31227-4

08569 **A** **Largo Winch. 4.** *J'ai lu, 2001.* (J'ai lu ; 6029. Jeunes adultes)
ISBN 2-290-31279-7

08570 **LAROQUE F.** Shakespeare : Comme il vous plaira. Réimpr. *Gallimard, 1991.* (Découvertes ; 126. Littérature c6)
ISBN 2-07-053170-8. *90 F / 13,72 €*

08571 **N** **LASA C. d.** En route, petit frère !. *Bayard Jeunesse, 2001.* (J'aime lire ; 142 c1)
ISBN 2-7470-0088-5. *27 F / 4,12 €*

08572 **LASA C. d., CAPDEVILA R.** Elodie Ciseaux. *Bayard, 1995.* (Les belles histoires ; 72 c1)
ISBN 2-227-72188-X. *27 F / 4,12 €*

08573 **N** **LASA C. d., WENSELL U.** Un bébé pour le Père Noël. *Bayard Jeunesse, 2000.* (Les belles histoires ; 120 c1)
ISBN 2-227-72845-0. *27 F / 4,12 €*

08574 **LAURENCIN G., PEF** Le dimanche noyé de grand-père. *Gallimard-Jeunesse, 1998.* (Folio benjamin ; 352)
ISBN 2-07-052170-2. *30 F / 4,57 €*

08575 **LAURENDON G.** Sylvius, dompteur de puces. *Hachette-Jeunesse, 1999.* (Le livre de poche jeunesse ; 1309. Benjamin c8)
ISBN 2-01-321728-5. *28 F / 4,27 €*

08576 **LAURENDON G., LAURENDON L.** Dictionnaire des métiers d'autrefois. *Hachette-Jeunesse, 1996.* (Le livre de poche jeunesse ; 1503. Dictionnaires c14)
ISBN 2-01-321318-2. *37 F / 5,64 €*

08577 **LAURENDON L., LAURENDON G.** Dictionnaire des enfants célèbres. *Hachette-Jeunesse, 1997.* (Le livre de poche jeunesse ; 1508. Dictionnaires c10)
ISBN 2-01-321535-5. *31 F / 4,73 €*

08578 **LAURIA F.** Le masque de Zorro. *Pocket Jeunesse, 1998.* (Pocket junior ; 432. Cinéma c3)
ISBN 2-266-08467-4. *26 F / 3,96 €*

08579 **LAVOLLE L-N.** L'Acrobate de Minos. *Rageot, 1991.* (Cascade. 11-13 ans c2)
ISBN 2-7002-1167-7. *46 F / 7,01 €*

08580 **N** **LAWRENCE I.** Les contrebandiers. *Gallimard-Jeunesse, 2000.* (Folio junior ; 1082 c4)
ISBN 2-07-054079-0. *32,50 F / 4,95 €*

08581 **LAWRENCE I.** Les naufrageurs. *Gallimard-Jeunesse, 1999.* (Folio junior ; 987 c4)
ISBN 2-07-052704-2. *32,50 F / 4,95 €*

08582 **N** **LAYE C.** L'Enfant noir. Nouv. éd. *Pocket, 2000.* (Pocket junior. Références ; 38 c4B)
ISBN 2-266-10815-8. *32 F / 4,88 €*

08583 **LAZIER C.** Les chiens. *Milan, 1997.* (Carnets de nature c1)
ISBN 2-84113-396-6. *34 F / 5,18 €*

08584 **LAZIER C., VOGEL N.** Avoir un chien. *Milan, 1996.* (Carnets de nature ; 24 c1)
ISBN 2-84113-326-5. *34 F / 5,18 €*

08585 **LE BOURHIS M.** Albert a la berlue. *Rageot, 1998.* (Cascade. 9-11 ans c1)
ISBN 2-7002-2540-6. *44 F / 6,71 €*

08586 **LE BOURHIS M.** Les brûlures de la neige. Nouv. éd. *Flammarion-Père Castor, 1999.* (Castor-Poche ; 592. Senior cC)
ISBN 2-08-164513-0. *25 F / 3,81 €*

08587 **N** **LE BOURHIS M.** Libre sur paroles. *Rageot, 2000.* (Cascade. Pluriel)
ISBN 2-7002-2650-X. *46 F / 7,01 €*

08588 **LE BOURHIS M.** Le silence des ruches. *Flammarion-Père Castor, 1998.* (Castor-Poche ; 651. Senior c2)
ISBN 2-08-164389-8. *25 F / 3,81 €*

08589 **LE CLÉZIO J-M. G.** Celui qui n'avait jamais vu la mer ; La Montagne du dieu vivant. Réimpr. *Gallimard-Jeunesse, 1998.* (Folio junior ; 492. Edition spéciale)
ISBN 2-07-051374-2. *28 F / 4,27 €*

08590 **LE CLÉZIO J-M. G.** Lullaby. Réimpr. *Gallimard-Jeunesse, 1997.* (Folio junior ; 448. Edition spéciale c2)
ISBN 2-07-051395-5. *28 F / 4,27 €*

08591 **LE CLÉZIO J-M. G.** Villa Aurore ; Orlamonde. *Gallimard-Jeunesse, 1998.* (Folio junior ; 603. Edition spéciale c2)
ISBN 2-07-051396-3. *28 F / 4,27 €*

08592 **LE CLÉZIO J-M. G., GALERON H.** Voyage au pays des arbres. Réimpr. *Gallimard-Jeunesse, 1998.* (Folio cadet ; 187 c3)
ISBN 2-07-051786-1. *30 F / 4,57 €*

08593 **N** **LE CLÉZIO J-M. G., LEMOINE G.** Balaabilou. *Gallimard-Jeunesse, 2000.* (Folio cadet ; 404)
ISBN 2-07-054218-1. *30 F / 4,57 €*

08594 **LE CLÉZIO J-M. G., LEMOINE G.** Pawana. *Gallimard-Jeunesse, 1999.* (Folio junior ; 1001 c4)
ISBN 2-07-052817-0. *32,50 F / 4,95 €*

08595 **LE GLOAHEC F.** Drôle de poissons. *Hemma, 2000.* (Lire et délires ; 4)
ISBN 2-8006-7375-3. *23 F / 3,51 €*

08596 **LE GLOAHEC F.** Gare au rêveur !. *Hemma, 2000.* (Lire et délires ; 2)
ISBN 2-8006-7373-7. *23 F / 3,51 €*

08597 **LE NABOUR E.** Un Indien dans la ville : d'après le scénario du film Un Indien dans la ville d'Hervé Palud. *Flammarion-Père Castor, 1995.* (Castor-Poche ; 510. Senior c5)
ISBN 2-08-164150-X. *29,50 F / 4,50 €*

08598 **LE NORMAND V.** Cha fait du bien quand cha s'arrête. *Pocket Jeunesse, 1999.* (Les aventures de Basile; 2)(Kid pocket ; 469 c03)
ISBN 2-266-09115-8. *26 F / 3,96 €*

08599 **LE NORMAND V.** Un kilomètre à pied, ça use, ça use... *Pocket Jeunesse, 2000.* (Les aventures de Basile; 4)(Kid pocket ; 551 c03)
ISBN 2-266-09117-4. *26 F / 3,96 €*

08600 **LE NORMAND V.** On t'aime beaucoup, poil au cou. *Pocket Jeunesse, 1999.* (Les aventures de Basile; 1)(Kid pocket ; 468 c03)
ISBN 2-266-09114-X. *26 F / 3,96 €*

08601 **N** **LE NORMAND V.** La scarlatine, ça gratte énormément !. *Pocket Jeunesse, 2000.* (Les aventures de Basile; 5)(Kid pocket ; 614 c04)
ISBN 2-266-09118-2. *30 F / 4,57 €*

08602 **LE NORMAND V.** Tu as de beaux yeux, tu sais !. *Pocket Jeunesse, 1999.* (Les aventures de Basile; 3)(Kid pocket ; 518 c3)
ISBN 2-266-09116-6. *26 F / 3,96 €*

08603 **LE ROY E.** Jacquou le Croquant. *Hachette-Jeunesse, 1999.* (Le livre de poche jeunesse ; 1145. Gai savoir c14)
ISBN 2-01-321709-9. *37 F / 5,64 €*

08604 **LE ROY E.** Jacquou le croquant. Réimpr. *Gallimard-Jeunesse, 1999.* (Folio junior ; 519. Edition spéciale c6)
ISBN 2-07-051397-1. *41 F / 6,25 €*

08605 **LEBLANC M.** L'agence Barnett et Cie : Arsène Lupin. Réimpr. *Flammarion-Père Castor, 1996.* (Castor-Poche ; 491. Senior c5)
ISBN 2-08-164221-2. *35,50 F / 5,41 €*

08606 **LEBLANC M.** L'aiguille creuse : Arsène Lupin. Nouv. éd. *Hachette-Jeunesse, 1996.* (Le livre de poche jeunesse ; 151. Senior c11)
ISBN 2-01-321011-6. *33 F / 5,03 €*

08607 **N** **LEBLANC M.** Le bouchon de cristal : Arsène Lupin. *Hachette-Jeunesse, 2000.* (Le livre de poche jeunesse ; 729. Senior c9)
ISBN 2-01-321782-X. *29 F / 4,42 €*

08608 **N** **LEBLANC M.** La demeure mystérieuse : Arsène Lupin. *Hachette-Jeunesse, 2000.* (Le livre de poche jeunesse ; 730. Senior c8)
ISBN 2-01-321781-1. *28 F / 4,27 €*

08609 **LECAYE A.** Le démon de l'école. *Gallimard-Jeunesse, 1997.* (Folio junior ; 806 c3)
ISBN 2-07-059543-9. *30 F / 4,57 €*

08610 **LECAYE A., KRINGS A.** Georges Gros-Dos a disparu. *Gallimard-Jeunesse, 1995.* (Folio benjamin ; 282 c2)
ISBN 2-07-059275-8. *20 F / 3,05 €*

08611 **LECAYE A., KRINGS A.** Où est passée Priss la poupée ?. *Gallimard-Jeunesse, 1995.* (Folio benjamin ; 283 c2)
ISBN 2-07-059276-6. *20 F / 3,05 €*

08612 **LECAYE A., KRINGS A.** Le tournevis mystérieux. *Gallimard-Jeunesse, 1996.* (Folio benjamin ; 299 c2)
ISBN 2-07-059531-5. *28 F / 4,27 €*

08613 **LECAYE A., KRINGS A.** La voiture de pompiers bleue. *Gallimard-Jeunesse, 1996.* (Folio benjamin ; 298)
ISBN 2-07-059532-3. *28 F / 4,27 €*

08614 **A** **LECLERE T.** Le blouson déchiré. *Bayard Jeunesse, 2001.* (J'aime lire ; 144 c1)
ISBN 2-7470-0076-1. *27 F / 4,12 €*

08615 **LECOMTE N.** Boîte à lettres. *Grasset, 1998.* (Lampe de poche ; 16)
ISBN 2-246-49711-6. *29 F / 4,42 €*

08616 **LÉCRIVAIN O.** La gardienne de nuit. *Magnard, 1999.* (Les fantastiques c1)
ISBN 2-210-97789-4. *43 F / 6,56 €*

08617 **LÉCRIVAIN O.** Les poings serrés. Nouv. éd. *Flammarion-Père Castor, 1998.* (Castor-Poche ; 102. Senior c3)
ISBN 2-08-164477-0. *29,50 F / 4,50 €*

08618 **LÉCRIVAIN O.** Les Voleurs de secrets. *Rageot, 1991.* (Cascade. Policier c1)
ISBN 2-7002-1134-0. *44 F / 6,71 €*

08619 **N** **LEE J. M.** Le singe et le crocodile : petites histoires racontées par le Bouddha. *Gallimard-Jeunesse, 2000.* (Folio cadet ; 402 c6)
ISBN 2-07-054077-4. *41 F / 6,25 €*

08620 **LEEMANS P.** Derrière la porte. *Hemma, 2000.* (Lire et délires ; 5)
ISBN 2-8006-7376-1. *23 F / 3,51 €*

08621 **LEESON R.** N'embrassez pas les grenouilles. Nouv. éd. *Pocket Jeunesse, 1999.* (Kid pocket ; 187 c03)
ISBN 2-266-09742-3. *26 F / 3,96 €*

08622 **A** **LEFEBVRE G.** Ma langue au chat. *Milan, 2001.* (Milan poche benjamin ; 23 c1)
ISBN 2-7459-0247-4. *24 F / 3,66 €*

08623 **LEFÈVRE L.** Jasper et les ombres électriques. *Hachette-Jeunesse, 1996.* (Le livre de poche jeunesse ; 585. Junior c5)
ISBN 2-01-321566-5. *28 F / 4,27 €*

08624 **N** **LEFÈVRE L.** Passage de la Main-d'Or. Réimpr. *Flammarion-Père Castor, 2000.* (Castor-Poche ; 338. Junior c5)
ISBN 2-08-164732-X. *35,50 F / 5,41 €*

08625 **LEFÈVRE L.** Week-end infernal. *Hachette-Jeunesse, 1997.* (Vertige ; 1119. Fantastique c7)
ISBN 2-01-209719-7. *27,50 F / 4,19 €*

08626 **LEFÈVRE L., KORB L.** Les enfants aussi. *Hachette-Jeunesse, 1995.* (Le livre de poche jeunesse ; 528 c5)
ISBN 2-01-321061-2. *26,50 F / 4,04 €*

08627 **LEFÈVRE L., KORB L.** Mon père le poisson rouge. Nouv. éd. *Flammarion-Père Castor, 1998.* (Castor-Poche ; 386. Junior cF)
ISBN 2-08-164419-3. *35,50 F / 5,41 €*

08628 **A** **LEFÈVRE T.** L'affaire du Petit-Maroc. *Actes Sud junior, 2001.* (Les petits polars c1)
39 F / 5,95 €

08629 **N** **LEFÈVRE T.** L'assassin à la fourchette. Réimpr. *Actes Sud junior, 2001.* (Les petits polars ; 13 c1)
ISBN 2-7427-2961-5. *39 F / 5,95 €*

08630 **LEFÈVRE T.** Les douze travaux d'Hercule. *Hemma, 1997.* (Livre club jeunesse ; 56)
ISBN 2-8006-2755-7. *23 F / 3,51 €*

08631 **LEFÈVRE T.** N'a-qu'un-oeil. *Actes Sud junior, 2000.* (Les petits polars ; 11 c1)
ISBN 2-7427-2627-6. *39 F / 5,95 €*

08632 **A** **LEFÈVRE T.** La nuit troglodyte. *Actes Sud junior, 2001.* (Les petits polars c1)
ISBN 2-7427-3215-2. *39 F / 5,95 €*

08633 **N** **LEFÈVRE T.** Le retour de la femme sans tête. Réimpr. *Actes Sud junior, 2001.* (Les petits polars ; 14 c1)
ISBN 2-7427-2962-3. *39 F / 5,95 €*

08634 **N** **LEFÈVRE T.** Le saut de la Mounine. *Actes Sud junior, 2000.* (Les petits polars ; 12 c1)
ISBN 2-7427-2790-6. *39 F / 5,95 €*

08635 **N** **La légende de Marcantour.** *Bayard Jeunesse, 2000.* (Les aventuriers de l'histoire ; 809. Marcantour c1)
ISBN 2-227-74608-4. *29 F / 4,42 €*

08636 **N** **LÉGER-CRESSON N.** Paul Farce, roi des blagues. *Hachette-Jeunesse, 2000.* (Le livre de poche jeunesse ; 1316. Benjamin c8)
ISBN 2-01-321802-8. *28 F / 4,27 €*

08637 **LEGRAND L., RAT M.** Le basket-ball. *Milan, 1999.* (Carnets du sport)
ISBN 2-84113-880-1. *38 F / 5,79 €*

08638 **LEMBCKE M.** L'été où tout le monde est tombé amoureux. *Hachette-Jeunesse, 1998.* (Vertige ; 1400. Coup de foudre)
ISBN 2-01-209847-9. *27 F / 4,12 €*

08639 **LENAIN T.** Un chien dans un jeu de quilles. *Pocket Jeunesse, 2000.* (Pocket junior ; 562. Policier c4)
ISBN 2-266-10034-3. *30 F / 4,57 €*

08640 **LENAIN T.** Clair de loup. *Rageot, 1994.* (Cascade. 9-11 ans c1)
ISBN 2-7002-2148-6. *44 F / 6,71 €*

08641 **LENAIN T.** La fille du canal. *Pocket Jeunesse, 2000.* (Pocket junior ; 569 c3B)
ISBN 2-266-10042-4. *28 F / 4,27 €*

08642 **LENAIN T.** Un marronnier sous les étoiles. Nouv. éd. *Syros, 1998.* (Mini Souris sentiments c1)
ISBN 2-84146-508-X. *19 F / 2,90 €*

08643 **LENAIN T.** Où es-tu ?. *Hachette-Jeunesse, 1996.* (Le livre de poche jeunesse ; 572. Junior c5)
ISBN 2-01-321398-0. *26,50 F / 4,04 €*

08644 **LENAIN T.** Pas de pitié pour les poupées B. *Syros, 1997.* (Mini Souris noire c1)
ISBN 2-84146-407-5. *19 F / 2,90 €*

08645 **LENAIN T.** Un père pour la vie. *Hachette-Jeunesse, 1998.* (Le livre de poche jeunesse ; 651. Junior c8)
ISBN 2-01-321640-8. *28 F / 4,27 €*

08646 **LENAIN T., VAUTIER M.** Une Ile mon ange. *Joie de lire, 1993.* (Récits)
ISBN 2-88258-033-9. *49 F / 7,47 €*

08647 **N** **LENOIR P.** La sorcière de la rue des Écoles. *Hemma, 2001.* (Lire et délires ; 7)
ISBN 2-8006-7760-0. *23 F / 3,51 €*

08648 **N** **LENORMAND F., CHATELARD I.** Petit lapin a disparu. *Milan, 2000.* (Milan poche benjamin ; 3 c1)
ISBN 2-7459-0054-4. *24 F / 3,66 €*

08649 **LENORMAND F., CHOLLAT E.** La nuit de toutes les couleurs. *Milan, 1999.* (Milan poche cadet ; 7 c1)
ISBN 2-84113-853-4. *28 F / 4,27 €*

08650 **LENORMAND F., KERAWAL G.** Une histoire à dormir debout. *Milan, 1999.* (Milan poche cadet ; 13 c1)
ISBN 2-84113-896-8. *28 F / 4,27 €*

08651 **N** **LENORMAND F., LATYK O.** Je m'envole. *Milan, 2000.* (Milan poche benjamin ; 7 c1)
ISBN 2-7459-0058-7. *24 F / 3,66 €*

08652 **LÉOURIER C.** L'été de la lune. *Actes Sud junior, 2000.* (Les couleurs de l'histoire ; 2)
ISBN 2-7427-2636-5. *45 F / 6,86 €*

08653 **LÉOURIER C.** Jarvis : le messager de la grande île. *Gallimard-Jeunesse, 1992.* (Folio junior ; 663 c5)
ISBN 2-07-056732-X. *36 F / 5,49 €*

08654 **LÉOURIER C.** L'ombre de la tour blanche. *Magnard, 1999.* (Les fantastiques c1)
ISBN 2-210-97795-9. *43 F / 6,56 €*

08655 **LEPÈRE P.** L'ami d'Angelo. *Gallimard-Jeunesse, 1999.* (Page blanche ; 53 c4)
ISBN 2-07-052643-7. *32,50 F / 4,95 €*

08656 **LEPÈRE P.** La jeunesse de Molière. *Gallimard-Jeunesse, 1999.* (Page blanche ; 32)
ISBN 2-07-051944-9. *41 F / 6,25 €*

08657 **N** **LEPRINCE DE BEAUMONT J-M.** La Belle et la Bête ; suivi de Le prince désir et la princesse mignonne. *Hachette-Jeunesse, 2000.* (Côté court ; 34)
ISBN 2-01-200590-X. *10 F / 1,52 €*

08658 **LEPRINCE DE BEAUMONT J-M., AULNOY M-C. L. J. d. B. (. d.** La Belle et la bête : et autre contes. *Hachette-Jeunesse, 1992.* (Le livre de poche jeunesse ; 21 c9)
ISBN 2-01-019972-3. *29 F / 4,42 €*

08659 **LEPRINCE DE BEAUMONT J-M., GLASAUER W.** La Belle et la bête. Réimpr. *Gallimard-Jeunesse, 1998.* (Folio cadet ; 188 c6)
ISBN 2-07-052101-X. *41 F / 6,25 €*

08660 **LÉPRONT C.** Ivoire. *Gallimard-Jeunesse, 1998.* (Page blanche c1)
ISBN 2-07-059463-7. *20 F / 3,05 €*

08661 **LEROUX G.** Le fauteuil hanté. Réimpr. *Gallimard-Jeunesse, 1995.* (Folio junior ; 758 c4)
ISBN 2-07-051809-4. *32,50 F / 4,95 €*

08662 **LEROUX G.** Le Mystère de la chambre jaune. Réimpr. *Gallimard-Jeunesse, 1992.* (Folio junior ; 685. Edition spéciale c6)
ISBN 2-07-051398-X. *41 F / 6,25 €*

08663 **LEROUX G.** Le mystère de la chambre jaune. *Hachette-Jeunesse, 1999.* (Le livre de poche jeunesse ; 1146. Gai savoir c12)
ISBN 2-01-321708-0. *35 F / 5,34 €*

08664 **LEROUX G.** Le mystère de la chambre jaune. *Milan, 2000.* (Milan poche junior ; 23)
ISBN 2-84113-990-5. *34 F / 5,18 €*

08665 **LEROUX G.** Le parfum de la dame en noir. Réimpr. *Gallimard-Jeunesse, 1993.* (Folio junior ; 710. Edition spéciale c6)
ISBN 2-07-051399-8. *41 F / 6,25 €*

08666 **LEROUX G.** Le parfum de la dame en noir. *Milan, 2000.* (Milan poche junior ; 28)
ISBN 2-7459-0033-1. *34 F / 5,18 €*

08667 **A** **LEROY H., GASTÉ E.** La soupe à la grimace. *Bayard Jeunesse, 2001.* (Les belles histoires ; 124 c1)
ISBN 2-7470-0106-7. *27 F / 4,12 €*

08668 **LESAFFRE G., CHARLES B.** Les animaux de la ferme. *Milan, 1998.* (Carnets de nature c1)
ISBN 2-84113-632-9. *34 F / 5,18 €*

08669 **LESAFFRE G., HOUBRE G.** Les singes. *Milan, 1998.* (Carnets de nature c1)
ISBN 2-84113-631-0. *34 F / 5,18 €*

08670 **N** **LEVERICH K.** Les meilleures ennemies du monde. *Hachette-Jeunesse, 2000.* (Le livre de poche jeunesse. Cadet)
ISBN 2-01-321794-3. *26 F / 3,96 €*

08671 **LEVINE A., MUNSINGER L.** Olivier qui sait tout. Réimpr. *Pocket Jeunesse, 1999.* (Kid pocket ; 244 c04)
ISBN 2-266-09916-7. *30 F / 4,57 €*

08672 **LEWIS C. S.** L'armoire magique. Nouv. éd. *Flammarion-Père Castor, 1998.* (Castor-Poche ; 262. Junior cF)
ISBN 2-08-164414-2. *35,50 F / 5,41 €*

08673 **LEWIS C. S.** Le Prince Caspian. *Flammarion-Père Castor, 1993.* (Castor-Poche ; 403. Junior c5)
ISBN 2-08-162260-2. *35,50 F / 5,41 €*

08674 **LEY M., BOZELLEC A.** La nuit de la Saint-Sylvain. *Flammarion-Père Castor, 1997.* (Castor-Poche ; 617. Junior)
ISBN 2-08-164305-7. *19,50 F / 2,97 €*

08675 **LEYDIER M.** Le grand plongeon. *Hachette-Jeunesse, 1998.* (Vertige ; 827. Policier c6)
ISBN 2-01-209871-1. *27 F / 4,12 €*

08676 **LEYDIER M.** Rockeurs dans le collimateur. *Hachette-Jeunesse, 2000.* (Vertige ; 835. Policier c7)
ISBN 2-01-200195-5. *27,50 F / 4,19 €*

08677 **La liberté en poésie. Nouv. éd.** *Gallimard-Jeunesse, 1998.* (Folio junior ; 862. En poésie ; 6)
ISBN 2-07-051529-X. *36 F / 5,49 €*

08678 **N** **LIENTZ G.** Un duel dans le Yorkshire. Réimpr. *Gallimard-Jeunesse, 2000.* (Un Livre dont vous êtes le héros ; 671. Sherlock Holmes ; 6 c5)
ISBN 2-07-051455-2. *36 F / 5,49 €*

08679 **LIGNY J-M.** Les ailes noires de la nuit. *Rageot, 1996.* (Cascade. Pluriel c1)
ISBN 2-7002-2375-6. *44 F / 6,71 €*

08680 **LIGNY J-M.** Le chasseur lent. *Hachette-Jeunesse, 1998.* (Vertige ; 1016. Science-fiction c7)
ISBN 2-01-209868-1. *27,50 F / 4,19 €*

08681 **LIGNY J-M.** Slum city. *Hachette-Jeunesse, 1996.* (Vertige ; 1001. Science-fiction c9)
ISBN 2-01-209596-8. *29 F / 4,42 €*

08682 **LIGNY J-M., COLBUS J-P.** L'enfant bleu. *Bayard, 1999.* (J'aime lire ; 128 c1)
ISBN 2-227-72747-0. *27 F / 4,12 €*

08683 **LIGNY J-M., GAUCKLER P.** Les guerriers du réel. *Hachette-Jeunesse, 1999.* (Vertige ; 1020. Science-fiction c10)
ISBN 2-01-200032-0. *31 F / 4,73 €*

08684 **LINDGREN A.** Fifi à Couricoura. *Hachette-Jeunesse, 1995.* (Le livre de poche jeunesse ; 546 c5)
ISBN 2-01-321342-5. *26,50 F / 4,04 €*

08685 **LINDGREN A.** Fifi Brindacier. *Hachette-Jeunesse, 1995.* (Le livre de poche jeunesse ; 269 c5)
ISBN 2-01-321066-3. *26,50 F / 4,04 €*

08686 **LINDGREN A.** Fifi princesse. *Hachette-Jeunesse, 1995.* (Le livre de poche jeunesse ; 292 c5)
ISBN 2-01-321065-5. *26,50 F / 4,04 €*

08687 **LINDGREN A.** Les Nouvelles farces de Zozo la tornade. *Hachette-Jeunesse, 1985.* (Le livre de poche jeunesse ; 196 c5)
ISBN 2-01-015156-9. *26,50 F / 4,04 €*

08688 **LINDGREN A.** Rasmus et le vagabond. Réimpr. *Pocket Jeunesse, 1999.* (Pocket junior ; 73. Policier c4)
ISBN 2-266-09262-6. *30 F / 4,57 €*

08689 **LINDGREN A.** Zozo la tornade. *Hachette-Jeunesse, 1989.* (Le livre de poche jeunesse ; 13 c5)
ISBN 2-01-015246-8. *26,50 F / 4,04 €*

08690 **N** **LINDO E.** Bonnes vacances Manolito. *Gallimard-Jeunesse, 2000.* (Folio junior ; 1074 c3)
ISBN 2-07-054175-4. *30 F / 4,57 €*

08691 **LINDO E.** Manolito le binoclar. Réimpr. *Gallimard-Jeunesse, 1997.* (Folio junior ; 814 c3)
ISBN 2-07-051321-1. *30 F / 4,57 €*

08692 **LINDO E.** Les secrets de Manolito. *Gallimard-Jeunesse, 1999.* (Folio junior ; 1026 c3)
ISBN 2-07-052814-6. *30 F / 4,57 €*

08693 **LINDO E.** Super Manolito. *Gallimard-Jeunesse, 1998.* (Folio junior ; 900 c3)
ISBN 2-07-052129-X. *30 F / 4,57 €*

08694 **LINDON D.** Socrate et les Athéniens. *Flammarion-Père Castor, 1997.* (Castor doc ; 15. Senior)
ISBN 2-08-163829-0. *34 F / 5,18 €*

08695 **LIPS M-E.** Peter, moi et les autres. *Syros, 1998.* (Mini Souris sentiments c1)
ISBN 2-84146-589-6. *19 F / 2,90 €*

08696 **LISAK F.** Mammifères marins. *Milan, 1997.* (Carnets de nature c1)
ISBN 2-84113-569-1. *34 F / 5,18 €*

08697 **LISAK F., FELLONI C.** Plantes méditerranéennes. *Milan, 1998.* (Carnets de nature c1)
ISBN 2-84113-599-3. *34 F / 5,18 €*

08698 **LISAK F., FICHAUX C.** Traces et empreintes. *Milan, 1995.* (Carnets de nature ; 4 c1)
ISBN 2-84113-147-5. *34 F / 5,18 €*

08699 **LISAK F., GROSSON J.** Oiseaux des montagnes. *Milan, 1995.* (Carnets de nature ; 12 c1)
ISBN 2-84113-243-9. *34 F / 5,18 €*

08700 **LISAK F., LOCOSTE N.** Fleurs des montagnes. *Milan, 1995.* (Carnets de nature ; 1 c1)
ISBN 2-84113-141-6. *34 F / 5,18 €*

08701 **LISAK F., PILLOT F.** Découvrir le bord de mer. *Milan, 1998.* (Carnets de nature c1)
ISBN 2-84113-626-4. *34 F / 5,18 €*

08702 **LISAK F., SÉNÉE J-C.** Mammifères des montagnes. *Milan, 1996.* (Carnets de nature ; 21 c1)
ISBN 2-84113-325-7. *34 F / 5,18 €*

08703 **LISAK F., SÉNÉE J-C., PARISELLE J-M.** Mammifères des bois et des champs. *Milan, 1996.* (Carnets de nature ; 27 c1)
ISBN 2-84113-392-3. *34 F / 5,18 €*

08704 **LISON-LEROY F.** Histoires de Petite Elle : récits. *Labor, 1999.* (Espace nord junior ; 24 c1)
ISBN 2-8040-1422-3. *34 F / 5,18 €*

08705 **LIVELY P.** Le fantôme de Thomas Kempe. *Gallimard-Jeunesse, 1999.* (Folio junior ; 988 c4)
ISBN 2-07-052705-0. *32,50 F / 4,95 €*

08706 **LIVINGSTONE I.** La Cité des voleurs : livre-jeu. Réimpr. *Gallimard-Jeunesse, 1997.* (Un Livre dont vous êtes le héros ; 271. Sorcellerie c5)
ISBN 2-07-050920-6. *36 F / 5,49 €*

08707 **LIVINGSTONE I.** Dans les griffes de la sorcière des neiges. Réimpr. *Gallimard-Jeunesse, 1996.* (Un Livre dont vous êtes le héros ; 287. Défis fantastiques c5)
ISBN 2-07-050693-2. *36 F / 5,49 €*

08708 **LIVINGSTONE I.** La Forêt de la malédiction : livre-jeu. Réimpr. *Gallimard-Jeunesse, 1996.* (Un Livre dont vous êtes le héros ; 269. Sorcellerie c5)
ISBN 2-07-050692-4. *35 F / 5,34 €*

08709 **LIVINGSTONE I.** La Légende de Zagor. Réimpr. *Gallimard-Jeunesse, 1996.* (Un Livre dont vous êtes le héros ; 735. Sorcellerie c5)
ISBN 2-07-050695-9. *36 F / 5,49 €*

08710 **N** **LOCKE J.** Entrée interdite. *J'ai lu, 2000.* (J'ai lu ; 5700. Jeunes adultes cO)
ISBN 2-290-30564-2. *26 F / 3,96 €*

08711 **N** **LOCKE J.** Un invité surprise. *Pocket Jeunesse, 2001.* (Sabrina, l'apprentie sorcière; 4)(Pocket séries ; 649 c3B)
ISBN 2-266-10692-9. *28 F / 4,27 €*

08712 **N** **LOCKE J.** Meurtres en série. *J'ai lu, 2000.* (J'ai lu ; 5689. Jeunes adultes)
ISBN 2-290-30557-X. *29 F / 4,42 €*

08713 **LOKRA, WILD R., WILD J.** Kifédébuldanlo. *Bayard, 1992.* (Les belles histoires ; 44 c1)
ISBN 2-227-72128-6. *27 F / 4,12 €*

08714 **LONDON J.** L'appel de la forêt. Réimpr. *Gallimard-Jeunesse, 1998.* (Folio junior ; 431. Edition spéciale c3)
ISBN 2-07-051336-X. *30 F / 4,57 €*

08715 **LONDON J.** Croc-Blanc. *Hemma, 1992.* (Notre livre club pour la jeunesse)
ISBN 2-8006-2145-1. *21 F / 3,20 €*

08716 **LONDON J.** Croc-Blanc. *Hachette-Jeunesse, 1996.* (Le livre de poche jeunesse ; 1104. Gai savoir c12)
ISBN 2-01-321444-8. *35 F / 5,34 €*

08717 **LONDON J.** Croc-Blanc. Réimpr. *Gallimard-Jeunesse, 1998.* (Folio junior ; 493. Edition spéciale c5)
ISBN 2-07-051401-3. *36 F / 5,49 €*

08718 **N** **LONDON J.** La loi de la vie ; suivi de Kish, fils de Kisk. *Hachette-Jeunesse, 2000.* (Côté court ; 26)
ISBN 2-01-200582-9. *10 F / 1,52 €*

08719 **LONDON J.** Le loup des mers. Réimpr. *Gallimard-Jeunesse, 2000.* (Folio junior ; 273 c6)
ISBN 2-07-051612-1. *41 F / 6,25 €*

08720 **N** **LONDON J.** Nam Bok le hâbleur. *Hachette-Jeunesse, 2000.* (Côté court ; 36)
ISBN 2-01-200594-2. *10 F / 1,52 €*

08721 **LOON P. v.** Le club des vampires. *Hachette-Jeunesse, 2000.* (Le livre de poche jeunesse ; 1312. Benjamin c8)
ISBN 2-01-321739-0. *28 F / 4,27 €*

08722 **LOON P. v.** Histoires macabres. *Hachette-Jeunesse, 1997.* (Vertige ; 1308. Cauchemar c9)
ISBN 2-01-209791-X. *29 F / 4,42 €*

08723 **N** **LOON P. v.** Mon maître est un vampire. *Hachette-Jeunesse, 2000.* (Le livre de poche jeunesse ; 1313. Benjamin c8)
ISBN 2-01-321740-4. *28 F / 4,27 €*

08724 **LOON P. v.** Ne mordez jamais vos voisins. *Hachette-Jeunesse, 1997.* (Vertige ; 1306. Cauchemar c7)
ISBN 2-01-209720-0. *27,50 F / 4,19 €*

08725 **LOON P. v.** Noël macabres et autre fêtes. *Hachette-Jeunesse, 1998.* (Vertige ; 1322. Cauchemar c7)
ISBN 2-01-209981-5. *31 F / 4,73 €*

08726 **LOON P. v.** Qui a peur des vampires ?. *Hachette-Jeunesse, 2000.* (Le livre de poche jeunesse ; 1311. Benjamin c8)
ISBN 2-01-321741-2. *28 F / 4,27 €*

08727 **LOON P. v.** Tout savoir sur les vampires, les monstres, etc. *Hachette-Jeunesse, 1997.* (Vertige ; 1305. Cauchemar)
ISBN 2-01-209700-6. *29 F / 4,42 €*

08728 **LOON P. v.** Visions d'horreur. *Hachette-Jeunesse, 1999.* (Vertige ; 1324. Cauchemar c9)
ISBN 2-01-200001-0. *29 F / 4,42 €*

08729 **N** **LOON P. v., DIDDEN J.** Petit guide à l'usage des amateurs de vampires. *Hachette-Jeunesse, 2000.* (Vertige ; 1325. Cauchemar)
ISBN 2-01-200002-9. *31 F / 4,73 €*

08730 **LOREDO E., HAWKES K.** Le squelette qui danse. *Gallimard-Jeunesse, 1998.* (Folio benjamin ; 334. Panique)
ISBN 2-07-051752-7. *30 F / 4,57 €*

08731 **LORENTZEN K.** Le cheval blanc. Nouv. éd. *Flammarion-Père Castor, 1998.* (Castor-Poche ; 367. Senior)
ISBN 2-08-164427-4. *29,50 F / 4,50 €*

08732 **LOTHAMER H.** A bientôt maman!. *Flammarion-Père Castor, 1989.* (Castor-Poche ; 249. Junior c3)
ISBN 2-08-161977-6. *29,50 F / 4,50 €*

08733 **LOTI P.** Pêcheur d'Islande. *Hachette-Jeunesse, 1998.* (Le livre de poche jeunesse ; 1142. Gai savoir)
ISBN 2-01-321676-9. *35 F / 5,34 €*

08734 **LOTTRIDGE C. B.** Prince de la prairie. Nouv. éd. *Flammarion-Père Castor, 2000.* (Castor-Poche ; 544. Junior c5)
ISBN 2-08-164712-5. *35,50 F / 5,41 €*

08735 **LOU V.** Les aventuriers du silence. *Actes Sud junior, 1998.* (Les petits polars c1)
ISBN 2-7427-1706-4. *39 F / 5,95 €*

08736 **LOU V.** Je ne suis pas un singe. *Pocket Jeunesse, 1999.* (Pocket junior ; 512 c3B)
ISBN 2-266-09561-7. *28 F / 4,27 €*

08737 **LOU V.** Le miniaturiste. *Gallimard-Jeunesse, 1998.* (Page noire ; 5 c4)
ISBN 2-07-051989-9. *32,50 F / 4,95 €*

08738 **LOU V.** Un papillon dans la peau. *Gallimard-Jeunesse, 2000.* (Page blanche ; 57 c4)
ISBN 2-07-054105-3. *32,50 F / 4,95 €*

08739 **LOU V.** La vie en rose. *Gallimard-Jeunesse, 1998.* (Page blanche c1)
ISBN 2-07-051563-X. *20 F / 3,05 €*

08740 **LOU V., BOYER F.** Marguerite et la politique. *Actes Sud junior, 1998.* (Les contes philosophiques)
ISBN 2-7427-1969-5. *59 F / 8,99 €*

08741 **LOU V., GARD M.** Marguerite et la métaphysique. Réimpr. *Actes Sud junior, 2000.* (Les contes philosophiques)
ISBN 2-7427-0934-7. *49 F / 7,47 €*

08742 **LOUCHARD A.** Une plume dans le whisky. *Syros, 1999.* (Souris humour ; 21 c1)
ISBN 2-84146-723-6. *32 F / 4,88 €*

08743 **LOUDE J-Y.** Le coureur dans la brume. *Gallimard-Jeunesse, 1997.* (Folio junior ; 812 c3)
ISBN 2-07-051570-2. *30 F / 4,57 €*

08744 **LOUDE J-Y.** Les loups du val d'enfer. *Gallimard-Jeunesse, 1999.* (Folio junior ; 951 c3)
ISBN 2-07-052417-5. *30 F / 4,57 €*

08745 **LOUDE J-Y.** La réserve des Visages Nus. *Gallimard-Jeunesse, 2000.* (Page blanche ; 60 c5)
ISBN 2-07-054182-7. *36 F / 5,49 €*

08746 **A** **LOUDES J-Y.** Le signe de Saturne. *Magnard, 2001.* (Les policiers)
ISBN 2-210-98416-5. *43 F / 6,56 €*

08747 **N** **Louis XIV le grand.** *Publications de l'Ecole moderne française, 2000.* (Bonjour l'histoire)
ISBN 2-84526-044-X. *54 F / 8,23 €*

08748 **LOUISY P., PILLOT F.** Aquariums. *Milan, 1996.* (Carnets de nature ; 30 c1)
ISBN 2-84113-327-3. *34 F / 5,18 €*

08749 **LOUISY P., ROBIN P.** Poissons d'aquarium. *Milan, 2000.* (Carnets de nature c1)
ISBN 2-7459-0000-5. *34 F / 5,18 €*

08750 **LOUISY P., ROBIN P.** Poissons d'eau douce. *Milan, 1996.* (Carnets de nature ; 16 c1)
ISBN 2-84113-241-2. *34 F / 5,18 €*

08751 **LOUISY P., ROBIN P.** Poissons de mer. *Milan, 1997.* (Carnets de nature ; 35 c1)
ISBN 2-84113-400-8. *34 F / 5,18 €*

08752 **LOUISY P., ROBIN P.** Les requins. *Milan, 1998.* (Carnets de nature c1)
ISBN 2-84113-623-X. *34 F / 5,18 €*

08753 **N** **LOUKI P.** Annie dans la valise. Nouv. éd. *Pocket Jeunesse, 2000.* (Kid pocket ; 188 c4)
ISBN 2-266-10037-8. *30 F / 4,57 €*

08754 **LOUKI P.** Un papa pas possible. Nouv. éd. *Pocket Jeunesse, 1999.* (Kid pocket ; 224 c04)
ISBN 2-266-09503-X. *30 F / 4,57 €*

08755 **LOUKI P.** Le petit cheval. Réimpr. *Pocket Jeunesse, 1999.* (Kid pocket ; 162 c4)
ISBN 2-266-09231-6. *30 F / 4,57 €*

08756 **LOUKI P., SCOUVART R.** Croquignote. *Pocket Jeunesse, 1998.* (Kid pocket ; 338 c04)
ISBN 2-266-08821-1. *30 F / 4,57 €*

08757 **LOWRY L.** Les Ombres d'Autumn street. *Flammarion-Père Castor, 1987.* (Castor-Poche ; 182. Senior c4)
ISBN 2-08-161905-9. *32,50 F / 4,95 €*

08758 **LU X.** Voilà ce que je lui ai fait. *Hachette-Jeunesse, 1996.* (Courts toujours ! c17)
ISBN 2-01-209522-4. *49 F / 7,47 €*

08759 **LUCARELLI C.** Fièvre jaune. *Hachette-Jeunesse, 1998.* (Vertige ; 828. Policier c7)
ISBN 2-01-209870-3. *27,50 F / 4,19 €*

08760 **LUCARELLI C.** Le trille du Diable. *Gallimard-Jeunesse, 1999.* (Page noire ; 35)
ISBN 2-07-052219-9. *32,50 F / 4,95 €*

08761 N **LUCIANI J-L.** La ville qui rend foot. *Rageot, 2001.* (Cascade. 9-11 ans)
ISBN 2-7002-2694-1. *44 F / 6,71 €*

08762 N **LUGER H.** La clef sous la porte. *Pocket Jeunesse, 2000.* (Pocket junior ; 615 c6)
ISBN 2-266-08500-X. *38 F / 5,79 €*

08763 **LYTTON E. G. B.** Les derniers jours de Pompéi. *Hachette-Jeunesse, 1996.* (Le livre de poche jeunesse ; 1102. Gai savoir c11)
ISBN 2-01-321446-4. *33 F / 5,03 €*

08764 **MAC INERNEY J. W., MARIENGOF A.** Moi, Benjamin superchien. *Flammarion-Père Castor, 1985.* (Castor-Poche ; 110 c4)
ISBN 2-08-161820-6. *32,50 F / 4,95 €*

08765 **MAC LACHLAN P., BLAKE Q.** Sarah la pas belle. *Gallimard-Jeunesse, 1987.* (Folio cadet ; 223 c6)
ISBN 2-07-051795-0. *44 F / 6,71 €*

08766 **MAC ORLAN P.** L'ancre de miséricorde. Réimpr. *Gallimard-Jeunesse, 1999.* (Folio junior ; 257 c5)
ISBN 2-07-052261-X. *36 F / 5,49 €*

08767 **MAC ORLAN P.** Les clients du Bon Chien Jaune. Réimpr. *Gallimard-Jeunesse, 1998.* (Folio junior ; 494. Edition spéciale)
ISBN 2-07-051403-X. *32,50 F / 4,95 €*

08768 N **MACCARTY S.** Mon journal top secret. *Hachette-Jeunesse, 2000.* (Vertige ; 1411. Coup de foudre)
ISBN 2-01-200532-2. *29 F / 4,42 €*

08769 **MACDONALD E., BROWN K.** Le loup arrive !. *Gallimard-Jeunesse, 1999.* (Folio benjamin ; 392 c3)
ISBN 2-07-051869-8. *30 F / 4,57 €*

08770 **MACKEN W.** La cavale irlandaise. Réimpr. *Pocket Jeunesse, 1999.* (Pocket junior ; 74. Policier c5)
ISBN 2-266-09447-5. *35 F / 5,34 €*

08771 **MACLACHLAN P.** Sarah la pas belle se marie. *Gallimard-Jeunesse, 1998.* (Folio cadet ; 354 c7)
ISBN 2-07-058529-8. *44 F / 6,71 €*

08772 **MACLACHLAN P., CRÉVELIER S.** Sept baisers sans respirer. Nouv. éd. *Flammarion-Père Castor, 1998.* (Castor-Poche ; 103 cD)
ISBN 2-08-164436-3. *29,50 F / 4,50 €*

08773 **MAGNAN F.** Les démons de Saint-Jacques. *Hachette-Jeunesse, 1999.* (Vertige ; 830. Policier c6)
ISBN 2-01-200015-0. *27 F / 4,12 €*

08774 **MAGORIAN M.** Bonne nuit, Monsieur Tom !. *Gallimard-Jeunesse, 1998.* (Folio junior ; 928 c6)
ISBN 2-07-052297-0. *41 F / 6,25 €*

08775 **MAHY M.** La baignoire du géant ; Les larmes du griffon. Réimpr. *Gallimard-Jeunesse, 1996.* (Folio cadet ; 321 c8)
ISBN 2-07-052277-6. *46 F / 7,01 €*

08776 **MAHY M., BLAKE Q.** L'enlèvement de la bibliothécaire. Réimpr. *Gallimard-Jeunesse, 1998.* (Folio cadet ; 189 c5)
ISBN 2-07-051798-5. *36 F / 5,49 €*

08777 **MAHY M., BLAKE Q.** Le Grand Charivari. *Gallimard-Jeunesse, 1994.* (Folio cadet ; 297 c7)
ISBN 2-07-058233-7. *44 F / 6,71 €*

08778 A **Le maître des étoiles.** *Fleurus, 2001.* (Z'azimut)
ISBN 2-215-05176-0. *39 F / 5,95 €*

08779 **MALAVOY C.** J'étais enfant pendant la guerre de 14-18. *Sorbier, 1997.* (J'étais enfant)
ISBN 2-7320-3505-X. *29 F / 4,42 €*

08780 N **MALCOM J. N.** La nuit des vampires. *Bayard Jeunesse, 2000.* (Passion de lire ; 1009. Rue de la peur c1)
ISBN 2-227-75718-3. *29 F / 4,42 €*

08781 N **MALCOM J. N.** Ombres maléfiques. *Bayard Jeunesse, 2000.* (Passion de lire ; 1010. Rue de la peur c1)
ISBN 2-227-75717-5. *29 F / 4,42 €*

08782 **MALINEAU J-H.** Fantastigre. *Magnard, 1999.* (Les p'tits fantastiques)
ISBN 2-210-98011-9. *40 F / 6,10 €*

08783 N **MALINEAU J-H.** Qui que quand quoi la poésie ? : réponse d'un poète. *Milan, 2000.* (Milan poche junior ; 32)
ISBN 2-7459-0108-7. *24 F / 3,66 €*

08784 **MALOT H.** Sans famille. 1, L'apprentissage de la vie. *Hemma, 1999.* (Livre club jeunesse ; 65)
ISBN 2-8006-6753-2. *25 F / 3,81 €*

08785 **MALOT H.** Sans famille. 1. *Hachette-Jeunesse, 1983.* (Le livre de poche jeunesse ; 68. Junior c11)
ISBN 2-01-020901-X. *33 F / 5,03 €*

08786 **MALOT H.** Sans famille. 1. Réimpr. *Gallimard-Jeunesse, 1998.* (Folio junior ; 612. Edition spéciale c4)
ISBN 2-07-051402-1. *41 F / 6,25 €*

08787 **MALOT H.** Sans famille. 2, Enfin le bonheur. *Hemma, 1999.* (Livre club jeunesse ; 66)
ISBN 2-8006-6754-0. *25 F / 3,81 €*

08788 **MALOT H.** Sans famille. 2. Réimpr. *Gallimard-Jeunesse, 1998.* (Folio junior ; 617. Edition spéciale c6)
ISBN 2-07-051405-6. *41 F / 6,25 €*

08789 **MALOT H.** Sans famille. 2. Réimpr. *Hachette-Jeunesse, 1996.* (Le livre de poche jeunesse ; 69 c12)
ISBN 2-01-016340-0. *35 F / 5,34 €*

08790 **MALPASS E.** Le matin est servi. *Pocket Jeunesse, 1998.* (Pocket junior ; 401. C'est ça la vie ! c6)
ISBN 2-266-08997-8. *38 F / 5,79 €*

08791 **A** **MALTE M.** Sous ma couverture. *Pocket Jeunesse, 2001.* (Kid pocket ; 661 c4B)
ISBN 2-266-09558-7. *32 F / 4,88 €*

08792 **N** **MAMMERI M.** Contes berbères de Kabylie. *Pocket, 2000.* (Pocket junior ; 194. Mythologies c4B)
ISBN 2-266-10816-6. *32 F / 4,88 €*

08793 **MANDEIX O., PICHON E.** La météo. *Milan, 1995.* (Carnets de nature ; 7 c1)
ISBN 2-84113-138-6. *34 F / 5,18 €*

08794 **MANES S.** Comment devenir parfait en trois jours. *Rageot, 1991.* (Cascade. 7-9 ans c1)
ISBN 2-7002-1153-7. *44 F / 6,71 €*

08795 **MANGIN M-F.** Zip, l'hirondelle. *Hemma, 1988.* (Mini-club ; 25)
ISBN 2-8006-1038-7. *21 F / 3,20 €*

08796 **MANIER D.** Un âge pour tout. *Hachette-Jeunesse, 2000.* (Le livre de poche jeunesse ; 712. Senior c5)
ISBN 2-01-321763-3. *26,50 F / 4,04 €*

08797 **MANKELL H.** Le chat qui aimait la pluie. Nouv. éd. *Flammarion-Père Castor, 2000.* (Castor-Poche ; 518. Junior c4)
ISBN 2-08-164711-7. *32,50 F / 4,95 €*

08798 **MANKELL H.** Le secret du feu. *Flammarion-Père Castor, 1998.* (Castor-Poche ; 628. Senior)
ISBN 2-08-164201-8. *32,50 F / 4,95 €*

08799 **MANKELL H.** La société secrète. *Flammarion-Père Castor, 1998.* (Castor-Poche ; 656. Senior c5)
ISBN 2-08-164202-6. *35,50 F / 5,41 €*

08800 **MANSFIELD C.** Mes fous de voisins. *Hachette-Jeunesse, 1999.* (Vertige ; 700. Fou rire c8)
ISBN 2-01-209989-0. *28 F / 4,27 €*

08801 **MANSIET M.** Les enfants du bout du monde. *Hemma, 1999.* (Mini-club ; 90)
ISBN 2-8006-7090-8. *21 F / 3,20 €*

08802 **MANSIET M.** Jolicoeur, le chien qui parle. *Hemma, 1999.* (Mini-club ; 86)
ISBN 2-8006-7087-8. *21 F / 3,20 €*

08803 **MANSIET M.** Nicolas, le petit échassier. *Hemma, 1999.* (Mini-club ; 85)
ISBN 2-8006-7086-X. *21 F / 3,20 €*

08804 **MANSIET M.** Le pigeon d'or. *Hemma, 2001.* (Mini-club ; 75)
ISBN 2-8006-4361-7. *21 F / 3,20 €*

08805 **MANSIET M.** Pleure pas, Miss Gouda. *Hemma, 2001.* (Mini-club ; 80)
ISBN 2-8006-6460-6. *21 F / 3,20 €*

08806 **MANSIET M., CLOSTER E.** Aglaé a disparu. *Hemma, 2001.* (Mini-club ; 73)
ISBN 2-8006-4359-5. *21 F / 3,20 €*

08807 **Le manuel des farceurs.** *Bayard Jeunesse, 2000.* (Passion de lire ; 227. Délires c1)
ISBN 2-227-75705-1. *29 F / 4,42 €*

08808 **MANZI A.** Le Castor Grogh et sa tribu. *Hachette-Jeunesse, 1980.* (Le livre de poche jeunesse ; 28 c6)
ISBN 2-01-015142-9. *26,50 F / 4,04 €*

08809 **MARCHAND S.** Une grenade dans le crâne. *Flammarion-Père Castor, 1999.* (Castor-Poche ; 704. Senior)
ISBN 2-08-164591-2. *19,50 F / 2,97 €*

08810 **N** **MARCHAND S.** Un martien dans le frigo. *Bayard Jeunesse, 2001.* (J'aime lire ; 143 c1)
ISBN 2-7470-0087-7. *27 F / 4,12 €*

08811 **A** **MARCHAND S.** Le tour du monde de Nino. *Bayard Jeunesse, 2001.* (J'aime lire ; 144 c1)
ISBN 2-7470-0086-9. *27 F / 4,12 €*

08812 **MARCHON A., CAMIL C.** Helen, la petite fille du silence et de la nuit. *Bayard, 1990.* (Les belles histoires ; 6 c1)
ISBN 2-227-72100-6. *27 F / 4,12 €*

08813 **MAREJKO J.** Philosophe, moi aussi. *Joie de lire, 1996.* (Qui suis-je?)
ISBN 2-88258-070-3. *52 F / 7,93 €*

08814 **N** **MARET P.** Clones en stock. *Milan, 2001.* (Milan poche junior ; 42)
ISBN 2-7459-0214-8. *28 F / 4,27 €*

08815 **MARIE C., LOCOSTE N.** Plantes agricoles. *Milan, 1999.* (Carnets de nature c1)
ISBN 2-84113-783-X. *34 F / 5,18 €*

08816 **MARIE ET JOSEPH** Aladdin et la gare de Norvège. *Syros, 1999.* (Souris noire ; 30 c1)
ISBN 2-84146-667-1. *32 F / 4,88 €*

08817 **MARIE ET JOSEPH** Aladdin et le crime de la bibliothèque. *Syros, 1997.* (Souris noire ; 11)
ISBN 2-84146-431-8. *32 F / 4,88 €*

08818 **MARIE ET JOSEPH** Le crime de Cornin Bouchon. *Syros, 1997.* (Mini Souris noire c1)
ISBN 2-84146-442-3. *19 F / 2,90 €*

08819 **N** **MARIE ET JOSEPH** La dernière course de l'Atalante. *Syros, 2001.* (Souris noire ; 55 c1)
ISBN 2-84146-901-8. *32 F / 4,88 €*

08820 **MARIE ET JOSEPH** Emballez la baleine !. *Magnard, 1998.* (Les policiers c1)
ISBN 2-210-97773-8. *43 F / 6,56 €*

08821 **MARIE ET JOSEPH** Le nouveau crime de Cornin Bouchon. Nouv. éd. *Syros, 1998.* (Mini Souris noire c1)
ISBN 2-84146-568-3. *19 F / 2,90 €*

3822 **MARIE ET JOSEPH, BOUCHARD C.** Aladdin et la course au caillou. *Syros, 1999.* (Souris noire ; 36 c1)
ISBN 2-84146-711-2. *32 F / 4,88 €*

3823 **MARIE ET JOSEPH, BOUCHARD C.** Le mariage de Cornin Bouchon. *Syros, 1999.* (Mini Souris noire c1)
ISBN 2-84146-698-1. *19 F / 2,90 €*

3824 **MARIE ET JOSEPH, MEZINSKI P.** Le refuge des P'tits tout seuls. *Syros, 1997.* (Mini Souris noire c1)
ISBN 2-84146-412-1. *19 F / 2,90 €*

3825 **MARINEAU M.** Cassiopée : l'été polonais. *Hachette-Jeunesse, 1998.* (Le livre de poche jeunesse ; 669. Senior c8)
ISBN 2-01-321604-1. *28 F / 4,27 €*

3826 **MARK J.** Allô, c'est moi!. *Gallimard-Jeunesse, 2000.* (Folio junior ; 1039 c5)
ISBN 2-07-054103-7. *32,50 F / 4,95 €*

3827 **MARK J.** La Boîte aux lettres secrète. *Flammarion-Père Castor, 1984.* (Castor-Poche ; 95 c2)
ISBN 2-08-161801-X. *25 F / 3,81 €*

3828 **MARKHAM B.** Vers l'ouest avec la nuit. *Flammarion-Père Castor, 1995.* (Castor-Poche ; 516. Senior c7)
ISBN 2-08-164025-2. *45 F / 6,86 €*

3829 **N** **MAROIS A.** Tueurs en 4x4. *Albin Michel, 2000.* (Le Furet enquête ; 24 c1)
ISBN 2-226-11345-2. *35 F / 5,34 €*

3830 **MAROLLES C. d., BOIRY V.** Les yeux de Salka. *Bayard, 1999.* (J'aime lire ; 123 c1)
ISBN 2-227-72753-5. *27 F / 4,12 €*

3831 **MAROLLES C. d., BOSNIA N.** Le Grand, le gros, le petit. *Bayard, 1993.* (Les belles histoires ; 53 c1)
ISBN 2-227-72161-8. *27 F / 4,12 €*

3832 **MAROLLES C. d., DANIEL F.** Carabique, Carabosse et Carapate. *Bayard, 1998.* (Les belles histoires ; 101 c1)
ISBN 2-227-72828-0. *27 F / 4,12 €*

8833 **MAROLLES C. d., FIX P.** La princesse s'est encore sauvée !. Nouv. éd. *Bayard, 1997.* (J'aime lire ; 25 c1)
ISBN 2-227-72732-2. *27 F / 4,12 €*

8834 **MAROLLES C. d., HAMAMOTO Y.** L'étrange cadeau de la sorcière. *Bayard, 1996.* (Les belles histoires ; 83 c1)
ISBN 2-227-72806-X. *27 F / 4,12 €*

8835 **MAROLLES C. d., LAPOINTE C.** Le petit cireur de souliers. *Bayard, 1995.* (Les belles histoires ; 80 c1)
ISBN 2-227-72191-X. *27 F / 4,12 €*

8836 **MAROLLES C. d., MILLET C., MILLET D.** Le fantôme du capitaine. *Bayard, 1999.* (J'aime lire ; 126 c1)
ISBN 2-227-72749-7. *27 F / 4,12 €*

08837 **MAROLLES C. d., WENSELL U.** Les Souliers de Chloé. *Bayard, 1994.* (Les belles histoires ; 62)
ISBN 2-227-72173-1. *27 F / 4,12 €*

08838 **MAROT G.** Barbe-Bleue. *Mango-Jeunesse, 1995.* (Contes classiques)
ISBN 2-7404-0460-3. *20 F / 3,05 €*

08839 **MARSAL M.** Le cas étrange de Tom Randall. *Magnard, 1997.* (Les fantastiques c1)
ISBN 2-210-97751-7. *43 F / 6,56 €*

08840 **MARSAL M.** Les collectionneurs de monstres. *Magnard, 2000.* (Les fantastiques c1)
ISBN 2-210-98410-6. *43 F / 6,56 €*

08841 **N** **MARSDEN J.** Aller simple vers l'enfer. *J'ai lu, 2000.* (Apocalypse; 4)(J'ai lu ; 5576. Jeunes adultes cG)
ISBN 2-290-30331-3. *29 F / 4,42 €*

08842 **MARSDEN J.** Apocalypse. 1. *J'ai lu, 2000.* (J'ai lu ; 5480. Jeunes adultes cH)
ISBN 2-290-30211-2. *32 F / 4,88 €*

08843 **N** **MARSDEN J.** Attention, danger !. *J'ai lu, 2000.* (Apocalypse; 5)(J'ai lu ; 5652. Jeunes adultes)
ISBN 2-290-30506-5. *32 F / 4,88 €*

08844 **N** **MARSDEN J.** Chasse nocturne. *J'ai lu, 2000.* (Apocalypse; 6)(J'ai lu ; 5662. Jeunes adultes cG)
ISBN 2-290-30507-3. *29 F / 4,42 €*

08845 **N** **MARSDEN J.** Le dernier sacrifice. *J'ai lu, 2000.* (Apocalypse; 3)(J'ai lu ; 5550. Jeunes adultes cH)
ISBN 2-290-30308-9. *32 F / 4,88 €*

08846 **MARSDEN J.** J'ai tant de choses à te dire. *Flammarion-Père Castor, 1993.* (Castor-Poche ; 405. Senior c4)
ISBN 2-08-162273-4. *32,50 F / 4,95 €*

08847 **N** **MARSDEN J.** Opération survie. *J'ai lu, 2000.* (Apocalypse; 2)(J'ai lu ; 5519. Jeunes adultes cG)
ISBN 2-290-30232-5. *29 F / 4,42 €*

08848 **MARSHALL H.** Mon ami Joe. *Pocket Jeunesse, 1999.* (Pocket junior ; 505. Cinéma c3B)
ISBN 2-266-09449-1. *28 F / 4,27 €*

08849 **MARSHALL J. V.** Dans le grand désert. *Gallimard-Jeunesse, 1994.* (Folio junior ; 719 c4)
ISBN 2-07-058389-9. *32,50 F / 4,95 €*

08850 **MARSHALL W.** Un Amour de chien. *Bayard, 1990.* (J'aime lire ; 16 c1)
ISBN 2-227-72221-5. *27 F / 4,12 €*

08851 **MARSHALL W.** Pépé-Tacot. *Bayard, 1995.* (J'aime lire ; 85 c1)
ISBN 2-227-72298-3. *27 F / 4,12 €*

08852 **MARTIN A.** Suspense. *Flammarion-Père Castor, 1998.* (Castor-Poche ; 649. Senior c5)
ISBN 2-08-164326-X. *35,50 F / 5,41 €*

08853 **MARTIN A.** Vampire malgré moi. *Gallimard-Jeunesse, 1999.* (Folio junior ; 978 c4)
ISBN 2-07-051642-3. *32,50 F / 4,95 €*

08854 **MARTIN A. M.** Adieu Mimi. *Gallimard-Jeunesse, 1999.* (Folio junior ; 1018. Le club des baby-sitters ; 26 c3)
ISBN 2-07-052793-X. *30 F / 4,57 €*

08855 **MARTIN A. M.** Au revoir, Lucy. *Gallimard-Jeunesse, 1998.* (Folio junior ; 868. Le club des baby-sitters c3)
ISBN 2-07-051915-5. *30 F / 4,57 €*

08856 **MARTIN A. M.** Le cadeau de Kristy. *Gallimard-Jeunesse, 1999.* (Folio junior ; 983. Le club des baby-sitters ; 24 c3)
ISBN 2-07-052718-2. *30 F / 4,57 €*

08857 **MARTIN A. M.** Carla est en danger. *Gallimard-Jeunesse, 1999.* (Folio junior ; 1023. Le club des baby-sitters c3)
ISBN 2-07-050990-7. *30 F / 4,57 €*

08858 **MARTIN A. M.** Carla et le passage secret. *Gallimard-Jeunesse, 1997.* (Folio junior ; 818. Le club des baby-sitters ; 9 c3)
ISBN 2-07-050518-9. *30 F / 4,57 €*

08859 **MARTIN A. M.** Carla et les trois monstres. *Gallimard-Jeunesse, 1997.* (Folio junior ; 784. Le club des baby-sitters)
ISBN 2-07-050514-6. *30 F / 4,57 €*

08860 **MARTIN A. M.** Le cauchemar de Mallory. *Gallimard-Jeunesse, 1999.* (Folio junior ; 959. Le club des baby-sitters c3)
ISBN 2-07-052411-6. *30 F / 4,57 €*

08861 **MARTIN A. M.** Claudia a des ennuis. *Gallimard-Jeunesse, 1997.* (Folio junior ; 816. Le club des baby-sitters ; 7)
ISBN 2-07-050516-2. *30 F / 4,57 €*

08862 **MARTIN A. M.** Claudia et le visiteur fantôme. *Gallimard-Jeunesse, 1997.* (Folio junior ; 781. Le club des baby-sitters)
ISBN 2-07-050511-1. *30 F / 4,57 €*

08863 **N** **MARTIN A. M.** La colère de Jessi. *Gallimard-Jeunesse, 2000.* (Folio junior ; 1116. Le club des baby-sitters ; 36 c3)
ISBN 2-07-054443-5. *30 F / 4,57 €*

08864 **N** **MARTIN A. M.** D'où viens-tu Claudia ?. *Gallimard-Jeunesse, 2000.* (Folio junior ; 1091. Le club des baby-sitters ; 33 c3)
ISBN 2-07-054339-0. *30 F / 4,57 €*

08865 **N** **MARTIN A. M.** Le défi de Kristy. *Gallimard-Jeunesse, 2000.* (Folio junior ; 1084. Le club des baby-sitters ; 32 c3)
ISBN 2-07-054186-X. *30 F / 4,57 €*

08866 **MARTIN A. M.** L'erreur de Lucy. *Gallimard-Jeunesse, 1998.* (Folio junior ; 908. Le club des baby-sitters ; 18 c3)
ISBN 2-07-051920-1. *30 F / 4,57 €*

08867 **N** **MARTIN A. M.** Félicitations, Mary Anne !. *Gallimard-Jeunesse, 2000.* (Folio junior ; 1070. Le club des baby-sitters ; 30 c3)
ISBN 2-07-054184-3. *30 F / 4,57 €*

08868 **N** **MARTIN A. M.** Le grand amour de Carla. *Gallimard-Jeunesse, 2001.* (Folio junior ; 1118. Le club des baby-sitters ; 37 c3)
ISBN 2-07-054529-6. *30 F / 4,57 €*

08869 **MARTIN A. M.** Un grand jour pour Kristy. *Gallimard-Jeunesse, 1997.* (Folio junior ; 785. Le club des baby-sitters)
ISBN 2-07-050515-4. *30 F / 4,57 €*

08870 **MARTIN A. M.** L'idée géniale de Kristy. *Gallimard-Jeunesse, 1997.* (Folio junior ; 780. Le club des baby-sitters)
ISBN 2-07-050510-3. *30 F / 4,57 €*

08871 **MARTIN A. M.** Jessi, super-star. *Gallimard-Jeunesse, 1999.* (Folio junior ; 1027. Le club des baby-sitters ; 27 c3)
ISBN 2-07-052976-2. *30 F / 4,57 €*

08872 **MARTIN A. M.** Kristy et l'enfant disparu. *Gallimard-Jeunesse, 2000.* (Folio junior ; 1048. Le club des baby-sitters c3)
ISBN 2-07-050992-3. *30 F / 4,57 €*

08873 **MARTIN A. M.** Kristy et les champions. *Gallimard-Jeunesse, 1999.* (Folio junior ; 938. Le club des baby-sitters ; 20 c3)
ISBN 2-07-051922-8. *30 F / 4,57 €*

08874 **MARTIN A. M.** Kristy et les snobs. *Gallimard-Jeunesse, 1998.* (Folio junior ; 820. Le club des baby-sitters ; 11)
ISBN 2-07-050520-0. *30 F / 4,57 €*

08875 **N** **MARTIN A. M.** Kristy, je t'aime. *Gallimard-Jeunesse, 2001.* (Folio junior ; 1122. Le club des baby-sitters ; 38 c3)
ISBN 2-07-054510-5. *30 F / 4,57 €*

08876 **MARTIN A. M.** Le langage secret de Jessica. *Gallimard-Jeunesse, 1998.* (Folio junior ; 897. Le club des baby-sitters c3)
ISBN 2-07-051918-X. *30 F / 4,57 €*

08877 **MARTIN A. M.** Logan aime Mary Anne. *Gallimard-Jeunesse, 1997.* (Folio junior ; 819. Le club des baby-sitters ; 10 c3)
ISBN 2-07-050519-7. *30 F / 4,57 €*

08878 **N** **MARTIN A. M.** Lucy détective. *Gallimard-Jeunesse, 2000.* (Folio junior ; 1113. Le club des baby-sitters ; 35)
ISBN 2-07-054341-2. *30 F / 4,57 €*

08879 **MARTIN A. M.** Lucy est amoureuse. *Gallimard-Jeunesse, 1997.* (Folio junior ; 817. Le club des baby-sitters ; 8 c3)
ISBN 2-07-050517-0. *30 F / 4,57 €*

08880 **MARTIN A. M.** Lucy et le voleur de bijoux. *Gallimard-Jeunesse, 1999.* (Folio junior ; 994. Le club des baby-sitters c3)
ISBN 2-07-050989-3. *30 F / 4,57 €*

08881 **MARTIN A. M.** Les malheurs de Jessica. *Gallimard-Jeunesse, 1999.* (Folio junior ; 964. Le club des baby-sitters ; 22 c3)
ISBN 2-07-052617-8. *30 F / 4,57 €*

08882 **MARTIN A. M.** Mallory entre en scène. *Gallimard-Jeunesse, 1998.* (Folio junior ; 875. Le club des baby-sitters c3)
ISBN 2-07-051916-3. *30 F / 4,57 €*

08883 **N** **MARTIN A. M.** Mallory et la malle mystérieuse. *Gallimard-Jeunesse, 2000.* (Folio junior ; 1060. Le club des baby-sitters ; 29 c3)
ISBN 2-07-054165-7. *30 F / 4,57 €*

8884 **MARTIN A. M.** Mallory mène l'enquête. *Gallimard-Jeunesse, 2000.* (Folio junior ; 1029. Le club des baby-sitters c3)
ISBN 2-07-050991-5. *30 F / 4,57 €*

8885 **MARTIN A. M.** Mary Anne cherche son chat. *Gallimard-Jeunesse, 1999.* (Folio junior ; 992. Le club des baby-sitters ; 25 c3)
ISBN 2-07-052719-0. *30 F / 4,57 €*

8886 **MARTIN A. M.** Mary Anne et la malédiction. *Gallimard-Jeunesse, 1998.* (Folio junior ; 898. Le club des baby-sitters ; 17 c3)
ISBN 2-07-051919-8. *30 F / 4,57 €*

8887 **N** **MARTIN A. M.** Mary Anne et les garçons. *Gallimard-Jeunesse, 2000.* (Folio junior ; 1104. Le club des baby-sitters ; 34 c3)
ISBN 2-07-054340-4. *30 F / 4,57 €*

8888 **MARTIN A. M.** La nouvelle amie de Claudia. *Gallimard-Jeunesse, 1998.* (Folio junior ; 852. Le club des baby-sitters)
ISBN 2-07-050521-9. *30 F / 4,57 €*

8889 **N** **MARTIN A. M.** Une nouvelle soeur pour Carla. *Gallimard-Jeunesse, 2000.* (Folio junior ; 1076. Le club des baby-sitters ; 31 c3)
ISBN 2-07-054185-1. *30 F / 4,57 €*

8890 **MARTIN A. M.** Pas de panique, Mary Anne !. *Gallimard-Jeunesse, 1997.* (Folio junior ; 783. Le club des baby-sitters)
ISBN 2-07-050513-8. *30 F / 4,57 €*

8891 **N** **MARTIN A. M.** Pauvre Mallory !. *Gallimard-Jeunesse, 2001.* (Folio junior ; 39. Le club des baby-sitters c3)
ISBN 2-07-054530-X. *30 F / 4,57 €*

8892 **A** **MARTIN A. M.** Pour l'honneur de Claudia. *Gallimard-Jeunesse, 2001.* (Folio junior ; 1141. Le club des baby-sitters ; 40 c3)
ISBN 2-07-054582-2. *30 F / 4,57 €*

8893 **MARTIN A. M.** Le retour de Lucy. *Gallimard-Jeunesse, 2000.* (Folio junior ; 1035. Le club des baby-sitters ; 28 c3)
ISBN 2-07-054099-5. *30 F / 4,57 €*

8894 **MARTIN A. M.** La revanche de Carla. *Gallimard-Jeunesse, 1998.* (Folio junior ; 892. Le club des baby-sitters c3)
ISBN 2-07-051917-1. *30 F / 4,57 €*

8895 **MARTIN A. M.** Le secret de Lucy. *Gallimard-Jeunesse, 1997.* (Folio junior ; 782. Le club des baby-sitters)
ISBN 2-07-050512-X. *30 F / 4,57 €*

8896 **MARTIN A. M.** Les vacances de Carla. *Gallimard-Jeunesse, 1999.* (Folio junior ; 973. Le club des baby-sitters ; 23 c3)
ISBN 2-07-052717-4. *30 F / 4,57 €*

8897 **MARTIN A. M.** Une vengeance pour Claudia. *Gallimard-Jeunesse, 1999.* (Folio junior ; 932. Le club des baby-sitters ; 19 c3)
ISBN 2-07-051921-X. *30 F / 4,57 €*

8898 **MARTIN A., RIBERA J.** Alfagann c'est Flanagan. *Gallimard-Jeunesse, 1998.* (Page noire ; 28 c7)
ISBN 2-07-050955-9. *44 F / 6,71 €*

08899 **MARTIN A., RIBERA J.** Flanagan de luxe. Réimpr. *Gallimard-Jeunesse, 1997.* (Page noire ; 21)
ISBN 2-07-052248-2. *44 F / 6,71 €*

08900 **MARTIN A., RIBERA J.** Tous les détectives s'appellent Flanagan. Réimpr. *Gallimard-Jeunesse, 1998.* (Page noire ; 20)
ISBN 2-07-052247-4. *46 F / 7,01 €*

08901 **MARTIN GAITE C.** Le petit chaperon rouge à Manhattan. *Flammarion-Père Castor, 1998.* (Castor-Poche ; 633. Senior)
ISBN 2-08-164208-5. *35,50 F / 5,41 €*

08902 **MARTIN K.** Le dragon de la nuit. *Gallimard-Jeunesse, 1997.* (Un Livre dont vous êtes le héros ; 787. Défis fantastiques c5)
ISBN 2-07-058463-1. *36 F / 5,49 €*

08903 **MARTIN K.** La revanche du vampire. *Gallimard-Jeunesse, 1997.* (Un Livre dont vous êtes le héros ; 57. Défis fantastiques)
ISBN 2-07-059227-8. *36 F / 5,49 €*

08904 **MARTIN K.** La Tour de la destruction. Réimpr. *Gallimard-Jeunesse, 1997.* (Un Livre dont vous êtes le héros ; 682. Défis fantastiques ; 45 c5)
ISBN 2-07-050933-8. *36 F / 5,49 €*

08905 **A** **MARTIN L.** Aux frontières du réel. 21, Un fantôme dans l'ordinateur. *J'ai lu, 2001.* (J'ai lu ; 4529. Jeunes adultes)
ISBN 2-290-04529-2

08906 **A** **MARTIN L.** Aux frontières du réel. 24. *J'ai lu, 2001.* (J'ai lu ; 6024. Jeunes adultes)
ISBN 2-290-31274-6

08907 **MARTIN P.** La gymnastique féminine. *Milan, 1999.* (Carnets du sport)
ISBN 2-84113-881-X. *38 F / 5,79 €*

08908 **A** **MARTIN P., BOISTEAU M.** Béatrice la maudite. *Bayard Jeunesse, 2001.* (Maudit manoir; 3)(Maudit manoir c1)
ISBN 2-7470-0033-8. *45 F / 6,86 €*

08909 **A** **MARTIN P., BOISTEAU M.** Bernard, le loup-garou. *Bayard Jeunesse, 2001.* (Maudit manoir; 4)(Maudit manoir c1)
ISBN 2-7470-0032-X. *45 F / 6,86 €*

08910 **A** **MARTIN P., BOISTEAU M.** Les expériences de Von Skalpel. *Bayard Jeunesse, 2001.* (Maudit manoir; 1)(Maudit manoir c1)
ISBN 2-7470-0031-1. *45 F / 6,86 €*

08911 **A** **MARTIN P., BOISTEAU M.** Hans, le meilleur des monstres. *Bayard Jeunesse, 2001.* (Maudit manoir; 2)(Maudit manoir c1)
ISBN 2-7470-0030-3. *45 F / 6,86 €*

08912 **N** **MARTIN R.** 10 contes du Japon. *Flammarion-Père Castor, 2000.* (Castor-Poche ; 770. Contes et récits)
ISBN 2-08-164578-5. *29,50 F / 4,50 €*

08913 **MARTIN S.** A table !. *J'ai lu, 1999.* (Insomniax; 1)(J'ai lu ; 5125. Jeunes adultes c1)
ISBN 2-290-05125-X. *13 F / 1,98 €*

08914 **MARTIN S.** L'abattoir. *J'ai lu, 1999.* (Insomniax; 3)(J'ai lu ; 5127. Jeunes adultes c1)
ISBN 2-290-05127-6. *13 F / 1,98 €*

08915 **MARTIN S.** La chose. *J'ai lu, 1999.* (Insomniax; 5)(J'ai lu ; 5129. Jeunes adultes c1)
ISBN 2-290-05129-2. *13 F / 1,98 €*

08916 **MARTIN S.** Froid d'enfer. *J'ai lu, 1999.* (Insomniax; 2)(J'ai lu ; 5126. Jeunes adultes c1)
ISBN 2-290-05126-8. *13 F / 1,98 €*

08917 **MARTIN S.** Parle-moi. *J'ai lu, 1999.* (Insomniax; 6)(J'ai lu ; 5130. Jeunes adultes c1)
ISBN 2-290-05130-6. *13 F / 1,98 €*

08918 **MARTIN S.** Les rats. *J'ai lu, 1999.* (Insomniax; 4)(J'ai lu ; 5128. Jeunes adultes c1)
ISBN 2-290-05128-4. *13 F / 1,98 €*

08919 **MARTINEZ C.** Le cri du livre. Réimpr. *Pocket Jeunesse, 2000.* (Pocket junior ; 345. Policier c4)
ISBN 2-266-09502-1. *30 F / 4,57 €*

08920 **MARTINEZ J.** Du sang sur les nains. *Flammarion-Père Castor, 1999.* (Castor-Poche ; 723. Senior)
ISBN 2-08-164670-6. *29,50 F / 4,50 €*

08921 **MARTINEZ V.** Le perroquet mexicain. *Gallimard-Jeunesse, 1999.* (Page blanche ; 30 c6)
ISBN 2-07-051293-2. *41 F / 6,25 €*

08922 **MARTINGAY C.** Le Mar-lah-klem : jeu et miroir de soi-même. *Joie de lire, 1995.* (Qui suis-je?)
ISBN 2-88258-057-6. *43 F / 6,56 €*

08923 **A** **MARTINIGOL D.** Les abîmes d'Autremer. *Mango-Jeunesse, 2001.* (Autres mondes)
ISBN 2-7404-1178-2. *59 F / 8,99 €*

08924 **MARTINIGOL D.** L'Or bleu. *Hachette-Jeunesse, 1989.* (Le livre de poche jeunesse ; 279. Senior c10)
ISBN 2-01-321047-7. *31 F / 4,73 €*

08925 **MARTINIGOL D.** Les oubliés de Vulcain. Réimpr. *Hachette-Jeunesse, 1996.* (Le livre de poche jeunesse ; 541 c5)
ISBN 2-01-321038-8. *26,50 F / 4,04 €*

08926 **MARTINIGOL D.** Les Soleils de Bali. Réimpr. *Hachette-Jeunesse, 1997.* (Le livre de poche jeunesse ; 454 c11)
ISBN 2-01-321589-4. *33 F / 5,03 €*

08927 **MARTINIGOL D., GROUSSET A.** L'enfant-mémoire. *Hachette-Jeunesse, 1996.* (Vertige ; 1000. Science-fiction c5)
ISBN 2-01-209704-9. *29 F / 4,42 €*

08928 **MARTINIGOL D., GROUSSET A.** Les mondes décalés. Nouv. éd. *Flammarion-Père Castor, 1999.* (Castor-Poche ; 611. Senior cE)
ISBN 2-08-164640-4. *32,50 F / 4,95 €*

08929 **MARVAUD S.** La foudre frappe toujours deux fois. *Hachette-Jeunesse, 2000.* (Vertige ; 1409. Coup de foudre c8)
ISBN 2-01-200460-1. *28 F / 4,27 €*

08930 **MARVAUD S.** Vacances mortelles. *Hachette-Jeunesse, 1998.* (Vertige ; 818. Policier)
ISBN 2-01-209925-4. *28 F / 4,27 €*

08931 **N** **MARVAUD S.** Votez Dora, future présidente de la République française. *Hachette-Jeunesse, 2001.* (Vertige ; 710. Fou rire c9)
ISBN 2-01-200631-0. *29 F / 4,42 €*

08932 **MARVAUD S., LEMOINE A.** Qui a peur de Cordouan ?. *Hachette-Jeunesse, 1999.* (Vertige ; 833. Policier c9)
ISBN 2-01-200088-6. *29 F / 4,42 €*

08933 **A** **MASINI B.** Panique botanique. *Hachette-Jeunesse, 2001.* (Le livre de poche jeunesse ; 756. Cadet)
ISBN 2-01-321827-3. *27 F / 4,12 €*

08934 **MASON P.** Le chasseur de mages. Réimpr. *Gallimard-Jeunesse, 1997.* (Un Livre dont vous êtes le héros ; 56. Défis fantastiques c5)
ISBN 2-07-051262-2. *36 F / 5,49 €*

08935 **MASSENOT V.** Lettres à une disparue. *Hachette-Jeunesse, 1998.* (Le livre de poche jeunesse ; 654. Senior)
ISBN 2-01-321549-5. *26,50 F / 4,04 €*

08936 **MASSIN, PARAZETTE J.** Le Monde sens dessus dessous. *Gallimard-Jeunesse, 1993.* (Folio cadet ; 277)
ISBN 2-07-052319-5. *41 F / 6,25 €*

08937 **MASSON C., MASSON J-M., PILLOT F.** Etoiles et planètes. *Milan, 1995.* (Carnets de nature ; 13 c1)
ISBN 2-84113-242-0. *34 F / 5,18 €*

08938 **N** **MASSON I.** L'écologie,. agir pour la planète. *Milan, 2000.* (Les essentiels Milan junior ; 10)
ISBN 2-7459-0168-0. *28 F / 4,27 €*

08939 **MATAS C.** Une lumière dans la nuit : les enfants du Chambon. *Hachette-Jeunesse, 1999.* (Mon bel oranger c10)
ISBN 2-01-321690-4. *31 F / 4,73 €*

08940 **MATAS C.** La prisonnière du lendemain. *Pocket Jeunesse, 1996.* (Pocket junior ; 208. SF c5)
ISBN 2-266-05859-2. *35 F / 5,34 €*

08941 **MATAS C.** Les rescapés du futur. Réimpr. *Pocket Jeunesse, 1999.* (Pocket junior ; 107. Fantastique c4)
ISBN 2-266-08858-0. *30 F / 4,57 €*

08942 **MATHIEU F.** J'étais enfant pendant le Commune de Paris. *Sorbier, 1997.* (J'étais enfant)
ISBN 2-7320-3507-6. *29 F / 4,42 €*

08943 **MATHIS J-M.** Hou, l'animal !. *Pocket Jeunesse, 1999.* (Kid pocket ; 547 c03)
ISBN 2-266-09917-5. *26 F / 3,96 €*

08944 **A** **MATHIS J-M.** Lucien le pingouin au pays du soleil. *Pocket Jeunesse, 2001.* (Kid pocket ; 664 c4B)
ISBN 2-266-10469-1. *32 F / 4,88 €*

08945 **MATHIS J-M., PELOT D.** Le chien qui souriait à l'envers. Réimpr. *Pocket Jeunesse, 1999.* (Kid pocket ; 337)
ISBN 2-266-09400-9. *30 F / 4,57 €*

08946 **MATHIS J-M., PELOT D.** Claude Zilla. *Pocket Jeunesse, 1999.* (Kid pocket ; 448 c04)
ISBN 2-266-08768-1. *30 F / 4,57 €*

08947 **N** **MATHUISIEULX S. d., CHAUD B.** La maîtresse est foldingue. *Milan, 2000.* (Milan poche benjamin ; 9 c1)
ISBN 2-7459-0060-9. *24 F / 3,66 €*

08948 **MAU O.** Armand chez les Passimpas. *Syros, 1998.* (Mini Souris noire c1)
ISBN 2-84146-590-X. *19 F / 2,90 €*

08949 **MAU O.** Armand dur à cuire. *Syros, 1999.* (Mini Souris noire c1)
ISBN 2-84146-659-0. *19 F / 2,90 €*

08950 **MAU O.** Armand et le commissaire Magret. *Syros, 1999.* (Mini Souris noire c1)
ISBN 2-84146-697-3. *19 F / 2,90 €*

08951 **MAU O.** Armand pique sa crise. *Syros, 1999.* (Mini Souris noire c1)
ISBN 2-84146-732-5. *19 F / 2,90 €*

08952 **N** **MAU O.** Armand sous les tropiques. *Syros, 2000.* (Mini Souris noire c1)
ISBN 2-84146-822-4. *19 F / 2,90 €*

08953 **MAU O.** Armand sur canapé. *Syros, 2000.* (Mini Souris noire c1)
ISBN 2-84146-790-2. *19 F / 2,90 €*

08954 **MAU O.** Les fusils dans l'île. *Albin Michel, 1999.* (Le Furet enquête ; 7 c1)
ISBN 2-226-09151-3. *35 F / 5,34 €*

08955 **MAU O.** Mon frère est un drôle de type. *Syros, 1997.* (Souris noire ; 6)
ISBN 2-84146-449-0. *32 F / 4,88 €*

08956 **N** **MAU O.** Temps de chien. *Syros, 2001.* (Souris noire ; 53 c1)
ISBN 2-84146-900-X. *32 F / 4,88 €*

08957 **MAU O.** Tonton Emile. *Syros, 1999.* (Souris noire ; 32 c1)
ISBN 2-84146-678-7. *32 F / 4,88 €*

08958 **N** **MAUFFRET Y.** Au royaume des nains. *Rageot, 2000.* (Cascade. Contes)
ISBN 2-7002-2515-5. *42 F / 6,40 €*

08959 **MAUFFRET Y.** Au secours Mélusine!. *Rageot, 1994.* (Cascade. 9-11 ans c1)
ISBN 2-7002-2318-7. *44 F / 6,71 €*

08960 **MAUFFRET Y.** Bien joué Mélusine !. *Rageot, 1999.* (Cascade. 9-11 ans c2)
ISBN 2-7002-2547-3. *46 F / 7,01 €*

08961 **MAUFFRET Y.** Mon journal de guerre. *Rageot, 1996.* (Cascade. 11-13 ans c3)
ISBN 2-7002-2397-7. *48 F / 7,32 €*

08962 **MAUFFRET Y.** Le Mousse du bateau perdu. *Rageot, 1990.* (Cascade. 9-11 ans c1)
ISBN 2-7002-1072-7. *46 F / 7,01 €*

08963 **MAUFFRET Y.** Pour un petit chien gris. *Rageot, 1993.* (Cascade. 9-11 ans c2)
ISBN 2-7002-2035-8. *46 F / 7,01 €*

08964 **MAUFFRET Y.** Le trésor du Menhir. *Rageot, 1992.* (Cascade. 11-13 ans c2)
ISBN 2-7002-1196-0. *46 F / 7,01 €*

08965 **N** **MAUFFRET Y.** Trois chatons pour Zélie. *Rageot, 2000.* (Cascade. 9-11 ans)
ISBN 2-7002-2672-0. *44 F / 6,71 €*

08966 **MAUPASSANT G. d.** Les contes de la bécasse. *Hachette-Jeunesse, 1994.* (Le livre de poche jeunesse ; 499 c5)
ISBN 2-01-321206-2. *26,50 F / 4,04 €*

08967 **N** **MAUPASSANT G. d.** La parure et autres nouvelles. *Hachette-Jeunesse, 2000.* (Côté court ; 12)
ISBN 2-01-200568-3. *10 F / 1,52 €*

08968 **MAUPASSANT G. d., MIGNON P.** Deux amis : et autres contes. Réimpr. *Gallimard-Jeunesse, 1998.* (Folio junior ; 514. Edition spéciale c4)
ISBN 2-07-051678-4. *32,50 F / 4,95 €*

08969 **MAUROIS A.** Le pays des 36000 volontés. *Hachette-Jeunesse, 1995.* (Le livre de poche jeunesse ; 549 c5)
ISBN 2-01-321348-4. *26,50 F / 4,04 €*

08970 **MAURY J-P., BESSON J-L.** Les Tortuléons arrivent. *Bayard : Bayard, 1990.* (J'aime lire ; 2 c1)
ISBN 2-227-72209-6. *27 F / 4,12 €*

08971 **MAYER M.** Il y a un alligator sous mon lit. Réimpr. *Gallimard-Jeunesse, 1990.* (Folio benjamin ; 223 c2)
ISBN 2-07-050535-9. *28 F / 4,27 €*

08972 **MAYER M.** Il y a un cauchemar dans mon placard. Réimpr. *Gallimard-Jeunesse, 1999.* (Folio benjamin ; 76 c2)
ISBN 2-07-050611-8. *28 F / 4,27 €*

08973 **MAYLE P., GIBERT B.** Chilly Billy, le petit bonhomme du frigo. Nouv. éd. *Flammarion-Père Castor, 1999.* (Castor-Poche ; 121 cC)
ISBN 2-08-164613-7. *25 F / 3,81 €*

08974 **N** **MAZARD C.** Alerte au zoo. *Syros, 2000.* (Souris verte ; 36)
ISBN 2-84146-889-5. *32 F / 4,88 €*

08975 **MAZARD C.** Assassin à dessein. *Rageot, 1998.* (Cascade. Policier c1)
ISBN 2-7002-2505-8. *46 F / 7,01 €*

08976 **MAZARD C.** Lola. *Flammarion-Père Castor, 2000.* (Castor-Poche ; 732. Senior)
ISBN 2-08-164675-7. *19,50 F / 2,97 €*

08977 **A** **MAZARD C.** Des mouettes plein la tête. *Pocket Jeunesse, 2001.* (Pocket junior ; 677)
ISBN 2-266-10819-0. *30 F / 4,57 €*

08978 **MAZARD C.** Petit printemps vietnamien. *Flammarion-Père Castor, 2000.* (Castor-Poche ; 458. Junior c1)
ISBN 2-08-164717-6. *19,50 F / 2,97 €*

08979 **N** **MAZARD C.** Le redoublant. Nouv. éd. *Pocket Jeunesse, 2000.* (Pocket junior ; 341 c3B)
ISBN 2-266-11083-7. *28 F / 4,27 €*

08980 **N** **MAZARD C.** Rue des vautours. *Flammarion-Père Castor, 2000.* (Castor-Poche ; 789)
ISBN 2-08-164801-6. *19,50 F / 2,97 €*

08981 **N** **MCCULLERS C.** Sucker ; suivi de Comme ça. *Hachette-Jeunesse, 2001.* (Côté court ; 41 c1)
ISBN 2-01-200677-9. *10 F / 1,52 €*

08982 **MCCULLEY J.** La marque de Zorro. *Gallimard-Jeunesse, 1998.* (Zorro)(Folio junior ; 813 c6)
ISBN 2-07-059511-0. *41 F / 6,25 €*

08983 **MCCULLEY J.** La vengeance de Zorro. *Gallimard-Jeunesse, 1998.* (Zorro; 3)(Folio junior ; 923)
ISBN 2-07-052229-6. *32,50 F / 4,95 €*

08984 **MCCULLEY J.** Zorro et son double. *Gallimard-Jeunesse, 1998.* (Zorro; 2)(Folio junior ; 922 c3)
ISBN 2-07-052193-1. *30 F / 4,57 €*

08985 **MCEWAN I.** Le rêveur. *Gallimard-Jeunesse, 1999.* (Folio junior ; 944 c3)
ISBN 2-07-052415-9. *30 F / 4,57 €*

08986 **MCHARGUE G., FOREMAN M.** Drôle de zoo. *Gallimard-Jeunesse, 1997.* (Folio benjamin ; 2)
ISBN 2-07-050909-5. *36 F / 5,49 €*

08987 **MCKAY H.** Vous auriez pu me le dire. *Pocket Jeunesse, 1999.* (Kid pocket ; 481 c03)
ISBN 2-266-08808-4. *26 F / 3,96 €*

08988 **MCKEE D.** Noirs et blancs. *Gallimard-Jeunesse, 1997.* (Folio benjamin ; 305)
ISBN 2-07-050775-0. *28 F / 4,27 €*

08989 **N** **MCMULLAN K-H.** Le nouvel élève. *Gallimard-Jeunesse, 2000.* (L'école des massacreurs de dragons; 1)(Folio cadet ; 405 c3)
ISBN 2-07-054204-1. *30 F / 4,57 €*

08990 **N** **MCMULLAN K-H.** Sortie scolaire à la caverne maudite. *Gallimard-Jeunesse, 2001.* (L'école des massacreurs de dragons; 3)(Folio cadet ; 410 c3)
ISBN 2-07-054206-8. *30 F / 4,57 €*

08991 **N** **MCMULLAN K-H.** La vengeance du dragon. *Gallimard-Jeunesse, 2000.* (L'école des massacreurs de dragons; 2)(Folio cadet ; 407 c3)
ISBN 2-07-054205-X. *30 F / 4,57 €*

08992 **MCMULLAN K-H., SPACKMAN J.** Le trésor de la momie. Réimpr. *Gallimard-Jeunesse, 1997.* (Folio benjamin ; 312. Panique c4)
ISBN 2-07-051276-2. *32,50 F / 4,95 €*

08993 **MCNAUGHTON C.** Bouh!. *Gallimard-Jeunesse, 1997.* (Folio benjamin ; 309)
ISBN 2-07-051273-8. *30 F / 4,57 €*

08994 **MCNAUGHTON C.** But !. *Gallimard-Jeunesse, 1998.* (Folio benjamin ; 344)
ISBN 2-07-051884-1. *28 F / 4,27 €*

08995 **MCNAUGHTON C.** Jolly Roger et les pirates de l'écu d'or. *Gallimard-Jeunesse, 1995.* (Folio cadet ; 314 c7)
ISBN 2-07-051794-2. *44 F / 6,71 €*

08996 **MCNAUGHTON C.** Voyons... *Gallimard-Jeunesse, 2000.* (Folio benjamin ; 399 c3)
ISBN 2-07-052436-1. *30 F / 4,57 €*

08997 **MCVEY V.** Ne perdons pas le Nord !. Nouv. éd. *Flammarion-Père Castor, 1997.* (Castor doc ; 11. Junior c2)
ISBN 2-08-163835-5. *34 F / 5,18 €*

08998 **MEAD A.** Des bateaux plein la tête. *Flammarion-Père Castor, 1998.* (Castor-Poche ; 627. Junior)
ISBN 2-08-164233-6. *32,50 F / 4,95 €*

08999 **MEBS G.** L'enfant du dimanche. Réimpr. *Gallimard-Jeunesse, 1988.* (Folio junior ; 520. Edition spéciale c4)
ISBN 2-07-051406-4. *32,50 F / 4,95 €*

09000 **MEDOVA M-L.** La danse classique. *Milan, 1999.* (Carnets du sport)
ISBN 2-84113-882-8. *38 F / 5,79 €*

09001 **N** **MÉLI MARLO, LE GRAND C.** Le monstre du tableau. *Milan, 2000.* (Milan poche benjamin ; 16 c1)
ISBN 2-7459-0119-2. *24 F / 3,66 €*

09002 **N** **MÉLI MARLO, PAWLAK P.** Le renne du Père Noël. *Milan, 2000.* (Milan poche benjamin ; 17 c1)
ISBN 2-7459-0120-6. *24 F / 3,66 €*

09003 **A** **MÉLI MARLO, PILLOT F.** Le cirque Patacrac. *Milan, 2001.* (Milan poche benjamin ; 20 c1)
ISBN 2-7459-0244-X. *24 F / 3,66 €*

09004 **MÉLIADE S.** Une copine à la piscine. *Rageot, 1998.* (Cascade. 7-9 ans c1)
ISBN 2-7002-2538-4. *44 F / 6,71 €*

09005 **MÉLIADE S.** Rendez-vous au collège. *Rageot, 1995.* (Cascade. 11-13 ans c1)
ISBN 2-7002-2344-6. *44 F / 6,71 €*

09006 **MELVILLE H.** Moby Dick. *Hachette-Jeunesse, 1997.* (Le livre de poche jeunesse ; 1126. Gai savoir c12)
ISBN 2-01-321522-3. *35 F / 5,34 €*

09007 **N** **MELVILLE H.** Moi et ma cheminée. *Hachette-Jeunesse, 2000.* (Côté court ; 27)
ISBN 2-01-200583-7. *10 F / 1,52 €*

09008 **Menace sur le gladiateur.** *Bayard, 1999.* (Les aventuriers de l'histoire ; 901. Mysteria c1)
ISBN 2-227-74701-3. *29 F / 4,42 €*

09009 **MENANTEAU P.** Pour un enfant poète : bestiaire, herbier, légendaire. *Hachette-Jeunesse, 1997.* (Fleurs d'encre)
ISBN 2-01-321573-8. *33 F / 5,03 €*

09010 **MÉNARD J-F.** Le voleur de chapeaux : et autres contes pour la semaine. Nouv. éd. *Gallimard-Jeunesse, 2000.* (Folio junior ; 565 c4)
ISBN 2-07-054110-X. *30 F / 4,57 €*

09011 **MENONVILLE M.** Fonds perdus. *Syros, 1999.* (Souris noire ; 38 c1)
ISBN 2-84146-752-X. *32 F / 4,88 €*

09012 **MENONVILLE M.** Trois soleils mauves. *Syros, 1998.* (Souris noire ; 26 c1)
ISBN 2-84146-601-9. *32 F / 4,88 €*

09013 **La mer en poésie. Nouv. éd.** *Gallimard-Jeunesse, 1998.* (Folio junior ; 859. En poésie ; 3)
ISBN 2-07-051530-3. *36 F / 5,49 €*

09014 **MÉRIMÉE P.** Carmen ; La Vénus d'Ille. *Gallimard-Jeunesse, 1993.* (Folio junior ; 684. Edition spéciale c4)
ISBN 2-07-056778-8. *32,50 F / 4,95 €*

09015 **MÉRIMÉE P.** Colomba. *Flammarion-Père Castor, 1995.* (Castor-Poche ; 507. Senior c5)
ISBN 2-08-164112-7. *35,50 F / 5,41 €*

09016 **MÉRIMÉE P.** La Vénus d'Ille et Carmen. *Flammarion-Père Castor, 1992.* (Castor-Poche ; 365. Senior c4)
ISBN 2-08-162225-4. *32,50 F / 4,95 €*

09017 **N** **MÉRIMÉE P.** La Vénus d'Ille. *Hachette-Jeunesse, 2000.* (Côté court ; 15)
ISBN 2-01-200571-3. *10 F / 1,52 €*

09018 **N** **MERLE C., MISTRAL L., RUFFAULT C.** L'amour trahi. *Bayard Jeunesse, 2000.* (Les aventuriers de l'histoire ; 1205. Athéna c1)
ISBN 2-227-74904-0. *29 F / 4,42 €*

09019 **N** **MERLE C., MISTRAL L., RUFFAULT C.** La dernière épreuve. *Bayard Jeunesse, 2000.* (Les aventuriers de l'histoire ; 1206. Athéna c1)
ISBN 2-227-74905-9. *29 F / 4,42 €*

09020 **N** **MERLE C., MISTRAL L., RUFFAULT C.** Le masque de la peur. *Bayard, 2000.* (Les aventuriers de l'histoire ; 1204. Athéna)
ISBN 2-227-74902-4. *29 F / 4,42 €*

09021 **MERLE C., MISTRAL L., RUFFAULT C.** Meurtre à Olympie. *Bayard, 2000.* (Les aventuriers de l'histoire ; 1203. Athéna)
ISBN 2-227-74903-2. *29 F / 4,42 €*

09022 **N** **MERRILL C.** La chambre noire. *J'ai lu, 2001.* (Les dossiers Blair Witch; 2)(J'ai lu ; 5892. Jeunes adultes cF)
ISBN 2-290-31110-3. *26 F / 3,96 €*

09023 **A** **MERRILL C.** Les dossiers Blair Witch. 3, Le fantôme d'Eileen. *J'ai lu, 2001.* (J'ai lu ; 5893. Jeunes adultes)
ISBN 2-290-31111-1

09024 **A** **MERRILL C.** Les dossiers Blair Witch. 4, Cauchemar sanglant. *J'ai lu, 2001.* (J'ai lu ; 5894. Jeunes adultes)
ISBN 2-290-31112-X

09025 **N** **MERRILL C.** La fille de la sorcière. *J'ai lu, 2001.* (Les dossiers Blair Witch; 1)(J'ai lu ; 5891. Jeunes adultes cF)
ISBN 2-290-31109-X. *26 F / 3,96 €*

09026 **N** **MESTRON H.** La cavale des pickpockets. *Albin Michel, 2000.* (Le Furet enquête ; 20 c1)
ISBN 2-226-11214-6. *35 F / 5,34 €*

09027 **N** **MESTRON H.** Didi des Caraïbes. *Syros, 2000.* (Mini Souris noire c1)
ISBN 2-84146-834-8. *19 F / 2,90 €*

09028 **MESTRON H.** La peur au ventre. *Syros, 1999.* (Souris noire ; 40 c1)
ISBN 2-84146-759-7. *32 F / 4,88 €*

09029 **N** **MESTRON H.** Pizzicato trafic. *Magnard, 2000.* (Les p'tits policiers)
ISBN 2-210-98024-0. *40 F / 6,10 €*

09030 **METANTROPO** La citadelle de Khaazar. *Magnard, 1999.* (Les fantastiques c1)
ISBN 2-210-97793-2. *43 F / 6,56 €*

09031 **METANTROPO** L'invasion des cyborgs. *Magnard, 2000.* (Les fantastiques c1)
ISBN 2-210-98406-8. *43 F / 6,56 €*

09032 **METANTROPO** Le mystérieux docteur Morlock : les Mini-files. *Magnard, 1998.* (Les fantastiques c1)
ISBN 2-210-97760-6. *43 F / 6,56 €*

09033 **METZGER S., PETIT-ROULET P.** Tennis en règles. *Syros, 1998.* (Mini Souris document c1)
ISBN 2-84146-565-9. *19 F / 2,90 €*

09034 **Meurtre aux thermes.** *Bayard, 1999.* (Les aventuriers de l'histoire ; 906. Mysteria c1)
ISBN 2-227-74705-6. *29 F / 4,42 €*

09035 **MEYER-DIETRICH I.** La tête à l'envers, le coeur à l'endroit. *Hachette-Jeunesse, 1999.* (Vertige ; 1405. Coup de foudre)
ISBN 2-01-209964-5. *28 F / 4,27 €*

09036 **MEYNARD D.** La guerre des toiles. *Magnard, 1998.* (Les fantastiques c1)
ISBN 2-210-97759-2. *43 F / 6,56 €*

09037 **MEYNARD D.** Ski me plaît. *Syros, 1998.* (Souris aventure ; 7)
ISBN 2-84146-541-1. *32 F / 4,88 €*

09038 **N** **MICHAUX M.** L'Egypte au temps des pharaons. *Milan, 2000.* (Les essentiels Milan junior ; 2)
ISBN 2-7459-0087-0. *28 F / 4,27 €*

09039 **A** **MICHAUX M.** La géographie de la France. *Milan, 2001.* (Les essentiels Milan junior ; 12)
ISBN 2-7459-0271-7. *28 F / 4,27 €*

09040 **A** **MICHAUX M.** Gladiateurs et jeux de cirque. *Milan, 2001.* (Les essentiels Milan junior ; 18)
ISBN 2-7459-0296-2. *28 F / 4,27 €*

09041 **A** **MICHAUX M.** La politique, à quoi ça sert ?. *Milan, 2001.* (Les essentiels Milan junior ; 14)
ISBN 2-7459-0268-7. *28 F / 4,27 €*

09042 **N** **MICHAUX M.** Serfs et seigneurs au Moyen Age. *Milan, 2000.* (Les essentiels Milan junior ; 7)
ISBN 2-7459-0165-6. *28 F / 4,27 €*

09043 **MIGOU** Les cloches de la mort. *Hachette-Jeunesse, 1998.* (Frouss'Land ; 2. Timothy MacLean ; 2)
ISBN 2-01-209948-3. *28 F / 4,27 €*

09044 **MIGOU** Le guide Quasar du gardien des secrets. *Hachette-Jeunesse, 1997.* (Quasar)
ISBN 2-01-209764-2. *105 F / 16,01 €*

09045 **MIGOU** Le monstre de la Tamise. *Hachette-Jeunesse, 1998.* (Frouss'Land ; 1. Timothy MacLean ; 1)
ISBN 2-01-209949-1. *28 F / 4,27 €*

09046 **MIGOU, COLIN F.** Le messie de l'ombre. *Hachette-Jeunesse, 1999.* (Frouss'Land ; 3. Timothy MacLean ; 3)
ISBN 2-01-209951-3. *28 F / 4,27 €*

09047 **MIGOU, COLLIN F.** Les tableaux de sang. *Hachette-Jeunesse, 1999.* (Frouss'Land ; 5. Timothy MacLean ; 5)
ISBN 2-01-200081-9. *28 F / 4,27 €*

09048 **MIGOU, PARCABE F.** Les serviteurs de l'enfer. *Hachette-Jeunesse, 1999.* (Frouss'Land ; 4. Timothy MacLean ; 4)
ISBN 2-01-209950-5. *28 F / 4,27 €*

09049 **MIGOU, PINCHOT A.** Le cauchemar de madame Henry. *Hachette-Jeunesse, 1998.* (Frouss'Land ; 3. Week-end d'enfer ; 3)
ISBN 2-01-209924-6. *28 F / 4,27 €*

09050 **MIGOU, PINCHOT A.** Le fantôme du 7e étage. *Hachette-Jeunesse, 1999.* (Frouss'Land ; 7. Week-end d'enfer ; 7 c8)
ISBN 2-01-209919-X. *27,50 F / 4,19 €*

09051 **MIGOU, PINCHOT A.** Le jardin des supplices. *Hachette-Jeunesse, 1999.* (Frouss'Land ; 5. Week-end d'enfer ; 5)
ISBN 2-01-200030-4. *28 F / 4,27 €*

09052 **MIGOU, PINCHOT A.** Permission de minuit : Frouss'land. *Hachette-Jeunesse, 1999.* (Frouss'Land ; 4. Week-end d'enfer ; 4)
ISBN 2-01-209921-1. *28 F / 4,27 €*

09053 **MIGOU, PINCHOT A.** Prise de tête. *Hachette-Jeunesse, 1999.* (Frouss'Land ; 6. Week-end d'enfer ; 6)
ISBN 2-01-209922-X. *28 F / 4,27 €*

09054 **MIGOU, PINCHOT A.** Reflets mortels. *Hachette-Jeunesse, 1998.* (Frouss'Land ; 2. Week-end d'enfer ; 2)
ISBN 2-01-209920-3. *28 F / 4,27 €*

09055 **MIGOU, PINCHOT A.** Voix sans issue. *Hachette-Jeunesse, 1998.* (Frouss'Land ; 1. Week-end d'enfer ; 1)
ISBN 2-01-209918-1. *28 F / 4,27 €*

09056 **MIKAELSEN B.** Ils n'auront pas mon ours. *Hachette-Jeunesse, 1997.* (Mon bel oranger c11)
ISBN 2-01-321316-6. *35 F / 5,34 €*

09057 **MILES B.** Adieu mes douze ans. Nouv. éd. *Pocket Jeunesse, 1998.* (Pocket junior. C'est ça la vie ! ; 23 c4)
ISBN 2-266-08628-6. *30 F / 4,57 €*

09058 **MILÉSI R.** Papa, j'ai remonté le temps !. *Hachette-Jeunesse, 1996.* (Le livre de poche jeunesse ; 576. Cadet c5)
ISBN 2-01-321371-9. *26,50 F / 4,04 €*

09059 **Les Mille et Une Nuits.** *Hachette-Jeunesse, 1999.* (Le livre de poche jeunesse ; 1151. Gai savoir c12)
ISBN 2-01-321712-9. *35 F / 5,34 €*

09060 **MILLOUR G.** Trois enfants débrouillards. *Hemma, 2001.* (Mini-club ; 33)
ISBN 2-8006-1150-2. *21 F / 3,20 €*

09061 **MINGARELLI H.** La lumière volée. *Gallimard-Jeunesse, 1999.* (Page blanche ; 52 c4)
ISBN 2-07-052746-8. *32,50 F / 4,95 €*

09062 **N** **MIRANDE J.** L'affaire du rubis. *Flammarion-Père Castor, 2000.* (Castor-Poche ; 790)
ISBN 2-08-164772-9. *25 F / 3,81 €*

09063 **N** **MIRANDE J.** Beau sire, cheval royal. *Flammarion-Père Castor, 2000.* (Junior ; 748. Roman-cheval)
ISBN 2-08-164761-3. *25 F / 3,81 €*

09064 **MIRANDE J.** Le cavalier. *Pocket Jeunesse, 1999.* (Pocket junior ; 497 c3)
ISBN 2-266-09002-X. *26 F / 3,96 €*

09065 **MIRANDE J.** Crime à Hautefage. *Flammarion-Père Castor, 1999.* (Castor-Poche ; 725. Senior)
ISBN 2-08-164684-6. *25 F / 3,81 €*

09066 **MIRANDE J.** Double meurtre à l'abbaye. *Flammarion-Père Castor, 1998.* (Castor-Poche ; 655. Senior)
ISBN 2-08-164456-8. *25 F / 3,81 €*

09067 **MIRANDE J.** Libraire de nuit. *Flammarion-Père Castor, 1998.* (Castor-Poche ; 630. Junior)
ISBN 2-08-164308-1. *25 F / 3,81 €*

09068 **MIRANDE J.** Sans nom ni blason. Réimpr. *Pocket Jeunesse, 1997.* (Pocket junior ; 282. C'est ça la vie ! c3)
ISBN 2-266-08643-X. *26 F / 3,96 €*

09069 **MIRANDE J.** 6 récits d'un château fort. *Flammarion-Père Castor, 1998.* (Castor-Poche ; 664. Contes et récits c2)
ISBN 2-08-164322-7. *25 F / 3,81 €*

09070 **A** **MIRAUCOURT C.** Mon frère a disparu. *Pocket Jeunesse, 2001.* (Kid pocket ; 700)
ISBN 2-266-10681-3

09071 **MIREJ M.** Un cheval de prix. Nouv. éd. *Flammarion-Père Castor, 1998.* (Castor-Poche ; 306. Junior)
ISBN 2-08-164420-7. *35,50 F / 5,41 €*

09072 **N** **MIRMAN A.** Un bonnet de laine jaune. *Hachette-Jeunesse, 2000.* (Côté court ; 35)
ISBN 2-01-200593-4. *10 F / 1,52 €*

09073 **MIRMAN A.** Le chasseur de 100. *Hachette-Jeunesse, 1999.* (Le livre de poche jeunesse ; 1304. Benjamin)
ISBN 2-01-321657-2. *28 F / 4,27 €*

09074 **MIRMAN A.** Emilio, mon frère!. *Hachette-Jeunesse, 1994.* (Le livre de poche jeunesse ; 511 c8)
ISBN 2-01-321643-2. *28 F / 4,27 €*

09075 **N** **MIRMAN A.** Un jour, un enfant, un loup... *Hachette-Jeunesse, 2000.* (Le livre de poche jeunesse ; 718. Junior c7)
ISBN 2-01-321770-6. *27,50 F / 4,19 €*

09076 **MIRMAN A.** Marinier cherche marinière. *Hachette-Jeunesse, 1996.* (Le livre de poche jeunesse ; 590. Senior c9)
ISBN 2-01-321091-4. *29 F / 4,42 €*

09077 **MIRMAN A.** On n'est pas des mouches. *Hachette-Jeunesse, 1997.* (Le livre de poche jeunesse ; 624. Cadet c8)
ISBN 2-01-321414-6. *28 F / 4,27 €*

09078 **MIRMAN A.** Si on adoptait un papa ?. *Hachette-Jeunesse, 1999.* (Le livre de poche jeunesse ; 691. Cadet c7)
ISBN 2-01-321693-9. *27,50 F / 4,19 €*

09079 **MIRMAN A., GASTÉ E.** Je suis un chat bleu. *Bayard, 1999.* (Les belles histoires ; 110 c1)
ISBN 2-227-72839-6. *27 F / 4,12 €*

09080 **MIRMAN L.** Le silex noir. Réimpr. *Gallimard-Jeunesse, 1998.* (Folio junior ; 566. Edition spéciale)
ISBN 2-07-051407-2. *41 F / 6,25 €*

09081 **N** **MISSONNIER C.** Alex et les rois de l'école. *Rageot, 2001.* (Cascade. 7-9 ans)
ISBN 2-7002-2711-5. *44 F / 6,71 €*

09082 **MISSONNIER C.** Les CM2 à la une. *Rageot, 1995.* (Cascade. 9-11 ans c2)
ISBN 2-7002-2311-X. *46 F / 7,01 €*

09083 **MISSONNIER C.** Extraterrestre appelle CM1. *Rageot, 1992.* (Cascade. 9-11 ans c2)
ISBN 2-7002-1207-X. *46 F / 7,01 €*

09084 **MISSONNIER C.** Le lion magicien. *Hachette-Jeunesse, 1997.* (Le livre de poche jeunesse ; 607. Cadet c6)
ISBN 2-01-321530-4. *27 F / 4,12 €*

09085 **MISSONNIER C.** Mystère à bord. *Rageot, 1998.* (Cascade. 9-11 ans c2)
ISBN 2-7002-2493-0. *46 F / 7,01 €*

09086 **MISSONNIER C.** On ne badine pas avec les tueurs. *Rageot, 1993.* (Cascade. Policier c2)
ISBN 2-7002-2063-3. *46 F / 7,01 €*

09087 **N** **MISSONNIER C.** On ne badine pas avec les tueurs. *Gallimard-Jeunesse, 2000.* (Folio junior ; 1094 c3)
ISBN 2-07-054349-8. *30 F / 4,57 €*

09088 **MISSONNIER C.** Opération caleçon au CE2. *Rageot, 1990.* (Cascade. 7-9 ans c2)
ISBN 2-7002-1092-1. *46 F / 7,01 €*

09089 **MISSONNIER C.** Panique en 6e A. *Rageot, 1999.* (Cascade. 9-11 ans)
ISBN 2-7002-2608-9. *46 F / 7,01 €*

09090 **MISSONNIER C.** Pièges et sortilèges. *Rageot, 1995.* (Cascade. Policier c2)
ISBN 2-7002-2324-1. *46 F / 7,01 €*

09091 **MISSONNIER C.** Pour les beaux yeux de Manon : opération Luabo. *Hachette-Jeunesse, 1999.* (Vertige ; 1407. Coup de foudre)
ISBN 2-01-200116-5. *27,50 F / 4,19 €*

09092 **MISSONNIER C.** Premier en foot. *Rageot, 1997.* (Cascade. 9-11 ans c1)
ISBN 2-7002-2471-X. *44 F / 6,71 €*

09093 **MISSONNIER C.** Superman contre CE2. *Rageot, 1989.* (Cascade. 7-9 ans c2)
ISBN 2-7002-1013-1. *46 F / 7,01 €*

09094 **N** **MISTRAL L.** La course de l'espoir. *Bayard Jeunesse, 2000.* (Les aventuriers de l'histoire ; 909. Mysteria c1)
ISBN 2-227-74708-0. *29 F / 4,42 €*

09095 **MODIANO P., SEMPÉ J-J.** Catherine Certitude. Réimpr. *Gallimard-Jeunesse, 1998.* (Folio junior ; 600 c4)
ISBN 2-07-051608-3. *32,50 F / 4,95 €*

09096 **N** **MOKA, MARTIN J-F.** Le plus grand détective du monde. *Milan, 2000.* (Milan poche cadet ; 30 c1)
ISBN 2-7459-0008-0. *28 F / 4,27 €*

09097 **N** **MOKA, MURAIL M-A.** Le dernier cadeau du Père Noël. *Milan, 2000.* (Milan poche cadet ; 42 c1)
ISBN 2-7459-0149-4. *28 F / 4,27 €*

09098 **MOLÈNES T. d.** Le chevalier du vent : les Tibeyrant. *Flammarion-Père Castor, 1995.* (Castor-Poche ; 484. Senior c5)
ISBN 2-08-164108-9. *35,50 F / 5,41 €*

09099 **N** **MOLÈNES T. d.** Dix-sept contes du bouddhisme. *Flammarion-Père Castor, 2000.* (Castor-Poche ; 775. Contes et récits)
ISBN 2-08-164805-9. *29,50 F / 4,50 €*

09100 **MOLÈNES T. d.** Les moissonneurs de gloire. *Flammarion-Père Castor, 1998.* (Castor-Poche ; 632. Senior c5)
ISBN 2-08-164240-9. *35,50 F / 5,41 €*

09101 **MOLÈNES T. d.** Nous de Peyrac en Périgord. Nouv. éd. *Flammarion-Père Castor, 1999.* (Castor-Poche ; 55)
ISBN 2-08-164564-5. *29,50 F / 4,50 €*

09102 **MOLÈNES T. d.** Un Périgourdin aux Indes. *Flammarion-Père Castor, 1997.* (Castor-Poche ; 598. Senior c4)
ISBN 2-08-164239-5. *32,50 F / 4,95 €*

09103 **MOLÈNES T. d.** La révolte des Jeanne. *Flammarion-Père Castor, 1996.* (Castor-Poche ; 540. Senior c5)
ISBN 2-08-164157-7. *35,50 F / 5,41 €*

09104 **MOLÈNES T. d.** Ricou et la rivière. Nouv. éd. *Flammarion-Père Castor, 1999.* (Castor-Poche ; 63 cD)
ISBN 2-08-164626-9. *29,50 F / 4,50 €*

09105 **MOLINA C., PILLOT F.** Le roi des cochons. *Milan, 1999.* (Milan poche cadet ; 22 c1)
ISBN 2-84113-905-0. *28 F / 4,27 €*

09106 **MOLINA C., TOSSAN O.** Du rififi à la bibliothèque. *Milan, 1999.* (Milan poche cadet ; 15 c1)
ISBN 2-84113-898-4. *28 F / 4,27 €*

09107 **MOLINA LLORENTE P.** La conspiration de la dague. *Flammarion-Père Castor, 1995.* (Castor-Poche ; 515. Junior c4)
ISBN 2-08-164115-1. *32,50 F / 4,95 €*

09108 **MOLINA LLORENTE P.** Le petit peintre de Florence. Réimpr. *Hachette-Jeunesse, 1996.* (Le livre de poche jeunesse ; 456 c7)
ISBN 2-01-321747-1. *27,50 F / 4,19 €*

09109 **N** **MONCOMBLE G.** Les enfants de Méga. 2, La cité barbare. *Milan, 2001.* (Milan poche junior ; 41)
ISBN 2-7459-0215-6. *32 F / 4,88 €*

09110 **MONCOMBLE G.** Fabuleux Romain Gallo. *Milan, 1999.* (Milan poche junior ; 13)
ISBN 2-84113-949-2. *32 F / 4,88 €*

09111 **MONCOMBLE G.** Georges Bouton, explo-migrateur. *Milan, 2000.* (Milan poche junior ; 26)
ISBN 2-7459-0031-5. *26 F / 3,96 €*

09112 **MONCOMBLE G.** L'heure du rat. *Milan, 2000.* (Les enfants de Méga; 1)(Milan poche junior ; 19)
ISBN 2-84113-986-7. *34 F / 5,18 €*

09113 **MONCOMBLE G.** Moi-je. Réimpr. *Flammarion-Père Castor, 1999.* (Castor-Poche ; 571. Senior c3)
ISBN 2-08-164614-5. *29,50 F / 4,50 €*

09114 **MONCOMBLE G.** Un privé chez les nababs. *Syros, 1997.* (Souris noire ; 8)
ISBN 2-84146-434-2. *32 F / 4,88 €*

09115 **MONCOMBLE G.** Romain Gallo contre Charles Perrault. *Milan, 1999.* (Milan poche junior ; 8)
ISBN 2-84113-916-6. *34 F / 5,18 €*

09116 **MONCOMBLE G.** Le 13. *Milan, 1999.* (Milan poche junior ; 5)
ISBN 2-84113-913-1. *24 F / 3,66 €*

09117 **MONCOMBLE G., BAUR G-M.** Je veux ma photo dans le journal. *Milan, 1999.* (Milan poche cadet ; 8 c1)
ISBN 2-84113-854-2. *28 F / 4,27 €*

09118 **N** **MONCOMBLE G., MERLIN C.** Le gang des petits-suisses. *Milan, 2000.* (Milan poche benjamin ; 1 c1)
ISBN 2-7459-0052-8. *24 F / 3,66 €*

09119 **A** **MONCOMBLE G., MERLIN C.** Le mystère du slip panthère. *Milan, 2001.* (Milan poche benjamin ; 24 c1)
ISBN 2-7459-0248-2. *24 F / 3,66 €*

09120 **N** **MONCOMBLE G., PAWLAK P.** Monsieur Popotame. *Milan, 2000.* (Milan poche benjamin ; 5 c1)
ISBN 2-7459-0056-0. *24 F / 3,66 €*

09121 **MONFREID H. d.** Abdi, l'homme à la main coupée. *Grasset, 1994.* (Lectures et aventures ; 2 c1)
ISBN 2-246-05863-5. *56 F / 8,54 €*

09122 **MONFREID H. d.** Aventures de mer. Nouv. éd. *Grasset, 1994.* (Lectures et aventures ; 3 c1)
ISBN 2-246-02694-6. *56 F / 8,54 €*

09123 **MONFREID H. d.** Le Cimetière des éléphants. *Grasset, 1994.* (Lectures et aventures ; 6 c1)
ISBN 2-246-04043-4. *56 F / 8,54 €*

09124 **MONFREID H. d.** La Croisière du hachich. *Grasset, 1994.* (Lectures et aventures ; 5 c1)
ISBN 2-246-02704-7. *56 F / 8,54 €*

09125 **MONFREID H. d.** L'Enfant sauvage. *Grasset, 1994.* (Lectures et aventures ; 4 c1)
ISBN 2-246-06893-2. *56 F / 8,54 €*

09126 **MONFREID H. d.** Le récif maudit. *Flammarion-Père Castor, 1996.* (Castor-Poche ; 542. Senior c5)
ISBN 2-08-164170-4. *35,50 F / 5,41 €*

09127 **MONFREID H. d.** Les Secrets de la mer Rouge. *Grasset, 1994.* (Lectures et aventures ; 1 c1)
ISBN 2-246-02784-5. *56 F / 8,54 €*

09128 **N** **MONNEREAU M., KNIFFKE S.** Le chien qui court après sa queue et autres poèmes. *Milan, 2000.* (Milan poche benjamin ; 14 c1)
ISBN 2-7459-0117-6. *24 F / 3,66 €*

09129 **MONTARDRE H.** Amies sans frontières. *Rageot, 1996.* (Cascade. Pluriel c1)
ISBN 2-7002-2376-4. *44 F / 6,71 €*

09130 **MONTARDRE H.** Au bout du cerf-volant. *Rageot, 1992.* (Cascade. 9-11 ans c1)
ISBN 2-7002-1168-5. *44 F / 6,71 €*

09131 **MONTARDRE H.** Au pied du mur. *Milan, 1999.* (Milan poche junior ; 15)
ISBN 2-84113-951-4. *32 F / 4,88 €*

09132 **MONTARDRE H.** Hilaire, Hilarie et la gare Saint-Hilaire. *Milan, 2000.* (Milan poche junior ; 25)
ISBN 2-7459-0030-7. *24 F / 3,66 €*

09133 **N** **MONTARDRE H.** La nuit de la sorcière. Réimpr. *Milan, 2000.* (Milan poche junior ; 6)
ISBN 2-84113-914-X. *24 F / 3,66 €*

09134 **N** **MONTARDRE H.** La nuit du sortilège. *Rageot, 2000.* (Cascade. Pluriel)
ISBN 2-7002-2623-2. *46 F / 7,01 €*

09135 **N** **MONTARDRE H.** Le secret de Delphes. *Syros, 2001.* (Souris sentiments ; 39)
ISBN 2-84146-906-9. *32 F / 4,88 €*

09136 **N** **MONTARDRE H., LE GOFF H.** Quelle panique !. *Milan, 2000.* (Milan poche benjamin ; 15 c1)
ISBN 2-7459-0118-4. *24 F / 3,66 €*

09137 **MONTEL A.** José du Brésil. *Flammarion-Père Castor, 1990.* (Castor-Poche ; 307. Senior c5)
ISBN 2-08-162145-2. *35,50 F / 5,41 €*

09138 **N** **MONTELLA C. d.** Le diable dans l'île. *Flammarion-Père Castor, 2000.* (Castor-Poche ; 766. Junior)
ISBN 2-08-164787-7. *32,50 F / 4,95 €*

09139 **A** **MONTELLA C. d.** Jalouses !. *Flammarion-Père Castor, 2001.* (Castor-Poche ; 804)
ISBN 2-08-160298-9. *19,50 F / 2,97 €*

09140 **N** **MONTELLA C. d.** Perds pas la tête. *Hachette-Jeunesse, 2001.* (Le livre de poche jeunesse ; 755. Senior)
ISBN 2-01-321820-6. *28 F / 4,27 €*

09141 **A** **MONTELLA C. d.** Reste avec moi. *Bayard Jeunesse, 2001.* (Les romans de Je bouquine)
ISBN 2-7470-0056-7. *38 F / 5,79 €*

09142 **MOONEY B., LEYNAUD M.** La tribu de l'arc-en-ciel. *Hachette-Jeunesse, 1999.* (Le livre de poche jeunesse ; 689. Senior c12)
ISBN 2-01-321650-5. *35 F / 5,34 €*

09143 **MORAND C.** Phil et le crocodile. Réimpr. *Pocket Jeunesse, 1999.* (Kid pocket ; 69 c3)
ISBN 2-266-08859-9. *26 F / 3,96 €*

09144 **MORCK I.** Une jument dans la tempête. *Flammarion-Père Castor, 1999.* (Castor-Poche ; 691. Junior c2)
ISBN 2-08-164333-2. *19,50 F / 2,97 €*

09145 **A** **MOREA-DUBOIS F., PARKINS D.** Le placard aux sorcières. *Bayard Jeunesse, 2001.* (Les belles histoires ; 126 c1)
ISBN 2-7470-0104-0. *27 F / 4,12 €*

09146 **MOREAU C.** L'école ensorcelée. *Magnard, 1998.* (Les p'tits fantastiques)
ISBN 2-210-97779-7. *40 F / 6,10 €*

09147 **N** **MOREAU C.** Jack l'empailleur. *Magnard, 2000.* (Les p'tits fantastiques)
ISBN 2-210-98026-7. *40 F / 6,10 €*

09148 **MOREAU J-L.** Poèmes de la souris verte. *Hachette-Jeunesse, 1992.* (Fleurs d'encre c9)
ISBN 2-01-321715-3. *29 F / 4,42 €*

09149 **MOREL R.** Grognon Ier, roi du pays où nul ne rit. *Hachette-Jeunesse, 1995.* (Le livre de poche jeunesse ; 529 c5)
ISBN 2-01-321598-3. *27 F / 4,12 €*

09150 **MOREL R.** Julie et le serpent Guili-Guili. *Hachette-Jeunesse, 1997.* (Le livre de poche jeunesse ; 621. Cadet c7)
ISBN 2-01-321554-1. *27,50 F / 4,19 €*

09151 **MOREL R.** Un kilo d'oranges. Réimpr. *Hachette-Jeunesse, 1996.* (Le livre de poche jeunesse ; 291. Senior c5)
ISBN 2-01-321480-4. *26,50 F / 4,04 €*

09152 **MORGAUT P.** Le bossu. *Pocket Jeunesse, 1997.* (Pocket junior ; 336. Cinéma c4)
ISBN 2-266-08032-6. *30 F / 4,57 €*

09153 **MORGENROTH B.** Des chevaux tête haute. Nouv. éd. *Flammarion-Père Castor, 1998.* (Castor-Poche ; 132 cF)
ISBN 2-08-164449-5. *35,50 F / 5,41 €*

09154 **MORGENROTH B., BEAUJARD Y.** Charlie l'impossible. *Flammarion-Père Castor, 1999.* (Castor-Poche ; 41 cE)
ISBN 2-08-164616-1. *32,50 F / 4,95 €*

09155 **MORGENSTERN S.** Les deux moitiés de l'amitié. *Rageot, 1989.* (Cascade. 11-13 ans c2)
ISBN 2-7002-1044-1. *46 F / 7,01 €*

09156 **MORGENSTERN S.** Premier amour, dernier amour. Réimpr. *Gallimard-Jeunesse, 1999.* (Folio junior ; 388 c3)
ISBN 2-07-052262-8. *30 F / 4,57 €*

09157 **MORGENSTERN S., BLOCH S.** Une vieille histoire. Réimpr. *Pocket Jeunesse, 1999.* (Kid pocket ; 290 c04)
ISBN 2-266-09289-8. *30 F / 4,57 €*

09158 **MORGENSTERN S., BOUCHER J.** La grosse patate. *Pocket Jeunesse, 1999.* (Kid pocket ; 535 c4)
ISBN 2-266-08901-3. *30 F / 4,57 €*

09159 **MORGENSTERN S., PEF** Oukélé la télé. Réimpr. *Gallimard-Jeunesse, 1998.* (Folio cadet ; 190 c5)
ISBN 2-07-052102-8. *36 F / 5,49 €*

09160 **MORPURGO M.** L'année des miracles. *Gallimard-Jeunesse, 1999.* (Page blanche ; 46 c7)
ISBN 2-07-051677-6. *44 F / 6,71 €*

09161 **N** **MORPURGO M.** Anya. *Gallimard-Jeunesse, 2000.* (Folio junior ; 1064 c4)
ISBN 2-07-052825-1. *32,50 F / 4,95 €*

09162 **MORPURGO M.** Jeanne d'Arc. *Gallimard-Jeunesse, 2000.* (Folio junior ; 1031 c4)
ISBN 2-07-054091-X. *32,50 F / 4,95 €*

09163 **MORPURGO M.** Le jour des baleines. Réimpr. *Gallimard-Jeunesse, 1990.* (Folio junior ; 599)
ISBN 2-07-051816-7. *32,50 F / 4,95 €*

09164 **MORPURGO M.** Le lion blanc. *Gallimard-Jeunesse, 1998.* (Folio cadet ; 356 c8)
ISBN 2-07-050959-1. *46 F / 7,01 €*

09165 **MORPURGO M.** Monsieur Personne. *Gallimard-Jeunesse, 1999.* (Folio junior ; 976 c4)
ISBN 2-07-052702-6. *32,50 F / 4,95 €*

09166 **MORPURGO M.** Le naufrage de Zanzibar. *Gallimard-Jeunesse, 1999.* (Folio junior ; 969 c3)
ISBN 2-07-052698-4. *30 F / 4,57 €*

09167 **N** **MORPURGO M.** Les neuf vies du chat Montezuma. *Pocket Jeunesse, 2000.* (Pocket junior ; 598 c4B)
ISBN 2-266-08780-0. *32 F / 4,88 €*

09168 **MORPURGO M.** L'ours qui ne voulait pas danser. *Gallimard-Jeunesse, 1999.* (Folio cadet ; 339 c6)
ISBN 2-07-052489-2. *41 F / 6,25 €*

09169 **MORPURGO M.** Robin des bois. *Gallimard-Jeunesse, 1998.* (Folio junior ; 864 c3)
ISBN 2-07-050972-9. *30 F / 4,57 €*

09170 **MORPURGO M.** Le roi de la forêt des brumes. Réimpr. *Gallimard-Jeunesse, 1999.* (Folio junior ; 777. Edition spéciale c6)
ISBN 2-07-051408-0. *41 F / 6,25 €*

09171 **A** **MORPURGO M.** Le secret de grand-père. *Gallimard-Jeunesse, 2001.* (Folio cadet ; 414 c3)
ISBN 2-07-054216-5. *30 F / 4,57 €*

09172 **N** **MORPURGO M.** Tempête sur Shangri-La. *Gallimard-Jeunesse, 2001.* (Folio junior ; 1127)
ISBN 2-07-052220-2. *32,50 F / 4,95 €*

09173 **MORPURGO M.** Le trésor des O'Brien. Réimpr. *Gallimard-Jeunesse, 1999.* (Folio junior ; 942 c5)
ISBN 2-07-051676-8. *36 F / 5,49 €*

09174 **N** **MORRESSY J.** La main du diable. *Flammarion-Père Castor, 2001.* (Castor-Poche ; 800)
ISBN 2-08-164551-3. *35,50 F / 5,41 €*

09175 **A** **MORRIS D.** L'oeil du dragon. Nouv. éd. *Gallimard-Jeunesse, 2001.* (Dragon d'or; 6)(Folio junior. Un Livre dont vous êtes le héros ; 392 c5)
ISBN 2-07-054602-0. *35 F / 5,34 €*

09176 **N** **MORRIS D.** Le tombeau du vampire. Nouv. présentation. *Gallimard-Jeunesse, 2000.* (Dragon d'or; 1)(Folio junior ; 1108. Un Livre dont vous êtes le héros c5)
ISBN 2-07-054402-8. *36 F / 5,49 €*

09177 **N** **MORRIS D., JOHNSON O.** Le dieu perdu. *Gallimard-Jeunesse, 2000.* (Dragon d'or; 2)(Folio junior ; 317. Un Livre dont vous êtes le héros c5)
ISBN 2-07-054405-2. *35 F / 5,34 €*

09178 **A** **MORRIS D., NEWNHAM Y.** Le château des âmes damnées. Nouv. éd. *Gallimard-Jeunesse, 2001.* (Dragon d'or; 5)(Folio junior. Un Livre dont vous êtes le héros ; 356 c5)
ISBN 2-07-054603-9. *35 F / 5,34 €*

09179 **MORRIS D., THOMSON J.** Le Repaire des morts-vivants. Réimpr. *Gallimard-Jeunesse, 1997.* (Un Livre dont vous êtes le héros ; 637. Défis fantastiques ; 43 c5)
ISBN 2-07-050932-X. *36 F / 5,49 €*

09180 **MORVAN F., LAPOINTE C.** La gavotte du mille-pattes. *Actes Sud junior, 1996.* (Les petits bonheurs)
ISBN 2-7427-0775-1. *39 F / 5,95 €*

09181 **MOSCONI P.** J'ai tué mon prof !. *Syros, 1998.* (Mini Souris noire c1)
ISBN 2-84146-538-1. *19 F / 2,90 €*

09182 **MOSDI T.** Björn le Viking. *Gallimard-Jeunesse, 1998.* (Folio junior ; 916. Drôles d'aventures ; 11 c3)
ISBN 2-07-051846-9. *30 F / 4,57 €*

09183 **MOSSMANN B., FÄRBER W.** Quels cochons, ces cochons !. Nouv. éd. *Pocket Jeunesse, 1999.* (Kid pocket ; 240 c03)
ISBN 2-266-09904-3. *26 F / 3,96 €*

09184 **Le mot de passe :** l'instit : un roman de Sarah Cohen-Scali d'après le scénario de Eric Kristy, Jean-Patrick Rousseau et Alex Steiner. *Hachette-Jeunesse, 1995.* (Bibliothèque verte ; 652 c5)
ISBN 2-01-209361-2. *26,50 F / 4,04 €*

09185 **MOUNIER G., CLAVELOUX N.** Les sorcières s'en vont en guerre. *Bayard, 1999.* (Les belles histoires ; 108)
ISBN 2-227-72840-X. *27 F / 4,12 €*

09186 **MOURLEVAT J-C.** A comme voleur. Nouv. éd. *Pocket Jeunesse, 2000.* (Pocket junior ; 405 c3B)
ISBN 2-266-09291-X. *28 F / 4,27 €*

09187 **N** **MOURLEVAT J-C.** La balafre. Réimpr. *Pocket Jeunesse, 2000.* (Pocket junior ; 344. C'est ça la vie ! c3)
ISBN 2-266-08944-7. *26 F / 3,96 €*

09188 **N** **MOURLEVAT J-C.** L'enfant océan. Nouv. éd., réimpr. *Pocket Jeunesse, 2000.* (Pocket junior ; 500 c3B)
ISBN 2-266-09423-8. *28 F / 4,27 €*

09189 **N** **MOURLEVAT J-C.** La rivière à l'envers. *Pocket Jeunesse, 2000.* (Pocket junior ; 616 c4B)
ISBN 2-266-10433-0. *32 F / 4,88 €*

09190 **N** **Mousquetaire malgré lui :** six histoires de cape et épée. *Fleurus, 2000.* (Z'azimut)
ISBN 2-215-05161-2. *39 F / 5,95 €*

09191 **MOWAT F.** Mes amis les loups. *Flammarion-Père Castor, 1984.* (Castor-Poche ; 81. Senior c4)
ISBN 2-08-161794-3. *32,50 F / 4,95 €*

09192 **MUIR J.** Stickeen, un chien de rien du tout. Réimpr. *Flammarion-Père Castor, 1990.* (Castor-Poche ; 47. Junior c1)
ISBN 2-08-161751-X. *19,50 F / 2,97 €*

09193 **MUNOZ MARTIN J.** Crochepattes le pirate. *Hachette-Jeunesse, 1996.* (Le livre de poche jeunesse ; 584. Cadet c5)
ISBN 2-01-321392-1. *26,50 F / 4,04 €*

09194 **MURAIL L.** L'ancêtre disparue. Nouv. éd. *Flammarion-Père Castor, 1998.* (Castor-Poche ; 465. Junior cD)
ISBN 2-08-164393-6. *29,50 F / 4,50 €*

09195 **MURAIL L.** Coup de blues pour Dan Martin. *Rageot, 1996.* (Cascade. Policier c1)
ISBN 2-7002-2369-1. *44 F / 6,71 €*

09196 **MURAIL L.** Dan Martin détective. *Rageot, 1999.* (Cascade. Policier c1)
ISBN 2-7002-2536-8. *44 F / 6,71 €*

09197 **MURAIL L.** Dan Martin fait son cinéma. *Rageot, 1998.* (Cascade. Policier c1)
ISBN 2-7002-2504-X. *44 F / 6,71 €*

09198 **MURAIL L.** Dan Martin file à l'anglaise. *Rageot, 1999.* (Cascade. Policier)
ISBN 2-7002-2583-X. *44 F / 6,71 €*

09199 **MURAIL L.** Le petit cirque des horreurs. *Flammarion-Père Castor, 1999.* (Castor-Poche ; 693. Senior)
ISBN 2-08-164537-8. *32,50 F / 4,95 €*

09200 **N** **MURAIL L., POLITZER M.** Les pommes Chatouillard du chef. *Gallimard-Jeunesse, 2000.* (Folio junior ; 1041. Drôles d'aventures ; 23 c3)
ISBN 2-07-052232-6. *30 F / 4,57 €*

09201 **N** **MURAIL M-A.** Bravo Tristan!. Nouv. éd. *Pocket Jeunesse, 2001.* (Kid pocket ; 010 c3B)
ISBN 2-266-11086-1. *28 F / 4,27 €*

09202 **MURAIL M-A.** Le défi de Serge T. *Bayard Jeunesse, 1998.* (Envol ; 509 c1)
ISBN 2-227-72363-7. *29 F / 4,42 €*

09203 **N** **MURAIL M-A.** Le défi de Serge T. *Bayard Jeunesse, 2000.* (Les romans de Je bouquine ; 509)
ISBN 2-227-72381-5. *38 F / 5,79 €*

09204 **N** **MURAIL M-A.** Devenez populaire en cinq leçons. *Bayard Jeunesse, 2000.* (Les romans de Je bouquine)
ISBN 2-227-73015-3. *38 F / 5,79 €*

09205 **MURAIL M-A.** Dragon mania. *Bayard Jeunesse, 1998.* (Envol ; 506 c1)
ISBN 2-227-72360-2. *29 F / 4,42 €*

09206 **N** **MURAIL M-A.** Moi, le zoulou. *Bayard Jeunesse, 2000.* (Les romans de Je bouquine)
ISBN 2-227-72382-3. *38 F / 5,79 €*

09207 **MURAIL M-A., BAUR G-M.** Graine de monstre. *Bayard, 1991.* (J'aime lire ; 22 c1)
ISBN 2-227-72230-4. *27 F / 4,12 €*

09208 **MURAIL M-A., BESNIER Y.** L'Oncle Giorgio. *Bayard, 1990.* (J'aime lire ; 10 c1)
ISBN 2-227-72205-3. *27 F / 4,12 €*

09209 **MURAIL M-A., BLOCH S.** Mystère. Réimpr. *Gallimard-Jeunesse, 1999.* (Folio cadet ; 217 c5)
ISBN 2-07-052474-4. *36 F / 5,49 €*

09210 **MURAIL M-A., BOIRY V.** L'or des mages. *Bayard, 1996.* (J'aime lire ; 109 c1)
ISBN 2-227-72721-7. *26,50 F / 4,04 €*

09211 **MURAIL M-A., DAY P.** Le Visiteur de minuit. *Bayard, 1993.* (J'aime lire ; 60 c1)
ISBN 2-227-72271-1. *27 F / 4,12 €*

09212 **MURAIL M-A., POMMAUX Y.** Les secrets du docteur Magicus. Nouv. éd. *Bayard, 1997.* (J'aime lire ; 62 c1)
ISBN 2-227-72269-X. *27 F / 4,12 €*

09213 **MURAT A.** Le trésor de Grand-Pa. Réimpr. *Flammarion-Père Castor, 1996.* (Castor-Poche ; 346. Junior c1)
ISBN 2-08-162197-5. *19,50 F / 2,97 €*

09214 **MURCIANO C.** Mufo au pays du bleu. *Hachette-Jeunesse, 1997.* (Le livre de poche jeunesse ; 617. Cadet c6)
ISBN 2-01-321492-8. *27 F / 4,12 €*

09215 **MURPHY J.** Amandine Malabul, la sorcière a des ennuis. Réimpr. *Gallimard-Jeunesse, 1990.* (Folio cadet ; 228 c3)
ISBN 2-07-051797-7. *30 F / 4,57 €*

09216 **MURPHY J.** Amandine Malabul, la sorcière a peur de l'eau. Réimpr. *Gallimard-Jeunesse, 1995.* (Folio cadet ; 318 c8)
ISBN 2-07-052111-7. *30 F / 4,57 €*

09217 **MURPHY J.** Amandine Malabul la sorcière ensorcelée. Réimpr. *Gallimard-Jeunesse, 1998.* (Folio cadet ; 305 c3)
ISBN 2-07-051796-9. *30 F / 4,57 €*

09218 **MURPHY J.** Amandine Malabul, sorcière maladroite. Réimpr. *Gallimard-Jeunesse, 1998.* (Folio cadet ; 208 c7)
ISBN 2-07-052282-2. *30 F / 4,57 €*

09219 **N** **MURPHY M.** Guitare solo. *Grasset, 2001.* (Lampe de poche ; 48. Adolescents)
ISBN 2-246-57371-8. *45 F / 6,86 €*

09220 **MUZI J.** 19 fables du renard. Nouv. éd. *Flammarion-Père Castor, 2000.* (Castor-Poche ; 59. Senior)
ISBN 2-08-164715-X. *29,50 F / 4,50 €*

09221 **MUZI J.** Dix-neuf fables d'oiseaux. *Flammarion-Père Castor, 1990.* (Castor-Poche ; 287. Junior c3)
ISBN 2-08-162119-3. *29,50 F / 4,50 €*

09222 **MUZI J.** Dix-neuf fables de singes. Nouv. éd. *Flammarion-Père Castor, 1998.* (Castor-Poche ; 387. Junior cD)
ISBN 2-08-164494-0. *29,50 F / 4,50 €*

09223 **MUZI J.** Dix-neuf fables du méchant loup. *Flammarion-Père Castor, 1987.* (Castor-Poche ; 192 c3)
ISBN 2-08-161915-6. *29,50 F / 4,50 €*

09224 **MUZI J.** Dix-neuf fables du roi Lion. Nouv. éd. *Flammarion-Père Castor, 2000.* (Castor-Poche ; 90)
ISBN 2-08-164714-1. *29,50 F / 4,50 €*

09225 **MUZI J.** Dix-neuf fables. *Flammarion-Père Castor, 1992.* (Castor-Poche. Junior)
ISBN 2-08-162251-3. *100 F / 15,24 €*

09226 **MUZI J.** 16 contes du monde arabe. Nouv. éd. *Flammarion-Père Castor, 1998.* (Castor-Poche ; 70 cC)
ISBN 2-08-164490-8. *25 F / 3,81 €*

09227 **MUZI J.** 20 contes des rives du Niger. Nouv. éd. *Flammarion-Père Castor, 1999.* (Castor-Poche ; 145 cD)
ISBN 2-08-164637-4. *29,50 F / 4,50 €*

09228 **MYERS W. D.** Compte à rebours. *Flammarion-Père Castor, 1996.* (Castor-Poche ; 563. Senior c5)
ISBN 2-08-164152-6. *35,50 F / 5,41 €*

09229 **MYERS W. D.** Harlem blues. *Rageot, 1992.* (Cascade. Policier c3)
ISBN 2-7002-1202-9. *48 F / 7,32 €*

09230 **MYTHIC** Son pire ennemi. *Labor, 2000.* (Espace nord junior ; 25)
ISBN 2-8040-1406-1. *44 F / 6,71 €*

09231 **NADAUD C.** De ma téci, je t'écris. *Syros, 1999.* (Mini Souris sentiments c1)
ISBN 2-84146-722-8. *19 F / 2,90 €*

09232 **NADAUD C.** Mamie l'or rose. *Syros, 1998.* (Souris sentiments ; 8)
ISBN 2-84146-560-8. *32 F / 4,88 €*

09233 **NADAUD C.** Des poux dans ma Téci. *Syros, 1999.* (Mini Souris sentiments c1)
ISBN 2-84146-661-2. *19 F / 2,90 €*

09234 **NADIA, ZAÜ** Les Petits mégots. *Bayard, 1991.* (J'aime lire ; 23 c1)
ISBN 2-227-72228-2. *27 F / 4,12 €*

09235 **NAHUM-VALENSI M., CAPDEVILA R.** L'Angine de maman. *Bayard, 1990.* (Les belles histoires ; 16 c1)
ISBN 2-227-72116-2. *26,50 F / 4,04 €*

09236 **NAMM D.** Un trop lourd secret. *Mango-Jeunesse, 1998.* (Mango poche ; 202. Coups de coeur c1)
ISBN 2-7404-0758-0. *30 F / 4,57 €*

09237 **NARBONI J-C.** Les aventures de Victor Bergame. *Flammarion-Père Castor, 1996.* (Castor-Poche ; 564. Junior c3)
ISBN 2-08-164227-1. *29,50 F / 4,50 €*

09238 **NAUDY M. J.** Toyota Baraka. *Syros, 1998.* (Mini Souris noire c1)
ISBN 2-84146-567-5. *19 F / 2,90 €*

09239 **NAVRATIL E.** Les enfants du Titanic. *Hachette-Jeunesse, 1998.* (Le livre de poche jeunesse ; 655 c11)
ISBN 2-01-321545-2. *33 F / 5,03 €*

09240 **NAYLOR P. R.** Alice entre deux eaux. *Pocket Jeunesse, 1998.* (Pocket junior ; 424. C'est ça la vie ! c5)
ISBN 2-266-08113-6. *35 F / 5,34 €*

09241 **NAYLOR P. R.** C'est mon chien. *Flammarion-Père Castor, 1994.* (Castor-Poche ; 464. Junior c4)
ISBN 2-08-164055-4. *32,50 F / 4,95 €*

09242 **NAYLOR P. R.** Victoire sur la peur. *Flammarion-Père Castor, 1998.* (Castor-Poche ; 648. Senior c3)
ISBN 2-08-164241-7. *29,50 F / 4,50 €*

09243 **NEEDLE J.** Mon ami Chafiq. *Flammarion-Père Castor, 1986.* (Castor-Poche ; 144. Senior c5)
ISBN 2-08-161862-1. *35,50 F / 5,41 €*

09244 **NEEDLE J.** Le voleur. Nouv. éd. *Flammarion-Père Castor, 1999.* (Castor-Poche ; 449. Senior cD)
ISBN 2-08-164646-3. *29,50 F / 4,50 €*

09245 **NEELS C.** Mamadou a disparu. *Syros, 1998.* (Souris sentiments ; 10 c1)
ISBN 2-84146-574-8. *32 F / 4,88 €*

09246 **NEELS C.** Pas touche à mon spot !. *Syros, 1999.* (Souris verte ; 24)
ISBN 2-84146-746-5. *32 F / 4,88 €*

09247 **N** **NEELS C.** Saturne pas rond. *Syros, 2000.* (Souris verte ; 35)
ISBN 2-84146-890-9. *32 F / 4,88 €*

09248 **NESBIT E.** Le secret de l'amulette. Réimpr. *Gallimard-Jeunesse, 1997.* (Folio junior ; 836 c5)
ISBN 2-07-059517-X. *36 F / 5,49 €*

09249 **NEVEU P.** Rue des gamins incomparables. *Magnard, 1995.* (Les romans)
ISBN 2-210-97719-3. *38 F / 5,79 €*

09250 **NEWSON L.** Un appétit d'ogre. Nouv. éd. *Flammarion-Père Castor, 1995.* (Castor doc ; 19. Junior)
ISBN 2-08-163832-0. *34 F / 5,18 €*

09251 **NEWSON L.** Bon pied, bon oeil! : notre santé. Nouv. éd. *Flammarion-Père Castor, 1997.* (Castor doc ; 12. Junior c2)
ISBN 2-08-163836-3. *34 F / 5,18 €*

09252 **NEWSON L.** Comme un sou neuf !. *Flammarion-Père Castor, 1997.* (Castor doc ; 6)
ISBN 2-08-163826-6. *29 F / 4,42 €*

09253 **NEWTH P.** Matilda, la petite robote. Nouv. éd. *Flammarion-Père Castor, 1998.* (Castor-Poche ; 204 cE)
ISBN 2-08-164416-9. *32,50 F / 4,95 €*

09254 **NGUYEN X. H.** Contes du Viêt-Nam. Nouv. éd. *Flammarion-Père Castor, 1998.* (Castor-Poche ; 554. Junior c4)
ISBN 2-08-164351-0. *32,50 F / 4,95 €*

09255 **NICHOLLS S.** Arrêt sur image. *Hachette-Jeunesse, 1997.* (Vertige ; 826. Policier c9)
ISBN 2-01-209794-4. *29 F / 4,42 €*

09256 **NICODÈME B.** Le bonhomme m'a dit. *Syros, 1999.* (Mini Souris sentiments c1)
ISBN 2-84146-662-0. *19 F / 2,90 €*

09257 **NICODÈME B.** Un détective de mauvais poil. *Hachette-Jeunesse, 1998.* (Le livre de poche jeunesse ; 663. Cadet c5)
ISBN 2-01-321620-3. *26,50 F / 4,04 €*

09258 **N** **NICODÈME B.** Futékati au secours de Quentin. Nouv. présentation. *Hachette-Jeunesse, 2000.* (Bibliothèque rose ; 366)
ISBN 2-01-200261-7. *25 F / 3,81 €*

09259 **N** **NICODÈME B.** Futékati et l'homme masqué. *Hachette-Jeunesse, 2000.* (Bibliothèque rose ; 368)
ISBN 2-01-200531-4. *25 F / 3,81 €*

09260 **N** **NICODÈME B.** Futékati et la farce de Corentin. Nouv. présentation. *Hachette-Jeunesse, 2000.* (Bibliothèque rose ; 367)
ISBN 2-01-200262-5. *25 F / 3,81 €*

09261 **NICODÈME B.** Futékati et le concours de natation. Nouv. présentation. *Hachette-Jeunesse, 2000.* (Bibliothèque rose ; 360)
ISBN 2-01-200260-9. *25 F / 3,81 €*

09262 **NICODÈME B.** Futékati et le fantôme. Nouv. présentation. *Hachette-Jeunesse, 2000.* (Bibliothèque rose ; 364)
ISBN 2-01-200257-9. *25 F / 3,81 €*

09263 **N** **NICODÈME B.** Futékati et le magicien. Nouv. présentation. *Hachette-Jeunesse, 2000.* (Bibliothèque rose ; 363 c3)
ISBN 2-01-200259-5. *25 F / 3,81 €*

09264 **NICODÈME B.** Futékati et le poisson d'avril. Nouv. présentation. *Hachette-Jeunesse, 2000.* (Bibliothèque rose ; 365)
ISBN 2-01-200256-0. *25 F / 3,81 €*

09265 **NICODÈME B.** Futékati et le voleur du musée. Nouv. présentation. *Hachette-Jeunesse, 2000.* (Bibliothèque rose ; 361)
ISBN 2-01-200258-7. *25 F / 3,81 €*

09266 **NICODÈME B.** Le hoquet de Quentin : les énigmes de Futékati. *Hachette-Jeunesse, 1999.* (Bibliothèque rose ; 366. Mini-rose c5)
ISBN 2-01-200099-1. *26,50 F / 4,04 €*

09267 **NICODÈME B.** Un rival pour Sherlock Holmes. *Hachette-Jeunesse, 1996.* (Vertige ; 804. Policier c5)
ISBN 2-01-209709-X. *28 F / 4,27 €*

09268 **NICODÈME B.** Le secret. *Hachette-Jeunesse, 1998.* (Bibliothèque rose ; 362. Mini-rose c5)
ISBN 2-01-209877-0. *26,50 F / 4,04 €*

09269 **NICODÈME B.** La Tour Eiffel a disparu : les énigmes de Futékati. *Hachette-Jeunesse, 1998.* (Bibliothèque rose ; 363. Mini-rose c5)
ISBN 2-01-209876-2. *26,50 F / 4,04 €*

09270 **NICODÈME B.** Wiggins et la ligne chocolat. Nouv. éd. *Syros, 1998.* (Souris noire ; 13)
ISBN 2-84146-520-9. *32 F / 4,88 €*

09271 **NICODÈME B.** Wiggins et le perroquet muet. *Syros, 1997.* (Souris noire ; 12)
ISBN 2-84146-496-2. *32 F / 4,88 €*

09272 **NICODÈME B.** Y a-t-il un assassin dans l'immeuble ?. *Hachette-Jeunesse, 2000.* (Le livre de poche jeunesse ; 716. Junior c10)
ISBN 2-01-321732-3. *31 F / 4,73 €*

09273 **NICOMÈDE B.** Chapeau Agathe !. *Hachette-Jeunesse, 1997.* (Vertige ; 825. Policier c7)
ISBN 2-01-209749-9. *27,50 F / 4,19 €*

09274 **NICOMÈDE B.** Dictionnaire du roman policier. *Hachette-Jeunesse, 1998.* (Le livre de poche jeunesse ; 1509. Dictionnaires c12)
ISBN 2-01-321594-0. *35 F / 5,34 €*

09275 **NICOMÈDE B.** Wiggins et Sherlock contre Napoléon. *Hachette-Jeunesse, 2000.* (Vertige ; 831. Policier c7)
ISBN 2-01-200033-9. *27,50 F / 4,19 €*

09276 **NICOT S., GUIOT D., GROUSSET A.** Dictionnaire de la science-fiction. *Hachette-Jeunesse, 1998.* (Le livre de poche jeunesse ; 1510. Dictionnaires)
ISBN 2-01-321572-X. *35 F / 5,34 €*

09277 **NIEBISCH J.** On a piégé le mammouth. Réimpr. *Pocket Jeunesse, 1999.* (Kid pocket c04)
ISBN 2-266-09510-2. *30 F / 4,57 €*

09278 **NIESWIZSKI S.** Rollermania. *Gallimard, 1991.* (Découvertes ; 128. Sports et jeux c4)
ISBN 2-07-053138-4. *75 F / 11,43 €*

09279 **NIMMO J.** Dalila et les sortilèges. *Hachette-Jeunesse, 1998.* (Le livre de poche jeunesse ; 667. Cadet c5)
ISBN 2-01-321649-1. *26,50 F / 4,04 €*

09280 **NIQUET G.** Le Jour du match. *Rageot, 1991.* (Cascade. 11-13 ans c2)
ISBN 2-7002-1143-X. *46 F / 7,01 €*

09281 **NITSCH V.** Ma voisine est une sorcière. *Hemma, 2001.* (Mini-club ; 82)
ISBN 2-8006-6462-2. *21 F / 3,20 €*

09282 **N** **NODIER C.** Le chien de Brisquet : et autres contes. *Hachette-Jeunesse, 2000.* (Côté court ; 18)
ISBN 2-01-200574-8. *10 F / 1,52 €*

09283 **Noël en poésie. Réimpr.** *Gallimard-Jeunesse, 1999.* (Folio junior ; 1025. En poésie ; 12 c4)
ISBN 2-07-052807-3. *32,50 F / 4,95 €*

09284 **N** **NOËL G., PEF** A la poursuite du sac vert. *Bayard Jeunesse, 2001.* (J'aime lire ; 139 c1)
ISBN 2-7470-0091-5. *27 F / 4,12 €*

09285 **NOËL G., PERTUZÉ J-C.** Malika et le Grand Manitou. *Milan, 1999.* (Milan poche cadet ; 11 c1)
ISBN 2-84113-857-7. *28 F / 4,27 €*

09286 **NOGUÈS J-C.** La battue de décembre. Réimpr. *Hachette-Jeunesse, 1999.* (Le livre de poche jeunesse ; 352 c9)
ISBN 2-01-321752-8. *29 F / 4,42 €*

09287 **N** **NOGUÈS J-C.** L'été de Silvio. *Hachette-Jeunesse, 2000.* (Le livre de poche jeunesse ; 726. Senior c9)
ISBN 2-01-321784-6. *28 F / 4,27 €*

09288 **NOGUÈS J-C.** L'été de Silvio. *Rageot, 1997.* (Cascade. 11-13 ans c3)
ISBN 2-7002-2473-6. *48 F / 7,32 €*

09289 **NOGUÈS J-C.** Le faucon déniché. *Hachette-Jeunesse, 1998.* (Le livre de poche jeunesse ; 60 c7)
ISBN 2-01-321652-1. *27,50 F / 4,19 €*

09290 **N** **NOGUÈS J-C.** Mon pays sous les eaux. Nouv. éd. *Flammarion-Père Castor, 2000.* (Castor-Poche ; 227 cF)
ISBN 2-08-164726-5. *35,50 F / 5,41 €*

09291 **N** **NOGUÈS J-C.** Piège au bout du monde. *Ed. du Laquet, 2000.* (Roman jeunesse ; 2)
ISBN 2-84523-022-2. *49 F / 7,47 €*

09292 **NOGUÈS J-C.** Le voeu du paon. Réimpr. *Gallimard-Jeunesse, 1990.* (Folio junior ; 616. Edition spéciale c5)
ISBN 2-07-051409-9. *36 F / 5,49 €*

09293 **NORMAN H. A.** 10 contes du Grand Nord. *Flammarion-Père Castor, 1999.* (Castor-Poche ; 727. Junior)
ISBN 2-08-164546-7. *32,50 F / 4,95 €*

09294 **N** **NORMAN R.** La nuit de la grande colère. *Flammarion-Père Castor, 2000.* (Castor-Poche. Senior c1)
ISBN 2-08-164549-1. *32,50 F / 4,95 €*

09295 **NORRISS A.** Millionnaire à onze ans. *Rageot, 2000.* (Cascade. 9-11 ans)
ISBN 2-7002-2622-4. *46 F / 7,01 €*

09296 **NORTON A.** L'année de la Licorne. *Pocket Jeunesse, 1995.* (Les aventuriers du monde magique; 3)(Pocket junior ; 145. SF c6)
ISBN 2-266-06281-6. *38 F / 5,79 €*

09297 **NORTON A.** L'Arche du temps. *Pocket Jeunesse, 1994.* (Les Aventuriers du monde magique; 1)(Pocket junior. SF ; 50 c5)
ISBN 2-266-06211-5. *35 F / 5,34 €*

09298 **NORTON A.** Kemoc le Prodigieux. *Pocket Jeunesse, 1996.* (Les aventuriers du monde magique; 5)(Pocket junior ; 264. SF c5)
ISBN 2-266-06283-2. *35 F / 5,34 €*

09299 **NORTON A.** Les montagnes de l'oubli. *Pocket Jeunesse, 1996.* (Les aventuriers du monde magique; 5)(Pocket junior ; 199. SF c5)
ISBN 2-266-06282-4. *35 F / 5,34 €*

09300 **NORTON A.** La Vallée dans l'ombre. *Pocket Jeunesse, 1994.* (Les Aventuriers du monde magique; 2)(Pocket junior. SF c5)
ISBN 2-266-06280-8. *35 F / 5,34 €*

09301 **NÖSTLINGER C.** Le lundi tout est différent. Nouv. éd. *Flammarion-Père Castor, 2000.* (Castor-Poche ; 243. Junior c4)
ISBN 2-08-164702-8. *32,50 F / 4,95 €*

09302 **NÖSTLINGER C.** Mini au bord de la mer. *Hachette-Jeunesse, 1997.* (Bibliothèque rose ; 518. Mini-rose c5)
ISBN 2-01-209548-8. *26,50 F / 4,04 €*

09303 **N** **NÖSTLINGER C.** Mini aux sports d'hiver. Nouv. présentation. *Hachette-Jeunesse, 2000.* (Bibliothèque rose ; 517 c3)
ISBN 2-01-200235-8. *25 F / 3,81 €*

09304 **N** **NÖSTLINGER C.** Mini change d'école. Nouv. présentation. *Hachette-Jeunesse, 2000.* (Bibliothèque rose ; 514 c3)
ISBN 2-01-200240-4. *25 F / 3,81 €*

09305 **N** **NÖSTLINGER C.** Mini détective. Nouv. présentation. *Hachette-Jeunesse, 2000.* (Bibliothèque rose ; 519. Mini-rose)
ISBN 2-01-200186-6. *25 F / 3,81 €*

09306 **NÖSTLINGER C.** Mini détective. *Hachette-Jeunesse, 1997.* (Bibliothèque rose ; 519. Mini-rose c5)
ISBN 2-01-209603-4. *26,50 F / 4,04 €*

09307 **N** **NÖSTLINGER C.** Mini rencontre le Père Noël. *Hachette-Jeunesse, 2000.* (Bibliothèque rose c3)
ISBN 2-01-200241-2. *25 F / 3,81 €*

09308 **N** **NÖSTLINGER C.** Mini se déguise. *Hachette-Jeunesse, 2001.* (Bibliothèque rose ; 803 c3)
ISBN 2-01-200243-9. *28 F / 4,27 €*

09309 **N** **NÖSTLINGER C.** Le penseur mène l'enquête. Réimpr. *Flammarion-Père Castor, 2000.* (Castor-Poche ; 215. Junior c5)
ISBN 2-08-164730-3. *35,50 F / 5,41 €*

09310 **NÖSTLINGER C., LE GRAND C.** Mini rencontre le Père Noël. *Hachette-Jeunesse, 1997.* (Bibliothèque rose ; 516. Mini-rose c5)
ISBN 2-01-209549-6. *26,50 F / 4,04 €*

09311 **Nouvelles habillées, plus une déshabillée.** *Hachette-Jeunesse, 1996.* (Courts toujours ! c17)
ISBN 2-01-209518-6. *49 F / 7,47 €*

09312 **NOZIÈRE J-P.** L'amour K.-O. *Rageot, 1993.* (Cascade. 11-13 ans c1)
ISBN 2-7002-2036-6. *44 F / 6,71 €*

09313 **NOZIÈRE J-P.** Assassins du cercle rouge. Nouv. éd. *Flammarion-Père Castor, 1999.* (Castor-Poche ; 593. Senior)
ISBN 2-08-164516-5. *32,50 F / 4,95 €*

09314 **NOZIÈRE J-P.** Blanc comme neige. *Gallimard-Jeunesse, 1998.* (Page blanche c1)
ISBN 2-07-051568-0. *20 F / 3,05 €*

09315 **NOZIÈRE J-P.** Bye-bye Betty. Réimpr. *Gallimard-Jeunesse, 1993.* (Page noire ; 14)
ISBN 2-07-052249-0. *32,50 F / 4,95 €*

09316 **NOZIÈRE J-P.** Des Crimes comme ci comme chat. *Rageot, 1992.* (Cascade. Policier c2)
ISBN 2-7002-1211-8. *46 F / 7,01 €*

09317 **N** **NOZIÈRE J-P.** Dossier top secret. Réimpr. *Gallimard-Jeunesse, 2000.* (Folio junior ; 733 c2)
ISBN 2-07-054191-6. *28 F / 4,27 €*

09318 **NOZIÈRE J-P.** Eldorado. *Gallimard-Jeunesse, 1999.* (Folio junior ; 1008 c3)
ISBN 2-07-052920-7. *30 F / 4,57 €*

09319 **NOZIÈRE J-P.** Un Eté algérien. Réimpr. *Gallimard-Jeunesse, 1996.* (Folio junior ; 714. Edition spéciale c3)
ISBN 2-07-051410-2. *49 F / 7,47 €*

09320 **NOZIÈRE J-P.** Pas de pourliche pour miss Blandiche. *Gallimard-Jeunesse, 1998.* (Page noire ; 6 c5)
ISBN 2-07-051986-4. *36 F / 5,49 €*

09321 **NOZIÈRE J-P.** Pépé Révolution. *Magnard, 1995.* (Les romans)
ISBN 2-210-97720-7. *38 F / 5,79 €*

09322 **NOZIÈRE J-P.** Le rebelle de quatrième. *Rageot, 1998.* (Cascade. Pluriel c1)
ISBN 2-7002-2554-6. *44 F / 6,71 €*

09323 **NOZIÈRE J-P.** Retour à Ithaque. *Gallimard-Jeunesse, 2000.* (Folio junior ; 1053 c3)
ISBN 2-07-054187-8. *30 F / 4,57 €*

09324 **NOZIÈRE J-P.** Sabbat chez les ploucs. Réimpr. *Gallimard-Jeunesse, 1997.* (Page noire ; 16)
ISBN 2-07-052250-4. *36 F / 5,49 €*

09325 **NOZIÈRE J-P.** Une sixième en accordéon. *Rageot, 1996.* (Cascade. 11-13 ans c1)
ISBN 2-7002-2364-0. *44 F / 6,71 €*

09326 **NOZIÈRE J-P.** Tu vaux mieux que mon frère. *Gallimard-Jeunesse, 1999.* (Folio junior ; 977 c3)
ISBN 2-07-052700-X. *30 F / 4,57 €*

09327 **N** **NOZIÈRE J-P.** La vie sauvage. Nouv. éd. *Flammarion-Père Castor, 2000.* (Castor-Poche ; 186)
ISBN 2-08-164636-6. *29,50 F / 4,50 €*

09328 **N** **NOZIÈRES J-P.** Cheval gagnant. *Hachette-Jeunesse, 2001.* (Le livre de poche jeunesse ; 754. Senior)
ISBN 2-01-321830-3. *28 F / 4,27 €*

09329 **La nuit du sacrifice.** *Bayard, 2000.* (Les aventuriers de l'histoire ; 907. Mysteria c1)
ISBN 2-227-74706-4. *29 F / 4,42 €*

09330 **A** **La nuit du sacrilège.** *Fleurus, 2001.* (Z'azimut)
ISBN 2-215-05179-5. *39 F / 5,95 €*

09331 **NUNES L. B.** La Sacoche jaune. *Flammarion-Père Castor, 1983.* (Castor-Poche ; 67 c3)
ISBN 2-08-161775-7. *29,50 F / 4,50 €*

09332 **NYLIN V.** Attention, p'tit pigeon !. *Pocket Jeunesse, 1999.* (Kid pocket ; 548 c03)
ISBN 2-266-09908-6. *26 F / 3,96 €*

09333 **NYSSEN H.** Le boa cantor. *Actes Sud junior, 1996.* (Les contes philosophiques)
ISBN 2-7427-0941-X. *49 F / 7,47 €*

09334 **NYSSEN H.** Un point c'est tout. *Actes Sud junior, 1999.* (Les contes philosophiques c1)
ISBN 2-7427-2198-3. *49 F / 7,47 €*

09335 **NYSSEN H., LE BOEUF C.** L'étrange guerre des fourmis. Réimpr. *Actes Sud junior, 2000.* (Les contes philosophiques)
ISBN 2-7427-0781-6. *55 F / 8,38 €*

09336 **O'CONNOR B.** Beethoven au paradis. *Hachette-Jeunesse, 1999.* (Mon bel oranger c11)
ISBN 2-01-321613-0. *33 F / 5,03 €*

09337 **A** **O'CONNOR B.** Ruppert Goody et moi. *Hachette-Jeunesse, 2001.* (Mon bel oranger)
ISBN 2-01-321772-2. *29 F / 4,42 €*

09338 **O'CONNOR J., ELENA H.** La pièce porte-malheur. *Gallimard-Jeunesse, 1998.* (Folio benjamin ; 353. Panique c3)
ISBN 2-07-051957-0. *30 F / 4,57 €*

09339 **O'CONNOR J., KARAS B.** Trois histoires pour frémir. *Gallimard-Jeunesse, 1997.* (Folio benjamin ; 304. Panique c3)
ISBN 2-07-050910-9. *30 F / 4,57 €*

09340 **O'CONNOR J., SPACKMAN J.** Le souffle du dragon. Réimpr. *Gallimard-Jeunesse, 1997.* (Folio benjamin ; 313. Panique c4)
ISBN 2-07-051473-0. *32,50 F / 4,95 €*

09341 **O'DELL S.** Complainte de la lune basse. *Flammarion-Père Castor, 1988.* (Castor-Poche ; 216. Senior c4)
ISBN 2-08-161942-3. *32,50 F / 4,95 €*

09342 **O'DELL S.** Moi, Angelica, esclave. *Flammarion-Père Castor, 1998.* (Castor-Poche ; 637. Senior c4)
ISBN 2-08-164291-3. *32,50 F / 4,95 €*

09343 **O'HARA M.** Le Fils de Flicka. Réimpr. *Gallimard-Jeunesse, 1998.* (Folio junior ; 639. Edition spéciale c7)
ISBN 2-07-051411-0. *44 F / 6,71 €*

09344 **O'HARA M.** L'herbe verte du Wyoming. Réimpr. *Gallimard-Jeunesse, 1999.* (Folio junior ; 640. Edition spéciale c7)
ISBN 2-07-051412-9. *44 F / 6,71 €*

09345 **O'HARA M.** Le ranch de Flicka. Réimpr. *Gallimard-Jeunesse, 1997.* (Folio junior ; 641. Edition spéciale c6)
ISBN 2-07-051414-5. *44 F / 6,71 €*

09346 **O'ROURKE F.** Burton et Stanley. *Flammarion-Père Castor, 1999.* (Castor-Poche ; 700. Junior c1)
ISBN 2-08-164320-0. *19,50 F / 2,97 €*

09347 **OBALDIA R. d., HOUDART E.** Moi, j'irai dans la lune : et autres innocentines. *Grasset, 1998.* (Lampe de poche ; 22)
ISBN 2-246-01553-7. *29 F / 4,42 €*

09348 **OBERLANDER J.** Adorable ciboulette. *Hemma, 2001.* (Mini-club ; 28)
ISBN 2-8006-1041-7. *21 F / 3,20 €*

09349 **OBERLANDER J.** Picolinette ou La poupée magique. *Hemma, 1987.* (Mini-club ; 12)
ISBN 2-8006-0865-X. *21 F / 3,20 €*

09350 **OBERLANDER J.** Quel chaton turgulent. *Hemma, 1987.* (Mini-club ; 19)
ISBN 2-8006-0931-1. *21 F / 3,20 €*

09351 **OCELOT M.** Kirikou et la sorcière. *Hachette-Jeunesse, 1999.* (Le livre de poche jeunesse ; 702. Cadet)
ISBN 2-01-321753-6. *28 F / 4,27 €*

09352 **OCH S.** Les rois de la combine. *Flammarion-Père Castor, 1998.* (Castor-Poche ; 650. Senior c4)
ISBN 2-08-164285-9. *32,50 F / 4,95 €*

09353 **OLDFIELD J.** A la poursuite de Sinbad. *Mango-Jeunesse, 2000.* (Mango poche ; 401. La ferme des jumelles ; 2 c1)
ISBN 2-7404-0846-3. *30 F / 4,57 €*

09354 N **OLDFIELD J.** Au chevet de Sultan. *Mango-Jeunesse, 2000.* (Mango poche ; 409. La ferme des jumelles c1)
ISBN 2-7404-1082-4. *30 F / 4,57 €*

09355 N **OLDFIELD J.** Joyeux Noël Cookie !. *Mango-Jeunesse, 2000.* (Mango poche ; 408. La ferme des jumelles ; 9 c1)
ISBN 2-7404-1081-6. *30 F / 4,57 €*

09356 **OLDFIELD J.** Mikado, le hérisson vagabond. *Mango-Jeunesse, 1999.* (Mango poche ; 405. La ferme des jumelles ; 6 c1)
ISBN 2-7404-0914-1. *30 F / 4,57 €*

09357 **OLDFIELD J.** Un poney pour de vrai. *Mango-Jeunesse, 1999.* (Mango poche ; 402. La ferme des jumelles ; 3 c1)
ISBN 2-7404-0881-1. *30 F / 4,57 €*

09358 **OLDFIELD J.** Le prisonnier de la grande maison. *Mango-Jeunesse, 2000.* (Mango poche ; 406. La ferme des jumelles ; 8 c1)
ISBN 2-7404-1015-8. *30 F / 4,57 €*

09359 **OLDFIELD J.** Qui a tué Flocon ?. *Mango-Jeunesse, 1999.* (Mango poche ; 403. La ferme des jumelles ; 4 c1)
ISBN 2-7404-0882-X. *30 F / 4,57 €*

09360 **OLDFIELD J.** Réglisse, chien perdu. *Mango-Jeunesse, 1999.* (Mango poche ; 400. La ferme des jumelles ; 1 c1)
ISBN 2-7404-0845-5. *30 F / 4,57 €*

09361 **OLDFIELD J.** Sauvetage en Ecosse. *Mango-Jeunesse, 2000.* (Mango poche ; 406. La ferme des jumelles ; 7 c1)
ISBN 2-7404-1016-6. *30 F / 4,57 €*

09362 **OLDFIELD J.** Le secret de Bretzel. *Mango-Jeunesse, 1999.* (Mango poche ; 404. La ferme des jumelles ; 5 c1)
ISBN 2-7404-0913-3. *30 F / 4,57 €*

09363 **OLDFIELD P.** L'inondation. Nouv. éd. *Flammarion-Père Castor, 2000.* (Castor-Poche ; 24 cD)
ISBN 2-08-164693-5. *29,50 F / 4,50 €*

09364 **OPPEL J-H.** Aller chercher Mehdi à 14 heures. *Syros, 2000.* (Mini Souris noire c1)
ISBN 2-84146-787-2. *19 F / 2,90 €*

09365 **OPPEL J-H.** Dans le grand bain. *Syros, 1999.* (Souris noire ; 28 c1)
ISBN 2-84146-646-9. *32 F / 4,88 €*

09366 **OPPEL J-H.** David a du flair. Nouv. éd. *Flammarion-Père Castor, 1999.* (Castor-Poche ; 597. Junior cE)
ISBN 2-08-164519-X. *32,50 F / 4,95 €*

09367 N **OPPEL J-H.** Le feu au lac. *Albin Michel, 2000.* (Le Furet enquête ; 25 c1)
ISBN 2-226-11321-5. *35 F / 5,34 €*

09368 **OPPEL J-H.** Ippon. *Syros, 1997.* (Souris noire ; 4)
ISBN 2-84146-433-4. *32 F / 4,88 €*

09369 **OPPEL J-H.** Nuit rouge. *Syros, 1997.* (Souris noire ; 10)
ISBN 2-84146-456-3. *32 F / 4,88 €*

09370 **OPPEL J-H.** Piège à la verticale. *Albin Michel, 1998.* (Le Furet enquête c1)
ISBN 2-226-09089-4. *35 F / 5,34 €*

09371 N **OPPEL J-H.** Tigre, tigre, tigre !. *Syros, 2000.* (Souris noire ; 45 c1)
ISBN 2-84146-823-2. *32 F / 4,88 €*

09372 **OPPEL J-H.** Trois fêlés et un pendu. *Syros, 1998.* (Mini Souris noire c1)
ISBN 2-84146-554-3. *19 F / 2,90 €*

09373 **ORAM H., BROWN R.** La sorcière aux trois crapauds. *Gallimard-Jeunesse, 1999.* (Folio benjamin ; 379 c2)
ISBN 2-07-052680-1. *28 F / 4,27 €*

09374 **ORAM H., ROSS T.** Un message pour le Père Noël. Réimpr. *Gallimard-Jeunesse, 1997.* (Folio benjamin ; 320 c3)
ISBN 2-07-051515-X. *30 F / 4,57 €*

09375 **ORAM H., ROSS T.** La seconde princesse. *Gallimard-Jeunesse, 1995.* (Folio benjamin ; 280 c4)
ISBN 2-07-058428-3. *30 F / 4,57 €*

09376 **ORAM H., VARLEY S.** Blaireau a des soucis. *Gallimard-Jeunesse, 1999.* (Folio benjamin ; 369 c4)
ISBN 2-07-051767-5. *32,50 F / 4,95 €*

09377 **ORAM H., VARLEY S.** Lune, y es-tu ?. *Gallimard-Jeunesse, 1999.* (Folio benjamin ; 388 c3)
ISBN 2-07-051248-7. *30 F / 4,57 €*

09378 N **ORAM H., VARLEY S.** Princesse Camomille. *Gallimard-Jeunesse, 2000.* (Folio benjamin ; 410 c3)
ISBN 2-07-052435-3. *30 F / 4,57 €*

09379 **ORGAD D.** Le garçon de Séville. *Hachette-Jeunesse, 1995.* (Le livre de poche jeunesse ; 548 c10)
ISBN 2-01-321305-0. *31 F / 4,73 €*

09380 **ORLEV U.** L'homme de l'autre côté. Réimpr. *Flammarion-Père Castor, 1999.* (Castor-Poche ; 589. Senior c2)
ISBN 2-08-164518-1. *25 F / 3,81 €*

09381 **ORLEV U.** Une île, rue des oiseaux. *Hachette-Jeunesse, 1992.* (Mon bel oranger c9)
ISBN 2-01-321527-4. *29 F / 4,42 €*

09382 N **ORR W.** L'arche des Noé. *Flammarion-Père Castor, 2001.* (Castor-Poche)
ISBN 2-08-164800-8. *25 F / 3,81 €*

09383 **ORVIETO L.** Contes et légendes de la naissance de Rome. Nouv. éd. *Pocket Jeunesse, 2000.* (Pocket junior ; 49. Mythologies c4)
ISBN 2-266-08631-6. *30 F / 4,57 €*

09384 N **Un os dans le rosbif :** six histoires de pirates. *Fleurus, 2000.* (Z'azimut)
ISBN 2-215-05142-6. *39 F / 5,95 €*

09385 **OUSPENSKI E.** Les Dépanneurs invisibles. *Flammarion-Père Castor, 1988.* (Castor-Poche ; 222 c4)
ISBN 2-08-161949-0. *32,50 F / 4,95 €*

09386 **OWEN G.** Ouistiti. *Hachette-Jeunesse, 1999.* (Le livre de poche jeunesse ; 1310. Benjamin c8)
ISBN 2-01-321704-8. *28 F / 4,27 €*

09387 **OWEN T.** Contes à l'encre de la nuit. *Labor, 1998.* (Espace nord junior ; 16)
ISBN 2-8040-1284-0. *249 FB / 6,17 €*

09388 **N** **Les p'tits bateaux.** *Pocket, 2001.* (Pocket ; 11118 c4B)
ISBN 2-266-10586-8. *32 F / 4,88 €*

09389 **PAGE A.** 48 heures pour choisir. *Mango-Jeunesse, 1998.* (Mango poche ; 203. Coups de coeur c1)
ISBN 2-7404-0755-6. *30 F / 4,57 €*

09390 **PAGE I., DEVER J.** La cité interdite : astre d'or. Nouv. éd. *Gallimard-Jeunesse, 1996.* (Folio junior ; 371. Un Livre dont vous êtes le héros ; 371)
ISBN 2-07-050678-9. *36 F / 5,49 €*

09391 **PAGE I., DEVER J.** La guerre des sorciers : astre d'or. Nouv. éd. *Gallimard-Jeunesse, 1996.* (Folio junior ; 405. Un Livre dont vous êtes le héros ; 405)
ISBN 2-07-050680-0. *36 F / 5,49 €*

09392 **PAGE I., DEVER J.** Le royaume de l'oubli : astre d'or. Nouv. éd. *Gallimard-Jeunesse, 1996.* (Folio junior ; 384. Un Livre dont vous êtes le héros ; 384)
ISBN 2-07-050679-7. *36 F / 5,49 €*

09393 **PAGE I., DEVER J.** Le sorcier Majdar : astre d'or. Nouv. éd. *Gallimard-Jeunesse, 1996.* (Folio junior ; 370. Un Livre dont vous êtes le héros ; 370 c5)
ISBN 2-07-050673-8. *36 F / 5,49 €*

09394 **PAGE M.** Hot dog ou petit pain au chocolat. *Flammarion-Père Castor, 1988.* (Castor-Poche ; 203 c4)
ISBN 2-08-161931-8. *32,50 F / 4,95 €*

09395 **Pages noires.** *Gallimard-Jeunesse, 1998.* (Page noire ; 10 c6)
ISBN 2-07-051987-2. *41 F / 6,25 €*

09396 **PAINE M.** La vallée des morts. *Pocket Jeunesse, 1995.* (Pocket junior ; 176. Frissons)
ISBN 2-266-07000-2. *38 F / 5,79 €*

09397 **N** **PALLUY C.** La corde à sauter magique. *Hachette-Jeunesse, 2000.* (Le livre de poche jeunesse ; 1315. Benjamin c8)
ISBN 2-01-321773-0. *28 F / 4,27 €*

09398 **PALMER C. E.** Une Surprise pour grand-père. *Flammarion-Père Castor, 1987.* (Castor-Poche ; 194 c5)
ISBN 2-08-161923-7. *35,50 F / 5,41 €*

09399 **N** **PARADÉ J-P., GERARD G.** L'escrime. *Milan, 2000.* (Carnets du sport)
ISBN 2-7459-0105-2. *38 F / 5,79 €*

09400 **PARGAM A.** Les mâchoires du museum. *Hachette-Jeunesse, 1998.* (Vertige ; 1315. Cauchemar)
ISBN 2-01-209888-6. *27,50 F / 4,19 €*

09401 **PARGAM A.** L'oeil sur la rivière. *Hachette-Jeunesse, 1997.* (Vertige ; 1309. Cauchemar c7)
ISBN 2-01-209792-8. *27,50 F / 4,19 €*

09402 **N** **PARIS R.** Sven et Marie. Nouv. éd. *Bayard Jeunesse, 2001.* (Passion de lire ; 328. Coeur grenadine c1)
ISBN 2-7470-0224-1. *29 F / 4,42 €*

09403 **PARKER D.** Compte à rebours. 01, Janvier. *J'ai lu, 1999.* (J'ai lu ; 5075. Jeunes adultes c2)
ISBN 2-290-05075-X. *22 F / 3,35 €*

09404 **PARKER D.** Compte à rebours. 02, Février. *J'ai lu, 1999.* (J'ai lu ; 5076. Jeunes adultes c2)
ISBN 2-290-05076-8. *22 F / 3,35 €*

09405 **PARKER D.** Compte à rebours. 03, Mars. *J'ai lu, 1999.* (J'ai lu ; 5131. Jeunes adultes c5)
ISBN 2-290-05131-4. *22 F / 3,35 €*

09406 **PARKER D.** Compte à rebours. 04, Avril. *J'ai lu, 1999.* (J'ai lu ; 5132. Jeunes adultes c2)
ISBN 2-290-05132-2. *22 F / 3,35 €*

09407 **PARKER D.** Compte à rebours. 05, Mai. *J'ai lu, 1999.* (J'ai lu ; 5133. Jeunes adultes c2)
ISBN 2-290-05133-0. *22 F / 3,35 €*

09408 **PARKER D.** Compte à rebours. 06, Juin. *J'ai lu, 1999.* (J'ai lu ; 5134. Jeunes adultes c2)
ISBN 2-290-05134-9. *22 F / 3,35 €*

09409 **PARKER D.** Compte à rebours. 07, Juillet. *J'ai lu, 1999.* (J'ai lu ; 5135. Jeunes adultes c2)
ISBN 2-290-05135-7. *22 F / 3,35 €*

09410 **PARKER D.** Compte à rebours. 08, Août. *J'ai lu, 1999.* (J'ai lu ; 5136. Jeunes adultes c2)
ISBN 2-290-05136-5. *22 F / 3,35 €*

09411 **PARKER D.** Compte à rebours. 09, Septembre. *J'ai lu, 1999.* (J'ai lu ; 5137. Jeunes adultes c2)
ISBN 2-290-05137-3. *22 F / 3,35 €*

09412 **PARKER D.** Compte à rebours. 10, Octobre. *J'ai lu, 1999.* (J'ai lu ; 5138. Jeunes adultes c2)
ISBN 2-290-05138-1. *22 F / 3,35 €*

09413 **PARKER D.** Compte à rebours. 11, Novembre. *J'ai lu, 1999.* (J'ai lu ; 5139. Jeunes adultes c2)
ISBN 2-290-05139-X. *22 F / 3,35 €*

09414 **PARKER D.** Compte à rebours. 12, Décembre. *J'ai lu, 1999.* (J'ai lu ; 5140. Jeunes adultes c2)
ISBN 2-290-05140-3. *22 F / 3,35 €*

09415 **PARKINSON S.** Ah ! Si j'étais grand... *Flammarion-Père Castor, 2000.* (Castor-Poche ; 735. Junior)
ISBN 2-08-164595-5. *19,50 F / 2,97 €*

09416 **PARKINSON S.** Soeurs ennemies. *Hachette-Jeunesse, 1999.* (Le livre de poche jeunesse ; 698. Senior c11)
ISBN 2-01-321658-0. *33 F / 5,03 €*

09417 **N** **PASQUET J.** Contes inuit de la banquise : voyage dans l'Arctique canadien. *D'Orbestier, 2000.* (Azymut ; 2)
ISBN 2-84238-026-6. *45 F / 6,86 €*

09418 **Passagers clandestins.** *Bayard, 1999.* (Les aventuriers de l'histoire ; 905. Mysteria c1)
ISBN 2-227-74700-5. *29 F / 4,42 €*

09419 **PATERSON K.** L'histoire de Jip. *Hachette-Jeunesse, 1997.* (Mon bel oranger c11)
ISBN 2-01-321557-6. *33 F / 5,03 €*

09420 **PAULSEN G.** Chute libre !. *Flammarion-Père Castor, 1998.* (Castor-Poche ; 5. Junior)
ISBN 2-08-162364-1. *20 F / 3,05 €*

09421 **PAULSEN G.** Le combat du dragon. *Flammarion-Père Castor, 1998.* (Castor-Poche ; 2. Junior)
ISBN 2-08-162359-5. *20 F / 3,05 €*

09422 **PAULSEN G.** Les cornes du diable. *Flammarion-Père Castor, 1998.* (Castor-Poche ; 676. Junior)
ISBN 2-08-164541-6. *19,50 F / 2,97 €*

09423 **PAULSEN G.** Danger sur la rivière. *Flammarion-Père Castor, 1998.* (Castor-Poche ; 674. Junior)
ISBN 2-08-164543-2. *19,50 F / 2,97 €*

09424 **N** **PAULSEN G.** Les inventions extravagantes d'Harold Schernoff. *Hachette-Jeunesse, 2000.* (Vertige ; 707. Fou rire c7)
ISBN 2-01-200566-7. *27,50 F / 4,19 €*

09425 **PAULSEN G.** Le monstre du lac noir. *Flammarion-Père Castor, 1998.* (Castor-Poche ; 4. Junior)
ISBN 2-08-162363-3. *20 F / 3,05 €*

09426 **PAULSEN G.** Smash au pays des pharaons. *Flammarion-Père Castor, 1998.* (Castor-Poche ; 1. Junior)
ISBN 2-08-162361-7. *20 F / 3,05 €*

09427 **PAULSEN G.** La traque. Nouv. éd. *Pocket Jeunesse, 2000.* (Pocket junior ; 325 c4)
ISBN 2-266-10024-6. *30 F / 4,57 €*

09428 **PAULSEN G.** Le trésor englouti. *Flammarion-Père Castor, 1998.* (Castor-Poche ; 6. Junior)
ISBN 2-08-162360-9. *20 F / 3,05 €*

09429 **PAULSEN G.** Le tueur de Gorgone. *Flammarion-Père Castor, 1998.* (Castor-Poche ; 673. Junior)
ISBN 2-08-164540-8. *19,50 F / 2,97 €*

09430 **PAVLOFF F.** Menace sur la ville. *Albin Michel, 1998.* (Le Furet enquête c1)
ISBN 2-226-09113-0. *35 F / 5,34 €*

09431 **PAVLOFF F.** Pinguino. *Syros, 1997.* (Souris noire ; 1)
ISBN 2-84146-432-6. *32 F / 4,88 €*

09432 **PAVLOFF F.** Le squat résiste. *Syros, 1997.* (Souris noire ; 3)
ISBN 2-84146-440-7. *32 F / 4,88 €*

09433 **PAY S.** L'amitié de Mathieu et Kazan. *Hemma, 1986.* (Mini-club ; 6)
ISBN 2-8006-0645-2. *21 F / 3,20 €*

09434 **PAY S.** Attachants Tschip et Tschoup. *Hemma, 2001.* (Mini-club ; 29)
ISBN 2-8006-1146-4. *21 F / 3,20 €*

09435 **PAY S.** Pas de panique Ary !. *Hemma, 1987.* (Mini-club ; 18)
ISBN 2-8006-0926-5. *21 F / 3,20 €*

09436 **N** **PAZ M.** Papelucho, drôle de zozo. Nouv. éd. *Pocket Jeunesse, 2000.* (Kid pocket ; 307 c3B)
ISBN 2-266-10047-5. *28 F / 4,27 €*

09437 **PAZARKAYA Y.** L'Equipée de Kemal. *Flammarion-Père Castor, 1994.* (Castor-Poche ; 472. Junior c4)
ISBN 2-08-164065-1. *32,50 F / 4,95 €*

09438 **PEARCE P.** Tom et le jardin de minuit. Réimpr. *Gallimard-Jeunesse, 1999.* (Folio junior ; 690 c5)
ISBN 2-07-052263-6. *41 F / 6,25 €*

09439 **PECK R. N.** La dernière chance. Nouv. éd. *Flammarion-Père Castor, 1998.* (Castor-Poche ; 82. Senior cF)
ISBN 2-08-164422-3. *35,50 F / 5,41 €*

09440 **PECK R. N.** La sauvage. *Bayard Jeunesse, 1998.* (Envol ; 501 c1)
ISBN 2-227-72354-8. *28,50 F / 4,34 €*

09441 **PECK R-N.** Vie et mort d'un cochon. Nouv. éd. *Flammarion-Père Castor, 1998.* (Castor-Poche ; 320. Senior cE)
ISBN 2-08-164428-2. *32,50 F / 4,95 €*

09442 **PEDERSEN T., GILDEN M.** L'aventurier du Web. *Gallimard-Jeunesse, 1998.* (* Cybersurfers; 1)(Folio junior ; 906. Internet aventures c3)
ISBN 2-07-051511-7. *30 F / 4,57 €*

09443 **PEDERSEN T., GILDEN M.** La cité virtuelle. *Gallimard-Jeunesse, 1998.* (* Cybersurfers; 2)(Folio junior ; 907. Internet aventures c3)
ISBN 2-07-051512-5. *30 F / 4,57 €*

09444 **PEDERSEN T., GILDEN M.** Correspondant fantôme. *Gallimard-Jeunesse, 1999.* (* Cybersurfers; 3)(Folio junior ; 914. Internet aventures c3)
ISBN 2-07-051513-3. *30 F / 4,57 €*

09445 **PEDERSEN T., GILDEN M.** Menace en ligne. *Gallimard-Jeunesse, 1999.* (* Cybersurfers; 4)(Folio junior ; 915. Internet aventures c3)
ISBN 2-07-051514-1. *30 F / 4,57 €*

09446 **PEEL J.** L'enfant des ténèbres. *Hachette-Jeunesse, 1997.* (Vertige ; 1303. Cauchemar)
ISBN 2-01-209653-0. *27,50 F / 4,19 €*

09447 **PEEL J.** La maison aux six cercueils. *Hachette-Jeunesse, 1997.* (Vertige ; 1301. Cauchemar)
ISBN 2-01-209668-9. *28 F / 4,27 €*

09448 **PEEL J.** La malédiction du pendu. *Hachette-Jeunesse, 1997.* (Vertige ; 1302. Cauchemar)
ISBN 2-01-209667-0. *28 F / 4,27 €*

09449 **PEF** Au coiffeur; Chez le coiffeur. *Gallimard-Jeunesse, 1999.* (Folio benjamin ; 395 c3)
ISBN 2-07-052851-0. *30 F / 4,57 €*

09450 **PEF** Au loup tordu !. *Gallimard-Jeunesse, 1997.* (Folio benjamin ; 322 c3)
ISBN 2-07-051506-0. *30 F / 4,57 €*

09451 **PEF** La belle lisse poire de France. *Gallimard-Jeunesse, 1999.* (Folio cadet ; 216 c4)
ISBN 2-07-052466-3. *32 F / 4,88 €*

09452 **PEF** La belle lisse poire du prince de Motordu. Réimpr. *Gallimard-Jeunesse, 1998.* (Folio benjamin ; 37 c3)
ISBN 2-07-050542-1. *30 F / 4,57 €*

09453 **PEF** Dictionnaire des mots tordus. Réimpr. *Gallimard-Jeunesse, 1998.* (Folio cadet ; 192 c6)
ISBN 2-07-051778-0. *41 F / 6,25 €*

09454 **PEF** Feux de détresse. *Pocket Jeunesse, 1998.* (Kid pocket ; 371 c03)
ISBN 2-266-08181-0. *26 F / 3,96 €*

09455 **PEF** L'ivre de français. Réimpr. *Gallimard-Jeunesse, 1990.* (Folio cadet ; 246 c3)
ISBN 2-07-052276-8. *30 F / 4,57 €*

09456 **PEF** Leçons de géoravie. Réimpr. *Gallimard-Jeunesse, 1993.* (Folio cadet ; 291 c3)
ISBN 2-07-052461-2. *30 F / 4,57 €*

09457 **PEF** Le livre de nattes. Réimpr. *Gallimard-Jeunesse, 1998.* (Folio cadet ; 240 c3)
ISBN 2-07-052105-2. *30 F / 4,57 €*

09458 **PEF** Moi, ma grand-mère... Réimpr. *Gallimard-Jeunesse, 1995.* (Folio benjamin ; 281 c3)
ISBN 2-07-050626-6. *30 F / 4,57 €*

09459 **PEF** Motordu a pâle au ventre. Réimpr. *Gallimard-Jeunesse, 1996.* (Folio cadet ; 330 c3)
ISBN 2-07-052462-0. *30 F / 4,57 €*

09460 **PEF** Motordu as à la télé !. Réimpr. *Gallimard-Jeunesse, 1998.* (Folio cadet ; 336 c3)
ISBN 2-07-052106-0. *30 F / 4,57 €*

09461 **PEF** Motordu au pas, au trot, au gras dos. Réimpr. *Gallimard-Jeunesse, 1996.* (Folio cadet ; 333 c3)
ISBN 2-07-052464-7. *30 F / 4,57 €*

09462 **PEF** Motordu est le frère Noël. Réimpr. *Gallimard-Jeunesse, 1996.* (Folio cadet ; 335 c3)
ISBN 2-07-052274-1. *30 F / 4,57 €*

09463 **PEF** Motordu et la Botte d'Azur. Réimpr. *Gallimard-Jeunesse, 1999.* (Folio cadet ; 331 c3)
ISBN 2-07-052465-5. *30 F / 4,57 €*

09464 **PEF** Motordu et le fantôme du chapeau. Réimpr. *Gallimard-Jeunesse, 1996.* (Folio cadet ; 332 c3)
ISBN 2-07-052463-9. *30 F / 4,57 €*

09465 **PEF** Motordu et les petits hommes vers. *Gallimard-Jeunesse, 1996.* (Folio cadet ; 329 c3)
ISBN 2-07-051780-2. *30 F / 4,57 €*

09466 **PEF** Motordu et son père Hoquet. Réimpr. *Gallimard-Jeunesse, 1997.* (Folio cadet ; 337 c3)
ISBN 2-07-052107-9. *30 F / 4,57 €*

09467 **PEF** Motordu papa. *Gallimard-Jeunesse, 1997.* (Folio benjamin ; 323 c3)
ISBN 2-07-051507-9. *30 F / 4,57 €*

09468 **PEF** Pef : coffret. *Gallimard-Jeunesse, 1999.* (Folio cadet)
ISBN 2-07-052928-2. *152 F / 23,17 €*

09469 **PEF** 4 belles lisses poires du prince de Motordu. *Gallimard-Jeunesse, 1997.* (Folio benjamin)
ISBN 2-07-051552-4. *49 F / 7,47 €*

09470 **PEF** Rendez-moi mes poux. Réimpr. *Gallimard-Jeunesse, 1998.* (Folio benjamin ; 105 c3)
ISBN 2-07-050547-2. *30 F / 4,57 €*

09471 **PEF** Réponses bêtes à des questions idiotes. Réimpr. *Gallimard-Jeunesse, 1995.* (Folio cadet ; 312 c6)
ISBN 2-07-052275-X. *41 F / 6,25 €*

09472 **PEF** Silence naturel : tout sur le corps humain. Réimpr. *Gallimard-Jeunesse, 1998.* (Folio cadet ; 292 c3)
ISBN 2-07-051779-9. *30 F / 4,57 €*

09473 **PEF** Tétine 1er. *Gallimard-Jeunesse, 1999.* (Folio cadet ; 388 c3)
ISBN 2-07-052688-7. *30 F / 4,57 €*

09474 **PELGROM E.** Le Mont Eléphant. *Gallimard-Jeunesse, 1994.* (Folio junior ; 737)
ISBN 2-07-058621-9. *30 F / 4,57 €*

09475 **PÉLISSIER N.** Nostradamus. *Autres temps, 1999.* (Temps jeunesse)
ISBN 2-84521-004-3. *70 F / 10,67 €*

09476 **PELLETIER C.** Les vacances se corsent. *Albin Michel, 1998.* (Le Furet enquête c1)
ISBN 2-226-09153-X. *35 F / 5,34 €*

09477 **N** **PELLETIER C., PUJADE-RENAUD C., ZIMMERMANN D.** Atomes crochus : les mousquetaires du 21e siècle. *Hachette-Jeunesse, 2000.* (Le livre de poche jeunesse ; 736. Senior c8)
ISBN 2-01-321684-X. *28 F / 4,27 €*

09478 **PELLETIER C., PUJADE-RENAUD C., ZIMMERMANN D.** Les otages de Gutenberg : les mousquetaires du 21e siècle. *Hachette-Jeunesse, 2000.* (Le livre de poche jeunesse ; 710. Senior c8)
ISBN 2-01-321683-1. *28 F / 4,27 €*

09479 **PELOT D.** Que fait le Père Noël le reste de l'année ?. Réimpr. *Gallimard-Jeunesse, 1998.* (Folio benjamin ; 356)
ISBN 2-07-052172-9. *30 F / 4,57 €*

09480 **PELOT P.** Le cimetière aux étoiles. *Syros, 1999.* (Souris noire ; 39 c1)
ISBN 2-84146-765-1. *32 F / 4,88 €*

09481 **PELOT P.** Les Epaules du diable. *Flammarion-Père Castor, 1993.* (Castor-Poche ; 398. Senior c5)
ISBN 2-08-162259-9. *32,50 F / 4,95 €*

09482 **PELOT P.** La fille de la Hache-Croix. *Magnard, 1998.* (Les fantastiques c1)
ISBN 2-210-97774-6. *43 F / 6,56 €*

09483 **PELOT P.** Le Père Noël s'appelle Basile. *Syros, 1998.* (Souris noire ; 17)
ISBN 2-84146-504-7. *32 F / 4,88 €*

09484 **PELOT P.** Sierra brûlante. *Pocket Jeunesse, 1999.* (Pocket junior ; 450 c4B)
ISBN 2-266-07644-2. *32 F / 4,88 €*

09485 **A** **PELOT P.** Vincent et le canard à trois pattes. *Pocket Jeunesse, 2001.* (Kid pocket ; 666 c4B)
ISBN 2-266-10196-X. *32 F / 4,88 €*

09486 **PELOT P.** Vincent, le chien terriblement jaune. Nouv. éd. *Pocket Jeunesse, 1999.* (Kid pocket c04)
ISBN 2-266-09461-0. *30 F / 4,57 €*

09487 **PELOT P., PELOT D.** Vincent en hiver. *Pocket Jeunesse, 1999.* (Kid pocket ; 549 c04)
ISBN 2-266-09462-9. *30 F / 4,57 €*

09488 **PENNAC D.** Cabot-Caboche. Réimpr. *Pocket Jeunesse, 2000.* (Pocket junior ; 40 c5)
ISBN 2-266-08641-3. *35 F / 5,34 €*

09489 **PENNAC D.** L'évasion de Kamo. *Gallimard-Jeunesse, 1997.* (Folio junior ; 801 c2)
ISBN 2-07-051522-2. *28 F / 4,27 €*

09490 **PENNAC D.** Kamo et moi. Réimpr. *Gallimard-Jeunesse, 1997.* (Folio junior ; 802 c2)
ISBN 2-07-051523-0. *27 F / 4,12 €*

09491 **PENNAC D.** Kamo, l'agence Babel. Réimpr. *Gallimard-Jeunesse, 1997.* (Folio junior ; 800 c2)
ISBN 2-07-051447-1. *28 F / 4,27 €*

09492 **PENNAC D.** Kamo, l'idée du siècle. Réimpr. *Gallimard-Jeunesse, 1997.* (Folio junior ; 803 c2)
ISBN 2-07-051524-9. *27 F / 4,12 €*

09493 **PENNAC D.** Kamo. *Gallimard-Jeunesse, 1997.* (Folio junior)
ISBN 2-07-051602-4. *108 F / 16,46 €*

09494 **PÉPIN E.** Coulée d'or. *Gallimard-Jeunesse, 1999.* (Page blanche ; 50 c6)
ISBN 2-07-052784-0. *41 F / 6,25 €*

09495 **PÉPIN E.** L'écran rouge. *Gallimard-Jeunesse, 1998.* (Page blanche c1)
ISBN 2-07-051564-8. *20 F / 3,05 €*

09496 **PERAT M-F.** La mare au diable. *Hemma, 1994.* (Livre club jeunesse ; 34)
ISBN 2-8006-3976-8. *26 F / 3,96 €*

09497 **PERAT M-F.** Notre-Dame de Paris. *Hemma, 1996.* (Livre club jeunesse ; 50)
ISBN 2-8006-5241-1. *26 F / 3,96 €*

09498 **PERAT M-F.** Les vacances. *Hemma, 1997.* (Livre club jeunesse ; 54)
ISBN 2-8006-5245-4. *26 F / 3,96 €*

09499 **PERGAUD L.** La guerre des boutons. Réimpr. *Gallimard-Jeunesse, 1999.* (Folio junior ; 436. Edition spéciale c6)
ISBN 2-07-051415-3. *41 F / 6,25 €*

09500 **PÉRIGOT J.** Le cornichon. *Syros, 1998.* (Mini Souris noire c1)
ISBN 2-84146-591-8. *19 F / 2,90 €*

09501 **PÉRIGOT J.** Un oiseau est mort. *Syros, 1998.* (Mini Souris noire c1)
ISBN 2-84146-539-X. *19 F / 2,90 €*

09502 **PÉRIGOT J.** La pêche aux caramels. *Syros, 1997.* (Mini Souris noire c1)
ISBN 2-84146-441-5. *19 F / 2,90 €*

09503 **PÉRIGOT J.** Qui a tué Minou Bonbon ?. *Syros, 1997.* (Mini Souris noire c1)
ISBN 2-84146-406-7. *19 F / 2,90 €*

09504 **PERNUSCH S.** Une amie géniale. *Rageot, 1991.* (Cascade. 9-11 ans c1)
ISBN 2-7002-1133-2. *44 F / 6,71 €*

09505 **PERNUSCH S.** Un Fantôme en classe verte. *Rageot, 1994.* (Cascade. 7-9 ans c2)
ISBN 2-7002-2253-9. *46 F / 7,01 €*

09506 **PERNUSCH S.** Le Journal secret de Marine. *Rageot, 1991.* (Cascade. 9-11 ans c1)
ISBN 2-7002-1115-4. *44 F / 6,71 €*

09507 **PERNUSCH S.** Mathieu pour toujours. *Rageot, 1999.* (Cascade. Pluriel)
ISBN 2-7002-2588-0. *44 F / 6,71 €*

09508 **N** **PERNUSCH S.** Les mots en miel. *Hachette-Jeunesse, 2000.* (Le livre de poche jeunesse ; 724. Senior c11)
ISBN 2-01-321783-8. *33 F / 5,03 €*

09509 **PERNUSCH S.** On t'aime, Charlotte. *Rageot, 1995.* (Cascade. 9-11 ans c2)
ISBN 2-7002-2317-9. *46 F / 7,01 €*

09510 **N** **PERNUSCH S.** Une rentrée rose et noire. *Rageot, 2000.* (Cascade. 9-11 ans)
ISBN 2-7002-2674-7. *44 F / 6,71 €*

09511 **PERNUSCH S.** Des vacances à histoires. *Rageot, 1999.* (Cascade. 9-11 ans c1)
ISBN 2-7002-2592-9. *44 F / 6,71 €*

09512 **PÉROL H.** L'ombre de la Pieuvre. *Rageot, 1995.* (Cascade. Policier c2)
ISBN 2-7002-2307-1. *46 F / 7,01 €*

09513 **N** **PERRAULT C.** La Barbe-bleue : et autres contes. *Hachette-Jeunesse, 2001.* (Côté court ; 42 c1)
ISBN 2-01-200676-0. *10 F / 1,52 €*

09514 **N** **PERRAULT C.** La Belle au bois dormant. *Milan, 2000.* (Milan poche cadet ; 40 c1)
ISBN 2-7459-0147-8. *28 F / 4,27 €*

09515 **PERRAULT C.** Contes de ma mère l'Oye. Réimpr. *Gallimard-Jeunesse, 1998.* (Folio junior ; 443. Edition spéciale c4)
ISBN 2-07-051416-1. *32,50 F / 4,95 €*

09516 **PERRAULT C.** Contes. *Hachette-Jeunesse, 1979.* (Le livre de poche jeunesse ; 20 c9)
ISBN 2-01-020843-9. *29 F / 4,42 €*

09517 **PERRAULT C., CLAVERIE J.** La Barbe-Bleue. *Gallimard-Jeunesse, 1993.* (Folio cadet ; 287)
ISBN 2-07-057979-4. *36 F / 5,49 €*

09518 **N** **PERRAULT C., GAMBINI C.** Le petit poucet. *Milan, 2000.* (Milan poche cadet ; 36 c1)
ISBN 2-7459-0072-2. *28 F / 4,27 €*

09519 **PERRET M.** La légende de Mélusine. Nouv. éd. *Flammarion, 1999.* (Castor-Poche ; 588. Senior)
ISBN 2-08-164510-6. *32,50 F / 4,95 €*

09520 **PERRIER P.** En scène les 5e. *Rageot, 1999.* (Cascade. 11-13 ans c2)
ISBN 2-7002-2575-9. *46 F / 7,01 €*

09521 **PERRIER P.** Jeux de famille. *Rageot, 1999.* (Cascade. 9-11 ans c2)
ISBN 2-7002-2605-4. *46 F / 7,01 €*

09522 **N** **PERRIER P.** Jouer c'est gagner. *Rageot, 2001.* (Cascade. 9-11 ans)
ISBN 2-7002-2697-6. *44 F / 6,71 €*

09523 **N** **PERRIER P.** Une randonnée d'enfer. *Rageot, 2000.* (Cascade. 11-13 ans)
ISBN 2-7002-2675-5. *44 F / 6,71 €*

09524 **N** **PERRIN M.** L'agent zéro-zéro. *Magnard, 2000.* (Les p'tits policiers)
ISBN 2-210-98025-9. *40 F / 6,10 €*

09525 **PERRIN M.** Meurtre à la menthe. *Magnard, 1998.* (Les policiers c1)
ISBN 2-210-97771-1. *43 F / 6,56 €*

09526 **N** **PERRIN M., THIBERT J-C.** Crime à l'anglaise. *Magnard, 2000.* (Les policiers c1)
ISBN 2-210-98401-7. *43 F / 6,56 €*

09527 **Le Perroquet qui bégayait.** *Hachette-Jeunesse, 1981.* (Le livre de poche jeunesse ; 57. Junior c9)
ISBN 2-01-020365-8. *29 F / 4,42 €*

09528 **PERROT L.** La manade du centaure. Réimpr. *Flammarion-Père Castor, 1995.* (Castor-Poche ; 524. Senior c4)
ISBN 2-08-164484-3. *32,50 F / 4,95 €*

09529 **PERRY-BOUQUET A.** Un petit cheval et une voiture. *Gallimard-Jeunesse, 1999.* (Page blanche ; 51 c6)
ISBN 2-07-052745-X. *41 F / 6,25 €*

09530 **A** **PESKINE B.** La grande brasse : Lucas et compagnie. *Hachette-Jeunesse, 2001.* (Bibliothèque verte ; 727 c8)
ISBN 2-01-200467-9. *28 F / 4,27 €*

09531 **PESKINE B.** Le journal de Clara. *Hachette-Jeunesse, 1996.* (Le livre de poche jeunesse ; 602. Cadet)
ISBN 2-01-321498-7. *26,50 F / 4,04 €*

09532 **PESKINE B.** Le mal dans la peau. *Hachette-Jeunesse, 2000.* (Le livre de poche jeunesse ; 715. Senior c9)
ISBN 2-01-321730-7. *29 F / 4,42 €*

09533 **A** **PESKINE B.** Merci papa, merci maman : Lucas et compagnie. *Hachette-Jeunesse, 2001.* (Bibliothèque verte ; 726)
ISBN 2-01-200475-X. *28 F / 4,27 €*

09534 **N** **PESKINE B.** Mon grand petit frère. *Bayard Jeunesse, 2001.* (Les romans de Je bouquine)
ISBN 2-227-72372-6. *38 F / 5,79 €*

09535 **PESKINE B., CRICHTON R.** Sarah, l'enfant perdue. *Hachette-Jeunesse, 1996.* (Le livre de poche jeunesse ; 619. Senior)
ISBN 2-01-321555-X. *28 F / 4,27 €*

09536 **PESTUM J.** Racket au collège. Réimpr. *Pocket Jeunesse, 1999.* (Pocket junior ; 410. Policier c4)
ISBN 2-266-09186-7. *30 F / 4,57 €*

09537 **PESTUM J.** Sauvons les poneys !. *Flammarion, 1999.* (Castor-Poche ; 724. Junior)
ISBN 2-08-164689-7. *32,50 F / 4,95 €*

09538 **N** **PETERS J-A.** Le gang des pestes. 1, La revanche. *Milan, 2001.* (Les romans de Julie ; 4)
ISBN 2-7459-0172-9. *29 F / 4,42 €*

09539 **N** **PETERS J-A.** Le gang des pestes. 2, Coups de foudre en série. *Milan, 2001.* (Les romans de Julie ; 5)
ISBN 2-7459-0173-7. *29 F / 4,42 €*

09540 **A** **PETERS J-A.** Le gang des pestes. 3, Vol, soupçons et zizanie. *Milan, 2001.* (Les romans de Julie ; 8)
ISBN 2-7459-0299-7. *29 F / 4,42 €*

09541 **PETERSEN P.** La remplaçante. Nouv. éd. *Flammarion-Père Castor, 1999.* (Castor-Poche ; 543. Junior)
ISBN 2-08-164397-9. *19,50 F / 2,97 €*

09542 **PETERSON H., IVERS M.** Mélanie dans l'île. *Bayard, 1995.* (J'aime lire ; 90 c1)
ISBN 2-227-72282-7. *27 F / 4,12 €*

09543 **PETERSON H., IVERS M.** Mélanie et les pirates. *Bayard, 1996.* (J'aime lire ; 107 c1)
ISBN 2-227-72722-5. *27 F / 4,12 €*

09544 **Le Petit bossu :** contes des mille et une nuits. *Gallimard-Jeunesse, 1980.* (Folio junior ; 96 c3)
ISBN 2-07-033096-6. *32,50 F / 4,95 €*

09545 **PETIT X-L.** Piège dans les Rocheuses. *Flammarion-Père Castor, 1999.* (Castor-Poche ; 686. Senior)
ISBN 2-08-164503-3. *32,50 F / 4,95 €*

09546 **N** **Petits contes de Noël.** *Hachette-Jeunesse, 2000.* (Côté court ; 19)
ISBN 2-01-200581-0. *10 F / 1,52 €*

09547 **PETTER G.** La bande sans nom. *Flammarion-Père Castor, 1999.* (Castor-Poche ; 711. Senior)
ISBN 2-08-164334-0. *45 F / 6,86 €*

09548 **PEYRAMAURE M.** Les colosses de Carthage. *Pocket Jeunesse, 1999.* (Pocket junior ; 508)
ISBN 2-266-09198-0. *35 F / 5,34 €*

09549 **N** **PEYRAMAURE M.** La vallée des mammouths. Réimpr. *Pocket Jeunesse, 2000.* (Pocket junior ; 315 c5)
ISBN 2-266-10377-6. *35 F / 5,34 €*

09550 **A** **PHILIPPE P.** La pelote basque. *Milan, 2001.* (Carnets du sport)
ISBN 2-7459-0291-1. *38 F / 5,79 €*

09551 **PHILIPPS C.** Café au lait et pain aux raisins. *Flammarion-Père Castor, 1999.* (Castor-Poche ; 685. Junior c3)
ISBN 2-08-164408-8. *32,50 F / 4,95 €*

09552 **PHILLIPS K. P.** Le Siège de Sardath. Réimpr. *Gallimard-Jeunesse, 1996.* (Un Livre dont vous êtes le héros ; 716. Défis fantastiques ; 49 c5)
ISBN 2-07-050704-1. *36 F / 5,49 €*

09553 **PHIPSON J., BOIRY V.** Une Nuit au grand magasin. *Bayard, 1994.* (J'aime lire ; 63 c1)
ISBN 2-227-72283-5. *27 F / 4,12 €*

09554 **PIASECKI J.** Bon sang, le prof est un vampire !. Nouv.éd. *Pocket Jeunesse, 1999.* (Pocket junior ; 267. Frissons)
ISBN 2-266-08677-4. *30 F / 4,57 €*

09555 **PIASECKI J.** Bong sang, ils vont manger Laura. Nouv.éd. *Pocket Jeunesse, 1999.* (Pocket junior ; 306. Frissons)
ISBN 2-266-09144-1. *30 F / 4,57 €*

09556 **PIASECKI J.** Ca déménage classe 104 !. *Bayard, 1998.* (Passion de lire ; 213. Délires c1)
ISBN 2-227-73800-6. *29 F / 4,42 €*

09557 **PICOULY D.** Cauchemar Pirate. Nouv. éd. *Flammarion-Père Castor, 1999.* (Castor-Poche ; 538. Junior)
ISBN 2-08-164412-6. *25 F / 3,81 €*

09558 **PICOULY D.** Le champ de personne. Nouv. éd. *Flammarion-Père Castor, 1999.* (Castor-Poche ; 590. Senior)
ISBN 2-08-164505-X. *35,50 F / 5,41 €*

09559 **PICOULY D.** La Coupe du monde n'aura pas lieu !. *Flammarion-Père Castor, 1998.* (Castor-Poche ; 643. Junior c3)
ISBN 2-08-164382-0. *29,50 F / 4,50 €*

09560 **PICOULY D.** Le lutteur de sumo. Nouv. éd. *Flammarion-Père Castor, 1998.* (Castor-Poche ; 582. Junior cC)
ISBN 2-08-164410-X. *25 F / 3,81 €*

09561 **Le pied.** *Hachette-Jeunesse, 1996.* (Courts toujours ! c17)
ISBN 2-01-209520-8. *49 F / 7,47 €*

09562 **PIERCE R.** La création. Nouv. éd. *Pocket Jeunesse, 1998.* (Les enfants de Frankenstein; 1)(Pocket junior ; 200. Frissons c6)
ISBN 2-266-08547-6. *38 F / 5,79 €*

09563 **PIERCE R.** La malédiction. Réimpr. *Pocket Jeunesse, 1996.* (Les enfants de Frankenstein; 3)(Pocket junior ; 236. Frissons c6)
ISBN 2-266-08549-2. *38 F / 5,79 €*

09564 **PIERCE R.** La revanche. Nouv. éd. *Pocket Jeunesse, 1998.* (Les enfants de Frankenstein; 2)(Pocket junior ; 212. Frissons c6)
ISBN 2-266-08548-4. *38 F / 5,79 €*

09565 **PIKE C.** La bête cachée = The hidden beast. *Pocket Jeunesse, 1998.* (Spooksville; 12)(Pocket séries ; 393 c1)
ISBN 2-266-07956-5. *28,50 F / 4,34 €*

09566 **N** **PIKE C.** Le cadeau empoisonné. *Pocket Jeunesse, 2000.* (Spooksville; 24)(Pocket séries ; 610)
ISBN 2-266-09143-3. *28,50 F / 4,34 €*

09567 **PIKE C.** La chaîne de la mort. 1. *J'ai lu, 1997.* (Peur bleue)
ISBN 2-290-04644-2. *22 F / 3,35 €*

09568 **PIKE C.** La chaîne de la mort. 2. *J'ai lu, 1997.* (Peur bleue)
ISBN 2-290-04723-6. *22 F / 3,35 €*

09569 **PIKE C.** Les crabes passent à l'attaque. *Pocket Jeunesse, 1999.* (Spooksville; 18)(Pocket séries ; 488 c1)
ISBN 2-266-08419-4. *28,50 F / 4,34 €*

09570 **PIKE C.** Les créatures du froid. *Pocket Jeunesse, 1997.* (Spooksville; 5)(Pocket séries ; 314 c1)
ISBN 2-266-07350-8. *28,50 F / 4,34 €*

09571 **PIKE C.** Dernier acte. *J'ai lu, 1997.* (Peur bleue)
ISBN 2-290-04620-5. *29 F / 4,42 €*

09572 **PIKE C.** Les échappés de la préhistoire. *Pocket Jeunesse, 1998.* (Spooksville; 11)(Pocket séries ; 392 c1)
ISBN 2-266-07955-7. *28,50 F / 4,34 €*

09573 **PIKE C.** La falaise maudite. Réimpr. *Pocket Jeunesse, 1998.* (Pocket junior. Frissons ; 117 c6)
ISBN 2-266-08545-X. *38 F / 5,79 €*

09574 **PIKE C.** Le fantôme de l'océan. *Pocket Jeunesse, 1997.* (Spooksville; 2)(Pocket séries ; 297 c1)
ISBN 2-266-07347-8. *28,50 F / 4,34 €*

09575 **PIKE C.** La fièvre noire. *Pocket Jeunesse, 1999.* (Spooksville; 20)(Pocket séries ; 526)
ISBN 2-266-09140-9. *28,50 F / 4,34 €*

09576 **PIKE C.** La grotte sans issue. *Pocket Jeunesse, 1997.* (Spooksville; 3)(Pocket séries ; 298 c1)
ISBN 2-266-07348-6. *28,50 F / 4,34 €*

09577 **PIKE C.** Le jouet temporel. *Pocket Jeunesse, 1999.* (Spooksville; 16)(Pocket séries ; 461 c1)
ISBN 2-266-08417-8. *28,50 F / 4,34 €*

ı578 **N** **PIKE C.** Les kidnappeurs de l'espace. Réimpr. *Pocket Jeunesse, 2000.* (Spooksville; 4)(Pocket séries ; 305 c1)
ISBN 2-266-07349-4. *28,50 F / 4,34 €*

ı579 **PIKE C.** La maison du mal. *Pocket Jeunesse, 1998.* (Spooksville; 14)(Pocket séries ; 395 c1)
ISBN 2-266-08415-1. *28,50 F / 4,34 €*

ı580 **PIKE C.** Un monstre aux cent visages. *Pocket Jeunesse, 2000.* (Spooksville; 22)(Pocket séries ; 580 c1)
ISBN 2-266-09138-7. *28,50 F / 4,34 €*

ı581 **N** **PIKE C.** Le monstre de l'armoire. Nouv. éd. *Pocket Jeunesse, 2000.* (Spooksville; 17)(Pocket séries ; 473 c1)
ISBN 2-266-08418-6. *28,50 F / 4,34 €*

ı582 **PIKE C.** Monstres. *J'ai lu, 2000.* (J'ai lu ; 5446. Jeunes adultes cG)
ISBN 2-290-30055-1. *29 F / 4,42 €*

ı583 **PIKE C.** La nuit des vampires. *Pocket Jeunesse, 1999.* (Spooksville; 19)(Pocket séries ; 494 c1)
ISBN 2-266-09141-7. *28,50 F / 4,34 €*

ı584 **PIKE C.** Le pays des ténèbres. *Pocket Jeunesse, 1998.* (Spooksville; 7)(Pocket séries ; 349 c1)
ISBN 2-266-07951-4. *28,50 F / 4,34 €*

ı585 **PIKE C.** Les périls de la rentrée. Nouv. éd. *Pocket Jeunesse, 2000.* (Spooksville; 13)(Pocket séries ; 419)
ISBN 2-266-08414-3. *28,50 F / 4,34 €*

ı586 **PIKE C.** Le piège de la sorcière. *Pocket Jeunesse, 1997.* (Spooksville; 6)(Pocket séries ; 329 c1)
ISBN 2-266-07351-6. *28,50 F / 4,34 €*

ı587 **PIKE C.** La pierre maléfique. Réimpr. *Pocket Jeunesse, 2000.* (Spooksville; 9)(Pocket séries ; 375 c1)
ISBN 2-266-07953-0. *28,50 F / 4,34 €*

9588 **PIKE C.** Prémonitions. *J'ai lu, 2000.* (J'ai lu ; 5456. Jeunes adultes cG)
ISBN 2-290-30107-8. *29 F / 4,42 €*

9589 **PIKE C.** Le prix d'un sacrifice. *Pocket Jeunesse, 2000.* (Spooksville; 21)(Pocket séries ; 564 c1)
ISBN 2-266-09139-5. *28,50 F / 4,34 €*

9590 **PIKE C.** Le regard du chat. *Pocket Jeunesse, 1998.* (Spooksville; 10)(Pocket séries ; 376 c1)
ISBN 2-266-07954-9. *28,50 F / 4,34 €*

9591 **PIKE C.** Scénario macabre. *J'ai lu, 1999.* (Peur bleue cF)
ISBN 2-290-14532-7. *26 F / 3,96 €*

9592 **PIKE C.** Les sortilèges de la forêt. *Pocket Jeunesse, 1998.* (Spooksville; 8)(Pocket séries ; 350 c1)
ISBN 2-266-07952-2. *28,50 F / 4,34 €*

09593 **PIKE C.** Sous influence. *J'ai lu, 2000.* (J'ai lu ; 5457. Jeunes adultes cG)
ISBN 2-290-30108-6. *29 F / 4,42 €*

09594 **N** **PIKE C.** Souvenez-vous de moi. Réimpr. *Pocket Jeunesse, 2000.* (Pocket junior ; 59. Frissons c6)
ISBN 2-266-08496-8. *38 F / 5,79 €*

09595 **PIKE C.** Un squelette sous la mer. *J'ai lu, 1997.* (Peur bleue)
ISBN 2-290-14520-3. *26 F / 3,96 €*

09596 **N** **PIKE C.** Le téléphone de l'angoisse. *Pocket Jeunesse, 2000.* (Spooksville; 23)(Pocket séries ; 595 c1)
ISBN 2-266-09142-5. *28,50 F / 4,34 €*

09597 **A** **PIKE C.** La tombe des vivants. *J'ai lu, 2001.* (J'ai lu ; 6023. Jeunes adultes)
ISBN 2-290-31273-8

09598 **PIKE C.** Ultime voyage. *J'ai lu, 2000.* (J'ai lu ; 5447. Jeunes adultes cG)
ISBN 2-290-30056-X. *29 F / 4,42 €*

09599 **PIKE C.** La ville de la peur. Nouv. éd. *Pocket Jeunesse, 2000.* (Spooksville; 1)(Pocket séries ; 296)
ISBN 2-266-07346-X. *28,50 F / 4,34 €*

09600 **PIKE C.** Les voleurs de vie. Nouv. éd. *Pocket Jeunesse, 2000.* (Spooksville; 15)(Pocket séries ; 443)
ISBN 2-266-08416-X. *28,50 F / 4,34 €*

09601 **N** **PIKE C.** Week-end fatal. Nouv. éd. *J'ai lu, 2000.* (Peur bleue cG)
ISBN 2-290-30734-3. *29 F / 4,42 €*

09602 **A** **PINCHON S.** L'oeil du marais. *Syros, 2001.* (Chauve-souris ; 11 c1)
ISBN 2-84146-936-0. *32 F / 4,88 €*

09603 **PINEAU G.** Caraïbes sur Seine. *Dapper, 1999.* (Au bout du monde)
ISBN 2-906067-52-0. *30 F / 4,57 €*

09604 **A** **PINGEOT L.** Pas folle la vache !. *Syros, 2001.* (Souris verte ; 41 c1)
ISBN 2-84146-920-4. *32 F / 4,88 €*

09605 **PINGUILLY Y.** Le Ballon d'or : récit tiré du film. *Rageot, 1994.* (Cascade. 11-13 ans c2)
ISBN 2-7002-2229-6. *46 F / 7,01 €*

09606 **PINGUILLY Y.** Cousu de fil noir. *Albin Michel, 1999.* (Le Furet enquête ; 8 c1)
ISBN 2-226-09145-9. *35 F / 5,34 €*

09607 **PINGUILLY Y.** Dernier crime avant les soldes. *Magnard, 1998.* (Les policiers c1)
ISBN 2-210-97764-9. *43 F / 6,56 €*

09608 **A** **PINGUILLY Y.** En sortant de l'école. *Magnard, 2001.* (Les p'tits policiers)
ISBN 2-210-98052-6. *40 F / 6,10 €*

09609 **PINGUILLY Y.** Meurtre noir et gri gri blanc. *Magnard, 1997.* (Les policiers)
ISBN 2-210-97754-1. *43 F / 6,56 €*

09610 **PINGUILLY Y.** Pénalty à Ouagadougou. *Magnard, 1999.* (Les p'tits policiers c1)
ISBN 2-210-98020-8. *40 F / 6,10 €*

09611 **PINGUILLY Y., CESTAC F.** Foot en règles. *Syros, 1998.* (Mini Souris document c1)
ISBN 2-84146-557-8. *19 F / 2,90 €*

09612 **PINKWATER D.** L'élan bleu. *Flammarion-Père Castor, 1999.* (Castor-Poche ; 712. Junior)
ISBN 2-08-164301-4. *25 F / 3,81 €*

09613 **N** **PINKWATER D.** Les gloutons de l'espace. *Hachette-Jeunesse, 2001.* (Le livre de poche jeunesse ; 746. Cadet c5)
ISBN 2-01-321809-5. *26,50 F / 4,04 €*

09614 **PINKWATER D.** L'oie magique. *Flammarion-Père Castor, 1998.* (Castor-Poche ; 646. Junior c1)
ISBN 2-08-164380-4. *19,50 F / 2,97 €*

09615 **PINKWATER D.** Pirate de l'espace. Nouv. éd. *Flammarion-Père Castor, 1999.* (Castor-Poche ; 610. Junior)
ISBN 2-08-164648-X. *19,50 F / 2,97 €*

09616 **N** **PINKWATER D.** Plein gaz sur la planète Gloups. *Flammarion-Père Castor, 2000.* (Castor-Poche. Junior c4)
ISBN 2-08-164585-8. *25 F / 3,81 €*

09617 **Pipo, le cerf-volant.** *Hemma, 2001.* (Mini-club ; 77)
ISBN 2-8006-4363-3. *21 F / 3,20 €*

09618 **N** **PIQUEMAL M.** Le baiser de Maria Elisa. *Magnard, 2000.* (Les p'tits policiers c1)
ISBN 2-210-98038-0. *40 F / 6,10 €*

09619 **PIQUEMAL M.** Un chaton dans la souricière. *Syros, 1997.* (Mini Souris noire c1)
ISBN 2-84146-410-5. *19 F / 2,90 €*

09620 **PIQUEMAL M.** Le Jobard. *Milan, 1999.* (Milan poche junior ; 1)
ISBN 2-84113-909-3. *28 F / 4,27 €*

09621 **PIQUEMAL M.** Le pionnier du nouveau monde. *Milan, 1999.* (Milan poche junior ; 16)
ISBN 2-84113-952-2. *30 F / 4,57 €*

09622 **N** **PIQUEMAL M., CLEYET-MERLE L.** La poule qui pond des patates. *Milan, 2000.* (Milan poche benjamin ; 11 c1)
ISBN 2-7459-0062-5. *24 F / 3,66 €*

09623 **N** **PIQUEMAL M., MERLIN C.** Mon maître est un sorcier. *Milan, 2000.* (Milan poche cadet ; 34 c1)
ISBN 2-7459-0071-4. *28 F / 4,27 €*

09624 **PIRANI F., MILLET C., MILLET D.** Rosalie, Sidonie et Mélanie. *Bayard, 1990.* (Les belles histoires ; 12 c1)
ISBN 2-227-72117-0. *27 F / 4,12 €*

09625 **PISTINIER C.** Théo et le lion. Nouv. éd. *Pocket Jeunesse, 1998.* (Kid pocket ; 186 c4)
ISBN 2-266-08622-7. *30 F / 4,57 €*

09626 **PITT L.** Miss Metal. *Flammarion-Père Castor, 1995.* (Castor-Poche ; 499. Junior c3)
ISBN 2-08-164038-4. *29,50 F / 4,50 €*

09627 **PITZORNO B., BUSSOLATI E.** L'Anneau magique de Lavinia. *Gallimard-Jeunesse, 1990.* (Folio cadet ; 213 c7)
ISBN 2-07-031213-5. *44 F / 6,71 €*

09628 **PIUMINI R.** Le fou volant ; Le diable et les trois chaudrons. *Gallimard-Jeunesse, 1995.* (Folio cadet ; 320)
ISBN 2-07-052321-7. *46 F / 7,01 €*

09629 **PIUMINI R.** Mathias et son grand-père. *Gallimard-Jeunesse, 1994.* (Folio cadet ; 298 c7)
ISBN 2-07-058354-6. *44 F / 6,71 €*

09630 **PIUMINI R.** La Verluisette. *Hachette-Jeunesse, 1992.* (Le livre de poche jeunesse ; 374. Junior c5)
ISBN 2-01-321430-8. *26,50 F / 4,04 €*

09631 **Planète cauchemar :** anthologie. *Hachette-Jeunesse, 1997.* (Vertige ; 1012. Science-fiction c7)
ISBN 2-01-209774-X. *27,50 F / 4,19 €*

09632 **PLATH S., BERNER R. S.** Ca ne fait rien !. *Gallimard-Jeunesse, 1998.* (Folio cadet ; 340)
ISBN 2-07-059513-7. *32,50 F / 4,95 €*

09633 **Les plus beaux poèmes d'hier et d'aujourd'hui :** le florilède de Fleur d'encre. *Hachette-Jeunesse, 1999.* (Fleurs d'encre c11)
ISBN 2-01-321706-4. *33 F / 5,03 €*

09634 **Les plus belles chansons de France pour les tout-petits.** *Gallimard-Jeunesse, 1997.* (Folio benjamin ; 324)
ISBN 2-07-051686-5. *30 F / 4,57 €*

09635 **Les plus belles chansons de France pour tous les enfants.** *Gallimard-Jeunesse, 1997.* (Folio benjamin ; 325)
ISBN 2-07-051687-3. *30 F / 4,57 €*

09636 **PLÜSS N.** Ceinture noire : journal de James. *Hachette-Jeunesse, 1999.* (Le livre de poche jeunesse ; 685. Senior c7)
ISBN 2-01-321662-9. *27,50 F / 4,19 €*

09637 **PODALYDÈS B.** Dieu seul me voit : Versailles-chantiers. *Gallimard-Jeunesse, 1998.* (Page blanche ; 11 c5)
ISBN 2-07-052182-6. *36 F / 5,49 €*

09638 **POE E. A.** Le chat noir : et autres nouvelles. Réimpr. *Gallimard-Jeunesse, 1998.* (Folio junior ; 513. Edition spéciale)
ISBN 2-07-051418-8. *30 F / 4,57 €*

09639 **POE E. A.** Double assassinat dans la rue Morgue ; La Lettre volée. Réimpr. *Gallimard-Jeunesse, 1999.* (Folio junior ; 541. Edition spéciale c3)
ISBN 2-07-051419-6. *30 F / 4,57 €*

09640 **POE E. A.** Histoires extraordinaires. *Hachette-Jeunesse, 1997.* (Le livre de poche jeunesse ; 1131. Gai savoir c12)
ISBN 2-01-321581-9. *35 F / 5,34 €*

09641 **N** **POE E. A.** La lettre volée. *Hachette-Jeunesse, 2000.* (Côté court ; 24)
ISBN 2-01-200580-2. *10 F / 1,52 €*

642 **POE E. A.** Le masque de la mort rouge : et autres histoires extraordinaires. *Milan, 2000.* (Milan poche junior ; 24)
ISBN 2-84113-991-3. *28 F / 4,27 €*

9643 **POE E. A.** Le scarabée d'or ; suivi de La lettre volée. *Flammarion-Père Castor, 1996.* (Castor-Poche ; 565. Senior c2)
ISBN 2-08-164226-3. *25 F / 3,81 €*

9644 **POE E. A., MALLART B.** Le scarabée d'or. Réimpr. *Gallimard-Jeunesse, 1999.* (Folio junior ; 596. Edition spéciale c3)
ISBN 2-07-051420-X. *30 F / 4,57 €*

9645 **Poèmes à suivre. Nouv. éd.** *Gallimard-Jeunesse, 2000.* (Folio junior ; 1059. En poésie ; 14 c5)
ISBN 2-07-054243-2. *36 F / 5,49 €*

9646 **La poésie des poètes.** *Hachette-Jeunesse, 1996.* (Fleurs d'encre c11)
ISBN 2-01-321402-2. *33 F / 5,03 €*

9647 **Poésies, comptines et chansons pour moi.** *Gallimard-Jeunesse, 1997.* (Folio benjamin ; 318 c3)
ISBN 2-07-051479-X. *30 F / 4,57 €*

9648 **Poésies, comptines et chansons pour Noël.** *Gallimard-Jeunesse, 1997.* (Folio benjamin ; 317 c3)
ISBN 2-07-051478-1. *30 F / 4,57 €*

9649 **Les poètes de l'an 2000 :** 140 poèmes inédits de 70 poètes du XXIe siècle. *Hachette-Jeunesse, 2000.* (Fleurs d'encre c10)
ISBN 2-01-321764-1. *31 F / 4,73 €*

9650 **POHL P.** Jan, mon ami. Réimpr. *Gallimard-Jeunesse, 1999.* (Page blanche ; 55 c9)
ISBN 2-07-054148-7. *49 F / 7,47 €*

9651 **POITEVIN J.** L'escargot à plumes ; suivi de Du côté du puits. *Hachette-Jeunesse, 1999.* (Fleurs d'encre c7)
ISBN 2-01-321755-2. *27,50 F / 4,19 €*

9652 **POL A-M.** A moi de choisir. *Pocket Jeunesse, 2000.* (Danse !; 2)(Pocket séries ; 553 c3B)
ISBN 2-266-09733-4. *28 F / 4,27 €*

9653 **POL A-M.** A quoi rêve une danseuse ?. *Mango-Jeunesse, 2000.* (Mango poche ; 210. Coups de coeur c1)
ISBN 2-7404-0977-X. *30 F / 4,57 €*

9654 **N** **POL A-M.** Avec le vent. *Pocket Jeunesse, 2000.* (Danse !; 9)(Pocket séries ; 602 c3B)
ISBN 2-266-09985-X. *28 F / 4,27 €*

9655 **POL A-M.** C'est moi qui décide. *Bayard, 1999.* (Passion de lire ; 317. Coeur grenadine)
ISBN 2-227-73872-3. *29 F / 4,42 €*

9656 **N** **POL A-M.** Cabrita la sauvage. *Hachette-Jeunesse, 2001.* (Côté court ; 37 c1)
ISBN 2-01-200648-5. *10 F / 1,52 €*

9657 **N** **POL A-M.** Coups de bec. *Pocket Jeunesse, 2000.* (Danse !; 8)(Pocket séries ; 588 c3B)
ISBN 2-266-09984-1. *28 F / 4,27 €*

09658 **A** **POL A-M.** Danse !. 15. *Pocket Jeunesse, 2001.* (Pocket séries ; 706)
ISBN 2-266-10758-5

09659 **POL A-M.** 10 récits de la danse classique. *Flammarion-Père Castor, 1999.* (Castor-Poche ; 727. Senior)
ISBN 2-08-164314-6. *32,50 F / 4,95 €*

09660 **POL A-M.** Embrouilles en coulisses. *Pocket Jeunesse, 2000.* (Danse !; 3)(Pocket séries ; 554 c3B)
ISBN 2-266-09844-6. *28 F / 4,27 €*

09661 **N** **POL A-M.** Une étoile pour Nina. *Pocket Jeunesse, 2000.* (Danse !; 10)(Pocket séries ; 613 c3B)
ISBN 2-266-09986-8. *28 F / 4,27 €*

09662 **POL A-M.** Le garçon venu d'ailleurs. *Pocket Jeunesse, 2000.* (Danse !; 5)(Pocket séries ; 556 c3B)
ISBN 2-266-09906-X. *28 F / 4,27 €*

09663 **N** **POL A-M.** Un goût d'orage. Nouv. éd. *Bayard Jeunesse, 2001.* (Passion de lire ; 310. Coeur grenadine c1)
ISBN 2-7470-0182-2. *29 F / 4,42 €*

09664 **POL A-M.** Lola et les loups ; suivi de Tout seul. *Hachette-Jeunesse, 1995.* (Le livre de poche jeunesse ; 550 c5)
ISBN 2-01-321350-6. *26,50 F / 4,04 €*

09665 **POL A-M.** Mon cheval de papier. *Grasset, 1999.* (Lampe de poche ; 34. 9 ans et +)
ISBN 2-246-57831-0. *38 F / 5,79 €*

09666 **POL A-M.** Nina, graine d'étoile. *Pocket Jeunesse, 2000.* (Danse !; 1)(Pocket séries ; 552 c3B)
ISBN 2-266-09732-6. *28 F / 4,27 €*

09667 **N** **POL A-M.** Nina se révolte. *Pocket Jeunesse, 2001.* (Danse !; 12)(Pocket séries ; 650 c3B)
ISBN 2-266-09988-4. *28 F / 4,27 €*

09668 **POL A-M.** Pleins feux sur Nina. *Pocket Jeunesse, 2000.* (Danse !; 6)(Pocket séries ; 557 c3B)
ISBN 2-266-09905-1. *28 F / 4,27 €*

09669 **A** **POL A-M.** La reine de l'île. *Hachette-Jeunesse, 2001.* (Le livre de poche jeunesse. Junior c10)
ISBN 2-01-321811-7. *31 F / 4,73 €*

09670 **N** **POL A-M.** Rien ne va plus. *Pocket Jeunesse, 2001.* (Danse !; 13)(Pocket séries ; 669)
ISBN 2-266-10756-9. *28 F / 4,27 €*

09671 **POL A-M.** Une rose pour Mo. *Pocket Jeunesse, 2000.* (Danse !; 7)(Pocket séries ; 572 c3B)
ISBN 2-266-09983-3. *28 F / 4,27 €*

09672 **POL A-M.** Le sang des étoiles. Nouv. éd. *Flammarion-Père Castor, 1998.* (Castor-Poche ; 396. Senior cF)
ISBN 2-08-164396-0. *35,50 F / 5,41 €*

09673 **A** **POL A-M.** Si j'étais Cléopâtre. *Pocket Jeunesse, 2001.* (Danse !; 14)(Pocket séries ; 687)
ISBN 2-266-10757-7. *28 F / 4,27 €*

09674 **POL A-M.** Soledad et la maison aux yeux fermés. *Hachette-Jeunesse, 1998.* (Vertige ; 1401. Coup de foudre)
ISBN 2-01-209910-6. *27 F / 4,12 €*

09675 **POL A-M.** Sur un air de hip-hop. *Pocket Jeunesse, 2000.* (Danse !; 4)(Pocket séries ; 555 c3B)
ISBN 2-266-09845-4. *28 F / 4,27 €*

09676 **N** **POL A-M.** Un trac du diable. *Pocket Jeunesse, 2000.* (Danse !; 11)(Pocket séries ; 636 c3B)
ISBN 2-266-09987-6. *28 F / 4,27 €*

09677 **POL A-M., BEB-DEUM** On ne joue plus, Roméo. *Hachette-Jeunesse, 1999.* (Vertige ; 1403. Coup de foudre c7)
ISBN 2-01-209959-9. *27,50 F / 4,19 €*

09678 **POL A-M., TRUONG M.** Promenade par temps de guerre. *Hachette-Jeunesse, 1991.* (Le livre de poche jeunesse ; 330. Senior c9)
ISBN 2-01-321429-4. *29 F / 4,42 €*

09679 **POL-TANGUY C.** Anatole Tamar, le zèbre à pois. 2e éd. *Pocket Jeunesse, 2000.* (Pocket junior ; 191 c4)
ISBN 2-266-10246-X. *30 F / 4,57 €*

09680 **POMMAUX Y.** A la rivière. Nouv. éd. *Sorbier, 1993.* (Lola)
ISBN 2-7320-3338-3. *25 F / 3,81 €*

09681 **POMMAUX Y.** La Destinée de la famille Campagnol, depuis la naissance du châtaignier jusqu'à nos jours. Nouv. éd. *Sorbier, 1993.* (Lola)
ISBN 2-7320-3341-3. *36 F / 5,49 €*

09682 **POMMAUX Y.** Existe-t-il ?. Nouv. éd. *Sorbier, 1993.* (Lola)
ISBN 2-7320-3339-1. *28 F / 4,27 €*

09683 **POMMAUX Y.** Façon de parler. Nouv. éd. *Sorbier, 1993.* (Lola)
ISBN 2-7320-3340-5. *25 F / 3,81 €*

09684 **POMMAUX Y.** Un Livre palpitant. Nouv. éd. *Sorbier, 1993.* (Lola)
ISBN 2-7320-3345-6. *25 F / 3,81 €*

09685 **POMMAUX Y.** Où vont les trucs de pissenlit quand le vent les emporte?. *Sorbier, 1981.* (Lola)
36 F / 5,49 €

09686 **POMMAUX Y.** Le Potiron du jardin potager de madame Potier. Nouv. éd. *Sorbier, 1993.* (Lola)
ISBN 2-7320-3343-X. *25 F / 3,81 €*

09687 **POMMIER M.** Livia, Paul et le Stradivarius. *Gallimard-Jeunesse, 1997.* (Folio junior ; 835. Drôles d'aventures ; 6 c3)
ISBN 2-07-051741-1. *30 F / 4,57 €*

09688 **POMMIER M.** Le puits du taureau. *Gallimard-Jeunesse, 1997.* (Folio junior ; 4. Drôles d'aventures c3)
ISBN 2-07-051554-0. *30 F / 4,57 €*

09689 **POMMIER M.** Le sorcier des cloches. *Gallimard-Jeunesse, 1997.* (Folio junior ; 831. Drôles d'aventures ; 2 c3)
ISBN 2-07-050967-2. *30 F / 4,57 €*

09690 **POMMIER M.** Le trésor caché de Théophile. *Gallimard-Jeunesse, 1997.* (Folio junior ; 830. Drôles d'aventures ; 1 c3)
ISBN 2-07-050966-4. *30 F / 4,57 €*

09691 **PONS A.** 7 contes d'Irlande. *Flammarion-Père Castor, 1999.* (Castor-Poche ; 694. Contes et récits c2)
ISBN 2-08-164313-8. *25 F / 3,81 €*

09692 **PONTY M.** L'Inconnu de la Proiselière. *Rageot, 1990.* (Cascade c2)
ISBN 2-7002-1022-0. *45 F / 6,86 €*

09693 **POP J.** Piratage à la cité. *Flammarion-Père Castor, 1998.* (Castor-Poche ; 638. Junior c2)
ISBN 2-08-164319-7. *25 F / 3,81 €*

09694 **N** **PORTE C.** Clara et l'ange tatoué. *Rageot, 2001.* (Cascade. 11-13 ans)
ISBN 2-7002-2696-8. *44 F / 6,71 €*

09695 **PORTE C.** Rencontres secrètes. *Rageot, 1999.* (Cascade. 11-13 ans c2)
ISBN 2-7002-2610-0. *44 F / 6,71 €*

09696 **PORTER P.** Les captifs du temps. *Flammarion-Père Castor, 1998.* (Castor-Poche ; 636. Senior c4)
ISBN 2-08-164323-5. *32,50 F / 4,95 €*

09697 **POSLANIEC C.** Histoires horribles... et pas si méchantes!. *Flammarion-Père Castor, 1987.* (Castor-Poche ; 166 c4)
ISBN 2-08-161887-7. *32,50 F / 4,95 €*

09698 **POSLANIEC C., BOISTEAU M.** Apprenti citoyen. *Syros, 1998.* (Mini Souris document c1)
ISBN 2-84146-556-X. *19 F / 2,90 €*

09699 **POTTER T.** La tache. *Pocket Jeunesse, 1998.* (Kid pocket ; 439)
ISBN 2-266-07748-1. *26 F / 3,96 €*

09700 **N** **POUCHAIN M.** Meurtres à la cathédrale. *Gallimard-Jeunesse, 2000.* (Folio junior ; 1107 c4)
ISBN 2-07-054334-X. *32,50 F / 4,95 €*

09701 **POUCHKINE A. S.** La dame de pique. Nouv. éd. *Flammarion-Père Castor, 1998.* (Castor-Poche ; 361. Senior cA)
ISBN 2-08-164378-2. *19,50 F / 2,97 €*

09702 **POUCHKINE A. S.** La fille du capitaine. *Hachette-Jeunesse, 1999.* (Le livre de poche jeunesse ; 1148. Gai savoir c10)
ISBN 2-01-321721-8. *31 F / 4,73 €*

09703 **POURRAT H.** Le château des sept portes. *Flammarion-Père Castor, 1994.* (Gaspard des montagnes / Henri Pourrat; 1)(Castor-Poche ; 485. Senior c05)
ISBN 2-08-164094-5. *39 F / 5,95 €*

09704 **POURRAT H.** Gaspard des Montagnes : l'auberge de la Belle Bergère. *Flammarion-Père Castor, 1995.* (Castor-Poche ; 489. Senior c6)
ISBN 2-08-164093-7. *39 F / 5,95 €*

09705 **POURRAT H.** Gaspard des montagnes : La tour du levant. *Flammarion-Père Castor, 1996.* (Castor-Poche ; 533. Senior c6)
ISBN 2-08-164133-X. *39 F / 5,95 €*

09706 **POURRAT H.** Gaspard des Montagnes : le pavillon des amourettes. *Flammarion-Père Castor, 1995.* (Castor-Poche ; 519. Senior c6)
ISBN 2-08-164134-8. *39 F / 5,95 €*

09707 **POUSTIS J.** Joyeux anniversaire. *Flammarion-Père Castor, 1999.* (Castor-Poche ; 706. Junior)
ISBN 2-08-164536-X. *25 F / 3,81 €*

09708 **POUSTIS J.** Un Père Noël pas comme les autres. Nouv. éd. *Flammarion-Père Castor, 1999.* (Castor-Poche ; 165 cC)
ISBN 2-08-164605-6. *25 F / 3,81 €*

09709 **POUYANNE R., LACHAUD C.** Le libre galop des pottoks. Réimpr. *Flammarion-Père Castor, 1999.* (Castor-Poche ; 294. Junior c4)
ISBN 2-08-164602-1. *32,50 F / 4,95 €*

09710 **PRATCHETT T.** Les aéronautes. *Flammarion-Père Castor, 1998.* (Le grand livre des gnomes; 3)(Castor-Poche ; 631. Senior c5)
ISBN 2-08-164306-5. *35,50 F / 5,41 €*

09711 **PRATCHETT T.** Les camionneurs. Nouv. éd. *Flammarion-Père Castor, 1999.* (Le grand livre des gnomes; 1)(Castor-Poche ; 608. Senior cG)
ISBN 2-08-164654-4. *39 F / 5,95 €*

09712 **PRATCHETT T.** Johnny et la bombe. *Pocket Jeunesse, 1999.* (Pocket junior ; 492. Fantastique c6)
ISBN 2-266-08362-7. *38 F / 5,79 €*

09713 **PRATCHETT T.** Johnny et les morts. *Pocket Jeunesse, 1998.* (Pocket junior ; 442. Fantastique c6)
ISBN 2-266-08361-9. *38 F / 5,79 €*

09714 **PRATCHETT T.** Le sauveur de l'humanité. Réimpr. *Pocket Jeunesse, 1999.* (Pocket junior ; 366. Fantastique c6)
ISBN 2-266-09292-8. *38 F / 5,79 €*

09715 **PRATCHETT T.** Les terrassiers. Nouv. éd. *Flammarion-Père Castor, 1999.* (Le grand livre des gnomes; 2)(Castor-Poche ; 609. Senior cF)
ISBN 2-08-164642-0. *35,50 F / 5,41 €*

09716 **N** **PRESSENSÉ D. d.** Loup-Rouge à l'école des enfants. *Pocket Jeunesse, 2000.* (Kid pocket ; 604 c4)
ISBN 2-266-10284-2. *30 F / 4,57 €*

09717 **PRESSENSÉ D. d.** Loup-Rouge et Lapin-Lapin. *Pocket Jeunesse, 1999.* (Kid pocket ; 536 c4)
ISBN 2-266-09485-8. *30 F / 4,57 €*

09718 **N** **PRESSENSÉ D. d.** Loup-Rouge et les cartes magiques. *Pocket, 2000.* (Kid pocket ; 574 c04)
ISBN 2-266-09487-4. *30 F / 4,57 €*

09719 **PRESSENSÉ D. d.** Loup-Rouge et Lili Chaperon rouge. *Pocket Jeunesse, 1999.* (Kid pocket ; 456 c04)
ISBN 2-266-08118-7. *30 F / 4,57 €*

09720 **PRESSENSÉ D. d.** Loup-Rouge et Loup-Noël. *Pocket Jeunesse, 1999.* (Kid pocket ; 537 c04)
ISBN 2-266-09486-6. *30 F / 4,57 €*

09721 **N** **PRESSENSÉ D. d.** Loup-Rouge et Suzie le sosie. *Pocket Jeunesse, 2000.* (Kid pocket ; 621 c4B)
ISBN 2-266-10285-0. *32 F / 4,88 €*

09722 **PRESSENSÉ D. d.** Loup rouge petit garou. *Pocket Jeunesse, 1998.* (Kid pocket ; 438 c4)
ISBN 2-266-08117-9. *30 F / 4,57 €*

09723 **PRESSENSÉ D. d.** Loup rouge. *Pocket Jeunesse, 1998.* (Kid pocket ; 437 c4)
ISBN 2-266-08116-0. *30 F / 4,57 €*

09724 **PRESSENSÉ D. d.** La Mauvaise humeur d'Emilie. *Pocket Jeunesse, 1998.* (Kid pocket ; 42 c02)
ISBN 2-266-08840-8. *23 F / 3,51 €*

09725 **PRESSER A.** Le coeur à l'envers. *Mango-Jeunesse, 1998.* (Mango poche ; 200. Coups de coeur c1)
ISBN 2-7404-0756-4. *30 F / 4,57 €*

09726 **PRESSLER M.** Chocolat amer. *Pocket Jeunesse, 1998.* (Pocket junior ; 364. C'est ça la vie !)
ISBN 2-266-07785-6. *35 F / 5,34 €*

09727 **PRÉVERT J.** A perte de vie. *Gallimard-Jeunesse, 2000.* (Pièces et sketches; 1)(Folio junior ; 1043. Théâtre c3)
ISBN 2-07-054136-3. *30 F / 4,57 €*

09728 **PRÉVERT J.** Le beau langage. *Gallimard-Jeunesse, 2000.* (Pièces et sketches; 2)(Folio junior ; 1044. Théâtre c3)
ISBN 2-07-054137-1. *30 F / 4,57 €*

09729 **N** **PRÉVERT J.** Le bel enfant. *Gallimard-Jeunesse, 2000.* (Folio junior ; 1100. Théâtre ; 5 c3)
ISBN 2-07-054409-5. *30 F / 4,57 €*

09730 **PRÉVERT J.** Etranges étrangers. *Gallimard-Jeunesse, 2000.* (Folio junior ; 1058. En poésie ; 15 c3)
ISBN 2-07-054192-4. *20 F / 3,05 €*

09731 **PRÉVERT J.** Lettres des îles Baladar. *Gallimard-Jeunesse, 1999.* (Folio cadet ; 371 c5)
ISBN 2-07-052298-9. *36 F / 5,49 €*

09732 **PRÉVERT J., HENRIQUEZ E.** Contes pour enfants pas sages. Réimpr. *Gallimard-Jeunesse, 1990.* (Folio cadet ; 181 c7)
ISBN 2-07-051788-8. *44 F / 6,71 €*

09733 **PRÉVERT J., HENRIQUEZ E.** Le Dromadaire mécontent. *Gallimard-Jeunesse, 1992.* (Folio benjamin ; 244 c4)
ISBN 2-07-056827-X. *30 F / 4,57 €*

09734 **PRINCE A.** Voler n'est pas jouer. *Pocket Jeunesse, 1998.* (Pocket junior ; 384. C'est ça la vie ! c5)
ISBN 2-266-07885-2. *35 F / 5,34 €*

09735 **Le prince à l'étoile d'or.** *Bayard, 1999.* (Les aventuriers de l'histoire ; 803. Marcantour c1)
ISBN 2-227-74602-5. *29 F / 4,42 €*

09736 **La princesse captive.** *Bayard, 2000.* (Les aventuriers de l'histoire ; 807. Marcantour c1)
ISBN 2-227-74606-8. *29 F / 4,42 €*

09737 **PROCHAZKOVA I.** 2 x 9 = hamster. Nouv. éd. *Pocket Jeunesse, 1999.* (Kid pocket ; 361 c02)
ISBN 2-266-10062-9. *23 F / 3,51 €*

09738 **N** **PROF LU** Et hop ! hip-hop !. *Syros, 2000.* (Souris noire ; 51 c1)
ISBN 2-84146-887-9. *32 F / 4,88 €*

09739 **PROKOFIEV S. S.** Pierre et le loup. Réimpr. *Gallimard-Jeunesse, 1999.* (Folio benjamin ; 68 c4)
ISBN 2-07-050637-1. *32,50 F / 4,95 €*

09740 **PROU S.** Caroline et les grandes personnes. *Pocket Jeunesse, 1995.* (Kid pocket ; 131 c4)
ISBN 2-266-06646-3. *30 F / 4,57 €*

09741 **PRYOR A.** Petit-Bleu et les toutous cracra. Nouv.éd. *Pocket Jeunesse, 1999.* (Kid pocket ; 61)
ISBN 2-266-08832-7. *23 F / 3,51 €*

09742 **PUCHALIK S., FERRIER A.** Nycouet adopté par les ogres. *Gallimard-Jeunesse, 1998.* (Folio benjamin ; 354. Panique c3)
ISBN 2-07-051856-6. *30 F / 4,57 €*

09743 **PULLMAN P.** J'étais un rat !. *Gallimard-Jeunesse, 1999.* (Folio junior ; 975 c3)
ISBN 2-07-052701-8. *30 F / 4,57 €*

09744 **PULLMAN P.** La magie de Lila. *Gallimard-Jeunesse, 1999.* (Folio cadet ; 385 c6)
ISBN 2-07-052623-2. *41 F / 6,25 €*

09745 **PULLMAN P.** La mécanique du diable. *Flammarion-Père Castor, 2000.* (Castor-Poche ; 741. Senior c1)
ISBN 2-08-164586-6. *19,50 F / 2,97 €*

09746 **PULLMAN P.** Les royaumes du Nord. *Gallimard-Jeunesse, 2000.* (A la croisée des mondes; 1)(Folio junior ; 1051 c7)
ISBN 2-07-054188-6. *44 F / 6,71 €*

09747 **PULLMAN P.** La tour des anges. *Gallimard-Jeunesse, 2000.* (A la croisée des mondes; 2)(Folio junior ; 1052 c7)
ISBN 2-07-054189-4. *40 F / 6,10 €*

09748 **PULLMAN P., AGGS P.** L'abominable comte Karlstein et le pacte du diable. *Gallimard-Jeunesse, 2000.* (Folio cadet ; 399 c3)
ISBN 2-07-054014-6. *30 F / 4,57 €*

09749 **N** **PULLMAN P., MOSTYN D.** Jack le vengeur. *Gallimard-Jeunesse, 2000.* (Folio cadet ; 403 c6)
ISBN 2-07-054076-6. *30 F / 4,57 €*

09750 **PUYRAVAUD F.** Un pirate dans la maison. *Hachette-Jeunesse, 1997.* (Le livre de poche jeunesse ; 606. Cadet c5)
ISBN 2-01-321497-9. *26,50 F / 4,04 €*

09751 **PYNE N.** Cours du soir. *J'ai lu, 1999.* (Terror Academy; 4)(Peur bleue cF)
ISBN 2-290-05290-6. *26 F / 3,96 €*

09752 **PYNE N.** Court-jus. *J'ai lu, 1998.* (Terror Academy; 1)(Peur bleue c2)
ISBN 2-290-05030-X. *22 F / 3,35 €*

09753 **PYNE N.** Fou à lier. *J'ai lu, 2000.* (Terror Academy; 6)(Peur bleue cF)
ISBN 2-290-30012-8. *26 F / 3,96 €*

09754 **PYNE N.** Panique au collège. *J'ai lu, 1999.* (Peur bleue)
ISBN 2-290-05363-5. *26 F / 3,96 €*

09755 **PYNE N.** Sous le choc. *J'ai lu, 1999.* (Terror Academy; 2)(Peur bleue c2)
ISBN 2-290-05083-0. *22 F / 3,35 €*

09756 **QUADRUPPANI S.** Tonton tué. *Syros, 1998.* (Souris noire ; 20)
ISBN 2-84146-457-1. *32 F / 4,88 €*

09757 **N** **Les quatre fils Aimon.** *Flammarion-Père Castor, 2000.* (Castor-Poche ; 769. Contes et récits)
ISBN 2-08-164338-3. *39 F / 5,95 €*

09758 **QUENEAU R.** En passant. *Gallimard-Jeunesse, 2000.* (Folio junior ; 1045. Théâtre c2)
ISBN 2-07-054134-7. *28 F / 4,27 €*

09759 **N** **QUENEAU R.** Raymond Queneau, un poète. Nouv. éd. *Gallimard-Jeunesse, 2001.* (Folio junior ; 1131. En poésie c5)
ISBN 2-07-054630-6. *32,50 F / 4,95 €*

09760 **QUENEAU R.** Zazie dans le métro. *Gallimard-Jeunesse, 1999.* (Folio junior ; 1000 c6)
ISBN 2-07-052813-8. *41 F / 6,25 €*

09761 **QUESEMAND A.** Métro fantôme. *Magnard, 1997.* (Les fantastiques c1)
ISBN 2-210-97749-5. *43 F / 6,56 €*

09762 **QUIN-HARKIN J.** Un coeur de glace. *Mango-Jeunesse, 1999.* (Mango poche ; 209. Coups de coeur c1)
ISBN 2-7404-0932-X. *30 F / 4,57 €*

09763 **N** **QUIN-HARKIN J.** Un été orageux. *Bayard Jeunesse, 2000.* (Passion de lire ; 326. Coeur grenadine c1)
ISBN 2-7470-0223-3. *29 F / 4,42 €*

09764 **N** **QUIN-HARQUIN J.** Destination Sydney. Nouv. éd. *Bayard Jeunesse, 2001.* (Passion de lire ; 306. Coeur grenadine c1)
ISBN 2-7470-0180-6. *29 F / 4,42 €*

09765 **QUIN-HARQUIN J.** La fille sur le plongeoir. *Bayard, 1997.* (Passion de lire ; 304. Coeur grenadine)
ISBN 2-227-72997-X. *29 F / 4,42 €*

09766 **QUIN-HARQUIN J.** Un garçon dans le désert. *Bayard, 1997.* (Passion de lire ; 303. Coeur grenadine)
ISBN 2-227-72982-1. *28,50 F / 4,34 €*

09767 **QUIN-HARQUIN J.** Mon double et moi. *Bayard, 1997.* (Passion de lire ; 301. Coeur grenadine)
ISBN 2-227-72979-1. *28,50 F / 4,34 €*

09768 **QUINE C.** Alice à la réserve des oiseaux. Nouv. présentation. *Hachette-Jeunesse, 2000.* (Bibliothèque verte ; 475)
ISBN 2-01-200370-2. *25 F / 3,81 €*

09769 **QUINE C.** Alice à Venise. *Hachette-Jeunesse, 1998.* (Bibliothèque verte ; 446 c9)
ISBN 2-01-209860-6. *29 F / 4,42 €*

09770 **N** **QUINE C.** Alice au Canada. Nouv. présentation. *Hachette-Jeunesse, 2000.* (Bibliothèque verte ; 469 c3)
ISBN 2-01-200356-7. *25 F / 3,81 €*

09771 **QUINE C.** Alice au canyon des brumes. *Hachette-Jeunesse, 1995.* (Bibliothèque verte ; 485 c5)
ISBN 2-01-209325-6. *26,50 F / 4,04 €*

09772 **QUINE C.** Alice au concours hippique. *Hachette-Jeunesse, 1999.* (Bibliothèque verte ; 500)
ISBN 2-01-200076-2. *29 F / 4,42 €*

09773 **QUINE C.** Alice au manoir hanté. *Hachette-Jeunesse, 1996.* (Bibliothèque verte ; 492 c9)
ISBN 2-01-209479-1. *29 F / 4,42 €*

09774 **QUINE C.** Alice au ranch. Nouv. présentation. *Hachette-Jeunesse, 2000.* (Bibliothèque verte ; 462)
ISBN 2-01-200359-1. *25 F / 3,81 €*

09775 **N** **QUINE C.** Alice chez le grand couturier. *Hachette-Jeunesse, 2001.* (Bibliothèque verte ; 461 c8)
ISBN 2-01-200374-5. *28 F / 4,27 €*

09776 **QUINE C.** Alice chez les Incas. Nouv. présentation. *Hachette-Jeunesse, 2000.* (Bibliothèque verte ; 463)
ISBN 2-01-200357-5. *25 F / 3,81 €*

09777 **QUINE C.** Alice chez les stars. *Hachette-Jeunesse, 1993.* (Bibliothèque verte ; 478 c5)
ISBN 2-01-020825-0. *26,50 F / 4,04 €*

09778 **QUINE C.** Alice écuyère. *Hachette-Jeunesse, 1990.* (Bibliothèque verte ; 474 c9)
ISBN 2-01-016551-9. *29 F / 4,42 €*

09779 **QUINE C.** Alice en Arizona. *Hachette-Jeunesse, 1996.* (Bibliothèque verte ; 491 c5)
ISBN 2-01-209465-1. *26,50 F / 4,04 €*

09780 **QUINE C.** Alice en Ecosse. *Hachette-Jeunesse, 1990.* (Bibliothèque verte ; 464 c7)
ISBN 2-01-020079-9. *26,50 F / 4,04 €*

09781 **QUINE C.** Alice et l'ancre brisée. Nouv. présentation. *Hachette-Jeunesse, 2000.* (Bibliothèque verte ; 441)
ISBN 2-01-200365-6. *25 F / 3,81 €*

09782 **QUINE C.** Alice et l'architecte diabolique. *Hachette-Jeunesse, 1994.* (Bibliothèque verte ; 483 c8)
ISBN 2-01-021365-3. *26,50 F / 4,04 €*

09783 **N** **QUINE C.** Alice et l'architecte diabolique. Nouv. présentation. *Hachette-Jeunesse, 2000.* (Bibliothèque verte ; 483 c3)
ISBN 2-01-200377-X. *25 F / 3,81 €*

09784 **N** **QUINE C.** Alice et l'esprit frappeur. *Hachette-Jeunesse, 2001.* (Bibliothèque verte ; 473 c3)
ISBN 2-01-200375-3. *28 F / 4,27 €*

09785 **N** **QUINE C.** Alice et l'oeil électronique. Nouv. présentation. *Hachette-Jeunesse, 2000.* (Bibliothèque verte ; 451 c3)
ISBN 2-01-200363-X. *25 F / 3,81 €*

09786 **N** **QUINE C.** Alice et la bague du gourou. *Hachette-Jeunesse, 2000.* (Bibliothèque verte ; 443 c3)
ISBN 2-01-200369-9. *25 F / 3,81 €*

09787 **QUINE C.** Alice et la dame du lac. *Hachette-Jeunesse, 1993.* (Bibliothèque verte ; 465 c9)
ISBN 2-01-021098-0. *29 F / 4,42 €*

09788 **N** **QUINE C.** Alice et la dame du lac. *Hachette-Jeunesse, 2000.* (Bibliothèque verte ; 465 c3)
ISBN 2-01-200609-4. *25 F / 3,81 €*

09789 **N** **QUINE C.** Alice et la diligence. Nouv. présentation. *Hachette-Jeunesse, 2000.* (Bibliothèque verte ; 471 c3)
ISBN 2-01-200367-2. *25 F / 3,81 €*

09790 **QUINE C.** Alice et la fusée spatiale. *Hachette-Jeunesse, 1999.* (Bibliothèque verte ; 499 c9)
ISBN 2-01-200037-1. *29 F / 4,42 €*

09791 **QUINE C.** Alice et la gazelle verte. *Hachette-Jeunesse, 1998.* (Bibliothèque verte ; 496 c5)
ISBN 2-01-209784-7. *26,50 F / 4,04 €*

09792 **QUINE C.** Alice et la malle mystérieuse. Nouv. présentation. *Hachette-Jeunesse, 2000.* (Bibliothèque verte ; 486)
ISBN 2-01-200355-9. *25 F / 3,81 €*

09793 **QUINE C.** Alice et la mémoire perdue. *Hachette-Jeunesse, 1993.* (Bibliothèque verte ; 479 c8)
ISBN 2-01-020828-5. *26,50 F / 4,04 €*

09794 **QUINE C.** Alice et la pantoufle d'hermine. *Hachette-Jeunesse, 1997.* (Bibliothèque verte ; 448 c9)
ISBN 2-01-209478-3. *29 F / 4,42 €*

09795 **QUINE C.** Alice et la poupée indienne. *Hachette-Jeunesse, 1998.* (Bibliothèque verte ; 453 c5)
ISBN 2-01-016862-3. *26,50 F / 4,04 €*

09796 **QUINE C.** Alice et la rivière souterraine. Nouv. présentation. *Hachette-Jeunesse, 2000.* (Bibliothèque verte ; 460)
ISBN 2-01-200360-5. *25 F / 3,81 €*

09797 **QUINE C.** Alice et la statue qui parle. *Hachette-Jeunesse, 1993.* (Bibliothèque verte ; 467 c8)
ISBN 2-01-020335-6. *29 F / 4,42 €*

09798 **QUINE C.** Alice et la tannière des ours. *Hachette-Jeunesse, 1997.* (Bibliothèque verte ; 493 c5)
ISBN 2-01-209621-2. *26,50 F / 4,04 €*

09799 **QUINE C.** Alice et le carnet vert. *Hachette-Jeunesse, 1998.* (Bibliothèque verte ; 449 c9)
ISBN 2-01-209861-4. *29 F / 4,42 €*

09800 **QUINE C.** Alice et le cheval volé. Nouv. présentation. *Hachette-Jeunesse, 2000.* (Bibliothèque verte ; 476)
ISBN 2-01-200372-9. *25 F / 3,81 €*

09801 **QUINE C.** Alice et le diadème. Nouv. présentation. *Hachette-Jeunesse, 2000.* (Bibliothèque verte ; 472)
ISBN 2-01-200361-3. *25 F / 3,81 €*

09802 **QUINE C.** Alice et le fantôme de la crique. *Hachette-Jeunesse, 1996.* (Bibliothèque verte ; 482 c9)
ISBN 2-01-209717-0. *29 F / 4,42 €*

09803 **QUINE C.** Alice et le mauvais présage. *Hachette-Jeunesse, 1990.* (Bibliothèque verte ; 442 c8)
ISBN 2-01-016854-2. *26,50 F / 4,04 €*

09804 **QUINE C.** Alice et le mystère du lac Tahoé. *Hachette-Jeunesse, 1997.* (Bibliothèque verte ; 495 c5)
ISBN 2-01-209633-6. *26,50 F / 4,04 €*

09805 **QUINE C.** Alice et le robot. Réimpr. *Hachette-Jeunesse, 1998.* (Bibliothèque verte ; 456 c9)
ISBN 2-01-209965-3. *29 F / 4,42 €*

09806 **QUINE C.** Alice et le secret de la vieille dentelle. *Hachette-Jeunesse, 1998.* (Bibliothèque verte ; 445 c5)
ISBN 2-01-209414-7. *26,50 F / 4,04 €*

09807 **QUINE C.** Alice et le tigre de jade. *Hachette-Jeunesse, 1997.* (Bibliothèque verte ; 488 c9)
ISBN 2-01-209375-2. *29 F / 4,42 €*

09808 **QUINE C.** Alice et le valet de pique. *Hachette-Jeunesse, 1994.* (Bibliothèque verte ; 481 c8)
ISBN 2-01-021360-2. *26,50 F / 4,04 €*

09809 **N** **QUINE C.** Alice et le violon tzigane. Nouv. présentation. *Hachette-Jeunesse, 2000.* (Bibliothèque verte ; 468 c3)
ISBN 2-01-200364-8. *25 F / 3,81 €*

09810 **QUINE C.** Alice et les bébés pumas. *Hachette-Jeunesse, 1998.* (Bibliothèque verte ; 498 c9)
ISBN 2-01-209942-4. *29 F / 4,42 €*

09811 **QUINE C.** Alice et les cerveaux en péril. Nouv. présentation. *Hachette-Jeunesse, 2000.* (Bibliothèque verte ; 480)
ISBN 2-01-200354-0. *25 F / 3,81 €*

09812 **N** **QUINE C.** Alice et les chats persans. Nouv. présentation. *Hachette-Jeunesse, 2000.* (Bibliothèque verte ; 450 c3)
ISBN 2-01-200366-4. *25 F / 3,81 €*

09813 **QUINE C.** Alice et les collectionneurs. *Hachette-Jeunesse, 1997.* (Bibliothèque verte ; 493 c9)
ISBN 2-01-209622-0. *29 F / 4,42 €*

09814 **N** **QUINE C.** Alice et les diamants. Nouv. présentation. *Hachette-Jeunesse, 2000.* (Bibliothèque verte ; 459 c3)
ISBN 2-01-200368-0. *25 F / 3,81 €*

09815 **QUINE C.** Alice et les félins. *Hachette-Jeunesse, 1996.* (Bibliothèque verte ; 490 c9)
ISBN 2-01-200008-8. *29 F / 4,42 €*

09816 **QUINE C.** Alice et les Hardy Boys super détectives. Nouv. présentation. *Hachette-Jeunesse, 2000.* (Bibliothèque verte ; 455)
ISBN 2-01-200362-1. *25 F / 3,81 €*

09817 **N** **QUINE C.** Alice et les magiciens. Nouv. présentation. *Hachette-Jeunesse, 2000.* (Bibliothèque verte ; 458 c3)
ISBN 2-01-200373-7. *25 F / 3,81 €*

09818 **N** **QUINE C.** Alice et les marionnettes. Nouv. présentation. *Hachette-Jeunesse, 2000.* (Bibliothèque verte ; 454 c3)
ISBN 2-01-200358-3. *25 F / 3,81 €*

09819 **QUINE C.** Alice et les plumes de paon. *Hachette-Jeunesse, 1990.* (Bibliothèque verte ; 470 c8)
ISBN 2-01-016868-2. *26,50 F / 4,04 €*

09820 **QUINE C.** Alice et les quatre mariages. *Hachette-Jeunesse, 1998.* (Bibliothèque verte ; 497 c9)
ISBN 2-01-209817-7. *29 F / 4,42 €*

09821 **QUINE C.** Alice et les quatre tableaux. *Hachette-Jeunesse, 1998.* (Bibliothèque verte ; 489 c9)
ISBN 2-01-209467-8. *29 F / 4,42 €*

09822 **QUINE C.** Alice et les trois clefs. *Hachette-Jeunesse, 1989.* (Bibliothèque verte ; 452 c7)
ISBN 2-01-014326-4. *26,50 F / 4,04 €*

09823 **QUINE C.** Alice millionnaire. *Hachette-Jeunesse, 1995.* (Bibliothèque verte ; 487 c9)
ISBN 2-01-209376-0. *29 F / 4,42 €*

09824 **QUINE C.** Quand Alice rencontre Alice. *Hachette-Jeunesse, 1999.* (Bibliothèque verte ; 501 c9)
ISBN 2-01-200111-4. *29 F / 4,42 €*

09825 **QUINTANA A.** Le Roi des babouins. *Flammarion-Père Castor, 1986.* (Castor-Poche ; 140. Senior c6)
ISBN 2-08-161856-7. *39 F / 5,95 €*

09826 **RABISCH B.** Jonas 7, clone. *Hachette-Jeunesse, 1998.* (Vertige ; 1018. Science-fiction c9)
ISBN 2-01-209961-0. *29 F / 4,42 €*

09827 **N** **RACHMÜHL F.** Treize contes et récits d'Halloween. *Flammarion-Père Castor, 2000.* (Castor-Poche ; 774. Contes et récits)
ISBN 2-08-164789-3. *35,50 F / 5,41 €*

09828 **RAHIR R.** Fan Fan des grands bois. *Hemma, 2001.* (Mini-club ; 55)
ISBN 2-8006-1696-2. *21 F / 3,20 €*

09829 **RANDIER J., MAUREL G.** Les mutins de l'Atalante. *Gallimard-Jeunesse, 1997.* (Folio junior ; 3. Drôles d'aventures c3)
ISBN 2-07-050965-6. *30 F / 4,57 €*

09830 **RAUCH B., CLAVELOUX N.** Drôle de visite chez sorcière Crochu. *Bayard, 1998.* (Les belles histoires ; 102 c1)
ISBN 2-227-72825-6. *26,50 F / 4,04 €*

09831 **RAUPRICH N.** Graine de fantôme. *Pocket Jeunesse, 1995.* (Kid pocket ; 130 c4)
ISBN 2-266-08822-X. *30 F / 4,57 €*

09832 **RAUSIS P-E.** Les voies du Seigneur : l'art de trouver son chemin. *Joie de lire, 1995.* (Qui suis-je?)
ISBN 2-88258-055-X. *43 F / 6,56 €*

09833 **RAVENEAU A., FICHAUX C.** Les vaches. *Milan, 1998.* (Carnets de nature c1)
ISBN 2-84113-630-2. *34 F / 5,18 €*

09834 **RAVOUX A-F.** Sabotage à la télé. *Gallimard-Jeunesse, 1999.* (Folio junior ; 952. Drôles d'aventures ; 15 c3)
ISBN 2-07-050807-2. *30 F / 4,57 €*

09835 **RAWLINGS M. K.** Jody et le faon. *Gallimard-Jeunesse, 1994.* (Folio junior ; 732 c6)
ISBN 2-07-058495-X. *41 F / 6,25 €*

09836 **RAWLS W.** L'enfant qui chassait la nuit. *Hachette-Jeunesse, 1998.* (Le livre de poche jeunesse ; 451. Senior c12)
ISBN 2-01-321602-5. *35 F / 5,34 €*

09837 **RAY J.** Harry Dickson : le Sherlock Holmes américain. *Labor, 1996.* (Espace nord junior ; 5)
ISBN 2-8040-1159-3. *42 F / 6,40 €*

09838 **RAY S.** Fatik et le jongleur de Calcutta. *Pocket Jeunesse, 1999.* (Pocket junior ; 132 c4)
ISBN 2-266-08626-X. *30 F / 4,57 €*

09839 **RAYMOND P.** Daniel et Esther. *Hachette-Jeunesse, 1991.* (Mon bel oranger c10)
ISBN 2-01-016523-3. *31 F / 4,73 €*

09840 **Les Razmoket.** *Pocket Jeunesse, 1999.* (Pocket junior ; 477. Cinéma c3)
ISBN 2-266-09300-2. *26 F / 3,96 €*

09841 **RAZZI J.** Sherlock Heml'Os mène l'enquête. *Hachette-Jeunesse, 1998.* (Le livre de poche jeunesse ; 631. Cadet c5)
ISBN 2-01-321571-1. *26,50 F / 4,04 €*

09842 **N** **REBERG E.** L'hôtel du diable. *Magnard, 2001.* (Les p'tits fantastiques)
ISBN 2-210-98045-3. *40 F / 6,10 €*

09843 **REBERG E.** Juju pirate. Nouv. éd. *Flammarion-Père Castor, 1998.* (Castor-Poche ; 567. Junior cA)
ISBN 2-08-164433-9. *19,50 F / 2,97 €*

09844 **REBERG E.** Même pas peur. *Magnard, 1999.* (Les p'tits fantastiques)
ISBN 2-210-98015-1. *40 F / 6,10 €*

09845 **A** **REBERG E.** Mon copain vampire. *Bayard Jeunesse, 2001.* (J'aime lire c1)
ISBN 2-7470-0074-5. *27 F / 4,12 €*

09846 **REBERG E., BESSON J-L.** Crapotin. *Bayard, 1997.* (J'aime lire ; 112 c1)
ISBN 2-227-72727-6. *27 F / 4,12 €*

09847 **REBERG E., BLOCH S.** Les crétins punis. *Bayard Jeunesse, 1999.* (Mes premiers J'aime lire ; 1 c1)
ISBN 2-227-72756-X. *27 F / 4,12 €*

09848 **REBERG E., BOIRY V.** C'est la vie Julie. *Bayard : Bayard, 1990.* (J'aime lire ; 1 c1)
ISBN 2-227-72200-2. *27 F / 4,12 €*

09849 **REBERG E., CACHIN C.** Les cinq fantômes. *Bayard, 1996.* (J'aime lire ; 108 c1)
ISBN 2-227-72718-7. *27 F / 4,12 €*

09850 **REBERG E., GUIRÉ-VAKA M.** Un diable au garage Grog. *Bayard, 1997.* (J'aime lire ; 21 c1)
ISBN 2-227-72202-9. *27 F / 4,12 €*

09851 **REBERG E., JIMENES G.** Chlaganoir. *Pocket Jeunesse, 1999.* (Pocket junior ; 493. Frissons c3)
ISBN 2-266-09436-X. *26 F / 3,96 €*

09852 **REBERG E., MÉREL** Ma mémé sorcière. *Bayard Jeunesse, 2000.* (J'aime lire ; 134 c1)
ISBN 2-227-72766-7. *27 F / 4,12 €*

09853 **REBERG E., MÉREL** P'tit Jean et la sorcière. *Bayard, 1994.* (J'aime lire ; 72 c1)
ISBN 2-227-72292-4. *27 F / 4,12 €*

09854 **REBERG E., MÉREL** Le sifflet du diable. *Bayard Jeunesse, 1999.* (J'aime lire ; 124 c1)
ISBN 2-227-72751-9. *27 F / 4,12 €*

09855 **REBERG E., ROEDERER C.** L'arbre aux secrets. *Bayard, 1998.* (J'aime lire ; 116 c1)
ISBN 2-227-72744-6. *27 F / 4,12 €*

09856 **REBERG E., ROSY M.** L'auto fantôme. *Bayard, 1995.* (J'aime lire ; 92 c1)
ISBN 2-227-72710-1. *27 F / 4,12 €*

09857 **REBERG E., ROSY M.** La Bibliothèque ensorcelée. *Bayard, 1992.* (J'aime lire ; 35 c1)
ISBN 2-227-72242-8. *27 F / 4,12 €*

09858 **REBERG E., ROSY M.** Hurlenfer. *Bayard, 1996.* (J'aime lire ; 103 c1)
ISBN 2-227-72702-0. *27 F / 4,12 €*

09859 **REBERG E., ROSY M.** La Vieille dame et le fantôme. *Bayard, 1990.* (J'aime lire ; 18 c1)
ISBN 2-227-72227-4. *27 F / 4,12 €*

09860 **REBERG E., THEINHARDT V.** Le Dragon chanteur. *Bayard, 1990.* (Les belles histoires ; 4 c1)
ISBN 2-227-72102-2. *27 F / 4,12 €*

09861 **N** **REBILLARD M., PILLOT F.** La récré de la sorcière. Réimpr. *Milan, 2000.* (Milan poche cadet ; 6 c1)
ISBN 2-84113-852-6. *28 F / 4,27 €*

09862 **A** **REISFELD R.** Un amour de sorcière. *Pocket Jeunesse, 2001.* (Sabrina, l'apprentie sorcière; 5)(Pocket séries ; 668)
ISBN 2-266-10989-8. *28 F / 4,27 €*

09863 **N** **RENARD J.** Le chien, la vache et autres histoires naturelles. *Hachette-Jeunesse, 2000.* (Côté court ; 14)
ISBN 2-01-200570-5. *10 F / 1,52 €*

09864 **RENARD J.** Histoires naturelles. *Gallimard-Jeunesse, 1994.* (Folio junior ; 743. Edition spéciale)
ISBN 2-07-058578-6. *30 F / 4,57 €*

09865 **RENARD J.** Poil de carotte. *Flammarion-Père Castor, 1993.* (Castor-Poche ; 394. Senior c4)
ISBN 2-08-162249-1. *32,50 F / 4,95 €*

09866 **N** **RENARD J.** Poil de carotte. *Hemma, 2000.* (Livre club jeunesse ; 70)
ISBN 2-8006-7345-1. *26 F / 3,96 €*

09867 **RENARD J.** Poil de Carotte. *Hachette-Jeunesse, 1997.* (Le livre de poche jeunesse ; 1122. Gai savoir c11)
ISBN 2-01-321520-7. *33 F / 5,03 €*

09868 **RENARD J.** Poil de carotte. Réimpr. *Gallimard-Jeunesse, 1998.* (Folio junior ; 466. Edition spéciale c4)
ISBN 2-07-051421-8. *32,50 F / 4,95 €*

09869 **RENARD J.** Ragotte. *Hachette-Jeunesse, 1998.* (Le livre de poche jeunesse ; 625. Junior)
ISBN 2-01-321578-9. *27,50 F / 4,19 €*

09870 **RENER R., DUHÊME J.** Une toute petite petite fille. *Gallimard-Jeunesse, 1996.* (Folio benjamin ; 291 c2)
ISBN 2-07-059375-4. *28 F / 4,27 €*

09871 **RENNERT V., BALLOUHEY P.** Les noeuds. *Milan, 1998.* (Carnets de nature c1)
ISBN 2-84113-634-5. *34 F / 5,18 €*

09872 **RENNERT V., LOCOSTE N.** Fleurs des bois. *Milan, 1997.* (Carnets de nature ; 36 c1)
ISBN 2-84113-401-6. *34 F / 5,18 €*

09873 **RENNERT V., LORAIN C.** Reptiles d'Europe. *Milan, 1996.* (Carnets de nature ; 18 c1)
ISBN 2-84113-246-3. *34 F / 5,18 €*

09874 **A** **REUTER B.** Le fakir de Bilbao. *Hachette-Jeunesse, 2001.* (Le livre de poche jeunesse. Senior)
ISBN 2-01-321821-4. *28 F / 4,27 €*

09875 **N** **REUTER B.** Oscar, à la vie, à la mort. *Hachette-Jeunesse, 2000.* (Le livre de poche jeunesse ; 737. Cadet c7)
ISBN 2-01-321791-9. *27,50 F / 4,19 €*

09876 **La révolte des faucheurs.** *Bayard, 1999.* (Les aventuriers de l'histoire ; 806. Marcantour c1)
ISBN 2-227-74605-X. *29 F / 4,42 €*

09877 **La révolte des poètes.** *Hachette-Jeunesse, 1998.* (Fleurs d'encre)
ISBN 2-01-321644-0. *31 F / 4,73 €*

09878 **N** **La Révolution et l'Empire.** *Publications de l'Ecole moderne française, 2000.* (Bonjour l'histoire)
ISBN 2-84526-046-6. *54 F / 8,23 €*

09879 **N** **REY J-C.** Le conteur et la colombe. *Autres temps, 2000.* (Temps jeunesse)
ISBN 2-84521-060-4. *49 F / 7,47 €*

09880 **REYNAUD F.** La Demoiselle des loups. *Hachette-Jeunesse, 1993.* (Le livre de poche jeunesse ; 458 c8)
ISBN 2-01-019688-0. *26,50 F / 4,04 €*

09881 **N** **REYNAUD F.** Le premier dessin du monde. *Hachette-Jeunesse, 2000.* (Le livre de poche jeunesse ; 738. Junior c8)
ISBN 2-01-321777-3. *28 F / 4,27 €*

09882 **REYNAUD F.** Taïga. *Bayard Jeunesse, 1999.* (Envol ; 517 c1)
ISBN 2-227-72377-7. *29 F / 4,42 €*

09883 **N** **RHODES A. A.** Dans les forêts de la nuit. *Hachette-Jeunesse, 2000.* (Vertige. Fantastique c7)
ISBN 2-01-200536-5. *27,50 F / 4,19 €*

09884 **N** **RHODES A. A.** Halloween sur l'île des pendus. *Hachette-Jeunesse, 2000.* (Vertige ; 1327. Cauchemar c8)
ISBN 2-01-200004-5. *28 F / 4,27 €*

09885 **RICE B. F.** L'appel des loups. Nouv. présentation. *Pocket Jeunesse, 1998.* (Pocket junior. Frissons ; 260 c4)
ISBN 2-266-08546-8. *30 F / 4,57 €*

09886 **RICE B. F.** Le sacrifice de Beltane. *Hachette-Jeunesse, 1998.* (Vertige ; 1310. Cauchemar c9)
ISBN 2-01-209810-X. *29 F / 4,42 €*

09887 **A** **RICHARD O.** La presse. *Hachette-Jeunesse, 2099.* (Le livre de poche jeunesse. Junior c15)
ISBN 2-01-321726-9. *39 F / 5,95 €*

09888 **RICHER L., CALARNOU Y.** La forêt maudite. *Bayard, 1995.* (Les belles histoires ; 73 c1)
ISBN 2-227-72194-4. *27 F / 4,12 €*

09889 **N** **RICHTER B.** Enfer et couches-culottes. *Milan, 2000.* (Milan poche junior ; 36)
ISBN 2-7459-0112-5. *24 F / 3,66 €*

09890 **RICHTER H. P.** J'avais deux camarades. *Hachette-Jeunesse, 1984.* (Le livre de poche jeunesse ; 171 c10)
ISBN 2-01-016689-2. *31 F / 4,73 €*

09891 **RICHTER H. P.** Mon ami Frédéric. *Hachette-Jeunesse, 1979.* (Le livre de poche jeunesse ; 8 c9)
ISBN 2-01-020145-0. *29 F / 4,42 €*

09892 **N** **RICHTER J.** Le chien au coeur jaune. *Joie de lire, 2000.* (Récits)
ISBN 2-88258-183-1. *65 F / 9,91 €*

09893 **N** **RIDLEY P.** Du rififi chez les Ronchon. Nouv. éd. *Bayard Jeunesse, 2001.* (Passion de lire ; 209. Délires c1)
ISBN 2-7470-0174-1. *29 F / 4,42 €*

09894 **N** **RIGAL S.** Mon père est un gangster. *Flammarion-Père Castor, 2000.* (Castor-Poche ; 791)
ISBN 2-08-164819-9. *19,50 F / 2,97 €*

09895 **RIGUELLE B.** Le dernier des Mohicans. *Hemma, 1992.* (Livre club jeunesse ; 6)
ISBN 2-8006-2150-8. *26 F / 3,96 €*

09896 **RIGUELLE B.** L'île au trésor. *Hemma, 1992.* (Livre club jeunesse ; 7)
ISBN 2-8006-2151-6. *26 F / 3,96 €*

09897 **RIGUELLE B.** Moby Dick. *Hemma, 1992.* (Livre club jeunesse ; 14)
ISBN 2-8006-3108-2. *26 F / 3,96 €*

09898 **RIGUELLE B.** Robin de Bois. *Hemma, 1992.* (Livre club jeunesse ; 13)
ISBN 2-8006-2758-1. *26 F / 3,96 €*

09899 **RIGUELLE B.** 20.000 lieues sous les mers. *Hemma, 1992.* (Livre club jeunesse ; 15)
ISBN 2-8006-3109-0. *26 F / 3,96 €*

09900 **RIGUELLE B.** David Copperfield. *Hemma, 1994.* (Livre club jeunesse ; 38)
ISBN 2-8006-4155-X. *26 F / 3,96 €*

09901 **RIGUELLE B.** Kazan. *Hemma, 1994.* (Livre club jeunesse ; 37)
ISBN 2-8006-4154-1. *26 F / 3,96 €*

09902 **RIGUELLE B.** Les patins d'argent. *Hemma, 1994.* (Livre club jeunesse ; 36)
ISBN 2-8006-3978-4. *26 F / 3,96 €*

09903 **RIGUELLE B.** La petite Dorrit. *Hemma, 1994.* (Livre club jeunesse ; 42)
ISBN 2-8006-4159-2. *26 F / 3,96 €*

09904 **N** **RIMBAUD A.** Ma bohème : et autres poèmes. *Hachette-Jeunesse, 2000.* (Côté court ; 20)
ISBN 2-01-200576-4. *10 F / 1,52 €*

09905 **A** **RIPPERT M.** La minute qui n'existe pas. *Magnard, 2001.* (Les fantastiques)
ISBN 2-210-98413-0. *43 F / 6,56 €*

09906 **Le rire des poètes :** 160 poèmes inédits. *Hachette-Jeunesse, 1998.* (Fleurs d'encre c10)
ISBN 2-01-321668-8. *31 F / 4,73 €*

09907 **A** **RIVIERE F.** La famille Grand-Guignol. *Hachette-Jeunesse, 2099.* (Le livre de poche jeunesse ; 657. Junior c9)
ISBN 2-01-321618-1. *29 F / 4,42 €*

09908 **N** **ROBBERECHT T.** Corrida à Paris. *Hachette-Jeunesse, 2001.* (Le livre de poche jeunesse ; 753. Junior c6)
ISBN 2-01-321813-3. *27 F / 4,12 €*

09909 **ROBERTS B., CRÉVELIER S.** Manganinnie et l'enfant volé. Nouv. éd. *Flammarion-Père Castor, 1998.* (Castor-Poche ; 122 cE)
ISBN 2-08-164440-1. *32,50 F / 4,95 €*

09910 **ROBERTSON W.** Pour vénger mon copain. *Hachette-Jeunesse, 1989.* (Mon bel oranger c9)
ISBN 2-01-016337-0. *29 F / 4,42 €*

09911 **ROBILLARD C.** Les sept fins de Blanche-Neige. *le Verger, 1996.* (Contes à croquer)
ISBN 2-908367-61-0. *68 F / 10,37 €*

09912 **ROBILLARD J-M., ANGELI M.** Les chants du coquillage. Nouv. éd. *Flammarion-Père Castor, 1998.* (Castor-Poche ; 99 c2)
ISBN 2-08-164476-2. *25 F / 3,81 €*

09913 **N** **ROBILLARD J-M., LAPLANCHE S.** Saperlipopette et autres comptines. *Milan, 2000.* (Milan poche benjamin ; 13 c1)
ISBN 2-7459-0116-8. *24 F / 3,66 €*

09914 **ROBINSON B.** Les pires enfants de l'histoire du monde. Nouv. éd. *Flammarion-Père Castor, 1999.* (Castor-Poche ; 345. Junior cC)
ISBN 2-08-164565-3. *25 F / 3,81 €*

09915 **ROBINSON B.** Sauve qui peut, voilà les Herdman !. *Bayard, 1996.* (Passion de lire ; 201. Délires)
ISBN 2-227-72943-0. *29 F / 4,42 €*

09916 **ROBINSON V.** David l'étrange. Nouv. éd. *Flammarion-Père Castor, 1998.* (Castor-Poche ; 13 c4)
ISBN 2-08-164478-9. *32,50 F / 4,95 €*

09917 **ROBSHAW B.** Dur dur d'être un héros. *Bayard, 1998.* (Passion de lire ; 216. Délires c1)
ISBN 2-227-73802-2. *29 F / 4,42 €*

09918 **ROCARD A.** Le Celte au regard étrange. *Grasset, 1999.* (Lampe de poche ; 35. 11 ans et +)
ISBN 2-246-57851-5. *42 F / 6,40 €*

09919 **ROCARD A.** Mirabelle, la coccinelle. *Hemma, 2001.* (Mini-club ; 30)
ISBN 2-8006-1147-2. *21 F / 3,20 €*

09920 **ROCARD A.** La semaine folle de Carole Domissol. *Hemma, 1988.* (Mini-club ; 23)
ISBN 2-8006-1036-0. *21 F / 3,20 €*

09921 **ROCHE J., GROSSON J.** Oiseaux des rivières et des étangs. *Milan, 1996.* (Carnets de nature ; 28 c1)
ISBN 2-84113-395-8. *34 F / 5,18 €*

09922 **ROCHE J., GROSSON J.** Oiseaux du bord de mer. *Milan, 1996.* (Carnets de nature ; 22 c1)
ISBN 2-84113-244-7. *34 F / 5,18 €*

09923 **ROCHE T.** Garlone et les Snils. *Magnard, 1997.* (Les romans)
ISBN 2-210-97746-0. *32 F / 4,88 €*

09924 **ROCHE T.** Le naviluk. *Magnard, 1997.* (Les romans)
ISBN 2-210-97743-6. *32 F / 4,88 €*

09925 **ROCHE T., GAUTIER V.** Lily Moon et la lucarne. *Magnard, 1997.* (Les romans)
ISBN 2-210-97747-9. *32 F / 4,88 €*

09926 **ROCHE T., MASSACRY C.** Elodie de la Valodie. *Magnard, 1997.* (Les romans)
ISBN 2-210-97745-2. *32 F / 4,88 €*

09927 **ROCHE T., TALLON F.** Les extrachats. *Magnard, 1997.* (Les romans)
ISBN 2-210-97744-4. *32 F / 4,88 €*

09928 **ROCKWOOD J.** L'injure au soleil. Nouv. éd. *Flammarion-Père Castor, 1995.* (Castor-Poche ; 42. Senior c5)
ISBN 2-08-161746-3. *35,50 F / 5,41 €*

09929 **ROCKWOOD J.** Une jument extraordinaire. Nouv. éd. *Flammarion-Père Castor, 1998.* (Castor-Poche ; 6. Junior c3)
ISBN 2-08-164364-2. *29,50 F / 4,50 €*

09930 **N** **RODARI G.** Les affaires de monsieur le chat. *Joie de lire, 2000.* (Récits)
ISBN 2-88258-182-3. *48 F / 7,32 €*

09931 **RODARI G.** Histoires au téléphone. *Hachette-Jeunesse, 1996.* (Le livre de poche jeunesse ; 587. Cadet c8)
ISBN 2-01-321641-6. *28 F / 4,27 €*

09932 **RODARI G.** La Tarte volante. Réimpr. *Hachette-Jeunesse, 2000.* (Le livre de poche jeunesse ; 72 c5)
ISBN 2-01-015160-7. *26,50 F / 4,04 €*

09933 **RODDA E.** La montagne de glace. *Hachette-Jeunesse, 1997.* (Vertige ; 1116. Fantastique c8)
ISBN 2-01-209772-3. *28 F / 4,27 €*

09934 **RODDA E.** La vallée d'or. *Hachette-Jeunesse, 1998.* (Vertige ; 1125. Fantastique c8)
ISBN 2-01-209830-4. *28 F / 4,27 €*

09935 **RODGERS M., LAUER D.** Une télé pas possible. Rééd. *Flammarion-Père Castor, 1999.* (Castor-Poche ; 113 c7)
ISBN 2-08-164620-X. *45 F / 6,86 €*

09936 **RODOLPHE** La petite fille et la mort. *Magnard, 1998.* (Les p'tits fantastiques)
ISBN 2-210-97781-9. *40 F / 6,10 €*

09937 **N** **RODOLPHE** Seul au monde. *Magnard, 2000.* (Les p'tits fantastiques)
ISBN 2-210-98028-3. *40 F / 6,10 €*

09938 **N** **RODOWSKY C.** Je veux mon chien !. *Flammarion-Père Castor, 2001.* (Castor-Poche)
ISBN 2-08-164776-1. *25 F / 3,81 €*

09939 **N** **RODRIAN I., MARIENGOF A.** Les incroyables aventures du plus petit des pirates et de son plus grand ennemi, le gros capitaine. Nouv. éd. *Flammarion-Père Castor, 2000.* (Castor-Poche ; 88 cD)
ISBN 2-08-164722-2. *29,50 F / 4,50 €*

09940 **ROGER M-S.** Le mystère Esteban. *Hachette-Jeunesse, 1997.* (Le livre de poche jeunesse ; 612. Cadet c6)
ISBN 2-01-321534-7. *27 F / 4,12 €*

09941 **ROGER M-S.** Les sources du mal. *Hachette-Jeunesse, 1997.* (Vertige ; 1109. Fantastique c10)
ISBN 2-01-209776-6. *31 F / 4,73 €*

09942 **ROGER M-S.** Le vent de la colère. *Hachette-Jeunesse, 1996.* (Vertige ; 1101. Fantastique c10)
ISBN 2-01-209555-0. *31 F / 4,73 €*

09943 **N** **ROGER M-S., TOSSAN O.** Comment se débarrasser de ses voisins. *Milan, 2001.* (Milan poche cadet ; 44 c1)
ISBN 2-7459-0232-6. *28 F / 4,27 €*

09944 **ROGEZ L.** Petites bêtes des rivières et des étangs. *Milan, 1997.* (Carnets de nature c1)
ISBN 2-84113-567-5. *34 F / 5,18 €*

09945 **ROGEZ L., CHARLES B.** La ruche. *Milan, 2000.* (Carnets de nature c1)
ISBN 2-7459-0002-1. *34 F / 5,18 €*

09946 **ROGEZ L., EYDOUX A.** Papillons et chenilles. *Milan, 1999.* (Carnets de nature c1)
ISBN 2-84113-781-3. *34 F / 5,18 €*

09947 **ROGEZ L., EYDOUX A.** Petites bêtes de la campagne. *Milan, 1995.* (Carnets de nature ; 10 c1)
ISBN 2-84113-145-9. *34 F / 5,18 €*

09948 **N** **ROGEZ L., EYDOUX A.** Petites bêtes de la maison. *Milan, 2001.* (Carnets de nature ; 76 c1)
ISBN 2-7459-0237-7. *34 F / 5,18 €*

09949 **ROGEZ L., EYDOUX A.** Les petites bêtes des montagnes. *Milan, 1998.* (Carnets de nature c1)
ISBN 2-84113-628-0. *34 F / 5,18 €*

09950 **ROGEZ L., EYDOUX A.** Petites bêtes du bord de mer. *Milan, 1998.* (Carnets de nature c1)
ISBN 2-84113-601-9. *34 F / 5,18 €*

09951 **ROGEZ L., PILLOT F.** Elever des petites bêtes. *Milan, 1997.* (Carnets de nature ; 34 c1)
ISBN 2-84113-398-2. *34 F / 5,18 €*

09952 **ROJANY L.** Casper : d'après le scénario de Sherri Stoner et Deanna Oliver. Réimpr. *Pocket Jeunesse, 1995.* (Pocket junior ; 178. Cinéma c3)
ISBN 2-266-08812-2. *26 F / 3,96 €*

09953 **ROLAND C.** L'heure de la momie. *Milan, 1999.* (Milan poche junior ; 7)
ISBN 2-84113-915-8. *24 F / 3,66 €*

09954 **N** **Le roman de Renart.** *Hachette-Jeunesse, 2001.* (Le livre de poche jeunesse ; 751. Senior c10)
ISBN 2-01-321819-2. *31 F / 4,73 €*

09955 **Le Roman de Renart. 1. Réimpr.** *Gallimard-Jeunesse, 1998.* (Folio junior ; 461. Edition spéciale c4)
ISBN 2-07-051355-6. *32,50 F / 4,95 €*

09956 **Le Roman de Renart. 2. Réimpr.** *Gallimard-Jeunesse, 1999.* (Folio junior ; 629. Edition spéciale c4)
ISBN 2-07-051356-4. *32,50 F / 4,95 €*

09957 **ROMAT C., ROSS T.** La maman de Laurent Outang. *Bayard, 1998.* (Les belles histoires ; 104 c1)
ISBN 2-227-72832-9. *27 F / 4,12 €*

09958 **RONSSIN J-P., SABATIER C., SABATIER R.** La Vengeance du chat Mouzoul. *Gallimard-Jeunesse, 1993.* (Folio cadet ; 284)
ISBN 2-07-052308-X. *41 F / 6,25 €*

09959 **N** **ROOS S.** Les fantômes de la nuit de Noël. *Bayard Jeunesse, 2000.* (Passion de lire. Rue de la peur c1)
ISBN 2-227-75716-7. *29 F / 4,42 €*

09960 **ROOS S.** Qui dort dans ma tombe ?. *Bayard Jeunesse, 1999.* (Passion de lire ; 1002. Rue de la peur c1)
ISBN 2-227-72967-8. *29 F / 4,42 €*

09961 **ROSE C., TOUATI L-G.** La fièvre du mercredi. Nouv. éd. *Flammarion-Père Castor, 1999.* (Castor-Poche ; 300. Junior)
ISBN 2-08-164612-9. *25 F / 3,81 €*

09962 **ROSE M.** Un alibi en béton. *J'ai lu, 1998.* (Noir mystère c2)
ISBN 2-290-05031-8. *22 F / 3,35 €*

09963 **ROSE M.** Mélange explosif. *J'ai lu, 1999.* (Noir mystère)
ISBN 2-290-05047-4. *22 F / 3,35 €*

09964 **ROSE M.** Un parfait coupable. *J'ai lu, 1998.* (Noir mystère c2)
ISBN 2-290-04971-9. *22 F / 3,35 €*

09965 **ROSELL J. F.** Les aventures du cerf-volant. *Hachette-Jeunesse, 1998.* (Le livre de poche jeunesse ; 679. Cadet c5)
ISBN 2-01-321685-8. *26,50 F / 4,04 €*

09966 **N** **ROSELL J. F.** Cuba, destination trésor. *Hachette-Jeunesse, 2000.* (Le livre de poche jeunesse ; 722. Junior c9)
ISBN 2-01-321767-6. *29 F / 4,42 €*

09967 **A** **ROSELL J. F.** Malicia, sorcière diplômée, sortilèges en tous genres. *Hachette-Jeunesse, 2001.* (Le livre de poche jeunesse. Cadet)
ISBN 2-01-321829-X. *26,50 F / 4,04 €*

09968 **ROSEN B.** La guerre dans les collines. Réimpr. *Gallimard-Jeunesse, 2000.* (Folio junior ; 1034 c4)
ISBN 2-07-054101-0. *32,50 F / 4,95 €*

09969 **ROSENSTIEHL A.** L'Education de Bibi l'Infante : grosse pièce en 5 actes. *Seuil, 1993.* (Point-virgule ; 130 c1)
ISBN 2-02-019595-X. *25 F / 3,81 €*

09970 **ROSNY J-H.** La guerre du feu. *Hachette-Jeunesse, 1997.* (Le livre de poche jeunesse ; 1129. Gai savoir c12)
ISBN 2-01-321579-7. *35 F / 5,34 €*

09971 **ROSS P.** Les inséparables et la petite momie ; suivi de Les inséparables et la maison hantée. *Gallimard-Jeunesse, 1999.* (Folio cadet ; 376 c3)
ISBN 2-07-052622-4. *30 F / 4,57 €*

09972 **ROSS P.** Les inséparables et le secret de Noël ; Les Jumeaux diaboliques. *Gallimard-Jeunesse, 1999.* (Folio cadet ; 241 c7)
ISBN 2-07-052952-5. *30 F / 4,57 €*

09973 **ROSS P., HAFNER M.** Les inséparables. *Gallimard-Jeunesse, 1999.* (Folio cadet ; 370 c3)
ISBN 2-07-052130-3. *30 F / 4,57 €*

09974 **ROSS R. R.** Sans nouvelles de la montagne. *Flammarion-Père Castor, 1997.* (Castor-Poche ; 596. Senior c5)
ISBN 2-08-164219-0. *35,50 F / 5,41 €*

09975 **ROSS T.** Adrien qui ne fait rien. *Gallimard-Jeunesse, 1996.* (Folio benjamin ; 195 c2)
27 F / 4,12 €

09976 **ROSS T.** Je veux manger !. Réimpr. *Gallimard-Jeunesse, 1998.* (Folio benjamin ; 297 c2)
ISBN 2-07-050642-8. *30 F / 4,57 €*

09977 **ROSS T.** Je veux mon p'tipot. Réimpr. *Gallimard-Jeunesse, 1998.* (Folio benjamin ; 142)
ISBN 2-07-050643-6. *30 F / 4,57 €*

09978 **ROSS T.** Un Vrai conte de fées. *Gallimard-Jeunesse, 1993.* (Folio cadet ; 282)
ISBN 2-07-057976-X. *30 F / 4,57 €*

09979 **ROSS T., BRADMAN T.** Michaël. *Gallimard-Jeunesse, 1996.* (Folio benjamin ; 295 c2)
ISBN 2-07-056910-1. *28 F / 4,27 €*

09980 **ROSTAND E.** Cyrano de Bergerac. Réimpr. *Gallimard-Jeunesse, 1998.* (Folio junior ; 515. Edition spéciale c5)
ISBN 2-07-051996-1. *36 F / 5,49 €*

09981 **ROTH-HANO R.** Touchons du bois!. *Flammarion-Père Castor, 1990.* (Castor-Poche ; 289. Senior c7)
ISBN 2-08-162128-2. *45 F / 6,86 €*

09982 **ROUER B.** C'est bientôt Noël. *Rageot, 1999.* (Cascade. Contes c2)
ISBN 2-7002-2519-8. *46 F / 7,01 €*

09983 **ROUER B.** Papy passe à la télé. *Rageot, 1998.* (Cascade. 7-9 ans c1)
ISBN 2-7002-2491-4. *44 F / 6,71 €*

09984 **ROUER B.** Papy retourne à l'école. *Rageot, 1996.* (Cascade. 7-9 ans c1)
ISBN 2-7002-2360-8. *44 F / 6,71 €*

09985 **ROUER B.** La pêche aux doigts de sorcières. *Rageot, 1995.* (Cascade. 7-9 ans c1)
ISBN 2-7002-2310-1. *44 F / 6,71 €*

09986 **ROUER B.** Petits filous et gros malins. Nouv.éd. *Rageot, 1999.* (Cascade. Contes)
ISBN 2-7002-2522-8. *42 F / 6,40 €*

09987 **ROUER B.** Pomme a des pépins. *Rageot, 1991.* (Cascade c1)
ISBN 2-7002-1148-0. *43 F / 6,56 €*

09988 **N** **ROUGÉ A. d.** Piège sur le Tour de France. *Gallimard-Jeunesse, 2000.* (Folio junior ; 1038. Drôles d'aventures ; 22 c3)
ISBN 2-07-052716-6. *30 F / 4,57 €*

09989 **A** **ROUGÉ A. d.** Le secret de Djemnefer (TP). *Gallimard-Jeunesse, 2001.* (Folio junior ; 1146. Drôles d'aventures ; 28 c3)
ISBN 2-07-054648-9. *30 F / 4,57 €*

09990 **ROUSSEL M.** La Bergère et le ramoneur. *Mango-Jeunesse, 1995.* (Contes classiques)
ISBN 2-7404-0459-X. *20 F / 3,05 €*

09991 **ROUSSILLAT M.** La pêche en eau douce. *Milan, 1997.* (Carnets de nature c1)
ISBN 2-84113-472-5. *34 F / 5,18 €*

09992 **ROWLING J. K.** Harry Potter à l'école des sorciers. Réimpr. *Gallimard-Jeunesse, 1998.* (Folio junior ; 899 c6)
ISBN 2-07-051842-6. *40 F / 6,10 €*

09993 **ROWLING J. K.** Harry Potter et la chambre aux secrets. Réimpr. *Gallimard-Jeunesse, 1999.* (Folio junior ; 961 c6)
ISBN 2-07-052455-8. *40 F / 6,10 €*

09994 **ROWLING J. K.** Harry Potter et le prisonnier d'Azkaban. Réimpr. *Gallimard-Jeunesse, 1999.* (Folio junior ; 1006 c7)
ISBN 2-07-052818-9. *43 F / 6,56 €*

09995 **ROWLING J. K.** Harry Potter. *Gallimard-Jeunesse, 1999.* (Folio junior)
ISBN 2-07-052929-0. *123 F / 18,75 €*

09996 **ROY C.** Le chat qui parlait malgré lui. Réimpr. *Gallimard-Jeunesse, 1998.* (Folio junior ; 615. Edition spéciale c3)
ISBN 2-07-051422-6. *30 F / 4,57 €*

09997 **N** **ROY C.** Claude Roy, un poète. Nouv. présentation. *Gallimard-Jeunesse, 2001.* (Folio junior. En poésie ; 52)
ISBN 2-07-054535-0. *32,50 F / 4,95 €*

09998 **ROY C.** Désiré Bienvenu. Réimpr. *Gallimard-Jeunesse, 1998.* (Folio junior ; 500 c2)
ISBN 2-07-051808-6. *28 F / 4,27 €*

09999 **ROY C.** La maison qui s'envole. Réimpr. *Gallimard-Jeunesse, 1998.* (Folio junior ; 1 c2)
ISBN 2-07-051520-6. *28 F / 4,27 €*

10000 **ROY R., FRANQUIN G.** Risques d'avalanche. Nouv. éd. *Flammarion-Père Castor, 2000.* (Castor-Poche ; 138)
ISBN 2-08-164709-5. *19,50 F / 2,97 €*

10001 **ROYER A., BAUDRY E.** Jojo lapin contre-attaque. Nouv. éd. *Hachette-Jeunesse, 1993.* (Bibliothèque rose ; 446. Mini-rose c8)
ISBN 2-01-019478-0. *26,50 F / 4,04 €*

10002 **ROYER A., BAUDRY E.** Jojo lapin détective. *Hachette-Jeunesse, 1988.* (Bibliothèque rose ; 449. Mini-rose c8)
ISBN 2-01-019480-2. *26,50 F / 4,04 €*

10003 **ROYER A., BAUDRY E.** Jojo Lapin donne la météo. Réimpr. *Hachette-Jeunesse, 1996.* (Bibliothèque rose ; 468. Mini-rose c5)
ISBN 2-01-018195-6. *26,50 F / 4,04 €*

10004 **ROYER A., BAUDRY E.** Jojo Lapin et la carotte magique. *Hachette-Jeunesse, 1985.* (Bibliothèque rose ; 458. Mini-rose c8)
ISBN 2-01-019485-3. *26,50 F / 4,04 €*

10005 **ROYER A., BAUDRY E.** Jojo lapin et le bonhomme de neige. *Hachette-Jeunesse, 1985.* (Bibliothèque rose ; 447. Mini-rose c8)
ISBN 2-01-019479-9. *26,50 F / 4,04 €*

10006 **ROYER A., BAUDRY E.** Jojo lapin fait fortune. Nouv. éd. *Hachette-Jeunesse, 1993.* (Bibliothèque rose ; 448. Mini-rose c8)
ISBN 2-01-018191-3. *26,50 F / 4,04 €*

10007 **ROYER A., BAUDRY E.** Jojo lapin lit dans les astres. Nouv. éd. *Hachette-Jeunesse, 1993.* (Bibliothèque rose ; 466. Mini-rose c8)
ISBN 2-01-019489-6. *26,50 F / 4,04 €*

10008 **ROYER A., BAUDRY E., BAZIN J.** Les Oreilles de Jojo Lapin. Nouv. éd. *Hachette-Jeunesse, 1993.* (Bibliothèque rose ; 459. Mini-rose c8)
ISBN 2-01-018197-2. *26,50 F / 4,04 €*

10009 **N** **RUBEN H.** Sauvé par les éléphants. Réimpr. *Flammarion-Père Castor, 2000.* (Castor-Poche ; 322. Junior c4)
ISBN 2-08-164742-7. *32,50 F / 4,95 €*

10010 **A** **RUE T.** L'auberge de l'horreur. *J'ai lu, 2001.* (Peur bleue)
ISBN 2-290-31228-2

10011 **A** **RUE T.** Chambre n°13. *J'ai lu, 2001.* (Peur bleue)
ISBN 2-290-31270-3

10012 **RUSH B., SCHWARTZ H.** 15 contes juifs du monde entier. *Flammarion-Père Castor, 1999.* (Castor-Poche ; 729. Junior)
ISBN 2-08-164579-3. *29,50 F / 4,50 €*

10013 **A** **RUSHTON R.** Melissa. *Pocket Jeunesse, 2001.* (Les filles; 4)(Pocket junior ; 695)
ISBN 2-266-10318-0

10014 **A** **RUSHTON R.** Olivia. *Pocket Jeunesse, 2001.* (Les filles; 3)(Pocket junior ; 681)
ISBN 2-266-10317-2. *28,50 F / 4,34 €*

10015 **N** **RUSHTON R.** Sophie. *Pocket Jeunesse, 2001.* (Les filles; 1)(Pocket junior ; 651)
ISBN 2-266-10292-3. *28 F / 4,27 €*

10016 **N** **RUSHTON R.** Victoria. *Pocket Jeunesse, 2001.* (Les filles; 2)(Pocket junior ; 652)
ISBN 2-266-10316-4. *28 F / 4,27 €*

10017 **N** **RYAN M.** Timothée tête en l'air. Nouv. éd. *Pocket Jeunesse, 2000.* (Kid pocket ; 152 c03)
ISBN 2-266-10208-7. *26 F / 3,96 €*

10018 **N** **RYAN P. M.** Les éperons de la liberté. Réimpr. *Actes Sud junior, 2001.* (Les couleurs de l'histoire ; 6)
ISBN 2-7427-2464-8. *45 F / 6,86 €*

10019 **RYLANT C.** Clémentine, la câline. Nouv. éd. *Pocket Jeunesse, 1999.* (Une aventure de Monsieur Victor et Clémentine)(Kid pocket ; 221 c04)
ISBN 2-266-09903-5. *30 F / 4,57 €*

10020 **RYLANT C.** Le garçon enchanté. *Hachette-Jeunesse, 1999.* (Le livre de poche jeunesse ; 690. Junior c5)
ISBN 2-01-321713-7. *26,50 F / 4,04 €*

10021 **RYLANT C.** Oscar, le cauchemar. Nouv. éd. *Pocket Jeunesse, 1999.* (Une aventure de Monsieur Victor et Clémentine)(Kid pocket ; 291 c04)
ISBN 2-266-09902-7. *30 F / 4,57 €*

10022 **N** **RYLANT C.** La vie sans May. Nouv. éd. *Pocket Jeunesse, 2000.* (Pocket junior ; 303. C'est ça la vie ! c4)
ISBN 2-266-10039-4. *30 F / 4,57 €*

10023 **RYP W.** La furie. *J'ai lu, 1998.* (Les secrets de la nuit; 3)(Peur bleue c2)
ISBN 2-290-04970-0. *22 F / 3,35 €*

10024 **RYP W.** Possédée. *J'ai lu, 1998.* (Les secrets de la nuit; 2)(Peur bleue c2)
ISBN 2-290-04802-X. *22 F / 3,35 €*

10025 **RYP W.** Le spectre. *J'ai lu, 1998.* (Les secrets de la nuit; 1)(Peur bleue c2)
ISBN 2-290-14801-6. *26 F / 3,96 €*

10026 **N** **SABAS M., CROZAT F.** La poule qui pondait des images. *Milan, 2001.* (Milan poche cadet ; 43 c1)
ISBN 2-7459-0197-4. *28 F / 4,27 €*

10027 **N** **SABAS M., LE GRAND C.** Sa majesté s'ennuie. *Milan, 2000.* (Milan poche cadet ; 32 c1)
ISBN 2-7459-0069-2. *28 F / 4,27 €*

10028 **SABATIER R.** Les allumettes suédoises. Nouv. éd. *Hachette-Jeunesse, 1996.* (Le livre de poche jeunesse ; 195 c12)
ISBN 2-01-020902-8. *35 F / 5,34 €*

10029 **SABATIER R.** Galibette et l'arbre sacré des Arayas. *Gallimard-Jeunesse, 1998.* (Folio junior ; 888. Drôles d'aventures ; 8 c3)
ISBN 2-07-051688-1. *30 F / 4,57 €*

10030 **SABLÉ E., HOFFMANN G.** Un ami pour la vie. *Bayard, 1998.* (J'aime lire ; 117 c1)
ISBN 2-227-72742-X. *27 F / 4,12 €*

10031 **Sabotage sur le Tibre.** *Bayard, 1999.* (Les aventuriers de l'histoire ; 903. Mysteria c1)
ISBN 2-227-74702-1. *29 F / 4,42 €*

10032 **SACHS M.** Chien perdu. Nouv. éd. *Flammarion-Père Castor, 1999.* (Castor-Poche ; 226 cE)
ISBN 2-08-164572-6. *32,50 F / 4,95 €*

10033 **SACHS M.** Une difficile amitié. Nouv. éd. *Flammarion-Père Castor, 1999.* (Castor-Poche ; 28 cE)
ISBN 2-08-164394-4. *32,50 F / 4,95 €*

10034 **SACHS M.** Du soleil sur la joue. Nouv. éd. *Flammarion-Père Castor, 1998.* (Castor-Poche ; 7. Junior c3)
ISBN 2-08-164352-9. *29,50 F / 4,50 €*

10035 **SACHS M.** Le livre de Dorrie. Nouv. éd. *Flammarion-Père Castor, 1998.* (Castor-Poche ; 57 cF)
ISBN 2-08-164442-8. *35,50 F / 5,41 €*

10036 **SACHS M.** La Maison retrouvée. *Flammarion-Père Castor, 1991.* (Castor-Poche ; 313. Junior c3)
ISBN 2-08-162152-5. *29,50 F / 4,50 €*

10037 **SACHS M.** Prochain rendez-vous dans le pot de fleurs. *Flammarion-Père Castor, 1986.* (Castor-Poche ; 143 c5)
ISBN 2-08-161859-1. *35,50 F / 5,41 €*

10038 **SACHS M.** Les retrouvailles. *Flammarion-Père Castor, 1995.* (Castor-Poche ; 522. Senior c4)
ISBN 2-08-164034-1. *32,50 F / 4,95 €*

10039 **N** **SADOUL B.** La messagerie du vampire. *Syros, 2000.* (Chauve-souris ; 10)
ISBN 2-84146-875-5. *32 F / 4,88 €*

10040 **SADOUL B.** Le réveil du loup-garou. *Syros, 2000.* (Chauve-souris ; 4)
ISBN 2-84146-785-6. *32 F / 4,88 €*

10041 **SADOVSKY A.** C'est le vent, Betty. *Bayard, 1999.* (Passion de lire ; 319. Coeur grenadine)
ISBN 2-227-73897-9. *29 F / 4,42 €*

10042 **SADOVSKY A.** En attendant l'automne. *Bayard, 1998.* (Passion de lire ; 312. Coeur grenadine)
ISBN 2-227-73825-1. *29 F / 4,42 €*

10043 **A** **Saga africaine.** *Fleurus, 2001.* (Z'azimut)
ISBN 2-215-05178-7. *39 F / 5,95 €*

10044 **SAGOT G.** Caïthness l'Elémentaliste. *Gallimard-Jeunesse, 1988.* (Un Livre dont vous êtes le héros ; 503. Défis et sortilèges ; 1 c5)
ISBN 2-07-033503-8. *10 F / 1,52 €*

10045 **SAINCLAIR S.** Ce qu'on dit de Julia. *Mango-Jeunesse, 2000.* (Mango poche ; 211. Coups de coeur c1)
ISBN 2-7404-0978-8. *30 F / 4,57 €*

10046 **SAINT-DIZIER M.** Célestine et les parfums caméléons. *Flammarion-Père Castor, 1997.* (Castor-Poche ; 594. Junior c4)
ISBN 2-08-164268-9. *32,50 F / 4,95 €*

10047 **SAINT-DIZIER M.** Ne jouez pas sur mon piano !. *Gallimard-Jeunesse, 1998.* (Folio junior ; 863 c3)
ISBN 2-07-052007-2. *30 F / 4,57 €*

10048 **SAINT-DIZIER M.** La photo de classe. *Hachette-Jeunesse, 1998.* (Le livre de poche jeunesse ; 648. Junior c8)
ISBN 2-01-321610-6. *28 F / 4,27 €*

10049 **SAINT-DIZIER M.** Qui veut tuer l'écrivain ?. *Hachette-Jeunesse, 1997.* (Vertige ; 814. Policier c5)
ISBN 2-01-209628-X. *26,50 F / 4,04 €*

10050 **SAINT-DIZIER M.** Le télépathor entend tout !. *Hachette-Jeunesse, 1998.* (Vertige ; 832. Policier)
ISBN 2-01-209957-2. *27,50 F / 4,19 €*

10051 **SAINT-DIZIER M., PASCAL V.** Histoires à croquer sous la dent. *Hachette-Jeunesse, 1999.* (Le livre de poche jeunesse ; 709. Junior c7)
ISBN 2-01-321691-2. *27,50 F / 4,19 €*

10052 **SAINT-EXUPÉRY A. d.** Le Petit prince. Réimpr. *Gallimard-Jeunesse, 1987.* (Folio junior ; 453. Edition spéciale c4)
ISBN 2-07-051328-9. *35 F / 5,34 €*

10053 **SAINT-EXUPÉRY A. d.** Le Petit prince. Réimpr. *Gallimard-Jeunesse, 1999.* (Folio junior ; 100 c4)
ISBN 2-07-051578-8. *32,50 F / 4,95 €*

10054 **N** **SAINT-MARS D. d., BLOCH S.** Le petit livre pour dire non à la maltraitance. Rééd. *Bayard Jeunesse, 2000.* (Les petits livres pour dire non c1)
ISBN 2-7470-0102-4. *27 F / 4,12 €*

10055 **N** **SAINT-MARS D. d., BLOCH S.** Le petit livre pour dire non à la violence. Rééd. *Bayard Jeunesse, 2000.* (Les petits livres pour dire non c1)
ISBN 2-7470-0371-X. *27 F / 4,12 €*

10056 **SAINTAURENS J-P., CLAVERIE J.** Le petit frère imaginaire. Nouv. éd. *Bayard, 1997.* (J'aime lire ; 32 c1)
ISBN 2-227-72730-6. *27 F / 4,12 €*

10057 **SALEM G.** Tableaux de familles. *Joie de lire, 1999.* (Qui suis-je?)
ISBN 2-88258-140-8. *45 F / 6,86 €*

10058 **SALGAS S.** Lilou. *Pocket Jeunesse, 1999.* (Pocket junior ; 504 c03)
ISBN 2-266-09450-5. *26 F / 3,96 €*

10059 **N** **SAND G.** Le chêne parlant. *Hachette-Jeunesse, 2000.* (Côté court ; 13)
ISBN 2-01-200569-1. *10 F / 1,52 €*

10060 **SAND G.** Contes d'une grand'mère. *Hachette-Jeunesse, 1999.* (Le livre de poche jeunesse ; 1144. Gai savoir c12)
ISBN 2-01-321710-2. *35 F / 5,34 €*

10061 **SAND G.** La Petite Fadette. *Flammarion-Père Castor, 1994.* (Castor-Poche ; 439. Senior c4)
ISBN 2-08-164045-7. *32,50 F / 4,95 €*

10062 **SAND G.** La petite Fadette. *Hachette-Jeunesse, 1994.* (Le livre de poche jeunesse ; 496 c11)
ISBN 2-01-321483-9. *33 F / 5,03 €*

10063 **N** **SANDER C.** Perceval ou Le conte du Graal. *Flammarion-Père Castor, 2000.* (Castor-Poche ; 771. Contes et récits)
ISBN 2-08-164375-8. *35,50 F / 5,41 €*

10064 **SANDERS L.** Taisez-vous s'il vous plaît. *Syros, 2000.* (Souris noire ; 41 c1)
ISBN 2-84146-774-0. *32 F / 4,88 €*

10065 **SANDERSON R.** La belle et la bête : d'après Mme Leprince de Beaumont. *Mango-Jeunesse, 1993.* (Contes classiques)
ISBN 2-7404-0229-5. *20 F / 3,05 €*

10066 **SANVOISIN E.** Les chasseurs d'ombres. *Magnard, 1997.* (Les fantastiques c1)
ISBN 2-210-97750-9. *43 F / 6,56 €*

10067 **SANVOISIN E.** Une fille de rêves. *Rageot, 1998.* (Cascade. 11-13 ans c2)
ISBN 2-7002-2544-9. *46 F / 7,01 €*

10068 **SANVOISIN E.** Le motard sans visage. *Magnard, 1997.* (Les policiers)
ISBN 2-210-97755-X. *43 F / 6,56 €*

10069 **SANVOISIN E.** La nuit des nains de jardin. *Flammarion-Père Castor, 1999.* (Castor-Poche ; 719. Senior)
ISBN 2-08-164655-2. *32,50 F / 4,95 €*

10070 **SANVOISIN E.** Ouragan. *Magnard, 1999.* (Les fantastiques c1)
ISBN 2-210-97787-8. *43 F / 6,56 €*

10071 **N** **SANVOISIN E.** Pour l'amour des loups. *Hachette-Jeunesse, 2000.* (Vertige ; 1127. Fantastique c10)
ISBN 2-01-200563-2. *31 F / 4,73 €*

10072 **N** **SANVOISIN E.** Rue de la dame en noir. *Magnard, 2001.* (Les p'tits fantastiques)
ISBN 2-210-98047-X. *40 F / 6,10 €*

10073 **SARO-WIWA K.** Mister B. millionnaire. *Dapper, 1999.* (Au bout du monde)
ISBN 2-906067-46-6. *38 F / 5,79 €*

10074 **SATIN CAPUCILLI A., ARNOLD T.** Dans la maison hantée. *Gallimard-Jeunesse, 1999.* (Folio benjamin ; 380. Panique c2)
ISBN 2-07-052681-X. *28 F / 4,27 €*

10075 **SAUERWEIN L.** Geronimo : le dernier chef apache. Ed. rev. *Hachette-Jeunesse, 1994.* (Le livre de poche jeunesse ; 513 c10)
ISBN 2-01-321053-1. *31 F / 4,73 €*

10076 **SAUERWEIN L., HYMAN M.** Le Journal de Sarah Templeton. *Gallimard-Jeunesse, 1993.* (Folio cadet ; 285)
ISBN 2-07-056675-7. *32,50 F / 4,95 €*

10077 **SAUERWEIN L., LANDIS U.** L'Indien qui ne savait pas courir. Nouv. éd. *Bayard, 1997.* (J'aime lire ; 37 c1)
ISBN 2-227-72724-1. *27 F / 4,12 €*

10078 **SAUERWEIN L., MILLET C., MILLET D.** Atchoum, Père Noël !. *Bayard, 1999.* (J'aime lire ; 130 c1)
ISBN 2-227-72754-3. *27 F / 4,12 €*

10079 **SAUMONT A.** La terre est à nous. *Gallimard-Jeunesse, 1998.* (Frontières ; 2 c6)
ISBN 2-07-051734-9. *41 F / 6,25 €*

10080 **SAUSSURE E. d.** Nada et le caillou blanc. *Joie de lire, 1997.* (Qui suis-je?)
ISBN 2-88258-094-0. *45 F / 6,86 €*

10081 **N** **SAUTEREAU F.** Le carnet jaune. *Actes Sud junior, 2000.* (Les couleurs de l'histoire)
ISBN 2-7427-2969-0. *60 F / 9,15 €*

10082 **SAUTEREAU F.** Classe de lune. *Rageot, 1989.* (Cascade. 9-11 ans c2)
ISBN 2-7002-1015-8. *46 F / 7,01 €*

10083 **SAUTEREAU F.** L'héritier de la nuit. Réimpr. *Pocket Jeunesse, 1999.* (Pocket junior ; 37. Fantastique c4)
ISBN 2-266-08857-2. *30 F / 4,57 €*

10084 **SAUTEREAU F.** Terminal park. Nouv. éd. *Flammarion-Père Castor, 1999.* (Castor-Poche ; 612. Senior cF)
ISBN 2-08-164639-0. *35,50 F / 5,41 €*

10085 **SAUVARD J.** Le clone noir. *Syros, 1999.* (Souris noire ; 35 c1)
ISBN 2-84146-704-X. *32 F / 4,88 €*

10086 **N** **SAUVARD J.** Coup de gong à Hong Kong. *Magnard, 2000.* (Les p'tits fantastiques)
ISBN 2-210-98027-5. *40 F / 6,10 €*

10087 **SAUVARD J.** Le coup du crabe. *Magnard, 1999.* (Les p'tits fantastiques)
ISBN 2-210-98014-3. *40 F / 6,10 €*

10088 **SCHÄDLICH H. J.** Le coupeur de mots. Nouv. éd. *Flammarion-Père Castor, 1998.* (Castor-Poche ; 299. Junior cC)
ISBN 2-08-164379-0. *25 F / 3,81 €*

10089 **SCHEEPMANS A.** Les farces de Mélanie. *Hemma, 1986.* (Mini-club ; 1)
21 F / 3,20 €

10090 **SCHEEPMANS A.** Tibo, le petit chien sourd. *Hemma, 1986.* (Mini-club ; 8)
ISBN 2-8006-0645-2. *21 F / 3,20 €*

10091 **SCHEEPMANS A.** La veste magique de Julien. *Hemma, 2001.* (Mini-club ; 34)
ISBN 2-8006-1151-0. *21 F / 3,20 €*

10092 **N** **SCHMITT D.** Bijoux et créations nature. *Milan, 2000.* (Carnets de nature c1)
ISBN 2-7459-0077-3. *34 F / 5,18 €*

10093 **SCHMITT D.** Engins roulants. *Milan, 1997.* (Carnets de nature c1)
ISBN 2-84113-571-3. *34 F / 5,18 €*

10094 **SCHMITT D., BALLOUHEY P.** Meubler sa cabane. *Milan, 1997.* (Carnets de nature ; 33 c1)
ISBN 2-84113-143-2. *34 F / 5,18 €*

10095 **SCHMITT D., HEINRICH C.** Jouets de la campagne. *Milan, 1998.* (Carnets de nature c1)
ISBN 2-84113-627-2. *34 F / 5,18 €*

10096 **N** **SCHMITT D., PILLOT F.** Déguisements nature. *Milan, 2000.* (Carnets de nature ; 74)
ISBN 2-7459-0137-0. *34 F / 5,18 €*

10097 **SCHMITT D., VOGEL N.** Musique en herbe. *Milan, 1999.* (Carnets de nature c1)
ISBN 2-84113-782-1. *34 F / 5,18 €*

10098 **SCHMITZBERGER S.** Un carton jaune pour deux. *Bayard, 2000.* (Passion de lire ; 323. Coeur grenadine)
ISBN 2-227-75709-4. *29 F / 4,42 €*

10099 **SCHMITZBERGER S., CAMIL C.** Une nounou peu ordinaire. Nouv. éd. *Bayard, 1996.* (Les belles histoires ; 34 c1)
ISBN 2-227-72822-1. *27 F / 4,12 €*

10100 **SCHMITZBERGER S., THEINHARDT V.** Bonne nuit, marmottes!. *Bayard, 1993.* (Les belles histoires ; 58 c1)
ISBN 2-227-72171-5. *27 F / 4,12 €*

10101 **SCHNEEGANS N.** Coup de foudre. *Rageot, 1990.* (Cascade. 11-13 ans c1)
ISBN 2-7002-1091-3. *44 F / 6,71 €*

10102 **SCHNEEGANS N.** La Plus grande lettre du monde. *Rageot, 1992.* (Cascade. 9-11 ans c1)
ISBN 2-7002-1188-X. *44 F / 6,71 €*

10103 **N** **SCHNEEGANS N.** La plus grande lettre du monde. *Hachette-Jeunesse, 2000.* (Le livre de poche jeunesse ; 723. Junior c5)
ISBN 2-01-321779-X. *26,50 F / 4,04 €*

10104 **SCHNEEGANS N., BESSON J-L.** Les Jumeaux du roi. *Bayard, 1990.* (J'aime lire ; 14 c1)
ISBN 2-227-72219-3. *27 F / 4,12 €*

10105 **SCHNEEGANS N., BOIRY V.** Gaby, mon copain. *Bayard, 1996.* (J'aime lire ; 99 c1)
ISBN 2-227-72720-9. *27 F / 4,12 €*

10106 **SCHNEEGANS N., IVERS M.** Plume et le loup. *Bayard, 1996.* (J'aime lire ; 98 c1)
ISBN 2-227-72713-6. *27 F / 4,12 €*

10107 **SCHOESER F.** Gaufrette, Petit-Beurre et Chocolat. Nouv. éd. *Flammarion-Père Castor, 1998.* (Castor-Poche ; 266. Junior c2)
ISBN 2-08-164465-7. *25 F / 3,81 €*

10108 **SCHOESER F.** Ouf! Pas de vacances cette année. *Flammarion-Père Castor, 1991.* (Castor-Poche ; 347. Junior c3)
ISBN 2-08-162200-9. *29,50 F / 4,50 €*

10109 **SCHUBIGER J.** D'où vient le nom des animaux... *Joie de lire, 1997.* (Récits)
ISBN 2-88258-105-X. *75 F / 11,43 €*

10110 **SCHUBIGER J.** Maman, papa, moi et elle. *Joie de lire, 1999.* (Récits)
ISBN 2-88258-119-X. *64 F / 9,76 €*

10111 **SCHUBIGER J., BERNER R. S.** Quand le monde était jeune... *Joie de lire, 1997.* (Récits)
ISBN 2-88258-091-6. *75 F / 11,43 €*

10112 **SCHUMACHER C.** Une grande chaise pour Petit Ours. Réimpr. *Pocket Jeunesse, 1999.* (Kid pocket ; 051 c3)
ISBN 2-266-08830-0. *26 F / 3,96 €*

10113 **SCHURER G.** Barbie aux jeux Olympiques. *Hemma, 1992.* (Mini-club ; 65)
ISBN 2-8006-2163-X. *17,50 F / 2,67 €*

10114 **SCHURER G., CRISMER L.** Barbie fait du cinéma. *Hemma, 1991.* (Mini-club)
ISBN 2-8006-1564-8. *17,50 F / 2,67 €*

10115 **SCHWARTZ A., ZIMMER D.** Les dents et autres histoires bizarres. *Gallimard-Jeunesse, 1997.* (Folio benjamin ; 311. Panique c5)
ISBN 2-07-051275-4. *36 F / 5,49 €*

10116 **SCHWEIZER M., JUON P.** Mon corps est-ce moi?. *Joie de lire, 1994.* (Qui suis-je?)
ISBN 2-88258-049-5. *29 F / 4,42 €*

10117 **SCHWEMM D.** Ne me dis pas que c'est fini. *Mango-Jeunesse, 1999.* (Mango poche ; 206. Coups de coeur c1)
ISBN 2-7404-0861-7. *30 F / 4,57 €*

10118 **SCIESZKA J.** Le bon, la brute et l'andouille. *Bayard, 1999.* (Passion de lire ; 219. Délires c1)
ISBN 2-227-72962-7. *29 F / 4,42 €*

10119 **SCIESZKA J.** Ca pétarade chez les pirates. *Bayard, 1996.* (Passion de lire ; 204. Délires c1)
ISBN 2-227-72944-9. *29 F / 4,42 €*

10120 **SCIESZKA J.** Ta mère est une Neandertal. *Bayard, 1997.* (Passion de lire ; 207. Délires)
ISBN 2-227-72945-7. *28,50 F / 4,34 €*

10121 **SCOTT G.** Small Soldiers : d'après un scénario de Gavin Scott, Adam Rifkin, Ted Elliott et Terry Rossio. *J'ai lu, 1998.* (Séries TV c2)
ISBN 2-290-05060-1. *22 F / 3,35 €*

10122 **SCOTT G.** Small Soldiers. 1, A la poursuite des Gorgonites. *J'ai lu, 1998.* (Séries TV c2)
ISBN 2-290-05061-X. *22 F / 3,35 €*

10123 **N** **SCOTT M.** L'antre de l'enfer. *J'ai lu, 2001.* (Peur bleue cF)
ISBN 2-290-30921-4. *26 F / 3,96 €*

10124 **N** **SCOTT M.** La lune des loups-garous. *J'ai lu, 2000.* (Peur bleue cF)
ISBN 2-290-30465-4. *26 F / 3,96 €*

10125 **N** **SCOTT M.** La lune des sorcières. *J'ai lu, 2000.* (Peur bleue cF)
ISBN 2-290-30450-6. *26 F / 3,96 €*

10126 **SCOTT W.** Ivanhoé. 1. Réimpr. *Gallimard-Jeunesse, 1998.* (Folio junior ; 243 c5)
ISBN 2-07-052243-1. *36 F / 5,49 €*

10127 **SCOTT W.** Ivanhoé. *Hachette-Jeunesse, 1997.* (Le livre de poche jeunesse ; 1120. Gai savoir c10)
ISBN 2-01-321489-8. *33 F / 5,03 €*

10128 **N** **SCOTTO T.** Le baiser du serpent. *Syros, 2000.* (Souris noire ; 44 c1)
ISBN 2-84146-805-4. *32 F / 4,88 €*

10129 **SCOTTO T.** Moi, faut plus me raconter d'histoires. *Syros, 1999.* (Mini Souris sentiments c1)
ISBN 2-84146-665-5. *19 F / 2,90 €*

10130 **SCOTTO T.** Vincent l'invisible. *Syros, 1999.* (Mini Souris sentiments c1)
ISBN 2-84146-757-0. *19 F / 2,90 €*

10131 **SCOTTO T., BOUCHER M.** Comptines inséparables. *Actes Sud junior, 1998.* (Les petits bonheurs)
ISBN 2-7427-1786-2. *39 F / 5,95 €*

10132 **N** **SCOTTO T., MARTIN J-F.** La rentrée de la petite sorcière. *Bayard Jeunesse, 2000.* (Les belles histoires ; 119 c1)
ISBN 2-227-72841-8. *27 F / 4,12 €*

10133 **SCOTTO T., QUENTREC M.** Comptines de ma rue. *Actes Sud junior, 1998.* (Les petits bonheurs c1)
ISBN 2-7427-1701-3. *39 F / 5,95 €*

10134 **SCOTTO T., QUENTREC M.** Comptines des sables. *Actes Sud junior, 1999.* (Les petits bonheurs c1)
ISBN 2-7427-2286-6. *39 F / 5,95 €*

10135 **N** **SEASSAU M.** Les larmes de Djamila. *Pocket, 2000.* (Pocket junior ; 575 c3B)
ISBN 2-266-09959-0. *28 F / 4,27 €*

10136 **A** **SEASSAU M.** Un reflet sur l'écran. *Pocket Jeunesse, 2001.* (Pocket junior ; 701)
ISBN 2-266-10443-8

10137 **SEBBAR L.** Le baiser. *Hachette-Jeunesse, 1997.* (Courts toujours ! c17)
ISBN 2-01-209526-7. *49 F / 7,47 €*

10138 **SEBBAR L.** J'étais enfant en Algérie, juin 1962. *Sorbier, 1997.* (J'étais enfant)
ISBN 2-7320-3515-7. *29 F / 4,42 €*

10139 **SECKA F.** Ca va barder chez les Dugentil-Leboeuf. *Pocket Jeunesse, 2000.* (Les aventures de Minestrone Amérique)(Pocket junior ; 568 c4B)
ISBN 2-266-09978-7. *32 F / 4,88 €*

10140 **SECKA F.** La petite Blück. *Pocket Jeunesse, 1999.* (Pocket junior ; 458. C'est ça la vie ! c4)
ISBN 2-266-08814-9. *30 F / 4,57 €*

10141 **N** **Le secret du domaine.** *Bayard Jeunesse, 2000.* (Les aventuriers de l'histoire ; 908. Mysteria c1)
ISBN 2-227-74707-2. *29 F / 4,42 €*

10142 **SÉGUR S. d.** Après la pluie le beau temps. Remise en vente. *Hachette-Jeunesse, 1998.* (Bibliothèque rose ; 801 c9)
ISBN 2-01-020995-8. *29 F / 4,42 €*

10143 **SÉGUR S. d.** L'auberge de l'ange gardien. *Hachette-Jeunesse, 1998.* (Bibliothèque rose ; 808 c9)
ISBN 2-01-020994-X. *29 F / 4,42 €*

10144 **SÉGUR S. d.** L'auberge de l'ange gardien. *Hemma, 1995.* (Livre club jeunesse ; 48)
24 F / 3,66 €

10145 **N** **SÉGUR S. d.** L'auberge de l'ange gardien. *Hachette-Jeunesse, 2000.* (Bibliothèque rose ; 808 c3)
ISBN 2-01-200612-4. *25 F / 3,81 €*

10146 **SÉGUR S. d.** L'auberge de l'Ange gardien. Réimpr. *Gallimard-Jeunesse, 1998.* (Folio junior ; 127 c5)
ISBN 2-07-051976-7. *36 F / 5,49 €*

10147 **SÉGUR S. d.** Un Bon petit diable. *Hachette-Jeunesse, 1992.* (Bibliothèque rose ; 807 c9)
ISBN 2-01-018291-X. *29 F / 4,42 €*

10148 **A** **SÉGUR S. d.** Les bons enfants. Nouv. présentation. *Hachette-Jeunesse, 2001.* (Bibliothèque rose ; 809 c8)
ISBN 2-01-200607-8. *28 F / 4,27 €*

10149 **SÉGUR S. d.** Les bons enfants. Réimpr. *Gallimard-Jeunesse, 1999.* (Folio junior ; 146 c4)
ISBN 2-07-052267-9. *32,50 F / 4,95 €*

10150 **SÉGUR S. d.** Comédies et proverbes. *Hachette-Jeunesse, 1992.* (Bibliothèque rose ; 818 c8)
ISBN 2-01-018302-9. *29 F / 4,42 €*

10151 **SÉGUR S. d.** Les Deux nigauds. *Hachette-Jeunesse, 1992.* (Bibliothèque rose ; 816 c9)
ISBN 2-01-018300-2. *29 F / 4,42 €*

10152 **SÉGUR S. d.** Diloy le chemineau. *Hachette-Jeunesse, 1991.* (Bibliothèque rose ; 810 c10)
ISBN 2-01-018294-4. *29 F / 4,42 €*

10153 **SÉGUR S. d.** La Fortune de Gaspard. *Hachette-Jeunesse, 1991.* (Bibliothèque rose ; 812 c10)
ISBN 2-01-018296-0. *29 F / 4,42 €*

10154 **SÉGUR S. d.** François le bossu. *Hachette-Jeunesse, 1991.* (Bibliothèque rose ; 806 c9)
ISBN 2-01-018290-1. *29 F / 4,42 €*

10155 **N** **SÉGUR S. d.** François le bossu. Nouv. présentation. *Hachette-Jeunesse, 2000.* (Bibliothèque rose ; 806 c3)
ISBN 2-01-200552-7. *25 F / 3,81 €*

10156 **SÉGUR S. d.** François le bossu. *Hemma, 1999.* (Livre club jeunesse ; 63)
ISBN 2-8006-6751-6. *25 F / 3,81 €*

10157 **SÉGUR S. d.** François le bossu. Réimpr. *Gallimard-Jeunesse, 1999.* (Folio junior ; 196 c5)
ISBN 2-07-052265-2. *36 F / 5,49 €*

10158 **SÉGUR S. d.** Le Général Dourakine. *Hachette-Jeunesse, 1998.* (Bibliothèque rose ; 800 c9)
ISBN 2-01-018284-7. *29 F / 4,42 €*

10159 **N** **SÉGUR S. d.** Le général Dourakine. Nouv. présentation. *Hachette-Jeunesse, 2000.* (Bibliothèque rose ; 800 c3)
ISBN 2-01-200551-9. *25 F / 3,81 €*

10160 **SÉGUR S. d.** Le général Dourakine. Réimpr. *Gallimard-Jeunesse, 1998.* (Folio junior ; 92 c4)
ISBN 2-07-052266-0. *32,50 F / 4,95 €*

10161 **SÉGUR S. d.** Jean qui grogne et Jean qui rit. Réimpr. *Hachette-Jeunesse, 1996.* (Bibliothèque rose ; 817 c9)
ISBN 2-01-020758-0. *29 F / 4,42 €*

10162 **SÉGUR S. d.** Jean qui grogne et Jean qui rit. Réimpr. *Gallimard-Jeunesse, 1998.* (Folio junior ; 163 c4)
ISBN 2-07-052264-4. *32,50 F / 4,95 €*

10163 **N** **SÉGUR S. d.** Les malheurs de Sophie. Nouv. présentation. *Hachette-Jeunesse, 2000.* (Bibliothèque rose ; 803)
ISBN 2-01-200317-6. *25 F / 3,81 €*

10164 **SÉGUR S. d.** Les malheurs de Sophie. *Hachette-Jeunesse, 1999.* (Le livre de poche jeunesse ; 706. Junior c10)
ISBN 2-01-321757-9. *31 F / 4,73 €*

10165 **SÉGUR S. d.** Les malheurs de Sophie. Réimpr. *Gallimard-Jeunesse, 1998.* (Folio junior ; 496. Edition spéciale)
ISBN 2-07-051424-2. *32,50 F / 4,95 €*

10166 **SÉGUR S. d.** Le mauvais génie. *Hachette-Jeunesse, 1998.* (Bibliothèque rose ; 813 c9)
ISBN 2-01-018297-9. *29 F / 4,42 €*

10167 **SÉGUR S. d.** Mémoires d'un âne. *Hachette-Jeunesse, 1991.* (Bibliothèque rose ; 802 c9)
ISBN 2-01-019519-1. *29 F / 4,42 €*

10168 **N** **SÉGUR S. d.** Mémoires d'un âne. Nouv. présentation. *Hachette-Jeunesse, 2000.* (Bibliothèque rose ; 802 c3)
ISBN 2-01-200490-3. *25 F / 3,81 €*

10169 **SÉGUR S. d.** Nouveaux contes de fées. *Hachette-Jeunesse, 1992.* (Bibliothèque rose ; 819 c9)
ISBN 2-01-018303-7. *29 F / 4,42 €*

10170 **SÉGUR S. d.** Pauvre Blaise. *Hachette-Jeunesse, 1992.* (Bibliothèque rose ; 811 c9)
ISBN 2-01-018295-2. *29 F / 4,42 €*

10171 **SÉGUR S. d.** Les Petites filles modèles. *Hachette-Jeunesse, 1991.* (Bibliothèque rose ; 815 c9)
ISBN 2-01-018299-5. *29 F / 4,42 €*

10172 **N** **SÉGUR S. d.** Les petites filles modèles. Nouv. présentation. *Hachette-Jeunesse, 2000.* (Bibliothèque rose ; 815 c3)
ISBN 2-01-200318-4. *25 F / 3,81 €*

10173 **SÉGUR S. d.** Les petites filles modèles. Réimpr. *Gallimard-Jeunesse, 1997.* (Folio junior ; 134 c4)
ISBN 2-07-051815-9. *32,50 F / 4,95 €*

10174 **SÉGUR S. d.** Quel amour d'enfant!. *Hachette-Jeunesse, 1992.* (Bibliothèque rose ; 805 c9)
ISBN 2-01-018289-8. *29 F / 4,42 €*

10175 **SÉGUR S. d.** La Soeur de Gribouille. *Hachette-Jeunesse, 1992.* (Bibliothèque rose ; 814 c9)
ISBN 2-01-018298-7. *29 F / 4,42 €*

10176 **SÉGUR S. d.** Les Vacances. *Hachette-Jeunesse, 1991.* (Bibliothèque rose ; 804 c9)
ISBN 2-01-018288-X. *29 F / 4,42 €*

10177 **SÉGUR S. d.** Les vacances. *Hemma, 1996.* (Livre club jeunesse ; 54)
24 F / 3,66 €

10178 **SEIDLER T.** Terrible Noël. *Bayard Jeunesse, 1998.* (Envol ; 511 c1)
ISBN 2-227-72355-6. *29 F / 4,42 €*

10179 **SEIGNOLLE C.** Histoires sorcières. *Syros, 2000.* (Chauve-souris ; 2)
ISBN 2-84146-799-6. *32 F / 4,88 €*

10180 **SEIGNOLLE C., KERGUÉNO J., FIX P.** L'Homme aux sept loups. *Bayard, 1990.* (J'aime lire ; 13 c1)
ISBN 2-227-72222-3. *27 F / 4,12 €*

10181 **SELIGSON S., SCHNEIDER H.** Amos, le chien qui conduisait son canapé. Nouv. éd. *Pocket Jeunesse, 1999.* (Kid pocket ; 065 c3B)
ISBN 2-266-09901-9. *28 F / 4,27 €*

10182 **SELORMEY F.** Kofi, l'enfant du Ghana. *Dapper, 1998.* (Au bout du monde)
ISBN 2-906067-43-1. *38 F / 5,79 €*

10183 **SEMPÉ J-J.** Raoul Taburin. Réimpr. *Gallimard-Jeunesse, 1998.* (Folio junior ; 854 c5)
ISBN 2-07-051763-2. *36 F / 5,49 €*

10184 **SEMPÉ J-J., GOSCINNY R.** Le petit Nicolas a des ennuis. Réimpr. *Gallimard-Jeunesse, 1997.* (Folio junior ; 444. Edition spéciale)
ISBN 2-07-051341-6. *32,50 F / 4,95 €*

10185 **SEMPÉ J-J., GOSCINNY R.** Le petit Nicolas et les copains. Réimpr. *Gallimard-Jeunesse, 1998.* (Folio junior ; 475. Edition spéciale)
ISBN 2-07-051342-4. *32 F / 4,88 €*

10186 **SEMPÉ J-J., GOSCINNY R.** Le petit Nicolas. *Gallimard-Jeunesse, 1999.* (Folio junior ; 940. Edition spéciale c6)
ISBN 2-07-052427-2. *41 F / 6,25 €*

10187 **SEMPÉ J-J., GOSCINNY R.** Les récrés du Petit Nicolas. Réimpr. *Gallimard-Jeunesse, 1998.* (Folio junior ; 468. Edition spéciale c4)
ISBN 2-07-051335-1. *32 F / 4,88 €*

10188 **SEMPÉ J-J., GOSCINNY R.** Les vacances du petit Nicolas. Réimpr. *Gallimard-Jeunesse, 1998.* (Folio junior ; 457. Edition spéciale c4)
ISBN 2-07-051334-3. *32,50 F / 4,95 €*

10189 **SENGER G.** B comme Béatrice. *Rageot, 1995.* (Cascade. 11-13 ans c2)
ISBN 2-7002-2313-6. *46 F / 7,01 €*

10190 **SENGER G.** Les patates magiques. *Rageot, 1996.* (Cascade. 7-9 ans c2)
ISBN 2-7002-2399-3. *44 F / 6,71 €*

10191 **SENGER G.** Quand j'aurai un grand frère. *Syros, 1998.* (Mini Souris sentiments c1)
ISBN 2-84146-537-3. *19 F / 2,90 €*

10192 **SENGER G.** Seuls à la maison. *Rageot, 1999.* (Cascade. 7-9 ans c1)
ISBN 2-7002-2571-6. *44 F / 6,71 €*

10193 **SÉONNET M., GUIRÉ-VAKA M.** Allez, papa, tu joues avec moi !. Réimpr. *Bayard, 1997.* (Les belles histoires ; 27 c1)
ISBN 2-227-72131-6. *27 F / 4,12 €*

10194 **Les Sept saluent Lucky Star :** une nouvelle aventure des personnages créés par Enid Blyton. *Hachette-Jeunesse, 1994.* (Bibliothèque rose ; 892 c6)
ISBN 2-01-209227-6. *26,50 F / 4,04 €*

10195 **SERENNE J-P., BLACHON R.** Un Dimanche dingue. *Bayard, 1990.* (J'aime lire ; 3 c1)
ISBN 2-227-72201-0. *26,50 F / 4,04 €*

10196 **SERRES A., DEISS V.** L'ogron. Réimpr. *Gallimard-Jeunesse, 1991.* (Folio cadet ; 218 c7)
ISBN 2-07-052281-4. *44 F / 6,71 €*

10197 **SERRES A., LAPOINTE C.** Du commerce de la souris. Réimpr. *Gallimard-Jeunesse, 1998.* (Folio cadet ; 195 c4)
ISBN 2-07-052104-4. *32,50 F / 4,95 €*

10198 **SERRES A., TONNAC A.** Le petit humain. *Gallimard-Jeunesse, 1999.* (Folio cadet ; 193 c5)
ISBN 2-07-052687-9. *36 F / 5,49 €*

10199 **SEULING B.** Les caprices du climat. *Flammarion-Père Castor, 1999.* (Castor doc ; 31)
ISBN 2-08-163833-9. *34 F / 5,18 €*

10200 **SEULING B.** Notre planète Terre. *Flammarion-Père Castor, 1996.* (Castor doc ; 1. Junior c4)
ISBN 2-08-162612-8. *29 F / 4,42 €*

10201 **SEWELL A., GELDART W.** Black Beauty. Réimpr. *Gallimard-Jeunesse, 1990.* (Folio junior ; 572 c5)
ISBN 2-07-051624-5. *36 F / 5,49 €*

10202 **SHA'BAN M. A., FINK G.** Si tu veux être mon amie : lettres de Mervet Akram Sha'ban et Galit Fink. Rééd. *Gallimard-Jeunesse, 1999.* (Page blanche ; 47 c5)
ISBN 2-07-052933-9. *36 F / 5,49 €*

10203 **N** **SHAKESPEARE W.** Roméo et Juliette. *Hachette-Jeunesse, 2000.* (Le livre de poche jeunesse ; 1156. Gai savoir c10)
ISBN 2-01-321796-X. *31 F / 4,73 €*

10204 **N** **SHAN D.** La parade des monstres. *Pocket Jeunesse, 2001.* (Cirque du monstre; 1)(Pocket junior ; 746)
ISBN 2-266-11104-3. *69 F / 10,52 €*

10205 **SHELDON D.** Un chat venu de l'espace. Nouv. éd. *Flammarion-Père Castor, 1998.* (Castor-Poche ; 395. Junior cC)
ISBN 2-08-164444-4. *25 F / 3,81 €*

10206 **N** **SHIPTON P.** Un privé chez les insectes. *Hachette-Jeunesse, 2000.* (Vertige ; 806. Policier c9)
ISBN 2-01-200525-X. *29 F / 4,42 €*

10207 **SHIPTON P.** Tirez pas sur le scarabée. *Hachette-Jeunesse, 1996.* (Vertige ; 806. Policier c8)
ISBN 2-01-209710-3. *28 F / 4,27 €*

10208 **SHREVE S. R.** En scène. Nouv. éd. *Flammarion-Père Castor, 1999.* (Castor-Poche ; 493. Junior cC)
ISBN 2-08-164667-6. *25 F / 3,81 €*

10209 **N** **SHREVE S. R.** Personne ne m'aime!. Nouv. éd. *Pocket Jeunesse, 2000.* (Kid pocket ; 045 c3B)
ISBN 2-266-10054-8. *28 F / 4,27 €*

10210 **SIBRAN A.** Hugo et les lapins. *Rageot, 1990.* (Cascade c1)
ISBN 2-7002-1064-6. *43 F / 6,56 €*

10211 **N** **SICCARDI J.** La nuit des abeilles. *Albin Michel, 2000.* (Le Furet enquête ; 19 c1)
ISBN 2-226-11235-9. *35 F / 5,34 €*

10212 **SIEGAL A.** La grâce au désert. Réimpr. *Gallimard-Jeunesse, 1998.* (Page blanche ; 13)
ISBN 2-07-051981-3. *49 F / 7,47 €*

10213 **SIEGAL A.** Sur la tête de la chèvre. Réimpr. *Gallimard-Jeunesse, 1998.* (Page blanche c8)
ISBN 2-07-052244-X. *46 F / 7,01 €*

10214 **SIENKIEWICZ H.** Quo vadis ?. *Hachette-Jeunesse, 1996.* (Le livre de poche jeunesse ; 1119. Gai savoir c12)
ISBN 2-01-321490-1. *35 F / 5,34 €*

10215 **SIGAUD D.** La part belle. *Gallimard-Jeunesse, 1999.* (Frontières ; 12 c4)
ISBN 2-07-052768-9. *32,50 F / 4,95 €*

10216 **SILVERMAN E., AGEE J.** La nuit de Halloween. *Gallimard-Jeunesse, 1999.* (Folio benjamin ; 393. Panique c3)
ISBN 2-07-052329-2. *30 F / 4,57 €*

10217 **SILVESTRE A.** François Premier contre l'affreuse secte. *Flammarion-Père Castor, 1999.* (Castor-Poche ; 696. Enigmes c1)
ISBN 2-08-164583-1. *19,50 F / 2,97 €*

10218 **A** **SIMARD E.** Le chant sacré des baleines. *Magnard, 2001.* (Les fantastiques)
ISBN 2-210-98415-7. *43 F / 6,56 €*

10219 **N** **SIMARD E.** Mystère et peau de banane. *Magnard, 2000.* (Les p'tits policiers)
ISBN 2-210-98021-6. *40 F / 6,10 €*

10220 **SIMARD E.** On a volé mon vélo !. *Syros, 2000.* (Mini Souris aventure c1)
ISBN 2-84146-788-0. *19 F / 2,90 €*

10221 **SIMARD E.** Les passagers de l'orme. *Magnard, 1998.* (Les fantastiques c1)
ISBN 2-210-97776-2. *43 F / 6,56 €*

10222 **N** **SIMARD E.** Le souffle de la pierre d'Irlande. Réimpr. *Magnard, 2000.* (Les fantastiques c1)
ISBN 2-210-97791-6. *43 F / 6,56 €*

10223 **SIMON T.** Dernières volontés. *Hachette-Jeunesse, 1998.* (Vertige ; 1313. Cauchemar c7)
ISBN 2-01-209856-8. *27,50 F / 4,19 €*

10224 **N** **Sindbad et le géant ; suivi de Sindbad et les anthropophages :** Mille et une nuits. *Hachette-Jeunesse, 2001.* (Côté court ; 38 c1)
ISBN 2-01-200646-9. *10 F / 1,52 €*

10225 **SINGER I. B.** Un jour de plaisir. *Hachette-Jeunesse, 1989.* (Mon bel oranger cJ)
ISBN 2-01-321624-6. *29 F / 4,42 €*

10226 **SINGER I. B.** Zlateh la chèvre. *Hachette-Jeunesse, 1990.* (Le livre de poche jeunesse ; 4 c5)
ISBN 2-01-015802-4. *26,50 F / 4,04 €*

10227 **N** **Les singes voleurs :** six histoires d'archéologie. *Fleurus, 2000.* (Z'azimut)
ISBN 2-215-05141-8. *39 F / 5,95 €*

10228 **SKINNER D.** L'étrange Noël de monsieur Jack. *Pocket Jeunesse, 1998.* (Pocket junior ; 90. Cinéma c3)
ISBN 2-266-08900-5. *26 F / 3,96 €*

10229 **SLEATOR W.** Singularité. *Flammarion-Père Castor, 2000.* (Castor-Poche ; 258. Senior c6)
ISBN 2-08-164713-3. *39 F / 5,95 €*

10230 **SLOAN C.** Un Eléphant pour Mouthou. *Flammarion-Père Castor, 1989.* (Castor-Poche ; 268. Junior c4)
ISBN 2-08-162101-0. *32,50 F / 4,95 €*

10231 **N** **SMADJA B.** Ce n'est pas de ton âge. *Bayard Jeunesse, 2000.* (Les romans de Je bouquine)
ISBN 2-227-72373-4. *38 F / 5,79 €*

10232 **SMITH A. M.** Où sont mes cinq tantes sans tête?. *Pocket Jeunesse, 1999.* (Pocket junior ; 491 c4)
ISBN 2-266-08614-6. *30 F / 4,57 €*

10233 **SMITH D.** Les cent un dalmatiens. Réimpr. *Gallimard-Jeunesse, 1993.* (Folio junior ; 691 c5)
ISBN 2-07-051995-3. *36 F / 5,49 €*

10234 **N** **SMITH L. J.** La furie. *J'ai lu, 2000.* (Vampires; 3)(J'ai lu ; 5551. Jeunes adultes cG)
ISBN 2-290-30307-0. *29 F / 4,42 €*

10235 **N** **SMITH L. J.** Princesse des ténèbres. *J'ai lu, 2000.* (Vampires; 2)(J'ai lu ; 5520. Jeunes adultes cG)
ISBN 2-290-30233-3. *29 F / 4,42 €*

10236 **N** **SMITH L. J.** Réunion macabre. *J'ai lu, 2000.* (Vampires; 4)(J'ai lu ; 5577. Jeunes adultes cG)
ISBN 2-290-30330-5. *29 F / 4,42 €*

10237 **SMITH L. J.** Vampires. 1, La naissance. *J'ai lu, 2000.* (J'ai lu ; 5481. Jeunes adultes cG)
ISBN 2-290-30212-0. *29 F / 4,42 €*

10238 **SMITH R.** La caverne des éléphants. *Flammarion-Père Castor, 1998.* (Castor-Poche ; 671. Senior c7)
ISBN 2-08-164498-3. *45 F / 6,86 €*

10239 **N** **SMITH R.** Le dernier loup. *Flammarion-Père Castor, 2001.* (Castor-Poche)
ISBN 2-08-164765-6. *35,50 F / 5,41 €*

10240 **SMITH R.** Jaguars. *Flammarion-Père Castor, 1999.* (Castor-Poche ; 713. Senior c7)
ISBN 2-08-164377-4. *45 F / 6,86 €*

10241 **SMITH S.** Le jour où je suis morte. *J'ai lu, 2000.* (Peur bleue cF)
ISBN 2-290-30230-9. *26 F / 3,96 €*

10242 **SMUCKER B.** Les chemins secrets de la liberté. *Flammarion-Père Castor, 1998.* (Castor-Poche ; 44 c4)
ISBN 2-08-164473-8. *32,50 F / 4,95 €*

10243 **SOLET B.** Bastien, gamin de Paris. *Syros, 1997.* (Souris histoire ; 3)
ISBN 2-84146-438-5. *32 F / 4,88 €*

10244 **SOLET B.** Les Cahiers de Baptistin Etienne. *Hachette-Jeunesse, 1980.* (Le livre de poche jeunesse ; 37. Junior c8)
ISBN 2-01-321544-4. *28 F / 4,27 €*

10245 **SOLET B.** Chair de coq. *Hachette-Jeunesse, 1999.* (Vertige ; 1323. Cauchemar c5)
ISBN 2-01-209997-1. *26,50 F / 4,04 €*

10246 N **SOLET B.** La chasse aux enfants. *Pocket Jeunesse, 2000.* (Pocket junior ; 597 c5)
ISBN 2-266-10327-X. *35 F / 5,34 €*

10247 **SOLET B.** Les chemins de Yélimané. *Hachette-Jeunesse, 1995.* (Le livre de poche jeunesse ; 554. Junior c5)
ISBN 2-01-321339-5. *26,50 F / 4,04 €*

10248 N **SOLET B.** Le combat du berger. Nouv. éd. *Flammarion-Père Castor, 2000.* (Castor-Poche ; 549. Junior cE)
ISBN 2-08-164727-3. *32,50 F / 4,95 €*

10249 **SOLET B.** Dangers sur le fleuve rouge. Nouv. éd. *Flammarion-Père Castor, 1999.* (Castor-Poche ; 620. Junior cE)
ISBN 2-08-164641-2. *32,50 F / 4,95 €*

10250 **SOLET B.** Diatorix et Marcus. Nouv. éd. *Flammarion-Père Castor, 1999.* (Castor-Poche ; 257. Junior cD)
ISBN 2-08-164561-0. *29,50 F / 4,50 €*

10251 **SOLET B.** Espion en Egypte. Nouv. éd. *Flammarion-Père Castor, 1998.* (Castor-Poche ; 536. Junior c4)
ISBN 2-08-164353-7. *32,50 F / 4,95 €*

10252 **SOLET B.** La flûte tsigane. Nouv. éd. *Flammarion-Père Castor, 1999.* (Castor-Poche ; 40. Junior cA)
ISBN 2-08-164577-7. *19,50 F / 2,97 €*

10253 **SOLET B.** Une histoire de brigands. *Hachette-Jeunesse, 1998.* (Le livre de poche jeunesse ; 666. Junior c11)
ISBN 2-01-321660-2. *33 F / 5,03 €*

10254 **SOLET B.** Il était un capitaine. *Hachette-Jeunesse, 1989.* (Le livre de poche jeunesse ; 11. Senior c10)
ISBN 2-01-020842-0. *31 F / 4,73 €*

10255 N **SOLET B.** Les inconnus de l'autocar. *Pocket Jeunesse, 2001.* (Kid pocket ; 654)
ISBN 2-266-10546-9. *30 F / 4,57 €*

10256 **SOLET B.** Jehan de Loin. *Hachette-Jeunesse, 1987.* (Le livre de poche jeunesse ; 247 c5)
ISBN 2-01-014766-9. *26,50 F / 4,04 €*

10257 N **SOLET B.** La révolte des camisards. *Flammarion-Père Castor, 2001.* (Castor-Poche ; 799)
ISBN 2-08-164807-5. *29,50 F / 4,50 €*

10258 **SOLET B.** Les révoltés de Saint-Domingue. Nouv. éd. *Flammarion-Père Castor, 1999.* (Castor-Poche ; 480. Senior cF)
ISBN 2-08-164570-X. *35,50 F / 5,41 €*

10259 **SOLET B.** Le roi du carnaval. Nouv. éd. *Flammarion-Père Castor, 2000.* (Castor-Poche ; 436. Junior cD)
ISBN 2-08-164690-0. *29,50 F / 4,50 €*

10260 **SOLET B.** Stationnement interdit. *Hachette-Jeunesse, 1997.* (Le livre de poche jeunesse ; 609. Junior c7)
ISBN 2-01-321467-7. *27,50 F / 4,19 €*

10261 **SOLET B.** Surf en eau trouble. *Hachette-Jeunesse, 1997.* (Vertige ; 823. Policier c5)
ISBN 2-01-209637-9. *26,50 F / 4,04 €*

10262 **SOLET B.** Un tambour dans la nuit. *Pocket Jeunesse, 1999.* (Pocket junior ; 540. Policier c5)
ISBN 2-266-08090-3. *35 F / 5,34 €*

10263 N **SOLET B.** Vercingétorix. *Pocket Jeunesse, 2001.* (Pocket junior ; 647 c4)
ISBN 2-266-10290-7. *30 F / 4,57 €*

10264 N **SOLET B., GARRIGA J.** Deux espions à Fécamp. Réimpr. *Flammarion-Père Castor, 2000.* (Castor-Poche ; 384. Junior c4)
ISBN 2-08-164734-6. *32,50 F / 4,95 €*

10265 **SOMTOW S.** Fille de vampire. *Pocket Jeunesse, 1999.* (Pocket junior ; 467. Frissons c6)
ISBN 2-266-08533-6. *38 F / 5,79 €*

10266 **SOMTOW S.** Messages de l'au-delà. Nouv. éd. *Pocket Jeunesse, 1998.* (Pocket junior ; 77. Frissons c5)
ISBN 2-266-08497-6. *35 F / 5,34 €*

10267 **SONCARRIEU G.** Le premier tour du monde. *Hachette-Jeunesse, 1996.* (Le livre de poche jeunesse ; 570. Senior c10)
ISBN 2-01-321367-0. *31 F / 4,73 €*

10268 **Sont-elles toutes comme ça ?.** *Hachette-Jeunesse, 1997.* (Courts toujours ! c17)
ISBN 2-01-209528-3. *49 F / 7,47 €*

10269 **SORRENTINO S.** Inspecteur Gadget. *Pocket Jeunesse, 1999.* (Pocket junior ; 532. Cinéma)
ISBN 2-266-09615-X. *28 F / 4,27 €*

10270 **SOSZEWICZ R.** Les étoiles cachées. Nouv. éd. *Flammarion-Père Castor, 2000.* (Castor-Poche ; 271. Junior cG)
ISBN 2-08-164692-7. *39 F / 5,95 €*

10271 **SOTO G.** Roues libres en Californie. *Flammarion-Père Castor, 1997.* (Castor-Poche ; 578. Senior c4)
ISBN 2-08-164153-4. *32,50 F / 4,95 €*

10272 **SOTO G.** Un week-end fou. *Flammarion-Père Castor, 1996.* (Castor-Poche ; 562. Senior c4)
ISBN 2-08-164149-6. *32,50 F / 4,95 €*

10273 N **SOUPAULT R., SOUPAULT P.** Histoires merveilleuses des cinq continents. 1, Au temps où les bêtes parlaient. Nouv. éd. *Pocket Jeunesse, 2000.* (Pocket junior ; 316. Mythologies c5)
ISBN 2-266-11084-5. *35 F / 5,34 €*

10274 **SOUPAULT R., SOUPAULT P.** Histoires merveilleuses des cinq continents. 2, Sur les routes, l'aventure. *Pocket Jeunesse, 1997.* (Pocket junior ; 317. Mythologies c4)
ISBN 2-266-08946-3. *30 F / 4,57 €*

10275 **SOUPAULT R., SOUPAULT P.** Histoires merveilleuses des cinq continents. 3, Amours et jalousies. *Pocket Jeunesse, 1997.* (Pocket junior ; 318. Mythologies c4)
ISBN 2-266-08947-1. *30 F / 4,57 €*

10276 **Les souris tête en l'air :** et autres histoires d'animaux. *Gallimard-Jeunesse, 1999.* (Folio cadet ; 322 c8)
ISBN 2-07-052488-4. *46 F / 7,01 €*

10277 **SOYEZ J-M.** Les Brigands de la Saint-Michel. Réimpr. *Hachette-Jeunesse, 1992.* (Le livre de poche jeunesse ; 190. Junior c9)
ISBN 2-01-020143-4. *29 F / 4,42 €*

10278 **SPELVIN G.** Jumanji, l'aventure. *Pocket Jeunesse, 1996.* (Pocket junior ; 231. Cinéma c5)
ISBN 2-266-07100-9. *35 F / 5,34 €*

10279 **N** **SPEREGEN D. N.** Mission to Mars. *Pocket Jeunesse, 2000.* (Pocket junior ; 560. Cinéma c4B)
ISBN 2-266-10416-0. *32 F / 4,88 €*

10280 **SPEREGEN D. N., COOK D.** Panique au musée !. *Gallimard-Jeunesse, 1998.* (Folio benjamin ; 339 Panique c4)
ISBN 2-07-051875-2. *32,50 F / 4,95 €*

10281 **SPILLERS D., GIREL S.** Le passager clandestin. *Milan, 1999.* (Milan poche cadet ; 14 c1)
ISBN 2-84113-897-6. *28 F / 4,27 €*

10282 **SPILLERS D., ROUDOT F.** L'arbre qui parle. *Milan, 1999.* (Milan poche cadet ; 23 c1)
ISBN 2-84113-906-9. *28 F / 4,27 €*

10283 **SPRINGER N.** Un amour de cheval. Nouv. éd. *Flammarion-Père Castor, 1998.* (Castor-Poche ; 403. Junior c5)
ISBN 2-08-164363-4. *35,50 F / 5,41 €*

10284 **SPRINGER N.** Deux filles pour un cheval. Nouv. éd. *Flammarion, 1999.* (Castor-Poche ; 435. Junior c3)
ISBN 2-08-164635-8. *29,50 F / 4,50 €*

10285 **SPYRI J.** Heidi. 2. *Gallimard-Jeunesse, 1995.* (Folio junior ; 759 c3)
ISBN 2-07-058664-2. *30 F / 4,57 €*

10286 **SPYRI J.** Heidi, la fille de la montagne. *Hemma, 1992.* (Livre club jeunesse ; 3)
ISBN 2-8006-2147-8. *26 F / 3,96 €*

10287 **SPYRI J.** Heidi, petite fille de Heidi. *Hemma, 1996.* (Livre club jeunesse ; 53)
24 F / 3,66 €

10288 **SPYRI J.** Heidi. *Gallimard-Jeunesse, 1999.* (Folio junior ; 712 c5)
ISBN 2-07-052654-2. *36 F / 5,49 €*

10289 **SPYRI J.** La jeunesse de Heidi. *Hemma, 1992.* (Livre club jeunesse ; 18)
ISBN 2-8006-3112-0. *26 F / 3,96 €*

10290 **SPYRI J.** Heidi, jeune fille. *Hemma, 1994.* (Livre club jeunesse ; 35)
ISBN 2-8006-3977-6. *26 F / 3,96 €*

10291 **STAHL P-J.** Maroussia. *Hemma, 1995.* (Livre club jeunesse ; 44)
24 F / 3,66 €

10292 **STAHL P-J.** Les patins d'argent. *Pocket Jeunesse, 2000.* (Pocket junior ; 20 c5)
ISBN 2-266-09546-3. *35 F / 5,34 €*

10293 **STAMPER J.** Minuit, heure de l'horreur. Nouv. éd. *Pocket Jeunesse, 1999.* (Pocket junior ; 18. Frissons c4)
ISBN 2-266-04117-7. *30 F / 4,57 €*

10294 **STAPLES S. F.** Un ciel d'orage. *Gallimard-Jeunesse, 2000.* (Page blanche)
ISBN 2-07-051488-9. *46 F / 7,01 €*

10295 **STAPLES S. F.** Shabanu. *Gallimard-Jeunesse, 1999.* (Page blanche ; 49)
ISBN 2-07-052935-5. *46 F / 7,01 €*

10296 **STARK U.** Les Casse-pieds et les fêlés. *Flammarion-Père Castor, 1994.* (Castor-Poche ; 454. Senior c4)
ISBN 2-08-162264-5. *32,50 F / 4,95 €*

10297 **STARK U.** Laissez danser les ours blancs. *Flammarion-Père Castor, 1997.* (Castor-Poche ; 570. Senior c4)
ISBN 2-08-164209-3. *32,50 F / 4,95 €*

10298 **STARK U., LINDENBAUM P.** Une Copine pour papa. *Pocket Jeunesse, 1994.* (Kid pocket c3)
ISBN 2-266-05800-2. *26 F / 3,96 €*

10299 **STEEMAN S-A.** L'ennemi sans visage. *Hachette-Jeunesse, 1996.* (Vertige ; 805. Policier c9)
ISBN 2-01-209798-7. *29 F / 4,42 €*

10300 **STEEMAN S-A.** L'infaillible Silas Lord. *Hachette-Jeunesse, 1997.* (Vertige ; 824. Policier c11)
ISBN 2-01-209721-9. *33 F / 5,03 €*

10301 **A** **STEIBER E.** Aux frontières du réel. 23, Le visage de l'horreur. *J'ai lu, 2001.* (J'ai lu ; 5987. Jeunes adultes)
ISBN 2-290-31248-7

10302 **STEIBER E.** La lande ensorcelée. *Pocket Jeunesse, 1999.* (Pocket junior ; 453. Frissons c4)
ISBN 2-266-08178-0. *30 F / 4,57 €*

10303 **STEIG W.** Caleb et Kate. *Gallimard-Jeunesse, 1999.* (Folio benjamin ; 365 c2)
ISBN 2-07-051606-7. *30 F / 4,57 €*

10304 **STEIG W.** Histoire d'un os prodigieux. *Gallimard-Jeunesse, 1998.* (Folio benjamin ; 327)
ISBN 2-07-051607-5. *28 F / 4,27 €*

10305 **STEIG W.** Irène la courageuse. *Gallimard-Jeunesse, 1998.* (Folio benjamin ; 351 c2)
ISBN 2-07-051605-9. *28 F / 4,27 €*

10306 **STEIG W.** Shrek!. *Pocket Jeunesse, 1999.* (Kid pocket ; 463 c3B)
ISBN 2-266-09122-0. *28 F / 4,27 €*

10307 **STEIN-FISCHER E.** Glace à la frite. *Flammarion-Père Castor, 1993.* (Castor-Poche ; 420. Senior c6)
ISBN 2-08-162265-3. *39 F / 5,95 €*

10308 **STEINBECK J.** Le poney rouge. Réimpr. *Gallimard-Jeunesse, 1998.* (Folio junior ; 438. Edition spéciale c3)
ISBN 2-07-051348-3. *30 F / 4,57 €*

10309 **STERNBERG J.** Contes glacés. Rééd. *Labor, 1998.* (Espace nord junior ; 14 c2)
ISBN 2-8040-1280-8. *42 F / 6,40 €*

10310 **STERNE R.** Adler, Rio negro. *Labor, 1997.* (Espace nord junior ; 8)
ISBN 2-8040-1171-2. *42 F / 6,40 €*

10311 **STEVENSON R. L.** Les Aventures de David Balfour. *Gallimard-Jeunesse, 1994.* (Folio junior ; 722 c5)
ISBN 2-07-058449-6. *36 F / 5,49 €*

10312 **STEVENSON R. L.** Docteur Jekyll et M. Hyde. *Hachette-Jeunesse, 1997.* (Le livre de poche jeunesse ; 1125. Gai savoir c8)
ISBN 2-01-321538-X. *28 F / 4,27 €*

10313 **STEVENSON R. L.** L'étrange cas du docteur Jekyll et de Mr. Hyde. Réimpr. *Gallimard-Jeunesse, 1998.* (Folio junior ; 635. Edition spéciale)
ISBN 2-07-051427-7. *32,50 F / 4,95 €*

10314 **STEVENSON R. L.** L'île au trésor. *Hachette-Jeunesse, 1998.* (Le livre de poche jeunesse ; 1138. Gai savoir c12)
ISBN 2-01-321637-8. *35 F / 5,34 €*

10315 **STEVENSON R. L.** L'île au trésor. Réimpr. *Gallimard-Jeunesse, 1998.* (Folio junior ; 441. Edition spéciale c5)
ISBN 2-07-051350-5. *36 F / 5,49 €*

10316 **STEVENSON R. L.** Un mort encombrant. *Hachette-Jeunesse, 1994.* (Le livre de poche jeunesse ; 497 c11)
ISBN 2-01-321027-2. *33 F / 5,03 €*

10317 **STEWART L.** Sam, détective privé. Réimpr. *Flammarion-Père Castor, 1998.* (Castor-Poche ; 494. Junior c4)
ISBN 2-08-164409-6. *32,50 F / 4,95 €*

10318 **STEWART L.** Sam s'en mêle. *Flammarion-Père Castor, 1997.* (Castor-Poche ; 591. Junior c4)
ISBN 2-08-164234-4. *32,50 F / 4,95 €*

10319 **STEWART P.** Les griffes de l'angoisse. *Hachette-Jeunesse, 1998.* (Vertige ; 1316. Cauchemar c9)
ISBN 2-01-209890-8. *29 F / 4,42 €*

10320 **STIL A.** J'étais enfant au pays minier. *Sorbier, 1997.* (J'étais enfant)
ISBN 2-7320-3506-8. *29 F / 4,42 €*

10321 **STIMSON J., RUTHERFORD M.** Courage, petit lion, courage !. *Pocket Jeunesse, 1999.* (Kid pocket ; 516 c3)
ISBN 2-266-09562-5. *26 F / 3,96 €*

10322 **STIMSON J., RUTHERFORD M.** Grand panda, petit panda. *Pocket Jeunesse, 1995.* (Kid pocket ; 159 c3)
ISBN 2-266-08842-4. *26 F / 3,96 €*

10323 **STIMSON J., RUTHERFORD M.** Nage, petite ourse, nage !. *Pocket Jeunesse, 1998.* (Kid pocket ; 420 c02)
ISBN 2-266-07310-9. *23 F / 3,51 €*

10324 **STINE R. L.** Abominables bonshommes de neige. *Bayard, 1998.* (Passion de lire ; 44. Chair de poule c1)
ISBN 2-227-73823-5. *28,50 F / 4,34 €*

10325 **STINE R. L.** Alerte aux chiens. *Bayard, 1997.* (Passion de lire ; 30. Chair de poule c1)
ISBN 2-227-72993-7. *29 F / 4,42 €*

10326 **STINE R. L.** Des appels monstrueux. *Bayard, 1998.* (Passion de lire ; 38. Chair de poule c1)
ISBN 2-227-73818-9. *28,50 F / 4,34 €*

10327 **N** **STINE R. L.** Les araignées tueuses. *J'ai lu, 2000.* (Peur bleue cF)
ISBN 2-290-30328-3. *26 F / 3,96 €*

10328 **A** **STINE R. L.** L'attaque des oeufs de mars. *Bayard Jeunesse, 2001.* (Passion de lire ; 70. Chair de poule c1)
ISBN 2-7470-0156-3. *29 F / 4,42 €*

10329 **STINE R. L.** L'attaque des spectres. *Bayard, 1999.* (Passion de lire ; 53. Chair de poule c1)
ISBN 2-227-73899-5. *29 F / 4,42 €*

10330 **STINE R. L.** L'attaque du mutant. *Bayard, 1996.* (Passion de lire ; 15. Chair de poule c1)
ISBN 2-227-72915-5. *28,50 F / 4,34 €*

10331 **STINE R. L.** Au bord du précipice. *Pocket Jeunesse, 1998.* (Pocket junior ; 412. Frissons c5)
ISBN 2-266-08427-5. *35 F / 5,34 €*

10332 **STINE R. L.** La baby-sitter. *Pocket Jeunesse, 1998.* (Pocket junior ; 265. Frissons c5)
ISBN 2-266-08498-4. *35 F / 5,34 €*

10333 **N** **STINE R. L.** La bague maléfique. *Bayard Jeunesse, 2000.* (Passion de lire ; 61. Chair de poule c1)
ISBN 2-7470-0284-5. *29 F / 4,42 €*

10334 **STINE R. L.** Baignade interdite. *Bayard, 1995.* (Passion de lire ; 7. Chair de poule c1)
ISBN 2-227-72910-4. *28,50 F / 4,34 €*

10335 **STINE R. L.** Le baiser de la mort. *J'ai lu, 1999.* (Peur bleue cF)
ISBN 2-290-05344-9. *26 F / 3,96 €*

10336 **STINE R. L.** Le bal de la mort. *J'ai lu, 1998.* (Peur bleue c2)
ISBN 2-290-14900-4. *26 F / 3,96 €*

10337 **STINE R. L.** La bête de la cave. *Bayard, 1999.* (Passion de lire ; 46. Chair de poule c1)
ISBN 2-227-73865-0. *29 F / 4,42 €*

10338 **STINE R. L.** Le brasier. Réimp. *J'ai lu, 1999.* (Malédictions; 3)(Peur bleue)
ISBN 2-290-30379-8. *26 F / 3,96 €*

339 **N** **STINE R. L.** Camping sauvage. *J'ai lu, 2000.* (Peur bleue cF)
ISBN 2-290-30231-7. *26 F / 3,96 €*

340 **STINE R. L.** Cauchemars en série. *Bayard, 2000.* (Passion de lire ; 58. Chair de poule c1)
ISBN 2-227-75727-2. *28,50 F / 4,34 €*

341 **STINE R. L.** La chambre condamnée. *J'ai lu, 1997.* (Peur bleue)
ISBN 2-290-14519-X. *26 F / 3,96 €*

342 **STINE R. L.** Chambre noire. *J'ai lu, 1999.* (Peur bleue cF)
ISBN 2-290-15084-3. *26 F / 3,96 €*

343 **A** **STINE R. L.** Le coffret de la chambre verte. *J'ai lu, 2001.* (Peur bleue)
ISBN 2-290-31031-X

344 **N** **STINE R. L.** La colère de la momie. Nouv. éd. *Bayard Jeunesse, 2001.* (Passion de lire ; 22. Chair de poule c1)
ISBN 2-7470-0189-X. *29 F / 4,42 €*

345 **N** **STINE R. L.** La colo de la peur. Nouv. éd. *Bayard Jeunesse, 2001.* (Passion de lire ; 10. Chair de poule c1)
ISBN 2-7470-0151-2. *29 F / 4,42 €*

346 **STINE R. L.** La colo de tous les dangers. *Bayard, 1998.* (Passion de lire ; 42. Chair de poule c1)
ISBN 2-227-73847-2. *28,50 F / 4,34 €*

347 **STINE R. L.** Comment ma tête a rétréci. Réimpr. *Bayard, 1999.* (Passion de lire ; 27. Chair de poule c1)
ISBN 2-227-73811-1. *29 F / 4,42 €*

348 **STINE R. L.** Comment tuer un monstre. *Bayard, 1997.* (Passion de lire ; 34. Chair de poule c1)
ISBN 2-227-73810-3. *28,50 F / 4,34 €*

349 **N** **STINE R. L.** Concentré de cerveau. *Bayard Jeunesse, 2000.* (Passion de lire ; 63. Chair de poule c1)
ISBN 2-7470-0154-7. *29 F / 4,42 €*

350 **STINE R. L.** La confession. *J'ai lu, 1999.* (Peur bleue cF)
ISBN 2-290-05222-1. *26 F / 3,96 €*

351 **STINE R. L.** Le coup du lapin. *Bayard, 1998.* (Passion de lire ; 35. Chair de poule c1)
ISBN 2-227-73809-X. *28,50 F / 4,34 €*

352 **STINE R. L.** Coupés du monde. *J'ai lu, 1997.* (Peur bleue c2)
ISBN 2-290-14534-3. *26 F / 3,96 €*

353 **STINE R. L.** Danger, chat méchant !. *Bayard, 1998.* (Passion de lire ; 45. Chair de poule c1)
ISBN 2-227-73868-5. *29 F / 4,42 €*

354 **STINE R. L.** Dangereuses photos. *Bayard, 1995.* (Passion de lire ; 3. Chair de poule c1)
ISBN 2-227-72903-1. *28,50 F / 4,34 €*

355 **STINE R. L.** Dans la peau d'une autre. *J'ai lu, 1997.* (Peur bleue)
ISBN 2-290-14671-4. *26 F / 3,96 €*

10356 **STINE R. L.** Dans le silence de la nuit. 1. *J'ai lu, 1998.* (Peur bleue c2)
ISBN 2-290-15004-5. *26 F / 3,96 €*

10357 **STINE R. L.** Dans le silence de la nuit. 2. *J'ai lu, 1998.* (Peur bleue c2)
ISBN 2-290-15046-0. *26 F / 3,96 €*

10358 **A** **STINE R. L.** Danse mortelle. *J'ai lu, 2001.* (Peur bleue)
ISBN 2-290-30995-8

10359 **A** **STINE R. L.** Disparitions mystérieuses. *J'ai lu, 2001.* (Peur bleue)
ISBN 2-290-31271-1

10360 **STINE R. L.** L'école hantée. *Bayard, 1999.* (Passion de lire ; 47. Chair de poule c1)
ISBN 2-227-73867-7. *28,50 F / 4,34 €*

10361 **N** **STINE R. L.** L'élixir de la mort. *J'ai lu, 2001.* (Peur bleue cF)
ISBN 2-290-30908-7. *26 F / 3,96 €*

10362 **STINE R. L.** Les épouvantails de minuit. *Bayard, 1995.* (Passion de lire ; 9. Chair de poule c1)
ISBN 2-227-72911-2. *28,50 F / 4,34 €*

10363 **STINE R. L.** Le fantôme d'à côté. *Bayard, 1996.* (Passion de lire ; 16. Chair de poule c1)
ISBN 2-227-72925-2. *28,50 F / 4,34 €*

10364 **STINE R. L.** Le fantôme de l'auditorium. *Bayard, 1995.* (Passion de lire ; 12. Chair de poule c1)
ISBN 2-227-72913-9. *28,50 F / 4,34 €*

10365 **STINE R. L.** Le fantôme de la plage. *Bayard, 1995.* (Passion de lire ; 8. Chair de poule c1)
ISBN 2-227-72908-2. *28,50 F / 4,34 €*

10366 **STINE R. L.** Le fantôme décapité. *Bayard, 1997.* (Passion de lire ; 29. Chair de poule c1)
ISBN 2-227-72978-3. *28,50 F / 4,34 €*

10367 **N** **STINE R. L.** Les fantômes de la colo. Nouv. éd. *Bayard Jeunesse, 2001.* (Passion de lire ; 32. Chair de poule c1)
ISBN 2-7470-0152-0. *29 F / 4,42 €*

10368 **N** **STINE R. L.** La fête infernale. Nouv. éd. *Bayard Jeunesse, 2001.* (Passion de lire ; 54. Chair de poule c1)
ISBN 2-7470-0153-9. *29 F / 4,42 €*

10369 **N** **STINE R. L.** La fièvre de la pleine lune. *Bayard Jeunesse, 2001.* (Passion de lire ; 68. Chair de poule c1)
ISBN 2-7470-0013-3. *29 F / 4,42 €*

10370 **STINE R. L.** La fille qui criait au monstre. *Bayard, 1997.* (Passion de lire ; 26. Chair de poule c1)
ISBN 2-227-72968-6. *28,50 F / 4,34 €*

10371 **STINE R. L.** Film d'horreur. *Bayard, 1999.* (Passion de lire ; 52. Chair de poule c1)
ISBN 2-227-75701-9. *28,50 F / 4,34 €*

10372 **N** **STINE R. L.** Folle furieuse. *J'ai lu, 2001.* (Peur bleue cF)
ISBN 2-290-30922-2. *26 F / 3,96 €*

10373 **STINE R. L.** Le garçon d'à côté. *J'ai lu, 2000.* (Peur bleue cF)
ISBN 2-290-30058-6. *26 F / 3,96 €*

10374 **STINE R. L.** Halloween party. *J'ai lu, 1997.* (Peur bleue)
ISBN 2-290-14622-6. *26 F / 3,96 €*

10375 **N** **STINE R. L.** Halloween, une fête d'enfer. *Bayard Jeunesse, 2000.* (Passion de lire ; 65. Chair de poule c1)
ISBN 2-7470-0041-9. *28,50 F / 4,34 €*

10376 **STINE R. L.** L'homme qui donne la chair de poule : biographie. *Bayard, 1999.* (Passion de lire. Chair de poule c1)
ISBN 2-227-73856-1. *28,50 F / 4,34 €*

10377 **STINE R. L.** L'horloge maudite ; La nuit des pantins ; Terreur sous l'évier. *Bayard, 1998.* (Passion de lire. Chair de poule)
87 F / 13,26 €

10378 **STINE R. L.** L'horloge maudite. *Bayard, 1997.* (Passion de lire ; 24. Chair de poule c1)
ISBN 2-227-72957-0. *28,50 F / 4,34 €*

10379 **STINE R. L.** L'invasion des extra-terrestres. 1. *Bayard, 1999.* (Passion de lire ; 55. Chair de poule c1)
ISBN 2-227-75721-3. *29 F / 4,42 €*

10380 **STINE R. L.** L'invasion des extra-terrestres. 2. *Bayard, 1999.* (Passion de lire ; 56. Chair de poule ; 56 c1)
ISBN 2-227-75722-1. *29 F / 4,42 €*

10381 **STINE R. L.** Jeux de monstres ; Le loup-garou des marécages ; Menace de la forêt. *Bayard, 1998.* (Passion de lire. Chair de poule)
87 F / 13,26 €

10382 **STINE R. L.** Jeux de monstres. *Bayard, 1998.* (Passion de lire ; 36. Chair de poule c1)
ISBN 2-227-73808-1. *28,50 F / 4,34 €*

10383 **N** **STINE R. L.** Le jumeau diabolique. Nouv. éd. *Bayard Jeunesse, 2001.* (Passion de lire ; 51. Chair de poule c1)
ISBN 2-7470-0200-4. *29 F / 4,42 €*

10384 **A** **STINE R. L.** Kidnappés dans l'espace. *Bayard Jeunesse, 2001.* (Passion de lire ; 69. Chair de poule c1)
ISBN 2-7470-0117-2. *29 F / 4,42 €*

10385 **N** **STINE R. L.** Le labyrinthe infernal. *J'ai lu, 2000.* (Peur bleue cF)
ISBN 2-290-30417-4. *26 F / 3,96 €*

10386 **STINE R. L.** Leçons de piano et pièges mortels. *Bayard, 1996.* (Passion de lire ; 19. Chair de poule c1)
ISBN 2-227-72926-0. *28,50 F / 4,34 €*

10387 **STINE R. L.** Lettres anonymes. *J'ai lu, 1998.* (Peur bleue c2)
ISBN 2-290-14939-X. *26 F / 3,96 €*

10388 **N** **STINE R. L.** Un loup-garou dans la maison. *Bayard, 2000.* (Passion de lire ; 60. Chair de poule)
ISBN 2-227-75735-3. *29 F / 4,42 €*

10389 **STINE R. L.** Le loup-garou des marécages. *Bayard, 1996.* (Passion de lire ; 13. Chair de poule c1)
ISBN 2-227-72912-0. *28,50 F / 4,34 €*

10390 **STINE R. L.** La maison des morts. *Bayard, 1995.* (Passion de lire ; 6. Chair de poule c1)
ISBN 2-227-72902-3. *28,50 F / 4,34 €*

10391 **N** **STINE R. L.** La maison des murmures. *J'ai lu, 2000.* (Peur bleue cF)
ISBN 2-290-30301-1. *26 F / 3,96 €*

10392 **N** **STINE R. L.** La maison du diable. 1. *J'ai lu, 2000.* (Peur bleue cF)
ISBN 2-290-30451-4. *26 F / 3,96 €*

10393 **N** **STINE R. L.** La maison du diable. 2. *J'ai lu, 2000.* (Peur bleue cF)
ISBN 2-290-30452-2. *26 F / 3,96 €*

10394 **N** **STINE R. L.** La maison du diable. 3. *J'ai lu, 2000.* (Peur bleue cF)
ISBN 2-290-30453-0. *26 F / 3,96 €*

10395 **N** **STINE R. L.** La malédiction de la momie. Nouv. éd. *Bayard Jeunesse, 2001.* (Passion de lire ; 1. Chair de poule c1)
ISBN 2-7470-0187-3. *29 F / 4,42 €*

10396 **STINE R. L.** Le mangeur d'hommes. *Bayard, 1998.* (Passion de lire ; 41. Chair de poule c1)
ISBN 2-227-73824-3. *28,50 F / 4,34 €*

10397 **STINE R. L.** Le manoir de la terreur. *Bayard, 2000.* (Passion de lire ; 57. Chair de poule c1)
ISBN 2-227-75726-4. *29 F / 4,42 €*

10398 **STINE R. L.** Le masque hanté. *Bayard, 1995.* (Passion de lire ; 11. Chair de poule c1)
ISBN 2-227-72914-7. *28,50 F / 4,34 €*

10399 **STINE R. L.** Mauvais farceur. *J'ai lu, 1999.* (Peur bleue cF)
ISBN 2-290-05316-3. *26 F / 3,96 €*

10400 **STINE R. L.** Méfiez-vous des abeilles. Réimpr. *Bayard, 1999.* (Passion de lire ; 5. Chair de poule c1)
ISBN 2-227-72937-6. *29 F / 4,42 €*

10401 **STINE R. L.** La menace de la forêt. *Bayard, 1997.* (Passion de lire ; 33. Chair de poule c1)
ISBN 2-227-73807-3. *28,50 F / 4,34 €*

10402 **A** **STINE R. L.** Menaces de mort. *J'ai lu, 2001.* (Peur bleue)
ISBN 2-290-31232-0

10403 **N** **STINE R. L.** Mort de peur. *Bayard Jeunesse, 2000.* (Passion de lire ; 66. Chair de poule c1)
ISBN 2-7470-0012-5. *28,50 F / 4,34 €*

10404 **STINE R. L.** Les murs ont des oreilles. *J'ai lu, 1999.* (Peur bleue cF)
ISBN 2-290-05242-6. *26 F / 3,96 €*

10405 **STINE R. L.** Ne réveillez pas la momie !. *Bayard, 2000.* (Passion de lire ; 59. Chair de poule)
ISBN 2-227-75733-7. *29 F / 4,42 €*

0406 **N** **STINE R. L.** La nuit des pantins. Nouv. éd. *Bayard Jeunesse, 2001.* (Passion de lire ; 2. Chair de poule c1)
ISBN 2-7470-0149-0. *29 F / 4,42 €*

0407 **STINE R. L.** Nuits de cauchemars. *Bayard, 1998.* (Passion de lire ; 37. Chair de poule)
ISBN 2-227-73820-0. *28,50 F / 4,34 €*

0408 **STINE R. L.** Le pantin maléfique. *Bayard, 1996.* (Passion de lire ; 14. Chair de poule c1)
ISBN 2-227-72924-4. *28,50 F / 4,34 €*

0409 **STINE R. L.** Le parc de l'horreur. *Bayard, 1997.* (Passion de lire ; 25. Chair de poule c1)
ISBN 2-227-72963-5. *28,50 F / 4,34 €*

0410 **STINE R. L.** Pari mortel. *J'ai lu, 1997.* (Peur bleue cF)
ISBN 2-290-14518-1. *26 F / 3,96 €*

0411 **STINE R. L.** La peau du loup-garou. *Bayard, 1999.* (Passion de lire ; 50. Chair de poule c1)
ISBN 2-227-73857-X. *28,50 F / 4,34 €*

0412 **STINE R. L.** Photos de malheur. *Bayard, 1997.* (Passion de lire ; 31. Chair de poule c1)
ISBN 2-227-73801-4. *28,50 F / 4,34 €*

0413 **A** **STINE R. L.** Un poignard dans la nuit. *J'ai lu, 2001.* (Peur bleue)
ISBN 2-290-31160-X

0414 **STINE R. L.** Portrait d'outre-tombe. *J'ai lu, 1999.* (Peur bleue)
ISBN 2-290-05381-3. *26 F / 3,96 €*

0415 **N** **STINE R. L.** Premier rendez-vous. *J'ai lu, 2000.* (Peur bleue cF)
ISBN 2-290-30329-1. *26 F / 3,96 €*

0416 **N** **STINE R. L.** Prisonniers du miroir. Nouv. éd. *Bayard Jeunesse, 2001.* (Passion de lire ; 4. Chair de poule c1)
ISBN 2-7470-0150-4. *29 F / 4,42 €*

0417 **A** **STINE R. L.** Le regard du loup. *J'ai lu, 2001.* (Peur bleue)
ISBN 2-290-30996-6

0418 **STINE R. L.** Rescapées. *J'ai lu, 2000.* (Peur bleue cF)
ISBN 2-290-30059-4. *26 F / 3,96 €*

0419 **N** **STINE R. L.** Retour au parc de l'horreur. *Bayard Jeunesse, 2000.* (Passion de lire ; 62. Chair de poule c1)
ISBN 2-7470-0285-3. *29 F / 4,42 €*

0420 **STINE R. L.** Le retour du masque hanté ; Le fantôme de l'auditorium ; La rue maudite. *Bayard, 1998.* (Passion de lire. Chair de poule)
87 F / 13,26 €

0421 **STINE R. L.** Le retour du masque hanté. *Bayard, 1996.* (Passion de lire ; 23. Chair de poule c1)
ISBN 2-227-72960-0. *29 F / 4,42 €*

0422 **STINE R. L.** La rue maudite. *Bayard, 1997.* (Passion de lire ; 28. Chair de poule c1)
ISBN 2-227-72975-9. *29 F / 4,42 €*

10423 **STINE R. L.** Sang de monstre 2. *Bayard, 1999.* (Passion de lire ; 48. Chair de poule c1)
ISBN 2-227-73863-4. *28,50 F / 4,34 €*

10424 **STINE R. L.** Sang de monstre. *Bayard, 1998.* (Passion de lire ; 43. Chair de poule c1)
ISBN 2-227-73833-2. *29 F / 4,42 €*

10425 **STINE R. L.** Le secret. *J'ai lu, 1998.* (Malédictions; 2)(Peur bleue)
ISBN 2-290-04833-X. *22 F / 3,35 €*

10426 **N** **STINE R. L.** Secrets interdits. *J'ai lu, 2000.* (Peur bleue cF)
ISBN 2-290-30406-9. *26 F / 3,96 €*

10427 **A** **STINE R. L.** Un sommeil de plomb. Réimpr. *J'ai lu, 2001.* (Peur bleue)
ISBN 2-290-31162-6

10428 **STINE R. L.** Le souffle du vampire. *Bayard, 1998.* (Passion de lire ; 39. Chair de poule c1)
ISBN 2-227-73822-7. *28,50 F / 4,34 €*

10429 **STINE R. L.** Souhaits dangereux. *Bayard, 1996.* (Passion de lire ; 20. Chair de poule c1)
ISBN 2-227-72932-5. *28,50 F / 4,34 €*

10430 **N** **STINE R. L.** Sous hypnose. *J'ai lu, 2000.* (Peur bleue cF)
ISBN 2-290-30227-9. *26 F / 3,96 €*

10431 **N** **STINE R. L.** Sous l'oeil de l'écorcheur. *Bayard Jeunesse, 2000.* (Passion de lire ; 64. Chair de poule c1)
ISBN 2-7470-0155-5. *29 F / 4,42 €*

10432 **N** **STINE R. L.** Sous le signe de la peur. *J'ai lu, 2000.* (Peur bleue cF)
ISBN 2-290-30433-6. *26 F / 3,96 €*

10433 **STINE R. L.** Sous-sol interdit. *Bayard, 1996.* (Passion de lire ; 17. Chair de poule c1)
ISBN 2-227-72927-9. *28,50 F / 4,34 €*

10434 **STINE R. L.** Tapi dans l'ombre. *J'ai lu, 1999.* (Peur bleue c2)
ISBN 2-290-30380-1. *26 F / 3,96 €*

10435 **STINE R. L.** Tel est pris qui croyait prendre. *J'ai lu, 2000.* (Peur bleue cF)
ISBN 2-290-30023-3. *26 F / 3,96 €*

10436 **N** **STINE R. L.** Terreur pour la baby-sitter. *Pocket, 2000.* (Pocket junior ; 594. Frissons c4B)
ISBN 2-266-09979-5. *32 F / 4,88 €*

10437 **STINE R. L.** Terreur sous l'évier. *Bayard, 1996.* (Passion de lire ; 21. Chair de poule c1)
ISBN 2-227-72930-9. *29 F / 4,42 €*

10438 **STINE R. L.** Terrible internat. *Bayard, 1999.* (Passion de lire ; 49. Chair de poule c1)
ISBN 2-227-73875-8. *28,50 F / 4,34 €*

10439 **STINE R. L.** La tombe sauvage. *J'ai lu, 1997.* (Peur bleue)
ISBN 2-290-14530-0. *26 F / 3,96 €*

10440 **STINE R. L.** La tour de la terreur. *Bayard, 1996.* (Passion de lire ; 18. Chair de poule c1)
ISBN 2-227-72929-5. *28,50 F / 4,34 €*

10441 **STINE R. L.** La trahison. *J'ai lu, 1998.* (Malédictions; 1)(Peur bleue cF)
ISBN 2-290-14768-0. *26 F / 3,96 €*

10442 **STINE R. L.** Les vers contre-attaquent. *Bayard, 1998.* (Passion de lire ; 40. Chair de poule c1)
ISBN 2-227-73832-4. *28,50 F / 4,34 €*

10443 **N** **STINE R. L.** La vie en noir. *J'ai lu, 2000.* (Peur bleue cF)
ISBN 2-290-30416-6. *26 F / 3,96 €*

10444 **N** **STINE R. L.** La voiture hantée. *Bayard Jeunesse, 2000.* (Passion de lire ; 67. Chair de poule c1)
ISBN 2-7470-0015-X. *28,50 F / 4,34 €*

10445 **STINE R. L., TOLILA I.** Le pendentif maléfique. *J'ai lu, 2000.* (Peur bleue cF)
ISBN 2-290-30209-0. *26 F / 3,96 €*

10446 **STORR C.** Catchpole story. *Pocket Jeunesse, 1999.* (Pocket junior ; 451. Policier c4B)
ISBN 2-266-08992-7. *32 F / 4,88 €*

10447 **STORR C.** Encore Polly, encore le loup. *Pocket Jeunesse, 1996.* (Kid pocket ; 201 c4)
ISBN 2-266-08659-6. *30 F / 4,57 €*

10448 **STORR C.** Ils sont nuls ces héros!. *Pocket Jeunesse, 1995.* (Kid pocket ; 121 c4)
ISBN 2-266-05835-5. *26 F / 3,96 €*

10449 **STORR C.** Polly la futée et cet imbécile de loup. *Pocket Jeunesse, 1999.* (Kid pocket ; 67 c03)
ISBN 2-266-09547-1. *26 F / 3,96 €*

10450 **STORR C., MOUCHE L.** Biglouche. *Bayard, 1995.* (J'aime lire ; 94 c1)
ISBN 2-227-72707-1. *27 F / 4,12 €*

10451 **STOWE H. B.** La case de l'oncle Tom. Réimpr. *Gallimard-Jeunesse, 1992.* (Folio junior ; 658. Edition spéciale c6)
ISBN 2-07-051358-0. *41 F / 6,25 €*

10452 **STOWE H. B.** La case de l'oncle Tom. *Hachette-Jeunesse, 1996.* (Le livre de poche jeunesse ; 1103. Gai savoir c12)
ISBN 2-01-321445-6. *35 F / 5,34 €*

10453 **STRASSER T.** Journal d'Anakin Sywalker. *Pocket Jeunesse, 1999.* (Star Wars : Episode 1)(Pocket junior ; 521. Cinéma)
ISBN 2-266-09601-X. *32 F / 4,88 €*

10454 **N** **STRASSER T.** Piégé dans le corps d'une star. *Bayard Jeunesse, 2000.* (Passion de lire ; 228. Délires c1)
ISBN 2-227-75755-8. *28,50 F / 4,34 €*

10455 **N** **STRASSER T.** Piégé dans le corps de la dame de la cantine !. *Bayard Jeunesse, 2000.* (Passion de lire ; 232. Délires c1)
ISBN 2-7470-0039-7. *28,50 F / 4,34 €*

10456 **STRASSER T.** Piégé dans le corps de ma soeur !. *Bayard, 1999.* (Passion de lire ; 220. Délires c1)
ISBN 2-227-73828-6. *29 F / 4,42 €*

10457 **STRASSER T.** Piégé dans le corps du chien !. *Bayard, 1997.* (Passion de lire ; 211. Délires c1)
ISBN 2-227-72955-4. *29 F / 4,42 €*

10458 **STRASSER T.** Piégé dans le corps du Père Noël. *Bayard, 1999.* (Passion de lire ; 224. Délires c1)
ISBN 2-227-73877-4. *29 F / 4,42 €*

10459 **STRASSER T.** Piégé dans le corps du prof !. *Bayard, 1996.* (Passion de lire ; 202. Délires c1)
ISBN 2-227-72916-3. *29 F / 4,42 €*

10460 **STRASSER T.** Piégé dans le corps du prof de gym. *Bayard, 1998.* (Passion de lire ; 218. Délires c1)
ISBN 2-227-73805-7. *29 F / 4,42 €*

10461 **N** **STRASSER T.** Piégé dans le corps du proviseur. *Bayard Jeunesse, 2001.* (Passion de lire ; 234. Délires c1)
ISBN 2-7470-0157-1. *29 F / 4,42 €*

10462 **STRASSER T.** Piégé le jour de la rentrée !. *Bayard, 1997.* (Passion de lire ; 210. Délires c1)
ISBN 2-227-72923-6. *29 F / 4,42 €*

10463 **N** **STRASSER T.** Piégé le premier jour de la colo. Nouv. éd. *Bayard Jeunesse, 2001.* (Passion de lire ; 222. Délires c1)
ISBN 2-7470-0177-6. *29 F / 4,42 €*

10464 **STRASSER T.** Sauvez Willy. 3, D'après un scénario de John Matteson et des personnages de Keith A. Walker. *J'ai lu, 1997.* (J'ai lu ; 4771. Littérature générale c3)
ISBN 2-290-04771-6. *29 F / 4,42 €*

10465 **N** **STRAUSS L. L.** La fée Zoé. *Flammarion-Père Castor, 2000.* (Castor-Poche ; 779)
ISBN 2-08-164764-8. *29,50 F / 4,50 €*

10466 **STREIFF G.** Les pilleurs de fresques. *Magnard, 1999.* (Les policiers c1)
ISBN 2-210-97797-5. *43 F / 6,56 €*

10467 **N** **STREIFF G.** Train de nuit blanche. *Magnard, 2000.* (Les p'tits policiers)
ISBN 2-210-98040-2. *40 F / 6,10 €*

10468 **STRELCZYK J., SCHEFFLER A.** Tête de mule !. *Bayard, 1998.* (Les belles histoires ; 103 c1)
ISBN 2-227-72827-2. *27 F / 4,12 €*

10469 **STRELCZYK J., WENSELL U.** Le grand courage. *Bayard, 1997.* (Les belles histoires ; 93 c1)
ISBN 2-227-72817-5. *27 F / 4,12 €*

10470 **N** **STRELZYK J.** Quai de la pie. *Gallimard, 2000.* (Folio junior ; 1096 c3)
ISBN 2-07-054413-3. *30 F / 4,57 €*

10471 **STRONG J.** A bas les filles, à mort les garçons !. *Pocket Jeunesse, 1996.* (Kid pocket ; 254)
ISBN 2-266-05828-2. *30 F / 4,57 €*

10472 **STRONG J.** Gertrude, à l'abordage !. *Pocket Jeunesse, 1999.* (Kid pocket ; 507)
ISBN 2-266-08360-0. *30 F / 4,57 €*

10473 **STRONG J.** Princesse Karatéka. *Pocket Jeunesse, 1994.* (Kid pocket c4)
ISBN 2-266-05829-0. *30 F / 4,57 €*

10474 **STRONG J., SHARRATT N.** L'alligator de papa. *Pocket Jeunesse, 1997.* (Kid pocket ; 299)
ISBN 2-266-07545-4. *26 F / 3,96 €*

10475 **SUARD F.** Les aventures du chevalier Huon. Nouv. éd. *Flammarion-Père Castor, 2000.* (Castor-Poche ; 605. Senior c5)
ISBN 2-08-164710-9. *35,50 F / 5,41 €*

10476 **N** **Le surfeur de Tsunami :** six histoires de sports de mer. *Fleurus, 2000.* (Z'azimut)
ISBN 2-215-05143-4. *39 F / 5,95 €*

10477 **SURGET A.** L'assassin du Nil. *Flammarion-Père Castor, 1999.* (Castor-Poche ; 710. Senior c3)
ISBN 2-08-164598-X. *29,50 F / 4,50 €*

10478 **SURGET A.** L'attaque de l'ours. *Rageot, 1995.* (Cascade. 9-11 ans c1)
ISBN 2-7002-2323-3. *44 F / 6,71 €*

10479 **SURGET A.** Le bal des sorcières. Nouv. éd. *Rageot, 1999.* (Cascade. Contes)
ISBN 2-7002-2517-1. *42 F / 6,40 €*

10480 **N** **SURGET A.** Baleine blues. *Epigones, 2001.* (Paul Nature)
ISBN 2-7366-6054-4. *35 F / 5,34 €*

10481 **N** **SURGET A.** Le cavalier du Nil. *Flammarion-Père Castor, 2000.* (Junior ; 746. Roman-cheval)
ISBN 2-08-164756-7. *29,50 F / 4,50 €*

10482 **N** **SURGET A.** Un cheval pour totem. *Flammarion-Père Castor, 2000.* (Junior ; 747. Roman-cheval)
ISBN 2-08-164771-0. *25 F / 3,81 €*

10483 **N** **SURGET A.** Le cri du loup. *Epigones, 2001.* (Paul Nature ; 5)
ISBN 2-7366-6055-2. *35 F / 5,34 €*

10484 **SURGET A.** Les disparus de Fort Boyard. *Rageot, 1996.* (Cascade. 9-11 ans c1)
ISBN 2-7002-2396-9. *44 F / 6,71 €*

10485 **SURGET A.** Le Fils des loups. *Rageot, 1989.* (Cascade. 7-9 ans c1)
ISBN 2-7002-1036-0. *44 F / 6,71 €*

10486 **SURGET A.** Le gouffre aux fantômes. *Rageot, 1994.* (Cascade. 9-11 ans c1)
ISBN 2-7002-2079-X. *44 F / 6,71 €*

10487 **SURGET A.** La grande peur d'Halloween. *Rageot, 1999.* (Cascade. 7-9 ans)
ISBN 2-7002-2585-6. *44 F / 6,71 €*

10488 **SURGET A.** L'hôtel maudit. *Rageot, 1996.* (Cascade. Policier c2)
ISBN 2-7002-2370-5. *46 F / 7,01 €*

10489 **SURGET A.** Lous le fada. *Hachette-Jeunesse, 1996.* (Le livre de poche jeunesse ; 568. Junior c5)
ISBN 2-01-321299-2. *26,50 F / 4,04 €*

10490 **SURGET A.** Le maître des deux terres. *Flammarion-Père Castor, 2000.* (Castor-Poche ; 730. Senior c4)
ISBN 2-08-164660-9. *32,50 F / 4,95 €*

10491 **A** **SURGET A.** Ménès, premier pharaon d'Egypte. *Flammarion-Père Castor, 2001.* (Castor-Poche ; 806)
ISBN 2-08-160538-4. *49 F / 7,47 €*

10492 **N** **SURGET A.** La montagne aux gorilles. *Epigones, 2001.* (Paul Nature)
ISBN 2-7366-5802-7. *35 F / 5,34 €*

10493 **N** **SURGET A.** La nuit des kangourous. *Epigones, 2001.* (Paul Nature)
ISBN 2-7366-5804-3. *35 F / 5,34 €*

10494 **SURGET A.** Les nuits d'Halloween. *Magnard, 1998.* (Les fantastiques c1)
ISBN 2-210-97784-3. *43 F / 6,56 €*

10495 **SURGET A.** L'oeil d'Horus. *Flammarion-Père Castor, 1999.* (Castor-Poche ; 681. Senior)
ISBN 2-08-164502-5. *29,50 F / 4,50 €*

10496 **SURGET A.** Prisonnier de la rivière noire. *Rageot, 1997.* (Cascade. 11-13 ans c3)
ISBN 2-7002-2430-2. *48 F / 7,32 €*

10497 **SURGET A.** Quand on parle du loup. *Rageot, 1999.* (Cascade. Contes c1)
ISBN 2-7002-2523-6. *42 F / 6,40 €*

10498 **SURGET A.** La vallée des Masaï. *Hachette-Jeunesse, 1994.* (Le livre de poche jeunesse ; 514 c5)
ISBN 2-01-021232-0. *26,50 F / 4,04 €*

10499 **N** **SURGET A.** Le vol de l'aigle. *Epigones, 2001.* (Paul Nature)
ISBN 2-7366-5803-5. *35 F / 5,34 €*

10500 **SURGET A.** Le Voleur de pandas. *Rageot, 1992.* (Cascade c2)
ISBN 2-7002-1201-0. *45 F / 6,86 €*

10501 **SÜSKIND P.** L'histoire de monsieur Sommer. Réimpr. *Gallimard-Jeunesse, 1998.* (Folio junior ; 850 c5)
ISBN 2-07-056784-2. *36 F / 5,49 €*

10502 **SUTCLIFF R.** La pourpre du guerrier. Réimpr. *Gallimard-Jeunesse, 1999.* (Folio junior ; 776 c6)
ISBN 2-07-051979-1. *41 F / 6,25 €*

10503 **SWARTE V. d.** Le cirque de la lune. *Gallimard-Jeunesse, 1999.* (Page blanche ; 31 c4)
ISBN 2-07-051639-3. *32,50 F / 4,95 €*

10504 **SWARTE V. d.** La dernière corrida. *Pocket Jeunesse, 1999.* (Pocket junior ; 511)
ISBN 2-266-09463-7. *28 F / 4,27 €*

10505 **SWIFT J.** Voyages de Gulliver. *Hachette-Jeunesse, 1996.* (Bibliothèque verte ; 952. Verte aventure c5)
ISBN 2-01-209503-8. *26,50 F / 4,04 €*

10506 **N** **SWIFT J.** Les voyages de Gulliver. *Hachette-Jeunesse, 2000.* (Le livre de poche jeunesse. Gai savoir c12)
ISBN 2-01-321748-X. *35 F / 5,34 €*

10507 **SWIFT J., GRANDVILLE** Premier voyage de Gulliver : voyage à Lilliput. Réimpr. *Gallimard-Jeunesse, 1991.* (Folio junior ; 568. Edition spéciale c3)
ISBN 2-07-051429-3. *30 F / 4,57 €*

10508 **TABACHNIK M.** Brouillard d'Ecosse. *Albin Michel, 1999.* (Le Furet enquête ; 9 c1)
ISBN 2-226-09169-6. *35 F / 5,34 €*

10509 **N** **TABERN P.** Des pirates dans la ville. *Hachette-Jeunesse, 2000.* (Le livre de poche jeunesse ; 721. Junior c9)
ISBN 2-01-321762-5. *29 F / 4,42 €*

10510 **N** **TABERN P.** Les pirates se déchaînent. *Hachette-Jeunesse, 2001.* (Le livre de poche jeunesse. Junior)
ISBN 2-01-321812-5. *29 F / 4,42 €*

10511 **TALBERT M.** Le pélerinage de Chimayo. *Hachette-Jeunesse, 1997.* (Le livre de poche jeunesse ; 444. Junior c9)
ISBN 2-01-321410-3. *29 F / 4,42 €*

10512 **TARDIEU J.** Finissez vos phrases. *Gallimard-Jeunesse, 2000.* (Folio junior ; 1046. Théâtre c2)
ISBN 2-07-054135-5. *28 F / 4,27 €*

10513 **N** **TARDIEU J.** Jean Tardieu, un poète. Nouv. présentation. *Gallimard-Jeunesse, 2001.* (Folio junior. En poésie ; 16)
ISBN 2-07-054534-2. *32,50 F / 4,95 €*

10514 **TATE G.** L'Orient des croisades. *Gallimard, 1991.* (Découvertes ; 129. Histoire)
ISBN 2-07-053176-7. *90 F / 13,72 €*

10515 **TAYLOR A.** Poursuite fatale. *Rageot, 1993.* (Cascade. Policier c3)
ISBN 2-7002-2071-4. *48 F / 7,32 €*

10516 **TAYLOR M. D.** La Cadillac d'or. *Flammarion-Père Castor, 1992.* (Castor-Poche ; 385. Senior c2)
ISBN 2-08-162243-2. *25 F / 3,81 €*

10517 **TAYLOR M. D.** Le puits. Réimpr. *Flammarion-Père Castor, 1999.* (Castor-Poche ; 603. Senior c2)
ISBN 2-08-164607-2. *25 F / 3,81 €*

10518 **N** **TCHEKHOV A. P.** Aïe mes dents : et autres nouvelles. *Hachette-Jeunesse, 2000.* (Côté court ; 28)
ISBN 2-01-200584-5. *10 F / 1,52 €*

10519 **TEISSON J.** Taourama et le lagon bleu. *Syros, 1997.* (Souris sentiments ; 2)
ISBN 2-84146-437-7. *32 F / 4,88 €*

10520 **TEISSON J.** La valise oubliée. *Syros, 1998.* (Mini Souris sentiments c1)
ISBN 2-84146-597-7. *19 F / 2,90 €*

10521 **TEISSON J., DESSAILLY T.** Une vie de toutes les couleurs. Réimpr. *Actes Sud junior, 1999.* (Les contes philosophiques c1)
ISBN 2-7427-1932-6. *49 F / 7,47 €*

10522 **TEMPERLEY A.** Harry et les vieilles pommes. *Hachette-Jeunesse, 1999.* (Vertige ; 701. Fou rire c10)
ISBN 2-01-200012-6. *31 F / 4,73 €*

10523 **TEMPLE F.** Cette nuit on embarque. *Flammarion-Père Castor, 1999.* (Castor-Poche ; 709. Senior c4)
ISBN 2-08-164199-2. *32,50 F / 4,95 €*

10524 **TEMPLE F.** Quoi qu'il arrive. *Flammarion-Père Castor, 1995.* (Castor-Poche ; 525. Senior c4)
ISBN 2-08-164096-1. *32,50 F / 4,95 €*

10525 **TENG T.** Les racines de la forêt. *Hachette-Jeunesse, 1998.* (Vertige ; 1311. Cauchemar c10)
ISBN 2-01-209813-4. *31 F / 4,73 €*

10526 **TENNANT E., VOAKE C.** Le petit fantôme. *Gallimard-Jeunesse, 1998.* (Folio cadet ; 365 c6)
ISBN 2-07-050469-7. *41 F / 6,25 €*

10527 **TÉNOR A.** L'affaire du musée. *Magnard, 1999.* (Les p'tits policiers c1)
ISBN 2-210-98019-4. *40 F / 6,10 €*

10528 **TÉNOR A.** Alerte aux virulents. *Magnard, 2000.* (Les fantastiques c1)
ISBN 2-210-98407-6. *43 F / 6,56 €*

10529 **N** **TÉNOR A.** Le dernier des Templiers. *Hachette-Jeunesse, 2001.* (Le livre de poche jeunesse ; 747. Junior c6)
ISBN 2-01-321815-X. *27 F / 4,12 €*

10530 **N** **TÉNOR A.** L'épée mirandor. *Magnard, 2001.* (Les p'tits fantastiques)
ISBN 2-210-98048-8. *40 F / 6,10 €*

10531 **TÉNOR A.** L'étrangleur aux mains bleues. *Magnard, 1999.* (Les p'tits fantastiques)
ISBN 2-210-98013-5. *40 F / 6,10 €*

10532 **A** **TÉNOR A.** Jeux de surprise à la cour du Roi Soleil. *Gallimard-Jeunesse, 2001.* (Folio junior ; 1131. Drôles d'aventures ; 27 c3)
ISBN 2-07-054312-9. *30 F / 4,57 €*

10533 **A** **TÉNOR A.** Le voleur de destin. *Magnard, 2001.* (Les fantastiques)
43 F / 6,56 €

10534 **TERNAUX C.** Une affaire de lunettes. *Grasset, 1999.* (Lampe de poche ; 26. 7 ans et +)
ISBN 2-246-57261-4. *29 F / 4,42 €*

10535 **TERNAUX C.** Le secret de la Joconde. *Grasset, 1997.* (Lampe de poche ; 9)
ISBN 2-246-52751-1. *35 F / 5,34 €*

10536 **TERZI M.** Un problème à quatre pattes. *Pocket Jeunesse, 1995.* (Kid pocket ; 140 c4)
ISBN 2-266-05827-4. *30 F / 4,57 €*

10537 **THIÉBAUT O.** A feu et à sang. *Syros, 2000.* (Mini Souris noire c1)
ISBN 2-84146-789-9. *19 F / 2,90 €*

10538 **THIÉBAUT O.** Frères de sang. *Syros, 1998.* (Souris noire ; 15)
ISBN 2-84146-518-7. *32 F / 4,88 €*

10539 **THIEL H., BERTOLA P-A.** Hector. *Joie de lire, 1997.* (Récits)
ISBN 2-88258-096-7. *62 F / 9,45 €*

10540 **N** **THIELE C.** L'énigme du gouffre noir. Réimpr. *Flammarion-Père Castor, 2000.* (Castor-Poche ; 101. Junior c4)
ISBN 2-08-164731-1. *32,50 F / 4,95 €*

10541 **THIELE C.** Les fantômes de Klontarf. Nouv. éd. *Flammarion-Père Castor, 1998.* (Castor-Poche ; 330. Junior c5)
ISBN 2-08-164469-X. *35,50 F / 5,41 €*

10542 **THIELE C.** La Malédiction des opales. *Flammarion-Père Castor, 1989.* (Castor-Poche ; 252. Senior c7)
ISBN 2-08-161988-1. *45 F / 6,86 €*

10543 **THIELE C.** On l'appelait Tempête. Nouv. éd. *Flammarion-Père Castor, 1999.* (Castor-Poche ; 152 cA)
ISBN 2-08-164625-0. *19,50 F / 2,97 €*

10544 **THIELE C.** Le Requin fantôme. *Flammarion-Père Castor, 1993.* (Castor-Poche ; 412. Junior c7)
ISBN 2-08-162283-1. *45 F / 6,86 €*

10545 **THIÈS P.** Ali de Bassora, voleur de génie. *Gallimard-Jeunesse, 1996.* (Folio junior ; 771 c3)
ISBN 2-07-059540-4. *30 F / 4,57 €*

10546 **THIÈS P.** Contes des cinq coins du monde. *Hachette-Jeunesse, 1997.* (Le livre de poche jeunesse ; 616. Cadet c5)
ISBN 2-01-321511-8. *26,50 F / 4,04 €*

10547 **THIÈS P.** Dans les trous, on trouve tout. *Flammarion-Père Castor, 1998.* (Castor-Poche ; 658. Junior)
ISBN 2-08-164455-X. *19,50 F / 2,97 €*

10548 **THIÈS P.** Deux-Pieds et son dragon : et autres contes. *Hachette-Jeunesse, 1996.* (Le livre de poche jeunesse ; 561. Cadet c5)
ISBN 2-01-321369-7. *26,50 F / 4,04 €*

10549 **THIÈS P.** Les douze mois du ramoneur. *Hachette-Jeunesse, 1998.* (Le livre de poche jeunesse ; 639. Cadet)
ISBN 2-01-321617-3. *26,50 F / 4,04 €*

10550 **THIÈS P.** Je suis amoureux d'un tigre. Nouv. éd. *Syros, 1999.* (Mini Souris sentiments c1)
ISBN 2-84146-668-X. *19 F / 2,90 €*

10551 **THIÈS P.** Juliette cherche Roméo. *Rageot, 1999.* (Cascade. 11-13 ans c2)
ISBN 2-7002-2602-X. *46 F / 7,01 €*

10552 **THIÈS P.** Petit-Féroce champion de la jungle. *Rageot, 1994.* (Cascade. 7-9 ans c1)
ISBN 2-7002-2230-X. *44 F / 6,71 €*

10553 **THIÈS P.** Petit Féroce est un génie. *Rageot, 1990.* (Cascade c1)
ISBN 2-7002-1095-6. *44 F / 6,71 €*

10554 **THIÈS P.** Petit Féroce n'a peur de rien. *Rageot, 1989.* (Cascade. 7-9 ans c1)
ISBN 2-7002-1056-5. *44 F / 6,71 €*

10555 **THIÈS P.** Petit Féroce s'en va-t-en guerre. *Rageot, 1992.* (Cascade c1)
ISBN 2-7002-1204-5. *43 F / 6,56 €*

10556 **THIÈS P.** Petit Féroce va à l'école. *Rageot, 1993.* (Cascade. 7-9 ans c1)
ISBN 2-7002-2010-2. *44 F / 6,71 €*

10557 **N** **THIÈS P.** La princesse qui détestait les princes charmants. *Flammarion-Père Castor, 2000.* (Castor-Poche ; 781)
ISBN 2-08-164803-2. *19,50 F / 2,97 €*

10558 **THIÈS P.** Les sept fils de l'ogre. Nouv. éd. *Rageot, 1999.* (Cascade. Contes)
ISBN 2-7002-2521-X. *42 F / 6,40 €*

10559 **THIÈS P.** Signé Vendredi 13. *Rageot, 1991.* (Cascade. Policier c1)
ISBN 2-7002-1149-9. *44 F / 6,71 €*

10560 **THIÈS P.** Le sorcier aux loups. *Rageot, 1996.* (Cascade. Pluriel c1)
ISBN 2-7002-2393-4. *46 F / 7,01 €*

10561 **THIÈS P.** La Sorcière est dans l'ascenseur. *Rageot, 1993.* (Cascade. 7-9 ans c1)
ISBN 2-7002-0015-2. *44 F / 6,71 €*

10562 **N** **THIÈS P.** Zébulon la terreur. *Rageot, 2000.* (Cascade. 7-9 ans)
ISBN 2-7002-2671-2. *44 F / 6,71 €*

10563 **THOMAS-BILSTEIN J.** Arnaud le trapéziste. *Hemma, 2001.* (Mini-club ; 32)
ISBN 2-8006-1149-9. *21 F / 3,20 €*

10564 **THOMAS-BILSTEIN J.** La bête des sables. *Hemma, 2000.* (Livre club jeunesse ; 78)
ISBN 2-8006-7839-9. *26 F / 3,96 €*

10565 **THOMAS-BILSTEIN J.** Clairon, l'éléphant. *Hemma, 2001.* (Mini-club ; 46)
ISBN 2-8006-1414-5. *21 F / 3,20 €*

10566 **THOMAS-BILSTEIN J.** Nicolas et le trésor de l'arc-en-ciel. *Hemma, 2001.* (Mini-club ; 83)
ISBN 2-8006-6463-0. *21 F / 3,20 €*

10567 **THOMAS M.** On irait. *Gallimard-Jeunesse, 1999.* (Frontières ; 11 c5)
ISBN 2-07-052558-9. *36 F / 5,49 €*

10568 **THOMAS R.** Coupable!. *Flammarion-Père Castor, 1995.* (Castor-Poche ; 481. Junior c6)
ISBN 2-08-164073-2. *39 F / 5,95 €*

10569 **N** **THOMPSON K.** Éloïse à Noël. *Gallimard-Jeunesse, 2000.* (Folio cadet ; 408 c6)
ISBN 2-07-054217-3. *36 F / 5,49 €*

10570 **THOMPSON K.** Eloïse à Paris. *Gallimard-Jeunesse, 1999.* (Folio cadet ; 378 c7)
ISBN 2-07-052625-9. *44 F / 6,71 €*

10571 **THOMPSON K., KNIGHT H.** Eloïse. Réimpr. *Gallimard-Jeunesse, 1998.* (Folio cadet ; 357 c6)
ISBN 2-07-052125-7. *40 F / 6,10 €*

10572 **THOMSON J., SMITH M.** Le Talisman de la mort. Réimpr. *Gallimard-Jeunesse, 1997.* (Un Livre dont vous êtes le héros ; 289. Défis fantastiques c5)
ISBN 2-07-051458-7. *36 F / 5,49 €*

10573 **THOORENS L.** La horde d'or. *Labor, 1997.* (Espace nord junior ; 10)
ISBN 2-8040-1185-2. *42 F / 6,40 €*

10574 **THOORENS L.** Pontiac, prince de la prairie. *Labor, 1999.* (Espace nord junior ; 21 c2)
ISBN 2-8040-1399-5. *44 F / 6,71 €*

10575 **THOUARD J-L.** La bataille des marionnettes. *Gallimard-Jeunesse, 2000.* (Folio junior ; 1041. Drôles d'aventures ; 20 c3)
ISBN 2-07-052394-2. *30 F / 4,57 €*

10576 **TICHIT L., CLAUDE-LAFONTAINE P.** La souris qui ne savait pas dire non. *Bayard, 2000.* (Les belles histoires ; 115 c1)
ISBN 2-227-72847-7. *27 F / 4,12 €*

10577 **TICLI D.** Sept jours à Piro-Piro. *Hachette-Jeunesse, 1998.* (Le livre de poche jeunesse ; 643. Cadet c5)
ISBN 2-01-321570-3. *26,50 F / 4,04 €*

10578 **N** **TIGRANE** Jonathan et le secret des vignes. Réimpr. *Flammarion-Père Castor, 2000.* (Castor-Poche ; 547. Junior c4)
ISBN 2-08-164733-8. *32,50 F / 4,95 €*

10579 **TILLET P.** L'homme bleu. *Magnard, 1996.* (Les romans)
ISBN 2-210-97728-2. *48 F / 7,32 €*

10580 **N** **TIXIER J-M.** Le monde merveilleux des santons raconté aux enfants. *Autres temps, 2000.* (Temps jeunesse)
ISBN 2-84521-062-0. *85 F / 12,96 €*

10581 **TOLKIEN J. R. R.** Les Aventures de Tom Bombadil. *Pocket, 1992.* (Pocket ; 4628. Jeunesse c4)
ISBN 2-266-05263-2. *30 F / 4,57 €*

10582 **TOLKIEN J. R. R.** Bilbo le Hobbit. *Hachette-Jeunesse, 1983.* (Le livre de poche jeunesse ; 155. Junior c12)
ISBN 2-01-019907-3. *35 F / 5,34 €*

10583 **TOLKIEN J. R. R.** Contes et légendes inachevés. 1, Le premier âge. *Pocket, 1996.* (Pocket ; 2896. Best c3)
ISBN 2-266-07077-0. *26 F / 3,96 €*

10584 **TOLKIEN J. R. R.** Contes et légendes inachevés. 2, Le deuxième âge. *Pocket Jeunesse, 1996.* (Pocket junior ; 257. Références c3)
ISBN 2-266-07294-3. *26 F / 3,96 €*

10585 **TOLKIEN J. R. R.** Contes et légendes inachevés. 2, Le deuxième âge. *Pocket, 1996.* (Pocket ; 2658. Best c3)
ISBN 2-266-07078-9. *26 F / 3,96 €*

10586 **TOLKIEN J. R. R.** Contes et légendes inachevés. 3, Le troisième âge. *Pocket, 1995.* (Pocket ; 2898. Best)
ISBN 2-266-07079-7. *26 F / 3,96 €*

10587 **TOLKIEN J. R. R.** Fäerie. *Pocket, 1997.* (Pocket ; 4629. Jeunesse)
ISBN 2-266-08025-3. *30 F / 4,57 €*

10588 **TOLKIEN J. R. R.** Le seigneur des anneaux. 1, La communauté de l'Anneau. *Gallimard-Jeunesse, 2000.* (Folio junior ; 1054 c7)
ISBN 2-07-051579-6. *41 F / 6,25 €*

10589 **TOLKIEN J. R. R.** Le seigneur des anneaux. 2, Les deux tours. Réimpr. *Gallimard-Jeunesse, 2000.* (Folio junior ; 1055 c6)
ISBN 2-07-052268-7. *41 F / 6,25 €*

10590 **TOLKIEN J. R. R.** Le seigneur des anneaux. 3, Le retour du roi. *Gallimard-Jeunesse, 2000.* (Folio junior ; 1056 c6)
ISBN 2-07-052269-5. *41 F / 6,25 €*

10591 **TOLKIEN J. R. R.** Le Silmarillion. Réimpr. *Pocket, 1988.* (Pocket ; 2276. Jeunesse c6)
ISBN 2-266-02585-6. *38 F / 5,79 €*

10592 **TOLSTOÏ L.** Enfance et adolescence. *Hachette-Jeunesse, 1999.* (Le livre de poche jeunesse ; 1147. Gai savoir c12)
ISBN 2-01-321707-2. *35 F / 5,34 €*

10593 **TOMLINSON J., BOUR-CHOLLET C.** La chouette qui avait peur du noir. Réimpr. *Gallimard-Jeunesse, 1993.* (Folio cadet ; 288)
ISBN 2-07-052475-2. *44 F / 6,71 €*

10594 **TORGOV M.** Max Glick. *Flammarion-Père Castor, 1995.* (Castor-Poche ; 520. Senior c7)
ISBN 2-08-164102-X. *45 F / 6,86 €*

10595 **TORIYAMA A.** L'apprenti mangaka : l'art du manga. *Glénat, 1997.* (Manga c1)
ISBN 2-7234-2404-9. *42 F / 6,40 €*

10596 **TORRES O.** 15 contes d'Amérique latine. *Flammarion-Père Castor, 1998.* (Castor-Poche ; 669. Junior c2)
ISBN 2-08-164339-1. *25 F / 3,81 €*

10597 **TOUATI L-G.** Et puis je suis parti d'Oran. Nouv. éd. *Flammarion-Père Castor, 2000.* (Castor-Poche ; 107. Senior c4)
ISBN 2-08-164704-4. *32,50 F / 4,95 €*

10598 **TOUPET A.** Boîte à malices. *Magnard, 1999.* (Les p'tits policiers c1)
ISBN 2-210-98018-6. *40 F / 6,10 €*

10599 **A** **TOUPET A.** L'Enfant à l'étoile jaune. *Milan, 2001.* (Milan poche junior ; 43)
ISBN 2-7459-0249-0. *32 F / 4,88 €*

10600 **TOUPET A.** Fannie et la louve. *Hemma, 2001.* (Mini-club ; 37)
ISBN 2-8006-1234-7. *21 F / 3,20 €*

10601 **TOUPET A.** Rolph, fils de louve. *Hemma, 2001.* (Mini-club ; 48)
ISBN 2-8006-1445-5. *21 F / 3,20 €*

10602 **TOUPET A.** La vengeance du chat. *Magnard, 1998.* (Les policiers c1)
ISBN 2-210-97767-3. *43 F / 6,56 €*

10603 **TOUPET A.** La violon du diable. *Hemma, 2000.* (Livre club jeunesse ; 79)
ISBN 2-8006-7840-2. *26 F / 3,96 €*

10604 **TOURNEUR M., DUHÊME J.** La Grange à voile. *Gallimard-Jeunesse, 1992.* (Folio cadet ; 210 c5)
ISBN 2-07-052310-1. *36 F / 5,49 €*

10605 **TOURNIER M.** L'aire du muguet. Réimpr. *Gallimard-Jeunesse, 1998.* (Folio junior ; 240 c1)
ISBN 2-07-051618-0. *20 F / 3,05 €*

10606 **TOURNIER M.** Les contes du médianoche. *Gallimard-Jeunesse, 1999.* (Folio junior ; 553 c3)
ISBN 2-07-051813-2. *30 F / 4,57 €*

10607 **TOURNIER M.** La couleuvrine. *Gallimard-Jeunesse, 1999.* (Folio junior ; 999 c2)
ISBN 2-07-052826-X. *28 F / 4,27 €*

10608 **TOURNIER M.** Les rois mages. Réimpr. *Gallimard-Jeunesse, 1998.* (Folio junior ; 280 c3)
ISBN 2-07-051619-9. *30 F / 4,57 €*

10609 **TOURNIER M.** Sept contes. Réimpr. *Gallimard-Jeunesse, 1998.* (Folio junior ; 497. Edition spéciale c4)
ISBN 2-07-051430-7. *32,50 F / 4,95 €*

10610 **TOURNIER M.** Vendredi ou la Vie sauvage. Nouv. éd. *Flammarion-Père Castor, 1998.* (Castor-Poche ; 94 c3)
ISBN 2-08-164475-4. *29,50 F / 4,50 €*

10611 **TOURNIER M.** Vendredi ou la Vie sauvage. Réimpr. *Gallimard-Jeunesse, 1987.* (Folio junior ; 445. Edition spéciale c3)
ISBN 2-07-051329-7. *30 F / 4,57 €*

10612 **TOURNIER M., BOUR D.** Pierrot ou Les secrets de la nuit. Réimpr. *Gallimard-Jeunesse, 1998.* (Folio cadet ; 205 c4)
ISBN 2-07-051801-9. *32,50 F / 4,95 €*

10613 **TOURNIER M., LEMOINE G.** Barbedor. Réimpr. *Gallimard-Jeunesse, 1998.* (Folio cadet ; 172)
ISBN 2-07-052110-9. *32,50 F / 4,95 €*

10614 **N** **TOUSSAINT-SAMAT M.** Légendes et récits de la Gaule et des Gaulois. Nouv. éd. *Pocket Jeunesse, 2000.* (Pocket junior ; 156. Mythologies c5)
ISBN 2-266-11085-3. *35 F / 5,34 €*

10615 **N** **TOUTAIN S-C., JAGERSCHMIDT V.** Tempêtes et cyclones. *Milan, 2001.* (Carnets de nature ; 78 c1)
ISBN 2-7459-0138-9. *34 F / 5,18 €*

10616 **TOWNSEND J. R.** L'Oeil du témoin. *Flammarion-Père Castor, 1994.* (Castor-Poche ; 451. Senior c6)
ISBN 2-08-164006-6. *39 F / 5,95 €*

10617 **TOWNSEND J. R.** Les visiteurs du futur. Nouv. éd. *Flammarion-Père Castor, 1998.* (Castor-Poche ; 437. Senior c6)
ISBN 2-08-164373-1. *39 F / 5,95 €*

10618 **N** **TOWNSON H.** Kidnappé !. *Hachette-Jeunesse, 2000.* (Le livre de poche jeunesse. Cadet c5)
ISBN 2-01-321792-7. *26,50 F / 4,04 €*

10619 **TOWNSON H.** Le sac à désastre. *Pocket Jeunesse, 1999.* (Kid pocket ; 464 c3B)
ISBN 2-266-08505-0. *28 F / 4,27 €*

10620 **TOWSEND S.** Journal secret d'Adrien : 13 ans 3/4. *Hachette-Jeunesse, 1988.* (Mon bel oranger cK)
ISBN 2-01-016603-5. *33 F / 5,03 €*

10621 **TRACQUI V., GROSSON J.** Oiseaux des jardins. *Milan, 1995.* (Carnets de nature ; 3 c1)
ISBN 2-84113-144-0. *34 F / 5,18 €*

10622 **Trahir ou mourir ?.** *Bayard, 1999.* (Les aventuriers de l'histoire ; 904. Mysteria c1)
ISBN 2-227-74704-8. *29 F / 4,42 €*

10623 **TRAVERS P. L.** Mary Poppins. *Hachette-Jeunesse, 1981.* (Le livre de poche jeunesse ; 45. Cadet c9)
ISBN 2-01-321012-4. *29 F / 4,42 €*

10624 **TREASE G.** Des anges à la cave. *Flammarion-Père Castor, 1999.* (Castor-Poche ; 4311. Senior)
ISBN 2-08-164311-1. *29,50 F / 4,50 €*

10625 **TREIBER J.** Julia, apprentie comédienne. *Flammarion-Père Castor, 1994.* (Castor-Poche ; 442. Senior c4)
ISBN 2-08-164032-5. *32,50 F / 4,95 €*

10626 **TREMBATH D.** La mouche du coche. *Hachette-Jeunesse, 1999.* (Vertige ; 703. Fou rire c7)
ISBN 2-01-200013-4. *27,50 F / 4,19 €*

10627 **N** **Le trésor de la crypte.** *Bayard Jeunesse, 2000.* (Les aventuriers de l'histoire ; 808. Marcantour)
ISBN 2-227-74607-6. *29 F / 4,42 €*

10628 **Les trois petits cochons.** *Gallimard-Jeunesse, 1999.* (Folio cadet ; 299 c7)
ISBN 2-07-052478-7. *44 F / 6,71 €*

10629 **TROYAT H.** Aliocha. Nouv. éd. *Flammarion-Père Castor, 1998.* (Castor-Poche ; 381. Senior cE)
ISBN 2-08-164401-0. *32,50 F / 4,95 €*

10630 **TROYAT H.** La Gouvernante française. *Flammarion-Père Castor, 1992.* (Castor-Poche ; 368. Senior c4)
ISBN 2-08-162216-5. *32,50 F / 4,95 €*

10631 **TROYAT H.** La Neige en deuil. *Flammarion-Père Castor, 1994.* (Castor-Poche ; 422. Senior c4)
ISBN 2-08-164014-7. *32,50 F / 4,95 €*

10632 **TROYAT H.** Viou. Nouv. éd. *Flammarion-Père Castor, 1999.* (Castor-Poche ; 93 cE)
ISBN 2-08-164511-4. *32,50 F / 4,95 €*

10633 **TRUFFAUT F., MOUSSY M.** Les quatre cents coups. *Gallimard-Jeunesse, 1999.* (Folio junior ; 1002 c3)
ISBN 2-07-052819-7. *30 F / 4,57 €*

10634 **TWAIN M.** Les aventures d'Huckleberry Finn. Réimpr. *Gallimard-Jeunesse, 1999.* (Folio junior ; 230 c5)
ISBN 2-07-051625-3. *41 F / 6,25 €*

10635 **N** **TWAIN M.** Les aventures de Tom Sawyer. *Hachette-Jeunesse, 2000.* (Le livre de poche jeunesse ; 1155. Gai savoir c11)
ISBN 2-01-321797-8. *33 F / 5,03 €*

10636 **TWAIN M.** Les aventures de Tom Sawyer. Réimpr. *Gallimard-Jeunesse, 1998.* (Folio junior ; 449. Edition spéciale)
ISBN 2-07-051431-5. *36 F / 5,49 €*

10637 **N** **TWAIN M.** Journal d'Adam et journal d'Eve. *Hachette-Jeunesse, 2000.* (Côté court ; 33)
ISBN 2-01-200589-6. *10 F / 1,52 €*

10638 **TWAIN M.** Le prince et le pauvre. *Hachette-Jeunesse, 1996.* (Le livre de poche jeunesse ; 1112. Gai savoir c12)
ISBN 2-01-321463-4. *35 F / 5,34 €*

10639 **N** **UBAC C.** Truquemot le menteur. *Bayard Jeunesse, 2001.* (J'aime lire ; 141 c1)
ISBN 2-7470-0089-3. *27 F / 4,12 €*

10640 **UBAC C., CLAVELOUX N.** La sorcière amoureuse. *Bayard, 1997.* (J'aime lire ; 114 c1)
ISBN 2-227-72725-X. *27 F / 4,12 €*

10641 **UHLMAN F.** L'ami retrouvé. *Gallimard-Jeunesse, 1999.* (Folio junior ; 941. Edition spéciale c3)
ISBN 2-07-052430-2. *30 F / 4,57 €*

10642 **VACHER A.** Noulouk. Réimpr. *Gallimard-Jeunesse, 1999.* (Folio junior ; 358 c6)
ISBN 2-07-052295-4. *41 F / 6,25 €*

10643 **N** **VACHEY F.** Le monde des pieuvres géantes. Nouv. éd. *Flammarion-Père Castor, 2000.* (Castor-Poche ; 440. Junior cC)
ISBN 2-08-164725-7. *25 F / 3,81 €*

10644 **Vagues à Biarritz.** *Albin Michel, 1999.* (Le Furet enquête ; 10 c1)
ISBN 2-226-09088-6. *35 F / 5,34 €*

10645 **A** **VAILLANT E.** Faire face à la violence. *Milan, 2001.* (Les essentiels Milan junior ; 17)
ISBN 2-7459-0295-4. *28 F / 4,27 €*

10646 **N** **VAILLANT E.** Savoir faire face au racisme. *Milan, 2000.* (Les essentiels Milan junior ; 9)
ISBN 2-7459-0167-2. *28 F / 4,27 €*

10647 **N** **VALABRÈGUE J.** Le secret du scarabée d'or. *Milan, 2000.* (Milan poche junior ; 34)
ISBN 2-7459-0110-9. *28 F / 4,27 €*

10648 **VALENTE S.** Ma première boum. *Rageot, 1999.* (Cascade. 9-11 ans)
ISBN 2-7002-2607-0. *44 F / 6,71 €*

10649 **N** **VALENTE S.** Tous à la patinoire. *Rageot, 2000.* (Cascade. 9-11 ans)
ISBN 2-7002-2673-9. *44 F / 6,71 €*

10650 **VALÉRY F.** Les internautes : les portes du temps. *Magnard, 1998.* (Les fantastiques c1)
ISBN 2-210-97778-9. *43 F / 6,56 €*

10651 **N** **VALÉRY F.** Julien et l'envers-monde. *Magnard, 2001.* (Les p'tits fantastiques)
ISBN 2-210-98044-5. *40 F / 6,10 €*

10652 **VALÉRY F.** Julien et la télézapette. *Magnard, 1999.* (Les p'tits fantastiques)
ISBN 2-210-98012-7. *40 F / 6,10 €*

10653 **VALÉRY F.** Julien et le tamagotchi. *Magnard, 1998.* (Les p'tits fantastiques)
ISBN 2-210-97782-7. *40 F / 6,10 €*

10654 **VALÉRY F.** Le mystère du Caucase : les internautes. *Magnard, 1999.* (Les fantastiques c1)
ISBN 2-210-97794-0. *43 F / 6,56 €*

10655 **VALLÈS J.** L'enfant. Nouv. éd. *Flammarion-Père Castor, 1996.* (Castor-Poche ; 568. Senior c5)
ISBN 2-08-164213-1. *35,50 F / 5,41 €*

10656 **VALLET O.** Les grandes religions d'aujourd'hui. *Flammarion-Père Castor, 1998.* (Castor doc ; 23)
ISBN 2-08-163841-X. *38 F / 5,79 €*

10657 **N** **VALLET O.** La politique, d'où ça vient ?. *Flammarion-Père Castor, 2000.* (Castor doc ; 42. Junior)
ISBN 2-08-163856-8. *38 F / 5,79 €*

10658 **VALLON J., POMMIER M.** L'histoire d'Abraham. *Gallimard-Jeunesse, 1999.* (Folio benjamin ; 382. Les histoires de la Bible c4)
ISBN 2-07-052683-6. *32,50 F / 4,95 €*

10659 **VALLON J., POMMIER M.** L'histoire d'Ulysse et du cyclope. *Gallimard-Jeunesse, 1998.* (Folio benjamin ; 361. Les histoires de la mythologie c4)
ISBN 2-07-052176-1. *32,50 F / 4,95 €*

10660 **VALLON J., POMMIER M.** L'histoire de Caïn et Abel. *Gallimard-Jeunesse, 1998.* (Folio benjamin ; 336. Les histoires de la Bible)
ISBN 2-07-051750-0. *30 F / 4,57 €*

10661 **VALLON J., POMMIER M.** L'histoire de David et Goliath. *Gallimard-Jeunesse, 1998.* (Folio benjamin ; 337. Les histoires de la Bible)
ISBN 2-07-051751-9. *32,50 F / 4,95 €*

10662 **VALLON J., POMMIER M.** L'histoire de Jonas. *Gallimard-Jeunesse, 1997.* (Folio benjamin ; 316. Les histoires de la Bible c3)
ISBN 2-07-051477-3. *30 F / 4,57 €*

10663 **VALLON J., POMMIER M.** L'histoire de Joseph. *Gallimard-Jeunesse, 1997.* (Folio benjamin ; 315. Les histoires de la Bible c4)
ISBN 2-07-051476-5. *32,50 F / 4,95 €*

10664 **VALLON J., POMMIER M.** L'histoire de Krishna : un récit tiré de la mythologie indienne. *Gallimard-Jeunesse, 1998.* (Folio benjamin ; 342. Les histoires de la mythologie)
ISBN 2-07-051888-4. *30 F / 4,57 €*

10665 **VALLON J., POMMIER M.** L'histoire de la Création. *Gallimard-Jeunesse, 1999.* (Folio benjamin ; 383. Les histoires de la Bible c4)
ISBN 2-07-052684-4. *32,50 F / 4,95 €*

10666 **VALLON J., POMMIER M.** L'histoire de la tour de Babel. *Gallimard-Jeunesse, 1998.* (Folio benjamin ; 338. Les histoires de la Bible)
ISBN 2-07-051874-4. *30 F / 4,57 €*

10667 **VALLON J., POMMIER M.** L'histoire de Moïse. 1, Sauvé des eaux. *Gallimard-Jeunesse, 1998.* (Folio benjamin ; 335. Les histoires de la Bible)
ISBN 2-07-051749-7. *30 F / 4,57 €*

10668 **VALLON J., POMMIER M.** L'histoire de Moïse. 2, La sortie d'Egypte. *Gallimard-Jeunesse, 1998.* (Folio benjamin ; 359. Les histoires de la Bible c4)
ISBN 2-07-052174-5. *32,50 F / 4,95 €*

10669 **VALLON J., POMMIER M.** L'histoire de Moïse. 3, La rencontre au mont Sinaï. *Gallimard-Jeunesse, 1999.* (Folio benjamin ; 374. Les histoires de la Bible c4)
ISBN 2-07-052405-1. *32,50 F / 4,95 €*

10670 **N** **VALLON J., POMMIER M.** L'histoire de Rê, le dieu Soleil : un récit de la mythologie égyptienne. *Gallimard-Jeunesse, 2000.* (Folio benjamin ; 412. Les histoires de la mythologie c4)
ISBN 2-07-054374-9. *32,50 F / 4,95 €*

10671 **VALLON J., POMMIER M.** L'histoire de Romulus et Remus. *Gallimard-Jeunesse, 1999.* (Folio benjamin ; 375. Les histoires de la mythologie c3)
ISBN 2-07-052175-3. *30 F / 4,57 €*

10672 **VALLON J., POMMIER M.** L'histoire des douze travaux d'Hercule. *Gallimard-Jeunesse, 1998.* (Folio benjamin ; 340. Les histoires de la mythologie c4)
ISBN 2-07-051886-8. *32,50 F / 4,95 €*

10673 **VALLON J., POMMIER M.** L'histoire du roi Salomon. *Gallimard-Jeunesse, 1998.* (Folio benjamin ; 360. Les histoires de la Bible c4)
ISBN 2-07-052181-8. *32,50 F / 4,95 €*

10674 **VALLORANI N.** Achab et Azul. *Gallimard-Jeunesse, 1999.* (Page blanche ; 39 c3)
ISBN 2-07-052218-0. *30 F / 4,57 €*

10675 **N** **VALLVERDU J.** Vif-Argent. Réimpr. *Flammarion-Père Castor, 2000.* (Castor-Poche ; 248. Junior c4)
ISBN 2-08-164746-X. *32,50 F / 4,95 €*

10676 **N** **VALPIERRE** Qu'est-ce qui rôde ?. *Hachette-Jeunesse, 2000.* (Vertige ; 1126. Fantastique)
ISBN 2-01-200463-6. *29 F / 4,42 €*

10677 **VALPIERRE** Le tarot du diable. *Hachette-Jeunesse, 1997.* (Vertige ; 1120. Fantastique c9)
ISBN 2-01-209781-2. *29 F / 4,42 €*

10678 **VALPIERRE G.** Le rendez-vous du cauchemar. *Hachette-Jeunesse, 1996.* (Vertige ; 1105. Fantastique c10)
ISBN 2-01-209580-1. *31 F / 4,73 €*

10679 **N** **VAN BELLE A.** L'été où j'ai volé. *Gallimard-Jeunesse, 2000.* (Page blanche ; 61 c5)
ISBN 2-07-052743-3. *36 F / 5,49 €*

10680 **VAN STEENWYK E.** Trois chiens pour courir. *Flammarion-Père Castor, 1993.* (Castor-Poche ; 416. Junior c5)
ISBN 2-08-162268-8. *35,50 F / 5,41 €*

10681 **VAN WOERKOM D.** Perle et les ménestrels. Nouv. éd. *Flammarion-Père Castor, 1998.* (Castor-Poche ; 71. Junior c4)
ISBN 2-08-164356-1. *32,50 F / 4,95 €*

10682 **VANDE VELDE V.** Malédictions et co. *Hachette-Jeunesse, 1998.* (Vertige ; 1317. Cauchemar c9)
ISBN 2-01-209795-2. *29 F / 4,42 €*

10683 **VANDE VELDE V.** La nuit du vampire. *Hachette-Jeunesse, 1997.* (Vertige ; 1312. Cauchemar c9)
ISBN 2-01-209793-6. *29 F / 4,42 €*

10684 **VARLEY S.** Au revoir blaireau. Réimpr. *Gallimard-Jeunesse, 1998.* (Folio benjamin ; 145 c5)
ISBN 2-07-050649-5. *36 F / 5,49 €*

10685 **VARVASOVSZKY L.** Les clowns. *Gallimard-Jeunesse, 1997.* (Folio benjamin ; 151)
ISBN 2-07-050772-6. *36 F / 5,49 €*

10686 **VASCONCELOS J. M. d.** Allons réveiller le soleil. *Hachette-Jeunesse, 1989.* (Mon bel oranger cM)
ISBN 2-01-019668-6. *35 F / 5,34 €*

10687 **VASCONCELOS J-M. d.** Mon bel oranger. *Hachette-Jeunesse, 1979.* (Le livre de poche jeunesse ; 2 c10)
ISBN 2-01-013980-1. *31 F / 4,73 €*

10688 **VASCONCELOS J. M. d.** Le palais japonais. *Hachette-Jeunesse, 1999.* (Le livre de poche jeunesse ; 703. Junior c6)
ISBN 2-01-321733-1. *27 F / 4,12 €*

10689 **N** **VAUFREY C.** Une trouvaille d'enfer. *Syros, 2000.* (Souris verte ; 34)
ISBN 2-84146-868-2. *32 F / 4,88 €*

10690 **N** **VAUFREY C.** Un visa pour maman. *Syros, 2000.* (Souris sentiments ; 30 c2)
ISBN 2-84146-817-8. *32 F / 4,88 €*

10691 **VAUTHIER-BELLENGÉ G.** Qui suis-je au centre du zodiaque ?. *Joie de lire, 1995.* (Qui suis-je?)
ISBN 2-88258-056-8. *43 F / 6,56 €*

10692 **VAXELAIRE D.** En haut la liberté. *Flammarion-Père Castor, 1999.* (Castor-Poche ; 699. Senior c4)
ISBN 2-08-164530-0. *32,50 F / 4,95 €*

10693 **N** **VAXELAIRE D.** Les naufragés du ciel. *Flammarion-Père Castor, 2000.* (Castor-Poche ; 744. Senior)
ISBN 2-08-164531-9. *32,50 F / 4,95 €*

10694 **N** **VEDÈRE D'AURIA P.** La malédiction du volcan. *Magnard, 2001.* (Les p'tits fantastiques)
ISBN 2-210-98049-6. *40 F / 6,10 €*

10695 **N** **VEDÈRE D'AURIA P.** Un samedi en enfer. *Magnard, 2000.* (Les p'tits policiers)
ISBN 2-210-98036-4. *40 F / 6,10 €*

10696 **VELASCO J. L.** Intrigue au palais. Nouv. éd. *Flammarion-Père Castor, 1999.* (Castor-Poche ; 586. Senior cE)
ISBN 2-08-164515-7. *32,50 F / 4,95 €*

10697 **VENDAMME P.** Ernest ou le Passé composé. *Flammarion-Père Castor, 1990.* (Castor-Poche ; 275. Junior c1)
ISBN 2-08-162104-5. *19,50 F / 2,97 €*

10698 **VENDAMME P.** Sous la neige l'orchidée. Nouv. éd. *Flammarion-Père Castor, 2000.* (Castor-Poche ; 362. Junior c2)
ISBN 2-08-164705-2. *25 F / 3,81 €*

10699 **N** **Vengeance en direct :** six histoires de football. *Fleurus, 2000.* (Z'azimut)
ISBN 2-215-05160-4. *39 F / 5,95 €*

10700 **N** **VENISSE A.** Les brasiers de l'enfer. *Flammarion-Père Castor, 2000.* (La brigade des spectres)(Castor-Poche ; 752)
ISBN 2-08-164781-8. *29,50 F / 4,50 €*

10701 **VENISSE A.** Le camescope fantôme. *Magnard, 1996.* (Les fantastiques c1)
ISBN 2-210-97742-8. *43 F / 6,56 €*

10702 **N** **VENISSE A.** Fantômes en folie. *Flammarion-Père Castor, 2000.* (La brigade des spectres; 3)(Castor-Poche ; 752)
ISBN 2-08-164686-2. *29,50 F / 4,50 €*

10703 **VENISSE A.** Moi, Méphisto. *Grasset, 2000.* (Lampe de poche ; 40. 11 ans et +)
ISBN 2-246-59841-9. *42 F / 6,40 €*

10704 **N** **VENISSE A.** Ombres sur l'écran. *Flammarion, 2000.* (La brigade des spectres)(Castor-Poche ; 783)
ISBN 2-08-164782-6. *29,50 F / 4,50 €*

10705 **VENISSE A.** Pitié pour Belzébuth. *Magnard, 1998.* (Les policiers c1)
ISBN 2-210-97772-X. *43 F / 6,56 €*

10706 **A** **VENISSE A.** Le portrait maléfique. *Flammarion-Père Castor, 2001.* (La brigade des spectres; 6)(Castor-Poche ; 783)
ISBN 2-08-164783-4. *29,50 F / 4,50 €*

10707 **N** **VENISSE A.** Sortilèges au musée de cire. *Hachette-Jeunesse, 2000.* (Vertige ; 1329. Cauchemar c7)
ISBN 2-01-200058-4. *27,50 F / 4,19 €*

10708 **N** **VENISSE A.** Les tableaux ensanglantés. *Flammarion-Père Castor, 2000.* (La brigade des spectres; 2)(Castor-Poche ; 751)
ISBN 2-08-164668-4. *29,50 F / 4,50 €*

10709 **VENISSE A.** Troisième galaxie au fond du placard. *Hachette-Jeunesse, 1998.* (Vertige ; 1017. Science-fiction)
ISBN 2-01-209889-4. *27,50 F / 4,19 €*

10710 **N** **VENISSE A.** Le vidéodrome hanté. *Flammarion-Père Castor, 2000.* (La brigade des spectres; 1)(Castor-Poche ; 750)
ISBN 2-08-164600-5. *29,50 F / 4,50 €*

10711 **N** **VENULETH J.** Au pays d'Iqbal. *Magnard, 2001.* (Les p'tits fantastiques)
ISBN 2-210-98042-9. *40 F / 6,10 €*

10712 **VENULETH J.** La boutique du vieux Chinois. *Hachette-Jeunesse, 1997.* (Le livre de poche jeunesse ; 600. Junior c5)
ISBN 2-01-321453-7. *26,50 F / 4,04 €*

10713 **VENULETH J.** Carton rouge. Nouv. éd. *Flammarion-Père Castor, 1998.* (Castor-Poche ; 471. Junior c2)
ISBN 2-08-164362-6. *25 F / 3,81 €*

10714 **VENULETH J.** Juste un coin de ciel bleu. Nouv. éd. *Hachette-Jeunesse, 1999.* (Le livre de poche jeunesse ; 693. Junior c7)
ISBN 2-01-321647-5. *27,50 F / 4,19 €*

10715 **VENULETH J.** Les pierres du silence. *Hachette-Jeunesse, 1995.* (Le livre de poche jeunesse ; 527 c8)
ISBN 2-01-321609-2. *28 F / 4,27 €*

10716 **N** **VERLAINE P.** Mon premier Verlaine. *Milan, 2000.* (Milan poche junior ; 31)
ISBN 2-7459-0107-9. *24 F / 3,66 €*

10717 **VERLOMME H.** L'homme des vagues. Réimpr. *Gallimard-Jeunesse, 1997.* (Folio junior ; 797 c3)
ISBN 2-07-051525-7. *30 F / 4,57 €*

10718 **VERLOMME H.** Les Indiens de la Ville Lumière. *Gallimard-Jeunesse, 1997.* (Folio junior ; 798 c3)
ISBN 2-07-051526-5. *30 F / 4,57 €*

10719 **VERMOT M-S.** La fin d'un été. Nouv. éd. *Flammarion-Père Castor, 2000.* (Castor-Poche ; 504. Senior cA)
ISBN 2-08-164694-3. *19,50 F / 2,97 €*

10720 **VERMOT M-S.** Quatre de trop. Réimpr. *Flammarion-Père Castor, 1999.* (Castor-Poche ; 399. Junior c4)
ISBN 2-08-164604-8. *32,50 F / 4,95 €*

10721 **N** **VERNE J.** Autour de la Lune. *Hemma, 2000.* (Livre club jeunesse ; 74)
ISBN 2-8006-7349-4. *26 F / 3,96 €*

10722 **VERNE J.** Cinq semaines en ballon. Réimpr. *Gallimard-Jeunesse, 1999.* (Folio junior ; 126 c5)
ISBN 2-07-052286-5. *41 F / 6,25 €*

10723 **N** **VERNE J.** De la Terre à la Lune. *Hemma, 2000.* (Livre club jeunesse ; 73)
ISBN 2-8006-7348-6. *26 F / 3,96 €*

10724 **VERNE J.** De la terre à la Lune. Réimpr. *Gallimard-Jeunesse, 1999.* (Folio junior ; 651. Edition spéciale c6)
ISBN 2-07-051435-8. *41 F / 6,25 €*

10725 **N** **VERNE J.** Deux ans de vacances. *Hachette-Jeunesse, 2000.* (Le livre de poche jeunesse. Senior c10)
ISBN 2-01-321786-2. *31 F / 4,73 €*

10726 **VERNE J.** L'île mystérieuse. *Hachette-Jeunesse, 1996.* (Le livre de poche jeunesse ; 1114. Gai savoir c11)
ISBN 2-01-321462-6. *33 F / 5,03 €*

10727 **N** **VERNE J.** L'île mystérieuse. *Gallimard-Jeunesse, 2001.* (Folio junior ; 1126)
ISBN 2-07-059381-9. *44 F / 6,71 €*

10728 **VERNE J.** Michel Strogoff. 1. *Hemma, 1999.* (Livre club jeunesse ; 68)
ISBN 2-8006-6756-7. *26 F / 3,96 €*

10729 **N** **VERNE J.** Michel Strogoff. 2. *Hemma, 2000.* (Livre club jeunesse ; 69)
ISBN 2-8006-7344-3. *26 F / 3,96 €*

10730 **VERNE J.** Le tour du monde en 80 jours. *Hachette-Jeunesse, 1997.* (Le livre de poche jeunesse ; 1128. Gai savoir c13)
ISBN 2-01-321523-1. *35 F / 5,34 €*

10731 **VERNE J.** Le tour du monde en quatre-vingts jours. *Flammarion-Père Castor, 1996.* (Castor-Poche ; 539. Senior c4)
ISBN 2-08-164172-0. *32,50 F / 4,95 €*

10732 **VERNE J.** Le tour du monde en quatre-vingts jours. Réimpr. *Gallimard-Jeunesse, 1997.* (Folio junior ; 521. Edition spéciale c5)
ISBN 2-07-051436-6. *36 F / 5,49 €*

10733 **VERNE J.** Vingt mille lieues sous les mers. 1, Tour du monde sous-marin. Réimpr. *Gallimard-Jeunesse, 1998.* (Folio junior ; 738. Edition spéciale c5)
ISBN 2-07-051432-3. *36 F / 5,49 €*

10734 **VERNE J.** Vingt mille lieues sous les mers. 2. Réimpr. *Gallimard-Jeunesse, 1998.* (Folio junior ; 739. Edition spéciale c5)
ISBN 2-07-051433-1. *36 F / 5,49 €*

10735 **N** **VERNE J.** Vingt mille lieues sous les mers. *Hachette-Jeunesse, 2000.* (Le livre de poche jeunesse ; 727. Senior c14)
ISBN 2-01-321785-4. *37 F / 5,64 €*

10736 **VERNE J.** Voyage au centre de la Terre. *Hemma, 1996.* (Livre club jeunesse)
24 F / 3,66 €

10737 **VERNE J.** Voyage au centre de la Terre. *Hemma, 1996.* (Livre club jeunesse ; 49)
ISBN 2-8006-5240-3. *26 F / 3,96 €*

10738 **VERNE J., RIOU** Voyage au centre de la Terre. Réimpr. *Gallimard-Jeunesse, 1998.* (Folio junior ; 605. Edition spéciale)
ISBN 2-07-051437-4. *36 F / 5,49 €*

10739 **VERNES H.** Les chasseurs de dinosaures : une aventure de Bob Morane. *Labor, 1996.* (Espace nord junior ; 1)
ISBN 2-8040-1085-6. *34 F / 5,18 €*

10740 **VERNON R.** Echec et... maths. *Bayard, 1997.* (Passion de lire ; 307. Coeur grenadine c1)
ISBN 2-227-72996-1. *29 F / 4,42 €*

10741 **A** **VERNON R.** Le secret de Léa. *Bayard Jeunesse, 2001.* (Passion de lire ; 333. Coeur grenadine c1)
ISBN 2-7470-0228-4. *29 F / 4,42 €*

10742 **VÉRY P.** L'assassinat du Père Noël. Réimpr. *Gallimard-Jeunesse, 1989.* (Folio junior ; 544 c4)
ISBN 2-07-051817-5. *32,50 F / 4,95 €*

10743 **VÉRY P.** Les disparus de Saint-Agil. Réimpr. *Gallimard-Jeunesse, 1998.* (Folio junior ; 458. Edition spéciale)
ISBN 2-07-051347-5. *36 F / 5,49 €*

10744 **VÉRY P.** Les héritiers d'Avril. *Hachette-Jeunesse, 1996.* (Vertige ; 815. Policier c9)
ISBN 2-01-209779-0. *29 F / 4,42 €*

10745 **N** **Véto, mais pas trop :** six histoires de vétérinaires. *Fleurus, 2000.* (Z'azimut)
ISBN 2-215-05138-8. *39 F / 5,95 €*

10746 **VETTIER J.** Plongée fatale. *Albin Michel, 2000.* (Le Furet enquête ; 17 c1)
ISBN 2-226-11230-8. *35 F / 5,34 €*

10747 **VIAU E.** Planète verte, peur bleue. *Bayard Jeunesse, 1999.* (Envol ; 513 c1)
ISBN 2-227-72369-6. *29 F / 4,42 €*

10748 **N** **VIDAL N.** Le fil rouge. *Actes Sud junior, 2000.* (Les couleurs de l'histoire)
ISBN 2-7427-2967-4. *65 F / 9,91 €*

10749 **N** **VIDAL N.** Nam de la guerre. *Actes Sud junior, 2000.* (Les couleurs de l'histoire)
ISBN 2-7427-2968-2. *65 F / 9,91 €*

10750 **VIEIRA A.** Voyage autour de mon nom. *Joie de lire, 1997.* (Récits)
ISBN 2-88258-104-1. *75 F / 11,43 €*

10751 **VIEIRA A.** Les yeux d'Ana Marta. *Joie de lire, 2000.* (Récits)
ISBN 2-88258-173-4. *65 F / 9,91 €*

10752 **VIGNEAU R.** Bestiaire à Marie. *Eolienne, 2000.* (Patapoésie ; 1)
ISBN 2-911991-10-9. *46 F / 7,01 €*

10753 **N** **VILLARD M.** La cavale des petits poucets. *Syros, 2001.* (Souris noire ; 52 c1)
ISBN 2-84146-903-4. *32 F / 4,88 €*

10754 **VILLARD M.** Les doigts rouges. *Syros, 1997.* (Mini Souris noire c1)
ISBN 2-84146-420-2. *19 F / 2,90 €*

10755 **VILLARD M.** Rock machine. Nouv. éd. *Syros, 1999.* (Souris noire ; 34 c1)
ISBN 2-84146-684-1. *32 F / 4,88 €*

10756 **La ville des poètes :** 200 poèmes inédits. *Hachette-Jeunesse, 1997.* (Fleurs d'encre c12)
ISBN 2-01-321475-8. *35 F / 5,34 €*

10757 **La ville en poésie. Nouv. éd.** *Gallimard-Jeunesse, 2000.* (Folio junior ; 1057. En poésie ; 13 c4)
ISBN 2-07-052808-1. *32,50 F / 4,95 €*

10758 **Villes au bord du futur :** nouvelles. *Hachette-Jeunesse, 1997.* (Vertige ; 1013. Science-fiction c10)
ISBN 2-01-209782-0. *31 F / 4,73 €*

10759 **VINAVER M.** Les histoires de Rosalie. Nouv. éd;. *Flammarion-Père Castor, 2000.* (Castor-Poche ; 8 c4)
ISBN 2-08-164691-9. *32,50 F / 4,95 €*

10760 **A** **25 jours en mer.** *Fleurus, 2001.* (Z'azimut)
ISBN 2-215-05177-9. *39 F / 5,95 €*

10761 **Vingt poètes pour l'an 2000.** *Gallimard-Jeunesse, 1999.* (Folio junior ; 1010. En poésie c4)
ISBN 2-07-052921-5. *32,50 F / 4,95 €*

10762 **VIORST J., GALERON H.** Nicolas et tous ses fantômes. *Bayard, 1992.* (Les belles histoires ; 45 c1)
ISBN 2-227-72139-1. *27 F / 4,12 €*

10763 **VIRGILE** L'Enéide. *Hachette-Jeunesse, 1997.* (Le livre de poche jeunesse ; 1124. Gai savoir c11)
ISBN 2-01-321531-2. *33 F / 5,03 €*

10764 **VOAKE C.** M. Victor et le bébé. *Gallimard-Jeunesse, 1998.* (Folio benjamin ; 349 c2)
ISBN 2-07-059255-3. *28 F / 4,27 €*

10765 **VOAKE C.** Tigrou. *Gallimard-Jeunesse, 1999.* (Folio benjamin ; 378 c4)
ISBN 2-07-052679-8. *32,50 F / 4,95 €*

10766 **VOIGT C.** La Chanson de Dicey. Nouv. éd. *Flammarion-Père Castor, 1999.* (Castor-Poche ; 202 cl)
ISBN 2-08-164575-0. *45 F / 6,86 €*

10767 **VOIGT C.** Chipies !. *Flammarion-Père Castor, 1999.* (Castor-Poche ; 692. Senior)
ISBN 2-08-164245-X. *45 F / 6,86 €*

10768 **VOIGT C.** Dicey risque tout. Nouv. éd. *Flammarion-Père Castor, 2000.* (Castor-Poche ; 476. Senior cl)
ISBN 2-08-164701-X. *45 F / 6,86 €*

10769 **N** **VOIGT C.** L'enquête. Réimpr. *Flammarion-Père Castor, 2000.* (Castor-Poche ; 305. Senior c8)
ISBN 2-08-164744-3. *49 F / 7,47 €*

10770 **VOIGT C.** Une fille im-pos-si-ble. *Flammarion-Père Castor, 1999.* (Castor-Poche ; 337. Senior c7)
ISBN 2-08-164644-7. *45 F / 6,86 €*

10771 **VOIGT C.** Le héron bleu. Nouv. éd. *Flammarion-Père Castor, 1998.* (Castor-Poche ; 254. Senior cl)
ISBN 2-08-164435-5. *45 F / 6,86 €*

10772 **VOIGT C.** Samuel Tillerman. *Flammarion-Père Castor, 1992.* (Castor-Poche ; 390. Senior c8)
ISBN 2-08-162250-5. *49 F / 7,47 €*

10773 **N** **VOILIER C.** Les Cinq à la télévision : le Club des cinq, une nouvelle aventure des personnages créés par Enid Blyton. Nouv. présentation. *Hachette-Jeunesse, 2000.* (Bibliothèque rose ; 861 c3)
ISBN 2-01-200300-1. *25 F / 3,81 €*

10774 **VOILIER C.** Les Cinq au cap des tempêtes : une nouvelle aventure des personnages créés par Enid Blyton. Réimpr. *Hachette-Jeunesse, 1996.* (Bibliothèque rose ; 850 c5)
ISBN 2-01-019516-7. *26,50 F / 4,04 €*

10775 **VOILIER C.** Les Cinq aux rendez-vous du diable : une nouvelle aventure des personnages créés par Enid Blyton. *Hachette-Jeunesse, 1994.* (Bibliothèque rose ; 857 c7)
ISBN 2-01-209249-7. *26,50 F / 4,04 €*

10776 **N** **VOILIER C.** Les cinq dans la cité secrète : le club des cinq, une nouvelle aventure des personnages créés par Enid Blyton. *Hachette-Jeunesse, 2000.* (Bibliothèque rose ; 846)
ISBN 2-01-200299-4. *25 F / 3,81 €*

10777 **VOILIER C.** Les Cinq se mettent en quatre : une nouvelle aventure des personnages créés par Enid Blyton. *Hachette-Jeunesse, 1992.* (Bibliothèque rose ; 851 c7)
ISBN 2-01-019742-9. *26,50 F / 4,04 €*

10778 **N** **VOILIER C.** Les Cinq se mettent en quatre : une nouvelle aventure des personnages créés par Enid Blyton. Nouv. présentation. *Hachette-Jeunesse, 2000.* (Bibliothèque rose ; 851 c3)
ISBN 2-01-200301-X. *25 F / 3,81 €*

10779 **Vous avez dit bizarre ?.** *Hachette-Jeunesse, 1998.* (Courts toujours ! c17)
ISBN 2-01-209832-0. *49 F / 7,47 €*

10780 **Les voyages.** *Gallimard-Jeunesse, 1999.* (Folio junior ; 981. En poésie ; 10)
ISBN 2-07-052725-5. *36 F / 5,49 €*

10781 **WABBES M.** L'alphabet de Petit Lapin. *Sorbier, 1999.* (Petit Lapin)
ISBN 2-7320-3605-6. *25 F / 3,81 €*

10782 **WABBES M.** L'année de Petit Lapin. Réimpr. *Sorbier, 1999.* (Petit Lapin)
ISBN 2-7320-3409-6. *39 F / 5,95 €*

10783 **WABBES M.** L'anniversaire de Petit Lapin. Réimpr. *Sorbier, 1999.* (Petit Lapin)
ISBN 2-7320-3413-4. *19 F / 2,90 €*

10784 **WABBES M.** Une bonne journée. Réimpr. *Sorbier, 1999.* (Petit Lapin)
ISBN 2-7320-3610-2. *19 F / 2,90 €*

10785 **WABBES M.** Bonne nuit Petit Lapin. Réimpr. *Sorbier, 1999.* (Petit Lapin)
ISBN 2-7320-3415-0. *19 F / 2,90 €*

10786 **WABBES M.** Bonne nuit Petit Lapin. *Sorbier ; De Boeck-Wesmael, 1995.* (Petit Lapin)
ISBN 2-7320-3109-7. ISBN 2-7320-3109-7. *32 F / 4,88 €*

10787 **WABBES M.** Il neige Petit Lapin. Réimpr. *Sorbier, 1999.* (Petit Lapin)
ISBN 2-7320-3414-2. *19 F / 2,90 €*

10788 **WABBES M.** Il neige Petit Lapin. Nouv. éd. *Sorbier ; De Boeck-Wesmael, 1995.* (Petit Lapin)
ISBN 2-7320-3108-9. ISBN 2-7320-3108-9. *32 F / 4,88 €*

10789 **N** **WABBES M.** J'aime Noël. Nouv. éd. *Sorbier, 2000.* (Petit Lapin)
ISBN 2-7320-3659-5. *79 F / 12,04 €*

10790 **WABBES M.** Le jardin de Petit Lapin. Réimpr. *Sorbier, 1999.* (Petit Lapin)
ISBN 2-7320-3412-6. *19 F / 2,90 €*

10791 **WABBES M.** Le Jardin de Petit Lapin. Nouv. éd. *Sorbier*; *De Boeck-Wesmael, 1995.* (Petit Lapin)
ISBN 2-7320-3106-2. ISBN 2-7320-3106-2. *32 F / 4,88 €*

10792 **WABBES M.** Pluchkine. *Gallimard-Jeunesse, 1999.* (Folio benjamin ; 377 c2)
ISBN 2-07-052694-1. *28 F / 4,27 €*

10793 **WABBES M.** Les vacances de Petit Lapin. Réimpr. *Sorbier, 1999.* (Petit Lapin)
ISBN 2-7320-3408-8. *19 F / 2,90 €*

10794 **N** **WAGNEUR A.** La classe connaît la musique. *Gallimard-Jeunesse, 2000.* (Folio junior ; 1110 c3)
ISBN 2-07-054271-8. *30 F / 4,57 €*

10795 **N** **WAHL J., SHEBAN C.** J'ai vu un dinosaure. *Gallimard-Jeunesse, 2000.* (Folio benjamin ; 401 c3)
ISBN 2-07-054086-3. *30 F / 4,57 €*

10796 **WALKER N.** Ce soir, à la patinoire. Nouv. éd. *Flammarion-Père Castor, 1999.* (Castor-Poche. Senior ; 355 cE)
ISBN 2-08-164653-6. *32,50 F / 4,95 €*

10797 **WALKER N.** Ceinture noire. Nouv. éd. *Flammarion-Père Castor, 1999.* (Castor-Poche ; 496. Senior cE)
ISBN 2-08-164619-6. *32,50 F / 4,95 €*

10798 **N** **WALKER N.** Entorse à la patinoire. Nouv. éd. *Flammarion-Père Castor, 2000.* (Castor-Poche ; 431. Senior cE)
ISBN 2-08-164723-0. *32,50 F / 4,95 €*

10799 **WALLACE R.** Un match pas comme les autres. *Hachette-Jeunesse, 1998.* (Le livre de poche jeunesse ; 652 c10)
ISBN 2-01-321639-4. *31 F / 4,73 €*

10800 **WALLER J.** Le peuple des égoûts. *Hachette-Jeunesse, 1998.* (Vertige ; 1318. Cauchemar c11)
ISBN 2-01-209814-2. *33 F / 5,03 €*

10801 **WALT DISNEY PRODUCTIONS** Les 101 dalmatiens. *Disney Hachette, 1994.* (Ciné-Poche c1)
ISBN 2-230-00136-1. *23 F / 3,51 €*

10802 **WALT DISNEY PRODUCTIONS** Aladdin. *Disney Hachette, 1993.* (Ciné-Poche c1)
ISBN 2-230-00272-4. *23 F / 3,51 €*

10803 **WALT DISNEY PRODUCTIONS** Aladdin. *Disney Hachette, 1993.* (Disney lecture ; 14. Rouge c1)
ISBN 2-230-00270-8. *31 F / 4,73 €*

10804 **WALT DISNEY PRODUCTIONS** Alice au pays des merveilles. *Disney Hachette, 1994.* (Disney lecture ; 20. Rouge c1)
ISBN 2-230-00365-8. *31 F / 4,73 €*

10805 **WALT DISNEY PRODUCTIONS** Alice au pays des merveilles. *Disney Hachette, 1996.* (Ciné-Poche)
ISBN 2-230-00122-1. *23 F / 3,51 €*

10806 **WALT DISNEY PRODUCTIONS** Animaux en péril. *Disney Hachette, 1999.* (Collection mystère ; 13 c1)
ISBN 2-230-00959-1. *26 F / 3,96 €*

10807 **WALT DISNEY PRODUCTIONS** Les Aristochats. *Disney Hachette, 1992.* (Disney lecture ; 7. Rouge)
ISBN 2-230-00185-X. *31 F / 4,73 €*

10808 **WALT DISNEY PRODUCTIONS** Les aristochats. *Disney Hachette, 1994.* (Ciné-Poche c1) *23 F / 3,51 €*

10809 **WALT DISNEY PRODUCTIONS** Arnacadabra. *Disney Hachette, 1997.* (Collection mystère ; 5 c1)
ISBN 2-230-00811-0. *26 F / 3,96 €*

10810 **A** **WALT DISNEY PRODUCTIONS** Atlantide, l'empire perdu. *Disney Hachette, 2001.* (Disney lecture ; 25. Rouge c1)
ISBN 2-230-01284-3. *31 F / 4,73 €*

10811 **N** **WALT DISNEY PRODUCTIONS** Les aventures de Tigrou et de son ami Winnie l'ourson. *Disney Hachette, 2000.* (Disney lecture ; 40. Rouge c1)
ISBN 2-230-01150-2. *31 F / 4,73 €*

10812 **WALT DISNEY PRODUCTIONS** Bambi. *Disney Hachette, 1996.* (Ciné-Poche c1)
ISBN 2-230-00123-X. *23 F / 3,51 €*

10813 **WALT DISNEY PRODUCTIONS** La Belle au bois dormant. *Disney Hachette, 1994.* (Disney lecture ; 16. Rouge c1)
ISBN 2-230-00369-0. *31 F / 4,73 €*

10814 **WALT DISNEY PRODUCTIONS** La Belle au bois dormant. *Disney Hachette, 1996.* (Ciné-Poche c1)
ISBN 2-230-00124-8. *23 F / 3,51 €*

10815 **WALT DISNEY PRODUCTIONS** La Belle et la bête. *Disney Hachette, 1992.* (Ciné-Poche)
ISBN 2-230-00165-5. *23 F / 3,51 €*

10816 **WALT DISNEY PRODUCTIONS** La Belle et la bête. *Disney Hachette, 1992.* (Disney lecture ; 8. Rouge c1)
ISBN 2-230-00146-9. *31 F / 4,73 €*

10817 **WALT DISNEY PRODUCTIONS** La Belle et le clochard. *Disney Hachette, 1992.* (Ciné-Poche c1)
ISBN 2-230-00125-6. *23 F / 3,51 €*

10818 **WALT DISNEY PRODUCTIONS** La belle et le clochard. *Disney Hachette, 1997.* (Disney lecture ; 34. Rouge c1)
ISBN 2-230-00710-6. *31 F / 4,73 €*

10819 **WALT DISNEY PRODUCTIONS** Bernard et Bianca au pays des kangourous. *Disney Hachette, 1992.* (Ciné-Poche c1)
ISBN 2-230-00138-8. *23 F / 3,51 €*

10820 **WALT DISNEY PRODUCTIONS** Bernard et Bianca. *Disney Hachette, 1997.* (Ciné-Poche ; 26 c1)
ISBN 2-230-00713-0. *23 F / 3,51 €*

10821 **WALT DISNEY PRODUCTIONS** Blanche-Neige. *Disney Hachette, 1992.* (Disney lecture ; 3. Rouge c1)
ISBN 2-230-00145-0. *31 F / 4,73 €*

10822 **WALT DISNEY PRODUCTIONS** Blanche Neige. *Disney Hachette, 1996.* (Ciné-Poche c1)
ISBN 2-230-00126-4. *23 F / 3,51 €*

10823 **WALT DISNEY PRODUCTIONS** Le bossu de Notre-Dame. *Disney Hachette, 1996.* (Ciné-Poche ; 25 c1)
ISBN 2-230-00576-6. *23 F / 3,51 €*

10824 **WALT DISNEY PRODUCTIONS** Le bossu de Notre-Dame. *Disney Hachette, 1996.* (Disney lecture ; 32. Rouge c1)
ISBN 2-230-00573-1. *31 F / 4,73 €*

10825 **WALT DISNEY PRODUCTIONS** Casses en cascade. *Disney Hachette, 1997.* (Collection mystère ; 1 c1)
ISBN 2-230-00731-9. *26 F / 3,96 €*

10826 **WALT DISNEY PRODUCTIONS** Les Castors Juniors et la carte mystérieuse. *Disney Hachette, 1996.* (Disney lecture ; 30. Rouge c1)
ISBN 2-230-00618-5. *31 F / 4,73 €*

10827 **WALT DISNEY PRODUCTIONS** Cauchemar dans la brume. *Disney Hachette, 1999.* (Collection mystère ; 14 c1)
ISBN 2-230-00993-1. *26 F / 3,96 €*

10828 **WALT DISNEY PRODUCTIONS** Cendrillon. *Disney Hachette, 1992.* (Disney lecture ; 1. Rouge c1)
ISBN 2-230-00147-7. *31 F / 4,73 €*

10829 **WALT DISNEY PRODUCTIONS** Cendrillon. *Disney Hachette, 1996.* (Ciné-Poche c1)
ISBN 2-230-00127-2. *23 F / 3,51 €*

10830 **N** **WALT DISNEY PRODUCTIONS** Les 102 dalmatiens. *Disney Hachette, 2001.* (Disney lecture. Rouge c1)
ISBN 2-230-01296-7. *31 F / 4,73 €*

10831 **WALT DISNEY PRODUCTIONS** Les 101 dalmatiens. *Disney Hachette, 1997.* (Novelisation ; 2 c1)
ISBN 2-230-00661-4. *31 F / 4,73 €*

10832 **WALT DISNEY PRODUCTIONS** Les 101 dalmatiens. *Disney Hachette, 1994.* (Disney lecture ; 15. Rouge c1)
ISBN 2-230-00366-6. *31 F / 4,73 €*

10833 **WALT DISNEY PRODUCTIONS** Le charme maléfique. *Disney Hachette, 1999.* (Collection mystère ; 16 c1)
ISBN 2-230-00994-X. *26 F / 3,96 €*

10834 **WALT DISNEY PRODUCTIONS** La chasse au trésor. *Disney Hachette, 1999.* (Collection mystère ; 12 c1)
ISBN 2-230-00915-X. *26 F / 3,96 €*

10835 **WALT DISNEY PRODUCTIONS** Le cirque maudit. *Disney Hachette, 1998.* (Collection mystère ; 9 c1)
ISBN 2-230-00873-0. *26 F / 3,96 €*

10836 **WALT DISNEY PRODUCTIONS** Davy Crockett à Fort Alamo. *Disney Hachette, 1995.* (Disney lecture ; 24. Rouge c1)
ISBN 2-230-00461-1. *31 F / 4,73 €*

10837 **WALT DISNEY PRODUCTIONS** Davy Crockett et le roi du fleuve. *Disney Hachette, 1995.* (Disney lecture ; 22. Rouge c1)
ISBN 2-230-00460-3. *31 F / 4,73 €*

10838 **WALT DISNEY PRODUCTIONS** Davy Crockett et les pirates. *Disney Hachette, 1995.* (Disney lecture ; 23. Rouge c1)
ISBN 2-230-00459-X. *31 F / 4,73 €*

10839 **WALT DISNEY PRODUCTIONS** Dingo aux jeux Olympiques. *Disney Hachette, 1993.* (Disney lecture ; 11. Rouge)
ISBN 2-230-00225-2. *31 F / 4,73 €*

10840 **WALT DISNEY PRODUCTIONS** Dingo et Max. *Disney Hachette, 1996.* (Disney lecture ; 29. Rouge c1)
ISBN 2-230-00604-5. *31 F / 4,73 €*

10841 **N** **WALT DISNEY PRODUCTIONS** Dinosaure. *Disney Hachette, 2000.* (Disney lecture. Rouge c1)
ISBN 2-230-01180-4. *31 F / 4,73 €*

10842 **WALT DISNEY PRODUCTIONS** Dumbo. *Disney Hachette, 1996.* (Ciné-Poche c1)
ISBN 2-230-00128-0. *23 F / 3,51 €*

10843 **N** **WALT DISNEY PRODUCTIONS** Enfants en danger. *Disney Hachette, 2000.* (Collection mystère ; 24 c1)
ISBN 2-230-01044-1. *26 F / 3,96 €*

10844 **N** **WALT DISNEY PRODUCTIONS** Enlèvement à la colo. *Disney Hachette, 2000.* (Collection mystère ; 26 c1)
ISBN 2-230-01142-1. *26 F / 3,96 €*

10845 **WALT DISNEY PRODUCTIONS** Les fantômes se déchaînent. *Disney Hachette, 1997.* (Collection mystère ; 2 c1)
ISBN 2-230-00734-3. *26 F / 3,96 €*

10846 **N** **WALT DISNEY PRODUCTIONS** Faux billets, vrais voleurs. *Disney Hachette, 2000.* (Collection mystère ; 22 c1)
ISBN 2-230-01054-9. *26 F / 3,96 €*

10847 **WALT DISNEY PRODUCTIONS** Festival de canailles. *Disney Hachette, 1997.* (Collection mystère ; 6 c1)
ISBN 2-230-00735-1. *26 F / 3,96 €*

10848 **WALT DISNEY PRODUCTIONS** Genius, champion olympique. *Disney Hachette, 1996.* (Disney lecture ; 29. Rouge c1)
ISBN 2-230-00622-3. *31 F / 4,73 €*

10849 **WALT DISNEY PRODUCTIONS** Halloween. *Disney Hachette, 1999.* (Collection mystère ; 18 c1)
ISBN 2-230-01056-5. *26 F / 3,96 €*

10850 **WALT DISNEY PRODUCTIONS** Hercule. *Disney Hachette, 1997.* (Ciné-Poche ; 27 c1)
ISBN 2-230-00666-5. *23 F / 3,51 €*

10851 **WALT DISNEY PRODUCTIONS** Hercule. *Disney Hachette, 1997.* (Disney lecture ; 35. Rouge c1)
ISBN 2-230-00669-X. *31 F / 4,73 €*

10852 **WALT DISNEY PRODUCTIONS** L'honneur de la tribu. *Disney Hachette, 1999.* (Disney lecture ; 37. Rouge c1)
ISBN 2-230-00992-3. *31 F / 4,73 €*

10853 **N** **WALT DISNEY PRODUCTIONS** Joyeux Noël. *Disney Hachette, 2000.* (Collection mystère ; 28 c1)
ISBN 2-230-01079-4. *26 F / 3,96 €*

10854 **A** **WALT DISNEY PRODUCTIONS** Kuzco : l'empereur mégalo. *Disney Hachette, 2001.* (Disney lecture ; 25. Rouge c1)
ISBN 2-230-01297-5. *31 F / 4,73 €*

10855 **WALT DISNEY PRODUCTIONS** Le livre de la jungle. *Disney Hachette, 1993.* (Disney lecture ; 12. Rouge c1)
ISBN 2-230-00235-X. *31 F / 4,73 €*

10856 **WALT DISNEY PRODUCTIONS** Le livre de la jungle. *Disney Hachette, 1992.* (Ciné-Poche c1)
ISBN 2-230-00129-9. *23 F / 3,51 €*

10857 **WALT DISNEY PRODUCTIONS** Le maître des miroirs. *Disney Hachette, 1999.* (Collection mystère ; 17 c1)
ISBN 2-230-00996-6. *26 F / 3,96 €*

10858 **WALT DISNEY PRODUCTIONS** Mary Poppins. *Disney Hachette, 1994.* (Disney lecture ; 19. Rouge c1)
ISBN 2-230-00367-4. *31 F / 4,73 €*

10859 **WALT DISNEY PRODUCTIONS** Merlin l'enchanteur. *Disney Hachette, 1992.* (Ciné-Poche)
ISBN 2-230-00166-3. *23 F / 3,51 €*

10860 **WALT DISNEY PRODUCTIONS** Merlin l'enchanteur. *Disney Hachette, 1996.* (Disney lecture ; 31. Rouge c1)
ISBN 2-230-00617-7. *31 F / 4,73 €*

10861 **WALT DISNEY PRODUCTIONS** Mickey au pays des géants. *Disney Hachette, 1992.* (Disney lecture ; 5. Rouge c1)
ISBN 2-230-00143-4. *31 F / 4,73 €*

10862 **WALT DISNEY PRODUCTIONS** Mickey et ses amis. *Disney Hachette, 1993.* (Disney lecture ; 13. Rouge c1)
ISBN 2-230-00268-6. *31 F / 4,73 €*

10863 **WALT DISNEY PRODUCTIONS** Mickey superstar. *Disney Hachette, 1992.* (Disney lecture ; 4. Rouge c1)
ISBN 2-230-00144-2. *31 F / 4,73 €*

10864 **WALT DISNEY PRODUCTIONS** Mission secrète. *Disney Hachette, 1997.* (Collection mystère ; 3 c1)
ISBN 2-230-00733-5. *26 F / 3,96 €*

10865 **WALT DISNEY PRODUCTIONS** Mort subite. *Disney Hachette, 1998.* (Collection mystère ; 7 c1)
ISBN 2-230-00871-4. *26 F / 3,96 €*

10866 **WALT DISNEY PRODUCTIONS** Mulan. *Disney Hachette, 1998.* (Disney lecture. Rouge c1)
ISBN 2-230-00859-5. *31 F / 4,73 €*

10867 **WALT DISNEY PRODUCTIONS** Mulan. *Disney Hachette, 1998.* (Ciné-Poche c1)
ISBN 2-230-00863-3. *23 F / 3,51 €*

10868 **WALT DISNEY PRODUCTIONS** Mystère dans le futur. *Disney Hachette, 1998.* (Collection mystère ; 11 c1)
ISBN 2-230-00916-8. *26 F / 3,96 €*

10869 **WALT DISNEY PRODUCTIONS** Oliver et compagnie. *Disney Hachette, 1992.* (Ciné-Poche c1)
ISBN 2-230-00166-3. *23 F / 3,51 €*

10870 **WALT DISNEY PRODUCTIONS** Oliver et Compagnie. *Disney Hachette, 1997.* (Disney lecture ; 33. Rouge c1)
ISBN 2-230-00709-2. *31 F / 4,73 €*

10871 **WALT DISNEY PRODUCTIONS** Panique au collège. *Disney Hachette, 1998.* (Collection mystère ; 8 c1)
ISBN 2-230-00872-2. *26 F / 3,96 €*

10872 **WALT DISNEY PRODUCTIONS** Peter Pan. *Disney Hachette, 1992.* (Disney lecture ; 2. Rouge c1)
ISBN 2-230-00148-5. *31 F / 4,73 €*

10873 **WALT DISNEY PRODUCTIONS** Peter Pan. *Disney Hachette, 1994.* (Ciné-Poche c1)
ISBN 2-230-00131-0. *23 F / 3,51 €*

10874 **WALT DISNEY PRODUCTIONS** La petite sirène. *Disney Hachette, 1993.* (Disney lecture ; 10. Rouge c1)
ISBN 2-230-00234-1. *31 F / 4,73 €*

10875 **WALT DISNEY PRODUCTIONS** La petite sirène. *Disney Hachette, 1992.* (Ciné-Poche c1)
ISBN 2-230-00135-3. *23 F / 3,51 €*

10876 **WALT DISNEY PRODUCTIONS** Picsou et le fantôme. *Disney Hachette, 1992.* (Disney lecture ; 6. Rouge c1)
ISBN 2-230-00142-6. *31 F / 4,73 €*

10877 **WALT DISNEY PRODUCTIONS** Picsou fait le tour du monde. *Disney Hachette, 1994.* (Disney lecture ; 17. Rouge c1)
ISBN 2-230-00370-4. *31 F / 4,73 €*

10878 **WALT DISNEY PRODUCTIONS** Pinocchio. *Disney Hachette, 1995.* (Disney lecture ; 25. Rouge c1)
ISBN 2-230-00457-3. *31 F / 4,73 €*

10879 **WALT DISNEY PRODUCTIONS** Pinocchio. *Disney Hachette, 1992.* (Ciné-Poche c1)
ISBN 2-230-00132-9. *23 F / 3,51 €*

10880 **WALT DISNEY PRODUCTIONS** Pocahontas, une légende indienne. *Disney Hachette, 1995.* (Ciné-Poche)
ISBN 2-230-00445-X. *23 F / 3,51 €*

10881 **WALT DISNEY PRODUCTIONS** Pocahontas, une légende indienne. *Disney Hachette, 1995.* (Disney lecture ; 26. Rouge c1)
ISBN 2-230-00458-1. *31 F / 4,73 €*

10882 **WALT DISNEY PRODUCTIONS** Le Prince et le Pauvre. *Disney Hachette, 1992.* (Ciné-Poche c1)
ISBN 2-230-00137-X. *23 F / 3,51 €*

10883 **N** **WALT DISNEY PRODUCTIONS** Prisonniers de l'ombre. *Disney Hachette, 2001.* (Collection mystère ; 35 c1)
ISBN 2-230-00960-3. *26 F / 3,96 €*

10884 **WALT DISNEY PRODUCTIONS** Robin des bois. *Disney Hachette, 1992.* (Ciné-Poche)
ISBN 2-230-00167-1. *23 F / 3,51 €*

10885 **WALT DISNEY PRODUCTIONS** Le roi lion. *Disney Hachette, 1994.* (Ciné-Poche)
ISBN 2-230-00417-4. *23 F / 3,51 €*

10886 **WALT DISNEY PRODUCTIONS** Le roi lion. *Disney Hachette, 1994.* (Disney lecture ; 21. Rouge c1)
ISBN 2-230-00421-8 (rron) 2-230-00421-2. *31 F / 4,73 €*

10887 **WALT DISNEY PRODUCTIONS** Rox et Rouky. *Disney Hachette, 1994.* (Ciné-Poche c1)
ISBN 2-230-00133-7. *23 F / 3,51 €*

10888 **N** **WALT DISNEY PRODUCTIONS** Ruse au musée. *Disney Hachette, 2000.* (Collection mystère ; 27 c1)
ISBN 2-230-01101-4. *26 F / 3,96 €*

10889 **WALT DISNEY PRODUCTIONS** Sale affaire. *Disney Hachette, 1997.* (Collection mystère ; 4 c1)
ISBN 2-230-00736-X. *26 F / 3,96 €*

10890 **WALT DISNEY PRODUCTIONS** Les savants fous. *Disney Hachette, 1998.* (Collection mystère ; 10 c1)
ISBN 2-230-00917-6. *26 F / 3,96 €*

10891 **N** **WALT DISNEY PRODUCTIONS** Le secret du temple. *Disney Hachette, 2000.* (Collection mystère ; 23 c1)
ISBN 2-230-01057-3. *26 F / 3,96 €*

10892 **WALT DISNEY PRODUCTIONS** SOS animaux. *Disney Hachette, 2000.* (Collection mystère ; 19 c1)
ISBN 2-230-01055-7. *26 F / 3,96 €*

10893 **WALT DISNEY PRODUCTIONS** Super Noël : d'après un scénario de Leo Benvenuti et Steve Rudnick. *Disney Hachette, 1995.* (Disney lecture ; 27. Rouge c1)
ISBN 2-230-00516-2. *31 F / 4,73 €*

10894 **WALT DISNEY PRODUCTIONS** Tarzan. *Disney Hachette, 1999.* (Ciné-Poche c1)
ISBN 2-230-01035-2. *23 F / 3,51 €*

10895 **WALT DISNEY PRODUCTIONS** Tarzan. *Disney Hachette, 1999.* (Disney lecture. Rouge c1)
ISBN 2-230-01038-7. *31 F / 4,73 €*

10896 **WALT DISNEY PRODUCTIONS** Terreur sur le Net. *Disney Hachette, 2000.* (Collection mystère ; 21 c1)
ISBN 2-230-01043-3. *26 F / 3,96 €*

10897 **WALT DISNEY PRODUCTIONS** Toy story 2. *Disney Hachette, 2000.* (Disney lecture. Rouge c1)
ISBN 2-230-01099-9. *31 F / 4,73 €*

10898 **WALT DISNEY PRODUCTIONS** Toy story. *Disney Hachette, 1996.* (Novelisation ; 1)
ISBN 2-230-00554-5. *31 F / 4,73 €*

10899 **WALT DISNEY PRODUCTIONS** Les trois petits cochons et le grand méchant loup. *Disney Hachette, 1993.* (Disney lecture ; 9. Rouge)
ISBN 2-230-00242-2. *31 F / 4,73 €*

10900 **WALT DISNEY PRODUCTIONS** Les trois petits cochons font la fête. *Disney Hachette, 1994.* (Disney lecture ; 18. Rouge c1)
ISBN 2-230-00368-2. *31 F / 4,73 €*

10901 **WALT DISNEY PRODUCTIONS** La vallée maudite. *Disney Hachette, 1999.* (Collection mystère ; 15 c1)
ISBN 2-230-00995-8. *26 F / 3,96 €*

10902 **N** **WALT DISNEY PRODUCTIONS** Le voilier fantôme. *Disney Hachette, 2000.* (Collection mystère c1)
ISBN 2-230-01078-6. *26 F / 3,96 €*

10903 **WALT DISNEY PRODUCTIONS** Vol 815 pour Mickeyville. *Disney Hachette, 2000.* (Collection mystère ; 20 c1)
ISBN 2-230-01042-5. *26 F / 3,96 €*

10904 **WALT DISNEY PRODUCTIONS** Winnie l'ourson. *Disney Hachette, 1992.* (Ciné-Poche c1)
ISBN 2-230-00134-5. *23 F / 3,51 €*

10905 **WALTER M. P., MILLET D., MILLET C.** Ma maman a besoin de moi. *Bayard, 1992.* (Les belles histoires ; 36 c1)
ISBN 2-227-72142-1. *27 F / 4,12 €*

10906 **WALTER N.** Ca chauffe à la maison. *Rageot, 2000.* (Cascade. 9-11 ans)
ISBN 2-7002-2639-9. *44 F / 6,71 €*

10907 **WALUSZEK C.** Le secret du marionnettiste. *Gallimard-Jeunesse, 1999.* (Page blanche ; 33)
ISBN 2-07-051598-2. *49 F / 7,47 €*

10908 **WATELET V.** La quête du Graal. *Hemma, 1997.* (Livre club jeunesse ; 62)
ISBN 2-8006-5899-1. *26 F / 3,96 €*

10909 **WATERFIELD R.** Planète rebelle. Réimpr. *Gallimard-Jeunesse, 1997.* (Un Livre dont vous êtes le héros ; 336. Défis fantastiques c5)
ISBN 2-07-050927-3. *36 F / 5,49 €*

10910 **WATERFIELD R.** Le voleur de vie. Réimpr. *Gallimard-Jeunesse, 1997.* (Un Livre dont vous êtes le héros ; 745. Défis fantastiques ; 54 c5)
ISBN 2-07-050928-1. *36 F / 5,49 €*

10911 **WEBSTER J.** Papa-longues-jambes. Réimpr. *Gallimard-Jeunesse, 1993.* (Folio junior ; 692 c5)
ISBN 2-07-051978-3. *36 F / 5,49 €*

10912 **N** **WEEKS S.** Garçon normal cherche parents. *Hachette-Jeunesse, 2000.* (Vertige ; 705. Fou rire c6)
ISBN 2-01-200495-4. *27 F / 4,12 €*

10913 **A** **WEISS D. C., WEISS B. J.** Une journée d'enfer. *Pocket Jeunesse, 2001.* (Sabrina, l'apprentie sorcière; 7)(Pocket séries ; 708)
ISBN 2-266-11162-0

10914 **N** **WEISS D. C., WEISS B. J.** Une rentrée pas ordinaire. *Pocket Jeunesse, 2000.* (Sabrina, l'apprentie sorcière; 1)(Pocket séries ; 639 c3B)
ISBN 2-266-10599-X. *28 F / 4,27 €*

10915 **A** **WEISS D. C., WEISS B. J.** Un week-end très mouvementé. *Pocket Jeunesse, 2001.* (Sabrina, l'apprentie sorcière; 6)(Pocket séries ; 686 c3B)
ISBN 2-266-10998-7. *28 F / 4,27 €*

10916 **WELLS H. G.** La Guerre des mondes. *Gallimard-Jeunesse, 1990.* (Folio junior ; 567. Edition spéciale)
ISBN 2-07-033567-4. *36 F / 5,49 €*

10917 **WELLS H. G.** L'homme invisible. Réimpr. *Hachette-Jeunesse, 1996.* (Le livre de poche jeunesse ; 39 c10)
ISBN 2-01-020436-0. *31 F / 4,73 €*

10918 **WELLS H. G.** L'île du docteur Moreau. Réimpr. *Gallimard-Jeunesse, 2000.* (Folio junior ; 557 c4)
ISBN 2-07-054109-6. *32,50 F / 4,95 €*

10919 **WELLS H. G.** La machine à explorer le temps. Réimpr. *Gallimard-Jeunesse, 1998.* (Folio junior ; 614. Edition spéciale)
ISBN 2-07-051439-0. *36 F / 5,49 €*

10920 **N** **WELLS R.** Chut, chut, Charlotte. Réimpr. *Gallimard-Jeunesse, 2000.* (Folio benjamin ; 1 c3)
ISBN 2-07-054223-8. *30 F / 4,57 €*

10921 **WELLS R.** Le sac à disparaitre. Réimpr. *Gallimard-Jeunesse, 1997.* (Folio benjamin ; 35 c4)
ISBN 2-07-050654-1. *32,50 F / 4,95 €*

10922 **A** **WERNECK L.** Le voleur de bicyclette. *Syros, 2001.* (Mini Souris sentiments c1)
ISBN 2-84146-924-7. *19 F / 2,90 €*

10923 **WERNEK L.** Ma grand-mère d'ailleurs. *Syros, 1999.* (Mini Souris sentiments c1)
ISBN 2-84146-666-3. *19 F / 2,90 €*

10924 **WERNER N., LAVRO K.** Le Noël du grand loup. *Bayard, 1999.* (Les belles histoires ; 114 c1)
ISBN 2-227-72837-X. *27 F / 4,12 €*

10925 **WESTALL R.** La double vie de Figgis. *Hachette-Jeunesse, 1997.* (Le livre de poche jeunesse ; 615. Senior c8)
ISBN 2-01-321541-X. *28 F / 4,27 €*

10926 **WESTALL R.** L'Odyssée d'un chat noir. *Hachette-Jeunesse, 1994.* (Bibliothèque verte ; 930. Verte aventure ; 930 cJ)
ISBN 2-01-020080-2. *31 F / 4,73 €*

10927 **WESTALL R.** Le vagabond. *Gallimard-Jeunesse, 1998.* (Folio junior ; 930 c4)
ISBN 2-07-052296-2. *32,50 F / 4,95 €*

10928 **WESTALL R., BANUS T.** Le maléfice de Muncaster ; suivi de Brangwyn Gardens. *Hachette-Jeunesse, 1997.* (Le livre de poche jeunesse ; 623. Senior c9)
ISBN 2-01-321518-5. *29 F / 4,42 €*

10929 **WESTALL R., DURUAL C.** Le fantôme de Noël ; suivi de Le chat de Noël. *Hachette-Jeunesse, 1996.* (Le livre de poche jeunesse ; 594. Cadet c5)
ISBN 2-01-321360-3. *26,50 F / 4,04 €*

10930 **N** **WESTON M.** Jojo n'a plus peur de l'eau. Nouv. éd. *Pocket Jeunesse, 2000.* (Kid pocket ; 380 c03)
ISBN 2-266-10530-2. *26 F / 3,96 €*

10931 **WEULERSSE O.** L'Arlequin de Venise. *Hachette-Jeunesse, 1994.* (Le livre de poche jeunesse ; 494 c11)
ISBN 2-01-019896-4. *33 F / 5,03 €*

10932 **WEULERSSE O.** Le Cavalier de Bagdad. *Hachette-Jeunesse, 1988.* (Le livre de poche jeunesse ; 262. Junior c10)
ISBN 2-01-020367-4. *31 F / 4,73 €*

10933 **WEULERSSE O.** Le messager d'Athènes. *Hachette-Jeunesse, 1998.* (Le livre de poche jeunesse ; 194 c9)
ISBN 2-01-014435-X. *29 F / 4,42 €*

10934 **WEULERSSE O.** L'oasis enchantée. *Pocket Jeunesse, 1998.* (Kid pocket ; 272 c04)
ISBN 2-266-08637-5. *30 F / 4,57 €*

10935 **WEULERSSE O.** Les pilleurs de sarcophages. Réimpr. *Hachette-Jeunesse, 1999.* (Le livre de poche jeunesse ; 191 c10)
ISBN 2-01-014541-0. *31 F / 4,73 €*

10936 **WEULERSSE O.** Le secret du papyrus. *Hachette-Jeunesse, 1998.* (Le livre de poche jeunesse ; 665. Junior c10)
ISBN 2-01-321536-3. *31 F / 4,73 €*

10937 **WEULERSSE O.** Le Serment des catacombes. *Hachette-Jeunesse, 1986.* (Le livre de poche jeunesse ; 158 c10)
ISBN 2-01-019671-6. *31 F / 4,73 €*

10938 **WEULERSSE O.** Tumulte à Rome. *Hachette-Jeunesse, 1996.* (Le livre de poche jeunesse ; 585. Junior c11)
ISBN 2-01-321044-2. *33 F / 5,03 €*

10939 **WEULERSSE O., LUXARDO H.** Les Vagabonds de la Bastille. *Hachette-Jeunesse, 1989.* (Le livre de poche jeunesse ; 287. Junior c9)
ISBN 2-01-321528-2. *29 F / 4,42 €*

10940 **WEURLERSSE O.** Le chien du roi Arthur. Nouv. éd. *Pocket Jeunesse, 1999.* (Pocket junior ; 68. Contes c3)
ISBN 2-266-08645-6. *26 F / 3,96 €*

10941 **WEURLERSSE O.** La momie bavarde. *Pocket Jeunesse, 1999.* (Pocket junior ; 510)
ISBN 2-266-08616-2. *30 F / 4,57 €*

10942 **WEURLESSE O., BEAUJARD Y.** Le chevalier au bouclier vert. Réimpr. *Hachette-Jeunesse, 1992.* (Le livre de poche jeunesse ; 320. Junior c10)
ISBN 2-01-019670-8. *31 F / 4,73 €*

10943 **WHEELAN G.** Vers la ville d'argent. *Flammarion-Père Castor, 1995.* (Castor-Poche ; 511. Junior c4)
ISBN 2-08-164076-7. *32,50 F / 4,95 €*

10944 **WHELEHAN D.** La papaothèque. *Flammarion-Père Castor, 1998.* (Castor-Poche ; 672. Junior c1)
ISBN 2-08-164504-1. *19,50 F / 2,97 €*

10945 **WHITE R. L.** Le fils de Belle Prater. *Hachette-Jeunesse, 1997.* (Mon bel oranger c10)
ISBN 2-01-321474-X. *31 F / 4,73 €*

10946 **WHITMAN J.** Les araignées du mal. *Pocket Jeunesse, 2000.* (Star Wars, Galaxie de la peur; 7)(Pocket séries ; 565)
ISBN 2-266-09838-1. *28,50 F / 4,34 €*

10947 **WHITMAN J.** Armée de terreur. *Pocket Jeunesse, 1999.* (Star Wars, Galaxie de la peur; 6)(Pocket séries ; 543)
ISBN 2-266-09599-4. *28,50 F / 4,34 €*

10948 **WHITMAN J.** La cité des morts. *Pocket Jeunesse, 1999.* (Star Wars, Galaxie de la peur; 2)(Pocket séries ; 475 c1)
ISBN 2-266-09188-3. *28,50 F / 4,34 €*

10949 **WHITMAN J.** Dévorés vivants. *Pocket Jeunesse, 1999.* (Star Wars, Galaxie de la peur; 1)(Pocket séries ; 474 c1)
ISBN 2-266-09108-5. *28,50 F / 4,34 €*

10950 **N** **WHITMAN J.** Les doubles maléfiques. *Pocket Jeunesse, 2000.* (Star Wars, Galaxie de la peur)(Pocket séries ; 612)
ISBN 2-266-09842-X. *28,50 F / 4,34 €*

10951 **N** **WHITMAN J.** Essaim. *Pocket Jeunesse, 2000.* (Star Wars, Galaxie de la peur; 8)(Pocket séries ; 581)
ISBN 2-266-09839-X. *28,50 F / 4,34 €*

10952 **WHITMAN J.** Le fantôme de Jedi. *Pocket Jeunesse, 1999.* (Star Wars, Galaxie de la peur; 5)(Pocket séries ; 515 c1)
ISBN 2-266-09598-6. *28,50 F / 4,34 €*

10953 **WHITMAN J.** Fléau planétaire. *Pocket Jeunesse, 1999.* (Star Wars, Galaxie de la peur; 3)(Pocket séries ; 476)
ISBN 2-266-09225-1. *28,50 F / 4,34 €*

10954 **WHITMAN J.** La machine à cauchemars. *Pocket Jeunesse, 1999.* (Star Wars, Galaxie de la peur; 4)(Pocket séries ; 495)
ISBN 2-266-09226-X. *28,50 F / 4,34 €*

10955 **A** **WHITMAN J.** La momie. *Pocket Jeunesse, 2001.* (Pocket junior ; 754. Cinéma)
ISBN 2-266-11189-2. *32 F / 4,88 €*

10956 **N** **WHITMAN J.** Star Wars, Galaxie de la peur. 9, Le monstre caché. *Pocket Jeunesse, 2000.* (Pocket séries ; 596 c1)
ISBN 2-266-09840-3. *28,50 F / 4,34 €*

10957 **N** **WHITMAN J.** Les survivants. *Pocket Jeunesse, 2000.* (Star Wars, Galaxie de la peur; 12)(Pocket séries ; 641)
ISBN 2-266-09843-8. *28,50 F / 4,34 €*

10958 **N** **WHITMAN J.** Le vaisseau de l'enfer. *Pocket Jeunesse, 2000.* (Star Wars, Galaxie de la peur; 10)(Pocket séries ; 601 c1)
ISBN 2-266-09841-1. *28,50 F / 4,34 €*

10959 **N** **WIENER M.** Les jeux Olympiques. *Flammarion-Père Castor, 2000.* (Castor doc ; 41. Junior)
ISBN 2-08-163861-4. *38 F / 5,79 €*

10960 **WIENER M.** Le théâtre à travers les âges. *Flammarion-Père Castor, 2000.* (Castor doc. Junior)
ISBN 2-08-163860-6. *38 F / 5,79 €*

10961 **A** **WILDE O.** L'anniversaire de l'infante ; L'enfant de l'étoile. Nouv. prés. *Gallimard-Jeunesse, 1999.* (Folio junior)
ISBN 2-07-052287-3

10962 **N** **WILDE O.** Le portrait de Dorian Gray. *Gallimard-Jeunesse, 2001.* (Folio junior ; 1120 c5)
ISBN 2-07-052815-4. *36 F / 5,49 €*

10963 **N** **WILDE O.** Le prince heureux : et autres contes. *Hachette-Jeunesse, 2000.* (Côté court ; 30)
ISBN 2-01-200586-1. *10 F / 1,52 €*

10964 **WILDE O.** Le prince heureux et autres contes ; Le Géant égoiste. Réimpr. *Gallimard-Jeunesse, 1998.* (Folio junior ; 3 c2)
ISBN 2-07-051629-6. *28 F / 4,27 €*

10965 **WILDER L. I.** La Petite maison dans la prairie. 1. Nouv. éd. *Flammarion-Père Castor, 1998.* (Castor-Poche ; 120. Junior c6)
ISBN 2-08-164357-X. *39 F / 5,95 €*

10966 **WILDER L. I.** La Petite maison dans la prairie. 2, Au bord du ruisseau. Nouv. éd. *Flammarion-Père Castor, 1998.* (Castor-Poche ; 125. Junior c6)
ISBN 2-08-164358-8. *39 F / 5,95 €*

10967 **WILDER L. I.** La Petite maison dans les grands bois. *Flammarion-Père Castor, 1994.* (Castor-Poche ; 475. Junior c5)
ISBN 2-08-164030-9. *35,50 F / 5,41 €*

10968 **WILDER L. I.** La petite ville dans la prairie. Nouv. éd. *Flammarion-Père Castor, 1998.* (La Petite maison dans la prairie; 6)(Castor-Poche ; 158 c6)
ISBN 2-08-164461-4. *39 F / 5,95 €*

10969 **WILDSMITH A.** Les arpents sur le sentier de la guerre. Réimpr. *Flammarion-Père Castor, 1999.* (Castor-Poche ; 37. Junior c4)
ISBN 2-08-164601-3. *32,50 F / 4,95 €*

10970 **WILDSMITH A.** Un été aux arpents. Nouv. éd. *Flammarion-Père Castor, 1999.* (Castor-Poche ; 10 cD)
ISBN 2-08-164627-7. *29,50 F / 4,50 €*

10971 **WILDSMITH A.** Un hiver aux arpents. Nouv. éd. *Flammarion-Père Castor, 1998.* (Castor-Poche ; 21 cD)
ISBN 2-08-164425-8. *29,50 F / 4,50 €*

10972 **WILENSKY A. S.** On se retrouvera, promis. *Mango-Jeunesse, 1999.* (Mango poche ; 207. Coups de coeur c1)
ISBN 2-7404-0862-5. *30 F / 4,57 €*

10973 **WILLEMS P.** La neige ; suivi de Le petit chat vert et de Histoire du garçon qui voulait décrocher la lune : théâtre. *Labor, 1996.* (Espace nord junior ; 3)
ISBN 2-8040-1081-3. *34 F / 5,18 €*

10974 **WILLIAMS C.** Fantasia chez les ploucs. Réimpr. *Gallimard-Jeunesse, 1999.* (Folio junior ; 284 c5)
ISBN 2-07-052289-X. *36 F / 5,49 €*

10975 **N** **WILLIAMS C. L.** La révolte de Kathy Jackson. *Pocket Jeunesse, 2000.* (Pocket junior ; 591 c6)
ISBN 2-266-08114-4. *38 F / 5,79 €*

10976 **N** **WILLIS J., ROSS T.** Alice sourit. *Gallimard-Jeunesse, 2000.* (Folio benjamin ; 411)
ISBN 2-07-054370-6. *30 F / 4,57 €*

10977 **WILLIS J., ROSS T.** L'anniversaire du paresseux. *Gallimard-Jeunesse, 1999.* (Folio benjamin ; 385 c3)
ISBN 2-07-051948-1. *30 F / 4,57 €*

10978 **WILLIS J., VARLEY S.** Bébé monstre a peur. *Gallimard-Jeunesse, 1997.* (Folio benjamin ; 301)
ISBN 2-07-050774-2. *28 F / 4,27 €*

10979 **WILLIS J., VARLEY S.** Bébé monstre. *Gallimard-Jeunesse, 1989.* (Folio benjamin ; 206 c3)
ISBN 2-07-050656-8. *30 F / 4,57 €*

10980 **WILLIS P.** Danger sur le fleuve. *Hachette-Jeunesse, 1998.* (Mon bel oranger c10)
ISBN 2-01-321606-8. *31 F / 4,73 €*

10981 **N** **WILSON J.** A la semaine prochaine !. *Gallimard-Jeunesse, 2000.* (Folio junior ; 1109 c3)
ISBN 2-07-054317-X. *28 F / 4,27 €*

10982 **WILSON J.** A nous deux !. *Gallimard-Jeunesse, 1999.* (Folio junior ; 966 c4)
ISBN 2-07-052253-9. *32,50 F / 4,95 €*

10983 **WILSON J.** Une amie d'enfer. *Hachette-Jeunesse, 1999.* (Le livre de poche jeunesse ; 683. Junior c9)
ISBN 2-01-321645-9. *29 F / 4,42 €*

10984 **N** **WILSON J.** Ce qu'il me faudrait... *Hachette-Jeunesse, 2000.* (Le livre de poche jeunesse ; 744. Senior c8)
ISBN 2-01-321700-5. *28 F / 4,27 €*

10985 **WILSON J.** Le chiot-garou. Nouv. éd. *Flammarion-Père Castor, 1999.* (Castor-Poche ; 574. Junior cE)
ISBN 2-08-164508-4. *32,50 F / 4,95 €*

10986 **WILSON J.** Le couteau sous les yeux. *Hachette-Jeunesse, 2000.* (Le livre de poche jeunesse ; 714. Junior c5)
ISBN 2-01-321745-5. *26,50 F / 4,04 €*

10987 **WILSON J.** La double vie de Charlotte. *Gallimard-Jeunesse, 1998.* (Folio junior ; 910)
ISBN 2-07-051912-0. *36 F / 5,49 €*

10988 **WILSON J.** Maman, ma soeur et moi. *Gallimard-Jeunesse, 2000.* (Folio junior ; 1037 c4)
ISBN 2-07-054102-9. *41 F / 6,25 €*

10989 **N** **WILSON J.** Les vacances du chiot-garou. *Flammarion-Père Castor, 2000.* (Castor-Poche ; 585. Junior c3)
ISBN 2-08-164743-5. *29,50 F / 4,50 €*

10990 **WILSON J.** Les vacances du chiot-garou. *Flammarion-Père Castor, 1997.* (Castor-Poche ; 585. Junior c3)
ISBN 2-08-164205-0. *29,50 F / 4,50 €*

10991 **WILSON J., LEWIS S.** Monsieur Cool. *Gallimard-Jeunesse, 1998.* (Folio benjamin ; 328 c4)
ISBN 2-07-051445-5. *32,50 F / 4,95 €*

10992 **WINBERG A-G.** Ce jeudi d'octobre. Réimpr. *Hachette-Jeunesse, 1996.* (Le livre de poche jeunesse ; 6 c10)
ISBN 2-01-020879-X. *31 F / 4,73 €*

10993 **WINTER K.** Katarina, l'enfant cachée. *Hachette-Jeunesse, 2000.* (Mon bel oranger c10)
ISBN 2-01-321698-X. *33 F / 5,03 €*

10994 **WINTERFELD H.** L'affaire Caïus. *Hachette-Jeunesse, 1996.* (Le livre de poche jeunesse ; 1101. Gai savoir c10)
ISBN 2-01-321449-9. *31 F / 4,73 €*

10995 **WINTERFELD H.** Caïus et le gladiateur. *Hachette-Jeunesse, 1996.* (Le livre de poche jeunesse ; 1115. Gai savoir c10)
ISBN 2-01-321457-X. *31 F / 4,73 €*

10996 **WINTERFELD H.** Les enfants de Timpelbach. *Hachette-Jeunesse, 1995.* (Le livre de poche jeunesse ; 24 c10)
ISBN 2-01-020368-2. *31 F / 4,73 €*

10997 **WINTREBERT J.** La fille de terre deux. Nouv. éd. *Flammarion, 1999.* (Castor-Poche ; 607. Junior)
ISBN 2-08-164647-1. *25 F / 3,81 €*

10998 **WINTREBERT J.** L'océanide. *Flammarion-Père Castor, 1998.* (Castor-Poche ; 652. Senior c3)
ISBN 2-08-164388-X. *29,50 F / 4,50 €*

10999 **WINTREBERT J.** Le roi des limaces. *Magnard, 1998.* (Les p'tits fantastiques)
ISBN 2-210-97783-5. *40 F / 6,10 €*

11000 **WINTREBERT J.** Le vin de la colère. Réimpr. *Hachette-Jeunesse, 1998.* (Le livre de poche jeunesse ; 521. Senior)
ISBN 2-01-321686-6. *33 F / 5,03 €*

11001 **WINTREBERT J., BEKER L.** Les gladiateurs de Thulé. *Flammarion-Père Castor, 1998.* (Castor-Poche ; 640. Senior c2)
ISBN 2-08-164370-7. *25 F / 3,81 €*

11002 **WITTINGTON D.** Le charme noir. *Hachette-Jeunesse, 1999.* (Vertige ; 1326. Cauchemar c7)
ISBN 2-01-200003-7. *27,50 F / 4,19 €*

11003 **WITTLINGER E.** Trop jeune pour moi. *Hachette-Jeunesse, 1998.* (Vertige ; 1404. Coup de foudre c7)
ISBN 2-01-209962-9. *28 F / 4,27 €*

11004 [N] **WOETS F.** Les dents de la mine. *Flammarion-Père Castor, 2000.* (La bande des 4; 1)(Castor-Poche ; 784)
ISBN 2-08-164763-X. *25 F / 3,81 €*

11005 [N] **WOETS F.** On a kidnappé Aïssé Binamé. *Flammarion-Père Castor, 2000.* (La bande des 4; 2)(Castor-Poche ; 785)
ISBN 2-08-164791-5. *25 F / 3,81 €*

11006 **WOETS F.** Pas de mauvaises graines pour Noé !. *Hachette-Jeunesse, 1999.* (Le livre de poche jeunesse ; 694. Junior c5)
ISBN 2-01-321738-2. *26,50 F / 4,04 €*

11007 **WOETZ F.** L'île volante. *Hachette-Jeunesse, 1998.* (Le livre de poche jeunesse ; 671. Junior c5)
ISBN 2-01-321616-5. *26,50 F / 4,04 €*

11008 [A] **WOODS M., WOODS M. B.** Aux temps anciens : les machines. *Flammarion-Père Castor, 2001.* (Castor doc)
ISBN 2-08-163864-9. *39 F / 5,95 €*

11009 [A] **WOODS M., WOODS M. B.** Aux temps anciens : les transports. *Flammarion-Père Castor, 2001.* (Castor doc)
ISBN 2-08-163863-0. *39 F / 5,95 €*

11010 **WOODSON J.** Le secret. *Pocket Jeunesse, 1996.* (Pocket junior ; 253. C'est ça la vie ! c5)
ISBN 2-266-06706-0. *35 F / 5,34 €*

11011 [N] **WOODSON J.** Le secret. Nouv. éd. *Pocket Jeunesse, 2000.* (Pocket junior ; 253. Contes c6)
ISBN 2-266-10665-1. *38 F / 5,79 €*

11012 **WREDE P. C.** La menace fantôme. *Pocket Jeunesse, 1999.* (Pocket junior ; 533. Cinéma)
ISBN 2-266-09621-4. *32 F / 4,88 €*

11013 **WRZECZ P., BOIRY V.** C'est dur d'être un vampire. *Bayard, 1994.* (J'aime lire ; 66 c1)
ISBN 2-227-72277-0. *27 F / 4,12 €*

11014 **WUL S.** Retour à O. *Gallimard-Jeunesse, 2000.* (Folio junior ; 709 c5)
ISBN 2-07-054111-8. *36 F / 5,49 €*

11015 **WYNNE-JONES T.** The maestro. *Hachette-Jeunesse, 1997.* (Le livre de poche jeunesse ; 626. Senior c11)
ISBN 2-01-321513-4. *33 F / 5,03 €*

11016 **YEOMAN J., BLAKE Q.** L'alligator et le chacal et autres contes d'animaux. *Gallimard-Jeunesse, 1999.* (Folio cadet ; 392 c4)
ISBN 2-07-052837-5. *30 F / 4,57 €*

11017 **YEOMAN J., BLAKE Q.** Le chat ne sachant pas chasser. Réimpr. *Gallimard-Jeunesse, 1998.* (Folio benjamin ; 18 c1)
ISBN 2-07-050664-9. *30 F / 4,57 €*

11018 **YEOMAN J., BLAKE Q.** Le coyote et les corbeaux : et autres contes d'animaux. *Gallimard-Jeunesse, 2000.* (Folio cadet ; 397 c5)
ISBN 2-07-054125-8. *30 F / 4,57 €*

11019 **YEOMAN J., BLAKE Q.** La maison que Jack a bâtie. *Gallimard-Jeunesse, 1998.* (Folio benjamin ; 329)
ISBN 2-07-058640-5. *30 F / 4,57 €*

11020 **YEOMAN J., BLAKE Q.** Les poules. Réimpr. *Gallimard-Jeunesse, 1998.* (Folio cadet ; 294 c7)
ISBN 2-07-052109-5. *44 F / 6,71 €*

11021 **YOKOYAMA K.** Une surprise pour Natacha. *Hemma, 1988.* (Mini-club)
ISBN 2-8006-0963-X. *21 F / 3,20 €*

11022 **YOURCENAR M., LEMOINE G.** Comment Wang-Fô fut sauvé. Réimpr. *Gallimard-Jeunesse, 1998.* (Folio cadet ; 178 c3)
ISBN 2-07-051802-7. *30 F / 4,57 €*

11023 **YZAC A.** La légende oubliée. *Flammarion-Père Castor, 1996.* (Castor-Poche ; 550. Senior c4)
ISBN 2-08-164183-6. *32,50 F / 4,95 €*

11024 **ZACHAREZUK J.** L'Escapade de Mona Lisa. *Flammarion-Père Castor, 1994.* (Castor-Poche ; 460. Junior c3)
ISBN 2-08-164062-7. *29,50 F / 4,50 €*

11025 **ZAD, JEAN D.** Drôle de sorcière. *Hachette-Jeunesse, 1999.* (Le livre de poche jeunesse ; 1307. Benjamin c8)
ISBN 2-01-321717-X. *28 F / 4,27 €*

11026 **ZAY D.** Magic micmac. *Magnard, 1997.* (Les policiers)
ISBN 2-210-97753-3. *43 F / 6,56 €*

11027 **ZAY D.** Malice au pays des magouilles. *Magnard, 1999.* (Les policiers c1)
ISBN 2-210-97799-1. *43 F / 6,56 €*

11028 [A] **ZAY D.** Panique au cirque. *Magnard, 2001.* (Les p'tits policiers)
ISBN 2-210-98051-8. *40 F / 6,10 €*

11029 [N] **ZAY D.** Pas touche à la Manouche. *Magnard, 2000.* (Les policiers)
ISBN 2-210-98405-X. *43 F / 6,56 €*

11030 **ZEEVAERT S.** Max mon frère. *Bayard Jeunesse, 1998.* (Envol ; 503 c1)
ISBN 2-227-72357-2. *29 F / 4,42 €*

11031 **N** **ZEI A.** L'ombrelle mauve. *Joie de lire, 2000.* (Récits)
ISBN 2-88258-181-5. *75 F / 11,43 €*

11032 **A** **ZEI A.** Le tigre dans la vitrine. *Pocket Jeunesse, 2001.* (Pocket junior ; 685)
ISBN 2-266-11205-8

11033 **N** **ZEP** C'est pô croyab' : Titeuf. *Hachette-Jeunesse, 2000.* (Bibliothèque rose ; 1172)
ISBN 2-01-200522-5. *25 F / 3,81 €*

11034 **N** **ZEP** C'est pô malin... : Titeuf. *Hachette-Jeunesse, 2000.* (Bibliothèque rose ; 1174 c3)
ISBN 2-01-200555-1. *25 F / 3,81 €*

11035 **N** **ZEP** C'est pô une vie ! : Titeuf. *Hachette-Jeunesse, 2000.* (Bibliothèque rose ; 1173)
ISBN 2-01-200524-1. *25 F / 3,81 €*

11036 **N** **ZEP** Même pô mal : Titeuf. *Hachette-Jeunesse, 2000.* (Bibliothèque rose ; 1171)
ISBN 2-01-200521-7. *25 F / 3,81 €*

11037 **A** **ZEP, ANGUERRAND S.** Pourquoi moi ? : Titeuf. *Hachette-Jeunesse, 2001.* (Bibliothèque rose ; 1175 c8)
ISBN 2-01-200655-8. *28 F / 4,27 €*

11038 **N** **ZIDROU** Dagobert et le marchand d'hiver. *Hachette-Jeunesse, 2001.* (Bibliothèque rose ; 307 c3)
ISBN 2-01-200179-3. *25 F / 3,81 €*

11039 **N** **ZIDROU** Dagobert grand reporter. Nouv. présentation. *Hachette-Jeunesse, 2000.* (Bibliothèque rose c3)
ISBN 2-01-200251-X. *25 F / 3,81 €*

11040 **ZIDROU** Dagobert sous les mers. *Hachette-Jeunesse, 1999.* (Bibliothèque rose ; 308. Mini-rose c5)
ISBN 2-01-200066-5. *26,50 F / 4,04 €*

11041 **N** **ZIDROU** Joyeux anniversaire Dagobert. *Hachette-Jeunesse, 2000.* (Bibliothèque rose ; 302)
ISBN 2-01-200249-8. *25 F / 3,81 €*

11042 **ZIDROU** On opère Dagobert. *Hachette-Jeunesse, 1999.* (Bibliothèque rose ; 309. Mini-rose c5)
ISBN 2-01-200067-3. *26,50 F / 4,04 €*

11043 **ZIDROU, GODI B.** Dagobert s'en va-t-en guerre. *Hachette-Jeunesse, 1998.* (Bibliothèque rose ; 303. Mini-rose c5)
ISBN 2-01-209807-X. *26,50 F / 4,04 €*

11044 **ZIDROU, GODI B.** Joyeux anniversaire, Dagobert !. *Hachette-Jeunesse, 1998.* (Bibliothèque rose ; 302. Mini-rose c5)
ISBN 2-01-209806-1. *26,50 F / 4,04 €*

11045 **ZIMMERMANN D.** Saïd et Pilule. *Hachette-Jeunesse, 1998.* (Le livre de poche jeunesse ; 641. Senior c9)
ISBN 2-01-321556-8. *29 F / 4,42 €*

11046 **N** **ZIMMERMANN N., LAPLANCHE S.** Bagarre chez les sorcières. *Milan, 2000.* (Milan poche benjamin ; 4 c1)
ISBN 2-7459-0055-2. *24 F / 3,66 €*

11047 **N** **ZOLA E.** Les bains de mer : et autres nouvelles. *Hachette-Jeunesse, 2000.* (Côté court ; 16)
ISBN 2-01-200572-1. *10 F / 1,52 €, KAYSER B., KAYSER J-L.*
Quatre-vingt-quinze régions. *Seuil, 1971.* (Société ; 44 c1). ISBN 2-02-000422-4.
15 F / 2,29 €

Langage

11049 **ACHARD P.** La Sociologie du langage. 2e éd. *PUF, 1998.* (Que sais-je? ; 2720 c1)
ISBN 2-13-045162-4. *42 F / 6,40 €*

11050 **ADAM J-M.** La Description. *PUF, 1993.* (Que sais-je? ; 2783 c1)
ISBN 2-13-045580-8. *42 F / 6,40 €*

11051 **AÏBA H.** Le Japonais en 40 leçons. *Langues pour tous, 1992.* (Langues pour tous ; 8542)
ISBN 2-266-04788-4. *208,30 F / 31,76 €*

11052 **AÏBA H.** Le Japonais en 40 leçons. *Langues pour tous, 1992.* (Langues pour tous ; 3383 c14)
ISBN 2-266-03159-7. *70 F / 10,67 €*

11053 **AÏBA H.** Le japonais tout de suite. Réimpr. *Langues pour tous, 1999.* (Langues pour tous ; 4686 c6)
ISBN 2-266-09648-6. *38 F / 5,79 €*

11054 **ALLEAUME-LEFORT M-F., HAGOPIAN M.** L'anglais de l'assurance. *Langues pour tous, 1995.* (Langues pour tous ; 3766 c13)
ISBN 2-266-04504-0. *65 F / 9,91 €*

11055 **L'Allemand tout de suite.** *Langues pour tous, 1999.* (Langues pour tous ; 3932 c4)
ISBN 2-266-09947-7. *30 F / 4,57 €*

11056 **ALLETON V.** L'écriture chinoise. 5e éd. rev. *PUF, 1984.* (Que sais-je? ; 1374 c1)
ISBN 2-13-042935-1. *42 F / 6,40 €*

11057 **ALLETON V.** Grammaire du chinois. 3e éd. mise à jour. *PUF, 1996.* (Que sais-je? ; 1519 c1)
ISBN 2-13-048248-1. *42 F / 6,40 €*

11058 **ALLIÈRES J.** La Formation de la langue française. 2e éd. *PUF, 1988.* (Que sais-je? ; 1907 c1)
ISBN 2-13-041478-8. *42 F / 6,40 €*

11059 **N** **ALLIÈRES J.** Les langues de l'Europe. *PUF, 2000.* (Que sais-je? ; 3559 c1)
ISBN 2-13-050702-6. *42 F / 6,40 €*

11060 **L'americano senza censura.** *Assimil, 1998.* (Evasion c1)
ISBN 88-86968-06-X. *49,50 F / 7,55 €*

11061 **ANDRIEUX-REIX N.** Ancien et moyen français : exercices de phonétique. 2e éd. corr. *PUF, 1997.* (Etudes littéraires ; 42)
ISBN 2-13-045356-2. *98 F / 14,94 €*

11062 **N** **ANDRIEUX-REIX N.** Ancien français, fiches de vocabulaire. 7e éd. corr. *PUF, 2000.* (Etudes littéraires ; 17)
ISBN 2-13-050997-5. *58 F / 8,84 €*

11063 **ANDRIEUX-REIX N., BAUMGARTNER E.** Ancien français, exercices de morphologie. 4e éd. rev. *PUF, 1999.* (Etudes littéraires ; 29)
ISBN 2-13-045303-1. *58 F / 8,84 €*

11064 **L'anglais économique et commercial :** en vingt dossiers = English for business and economics : in twenty files. *Langues pour tous, 1997.* (Langues pour tous ; 1653 c10)
ISBN 2-266-07032-0. *50 F / 7,62 €*

11065 **L'anglais par les chansons :** pour acquérir le rythme de la langue. Nouv. éd. *Langues pour tous, 1999.* (Langues pour tous ; 8427)
ISBN 2-266-09672-9. *99,20 F / 15,12 €*

11066 **L'anglais sans faute.** *Langues pour tous, 1995.* (Langues pour tous ; 3164 c5)
ISBN 2-266-06113-5. *45 F / 6,86 €*

11067 **AQUIEN M.** La Versification. 4e éd. corr. *PUF, 1998.* (Que sais-je? ; 1377 c1)
ISBN 2-13-044396-6. *42 F / 6,40 €*

11068 **Argot français pour Néerlandais.** *Assimil, 1997.* (Evasion)
ISBN 90-74996-09-4. *49,50 F / 7,55 €*

11069 **ARMENGAUD F.** La Pragmatique. 4e éd. *PUF, 1999.* (Que sais-je? ; 2230 c1)
ISBN 2-13-043254-9. *42 F / 6,40 €*

11070 **ASHRAF M., MIANNAY D.** Dictionnaire des expressions idiomatiques françaises. Nouv. éd. *LGF, 1999.* (Le Livre de poche ; 16003. Les guides de la langue française c14)
ISBN 2-253-16003-2. *48 F / 7,32 €*

11071 **AUTRET J., PETERS J-A., RAVIER J-M.** L'anglais tout de suite!. Réimpr. *Langues pour tous, 1999.* (Langues pour tous ; 3730 c4)
ISBN 2-266-09634-6. *30 F / 4,57 €*

11072 **AUTRET J., PETERS J-A., RAVIER J-M.** L'anglais tout de suite!. *Langues pour tous, 1999.* (Langues pour tous ; 8560)
ISBN 2-266-09635-4. *99,20 F / 15,12 €*

11073 **Aux origines de la linguistique française.** *Pocket, 1994.* (Agora ; 134)
ISBN 2-266-05183-0. *55 F / 8,38 €*

11074 **N** **AUZANNEAU B., AVRIL Y.** Dictionnaire de latin de poche : latin-français. *LGF, 2000.* (Pratique ; 8532. Dictionnaires)
ISBN 2-253-08533-2. *45 F / 6,86 €*

11075 **BAFFI S.** La Pratique courante de l'italien. *LGF, 1994.* (Le Livre de poche ; 8555. Les Langues modernes c10)
ISBN 2-253-08555-3. *40 F / 6,10 €*

076 **BAFFI S.** La pratique courante de l'italien. *LGF, 1994.* (Le Livre de poche. Les Langues modernes)
ISBN 2-253-09962-7. *195 F / 29,73 €*

077 **BALIBAR R.** Le Colinguisme. *PUF, 1993.* (Que sais-je? ; 2796 c1)
ISBN 2-13-045784-3. *42 F / 6,40 €*

078 **BARCHETEAU M., BERMAN J-P.** Score anglais, testez votre niveau. *Langues pour tous, 1999.* (Langues pour tous ; 1655 c4)
ISBN 2-266-09191-3. *30 F / 4,57 €*

079 **BARRÉ A., DEMMLER B., BOELCKE J.** Dictionnaire de poche allemand. Réimp. *LGF, 1998.* (Pratique ; 8525. Dictionnaires c6)
ISBN 2-253-08525-1. *26 F / 3,96 €*

080 **BARRIE W. B.** Les faux-amis en anglais. *LGF, 1998.* (Le Livre de poche ; 8566. Les Langues modernes c7)
ISBN 2-253-08566-9. *30 F / 4,57 €*

081 **BARRIE W. B., PATEAU A-M.** Vocabulaire de l'anglais d'aujourd'hui. *LGF, 1995.* (Le Livre de poche ; 8557. Les Langues modernes c10)
ISBN 2-253-08557-X. *40 F / 6,10 €*

082 **BARTHES R.** L'Aventure sémiologique. *Seuil, 1991.* (Points. Essais ; 219 c4)
ISBN 2-02-012570-6. *52 F / 7,93 €*

083 **BARTHES R.** Le Bruissement de la langue. *Seuil, 1993.* (Essais critiques; 4)(Points ; 258. Essais c6)
ISBN 2-02-018904-6. *62 F / 9,45 €*

084 **BARTHES R.** Leçon. *Seuil, 1989.* (Points ; 205. Essais c6)
ISBN 2-02-010915-8. *32 F / 4,88 €*

085 **BARTHES R.** L'Obvie et l'obtus. *Seuil, 1992.* (Essais critiques; 3)(Points. Essais ; 239 c4)
ISBN 2-02-014609-6. *52 F / 7,93 €*

086 **BAUMGARTEN J.** Le Yiddish. 2e éd. corr. *PUF, 1993.* (Que sais-je? ; 2552 c1)
ISBN 2-13-044193-9. *42 F / 6,40 €*

087 **BAUMGARTNER E., MÉNARD P.** Dictionnaire étymologique et historique de la langue française. *LGF, 1996.* (Le Livre de poche ; 16004. Les guides de la langue française c19)
ISBN 2-253-16004-0. *70 F / 10,67 €*

1088 **BAYLE E., POLARD D.** Grammaire active de l'italien. *LGF, 1996.* (Le Livre de poche ; 8550. Les Langues modernes c11)
ISBN 2-253-08560-X. *42 F / 6,40 €*

1089 **BAZIN B., RICCIOLI M. A.** Les verbes anglais à particules. *LGF, 1995.* (Le Livre de poche ; 8584. Les Langues modernes c15)
ISBN 2-253-09997-X. *50 F / 7,62 €*

1090 **BEC P.** La Langue occitane. 5e éd. *PUF, 1986.* (Que sais-je? ; 1059 c1)
ISBN 2-13-039639-9. *42 F / 6,40 €*

1091 **BECKER-HO A.** Les princes du jargon. *Gallimard, 1995.* (Folio ; 263. Essais c1)
ISBN 2-07-032848-1. *29,50 F / 4,50 €*

11092 **BECOURT M-F., BORZIC J.** Le Russe en 90 leçons. *LGF, 1977.* (Le Livre de poche ; 7705. Méthode 90 de langue c9)
ISBN 2-253-00824-9. *36 F / 5,49 €*

11093 **BECOURT M-F., BORZIC J.** Le russe en 90 leçons. *LGF, 1997.* (Le Livre de poche ; 9065. Méthode 90 de langue)
ISBN 2-253-04966-2. *235 F / 35,83 €*

11094 **BELLENGER L.** L'Expression écrite. 3e éd. corr. *PUF, 1994.* (Que sais-je? ; 1975 c1)
ISBN 2-13-039074-9. *42 F / 6,40 €*

11095 **N** **BEN ALAYA W.** L'arabe marocain de poche. *Assimil, 2000.* (Evasion c1)
ISBN 2-7005-0280-9. *49,50 F / 7,55 €*

11096 **BENVENISTE E.** Problèmes de linguistique générale. 1. *Gallimard, 1976.* (Tel ; 7)
ISBN 2-07-029338-6. *70 F / 10,67 €*

11097 **BENVENISTE E.** Problèmes de linguistique générale. 2. Réimpr. *Gallimard, 1980.* (Tel ; 47)
ISBN 2-07-020420-0. *60 F / 9,15 €*

11098 **BERMAN A.** L'épreuve de l'étranger : culture et traduction dans l'Allemagne romantique : Herger, Goethe, Schlegel, Novalis, Humbold, Schleiermacher, Höderlin. *Gallimard, 1995.* (Tel ; 252)
ISBN 2-07-074052-8. *54 F / 8,23 €*

11099 **BERMAN J-P., SAVIO M., MARCHETEAU M.** Parlez anglais en 40 leçons. *Langues pour tous, 1993.* (Langues pour tous ; 8014)
ISBN 2-266-04085-5. *137,90 F / 21,02 €*

11100 **BERTAUD DU CHAZAUD H.** Dictionnaire des synonymes. Nouv. éd. *Le Robert, 1989.* (Les usuels du Robert. Poche)
ISBN 2-85036-219-0. *74 F / 11,28 €*

11101 **BETREAUD J-C.** Evitez les fautes de grammaire et d'orthographe. *De Vecchi, 1999.* (De Vecchi poche ; 4832)
ISBN 2-7328-4832-8. *33 F / 5,03 €*

11102 **BIJELJAC-BABIC R., BRETON R.** Du langage aux langues. *Gallimard, 1997.* (Découvertes ; 326. Sciences)
ISBN 2-07-053268-2. *75 F / 11,43 €*

11103 **BLUM G., SALAS N.** Les Idiomatics : français-allemand. *Seuil, 1989.* (Point-virgule ; 71 c2)
ISBN 2-02-010500-4. *39 F / 5,95 €*

11104 **BLUM G., SALAS N.** Les Idiomatics : français-anglais. *Seuil, 1989.* (Point-virgule ; 70 c2)
ISBN 2-02-010499-7. *39 F / 5,95 €*

11105 **BLUM G., SALAS N.** Les Idiomatics : français-espagnol. *Seuil, 1989.* (Point-virgule ; 72 c2)
ISBN 2-02-010501-2. *39 F / 5,95 €*

11106 **BLUM G., SALAS N.** Les Idiomatics : français-italien. *Seuil, 1990.* (Point-virgule ; 80 c2)
ISBN 2-02-011529-8. *43 F / 6,56 €*

11107 **BLUM G., SALAS N.** Les Idiomatics : français-néerlandais. *Seuil, 1991.* (Point-virgule ; 94 c2)
ISBN 2-02-012412-2. *39 F / 5,95 €*

11108 **BOELCKE J.** Score allemand commercial : 200 tests pour évaluer et améliorer votre niveau en allemand économique et commercial. *Langues pour tous, 1994.* (Langues pour tous ; 3589 c6)
ISBN 2-266-03976-8. *38 F / 5,79 €*

11109 **BOELCKE J., STRAUB B.** L'Allemand des affaires. *LGF, 1993.* (Le Livre de poche ; 8554. Les Langues modernes c12)
ISBN 2-253-06253-7. *44 F / 6,71 €*

11110 **BOELCKE J., STRAUB B., THIELE P.** L'allemand économique et commercial : 20 20 dossiers sur la langue des affaires. Réimpr. *Langues pour tous, 1996.* (Langues pour tous ; 1654 c8)
ISBN 2-266-08925-0. *45 F / 6,86 €*

11111 **BONINI J-F., D'ORLANDO V.** Vocabulaire de l'italien moderne. *Langues pour tous, 1995.* (Langues pour tous ; 3995 c12)
ISBN 2-266-04835-X. *60 F / 9,15 €*

11112 **A** **BORD C.** Les langues scandinaves. *PUF, 2001.* (Que sais-je? ; 3590 c1)
ISBN 2-13-051500-2. *42 F / 6,40 €*

11113 **BOUCHARD J-P.** Les mots du sport : la tête dans le guidon. *Seuil, 1996.* (Point-virgule c9)
ISBN 2-02-024620-1. *42 F / 6,40 €*

11114 **BOUTET J.** Langage et société. *Seuil, 1997.* (Mémo ; 74 c1)
ISBN 2-02-029873-2. *29 F / 4,42 €*

11115 **BOUTON C.** La neurolinguistique. 2e éd. *PUF, 1999.* (Que sais-je? ; 2153 c1)
ISBN 2-13-038333-5. *42 F / 6,40 €*

11116 **N** **BRETON P., GAUTHIER G.** Histoire des théories de l'argumentation. *La Découverte, 2000.* (Repères ; 292 c1)
ISBN 2-7071-3175-X. *52 F / 7,93 €*

11117 **BRETON R.** La Géographie des langues. Nouv. éd. *PUF, 1995.* (Que sais-je? ; 1648 c1)
ISBN 2-13-046663-X. *42 F / 6,40 €*

11118 **BRIAND M.** Grammaire active de l'allemand. *LGF, 1988.* (Le Livre de poche ; 8580. Les Langues modernes c13)
ISBN 2-253-04721-X. *46 F / 7,01 €*

11119 **BRUNET F., MCCAVANA D.** Dictionnaire bilingue de l'argot d'aujourd'hui = Bilingual dictionary of today's slang. *Langues pour tous, 1996.* (Langues pour tous ; 3195 c10)
ISBN 2-266-02591-0. *50 F / 7,62 €*

11120 **N** **Brussels taalpocket.** *Assimil, 2001.* (Evasion c1)
ISBN 90-74996-42-6. *49,50 F / 7,55 €*

11121 **N** **Le bruxellois de poche.** *Assimil, 2000.* (Evasion c1)
ISBN 90-74996-34-5. *49,50 F / 7,55 €*

11122 **CAILLATE C., VINCE J.** Améliorez votre anglais. *LGF, 1997.* (Le Livre de poche ; 8565. Les Langues modernes c9)
ISBN 2-253-08565-0. *36 F / 5,49 €*

11123 **CAILLATE C., WARD J.** La Pratique courante de l'anglais. *LGF, 1989.* (Le Livre de poche ; 8550. Les Langues modernes c8)
ISBN 2-253-04935-2. *33 F / 5,03 €*

11124 **CAILLATE C., WARD J.** La pratique courante de l'anglais. *LGF, 1990.* (Le Livre de poche ; 9229. Les Langues modernes)
ISBN 2-253-05325-2. *190 F / 28,97 €*

11125 **CALVET L-J.** L'argot. 2e éd. *PUF, 1999.* (Que sais-je? ; 700 c1)
ISBN 2-13-046098-4. *42 F / 6,40 €*

11126 **CALVET L-J.** La guerre des langues. *Hachette Littératures, 1999.* (Pluriel ; 985 c5)
ISBN 2-01-278985-4. *45 F / 6,86 €*

11127 **CALVET L-J.** Histoire de l'écriture. Réimpr. *Hachette Littératures, 1999.* (Pluriel ; 887 c5)
ISBN 2-01-278943-9. *45 F / 6,86 €*

11128 **CALVET L-J.** Les politiques linguistiques. *PUF, 1996.* (Que sais-je? ; 3075 c1)
ISBN 2-13-047489-6. *42 F / 6,40 €*

11129 **CALVET L-J.** La Sociolinguistique. *PUF, 1993.* (Que sais-je? ; 2731 c1)
ISBN 2-13-045251-5. *42 F / 6,40 €*

11130 **CAPELOVICI J.** Le Français sans fautes : répertoire des erreurs les plus fréquentes de la langue écrite et parlée. *LGF, 1992.* (Le Livre de poche ; 8021. Pratique c8)
ISBN 2-253-05971-4. *33 F / 5,03 €*

11131 **CAPELOVICI J.** Guide du français correct : pièges et difficultés de la langue française. *LGF, 1994.* (Le Livre de poche ; 8133. Pratique c7)
ISBN 2-253-08133-7. *30 F / 4,57 €*

11132 **CARVALHO-LOPES F., ATAIDE M. B.** Le Portugais d'aujourd'hui en 90 leçons. *LGF, 1991.* (Le Livre de poche ; 8081. Méthode 90 de langue c12)
ISBN 2-253-05619-7. *44 F / 6,71 €*

11133 **CARVALHO-LOPES F., ATAIDE M. B.** Le portugais d'aujourd'hui en 90 leçons. *LGF, 1997.* (Le Livre de poche ; 9280. Méthode 90 de langue)
ISBN 2-253-09280-0. *195 F / 29,73 €*

11134 **CARVALHO-LOPES F., FARINA H. M. L.** Grammaire active du portugais. *LGF, 1992.* (Le Livre de poche ; 8583. Les Langues modernes c18)
ISBN 2-253-05307-4. *65 F / 9,91 €*

11135 **CATACH N.** L'orthographe. 8e éd. *PUF, 1993.* (Que sais-je? ; 685 c1)
ISBN 2-13-046056-9. *42 F / 6,40 €*

11136 **CATACH N.** La Ponctuation. *PUF, 1994.* (Que sais-je? ; 2818 c1)
ISBN 2-13-046050-X. *42 F / 6,40 €*

11137 **CAUSSE R.** La langue française fait signe(s) : lettres, accents, ponctuation. *Seuil, 1998.* (Point-virgule ; 193 c10)
ISBN 2-02-032117-3. *39 F / 5,95 €*

1138 **N** **CAYROU G.** Dictionnaire du français classique : la langue du XVIIe siècle. *LGF, 2000.* (Le Livre de poche ; 4663. Pratique c16)
ISBN 2-253-06744-X. *55 F / 8,38 €*

1139 **CENTRE ROYAUMONT POUR UNE SCIENCE DE L'HOMME** Théories du langage, théories de l'apprentissage : le débat entre Jean Piaget et Noam Chomsky. *Seuil, 1982.* (Points ; 138. Essais c6)
ISBN 2-02-006093-0. *62 F / 9,45 €*

1140 **CHABOD F., HERNANDEZ H.** Vocabulaire de l'espagnol d'aujourd'hui. *LGF, 1994.* (Le Livre de poche ; 8556. Les Langues modernes c15)
ISBN 2-253-08556-1. *50 F / 7,62 €*

1141 **CHAPRON J., GERBOIN P.** Dictionnaire de l'espagnol économique, commercial et financier : espagnol-français, français-espagnol. *Langues pour tous, 1998.* (Langues pour tous ; 3083 c12)
ISBN 2-266-06112-7. *60 F / 9,15 €*

1142 **CHAPRON J., GERBOIN P., PASTOR GARCIA E.** Communiquez en espagnol. *Langues pour tous, 1989.* (Langues pour tous ; 3372 c7)
ISBN 2-266-03143-0. *42 F / 6,40 €*

1143 **CHAPRON J., GERBOIN P., PASTOR GARCIA E.** Communiquez en espagnol. *Langues pour tous, 1989.* (Langues pour tous ; 8516)
ISBN 2-266-03244-5. *208,30 F / 31,76 €*

1144 **CHAURAND J.** Histoire de la langue française. 9e éd. rev. *PUF, 1998.* (Que sais-je? ; 167 c1)
ISBN 2-13-045635-9. *42 F / 6,40 €*

1145 **CHEVALIER J-C.** Histoire de la grammaire française. *PUF, 1994.* (Que sais-je? ; 2904 c1)
ISBN 2-13-046589-7. *42 F / 6,40 €*

1146 **CHEVILLET F.** Histoire de la langue anglaise. *PUF, 1994.* (Que sais-je? ; 1265 c1)
ISBN 2-13-046241-3. *42 F / 6,40 €*

1147 **CHICOUÈNE M.** Parlez russe en 40 leçons. Nouv. éd. *Langues pour tous, 1993.* (Langues pour tous ; 2202 c7)
ISBN 2-266-05212-8. *42 F / 6,40 €*

1148 **CHIFLET J-L.** Ciel ma femme! : Sky my wife! dictionnaire de l'anglais courant. Rééd. *Seuil, 1999.* (Point-virgule c1)
ISBN 2-02-038433-7. *32 F / 4,88 €*

1149 **CHIODELLI-MC CAVANA A.** L'italien tout de suite!. Réimpr. *Langues pour tous, 1999.* (Langues pour tous ; 4685 c4)
ISBN 2-266-09630-3. *30 F / 4,57 €*

1150 **CHIODELLI-MC CAVANA A.** L'Italien tout de suite!. *Langues pour tous, 1999.* (Langues pour tous ; 8568)
ISBN 2-266-09650-8. *99,20 F / 15,12 €*

1151 **CHOMSKY N.** Structures syntaxiques. *Seuil, 1979.* (Points ; 98. Essais c1)
ISBN 2-02-005073-0. *42 F / 6,40 €*

11152 **CIFARELLI P., LOUETTE H., NOARO P.** 40 leçons pour parler l'italien. Nouv. éd. *Langues pour tous, 1997.* (Langues pour tous ; 1664 c7)
ISBN 2-266-07613-2. *42 F / 6,40 €*

11153 **CIFARELLI P., LOUETTE H., NOARO P.** 40 leçons pour parler l'italien. Nouv. éd. *Langues pour tous, 1999.* (Langues pour tous ; 8004)
ISBN 2-266-07614-0. *227,10 F / 34,62 €*

11154 **CLARET J.** L'Idée et la forme. *PUF, 1979.* (Que sais-je? ; 1762 c1)
ISBN 2-13-035924-8. *42 F / 6,40 €*

11155 **N** **Coffret correspondance commerciale en anglais.** *Langues pour tous, 2001.* (Langues pour tous ; 8206)
ISBN 2-266-11045-4. *99,20 F / 15,12 €*

11156 **N** **Coffret parlez le néerlandais en 40 leçons.** *Langues pour tous, 2001.* (Langues pour tous ; 8006)
ISBN 2-266-10619-8. *227,10 F / 34,62 €*

11157 **COHEN COUDAR C., LUMBROSO B.** Méthode 90 anglais junior. *LGF, 1991.* (Le Livre de poche ; 9073. Méthode 90 de langue)
ISBN 2-253-05769-X. *135 F / 20,58 €*

11158 **COHEN-COUDAR C., LUMBROSO B.** Méthode 90 junior anglais. *LGF, 1991.* (Le Livre de poche ; 8083. Méthode 90 de langue c12)
ISBN 2-253-05768-1. *44 F / 6,71 €*

11159 **COLIN J-P.** Dictionnaire des difficultés du français. *Le Robert, 1994.* (Les usuels du Robert. Poche c1)
ISBN 2-85036-264-6. *74 F / 11,28 €*

11160 **Communiquez en anglais.** *Langues pour tous, 1993.* (Langues pour tous ; 8101)
ISBN 2-266-02345-4. *208,30 F / 31,76 €*

11161 **Communiquez en anglais. Réimpr.** *Langues pour tous, 1999.* (Langues pour tous ; 2724 c6)
ISBN 2-266-09492-0. *38 F / 5,79 €*

11162 **Communiquez en russe.** *Langues pour tous, 1993.* (Langues pour tous ; 3522 c11)
ISBN 2-266-03705-6. *55 F / 8,38 €*

11163 **Communiquez en russe.** *Langues pour tous, 1993.* (Langues pour tous ; 8557)
ISBN 2-266-05018-4. *208,30 F / 31,76 €*

11164 **A** **La conjugaison.** *Librio, 2001.* (Librio ; 470 c1)
ISBN 2-290-31374-2. *10 F / 1,52 €*

11165 **La correspondance commerciale en allemand.** *Langues pour tous, 1998.* (Langues pour tous ; 3080 c7)
ISBN 2-266-08235-3. *42 F / 6,40 €*

11166 **La Correspondance commerciale en allemand :** 200 modèles de lettres traduites et commentées. *Langues pour tous, 1989.* (Langues pour tous ; 8207)
ISBN 2-266-03099-X. *99,20 F / 15,12 €*

11167 **CRAIG S., RAVIER J-M.** Le français tout de suite ! = Instant French. Réimpr. *Langues pour tous, 1999.* (Langues pour tous ; 10130 c4)
ISBN 2-266-09631-1. *30 F / 4,57 €*

11168 **CRANSTON S.** Au pays des faux-amis : petit guide illustré anglais-français. *Seuil, 1990.* (Point-virgule ; 88 c2)
ISBN 2-02-012300-2. *39 F / 5,95 €*

11169 **N** **Le créole haïtien de poche.** *Assimil, 2001.* (Evasion c1)
ISBN 2-7005-0288-4. *49,50 F / 7,55 €*

11170 **DANGEL J.** Histoire de la langue latine. *PUF, 1995.* (Que sais-je? ; 1281 c1)
ISBN 2-13-046848-9. *42 F / 6,40 €*

11171 **De Chateaubriand à Simenon.** *Le Robert, 1990.* (Dictionnaire de citations françaises; 2)(Les usuels du Robert. Poche)
ISBN 2-85036-230-1. *74 F / 11,28 €*

11172 **De Villon à Beaumarchais.** *Le Robert, 1990.* (Dictionnaire de citations françaises; 1)(Les usuels du Robert. Poche)
ISBN 2-85036-229-8. *74 F / 11,28 €*

11173 **DELIYANNIS C.** Le Grec moderne tout de suite !. Réimpr. *Langues pour tous, 1997.* (Langues pour tous ; 10128 c4)
ISBN 2-266-07342-7. *30 F / 4,57 €*

11174 **DELLA TOLLA I.** Guide pratique de conversation pour tous ceux qui voyagent : grec moderne. *LGF, 1989.* (Le Livre de poche ; 7960. Les Langues modernes c11)
ISBN 2-253-04872-0. *42 F / 6,40 €*

11175 **DELMAS M.** Grammaire active de l'anglais. *LGF, 1989.* (Le Livre de poche ; 8581. Les Langues modernes c10)
ISBN 2-253-04969-7. *40 F / 6,10 €*

11176 **DELVAU A.** Dictionnaire érotique. *10-18, 1997.* (10-18 ; 2889. Domaine français c7)
ISBN 2-264-02649-9. *50 F / 7,62 €*

11177 **DEMAZET B., LABROSSE P., OUELLET R.** Anglais exporter : export-import. *Langues pour tous, 1998.* (Langues pour tous ; 3580 c9)
ISBN 2-266-08231-0. *48 F / 7,32 €*

11178 **DEMAZET B., ONELLET R., LABROSSES P.** Exporter en anglais. *Langues pour tous, 1992.* (Langues pour tous ; 3580 c9)
ISBN 2-266-03911-3. *48 F / 7,32 €*

11179 **DENIS D., SANCIER-CHATEAU A.** Grammaire du français. Réimpr. *LGF, 1997.* (Le Livre de poche ; 8078. Les guides de la langue française c12)
ISBN 2-253-16005-9. *44 F / 6,71 €*

11180 **DEPECKER L.** Dictionnaire du français des métiers : adorables jargons. *Seuil, 1995.* (Point-virgule c2)
ISBN 2-02-020050-3. *39 F / 5,95 €*

11181 **DEPECKER L.** Guide des mots francophones : le zibouIateur enchanté. *Seuil, 1999.* (Point-virgule)
ISBN 2-02-033999-4. *39 F / 5,95 €*

11182 **DERIVERY N.** La phonétique du français. *Seuil, 1997.* (Mémo ; 64 c1)
ISBN 2-02-029876-7. *29 F / 4,42 €*

11183 **DÉSIRAT M.** Le chinois tout de suite. *Langues pour tous, 1998.* (Langues pour tous ; 10195 c4)
ISBN 2-266-07671-X. *30 F / 4,57 €*

11184 **DESIRAT M.** Parlez chinois en 40 leçons. *Langues pour tous, 1994.* (Langues pour tous ; 3587 c14)
ISBN 2-266-03946-6. *70 F / 10,67 €*

11185 **DESIRAT M.** Parlez chinois en 40 leçons. *Langues pour tous, 1994.* (Langues pour tous ; 8012)
ISBN 2-266-03943-1. *208,30 F / 31,76 €*

11186 **Dictionnaire de l'anglais d'aujourd'hui. Réimpr.** *Langues pour tous, 1999.* (Langues pour tous c10)
ISBN 2-266-08996-X. *50 F / 7,62 €*

11187 **Dictionnaire de l'anglais économique et juridique et du commerce international.** *LGF, 1996.* (Le Livre de poche ; 8564. Les Langues modernes c20)
ISBN 2-253-08564-2. *80 F / 12,20 €*

11188 **N** **Dictionnaire de la langue française.** *LGF, 2000.* (Pratique. Dictionnaires)
ISBN 2-253-08534-0. *19,50 F / 2,97 €*

11189 **Dictionnaire de la linguistique.** *PUF, 1993.* (Quadrige ; 153)
ISBN 2-13-044881-X. *78 F / 11,89 €*

11190 **Dictionnaire de poche anglais. Réimp.** *LGF, 1998.* (Pratique ; 8526. Dictionnaires)
ISBN 2-253-08526-X. *26 F / 3,96 €*

11191 **Dictionnaire de poche espagnol. Réimp.** *LGF, 1998.* (Pratique ; 8527. Dictionnaires c6)
ISBN 2-253-08527-8. *26 F / 3,96 €*

11192 **Dictionnaire de poche français-anglais, anglais-français. Nouv. éd.** *Larousse, 1999.* (Larousse de poche)
ISBN 2-03-401163-5. *45 F / 6,86 €*

11193 **Dictionnaire de poche français-italien, italien-français. Nouv. prés.** *Larousse, 1999.* (Larousse de poche)
ISBN 2-03-401161-9. *45 F / 6,86 €*

11194 **Dictionnaire de poche-francais-portugais, portugais-français.** *Larousse, 1999.* (Larousse de poche)
ISBN 2-03-401165-1. *65 F / 9,91 €*

11195 **Dictionnaire de poche italien :** italien-français, français-italien. *LGF ; A. Garzanti, 1994.* (Pratique ; 8520. Dictionnaires c15)
ISBN 2-253-05811-4. *50 F / 7,62 €*

11196 **Dictionnaire des mots croisés. Nouv. éd.** *Larousse, 1998.* (Larousse de poche)
ISBN 2-03-340502-8. *60 F / 9,15 €*

11197 **Dictionnaire des mots rares et précieux.** *10-18, 1996.* (10-18 ; 2782. Domaine français c7)
ISBN 2-264-02482-8. *50 F / 7,62 €*

11198 **Dictionnaire économique, commercial et financier :** anglais-français. *Langues pour tous, 1998.* (Langues pour tous ; 3085)
ISBN 2-266-08921-8. *60 F / 9,15 €*

11199 **Dictionnaire français-allemand, allemand-français.** *Le Robert, 1996.* (Le Robert et Collins. Poche)
ISBN 2-85036-465-7. *56 F / 8,54 €*

11200 **Dictionnaire français-anglais, anglais-français.** *Le Robert, 1997.* (Le Robert et Collins. Poche)
ISBN 2-85036-462-2. *56 F / 8,54 €*

11201 **Dictionnaire français-espagnol, espagnol-français.** *Le Robert, 1996.* (Le Robert et Collins. Poche)
ISBN 2-85036-466-5. *56 F / 8,54 €*

11202 **Dictionnaire historique de la langue française. Nouv. éd. rev. et mise à jour.** *Le Robert, 1998*
ISBN 2-85036-532-7. *420 F / 64,03 €*

11203 **DINARD M., PAUL THIELE** Vocabulaire de l'allemand d'aujourd'hui. *LGF, 1991.* (Le Livre de poche ; 8553. Les Langues modernes c15)
ISBN 2-253-05776-2. *50 F / 7,62 €*

11204 **DOURNON J-Y.** Dictionnaire d'orthographe et des difficultés du Français. Nouv. éd. *LGF, 1987.* (Le Livre de poche ; 7807. Pratique c13)
ISBN 2-253-02885-1. *46 F / 7,01 €*

11205 **DRILLON J.** Propos sur l'imparfait. *Zulma, 1999.* (Grain d'orage)
ISBN 2-84304-083-3. *49 F / 7,47 €*

11206 **DRILLON J.** Traité de la ponctuation française. *Gallimard, 1991.* (Tel ; 177)
ISBN 2-07-072198-1. *85 F / 12,96 €*

11207 **DROGOU A.** A quoi sert la grammaire ?. *Milan, 2000.* (Les essentiels Milan ; 168 c1)
ISBN 2-7459-0039-0. *25 F / 3,81 €*

11208 **DUBOIS J., MITTERAND H.** Dictionnaire étymologique et historique du français. Nouv. éd. rev. et mise à jour. *Larousse, 1993.* (Références. Langue française)
ISBN 2-03-710228-3. *80 F / 12,20 €*

11209 **N** **DUBUISSON M.** Lasciva Venus : petit guide de l'amour latin. *Talus d'approche, 2000.* (Libre choix ; 10)
ISBN 2-87246-080-2. *57 F / 8,69 €*

11210 **DUCHET J-L.** La phonologie. 5e éd. corr. *PUF, 1998.* (Que sais-je? ; 1875 c1)
ISBN 2-13-044448-2. *42 F / 6,40 €*

11211 **DUCROT O.** Le Structuralisme en linguistique. *Seuil, 1973.* (Qu'est-ce que le structuralisme?; 1)(Points ; 44. Essais c1)
ISBN 2-02-000619-7. *32 F / 4,88 €*

11212 **DUCROT O., SCHAEFFER J-M.** Nouveau Dictionnaire encyclopédique des sciences du langage. *Seuil, 1999.* (Points ; 397. Essais ; 397 c18)
ISBN 2-02-038181-8. *67 F / 10,21 €*

11213 **N** **Duits taalpocket.** *Assimil, 2000.* (Evasion)
ISBN 90-74996-36-1. *49,50 F / 7,55 €*

11214 **DUNETON C.** La Puce à l'oreille : anthologie des expressions populaires avec leur origine. Nouv. éd. rev. et augm. *LGF, 1990.* (Le Livre de poche ; 5516 c10)
ISBN 2-253-02704-9. *40 F / 6,10 €*

11215 **N** **ECO U.** Kant et l'ornithorynque. *LGF, 2001.* (Le Livre de poche ; 15026)
ISBN 2-253-15026-6. *45 F / 6,86 €*

11216 **ECO U.** La Production des signes. *LGF, 1992.* (Le Livre de poche ; 4152. Biblio essais c6)
ISBN 2-253-05980-3. *26 F / 3,96 €*

11217 **ECO U.** La recherche de la langue parfaite dans la culture européenne. *Seuil, 1997.* (Points ; 351. Essais c17)
ISBN 2-02-031468-1. *65 F / 9,91 €*

11218 **ECO U.** Le Signe : histoire et analyse d'un concept. *LGF, 1992.* (Le Livre de poche ; 4159. Biblio essais c10)
ISBN 2-253-06094-1. *40 F / 6,10 €*

11219 **ELUERD R.** La lexicologie. *PUF, 2000.* (Que sais-je? ; 3548 c1)
ISBN 2-13-050577-5. *42 F / 6,40 €*

11220 **L'espagnol par les chansons :** pour acquérir le rythme de la langue. *Langues pour tous, 1999.* (Langues pour tous ; 8526)
ISBN 2-266-09671-0. *99,20 F / 15,12 €*

11221 **ETIEMBLE R.** Parlez-vous franglais? : fol en France-mad in France, la belle France-label France. *Gallimard, 1991.* (Folio ; 22. Actuel ; 22 c6)
ISBN 2-07-032635-7. *56 F / 8,54 €*

11222 **FABRE P.** Les noms de personnes en France. 8e éd. *PUF, 1998.* (Que sais-je? ; 235 c1)
ISBN 2-13-048721-1. *42 F / 6,40 €*

11223 **FILLIOZAT P-S.** Le Sanskrit. *PUF, 1992.* (Que sais-je? ; 1416 c1)
ISBN 2-13-044980-8. *42 F / 6,40 €*

11224 **FIOCCA V.** L'Italien en 90 leçons. *LGF, 1991.* (Le Livre de poche ; 2684. Méthode 90 de langue c8)
ISBN 2-253-00782-X. *33 F / 5,03 €*

11225 **FIOCCA V.** L'italien en 90 leçons. *LGF, 1997.* (Le Livre de poche ; 9099. Méthode 90 de langue)
ISBN 2-253-09099-9. *195 F / 29,73 €*

11226 **FLAUX N.** La Grammaire. *PUF, 1993.* (Que sais-je? ; 788 c1)
ISBN 2-13-045657-X. *42 F / 6,40 €*

11227 **FONTAINE G.** Le wallon de poche : Liège, Namur, Charleroi. *Assimil, 1999.* (Evasion)
ISBN 90-74996-32-9. *49,50 F / 7,55 €*

11228 **40 lessons to speak french :** livre. *Langues pour tous, 1998.* (Langues pour tous)
ISBN 2-266-08236-1. *60 F / 9,15 €*

11229 **40 lessons to speak french :** livre + 4 cassettes. *Langues pour tous, 1998.* (Langues pour tous)
ISBN 2-266-08238-8. *227,10 F / 34,62 €*

11230 **FOUCAULT M.** Les Mots et les choses : une archéologie des sciences humaines. *Gallimard, 1990.* (Tel ; 166)
ISBN 2-07-029335-1. *68 F / 10,37 €*

11231 **Le Français commercial :** commerce extérieur, banque, entreprise, communication, bureautique, législation, monnaie. *Langues pour tous, 1985.* (Langues pour tous ; 2220 c7)
ISBN 2-266-01320-3. *41 F / 6,25 €*

11232 **Français pour Néerlandais.** *Assimil, 1997.* (Evasion)
ISBN 90-74996-15-9. *49,50 F / 7,55 €*

11233 **FRISON D., DHUICQ B.** L'anglais juridique : principes, procédures et institutions juridiques = The English and American legal systems. *Langues pour tous, 1998.* (Langues pour tous ; 3294 c14)
ISBN 2-266-08420-8. *70 F / 10,67 €*

11234 **FURETIÈRE A.** Les couleurs. *Zulma, 1997.* (Grain d'orage)
ISBN 2-84304-014-0. *49 F / 7,47 €*

11235 **FURETIÈRE A.** Les émotions. *Zulma, 1998.* (Grain d'orage)
ISBN 2-84304-032-9. *49 F / 7,47 €*

11236 **FURETIÈRE A.** Les mots obsolètes. *Zulma, 1998.* (Grain d'orage)
ISBN 2-84304-023-X. *149 F / 22,71 €*

11237 **FURETIÈRE A.** Les péchés capitaux. *Zulma, 1997.* (Grain d'orage)
ISBN 2-84304-013-2. *49 F / 7,47 €*

11238 **GADET F.** Le Français populaire. *PUF, 1992.* (Que sais-je? ; 1172 c1)
ISBN 2-13-044430-X. *42 F / 6,40 €*

11239 **GAGNIÈRE C.** Pour tout l'or des mots. Réimpr. *Laffont, 2000.* (Bouquins)
ISBN 2-221-08255-9. *159 F / 24,24 €*

11240 **GALLEGO P., WARD J., O'NEIL M.** L'anglais d'aujourd'hui en 90 leçons : nouvelle version. *LGF, 1992.* (Le Livre de poche ; 8087. Méthode 90 de langue c10)
ISBN 2-253-08087-X. *40 F / 6,10 €*

11241 **GALLEGO P., WARD J., O'NEIL M.** L'anglais d'aujourd'hui en 90 leçons. Nouv. éd. *LGF, 1998.* (Le Livre de poche ; 9095. Méthode 90 de langue)
ISBN 2-253-09095-6. *195 F / 29,73 €*

11242 **GALLEGO P., WARD J., O'NEIL M.** L'anglais d'aujourd'hui en 90 leçons. *LGF, 1997.* (Le Livre de poche ; 9091. Méthode 90 de langue)
ISBN 2-253-09091-3. *195 F / 29,73 €*

11243 **GANDILHON N., NOUSCHI S., VOGELPOEL P.** French for every day life : pratical french for use in everyday situations. *Langues pour tous, 1994.* (Langues pour tous ; 3962 c10)
ISBN 2-266-04739-6. *50 F / 7,62 €*

11244 **GARY-PRIEUR M-N.** Les termes clés de la linguistique. *Seuil, 1999.* (Mémo ; 123)
ISBN 2-02-034716-4. *29 F / 4,42 €*

11245 **GENETTE G.** Mimologiques : voyage en Cratylie. *Seuil, 1999.* (Points. Essais ; 386)
ISBN 2-02-036313-5. *65 F / 9,91 €*

11246 **GENOUVRIER E., DÉSIRAT C., HORDÉ T.** Nouveau dictionnaire des synonymes. Réimpr. *Larousse, 1999.* (Références. Langue française)
ISBN 2-03-571239-4. *75 F / 11,43 €*

11247 **GENOUVRIER E., HORDÉ T., DÉSIRAT C.** Dictionnaire des synonymes. Nouv. éd. *Larousse, 2000.* (Larousse de poche)
ISBN 2-03-532020-8. *49 F / 7,47 €*

11248 **GEOGHEGAN C. M., GONTHIER J.** Correspondance pratique en anglais. Réimpr. *Langues pour tous, 1999.* (Langues pour tous ; 2721 c4)
ISBN 2-266-06110-0. *30 F / 4,57 €*

11249 **GERBOIN P., CHAPON J.** 40 leçons pour parler espagnol. Nouv. éd. *Langues pour tous, 1997.* (Langues pour tous ; 1651 c7)
ISBN 2-266-07612-4. *42 F / 6,40 €*

11250 **GERBOIN P., CHAPON J.** 40 leçons pour parler espagnol. *Langues pour tous, 1997.* (Langues pour tous ; 8003)
ISBN 2-266-07611-6. *227,10 F / 34,62 €*

11251 **GICQUEL B.** L'explication de textes et la dissertation. 5e éd. *PUF, 1999.* (Que sais-je? ; 1805 c1)
ISBN 2-13-039814-6. *42 F / 6,40 €*

11252 **N** **GOURMONT R. d.** Esthétique de la langue française ; suivi de Monsieur Croquant. *Pocket, 2000.* (Agora ; 190 c6)
ISBN 2-266-07818-6. *38 F / 5,79 €*

11253 **GRACIA BARRON J., JIMÉNEZ M.** La pratique courante de l'espagnol. *LGF, 1993.* (Le Livre de poche ; 9262. Les Langues modernes)
ISBN 2-253-06316-9. *195 F / 29,73 €*

11254 **La Grammaire anglaise pour tous.** *Langues pour tous, 1992.* (Langues pour tous ; 3425 c7)
ISBN 2-266-03301-8. *42 F / 6,40 €*

11255 **Grammaire du français. Réimpr.** *Larousse, 1997.* (Références. Langue française c20)
ISBN 2-03-720215-6. *80 F / 12,20 €*

11256 **GRANT M. P., RICCIOLI M. A.** L'Anglais des affaires. *LGF, 1991.* (Le Livre de poche ; 8541. Les Langues modernes c11)
ISBN 2-253-05404-6. *42 F / 6,40 €*

11257 **N** **Grecki kieszonkowy.** *Assimil, 2000.* (Evasion c1)
ISBN 83-87564-85-0. *49,50 F / 7,55 €*

11258 **GREEN J.** Le Langage et son double. *Seuil, 1987.* (Points. Essais ; 190 c6)
ISBN 2-02-009728-1. *62 F / 9,45 €*

11259 **GRILLO E.** La philosophie du langage. *Seuil, 1997.* (Mémo ; 77 c1)
ISBN 2-02-032399-0. *29 F / 4,42 €*

11260 **GROUPE M** Rhétorique générale. *Seuil, 1982.* (Points ; 146. Essais c3)
ISBN 2-02-006321-2. *48 F / 7,32 €*

11261 **GUIRAUD P.** Les Mots savants. 2e éd. *PUF, 1978.* (Que sais-je? ; 1325 c1)
ISBN 2-13-035448-3. *42 F / 6,40 €*

11262 **GUSDORF G.** La parole. *PUF, 1998.* (Quadrige ; 258)
ISBN 2-13-049081-6. *49 F / 7,47 €*

11263 **GUYOT-CLÉMENT C., LE FORT P., HARDING S.** Le français d'aujourd'hui en 90 leçons = The French language of today in 90 lessons : for the english-speaking world. *LGF, 1997.* (Le Livre de poche ; 8992. Méthode 90 de langue)
ISBN 2-253-05978-1. *160 F / 24,39 €*

11264 **GUYOT-CLÉMENT C., LE FORT P., HARDING S.** Le Français d'aujourd'hui en 90 leçons : pour lecteurs anglophones = The French language of today in 90 lessons : for the english-speaking world. *LGF, 1992.* (Le Livre de poche ; 8084. Méthode 90 de langue c19)
ISBN 2-253-05807-6. *70 F / 10,67 €*

11265 **GUYOT-CLÉMENT C., LE FORT P., SOLA B.** Le Français d'aujourd'hui en 90 leçons : pour lecteurs hispanophones = El Francés de hoy en 90 lecciones : para el mundo hispanofono. *LGF, 1992.* (Le Livre de poche ; 8085. Méthode 90 de langue c19)
ISBN 2-253-05808-4. *70 F / 10,67 €*

11266 **HADAS-LEBEL M.** L'Hébreu, trois mille ans d'histoire. *Albin Michel, 1992.* (Présences du judaïsme poche ; 5 c3)
ISBN 2-226-05865-6. *45 F / 6,86 €*

11267 **HAGÈGE C.** Le français, histoire d'un combat. *LGF, 1998.* (Le Livre de poche ; 4267. Biblio essais c8)
ISBN 2-253-94267-7. *33 F / 5,03 €*

11268 **HAGÈGE C.** L'Homme de paroles : contribution linguistique aux sciences humaines. *Gallimard, 1991.* (Folio ; 49. Essais ; 49 c6)
ISBN 2-07-032379-X. *60 F / 9,15 €*

11269 **HAGÈGE C.** La structure des langues. 5e éd. *PUF, 1999.* (Que sais-je? ; 2006 c1)
ISBN 2-13-043217-4. *42 F / 6,40 €*

11270 **HAUDRY J.** L'Indo-européen. *PUF, 1980.* (Que sais-je? ; 1798 c1)
ISBN 2-13-038370-X. *42 F / 6,40 €*

11271 **HÉNAULT A.** Histoire de la sémiotique. *PUF, 1992.* (Que sais-je? ; 2691 c1)
ISBN 2-13-044934-4. *42 F / 6,40 €*

11272 **N** **HERNANDEZ A. L.** L'espagnol de Cuba de poche. *Assimil, 2000.* (Evasion c1)
ISBN 2-7005-0284-1. *49,50 F / 7,55 €*

11273 **HJELMSLEV L.** Le Langage. *Gallimard, 1991.* (Folio ; 171. Essais ; 171 c2)
ISBN 2-07-032643-8. *37 F / 5,64 €*

11274 **HOBZOVA D.** Le tchèque tout de suite !. *Langues pour tous, 1997.* (Langues pour tous ; 10223 c4)
ISBN 2-266-07591-8. *30 F / 4,57 €*

11275 **HOURCADE B.** Dictionnaire des métiers du tourisme anglais-français, français anglais = English-french and french-english dictionary of tourism. *Langues pour tous, 1995.* (Langues pour tous ; 4087 c15)
ISBN 2-266-05059-1. *80 F / 12,20 €*

11276 **HUCHON M.** Encyclopédie de l'orthographe et de la conjugaison. Réimpr. *LGF, 1997.* (Le Livre de poche ; 8075. Les guides de la langue française c14)
ISBN 2-253-16000-8. *48 F / 7,32 €*

11277 **HUCHON M.** Le Français de la Renaissance. *PUF, 1988.* (Que sais-je? ; 2389)
ISBN 2-13-041411-7. *42 F / 6,40 €*

11278 **HUCHON M., SANCIER-CHATEAU A., DENIS D.** Encyclopédie de la grammaire et de l'orthographe. *LGF, 1997.* (La Pochothèque ; 13019. Encyclopédies d'aujourd'hui)
ISBN 2-253-13019-2. *145 F / 22,11 €*

11279 **N** **HUMBOLDT W. v.** Sur le caractère national des langues : et autres écrits sur le langage. *Seuil, 2000.* (Points ; 425. Essais c14)
ISBN 2-02-036757-2. *55 F / 8,38 €*

11280 **L'inglese in tasca per giramondo.** *Assimil, 1998.* (Evasion c1)
ISBN 88-86968-04-3. *49,50 F / 7,55 €*

11281 **L'inglese senza censura.** *Assimil, 1998.* (Evasion c1)
ISBN 88-86968-05-1. *49,50 F / 7,55 €*

11282 **N** **Italiaans zonder taboe.** *Assimil, 2000.* (Evasion)
ISBN 90-74996-35-3. *49,50 F / 7,55 €*

11283 **J'apprends l'anglais avec Astérix in Britain.** *Langues pour tous, 1994.* (Langues pour tous ; 256)
ISBN 2-266-06322-7. *90 F / 13,72 €*

11284 **JACQ C.** Le petit Champollion illustré : les hiéroglyphes à la portée de tous, ou comment devenir scribe amateur en s'amusant. *Pocket, 2000.* (Pocket ; 10025 c4)
ISBN 2-266-06776-1. *30 F / 4,57 €*

11285 **N** **JAENICKE C., JAENICKE A.** L'albanais de poche. *Assimil, 2000.* (Evasion c1)
ISBN 2-7005-0289-2. *49,50 F / 7,55 €*

11286 **JAKOBSON R.** Essai de linguistique générale : les fondations du langage. *Minuit, 1981.* (Double ; 5 c3)
ISBN 2-7073-0579-0. *43 F / 6,56 €*

11287 **JAKOBSON R.** Huit questions de poétique. *Seuil, 1977.* (Points ; 85. Essais c3)
ISBN 2-02-004680-6. *48 F / 7,32 €*

11288 **JANTON P.** L'Espéranto. 4e éd. corr. *PUF, 1994.* (Que sais-je? ; 1511 c1)
ISBN 2-13-042569-0. *42 F / 6,40 €*

11289 **le japonais tout de suite.** *Langues pour tous, 1999.* (Langues pour tous ; 3383)
ISBN 2-266-09676-1. *99,20 F / 15,12 €*

11290 **JEAN G.** L'écriture, mémoire des hommes. Réimpr. *Gallimard, 1998.* (Découvertes ; 24. Archéologie c6)
ISBN 2-07-053040-X. *90 F / 13,72 €*

11291 **JEAN G.** Langage de signes : l'écriture et son double. *Gallimard, 1989.* (Découvertes ; 67. Archéologie c6)
ISBN 2-07-053084-1. *89 F / 13,57 €*

11292 **JENNY A.** L'allemand en 90 leçons. Nouv. éd. *LGF, 1999.* (Le Livre de poche ; 9282. Méthode 90 de langue)
ISBN 2-253-09282-7. *195 F / 29,73 €*

11293 **JEOFFROY-FAGGIANELLI P.** Méthodologie de l'expression. *PUF, 1981.* (Que sais-je? ; 1932 c1)
ISBN 2-13-036980-4. *42 F / 6,40 €*

11294 **JESPERSEN O.** La Philosophie de la grammaire. *Gallimard, 1992.* (Tel ; 199)
ISBN 2-07-072555-3. *95 F / 14,48 €*

11295 **JIMENEZ E., PASTOR GARCIA E., TAPIA ANCIN I.** L'Espagnol des affaires. *LGF, 1993.* (Le Livre de poche ; 8542. Les Langues modernes c11)
ISBN 2-253-05405-4. *42 F / 6,40 €*

11296 **JIMENEZ E., PROST G.** Vocabulaire de l'espagnol moderne. *Langues pour tous, 1999.* (Langues pour tous ; 3404)
ISBN 2-266-03214-3. *70 F / 10,67 €*

11297 **JIMÉNEZ M., GRACIA BARRON J.** L'Espagnol d'aujourd'hui en 90 leçons : nouvelle version. *LGF, 1992.* (Le Livre de poche ; 8086. Méthode 90 de langue c10)
ISBN 2-253-05878-5. *40 F / 6,10 €*

11298 **JIMÉNEZ M., GRACIA BARRON J.** L'espagnol d'aujourd'hui en 90 leçons. *LGF, 1997.* (Le Livre de poche ; 9089. Méthode 90 de langue)
ISBN 2-253-09089-1. *195 F / 29,73 €*

11299 **JIMÉNEZ M., GRACIA BARRON J.** L'Espagnol d'aujourd'hui en 90 leçons. *LGF, 1997.* (Le Livre de poche ; 9097. Méthode 90 de langue)
ISBN 2-253-09097-2. *195 F / 29,73 €*

11300 **JOUETTE A.** Dictionnaire d'orthographe. *Le Robert, 1995.* (Les usuels du Robert. Poche c1)
ISBN 2-85036-384-7. *74 F / 11,28 €*

11301 **N** **JOVANOVIC D.** Le serbe de poche. *Assimil, 2000.* (Evasion c1)
ISBN 2-7005-0281-7. *49,50 F / 7,55 €*

11302 **KALMBACH G.** Français de poche pour Russes. *Assimil, 1998.* (Evasion c1)
ISBN 2-7005-0256-6. *49,50 F / 7,55 €*

11303 **KALMBACH G.** Il francese in tasca. *Assimil, 1998.* (Evasion c1)
ISBN 88-86968-09-4. *49,50 F / 7,55 €*

11304 **KALMBACH G.** Francia kapd elö. *Assimil, 1998.* (Evasion c1)
ISBN 963-8162-22-8. *49,50 F / 7,55 €*

11305 **KASSAI G., SZENDE T.** Le hongrois tout de suite !. *Langues pour tous, 1997.* (Langues pour tous ; 10251 c4)
ISBN 2-266-07674-4. *30 F / 4,57 €*

11306 **KLATT W., STRAUB B., THIELE P.** Communiquez en allemand. *Langues pour tous, 1990.* (Langues pour tous ; 8102)
ISBN 2-266-03598-3. *208,30 F / 31,76 €*

11307 **KLEMPERER V.** LTI, la langue du IIIe Reich. *Pocket, 1999.* (Agora ; 202 c10)
ISBN 2-266-08685-5. *50 F / 7,62 €*

11308 **KLINKENBERG J-M.** Précis de sémiotique générale. *Seuil, 2000.* (Points ; 411. Essais ; 411 c18)
ISBN 2-02-036703-3. *67 F / 10,21 €*

11309 **KOULOUGHLI D. E.** Grammaire de l'arabe aujourd'hui. *Langues pour tous, 1994.* (Langues pour tous ; 3581 c15)
ISBN 2-266-03912-1. *80 F / 12,20 €*

11310 **KOUYZER T., RÉGUER L. P., NOBLE P.** Le Néerlandais d'aujourd'hui en 90 leçons. *LGF, 1991.* (Le Livre de poche ; 8082. Méthode 90 de langue c15)
ISBN 2-253-05647-2. *50 F / 7,62 €*

11311 **KOUYZER T., RÉGUER L. P., NOBLE P.** Le néerlandais d'aujourd'hui en 90 leçons. Réimpr. *LGF, 1999.* (Le Livre de poche ; 9067. Méthode 90 de langue)
ISBN 2-253-09101-4. *195 F / 29,73 €*

11312 **KREMP W., SORG C.** L'allemand d'aujourd'hui en 50 leçons : nouvelle orthographe. *LGF, 1998.* (Le Livre de poche ; 8091. Méthode 90 de langue c10)
ISBN 2-253-08091-8. *40 F / 6,10 €*

11313 **KREMP W., SORG C.** L'allemand d'aujourd'hui en 50 leçons : nouvelle orthographe. *LGF, 1998.* (Le Livre de poche ; 9278. Méthode 90 de langue)
ISBN 2-253-09278-9. *169 F / 25,76 €*

11314 **KRISTEVA J.** Le Langage, cet inconnu : une initiation à la linguistique. *Seuil, 1981.* (Points ; 125. Essais c4)
ISBN 2-02-005774-3. *52 F / 7,93 €*

11315 **KRISTEVA J.** Semeiotike : recherches pour une sémanalyse. *Seuil, 1978.* (Points ; 96. Essais c3)
ISBN 2-02-005009-9. *48 F / 7,32 €*

11316 **LA ROCQUE G. d., BERNARD Y.** Dictionnaire de l'allemand des affaires. *LGF, 1989.* (Le Livre de poche ; 7941. Les Langues modernes c10)
ISBN 2-253-04579-9. *40 F / 6,10 €*

11317 **LA ROCQUE G. d., BERNARD Y.** Dictionnaire de l'espagnol des affaires. *LGF, 1988.* (Le Livre de poche ; 7942. Les Langues modernes c10)
ISBN 2-253-04580-2. *40 F / 6,10 €*

11318 **N** **Lalies. 20, Actes des sessions de linguistique et de littérature :** Aussois, 23-28 août 1999. *Rue d'Ulm, 2000*
ISBN 2-7288-0258-0. *165 F / 25,15 €*

11319 **A** **Larousse dictionnaire de poche francais-portugais, português-francês. Nouv. éd.** *Larousse, 2001.* (Larousse de poche)
ISBN 2-03-540045-7. *65 F / 9,91 €*

11320 **LARROCHE F.** L'anglais du tourisme, de l'hôtellerie et de la restauration. *Langues pour tous, 1998.* (Langues pour tous ; 3438 c9)
ISBN 2-266-08634-0. *48 F / 7,32 €*

11321 **LAUFER I., STRÖMER T. H., HEIDE H.** L'allemand juridique. *Langues pour tous, 1997.* (Langues pour tous ; 3656 c14)
ISBN 2-266-04021-9. *70 F / 10,67 €*

11322 **LAURENT J.** Le Français en cage. *LGF, 1990.* (Le Livre de poche ; 6852 c6)
ISBN 2-253-05435-6. *26 F / 3,96 €*

11323 **LE D. Q.** Le vietnamien tout de suite !. *Langues pour tous, 1996.* (Langues pour tous ; 4391 c4)
ISBN 2-266-06688-9. *30 F / 4,57 €*

11324 **LE MARCHAND V.** La francophonie. *Milan, 2000.* (Les essentiels Milan ; 156 c1)
ISBN 2-84113-965-4. *25 F / 3,81 €*

11325 **LECOINTE J.** Dictionnaire des synonymes et des équivalences. Réimpr. *LGF, 1997.* (Le Livre de poche ; 8071. Les guides de la langue française c10)
ISBN 2-253-16001-6. *40 F / 6,10 €*

11326 **LESCANNE D., MASON C.** Pratiquez l'anglais britannique en 40 leçons : l'anglais de la vie quotidienne. Réimpr. *Langues pour tous, 1999.* (Langues pour tous ; 2205 c8)
ISBN 2-266-09149-2. *45 F / 6,86 €*

11327 **LESCANNE D., MASON C.** Pratiquez l'anglais britannique en 40 leçons. Réimpr. *Langues pour tous, 1999.* (Langues pour tous ; 8201)
ISBN 2-266-09148-4. *247 F / 37,65 €*

11328 **A** **Lexique bilingue des études en pays anglophones.** *Langues pour tous, 2001.* (Langues pour tous ; 11291)
ISBN 2-266-11191-4. *42 F / 6,40 €*

11329 **LITTRÉ E., BEAUJEAN A.** Le Petit Littré : dictionnaire de la langue française abrégé du dictionnaire de Littré. *LGF, 1990.* (La Pochothèque ; 3101. Encyclopédies d'aujourd'hui)
ISBN 2-253-05194-2. *130 F / 19,82 €*

11330 **MACAIRE D., STRAUB B., THIELE P.** 50 dessins d'humour pour perfectionner votre allemand. *LGF, 1992.* (Le Livre de poche ; 8820. Les Langues modernes c10)
ISBN 2-253-05973-0. *40 F / 6,10 €*

11331 **MAINGUENEAU D.** Aborder la linguistique. *Seuil, 1996.* (Mémo ; 18)
ISBN 2-02-023031-3. *29 F / 4,42 €*

11332 **MALHERBE M.** Les langages de l'humanité. *Laffont, 1995.* (Bouquins)
ISBN 2-221-05947-6. *199 F / 30,34 €*

11333 **MALMBERG B.** La Phonétique. 16e éd. *PUF, 1993.* (Que sais-je? ; 637 c1)
ISBN 2-13-044952-2. *42 F / 6,40 €*

11334 **MARCHETEAU M.** Score anglais commercial : 100 tests pour contrôler et améliorer votre anglais commercial, GB-US. *Langues pour tous, 1990.* (Langues pour tous ; 3969 c4)
ISBN 2-266-03834-6. *30 F / 4,57 €*

11335 **MARCHETEAU M., BERMAN J-P., SAVIO M.** S'initier à l'anglais commercial en 40 leçons : la langue de base des affaires. *Langues pour tous, 1999.* (Langues pour tous ; 10792 c7)
ISBN 2-266-09651-6. *42 F / 6,40 €*

11336 **MARCHETEAU M., DAHAN L., DELBARD O.** Vocabulaire de l'anglais commercial. *Langues pour tous, 2000.* (Langues pour tous ; 10618)
ISBN 2-266-09417-3. *38 F / 5,79 €*

11337 **MARCHETEAU M., DHUICQ B., GEOGHEGAN C. M.** La correspondance commerciale en anglais, GB et US. *Langues pour tous, 1998.* (Langues pour tous ; 1657 c7)
ISBN 2-266-08232-9. *42 F / 6,40 €*

11338 **MARCHETEAU M., MOREL P., ARNAUD P.** Comprendre l'anglais de la radio et de la télévision = British and American Radio and TV. *Langues pour tous, 1998.* (Langues pour tous ; 4682 c8)
ISBN 2-266-08138-1. *45 F / 6,86 €*

11339 **MASSON M.** L'Orthographe, guide pratique de la réforme. *Seuil, 1991.* (Points. Actuels ; 110 c1)
ISBN 2-02-013394-6. *32 F / 4,88 €*

11340 **MERLE P.** Argot, verlan et tchatches. *Milan, 1997.* (Les essentiels Milan ; 85 c1)
ISBN 2-84113-584-5. *25 F / 3,81 €*

11341 **MERLE P.** Le Blues de l'argot. *Seuil, 1990.* (Point-virgule ; 79 c1)
ISBN 2-02-011479-8. *32 F / 4,88 €*

11342 **MERLE P.** Le dico du français qui se cause. *Milan, 1998.* (Les dicos essentiels Milan)
ISBN 2-84113-713-9. *58 F / 8,84 €*

11343 **MERLE P.** Dictionnaire du français branché ; Guide du français tic et toc. *Seuil, 1989.* (Point-virgule ; 68 c2)
ISBN 2-02-010480-6. *39 F / 5,95 €*

11344 **MERLE P.** Lexique du français tabou. *Seuil, 1993.* (Point-virgule ; 135 c1)
ISBN 2-02-020619-6. *32 F / 4,88 €*

11345 **MEYER M.** Questions de rhétorique, langage, raison et séduction. *LGF, 1993.* (Le Livre de poche ; 4171. Biblio essais c8)
ISBN 2-253-06324-X. *33 F / 5,03 €*

11346 **MILNER J-C.** Introduction à une science du langage. *Seuil, 1995.* (Points ; 300. Essais c4)
ISBN 2-02-023707-5. *52 F / 7,93 €*

11347 **MIRAMBEL A.** Grammaire du grec moderne. *PUF, 1969.* (Que sais-je? ; 1343)
ISBN 2-13-030351-X. *42 F / 6,40 €*

11348 **MOLINIÉ G.** La Stylistique. 2e éd. corr. *PUF, 1991.* (Que sais-je? ; 646 c1)
ISBN 2-13-043760-5. *42 F / 6,40 €*

11349 **MONTREYNAUD F., PIERRON A., SUZZONI F.** Dictionnaire de proverbes et dictons. *Le Robert, 1989.* (Les usuels du Robert. Poche)
ISBN 2-85036-231-X. *74 F / 11,28 €*

11350 **MOREL P., GRUÈRE J-P.** Voyager aux Etats-Unis : guide de conversation. *Langues pour tous, 1992.* (Langues pour tous ; 3406 c4)
ISBN 2-266-03209-7. *30 F / 4,57 €*

11351 **N** **MOUNIN G.** Clefs pour la linguistique. *10-18, 2000.* (10-18 ; 3212. Bibliothèques c4)
ISBN 2-264-03070-4. *41 F / 6,25 €*

11352 **MOUNIN G.** Histoire de la linguistique : des origines au XXe siècle. *PUF, 1996.* (Quadrige ; 218)
ISBN 2-13-047835-2. *62 F / 9,45 €*

11353 **MOUNIN G.** Les Problèmes théoriques de la traduction. *Gallimard, 1976.* (Tel ; 5)
ISBN 2-07-029464-1. *55 F / 8,38 €*

11354 **MUNDO J., SANDOVAL J.** L'espagnol tout de suite !. Réimpr. *Langues pour tous, 1999.* (Langues pour tous ; 4069 c4)
ISBN 2-266-05148-2. *30 F / 4,57 €*

11355 **MUNDO J., SANDOVAL J.** L'espagnol tout de suite !. Réimpr. *Langues pour tous, 1999.* (Langues pour tous ; 4069)
ISBN 2-266-09649-4. *99,20 F / 15,12 €*

11356 **NEYRENEUF M., AL-HAKKAK G.** Grammaire active de l'arabe littéral. *LGF, 1996.* (Le Livre de poche ; 8561. Les Langues modernes c15)
ISBN 2-253-08561-8. *50 F / 7,62 €*

11357 **NEYRENEUF M., CANAMAS C., BAKRI M.** L'Arabe d'aujourd'hui en 90 leçons : arabe littéral. *LGF, 1992.* (Le Livre de poche ; 8080. Méthode 90 de langue c15)
ISBN 2-253-05585-9. *50 F / 7,62 €*

11358 **NEYRENEUF M., CANAMAS C., BAKRI M.** L'arabe d'aujourd'hui en 90 leçons : arabe littéral. *LGF, 1997.* (Le Livre de poche ; 9084. Méthode 90 de langue)
ISBN 2-253-09093-X. *195 F / 29,73 €*

11359 **NIOBEY G.** Dictionnaire analogique. Nouv. éd. *Larousse, 1994.* (Références)
ISBN 2-03-710231-3. *80 F / 12,20 €*

11360 **NOARO P., GALLI DE PARATESI N., CIFARELLI P.** Dictionnaire italien d'aujourd'hui. *Langues pour tous, 1993.* (Langues pour tous ; 3297 c15)
ISBN 2-266-02936-3. *80 F / 12,20 €*

11361 **NOGUEZ D.** Une colonisation douce : feu la langue française ?. *Arléa, 1998.* (Arléa-poche ; 38)
ISBN 2-86959-384-8. *45 F / 6,86 €*

11362 **NOUSCHI S., NOUSCHI M.** Score civilisation française. Réimpr. *Langues pour tous, 1991.* (Langues pour tous ; 3167 c9)
ISBN 2-266-03978-4. *48 F / 7,32 €*

11363 **O'FLAHERTY M., SEBAGH G.** L'anglais du marketing. *LGF, 1995.* (Le Livre de poche ; 8558. Les Langues modernes c10)
ISBN 2-253-08558-8. *40 F / 6,10 €*

11364 **O'FLAHERTY M., SEBAGH G.** L'anglais du marketing. *LGF, 1995.* (Le Livre de poche ; 9276. Les Langues modernes)
ISBN 2-253-09965-1. *195 F / 29,73 €*

11365 **OMNÈS J.** Vocabulaire de l'allemand. *Langues pour tous, 1996.* (Langues pour tous ; 3402 c12)
ISBN 2-266-03212-7. *60 F / 9,15 €*

11366 **PASTOR GARCIA E., PROST G.** Grammaire active de l'espagnol. *LGF, 1989.* (Le Livre de poche ; 8582. Les Langues modernes c12)
ISBN 2-253-04970-0. *44 F / 6,71 €*

11367 **N** **PAULEAU C.** Le calédonien de poche. *Assimil, 2000.* (Evasion c1)
ISBN 2-7005-0267-1. *49,50 F / 7,55 €*

11368 **PAUPERT I., KOUIJZER D.** La pratique courante du néerlandais. *LGF, 1998.* (Le Livre de poche ; 8568. Les Langues modernes c12)
ISBN 2-253-08568-5. *44 F / 6,71 €*

11369 **PAUPERT I., KOUIJZER D.** La pratique courante du néerlandais. *LGF, 1999.* (Le Livre de poche ; 9284. Les Langues modernes)
ISBN 2-253-09284-3. *220 F / 33,54 €*

11370 **PERROT J.** La linguistique. 16e éd. corr. *PUF, 1998.* (Que sais-je? ; 570 c1)
ISBN 2-13-042772-3. *42 F / 6,40 €*

11371 **N** **Petit traité de langue française médiévale.** *PUF, 2000.* (Etudes littéraires)
ISBN 2-13-051078-7. *53 F / 8,08 €*

11372 **N** **PEUST C.** Le hiéroglyphe de poche. *Assimil, 2000.* (Evasion c1)
ISBN 2-7005-0264-7. *49,50 F / 7,55 €*

11373 **PIAGET J.** Le structuralisme. 11e éd. *PUF, 1996.* (Que sais-je? ; 1311 c1)
ISBN 2-13-044509-8. *42 F / 6,40 €*

11374 **PICOCHE J.** Dictionnaire étymologique du français. *Le Robert, 1994.* (Les usuels du Robert. Poche c1)
ISBN 2-85036-263-8. *74 F / 11,28 €*

11375 **N** **Portugalski kieszonkowy.** *Assimil, 2000.* (Evasion c1)
ISBN 83-87564-80-X. *49,50 F / 7,55 €*

11376 **Pratique de l'anglais.** *Larousse, 1996.* (Larousse de poche)
ISBN 2-03-406201-9. *49 F / 7,47 €*

11377 **Le Pratique du français :** orthographe, conjugaison, difficultés. 2e éd. *Larousse, 1994.* (Larousse de poche)
ISBN 2-03-800027-1. *58 F / 8,84 €*

11378 **Pratiquez l'américain en 40 leçons. Réimpr.** *Langues pour tous, 1999.* (Langues pour tous ; 8202)
ISBN 2-266-09151-4. *247 F / 37,65 €*

11379 **Pratiquez l'américain en 40 leçons :** l'américain de la vie quotidienne. Réimpr. *Langues pour tous, 1999.* (Langues pour tous ; 1663 c8)
ISBN 2-266-09152-2. *45 F / 6,86 €*

11380 **PROPP V.** Morphologie du conte. *Seuil, 1970.* (Points ; 12. Essais c3)
ISBN 2-02-000587-5. *48 F / 7,32 €*

11381 **40 leçons pour parler arabe :** livre. *Langues pour tous, 1998.* (Langues pour tous ; 1665)
ISBN 2-266-08239-6. *48 F / 7,32 €*

11382 **40 leçons pour parler arabe :** livre + 4 cassettes. *Langues pour tous, 1998.* (Langues pour tous ; 8007)
ISBN 2-266-08240-X. *217,20 F / 33,11 €*

11383 **40 leçons pour parler l'anglais. Nouv. éd.** *Langues pour tous, 1997.* (Langues pour tous ; 1650 c7)
ISBN 2-266-07609-4. *227,10 F / 34,62 €*

11384 **40 leçons pour parler l'anglais. Nouv. éd.** *Langues pour tous, 1999.* (Langues pour tous ; 1650 c7)
ISBN 2-266-07610-8. *42 F / 6,40 €*

11385 **40 leçons pour parler portugais :** livre. *Langues pour tous, 1998.* (Langues pour tous)
ISBN 2-266-08234-5. *45 F / 6,86 €*

11386 **40 leçons pour parler portugais :** livre + 4 cassettes. *Langues pour tous, 1998.* (Langues pour tous)
ISBN 2-266-08237-X. *217,20 F / 33,11 €*

11387 **RAISIN C.** Il tedesco in tasca. *Assimil, 1998.* (Evasion c1)
ISBN 88-86968-02-7. *49,50 F / 7,55 €*

11388 **RAVIER P., REUTHER W.** Allemand : guide pratique de conversation pour tous ceux qui voyagent. Réimp. *LGF, 1998.* (Le Livre de poche ; 7922. Les Langues modernes c4)
ISBN 2-253-04452-0. *20 F / 3,05 €*

11389 **RAVIER P., REUTHER W.** Anglais-américain : guide pratique de conversation pour tous ceux qui voyagent. Réimp. *LGF, 1998.* (Le Livre de poche ; 7921. Les Langues modernes c4)
ISBN 2-253-04451-2. *20 F / 3,05 €*

11390 **RAVIER P., REUTHER W.** Espagnol-latino-américain : guide pratique de conversation pour tous ceux qui voyagent. Réimp. *LGF, 1998.* (Le Livre de poche ; 7924. Les Langues modernes c4)
ISBN 2-253-04454-7. *20 F / 3,05 €*

11391 **RAVIER P., REUTHER W.** Italien : guide pratique de conversation pour tous ceux qui voyagent. Réimp. *LGF, 1998.* (Le Livre de poche ; 7923. Les Langues modernes c4)
ISBN 2-253-04453-9. *20 F / 3,05 €*

11392 **RAYNAUD F.** Histoire de la langue allemande. 2e éd. *PUF, 1983.* (Que sais-je? ; 1952 c1)
ISBN 2-13-037052-7. *42 F / 6,40 €*

11393 **REBOUL A., MOESCHLER J.** La pragmatique aujourd'hui : une nouvelle science de la communication. *Seuil, 1998.* (Points ; 364. Essais c10)
ISBN 2-02-030442-2. *45 F / 6,86 €*

11394 **REBOUL O.** La rhétorique. 4e éd. *PUF, 1990.* (Que sais-je? ; 2133 c1)
ISBN 2-13-045380-5. *42 F / 6,40 €*

11395 **Recherches rhétoriques.** *Seuil, 1994.* (Points. Essais ; 297 c5)
ISBN 2-02-022271-X. *55 F / 8,38 €*

11396 **REGNIER C., MARRON J-M., GARAVITO J.** Pratiquez l'espagnol. Nouv. éd. *Langues pour tous, 1993.* (Langues pour tous ; 1667 c6)
ISBN 2-266-02509-0. *38 F / 5,79 €*

11397 **REGNIER C., MARRON J-M., GARAVITO J.** Pratiquez l'espagnol. *Langues pour tous, 1993.* (Langues pour tous ; 8204)
ISBN 2-266-02375-6. *208,30 F / 31,76 €*

11398 **REY A.** La Terminologie : noms et notions. 2e éd. *PUF, 1992.* (Que sais-je? ; 1780 c1)
ISBN 2-13-044528-4. *42 F / 6,40 €*

11399 **REY A., CHANTREAU S.** Dictionnaire des expressions et locutions : le trésor des manières de dire anciennes et nouvelles. *Le Robert, 1997.* (Les usuels du Robert. Poche)
ISBN 2-85036-479-7. *74 F / 11,28 €*

11400 **REZAU P., BERNET C.** Dictionnaire du français parlé : le monde des expressions familières. Ed. rev. et abrégée. *Seuil, 1991.* (Point-virgule ; 92 c3)
ISBN 2-02-012868-3. *48 F / 7,32 €*

11401 **RÉZEAU P.** Petit dictionnaire des chiffres en toutes lettres. *Seuil, 1993.* (Point-virgule ; 123 c3)
ISBN 2-02-018268-8. *48 F / 7,32 €*

11402 **RICCIOLI M. A., SELBACH G.** L'Anglais de la communication commerciale. *LGF, 1993.* (Le Livre de poche ; 8543. Les Langues modernes cN)
ISBN 2-253-06306-1. *48 F / 7,32 €*

11403 **RICCIOLI M. A., SELBACH G.** L'anglais de la communication commerciale. *LGF, 1994.* (Le Livre de poche. Les Langues modernes)
ISBN 2-253-09961-9. *195 F / 29,73 €*

11404 **N** **RICCIOLI M. A., SELBACH G.** Maîtrisez l'anglais commercial : six cents exercices corrigés. *LGF, 2001.* (Le Livre de poche ; 8563. Les Langues modernes)
ISBN 2-253-08563-4. *42 F / 6,40 €*

11405 **RIVAROL A. d.** L'universalité de la langue française. *Arléa, 1998.* (Retour aux grands textes poche ; 34)
ISBN 2-86959-399-6. *30 F / 4,57 €*

11406 **Le Robert et Collins GEM allemand :** dictionnaire français-allemand, allemand-français. *Le Robert* ; *Collins, 1999.* (Le Robert et Collins. GEM)
ISBN 2-85036-584-X. *35 F / 5,34 €*

11407 **Le Robert et Collins GEM anglais :** dictionnaire français-anglais, anglais-français. Réimpr. *Le Robert* ; *Collins, 2000.* (Le Robert et Collins. GEM)
ISBN 2-85036-624-2. *35 F / 5,34 €*

11408 **Le Robert et Collins GEM espagnol :** dictionnaire français-espagnol, espagnol-français. Nouv. éd. *Le Robert, 1999.* (Le Robert et Collins. GEM)
ISBN 2-85036-585-8. *35 F / 5,34 €*

11409 **Le Robert micro poche :** dictionnaire d'apprentissage de la langue française. Nouv. éd. *Le Robert, 1998*
ISBN 2-85036-529-7. *79 F / 12,04 €*

11410 **ROLAND M-C., MAST-GRAND M.** Téléphoner en anglais. Réimpr. *Langues pour tous, 1999.* (Langues pour tous ; 3551 c5)
ISBN 2-266-08540-9. *35 F / 5,34 €*

11411 **ROSTAING C.** Les Noms de lieux. 11e éd. *PUF, 1991.* (Que sais-je? ; 176 c1)
ISBN 2-13-044015-0. *42 F / 6,40 €*

11412 **ROSTEN L.** Les joies du yiddish. *LGF, 1995.* (Le Livre de poche ; 13842 c13)
ISBN 2-253-13842-8. *46 F / 7,01 €*

11413 **ROUAIX P.** Dictionnaire des idées suggérées par les mots : trouver le mot juste. *LGF, 1989.* (Le Livre de poche ; 7939. Pratique c13)
ISBN 2-253-04840-2. *46 F / 7,01 €*

11414 **ROUAYRENC C.** Les gros mots. Nouv. éd. *PUF, 19977.* (Que sais-je? ; 1597 c1)
ISBN 2-13-047798-4. *42 F / 6,40 €*

11415 **ROUSSEAU J-J.** Essai sur l'origine des langues : où il est parlé de la mélodie et de l'imitation musicale. *Gallimard, 1990.* (Folio ; 135. Essais c3)
ISBN 2-07-032543-1. *41 F / 6,25 €*

11416 **Le russe économique et commercial.** *Langues pour tous, 1996.* (Langues pour tous ; 2569 c13)
ISBN 2-266-05486-4. *65 F / 9,91 €*

11417 **RUYET O.** Un discours pour toutes les circonstances. *De Vecchi, 2000.* (De Vecchi poche)
ISBN 2-7328-4842-5. *33 F / 5,03 €*

11418 **S'initier à l'anglais commercial.** *Langues pour tous, 1999.* (Langues pour tous ; 8596)
ISBN 2-266-09652-4. *99,20 F / 15,12 €*

11419 **N** **SAINT-ROBERT M-J. d.** La politique de la langue française. *PUF, 2000.* (Que sais-je? ; 3572 c1)
ISBN 2-13-051050-7. *42 F / 6,40 €*

11420 **SAPIR E.** Linguistique. *Gallimard, 1991.* (Folio. Essais ; 49 c3)
ISBN 2-07-032617-9. *41 F / 6,25 €*

11421 **SCHLEIERMACHER F. D. E.** Des différentes méthodes du traduire : et autre texte. *Seuil, 1999.* (Points ; 402. Essais)
ISBN 2-02-036395-X. *52 F / 7,93 €*

11422 **SEGUIN B., TEILLARD F.** Les Céfrans parlent aux Français : chronique de la langue des cités. *Seuil, 1998.* (Point-virgule ; 188 c9)
ISBN 2-02-030100-8. *39 F / 5,95 €*

11423 **SHI B.** Entre ciel et terre : sur les traces de l'écriture chinoise. *Alternatives, 2000.* (Ecritures)
ISBN 2-86227-212-4. *135 F / 20,58 €*

11424 **SHIM S. J.** Le coréen tout de suite. *Langues pour tous, 1999.* (Langues pour tous ; 10543 c4)
ISBN 2-266-08667-7. *30 F / 4,57 €*

11425 **SILVA J. D. D., PARVAUX S.** Le portugais tout de suite. Réimpr. *Langues pour tous, 1999.* (Langues pour tous ; 4307 c4)
ISBN 2-266-09627-3. *99,20 F / 15,12 €*

11426 **SOM O. V.** Dutch from the word go !. *Assimil, 1999.* (Evasion c1)
ISBN 90-74996-22-1. *49,50 F / 7,55 €*

11427 **SOM O. V.** El holandés de bolsillo. *Assimil, 1999.* (Evasion c1)
ISBN 90-74996-23-X. *49,50 F / 7,55 €*

11428 **SOM O. V.** Le néerlandais de poche. *Assimil, 1998.* (Evasion c1)
ISBN 907-499-631-0. *49,50 F / 7,55 €*

11429 **SOM O. V.** Niederländisch aus der Tasche. *Assimil, 1999.* (Evasion c1)
ISBN 90-74996-33-7. *49,50 F / 7,55 €*

11430 **SOUTET O.** La syntaxe du français. 3e éd. *PUF, 1998.* (Que sais-je? ; 984 c1)
ISBN 2-13-045687-1. *42 F / 6,40 €*

11431 **Lo spagnolo in tasca.** *Assimil, 1998.* (Evasion c1)
ISBN 88-86968-03-5. *49,50 F / 7,55 €*

11432 **SPITZER L., STAROBINSKI J.** Etudes de style ; Léo Spitzer et la lecture stylistique. *Gallimard, 1980.* (Tel ; 54)
ISBN 2-07-021319-6. *78 F / 11,89 €*

11433 **STEINER G.** Après Babel : une poétique du dire et de la traduction. 3e éd. *Albin Michel, 1998.* (Bibliothèque de l'évolution de l'humanité)
ISBN 2-226-10587-5. *120 F / 18,29 €*

11434 **STRAUB B., THIELE P.** La Pratique courante de l'allemand. *LGF, 1992.* (Le Livre de poche ; 8551. Les Langues modernes c10)
ISBN 2-253-06202-2. *40 F / 6,10 €*

11435 **STRAUB B., THIELE P.** La pratique courante de l'allemand. *LGF, 1994.* (Le Livre de poche ; 9264. Les Langues modernes)
ISBN 2-253-06442-4. *195 F / 29,73 €*

11436 **TAMBA-MECZ I.** La Sémantique. 3e éd. *PUF, 1994.* (Que sais-je? ; 655 c1)
ISBN 2-13-043316-2. *42 F / 6,40 €*

11437 **TARDIEU J.** La prononciation de l'anglais. Réimpr. *Langues pour tous, 1999.* (Langues pour tous ; 3323 c6)
ISBN 2-266-09674-5. *38 F / 5,79 €*

11438 **TEYSSIER P.** Histoire de la langue portugaise. *PUF, 1980.* (Que sais-je? ; 1864 c1)
ISBN 2-13-036551-5. *42 F / 6,40 €*

11439 **N** **Le thaï de poche.** *Assimil, 2000.* (Evasion c1)
ISBN 2-7005-0208-6. *49,50 F / 7,55 €*

11440 **Thésaurus. Nouv. éd.** *Larousse, 1999.* (In extenso)
ISBN 2-03-750068-8. *160 F / 24,39 €*

11441 **THOMAS A. V.** Dictionnaire des difficultés de la langue française. *Larousse, 1995.* (Références. Langue française)
ISBN 2-03-710225-9. *75 F / 11,43 €*

11442 **THOMSON A., MARTINET A.** Grammaire de l'anglais d'aujourd'hui. *Langues pour tous, 1992.* (Langues pour tous ; 1669 c7)
ISBN 2-266-02938-X. *42 F / 6,40 €*

11443 **TODOROV T.** Théories du symbole. Rééd. *Seuil, 1985.* (Points. Essais ; 176 c4)
ISBN 2-02-008650-6. *55 F / 8,38 €*

11444 **TOMATIS A.** L'Oreille et le langage. Nouv. éd. *Seuil, 1991.* (Points. Sciences ; 12 c2)
ISBN 2-02-013031-9. *39 F / 5,95 €*

11445 **N** **VAN PASSEL F.** Parlez le néerlandais en 40 leçons. Nouv. éd. *Langues pour tous, 2001.* (Langues pour tous ; 1666 c7)
ISBN 2-266-07193-9. *42 F / 6,40 €*

11446 **VAN PASSEL F.** Parlez néerlandais en 40 leçons. *Langues pour tous, 1993.* (Langues pour tous ; 1666 c6)
ISBN 2-266-05625-5. *38 F / 5,79 €*

11447 **VANDEL P.** Le Dico français-français. *LGF, 1993.* (Le Livre de poche ; 9618 c7)
ISBN 2-253-06336-3. *30 F / 4,57 €*

11448 **VENDRYÈS J.** Le Langage : introduction linguistique à l'histoire. *Albin Michel, 1979.* (L'Évolution de l'humanité poche ; 6)
ISBN 2-226-04744-1. *45 F / 6,86 €*

11449 **VERNON J-P., KLATT W.** 40 leçons pour parler allemand. *Langues pour tous, 1997.* (Langues pour tous ; 1652 c7)
ISBN 2-266-02515-5. *42 F / 6,40 €*

11450 **VIALLON P.** Analyse du discours de la télévision. *PUF, 1996.* (Que sais-je? ; 3111 c1)
ISBN 2-13-047632-5. *42 F / 6,40 €*

11451 **VIEL M.** La Phonétique de l'anglais. 4e éd. corr. *PUF, 1992.* (Que sais-je? ; 1885 c1)
ISBN 2-13-044556-X. *42 F / 6,40 €*

11452 **N** **Vlaams taalpocket.** *Assimil, 2001.* (Evasion c1)
ISBN 90-74996-40-X. *49,50 F / 7,55 €*

11453 **N** **Waals taalpocket.** *Assimil, 2001.* (Evasion c1)
ISBN 90-74996-41-8. *49,50 F / 7,55 €*

11454 **WALTER H.** L'aventure des langues en Occident : leur origine, leur histoire, leur géographie. *LGF, 1996.* (Le Livre de poche ; 14000 c13)
ISBN 2-253-14000-7. *46 F / 7,01 €*

11455 **WALTER H.** L'aventure des mots français venus d'ailleurs. *LGF, 1999.* (Le Livre de poche ; 14689 c13)
ISBN 2-253-14689-7. *46 F / 7,01 €*

11456 **N** **WALTER H.** Le français d'ici, de là, de là-bas. *LGF, 2000.* (Le Livre de poche ; 14929 c13)
ISBN 2-253-14929-2. *46 F / 7,01 €*

11457 **WALTER H.** Le français dans tous les sens. *LGF, 1996.* (Le Livre de poche ; 14001 c10)
ISBN 2-253-14001-5. *40 F / 6,10 €*

11458 **WARNANT L.** Dictionnaire des rimes orales et écrites. Réimpr. *Larousse, 1995.* (Références)
ISBN 2-03-710238-0. *75 F / 11,43 €*

11459 **WOLF A. S.** La pratique courante de l'américain. *LGF.* (Le Livre de poche ; 9963. Les Langues modernes)
ISBN 2-253-09963-5. *195 F / 29,73 €*

11460 **WOLF A. S., WOLF M.** La pratique courante de l'américain. *LGF, 1995.* (Le Livre de poche ; 8559. Les Langues modernes c10)
ISBN 2-253-08559-6. *40 F / 6,10 €*

11461 **N** **Le wolof de poche.** *Assimil, 2001.* (Evasion c1)
ISBN 2-7005-0721-X (rron) 2-7005-0271-X.
49,50 F / 7,55 €

11462 **YAGUELLO M.** Catalogue des idées reçues sur la langue. *Seuil, 1988.* (Point-virgule ; 61 c2)
ISBN 2-02-009913-6. *39 F / 5,95 €*

11463 **YAGUELLO M.** Histoires de lettres : des lettres et des sons. *Seuil, 1990.* (Point-virgule ; 84 c2)
ISBN 2-02-011566-2. *39 F / 5,95 €*

11464 **YAGUELLO M.** Le sexe des mots. *Seuil, 1995.* (Point-virgule ; 157 c1)
ISBN 2-02-021095-9. *32 F / 4,88 €*

11465 **N** **ZEEDEL M., STEIN C.** L'anglais australien de poche. *Assimil, 2000.* (Evasion c1)
ISBN 2-7005-0298-1. *49,50 F / 7,55 €*

11466 **ZELIOLI E., BARUCHELLO F.** Le Robert et Collins GEM italien : dictionnaire français-italien, italien-français. Nouv. éd. *Le Robert, 1997.* (Le Robert et Collins. GEM)
ISBN 2-85036-484-3. *35 F / 5,34 €*

11467 **N** **ZINK G.** L'ancien français : XIe-XIIIe siècle. 5e éd. *PUF, 2000.* (Que sais-je? ; 1056 c1)
ISBN 2-13-050629-1. *42 F / 6,40 €*

11468 **ZINK G.** Le Moyen français : XIVe-XVe siècle. Nouv. éd. *PUF, 1990.* (Que sais-je? ; 1086 c1)
ISBN 2-13-042813-4. *42 F / 6,40 €*

Littérature

11469 **ABÉLARD P., HÉLOÏSE** Correspondance. *10-18, 1979.* (10-18 ; 1309. Bibliothèque médiévale c5)
ISBN 2-264-00993-4. *44 F / 6,71 €*

11470 **ABOTT K.** Un Rêveur à Babylone. *10-18, 1993.* (10-18 ; 2416. Domaine étranger c3)
ISBN 2-264-01918-2. *38 F / 5,79 €*

11471 **ACHER L.** Jean Racine : Phèdre. *PUF, 1999.* (Etudes littéraires ; 60)
ISBN 2-13-049763-2. *48 F / 7,32 €*

11472 **ADAM A.** Histoire de la littérature française au XVIIe siècle. 1, L'époque d'Henri IV et de Louis XIII. *Albin Michel, 1997.* (Bibliothèque de l'évolution de l'humanité ; 24)
ISBN 2-226-08910-1. *85 F / 12,96 €*

11473 **ADAM A.** Histoire de la littérature française au XVIIe siècle. 2, L'époque de Pascal, L'apogée du siècle (Boileau, Molière). *Albin Michel, 1997.* (Bibliothèque de l'évolution de l'humanité ; 25)
ISBN 2-226-08922-5. *98 F / 14,94 €*

11474 **ADAM A.** Histoire de la littérature française au XVIIe siècle. 3, L'apogée du siècle (La Fontaine, Racine, La Rochefoucauld, Mme de Sévigné), La fin de l'époque classique. *Albin Michel, 1997.* (Bibliothèque de l'évolution de l'humanité ; 26)
ISBN 2-226-08923-3. *98 F / 14,94 €*

11475 **ADAM J-M.** Le récit. 6e éd. *PUF, 1999.* (Que sais-je? ; 2149 c1)
ISBN 2-13-044090-8. *42 F / 6,40 €*

11476 **ADAM J-M., REVAZ F.** L'analyse des récits. *Seuil, 1996.* (Mémo ; 22)
ISBN 2-02-022958-7. *36 F / 5,49 €*

11477 **ALAIN** Balzac. *Gallimard, 1999.* (Tel ; 302)
ISBN 2-07-075552-5. *58 F / 8,84 €*

11478 **ALAIN** Les Dieux ; Préliminaire à la mythologie ; Mythes et fables. *Gallimard, 1985.* (Tel ; 90)
ISBN 2-07-070234-0. *52 F / 7,93 €*

11479 **ALAIN** Stendhal : et autres textes. *PUF, 1994.* (Quadrige ; 178)
ISBN 2-13-046716-4. *62 F / 9,45 €*

11480 **ALBERTAN-COPPOLA S.** Abbé Prévost, Manon Lescaut. *PUF, 1995.* (Etudes littéraires ; 52)
ISBN 2-13-046704-0. *45 F / 6,86 €*

11481 **ALEXANDRE D.** Apollinaire, Alcools. 2e éd. corr. *PUF, 1997.* (Etudes littéraires ; 44)
ISBN 2-13-045782-7. *45 F / 6,86 €*

11482 **ALEXANDRIAN** André Breton par lui-même. *Seuil, 1977.* (Ecrivains de toujours ; 90 c1)
ISBN 2-02-000090-3. *49 F / 7,47 €*

11483 **ALGOUD A.** Le Retour de Tartarin. *Seuil, 1993.* (Point-virgule ; 133 c2)
ISBN 2-02-019486-4. *39 F / 5,95 €*

11484 **ALLAIS A.** Oeuvres posthumes : 1877-1905. Réimpr. *Laffont, 1998.* (Bouquins)
ISBN 2-221-06737-1. *149 F / 22,71 €*

11485 **ALLEN W.** Destins tordus. *Seuil, 1988.* (Point-virgule ; 58 c1)
ISBN 2-02-009871-7. *32 F / 4,88 €*

11486 **ALTHUSSER L.** L'Avenir dure longtemps ; Les Faits. *LGF, 1994.* (Le Livre de poche ; 9785 c10)
ISBN 2-253-09785-3. *46 F / 7,01 €*

11487 **ALTHUSSER L.** Montesquieu : la politique et l'histoire. 3e éd. *PUF, 1992.* (Quadrige ; 12)
ISBN 2-13-044516-0. *48 F / 7,32 €*

11488 **AMARU** La Centurie (Amarusataka) : poèmes amoureux de l'Inde ancienne. *Gallimard, 1993.* (Connaissance de l'Orient poche ; 64)
ISBN 2-07-073601-6. *52 F / 7,93 €*

11489 **AMBRIÈRE M.** Balzac et la recherche de l'absolu. *PUF, 1999.* (Quadrige ; 270)
ISBN 2-13-049631-8. *149 F / 22,71 €*

11490 **A** **AMETTE J-P.** Confessions d'un enfant gâté. Nouv. éd. *Seuil, 2001.* (Points. Roman ; 349)
ISBN 2-02-050036-1. *32 F / 4,88 €*

11491 **AMETTE J-P.** Jeunesse dans une ville normande. Réimpr. *Seuil, 2000.* (Points ; 716 c7)
ISBN 2-02-039916-4. *35 F / 5,34 €*

11492 **AMIEL H. F.** Du Journal intime. *Complexe, 1987.* (Le Regard littéraire ; 12 c9)
ISBN 2-87027-207-3. *59 F / 8,99 €*

11493 **Amours coloniales :** aventures et fantasmes érotiques de Claire de Duras à Georges Simenon. *Complexe, 1996.* (Bibliothèque Complexe)
ISBN 2-87027-596-X. *169 F / 25,76 €*

11494 **AMROUCHE F. A. M.** Histoire de ma vie. Nouv. éd. *La Découverte, 2000.* (La Découverte poche ; 85. Littérature et voyages)
ISBN 2-7071-3205-5. *49 F / 7,47 €*

11495 **L'Analyse structurale du récit.** *Seuil, 1981.* (Points ; 129. Essais c3)
ISBN 2-02-005837-5. *48 F / 7,32 €*

11496 **ANCELET-HUSTACHE J.** Goethe. *Seuil, 1976.* (Ecrivains de toujours ; 27 c1)
ISBN 2-02-000027-X. *49 F / 7,47 €*

11497 **ANDREAS-SALOMÉ L.** A l'école de Freud, journal d'une année de Lou Andreas-Salomé. *Mercure de France, 2000.* (Le petit Mercure)
ISBN 2-7152-2206-8. *22 F / 3,35 €*

11498 **N** **ANDRIEUX-REIX A., BAUMGARTNER E.** Le Merlin en prose : fondations du récit arthurien. *PUF, 2001.* (Etudes littéraires)
ISBN 2-13-051465-0. *48 F / 7,32 €*

11499 **ANGELLOZ J-F.** Le Romantisme allemand. 2e éd. *PUF, 1980.* (Que sais-je? ; 1532 c1)
ISBN 2-13-036282-6. *42 F / 6,40 €*

11500 **ANGLARD V.** François Mauriac, Thérèse Desqueyroux. *PUF, 1992.* (Etudes littéraires ; 32)
ISBN 2-13-044290-0. *45 F / 6,86 €*

11501 **ANGLARD V.** Les grands mouvements de la littérature française. *Seuil, 1999.* (Mémo ; 114)
ISBN 2-02-025946-X. *29 F / 4,42 €*

11502 **ANGLARD V.** Les romans de Giono. *Seuil, 1997.* (Mémo ; 62 c1)
ISBN 2-02-030854-1. *29 F / 4,42 €*

11503 **Anthologie de l'amour sublime.** *Albin Michel, 1988.* (Bibliothèque Albin Michel poche ; 6 c2)
ISBN 2-226-03261-4. *49 F / 7,47 €*

11504 **Anthologie de la littérature française, XIXe siècle.** *LGF, 1995.* (Le Livre de poche ; 9603. Classiques de poche c18)
ISBN 2-253-06421-1. *65 F / 9,91 €*

11505 **Anthologie de la littérature française, XVIIe siècle.** *LGF, 1993.* (Le Livre de poche ; 9601. Classiques de poche c14)
ISBN 2-253-06275-8. *48 F / 7,32 €*

11506 **Anthologie de la poésie française. Nouv. éd.** *LGF, 1984.* (Le Livre de poche ; 2495. Classiques de poche c8)
ISBN 2-253-00543-6. *36 F / 5,49 €*

11507 **Anthologie de la poésie lyrique française des XIIe et XIIIe siècles.** *Gallimard, 1989.* (Poésie ; 232 c8)
ISBN 2-07-032462-1. *65 F / 9,91 €*

11508 **Anthologie de la poésie persane :** XIe-XXe siècle. *Gallimard, 1987.* (Connaissance de l'Orient poche ; 19)
ISBN 2-07-071168-4. *58 F / 8,84 €*

11509 **Anthologie du portrait, de Saint-Simon à Tocqueville.** *Gallimard, 1996.* (Arcades ; 45)
ISBN 2-07-074391-8. *70 F / 10,67 €*

11510 **L'Antre aux fantômes des collines de l'Ouest :** sept contes chinois anciens : XIIe-XIVe siècle. *Gallimard, 1987.* (Connaissance de l'Orient poche)
ISBN 2-07-071169-2. *33 F / 5,03 €*

11511 **APOLLINAIRE G.** L'arbre à soie et autres échos du Mercure de France, 1917-1918. *Gallimard, 1996.* (L'imaginaire ; 347)
ISBN 2-07-074470-1. *45 F / 6,86 €*

11512 **APOLLINAIRE G.** Le Flâneur des deux rives ; Contemporains pittoresques. *Gallimard, 1993.* (L'imaginaire ; 305)
ISBN 2-07-073722-5. *40 F / 6,10 €*

11513 **APOLLINAIRE G.** Lettres à Lou. *Gallimard, 1990.* (L'imaginaire ; 228)
ISBN 2-07-071854-9. *75 F / 11,43 €*

11514 **APOLLINAIRE G.** Tendre comme le souvenir. *Gallimard, 1997.* (L'imaginaire ; 361)
ISBN 2-07-074754-9. *68 F / 10,37 €*

11515 **AQUIEN M.** Dictionnaire de poétique. Réimp. *LGF, 1997.* (Le Livre de poche ; 8073. Les guides de la langue française c17)
ISBN 2-253-16006-7. *60 F / 9,15 €*

11516 **AQUIEN M., MOLINIÉ G.** Dictionnaire de rhétorique et de poétique. *LGF, 1996.* (La Pochothèque ; 13017. Encyclopédies d'aujourd'hui)
ISBN 2-253-13017-6. *120 F / 18,29 €*

11517 **N** **ARAGON L.** Le con d'Irène. *Mercure de France, 2000.* (Le petit Mercure)
ISBN 2-7152-2139-8. *23 F / 3,51 €*

11518 **ARAGON L.** Le Paysan de Paris. *Gallimard, 1978.* (Folio ; 782 c11)
ISBN 2-07-036782-7. *29,50 F / 4,50 €*

11519 **ARISTOTE** Rhétorique. *Gallimard, 1998.* (Tel ; 296)
ISBN 2-07-074537-6. *77 F / 11,74 €*

11520 **ARLAND M.** Lettres de France. *Albin Michel, 1991.* (Bibliothèque Albin Michel poche ; 46 c2)
ISBN 2-226-05296-8. *49 F / 7,47 €*

11521 **ARNAUD A., ESCOFFON-LAFARGE G.** Bataille. *Seuil, 1978.* (Ecrivains de toujours ; 101 c1)
ISBN 2-02-004853-1. *49 F / 7,47 €*

11522 **ARON J-P.** Les Modernes. *Gallimard, 1986.* (Folio. Essais ; 44 c3)
ISBN 2-07-032370-6. *41 F / 6,25 €*

11523 **ARTAUD A.** Messages révolutionnaires. *Gallimard, 1998.* (Folio ; 320. Essais c2)
ISBN 2-07-040507-9. *37 F / 5,64 €*

11524 **ARTAUD A.** Nouveaux écrits de Rodez. *Gallimard, 1994.* (L'imaginaire ; 307)
ISBN 2-07-073778-0. *52 F / 7,93 €*

11525 **ARTAUD A.** Les Tarahumaras. *Gallimard, 1987.* (Folio. Essais ; 52 c2)
ISBN 2-07-032402-8. *41 F / 6,25 €*

11526 **ARTAUD A.** Le Théâtre et son double ; Le Théâtre de Séraphin. *Gallimard, 1985.* (Folio ; 14. Essais ; 14 c2)
ISBN 2-07-032301-3. *37 F / 5,64 €*

11527 **ATTALI J.** Dictionnaire du XXIe siècle. *LGF, 2000.* (Le Livre de poche ; 14778 c9)
ISBN 2-253-14778-8. *36 F / 5,49 €*

11528 **AUBRUN C. V.** La Littérature espagnole. 5e éd. *PUF, 1994.* (Que sais-je? ; 114 c1)
ISBN 2-13-043877-6. *42 F / 6,40 €*

11529 **AUCOUTURIER M.** Tolstoï. *Seuil, 1996.* (Ecrivains de toujours c3)
ISBN 2-02-020459-2. *65 F / 9,91 €*

11530 **AUDIBERTI J.** Dimanche m'attend. *Gallimard, 1993.* (L'imaginaire ; 295)
ISBN 2-07-072967-2. *68 F / 10,37 €*

11531 **AUDOIN P.** Les surréalistes. Nouv. éd. *Seuil, 1995.* (Ecrivains de toujours ; 93 c4)
ISBN 2-02-021479-2. *69 F / 10,52 €*

11532 **AUERBACH E.** Mimésis : la représentation de la réalité dans la littérature occidentale. *Gallimard, 1969.* (Tel ; 14)
ISBN 2-07-029612-1. *94 F / 14,33 €*

11533 **AUERBACHER I.** Je suis une étoile : une enfant de l'holocauste. *Seuil, 1989.* (Point-virgule ; 74 c2)
ISBN 2-02-010662-0. *39 F / 5,95 €*

11534 **N** **AUGIÉRAS F.** Le voyage des morts. *Grasset, 2000.* (Les Cahiers rouges ; 298)
ISBN 2-246-58381-0. *52 F / 7,93 €*

11535 **AULOTTE R.** Montaigne, Essais. 2e éd. *PUF, 1992.* (Que sais-je? ; 2430 c1)
ISBN 2-13-045284-1. *42 F / 6,40 €*

11536 **AURAIX-JONCHIÈRE P.** Pascale Auraix-Jonchière commente Les diaboliques de Barbey d'Aurevilly. *Gallimard, 1999.* (Foliothèque ; 81)
ISBN 2-07-040485-4. *60 F / 9,15 €*

11537 **AUSTER P.** Le carnet rouge ; L'Art de la faim. *Actes Sud, 1995.* (Babel ; 133 c5)
ISBN 2-7427-0272-5. *57 F / 8,69 €*

11538 **AUSTER P.** Le carnet rouge ; suivi de L'art de la faim. *LGF, 2000.* (Le Livre de poche ; 14815 c10)
ISBN 2-253-14815-6. *40 F / 6,10 €*

11539 **N** **AUSTER P.** Le diable par la queue ; suivi de Pourquoi écrire ?. *LGF, 2000.* (Le Livre de poche ; 14920)
ISBN 2-253-14920-9. *29 F / 4,42 €*

11540 **AUSTER P.** Le diable par la queue ; suivi de Pourquoi écrire ?. *Actes Sud, 1999.* (Babel ; 379 c2)
ISBN 2-7427-2277-7. *39 F / 5,95 €*

11541 **AUSTER P.** Paul Auster. 2, Oeuvres romanesques et autres textes. *Actes Sud, 1999.* (Thésaurus)
ISBN 2-7427-2276-9. *150 F / 22,87 €*

11542 **AUTRUSSEAU J.** Labiche et son théâtre. *Arche éditeur, 1971.* (Travaux ; 14)
ISBN 2-85181-144-4. *65 F / 9,91 €*

11543 **N** **Avarice.** *Librio, 2000.* (Les sept péchés capitaux; 3)(Librio ; 416 c1)
ISBN 2-290-30753-X. *10 F / 1,52 €*

11544 **AVRIL N.** Dans les jardins de mon père. Réimp. *J'ai lu, 1999.* (J'ai lu ; 3000. Littérature générale c3)
ISBN 2-290-03000-7. *22 F / 3,35 €*

11545 **N** **BÂ A. H.** Amkoullel, l'enfant peul. Réimpr. *J'ai lu, 2000.* (Mémoires; 1)(J'ai lu ; 4286. Littérature générale cK)
ISBN 2-290-30641-X. *42 F / 6,40 €*

11546 **N** **BÂ A. H.** Coffret Amadou Hampâté Bâ. *Actes Sud, 2000.* (Babel)
ISBN 2-7427-3042-7. *126 F / 19,21 €*

11547 **BÂ A. H.** Oui mon commandant !. Réimpr. *Actes Sud, 1999.* (Mémoires; 2)(Babel ; 211 c6)
ISBN 2-7427-0863-4. *63 F / 9,60 €*

11548 **BÂ A. H.** Oui mon commandant !. *J'ai lu, 1999.* (Mémoires; 2)(J'ai lu ; 5178. Littérature générale c7)
ISBN 2-290-05178-0. *45 F / 6,86 €*

11549 **N** **BÂ A. H., DUPUICH P.** Sur les traces d'Amkoullel, l'enfant peul. *Actes Sud, 2000.* (Babel ; 452)
ISBN 2-7427-3103-2. *45 F / 6,86 €*

11550 **BACKÈS J-L.** Jean-Louis Backès présente Crime et châtiment de Fédor Dostoïevski. *Gallimard, 1995.* (Foliothèque ; 40)
ISBN 2-07-038618-X. *52 F / 7,93 €*

11551 **BACKÈS J-L.** Racine. Nouv. éd. *Seuil, 1909.* (Ecrivains de toujours c1)
ISBN 2-02-037107-3. *55 F / 8,38 €*

11552 **BADY P.** La Littérature chinoise moderne. *PUF, 1993.* (Que sais-je? ; 2755 c1)
ISBN 2-13-045400-3. *42 F / 6,40 €*

11553 **BAGOT F.** Albert Camus, L'Etranger. *PUF, 1992.* (Etudes littéraires ; 39)
ISBN 2-13-045084-9. *45 F / 6,86 €*

11554 **BAGOT F., KAIL M.** Jean-Paul Sartre, Les Mains sales. 2e éd. corr. *PUF, 1992.* (Etudes littéraires ; 8)
ISBN 2-13-044818-6. *42 F / 6,40 €*

11555 **BAJIN** A la mémoire d'un ami. *Mille et une nuits, 1995.* (La petite collection ; 72 cA)
ISBN 2-910233-96-0. *10 F / 1,52 €*

11556 **BAKHTINE M.** Esthétique et théorie du roman. *Gallimard, 1987.* (Tel ; 120)
ISBN 2-07-071104-8. *75 F / 11,43 €*

11557 **BAKHTINE M.** L'Oeuvre de François Rabelais et la culture populaire au Moyen Age et sous la Renaissance. *Gallimard, 1982.* (Tel ; 70)
ISBN 2-07-023404-5. *70 F / 10,67 €*

11558 **BAKHTINE M.** La poétique de Dostoïevski. *Seuil, 1998.* (Points. Essais ; 372)
ISBN 2-02-035337-7. *52 F / 7,93 €*

11559 **BALIBAR R.** Histoire de la littérature française. *PUF, 1991.* (Que sais-je? ; 2601 c1)
ISBN 2-13-043918-7. *42 F / 6,40 €*

11560 **BALZAC H. d.** A Paris!. *Complexe, 1993.* (Le Regard littéraire ; 59 c13)
ISBN 2-87027-480-7. *69 F / 10,52 €*

11561 **BALZAC H. d.** Ecrits sur le roman. *LGF, 2000.* (Le Livre de poche ; 563. Références littérature)
ISBN 2-253-90563-1. *49 F / 7,47 €*

11562 **BALZAC H. d.** Les Illusions perdues. *Gallimard, 1972.* (Folio ; 62. Classique c11)
ISBN 2-07-036062-8. *50 F / 7,62 €*

11563 **BALZAC H. d.** Les journalistes : monographie de la presse parisienne ; suivi de Des salons littéraires. *Arléa, 1998.* (Arléa-poche ; 39)
ISBN 2-86959-394-5. *35 F / 5,34 €*

11564 **BALZAC H. d.** Lettres à madame Hanska. 1, 1832-1844. Réimp. *Laffont, 1999.* (Bouquins)
ISBN 2-221-05923-9. *130 F / 19,82 €*

11565 **BALZAC H. d.** Lettres à madame Hanska. 2, 1845-1850. Réimp. *Laffont, 1999.* (Bouquins)
ISBN 2-221-05924-7. *130 F / 19,82 €*

11566 **BALZAC H. d.** Lettres à madame Hanska. *Laffont, 1999.* (Bouquins)
ISBN 2-221-90050-2. *260 F / 39,64 €*

11567 **BALZAC H. d.** Maximes et pensées. *A. Silvaire, 1973.* (Maximes et pensées c1)
42 F / 6,40 €

11568 **BALZAC H. d.** La Peau de chagrin. *Gallimard, 1988.* (Folio ; 555. Classique)
ISBN 2-07-036555-7. *29 F / 4,42 €*

11569 **BALZAC H. d.** Les Secrets de la princesse de Cadignan et autres études de femmes. Réimpr. *Gallimard, 1996.* (Folio ; 1250. Classique c8)
ISBN 2-07-037250-2. *37 F / 5,64 €*

11570 **BALZAC H. d.** Théorie de la démarche : et autres textes. *Albin Michel, 1990.* (Bibliothèque Albin Michel poche ; 44 c1)
ISBN 2-226-05170-8. *39 F / 5,95 €*

11571 **BALZAC H. d.** Traité de la vie élégante ; suivi de Théorie de la démarche. *Arléa, 1998.* (Arléa-poche ; 37)
ISBN 2-86959-381-3. *35 F / 5,34 €*

11572 **BALZAC H. d.** Traité des excitants modernes. *Actes Sud, 1994.* (Babel ; 122 c1)
ISBN 2-7427-0265-2. *33 F / 5,03 €*

11573 **BALZAC H. d.** Traité des excitants modernes. *Mille et une nuits, 1997.* (La petite collection ; 147 cA)
ISBN 2-84205-119-X. *10 F / 1,52 €*

11574 **BANDET J-L.** La Littérature allemande. 3e éd. *PUF, 1993.* (Que sais-je? ; 101 c1)
ISBN 2-13-045593-X. *42 F / 6,40 €*

11575 **BARATTO M.** Sur Goldoni. *Arche éditeur, 1971.* (Travaux ; 11)
ISBN 2-85181-141-X. *65 F / 9,91 €*

11576 **BARBEY D'AUREVILLY J. A.** Contre Diderot. *Complexe, 1986.* (Le Regard littéraire ; 3 c9)
ISBN 2-87027-190-5. *59 F / 8,99 €*

11577 **BARBEY D'AUREVILLY J. A.** Contre Goethe. *Complexe, 1999.* (Le Regard littéraire ; 63 c11)
ISBN 2-87027-772-5. *65 F / 9,91 €*

11578 **BARBEY D'AUREVILLY J. A.** Memoranda : journal intime, 1836-1864. *Table ronde, 1993.* (La petite vermillon ; 15)
ISBN 2-7103-0577-1. *45 F / 6,86 €*

11579 **BARBEY D'AUREVILLY J. A., BAUDELAIRE C.** Sur Edgar Poe. *Complexe, 1990.* (Le Regard littéraire ; 39 cL)
ISBN 2-87027-340-1. *65 F / 9,91 €*

11580 **BARED R.** La Fontaine. *Seuil, 1995.* (Ecrivains de toujours)
ISBN 2-02-022450-X. *65 F / 9,91 €*

11581 **BARNES J.** Lettres de Londres. *Gallimard, 1998.* (Folio ; 3027 c9)
ISBN 2-07-040394-7. *41 F / 6,25 €*

11582 **BARON-CARVAIS A.** La Bande dessinée. 4e éd. rev. *PUF, 1994.* (Que sais-je? ; 2212 c1)
ISBN 2-13-043762-1. *42 F / 6,40 €*

11583 **BARTHES R.** Critique et vérité. *Seuil, 1999.* (Points ; 396. Essais)
ISBN 2-02-038180-X. *29 F / 4,42 €*

11584 **BARTHES R.** Le Degré zéro de l'écriture ; Nouveaux essais critiques. *Seuil, 1972.* (Points. Essais ; 35 c1)
ISBN 2-02-000610-3. *39 F / 5,95 €*

11585 **BARTHES R.** Essais critiques. *Seuil, 1981.* (Points ; 127. Essais c3)
ISBN 2-02-005809-X. *48 F / 7,32 €*

11586 **BARTHES R.** Le grain de la voix : entretiens 1962-1980. *Seuil, 1999.* (Points ; 395. Essais ; 395)
ISBN 2-02-038179-6. *59 F / 8,99 €*

11587 **BARTHES R.** Michelet. Nouv. éd. *Seuil, 1995.* (Ecrivains de toujours c0)
ISBN 2-02-025724-6. *59 F / 8,99 €*

11588 **BARTHES R.** Le Plaisir du texte. *Seuil, 1982.* (Points ; 135. Essais c1)
ISBN 2-02-006060-4. *32 F / 4,88 €*

11589 **BARTHES R.** Roland Barthes. *Seuil, 1995.* (Ecrivains de toujours)
ISBN 2-02-026092-1. *59 F / 8,99 €*

11590 **BARTHES R.** Sade, Fourier, Loyola. *Seuil, 1980.* (Points ; 116. Essais c2)
ISBN 2-02-005511-2. *39 F / 5,95 €*

11591 **BARTHES R.** Sur Racine. *Seuil, 1979.* (Points ; 97. Essais c1)
ISBN 2-02-005072-2. *32 F / 4,88 €*

11592 **BARTHES R.** S/Z. *Seuil, 1976.* (Points ; 70. Essais c3)
ISBN 2-02-004349-1. *48 F / 7,32 €*

11593 **BASHKIRTSEFF M.** Journal intime de Marie Bashkirtseff. *Mercure de France, 2000.* (Le petit Mercure)
ISBN 2-7152-2196-7. *24 F / 3,66 €*

11594 **BASTIDE F-R.** Saint-Simon. *Seuil, 1977.* (Ecrivains de toujours ; 15 c1)
ISBN 2-02-000015-6. *49 F / 7,47 €*

11595 **BATAILLE G.** Le coupable ; L'Alleluiah ; L'Alleluiah : somme athéologique II. *Gallimard, 1998.* (L'imaginaire ; 380)
ISBN 2-07-040495-1. *69 F / 10,52 €*

11596 **BATAILLE G.** La Littérature et le mal. *Gallimard, 1990.* (Folio ; 148. Essais ; 148 c2)
ISBN 2-07-032607-1. *37 F / 5,64 €*

11597 **BAUDELAIRE C.** Conseils aux jeunes littérateurs. *Mille et une nuits, 1995.* (La petite collection ; 58 cA)
ISBN 2-910233-81-2. *10 F / 1,52 €*

11598 **N** **BAUDELAIRE C.** Correspondance. *Gallimard, 2000.* (Folio ; 3433. Classique c9)
ISBN 2-07-041482-5. *46 F / 7,01 €*

11599 **BAUDELAIRE C.** Fusées ; Mon coeur mis à nu ; La Belgique déshabillée ; Amoenitates Belgicae. *Gallimard, 1986.* (Folio ; 1727. Classique c13)
ISBN 2-07-037727-X. *61 F / 9,30 €*

11600 **BAUDELAIRE C.** Lettres inédites aux siens. *Grasset, 1993.* (Les Cahiers rouges ; 172)
ISBN 2-246-36042-0. *55 F / 8,38 €*

11601 **BAUDELAIRE C.** Maximes et pensées. *A. Silvaire, 1995.* (Maximes et pensées c1)
ISBN 2-85055-253-4. *42 F / 6,40 €*

11602 **BAUDELAIRE C.** Mon coeur mis à nu. *Mille et une nuits, 1997.* (La petite collection ; 134 cA)
ISBN 2-84205-102-5. *10 F / 1,52 €*

11603 **N** **BAUDELAIRE C.** Les paradis artificiels ; Du vin et du hachisch. *LGF, 2000.* (Le Livre de poche ; 1326. Classiques de poche c4)
ISBN 2-253-01438-9. *20 F / 3,05 €*

11604 **BAUDELAIRE C.** Les Paradis artificiels ; La Pipe d'opium ; Le Hachich... *Gallimard, 1977.* (Folio ; 964. Classique c11)
ISBN 2-07-036964-1. *29,50 F / 4,50 €*

11605 **BAUDELAIRE C.** Les paradis artificiels. *Librio, 1998.* (Librio ; 212 c1)
ISBN 2-277-30212-0. *10 F / 1,52 €*

11606 **BAUDELAIRE C.** Les paradis artificiels. *Mille et une nuits, 1998.* (La petite collection ; 207 c5)
ISBN 2-84205-335-4. *19,50 F / 2,97 €*

11607 **BAUDRILLARD J.** Cool memories I et II : 1980-1990. *LGF, 1993.* (Le Livre de poche ; 4181. Biblio essais c14)
ISBN 2-253-06477-7. *48 F / 7,32 €*

11608 **BAUMGARTNER E.** Chrétien de Troyes : Yvain, Lancelot, la charrette et le lion. *PUF, 1992.* (Etudes littéraires ; 38)
ISBN 2-13-044865-8. *45 F / 6,86 €*

11609 **BAUMGARTNER E.** Chrétien de Troyes, le conte du Graal. *PUF, 1999.* (Etudes littéraires ; 62)
ISBN 2-13-049993-7. *48 F / 7,32 €*

11610 **BAUMGARTNER E.** Emmanuèle Baumgartner présente Poésies de François Villon. *Gallimard, 1998.* (Foliothèque ; 72)
ISBN 2-07-040126-X. *52 F / 7,93 €*

11611 **BAUMGARTNER E.** La littérature française du Moyen Age. *Dunod, 1999.* (Les topos. Lettres c1)
ISBN 2-10-004070-7. *52 F / 7,93 €*

11612 **BAUMGARTNER E.** Tristan et Iseult : de la légende aux récits en vers. 3e éd. corr. *PUF, 1993.* (Etudes littéraires ; 15)
ISBN 2-13-045712-6. *45 F / 6,86 €*

11613 **BAYARD P.** Il était deux fois Romain Gary. *PUF, 1990.* (Le Texte rêve)
ISBN 2-13-043132-1. *52 F / 7,93 €*

11614 **N** **BAZIN-TACCHELA S., REVOL T., VALETTE J-R.** Le Merlin de Robert de Boron. *Atlande, 2000.* (Lettres médiévales)
ISBN 2-912232-17-1. *98 F / 14,94 €*

11615 **N** **BAZLEN R.** Trieste. *Allia, 2000.* (Petite collection)
ISBN 2-84485-038-3. *40 F / 6,10 €*

11616 **BEAUCARNE J.** Brel. *Ancrage, 1999.* (Poche ; 3 c3)
ISBN 2-930192-15-1. *49 F / 7,47 €*

11617 **BEAUMARCHAIS J-P. d.** Beaumarchais : le voltigeur des Lumières. *Gallimard, 1996.* (Découvertes ; 278. Littérature c4)
ISBN 2-07-053357-3. *75 F / 11,43 €*

11618 **BEAUMARCHAIS J-P. d., COUTY D.** Chronologie de la littérature française. *PUF, 1991.* (Etudes littéraires ; 31)
ISBN 2-13-043818-0. *54 F / 8,23 €*

11619 **BEAUMONT G., PARINAUD A.** Colette. *Seuil, 1973.* (Ecrivains de toujours ; 5 c1)
ISBN 2-02-000005-9. *49 F / 7,47 €*

11620 **BEAUVOIR S. d.** L'Amérique au jour le jour : 1947. *Gallimard, 1997.* (Folio ; 2943 c10)
ISBN 2-07-040198-7. *46 F / 7,01 €*

11621 **BEAUVOIR S. d.** Lettres à Nelson Algren : un amour transatlantique, 1947-1964. *Gallimard, 1999.* (Folio ; 3169 c15)
ISBN 2-07-040726-8. *61 F / 9,30 €*

11622 **BEC C.** La littérature italienne. 2e éd. corr. *PUF, 1998.* (Que sais-je? ; 715 c1)
ISBN 2-13-046393-2. *42 F / 6,40 €*

11623 **BECKER C.** Emile Zola, Germinal. 2e éd. *PUF, 1988.* (Etudes littéraires ; 2)
ISBN 2-13-041869-4. *27 F / 4,12 €*

11624 **BECKER C.** Emile Zola, L'Assommoir. *PUF, 1994.* (Etudes littéraires ; 45)
ISBN 2-13-046404-1. *45 F / 6,86 €*

11625 **BECKER C., GOURDIN-SERVENIÈRE G., LAVIELLE V.** Dictionnaire d'Emile Zola ; Dictionnaire des Rougon-Macquart. *Laffont, 1993.* (Bouquins)
ISBN 2-221-07612-5. *129 F / 19,67 €*

11626 **BECQ A.** Annie Becq présente les Lettres persanes de Montesquieu. *Gallimard, 1999.* (Foliothèque ; 77 c5)
ISBN 2-07-040213-4. *46 F / 7,01 €*

11627 **BÉGUIN A.** L'Ame romantique et le rêve : essai sur le romantisme allemand et la poésie française. *LGF, 1993.* (Le Livre de poche ; 4170. Biblio essais c18)
ISBN 2-253-06323-1. *65 F / 9,91 €*

11628 **BÉGUIN A.** Bernanos. *Seuil, 1982.* (Ecrivains de toujours ; 21 c1)
ISBN 2-02-000021-0. *49 F / 7,47 €*

11629 **La Belgique fin de siècle :** romans, nouvelles, théâtre. *Complexe, 1997.* (Bibliothèque Complexe)
ISBN 2-87027-670-2. *149 F / 22,71 €*

11630 **BELLEMIN-NOËL J.** Psychanalyse et littérature. 4e éd. *PUF, 1993.* (Que sais-je? ; 1752 c1)
ISBN 2-13-045581-6. *42 F / 6,40 €*

11631 **BELLEMIN-NOËL J.** Le Quatrième conte de Gustave Flaubert. *PUF, 1990.* (Le Texte rêve)
ISBN 2-13-042905-X. *52 F / 7,93 €*

11632 **BELLEMIN-NOËL J.** Vers l'inconscient du texte. *PUF, 1996.* (Quadrige ; 210)
ISBN 2-13-047746-1. *69 F / 10,52 €*

11633 **BELLOUR R.** Henri Michaux. *Gallimard, 1986.* (Folio ; 45. Essais ; 45 c5)
ISBN 2-07-032371-4. *52 F / 7,93 €*

11634 **BEN JELLOUN T.** Eloge de l'amitié : la soudure fraternelle. *Arléa, 1996.* (Arléa-poche ; 1)
ISBN 2-86959-287-6. *30 F / 4,57 €*

11635 **BENCHEIKH J-E.** Poétique arabe ; Essai sur un discours critique. *Gallimard, 1989.* (Tel ; 142)
ISBN 2-07-071436-5. *55 F / 8,38 €*

11636 **BENCHLEY R.** Le Supplice des week-ends. Nouv. éd. *10-18, 1994.* (10-18 ; 1429. Domaine étranger c5)
ISBN 2-264-02044-X. *44 F / 6,71 €*

11637 **BENDA J.** Le Rapport d'Uriel. *Actes Sud, 1992.* (Babel ; 49 c3)
ISBN 2-86869-904-9. *45 F / 6,86 €*

11638 **BENDA J.** La Trahison des clercs. *Grasset, 1990.* (Les Cahiers rouges ; 127)
ISBN 2-246-01914-1. *57 F / 8,69 €*

11639 **BÉNICHOU P.** Selon Mallarmé. *Gallimard, 1999.* (Folio ; 328. Essais c6)
ISBN 2-07-040706-3. *56 F / 8,54 €*

11640 **BENJAMIN W.** Moscou. *Mille et une nuits, 1999.* (La ville entière; 3)(La petite collection ; 240)
ISBN 2-84205-402-4. *13 F / 1,98 €*

11641 **N** **BENJAMIN W.** Sens unique ; précédé de Enfance berlinoise. *10-18, 2000.* (10-18 ; 3214. Domaine étranger)
ISBN 2-264-03178-6. *44 F / 6,71 €*

11642 **BENS J.** Pagnol. *Seuil, 1994.* (Ecrivains de toujours c3)
ISBN 2-02-018403-6. *65 F / 9,91 €*

11643 **BENSON E. F.** Snobs. *10-18, 1999.* (10-18 ; 3089. Domaine étranger c4)
ISBN 2-264-02428-3. *41 F / 6,25 €*

11644 **BERBEROVA N.** C'est moi qui souligne : autobiographie. *Actes Sud, 1990.* (Babel ; 22 c6)
ISBN 2-86869-543-4. *69 F / 10,52 €*

11645 **BERBEROVA N.** C'est moi qui souligne. Réimpr. *J'ai lu, 2000.* (J'ai lu ; 3190. Littérature générale cM)
ISBN 2-290-30202-3. *49 F / 7,47 €*

11646 **BERBEROVA N.** Thésaurus Nina Berberova. 1. *Actes Sud, 1998.* (Thésaurus)
ISBN 2-7427-1478-2. *180 F / 27,44 €*

11647 **BERGÉ P.** Liberté j'écris ton nom. *Seuil, 1993.* (Points. Actuels ; 133 c4)
ISBN 2-02-019340-X. *52 F / 7,93 €*

11648 **BERGMAN I.** Laterna magica. *Gallimard, 1991.* (Folio ; 2238 c10)
ISBN 2-07-038338-5. *46 F / 7,01 €*

11649 **BERL E.** Méditations sur un amour défunt. *Grasset, 1992.* (Les Cahiers rouges ; 166)
ISBN 2-246-47002-1. *44 F / 6,71 €*

11650 **BERL E.** Rachel et autres grâces. *Grasset, 1987.* (Les Cahiers rouges ; 80)
ISBN 2-246-10412-2. *38 F / 5,79 €*

11651 **BERNANOS G.** La France contre les robots ; suivi de Textes inédits. *LGF, 1999.* (Le Livre de poche ; 3303. Biblio c12)
ISBN 2-253-93303-1. *44 F / 6,71 €*

11652 **BERNARD M., LEDUC-ADINE J-P.** Zola. Nouv. éd. mise à jour. et augm. *Seuil, 1988.* (Points. Essais ; 197 c4)
ISBN 2-02-010279-X. *52 F / 7,93 €*

11653 **BERNHARD T.** L'origine : simple indication. *Gallimard, 1996.* (Folio ; 2832 c11)
ISBN 2-07-039468-9. *29,50 F / 4,50 €*

11654 **BERTHELOT A.** Arthur et la Table ronde : la force d'une légende. *Gallimard, 1996.* (Découvertes ; 298. Littérature c5)
ISBN 2-07-053376-X. *85 F / 12,96 €*

11655 **BERTHIER P.** Lamiel ou la Boîte de Pandore. *PUF, 1994.* (Le Texte rêve)
ISBN 2-13-046325-8. *69 F / 10,52 €*

11656 **BERTHIER P.** Patrick Berthier commente Colomba de Prosper Mérimée. *Gallimard, 1992.* (Foliothèque ; 15 c5)
ISBN 2-07-038486-1. *52 F / 7,93 €*

11657 **BERTHIER P.** Philippe Berthier commente Eugénie Grandet d'Honoré de Balzac. *Gallimard, 1992.* (Foliothèque ; 14 c4)
ISBN 2-07-038530-2. *46 F / 7,01 €*

11658 **N** **BERTHIER P.** Philippe Berthier présente la Vie de Henry Brulard de Stendhal. *Gallimard, 2000.* (Foliothèque ; 88)
ISBN 2-07-040517-6. *56 F / 8,54 €*

11659 **BERTRAND D.** La littérature française du XVIIe siècle. *Dunod, 1997.* (Les topos. Lettres c1)
ISBN 2-10-003566-5. *52 F / 7,93 €*

11726 **A** **BOSSUET J. B.** Sermons (Carême du Louvre). *Gallimard, 2001.* (Folio. Classique)
ISBN 2-07-038757-7. *20,50 F / 3,13 €*

11727 **BOSSUET J. B.** Sermons et oraisons funèbres. *Seuil, 1997.* (Points ; 123. Sagesses c13)
ISBN 2-02-031649-8. *52 F / 7,93 €*

11728 **BOTTON A. d.** Comment Proust peut changer votre vie. *Pocket, 1998.* (Pocket ; 10418 c5)
ISBN 2-266-08391-0. *35 F / 5,34 €*

11729 **BOUDARD A.** Mourir d'enfance. *Pocket, 1997.* (Pocket ; 10114 c6)
ISBN 2-266-07325-7. *38 F / 5,79 €*

11730 **BOUDJEDRA R.** Lettres algériennes. *LGF, 1997.* (Le Livre de poche ; 14178 c4)
ISBN 2-253-14178-X. *20 F / 3,05 €*

11731 **BOUFFLERS S-J. d.** Lettres d'Afrique à Mme de Sabran. *Actes Sud, 1998.* (Babel ; 333. Les épistolaires)
ISBN 2-7427-1782-X. *63 F / 9,60 €*

11732 **A** **BOULEZ P., ARCHIMBAUD M.** Entretiens avec Michel Archimbaud. *Gallimard, 2001.* (Folio. Essais c10)
ISBN 2-07-041828-6. *20,50 F / 3,13 €*

11733 **N** **BOULGAKOV M. A.** Ecrits autobiographiques. Nouv. éd. *Actes Sud, 2000.* (Babel ; 293 c4)
ISBN 2-7427-2874-0. *51 F / 7,77 €*

11734 **BOULOUMIÉ A.** Arlette Bouloumié présente Vendredi ou les Limbes du Pacifique de Michel Tournier. *Gallimard, 1991.* (Foliothèque ; 4 c4)
ISBN 2-07-038348-2. *46 F / 7,01 €*

11735 **BOURBON BUSSET J. d.** Lettre à Laurence. *Gallimard, 1989.* (Folio ; 2020 c11)
ISBN 2-07-038108-0. *29,50 F / 4,50 €*

11736 **BOURDIEU P.** Les règles de l'art : genèse et structure du champ littéraire. Nouv. éd. revue et corr. *Seuil, 1998.* (Points ; 363. Essais c15)
ISBN 2-02-034975-2. *59 F / 8,99 €*

11737 **BOURGET P.** Essais de psychologie contemporaine : études littéraires. *Gallimard, 1993.* (Tel ; 233)
ISBN 2-07-072965-6. *92 F / 14,03 €*

11738 **BOURIN J.** Le sourire de l'ange. *Pocket : Desclée De Brouwer, 1998.* (Pocket ; 10393. Best c3)
ISBN 2-266-08072-5. *26 F / 3,96 €*

11739 **N** **BOURNIQUEL C.** Karma. *LGF, 2001.* (Le Livre de poche ; 14989 c13)
ISBN 2-253-14989-6. *46 F / 7,01 €*

11740 **BOUSQUET J.** Lettres à Poisson d'Or. *Gallimard, 1988.* (L'imaginaire ; 198)
ISBN 2-07-071295-8. *44 F / 6,71 €*

11741 **BOUSQUET J.** Traduit du silence. *Gallimard, 1995.* (L'imaginaire ; 335)
ISBN 2-07-074215-6. *70 F / 10,67 €*

11742 **BOUTET D.** Les Fabliaux. 1ère éd. *PUF, 1985.* (Etudes littéraires ; 5)
ISBN 2-13-038876-0. *24 F / 3,66 €*

11743 **BOUTET D., STRUBEL A.** La Littérature française du Moyen Age. 4e éd. rev. *PUF, 1994.* (Que sais-je? ; 145 c1)
ISBN 2-13-045750-9. *42 F / 6,40 €*

11744 **BOWLES P.** Mémoires d'un nomade : autobiographie. Réimpr. *Seuil, 1999.* (Points ; 592)
ISBN 2-02-025589-8. *52 F / 7,93 €*

11745 **BRANDYS K.** Carnets de Varsovie : 1978-1981. *Gallimard, 1985.* (Arcades ; 2)
ISBN 2-07-070362-2. *61 F / 9,30 €*

11746 **BRANTÔME P. d.** Les Dames galantes. *Gallimard, 1996.* (Folio ; 1260. Classique c11)
ISBN 2-07-037260-X. *50 F / 7,62 €*

11747 **BRASILLACH R.** Notre avant-guerre : une génération dans l'orage : mémoires. *LGF, 1992.* (Le Livre de poche ; 9503 c10)
ISBN 2-253-06146-8. *40 F / 6,10 €*

11748 **BRAUD F.** L'appel du bitume. *Baleine, 1998.* (Tourisme et polar)
ISBN 2-84219-156-0. *15 F / 2,29 €*

11749 **BRAUTIGAN R.** Journal japonais. *10-18, 1993.* (10-18 ; 2415. Domaine étranger c4)
ISBN 2-264-01920-4. *41 F / 6,25 €*

11750 **BRECHT B.** Les Arts et la révolution. 2e éd. *Arche éditeur, 1977.* (Ecrits sur la littérature et l'art; 3)(Travaux ; 9)
ISBN 2-85181-168-1. *65 F / 9,91 €*

11751 **BRECHT B.** Petit organon pour le théâtre. Réimpr. *Arche éditeur, 1990.* (Scène ouverte)
ISBN 2-85181-172-X. *59 F / 8,99 €*

11752 **BREM A-M. d.** George Sand, un diable de femme. Réimpr. *Gallimard : Paris-Musées, 1997.* (Découvertes ; 311. Littérature c3)
ISBN 2-07-053393-X. *65 F / 9,91 €*

11753 **BRETON A.** Anthologie de l'humour noir. *LGF, 1984.* (Le Livre de poche ; 3043. Biblio c12)
ISBN 2-253-03424-X. *44 F / 6,71 €*

11754 **BRETON A.** La Clé des champs. *LGF, 1991.* (Le Livre de poche ; 4135. Biblio essais c14)
ISBN 2-253-05654-5. *48 F / 7,32 €*

11755 **BRETON A.** Manifestes du surréalisme. *Gallimard, 1985.* (Folio ; 5. Essais ; 5 c2)
ISBN 2-07-032279-3. *37 F / 5,64 €*

11756 **BRETON A.** Les Pas perdus. Nouv. éd. rev. et corr. *Gallimard, 1990.* (L'imaginaire ; 243)
ISBN 2-07-072049-7. *42 F / 6,40 €*

11757 **BRETON A.** Perspective cavalière. *Gallimard, 1996.* (L'imaginaire ; 341)
ISBN 2-07-074384-5. *52 F / 7,93 €*

11758 **BRETON A.** Point du jour. *Gallimard, 1992.* (Folio ; 194. Essais c2)
ISBN 2-07-032648-9. *37 F / 5,64 €*

11759 **BRETON A.** Position politique du surréalisme. *LGF, 1991.* (Le Livre de poche ; 4134. Biblio essais c6)
ISBN 2-253-05653-7. *26 F / 3,96 €*

11760 **BRETON A.** Les vases communicants. *Gallimard, 1996.* (Folio. Essais ; 287 c1)
ISBN 2-07-032920-8. *29,50 F / 4,50 €*

11761 **BREYTENBACH B.** Retour au paradis : journal africain. *LGF, 1995.* (Le Livre de poche ; 13671 c9)
ISBN 2-253-13671-9. *36 F / 5,49 €*

11762 **BRINCOURT A.** La Parole dérobée. *LGF, 1992.* (Le Livre de poche ; 4329 c11)
ISBN 2-253-05992-7. *42 F / 6,40 €*

11763 **BRINCOURT A.** Secrètes araignées. *LGF, 1998.* (Le Livre de poche ; 14534 c6)
ISBN 2-253-14534-3. *26 F / 3,96 €*

11764 **BROCH H.** Création littéraire et connaissance. *Gallimard, 1985.* (Tel ; 91)
ISBN 2-07-070298-7. *56 F / 8,54 €*

11765 **BROD M.** Franz Kafka : souvenirs et documents. *Gallimard, 1991.* (Folio. Essais ; 159 c3)
ISBN 2-07-032637-3. *41 F / 6,25 €*

11766 **N** **BRODKEY H.** Histoire de ma mort : ces ténèbres sauvages. *LGF, 2000.* (Le Livre de poche ; 14959 c6)
ISBN 2-253-14959-4. *26 F / 3,96 €*

11767 **BRODSKI I. A.** Acqua alta. *Gallimard, 1993.* (Arcades)
ISBN 2-07-072893-5. *72 F / 10,98 €*

11768 **BROSSES C. d.** Lettres familières d'Italie. *Complexe, 1995.* (Le Regard littéraire ; 62 c11)
ISBN 2-87027-567-6. *65 F / 9,91 €*

11769 **N** **BRUNEL P.** La littérature française du XXe siècle. *Dunod, 1999.* (Les topos. Lettres c1)
ISBN 2-10-004331-5. *49 F / 7,47 €*

11770 **BRUNET P.** La naissance de la littérature dans la Grèce ancienne. *LGF, 1997.* (Le Livre de poche ; 530. Références Antiquité c10)
ISBN 2-253-90530-5. *40 F / 6,10 €*

11771 **BRUNETIERE F.** L'évolution des genres dans l'histoire de la littérature : introduction : évolution de la critique depuis la Renaissance jusqu'à nos jours. *Pocket, 2000.* (Agora ; 195 c6)
ISBN 2-266-08195-0. *38 F / 5,79 €*

11772 **BUFFARD-MORET B.** Introduction à la versification. *Dunod, 1997.* (Les topos. Lettres c1)
ISBN 2-10-003558-4. *52 F / 7,93 €*

11773 **BUFFAT M.** Marc Buffat présente Les Mains sales de Jean-Paul Sartre. *Gallimard, 1991.* (Foliothèque ; 10 c4)
ISBN 2-07-038441-1. *46 F / 7,01 €*

11774 **BUISINE A.** L'ange et la souris. *Zulma, 1997.* (Grain d'orage)
ISBN 2-84304-018-3. *49 F / 7,47 €*

11775 **BUISINE A.** Les Mauvaises pensées du Grand Meaulnes. *PUF, 1992.* (Le Texte rêve)
ISBN 2-13-044698-1. *69 F / 10,52 €*

11776 **BUKOWSKI C.** Journal d'un vieux dégueulasse. *LGF, 1998.* (Le Livre de poche ; 14384 c9)
ISBN 2-253-14384-7. *36 F / 5,49 €*

11777 **BUKOWSKI C.** Souvenirs d'un pas grand chose. *Grasset, 1992.* (Les Cahiers rouges ; 153)
ISBN 2-246-31442-9. *64 F / 9,76 €*

11778 **BUKOWSKI C., CRUMB R.** Apporte-moi de l'amour ; suivi de No business. *Mille et une nuits, 1999.* (La petite collection ; 241)
ISBN 2-84205-405-9. *10 F / 1,52 €*

11779 **BURGELIN C.** Claude Burgelin présente Les Mots de Jean-Paul Sartre. *Gallimard, 1994.* (Foliothèque ; 35 c6)
ISBN 2-07-038640-6. *56 F / 8,54 €*

11780 **BURGESS A., SINGER I. B.** Rencontre au sommet. *Mille et une nuits ; Arte Editions, 1998.* (La petite collection ; 205 c2)
ISBN 2-84205-333-8. *10 F / 1,52 €*

11781 **BURROUGHS W. S.** Lettres du Yage. *Mille et une nuits, 1997.* (La petite collection ; 179 cA)
ISBN 2-84205-179-3. *10 F / 1,52 €*

11782 **BURROUGHS W. S.** Mon éducation : un livre des rêves. *10-18, 2000.* (10-18 ; 3140. Domaine étranger c6)
ISBN 2-264-02781-9. *47 F / 7,17 €*

11783 **BURTON R.** Digression sur l'air ; suivi de Anatomie de la mélancolie. *Mille et une nuits, 2000.* (La petite collection ; 272 c1)
ISBN 2-84205-458-X. *10 F / 1,52 €*

11784 **BURY M.** Mariane Bury présente Une vie de Guy de Maupassant. *Gallimard, 1995.* (Foliothèque ; 41 c5)
ISBN 2-07-038641-4. *52 F / 7,93 €*

11785 **BUTOR M.** Essais sur le roman. *Gallimard, 1992.* (Tel ; 206)
ISBN 2-07-072502-2. *62 F / 9,45 €*

11786 **BUTOR M.** Essais sur les modernes. *Gallimard, 1992.* (Tel ; 207)
ISBN 2-07-072501-4. *75 F / 11,43 €*

11787 **BUTOR M.** Le Génie du lieu. *Grasset, 1994.* (Les Cahiers rouges ; 199)
ISBN 2-246-10822-5. *50 F / 7,62 €*

11788 **BUTOR M.** Histoire extraordinaire : essai sur un rêve de Baudelaire. *Gallimard, 1988.* (Folio. Essais ; 87 c3)
ISBN 2-07-032471-0. *41 F / 6,25 €*

11789 **BUTOR M.** Improvisations sur Flaubert. *Pocket, 1989.* (Agora ; 32 c4)
ISBN 2-266-02763-8. *30 F / 4,57 €*

11790 **BUTOR M.** Improvisations sur Rimbaud : essai. *Pocket, 1994.* (Agora ; 139 c06)
ISBN 2-266-05330-2. *38 F / 5,79 €*

11791 **BUTOR M.** Répertoire littéraire. *Gallimard, 1996.* (Tel ; 273)
ISBN 2-07-074413-2. *92 F / 14,03 €*

11792 **CABAU J.** La Prairie perdue : histoire du roman américain. *Seuil, 1981.* (Points ; 133. Essais c5)
ISBN 2-02-005999-1. *55 F / 8,38 €*

11793 **CAHEN J-F.** La Littérature américaine. 11e éd. *PUF, 1991.* (Que sais-je? ; 407 c1)
ISBN 2-13-044008-8. *42 F / 6,40 €*

11794 **CAHIER DE L'HERNE** Samuel Beckett. *LGF, 1985.* (Le Livre de poche ; 4034. Biblio essais c12)
ISBN 2-253-03770-2. *44 F / 6,71 €*

11795 **CAILLOIS R.** Babel ; précédé de Vocabulaire esthétique. *Gallimard, 1996.* (Folio. Essais ; 290 c3)
ISBN 2-07-032927-5. *41 F / 6,25 €*

11796 **N** **CALAFERTE L.** La mécanique des femmes. Réimpr. *Gallimard, 2000.* (Folio ; 2589 c6)
ISBN 2-07-038863-8. *29,50 F / 4,50 €*

11797 **CALAFERTE L.** Satori. *Gallimard, 1997.* (Folio ; 2990 c9)
ISBN 2-07-040348-3. *20,50 F / 3,13 €*

11798 **CALET H.** Le Croquant indiscret. *Grasset, 1992.* (Les Cahiers rouges ; 169)
ISBN 2-246-21672-9. *46 F / 7,01 €*

11799 **CALET H.** Les Grandes largeurs. *Gallimard, 1984.* (L'imaginaire ; 133)
ISBN 2-07-070115-8. *35 F / 5,34 €*

11800 **CALVINO I.** Collection de sable. Réimpr. *Seuil, 1998.* (Points ; 486 c6)
ISBN 2-02-033652-9. *32 F / 4,88 €*

11801 **CALVINO I.** Leçons américaines : aide-mémoire pour le prochain millénaire. *Gallimard, 1992.* (Folio ; 2410 c11)
ISBN 2-07-038545-0. *29,50 F / 4,50 €*

11802 **CALVINO I.** Pourquoi lire les classiques. *Seuil, 1996.* (Points c9)
ISBN 2-02-025910-9. *42 F / 6,40 €*

11803 **N** **CAMILLO G.** Le théâtre de la mémoire. *Allia, 2001.* (Petite collection)
ISBN 2-84485-051-0. *40 F / 6,10 €*

11804 **CAMPION P.** Mallarmé, poésie et philosophie. *PUF, 1994.* (Philosophies ; 50)
ISBN 2-13-046218-9. *45 F / 6,86 €*

11805 **CAMUS A.** Discours de Suède. *Gallimard, 1997.* (Folio ; 2919 c9)
ISBN 2-07-040121-9. *20,50 F / 3,13 €*

11806 **CAMUS A.** L'Envers et l'endroit. *Gallimard, 1986.* (Folio ; 41. Essais ; 41 c1)
ISBN 2-07-032368-4. *29,50 F / 4,50 €*

11807 **CAMUS A.** Lettres à un ami. *Gallimard, 1991.* (Folio ; 2226 c11)
ISBN 2-07-038326-1. *29,50 F / 4,50 €*

11808 **CANETTI E.** Le coeur secret de l'horloge : réflexions (1973-1985). *LGF, 1998.* (Le Livre de poche ; 3287. Biblio c7)
ISBN 2-253-93287-6. *30 F / 4,57 €*

11809 **CANETTI E.** La conscience des mots : essais. *LGF, 1989.* (Le Livre de poche ; 4021. Biblio essais c14)
ISBN 2-253-05088-1. *48 F / 7,32 €*

11810 **CANETTI E.** Ecrits autobiographiques. *LGF, 1998.* (La Pochothèque ; 13239. Classiques modernes)
ISBN 2-253-13239-X. *165 F / 25,15 €*

11811 **CANETTI E.** Histoire d'une vie : le flambeau dans l'oreille. *LGF, 1985.* (Le Livre de poche ; 3056. Biblio c13)
ISBN 2-253-03590-4. *46 F / 7,01 €*

11812 **CANETTI E.** Masse et puissance. *Gallimard, 1986.* (Tel ; 96)
ISBN 2-07-070507-2. *85 F / 12,96 €*

11813 **CANETTI E.** Notes de Hampstead, 1954-1971. *LGF, 1999.* (Le Livre de poche ; 3319. Biblio c8)
ISBN 2-253-93319-8. *33 F / 5,03 €*

11814 **CANETTI E.** Le territoire de l'homme : réflexions 1942-1972. *LGF, 1997.* (Le Livre de poche ; 3289. Biblio c12)
ISBN 2-253-93289-2. *44 F / 6,71 €*

11815 **CANNONE B.** Musique et littérature au 18e siècle. *PUF, 1998.* (Que sais-je? ; 3336 c1)
ISBN 2-13-048884-6. *42 F / 6,40 €*

11816 **CAPOTE T.** Les chiens aboient : souvenirs, sites, silhouettes. *Gallimard, 1997.* (L'Etrangère)
ISBN 2-07-074781-6. *55 F / 8,38 €*

11817 **CAPOTE T.** Portraits et impressions de voyage. *Gallimard, 1995.* (Arcades ; 42)
ISBN 2-07-074339-X. *50 F / 7,62 €*

11818 **CAPOTE T., GROBEL L.** Conversations avec Truman Capote. *Gallimard, 1987.* (Arcades ; 13)
ISBN 2-07-071074-2. *59 F / 8,99 €*

11819 **CAROSSA H.** Journal de guerre. *Grasset, 1999.* (Les Cahiers rouges ; 278)
ISBN 2-246-57252-5. *49 F / 7,47 €*

11820 **CARRÈRE E.** Je suis vivant et vous êtes morts. *Seuil, 1996.* (Points ; 258 c10)
ISBN 2-02-029154-1. *45 F / 6,86 €*

11821 **CARROLL J.** Basketball diaries. *10-18, 1998.* (10-18 ; 2644. Domaine étranger)
ISBN 2-264-02774-6. *44 F / 6,71 €*

11822 **CARVER R.** N'en faites pas une histoire. *Seuil, 1996.* (Points ; 227 c9)
ISBN 2-02-026373-4. *42 F / 6,40 €*

11823 **CASANOVA G. G.** Le duel ou Essai sur la vie de G.C. vénitien. *Allia, 1998.* (Bibliotheca casanoviana ; 1)
ISBN 2-911188-67-5. *40 F / 6,10 €*

11824 **CASANOVA G. G.** Le duel ou Essai sur la vie de J.C. Vénitien. *Mille et une nuits, 1998.* (La petite collection ; 192 cA)
ISBN 2-84205-302-8. *10 F / 1,52 €*

825 **CASANOVA G. G.** Histoire de ma fuite des Plombs. *10-18, 1999.* (10-18 ; 3065. Domaine français c5)
ISBN 2-264-02889-0. *44 F / 6,71 €*

826 **CASANOVA G. G.** Histoire de ma fuite des prisons de la République de Venise qu'on appelle les Plombs. 2e éd. *Allia, 1999.* (Bibliotheca casanoviana ; 7)
ISBN 2-911188-98-5. *40 F / 6,10 €*

827 **CASANOVA G. G.** Histoire de ma vie. 1. *Laffont, 1999.* (Bouquins)
ISBN 2-221-06522-0. *179 F / 27,29 €*

828 **CASANOVA G. G.** Histoire de ma vie. 2. Réimpr. *Laffont, 1999.* (Bouquins)
ISBN 2-221-06523-9. *179 F / 27,29 €*

829 **CASANOVA G. G.** Histoire de ma vie. 3. Réimpr. *Laffont, 1999.* (Bouquins)
ISBN 2-221-06524-7. *179 F / 27,29 €*

830 **CASANOVA G. G.** Histoire de ma vie. Réimpr. *Laffont, 1999.* (Bouquins)
ISBN 2-221-90041-3. *537 F / 81,87 €*

831 **CASANOVA G. G.** Histoire de ma vie. *Gallimard, 1986.* (Folio ; 1760. Classique c11)
ISBN 2-07-037760-1. *49 F / 7,47 €*

832 **CASANOVA G. G.** Lana Caprina, lettre d'un lycanthrope. *Allia, 1998.* (Bibliotheca casanoviana ; 4)
ISBN 2-911188-80-2. *40 F / 6,10 €*

833 **CASANOVA G. G.** Ma voisine, la postérité. *Allia, 1998.* (Bibliotheca casanoviana ; 2)
ISBN 2-911188-69-1. *40 F / 6,10 €*

834 **CASANOVA G. G.** Plaisirs de bouche : six épisodes extraits d'Histoire de ma vie. *Librio, 1998.* (Librio ; 220 c1)
ISBN 2-277-30220-1. *10 F / 1,52 €*

835 **CASANOVA G. G.** Soliloque d'un penseur. *Allia, 1998.* (Bibliotheca casanoviana ; 3)
ISBN 2-911188-68-3. *40 F / 6,10 €*

836 **N** **CASSADY N.** Première jeunesse. *10-18, 2000.* (10-18 ; 3193. Domaine étranger c6)
ISBN 2-264-02952-8. *47 F / 7,17 €*

837 **CASTANEDA C.** Histoires de pouvoir. *Gallimard, 1993.* (Folio ; 229. Essais ; 229 c4)
ISBN 2-07-032803-1. *52 F / 7,93 €*

838 **CASTANEDA C.** Le Voyage à Ixtlan : les leçons de don Juan. *Gallimard, 1988.* (Folio. Essais ; 103 c3)
ISBN 2-07-032491-5. *41 F / 6,25 €*

839 **CASTANS R.** Le grand dictionnaire des mots d'esprit. *LGF, 1998.* (Le Livre de poche ; 14474 c10)
ISBN 2-253-14474-6. *40 F / 6,10 €*

1840 **CASTANS R.** Il était une fois... Marcel Pagnol. Nouv. éd. *Ed. de Fallois, 1995.* (Fortunio ; 26 c1)
ISBN 2-87706-240-6. *34 F / 5,18 €*

11841 **CASTANS R.** Marcel Pagnol m'a raconté : document. *Gallimard, 1976.* (Folio ; 793 c11)
ISBN 2-07-036793-2. *29,50 F / 4,50 €*

11842 **CAUQUELIN A.** Aristote. *Seuil, 1994.* (Ecrivains de toujours)
ISBN 2-02-022767-3. *65 F / 9,91 €*

11843 **CAVANNA F.** La Belle fille sur le tas d'ordures. *LGF, 1993.* (Le Livre de poche ; 9667 c6)
ISBN 2-253-06401-7. *26 F / 3,96 €*

11844 **CAVANNA F.** Coups de sang. *LGF, 1992.* (Le Livre de poche ; 9504 c7)
ISBN 2-253-06147-6. *30 F / 4,57 €*

11845 **CÉLINE L-F.** Entretiens avec le professeur Y. Ed. rev. et corr. *Gallimard, 1996.* (Folio ; 2786 c9)
ISBN 2-07-039456-5. *20,50 F / 3,13 €*

11846 **CÉLINE L-F.** Le Style contre les idées : Rabelais, Zola, Sartre et les autres. Nouv. éd. *Complexe, 1993.* (Le Regard littéraire ; 15 c9)
ISBN 2-87027-218-9. *59 F / 8,99 €*

11847 **CENDRARS B.** La vie dangereuse. *Grasset, 1987.* (Les Cahiers rouges ; 72)
ISBN 2-246-39041-9. *58 F / 8,84 €*

11848 **CENDRARS M.** Blaise Cendrars : l'or d'un poète. *Gallimard, 1996.* (Découvertes ; 279. Littérature c4)
ISBN 2-07-058665-0. *75 F / 11,43 €*

11849 **CENDRARS M.** Blaise Cendrars. *Seuil, 1985.* (Points. Biographie c6)
ISBN 2-02-008651-4. *62 F / 9,45 €*

11850 **CENTRE D'ETUDES POETIQUES (Lige). Groupe Mu** Rhétorique de la poésie : lecture linéaire, lecture tabulaire. *Seuil, 1990.* (Points. Essais ; 216 c5)
ISBN 2-02-012361-4. *55 F / 8,38 €*

11851 **CERVANTÈS F.** La table du fond. *Lansman, 1997.* (Contes, nouvelles récits, témoignages ; 1)
ISBN 2-87282-193-7. *52 F / 7,93 €*

11852 **CHABOT J.** Noé de Giono ou le Bateau ivre. *PUF, 1990.* (Le Texte rêve)
ISBN 2-13-043360-X. *52 F / 7,93 €*

11853 **CHABROL J-P.** Le bonheur du manchot. *Pocket, 1995.* (Pocket ; 4337. Best c6)
ISBN 2-266-06490-8. *38 F / 5,79 €*

11854 **CHALAMOV V., PASTERNAK B.** Correspondance avec Boris Pasternak ; Souvenirs. *Gallimard, 1991.* (Arcades ; 20)
ISBN 2-07-072392-5. *72 F / 10,98 €*

11855 **A** **CHALON J.** Journal de Paris, journal d'Espagne (TP). *Pocket, 2001.* (Pocket ; 11152)
ISBN 2-266-10714-3. *38 F / 5,79 €*

11856 **CHAMFORT S. R. N. d.** Maximes et pensées ; Caractères et anecdotes ; Produits de la civilisation perfectionnée. *Gallimard, 1982.* (Folio ; 1356. Classique c9)
ISBN 2-07-037356-8. *41 F / 6,25 €*

11857 **CHAMFORT S. R. N. d.** Maximes et pensées. *Mille et une nuits, 1997.* (La petite collection ; 142 cC)
ISBN 2-84205-111-4. *20 F / 3,05 €*

11858 **CHAMFORT S. R. N. d.** Maximes et pensées. *A. Silvaire, 1999.* (Maximes et pensées c1)
ISBN 2-85055-264-X. *42 F / 6,40 €*

11859 **CHAMOISEAU P.** Antan d'enfance. *Gallimard, 1996.* (Une enfance créole; 1)(Folio ; 2844 c11)
ISBN 2-07-040001-8. *29,50 F / 4,50 €*

11860 **CHAMOISEAU P.** Chemin d'école. *Gallimard, 1996.* (Une enfance créole; 2)(Folio ; 2843 c11)
ISBN 2-07-039496-4. *29,50 F / 4,50 €*

11861 **CHAMOISEAU P., CONFIANT R.** Lettres créoles : tracées antillaises et continentales de la littérature : Haïti, Guadeloupe, Martinique, Guyane (1635-1975). *Gallimard, 1999.* (Folio ; 352. Essais)
ISBN 2-07-040881-7. *46 F / 7,01 €*

11862 **La Chanson de Girart de Roussillon.** *LGF, 1993.* (Le Livre de poche ; 4534. Lettres gothiques c20)
ISBN 2-253-06276-6. *80 F / 12,20 €*

11863 **La Chanson de Roland.** *LGF, 1990.* (Le Livre de poche ; 4524. Lettres gothiques c10)
ISBN 2-253-05341-4. *40 F / 6,10 €*

11864 **CHAPMAN G.** Autobiographie d'un menteur. *10-18, 1997.* (10-18 ; 2838. Domaine étranger c6)
ISBN 2-264-02101-2. *47 F / 7,17 €*

11865 **N** **CHAPSAL M.** L'ami chien. *LGF, 2000.* (Le Livre de poche ; 14913 c5)
ISBN 2-253-14913-6. *23 F / 3,51 €*

11866 **CHAPSAL M.** Les amis sont de passage. *LGF, 1999.* (Le Livre de poche ; 14751 c5)
ISBN 2-253-14751-6. *23 F / 3,51 €*

11867 **CHAPSAL M.** Le Retour du bonheur. *LGF, 1992.* (Le Livre de poche ; 4353 c7)
ISBN 2-253-06057-7. *30 F / 4,57 €*

11868 **CHAPSAL M.** Une soudaine solitude. *LGF, 1997.* (Le Livre de poche ; 14151 c6)
ISBN 2-253-14151-8. *26 F / 3,96 €*

11869 **CHARDÈRE B.** Jacques Prévert : inventaire d'une vie. *Gallimard, 1997.* (Découvertes ; 315. Littérature c4)
ISBN 2-07-053384-0. *75 F / 11,43 €*

11870 **CHARDONNE J.** Le ciel dans la fenêtre. *Table ronde, 1998.* (La petite vermillon ; 92)
ISBN 2-7103-0855-X. *45 F / 6,86 €*

11871 **A** **CHARLES-WURTZ L.** Les contemplations de Victor Hugo. *Gallimard, 2001.* (Foliothèque)
ISBN 2-07-040512-5. *66 F / 10,06 €*

11872 **CHARRIÈRE I. d.** Caliste et lettres écrites de Lausanne. *Des femmes-Antoinette Fouque, 1980.* (Ecrits d'hier)
60 F / 9,15 €

11873 **CHARTIER P.** Pierre Chartier présente Candide de Voltaire. *Gallimard, 1994.* (Foliothèque ; 39 c5)
ISBN 2-07-038643-0. *52 F / 7,93 €*

11874 **CHARTIER P.** Pierre Chartier présente Les Faux-monnayeurs d'André Gide. *Gallimard, 1991.* (Foliothèque ; 6 c4)
ISBN 2-07-038349-0. *46 F / 7,01 €*

11875 **CHARYN J.** Hemingway : portrait de l'artiste en guerrier blessé. *Gallimard, 1999.* (Découvertes ; 371. Littérature c4)
ISBN 2-07-050724-6. *75 F / 11,43 €*

11876 **A** **CHATEAUBRIAND F. R. d.** Cent lettres à Madame de Récamier. *Actes Sud, 1999.* (Babel. Les épistolaires)
ISBN 2-7427-1280-1. *39 F / 5,95 €*

11877 **CHATEAUBRIAND F. R. d.** Maximes et pensées. *A. Silvaire, 1963.* (Maximes et pensées c1)
42 F / 6,40 €

11878 **CHATEAUBRIAND F. R. d.** Mémoires d'outre-tombe : extraits. *LGF, 2000.* (Le Livre de poche ; 16050. Classiques de poche c12)
ISBN 2-253-16050-4. *44 F / 6,71 €*

11879 **CHATEAUBRIAND F. R. d.** Mémoires d'outre-tombe. 1. Nouv. éd. *LGF, 1984.* (Le Livre de poche ; 1327. Classiques de poche c10)
ISBN 2-253-01255-6. *40 F / 6,10 €*

11880 **CHATEAUBRIAND F. R. d.** Mémoires d'outre-tombe. *LGF, 1998.* (La Pochothèque ; 3240. Classiques modernes)
ISBN 2-253-13240-3. *135 F / 20,58 €*

11881 **CHATEAUBRIAND F. R. d.** Mémoires de ma vie. *LGF, 1994.* (Le Livre de poche ; 9691. Classiques de poche c7)
ISBN 2-253-06420-3. *30 F / 4,57 €*

11882 **N** **CHEDID A.** Les saisons de passage. Réimp. *J'ai lu, 2000.* (J'ai lu ; 4626. Littérature générale cG)
ISBN 2-290-30856-0. *29 F / 4,42 €*

11883 **CHENG F.** L'écriture poétique chinoise. *Seuil, 1996.* (Points. Essais ; 332 c15)
ISBN 2-02-029928-3. *59 F / 8,99 €*

11884 **CHENTALINSKY V.** La Parole ressuscitée : dans les archives littéraires du KGB. *Hachette Littératures, 1994.* (Pluriel ; 8703)
ISBN 2-01-278703-7. *75 F / 11,43 €*

11885 **CHESSEX J.** Portrait des Vaudois. *Actes Sud, 1990.* (Babel ; 20 c2)
ISBN 2-86869-501-9. *39 F / 5,95 €*

11886 **CHEVREL Y.** Henrik Ibsen, Maison de poupée. *PUF, 1989.* (Etudes littéraires ; 21)
ISBN 2-13-042121-0. *35 F / 5,34 €*

11887 **CHEVREL Y.** La Littérature comparée. 2e éd. corr. *PUF, 1991.* (Que sais-je? ; 499 c1)
ISBN 2-13-044213-7. *42 F / 6,40 €*

888 **N** **CHODERLOS DE LACLOS P-AF.** Des femmes et de leur éducation. *Mille et une nuits, 2000.* (La petite collection ; 286)
ISBN 2-84205-481-4. *10 F / 1,52 €*

889 **N** **CHRAÏBI D.** Vu, lu, entendu : mémoires. *Gallimard, 2001.* (Folio ; 3478)
ISBN 2-07-041689-5. *29,50 F / 4,50 €*

890 **CHRÉTIEN DE TROYES** Le Chevalier de la charrette ou le Roman de Lancelot. *LGF, 1992.* (Le Livre de poche ; 4527. Lettres gothiques c16)
ISBN 2-253-05401-1. *55 F / 8,38 €*

891 **CHRÉTIEN DE TROYES** Le Conte du Graal ou le Roman de Perceval. *LGF, 1990.* (Le Livre de poche ; 4525. Lettres gothiques c14)
ISBN 2-253-05369-4. *48 F / 7,32 €*

892 **CHRÉTIEN DE TROYES** Erec et Enide. *LGF, 1992.* (Le Livre de poche ; 4526. Lettres gothiques c16)
ISBN 2-253-05400-3. *55 F / 8,38 €*

893 **La Chute de Yayâti :** extraits du Mahâbhârata. *Gallimard, 1992.* (Connaissance de l'Orient poche ; 56)
ISBN 2-07-072731-9. *75 F / 11,43 €*

894 **CHVATIK K.** Le monde romanesque de Milan Kundera : monographie complétée par quelques textes inédits de Milan Kundera. *Gallimard, 1995.* (Arcades ; 38)
ISBN 2-07-074051-X. *82 F / 12,50 €*

1895 **CIORAN E. M.** Aveux et anathèmes. *Gallimard, 1986.* (Arcades ; 11)
ISBN 2-07-070830-6. *65 F / 9,91 €*

1896 **CIORAN E. M.** Bréviaire des vaincus. *Gallimard, 1993.* (Arcades)
ISBN 2-07-072855-2. *45 F / 6,86 €*

1897 **CIORAN E. M.** Cahier de Talamanca. *Mercure de France, 2000.* (Le petit Mercure)
ISBN 2-7152-2197-5. *20 F / 3,05 €*

1898 **CIORAN E. M.** De l'inconvénient d'être né. Nouv. éd. *Gallimard, 1989.* (Folio. Essais ; 80 c1)
ISBN 2-07-032448-6. *29,50 F / 4,50 €*

1899 **CIORAN E. M.** Entretiens. *Gallimard, 1995.* (Arcades ; 41)
ISBN 2-07-073394-7. *78 F / 11,89 €*

1900 **CIORAN E. M.** Exercices d'admiration : essais et portraits. *Gallimard, 1986.* (Arcades)
ISBN 2-07-070610-9. *60 F / 9,15 €*

1901 **CIORAN E. M.** Histoire et utopie. *Gallimard, 1987.* (Folio. Essais ; 53 c1)
ISBN 2-07-032407-9. *29,50 F / 4,50 €*

1902 **CIORAN E. M.** Le Livre des leurres. *Gallimard, 1992.* (Arcades)
ISBN 2-07-072801-3. *58 F / 8,84 €*

1903 **CIORAN E. M.** Sur les cimes du désespoir. *LGF, 1991.* (Le Livre de poche ; 4139. Biblio essais c7)
ISBN 2-253-05781-9. *30 F / 4,57 €*

11904 **CITATI P.** La colombe poignardée : Proust et La Recherche. *Gallimard, 1998.* (Folio ; 3131 c10)
ISBN 2-07-040565-6. *46 F / 7,01 €*

11905 **CITATI P.** Kafka. *Gallimard, 1991.* (Folio ; 2303 c12)
ISBN 2-07-038417-9. *52 F / 7,93 €*

11906 **N** **CITATI P.** La lumière de la nuit. *Gallimard, 2000.* (Folio ; 3439 c10)
ISBN 2-07-041550-3. *60 F / 9,15 €*

11907 **CITRON P.** Giono : 1895-1970. *Seuil, 1995.* (Ecrivains de toujours c0)
ISBN 2-02-019785-5. *59 F / 8,99 €*

11908 **CIXOUS H.** Là. *Des femmes-Antoinette Fouque, 1979.* (Pour chacune ; 28 c4)
ISBN 2-7210-0150-7. *45 F / 6,86 €*

11909 **CLAUDEL P.** Art poétique : Connaissance du temps, Traité de la co-naissance au monde et de soi-même, Développement de l'Eglise. *Gallimard, 1984.* (Poésie ; 192 c5)
ISBN 2-07-032273-4. *51 F / 7,77 €*

11910 **CLAUDEL P.** Conversations dans le Loir-et-Cher. *Gallimard, 1984.* (L'imaginaire ; 135)
ISBN 2-07-070191-3. *36 F / 5,49 €*

11911 **CLAUDEL P.** Réflexions sur la poésie. *Gallimard, 1993.* (Folio ; 214. Essais c2)
ISBN 2-07-032746-9. *37 F / 5,64 €*

11912 **CLAVEL B.** Lettre à un képi blanc ; suivi de Post-scriptum de l'auteur. *Pocket, 1999.* (Pocket ; 10709 c3)
ISBN 2-266-09411-4. *26 F / 3,96 €*

11913 **N** **CLAVEL B.** Les petits bonheurs. *Pocket, 2001.* (Pocket ; 11017 c3B)
ISBN 2-266-10364-4. *28 F / 4,27 €*

11914 **N** **CLAVEL B., RIVARD A.** Bernard Clavel, qui êtes-vous ? : entretiens avec Bernard Clavel. *Pocket, 2000.* (Pocket ; 10838 c6)
ISBN 2-266-09806-3. *38 F / 5,79 €*

11915 **CLÉMENT B.** La tragédie classique. *Seuil, 1999.* (Mémo ; 110)
ISBN 2-02-033823-8. *36 F / 5,49 €*

11916 **N** **CLUNY C-M.** D.H. Lawrence ou La poésie primordiale. *La Renaissance du livre, 2000.* (Conférences des Midis de la poésie)
ISBN 2-8046-0439-X. *39 F / 5,95 €*

11917 **COCHISE C. N., GRIFFITH A. K.** Les Cent premières années de Nino Cochise. *Seuil, 1989.* (Points. Roman ; 347 c3)
ISBN 2-02-010644-2. *48 F / 7,32 €*

11918 **Cocktails, boissons chaudes et fraîches.** *Mercure de France, 1998.* (Le petit Mercure)
ISBN 2-7152-2080-4. *20 F / 3,05 €*

11919 **COCTEAU J.** La Corrida du 1er mai. *Grasset, 1988.* (Les Cahiers rouges ; 88)
ISBN 2-246-11242-7. *43 F / 6,56 €*

11920 **COCTEAU J.** Lettre aux Américains. *Grasset, 1990.* (Les Cahiers rouges ; 114)
ISBN 2-246-11282-6. *37 F / 5,64 €*

11921 **COCTEAU J.** Le livre blanc : et autres textes. *LGF, 1999.* (Le Livre de poche ; 3305. Biblio c12)
ISBN 2-253-93305-8. *44 F / 6,71 €*

11922 **COCTEAU J.** Portraits souvenir. *Grasset, 1984.* (Les Cahiers rouges ; 33)
ISBN 2-246-00003-3. *49 F / 7,47 €*

11923 **COCTEAU J.** Romans, poésies, poésie critique, théâtre, cinéma. *LGF, 1995.* (La Pochothèque ; 3221. Classiques modernes)
ISBN 2-253-13221-7. *155 F / 23,63 €*

11924 **COGEZ G.** Julien Gracq, Le rivage des Syrtes. *PUF, 1995.* (Etudes littéraires ; 55)
ISBN 2-13-047167-6. *45 F / 6,86 €*

11925 **COGEZ G.** Leiris sur le lit d'Olympia. *PUF, 1993.* (Le Texte rêve)
ISBN 2-13-045668-5. *65 F / 9,91 €*

11926 **COGEZ G.** Marcel Proust. A la recherche du temps perdu. *PUF, 1990.* (Etudes littéraires ; 24)
ISBN 2-13-042831-2. *35 F / 5,34 €*

11927 **COHEN A.** Carnets 1978. *Gallimard, 1992.* (Folio ; 2434 c11)
ISBN 2-07-038576-0. *29,50 F / 4,50 €*

11928 **N** **COHN N.** Broadway, la grande voie blanche. *10-18, 2000.* (10-18 ; 3232. Domaine étranger c8)
ISBN 2-264-03025-9. *55 F / 8,38 €*

11929 **N** **Colère.** *Librio, 2000.* (Les sept péchés capitaux; 5)(Librio ; 107 c1)
ISBN 2-290-30754-8. *10 F / 1,52 €*

11930 **COLETTE** En pays connu. *LGF, 1998.* (Le Livre de poche ; 14389 c7)
ISBN 2-253-14389-8. *30 F / 4,57 €*

11931 **COLETTE** L'Etoile Vesper. *LGF, 1990.* (Le Livre de poche ; 6715 c6)
ISBN 2-253-05215-9. *26 F / 3,96 €*

11932 **COLETTE** Le pur et l'impur. *LGF, 1999.* (Le Livre de poche ; 3318. Biblio c8)
ISBN 2-253-93318-X. *33 F / 5,03 €*

11933 **N** **COLETTE** Sido ; Les Vrilles de ma vigne. Réimp. *LGF, 2000.* (Le Livre de poche ; 373 c6)
ISBN 2-253-00523-1. *26 F / 3,96 €*

11934 **COLETTE S., COLETTE** Lettres à sa fille. *Des femmes-Antoinette Fouque, 1984.* (Ecrits d'hier)
ISBN 2-7210-0264-3. *120 F / 18,29 €*

11935 **COLLARD C.** L'Ange sauvage : carnets. *J'ai lu, 1994.* (J'ai lu ; 3791. Littérature générale c3)
ISBN 2-277-23791-4. *29 F / 4,42 €*

11936 **COLLIN F.** Maurice Blanchot et la question de l'écriture. *Gallimard, 1986.* (Tel ; 107)
ISBN 2-07-070450-5. *42 F / 6,40 €*

11937 **COLLOT M.** Gérard de Nerval ou la Dévotion à l'imaginaire. *PUF, 1992.* (Le Texte rêve)
ISBN 2-13-044445-8. *61 F / 9,30 €*

11938 **COMBE D.** Aimé Césaire, Cahier d'un retour au pays natal. *PUF, 1993.* (Etudes littéraires ; 43)
ISBN 2-13-045658-8. *45 F / 6,86 €*

11939 **N** **COMBES A., BERTIN A.** Ecritures du Graal. *PUF, 2001.* (Etudes littéraires)
ISBN 2-13-051090-6. *48 F / 7,32 €*

11940 **A** **COMPAGNON A.** Le démon de la théorie : littérature et sens commun. *Seuil, 2001.* (Points ; 454. Essais)
ISBN 2-02-049094-3. *55 F / 8,38 €*

11941 **N** **COMTE-SPONVILLE A.** Lucrèce, poète et philosophe. *La Renaissance du livre, 2001.* (Conférences des Midis de la poésie)
ISBN 2-8046-0461-6. *49 F / 7,47 €*

11942 **N** **CONDÉ M.** Le coeur à rire et à pleurer : contes vrais. *Pocket, 2001.* (Pocket ; 10883 c3B)
ISBN 2-266-09868-3. *28 F / 4,27 €*

11943 **CONESA G.** La comédie de l'âge classique : 1630-1715. *Seuil, 1995.* (Ecrivains de toujours c3)
ISBN 2-02-020183-6. *65 F / 9,91 €*

11944 **Confession sexuelle d'un anonyme russe.** *la Musardine, 1997.* (Lectures amoureuses de Jean-Jacques Pauvert ; 5 c3)
ISBN 2-84271-004-5. *35 F / 5,34 €*

11945 **Les Conteurs de Wallonie. 1.** *Labor, 1985.* (Espace Nord ; 18 c1)
ISBN 2-8040-0280-2. *34 F / 5,18 €*

11946 **Les Conteurs de Wallonie. 2.** *Labor, 1990.* (Espace Nord ; 54 c1)
ISBN 2-8040-0444-9. *34 F / 5,18 €*

11947 **CONTRERAS A. d.** Mémoires du capitan Alonso de Contreras : 1582-1633. *Seuil, 1993.* (Points. Roman ; 614 c2)
ISBN 2-02-014690-8. *39 F / 5,95 €*

11948 **CORTAZAR J., PREGO O.** Entretiens avec Omar Prego. *Gallimard, 1986.* (Folio. Essais ; 29 c3)
ISBN 2-07-032339-0. *41 F / 6,25 €*

11949 **COUPRIE A.** Pierre Corneille, le Cid. *PUF, 1989.* (Etudes littéraires ; 22)
ISBN 2-13-042350-7. *35 F / 5,34 €*

11950 **COURT-PEREZ F.** Joris-Karl Huysmans, A rebours. *PUF, 1995.* (Etudes littéraires ; 19)
ISBN 2-13-045589-1. *45 F / 6,86 €*

11951 **COURTELINE G.** Théâtre, contes, romans et nouvelles, philosophie, écrits divers et fragments retrouvés. Réimpr. *Laffont, 1999.* (Bouquins)
ISBN 2-221-05731-7. *159 F / 24,24 €*

11952 **N** **COUTY D.** Histoire de la littérature française. *Larousse, 2000.* (In extenso c1)
ISBN 2-03-575022-9. *160 F / 24,39 €*

11953 **N** **CRICKILLON J.** Oberland, montagne romantique ; Engadine, montagne symboliste : Nietzsche, Rilke, Thomas Mann, Hermann Hesse, Segantini. *La Renaissance du livre, 2000.* (Conférences des Midis de la poésie)
ISBN 2-8046-0437-3. *59 F / 8,99 €*

11954 **Crustacés, poissons de rivière et de mer.** *Mercure de France, 1998.* (Le petit Mercure)
ISBN 2-7152-2077-4. *20 F / 3,05 €*

11955 **CUECO H.** Le collectionneur de collections. *Seuil, 1995.* (Point-virgule c9)
ISBN 2-02-023101-8. *42 F / 6,40 €*

11956 **CURIE E.** Madame Curie. *Gallimard, 1981.* (Folio ; 1336 c10)
ISBN 2-07-037336-3. *46 F / 7,01 €*

11957 **CURTIS J-L.** La Chine m'inquiète. *Grasset, 1999.* (Les Cahiers rouges ; 291)
ISBN 2-246-11362-8. *58 F / 8,84 €*

11958 **CURTIUS E. R.** La Littérature européenne et le Moyen Age latin. 1. *Pocket, 1986.* (Agora)
ISBN 2-86917-016-5. *50 F / 7,62 €*

11959 **CURTIUS E. R.** La Littérature européenne et le Moyen Age latin. 2. *Pocket, 1986.* (Agora)
ISBN 2-86917-017-3. *50 F / 7,62 €*

11960 **CUSSET C.** La tragédie grecque. *Seuil, 1997.* (Mémo ; 75. Lettres c2)
ISBN 2-02-030905-X. *29 F / 4,42 €*

11961 **DALAÏ-LAMA 14** Au loin la liberté : mémoires. *LGF, 1993.* (Le Livre de poche ; 9726 c9)
ISBN 2-253-06498-X. *36 F / 5,49 €*

11962 **DAMBRE M.** Marc Dambre présente La Symphonie pastorale d'André Gide. *Gallimard, 1991.* (Foliothèque ; 11 c3)
ISBN 2-07-038440-3. *41 F / 6,25 €*

11963 **DAMOUR A-C., DAMOUR J-P.** Louis-Ferdinand Céline, Voyage au bout de la nuit. 3e éd. corr. *PUF, 1994.* (Etudes littéraires ; 7)
ISBN 2-13-042913-0. *45 F / 6,86 €*

11964 **DANDREY P.** La Fontaine ou Les métamorphoses d'Orphée. *Gallimard, 1995.* (Découvertes ; 240. Littérature c3)
ISBN 2-07-053322-0. *65 F / 9,91 €*

11965 **DANDREY P.** Poétique de La Fontaine. 1, La fabrique des Fables. *PUF, 1996.* (Quadrige ; 228)
ISBN 2-13-048017-9. *78 F / 11,89 €*

11966 **DAPOZ J.** Téléphones portables. *Talus d'approche, 1999.* (Libre choix ; 1)
ISBN 2-87246-069-1. *57 F / 8,69 €*

11967 **DARIEN G.** La Belle France. *Complexe, 1993.* (Le Regard littéraire ; 60 c13)
ISBN 2-87027-498-X. *69 F / 10,52 €*

11968 **DAUDET L.** Souvenirs et polémiques. *Laffont, 1992.* (Bouquins)
ISBN 2-221-07175-1. *150 F / 22,87 €*

11969 **DAUDET L.** Souvenirs littéraires. *Grasset, 1997.* (Les Cahiers rouges ; 254)
ISBN 2-246-11412-8. *68 F / 10,37 €*

11970 **N** **DAUVOIS N.** Le sujet lyrique à la Renaissance. *PUF, 2000.* (Etudes littéraires)
ISBN 2-13-050925-8. *48 F / 7,32 €*

11971 **DAVID-NÉEL A.** L'Inde où j'ai vécu : avant et après l'indépendance. Réimpr. *Pocket, 1985.* (Pocket ; 2390. Best c6)
ISBN 2-266-02952-5. *38 F / 5,79 €*

11972 **DAVID-NÉEL A.** Journal de voyage. 1. Réimpr. *Pocket, 1988.* (Pocket ; 2841. Best c6)
ISBN 2-266-03308-5. *38 F / 5,79 €*

11973 **DAVID-NÉEL A.** Le Lama aux cinq sagesses. Réimpr. *Pocket, 1982.* (Pocket ; 2052. Best c5)
ISBN 2-266-03309-3. *35 F / 5,34 €*

11974 **DAVID-NÉEL A.** La lampe de la sagesse. *Pocket, 1995.* (Pocket ; 2913. Best c6)
ISBN 2-266-05602-6. *35 F / 5,34 €*

11975 **DAVID-NÉEL A.** Lettres à son mari : 14 janv. 1918-31 déc. 1940, de la Chine à l'Inde en passant par le Tibet. *Pocket, 1989.* (Journal de voyage; 2)(Pocket ; 3181 c6)
ISBN 2-266-02756-5. *38 F / 5,79 €*

11976 **De Baudelaire à Saint-Pol-Roux.** *Gallimard, 1992.* (Anthologie de la poésie française du XIXe siècle; 2)(Poésie ; 263 cJ)
ISBN 2-07-032717-5. *72 F / 10,98 €*

11977 **De Chateaubriand à Baudelaire.** *Gallimard, 1984.* (Anthologie de la poésie française du XIXe siècle; 1)(Poésie ; 191 c9)
ISBN 2-07-032258-0. *72 F / 10,98 €*

11978 **DE DUVE P.** Cargo vie. *LGF, 1994.* (Le Livre de poche ; 13521 c4)
ISBN 2-253-13521-6. *20 F / 3,05 €*

11979 **DE FRANCESCHI I.** Ecrivez-moi, Madeleine. *Ed. de l'Aube, 1995.* (L'Aube poche ; 10 c3)
ISBN 2-87678-216-2. *39 F / 5,95 €*

11980 **DE LIEDEKERKE A.** Talon rouge : Barbey d'Aurevilly, le dandy absolu. *Table ronde, 1993.* (La petite vermillon ; 19)
ISBN 2-7103-0581-X. *45 F / 6,86 €*

11981 **DE QUINCEY T.** Les Confessions d'un mangeur d'opium anglais ; Suspiria de profundis ; La Malle-poste anglaise. *Gallimard, 1990.* (L'imaginaire ; 234)
ISBN 2-07-071888-3. *70 F / 10,67 €*

11982 **DE QUINCEY T.** De l'assassinat considéré comme un des beaux arts. *Gallimard, 1995.* (L'Etrangère)
ISBN 2-07-074118-4. *48 F / 7,32 €*

11983 **DE QUINCEY T.** Les derniers jours d'Emmanuel Kant. *Mille et une nuits, 1996.* (La petite collection ; 112 cA)
ISBN 2-84205-060-6. *10 F / 1,52 €*

11984 **N** **DE QUINCEY T.** Le mangeur d'opium. *Mille et une nuits, 2000.* (La petite collection ; 298)
ISBN 2-84205-505-5. *10 F / 1,52 €*

11985 **DE QUINCEY T.** La Révolte des Tartares ou la Fuite du khan des Kalmouks et de son peuple des territoires russes jusqu'aux confins de la Chine. *Actes Sud, 1994.* (Babel ; 116 c1)
ISBN 2-7427-0259-8. *33 F / 5,03 €*

11986 **DEBORD G.** Cette mauvaise réputation. *Gallimard, 1999.* (Folio ; 3149 c9)
ISBN 2-07-040700-4. *20,50 F / 3,13 €*

11987 **DEBRAY R.** Contre Venise. *Gallimard, 1997.* (Folio ; 3014 c9)
ISBN 2-07-040353-X. *20,50 F / 3,13 €*

11988 **DEBRAY R.** Contretemps : éloge des idéaux perdus. *Gallimard, 1992.* (Folio ; 31. Actuel ; 31 c2)
ISBN 2-07-032713-2. *37 F / 5,64 €*

11989 **DÉCAUDIN M.** Michel Décaudin commente Alcools de Guillaume Apollinaire. *Gallimard, 1993.* (Foliothèque ; 23 cJ)
ISBN 2-07-038355-5. *71 F / 10,82 €*

11990 **DECAUX A.** Tapis rouge. *Pocket, 1993.* (Pocket ; 2971)
ISBN 2-266-05731-6. *38 F / 5,79 €*

11991 **DEFAYS J-M.** Le comique. *Seuil, 1996.* (Mémo ; 24)
ISBN 2-02-023029-1. *36 F / 5,49 €*

11992 **DEFORGES R., WISPERHEIM L.** Les non-dits de Régine Deforges : entretiens. *LGF, 1999.* (Le Livre de poche ; 14635 c9)
ISBN 2-253-14635-8. *36 F / 5,49 €*

11993 **DEGUY J.** Jacques Deguy présente La Nausée de Jean-Paul Sartre. *Gallimard, 1993.* (Foliothèque ; 28 c8)
ISBN 2-07-038613-9. *65 F / 9,91 €*

11994 **DEGUY M.** La Machine matrimoniale ou Marivaux. *Gallimard, 1986.* (Tel ; 110)
ISBN 2-07-070758-X. *52 F / 7,93 €*

11995 **DÉJEUX J.** La Littérature maghrébine d'expression française. *PUF, 1992.* (Que sais-je? ; 2675 c1)
ISBN 2-13-044762-7. *42 F / 6,40 €*

11996 **DEKISS J-P.** Jules Verne. *Gallimard, 1991.* (Découvertes ; 119. Littérature c4)
ISBN 2-07-053168-6. *90 F / 13,72 €*

11997 **N** **DEL CASTILLO M.** L'adieu au siècle : journal de l'année 1999. *Seuil, 2001.* (Points ; 815 c9)
ISBN 2-02-048154-5. *42 F / 6,40 €*

11998 **DEL CASTILLO M.** Gerardo Laïn. *Seuil, 1982.* (Points. Roman ; 82 c2)
ISBN 2-02-006238-0. *39 F / 5,95 €*

11999 **DEL CASTILLO M.** Le sortilège espagnol : les officiants de la mort. *Gallimard, 1998.* (Folio ; 3105 c11)
ISBN 2-07-040339-4. *50 F / 7,62 €*

12000 **DELACOMPTÉE J-M.** La Princesse de Clèves, la mère et le courtisan. *PUF, 1990.* (Le Texte rêve)
ISBN 2-13-042833-9. *52 F / 7,93 €*

12001 **DELBOURG P.** Vivre surprend toujours : journal d'un hypocondriaque. *Seuil, 1994.* (Point-virgule ; 149 c2)
ISBN 2-02-015157-X. *39 F / 5,95 €*

12002 **DELCOURT M.** Erasme. *Labor, 1986.* (Espace Nord ; 35 c1)
ISBN 2-8040-0184-9. *34 F / 5,18 €*

12003 **N** **DELCOURT T.** La littérature arthurienne. *PUF, 2000.* (Que sais-je? ; 3578 c1)
ISBN 2-13-051049-3. *42 F / 6,40 €*

12004 **DELERM P.** Les chemins nous inventent. *LGF, 1999.* (Le Livre de poche ; 14584 c7)
ISBN 2-253-14584-X. *30 F / 4,57 €*

12005 **DELEUZE G.** Proust et les signes. *PUF, 1996.* (Quadrige ; 219)
ISBN 2-13-047858-1. *62 F / 9,45 €*

12006 **DELMAS C.** La Tragédie de l'âge classique : 1553-1770. *Seuil, 1994.* (Ecrivains de toujours)
ISBN 2-02-020184-4. *75 F / 11,43 €*

12007 **DELON M.** L'invention du boudoir. *Zulma, 1999.* (Grain d'orage)
ISBN 2-84304-084-1. *49 F / 7,47 €*

12008 **DELON M.** P.-A. Choderlos de Laclos, Les Liaisons dangereuses. 3e éd. corr. *PUF, 1992.* (Etudes littéraires ; 13)
ISBN 2-13-044701-5. *48 F / 7,32 €*

12009 **DELTEIL J.** La deltheillerie. *Grasset, 1996.* (Les Cahiers rouges ; 224)
ISBN 2-246-01802-1. *56 F / 8,54 €*

12010 **DEMONET M-L.** Michel de Montaigne, Les Essais. 2e éd. *PUF, 1992.* (Etudes littéraires ; 10)
ISBN 2-13-045085-7. *39 F / 5,95 €*

12011 **DEMONT P., LEBEAU A.** Introduction au théâtre grec antique. *LGF, 1996.* (Le Livre de poche ; 525. Références Antiquité c10)
ISBN 2-253-90525-9. *40 F / 6,10 €*

12012 **DÉMORIS R.** Le silence de Manon. *PUF, 1995.* (Le Texte rêve)
ISBN 2-13-046826-8. *65 F / 9,91 €*

12013 **DEMOULIN L.** L'hypocrisie pédagogique. *Talus d'approche, 1999.* (Libre choix ; 2)
ISBN 2-87246-070-5. *57 F / 8,69 €*

12014 **N** **DEMOULIN L.** Ulysse Lumumba. *Talus d'approche, 2000.* (Libre choix ; 11)
ISBN 2-87246-081-0. *57 F / 8,69 €*

12015 **DENIS B.** Littérature et engagement : de Pascal à Sartre. *Seuil, 2000.* (Points ; 407. Essais ; 407 c14)
ISBN 2-02-036158-2. *55 F / 8,38 €*

12016 **DENNI M., MELLOT P., MOLITERNI C.** Les aventures de la BD. *Gallimard, 1996.* (Découvertes ; 273. Littérature c5)
ISBN 2-07-053341-7. *85 F / 12,96 €*

12017 **DENNIS P.** Tante Mame. *10-18, 1998.* (10-18 ; 2985. Domaine étranger c6)
ISBN 2-264-02426-7. *47 F / 7,17 €*

12018 **DES VALLIÈRES N.** Saint Exupéry : l'archange et l'écrivain. Réimp. *Gallimard, 1998.* (Découvertes ; 356. Littérature c4)
ISBN 2-07-053279-8. *75 F / 11,43 €*

12019 **DESROCHES-NOBLECOURT C.** La Grande nubiade ou le Parcours d'une égyptologue. *LGF, 1993.* (Le Livre de poche ; 9526 c12)
ISBN 2-253-06366-5. *44 F / 6,71 €*

12020 **DESSAINT E.** En quête de chemins. *Baleine, 1998.* (Tourisme et polar)
ISBN 2-84219-158-7. *15 F / 2,29 €*

12021 **DESSAINT P.** Journal de Grèce. *Baleine, 1998.* (Tourisme et polar)
ISBN 2-84219-179-X. *15 F / 2,29 €*

12022 **[A] DESTRUEL P.** Les filles du feu de Gérard de Nerval. *Gallimard, 2001.* (Foliothèque)
ISBN 2-07-075522-3. *66 F / 10,06 €*

12023 **DIB M.** Le Métier à tisser. *Seuil, 1974.* (Poche)
ISBN 2-02-000478-X. *31 F / 4,73 €*

12024 **Dictionnaire de citations du monde entier. Nouv. éd.** *Le Robert, 2000.* (Les usuels du Robert. Poche c1)
ISBN 2-85036-623-4. *74 F / 11,28 €*

12025 **Dictionnaire de don Juan.** *Laffont, 1999.* (Bouquins)
ISBN 2-221-07866-7. *189 F / 28,81 €*

12026 **[N] Dictionnaire de littérature brésilienne.** *PUF, 2000.* (Quadrige ; 315)
ISBN 2-13-050439-6. *49 F / 7,47 €*

12027 **[N] Dictionnaire de littérature chinoise.** *PUF, 2000.* (Quadrige ; 316)
ISBN 2-13-050438-8. *98 F / 14,94 €*

12028 **[N] Dictionnaire de littérature de langue arabe et maghrébine francophone.** *PUF, 2000.* (Quadrige ; 314)
ISBN 2-13-050440-X. *98 F / 14,94 €*

12029 **[N] Dictionnaire de littérature japonaise.** *PUF, 2000.* (Quadrige ; 317)
ISBN 2-13-050441-8. *98 F / 14,94 €*

12030 **Dictionnaire des lettres françaises. 1, Le Moyen Age. Nouv. éd. révisée et complétée.** *LGF, 1992.* (La Pochothèque ; 3102. Encyclopédies d'aujourd'hui)
ISBN 2-253-05662-6. *175 F / 26,68 €*

12031 **Dictionnaire des lettres françaises. 2, Le XVIIe siècle.** *LGF, 1996.* (La Pochothèque ; 13104. Encyclopédies d'aujourd'hui)
ISBN 2-253-05664-2. *185 F / 28,20 €*

12032 **Dictionnaire des lettres françaises. 3, Le XVIIIe siècle.** *LGF, 1996.* (La Pochothèque ; 3105. Encyclopédies d'aujourd'hui)
ISBN 2-253-05665-0. *185 F / 28,20 €*

12033 **Dictionnaire des lettres françaises. 4, Le XXe siècle.** *LGF, 1998.* (La Pochothèque ; 3109. Encyclopédies d'aujourd'hui)
ISBN 2-253-13109-1. *185 F / 28,20 €*

12034 **Dictionnaire des littératures.** *PUF, 1984.* (Quadrige ; 71)
ISBN 2-13-038742-X. *326 F / 49,70 €*

12035 **DIDEROT D.** Lettres à Sophie Volland : et autres dialogues philosophiques. *Gallimard, 1994.* (Folio ; 1547. Classique c12)
ISBN 2-07-037547-1. *52 F / 7,93 €*

12036 **DIDEROT D.** Maximes et pensées. *A. Silvaire, 1993.* (Maximes et pensées c1)
ISBN 2-85055-245-3. *42 F / 6,40 €*

12037 **DIDEROT D.** Le Neveu de Rameau et autres dialogues philosophiques. *Gallimard, 1978.* (Folio ; 761. Classique c8)
ISBN 2-07-036761-4. *37 F / 5,64 €*

12038 **DIDEROT D.** Oeuvres. 4, Esthétique ; suivi de Théâtre. *Laffont, 1996.* (Bouquins)
ISBN 2-221-08010-6. *199 F / 30,34 €*

12039 **DIDEROT D.** Oeuvres. 5, Correspondance. *Laffont, 1997.* (Bouquins)
ISBN 2-221-08011-4. *199 F / 30,34 €*

12040 **DIDEROT D.** Politique. *Laffont, 1995.* (Oeuvres; 3)(Bouquins)
ISBN 2-221-05723-6. *129 F / 19,67 €*

12041 **DIDEROT D.** Supplément au Voyage de Bougainville : sur l'inconvénient d'attacher des idées morales à certaines actions physiques qui n'en comportent pas. *Mille et une nuits, 1996.* (La petite collection ; 88 cA)
ISBN 2-84205-031-2. *10 F / 1,52 €*

12042 **DIDIER B.** Béatrice Didier présente Corinne ou l'Italie de Madame de Staël. *Gallimard, 1999.* (Foliothèque ; 83)
ISBN 2-07-041117-6. *56 F / 8,54 €*

12043 **DIDIER B.** Béatrice Didier présente Jacques le Fataliste et son maître, de Diderot. *Gallimard, 1998.* (Foliothèque ; 69)
ISBN 2-07-038945-6. *52 F / 7,93 €*

12044 **DIEGUEZ M. d.** Rabelais. *Seuil, 1979.* (Ecrivains de toujours ; 48 c1)
ISBN 2-02-000048-2. *49 F / 7,47 €*

12045 **DILLARD A.** En vivant, en écrivant. *10-18, 1997.* (10-18 ; 2897. Bibliothèques c2)
ISBN 2-264-02599-9. *25 F / 3,81 €*

12046 **DIZOL J-M.** Guy de Maupassant. *Milan, 1997.* (Les essentiels Milan ; 78 c1)
ISBN 2-84113-524-1. *25 F / 3,81 €*

12047 **DJALÂL AL-DÎN RÛMI** Rubâi'Yat. *Albin Michel, 1993.* (Spiritualités vivantes poche ; 111 c3)
ISBN 2-226-06353-6. *45 F / 6,86 €*

12048 **DJIAN P., EZINE J-L.** Entre nous soit dit. *Pocket, 1996.* (Pocket ; 10085 c3)
ISBN 2-266-07470-9. *26 F / 3,96 €*

12049 **DJOURACHKOVITCH A.** Barbey d'Aurevilly, L'ensorcelée. *PUF, 1998.* (Etudes littéraires ; 59 c1)
ISBN 2-13-049347-5. *48 F / 7,32 €*

12050 **DJURA** Le Voile du silence. *LGF, 1991.* (Le Livre de poche ; 7343 c6)
ISBN 2-253-05834-3. *26 F / 3,96 €*

12051 **DOMENACH J-M.** Le Retour du tragique. *Seuil, 1973.* (Points ; 39. Essais c4)
ISBN 2-02-000614-6. *55 F / 8,38 €*

12052 **Don Juan :** mythe littéraire et musical. Réimpr. *Complexe, 1998.* (Bibliothèque Complexe)
ISBN 2-87027-497-1. *89 F / 13,57 €*

12053 **N** **DORIN F.** Pique et coeur. Réimp. *J'ai lu, 2000.* (J'ai lu ; 3835. Littérature générale c1)
ISBN 2-290-30834-X. *13 F / 1,98 €*

12054 **DORNIER C.** Carole Dornier. présente Manon Lescaut, de l'abbé Prévost. *Gallimard, 1997.* (Foliothèque ; 66)
ISBN 2-07-038642-2. *46 F / 7,01 €*

12055 **DORT B.** Corneille dramaturge. *Arche éditeur, 1972.* (Travaux ; 18)
ISBN 2-85181-149-5. *55 F / 8,38 €*

12056 **DORT B.** Théâtres : essais. *Seuil, 1986.* (Points. Essais ; 185 c4)
ISBN 2-02-009236-0. *52 F / 7,93 €*

12057 **DOUBROVSKI S.** Corneille ou la dialectique du héros. *Gallimard, 1982.* (Tel ; 64)
ISBN 2-07-020723-4. *82 F / 12,50 €*

12058 **DOUGLAS K.** Le Fils du chiffonnier : mémoires. *LGF, 1990.* (Le Livre de poche ; 6837 c12)
ISBN 2-253-05412-7. *44 F / 6,71 €*

12059 **DU DEFFAND M.** A Horace Walpole : lettres. *Mercure de France, 1996.* (Le petit Mercure)
ISBN 2-7152-1959-8. *20 F / 3,05 €*

12060 **Du monde au balcon :** l'anthologie des avantages. *Seuil, 1997.* (Point-virgule c11)
ISBN 2-02-021470-9. *45 F / 6,86 €*

12061 **N** **DUBOIS J.** Les romanciers du réel : de Balzac à Simenon. *Seuil, 2000.* (Points. Essais ; 434)
ISBN 2-02-036159-0. *50 F / 7,62 €*

12062 **DUBOIS J-P.** L'Amérique m'inquiète. *Ed. de l'Olivier, 1996.* (Petite bibliothèque américaine ; 5)
ISBN 2-87929-109-7. *69 F / 10,52 €*

12063 **N** **DUFAYS J-M.** Le rire de Pierre Desproges : entre cynisme et lyrisme. *La Renaissance du livre, 2000.* (Conférences des Midis de la poésie)
ISBN 2-8046-0442-X. *39 F / 5,95 €*

12064 **DUGAST J.** Robert Musil, L'Homme sans qualités. *PUF, 1992.* (Etudes littéraires ; 33)
ISBN 2-13-044289-7. *43 F / 6,56 €*

12065 **DULOUT S.** Le roman policier. *Milan, 1995.* (Les essentiels Milan ; 12 c1)
ISBN 2-84113-271-4. *25 F / 3,81 €*

12066 **DUMAS A.** A propos de l'art dramatique. *Mercure de France, 1996.* (Le petit Mercure)
ISBN 2-7152-1974-1. *24 F / 3,66 €*

12067 **DUMAS A.** Lettre sur la cuisine à un prétendu gourmand napolitain. *Mercure de France, 1996.* (Le petit Mercure)
ISBN 2-7152-1971-7. *20 F / 3,05 €*

12068 **DUMAS A.** Mes infortunes de garde national. *Mercure de France, 1996.* (Le petit Mercure)
ISBN 2-7152-1968-7. *20 F / 3,05 €*

12069 **DUMAS A.** Mes mémoires. 1, 1802-1830. *Laffont.* (Bouquins)
ISBN 2-221-04862-8. *125 F / 19,06 €*

12070 **DUMAS A.** Mes mémoires. 2, 1830-1833. *Laffont.* (Bouquins)
ISBN 2-221-04863-6. *125 F / 19,06 €*

12071 **DUMAS A.** Le pays natal. *Mercure de France, 1996.* (Le petit Mercure)
ISBN 2-7152-1975-X. *24 F / 3,66 €*

12072 **DUMAS A.** Sur Gérard de Nerval : nouveaux mémoires. *Complexe, 1990.* (Le Regard littéraire ; 38 cM)
ISBN 2-87027-336-3. *69 F / 10,52 €*

12073 **DUMÉZIL G., ERIBON D.** Entretiens avec Didier Eribon. *Gallimard, 1986.* (Folio ; 51. Essais ; 51 c3)
ISBN 2-07-032398-6. *41 F / 6,25 €*

12074 **DUMONT J-C., GARELLI-FRANÇOIS M-H.** Le théâtre à Rome. *LGF, 1998.* (Le Livre de poche ; 549. Références Antiquité c10)
ISBN 2-253-90549-6. *40 F / 6,10 €*

12075 **DUNETON C.** Bal à Korsör : sur les traces de Louis-Ferdinand Céline. *LGF, 1996.* (Le Livre de poche ; 13952 c5)
ISBN 2-253-13951-3. *23 F / 3,51 €*

12076 **A** **DUPEREY A.** Les chats de hasard. *Seuil, 2001.* (Points ; 853)
ISBN 2-02-049518-X. *39 F / 5,95 €*

12077 **DUPLESSIS Y.** Le Surréalisme. 16e éd. mise à jour. *PUF, 2000.* (Que sais-je? ; 432 c1)
ISBN 2-13-050606-2. *42 F / 6,40 €*

12078 **DUPONT F.** L'invention de la littérature : de l'ivresse grecque au texte latin. *La Découverte, 1998.* (La Découverte poche ; 54. Sciences humaines et sociales)
ISBN 2-7071-2859-7. *75 F / 11,43 €*

12079 **DURAND P.** Pascal Durand présente les poésies de Mallarmé. *Gallimard, 1998.* (Foliothèque ; 70)
ISBN 2-07-038939-1. *56 F / 8,54 €*

12080 **DURAS M.** Ecrire. *Gallimard, 1995.* (Folio ; 2754 c9)
ISBN 2-07-039376-3. *20,50 F / 3,13 €*

12081 **DURAS M.** Le Navire Night : et autres textes. *Gallimard, 1989.* (Folio ; 2009 c11)
ISBN 2-07-038097-1. *29,50 F / 4,50 €*

12082 **DURAS M.** Outside : papiers d'un jour. *Gallimard, 1995.* (Folio ; 2755 c9)
ISBN 2-07-038707-0. *41 F / 6,25 €*

12083 **DURAS M.** La Vie matérielle : Marguerite Duras parle à Jérôme Beaujour. *Gallimard, 1994.* (Folio ; 2623 c11)
ISBN 2-07-038717-8. *29,50 F / 4,50 €*

12084 **DURRELL L.** L'ombre infinie de César : regards sur la Provence. *Gallimard, 1996.* (Folio ; 2824 c8)
ISBN 2-07-040020-4. *37 F / 5,64 €*

12085 **DURRELL L.** Le Sourire du tao. *Gallimard, 1994.* (Folio ; 2580 c9)
ISBN 2-07-038874-3. *20,50 F / 3,13 €*

12086 **DUVIGNAUD J.** Sociologie du théâtre : sociologie des ombres collectives. *PUF, 1999.* (Quadrige ; 296)
ISBN 2-13-050244-X. *104 F / 15,85 €*

12087 **EBERHARDT I.** Dans l'ombre chaude de l'Islam. Réimpr. *Actes Sud, 1999.* (Babel ; 226 c2)
ISBN 2-7427-0903-7. *39 F / 5,95 €*

12088 **ECO U.** Apostille au Nom de la rose. *LGF, 1987.* (Le Livre de poche ; 4068. Biblio essais c3)
ISBN 2-253-04414-8. *18 F / 2,74 €*

12089 **ECO U.** Comment voyager avec un saumon : nouveaux pastiches et postiches. *LGF, 2000.* (Le Livre de poche ; 14792 c7)
ISBN 2-253-14792-3. *30 F / 4,57 €*

12090 **ECO U.** De Superman au surhomme. *LGF, 1995.* (Le Livre de poche ; 4209. Biblio essais c9)
ISBN 2-253-94209-X. *36 F / 5,49 €*

12091 **ECO U.** La Guerre du faux. *Grasset, 1993.* (Les Cahiers rouges ; 175)
ISBN 2-246-34272-4. *59 F / 8,99 €*

12092 **ECO U.** La Guerre du faux. *LGF, 1987.* (Le Livre de poche ; 4064. Biblio essais c13)
ISBN 2-253-04187-4. *46 F / 7,01 €*

12093 **ECO U.** Lector in fabula. *LGF, 1989.* (Le Livre de poche ; 4098. Biblio essais c11)
ISBN 2-253-04879-8. *42 F / 6,40 €*

12094 **ECO U.** Les Limites de l'interprétation. *LGF, 1994.* (Le Livre de poche ; 4192. Biblio essais c15)
ISBN 2-253-94192-1. *50 F / 7,62 €*

12095 **N** **ECO U.** Pastiches et postiches. Réimpr. *10-18, 2001.* (10-18 ; 2772. Bibliothèques c4)
ISBN 2-264-03215-4. *41 F / 6,25 €*

12096 **ECO U.** Six promenades dans les bois du roman et d'ailleurs. *LGF, 1998.* (Le Livre de poche ; 4260. Biblio essais c8)
ISBN 2-253-94260-X. *33 F / 5,03 €*

12097 **N** **L'école de Chateaubriand à Proust.** *Librio, 2000.* (Librio ; 380 c1)
ISBN 2-290-30635-5. *10 F / 1,52 €*

12098 **Ecrire au XVIIe siècle :** anthologie. *Pocket, 1992.* (Agora ; 81 cN)
ISBN 2-266-03895-8. *70 F / 10,67 €*

12099 **Ecrire la parole de nuit :** la nouvelle littérature antillaise. *Gallimard, 1994.* (Folio ; 239. Essais ; 239 c6)
ISBN 2-07-032832-5. *46 F / 7,01 €*

12100 **N** **Ecritures dramatiques :** essais d'analyse de textes de théâtre. *Actes Sud, 2000.* (Babel ; 446)
ISBN 2-7427-2901-1. *80 F / 12,20 €*

12101 **ELIADE M.** Contributions à la philosophie de la Renaissance ; Itinéraire italien. *Gallimard, 1992.* (Arcades ; 27)
ISBN 2-07-072753-X. *65 F / 9,91 €*

12102 **ELIADE M.** Le journal des Indes : roman indirect. *Pocket, 1996.* (Agora ; 152 c6)
ISBN 2-266-05725-1. *38 F / 5,79 €*

12103 **ELLMANN R.** Joyce. 1. Nouv. éd. *Gallimard, 1987.* (Tel ; 118)
ISBN 2-07-070756-3. *85 F / 12,96 €*

12104 **ELLMANN R.** Joyce. 2. Nouv. éd. *Gallimard, 1987.* (Tel ; 119)
ISBN 2-07-070757-1. *85 F / 12,96 €*

12105 **N** **Eloge de l'ivresse :** d'Anacréon à Guy Debord. *Librio, 2000.* (Librio ; 395 c1)
ISBN 2-290-30731-9. *10 F / 1,52 €*

12106 **ELTCHANINOFF M.** Dostoïevski : roman et philosophie. *PUF, 1998.* (Philosophies ; 102 c1)
ISBN 2-13-049139-1. *48 F / 7,32 €*

12107 **EMMANUEL P.** Baudelaire, la femme et Dieu. *Seuil, 1982.* (Points ; 139. Essais c2)
ISBN 2-02-006126-0. *39 F / 5,95 €*

12108 **Une enfance algérienne.** *Gallimard, 1999.* (Folio ; 3171 c7)
ISBN 2-07-040727-6. *32,50 F / 4,95 €*

12109 **N** **ENTHOVEN J-P.** Les enfants de Saturne. *Gallimard, 2000.* (Folio ; 3457 c9)
ISBN 2-07-041603-8. *41 F / 6,25 €*

12110 **N** **Envie.** *Librio, 2000.* (Les sept péchés capitaux; 2)(Librio ; 415 c1)
ISBN 2-290-30752-1. *10 F / 1,52 €*

12111 **ERNAUX A.** Je ne suis pas sortie de ma nuit. *Gallimard, 1999.* (Folio ; 3155 c9)
ISBN 2-07-040716-0. *20,50 F / 3,13 €*

12112 **ESCARPIT D.** La Littérature d'enfance et de jeunesse en Europe. *PUF, 1981.* (Que sais-je? ; 1881 c1)
ISBN 2-13-036794-1. *42 F / 6,40 €*

12113 **Espace Nord, l'anthologie :** 150 ans de littérature belge. *Labor, 1994.* (Espace Nord ; 100 c5)
ISBN 2-8040-0949-1. *66 F / 10,06 €*

12114 **ESTANG L.** Saint-Exupéry. *Seuil, 1989.* (Points. Essais ; 204 c5)
ISBN 2-02-010537-3. *55 F / 8,38 €*

12115 **Esthétique et poétique.** *Seuil, 1992.* (Points. Essais ; 249 c4)
ISBN 2-02-015920-1. *52 F / 7,93 €*

12116 **ESTOC G. d., MAUPASSANT G. d.** Cahier d'amour. *Arléa, 1997.* (Arléa-poche ; 24)
ISBN 2-86959-341-4. *35 F / 5,34 €*

12117 **EVRARD F.** La nouvelle. *Seuil, 1997.* (Mémo ; 65 c1)
ISBN 2-02-031613-7. *29 F / 4,42 €*

12118 **N** **Expressionnistes allemands :** panorama bilingue d'une génération. *Complexe, 2001.* (Bibliothèque Complexe)
ISBN 2-87027-869-1. *130 F / 19,82 €*

12119 **Fabliaux érotiques :** textes de jongleurs des XIIe et XIIIe siècles. *LGF, 1993.* (Le Livre de poche ; 4532. Lettres gothiques c18)
ISBN 2-253-06001-1. *65 F / 9,91 €*

12120 **Fabliaux et contes du Moyen Age.** *LGF, 1987.* (Le Livre de poche ; 4274. Nouvelle approche c5)
ISBN 2-253-04012-6. *23 F / 3,51 €*

12121 **FABRE J-H.** Sur le Ventoux, l'ammophile hérissée. *Mercure de France, 1997.* (Le petit Mercure. Bestiaire sentimental)
ISBN 2-7152-1994-6. *18 F / 2,74 €*

12122 **FANTE J., MENCKEN H. L.** Correspondance 1930-1952. *10-18, 1993.* (10-18 ; 2344. Domaine étranger c3)
ISBN 2-264-01766-X. *38 F / 5,79 €*

12123 **Farces du Grand Siècle :** de Tabarin à Molière : farces et petites comédies du XVIIe siècle. *LGF, 1992.* (Le Livre de poche ; 4492. Classiques de poche c15)
ISBN 2-253-05916-1. *50 F / 7,62 €*

12124 **FARGUE L-P.** Déjeuners de soleil. *Gallimard, 1996.* (L'imaginaire ; 348)
ISBN 2-07-074408-6. *55 F / 8,38 €*

12125 **FARGUE L-P.** Dîners de lune. *Gallimard, 1997.* (L'imaginaire ; 365)
ISBN 2-07-074820-0. *42 F / 6,40 €*

12126 **FARGUE L-P.** Méandres. *Gallimard, 1999.* (L'imaginaire ; 407)
ISBN 2-07-075645-9. *56 F / 8,54 €*

12127 **FARGUE L-P.** Refuges. *Gallimard, 1998.* (L'imaginaire ; 390)
ISBN 2-07-075376-X. *55 F / 8,38 €*

12128 **FARRACHI A.** Sermons aux pourceaux et autres opuscules. *Zulma, 1997.* (Grain d'orage)
ISBN 2-909031-89-6. *49 F / 7,47 €*

12129 **FAULKNER W.** Lettres à sa mère, 1918-1925. *Gallimard, 1995.* (Arcades ; 40)
ISBN 2-07-073039-5. *95 F / 14,48 €*

12130 **FAVREAU I.** Chronique enfantine des années sombres. *Seuil, 1994.* (Point-virgule ; 142 c2)
ISBN 2-02-020052-X. *39 F / 5,95 €*

12131 **FEBVRE L.** Amour sacré, amour profane : autour de l'Heptaméron. *Gallimard, 1996.* (Folio. Histoire ; 74 c4)
ISBN 2-07-032935-6. *46 F / 7,01 €*

12132 **FÉNELON F. d. S. d. L. M.** Dialogues des morts. *Actes Sud, 1994.* (Babel ; 108 c2)
ISBN 2-7427-0215-6. *39 F / 5,95 €*

12133 **N** **FERNANDEZ R.** Molière ou L'essence du génie comique. *Grasset, 2000.* (Les Cahiers rouges ; 305)
ISBN 2-246-07532-7. *57 F / 8,69 €*

12134 **N** **FERRIGNAUD J-L., GROUIX P.** Le joueur d'échecs, de Stefan Zweig : premières leçons. *PUF, 2001.* (Bibliothèque major)
ISBN 2-13-051093-0. *49 F / 7,47 €*

12135 **FERRUCCI F.** Lettre à un adolescent sur le bonheur. *Arléa, 1998.* (Arléa-poche ; 47)
ISBN 2-86959-413-5. *30 F / 4,57 €*

12136 **FINKIELKRAUT A.** Le Mécontemporain : Péguy, lecteur du monde moderne. *Gallimard, 1999.* (Folio ; 3191)
ISBN 2-07-040867-1. *29,50 F / 4,50 €*

12137 **FITZGERALD F. S.** De l'écriture. *Complexe, 1991.* (Le Regard littéraire ; 48 cL)
ISBN 2-87027-414-9. *65 F / 9,91 €*

12138 **FLAUBERT G.** La Bêtise, l'art et la vie : en écrivant Madame Bovary. *Complexe, 1991.* (Le Regard littéraire ; 45 c9)
ISBN 2-87027-385-1. *59 F / 8,99 €*

12139 **FLAUBERT G.** Correspondance. *Gallimard, 1998.* (Folio ; 3126. Classique c15)
ISBN 2-07-040279-7. *61 F / 9,30 €*

12140 **FLAUBERT G.** Dictionnaire des idées reçues ; Le catalogue des idées chic. *LGF, 1997.* (Le Livre de poche ; 3139. Classiques de poche c5)
ISBN 2-253-09836-1. *23 F / 3,51 €*

12141 **FLAUBERT G.** Dictionnaire des idées reçues ; Maximes et pensées. *A. Silvaire, 1991.* (Maximes et pensées c1)
ISBN 2-85055-236-4. *42 F / 6,40 €*

12142 **FLAUBERT G.** Dictionnaire des idées reçues. Réimpr. *Mille et une nuits, 1999.* (La petite collection ; 20 c1)
ISBN 2-910233-20-0. *10 F / 1,52 €*

12143 **FONDANE B.** Baudelaire ou L'expérience du gouffre. *Complexe, 1995.* (Le Regard littéraire ; 61 c14)
ISBN 2-87027-546-3. *76 F / 11,59 €*

12144 **FONDANE B.** Rimbaud, le voyou : et l'expérience poétique. *Complexe, 1990.* (Le Regard littéraire ; 35 cM)
ISBN 2-87027-328-2. *69 F / 10,52 €*

12145 **FONTAINE F.** La science-fiction. *Milan, 1996.* (Les essentiels Milan ; 40 c1)
ISBN 2-84113-375-3. *25 F / 3,81 €*

12146 **FONTANE T.** Mes années d'enfance : roman autobiographique. *J. Chambon, 1996.* (Chambon-Poche)
ISBN 2-87711-154-7. *55 F / 8,38 €*

12147 **FONTENEAU P.** Maelbeek. *Baleine, 1998.* (Tourisme et polar)
ISBN 2-84219-129-3. *15 F / 2,29 €*

12148 **FORBERG F-K.** Manuel d'érotologie classique. *la Musardine, 1996.* (Lectures amoureuses de Jean-Jacques Pauvert ; 2 c3)
ISBN 2-84271-001-0. *35 F / 5,34 €*

12149 **FORESTIER L.** Boule de suif, La maison Tellier de Guy de Maupassant. *Gallimard, 1995.* (Foliothèque ; 45 c4)
ISBN 2-07-038645-7. *46 F / 7,01 €*

12150 **FORSTER E. M.** Aspects du roman. *10-18, 1999.* (10-18 ; 3053. Bibliothèques c5)
ISBN 2-264-02783-5. *44 F / 6,71 €*

12151 **FORTASSIER R.** Le Roman français au 19e siècle. 2e éd. corr. *PUF, 1989.* (Que sais-je? ; 2040 c1)
ISBN 2-13-042073-7. *42 F / 6,40 €*

12152 **FOUCAULT M.** Raymond Roussel. *Gallimard, 1992.* (Folio ; 205. Essais ; 205 c2)
ISBN 2-07-032728-0. *37 F / 5,64 €*

12153 **FOURCAUT L.** Laurent Fourcaut présente le Chant du monde de Jean Giono. *Gallimard, 1996.* (Foliothèque ; 55 c5)
ISBN 2-07-038946-4. *52 F / 7,93 €*

12154 **FOURIER C.** Vers la liberté en amour. *Gallimard, 1993.* (Folio ; 231. Essais ; 231 c3)
ISBN 2-07-032810-4. *41 F / 6,25 €*

12155 **FOURNIER M.** Les Romantiques. *Milan, 1996.* (Les essentiels Milan ; 41 c1)
ISBN 2-84113-376-1. *25 F / 3,81 €*

12156 **FRAGONARD M-M.** Les dialogues du prince et du poète : littérature française de la Renaissance. *Gallimard, 1990.* (Découvertes ; 80. Littérature c4)
ISBN 2-07-053099-X. *75 F / 11,43 €*

12157 **N** **FRAISSE E., MOURALIS B.** Questions générales de littérature. *Seuil, 2001.* (Points ; 449. Essais c12)
ISBN 2-02-033254-X. *50 F / 7,62 €*

12158 **A** **FRAISSE G.** Les deux gouvernements, la famille et la cité. *Gallimard, 2001.* (Folio. Essais)
ISBN 2-07-041850-2. *20,50 F / 3,13 €*

12159 **FRAISSE S.** Péguy. *Seuil, 1979.* (Ecrivains de toujours ; 103 c1)
ISBN 2-02-005263-6. *49 F / 7,47 €*

12160 **Les Français vus par eux-mêmes :** la France de Louis XIV. *Laffont, 1997.* (Bouquins)
ISBN 2-221-06516-6. *159 F / 24,24 €*

12161 **FRANCART R.** La BD chrétienne. *Cerf ; Fides, 1994.* (Bref ; 50)
ISBN 2-204-05063-6. ISBN 2-7621-1566-3.
50 F / 7,62 €

12162 **FRANK A.** Le Journal d'Anne Frank. Nouv. éd. *LGF, 1992.* (Le Livre de poche ; 287 c11)
ISBN 2-253-00127-9. *42 F / 6,40 €*

12163 **N** **FRANK B.** La panoplie littéraire. *10-18, 2000.* (10-18 ; 3160. Bibliothèques c6)
ISBN 2-264-03210-3. *47 F / 7,17 €*

12164 **FRÈCHES C-H.** La Littérature portugaise. *PUF, 1970.* (Que sais-je? ; 1404 c1)
ISBN 2-13-031212-8. *42 F / 6,40 €*

12165 **FREUD S., PFISTER O.** Correspondance avec la pasteur Pfister : 1909-1939. *Gallimard, 1991.* (Tel ; 183)
ISBN 2-07-072293-7. *47 F / 7,17 €*

12166 **FRIEDRICH H.** Structure de la poésie moderne. *LGF, 1999.* (Le Livre de poche ; 555. Références littérature c10)
ISBN 2-253-90555-0. *40 F / 6,10 €*

12167 **N** **FRISON-ROCHE R.** Le versant du soleil. Réimp. *J'ai lu, 2000.* (J'ai lu ; 3480. Littérature générale cN)
ISBN 2-290-30885-4. *52 F / 7,93 €*

12168 **FRUTTERO C., LUCENTINI F.** Brève histoire des vacances. *Seuil, 1995.* (Point-virgule c1)
ISBN 2-02-023201-4. *29 F / 4,42 €*

12169 **FUENTES C.** Diane ou La chasseresse solitaire. *Gallimard, 1999.* (Folio ; 3185 c7)
ISBN 2-07-040752-7. *32,50 F / 4,95 €*

12170 **FUENTES C.** Géographie du roman. *Gallimard, 1997.* (Arcades ; 52)
ISBN 2-07-074261-X. *98 F / 14,94 €*

12171 **FUMAROLI M.** L'Age de l'éloquence : rhétorique et res literaria de la Renaissance au seuil de l'époque classique. *Albin Michel, 1994.* (Bibliothèque de l'évolution de l'humanité ; 4)
ISBN 2-226-06951-8. *98 F / 14,94 €*

12172 **FUMAROLI M.** Le poète et le roi : Jean de La Fontaine en son siècle. *LGF, 1999.* (Le Livre de poche ; 461. Références littérature c17)
ISBN 2-253-90461-9. *60 F / 9,15 €*

12173 **FUMAROLI M.** Trois institutions littéraires. *Gallimard, 1994.* (Folio ; 62. Histoire ; 62 c8)
ISBN 2-07-032859-7. *66 F / 10,06 €*

12174 **GADOFFRE G.** Du Bellay et le sacré. *Gallimard, 1995.* (Tel ; 250)
ISBN 2-07-074068-4. *64 F / 9,76 €*

12175 **GADOFFRE G.** Ronsard. Nouv. éd. mise à jour et augm. *Seuil, 1994.* (Ecrivains de toujours c1)
ISBN 2-02-019829-0. *55 F / 8,38 €*

12176 **GAGARINE M.** Blonds étaient les blés d'Ukraine. Réimpr. *J'ai lu, 1992.* (J'ai lu ; 3009. Littérature générale c6)
ISBN 2-277-23009-X. *42 F / 6,40 €*

12177 **N** **GAGNIÈRE C.** Dictionnaire des citations. *Laffont, 2000.* (Bouquins)
ISBN 2-221-09300-3. *139 F / 21,19 €*

12178 **N** **GAO X.** La raison d'être de la littérature. *Ed. de l'Aube, 2001.* (L'Aube poche ; 59)
ISBN 2-87678-630-3. *49 F / 7,47 €*

12179 **GARCIN J.** La chute de cheval. *Gallimard, 2000.* (Folio ; 3335 c8)
ISBN 2-07-041231-8. *25,50 F / 3,89 €*

12180 **GARCIN J.** Littérature vagabonde. *Pocket, 1998.* (Pocket ; 10533 c5)
ISBN 2-266-08710-X. *35 F / 5,34 €*

12181 **GARCIN J.** Pour Jean Prévost. *Gallimard, 1999.* (Folio ; 3257 c5)
ISBN 2-07-041017-X. *25,50 F / 3,89 €*

12182 **GARNIER I., GARNIER P.** Connaissez-vous l'expressionnisme allemand?. *A. Silvaire, 1979.* (Connaissez-vous? c1)
60 F / 9,15 €

12183 **GARNIER P.** Goodis, la vie en noir et blanc. *Ed. de l'Olivier, 1998.* (Petite bibliothèque américaine ; 19)
ISBN 2-87929-198-4. *69 F / 10,52 €*

12184 **N** **GARY R.** Ode à l'homme qui fut la France : et autres textes autour du général de Gaulle ; suivi de Malraux, conquérant de l'impossible. *Gallimard, 2000.* (Folio ; 3371 c5)
ISBN 2-07-041380-2. *25,50 F / 3,89 €*

12185 **GASIGLIA-LASTER D.** Danièle Casiglia-Laster présente Paroles de Jacques Prévert. *Gallimard, 1993.* (Foliothèque ; 29 c6)
ISBN 2-07-038671-6. *56 F / 8,54 €*

12186 **GATEAU J-C.** Jean-Charles Gateau présente Capitale de la douleur de Paul Eluard. *Gallimard, 1994.* (Foliothèque ; 33 c6)
ISBN 2-07-038648-1. *56 F / 8,54 €*

12187 **GATEAU J-C.** Jean-Charles Gateau présente Le parti pris des choses de Francis Ponge. *Gallimard, 1997.* (Foliothèque ; 63)
ISBN 2-07-040017-4. *60 F / 9,15 €*

12188 **GATTÉGNO J.** Dickens. *Seuil, 1975.* (Ecrivains de toujours ; 99 c1)
ISBN 2-02-004258-4. *49 F / 7,47 €*

12189 **GATTÉGNO J.** La Science-fiction. 5e éd. *PUF, 1992.* (Que sais-je? ; 1426 c1)
ISBN 2-13-044093-2. *42 F / 6,40 €*

12190 **GAUGUIN P.** Lettres à sa femme et à ses amis. *Grasset, 1992.* (Les Cahiers rouges ; 156)
ISBN 2-246-45782-3. *64 F / 9,76 €*

12191 **GAUGUIN P.** Oviri : écrits d'un sauvage. *Gallimard, 1989.* (Folio. Essais ; 132 c4)
ISBN 2-07-032533-4. *46 F / 7,01 €*

12192 **GAUGUIN P., SEGALEN V.** Noa-Noa, séjour à Tahiti. Réimpr. *Complexe, 1995.* (Le Regard littéraire ; 23 c9)
ISBN 2-87027-281-2. *59 F / 8,99 €*

12193 **GAUMER P., MOLITERNI C.** Dictionnaire mondial de la bande dessinée. *Larousse, 1997.* (In extenso c1)
ISBN 2-03-750019-X. *160 F / 24,39 €*

12194 **GAUTIER T.** Lettre à la présidente. *Mille et une nuits, 1994.* (La petite collection ; 46 cA)
ISBN 2-910233-51-0. *10 F / 1,52 €*

12195 **GAZAGNE P.** Marivaux. Nouv. éd. *Seuil, 1997.* (Ecrivains de toujours)
ISBN 2-02-031183-6. *55 F / 8,38 €*

12196 **Genet à Chatila.** *Actes Sud, 1994.* (Babel ; 105 c2)
ISBN 2-7427-0176-1. *39 F / 5,95 €*

12197 **GENET J.** Un captif amoureux : souvenirs. *Gallimard, 1995.* (Folio ; 2720 c11)
ISBN 2-07-039298-8. *50 F / 7,62 €*

12198 **GENETTE G.** Figures 1. *Seuil, 1976.* (Points ; 74. Essais c3)
ISBN 2-02-004417-X. *48 F / 7,32 €*

12199 **GENETTE G.** Figures 2. *Seuil, 1979.* (Points ; 106. Essais c3)
ISBN 2-02-005323-3. *48 F / 7,32 €*

12200 **GENETTE G.** Palimpsestes : la littérature au second degré. *Seuil, 1992.* (Points ; 257. Essais ; 257 c7)
ISBN 2-02-018905-4. *65 F / 9,91 €*

12201 **N** **GENÈVE M.** La prise de Genève ou Du bon usage de la pseudonymie. *Zulma, 2000.* (Grain d'orage)
ISBN 2-84304-104-X. *49 F / 7,47 €*

12202 **GENEVOIX M.** Ceux de 14. Rééd. *Seuil, 1996.* (Points ; 231 c16)
ISBN 2-02-026204-5. *62 F / 9,45 €*

12203 **GENGEMBRE G.** Balzac, le Napoléon des lettres. *Gallimard, 1992.* (Découvertes ; 150. Littérature c6)
ISBN 2-07-053191-0. *90 F / 13,72 €*

12204 **GENGEMBRE G.** Les grands courants de la critique littéraire. *Seuil, 1996.* (Mémo ; 19. Lettres)
ISBN 2-02-022957-9. *29 F / 4,42 €*

12205 **GENGEMBRE G.** Gustave Flaubert, Madame Bovary. *PUF, 1990.* (Etudes littéraires ; 27)
ISBN 2-13-042956-4. *37 F / 5,64 €*

12206 **GENGEMBRE G.** Honoré de Balzac, Le Lys dans la vallée. *PUF, 1994.* (Etudes littéraires ; 47)
ISBN 2-13-046240-5. *45 F / 6,86 €*

12207 **Gibiers, volailles et viandes.** *Mercure de France, 1998.* (Le petit Mercure)
ISBN 2-7152-2078-2. *20 F / 3,05 €*

12208 **GIBRAN K.** L'errant. *Mille et une nuits, 1999.* (La petite collection ; 246)
ISBN 2-84205-414-8. *13 F / 1,98 €*

12209 **GIBRAN K.** Le fou. *Mille et une nuits, 1996.* (La petite collection ; 126 cA)
ISBN 2-84205-093-2. *10 F / 1,52 €*

12210 **GIBRAN K.** Le jardin du prophète. *Mille et une nuits, 2000.* (La petite collection ; 265)
ISBN 2-84205-460-1. *10 F / 1,52 €*

12211 **GIBRAN K.** Le Prophète ; Le Jardin du prophète. *Seuil, 1992.* (Points. Sagesses ; 47 c1)
ISBN 2-02-017358-1. *32 F / 4,88 €*

12212 **GIBRAN K.** Le Prophète. *Gallimard, 1992.* (Folio ; 2335. Classique c11)
ISBN 2-07-038480-2. *29,50 F / 4,50 €*

12213 **GIBRAN K.** Le Prophète. *Mortagne, 1993.* (Poche)
ISBN 2-89074-520-1. *34 F / 5,18 €*

12214 **GIBRAN K.** Le Prophète. *LGF, 1993.* (Le Livre de poche ; 9685 c3)
ISBN 2-253-06409-2. *18 F / 2,74 €*

12215 **GIBRAN K.** Le prophète. *Librio, 1997.* (Librio ; 185 c1)
ISBN 2-277-30185-X. *10 F / 1,52 €*

12216 **GIBRAN K.** Le prophète. *J'ai lu, 1999.* (J'ai lu ; 4053. Littérature générale c2)
ISBN 2-290-04053-3. *22 F / 3,35 €*

12217 **N** **GIBRAN K.** Le prophète. Nouv. éd. *Sindbad, 2001.* (La Petite bibliothèque de Sindbad)
ISBN 2-7427-3195-4. *79 F / 12,04 €*

12218 **GIBRAN K.** Le Sable et l'écume : livre d'aphorismes. Réimpr. *Albin Michel, 1991.* (Spiritualités vivantes poche ; 87 c2)
ISBN 2-226-04921-5. *39 F / 5,95 €*

12219 **N** **GIBRAN K.** Le sable et l'écume : un livre d'aphorismes. *Mille et une nuits, 2001.* (La petite collection ; 315 c1)
ISBN 2-84205-549-7. *10 F / 1,52 €*

12220 **GIBRAN K.** La voix de l'éternelle sagesse. Rééd. *J'ai lu, 1997.* (J'ai lu ; 3651. Aventure secrète c2)
ISBN 2-290-03651-X. *22 F / 3,35 €*

12221 **N** **GIDE A.** Ainsi soit-il ou Les jeux sont faits. Nouv. éd. *Gallimard, 2001.* (L'imaginaire ; 430)
ISBN 2-07-076096-0. *44 F / 6,71 €*

12222 **GIDE A.** Amyntas. *Gallimard, 1994.* (Folio ; 2581 c11)
ISBN 2-07-038864-6. *29,50 F / 4,50 €*

12223 **GIDE A.** Corydon. *Gallimard, 1991.* (Folio ; 2235 c11)
ISBN 2-07-038335-0. *29,50 F / 4,50 €*

12224 **GIDE A.** Journal des Faux-monnayeurs. *Gallimard, 1995.* (L'imaginaire ; 331)
ISBN 2-07-074116-8. *38 F / 5,79 €*

12225 **GIDE A.** Les Nourritures terrestres ; Les Nouvelles nourritures. Réimpr. *Gallimard, 1989.* (Folio ; 117 c11)
ISBN 2-07-036117-9. *29,50 F / 4,50 €*

12226 **GILBERT G.** Avec mon aube et mes santiags. *LGF, 1991.* (Le Livre de poche ; 7313 c7)
ISBN 2-253-05790-8. *30 F / 4,57 €*

12227 **GILBERT G.** Les Petits pas de l'amour. *LGF, 1992.* (Le Livre de poche ; 9536 c5)
ISBN 2-253-06187-5. *23 F / 3,51 €*

12228 **GINGEMBRE G.** Réalisme et naturalisme. *Seuil, 1997.* (Mémo ; 63 c2)
ISBN 2-02-029874-0. *36 F / 5,49 €*

12229 **GINSBERG A.** Journaux indiens. Nouv. éd. *10-18, 1995.* (10-18 ; 1623. Domaine étranger c6)
ISBN 2-264-02205-1. *44 F / 6,71 €*

12230 **GIONO J.** Jean le bleu. *Grasset, 1995.* (Les Cahiers rouges ; 205)
ISBN 2-246-33643-0. *62 F / 9,45 €*

12231 **GIONO J.** Le poids du ciel. *Gallimard, 1995.* (Folio ; 269. Essais c2)
ISBN 2-07-032887-2. *37 F / 5,64 €*

12232 **GIONO J.** Provence. *Gallimard, 1995.* (Folio ; 12 c8)
ISBN 2-07-039396-8. *29,50 F / 4,50 €*

12233 **GIONO J.** Romans et essais : 1928-1941. *LGF, 1992.* (La Pochothèque ; 3201. Classiques modernes)
ISBN 2-253-05508-5. *140 F / 21,34 €*

12234 **GIONO J.** Les terrasses de l'Ile d'Elbe. *Gallimard, 1996.* (L'imaginaire ; 340)
ISBN 2-07-074383-7. *42 F / 6,40 €*

12235 **GIONO J.** Les vraies richesses. *Grasset, 1995.* (Les Cahiers rouges ; 208)
ISBN 2-246-12384-4. *52 F / 7,93 €*

12236 **GIRARD R.** Critique dans un souterrain. *LGF, 1983.* (Le Livre de poche ; 4009. Biblio essais c9)
ISBN 2-253-03298-0. *36 F / 5,49 €*

12237 **GIRARD R.** Mensonge romantique et vérité romanesque. Réimpr. *Hachette Littératures, 1999.* (Pluriel ; 8472 c7)
ISBN 2-01-278977-3. *55 F / 8,38 €*

12238 **GIRAUD D.** Ivre de tao : Li Po, voyageur, poète et philosophe en Chine au VIIIe siècle. *Albin Michel, 1989.* (Spiritualités vivantes poche ; 73 c1)
ISBN 2-226-03533-8. *35 F / 5,34 €*

12239 **GIRAUDOUX J.** Les cinq tentations de La Fontaine : cinq conférences. *LGF, 1995.* (Le Livre de poche ; 3231. Biblio c7)
ISBN 2-253-93231-0. *30 F / 4,57 €*

12240 **GIRAUDOUX J.** Littérature. *Gallimard, 1994.* (Folio ; 237. Essais ; 237 c6)
ISBN 2-07-032840-6. *56 F / 8,54 €*

12241 **GIROUD F.** Arthur ou Le bonheur de vivre. *LGF, 1999.* (Le Livre de poche ; 14600 c6)
ISBN 2-253-14600-5. *26 F / 3,96 €*

12242 **GIROUD F.** Journal d'une Parisienne. *Seuil, 1995.* (Points ; 168 c9)
ISBN 2-02-026157-X. *42 F / 6,40 €*

12243 **GIROUD F.** Leçons particulières. *LGF, 1992.* (Le Livre de poche ; 4319 c6)
ISBN 2-253-05982-X. *26 F / 3,96 €*

12244 **GIUDICELLI C.** Quartiers d'Italie. *Gallimard, 1996.* (Folio ; 2866 c8)
ISBN 2-07-040030-1. *37 F / 5,64 €*

12245 **GIUSTO J-P.** Charles Baudelaire, Les Fleurs du mal. 3e éd. *PUF, 1993.* (Etudes littéraires ; 1)
ISBN 2-13-045576-X. *45 F / 6,86 €*

12246 **GLAUDES P.** Atala, le désir cannibale. *PUF, 1994.* (Le Texte rêve)
ISBN 2-13-046499-8. *65 F / 9,91 €*

12247 **GLAUDES P., REUTER Y.** Le personnage. *PUF, 1998.* (Que sais-je? ; 3290 c1)
ISBN 2-13-048627-4. *42 F / 6,40 €*

12248 **N** **GLEIZE J.** Joëlle Gleize présente Les fruits d'or de Nathalie Sarraute. *Gallimard, 2000.* (Foliothèque ; 87)
ISBN 2-07-040506-0. *56 F / 8,54 €*

12249 **GLISSANT E.** Faulkner, Mississipi. *Gallimard, 1998.* (Folio ; 326. Essais c5)
ISBN 2-07-032981-X. *52 F / 7,93 €*

12250 **GLISSANT E.** Les Indes. Rééd. *Seuil, 1985.* (Points ; 178. Essais c2)
ISBN 2-02-008719-7. *39 F / 5,95 €*

12251 **GODARD H.** Céline scandale. *Gallimard, 1998.* (Folio ; 3066 c11)
ISBN 2-07-040462-5. *29,50 F / 4,50 €*

12252 **GODARD H.** Henri Godard présente Mort à crédit de Louis-Ferdinand Céline. *Gallimard, 1996.* (Foliothèque ; 50 c4)
ISBN 2-07-038967-7. *46 F / 7,01 €*

12253 **GODARD H.** Henri Godard présente Voyage au bout de la nuit de Louis-Ferdinand Céline. *Gallimard, 1991.* (Foliothèque ; 2 c3)
ISBN 2-07-038350-4. *41 F / 6,25 €*

12254 **GOEMANS C.** Ecrits : anthologie. *Labor, 1992.* (Espace Nord ; 72 c3)
ISBN 2-8040-0764-2. *54 F / 8,23 €*

12255 **GOETHE J. W. v.** Maximes et pensées. Nouv. éd. *A. Silvaire, 1992.* (Maximes et pensées c1)
ISBN 2-85055-205-4. *42 F / 6,40 €*

12256 **GOHIN Y.** Victor Hugo. *PUF, 1987.* (Que sais-je? ; 2336 c1)
ISBN 2-13-039809-X. *42 F / 6,40 €*

12257 **GOLDMANN L.** Le Dieu caché. *Gallimard, 1976.* (Tel ; 11)
ISBN 2-07-029550-8. *70 F / 10,67 €*

12258 **GOLDMANN L.** Pour une sociologie du roman. *Gallimard, 1986.* (Tel ; 101)
ISBN 2-07-070578-1. *60 F / 9,15 €*

12259 **GOLDMANN L.** Racine. Ed. rev. *Arche éditeur, 1984.* (Travaux ; 2)
ISBN 2-85181-040-5. *65 F / 9,91 €*

12260 **GOLDMANN L.** Situation de la critique racinienne. *Arche éditeur, 1971.* (Travaux ; 16)
ISBN 2-85181-145-2. *65 F / 9,91 €*

12261 **GOLDZINK J.** Charles-Louis de Montesquieu, Lettres persanes. *PUF, 1989.* (Etudes littéraires ; 23)
ISBN 2-13-042641-7. *45 F / 6,86 €*

12262 **GOLDZINK J.** Stendhal : l'Italie au coeur. *Gallimard, 1992.* (Découvertes ; 137. Littérature c5)
ISBN 2-07-053193-7. *85 F / 12,96 €*

12263 **GOLDZINK J.** Voltaire : la légende de saint Arouet. *Gallimard, 1989.* (Découvertes ; 65. Littérature c5)
ISBN 2-07-053079-5. *85 F / 12,96 €*

12264 **GOMBROWICZ W.** Contre les poètes. *Complexe, 1988.* (Le Regard littéraire ; 19 c9)
ISBN 2-87027-255-3. *59 F / 8,99 €*

12265 **GOMBROWICZ W.** Journal. 1, 1953-1958. *Gallimard, 1995.* (Folio ; 2767 c15)
ISBN 2-07-038930-8. *61 F / 9,30 €*

12266 **GOMBROWICZ W.** Journal. 2, 1959-1969. *Gallimard, 1995.* (Folio ; 2768 c15)
ISBN 2-07-038931-6. *61 F / 9,30 €*

12267 **GOMBROWICZ W., ROUX D. d.** Testament : entretiens avec Dominique de Roux. *Gallimard, 1996.* (Folio. Essais ; 294 c4)
ISBN 2-07-032931-3. *46 F / 7,01 €*

12268 **GOMEZ DE LA SERNA R.** Seins. *Actes Sud, 1995.* (Babel ; 136 c3)
ISBN 2-7427-0218-0. *51 F / 7,77 €*

12269 **GOMEZ-GÉRAUD M-C.** Ecrire le voyage au XVIe siècle en France. *PUF, 2000.* (Etudes littéraires)
ISBN 2-13-050626-7. *48 F / 7,32 €*

12270 **GONCOURT E. d., GONCOURT J. d.** Journal : mémoires de la vie littéraire. *Laffont, 1989.* (Bouquins)
ISBN 2-221-90031-6. *360 F / 54,88 €*

12271 **GONCOURT E. d., GONCOURT J. d.** Journal. 1, 1851-1865. *Laffont, 1989.* (Bouquins)
ISBN 2-221-05527-6. *120 F / 18,29 €*

12272 **GONCOURT E. d., GONCOURT J. d.** Journal. 2, 1866-1886. *Laffont, 1989.* (Bouquins)
ISBN 2-221-05944-1. *120 F / 18,29 €*

12273 **GONCOURT E. d., GONCOURT J. d.** Journal. 3, 1887-1896. *Laffont, 1989.* (Bouquins)
ISBN 2-221-05945-X. *120 F / 18,29 €*

12274 **GORDIMER N.** L'écriture et l'existence. *10-18, 1998.* (10-18 ; 2923. Bibliothèques c3)
ISBN 2-264-02673-1. *38 F / 5,79 €*

12275 **GOSSELIN M.** Monique Gosselin présente Enfance de Nathalie Sarraute. *Gallimard, 1996.* (Foliothèque ; 57 c6)
ISBN 2-07-038646-5. *56 F / 8,54 €*

12276 **N** **GOUBIER-ROBERT G., BORDAS E.** Autour du Fils naturel et du Rêve de d'Alembert, de Diderot. *Atlande, 2000.* (Lettres. XVIIIe siècle)
ISBN 2-912232-20-1. *98 F / 14,94 €*

12277 **N** **GOUR B.** Jérusalem, une leçon d'humilité. *Gallimard, 2000.* (Arcades ; 67)
ISBN 2-07-075811-7. *98 F / 14,94 €*

12278 **GOURFINKEL N.** Gorki. *Seuil, 1977.* (Ecrivains de toujours ; 23 c1)
ISBN 2-02-000023-7. *49 F / 7,47 €*

12279 **N** **Gourmandise.** *Librio, 2000.* (Les sept péchés capitaux; 7)(Librio ; 110 c1)
ISBN 2-290-30757-2. *10 F / 1,52 €*

12280 **GOYTISOLO J.** Chasse gardée. *Stock, 1995.* (Bibliothèque cosmopolite c4)
ISBN 2-234-04453-7. *65 F / 9,91 €*

12281 **GOYTISOLO J.** Les royaumes déchirés. *Stock, 1995.* (Bibliothèque cosmopolite c4)
ISBN 2-234-04515-0. *65 F / 9,91 €*

12282 **GRACIAN B.** L'homme de cour. *Mille et une nuits, 1997.* (La petite collection ; 141 cC)
ISBN 2-84205-110-6. *20 F / 3,05 €*

12283 **GRACQ J.** Proust, Stendhal, Balzac, Flaubert, Zola. *Complexe, 1988.* (Le Regard littéraire ; 2 c9)
ISBN 2-87027-189-1. *59 F / 8,99 €*

12284 **Les grandes oeuvres de la littérature française.** *Larousse, 1997.* (In extenso c1)
ISBN 2-03-750040-8. *160 F / 24,39 €*

12285 **A** **GRASS G.** Mon siècle. *Seuil, 2001.* (Points ; 843 c10)
ISBN 2-02-049067-6. *45 F / 6,86 €*

12286 **GRAY M.** Le livre de la vie : pour trouver le bonheur, le courage et l'espoir. *Pocket, 1999.* (Pocket ; 10320)
ISBN 2-266-07918-2. *35 F / 5,34 €*

12287 **GRAY M.** La vie renaîtra de la nuit. *Pocket, 1996.* (Pocket ; 7195 c5)
ISBN 2-266-06266-2. *35 F / 5,34 €*

12288 **GREEN J.** Jeunes années. 1. *Seuil, 1998.* (Points ; 515 c12)
ISBN 2-02-034533-1. *50 F / 7,62 €*

12289 **GREEN J.** Jeunes années. 2. *Seuil, 1998.* (Points ; 516 c12)
ISBN 2-02-034534-X. *50 F / 7,62 €*

12290 **GREEN J.** Suite anglaise. *Seuil, 1988.* (Points. Essais ; 194 c2)
ISBN 2-02-010250-1. *39 F / 5,95 €*

12291 **GREENE G.** Mon univers secret : carnet de rêves. *LGF, 1996.* (Le Livre de poche ; 13894 c4)
ISBN 2-253-13894-0. *20 F / 3,05 €*

12292 **GRENIER J.** Inspirations méditerranéennes. *Gallimard, 1998.* (L'imaginaire ; 384)
ISBN 2-07-075197-X. *45 F / 6,86 €*

12293 **N** **GRENIER J.** Lettres d'Egypte, 1950 ; Un été au Liban. *Gallimard, 2000.* (L'imaginaire ; 427)
ISBN 2-07-075932-6. *46 F / 7,01 €*

12294 **GRENIER R.** Albert Camus, soleil et ombre : une biographie intellectuelle. *Gallimard, 1991.* (Folio ; 2286 c10)
ISBN 2-07-038366-0. *46 F / 7,01 €*

12295 **GRENIER R.** Regardez la neige qui tombe : impressions de Tchékhov. *Gallimard, 1997.* (Folio ; 2947 c8)
ISBN 2-07-040203-7. *37 F / 5,64 €*

12296 **N** **GRIMM F. M. (. d.** Correspondance. *Mercure de France, 2001.* (Le petit Mercure)
ISBN 2-7152-2247-5. *26 F / 3,96 €*

12297 **GRISONI D-A.** Le corps ingénu. *Zulma, 1997.* (Grain d'orage)
ISBN 2-909031-88-8. *49 F / 7,47 €*

12298 **GROENSTEEN T.** La bande dessinée. *Milan, 1997.* (Les essentiels Milan ; 66 c1)
ISBN 2-84113-489-X. *25 F / 3,81 €*

12299 **GROJNOWSKI D.** Daniel Grojnowski présente A Rebours de Joris-Karl Huysmans. *Gallimard, 1996.* (Foliothèque ; 53 c3)
ISBN 2-07-038938-3. *41 F / 6,25 €*

12300 **GROSSIORD S.** Victor Hugo : Et s'il n'en reste qu'un... *Gallimard : Paris-Musées, 1998.* (Découvertes ; 341. Littérature c5)
ISBN 2-07-053344-1. *85 F / 12,96 €*

12301 **GROULT B.** Histoire d'une évasion. *LGF, 1999.* (Le Livre de poche ; 14605 c9)
ISBN 2-253-14605-6. *36 F / 5,49 €*

12302 **GROULT F.** L'amour de... *J'ai lu, 1995.* (J'ai lu ; 3934. Littérature générale c1)
ISBN 2-277-23934-8. *13 F / 1,98 €*

12303 **N** **GUEDJ D.** La gratuité ne vaut plus rien : et autres chroniques mathématiciennes. *Seuil, 2000.* (Points ; 783)
ISBN 2-02-043802-X. *39 F / 5,95 €*

12304 **GUÉHENNO J.** Changer la vie. *Grasset, 1990.* (Les Cahiers rouges ; 117)
ISBN 2-246-35322-X. *49 F / 7,47 €*

12305 **GUIBERT H.** Cytomégalovirus : journal d'hospitalisation. *Seuil, 1994.* (Points. Roman ; 630 c4)
ISBN 2-02-021143-2. *25 F / 3,81 €*

12306 **GUIBERT H.** Mes parents. *Gallimard, 1994.* (Folio ; 2582 c9)
ISBN 2-07-038877-8. *20,50 F / 3,13 €*

12307 **GUIBERT H.** La Mort propagande : et autres textes de jeunesse. *LGF, 1992.* (Le Livre de poche ; 4385 c8)
ISBN 2-253-06127-1. *33 F / 5,03 €*

12308 **GUICHARDET J.** Jeannine Guichardet commente Le Père Goriot d'Honoré de Balzac. *Gallimard, 1993.* (Foliothèque ; 24 cJ)
ISBN 2-07-038498-5. *71 F / 10,82 €*

12309 **GUILLAUME DE LORRIS, JEAN DE MEUNG** Le Roman de la rose. *LGF, 1992.* (Le Livre de poche ; 4533. Lettres gothiques c23)
ISBN 2-253-06079-8. *95 F / 14,48 €*

12310 **GUILLAUME DE TUDÈLE** La Chanson de la croisade albigeoise. *LGF, 1989.* (Le Livre de poche ; 4520. Lettres gothiques c15)
ISBN 2-253-05084-9. *50 F / 7,62 €*

12311 **GUILLEMIN H.** Hugo. Nouv. éd. augm. et mise à jour. *Seuil, 1988.* (Points. Essais ; 196 c4)
ISBN 2-02-010375-3. *52 F / 7,93 €*

12312 **GUILLEMIN H.** Hugo. Nouv. éd. augm. *Seuil, 1994.* (Ecrivains de toujours)
ISBN 2-02-021012-6. *59 F / 8,99 €*

12313 **GUILLEMIN H., LACOUTURE J.** Une certaine espérance : conversations avec Jean Lacouture. *Arléa, 1997.* (Arléa-poche ; 33)
ISBN 2-86959-369-4. *40 F / 6,10 €*

12314 **GUILLON C.** Le siège de l'âme : éloge de la sodomie : fantaisie littéraire, érosophique et antithéiste. *Zulma, 1999.* (Grain d'orage)
ISBN 2-84304-060-4. *99 F / 15,09 €*

12315 **GUITRY S.** Les femmes et l'amour. *Pocket, 1995.* (Pocket ; 2377)
ISBN 2-266-06896-2. *23 F / 3,51 €*

12316 **GUITTON J.** Lettres ouvertes. *Seuil, 1995.* (Points ; 62 c2)
ISBN 2-02-022970-6. *39 F / 5,95 €*

12317 **Gulliver. 1, Dire le monde.** *Librio, 1998.* (Librio ; 239 c1)
ISBN 2-277-30239-2. *10 F / 1,52 €*

12318 **Gulliver. 3, World fiction.** *Librio, 1999.* (Librio ; 285 c1)
ISBN 2-277-30285-6. *10 F / 1,52 €*

12319 **GUO MORUO** Autobiographie : mes années d'enfance. *Gallimard, 1991.* (Connaissance de l'Orient poche ; 48)
ISBN 2-07-072280-5. *35 F / 5,34 €*

12320 **A** **GUYON J-M.** Le moyen court. *Mercure de France, 2001.* (Le petit Mercure)
ISBN 2-7152-2243-2. *22 F / 3,35 €*

12321 **HADDAD H.** Du visage et autres abîmes. *Zulma, 1999.* (Grain d'orage)
ISBN 2-84304-062-0. *49 F / 7,47 €*

12322 **HAEDENS K.** Une Histoire de la littérature française. *Grasset, 1988.* (Les Cahiers rouges ; 97)
ISBN 2-246-13143-X. *65 F / 9,91 €*

12323 **N** **HALÉVY D.** Pays parisiens : souvenirs. *Grasset, 2000.* (Les Cahiers rouges ; 296)
ISBN 2-246-18582-3. *59 F / 8,99 €*

12324 **N** **HALIMI G.** Fritna. *Pocket, 2001.* (Pocket ; 11005 c4B)
ISBN 2-266-10293-1. *32 F / 4,88 €*

12325 **N** **HALIMI G.** Le lait de l'oranger. *Pocket, 2001.* (Pocket ; 11078 c6)
ISBN 2-266-10493-4. *38 F / 5,79 €*

12326 **HAMILTON I.** A la recherche de J.D. Salinger : l'écriture et le reste. *Ed. de l'Olivier, 1996.* (Petite bibliothèque américaine ; 2)
ISBN 2-87929-103-8. *69 F / 10,52 €*

12327 **HAMM J-J.** Jean-Jacques Hamm commente Le Rouge et le Noir de Stendhal. *Gallimard, 1992.* (Foliothèque ; 20 cJ)
ISBN 2-07-038573-6. *76,50 F / 11,66 €*

12328 **HAMON P.** Philippe Hamon présente La Bête humaine d'Emile Zola. *Gallimard, 1994.* (Foliothèque c4)
ISBN 2-07-038651-1. *46 F / 7,01 €*

12329 **HAMON P.** Texte et idéologie. *PUF, 1997.* (Quadrige ; 230)
ISBN 2-13-048093-4. *62 F / 9,45 €*

12330 **HAMON-SIRÉJOLS C.** Anton Pavlovitch Tchekhov, La Cerisaie. *PUF, 1993.* (Etudes littéraires ; 40)
ISBN 2-13-045121-7. *45 F / 6,86 €*

12331 **HAN S.** Le vent dans ma poche. *LGF, 1996.* (Le Livre de poche ; 13971 c8)
ISBN 2-253-13971-8. *33 F / 5,03 €*

12332 **HANDKE P.** Essai sur la fatigue ; suivi de Essai sur le juke-box et de Essai sur la journée réussie. *Gallimard, 1998.* (Folio ; 3138 c9)
ISBN 2-07-040569-9. *41 F / 6,25 €*

12333 **HANDKE P.** Essai sur la fatigue. *Gallimard, 1991.* (Arcades ; 19)
ISBN 2-07-072251-1. *60 F / 9,15 €*

12334 **HANDKE P.** Essai sur la fatigue. *Gallimard, 1996.* (Folio ; 2811 c9)
ISBN 2-07-039474-3. *20,50 F / 3,13 €*

12335 **HANDKE P.** Essai sur la journée réussie : un songe de jour d'hiver. *Gallimard, 1994.* (Arcades)
ISBN 2-07-073825-6. *60 F / 9,15 €*

12336 **HANDKE P.** Essai sur le juke-box. *Gallimard, 1992.* (Arcades)
ISBN 2-07-072743-2. *58 F / 8,84 €*

12337 **HANDKE P.** La Leçon de la Sainte-Victoire. *Gallimard, 1985.* (Arcades ; 3)
ISBN 2-07-070364-9. *50 F / 7,62 €*

12338 **HÉBRARD F.** La Citoyenne. *J'ai lu, 1986.* (J'ai lu ; 2003. Littérature générale c3)
ISBN 2-277-22003-5. *29 F / 4,42 €*

12339 **HÉBRARD F.** La Petite fille modèle. Réimpr. *J'ai lu, 1992.* (J'ai lu ; 2602. Littérature générale c3)
ISBN 2-277-22602-5. *29 F / 4,42 €*

12340 **HEGEL G. W. F.** Correspondance. 1, 1785-1812. *Gallimard, 1990.* (Tel ; 157)
ISBN 2-07-071926-X. *62 F / 9,45 €*

12341 **HEGEL G. W. F.** Correspondance. 2, 1813-1822. *Gallimard, 1990.* (Tel ; 158)
ISBN 2-07-071958-8. *61 F / 9,30 €*

12342 **HEGEL G. W. F.** Correspondance. 3, 1823-1831. *Gallimard, 1990.* (Tel ; 160)
ISBN 2-07-071959-6. *62 F / 9,45 €*

12343 **HEINE H.** De l'Allemagne. *Gallimard, 1998.* (Tel ; 294)
ISBN 2-07-074982-7. *70 F / 10,67 €*

12344 **HEINE H.** De la France. *Gallimard, 1994.* (Tel ; 234)
ISBN 2-07-073617-2. *95 F / 14,48 €*

12345 **HÉLIAS P. J.** Le quêteur de mémoire : quarante ans de recherche sur les mythes et la civilisation bretonne. *Pocket, 1996.* (Pocket ; 4489. Terre humaine c8)
ISBN 2-266-07124-6. *45 F / 6,86 €*

12346 **HEMINGWAY E.** En ligne : choix d'articles et de dépêches de quarante années. *Gallimard, 1995.* (Folio ; 2709 c14)
ISBN 2-07-039323-2. *60 F / 9,15 €*

12347 **HENNIG J-L.** Brève histoire des fesses. *Pocket, 1996.* (Pocket ; 4460 c5)
ISBN 2-266-06993-4. *35 F / 5,34 €*

12348 **N** **HENRIOT P.** Les miettes du banquet. *R. Perrin, 2000.* (La petite bibliothèque ; 6)
ISBN 2-913960-07-3. *49 F / 7,47 €*

12349 **L'Herbe bleue :** journal intime d'une jeune droguée. *Pocket, 1989.* (Pocket ; 991. Best c2)
ISBN 2-266-02715-8. *23 F / 3,51 €*

12350 **HESSE H.** Lettre à un jeune artiste. *Mille et une nuits, 1994.* (La petite collection ; 35 cA)
ISBN 2-910233-35-9. *10 F / 1,52 €*

12351 **HESSE H.** Mon enfance. *Mille et une nuits, 1995.* (La petite collection ; 78 cA)
ISBN 2-84205-007-X. *10 F / 1,52 €*

12352 **HILDEGARDE (sainte)** Le Livre des oeuvres divines : visions. Rééd. *Albin Michel, 1989.* (Spiritualités vivantes poche ; 79 c4)
ISBN 2-226-03786-1. *49 F / 7,47 €*

12353 **HILLENAAR H.** Le Secret de Télémaque. *PUF, 1994.* (Le Texte rêve)
ISBN 2-13-045915-3. *65 F / 9,91 €*

12354 **HILY-MANE G.** Geneviève Hily-Mane présente Le Vieil homme et la mer d'Ernest Hemingway. *Gallimard, 1991.* (Foliothèque ; 7)
ISBN 2-07-038356-3. *46 F / 7,01 €*

12355 **HIMES C.** Regrets sans repentir. *Gallimard, 1997.* (Folio ; 2921 c12)
ISBN 2-07-040184-7. *52 F / 7,93 €*

12356 **Histoires de doubles :** d'Hoffmann à Cortazar. *Complexe, 1995.* (Bibliothèque Complexe)
ISBN 2-87027-566-8. *139 F / 21,19 €*

12357 **HOFMANNSTHAL H. v.** Lettres de lord Chandos : et autres textes sur la poésie. *Gallimard, 1992.* (Poésie ; 264 c7)
ISBN 2-07-032719-1. *60 F / 9,15 €*

12358 **Hors-d'oeuvre froids et chauds, potages.** *Mercure de France, 1998.* (Le petit Mercure)
ISBN 2-7152-2075-8. *20 F / 3,05 €*

12359 **HOUELLEBECQ M.** H.P. Lovecraft : contre le monde, contre la vie. *J'ai lu, 1999.* (J'ai lu ; 5386. Littérature générale c3)
ISBN 2-290-05386-4. *29 F / 4,42 €*

12360 **HOUELLEBECQ M.** Rester vivant : et autres textes. *Librio, 1999.* (Librio ; 274 c1)
ISBN 2-277-30274-0. *10 F / 1,52 €*

12361 **HOWLETT M-V.** Jean-Jacques Rousseau, l'homme qui croyait en l'homme. *Gallimard, 1989.* (Découvertes ; 66. Littérature c5)
ISBN 2-07-053085-X. *85 F / 12,96 €*

12362 **HUBBELL S.** Une année à la campagne : vivre les questions. *Gallimard, 1994.* (Folio ; 2605 c11)
ISBN 2-07-038869-7. *29,50 F / 4,50 €*

12363 **HUCHET J-C.** Mort à crédit de Céline : une naissance payée comptant. *PUF, 1993.* (Le Texte rêve)
ISBN 2-13-045780-0. *65 F / 9,91 €*

12364 **HUCHET J-C.** Tristan et le sang de l'écriture. *PUF, 1990.* (Le Texte rêve)
ISBN 2-13-043521-1. *52 F / 7,93 €*

12365 **HUGO J.** Le Regard de la mémoire. *Actes Sud, 1989.* (Babel ; 5 c4)
ISBN 2-86869-361-X. *51 F / 7,77 €*

12366 **HUGO V.** Chantiers. *Laffont, 1990.* (Bouquins)
ISBN 2-221-06427-5. *120 F / 18,29 €*

12367 **HUGO V.** Choses vues. 1, 1830-1848. *Gallimard, 1997.* (Folio ; 2944. Classique c15)
ISBN 2-07-040216-9. *61 F / 9,30 €*

12368 **HUGO V.** Choses vues. 2, 1849-1885. *Gallimard, 1997.* (Folio ; 2945. Classique c15)
ISBN 2-07-040217-7. *61 F / 9,30 €*

12369 **HUGO V.** Correspondance familiale et écrits intimes. 1, 1802-1828. *Laffont, 1988.* (Bouquins)
ISBN 2-221-05142-4. *140 F / 21,34 €*

12370 **HUGO V.** Correspondance familiale et écrits intimes. 2, 1828-1839. *Laffont, 1991.* (Bouquins)
ISBN 2-221-05143-2. *140 F / 21,34 €*

12371 **HUGO V.** Le Dernier jour d'un condamné ; Claude Gueux ; L'Affaire Tapner. *LGF, 1989.* (Le Livre de poche ; 6646. Classiques de poche c7)
ISBN 2-253-05006-7. *30 F / 4,57 €*

12372 **HUGO V.** Océan. *Laffont, 1989.* (Bouquins)
100 F / 15,24 €

12373 **HUGO V.** Oeuvres complètes, critique. *Laffont, 1985.* (Bouquins)
ISBN 2-221-04697-8. *100 F / 15,24 €*

12374 **HUGO V.** Oeuvres complètes, poésie. 1. *Laffont, 1985.* (Bouquins)
ISBN 2-221-04691-9. *120 F / 18,29 €*

12375 **HUGO V.** Oeuvres complètes, poésie. 4. *Laffont, 1985.* (Bouquins)
ISBN 2-221-04694-3. *120 F / 18,29 €*

12376 **HUGO V.** Oeuvres complètes, politique. *Laffont, 1985.* (Bouquins)
ISBN 2-221-04698-6. *129 F / 19,67 €*

12377 **HUGO V.** Oeuvres complètes, voyages. *Laffont, 1987.* (Bouquins)
ISBN 2-221-04699-4. *120 F / 18,29 €*

12378 **HUGOTTE V.** Lautréamont, Les chants de Maldoror. *PUF, 1999.* (Etudes littéraires ; 61)
ISBN 2-13-049971-6. *48 F / 7,32 €*

12379 **HUGUENIN J-R.** Journal. *Seuil, 1997.* (Points ; 379 c10)
ISBN 2-02-031984-5. *45 F / 6,86 €*

12380 **Les Huit péchés capitaux.** *Complexe, 1991.* (Le Regard littéraire ; 50 c8)
ISBN 2-87027-419-X. *56 F / 8,54 €*

12381 **N** **HUSTON N.** Journal de la création. *Actes Sud, 2001.* (Babel ; 470 c4)
ISBN 2-7427-3178-4. *51 F / 7,77 €*

12382 **HUSTON N.** Tombeau de Romain Gary. *Actes Sud, 1999.* (Babel ; 363 c2)
ISBN 2-7427-2069-3. *39 F / 5,95 €*

12383 **HUSTON N., SEBBAR L.** Lettres parisiennes : autopsie de l'exil. *J'ai lu, 1999.* (J'ai lu ; 5394. Littérature générale c3)
ISBN 2-290-05394-5. *29 F / 4,42 €*

12384 **HYVERNAUD G.** La peau et les os. *Pocket, 1998.* (Pocket ; 10189 c3)
ISBN 2-266-07489-X. *26 F / 3,96 €*

12385 **Idées sur le roman :** textes critiques sur le roman français du XVIe au XXe siècle. *Larousse, 1992.* (Textes essentiels)
ISBN 2-03-741003-4. *150 F / 22,87 €*

12386 **IHARA S.** Vie d'une amie de la volupté : roman de moeurs paru en 1686 (3e année de l'ère Jôkyô). *Gallimard, 1987.* (Connaissance de l'Orient poche ; 20)
ISBN 2-07-071166-8. *42 F / 6,40 €*

12387 **Images de la femme au XVIe siècle.** *Table ronde, 1995.* (La petite vermillon ; 46 c2)
ISBN 2-7103-0671-9. *45 F / 6,86 €*

12388 **Instructions pour un recueil général de poésies populaires de la France (1852-1857).** *Ed. du CTHS, 1998.* (Format ; 26)
ISBN 2-7355-0372-0. *80 F / 12,20 €*

12389 [N] **Internationale de l'imaginaire, nouvelle série. 12, Jean Duvignaud :** la scène, le monde, sans relâche. *Actes Sud, 2000.* (Babel ; 423)
ISBN 2-7427-2656-X. *45 F / 6,86 €*

12390 **Internationale de l'imaginaire, nouvelle série. 2, Lieux et non-lieux de l'imaginaire.** *Actes Sud, 1994.* (Babel ; 119 c1)
ISBN 2-7427-0261-X. *33 F / 5,03 €*

12391 **Internationale de l'imaginaire, nouvelle série. 3, La dérision, le rire.** *Actes Sud, 1995.* (Babel ; 132 c1)
ISBN 2-7427-0271-7. *33 F / 5,03 €*

12392 **IONESCO E.** Journal en miettes. *Gallimard, 1993.* (Folio ; 211. Essais ; 211 c3)
ISBN 2-07-032744-2. *41 F / 6,25 €*

12393 **IRVING J.** La petite amie imaginaire. *Seuil, 1997.* (Points ; 411 c6)
ISBN 2-02-032428-8. *32 F / 4,88 €*

12394 **JABÈS E.** Le Livre des ressemblances. *Gallimard, 1991.* (L'imaginaire ; 252)
ISBN 2-07-072285-6. *60 F / 9,15 €*

12395 **JABÈS E.** Yaël, Elya, Aely, El ou le Dernier livre. *Gallimard, 1989.* (Le Livre des questions; 2)(L'imaginaire ; 214)
ISBN 2-07-071526-4. *75 F / 11,43 €*

12396 **JACCARD R.** Dictionnaire du parfait cynique. Nouv. éd. augm. *LGF, 1991.* (Le Livre de poche ; 4138. Biblio essais c7)
ISBN 2-253-05714-2. *30 F / 4,57 €*

12397 **JACCARD R.** Topologie du pessimisme. *Zulma, 1997.* (Grain d'orage)
ISBN 2-909031-98-5. *49 F / 7,47 €*

12398 **JACCOTTET P.** Rilke. Réimpr. *Seuil, 1998.* (Ecrivains de toujours c1)
ISBN 2-02-034882-9. *55 F / 8,38 €*

12399 [A] **JACKSON J. E.** Baudelaire. *LGF, 2001.* (Le Livre de poche ; 579. Références)
ISBN 2-253-90579-8. *40 F / 6,10 €*

12400 **JACOB F.** La Statue intérieure. *Gallimard, 1990.* (Folio ; 2156 c11)
ISBN 2-07-038246-X. *50 F / 7,62 €*

12401 **JACOB M.** Le Cabinet noir : lettres avec commentaires. *Gallimard, 1977.* (L'imaginaire ; 5)
ISBN 2-07-029695-4. *42 F / 6,40 €*

12402 **JACOT-GRAPPA C.** Caroline Jacot-Grappa présente Les liaisons dangereuses de Choderlos de Laclos. *Gallimard, 1997.* (Foliothèque ; 64)
ISBN 2-07-039367-4. *60 F / 9,15 €*

12403 **JACQUARD A.** Abécédaire de l'ambiguïté : de Z à A, des mots, des choses et des concepts. *Seuil, 1989.* (Point-virgule ; 73 c2)
ISBN 2-02-010645-0. *39 F / 5,95 €*

12404 **JACQUART E.** Emmanuel Jacquart présente Rhinocéros d'Eugène Ionesco. *Gallimard, 1995.* (Foliothèque ; 44 c3)
ISBN 2-07-038650-3. *41 F / 6,25 €*

12405 **JACQUART E.** Le théâtre de dérision : Beckett, Ionesco, Adamov. Nouv. éd. rev. et augm. *Gallimard, 1998.* (Tel ; 298)
ISBN 2-07-075106-6. *75 F / 11,43 €*

12406 [N] **JAKOBSON R.** La génération qui a gaspillé ses poètes. *Allia, 2001.* (Petite collection)
ISBN 2-84485-050-2. *40 F / 6,10 €*

12407 **JAMES A.** Journal. *Des femmes-Antoinette Fouque, 1983.* (Ecrits d'hier)
ISBN 2-7210-0259-7. *95 F / 14,48 €*

12408 [N] **JAMES H.** Du roman considéré comme un des beaux-arts. *10-18, 2000.* (10-18 ; 3186. Bibliothèques c5)
ISBN 2-264-03020-8. *44 F / 6,71 €*

12409 **JAMES H.** Le Sens du passé. *10-18, 1994.* (10-18 ; 2475. Domaine étranger c6)
ISBN 2-264-01866-6. *47 F / 7,17 €*

12410 **JAMES H.** Sur Maupassant ; L'Art de la fiction. *Complexe, 1987.* (Le Regard littéraire ; 11 c9)
ISBN 2-87027-210-3. *59 F / 8,99 €*

12411 [A] **JAMET D.** Le petit Parisien. *J'ai lu, 2001.* (J'ai lu ; 5950. Littérature générale)
ISBN 2-290-31195-2

12412 **JAQUILLARD C.** Les bouffons du Prince. *Aire, 1979.* (Le Chant du monde)
27 F / 4,12 €

12413 **JARDIN A.** Le Zubial. *Gallimard, 1999.* (Folio ; 3206 c6)
ISBN 2-07-040885-X. *29,50 F / 4,50 €*

12414 **JARDIN P.** Guerre après guerre. *Grasset, 1995.* (Les Cahiers rouges ; 211)
ISBN 2-246-13342-4. *52 F / 7,93 €*

12415 **JARDIN P.** Le nain jaune. *Gallimard, 1999.* (Folio ; 3207 c6)
ISBN 2-07-040591-5. *29,50 F / 4,50 €*

12416 **JARRETY M.** La critique littéraire française du XXe siècle. *PUF, 1998.* (Que sais-je? ; 3363 c1)
ISBN 2-13-049101-4. *42 F / 6,40 €*

12417 **JAUSS H. R.** Pour une esthétique de la réception. *Gallimard, 1990.* (Tel ; 169)
ISBN 2-07-072014-4. *75 F / 11,43 €*

12418 **JAY S.** Les Ecrivains sont dans leur assiette. *Seuil, 1991.* (Point-virgule ; 101 c2)
ISBN 2-02-012964-7. *39 F / 5,95 €*

12419 **JEAN R.** Eluard. Nouv. éd. *Seuil, 1995.* (Ecrivains de toujours c3)
ISBN 2-02-023561-7. *65 F / 9,91 €*

12420 **JEAN R.** Nerval. *Seuil, 1978.* (Ecrivains de toujours ; 68 c1)
ISBN 2-02-000068-7. *49 F / 7,47 €*

12421 **JEANSON F.** Montaigne. Nouv. éd. *Seuil, 1994.* (Ecrivains de toujours c1)
ISBN 2-02-020629-3. *55 F / 8,38 €*

12422 **JEANSON F.** Sartre. Réimpr. *Seuil, 2000.* (Ecrivains de toujours c1)
ISBN 2-02-040389-7. *55 F / 8,38 €*

12423 **JEROME J. K.** Arrière-pensées d'un paresseux. *Arléa, 1998.* (Arléa-poche ; 42)
ISBN 2-86959-402-X. *40 F / 6,10 €*

12424 **JEROME J. K.** Journal d'un touriste. *Arléa, 1997.* (Arléa-poche ; 27)
ISBN 2-86959-353-8. *35 F / 5,34 €*

12425 **JEROME J. K.** Pensées paresseuses d'un paresseux. *Arléa, 1996.* (Arléa-poche ; 4)
ISBN 2-86959-296-5. *40 F / 6,10 €*

12426 **JESENSKA M.** Vivre. *10-18, 1996.* (10-18 ; 2694. Bibliothèques c6)
ISBN 2-264-02373-2. *47 F / 7,17 €*

12427 **JOFFO J.** Agates et calots. *LGF, 1998.* (Le Livre de poche ; 14545 c7)
ISBN 2-253-14545-9. *30 F / 4,57 €*

12428 **JOHNSON D.** Dashiell Hammett : une vie. *Gallimard, 1992.* (Folio ; 2349)
ISBN 2-07-038470-5. *61 F / 9,30 €*

12429 **JOHNSON J.** Personnages secondaires. *10-18, 1997.* (10-18 ; 2803. Domaine étranger c6)
ISBN 2-264-02376-7. *47 F / 7,17 €*

12430 **JOLY R.** Le Pharsamon de Marivaux ou Comment s'inventer un sexe. *PUF, 1995.* (Le Texte rêve)
ISBN 2-13-047117-X. *65 F / 9,91 €*

12431 **JONES E.** Hamlet et Oedipe. *Gallimard, 1980.* (Tel ; 50)
ISBN 2-07-020651-3. *42 F / 6,40 €*

12432 **JOUBERT J.** Maximes et pensées : 1754-1824. Nouv. éd. *A. Silvaire, 1988.* (Maximes et pensées c1)
ISBN 2-85055-223-2. *42 F / 6,40 €*

12433 **JOUFFROY A.** De l'individualisme révolutionnaire ; suivi de Le gué et de Correspondance avec Philippe Sollers. Rééd. *Gallimard, 1997.* (Tel ; 291)
ISBN 2-07-074854-5. *118 F / 17,99 €*

12434 **Journal d'un bourgeois de Paris :** de 1405 à 1449. *LGF, 1990.* (Le Livre de poche ; 4522. Lettres gothiques c15)
ISBN 2-253-05137-3. *50 F / 7,62 €*

12435 **JUDRIN R.** Boussoles. *Table ronde, 1995.* (La petite vermillon ; 45 c2)
ISBN 2-7103-0666-2. *45 F / 6,86 €*

12436 **JUILLARD A.** Alain Juillard présente Le passe-Muraille de Marcel Aymé. *Gallimard, 1995.* (Foliothèque ; 43 c5)
ISBN 2-07-038649-X. *52 F / 7,93 €*

12437 **JUIN H.** Lectures Fins de siècles : préfaces 1975-1986. Réimpr. *10-18, 1999.* (10-18 ; 2239 c7)
ISBN 2-264-02972-2. *50 F / 7,62 €*

12438 **JULIET C.** L'Inattendu. *Gallimard, 1994.* (Folio ; 2638 c8)
ISBN 2-07-038782-8. *37 F / 5,64 €*

12439 **JULIET C.** Lambeaux. *Gallimard, 1997.* (Folio ; 2948 c11)
ISBN 2-07-040086-7. *29,50 F / 4,50 €*

12440 **JUNG C. G.** Ma vie : souvenirs, rêves et pensées. *Gallimard, 1991.* (Folio ; 2291 c10)
ISBN 2-07-038407-1. *46 F / 7,01 €*

12441 **JÜNGER E.** Approches, drogues et ivresse. *Gallimard, 1991.* (Folio ; 166. Essais ; 166 c8)
ISBN 2-07-032638-1. *66 F / 10,06 €*

12442 **JÜNGER E.** La cabane dans la vigne : années d'occupation, 1945-1948. *LGF, 1988.* (Journal; 4)(Le Livre de poche ; 3097. Biblio c14)
ISBN 2-253-04649-3. *48 F / 7,32 €*

12443 **JÜNGER E.** Le coeur aventureux : 1938. *Gallimard, 1979.* (L'imaginaire ; 35)
ISBN 2-07-029927-9. *42 F / 6,40 €*

12444 **JÜNGER E.** Le Contemplateur solitaire. *Grasset, 1992.* (Les Cahiers rouges ; 157)
ISBN 2-246-02722-5. *65 F / 9,91 €*

12445 **JÜNGER E.** Rivarol : et autres essais. *Grasset, 1998.* (Les Cahiers rouges ; 266)
ISBN 2-246-00102-1. *58 F / 8,84 €*

12446 **JÜNGER E.** Traité du rebelle ou le Recours aux forêts ; Polarisations. *Seuil, 1986.* (Points. Essais ; 183 c2)
ISBN 2-02-009142-9. *39 F / 5,95 €*

12447 **JÜNGER E.** Le Traité du sablier. *Seuil, 1984.* (Points. Essais ; 167 c2)
ISBN 2-02-006979-2. *39 F / 5,95 €*

12448 **JÜNGER E.** Voyage Atlantique : journal de voyage. *Table ronde, 1993.* (La petite vermillon ; 10)
ISBN 2-7103-0561-5. *45 F / 6,86 €*

12449 **JURGENSEN G.** La disparition. *LGF, 1995.* (Le Livre de poche ; 13737 c6)
ISBN 2-253-13737-5. *26 F / 3,96 €*

12450 **KADARÉ I.** Eschyle ou Le grand perdant. Ed. revue et augm. *LGF, 1998.* (Le Livre de poche ; 3294. Biblio c8)
ISBN 2-253-93294-9. *33 F / 5,03 €*

12451 **KADARÉ I.** Invitation à l'atelier de l'écrivain. *LGF, 1997.* (Le Livre de poche ; 4249. Biblio essais c8)
ISBN 2-253-94249-9. *33 F / 5,03 €*

12452 **KADARÉ I.** Printemps albanais : chronique, lettres, réflexions. *LGF, 1995.* (Le Livre de poche ; 3248. Biblio c9)
ISBN 2-253-93248-5. *36 F / 5,49 €*

12453 **KADDOUR H.** Aborder la poésie. *Seuil, 1997.* (Mémo ; 46 c2)
ISBN 2-02-022961-7. *36 F / 5,49 €*

12454 **KAFKA F.** Journal. *Grasset, 1996.* (Les Cahiers rouges ; 230)
ISBN 2-246-04912-1. *65 F / 9,91 €*

12455 **KAFKA F.** Journal. *LGF, 1982.* (Le Livre de poche ; 3001. Biblio c13)
ISBN 2-253-02982-3. *46 F / 7,01 €*

12456 **KAFKA F.** Lettre au père = Brief an den Vater. *Gallimard, 1995.* (Folio bilingue ; 48 c4)
ISBN 2-07-039288-0. *46 F / 7,01 €*

12457 **KAFKA F.** Lettres à Milena. *Gallimard, 1988.* (L'imaginaire ; 200)
ISBN 2-07-071294-X. *62 F / 9,45 €*

12458 **KAFKA F., CITATI P.** Lettres à ses parents : 1922-1924. *Gallimard, 1990.* (Arcades ; 18)
ISBN 2-07-072144-2. *60 F / 9,15 €*

12459 **KAMINSKI H-E.** Céline en chemise brune. *Mille et une nuits, 1997.* (La petite collection ; 166 cA)
ISBN 2-84205-148-3. *10 F / 1,52 €*

12460 **KATEB Y.** Le polygone étoilé. *Seuil, 1997.* (Points ; 380 c6)
ISBN 2-02-031987-X. *32 F / 4,88 €*

12461 **KAWABATA Y.** L'adolescent : récits autobiographiques. *LGF, 1995.* (Le Livre de poche ; 3232. Biblio c8)
ISBN 2-253-93232-9. *33 F / 5,03 €*

12462 **KEMPF R.** Dandies : Baudelaire et cie. *Seuil, 1984.* (Points. Essais ; 164 c2)
ISBN 2-02-006907-5. *39 F / 5,95 €*

12463 **KERAUTRET M.** La Littérature française du 18e siècle. 3e éd. *PUF, 1988.* (Que sais-je? ; 128 c1)
ISBN 2-13-043961-6. *42 F / 6,40 €*

12464 **KERBRAT-ORECCHIONI C.** La conversation. *Seuil, 1996.* (Mémo ; 25 c2)
ISBN 2-02-026030-1. *36 F / 5,49 €*

12465 **KERVYN DE MARCKE TEN DRIESSCHE R.** Les fables de Pitje Schramouille. *Labor, 2000.* (Espace Nord ; 121)
ISBN 2-8040-1226-3. *199 FB / 4,93 €*

12466 **KIBEDI VARGA A.** Le classicisme. *Seuil, 1998.* (Points ; 105 c2)
ISBN 2-02-030852-5. *29 F / 4,42 €*

12467 **KING S.** Anatomie de l'horreur. 1. *J'ai lu, 1997.* (J'ai lu ; 4410. Stephen King c5)
ISBN 2-290-04410-5. *39 F / 5,95 €*

12468 **KING S.** Anatomie de l'horreur. 2, Pages noires. *J'ai lu, 1997.* (J'ai lu ; 4411. Stephen King c5)
ISBN 2-290-04411-3. *39 F / 5,95 €*

12469 **KLEE P.** Journal. *Grasset, 1992.* (Les Cahiers rouges ; 150)
ISBN 2-246-27912-7. *60 F / 9,15 €*

12470 **KLEIST H. v.** Sur le théâtre de marionnettes. Réimpr. *Mille et une nuits, 1998.* (La petite collection ; 8 c1)
ISBN 2-84205-341-9. *6,50 F / 99 €*

12471 **KLOSSOWSKI P.** Un si funeste désir. *Gallimard, 1994.* (L'imaginaire ; 314)
ISBN 2-07-073742-X. *55 F / 8,38 €*

12472 **KOESTLER A.** Oeuvres autobiographiques. *Laffont, 1994.* (Bouquins)
ISBN 2-221-07184-0. *159 F / 24,24 €*

12473 **KOKOSCHKA O.** Mirages du passé. *Gallimard, 1984.* (L'imaginaire ; 139)
ISBN 2-07-070235-9. *39 F / 5,95 €*

12474 **KOU H. M.** L'esprit du peuple chinois. *Ed. de l'Aube, 1996.* (L'Aube poche ; 27 c5)
ISBN 2-87678-271-5. *49 F / 7,47 €*

12475 **KRAUS K.** Aphorismes. *Mille et une nuits, 1998.* (La petite collection ; 198 c3)
ISBN 2-84205-313-3. *13 F / 1,98 €*

12476 **KRISTEVA J.** Pouvoirs de l'horreur. *Seuil, 1983.* (Points ; 152. Essais c3)
ISBN 2-02-006603-3. *48 F / 7,32 €*

12477 **KRISTEVA J.** La Révolution du langage poétique ; l'avant-garde à la fin du XIXe siècle, Lautréamont et Mallarmé. *Seuil, 1985.* (Points ; 174. Essais c6)
ISBN 2-02-008613-1. *62 F / 9,45 €*

12478 **KRISTEVA J.** Le temps sensible : Proust et l'expérience littéraire. *Gallimard, 2000.* (Folio ; 355. Essais)
ISBN 2-07-041209-1. *66 F / 10,06 €*

12479 **KUBIN A.** Ma vie. *Allia, 2000.* (Petite collection)
ISBN 2-84485-027-8. *40 F / 6,10 €*

12480 **KUNDERA M.** L'art du roman. *Gallimard, 1995.* (Folio ; 2702 c11)
ISBN 2-07-032801-5. *29,50 F / 4,50 €*

12481 **LA BOÉTIE E. d.** De la servitude volontaire ou Contr'un ; Mémoire touchant l'édit de janvier 1562. *Gallimard, 1993.* (Tel ; 226)
ISBN 2-07-073081-6. *68 F / 10,37 €*

12482 **LA BRUYÈRE J. d.** Les Caractères ou Les moeurs de ce siècle. *Gallimard, 1975.* (Folio ; 693. Classique c8)
ISBN 2-07-036693-6. *36 F / 5,49 €*

12483 **LA BRUYÈRE J. d.** Les caractères. nouv. éd. *LGF, 1997.* (Le Livre de poche ; 1478. Classiques de poche c9)
ISBN 2-253-01505-9. *36 F / 5,49 €*

12484 **LA BRUYÈRE J. d.** Maximes et pensées. *A. Silvaire, 1962.* (Maximes et pensées c1)
42 F / 6,40 €

12485 **LA FAYETTE M-M. P. d. L. V. (. d.** Histoire de Madame Henriette d'Angleterre ; La Princesse de Montpensier ; La Comtesse de Tende. *Des femmes-Antoinette Fouque, 1980.* (Ecrits d'hier)
ISBN 2-7210-0167-1. *60 F / 9,15 €*

12486 **LA FONTAINE J. d.** Oeuvres : sources et postérité, d'Esope à l'Oulipo. *Complexe, 1996.* (Bibliothèque Complexe)
ISBN 2-87027-562-5. ISBN 2-87027-577-3.
240 F / 36,59 €
300 F / 45,73 €

12487 **LA METTRIE J. O. d.** L'art de jouir. *Mille et une nuits, 1997.* (La petite collection ; 132 cA)
ISBN 2-84205-100-9. *10 F / 1,52 €*

12488 **LA ROCHEFOUCAULD F.** Maximes et pensées. Nouv. éd. *A. Silvaire, 1991.* (Maximes et pensées c1)
ISBN 2-85055-233-X. *42 F / 6,40 €*

12489 **LA ROCHEFOUCAULD F.** Mémoires ; Apologie de M. le Prince de Marcillac ; Portraits. *Table ronde, 1993.* (La petite vermillon ; 11)
ISBN 2-7103-0573-9. *45 F / 6,86 €*

12490 **LA ROCHEFOUCAULD F.** Réflexions ou sentences et maximes morales ; suivi de Réflexions diverses. *Gallimard, 1984.* (Folio ; 728. Classique c6)
ISBN 2-07-036728-2. *29,50 F / 4,50 €*

12491 **LA ROCHEFOUCAULD F.** Réflexions ou Sentences et maximes morales. *LGF, 1991.* (Le Livre de poche ; 4486. Classiques de poche c9)
ISBN 2-253-05720-7. *36 F / 5,49 €*

12492 **LA ROCHEFOUCAULD F. d.** Maximes, réflexions, lettres. *Hachette Littératures, 1999.* (Pluriel ; 956)
ISBN 2-01-278956-0. *50 F / 7,62 €*

12493 **LA TOUR DU PIN G. d.** Chateaubriand, lequel?. Rééd. *Table ronde, 1998.* (La petite vermillon ; 85)
ISBN 2-7103-0838-X. *45 F / 6,86 €*

12494 **LABARTHE P.** Patrick Labarthe présente Petits poèmes en prose ou Le spleen de Paris de Charles Baudelaire. *Gallimard, 2000.* (Foliothèque ; 86 cG)
ISBN 2-07-040141-3. *60 F / 9,15 €*

12495 **A** **LABRE C., SOLER P.** Qu'est-ce que la rhétorique ?. *Gallimard, 2000.* (Folio. Essais)
ISBN 2-07-032961-5

12496 **LABRO P.** La traversée. *Gallimard, 1998.* (Folio ; 3046 c8)
ISBN 2-07-040407-2. *37 F / 5,64 €*

12497 **LACARRIÈRE J.** Sophocle. *Arche éditeur, 1978.* (Travaux ; 27)
ISBN 2-85181-171-1. *59 F / 8,99 €*

12498 **LACARRIÈRE J.** Sourates. *Albin Michel, 1990.* (Espaces libres ; 7 c2)
ISBN 2-226-04828-6. *45 F / 6,86 €*

12499 **LACOUTURE J.** Une adolescence du siècle : Jacques Rivière et la NRF. *Gallimard, 1997.* (Folio ; 3017 c15)
ISBN 2-07-040152-9. *61 F / 9,30 €*

12500 **LACOUTURE J.** Un Citoyen du siècle : 1933-1970. *Seuil, 1989.* (François Mauriac; 2)(Points. Essais ; 207 c6)
ISBN 2-02-011482-8. *62 F / 9,45 €*

12501 **LACOUTURE J.** Enquête sur l'auteur : réponse tardive à André Malraux sur quelques questions relatives à la condition de journaliste. *Seuil, 1991.* (Points. Actuels ; 104 c4)
ISBN 2-02-012636-2. *52 F / 7,93 €*

12502 **LACOUTURE J.** Le Sondeur d'abîmes : 1885-1933. *Seuil, 1989.* (François Mauriac; 1)(Points. Essais ; 206 c6)
ISBN 2-02-011481-X. *62 F / 9,45 €*

12503 **LAFFONT R., BOMPIANI V.** Dictionnaire encyclopédique de la littérature française. Nouv. éd. mise à jour. *Laffont, 1999.* (Bouquins)
ISBN 2-221-08953-7. *149 F / 22,71 €*

12504 **LAFFONT R., BOMPIANI V.** Le nouveau dictionnaire des auteurs. 1, A-F. Réimpr. *Laffont, 1998.* (Bouquins)
ISBN 2-221-07716-4. *199 F / 30,34 €*

12505 **LAFFONT R., BOMPIANI V.** Le nouveau dictionnaire des auteurs. 2, G-M. Réimpr. *Laffont, 1998.* (Bouquins)
ISBN 2-221-07717-2. *199 F / 30,34 €*

12506 **LAFFONT R., BOMPIANI V.** Le nouveau dictionnaire des auteurs. 3, N-Z. Réimpr. *Laffont, 1998.* (Bouquins)
ISBN 2-221-07718-0. *199 F / 30,34 €*

12507 **LAFFONT R., BOMPIANI V.** Le nouveau dictionnaire des auteurs de tous les temps et de tous les pays. Nouv. éd. *Laffont, 1994.* (Bouquins)
ISBN 2-221-90097-9. *597 F / 91,01 €*

12508 **LAFFONT R., BOMPIANI V.** Le nouveau dictionnaire des oeuvres de tous les temps et de tous les pays. 1, Aa-Co. Réimpr. *Laffont, 1999.* (Bouquins)
ISBN 2-221-07709-1. *195 F / 29,73 €*

12509 **LAFFONT R., BOMPIANI V.** Le nouveau dictionnaire des oeuvres de tous les temps et de tous les pays. 2, Co-Fa. Nouv. éd. augm et mise à jour. *Laffont, 1999.* (Bouquins)
ISBN 2-221-07710-5. *195 F / 29,73 €*

12510 **LAFFONT R., BOMPIANI V.** Le nouveau dictionnaire des oeuvres de tous les temps et de tous les pays. 3, Fa-Le. Nouv. éd. augm. et mise à jour. *Laffont, 1999.* (Bouquins)
ISBN 2-221-07711-3. *195 F / 29,73 €*

12511 **LAFFONT R., BOMPIANI V.** Le nouveau dictionnaire des oeuvres de tous les temps et de tous les pays. 4, Le-Pa. Réimpr. *Laffont, 1999.* (Bouquins)
ISBN 2-221-07712-1. *195 F / 29,73 €*

12512 **LAFFONT R., BOMPIANI V.** Le nouveau dictionnaire des oeuvres de tous les temps et de tous les pays. 5, Pa-Se. Réimpr. *Laffont, 1999.* (Bouquins)
ISBN 2-221-07713-X. *195 F / 29,73 €*

12513 **LAFFONT R., BOMPIANI V.** Le nouveau dictionnaire des oeuvres de tous les temps et de tous les pays. 6, Se-Zw. Réimpr. *Laffont, 1999.* (Bouquins)
ISBN 2-221-07714-8. *195 F / 29,73 €*

12514 **LAFFONT R., BOMPIANI V.** Le nouveau dictionnaire des oeuvres de tous les temps et de tous les pays. 7, Index. Nouv. éd. augm. et mise à jour. *Laffont, 1999.* (Bouquins)
ISBN 2-221-07715-6. *25 F / 3,81 €*

12515 **LAFFONT R., BOMPIANI V.** Le nouveau dictionnaire des oeuvres de tous les temps et de tous les pays. Nouv. éd. augm. et mise à jour. *Laffont, 1999.* (Bouquins)
ISBN 2-221-90096-0. *1195 F / 182,18 €*

12516 **LAGET T.** Marcel Proust. *Milan, 1996.* (Les essentiels Milan ; 28 c1)
ISBN 2-84113-346-X. *25 F / 3,81 €*

12517 **LAGET T.** Thierry Laget commente Du côté de chez Swann de Marcel Proust. *Gallimard, 1992.* (Foliothèque ; 21 c8)
ISBN 2-07-038574-4. *65 F / 9,91 €*

12518 **LAGET T.** Thierry Laget présente Un amour de Swann. *Gallimard, 1991.* (Foliothèque ; 1 c3)
ISBN 2-07-038351-2. *41 F / 6,25 €*

12519 **LAIZÉ H.** Aristote, Poétique. *PUF, 1999.* (Etudes littéraires ; 64)
ISBN 2-13-050211-3. *48 F / 7,32 €*

12520 **N** **LALANDE F.** Décortiqueur de mouches, et vierges violées. *Ancrage, 2000.* (Poche ; 18 bis)
ISBN 2-930311-17-7. *17 F / 2,59 €*

12521 **LALONDE R.** Le monde sur le flanc de la truite : notes sur l'art de voir, de lire et d'écrire. *Ed. de l'Olivier, 1999.* (Petite bibliothèque américaine)
ISBN 2-87929-219-0. *59 F / 8,99 €*

12522 **LAMBERT P-Y.** Les Littératures celtiques. *PUF, 1981.* (Que sais-je? ; 809 c1)
ISBN 2-13-037089-6. *42 F / 6,40 €*

12523 **A** **LANDREAS K., MIRBECK G. d.** Je hais le dimanche. *Seuil, 2001.* (Point-virgule)
ISBN 2-02-047872-2. *32 F / 4,88 €*

12524 **LANGER J.** Une Saison à Bratislava. *Seuil, 1991.* (Points. Actuels ; 114 c3)
ISBN 2-02-013521-3. *48 F / 7,32 €*

12525 **LANSON G.** L'art de la prose. *Table ronde, 1996.* (La petite vermillon ; 67)
ISBN 2-7103-0758-8. *55 F / 8,38 €*

12526 **LANZMANN J.** Le Voleur de hasards. *LGF, 1993.* (Le Livre de poche ; 9734 c8)
ISBN 2-253-06522-6. *33 F / 5,03 €*

12527 **N** **LAPOUGE G.** Besoin de mirages. *Seuil, 2000.* (Points ; 737 c9)
ISBN 2-02-040805-8. *42 F / 6,40 €*

12528 **LARBAUD V.** Jaune bleu blanc. *Gallimard, 1991.* (L'imaginaire ; 259)
ISBN 2-07-072299-6. *57 F / 8,69 €*

12529 **LARBAUD V.** Sous l'invocation de saint Jérôme. Ed. augm. *Gallimard, 1997.* (Tel ; 290)
ISBN 2-07-074992-4. *57 F / 8,69 €*

12530 **LAROCHE H.** Le koala dans la baignoire : et autres observations. *Zulma, 1999.* (Grain d'orage)
ISBN 2-84304-077-9. *49 F / 7,47 €*

12531 **N** **LARRAT J-C.** André Malraux. *LGF, 2001.* (Le Livre de poche ; 578. Références littérature c12)
ISBN 2-253-90578-X. *44 F / 6,71 €*

12532 **LARTHOMAS P.** Le Théâtre en France au 18e siècle. 3e éd. *PUF, 1994.* (Que sais-je? ; 1848 c1)
ISBN 2-13-042727-8. *42 F / 6,40 €*

12533 **LAUGIER J-L.** Tacite. *Seuil, 1969.* (Ecrivains de toujours ; 85 c1)
ISBN 2-02-000085-7. *49 F / 7,47 €*

12534 **LAUNAY C.** Les fleurs du mal, de Charles Baudelaire. *Gallimard, 1995.* (Foliothèque ; 48 c4)
ISBN 2-07-038672-4. *46 F / 7,01 €*

12535 **LAWRENCE T. E.** Dépêches secrètes d'Arabie ; Lettres à E.T. Leeds ; Lettres de T.E. Lawrence. *Laffont, 1992.* (Oeuvres; 1)(Bouquins)
ISBN 2-221-04798-2. *160 F / 24,39 €*

12536 **LAWRENCE T. E.** Les Sept piliers de la sagesse. *Gallimard, 1992.* (Folio ; 2392)
ISBN 2-07-038528-0. *61 F / 9,30 €*

12537 **LAWRENCE T. E.** Les Sept piliers de la sagesse. *Laffont, 1993.* (Oeuvres; 2)(Bouquins)
ISBN 2-221-07106-9. *145 F / 22,11 €*

12538 **LAWRENCE T. E.** Les sept piliers de la sagesse. *LGF, 1995.* (La Pochothèque ; 3225. Classiques modernes)
ISBN 2-253-13225-X. *130 F / 19,82 €*

12539 **LE BRIS M.** Un hiver en Bretagne. *Seuil, 1997.* (Points ; 369 c7)
ISBN 2-02-031016-3. *35 F / 5,34 €*

12540 **LE BRUN A.** Les Châteaux de la subversion. *Gallimard, 1986.* (Folio ; 31. Essais ; 31 c6)
ISBN 2-07-032341-2. *56 F / 8,54 €*

12541 **LE BRUN A.** Soudain d'un bloc d'abîme, Sade. *Gallimard, 1993.* (Folio ; 226. Essais ; 226 c7)
ISBN 2-07-032776-0. *60 F / 9,15 €*

12542 **LE CLÉZIO J-M. G.** L'Extase matérielle. *Gallimard, 1993.* (Folio ; 212. Essais ; 212 c2)
ISBN 2-07-032745-0. *37 F / 5,64 €*

12543 **LE CLÉZIO J-M. G.** L'inconnu sur la terre : essai. *Gallimard, 1999.* (L'imaginaire ; 394)
ISBN 2-07-075488-X. *60 F / 9,15 €*

12544 **LE CLÉZIO J-M. G.** Voyage à Rodrigues. *Gallimard, 1997.* (Folio ; 2949 c11)
ISBN 2-07-040209-6. *29,50 F / 4,50 €*

12545 **LE CLÉZIO J-M. G., EZINE J-L.** Ailleurs : entretiens avec Jean-Louis Ezine. *Arléa, 1997.* (Arléa-poche ; 13)
ISBN 2-86959-314-7. *30 F / 4,57 €*

12546 **LE GOLIF L-AT.** Cahiers de Le Golif dit Borgnefesse, capitaine de la flibuste. *Grasset, 1986.* (Les Cahiers rouges ; 59)
ISBN 2-246-10013-5. *52 F / 7,93 €*

12547 **LE RIDER J.** Modernité viennoise et crises de l'identité. *PUF, 2000.* (Quadrige ; 302)
ISBN 2-13-050602-X. *98 F / 14,94 €*

12548 **LÉAUTAUD P.** Bestiaire. *Grasset, 1990.* (Les Cahiers rouges ; 126)
ISBN 2-246-36722-0. *54 F / 8,23 €*

12549 **A** **LÉAUTAUD P.** Correspondance générale. 1. *10-18, 2001.* (10-18 ; 3361. Domaine français)
ISBN 2-264-03226-X. *65 F / 9,91 €*

12550 **LÉAUTAUD P.** Le petit ami. *Gallimard, 1997.* (L'imaginaire ; 359)
ISBN 2-07-074750-6. *52 F / 7,93 €*

12551 **LEBESQUE M.** Camus. Nouv. éd. *Seuil, 1976.* (Ecrivains de toujours ; 64 c1)
ISBN 2-02-000064-4. *49 F / 7,47 €*

12552 **LECARME-TABONE E.** Eliane Lecarme-Tabone présente Mémoires d'une jeune fille rangée de Simone de Beauvoir. *Gallimard, 200.* (Foliothèque ; 85 cH)
ISBN 2-07-040486-2. *65 F / 9,91 €*

12553 **N** **LECLERC A.** Parole de femme. *Actes Sud, 2001.* (Babel ; 473)
ISBN 2-7427-3181-4. *45 F / 6,86 €*

12554 **LECLERC Y.** Gustave Flaubert, L'éducation sentimentale. *PUF, 1997.* (Etudes littéraires ; 58)
ISBN 2-13-048445-X. *45 F / 6,86 €*

12555 **LEDUC-ADINE J-P.** Jean-Pierre Leduc-Adine présente L'assommoir d'Emile Zola. *Gallimard, 1997.* (Foliothèque ; 61)
ISBN 2-07-038673-2. *56 F / 8,54 €*

12556 **N** **LEDUC V.** La chasse à l'amour. *Gallimard, 2000.* (L'imaginaire ; 422)
ISBN 2-07-075933-4. *68 F / 10,37 €*

12557 **LEDUC V.** La Folie en tête. *Gallimard, 1994.* (L'imaginaire ; 319)
ISBN 2-07-073901-5. *65 F / 9,91 €*

12558 **N** **LEDUC V.** Trésors à prendre. Réimpr. *Gallimard, 2000.* (Folio ; 1039 c6)
ISBN 2-07-037039-9. *29,50 F / 4,50 €*

12559 **LEFEBVRE H.** Musset. *Arche éditeur, 1970.* (Travaux ; 6)
ISBN 2-85181-139-8. *59 F / 8,99 €*

12560 **LEFÈVRE K.** Retour à la saison des pluies. *Ed. de l'Aube, 1995.* (L'Aube poche ; 15 c6)
ISBN 2-87678-222-7. *55 F / 8,38 €*

12561 **LEFORT C.** Le Travail de l'oeuvre Machiavel. *Gallimard, 1986.* (Tel ; 103)
ISBN 2-07-070563-3. *86 F / 13,11 €*

12562 **La Légende arthurienne :** le Graal et la table ronde. Réimpr. *Laffont, 1998.* (Bouquins)
ISBN 2-221-05259-5. *149 F / 22,71 €*

12563 **N** **LEIRIS M.** A cor et à cri. *Gallimard, 2000.* (L'imaginaire ; 423)
ISBN 2-07-075934-2. *40 F / 6,10 €*

12564 **LEIRIS M.** Biffures. *Gallimard, 1991.* (La Règle du jeu; 1)(L'imaginaire ; 260)
ISBN 2-07-072348-8. *48 F / 7,32 €*

12565 **LEIRIS M.** Brisées. *Gallimard, 1992.* (Folio ; 188. Essais c6)
ISBN 2-07-032683-7. *56 F / 8,54 €*

12566 **LEIRIS M.** Fibrilles. *Gallimard, 1992.* (La Règle du jeu; 3)(L'imaginaire ; 275)
ISBN 2-07-072551-0. *50 F / 7,62 €*

12567 **LEIRIS M.** Fourbis. *Gallimard, 1991.* (La Règle du jeu; 2)(L'imaginaire ; 261)
ISBN 2-07-072347-X. *44 F / 6,71 €*

12568 **A** **LEIRIS M.** Frêle bruit. *Gallimard, 2001.* (La Règle du jeu; 4)(L'imaginaire ; 274)
ISBN 2-07-072552-9. *52 F / 7,93 €*

12569 **LEIRIS M.** Langage, tangage ou Ce que les mots me disent. *Gallimard, 1995.* (L'imaginaire ; 337)
ISBN 2-07-074211-3. *44 F / 6,71 €*

12570 **LEIRIS M.** Le Ruban au cou d'Olympia. *Gallimard, 1989.* (L'imaginaire ; 217)
ISBN 2-07-071702-X. *49 F / 7,47 €*

12571 **LEIRIS M.** Zébrage. *Gallimard, 1992.* (Folio ; 200. Essais c5)
ISBN 2-07-032712-4. *52 F / 7,93 €*

12572 **LEJEUNE P.** Le pacte autobiographique. Nouv. éd. augm. *Seuil, 1996.* (Points. Essais ; 326 c13)
ISBN 2-02-029696-9. *52 F / 7,93 €*

12573 **LELOUP J-Y.** L'Absurde et la grâce. *Albin Michel, 1993.* (Espaces libres ; 43)
ISBN 2-226-06743-4. *55 F / 8,38 €*

12574 **LEMARDELEY-CUNCI M-C.** Marie-Christine Lemardeley-Cunci commente Des souris et des hommes de John Steinbeck. *Gallimard, 1992.* (Foliothèque ; 16 c4)
ISBN 2-07-038487-X. *46 F / 7,01 €*

12575 **LEMARDELEY-CUNCI M-C.** Marie-Christine Lemardeley-Cunci présente Les raisins de la colère de John Steinbeck. *Gallimard, 1998.* (Foliothèque ; 73)
ISBN 2-07-040016-6. *52 F / 7,93 €*

12576 **LENZINI J.** Albert Camus. *Milan, 1996.* (Les essentiels Milan ; 30 c1)
ISBN 2-84113-343-5. *25 F / 3,81 €*

12577 **LEOPARDI G.** Eloge des oiseaux. *Mille et une nuits, 1995.* (La petite collection ; 61 cA)
ISBN 2-910233-85-5. *10 F / 1,52 €*

12578 **LEPAPE P.** Voltaire le conquérant : naissance des intellectuels au siècle des Lumières. *Seuil, 1997.* (Points ; 324 c10)
ISBN 2-02-030918-1. *45 F / 6,86 €*

12579 **LEPLÂTRE O.** Olivier Leplâtre présente les fables de La Fontaine. *Gallimard, 1998.* (Foliothèque ; 76 c4)
ISBN 2-07-040136-7. *46 F / 7,01 €*

12580 **N** **LERICHE F., RANNOUX C.** Sodome et Gomorrhe de Proust. *Atlande, 2000.* (Lettres. XXe siècle)
ISBN 2-912232-22-8. *98 F / 14,94 €*

12581 **LEROY C.** Claude Leroy commente L'Or de Blaise Cendrars. *Gallimard, 1991.* (Foliothèque ; 13 c3)
ISBN 2-07-038439-X. *41 F / 6,25 €*

12582 **LESORT P-A.** Claudel. Nouv. éd. mise à jour. *Seuil, 1985.* (Ecrivains de toujours ; 63 c1)
ISBN 2-02-000063-6. *49 F / 7,47 €*

12583 **LESPINASSE J. d.** Lettres. *Table ronde, 1997.* (La petite vermillon ; 76)
ISBN 2-7103-0783-9. *55 F / 8,38 €*

12584 **LESSING D.** Dans ma peau : autobiographie (1919-1949). *LGF, 1997.* (Le Livre de poche ; 14114 c11)
ISBN 2-253-14114-3. *42 F / 6,40 €*

12585 **LESTRINGANT F.** Agrippa d'Aubigné, Les Tragiques. 2e éd. corr. *PUF, 1992.* (Etudes littéraires ; 9 c1)
ISBN 2-13-044178-5. *36 F / 5,49 €*

12586 **LÉVÊQUE J-J.** Jean de La Fontaine, le conteur fabuleux : 1621-1695. *ACR, 1995.* (Pochecouleur ; 10)
ISBN 2-86770-088-4. *120 F / 18,29 €*

12587 **LÉVÊQUE J-J.** Madame de Sévigné ou La saveur des mots. *ACR, 1996.* (Pochecouleur ; 17 c1)
ISBN 2-86770-066-3. *120 F / 18,29 €*

12588 **LÉVÊQUE J-J.** Paul Verlaine, le poète orageux. *ACR, 1996.* (Pochecouleur ; 16)
ISBN 2-86770-082-5. *120 F / 18,29 €*

12589 **LEVI P.** Conversations et entretiens : 1963-1987. *10-18, 2000.* (10-18 ; 3151. Bibliothèques c7)
ISBN 2-264-02936-6. *50 F / 7,62 €*

12590 **LEVI P.** Si c'est un homme. *Pocket, 1988.* (Pocket ; 3117 c5)
ISBN 2-266-02250-4. *35 F / 5,34 €*

12591 **LÉVI-VALENSI J.** Jacqueline Lévi-Valensi présente La Peste d'Albert Camus. *Gallimard, 1991.* (Foliothèque ; 8 c3)
ISBN 2-07-038352-0. *41 F / 6,25 €*

12592 **LEVILLAIN H.** Henriette Levillain commente Mémoires d'Hadrien de Marguerite Yourcenar. *Gallimard, 1992.* (Foliothèque ; 17 c5)
ISBN 2-07-038497-7. *52 F / 7,93 €*

12593 **LEVILLAIN H.** Henriette Levillain présente La princesse de Clèves de Madame de La Fayette. *Gallimard, 1995.* (Foliothèque ; 46 c4)
ISBN 2-07-038680-5. *46 F / 7,01 €*

12594 **LÉVY B-H.** Avec Salman Rushdie. *LGF, 1999.* (Questions de principe; 6)(Le Livre de poche ; 4268. Biblio essais c6)
ISBN 2-253-94268-5. *26 F / 3,96 €*

12595 **LÉVY B-H.** Bloc-notes. *LGF, 1995.* (Questions de principe; 5)(Le Livre de poche ; 4216. Biblio essais c11)
ISBN 2-253-94216-2. *42 F / 6,40 €*

12596 **N** **LÉVY B-H.** Comédie. *LGF, 2000.* (Le Livre de poche ; 14877)
ISBN 2-253-14877-6. *26 F / 3,96 €*

12597 **LÉVY B-H.** Eloge des intellectuels. *LGF, 1988.* (Le Livre de poche ; 4094. Biblio essais c5)
ISBN 2-253-04775-9. *23 F / 3,51 €*

12598 **LÉVY B-H.** Idées fixes. *LGF, 1992.* (Questions de principe; 4)(Le Livre de poche ; 4165. Biblio essais c16)
ISBN 2-253-06174-3. *55 F / 8,38 €*

12599 **LÉVY B-H.** Questions de principe. 2. *LGF, 1986.* (Le Livre de poche ; 4052. Biblio essais c13)
ISBN 2-253-04020-7. *46 F / 7,01 €*

12600 **LÉVY B-H.** La Suite dans les idées. *LGF, 1990.* (Questions de principe; 3)(Le Livre de poche ; 4123. Biblio essais c13)
ISBN 2-253-05432-1. *46 F / 7,01 €*

12601 **LÉVY M.** Le roman gothique anglais 1764-1824. *Albin Michel, 1995.* (Bibliothèque de l'évolution de l'humanité ; 11)
ISBN 2-226-07624-7. *95 F / 14,48 €*

12602 **LEYDIER M.** La sposata. *Baleine, 1998.* (Tourisme et polar)
ISBN 2-84219-178-1. *15 F / 2,29 €*

12603 **LICHTENBERG G. C.** Maximes et pensées. *A. Silvaire, 1998.* (Maximes et pensées c1)
ISBN 2-85055-261-5. *42 F / 6,40 €*

12604 **LIDSKY P.** Les écrivains contre la Commune. Nouv. éd. *La Découverte, 1999.* (La Découverte poche ; 79. Essais)
ISBN 2-7071-3144-X. *42 F / 6,40 €*

12605 **LIGNE C. J. d.** Fragment sur Casanova. *Allia, 1998.* (Bibliotheca casanoviana ; 5)
ISBN 2-911188-81-0. *40 F / 6,10 €*

12606 **LIGOT M-T.** Marie-Thérèse Ligot commente Barrage contre le Pacifique de Marguerite Duras. *Gallimard, 1992.* (Foliothèque ; 18 c6)
ISBN 2-07-038496-9. *56 F / 8,54 €*

607 **LIGOT M-T.** Marie-Thérèse Ligot présente L'amour fou, d'André Breton. *Gallimard, 1996.* (Foliothèque ; 59 c6)
ISBN 2-07-038675-9. *56 F / 8,54 €*

608 **LILAR S.** Une enfance gantoise. *Labor, 1998.* (Espace Nord ; 124)
ISBN 2-8040-1202-6. *54 F / 8,23 €*

609 **LISPECTOR C.** La découverte du monde : chroniques. *Des femmes-Antoinette Fouque, 1995.* (Pour chacune)
ISBN 2-7210-0452-2. *70 F / 10,67 €*

610 **Littérature et réalité.** *Seuil, 1982.* (Points ; 142. Essais c3)
ISBN 2-02-006236-4. *48 F / 7,32 €*

611 **LIVI F.** La littérature italienne contemporaine. *PUF, 1995.* (Que sais-je? ; 1891 c1)
ISBN 2-13-046942-6. *42 F / 6,40 €*

612 **Le Livre de l'échelle de Mahomet = Liber scale Machometi. Nouv. éd.** *LGF, 1991.* (Le Livre de poche ; 4529. Lettres gothiques c18)
ISBN 2-253-05644-8. *65 F / 9,91 €*

613 **LOEB C.** Bon chic chroniques. *Seuil, 1993.* (Point-virgule ; 129 c2)
ISBN 2-02-018898-8. *39 F / 5,95 €*

614 **LOI M.** Luxun, Histoire d'Ah Q, véritable biographie. *PUF, 1990.* (Etudes littéraires ; 28)
ISBN 2-13-042979-3. *37 F / 5,64 €*

615 **N** **Les Lolitas :** une anthologie. *Librio, 2001.* (Librio ; 431 c1)
ISBN 2-290-30867-6. *10 F / 1,52 €*

616 **LORANT A.** William Shakespeare, Hamlet. *PUF, 1992.* (Etudes littéraires ; 34)
ISBN 2-13-044387-7. *39 F / 5,95 €*

617 **N** **LOTI P., RÉGNIER H. d.** Constantinople fin de siècle. Réimpr. *Complexe, 2000.* (Le Regard littéraire ; 44 c13)
ISBN 2-87027-848-9. *69 F / 10,52 €*

618 **LOTTMAN H. R.** Albert Camus. *Seuil, 1985.* (Points. Biographie ; 10 c6)
ISBN 2-02-008692-1. *62 F / 9,45 €*

619 **LOTTMAN H. R.** Colette. *Gallimard, 1992.* (Folio ; 2415)
ISBN 2-07-038550-7. *61 F / 9,30 €*

620 **LOTTMAN H. R.** Gustave Flaubert. *Hachette Littératures, 1990.* (Pluriel ; 8553 c5)
ISBN 2-01-016761-9. *65 F / 9,91 €*

621 **LOUYS P.** Manuel de civilité pour les petites filles à l'usage des maisons d'éducation. *Librio, 1998.* (Librio ; 255 c1)
ISBN 2-277-30255-4. *10 F / 1,52 €*

622 **LUKÀCS G.** Balzac et le réalisme français. Nouv. éd. *La Découverte, 1999.* (La Découverte poche ; 63. Sciences humaines et sociales)
ISBN 2-7071-2927-5. *35 F / 5,34 €*

623 **LUKÀCS G., GOLDMANN L.** La Théorie du roman. *Gallimard, 1989.* (Tel ; 144)
ISBN 2-07-071219-2. *48 F / 7,32 €*

12624 **LUND H. P.** Gustave Flaubert, Trois contes. *PUF, 1994.* (Etudes littéraires ; 50)
ISBN 2-13-046448-3. *45 F / 6,86 €*

12625 **N** **Luxure.** *Librio, 2000.* (Les sept péchés capitaux; 6)(Librio ; 419 c1)
ISBN 2-290-30756-4. *10 F / 1,52 €*

12626 **LYSOE E.** Eric Lysoe présente Histoires extraordinaires, grotesques et sérieuses d'Edgar Allan Poe. *Gallimard, 1999.* (Foliothèque ; 78 c8)
ISBN 2-07-040276-2. *65 F / 9,91 €*

12627 **Ma vie secrète.** *10-18, 1996.* (10-18 ; 2748. Domaine étranger c6)
ISBN 2-264-02406-2. *47 F / 7,17 €*

12628 **Ma vie secrète. 1, Premières armes de Walter.** *la Musardine, 1996.* (Lectures amoureuses de Jean-Jacques Pauvert ; 1 c4)
ISBN 2-84271-000-2. *39 F / 5,95 €*

12629 **Ma vie secrète. 2, Servantes et filles de ferme.** *la Musardine, 1997.* (Lectures amoureuses de Jean-Jacques Pauvert ; 12 c4)
ISBN 2-84271-010-X. *39 F / 5,95 €*

12630 **A** **Ma vie secrète. 3, Prostituées, dames du monde et demi-mondaines.** *la Musardine, 2001.* (Lectures amoureuses de Jean-Jacques Pauvert ; 47 c4)
ISBN 2-84271-149-1. *39 F / 5,95 €*

12631 **MAC ORLAN P.** Le petit manuel du parfait aventurier. *Mercure de France, 1998.* (Le petit Mercure)
ISBN 2-7152-2114-2. *20 F / 3,05 €*

12632 **MACHIAVEL** Oeuvres. *Laffont, 1996.* (Bouquins)
ISBN 2-221-06556-5. *189 F / 28,81 €*

12633 **MACSHANE F.** Raymond Chandler : le gentleman de Californie. *Seuil, 1984.* (Points. Biographie ; 5 c4)
ISBN 2-02-006895-8. *52 F / 7,93 €*

12634 **MAD L.** Bamako. *Baleine, 1998.* (Tourisme et polar)
ISBN 2-84219-177-3. *15 F / 2,29 €*

12635 **MADAULE J.** Claudel dramaturge : essai. *Arche éditeur, 1981.* (Travaux ; 32)
ISBN 2-85181-192-4. *59 F / 8,99 €*

12636 **MAETERLINCK M.** Le Trésor des humbles. *Labor, 1998.* (Espace Nord ; 30 c1)
ISBN 2-8040-1336-7. *34 F / 5,18 €*

12637 **MAETERLINCK M.** La vie de la nature. *Complexe, 1997.* (Bibliothèque Complexe)
ISBN 2-87027-669-9. *120 F / 18,29 €*

12638 **MAGNAN A.** Voltaire, Candide ou l'Optimisme. *PUF, 1987.* (Etudes littéraires ; 18)
ISBN 2-13-040126-0. *45 F / 6,86 €*

12639 **MAGNAN P.** Pour saluer Giono. *Gallimard, 1993.* (Folio ; 2448 c11)
ISBN 2-07-038589-2. *29,50 F / 4,50 €*

12640 **MAGRIS C.** Danube. *Gallimard, 1990.* (Folio ; 2162 c13)
ISBN 2-07-038252-4. *56 F / 8,54 €*

12641 **MAHMOODY B.** Jamais sans ma fille. 1. *Pocket, 1989.* (Pocket ; 3196 c5)
ISBN 2-266-02587-2. *35 F / 5,34 €*

12642 **MAIAKOVSKI V. V.** Lettres à Lili Brik : 1917-1930. *Gallimard, 1999.* (L'imaginaire ; 408)
ISBN 2-07-075672-6. *58 F / 8,84 €*

12643 **MAILER N.** Les Armées de la nuit : l'histoire en tant que roman, le roman en tant qu'histoire. *Grasset, 1993.* (Les Cahiers rouges ; 184)
ISBN 2-246-13962-7. *63 F / 9,60 €*

12644 **MAILER N.** Morceaux de bravoure. *Gallimard, 1992.* (Folio ; 2401)
ISBN 2-07-038539-6. *61 F / 9,30 €*

12645 **MAILHOT L.** La Littérature québecoise. 2e éd. *PUF, 1975.* (Que sais-je? ; 1579 c1)
ISBN 2-13-034023-7. *42 F / 6,40 €*

12646 **MAINGUENEAU D.** Les termes clés de l'analyse du discours. *Seuil, 1996.* (Mémo ; 20)
ISBN 2-02-022959-5. *36 F / 5,49 €*

12647 **MALIGNON J.** Dictionnaire des écrivains français. 1, A-L. Nouv. éd. rev. et augm. *Seuil, 1995.* (Ecrivains de toujours)
ISBN 2-02-013625-2. *55 F / 8,38 €*

12648 **MALIGNON J.** Dictionnaire des écrivains français. 2, M-Z. Ed. rev. et augm. *Seuil, 1995.* (Ecrivains de toujours)
ISBN 2-02-025893-5. *55 F / 8,38 €*

12649 [A] **MALIGNON J.** Dictionnaire des écrivains français. *Seuil, 2001.* (Ecrivains de toujours)
ISBN 2-02-026043-3. *110 F / 16,77 €*

12650 **MALINGREY A-M.** La Littérature grecque chrétienne. *PUF, 1968.* (Que sais-je? ; 1286 c1)
ISBN 2-13-029734-X. *42 F / 6,40 €*

12651 **MALLARMÉ S.** Correspondance complète (1862-1871) ; Lettres sur la poésie (1872-1898) : avec des lettres inédites. *Gallimard, 1995.* (Folio ; 2678. Classique c15)
ISBN 2-07-038761-5. *61 F / 9,30 €*

12652 **MALRAUX A.** Antimémoires. *Gallimard, 1972.* (Folio ; 23 c8)
ISBN 2-07-036023-7. *52 F / 7,93 €*

12653 **MALRAUX A.** La Corde et les souris. *Gallimard, 1986.* (Le Miroir des limbes; 2)(Folio ; 731 c11)
ISBN 2-07-036731-2. *50 F / 7,62 €*

12654 **MALRAUX C.** Nos vingt ans. *Grasset, 1996.* (Les Cahiers rouges ; 238)
ISBN 2-246-38442-7. *49 F / 7,47 €*

12655 **MALRIEU J.** Joël Malrieu présente le Horla de Guy de Maupassant. *Gallimard, 1996.* (Foliothèque ; 51 c3)
ISBN 2-07-039437-9. *41 F / 6,25 €*

12656 **MANCEAUX M.** L'amie. *LGF, 1999.* (Le Livre de poche ; 14618 c6)
ISBN 2-253-14618-8. *26 F / 3,96 €*

12657 **MANDELSTAM O. E.** De la poésie. *Gallimard, 1990.* (Arcades ; 17)
ISBN 2-07-071825-5. *61 F / 9,30 €*

12658 [N] **MANFREDO S.** La science-fiction, aux frontières de l'homme. *Gallimard, 2000.* (Découvertes ; 398. Littérature c4)
ISBN 2-07-053528-2. *85 F / 12,96 €*

12659 **MANGUEL A.** Une histoire de la lecture : essai. *Actes Sud, 2000.* (Babel ; 416)
ISBN 2-7427-2399-4. *51 F / 7,77 €*

12660 [A] **MANGUEL A.** Une histoire de la lecture : essai. *J'ai lu, 2001.* (J'ai lu ; 5625. Littérature générale)
ISBN 2-290-30353-4

12661 [A] **MANGUEL A., GUADALUPI G.** Dictionnaire des lieux imaginaires. *Actes Sud ; Leméac, 2001.* (Babel ; 471)
ISBN 2-7427-3179-2. *75 F / 11,43 €*

12662 **MANN N.** Pétrarque. *Actes Sud, 1994.* (Babel ; 127 c2)
ISBN 2-7427-0339-X. *39 F / 5,95 €*

12663 **MANN T.** Etre écrivain allemand à notre époque. *Gallimard, 1996.* (Arcades ; 47)
ISBN 2-07-073256-8. *95 F / 14,48 €*

12664 **MANN T.** Traversée avec Don Quichotte. *Complexe, 1986.* (Le Regard littéraire ; 7 c9)
ISBN 2-87027-195-6. *59 F / 8,99 €*

12665 **MANNONI O.** Clefs pour l'imaginaire ou l'Autre scène. *Seuil, 1985.* (Points ; 179. Essais c4)
ISBN 2-02-008909-2. *52 F / 7,93 €*

12666 **MANSFIELD K.** Cahier de notes. Nouv. éd. *Stock, 1986.* (Bibliothèque cosmopolite ; 86)
ISBN 2-234-01927-3. *60 F / 9,15 €*

12667 **MANSFIELD K.** Journal : édition complète. Réimpr. *Gallimard, 1996.* (Folio ; 1505 c13)
ISBN 2-07-037505-6. *56 F / 8,54 €*

12668 **MANSFIELD K.** Lettres. Nouv. éd. *Stock, 1985.* (Bibliothèque cosmopolite ; 60)
ISBN 2-234-01801-3. *60 F / 9,15 €*

12669 **MARCEAU F.** Balzac et son monde. Ed. rev. et augm. *Gallimard, 1986.* (Tel ; 108)
ISBN 2-07-070697-4. *87 F / 13,26 €*

12670 **MARCHAL-VINCENT B.** La poésie française depuis Baudelaire. *Dunod, 1999.* (Les topos. Lettres c1)
ISBN 2-10-004386-2. *52 F / 7,93 €*

12671 **MARI P.** Rabelais, Pantagruel et Gargantua. *PUF, 1994.* (Etudes littéraires ; 49)
ISBN 2-13-046438-6. *45 F / 6,86 €*

12672 **MARIE DE FRANCE** Lais de Marie de France. *LGF, 1990.* (Le Livre de poche ; 4523. Lettres gothiques c13)
ISBN 2-253-05271-X. *42 F / 6,40 €*

12673 **MARIE-THÉRÈSE (impératrice)** Madame ma chère fille : lettres à Marie-Antoinette. *Mercure de France, 1996.* (Le petit Mercure)
ISBN 2-7152-1961-X. *24 F / 3,66 €*

12674 **MARIETTI M.** Dante. *PUF, 1995.* (Que sais-je? ; 2971 c1)
ISBN 2-13-047013-0. *42 F / 6,40 €*

675 **MARINIER N.** Commentaire composé et explication de texte. *Seuil, 1996.* (Mémo ; 27)
ISBN 2-02-026149-9. *36 F / 5,49 €*

676 **MARKALE J.** Le graal. *Albin Michel, 1996.* (Espaces libres ; 69 c6)
ISBN 2-226-08735-4. *59 F / 8,99 €*

677 **MAROTIN F.** Mondo et autres histoires de J.M.G. Le Glezio. *Gallimard, 1995.* (Foliothèque ; 47 c5)
ISBN 2-07-038676-7. *52 F / 7,93 €*

678 **MARTIN C.** Gide. Nouv. éd. *Seuil, 1995.* (Ecrivains de toujours c04)
ISBN 2-02-023491-2. *69 F / 10,52 €*

679 **MARTIN Y.** Les rois ambulants. *Zulma, 1996.* (Grain d'orage)
ISBN 2-909031-81-0. *49 F / 7,47 €*

680 **MARTINEZ M.** Les romans de Flaubert. *Seuil, 1998.* (Mémo ; 97)
ISBN 2-02-030906-8. *36 F / 5,49 €*

681 **MARTINSON H.** Voyages sans but. *Stock, 1991.* (Bibliothèque cosmopolite)
ISBN 2-234-02330-0. *50 F / 7,62 €*

682 **MARX G.** Correspondance de Groucho Marx. *Gallimard, 1990.* (Folio ; 2145 c10)
ISBN 2-07-038230-3. *46 F / 7,01 €*

683 **MARX G.** Mémoires capitales. Nouv. éd. *Seuil, 1985.* (Point-virgule ; 29 c3)
ISBN 2-02-008616-6. *48 F / 7,32 €*

684 **MASSIN** Continuo : fragments d'un journal en désordre. *Seuil, 1992.* (Point-virgule ; 113 c3)
ISBN 2-02-014420-4. *48 F / 7,32 €*

2685 **MASSIN** Une Enfance ordinaire. *Seuil, 1992.* (Point-virgule ; 112 c5)
ISBN 2-02-014592-8. *55 F / 8,38 €*

2686 **MASSIN** Le Pensionnaire. *Seuil, 1993.* (Point-virgule ; 126 c3)
ISBN 2-02-014055-1. *48 F / 7,32 €*

2687 **MATHIEU-CASTELLANI G.** Agrippa d'Aubigné : le corps de Jézabel. *PUF, 1991.* (Le Texte rêve)
ISBN 2-13-043486-X. *48 F / 7,32 €*

2688 **MATVEJEVIC P.** Entre asile et exil. *Stock, 1995.* (Bibliothèque cosmopolite c5)
ISBN 2-234-04484-7. *70 F / 10,67 €*

2689 **MATVEJEVIC P.** La Méditerranée et l'Europe : leçons au Collège de France. *Stock, 1998.* (Bibliothèque cosmopolite)
ISBN 2-234-04990-3. *60 F / 9,15 €*

2690 **MATZ W.** Julien Green : le siècle et son ombre. *Gallimard, 1998.* (Arcades ; 58)
ISBN 2-07-075128-7. *98 F / 14,94 €*

2691 **MATZNEFF G.** Le carnet arabe. *Table ronde, 1996.* (La petite vermillon ; 64 c2)
ISBN 2-7103-0751-0. *45 F / 6,86 €*

2692 **MATZNEFF G.** Maîtres et complices. *Table ronde, 1999.* (La petite vermillon ; 100)
ISBN 2-7103-0897-5. *55 F / 8,38 €*

12693 **MATZNEFF G.** Mes amours décomposés : journal, 1983-1984. *Gallimard, 1992.* (Folio ; 2378 c10)
ISBN 2-07-038515-9. *46 F / 7,01 €*

12694 **MATZNEFF G.** Le Taureau de Phalaris. *Table ronde, 1994.* (La petite vermillon ; 36)
ISBN 2-7103-0640-9. *45 F / 6,86 €*

12695 **MAU O.** Un petit cou de trop derrière la cravate. *Baleine, 1998.* (Tourisme et polar)
ISBN 2-84219-183-8. *15 F / 2,29 €*

12696 **MAUBON C.** Catherine Maubon présente L'âge d'homme de Michel Leiris. *Gallimard, 1997.* (Foliothèque ; 65)
ISBN 2-07-039370-4. *52 F / 7,93 €*

12697 **N** **MAUGHAM W. S.** The Summing up : mémoires. *LGF, 2000.* (Le Livre de poche ; 93334. Biblio c10)
ISBN 2-253-93334-1. *40 F / 6,10 €*

12698 **MAULNIER T.** Racine. *Gallimard, 1988.* (Folio. Essais ; 98 c4)
ISBN 2-07-032487-7. *46 F / 7,01 €*

12699 **MAULPOIX J-M.** Jean-Michel Maulpoix présente Fureur et mystère de René Char. *Gallimard, 1996.* (Foliothèque ; 52 c3)
ISBN 2-07-039241-4. *41 F / 6,25 €*

12700 **MAUPASSANT G. d.** Choses et autres : choix de chroniques littéraires et mondaines (1876-1890). *LGF, 1993.* (Le Livre de poche ; 9662. Classiques de poche c9)
ISBN 2-253-06384-3. *36 F / 5,49 €*

12701 **MAUPASSANT G. d.** De Tunis à Kairouan. *Complexe, 1993.* (Le Regard littéraire ; 58 c9)
ISBN 2-87027-478-5. *59 F / 8,99 €*

12702 **MAUPASSANT G. d.** En Sicile. *Complexe, 1993.* (Le Regard littéraire ; 57 c9)
ISBN 2-87027-477-7. *59 F / 8,99 €*

12703 **MAUPASSANT G. d.** Pour Gustave Flaubert. Réimp. *Complexe, 1993.* (Le Regard littéraire ; 8 c9)
ISBN 2-87027-196-4. *59 F / 8,99 €*

12704 **MAUPASSANT G. d.** Sur l'eau : Cannes, Saint-Raphaël, Saint-Tropez. *Complexe, 1993.* (Le Regard littéraire ; 56 c9)
ISBN 2-87027-476-9. *59 F / 8,99 €*

12705 **MAURIAC C.** Proust. *Seuil, 1977.* (Ecrivains de toujours ; 11 c1)
ISBN 2-02-000011-3. *49 F / 7,47 €*

12706 **MAURIAC F.** Bloc-notes. 1, 1952-1957. Nouv. éd. *Seuil, 1993.* (Points. Essais ; 269 c7)
ISBN 2-02-012814-4. *65 F / 9,91 €*

12707 **MAURIAC F.** Bloc-notes. 2, 1958-1960. Nouv. éd. *Seuil, 1993.* (Points. Essais ; 270 c7)
ISBN 2-02-012815-2. *65 F / 9,91 €*

12708 **MAURIAC F.** Bloc-notes. 3, 1961-1964. Nouv. éd. *Seuil, 1993.* (Points. Essais ; 271 c7)
ISBN 2-02-012816-0. *65 F / 9,91 €*

12709 **MAURIAC F.** Bloc-notes. 4, 1965-1967. Nouv. éd. *Seuil, 1993.* (Points. Essais ; 272 c7)
ISBN 2-02-012817-9. *65 F / 9,91 €*

12710 **MAURIAC F.** Bloc-notes. 5, 1968-1970. Nouv. éd. *Seuil, 1993.* (Points. Essais ; 273 c6)
ISBN 2-02-012818-7. *62 F / 9,45 €*

12711 **MAURIAC F.** Bloc-notes. *Seuil, 1994.* (Points. Essais)
ISBN 2-02-022507-7. *322 F / 49,09 €*

12712 **MAURIAC F.** La Rencontre avec Barrès. *Table ronde, 1994.* (La petite vermillon ; 30)
ISBN 2-7103-0609-3. *35 F / 5,34 €*

12713 **MAURIAC F.** Le Romancier et ses personnages. *Pocket, 1990.* (Agora ; 50 c4)
ISBN 2-266-03385-9. *30 F / 4,57 €*

12714 **MAURICE J.** La Chanson de Roland. *PUF, 1992.* (Etudes littéraires ; 37)
ISBN 2-13-044700-7. *42 F / 6,40 €*

12715 **MAURICE J.** La Mort le roi Artu. *PUF, 1995.* (Etudes littéraires ; 51)
ISBN 2-13-046830-6. *45 F / 6,86 €*

12716 **MAUROIS A.** Vie de Disraeli. *Gallimard, 1978.* (Folio ; 884 c8)
ISBN 2-07-036884-X. *37 F / 5,64 €*

12717 **MAURON C.** Mallarmé. *Seuil, 1977.* (Ecrivains de toujours ; 67 c1)
ISBN 2-02-000067-9. *49 F / 7,47 €*

12718 **MAUZI R.** L'Idée de bonheur dans la littérature et la pensée française au XVIIIe siècle. *Albin Michel, 1994.* (Bibliothèque de l'évolution de l'humanité ; 2)
ISBN 2-226-06872-4. *85 F / 12,96 €*

12719 **MAY G.** Rousseau. Nouv. éd. *Seuil, 1994.* (Ecrivains de toujours c2)
ISBN 2-02-020630-7. *59 F / 8,99 €*

12720 **MAYER H.** Brecht et la tradition. *Arche éditeur, 1977.* (Travaux ; 26)
ISBN 2-85181-169-X. *59 F / 8,99 €*

12721 **MAYES F.** Sous le soleil de Toscane : une maison en Italie. *Gallimard, 1999.* (Folio ; 3183 c9)
ISBN 2-07-040760-8. *40 F / 6,10 €*

12722 **MCCOURT F.** Les cendres d'Angela : une enfance irlandaise. Réimpr. *J'ai lu, 2000.* (J'ai lu ; 5674. Littérature générale cG)
ISBN 2-290-30555-3. *49 F / 7,47 €*

12723 **MCGRAW A.** Une Vie tremblée. *J'ai lu, 1993.* (J'ai lu ; 3536. Littérature générale)
ISBN 2-277-23536-9. *36 F / 5,49 €*

12724 **MELLIER D.** La littérature fantastique. *Seuil, 2000.* (Mémo ; 125 c2)
ISBN 2-02-034497-1. *29 F / 4,42 €*

12725 **MEMMI A.** Bonheurs : 52 semaines. *Arléa, 1997.* (Arléa-poche ; 16)
ISBN 2-86959-318-X. *35 F / 5,34 €*

12726 **MEMMI A.** L'exercice du bonheur. *Arléa, 1998.* (Arléa-poche ; 35)
ISBN 2-86959-379-1. *35 F / 5,34 €*

12727 **N** **MEMMI A.** Trois bonheurs. *Arléa, 2000.* (Arléa-poche)
ISBN 2-86959-504-2. *100 F / 15,24 €*

12728 **Mémoires d'Europe. 1, 1453-1789.** *Gallimard, 1993.* (Folio ; 2500 c11)
ISBN 2-07-038698-8. *50 F / 7,62 €*

12729 **Mémoires d'Europe. 2, 1789-1900.** *Gallimard, 1993.* (Folio ; 2501 c11)
ISBN 2-07-038699-6. *50 F / 7,62 €*

12730 **Mémoires d'Europe. 3, 1900-1993.** *Gallimard, 1993.* (Folio ; 2502 c11)
ISBN 2-07-038700-3. *50 F / 7,62 €*

12731 **MENIL A.** Diderot et le drame, théâtre et politique. *PUF, 1995.* (Philosophies ; 59)
ISBN 2-13-047057-2. *45 F / 6,86 €*

12732 **MERCIER L-S.** Le tableau de Paris. *La Découverte, 1998.* (La Découverte poche ; 61. Littérature et voyages)
ISBN 2-7071-2912-7. *79 F / 12,04 €*

12733 **MÉRIMÉE P.** H.B. *Mille et une nuits, 1996.* (La petite collection ; 90 cA)
ISBN 2-84205-033-9. *10 F / 1,52 €*

12734 **MÉRIMÉE P.** Lettres d'Espagne. *Complexe, 1989.* (Le Regard littéraire ; 25 c9)
ISBN 2-87027-296-0. *59 F / 8,99 €*

12735 **MÉRIMÉE P.** Lettres libres à Stendhal ; suivi de H.B. *Arléa, 1999.* (Arléa-poche ; 54)
ISBN 2-86959-450-X. *30 F / 4,57 €*

12736 **A** **MÉRIMÉE P., VIOLLET-LE-DUC E. E., VIOLLET-LE-DUC E. E.** La correspondance Mérimée, Viollet Le Duc. *Ed. du CTHS, 2001.* (Format ; 42)
ISBN 2-7355-0468-9. *14 € / 91,83 F*

12737 **MERLEAU-PONTY M.** La Prose du monde. *Gallimard, 1992.* (Tel ; 218)
ISBN 2-07-072844-7. *85 F / 12,96 €*

12738 **N** **MERLEAU-PONTY M.** Signes. *Gallimard, 2001.* (Folio ; 381. Essais)
ISBN 2-07-041740-9. *66 F / 10,06 €*

12739 **MERLIN H.** La dissertation littéraire. *Seuil, 1996.* (Mémo ; 28)
ISBN 2-02-026147-2. *36 F / 5,49 €*

12740 **MERTENS P.** L'Agent double : sur Duras, Gracq, Kundera, etc. *Complexe, 1989.* (Le Regard littéraire ; 30 cL)
ISBN 2-87027-291-X. *65 F / 9,91 €*

12741 **A** **MERTENS P.** Rilke ou L'ange déchiré. *La Renaissance du livre, 2001.* (Conférences des Midis de la poésie)
ISBN 2-8046-0436-5. *39 F / 5,95 €*

12742 **A** **La métaphore baroque, d'Aristote à Emanuele Tesauro.** *Seuil, 2001.* (Essais bilingues ; 446)
ISBN 2-02-047688-6. *50 F / 7,62 €*

12743 **MEYER A.** Alain Meyer présente La Condition humaine d'André Malraux. *Gallimard, 1991.* (Foliothèque ; 12 c4)
ISBN 2-07-038442-X. *46 F / 7,01 €*

12744 N **MEYER M.** Le paysan de Paris d'Aragon. *Gallimard, 2001.* (Foliothèque ; 93)
ISBN 2-07-075521-5. *52 F / 7,93 €*

12745 **MEYER M., CARRILHO M. M.** Histoire de la rhétorique des Grecs à nos jours. *LGF, 1999.* (Le Livre de poche ; 4283. Biblio essais c16)
ISBN 2-253-94283-9. *55 F / 8,38 €*

12746 **MEYER P.** Ca n'est pas pour me vanter... Réimpr. avec une nouv. couv. *Seuil, 21.* (Points c11)
ISBN 2-02-023821-7. *48 F / 7,32 €*

12747 **MEYER P.** Chroniques matutinales. *Seuil, 1993.* (Points. Actuels ; 142 c3)
ISBN 2-02-021150-5. *48 F / 7,32 €*

12748 **MEYER P.** Dans cette vallée de larmes. *LGF, 1997.* (Le Livre de poche ; 14116 c8)
ISBN 2-253-14116-X. *33 F / 5,03 €*

12749 **MEYER P.** Dans le huis clos des salles de bains. Rééd. *Seuil, 1995.* (Points c9)
ISBN 2-02-025808-0. *42 F / 6,40 €*

12750 **MEYER P.** En progrès constant : chronique. *LGF, 1996.* (Le Livre de poche ; 14011 c7)
ISBN 2-253-14011-2. *30 F / 4,57 €*

12751 **MEYER P.** Nous vivons une époque moderne. *Seuil, 1991.* (Points. Actuels ; 109 c3)
ISBN 2-02-012890-X. *48 F / 7,32 €*

12752 **MEYER P.** Paris la Grande. *Gallimard, 1999.* (Folio ; 3260 c10)
ISBN 2-07-040740-3. *46 F / 7,01 €*

12753 **MEYNARD S.** Dans le Doubs, absinthe-toi !. *Baleine, 1998.* (Tourisme et polar)
ISBN 2-84219-128-5. *15 F / 2,29 €*

12754 **MICHAUX H.** Passages : 1937-1963. *Gallimard, 1998.* (L'imaginaire ; 379)
ISBN 2-07-075133-3. *38 F / 5,79 €*

12755 **MICHON P.** Rimbaud le fils. *Gallimard, 1993.* (Folio ; 2522 c6)
ISBN 2-07-038808-5. *29,50 F / 4,50 €*

12756 N **MILLAU C.** Au galop des hussards : dans le tourbillon littéraire des années 50. *LGF, 2000.* (Le Livre de poche ; 14935 c11)
ISBN 2-253-14935-7. *42 F / 6,40 €*

12757 **MILLER H.** Dimanche après la guerre. *Stock, 1993.* (Bibliothèque cosmopolite)
ISBN 2-234-02560-5. *60 F / 9,15 €*

12758 **MILLER H.** Entretiens de Paris. *Stock, 1993.* (Bibliothèque cosmopolite)
ISBN 2-234-02561-3. *50 F / 7,62 €*

12759 **MILLER H.** Lettres à Brenda Venus. *10-18, 1991.* (10-18 ; 2210. Domaine étranger c5)
ISBN 2-264-01498-9. *44 F / 6,71 €*

12760 **MILLER H.** Lettres à Emil. *10-18, 1999.* (10-18 ; 3028. Domaine étranger c6)
ISBN 2-264-02592-1. *47 F / 7,17 €*

12761 N **MILLER H.** Lire au cabinet. *Allia, 2000.* (Petite collection)
ISBN 2-84485-036-7. *40 F / 6,10 €*

12762 **MILLER H.** Les Livres de ma vie. *Gallimard, 1994.* (L'Etrangère)
ISBN 2-07-073769-1. *84 F / 12,81 €*

12763 N **MILLER H.** Mon vélo et autres amis. *10-18, 2000.* (10-18 ; 3243. Domaine étranger)
ISBN 2-264-02591-3. *47 F / 7,17 €*

12764 **MILLER H.** Le Monde du sexe. *10-18, 1993.* (10-18 ; 2391. Domaine étranger c3)
ISBN 2-264-01748-1. *38 F / 5,79 €*

12765 **MILLER H.** Virage à 80 ; Insomnia. Nouv. éd. *Stock, 1996.* (Bibliothèque cosmopolite ; 22 c1)
ISBN 2-234-04640-8. *50 F / 7,62 €*

12766 **MILLET C.** Victor Hugo, La légende des siècles. *PUF, 1995.* (Etudes littéraires ; 54)
ISBN 2-13-046649-4. *45 F / 6,86 €*

12767 **MILLET O.** Dictionnaire des citations. Réimpr. *LGF, 1997.* (Le Livre de poche ; 8075. Les guides de la langue française c10)
ISBN 2-253-16002-4. *40 F / 6,10 €*

12768 **MILLET R.** Le Sentiment de la langue : I, II, III : mélange. *Table ronde, 1993.* (La petite vermillon ; 14)
ISBN 2-7103-0576-3. *45 F / 6,86 €*

12769 **MILOSZ O. W. d. L.** Maximes et pensées. *A. Silvaire, 1967.* (Maximes et pensées c1)
42 F / 6,40 €

12770 **MIRABEAU H-G. R. (. d.** Lettres écrites du donjon de Vincennes : (1777-1778). *Actes Sud ; Leméac, 1998.* (Babel ; 332. Les épistolaires)
ISBN 2-7427-1781-1. ISBN 2-7609-1992-7.
63 F / 9,60 €

12771 **MIRBEAU O.** Claude Monet et Giverny ; suivi de Claude Monet, élève de personne. *Séguier, 1995.* (Carré d'art ; 2)
ISBN 2-84049-041-2. *38 F / 5,79 €*

12772 N **La mise en scène de la guerre :** Les Perses, Henry IV, Les paravents. *Atlande, 2000.* (Littérature comparée)
ISBN 2-912232-18-X. *98 F / 14,94 €*

12773 **MITTERAND H.** Zola : la vérité en marche. *Gallimard, 1995.* (Découvertes ; 257. Littérature c6)
ISBN 2-07-053288-7. *90 F / 13,72 €*

12774 **MITTERAND H.** Zola et le naturalisme. 3e éd. corrigée. *PUF, 1999.* (Que sais-je? ; 2314 c1)
ISBN 2-13-042537-2. *42 F / 6,40 €*

12775 **MOHRT M.** Les dimanches de Venise. Ed. rev. et augm. *Gallimard, 1999.* (Folio ; 3094 c6)
ISBN 2-07-040477-3. *29,50 F / 4,50 €*

12776 **MOHRT M.** La Maison du père ; Vers l'Ouest : souvenirs de jeunesse. *Gallimard, 1990.* (Folio ; 2196 c9)
ISBN 2-07-038287-7. *41 F / 6,25 €*

12777 **MOLINIÉ G.** Dictionnaire de rhétorique. *LGF, 1997.* (Le Livre de poche ; 6007. Les guides de la langue française c16)
ISBN 2-253-16007-5. *55 F / 8,38 €*

12778 **MONNIER A.** Les gazettes : 1923-1945. *Gallimard, 1996.* (L'imaginaire ; 346)
ISBN 2-07-074444-2. *75 F / 11,43 €*

12779 **MONNIER A.** Rue de l'Odéon. *Albin Michel, 1989.* (Bibliothèque Albin Michel poche ; 30 c2)
ISBN 2-226-03637-7. *49 F / 7,47 €*

12780 **La Montagne vide :** anthologie de la poésie chinoise, 3e-11e siècle. *Albin Michel, 1987.* (Spiritualités vivantes poche ; 63 c1)
ISBN 2-226-02879-X. *35 F / 5,34 €*

12781 **N** **MONTAIGNE M. d.** Des cannibales. *Mille et une nuits, 2000.* (La petite collection ; 290)
ISBN 2-84205-487-3. *10 F / 1,52 €*

12782 **MONTAIGNE M. d.** De l'amitié. *Mille et une nuits, 1995.* (La petite collection ; 55 cA)
ISBN 2-910233-78-2. *10 F / 1,52 €*

12783 **MONTAIGNE M. d.** De l'expérience : livre III, chapitre 13 (les Essais). *Mille et une nuits, 1999.* (La petite collection ; 234 c3)
ISBN 2-84205-394-X. *13 F / 1,98 €*

12784 **MONTAIGNE M. d.** Essais. 1. *Gallimard, 1973.* (Folio ; 289. Classique c9)
ISBN 2-07-036289-2. *41 F / 6,25 €*

12785 **MONTAIGNE M. d.** Les essais. 1. 3e éd. *PUF, 1999.* (Quadrige ; 94)
ISBN 2-13-049843-4. *92 F / 14,03 €*

12786 **MONTAIGNE M. d.** Essais. 1. Nouv. éd. *LGF, 1972.* (Le Livre de poche ; 1393. Classiques de poche c7)
ISBN 2-253-02815-0. *30 F / 4,57 €*

12787 **MONTAIGNE M. d.** Essais. 2. *Gallimard, 1973.* (Folio ; 290. Classique c9)
ISBN 2-07-036290-6. *41 F / 6,25 €*

12788 **MONTAIGNE M. d.** Essais. 2. Nouv. éd. *LGF, 1972.* (Le Livre de poche ; 1395. Classiques de poche c7)
ISBN 2-253-03636-6. *30 F / 4,57 €*

12789 **MONTAIGNE M. d.** Les essais. 2. 3e éd. *PUF, 1999.* (Quadrige ; 95)
ISBN 2-13-049846-9. *98 F / 14,94 €*

12790 **MONTAIGNE M. d.** Les essais. 3. 3e éd. *PUF, 1999.* (Quadrige ; 96)
ISBN 2-13-049844-2. *92 F / 14,03 €*

12791 **MONTAIGNE M. d.** Essais. 3. Nouv. éd. *LGF, 1985.* (Le Livre de poche ; 1397. Classiques de poche c7)
ISBN 2-253-02816-9. *30 F / 4,57 €*

12792 **MONTAIGNE M. d.** Essais. 3. *Gallimard, 1973.* (Folio ; 291. Classique c9)
ISBN 2-07-036291-4. *41 F / 6,25 €*

12793 **N** **MONTAIGNE M. d.** Essais. *LGF, 2001.* (La Pochothèque. Classiques modernes)
ISBN 2-253-13260-8. *155 F / 23,63 €*

12794 **MONTAIGNE M. d.** L'expérience. *Arléa, 1999.* (Retour aux grands textes poche ; 45)
ISBN 2-86959-455-0. *25 F / 3,81 €*

12795 **MONTAIGNE M. d.** Journal de voyage en Italie. *LGF, 1974.* (Le Livre de poche ; 3957. Classiques de poche c14)
ISBN 2-253-00176-7. *48 F / 7,32 €*

12796 **MONTAIGNE M. d.** Journal de voyage. *Gallimard, 1983.* (Folio ; 1473. Classique c13)
ISBN 2-07-037473-4. *56 F / 8,54 €*

12797 **MONTAIGNE M. d.** Maximes et pensées. *A. Silvaire, 1986.* (Maximes et pensées c1)
ISBN 2-85055-214-3. *42 F / 6,40 €*

12798 **MONTESQUIEU C-L. d. S. (. d. L. B. e. d.** Eloge de la sincérité. *Mille et une nuits, 1995.* (La petite collection ; 68 cA)
ISBN 2-910233-92-8. *10 F / 1,52 €*

12799 **MONTESQUIEU C-L. d. S. (. d. L. B. e. d.** Lettres persanes. *Gallimard, 1973.* (Folio ; 475. Classique c8)
ISBN 2-07-036475-5. *37 F / 5,64 €*

12800 **Les Moralistes du XVIIe siècle :** La Rochefoucauld, Pascal, La Bruyère, Du Fresny. *Laffont, 1992.* (Bouquins)
ISBN 2-221-06557-3. *170 F / 25,92 €*

12801 **MORAND P.** Eloge du repos. Nouv. éd. *Arléa, 1996.* (Arléa-poche ; 2)
ISBN 2-86959-288-4. *30 F / 4,57 €*

12802 **MORAND P.** Mes débuts. *Arléa, 2000.* (Arléa-poche ; 64)
ISBN 2-86959-496-8. *25 F / 3,81 €*

12803 **MORAND P.** Le voyage. *Pocket, 1996.* (Pocket ; 4387 c4)
ISBN 2-266-06636-6. *30 F / 4,57 €*

12804 **MORANTE E.** Pour ou contre la bombe atomique. *Gallimard, 1992.* (Arcades ; 22)
ISBN 2-07-072516-2. *65 F / 9,91 €*

12805 **MORANTE E.** Territoire du rêve. *Gallimard, 1999.* (Arcades ; 62)
ISBN 2-07-073175-8. *78 F / 11,89 €*

12806 **MOREL J-P.** Dos Pasos, Manhattan Transfer. *PUF, 1990.* (Etudes littéraires ; 30)
ISBN 2-13-043000-7. *37 F / 5,64 €*

12807 **MOREL J-P.** Jean-Pierre Morel présente Le procès, de Kafka. *Gallimard, 1998.* (Foliothèque ; 71)
ISBN 2-07-039419-0. *52 F / 7,93 €*

12808 **MORENO R.** Théorie du bordel ambiant. *LGF, 1992.* (Le Livre de poche ; 7377 c10)
ISBN 2-253-05895-5. *40 F / 6,10 €*

12809 **MORIN E.** Amour, poésie, sagesse. *Seuil, 1999.* (Points ; 587)
ISBN 2-02-036195-7. *29 F / 4,42 €*

12810 **MORRIS J.** L'Enigme : d'un sexe à l'autre. *Gallimard, 1989.* (Folio ; 2012 c9)
ISBN 2-07-038100-5. *41 F / 6,25 €*

12811 **MORRIS J.** Visa pour Venise. *Gallimard, 1989.* (Folio ; 2107 c13)
ISBN 2-07-038197-8. *56 F / 8,54 €*

12812 **MORRISON T.** Playing in the dark. *10-18, 1995.* (10-18 ; 2643. Domaine étranger c2)
ISBN 2-264-02073-3. *25 F / 3,81 €*

12813 **MORTIER D.** Bertolt Brecht, La Résistible ascension d'Arturo Ui. *PUF, 1988.* (Etudes littéraires ; 20)
ISBN 2-13-041537-7. *33 F / 5,03 €*

12814 **MOUNIER E.** Malraux, Camus, Sartre, Bernanos, l'espoir des désespérés. *Seuil, 1970.* (Points. Essais ; 3 c1)
ISBN 2-02-000578-6. *39 F / 5,95 €*

12815 **MOUNIN G.** Avez-vous lu Char?. *Gallimard, 1989.* (Folio. Essais ; 131 c1)
ISBN 2-07-032526-1. *29,50 F / 4,50 €*

12816 **MOUNIN G.** Sept poètes et le langage : Stéphane Mallarmé, Paul Valéry, André Breton, Paul Eluard, Francis Ponge, René Char, Victor Hugo. *Gallimard, 1992.* (Tel ; 200)
ISBN 2-07-072556-1. *58 F / 8,84 €*

12817 **MOURIER-CASILE P.** Pascaline Mourier-Casile présente Nadja d'André Breton. *Gallimard, 1994.* (Foliothèque ; 37 c6)
ISBN 2-07-038664-3. *56 F / 8,54 €*

12818 **MURAY P.** Désaccord parfait. *Gallimard, 2000.* (Tel ; 305)
ISBN 2-07-075702-1. *80 F / 12,20 €*

12819 **MUSIL R.** De la bêtise. *Allia, 1999.* (Petite collection)
ISBN 2-84485-023-5. *40 F / 6,10 €*

12820 **NABOKOV V.** Austen, Dickens, Flaubert, Stevenson. *Stock, 1999.* (Bibliothèque cosmopolite)
ISBN 2-234-05089-8. *65 F / 9,91 €*

12821 **NABOKOV V.** Autres rivages. *Gallimard, 1991.* (Folio ; 2296 c11)
ISBN 2-07-038403-9. *50 F / 7,62 €*

12822 **NABOKOV V.** Don Quichotte. *Stock, 1998.* (Bibliothèque cosmopolite c1)
ISBN 2-234-04919-9. *50 F / 7,62 €*

12823 **NABOKOV V.** Gogol, Tourgueniev, Dostoïevski, Tolstoï, Tchekhov, Gorki. *LGF, 1988.* (Littérature; 2)(Le Livre de poche ; 4083. Biblio essais c13)
ISBN 2-253-04575-6. *46 F / 7,01 €*

12824 **NABOKOV V.** Gogol, Tourgueniev, Dostoïevski. *Stock, 1999.* (Bibliothèque cosmopolite c3)
ISBN 2-234-05091-X. *60 F / 9,15 €*

12825 **N** **NABOKOV V.** Parti pris. *10-18, 2001.* (10-18 ; 3352. Bibliothèques c8)
ISBN 2-264-03214-6. *55 F / 8,38 €*

12826 **NABOKOV V.** Proust, Kafka, Joyce. *Stock, 1999.* (Bibliothèque cosmopolite c3)
ISBN 2-234-05089-8. *60 F / 9,15 €*

12827 **NABOKOV V.** Tolstoï, Tchekhov, Gorki. *Stock, 1999.* (Bibliothèque cosmopolite c3)
ISBN 2-234-05092-8. *60 F / 9,15 €*

12828 **NADAL O.** Le Sentiment de l'amour dans l'oeuvre de Pierre Corneille. *Gallimard, 1991.* (Tel ; 186)
ISBN 2-07-072357-7. *63 F / 9,60 €*

12829 **NADEAU M.** Histoire du Surréalisme : documents surréalistes. *Seuil, 1970.* (Points. Essais ; 1 c1)
ISBN 2-02-000576-X. *39 F / 5,95 €*

12830 **NADONE J-L.** Pétrarque et le pétrarquisme. *PUF, 1998.* (Que sais-je? ; 3338 c1)
ISBN 2-13-048881-1. *42 F / 6,40 €*

12831 **NAIPAUL V. S.** L'Inde brisée. Réimpr. *10-18, 1998.* (Odyssées c4)
ISBN 2-264-02661-8. *41 F / 6,25 €*

12832 **NAKAM G.** Montaigne et son temps : les évènements et les Essais : l'histoire, la vie, le livre. *Gallimard, 1993.* (Tel ; 222)
ISBN 2-07-072841-2. *115 F / 17,53 €*

12833 **NANCY J-L.** Los Angeles ou La ville au loin. *Mille et une nuits, 1999.* (La ville entière; 1)(La petite collection ; 238)
ISBN 2-84205-400-8. *13 F / 1,98 €*

12834 **NAPOLÉON 1ER (empereur des Fran ais)** Napoléon moraliste. *R. Perrin, 2000.* (La petite bibliothèque ; 4)
ISBN 2-913960-03-0. *49 F / 7,47 €*

12835 **N** **NASREEN T.** Enfance, au féminin. *LGF, 2000.* (Le Livre de poche ; 14900)
ISBN 2-253-14900-4. *45 F / 6,86 €*

12836 **NASREEN T.** Une jeune femme en colère. *LGF, 1999.* (Le Livre de poche ; 14615 c7)
ISBN 2-253-14615-3. *30 F / 4,57 €*

12837 **NATHAN M.** Faulkner. *Seuil, 1976.* (Ecrivains de toujours ; 65 c1)
ISBN 2-02-000065-2. *49 F / 7,47 €*

12838 **NAUGRETTE J-P.** Jean-Pierre Naugrette commente Sa Majesté des mouches de William Golding. *Gallimard, 1993.* (Foliothèque ; 25 cJ)
ISBN 2-07-038610-4. *71 F / 10,82 €*

12839 **NAVARRI R.** André Breton, Nadja. 2e éd. corr. *PUF, 1994.* (Etudes littéraires ; 11)
ISBN 2-13-045711-8. *45 F / 6,86 €*

12840 **NAYA E.** Rabelais, une anthropologie humaniste des passions. *PUF, 1998.* (Philosophies ; 113 c1)
ISBN 2-13-049548-6. *48 F / 7,32 €*

12841 **NÉPOTE-DESMARRES F.** La Fontaine, Fables. *PUF, 1999.* (Etudes littéraires ; 66)
ISBN 2-13-050270-9. *48 F / 7,32 €*

12842 **NERUDA P.** J'avoue que j'ai vécu : mémoires. *Gallimard, 1987.* (Folio ; 1822 c10)
ISBN 2-07-037822-5. *46 F / 7,01 €*

12843 **NERUDA P.** Né pour naître. *Gallimard, 1996.* (L'Etrangère)
ISBN 2-07-074689-5. *84 F / 12,81 €*

12844 **NERVAL G. d.** Voyage en Orient. *Gallimard, 1998.* (Folio ; 3060. Classique c15)
ISBN 2-07-040387-4. *61 F / 9,30 €*

12845 **NEUHOFF E.** Comme hier. *LGF, 1995.* (Le Livre de poche ; 13869 c4)
ISBN 2-253-13869-X. *20 F / 3,05 €*

12846 **NEVERT M.** Devos : à double titre. *PUF, 1994.* (Le Texte rêve)
ISBN 2-13-045936-6. *65 F / 9,91 €*

12847 **NIDERST A.** Racine et la tragédie classique. 2e éd. *PUF, 1986.* (Que sais-je? ; 1753 c1)
ISBN 2-13-039741-7. *42 F / 6,40 €*

12848 **NIMIER R.** Le grand d'Espagne. Réimpr. *Gallimard, 1997.* (Folio ; 632 c11)
ISBN 2-07-036632-4. *29,50 F / 4,50 €*

12849 **NIN A.** Journal. 1, 1931-1934. *LGF, 1987.* (Le Livre de poche ; 3083. Biblio c13)
ISBN 2-253-04201-3. *46 F / 7,01 €*

12850 **NIN A.** Journal. 2, 1934-1939. *LGF, 1988.* (Le Livre de poche ; 3095. Biblio c15)
ISBN 2-253-04623-X. *50 F / 7,62 €*

12851 **NIN A.** Journal. 3, 1939-1944. *LGF, 1989.* (Le Livre de poche ; 3114. Biblio c14)
ISBN 2-253-04902-6. *48 F / 7,32 €*

12852 **NIN A.** Journal. 5, 1947-1955. Réimp. *LGF, 1997.* (Le Livre de poche ; 3276. Biblio c10)
ISBN 2-253-93276-0. *40 F / 6,10 €*

12853 **NIN A.** Journal. 6, 1955-1966. Réimp. *LGF, 1999.* (Le Livre de poche ; 3316. Biblio c16)
ISBN 2-253-93316-3. *55 F / 8,38 €*

12854 **NIVAT G.** Soljenitsyne. *Seuil, 1980.* (Ecrivains de toujours ; 104 c1)
ISBN 2-02-005445-0. *49 F / 7,47 €*

12855 **NIZAN P.** Aden Arabie. Nouv. éd. *Seuil, 1996.* (Points ; 218 c1)
ISBN 2-02-028309-3. *32 F / 4,88 €*

12856 **N** **NOGUEZ D.** L'arc-en-ciel des humours. *LGF, 2000.* (Le Livre de poche ; 4301. Biblio essais c11)
ISBN 2-253-94301-0. *42 F / 6,40 €*

12857 **NOGUEZ D.** Cadeaux de Noël. *Zulma, 1998.* (Grain d'orage)
ISBN 2-84304-055-8. *49 F / 7,47 €*

12858 **N** **NORDMANN J-T.** La critique littéraire française au XIXe siècle. *LGF, 2001.* (Le Livre de poche ; 567. Références littérature c10)
ISBN 2-253-90567-4. *55 F / 8,38 €*

12859 **NORDON P.** Tout ce que vous avez toujours voulu savoir sur Sherlock Holmes... sans l'avoir jamais rencontré. *LGF, 1994.* (Le Livre de poche ; 4199. Biblio essais c7)
ISBN 2-253-94199-9. *30 F / 4,57 €*

12860 **NOUDELMANN F.** François Noudelmann présente Huis clos et Les Mouches de Jean-Paul Sartre. *Gallimard, 1993.* (Foliothèque ; 30 c6)
ISBN 2-07-038661-9. *56 F / 8,54 €*

12861 **NOURISSIER F.** Autos graphie. *LGF, 1992.* (Le Livre de poche ; 4313 c8)
ISBN 2-253-05961-7. *33 F / 5,03 €*

12862 **NOURISSIER F.** Bratislava. *LGF, 1991.* (Le Livre de poche ; 7358 c7)
ISBN 2-253-05866-1. *30 F / 4,57 €*

12863 **NOURISSIER F.** Lettre à mon chien. *Gallimard, 1976.* (Folio ; 843 c9)
ISBN 2-07-036843-2. *20,50 F / 3,13 €*

12864 **NOURISSIER F.** Roman volé. *LGF, 1998.* (Le Livre de poche ; 14533 c6)
ISBN 2-253-14533-5. *26 F / 3,96 €*

12865 **NOURISSIER F., BADRÉ F., GUILLON A.** Mauvais genre : entretiens avec Frédéric Badré et Arnaud Guillon. *Gallimard, 1996.* (Folio ; 2800 c12)
ISBN 2-07-039427-1. *52 F / 7,93 €*

12866 **NOVALIS** Journal intime. *Mercure de France, 1997.* (Le petit Mercure)
ISBN 2-7152-2017-0. *22 F / 3,35 €*

12867 **NOVALIS** Maximes et pensées. Nouv. éd. *A. Silvaire, 1989.* (Maximes et pensées c1)
ISBN 2-85055-228-3. *42 F / 6,40 €*

12868 **NOVARINO A.** La littérature française du Moyen Age au XVIIIe siècle. *Milan, 1999.* (Les essentiels Milan ; 131 c1)
ISBN 2-84113-789-9. *25 F / 3,81 €*

12869 **NOVARINO A.** La littérature française du XIXe au XXe siècle. *Milan, 1999.* (Les essentiels Milan ; 136 c1)
ISBN 2-84113-796-1. *25 F / 3,81 €*

12870 **O. R.** L'enfant ébloui. *Gallimard, 1999.* (Folio ; 3276 c5)
ISBN 2-07-041098-6. *25,50 F / 3,89 €*

12871 **Oeufs, pâtes et légumes.** *Mercure de France, 1998.* (Le petit Mercure)
ISBN 2-7152-2076-6. *20 F / 3,05 €*

12872 **ONFRAY M.** Le désir d'être un volcan. *LGF, 1998.* (Journal hédoniste; 1)(Le Livre de poche ; 4263. Biblio essais c17)
ISBN 2-253-94263-4. *60 F / 9,15 €*

12873 **ONFRAY M.** Les vertus de la foudre. *LGF, 2000.* (Journal hédoniste; 2)(Le Livre de poche ; 4291. Biblio essais)
ISBN 2-253-94291-X. *49 F / 7,47 €*

12874 **N** **ORBAN C.** L'âme soeur. *Pocket, 2000.* (Pocket ; 10664 c3)
ISBN 2-266-09241-3. *26 F / 3,96 €*

12875 **N** **Orgueil.** *Librio, 2000.* (Les sept péchés capitaux; 1)(Librio ; 414 c1)
ISBN 2-290-30751-3. *10 F / 1,52 €*

12876 **ORIEUX J.** Voltaire ou la Royauté de l'esprit. Réimpr. *LGF, 1994.* (Le Livre de poche ; 5377 c14)
ISBN 2-253-02457-0. *48 F / 7,32 €*

12877 **ORIOL A.** Arthur Rimbaud. *Milan, 1996.* (Les essentiels Milan ; 32 c1)
ISBN 2-84113-273-0. *25 F / 3,81 €*

12878 **ORLÉANS C. d.** Ballades et rondeaux : édition du manuscrit 25458 du fonds français de la Bibliothèque nationale de Paris. *LGF, 1992.* (Le Livre de poche ; 4531. Lettres gothiques c19)
ISBN 2-253-05981-1. *70 F / 10,67 €*

12879 [N] **ORMESSON J. d.** Une autre histoire de la littérature française. 1, Le Moyen Age et le XVIe siècle. *Librio, 2000.* (Librio ; 387 c1)
ISBN 2-290-30692-4. *10 F / 1,52 €*

12880 **ORMESSON J. d.** Une autre histoire de la littérature française. 1. *Seuil, 1999.* (Points ; 662)
ISBN 2-02-033404-6. *39 F / 5,95 €*

12881 [N] **ORMESSON J. d.** Une autre histoire de la littérature française. 2, Le théâtre classique. *Librio, 2000.* (Librio ; 388 c1)
ISBN 2-290-30693-2. *10 F / 1,52 €*

12882 **ORMESSON J. d.** Une autre histoire de la littérature française. 2. *Seuil, 1999.* (Points ; 663)
ISBN 2-02-036242-2. *39 F / 5,95 €*

12883 [N] **ORMESSON J. d.** Une autre histoire de la littérature française. 3, Les écrivains du Grand Siècle. *Librio, 2000.* (Librio ; 407 c1)
ISBN 2-290-30744-0. *10 F / 1,52 €*

12884 [N] **ORMESSON J. d.** Une autre histoire de la littérature française. 4, Les Lumières. *Librio, 2000.* (Librio ; 408 c1)
ISBN 2-290-30745-9. *10 F / 1,52 €*

12885 [N] **ORMESSON J. d.** Une autre histoire de la littérature française. 5, Le romantisme. *Librio, 2000.* (Librio ; 439 c1)
ISBN 2-290-30863-3. *10 F / 1,52 €*

12886 [N] **ORMESSON J. d.** Une autre histoire de la littérature française. 6, Écrivains et romanciers du XIXe siècle. *Librio, 2001.* (Librio ; 440 c1)
ISBN 2-290-30870-6. *10 F / 1,52 €*

12887 [N] **ORMESSON J. d.** Une autre histoire de la littérature française. 7, La poésie au XIXe siècle. *Librio, 2001.* (Librio ; 440 c1)
ISBN 2-290-31089-1. *10 F / 1,52 €*

12888 [A] **ORMESSON J. d.** Une autre histoire de la littérature française. 8, La poésie à l'aube du XXe siècle. *Librio, 2001.* (Librio ; 440 c1)
ISBN 2-290-31095-6. *10 F / 1,52 €*

12889 [A] **ORMESSON J. d.** Une autre histoire de la littérature française. 9, Le roman au XXe siècle. *Librio, 2001.* (Librio ; 459 c1)
ISBN 2-290-30728-9. *10 F / 1,52 €*

12890 [A] **ORMESSON J. d.** Une autre histoire de la littérature française. 10, Ecrivains et romanciers du XXe siècle. *Librio, 2001.* (Librio ; 460 c1)
ISBN 2-290-30729-7. *10 F / 1,52 €*

12891 **ORMESSON J. d.** Une autre histoire de la littérature française. *Seuil, 1999.* (Points ; 1663)
ISBN 2-02-038123-0. *78 F / 11,89 €*

12892 **ORMESSON J. d.** Mon dernier rêve sera pour vous : une biographie sentimentale de Chateaubriand. *LGF, 1983.* (Le Livre de poche ; 5872 c13)
ISBN 2-253-03340-5. *46 F / 7,01 €*

12893 **ORTESE A. M.** Le murmure de Paris. *Mille et une nuits, 1999.* (La ville entière; 4)(La petite collection ; 237)
ISBN 2-84205-399-0. *13 F / 1,98 €*

12894 [N] **ORWELL G.** Dans la dèche à Paris et à Londres. *10-18, 2001.* (10-18 ; 3263. Domaine étranger c6)
ISBN 2-264-03039-9. *47 F / 7,17 €*

12895 [A] **OUAKNIN M-A.** C'est pour cela qu'on aime les libellules. *Seuil, 2001.* (Points. Essais ; 453)
ISBN 2-02-036679-7

12896 **OUDIN B.** Enquête sur Sherlock Holmes. *Gallimard, 1997.* (Découvertes ; 333. Littérature)
ISBN 2-07-053412-X. *65 F / 9,91 €*

12897 **OULIPO** Atlas de littérature potentielle. *Gallimard, 1988.* (Folio ; 109. Essais ; 109 c4)
ISBN 2-07-032500-8. *45 F / 6,86 €*

12898 **OULIPO** La Littérature potentielle : créations, re-créations, récréations. *Gallimard, 1988.* (Folio. Essais ; 95 c4)
ISBN 2-07-032478-8. *46 F / 7,01 €*

12899 **OZOUF M.** Les mots des femmes : essai sur la singularité française. Nouv. éd. *Gallimard, 1999.* (Tel ; 303)
ISBN 2-07-075643-2. *68 F / 10,37 €*

12900 **PAGNOL M.** Confidences. *Ed. de Fallois, 1990.* (Fortunio ; 20 c1)
ISBN 2-87706-069-1. *34 F / 5,18 €*

12901 **PAGNOL M.** Notes sur le rire ; Critique des critiques. *Ed. de Fallois, 1990.* (Fortunio ; 19 c1)
ISBN 2-87706-068-3. *34 F / 5,18 €*

12902 [A] **Paludes d'André Gide.** *Gallimard, 2001.* (Foliothèque)
ISBN 2-07-040896-5. *66 F / 10,06 €*

12903 **PAQUOT T.** L'art de la sieste. *Zulma, 1998.* (Grain d'orage)
ISBN 2-84304-017-5. *49 F / 7,47 €*

12904 **Par fil spécial :** Carnet d'une secrétaire de rédaction. Nouv. ed. *Labor, 1996.* (Espace Nord ; 102 c2)
ISBN 2-8040-1064-3. *42 F / 6,40 €*

12905 [N] **Paresse.** *Librio, 2000.* (Les sept péchés capitaux; 4)(Librio ; 417 c1)
ISBN 2-290-30755-6. *10 F / 1,52 €*

12906 **PARIS J.** Joyce. Nouv. éd. *Seuil, 1994.* (Ecrivains de toujours c3)
ISBN 2-02-020742-7. *65 F / 9,91 €*

12907 **PARIS J.** Shakespeare. *Seuil, 1981.* (Ecrivains de toujours ; 22 c1)
ISBN 2-02-000022-9. *49 F / 7,47 €*

12908 **PARMENTIER B.** Le siècle des moralistes. *Seuil, 2000.* (Points ; 406. Essais ; 406 c15)
ISBN 2-02-036157-4. *59 F / 8,99 €*

12909 **PASOLINI P. P.** Histoires de la cité de Dieu : nouvelles et chroniques romaines, 1950-1966. *Gallimard, 1998.* (Arcades ; 59)
ISBN 2-07-074613-5. *98 F / 14,94 €*

12910 **PASOLINI P. P.** Qui je suis. *Arléa, 1999.* (Arléa-poche ; 61)
ISBN 2-86959-468-2. *25 F / 3,81 €*

12911 **PASTERNAK B.** Sauf-conduit. *Gallimard, 1989.* (L'imaginaire ; 208)
ISBN 2-07-071481-0. *46 F / 7,01 €*

12912 **PASTEUR J.** Chaveta : l'arche d'or des Incas. *LGF, 1990.* (Le Livre de poche ; 6710 c8)
ISBN 2-253-05210-8. *33 F / 5,03 €*

12913 **Pâtisseries, entremets, confiseries.** *Mercure de France, 1998.* (Le petit Mercure)
ISBN 2-7152-2079-0. *20 F / 3,05 €*

12914 **PATOCKA J.** L'Ecrivain, son objet. *Pocket, 1992.* (Agora ; 100 c6)
ISBN 2-266-04614-4. *38 F / 5,79 €*

12915 **PAULHAN J.** Les Fleurs de Tarbes ou la Terreur dans les lettres. *Gallimard, 1990.* (Folio. Essais ; 147 c4)
ISBN 2-07-032586-5. *46 F / 7,01 €*

12916 **PAULHAN J.** Le Guerrier appliqué ; Progrès en amour assez lents ; Lalie. *Gallimard, 1982.* (L'imaginaire ; 99)
ISBN 2-07-021751-5. *42 F / 6,40 €*

12917 **PAULHAN J.** Lettres à un jeune partisan. *Allia, 2000.* (Petite collection)
ISBN 2-84485-028-6. *40 F / 6,10 €*

12918 **PAULHAN J.** Le Marquis de Sade et sa complice ou les Revanches de la pudeur. *Complexe, 1987.* (Le Regard littéraire ; 14 c9)
ISBN 2-87027-215-4. *59 F / 8,99 €*

12919 **PAULHAN J.** Paul Valéry ou la Littérature considérée comme un faux. *Complexe, 1987.* (Le Regard littéraire ; 13 c9)
ISBN 2-87027-213-8. *59 F / 8,99 €*

12920 **PAUWELS L.** Les dernières chaînes. *Pocket, 1999.* (Pocket ; 10493 c4)
ISBN 2-266-08491-7. *30 F / 4,57 €*

12921 **PAVEL T.** L'art de l'éloignement : essai sur l'imagination classique. *Gallimard, 1996.* (Folio ; 296. Essais ; 296 c6)
ISBN 2-07-032937-2. *56 F / 8,54 €*

12922 **PAVESE C.** Littérature et société ; suivi de Le mythe. *Gallimard, 1999.* (Arcades ; 64)
ISBN 2-07-073225-8. *105 F / 16,01 €*

12923 **PAVLOFF F.** La gare de Lourenço-Marquès. *Baleine, 1998.* (Tourisme et polar)
ISBN 2-84219-127-7. *15 F / 2,29 €*

12924 **PAWEL E.** Franz Kafka ou Le cauchemar de la raison. *Seuil, 1996.* (Points ; 192 c15)
ISBN 2-02-025732-7. *59 F / 8,99 €*

12925 **PAZ O.** Un Au-delà érotique : le marquis de Sade. *Gallimard, 1994.* (Arcades)
ISBN 2-07-073781-0. *70 F / 10,67 €*

12926 **PAZ O.** L'Autre voix : poésie et fin de siècle. *Gallimard, 1992.* (Arcades ; 23)
ISBN 2-07-072471-9. *75 F / 11,43 €*

12927 **PAZ O.** Itinéraire. *Gallimard, 1996.* (Arcades ; 44)
ISBN 2-07-074043-9. *80 F / 12,20 €*

12928 **PAZ O.** Lueurs de l'Inde. *Gallimard, 1997.* (Arcades ; 51)
ISBN 2-07-074397-7. *98 F / 14,94 €*

12929 **PAZ O.** Une planète et quatre ou cinq mondes : réflexions sur l'histoire contemporaine. *Gallimard, 1985.* (Folio ; 20. Essais ; 20 c4)
ISBN 2-07-032311-0. *46 F / 7,01 €*

12930 **A** **PÉCHENARD C.** Proust et les autres. Réimpr. *Table ronde, 2001.* (La petite vermillon ; 114)
ISBN 2-7103-0924-6. *65 F / 9,91 €*

12931 **PÉGUY C.** De Jean Coste. *Actes Sud, 1993.* (Babel ; 74 c1)
ISBN 2-7427-0028-5. *33 F / 5,03 €*

12932 **Péguy tel qu'on l'ignore.** *Gallimard, 1996.* (Folio ; 282. Essais ; 282 c5)
ISBN 2-07-032912-7. *52 F / 7,93 €*

12933 **PELÉ M.** L'interprétation des raves. *Baleine, 1997.* (Tourisme et polar)
ISBN 2-84219-086-6. *19 F / 2,90 €*

12934 **Pensée de Rousseau.** *Seuil, 1984.* (Points ; 168. Essais c3)
ISBN 2-02-006981-4. *48 F / 7,32 €*

12935 **PEPYS S.** Journal. 1, 1660-1664. *Laffont, 1994.* (Bouquins)
ISBN 2-221-06693-6. *190 F / 28,97 €*

12936 **PEPYS S.** Journal. 2, 1665-1669. *Laffont, 1994.* (Bouquins)
ISBN 2-221-06694-4. *198 F / 30,18 €*

12937 **PEPYS S.** Journal. *Laffont, 1994.* (Bouquins)
ISBN 2-221-90101-0. *388 F / 59,15 €*

12938 **A** **PEREC G.** Un cabinet d'amateur : histoire d'un tableau. *Seuil, 2001.* (Points ; 865)
ISBN 2-02-049693-3. *55 F / 8,38 €*

12939 **PEREC G.** Perec-rinations. *Zulma, 1997.* (Grain d'orage)
ISBN 2-909031-87-X. *49 F / 7,47 €*

12940 **PÉRET B.** Le déshonneur des poètes. *Mille et une nuits, 1996.* (La petite collection ; 120 cA)
ISBN 2-84205-073-8. *10 F / 1,52 €*

12941 **PÉRIER G.** La Vie de monsieur Pascal ; La Vie de Jacqueline Pascal. *Table ronde, 1994.* (La petite vermillon ; 27)
ISBN 2-7103-0607-7. *35 F / 5,34 €*

12942 **N** **PERNOT L.** La rhétorique antique. *LGF, 2000.* (Le Livre de poche ; 553. Références Antiquité c13)
ISBN 2-253-90553-4. *46 F / 7,01 €*

12943 **PERRAULT C.** Contes ; suivi de Miroir ou La métamorphose d'Orante et de La peinture : poème et de Labyrinthe de Versailles. *Gallimard, 1981.* (Folio ; 1281. Classique c8)
ISBN 2-07-037281-2. *37 F / 5,64 €*

12944 **PERRAULT G.** Les jardins de l'Observatoire. *LGF, 1996.* (Le Livre de poche ; 14062 c6)
ISBN 2-253-14062-7. *26 F / 3,96 €*

12945 **PERRIN J-F.** Jean-François Perrin présente Les confessions de Jean-Jacques Rousseau. *Gallimard, 1997.* (Foliothèque ; 62)
ISBN 2-07-040014-X. *56 F / 8,54 €*

12946 **PERROS G.** Papiers collés. 1. Réimpr. *Gallimard, 1999.* (L'imaginaire ; 176)
ISBN 2-07-070856-X. *48 F / 7,32 €*

12947 **PERROS G.** Papiers collés. 2. *Gallimard, 1989.* (L'imaginaire ; 221)
ISBN 2-07-071781-X. *62 F / 9,45 €*

12948 **PERROS G.** Papiers collés. 3. Réimpr. *Gallimard, 1994.* (L'imaginaire ; 318)
ISBN 2-07-073963-5. *58 F / 8,84 €*

2949 **PESSOA F.** Le banquier anarchiste. *10-18, 1998.* (10-18 ; 3008. Domaine étranger)
ISBN 2-264-02683-9. *65 F / 9,91 €*

2950 **PESSOA F.** Chronique de la vie qui passe. *10-18, 1998.* (10-18 ; 2968. Domaine étranger c8)
ISBN 2-264-02682-0. *55 F / 8,38 €*

951 **PESSOA F.** Ultimatum. *Mille et une nuits, 1996.* (La petite collection ; 86 cA)
SBN 2-84205-029-0. *10 F / 1,52 €*

952 **PETERS H. F.** Ma soeur, mon épouse : biographie de Lou Audréas-Salomé. *Gallimard, 1976.* (Tel ; 10)
ISBN 2-07-029549-4. *52 F / 7,93 €*

953 **N** **Petite brocante intime.** *Pocket, 2001.* (Pocket ; 11048 c4)
ISBN 2-266-10423-3. *30 F / 4,57 €*

2954 **PHILIPPE G.** Le roman : des théories aux analyses. *Seuil, 1996.* (Mémo ; 26)
ISBN 2-02-025944-3. *36 F / 5,49 €*

12955 **PIA P.** Apollinaire. Nouv. éd. *Seuil, 1995.* (Ecrivains de toujours c0)
ISBN 2-02-023562-5. *59 F / 8,99 €*

12956 **PIA P.** Baudelaire. Nouv. éd. *Seuil, 1995.* (Ecrivains de toujours ; 9 c0)
ISBN 2-02-023493-9. *59 F / 8,99 €*

12957 **PICARD M.** Nodier, La Fée aux miettes : loup y es-tu?. *PUF, 1992.* (Le Texte rêve)
ISBN 2-13-044699-X. *69 F / 10,52 €*

12958 **PICON G.** Balzac. *Seuil, 1974.* (Ecrivains de toujours ; 33 c1)
ISBN 2-02-000033-4. *49 F / 7,47 €*

12959 **PICON G.** L'écrivain et son ombre. *Gallimard, 1996.* (Introduction à une esthétique de la littérature; 1)(Tel ; 278)
ISBN 2-07-074654-2. *65 F / 9,91 €*

12960 **PICON G.** Lecture de Proust. *Gallimard, 1995.* (Folio ; 266. Essais c3)
ISBN 2-07-032880-5. *41 F / 6,25 €*

12961 **PICON G.** Malraux. Réimpr. *Seuil, 1996.* (Ecrivains de toujours)
ISBN 2-02-030894-0. *55 F / 8,38 €*

12962 **PICON G.** Panorama de la nouvelle littérature française. Nouv. éd. rev. et corr. *Gallimard, 1988.* (Tel ; 138)
ISBN 2-07-071403-9. *61 F / 9,30 €*

12963 **PIEGAY-GROS N.** Claude Simon, Les géorgiques. *PUF, 1996.* (Etudes littéraires ; 57)
ISBN 2-13-047807-7. *45 F / 6,86 €*

12964 **PIEYRE DE MANDIARGUES A.** Le Belvédère. *Grasset, 1990.* (Les Cahiers rouges ; 118)
ISBN 2-246-15602-5. *45 F / 6,86 €*

12965 **PIEYRE DE MANDIARGUES A.** Deuxième belvédère. *Grasset, 1990.* (Les Cahiers rouges ; 119)
ISBN 2-246-15612-2. *48 F / 7,32 €*

12966 **PINAULT M.** L'Encyclopédie. *PUF, 1993.* (Que sais-je? ; 2794 c1)
ISBN 2-13-045785-1. *42 F / 6,40 €*

12967 **PINGAUD B.** Les Anneaux du manège : écriture et littérature. *Gallimard, 1992.* (Folio. Essais ; 189 c4)
ISBN 2-07-032681-0. *46 F / 7,01 €*

12968 **PINGAUD B.** Bernard Pingaud commente L'Etranger d'Albert Camus. *Gallimard, 1992.* (Foliothèque ; 22 cJ)
ISBN 2-07-038575-2. *76,50 F / 11,66 €*

12969 **PINGAUD B.** Madame de Lafayette. Nouv. éd. *Seuil, 1997.* (Ecrivains de toujours c1)
ISBN 2-02-032457-1. *55 F / 8,38 €*

12970 **PIRANDELLO L.** Ecrits sur le théâtre et la littérature : l'humour tragique de la vie. *Gallimard, 1990.* (Folio. Essais ; 122 c1)
ISBN 2-07-032567-9. *29,50 F / 4,50 €*

12971 **PIRES J. C.** Lisbonne, livre de bord : voix, regards, ressouvenances. *Gallimard, 1998.* (Arcades ; 57)
ISBN 2-07-075069-8. *70 F / 10,67 €*

12972 **PIROTTE J-C.** La légende des petits matins. *Table ronde, 1997.* (La petite vermillon ; 73)
ISBN 2-7103-0778-2. *45 F / 6,86 €*

12973 **PLANTIN C.** L'argumentation. *Seuil, 1996.* (Mémo ; 23)
ISBN 2-02-022956-0. *36 F / 5,49 €*

12974 **PLATH S.** Carnets intimes. *Table ronde, 1997.* (La petite vermillon ; 71 c2)
ISBN 2-7103-0770-7. *45 F / 6,86 €*

12975 **N** **PLAZENET L.** La littérature baroque. *Seuil, 2000.* (Mémo ; 127)
ISBN 2-02-034496-3. *29 F / 4,42 €*

12976 **PLEYNET M.** Lautréamont. Nouv. éd. *Seuil, 1976.* (Ecrivains de toujours ; 74 c1)
ISBN 2-02-000074-1. *49 F / 7,47 €*

12977 **La poésie du passé. 1, De Chrestien de Troyes à Cyrano de Bergerac.** *Laffont, 1998.* (Bouquins)
ISBN 2-221-08779-8. *129 F / 19,67 €*

12978 **La poésie, textes critiques, XIVe-XXe siècle.** *Larousse, 1995.* (Textes essentiels)
ISBN 2-03-741020-4. *150 F / 22,87 €*

12979 **Poètes français des XIXe et XXe siècles.** *LGF, 1987.* (Le Livre de poche ; 4277. Nouvelle approche c5)
ISBN 2-253-04015-0. *23 F / 3,51 €*

12980 **Poétique du récit.** *Seuil, 1979.* (Points ; 78. Essais c2)
ISBN 2-02-004512-5. *39 F / 5,95 €*

12981 **POIRION D.** Le Merveilleux dans la littérature française du Moyen-Age. *PUF, 1982.* (Que sais-je? ; 1938 c1)
ISBN 2-13-036998-7. *42 F / 6,40 €*

12982 **POIVRE D'ARVOR P.** Lettres à l'absente. *LGF, 1994.* (Le Livre de poche ; 13547 c5)
ISBN 2-253-13547-X. *23 F / 3,51 €*

12983 **POMEAU R.** Voltaire. Nouv. éd. rev. *Seuil, 1994.* (Ecrivains de toujours)
ISBN 2-02-022841-6. *59 F / 8,99 €*

12984 **PONGE F.** Méthodes. *Gallimard, 1988.* (Folio ; 107. Essais ; 107 c5)
ISBN 2-07-032492-3. *52 F / 7,93 €*

12985 **PONTALIS J-B.** L'Amour des commencements. *Gallimard, 1994.* (Folio ; 2571 c8)
ISBN 2-07-038854-9. *37 F / 5,64 €*

12986 **POUILLON J.** Temps et roman. Nouv. éd. *Gallimard, 1993.* (Tel ; 224)
ISBN 2-07-072842-0. *60 F / 9,15 €*

12987 **POUILLOUX J-Y.** Jean-Yves Pouilloux commente Fictions de Jorge Luis Borges. *Gallimard, 1992.* (Foliothèque ; 19 c9)
ISBN 2-07-038495-0. *71 F / 10,82 €*

12988 **POUILLOUX J-Y.** Jean-Yves Pouilloux présente Les Fleurs bleues de Raymond Queneau. *Gallimard, 1991.* (Foliothèque ; 5 c4)
ISBN 2-07-038353-9. *46 F / 7,01 €*

12989 **POUILLOUX J-Y.** Montaigne, que sais-je?. *Gallimard, 1987.* (Découvertes ; 23. Littérature c4)
ISBN 2-07-053037-X. *85 F / 12,96 €*

12990 **POUILLOUX J-Y.** Rabelais : rire est le propre de l'homme. *Gallimard, 1993.* (Découvertes ; 181. Littérature c4)
ISBN 2-07-053250-X. *75 F / 11,43 €*

12991 **POULET G.** La Distance intérieure. *Pocket, 1989.* (Etudes sur le temps humain; 2)(Agora ; 44)
ISBN 2-266-03185-6. *42 F / 6,40 €*

12992 **POULET G.** L'Espace proustien. *Gallimard, 1982.* (Tel ; 68)
ISBN 2-07-021065-0. *49 F / 7,47 €*

12993 **POULET G.** Etudes sur le temps humain. 1. *Pocket, 1989.* (Agora ; 43)
ISBN 2-266-03184-8. *42 F / 6,40 €*

12994 **POULET G.** Le Point de départ. *Pocket, 1989.* (Etudes sur le temps humain; 3)(Agora ; 54 c7)
ISBN 2-266-03488-X. *42 F / 6,40 €*

12995 **Pour une littérature voyageuse :** 11 écrivains rédigent le manifeste des écrivains voyageurs. Nouv. éd. *Complexe, 1999.* (Le Regard littéraire ; 53 cL)
ISBN 2-87027-789-X. *65 F / 9,91 €*

12996 **POURRILLOU-JOURNIAC A.** La lorgnette : chroniques parues dans Sud-Ouest Dimanche. *Zulma, 1997.* (Grain d'orage)
ISBN 2-84304-016-7. *49 F / 7,47 €*

12997 **POUY J-B.** J'ai fait l'aérotrain. *Baleine, 1997.* (Tourisme et polar)
ISBN 2-84219-083-1. *19 F / 2,90 €*

12998 **PRAZ M.** La chair, la mort et le diable dans la littérature du XIXe siècle : le romantisme noir. *Gallimard, 1999.* (Tel ; 300)
ISBN 2-07-075453-7. *68 F / 10,37 €*

12999 **Première continuation de Perceval :** continuation-Gauvain : texte du ms. L. *LGF, 1993.* (Le Livre de poche ; 4538. Lettres gothiques c18)
ISBN 2-253-06539-0. *65 F / 9,91 €*

13000 **PREVOST J.** La création chez Stendhal : essai sur le métier d'écrire et la psychologie de l'écrivain. *Gallimard, 1996.* (Folio ; 285. Essais ; 285 c7)
ISBN 2-07-032914-3. *60 F / 9,15 €*

13001 **PRÉVOST J.** La Vie de Montaigne. *LGF, 1993.* (Le Livre de poche ; 9710 c6)
ISBN 2-253-06469-6. *26 F / 3,96 €*

13002 **PRIGENT M.** Le Héros et l'Etat dans la tragédie de Pierre Corneille. *PUF, 1988.* (Quadrige ; 107)
ISBN 2-13-042175-X. *89 F / 13,57 €*

13003 **PROUST J.** Diderot et l'Encyclopédie. *Albin Michel, 1995.* (Bibliothèque de l'évolution de l'humanité ; 17)
ISBN 2-226-07862-2. *85 F / 12,96 €*

13004 **PROUST M.** Contre Sainte-Beuve. *Gallimard, 1987.* (Folio ; 68. Essais ; 68 c3)
ISBN 2-07-032428-1. *41 F / 6,25 €*

13005 **PROUST M.** Correspondance avec madame Straus. *10-18, 1994.* (10-18 c6)
ISBN 2-264-00148-8. *47 F / 7,17 €*

13006 **PROUST M.** Du côté de chez Swann. *LGF, 1992.* (A la recherche du temps perdu; 1)(Le Livre de poche ; 7390. Classiques de poche c9)
ISBN 2-253-05909-9. *36 F / 5,49 €*

13007 **PROUST M.** Ecrits mondains. *10-18, 1993.* (10-18 ; 2398. Domaine français c7)
ISBN 2-264-01813-5. *50 F / 7,62 €*

13008 **PROUST M.** Essais et articles. *Gallimard, 1994.* (Folio ; 236. Essais ; 236 c9)
ISBN 2-07-032824-4. *70 F / 10,67 €*

13009 **PROUST M.** Pastiches et mélanges. *Gallimard, 1992.* (L'imaginaire ; 285)
ISBN 2-07-072718-1. *48 F / 7,32 €*

13010 **PROUST M.** Les Plaisirs et les jours ; L'Indifférent. *Gallimard, 1993.* (Folio ; 2538. Classique c8)
ISBN 2-07-038760-7. *37 F / 5,64 €*

13011 **PROUST M.** Les plaisirs et les jours. *Mille et une nuits, 1998.* (La petite collection ; 202 c6)
ISBN 2-84205-317-6. *23 F / 3,51 €*

13012 **PROUST M.** Sur Baudelaire, Flaubert et Morand. Réimpr. *Complexe, 1994.* (Le Regard littéraire ; 9 c9)
ISBN 2-87027-198-0. *59 F / 8,99 €*

13013 **N** **PROUST M.** Sur la lecture. *Librio, 2000.* (Librio ; 375 c1)
ISBN 2-290-30631-2. *10 F / 1,52 €*

13014 **PROUST M.** Sur la lecture. *Mille et une nuits, 1994.* (La petite collection ; 24 cA)
ISBN 2-910233-24-3. *10 F / 1,52 €*

13015 **PROUST M., GIDE A.** Autour de La Recherche, lettres. *Complexe, 1988.* (Le Regard littéraire ; 20 c9)
ISBN 2-87027-265-0. *59 F / 8,99 €*

13016 **N** **PROUST S.** Quoi ? L'éternité de Marguerite Yourcenar. *Gallimard, 2001.* (Foliothèque ; 94)
ISBN 2-07-041198-2. *52 F / 7,93 €*

13017 **PU YI** J'étais empereur de Chine : l'autobiographie du dernier empereur de Chine (1906-1967). *J'ai lu, 1987.* (J'ai lu ; 2327. Littérature générale c6)
ISBN 2-277-22327-1. *42 F / 6,40 €*

13018 **QUAGHEBEUR M.** Balises pour l'histoire des lettres belges de langue française. *Labor, 1998.* (Espace Nord ; 150)
ISBN 2-8040-1361-8. *399 FB / 9,89 €*

13019 **QUENEAU R.** Bâtons, chiffres et lettres. *Gallimard, 1994.* (Folio. Essais ; 247 c3)
ISBN 2-07-032845-7. *41 F / 6,25 €*

13020 **N** **La querelle des Anciens et des Modernes :** XVIIe-XVIIIe siècles. *Gallimard, 2001.* (Folio ; 3414. Classique c17)
ISBN 2-07-038752-6. *71 F / 10,82 €*

13021 **QUIGNARD P.** Les petits traités. 1. *Gallimard, 1997.* (Folio ; 2976 c15)
ISBN 2-07-040127-8. *61 F / 9,30 €*

13022 **QUIGNARD P.** Les petits traités. 2. *Gallimard, 1997.* (Folio ; 2977 c15)
ISBN 2-07-040128-6. *61 F / 9,30 €*

13023 **QUIGNARD P.** Les petits traités. Réimpr. *Gallimard, 1999.* (Folio)
ISBN 2-07-040284-3. *41 F / 6,25 €*

13024 **QUIGNARD P.** Rhétorique spéculative. *Gallimard, 1997.* (Petits traités; 1)(Folio ; 3007 c8)
ISBN 2-07-039420-4. *37 F / 5,64 €*

13025 **RABATÉ D.** Le roman français depuis 1900. *PUF, 1998.* (Que sais-je? ; 49 c1)
ISBN 2-13-049473-0. *42 F / 6,40 €*

13026 **RABELAIS F.** Gargantua. *LGF, 1994.* (Le Livre de poche ; 701. Bibliothèque classique c14)
ISBN 2-253-90701-4, *48 F / 7,32 €*

13027 **RABELAIS F.** Pantagruel. *LGF, 1979.* (Le Livre de poche ; 1240. Classiques de poche c7)
ISBN 2-253-02349-3. *30 F / 4,57 €*

13028 **RABELAIS F.** Pantagruel. *LGF, 1994.* (Le Livre de poche ; 700. Bibliothèque classique c14)
ISBN 2-253-90700-6. *48 F / 7,32 €*

13029 **RABELAIS F.** Pantagrueline prognostication. *Mille et une nuits, 1994.* (La petite collection ; 33 cA)
ISBN 2-910233-33-2. *10 F / 1,52 €*

13030 **RABHI P.** Parole de terre : une initiation africaine. *Albin Michel, 1996.* (Espaces libres ; 66 c4)
ISBN 2-226-08733-8. *49 F / 7,47 €*

13031 **RAGON M.** D'une berge à l'autre : pour mémoire 1943-1953. *LGF, 1999.* (Le Livre de poche ; 14738 c7)
ISBN 2-253-14738-9. *30 F / 4,57 €*

13032 **RAGON M.** Enfances vendéennes. *Seuil, 1992.* (Point-virgule ; 32 c1)
ISBN 2-02-018332-3. *32 F / 4,88 €*

13033 **RAIMOND J.** La Littérature anglaise. Nouv. éd. *PUF, 1997.* (Que sais-je? ; 159 c1)
ISBN 2-13-045382-1. *42 F / 6,40 €*

13034 **RAINE J.** Lettre à Monsieur le percepteur. *Echoppe, 1993.* (Envois c1)
ISBN 2-84068-019-X. *27 F / 4,12 €*

13035 **N** **RAYMOND M.** Le sel et la cendre : récit. Réimpr. *Aire, 2000.* (L'Aire bleue)
ISBN 2-88108-549-0. *72 F / 10,98 €*

13036 **REBOUX P., MULLER C.** A la manière de... 1. *Grasset, 1998.* (Les Cahiers rouges ; 258)
ISBN 2-246-55631-7. *56 F / 8,54 €*

13037 **REBOUX P., MULLER C.** A la manière de... 2. *Grasset, 1998.* (Les Cahiers rouges ; 272)
ISBN 2-246-55641-4. *56 F / 8,54 €*

13038 **Recherche de Proust.** *Seuil, 1980.* (Points ; 113. Essais c2)
ISBN 2-02-005478-7. *43 F / 6,56 €*

13039 **RECLUS E.** Histoire d'un ruisseau. *Actes Sud, 1995.* (Babel ; 166 c2)
ISBN 2-7427-0575-9. *39 F / 5,95 €*

13040 **REGARD F.** Frédéric Regard commente 1984 de George Orwell. *Gallimard, 1994.* (Foliothèque ; 32 c5)
ISBN 2-07-038668-6. *52 F / 7,93 €*

13041 **REGLER G.** Le glaive et le fourreau. *Actes Sud, 1999.* (Babel ; 372. Révolutions c5)
ISBN 2-7427-2154-1. *57 F / 8,69 €*

13042 **RÉGNIER H. d.** Esquisses vénitiennes. *Complexe, 1991.* (Le Regard littéraire ; 46 cM)
ISBN 2-87027-388-6. *69 F / 10,52 €*

13043 **REICHELBERG R.** Don Quichotte ou Le roman d'un juif masqué. *Seuil, 1999.* (Points ; 394. Essais)
ISBN 2-02-037481-1. *52 F / 7,93 €*

13044 **RENAN E.** Oeuvres diverses. *Laffont, 1984.* (Bouquins)
ISBN 2-221-01250-X. *92 F / 14,03 €*

13045 **RENAN E.** La Réforme intellectuelle et morale de la France. *Complexe, 1990.* (Historiques ; 59. Politiques c9)
ISBN 2-87027-361-4. *59 F / 8,99 €*

13046 **RENAN E.** Souvenirs d'enfance et de jeunesse. *Gallimard, 1983.* (Folio ; 1453. Classique c12)
ISBN 2-07-037453-X. *52 F / 7,93 €*

13047 **RENARD J.** Journal : 1887-1910. *Laffont, 1990.* (Bouquins)
ISBN 2-221-05874-7. *169 F / 25,76 €*

13048 **RENARD J.** Mille neuf cent. *Table ronde, 1998.* (La petite vermillon ; 90)
ISBN 2-7103-0847-9. *35 F / 5,34 €*

13049 **RENAUD** Envoyé spécial chez moi. *Pocket, 1999.* (Pocket ; 10304 c4)
ISBN 2-266-07821-6. *30 F / 4,57 €*

13050 **REVEL J-F.** Sur Proust : remarques sur A la recherche du temps perdu. *Grasset, 1987.* (Les Cahiers rouges ; 75)
ISBN 2-246-39261-6. *48 F / 7,32 €*

13051 **REY P-L.** Pierre-Louis Rey présente Madame Bovary de Gustave Flaubert. *Gallimard, 1996.* (Foliothèque ; 56 c4)
ISBN 2-07-038611-2. *46 F / 7,01 €*

13052 **REY P-L.** Stendhal, La Chartreuse de Parme. *PUF, 1992.* (Etudes littéraires ; 36)
ISBN 2-13-044221-8. *42 F / 6,40 €*

13053 **REYES A.** Corps de femme. *Zulma, 1999.* (Grain d'orage)
ISBN 2-84304-061-2. *49 F / 7,47 €*

13054 **REZA Y.** Hammerklavier. *LGF, 1999.* (Le Livre de poche ; 14664 c5)
ISBN 2-253-14664-1. *23 F / 3,51 €*

13055 **RHEIMS M.** Une mémoire vagabonde : la préhistoire que nous vivons. *Gallimard, 1999.* (Folio ; 3188 c7)
ISBN 2-07-040849-3. *32,50 F / 4,95 €*

13056 **RICARDOU J.** Le Nouveau roman ; Les Raisons de l'ensemble. Nouv. éd. mise à jour et augm. *Seuil, 1990.* (Points ; 212. Essais c3)
ISBN 2-02-012391-6. *48 F / 7,32 €*

13057 **RICHARD J-P.** Études sur le romantisme. *Seuil, 1999.* (Points ; 389. Essais)
ISBN 2-02-037339-4. *50 F / 7,62 €*

13058 **RICHARD J-P.** Onze études sur la poésie moderne. *Seuil, 1981.* (Points ; 131. Essais c4)
ISBN 2-02-005970-3. *52 F / 7,93 €*

13059 **RICHARD J-P.** Poésie et profondeur. *Seuil, 1976.* (Points ; 71. Essais c2)
ISBN 2-02-004350-5. *39 F / 5,95 €*

13060 **RICHARD J-P.** Proust et le monde sensible. *Seuil, 1990.* (Points. Essais ; 208 c4)
ISBN 2-02-011626-X. *52 F / 7,93 €*

13061 **RICHARD J-P.** Stendhal, Flaubert : littérature et sensation. *Seuil, 1990.* (Points. Essais ; 8 c3)
ISBN 2-02-012493-9. *48 F / 7,32 €*

13062 **N** **RICHTER F.** Crimes et procès d'écrivains célèbres : Villon, Sade, Verlaine, Genet. *La Renaissance du livre, 2000.* (Conférences des Midis de la poésie)
ISBN 2-8046-0440-3. *39 F / 5,95 €*

13063 **RILKE R. M.** Correspondance avec Marie de La Tour et Taxis. *Albin Michel, 1988.* (Bibliothèque Albin Michel poche ; 7 c2)
ISBN 2-226-03260-6. *49 F / 7,47 €*

13064 **RILKE R. M.** Journaux de jeunesse. *Seuil, 1991.* (Points. Roman ; 485 c3)
ISBN 2-02-013401-2. *48 F / 7,32 €*

13065 **RILKE R. M.** Lettres à un jeune peintre, Balthus. *Aire, 1996.* (Le Chant du monde)
ISBN 2-88108-374-9. *45 F / 6,86 €*

13066 **RILKE R. M.** Lettres à un jeune poète ; Proses ; Poèmes français. *LGF, 1991.* (Le Livre de poche ; 6904 c7)
ISBN 2-253-05539-5. *30 F / 4,57 €*

13067 **RILKE R. M.** Lettres à un jeune poète. *Gallimard, 1993.* (Poésie ; 270 c2)
ISBN 2-07-032788-4. *35,50 F / 5,41 €*

13068 **RILKE R. M.** Lettres à un jeune poète. *Mille et une nuits, 1997.* (La petite collection ; 171 cA)
ISBN 2-84205-156-4. *10 F / 1,52 €*

13069 **RILKE R. M.** Lettres à une amie vénitienne. *Gallimard, 1985.* (Arcades ; 6)
ISBN 2-07-070365-7. *70 F / 10,67 €*

13070 **RILKE R. M.** Le testament. *Seuil, 1998.* (Points ; 577)
ISBN 2-02-035796-8. *29 F / 4,42 €*

13071 **RIMBAUD A.** Correspondance : 1888-1891. Ed. révisée. *Gallimard, 1995.* (L'imaginaire ; 333)
ISBN 2-07-074280-6. *47 F / 7,17 €*

13072 **RIMBAUD A.** Lettres de la vie littéraire d'Arthur Rimbaud. *Gallimard, 1990.* (L'imaginaire ; 238)
ISBN 2-07-072009-8. *38 F / 5,79 €*

13073 **RIMBAUD A.** Mots d'Europe. *Seuil, 1991.* (Point-virgule ; 93 c2)
ISBN 2-02-012847-0. *39 F / 5,95 €*

13074 **RIMBAUD A.** Oeuvres complètes, correspondance. Réimpr. *Laffont, 1998.* (Bouquins)
ISBN 2-221-06883-1. *129 F / 19,67 €*

13075 **RIMBAUD A.** Oeuvres complètes. *LGF, 1999.* (La Pochothèque ; 3250. Classiques modernes)
ISBN 2-253-13250-0. *130 F / 19,82 €*

13076 **RINCÉ D.** Baudelaire et la modernité poétique. 3e éd. *PUF, 1990.* (Que sais-je? ; 2156 c1)
ISBN 2-13-042898-3. *42 F / 6,40 €*

13077 **RINCÉ D.** La Littérature française du 19e siècle. 4e éd. *PUF, 1991.* (Que sais-je? ; 1742 c1)
ISBN 2-13-043840-7. *42 F / 6,40 €*

13078 **RINCÉ D.** La Poésie française du 19e siècle. 2e éd. *PUF, 1983.* (Que sais-je? ; 1695 c1)
ISBN 2-13-038031-X. *42 F / 6,40 €*

13079 **RISPAIL J-L.** Les Surréalistes : une génération entre le rêve et l'action. Réimpr. *Gallimard, 1998.* (Découvertes ; 109. Littérature c6)
ISBN 2-07-053140-6. *90 F / 13,72 €*

13080 **RISTAT J.** Aragon : Commencez par me lire. *Gallimard, 1997.* (Découvertes ; 328. Littérature)
ISBN 2-07-053433-2. *75 F / 11,43 €*

13081 **RIVAZ A.** Ce nom qui n'est pas le mien. *Aire, 1998.* (L'Aire bleue)
ISBN 2-88108-509-1. *59 F / 8,99 €*

13082 **ROBERT A. D., BOUILLAGUET A.** L'analyse de contenu. *PUF, 1997.* (Que sais-je? ; 3271 c1)
ISBN 2-13-048561-8. *42 F / 6,40 €*

13083 **ROBERT M.** L'Ancien et le nouveau : De Don Quichotte à Franz Kafka. *Grasset, 1988.* (Les Cahiers rouges ; 94)
ISBN 2-246-15982-2. *50 F / 7,62 €*

13084 **ROBERT M.** En haine du roman. *LGF, 1984.* (Livre de lectures; 2)(Le Livre de poche ; 4020. Biblio essais c5)
ISBN 2-253-03479-7. *23 F / 3,51 €*

13085 **ROBERT M.** Un Homme inexprimable : essai sur l'oeuvre de Heinrich von Kleist. *Arche éditeur, 1981.* (Travaux ; 31)
ISBN 2-85181-191-6. *65 F / 9,91 €*

13086 **ROBERT M.** Roman des origines et origines du roman. *Gallimard, 1976.* (Tel ; 13)
ISBN 2-07-029620-2. *70 F / 10,67 €*

13087 **ROCHE A.** Anne Roche présente W ou le souvenir d'enfance de Georges Perec. *Gallimard, 1997.* (Foliothèque ; 67)
ISBN 2-07-040290-8. *46 F / 7,01 €*

13088 **RODRIGUEZ-MONEGAL E.** Borges. *Seuil, 1978.* (Ecrivains de toujours ; 86 c1)
ISBN 2-02-000086-5. *49 F / 7,47 €*

13089 **N** **ROHOU J.** Jean Racine, Andromaque. *PUF, 2000.* (Etudes littéraires ; 67)
ISBN 2-13-050614-3. *48 F / 7,32 €*

13090 **ROLAND DE LA PLATIÈRE J-M.** Lettres à une amie d'enfance. *Mercure de France, 1996.* (Le petit Mercure)
ISBN 2-7152-1963-6. *20 F / 3,05 €*

13091 **ROMAINS J.** Puissances de Paris. *Gallimard, 2000.* (L'imaginaire ; 413)
ISBN 2-07-075701-3. *44 F / 6,71 €*

13092 **Le Roman de Renart.** *Albin Michel, 1992.* (Bibliothèque Albin Michel poche ; 54 c1)
ISBN 2-226-05713-7. *39 F / 5,95 €*

13093 **N** **ROMAN M.** Myriam Roman présente Le dernier jour d'un condamné, de Victor Hugo. *Gallimard, 2000.* (Foliothèque ; 90 c6)
ISBN 2-07-040513-3. *52 F / 7,93 €*

13094 **Les romans et les jours :** 179 propositions de lecture. *Zulma, 1999.* (Grain d'orage)
ISBN 2-84304-076-0. *49 F / 7,47 €*

13095 **ROMILLY J. d.** Hector. *LGF, 1999.* (Le Livre de poche ; 14654 c8)
ISBN 2-253-14654-4. *33 F / 5,03 €*

13096 **ROMILLY J. d.** Patience, mon coeur! : l'essor de la psychologie dans la littérature grecque classique. *Pocket, 1994.* (Agora ; 135 c6)
ISBN 2-266-05192-X. *38 F / 5,79 €*

13097 **ROMILLY J. d.** Tragédies grecques au fil des ans. *Hachette Littératures, 1996.* (Pluriel ; 8775 c4)
ISBN 2-01-278775-4. *58 F / 8,84 €*

13098 **RONDEAU D.** L'Age-déraison : véritable biographie imaginaire de Johny H. *Seuil, 1982.* (Point-virgule ; 7 c3)
ISBN 2-02-006099-X. *48 F / 7,32 €*

13099 **RONSARD P. d.** Discours des misères de ce temps. *LGF, 1993.* (Le Livre de poche ; 9695. Classiques de poche c6)
ISBN 2-253-06443-2. *26 F / 3,96 €*

13100 **N** **ROSELLINI M., SALVAN G.** Le Francion de Charles Sorel. *Atlande, 2000.* (Lettres. XVIIe siècle)
ISBN 2-912232-19-8. *98 F / 14,94 €*

13101 **ROSOLATO G.** Essais sur le symbolique. *Gallimard, 1979.* (Tel ; 37)
ISBN 2-07-028592-8. *60 F / 9,15 €*

13102 **ROSSUM-GUYON F. v.** Critique du roman : essai sur La modification de Michel Butor. *Gallimard, 1995.* (Tel ; 261)
ISBN 2-07-074310-1. *65 F / 9,91 €*

13103 **ROUANET M.** La marche lente des glaciers. *Pocket, 1997.* (Pocket ; 10121 c4)
ISBN 2-266-07440-7. *30 F / 4,57 €*

13104 **ROUART J-M.** La noblesse des vaincus. *LGF, 2000.* (Le Livre de poche ; 14819 c6)
ISBN 2-253-14819-9. *26 F / 3,96 €*

13105 **N** **ROUBAUD C.** Colette Roubaud présente Plume, de Henri Michaux. *Gallimard, 2000.* (Foliothèque ; 91 cH)
ISBN 2-07-039390-9. *65 F / 9,91 €*

13106 **ROUD G., SIMOND D.** Avec Ramuz. *Aire, 1985.* (Le Chant du monde)
56 F / 8,54 €

13107 **ROUGEMENT D.** Les mythes de l'amour. *Albin Michel.* (Espaces libres ; 61 c3)
ISBN 2-226-08473-8. *45 F / 6,86 €*

13108 **ROUQUETTE J.** La Littérature d'oc. 3e éd. *PUF, 1981.* (Que sais-je? ; 1039 c1)
ISBN 2-13-036669-4. *42 F / 6,40 €*

13109 **ROUSSEAU J-J.** Les Confessions : livres I à IV. Réimpr. *Gallimard, 1997.* (Folio ; 2999. Classique c4)
ISBN 2-07-040373-4. *20 F / 3,05 €*

13110 **ROUSSEAU J-J.** Les confessions. 1, Livre I à IV. Nouv. éd. *LGF, 1998.* (Le Livre de poche ; 1098. Classiques de poche c4)
ISBN 2-253-01031-6. *20 F / 3,05 €*

13111 **ROUSSEAU J-J.** Les confessions. 2, Livres V à VIII. Nouv. éd. *LGF, 1998.* (Le Livre de poche ; 1100. Classiques de poche c7)
ISBN 2-253-01850-3. *30 F / 4,57 €*

13112 **ROUSSEAU J-J.** Les Confessions. Réimpr. *Gallimard, 1995.* (Folio ; 2776. Classique c13)
ISBN 2-07-039393-3. *56 F / 8,54 €*

13113 **ROUSSEAU J-J.** Du contrat social ; La Démocratie selon Rousseau. *Seuil, 1977.* (Points. Politique ; 87 c13)
ISBN 2-02-004681-4. *52 F / 7,93 €*

13114 **ROUSSEAU J-J.** Les Rêveries du promeneur solitaire. *LGF, 1965.* (Le Livre de poche ; 1516. Classiques de poche c6)
ISBN 2-253-00904-0. *26 F / 3,96 €*

13115 **ROUSSEAU J-J., LA TOUR M. d.** Correspondance. *Actes Sud* ; *Leméac, 1997.* (Babel ; 309. Les épistolaires c4)
ISBN 2-7427-1459-6. ISBN 2-7609-1873-4. *51 F / 7,77 €*

13116 **ROUSSEL R.** Comment j'ai écrit certains de mes livres. *Gallimard, 1995.* (L'imaginaire ; 324)
ISBN 2-07-074120-6. *65 F / 9,91 €*

13117 **ROUSSELOT J.** Histoire de la poésie française. 3e éd. *PUF, 1991.* (Que sais-je? ; 108 c1)
ISBN 2-13-043461-4. *42 F / 6,40 €*

13118 **ROUX D. d.** Immédiatement. *Table ronde, 1995.* (La petite vermillon ; 47 c2)
ISBN 2-7103-0677-8. *45 F / 6,86 €*

13119 **ROY C.** La Fleur du temps : 1983-1987. *Gallimard, 1992.* (Folio ; 2388 c10)
ISBN 2-07-038525-6. *46 F / 7,01 €*

13120 **ROY C.** Les rencontres des jours (1992-1993). *Gallimard, 1996.* (Folio ; 2878 c9)
ISBN 2-07-040073-5. *41 F / 6,25 €*

13121 **ROY C.** Stendhal. Nouv. éd. *Seuil, 1995.* (Ecrivains de toujours c03)
ISBN 2-02-022858-0. *65 F / 9,91 €*

13122 **ROY J.** Adieu ma mère, adieu mon coeur. *LGF, 1998.* (Le Livre de poche ; 14471 c7)
ISBN 2-253-14471-1. *30 F / 4,57 €*

13123 **ROY J.** Amours barbares. *LGF, 1996.* (Le Livre de poche ; 13936 c9)
ISBN 2-253-13936-X. *36 F / 5,49 €*

13124 **ROY J.** Mémoires barbares. *LGF, 1991.* (Le Livre de poche ; 6899 c15)
ISBN 2-253-05534-4. *50 F / 7,62 €*

13125 **RUDDER O. d.** Bréviaire de la gueule de bois. *Librio, 1998.* (Librio ; 323 c1)
ISBN 2-277-30232-5. *10 F / 1,52 €*

13126 **RUSHDIE S.** Patries imaginaires. *10-18, 1995.* (10-18 ; 2567. Domaine étranger c7)
ISBN 2-264-01905-0. *50 F / 7,62 €*

13127 **RUSKIN J., PROUST M.** Sésame et les lys. Nouv. éd. *Complexe, 1990.* (Le Regard littéraire ; 10 c11)
ISBN 2-87027-197-2. *65 F / 9,91 €*

13128 **A** **RUTEBEUF** Oeuvres. *LGF, 2001.* (Le Livre de poche ; 4560. Lettres gothiques)
ISBN 2-253-06673-7

13129 **RUTHERFORD M.** L'Autobiographie de Mark Rutherford. *Grasset, 1989.* (Les Cahiers rouges ; 111)
ISBN 2-246-42651-0. *44 F / 6,71 €*

13130 **SABATIER R.** Le Livre de la déraison souriante. *LGF, 1994.* (Le Livre de poche ; 9787 c7)
ISBN 2-253-09787-X. *30 F / 4,57 €*

13131 **N** **SABLÉ E.** La sagesse des oiseaux. *Zulma, 2001.* (Grain d'orage)
ISBN 2-84304-119-8. *49 F / 7,47 €*

13132 **SACHS M.** Au temps du Boeuf sur le toit. *Grasset, 1987.* (Les Cahiers rouges ; 73)
ISBN 2-246-38821-X. *52 F / 7,93 €*

13133 **SACHS M.** La chasse à courre. *Gallimard, 1997.* (L'imaginaire ; 366)
ISBN 2-07-040278-9. *46 F / 7,01 €*

13134 **SACOTTE M.** Mireille Sacotte présente Eloges et La Gloire des rois de Saint-John Perse. *Gallimard, 1999.* (Foliothèque ; 79 c7)
ISBN 2-07-040029-8. *60 F / 9,15 €*

13135 **SACOTTE M.** Mireille Sacotte présente Un roi sans divertissement de Jean Giono. *Gallimard, 1995.* (Foliothèque ; 42 c5)
ISBN 2-07-038667-8. *52 F / 7,93 €*

13136 **SACY S. S. d.** Descartes. Nouv. éd. *Seuil, 1996.* (Ecrivains de toujours)
ISBN 2-02-028228-3. *59 F / 8,99 €*

13137 **SADE D. A. F. d.** Français, encore un effort si vous voulez être républicains. *Mille et une nuits, 1998.* (La petite collection ; 59 c2)
ISBN 2-84205-328-1. *10 F / 1,52 €*

13138 **SADE D. A. F. d.** Journal inédit : deux cahiers retrouvés du Journal inédit du marquis de Sade (1807, 1808, 1814). *Gallimard, 1994.* (Folio. Essais ; 248 c1)
ISBN 2-07-032846-5. *29,50 F / 4,50 €*

13139 **SADE D. A. F. d.** Lettres à sa femme. *Actes Sud, 1997.* (Babel ; 249. Les épistolaires)
ISBN 2-7427-1001-9. *57 F / 8,69 €*

13140 **SADOUL J.** 93 ans de BD. *J'ai lu, 1989.* (J'ai lu ; 2561. Littérature générale)
ISBN 2-277-22561-4. *45 F / 6,86 €*

13141 **SAGAN F.** Avec mon meilleur souvenir. *Gallimard, 1985.* (Folio ; 1657 c9)
ISBN 2-07-037657-5. *20,50 F / 3,13 €*

13142 **SAGAN F.** Derrière l'épaule. *Pocket, 2000.* (Pocket ; 10728 c5)
ISBN 2-266-09361-4. *35 F / 5,34 €*

13143 **SAGAN F.** Répliques. *Pocket, 1994.* (Pocket ; 2948 c3)
ISBN 2-266-05669-7. *26 F / 3,96 €*

13144 **SAINT-EXUPÉRY A. d.** Carnets. *Gallimard, 1999.* (Folio ; 3157 c10)
ISBN 2-07-040612-1. *46 F / 7,01 €*

13145 **SAINT-EXUPÉRY A. d.** Ecrits de guerre : 1939-1944 ; Lettre à un otage. Nouv. éd. *Gallimard, 1994.* (Folio ; 2573 c8)
ISBN 2-07-038807-7. *37 F / 5,64 €*

13146 **SAINT-EXUPÉRY A. d.** Lettres à sa mère. Ed. rev. et augm. *Gallimard, 1997.* (Folio ; 2927 c11)
ISBN 2-07-040166-9. *29,50 F / 4,50 €*

13147 **SAINT-JEAN R. d., ESTANG L.** Julien Green. Nouv. éd. rev. et augm. *Seuil, 1990.* (Ecrivains de toujours ; 76)
ISBN 2-02-010974-3. *49 F / 7,47 €*

13148 **SAINT-POINT V. d.** Manifeste de la femme futuriste ; suivi de Manifeste futuriste de la luxure et de Le théâtre de la luxure. *Séguier, 1996.* (Carré d'art ; 15)
ISBN 2-84049-074-9. *48 F / 7,32 €*

13149 **SAINT-SIMON L. d. R. (. d.** Louis XIV et sa Cour. *Complexe, 1994.* (Historiques ; 89 cM)
ISBN 2-87027-511-0. *69 F / 10,52 €*

13150 **SAINT-SIMON L. d. R. (. d.** Mémoires. 1. *Gallimard, 1990.* (Folio ; 2165. Classique c15)
ISBN 2-07-038234-6. *61 F / 9,30 €*

13151 **SAINT-SIMON L. d. R. (. d.** Mémoires. 2. *Gallimard, 1993.* (Folio ; 2553. Classique)
ISBN 2-07-038644-9. *61 F / 9,30 €*

13152 **SAINTE-BEUVE C-A.** Portraits de femmes. *Gallimard, 1998.* (Folio ; 3127. Classique c16)
ISBN 2-07-039493-X. *66 F / 10,06 €*

13153 **SAINTE-BEUVE C-A.** Portraits littéraires. *Laffont, 1993.* (Bouquins)
ISBN 2-221-05877-1. *148 F / 22,56 €*

13154 **SAINTE-BEUVE C-A.** Pour la critique. *Gallimard, 1992.* (Folio ; 202. Essais ; 202 c6)
ISBN 2-07-032722-1. *56 F / 8,54 €*

13155 **SALOMÉ J.** Tous les matins de l'amour... ont un soir. *Albin Michel, 1998.* (Espaces libres ; 89 c1)
ISBN 2-226-10541-7. *35 F / 5,34 €*

13156 **N** **SALOMÉ J., BEAUCARNE J.** Au fil de la tendresse. *Ancrage, 2000.* (Poche c2)
ISBN 2-930311-15-0. *35 F / 5,34 €*

13157 **N** **SALOMÉ J., ENJOLET C.** L'amour et ses chemins : paroles à deux voix. *Pocket, 2000.* (Pocket ; 11138 c4)
ISBN 2-266-10635-X. *30 F / 4,57 €*

13158 **N** **SALOMON E. v.** Les réprouvés. *Pocket, 2000.* (Pocket ; 10853)
ISBN 2-266-09856-X. *38 F / 5,79 €*

13159 **N** **SAMINADAYAR-PERRIN C.** Corinne Saminadayar présente L'enfant, de Jules Vallès. *Gallimard, 2000.* (Foliothèque ; 89 cF)
ISBN 2-07-040588-5. *56 F / 8,54 €*

13160 **SAND G.** Promenade dans le Berry : moeurs, coutumes, légendes. *Complexe, 1999.* (Le Regard littéraire ; 55 c13)
ISBN 2-87027-440-8. *69 F / 10,52 €*

13161 **SAND G.** Questions d'art et de littérature. *Des femmes-Antoinette Fouque, 1991.* (Ecrits d'hier)
ISBN 2-7210-0417-4. *120 F / 18,29 €*

13162 **SAND G.** Scènes gourmandes : repas et recettes du Berry. *Librio, 1999.* (Librio ; 286 c1)
ISBN 2-277-30286-4. *10 F / 1,52 €*

13163 **SAND G., MUSSET A. d.** Le roman de Venise. Réimpr. *Actes Sud, 1999.* (Babel ; 381. Les épistolaires c6)
ISBN 2-7427-2281-5. *69 F / 10,52 €*

13164 **SANTERRES-SARKANY S.** Théorie de la littérature. 2e éd. *PUF, 1993.* (Que sais-je? ; 2514 c1)
ISBN 2-13-045714-2. *42 F / 6,40 €*

13165 **SAPORTA M.** Le roman américain. *Milan, 1997.* (Les essentiels Milan ; 89 c1)
ISBN 2-84113-588-8. *25 F / 3,81 €*

13166 **SARAMAGO J.** Comment le personnage fut le maître et l'auteur son apprenti. *Mille et une nuits, 1999.* (La petite collection ; 257)
ISBN 2-84205-444-X. *10 F / 1,52 €*

13167 **SARDE M.** Colette libre et entravée. *Seuil, 1984.* (Points. Biographie ; 4 c5)
ISBN 2-02-006909-1. *55 F / 8,38 €*

13168 **SARRAUTE C.** Des hommes en général et des femmes en particulier. *Pocket, 1998.* (Pocket ; 10439 c4)
ISBN 2-266-08217-5. *30 F / 4,57 €*

13169 **SARRAUTE N.** L'Ere du soupçon. *Gallimard, 1987.* (Folio ; 76. Essais c2)
ISBN 2-07-032450-8. *36 F / 5,49 €*

13170 **SARTRE J-P.** Baudelaire. *Gallimard, 1988.* (Folio ; 105. Essais ; 105 c2)
ISBN 2-07-032493-1. *37 F / 5,64 €*

13171 **SARTRE J-P.** Mallarmé : la lucidité et sa face d'ombre. *Gallimard, 1986.* (Arcades ; 10)
ISBN 2-07-070686-9. *41 F / 6,25 €*

13172 **SARTRE J-P.** Les Mots. *Gallimard, 1977.* (Folio ; 607 c11)
ISBN 2-07-036607-3. *29,50 F / 4,50 €*

13173 **SARTRE J-P.** Qu'est-ce que la littérature?. *Gallimard, 1985.* (Folio ; 19. Essais ; 19 c3)
ISBN 2-07-032306-4. *41 F / 6,25 €*

13174 **SARTRE J-P.** Situations, I. *Gallimard, 1993.* (Critiques littéraires; 1)(Folio ; 223. Essais c2)
ISBN 2-07-032782-5. *37 F / 5,64 €*

13175 **SATGÉ A.** Samuel Beckett, En attendant Godot. *PUF, 1999.* (Etudes littéraires ; 63)
ISBN 2-13-050032-3. *48 F / 7,32 €*

13176 **SAUBIN B.** L'Epreuve. *Pocket, 1993.* (Pocket ; 4150. Best c5)
ISBN 2-266-05223-3. *35 F / 5,34 €*

13177 **SAUVAGE M.** Calderon. *Arche éditeur, 1973.* (Travaux ; 23)
ISBN 2-85181-156-8. *55 F / 8,38 €*

13178 **SAVÉAN M-F.** Marie-France Savéan présente La Place et Une Femme d'Annie Ernaux. *Gallimard, 1994.* (Foliothèque ; 36 c6)
ISBN 2-07-038679-1. *56 F / 8,54 €*

13179 **SAVIGNEAU J.** Marguerite Yourcenar : l'invention d'une vie. *Gallimard, 1993.* (Folio ; 2495 c11)
ISBN 2-07-038738-0. *50 F / 7,62 €*

13180 **N** **SAVINIO A.** Dix procès. *Allia, 2001.* (Petite collection)
ISBN 2-84485-054-5. *40 F / 6,10 €*

13181 **SAVINIO A.** Hommes, racontez-vous : Les vies de Michel de Nostradamus, Eleuthérios Venizélos, Felice Cavalotti... *Gallimard, 1994.* (L'Etrangère)
ISBN 2-07-073723-3. *78 F / 11,89 €*

13182 **N** **SCEPI H.** Henri Scepi présente les Complaintes de Jules Laforgue. *Gallimard, 2000.* (Foliothèque ; 92 c6)
ISBN 2-07-041542-2. *52 F / 7,93 €*

13183 **N** **SCEPI H., SAINT-GÉRAND J-P.** Les complaintes de Jules Laforgue. *Atlande, 2000.* (Lettres. XIXe siècle)
ISBN 2-912232-21-X. *98 F / 14,94 €*

13184 **SCHAFFNER A.** Balzac, La peau de chagrin. *PUF, 1996.* (Etudes littéraires ; 56)
ISBN 2-13-047744-5. *45 F / 6,86 €*

13185 **SCHERER C., SCHERER J.** Le théâtre classique. 2e éd. corr. *PUF, 1993.* (Que sais-je? ; 1414 bis c1)
ISBN 2-13-045688-X. *42 F / 6,40 €*

13186 **SCHIFANO J-N.** Désir d'Italie. Réimpr. *Gallimard, 1996.* (Folio ; 288. Essais ; 61 c9)
ISBN 2-07-032924-0. *66 F / 10,06 €*

13187 **SCHIFRES A.** Nouveau dictionnaire des idées reçues, des propos convenus et des tics de langage ou Le dîner sans peine. *Pocket, 2000.* (Pocket ; 10799 c4)
ISBN 2-266-09774-1. *30 F / 4,57 €*

13188 **SCHNEIDER M.** L'Eternité fragile. *LGF, 1992.* (Mémoires intimes; 1)(Le Livre de poche ; 9540 c9)
ISBN 2-253-06191-3. *36 F / 5,49 €*

13189 **SCHNEIDER M.** Le goût de l'absolu. *LGF, 1995.* (Mémoires intimes; 4)(Le Livre de poche ; 13868 c7)
ISBN 2-253-13868-1. *30 F / 4,57 €*

13190 **SCIASCIA L.** Oeil de chèvre. *LGF, 1990.* (Le Livre de poche ; 3139. Biblio c8)
ISBN 2-253-05379-1. *33 F / 5,03 €*

13191 **SCIASCIA L.** Petites chroniques. *LGF, 1992.* (Le Livre de poche ; 3179. Biblio c6)
ISBN 2-253-06069-0. *26 F / 3,96 €*

13192 **SCIASCIA L.** Pirandello et la Sicile. *Grasset, 1989.* (Les Cahiers rouges ; 109)
ISBN 2-246-25322-5. *39 F / 5,95 €*

13193 **SCUTENAIRE L.** Mes inscriptions. 1. *Labor, 1990.* (Espace Nord ; 61 c2)
ISBN 2-8040-0527-5. *42 F / 6,40 €*

13194 **SEGALEN V.** Essai sur l'exotisme : une esthétique du divers ; Textes sur Gauguin et l'Océanie. Réimp. *LGF, 1999.* (Le Livre de poche ; 4042. Biblio essais c8)
ISBN 2-253-03861-X. *33 F / 5,03 €*

13195 **SEGALEN V.** Oeuvres complètes. 1, Cycle polynésien. *Laffont, 1995.* (Bouquins)
ISBN 2-221-06462-3. *189 F / 28,81 €*

13196 **SEGALEN V.** Oeuvres complètes. 2, Cycle chinois, cycle archéologique et sinologique. *Laffont, 1995.* (Bouquins)
ISBN 2-221-06705-3. *179 F / 27,29 €*

13197 **SEGHERS A.** Histoire des Caraïbes ; Les Noces d'Haïti ; Rétablissement de l'esclavage en Guadeloupe... *Arche éditeur, 1972.* (Travaux ; 19)
ISBN 2-85181-150-9. *75 F / 11,43 €*

13198 **SEGHERS A.** La Révolte des pêcheurs de Sainte-Barbara. *Arche éditeur, 1971.* (Travaux ; 12)
ISBN 2-85181-142-8. *55 F / 8,38 €*

13199 **SÉGUR S. d.** Oeuvres. 1. *Laffont, 1990.* (Bouquins)
ISBN 2-221-05892-5. *130 F / 19,82 €*

13200 **SÉGUR S. d.** Oeuvres. 2. *Laffont, 1990.* (Bouquins)
ISBN 2-221-05893-3. *120 F / 18,29 €*

13201 **SÉGUR S. d.** Oeuvres. 3. *Laffont, 1990.* (Bouquins)
ISBN 2-221-05894-1. *120 F / 18,29 €*

13202 **SÉGUR S. d.** Oeuvres. *Laffont, 1990.* (Bouquins)
ISBN 2-221-90058-8. *370 F / 56,41 €*

13203 **Sémantique de la poésie.** *Seuil, 1979.* (Points ; 103. Essais c2)
ISBN 2-02-005282-2. *39 F / 5,95 €*

13204 **SEMPRUN J.** Adieu, vive clarté. *Gallimard, 2000.* (Folio ; 3317 c8)
ISBN 2-07-041173-7. *32,50 F / 4,95 €*

13205 **SEMPRUN J.** L'écriture ou la vie. *Gallimard, 1996.* (Folio ; 2870 c10)
ISBN 2-07-040055-7. *46 F / 7,01 €*

13206 **SEMPRUN J.** Mal et modernité ; suivi de Discours de Francfort. *Seuil, 1997.* (Points ; 299 c5)
ISBN 2-02-029140-1. *29 F / 4,42 €*

13207 **SEMPRUN J.** Quel beau dimanche. *Grasset, 1991.* (Les Cahiers rouges ; 144)
ISBN 2-246-08882-8. *68 F / 10,37 €*

13208 **SÉNÈQUE** Lettres à Lucilius : sur l'amitié, la mort et les livres. *Pocket, 1991.* (Agora ; 63. Les Classiques c7)
ISBN 2-266-03399-9. *42 F / 6,40 €*

13209 **SERRES M.** Nouvelles du monde. *J'ai lu, 1999.* (J'ai lu ; 5179. Littérature générale c4)
ISBN 2-290-05179-9. *36 F / 5,49 €*

13210 **SERVAN-SCHREIBER J-L.** Le Retour du courage. *Albin Michel, 1992.* (Espaces libres ; 25 c3)
ISBN 2-226-05665-3. *45 F / 6,86 €*

13211 **SEURAT M.** Les Corbeaux d'Alep. *Gallimard : Lieu commun, 1989.* (Folio ; 2079 c11)
ISBN 2-07-038167-6. *29,50 F / 4,50 €*

13212 **SÉVIGNÉ M. d. R-C. (. d.** Lettres choisies. *Gallimard, 1988.* (Folio ; 1935. Classique c10)
ISBN 2-07-037935-3. *46 F / 7,01 €*

13213 **N** **SÉVIGNÉ M. d. R-C. (. d.** Ma chère bonne... : lettres choisies. *Librio, 2001.* (Librio c1)
ISBN 2-290-30738-6. *10 F / 1,52 €*

13214 **SGARD J.** Le roman français à l'âge classique : 1600-1800. *LGF, 2000.* (Le Livre de poche ; 571. Références littérature)
ISBN 2-253-90571-2. *45 F / 6,86 €*

13215 **SHELL R.** Crack : journal d'un accro. *10-18, 1999.* (10-18 ; 3114. Domaine étranger c6)
ISBN 2-264-02827-0. *47 F / 7,17 €*

13216 **Le Signe de patience :** et autres pièces du théâtre des Yuan. *Gallimard, 1991.* (Connaissance de l'Orient poche ; 51)
ISBN 2-07-072431-X. *54 F / 8,23 €*

13217 **SIGNOL C.** Bonheurs d'enfance. *LGF, 1998.* (Le Livre de poche ; 14524 c6)
ISBN 2-253-14524-6. *26 F / 3,96 €*

13218 **SIGNORET S.** Le Lendemain, elle était souriante. *Seuil, 1981.* (Points. Actuels ; 42 c2)
ISBN 2-02-005750-6. *39 F / 5,95 €*

13219 **SIGNORET S.** La Nostalgie n'est plus ce qu'elle était. *Seuil, 1978.* (Points. Actuels ; 19 c3)
ISBN 2-02-004919-8. *48 F / 7,32 €*

13220 **SIMENON G.** L'Age du roman. *Complexe, 1988.* (Le Regard littéraire ; 18 c9)
ISBN 2-87027-241-3. *59 F / 8,99 €*

13221 **SIMON A.** Molière. Nouv. éd. augm. *Seuil, 1996.* (Ecrivains de toujours c3)
ISBN 2-02-025027-6. *65 F / 9,91 €*

13222 **SIMON Y.** Jours ordinaires et autres jours. *LGF, 1991.* (Le Livre de poche ; 4137. Biblio essais c7)
ISBN 2-253-05713-4. *30 F / 4,57 €*

13223 **SIMON Y.** Sorties de nuit ; suivi de Portrait de femme, Lou Andreas Salomé. *LGF, 1995.* (Le Livre de poche ; 13687 c2)
ISBN 2-253-13687-5. *15 F / 2,29 €*

13224 **SIMONIN A.** Confessions d'un enfant de la Chapelle. Nouv. éd. *Gallimard, 1984.* (Folio ; 1581 c8)
ISBN 2-07-037581-1. *37 F / 5,64 €*

13225 **SIMONSEN M.** Perrault, contes. *PUF, 1992.* (Etudes littéraires ; 35)
ISBN 2-13-044360-5. *42 F / 6,40 €*

13226 **SINGER C.** Les Ages de la vie. *Albin Michel, 1990.* (Espaces libres ; 8 c3)
ISBN 2-226-04829-4. *45 F / 6,86 €*

13227 **SINGER I. B., BAY M.** Au tribunal de mon père. Nouv. éd. *Stock, 1996.* (Bibliothèque cosmopolite c4)
ISBN 2-234-04707-2. *65 F / 9,91 €*

13228 **SIPRIOT P.** Montherlant sans masque : biographie : 1895-1972. *LGF, 1992.* (Le Livre de poche ; 4387 c17)
ISBN 2-253-06129-8. *60 F / 9,15 €*

13229 **SMEDT M. d.** Eloge du silence. *Albin Michel, 1989.* (Espaces libres ; 1 c3)
ISBN 2-226-03813-2. *45 F / 6,86 €*

13230 **SOJCHER J.** Le professeur de philosophie. *Labor, 1999.* (Espace Nord ; 148)
ISBN 2-8040-1389-8. *249 FB / 6,17 €*

13231 **SOLER P.** Jean de La Bruyère, Les Caractères. *PUF, 1994.* (Etudes littéraires ; 46)
ISBN 2-13-046229-4. *45 F / 6,86 €*

13232 **SOLLERS P.** L'année du Tigre : journal de l'année de la fin du siècle. *Seuil, 2000.* (Points ; 705)
ISBN 2-02-039568-1. *48 F / 7,32 €*

13233 **SOLLERS P.** Casanova l'admirable. *Gallimard, 2000.* (Folio ; 3318 c9)
ISBN 2-07-040891-4. *41 F / 6,25 €*

13234 **SOLLERS P.** Drame. *Gallimard, 1990.* (L'imaginaire ; 227)
ISBN 2-07-071853-0. *42 F / 6,40 €*

13235 **SOLLERS P.** L'Ecriture et l'expérience des limites. *Seuil, 1971.* (Points ; 24. Essais c1)
ISBN 2-02-000599-9. *39 F / 5,95 €*

13236 **SOLLERS P.** La guerre du goût. *Gallimard, 1996.* (Folio ; 2880 c11)
ISBN 2-07-040058-1. *50 F / 7,62 €*

13237 **SOLLERS P.** Improvisations. *Gallimard, 1991.* (Folio. Essais ; 165 c1)
ISBN 2-07-032634-9. *29,50 F / 4,50 €*

13238 **SOLLERS P.** Paradis 2. *Gallimard, 1995.* (Folio ; 2759 c9)
ISBN 2-07-039351-8. *20,50 F / 3,13 €*

13239 **SOLLERS P.** Théorie des exceptions. *Gallimard, 1985.* (Folio. Essais ; 28 c3)
ISBN 2-07-032338-2. *41 F / 6,25 €*

13240 **SOLLERS P., HAYMAN D.** Vision à New York : entretiens avec David Hayman. *Gallimard, 1998.* (Folio ; 3133 c8)
ISBN 2-07-040510-9. *37 F / 5,64 €*

13241 **SORAYA (shahbanou d'Iran)** Le Palais des solitudes. *J'ai lu, 1992.* (J'ai lu ; 3251. Littérature générale)
ISBN 2-277-23251-3. *36 F / 5,49 €*

13242 **SORIANO M.** Les Contes de Perrault : culture savante et tradition populaire. Ed. rev. *Gallimard, 1977.* (Tel ; 22)
ISBN 2-07-029794-2. *85 F / 12,96 €*

13243 **SOUPAULT P.** Profils perdus. *Gallimard, 1999.* (Folio ; 3165 c11)
ISBN 2-07-040720-9. *29,50 F / 4,50 €*

13244 **SOUSLOVA A.** Mes années d'intimité avec Dostoïevski : avec un choix de lettres de Dostoïevski. *Gallimard, 1995.* (Arcades ; 39)
ISBN 2-07-074036-6. *80 F / 12,20 €*

13245 **SOUTET O.** La Littérature française de la Renaissance. Nouv. éd. *PUF, 1994.* (Que sais-je? ; 1880 c1)
ISBN 2-13-046856-X. *42 F / 6,40 €*

13246 **SPIQUEL A.** Le romantisme. *Seuil, 1999.* (Mémo ; 115)
ISBN 2-02-034840-3. *29 F / 4,42 €*

13247 **Splendeurs de la cour de Bourgogne :** récits et chroniques. *Laffont, 1995.* (Bouquins)
ISBN 2-221-06825-4. *179 F / 27,29 €*

13248 **STAAL-DELAUNAY M. J. d.** Mémoires de jeunesse. *Mercure de France, 1996.* (Le petit Mercure)
ISBN 2-7152-1958-X. *24 F / 3,66 €*

13249 **STAËL-HOLSTEIN G. d.** Delphine. *Des femmes-Antoinette Fouque, 1983.* (Ecrits d'hier)
ISBN 2-7210-0215-5. *120 F / 18,29 €*

13250 **STAROBINSKI J.** Jean-Jacques Rousseau : la transparence et l'obstacle. *Gallimard, 1976.* (Tel ; 6)
ISBN 2-07-029473-0. *76 F / 11,59 €*

13251 **STAROBINSKI J.** Montaigne en mouvement. Nouv. éd. rev. et corr. *Gallimard, 1993.* (Folio ; 217. Essais ; 217 cJ)
ISBN 2-07-032748-5. *76,50 F / 11,66 €*

13252 **STAROBINSKI J.** Montesquieu. *Seuil, 1989.* (Points ; 201. Essais c4)
ISBN 2-02-010391-5. *52 F / 7,93 €*

13253 **STAROBINSKI J.** Montesquieu. Ed. rev. augm. et mise à jour. *Seuil, 1994.* (Ecrivains de toujours c3)
ISBN 2-02-019831-2. *65 F / 9,91 €*

13254 **STAROBINSKI J.** L'oeil vivant : Corneille, Racine, La Bruyère, Rousseau, Stendhal. Nouv. éd. augm. *Gallimard, 1999.* (Tel ; 301)
ISBN 2-07-075458-8. *55 F / 8,38 €*

13255 **STÉFAN J.** Chroniques catoniques. *Table ronde, 1996.* (La petite vermillon ; 54)
ISBN 2-7103-0722-7. *55 F / 8,38 €*

13256 **STEGAGNO-PICCHIO L.** La Littérature brésilienne. *PUF, 1996.* (Que sais-je? ; 1894 c1)
ISBN 2-13-047501-9. *42 F / 6,40 €*

13257 **STEINBECK J.** Les bohémiens des vendanges. *Mille et une nuits, 2000.* (La petite collection ; 254)
ISBN 2-84205-441-5. *10 F / 1,52 €*

13258 **STEINER G.** Les Antigones. *Gallimard, 1992.* (Folio. Essais ; 182 c3)
ISBN 2-07-032682-9. *41 F / 6,25 €*

13259 **N** **STEINER G.** Entretiens. *10-18, 2000.* (10-18 ; 3175. Bibliothèques c5)
ISBN 2-264-03042-9. *44 F / 6,71 €*

13260 **STEINER G.** Epreuves. *Gallimard, 1993.* (Arcades)
ISBN 2-07-073020-4. *68 F / 10,37 €*

13261 **N** **STEINER G.** Errata : récit d'une pensée. *Gallimard, 2000.* (Folio ; 3430 c7)
ISBN 2-07-041479-5. *32,50 F / 4,95 €*

13262 **STEINER G.** Langage et silence. *10-18, 1999.* (10-18 ; 3076. Bibliothèques c5)
ISBN 2-264-02793-2. *44 F / 6,71 €*

13263 **STEINER G.** La Mort de la tragédie. *Gallimard, 1993.* (Folio ; 224. Essais c5)
ISBN 2-07-032762-0. *52 F / 7,93 €*

13264 **A** **STEINER G.** Passions impunies. *Gallimard, 2001.* (Folio. Essais)
ISBN 2-07-041827-8. *20,50 F / 3,13 €*

13265 **STEINMETZ J-L.** André Breton et les surprises de l'amour. *PUF, 1994.* (Le Texte rêve)
ISBN 2-13-046266-9. *65 F / 9,91 €*

13266 **N** **STEINMETZ J-L.** Les femmes de Rimbaud. *Zulma, 2000.* (Grain d'orage)
ISBN 2-84304-094-9. *49 F / 7,47 €*

13267 **STEINMETZ J-L.** La Littérature fantastique. 2e éd. corr. *PUF, 1993.* (Que sais-je? ; 907 c1)
ISBN 2-13-044972-7. *42 F / 6,40 €*

13268 **STENDHAL** Maximes et pensées. *A. Silvaire, 1999.* (Maximes et pensées c1)
ISBN 2-85055-265-8. *42 F / 6,40 €*

13269 **STENDHAL** Notes d'un dilettante. *Table ronde, 1996.* (La petite vermillon ; 62)
ISBN 2-7103-0736-7. *45 F / 6,86 €*

13270 **STENDHAL** Promenades dans Rome. *Gallimard, 1997.* (Folio ; 2979. Classique c14)
ISBN 2-07-039248-1. *60 F / 9,15 €*

13271 **STENDHAL** Rome, Naples et Florence. *Gallimard, 1987.* (Folio ; 1845. Classique c11)
ISBN 2-07-037845-4. *50 F / 7,62 €*

13272 **STENDHAL** Souvenirs d'égotisme ; suivi de Projets d'autobiographie et de Les privilèges. *Gallimard, 1983.* (Folio ; 1430. Classique c8)
ISBN 2-07-037430-0. *37 F / 5,64 €*

13273 **STÉPHANE R.** Portrait de l'aventurier : T.E. Lawrence, Malraux, von Salomon. *Grasset, 1995.* (Les Cahiers rouges ; 209)
ISBN 2-246-30073-8. *55 F / 8,38 €*

13274 **N** **STEVENSON R. L.** Une apologie des oisifs ; Causeries et causeurs. *Allia, 2001.* (Petite collection)
ISBN 2-84485-056-1. *40 F / 6,10 €*

13275 **STOFFEL S. L.** Lewis Carroll au pays des merveilles. *Gallimard, 1998.* (Découvertes ; 340. Littérature)
ISBN 2-07-053426-X. *85 F / 12,96 €*

13276 **STRAUSS B.** L'incommencement : réflexions sur la tache et la ligne. *Gallimard, 1996.* (Arcades ; 43)
ISBN 2-07-073268-1. *70 F / 10,67 €*

13277 **STRAUSS L., KOJÈVE A.** De la tyrannie ; Hiéron, de Xénophon ; Tyrannie et sagesse. *Gallimard, 1983.* (Tel ; 73)
ISBN 2-07-025886-6. *59 F / 8,99 €*

13278 **STRINDBERG A.** Petit catéchisme à l'usage de la classe inférieure. *Actes Sud, 1993.* (Babel ; 67 c1)
ISBN 2-7427-0013-7. *33 F / 5,03 €*

13279 **STRUBEL A.** Le Roman de la rose. *PUF, 1984.* (Etudes littéraires ; 4)
ISBN 2-13-038509-5. *24 F / 3,66 €*

13280 **N** **STYRON W.** : chronique d'une folie = Darkness visible : a memoir of madness. *Gallimard, 2000.* (Folio bilingue ; 92)
ISBN 2-07-041317-9. *60 F / 9,15 €*

13281 **SUARÈS A.** Vues sur l'Europe. *Grasset, 1991.* (Les Cahiers rouges ; 136)
ISBN 2-246-44412-8. *60 F / 9,15 €*

13282 **SUHAMY H.** La Poétique. 3e éd. corr. *PUF, 1991.* (Que sais-je? ; 2311 c1)
ISBN 2-13-044041-X. *42 F / 6,40 €*

13283 **SUHAMY H.** Shakespeare. *LGF, 1996.* (Le Livre de poche ; 523. Références littérature c14)
ISBN 2-253-90523-2. *48 F / 7,32 €*

13284 **N** **SULIVAN J.** Itinéraire spirituel : Matinales I. *Gallimard, 2000.* (Folio ; 367. Essais cC)
ISBN 2-07-041316-0. *41 F / 6,25 €*

13285 **SÛRDÂS** Pastorales. *Gallimard, 1991.* (Connaissance de l'Orient poche)
ISBN 2-07-072432-8. *42 F / 6,40 €*

13286 **SWIFT J.** Instructions aux domestiques ; suivi de Opuscules humoristiques. *10-18, 1997.* (10-18 ; 2909. Domaine étranger c5)
ISBN 2-264-02650-2. *44 F / 6,71 €*

13287 **SWIFT J.** Instructions aux domestiques. *Mercure de France, 1997.* (Le petit Mercure. Brèves histoires d'humour)
22 F / 3,35 €

13288 **SWIFT J.** Instructions aux domestiques. *Mille et une nuits, 1998.* (La petite collection ; 194 cB)
ISBN 2-84205-304-4. *15 F / 2,29 €*

13289 **SWIFT J.** Modeste proposition pour empêcher les enfants des pauvres d'être à la charge de leurs parents ou de leur pays et pour les rendre utiles au public. *Mille et une nuits, 1995.* (La petite collection ; 80 cA)
ISBN 2-84205-009-6. *10 F / 1,52 €*

13290 **SZKILNIK M.** Michèle Szkilnik présente Perceval ou Le conte du Graal de Chrétien de Troyes. *Gallimard, 1998.* (Foliothèque ; 74)
ISBN 2-07-040170-7. *52 F / 7,93 €*

13291 **SZONDI P.** Poésie et poétique de l'idéalisme allemand. *Gallimard, 1991.* (Tel ; 194)
ISBN 2-07-072464-6. *72 F / 10,98 €*

13292 **TADIÉ J-Y.** Proust et le roman : essai sur les formes et les techniques du roman dans A la recherche du temps perdu. *Gallimard, 1986.* (Tel ; 98)
ISBN 2-07-070627-3. *68 F / 10,37 €*

13293 **TADIÉ J-Y.** Proust, le dossier. Ed. rev. et augm. *Pocket, 1998.* (Agora ; 209 c7)
ISBN 2-266-08928-5. *42 F / 6,40 €*

13294 **TADIÉ J-Y.** Le Récit poétique. *Gallimard, 1994.* (Tel ; 240)
ISBN 2-07-073770-5. *48 F / 7,32 €*

13295 **TADIÉ J-Y.** Le roman d'aventure. *PUF, 1996.* (Quadrige ; 205)
ISBN 2-13-047421-7. *62 F / 9,45 €*

13296 **TAGORE R.** Souvenirs. *Gallimard, 1991.* (Connaissance de l'Orient poche ; 54)
ISBN 2-07-072433-6. *42 F / 6,40 €*

13297 **TAPIÉ V-L.** Chateaubriand. Nouv. éd. *Seuil, 1976.* (Ecrivains de toujours ; 71 c1)
ISBN 2-02-000071-7. *49 F / 7,47 €*

13298 **TARDIEU J.** On vient chercher monsieur Jean. *Gallimard, 1998.* (L'imaginaire ; 385)
ISBN 2-07-075257-7. *46 F / 7,01 €*

13299 **TATIN-GOURIER J-J.** La littérature française du XVIIIe siècle. *Dunod, 1999.* (Les topos. Lettres c1)
ISBN 2-10-004145-2. *52 F / 7,93 €*

13300 **TEILHARD DE CHARDIN P.** Ecrits du temps de la guerre : 1916-1919. *Grasset, 1992.* (Les Cahiers rouges ; 168)
ISBN 2-246-16482-6. *68 F / 10,37 €*

13301 **TEILHARD DE CHARDIN P.** Genèse d'une pensée : lettres 1914-1919. *Grasset, 1997.* (Les Cahiers rouges ; 248)
ISBN 2-246-16502-4. *68 F / 10,37 €*

13302 **TEILHARD DE CHARDIN P.** Lettres de voyage : 1923-1955. *Grasset, 1997.* (Les Cahiers rouges ; 249)
ISBN 2-246-16493-1. *65 F / 9,91 €*

13303 **Tel quel ; Théorie d'ensemble :** choix. *Seuil, 1980.* (Points ; 121. Essais c4)
ISBN 2-02-005708-5. *52 F / 7,93 €*

13304 **TERRAY M-L.** Marie-Louise Terray présente Les chants de Maldoror, Lettres, Poésies I et II d'Isidore Ducasse, comte de Lautréamont. *Gallimard, 1997.* (Foliothèque ; 68)
ISBN 2-07-040015-8. *41 F / 6,25 €*

13305 **Théorie des genres.** *Seuil, 1986.* (Points ; 181. Essais ; 181 c3)
ISBN 2-02-009047-3. *48 F / 7,32 €*

13306 **THIBAUDET A.** Gustave Flaubert. *Gallimard, 1982.* (Tel ; 72)
ISBN 2-07-023903-9. *65 F / 9,91 €*

13307 **THIÉBAUT C.** Claude Thiébaut présente La Métamorphose et autres récits de Franz Kafka. *Gallimard, 1991.* (Foliothèque ; 9 c4)
ISBN 2-07-038354-7. *46 F / 7,01 €*

13308 **THIÉBAUT C.** Les métamorphoses de Kafka. *Gallimard, 1996.* (Découvertes ; 304. Littérature c5)
ISBN 2-07-053778-1. *85 F / 12,96 €*

13309 **THIÉBAUT O.** J'irai revoir mon Cotentin. *Baleine, 1998.* (Tourisme et polar)
ISBN 2-84219-130-7. *15 F / 2,29 €*

13310 **THIERCY P.** Aristophane et l'ancienne comédie. *PUF, 1999.* (Que sais-je? ; 3438 c1)
ISBN 2-13-049648-2. *42 F / 6,40 €*

13311 **N** **THIESSE A-M.** Le roman du quotidien : lecteurs et lectures populaires à la Belle Epoque. *Seuil, 2000.* (Points. Histoire ; 277 c11)
ISBN 2-02-040434-6. *48 F / 7,32 €*

13312 **THIRION A.** Révolutionnaires sans révolution. *Actes Sud, 1999.* (Babel ; 401. Révolutions c8)
ISBN 2-7427-2508-3. *80 F / 12,20 €*

13313 **THOMAS C.** Casanova : un voyage libertin. *Gallimard, 1998.* (Folio ; 3125 c9)
ISBN 2-07-040562-1. *41 F / 6,25 €*

13314 **THOMAS C.** Sade. *Seuil, 1994.* (Ecrivains de toujours)
ISBN 2-02-014637-1. *65 F / 9,91 €*

13315 **THOMASSEAU J-M.** Alfred de Musset, Lorenzaccio. 2e éd. *PUF, 1991.* (Etudes littéraires ; 12)
ISBN 2-13-043770-2. *29 F / 4,42 €*

13316 **THOREAU H. D.** Désobéir. *10-18, 1997.* (10-18 ; 2832. Bibliothèques c4)
ISBN 2-264-02497-6. *41 F / 6,25 €*

13317 **THOREZ P.** Une Voix, presque mienne. *Gallimard, 1986.* (Folio ; 1758 c11)
ISBN 2-07-037758-X. *29,50 F / 4,50 €*

13318 **THURMAN J.** Karen Blixen. *LGF, 1987.* (Le Livre de poche ; 6312 cL)
ISBN 2-253-04110-6. *44 F / 6,71 €*

13319 **TILLINAC D.** Dernier verre au Danton. *Pocket, 1998.* (Pocket ; 10305 c7)
ISBN 2-266-07856-9. *42 F / 6,40 €*

13320 **TILLINAC D.** Elvis, balade sudiste. *Librio, 1997.* (Librio ; 186 c1)
ISBN 2-277-30186-8. *10 F / 1,52 €*

13321 **TILLINAC D.** Spleen en Corrèze. *Table ronde, 1997.* (La petite vermillon ; 75)
ISBN 2-7103-0685-9. *35 F / 5,34 €*

13322 **TODOROV T.** Introduction à la littérature fantastique. *Seuil, 1976.* (Points ; 73. Essais c1)
ISBN 2-02-004374-2. *32 F / 4,88 €*

13323 **TODOROV T.** La Notion de littérature : et autres essais. *Seuil, 1987.* (Points. Essais ; 188 c2)
ISBN 2-02-009555-6. *39 F / 5,95 €*

13324 **TODOROV T.** Poétique de la prose ; nouvelles recherches sur le récit. *Seuil, 1980.* (Points ; 120. Essais c2)
ISBN 2-02-005693-3. *45 F / 6,86 €*

13325 **TODOROV T.** Poétique. *Seuil, 1973.* (Qu'est-ce que le structuralisme?; 2)(Points ; 45. Essais c1)
ISBN 2-02-000620-0. *32 F / 4,88 €*

13326 **N** **TOMASI DI LAMPEDUSA G.** Shakespeare. *Allia, 2000.* (Petite collection)
ISBN 2-84485-044-8. *40 F / 6,10 €*

13327 **N** **TOSCHES N.** Confessions d'un chasseur d'opium. *Allia, 2001.* (Petite collection)
ISBN 2-84485-055-3. *40 F / 6,10 €*

13328 **N** **TOURNIER J.** Des persiennes vert perroquet. *Gallimard, 2000.* (Folio ; 3447 c7)
ISBN 2-07-040892-2. *29,50 F / 4,50 €*

13329 **TOURNIER M.** Au pied de la lettre : trois cents mots propres. Ed. rev. et augm. *Gallimard, 1996.* (Folio ; 2881 c9)
ISBN 2-07-040074-3. *20,50 F / 3,13 €*

13330 **N** **TOURNIER M.** Célébrations. Ed. rev. et augm. *Gallimard, 2000.* (Folio ; 3431 c8)
ISBN 2-07-041251-2. *37 F / 5,64 €*

13331 **TOURNIER M.** Le miroir des idées : traité. Ed. rev. et augm. *Gallimard, 1996.* (Folio ; 2882 c11)
ISBN 2-07-040105-7. *29,50 F / 4,50 €*

13332 **TOURNIER M.** Le Vent paraclet. *Gallimard, 1979.* (Folio ; 1138 c8)
ISBN 2-07-037138-7. *37 F / 5,64 €*

13333 **TOURNIER M.** Le Vol du vampire : notes de lecture. *Gallimard, 1994.* (Folio ; 258. Essais ; 258 c2)
ISBN 2-07-032858-9. *37 F / 5,64 €*

13334 **N** **TRÉDÉ-BOULMER M., SAÏD S.** La littérature grecque d'Homère à Aristote. 3e éd. mise à jour. *PUF, 2001.* (Que sais-je? ; 227 c1)
ISBN 2-13-051406-5. *42 F / 6,40 €*

13335 **TREMBLAY M.** Un ange cornu avec des ailes de tôle. *Actes Sud, 1996.* (Babel ; 221 c3)
ISBN 2-7427-0851-0. *45 F / 6,86 €*

13336 **TREMBLAY M.** Douze coups de théâtre. *Actes Sud, 1997.* (Babel ; 254 c4)
ISBN 2-7427-0852-9. *51 F / 7,77 €*

13337 **TREMBLAY M.** Les vues animées. *Actes Sud, 2000.* (Babel ; 389)
ISBN 2-7427-2461-3. *39 F / 5,95 €*

13338 **Triomphe de Dionysos :** anthologie de l'ivresse. *Actes Sud, 1999.* (Babel ; 392 c4)
ISBN 2-7427-2401-X. *63 F / 9,60 €*

13339 **Tristan et Iseut :** les poèmes français, la saga norroise. *LGF, 1989.* (Le Livre de poche ; 4521. Lettres gothiques c15)
ISBN 2-253-05085-7. *50 F / 7,62 €*

13340 **TROTSKY L.** Journal d'exil 1935. *Gallimard, 1977.* (Folio ; 952 c11)
ISBN 2-07-036952-8. *29,50 F / 4,50 €*

13341 **TROYAT H.** Flaubert. *LGF, 1992.* (Le Livre de poche ; 4380 c9)
ISBN 2-253-06111-5. *36 F / 5,49 €*

13342 **TROYAT H., CHAVARDÈS M.** Un si long chemin : conversations avec Maurice Chavardès. *J'ai lu, 1988.* (J'ai lu ; 2457. Littérature générale c3)
ISBN 2-290-12457-5. *29 F / 4,42 €*

13343 **TUCKER G. H.** George Hugo Tucker présente Les regrets et autres oeuvres poétiques de Joachim Du Bellay. *Gallimard, 2000.* (Foliothèque ; 84 cF)
ISBN 2-07-040515-X. *56 F / 8,54 €*

13344 **UBERSFELD A.** Les termes clés de l'analyse du théâtre. *Seuil, 1996.* (Mémo ; 21)
ISBN 2-02-022955-2. *36 F / 5,49 €*

13345 **VAILLAND R.** Eloge du cardinal de Bernis. *Grasset, 1988.* (Les Cahiers rouges ; 84)
ISBN 2-246-17562-3. *32 F / 4,88 €*

13346 **VAILLAND R.** Laclos. Ed. rev. *Seuil, 1978.* (Ecrivains de toujours ; 16 c1)
ISBN 2-02-000016-4. *49 F / 7,47 €*

13347 **VAILLAND R.** Le Surréalisme contre la révolution. *Complexe, 1988.* (Le Regard littéraire ; 21 c8)
ISBN 2-87027-258-8. *56 F / 8,54 €*

13348 **VALÈRE V.** Le Pavillon des enfants fous. *LGF, 1982.* (Le Livre de poche ; 5673 c4)
ISBN 2-253-03007-4. *20 F / 3,05 €*

13349 **N** **VALÉRY F.** Passeport pour les étoiles : guide de lecture S.-F. *Gallimard, 2000.* (Folio. SF ; 30 c8)
ISBN 2-07-041591-0. *37 F / 5,64 €*

13350 **VALÉRY P.** Lettres à quelques-uns. *Gallimard, 1997.* (L'imaginaire ; 360)
ISBN 2-07-074751-4. *55 F / 8,38 €*

13351 **VALÉRY P.** Tel quel. 1. *Gallimard, 1996.* (Folio ; 292. Essais ; 292 c5)
ISBN 2-07-032929-1. *20,50 F / 3,13 €*

13352 **VALÉRY P.** Variété I et II. *Gallimard, 1998.* (Folio ; 327. Essais)
ISBN 2-07-040584-2. *37 F / 5,64 €*

13353 **VALETTE B.** Guy de Maupassant, Une Vie. *PUF, 1993.* (Etudes littéraires ; 41)
ISBN 2-13-045122-5. *45 F / 6,86 €*

13354 **VALLET O.** L'affaire Oscar Wilde. *Gallimard, 1997.* (Folio ; 2982 c11)
ISBN 2-07-040212-6. *29,50 F / 4,50 €*

13355 **VAN GOGH V.** Lettres à son frère Théo. *Grasset, 1990.* (Les Cahiers rouges ; 105)
ISBN 2-246-43183-2. *59 F / 8,99 €*

13356 **VAN GOGH V.** Lettres à son frère Théo. *Gallimard, 1989.* (L'imaginaire ; 206)
ISBN 2-07-071448-9. *75 F / 11,43 €*

13357 **VAN GOGH V.** Lettres à Van Rappard. *Grasset, 1991.* (Les Cahiers rouges ; 148)
ISBN 2-246-04933-4. *55 F / 8,38 €*

13358 **VAN STEENBERGHEN F.** Le Thomisme. 2e éd. *PUF, 1992.* (Que sais-je? ; 587 c1)
ISBN 2-13-044400-8. *42 F / 6,40 €*

13359 **VAN TIEGHEM P.** Les grandes doctrines littéraires en France : de la Pléiade au surréalisme. *PUF, 1993.* (Quadrige ; 117)
ISBN 2-13-045659-6. *69 F / 10,52 €*

13360 **VAN TIEGHEM P.** Le Romantisme dans la littérature européenne : l'ére romantique. *Albin Michel, 1969.* (L'Evolution de l'humanité poche ; 19)
ISBN 2-226-04743-3. *49 F / 7,47 €*

13361 **VAN TIEGHEM P.** Le Romantisme français. 14e éd. *PUF, 1992.* (Que sais-je? ; 123 c1)
ISBN 2-13-044433-4. *42 F / 6,40 €*

13362 **VANDROMME P.** Le Monde de Tintin. *Table ronde, 1994.* (La petite vermillon ; 32)
ISBN 2-7103-0612-3. *45 F / 6,86 €*

13363 **VANEIGEM R.** Le livre des plaisirs. Réimpr. *Labor, 1998.* (Espace Nord ; 87 c3)
ISBN 2-8040-0905-X. *54 F / 8,23 €*

13364 **VANEIGEM R.** Traité de savoir-vivre à l'usage des jeunes générations. *Gallimard, 1992.* (Folio ; 28. Essais c7)
ISBN 2-07-032686-1. *60 F / 9,15 €*

13365 **VANONCINI A.** Le Roman policier. Nouv. éd. *PUF, 1997.* (Que sais-je? ; 1623 c1)
ISBN 2-13-045856-4. *42 F / 6,40 €*

13366 **VARGAS LLOSA M.** Un Barbare chez les civilisés. *Gallimard, 1998.* (Arcades ; 54)
ISBN 2-07-074757-3. *95 F / 14,48 €*

13367 **VARGAS LLOSA M.** Contre vents et marées. *Gallimard, 1989.* (Arcades ; 16)
ISBN 2-07-071734-8. *98 F / 14,94 €*

13368 **VARGAS LLOSA M.** En selle avec Tirant le Blanc. *Gallimard, 1996.* (Arcades ; 49)
ISBN 2-07-074555-4. *65 F / 9,91 €*

13369 **N** **VARGAS LLOSA M.** Lettres à un jeune romancier. *Gallimard, 2000.* (Arcades ; 61)
ISBN 2-07-075335-2. *79 F / 12,04 €*

13370 **VARGAS LLOSA M.** Le poisson dans l'eau : mémoires. *Gallimard, 1997.* (Folio ; 2928 c13)
ISBN 2-07-040181-2. *56 F / 8,54 €*

13371 **VAUVENARGUES L. d. C. (. d.** Maximes et pensées. Nouv. éd. *A. Silvaire, 1992.* (Maximes et pensées c1)
ISBN 2-85055-243-7. *42 F / 6,40 €*

13372 **VAX L.** La Séduction de l'étrange : étude sur la littérature fantastique. *PUF, 1987.* (Quadrige ; 90)
ISBN 2-13-039892-8. *58 F / 8,84 €*

13373 **VEILLETET P.** Mots et merveilles. *Arléa, 1998.* (Arléa-poche ; 41)
ISBN 2-86959-401-1. *35 F / 5,34 €*

13374 **VERHEGGEN J-P.** Le degré zorro de l'écriture. *Labor*; *Actes Sud, 1998.* (Espace Nord ; 139)
ISBN 2-8040-1312-X. *249 FB / 6,17 €*

13375 **VERLAINE P.** Les mémoires d'un veuf. *Gallimard, 1999.* (L'imaginaire ; 405)
ISBN 2-07-075587-8. *40 F / 6,10 €*

13376 **N** **VERNANT J-P., VIDAL-NAQUET P.** Mythe et tragédie en Grèce ancienne. 1. Nouv. éd. *La Découverte, 2001.* (La Découverte poche ; 101. Sciences humaines et sociales)
ISBN 2-7071-3380-9. *55 F / 8,38 €*

13377 **N** **VERNANT J-P., VIDAL-NAQUET P.** Mythe et tragédie en Grèce ancienne. 2. Nouv. éd. *La Découverte, 2001.* (La Découverte poche ; 102. Sciences humaines et sociales)
ISBN 2-7071-3381-7. *75 F / 11,43 €*

13378 **N** **VERNANT J-P., VIDAL-NAQUET P.** Mythe et tragédie en Grèce ancienne. *La Découverte, 2001.* (La Découverte poche ; 101-102. Sciences humaines et sociales)
ISBN 2-7071-3398-1. ISBN 2-7071-3380-9. ISBN 2-7071-3381-7. *130 F / 19,82 €*

13379 **VERNY F.** Dieu n'a pas fait la mort. *LGF, 1996.* (Le Livre de poche ; 14024 c6)
ISBN 2-253-14024-4. *26 F / 3,96 €*

13380 **VEYNE P.** René Char en ses poèmes. *Gallimard, 1995.* (Tel ; 263)
ISBN 2-07-074102-8. *68 F / 10,37 €*

13381 **VIALATTE A.** Les bananes de Königsberg. Nouv. éd. *Pocket, 1999.* (Pocket ; 3685)
ISBN 2-266-09654-0. *45 F / 6,86 €*

13382 **N** **VIALATTE A.** Chroniques de La Montagne. 1. *Laffont, 2000.* (Bouquins)
ISBN 2-221-09041-1. *179 F / 27,29 €*

13383 **N** **VIALATTE A.** Chroniques de La Montagne. 2. *Laffont, 2000.* (Bouquins)
ISBN 2-221-09042-X. *179 F / 27,29 €*

13384 **VIALATTE A.** Chroniques des grands micmacs. Réimpr. *Pocket, 1997.* (Pocket ; 2986 c5)
ISBN 2-266-07682-5. *35 F / 5,34 €*

13385 **VIALATTE A.** Et c'est ainsi qu'Allah est grand : chroniques. Réimpr. *Pocket, 1999.* (Pocket ; 3346)
ISBN 2-266-09032-1. *38 F / 5,79 €*

13386 **VIAN B.** La belle époque : variétés. *LGF, 1998.* (Le Livre de poche ; 14432 c10)
ISBN 2-253-14432-0. *40 F / 6,10 €*

13387 **VIAN B.** Chroniques du menteur. *LGF, 1999.* (Le Livre de poche ; 14737 c6)
ISBN 2-253-14737-0. *26 F / 3,96 €*

13388 **VIAN B.** Ecrits pornographiques ; précédé de Utilité d'une littérature érotique. *LGF, 1998.* (Le Livre de poche ; 14431 c6)
ISBN 2-253-14431-2. *26 F / 3,96 €*

13389 **N** **VIAN B.** Manuel de Saint-Germain-des-Prés. *LGF, 2001.* (Le Livre de poche ; 14974 c8)
ISBN 2-253-14974-8. *33 F / 5,03 €*

13390 **VIAN B.** Traité de civisme, Boris Vian. *LGF, 1999.* (Le Livre de poche ; 14662 c10)
ISBN 2-253-14662-5. *40 F / 6,10 €*

13391 **VIEGNES M.** Michel Viegnes présente Sagesse, Amour, Bonheur de Paul Verlaine. *Gallimard, 1998.* (Foliothèque ; 75)
ISBN 2-07-040137-5. *52 F / 7,93 €*

13392 **VIGÉE-LE BRUN L. E.** Souvenirs. *Des femmes-Antoinette Fouque, 1984.* (Ecrits d'hier)
ISBN 2-7210-0255-4. *145 F / 22,11 €*

13393 **VILAR J-F.** Les fous de Chaillot. *Baleine, 1997.* (Tourisme et polar)
ISBN 2-84219-085-8. *19 F / 2,90 €*

13394 **VILLARD M.** Les rosbifs de Montorgueil. *Baleine, 1998.* (Tourisme et polar)
ISBN 2-84219-155-2. *15 F / 2,29 €*

13395 **N** **VILMORIN S. d.** Aimer encore : André Malraux, 1970-1976. *Gallimard, 2000.* (Folio ; 3466 c8)
ISBN 2-07-041635-6. *37 F / 5,64 €*

13396 **Le vin des écrivains. 1, Vins de France.** *Mercure de France, 1999.* (Le petit Mercure)
ISBN 2-7152-2175-4. *22 F / 3,35 €*

13397 **Le vin des écrivains. 2, Vins du monde.** *Mercure de France, 1999.* (Le petit Mercure)
ISBN 2-7152-2176-2. *22 F / 3,35 €*

13398 **Le vin des écrivains. 3, Alcools du monde.** *Mercure de France, 1999.* (Le petit Mercure)
ISBN 2-7152-2177-0. *22 F / 3,35 €*

13399 **N** **VIRCONDELET A.** Marguerite Duras et l'émergence du chant. *La Renaissance du livre, 2000.* (Conférences des Midis de la poésie)
ISBN 2-8046-0438-1. *39 F / 5,95 €*

13400 **VITOUX F.** Il me semble désormais que Roger est en italie. *Actes Sud, 1998.* (Babel ; 335)
ISBN 2-7427-1795-1. *33 F / 5,03 €*

13401 **VOISIN-FOUGÈRE M-A.** Marie-Ange Voisin-Fougère présente Contes cruels d'Auguste Villiers-de-L'Isle-Adam. *Gallimard, 1996.* (Foliothèque ; 54 c4)
ISBN 2-07-039366-6. *46 F / 7,01 €*

13402 **VOLTAIRE** L'affaire Calas et autres affaires. *Gallimard, 1975.* (Folio ; 672. Classique c8)
ISBN 2-07-036672-3. *37 F / 5,64 €*

13403 **VOLTAIRE** Catéchisme de l'honnête homme. *Mille et une nuits, 1996.* (La petite collection ; 93 cA)
ISBN 2-84205-036-3. *10 F / 1,52 €*

13404 **VOLTAIRE** Correspondance choisie. Nouv. éd. *LGF, 1997.* (La Pochothèque ; 3235. Classiques modernes)
ISBN 2-253-13235-7. *125 F / 19,06 €*

405 **VOLTAIRE** Dictionnaire de la pensée de Voltaire par lui-même. *Complexe, 1994.* (Bibliothèque Complexe)
ISBN 2-87027-530-7. *195 F / 29,73 €*

406 **VOLTAIRE** Lettres anglaises (Lettres philosophiques). *Mille et une nuits, 1999.* (La petite collection ; 230 c5)
ISBN 2-84205-390-7. *19,50 F / 2,97 €*

407 **VOLTAIRE** Mémoires pour servir à la vie de M. de Voltaire, écrits par lui-même. *LGF, 1998.* (Le Livre de poche ; 719. Bibliothèque classique c9)
ISBN 2-253-90719-7. *36 F / 5,49 €*

408 **VOLTAIRE** Micromégas. *Mille et une nuits, 1994.* (La petite collection ; 21 cA)
ISBN 2-910233-21-9. *10 F / 1,52 €*

409 **VON ARNIM E.** Tous les chiens de ma vie. *10-18, 1996.* (10-18 ; 2778. Domaine étranger c4)
ISBN 2-264-02328-7. *41 F / 6,25 €*

410 **Le voyage en Orient :** anthologie des voyageurs français dans le Levant au XIXe siècle. Nouv. éd. *Laffont, 1992.* (Bouquins)
ISBN 2-221-07551-X. *169 F / 25,76 €*

411 **Voyages au pays de nulle part.** *Laffont, 1990.* (Bouquins)
ISBN 2-221-06671-5. *179 F / 27,29 €*

412 **WAJSBROT C.** Pour la littérature. *Zulma, 1999.* (Grain d'orage)
ISBN 2-909031-80-2. *49 F / 7,47 €*

413 **WALSER R.** Sur quelques-uns et sur lui-même. *Gallimard, 1994.* (Arcades)
ISBN 2-07-072436-0. *70 F / 10,67 €*

414 **WALTER P.** Chrétien de Troyes. *PUF, 1997.* (Que sais-je? ; 3241 c1)
ISBN 2-13-048388-7. *42 F / 6,40 €*

415 **WEIL J.** Vivre avec une étoile. *10-18, 1996.* (10-18 ; 2764. Domaine étranger c5)
ISBN 2-264-02059-8. *44 F / 6,71 €*

416 **WEIL S.** L'Enracinement : prélude à une déclaration des devoirs envers l'être humain. *Gallimard, 1990.* (Folio ; 141. Essais c2)
ISBN 2-07-032563-6. *37 F / 5,64 €*

417 **[N]** **WERBER B.** Le livre du voyage. *LGF, 2001.* (Le Livre de poche ; 15018 c5)
ISBN 2-253-15018-5. *23 F / 3,51 €*

418 **WERBER B.** Le livre secret des fourmis : encyclopédie du savoir relatif et absolu. Réimp. *J'ai lu, 1999.* (J'ai lu ; 4741. Littérature générale c7)
ISBN 2-290-14741-9. *45 F / 6,86 €*

419 **WERTH L.** 33 jours. *Seuil, 1994.* (Points ; 669. Roman ; 669 c4)
ISBN 2-02-022099-7. *25 F / 3,81 €*

420 **WEST P.** Un accident miraculeux : maladie et découverte de soi. *Gallimard, 1998.* (Arcades ; 55)
ISBN 2-07-074407-8. *95 F / 14,48 €*

13421 **[A]** **WHARTON E.** Les chemins parcourus. *10-18, 2001.* (10-18 ; 3324. Domaine étranger)
ISBN 2-264-03189-1

13422 **WHITE E.** La bibliothèque qui brûle. *10-18, 2000.* (10-18 ; 3163. Bibliothèques c7)
ISBN 2-264-02916-1. *50 F / 7,62 €*

13423 **WHITE K.** La Figure du dehors. *LGF, 1989.* (Le Livre de poche ; 4105. Biblio essais c10)
ISBN 2-253-05042-3. *40 F / 6,10 €*

13424 **WHITE K.** Lettres de Gourgounel. *Grasset, 1986.* (Les Cahiers rouges ; 56)
ISBN 2-246-36871-5. *41 F / 6,25 €*

13425 **WHITE K.** Le Monde d'Antonin Artaud ou Pour une culture cosmopoétique. *Complexe, 1989.* (Le Regard littéraire ; 29 cL)
ISBN 2-87027-290-1. *65 F / 9,91 €*

13426 **WIESEL E.** Tous les fleuves vont à la mer. *Seuil, 1996.* (Mémoires; 1)(Points ; 284 c13)
ISBN 2-02-028521-5. *52 F / 7,93 €*

13427 **WILDE O.** Les ailes du paradoxe. *LGF, 1996.* (Le Livre de poche ; 3134. Classiques de poche c3)
ISBN 2-253-09831-0. *18 F / 2,74 €*

13428 **WILDE O.** Aphorismes. *Mille et une nuits, 1995.* (La petite collection ; 73 cA)
ISBN 2-910233-91-X. *10 F / 1,52 €*

13429 **WILDE O.** Aristote à l'heure du thé. *10-18, 1998.* (10-18 ; 2991. Bibliothèques)
ISBN 2-264-02757-6. *47 F / 7,17 €*

13430 **WILDE O.** De profundis ; Lettres sur la prison. *Gallimard, 1991.* (Folio ; 180. Essais c5)
ISBN 2-07-032667-5. *52 F / 7,93 €*

13431 **WILDE O.** De profundis ; suivi de La ballade de la geôle de Reading. *LGF, 2000.* (Le Livre de poche ; 16055. Classiques de poche)
ISBN 2-253-16055-5. *30 F / 4,57 €*

13432 **[N]** **WILDE O.** De profundis. Nouv. éd. *Stock, 2001.* (Bibliothèque cosmopolite ; 29)
ISBN 2-234-05343-9. *55 F / 8,38 €*

13433 **WILDE O.** Le Déclin du mensonge. *Complexe, 1986.* (Le Regard littéraire ; 1 c4)
ISBN 2-87027-188-3. *52 F / 7,93 €*

13434 **[N]** **WILDE O.** Intentions. *LGF, 2000.* (Le Livre de poche ; 16056. Classiques de poche)
ISBN 2-253-16056-3. *35 F / 5,34 €*

13435 **WILDE O.** Intentions. Rééd. *Stock, 1997.* (Bibliothèque cosmopolite)
ISBN 2-234-04843-5. *60 F / 9,15 €*

13436 **[N]** **WILDE O.** Oeuvres. *LGF, 2000.* (La Pochothèque ; 13255. Classiques modernes)
ISBN 2-253-13255-1. *150 F / 22,87 €*

13437 **WILHELMINE FRÉDÉRIQUE SOPHIE (margrave de Bayreuth)** La Margrave de Bayreuth. *Mercure de France, 1996.* (Le petit Mercure)
ISBN 2-7152-1960-1. *24 F / 3,66 €*

13438 **WILHEM D.** Les Romantiques allemands. *Seuil, 1980.* (Ecrivains de toujours ; 105 c1)
ISBN 2-02-005668-2. *49 F / 7,47 €*

13439 **WILLIAMS T.** Mémoires d'un vieux crocodile. *Seuil, 1993.* (Points. Roman ; 581 c4)
ISBN 2-02-012714-8. *52 F / 7,93 €*

13440 **WILSON A.** Le monde de Charles Dickens. *Gallimard, 1995.* (Tel ; 264)
ISBN 2-07-073839-6. *60 F / 9,15 €*

13441 **WILSON A. M.** Diderot : sa vie et son oeuvre. *Laffont, 1985.* (Bouquins)
ISBN 2-221-04661-7. *120 F / 18,29 €*

13442 **WILSON J. D.** Pour comprendre Hamlet : enquête à Elseneur. *Seuil, 1992.* (Points. Essais ; 237 c4)
ISBN 2-02-012352-5. *52 F / 7,93 €*

13443 **WODEHOUSE P. G.** Hello, Plum! : autobiographie en digressions. *Seuil, 1995.* (Points ; 80 c9)
ISBN 2-02-020958-6. *42 F / 6,40 €*

13444 **WOLF C.** Cassandre : les prémisses et le récit. Nouv. éd. *Stock, 1998.* (Bibliothèque cosmopolite c5)
ISBN 2-234-04939-3. *70 F / 10,67 €*

13445 **WOLF C.** Ce qui reste. *Stock, 1996.* (Bibliothèque cosmopolite c1)
ISBN 2-234-04588-6. *50 F / 7,62 €*

13446 **WOLFF T.** Dans l'armée de Pharaon : souvenirs d'une guerre perdue. *10-18, 1999.* (10-18 ; 3083. Domaine étranger c3)
ISBN 2-264-02605-7. *38 F / 5,79 €*

13447 **WOOLF V.** A John Lehmann : lettre à un jeune poète. *Mille et une nuits, 1998.* (La petite collection ; 203 c1)
ISBN 2-84205-331-1. *6,50 F / 99 €*

13448 **WOOLF V.** Une chambre à soi. *10-18, 1996.* (10-18 ; 2801. Bibliothèques c3)
ISBN 2-264-02530-1. *38 F / 5,79 €*

13449 **WOOLF V.** Instants de vie. *LGF, 1988.* (Le Livre de poche ; 3090. Biblio c11)
ISBN 2-253-04509-8. *42 F / 6,40 €*

13450 **N** **WOOLF V.** Journal d'un écrivain. *10-18, 2000.* (10-18 ; 3225. Bibliothèques c10)
ISBN 2-264-03050-X. *65 F / 9,91 €*

13451 **N** **WORTLEY MONTAGU M.** Lettres turques. *Mercure de France, 2001.* (Le petit Mercure)
ISBN 2-7152-2248-3. *24 F / 3,66 €*

13452 **WOUTERS L.** Ca rime et ça rame : anthologie thématique des poètes francophones de Belgique. *Labor, 1985.* (Espace Nord ; 25 c2)
ISBN 2-8040-0379-5. *42 F / 6,40 €*

13453 **N** **WRIGHT A.** Croire en l'incroyable. *Actes Sud, 2000.* (Le souffle de l'esprit)
ISBN 2-7427-3120-2. *39 F / 5,95 €*

13454 **YOURCENAR M.** Archives du Nord. *Gallimard, 1982.* (Le Labyrinthe du monde; 2)(Folio ; 1328 c8)
ISBN 2-07-037328-2. *37 F / 5,64 €*

13455 **YOURCENAR M.** Lettres à ses amis et quelques autres. *Gallimard, 1997.* (Folio ; 2983 c15)
ISBN 2-07-040207-X. *61 F / 9,30 €*

13456 **YOURCENAR M.** Mishima : ou la vision du vide. *Gallimard, 1993.* (Folio ; 2497 c11)
ISBN 2-07-038719-4. *29,50 F / 4,50 €*

13457 **YOURCENAR M.** Sous bénéfice d'inventaire. Nouv. éd. *Gallimard, 1988.* (Folio ; 110. Essais ; 110 c3)
ISBN 2-07-032497-4. *41 F / 6,25 €*

13458 **YOURCENAR M.** Souvenirs pieux. *Gallimard, 1980.* (Le Labyrinthe du monde; 1)(Folio ; 1165 c8)
ISBN 2-07-037165-4. *37 F / 5,64 €*

13459 **YOURCENAR M.** Le Temps, ce grand sculpteur. *Gallimard, 1991.* (Folio ; 175. Essais c1)
ISBN 2-07-032654-3. *29,50 F / 4,50 €*

13460 **YOURCENAR M., CAVAFY C.** Présentation critique de Constantin Cavafy : 1863-1933. *Gallimard, 1978.* (Poésie ; 125 c4)
ISBN 2-07-032175-4. *48 F / 7,32 €*

13461 **YURKIEVICH S.** Littérature latino-américaine : traces et trajets. *Gallimard, 1988.* (Folio ; 102. Essais ; 102 cK)
ISBN 2-07-032490-7. *76,50 F / 11,66 €*

13462 **N** **Z'GRAGGEN Y.** Ciel d'Allemagne. Nouv. éd. *Aire, 2001.* (L'Aire bleue)
ISBN 2-88108-564-4. *49 F / 7,47 €*

13463 **ZIEGLER J.** Le Bonheur d'être Suisse. *Seuil, 1994.* (Points. Actuels ; 152 c3)
ISBN 2-02-022779-7. *48 F / 7,32 €*

13464 **N** **ZIMMERMANN D.** Nouvelles du racisme ordinaire. *LGF, 2000.* (Le Livre de poche ; 14914 c4)
ISBN 2-253-14914-4. *20 F / 3,05 €*

13465 **ZINK M.** Introduction à la littérature française du Moyen Age. *LGF, 1993.* (Le Livre de poche ; 500. Références littérature c10)
ISBN 2-253-06422-X. *40 F / 6,10 €*

13466 **ZINOVIEV A.** Les Confessions d'un homme en trop. *Gallimard, 1991.* (Folio ; 24. Actuel cJ)
ISBN 2-07-032658-6. *70 F / 10,67 €*

13467 **ZINOVIEV A.** Mon Tchékhov. *Complexe, 1989.* (Le Regard littéraire ; 28 cL)
ISBN 2-87027-284-7. *65 F / 9,91 €*

13468 **ZISCHLER H.** Berlin est trop grand pour Berlin. *Mille et une nuits, 1999.* (La ville entière; 2)(La petite collection ; 239)
ISBN 2-84205-401-6. *13 F / 1,98 €*

13469 **ZOLA E.** Les Carnets d'enquêtes : une ethnographie inédite de la France. *Pocket, 1991.* (Pocket ; 3029. Terre humaine cO)
ISBN 2-266-04569-5. *80 F / 12,20 €*

470 **ZOLA E.** Du roman, sur Stendhal, Flaubert et les Goncourt. *Complexe, 1989.* (Le Regard littéraire ; 31 c9)
ISBN 2-87027-304-5. *59 F / 8,99 €*

471 **ZOLA E.** L'Encre et le sang. *Complexe, 1989.* (Le Regard littéraire ; 34 c9)
ISBN 2-87027-308-8. *59 F / 8,99 €*

472 **ZOLA E.** Face aux romantiques. *Complexe, 1989.* (Le Regard littéraire ; 33 c8)
ISBN 2-87027-307-X. *56 F / 8,54 €*

473 **ZOLA E.** J'accuse. *Mille et une nuits, 1994.* (La petite collection ; 19 cA)
ISBN 2-910233-19-7. *10 F / 1,52 €*

474 **ZOLA E.** Le roman naturaliste. *LGF, 1999.* (Le Livre de poche ; 14771. Classiques de poche c2)
ISBN 2-253-14771-0. *15 F / 2,29 €*

475 **ZOLA E.** Les Rougon-Macquart. 5. *Laffont, 1993.* (Bouquins)
ISBN 2-221-05901-8. *180 F / 27,44 €*

476 **ZUBER R.** Les belles infidèles et la formation du goût classique. *Albin Michel, 1995.* (Bibliothèque de l'évolution de l'humanité)
ISBN 2-226-07776-6. *78 F / 11,89 €*

477 **ZUBER R.** La Littérature française du XVIIe siècle. *PUF, 1993.* (Que sais-je? ; 95 c1)
ISBN 2-13-045591-3. *42 F / 6,40 €*

478 [N] **ZUMTHOR P.** Essai de poétique médiévale ; suivi de Un texte inédit. Nouv. éd. revue et augm. *Seuil, 2000.* (Points. Essais ; 433 c20)
ISBN 2-02-039646-7. *72 F / 10,98 €*

479 **ZÜRN U.** L'homme jasmin. *Gallimard, 1999.* (L'imaginaire ; 409)
ISBN 2-07-075673-4. *55 F / 8,38 €*

480 [A] **ZWEIG F., ZWEIG S.** L'amour inquiet : correspondance, 1912-1942. *10-18, 2001.* (10-18 ; 3241. Bibliothèques c9)
ISBN 2-264-03086-0. *60 F / 9,15 €*

13481 **ZWEIG S.** Emile Verhaeren : sa vie, son oeuvre. *LGF, 1995.* (Le Livre de poche ; 13700 c7)
ISBN 2-253-13700-6. *30 F / 4,57 €*

13482 **ZWEIG S.** Essais. *LGF, 1996.* (Stefan Zweig; 3)(La Pochothèque ; 3232. Classiques modernes)
ISBN 2-253-13232-2. *145 F / 22,11 €*

13483 [N] **ZWEIG S.** Hommes et destins. *LGF, 2000.* (Le Livre de poche ; 14918)
ISBN 2-253-14918-7. *32 F / 4,88 €*

13484 **ZWEIG S.** Journaux : 1912-1940. *LGF, 1995.* (Le Livre de poche ; 13859 c14)
ISBN 2-253-13859-2. *48 F / 7,32 €*

13485 **ZWEIG S.** Le monde d'hier : souvenirs d'un Européen. *LGF, 1996.* (Le Livre de poche ; 14040 c11)
ISBN 2-253-14040-6. *42 F / 6,40 €*

13486 **ZWEIG S.** Montaigne. 2e éd. *PUF, 1995.* (Quadrige ; 149)
ISBN 2-13-045000-8. *49 F / 7,47 €*

13487 **ZWEIG S.** Souvenirs et rencontres. *Grasset, 1997.* (Les Cahiers rouges ; 256)
ISBN 2-246-16872-4. *55 F / 8,38 €*

13488 **ZWEIG S.** Trois maîtres : Balzac, Dickens, Dostoïevski. *LGF, 1995.* (Le Livre de poche ; 13628 c7)
ISBN 2-253-13628-X. *30 F / 4,57 €*

13489 **ZWEIG S.** Trois poètes de leur vie : Stendhal, Casanova, Tolstoï. *LGF, 1992.* (Le Livre de poche ; 9522 c13)
ISBN 2-253-06205-7. *46 F / 7,01 €*

13490 **ZYKË C.** Oro. *LGF, 1986.* (Le Livre de poche ; 6217 c8)
ISBN 2-253-03931-4. *33 F / 5,03 €*

Littérature (Poésie)

13491 **ADONIS** Mémoire du vent : poèmes 1957-1990. *Gallimard, 1991.* (Poésie cJ)
ISBN 2-07-032627-6. *72 F / 10,98 €*

13492 **ADONIS** Tombeau pour New York ; Prologue à l'histoire des tâ'ifa ; Ceci est mon nom : poèmes. *Sindbad, 1999.* (La Petite bibliothèque de Sindbad)
ISBN 2-7427-2210-6. *69 F / 10,52 €*

13493 **Aigrettes sur la rizière :** chants et poèmes classiques du Viêt-Nam. *Gallimard, 1995.* (Connaissance de l'Orient poche ; 71)
ISBN 2-07-074279-2. *87 F / 13,26 €*

13494 **Anthologie de la poésie chinoise classique.** *Gallimard, 1982.* (Poésie ; 156 cJ)
ISBN 2-07-032219-X. *72 F / 10,98 €*

13495 **Une anthologie de la poésie française. Réimpr.** *Laffont, 1998.* (Bouquins)
ISBN 2-221-04545-9. *119 F / 18,14 €*

13496 **Anthologie de la poésie française :** de Villon à Verlaine. *LGF, 1998.* (Le Livre de poche ; 14501. Les classiques d'aujourd'hui c1)
ISBN 2-253-14501-7. *10 F / 1,52 €*

13497 **Anthologie de la poésie française au XVIIe siècle.** *Gallimard, 1987.* (Poésie ; 216 c8)
ISBN 2-07-032437-0. *65 F / 9,91 €*

13498 **Anthologie de la poésie française du XVIIIe siècle.** *Gallimard, 1997.* (Poésie ; 316)
ISBN 2-07-032883-X. *72 F / 10,98 €*

13499 **Anthologie de la poésie française du XXe siècle. 1. Éd. rev. et augm.** *Gallimard, 2000.* (Poésie ; 344 c4)
ISBN 2-07-041320-9. *48 F / 7,32 €*

13500 **Anthologie de la poésie française du XXe siècle. 2.** *Gallimard, 2000.* (Poésie ; 345 c7)
ISBN 2-07-041302-0. *51 F / 7,77 €*

13501 **Anthologie de la poésie grecque.** *LGF, 1995.* (Le Livre de poche ; 1517. Classiques de poche c10)
ISBN 2-253-01517-2. *40 F / 6,10 €*

13502 **N** **Anthologie de la poésie grecque contemporaine :** 1945-2000. *Gallimard, 2000.* (Poésie ; 353 c9)
ISBN 2-07-041253-9. *60 F / 9,15 €*

13503 **Anthologie de la poésie japonaise classique.** *Gallimard, 1978.* (Poésie ; 123 c2)
ISBN 2-07-032177-0. *42 F / 6,40 €*

13504 **Anthologie de la poésie mariale.** *Cerf, 1993.* (Foi vivante ; 325. Les classiques c5)
ISBN 2-204-04922-0. *65 F / 9,91 €*

13505 **Anthologie de la poésie religieuse française.** *Gallimard, 1997.* (Poésie ; 309 c4)
ISBN 2-07-032983-6. *48 F / 7,32 €*

13506 **Anthologie de la poésie russe.** *Gallimard, 1993.* (Poésie ; 275 c5)
ISBN 2-07-032814-7. *69 F / 10,52 €*

13507 **Anthologie de la poésie turque :** XIIIe-XXe siècle. *Gallimard, 1994.* (Connaissance de l'Orient poche ; 68)
ISBN 2-07-073980-5. *39 F / 5,95 €*

13508 **N** **Anthologie de la poésie yiddish :** le miroir d'un peuple. Nouv. éd. rev. et augm. *Gallimard, 2000.* (Poésie ; 352 c9)
ISBN 2-07-041559-7. *72 F / 10,98 €*

13509 **Anthologie des poètes du Chat noir.** *Gallimard, 1996.* (Poésie ; 302)
ISBN 2-07-032898-8. *69 F / 10,52 €*

13510 **APOLLINAIRE G.** Alcools ; Le Bestiaire ; Vitam impendere amori. *Gallimard, 1971.* (Poésie ; 10 c2)
ISBN 2-07-030007-2. *35,50 F / 5,41 €*

13511 **APOLLINAIRE G.** Calligrammes. Nouv. éd. *Gallimard, 1970.* (Poésie ; 4 c2)
ISBN 2-07-030008-0. *35,50 F / 5,41 €*

13512 **APOLLINAIRE G.** L'Enchanteur pourrissant. *Gallimard, 1972.* (Poésie c4)
ISBN 2-07-031948-2. *48 F / 7,32 €*

13513 **APOLLINAIRE G.** Le Guetteur mélancolique ; Poèmes retrouvés. *Gallimard, 1982.* (Poésie ; 57 c5)
ISBN 2-07-030010-2. *51 F / 7,77 €*

13514 **APOLLINAIRE G.** Poèmes à Lou ; Il y a. *Gallimard, 1969.* (Poésie ; 44 c2)
ISBN 2-07-030009-9. *35 F / 5,34 €*

13515 **APOLLINAIRE G.** Le Poète assassiné. *Gallimard, 1979.* (Poésie ; 127 c6)
ISBN 2-07-032179-7. *56 F / 8,54 €*

13516 **APOLLINAIRE G.** Le Roi-Lune. *Mille et une nuits, 1995.* (La petite collection ; 64 cA)
ISBN 2-910233-88-X. *10 F / 1,52 €*

13517 **ARAGON L.** Le Crève-coeur. *Gallimard, 1980.* (Poésie ; 137 c2)
ISBN 2-07-032189-4. *35,50 F / 5,41 €*

3518 **ARAGON L.** Feu de joie ; Le mouvement perpétuel ; Ecritures automatiques. *Gallimard, 1970.* (Poésie ; 54 c1)
ISBN 2-07-030012-9. *42 F / 6,40 €*

3519 **ARAGON L.** Les Poètes. *Gallimard, 1976.* (Poésie ; 114 c3)
ISBN 2-07-032161-4. *42 F / 6,40 €*

3520 **ARAGON L.** Le Roman inachevé. Nouv. éd. *Gallimard, 1978.* (Poésie ; 7 c3)
ISBN 2-07-030011-0. *42 F / 6,40 €*

3521 **ARTAUD A.** L'Ombilic des limbes ; Correspondance avec Jacques Rivière ; Le pèse-Nerfs ; Fragments d'un journal d'enfer ; L'art et la mort ; Textes de la période surréaliste. *Gallimard, 1968.* (Poésie ; 33 c2)
ISBN 2-07-030019-6. *35,50 F / 5,41 €*

3522 **A** **ARTAUD A.** Van Gogh ou Le suicidé de la société. *Gallimard, 2001.* (L'imaginaire ; 432)
ISBN 2-07-076112-6

3523 **ASTURIAS M. A.** Poèmes indiens : Messages indiens, Claireveillée de printemps, Le Grand diseur. *Gallimard, 1990.* (Poésie ; 242)
ISBN 2-07-032574-1. *51 F / 7,77 €*

3524 **ATTAR F. a-D.** Le Livre divin. *Albin Michel, 1990.* (Spiritualités vivantes poche ; 85 c6)
ISBN 2-226-04893-6. *59 F / 8,99 €*

3525 **AUBIGNÉ A. d.** Les tragiques. *Gallimard, 1994.* (Poésie ; 286 c10)
ISBN 2-07-073724-1. *72 F / 10,98 €*

3526 **AUDIBERTI J.** L'ange aux entrailles ; précédé de La pluie sur les boulevards. *Gallimard, 1995.* (Poésie ; 294 c4)
ISBN 2-07-074357-8. *48 F / 7,32 €*

13527 **AUDIBERTI J.** Race des hommes ; L'Empire et la Trappe (extrait). *Gallimard, 1968.* (Poésie ; 31 c2)
ISBN 2-07-030020-X. *35,50 F / 5,41 €*

13528 **AUDIBERTI J.** Des tonnes de semences ; Toujours ; La Nouvelle origine. *Gallimard, 1981.* (Poésie ; 148 c4)
ISBN 2-07-032203-3. *60 F / 9,15 €*

13529 **BAFFO G.** Oeuvres érotiques. *la Musardine, 1997.* (Lectures amoureuses de Jean-Jacques Pauvert ; 14 c6)
ISBN 2-84271-012-6. *45 F / 6,86 €*

13530 **BAUCHAU H.** Exercice du matin. *Actes Sud, 1999.* (Le souffle de l'esprit)
ISBN 2-7427-2420-6. *39 F / 5,95 €*

13531 **BAUCHAU H.** Heureux les déliants : poèmes 1950-1995. *Labor, 1995.* (Espace Nord ; 106 c6)
ISBN 2-8040-1089-9. *74 F / 11,28 €*

13532 **A** **BAUCHAU H.** La pierre sans chagrin : poèmes du Thoronet. *Actes Sud, 2001.* (Le souffle de l'esprit)
ISBN 2-7427-3193-8. *39 F / 5,95 €*

13533 **BAUDELAIRE C.** Les fleurs du mal : édition condamnée de 1857. *Table ronde, 1997.* (La petite vermillon ; 79)
ISBN 2-7103-0831-2. *35 F / 5,34 €*

13534 **BAUDELAIRE C.** Les fleurs du mal. Nouv. éd. *LGF, 1999.* (Le Livre de poche ; 677. Classiques de poche c4)
ISBN 2-253-00710-2. *20 F / 3,05 €*

13535 **BAUDELAIRE C.** Les fleurs du mal. *Librio, 1995.* (Librio ; 48 c01)
ISBN 2-277-30048-9. *10 F / 1,52 €*

13536 **BAUDELAIRE C.** Les fleurs du mal. Nouv. éd. *Gallimard, 1999.* (Folio ; 3219. Classique c4)
ISBN 2-07-040904-X. *20,50 F / 3,13 €*

13537 **BAUDELAIRE C.** Les Fleurs du mal. Réimpr. *Gallimard, 1999.* (Poésie ; 85 c3)
ISBN 2-07-031952-0. *42 F / 6,40 €*

13538 **BAUDELAIRE C.** Petits poèmes en prose : le Spleen de Paris. *Gallimard, 1973.* (Poésie ; 95 c2)
ISBN 2-07-031999-7. *35,50 F / 5,41 €*

13539 **BAUDELAIRE C.** Le spleen de Paris : petits poèmes en prose. *Mille et une nuits, 2000.* (La petite collection ; 276 c1)
ISBN 2-84205-469-5. *10 F / 1,52 €*

13540 **BAUDELAIRE C.** Le spleen de Paris : petits poèmes en prose. *Librio, 1997.* (Librio ; 179 c1)
ISBN 2-277-30179-5. *10 F / 1,52 €*

13541 **BAUDELAIRE C.** Le spleen de Paris. Nouv. éd. *LGF, 1998.* (Le Livre de poche ; 1179. Classiques de poche c6)
ISBN 2-253-01483-4. *26 F / 3,96 €*

13542 **N** **BELLAUNAY H.** Petite anthologie imaginaire de la poésie française ; Anthologie fluette mais authentique de la poésie française. *LGF, 2000.* (Le Livre de poche ; 14861 c9)
ISBN 2-253-14861-X. *36 F / 5,49 €*

13543 **BEN JELLOUN T.** Les amandiers sont morts de leurs blessures. *Seuil, 1998.* (Points ; 543 c10)
ISBN 2-02-034780-6. *45 F / 6,86 €*

13544 **BEN JELLOUN T.** La remontée des cendres : poèmes. Nouv. présentation. *Seuil, 1998.* (Points ; 544 c1)
ISBN 2-02-034875-6. *32 F / 4,88 €*

13545 **BERTRAND A.** Gaspard de la nuit. *Gallimard, 1980.* (Poésie ; 136 c3)
ISBN 2-07-032186-X. *42 F / 6,40 €*

13546 **BLANCHARD M.** Les Barricades mystérieuses. *Gallimard, 1994.* (Poésie ; 284 c4)
ISBN 2-07-032781-7. *48 F / 7,32 €*

13547 **Les blasons du corps féminin.** *10-18, 1996.* (10-18 ; 2757. Domaine français c3)
ISBN 2-264-02407-0. *38 F / 5,79 €*

13548 **BLUA G.** Je d'arbres. *Autres temps, 1997.* (Poésie en poche)
ISBN 2-911873-07-6. *45 F / 6,86 €*

13549 **BOILEAU N.** Satires ; Epitres ; L'Art poétique. *Gallimard, 1985.* (Poésie ; 195 c7)
ISBN 2-07-032293-9. *60 F / 9,15 €*

13550 **BONNEFOY Y.** L'arrière-pays. *Gallimard, 1998.* (Poésie ; 322 c5)
ISBN 2-07-040382-3. *51 F / 7,77 €*

13551 **BONNEFOY Y.** Début et fin de la neige ; suivi de Là où retombe la flèche. *Gallimard, 1995.* (Poésie ; 292 c2)
ISBN 2-07-032825-2. *35,50 F / 5,41 €*

13552 **BONNEFOY Y.** Poèmes. *Gallimard, 1982.* (Poésie ; 158 c4)
ISBN 2-07-032221-1. *48 F / 7,32 €*

13553 **BONNEFOY Y.** Rue Traversière : et autres récits en rêve. *Gallimard, 1992.* (Poésie ; 262 c5)
ISBN 2-07-032718-3. *51 F / 7,77 €*

13554 **BONNEFOY Y.** La vie errante ; suivi de Une autre époque de l'écriture et de Remarques sur le dessin. *Gallimard, 1997.* (Poésie ; 313 c3)
ISBN 2-07-040359-9. *42 F / 6,40 €*

13555 **BORGES J. L.** Oeuvres poétiques : 1925-1965. *Gallimard, 1985.* (Poésie ; 196 c3)
ISBN 2-07-032292-0. *42 F / 6,40 €*

13556 **BOSQUET A.** Un Jour après la vie : Maître objet. *Gallimard, 1988.* (Poésie ; 223 c5)
ISBN 2-07-032456-7. *51 F / 7,77 €*

13557 **BOSQUET A.** Poèmes, un : 1945-1967 : les Testaments. *Gallimard, 1985.* (Poésie ; 197 c4)
ISBN 2-07-032307-2. *48 F / 7,32 €*

13558 **BOSQUET A.** Sonnets pour une fin de siècle. *Gallimard, 1982.* (Poésie ; 166 c2)
ISBN 2-07-032230-0. *48 F / 7,32 €*

13559 **BOULANGER D.** Les dessous du ciel. *Gallimard, 1997.* (Poésie ; 312 c7)
ISBN 2-07-032993-3. *60 F / 9,15 €*

13560 **BOULANGER D.** Hôtel de l'image ; Drageoir. *Gallimard, 1994.* (Poésie ; 278 c4)
ISBN 2-07-032833-3. *48 F / 7,32 €*

13561 **BOULANGER D.** Intailles. *Gallimard, 1991.* (Poésie ; 254 c9)
ISBN 2-07-032666-7. *69 F / 10,52 €*

13562 **BOULANGER D.** Retouches. *Gallimard, 1987.* (Poésie ; 222 c6)
ISBN 2-07-032459-1. *56 F / 8,54 €*

13563 **BOULANGER D.** Tchadiennes. *Gallimard, 1989.* (Poésie ; 233 c3)
ISBN 2-07-032534-2. *42 F / 6,40 €*

13564 **BOUSQUET J.** La Connaissance du soir. *Gallimard, 1981.* (Poésie ; 146 c1)
ISBN 2-07-032201-7. *26 F / 3,96 €*

13565 **N** **BRAUQUIER L.** Je connais des îles lointaines : poésies complètes. *Table ronde, 2000.* (La petite vermillon ; 121)
ISBN 2-7103-0962-9. *65 F / 9,91 €*

13566 **BRETON A.** Clair de terre ; Mont de Piété ; Le révolver à cheveux blancs ; L'air de l'eau. *Gallimard, 1966.* (Poésie ; 11 c2)
ISBN 2-07-030045-5. *35 F / 5,34 €*

13567 **BRETON A.** Clair de terre ; Poisson soluble ; Signe ascendant. *Gallimard, 1996.* (Poésie)
ISBN 2-07-032939-9. *111 F / 16,92 €*

13568 **BRETON A.** Poisson soluble. *Gallimard, 1996.* (Poésie ; 300 c3)
ISBN 2-07-032917-8. *42 F / 6,40 €*

13569 **BRETON A.** Signe ascendant ; suivi de Fata Morgana, Les états généraux, Des épingles tremblantes, Xénophile, Ode à Charles Fourier, Constellations, De la. Nouv. éd. *Gallimard, 1999.* (Poésie ; 330 c4)
ISBN 2-07-040857-4. *48 F / 7,32 €*

13570 **BRETON A., DEHARME L., GRACQ J.** Farouche à quatre feuilles. Nouv. éd. *Grasset, 1986.* (Les Cahiers rouges ; 52)
ISBN 2-246-17822-3. *42 F / 6,40 €*

13571 **BRETON A., SOUPAULT P.** Les Champs magnétiques ; Vous m'oublierez ; S'il vous plait. *Gallimard, 1971.* (Poésie ; 74 c2)
ISBN 2-07-031877-X. *35,50 F / 5,41 €*

13572 **BRONTË E.** Poèmes : 1836-1846. Réimpr. *Gallimard, 1983.* (Poésie ; 171 c3)
ISBN 2-07-040937-6. *42 F / 6,40 €*

13573 **BROUSSARD Y.** Passant obstiné. *Autres temps, 1997.* (Poésie en poche)
ISBN 2-911873-33-5. *45 F / 6,86 €*

13574 **BROWNING E.** Sonnets portugais et autres poèmes. *Gallimard, 1994.* (Poésie ; 281 c3)
ISBN 2-07-032819-8. *42 F / 6,40 €*

13575 **BUTOR M.** Travaux d'approche. *Gallimard, 1972.* (Poésie ; 84 c1)
ISBN 2-07-031954-7. *42 F / 6,40 €*

13576 **A** **BYRON G. G. (.** Poèmes. Réimpr. *Allia, 2001.* (Petite collection)
ISBN 2-911188-48-9. *40 F / 6,10 €*

13577 **CAILLOIS R.** Pierres. *Gallimard, 1971.* (Poésie ; 67 c2)
ISBN 2-07-031785-4. *35,50 F / 5,41 €*

13578 **CALAFERTE L.** Rag-time ; suivi de Londoniennes et de Poèmes ébouillantés. *Gallimard, 1996.* (Poésie ; 299)
ISBN 2-07-032891-0. *42 F / 6,40 €*

13579 **CAMOES L. d.** Les Lusiades : édition bilingue portugais-français. *Laffont, 1998.* (Bouquins)
ISBN 2-221-08243-5. *139 F / 21,19 €*

13580 **CARROLL L.** La Chasse au Snark. *Mille et une nuits, 1996.* (La petite collection ; 125 cA)
ISBN 2-84205-092-4. *10 F / 1,52 €*

13581 **CASSOU J.** Trente-trois sonnets composés au secret ; La rose et le vin ; La folie d'Amadis. *Gallimard, 1995.* (Poésie ; 287 c4)
ISBN 2-07-032878-3. *48 F / 7,32 €*

3582 **CELAN P.** Choix de poèmes : augmenté d'un dossier inédit de traductions revues par Paul Celan. *Gallimard, 1998.* (Poésie ; 326)
ISBN 2-07-040311-4. *72 F / 10,98 €*

3583 **CENDRARS B.** Au coeur du monde : Poésies complètes 1924-1929 ; Feuilles de route sud-américaines. *Gallimard, 1968.* (Poésie ; 29 c2)
ISBN 2-07-030062-5. *35,50 F / 5,41 €*

3584 **CENDRARS B.** Du monde entier : Poésies complètes 1912-1924. *Gallimard, 1966.* (Poésie ; 17 c3)
ISBN 2-07-030061-7. *42 F / 6,40 €*

3585 **CÉSAIRE A.** Moi, laminaire... *Seuil, 1991.* (Points. Roman ; 438 c1)
ISBN 2-02-013123-4. *32 F / 4,88 €*

3586 **CHAISSAC G.** Hippobosque au bocage. *Gallimard, 1995.* (L'imaginaire ; 327)
ISBN 2-07-074115-X. *50 F / 7,62 €*

3587 **CHALIAND G.** La marche têtue ; suivi de Feu nomade. *Ed. de l'Aube, 1996.* (L'Aube poche ; 33)
ISBN 2-87678-291-X. *39 F / 5,95 €*

3588 **Chansons françaises de la Renaissance.** *Gallimard, 1991.* (Poésie ; 248 c9)
ISBN 2-07-032629-2. *69 F / 10,52 €*

3589 **CHAR R.** Commune présence. Nouv. éd. rev. et augm. *Gallimard, 1998.* (Poésie ; 328 c3)
ISBN 2-07-040739-X. *42 F / 6,40 €*

3590 **CHAR R.** En trente-trois morceaux. *Gallimard, 1997.* (Poésie ; 310 c1)
ISBN 2-07-032984-4. *26 F / 3,96 €*

3591 **CHAR R.** Fureur et mystère. *Gallimard, 1966.* (Poésie ; 15 c2)
ISBN 2-07-030065-X. *35,50 F / 5,41 €*

3592 **CHAR R.** Les Matinaux ; La Parole en archipel. *Gallimard, 1969.* (Poésie ; 38 c2)
ISBN 2-07-030066-8. *42 F / 6,40 €*

3593 **CHAR R.** Le Nu perdu : Et autres poèmes. *Gallimard, 1978.* (Poésie ; 124 c2)
ISBN 2-07-032178-9. *35,50 F / 5,41 €*

3594 **CHAR R.** Recherche de la base et du sommet. *Gallimard, 1977.* (Poésie ; 77 c2)
ISBN 2-07-031918-0. *35,50 F / 5,41 €*

13595 **CHAVEE A.** A cor et a cri : anthologie. Réimpr. *Labor, 1997.* (Espace Nord ; 22 c3)
ISBN 2-8040-1214-X. *54 F / 8,23 €*

13596 **CHÉNIER A.** Poésies. *Gallimard, 1994.* (Poésie ; 276 c7)
ISBN 2-07-032812-0. *60 F / 9,15 €*

13597 **CHOURAQUI A.** Cantique pour Nathanaël. *Albin Michel, 1991.* (Espaces libres ; 23 c4)
ISBN 2-226-05627-0. *49 F / 7,47 €*

13598 **CLANCIER G-E.** Le Paysan céleste ; Chansons sur porcelaine, notre temps, écriture des jours. *Gallimard, 1984.* (Poésie ; 187 c3)
ISBN 2-07-032253-X. *42 F / 6,40 €*

13599 **CLAUDEL P.** Bréviaire poétique. *Gallimard, 1999.* (Poésie ; 337 c1)
ISBN 2-07-041094-3. *26 F / 3,96 €*

13600 **CLAUDEL P.** Cent phrases pour éventails. *Gallimard, 1996.* (Poésie ; 298 c2)
ISBN 2-07-032779-5. *35,50 F / 5,41 €*

13601 **CLAUDEL P.** Cinq grandes odes ; Processionnal pour saluer le siècle ; La cantate à trois voix. *Gallimard, 1966.* (Poésie ; 5 c2)
ISBN 2-07-030074-9. *35,50 F / 5,41 €*

13602 **N** **CLAUDEL P.** Connaissance de l'Est ; suivi de L'oiseau noir dans le Soleil-Levant. Réimpr. *Gallimard, 2000.* (Poésie ; 103 c5)
ISBN 2-07-041776-X. *51 F / 7,77 €*

13603 **CLAUDEL P.** Poésies. *Gallimard, 1970.* (Poésie ; 64 c1)
ISBN 2-07-030375-6. *51 F / 7,77 €*

13604 **COCTEAU J.** Le Cap de Bonne Espérance ; Le Discours du Grand Sommeil. Réimpr. *Gallimard, 1991.* (Poésie ; 19 c3)
ISBN 2-07-030076-5. *42 F / 6,40 €*

13605 **COCTEAU J.** Clair-obscur : poèmes. *LGF, 1994.* (Le Livre de poche ; 3216. Biblio c8)
ISBN 2-253-93216-7. *33 F / 5,03 €*

13606 **COCTEAU J.** Vocabulaire, Plain-chant et autres poèmes (1922-1946). *Gallimard, 1983.* (Poésie ; 176 c3)
ISBN 2-07-032242-4. *48 F / 7,32 €*

13607 **CORBIÈRE T.** Les Amours jaunes ; Poèmes retrouvés ; Oeuvres en prose. *Gallimard, 1973.* (Poésie ; 92 c3)
ISBN 2-07-031831-1. *42 F / 6,40 €*

13608 **CROS C.** Le Coffret de santal. *Gallimard, 1972.* (Poésie ; 78 c2)
ISBN 2-07-031833-8. *35,50 F / 5,41 €*

13609 **CROS C.** Le Collier de griffes. Réimpr. *Gallimard, 1992.* (Poésie ; 79 c2)
ISBN 2-07-031834-6. *35,50 F / 5,41 €*

13610 **CROS C.** Grains de sel. *Mercure de France, 1999.* (Le petit Mercure)
ISBN 2-7152-2138-X. *20 F / 3,05 €*

13611 **DADELSEN J-P. d.** Jonas. *Gallimard, 1986.* (Poésie ; 212 c2)
ISBN 2-07-032400-1. *35,50 F / 5,41 €*

13612 **N** **DANNEMARK F.** Qu'il pleuve. *Pocket, 2000.* (Pocket ; 10678 c3)
ISBN 2-266-09434-3. *26 F / 3,96 €*

13613 **DARWICH M.** Au dernier soir sur cette terre : poèmes. *Sindbad, 1999.* (La Petite bibliothèque de Sindbad)
ISBN 2-7427-2209-2. *69 F / 10,52 €*

13614 **DARWICH M.** La terre nous est étroite : et autres poèmes, 1966-1999. *Gallimard, 2000.* (Poésie ; 343 c6)
ISBN 2-07-041124-9. *65 F / 9,91 €*

13615 **DAUMAL R.** Le Contre-ciel ; Les dernières paroles du poète. *Gallimard, 1970.* (Poésie ; 63 c2)
ISBN 2-07-030083-8. *60 F / 9,15 €*

13616 **DEGUY M.** Gisants : poèmes III, 1980-1995. *Gallimard, 1999.* (Poésie ; 331 c4)
ISBN 2-07-040786-1. *48 F / 7,32 €*

13617 **DEGUY M.** Poèmes 1960-1970. *Gallimard, 1973.* (Poésie ; 90 c5)
ISBN 2-07-032046-4. *51 F / 7,77 €*

13618 **DEGUY M.** Poèmes II : 1970-1980 : Tombeau de Du Bellay, Jumelages, Donnant donnant. *Gallimard, 1986.* (Poésie ; 205 c3)
ISBN 2-07-032346-3. *42 F / 6,40 €*

13619 **DELVAILLE B.** Mille et cent ans de poésie française. *Laffont, 1998.* (Bouquins)
ISBN 2-221-05982-4. *199 F / 30,34 €*

13620 **DESBORDES-VALMORE M.** Poésies. *Gallimard, 1983.* (Poésie ; 178 c5)
ISBN 2-07-032243-2. *52 F / 7,93 €*

13621 **DESNOS R.** Corps et biens. *Gallimard, 1968.* (Poésie ; 27 c2)
ISBN 2-07-030085-4. *35,50 F / 5,41 €*

13622 **DESNOS R.** Destinée arbitraire. *Gallimard, 1975.* (Poésie ; 112 c2)
ISBN 2-07-032154-1. *51 F / 7,77 €*

13623 **DESNOS R.** Fortunes. Réimpr. *Gallimard, 1999.* (Poésie ; 42 c2)
ISBN 2-07-030086-2. *35,50 F / 5,41 €*

13624 **N** **DICKINSON E.** Quatrains et autres poèmes brefs. *Gallimard, 2000.* (Poésie ; 348 c6)
ISBN 2-07-032942-9. *56 F / 8,54 €*

13625 **DONNE J.** Poèmes. *Gallimard, 1991.* (Poésie ; 257 c3)
ISBN 2-07-032671-3. *42 F / 6,40 €*

13626 **DU BELLAY J.** Divers jeux rustiques. *Gallimard, 1996.* (Poésie c7)
ISBN 2-07-032850-3. *60 F / 9,15 €*

13627 **DU BELLAY J.** Les Regrets ; Les Antiquités de Rome ; La Défense et illustration de la langue française. *Gallimard, 1975.* (Poésie ; 109 c2)
ISBN 2-07-032147-9. *35,50 F / 5,41 €*

13628 **DU BOUCHET A.** L'ajour. *Gallimard, 1998.* (Poésie ; 323 c2)
ISBN 2-07-040586-9. *35,50 F / 5,41 €*

13629 **DU BOUCHET A.** Dans la chaleur vacante ; Ou le soleil. *Gallimard, 1991.* (Poésie ; 252 c5)
ISBN 2-07-032664-0. *51 F / 7,77 €*

13630 **DUPIN J.** Le corps clairvoyant, 1963-1982. *Gallimard, 1999.* (Poésie ; 340 c9)
ISBN 2-07-041194-X. *69 F / 10,52 €*

13631 **DUPREY J-P.** Derrière son double : oeuvres complètes. *Gallimard, 1999.* (Poésie ; 336 c3)
ISBN 2-07-040628-8. *42 F / 6,40 €*

13632 **ELSKAMP M.** La Chanson de la rue Saint-Paul ; Sous les tentes de l'exode ; Aegri Somnia. *Labor, 1988.* (Espace Nord ; 41 c1)
ISBN 2-8040-0247-0. *34 F / 5,18 €*

13633 **ELSKAMP M.** La chanson de la rue Saint-Paul et autres poèmes ; Sous les tentes de l'exode ; Aegri Somnia. *Gallimard, 1997.* (Poésie ; 308 c1)
ISBN 2-07-032970-4. *26 F / 3,96 €*

13634 **ELUARD P.** Capitale de la douleur ; L'amour la poésie. Nouv. éd. *Gallimard, 1970.* (Poésie ; 1 c2)
ISBN 2-07-030095-1. *35,50 F / 5,41 €*

13635 **ELUARD P.** Donner à voir. *Gallimard, 1978.* (Poésie ; 122 c3)
ISBN 2-07-032174-6. *42 F / 6,40 €*

13636 **ELUARD P.** Une Leçon de morale. *Gallimard, 1981.* (Poésie ; 157 c2)
ISBN 2-07-032210-6. *48 F / 7,32 €*

13637 **ELUARD P.** Le Livre ouvert : 1938-1944. *Gallimard, 1974.* (Poésie ; 101 c3)
ISBN 2-07-032132-0. *42 F / 6,40 €*

13638 **ELUARD P.** Poésie ininterrompue. *Gallimard, 1969.* (Poésie ; 39 c2)
ISBN 2-07-030097-8. *35,50 F / 5,41 €*

13639 **ELUARD P.** Poésies : 1913-1926. *Gallimard, 1970.* (Poésie ; 65 c2)
ISBN 2-07-031808-7. *35,50 F / 5,41 €*

13640 **ELUARD P.** La Vie immédiate ; La Rose publique ; Les Yeux fertiles ; L'Evidence poétique. *Gallimard, 1967.* (Poésie ; 18 c2)
ISBN 2-07-030096-X. *35,50 F / 5,41 €*

13641 **ELYTIS O.** Axion Esti ; suivi de L'arbre lucide et la quatorzième beauté et de Journal d'un invisible avril. *Gallimard, 1996.* (Poésie ; 305 c8)
ISBN 2-07-071796-8. *65 F / 9,91 €*

13642 **N** **ETTORI J-C.** De vie à vie. *Autres temps, 2000.* (Poésie en poche)
ISBN 2-84521-054-X. *65 F / 9,91 €*

13643 **FARGUE L-P.** Epaisseurs ; Vulturne. *Gallimard, 1970.* (Poésie ; 66 c1)
ISBN 2-07-031786-2. *26 F / 3,96 €*

13644 **FARGUE L-P.** Poésies : Tancrède, Ludions, Poèmes, Pour la musique. *Gallimard, 1967.* (Poésie ; 26 c1)
ISBN 2-07-030101-X. *35,50 F / 5,41 €*

13645 **FAULKNER W.** Le Faune de marbre. *Gallimard, 1992.* (Poésie ; 259 c2)
ISBN 2-07-032707-8. *35,50 F / 5,41 €*

13646 **FERRÉ L.** La mauvaise graine. *LGF, 1995.* (Le Livre de poche ; 9626 c10)
ISBN 2-253-09626-1. *40 F / 6,10 €*

13647 **Fin de siècle et symbolisme en Belgique :** oeuvres poétiques de Hannon, Gilkin, Verhaeren, Maeterlinck, Elskamp, Van Lerberghe, Mockel... *Complexe, 1998.* (Bibliothèque Complexe)
ISBN 2-87027-691-5. *155 F / 23,63 €*

3648 **FOLLAIN J.** Exister ; Territoires. *Gallimard, 1969.* (Poésie ; 48 c1)
ISBN 2-07-030105-2. *35,50 F / 5,41 €*

3649 **FOLLAIN J.** Usage du temps. *Gallimard, 1983.* (Poésie ; 179 c3)
ISBN 2-07-032244-0. *42 F / 6,40 €*

3650 **FOMBEURE M.** A dos d'oiseau. *Gallimard, 1971.* (Poésie ; 69 c2)
ISBN 2-07-031796-X. *35,50 F / 5,41 €*

3651 **FOMBEURE M.** Les Etoiles brûlées ; Une Forêt de charme. *Gallimard, 1983.* (Poésie ; 170 c2)
ISBN 2-07-032234-3. *35,50 F / 5,41 €*

3652 **FORRESTER V.** Mains. *Mille et une nuits, 2000.* (La petite collection ; 266)
ISBN 2-84205-454-7. *10 F / 1,52 €*

3653 **FOUREST G.** Le géranium ovipare. *Grasset, 2000.* (Les Cahiers rouges ; 297)
ISBN 2-246-57921-X. *39 F / 5,95 €*

3654 **FOUREST G.** La Négresse blonde. Rééd. *Grasset, 1998.* (Les Cahiers rouges ; 270)
ISBN 2-246-56871-4. *38 F / 5,79 €*

3655 **FRÉNAUD A.** Il n'y a pas de paradis : poèmes 1943- 1960. *Gallimard, 1967.* (Poésie ; 24 c2)
ISBN 2-07-030112-5. *35,50 F / 5,41 €*

13656 **FRÉNAUD A.** Les Rois mages ; L'Etape dans la clairière ; Pour une plus haute flamme par le défi. *Gallimard, 1987.* (Poésie ; 220 c4)
ISBN 2-07-032423-0. *48 F / 7,32 €*

13657 **FRÉNAUD A.** La Sainte face. *Gallimard, 1985.* (Poésie ; 199 c3)
ISBN 2-07-032309-9. *42 F / 6,40 €*

13658 **FRÉNAUD A.** La Sorcière de Rome ; Depuis toujours déjà. *Gallimard, 1984.* (Poésie ; 184 c3)
ISBN 2-07-032250-5. *42 F / 6,40 €*

13659 **GARCIA LORCA F.** Poésies. 1, 1921-1922 : livre de poèmes, suites, premières chansons. *Gallimard, 1967.* (Poésie ; 20 c4)
ISBN 2-07-030171-0. *48 F / 7,32 €*

13660 **GARCIA LORCA F.** Poésies. 2, 1921-1927 : chansons, poèmes du Cante, Jondo, Romancero gitan. *Gallimard, 1966.* (Poésie ; 2 c2)
ISBN 2-07-030170-2. *56 F / 8,54 €*

13661 **GARCIA LORCA F.** Poésies. 3, 1926-1936 : Poète à New-York, Chant funèbre pour I.S. Mejias, Divan du Tamarit. *Gallimard, 1968.* (Poésie ; 30 c8)
ISBN 2-07-030172-9. *65 F / 9,91 €*

13662 **GARCIA LORCA F.** Suites ; Sonnets de l'amour obscur. *Gallimard, 1984.* (Poésies; 4)(Poésie ; 185 c6)
ISBN 2-07-032251-3. *56 F / 8,54 €*

13663 **GASPAR L.** Egée, Judée. *Gallimard, 1993.* (Poésie ; 267 c4)
ISBN 2-07-032736-1. *48 F / 7,32 €*

13664 **GASPAR L.** Sol absolu ; Le Quatrième état de la matière ; Corps corrosifs. *Gallimard, 1982.* (Poésie ; 167 c2)
ISBN 2-07-032229-7. *48 F / 7,32 €*

13665 **GAUTIER T.** Emaux et camées. *Gallimard, 1999.* (Poésie ; 154 c4)
ISBN 2-07-032209-2. *48 F / 7,32 €*

13666 **GENET J.** Le condamné à mort et autres poèmes ; suivi de Le funambule. Réimpr. *Gallimard, 1999.* (Poésie ; 332 c1)
ISBN 2-07-040787-X. *26 F / 3,96 €*

13667 **GIAUQUE F.** Terre de dénuement. *Aire, 1980.* (Le Chant du monde)
59 F / 8,99 €

13668 **N** **GIBRAN K.** Le livre des processions. *Mille et une nuits, 2000.* (La petite collection ; 297)
ISBN 2-84205-504-7. *10 F / 1,52 €*

13669 **GIBRAN K.** Le Prophète. *Mille et une nuits, 1994.* (La petite collection ; 13 cA)
ISBN 2-910233-13-8. *10 F / 1,52 €*

13670 **GIDE A.** Les Cahiers et les poésies d'André Walter. *Gallimard, 1986.* (Poésie ; 208 c6)
ISBN 2-07-032360-9. *56 F / 8,54 €*

13671 **N** **GLISSANT E.** Pays rêvé, pays réel ; suivi de Fastes et de Les grands chaos. *Gallimard, 2000.* (Poésie ; 347 c3)
ISBN 2-07-041446-9. *42 F / 6,40 €*

13672 **GLISSANT E.** Le Sel noir ; Le Sang rivé ; Boises. *Gallimard, 1983.* (Poésie ; 175 c3)
ISBN 2-07-032240-8. *42 F / 6,40 €*

13673 **GOETHE J. W. v.** Le Divan. *Gallimard, 1984.* (Poésie ; 189 c3)
ISBN 2-07-032255-6. *42 F / 6,40 €*

13674 **GOETHE J. W. v.** Elégie de Marienbad : et autres poèmes. *Gallimard, 1993.* (Poésie ; 266 c4)
ISBN 2-07-032735-3. *48 F / 7,32 €*

13675 **GOETHE J. W. v.** Elégies romaines. *Mille et une nuits, 2000.* (La petite collection ; 279)
ISBN 2-84205-471-7. *10 F / 1,52 €*

13676 **N** **GOFFETTE G.** Eloge pour une cuisine de province ; suivi de La vie promise. *Gallimard, 2000.* (Poésie ; 350 c2)
ISBN 2-07-041492-2. *35,50 F / 5,41 €*

13677 **GROSJEAN J.** La gloire ; précédé de Apocalypse ; suivi de Hiver et de Elégies. Réimpr. *Gallimard, 1999.* (Poésie ; 45 c2)
ISBN 2-07-030130-3. *42 F / 6,40 €*

13678 **GUÉRIN M. d.** Poésie. *Gallimard, 1984.* (Poésie ; 183 c3)
ISBN 2-07-032249-1. *48 F / 7,32 €*

13679 **GUILLEVIC E.** Du domaine ; Euclidiennes. *Gallimard, 1985.* (Poésie ; 200 c2)
ISBN 2-07-032316-1. *48 F / 7,32 €*

13680 **GUILLEVIC E.** Etier ; Autres. *Gallimard, 1991.* (Poésie ; 245 c3)
ISBN 2-07-032628-4. *52 F / 7,93 €*

13681 **GUILLEVIC E.** Sphère ; Carnac. *Gallimard, 1977.* (Poésie ; 120 c2)
ISBN 2-07-032173-8. *51 F / 7,77 €*

13682 **GUILLEVIC E.** Terraqué ; Exécutoire. *Gallimard, 1968.* (Poésie ; 34 c4)
ISBN 2-07-030133-8. *48 F / 7,32 €*

13683 **HARDELLET A.** La Cité Montgol ; suivi de Le luisant et la SorgueSommeil. *Gallimard, 1998.* (Poésie ; 324)
ISBN 2-07-032991-7. *35,50 F / 5,41 €*

13684 **HARRISON J.** L'éclipse de lune de Davenport : et autres poèmes. *Table ronde, 1998.* (La petite vermillon ; 98)
ISBN 2-7103-0884-3. *45 F / 6,86 €*

13685 **HARRISON J.** Théorie et pratique des rivières. *10-18, 1995.* (10-18 ; 2626. Domaine étranger c3)
ISBN 2-264-00022-8. *25 F / 3,81 €*

13686 **HEINE H.** Nouveaux poèmes. *Gallimard, 1998.* (Poésie ; 318 c8)
ISBN 2-07-032941-0. *65 F / 9,91 €*

13687 **HÉRÉDIA J. M. d.** Les Trophées. *Gallimard, 1981.* (Poésie ; 153 c4)
ISBN 2-07-032208-4. *48 F / 7,32 €*

13688 **HIKMET N.** Il neige dans la nuit et autres poèmes. *Gallimard, 1999.* (Poésie ; 327 c6)
ISBN 2-07-032963-1. *56 F / 8,54 €*

13689 **HOLAN V.** Une nuit avec Hamlet et autres poèmes : 1932-1970. *Gallimard, 2000.* (Poésie c5)
ISBN 2-07-041152-4. *60 F / 9,15 €*

13690 **HOLAPPA P.** Les mots longs : poèmes, 1950-1994. *Gallimard, 1997.* (Poésie ; 307)
ISBN 2-07-032966-6. *42 F / 6,40 €*

13691 **HÖLDERLIN F.** Hypèrion ou l'ermite de Grèce ; Fragment Thalia. *Gallimard, 1973.* (Poésie ; 86 c5)
ISBN 2-07-032032-4. *51 F / 7,77 €*

13692 **HÖLDERLIN F.** Odes, élégies, hymnes. *Gallimard, 1993.* (Poésie ; 272 c3)
ISBN 2-07-032739-6. *42 F / 6,40 €*

13693 **N** **HOUELLEBECQ M.** Poésies. *J'ai lu, 2000.* (J'ai lu ; 5735. Littérature générale cK)
ISBN 2-290-30721-1. *42 F / 6,40 €*

13694 **N** **HOUELLEBECQ M.** La poursuite du bonheur. *Librio, 2000.* (Librio ; 354 c1)
ISBN 2-290-30494-8. *10 F / 1,52 €*

13695 **HUBIN C.** Eclipses. Nouv. éd. *Labor, 1999.* (Espace Nord ; 154)
ISBN 2-8040-1318-9. *44 F / 6,71 €*

13696 **HUGO V.** L'Année terrible. *Gallimard, 1984.* (Poésie ; 194 c4)
ISBN 2-07-032277-7. *48 F / 7,32 €*

13697 **HUGO V.** L'art d'être grand-père. *Mille et une nuits, 1996.* (La petite collection ; 128 cC)
ISBN 2-84205-095-9. *20 F / 3,05 €*

13698 **HUGO V.** Les Chansons des rues et des bois. *Gallimard, 1982.* (Poésie ; 162 c5)
ISBN 2-07-032225-4. *60 F / 9,15 €*

13699 **HUGO V.** Les Chants du crépuscule ; Les Voix intérieures ; Les Rayons et les ombres. *Gallimard, 1983.* (Poésie ; 169 c9)
ISBN 2-07-032233-5. *69 F / 10,52 €*

13700 **HUGO V.** Les châtiments. Nouv. éd. *LGF, 1998.* (Le Livre de poche ; 1378. Classiques de poche c7)
ISBN 2-253-01686-1. *30 F / 4,57 €*

13701 **HUGO V.** Les châtiments. Réimpr. *Gallimard, 1998.* (Poésie c2)
ISBN 2-07-040602-4. *35,50 F / 5,41 €*

13702 **HUGO V.** Les Contemplations. *LGF, 1980.* (Le Livre de poche ; 1444. Classiques de poche c9)
ISBN 2-253-01499-0. *36 F / 5,49 €*

13703 **HUGO V.** Les Contemplations. *Gallimard, 1982.* (Poésie ; 91 c5)
ISBN 2-07-032050-2. *51 F / 7,77 €*

13704 **HUGO V.** La Fin de Satan. *Gallimard, 1984.* (Poésie ; 188 c4)
ISBN 2-07-032254-8. *48 F / 7,32 €*

13705 **N** **HUGO V.** La légende des siècles : histoire, les petites épopées. *LGF, 2000.* (Le Livre de poche ; 16066. Classiques de poche c11)
ISBN 2-253-16066-0. *42 F / 6,40 €*

13706 **HUGO V.** La légende des siècles : morceaux choisis. *Librio, 2000.* (Librio ; 341 c1)
ISBN 2-290-30090-X. *10 F / 1,52 €*

13707 **HUGO V.** Odes et ballades. *Gallimard, 1980.* (Poésie ; 141 c5)
ISBN 2-07-032190-8. *60 F / 9,15 €*

13708 **N** **HUGO V.** Les Orientales ; Les Feuilles d'automne. *LGF, 2000.* (Le Livre de poche ; 16059. Classiques de poche)
ISBN 2-253-16059-8. *45 F / 6,86 €*

13709 **HUGO V.** Les Orientales ; Les Feuilles d'automne. *Gallimard, 1981.* (Poésie ; 151 c6)
ISBN 2-07-032206-8. *56 F / 8,54 €*

13710 **Hymnes spéculatifs du Véda.** *Gallimard, 1985.* (Connaissance de l'Orient poche)
ISBN 2-07-070553-6. *39 F / 5,95 €*

13711 **IZOARD J.** La Patrie empaillée ; Vêtu, dévêtu, libre. *Labor, 1992.* (Espace Nord ; 73 c3)
ISBN 2-8040-0765-0. *54 F / 8,23 €*

13712 **N** **IZZO J-C.** L'aride des jours. *Librio, 2001.* (Librio ; 434 c1)
ISBN 2-290-30871-4. *10 F / 1,52 €*

13713 **N** **IZZO J-C.** Loin de tous rivages. *Librio, 2000.* (Librio ; 426 c1)
ISBN 2-290-30790-4. *10 F / 1,52 €*

13714 **JABÈS E.** Le Seuil ; Le Sable : poésies complètes, 1943-1988. *Gallimard, 1990.* (Poésie ; 240 c*)
ISBN 2-07-032573-3. *72 F / 10,98 €*

13715 **JACCOTTET P.** A la lumière d'hiver ; Leçons ; Chants d'en bas. *Gallimard, 1994.* (Poésie ; 277 c2)
ISBN 2-07-032822-8. *35,50 F / 5,41 €*

13716 **JACCOTTET P.** Paysages avec figures absentes. *Gallimard, 1998.* (Poésie ; 317)
ISBN 2-07-040427-7. *35,50 F / 5,41 €*

13717 **JACCOTTET P.** Poésie : 1946-1967. *Gallimard, 1971.* (Poésie ; 71 c1)
ISBN 2-07-031787-0. *48 F / 7,32 €*

13718 **JACOB M.** Le Cornet à dés. *Gallimard, 1967.* (Poésie ; 25 c4)
ISBN 2-07-030143-5. *48 F / 7,32 €*

13719 **JACOB M.** Derniers poèmes en vers et en prose. *Gallimard, 1982.* (Poésie ; 160 c2)
ISBN 2-07-032224-6. *35,50 F / 5,41 €*

13720 **JACOB M.** Le Laboratoire central. *Gallimard, 1980.* (Poésie ; 139 c3)
ISBN 2-07-032194-0. *42 F / 6,40 €*

13721 **JACOB M.** Poèmes de Morven le Gaélique. *Gallimard, 1991.* (Poésie ; 247 c2)
ISBN 2-07-032590-3. *35,50 F / 5,41 €*

13722 **JACQMIN F.** Les Saisons. *Labor, 1988.* (Espace Nord ; 50 c1)
ISBN 2-8040-0354-X. *34 F / 5,18 €*

13723 **JAMMES F.** Clairières dans le ciel. *Gallimard, 1980.* (Poésie ; 142 c2)
ISBN 2-07-032199-1. *35,50 F / 5,41 €*

13724 **JAMMES F.** De l'angélus de l'aube à l'angélus du soir : 1888-1897. *Gallimard, 1971.* (Poésie ; 68 c2)
ISBN 2-07-031795-1. *48 F / 7,32 €*

13725 **JAMMES F.** Le Deuil des primevères : 1898-1900. *Gallimard, 1967.* (Poésie ; 23 c1)
ISBN 2-07-030144-3. *35,50 F / 5,41 €*

13726 **JAQUILLARD C.** Requiem pour une révolution perdue : l'errance helvétique. *Aire, 1978.* (Le Chant du monde)
36 F / 5,49 €

13727 **JARRY A.** Les Minutes de sable mémorial ; César-Antechrist. Réimpr. *Gallimard, 1999.* (Poésie ; 119 c3)
ISBN 2-07-031835-4. *42 F / 6,40 €*

13728 **A** **JEAN DE LA CROIX (saint)** Cantique spirituel et autres poèmes. *Librio, 2001.* (Librio ; 448 c1)
ISBN 2-290-31092-1. *10 F / 1,52 €*

13729 **JEAN DE LA CROIX (saint)** Nuit obscure ; Cantique spirituel et autres poèmes. *Gallimard, 1997.* (Poésie ; 314 c4)
ISBN 2-07-032962-3. *48 F / 7,32 €*

13730 **JEAN DE LA CROIX (saint)** Poésie. *Mille et une nuits, 2000.* (La petite collection ; 268)
ISBN 2-84205-455-5. *10 F / 1,52 €*

13731 **JOUVE P. J.** Dans les années profondes : 1934-1935 ; Matière céleste : 1936-1937 ; Proses (La voix, le sexe, la mort) : 1960. *Gallimard, 1995.* (Poésie ; 289 c7)
ISBN 2-07-032809-0. *60 F / 9,15 €*

13732 **JOUVE P. J.** Diadème ; Mélodrame. *Gallimard, 1970.* (Poésie ; 62 c2)
ISBN 2-07-030148-6. *35,50 F / 5,41 €*

13733 **JOUVE P. J.** Les Noces ; Sueur de sang. *Gallimard, 1966.* (Poésie ; 13 c4)
ISBN 2-07-030147-8. *48 F / 7,32 €*

13734 **JUDICE N.** Un chant dans l'épaisseur du temps ; suivi de Méditation sur des ruines. *Gallimard, 1996.* (Poésie ; 306 c3)
ISBN 2-07-032947-X. *42 F / 6,40 €*

13735 **KABIR** Au cabaret de l'amour : paroles de Kabîr. *Gallimard, 1986.* (Connaissance de l'Orient poche)
ISBN 2-07-070633-8. *38 F / 5,79 €*

13736 **KEATS J.** Poèmes et poésies. *Gallimard, 1996.* (Poésie ; 297 c3)
ISBN 2-07-032870-8. *42 F / 6,40 €*

13737 **KIPLING R.** Tu seras un homme mon fils ; suivi de Lettres à son fils. *Mille et une nuits, 1998.* (La petite collection ; 204 c2)
ISBN 2-84205-332-X. *10 F / 1,52 €*

13738 **LA FONTAINE J. d.** Fables choisies. Nouv. éd. *Gallimard, 1999.* (Folio ; 3237. Classique c3)
ISBN 2-07-040914-7. *19 F / 2,90 €*

13739 **LA FONTAINE J. d.** Fables. *Gallimard, 1991.* (Folio ; 2246. Classique c10)
ISBN 2-07-038346-6. *46 F / 7,01 €*

13740 **LA FONTAINE J. d.** Fables. nouv. éd. *LGF, 1996.* (Le Livre de poche ; 1198. Classiques de poche c4)
ISBN 2-253-01004-9. *20 F / 3,05 €*

13741 **LA FONTAINE J. d.** Le lièvre et la tortue : et autres fables. *Librio, 1996.* (Librio ; 131 c1)
ISBN 2-277-30131-0. *10 F / 1,52 €*

13742 **LA FONTAINE J. d., OUDRY J-B.** Fables. *LGF, 1995.* (La Pochothèque ; 3227. Classiques modernes)
ISBN 2-253-13227-6. *120 F / 18,29 €*

13743 **LA TOUR DU PIN P. d.** La Quête de joie ; Petite somme de poésie. *Gallimard, 1967.* (Poésie ; 21 c4)
ISBN 2-07-030158-3. *48 F / 7,32 €*

13744 **LA VILLE DE MIRMONT J. d.** L'horizon chimérique : et autres poèmes. *Table ronde, 1998.* (La petite vermillon ; 99)
ISBN 2-7103-0882-7. *35 F / 5,34 €*

13745 **LABÉ L.** Oeuvres poétiques ; Rymes de Pernette du Guillet ; Blasons du corps féminin. *Gallimard, 1983.* (Poésie ; 173 c3)
ISBN 2-07-032238-6. *42 F / 6,40 €*

13746 **LAFORGUE J.** Les Complaintes. *Gallimard, 1979.* (Poésies complètes; 1)(Poésie ; 129 c6)
ISBN 2-07-032181-9. *56 F / 8,54 €*

13747 **LAFORGUE J.** L'Imitation de Notre-Dame de la lune. *Gallimard, 1979.* (Poésies complètes; 2)(Poésie ; 130 c3)
ISBN 2-07-032182-7. *48 F / 7,32 €*

13748 **LAMARTINE A. d., GUYARD M-F.** Méditations poétiques ; Poésies diverses : nouvelles méditations poétiques. *Gallimard, 1981.* (Poésie ; 145 c5)
ISBN 2-07-032200-9. *51 F / 7,77 €*

13749 **LAMBERSY W.** Maîtres et maisons de thé. *Labor, 1988.* (Espace Nord ; 46 c1)
ISBN 2-8040-0359-0. *34 F / 5,18 €*

13750 **LARBAUD V.** Les Poésies de A.O. Barnabooth ; Poésies diverses. *Gallimard, 1987.* (Poésie ; 12 c1)
ISBN 2-07-030157-5. *26 F / 3,96 €*

13751 [N] **LAUTRÉAMONT** Les chants de Maldoror ; Poésies. *LGF, 2001.* (Le Livre de poche ; 16073. Classiques de poche c8)
ISBN 2-253-16073-3. *33 F / 5,03 €*

13752 **LAUTRÉAMONT** Oeuvres complètes ; Les Chants de Maldoror ; Lettres ; Poésies I et II. *Gallimard, 1973.* (Poésie ; 88 c5)
ISBN 2-07-032000-6. *51 F / 7,77 €*

13753 **LAUTRÉAMONT** Poésies. *Mille et une nuits, 1995.* (La petite collection ; 83 cA)
ISBN 2-84205-012-6. *10 F / 1,52 €*

13754 **LAWRENCE D. H.** Poèmes. *Gallimard, 1996.* (Poésie ; 301 c6)
ISBN 2-07-032936-4. *56 F / 8,54 €*

13755 **LECONTE DE LISLE C-M.** Poèmes antiques. *Gallimard, 1994.* (Poésie ; 279 cJ)
ISBN 2-07-032813-9. *72 F / 10,98 €*

13756 **LECONTE DE LISLE C-M.** Poèmes barbares. *Gallimard, 1985.* (Poésie ; 202 c8)
ISBN 2-07-032326-9. *65 F / 9,91 €*

13757 **LEIRIS M.** Haut-mal ; Autres lancers. *Gallimard, 1969.* (Poésie ; 40 c2)
ISBN 2-07-030166-4. *51 F / 7,77 €*

13758 **LEIRIS M.** Mots sans mémoire ; Simulacre ; Le point cardinal. *Gallimard, 1998.* (L'imaginaire ; 375)
ISBN 2-07-075136-8. *40 F / 6,10 €*

13759 **LEJEUNE C.** Mémoire de rien. *Labor, 1994.* (Espace Nord ; 93 c3)
ISBN 2-8040-0970-X. *54 F / 8,23 €*

13760 **LEOPARDI G.** Canti. *Gallimard, 1982.* (Poésie ; 159 c2)
ISBN 2-07-032222-X. *48 F / 7,32 €*

13761 **LEUWERS D.** L'inconnu désarmé. *Autres temps, 1998.* (Poésie en poche)
ISBN 2-911873-80-7. *45 F / 6,86 €*

13762 [A] **LEVET H. J-M.** Cartes postales et autres textes. *Gallimard, 2001.* (Poésie)
ISBN 2-07-041838-3. *52 F / 7,93 €*

13763 **LEVET H. J-M.** Cartes postales. *Table ronde, 1993.* (La petite vermillon ; 7)
ISBN 2-7103-0555-0. *35 F / 5,34 €*

13764 **LEVI P.** A une heure incertaine. *Gallimard, 1997.* (Arcades)
ISBN 2-07-072830-7. *60 F / 9,15 €*

13765 **LIMBOUR G.** Soleil bas ; Poèmes, contes et récits. *Gallimard, 1972.* (Poésie ; 82 c3)
ISBN 2-07-031879-6. *42 F / 6,40 €*

13766 [A] **LOMATEWANA R.** Le chemin du roseau. *Actes Sud, 2001.* (Le souffle de l'esprit)
ISBN 2-7427-3227-6. *39 F / 5,95 €*

13767 **LOUYS P.** Les Chansons de Bilitis : Pervigilium Mortis, avec divers textes inédits. *Gallimard, 1990.* (Poésie ; 241)
ISBN 2-07-032589-X. *60 F / 9,15 €*

13768 **LOVICHI J.** Murs. *Autres temps, 1997.* (Poésie en poche)
ISBN 2-911873-10-6. *45 F / 6,86 €*

13769 [A] **LUCA G.** Héros limité ; Le chant de la carpe ; Paralipomènes. *Gallimard, 2001.* (Poésie c5)
ISBN 2-07-041069-2. *52 F / 7,93 €*

13770 **MAC ORLAN P.** Poésies documentaires complètes. *Gallimard, 1982.* (Poésie ; 164 c2)
ISBN 2-07-032228-9. *35,50 F / 5,41 €*

13771 **MACHADO A.** Champs de Castille ; Solitude, galeries et autres poèmes ; Poésies de la guerre. *Gallimard, 1981.* (Poésie ; 144 c3)
ISBN 2-07-032191-6. *60 F / 9,15 €*

13772 **MAETERLINCK M.** Serres chaudes ; Quinze chansons ; La Princesse Maleine. *Gallimard, 1983.* (Poésie ; 181 c8)
ISBN 2-07-032245-9. *65 F / 9,91 €*

13773 **MAIAKOVSKI V. V.** Le nuage en pantalon : tétraptique. *Mille et une nuits, 1998.* (La petite collection ; 197 c2)
ISBN 2-84205-312-5. *10 F / 1,52 €*

13774 **MAJROUH S. B.** Le Suicide et le chant : poésie populaire des femmes pashtounes. *Gallimard, 1994.* (Connaissance de l'Orient poche ; 65)
ISBN 2-07-073600-8. *55 F / 8,38 €*

13775 **MALHERBE F. d.** Poésies. *Gallimard, 1982.* (Poésie ; 165 c8)
ISBN 2-07-032226-2. *42 F / 6,40 €*

13776 **MALLARMÉ S.** Igitur ; Divagations ; Un coup de dés. *Gallimard, 1976.* (Poésie ; 113 c9)
ISBN 2-07-032157-6. *69 F / 10,52 €*

13777 **MALLARMÉ S.** Poésie. *Librio, 1996.* (Librio ; 135 c1)
ISBN 2-277-30135-3. *10 F / 1,52 €*

13778 **MALLARMÉ S.** Poésies ; Anecdotes ou Poèmes ; Pages diverses. *LGF, 1998.* (Le Livre de poche ; 1753. Classiques de poche c7)
ISBN 2-253-01753-1. *30 F / 4,57 €*

13779 **MALLARMÉ S.** Poésies. *Gallimard, 1992.* (Poésie ; 261 c3)
ISBN 2-07-032716-7. *42 F / 6,40 €*

13780 **MALLARMÉ S.** Vers de circonstance : avec des inédits. Réimpr. *Gallimard, 1996.* (Poésie ; 296 c5)
ISBN 2-07-032906-2. *51 F / 7,77 €*

13781 **MALLET R.** Quand le miroir s'étonne ; Silex éclaté ; L'Espace d'une fenêtre. *Gallimard, 1986.* (Poésie ; 207 c5)
ISBN 2-07-032359-5. *51 F / 7,77 €*

13782 **MANDELSTAM O. E.** Tristia et autres poèmes. *Gallimard, 1982.* (Poésie ; 155 c2)
ISBN 2-07-032211-4. *42 F / 6,40 €*

13783 **MANGION J.** Malou. *Autres temps, 1997.* (Poésie en poche)
ISBN 2-911873-20-3. *45 F / 6,86 €*

13784 **MAROT C.** L'Adolescence clémentine ; L'Enfer ; Déportation de Florimond Robert. *Gallimard, 1987.* (Poésie ; 213 c5)
ISBN 2-07-032405-2. *60 F / 9,15 €*

13785 **MARTIN Y.** Le partisan ; suivi de Le marcheur. *Table ronde, 1996.* (La petite vermillon ; 57 c2)
ISBN 2-7103-0723-5. *55 F / 8,38 €*

13786 **MELVILLE H.** Poèmes de guerre. *Gallimard, 1991.* (Poésie ; 251 c2)
ISBN 2-07-032661-6. *35,50 F / 5,41 €*

13787 **MICHAUX H.** Ailleurs. Nouv. éd. rev. et corr. *Gallimard, 1986.* (Poésie ; 210 c2)
ISBN 2-07-032362-5. *35,50 F / 5,41 €*

13788 **MICHAUX H.** Connaissance par les gouffres. Nouv. éd. *Gallimard, 1988.* (Poésie ; 224 c3)
ISBN 2-07-032460-5. *42 F / 6,40 €*

13789 **MICHAUX H.** Epreuves, exorcismes : 1940-1944. *Gallimard, 1989.* (Poésie ; 228 c2)
ISBN 2-07-032505-9. *35,50 F / 5,41 €*

13790 **MICHAUX H.** L'espace du dedans : pages choisies, 1927-1959. Ed. rev. et augm. *Gallimard, 1998.* (Poésie ; 319)
ISBN 2-07-040465-X. *42 F / 6,40 €*

13791 **MICHAUX H.** Face aux verroux. *Gallimard, 1992.* (Poésie ; 258 c3)
ISBN 2-07-032706-X. *42 F / 6,40 €*

13792 **MICHAUX H.** L'Infini turbulent. Ed. rev. et augm. *Gallimard, 1994.* (Poésie ; 282 c3)
ISBN 2-07-032851-1. *42 F / 6,40 €*

13793 **MICHAUX H.** Misérable miracle : la mescaline : avec quarante-huit dessins et documents manuscrits originaux de l'auteur. Nouv. éd. rev. et augm. *Gallimard, 1991.* (Poésie ; 244)
ISBN 2-07-032608-X. *35,50 F / 5,41 €*

13794 **MICHAUX H.** La Nuit remue. *Gallimard, 1987.* (Poésie c1)
ISBN 2-07-032438-9. *35,50 F / 5,41 €*

13795 **MICHAUX H.** Plume ; Lointain intérieur. *Gallimard, 1985.* (Poésie ; 201 c3)
ISBN 2-07-032317-X. *42 F / 6,40 €*

13796 **N** **MICHAUX H.** Qui je fus ; précédé de Les rêves et la jambe et de Fables des origines : et autres textes. *Gallimard, 2000.* (Poésie ; 349 c3)
ISBN 2-07-041269-5. *51 F / 7,77 €*

13797 **MICHAUX H.** La Vie dans les plis. Nouv. éd. rev. et corr. *Gallimard, 1989.* (Poésie ; 235)
ISBN 2-07-032555-5. *48 F / 7,32 €*

13798 **MICHEL-ANGE** Poèmes. *Gallimard, 1992.* (Poésie c3)
ISBN 2-07-032687-X. *42 F / 6,40 €*

13799 **A** **Mignonne, allons voir si la rose...** : la poésie du XVIe siècle. *Librio, 2001.* (Librio ; 458 c1)
ISBN 2-290-31302-5. *10 F / 1,52 €*

13800 **N** **MIGOZZI M.** Qu'est-ce qu'on imagine écrire ?. *Autres temps, 2000.* (Poésie en poche)
ISBN 2-84521-053-1. *45 F / 6,86 €*

13801 **MILOSZ O. W. d. L.** La berline arrêtée dans la nuit : anthologie poétique. *Gallimard, 1999.* (Poésie ; 333)
ISBN 2-07-040629-6. *48 F / 7,32 €*

13802 **MILTON J.** Le paradis perdu. *Gallimard, 1995.* (Poésie ; 290 c8)
ISBN 2-07-032838-4. *65 F / 9,91 €*

13803 **MIRON G.** L'homme rapaillé : les poèmes. *Gallimard, 1999.* (Poésie c3)
ISBN 2-07-040707-1. *42 F / 6,40 €*

13804 **MISTRAL F.** Miréio = Mireille. *Grasset, 1998.* (Les Cahiers rouges ; 268)
ISBN 2-246-58503-1. *73 F / 11,13 €*

13805 **MONTALE E.** Poèmes choisis : 1916-1980. *Gallimard, 1991.* (Poésie ; 250 cJ)
ISBN 2-07-032662-4. *72 F / 10,98 €*

13806 **MOREAU M.** Incandescences ; Quintes (extraits) : Egobiographie tordue (L'Ivre livre). *Labor, 1984.* (Espace Nord ; 10 c1)
ISBN 2-8040-0018-4. *34 F / 5,18 €*

13807 **MORRISON J.** La Nuit américaine. *10-18, 1994.* (10-18 ; 2526. Domaine étranger c5)
ISBN 2-264-01944-1. *41 F / 6,25 €*

13808 **MORRISON J.** Une Prière américaine. *10-18, 1985.* (10-18 ; 1714. Domaine étranger c4)
ISBN 2-264-00701-X. *41 F / 6,25 €*

13809 **MORRISON J.** Seigneurs et nouvelles créatures = Lords and the new creatures. *10-18, 1978.* (10-18 ; 1219. Domaine étranger c5)
ISBN 2-264-00861-X. *44 F / 6,71 €*

13810 **MUSSET A. d.** Premières poésies : poésies nouvelles. *Gallimard, 1976.* (Poésie ; 115 c7)
ISBN 2-07-032155-X. *60 F / 9,15 €*

13811 **NELLIGAN E.** Poésies complètes. *Table ronde, 1998.* (La petite vermillon ; 87)
ISBN 2-7103-0787-1. *35 F / 5,34 €*

13812 **NERUDA P.** La centaine d'amour ; Résidence sur la terre ; Vingt poèmes d'amour. *Gallimard, 1998.* (Poésie)
ISBN 2-07-040620-2. *163 F / 24,85 €*

13813 **NERUDA P.** La centaine d'amour. *Gallimard, 1995.* (Poésie ; 291 c4)
ISBN 2-07-032892-9. *48 F / 7,32 €*

13814 **NERUDA P.** Chant général. *Gallimard, 1984.* (Poésie ; 182)
ISBN 2-07-032247-5. *72 F / 10,98 €*

13815 **NERUDA P.** Mémorial de l'île noire ; Encore. *Gallimard, 1977.* (Poésie ; 117 c3)
ISBN 2-07-032169-X. *60 F / 9,15 €*

13816 **NERUDA P.** Résidence sur la terre. *Gallimard, 1972.* (Poésie ; 83 c2)
ISBN 2-07-031883-4. *48 F / 7,32 €*

13817 **NERUDA P.** Vingt poèmes d'amour et une chanson désespérée : les vers du capitaine. *Gallimard, 1998.* (Poésie ; 320)
ISBN 2-07-040421-8. *51 F / 7,77 €*

13818 **NERVAL G. d.** Les chimères. *Mille et une nuits, 1999.* (La petite collection ; 229 c2)
ISBN 2-84205-389-3. *10 F / 1,52 €*

13819 **NERVAL G. d.** Poésies et souvenirs. *Gallimard, 1974.* (Poésie ; 100 c5)
ISBN 2-07-032127-4. *51 F / 7,77 €*

13820 **NGUYÊN D.** Kim Vân-Kiêu. *Gallimard, 1987.* (Connaissance de l'Orient poche ; 22)
ISBN 2-07-071167-6. *35 F / 5,34 €*

13821 **NIETZSCHE F.** Poèmes 1858-1888 ; suivi de Dithyrambes pour Dionysos. *Gallimard, 1997.* (Poésie ; 311)
ISBN 2-07-031843-5. *42 F / 6,40 €*

13822 **NOËL B.** Poèmes : la chute des temps. *Gallimard, 1993.* (Poésie ; 274 c5)
ISBN 2-07-032773-6. *51 F / 7,77 €*

13823 **NOËL M.** Les Chansons et les heures ; Rosaire des joies. *Gallimard, 1983.* (Poésie ; 180 c4)
ISBN 2-07-032246-7. *48 F / 7,32 €*

13824 **NORGE** Poésies : 1923-1988. *Gallimard, 1990.* (Poésie c8)
ISBN 2-07-032562-8. *65 F / 9,91 €*

13825 **NORGE** Remuer ciel et terre : la langue verte et autres textes. *Labor, 1985.* (Espace Nord ; 17 c3)
ISBN 2-8040-0989-0. *54 F / 8,23 €*

13826 **NOUGÉ P.** Fragments : anthologie. *Labor, 1984.* (Espace Nord ; 7 c3)
ISBN 2-8040-0277-2. *54 F / 8,23 €*

13827 **NOUVEAU G.** La Doctrine de l'amour. *Gallimard, 1981.* (Poésie ; 149 c3)
ISBN 2-07-032205-X. *51 F / 7,77 €*

13828 **NOVALIS** Les Disciples à Saïs, Hymnes à la nuit. *Gallimard, 1980.* (Poésie ; 138 c2)
ISBN 2-07-032193-2. *35,50 F / 5,41 €*

13829 **OBALDIA R. d.** Innocentines. *Grasset, 1991.* (Les Cahiers rouges ; 151)
ISBN 2-246-01552-9. *53 F / 8,08 €*

13830 **OMAR HAYYAM** Rubayat. *Gallimard, 1994.* (Poésie ; 285 c03)
ISBN 2-07-032785-X. *42 F / 6,40 €*

13831 **Orphée studio :** poésie d'aujourd'hui à voix haute. *Gallimard, 1999.* (Poésie)
ISBN 2-07-040911-2. *30 F / 4,57 €*

13832 **N** **OSTER SOUSSOUEV P.** Paysage du tout : 1951-2000. *Gallimard, 2000.* (Poésie ; 346 c6)
ISBN 2-07-041146-X. *56 F / 8,54 €*

13833 **PASOLINI P. P.** Poèmes de jeunesse et quelques autres. *Gallimard, 1995.* (Poésie ; 293 c5)
ISBN 2-07-032886-4. *51 F / 7,77 €*

13834 **PASOLINI P. P.** Poésies : 1953-1964. *Gallimard, 1980.* (Poésie ; 140 c6)
ISBN 2-07-032195-9. *56 F / 8,54 €*

13835 **PAVESE C.** Travailler fatigue ; La Mort viendra et elle aura tes yeux. *Gallimard, 1979.* (Poésie ; 128 c3)
ISBN 2-07-032180-0. *72 F / 10,98 €*

13836 **PAZ O.** Le Feu de chaque jour. *Gallimard, 1990.* (Poésie ; 238 c5)
ISBN 2-07-032565-2. *51 F / 7,77 €*

13837 **PAZ O.** Liberté sur parole : Condition de nuages. Aigle ou soleil? A la limite du monde. Pierre de soleil. *Gallimard, 1971.* (Poésie ; 75 c1)
ISBN 2-07-031789-7. *42 F / 6,40 €*

13838 **PAZ O.** Versant est : Et autres poèmes. *Gallimard, 1978.* (Poésie ; 126 c1)
ISBN 2-07-032176-2. *35,50 F / 5,41 €*

13839 **PÉGUY C.** Le Porche du mystère de la deuxième vertu. *Gallimard, 1986.* (Poésie ; 204 c4)
ISBN 2-07-032345-5. *48 F / 7,32 €*

13840 **PÉGUY C.** Les Tapisseries. *Gallimard, 1968.* (Poésie ; 35 c2)
ISBN 2-07-030214-8. *35,50 F / 5,41 €*

13841 **PENNA S.** Poésies. *Grasset, 1999.* (Les Cahiers rouges ; 288)
ISBN 2-246-55071-8. *48 F / 7,32 €*

13842 **PÉRET B.** Le Grand jeu. *Gallimard, 1969.* (Poésie ; 43 c5)
ISBN 2-07-030216-4. *51 F / 7,77 €*

13843 **PEREZ-SECHERET P.** Coquelicots pour Abidine. *Autres temps, 1997.* (Poésie en poche)
ISBN 2-911873-00-9. *45 F / 6,86 €*

13844 **PERROS G.** Une Vie ordinaire. *Gallimard, 1988.* (Poésie ; 226 c3)
ISBN 2-07-032461-3. *48 F / 7,32 €*

13845 **PESSOA F.** Poésies d'Alvaro de Campos ; Le Gardeur de troupeaux ; Autres poèmes d'Alberto Caeiro. *Gallimard, 1987.* (Poésie ; 214 c3)
ISBN 2-07-032406-0. *42 F / 6,40 €*

13846 **PÉTRARQUE** Canzonière. *Gallimard, 1983.* (Poésie ; 172 c3)
ISBN 2-07-032237-8. *51 F / 7,77 €*

13847 **PICHETTE H.** Apoèmes ; suivi de Lambeaux d'un manuscrit d'amour et de Fragments du Sélénite. *Gallimard, 1995.* (Poésie ; 295 c2)
ISBN 2-07-032909-7. *35,50 F / 5,41 €*

13848 **Pièces détachées :** une anthologie da la poésie française aujourd'hui. *Pocket, 2000.* (Pocket ; 10705 c7)
ISBN 2-266-09457-2. *42 F / 6,40 €*

13849 **PIEYRE DE MANDIARGUES A.** L'Age de craie ; Dans les années sordides ; Hedera. *Gallimard, 1967.* (Poésie ; 22 c2)
ISBN 2-07-030221-0. *35,50 F / 5,41 €*

13850 **La planche de vivre.** *Gallimard, 1995.* (Poésie ; 288 c2)
ISBN 2-07-032831-7. *35,50 F / 5,41 €*

13851 **PLATH S.** Arbres d'hiver ; précédé de La traversée. *Gallimard, 1999.* (Poésie ; 339 c4)
ISBN 2-07-040379-3. *48 F / 7,32 €*

13852 **POE E. A.** Poèmes : La Genèse d'un poème. *Gallimard, 1982.* (Poésie ; 161 c3)
ISBN 2-07-032223-8. *42 F / 6,40 €*

13853 **Poèmes d'outre-Rhin :** poésies allemandes (1840) ; suivi de Poésies de Henri Heine (1848) et d'autres traductions. *Grasset, 1996.* (Les Cahiers rouges ; 226)
ISBN 2-246-50171-7. *64 F / 9,76 €*

13854 **La poésie amoureuse de l'âge baroque :** vingt poètes maniéristes et baroques. *LGF, 1997.* (Le Livre de poche ; 718. Bibliothèque classique c13)
ISBN 2-253-90718-9. *46 F / 7,01 €*

13855 **La poésie des romantiques.** *Librio, 1999.* (Librio ; 262 c1)
ISBN 2-277-30262-7. *10 F / 1,52 €*

13856 **N** **Poésie érotique :** quinze chefs-d'oeuvre du XVIIe au XXe siècle. *la Musardine, 2000.* (Lectures amoureuses de Jean-Jacques Pauvert ; 38 c6)
ISBN 2-84271-060-6. *49 F / 7,47 €*

13857 **Poètes d'Italie :** anthologie. *Table ronde, 1999.* (La petite vermillon)
ISBN 2-7103-0905-X. *65 F / 9,91 €*

13858 **Poètes de Bretagne :** anthologie (1880-1980). Ed. augm. *Table ronde, 1999.* (La petite vermillon)
ISBN 2-7103-0903-3. *65 F / 9,91 €*

13859 **Poètes de la mer :** anthologie. *Table ronde, 1999.* (La petite vermillon)
ISBN 2-7103-0904-1. *65 F / 9,91 €*

13860 **Poètes délaissés :** anthologie : de Jean Marot à Samuel Beckett. *Table ronde, 1999.* (La petite vermillon ; 109)
ISBN 2-7103-0874-6. *65 F / 9,91 €*

13861 **PONCHON R.** La muse au cabaret. *Grasset, 1998.* (Les Cahiers rouges ; 275)
ISBN 2-246-20573-5. *59 F / 8,99 €*

13862 **PONGE F.** Le Parti pris des choses ; Douze petits écrits ; Poèmes. *Gallimard, 1966.* (Poésie ; 16 c2)
ISBN 2-07-030223-7. *35,50 F / 5,41 €*

13863 **PONGE F.** Le parti pris des choses ; Pièces ; La rage de l'expression. *Gallimard, 1999.* (Poésie)
ISBN 2-07-040953-8. *133 F / 20,28 €*

13864 **PONGE F.** Pièces. *Gallimard, 1971.* (Poésie ; 73 c2)
ISBN 2-07-031873-7. *42 F / 6,40 €*

13865 **PONGE F.** La Rage de l'expression. *Gallimard, 1976.* (Poésie ; 116 c3)
ISBN 2-07-032167-3. *42 F / 6,40 €*

13866 **PONGE F.** Le Savon. *Gallimard, 1992.* (Poésie ; 279 c3)
ISBN 2-07-072553-7. *40 F / 6,10 €*

13867 **PONS D.** Aux sources de la présence. *Albin Michel, 1991.* (Espaces libres ; 19)
ISBN 2-226-05434-0. *39 F / 5,95 €*

13868 **POUCHKINE A. S.** Choix de poèmes. *Gallimard, 1994.* (Poésie ; 280 cJ)
ISBN 2-07-032792-2. *72 F / 10,98 €*

13869 **PRÉVERT J.** Choses et autres. *Gallimard, 1975.* (Folio ; 646 c11)
ISBN 2-07-036646-4. *29,50 F / 4,50 €*

13870 **PRÉVERT J.** La cinquième saison. *Gallimard, 2000.* (Folio ; 3330 c7)
ISBN 2-07-041180-X. *32,50 F / 4,95 €*

13871 **PRÉVERT J.** Fatras. *Gallimard, 1977.* (Folio ; 877 c11)
ISBN 2-07-036877-7. *29,50 F / 4,50 €*

13872 **PRÉVERT J.** Histoires ; Paroles ; La pluie et le beau temps. Réimpr. *Gallimard, 1998.* (Folio)
ISBN 2-07-040615-6. *41 F / 6,25 €*

13873 **PRÉVERT J.** Histoires. *Gallimard, 1972.* (Folio ; 119 c11)
ISBN 2-07-036119-5. *29,50 F / 4,50 €*

13874 **PRÉVERT J.** Imaginaires. *Gallimard, 2000.* (Folio ; 3383 c12)
ISBN 2-07-041372-1. *29,50 F / 4,50 €*

13875 **PRÉVERT J.** Paroles. *Gallimard, 1976.* (Folio ; 762 c11)
ISBN 2-07-036762-2. *29,50 F / 4,50 €*

13876 **PRÉVERT J.** La Pluie et le beau temps. *Gallimard, 1972.* (Folio ; 90 c11)
ISBN 2-07-036090-3. *29,50 F / 4,50 €*

13877 **PRÉVERT J.** Soleil de nuit. *Gallimard, 1989.* (Folio ; 2087 c8)
ISBN 2-07-038175-7. *37 F / 5,64 €*

13878 **PRÉVERT J.** Spectacle. *Gallimard, 1972.* (Folio ; 104 c8)
ISBN 2-07-036104-7. *37 F / 5,64 €*

13879 **PRÉVERT J., POZNER A.** Hebdromadaires. Réimpr. *Gallimard, 1997.* (Folio ; 522 c9)
ISBN 2-07-036522-0. *20,50 F / 3,13 €*

13880 **QUENEAU R.** Chêne et chien ; Petite cosmogonie portative ; Le chant du styrène. *Gallimard, 1969.* (Poésie ; 47 c2)
ISBN 2-07 030231-8. *42 F / 6,40 €*

13881 **QUENEAU R.** Courir les rues ; Fendre les flots ; Battre la campagne. *Gallimard, 1981.* (Poésie ; 150 c3)
ISBN 2-07-032204-1. *60 F / 9,15 €*

13882 **QUENEAU R.** L'Instant fatal ; Les Ziaux. *Gallimard, 1966.* (Poésie ; 8 c7)
ISBN 2-07-030229-6. *60 F / 9,15 €*

13883 **RACINE J.** Cantiques spirituels. *Gallimard, 1999.* (Poésie ; 335 c1)
ISBN 2-07-040972-4. *26 F / 3,96 €*

13884 **RAMBAUD J.** Chansons pas chères. *Autres temps, 1998.* (Poésie en poche)
ISBN 2-911873-69-6. *45 F / 6,86 €*

13885 **RÉDA J.** Amen ; Récitatif ; La Tourne. *Gallimard, 1988.* (Poésie ; 221 c3)
ISBN 2-07-032458-3. *48 F / 7,32 €*

13886 **RÉDA J.** Les Ruines de Paris. *Gallimard, 1993.* (Poésie ; 268 c3)
ISBN 2-07-032737-X. *42 F / 6,40 €*

13887 **RENARD J-C.** Choix de poèmes. *Seuil, 1987.* (Points. Essais ; 189 c3)
ISBN 2-02-009620-X. *48 F / 7,32 €*

13888 **REVERDY P.** Ferraille, plein verre, le chant des morts ; Pierres blanches. *Gallimard, 1981.* (Poésie ; 152 c2)
ISBN 2-07-032207-6. *56 F / 8,54 €*

13889 **REVERDY P.** Main d'oeuvre : 1913-1949. *Gallimard, 2000.* (Poésie)
ISBN 2-07-041260-1. *69 F / 10,52 €*

13890 **REVERDY P.** Plupart du temps : 1915-1922. Ed. complète. *Gallimard, 1989.* (Poésie ; 230 c9)
ISBN 2-07-032532-6. *69 F / 10,52 €*

13891 **RIBEMONT-DESSAIGNES G.** Ecce homo. *Gallimard, 1987.* (Poésie c4)
ISBN 2-07-032436-2. *48 F / 7,32 €*

13892 **RICCARDI C.** Au creux du voyage. *Autres temps, 1998.* (Poésie en poche)
ISBN 2-911873-74-2. *45 F / 6,86 €*

13893 **RILKE R. M.** Elégies de Duino ; Sonnets à Orphée : et autres poèmes. *Gallimard, 1994.* (Poésie ; 283 c5)
ISBN 2-07-032787-6. *52 F / 7,93 €*

13894 **RILKE R. M.** Les Elégies de Duino ; Les Sonnets à Orphée. *Seuil, 1974.* (Points ; 54. Essais c2)
ISBN 2-02-000629-4. *39 F / 5,95 €*

13895 **RILKE R. M.** Vergers ; Les Quatrains valaisans ; Les Roses ; Les Fenêtres ; Tendres impôts à la France. *Gallimard, 1978.* (Poésie ; 121 c2)
ISBN 2-07-032165-7. *35,50 F / 5,41 €*

13896 **N** **RIMBAUD A.** Album zutique : suivi de pièces diverses. *Mille et une nuits, 2000.* (La petite collection ; 291)
ISBN 2-84205-488-1. *10 F / 1,52 €*

13897 **RIMBAUD A.** Le bateau ivre : et autres poèmes. *Librio, 1994.* (Librio ; 18 c1)
ISBN 2-277-30018-7. *10 F / 1,52 €*

13898 **N** **RIMBAUD A.** Les illuminations. *Librio, 2000.* (Librio ; 385 c1)
ISBN 2-290-30634-7. *10 F / 1,52 €*

13899 **RIMBAUD A.** Illuminations. *Mille et une nuits, 1996.* (La petite collection ; 99 cA)
ISBN 2-84205-042-8. *10 F / 1,52 €*

13900 **RIMBAUD A.** Les illuminations. *Arléa, 1997.* (Arléa-poche ; 20)
ISBN 2-86959-327-9. *30 F / 4,57 €*

13901 **RIMBAUD A.** Le lieu et la formule. *Mercure de France, 1999.* (Le petit Mercure)
ISBN 2-7152-2136-3. *24 F / 3,66 €*

13902 **RIMBAUD A.** Oeuvres poétiques. *Pocket, 1998.* (Pocket ; 6037. Classiques)
ISBN 2-266-08276-0. *19 F / 2,90 €*

13903 **RIMBAUD A.** Poésies ; Une Saison en enfer ; Illuminations. *Gallimard, 1973.* (Poésie ; 87 c2)
ISBN 2-07-031955-5. *35,50 F / 5,41 €*

13904 **RIMBAUD A.** Poésies complètes : 1870-1872. Nouv. éd. *LGF, 1998.* (Le Livre de poche ; 9635. Classiques de poche c4)
ISBN 2-253-09635-0. *20 F / 3,05 €*

13905 **RIMBAUD A.** Poésies. *Mille et une nuits, 1999.* (La petite collection ; 224)
ISBN 2-84205-382-6. *10 F / 1,52 €*

13906 **RIMBAUD A.** Poésies. *Gallimard, 1999.* (Folio ; 3248. Classique c4)
ISBN 2-07-040900-7. *20,50 F / 3,13 €*

13907 **RIMBAUD A.** Poésies. *Arléa, 2000.* (Arléa-poche ; 67)
ISBN 2-86959-499-2. *40 F / 6,10 €*

13908 **RIMBAUD A.** Une saison en enfer ; suivi de Illuminations : et autres textes. *LGF, 1998.* (Le Livre de poche ; 9636. Classiques de poche c4)
ISBN 2-253-09636-9. *20 F / 3,05 €*

13909 **RIMBAUD A.** Une Saison en enfer. *Mille et une nuits, 1994.* (La petite collection ; 15 cA)
ISBN 2-910233-15-4. *10 F / 1,52 €*

13910 **RIMBAUD A.** Une saison en enfer. *Arléa, 1997.* (Arléa-poche ; 19)
ISBN 2-86959-326-0. *30 F / 4,57 €*

13911 **Rimbaud, Cros, Corbière, Lautréamont :** oeuvres poétiques complètes. *Laffont, 1989.* (Bouquins)
ISBN 2-221-50129-2. *120 F / 18,29 €*

13912 **N** **RITSOS Y.** Le mur dans le miroir : et autres poèmes. *Gallimard, 2001.* (Poésie ; 354 c7)
ISBN 2-07-041653-4. *60 F / 9,15 €*

13913 **ROCHAT A.** Fuir pour être celui qui ne fuit pas. *Aire, 1998.* (L'Aire bleue)
ISBN 2-88108-511-3. *59 F / 8,99 €*

13914 **ROMAINS J.** La Vie unanime. *Gallimard, 1983.* (Poésie ; 174 c3)
ISBN 2-07-032239-4. *42 F / 6,40 €*

13915 **RONSARD P. d.** Les Amours ; Amours de Cassandre ; Amours de Marie ; Sonnets pour Astrée ; Sonnets pour Hélène ; Amours diverses. *Gallimard, 1974.* (Poésie ; 104 c4)
ISBN 2-07-032134-7. *48 F / 7,32 €*

13916 **RONSARD P. d.** Les Amours ; Les Folastries : 1552-1560. *LGF, 1993.* (Le Livre de poche ; 3920. Classiques de poche c10)
ISBN 2-253-06549-8. *40 F / 6,10 €*

13917 **RONSARD P. d.** Les Quatre saisons de Ronsard. *Gallimard, 1985.* (Poésie ; 198 c4)
ISBN 2-07-032308-0. *48 F / 7,32 €*

13918 **ROSA A. R.** Le cycle du cheval ; suivi de Accords. *Gallimard, 1998.* (Poésie ; 325)
ISBN 2-07-040321-1. *42 F / 6,40 €*

13919 **ROUBAUD J.** E. *Gallimard, 1988.* (Poésie ; 227 c3)
ISBN 2-07-032524-5. *42 F / 6,40 €*

13920 **ROY C.** A la lisière du temps ; Le Voyage d'automne. *Gallimard, 1990.* (Poésie ; 239 c7)
ISBN 2-07-032566-0. *60 F / 9,15 €*

13921 **ROY C.** Poésies. *Gallimard, 1970.* (Poésie ; 60 c3)
ISBN 2-07-030243-1. *42 F / 6,40 €*

13922 **ROY C.** Sais-tu si nous sommes encore loin de la mer?. *Gallimard, 1983.* (Poésie ; 177 c1)
ISBN 2-07-032241-6. *26 F / 3,96 €*

13923 **RUTEBEUF** Poèmes de l'infortune : et autres poèmes. *Gallimard, 1986.* (Poésie ; 209 c4)
ISBN 2-07-032378-1. *56 F / 8,54 €*

13924 **SABATIER R.** Les Châteaux de millions d'années ; Icare : et autres poèmes. *Gallimard, 1990.* (Poésie ; 236 c6)
ISBN 2-07-032553-9. *56 F / 8,54 €*

13925 **SABATIER R.** Dédicace d'un navire et autres poèmes. Nouv. éd. *LGF, 1984.* (Le Livre de poche ; 5982 c6)
ISBN 2-253-03543-2. *26 F / 3,96 €*

13926 **SAINT-JOHN PERSE** Amers ; Oiseaux ; Poésie. *Gallimard, 1970.* (Poésie ; 53 c2)
ISBN 2-07-030248-2. *35,50 F / 5,41 €*

13927 **SAINT-JOHN PERSE** Eloges ; La gloire des rois ; Anabase ; Exil. *Gallimard, 1966.* (Poésie ; 14 c3)
ISBN 2-07-030246-6. *42 F / 6,40 €*

13928 **SAINT-JOHN PERSE** Vents ; Chronique. *Gallimard, 1968.* (Poésie ; 36 c2)
ISBN 2-07-030247-4. *35,50 F / 5,41 €*

13929 **SAINT-POL-ROUX** La rose et les épines du chemin : et autres poèmes. *Gallimard, 1997.* (Les reposoirs de la procession; 1)(Poésie ; 315 c7)
ISBN 2-07-032789-2. *60 F / 9,15 €*

13930 **SALMON A.** Carreaux : et autres poèmes. *Gallimard, 1986.* (Poésie ; 206 c4)
ISBN 2-07-032356-0. *48 F / 7,32 €*

13931 **SAVITZKAYA E.** Mongolie, plaine sale ; L'Empire ; Rue obscure. *Labor, 1993.* (Espace Nord ; 85 c3)
ISBN 2-8040-0854-1. *54 F / 8,23 €*

13932 **SCÈVE M.** Delie. *Gallimard, 1984.* (Poésie ; 186 c9)
ISBN 2-07-032252-1. *69 F / 10,52 €*

13933 **SCHLUNEGGER J-P.** Oeuvres. *Aire, 1997.* (L'Aire bleue)
ISBN 2-88108-479-6. *59 F / 8,99 €*

13934 **SÉFÉRIS G.** Poèmes : 1933-1955 ; Trois poèmes secrets. *Gallimard, 1989.* (Poésie ; 229 c4)
ISBN 2-07-032529-6. *48 F / 7,32 €*

13935 **SEGALEN V.** Odes ; Thibet. *Gallimard, 1985.* (Poésie ; 203 c1)
ISBN 2-07-032336-6. *35,50 F / 5,41 €*

13936 **SEGALEN V.** Peintures. *Mille et une nuits, 2000.* (La petite collection ; 274 c1)
ISBN 2-84205-467-9. *10 F / 1,52 €*

13937 **SEGALEN V.** Peintures. *Gallimard, 1996.* (L'imaginaire ; 356)
ISBN 2-07-074590-2. *36 F / 5,49 €*

13938 **SEGALEN V.** Stèles. *LGF, 1999.* (Le Livre de poche ; 9638. Classiques de poche c9)
ISBN 2-253-09638-5. *36 F / 5,49 €*

13939 **SEGALEN V.** Stèles. Réimpr. *Gallimard, 1999.* (Poésie ; 97 c1)
ISBN 2-07-032070-7. *26 F / 3,96 €*

13940 **SENGHOR L. S.** Anthologie de la nouvelle poésie nègre et malgache de langue française. 3e éd. *PUF, 1997.* (Quadrige ; 66)
ISBN 2-13-044899-2. *69 F / 10,52 €*

13941 **SENGHOR L. S.** Oeuvre poétique. *Seuil, 1990.* (Points ; 210. Essais c5)
ISBN 2-02-012106-9. *55 F / 8,38 €*

13942 **SHAKESPEARE W.** Les Sonnets. *LGF, 1996.* (Le Livre de poche ; 0715. Bibliothèque classique c10)
ISBN 2-253-90715-4. *40 F / 6,10 €*

13943 **SHAKESPEARE W.** Les sonnets. *Mille et une nuits, 1999.* (La petite collection ; 253)
ISBN 2-84205-426-1. *23 F / 3,51 €*

13944 **SHAKESPEARE W.** Sonnets. *Gallimard, 1975.* (Poésie ; 110 c1)
ISBN 2-07-032149-5. *42 F / 6,40 €*

13945 **SMITH P.** Babel. *10-18, 1999.* (10-18 ; 3113. Domaine étranger c6)
ISBN 2-264-02776-2. *44 F / 6,71 €*

13946 **Soleil du soleil :** anthologie du sonnet français de Marot à Malherbe. *Gallimard, 1999.* (Poésie ; 334 c4)
ISBN 2-07-040674-1. *48 F / 7,32 €*

13947 **SOUPAULT P.** Georgia : épitaphes ; Epitaphes ; Chansons. Réimpr. *Gallimard, 1999.* (Poésie ; 193 c4)
ISBN 2-07-032274-2. *56 F / 8,54 €*

13948 **SOUPAULT P.** Poèmes et poésies : 1917-1973. *Grasset, 1987.* (Les Cahiers rouges ; 70)
ISBN 2-246-16422-2. *58 F / 8,84 €*

13949 **STAMPA G.** Poèmes. *Gallimard, 1991.* (Poésie ; 253 c5)
ISBN 2-07-032663-2. *51 F / 7,77 €*

13950 **STÉFAN J.** A la vieille Parque ; Libères. *Gallimard, 1993.* (Poésie ; 269 c4)
ISBN 2-07-032738-8. *48 F / 7,32 €*

13951 **SUPERVIELLE J.** La Fable du monde ; Oublieuse mémoire. *Gallimard, 1987.* (Poésie ; 219 c5)
ISBN 2-07-032441-9. *51 F / 7,77 €*

13952 **SUPERVIELLE J.** Le Forçat innocent ; Les amis inconnus. *Gallimard, 1969.* (Poésie ; 41 c2)
ISBN 2-07-030266-0. *48 F / 7,32 €*

13953 **SUPERVIELLE J.** Gravitations ; Débarcadères. *Gallimard, 1966.* (Poésie ; 9 c2)
ISBN 2-07-030265-2. *35,50 F / 5,41 €*

13954 **TAGORE R.** Le Jardinier d'amour : La Jeune lune. *Gallimard, 1980.* (Poésie ; 134 c3)
ISBN 2-07-032151-7. *42 F / 6,40 €*

13955 **TAGORE R.** L'Offrande lyrique ; La corbeille de fruits. *Gallimard, 1971.* (Poésie ; 70 c3)
ISBN 2-07-031788-9. *42 F / 6,40 €*

13956 **TAGORE R., KABIR** La Fugitive. *Gallimard, 1990.* (Connaissance de l'Orient poche ; 45)
ISBN 2-07-072087-X. *53 F / 8,08 €*

13957 **TARDIEU J.** L'Accent grave et l'accent aigu : poèmes 1976-1983. *Gallimard, 1986.* (Poésie ; 211 c3)
ISBN 2-07-032361-7. *48 F / 7,32 €*

13958 **TARDIEU J.** Le Fleuve caché : Poésies 1938-1961. *Gallimard, 1968.* (Poésie ; 32 c4)
ISBN 2-07-030268-7. *48 F / 7,32 €*

13959 **TARDIEU J.** La Part de l'ombre ; La première personne du singulier ; Retour sans fin. *Gallimard, 1972.* (Poésie ; 81 c3)
ISBN 2-07-031874-5. *42 F / 6,40 €*

13960 **TASSE (le)** La Jérusalem délivrée. Ed. rev. et corr. *LGF, 1996.* (Le Livre de poche ; 0717. Bibliothèque classique c19)
ISBN 2-253-90717-0. *70 F / 10,67 €*

13961 **TEMPLE F. J., CLÉMENT A.** Calendrier du Sud. *Autres temps, 1998.* (Poésie en poche)
ISBN 2-911873-82-3. *45 F / 6,86 €*

13962 **N** **THIRY M.** Traversées : anthologie poétique. *Labor, 2001.* (Espace Nord ; 165)
ISBN 2-8040-1536-X. *34 F / 5,18 €*

13963 **THOMAS D.** Vision et prière : et autres poèmes. *Gallimard, 1991.* (Poésie ; 249 c4)
ISBN 2-07-032630-6. *48 F / 7,32 €*

13964 **THOMAS H.** Poésies : travaux d'aveugle, signe de vie, le monde absent, nul disordre, sous le lien du temps. *Gallimard, 1970.* (Poésie ; 56 c2)
ISBN 2-07-030269-5. *51 F / 7,77 €*

13965 **TIXIER J-M.** Questions de climat. *Autres temps, 1997.* (Poésie en poche)
ISBN 2-911873-15-7. *45 F / 6,86 €*

13966 **TORREILLES P.** Denudare : ôde. *Gallimard, 1993.* (Poésie ; 271)
ISBN 2-07-032740-X. *35,50 F / 5,41 €*

13967 **TOULET P-J.** Les Contrerimes. *Gallimard, 1979.* (Poésie ; 131 c2)
ISBN 2-07-032183-5. *48 F / 7,32 €*

13968 **TRAKL G.** Crépuscule et déclin ; Sébastien en rêve : et autres poèmes. *Gallimard, 1990.* (Poésie ; 243)
ISBN 2-07-032602-0. *51 F / 7,77 €*

13969 **TSVETAEVA M. I.** Le ciel brûle ; suivi de Tentative de jalousie. *Gallimard, 1999.* (Poésie ; 338 c5)
ISBN 2-07-040360-2. *51 F / 7,77 €*

13970 **TZARA T.** L'Homme approximatif : 1925-1930. *Gallimard, 1968.* (Poésie ; 28 c1)
ISBN 2-07-030274-1. *35,50 F / 5,41 €*

13971 **UNGARETTI G.** Vie d'un homme. Réimpr. *Gallimard, 1998.* (Poésie ; 147 c3)
ISBN 2-07-032202-5. *56 F / 8,54 €*

13972 **VALENTE J. A.** Trois leçons de ténèbres ; suivi de Mandorle et de L'éclat. *Gallimard, 1998.* (Poésie ; 321)
ISBN 2-07-074924-X. *48 F / 7,32 €*

13973 **VALÉRY P.** Alphabet. *LGF, 1999.* (Le Livre de poche ; 9639. Classiques de poche c7)
ISBN 2-253-09639-3. *30 F / 4,57 €*

13974 **VALÉRY P.** Eupalinos ; L'Ame et la danse ; Dialogue de l'arbre. *Gallimard, 1970.* (Poésie ; 55 c2)
ISBN 2-07-030283-0. *35,50 F / 5,41 €*

13975 **VALÉRY P.** La Jeune parque ; L'Ange ; Agathe ; Histoires brisées. *Gallimard, 1953.* (Poésie ; 102 c2)
ISBN 2-07-031792-7. *35,50 F / 5,41 €*

13976 **VALÉRY P.** Poèmes et petits poèmes abstraits ; Poésie ; Ego scriptor. *Gallimard, 1992.* (Poésie ; 265 c8)
ISBN 2-07-032734-5. *65 F / 9,91 €*

13977 **N** **VALÉRY P.** Poésie perdue : les poèmes en prose des Cahiers. *Gallimard, 2000.* (Poésie ; 351 c6)
ISBN 2-07-040757-8. *56 F / 8,54 €*

13978 **VALÉRY P.** Poésies : Album de vers anciens ; Charme ; Amphion ; Sémiramis ; Cantate du Narcisse ; Pièces diverses de toute époque. *Gallimard, 1966.* (Poésie ; 6 c2)
ISBN 2-07-030282-2. *35,50 F / 5,41 €*

13979 **N** **VELTER A.** L'arbre-Seul. *Gallimard, 2001.* (Poésie ; 355 c3)
ISBN 2-07-041493-0. *42 F / 6,40 €*

13980 **N** **VELTER A.** Zingaro, suite équestre. *Gallimard, 2000.* (Folio ; 3385 c8)
ISBN 2-07-041277-6. *37 F / 5,64 €*

13981 **VERHAEREN E.** Les Campagnes hallucinées ; Les Villes tentaculaires. *Gallimard, 1982.* (Poésie ; 163 c2)
ISBN 2-07-032227-0. *35,50 F / 5,41 €*

13982 **VERHAEREN E.** Les villages illusoires ; précédé de Poèmes en prose ; la Trilogie noire (extraits). Réimpr. *Labor, 1997.* (Espace Nord ; 23 c3)
ISBN 2-8040-1249-2. *54 F / 8,23 €*

13983 **VERHEGGEN J-P.** Pubères, putains : porches, porchers et Stabat Mater. *Labor, 1991.* (Espace Nord ; 64 c2)
ISBN 2-8040-0624-7. *42 F / 6,40 €*

13984 **N** **VERHEGGEN J-P.** Ridiculum vitae ; précédé de Artaud Rimbur. *Gallimard, 2001.* (Poésie ; 355 c4)
ISBN 2-07-041707-7. *48 F / 7,32 €*

13985 **VERLAINE P.** La Bonne chanson : jadis et naguère. Parallèlement. *Gallimard, 1979.* (Poésie ; 132 c2)
ISBN 2-07-032184-3. *35,50 F / 5,41 €*

13986 **VERLAINE P.** Chansons pour elle. *Mille et une nuits, 1996.* (La petite collection ; 123 cA)
ISBN 2-84205-090-8. *10 F / 1,52 €*

13987 **VERLAINE P.** Choix de poésies. *Grasset, 1991.* (Les Cahiers rouges ; 146)
ISBN 2-246-20783-5. *62 F / 9,45 €*

13988 **VERLAINE P.** Femmes ; suivi de Hombres. *Mille et une nuits, 1995.* (La petite collection ; 62 cA)
ISBN 2-910233-86-3. *10 F / 1,52 €*

13989 **VERLAINE P.** Fêtes galantes ; Romances sans paroles ; Poèmes saturniens. Rééd. *Gallimard, 1988.* (Poésie ; 93 c2)
ISBN 2-07-032053-7. *35,50 F / 5,41 €*

13990 **VERLAINE P.** Les fêtes galantes ; précédé de Les amies ; suivi de La bonne chanson. *LGF, 2000.* (Le Livre de poche ; 16058. Classiques de poche)
ISBN 2-253-16058-X. *22 F / 3,35 €*

13991 **VERLAINE P.** Filles, femmes et autres chansons. *Mercure de France, 1999.* (Le petit Mercure)
ISBN 2-7152-2137-1. *24 F / 3,66 €*

13992 **VERLAINE P.** Oeuvre poétique complète. Réimpr. *Laffont, 1998.* (Bouquins)
ISBN 2-221-05441-5. *149 F / 22,71 €*

13993 **VERLAINE P.** Oeuvres libres. *10-18, 1999.* (10-18 ; 3129. Domaine français)
ISBN 2-264-02955-2. *44 F / 6,71 €*

13994 **VERLAINE P.** Poèmes érotiques. *Librio, 1998.* (Librio ; 257 c1)
ISBN 2-277-30257-0. *10 F / 1,52 €*

13995 **VERLAINE P.** Poèmes saturniens ; Fêtes galantes. Nouv. éd. *LGF, 1997.* (Le Livre de poche ; 3133. Classiques de poche c3)
ISBN 2-253-09830-2. *18 F / 2,74 €*

13996 **VERLAINE P.** Poèmes saturniens ; suivi de Fêtes galantes. *Librio, 1995.* (Librio ; 62 c1)
ISBN 2-277-30062-4. *10 F / 1,52 €*

13997 **VERLAINE P.** Sagesse, amour, bonheur. *Gallimard, 1975.* (Poésie ; 111 c2)
ISBN 2-07-032152-5. *35,50 F / 5,41 €*

13998 **VIAN B.** Cantilènes en gelée ; Je voudrais pas crever. *LGF, 1997.* (Le Livre de poche ; 14134 c4)
ISBN 2-253-14134-8. *20 F / 3,05 €*

13999 **VIAN B.** Cent sonnets. *LGF, 1997.* (Le Livre de poche ; 14194 c7)
ISBN 2-253-14194-1. *30 F / 4,57 €*

14000 **VIAN B.** Je voudrais pas crever ; Lettres au collège de Pataphysique ; Textes sur la littérature. *LGF, 1997.* (Le Livre de poche ; 14133 c5)
ISBN 2-253-14133-X. *23 F / 3,51 €*

14001 **VIGNEAULT G.** Le Grand cerf-volant : poèmes, contes et chansons. *Seuil, 1986.* (Point-virgule ; 47 c4)
ISBN 2-02-009389-8. *48 F / 7,32 €*

14002 **VIGNY A. d.** La maison du berger. *LGF, 1997.* (Le Livre de poche ; 14184. Les classiques d'aujourd'hui c1)
ISBN 2-253-14184-4. *10 F / 1,52 €*

14003 **VIGNY A. d.** Poèmes antiques et modernes ; Les Destinées. *Gallimard, 1973.* (Poésie ; 89 c3)
ISBN 2-07-032049-9. *42 F / 6,40 €*

14004 **VILLON F.** Poésies complètes. *LGF, 1991.* (Le Livre de poche ; 4530. Lettres gothiques c13)
ISBN 2-253-05702-9. *46 F / 7,01 €*

14005 **VILLON F.** Poésies complètes. *LGF, 1972.* (Le Livre de poche ; 1216. Classiques de poche c7)
ISBN 2-253-01670-5. *30 F / 4,57 €*

14006 **VILLON F.** Poésies. *Gallimard, 1973.* (Poésie ; 96 c2)
ISBN 2-07-032069-3. *35,50 F / 5,41 €*

14007 **VILLON F.** Le testament. *Mille et une nuits, 2000.* (La petite collection ; 281)
ISBN 2-84205-473-3. *10 F / 1,52 €*

14008 **WALSER R.** Rêveries et autres petites proses. *Aire, 1998.* (L'Aire bleue)
ISBN 2-88108-491-5. *59 F / 8,99 €*

14009 **WHITMAN W.** Feuilles d'herbe. 1. *Grasset, 1989.* (Les Cahiers rouges ; 106)
ISBN 2-246-40481-9. *53 F / 8,08 €*

14010 **WHITMAN W.** Feuilles d'herbe. 2. *Grasset, 1994.* (Les Cahiers rouges ; 193)
ISBN 2-246-46121-9. *61 F / 9,30 €*

14011 **WHITMAN W.** Poèmes : feuilles d'herbe. *Gallimard, 1992.* (Poésie ; 260 c2)
ISBN 2-07-032708-6. *35,50 F / 5,41 €*

14012 **A** **WORDSWORTH W.** Le prélude et autres poèmes. *Gallimard, 2001.* (Poésie)
ISBN 2-07-032799-X. *52 F / 7,93 €*

14013 **YEATS W. B.** Quarante-cinq poèmes ; La Résurrection. *Gallimard, 1993.* (Poésie ; 273)
ISBN 2-07-032780-9. *56 F / 8,54 €*

14014 **YOURCENAR M.** La Couronne et la lyre. *Gallimard, 1984.* (Poésie ; 190 cJ)
ISBN 2-07-032256-4. *72 F / 10,98 €*

14015 **YOURCENAR M.** Fleuve profond, sombre rivière : les negro spirituals. *Gallimard, 1974.* (Poésie ; 99 c2)
ISBN 2-07-032128-2. *56 F / 8,54 €*

Littérature (Policiers)

14016 N **ABAX M.** Un pastis à la soviet. *Baleine, 2000.* (Le Poulpe ; 193)
ISBN 2-84219-267-2. *39 F / 5,95 €*

14017 **ABÉCASSIS E.** Qumran. *LGF, 1997.* (Le Livre de poche ; 14363 c10)
ISBN 2-253-14363-4. *40 F / 6,10 €*

14018 **ABELLA A.** Le massacre des saints. *Gallimard, 1997.* (Folio ; 2930 c12)
ISBN 2-07-040185-5. *52 F / 7,93 €*

14019 A **ABSENTES M.** J'aurai ta peau, Saxo. *Vauvenargues, 2001.* (Faits divers ; 8)
ISBN 2-7443-0626-6. *35 F / 5,34 €*

14020 N **ABSENTES M.** Mort à la mère. *Vauvenargues, 2000.* (Faits divers ; 2)
ISBN 2-7443-0307-0. *35 F / 5,34 €*

14021 N **A.D.G.** Notre frère qui êtes odieux. *Gallimard, 2000.* (Folio ; 171. Policier c6)
ISBN 2-07-041201-6. *29,50 F / 4,50 €*

14022 N **A.D.G.** On n'est pas des chiens. *Gallimard, 2001.* (Folio ; 1862. Policier c5)
ISBN 2-07-041199-0. *25 F / 3,81 €*

14023 **A.D.G.** Pour venger pépère. *Gallimard, 2000.* (Folio ; 153. Policier c5)
ISBN 2-07-041202-4. *25 F / 3,81 €*

14024 A **ADLER E.** L'ombre du destin. *Pocket, 2001.* (Pocket ; 11087)
ISBN 2-266-10487-X

14025 **ADNA H.** L'agneau pas squale. *Baleine, 2000.* (Le Poulpe ; 181)
ISBN 2-84219-253-2. *39 F / 5,95 €*

14026 **AKKOUCHE M.** Causse toujours !. *Baleine, 1997.* (Le Poulpe ; 39)
ISBN 2-84219-038-6. *39 F / 5,95 €*

14027 N **AKKOUCHE M.** Sur la route de Bauliac. *Baleine, 2000.* (Série grise ; 3)
ISBN 2-84219-276-1. *29 F / 4,42 €*

14028 **ALBÉDO** Les pourritures célestes. *Baleine, 1998.* (Le Poulpe ; 138)
ISBN 2-84219-166-8. *39 F / 5,95 €*

14029 **ALBINA J.** Lazare dîne à Luynes. *Baleine, 1997.* (Le Poulpe ; 88)
ISBN 2-84219-096-3. *39 F / 5,95 €*

14030 **ALEXANDER B.** Les audiences de Sir John. *10-18, 1998.* (10-18 ; 3001. Grands détectives c6)
ISBN 2-264-02569-7. *47 F / 7,17 €*

14031 **ALEXANDER B.** Le fer et le feu. *10-18, 1999.* (10-18 ; 3051. Grands détectives c6)
ISBN 2-264-02571-9. *47 F / 7,17 €*

14032 N **ALEXANDER B.** Le fourbe et l'histrion. *10-18, 2000.* (10-18 ; 3205. Grands détectives)
ISBN 2-264-03073-9. *55 F / 8,38 €*

14033 **ALEXANDER B.** L'onde sépulcrale. *10-18, 1999.* (10-18 ; 3110. Grands détectives c7)
ISBN 2-264-02570-0. *50 F / 7,62 €*

14034 **ALEXANDER B.** Venelles sanglantes. *10-18, 2000.* (10-18 ; 3156. Grands détectives c7)
ISBN 2-264-02811-4. *50 F / 7,62 €*

14035 N **ALEXANDER B.** La veuve et l'imposteur. *10-18, 2001.* (10-18 ; 3271. Grands détectives)
ISBN 2-264-03146-8. *50 F / 7,62 €*

14036 N **ALEXIE S.** Indian killer. *10-18, 2000.* (10-18 ; 3178. Domaine étranger c7)
ISBN 2-264-02787-8. *50 F / 7,62 €*

14037 A **ALLE G.** Bartali zig zag. *Baleine, 2001.* (Série grise ; 10)
ISBN 2-84219-322-9. *29 F / 4,42 €*

14038 **ALLINGHAM M.** Au coeur du labyrinthe. *Libr. des Champs-Elysées, 1996.* (Le Masque ; 2265. Les reines du crime c5)
ISBN 2-7024-2649-2. *37 F / 5,64 €*

14039 **ALLINGHAM M.** Crime à Black Dudley. *Libr. des Champs-Elysées, 1995.* (Le Masque ; 2233. Les reines du crime c4)
ISBN 2-7024-2582-8. *35 F / 5,34 €*

14040 **ALLINGHAM M.** Il n'est pire sourd. *Libr. des Champs-Elysées, 1998.* (Le Masque ; 2382. Les reines du crime c5)
ISBN 2-7024-2885-1. *37 F / 5,64 €*

14041 **ALLINGHAM M.** Jusqu'à la lie. *Libr. des Champs-Elysées, 1997.* (Le Masque ; 2355. Les reines du crime c6)
ISBN 2-7024-2832-0. *39 F / 5,95 €*

14042 **ALLINGHAM M.** La maison des morts étranges. *Libr. des Champs-Elysées, 1999.* (Le Masque ; 2385. Les reines du crime c5)
ISBN 2-7024-2940-8. *37 F / 5,64 €*

14043 **ALLINGHAM M.** Mort d'un fantôme. *Libr. des Champs-Elysées, 1996.* (Le Masque ; 2302. Les reines du crime c3)
ISBN 2-7024-2650-6. *32 F / 4,88 €*

14044 **AMARI C.** De bonnes nouvelles d'Algérie. *Baleine, 1998.* (Canaille-revolver ; 127)
ISBN 2-84219-149-8. *47 F / 7,17 €*

14045 **A** **AMBLER E.** Coffret Eric Ambler. *Seuil, 2001.* (Points ; 898)
ISBN 2-02-021435-0. *117 F / 17,84 €*

14046 **AMBLER E.** Complot à Genève. Réimpr. *Seuil, 1998.* (Points ; 573 c2)
ISBN 2-02-035313-X. *39 F / 5,95 €*

14047 **AMBLER E.** La croisière de l'angoisse. *Seuil, 1997.* (Points ; 442 c9)
ISBN 2-02-033034-2. *39 F / 5,95 €*

14048 **AMBLER E.** L'énergie du désespoir. Nouv. éd. *Seuil, 1998.* (Points ; 539 c2)
ISBN 2-02-034568-4. *39 F / 5,95 €*

14049 **AMBLER E.** L'ennemi commun. *Mille et une nuits, 1995.* (La petite collection ; 84 cA)
ISBN 2-84205-000-2. *10 F / 1,52 €*

14050 **AMBLER E.** Epitaphe pour un espion. Nouv. éd. *Seuil, 1998.* (Points ; 540 c7)
ISBN 2-02-034715-6. *35 F / 5,34 €*

14051 **AMBLER E.** Frontière des ténèbres. *Seuil, 1998.* (Points c7)
ISBN 2-02-034491-2. *39 F / 5,95 €*

14052 **AMBLER E.** Le masque de Dimitrios. *Seuil, 1997.* (Points ; 441 c8)
ISBN 2-02-033033-4. *39 F / 5,95 €*

14053 **AMBLER E.** N'envoyez plus de roses. Réimpr. *Seuil, 1998.* (Points ; 492 c10)
ISBN 2-02-033656-1. *45 F / 6,86 €*

14054 **AMBLER E.** Topkapi : la nuit d'Istanbul. Nouv. éd. *Seuil, 1997.* (Points ; 422 c6)
ISBN 2-02-032447-4. *32 F / 4,88 €*

14055 **AMBLER E.** Les trafiquants d'armes. Réimpr. *Seuil, 1997.* (Points ; 430 c3)
ISBN 2-02-032667-1. *45 F / 6,86 €*

14056 **AMELIN M.** Les Jardins du casino. *Libr. des Champs-Elysées, 1989.* (Le Masque ; 1952 c1)
ISBN 2-7024-1879-1. *28 F / 4,27 €*

14057 **AMIEL J.** Question de preuves. *J'ai lu, 1996.* (J'ai lu ; 4119. Littérature générale)
ISBN 2-277-24119-9. *39 F / 5,95 €*

14058 **N** **AMILA J.** Le boucher des Hurlus. Nouv. éd. *Gallimard, 2001.* (Folio ; 1881. Policier c6)
ISBN 2-07-041636-4. *25 F / 3,81 €*

14059 **AMILA J.** Noces de soufre. *Gallimard, 1999.* (Folio. Policier ; 47 c6)
ISBN 2-07-040704-7. *29,50 F / 4,50 €*

14060 **AMIS M.** D'autres gens. *10-18, 1996.* (10-18 ; 2783. Domaine étranger c5)
ISBN 2-264-01820-8. *44 F / 6,71 €*

14061 **N** **AMOZ C.** Le caveau. *J'ai lu, 2000.* (J'ai lu ; 5741. Policier c3)
ISBN 2-290-30767-X. *29 F / 4,42 €*

14062 **A** **AMOZ C.** Dans la tourbe. *J'ai lu, 2001.* (J'ai lu ; 5854. Policier)
ISBN 2-290-31040-9

14063 **ANDERSON K.** Chiens de la nuit. *LGF, 1999.* (Le Livre de poche ; 17099. Thriller c11)
ISBN 2-253-17099-2. *42 F / 6,40 €*

14064 **ANDREOTA P.** La Pieuvre. *Libr. des Champs-Elysées, 1989.* (Le Masque ; 1953. Les maîtres du roman policier c3)
ISBN 2-7024-1892-9. *32 F / 4,88 €*

14065 **ANDREOTA P.** Zigzags. *Libr. des Champs-Elysées, 1989.* (Le Masque ; 1975. Les maîtres du roman policier c2)
ISBN 2-7024-1964-X. *30 F / 4,57 €*

14066 **ANDREVON J-P.** Blanche est la couleur des rêves. *Baleine, 1997.* (Canaille-revolver ; 85)
ISBN 2-84219-090-4. *49 F / 7,47 €*

14067 **N** **ANDREVON J-P.** La cachette. *Ed. du Masque, 2001.* (Littérature)
ISBN 2-7024-7973-1. *73 F / 11,13 €*

14068 **ANDREVON J-P.** Papy end. *Baleine, 1997.* (Le Poulpe ; 87)
ISBN 2-84219-095-5. *39 F / 5,95 €*

14069 **APESTÉGUY P.** La dame d'onze heures. *Libr. des Champs-Elysées, 1998.* (Le Masque ; 262. Les maîtres du roman policier c4)
ISBN 2-7024-2907-6. *35 F / 5,34 €*

14070 **ARDID C.** Belles et putes. *Baleine, 1999.* (Le Poulpe ; 171)
ISBN 2-84219-223-0. *39 F / 5,95 €*

14071 **N** **ARDUISE P.** Psy cause. *Baleine, 2001.* (Le Poulpe ; 208)
ISBN 2-84219-313-X. *39 F / 5,95 €*

14072 **ARJOUNI J.** Café turc : une enquête de Kayankaya. *LGF, 1998.* (Le Livre de poche ; 14416. Policier c5)
ISBN 2-253-14416-9. *23 F / 3,51 €*

14073 **ARKEN R.** Les enfants de nulle part. *J'ai lu, 1997.* (Navarro; 2)(J'ai lu ; 4413. Littérature générale c3)
ISBN 2-290-04413-X. *29 F / 4,42 €*

14074 **ARMSTRONG C.** Et merci pour le chocolat. *Libr. des Champs-Elysées, 1992.* (Le Masque ; 2074. Les reines du crime c3)
ISBN 2-7024-2217-9. *32 F / 4,88 €*

14075 **ARNAUD C.** Charité bien ordonnée. *J'ai lu : Ed. du Masque, 1997.* (Julie Lescaut; 2)(J'ai lu ; 4469. Littérature générale c3)
ISBN 2-290-04469-5. *29 F / 4,42 €*

14076 **ARNAUD C.** Tableau noir : d'après les personnages d'Alexis Lecaye et le scénario d'Eric Kristy. *J'ai lu : Ed. du Masque, 1996.* (Julie Lescaut; 1)(J'ai lu ; 4084. Littérature générale)
ISBN 2-277-24084-2. *29 F / 4,42 €*

14077 **ARNAUD G.** Les Oreilles sur le dos. *10-18, 1987.* (10-18 ; 1858. La Poisse)
ISBN 2-264-01057-6. *38 F / 5,79 €*

14078 **ARNAUD G. J.** L'antizyklon des atroces. *Baleine, 1998.* (Le Poulpe ; 113)
ISBN 2-84219-131-5. *39 F / 5,95 €*

14079 **ARNAUD G. J.** Bunker-parano. *Zulma, 1998.* (Quatre-bis)
ISBN 2-84304-034-5. *59 F / 8,99 €*

14080 **ARNAUD G. J.** La Défroque. *Fleuve noir, 1992.* (Fleuve noir crime ; 19 c1)
ISBN 2-265-04652-3. *37 F / 5,64 €*

14081 **ARNAUD G. J.** L'homme noir ; suivi de Enfantasme et de L'enfer du décor. *Fleuve noir, 1995.* (Super poche ; 999999)
ISBN 2-265-05714-2. *78 F / 11,89 €*

14082 **ARNAUD G. J.** La Recluse. *Fleuve noir, 1991.* (Fleuve noir crime ; 17 c1)
ISBN 2-265-04651-5. *37 F / 5,64 €*

14083 **ARSENEVA E.** Ambre mortel. *10-18, 1998.* (10-18 ; 3012. Grands détectives)
ISBN 2-264-02587-5. *47 F / 7,17 €*

14084 **N** **ARSENEVA E.** L'espion du prince Oleg. *10-18, 2000.* (10-18 ; 3245. Grands détectives c5)
ISBN 2-264-02935-8. *44 F / 6,71 €*

14085 **ARSENEVA E.** La nuit des ondines. *10-18, 1999.* (10-18 ; 3121. Grands détectives)
ISBN 2-264-02934-X. *47 F / 7,17 €*

14086 **ARSENEVA E.** La parure byzantine. *10-18, 1997.* (10-18 ; 2891. Grands détectives c6)
ISBN 2-264-02586-7. *47 F / 7,17 €*

14087 **ARSENEVA E.** Le sceau de Vladimir. *10-18, 1997.* (10-18 ; 2890. Grands détectives c6)
ISBN 2-264-02585-9. *47 F / 7,17 €*

14088 **ASIMOV I.** A table avec les veufs noirs. *10-18, 1989.* (10-18 ; 2061. Grands détectives c5)
ISBN 2-264-01431-8. *44 F / 6,71 €*

14089 **ASIMOV I.** Casse-tête au club des veufs noirs. *10-18, 1990.* (10-18 ; 2146. Grands détectives c5)
ISBN 2-264-01432-6. *44 F / 6,71 €*

14090 **ASIMOV I.** Le club des veufs noirs. Réimpr. *10-18, 1997.* (10-18 ; 1980. Grands détectives c5)
ISBN 2-264-02667-7. *44 F / 6,71 €*

14091 **ASIMOV I.** Puzzles au Club des veufs noirs. *10-18, 1999.* (10-18 ; 2183. Grands détectives c5)
ISBN 2-264-02695-2. *44 F / 6,71 €*

14092 **ASPLER T.** Les caves du Duce. *Libr. des Champs-Elysées, 1999.* (Labyrinthes ; 40 c2)
ISBN 2-7024-9624-5. *38 F / 5,79 €*

14093 **ASPLER T.** Un doigt de porto. *Libr. des Champs-Elysées, 1997.* (Labyrinthes ; 23)
ISBN 2-7024-9576-1. *38 F / 5,79 €*

14094 **ATTINELLI L.** La chute de l'épervier. *LGF, 1998.* (Le Livre de poche ; 17047. Thriller c9)
ISBN 2-253-17047-X. *36 F / 5,49 €*

14095 **Au commencement était le crime.** *LGF, 1996.* (Le Livre de poche ; 13934. Policier c8)
ISBN 2-253-13934-3. *33 F / 5,03 €*

14096 **N** **AUBERT B.** Le couturier de la mort. *Seuil, 2000.* (Points ; 733 c8)
ISBN 2-02-033817-3. *39 F / 5,95 €*

14097 **AUBERT B.** La morsure des ténèbres. *Seuil, 2000.* (Points ; 727)
ISBN 2-02-040346-3. *42 F / 6,40 €*

14098 **AUBERT B.** La mort des bois. *Seuil, 1998.* (Points ; 532 c2)
ISBN 2-02-031988-8. *39 F / 5,95 €*

14099 **AUBERT B.** Les Quatre fils du Dr March. Nouv. éd. *Seuil, 1999.* (Points ; 617 c2)
ISBN 2-02-036715-7. *39 F / 5,95 €*

14100 **AUBERT B.** Requiem Caraïbe. *Seuil, 1998.* (Points ; 571 c2)
ISBN 2-02-035292-3. *39 F / 5,95 €*

14101 **AUBERT B.** Ténèbres sur Jacksonville. *Seuil, 1996.* (Points ; 267 c2)
ISBN 2-02-029676-4. *39 F / 5,95 €*

14102 **AUBERT B.** Transfixions. *Seuil, 1999.* (Points ; 647 c8)
ISBN 2-02-037541-9. *39 F / 5,95 €*

14103 **AUCOUTURIER A.** L'arthritique de la raison dure. *Baleine, 1999.* (Le Poulpe ; 152)
ISBN 2-84219-174-9. *39 F / 5,95 €*

14104 **AUSTER P.** Cité de verre. *LGF, 1994.* (Trilogie new-yorkaise; 1)(Le Livre de poche ; 13518 c2)
ISBN 2-253-13518-6. *18 F / 2,74 €*

14105 **BACHELLERIE** Il court, il court, le cadavre. *Libr. des Champs-Elysées, 1985.* (Le Masque ; 1796 c1)
ISBN 2-7024-1634-9. *28 F / 4,27 €*

14106 **A** **BAILLY J-L.** Le potache est servi. *Liv'éditions, 2001.* (Liv'poche)
ISBN 2-84497-016-8. *59 F / 8,99 €*

14107 **BALDACCI D. G.** Une femme sous contrôle. *Pocket, 1999.* (Pocket ; 10596. Thriller c8)
ISBN 2-266-09008-9. *45 F / 6,86 €*

14108 **BALDACCI D. G.** Les pleins pouvoirs. Réimpr. *J'ai lu, 2000.* (J'ai lu ; 4267. Littérature générale)
ISBN 2-290-30116-7. *49 F / 7,47 €*

14109 **N** **BALDACCI D. G.** La simple vérité. *Pocket, 2001.* (Pocket ; 10971. Thriller c9)
ISBN 2-266-10187-0. *48 F / 7,32 €*

14110 **N** **BALDACCI D. G.** Une triche si parfaite. *Pocket, 2000.* (Pocket ; 10597. Thriller c8)
ISBN 2-266-09009-7. *45 F / 6,86 €*

14111 **BALL J.** Dans la chaleur de la nuit. *Libr. des Champs-Elysées, 1992.* (Le Masque ; 2091. Les maîtres du roman policier c3)
ISBN 2-7024-2237-3. *32 F / 4,88 €*

14112 **BALLINGER B. S.** Version originale. *Librio, 1998.* (Librio ; 244. Noir c1)
ISBN 2-277-30244-9. *10 F / 1,52 €*

14113 **BANKS I.** Un homme de glace. *Pocket, 1999.* (Pocket ; 10477. Thriller c5)
ISBN 2-266-08425-9. *35 F / 5,34 €*

14114 **A** **BANNEL C.** Le huitième fléau. *Pocket, 2001.* (Pocket. Thriller ; 11041)
ISBN 2-266-10391-1

14115 **N** **BANNISTER J.** Au nom du feu. *Libr. des Champs-Elysées, 2000.* (Le Masque ; 2443. Les reines du crime)
ISBN 2-7024-2920-3. *42 F / 6,40 €*

14116 **BANNISTER J.** Gilgamesh. *Libr. des Champs-Elysées, 1999.* (Le Masque ; 2388. Les reines du crime c6)
ISBN 2-7024-2921-1. *39 F / 5,95 €*

14117 **BANNISTER J.** Les péchés du coeur. *Libr. des Champs-Elysées, 1997.* (Le Masque ; 2337 c5)
ISBN 2-7024-2802-9. *37 F / 5,64 €*

14118 **BANNISTER J.** Le sang des innocents. *Libr. des Champs-Elysées, 1997.* (Le Masque ; 2326. Les reines du crime c5)
ISBN 2-7024-2721-9. *37 F / 5,64 €*

14119 **BANNISTER J.** Le silence des oiseaux. *Libr. des Champs-Elysées, 1998.* (Le Masque ; 2361. Les reines du crime c5)
ISBN 2-7024-2836-3. *37 F / 5,64 €*

14120 **BARACHANT P.** Meutre au palais. *Jotim, 1999.* (Noir sur site)
ISBN 2-912054-01-X. *39 F / 5,95 €*

14121 **BARACHANT P.** Quand les poulpes auront des dents. *Baleine, 1999.* (Le Poulpe ; 174)
ISBN 2-84219-228-1. *39 F / 5,95 €*

14122 **BARDIN J.** Pas de vieux os. *Libr. des Champs-Elysées, 1997.* (Le Masque ; 2322 c5)
ISBN 2-7024-2759-6. *37 F / 5,64 €*

14123 **BARJAVEL R.** La Nuit des temps. *Pocket, 1988.* (Pocket ; 812. Best c3)
ISBN 2-266-02303-9. *26 F / 3,96 €*

14124 **BARJAVEL R.** La peau de César. *Gallimard, 1999.* (Folio ; 64. Policier ; 64 c6)
ISBN 2-07-040809-4. *29,50 F / 4,50 €*

14125 **BARNES L.** L'aube du cauchemar. *Libr. des Champs-Elysées, 1998.* (Le Masque ; 2392. Les reines du crime c6)
ISBN 2-7024-2846-0. *39 F / 5,95 €*

14126 **BARNES L.** Coyote. *Libr. des Champs-Elysées, 1992.* (Le Masque ; 2097. Les reines du crime c3)
ISBN 2-7024-2295-0. *32 F / 4,88 €*

14127 **BARNES L.** Un disque très dur. *Libr. des Champs-Elysées, 1995.* (Le Masque ; 2232. Les reines du crime c5)
ISBN 2-7024-2611-5. *37 F / 5,64 €*

14128 **BARONIAN J-B.** L'été est une saison morte. *Métailié, 1998.* (Noir ; 6)
ISBN 2-86424-290-7. *42 F / 6,40 €*

14129 **BARR N.** Au vent mauvais. *Libr. des Champs-Elysées, 1998.* (Le Masque ; 2376. Les reines du crime c6)
ISBN 2-7024-2863-0. *39 F / 5,95 €*

14130 **BARR N.** L'empreinte du fauve. *Libr. des Champs-Elysées, 1996.* (Le Masque ; 2275. Les reines du crime c5)
ISBN 2-7024-2685-9. *37 F / 5,64 €*

14131 **BARR N.** En voie de disparition. *Libr. des Champs-Elysées, 1999.* (Le Masque ; 2418. Les reines du crime c6)
ISBN 2-7024-2954-8. *39 F / 5,95 €*

14132 **BARR N.** Le feu du ciel. *Libr. des Champs-Elysées, 1997.* (Le Masque ; 2332. Les maîtres du roman policier c6)
ISBN 2-7024-2755-3. *39 F / 5,95 €*

14133 **BARR N.** L'homme du lac. *Libr. des Champs-Elysées, 1997.* (Le Masque ; 2351. Les maîtres du roman policier c6)
ISBN 2-7024-2834-7. *39 F / 5,95 €*

14134 **BARRIÈRE A.** Une belle ville comme moi. *Baleine, 1999.* (Instantanés de polar ; 158)
ISBN 2-84219-203-6. *49 F / 7,47 €*

14135 **N** **BARRIÈRE A.** Un cochonnet de trop. *Baleine, 2001.* (Instantanés de polar ; 212)
ISBN 2-84219-292-3. *55 F / 8,38 €*

14136 **BARRON S.** Jane Austen à Scargrave manor. *Libr. des Champs-Elysées, 1998.* (Labyrinthes ; 32 c3)
ISBN 2-7024-9561-3. *40 F / 6,10 €*

14137 **N** **BARRON S.** Jane Austen et l'arlequin. *Libr. des Champs-Elysées, 2000.* (Labyrinthes ; 79)
ISBN 2-7024-9606-7. *54 F / 8,23 €*

14138 **BARRON S.** Jane Austen et le révérend. *Libr. des Champs-Elysées, 1997.* (Labyrinthes ; 4 c3)
ISBN 2-7024-9553-2. *40 F / 6,10 €*

14139 **BASTABLE B.** Un requiem pour mozart. *Libr. des Champs-Elysées, 1997.* (Labyrinthes ; 1 c2)
ISBN 2-7024-9548-6. *38 F / 5,79 €*

14140 **BASTABLE B.** Trop de notes, Monsieur Mozart. *Libr. des Champs-Elysées, 1997.* (Labyrinthes ; 13 c2)
ISBN 2-7024-9547-8. *38 F / 5,79 €*

14141 **BASTID J-P.** La tendresse du loup. *Actes Sud, 1997.* (Babel ; 282. Babel noir c4)
ISBN 2-7427-1372-7. *51 F / 7,77 €*

14142 **BATTISTI C.** J'aurai ta Pau. *Baleine, 1997.* (Le Poulpe ; 58)
ISBN 2-84219-057-2. *39 F / 5,95 €*

14143 **BATTISTI C.** Nouvel an, nouvelle vie. *Mille et une nuits, 1997.* (La petite collection ; 160 cA)
ISBN 2-84205-140-8. *10 F / 1,52 €*

44 **BAUVOIS L.** Bafoués. *Baleine, 1999.* (Insantanés de polar ; 161)
SBN 2-84219-206-0. *47 F / 7,17 €*

45 **BAXT G.** Crime et sentiment. *Libr. des Champs-Elysées, 1992.* (Le Masque ; 2085. Les maîtres du roman policier c3)
SBN 2-7024-2232-2. *32 F / 4,88 €*

46 **BAXT G.** Un drôle de pépin. *Libr. des Champs-Elysées, 1997.* (Le Masque ; 2344. Les maîtres du roman policier c4)
SBN 2-7024-2702-2. *35 F / 5,34 €*

47 **BAXT G.** Les morts particulières. *Libr. des Champs-Elysées, 1996.* (Le Masque ; 2279. Les maîtres du roman policier c5)
SBN 2-7024-2586-0. *37 F / 5,64 €*

48 **N** **BEAUVOIS L.** Le chien d'en face. *Baleine, 2000.* (Instantanés de polar ; 198)
SBN 2-84219-279-6. *45 F / 6,86 €*

49 **BECKER B.** Le chien des ténèbres ; suivi de Expédition épouvante et de Laisse toute espérance et de Terreur. *Fleuve noir, 1995.* (Super poche c1)
SBN 2-265-05513-1. *65 F / 9,91 €*

50 **BEDDINGFELD A.** La colline écarlate. *Libr. des Champs-Elysées, 1999.* (Labyrinthes ; 46 c1)
SBN 2-7024-9632-6. *36 F / 5,49 €*

51 **N** **BEDDINGFELD A.** La ville du châtiment. *Libr. des Champs-Elysées, 2001.* (Labyrinthes ; 88)
SBN 2-7024-9689-X. *45 F / 6,86 €*

52 **BEHM M.** Mortelle randonnée. *Gallimard, 1998.* (Folio ; 11. Policier ; 11 c6)
SBN 2-07-040645-8. *29,50 F / 4,50 €*

53 **BELLANTI L., VACHER F.** Le manuscrit de a mémère morte. *Baleine, 1998.* (Le Poulpe ; 119)
SBN 2-84219-137-4. *39 F / 5,95 €*

154 **N** **BELLEFROID J.** Le réel est un crime parfait, monsieur Black. *Gallimard, 2000.* (Folio ; 3419 c7)
ISBN 2-07-041365-9. *41 F / 6,25 €*

155 **BELLEMARE P.** Suspens. 1. *LGF, 1984.* (Le Livre de poche ; 5973 c4)
ISBN 2-253-03521-1. *23 F / 3,51 €*

156 **BELLEMARE P.** Suspens. 2. *LGF, 1985.* (Le Livre de poche ; 5979 c4)
ISBN 2-253-03539-4. *23 F / 3,51 €*

157 **BELLEMARE P.** Suspens. 3. *LGF, 1985.* (Le Livre de poche ; 6102 c4)
ISBN 2-253-03745-1. *23 F / 3,51 €*

158 **BELLEMARE P., ANTOINE J.** Les Assassins sont parmi nous. 1. *LGF, 1987.* (Le Livre de poche ; 6388 c6)
ISBN 2-253-04303-6. *26 F / 3,96 €*

159 **BELLEMARE P., ANTOINE J.** Les Dossiers d'Interpol. 5. *LGF, 1981.* (Le Livre de poche ; 5584 c6)
ISBN 2-253-02835-5. *26 F / 3,96 €*

14160 **BELLEMARE P., ANTOINE J., CUNY M-T.** Les Assassins sont parmi nous. 2. *LGF, 1987.* (Le Livre de poche ; 6411 c6)
ISBN 2-253-04399-0. *26 F / 3,96 €*

14161 **BELLEMARE P., NAHMIAS J-F.** Crimes de sang. 1. *Pocket, 1994.* (Pocket ; 2936 c4)
ISBN 2-266-05659-X. *30 F / 4,57 €*

14162 **BELLEMARE P., NAHMIAS J-F.** Crimes de sang. 2. *Pocket, 1994.* (Pocket ; 2937 c4)
ISBN 2-266-05660-3. *30 F / 4,57 €*

14163 **BELLEMARE P., NAHMIAS J-F.** Les Crimes passionnels. 1. *Pocket, 1990.* (Pocket ; 3660 c3)
ISBN 2-266-04037-5. *26 F / 3,96 €*

14164 **BELLEMARE P., NAHMIAS J-F.** Les Crimes passionnels. 2. *Pocket, 1990.* (Pocket ; 3661)
ISBN 2-266-04038-3. *26 F / 3,96 €*

14165 **BELLEMARE P., NAHMIAS J-F.** Les Grands crimes de l'histoire. 1. *LGF, 1986.* (Le Livre de poche ; 6244 c7)
ISBN 2-253-03977-2. *30 F / 4,57 €*

14166 **BELLEMARE P., NAHMIAS J-F.** Les Grands crimes de l'histoire. 2. *LGF, 1986.* (Le Livre de poche ; 6245 c7)
ISBN 2-253-03978-0. *30 F / 4,57 €*

14167 **BELLET A.** Danse avec Loulou. *Baleine, 1997.* (Le Poulpe ; 55)
ISBN 2-84219-054-8. *39 F / 5,95 €*

14168 **A** **BELLETTO R.** Créature. *J'ai lu, 2001.* (J'ai lu ; 5964. Littérature générale)
ISBN 2-290-31199-5

14169 **BELLETTO R.** Régis Mille : l'éventreur. *J'ai lu, 1997.* (J'ai lu ; 4631. Littérature générale c4)
ISBN 2-290-04631-0. *36 F / 5,49 €*

14170 **BELLETTO R.** Ville de la peur. *J'ai lu, 1998.* (J'ai lu ; 5014. Littérature générale c4)
ISBN 2-290-05014-8. *36 F / 5,49 €*

14171 **BEN YOUSSEF N.** Border line. *Alyssa, 1996.* (Polars ; 5)
ISBN 9973-758-13-7. *50 F / 7,62 €*

14172 **BEN YOUSSEF N.** Le cap des tempêtes. *Alyssa, 1996.* (Thriller historique ; 6)
ISBN 9973-758-13-7. *50 F / 7,62 €*

14173 **BEN YOUSSEF N.** Le meurtre de Sidi Bou Saïd. *Alyssa, 1991.* (Polars ; 1)
ISBN 9973-758-17-X. *50 F / 7,62 €*

14174 **BEN YOUSSEF N.** Tout feu, tout femme !. *Alyssa, 1992.* (Polars ; 4)
ISBN 9973-758-17-X. *50 F / 7,62 €*

14175 **BEN YOUSSEF N.** Les vacances du commissaire. *Alyssa, 1999.* (Polars)
ISBN 9973-758-23-4. *50 F / 7,62 €*

14176 **BENACQUISTA T.** La commedia des ratés. *Gallimard, 1998.* (Folio ; 12. Policier ; 12 c6)
ISBN 2-07-040646-6. *29,50 F / 4,50 €*

14177 **BENACQUISTA T.** La maldonne des sleepings. *Gallimard, 1998.* (Folio ; 3. Policier ; 3 c8)
ISBN 2-07-040689-X. *37 F / 5,64 €*

14178 **BENACQUISTA T.** Trois carrés rouges sur fond noir. *Gallimard, 1999.* (Folio ; 49. Policier ; 49 c6)
ISBN 2-07-040798-5. *29,50 F / 4,50 €*

14179 **BÉNÉGUI L.** La paresse de Dieu. *LGF, 2000.* (Le Livre de poche ; 14790. Policier c4)
ISBN 2-253-14790-7. *20 F / 3,05 €*

14180 **N** **BENSON S.** Carnivore express. *Seuil, 2000.* (Points ; 757)
ISBN 2-02-040464-8. *39 F / 5,95 €*

14181 **N** **BENSON S.** Une chauve-souris dans le grenier. *Gallimard, 2000.* (Folio ; 161. Policier c7)
ISBN 2-07-041206-7. *32,50 F / 4,95 €*

14182 **BENSON S.** Crève de plaisanterie. *Baleine, 1997.* (Le Poulpe ; 60)
ISBN 2-84219-059-9. *39 F / 5,95 €*

14183 **N** **BENSON S.** Palazzo maudit. *Seuil, 2001.* (Points ; 821 c7)
ISBN 2-02-040465-6. *35 F / 5,34 €*

14184 **N** **BENSON S.** Un singe sur le dos. *Gallimard, 2000.* (Folio ; 179. Policier c7)
ISBN 2-07-041207-5. *37 F / 5,64 €*

14185 **BERK H.** Columbo : aux premières lueurs de l'aube. Réimpr. *Langues pour tous, 1998.* (Langues pour tous ; 3544 c6)
ISBN 2-266-08365-1. *38 F / 5,79 €*

14186 **BERKELEY A.** Une Erreur judiciaire. *Libr. des Champs-Elysées, 1987.* (Le Masque ; 1880. Les maîtres du roman policier c1)
ISBN 2-7024-1761-2. *28 F / 4,27 €*

14187 **BERKELEY A.** Le Gibet imprévu. *Libr. des Champs-Elysées, 1988.* (Le Masque ; 1911. Les maîtres du roman policier c3)
ISBN 2-7024-1794-9. *32 F / 4,88 €*

14188 **BERKELEY A.** Le Meurtre de Picadilly. *Libr. des Champs-Elysées, 1993.* (Le Masque ; 2116. Les maîtres du roman policier c2)
ISBN 2-7024-2275-6. *30 F / 4,57 €*

14189 **BERKELEY A.** Sans remords. *Libr. des Champs-Elysées, 1990.* (Le Masque ; 2008. Les maîtres du roman policier c3)
ISBN 2-7024-2042-7. *32 F / 4,88 €*

14190 **BERNANOS G.** Un crime. *Librio, 1997.* (Librio ; 194 c1)
ISBN 2-277-30194-9. *10 F / 1,52 €*

14191 **BERNERON C.** La pensée inique. *Baleine, 1999.* (Le Poulpe ; 155)
ISBN 2-84219-190-0. *39 F / 5,95 €*

14192 **N** **BÉROT V.** Notre père qui êtes odieux. *Baleine, 2000.* (Le Poulpe ; 201)
ISBN 2-84219-281-8. *42 F / 6,40 €*

14193 **BESNIER L.** Macadam cobaye. *Baleine, 1998.* (Le Poulpe ; 139)
ISBN 2-84219-167-6. *39 F / 5,95 €*

14194 **BIALOT J.** Nursery rhyme. *Seuil, 1999.* (Loup; 1)(Points ; 640 c9)
ISBN 2-02-034556-0. *42 F / 6,40 €*

14195 **BIALOT J.** O mort, vieux capitaine.... *Seuil, 2000.* (Loup; 2)(Points ; 640 c9)
ISBN 2-02-037615-6. *42 F / 6,40 €*

14196 **BIALOT J.** Le salon du prêt-à-saigner. Réimpr. *Gallimard, 2000.* (Folio ; 114. Policier c6)
ISBN 2-07-041030-7. *29,50 F / 4,50 €*

14197 **N** **BIALOT J.** Le Sténopé. *Seuil, 2000.* (Points ; 756)
ISBN 2-02-039843-5. *39 F / 5,95 €*

14198 **BIGGERS E. D.** Charlie Chan. *Laffont, 1994.* (Bouquins)
ISBN 2-221-06902-1. *139 F / 21,19 €*

14199 **BILLARD F.** Don qui shoote et la manque. *Baleine, 1998.* (Le Poulpe ; 129)
ISBN 2-84219-151-X. *39 F / 5,95 €*

14200 **BINCHY M.** Noces irlandaises. *Pocket, 1991.* (Pocket ; 3915 c4)
ISBN 2-266-04602-0. *30 F / 4,57 €*

14201 **BLACKMON A.** On assassine au Mont-Lebeau. *Libr. des Champs-Elysées, 1989.* (Le Masque ; 1956. Les reines du crime c3)
ISBN 2-7024-1895-3. *32 F / 4,88 €*

14202 **N** **BLACKSHORE E.** La crypte du pendu. *Libr. des Champs-Elysées, 2001.* (Le Masque ; 2447)
ISBN 2-7024-9710-1. *39 F / 5,95 €*

14203 **BLAKE N.** Fin de chapitre. *Libr. des Champs-Elysées, 1995.* (Le Masque ; 2244. Les maîtres du roman policier c2)
ISBN 2-7024-2592-5. *30 F / 4,57 €*

14204 **BLAKE N.** Il manquait une preuve. *Libr. des Champs-Elysées, 1997.* (Le Masque ; 2329. Les maîtres du roman policier c5)
ISBN 2-7024-2744-8. *37 F / 5,64 €*

14205 **BLANC J-N.** Tir au but. *Seuil, 1999.* (Points ; 687 c9)
ISBN 2-02-038066-8. *42 F / 6,40 €*

14206 **N** **BLANC J-N.** Le Tour de France n'aura pas lieu : sports et micmacs. *Seuil, 2000.* (Points ; 771)
ISBN 2-02-038067-6. *42 F / 6,40 €*

14207 **BLAVIER A.** Occupe-toi d'homélies : fiction policière et éducative. *Labor, 1991.* (Espace Nord ; 69 c2)
ISBN 2-8040-0625-5. *42 F / 6,40 €*

14208 **BLOCH R.** Psychose 13. *Pocket, 1991.* (Pocket ; 9044. Terreur c7)
41 F / 6,25 €

14209 **N** **BLOCIER A.** Vol au-dessus d'un nid de cocos. *Baleine, 2001.* (Le Poulpe ; 213)
ISBN 2-84219-331-8. *39 F / 5,95 €*

14210 **N** **BLOCK L.** Au coeur de la mort. *Seuil, 2000.* (Points ; 768)
ISBN 2-02-041642-5. *35 F / 5,34 €*

211 **BLOCK L.** La balade entre les tombes. *Seuil, 1995.* (Points ; 105 c9)
SBN 2-02-025577-4. *42 F / 6,40 €*

212 **BLOCK L.** Le blues du libraire. *Seuil, 1998.* Points ; 533 c2)
SBN 2-02-034713-X. *39 F / 5,95 €*

213 **N** **BLOCK L.** Une danse aux abattoirs. *Gallimard, 2000.* (Folio ; 180. Policier c8)
SBN 2-07-041006-4. *41 F / 6,25 €*

214 **BLOCK L.** Le diable t'attend. *Seuil, 1996.* (Points ; 282 c2)
SBN 2-02-030029-X. *39 F / 5,95 €*

215 **N** **BLOCK L.** Ils y passeront tous. *Seuil, 2000.* (Points ; 793)
SBN 2-02-044463-1. *42 F / 6,40 €*

216 **BLOCK L.** Même les scélérats... *Seuil, 1998.* (Points ; 555 c2)
SBN 2-02-034963-9. *39 F / 5,95 €*

217 **BLOCK L.** La Spinoza connection. *Seuil, 1999.* (Points ; 648 c8)
SBN 2-02-037542-7. *39 F / 5,95 €*

218 **BLOCK L.** Tous les hommes morts. *Seuil, 1997.* (Points ; 389 c9)
SBN 2-02-032099-1. *42 F / 6,40 €*

219 **BLOCK L.** Tuons et créons, c'est l'heure. *Seuil, 1997.* (Points ; 432 c6)
SBN 2-02-032681-7. *32 F / 4,88 €*

220 **BOCA G.** L'ombre sur le jardin. *Libr. des Champs-Elysées, 1997.* (Le Masque ; 2315. Les maîtres du roman policier c4)
ISBN 2-7024-2767-7. *35 F / 5,34 €*

221 **BOCQUET J-L.** Zarmageddon. *Baleine, 1998.* (Le Poulpe ; 118)
ISBN 2-84219-136-6. *39 F / 5,95 €*

222 **BOGART S. H.** Play it again. *Gallimard, 1998.* (Folio. Policier ; 7 c8)
ISBN 2-07-040635-0. *37 F / 5,64 €*

223 **BOGART S. H.** Le remake. *Gallimard, 1999.* (Folio ; 91. Policier c8)
ISBN 2-07-040844-2. *37 F / 5,64 €*

224 **BOILEAU P.** La Pierre qui tremble. *Libr. des Champs-Elysées, 1988.* (Le Masque ; 1938. Les maîtres du roman policier c1)
ISBN 2-7024-1848-1. *28 F / 4,27 €*

225 **BOILEAU P.** Six crimes sans assassin. Réimpr. *Libr. des Champs-Elysées, 1996.* (Le Masque ; 1774. Les maîtres du roman policier c3)
ISBN 2-7024-2183-0. *32 F / 4,88 €*

226 **BOILEAU P., NARCEJAC T.** A coeur perdu : meurtre en 45 tours. *Gallimard, 1987.* (Folio ; 197 c9)
ISBN 2-07-036197-7. *20,50 F / 3,13 €*

227 **BOILEAU P., NARCEJAC T.** Le bonsaï. Réimpr. *Gallimard, 1999.* (Folio. Policier ; 82 c6)
ISBN 2-07-040824-8. *29,50 F / 4,50 €*

14228 **BOILEAU P., NARCEJAC T.** Carte vermeil. *Gallimard, 1999.* (Folio ; 102. Policier c6)
ISBN 2-07-041021-8. *29,50 F / 4,50 €*

14229 **BOILEAU P., NARCEJAC T.** Celle qui n'était plus : les diaboliques. Réimpr. *Gallimard, 1999.* (Folio ; 103. Policier c6)
ISBN 2-07-041024-2. *29,50 F / 4,50 €*

14230 **BOILEAU P., NARCEJAC T.** Champ clos. *Gallimard, 1998.* (Folio ; 3049 c11)
ISBN 2-07-040409-9. *29,50 F / 4,50 €*

14231 **N** **BOILEAU P., NARCEJAC T.** Et mon tout est un homme. *Gallimard, 2000.* (Folio ; 188. Policier c6)
ISBN 2-07-041399-3. *29,50 F / 4,50 €*

14232 **BOILEAU P., NARCEJAC T.** J'ai été un fantôme. Réimpr. *Gallimard, 1999.* (Folio ; 104. Policier c6)
ISBN 2-07-041023-4. *29,50 F / 4,50 €*

14233 **BOILEAU P., NARCEJAC T.** Les Magiciennes. *Gallimard, 1972.* (Folio ; 178 c9)
ISBN 2-07-036178-0. *20,50 F / 3,13 €*

14234 **BOILEAU P., NARCEJAC T.** La main passe. *Gallimard, 1999.* (Folio ; 142. Policier c6)
ISBN 2-07-041151-6. *29,50 F / 4,50 €*

14235 **BOILEAU P., NARCEJAC T.** Manigances. Réimpr. *Gallimard, 1997.* (Folio ; 1743 c9)
ISBN 2-07-037743-1. *41 F / 6,25 €*

14236 **BOILEAU P., NARCEJAC T.** Les Nocturnes. *Gallimard, 1994.* (Folio ; 2555 c11)
ISBN 2-07-038843-3. *29,50 F / 4,50 €*

14237 **BOILEAU P., NARCEJAC T.** Quarante ans de suspense. 2. *Laffont, 1988.* (Bouquins)
ISBN 2-221-05427-X. *159 F / 24,24 €*

14238 **BOILEAU P., NARCEJAC T.** Quarante ans de suspense. 3. Réimpr. *Laffont, 1999.* (Bouquins)
ISBN 2-221-08992-8. *179 F / 27,29 €*

14239 **BOILEAU P., NARCEJAC T.** Quarante ans de suspense. 4. *Laffont, 1989.* (Bouquins)
ISBN 2-221-05479-2. *130 F / 19,82 €*

14240 **BOILEAU P., NARCEJAC T.** Quarante ans de suspense. 5. Réimpr. *Laffont, 1999.* (Bouquins)
ISBN 2-221-05737-6. *120 F / 18,29 €*

14241 **BOILEAU P., NARCEJAC T.** Schuss. *Gallimard, 1997.* (Folio ; 3002 c11)
ISBN 2-07-040343-2. *29,50 F / 4,50 €*

14242 **BOILEAU P., NARCEJAC T.** Sueurs froides : d'entre les morts. Réimpr. *Gallimard, 1999.* (Folio ; 70. Policier ; 70 c6)
ISBN 2-07-040813-2. *29,50 F / 4,50 €*

14243 **BOILEAU P., NARCEJAC T.** Terminus. *Gallimard, 2000.* (Folio ; 93. Policier c6)
ISBN 2-07-040833-7. *29,50 F / 4,50 €*

14244 **BOILEAU P., NARCEJAC T.** Les victimes. Réimpr. *J'ai lu, 1996.* (J'ai lu ; 1429. Littérature générale c2)
ISBN 2-290-01429-X. *22 F / 3,35 €*

14245 **BONETT J., BONETT E.** Mort d'un lion. *Libr. des Champs-Elysées, 1988.* (Le Masque ; 1916. Les maîtres du roman policier c3)
ISBN 2-7024-1799-X. *32 F / 4,88 €*

14246 **BONIFAY P., CORBEYRAN** La vengeance de l'orang-outan. *Jotim, 1999.* (Noir sur site)
ISBN 2-912054-02-8. *39 F / 5,95 €*

14247 **BORGES J. L., BIOY CASARES A.** Six problèmes pour don Isidro Parodi. *10-18, 1995.* (10-18 ; 2574. Grands détectives c3)
ISBN 2-264-02061-X. *38 F / 5,79 €*

14248 **BORNICHE R.** Homicide boulevard. *Pocket, 1998.* (Pocket ; 10089. Noir c9)
ISBN 2-266-07239-0. *32 F / 4,88 €*

14249 **N** **BOTTI L.** Pleine brume. *J'ai lu, 2000.* (J'ai lu ; 5579. Policier cL)
ISBN 2-290-30333-X. *45 F / 6,86 €*

14250 **BOUHIER F.** La chambre aveugle. *Libr. des Champs-Elysées, 1999.* (Le Masque ; 2411. Les reines du crime c4)
ISBN 2-7024-2942-4. *35 F / 5,34 €*

14251 **N** **BOUHIER F.** La danse des crânes. *LGF, 2000.* (Le Livre de poche ; 14942. Policier c7)
ISBN 2-253-14942-X. *30 F / 4,57 €*

14252 **BOUHIER F.** La nuit des tortues. *Libr. des Champs-Elysées, 1998.* (Le Masque ; 2370. Les reines du crime c2)
ISBN 2-7024-2800-2. *30 F / 4,57 €*

14253 **BOUHIER F.** Portrait de l'artiste en assassin. *Libr. des Champs-Elysées, 1999.* (Le Masque ; 2421. Les reines du crime c6)
ISBN 2-7024-2934-3. *39 F / 5,95 €*

14254 **BOUJUT M.** Les jarnaqueurs. *Baleine, 1998.* (Le Poulpe ; 109)
ISBN 2-84219-123-4. *39 F / 5,95 €*

14255 **BOURG Y.** Les potes de la perception. *Baleine, 1997.* (Le Poulpe ; 49)
ISBN 2-84219-048-3. *39 F / 5,95 €*

14256 **A** **BOURGEADE P.** Gab save the Di. *Baleine, 2001.* (Le Poulpe ; 214)
ISBN 2-84219-272-9. *39 F / 5,95 €*

14257 **A** **BOX E.** La mort en cinquième position. *LGF, 2001.* (Le Livre de poche ; 18506. Policier)
ISBN 2-253-18206-0. *30 F / 4,57 €*

14258 **BOX E.** La mort en tenue de soirée. *LGF, 1998.* (Le Livre de poche ; 14437. Policier c7)
ISBN 2-253-14437-1. *30 F / 4,57 €*

14259 **BRAC V.** Coeur caillou. *Fleuve noir, 1997.* (Fleuve noir crime ; 32)
ISBN 2-265-06254-5. *42 F / 6,40 €*

14260 **BRADBERRY J.** La maîtresse de l'architecte. *Libr. des Champs-Elysées, 1999.* (Labyrinthes ; 45 c3)
ISBN 2-7024-9647-4. *40 F / 6,10 €*

14261 **BRADBERRY J.** La mélancolie des ruines. *Libr. des Champs-Elysées, 1997.* (Labyrinthes ; 18 c3)
ISBN 2-7024-9540-0. *40 F / 6,10 €*

14262 **BRADBERRY J.** Le septième sacrement. *Libr. des Champs-Elysées, 1997.* (Labyrinthes ; 10 c2)
ISBN 2-7024-9541-9. *38 F / 5,79 €*

14263 **BRADLEY M. Z.** Adagio pour une ombre. *Pocket, 1996.* (Pocket ; 9162. Terreur c6)
ISBN 2-266-07263-3. *38 F / 5,79 €*

14264 **BRANCH P.** Comme un lundi. *Libr. des Champs-Elysées, 1994.* (Le Masque ; 2161. Les reines du crime c4)
ISBN 2-7024-2482-1. *35 F / 5,34 €*

14265 **BRANCH P.** Un Lion dans la cave. *Libr. des Champs-Elysées, 1993.* (Le Masque ; 2126. Les reines du crime c3)
ISBN 2-7024-2337-X. *32 F / 4,88 €*

14266 **BRAND C.** Mort dans le brouillard. *LGF, 1997.* (Le Livre de poche ; 14275. Policier c7)
ISBN 2-253-14275-1. *30 F / 4,57 €*

14267 **BRAND C.** La rose dans les ténèbres. *LGF, 1999.* (Le Livre de poche ; 14685. Policier c9)
ISBN 2-253-14685-4. *36 F / 5,49 €*

14268 **A** **BRASSEUR R.** Le cinquante-quatrième jour. *Baleine, 2001.* (Pierre de Gondol ; 4)
ISBN 2-84219-329-6. *85 F / 12,96 €*

14269 **BRAUN L. J.** Le Chat qui aimait la brocante. *10-18, 1992.* (10-18 ; 2280. Grands détectives c4)
ISBN 2-264-01731-7. *41 F / 6,25 €*

14270 **BRAUN L. J.** Le chat qui allait au placard. *10-18, 1995.* (10-18 ; 2585. Grands détectives c5)
ISBN 2-264-00235-2. *44 F / 6,71 €*

14271 **BRAUN L. J.** Le Chat qui connaissait Shakespeare. *10-18, 1992.* (10-18 ; 2246. Grands détectives c5)
ISBN 2-264-01698-1. *44 F / 6,71 €*

14272 **BRAUN L. J.** Le Chat qui connaissait un cardinal. *10-18, 1993.* (10-18 ; 2401. Grands détectives c5)
ISBN 2-264-01966-2. *44 F / 6,71 €*

14273 **BRAUN L. J.** Le Chat qui déplaçait des montagnes. *10-18, 1994.* (10-18 ; 2447. Grands détectives c5)
ISBN 2-264-01965-4. *44 F / 6,71 €*

14274 **BRAUN L. J.** Le chat qui disait Cheese. *10-18, 1996.* (10-18 ; 2725. Grands détectives c5)
ISBN 2-264-02322-8. *44 F / 6,71 €*

14275 **BRAUN L. J.** Le chat qui donnait le coup de sifflet. *10-18, 1995.* (10-18 ; 2677. Grands détectives c5)
ISBN 2-264-02126-8. *44 F / 6,71 €*

14276 **BRAUN L. J.** Le chat qui flairait une piste. *10-18, 1997.* (10-18 ; 2870. Grands détectives c5)
ISBN 2-264-02609-X. *44 F / 6,71 €*

4277 **BRAUN L. J.** Le Chat qui inspectait le sous-sol. *10-18, 1992.* (10-18 ; 2321. Grands détectives c5)
ISBN 2-264-01697-3. *44 F / 6,71 €*

4278 **BRAUN L. J.** Le Chat qui jouait au postier. *10-18, 1992.* (10-18 ; 2245. Grands détectives c5)
ISBN 2-264-01700-7. *44 F / 6,71 €*

4279 **BRAUN L. J.** Le chat qui jouait aux dominos. *10-18, 1995.* (10-18 ; 2631. Grands détectives c5)
ISBN 2-264-02125-X. *44 F / 6,71 €*

4280 **BRAUN L. J.** Le Chat qui jouait Brahms. *10-18, 1991.* (10-18 ; 2189. Grands détectives c5)
ISBN 2-264-01566-7. *44 F / 6,71 €*

4281 **BRAUN L. J.** Le Chat qui lisait à l'envers. *10-18, 1992.* (10-18 ; 2278. Grands détectives c4)
ISBN 2-264-01729-5. *41 F / 6,25 €*

4282 **BRAUN L. J.** Le Chat qui mangeait de la laine. *10-18, 1992.* (10-18 ; 2279. Grands détectives c4)
ISBN 2-264-01730-9. *41 F / 6,25 €*

4283 **BRAUN L. J.** Le Chat qui n'était pas là. *10-18, 1994.* (10-18 ; 2539. Grands détectives c5)
ISBN 2-264-00245-X. *44 F / 6,71 €*

4284 **BRAUN L. J.** Le chat qui parlait aux oiseaux. *10-18, 1998.* (10-18 ; 3020. Grands détectives)
ISBN 2-264-02771-1. *44 F / 6,71 €*

4285 **BRAUN L. J.** Le chat qui racontait des histoires. *10-18, 1998.* (10-18 ; 2917. Grands détectives c3)
ISBN 2-264-02556-5. *38 F / 5,79 €*

4286 **BRAUN L. J.** Le chat qui regardait les étoiles. *10-18, 1999.* (10-18 ; 3135. Grands détectives)
ISBN 2-264-02891-2. *47 F / 7,17 €*

4287 **BRAUN L. J.** Le Chat qui sniffait de la colle. *10-18, 1992.* (10-18 ; 2303. Grands détectives c5)
ISBN 2-264-01699-X. *44 F / 6,71 €*

14288 **N** **BRAUN L. J.** Le chat qui volait une banque. *10-18, 2000.* (10-18 ; 3252. Grands détectives c4)
ISBN 2-264-03121-2. *41 F / 6,25 €*

14289 **BRAUN L. J.** Le Chat qui voyait rouge. *10-18, 1991.* (10-18 ; 2188. Grands détectives c5)
ISBN 2-264-01565-9. *44 F / 6,71 €*

14290 **N** **BRETIN D., BONZON L.** La servante du Seigneur. *Seuil, 2000.* (Points ; 748)
ISBN 2-02-039278-X. *42 F / 6,40 €*

14291 **BRETT S.** D'amour et d'eaux troubles. *Libr. des Champs-Elysées, 1993.* (Le Masque ; 2155. Les maîtres du roman policier c2)
ISBN 2-7024-2249-7. *30 F / 4,57 €*

14292 **BRETT S.** La mort en héritage. *Libr. des Champs-Elysées, 1997.* (Le Masque ; 2314. Les maîtres du roman policier c3)
ISBN 2-7024-2670-0. *32 F / 4,88 €*

14293 **BRETT S.** Salades grecques. *Libr. des Champs-Elysées, 1992.* (Le Masque ; 2102 c2)
ISBN 2-7024-2300-0. *30 F / 4,57 €*

14294 **N** **BRICE M.** La Croisière interdite. Réimpr. *Vauvenargues, 2001.* (Brigade mondaine ; 13)
ISBN 2-7443-0651-7. *35 F / 5,34 €*

14295 **BRICE M.** Danseuses à domicile. *Vaugirard, 1995.* (Brigade mondaine ; 154 c1)
ISBN 2-265-05486-0. *35 F / 5,34 €*

14296 **BRICE M.** Le sauvage de la Francilienne. *Vaugirard.* (Brigade mondaine ; 157 c1)
ISBN 2-265-05537-9. *35 F / 5,34 €*

14297 **BROWN F.** Crime à Chicago. *10-18, 1994.* (10-18 ; 2448. Grands détectives c3)
ISBN 2-264-01492-X. *38 F / 5,79 €*

14298 **BROWN F.** La mort a ses entrées. *10-18, 1996.* (10-18 ; 2706. Grands détectives c5)
ISBN 2-264-02096-2. *44 F / 6,71 €*

14299 **A** **BROWN L.** Joe. *Gallimard, 2001.* (Folio. Policier)
ISBN 2-07-041660-7. *25,50 F / 3,89 €*

14300 **BROWN M.** Tuer est un jeu d'enfant. *Fleuve noir, 1999.* (Cracker)
ISBN 2-265-06647-8. *49 F / 7,47 €*

14301 **BROWN R. M.** A vos souhaits. *Libr. des Champs-Elysées, 1995.* (Le Masque ; 2238. Les reines du crime c5)
ISBN 2-7024-2603-4. *37 F / 5,64 €*

14302 **BROWN R. M.** Un filon juteux. *Libr. des Champs-Elysées, 1997.* (Le Masque ; 2331. Les reines du crime c5)
ISBN 2-7024-2761-8. *37 F / 5,64 €*

14303 **BROWN R. M.** Meurtre à Monticello. *Libr. des Champs-Elysées, 1996.* (Le Masque ; 2289. Les reines du crime c6)
ISBN 2-7024-2645-X. *39 F / 5,95 €*

14304 **BROWN R. M.** Miauler n'est pas tuer. *Libr. des Champs-Elysées, 1998.* (Le Masque ; 2381. Les reines du crime c6)
ISBN 2-7024-2887-8. *39 F / 5,95 €*

14305 **BROWN R. M.** Morceaux choisis. *Libr. des Champs-Elysées, 1994.* (Le Masque ; 2186. Les reines du crime c5)
ISBN 2-7024-2378-7. *37 F / 5,64 €*

14306 **BROWN R. M.** Morts avant l'heure. *Libr. des Champs-Elysées, 1999.* (Le Masque ; 2426. Les reines du crime c6)
ISBN 2-7024-2969-6. *39 F / 5,95 €*

14307 **BROWN S.** Confession exclusive. *LGF, 1999.* (Le Livre de poche ; 7093. Thriller c11)
ISBN 2-253-17093-3. *42 F / 6,40 €*

14308 **BROWN S.** Faux-semblant. *LGF, 1999.* (Le Livre de poche ; 17070. Thriller c12)
ISBN 2-253-17070-4. *44 F / 6,71 €*

14309 **BRUCE L.** Trois détectives. *Libr. des Champs-Elysées, 1985.* (Le Masque ; 261. Les maîtres du roman policier c1)
ISBN 2-7024-1658-6. *28 F / 4,27 €*

14310 **BRUNO A.** Seven : d'après le scénario de Andrew Kevin Walker. *Pocket, 1996.* (Pocket ; 4475. Best c4)
ISBN 2-266-07052-5. *30 F / 4,57 €*

14311 **BRUSSOLO S.** Armés et dangereux. Réimpr. *Libr. des Champs-Elysées, 1998.* (Le Masque ; 2157. Les maîtres du roman policier c2)
ISBN 2-7024-9118-9. *32 F / 4,88 €*

14312 **BRUSSOLO S.** L'armure de vengeance. *LGF, 1999.* (Le Livre de poche ; 17096. Thriller ; 194 c8)
ISBN 2-253-17096-8. *33 F / 5,03 €*

14313 **BRUSSOLO S.** Avis de tempête. Nouv. éd. rev. et corr. *G. de Villiers, 1997.* (Serge Brussolo ; 1. Serial thriller)
ISBN 2-7386-5893-8. *59 F / 8,99 €*

14314 **BRUSSOLO S.** Avis de tempête. *LGF, 1999.* (Le Livre de poche ; 17102. Thriller c6)
ISBN 2-253-17102-6. *26 F / 3,96 €*

14315 **N** **BRUSSOLO S.** Baignade accompagnée : bathing unsafe, sharks swimming !. *LGF, 2000.* (Le Livre de poche ; 17158. Thriller c6)
ISBN 2-253-17158-1. *26 F / 3,96 €*

14316 **BRUSSOLO S.** Baignade accompagnée. *G. de Villiers, 1999.* (Serge Brussolo ; 4. Serial thriller)
ISBN 2-7386-5929-2. *59 F / 8,99 €*

14317 **BRUSSOLO S.** Bunker. *G. de Villiers, 1993.* (Serge Brussolo. Serial thriller c1)
ISBN 2-7386-0397-1. *32 F / 4,88 €*

14318 **BRUSSOLO S.** Bunker. *G. de Villiers, 1999.* (Serge Brussolo ; 3. Serial thriller)
ISBN 2-7386-5919-5. *59 F / 8,99 €*

14319 **N** **BRUSSOLO S.** La chambre indienne. *LGF, 2001.* (Le Livre de poche ; 17174. Thriller)
ISBN 2-253-17174-3. *33 F / 5,03 €*

14320 **BRUSSOLO S.** Le château des poisons. *LGF, 1998.* (Le Livre de poche ; 17055. Thriller c7)
ISBN 2-253-17055-0. *30 F / 4,57 €*

14321 **BRUSSOLO S.** Le Chien de minuit. *Libr. des Champs-Elysées, 1994.* (Le Masque ; 2188 c3)
ISBN 2-7024-2474-0. *32 F / 4,88 €*

14322 **BRUSSOLO S.** Le chien de minuit. *LGF, 1995.* (Le Livre de poche ; 13717. Policier c5)
ISBN 2-253-13717-0. *23 F / 3,51 €*

14323 **BRUSSOLO S.** Conan Lord : carnets secrets d'un cambrioleur. *Libr. des Champs-Elysées, 1995.* (Le Masque ; 2219. Les maîtres du roman policier c4)
ISBN 2-7024-2524-0. *35 F / 5,34 €*

14324 **BRUSSOLO S.** Conan Lord : carnets secrets d'un cambrioleur. *LGF, 1996.* (Le Livre de poche ; 13921. Policier c6)
ISBN 2-253-13921-1. *26 F / 3,96 €*

14325 **BRUSSOLO S.** Conan Lord : carnets secrets d'un cambrioleur. *Libr. des Champs-Elysées : LGF, 1998.* (Le Club des masques ; 645)
ISBN 2-7024-9120-0. *32 F / 4,88 €*

14326 **BRUSSOLO S.** Conan Lord : le pique-nique du crocodile. *Libr. des Champs-Elysées, 1995.* (Le Masque ; 2251. Les maîtres du roman policier c2)
ISBN 2-7024-2616-6. *37 F / 5,64 €*

14327 **BRUSSOLO S.** Les emmurés. *G. de Villiers, 1999.* (Serge Brussolo ; 5. Serial thriller)
ISBN 2-7386-5930-6. *59 F / 8,99 €*

14328 **BRUSSOLO S.** Les enfants du crépuscule. *LGF, 1999.* (Le Livre de poche ; 17064. Thriller c7)
ISBN 2-253-17064-X. *30 F / 4,57 €*

14329 **BRUSSOLO S.** La fille de la nuit. *LGF, 1997.* (Le Livre de poche ; 17007. Thriller c9)
ISBN 2-253-17007-0. *36 F / 5,49 €*

14330 **N** **BRUSSOLO S.** Iceberg Ltd. *G. de Villiers, 2000.* (Serge Brussolo. Serial thriller)
ISBN 2-7386-5931-4. *59 F / 8,99 €*

14331 **BRUSSOLO S.** Le labyrinthe du pharaon. *LGF, 2000.* (Le Livre de poche ; 17119. Thriller c7)
ISBN 2-253-17119-0. *30 F / 4,57 €*

14332 **N** **BRUSSOLO S.** Le livre du grand secret. *J'ai lu, 2000.* (J'ai lu ; 5704. Policier cK)
ISBN 2-290-30467-0. *22 F / 3,35 €*

14333 **BRUSSOLO S.** La main froide. *LGF, 1996.* (Le Livre de poche ; 7680. Thriller c9)
ISBN 2-253-07680-5. *36 F / 5,49 €*

14334 **BRUSSOLO S.** Le murmure des loups. *LGF, 1998.* (Le Livre de poche ; 17034. Thriller c7)
ISBN 2-253-17034-8. *30 F / 4,57 €*

14335 **BRUSSOLO S.** Le nuisible. *LGF, 1997.* (Le Livre de poche ; 14345. Policier c6)
ISBN 2-253-14345-6. *26 F / 3,96 €*

14336 **N** **BRUSSOLO S.** Les prisonnières de pharaon. *LGF, 2000.* (Le Livre de poche ; 17142. Thriller c8)
ISBN 2-253-17142-5. *33 F / 5,03 €*

14337 **BRUSSOLO S.** La route obscure. *LGF, 1997.* (Le Livre de poche ; 4086. Policier c6)
ISBN 2-253-14086-4. *26 F / 3,96 €*

14338 **BRUSSOLO S.** Sécurité absolue. *G. de Villiers, 1993.* (Serge Brussolo. Serial thriller c1)
ISBN 2-7386-0396-3. *32 F / 4,88 €*

14339 **BRUSSOLO S.** Sécurité absolue. *G. de Villiers, 1998.* (Serge Brussolo ; 2. Serial thriller)
ISBN 2-7386-5900-4. *59 F / 8,99 €*

14340 **N** **BRUSSOLO S.** Serge Brussolo. 1. *Libr. des Champs-Elysées, 2000.* (Les intégrales du Masque ; 1)
ISBN 2-7024-3007-4. *149 F / 22,71 €*

14341 **BRUSSOLO S.** Le sourire noir. *LGF, 1996.* (Le Livre de poche ; 7686. Thriller c9)
ISBN 2-253-07686-4. *36 F / 5,49 €*

4342 **BRUSSOLO S.** Le Visiteur sans visage. *Libr. des Champs-Elysées, 1994.* (Le Masque ; 2174. Les maîtres du roman policier c5)
ISBN 2-7024-2510-0. *37 F / 5,64 €*

4343 **BRUSSOLO S.** Le visiteur sans visage. *Libr. des Champs-Elysées : LGF, 1998.* (Le Club des masques ; 644)
ISBN 2-7024-9117-0. *32 F / 4,88 €*

4344 **BUCHANAN E.** Deux filles à Miami : une enquête de Britt Montero. *J'ai lu, 1998.* (J'ai lu ; 4993. Policier c4)
ISBN 2-290-04993-X. *36 F / 5,49 €*

4345 **BUCHANAN E.** Mourir à Miami : une enquête de Britt Montero. *J'ai lu, 1998.* (J'ai lu ; 4889. Policier c4)
ISBN 2-290-04889-5. *36 F / 5,49 €*

4346 **BUCHANAN E.** Sous pression. *J'ai lu, 1998.* (J'ai lu ; 4794. Policier c4)
ISBN 2-290-04794-5. *36 F / 5,49 €*

4347 **BULTEAU Y.** Julie et Smaïn. *Baleine, 2000.* (Canaille-revolver ; 184)
ISBN 2-84219-247-8. *42 F / 6,40 €*

4348 **BULTEAU Y.** Naïma. *Baleine, 1997.* (Canaille-revolver ; 80)
ISBN 2-84219-081-5. *39 F / 5,95 €*

4349 **BULTEAU Y.** Paso de la muerte. *Baleine, 1998.* (Instantanés de polar ; 131)
ISBN 2-84219-153-6. *49 F / 7,47 €*

4350 **BURNETT W. R.** Le petit César. *Gallimard, 1987.* (Folio ; 1852 c8)
ISBN 2-07-037852-7. *37 F / 5,64 €*

4351 **BURNETT W. R.** Quand la ville dort. Réimpr. *Gallimard, 1999.* (Folio ; 83. Policier c9)
ISBN 2-07-040825-6. *41 F / 6,25 €*

352 **BURNETT W. R.** Rien dans les manches. *Gallimard, 1996.* (Folio ; 2856 c8)
ISBN 2-07-040012-3. *37 F / 5,64 €*

4353 **BUSINO J-J.** Au nom du piètre qui a l'essieu. *Baleine, 1997.* (Le Poulpe ; 103)
ISBN 2-84219-117-X. *39 F / 5,95 €*

4354 **BUTEN H.** Il faudra bien te couvrir. *Seuil, 1992.* (Point-virgule ; 118 c2)
ISBN 2-02-018280-7. *39 F / 5,95 €*

4355 **CAILLOT A.** Le karma saut'ra. *Baleine, 1997.* (Le Poulpe ; 50)
ISBN 2-84219-049-1. *39 F / 5,95 €*

4356 **CAIN J. M.** Le bébé dans le frigidaire : et autres nouvelles. *Librio, 1998.* (Librio ; 238. Noir c1)
ISBN 2-277-30238-4. *10 F / 1,52 €*

14357 **CAIN J. M.** Le bluffeur. *Gallimard, 1996.* (Folio ; 2874 c11)
ISBN 2-07-040100-6. *29,50 F / 4,50 €*

14358 **CAIN J. M.** Butterfly. *Gallimard, 1996.* (Folio ; 11 c8)
ISBN 2-07-049615-5. *35 F / 5,34 €*

14359 **N** **CAIN J. M.** Le facteur sonne toujours deux fois. Réimpr. *Gallimard, 2000.* (Folio ; 1088. Policier c4)
ISBN 2-07-041040-4. *20,50 F / 3,13 €*

14360 **CAIN P.** A tombeau ouvert. *Gallimard, 1996.* (Folio ; 36 c9)
ISBN 2-07-049616-3. *38 F / 5,79 €*

14361 **CALVO D.** Délius, une chanson d'été. *Mnémos, 1997.* (Mnémos ; 26. Surnaturel)
ISBN 2-911618-23-8. *49 F / 7,47 €*

14362 **CANNAN J.** Elle nous empoisonne. *Libr. des Champs-Elysées, 1986.* (Le Masque ; 1820. Les reines du crime c1)
ISBN 2-7024-1682-9. *28 F / 4,27 €*

14363 **CANNELL S. J.** Victime terminal. *J'ai lu, 1998.* (J'ai lu ; 4914. Littérature générale c6)
ISBN 2-290-04914-X. *42 F / 6,40 €*

14364 **CARBASSE G.** L'Helvète underground. *Baleine, 1997.* (Le Poulpe ; 105)
ISBN 2-84219-119-6. *39 F / 5,95 €*

14365 **CARD G.** Art et pratique du chaos. *Métailié, 1999.* (Noir ; 10)
ISBN 2-86424-302-4. *50 F / 7,62 €*

14366 **N** **CARD G.** Libera me. *Métailié, 2001.* (Noir ; 18)
ISBN 2-86424-371-7. *55 F / 8,38 €*

14367 **N** **CARD G.** Question de symétrie. *Métailié, 2000.* (Noir ; 16)
ISBN 2-86424-349-0. *52 F / 7,93 €*

14368 **CARDOZE M.** Du hachis à Parmentier. *Baleine, 1997.* (Le Poulpe ; 43)
ISBN 2-84219-042-4. *39 F / 5,95 €*

14369 **CARLON P.** La fugitive. *Libr. des Champs-Elysées, 1999.* (Le Masque ; 2419. Les reines du crime)
ISBN 2-7024-2898-3. *37 F / 5,64 €*

14370 **CARLON P.** Le murmure du mur. *Libr. des Champs-Elysées, 1997.* (Le Masque ; 2350. Les reines du crime c4)
ISBN 2-7024-2833-9. *35 F / 5,34 €*

14371 **CARLSON P.** Fin de carrière. *Libr. des Champs-Elysées, 1998.* (Le Masque ; 2406. Les reines du crime c6)
ISBN 2-7024-2910-6. *39 F / 5,95 €*

14372 **CARLSON P.** La rivière assassine. *Libr. des Champs-Elysées, 1999.* (Le Masque ; 2422. Les reines du crime)
ISBN 2-7024-2746-4. *39 F / 5,95 €*

14373 **N** **CAROFF M.** Ys en hiver. *Terre de brume, 2000.* (Les quatre saisons d'Ys ; 2)(Granit noir ; 6 c3)
ISBN 2-84362-093-7. *49 F / 7,47 €*

14374 **CARR C.** L'aliéniste. *Pocket, 1996.* (Pocket ; 10079. Best c8)
ISBN 2-266-07224-2. *45 F / 6,86 €*

14375 **CARR C.** L'ange des ténèbres. *Pocket, 1999.* (Pocket ; 10714 c10)
ISBN 2-266-09275-8. *50 F / 7,62 €*

14376 **CARR J. D.** A la vie à la mort. *Libr. des Champs-Elysées, 1990.* (Le Masque ; 2027 c2)
ISBN 2-7024-2099-0. *35 F / 5,34 €*

14377 **CARR J. D.** Arsenic et boutons de manchette. *Libr. des Champs-Elysées, 1996.* (Le Club des masques ; 626 c1)
ISBN 2-7024-2352-3. *32 F / 4,88 €*

14378 **CARR J. D.** Arsenic et boutons de manchette. Réimpr. *Libr. des Champs-Elysées, 1997.* (Le Masque ; 1976. Les maîtres du roman policier c4)
ISBN 2-7024-1965-8. *35 F / 5,34 €*

14379 **CARR J. D.** La Chambre ardente. *Libr. des Champs-Elysées, 1990.* (Le Masque ; 1986 c3)
ISBN 2-7024-2019-2. *32 F / 4,88 €*

14380 **CARR J. D.** Clés d'argent et figures de cire. *Libr. des Champs-Elysées, 1998.* (Le Masque ; 639. Les maîtres du roman policier c4)
ISBN 2-7024-2420-1. *32 F / 4,88 €*

14381 **CARR J. D.** Un Coup sur la tabatière. *Libr. des Champs-Elysées, 1991.* (Le Masque ; 2033 c3)
ISBN 2-7024-2105-9. *32 F / 4,88 €*

14382 **CARR J. D.** Les Démoniaques. *Libr. des Champs-Elysées, 1991.* (Le Masque ; 2045 c4)
ISBN 2-7024-2143-1. *35 F / 5,34 €*

14383 **CARR J. D.** Dr Fell, 1935-1939. *Libr. des Champs-Elysées, 1992.* (J.D. Carr; 2)(Les intégrales du Masque)
ISBN 2-7024-2247-0. *149 F / 22,71 €*

14384 **CARR J. D.** Eh bien, tuez maintenant!. *Libr. des Champs-Elysées, 1989.* (Le Masque ; 1968 c3)
ISBN 2-7024-1957-7. *32 F / 4,88 €*

14385 **CARR J. D.** La Fiancée du pendu. *Libr. des Champs-Elysées, 1992.* (Le Masque ; 2078 c5)
ISBN 2-7024-2225-X. *37 F / 5,64 €*

14386 **CARR J. D.** Le Gouffre aux sorcières. *Libr. des Champs-Elysées, 1989.* (Le Masque ; 1944 c3)
ISBN 2-7024-1871-6. *32 F / 4,88 €*

14387 **CARR J. D.** Le grand secret. *Libr. des Champs-Elysées, 1997.* (Le Masque ; 2318 c5)
ISBN 2-7024-2762-6. *37 F / 5,64 €*

14388 **CARR J. D.** L'Habit fait le moine. *Libr. des Champs-Elysées, 1990.* (Le Masque ; 2018 c3)
ISBN 2-7024-2080-X. *32 F / 4,88 €*

14389 **CARR J. D.** Hier, vous tuerez. *Libr. des Champs-Elysées, 1990.* (Le Masque ; 1991 c3)
ISBN 2-7024-2024-9. *32 F / 4,88 €*

14390 **CARR J. D.** L'Homme en or. *Libr. des Champs-Elysées, 1992.* (Le Masque ; 1917. Les maîtres du roman policier c3)
ISBN 2-7024-1800-7. *32 F / 4,88 €*

14391 **CARR J. D.** Le Huit d'épées. *Libr. des Champs-Elysées, 1994.* (Le Masque ; 2172 c3)
ISBN 2-7024-2485-6. *35 F / 5,34 €*

14392 **CARR J. D.** Il n'aurait pas tué Patience. *Libr. des Champs-Elysées, 1990.* (Le Masque ; 2007 c3)
ISBN 2-7024-2041-9. *32 F / 4,88 €*

14393 **CARR J. D.** Ils étaient quatre à table. *Libr. des Champs-Elysées, 1990.* (Le Masque ; 2024 c2)
ISBN 2-7024-2093-1. *30 F / 4,57 €*

14394 **CARR J. D.** Impossible n'est pas anglais. *Libr. des Champs-Elysées, 1986.* (Le Masque ; 1274. Les maîtres du roman policier c1)
ISBN 2-7024-1674-8. *28 F / 4,27 €*

14395 **CARR J. D.** J.D. Carr. 3. *Libr. des Champs-Elysées, 1993.* (Les intégrales du Masque)
ISBN 2-7024-2338-8. *149 F / 22,71 €*

14396 **CARR J. D.** J.D. Carr. 4. *Libr. des Champs-Elysées, 1995.* (Les intégrales du Masque c2)
ISBN 2-7024-2448-1. *149 F / 22,71 €*

14397 **CARR J. D.** J.D. Carr. 5, Les romans historiques. *Libr. des Champs-Elysées, 1997.* (Les intégrales du Masque)
ISBN 2-7024-2627-1. *149 F / 22,71 €*

14398 **N** **CARR J. D.** J.D. Carr. 6. *Libr. des Champs-Elysées, 2000.* (Les intégrales du Masque c1)
ISBN 2-7024-2961-0. *149 F / 22,71 €*

14399 **CARR J. D.** Le Lecteur est prévenu. *Libr. des Champs-Elysées, 1992.* (Le Club des masques ; 617 c1)
ISBN 2-7024-2313-2. *32 F / 4,88 €*

14400 **CARR J. D.** Le Lecteur est prévenu. *Libr. des Champs-Elysées, 1988.* (Le Masque ; 1940. Les maîtres du roman policier c3)
ISBN 2-7024-1850-3. *32 F / 4,88 €*

14401 **CARR J. D.** Lune sombre. *Libr. des Champs-Elysées, 1989.* (Le Masque ; 1979 c4)
ISBN 2-7024-1969-0. *35 F / 5,34 €*

14402 **CARR J. D.** La main de marbre. *Libr. des Champs-Elysées, 1995.* (Le Masque ; 268. Les maîtres du roman policier c4)
ISBN 2-7024-2477-5. *35 F / 5,34 €*

14403 **CARR J. D.** La Maison de la peste. *Libr. des Champs-Elysées, 1992.* (Le Masque ; 2087. Les maîtres du roman policier c5)
ISBN 2-7024-2233-0. *37 F / 5,64 €*

14404 **CARR J. D.** La Maison de la terreur. *Libr. des Champs-Elysées, 1991.* (Le Club des masques ; 605 c1)
ISBN 2-7024-2155-5. *32 F / 4,88 €*

14405 **CARR J. D.** La Maison de la terreur. *Libr. des Champs-Elysées, 1988.* (Le Masque ; 1910. Les maîtres du roman policier c4)
ISBN 2-7024-1793-0. *35 F / 5,34 €*

14406 **CARR J. D.** La Maison du bourreau. Réimpr. *Libr. des Champs-Elysées, 1992.* (Le Masque ; 1863. Les maîtres du roman policier c3)
ISBN 2-7024-2310-8. *32 F / 4,88 €*

4407 **CARR J. D.** Le Manoir de la mort. *Libr. des Champs-Elysées, 1991.* (Le Masque ; 2053 c4)
ISBN 2-7024-2167-9. *35 F / 5,34 €*

4408 **CARR J. D.** Le Meurtre des mille et une nuits. *Libr. des Champs-Elysées, 1989.* (Le Masque ; 1960 c4)
ISBN 2-7024-1900-3. *35 F / 5,34 €*

4409 **CARR J. D.** Les Meurtres de Bowstring. *Libr. des Champs-Elysées, 1989.* (Le Masque ; 1954 c3)
ISBN 2-7024-1893-7. *32 F / 4,88 €*

4410 **CARR J. D.** La Mort en pantalon rouge. *Libr. des Champs-Elysées, 1992.* (Le Club des masques ; 618 c1)
ISBN 2-7024-2314-0. *32 F / 4,88 €*

4411 **CARR J. D.** La mort en pantalon rouge. Réimpr. *Libr. des Champs-Elysées, 1996.* (Le Masque ; 1876. Les maîtres du roman policier c3)
ISBN 2-7024-2717-0. *32 F / 4,88 €*

4412 **CARR J. D.** Le Mort frappe à la porte. *Libr. des Champs-Elysées, 1990.* (Le Masque ; 2005 c3)
ISBN 2-7024-2037-0. *32 F / 4,88 €*

4413 **CARR J. D.** La Mort sous un crâne. *Libr. des Champs-Elysées, 1991.* (Le Masque ; 2065 c3)
ISBN 2-7024-2206-3. *32 F / 4,88 €*

4414 **CARR J. D.** La nuit de la veuve ricanante. *Libr. des Champs-Elysées, 1997.* (Le Masque ; 2348. Les maîtres du roman policier c5)
ISBN 2-7024-2778-2. *37 F / 5,64 €*

4415 **CARR J. D.** On n'en croit pas ses yeux. Réimpr. *Libr. des Champs-Elysées, 1996.* (Le Club des masques ; 619 c1)
ISBN 2-7024-2315-9. *32 F / 4,88 €*

4416 **CARR J. D.** On n'en croit pas ses yeux. *Libr. des Champs-Elysées, 1985.* (Le Masque ; 1799. Les maîtres du roman policier c1)
ISBN 2-7024-1647-0. *28 F / 4,27 €*

4417 **CARR J. D.** Papa là-bas. *Libr. des Champs-Elysées, 1993.* (Le Masque ; 2141 c4)
ISBN 2-7024-2372-8. *35 F / 5,34 €*

4418 **CARR J. D.** Patrick Butler à la barre. *Libr. des Champs-Elysées, 1997.* (Le Club des masques ; 636 c1)
ISBN 2-7024-9109-X. *32 F / 4,88 €*

14419 **CARR J. D.** Patrick Butler à la barre. *Libr. des Champs-Elysées, 1988.* (Le Masque ; 1926. Les maîtres du roman policier c3)
ISBN 2-7024-1836-8. *32 F / 4,88 €*

14420 **CARR J. D.** La Police est invitée. *Libr. des Champs-Elysées, 1997.* (Le Club des masques ; 634 c1)
ISBN 2-7024-9107-3. *32 F / 4,88 €*

14421 **CARR J. D.** La Police est invitée. *Libr. des Champs-Elysées, 1989.* (Le Masque ; 1946 c3)
ISBN 2-7024-1873-2. *32 F / 4,88 €*

14422 **CARR J. D.** Le Retour de Bencolin. *Libr. des Champs-Elysées, 1989.* (Le Masque ; 1957 c4)
ISBN 2-7024-1896-1. *35 F / 5,34 €*

14423 **CARR J. D.** Le rideau cramoisi. *Libr. des Champs-Elysées, 1998.* (Le Masque ; 2403. Les maîtres du roman policier c6)
ISBN 2-7024-2908-4. *39 F / 5,95 €*

14424 **CARR J. D.** Service des affaires inclassables. *Libr. des Champs-Elysées, 1988.* (Le Masque ; 1919. Les maîtres du roman policier c4)
ISBN 2-7024-1802-3. *35 F / 5,34 €*

14425 **CARR J. D.** Le spectre au masque de soie. *Libr. des Champs-Elysées, 1999.* (Le Masque ; 2422. Les maîtres du roman policier c6)
ISBN 2-7024-2864-9. *39 F / 5,95 €*

14426 **CARR J. D.** Le Sphinx endormi. *Libr. des Champs-Elysées, 1991.* (Le Club des masques ; 604 c1)
ISBN 2-7024-2154-7. *32 F / 4,88 €*

14427 **CARR J. D.** Le Sphinx endormi. *Libr. des Champs-Elysées, 1992.* (Le Masque ; 1785. Les maîtres du roman policier c3)
ISBN 2-7024-2073-7. *32 F / 4,88 €*

14428 **CARR J. D.** Suicide à l'écossaise. *Libr. des Champs-Elysées, 1984.* (Le Masque ; 1735. Les maîtres du roman policier c1)
ISBN 2-7024-1507-5. *28 F / 4,27 €*

14429 **CARR J. D.** Les Yeux en bandoulière. *Libr. des Champs-Elysées, 1991.* (Le Club des masques ; 607 c1)
27 F / 4,12 €

14430 **CARRESE P.** Allons au fond de l'apathie. *Baleine, 1998.* (Le Poulpe ; 108)
ISBN 2-84219-122-6. *39 F / 5,95 €*

14431 **CARRESE P.** Filet garni. *Fleuve noir, 1996.* (Fleuve noir crime)
ISBN 2-265-05715-0. *44 F / 6,71 €*

14432 **N** **CARRESE P.** Graine de courge. *J'ai lu, 2000.* (J'ai lu ; 5494. Policier cG)
ISBN 2-290-05494-1. *29 F / 4,42 €*

14433 **CARRESE P.** Pet de mouche et la princesse du désert. *Fleuve noir, 1997.* (Fleuve noir crime ; 27)
ISBN 2-265-06119-0. *52 F / 7,93 €*

14434 **CARRESE P.** Trois jours d'engatse. *Fleuve noir, 1995.* (Fleuve noir crime)
ISBN 2-265-05716-9. *47 F / 7,17 €*

14435 **CARRESE P.** Tue-les, à chaque fois. *Fleuve noir, 1999.* (Les noirs ; 68)
ISBN 2-265-06541-2. *47 F / 7,17 €*

14436 **CARSON P.** Scalpel. *LGF, 1999.* (Le Livre de poche ; 17083. Thriller c11)
ISBN 2-253-17083-6. *42 F / 6,40 €*

14437 **N** **CARTER C.** Le cheval du crime : les enquêtes de Lord Percival. *Pocket, 2001.* (Pocket ; 10939. Noir c5)
ISBN 2-266-10089-0. *35 F / 5,34 €*

14438 **N** **CARTER C.** Le dernier crime d'Agatha Christie : les enquêtes de Lord Percival. *Pocket, 2001.* (Pocket ; 10938. Noir c5)
ISBN 2-266-10088-2. *35 F / 5,34 €*

14439 **CARVIC H.** Miss Seeton entre en scène. *10-18, 1997.* (10-18 ; 2805. Grands détectives c5)
ISBN 2-264-02395-3. *44 F / 6,71 €*

14440 **CARVIC H.** Miss Seeton fait des vocalises. *10-18, 1997.* (10-18 ; 2915. Grands détectives c5)
ISBN 2-264-02398-8. *44 F / 6,71 €*

14441 **CARVIC H.** Miss Seeton jette un sort. *10-18, 1997.* (10-18 ; 2847. Grands détectives c5)
ISBN 2-264-02397-X. *41 F / 6,25 €*

14442 **CARVIC H.** Miss Seeton joue et gagne. *10-18, 1998.* (10-18 ; 2937. Grands détectives c4)
ISBN 2-264-02399-6. *41 F / 6,25 €*

14443 **CARVIC H.** Miss Seeton persiste et signe. *10-18, 1997.* (10-18 ; 2806. Grands détectives c5)
ISBN 2-264-02396-1. *44 F / 6,71 €*

14444 **N** **CASE J.** Genesis. *LGF, 2000.* (Le Livre de poche ; 17130. Thriller c13)
ISBN 2-253-17130-1. *46 F / 7,01 €*

14445 **N** **CASE J.** Le premier cavalier de l'Apocalypse. *LGF, 2001.* (Le Livre de poche ; 17172. Thriller)
ISBN 2-253-17172-7. *42 F / 6,40 €*

14446 **CAUNES A. d.** C'est beau mais c'est triste. *Pocket, 2000.* (Pocket ; 10862 c4B)
ISBN 2-266-09860-8. *32 F / 4,88 €*

14447 **CÉRIGNAC** Le cas du Docteur Andrès. *Libr. des Champs-Elysées, 1996.* (Le Masque ; 2286. Les reines du crime c5)
ISBN 2-7024-2681-6. *37 F / 5,64 €*

14448 **CÉRIGNAC** On tue chez Molière. *Libr. des Champs-Elysées, 1995.* (Le Masque ; 2224. Les reines du crime c3)
ISBN 2-7024-2609-3. *32 F / 4,88 €*

14449 **CHAGNARD F.** Cinq jours sur terre. *Baleine, 1998.* (Canaille-revolver ; 121)
ISBN 2-84219-139-0. *39 F / 5,95 €*

14450 **N** **CHANDLER R.** Adieu, ma jolie. Réimpr. *Gallimard, 2000.* (Folio ; 12. Policier c8)
ISBN 2-07-041041-2. *37 F / 5,64 €*

14451 **CHANDLER R.** Charades pour écroulés. *Gallimard, 1999.* (Folio ; 57. Policier ; 57 c6)
ISBN 2-07-040804-3. *29,50 F / 4,50 €*

14452 **N** **CHANDLER R.** La dame du lac. *Gallimard, 2000.* (Folio ; 138. Policier c6)
ISBN 2-07-041395-0. *29,50 F / 4,50 €*

14453 **CHANDLER R.** La Dame du lac. *Gallimard, 1988.* (Folio ; 1943 c11)
ISBN 2-07-037943-4. *29,50 F / 4,50 €*

14454 **CHANDLER R.** Les ennuis c'est mon problème = Trouble is my business. *Langues pour tous, 1998.* (Langues pour tous ; 3534 c6)
ISBN 2-266-08366-X. *38 F / 5,79 €*

14455 **CHANDLER R.** Fais pas ta rosière !. *Gallimard, 1998.* (Folio ; 35. Policier ; 35 c8)
ISBN 2-07-040790-X. *37 F / 5,64 €*

14456 **CHANDLER R.** Le grand sommeil. *Gallimard, 1998.* (Folio ; 13. Policier ; 13 c6)
ISBN 2-07-040647-4. *29,50 F / 4,50 €*

14457 **CHANDLER R.** La grande fenêtre. *Gallimard, 1999.* (Folio ; 78. Policier c6)
ISBN 2-07-040819-1. *29,50 F / 4,50 €*

14458 **CHANDLER R.** Le Jade du mandarin. *Gallimard, 1989.* (Folio ; 2056 c11)
ISBN 2-07-038145-5. *29,50 F / 4,50 €*

14459 **CHANDLER R.** Playback : scénario inédit. Réimpr. *J'ai lu, 1997.* (J'ai lu ; 2370. Littérature générale c2)
ISBN 2-290-02370-1. *22 F / 3,35 €*

14460 **CHANDLER R.** Sur un air de navaja. *Gallimard, 1987.* (Folio ; 1849 c11)
ISBN 2-07-037849-7. *29,50 F / 4,50 €*

14461 **CHANDLER R.** Un Tueur sous la pluie. *Gallimard, 1988.* (Folio ; 1910 c11)
ISBN 2-07-037910-8. *29,50 F / 4,50 €*

14462 **CHAPSAL M.** Un bouquet de violettes. *LGF, 1999.* (Le Livre de poche ; 14563 c6)
ISBN 2-253-14563-7. *26 F / 3,96 €*

14463 **N** **CHAPSAL M.** Meurtre à la thalasso. *LGF, 2000.* (Le Livre de poche ; 14966 c6)
ISBN 2-253-14966-7. *26 F / 3,96 €*

14464 **CHAREST D.** L'échafaudage. *Libr. des Champs-Elysées, 1999.* (Le Masque ; 2428. Les reines du crime c5)
ISBN 2-7024-2971-8. *37 F / 5,64 €*

14465 **CHAREST D.** L'érablière. *Libr. des Champs-Elysées, 1998.* (Le Masque ; 2377. Les reines du crime c2)
ISBN 2-7024-2859-2. *30 F / 4,57 €*

14466 **N** **CHAREST D.** L'étouffoir. *Libr. des Champs-Elysées, 2000.* (Le Masque ; 2442. Les reines du crime)
ISBN 2-7024-2989-0. *42 F / 6,40 €*

14467 **CHARLES F.** La mort est leur affaire. *Fleuve noir, 1999.* (San-Antonio)
ISBN 2-265-06721-0. *39 F / 5,95 €*

14468 **CHARLES H.** Miss Seeton à la barre. *10-18, 1999.* (10-18 ; 3104. Grands détectives c4)
ISBN 2-264-02949-8. *41 F / 6,25 €*

14469 **CHARLES H.** Miss Seeton au service de Sa Majesté. *10-18, 1999.* (10-18 ; 3052. Grands détectives c4)
ISBN 2-264-02888-2. *41 F / 6,25 €*

14470 **CHARLES H.** Miss Seeton prend l'avantage. *10-18, 1998.* (10-18 ; 2989. Grands détectives)
ISBN 2-264-02795-9. *41 F / 6,25 €*

14471 **CHARLOTTE** Le journal d'une nunuche. *Alyssa, 1992.* (Polars ; 4)
50 F / 7,62 €

14472 **CHARTERIS L.** Par ici la monnaie ! : une aventure du Saint. *Librio, 1998.* (Librio ; 231 c1)
ISBN 2-277-30231-7. *10 F / 1,52 €*

14473 **CHARTERIS L.** Le policier fantôme : une aventure du Saint. *Librio, 1997.* (Librio ; 158 c1)
ISBN 2-277-30158-2. *10 F / 1,52 €*

14474 **N** **CHARYN J.** Appelez-moi Malaussène. *Librio, 2000.* (Librio ; 379. Noir c1)
ISBN 2-290-30645-2. *10 F / 1,52 €*

14475 **CHARYN J.** Les filles de Maria. *Gallimard, 1999.* (Folio ; 94. Policier c9)
ISBN 2-07-040834-5. *41 F / 6,25 €*

14476 **CHARYN J.** Marilyn la Dingue. *Gallimard, 1998.* (Folio ; 14. Policier ; 14 c6)
ISBN 2-07-040648-2. *29,50 F / 4,50 €*

14477 **CHARYN J.** Marilyn la Dingue. *Gallimard, 1988.* (Folio ; 2003 c11)
ISBN 2-07-038092-0. *29,50 F / 4,50 €*

14478 **CHARYN J.** Une romance. *Mille et une nuits, 1998.* (La petite collection ; 216 c4)
ISBN 2-84205-364-8. *16,50 F / 2,52 €*

14479 **CHASE J. H.** A pieds joints. *Gallimard, 1997.* (James Hadley Chase ; 24 c2)
ISBN 2-07-049681-3. *25 F / 3,81 €*

14480 **CHASE J. H.** L'abominable pardessus. *Gallimard, 1998.* (James Hadley Chase ; 42 c2)
ISBN 2-07-049809-3. *25 F / 3,81 €*

14481 **CHASE J. H.** Alerte aux croques-morts. *Gallimard, 1995.* (James Hadley Chase ; 6 c1)
ISBN 2-07-049514-0. *20 F / 3,05 €*

14482 **CHASE J. H.** Un beau matin d'été. *Gallimard, 1998.* (James Hadley Chase ; 47 c2)
ISBN 2-07-049841-7. *25 F / 3,81 €*

14483 **CHASE J. H.** La blonde de Pékin. *Gallimard, 1998.* (James Hadley Chase ; 48 c2)
ISBN 2-07-049856-5. *25 F / 3,81 €*

14484 **CHASE J. H.** Les bouchées doubles. *Gallimard, 1998.* (James Hadley Chase ; 50 c2)
ISBN 2-07-049578-7. *25 F / 3,81 €*

14485 **CHASE J. H.** Une bouffée d'or pur. *Gallimard, 1997.* (James Hadley Chase ; 28)
ISBN 2-07-049694-5. *25 F / 3,81 €*

14486 **CHASE J. H.** C'est le bouquet !. *Gallimard, 1997.* (James Hadley Chase ; 31 c2)
ISBN 2-07-049697-X. *25 F / 3,81 €*

14487 **CHASE J. H.** C'est ma tournée. Réimpr. *Gallimard, 1998.* (James Hadley Chase ; 37 c1)
ISBN 2-07-049741-0. *25 F / 3,81 €*

14488 **CHASE J. H.** C'est pas dans mes cordes. *Gallimard, 1998.* (James Hadley Chase ; 49 c2)
ISBN 2-07-049857-3. *25 F / 3,81 €*

14489 **CHASE J. H.** Ca ira mieux demain. *Gallimard, 1998.* (James Hadley Chase ; 51 c2)
ISBN 2-07-049858-1. *25 F / 3,81 €*

14490 **CHASE J. H.** Ca n'arrive qu'aux vivants. Réimpr. *Gallimard, 1998.* (James Hadley Chase ; 36 c1)
ISBN 2-07-049742-9. *25 F / 3,81 €*

14491 **CHASE J. H.** La chair de l'orchidée. *Gallimard, 1995.* (James Hadley Chase ; 3)
ISBN 2-07-049516-7. *20 F / 3,05 €*

14492 **CHASE J. H.** Le corbillard de Madame... *Gallimard, 1995.* (James Hadley Chase ; 8 c1)
ISBN 2-07-049534-5. *20 F / 3,05 €*

14493 **CHASE J. H.** Couche-la dans le muguet. *Gallimard, 1998.* (James Hadley Chase ; 44)
ISBN 2-07-049566-3. *25 F / 3,81 €*

14494 **CHASE J. H.** Délit de fuite. *Gallimard, 1998.* (James Hadley Chase ; 39 c2)
ISBN 2-07-049746-1. *25 F / 3,81 €*

14495 **CHASE J. H.** Le denier du colt. *Gallimard, 1998.* (James Hadley Chase ; 40)
ISBN 2-07-049744-5. *25 F / 3,81 €*

14496 **CHASE J. H.** Du gâteau. *Gallimard, 1998.* (James Hadley Chase ; 41)
ISBN 2-07-049745-3. *25 F / 3,81 €*

14497 **CHASE J. H.** En galère!. *Gallimard, 1997.* (James Hadley Chase ; 21 c2)
ISBN 2-07-049683-X. *25 F / 3,81 €*

14498 **CHASE J. H.** Et toc!. *Gallimard, 1997.* (James Hadley Chase ; 20 c2)
ISBN 2-07-049682-1. *25 F / 3,81 €*

14499 **CHASE J. H.** Fais-moi confiance. *Gallimard, 1998.* (James Hadley Chase ; 38 c2)
ISBN 2-07-049747-X. *25 F / 3,81 €*

14500 **CHASE J. H.** Fais-moi plaisir, crève!. *Gallimard, 1997.* (James Hadley Chase ; 26)
ISBN 2-07-049569-8. *25 F / 3,81 €*

14501 **CHASE J. H.** Un hippie sur la route. *Gallimard, 1997.* (James Hadley Chase ; 34)
ISBN 2-07-049749-6. *25 F / 3,81 €*

14502 **CHASE J. H.** Il fait ce qu'il peut : ne tirez pas sur le pianiste. *Gallimard, 1995.* (James Hadley Chase ; 9 c1)
ISBN 2-07-049535-3. *20 F / 3,05 €*

14503 **CHASE J. H.** Le joker en main. *Gallimard, 1997.* (James Hadley Chase ; 27)
ISBN 2-07-049690-2. *25 F / 3,81 €*

14504 **CHASE J. H.** Une manche et la belle. *Gallimard, 1995.* (James Hadley Chase ; 10 c1)
ISBN 2-07-049536-1. *20 F / 3,05 €*

14505 **CHASE J. H.** Méfiez-vous fillettes !. *Gallimard, 1996.* (James Hadley Chase ; 17 c2)
ISBN 2-07-049582-5. *25 F / 3,81 €*

14506 **CHASE J. H.** N'y mettez pas votre nez. *Gallimard, 1997.* (James Hadley Chase ; 32)
ISBN 2-07-049775-5. *25 F / 3,81 €*

14507 **CHASE J. H.** Officiel!. *Gallimard, 1995.* (James Hadley Chase ; 12 c1)
ISBN 2-07-049532-9. *20 F / 3,05 €*

14508 **CHASE J. H.** On repique au jeu. *Gallimard, 1997.* (James Hadley Chase ; 30 c2)
ISBN 2-07-049696-1. *25 F / 3,81 €*

14509 **CHASE J. H.** Partie fine. *Gallimard, 1998.* (James Hadley Chase ; 46)
ISBN 2-07-049840-9. *25 F / 3,81 €*

14510 **CHASE J. H.** Pas de vie sans fric. *Gallimard, 1997.* (James Hadley Chase ; 22 c2)
ISBN 2-07-049679-1. *25 F / 3,81 €*

14511 **CHASE J. H.** Pochette surprise. *Gallimard, 1995.* (James Hadley Chase ; 11 c1)
ISBN 2-07-049537-X. *20 F / 3,05 €*

14512 **CHASE J. H.** Les poissons rouges n'ont pas de secret. *Gallimard, 1997.* (James Hadley Chase ; 23 c2)
ISBN 2-07-049680-5. *25 F / 3,81 €*

14513 **CHASE J. H.** Présumé dangereux. *Gallimard, 1997.* (James Hadley Chase ; 33 c2)
ISBN 2-07-049743-7. *25 F / 3,81 €*

14514 **CHASE J. H.** Qui vivra, rira. *Gallimard, 1997.* (James Hadley Chase ; 35)
ISBN 2-07-049748-8. *25 F / 3,81 €*

14515 **CHASE J. H.** Un tueur passe. Réimpr. *Gallimard, 1998.* (James Hadley Chase ; 45)
ISBN 2-07-049839-5. *25 F / 3,81 €*

14516 **CHASE J. H.** Le vautour attend toujours. *Gallimard, 1997.* (James Hadley Chase ; 29)
ISBN 2-07-049695-3. *25 F / 3,81 €*

14517 **CHASE J. H.** Vipère au sein. *Gallimard, 1995.* (James Hadley Chase ; 4)
ISBN 2-07-049517-5. *20 F / 3,05 €*

14518 **CHASE J. H.** Voir Venise et crever. *Gallimard, 1998.* (James Hadley Chase ; 43 c2)
ISBN 2-07-049810-7. *25 F / 3,81 €*

14519 **CHASE J. H.** Zinc en or. *Gallimard, 1997.* (James Hadley Chase ; 25 c2)
ISBN 2-07-049689-9. *25 F / 3,81 €*

14520 **CHÉREL G.** Tropique du grand cerf. *Baleine, 1997.* (Le Poulpe ; 71)
ISBN 2-84219-072-6. *39 F / 5,95 €*

14521 **CHERRUAU P.** Lagos 666. *Baleine, 2000.* (Canaille-revolver ; 180)
ISBN 2-84219-244-3. *49 F / 7,47 €*

14522 **CHERRUAU P.** Nena Rastaquouère. *Baleine, 1997.* (Canaille-revolver ; 56)
ISBN 2-84219-055-6. *45 F / 6,86 €*

14523 **CHESTERTON G. K.** La Sagesse du père Brown. *Gallimard, 1985.* (Folio ; 1656 c11)
ISBN 2-07-037656-7. *29,50 F / 4,50 €*

14524 **CHESTERTON G. K.** Le Scandale du père Brown. *10-18, 1990.* (10-18 ; 2092. Grands détectives c5)
ISBN 2-264-01401-6. *44 F / 6,71 €*

14525 **CHEVRON M.** Fille de sang. *Baleine, 1996.* (Canaille-revolver ; 29)
ISBN 2-84219-028-9. *47 F / 7,17 €*

14526 **CHEVRON M.** Fille de sang. *Librio, 1999.* (Librio ; 313. Noir c1)
ISBN 2-277-30313-5. *10 F / 1,52 €*

14527 **CHEVRON M.** J'irai faire Kafka sur vos tombes. *Baleine, 1996.* (Le Poulpe ; 35)
ISBN 2-84219-034-3. *39 F / 5,95 €*

14528 **CHEVRON M.** Les purifiants. *Baleine, 1997.* (Instantanés de polar ; 53)
ISBN 2-84219-052-1. *48 F / 7,32 €*

14529 **CHIFFLOT D.** Un raccourci saisissant. *Libr. des Champs-Elysées, 2000.* (Le Masque ; 2437)
ISBN 2-7024-2997-1. *39 F / 5,95 €*

14530 **CHILD L.** Du fond de l'abîme. *LGF, 1999.* (Le Livre de poche ; 17059. Thriller c11)
ISBN 2-253-17059-3. *42 F / 6,40 €*

14531 **CHISHOLM P.** Les sept cavaliers. *Libr. des Champs-Elysées, 1999.* (Labyrinthes ; 57 c3)
ISBN 2-7024-9668-7. *40 F / 6,10 €*

14532 **CHOLLAT C.** Alice au pluriel : nouvelles noires. *Fleuve noir, 1998.* (Fleuve noir crime ; 44)
ISBN 2-265-06393-2. *47 F / 7,17 €*

14533 **CHRISTA E.** Elles sont pas croyables !. *Baleine, 1996.* (Canaille-revolver ; 30)
ISBN 2-84219-029-7. *47 F / 7,17 €*

14534 **CHRISTA E.** Elles sont toujours pas croyables !. *Baleine, 1999.* (Canaille-revolver ; 166)
ISBN 2-84219-219-2. *45 F / 6,86 €*

14535 **N** **CHRISTA E.** Les ravies au lit. *Baleine, 2000.* (Le Poulpe ; 204)
ISBN 2-84219-287-7. *39 F / 5,95 €*

14536 **CHRISTIE A.** A l'hôtel Bertram. Réimpr. *Libr. des Champs-Elysées, 1998.* (Le Club des masques ; 104 c2)
ISBN 2-7024-0077-9. *32 F / 4,88 €*

14537 **CHRISTIE A.** A l'hôtel Bertram. *Libr. des Champs-Elysées, 1999.* (Le Masque ; 951 c3)
ISBN 2-7024-2975-0. *32 F / 4,88 €*

14538 **CHRISTIE A.** ABC contre Poirot. *LGF, 1980.* (Le Livre de poche ; 1703. Policier c6)
ISBN 2-253-00927-X. *26 F / 3,96 €*

14539 **CHRISTIE A.** ABC contre Poirot. Nouv. éd. *Libr. des Champs-Elysées, 1993.* (Le Masque ; 263 c3)
ISBN 2-7024-2324-8. *32 F / 4,88 €*

14540 **CHRISTIE A.** A.B.C. contre Poirot. Réimpr. *Libr. des Champs-Elysées, 1981.* (Le Club des masques ; 296 c3)
ISBN 2-7024-1356-0. *32 F / 4,88 €*

14541 **CHRISTIE A.** L'Affaire Prothero. Réimpr. *Libr. des Champs-Elysées, 1996.* (Le Club des masques ; 36 c1)
ISBN 2-7024-1392-7. *32 F / 4,88 €*

14542 **CHRISTIE A.** L'affaire Protheroe. Réimpr. *Libr. des Champs-Elysées, 1998.* (Le Masque ; 114 c4)
ISBN 2-7024-2165-2. *35 F / 5,34 €*

14543 **CHRISTIE A.** Agatha Christie. 7, Les Années 1940-1944. *Libr. des Champs-Elysées, 1994.* (Les intégrales du Masque ; 7 c1)
ISBN 2-7024-2240-3. *149 F / 22,71 €*

14544 **CHRISTIE A.** Agatha Christie. 8, Les années 1945-1949. *Libr. des Champs-Elysées, 1995.* (Les intégrales du Masque ; 8 c1)
ISBN 2-7024-2241-1. *149 F / 22,71 €*

14545 **CHRISTIE A.** Agatha Christie. 9, Les années 1949-1953. *Libr. des Champs-Elysées, 1996.* (Les intégrales du Masque c1)
ISBN 2-7024-2318-3. *149 F / 22,71 €*

14546 **CHRISTIE A.** Agatha Christie. 10, Les années 1953-1958. *Libr. des Champs-Elysées, 1997.* (Les intégrales du Masque c1)
ISBN 2-7024-2416-3. *149 F / 22,71 €*

14547 **CHRISTIE A.** Agatha Christie. 11, Les années 1958-1964. *Libr. des Champs-Elysées, 1998.* (Les intégrales du Masque)
ISBN 2-7024-2439-2. *149 F / 22,71 €*

14548 **CHRISTIE A.** Agatha Christie. 12. *Libr. des Champs-Elysées, 1999.* (Les intégrales du Masque)
ISBN 2-7024-2497-X. *149 F / 22,71 €*

14549 **CHRISTIE A.** Agatha Christie. 13. *Libr. des Champs-Elysées, 2000.* (Les intégrales du Masque)
ISBN 2-7024-7903-0. *149 F / 22,71 €*

14550 **CHRISTIE A.** Allo, Hercule Poirot. Réimpr. *Libr. des Champs-Elysées, 1997.* (Le Club des masques ; 284 c1)
ISBN 2-7024-1437-0. *32 F / 4,88 €*

14551 **CHRISTIE A.** Allô, Hercule Poirot... *LGF, 1989.* (Le Livre de poche ; 6573. Policier c7)
ISBN 2-253-04837-2. *30 F / 4,57 €*

14552 **CHRISTIE A.** Les Années 1930-1933. *Libr. des Champs-Elysées, 1991.* (Agatha Christie; 3)(Les intégrales du Masque ; 3 c1)
ISBN 2-7024-2088-5. *149 F / 22,71 €*

14553 **CHRISTIE A.** Les Années 1934-1935. *Libr. des Champs-Elysées, 1992.* (Agatha Christie; 4)(Les intégrales du Masque ; 4 c1)
ISBN 2-7024-2150-4. *149 F / 22,71 €*

14554 **CHRISTIE A.** Les Années 1936-1937. *Libr. des Champs-Elysées, 1992.* (Agatha Christie; 5)(Les intégrales du Masque ; 5 c1)
ISBN 2-7024-2152-0. *149 F / 22,71 €*

14555 **CHRISTIE A.** Les Années 1938-1940. *Libr. des Champs-Elysées, 1993.* (Agatha Christie; 6)(Les intégrales du Masque ; 6 c1)
ISBN 2-7024-2239-X. *149 F / 22,71 €*

14556 **CHRISTIE A.** Associés contre le crime. Réimpr. *Libr. des Champs-Elysées, 1998.* (Le Masque ; 1219 c1)
ISBN 2-7024-2277-2. *28 F / 4,27 €*

14557 **CHRISTIE A.** Associés contre le crime. Réimpr. *Libr. des Champs-Elysées, 1996.* (Le Club des masques ; 244 c1)
ISBN 2-7024-1439-7. *32 F / 4,88 €*

14558 **CHRISTIE A.** Black coffee. *LGF, 1999.* (Le Livre de poche ; 14707. Policier c6)
ISBN 2-253-14707-9. *26 F / 3,96 €*

14559 **CHRISTIE A.** Un cadavre dans la bibliothèque. Réimpr. *Libr. des Champs-Elysées, 1999.* (Le Masque ; 337 c2)
ISBN 2-7024-2532-1. *30 F / 4,57 €*

14560 **CHRISTIE A.** Un cadavre dans la bibliothèque. Réimpr. *Libr. des Champs-Elysées, 1996.* (Le Club des masques ; 38 c1)
ISBN 2-7024-1393-5. *32 F / 4,88 €*

14561 **A** **CHRISTIE A.** Cartes sur table. Réimpr. *LGF, 2001.* (Le Livre de poche ; 1999. Policier c6)
ISBN 2-253-00546-0. *26 F / 3,96 €*

14562 **CHRISTIE A.** Cartes sur table. Réimpr. *Libr. des Champs-Elysées, 1998.* (Le Masque ; 275 c3)
ISBN 2-7024-2346-9. *32 F / 4,88 €*

14563 **CHRISTIE A.** Cartes sur table. *Libr. des Champs-Elysées, 1979.* (Le Club des masques ; 364 c1)
27 F / 4,12 €

14564 **N** **CHRISTIE A.** Le chat et les pigeons. Réimpr. *Libr. des Champs-Elysées, 2000.* (Le Masque ; 684 c3)
ISBN 2-7024-1908-9. *30 F / 4,57 €*

14565 **CHRISTIE A.** Le chat et les pigeons. Réimpr. *Libr. des Champs-Elysées, 1996.* (Le Club des masques ; 26 c1)
ISBN 2-7024-1373-0. *32 F / 4,88 €*

14566 **CHRISTIE A.** Le Chat et les pigeons. *LGF, 1988.* (Le Livre de poche ; 6456. Policier c7)
ISBN 2-253-04552-7. *30 F / 4,57 €*

14567 **CHRISTIE A.** Le Cheval à bascule. Réimpr. *Libr. des Champs-Elysées, 1996.* (Le Masque ; 1509 c1)
ISBN 2-7024-1828-7. *30 F / 4,57 €*

14568 **CHRISTIE A.** Le cheval à bascule. Réimpr. *Libr. des Champs-Elysées, 1999.* (Le Club des masques ; 514)
ISBN 2-7024-1468-0. *32 F / 4,88 €*

14569 **CHRISTIE A.** Le Cheval à bascule. *LGF, 1989.* (Le Livre de poche ; 6607. Policier c7)
ISBN 2-253-04837-2. *30 F / 4,57 €*

14570 **A** **CHRISTIE A.** Le cheval pâle. *Libr. des Champs-Elysées, 2000.* (Le Masque ; 774 c1)
ISBN 2-7024-2928-9. *28 F / 4,27 €*

14571 **CHRISTIE A.** Le Cheval pâle. *Libr. des Champs-Elysées, 1983.* (Le Club des masques ; 64 c1)
ISBN 2-7024-0098-1. *32 F / 4,88 €*

14572 **CHRISTIE A.** Christmas pudding. Réimpr. *Libr. des Champs-Elysées, 1999.* (Le Masque ; 745 c3)
ISBN 2-7024-7889-1. *32 F / 4,88 €*

14573 **CHRISTIE A.** Christmas pudding. *Libr. des Champs-Elysées, 1978.* (Le Club des masques ; 42 c1)
ISBN 2-7024-0007-8. *32 F / 4,88 €*

14574 **CHRISTIE A.** Cinq heures vingt-cinq. nouv. éd. *Libr. des Champs-Elysées, 1992.* (Le Masque ; 190 c3)
ISBN 2-7024-2303-5. *32 F / 4,88 €*

14575 **CHRISTIE A.** Cinq petits cochons. *LGF, 1976.* (Le Livre de poche ; 4800. Policier c6)
ISBN 2-253-01387-0. *26 F / 3,96 €*

14576 **CHRISTIE A.** Cinq petits cochons. Réimpr. *Libr. des Champs-Elysées, 1997.* (Le Masque ; 346)
ISBN 2-7024-2535-6. *32 F / 4,88 €*

14577 **CHRISTIE A.** Le Club du mardi continue. *Libr. des Champs-Elysées, 1992.* (Le Masque ; 938. Les reines du crime c1)
ISBN 2-7024-2326-4. *28 F / 4,27 €*

14578 **CHRISTIE A.** Le Couteau sur la nuque. Réimpr. *Libr. des Champs-Elysées, 1996.* (Le Masque ; 197 c3)
ISBN 2-7024-2304-3. *32 F / 4,88 €*

14579 **CHRISTIE A.** Le couteau sur la nuque. *Libr. des Champs-Elysées, 1997.* (Le Club des masques ; 135 c1)
ISBN 2-7024-0078-7. *32 F / 4,88 €*

14580 **CHRISTIE A.** Le crime d'Halloween. Réimpr. *Libr. des Champs-Elysées, 1999.* (Le Masque ; 174 c1)
ISBN 2-7024-2931-9. *32 F / 4,88 €*

14581 **CHRISTIE A.** Le crime d'Halloween. Réimpr. *Libr. des Champs-Elysées, 1998.* (Le Club des masques ; 174 c1)
ISBN 2-7024-0011-6. *32 F / 4,88 €*

14582 **CHRISTIE A.** Le Crime de l'Orient-Express. *LGF, 1966.* (Le Livre de poche ; 1607. Policier c6)
ISBN 2-253-01021-9. *26 F / 3,96 €*

14583 **CHRISTIE A.** Le crime de l'Orient-Express. Réimpr. *Libr. des Champs-Elysées, 1999.* (Le Masque ; 169 c3)
ISBN 2-7024-2359-0. *32 F / 4,88 €*

14584 **CHRISTIE A.** Le crime de l'Orient-Express. Réimpr. *Libr. des Champs-Elysées, 1996.* (Le Club des masques ; 337 c1)
ISBN 2-7024-0837-0. *32 F / 4,88 €*

14585 **CHRISTIE A.** Le crime du golf. Nouv. éd. *Libr. des Champs-Elysées, 1992.* (Le Masque ; 118. Les reines du crime c3)
ISBN 2-7024-2258-6. *32 F / 4,88 €*

14586 **N** **CHRISTIE A.** Le crime du golf. *LGF, 2001.* (Le Livre de poche ; 1401. Policier)
ISBN 2-253-00919-9. *32 F / 4,88 €*

14587 **CHRISTIE A.** Le crime du golf. Réimpr. *Libr. des Champs-Elysées, 1998.* (Le Club des masques ; 265 c2)
ISBN 2-7024-0169-4. *32 F / 4,88 €*

14588 **CHRISTIE A.** Le crime est notre affaire. Réimpr. *Libr. des Champs-Elysées, 1998.* (Le Masque ; 1221. Les reines du crime c1)
ISBN 2-7024-2278-0. *28 F / 4,27 €*

14589 **CHRISTIE A.** Le crime est notre affaire. Réimpr. *Libr. des Champs-Elysées, 1996.* (Le Club des masques ; 288)
ISBN 2-7024-0041-8. *32 F / 4,88 €*

14590 **CHRISTIE A.** La Dernière énigme. *LGF, 1991.* (Le Livre de poche ; 6970. Policier c7)
ISBN 2-253-05681-2. *30 F / 4,57 €*

14591 **N** **CHRISTIE A.** La dernière énigme. *Libr. des Champs-Elysées, 2000.* (Le Masque ; 1591 c3)
ISBN 2-7024-3012-0. *32 F / 4,88 €*

14592 **CHRISTIE A.** La dernière énigme. Réimpr. *Libr. des Champs-Elysées, 1998.* (Le Club des masques ; 530 c1)
ISBN 2-7024-1554-7. *32 F / 4,88 €*

14593 **CHRISTIE A.** Destination inconnue. *Libr. des Champs-Elysées, 1983.* (Le Club des masques ; 58 c1)
ISBN 2-7024-1438-9. *32 F / 4,88 €*

14594 **A** **CHRISTIE A.** Destination inconnue. Réimpr. *Libr. des Champs-Elysées, 2001.* (Le Masque ; 526 c2)
ISBN 2-7024-1090-1. *28 F / 4,27 €*

14595 **N** **CHRISTIE A.** Dix brèves rencontres. Réimpr. *Libr. des Champs-Elysées, 2000.* (Le Masque ; 1723 c1)
ISBN 2-7024-1472-9. *28 F / 4,27 €*

14596 **CHRISTIE A.** Dix brèves rencontres. *Libr. des Champs-Elysées, 1986.* (Le Club des masques ; 567 c1)
ISBN 2-7024-1672-1. *32 F / 4,88 €*

14597 **CHRISTIE A.** Dix petits nègres. *Libr. des Champs-Elysées, 1980.* (Le Club des masques ; 402 c1)
ISBN 2-7024-1004-9. *32 F / 4,88 €*

14598 **CHRISTIE A.** Dix petits nègres. *LGF, 1963.* (Le Livre de poche ; 954. Policier c7)
ISBN 2-253-00396-4. *30 F / 4,57 €*

14599 **CHRISTIE A.** Dix petits Nègres. Réimpr. *Libr. des Champs-Elysées, 1999.* (Le Masque ; 299 c3)
ISBN 2-7024-2469-4. *32 F / 4,88 €*

14600 **CHRISTIE A.** Drame en trois actes. Réimpr. *Libr. des Champs-Elysées, 1999.* (Le Masque ; 366 c3)
ISBN 2-7024-2345-0. *32 F / 4,88 €*

14601 **CHRISTIE A.** Drame en trois actes. Réimpr. *Libr. des Champs-Elysées, 1998.* (Le Club des masques ; 192 c2)
ISBN 2-7024-1339-0. *32 F / 4,88 €*

14602 **CHRISTIE A.** Les écuries d'Augias. Réimpr. *Libr. des Champs-Elysées, 1997.* (Le Club des masques ; 72 c1)
ISBN 2-7024-0074-4. *32 F / 4,88 €*

14603 **CHRISTIE A.** Les écuries d'Augias. *Libr. des Champs-Elysées, 1997.* (Le Masque ; 913 c1)
ISBN 2-7024-1179-7. *28 F / 4,27 €*

14604 [A] **CHRISTIE A.** Les enquêtes d'Hercule Poirot. Réimpr. *Libr. des Champs-Elysées, 2001.* (Le Masque ; 1014 c3)
ISBN 2-7024-2169-5. *32 F / 4,88 €*

14605 **CHRISTIE A.** Les Enquêtes d'Hercule Poirot. *Libr. des Champs-Elysées, 1970.* (Le Club des masques ; 96 c1)
ISBN 2-7024-0042-6. *32 F / 4,88 €*

14606 **CHRISTIE A.** La Fête du potiron. *Libr. des Champs-Elysées.* (Le Masque ; 1151 c1)
ISBN 2-7024-1538-5. *28 F / 4,27 €*

14607 **CHRISTIE A.** Le flambeau. Réimpr. *Libr. des Champs-Elysées, 1992.* (Le Masque ; 1882 c3)
ISBN 2-7024-2316-7. *32 F / 4,88 €*

14608 **CHRISTIE A.** Le flambeau. Réimpr. *Libr. des Champs-Elysées, 1999.* (Le Club des masques ; 584)
ISBN 2-7024-1809-0. *32 F / 4,88 €*

14609 [A] **CHRISTIE A.** Le flambeau. *LGF, 2001.* (Le Livre de poche ; 18207. Policier)
ISBN 2-253-18207-9. *32 F / 4,88 €*

14610 **CHRISTIE A.** Le Flux et le reflux. Nouv. éd. *Libr. des Champs-Elysées, 1995.* (Le Masque ; 385 c2)
ISBN 2-7024-2639-5. *30 F / 4,57 €*

14611 **CHRISTIE A.** Le flux et le reflux. Réimpr. *Libr. des Champs-Elysées, 1983.* (Le Club des masques ; 235)
ISBN 2-7024-0125-2. *32 F / 4,88 €*

14612 **CHRISTIE A.** L'heure zéro. Réimpr. *Libr. des Champs-Elysées, 1981.* (Le Club des masques ; 439)
ISBN 2-7024-1115-0. *32 F / 4,88 €*

14613 **CHRISTIE A.** L'homme au complet marron. Réimpr. *Libr. des Champs-Elysées, 1999.* (Le Masque ; 69 c3)
ISBN 2-7024-2221-7. *32 F / 4,88 €*

14614 [A] **CHRISTIE A.** L'homme au complet marron. *LGF, 2001.* (Le Livre de poche ; 5374. Policier)
ISBN 2-253-02423-6. *32 F / 4,88 €*

14615 **CHRISTIE A.** L'homme au complet marron. Réimpr. *Libr. des Champs-Elysées, 1997.* (Le Club des masques ; 124 c1)
ISBN 2-7024-0056-6. *32 F / 4,88 €*

14616 **CHRISTIE A.** Les indiscrétions d'Hercule Poirot. Nouv. éd. *Libr. des Champs-Elysées, 1996.* (Le Masque ; 475 c3)
ISBN 2-7024-2712-X. *32 F / 4,88 €*

14617 **CHRISTIE A.** Les indiscrétions d'Hercule Poirot. Réimpr. *Libr. des Champs-Elysées, 1997.* (Le Club des masques ; 142)
ISBN 2-7024-1354-4. *32 F / 4,88 €*

14618 **CHRISTIE A.** Les Indiscrétions d'Hercule Poirot. *LGF, 1985.* (Le Livre de poche ; 6052. Policier c4)
ISBN 2-253-03660-9. *20 F / 3,05 €*

14619 **CHRISTIE A.** Je ne suis pas coupable. Réimpr. *Libr. des Champs-Elysées, 1996.* (Le Club des masques ; 22 c1)
ISBN 2-7024-1340-4. *32 F / 4,88 €*

14620 **CHRISTIE A.** Je ne suis pas coupable. Réimpr. *Libr. des Champs-Elysées, 1996.* (Le Masque ; 328 c3)
ISBN 2-7024-2486-4. *32 F / 4,88 €*

14621 **CHRISTIE A.** Jeux de glaces. Réimpr. *Libr. des Champs-Elysées, 1993.* (Le Club des masques ; 78 c1)
ISBN 2-7024-0076-0. *32 F / 4,88 €*

14622 **CHRISTIE A.** La maison biscornue. Réimpr. *Libr. des Champs-Elysées, 1996.* (Le Club des masques ; 16 c1)
ISBN 2-7024-1372-2. *32 F / 4,88 €*

14623 **CHRISTIE A.** La maison biscornue. Réimpr. *Libr. des Champs-Elysées, 1999.* (Le Masque ; 157 c3)
ISBN 2-7024-2656-5. *32 F / 4,88 €*

14624 **CHRISTIE A.** La Maison biscornue. *LGF, 1983.* (Le Livre de poche ; 5870. Policier c6)
ISBN 2-253-03337-5. *26 F / 3,96 €*

14625 **CHRISTIE A.** La maison du péril. Réimpr. *Libr. des Champs-Elysées, 1996.* (Le Masque ; 157 c3)
ISBN 2-7024-2262-4. *32 F / 4,88 €*

14626 **CHRISTIE A.** Le major parlait trop. Réimpr. *Libr. des Champs-Elysées, 1997.* (Le Club des masques ; 108 c1)
ISBN 2-7024-1435-4. *32 F / 4,88 €*

14627 **CHRISTIE A.** Le major parlait trop. Nouv. éd. *Libr. des Champs-Elysées, 1999.* (Le Masque ; 889 c3)
ISBN 2-7024-2901-7. *32 F / 4,88 €*

14628 **CHRISTIE A.** Marple, Poirot, Pyne et les autres. *LGF, 1997.* (Le Livre de poche ; 14131. Policier c7)
ISBN 2-253-14131-3. *30 F / 4,57 €*

14629 **CHRISTIE A.** Marple, Poirot, Pyne et les autres. Réimpr. *Libr. des Champs-Elysées, 1997.* (Le Masque ; 583 c2)
28 F / 4,27 €

14630 **CHRISTIE A.** Marple, Poirot, Pyne et les autres. Réimpr. *Libr. des Champs-Elysées, 1997.* (Le Club des masques ; 583)
ISBN 2-7024-1786-8. *32 F / 4,88 €*

14631 [A] **CHRISTIE A.** Une Mémoire d'éléphant. Nouv. éd. *Libr. des Champs-Elysées, 2001.* (Le Masque ; 1420)
ISBN 2-7024-3038-4

14632 **CHRISTIE A.** Une Mémoire d'éléphant. *Libr. des Champs-Elysées.* (Le Club des masques ; 469 c1)
ISBN 2-7024-1274-2. *32 F / 4,88 €*

14633 **CHRISTIE A.** Meurtre au champagne. Réimpr. *Libr. des Champs-Elysées, 1999.* (Le Masque ; 342 c3)
ISBN 2-7024-2640-9. *32 F / 4,88 €*

14634 **CHRISTIE A.** Meurtre au champagne. Réimpr. *Libr. des Champs-Elysées, 1997.* (Le Club des masques ; 449 c1)
ISBN 2-7024-1125-8. *32 F / 4,88 €*

14635 **N** **CHRISTIE A.** Le meurtre de Roger Ackroyd. Réimpr. *Libr. des Champs-Elysées, 2000.* (Le Masque ; 1 c3)
ISBN 2-7024-2317-5. *30 F / 4,57 €*

14636 **CHRISTIE A.** Le Meurtre de Roger Ackroyd. *LGF, 1988.* (Le Livre de poche ; 617. Policier c7)
ISBN 2-253-00696-3. *30 F / 4,57 €*

14637 **CHRISTIE A.** Le meurtre de Roger Ackroyd. Réimpr. *Libr. des Champs-Elysées, 1983.* (Le Club des masques ; 415)
ISBN 2-7024-1390-0. *32 F / 4,88 €*

14638 **CHRISTIE A.** Meurtre en Mésopotamie. Réimpr. *Libr. des Champs-Elysées, 1999.* (Le Masque ; 283)
ISBN 2-7024-2367-1. *32 F / 4,88 €*

14639 **CHRISTIE A.** Meurtre en Mésopotamie. *Libr. des Champs-Elysées, 1978.* (Le Club des masques ; 28 c1)
ISBN 2-7024-0062-0. *32 F / 4,88 €*

14640 **CHRISTIE A.** Un meurtre est-il facile?. Réimpr. *Libr. des Champs-Elysées, 1999.* (Le Club des masques ; 13)
ISBN 2-7024-1448-6. *32 F / 4,88 €*

14641 **CHRISTIE A.** Un meurtre sera commis le... *Libr. des Champs-Elysées, 1998.* (Le Masque ; 533 c1)
ISBN 2-7024-2753-7. *32 F / 4,88 €*

14642 **CHRISTIE A.** Meurtres en Mésopotamie. *Libr. des Champs-Elysées.* (Le Masque ; 283 c1)
ISBN 2-7024-1191-6. *28 F / 4,27 €*

14643 **CHRISTIE A.** Le miroir du mort. Réimpr. *Libr. des Champs-Elysées, 1999.* (Le Masque ; 714 c3)
ISBN 2-7024-2360-4. *32 F / 4,88 €*

14644 **CHRISTIE A.** Le miroir du mort. *LGF, 1995.* (Le Livre de poche ; 13716. Policier c6)
ISBN 2-253-13716-2. *26 F / 3,96 €*

14645 **CHRISTIE A.** Le Miroir du mort. Réimpr. *Libr. des Champs-Elysées, 1996.* (Le Club des masques ; 94 c1)
ISBN 2-7024-0043-4. *32 F / 4,88 €*

14646 **CHRISTIE A.** Le miroir se brisa. *Libr. des Champs-Elysées, 1999.* (Le Masque ; 815 c3)
ISBN 2-7024-2911-4. *32 F / 4,88 €*

14647 **CHRISTIE A.** Le miroir se brisa. *Libr. des Champs-Elysées, 1979.* (Le Club des masques ; 3 c1)
ISBN 2-7024-0095-7. *32 F / 4,88 €*

14648 **CHRISTIE A.** Miss Marple au Club du mardi. *Libr. des Champs-Elysées, 1992.* (Le Masque ; 937. Les reines du crime c3)
ISBN 2-7024-2261-6. *28 F / 4,27 €*

14649 **CHRISTIE A.** Miss Marple au Club du mardi. *Libr. des Champs-Elysées, 1985.* (Le Club des masques ; 46 c1)
ISBN 2-7024-0053-1. *32 F / 4,88 €*

14650 **CHRISTIE A.** Mon petit doigt m'a dit. *LGF, 1995.* (Le Livre de poche ; 13851. Policier c6)
ISBN 2-253-13851-7. *26 F / 3,96 €*

14651 **CHRISTIE A.** Mon petit doigt m'a dit. *Libr. des Champs-Elysées, 1999.* (Le Masque ; 1115)
ISBN 2-7024-2968-8. *32 F / 4,88 €*

14652 **CHRISTIE A.** Mon petit doigt m'a dit. Nouv. éd. *Libr. des Champs-Elysées, 1979.* (Le Club des masques ; 201 c1)
ISBN 2-7024-0014-0. *32 F / 4,88 €*

14653 **CHRISTIE A.** La Mort dans les nuages. *LGF, 1988.* (Le Livre de poche ; 5443. Policier c6)
ISBN 2-253-02523-2. *26 F / 3,96 €*

14654 **CHRISTIE A.** La Mort dans les nuages. Réimpr. *Libr. des Champs-Elysées, 1993.* (Le Club des masques ; 128 c1)
ISBN 2-7024-0045-0. *32 F / 4,88 €*

14655 **CHRISTIE A.** La mort dans les nuages. Réimpr. *Libr. des Champs-Elysées, 1999.* (Le Masque ; 218 c3)
ISBN 2-7024-2257-8. *32 F / 4,88 €*

14656 **CHRISTIE A.** La mort n'est pas une fin. *Libr. des Champs-Elysées, 1999.* (Le Masque ; 511 c3)
ISBN 2-7024-1912-7. *30 F / 4,57 €*

14657 **CHRISTIE A.** La Mort n'est pas une fin. Nouv. éd. *Libr. des Champs-Elysées, 1996.* (Le Club des masques ; 90 c1)
ISBN 2-7024-0044-2. *32 F / 4,88 €*

14658 **CHRISTIE A.** Mort sur le Nil. *LGF, 1982.* (Le Livre de poche ; 5632. Policier c7)
ISBN 2-253-02934-3. *30 F / 4,57 €*

14659 **CHRISTIE A.** Mort sur le Nil. Réimpr. *Libr. des Champs-Elysées, 1999.* (Le Masque ; 329 c3)
ISBN 2-7024-2330-2. *32 F / 4,88 €*

14660 **CHRISTIE A.** Mort sur le Nil. *Libr. des Champs-Elysées, 1969.* (Le Club des masques ; 82 c1)
ISBN 2-7024-1341-2. *32 F / 4,88 €*

14661 **CHRISTIE A.** Mr Brown. Réimpr. *Libr. des Champs-Elysées, 1999.* (Le Masque ; 100 c4)
ISBN 2-7024-2188-1. *35 F / 5,34 €*

14662 **CHRISTIE A.** Mr. Brown. Réimpr. *Libr. des Champs-Elysées, 1995.* (Le Club des masques ; 68 c1)
ISBN 2-7024-0072-8. *32 F / 4,88 €*

14663 **CHRISTIE A.** Mr. Parker Pyne : douze nouvelles. Nouv. éd. *Libr. des Champs-Elysées, 1992.* (Le Masque ; 977. Les reines du crime c2)
ISBN 2-7024-2265-9. *32 F / 4,88 €*

14664 **CHRISTIE A.** Mr. Parker Pyne professeur de bonheur. Réimpr. *Libr. des Champs-Elysées, 1995.* (Le Club des masques ; 117 c1)
ISBN 2-7024-0055-8. *32 F / 4,88 €*

14665 **CHRISTIE A.** Mr. Quinn en voyage. *LGF, 1993.* (Le Livre de poche ; 9573. Policier c6)
ISBN 2-253-06244-8. *26 F / 3,96 €*

14666 **CHRISTIE A.** Mr Quinn en voyage. *Libr. des Champs-Elysées, 1995.* (Le Masque ; 1051 c1)
ISBN 2-7024-2453-8. *28 F / 4,27 €*

14667 **CHRISTIE A.** Mr. Quinn en Voyage. *Libr. des Champs-Elysées, 1972.* (Le Club des masques ; 144 c1)
ISBN 2-7024-0064-7. *32 F / 4,88 €*

14668 **CHRISTIE A.** Mrs. Mac Ginty est morte. Réimpr. *Libr. des Champs-Elysées, 1995.* (Le Club des masques ; 24 c1)
ISBN 2-7024-0059-0. *32 F / 4,88 €*

14669 **CHRISTIE A.** Mrs Mac Ginty est morte. Réimpr. *Libr. des Champs-Elysées, 1999.* (Le Masque ; 458 c3)
ISBN 2-7024-7868-9. *32 F / 4,88 €*

14670 **CHRISTIE A.** Le mystère de Listerdale. Réimpr. *Libr. des Champs-Elysées, 1997.* (Le Masque ; 807 c3)
ISBN 2-7024-2366-3. *32 F / 4,88 €*

14671 **CHRISTIE A.** Le mystère de Listerdale. Réimpr. *Libr. des Champs-Elysées, 1997.* (Le Club des masques ; 60 c1)
ISBN 2-7024-0046-9. *32 F / 4,88 €*

14672 **CHRISTIE A.** La mystérieuse affaire de Styles. Réimpr. *Libr. des Champs-Elysées, 1996.* (Le Masque ; 106. Les reines du crime c3)
ISBN 2-7024-2320-5. *32 F / 4,88 €*

14673 **CHRISTIE A.** La mystérieuse affaire de styles. Réimpr. *Libr. des Champs-Elysées, 1997.* (Le Club des masques ; 100 c1)
ISBN 2-7024-0075-2. *32 F / 4,88 €*

14674 **N** **CHRISTIE A.** Le mystérieux Mr. Quinn. *LGF, 2001.* (Le Livre de poche ; 14993. Policier)
ISBN 2-253-14993-4. *32 F / 4,88 €*

14675 **CHRISTIE A.** Le mystérieux Mr Quinn. Réimpr. *Libr. des Champs-Elysées, 1997.* (Le Club des masques ; 138 c1)
ISBN 2-7024-0063-9. *32 F / 4,88 €*

14676 **CHRISTIE A.** Le mystérieux Mr. Quinn. Réimpr. *Libr. des Champs-Elysées, 1995.* (Le Masque ; 1045 c1)
ISBN 2-7024-2402-3. *28 F / 4,27 €*

14677 **CHRISTIE A.** N ou M?. Réimpr. *Libr. des Champs-Elysées, 1999.* (Le Club des masques ; 32)
ISBN 2-7024-1391-9. *32 F / 4,88 €*

14678 **CHRISTIE A.** N ou M?. Nouv. éd. *Libr. des Champs-Elysées, 1995.* (Le Masque ; 353 c4)
ISBN 2-7024-2553-4. *35 F / 5,34 €*

14679 **CHRISTIE A.** Némésis. *Libr. des Champs-Elysées, 1977.* (Le Club des masques ; 1249 c1)
ISBN 2-7024-1914-3. *30 F / 4,57 €*

14680 **CHRISTIE A.** Le Noël d'Hercule Poirot. *Libr. des Champs-Elysées, 1983.* (Le Masque ; 334 c2)
ISBN 2-7024-1859-7. *30 F / 4,57 €*

14681 **CHRISTIE A.** Le Noël d'Hercule Poirot. Nouv. éd. *Libr. des Champs-Elysées, 1977.* (Le Club des masques ; 308 c1)
ISBN 2-7024-0808-7. *32 F / 4,88 €*

14682 **CHRISTIE A.** La nuit qui ne finit pas. Réimpr. *Libr. des Champs-Elysées, 1996.* (Le Club des masques ; 1094 c2)
ISBN 2-7024-1884-8. *30 F / 4,57 €*

14683 **CHRISTIE A.** Passager pour Francfort. *LGF, 1992.* (Le Livre de poche ; 4348. Policier c7)
ISBN 2-253-06052-6. *30 F / 4,57 €*

14684 **CHRISTIE A.** Passager pour Francfort. *Libr. des Champs-Elysées, 1999.* (Le Masque ; 1321 c3)
ISBN 2-7024-2976-9. *32 F / 4,88 €*

14685 **CHRISTIE A.** Passager pour Francfort. *Libr. des Champs-Elysées, 1995.* (Le Club des masques ; 483 c1)
ISBN 2-7024-1288-2. *32 F / 4,88 €*

14686 **CHRISTIE A.** Les pendules. Nouv. éd. *Libr. des Champs-Elysées, 1999.* (Le Masque ; 555 c3)
ISBN 2-7024-2912-2. *32 F / 4,88 €*

14687 **CHRISTIE A.** Les pendules. *Libr. des Champs-Elysées, 1997.* (Le Club des masques ; 50)
ISBN 2-7024-1433-8. *32 F / 4,88 €*

14688 **CHRISTIE A.** Pension Vanilos : une enquête d'Hercule Poirot. *LGF, 1989.* (Le Livre de poche ; 6659. Policier c6)
ISBN 2-253-05064-4. *26 F / 3,96 €*

14689 **CHRISTIE A.** Pension Vanilos. Réimpr. *Libr. des Champs-Elysées, 1995.* (Le Club des masques ; 62 c1)
ISBN 2-7024-0097-3. *32 F / 4,88 €*

14690 **CHRISTIE A.** Pension Vanilos. Nouv. éd. *Libr. des Champs-Elysées, 1988.* (Le Masque ; 555 c2)
ISBN 2-7024-1814-7. *30 F / 4,57 €*

14691 **CHRISTIE A.** Les plans du sous-marin ; Le mystère de Hunter's Lodge ; La capture de Cerbère. *LGF, 1995.* (Le Livre de poche ; 13802. Les classiques d'aujourd'hui c1)
ISBN 2-253-13802-9. *10 F / 1,52 €*

14692 **CHRISTIE A.** La Plume empoisonnée. *Libr. des Champs-Elysées, 1986.* (Le Club des masques ; 34 c1)
ISBN 2-7024-0050-7. *32 F / 4,88 €*

14693 **CHRISTIE A.** La Plume empoisonnée. Nouv. éd. *Libr. des Champs-Elysées, 1994.* (Le Masque ; 371 c3)
ISBN 2-7024-2530-5. *32 F / 4,88 €*

14694 **CHRISTIE A.** Une poignée de seigle. *Libr. des Champs-Elysées, 1979.* (Le Club des masques ; 40 c1)
ISBN 2-7024-0006-X. *32 F / 4,88 €*

14695 **CHRISTIE A.** Une poignée de seigle. *Libr. des Champs-Elysées, 1998.* (Le Masque ; 500 c2)
ISBN 2-7024-2059-1. *30 F / 4,57 €*

14696 **CHRISTIE A.** Poirot joue le jeu. Réimpr. *Libr. des Champs-Elysées, 1992.* (Le Masque ; 579. Les reines du crime)
ISBN 2-7024-1987-9. *30 F / 4,57 €*

14697 **A** **CHRISTIE A.** Poirot joue le jeu. *LGF, 2001.* (Le Livre de poche ; 6108. Policier)
ISBN 2-253-03752-4. *32 F / 4,88 €*

14698 **CHRISTIE A.** Poirot joue le jeu. *Libr. des Champs-Elysées, 1979.* (Le Club des masques ; 184 c1)
ISBN 2-7024-0066-3. *32 F / 4,88 €*

14699 **CHRISTIE A.** Poirot quitte la scène. *Libr. des Champs-Elysées, 1983.* (Le Club des masques ; 504 c1)
ISBN 2-7024-1416-8. *32 F / 4,88 €*

14700 **CHRISTIE A.** Poirot quitte la scène. *LGF, 1993.* (Le Livre de poche ; 9699. Policier c7)
ISBN 2-253-06447-5. *30 F / 4,57 €*

14701 **N** **CHRISTIE A.** Poirot quitte la scène. Réimpr. *Libr. des Champs-Elysées, 2000.* (Le Masque ; 1561)
ISBN 2-7024-3011-2. *32 F / 4,88 €*

14702 **CHRISTIE A.** Pourquoi pas Evans?. *Libr. des Champs-Elysées, 1979.* (Le Club des masques ; 9 c1)
ISBN 2-7024-1350-1. *32 F / 4,88 €*

14703 **CHRISTIE A.** Les Quatre. Réimpr. *Libr. des Champs-Elysées, 1997.* (Le Masque ; 134 c3)
ISBN 2-7024-2193-8. *32 F / 4,88 €*

14704 **CHRISTIE A.** Les Quatre. Réimpr. *Libr. des Champs-Elysées, 1995.* (Le Club des masques ; 30 c1)
ISBN 2-7024-0060-4. *32 F / 4,88 €*

14705 **CHRISTIE A.** Rendez-vous à Bagdad. Réimpr. *Libr. des Champs-Elysées, 1996.* (Le Club des masques ; 11)
ISBN 2-7024-1337-4. *32 F / 4,88 €*

14706 **CHRISTIE A.** Rendez-vous à Bagdad. Réimpr. *Libr. des Champs-Elysées, 1999.* (Le Masque ; 430 c3)
ISBN 2-7024-2757-X. *32 F / 4,88 €*

14707 **CHRISTIE A.** Rendez-vous avec la mort. Nouv. éd. *Libr. des Champs-Elysées, 1993.* (Le Club des masques ; 52 c1)
ISBN 2-7024-1351-X. *32 F / 4,88 €*

14708 **CHRISTIE A.** Rendez-vous avec la mort. Réimpr. *Libr. des Champs-Elysées, 1994.* (Le Masque ; 420 c1)
ISBN 2-7024-2487-2. *32 F / 4,88 €*

14709 **CHRISTIE A.** Le Retour d'Hercule Poirot. *Libr. des Champs-Elysées, 1983.* (Le Masque ; 745 c1)
ISBN 2-7024-1450-8. *28 F / 4,27 €*

14710 **CHRISTIE A.** Le secret de Chimneys. Réimpr. *Libr. des Champs-Elysées, 1998.* (Le Masque ; 126. Les reines du crime c3)
ISBN 2-7024-2222-5. *32 F / 4,88 €*

14711 **CHRISTIE A.** Le secret des Chimneys. Réimpr. *Libr. des Champs-Elysées, 1974.* (Le Club des masques ; 218)
ISBN 2-7024-0031-0. *32 F / 4,88 €*

14712 **CHRISTIE A.** Les sept cadrans. Réimpr. *Libr. des Champs-Elysées, 1997.* (Le Masque ; 44 c3)
ISBN 2-7024-2126-1. *32 F / 4,88 €*

14713 **CHRISTIE A.** Les sept cadrans. Réimpr. *Libr. des Champs-Elysées, 1996.* (Le Club des masques ; 56 c3)
ISBN 2-7024-1353-6. *32 F / 4,88 €*

14714 **N** **CHRISTIE A.** Tant que brillera le jour. *LGF, 2000.* (Le Livre de poche ; 14863. Policier)
ISBN 2-253-14863-6. *29 F / 4,42 €*

14715 **CHRISTIE A.** Témoin à charge. Réimpr. *Libr. des Champs-Elysées, 1997.* (Le Masque ; 1084 c1)
ISBN 2-7024-1189-4. *28 F / 4,27 €*

14716 **CHRISTIE A.** Témoin à charge. Réimpr. *Libr. des Champs-Elysées, 1995.* (Le Club des masques ; 210 c1)
ISBN 2-7024-0023-X. *32 F / 4,88 €*

14717 **CHRISTIE A.** Témoin indésirable. *Libr. des Champs-Elysées, 1996.* (Le Club des masques ; 2 c1)
ISBN 2-7024-1371-4. *32 F / 4,88 €*

14718 **CHRISTIE A.** Témoin indésirable. *Libr. des Champs-Elysées.* (Le Masque ; 651 c1)
26 F / 3,96 €

14719 **CHRISTIE A.** Témoin muet. *Libr. des Champs-Elysées, 1993.* (Le Masque ; 377 c3)
ISBN 2-7024-2397-3. *32 F / 4,88 €*

14720 **CHRISTIE A.** Témoin muet. *Libr. des Champs-Elysées, 1985.* (Le Club des masques ; 54 c1)
ISBN 2-7024-0069-8. *32 F / 4,88 €*

14721 **CHRISTIE A.** Le train bleu. Réimpr. *Libr. des Champs-Elysées, 1998.* (Le Club des masques ; 4 c2)
ISBN 2-7024-1338-2. *32 F / 4,88 €*

14722 **CHRISTIE A.** Le train de 16 h 50. Réimpr. *Libr. des Champs-Elysées, 1991.* (Le Masque ; 628)
ISBN 2-7024-1826-0. *30 F / 4,57 €*

14723 **CHRISTIE A.** Le Train de 16h 50. *LGF, 1984.* (Le Livre de poche ; 5896. Policier c6)
ISBN 2-253-03393-6. *26 F / 3,96 €*

14724 **CHRISTIE A.** Le Train de 16h 50. Nouv. éd. *Libr. des Champs-Elysées, 1993.* (Le Club des masques ; 44 c1)
ISBN 2-7024-1394-3. *32 F / 4,88 €*

14725 **CHRISTIE A.** Les Travaux d'Hercule. Nouv. éd. *Libr. des Champs-Elysées, 1993.* (Le Club des masques ; 70 c1)
ISBN 2-7024-1386-2. *32 F / 4,88 €*

14726 **CHRISTIE A.** Les travaux d'Hercule. Nouv. éd. *Libr. des Champs-Elysées, 1996.* (Le Masque ; 912 c3)
ISBN 2-7024-2673-5. *32 F / 4,88 €*

14727 **CHRISTIE A.** Trois souris. Réimpr. *Libr. des Champs-Elysées, 1996.* (Le Masque ; 1786 c1)
ISBN 2-7024-1608-X. *28 F / 4,27 €*

14728 **CHRISTIE A.** Trois souris... *LGF, 1987.* (Le Livre de poche ; 6288. Policier c4)
ISBN 2-253-04071-1. *20 F / 3,05 €*

14729 **CHRISTIE A.** Trois souris... *Libr. des Champs-Elysées, 1987.* (Le Club des masques ; 582 c1)
ISBN 2-7024-1778-7. *32 F / 4,88 €*

14730 **CHRISTIE A.** La troisième fille. *Libr. des Champs-Elysées, 1999.* (Le Masque ; 1000 c3)
ISBN 2-7024-2977-7. *32 F / 4,88 €*

14731 **CHRISTIE A.** La Troisième fille. *Libr. des Champs-Elysées, 1979.* (Le Club des masques ; 112 c1)
ISBN 2-7024-0100-7. *32 F / 4,88 €*

14732 **CHRISTIE A.** Un, deux, trois. Réimpr. *Libr. des Champs-Elysées, 1995.* (Le Masque ; 359 c3)
ISBN 2-7024-2468-6. *32 F / 4,88 €*

14733 **CHRISTIE A.** Les vacances d'Hercule Poirot. Réimpr. *Libr. des Champs-Elysées, 1997.* (Le Masque ; 351)
ISBN 2-7024-2536-4. *32 F / 4,88 €*

14734 **CHRISTIE A.** Les Vacances d'Hercule Poirot. *Libr. des Champs-Elysées, 1976.* (Le Club des masques ; 275 c1)
ISBN 2-7024-1336-6. *32 F / 4,88 €*

14735 **CHRISTIE A.** Le vallon. Nouv. éd. *Libr. des Champs-Elysées, 1995.* (Le Masque ; 361 c3)
ISBN 2-7024-2632-8. *32 F / 4,88 €*

14736 **CHRISTIE A.** Le Vallon. *Libr. des Champs-Elysées, 1979.* (Le Club des masques ; 374 c1)
ISBN 2-7024-1357-9. *32 F / 4,88 €*

14737 **N** **CLANCY T.** Code SSN. *LGF, 2000.* (Le Livre de poche ; 17138. Thriller c9)
ISBN 2-253-17138-7. *36 F / 5,49 €*

14738 **CLANCY T.** Dette d'honneur. 1. *LGF, 1997.* (Le Livre de poche ; 17015. Thriller c13)
ISBN 2-253-17015-1. *46 F / 7,01 €*

14739 **CLANCY T.** Dette d'honneur. 2. *LGF, 1997.* (Le Livre de poche ; 14016. Thriller c13)
ISBN 2-253-17016-X. *46 F / 7,01 €*

14740 **N** **CLANCY T.** Power games. 1, Politika. *LGF, 2000.* (Le Livre de poche ; 17157. Thriller c9)
ISBN 2-253-17157-3. *36 F / 5,49 €*

14741 **CLANCY T.** Sans aucun remords. *LGF, 1996.* (Le Livre de poche ; 7682. Thriller c16)
ISBN 2-253-07682-1. *55 F / 8,38 €*

14742 **CLANCY T.** Sur ordre. 1. *LGF, 1999.* (Le Livre de poche ; 17066. Thriller c16)
ISBN 2-253-17066-6. *55 F / 8,38 €*

14743 **CLANCY T.** Sur ordre. 2. *LGF, 1999.* (Le Livre de poche ; 17067. Thriller c16)
ISBN 2-253-17067-4. *55 F / 8,38 €*

14744 **A** **CLANCY T., PIECZENIK S.** Echappée dans l'extrême. *LGF, 2001.* (Net force; 3)(Le Livre de poche ; 17177. Thriller c7)
ISBN 2-253-17177-8. *30 F / 4,57 €*

14745 **CLANCY T., PIECZENIK S.** Image virtuelle. *Pocket, 1999.* (Op Center; 2)(Pocket ; 10309 c6)
ISBN 2-266-07809-7. *38 F / 5,79 €*

14746 **A** **CLANCY T., PIECZENIK S.** Le jeu du solitaire. *LGF, 2001.* (Net force; 4)(Le Livre de poche ; 17178. Thriller c7)
ISBN 2-253-17178-6. *30 F / 4,57 €*

14747 **A** **CLANCY T., PIECZENIK S.** Un jeu très meurtrier. *LGF, 2001.* (Net force; 1)(Le Livre de poche ; 17175. Thriller)
ISBN 2-253-17175-1. *30 F / 4,57 €*

14748 **CLANCY T., PIECZENIK S.** Op Center. 1. *Pocket, 1998.* (Pocket ; 10262. Thriller c6)
ISBN 2-266-07801-1. *38 F / 5,79 €*

14749 **CLANCY T., PIECZENIK S.** Op Center. 3, Jeu de pouvoir. *Pocket, 1999.* (Pocket ; 10310. Thriller c6)
ISBN 2-266-07810-0. *38 F / 5,79 €*

14750 **CLANCY T., PIECZENIK S.** Rapport de force. *Pocket, 2000.* (Op Center; 5)(Pocket ; 10536. Thriller c6)
ISBN 2-266-08803-3. *38 F / 5,79 €*

14751 **A** **CLANCY T., PIECZENIK S.** Vandales virtuels. *LGF, 2001.* (Net force; 2)(Le Livre de poche ; 17176. Thriller c7)
ISBN 2-253-17176-X. *30 F / 4,57 €*

14752 **CLARK C. H.** L'accroc. *LGF, 1997.* (Le Livre de poche ; 7694. Thriller c6)
ISBN 2-253-07694-5. *26 F / 3,96 €*

14753 **CLARK C. H.** Bien frappé. *LGF, 1998.* (Le Livre de poche ; 7026. Thriller c8)
ISBN 2-253-17026-7. *33 F / 5,03 €*

14754 **CLARK C. H.** Par-dessus bord. *LGF, 1996.* (Le Livre de poche ; 7666. Thriller c7)
ISBN 2-253-07666-X. *30 F / 4,57 €*

14755 **N** **CLARK C. H.** Sur la corde. *LGF, 2000.* (Le Livre de poche ; 17148. Thriller c8)
ISBN 2-253-17148-4. *33 F / 5,03 €*

14756 **CLARK M. H.** Ce que vivent les roses. *LGF, 1998.* (Le Livre de poche ; 14377. Thriller c9)
ISBN 2-253-14377-4. *36 F / 5,49 €*

14757 **CLARK M. H.** La Clinique du docteur H. *LGF, 1982.* (Le Livre de poche ; 7456. Thriller c9)
ISBN 2-253-02933-5. *36 F / 5,49 €*

14758 **CLARK M. H.** Un Cri dans la nuit. *LGF, 1985.* (Le Livre de poche ; 7495. Thriller c8)
ISBN 2-253-03732-X. *33 F / 5,03 €*

14759 **CLARK M. H.** Le Démon du passé. *LGF, 1989.* (Le Livre de poche ; 7545. Thriller c9)
ISBN 2-253-05134-9. *36 F / 5,49 €*

14760 **CLARK M. H.** Dors ma jolie. *LGF, 1991.* (Le Livre de poche ; 7573. Thriller c8)
ISBN 2-253-05764-9. *33 F / 5,03 €*

14761 **CLARK M. H.** Douce nuit. *LGF, 1997.* (Le Livre de poche ; 17012. Thriller c7)
ISBN 2-253-17012-7. *30 F / 4,57 €*

14762 **N** **CLARK M. H.** Et nous nous reverrons... *LGF, 2001.* (Le Livre de poche. Thriller ; 17163)
ISBN 2-253-17163-8. *39 F / 5,95 €*

14763 **CLARK M. H.** Le Fantôme de lady Margaret. *LGF, 1993.* (Le Livre de poche ; 7599. Thriller c9)
ISBN 2-253-06273-1. *36 F / 5,49 €*

14764 **CLARK M. H.** Un jour tu verras... *LGF, 1996.* (Le Livre de poche ; 7659. Thriller c9)
ISBN 2-253-07659-7. *36 F / 5,49 €*

14765 **CLARK M. H.** Joyeux Noël, Merry Christmas. *LGF, 1998.* (Le Livre de poche ; 17053. Thriller c8)
ISBN 2-253-17053-4. *33 F / 5,03 €*

14766 **CLARK M. H.** La maison du clair de lune. *LGF, 1998.* (Le Livre de poche ; 17037. Thriller c9)
ISBN 2-253-17037-2. *36 F / 5,49 €*

14767 **CLARK M. H.** La Maison du guêt. *LGF, 1987.* (Le Livre de poche ; 7516. Thriller c6)
ISBN 2-253-04144-0. *26 F / 3,96 €*

14768 **CLARK M. H.** Ni vue ni connue. *LGF, 1999.* (Le Livre de poche ; 17056. Thriller c9)
ISBN 2-253-17056-9. *36 F / 5,49 €*

14769 **CLARK M. H.** Nous n'irons plus au bois. *LGF, 1995.* (Le Livre de poche ; 7640. Thriller c9)
ISBN 2-253-07640-6. *36 F / 5,49 €*

14770 **CLARK M. H.** La Nuit du renard. *LGF, 1980.* (Le Livre de poche ; 7441. Thriller c6)
ISBN 2-253-02548-8. *29 F / 4,42 €*

14771 **N** **CLARK M. H.** Une si longue nuit. *LGF, 2000.* (Le Livre de poche ; 17139. Thriller c8)
ISBN 2-253-17139-5. *33 F / 5,03 €*

14772 **CLARK M. H.** Souviens-toi. *LGF, 1997.* (Le Livre de poche ; 7688. Thriller c9)
ISBN 2-253-07688-0. *36 F / 5,49 €*

14773 **CLARK M. H.** Tu m'appartiens. *LGF, 2000.* (Le Livre de poche ; 17107. Thriller)
ISBN 2-253-17107-7. *39 F / 5,95 €*

14774 **CLÉMENT P.** Exit. *Gallimard, 1997.* (Folio ; 3010 c9)
ISBN 2-07-040347-5. *20,50 F / 3,13 €*

14775 **A** **COATMEUR J-F.** Ballet noir. *LGF, 2001.* (Le Livre de poche ; 17180. Thriller)
ISBN 2-253-17180-8. *36 F / 5,49 €*

14776 **COATMEUR J-F.** Des feux sous la cendre. *LGF, 1996.* (Le Livre de poche ; 7681. Thriller c9)
ISBN 2-253-07681-3. *36 F / 5,49 €*

14777 **A** **COATMEUR J-F.** Outre-mort. *Liv'éditions, 2001.* (Liv'poche)
ISBN 2-84497-017-6. *59 F / 8,99 €*

14778 **COATMEUR J-F.** La porte de l'enfer. *LGF, 1999.* (Le Livre de poche ; 17097. Thriller c9)
ISBN 2-253-17097-6. *36 F / 5,49 €*

14779 **COCHET J-L.** La bande décimée. *Baleine, 1998.* (Le Poulpe ; 102)
ISBN 2-84219-116-1. *39 F / 5,95 €*

14780 **CODY L.** Maille à partir. *Libr. des Champs-Elysées, 1995.* (Le Masque ; 2253. Les reines du crime c4)
ISBN 2-7024-2588-7. *35 F / 5,34 €*

14781 **CODY L.** Prise de tête. *Libr. des Champs-Elysées, 1997.* (Le Masque ; 2335. Les reines du crime c5)
ISBN 2-7024-2682-4. *37 F / 5,64 €*

14782 **CODY L.** Promenons-nous dans les bois... *Libr. des Champs-Elysées, 1993.* (Le Masque ; 2138. Les reines du crime c2)
ISBN 2-7024-2400-7. *30 F / 4,57 €*

14783 **CODY L.** Sans la tête. *Libr. des Champs-Elysées, 1998.* (Le Masque ; 2367. Les reines du crime c6)
ISBN 2-7024-2861-4. *39 F / 5,95 €*

14784 **COHEN S.** Reno, Nevada. *Baleine, 1998.* (Canaille-revolver ; 141)
ISBN 2-84219-169-2. *49 F / 7,47 €*

14785 **A** **COHEN S.** Sale type. *Baleine, 2001.* (Ultimes ; 6)
ISBN 2-84219-340-7. *39 F / 5,95 €*

14786 **N** **COLERIDGE N.** Protège-moi de mes amis. *LGF, 2000.* (Le Livre de poche ; 17131. Thriller c9)
ISBN 2-253-17131-X. *36 F / 5,49 €*

14787 **COLLINS J.** Lucky. *Pocket, 1989.* (Pocket ; 3350 c4)
ISBN 2-266-03024-8. *30 F / 4,57 €*

14788 **COLLINS L.** Dédale. *Pocket, 1997.* (Pocket ; 10133 c7)
ISBN 2-266-07375-3. *42 F / 6,40 €*

14789 **N** **COLLINS L.** Demain est à nous. *Pocket, 2000.* (Pocket ; 10598. Thriller c9)
ISBN 2-266-08949-8. *48 F / 7,32 €*

14790 **N** **COLLINS M. A.** La Mort est sans remède. *Gallimard, 2001.* (Folio ; 192. Policier)
ISBN 2-07-041725-5. *29,50 F / 4,50 €*

14791 **COLLINS M. A.** New York police blues : d'après la série télévisée créée par David Milch et Steven Bochco. *J'ai lu, 1997.* (J'ai lu ; 4540. Littérature générale c4)
ISBN 2-290-04540-3. *36 F / 5,49 €*

14792 **COLLINS M. A.** Pas de pitié pour ceux qu'on aime. *Libr. des Champs-Elysées, 1990.* (Le Masque ; 2017 c3)
ISBN 2-7024-2047-8. *32 F / 4,88 €*

14793 **COLMANT M.** Tapis vert. *Baleine, 1999.* (Velours ; 3)
ISBN 2-84219-217-6. *42 F / 6,40 €*

14794 **COMTESSE C.** Les filles roses n'ont pas de fantôme. *Baleine, 1999.* (Instantanés de polar ; 165)
ISBN 2-84219-213-3. *42 F / 6,40 €*

14795 **CONFIANT R.** La dernière java de mama Josépha. *Mille et une nuits, 1999.* (La petite collection ; 232 c6)
ISBN 2-84205-392-3. *23 F / 3,51 €*

14796 **CONFIANT R.** Le meurtre du Samedi-Gloria. *Gallimard, 1999.* (Folio ; 3269 c8)
ISBN 2-07-041072-2. *37 F / 5,64 €*

14797 **CONGIU C.** La Nantes religieuse. *Baleine, 1997.* (Le Poulpe ; 93)
ISBN 2-84219-104-8. *39 F / 5,95 €*

14798 **CONNELLY M.** La blonde en béton. *Seuil, 1997.* (Points ; 390 c10)
ISBN 2-02-032102-5. *45 F / 6,86 €*

14799 **CONNELLY M.** Le cadavre dans la Rolls. *Seuil, 1999.* (Points ; 646 c10)
ISBN 2-02-037540-0. *45 F / 6,86 €*

14800 **CONNELLY M.** Coffret Connelly. *Seuil, 1999.* (Points ; 930)
ISBN 2-02-038630-5. *135 F / 20,58 €*

14801 **N** **CONNELLY M.** Coffret Michael Connelly. *Seuil, 2000.* (Points ; 1020)
ISBN 2-02-044464-X. *132 F / 20,12 €*

14802 **N** **CONNELLY M.** Créance de sang. *Seuil, 2001.* (Points ; 835 c10)
ISBN 2-02-048497-8. *45 F / 6,86 €*

14803 **N** **CONNELLY M.** Le dernier coyotte. *Seuil, 2000.* (Points ; 781)
ISBN 2-02-043813-5. *45 F / 6,86 €*

14804 **N** **CONNELLY M.** Les égouts de Los Angeles. *Seuil, 2000.* (Points ; 19 c9)
ISBN 2-02-023525-0. *42 F / 6,40 €*

14805 **CONNELLY M.** La glace noire. *Seuil, 1996.* (Points ; 269 c10)
ISBN 2-02-029678-0. *45 F / 6,86 €*

14806 **CONNELLY M.** Le poète. *Seuil, 1998.* (Points ; 534)
ISBN 2-02-034567-6. *45 F / 6,86 €*

14807 **Contes noirs de fin de siècle.** *Fleuve noir, 1999.* (Les noirs ; 71)
ISBN 2-265-06583-8. *55 F / 8,38 €*

14808 **COOK R.** Contagion. *LGF, 1999.* (Le Livre de poche ; 14082. Thriller c11)
ISBN 2-253-17082-8. *42 F / 6,40 €*

14809 **COOK R.** Cure fatale. *LGF, 1997.* (Le Livre de poche ; 17017. Thriller c11)
ISBN 2-253-17017-8. *42 F / 6,40 €*

14810 **COOK R.** Danger mortel. Réimpr. *LGF, 1994.* (Le Livre de poche ; 7543. Thriller c8)
ISBN 2-253-05068-7. *33 F / 5,03 €*

14811 **COOK R.** Il est mort les yeux ouverts. *Gallimard, 1999.* (Folio ; 95. Policier c6)
ISBN 2-07-040835-3. *29,50 F / 4,50 €*

14812 **COOK R.** Invasion. *LGF, 2000.* (Le Livre de poche ; 17114. Thriller)
ISBN 2-253-17114-X. *38 F / 5,79 €*

14813 **COOK R.** Manipulations. *LGF, 1987.* (Le Livre de poche ; 7512. Thriller c8)
ISBN 2-253-04073-8. *33 F / 5,03 €*

14814 **N** **COOK R.** Les mois d'avril sont meurtriers. Réimpr. *Gallimard, 2000.* (Folio ; 2707. Policier c6)
ISBN 2-07-041035-8. *29,50 F / 4,50 €*

14815 **COOK R.** Naissance sur ordonnance. *LGF, 1995.* (Le Livre de poche ; 7641. Thriller c9)
ISBN 2-253-07641-4. *36 F / 5,49 €*

14816 **COOK R.** Phase terminale. *LGF, 1997.* (Le Livre de poche ; 7690. Thriller c11)
ISBN 2-253-07690-2. *42 F / 6,40 €*

14817 **COOK R.** Risque mortel. *LGF, 1998.* (Le Livre de poche ; 17045. Thriller c10)
ISBN 2-253-17045-3. *40 F / 6,10 €*

14818 **COOK R.** Le Soleil qui s'éteint. *Gallimard, 1993.* (Folio ; 2467 c6)
ISBN 2-07-038722-4. *29,50 F / 4,50 €*

14819 **N** **COOK R.** Le soleil qui s'éteint. Réimpr. *Gallimard, 2000.* (Folio ; 58. Policier c6)
ISBN 2-07-040805-1. *29,50 F / 4,50 €*

14820 **COOK R.** Sphinx. *LGF, 1994.* (Le Livre de poche ; 7582. Thriller c7)
ISBN 2-253-05946-3. *30 F / 4,57 €*

14821 **COOK R.** Syncopes. *LGF, 1991.* (Le Livre de poche ; 7564. Thriller c8)
ISBN 2-253-05575-1. *33 F / 5,03 €*

14822 **N** **COOK R.** Toxine. *LGF, 2001.* (Le Livre de poche ; 17168. Thriller)
ISBN 2-253-17168-9. *40 F / 6,10 €*

14823 **COOK R.** Vengeance aveugle. *LGF, 1996.* (Le Livre de poche ; 7661. Thriller c10)
ISBN 2-253-07661-9. *40 F / 6,10 €*

14824 **COOK R.** Vertiges. *LGF, 1983.* (Le Livre de poche ; 7468. Thriller c6)
ISBN 2-253-03143-7. *26 F / 3,96 €*

14825 **COOK R.** Virus. *LGF, 1988.* (Le Livre de poche ; 7530. Thriller c8)
ISBN 2-253-04714-7. *33 F / 5,03 €*

14826 **N** **COOK T. H.** Les instruments de la nuit. *J'ai lu, 2000.* (J'ai lu ; 5553. Policier cl)
ISBN 2-290-30312-7. *36 F / 5,49 €*

14827 **COONTS S.** Le cavalier rouge. *LGF, 1997.* (Le Livre de poche ; 7689. Thriller c10)
ISBN 2-253-07689-9. *40 F / 6,10 €*

14828 **COONTS S.** Etat de siège. *LGF, 1995.* (Le Livre de poche ; 7647. Thriller c12)
ISBN 2-253-07647-3. *44 F / 6,71 €*

14829 **COONTS S.** Les guerriers du ciel. *LGF, 1998.* (Le Livre de poche ; 7023. Thriller c13)
ISBN 2-253-17023-2. *46 F / 7,01 €*

14830 **N** **CORBIN H.** Droit de traque. *LGF, 2000.* (Le Livre de poche ; 17132. Thriller c9)
ISBN 2-253-17132-8. *36 F / 5,49 €*

14831 **CORBIN H.** Nécropsie. *LGF, 1997.* (Le Livre de poche ; 17022. Thriller c9)
ISBN 2-253-17022-4. *36 F / 5,49 €*

14832 **CORBIN H.** Week-end sauvage. *LGF, 1994.* (Le Livre de poche ; 7631. Thriller c7)
ISBN 2-253-07631-7. *30 F / 4,57 €*

14833 **N** **CORNWELL P.** Combustion. *LGF, 2000.* (Le Livre de poche ; 17134. Thriller)
ISBN 2-253-17134-4. *39 F / 5,95 €*

14834 **CORNWELL P.** Et il ne restera que poussière. *LGF, 1994.* (Le Livre de poche ; 7638. Thriller c9)
ISBN 2-253-07638-4. *36 F / 5,49 €*

14835 **N** **CORNWELL P.** La griffe du Sud. *LGF, 2000.* (Le Livre de poche ; 17140. Thriller c10)
ISBN 2-253-17140-9. *40 F / 6,10 €*

14836 **CORNWELL P.** Mémoires mortes. Réimpr. *Libr. des Champs-Elysées, 1993.* (Le Masque ; 2120. Les reines du crime)
ISBN 2-7024-2327-2. *35 F / 5,34 €*

14837 **CORNWELL P.** Mémoires mortes. *LGF, 1994.* (Le Livre de poche ; 7635. Thriller c8)
ISBN 2-253-07635-X. *33 F / 5,03 €*

14838 **CORNWELL P.** Mordoc. *LGF, 1999.* (Le Livre de poche ; 17077. Thriller c10)
ISBN 2-253-17077-1. *36 F / 5,49 €*

14839 **CORNWELL P.** Une mort sans nom. *LGF, 1997.* (Le Livre de poche ; 7699. Thriller c10)
ISBN 2-253-07699-6. *40 F / 6,10 €*

14840 **CORNWELL P.** Morts en eaux troubles. *LGF, 1998.* (Le Livre de poche ; 17032. Thriller c9)
ISBN 2-253-17032-1. *36 F / 5,49 €*

14841 **CORNWELL P.** Patricia Cornwell. 1. *Libr. des Champs-Elysées, 1998.* (Les intégrales du Masque)
ISBN 2-7024-2867-3. *149 F / 22,71 €*

14842 **CORNWELL P.** Une peine d'exception. *LGF, 1995.* (Le Livre de poche ; 7649. Thriller c8)
ISBN 2-253-07649-X. *33 F / 5,03 €*

14843 **CORNWELL P.** Post mortem. *LGF, 1995.* (Le Livre de poche ; 7632. Thriller c8)
ISBN 2-253-07632-5. *33 F / 5,03 €*

14844 **CORNWELL P.** Postmortem. Réimpr. *Libr. des Champs-Elysées, 1999.* (Le Masque ; 2092. Les reines du crime c4)
ISBN 2-7024-2255-1. *35 F / 5,34 €*

14845 **CORNWELL P.** La séquence des corps. *LGF, 1996.* (Le Livre de poche ; 7669. Thriller c9)
ISBN 2-253-07669-4. *36 F / 5,49 €*

14846 **CORNWELL P.** La ville des frelons. *LGF, 1999.* (Le Livre de poche ; 17089. Thriller c11)
ISBN 2-253-17089-5. *42 F / 6,40 €*

14847 **N** **CORRE G.** Saxo solo. *Baleine, 2000.* (Instantanés de polar ; 194)
ISBN 2-84219-261-3. *45 F / 6,86 €*

14848 **N** **CÔTÉ J.** Nébulosité croissante en fin de journée. *Alire, 2000.* (Romans. Polar ; 34)
ISBN 2-922145-39-5. *67 F / 10,21 €*

14849 **COUGHLIN W. J.** Vices de forme. *Gallimard, 1998.* (Folio. Policier ; 8 c9)
ISBN 2-07-040637-7. *41 F / 6,25 €*

14850 **N** **COUSIN P.** Le pape est dans une pièce noire, et il hurle. *J'ai lu, 2000.* (J'ai lu ; 5764. Policier cH)
ISBN 2-290-30896-X. *32 F / 4,88 €*

14851 **CRAIS R.** L'ange traqué. *Seuil, 1997.* (Points ; 356 c9)
ISBN 2-02-031557-2. *42 F / 6,40 €*

14852 **CRAIS R.** Casting pour l'enfer. *Seuil, 1998.* (Points ; 468 c8)
ISBN 2-02-033302-3. *39 F / 5,95 €*

14853 **CRANE H.** Haut les mains, Miss Seeton !. *10-18, 2000.* (10-18 ; 3172. Grands détectives c5)
ISBN 2-264-02989-7. *44 F / 6,71 €*

14854 **A** **CRANE H.** Miss Seeton au clair de lune. *10-18, 2001.* (10-18 ; 3321. Grands détectives)
ISBN 2-264-03205-7

14855 **CREET P.** Vidéo-viols. *BRM, 2000.* (Spécial suspense)
ISBN 2-9512132-2-0. *49,20 F / 7,50 €*

14856 **CREWS H.** Body. *Gallimard, 1998.* (Folio. Policier ; 36 c8)
ISBN 2-07-040791-8. *37 F / 5,64 €*

14857 **N** **CREWS H.** La foire aux serpents. *Gallimard, 2000.* (Folio ; 178. Policier c6)
ISBN 2-07-041488-4. *29,50 F / 4,50 €*

14858 **CREWS H.** La malédiction du Gitan. *Gallimard, 1999.* (Folio. Policier ; 80 c7)
ISBN 2-07-040842-6. *32,50 F / 4,95 €*

14859 **CRICHTON M.** Extrême urgence. *Pocket, 1995.* (Pocket ; 4253 c5)
ISBN 2-266-06319-7. *35 F / 5,34 €*

14860 **CRICHTON M.** Un train d'or pour la Crimée. *Pocket, 1997.* (Pocket ; 4465 c5)
ISBN 2-266-07007-X. *35 F / 5,34 €*

14861 **CRICHTON M.** Turbulences. *Pocket, 1999.* (Pocket ; 10448. Thriller c8)
ISBN 2-266-08515-8. *45 F / 6,86 €*

14862 **Les crimes de la rue Jacob.** *Seuil, 1999.* (Points ; 650)
ISBN 2-02-037852-3. *35 F / 5,34 €*

14863 **CROSBY J.** A la volée. *10-18, 1997.* (10-18 ; 2883. Grands détectives c6)
ISBN 2-264-02612-X. *47 F / 7,17 €*

14864 **CROSBY J.** Le clou de la saison. *10-18, 1995.* (10-18 ; 2613. Grands détectives c6)
ISBN 2-264-02117-9. *47 F / 7,17 €*

14865 **CROSBY J.** Pas de quartier. *10-18, 1996.* (10-18 ; 2747. Grands détectives c6)
ISBN 2-264-02401-1. *47 F / 7,17 €*

14866 **CROSBY J.** Tu paies un canon?. *10-18, 1995.* (10-18 ; 2657. Grands détectives c6)
ISBN 2-264-02118-7. *47 F / 7,17 €*

14867 **CROSS A.** Mort à Harvard. *10-18, 1993.* (10-18 ; 2339. Grands détectives c3)
ISBN 2-264-01889-5. *38 F / 5,79 €*

14868 **CROSS A.** Sans nouvelles de Winifred. *10-18, 1993.* (10-18 ; 2433. Grands détectives c4)
ISBN 2-264-01911-5. *41 F / 6,25 €*

14869 **CRUMLEY J.** Le canard siffleur mexicain. *Gallimard, 1998.* (Folio ; 3040 c9)
ISBN 2-07-040403-X. *41 F / 6,25 €*

14870 **CRUMLEY J.** La danse de l'ours. *Gallimard, 1999.* (Folio. Policier ; 68 c9)
ISBN 2-07-040839-6. *41 F / 6,25 €*

14871 **CRUMLEY J.** Le Dernier baiser. *10-18, 1986.* (10-18 ; 1796 c6)
ISBN 2-264-00783-4. *47 F / 7,17 €*

14872 **CRUMLEY J.** Fausse piste. *10-18, 1990.* (10-18 ; 2133. Grands détectives c6)
ISBN 2-264-01540-3. *47 F / 7,17 €*

14873 **CRUMLEY J.** Les serpents de la frontière. *Gallimard, 2000.* (Folio ; 154. Policier c9)
ISBN 2-07-041259-8. *41 F / 6,25 €*

14874 **CUNNINGHAM E.** Tu peux crever!. *Gallimard, 1999.* (Folio. Policier ; 62 c5)
ISBN 2-07-040705-5. *25 F / 3,81 €*

14875 **CUSSLER C.** Iceberg. *LGF, 2000.* (Le Livre de poche ; 17120. Thriller)
ISBN 2-253-17120-4. *40 F / 6,10 €*

14876 **CUSSLER C.** L'Incroyable secret. Réimp. *LGF, 1996.* (Le Livre de poche ; 7499. Thriller c9)
ISBN 2-253-03799-0. *36 F / 5,49 €*

14877 **CUSSLER C.** Onde de choc. *LGF, 1999.* (Le Livre de poche ; 17062. Thriller c13)
ISBN 2-253-17062-3. *46 F / 7,01 €*

14878 **CUSSLER C.** L'or des Incas. *LGF, 1997.* (Le Livre de poche ; 7000. Thriller c15)
ISBN 2-253-17000-3. *50 F / 7,62 €*

14879 **A** **CUSSLER C.** Raz de marée. *LGF, 2001.* (Le Livre de poche ; 17179. Thriller)
ISBN 2-253-17179-4. *40 F / 6,10 €*

14880 **CUSSLER C.** Sahara. *LGF, 1995.* (Le Livre de poche ; 7643. Thriller c12)
ISBN 2-253-07643-0. *44 F / 6,71 €*

14881 **CUSSLER C.** Trésor. *LGF, 1991.* (Le Livre de poche ; 7566. Thriller c14)
ISBN 2-253-05612-X. *48 F / 7,32 €*

14882 **N** **CUSSLER C.** Vixen 03. *LGF, 2000.* (Le Livre de poche ; 17159. Thriller)
ISBN 2-253-17159-X. *39 F / 5,95 €*

14883 **N** **CUTHBERT M.** Extrêmes urgences. *LGF, 2001.* (Le Livre de poche ; 17170. Thriller c12)
ISBN 2-253-17170-0. *44 F / 6,71 €*

14884 **DADOUN R.** Allah recherche l'autan perdu. *Baleine, 1996.* (Le Poulpe ; 26)
ISBN 2-84219-025-4. *39 F / 5,95 €*

14885 **DAENINCKX D.** Autres lieux. *Librio, 1996.* (Librio ; 91. Noir c1)
ISBN 2-277-30114-0. *10 F / 1,52 €*

14886 **DAENINCKX D.** Le bourreau et son double. Réimpr. *Gallimard, 1998.* (Folio ; 42. Policier c6)
ISBN 2-07-040762-4. *29,50 F / 4,50 €*

14887 **DAENINCKX D.** Un château en Bohême. *Gallimard, 1999.* (Folio ; 84. Policier ; 84 c6)
ISBN 2-07-040826-4. *29,50 F / 4,50 €*

14888 **DAENINCKX D.** Coffret Daeninckx. *Gallimard, 1999.* (Folio. Policier)
ISBN 2-07-049918-9. *135 F / 20,58 €*

14889 **DAENINCKX D.** Le der des ders. *Gallimard, 1999.* (Folio ; 59. Policier ; 59 c6)
ISBN 2-07-040806-X. *29,50 F / 4,50 €*

14890 **DAENINCKX D.** Ethique en toc. *Baleine, 2000.* (Le Poulpe ; 185)
ISBN 2-84219-250-8. *39 F / 5,95 €*

14891 **DAENINCKX D.** Le facteur fatal. *Gallimard, 1999.* (Folio. Policier ; 85 c6)
ISBN 2-07-040827-2. *29,50 F / 4,50 €*

14892 **DAENINCKX D.** Les figurants. *Librio, 1998.* (Librio ; 243. Noir c1)
ISBN 2-277-30243-0. *10 F / 1,52 €*

14893 **DAENINCKX D.** Le géant inachevé. Réimpr. *Gallimard, 1999.* (Folio. Policier c6)
ISBN 2-07-040814-0. *29,50 F / 4,50 €*

14894 **DAENINCKX D.** Lumière noire. *Gallimard, 1999.* (Folio ; 65. Policier ; 65 c6)
ISBN 2-07-040810-8. *29,50 F / 4,50 €*

14895 **DAENINCKX D.** Main courante. Réimpr. *Librio, 1998.* (Librio ; 161. Noir c1)
ISBN 2-277-30106-X. *10 F / 1,52 €*

14896 **DAENINCKX D.** Métropolice. Réimpr. *Gallimard, 1999.* (Folio ; 86. Policier ; 86 c6)
ISBN 2-07-040828-0. *29,50 F / 4,50 €*

14897 **DAENINCKX D.** Meurtres pour mémoire. *Gallimard, 1998.* (Folio ; 15. Policier ; 15 c6)
ISBN 2-07-040649-0. *29,50 F / 4,50 €*

14898 **DAENINCKX D.** Mort au premier tour. *Gallimard, 1998.* (Folio ; 34. Policier ; 34 c8)
ISBN 2-07-040566-4. *37 F / 5,64 €*

14899 **DAENINCKX D.** La mort n'oublie personne. *Gallimard, 1999.* (Folio ; 60. Policier ; 60)
ISBN 2-07-040807-8. *29,50 F / 4,50 €*

14900 **DAENINCKX D.** Nazis dans le métro. *Baleine, 1996.* (Le Poulpe ; 7)
ISBN 2-84219-006-8. *39 F / 5,95 €*

14901 **DAENINCKX D.** Nazis dans le métro. *Librio, 1998.* (Le Poulpe; 3)(Librio ; 222. Noir c1)
ISBN 2-277-30222-8. *10 F / 1,52 €*

14902 **N** **DAENINCKX D.** Play-back. Réimpr. *Gallimard, 2001.* (Folio ; 2635. Policier c8)
ISBN 2-07-041036-6. *36 F / 5,49 €*

14903 **A** **DAENINCKX D.** La repentie. *Gallimard, 2001.* (Folio. Policier)
ISBN 2-07-041412-4. *25,50 F / 3,89 €*

14904 **DAGORY** La maison qui pleure. *Actes Sud, 1997.* (Babel ; 267. Babel noir c2)
ISBN 2-7427-1266-6. *39 F / 5,95 €*

14905 **DALEY R.** En plein coeur. *LGF, 1997.* (Le Livre de poche ; 7697. Thriller c10)
ISBN 2-253-07697-X. *40 F / 6,10 €*

14906 **DALEY R.** La fuite en avant. *LGF, 1998.* (Le Livre de poche ; 17051. Thriller c10)
ISBN 2-253-17051-8. *40 F / 6,10 €*

14907 **DALEY R.** Le Prince de New York. *LGF, 1993.* (Le Livre de poche ; 7600. Thriller c10)
ISBN 2-253-06274-X. *40 F / 6,10 €*

14908 **DALEY R.** Trafic d'influence. *LGF, 1996.* (Le Livre de poche ; 7670. Thriller c11)
ISBN 2-253-07670-8. *42 F / 6,40 €*

14909 **DANTEC M. G.** Les racines du mal. *Gallimard, 1999.* (Folio ; 63. Policier ; 63 c10)
ISBN 2-07-040775-6. *45 F / 6,86 €*

14910 **DANTEC M. G.** La sirène rouge. *Gallimard, 1998.* (Folio ; 1. Policier ; 1 c10)
ISBN 2-07-040636-9. *46 F / 7,01 €*

14911 **DARD F.** Les mariolles. Nouv. éd. *Fleuve noir, 1993.* (Fleuve noir crime ; 41)
ISBN 2-265-04896-8. *37 F / 5,64 €*

14912 **DARD F.** Le Pain des fossoyeurs. *Fleuve noir, 1994.* (Fleuve noir crime ; 52 c1)
ISBN 2-265-05218-3. *37 F / 5,64 €*

14913 **DARDEL G.** Un traître chez les totos. *Actes Sud, 1999.* (Babel ; 377. Babel noir c2)
ISBN 2-7427-2191-6. *39 F / 5,95 €*

14914 **DARNAUD G.** Le crépuscule des vieux. *Baleine, 1997.* (Le Poulpe ; 66)
ISBN 2-84219-065-3. *39 F / 5,95 €*

14915 **DARNTON J.** Néandertal. *J'ai lu, 1998.* (J'ai lu ; 5041. Littérature générale c7)
ISBN 2-290-05041-5. *45 F / 6,86 €*

14916 **DAVIDSON D. M.** Mourir pour du chocolat : une enquête de Goldy. *J'ai lu, 1999.* (J'ai lu ; 5111. Policier cJ)
ISBN 2-290-05111-X. *39 F / 5,95 €*

14917 **DAVIDSON D. M.** Traitement de défaveur : une enquête de Goldy. *J'ai lu, 1998.* (J'ai lu ; 4992. Policier cl)
ISBN 2-290-04992-1. *36 F / 5,49 €*

14918 **DAVIES L.** L'initiée. *LGF, 1997.* (Le Livre de poche ; 7698. Thriller c9)
ISBN 2-253-07698-8. *36 F / 5,49 €*

14919 **DAVIES L.** Les miroirs sauvages. *LGF, 2000.* (Le Livre de poche ; 17127. Thriller c10)
ISBN 2-253-17127-1. *40 F / 6,10 €*

14920 **N** **DAVIS L.** A l'ombre des conspirateurs. *Libr. des Champs-Elysées, 2000.* (Labyrinthes ; 76)
ISBN 2-7024-9681-4. *63 F / 9,60 €*

14921 **DAVIS L.** Les cochons d'argent. *Libr. des Champs-Elysées, 1999.* (Labyrinthes ; 52 c3)
ISBN 2-7024-9658-X. *40 F / 6,10 €*

14922 **N** **DAVIS L.** L'or de Poséidon. *Libr. des Champs-Elysées, 2001.* (Labyrinthes ; 87)
ISBN 2-7024-9701-2. *56 F / 8,54 €*

14923 **DAVIS L.** Une veuve romaine. *Libr. des Champs-Elysées, 1999.* (Labyrinthes ; 60)
ISBN 2-7024-9671-7. *40 F / 6,10 €*

14924 **DAVIS L.** Voyage en Germanie. *Libr. des Champs-Elysées, 2000.* (Labyrinthes ; 68)
ISBN 2-7024-9663-6. *54 F / 8,23 €*

14925 **DAWSON D. L.** Minuit passé : une enquête du Dr Snow. *Seuil, 1996.* (Points ; 259 c2)
ISBN 2-02-029263-7. *39 F / 5,95 €*

14926 **DAY D.** Les étranges dossiers de Fremont Jones. *Libr. des Champs-Elysées, 1997.* (Labyrinthes ; 24 c3)
ISBN 2-7024-9574-5. *40 F / 6,10 €*

14927 **N** **DAY D.** Le fantôme de l'empereur. *Libr. des Champs-Elysées, 2000.* (Labyrinthes ; 70)
ISBN 2-7024-9687-3. *51 F / 7,77 €*

14928 **DAY D.** La gardienne du phare. *Libr. des Champs-Elysées, 1999.* (Labyrinthes ; 59)
ISBN 2-7024-9678-4. *40 F / 6,10 €*

14929 **DAY D.** L'incendie de San Francisco. *Libr. des Champs-Elysées, 1998.* (Labyrinthes ; 33 c3)
ISBN 2-7024-9612-1. *40 F / 6,10 €*

14930 **DEAVER J.** Bone collector : le dososseur. *LGF, 2000.* (Le Livre de poche ; 17103. Thriller c13)
ISBN 2-253-17103-4. *46 F / 7,01 €*

14931 **DEAVER J.** Dix-huit heures pour mourir. *LGF, 1998.* (Le Livre de poche ; 7031. Thriller c12)
ISBN 2-253-17031-3. *44 F / 6,71 €*

14932 **DECROIX D.** Rue du cirque. *Baleine, 2000.* (Instantanés de polar ; 191)
ISBN 2-84219-269-9. *49 F / 7,47 €*

14933 **DEIGHTON L.** Fugue pour un espion. *LGF, 1995.* (Le Livre de poche ; 7652. Thriller c9)
ISBN 2-253-07652-X. *36 F / 5,49 €*

14934 **DEIGHTON L.** Prélude pour un espion. *LGF, 1994.* (Le Livre de poche ; 7633. Thriller c8)
ISBN 2-253-07633-3. *33 F / 5,03 €*

935 **DEIGHTON L.** S.S.-G.B. : les allemands ont envahi l'Angleterre. Nouv. éd. *Alire, 1997.* (Romans. Espionnage ; 9)
SBN 2-922145-10-7. *73 F / 11,13 €*

936 **DEL CASTILLO M.** Mort d'un poète. *Gallimard, 1991.* (Folio ; 2265 c9)
SBN 2-07-038378-4. *41 F / 6,25 €*

937 N **DEL PAPPAS** Massilia dreams. *Librio, 2000.* (Librio ; 361. Noir c1)
ISBN 2-290-30536-7. *10 F / 1,52 €*

938 N **DELAHAIS P.** Brindezingue. *Terre de brume, 2001.* (Granit noir ; 12)
ISBN 2-84362-118-6. *49 F / 7,47 €*

939 N **DELALANDE A.** Notre-Dame sous la terre. *LGF, 2000.* (Le Livre de poche ; 14933. Thriller c9)
ISBN 2-253-14933-0. *36 F / 5,49 €*

940 A **DELCOUR B.** L'envers c'est les autres. *Baleine, 2001.* (Pierre de Gondol ; 5)
ISBN 2-84219-296-6. *80 F / 12,20 €*

941 **DELCOUR B.** Les sectes mercenaires. *Baleine, 1996.* (Le Poulpe ; 17)
ISBN 2-84219-016-5. *39 F / 5,95 €*

942 **DELCOUR B.** Zen. *Baleine, 1996.* (Instantanés de polar ; 38)
ISBN 2-84219-037-8. *49 F / 7,47 €*

943 **DELEPIERRE P.** L'Aztèque du Charro Laid. *Baleine, 1998.* (Le Poulpe ; 136)
ISBN 2-84219-163-3. *39 F / 5,95 €*

944 **DELEPIERRE P.** Triumvir. *Baleine, 2000.* (Instantanés de polar ; 188)
ISBN 2-84219-251-6. *49 F / 7,47 €*

945 **DELEUSE R.** La bête au bois dormant. *Baleine, 1997.* (Le Poulpe ; 92)
ISBN 2-84219-103-X. *43 F / 6,56 €*

946 **DELEUSE R.** L'épervier de Belsunce. *Seuil, 1999.* (Mémoires d'une métropole; 1)(Points ; 645 c8)
ISBN 2-02-033813-0. *39 F / 5,95 €*

947 N **DELEUSE R.** La mante des Grands-Carmes. *Seuil, 2000.* (Mémoires d'une métropole; 2)(Points ; 803 c7)
ISBN 2-02-033814-9. *35 F / 5,34 €*

948 N **DELFINO J-P.** De l'eau dans le grisou. *Métailié, 2001.* (Noir ; 17)
ISBN 2-86424-370-9. *42 F / 6,40 €*

949 **DELFINO J-P.** L'île aux femmes. *Métailié, 1999.* (Noir ; 12)
ISBN 2-86424-310-5. *42 F / 6,40 €*

950 **DELFINO J-P.** Tu touches pas à Marseille. *Métailié, 2000.* (Noir ; 14)
ISBN 2-86424-330-X. *42 F / 6,40 €*

951 **DELHASSE G., DELEIXHE J-P., LIBENS C.** Du Pont liégeois. *Baleine, 1998.* (Le Poulpe ; 130)
ISBN 2-84219-152-8. *39 F / 5,95 €*

14952 **Délires en noir.** *Libr. des Champs-Elysées, 1998.* (Le Masque ; 2410 c2)
ISBN 2-7024-2916-5. *30 F / 4,57 €*

14953 **DELTEIL G.** Balles de charité. *Gallimard, 2000.* (Folio ; 145. Policier c7)
ISBN 2-07-041190-7. *25 F / 3,81 €*

14954 N **DELTEIL G.** Bugs. *Gallimard, 2001.* (Folio ; 3471)
ISBN 2-07-041413-2. *87 F / 13,26 €*

14955 **DELTEIL G.** Chili incarné. *Baleine, 1996.* (Le Poulpe ; 16)
ISBN 2-84219-015-7. *39 F / 5,95 €*

14956 **DELTEIL G.** Chili incarné. *Librio, 1999.* (Le Poulpe; 6)(Librio ; 272. Noir c1)
ISBN 2-277-30272-4. *10 F / 1,52 €*

14957 N **DELTEIL G.** Dernier tango à Buenos Aires. *Actes Sud, 2000.* (Babel ; 421. Babel noir)
ISBN 2-7427-2654-3. *57 F / 8,69 €*

14958 **DELTEIL G.** Kz, retour vers l'enfer. *Métailié, 1998.* (Noir ; 4)
ISBN 2-86424-278-8. *46 F / 7,01 €*

14959 **DELTEIL G.** Mort d'un satrape rouge. *Métailié, 1998.* (Noir ; 1)
ISBN 2-86424-263-X. *40 F / 6,10 €*

14960 **DELTEIL G.** N'oubliez pas l'artiste!. *Gallimard, 1991.* (Folio ; 2239 c8)
ISBN 2-07-038339-3. *37 F / 5,64 €*

14961 N **DELTEIL G.** Riot gun. *Gallimard, 2000.* (Folio ; 173. Policier c6)
ISBN 2-07-041487-6. *25 F / 3,81 €*

14962 **DELTEIL G.** Schizo. *Actes Sud, 1997.* (Babel ; 307. Babel noir c3)
ISBN 2-7427-1457-X. *45 F / 6,86 €*

14963 **DEMERSON M.** Fugue en Nîmes majeur. *Baleine, 1997.* (Le Poulpe ; 98)
ISBN 2-84219-110-2. *39 F / 5,95 €*

14964 **DEMILLE N.** Le déshonneur d'Ann Campbell. Réimpr. *Pocket, 1999.* (Pocket ; 4332 c8)
ISBN 2-266-06485-1. *45 F / 6,86 €*

14965 N **DEMILLE N.** L'île des fléaux. *Pocket, 2001.* (Pocket ; 10968. Thriller c9)
ISBN 2-266-10189-7. *48 F / 7,32 €*

14966 **DEMILLE N.** Retour de l'enfer. *Pocket, 1997.* (Pocket ; 10003. Thriller c7)
ISBN 2-266-06628-5. *42 F / 6,40 €*

14967 N **DEMILLE N.** Le voisin. *Pocket, 2000.* (Pocket ; 10911. Thriller c11)
ISBN 2-266-10015-7. *55 F / 8,38 €*

14968 **DEMILLE N., BLOCK T.** Mayday, mayday !. *Pocket, 2000.* (Pocket ; 10698. Thriller c7)
ISBN 2-266-09409-2. *42 F / 6,40 €*

14969 **DEMURE J-P.** Aix abrupto. *Gallimard, 1995.* (Folio ; 2717 c11)
ISBN 2-07-039297-X. *29,50 F / 4,50 €*

14970 N **DENIS C.** Du raisiné dans le vignoble. *Liv'éditions, 2000.* (Liv'poche ; 019)
ISBN 2-910781-97-6. *49 F / 7,47 €*

14971 **DENIS C.** Le mystère de l'ambre jaune. *Liv'éditions, 1999.* (Liv'poche)
ISBN 2-910781-72-0. *49 F / 7,47 €*

14972 **DENIS C.** Objectif thune. *Liv'éditions, 1999.* (Liv'poche)
ISBN 2-84497-000-1. *49 F / 7,47 €*

14973 **N** **DENIS C.** On a marché sur la dune. *Liv'éditions, 2000.* (Liv'poche ; 023)
ISBN 2-84497-005-2. *49 F / 7,47 €*

14974 **A** **DENIS C.** Petits meurtres bigoudens. *Liv'éditions, 2001.* (Liv'poche)
ISBN 2-84497-013-3. *59 F / 8,99 €*

14975 **DENTON B.** Blackburn. *Seuil, 1996.* (Points ; 268 c9)
ISBN 2-02-029677-2. *42 F / 6,40 €*

14976 **DERSHOWITZ A. M.** Le démon de l'avocat. *LGF, 1998.* (Le Livre de poche ; 17054. Thriller c9)
ISBN 2-253-17054-2. *36 F / 5,49 €*

14977 **DESSAINT P.** De quoi tenir dix jours. *Librio, 2000.* (Librio ; 330. Noir c1)
ISBN 2-290-30081-0. *10 F / 1,52 €*

14978 **DESSAINT P.** Les pis rennais. *Baleine, 1996.* (Le Poulpe ; 14)
ISBN 2-84219-013-0. *39 F / 5,95 €*

14979 **DESSAINT P.** Les pis rennais. *Librio, 1999.* (Le Poulpe; 5)(Librio ; 258. Noir c1)
ISBN 2-277-30258-9. *10 F / 1,52 €*

14980 **DEUTSCH R.** Belfast blues. *Terre de brume, 1999.* (Du sang sur la paix; 1)(Granit noir ; 1)
ISBN 2-84362-043-0. *49 F / 7,47 €*

14981 **N** **DEUTSCH R.** Doublé à Dublin. *Terre de brume, 2001.* (Du sang sur la paix; 4)(Granit noir ; 13 c3)
ISBN 2-84362-115-1. *49 F / 7,47 €*

14982 **DEUTSCH R.** Kilt ou double : les enquêtes d'Hippolyte Braquemare. *Terre de brume, 1999.* (Du sang sur la paix; 2)(Granit noir ; 3)
ISBN 2-84362-061-9. *49 F / 7,47 €*

14983 **DEVON G.** Désirs inavouables. *LGF, 1993.* (Le Livre de poche ; 7614. Thriller c10)
ISBN 2-253-06537-4. *40 F / 6,10 €*

14984 **DEVON G.** Nuit de noces. *LGF, 1998.* (Le Livre de poche ; 17052. Thriller c7)
ISBN 2-253-17052-6. *30 F / 4,57 €*

14985 **DEXTER C.** A travers bois. *10-18, 1995.* (10-18 ; 2675. Grands détectives c5)
ISBN 2-264-02241-8. *47 F / 7,17 €*

14986 **DEXTER C.** Bijoux de famille. *10-18, 1994.* (10-18 ; 2558. Grands détectives c6)
ISBN 2-264-02015-6. *47 F / 7,17 €*

14987 **DEXTER C.** Casse-tête en trois temps. *10-18, 1998.* (10-18 ; 3019. Grands détectives c5)
ISBN 2-264-02738-X. *44 F / 6,71 €*

14988 **DEXTER C.** Le dernier bus pour Woodstock. *10-18, 1996.* (10-18 ; 2746. Grands détectives c6)
ISBN 2-264-02354-6. *47 F / 7,17 €*

14989 **DEXTER C.** Les filles de Caïn. *10-18, 1996.* (10-18 ; 2700. Grands détectives c6)
ISBN 2-264-02242-6. *47 F / 7,17 €*

14990 **DEXTER C.** Mort à Jéricho. *10-18, 1997.* (10-18 ; 2809. Grands détectives c5)
ISBN 2-264-02502-6. *44 F / 6,71 €*

14991 **DEXTER C.** Mort d'une garce. *10-18, 1994.* (10-18 ; 2557. Grands détectives c5)
ISBN 2-264-02017-2. *44 F / 6,71 €*

14992 **DEXTER C.** La mort pour voisine. *10-18, 2000.* (10-18 ; 3149. Grands détectives c7)
ISBN 2-264-02990-0. *50 F / 7,62 €*

14993 **DEXTER C.** Portée disparue. *10-18, 1996.* (10-18 ; 2771. Grands détectives c6)
ISBN 2-264-02355-4. *47 F / 7,17 €*

14994 **N** **DEXTER C.** Remords secrets. *10-18, 2001.* (10-18 ; 3256. Grands détectives)
ISBN 2-264-03136-0. *55 F / 8,38 €*

14995 **DEXTER C.** Le secret de l'annexe 3. *10-18, 1995.* (10-18 ; 2608. Grands détectives c6)
ISBN 2-264-02016-4. *47 F / 7,17 €*

14996 **DEXTER C.** Service funèbre. *10-18, 1998.* (10-18 ; 2932. Grands détectives c5)
ISBN 2-264-02607-3. *44 F / 6,71 €*

14997 **DEXTER C.** Les silences du professeur. *10-18, 1997.* (10-18 ; 2869. Grands détectives c5)
ISBN 2-264-02577-8. *44 F / 6,71 €*

14998 **DI MERCURIO M.** Coulez le Barracuda. *LGF, 2000.* (Le Livre de poche ; 17128. Thriller)
ISBN 2-253-17128-X. *45 F / 6,86 €*

14999 **DIBDIN M.** Cabale. *LGF, 1995.* (Le Livre de poche ; 7653. Thriller c9)
ISBN 2-253-07653-8. *36 F / 5,49 €*

15000 **N** **DIBDIN M.** Cosi fan tutti. *Pocket, 2000.* (Pocket ; 11019. Thriller c4B)
ISBN 2-266-10359-8. *32 F / 4,88 €*

15001 **DIBDIN M.** Coups tordus. *LGF, 1994.* (Le Livre de poche ; 7636. Thriller c8)
ISBN 2-253-07636-8. *33 F / 5,03 €*

15002 **DIBDIN M.** Lagune morte. *LGF, 1999.* (Le Livre de poche ; 17080. Thriller c10)
ISBN 2-253-17080-1. *40 F / 6,10 €*

15003 **DIBDIN M.** Piège à rats. *LGF, 1997.* (Le Livre de poche ; 7695. Thriller c9)
ISBN 2-253-07695-3. *36 F / 5,49 €*

15004 **DIBDIN M.** Spectre noir. *LGF, 1999.* (Le Livre de poche ; 17104. Thriller c10)
ISBN 2-253-17104-2. *40 F / 6,10 €*

15005 **A** **DIBDIN M.** Vengeances tardives. *Pocket, 2001.* (Pocket ; 11020. Thriller)
ISBN 2-266-10360-1

006 **DICK F.** Vol dans le van. *10-18, 1995.* (10-18 ; 2670. Grands détectives c5)
ISBN 2-264-02236-1. *44 F / 6,71 €*

007 **DICKINSON W.** De l'autre côté de la nuit : Mrs. Clark à Las Vegas. *LGF, 1988.* (Le Livre de poche ; 7532. Thriller c9)
ISBN 2-253-04779-1. *36 F / 5,49 €*

008 **DIEHL W.** La stratégie de l'hydre. *LGF, 1997.* (Le Livre de poche ; 17013. Thriller c9)
ISBN 2-253-17013-5. *36 F / 5,49 €*

009 **DIEZ R.** L'effet tequila. *Gallimard, 2000.* (Folio ; 147. Policier)
ISBN 2-07-041191-5. *25 F / 3,81 €*

010 [N] **La dimension policière. 1, Neuf nouvelles de Hérodote à Vautrin.** *Librio, 2000.* (Librio ; 349 c1)
ISBN 2-290-30489-1. *10 F / 1,52 €*

011 **DIMERCURIO M.** Opération Seawolf. *LGF, 1996.* (Le Livre de poche ; 7671. Thriller c10)
ISBN 2-253-07671-6. *40 F / 6,10 €*

012 **DIMERCURIO M.** Seawolf : mission de la dernière chance. *LGF, 1999.* (Le Livre de poche ; 17068. Thriller c13)
ISBN 2-253-17068-2. *46 F / 7,01 €*

013 **DIMERCURIO M.** Le sous-marin de l'apocalypse. *LGF, 1998.* (Le Livre de poche ; 7024. Thriller c10)
ISBN 2-253-17024-0. *40 F / 6,10 €*

014 **DISNEY D. C., PERRY G. S.** Des Orchidées pour Jenny. *Libr. des Champs-Elysées, 1989.* (Le Masque ; 1961. Les reines du crime c2)
ISBN 2-7024-1901-1. *30 F / 4,57 €*

015 **DIXON S.** Jamais trop tard. *10-18, 1994.* (10-18 ; 2532. Domaine étranger c5)
ISBN 2-264-00195-X. *47 F / 7,17 €*

016 **DOBYNS S.** Un chien dans la soupe. *Gallimard, 1998.* (Folio ; 31. Policier ; 31 c8)
ISBN 2-07-040553-2. *37 F / 5,64 €*

017 [A] **DOBYNS S.** Persécution. *J'ai lu, 2001.* (J'ai lu ; 5940. Policier)
ISBN 2-290-31165-0

5018 **DOHERTY P. C.** L'ange de la mort. *10-18, 1997.* (10-18 ; 2863. Grands détectives c3)
ISBN 2-264-02443-7. *38 F / 5,79 €*

5019 **DOHERTY P. C.** L'assassin de Sherwood. *10-18, 1999.* (10-18 ; 3036. Grands détectives)
ISBN 2-264-02440-2. *44 F / 6,71 €*

5020 **DOHERTY P. C.** La complainte de l'ange noir. *10-18, 1999.* (10-18 ; 3127. Grands détectives c6)
ISBN 2-264-02441-0. *47 F / 7,17 €*

5021 **DOHERTY P. C.** La couronne dans les ténèbres. *10-18, 1996.* (10-18 ; 2777. Grands détectives c4)
ISBN 2-264-02445-3. *41 F / 6,25 €*

15022 **DOHERTY P. C.** Un espion à la chancellerie. *10-18, 1997.* (10-18 ; 2820. Grands détectives c4)
ISBN 2-264-02444-5. *41 F / 6,25 €*

15023 **DOHERTY P. C.** Faux frère. *10-18, 1998.* (10-18 ; 2966. Grands détectives c5)
ISBN 2-264-02439-9. *44 F / 6,71 €*

15024 [A] **DOHERTY P. C.** Le feu de Satan. *10-18, 2001.* (10-18 ; 3290. Grands détectives)
ISBN 2-264-02442-9

15025 **DOHERTY P. C.** Le prince des ténèbres. *10-18, 1997.* (10-18 ; 2901. Grands détectives c5)
ISBN 2-264-02438-0. *44 F / 6,71 €*

15026 **DOHERTY P. C.** Satan à St Mary-le-Bow. *10-18, 1996.* (10-18 ; 2776. Grands détectives c4)
ISBN 2-264-02446-1. *41 F / 6,25 €*

15027 [N] **DOLBEC M.** Palet déguelasse. *Baleine, 2000.* (Le Poulpe ; 192)
ISBN 2-84219-266-4. *39 F / 5,95 €*

15028 **DÔLE G.** Les exploits de Harry Dickson : nouvelles fantastiques. *Fleuve noir, 1996.* (Super poche ; 999999 c1)
ISBN 2-265-05929-3. *78 F / 11,89 €*

15029 **DOODY M.** Aristote détective. *10-18, 1996.* (10-18 ; 2695. Grands détectives c6)
ISBN 2-264-02258-2. *47 F / 7,17 €*

15030 **DORNER M.** Plan fixe. *LGF, 1995.* (Le Livre de poche ; 7642. Thriller c8)
ISBN 2-253-07642-2. *33 F / 5,03 €*

15031 [A] **DOSS J. D.** Le canyon des ombres. *10-18, 2001.* (10-18 ; 3311. Grands détectives)
ISBN 2-264-03203-0

15032 [N] **DOSS J. D.** La rivière des âmes perdues. *10-18, 2000.* (10-18 ; 3200. Grands détectives c5)
ISBN 2-264-03074-7. *44 F / 6,71 €*

15033 [A] **DOUBINSKY S.** Mira Ceti. *Baleine, 2001.* (Si près, si loin)
ISBN 2-84219-336-9. *98 F / 14,94 €*

15034 [N] **DOUGLAS C. N.** Bonne nuit, Mr Holmes. *Ed. du Masque, 2001.* (Littérature)
ISBN 2-7024-2929-7. *109 F / 16,62 €*

15035 **DOUNOVETZ S.** Odyssée Odessa. *Fleuve noir, 1999.* (Fleuve noir crime ; 56)
ISBN 2-265-06666-4. *52 F / 7,93 €*

15036 **DOUYÈRE O.** Bunker menteur. *Baleine, 1996.* (Le Poulpe ; 32)
ISBN 2-84219-031-9. *39 F / 5,95 €*

15037 **DOWNIE D.** La tour de l'immonde. *Baleine, 1999.* (Le Poulpe ; 167)
ISBN 2-84219-214-1. *42 F / 6,40 €*

15038 **DOYLE A. C.** Archives sur Sherlock Holmes : le vampire du Sussex. *LGF, 1998.* (Le Livre de poche ; 14483. Policier c3)
ISBN 2-253-14483-5. *18 F / 2,74 €*

15039 **DOYLE A. C.** Les Aventures de Sherlock Holmes. Nouv. éd. *Pocket, 1995.* (Pocket ; 1949. Noir c3)
ISBN 2-266-06772-9. *26 F / 3,96 €*

15040 **DOYLE A. C.** La bande mouchetée ; suivi de L'association des hommes roux et de L'escarboucle bleue et de Les cinq pépins d'orange : quatre aventures de Sherlock Holmes. *Librio, 1994.* (Librio ; 5 c1)
ISBN 2-277-30005-5. *10 F / 1,52 €*

15041 **DOYLE A. C.** Le chien des Baskerville : une aventure de Sherlock Holmes. *Librio, 1996.* (Librio ; 119 c1)
ISBN 2-277-30119-1. *10 F / 1,52 €*

15042 **DOYLE A. C.** Le Chien des Baskerville. Rééd. *LGF, 1988.* (Le Livre de poche ; 1630. Policier c4)
ISBN 2-253-00314-X. *20 F / 3,05 €*

15043 **DOYLE A. C.** Le chien des Baskerville. Réimpr. *Pocket, 1995.* (Pocket ; 1947. Noir c1)
ISBN 2-266-06773-7. *19 F / 2,90 €*

15044 **DOYLE A. C.** Le cycliste solitaire ; suivi de Charles Auguste Milverton et de Le Gloria Scott et de Le trois-quart aile manquant : quatre aventures de Sherlock Holmes. *Librio, 1995.* (Librio ; 51 c01)
ISBN 2-277-30051-9. *10 F / 1,52 €*

15045 **DOYLE A. C.** Le diadème de Béryls ; suivi de Le pouce de l'ingénieur et de Le gentilhomme célibataire et de Les hêtres d'or : quatre aventures de Sherlock Holmes. *Librio, 1998.* (Librio ; 202 c1)
ISBN 2-277-30202-3. *10 F / 1,52 €*

15046 **DOYLE A. C.** Une étude en rouge : une aventure de Sherlock Holmes. *Librio, 1995.* (Librio ; 69 c1)
ISBN 2-277-30069-1. *10 F / 1,52 €*

15047 **DOYLE A. C.** L'homme à la lèvre tordue : et autres aventures de Sherlock Holmes = The man with the twisted lip : and other adventures of Sherlock Holmes. *Gallimard, 1996.* (Folio bilingue ; 58 c7)
ISBN 2-07-039458-1. *60 F / 9,15 €*

15048 **DOYLE A. C.** Les hommes dansants ; suivi de L'entrepreneur de Norwood et de Les trois étudiants et de Le pince-nez en or : quatre aventures de Sherlock Holmes. *Librio, 1999.* (Librio ; 283 c1)
ISBN 2-277-30283-X. *10 F / 1,52 €*

15049 **DOYLE A. C.** Inédits et introuvables. Réimp. *Laffont, 2000.* (Bouquins)
ISBN 2-221-09203-1. *189 F / 28,81 €*

15050 **DOYLE A. C.** Nouvelles archives sur Sherlock Holmes : la pensionnaire voilée. *LGF, 1998.* (Le Livre de poche ; 14482. Policier c3)
ISBN 2-253-14482-7. *18 F / 2,74 €*

15051 **DOYLE A. C.** Les nouvelles aventures de Sherlock Holmes. 1. *LGF, 1996.* (Le Livre de poche ; 13959. Policier c3)
ISBN 2-253-13959-9. *18 F / 2,74 €*

15052 **DOYLE A. C.** Les nouvelles aventures de Sherlock Holmes. 2. *LGF, 1996.* (Le Livre de poche ; 13960. Policier c3)
ISBN 2-253-13960-2. *18 F / 2,74 €*

15053 **DOYLE A. C.** Le problème final ; précédé de La face jaune et de Un estropié et de Le malade à demeure : quatre aventures de Sherlock Holmes. *Librio, 1998.* (Librio ; 229 c1)
ISBN 2-277-30229-5. *10 F / 1,52 €*

15054 **DOYLE A. C.** Résurrection de Sherlock Holmes. Rééd. *LGF, 1989.* (Le Livre de poche ; 1322. Policier c8)
ISBN 2-253-01063-4. *33 F / 5,03 €*

15055 **DOYLE A. C.** Le rituel des Musgrave ; suivi de L'interprète grec et de Une affaire d'identité et de Le mystère de la vallée de Boscombe : quatre aventures de Sherlock Holmes. *Librio, 1994.* (Librio ; 34 c1)
ISBN 2-277-30034-9. *10 F / 1,52 €*

15056 **DOYLE A. C.** Scandale en Bohême = A Scandal in Bohemia : et deux aventures de Sherlock Holmes. *LGF, 1992.* (Les Langues modernes ; 8758. Bilingue c10)
ISBN 2-253-06138-7. *40 F / 6,10 €*

15057 **DOYLE A. C.** Un scandale en Bohême ; suivi de Peter le noir et de L'école du Prieuré et de Le détective mourant : quatre aventures de Sherlock Holmes. *Librio, 1996.* (Librio ; 138 c1)
ISBN 2-277-30138-8. *10 F / 1,52 €*

15058 **DOYLE A. C.** Sherlock Holmes. 1. Réimpr. *Laffont, 2000.* (Bouquins)
ISBN 2-221-09201-5. *149 F / 22,71 €*

15059 **A** **DOYLE A. C.** Sherlock Holmes. 2. *Libr. des Champs-Elysées, 1999.* (Les intégrales du Masque)
ISBN 2-7024-2955-6

15060 **DOYLE A. C.** Sherlock Holmes. 2. Réimpr. *Laffont, 1998.* (Bouquins)
ISBN 2-221-08883-2. *149 F / 22,71 €*

15061 **DOYLE A. C.** Sherlock Holmes, étude en rouge : une aventure de Sherlock Holmes. *LGF, 1995.* (Le Livre de poche ; 3113. Policier c4)
ISBN 2-253-09810-8. *20 F / 3,05 €*

15062 **DOYLE A. C.** Sherlock Holmes, le signe des quatre. *LGF, 1995.* (Le Livre de poche ; 3115. Policier c4)
ISBN 2-253-09812-4. *20 F / 3,05 €*

15063 **DOYLE A. C.** Sherlock Holmes, more mysteries. *Langues pour tous, 2000.* (Langues pour tous ; 2715)
ISBN 2-266-09816-0. *42 F / 6,40 €*

15064 **DOYLE A. C.** Le signe des Quatre : une aventure de Sherlock Holmes. *Librio, 1997.* (Librio ; 162 c1)
ISBN 2-277-30162-0. *10 F / 1,52 €*

15065 **DOYLE A. C.** Les six napoléons ; suivi de L'homme à la lèvre tordue et de Silver Blaze et de Le traité naval : quatre aventures de Sherlock Holmes. *Librio, 1995.* (Librio ; 84 c1)
ISBN 2-277-30084-5. *10 F / 1,52 €*

15066 **DOYLE A. C.** Son dernier coup d'archet. *LGF, 1988.* (Le Livre de poche ; 2019. Policier c5)
ISBN 2-253-00574-6. *23 F / 3,51 €*

15067 **DOYLE A. C.** Souvenirs de Sherlock Holmes. Rééd. *LGF, 1989.* (Le Livre de poche ; 1238. Policier c6)
ISBN 2-253-01015-4. *26 F / 3,96 €*

15068 **DOYLE A. C.** La Vallée de la peur. Rééd. *LGF, 1989.* (Le Livre de poche ; 1433. Policier c5)
ISBN 2-253-01044-8. *23 F / 3,51 €*

15069 **DOYLE A. C.** Le visage jaune. *Mille et une nuits, 1998.* (La petite collection ; 187 cA)
ISBN 2-84205-191-2. *10 F / 1,52 €*

15070 **DOYLE A. C., CARR J. D.** Les Exploits de Sherlock Holmes. Rééd. *LGF, 1988.* (Le Livre de poche ; 2423. Policier c7)
ISBN 2-253-00440-5. *30 F / 4,57 €*

15071 **DRESDEN T.** Ne te retourne pas. *Pocket, 1998.* (Pocket ; 10384 c5)
ISBN 2-266-08127-6. *35 F / 5,34 €*

15072 [N] **DRESDEN T.** Un rire dans la nuit. *Pocket, 2000.* (Pocket ; 10843. Thriller c7)
ISBN 2-266-09831-4. *42 F / 6,40 €*

15073 **DUCHATEAU A-P.** La 139e victime. *Libr. des Champs-Elysées, 1990.* (Le Masque ; 1984. Les maîtres du roman policier c1)
ISBN 2-7024-2017-6. *28 F / 4,27 €*

15074 **DUCHATEAU A-P.** Les chemins de lune. *Libr. des Champs-Elysées, 2000.* (Labyrinthes ; 69)
ISBN 2-7024-9684-9. *45 F / 6,86 €*

15075 [N] **DUCHATEAU A-P.** Le voleur d'âmes. *Libr. des Champs-Elysées, 2000.* (Labyrinthes ; 82)
ISBN 2-7024-9694-6. *45 F / 6,86 €*

15076 [N] **DUFFY S.** Les effeuilleuses. *J'ai lu, 2001.* (J'ai lu ; 5797. Policier cH)
ISBN 2-290-30977-X. *32 F / 4,88 €*

15077 **DUMAL A.** Burundunga. *Baleine, 1996.* (Canaille-revolver ; 33)
ISBN 2-84219-032-7. *47 F / 7,17 €*

15078 [A] **DUNANT S.** Double sens. *Pocket, 2001.* (Pocket ; 11131. Thriller)
ISBN 2-266-10646-5. *38 F / 5,79 €*

15079 **DUNANT S.** Transgression. *Pocket, 1999.* (Pocket ; 10532. Thriller)
ISBN 2-266-08698-7. *35 F / 5,34 €*

15080 **DUNNE D.** Une saison au purgatoire. *LGF, 1996.* (Le Livre de poche ; 7676. Thriller c10)
ISBN 2-253-07676-7. *40 F / 6,10 €*

15081 **DUNNING J.** Les Mécanos de la mort. *Gallimard, 1994.* (Folio ; 2603 c11)
ISBN 2-07-038868-9. *29,50 F / 4,50 €*

15082 **DURAND L.** Le grand silence. *Pocket, 1996.* (Pocket ; 10013. Best c5)
ISBN 2-266-06682-X. *35 F / 5,34 €*

15083 **DÜRRENMATT F.** Der Richter und sein Henker. *LGF, 1992.* (Le Livre de poche ; 8671. Lire en allemand c9)
ISBN 2-253-06167-0. *36 F / 5,49 €*

15084 **DYAN B.** Un soupçon de vertu. *Baleine, 1997.* (Canaille-revolver ; 106)
ISBN 2-84219-120-X. *47 F / 7,17 €*

15085 [N] **EASTERMAN D.** Incarnation. *Pocket, 2000.* (Pocket ; 11085. Thriller c9)
ISBN 2-266-10486-1. *48 F / 7,32 €*

15086 **EASTERMAN D.** Le jugement final. *Pocket, 1999.* (Pocket ; 10526. Thriller c6)
ISBN 2-266-08688-X. *38 F / 5,79 €*

15087 **EASTERMAN D.** K. *Pocket, 2000.* (Pocket ; 10778. Thriller c7)
ISBN 2-266-09639-7. *42 F / 6,40 €*

15088 **EASTERMAN D.** Le nom de la bête. *Pocket, 1997.* (Pocket ; 4495. Best c8)
ISBN 2-266-07152-1. *45 F / 6,86 €*

15089 **EASTERMAN D.** La nuit de l'apocalypse. *Pocket, 1998.* (Pocket ; 10224. Thriller c7)
ISBN 2-266-07623-X. *42 F / 6,40 €*

15090 **EASTERMAN D.** La nuit du septième jour. *Pocket, 1999.* (Pocket ; 10782. Thriller)
ISBN 2-266-08862-9. *42 F / 6,40 €*

15091 **EASTERMAN D.** Le septième sanctuaire. *LGF, 1995.* (Le Livre de poche ; 7645. Thriller c10)
ISBN 2-253-07645-7. *40 F / 6,10 €*

15092 **EASTERMAN D.** Le testament de Judas. *Pocket, 1997.* (Pocket ; 4494 c7)
ISBN 2-266-07153-X. *42 F / 6,40 €*

15093 **EASTWOOD J.** Bas les masques. *Gallimard, 1996.* (Folio ; 163 c9)
ISBN 2-07-049623-6. *38 F / 5,79 €*

15094 **EASTWOOD J.** La Femme à abattre. *Gallimard, 1987.* (Folio ; 1800 c11)
ISBN 2-07-037800-4. *29,50 F / 4,50 €*

15095 [N] **EDO R.** Mauvais sort. *LGF, 2001.* (Le Livre de poche ; 17165. Thriller c7)
ISBN 2-253-17165-4. *30 F / 4,57 €*

15096 **ELLIN S.** Le Compagnon du fou. Réimpr. *Libr. des Champs-Elysées, 1989.* (Le Masque ; 1670 c3)
ISBN 2-7024-1931-3. *32 F / 4,88 €*

15097 **ELLIN S.** La Douzième statue. Réimpr. *Libr. des Champs-Elysées, 1989.* (Le Masque ; 1702 c3)
ISBN 2-7024-1933-X. *32 F / 4,88 €*

15098 [N] **ELLIOTT J.** Une femme en danger. *J'ai lu, 2000.* (J'ai lu ; 4904. Policier cL)
ISBN 2-290-04904-2. *45 F / 6,86 €*

15099 **ENDRÈBE M-B.** Danger intime. *LGF, 1996.* (Le Livre de poche ; 4056. Policier c5)
ISBN 2-253-14056-2. *23 F / 3,51 €*

15100 **ERIS P.** Une balle dans l'esthète. *Baleine, 1997.* (Le Poulpe ; 96)
ISBN 2-84219-108-0. *39 F / 5,95 €*

15101 **ERRER E.** Descente en torche. *Gallimard, 1999.* (Folio ; 55. Policier ; 55 c3)
ISBN 2-07-040721-7. *37 F / 5,64 €*

15102 **ERSKINE M.** La maison des enchantements. *Libr. des Champs-Elysées, 1999.* (Le Masque ; 2432. Les reines du crime c2)
ISBN 2-7024-2974-2. *30 F / 4,57 €*

15103 **ESCOTT T.** Monet is money. *Métailié, 2000.* (Noir ; 15)
ISBN 2-86424-331-8. *52 F / 7,93 €*

15104 **ESCOTT T.** Opération Greenback. *Métailié, 1999.* (Noir ; 13)
ISBN 2-86424-316-4. *58 F / 8,84 €*

15105 **Un été de Poulpe.** *Baleine, 1997.* (Le Poulpe ; 69-70-71)
ISBN 2-84219-069-6. *120 F / 18,29 €*

15106 **EUSTIS H.** L'homme horizontal. *Libr. des Champs-Elysées, 1997.* (Le Masque ; 2317. Les reines du crime c6)
ISBN 2-7024-2743-X. *39 F / 5,95 €*

15107 **A** **EVANOVICH J.** A la une, à la deux, à la mort. *Pocket, 2001.* (Pocket. Noir ; 10996)
ISBN 2-266-10266-4

15108 **EVANOVICH J.** Deux fois n'est pas coutume. *Pocket, 2000.* (Pocket ; 11023)
ISBN 2-266-10353-9

15109 **N** **EVANOVICH J.** La prime. *Pocket, 2000.* (Pocket ; 11022. Noir c5)
ISBN 2-266-10354-7. *35 F / 5,34 €*

15110 **EVANS P.** La locataire. *Pocket, 1997.* (Pocket ; 10122. Thriller c4)
ISBN 2-266-07345-1. *30 F / 4,57 €*

15111 **EVANS P.** Voyage au coeur des ténèbres. *Pocket, 1999.* (Pocket ; 10513. Thriller c5)
ISBN 2-266-08599-9. *35 F / 5,34 €*

15112 **EXBRAYAT C.** Aimez-vous la pizza ?. Réimpr. *Libr. des Champs-Elysées, 1996.* (Le Masque ; 700 c3)
ISBN 2-7024-2170-9. *32 F / 4,88 €*

15113 **EXBRAYAT C.** Aimez-vous la pizza?. *Libr. des Champs-Elysées, 1979.* (Le Club des masques ; 55 c1)
ISBN 2-7024-1428-1. *32 F / 4,88 €*

15114 **EXBRAYAT C.** Amour et sparadrap. *Libr. des Champs-Elysées, 1979.* (Le Club des masques ; 21 c1)
ISBN 2-7024-0088-4. *32 F / 4,88 €*

15115 **EXBRAYAT C.** Les Amoureux de Leningrad. *Libr. des Champs-Elysées, 1984.* (Le Masque ; 1061 c1)
ISBN 2-7024-1494-X. *28 F / 4,27 €*

15116 **EXBRAYAT C.** Les Amoureux de Leningrad. *Libr. des Champs-Elysées, 1972.* (Le Club des masques ; 157 c1)
ISBN 2-7024-0083-3. *32 F / 4,88 €*

15117 **EXBRAYAT C.** Amours auvergnates. *Libr. des Champs-Elysées, 1983.* (Le Club des masques ; 506 c1)
ISBN 2-7024-1423-0. *32 F / 4,88 €*

15118 **EXBRAYAT C.** Les Amours auvergnates. *Libr. des Champs-Elysées, 1979.* (Le Masque ; 1001 c2)
ISBN 2-7024-1992-5. *30 F / 4,57 €*

15119 **EXBRAYAT C.** Aux trois cassoulets. Réimpr. *Libr. des Champs-Elysées, 1993.* (Le Club des masques ; 229 c1)
ISBN 2-7024-0101-5. *32 F / 4,88 €*

15120 **EXBRAYAT C.** Avanti la musica!. *Libr. des Champs-Elysées, 1984.* (Le Masque ; 715 c1)
26 F / 3,96 €

15121 **EXBRAYAT C.** Barthélémy et sa colère. Réimpr. *Libr. des Champs-Elysées, 1996.* (Le Club des masques ; 354 c1)
ISBN 2-7024-0854-0. *32 F / 4,88 €*

15122 **EXBRAYAT C.** Barthélémy et sa colère. Nouv. éd. *Libr. des Champs-Elysées, 1988.* (Le Masque ; 854 c2)
ISBN 2-7024-1834-1. *30 F / 4,57 €*

15123 **EXBRAYAT C.** La Belle véronaise. *Libr. des Champs-Elysées, 1975.* (Le Club des masques ; 268 c1)
ISBN 2-7024-0170-8. *32 F / 4,88 €*

15124 **EXBRAYAT C.** Un Bien bel homme. *Libr. des Champs-Elysées.* (Le Masque ; 1116 c1)
26 F / 3,96 €

15125 **EXBRAYAT C.** Un Bien bel homme. *Libr. des Champs-Elysées, 1978.* (Le Club des masques ; 277 c1)
ISBN 2-7024-0177-5. *32 F / 4,88 €*

15126 **EXBRAYAT C.** Les Blondes et papa. *Libr. des Champs-Elysées, 1978.* (Le Club des masques ; 126 c1)
ISBN 2-7024-0116-3. *32 F / 4,88 €*

15127 **EXBRAYAT C.** Les blondes et papa. Réimpr. *Libr. des Champs-Elysées, 1996.* (Le Masque ; 727 c3)
ISBN 2-7024-1926-7. *32 F / 4,88 €*

15128 **EXBRAYAT C.** Une Brune aux yeux bleus. *Libr. des Champs-Elysées, 1966.* (Le Club des masques ; 71 c1)
27 F / 4,12 €

15129 **EXBRAYAT C.** Une Brune aux yeux bleus. *Libr. des Champs-Elysées, 1984.* (Le Masque ; 935 c1)
ISBN 2-7024-1546-6. *28 F / 4,27 €*

15130 **EXBRAYAT C.** Bye, bye chérie. Réimpr. *Libr. des Champs-Elysées, 1996.* (Le Masque ; 1330 c3)
ISBN 2-7024-2121-0. *32 F / 4,88 €*

15131 **EXBRAYAT C.** Bye, bye chérie. Réimpr. *Libr. des Champs-Elysées, 1996.* (Le Club des masques ; 562 c1)
ISBN 2-7024-1667-5. *32 F / 4,88 €*

15132 **EXBRAYAT C.** C'est pas Dieu possible. *Libr. des Champs-Elysées, 1984.* (Le Club des masques ; 544 c1)
ISBN 2-7024-1598-9. *32 F / 4,88 €*

15133 **EXBRAYAT C.** Ce mort que nul n'aimait. *Libr. des Champs-Elysées, 1959.* (Le Club des masques ; 133 c1)
ISBN 2-7024-0117-1. *32 F / 4,88 €*

15134 **EXBRAYAT C.** Ces sacrées florentines. *Libr. des Champs-Elysées, 1972.* (Le Club des masques ; 147 c1)
ISBN 2-7024-0084-1. *32 F / 4,88 €*

15135 **EXBRAYAT C.** Cet imbécile de Ludovic. *Libr. des Champs-Elysées, 1992.* (Le Masque ; 674 c2)
ISBN 2-7024-1866-X. *30 F / 4,57 €*

15136 **EXBRAYAT C.** Cet imbécile de Ludovic. *Libr. des Champs-Elysées, 1978.* (Le Club des masques ; 85 c1)
ISBN 2-7024-0126-0. *32 F / 4,88 €*

15137 **EXBRAYAT C.** Chant funèbre pour un gitan. Réimpr. *Libr. des Champs-Elysées, 1997.* (Le Club des masques ; 145 c1)
ISBN 2-7024-0081-7. *32 F / 4,88 €*

15138 **EXBRAYAT C.** Le château des amours mortes. Réimpr. *Libr. des Champs-Elysées, 1998.* (Le Masque ; 1608 c2)
ISBN 2-7024-1924-0. *30 F / 4,57 €*

15139 **EXBRAYAT C.** Chewing-gum et spaghetti. Réimpr. *Libr. des Champs-Elysées, 1993.* (Le Club des masques ; 12 c1)
ISBN 2-7024-0111-2. *32 F / 4,88 €*

15140 **EXBRAYAT C.** Chianti et coca-cola. Réimpr. *Libr. des Champs-Elysées, 1999.* (Le Club des masques ; 33)
ISBN 2-7024-0089-2. *32 F / 4,88 €*

15141 **EXBRAYAT C.** Chianti et coca-cola. *Libr. des Champs-Elysées.* (Le Masque ; 897 c1)
26 F / 3,96 €

15142 **EXBRAYAT C.** Le Clan Morembert. *Libr. des Champs-Elysées, 1984.* (Le Club des masques ; 520 c1)
ISBN 2-7024-1521-0. *32 F / 4,88 €*

15143 **EXBRAYAT C.** Un Coeur d'artichaut. *Libr. des Champs-Elysées, 1982.* (Le Club des masques ; 487 c1)
ISBN 2-7024-1292-0. *32 F / 4,88 €*

15144 **EXBRAYAT C.** Le colonel est retourné chez lui. Réimpr. *Libr. des Champs-Elysées, 1997.* (Le Club des masques ; 170 c1)
ISBN 2-7024-0094-9. *32 F / 4,88 €*

15145 **EXBRAYAT C.** Les Dames du Creusot. Nouv. éd. *Libr. des Champs-Elysées, 1988.* (Le Masque ; 904 c2)
ISBN 2-7024-1819-8. *30 F / 4,57 €*

15146 **EXBRAYAT C.** Des demoiselles imprudentes. *Libr. des Champs-Elysées, 1979.* (Le Club des masques ; 369 c1)
ISBN 2-7024-0869-9. *32 F / 4,88 €*

15147 **EXBRAYAT C.** Le Dernier des salauds. *Libr. des Champs-Elysées, 1981.* (Le Club des masques ; 454 c1)
ISBN 2-7024-1130-4. *32 F / 4,88 €*

15148 **EXBRAYAT C.** Deux enfants tristes. Réimpr. *Libr. des Champs-Elysées, 1999.* (Le Masque ; 1423 c2)
ISBN 2-7024-2368-X. *30 F / 4,57 €*

15149 **EXBRAYAT C.** Deux enfants tristes. *Libr. des Champs-Elysées, 1985.* (Le Club des masques ; 555 c1)
ISBN 2-7024-1621-7. *32 F / 4,88 €*

15150 **EXBRAYAT C.** Dors tranquille Katherine. *Libr. des Champs-Elysées, 1980.* (Le Club des masques ; 286 c1)
ISBN 2-7024-0186-4. *32 F / 4,88 €*

15151 **EXBRAYAT C.** Les douceurs provinciales. *Libr. des Champs-Elysées, 1996.* (Exbrayat; 4)(Les intégrales du Masque c1)
ISBN 2-7024-2533-X. *149 F / 22,71 €*

15152 **EXBRAYAT C.** Les Douceurs provinciales. *Libr. des Champs-Elysées, 1978.* (Le Club des masques ; 51 c1)
ISBN 2-7024-0091-4. *32 F / 4,88 €*

15153 **EXBRAYAT C.** Les Douceurs provinciales. Nouv. éd. *Libr. des Champs-Elysées, 1988.* (Le Masque ; 1744 c2)
ISBN 2-7024-1820-1. *30 F / 4,57 €*

15154 **EXBRAYAT C.** Elle avait trop de mémoire. *Libr. des Champs-Elysées, 1967.* (Le Club des masques ; 27 c1)
ISBN 2-7024-0086-8. *32 F / 4,88 €*

15155 **A** **EXBRAYAT C.** En souvenir d'Alice. Réimpr. *Libr. des Champs-Elysées, 2001.* (Le Masque ; 1469 c2)
ISBN 2-7024-1923-2. *30 F / 4,57 €*

15156 **EXBRAYAT C.** Encore vous, Imogène ; Roman policier humoristique. Réimpr. *Libr. des Champs-Elysées, 1995.* (Le Club des masques ; 118 c1)
ISBN 2-7024-0127-9. *32 F / 4,88 €*

15157 **EXBRAYAT C.** Encore vous Imogène. *Libr. des Champs-Elysées.* (Le Masque ; 753 c1)
26 F / 3,96 €

15158 **EXBRAYAT C.** Espion où es-tu, m'entends-tu?. *Libr. des Champs-Elysées, 1984.* (Le Club des masques ; 98 c1)
ISBN 2-7024-0146-5. *32 F / 4,88 €*

15159 **EXBRAYAT C.** Et qu' ça saute. *Libr. des Champs-Elysées, 1978.* (Le Club des masques ; 106 c1)
ISBN 2-7024-0115-5. *32 F / 4,88 €*

15160 **EXBRAYAT C.** Félicité de la Croix-Rousse. Réimpr. *Libr. des Champs-Elysées, 1995.* (Le Club des masques ; 215 c1)
ISBN 2-7024-0028-0. *32 F / 4,88 €*

15161 **EXBRAYAT C.** Les fiançailles d'Imogène. Réimpr. *Libr. des Champs-Elysées, 1999.* (Le Masque ; 1176 c2)
ISBN 2-7024-2004-4. *30 F / 4,57 €*

15162 **EXBRAYAT C.** Les Fiançailles d'Imogene. *Libr. des Champs-Elysées, 1974.* (Le Club des masques ; 197 c1)
ISBN 2-7024-0002-7. *32 F / 4,88 €*

15163 **EXBRAYAT C.** Les Filles de Folignazzaro. *Libr. des Champs-Elysées, 1979.* (Le Club des masques ; 360 c1)
ISBN 2-7024-0860-5. *32 F / 4,88 €*

15164 **EXBRAYAT C.** Les Filles de Folignazzaro. Nouv. éd. *Libr. des Champs-Elysées, 1988.* (Le Masque ; 797 c1)
ISBN 2-7024-1816-3. *32 F / 4,88 €*

15165 **EXBRAYAT C.** Des Filles si tranquilles. *Libr. des Champs-Elysées, 1984.* (Le Club des masques ; 528 c1)
ISBN 2-7024-1530-X. *32 F / 4,88 €*

15166 **EXBRAYAT C.** Fini de rire, fillette. Réimpr. *Libr. des Champs-Elysées, 1998.* (Le Masque ; 1512 c1)
ISBN 2-7024-2097-4. *32 F / 4,88 €*

15167 **EXBRAYAT C.** Fini de rire, fillette!. Réimpr. *Libr. des Champs-Elysées, 1986.* (Le Club des masques ; 568)
ISBN 2-7024-1691-8. *32 F / 4,88 €*

15168 **EXBRAYAT C.** La honte de la famille. Réimpr. *Libr. des Champs-Elysées, 1999.* (Le Club des masques ; 478)
ISBN 2-7024-1283-1. *32 F / 4,88 €*

15169 **EXBRAYAT C.** La honte de la famille. Réimpr. *Libr. des Champs-Elysées, 1997.* (Le Masque ; 831 c2)
ISBN 2-7024-1817-1. *30 F / 4,57 €*

15170 **EXBRAYAT C.** Imogène est de retour. *Libr. des Champs-Elysées, 1978.* (Le Club des masques ; 110 c1)
ISBN 2-7024-0144-9. *32 F / 4,88 €*

15171 **EXBRAYAT C.** Imogène est de retour. Réimpr. *Libr. des Champs-Elysées, 1999.* (Le Masque ; 706 c3)
ISBN 2-7024-2539-9. *35 F / 5,34 €*

15172 **EXBRAYAT C.** Imogène et la veuve blanche. *Libr. des Champs-Elysées, 1986.* (Le Club des masques ; 572 c1)
ISBN 2-7024-1711-6. *32 F / 4,88 €*

15173 **EXBRAYAT C.** Imogène, vous êtes impossible !. Réimpr. *Libr. des Champs-Elysées, 1996.* (Le Masque ; 801 c2)
ISBN 2-7024-2076-1. *32 F / 4,88 €*

15174 **EXBRAYAT C.** Imogène, vous êtes impossible. *Libr. des Champs-Elysées, 1980.* (Le Club des masques ; 140 c1)
ISBN 2-7024-0058-2. *32 F / 4,88 €*

15175 **EXBRAYAT C.** L'Inspecteur mourra seul. *Libr. des Champs-Elysées, 1978.* (Le Club des masques ; 19 c1)
ISBN 2-7024-0087-6. *32 F / 4,88 €*

15176 **EXBRAYAT C.** L'Inspecteur mourra seul. *Libr. des Champs-Elysées.* (Le Masque ; 638 c1)
26 F / 3,96 €

15177 **EXBRAYAT C.** J'aimais bien Rowena. *Libr. des Champs-Elysées, 1986.* (Le Club des masques ; 575 c1)
ISBN 2-7024-1712-4. *32 F / 4,88 €*

15178 **EXBRAYAT C.** Un Joli petit coin pour mourir. *Libr. des Champs-Elysées, 1973.* (Le Club des masques ; 190 c1)
ISBN 2-7024-0118-X. *32 F / 4,88 €*

15179 **EXBRAYAT C.** Mandolines et barbouzes. Nouv. éd. *Libr. des Champs-Elysées, 1992.* (Le Masque ; 1805 c2)
ISBN 2-7024-1994-1. *30 F / 4,57 €*

15180 **EXBRAYAT C.** Mandolines et barbouzes. *Libr. des Champs-Elysées, 1978.* (Le Club des masques ; 80 c1)
ISBN 2-7024-0143-0. *32 F / 4,88 €*

15181 **EXBRAYAT C.** Méfie-toi, Gone. *Libr. des Champs-Elysées.* (Le Masque ; 741 c1)
ISBN 2-7024-1639-X. *28 F / 4,27 €*

15182 **EXBRAYAT C.** Les menteuses. Réimpr. *Libr. des Champs-Elysées, 1970.* (Le Masque ; 1141 c2)
ISBN 2-7024-2555-0. *30 F / 4,57 €*

15183 **EXBRAYAT C.** Les Menteuses. *Libr. des Champs-Elysées, 1974.* (Le Club des masques ; 223 c1)
ISBN 2-7024-0036-1. *32 F / 4,88 €*

15184 **EXBRAYAT C.** Les Messieurs de Delft. *Libr. des Champs-Elysées, 1977.* (Le Club des masques ; 312 c1)
ISBN 2-7024-1383-8. *32 F / 4,88 €*

15185 **EXBRAYAT C.** Les Messieurs de Delft. Nouv. éd. *Libr. des Champs-Elysées, 1988.* (Le Masque ; 839 c2)
ISBN 2-7024-1818-X. *30 F / 4,57 €*

15186 **EXBRAYAT C.** Mets tes pantoufles, Roméo. *Libr. des Champs-Elysées, 1983.* (Le Masque ; 1713 c1)
26 F / 3,96 €

15187 **EXBRAYAT C.** Mortimer comment osez-vous?. Réimpr. *Libr. des Champs-Elysées, 1997.* (Le Masque ; 969 c2)
ISBN 2-7024-1993-3. *30 F / 4,57 €*

15188 **N** **EXBRAYAT C.** Ne vous fâchez pas, Imogène !. Réimpr. *Libr. des Champs-Elysées, 2000.* (Le Masque ; 647 c4)
ISBN 2-7024-1906-2. *32 F / 4,88 €*

15189 **EXBRAYAT C.** Ne vous fâchez pas, Imogène. Réimpr. *Libr. des Champs-Elysées, 1998.* (Le Club des masques ; 75 c1)
ISBN 2-7024-0156-2. *32 F / 4,88 €*

15190 **EXBRAYAT C.** Le Nez dans la luzerne. *Libr. des Champs-Elysées, 1980.* (Le Masque ; 1597 c1)
26 F / 3,96 €

15191 **EXBRAYAT C.** Notre Imogène. Réimpr. *Libr. des Champs-Elysées, 1999.* (Le Masque ; 1070 c2)
ISBN 2-7024-1917-8. *30 F / 4,57 €*

15192 **EXBRAYAT C.** La nuit de Santa Cruz. *Libr. des Champs-Elysées, 1996.* (Le Masque ; 592 c3)
ISBN 2-7024-1978-X. *32 F / 4,88 €*

15193 **EXBRAYAT C.** La Nuit de Santa Cruz. Réimpr. *Libr. des Champs-Elysées, 1996.* (Le Club des masques ; 378 c1)
ISBN 2-7024-0878-8. *32 F / 4,88 €*

15194 **EXBRAYAT C.** Olé! Torero!... *Libr. des Champs-Elysées, 1977.* (Le Club des masques ; 303 c1)
ISBN 2-7024-0804-4. *32 F / 4,88 €*

15195 **EXBRAYAT C.** Le petit fantôme de Canterbury. Réimpr. *Libr. des Champs-Elysées, 1999.* (Le Masque ; 1392 c3)
ISBN 2-7024-2064-8. *32 F / 4,88 €*

15196 **EXBRAYAT C.** La Petite fille à la fenêtre. Réimpr. *Libr. des Champs-Elysées, 1992.* (Le Masque ; 1188. Les maîtres du roman policier c2)
ISBN 2-7024-2311-6. *30 F / 4,57 €*

15197 **EXBRAYAT C.** La petite fille à la fenêtre. Réimpr. *Libr. des Champs-Elysées, 1997.* (Le Club des masques ; 231 c1)
ISBN 2-7024-0129-5. *32 F / 4,88 €*

15198 **EXBRAYAT C.** Une Petite morte de rien du tout. *Libr. des Champs-Elysées, 1980.* (Le Club des masques ; 414 c1)
ISBN 2-7024-1020-0. *32 F / 4,88 €*

15199 **EXBRAYAT C.** Plaies et bosses. *Libr. des Champs-Elysées, 1966.* (Le Club des masques ; 59 c1)
ISBN 2-7024-0155-4. *32 F / 4,88 €*

15200 **EXBRAYAT C.** Le plus beau des bersagliers. Réimpr. *Libr. des Champs-Elysées, 1996.* (Le Masque ; 779 c3)
ISBN 2-7024-2000-1. *32 F / 4,88 €*

15201 **EXBRAYAT C.** Le Plus beau des bersagliers. *Libr. des Champs-Elysées, 1978.* (Le Club des masques ; 88 c1)
ISBN 2-7024-0092-2. *32 F / 4,88 €*

15202 **EXBRAYAT C.** La Plus jolie des garces. *Libr. des Champs-Elysées, 1983.* (Le Masque ; 1728 c1)
ISBN 2-7024-1441-9. *28 F / 4,27 €*

15203 **EXBRAYAT C.** Porridge et polenta. *Libr. des Champs-Elysées, 1985.* (Le Club des masques ; 345 c1)
ISBN 2-7024-1382-X. *32 F / 4,88 €*

15204 **EXBRAYAT C.** Pour Belinda. *Libr. des Champs-Elysées, 1979.* (Le Club des masques ; 393 c1)
ISBN 2-7024-0928-8. *32 F / 4,88 €*

15205 **EXBRAYAT C.** Pour ses beaux yeux. *Libr. des Champs-Elysées, 1984.* (Le Club des masques ; 537 c1)
ISBN 2-7024-1580-6. *32 F / 4,88 €*

15206 **EXBRAYAT C.** Pourquoi tuer le pépé. Réimpr. *Libr. des Champs-Elysées, 1992.* (Le Masque ; 1220 c1)
ISBN 2-7024-1920-8. *32 F / 4,88 €*

15207 **EXBRAYAT C.** Pourquoi tuer le pépé?. *Libr. des Champs-Elysées, 1975.* (Le Club des masques ; 256 c1)
ISBN 2-7024-0151-1. *32 F / 4,88 €*

15208 **EXBRAYAT C.** Le quadrille de Bologne. Réimpr. *Libr. des Champs-Elysées, 1997.* (Le Club des masques ; 102)
ISBN 2-7024-0114-7. *32 F / 4,88 €*

15209 **EXBRAYAT C.** Le Quadrille de Bologne. Réimpr. *Libr. des Champs-Elysées, 1988.* (Le Masque ; 1821 c2)
ISBN 2-7024-1815-5. *30 F / 4,57 €*

15210 **EXBRAYAT C.** Quand Mario reviendra. *Libr. des Champs-Elysées, 1973.* (Le Masque ; 1240 c1)
ISBN 2-7024-0317-4. *28 F / 4,27 €*

15211 **EXBRAYAT C.** Quand Mario reviendra. *Libr. des Champs-Elysées, 1977.* (Le Club des masques ; 318 c1)
27 F / 4,12 €

15212 **EXBRAYAT C.** Quel gâchis, inspecteur. *Libr. des Champs-Elysées, 1978.* (Le Club des masques ; 39 c1)
ISBN 2-7024-0145-7. *32 F / 4,88 €*

15213 **EXBRAYAT C.** Quel gâchis inspecteur. *Libr. des Champs-Elysées, 1983.* (Le Masque ; 814 c1)
ISBN 2-7024-1489-3. *28 F / 4,27 €*

15214 **EXBRAYAT C.** Qui veut affoler Martine?. *Libr. des Champs-Elysées, 1973.* (Le Masque ; 1278 c2)
ISBN 2-7024-0418-9. *30 F / 4,57 €*

15215 **EXBRAYAT C.** Qui veut affoler Martine?. *Libr. des Champs-Elysées, 1978.* (Le Club des masques ; 336 c1)
ISBN 2-7024-0836-2. *32 F / 4,88 €*

15216 **EXBRAYAT C.** Le Quintette de Bergame. *Libr. des Champs-Elysées, 1978.* (Le Club des masques ; 181 c1)
ISBN 2-7024-0128-7. *32 F / 4,88 €*

15217 **EXBRAYAT C.** Une ravissante idiote. Réimpr. *Libr. des Champs-Elysées, 1996.* (Le Club des masques ; 114 c1)
ISBN 2-7024-0093-0. *32 F / 4,88 €*

15218 **A** **EXBRAYAT C.** Le Sage de Sauvenat. Nouv. éd. *Libr. des Champs-Elysées, 2001.* (Le Masque ; 1667)
ISBN 2-7024-2061-3

15219 **EXBRAYAT C.** Sainte Crapule. Réimpr. *Libr. des Champs-Elysées, 1996.* (Le Masque ; 1256 c3)
ISBN 2-7024-1928-3. *32 F / 4,88 €*

15220 **EXBRAYAT C.** Sainte Crapule. *Libr. des Champs-Elysées, 1977.* (Le Club des masques ; 327 c1)
ISBN 2-7024-0827-3. *32 F / 4,88 €*

15221 **EXBRAYAT C.** Les Tarchinini. *Libr. des Champs-Elysées, 1990.* (Exbrayat; 2)(Les intégrales du Masque)
ISBN 2-7024-2181-4. *149 F / 22,71 €*

15222 **EXBRAYAT C.** Le temps se gâte à Zakopane. Réimpr. *Libr. des Champs-Elysées, 1998.* (Le Club des masques ; 92 c1)
ISBN 2-7024-0108-2. *32 F / 4,88 €*

15223 **EXBRAYAT C.** Le temps se gâte à Zakopane. *Libr. des Champs-Elysées, 1996.* (Le Masque ; 1837 c3)
ISBN 2-7024-1976-3. *32 F / 4,88 €*

15224 **EXBRAYAT C.** Ton amour et ma jeunesse. *Libr. des Champs-Elysées, 1972.* (Le Masque ; 1227 c1)
26 F / 3,96 €

15225 **EXBRAYAT C.** Ton amour et ma jeunesse. *Libr. des Champs-Elysées, 1978.* (Le Club des masques ; 247 c1)
ISBN 2-7024-0139-2. *32 F / 4,88 €*

15226 **EXBRAYAT C.** Le Tour d'Europe. *Libr. des Champs-Elysées, 1993.* (Exbrayat; 3)(Les intégrales du Masque c2)
ISBN 2-7024-2373-6. *149 F / 22,71 €*

15227 **EXBRAYAT C.** Tout le monde l'aimait. *Libr. des Champs-Elysées.* (Le Masque ; 1086 c1)
ISBN 2-7024-0224-0. *32 F / 4,88 €*

15228 **EXBRAYAT C.** Tout le monde l'aimait. Réimpr. *Libr. des Champs-Elysées, 1995.* (Le Club des masques ; 1086)
ISBN 2-7024-1888-0. *30 F / 4,57 €*

15229 **EXBRAYAT C.** Trahisons en tout genre. Réimpr. *Libr. des Champs-Elysées, 1997.* (Le Masque ; 1566 c2)
ISBN 2-7024-2009-5. *30 F / 4,57 €*

15230 **EXBRAYAT C.** Tu n'aurais pas du, Marguerite. *Libr. des Champs-Elysées, 1988.* (Le Club des masques ; 585 c2)
ISBN 2-7024-1810-4. *32 F / 4,88 €*

15231 **EXBRAYAT C.** Vous auriez pas vu la Jeanne, des fois?. *Libr. des Champs-Elysées, 1984.* (Le Masque ; 1755 c1)
ISBN 2-7024-1537-7. *28 F / 4,27 €*

15232 **EXBRAYAT C.** Vous manquez de tenue Archibald. Réimpr. *Libr. des Champs-Elysées, 1995.* (Le Masque ; 872)
ISBN 2-7024-1997-6. *30 F / 4,57 €*

15233 **EXBRAYAT C.** Vous manquez de tenue, Archibald. *Libr. des Champs-Elysées, 1979.* (Le Club des masques ; 384 c1)
ISBN 2-7024-0884-2. *32 F / 4,88 €*

15234 **EXBRAYAT C.** Vous souvenez-vous de Paco?. *Libr. des Champs-Elysées, 1991.* (Le Masque ; 616 c3)
ISBN 2-7024-2200-4. *32 F / 4,88 €*

15235 **EXBRAYAT C.** Vous souvenez-vous de Paco?. *Libr. des Champs-Elysées.* (Le Masque ; 616 c1)
26 F / 3,96 €

15236 **EXBRAYAT C.** Le Voyage inutile. *Libr. des Champs-Elysées, 1981.* (Le Club des masques ; 441 c1)
ISBN 2-7024-1117-7. *32 F / 4,88 €*

15237 **A** **EYRE E.** Du poison pour le prince. *10-18, 2001.* (10-18 ; 3301. Grands détectives)
ISBN 2-264-02833-5

15238 **EYRE E.** Mort d'une duchesse. *10-18, 1999.* (10-18 ; 3115. Grands détectives c6)
ISBN 2-264-02835-1. *47 F / 7,17 €*

15239 **N** **EYRE E.** Rideau pour le cardinal. *10-18, 2000.* (10-18 ; 3180. Grands détectives c4)
ISBN 2-264-02836-X. *47 F / 7,17 €*

15240 **FACON R.** Flic suspendu n'est pas ripou. *Baleine, 2000.* (Instantanés de polar ; 183)
ISBN 2-84219-255-9. *45 F / 6,86 €*

15241 **N** **FACON R.** Le requiem de John Edgar. *Baleine, 2001.* (Instantanés de polar ; 209)
ISBN 2-84219-299-0. *45 F / 6,86 €*

15242 **FAIR A.** Les accidents arrivent. *Libr. des Champs-Elysées, 1995.* (Le Masque ; 2228. Les maîtres du roman policier c2)
ISBN 2-7024-2514-3. *30 F / 4,57 €*

15243 **FAIR A.** Une Affaire en or. *Libr. des Champs-Elysées, 1992.* (Le Masque ; 2081. Les maîtres du roman policier c2)
ISBN 2-7024-2227-6. *30 F / 4,57 €*

15244 **FAIR A.** Au petit poil. *Libr. des Champs-Elysées, 1997.* (Le Masque ; 2334. Les maîtres du roman policier c1)
ISBN 2-7024-2765-0. *28 F / 4,27 €*

15245 **FAIR A.** Une Belle jambe!. *Libr. des Champs-Elysées, 1990.* (Le Masque ; 2013. Les maîtres du roman policier c3)
ISBN 2-7024-2049-4. *32 F / 4,88 €*

15246 **FAIR A.** Cousu de fil blanc. *Libr. des Champs-Elysées, 1993.* (Le Masque ; 2134. Les maîtres du roman policier c1)
ISBN 2-7024-2362-0. *28 F / 4,27 €*

15247 **FAIR A.** Le Dessus du panier. *Libr. des Champs-Elysées, 1992.* (Le Masque ; 2089. Les maîtres du roman policier c2)
ISBN 2-7024-2235-7. *30 F / 4,57 €*

15248 **FAIR A.** Les Femmes sont friponnes. *Libr. des Champs-Elysées, 1992.* (Le Masque ; 2101. Les maîtres du roman policier c2)
ISBN 2-7024-2293-4. *30 F / 4,57 €*

15249 **FAIR A.** Meurtre par défaut. *Libr. des Champs-Elysées, 1994.* (Le Masque ; 2154. Les maîtres du roman policier c1)
ISBN 2-7024-2429-5. *28 F / 4,27 €*

15250 **FAIR A.** La Piste effacée. *Libr. des Champs-Elysées, 1992.* (Le Masque ; 2072. Les maîtres du roman policier c2)
ISBN 2-7024-2215-2. *30 F / 4,57 €*

15251 **FAIR A.** Qui rira le dernier?. *Libr. des Champs-Elysées, 1993.* (Le Masque ; 2117. Les maîtres du roman policier c2)
ISBN 2-7024-2321-3. *30 F / 4,57 €*

15252 **FAIR A.** Le repos rêvé. *Libr. des Champs-Elysées, 1995.* (Le Masque ; 2242. Les maîtres du roman policier c1)
ISBN 2-7024-2515-1. *28 F / 4,27 €*

15253 **FAIR A.** Une Sacrée sarbacane. *Libr. des Champs-Elysées, 1993.* (Le Masque ; 2143. Les maîtres du roman policier c2)
ISBN 2-7024-2393-0. *30 F / 4,57 €*

15254 **A** **FAIRSTEIN L.** Un cas désespéré. *J'ai lu, 2001.* (J'ai lu ; 6013. Policier)
ISBN 2-290-31265-7

15255 **N** **FAIRSTEIN L.** L'épreuve finale. *J'ai lu, 2001.* (J'ai lu ; 5785. Policier cK)
ISBN 2-290-30915-X. *42 F / 6,40 €*

15256 **N** **FAJARDIE F-H.** L'adieu aux anges. *Table ronde, 2000.* (La petite vermillon ; 128)
ISBN 2-7103-2379-6. *45 F / 6,86 €*

15257 **N** **FAJARDIE F-H.** Après la pluie. *Gallimard, 2000.* (Folio ; 164. Policier c7)
ISBN 2-07-040988-0. *37 F / 5,64 €*

15258 **FAJARDIE F-H.** Au-dessus de l'arc-en-ciel. *Table ronde, 1997.* (La petite vermillon ; 72 c1)
ISBN 2-7103-0769-3. *45 F / 6,86 €*

15259 **FAJARDIE F-H.** Bleu de méthylène. *Gallimard, 1996.* (Folio ; 2798 c11)
ISBN 2-07-039479-4. *29,50 F / 4,50 €*

15260 **FAJARDIE F-H.** Brouillard d'automne. *Table ronde, 1997.* (La petite vermillon ; 83)
ISBN 2-7103-0834-7. *45 F / 6,86 €*

15261 **N** **FAJARDIE F-H.** Clause de style. Réimpr. *Gallimard, 2000.* (Folio ; 2033. Policier c4)
ISBN 2-07-041396-9. *20,50 F / 3,13 €*

15262 **FAJARDIE F-H.** Le faiseur de nuées. *Table ronde, 2000.* (La petite vermillon ; 117)
ISBN 2-7103-0945-9. *45 F / 6,86 €*

15263 **FAJARDIE F-H.** Gentil Faty!. *Actes Sud, 1997.* (Babel ; 276. Babel noir c2)
ISBN 2-7427-1282-8. *39 F / 5,95 €*

15264 **FAJARDIE F-H.** Les hauts-vents. *Librio, 1999.* (Librio ; 289. Noir c1)
ISBN 2-277-30289-9. *10 F / 1,52 €*

15265 **FAJARDIE F-H.** Polichinelle mouillé. *Table ronde, 1996.* (La petite vermillon ; 61 c2)
ISBN 2-7103-0746-4. *45 F / 6,86 €*

15266 **N** **FAJARDIE F-H.** Quadrige. *Gallimard, 2000.* (Folio ; 3441 c7)
ISBN 2-07-040989-9. *29,50 F / 4,50 €*

15267 **FAJARDIE F-H.** Querelleur. *Actes Sud, 1998.* (Babel ; 346. Babel noir c2)
ISBN 2-7427-1899-0. *39 F / 5,95 €*

15268 **FAJARDIE F-H.** Reines dans la ville. *Baleine, 1999.* (Velours ; 1)
ISBN 2-84219-209-5. *39 F / 5,95 €*

15269 **FAJARDIE F-H.** Sniper. *Table ronde, 1999.* (La petite vermillon)
ISBN 2-7103-0909-2. *45 F / 6,86 €*

15270 **FAJARDIE F-H.** Le souffle court. *Table ronde, 1995.* (La petite vermillon ; 50 c2)
ISBN 2-7103-0703-0. *45 F / 6,86 €*

15271 **FAJARDIE F-H.** Sous le regard des élégantes. *Gallimard, 1998.* (Folio ; 33. Policier ; 33 c8)
ISBN 2-07-040364-5. *37 F / 5,64 €*

15272 **FAJARDIE F-H.** La théorie du 1%. *Table ronde, 1995.* (La petite vermillon ; 48 c1)
ISBN 2-7103-0683-2. *45 F / 6,86 €*

15273 **FARRACHI A.** Malfrats, pour que je plonge... *Zulma, 1998.* (Grain d'orage)
ISBN 2-84304-029-9. *49 F / 7,47 €*

15274 **FAST H.** La Confession de Joe Cullen. *LGF, 1992.* (Le Livre de poche ; 7589. Thriller c8)
ISBN 2-253-06071-2. *33 F / 5,03 €*

15275 **FÉREY C.** Haka. *Baleine, 1998.* (Instantanés de polar ; 142)
ISBN 2-84219-171-4. *57 F / 8,69 €*

15276 **FÉTIS L.** L'aorte sauvage. *Baleine, 1997.* (Le Poulpe ; 82)
ISBN 2-84219-087-4. *39 F / 5,95 €*

15277 **FÉVAL P.** Les Habits noirs. 1. *Laffont, 1987.* (Bouquins)
ISBN 2-221-05286-2. *100 F / 15,24 €*

15278 **FÉVAL P.** Les Habits noirs. 2. *Laffont, 1987.* (Bouquins)
ISBN 2-221-05287-0. *100 F / 15,24 €*

15279 **FIECHTER J-J.** L'ombre au tableau. *J'ai lu, 1997.* (J'ai lu ; 4498. Littérature générale c3)
ISBN 2-290-04498-9. *29 F / 4,42 €*

15280 **FIECHTER J-J.** Tiré à part. *J'ai lu, 1997.* (J'ai lu ; 3912. Littérature générale)
ISBN 2-290-03912-8. *29 F / 4,42 €*

15281 **FIELDING J.** Ne me racontez pas d'histoires. *LGF, 1995.* (Le Livre de poche ; 7658. Thriller c10)
ISBN 2-253-07658-9. *40 F / 6,10 €*

15282 **FIELDING J.** Ne pleure plus. *Pocket, 1997.* (Pocket ; 10177. Thriller c6)
ISBN 2-266-07580-2. *38 F / 5,79 €*

15283 **FIELDING J.** Qu'est-ce qui fait courir Jane?. *LGF, 1994.* (Le Livre de poche ; 7627. Thriller c10)
ISBN 2-253-07627-9. *40 F / 6,10 €*

15284 **N** **FIELDING J.** Vies éclatées. *Pocket, 2000.* (Pocket ; 10905. Thriller c7)
ISBN 2-266-10010-6. *42 F / 6,40 €*

15285 **FILOCHE P.** Le banquet des ogres. *Baleine, 1996.* (Canaille-revolver ; 36)
ISBN 2-84219-035-1. *39 F / 5,95 €*

15286 **FILOCHE P.** Eros les tanna tous. *Baleine, 1998.* (Le Poulpe ; 123)
ISBN 2-84219-145-5. *39 F / 5,95 €*

15287 **FILOCHE P.** Nanks. *Baleine, 1999.* (Canaille-revolver ; 151)
ISBN 2-84219-187-0. *39 F / 5,95 €*

15288 **FILOCHE P.** Quand on a que la mort. *Baleine, 1997.* (Canaille-revolver ; 61)
ISBN 2-84219-060-2. *49 F / 7,47 €*

15289 **N** **FILOCHE P.** Le septième pilier. *Baleine, 2001.* (Instantanés de polar ; 215)
ISBN 2-84219-311-3. *41 F / 6,25 €*

15290 **FINDLEY N. D.** Grille neurones. *Fleuve noir, 1995.* (Shadowrun ; 4)
ISBN 2-265-05144-6. *35 F / 5,34 €*

15291 **FLEMING I.** James Bond. 1. *Laffont, 1986.* (Bouquins)
ISBN 2-221-04924-1. *149 F / 22,71 €*

15292 **FLEMING I.** James Bond. 2. Réimpr. *Laffont, 1998.* (Bouquins)
ISBN 2-221-04925-X. *120 F / 18,29 €*

15293 **N** **FOIS M.** Sempre caro. *Seuil, 2001.* (Points ; 820)
ISBN 2-02-037859-0. *32 F / 4,88 €*

15294 **N** **FOIS M.** Sheol. *Seuil, 2000.* (Points ; 735)
ISBN 2-02-038606-2. *42 F / 6,40 €*

15295 **Des folies et des hommes :** nouvelles noires. *Fleuve noir, 1999.* (Les noirs ; 67)
ISBN 2-265-06584-6. *49 F / 7,47 €*

15296 **N** **FOLLETT K.** Apocalypse sur commande. *LGF, 2000.* (Le Livre de poche ; 14926)
ISBN 2-253-14926-8. *45 F / 6,86 €*

15297 **FOLLETT K.** L'Arme à l'oeil. Réimpr. *LGF, 1994.* (Le Livre de poche ; 7445. Thriller c7)
ISBN 2-253-02778-2. *30 F / 4,57 €*

15298 **FOLLETT K.** Comme un vol d'aigles. Réimp. *LGF, 1997.* (Le Livre de poche ; 7693. Thriller c10)
ISBN 2-253-07693-7. *40 F / 6,10 €*

15299 **FOLSOM A. R.** L'empire du mal. *LGF, 1995.* (Le Livre de poche ; 7654. Thriller c16)
ISBN 2-253-07654-6. *55 F / 8,38 €*

15300 **N** **FOLSOM A. R.** Jour de confession. *Pocket, 2000.* (Pocket ; 10527. Thriller c9)
ISBN 2-266-08690-1. *48 F / 7,32 €*

15301 **FONTENEAU P.** Confidences sur l'escalier. *Gallimard, 2000.* (Folio ; 151. Policier c5)
ISBN 2-07-041226-1. *25 F / 3,81 €*

15302 **FONTENEAU P.** Les damnés de l'artère. *Baleine, 1996.* (Le Poulpe ; 27)
ISBN 2-84219-026-2. *39 F / 5,95 €*

15303 **FONTENEAU P.** La puissance du désordre. *Baleine, 1997.* (Instantanés de polar ; 77)
ISBN 2-84219-078-5. *42 F / 6,40 €*

15304 **FONTENEAU P.** La puissance du désordre. *Gallimard, 1999.* (Folio ; 124. Policier c5)
ISBN 2-07-040959-7. *25 F / 3,81 €*

15305 **FORBIN G.** Zombi la mouche. *Baleine, 1998.* (Le Poulpe ; 115)
ISBN 2-84219-133-1. *39 F / 5,95 €*

15306 **FORGIARINI T.** Miss Mona. *Baleine, 2000.* (Instantanés de polar ; 179)
ISBN 2-84219-245-1. *49 F / 7,47 €*

15307 **FORSYTH F.** L'Alternative du diable. Nouv. éd. *LGF, 1994.* (Le Livre de poche ; 7639. Thriller c9)
ISBN 2-253-07639-2. *36 F / 5,49 €*

15308 **FORSYTH F.** Icône. *LGF, 1999.* (Le Livre de poche ; 17071. Thriller c14)
ISBN 2-253-17061-5. *48 F / 7,32 €*

15309 **FORSYTH F.** Le poing de Dieu. *LGF, 1996.* (Le Livre de poche ; 7679. Thriller c13)
ISBN 2-253-07679-1. *46 F / 7,01 €*

15310 **FORT P.** Le mec à l'eau de la générale. *Baleine, 1999.* (Le Poulpe ; 148)
ISBN 2-84219-165-X. *39 F / 5,95 €*

15311 **FOSSARD P.** Je suis un assassin. *Baleine, 1997.* (Canaille-revolver ; 52)
ISBN 2-84219-051-3. *47 F / 7,17 €*

15312 **FOSSARD P.** La route sanglante. *Baleine, 2099.* (Canaille-revolver ; 146)
ISBN 2-84219-181-1. *49 F / 7,47 €*

15313 **FOSSARD P.** Veine haineuse. *Baleine, 1999.* (Le Poulpe ; 137)
ISBN 2-84219-175-7. *39 F / 5,95 €*

15314 **FOURNEL P.** Pac de cro, détective. *Seuil, 1997.* (Point-virgule c2)
ISBN 2-02-025672-X. *35 F / 5,34 €*

15315 **FOWLER D.** Spirale. *LGF, 1999.* (Le Livre de poche ; 17087. Thriller c9)
ISBN 2-253-17087-9. *36 F / 5,49 €*

15316 **N** **FRADIER C.** A l'ombre de l'aqueduc : Saint-Nazaire-en-Royans. *Jotim, 2000.* (Noir sur site)
ISBN 2-912054-05-2. *45 F / 6,86 €*

15317 **FRADIER C.** Le bâton de Sobek. *Jotim, 1999.* (Noir sur site)
ISBN 2-912054-03-6. *39 F / 5,95 €*

15318 **FRADIER C.** Les carnassières. *Baleine, 1999.* (Canaille-revolver ; 176)
ISBN 2-84219-230-3. *42 F / 6,40 €*

15319 **FRADIER C.** Un poison nommé Rwanda. *Baleine, 1998.* (Le Poulpe ; 110)
ISBN 2-84219-124-2. *39 F / 5,95 €*

15320 **FRANCIS D.** A la cravache. *10-18, 1997.* (10-18 ; 2842. Grands détectives c5)
ISBN 2-264-02321-X. *44 F / 6,71 €*

15321 **FRANCIS D.** Adjugé. *10-18, 1994.* (10-18 ; 2497. Grands détectives c4)
ISBN 2-264-00101-1. *44 F / 6,71 €*

15322 **FRANCIS D.** L'amour du mal. *10-18, 1999.* (10-18 ; 3025. Grands détectives c6)
ISBN 2-264-02856-4. *47 F / 7,17 €*

15323 **FRANCIS D.** Appellation contrôlée. *10-18, 1994.* (10-18 ; 2476. Grands détectives c5)
ISBN 2-264-01805-4. *47 F / 7,17 €*

15324 **FRANCIS D.** La casaque noire. *10-18, 1995.* (10-18 ; 2614. Grands détectives c5)
ISBN 2-264-02234-5. *44 F / 6,71 €*

15325 **FRANCIS D.** Chasse aux rats. *10-18, 1998.* (10-18 ; 2946. Grands détectives c4)
ISBN 2-264-02692-8. *41 F / 6,25 €*

15326 **FRANCIS D.** Danger. *10-18, 1994.* (10-18 ; 2498. Grands détectives c4)
ISBN 2-264-00106-2. *47 F / 7,17 €*

15327 **FRANCIS D.** Ecran de fumée. *10-18, 1995.* (10-18 ; 2580. Grands détectives c5)
ISBN 2-264-02171-3. *44 F / 6,71 €*

15328 **FRANCIS D.** Forfaits. *10-18, 1997.* (10-18 ; 2902. Grands détectives c5)
ISBN 2-264-02664-2. *44 F / 6,71 €*

15329 **FRANCIS D.** Gare aux tocards. *10-18, 2000.* (10-18 ; 3162. Grands détectives c3)
ISBN 2-264-03113-1. *38 F / 5,79 €*

15330 **N** **FRANCIS D.** Jusqu'au cou. *10-18, 2000.* (10-18 ; 3223. Grands détectives c6)
ISBN 2-264-02857-2. *47 F / 7,17 €*

15331 **FRANCIS D.** La mort au petit trot. *10-18, 1996.* (10-18 ; 2716. Grands détectives c6)
ISBN 2-264-02234-5. *47 F / 7,17 €*

15332 **FRANCIS D.** Patatrot. *10-18, 1996.* (10-18 ; 2780. Grands détectives c5)
ISBN 2-264-02319-8. *44 F / 6,71 €*

15333 **N** **FRAZER M.** Le conte de la novice. *10-18, 2000.* (10-18 ; 3234. Grands détectives c6)
ISBN 2-264-02997-8. *47 F / 7,17 €*

15334 **N** **FRAZER M.** Le conte de la servante. *10-18, 2001.* (10-18 ; 3266. Grands détectives)
ISBN 2-264-02998-6. *47 F / 7,17 €*

15335 **FREEMAN R. A.** Le mystère de la rue Jacob. *Libr. des Champs-Elysées, 1998.* (Le Masque ; 2375. Les maîtres du roman policier c6)
ISBN 2-7024-2881-9. *39 F / 5,95 €*

15336 **FREEMAN R. A.** Le singe d'argile. *Libr. des Champs-Elysées, 1999.* (Le Masque ; 2408. Les maîtres du roman policier c4)
ISBN 2-7024-2941-6. *35 F / 5,34 €*

15337 **FREEMAN R. A.** Un trio tragique. *Libr. des Champs-Elysées, 1997.* (Le Masque ; 2354. Les maîtres du roman policier c4)
ISBN 2-7024-2828-2. *35 F / 5,34 €*

15338 **FREMLIN C.** Les voix du crépuscule. *Libr. des Champs-Elysées, 1997.* (Le Masque ; 2341. Les reines du crime c4)
ISBN 2-7024-2725-1. *35 F / 5,34 €*

15339 **N** **FRENCH N.** Jeux de dupes. *J'ai lu, 2000.* (J'ai lu ; 5578. Policier cL)
ISBN 2-290-30332-1. *45 F / 6,86 €*

15340 **A** **FRENCH N.** Mémoire piégée. *J'ai lu, 2001.* (J'ai lu ; 5833. Policier)
ISBN 2-290-31028-X

15341 **N** **FREWIN A.** London blues. *Seuil, 2001.* (Points ; 819 c9)
ISBN 2-02-043688-4. *42 F / 6,40 €*

15342 **FROST M.** La liste des sept. *Pocket, 1997.* (Pocket ; 4447. Thriller c6)
ISBN 2-266-06939-X. *38 F / 5,79 €*

15343 **FROST M.** Les 6 messies. *Pocket, 1999.* (Pocket ; 10581. Noir)
ISBN 2-266-08908-0. *38 F / 5,79 €*

15344 **FRYE A.** Une épouse et une mère parfaite. *LGF, 1996.* (Le Livre de poche ; 7677. Thriller c9)
ISBN 2-253-07677-5. *36 F / 5,49 €*

15345 **FUGLER E.** Les frigos ont horreur du vide. *Baleine, 1999.* (Canaille-revolver ; 169)
ISBN 2-84219-225-7. *45 F / 6,86 €*

15346 **FULLERTON J.** La cage aux singes. *Pocket, 1998.* (Pocket ; 10113. Thriller c5)
ISBN 2-266-07344-3. *35 F / 5,34 €*

15347 **FYFIELD F.** Blanc comme veuve. *LGF, 1995.* (Le Livre de poche ; 13698. Policier c7)
ISBN 2-253-13698-0. *30 F / 4,57 €*

15348 **N** **FYFIELD F.** Un cas de conscience. *Pocket, 2000.* (Pocket ; 10874. Noir c5)
ISBN 2-266-09882-9. *35 F / 5,34 €*

15349 **N** **FYFIELD F.** Le fantôme de la plage. *Pocket, 2000.* (Pocket ; 10875. Noir c4B)
ISBN 2-266-09881-0. *32 F / 4,88 €*

15350 **FYFIELD F.** Ombres chinoises. *Pocket, 1999.* (Pocket ; 10646 c4B)
ISBN 2-266-09127-1. *32 F / 4,88 €*

15351 **FYFIELD F.** Sommeil de mort. *Pocket, 1999.* (Pocket ; 10645 c4B)
ISBN 2-266-09126-3. *32 F / 4,88 €*

15352 **GALLAGHER S.** Mort sur catalogue. *Pocket, 1999.* (Pocket ; 10357. Thriller c6)
ISBN 2-266-08031-8. *38 F / 5,79 €*

15353 **GANDILLOT T.** La chambre de Barbe-Bleue. *Seuil, 1999.* (Points ; 644 c9)
ISBN 2-02-033496-8. *42 F / 6,40 €*

15354 **GARCIA-AGUILERA C.** Bloody secrets. *Seuil, 1999.* (Points ; 651 c10)
ISBN 2-02-037544-3. *45 F / 6,86 €*

15355 **GARCIA-AGUILERA C.** Bloody shame : une enquête de Lupe Solano. *Seuil, 1999.* (Points ; 606)
ISBN 2-02-033023-7. *48 F / 7,32 €*

15356 **GARCIA-AGUILERA C.** Bloody waters. Nouv. présentation. *Seuil, 1998.* (Points ; 536)
ISBN 2-02-033024-5. *42 F / 6,40 €*

15357 **GARDEBLED S.** Sans homicide fixe. *LGF, 1998.* (Le Livre de poche ; 17038. Thriller c5)
ISBN 2-253-17038-0. *23 F / 3,51 €*

15358 **GARDNER E. S.** Cocottes et Cie. *Libr. des Champs-Elysées, 1994.* (Le Masque ; 2195. Les maîtres du roman policier c2)
ISBN 2-7024-2517-8. *30 F / 4,57 €*

15359 [A] **GARDNER L.** Jusqu'à ce que la mort nous sépare. *J'ai lu, 2001.* (J'ai lu ; 5742. Policier)
ISBN 2-290-30769-6

15360 [N] **GARNIER O.** Canines et péronelles. *Baleine, 2000.* (Instantanés de polar ; 207)
ISBN 2-84219-312-1. *49 F / 7,47 €*

15361 **GARNIER P.** Les insulaires. *Fleuve noir, 1998.* (Fleuve noir crime ; 45)
ISBN 2-265-06318-5. *47 F / 7,17 €*

15362 **GARNIER P.** La place du mort. *Fleuve noir, 1997.* (Fleuve noir crime ; 30)
ISBN 2-265-06179-4. *42 F / 6,40 €*

15363 **GARNIER P.** La solution esquimau. *Fleuve noir, 1996.* (Fleuve noir crime)
ISBN 2-265-05845-9. *42 F / 6,40 €*

15364 **GARNIER P.** Trop près du bord. *Fleuve noir, 1999.* (Les noirs ; 53)
ISBN 2-265-06557-9. *42 F / 6,40 €*

15365 [N] **GARRETT R.** C'est dans les yeux. *Libr. des Champs-Elysées, 2001.* (Le Masque ; 2446. Les maîtres du roman policier)
ISBN 2-7024-3001-5. *45 F / 6,86 €*

15366 [N] **GATTÉGNO J-P.** Mortel transfert. *LGF, 2000.* (Le Livre de poche ; 14976. Policier c8)
ISBN 2-253-14976-4. *33 F / 5,03 €*

15367 **GATTÉGNO J-P.** Neutralité malveillante. *LGF, 1998.* (Le Livre de poche ; 14378. Policier c5)
ISBN 2-253-14378-2. *23 F / 3,51 €*

15368 **GEASON S.** Dogfish. *Seuil, 1999.* (Points ; 627 c8)
ISBN 2-02-037127-8. *39 F / 5,95 €*

15369 [N] **GEASON S.** Sharkbait : la morsure du requin. *Seuil, 2000.* (Points ; 772)
ISBN 2-02-037129-4. *39 F / 5,95 €*

15370 **GEFFRAY S.** Les Teutons flingueurs. *Baleine, 1999.* (Le Poulpe ; 149)
ISBN 2-84219-173-0. *42 F / 6,40 €*

15371 **GENÈVE M.** Tea. *Zulma, 1997.* (Quatre-bis c1)
ISBN 2-909031-95-0. *59 F / 8,99 €*

15372 **GENÈVE M.** Tigresses. *Zulma, 1999.* (Quatre-bis)
ISBN 2-84304-072-8. *59 F / 8,99 €*

15373 **GENTIL M.** Boucher double. *Baleine, 1996.* (Le Poulpe ; 37)
ISBN 2-84219-036-X. *39 F / 5,95 €*

15374 **GEORGE E.** Cérémonies barbares. *Pocket, 1994.* (Pocket ; 4206 c6)
ISBN 2-266-06148-8. *38 F / 5,79 €*

15375 **GEORGE E.** Une douce vengeance. *Pocket, 1995.* (Pocket ; 4333 c6)
ISBN 2-266-06606-4. *38 F / 5,79 €*

15376 **GEORGE E.** Un goût de cendres. *Pocket, 1997.* (Pocket ; 10157. Noir c9)
ISBN 2-266-07461-X. *48 F / 7,32 €*

15377 **GEORGE E.** Le Lieu du crime. *Pocket, 1994.* (Pocket ; 3319. Noir c6)
ISBN 2-266-00525-1. *38 F / 5,79 €*

15378 **GEORGE E.** Mal d'enfant. *Pocket, 1996.* (Pocket ; 4471. Noir c8)
ISBN 2-266-07041-X. *45 F / 6,86 €*

15379 **GEORGE E.** Le meurtre de la falaise. *Pocket, 1999.* (Pocket ; 10552. Thriller c8)
ISBN 2-266-08252-3. *45 F / 6,86 €*

15380 [A] **GEORGE E.** Une patience d'ange. *Pocket, 2001.* (Pocket. Noir ; 11267)
ISBN 2-266-11124-8

15381 **GEORGE E.** Pour solde de tout compte. *Pocket, 1996.* (Pocket ; 4472. Noir c8)
ISBN 2-266-07042-8. *45 F / 6,86 €*

15382 **GEORGE E.** Le visage de l'ennemi. *Pocket, 1998.* (Pocket ; 10402. Noir c8)
ISBN 2-266-08120-9. *45 F / 6,86 €*

15383 **GERRARD P.** Badaboum !. *Libr. des Champs-Elysées, 1999.* (Le Masque ; 2417. Les maîtres du roman policier)
ISBN 2-7024-2505-4. *30 F / 4,57 €*

15384 **GERRARD P.** Belle de mort. *Libr. des Champs-Elysées, 1994.* (Le Masque ; 2203. Les maîtres du roman policier c2)
ISBN 2-7024-2541-0. *30 F / 4,57 €*

15385 **GERRARD P.** Une carabine pour deux. *Libr. des Champs-Elysées, 1995.* (Le Masque ; 2209. Les maîtres du roman policier c1)
ISBN 2-7024-2433-3. *28 F / 4,27 €*

15386 **GERRARD P.** Une chance mortelle. *Libr. des Champs-Elysées, 1997.* (Le Masque ; 7296. Les maîtres du roman policier c4)
ISBN 2-7024-2503-8. *35 F / 5,34 €*

15387 **GERRARD P.** Croque-diamant. *Libr. des Champs-Elysées, 1996.* (Le Masque ; 2264. Les maîtres du roman policier c1)
ISBN 2-7024-2651-4. *28 F / 4,27 €*

15388 **GERRARD P.** La dame de fric. *Libr. des Champs-Elysées, 1997.* (Le Masque ; 2328. Les maîtres du roman policier c2)
ISBN 2-7024-2766-9. *30 F / 4,57 €*

15389 **GERRARD P.** Dynamite girl. *Libr. des Champs-Elysées, 1998.* (Le Masque ; 2394. Les maîtres du roman policier c2)
ISBN 2-7024-2876-2. *30 F / 4,57 €*

15390 **GERRARD P.** La fine bouteille. *Libr. des Champs-Elysées, 1998.* (Le Masque ; 2379. Les maîtres du roman policier c2)
ISBN 2-7024-2869-X. *30 F / 4,57 €*

15391 **GERRARD P.** L'homme de la Ruhr. *Libr. des Champs-Elysées, 1995.* (Le Masque ; 2254. Les maîtres du roman policier c1)
ISBN 2-7024-2504-6. *28 F / 4,27 €*

15392 **GERRARD P.** Le Masque de verre. *Libr. des Champs-Elysées, 1990.* (Le Masque ; 2003 c1)
ISBN 2-7024-2035-4. *28 F / 4,27 €*

15393 **GERRARD P.** Le Mistigri. *Libr. des Champs-Elysées, 1994.* (Le Masque ; 2177. Les maîtres du roman policier c2)
ISBN 2-7024-2434-1. *30 F / 4,57 €*

15394 **GERRARD P.** La Tournée du bourreau. *Libr. des Champs-Elysées, 1990.* (Le Masque ; 2019. Les maîtres du roman policier c1)
ISBN 2-7024-2081-8. *28 F / 4,27 €*

15395 **GERRARD P.** Le Train du mardi gras. *Libr. des Champs-Elysées, 1992.* (Le Masque ; 2105. Les maîtres du roman policier c1)
ISBN 2-7024-2281-0. *28 F / 4,27 €*

15396 **GERRARD P.** Le Trente-sixième dessous. *Libr. des Champs-Elysées, 1990.* (Le Masque ; 2031. Les maîtres du roman policier c2)
ISBN 2-7024-2103-2. *30 F / 4,57 €*

15397 **GERRITSEN T.** Donneur sain. *LGF, 1998.* (Le Livre de poche ; 14046. Thriller c9)
ISBN 2-253-17046-1. *36 F / 5,49 €*

15398 [N] **GERRITSEN T.** Fonctions vitales. *LGF, 2000.* (Le Livre de poche ; 17152. Thriller c9)
ISBN 2-253-17152-2. *36 F / 5,49 €*

15399 **GHANOUCHI J.** Tuer n'est pas jouer !. *Alyssa, 1998.* (Polars ; 7)
50 F / 7,62 €

15400 **GILL A.** La cité de l'horizon. *10-18, 1995.* (10-18 ; 2568. Grands détectives c5)
ISBN 2-264-01994-8. *44 F / 6,71 €*

15401 **GILL A.** La cité de la mort. *10-18, 1996.* (10-18 ; 2730. Grands détectives c4)
ISBN 2-264-02370-8. *41 F / 6,25 €*

15402 **GILL A.** La cité de la mer. *10-18, 1999.* (10-18 ; 3046. Grands détectives c5)
ISBN 2-264-02691-X. *44 F / 6,71 €*

15403 **GILL A.** La cité des mensonges : mystères égyptiens. *10-18, 1996.* (10-18 ; 2786. Grands détectives c5)
ISBN 2-264-02369-4. *44 F / 6,71 €*

15404 **GILL A.** La cité des rêves. *10-18, 1995.* (10-18 ; 2663. Grands détectives c5)
ISBN 2-264-01993-X. *44 F / 6,71 €*

15405 **GILL A.** La cité du désir. *10-18, 1998.* (10-18 ; 2977. Grands détectives c6)
ISBN 2-264-02690-1. *47 F / 7,17 €*

15406 **GILL B.** Le douzième juré. *LGF, 1998.* (Le Livre de poche ; 14558. Policier c6)
ISBN 2-253-14558-0. *26 F / 3,96 €*

15407 [N] **GILL B.** Petits jeux de massacre. *LGF, 2000.* (Le Livre de poche ; 14943. Policier)
ISBN 2-253-14943-8. *26 F / 3,96 €*

15408 [N] **GILSTRAP J.** Coup tordu. *LGF, 2000.* (Le Livre de poche ; 17143. Thriller)
ISBN 2-253-17143-3. *45 F / 6,86 €*

15409 **GILSTRAP J.** Nathan. *LGF, 1998.* (Le Livre de poche ; 7030. Thriller c9)
ISBN 2-253-17030-5. *36 F / 5,49 €*

15410 **GIOVANNI J.** Le Deuxième souffle. *Gallimard, 1989.* (Folio ; 2011 c8)
ISBN 2-07-038099-8. *37 F / 5,64 €*

15411 **GIOVANNI J.** Mon ami le traître. *Gallimard, 1981.* (Folio ; 1321 c11)
ISBN 2-07-037321-5. *29,50 F / 4,50 €*

15412 **GIOVANNI J.** La mort du poisson rouge. *Pocket, 1999.* (Pocket ; 10449. Noir c4)
ISBN 2-266-08248-5. *30 F / 4,57 €*

15413 **GIOVANNI J.** Le Trou. *Gallimard, 1973.* (Folio ; 318 c8)
ISBN 2-07-036318-X. *37 F / 5,64 €*

15414 [A] **GLASTONBURY V.** Meurtre à l'indienne. *Libr. des Champs-Elysées, 2001.* (Labyrinthes ; 91)
ISBN 2-7024-9716-0. *49 F / 7,47 €*

15415 **GLAUSER F.** L'inspecteur Studer. *10-18, 1998.* (10-18 ; 2984. Grands détectives)
ISBN 2-264-02743-6. *41 F / 6,25 €*

15416 [A] **GLAUSER F.** Krock and Co. *10-18, 2001.* (10-18 ; 3315. Grands détectives)
ISBN 2-264-03096-8

15417 **GLAUSER F.** Les premières affaires de l'inspecteur Studer : histoires criminelles. *10-18, 1999.* (10-18 ; 3024. Grands détectives c4)
ISBN 2-264-02742-8. *41 F / 6,25 €*

15418 [N] **GLAUSER F.** Studer et l'affaire du Chinois. *10-18, 2000.* (10-18 ; 3240. Grands détectives c4)
ISBN 2-264-03097-6. *41 F / 6,25 €*

15419 **GLAUSER F.** Studer et le caporal extralucide. *10-18, 1999.* (10-18 ; 3116. Grands détectives)
ISBN 2-264-03053-4. *47 F / 7,17 €*

15420 [N] **GLAUSER F.** Le thé des trois vieilles dames. *10-18, 2000.* (10-18 ; 3191. Grands détectives c5)
ISBN 2-264-03017-8. *44 F / 6,71 €*

15421 **GLOAG J.** N'éveillez pas le chat qui dort. *Gallimard, 1994.* (Folio ; 2591 c10)
ISBN 2-07-038884-0. *46 F / 7,01 €*

15422 **GÖHRE F.** La nuit de Saint-Pauli. *Gallimard, 1996.* (Folio ; 2412 c9)
ISBN 2-07-049479-9. *38 F / 5,79 €*

15423 **GOINES D.** Ne mourez jamais seul. *Gallimard, 1998.* (Folio. Policier ; 32 c6)
ISBN 2-07-040558-3. *29,50 F / 4,50 €*

15424 [N] **GOLDBERG L. S.** Moisson mortelle. *LGF, 2001.* (Le Livre de poche ; 17162. Thriller c9)
ISBN 2-253-17162-X. *36 F / 5,49 €*

15425 **GOLDBERG L. S.** Soins mortels. *LGF, 1999.* (Le Livre de poche ; 17090. Thriller c10)
ISBN 2-253-17090-9. *40 F / 6,10 €*

15426 **GONZALEZ LEDESMA F.** La dame de cachemire. *Gallimard, 1999.* (Folio ; 56. Policier ; 56 c4)
ISBN 2-07-040718-7. *41 F / 6,25 €*

15427 **A** **GONZALEZ LEDESMA F.** Les Rues de Barcelone. *Gallimard, 2001.* (Folio. Policier)
ISBN 2-07-041205-9. *25,50 F / 3,89 €*

15428 **GOODIS D.** La pêche aux avaros. *Gallimard, 1998.* (Folio ; 16. Policier ; 16 c6)
ISBN 2-07-040650-4. *29,50 F / 4,50 €*

15429 **GOODIS D.** La Pêche aux avaros. *Gallimard, 1987.* (Folio ; 1801 c11)
ISBN 2-07-037801-2. *29,50 F / 4,50 €*

15430 **GOODIS D.** Les Pieds dans les nuages. *Gallimard, 1990.* (Folio ; 2141 c11)
ISBN 2-07-038232-X. *29,50 F / 4,50 €*

15431 **GOODIS D.** La Police est accusée. *Libr. des Champs-Elysées, 1986.* (Le Masque ; 1823. Les maîtres du roman policier c1)
ISBN 2-7024-1694-2. *28 F / 4,27 €*

15432 **GOODIS D.** Sans espoir de retour. *Gallimard, 1998.* (Folio. Policier ; 37 c6)
ISBN 2-07-040792-6. *29,50 F / 4,50 €*

15433 **GORES J.** Inconnue au bataillon. *Gallimard, 1996.* (Folio ; 2892 c8)
ISBN 2-07-040115-4. *37 F / 5,64 €*

15434 **GOSLING P.** Au coeur de l'hiver. *Libr. des Champs-Elysées, 1998.* (Le Masque ; 2356. Les reines du crime c6)
ISBN 2-7024-2700-6. *39 F / 5,95 €*

15435 **GOSLING P.** Le dernier souffle. *Libr. des Champs-Elysées, 1996.* (Le Masque ; 2257. Les reines du crime c5)
ISBN 2-7024-2584-4. *37 F / 5,64 €*

15436 **GOSLING P.** Larmes fatales. *Libr. des Champs-Elysées, 1993.* (Le Masque ; 2111. Les reines du crime c3)
ISBN 2-7024-2283-7. *• 32 F / 4,88 €*

15437 **GOUGH L.** Ligne dure. *Fleuve noir, 1997.* (Fleuve noir crime)
ISBN 2-265-06178-6. *57 F / 8,69 €*

15438 **GOUGH L.** Mort à l'hameçon. *Fleuve noir, 1998.* (Fleuve noir crime ; 41)
ISBN 2-265-06177-8. *57 F / 8,69 €*

15439 **GOUGH L.** Poissons noyés. *Fleuve noir, 1996.* (Fleuve noir crime)
ISBN 2-265-00066-3. *57 F / 8,69 €*

15440 **GOUPIL R.** Lundi, c'est sodomie. *Baleine, 1996.* (Le Poulpe ; 31)
ISBN 2-84219-030-0. *39 F / 5,95 €*

15441 **N** **GOUR B.** Meurtre à l'université : un crime littéraire. *LGF, 2001.* (Le Livre de poche ; 14998. Policier c9)
ISBN 2-253-14998-5. *36 F / 5,49 €*

15442 **GOUR B.** Meurtre au kibboutz. *LGF, 1998.* (Le Livre de poche ; 14478. Policier c9)
ISBN 2-253-14478-9. *36 F / 5,49 €*

15443 **GOUR B.** Meurtre au Philharmonique : un crime musical. *LGF, 2000.* (Le Livre de poche ; 14825. Policier c13)
ISBN 2-253-14825-3. *46 F / 7,01 €*

15444 **GOUR B.** Le meurtre du samedi matin : un crime psychanalytique. *LGF, 1998.* (Le Livre de poche ; 14540. Policier c8)
ISBN 2-253-14540-8. *33 F / 5,03 €*

15445 **GOYKE F.** Salutations du boss. *Fleuve noir, 1999.* (Les noirs ; 66)
ISBN 2-265-05722-3. *49 F / 7,47 €*

15446 **N** **GRACE C.** Le livre des ombres. *10-18, 2000.* (10-18 ; 3190. Grands détectives c5)
ISBN 2-264-02816-5. *44 F / 6,71 €*

15447 **GRACE C.** Le marchand de mort. *10-18, 1999.* (10-18 ; 3094. Grands détectives c5)
ISBN 2-264-02817-3. *44 F / 6,71 €*

15448 **GRACE C.** Meurtres dans le sanctuaire. *10-18, 1999.* (10-18 ; 3029. Grands détectives c5)
ISBN 2-264-02792-4. *44 F / 6,71 €*

15449 **GRACE C.** L'oeil de Dieu. *10-18, 1999.* (10-18 ; 3030. Grands détectives c5)
ISBN 2-264-02818-1. *44 F / 6,71 €*

15450 **GRAFTON C. W.** Feu mon beau-frère. *Libr. des Champs-Elysées, 1988.* (Le Masque ; 1927. Les maîtres du roman policier c4)
ISBN 2-7024-1837-6. *35 F / 5,34 €*

15451 **GRAFTON S.** A comme alibi. Réimpr. *Pocket, 1999.* (Pocket ; 4624. Noir c4)
ISBN 2-266-07167-X. *30 F / 4,57 €*

15452 **GRAFTON S.** B comme brûlée. Réimpr. *Pocket, 1996.* (Pocket ; 2768. Noir c4)
ISBN 2-266-07178-5. *30 F / 4,57 €*

15453 **GRAFTON S.** C comme cadavre. *Pocket, 1993.* (Pocket ; 2744. Noir c4)
ISBN 2-266-07177-7. *30 F / 4,57 €*

15454 **GRAFTON S.** D comme dérapage. *Pocket, 1993.* (Pocket ; 2919. Noir c4)
ISBN 2-266-07176-9. *30 F / 4,57 €*

15455 **GRAFTON S.** E comme explosif. Réimpr. *Pocket, 1994.* (Pocket ; 2920. Noir c4)
ISBN 2-266-07175-0. *30 F / 4,57 €*

15456 **GRAFTON S.** F comme fugitif. Réimpr. *Pocket, 1996.* (Pocket ; 2921. Noir c5)
ISBN 2-266-07381-8. *35 F / 5,34 €*

15457 **GRAFTON S.** G comme gibier. Réimpr. *Pocket, 1996.* (Pocket ; 4214. Noir c4)
ISBN 2-266-07380-X. *30 F / 4,57 €*

15458 **GRAFTON S.** I comme innocent. *Pocket, 1995.* (Pocket ; 10018. Noir c5)
ISBN 2-266-06686-2. *35 F / 5,34 €*

15459 **GRAFTON S.** J comme jugement. *Pocket, 1996.* (Pocket ; 4486. Noir c5)
ISBN 2-266-07118-1. *35 F / 5,34 €*

15460 **GRAFTON S.** K comme killer. Réimpr. *Pocket, 1999.* (Pocket ; 10216. Noir c5)
ISBN 2-266-07656-6. *35 F / 5,34 €*

15461 **GRAFTON S.** L comme Lequel ?. *Pocket, 1998.* (Pocket ; 10413 c5)
ISBN 2-266-08201-9. *35 F / 5,34 €*

15462 **GRAFTON S.** M comme machination. *Pocket, 1999.* (Pocket ; 10729. Noir c5)
ISBN 2-266-09497-1. *35 F / 5,34 €*

15463 **N** **GRAFTON S.** N comme nausée. *Pocket, 2000.* (Pocket ; 10730. Noir c5)
ISBN 2-266-09498-X. *35 F / 5,34 €*

15464 **N** **GRANGÉ J-C.** Les rivières pourpres. *LGF, 2001.* (Le Livre de poche ; 17167. Thriller c10)
ISBN 2-253-17167-0. *40 F / 6,10 €*

15465 **GRANGÉ J-C.** Le vol des cigognes. Réimp. *LGF, 1999.* (Le Livre de poche ; 17057. Thriller c9)
ISBN 2-253-17057-7. *36 F / 5,49 €*

15466 **GRANOTIER S.** Comme un coq en plâtre. *Baleine, 1996.* (Le Poulpe ; 28)
ISBN 2-84219-027-0. *39 F / 5,95 €*

15467 **GRANOTIER S.** Courrier posthume. *Baleine, 1998.* (Instantanés de polar ; 112)
ISBN 2-84219-126-9. *47 F / 7,17 €*

15468 **GRANOTIER S.** Courrier posthume. *Gallimard, 1999.* (Folio ; 125. Policier c6)
ISBN 2-07-040960-0. *29,50 F / 4,50 €*

15469 **N** **GRANOTIER S.** Sueurs chaudes. *Gallimard, 2000.* (Folio ; 187. Policier c6)
ISBN 2-07-041555-4. *29,50 F / 4,50 €*

15470 **N** **GRANT L.** Mort transgénique. *LGF, 2000.* (Le Livre de poche ; 17156. Thriller c8)
ISBN 2-253-17156-5. *33 F / 5,03 €*

15471 **GRANT M.** Ascenseur pour un tueur. *Pocket, 1998.* (Pocket ; 10483. Thriller c5)
ISBN 2-266-07740-6. *35 F / 5,34 €*

15472 **GREEN G. D.** La Saint-Valentin de l'homme des cavernes. *Seuil, 1998.* (Points ; 469 c8)
ISBN 2-02-033418-6. *39 F / 5,95 €*

15473 **GREENBURG D.** Le prochain sur la liste. Rééd. *Seuil, 1996.* (Points ; 248 c2)
ISBN 2-02-028946-6. *39 F / 5,95 €*

15474 **GREENE G.** Tueur à gages. *LGF, 1988.* (Le Livre de poche ; 326 c6)
ISBN 2-253-01083-9. *26 F / 3,96 €*

15475 **GRIMES M.** L'affaire de Salisbury. *Pocket, 1999.* (Pocket ; 10549. Noir)
ISBN 2-266-08774-6. *42 F / 6,40 €*

15476 **GRIMES M.** L'auberge de Jérusalem. *Pocket, 1995.* (Pocket ; 4383. Noir c5)
ISBN 2-266-06610-2. *35 F / 5,34 €*

15477 **GRIMES M.** Les cloches de Whitechapel. *Pocket, 1997.* (Pocket ; 7187. Noir c4)
ISBN 2-266-07244-7. *30 F / 4,57 €*

15478 **GRIMES M.** Le crime de Mayfair. *Pocket, 1996.* (Pocket ; 4404. Noir c4)
ISBN 2-266-06731-1. *30 F / 4,57 €*

15479 **GRIMES M.** L'énigme de Rackmoor. *Pocket, 1997.* (Pocket ; 2829. Noir c5)
ISBN 2-266-05552-6. *35 F / 5,34 €*

15480 **GRIMES M.** La jetée sous la lune. *Pocket, 1998.* (Pocket ; 7186. Best c5)
ISBN 2-266-07245-5. *35 F / 5,34 €*

15481 **N** **GRIMES M.** Meurtre sur la lande. *Pocket, 2001.* (Pocket ; 10876. Noir c7)
ISBN 2-266-09880-2. *42 F / 6,40 €*

15482 **GRIMES M.** Les mots qui tuent. *Pocket, 1999.* (Pocket ; 10551. Thriller c5)
ISBN 2-266-08773-8. *35 F / 5,34 €*

15483 **GRIMES M.** Le mystère de Tarn house. *Pocket, 1998.* (Pocket ; 7185. Noir c4B)
ISBN 2-266-07246-3. *32 F / 4,88 €*

15484 **GRIMES M.** La nuit des chasseurs. *Pocket, 2000.* (Pocket ; 10548. Noir c4B)
ISBN 2-266-08775-4. *32 F / 4,88 €*

15485 **GRIMES M.** Le vilain petit canard. Réimpr. *Pocket, 1999.* (Pocket ; 2966. Noir c5)
ISBN 2-266-09135-2. *35 F / 5,34 €*

15486 **N** **GRIPPANDO J.** L'informateur. *Pocket, 2000.* (Pocket ; 10488. Thriller c7)
ISBN 2-266-08510-7. *42 F / 6,40 €*

15487 **GRIPPANDO J.** Le pardon. *Pocket, 1999.* (Pocket ; 10489. Thriller)
ISBN 2-266-08511-5. *35 F / 5,34 €*

15488 **GRISHAM J.** L'affaire Pélican. *Pocket, 1995.* (Pocket ; 4335 c6)
ISBN 2-266-06488-6. *38 F / 5,79 €*

15489 **N** **GRISHAM J.** L'associé. *Pocket, 2000.* (Pocket ; 10288. Thriller c7)
ISBN 2-266-07861-5. *42 F / 6,40 €*

15490 **GRISHAM J.** Le client. *Pocket, 1998.* (Pocket ; 10286 c7)
ISBN 2-266-07860-7. *42 F / 6,40 €*

15491 **GRISHAM J.** Le couloir de la mort. *Pocket, 1997.* (Pocket ; 10087 c9)
ISBN 2-266-07247-1. *48 F / 7,32 €*

15492 **A** **GRISHAM J.** La loi du plus faible. *Pocket, 2001.* (Pocket ; 11157. Thriller)
ISBN 2-266-10727-5

15493 **GRISHAM J.** Le maître du jeu. *Pocket, 1999.* (Pocket ; 10287. Thriller)
ISBN 2-266-07858-5. *45 F / 6,86 €*

15494 **GRISOLIA M.** 650 calories pour mourir. *Libr. des Champs-Elysées, 1987.* (Le Masque ; 1890 c1)
ISBN 2-7024-1771-X. *28 F / 4,27 €*

15495 **GRISOLIA M.** L'Homme aux yeux tristes. Nouv. éd. *Libr. des Champs-Elysées, 1994.* (Le Club des masques ; 639)
ISBN 2-7024-9104-9. *32 F / 4,88 €*

15496 **GRISOLIA M.** La Madone noire. Nouv. éd. *Libr. des Champs-Elysées, 1994.* (Le Club des masques ; 640)
ISBN 2-7024-9105-7. *32 F / 4,88 €*

15497 **GRISOLIA M.** La Madone noire. *Libr. des Champs-Elysées, 1986.* (Le Masque ; 1847 c1)
ISBN 2-7024-1722-1. *28 F / 4,27 €*

15498 **GRISOLIA M.** La Maison mère. *Libr. des Champs-Elysées, 1994.* (Le Masque ; 2175 c2)
ISBN 2-7024-2444-9. *30 F / 4,57 €*

15499 **GRISOLIA M.** Nocturne en mineurs. *Libr. des Champs-Elysées, 1995.* (Le Club des masques ; 643 c1)
ISBN 2-7024-9116-2. *32 F / 4,88 €*

15500 **GRISOLIA M.** La promenade des anglaises. *Libr. des Champs-Elysées, 1995.* (Le Club des masques ; 642 c1)
ISBN 2-7024-9114-6. *32 F / 4,88 €*

15501 **GRISOLIA M.** La Promenade des Anglaises. *Libr. des Champs-Elysées, 1987.* (Le Masque ; 1874 c1)
ISBN 2-7024-1755-8. *28 F / 4,27 €*

15502 **GRISOLIA M.** 650 calories pour mourir. *Libr. des Champs-Elysées, 1995.* (Le Club des masques ; 641 c1)
ISBN 2-7024-9115-4. *32 F / 4,88 €*

15503 **GRISOLIA M.** Les Soeurs du Nord. Nouv. éd. *Libr. des Champs-Elysées, 1994.* (Le Club des masques ; 638)
ISBN 2-7024-9112-X. *32 F / 4,88 €*

15504 **GUERRINI R.** Ecran noir. *Pocket, 1999.* (Pocket ; 10458. Thriller c8)
ISBN 2-266-08192-6. *45 F / 6,86 €*

15505 **GUEUDRET M.** Nazaire : les chemins de fuite. *Liv'éditions, 1998.* (Liv'poche ; 4)
ISBN 2-910781-50-X. *49 F / 7,47 €*

15506 **GUINZBURG M.** Envoie-moi au ciel, Scotty. *Gallimard, 1999.* (Folio. Policier ; 81 c7)
ISBN 2-07-040843-4. *32,50 F / 4,95 €*

15507 **N** **GUINZBURG M.** Gangster en rouge. *Librio, 2000.* (Librio ; 412. Noir c1)
ISBN 2-290-30749-1. *10 F / 1,52 €*

15508 **N** **GUINZBURG M.** Le voleur de briquets. *Librio, 2000.* (Librio ; 360. Noir c1)
ISBN 2-290-30535-9. *10 F / 1,52 €*

15509 **N** **GWASKELL L.** Le petit doigt du grand architecte. *Terre de brume, 2000.* (Granit noir ; 7)
ISBN 2-84362-080-5. *54 F / 8,23 €*

15510 **HALL J. W.** Tueurs de jungle. *Pocket, 1999.* (Pocket ; 10374. Thriller c7)
ISBN 2-266-08029-6. *42 F / 6,40 €*

15511 **N** **HALTER P.** L'allumette sanglante. *Libr. des Champs-Elysées, 2001.* (Le Masque ; 2445. Les maîtres du roman policier)
ISBN 2-7024-3031-7. *45 F / 6,86 €*

15512 **HALTER P.** L'arbre aux doigts tordus. *Libr. des Champs-Elysées, 1996.* (Le Masque ; 2288. Les maîtres du roman policier c6)
ISBN 2-7024-2595-X. *39 F / 5,95 €*

15513 **HALTER P.** Le Brouillard rouge. *Libr. des Champs-Elysées, 1988.* (Le Masque ; 1922 c3)
ISBN 2-7024-1806-6. *32 F / 4,88 €*

15514 **HALTER P.** Le cercle invisible. *Libr. des Champs-Elysées, 1996.* (Le Masque ; 2263. Les maîtres du roman policier c2)
ISBN 2-7024-2607-7. *30 F / 4,57 €*

15515 **HALTER P.** La Chambre du fou. *Libr. des Champs-Elysées, 1990.* (Le Masque ; 1999 c4)
ISBN 2-7024-2032-X. *35 F / 5,34 €*

15516 **HALTER P.** Le cri de la siréne. *Libr. des Champs-Elysées, 1998.* (Le Masque ; 2378. Les maîtres du roman policier c5)
ISBN 2-7024-2870-3. *37 F / 5,64 €*

15517 **HALTER P.** Le crime de Dédale. *Libr. des Champs-Elysées, 1997.* (Le Masque ; 2309. Les maîtres du roman policier c6)
ISBN 2-7024-2737-5. *39 F / 5,95 €*

15518 **N** **HALTER P.** Les douze crimes d'Hercule. *Ed. du Masque, 2001.* (Littérature)
ISBN 2-7024-3032-5. *99 F / 15,09 €*

15519 **HALTER P.** Le géant de pierre. *Libr. des Champs-Elysées, 1998.* (Le Masque ; 2357. Les maîtres du roman policier c5)
ISBN 2-7024-2738-3. *37 F / 5,64 €*

15520 **HALTER P.** L'homme qui aimait les nuages. *Libr. des Champs-Elysées, 1999.* (Le Masque ; 2414. Les maîtres du roman policier c5)
ISBN 2-7024-2932-7. *37 F / 5,64 €*

15521 **HALTER P.** L'image trouble. *Libr. des Champs-Elysées, 1995.* (Le Masque ; 2215. Les maîtres du roman policier c4)
ISBN 2-7024-2493-7. *35 F / 5,34 €*

15522 **HALTER P.** La malédiction de Barberousse. *Libr. des Champs-Elysées, 1995.* (Le Masque ; 2240. Les maîtres du roman policier c1)
ISBN 2-7024-2631-X. *28 F / 4,27 €*

15523 **HALTER P.** Meurtre dans un manoir anglais. Réimpr. *Libr. des Champs-Elysées, 1998.* (Le Masque ; 2409. Les maîtres du roman policier)
ISBN 2-7024-2835-5. *30 F / 4,57 €*

15524 **HALTER P.** La Mort vous invite. *Libr. des Champs-Elysées, 1988.* (Le Masque ; 1931 c2)
ISBN 2-7024-1841-4. *30 F / 4,57 €*

15525 **HALTER P.** Le mystère de l'allée des anges. *Libr. des Champs-Elysées, 1999.* (Le Masque ; 2425 c5)
ISBN 2-7024-2963-7. *37 F / 5,64 €*

15526 **N** **HALTER P.** La nuit du loup. *Libr. des Champs-Elysées, 2000.* (Le Masque ; 2439. Les maîtres du roman policier c3)
ISBN 2-7024-3009-0. *32 F / 4,88 €*

15527 **HALTER P.** Oeuvres complètes. 1. *Libr. des Champs-Elysées, 1996.* (Les intégrales du Masque c1)
ISBN 2-7024-2713-8. *149 F / 22,71 €*

15528 **HALTER P.** Oeuvres complètes. 2. *Libr. des Champs-Elysées, 1999.* (Les intégrales du Masque)
ISBN 2-7024-2949-1. *149 F / 22,71 €*

15529 **HALTER P.** Le Roi du désordre. *Libr. des Champs-Elysées, 1994.* (Le Masque ; 2171. Les maîtres du roman policier c3)
ISBN 2-7024-2375-2. *32 F / 4,88 €*

15530 **HALTER P.** Les sept merveilles du crime. *Libr. des Champs-Elysées, 1997.* (Le Masque ; 2338. Les maîtres du roman policier c4)
ISBN 2-7024-2823-1. *35 F / 5,34 €*

15531 **HALTER P.** La Tête du tigre. *Libr. des Champs-Elysées, 1991.* (Le Masque ; 2035 c2)
ISBN 2-7024-2123-7. *32 F / 4,88 €*

15532 **HAMMETT D.** La clé de verre. *Gallimard, 1998.* (Folio. Policier ; 17 c8)
ISBN 2-07-040651-2. *37 F / 5,64 €*

15533 **HAMMETT D.** Le Dixième indice : et autres enquêtes du Continental Op. *Gallimard, 1987.* (Folio ; 1802 c11)
ISBN 2-07-037802-0. *29,50 F / 4,50 €*

15534 **HAMMETT D.** Le faucon de Malte ; Sang maudit ; Le Grand braquage. Réimpr. *Gallimard, 1999.* (Folio ; 50. Policier c6)
ISBN 2-07-040799-3. *29,50 F / 4,50 €*

15535 **HAMMETT D.** Le meurtre de Farewell. *Mille et une nuits, 1997.* (La petite collection ; 163 cA)
ISBN 2-84205-143-2. *10 F / 1,52 €*

15536 **HAMMETT D.** La moisson rouge. *Gallimard, 1998.* (Folio. Policier ; 38 c6)
ISBN 2-07-040793-4. *29,50 F / 4,50 €*

15537 **HAMMETT D.** Papier tue-mouches. *Gallimard, 1987.* (Folio ; 1851 c11)
ISBN 2-07-037851-9. *29,50 F / 4,50 €*

15538 **N** **HAMMETT D.** Le sac de Couffignal. *Gallimard, 2000.* (Folio ; 169. Policier c6)
ISBN 2-07-041393-4. *29,50 F / 4,50 €*

15539 **HAMMETT D., CHANDLER R.** American detective stories of today. *LGF, 1993.* (Le Livre de poche ; 8659. Lire en anglais cJ)
ISBN 2-253-05813-0. *40 F / 6,10 €*

15540 **HANSEN J.** Les mouettes volent bas. *Gallimard, 1994.* (Folio ; 2673 c11)
ISBN 2-07-038883-2. *29,50 F / 4,50 €*

15541 **HANSEN J.** Les Ravages de la nuit. *Gallimard, 1994.* (Folio ; 2626 c11)
ISBN 2-07-038871-9. *29,50 F / 4,50 €*

15542 **HANSKA E.** Le bal des dégoûtantes. *Baleine, 1997.* (Le Poulpe ; 74)
ISBN 2-84219-075-0. *39 F / 5,95 €*

15543 **HANSKA E.** Une hirondelle dans le beffroi. *Baleine, 1997.* (Canaille-revolver ; 76)
ISBN 2-84219-077-7. *45 F / 6,86 €*

15544 **N** **HAQUET C.** L'oeil du Daruma. *Libr. des Champs-Elysées, 2001.* (Labyrinthes ; 89)
49 F / 7,47 €

15545 **N** **HARDING P.** Le donjon du bourreau : Frère Athelstan. *10-18, 2000.* (10-18 ; 3218. Grands détectives c5)
ISBN 2-264-02825-4. *44 F / 6,71 €*

15546 **HARDING P.** La galerie du rossignol. *10-18, 2000.* (10-18 ; 3167. Grands détectives c5)
ISBN 2-264-02824-6. *44 F / 6,71 €*

15547 **N** **HARDING P.** Sacrilège à Blackfriars. *10-18, 2000.* (10-18 ; 3226. Grands détectives)
ISBN 2-264-02826-2. *44 F / 6,71 €*

15548 **HARDWICK M., HARDWICK M.** La Vie privée de Sherlock Holmes. *Libr. des Champs-Elysées, 1991.* (Le Masque ; 2068. Les maîtres du roman policier c3)
ISBN 2-7024-2202-0. *32 F / 4,88 €*

15549 **N** **HARRIS R.** Archange. *Pocket, 2000.* (Pocket ; 10812. Thriller c6)
ISBN 2-266-09760-1. *38 F / 5,79 €*

15550 **HARRIS R.** Enigma. *Pocket, 1997.* (Pocket ; 10199. Thriller c7)
ISBN 2-266-07520-9. *42 F / 6,40 €*

15551 **HARRIS T.** Black sunday. *Pocket, 1996.* (Pocket ; 4457. Best c6)
ISBN 2-266-06338-3. *38 F / 5,79 €*

15552 **HARRISON C.** Corruptions. *Pocket, 1997.* (Pocket ; 4454 c6)
ISBN 2-266-06932-2. *38 F / 5,79 €*

15553 **HARRISON C.** Manhattan nocturne. *Pocket, 2000.* (Pocket ; 10404. Thriller c6)
ISBN 2-266-08125-X. *38 F / 5,79 €*

15554 **A** **HARTZMARK G.** Crimes au labo. *LGF, 2001.* (Le Livre de poche ; 17171. Thriller)
ISBN 2-253-17171-9. *36 F / 5,49 €*

15555 **HARTZMARK G.** Le prédateur. *LGF, 1997.* (Le Livre de poche ; 17011. Thriller c8)
ISBN 2-253-17011-9. *33 F / 5,03 €*

15556 **HARTZMARK G.** La sale affaire. *LGF, 1999.* (Le Livre de poche ; 17079. Thriller c8)
ISBN 2-253-17079-8. *33 F / 5,03 €*

15557 **HARTZMARK G.** La suspecte. *LGF, 1998.* (Le Livre de poche ; 17049. Thriller c8)
ISBN 2-253-17049-6. *33 F / 5,03 €*

15558 **A** **HEIM B.** Soleil cou coupé. *Baleine, 2001.* (Ultimes ; 5)
ISBN 2-84219-343-1. *49 F / 7,47 €*

15559 **HENDERSON L.** Une soirée mortelle. *Libr. des Champs-Elysées, 1997.* (Le Masque ; 2321. Les reines du crime c4)
ISBN 2-7024-2698-0. *35 F / 5,34 €*

15560 **HENTOFF N.** Le Diable et son jazz. *Gallimard, 1994.* (Folio ; 2583 c11)
ISBN 2-07-038858-1. *29,50 F / 4,50 €*

15561 **HERBERT J.** Fog. *Pocket, 1990.* (Pocket ; 9032. Terreur c6)
ISBN 2-266-03482-0. *38 F / 5,79 €*

15562 **HEYER G.** Meurtre d'anniversaire. *LGF, 1999.* (Le Livre de poche ; 14728. Policier c8)
ISBN 2-253-14728-1. *33 F / 5,03 €*

15563 **HEYER G.** La mort donne le la. *LGF, 1999.* (Le Livre de poche ; 14763. Policier c7)
ISBN 2-253-14763-X. *30 F / 4,57 €*

15564 **HEYER G.** Mort sans atout. *LGF, 1999.* (Le Livre de poche ; 14641. Policier c8)
ISBN 2-253-14641-2. *33 F / 5,03 €*

15565 **HEYER G.** Pas l'ombre d'un doute. *LGF, 2000.* (Le Livre de poche ; 14791. Policier c8)
ISBN 2-253-14791-5. *33 F / 5,03 €*

15566 **HEYER G.** Pourquoi tuer un maître d'hôtel?. Réimpr. *Libr. des Champs-Elysées, 1997.* (Le Masque ; 297. Les maîtres du roman policier c2)
ISBN 2-7024-2508-9. *30 F / 4,57 €*

15567 **N** **HEYER G.** Qui a tué le père?. *LGF, 2001.* (Le Livre de poche ; 18201. Policier c9)
ISBN 2-253-18201-X. *36 F / 5,49 €*

15568 **HEYER G.** Tiens, voilà du poison!. *LGF, 1997.* (Le Livre de poche ; 14346. Policier c8)
ISBN 2-253-14346-4. *33 F / 5,03 €*

15569 **HIAASEN C.** Cousu main. *LGF, 1993.* (Le Livre de poche ; 7609. Thriller c12)
ISBN 2-253-06437-8. *44 F / 6,71 €*

15570 **N** **HIAASEN C.** De l'orage dans l'air. *Pocket, 2000.* (Pocket ; 10534. Thriller c7)
ISBN 2-266-09013-5. *42 F / 6,40 €*

15571 **HIAASEN C.** Miami Park. *J'ai lu, 1998.* (J'ai lu ; 4806. Littérature générale c8)
ISBN 2-290-04806-2. *49 F / 7,47 €*

15572 **HIAASEN C.** Pêche en eau trouble. *Pocket, 1999.* (Pocket ; 10496. Thriller c7)
ISBN 2-266-08592-1. *42 F / 6,40 €*

15573 **HIGGINS J.** L'ange de la mort. *LGF, 1999.* (Le Livre de poche ; 17063. Thriller c9)
ISBN 2-253-17063-1. *36 F / 5,49 €*

15574 **HIGGINS J.** L'année du tigre. *LGF, 1997.* (Le Livre de poche ; 17021. Thriller c7)
ISBN 2-253-17021-6. *30 F / 4,57 €*

15575 **HIGGINS J.** Confessionnal. *LGF, 1988.* (Le Livre de poche ; 7527. Thriller c8)
ISBN 2-253-04621-3. *33 F / 5,03 €*

15576 **N** **HIGGINS J.** Le festin du diable. *LGF, 2000.* (Le Livre de poche ; 17141. Thriller c9)
ISBN 2-253-17141-7. *36 F / 5,49 €*

15577 **HIGGINS J.** Mission Saba. *LGF, 1998.* (Le Livre de poche ; 17035. Thriller c7)
ISBN 2-253-17035-6. *30 F / 4,57 €*

15578 **HIGGINS J.** L'oeil du typhon. *LGF, 1995.* (Le Livre de poche ; 7648. Thriller c7)
ISBN 2-253-07648-1. *30 F / 4,57 €*

15579 **HIGGINS J.** Opération Virgin. *LGF, 1996.* (Le Livre de poche ; 7675. Thriller c8)
ISBN 2-253-07675-9. *33 F / 5,03 €*

15580 **HIGGINS J.** Saison en enfer. *LGF, 1992.* (Le Livre de poche ; 7594. Thriller c9)
ISBN 2-253-06195-6. *36 F / 5,49 €*

15581 **HIGGINS J.** Terrain dangereux. *LGF, 1997.* (Le Livre de poche ; 7691. Thriller c9)
ISBN 2-253-07691-0. *36 F / 5,49 €*

15582 **HIGHSMITH P.** Ce mal étrange. *LGF, 1991.* (Le Livre de poche ; 4412. Thriller c10)
ISBN 2-253-05547-6. *40 F / 6,10 €*

15583 **HIGHSMITH P.** Ceux qui prennent le large. *LGF, 1991.* (Le Livre de poche ; 4416. Thriller c8)
ISBN 2-253-05618-9. *33 F / 5,03 €*

15584 **HIGHSMITH P.** Les Deux visages de Janvier. Réimpr. *LGF, 1994.* (Le Livre de poche ; 4437. Thriller c9)
ISBN 2-253-06860-8. *36 F / 5,49 €*

15585 **HIGHSMITH P.** L'Homme qui racontait des histoires. *LGF, 1994.* (Le Livre de poche ; 4436. Thriller c8)
ISBN 2-253-06859-4. *33 F / 5,03 €*

15586 **HIGHSMITH P.** L'Inconnu du Nord-Express. *LGF, 1991.* (Le Livre de poche ; 4411. Thriller c9)
ISBN 2-253-05546-8. *36 F / 5,49 €*

15587 **HIGHSMITH P.** On ne peut compter sur personne. *LGF, 1997.* (Le Livre de poche ; 14264. Thriller c6)
ISBN 2-253-14264-6. *26 F / 3,96 €*

15588 **HIGHSMITH P.** Please don't shoot the trees : and other short stories. *LGF, 1991.* (Le Livre de poche ; 8635. Lire en anglais c9)
ISBN 2-253-05552-2. *36 F / 5,49 €*

15589 **HIGHSMITH P.** La Proie du chat : nouvelles. *LGF, 1992.* (Le Livre de poche ; 4431. Thriller c9)
ISBN 2-253-06021-6. *36 F / 5,49 €*

15590 **HIGHSMITH P.** Ripley et les ombres. *LGF, 1991.* (Le Livre de poche ; 4414. Thriller c10)
ISBN 2-253-05572-7. *40 F / 6,10 €*

15591 **HIGHSMITH P.** Ripley s'amuse. *LGF, 1991.* (Le Livre de poche ; 4415. Thriller c9)
ISBN 2-253-05617-0. *36 F / 5,49 €*

15592 **HIGHSMITH P.** Small G. : une idylle d'été. *LGF, 1996.* (Le Livre de poche ; 4439. Thriller c12)
ISBN 2-253-06862-4. *44 F / 6,71 €*

15593 **HIGHSMITH P.** Le talentueux Mr Ripley. Réimp. *LGF, 2000.* (Le Livre de poche ; 4413. Thriller c11)
ISBN 2-253-05571-9. *42 F / 6,40 €*

15594 **N** **HIGSON C.** Le secret du bonheur. *Pocket, 2000.* (Pocket ; 10545. Thriller c6)
ISBN 2-266-08720-7. *38 F / 5,79 €*

15595 **HILL R.** Un Amour d'enfant. *Libr. des Champs-Elysées, 1991.* (Le Masque ; 2055 c4)
ISBN 2-7024-2161-X. *35 F / 5,34 €*

15596 **HILL R.** Au bois mourant. *Libr. des Champs-Elysées, 1997.* (Le Masque ; 2319. Les maîtres du roman policier c6)
ISBN 2-7024-2760-X. *39 F / 5,95 €*

15597 **HILL R.** C'est veuve et ça ne sait pas. *Libr. des Champs-Elysées, 1992.* (Le Masque ; 2090. Les maîtres du roman policier c4)
ISBN 2-7024-2236-5. *35 F / 5,34 €*

15598 **N** **HILL R.** Les chemins de l'enfer. *LGF, 2000.* (Le Livre de poche ; 17153. Thriller c11)
ISBN 2-253-17153-0. *42 F / 6,40 €*

15599 **HILL R.** Coupable né. *Libr. des Champs-Elysées, 1998.* (Le Masque ; 2404. Les maîtres du roman policier c6)
ISBN 2-7024-2664-6. *39 F / 5,95 €*

15600 **HILL R.** Des Douceurs assassines. *Libr. des Champs-Elysées, 1992.* (Le Masque ; 2064. Les maîtres du roman policier c4)
ISBN 2-7024-2211-X. *35 F / 5,34 €*

15601 **HILL R.** Dur, dur, d'être privé. *Libr. des Champs-Elysées, 1995.* (Le Masque ; 2249. Les maîtres du roman policier c5)
ISBN 2-7024-2577-1. *37 F / 5,64 €*

15602 **HILL R.** Une femme trop sociable. *Libr. des Champs-Elysées, 1998.* (Le Masque ; 2358. Les maîtres du roman policier c5)
ISBN 2-7024-2735-9. *37 F / 5,64 €*

15603 **HILL R.** Leçons de meurtre. *Libr. des Champs-Elysées, 1996.* (Le Masque ; 2267. Les maîtres du roman policier c5)
ISBN 2-7024-2661-1. *37 F / 5,64 €*

15604 **N** **HILL R.** Une passion dévorante. *Libr. des Champs-Elysées, 2000.* (Le Masque ; 2444. Les maîtres du roman policier)
ISBN 2-7024-2875-4. *45 F / 6,86 €*

15605 **HILL R.** Pour adultes, avec réserves... *Libr. des Champs-Elysées, 1993.* (Le Masque ; 2145. Les maîtres du roman policier c5)
ISBN 2-7024-2395-7. *37 F / 5,64 €*

15606 **HILL R.** Un printemps meurtrier. *Libr. des Champs-Elysées, 1998.* (Le Masque ; 2393. Les maîtres du roman policier c6)
ISBN 2-7024-2723-5. *39 F / 5,95 €*

15607 **HILL R.** Retour vers le présent. *Libr. des Champs-Elysées, 1994.* (Le Masque ; 2163. Les maîtres du roman policier c5)
ISBN 2-7024-2414-7. *37 F / 5,64 €*

15608 **HILL R.** Un si joli tableau. *Libr. des Champs-Elysées, 1995.* (Le Masque ; 2235. Les maîtres du roman policier c5)
ISBN 2-7024-2500-3. *37 F / 5,64 €*

15609 **HILLERMAN T.** Le peuple de l'ombre. *Gallimard, 1998.* (Folio ; 18. Policier ; 18 c8)
ISBN 2-07-040652-0. *37 F / 5,64 €*

15610 **A** **HIMES C.** Affaire de viol. *Actes Sud, 2001.* (Babel ; 476. Babel noir)
ISBN 2-7427-3198-9. *39 F / 5,95 €*

15611 **HIMES C.** L'aveugle au pistolet. Réimpr. *Gallimard, 1999.* (Folio ; 105. Policier c8)
ISBN 2-07-041025-0. *37 F / 5,64 €*

15612 **HIMES C.** La Fin d'un primitif. *Gallimard, 1976.* (Folio ; 718 c8)
ISBN 2-07-036718-5. *37 F / 5,64 €*

15613 **HIMES C.** Imbroglio negro. *Gallimard, 1998.* (Folio. Policier ; 19 c8)
ISBN 2-07-040653-9. *37 F / 5,64 €*

15614 **HIMES C.** Un Joli coup de lune. *Seuil, 1989.* (Points. Roman ; 363 c1)
ISBN 2-02-010797-X. *32 F / 4,88 €*

15615 **HIMES C.** Mamie Mason ou Un exercice de la bonne volonté. *Gallimard, 1998.* (Folio ; 3067 c11)
ISBN 2-07-040234-7. *29,50 F / 4,50 €*

15616 **HIMES C.** Ne nous énervons pas!. *Gallimard, 1999.* (Folio. Policier ; 39 c6)
ISBN 2-07-040794-2. *29,50 F / 4,50 €*

15617 **HIMES C.** La reine des pommes. *Gallimard, 1999.* (Folio ; 66. Policier c6)
ISBN 2-07-040811-6. *29,50 F / 4,50 €*

15618 **HIMES C.** Tout pour plaire. Réimpr. *Gallimard, 1999.* (Folio ; 72. Policier ; 72 c6)
ISBN 2-07-040815-9. *29,50 F / 4,50 €*

15619 **A** **Une histoire d'amour :** roman de groupe. *Pocket, 2099.* (Pocket ; 4466)
ISBN 2-266-07033-9. *35 F / 5,34 €*

15620 **Histoires à blémir la nuit.** *LGF, 1996.* (Le Livre de poche ; 14013. Policier c7)
ISBN 2-253-14013-9. *30 F / 4,57 €*

15621 **Histoires à claquer des dents. Réimpr.** *Pocket, 1995.* (Pocket ; 4438. Noir c1)
ISBN 2-266-06903-9. *19 F / 2,90 €*

15622 **Histoires à donner le frisson. Réimpr.** *Pocket, 1998.* (Pocket ; 4398. Noir c1)
ISBN 2-266-06700-1. *19 F / 2,90 €*

15623 **Histoires à faire pâlir la nuit. Nouv. éd.** *Pocket, 1996.* (Pocket ; 2362. Noir c4)
ISBN 2-266-07169-6. *19 F / 2,90 €*

15624 **Histoires à faire peur.** *LGF, 1977.* (Le Livre de poche ; 2203. Policier c4)
ISBN 2-253-01099-5. *20 F / 3,05 €*

15625 **Histoires à faire peur. Rééd.** *Pocket, 1995.* (Pocket ; 4400. Noir c1)
ISBN 2-266-06702-8. *19 F / 2,90 €*

15626 **Histoires à frémir debout. Rééd.** *Pocket, 1995.* (Pocket ; 4399. Noir c1)
ISBN 2-266-06701-X. *19 F / 2,90 €*

15627 **Histoires à lire avec précaution. Réimpr.** *Pocket, 1991.* (Pocket ; 7176. Noir c4)
ISBN 2-266-07173-4. *19 F / 2,90 €*

15628 **Histoires à ne pas lire la nuit.** *LGF, 1973.* (Le Livre de poche ; 1983. Policier c7)
ISBN 2-253-00133-3. *30 F / 4,57 €*

15629 **Histoires à sang pour sang.** *LGF, 1989.* (Le Livre de poche ; 6698. Policier c7)
ISBN 2-253-05155-1. *30 F / 4,57 €*

15630 **Histoires à se faire un sang d'encre.** *LGF, 1995.* (Le Livre de poche ; 13852. Policier c8)
ISBN 2-253-13852-5. *33 F / 5,03 €*

15631 **Histoires à torts et à travers.** *LGF, 1996.* (Le Livre de poche ; 13985. Policier c7)
ISBN 2-253-13985-8. *30 F / 4,57 €*

15632 **Histoires à vous couper le souffle. Réimpr.** *Pocket, 1990.* (Pocket ; 7177. Noir c4)
ISBN 2-266-07174-2. *19 F / 2,90 €*

15633 **Histoires à vous glacer le sang. Nouv. éd.** *Pocket, 1994.* (Pocket ; 4295. Noir c1)
ISBN 2-266-06401-0. *19 F / 2,90 €*

15634 **Histoires à vous mettre K.-O. Réimpr.** *Pocket, 1994.* (Pocket ; 4294. Noir c1)
ISBN 2-266-06400-2. *19 F / 2,90 €*

15635 **Histoires avec la mort en crime.** *LGF, 1996.* (Le Livre de poche ; 13956. Policier c7)
ISBN 2-253-13956-4. *30 F / 4,57 €*

15636 **Histoires avec pleurs et couronnes.** *LGF, 1991.* (Le Livre de poche ; 6943. Policier c8)
ISBN 2-253-05615-4. *33 F / 5,03 €*

15637 **Histoires avec vue sur la mort.** *LGF, 1995.* (Le Livre de poche ; 13799. Policier c8)
ISBN 2-253-13799-5. *33 F / 5,03 €*

15638 **Histoires d'argent, d'armes et de voleurs.** *LGF, 1991.* (Le Livre de poche ; 7356. Policier c4)
ISBN 2-253-05847-5. *20 F / 3,05 €*

15639 **Histoires d'efforts faits en forfaits.** *LGF, 1996.* (Le Livre de poche ; 13906. Policier c7)
ISBN 2-253-13906-8. *30 F / 4,57 €*

15640 **Histoires d'homicides domiciliés.** *LGF, 1995.* (Le Livre de poche ; 13885. Policier c7)
ISBN 2-253-13885-1. *30 F / 4,57 €*

15641 **Histoires d'humour, sévices et morgue.** *LGF, 1994.* (Le Livre de poche ; 13500. Policier c8)
ISBN 2-253-13500-3. *33 F / 5,03 €*

15642 **Histoires de décès décidés.** *LGF, 1995.* (Le Livre de poche ; 13798. Policier c7)
ISBN 2-253-13798-7. *30 F / 4,57 €*

15643 **Histoires de gros bras et de pieds plats.** *LGF, 1996.* (Le Livre de poche ; 14072. Policier c7)
ISBN 2-253-14072-4. *30 F / 4,57 €*

15644 **Histoires de leurres divers.** *LGF, 1997.* (Le Livre de poche ; 14162. Policier c7)
ISBN 2-253-14162-3. *30 F / 4,57 €*

15645 **Histoires de pas sages avides.** *LGF, 1997.* (Le Livre de poche ; 14208. Policier c7)
ISBN 2-253-14208-5. *30 F / 4,57 €*

15646 **Histoires de sang et de sous.** *LGF, 1992.* (Le Livre de poche ; 7360. Policier c4)
ISBN 2-253-05868-8. *20 F / 3,05 €*

15647 **Histoires délicieusement délictueuses.** *LGF, 1993.* (Le Livre de poche ; 9500. Policier c8)
ISBN 2-253-06381-9. *33 F / 5,03 €*

15648 **Histoires drôlement inquiétantes. Réimpr.** *Pocket, 1995.* (Pocket ; 4397. Noir c1)
ISBN 2-266-06699-4. *19 F / 2,90 €*

15649 **Histoires fascinantes. Nouv. éd.** *Pocket, 1995.* (Pocket ; 4396. Noir c1)
ISBN 2-266-06698-6. *19 F / 2,90 €*

15650 **Histoires macabres.** *LGF, 1988.* (Le Livre de poche ; 3003. Policier c4)
ISBN 2-253-04630-2. *20 F / 3,05 €*

15651 **Histoires piégées.** *LGF, 1988.* (Le Livre de poche ; 3005. Policier c4)
ISBN 2-253-04758-9. *20 F / 3,05 €*

15652 **Histoires plus adroites que gauches.** *LGF, 1997.* (Le Livre de poche ; 14100. Policier c7)
ISBN 2-253-14100-3. *30 F / 4,57 €*

15653 **Histoires qui défrisent.** *LGF, 1989.* (Le Livre de poche ; 6672. Policier c4)
ISBN 2-253-05079-2. *20 F / 3,05 €*

15654 **Histoires qui riment avec crime. Réimpr.** *Pocket, 1995.* (Pocket ; 4402. Noir c1)
ISBN 2-266-06704-4. *19 F / 2,90 €*

15655 **Histoires qui virent au noir :** Alfred Hitchcock présente. Nouv. éd. *Pocket, 1994.* (Pocket ; 4297. Noir c1)
ISBN 2-266-06403-7. *19 F / 2,90 €*

15656 **Histoires riches en surprises.** *LGF, 1988.* (Le Livre de poche ; 3006. Policier c4)
ISBN 2-253-04759-7. *20 F / 3,05 €*

15657 **Histoires ténébreuses. Réimpr.** *Pocket, 1996.* (Pocket ; 2821. Noir c4)
ISBN 2-266-07171-8. *19 F / 2,90 €*

15658 **Histoires troublantes.** *LGF, 1988.* (Le Livre de poche ; 3008. Policier c4)
ISBN 2-253-04813-5. *20 F / 3,05 €*

15659 **HITCHCOCK A.** Dernier plagiat. *Libr. des Champs-Elysées, 1993.* (Le Club des masques ; 1005 c1)
ISBN 2-7024-2272-1. *30 F / 4,57 €*

15660 **HITCHCOCK A.** Histoires à donner des sueurs froides. Nouv. éd. *Pocket, 1995.* (Pocket ; 4395. Noir c1)
ISBN 2-266-06697-8. *19 F / 2,90 €*

15661 **HITCHCOCK A.** Histoires à lire et à pâlir. Nouv. éd. *Pocket, 1996.* (Pocket ; 2822. Noir c4)
ISBN 2-266-07170-X. *19 F / 2,90 €*

15662 **HITCHCOCK A.** Histoires à suspense. Nouv. éd. *Pocket, 1994.* (Pocket ; 4293. Noir c1)
ISBN 2-266-06399-5. *19 F / 2,90 €*

15663 **HITCHCOCK A.** Histoires ciblées. Nouv. éd. *Pocket, 1996.* (Pocket ; 4492. Noir)
ISBN 2-266-07134-3. *19 F / 2,90 €*

15664 **HITCHCOCK A.** Histoires d'épreuves et de corrections. *LGF, 1994.* (Le Livre de poche ; 13561. Policier c8)
ISBN 2-253-13561-5. *33 F / 5,03 €*

15665 **HITCHCOCK A.** Histoires de derniers heurts. *LGF, 1994.* (Le Livre de poche ; 13587. Policier c8)
ISBN 2-253-13587-9. *33 F / 5,03 €*

15666 **HITCHCOCK A.** Histoires percutantes. Réimpr. *Pocket, 1995.* (Pocket ; 4401. Noir c1)
ISBN 2-266-06703-6. *19 F / 2,90 €*

15667 **HITCHCOCK A.** Histoires qui font tilt. Réimpr. *Pocket, 1994.* (Pocket ; 4292. Noir c1)
ISBN 2-266-06398-7. *19 F / 2,90 €*

15668 **HITCHCOCK A.** Histoires renversantes. *Pocket, 1994.* (Pocket ; 4296. Noir c1)
ISBN 2-266-06402-9. *19 F / 2,90 €*

15669 **HITCHCOCK A.** L'Homme aux serpents. *Libr. des Champs-Elysées, 1994.* (Le Club des masques ; 1007 c1)
ISBN 2-7024-2350-7. *30 F / 4,57 €*

15670 **HITCHCOCK A.** L'Homme qui tua Jesse James. *Libr. des Champs-Elysées, 1994.* (Le Club des masques ; 1010 c1)
ISBN 2-7024-2408-2. *30 F / 4,57 €*

15671 **HITCHCOCK A.** Horace et les voraces. *Libr. des Champs-Elysées, 1993.* (Le Club des masques ; 1002 c1)
ISBN 2-7024-2269-1. *32 F / 4,88 €*

15672 **HITCHCOCK A.** Le Lion.. ou la belle?. *Libr. des Champs-Elysées, 1993.* (Le Club des masques ; 1003 c1)
ISBN 2-7024-2270-5. *30 F / 4,57 €*

15673 **HITCHCOCK A.** Le Mort ambulant. *Libr. des Champs-Elysées, 1994.* (Le Club des masques ; 1006 c1)
ISBN 2-7024-2349-3. *30 F / 4,57 €*

15674 **HITCHCOCK A.** Le Procès dans un miroir. *Libr. des Champs-Elysées, 1993.* (Le Club des masques ; 1004 c1)
ISBN 2-7024-2271-3. *30 F / 4,57 €*

15675 **HITCHCOCK A.** Le Sourire des gendarmes. *Libr. des Champs-Elysées, 1994.* (Le Club des masques ; 1009 c1)
ISBN 2-7024-2407-4. *30 F / 4,57 €*

15676 **HITCHCOCK A.** Un Sujet brûlant. *Libr. des Champs-Elysées, 1994.* (Le Club des masques ; 1011 c1)
ISBN 2-7024-2409-0. *30 F / 4,57 €*

15677 **Hitchcock démasque.** *Libr. des Champs-Elysées, 1995.* (Le Club des masques ; 1018 c2)
ISBN 2-7024-8812-9. *30 F / 4,57 €*

15678 **Hitchcock démasque.** *Libr. des Champs-Elysées, 1995.* (Le Club des masques ; 1019 c2)
ISBN 2-7024-8813-7. *30 F / 4,57 €*

15679 **N** **HITCHCOCK J. S.** Le grimoire. *LGF, 2000.* (Le Livre de poche ; 14963. Policier c9)
ISBN 2-253-14963-2. *36 F / 5,49 €*

15680 **HITCHCOCK J. S.** Illusions d'optique. *LGF, 1999.* (Le Livre de poche ; 14581. Policier c7)
ISBN 2-253-14581-5. *30 F / 4,57 €*

15681 **HITT J.** Meurtre à cinq mains. *Seuil, 1995.* (Points ; 108 c9)
ISBN 2-02-025579-0. *42 F / 6,40 €*

15682 **N** **HJORTSBERG W.** Nevermore. *Gallimard, 2000.* (Folio ; 172. Policier c8)
ISBN 2-07-041407-8. *37 F / 5,64 €*

15683 **HJORTSBERG W.** Le Sabbat dans Central Park. *Gallimard, 1994.* (Folio ; 2651 c11)
ISBN 2-07-038957-X. *29,50 F / 4,50 €*

15684 **HOAG T.** Meurtre au carnaval. *Pocket, 1999.* (Pocket ; 10389. Thriller)
ISBN 2-266-08084-9. *48 F / 7,32 €*

15685 **N** **HOLDEN C.** Route pour l'enfer. *Gallimard, 2000.* (Folio ; 174. Policier c8)
ISBN 2-07-041076-5. *52 F / 7,93 €*

15686 **HOLLIDAY L.** Péché de chair. *Fleuve noir, 1999.* (Cracker ; 3)
ISBN 2-265-06651-6. *49 F / 7,47 €*

15687 **HOLLIDAY L.** La psychose du rongeur. *Fleuve noir, 1999.* (Cracker ; 3)
ISBN 2-265-06648-6. *49 F / 7,47 €*

15688 **N** **HOLT A.** La déesse aveugle. *Seuil, 2000.* (Points ; 767)
ISBN 2-02-039514-2. *42 F / 6,40 €*

15689 **N** **HOPMAN G.** Vite, vite, lent. *Baleine, 2000.* (Velours ; 13)
ISBN 2-84219-285-0. *45 F / 6,86 €*

15690 **HORNSBY W.** L'enfant de minuit. *Libr. des Champs-Elysées, 1997.* (Le Masque ; 2336. Les reines du crime c6)
ISBN 2-7024-2772-3. *39 F / 5,95 €*

15691 **HORNSBY W.** Les feux de la mort. *Libr. des Champs-Elysées, 1998.* (Le Masque ; 2408. Les reines du crime c6)
ISBN 2-7024-2839-8. *39 F / 5,95 €*

15692 **HORNSBY W.** Requiem dans la 77e rue. *Libr. des Champs-Elysées, 1998.* (Le Masque ; 2387. Les reines du crime c6)
ISBN 2-7024-2886-X. *39 F / 5,95 €*

15693 **HORST H.** Le confesseur. *Zulma, 1997.* (Quatre-bis ; 3 c1)
ISBN 2-909031-96-9. *59 F / 8,99 €*

15694 **HORST H.** Tango chinois. *Zulma, 1998.* (Quatre-bis)
ISBN 2-84304-033-7. *59 F / 8,99 €*

15695 **N** **HOUDE M.** La voix sur la montagne. *Alire, 2000.* (Romans. Polar ; 35)
ISBN 2-922145-40-9. *61 F / 9,30 €*

15696 **HOWE M. J.** La belle est bien morte. *Libr. des Champs-Elysées, 1996.* (Le Masque ; 2260. Les reines du crime c4)
ISBN 2-7024-2652-2. *35 F / 5,34 €*

15697 **HUET P.** Cargaison mortelle. *LGF, 1999.* (Le Livre de poche ; 17075. Thriller c5)
ISBN 2-253-17075-5. *23 F / 3,51 €*

15698 **HUET P.** La main morte. *LGF, 1996.* (Le Livre de poche ; 7668. Thriller c7)
ISBN 2-253-07668-6. *30 F / 4,57 €*

15699 **HUET P.** La nuit des docks. *LGF, 1997.* (Le Livre de poche ; 17018. Thriller c6)
ISBN 2-253-17018-6. *26 F / 3,96 €*

15700 **HUET P.** Quai de l'oubli. *LGF, 1994.* (Le Livre de poche ; 7637. Thriller c6)
ISBN 2-253-07637-6. *26 F / 3,96 €*

15701 **HUGHES D. B.** Voyage sans fin. *Libr. des Champs-Elysées, 1991.* (Le Masque ; 2043. Les reines du crime c3)
ISBN 2-7024-2132-6. *32 F / 4,88 €*

15702 **HUGHES Y.** Décembre au bord. *Librio, 2000.* (Librio ; 352. Noir c1)
ISBN 2-290-30492-1. *10 F / 1,52 €*

15703 **HUGO R.** La mort et la belle vie. *10-18, 1999.* (10-18 ; 3126. Domaine étranger c5)
ISBN 2-264-02791-6. *44 F / 6,71 €*

15704 **HULL R.** Le Meurtre de ma tante. *Libr. des Champs-Elysées, 1993.* (Le Masque ; 2146. Les maîtres du roman policier c3)
ISBN 2-7024-2396-5. *32 F / 4,88 €*

15705 **A** **HUNTER E.** Conversations criminelles. *Pocket, 2001.* (Pocket ; 7190. Noir ; 7190)
ISBN 2-266-07274-9

15706 **HUNTER J. P.** L'assassin habite à la maison. *Pocket, 1996.* (Pocket ; 4406 c4)
ISBN 2-266-06743-5. *30 F / 4,57 €*

15707 **HUSTER J-P.** Petits mots assassins. *Libr. des Champs-Elysées, 1999.* (Le Masque ; 2429. Les maîtres du roman policier c6)
ISBN 2-7024-2978-5. *39 F / 5,95 €*

15708 **HYDE A.** China lake. *Seuil, 1994.* (Points. Roman ; 639 c2)
ISBN 2-02-021518-7. *39 F / 5,95 €*

15709 **HYDE A.** Le détroit de Formose. *Seuil, 1998.* (Points ; 530 c9)
ISBN 2-02-034486-6. *42 F / 6,40 €*

15710 **IBARGÜENGOITIA J.** Les mortes. *Gallimard, 1996.* (Folio ; 2410 c10)
ISBN 2-07-049446-2. *42 F / 6,40 €*

15711 **IGNATIUS D.** Nom de code, SIRO. *Seuil, 1994.* (Points. Roman ; 689 c2)
ISBN 2-02-022274-4. *39 F / 5,95 €*

15712 **A** **IGNATIUS D.** Le scoop. *Pocket, 2001.* (Pocket. Thriller ; 10635)
ISBN 2-266-09183-2

15713 **ILES F.** Complicité. Réimpr. *Gallimard, 1972.* (Folio ; 239 c8)
ISBN 2-07-036239-6. *37 F / 5,64 €*

15714 **INNES M.** Un cas d'école. *10-18, 1998.* (10-18 ; 2960. Grands détectives)
ISBN 2-264-02623-5. *47 F / 7,17 €*

15715 **INNES M.** Requiem pour un poète. *10-18, 1999.* (10-18 ; 3058. Grands détectives c6)
ISBN 2-264-02624-3. *47 F / 7,17 €*

15716 **INNES M.** La vengeance d'Hamlet. *10-18, 1998.* (10-18 ; 2961. Grands détectives)
ISBN 2-264-02622-7. *47 F / 7,17 €*

15717 **IRISH W.** L'heure blafarde. *Gallimard, 1998.* (Folio. Policier ; 40 c6)
ISBN 2-07-040795-0. *29,50 F / 4,50 €*

15718 **IRISH W.** J'ai épousé une ombre. Réimpr. *Gallimard, 1999.* (Folio ; 1804. Policier c8)
ISBN 2-07-041031-5. *37 F / 5,64 €*

15719 **IRISH W.** J'ai vu rouge. Réimpr. *Gallimard, 1995.* (Folio ; 2151 c11)
ISBN 2-07-038241-9. *29,50 F / 4,50 €*

15720 **IRISH W.** Nouvelles. 1. Réimpr. *Pocket, 1987.* (Pocket ; 2775. Noir c7)
ISBN 2-266-04451-6. *42 F / 6,40 €*

15721 **N** **ISAACS S.** Lily White. *Pocket, 2000.* (Pocket ; 10878 c9)
ISBN 2-266-09878-0. *48 F / 7,32 €*

15722 **N** **IZZO J-C.** Chourmo. *Gallimard, 2001.* (Folio ; 195. Policier)
ISBN 2-07-041719-0. *37 F / 5,64 €*

15723 **N** **IZZO J-C.** Solea. *Gallimard, 2001.* (Folio ; 196. Policier)
ISBN 2-07-041718-2. *37 F / 5,64 €*

15724 **N** **IZZO J-C.** Total Khéops. *Gallimard, 2001.* (Folio ; 194. Policier)
ISBN 2-07-041720-4. *37 F / 5,64 €*

15725 **IZZO J-C.** Vivre fatigue. *Librio, 1998.* (Librio ; 208. Noir c1)
ISBN 2-277-30208-2. *10 F / 1,52 €*

15726 **JACKSON S.** Nous avons toujours habité le château. *Pocket, 1999.* (Pocket ; 9216. Terreur c4B)
ISBN 2-266-09101-8. *32 F / 4,88 €*

15727 **JACQ C.** La Pyramide assassinée. *Pocket, 1994.* (Le Juge d'Egypte; 1)(Pocket ; 4189 c6)
ISBN 2-266-06170-4. *38 F / 5,79 €*

15728 **JAKES J.** Havoc à vendre. *Libr. des Champs-Elysées, 1995.* (Le Masque ; 2255. Les maîtres du roman policier c1)
ISBN 2-7024-2452-X. *28 F / 4,27 €*

15729 **JAKES J.** Havoc au vert. *Libr. des Champs-Elysées, 1997.* (Le Masque ; 2304. Les maîtres du roman policier c3)
ISBN 2-7024-2715-4. *32 F / 4,88 €*

15730 **JAKES J.** Havoc et la sirène rouge. *Libr. des Champs-Elysées, 1997.* (Le Masque ; 2352. Les maîtres du roman policier c3)
ISBN 2-7024-2730-8. *32 F / 4,88 €*

15731 **JAMES P. D.** A visage couvert. *LGF, 1992.* (Le Livre de poche ; 4345. Policier c8)
ISBN 2-253-06032-1. *33 F / 5,03 €*

15732 **JAMES P. D.** Un Certain goût pour la mort. *LGF, 1989.* (Le Livre de poche ; 6585. Policier c13)
ISBN 2-253-04859-3. *46 F / 7,01 €*

15733 **JAMES P. D.** Une certaine justice. *LGF, 2000.* (Le Livre de poche ; 14862. Policier)
ISBN 2-253-14862-8. *45 F / 6,86 €*

15734 **JAMES P. D.** Les fils de l'homme. *LGF, 1995.* (Le Livre de poche ; 13831. Policier c8)
ISBN 2-253-13831-2. *33 F / 5,03 €*

735 **JAMES P. D.** Une Folie meurtrière. *LGF, 1990.* (Le Livre de poche ; 6835. Policier c9)
SBN 2-253-05397-X. *36 F / 5,49 €*

736 **JAMES P. D.** L'Ile des morts. *LGF, 1987.* (Le Livre de poche ; 6315. Policier c10)
SBN 2-253-04113-0. *40 F / 6,10 €*

737 **JAMES P. D.** Meurtre dans un fauteuil. *LGF, 1988.* (Le Livre de poche ; 6457. Policier c10)
SBN 2-253-04553-5. *40 F / 6,10 €*

738 **JAMES P. D.** La Meurtrière. *LGF, 1988.* (Le Livre de poche ; 6488. Policier c9)
ISBN 2-253-04652-3. *36 F / 5,49 €*

739 **JAMES P. D.** Mort d'un expert. *LGF, 1991.* (Le Livre de poche ; 7340. Policier c10)
ISBN 2-253-05831-9. *40 F / 6,10 €*

740 **JAMES P. D.** Par action et par omission. *LGF, 1992.* (Le Livre de poche ; 9542. Policier c10)
ISBN 2-253-06193-X. *40 F / 6,10 €*

741 **JAMES P. D.** Péché originel. *LGF, 1997.* (Le Livre de poche ; 14117. Policier c10)
ISBN 2-253-14117-8. *40 F / 6,10 €*

742 **JAMES P. D.** La Proie pour l'ombre. *LGF, 1987.* (Le Livre de poche ; 6287. Policier c7)
ISBN 2-253-04070-3. *30 F / 4,57 €*

743 **JAMES P. D.** Romans. *LGF, 1993.* (La Pochothèque ; 3213. Classiques modernes)
ISBN 2-253-06313-4. *140 F / 21,34 €*

744 **JAMES P. D.** Sans les mains. *LGF, 1989.* (Le Livre de poche ; 6699. Policier c8)
ISBN 2-253-05156-X. *33 F / 5,03 €*

745 **JAMES P. D., CRITCHLY T.** Les meurtres de la Tamise : une enquête historico-policière. *LGF, 1996.* (Le Livre de poche ; 13905. Policier c8)
ISBN 2-253-13905-X. *33 F / 5,03 €*

746 **N** **JAOUEN H.** Hôpital souterrain. *Gallimard, 2000.* (Folio ; 137. Policier c9)
ISBN 2-07-041400-0. *41 F / 6,25 €*

747 **N** **JAPP A. H.** Andrea H. Japp. 1, Le cycle des Gloria. *Libr. des Champs-Elysées, 2001.* (Les intégrales du Masque)
ISBN 2-7024-3006-6. *149 F / 22,71 €*

748 **JAPP A. H.** Autopsie d'un petit singe. *Libr. des Champs-Elysées, 1998.* (Le Masque ; 2371. Les reines du crime c3)
ISBN 2-7024-2856-8. *32 F / 4,88 €*

749 **JAPP A. H.** Autopsie d'un petit singe. *LGF, 1999.* (Le Livre de poche ; 14580. Policier c6)
ISBN 2-253-14580-7. *26 F / 3,96 €*

750 **JAPP A. H.** La Bostonienne. *Libr. des Champs-Elysées, 1991.* (Le Masque ; 2044 c3)
ISBN 2-7024-2134-2. *32 F / 4,88 €*

751 **JAPP A. H.** Elle qui chante quand la mort vient. *Libr. des Champs-Elysées, 1993.* (Le Masque ; 2119. Les reines du crime c2)
ISBN 2-7024-2323-X. *30 F / 4,57 €*

15752 **JAPP A. H.** La parabole du tueur. *LGF, 1998.* (Le Livre de poche ; 14461. Policier c7)
ISBN 2-253-14461-4. *30 F / 4,57 €*

15753 **N** **JAPP A. H.** La raison des femmes. *LGF, 2000.* (Le Livre de poche ; 17129. Thriller c7)
ISBN 2-253-17129-8. *30 F / 4,57 €*

15754 **JAPP A. H.** Le sacrifice du papillon. *LGF, 1999.* (Le Livre de poche ; 17106. Thriller c9)
ISBN 2-253-17106-9. *36 F / 5,49 €*

15755 **JAPP A. H.** Le septième cercle. *Librio, 1999.* (Librio ; 312. Noir c1)
ISBN 2-277-30312-7. *10 F / 1,52 €*

15756 **N** **JAPP A. H.** La voyageuse. *J'ai lu, 2000.* (J'ai lu ; 5705. Policier cE)
ISBN 2-290-30468-9. *22 F / 3,35 €*

15757 **JAPP A. P.** C.S. Meutres. *Libr. des Champs-Elysées, 1994.* (Le Masque ; 2166. Les reines du crime c2)
ISBN 2-7024-2438-4. *30 F / 4,57 €*

15758 **JAPP A. P.** Dans l'oeil de l'ange. *LGF, 2000.* (Le Livre de poche ; 17085. Thriller)
ISBN 2-253-17085-2. *35 F / 5,34 €*

15759 **JAPP A. P.** La femelle de l'espèce. Réimpr. *Libr. des Champs-Elysées, 1996.* (Le Masque ; 2266. Les reines du crime)
ISBN 2-7024-2513-5. *32 F / 4,88 €*

15760 **JAPP A. P.** La femelle de l'espèce. *LGF, 1997.* (Le Livre de poche ; 7692. Thriller c7)
ISBN 2-253-07692-9. *30 F / 4,57 €*

15761 **JAPP A. P.** La Petite fille au chien jaune. *Libr. des Champs-Elysées, 1993.* (Le Masque ; 2118 c2)
ISBN 2-7024-2418-X. *30 F / 4,57 €*

15762 **N** **JAPRISOT S.** Adieu l'ami. *Gallimard, 2000.* (Folio ; 170. Policier c6)
ISBN 2-07-041394-2. *29,50 F / 4,50 €*

15763 **JAPRISOT S.** Compartiment tueurs. *Gallimard, 1999.* (Folio ; 67. Policier ; 67 c6)
ISBN 2-07-040812-4. *29,50 F / 4,50 €*

15764 **JAPRISOT S.** Compartiment tueurs. *Gallimard, 1974.* (Folio ; 563 c11)
ISBN 2-07-036563-8. *29,50 F / 4,50 €*

15765 **JAPRISOT S.** La dame dans l'auto avec des lunettes et un fusil. *Gallimard, 1998.* (Folio ; 43. Policier ; 43 c8)
ISBN 2-07-040763-2. *37 F / 5,64 €*

15766 **JAPRISOT S.** La Dame dans l'auto avec des lunettes et un fusil. *Gallimard, 1980.* (Folio ; 1223 c8)
ISBN 2-07-037223-5. *37 F / 5,64 €*

15767 **JAPRISOT S.** L'été meurtrier. *Gallimard, 1998.* (Folio ; 20. Policier ; 20 c9)
ISBN 2-07-040654-7. *41 F / 6,25 €*

15768 **JAPRISOT S.** L'Eté meurtrier. *Gallimard, 1981.* (Folio ; 1296 c9)
ISBN 2-07-037296-0. *41 F / 6,25 €*

15769 **JAPRISOT S.** Le passager de la pluie. *Gallimard, 1998.* (Folio ; 21. Policier ; 21 c4)
ISBN 2-07-040655-5. *20,50 F / 3,13 €*

15770 **JAPRISOT S.** Piège pour Cendrillon. *Gallimard, 1972.* (Folio c6)
ISBN 2-07-036216-7. *29,50 F / 4,50 €*

15771 **JAPRISOT S.** Piège pour Cendrillon. *Gallimard, 1999.* (Folio ; 73. Policier ; 73 c6)
ISBN 2-07-040816-7. *29,50 F / 4,50 €*

15772 **JAPRISOT S.** Visages de l'amour et de la haine. *Gallimard, 1989.* (Folio ; 2091 c11)
ISBN 2-07-038179-X. *29,50 F / 4,50 €*

15773 **JAY C.** Au coeur de la jungle. *Libr. des Champs-Elysées, 1997.* (Le Masque ; 2313. Les reines du crime c6)
ISBN 2-7024-2665-4. *39 F / 5,95 €*

15774 **JAY .C.** La mèche. *Libr. des Champs-Elysées, 1996.* (Le Masque ; 2296. Les reines du crime c1)
ISBN 2-7024-2666-2. *28 F / 4,27 €*

15775 **JEFFERS P.** Irrégulier, mon cher Morgan! : les fans de Sherlock Holmes. *Libr. des Champs-Elysées, 1985.* (Le Masque ; 1807. Les maîtres du roman policier c1)
ISBN 2-7024-1651-9. *28 F / 4,27 €*

15776 [A] **JODY J-P.** Parcours santé. *Actes Sud, 2001.* (Babel ; 475. Babel noir)
ISBN 2-7427-3197-0. *45 F / 6,86 €*

15777 **JODY J-P.** Stringer. *Actes Sud, 2000.* (Babel ; 411. Babel noir)
ISBN 2-7427-2553-9. *45 F / 6,86 €*

15778 [N] **JOENSUU M. Y.** Harjunpää et le fils du policier : roman à propos d'un crime et de ce que l'on ne voit que dans l'oeil de son voisin. *Gallimard, 2000.* (Folio ; 165. Policier c8)
ISBN 2-07-041440-X. *32,50 F / 4,95 €*

15779 **JOHANSEN I.** Bien après minuit. *Pocket, 1999.* (Pocket ; 10539. Thriller)
ISBN 2-266-08718-5. *38 F / 5,79 €*

15780 **JOLY F.** Chicagone. *Baleine, 1996.* (Le Poulpe ; 34)
ISBN 2-84219-033-5. *39 F / 5,95 €*

15781 **JOLY F.** Le grand blanc. *Baleine, 1997.* (Canaille-revolver ; 90)
ISBN 2-84219-098-X. *47 F / 7,17 €*

15782 **JONES C.** Les Saints ne sont pas des anges. *Libr. des Champs-Elysées, 1987.* (Le Masque ; 1879 c1)
ISBN 2-7024-1760-4. *28 F / 4,27 €*

15783 [N] **JONQUET T.** Le bal des débris. *Librio, 2000.* (Librio ; 413. Noir c1)
ISBN 2-290-30750-5. *10 F / 1,52 €*

15784 [N] **JONQUET T.** La belle et la bête ; Mémoire en cage ; Mygale. *Gallimard, 2000.* (Folio. Policier)
ISBN 2-07-049950-2. *96,50 F / 14,71 €*

15785 **JONQUET T.** La bête et la belle. Réimpr. *Gallimard, 1999.* (Folio ; 106. Policier c6)
ISBN 2-07-040862-0. *29,50 F / 4,50 €*

15786 **JONQUET T.** Comedia. *Actes Sud, 1999.* (Babel ; 376. Babel noir c4)
ISBN 2-7427-2190-8. *51 F / 7,77 €*

15787 [N] **JONQUET T.** Du passé faisons table rase. Réimpr. *Actes Sud, 2000.* (Babel ; 321. Babel noir c3)
ISBN 2-7427-1766-8. *45 F / 6,86 €*

15788 **JONQUET T.** Mémoire en cage. *Gallimard, 1999.* (Folio ; 119. Policier c6)
ISBN 2-07-041100-1. *29,50 F / 4,50 €*

15789 [A] **JONQUET T.** Moloch. *Gallimard, 2001.* (Folio. Policier)
ISBN 2-07-041722-0. *25,50 F / 3,89 €*

15790 **JONQUET T.** Mygale. *Gallimard, 1999.* (Folio. Policier ; 52 c6)
ISBN 2-07-040801-9. *29,50 F / 4,50 €*

15791 **JONQUET T.** Les orpailleurs. *Gallimard, 1998.* (Folio ; 2. Policier ; 2 c9)
ISBN 2-07-040638-5. *41 F / 6,25 €*

15792 **JONQUET T.** Le pauvre nouveau est arrivé !. *Librio, 1998.* (Librio ; 223. Noir c1)
ISBN 2-277-30223-6. *10 F / 1,52 €*

15793 **JOUVERT J.** Eau et gaz. *Fleuve noir, 1999.* (Les noirs)
ISBN 2-265-06786-5. *42 F / 6,40 €*

15794 **Joyeux Gabriel.** *Baleine, 1997.* (Le Poulpe ; 92-95)
ISBN 2-84219-102-1. *160 F / 24,39 €*

15795 [A] **JULAUD J-J.** Fuir, là-bas fuir !. *Liv'éditions, 2001.* (Liv'poche)
ISBN 2-84497-015-X. *59 F / 8,99 €*

15796 **KÂÂ** Mental. *Fleuve noir, 1998.* (Fleuve noir crime ; 48)
ISBN 2-265-06388-6. *16,50 F / 2,52 €*

15797 **KÂÂ** On a rempli les cercueils avec des abstractions. *Fleuve noir, 1997.* (Fleuve noir crime ; 33)
ISBN 2-265-06282-0. *57 F / 8,69 €*

15798 **KAHN M. A.** La mort en filigrane. *Libr. des Champs-Elysées, 1997.* (Le Masque ; 2310. Les maîtres du roman policier c6)
ISBN 2-7024-2695-6. *39 F / 5,95 €*

15799 **KAHN M. A.** La mort en ménage. *Libr. des Champs-Elysées, 1998.* (Le Masque ; 2373. Les maîtres du roman policier c6)
ISBN 2-7024-2842-8. *39 F / 5,95 €*

15800 **KAHN M. A.** La mort en primes. *Libr. des Champs-Elysées, 1995.* (Le Masque ; 2225. Les reines du crime c5)
ISBN 2-7024-2473-2. *37 F / 5,64 €*

15801 **KAMINSKY S.** L'affaire Howard Hughes. *10-18, 2000.* (10-18 ; 3150. Grands détectives c4)
ISBN 2-264-03019-4. *41 F / 6,25 €*

802 **KAMINSKY S.** Chico Banco Bobo. *10-18, 1999.* (10-18 ; 3040. Grands détectives c3)
ISBN 2-264-02882-3. *38 F / 5,79 €*

803 **KAMINSKY S.** Demain est un autre jour. *10-18, 1996.* (10-18 ; 2743. Grands détectives c5)
ISBN 2-264-02431-3. *44 F / 6,71 €*

804 N **KAMINSKY S.** Dracula fait maigre. *10-18, 2000.* (10-18 ; 3211. Grands détectives c5)
ISBN 2-264-03018-6. *44 F / 6,71 €*

805 **KAMINSKY S.** Et le diable rencontra la femme. *10-18, 1998.* (10-18 ; 3011. Grands détectives c6)
ISBN 2-264-02614-6. *47 F / 7,17 €*

806 **KAMINSKY S.** Judy et ses nains. *10-18, 1997.* (10-18 ; 2830. Grands détectives c3)
ISBN 2-264-02540-9. *38 F / 5,79 €*

807 **KAMINSKY S.** Lieberman et le cambrioleur. *Libr. des Champs-Elysées, 1997.* (Le Masque ; 2343. Les maîtres du roman policier c4)
ISBN 2-7024-2658-1. *35 F / 5,34 €*

808 **KAMINSKY S.** Moi j'aime le cinéma. *10-18, 1998.* (10-18 ; 2951. Grands détectives c5)
ISBN 2-264-02730-4. *44 F / 6,71 €*

809 **KAMINSKY S.** Pour qui sonne le clap. *10-18, 1997.* (10-18 ; 2858. Grands détectives c4)
ISBN 2-264-02539-5. *41 F / 6,25 €*

810 **KAMINSKY S.** 24 heures dans la vie de Lieberman. *Libr. des Champs-Elysées, 1995.* (Le Masque ; 2214. Les maîtres du roman policier c4)
ISBN 2-7024-2542-9. *35 F / 5,34 €*

5811 **KAMINSKY S. M.** Le Caméléon rouge. *Libr. des Champs-Elysées, 1993.* (Le Masque ; 2128. Les maîtres du roman policier c3)
ISBN 2-7024-2356-6. *32 F / 4,88 €*

5812 **KAMINSKY S. M.** Le choix de Lieberman. *Libr. des Champs-Elysées, 1996.* (Le Masque ; 2262. Les maîtres du roman policier c2)
ISBN 2-7024-2643-3. *30 F / 4,57 €*

5813 **KAMINSKY S. M.** Du sang et des roubles. *Libr. des Champs-Elysées, 1998.* (Le Masque ; 2359. Les maîtres du roman policier c5)
ISBN 2-7024-2845-2. *37 F / 5,64 €*

5814 **KAMINSKY S. M.** Entre la faucille et le marteau. *Libr. des Champs-Elysées, 1992.* (Le Masque ; 2086. Les maîtres du roman policier c3)
ISBN 2-7024-2238-1. *32 F / 4,88 €*

5815 **KAMINSKY S. M.** Les icônes brisées. *Libr. des Champs-Elysées, 2000.* (Le Masque ; 2434. Les maîtres du roman policier c6)
ISBN 2-7024-2926-2. *39 F / 5,95 €*

5816 **KAMINSKY S. M.** La loi de Lieberman. *Libr. des Champs-Elysées, 1999.* (Le Masque ; 2399. Les maîtres du roman policier c6)
ISBN 2-7024-2906-8. *39 F / 5,95 €*

5817 **KAMINSKY S. M.** Le pope est mort. *Libr. des Champs-Elysées, 1995.* (Le Masque ; 2256. Les maîtres du roman policier c4)
ISBN 2-7024-2417-1. *35 F / 5,34 €*

15818 **KAMINSKY S. M.** Rostonikov à Cuba. *Libr. des Champs-Elysées, 1997.* (Le Masque ; 2327. Les maîtres du roman policier c4)
ISBN 2-7024-2703-0. *35 F / 5,34 €*

15819 **KASSAK F.** Bonne vie et meurtres. *Libr. des Champs-Elysées, 1991.* (Le Masque ; 2054. Les maîtres du roman policier c1)
ISBN 2-7024-2168-7. *28 F / 4,27 €*

15820 **KASSAK F.** Carambolages. Nouv. éd. *Libr. des Champs-Elysées, 1993.* (Le Masque ; 2112. Les maîtres du roman policier c1)
ISBN 2-7024-2284-5. *28 F / 4,27 €*

15821 **KASSAK F.** Une Chaumière et un meurtre. *Libr. des Champs-Elysées, 1989.* (Le Masque ; 1981. Les maîtres du roman policier c2)
ISBN 2-7024-1971-2. *30 F / 4,57 €*

15822 **KASSAK F.** Crêpe-suzette. *Libr. des Champs-Elysées, 1990.* (Le Masque ; 2022. Les maîtres du roman policier c1)
ISBN 2-7024-2091-5. *28 F / 4,27 €*

15823 **KASSAK F.** Plus amer que la mort. *Libr. des Champs-Elysées, 1990.* (Le Masque ; 2004 c1)
ISBN 2-7024-2036-2. *28 F / 4,27 €*

15824 **KASSAK F.** Qui a peur d'Ed Garpo ? : nouvelles. *Libr. des Champs-Elysées, 1995.* (Le Masque ; 2241. Les maîtres du roman policier c1)
ISBN 2-7024-2619-0. *28 F / 4,27 €*

15825 **KASSAK F.** Savant à livrer le... *Libr. des Champs-Elysées, 1998.* (Le Masque ; 2395. Les maîtres du roman policier c2)
ISBN 2-7024-2814-2. *30 F / 4,57 €*

15826 **KATZENBACH J.** Juste cause. *Pocket, 1995.* (Pocket ; 10038. Best c6)
ISBN 2-266-06800-8. *38 F / 5,79 €*

15827 **KAVANAGH D.** Tout fout le camp!. *Seuil, 1994.* (Points. Roman ; 679 c2)
ISBN 2-02-019859-2. *39 F / 5,95 €*

15828 **KAZAR N.** Madame est serbie. *Baleine, 1999.* (Le Poulpe ; 147)
ISBN 2-84219-186-2. *39 F / 5,95 €*

15829 N **KEATING H. R. F.** L'inspecteur Ghote abat son joker. *LGF, 2000.* (Le Livre de poche ; 14882. Policier c7)
ISBN 2-253-14882-2. *30 F / 4,57 €*

15830 **KEATING H. R. F.** Le meurtre parfait. *LGF, 1999.* (Le Livre de poche ; 14749. Policier c7)
ISBN 2-253-14749-4. *30 F / 4,57 €*

15831 **KEATING H. R. F.** Temps morts. *LGF, 1998.* (Le Livre de poche ; 14557. Policier c8)
ISBN 2-253-14557-2. *33 F / 5,03 €*

15832 N **KELLERMAN J.** Billy Straight. *Seuil, 2001.* (Points ; 834)
ISBN 2-02-048626-1. *50 F / 7,62 €*

15833 **KELLERMAN J.** La clinique. *Seuil, 1999.* (Points ; 636 c10)
ISBN 2-02-037526-5. *45 F / 6,86 €*

15834 **KELLERMAN J.** Le nid de l'araignée. *Pocket, 1999.* (Pocket ; 10219 c6)
ISBN 2-266-07627-2. *38 F / 5,79 €*

15835 [N] **KELLERMAN J.** La sourde. *Seuil, 2000.* (Points ; 755)
ISBN 2-02-041396-5. *48 F / 7,32 €*

15836 **KELLERMAN J.** Terreurs nocturnes : une enquête d'Alex Delaware psy et détective privé. *Pocket, 1997.* (Pocket ; 10088. Terreur c8)
ISBN 2-266-07215-3. *45 F / 6,86 €*

15837 **KELLERMAN J.** La valse du diable. *Pocket, 1998.* (Pocket ; 10282. Thriller c6)
ISBN 2-266-07755-4. *38 F / 5,79 €*

15838 [A] **KELMAN J.** Comme un voile d'ombre. *Pocket, 2001.* (Pocket. Thriller ; 10847)
ISBN 2-266-09835-7

15839 **KELMAN J.** Un dernier baiser. *Pocket, 1998.* (Pocket ; 10463. Thriller c6)
ISBN 2-266-08253-1. *38 F / 5,79 €*

15840 [N] **KELMAN J.** Entre les mailles du filet. *Pocket, 2000.* (Pocket ; 10461. Thriller c7)
ISBN 2-266-08251-5. *42 F / 6,40 €*

15841 **KELMAN J.** Phobies. *Pocket, 1999.* (Pocket ; 10351. Thriller c5)
ISBN 2-266-08014-8. *35 F / 5,34 €*

15842 **KELMAN J.** Plus que vous n'en savez... *Pocket, 1999.* (Pocket ; 10462. Thriller c6)
ISBN 2-266-08252-3. *38 F / 5,79 €*

15843 **KELMAN J.** Le rôdeur. *LGF, 1996.* (Le Livre de poche ; 7678. Thriller c9)
ISBN 2-253-07678-3. *36 F / 5,49 €*

15844 **KEMELMAN H.** Un Beau jour, le rabbin a acheté une croix. *10-18, 1991.* (10-18 ; 2161. Grands détectives c5)
ISBN 2-264-01487-3. *44 F / 6,71 €*

15845 **KEMELMAN H.** Ce jour où le rabbin a quitté la ville. *10-18, 1997.* (10-18 ; 2836. Grands détectives c5)
ISBN 2-264-02450-X. *47 F / 7,17 €*

15846 **KEMELMAN H.** Dimanche le rabbin est resté à la maison. *10-18, 1985.* (10-18 ; 1705. Grands détectives c5)
ISBN 2-264-00688-9. *44 F / 6,71 €*

15847 **KEMELMAN H.** Jeudi, le rabbin est sorti. *10-18, 1989.* (10-18 ; 2023. Grands détectives c5)
ISBN 2-264-01345-1. *44 F / 6,71 €*

15848 **KEMELMAN H.** Un Jour le rabbin démissionna. *10-18, 1993.* (10-18 ; 2357. Grands détectives c6)
ISBN 2-264-01752-X. *47 F / 7,17 €*

15849 **KEMELMAN H.** Lundi, le rabbin s'est envolé pour Israël. *10-18, 1986.* (10-18 ; 1803. Grands détectives c6)
ISBN 2-264-00788-5. *47 F / 7,17 €*

15850 **KEMELMAN H.** Mardi, le rabbin a vu rouge. *10-18, 1987.* (10-18 ; 1891. Grands détectives c6)
ISBN 2-264-01084-3. *47 F / 7,17 €*

15851 **KEMELMAN H.** Mercredi le rabbin a plongé. *10-18, 1988.* (10-18 ; 1970. Grands détectives c6)
ISBN 2-264-01170-X. *47 F / 7,17 €*

15852 **KEMELMAN H.** On soupçonne le rabbin. *10-18, 1983.* (10-18 ; 1560. Grands détectives c5)
ISBN 2-264-00500-9. *44 F / 6,71 €*

15853 **KEMELMAN H.** Samedi, le rabbin se met à table. *10-18, 1983.* (10-18 ; 1578 c5)
ISBN 2-264-00546-7. *44 F / 6,71 €*

15854 **KEMPLEY W.** L'ordinateur des pompes funèbres. *Gallimard, 1999.* (Folio. Policier ; 48 c5)
ISBN 2-07-040722-5. *25 F / 3,81 €*

15855 **KENNEALY J.** Le chef d'orchestre. *Pocket, 1999.* (Pocket ; 10510. Thriller c7)
ISBN 2-266-08591-3. *42 F / 6,40 €*

15856 [N] **KERBELLEC P. G.** La montre du mède. *Baleine, 2001.* (Pierre de Gondol ; 3)
ISBN 2-84219-314-8. *98 F / 14,94 €*

15857 [A] **KERNEL B.** Exquis cadavres. *Librio, 2001.* (Librio. Noir c1)
ISBN 2-290-31097-2. *10 F / 1,52 €*

15858 **KEROUAC J.** Docteur Sax. *Gallimard, 1994.* (Folio ; 2607 c11)
ISBN 2-07-038876-X. *29,50 F / 4,50 €*

15859 **KERR P.** Chambres froides. *Libr. des Champs-Elysées, 1994.* (Le Masque ; 2169 c4)
ISBN 2-7024-2436-8. *35 F / 5,34 €*

15860 **KERR P.** Cinq ans de réflexion. *LGF, 1999.* (Le Livre de poche ; 17081. Thriller c9)
ISBN 2-253-17081-X. *36 F / 5,49 €*

15861 **KERR P.** Une enquête philosophique. *Seuil, 1996.* (Points ; 244 c9)
ISBN 2-02-028304-2. *42 F / 6,40 €*

15862 **KERR P.** L'Eté de cristal. *Libr. des Champs-Elysées, 1993.* (Le Masque ; 2133 c4)
ISBN 2-7024-2361-2. *35 F / 5,34 €*

15863 **KERR P.** L'été de cristal. *LGF, 1995.* (Le Livre de poche ; 13745. Policier c7)
ISBN 2-253-13745-6. *30 F / 4,57 €*

15864 **KERR P.** La pâle figure. *LGF, 1996.* (Le Livre de poche ; 13955. Policier c8)
ISBN 2-253-13955-6. *33 F / 5,03 €*

15865 **KERR P.** Un requiem allemand. *LGF, 1996.* (Le Livre de poche ; 14012. Policier c9)
ISBN 2-253-14012-0. *36 F / 5,49 €*

15866 **KERR P.** Le sang des hommes. *LGF, 2000.* (Le Livre de poche ; 17111. Thriller c11)
ISBN 2-253-17111-5. *42 F / 6,40 €*

15867 **KERR P.** La trilogie berlinoise. *Libr. des Champs-Elysées, 1998.* (Philip Kerr : l'intégrale; 1)(Les intégrales du Masque ; 1)
ISBN 2-7024-2914-9. *149 F / 22,71 €*

15868 [N] **KHADRA Y.** L'automne des chimères. *Gallimard, 2000.* (Folio ; 166. Policier c8)
ISBN 2-07-040968-6. *29,50 F / 4,50 €*

15869 **KHADRA Y.** L'automne des chimères. *Baleine, 1998.* (Instantanés de polar ; 126)
ISBN 2-84219-148-X. *47 F / 7,17 €*

15870 **A** **KHADRA Y.** Le dingue au bistouri. *J'ai lu, 2001.* (J'ai lu ; 5985. Policier)
ISBN 2-290-31246-0

15871 **KHADRA Y.** Double blanc. *Baleine, 1997.* (Instantanés de polar ; 81)
ISBN 2-84219-082-3. *45 F / 6,86 €*

15872 **KHADRA Y.** Double blanc. *Gallimard, 2000.* (Folio. Policier c6)
ISBN 2-07-040967-8. *29,50 F / 4,50 €*

15873 **KHADRA Y.** Morituri. *Baleine, 1997.* (Instantanés de polar ; 57)
ISBN 2-84219-056-4. *45 F / 6,86 €*

15874 **KHADRA Y.** Morituri. *Gallimard, 1999.* (Folio ; 126. Policier c6)
ISBN 2-07-040966-X. *29,50 F / 4,50 €*

15875 **KING L. R.** Le jeu du fou. *Pocket, 1999.* (Pocket ; 10391. Thriller)
ISBN 2-266-08076-8. *30 F / 4,57 €*

15876 **KING L. R.** Un talent mortel. *Pocket, 1998.* (Pocket ; 10297. Thriller c6)
ISBN 2-266-07805-4. *38 F / 5,79 €*

15877 **KING S.** Caffey sur la ligne. *Librio, 1996.* (La ligne verte; 6)(Librio ; 105 c1)
ISBN 2-277-30105-1. *10 F / 1,52 €*

15878 **KING S.** Chantier. Réimp. *J'ai lu, 2000.* (J'ai lu ; 2974. Stephen King cK)
ISBN 2-290-30669-X. *42 F / 6,40 €*

15879 **KING S.** Dead zone : l'accident. Nouv. éd. *LGF, 1984.* (Le Livre de poche ; 7488. Thriller c9)
ISBN 2-253-03526-2. *36 F / 5,49 €*

15880 **KING S.** Dolorès Claiborne. *Pocket, 1996.* (Pocket ; 9070. Terreur c5)
ISBN 2-266-04742-6. *35 F / 5,34 €*

15881 **KING S.** L'équipée nocturne. *Librio, 1996.* (La ligne verte; 5)(Librio ; 104 c1)
ISBN 2-277-30104-3. *10 F / 1,52 €*

15882 **KING S.** Les mains de Caffey. *Librio, 1996.* (La ligne verte; 3)(Librio ; 102)
ISBN 2-277-30102-7. *10 F / 1,52 €*

15883 **N** **KING S.** Marche ou crève. Réimp. *J'ai lu, 2000.* (J'ai lu ; 3203. Stephen King cJ)
ISBN 2-290-30837-4. *39 F / 5,95 €*

15884 **KING S.** Mister Jingles. *Librio, 1996.* (La ligne verte; 2)(Librio ; 101 c1)
ISBN 2-277-30101-9. *10 F / 1,52 €*

15885 **KING S.** La mort affreuse d'Edouard Delacroix. *Librio, 1996.* (La ligne verte; 4)(Librio ; 103 c1)
ISBN 2-277-30103-5. *10 F / 1,52 €*

15886 **N** **KING S.** Rage. Réimp. *J'ai lu, 2000.* (J'ai lu ; 3439. Stephen King cG)
ISBN 2-290-30670-3. *29 F / 4,42 €*

15887 **KING T.** Traquée. *J'ai lu, 1996.* (J'ai lu ; 4083. Littérature générale c4)
ISBN 2-277-24083-4. *36 F / 5,49 €*

15888 **KLAVAN A.** Jugé coupable. *LGF, 1997.* (Le Livre de poche ; 17014. Thriller c9)
ISBN 2-253-17014-3. *36 F / 5,49 €*

15889 **KLEIN C.** Journal de la tueuse. *Zulma, 1997.* (Quatre-bis c1)
ISBN 2-909031-97-7. *59 F / 8,99 €*

15890 **N** **KLEMPNER J. T.** Le grand chelem. *LGF, 2000.* (Le Livre de poche ; 17137. Thriller c11)
ISBN 2-253-17137-9. *42 F / 6,40 €*

15891 **KLOTZ C.** Iaroslav. *LGF, 2000.* (Le Livre de poche ; 17121. Thriller c5)
ISBN 2-253-17121-2. *23 F / 3,51 €*

15892 **KLOTZ C.** Kobar. *LGF, 1994.* (Le Livre de poche ; 7629. Thriller c5)
ISBN 2-253-07629-5. *23 F / 3,51 €*

15893 **KNIGHT E.** Rouge, impair et manque. *Fleuve noir, 1995.* (Fleuve noir crime)
ISBN 2-265-04975-1. *47 F / 7,17 €*

15894 **KOECHLIN S.** Jeux de Roumains, jeu de vilains. *Baleine, 2000.* (Le Poulpe ; 190)
ISBN 2-84219-260-5. *39 F / 5,95 €*

15895 **KOENIG L.** La Petite fille au bout du chemin. *LGF, 1977.* (Le Livre de poche ; 7405. Thriller c6)
ISBN 2-253-01631-4. *26 F / 3,96 €*

15896 **KOLAIRE P.** Sur la ligne marginaux. *Baleine, 1999.* (Le Poulpe ; 159)
ISBN 2-84219-204-4. *39 F / 5,95 €*

15897 **N** **KOONTZ D. R.** Feux d'ombre. *Pocket, 2001.* (Pocket. Terreur ; 9244 c9)
ISBN 2-266-10383-0. *48 F / 7,32 €*

15898 **KOONTZ D. R.** Les larmes du dragon. *Pocket, 1998.* (Pocket ; 9182. Terreur c7)
ISBN 2-266-07742-2. *42 F / 6,40 €*

15899 **KOONTZ D. R.** Mr Murder. *Pocket, 1996.* (Pocket ; 9109. Terreur c8)
ISBN 2-266-07221-8. *45 F / 6,86 €*

15900 **KOONTZ D. R.** La porte rouge. *Pocket, 2000.* (Pocket ; 9198. Terreur c10)
ISBN 2-266-08254-X. *50 F / 7,62 €*

15901 **KORIAN H.** Les bêtes du Gévaudan. *Baleine, 1997.* (Le Poulpe ; 83)
ISBN 2-84219-088-2. *42 F / 6,40 €*

15902 **N** **KRISTEVA J.** Possessions. *LGF, 2000.* (Le Livre de poche ; 14973 c8)
ISBN 2-253-14973-X. *33 F / 5,03 €*

15903 **LA GALITE J.** Mon nom est Kate Crow. *Pocket, 1999.* (Pocket ; 10636. Thriller c6)
ISBN 2-266-09091-7. *38 F / 5,79 €*

15904 **LA GALITE J.** Zacharie. *Pocket, 2000.* (Pocket ; 10805 c4B)
ISBN 2-266-09767-9. *32 F / 4,88 €*

15905 **LA PLANTE L.** Coeur de pierre. *LGF, 2000.* (Le Livre de poche ; 17116. Thriller c11)
ISBN 2-253-17116-6. *42 F / 6,40 €*

15906 **LA PLANTE L.** Coup de froid. *LGF, 1999.* (Le Livre de poche ; 17072. Thriller c14)
ISBN 2-253-17072-0. *48 F / 7,32 €*

15907 **LA PLANTE L.** Sang froid. *LGF, 1999.* (Le Livre de poche ; 17105. Thriller c13)
ISBN 2-253-17105-0. *46 F / 7,01 €*

15908 **LA PLANTE L.** Suspect numéro un. *Libr. des Champs-Elysées, 1995.* (Le Masque ; 2234. Les reines du crime c5)
ISBN 2-7024-2624-7. *37 F / 5,64 €*

15909 **LA PLANTE L.** Suspect numéro un. *LGF, 1997.* (Le Livre de poche ; 14181. Policier c7)
ISBN 2-253-14181-X. *30 F / 4,57 €*

15910 **LAINÉ P.** Trois petits meurtres... et puis s'en va. *Gallimard, 1989.* (Folio ; 2026 c8)
ISBN 2-07-038114-5. *37 F / 5,64 €*

15911 **LAKE D.** L'apothicaire de Londres. *Libr. des Champs-Elysées, 1997.* (Labyrinthes ; 2 c2)
ISBN 2-7024-9538-9. *38 F / 5,79 €*

15912 **LAKE D.** L'apothicaire et l'espion français. *Libr. des Champs-Elysées, 1999.* (Labyrinthes ; 54 c3)
ISBN 2-7024-9664-4. *40 F / 6,10 €*

15913 **LAKE D.** L'apothicaire et l'opéra des gueux. *Libr. des Champs-Elysées, 1997.* (Labyrinthes ; 15 c3)
ISBN 2-7024-9539-7. *40 F / 6,10 €*

15914 **LAKE D.** L'apothicaire et la taverne du diable. *Libr. des Champs-Elysées, 1998.* (Labyrinthes ; 43 c3)
ISBN 2-7024-9641-5. *40 F / 6,10 €*

15915 **N** **LAKE D.** L'apothicaire et le bassin d'argent. *Libr. des Champs-Elysées, 2001.* (Labyrinthes ; 86)
ISBN 2-7024-9690-3. *55 F / 8,38 €*

15916 **LANGTON J.** Le Poète meurt toujours deux fois. *Libr. des Champs-Elysées, 1991.* (Le Masque ; 2037. Les reines du crime c3)
ISBN 2-7024-2125-3. *32 F / 4,88 €*

15917 **LANSDALE J. R.** Juillet de sang. *Fleuve noir, 1996.* (Fleuve noir crime)
ISBN 2-265-00034-5. *47 F / 7,17 €*

15918 **LANTEAUME M. F.** Orage sur la grande semaine. *Libr. des Champs-Elysées, 1998.* (Le Masque ; 2363. Les maîtres du roman policier c4)
ISBN 2-7024-2851-7. *35 F / 5,34 €*

15919 **LANTEAUME M. F.** Trompe l'oeil. *Libr. des Champs-Elysées, 1999.* (Le Masque ; 2413. Les maîtres du roman policier c4)
ISBN 2-7024-2959-9. *35 F / 5,34 €*

15920 **A** **LAPAGESSE G.** L'art et la bannière. *Baleine, 2001.* (Instantanés de polar ; 218)
ISBN 2-84219-325-3. *49 F / 7,47 €*

15921 **LAPAQUE S.** Les barricades mystérieuses. *Actes Sud, 1998.* (Babel ; 319. Babel noir c3)
ISBN 2-7427-1679-3. *45 F / 6,86 €*

15922 **LAPID S.** Alerte à Beershéva : une enquête de Lisie Badikhi. *LGF, 1999.* (Le Livre de poche ; 14598. Policier c9)
ISBN 2-253-14598-X. *36 F / 5,49 €*

15923 **LARSSON B.** Le cercle celtique. *Gallimard, 1998.* (Folio. Policier ; 9 c9)
ISBN 2-07-040639-3. *41 F / 6,25 €*

15924 **LASHNER W.** Les prévaricateurs. *Pocket, 1998.* (Pocket ; 10335. Thriller c9)
ISBN 2-266-07946-8. *48 F / 7,32 €*

15925 **LASHNER W.** Veritas. *Pocket, 1999.* (Pocket ; 10336. Thriller c9)
ISBN 2-266-07947-6. *48 F / 7,32 €*

15926 **LAVAYSSIÈRE H.** Confessions d'un salopard. *Baleine, 2000.* (Velours ; 10)
ISBN 2-84219-268-0. *45 F / 6,86 €*

15927 **LAWRENCE H.** Sang sur la neige. *Libr. des Champs-Elysées, 1996.* (Le Masque ; 2285. Les reines du crime c6)
ISBN 2-7024-2693-X. *39 F / 5,95 €*

15928 **LAWRENCE H.** Un temps pour mourir. *Libr. des Champs-Elysées, 1998.* (Le Masque ; 2366. Les reines du crime c5)
ISBN 2-7024-2852-5. *37 F / 5,64 €*

15929 **LE BRETON A.** Du rififi chez les hommes. *Gallimard, 1999.* (Folio. Policier ; 53 c8)
ISBN 2-07-040802-7. *37 F / 5,64 €*

15930 **N** **LE CARRÉ J.** Coffret John Le Carré. *Seuil, 2000.* (Points ; 1030)
ISBN 2-02-044716-9. *138 F / 21,04 €*

15931 **LE CARRÉ J.** Comme un collégien. *LGF, 1979.* (Le Livre de poche ; 5299 c11)
ISBN 2-253-02290-X. *42 F / 6,40 €*

15932 **LE CARRÉ J.** Le directeur de nuit. *LGF, 1995.* (Le Livre de poche ; 13765 c14)
ISBN 2-253-13765-0. *48 F / 7,32 €*

15933 **A** **LE CARRÉ J.** L'espion qui venait du froid. *Gallimard, 1999.* (Folio. Policier)
ISBN 2-07-041037-4

15934 **LE CARRÉ J.** La maison Russie. *LGF, 1997.* (Le Livre de poche ; 14112 c11)
ISBN 2-253-14112-7. *42 F / 6,40 €*

15935 **LE CARRÉ J.** Le Miroir aux espions. *LGF, 1982.* (Le Livre de poche ; 2164 c8)
ISBN 2-253-02978-5. *33 F / 5,03 €*

15936 **LE CARRÉ J.** Notre jeu. *Seuil, 1997.* (Points ; 330 c11)
ISBN 2-02-031190-9. *48 F / 7,32 €*

15937 **LE CARRÉ J.** La Petite fille au tambour. Réimpr. *LGF, 1989.* (Le Livre de poche ; 7542. Thriller c12)
ISBN 2-253-04933-6. *44 F / 6,71 €*

5938 **N** **LE CARRÉ J.** Single & Single. *Seuil, 2000.* (Points ; 776)
ISBN 2-02-041945-9. *45 F / 6,86 €*

5939 **LE CARRÉ J.** Le tailleur de Panama. *Seuil, 1998.* (Points ; 563 c10)
ISBN 2-02-035286-9. *45 F / 6,86 €*

5940 **LE CARRÉ J.** La Taupe. *LGF, 1976.* (Le Livre de poche ; 4747 c10)
ISBN 2-253-01206-8. *40 F / 6,10 €*

5941 **LE CORRE H.** Les effarés. *Gallimard, 1996.* (Folio ; 2439 c8)
ISBN 2-07-049651-1. *38 F / 5,79 €*

5942 **LE ROUZIC G.** Kêr au chien bleu. *Liv'éditions, 1998.* (Liv'poche)
ISBN 2-910781-73-9. *59 F / 8,99 €*

5943 **A** **LE ROY P.** Pour adultes seulement : thriller en 3 parties et 93 actes. *J'ai lu, 2001.* (J'ai lu ; 5771. Policier)
ISBN 2-290-30927-3

5944 **LE TELLIER H.** La disparition de Perek. *Baleine, 1997.* (Le Poulpe ; 89)
ISBN 2-84219-097-1. *39 F / 5,95 €*

15945 **LEBEAU G.** L'agonie des sphères. *Libr. des Champs-Elysées, 2000.* (Le Masque ; 2436. Les maîtres du roman policier)
ISBN 2-7024-2985-8. *39 F / 5,95 €*

15946 **A** **LEBEAU G.** L'agonie des sphères. *J'ai lu, 2001.* (J'ai lu ; 5957. Policier)
ISBN 2-290-31231-2

15947 **LEBEAU G.** L'algèbre du besoin. *Libr. des Champs-Elysées, 1999.* (Le Masque ; 2416. Les maîtres du roman policier)
ISBN 2-7024-2936-X. *39 F / 5,95 €*

15948 **LEBLANC M.** L'Agence Barnett et Cie. *LGF, 1971.* (Le Livre de poche ; 2869. Policier c7)
ISBN 2-253-00408-1. *30 F / 4,57 €*

15949 **LEBLANC M.** L'Aiguille creuse. *LGF, 1974.* (Le Livre de poche ; 1352. Policier c5)
ISBN 2-253-00141-4. *23 F / 3,51 €*

15950 **LEBLANC M.** L'arrestation d'Arsène Lupin ; suivi de Arsène Lupin en prison et de L'évasion d'Arsène Lupin. *LGF, 1995.* (Le Livre de poche ; 13807. Les classiques d'aujourd'hui c1)
ISBN 2-253-13807-X. *10 F / 1,52 €*

15951 **LEBLANC M.** Arsène Lupin contre Herlock Sholmes. *LGF, 1963.* (Le Livre de poche ; 999. Policier c6)
ISBN 2-253-00469-3. *26 F / 3,96 €*

15952 **LEBLANC M.** Arsène Lupin, gentleman cambrioleur. *LGF, 1962.* (Le Livre de poche ; 843. Policier c6)
ISBN 2-253-00282-8. *26 F / 3,96 €*

15953 **LEBLANC M.** La Barre-y-va. *LGF, 1967.* (Le Livre de poche ; 2272. Policier c4)
ISBN 2-253-00700-5. *20 F / 3,05 €*

15954 **LEBLANC M.** Le Bouchon de cristal. *LGF, 1965.* (Le Livre de poche ; 1567. Policier c7)
ISBN 2-253-00387-5. *30 F / 4,57 €*

15955 **LEBLANC M.** La Cagliostro se venge. *LGF, 1973.* (Le Livre de poche ; 3698. Policier c7)
ISBN 2-253-00391-3. *30 F / 4,57 €*

15956 **LEBLANC M.** La Comtesse de Cagliostro. *LGF, 1964.* (Le Livre de poche ; 1214. Policier c8)
ISBN 2-253-00529-0. *33 F / 5,03 €*

15957 **LEBLANC M.** Les Confidences d'Arsène Lupin. *LGF, 1965.* (Le Livre de poche ; 1400. Policier c6)
ISBN 2-253-00690-4. *26 F / 3,96 €*

15958 **LEBLANC M.** La Demeure mystérieuse. *LGF, 1974.* (Le Livre de poche ; 2732. Policier c6)
ISBN 2-253-00603-3. *26 F / 3,96 €*

15959 **LEBLANC M.** La Demoiselle aux yeux verts. *LGF, 1967.* (Le Livre de poche ; 2123. Policier c4)
ISBN 2-253-00407-3. *20 F / 3,05 €*

15960 **LEBLANC M.** Les Dents du tigre. *LGF, 1969.* (Le Livre de poche ; 2695. Policier c9)
ISBN 2-253-00580-0. *36 F / 5,49 €*

15961 **LEBLANC M.** La double vie d'Arsène Lupin. Réimpr. *LGF, 1997.* (813; 2)(Le Livre de poche ; 4062. Policier c6)
ISBN 2-253-06783-0. *26 F / 3,96 €*

15962 **LEBLANC M.** L'Eclat d'obus. *LGF, 1970.* (Le Livre de poche ; 2756. Policier c9)
ISBN 2-253-00390-5. *36 F / 5,49 €*

15963 **LEBLANC M.** Le Formidable événement. *LGF, 1994.* (Le Livre de poche ; 4995. Policier c6)
ISBN 2-253-01755-8. *26 F / 3,96 €*

15964 **LEBLANC M.** Les Huit coups de l'horloge. *LGF, 1966.* (Le Livre de poche ; 1971. Policier c8)
ISBN 2-253-00438-3. *33 F / 5,03 €*

15965 **LEBLANC M.** L'Ile aux trente cercueils. *LGF, 1979.* (Le Livre de poche ; 2694. Policier c7)
ISBN 2-253-00473-1. *30 F / 4,57 €*

15966 **LEBLANC M.** Maurice Leblanc . 1. *Libr. des Champs-Elysées, 1998.* (Les intégrales du Masque c1)
ISBN 2-7024-2758-8. *149 F / 22,71 €*

15967 **LEBLANC M.** Maurice Leblanc. 2. *Libr. des Champs-Elysées, 1998.* (Les intégrales du Masque)
ISBN 2-7024-2819-3. *149 F / 22,71 €*

15968 **LEBLANC M.** Maurice Leblanc. 3. *Libr. des Champs-Elysées, 1999.* (Les intégrales du Masque)
ISBN 2-7024-2945-9. *149 F / 22,71 €*

15969 **N** **LEBLANC M.** Maurice Leblanc. 4. *Libr. des Champs-Elysées, 2000.* (Les intégrales du Masque c1)
ISBN 2-7024-2994-7. *149 F / 22,71 €*

15970 **LEBLANC M.** Le Triangle d'or. *LGF, 1968.* (Le Livre de poche ; 2391. Policier c7)
ISBN 2-253-00634-3. *30 F / 4,57 €*

15971 **LEBLANC M.** Les trois crimes d'Arsène Lupin. *LGF, 1997.* (813; 1)(Le Livre de poche ; 4061. Policier c6)
ISBN 2-253-06782-2. *26 F / 3,96 €*

15972 **LEBLANC M.** Les Trois yeux. *LGF, 1976.* (Le Livre de poche ; 4772. Policier c4)
ISBN 2-253-01356-0. *20 F / 3,05 €*

15973 **LEBLANC M.** Victor, de la brigade mondaine. *LGF, 1971.* (Le Livre de poche ; 3278. Policier c8)
ISBN 2-253-00389-1. *33 F / 5,03 €*

15974 **LEBLANC M.** La Vie extravagante de Balthazar. *LGF, 1979.* (Le Livre de poche ; 5319. Policier c1)
ISBN 2-253-02318-3. *10 F / 1,52 €*

15975 **LEBRUN M.** Les Ogres. *Libr. des Champs-Elysées, 1990.* (Le Masque ; 1993. Les maîtres du roman policier c1)
ISBN 2-7024-2026-5. *28 F / 4,27 €*

15976 **LEBRUN M.** Un Revolver, c'est comme un portefeuille. *Libr. des Champs-Elysées, 1989.* (Le Masque ; 1970 c1)
ISBN 2-7024-1959-3. *28 F / 4,27 €*

15977 **LECAS G.** MLF vaincra !. *Baleine, 1997.* (Canaille-revolver ; 45)
ISBN 2-84219-044-0. *49 F / 7,47 €*

15978 **LECAS G.** Satanique ta mère !. *Baleine, 1997.* (Le Poulpe ; 73)
ISBN 2-84219-074-2. *39 F / 5,95 €*

15979 **LECAYE A.** Chronique d'un juge ordinaire. *Libr. des Champs-Elysées, 1991.* (Le Masque ; 2047 c1)
ISBN 2-7024-2148-2. *28 F / 4,27 €*

15980 **LECAYE A.** La dissolution. *Libr. des Champs-Elysées, 1996.* (Le Masque ; 2291. Les maîtres du roman policier c4)
ISBN 2-7024-2705-7. *35 F / 5,34 €*

15981 **LECAYE A.** La Juge et le marabout. *Libr. des Champs-Elysées, 1994.* (Le Masque ; 2164. Les maîtres du roman policier c2)
ISBN 2-7024-2466-X. *30 F / 4,57 €*

15982 **LECAYE A.** Julie Lescaut. *Libr. des Champs-Elysées, 1992.* (Le Masque ; 2098. Les maîtres du roman policier c1)
ISBN 2-7024-2319-1. *30 F / 4,57 €*

15983 **LECAYE A.** Un Week-end à tuer. *Libr. des Champs-Elysées, 1989.* (Le Masque ; 1963 c1)
ISBN 2-7024-1951-8. *28 F / 4,27 €*

15984 **LEFORT G.** Vomi soit qui malle y pense. *Baleine, 1997.* (Le Poulpe ; 48)
ISBN 2-84219-047-5. *39 F / 5,95 €*

15985 **A** **LEFORT G.** Vomi soit qui malle y pense. *Librio, 2001.* (Le Poulpe; 9)(Librio ; 472. Noir c1)
ISBN 2-290-31378-5. *10 F / 1,52 €*

15986 **N** **LEGASTELOIS E.** Putain de cargo !. *J'ai lu, 2000.* (J'ai lu ; 5675. Policier)
ISBN 2-290-30435-2. *22 F / 3,35 €*

15987 **LEGASTELOIS E.** Une scaphandrière dans l'aquarium. *Librio, 2000.* (Librio ; 353. Noir c1)
ISBN 2-290-30493-X. *10 F / 1,52 €*

15988 **LEMAIRE J-F.** Peur sur l'asile. *Libr. des Champs-Elysées, 1996.* (Le Masque ; 2271. Les maîtres du roman policier c6)
ISBN 2-7024-2675-1. *39 F / 5,95 €*

15989 **N** **LEON D.** Entre deux eaux. *Seuil, 2000.* (Points ; 734 c8)
ISBN 2-02-034041-0. *39 F / 5,95 €*

15990 **LEON D.** Mort à la Fenice. *Seuil, 1998.* (Points ; 514 c8)
ISBN 2-02-034037-2. *39 F / 5,95 €*

15991 **LEON D.** Mort en terre étrangère. *Seuil, 1998.* (Points ; 572 c2)
ISBN 2-02-034038-0. *39 F / 5,95 €*

15992 **LEON D.** Le prix de la chair. *Seuil, 1999.* (Points ; 686 c8)
ISBN 2-02-034040-2. *39 F / 5,95 €*

15993 **LEON D.** Un Vénitien anonyme. *Seuil, 1999.* (Points ; 618 c2)
ISBN 2-02-034039-9. *39 F / 5,95 €*

15994 **LEROUX G.** Les assassins fantômes. *Laffont, 1993.* (Bouquins)
ISBN 2-221-07519-6. *120 F / 18,29 €*

15995 **LEROUX G.** Les aventures de Rouletabille. 1. Réimp. *Laffont, 2000.* (Bouquins)
ISBN 2-221-09229-5. *149 F / 22,71 €*

15996 **LEROUX G.** Les aventures de Rouletabille. 2. *Laffont, 1988.* (Bouquins)
ISBN 2-221-05632-9. *139 F / 21,19 €*

15997 **LEROUX G.** Chéri-Bibi. *Laffont, 1990.* (Bouquins)
ISBN 2-221-06773-8. *130 F / 19,82 €*

15998 **LEROUX G.** Le Fantôme de l'Opéra. *LGF, 1959.* (Le Livre de poche ; 509. Policier c9)
ISBN 2-253-00950-4. *36 F / 5,49 €*

15999 **N** **LEROUX G.** Le fauteuil hanté. Réimpr. *Librio, 2000.* (Librio ; 126 c1)
ISBN 2-277-30126-4. *10 F / 1,52 €*

16000 **LEROUX G.** Le Fauteuil hanté. Réimpr. *LGF, 1989.* (Le Livre de poche ; 1591. Policier c3)
ISBN 2-253-00610-6. *18 F / 2,74 €*

16001 **LEROUX G.** Le Mystère de la chambre jaune. *LGF, 1960.* (Le Livre de poche ; 547. Policier c7)
ISBN 2-253-00549-5. *30 F / 4,57 €*

16002 **LEROUX G.** Le Parfum de la dame en noir. *LGF, 1960.* (Le Livre de poche ; 587. Policier c7)
ISBN 2-253-00918-0. *30 F / 4,57 €*

16003 **N** **LEROY J.** Big Sister. *Librio, 2001.* (Librio ; 393. Noir c1)
ISBN 2-290-30876-5. *10 F / 1,52 €*

16004 **N** **LESBRE M.** Un homme assis. *Librio, 2000.* (Librio ; 399. Noir c1)
ISBN 2-290-30763-7. *10 F / 1,52 €*

16005 **LESBRE M.** Que la nuit demeure. *Actes Sud, 1999.* (Babel ; 367. Babel noir c2)
ISBN 2-7427-2073-1. *39 F / 5,95 €*

16006 **LESBRE M.** Une simple chute. *Actes Sud, 1997.* (Babel ; 281. Babel noir c2)
ISBN 2-7427-1371-9. *39 F / 5,95 €*

16007 **LESCROART J. T.** Faute de preuves. *Pocket, 1999.* (Pocket ; 10547. Thriller)
ISBN 2-266-08776-2. *45 F / 6,86 €*

16008 **LESCROART J. T.** Justice sauvage. *Pocket, 1998.* (Pocket ; 10250. Thriller c6)
ISBN 2-266-07660-4. *38 F / 5,79 €*

16009 **N** **LESCROART J. T.** Meurtre par pitié. *Pocket, 2001.* (Pocket ; 10869. Thriller c9)
ISBN 2-266-09888-8. *48 F / 7,32 €*

16010 **LESELEUC A. d.** Les calendes de septembre. *10-18, 1995.* (10-18 ; 2606. Grands détectives c3)
ISBN 2-264-02109-8. *38 F / 5,79 €*

16011 **LESELEUC A. d.** Marcus Aper chez les Rutènes. *10-18, 1993.* (10-18 ; 2384. Grands détectives c3)
ISBN 2-264-01780-5. *38 F / 5,79 €*

16012 **LESELEUC A. d.** Marcus Aper et Lauréolus. *10-18, 1994.* (10-18 ; 2471. Grands détectives c3)
ISBN 2-264-01781-3. *41 F / 6,25 €*

16013 **LESELEUC A. d.** Le trésor de Boudicca. *10-18, 1997.* (10-18 ; 2810. Grands détectives c5)
ISBN 2-264-02108-X. *44 F / 6,71 €*

16014 **LESELEUC A. d.** Les Vacances de Marcus Aper. *10-18, 1992.* (10-18 ; 2300. Grands détectives c4)
ISBN 2-264-01669-8. *41 F / 6,25 €*

16015 **LEVINE P. J.** Cadavres incompatibles. *Seuil, 1995.* (Points ; 103 c9)
ISBN 2-02-023638-9. *42 F / 6,40 €*

16016 **LEVINE P. J.** L'héritage empoisonné. *Seuil, 1995.* (Points ; 18 c7)
ISBN 2-02-023761-X. *35 F / 5,34 €*

16017 **LEVINE P. J.** Trésors sanglants. *Seuil, 1995.* (Points ; 142 c9)
ISBN 2-02-025731-9. *42 F / 6,40 €*

16018 **LEWIN E.** Le Parapluie jaune. *Seuil, 1993.* (Points. Roman ; 610 c2)
ISBN 2-02-020149-6. *39 F / 5,95 €*

16019 **A** **LEYDIER M.** Noires américaines. *Librio, 2001.* (Librio ; 461. Noir c1)
ISBN 2-290-31307-6. *10 F / 1,52 €*

16020 **LEYGONIE A.** Mali mélo. *Baleine, 1998.* (Le Poulpe ; 134)
ISBN 2-84219-161-7. *39 F / 5,95 €*

16021 **LIEBERMAN H. H.** Le concierge. *Seuil, 1999.* (Points ; 669 c11)
ISBN 2-02-038085-4. *48 F / 7,32 €*

16022 **LIEBERMAN H. H.** La fille aux yeux de Botticelli. *Seuil, 1997.* (Points ; 388 c9)
ISBN 2-02-032098-3. *42 F / 6,40 €*

16023 **LIEBERMAN H. H.** La huitième case. *Seuil, 1998.* (Points ; 535)
ISBN 2-02-034528-5. *39 F / 5,95 €*

16024 **LIEBERMAN H. H.** Le maître de Frazé. *Seuil, 1995.* (Points ; 81 c10)
ISBN 2-02-025310-0. *45 F / 6,86 €*

16025 **LIEBERMAN H. H.** Trois heures du matin à New York. Réimpr. *Seuil, 1997.* (Points ; 394 c9)
ISBN 2-02-032100-9. *42 F / 6,40 €*

16026 **LIEBERMAN H. H.** Le tueur et son ombre. Rééd. *Seuil, 1996.* (Points ; 233 c13)
ISBN 2-02-028893-1. *52 F / 7,93 €*

16027 **LIGNY J-M.** Le cinquième est dément. *Baleine, 2000.* (Le Poulpe ; 189)
ISBN 2-84219-262-1. *39 F / 5,95 €*

16028 **N** **LINDSAY P.** Liberté de tuer. *LGF, 2000.* (Le Livre de poche ; 17154. Thriller c8)
ISBN 2-253-17154-9. *33 F / 5,03 €*

16029 **N** **LINDSEY D. L.** Mercy. *J'ai lu, 2000.* (J'ai lu ; 3123. Policier cM)
ISBN 2-290-30409-3. *49 F / 7,47 €*

16030 **LINDSEY D. L.** Requiem pour un coeur de verre. *LGF, 1999.* (Le Livre de poche ; 17092. Thriller c12)
ISBN 2-253-17092-5. *44 F / 6,71 €*

16031 **LIPPMAN L.** La colline des bouchers : une enquête de Tess Monaghan. *J'ai lu, 1999.* (J'ai lu ; 5286. Policier c5)
ISBN 2-290-05286-8. *39 F / 5,95 €*

16032 **LIPPMAN L.** Mort à Baltimore : une enquête de Tess Monagham. *J'ai lu, 1999.* (J'ai lu ; 5252. Policier cK)
ISBN 2-290-05252-3. *42 F / 6,40 €*

16033 **N** **LIRA G.** Opération providence. *Pocket, 2000.* (Pocket ; 10761. Thriller c7)
ISBN 2-266-09582-X. *42 F / 6,40 €*

16034 **N** **LITTELL R.** Les enfants d'Abraham. *Gallimard, 2000.* (Folio ; 157. Policier c8)
ISBN 2-07-041387-X. *37 F / 5,64 €*

16035 **A** **LITTELL R.** Le fil rouge. *Gallimard, 2001.* (Folio. Policier)
ISBN 2-07-041759-X. *25,50 F / 3,89 €*

16036 **LITTELL R.** Ombres rouges. *Gallimard, 1999.* (Folio ; 143. Policier c9)
ISBN 2-07-041166-4. *41 F / 6,25 €*

16037 **N** **LIVINGSTONE J.** L'affaire Julius Fogg. Réimpr. *G. de Villiers, 2001.* (Dossiers de Scotland Yard ; 43 c1)
ISBN 2-7386-5925-X. *32 F / 4,88 €*

16038 **N** **LIVINGSTONE J.** L'assassin de la Tour de Londres. Réimpr. *G. de Villiers, 2000.* (Dossiers de Scotland Yard ; 5 c1)
ISBN 2-7386-0091-3. *32 F / 4,88 €*

16039 **LIVINGSTONE J.** L'assassin du golf. *G. de Villiers, 1997.* (Dossiers de Scotland Yard ; 35 c1)
ISBN 2-7386-5851-2. *32 F / 4,88 €*

16040 **N** **LIVINGSTONE J.** L'assassinat du roi Arthur. Réimpr. *G. de Villiers, 2000.* (Dossiers de Scotland Yard ; 21 c1)
ISBN 2-7386-0372-6. *32 F / 4,88 €*

16041 **N** **LIVINGSTONE J.** Balle mortelle à Wimbledon. Réimpr. *G. de Villiers, 2000.* (Dossiers de Scotland Yard ; 29 c1)
ISBN 2-7386-5728-1. *32 F / 4,88 €*

16042 **LIVINGSTONE J.** Un cadavre sans importance. *G. de Villiers, 1997.* (Dossiers de Scotland Yard ; 37 c1)
ISBN 2-7386-5853-9. *32 F / 4,88 €*

16043 **LIVINGSTONE J.** Le cercle des assassins. *G. de Villiers, 1998.* (Dossiers de Scotland Yard ; 39 c1)
ISBN 2-7386-5915-2. *32 F / 4,88 €*

16044 **LIVINGSTONE J.** Crime à Lindenbourne. Réimpr. *G. de Villiers, 1993.* (Dossiers de Scotland Yard ; 4 c1)
ISBN 2-7386-0081-6. *32 F / 4,88 €*

16045 **LIVINGSTONE J.** Crime à Oxford. *G. de Villiers, 1999.* (Dossiers de Scotland Yard ; 44 c1)
ISBN 2-7386-5926-8. *32 F / 4,88 €*

16046 **LIVINGSTONE J.** Crime au Festival de Cannes. *G. de Villiers, 1995.* (Dossiers de Scotland Yard ; 28 c1)
ISBN 2-7386-5727-3. *32 F / 4,88 €*

16047 **LIVINGSTONE J.** Le crime d'Ivanhoé. *G. de Villiers, 1996.* (Dossiers de Scotland Yard ; 34 c1)
ISBN 2-7386-5829-6. *32 F / 4,88 €*

16048 **LIVINGSTONE J.** Crime printanier. *G. de Villiers, 1995.* (Dossiers de Scotland Yard ; 26 c1)
ISBN 2-7386-5725-7. *32 F / 4,88 €*

16049 **LIVINGSTONE J.** Crimes souterrains. *G. de Villiers, 1998.* (Dossiers de Scotland Yard ; 42 c1)
32 F / 4,88 €

16050 **LIVINGSTONE J.** Fenêtre sur crime. *G. de Villiers, 1998.* (Dossiers de Scotland Yard ; 40 c1)
ISBN 2-7386-5916-0. *32 F / 4,88 €*

16051 **LIVINGSTONE J.** Higgins contre Scotland Yard. *G. de Villiers, 1995.* (Dossiers de Scotland Yard ; 30 c1)
ISBN 2-7386-5729-X. *32 F / 4,88 €*

16052 **A** **LIVINGSTONE J.** Higgins mène l'enquête. Réimpr. *G. de Villiers, 2001.* (Dossiers de Scotland Yard ; 1 c1)
ISBN 2-7386-0014-X. *32 F / 4,88 €*

16053 **LIVINGSTONE J.** L'Horloger de Buckingham. *G. de Villiers, 1994.* (Dossiers de Scotland Yard ; 22 c1)
ISBN 2-7386-5640-4. *32 F / 4,88 €*

16054 **LIVINGSTONE J.** La Jeune fille et la mort. *G. de Villiers, 1994.* (Dossiers de Scotland Yard ; 24 c1)
ISBN 2-7386-5642-0. *32 F / 4,88 €*

16055 **LIVINGSTONE J.** La Malédiction du templier. *G. de Villiers, 1994.* (Dossiers de Scotland Yard ; 25 c1)
ISBN 2-7386-5643-9. *32 F / 4,88 €*

16056 **LIVINGSTONE J.** Meurtre à Cambridge. Réimpr. *G. de Villiers, 1991.* (Dossiers de Scotland Yard ; 7 c1)
ISBN 2-7386-0121-9. *32 F / 4,88 €*

16057 **LIVINGSTONE J.** Meurtre à Canterbury. *G. de Villiers, 1997.* (Dossiers de Scotland Yard ; 38 c1)
ISBN 2-7386-5854-7. *32 F / 4,88 €*

16058 **LIVINGSTONE J.** Meurtre à l'indienne. *G. de Villiers, 1998.* (Dossiers de Scotland Yard ; 41 c1)
ISBN 2-7386-5917-9. *32 F / 4,88 €*

16059 **LIVINGSTONE J.** Meurtre à quatre mains. Réimpr. *G. de Villiers, 1991.* (Dossiers de Scotland Yard ; 9 c1)
ISBN 2-7386-0146-4. *32 F / 4,88 €*

16060 **LIVINGSTONE J.** Meurtre au British Museum. Réimpr. *G. de Villiers, 1993.* (Dossiers de Scotland Yard ; 2 c1)
ISBN 2-7386-0013-1. *32 F / 4,88 €*

16061 **LIVINGSTONE J.** Meurtre chez les druides. Réimpr. *G. de Villiers, 1991.* (Dossiers de Scotland Yard ; 8 c1)
ISBN 2-7386-0131-6. *32 F / 4,88 €*

16062 **LIVINGSTONE J.** Meurtre chez un éditeur. Réimpr. *G. de Villiers, 1992.* (Dossiers de Scotland Yard ; 14 c1)
ISBN 2-7386-0272-X. *32 F / 4,88 €*

16063 **LIVINGSTONE J.** Meurtre dans la City. *G. de Villiers, 1996.* (Dossiers de Scotland Yard ; 31 c1)
ISBN 2-7386-5787-7. *32 F / 4,88 €*

16064 **LIVINGSTONE J.** Meurtre dans le vieux Nice. Réimpr. *G. de Villiers, 2000.* (Dossiers de Scotland Yard ; 15 c1)
ISBN 2-7386-0273-8. *32 F / 4,88 €*

16065 **LIVINGSTONE J.** Meurtre sur canapé. *G. de Villiers, 1996.* (Dossiers de Scotland Yard ; 33 c1)
ISBN 2-7386-5828-8. *32 F / 4,88 €*

16066 **LIVINGSTONE J.** Meurtre sur invitation. *G. de Villiers, 1993.* (Dossiers de Scotland Yard ; 18 c1)
ISBN 2-7386-0369-6. *32 F / 4,88 €*

16067 **LIVINGSTONE J.** Meurtres au Touquet. Réimpr. *G. de Villiers, 1991.* (Dossiers de Scotland Yard ; 12 c1)
ISBN 2-7386-0180-4. *32 F / 4,88 €*

16068 **LIVINGSTONE J.** Mourir pour la Couronne. *G. de Villiers, 1997.* (Dossiers de Scotland Yard ; 36 c1)
ISBN 2-7386-5852-0. *32 F / 4,88 €*

16069 **LIVINGSTONE J.** Le Mystère de Kensington. *G. de Villiers, 1991.* (Dossiers de Scotland Yard ; 10 c1)
ISBN 2-7386-0157-X. *32 F / 4,88 €*

16070 **LIVINGSTONE J.** Noces mortelles à Aix-en-Provence. *G. de Villiers, 1993.* (Dossiers de Scotland Yard ; 19 c1)
ISBN 2-7386-0370-X. *32 F / 4,88 €*

16071 **LIVINGSTONE J.** Un parfait témoin. *G. de Villiers, 1996.* (Dossiers de Scotland Yard ; 32 c1)
ISBN 2-7386-5827-X. *32 F / 4,88 €*

16072 **LIVINGSTONE J.** Quatre femmes pour un meurtre. *G. de Villiers, 1992.* (Dossiers de Scotland Yard ; 16 c1)
ISBN 2-7386-0292-4. *32 F / 4,88 €*

16073 **LIVINGSTONE J.** Qui a tué l'astrologue?. *G. de Villiers, 1994.* (Dossiers de Scotland Yard ; 23 c1)
ISBN 2-7386-5641-2. *32 F / 4,88 €*

16074 **LIVINGSTONE J.** Qui a tué sir Charles?. Réimpr. *G. de Villiers, 1992.* (Dossiers de Scotland Yard ; 11 c1)
ISBN 2-7386-0167-7. *32 F / 4,88 €*

16075 **LIVINGSTONE J.** Le retour de Jack l'Eventreur. Réimpr. *G. de Villiers, 2000.* (Dossiers de Scotland Yard ; 13 c1)
ISBN 2-7386-0195-2. *32 F / 4,88 €*

16076 **LIVINGSTONE J.** Le Secret de la chambre noire. *G. de Villiers, 1992.* (Dossiers de Scotland Yard ; 17 c1)
ISBN 2-7386-0293-2. *32 F / 4,88 €*

16077 **LIVINGSTONE J.** Le secret des Mac Gordon. Réimpr. *G. de Villiers, 1999.* (Dossiers de Scotland Yard ; 3 c1)
ISBN 2-7386-0063-8. *32 F / 4,88 €*

16078 **LIVINGSTONE J.** Timbre mortel. *G. de Villiers, 1995.* (Dossiers de Scotland Yard ; 27 c1)
ISBN 2-7386-5726-5. *32 F / 4,88 €*

16079 **LIVINGSTONE J.** Les Trois crimes de Noël. Réimpr. *G. de Villiers, 1993.* (Dossiers de Scotland Yard ; 6 c1)
ISBN 2-7386-0096-4. *32 F / 4,88 €*

16080 **LIVROZET S.** Nice baie d'aisance. *Baleine, 1997.* (Le Poulpe ; 78)
ISBN 2-84219-079-3. *39 F / 5,95 €*

16081 **LOI E.** Le onzième commandement. *Fleuve noir, 1999.* (Les noirs ; 70)
ISBN 2-265-06617-6. *45 F / 6,86 €*

16082 **LONG M.** Aucun délai. *Libr. des Champs-Elysées, 1990.* (Le Masque ; 1988. Les reines du crime c2)
ISBN 2-7024-2021-4. *30 F / 4,57 €*

16083 **LORIOT N.** Affaire de famille. *LGF, 1999.* (Le Livre de poche ; 14640. Policier c8)
ISBN 2-253-14640-4. *33 F / 5,03 €*

16084 **LORIOT N.** L'Inculpé. *LGF, 1994.* (Le Livre de poche ; 7624. Thriller c8)
ISBN 2-253-07624-4. *33 F / 5,03 €*

16085 **LORIOT N.** Prière d'insérer. *LGF, 1996.* (Le Livre de poche ; 7665. Thriller c6)
ISBN 2-253-07665-1. *26 F / 3,96 €*

16086 **LOUBIÈRE S.** La petite fille aux oubliettes. *Baleine, 2000.* (Le Poulpe ; 178)
ISBN 2-84219-234-6. *39 F / 5,95 €*

16087 **N** **LOUBIÈRE S.** Petits polars à l'usage des grands. *Librio, 2000.* (Librio ; 398. Noir c1)
ISBN 2-290-30735-1. *10 F / 1,52 €*

16088 **LOVESEY P.** Abracadabra. *Libr. des Champs-Elysées, 1997.* (Labyrinthes ; 22 c2)
ISBN 2-7024-9575-3. *38 F / 5,79 €*

16089 **LOVESEY P.** La convocation. *Libr. des Champs-Elysées, 1997.* (Le Masque ; 2333. Les maîtres du roman policier c6)
ISBN 2-7024-2659-X. *39 F / 5,95 €*

16090 **LOVESEY P.** Le crime de Miss Oyster Brown. *Libr. des Champs-Elysées, 1996.* (Le Masque ; 2278. Les maîtres du roman policier c6)
ISBN 2-7024-2641-7. *39 F / 5,95 €*

16091 **LOVESEY P.** Un flic et des limiers. *Libr. des Champs-Elysées, 1998.* (Le Masque ; 2369. Les maîtres du roman policier c6)
ISBN 2-7024-2858-4. *39 F / 5,95 €*

16092 **LOVESEY P.** Maux d'esprits. *Libr. des Champs-Elysées, 1997.* (Labyrinthes ; 12 c1)
ISBN 2-7024-9556-7. *36 F / 5,49 €*

16093 **N** **LOVESEY P.** Par une sombre nuit. *Libr. des Champs-Elysées, 2000.* (Le Masque. Les maîtres du roman policier)
ISBN 2-7024-2890-8. *45 F / 6,86 €*

16094 **LOVESEY P.** La photo du bourreau. *Libr. des Champs-Elysées, 1997.* (Labyrinthes ; 5 c1)
ISBN 2-7024-9555-9. *36 F / 5,49 €*

16095 **LOVESEY P.** Le théâtre d'Edouard VII. *Libr. des Champs-Elysées, 1995.* (Le Masque ; 2231. Les maîtres du roman policier c5)
ISBN 2-7024-2585-2. *37 F / 5,64 €*

16096 **LOVESEY P.** Le Vingt-sixième round. *Libr. des Champs-Elysées, 1985.* (Le Masque ; 1201. Les maîtres du roman policier c1)
ISBN 2-7024-1633-0. *28 F / 4,27 €*

16097 **N** **LUDLUM R.** Le complot des Matarèse. *LGF, 2000.* (Le Livre de poche ; 17147. Thriller c16)
ISBN 2-253-17147-6. *55 F / 8,38 €*

16098 **LUDLUM R.** La conspiration Trevayne. *Pocket, 1998.* (Pocket ; 10373. Thriller c9)
ISBN 2-266-08202-7. *48 F / 7,32 €*

16099 **LUDLUM R.** L'échange Rhinemann. *Pocket, 1998.* (Pocket ; 10452. Thriller c9)
ISBN 2-266-08243-4. *48 F / 7,32 €*

16100 **LUDLUM R.** Une Invitation pour Matlock. *LGF, 1990.* (Le Livre de poche ; 7555. Thriller c10)
ISBN 2-253-05343-0. *40 F / 6,10 €*

16101 **LUDLUM R.** Le Manuscrit Chancellor. *Pocket, 1994.* (Pocket ; 3637 c6)
ISBN 2-266-00884-6. *38 F / 5,79 €*

16102 **LUDLUM R.** La Mémoire dans la peau. *LGF, 1983.* (Le Livre de poche ; 7469. Thriller c11)
ISBN 2-253-03144-5. *42 F / 6,40 €*

16103 **LUDLUM R.** Le Pacte Holcroft. *LGF, 1987.* (Le Livre de poche ; 7518. Thriller c12)
ISBN 2-253-04182-3. *44 F / 6,71 €*

16104 **LUDLUM R.** La Route d'Omaha. *Pocket, 1994.* (Pocket ; 4232 c9)
ISBN 2-266-06227-1. *48 F / 7,32 €*

16105 **LUDLUM R.** Le secret Halidon. *Pocket, 1999.* (Pocket ; 10595. Thriller c9)
ISBN 2-266-09206-5. *48 F / 7,32 €*

16106 **LUDLUM R.** La vengeance dans la peau. *Pocket, 1999.* (Pocket ; 10484. Thriller)
ISBN 2-266-08516-6. *50 F / 7,62 €*

16107 **N** **LUDLUM R.** Le week-end Osterman. *Pocket, 2000.* (Pocket ; 10942. Thriller c6)
ISBN 2-266-10094-7. *38 F / 5,79 €*

16108 **LURAGHI C.** Pour cigogne le glas. *Baleine, 1999.* (Le Poulpe ; 163)
ISBN 2-84219-211-7. *39 F / 5,95 €*

16109 **LUTZ J.** JF partagerait appartement. Réimpr. *J'ai lu, 1997.* (J'ai lu ; 3335. Littérature générale c4)
ISBN 2-290-03335-9. *36 F / 5,49 €*

16110 **A** **LUTZ J.** JF partagerait appartement. Réimpr. *J'ai lu, 2001.* (J'ai lu ; 3335. Policier)
ISBN 2-290-30481-6

16111 **MACDONALD J. D.** Strip-tilt. *Gallimard, 1988.* (Folio ; 1980 c11)
ISBN 2-07-038068-8. *29,50 F / 4,50 €*

16112 **MACDONALD P.** La nurse qui disparut. *Libr. des Champs-Elysées, 1996.* (Le Masque ; 2294. Les maîtres du roman policier c6)
ISBN 2-7024-2707-3. *39 F / 5,95 €*

16113 **MACDONALD P. J.** La double mort de Linda. *LGF, 1996.* (Le Livre de poche ; 7662. Thriller c9)
ISBN 2-253-07662-7. *36 F / 5,49 €*

16114 **MACDONALD P. J.** Un Etranger dans la maison. *LGF, 1988.* (Le Livre de poche ; 7531. Thriller c8)
ISBN 2-253-04733-3. *33 F / 5,03 €*

16115 **MACDONALD P. J.** Expiation. *LGF, 1998.* (Le Livre de poche ; 17042. Thriller c9)
ISBN 2-253-17042-9. *36 F / 5,49 €*

16116 **MACDONALD P. J.** Une femme sous surveillance. *LGF, 1997.* (Le Livre de poche ; 17005. Thriller c9)
ISBN 2-253-17005-4. *36 F / 5,49 €*

16117 **MACDONALD P. J.** La liste d'Adrian Messenger. *Libr. des Champs-Elysées, 1998.* (Le Masque ; 2389. Les maîtres du roman policier c5)
ISBN 2-7024-2411-2. *37 F / 5,64 €*

16118 **MACDONALD P. J.** Personnes disparues. *LGF, 1999.* (Le Livre de poche ; 17091. Thriller c9)
ISBN 2-253-17091-7. *36 F / 5,49 €*

16119 **MACDONALD P. J.** Petite soeur. *LGF, 1996.* (Le Livre de poche ; 7667. Thriller c8)
ISBN 2-253-07667-8. *33 F / 5,03 €*

16120 **MACDONALD R.** A chacun sa mort. *10-18, 1999.* (10-18 ; 3081. Grands détectives c4)
ISBN 2-264-02842-4. *41 F / 6,25 €*

16121 **MACDONALD R.** L'affaire Galton. *10-18, 1997.* (10-18 ; 2894. Grands détectives c6)
ISBN 2-264-02543-3. *47 F / 7,17 €*

16122 **MACDONALD R.** L'affaire Wycherly. *10-18, 1997.* (10-18 ; 2825. Grands détectives c6)
ISBN 2-264-02323-6. *47 F / 7,17 €*

16123 **MACDONALD R.** La belle endormie. Réimpr. *10-18, 1998.* (10-18 ; 2516. Grands détectives c6)
ISBN 2-264-02512-3. *47 F / 7,17 €*

16124 **MACDONALD R.** Black money. Réimpr. *10-18, 1994.* (10-18 ; 2535. Grands détectives c6)
ISBN 2-264-02514-X. *47 F / 7,17 €*

16125 **MACDONALD R.** Cadavre en eau douce. *10-18, 1998.* (10-18 ; 3018. Grands détectives c5)
ISBN 2-264-02843-2. *44 F / 6,71 €*

16126 **MACDONALD R.** Cible mouvante. *10-18, 1998.* (10-18 ; 2965. Grands détectives c5)
ISBN 2-264-02735-5. *44 F / 6,71 €*

16127 **MACDONALD R.** Le corbillard zébré. *10-18, 1996.* (10-18 ; 2736. Grands détectives c5)
ISBN 2-264-02324-4. *44 F / 6,71 €*

16128 **N** **MACDONALD R.** La grimace d'ivoire. *10-18, 2000.* (10-18 ; 3246. Grands détectives c4)
ISBN 2-264-03168-9. *41 F / 6,25 €*

16129 **MACDONALD R.** Mineure en fugue. *10-18, 1995.* (10-18 ; 2572. Grands détectives c6)
ISBN 2-264-02089-X. *47 F / 7,17 €*

16130 **MACDONALD R.** Un regard d'adieu. Réimpr. *10-18, 1999.* (10-18 ; 2464. Grands détectives c5)
ISBN 2-264-02476-3. *44 F / 6,71 €*

16131 **N** **MACDONALD R.** Vous qui entrez ici. *10-18, 2001.* (10-18 ; 3280. Grands détectives)
ISBN 2-264-03201-4. *44 F / 6,71 €*

16132 **N** **MACDONALD R., MICHEL-TYL M.** La côte barbare. *10-18, 2000.* (10-18 ; 3210. Grands détectives c4)
ISBN 2-264-03112-3. *41 F / 6,25 €*

16133 **MACLEOD C.** Le dernier salon où l'on meurt. *Libr. des Champs-Elysées, 1998.* (Le Masque ; 2365. Les reines du crime c5)
ISBN 2-7024-2794-4. *37 F / 5,64 €*

16134 **MACLEOD C.** Le miroir de Bilbao. *Libr. des Champs-Elysées, 1998.* (Le Masque ; 2396. Les reines du crime c5)
ISBN 2-7024-2796-0. *37 F / 5,64 €*

16135 **MAD L.** Dakar en barre. *Baleine, 1997.* (Le Poulpe ; 59)
ISBN 2-84219-058-0. *39 F / 5,95 €*

16136 **MADELIN P., RAMONET Y.** 23 heures pour sauver Paris. *Pocket, 2000.* (Pocket ; 10746. Thriller c9)
ISBN 2-266-09456-4. *48 F / 7,32 €*

16137 **MAGER C.** Les feuilletons d'amour. *Baleine, 1999.* (Instantanés de polar ; 153)
ISBN 2-84219-200-1. *39 F / 5,95 €*

16138 **N** **MAGER C.** Je suis très beau. *Baleine, 2000.* (Instantanés de polar ; 202)
ISBN 2-84219-283-4. *39 F / 5,95 €*

16139 **MAGNAN P.** Les charbonniers de la mort. Réimpr. *Gallimard, 1999.* (Folio ; 74. Policier ; 74 c8)
ISBN 2-07-040817-5. *37 F / 5,64 €*

16140 **MAGNAN P.** Le Commissaire dans la truffière. *Gallimard, 1991.* (Folio ; 2223 c8)
ISBN 2-07-038324-5. *37 F / 5,64 €*

16141 **MAGNAN P.** Le commissaire dans la truffière. *Gallimard, 1998.* (Folio ; 22. Policier ; 22 c8)
ISBN 2-07-040656-3. *37 F / 5,64 €*

16142 **MAGNAN P.** Les courriers de la mort. *Gallimard, 1999.* (Folio ; 79. Policier)
ISBN 2-07-040820-5. *41 F / 6,25 €*

16143 **MAGNAN P.** La folie Forcalquier. *Gallimard, 2000.* (Folio ; 108. Policier c10)
ISBN 2-07-041026-9. *46 F / 7,01 €*

16144 **MAGNAN P.** La maison assassinée. *Gallimard, 1999.* (Folio ; 87. Policier ; 87 c9)
ISBN 2-07-040830-2. *41 F / 6,25 €*

16145 **MAGNAN P.** Le mystère de Séraphin Monge. *Gallimard, 1999.* (Folio ; 88. Policier ; 88 c10)
ISBN 2-07-040829-9. *46 F / 7,01 €*

16146 **MAGNAN P.** Le sang des Atrides. Réimpr. *Gallimard, 2000.* (Folio ; 109. Policier c6)
ISBN 2-07-041027-7. *29,50 F / 4,50 €*

16147 **MAGNAN P.** Le secret des Andrônes. *Gallimard, 2000.* (Folio ; 107. Policier c6)
ISBN 2-07-041022-6. *29,50 F / 4,50 €*

16148 **MAGNAN P.** Les secrets de Laviolette. *Gallimard, 1999.* (Folio ; 133. Policier c8)
ISBN 2-07-041038-2. *37 F / 5,64 €*

16149 **N** **MAGNE P.** A Freud, sales et méchants. *Baleine, 2000.* (Le Poulpe ; 205)
ISBN 2-84219-297-4. *39 F / 5,95 €*

16150 **MAITLAND B.** Les soeurs Marx. *Libr. des Champs-Elysées, 1999.* (Le Masque ; 2424. Les maîtres du roman policier c6)
ISBN 2-7024-2933-5. *39 F / 5,95 €*

16151 **MALACCI R.** Ad nauseam. *Alire, 1999.* (Romans. Polar ; 30)
ISBN 2-922145-35-2. *55 F / 8,38 €*

16152 **MALACCI R.** Lames soeurs. *Alire, 1997.* (Romans. Polar ; 8)
ISBN 2-922145-07-7. *55 F / 8,38 €*

16153 **MALET L.** 120, rue de la Gare. *10-18, 1988.* (10-18 ; 1978 c4)
ISBN 2-264-01271-4. *41 F / 6,25 €*

16154 **MALET L.** Brouillard au pont de Tolbiac. *10-18, 1986.* (10-18 ; 1756. Grands détectives c5)
ISBN 2-264-00742-7. *44 F / 6,71 €*

16155 **A** **MALET L.** 120, rue de la Gare. *Pocket, 2001.* (Pocket ; 6242. Classiques)
ISBN 2-266-11128-0

16156 **MALET L.** Dernières enquêtes de Nestor Burma. *Laffont, 1987.* (Oeuvres complètes; 3)(Bouquins)
ISBN 2-221-05220-X. *149 F / 22,71 €*

16157 **MALET L.** Les Enquêtes de Nestor Burma et les Nouveaux mystères de Paris. *Laffont, 1985.* (Oeuvres complètes; 1)(Bouquins)
ISBN 2-221-04606-4. *149 F / 22,71 €*

16158 **MALET L.** Les Enquêtes de Nestor Burma et les Nouveaux mystères de Paris. *Laffont, 1986.* (Oeuvres complètes; 2)(Bouquins)
ISBN 2-221-04859-8. *149 F / 22,71 €*

16159 **MALET L.** Nestor Burma. *Fleuve noir, 1994.* (Super poche ; 13)
ISBN 2-265-00198-8. *59 F / 8,99 €*

16160 **MALONE M.** Enquête sous la neige. *Seuil, 1995.* (Points c2)
ISBN 2-02-026201-0. *42 F / 6,40 €*

16161 **MALONE M.** Juges et assassins. *Seuil, 1994.* (Points. Roman ; 673 c5)
ISBN 2-02-022275-2. *55 F / 8,38 €*

16162 **MALTE M.** Carnage, constellation. *Fleuve noir, 1998.* (Fleuve noir crime ; 39)
ISBN 2-265-06317-7. *52 F / 7,93 €*

16163 **MALTE M.** Le doigt d'Horace. *Fleuve noir, 1996.* (Fleuve noir crime)
ISBN 2-265-06015-1. *52 F / 7,93 €*

16164 **MALTE M.** Le lac des singes. *Fleuve noir, 1997.* (Fleuve noir crime ; 28)
ISBN 2-265-06170-0. *52 F / 7,93 €*

16165 **MALTE M.** Le vrai con maltais. *Baleine, 1999.* (Le Poulpe ; 168)
ISBN 2-84219-215-X. *39 F / 5,95 €*

16166 **MANCHETTE J. P.** L'affaire N'Gustro. Réimpr. *Gallimard, 1999.* (Folio. Policier ; 75 c2)
ISBN 2-07-040818-3. *29,50 F / 4,50 €*

16167 **MANCHETTE J. P.** Fatale. *Gallimard, 1999.* (Folio. Policier ; 44 c4)
ISBN 2-07-040764-0. *20,50 F / 3,13 €*

16168 **MANCHETTE J. P.** Morgue pleine. Réimpr. *Gallimard, 1999.* (Folio ; 89. Policier c6)
ISBN 2-07-040831-0. *29,50 F / 4,50 €*

16169 **MANCHETTE J. P.** Nada. *Gallimard, 1999.* (Folio ; 112. Policier c5)
ISBN 2-07-041054;-4. *25 F / 3,81 €*

16170 **MANCHETTE J. P.** O dingos, ô châteaux!. Réimpr. *Gallimard, 1996.* (Folio ; 1815 c6)
ISBN 2-07-037815-2. *29,50 F / 4,50 €*

16171 **MANCHETTE J. P.** Le petit bleu de la Côte ouest : trois hommes à abattre. *Gallimard, 1998.* (Folio ; 23. Policier ; 23 c6)
ISBN 2-07-040657-1. *29,50 F / 4,50 €*

16172 **MANCHETTE J. P.** La position du tireur couché. *Gallimard, 1998.* (Folio ; 4. Policier ; 4 c6)
ISBN 2-07-040640-7. *29,50 F / 4,50 €*

16173 **N** **MANCHETTE J. P.** Que d'os!. Réimpr. *Gallimard, 2000.* (Folio ; 121. Policier c6)
ISBN 2-07-041047-1. *29,50 F / 4,50 €*

16174 **MANH W.** Docteur j'abuse. *Baleine, 1997.* (Le Poulpe ; 84)
ISBN 2-84219-089-0. *39 F / 5,95 €*

16175 **N** **MANKELL H.** Le guerrier solitaire. *Seuil, 2000.* (Points ; 792)
ISBN 2-02-041952-1. *48 F / 7,32 €*

16176 **N** **MANN P.** La mort à Bombay. *LGF, 2000.* (Le Livre de poche ; 14965. Policier c9)
ISBN 2-253-14965-9. *36 F / 5,49 €*

16177 **MANOTTI D.** Sombre Sentier. *Seuil, 1996.* (Points ; 266 c9)
ISBN 2-02-029675-6. *42 F / 6,40 €*

16178 **N** **MARBOEUF J.** Je bande à Bonnot. *Baleine, 2001.* (Le Poulpe ; 211)
ISBN 2-84219-321-0. *39 F / 5,95 €*

16179 **A** **MARGOLIN P. M.** Le dernier homme innocent. *Pocket, 2001.* (Pocket. Thriller ; 10984)
ISBN 2-266-10231-1

16180 **MARGOLIN P. M.** Dernière chance. *Pocket, 1998.* (Pocket ; 10242. Thriller c6)
ISBN 2-266-07657-4. *38 F / 5,79 €*

16181 **MARGOLIN P. M.** Les heures noires. *Pocket, 1999.* (Pocket ; 10135 c5)
ISBN 2-266-07384-2. *35 F / 5,34 €*

16182 **MARGOLIN P. M.** Piège funéraire. *Pocket, 2000.* (Pocket ; 10546. Thriller c4B)
ISBN 2-266-08797-5. *32 F / 4,88 €*

16183 **MARGOLIN P. M.** La rose noire. *Pocket, 1996.* (Pocket ; 10041 c6)
ISBN 2-266-06839-3. *38 F / 5,79 €*

16184 **N** **MARIE L.** J'ai tué l'homme de ma vie. *Vauvenargues, 2000.* (Faits divers ; 1)
ISBN 2-7443-0305-4. *35 F / 5,34 €*

16185 **MARININA A.** Le cauchemar. *Seuil, 1999.* (Points ; 649 c10)
ISBN 2-02-037518-4. *45 F / 6,86 €*

16186 **N** **MARININA A.** La mort pour la mort. *Seuil, 2000.* (Points ; 742 c9)
ISBN 2-02-041132-6. *42 F / 6,40 €*

16187 **MARINO N.** Le rouge de Pompéi. *Métailié, 1998.* (Noir ; 5)
ISBN 2-86424-279-6. *40 F / 6,10 €*

16188 **N** **MARKARIS P.** Le journal de la nuit. *LGF, 2000.* (Le Livre de poche ; 17161. Thriller c8)
ISBN 2-253-17161-1. *33 F / 5,03 €*

16189 **MARON M.** La chasse aux canards : une enquête de Deborah Knott. *J'ai lu, 1998.* (J'ai lu ; 4994. Policier c4)
ISBN 2-290-04994-8. *36 F / 5,49 €*

16190 **MARON M.** En terrain miné : une enquête de Deborah Knott. *J'ai lu, 1999.* (J'ai lu ; 5251. Policier c5)
ISBN 2-290-05251-5. *39 F / 5,95 €*

16191 **MARON M.** La fille du bootlegger. *J'ai lu, 1998.* (J'ai lu ; 4792. Policier c4)
ISBN 2-290-04792-9. *36 F / 5,49 €*

16192 **MARON M.** Sud mortel : une enquête de Deborah Knott. *J'ai lu, 1998.* (J'ai lu ; 4887. Policier c4)
ISBN 2-290-04887-9. *36 F / 5,49 €*

16193 **N** **MARSH N.** Affaire à enterrer. *10-18, 2000.* (10-18 ; 3236. Grands détectives)
ISBN 2-264-03161-1. *44 F / 6,71 €*

16194 **MARSH N.** L'assassin aux fleurs. *10-18, 1995.* (10-18 ; 2685. Grands détectives c5)
ISBN 2-264-02220-5. *44 F / 6,71 €*

16195 **MARSH N.** L'Assassin entre en scène. *10-18, 1994.* (10-18 ; 2533. Grands détectives c5)
ISBN 2-264-02084-9. *44 F / 6,71 €*

16196 **MARSH N.** Au jeu de la mort. *10-18, 1994.* (10-18 ; 2482. Grands détectives c6)
ISBN 2-264-00190-9. *47 F / 7,17 €*

16197 **MARSH N.** Cauchemar à Waiatatapu. *10-18, 1999.* (10-18 ; 3080. Grands détectives c6)
ISBN 2-264-02890-4. *47 F / 7,17 €*

16198 **MARSH N.** Le cercueil de Noël. *10-18, 1997.* (10-18 ; 2837. Grands détectives c5)
ISBN 2-264-02574-3. *44 F / 6,71 €*

16199 **MARSH N.** La Clinique du crime. *10-18, 1994.* (10-18 ; 2562. Grands détectives c5)
ISBN 2-264-00187-9. *44 F / 6,71 €*

16200 **MARSH N.** Comme à Rome. *10-18, 1996.* (10-18 ; 2791. Grands détectives c5)
ISBN 2-264-02365-1. *44 F / 6,71 €*

16201 **N** **MARSH N.** Une couronne de sang. *10-18, 2000.* (10-18 ; 3213. Grands détectives c5)
ISBN 2-264-03156-5. *44 F / 6,71 €*

16202 **N** **MARSH N.** Croisière mortelle. Réimpr. *10-18, 2000.* (10-18 ; 2761. Grands détectives c5)
ISBN 2-264-03211-1. *44 F / 6,71 €*

16203 **MARSH N.** Descente fatale. *10-18, 1997.* (10-18 ; 2884. Grands détectives c6)
ISBN 2-264-02634-0. *47 F / 7,17 €*

16204 **MARSH N.** L'empreinte de la justice. *10-18, 1998.* (10-18 ; 3005. Grands détectives c5)
ISBN 2-264-02638-3. *44 F / 6,71 €*

16205 **MARSH N.** Et vous êtes priés d'assister au meurtre de... *10-18, 2000.* (10-18 ; 2592. Grands détectives c4)
ISBN 2-264-03131-X. *41 F / 6,25 €*

16206 A **MARSH N.** Un linceul de laine. *10-18, 2001.* (10-18 ; 3285. Grands détectives c5)
ISBN 2-264-03202-2. *44 F / 6,71 €*

16207 **MARSH N.** Meurtre en coulisses. *10-18, 1996.* (10-18 ; 2741. Grands détectives c5)
ISBN 2-264-02363-5. *44 F / 6,71 €*

16208 **MARSH N.** La mort en embuscade. *10-18, 1996.* (10-18 ; 2717. Grands détectives c6)
ISBN 2-264-02362-7. *47 F / 7,17 €*

16209 **MARSH N.** Mort en extase. *10-18, 1995.* (10-18 ; 2620. Grands détectives c5)
ISBN 2-264-02090-3. *47 F / 7,17 €*

16210 **MARSH N.** La Mort en habit noir. *10-18, 1994.* (10-18 ; 2483. Grands détectives c6)
ISBN 2-264-00191-7. *47 F / 7,17 €*

16211 **MARSH N.** Parfum trompeur. *10-18, 1998.* (10-18 ; 2938. Grands détectives c5)
ISBN 2-264-02639-1. *44 F / 6,71 €*

16212 **MARSH N.** Photo d'adieu. *10-18, 1999.* (10-18 ; 3111. Grands détectives c6)
ISBN 2-264-02927-7. *47 F / 7,17 €*

16213 **MARSH N.** Un piège pour miss C. *10-18, 1995.* (10-18 ; 2669. Grands détectives c6)
ISBN 2-264-02092-X. *47 F / 7,17 €*

16214 **MARSH N.** Le Rideau tombe. *10-18, 1994.* (10-18 ; 2507. Grands détectives c6)
ISBN 2-264-00183-6. *47 F / 7,17 €*

16215 N **MARSH N.** La source de tout mal. *10-18, 2000.* (10-18 ; 3205. Grands détectives c4)
ISBN 2-264-02925-0. *41 F / 6,25 €*

16216 N **MARSTON E.** Les joyeux démons. *10-18, 2000.* (10-18 ; 3195. Grands détectives c5)
ISBN 2-264-02813-0. *44 F / 6,71 €*

16217 **MARSTON E.** La tête de la reine. *10-18, 2000.* (10-18 ; 3144. Grands détectives c5)
ISBN 2-264-02812-2. *44 F / 6,71 €*

16218 N **MARSTON E.** The trip to Jerusalem. *10-18, 2001.* (10-18 ; 3270. Grands détectives)
ISBN 2-264-03183-2. *47 F / 7,17 €*

16219 **MARTIN A.** Un homme peut en cacher un autre. *Seuil, 1996.* (Points ; 245 c2)
ISBN 2-02-029046-4. *39 F / 5,95 €*

16220 **MARTIN A.** Vainqueurs et cons vaincus. *Baleine, 1998.* (Le Poulpe ; 144)
ISBN 2-84219-185-4. *39 F / 5,95 €*

16221 **MARTIN D.** Un si beau mensonge. *J'ai lu, 1997.* (J'ai lu ; 4662. Littérature générale c6)
ISBN 2-290-04662-0. *42 F / 6,40 €*

16222 **MARTIN R.** Une affaire pas très catholique. *Seuil, 1999.* (L'agence du dernier recours; 1)(Points ; 671 c7)
ISBN 2-02-034905-1. *35 F / 5,34 €*

16223 **MARTIN R.** Un chien de sa chienne. *Seuil, 2000.* (L'agence du dernier recours)(Points ; 717 c9)
ISBN 2-02-034906-X. *42 F / 6,40 €*

16224 **MARTIN R.** Le GAL, l'égout. *Baleine, 1996.* (Le Poulpe ; 18)
ISBN 2-84219-017-3. *39 F / 5,95 €*

16225 **MARTINI S.** Principal témoin. *LGF, 1998.* (Le Livre de poche ; 7028. Thriller c10)
ISBN 2-253-17028-3. *40 F / 6,10 €*

16226 **MARTINI S.** Trouble influence. *LGF, 2000.* (Le Livre de poche ; 17110, Thriller)
ISBN 2-253-17110-7. *45 F / 6,86 €*

16227 **MASON D.** La cible. *LGF, 1998.* (Le Livre de poche ; 7027. Thriller c10)
ISBN 2-253-17027-5. *40 F / 6,10 €*

16228 **MASON D.** Tempête sur Babylone. *LGF, 1995.* (Le Livre de poche ; 7644. Thriller c11)
ISBN 2-253-07644-9. *42 F / 6,40 €*

16229 **MASTERTON G.** Démences. *Pocket, 1991.* (Pocket ; 9048. Terreur c9)
ISBN 2-266-03985-7. *48 F / 7,32 €*

16230 **MASTERTON G.** Transe de mort. *Pocket, 1993.* (Pocket ; 9091. Terreur c8)
ISBN 2-266-05528-3. *35 F / 5,34 €*

16231 **MASTERTON G.** Walhalla. *Pocket, 1998.* (Pocket ; 9200. Terreur c5)
ISBN 2-266-08220-5. *35 F / 5,34 €*

16232 **MATALON A.** Alba Capra. *Baleine, 1997.* (Canaille-revolver ; 75)
ISBN 2-84219-076-9. *47 F / 7,17 €*

16233 **MATALON A.** Petit abécédaire des entreprises malheureuses. *Baleine, 1996.* (Canaille-revolver ; 25)
ISBN 2-84219-024-6. *49 F / 7,47 €*

16234 **MATHESON R.** Les Seins de glace. *Gallimard, 1990.* (Folio ; 2163 c11)
ISBN 2-07-038253-2. *29,50 F / 4,50 €*

16235 N **MAU O.** Belle-mère en l'île. *Baleine, 2000.* (Le Poulpe ; 203)
ISBN 2-84219-286-9. *39 F / 5,95 €*

16236 N **MAU O.** Raides dingues. *Fleuve noir, 2001.* (Les noirs)
ISBN 2-265-07058-0. *79 F / 12,04 €*

16237 A **MAUREL J-P.** Malaver s'en mêle. *J'ai lu, 2001.* (J'ai lu ; 5875. Policier)
ISBN 2-290-31077-8

16238 **Mauvaises manières.** *LGF, 1999.* (Le Livre de poche ; 17061. Thriller c9)
ISBN 2-253-17061-5. *36 F / 5,49 €*

16239 **MAYENCE B. L.** La Belge et la bête. *Baleine, 1997.* (Le Poulpe ; 64)
ISBN 2-84219-063-7. *39 F / 5,95 €*

16240 **MAYENCE B. L.** Les guenons. *Métailié, 1999.* (Noir ; 8)
ISBN 2-86424-296-6. *39 F / 5,95 €*

16241 **MAZARIN J.** Collabo-song. *Zulma, 1998.* (Quatre-bis ; 11)
ISBN 2-84304-048-5. *59 F / 8,99 €*

16242 **MCBAIN E.** A la bonne heure. *10-18, 1993.* (10-18 ; 2424. Grands détectives c3)
ISBN 2-264-01590-X. *38 F / 5,79 €*

16243 **MCBAIN E.** Crédit illimité. *10-18, 1991.* (10-18 ; 2234. Grands détectives c5)
ISBN 2-264-01585-3. *44 F / 6,71 €*

16244 **MCBAIN E.** Dans le sac. *10-18, 1991.* (10-18 ; 2199. Grands détectives c4)
ISBN 2-264-01584-5. *41 F / 6,25 €*

16245 **MCBAIN E.** Mourir pour mourir. *10-18, 1990.* (10-18 ; 2131. Grands détectives c3)
ISBN 2-264-01576-4. *38 F / 5,79 €*

16246 **MCCAFFREY A.** Coup de chien. *Libr. des Champs-Elysées, 1999.* (Le Masque ; 2415. Les reines du crime c4)
ISBN 2-7024-2950-5. *35 F / 5,34 €*

16247 **MCCLOY H.** La Vérité qui tue. *Libr. des Champs-Elysées, 1986.* (Le Masque ; 1855. Les reines du crime c1)
ISBN 2-7024-1732-9. *28 F / 4,27 €*

16248 **MCCLOY H.** La Vierge au sac d'or. *Libr. des Champs-Elysées, 1991.* (Le Masque ; 2067. Les reines du crime c2)
ISBN 2-7024-2204-7. *35 F / 5,34 €*

16249 **MCCOY H.** Adieu la vie, adieu l'amour... : demain il fera nuit. *Gallimard, 1987.* (Folio ; 1887 c8)
ISBN 2-07-037887-X. *37 F / 5,64 €*

16250 **MCCOY H.** Un linceul n'a pas de poches. *Gallimard, 1998.* (Folio. Policier ; 24 c6)
ISBN 2-07-040659-8. *29,50 F / 4,50 €*

16251 **MCCOY H.** On achève bien les chevaux. Réimpr. *Gallimard, 1999.* (Folio ; 117. Policier c6)
ISBN 2-07-041033-1. *29,50 F / 4,50 €*

16252 **A** **MCCRERY N.** L'oiseau de nuit. *J'ai lu, 2001.* (J'ai lu ; 5914. Policier)
ISBN 2-290-31152-9

16253 **MCDERMID V.** Arrêts de jeu. *Libr. des Champs-Elysées, 1996.* (Le Masque ; 2287. Les reines du crime c6)
ISBN 2-7024-2642-5. *39 F / 5,95 €*

16254 **MCDERMID V.** Le chant des sirènes. *LGF, 1999.* (Le Livre de poche ; 17069. Thriller c11)
ISBN 2-253-17069-0. *42 F / 6,40 €*

16255 **MCDERMID V.** Crack en stock. *Libr. des Champs-Elysées, 1996.* (Le Masque ; 2269. Les reines du crime c5)
ISBN 2-7024-2614-X. *37 F / 5,64 €*

16256 **MCDERMID V.** Le Dernier soupir. *Libr. des Champs-Elysées, 1994.* (Le Masque ; 2173. Les reines du crime c5)
ISBN 2-7024-2413-9. *37 F / 5,64 €*

16257 **MCDERMID V.** La fureur dans le sang. *LGF, 1999.* (Le Livre de poche ; 17100. Thriller c13)
ISBN 2-253-17100-X. *46 F / 7,01 €*

16258 **MCDERMID V.** Gènes toniques. *Libr. des Champs-Elysées, 1997.* (Le Masque ; 2307 c3)
ISBN 2-7024-2724-3. *32 F / 4,88 €*

16259 **MCDERMID V.** Mauvais signes. *Libr. des Champs-Elysées, 1998.* (Le Masque ; 2383. Les reines du crime c6)
ISBN 2-7024-2879-7. *39 F / 5,95 €*

16260 **MCDERMID V.** Une mort pacifique. *Libr. des Champs-Elysées, 1998.* (Le Masque ; 2405. Les reines du crime c5)
ISBN 2-7024-2837-1. *37 F / 5,64 €*

16261 **MCDERMID V.** Retour de manivelle. *Libr. des Champs-Elysées, 1995.* (Le Masque ; 2223. Les reines du crime c5)
ISBN 2-7024-2556-9. *37 F / 5,64 €*

16262 **MCDONALD G.** The brave. Nouv. éd. *Fleuve noir, 1997.* (Fleuve noir crime)
ISBN 2-265-06360-6. *39 F / 5,95 €*

16263 **N** **MCMILLAN A.** La route du Sud. *Libr. des Champs-Elysées, 2000.* (Labyrinthes ; 80)
ISBN 2-7024-9698-9. *54 F / 8,23 €*

16264 **N** **MCNAB A.** Manipulation. *LGF, 2000.* (Le Livre de poche ; 17135. Thriller c10)
ISBN 2-253-17135-2. *40 F / 6,10 €*

16265 **MCNAUGHT J.** L'amour en fuite. *Pocket, 1996.* (Pocket ; 10072 c10)
ISBN 2-266-07115-7. *50 F / 7,62 €*

16266 **MCSHANE M.** Les écorchés. *Gallimard, 1999.* (Folio ; 92. Policier c10)
ISBN 2-07-040731-4. *29,50 F / 4,50 €*

16267 **La méchante dose :** neuf nouvelles de David Goodis à Léo Malet. *Librio, 1999.* (Librio ; 273. Noir c1)
ISBN 2-277-30273-2. *10 F / 1,52 €*

16268 **N** **MELTZER B.** Délit d'innocence. *Pocket, 2000.* (Pocket ; 11055. Thriller c8)
ISBN 2-266-10421-7. *45 F / 6,86 €*

16269 **MELVILLE J.** Un Bouddha de pacotille. *10-18, 1998.* (10-18 ; 2928. Grands détectives c4)
ISBN 2-264-02443-7. *41 F / 6,25 €*

16270 **MELVILLE J.** Une chaîne de chrysanthèmes. *10-18, 1995.* (10-18 ; 2598. Grands détectives c5)
ISBN 2-264-02057-1. *44 F / 6,71 €*

16271 **MELVILLE J.** Comme un samouraï. *10-18, 1996.* (10-18 ; 2787. Grands détectives c5)
ISBN 2-264-02408-9. *44 F / 6,71 €*

16272 **MELVILLE J.** L'Etranger de Kobe. *10-18, 1993.* (10-18 ; 2442. Grands détectives c3)
ISBN 2-264-00017-1. *44 F / 6,71 €*

16273 **MELVILLE J.** Haïku pour Hanae. *10-18, 1994.* (10-18 ; 2457. Grands détectives c3)
ISBN 2-264-01785-6. *41 F / 6,25 €*

16274 **MELVILLE J.** Kimono pour un cadavre. *10-18, 1998.* (10-18 ; 2990. Grands détectives)
ISBN 2-264-02659-6. *44 F / 6,71 €*

16275 **N** **MELVILLE J.** Un linceul de brocart. *10-18, 2000.* (10-18 ; 3185. Grands détectives c5)
ISBN 2-264-03005-4. *44 F / 6,71 €*

16276 **MELVILLE J.** La mort d'un daimyo. *10-18, 1996.* (10-18 ; 2710. Grands détectives c4)
ISBN 2-264-02347-3. *41 F / 6,25 €*

16277 **MELVILLE J.** Le prix de la sérénité. *10-18, 1999.* (10-18 ; 3070. Grands détectives c5)
ISBN 2-264-02856-4. *44 F / 6,71 €*

16278 **MELVILLE J.** Le samouraï récalcitrant. *10-18, 1997.* (10-18 ; 2871. Grands détectives c6)
ISBN 2-264-02552-2. *47 F / 7,17 €*

16279 **MELVILLE J.** Sayonara, douce Amaryllis. *10-18, 1995.* (10-18 ; 2680. Grands détectives c4)
ISBN 2-264-02169-1. *41 F / 6,25 €*

16280 **MÉNARD E.** Cannibales. *Zulma, 1997.* (Quatre-bis ; 5)
ISBN 2-84304-007-8. *59 F / 8,99 €*

16281 **MÉNARD E.** Un paquebot nommé délire. *H & O, 2000.* (H & O poche)
ISBN 2-84547-010-X. *32 F / 4,88 €*

16282 **MENDOZA E.** Le labyrinthe aux olives. Réimpr. *Seuil, 1998.* (Points c10)
ISBN 2-02-033309-0. *45 F / 6,86 €*

16283 **MENDOZA E.** Le mystère de la crypte ensorcelée. Réimpr. *Seuil, 1998.* (Points ; 459 c6)
ISBN 2-02-033306-6. *32 F / 4,88 €*

16284 **MENDOZA E.** La vérité sur l'affaire Savolta. Réimpr. *Seuil, 1998.* (Points ; 461 c12)
ISBN 2-02-033495-X. *50 F / 7,62 €*

16285 **N** **MERCADO P.** Des gourous et des douleurs. *Baleine, 2000.* (Le Poulpe ; 197)
ISBN 2-84219-280-X. *42 F / 6,40 €*

16286 **MERCADO P.** Scooter triades. *Baleine, 1997.* (Instantanés de polar ; 86)
ISBN 2-84219-091-2. *47 F / 7,17 €*

16287 **A** **MERLE R.** Un animal doué de raison. *Gallimard, 2001.* (Folio. SF)
ISBN 2-07-041832-4. *87 F / 13,26 €*

16288 **MESPLÈDE C.** Le cantique des cantines. *Baleine, 1996.* (Le Poulpe ; 13)
ISBN 2-84219-012-2. *39 F / 5,95 €*

16289 **MESPLÈDE P-A.** E pericoloso for Jersey. *Baleine, 1997.* (Le Poulpe ; 95)
ISBN 2-84219-106-4. *39 F / 5,95 €*

16290 **MESTRON H.** Eva te faire voir !. *Baleine, 1997.* (Le Poulpe ; 65)
ISBN 2-84219-064-5. *39 F / 5,95 €*

16291 **N** **Meurtres au seuil de l'an 2000.** *Seuil, 2000.* (Points ; 770)
ISBN 2-02-041690-5. *39 F / 5,95 €*

16292 **Meurtres et passions :** 16 nouvelles inédites par les maîtres du suspens américain. *LGF, 1999.* (Le Livre de poche ; 17095. Thriller c9)
ISBN 2-253-17095-X. *36 F / 5,49 €*

16293 **N** **MEYNARD S.** Le chant des couturières. *Baleine, 2000.* (Série grise ; 6)
ISBN 2-84219-302-4. *29 F / 4,42 €*

16294 **MEYNARD S.** Lapin dixit. *Baleine, 1997.* (Le Poulpe ; 40)
ISBN 2-84219-039-4. *39 F / 5,95 €*

16295 **N** **MEZINSKI P.** Ceux de la vierge obscure. *Seuil, 2000.* (La fraternité Lucifer)(Points ; 794)
ISBN 2-02-035955-3. *39 F / 5,95 €*

16296 **N** **MICKELBURY P.** Un chemin solitaire. *Libr. des Champs-Elysées, 2000.* (Le Masque ; 2440 c6)
ISBN 2-7024-2998-X. *39 F / 5,95 €*

16297 **MICKELBURY P.** La patience et la loi. *Libr. des Champs-Elysées, 1999.* (Le Masque ; 2412. Les reines du crime)
ISBN 2-7024-2897-5. *39 F / 5,95 €*

16298 **MILAN P.** Légitime défonce. *Baleine, 1997.* (Le Poulpe ; 104)
ISBN 2-84219-118-8. *39 F / 5,95 €*

16299 **MILLAR M.** Et vous me trouverez bien mort. *Libr. des Champs-Elysées, 1993.* (Le Masque ; 2151. Les reines du crime c3)
ISBN 2-7024-2387-6. *32 F / 4,88 €*

16300 **MILLAR M.** Un étranger dans ma tombe. *Libr. des Champs-Elysées, 1999.* (Le Masque ; 2430. Les reines du crime c5)
ISBN 2-7024-2973-4. *37 F / 5,64 €*

16301 **MILLAR M.** L'invisible ver. *Libr. des Champs-Elysées, 1996.* (Le Masque ; 2306. Les reines du crime c5)
ISBN 2-7024-2716-2. *37 F / 5,64 €*

16302 **MILLAR M.** Les Murs écoutent. *Libr. des Champs-Elysées, 1989.* (Le Masque ; 1982. Les reines du crime c2)
ISBN 2-7024-1972-0. *30 F / 4,57 €*

16303 **MILLAR M.** Rendons le mal pour le mal. *Libr. des Champs-Elysées, 1990.* (Le Masque ; 1994. Les reines du crime c2)
ISBN 2-7024-2027-3. *30 F / 4,57 €*

16304 **N** **MILLER J. R.** La dernière famille. *Pocket, 2000.* (Pocket ; 10433. Thriller c7)
ISBN 2-266-08439-9. *42 F / 6,40 €*

16305 **MILLET P.** Sirène de caniveau. *Liv'éditions, 1999.* (Liv'poche)
ISBN 2-910781-80-1. *49 F / 7,47 €*

16306 **N** **MITCHELL G.** Meurtres au clair de lune. *10-18, 2001.* (10-18 ; 3276. Grands détectives c6)
ISBN 2-264-03118-2. *47 F / 7,17 €*

16307 **N** **MITCHELL G.** Mort à l'Opéra. *10-18, 2001.* (10-18 ; 3275. Grands détectives c6)
ISBN 2-264-03071-2. *47 F / 7,17 €*

16308 **MITCHELL K.** A jeter aux chiens. *Libr. des Champs-Elysées, 1997.* (Labyrinthes ; 20 c3)
ISBN 2-7024-9562-1. *40 F / 6,10 €*

16309 **MITCHELL K.** Aux innocents, la colère. *Libr. des Champs-Elysées, 1998.* (Labyrinthes ; 31)
ISBN 2-7024-9579-6. *40 F / 6,10 €*

16310 **MITCHELL K.** Cadavres au désert. *Libr. des Champs-Elysées, 1997.* (Le Masque ; 2324. Les maîtres du roman policier c6)
ISBN 2-7024-2756-1. *39 F / 5,95 €*

16311 **MITCHELL K.** En des lieux désolés. *Libr. des Champs-Elysées, 1997.* (Labyrinthes ; 7 c2)
ISBN 2-7024-2720-0. *38 F / 5,79 €*

16312 **MITCHELL K.** Une étrange ambition. *Libr. des Champs-Elysées, 1997.* (Labyrinthes ; 8 c2)
ISBN 2-7024-9552-4. *38 F / 5,79 €*

16313 **MITCHELL K.** Un si joli village. *Libr. des Champs-Elysées, 1997.* (Labyrinthes ; 6 c2)
ISBN 2-7024-9549-4. *38 F / 5,79 €*

16314 **MITCHELL K.** La vallée de la mort. *Libr. des Champs-Elysées, 1998.* (Le Masque ; 2362. Les maîtres du roman policier c6)
ISBN 2-7024-2768-5. *39 F / 5,95 €*

16315 **MIZIO F.** Un quart d'heure et pas plus. *Librio, 1999.* (Librio ; 305. Noir c1)
ISBN 2-277-30305-4. *10 F / 1,52 €*

16316 **MOLIN Y.** L'évincé au fond du pouvoir. *Baleine, 1999.* (Le Poulpe ; 170)
ISBN 2-84219-222-2. *42 F / 6,40 €*

16317 **N** **MOLIN Y.** Un peu plus tard au Sud. *Baleine, 2001.* (Velours ; 16)
ISBN 2-84219-308-3. *45 F / 6,86 €*

16318 **MONAGHAN H. d.** A tombeau fermé. *Libr. des Champs-Elysées, 1997.* (Le Masque ; 2316. Les reines du crime c3)
ISBN 2-7024-2728-6. *32 F / 4,88 €*

16319 **MONAGHAN H. d.** Prions pour moi. *Libr. des Champs-Elysées, 1998.* (Le Masque ; 2407. Les reines du crime c1)
ISBN 2-7024-2895-9. *28 F / 4,27 €*

16320 **N** **MONBRUN E.** Meurtre à Petite Plaisance. *J'ai lu, 2001.* (J'ai lu ; 5812. Policier)
ISBN 2-290-30993-1. *32 F / 4,88 €*

16321 **MONBRUN E.** Meurtre chez tante Léonie. *J'ai lu, 2000.* (J'ai lu ; 5484. Policier cH)
ISBN 2-290-30217-1. *32 F / 4,88 €*

16322 **MONFREDO M. G.** L'aigle d'or. *Libr. des Champs-Elysées, 1997.* (Labyrinthes ; 19 c3)
ISBN 2-7024-9564-8. *40 F / 6,10 €*

16323 **MONFREDO M. G.** L'étoile du nord. *Libr. des Champs-Elysées, 2000.* (Labyrinthes ; 70)
ISBN 2-7024-9580-X. *56 F / 8,54 €*

16324 **MONFREDO M. G.** La source noire. *Libr. des Champs-Elysées, 1997.* (Labyrinthes ; 11 c3)
ISBN 2-7024-9563-X. *40 F / 6,10 €*

16325 **MONTECINO M.** Le croisé de la mort. *Pocket, 1997.* (Pocket ; 10024. Noir c7)
ISBN 2-266-06730-3. *42 F / 6,40 €*

16326 **MONTEILHET H.** Devoirs de vacances. *LGF, 1993.* (Le Livre de poche ; 9728. Policier c5)
ISBN 2-253-06500-5. *23 F / 3,51 €*

16327 **MONTEILHET H.** Esprit es-tu là ?. *LGF, 1993.* (Le Livre de poche ; 9648. Policier c7)
ISBN 2-253-06350-9. *30 F / 4,57 €*

16328 **MONTEILHET H.** Meurtre à loisir. *LGF, 1992.* (Le Livre de poche ; 4384. Policier c6)
ISBN 2-253-06115-8. *26 F / 3,96 €*

16329 **MONTEILHET H.** Pour deux sous de vertu. *LGF, 1994.* (Le Livre de poche ; 13602. Policier c8)
ISBN 2-253-13602-6. *33 F / 5,03 €*

16330 **MONTELLIER C.** La dingue aux marrons. *Baleine, 1997.* (Le Poulpe ; 94)
ISBN 2-84219-105-6. *39 F / 5,95 €*

16331 **N** **MOORE R.** Moscow connection. *Pocket, 2000.* (Pocket ; 10112. Thriller c6)
ISBN 2-266-07324-9. *38 F / 5,79 €*

16332 **MOORE S.** A vif. *Pocket, 1998.* (Pocket ; 10385. Thriller c3B)
ISBN 2-266-08126-8. *28 F / 4,27 €*

16333 **MOORE V.** Blanc chemin. *Libr. des Champs-Elysées, 1998.* (Labyrinthes ; 28 c3)
ISBN 2-7024-9598-2. *40 F / 6,10 €*

16334 **MOORE V.** Bleu sang. *Libr. des Champs-Elysées, 1997.* (Labyrinthes ; 3 c2)
ISBN 2-7024-9546-X. *38 F / 5,79 €*

16335 **N** **MOORE V.** La couleur de l'archange. *LGF, 2000.* (Le Livre de poche ; 14881. Policier)
ISBN 2-253-14881-4. *28 F / 4,27 €*

16336 **MOORE V.** Jaune sable. *Libr. des Champs-Elysées, 1998.* (Labyrinthes ; 37 c2)
ISBN 2-7024-9622-9. *38 F / 5,79 €*

16337 **MOORE V.** Noir roman. *Libr. des Champs-Elysées, 1997.* (Labyrinthes ; 9 c2)
ISBN 2-7024-9545-1. *38 F / 5,79 €*

16338 **MOORE V.** Rouge sombre. *Libr. des Champs-Elysées, 1997.* (Labyrinthes ; 17)
ISBN 2-7024-9565-6. *38 F / 5,79 €*

16339 **MOORE V.** Vert-de-gris. *Libr. des Champs-Elysées, 1999.* (Labyrinthes ; 49 c2)
ISBN 2-7024-9623-7. *38 F / 5,79 €*

16340 **MORELLI A.** Les yeux de sainte Lucie. *Librio, 2000.* (Le vicaire; 1)(Librio ; 344 c1)
ISBN 2-290-30093-4. *10 F / 1,52 €*

16341 **MORRELL D.** Les Conjurés de la flamme. *LGF, 1993.* (Le Livre de poche ; 7611. Thriller c11)
ISBN 2-253-06502-1. *42 F / 6,40 €*

16342 **MORRELL D.** Démenti formel. *LGF, 1998.* (Le Livre de poche ; 17029. Thriller c12)
ISBN 2-253-17029-1. *44 F / 6,71 €*

16343 **MORRELL D.** La Fraternité de la rose. *LGF, 1990.* (Le Livre de poche ; 7551. Thriller c11)
ISBN 2-253-05248-5. *42 F / 6,40 €*

16344 **MORRELL D.** In extremis. *LGF, 1997.* (Le Livre de poche ; 17006. Thriller c10)
ISBN 2-253-17006-2. *40 F / 6,10 €*

16345 **MORRELL D.** Le Jeu des ombres. *LGF, 1991.* (Le Livre de poche ; 7568. Thriller c12)
ISBN 2-253-05645-6. *44 F / 6,71 €*

16346 **MORRELL D.** Testament. *LGF, 1998.* (Le Livre de poche ; 7025. Thriller c5)
ISBN 2-253-17025-9. *23 F / 3,51 €*

16347 **MORRELL D.** Totem. *LGF, 1999.* (Le Livre de poche ; 17060. Thriller c10)
ISBN 2-253-17060-7. *40 F / 6,10 €*

16348 **MORRELL D.** Usurpation d'identité. *LGF, 1996.* (Le Livre de poche ; 7673. Thriller c12)
ISBN 2-253-07673-2. *44 F / 6,71 €*

16349 **MORRIS M. M.** Disparue. Réimpr. *Pocket, 1999.* (Pocket ; 4039 c5)
ISBN 2-266-09279-0. *35 F / 5,34 €*

16350 **MORSON I.** La croisade de Falconer. *Libr. des Champs-Elysées, 1998.* (Labyrinthes ; 26 c1)
ISBN 2-7024-9597-4. *36 F / 5,49 €*

16351 **MORSON I.** Le dieu de Falconer. *Libr. des Champs-Elysées, 1999.* (Labyrinthes ; 65)
ISBN 2-7024-9631-8. *42 F / 6,40 €*

16352 **MORSON I.** Le jugement de Falconer. *Libr. des Champs-Elysées, 1998.* (Labyrinthes ; 44 c2)
ISBN 2-7024-9610-5. *38 F / 5,79 €*

16353 **MORSON I.** Un psaume pour Falconer. *Libr. des Champs-Elysées, 1999.* (Labyrinthes ; 56 c3)
ISBN 2-7024-9657-1. *40 F / 6,10 €*

16354 **MORTIMORE J.** Amnésie fatale. *Fleuve noir, 1999.* (Cracker)
ISBN 2-265-06646-X. *49 F / 7,47 €*

16355 **MORTIMORE J.** Dépression sur Manchester. *Fleuve noir, 1999.* (Cracker)
ISBN 2-265-06649-4. *49 F / 7,47 €*

16356 **MOSCONI P.** La nuit apache. *Gallimard, 1996.* (Folio ; 2837 c11)
ISBN 2-07-039467-0. *29,50 F / 4,50 €*

16357 **MOSLEY W.** Black Betty. *Seuil, 1999.* (Points ; 693)
ISBN 2-02-025987-7. *45 F / 6,86 €*

16358 **MOSLEY W.** Une mort en rouge. *Seuil, 1996.* (Points ; 226 c9)
ISBN 2-02-025989-3. *42 F / 6,40 €*

16359 **MOSLEY W.** Papillon blanc. *Seuil, 1997.* (Points ; 341 c9)
ISBN 2-02-025988-5. *42 F / 6,40 €*

16360 **MULLER D.** Le culte des dupes. *10-18, 1999.* (10-18 ; 3075. Grands détectives)
ISBN 2-264-02746-0. *47 F / 7,17 €*

16361 **N** **MULLER D.** Sauve-du-mal et l'appât du grain. *10-18, 2001.* (10-18 ; 3291. Grands détectives)
ISBN 2-264-03163-8. *47 F / 7,17 €*

16362 **MULLER D.** Sauve-du-Mal et les tricheurs. *10-18, 1999.* (10-18 ; 3074. Grands détectives)
ISBN 2-264-02745-2. *47 F / 7,17 €*

16363 **MULLER D.** Trop de cabales pour Sauve-du-Mal. *10-18, 2000.* (10-18 ; 3161. Grands détectives c5)
ISBN 2-264-02747-9. *44 F / 6,71 €*

16364 **MUSOLINO M.** Plus dur sera le chiite. *Baleine, 1998.* (Le Poulpe ; 124)
ISBN 2-84219-146-3. *39 F / 5,95 €*

16365 **A** **MUSSARD F.** Retrait du percuteur. *Baleine, 2001.* (Instantanés de polar ; 220)
ISBN 2-84219-315-6. *49 F / 7,47 €*

16366 **N'GOYE A. F.** Agence Black Bafoussa. *Gallimard, 1996.* (Folio ; 2413 c12)
ISBN 2-07-049590-6. *49 F / 7,47 €*

16367 **NACRAY J-B.** La vie duraille. *Fleuve noir, 1997.* (Fleuve noir crime)
ISBN 2-265-06195-6. *34 F / 5,18 €*

16368 **NADELSON R.** Mercure rouge. *Seuil, 1998.* (Points ; 554 c10)
ISBN 2-02-033021-0. *45 F / 6,86 €*

16369 **NADELSON R.** Pavots brûlants. *Seuil, 1999.* (Points ; 626 c10)
ISBN 2-02-033022-9. *45 F / 6,86 €*

16370 **NANCE J. J.** Projet méduse. *LGF, 2000.* (Le Livre de poche ; 17118. Thriller c13)
ISBN 2-253-17118-2. *46 F / 7,01 €*

16371 **NATSUKI S.** Hara-kiri mon amour. *Libr. des Champs-Elysées, 1991.* (Le Masque ; 2039. Les reines du crime c3)
ISBN 2-7024-2130-X. *32 F / 4,88 €*

16372 **NATSUKI S.** Marianne. *Libr. des Champs-Elysées, 1998.* (Le Masque ; 2400. Les reines du crime c6)
ISBN 2-7024-2853-3. *39 F / 5,95 €*

16373 **NATSUKI S.** La Promesse de l'ombre. *Libr. des Champs-Elysées, 1989.* (Le Masque ; 1959 c3)
ISBN 2-7024-1899-6. *32 F / 4,88 €*

16374 **NEELY B.** Blanche et les seigneurs. *Libr. des Champs-Elysées, 1997.* (Le Masque ; 2346. Les reines du crime c4)
ISBN 2-7024-2769-3. *35 F / 5,34 €*

16375 **NEELY B.** Blanche fait le ménage. *Libr. des Champs-Elysées, 2000.* (Le Masque ; 2435. Les reines du crime)
ISBN 2-7024-2984-X. *39 F / 5,95 €*

16376 **NEELY B.** Blanche tire sa révérence. *Libr. des Champs-Elysées, 1996.* (Le Masque ; 2270. Les reines du crime c4)
ISBN 2-7024-2667-0. *35 F / 5,34 €*

16377 **Neuf morts et demi.** *Zulma, 1997.* (Quatre-bis ; 7)
ISBN 2-84304-020-5. *59 F / 8,99 €*

16378 **NEWMAN C.** Choc en retour. *LGF, 2000.* (Le Livre de poche ; 17108. Thriller c7)
ISBN 2-253-17108-5. *30 F / 4,57 €*

16379 **N** **NICLOUX G.** L'honneur perdu de Georges Blesse. *Baleine, 2000.* (Série grise ; 4)
ISBN 2-84219-284-2. *29 F / 4,42 €*

16380 **NICLOUX G.** Le saint des seins. *Baleine, 1996.* (Le Poulpe ; 21)
ISBN 2-84219-020-3. *39 F / 5,95 €*

16381 **NICLOUX G.** Le saint des seins. *Librio, 1999.* (Le Poulpe; 7)(Librio ; 304. Noir c1)
ISBN 2-277-30304-6. *10 F / 1,52 €*

16382 **NICLOUX G.** Zoocity. *Baleine, 1996.* (Instantanés de polar ; 22)
ISBN 2-84219-021-1. *53 F / 8,08 €*

16383 **NICLOUX G., POUY J-B., RAYNAL P.** Le Poulpe, le film. *Baleine, 1998.* (Le Poulpe ; 145)
ISBN 2-84219-184-6. *39 F / 5,95 €*

16384 **N** **NICODÈME B.** Le chacal rouge. *Libr. des Champs-Elysées, 2000.* (Labyrinthes ; 75)
ISBN 2-7024-9688-1. *49 F / 7,47 €*

16385 **N** **NICODÈME B.** La conspiration de l'hermine. *Libr. des Champs-Elysées, 2000.* (Labyrinthes ; 84)
ISBN 2-7024-9704-7. *49 F / 7,47 €*

16386 **NICODÈME B.** Faux frère. *Fleuve noir, 1996.* (Fleuve noir crime)
47 F / 7,17 €

16387 **NICODÈME B.** Les loups de la terreur. *Libr. des Champs-Elysées, 1998.* (Labyrinthes ; 36 c2)
ISBN 2-7024-9611-3. *38 F / 5,79 €*

16388 **NICODÈME B.** La mort du loup blanc. *Libr. des Champs-Elysées, 1999.* (Labyrinthes ; 53 c2)
ISBN 2-7024-9669-5. *40 F / 6,10 €*

16389 **NICOMÈDE B.** Faux frère. *Fleuve noir, 1996.* (Fleuve noir crime)
ISBN 2-265-05628-6. *47 F / 7,17 €*

16390 **NIELSEN H.** Pas de fleurs d'oranger. *Libr. des Champs-Elysées, 1987.* (Le Masque ; 1873. Les reines du crime c1)
ISBN 2-7024-1754-X. *28 F / 4,27 €*

16391 **NISHIMURA K.** Les Dunes de Tattori. *Seuil, 1994.* (Points. Roman ; 677 c2)
ISBN 2-02-022273-6. *39 F / 5,95 €*

16392 **N** **Noir comme l'amour.** *LGF, 2000.* (Le Livre de poche ; 17149. Thriller c14)
ISBN 2-253-17149-2. *48 F / 7,32 €*

16393 **NOLAN R. W.** Un sang d'encre. *Libr. des Champs-Elysées, 1996.* (Le Masque ; 2300. Les maîtres du roman policier c4)
ISBN 2-7024-2689-1. *35 F / 5,34 €*

16394 **NOLL I.** Confessions d'une pharmacienne. *LGF, 2000.* (Le Livre de poche ; 17109. Thriller c6)
ISBN 2-253-17109-3. *26 F / 3,96 €*

16395 **NOLL I.** Rien que pour moi. *LGF, 1998.* (Le Livre de poche ; 7033. Thriller c7)
ISBN 2-253-17033-X. *30 F / 4,57 €*

16396 **NOLL I.** La tête de nos amants. *LGF, 1999.* (Le Livre de poche ; 17086. Thriller c6)
ISBN 2-253-17086-0. *26 F / 3,96 €*

16397 **NOZIÈRE J-P.** Billi Joe. *Fleuve noir, 1996.* (Fleuve noir crime)
ISBN 2-265-05959-5. *47 F / 7,17 €*

16398 **NOZIÈRE J-P.** Tangos. *Fleuve noir, 1998.* (Fleuve noir crime ; 42)
ISBN 2-265-06299-5. *42 F / 6,40 €*

16399 **NOZIÈRES J-P.** Bogart et moi. *Seuil, 1999.* (Les enquêtes de Slimane; 2)(Points ; 670 c7)
ISBN 2-02-034301-0. *35 F / 5,34 €*

16400 **N** **NOZIÈRES J-P.** Fatal tango. *Seuil, 2000.* (Les enquêtes de Slimane; 3)(Points ; 769 c9)
ISBN 2-02-034302-9. *42 F / 6,40 €*

16401 **NOZIÈRES J-P.** Un regrettable accident. *Seuil, 1999.* (Les enquêtes de Slimane; 1)(Points ; 639 c9)
ISBN 2-02-034300-2. *42 F / 6,40 €*

16402 **O'CONNELL C.** L'assassin n'aime pas la critique. *Pocket, 2000.* (Pocket ; 10594. Noir c6)
ISBN 2-266-08974-9. *38 F / 5,79 €*

16403 **O'CONNELL C.** L'homme qui mentait aux femmes. *Pocket, 1999.* (Pocket ; 10257. Noir c4)
ISBN 2-266-07871-2. *30 F / 4,57 €*

16404 **N** **O'CONNELL C.** Les larmes de l'ange. *Pocket, 2001.* (Pocket ; 10775. Noir c5)
ISBN 2-266-09587-0. *35 F / 5,34 €*

16405 **O'CONNELL C.** Meurtres à Gramercy Park. *Pocket, 1998.* (Pocket ; 10241 c4)
ISBN 2-266-07872-0. *30 F / 4,57 €*

16406 **OKBI C.** Rouges-gorges et souris ravageuses. *Alyssa, 1998.* (Polars ; 2)
ISBN 9973-758-12-9. *50 F / 7,62 €*

16407 **ORANGE AMÈRE** L'ordure, hein !. *Baleine, 2000.* (Le Poulpe ; 182)
ISBN 2-84219-242-7. *39 F / 5,95 €*

16408 **ORIOL L.** Le Domaine du prince. *LGF, 1992.* (Le Livre de poche ; 7593. Thriller c9)
ISBN 2-253-06164-6. *36 F / 5,49 €*

16409 **OSBORN R.** Basic instinct. *Pocket, 1992.* (Pocket ; 4066 c4)
ISBN 2-266-04996-8. *30 F / 4,57 €*

16410 **N** **PAGE A.** Tchao Pantin. Réimpr. *Gallimard, 2000.* (Folio ; 177. Policier c8)
ISBN 2-07-041397-7. *37 F / 5,64 €*

16411 **PAILLET M.** Le gué du diable. *10-18, 1996.* (10-18 ; 2699. Grands détectives c5)
ISBN 2-264-02310-4. *44 F / 6,71 €*

16412 **N** **PAILLET M.** Les noyées du grau de Narbonne : une enquête d'Erwin le Saxon. *10-18, 2000.* (10-18 ; 3230. Grands détectives c5)
ISBN 2-264-02988-9. *44 F / 6,71 €*

16413 **N** **PAILLET M.** Les noyés du grau de Narbonne. *10-18, 2000.* (10-18 ; 3230. Grands détectives c5)
ISBN 2-264-02956-0. *44 F / 6,71 €*

16414 **PAILLET M.** Le poignard et le poison. *10-18, 1995.* (10-18 ; 2581. Grands détectives c5)
ISBN 2-264-02129-2. *44 F / 6,71 €*

16415 **PAILLET M.** Le sabre du calife : une enquête d'Erwin le Saxon. *10-18, 1996.* (10-18 ; 2766. Grands détectives c5)
ISBN 2-264-02311-2. *44 F / 6,71 €*

16416 **PAILLET M.** La salamandre. *10-18, 1995.* (10-18 ; 2629. Grands détectives c6)
ISBN 2-264-02130-6. *47 F / 7,17 €*

16417 **PAILLET M.** Le secret de la femme en bleu. *10-18, 1998.* (10-18 ; 2942. Grands détectives c5)
ISBN 2-264-02434-8. *44 F / 6,71 €*

16418 **PAILLET M.** Le spectre de la nouvelle lune. *10-18, 1997.* (10-18 ; 2843. Grands détectives c5)
ISBN 2-264-02433-X. *44 F / 6,71 €*

16419 **PAILLET M.** Les Vikings aux bracelets d'or : une enquête d'Erwin le Saxon. *10-18, 1999.* (10-18 ; 3057. Grands détectives c5)
ISBN 2-264-02748-7. *44 F / 6,71 €*

16420 **PALMER M.** De mort naturelle. *LGF, 1998.* (Le Livre de poche ; 17039. Thriller c10)
ISBN 2-253-17039-9. *40 F / 6,10 €*

16421 **PALMER M.** Traitement spécial. *LGF, 1999.* (Le Livre de poche ; 17084. Thriller c12)
ISBN 2-253-17084-4. *44 F / 6,71 €*

16422 **PARETSKY S.** Au point mort. *Libr. des Champs-Elysées, 1991.* (Le Masque ; 2050. Les reines du crime c4)
ISBN 2-7024-2163-6. *35 F / 5,34 €*

16423 **N** **PARKER T. J.** L'été de la peur. *J'ai lu, 2000.* (J'ai lu ; 3712. Policier cK)
ISBN 2-290-30408-5. *42 F / 6,40 €*

16424 **N** **PARKER T. J.** Pacific tempo. *J'ai lu, 2001.* (J'ai lu ; 3261. Policier)
ISBN 2-290-31132-4. *42 F / 6,40 €*

16425 **A** **PAROT J-F.** L'énigme des Blancs-Manteaux. *10-18, 2001.* (10-18 ; 3260. Grands détectives)
ISBN 2-264-03177-8. *47 F / 7,17 €*

16426 **A** **PAROT J-F.** L'homme au ventre de plomb. *10-18, 2001.* (10-18 ; 3261. Grands détectives)
ISBN 2-264-03176-X. *47 F / 7,17 €*

16427 **N** **PARSONS J.** En mémoire de Mary. *LGF, 2000.* (Le Livre de poche ; 17151. Thriller c10)
ISBN 2-253-17151-4. *40 F / 6,10 €*

16428 **N** **PASANEN M.** Le dernier tableau. *Baleine, 2001.* (Si près, si loin)
ISBN 2-84219-295-8. *98 F / 14,94 €*

16429 **N** **PATTERSON J.** Au chat et à la souris. *Pocket, 2000.* (Pocket ; 10828. Thriller c6)
ISBN 2-266-09795-4. *38 F / 5,79 €*

16430 **PATTERSON J.** Et tombent les filles. *Pocket, 1997.* (Pocket ; 10036. Best c6)
ISBN 2-266-06794-X. *38 F / 5,79 €*

16431 **PATTERSON J.** Jack et Jill. *Pocket, 1998.* (Pocket ; 10350. Thriller c6)
ISBN 2-266-08012-1. *38 F / 5,79 €*

16432 **PATTERSON J.** Le masque de l'araignée. *LGF, 1995.* (Le Livre de poche ; 7650. Thriller c9)
ISBN 2-253-07650-3. *36 F / 5,49 €*

16433 **PATTERSON R. N.** Degré de culpabilité. *LGF, 1996.* (Le Livre de poche ; 7674. Thriller c11)
ISBN 2-253-07674-0. *42 F / 6,40 €*

16434 **PATTERSON R. N.** Pour les yeux d'un enfant. *LGF, 1999.* (Le Livre de poche ; 17098. Thriller c15)
ISBN 2-253-17098-4. *50 F / 7,62 €*

16435 **N** **PATTERSON R. N.** Un témoin silencieux. *LGF, 2001.* (Le Livre de poche ; 17173. Thriller)
ISBN 2-253-17173-5. *42 F / 6,40 €*

16436 **PAVLOFF F.** Foulée noire. *Baleine, 1995.* (Instantanés de polar ; 3)
ISBN 2-84219-002-5. *42 F / 6,40 €*

16437 **PAVLOFF F.** Un trou dans la zone. *Baleine, 1996.* (Le Poulpe ; 9)
ISBN 2-84219-008-4. *39 F / 5,95 €*

16438 **PAVLOFF F.** Les yeux de Bee. *Baleine, 1997.* (Instantanés de polar ; 107)
ISBN 2-84219-121-8. *47 F / 7,17 €*

16439 **PEARSON R.** Le faiseur d'anges. *J'ai lu, 1997.* (J'ai lu ; 4558. Littérature générale c6)
ISBN 2-290-04558-6. *42 F / 6,40 €*

16440 **N** **PÊCHE C.** Notre-Dame-des-Lames. *Terre de brume, 2000.* (Granit noir c3)
ISBN 2-84362-101-1. *49 F / 7,47 €*

16441 **PELÉ M., PRILLEUX F.** Kop d'immondes. *Baleine, 1998.* (Le Poulpe ; 128)
ISBN 2-84219-150-1. *39 F / 5,95 €*

16442 **PELLETIER C.** Lavande tuera. *Baleine, 1997.* (Le Poulpe ; 41)
ISBN 2-84219-040-8. *39 F / 5,95 €*

16443 **A** **PELLETIER J-J.** L'argent du monde. 1. *Alire, 2001.* (Les gestionnaires de l'Apocalypse; 2)(Romans. Espionnage ; 21)
ISBN 2-922145-46-8. *79 F / 12,04 €*

16444 **A** **PELLETIER J-J.** L'argent du monde. 2. *Alire, 2001.* (Les gestionnaires de l'Apocalypse; 3)(Romans. Espionnage ; 21)
ISBN 2-922145-47-6. *79 F / 12,04 €*

16445 **PELLETIER J-J.** Blunt : les treize derniers jours. *Alire, 1996.* (Romans. Espionnage ; 1)
ISBN 2-922145-00-X. *73 F / 11,13 €*

16446 **A** **PELLETIER J-J.** La chair disparue. *Alire, 2001.* (Les gestionnaires de l'Apocalypse; 1)(Romans. Espionnage ; 21)
ISBN 2-922145-23-9. *79 F / 12,04 €*

16447 **N** **PELLETIER J-J.** L'homme trafiqué : les débuts de F. *Alire, 2000.* (Romans. Espionnage ; 31)
ISBN 2-922145-37-9. *67 F / 10,21 €*

16448 **PELOT P.** Le jour de l'enfant tueur. *Seuil, 1999.* (Le livre de Ahorn; 1)(Points ; 653 c9)
ISBN 2-02-034908-6. *42 F / 6,40 €*

16449 **PELOT P.** La nuit sur terre. *Pocket, 1997.* (Pocket ; 9171. Terreur c5)
ISBN 2-266-07457-1. *35 F / 5,34 €*

16450 **PELOT P.** L'ombre de la louve. *Seuil, 2000.* (Le livre de Ahorn)(Points ; 718 c8)
ISBN 2-02-034909-4. *39 F / 5,95 €*

16451 **PENAC'H D.** Le deuil dans le miroir. *Baleine, 1997.* (Canaille-revolver ; 51)
ISBN 2-84219-050-5. *39 F / 5,95 €*

16452 **N** **PERERA B.** La marque brune. *Terre de brume, 2000.* (Granit noir c3)
ISBN 2-84362-094-5. *49 F / 7,47 €*

16453 **PÉREZ-REVERTE A.** Le club Dumas : ou l'ombre de Richelieu. *LGF, 1995.* (Le Livre de poche ; 7656. Thriller c10)
ISBN 2-253-07656-2. *40 F / 6,10 €*

16454 **PÉRIGOT J.** Le dernier des grands romantiques. Nouv. éd. *Actes Sud, 1997.* (Babel ; 275. Babel noir c3)
ISBN 2-7427-1283-6. *45 F / 6,86 €*

16455 **A** **PERRY A.** Des âmes noires. Réimpr. *10-18, 2001.* (10-18 ; 3224. Grands détectives)
ISBN 2-264-03306-1

16456 **PERRY A.** Le cadavre de Bluegate Field. *10-18, 1999.* (10-18 ; 3041. Grands détectives c6)
ISBN 2-264-02810-6. *47 F / 7,17 €*

16457 **A** **PERRY A.** Cain his brother. *10-18, 2001.* (10-18 ; 3300. Grands détectives)
ISBN 2-264-02959-5

16458 **N** **PERRY A.** Cardington Crescent. *10-18, 2000.* (10-18 ; 3196. Grands détectives c6)
ISBN 2-264-02961-7. *47 F / 7,17 €*

16459 **PERRY A.** Le crime de Paragon Walk. *10-18, 1997.* (10-18 ; 2877. Grands détectives c6)
ISBN 2-264-02346-5. *47 F / 7,17 €*

16460 **A** **PERRY A.** Défense et trahison. Réimpr. *10-18, 2001.* (10-18 ; 3100. Grands détectives)
ISBN 2-264-03305-3

16461 **A** **PERRY A.** Un deuil dangereux. Réimpr. *10-18, 2001.* (10-18 ; 3063. Grands détectives)
ISBN 2-264-03307-X

16462 **A** **PERRY A.** Un étranger dans le miroir. Réimpr. *10-18, 2001.* (10-18 ; 2978. Grands détectives)
ISBN 2-264-03304-5

16463 **PERRY A.** L'étrangleur de Cater street. *10-18, 1997.* (10-18 ; 2852. Grands détectives c6)
ISBN 2-264-02345-7. *47 F / 7,17 €*

16464 **PERRY A.** Mort à Devil's Acre. *10-18, 1999.* (10-18 ; 3092. Grands détectives c5)
ISBN 2-264-02923-4. *44 F / 6,71 €*

16465 **PERRY A.** Le mystère de Callander Square. *10-18, 1997.* (10-18 ; 2853. Grands détectives c6)
ISBN 2-264-02584-0. *47 F / 7,17 €*

16466 **PERRY A.** Resurrection row. *10-18, 1998.* (10-18 ; 2943. Grands détectives c6)
ISBN 2-264-02344-9. *47 F / 7,17 €*

16467 **PERRY A.** Rutland place. *10-18, 1998.* (10-18 ; 2979. Grands détectives c6)
ISBN 2-264-02740-1. *47 F / 7,17 €*

16468 **N** **PERRY A.** Silence in Hanover Close. *10-18, 2001.* (10-18 ; 3255. Grands détectives)
ISBN 2-264-02962-5. *50 F / 7,62 €*

16469 **A** **PERRY A.** Vocation fatale. Réimpr. *10-18, 2001.* (10-18 ; 3155. Grands détectives)
ISBN 2-264-03303-7

16470 **PERRY T.** Une fille de rêve. *Pocket, 1997.* (Pocket ; 4499 c5)
ISBN 2-266-07148-3. *35 F / 5,34 €*

16471 **A** **PETERS E.** Les ailes du corbeau. *10-18, 2001.* (10-18 ; 2230. Grands détectives)
ISBN 2-264-03299-5

16472 **PETERS E.** Un air de cornemuse. *10-18, 1996.* (10-18 ; 2731. Grands détectives c4)
ISBN 2-264-02290-6. *41 F / 6,25 €*

16473 **A** **PETERS E.** L'apprenti du diable. Réimpr. *10-18, 2001.* (10-18 ; 2136. Grands détectives)
ISBN 2-264-03296-0

16474 **PETERS E.** Un Bénédictin pas ordinaire. *10-18, 1994.* (10-18 ; 2515. Grands détectives c3)
ISBN 2-264-01989-1. *38 F / 5,79 €*

16475 **PETERS E.** Un Cadavre de trop. *10-18, 1988.* (10-18 ; 1963. Grands détectives c5)
ISBN 2-264-01163-7. *44 F / 6,71 €*

16476 **PETERS E.** Le Capuchon du moine. *10-18, 1989.* (10-18 ; 1993. Grands détectives c5)
ISBN 2-264-01258-7. *44 F / 6,71 €*

16477 **A** **PETERS E.** Le champ du potier. Réimpr. *10-18, 2001.* (10-18 ; 2386. Grands détectives)
ISBN 2-264-03295-2

16478 **PETERS E.** Un coeur en noir. *10-18, 1996.* (10-18 ; 2767. Grands détectives c5)
ISBN 2-264-02291-4. *44 F / 6,71 €*

16479 **PETERS E.** La colline secrète. *10-18, 1995.* (10-18 ; 2641. Grands détectives c5)
ISBN 2-264-01722-8. *44 F / 6,71 €*

16480 **PETERS E.** La Confession du frère Haluin. *10-18, 1992.* (10-18 ; 2305. Grands détectives c5)
ISBN 2-264-01658-2. *44 F / 6,71 €*

16481 **PETERS E.** Un crocodile sur un banc de sable. *LGF, 1999.* (Le Livre de poche ; 14439. Policier c8)
ISBN 2-253-14439-8. *33 F / 5,03 €*

16482 N **PETERS E.** La déesse hippopotame. *LGF, 2000.* (Le Livre de poche ; 14902. Policier c10)
ISBN 2-253-14902-0. *40 F / 6,10 €*

16483 **PETERS E.** La dernière mesure. *10-18, 1997.* (10-18 ; 2862. Grands détectives c5)
ISBN 2-264-02532-8. *44 F / 6,71 €*

16484 **PETERS E.** L'enterré vif. *10-18, 1999.* (10-18 ; 3137. Grands détectives c5)
ISBN 2-264-02645-6. *44 F / 6,71 €*

16485 **PETERS E.** L'Ermite de la forêt d'Eyton. *10-18, 1992.* (10-18 ; 2290. Grands détectives c5)
ISBN 2-264-01656-6. *44 F / 6,71 €*

16486 **PETERS E.** L'Eté danois. *10-18, 1993.* (10-18 ; 2417. Grands détectives c5)
ISBN 2-264-01948-4. *47 F / 7,17 €*

16487 **PETERS E.** La Foire de Saint-Pierre. *10-18, 1989.* (10-18 ; 2043. Grands détectives c5)
ISBN 2-264-01376-1. *44 F / 6,71 €*

16488 **PETERS E.** Frère Cadfaël fait pénitence. *10-18, 1995.* (10-18 ; 2619. Grands détectives c6)
ISBN 2-264-02203-5. *47 F / 7,17 €*

16489 **PETERS E.** L'Hérétique et son commis. *10-18, 1993.* (10-18 ; 2333. Grands détectives c5)
ISBN 2-264-01799-6. *47 F / 7,17 €*

16490 A **PETERS E.** Un insondable mystère. Réimpr. *10-18, 2001.* (10-18 ; 2203. Grands détectives)
ISBN 2-264-03308-8

16491 N **PETERS E.** Le lépreux de Saint-Gilles. Réimpr. *10-18, 2001.* (10-18 ; 2044. Grands détectives c5)
ISBN 2-264-03285-5. *44 F / 6,71 €*

16492 **PETERS E.** Le maître d'Anubis. *LGF, 2000.* (Le Livre de poche ; 14808. Policier)
ISBN 2-253-14808-3. *39 F / 5,95 €*

16493 **PETERS E.** La malédiction du pharaon. *LGF, 1998.* (Le Livre de poche ; 14479. Policier c9)
ISBN 2-253-14479-7. *36 F / 5,49 €*

16494 **PETERS E.** Mme Felse joue en solo. *10-18, 1997.* (10-18 ; 2831. Grands détectives c5)
ISBN 2-264-02501-8. *44 F / 6,71 €*

16495 A **PETERS E.** Le moineau du sanctuaire. Réimpr. *10-18, 2001.* (10-18 ; 2087. Grands détectives)
ISBN 2-264-03298-7

16496 **PETERS E.** Mort aux propriétaires. *10-18, 1998.* (10-18 ; 2927. Grands détectives c5)
ISBN 2-264-02629-4. *44 F / 6,71 €*

16497 **PETERS E.** Une mort joyeuse. Réimpr. *10-18, 1999.* (10-18 ; 2546. Grands détectives c5)
ISBN 2-264-02024-5. *44 F / 6,71 €*

16498 **PETERS E.** Le mystère du sarcophage. *LGF, 1998.* (Le Livre de poche ; 14438. Policier c9)
ISBN 2-253-14438-X. *36 F / 5,49 €*

16499 **PETERS E.** Ne touchez pas aux épitaphes. *10-18, 1996.* (10-18 ; 2705. Grands détectives c5)
ISBN 2-264-02288-4. *44 F / 6,71 €*

16500 **PETERS E.** L'ombre de Séthos. *LGF, 1999.* (Le Livre de poche ; 14729. Policier c10)
ISBN 2-253-14729-X. *40 F / 6,10 €*

16501 **PETERS E.** La onzième plaie d'Egypte. *LGF, 1999.* (Le Livre de poche ; 14708. Policier c10)
ISBN 2-253-14708-7. *40 F / 6,10 €*

16502 **PETERS E.** Le Pèlerin de la haine. *10-18, 1991.* (10-18 ; 2177. Grands détectives c5)
ISBN 2-264-01526-8. *44 F / 6,71 €*

16503 **PETERS E.** La porte fatale. *10-18, 1999.* (10-18 ; 3045. Grands détectives c5)
ISBN 2-264-02627-8. *44 F / 6,71 €*

16504 **PETERS E.** Pris au piège. *10-18, 1995.* (10-18 ; 2683. Grands détectives c6)
ISBN 2-264-01724-4. *47 F / 7,17 €*

16505 **PETERS E.** Raga Mortel. *10-18, 1997.* (10-18 ; 2908. Grands détectives)
ISBN 2-264-02533-6. *44 F / 6,71 €*

16506 **PETERS E.** La Rançon du mort. *10-18, 1991.* (10-18 ; 2152. Grands détectives c5)
ISBN 2-264-01525-X. *44 F / 6,71 €*

16507 **PETERS E.** Une Rose pour loyer. *10-18, 1992.* (10-18 ; 2256. Grands détectives c5)
ISBN 2-264-01655-8. *44 F / 6,71 €*

16508 **PETERS E.** Le secret d'Amon-Râ. *LGF, 1998.* (Le Livre de poche ; 14539. Policier c10)
ISBN 2-253-14539-4. *40 F / 6,10 €*

16509 N **PETERS E.** Trafic de reliques. Réimpr. *10-18, 2001.* (10-18 ; 1994. Grands détectives c5)
ISBN 2-264-03284-7. *44 F / 6,71 €*

16510 N **PETERS E.** La vierge dans la glace. Réimpr. *10-18, 2001.* (10-18 ; 2086. Grands détectives c5)
ISBN 2-264-03286-3. *44 F / 6,71 €*

16511 **PETERS E.** Le Voleur de Dieu. *10-18, 1994.* (10-18 ; 2459. Grands détectives c6)
ISBN 2-264-01949-2. *47 F / 7,17 €*

16512 **PICARD S.** Serial victime. *Baleine, 1997.* (Canaille-revolver ; 46)
ISBN 2-84219-045-9. *47 F / 7,17 €*

16513 **PICKARD N.** Jenny et le vandale : une enquête de Jenny Cain. *J'ai lu, 1998.* (J'ai lu ; 4890. Policier c4)
ISBN 2-290-04890-9. *36 F / 5,49 €*

16514 **PICKARD N.** Jenny et les dingues : une enquête de Jenny Cain. *J'ai lu, 1999.* (J'ai lu ; 5253. Policier c5)
ISBN 2-290-05253-1. *39 F / 5,95 €*

16515 **PICKARD N.** Jenny et les femmes battues : une enquête de Jenny Cain. *J'ai lu, 1999.* (J'ai lu ; 5108. Policier c3)
ISBN 2-290-05108-X. *29 F / 4,42 €*

16516 **PICKARD N.** Pas de cadavre pour Jenny : une enquête de Jenny Cain. *J'ai lu, 1998.* (J'ai lu ; 4995. Policier c5)
ISBN 2-290-04995-6. *36 F / 5,49 €*

16517 **PICKARD N.** Trois morts pour Jenny : une enquête de Jenny Cain. *J'ai lu, 1998.* (J'ai lu ; 4795. Policier c4)
ISBN 2-290-04795-3. *36 F / 5,49 €*

16518 **PICOULY D.** Tête de Nègre. *Librio, 1998.* (Librio ; 209. Noir c1)
ISBN 2-277-30209-0. *10 F / 1,52 €*

16519 **PIKE R. L.** Tout le monde au bain. *Gallimard, 2000.* (Folio. Policier ; 146 c7)
ISBN 2-07-041192-3. *29,50 F / 4,50 €*

16520 **PINPIN J-C.** La gens bons baillonnés. *Baleine, 1996.* (Le Poulpe ; 19)
ISBN 2-84219-018-1. *39 F / 5,95 €*

16521 **PIRINÇCI A.** Félidés. Réimpr. *Seuil, 1997.* (Points ; 393 c8)
ISBN 2-02-025698-3. *39 F / 5,95 €*

16522 **PODRUG J. T.** Un hiver meurtrier. *LGF, 1998.* (Le Livre de poche ; 17043. Thriller c11)
ISBN 2-253-17043-7. *42 F / 6,40 €*

16523 **POISSON J-L.** Le chien des bas serviles. *Baleine, 1997.* (Le Poulpe ; 79)
ISBN 2-84219-080-7. *39 F / 5,95 €*

16524 **POISSON J-L.** Mourir d'amour à Grignan. *Jotim, 1999.* (Noir sur site)
ISBN 2-912054-04-4. *39 F / 5,95 €*

16525 **Pollutions.** *Fleuve noir, 1999.* (Fleuve noir crime ; 59)
ISBN 2-265-06613-3. *42 F / 6,40 €*

16526 **POP J.** Les neiges du killerman manchot. *Baleine, 1997.* (Le Poulpe ; 72)
ISBN 2-84219-073-4. *39 F / 5,95 €*

16527 **N** **POP J., MANH W.** Des verts et des biens mûrs. *Baleine, 2000.* (Série grise ; 5)
ISBN 2-84219-301-6. *29 F / 4,42 €*

16528 **POPKIN Z.** Le cadeau du mort. *Métailié, 1999.* (Noir ; 9)
ISBN 2-86424-299-0. *55 F / 8,38 €*

16529 **POPKIN Z.** Congés pour meurtre. *Libr. des Champs-Elysées, 1997.* (Le Masque ; 2312. Les reines du crime c6)
ISBN 2-7024-2740-5. *39 F / 5,95 €*

16530 **POPKIN Z.** Meurtre dans la brume. *Libr. des Champs-Elysées, 1998.* (Le Masque ; 2360. Les reines du crime c6)
ISBN 2-7024-2774-X. *39 F / 5,95 €*

16531 **PORNON F.** Saône interdite. *Baleine, 2000.* (Le Poulpe ; 187)
ISBN 2-84219-241-9. *39 F / 5,95 €*

16532 **POSLANIEC C.** Le mal des fleurs. *Baleine, 1998.* (Canaille-revolver ; 140)
ISBN 2-84219-168-4. *47 F / 7,17 €*

16533 **N** **POUCHÈLE B.** Samedi, l'évêque a raté le bus. Réimpr. *Terre de brume, 2000.* (Granit noir ; 2)
ISBN 2-84362-044-9. *44 F / 6,71 €*

16534 **N** **Le Poulpe :** une sélection de cinq enquêtes du Poulpe. *Librio, 2000.* (Librio. Noir)
ISBN 2-277-60022-9. *50 F / 7,62 €*

16535 **N** **Le Poulpe au lycée.** *Baleine, 2000.* (Le Poulpe ; 200)
ISBN 2-84219-282-6. *10 F / 1,52 €*

16536 **POUY J-B.** A sec ! : Spinoza encule Hegel, le retour. *Gallimard, 2000.* (Folio ; 149. Policier c5)
ISBN 2-07-040961-9. *25 F / 3,81 €*

16537 **POUY J-B.** A sec !. *Baleine, 1998.* (Canaille-revolver ; 111)
ISBN 2-84219-125-0. *39 F / 5,95 €*

16538 **POUY J-B.** La belle de Fontenay. *Gallimard, 1999.* (Folio ; 76. Policier c7)
ISBN 2-07-040840-X. *32,50 F / 4,95 €*

16539 **POUY J-B.** La chasse au tatou dans la pampa argentine. *Baleine, 1999.* (Canaille-revolver ; 162)
ISBN 2-84219-208-7. *42 F / 6,40 €*

16540 **POUY J-B.** Démons et vermeils. *Baleine, 2000.* (Série grise ; 1)
ISBN 2-84219-256-7. *29 F / 4,42 €*

16541 **POUY J-B.** L'homme à l'oreille croquée. *Gallimard, 1998.* (Folio ; 25. Policier ; 25 c6)
ISBN 2-07-040675-X. *29,50 F / 4,50 €*

16542 **N** **POUY J-B.** 1280 âmes. *Baleine, 2000.* (Pierre de Gondol ; 1)
ISBN 2-84219-258-3. *69 F / 10,52 €*

16543 **POUY J-B.** La petite écuyère a cafté. *Baleine, 1995.* (Le Poulpe ; 1)
ISBN 2-84219-000-9. *39 F / 5,95 €*

16544 **N** **POUY J-B.** La petite écuyère a cafté. Réimpr. *Librio, 2000.* (Le Poulpe; 1)(Librio ; 206. Noir c1)
ISBN 2-277-30206-6. *10 F / 1,52 €*

16545 **POUY J-B.** RN 86. *Gallimard, 1998.* (Folio ; 5. Policier ; 5 c6)
ISBN 2-07-040642-3. *29,50 F / 4,50 €*

16546 **POUY J-B.** Spinoza encule Hegel. *Baleine, 1996.* (Canaille-revolver ; 23)
ISBN 2-84219-022-X. *39 F / 5,95 €*

547 **POUY J-B.** Spinoza encule Hegel. *Gallimard, 1999.* (Folio ; 127. Policier c5)
ISBN 2-07-040962-7. *25 F / 3,81 €*

548 **N** **POUY J-B.** Suzanne et les ringards. *Gallimard, 2000.* (Folio ; 2013. Policier c5)
ISBN 2-07-041553-8. *25 F / 3,81 €*

549 **POUY J-B., RAYNAL P.** Chasse à l'homme. *Mille et une nuits, 2000.* (La petite collection ; 278 c1)
ISBN 2-84205-470-9. *10 F / 1,52 €*

550 **PRESTON D., CHILD L.** Relic. *Pocket, 1997.* (Pocket ; 9181. Terreur c9)
ISBN 2-266-07893-3. *48 F / 7,32 €*

551 **PROLONGEAU H.** Le cauchemar de d'Alembert. *Libr. des Champs-Elysées, 1998.* (Labyrinthes ; 42 c2)
ISBN 2-7024-9638-5. *38 F / 5,79 €*

552 **PROLONGEAU H.** La colombe blanche. *Libr. des Champs-Elysées, 1998.* (Le Masque ; 2374. Les maîtres du roman policier c4)
ISBN 2-7024-2771-5. *35 F / 5,34 €*

553 **PROLONGEAU H.** La nièce de Rameau. *Libr. des Champs-Elysées, 1999.* (Labyrinthes ; 62)
ISBN 2-7024-9679-2. *40 F / 6,10 €*

554 **PROLONGEAU H.** L'oeil de Diderot. *Libr. des Champs-Elysées, 1998.* (Labyrinthes ; 29)
ISBN 2-7024-9609-1. *38 F / 5,79 €*

555 **PRONZINI B.** Démons. *Libr. des Champs-Elysées, 1996.* (Le Masque ; 2299. Les maîtres du roman policier c4)
ISBN 2-7024-2629-8. *35 F / 5,34 €*

556 **PRUDON H.** Ouarzazate et mourir. *Baleine, 1996.* (Le Poulpe ; 20)
ISBN 2-84219-019-X. *39 F / 5,95 €*

557 **PRUDON H.** Ouarzazate et mourir. *Librio, 1999.* (Librio ; 288. Noir c1)
ISBN 2-277-30288-0. *10 F / 1,52 €*

558 **PUISEUX A.** Je repars à Zorro. *Baleine, 1997.* (Le Poulpe ; 54)
ISBN 2-84219-053-X. *39 F / 5,95 €*

559 **A** **PUZO M.** Omerta. *J'ai lu, 2001.* (J'ai lu ; 6031. Littérature générale)
ISBN 2-290-31299-1

560 **QUADRUPPANI S.** Colchiques dans les prés. *Actes Sud, 2000.* (Babel ; 410. Babel noir)
ISBN 2-7427-2552-0. *45 F / 6,86 €*

561 **QUADRUPPANI S.** La forcenée. *Métailié, 1998.* (Noir)
ISBN 2-86424-274-5. *40 F / 6,10 €*

562 **QUADRUPPANI S.** Rue de la Cloche. *Seuil, 1994.* (Points. Roman ; 676 c2)
ISBN 2-02-020118-6. *39 F / 5,95 €*

563 **QUADRUPPANI S.** Saigne sur mer. *Baleine, 1995.* (Le Poulpe ; 2)
ISBN 2-84219-001-7. *39 F / 5,95 €*

16564 **QUADRUPPANI S.** Le sourire contenu. *Fleuve noir, 1998.* (Fleuve noir crime ; 43)
ISBN 2-265-06171-9. *47 F / 7,17 €*

16565 **QUADRUPPANI S.** Y. *Métailié, 1998.* (Noir ; 7)
ISBN 2-86424-291-5. *40 F / 6,10 €*

16566 **QUEEN E.** L'arche de Noé. Réimpr. *J'ai lu, 1998.* (J'ai lu ; 1978. Policier c3)
ISBN 2-290-01978-X. *29 F / 4,42 €*

16567 **QUEEN E.** Coup double. Réimpr. *J'ai lu, 1997.* (J'ai lu ; 1704. Policier c4)
ISBN 2-290-01704-3. *36 F / 5,49 €*

16568 **QUEEN E.** La course au trésor : suivi de deux autres récits. *Librio, 1995.* (Librio ; 80 c1)
ISBN 2-277-30080-2. *10 F / 1,52 €*

16569 **QUEEN E.** La décade prodigieuse. Réimpr. *J'ai lu, 1997.* (J'ai lu ; 1646. Policier c3)
ISBN 2-290-01646-2. *29 F / 4,42 €*

16570 **QUEEN E.** Lettres sans réponse. Réimpr. *J'ai lu, 1998.* (J'ai lu ; 2322. Policier c3)
ISBN 2-290-02322-1. *29 F / 4,42 €*

16571 **N** **QUEEN E.** Une maison dans la nuit. *Libr. des Champs-Elysées, 2001.* (Le Masque ; 2448)
ISBN 2-7024-2992-0. *39 F / 5,95 €*

16572 **QUEEN E.** La mort de Don Juan ; suivi de L'affaire Carroll. *Librio, 1998.* (Librio ; 228 c1)
ISBN 2-277-30228-7. *10 F / 1,52 €*

16573 **QUEEN E.** Les quatre côtés du triangle. *J'ai lu, 1987.* (J'ai lu ; 2276. Policier c3)
ISBN 2-277-22276-3. *29 F / 4,42 €*

16574 **QUEEN E.** Le renard et la digitale. Réimpr. *J'ai lu, 1997.* (J'ai lu ; 1613. Policier)
ISBN 2-290-01613-6. *29 F / 4,42 €*

16575 **QUEEN E.** Le roi est mort. Réimpr. *J'ai lu, 1998.* (J'ai lu ; 1766. Policier c3)
ISBN 2-290-01766-3. *29 F / 4,42 €*

16576 **QUEEN E.** La ville maudite. Réimpr. *J'ai lu, 1997.* (J'ai lu ; 1445. Policier c3)
ISBN 2-290-01445-1. *36 F / 5,49 €*

16577 **QUEEN E., RALLI A.** Le mot de la fin. *J'ai lu, 1998.* (J'ai lu ; 1797. Policier)
ISBN 2-290-01797-3. *29 F / 4,42 €*

16578 **QUENTIN P.** Meurtres sous contrat. Réimpr. *Libr. des Champs-Elysées, 1997.* (Le Masque ; 2199. Les maîtres du roman policier c2)
ISBN 2-7024-2545-3. *30 F / 4,57 €*

16579 **N** **QUESTER D.** Lady commandement. *Baleine, 2001.* (Le Poulpe ; 210)
ISBN 2-84219-304-0. *39 F / 5,95 €*

16580 **QUINN S.** Jules de Grandin, le Sherlock Holmes du surnaturel. *Fleuve noir, 1996.* (Super poche ; 999999)
ISBN 2-265-05952-8. *69 F / 10,52 €*

16581 **RAMUS D.** Monsieur Tanaka aime les nymphéas. *Seuil, 1998.* (Points ; 537)
ISBN 2-02-034768-7. *42 F / 6,40 €*

16582 **RANKIN I.** Le carnet noir. *Gallimard, 2000.* (Folio ; 155. Policier c11)
ISBN 2-07-041078-1. *50 F / 7,62 €*

16583 **RAUTH C.** La Brie ne fait pas le moine. *Baleine, 1999.* (Le Poulpe ; 164)
ISBN 2-84219-212-5. *42 F / 6,40 €*

16584 **RAWSON C.** La femme sans tête. *Libr. des Champs-Elysées, 1997.* (Le Masque ; 2340. Les maîtres du roman policier c6)
ISBN 2-7024-2628-X. *39 F / 5,95 €*

16585 **RAWSON C.** Le grand Merlini. *Libr. des Champs-Elysées, 1998.* (Le Masque ; 2390. Les maîtres du roman policier c5)
ISBN 2-7024-2878-9. *37 F / 5,64 €*

16586 **RAWSON C.** Miracles à vendre. *Libr. des Champs-Elysées, 1993.* (Le Masque ; 2142. Les maîtres du roman policier c5)
ISBN 2-7024-2385-X. *37 F / 5,64 €*

16587 **RAWSON C.** Pas de bière pour le cadavre. Réimpr. *Libr. des Champs-Elysées, 1997.* (Le Masque ; 2204. Les maîtres du roman policier c5)
ISBN 2-7024-2488-0. *37 F / 5,64 €*

16588 **RAWSON C.** Les Pieds au plafond. *Libr. des Champs-Elysées, 1992.* (Le Masque ; 2082. Les maîtres du roman policier c4)
ISBN 2-7024-2229-2. *35 F / 5,34 €*

16589 **RAY J.** Le fauteuil 27 ; suivi de L'énigmatique Tiger Brand : Harry Dickson. *Librio, 1995.* (Librio ; 72 c1)
ISBN 2-277-30072-1. *10 F / 1,52 €*

16590 **RAY J.** La terrible nuit du zoo ; suivi de Messire l'anguille : Harry Dickson. *Librio, 1995.* (Librio ; 89 c1)
ISBN 2-277-30089-6. *10 F / 1,52 €*

16591 **RAYBAUD A.** La lune dans le congélo. *Baleine, 1997.* (Le Poulpe ; 70)
ISBN 2-84219-071-8. *39 F / 5,95 €*

16592 **RAYNAL P.** Arrêtez le carrelage. *Baleine, 1995.* (Le Poulpe ; 4)
ISBN 2-84219-003-3. *39 F / 5,95 €*

16593 **RAYNAL P.** Arrêtez le carrelage. *Librio, 1998.* (Le Poulpe; 2)(Librio ; 207. Noir c1)
ISBN 2-277-30207-4. *10 F / 1,52 €*

16594 **RAYNAL P.** La clé de seize. *Gallimard, 2000.* (Folio ; 152. Policier c8)
ISBN 2-07-040958-9. *29,50 F / 4,50 €*

16595 **RAYNAL P.** La clef de seize. *Baleine, 1996.* (Canaille-revolver ; 24)
ISBN 2-84219-023-8. *45 F / 6,86 €*

16596 **RAYNAL P.** Né de fils inconnu. *LGF, 1997.* (Le Livre de poche ; 17020. Thriller c5)
ISBN 2-253-17020-8. *23 F / 3,51 €*

16597 **RAYNAL P.** Nice 42e rue. *Baleine, 1997.* (Canaille-revolver ; 67)
ISBN 2-84219-066-1. *49 F / 7,47 €*

16598 **RAYNAL P.** Nice 42e rue. *Gallimard, 1999.* (Folio ; 128. Policier c7)
ISBN 2-07-040957-0. *32,50 F / 4,95 €*

16599 **RAYNAL P.** Nice-Est. *Baleine, 1997.* (Instantanés de polar ; 91)
ISBN 2-84219-099-8. *39 F / 5,95 €*

16600 **N** **RAYNAL P.** La poignée dans le coin. *Baleine, 2001.* (Série grise ; 8)
ISBN 2-84219-323-7. *39 F / 5,95 €*

16601 **A** **RAYNER C.** Petits meurtres à l'hôpital. *LGF, 2001.* (Le Livre de poche ; 18202. Policier)
ISBN 2-253-18202-8. *32 F / 4,88 €*

16602 **REBOUD T.** Un nain seul n'a pas de poches. *Baleine, 1999.* (Le Poulpe ; 154)
ISBN 2-84219-194-3. *39 F / 5,95 €*

16603 **REBOUX J-J.** La cerise sur le gâteux. *Baleine, 1996.* (Le Poulpe ; 12)
ISBN 2-84219-011-4. *42 F / 6,40 €*

16604 **REBOUX J-J.** La cerise sur le gâteux. *Librio, 1998.* (Le Poulpe; 4)(Librio ; 237. Noir c1)
ISBN 2-277-30237-6. *10 F / 1,52 €*

16605 **REBOUX J-J.** Fondu au noir. *Baleine, 1997.* (Instantanés de polar ; 47)
ISBN 2-84219-046-7. *49 F / 7,47 €*

16606 **N** **REBOUX J-J.** Fondu au noir. *Gallimard, 2000.* (Folio ; 168. Policier c8)
ISBN 2-07-040964-3. *37 F / 5,64 €*

16607 **REBOUX J-J.** Le massacre des innocents. *Baleine, 1995.* (Instantanés de polar ; 6)
ISBN 2-84219-005-X. *62 F / 9,45 €*

16608 **REBOUX J-J.** Le massacre des innocents. *Gallimard, 1999.* (Folio ; 129. Policier c10)
ISBN 2-07-040963-5. *46 F / 7,01 €*

16609 **REBOUX J-J.** Poste Mortem. *Baleine, 1998.* (Instantanés de polar ; 117)
ISBN 2-84219-135-8. *62 F / 9,45 €*

16610 **REBOUX J-J.** Poste mortem. *Gallimard, 2000.* (Folio. Policier c10)
ISBN 2-07-040965-1. *46 F / 7,01 €*

16611 **N** **REGARD O.** Victoria. *Baleine, 2000.* (Velours ; 12)
ISBN 2-84219-275-3. *39 F / 5,95 €*

16612 **REICHS K.** Déjà dead. *Pocket, 2000.* (Pocket ; 10602. Thriller c8)
ISBN 2-266-09014-3. *45 F / 6,86 €*

16613 **N** **REID R. S.** Cupide. Nouv. éd. *Gallimard, 2001.* (Folio ; 191. Policier c8)
ISBN 2-07-041540-6. *37 F / 5,64 €*

16614 **REILLEY H.** Le contrôle de l'homme mort. *Libr. des Champs-Elysées, 1998.* (Le Masque ; 2397. Les reines du crime c5)
ISBN 2-7024-2894-0. *37 F / 5,64 €*

16615 **RENAUD D.** Feinte alliance. *Baleine, 1999.* (Le Poulpe ; 160)
ISBN 2-84219-205-2. *39 F / 5,95 €*

16616 **RENDELL R.** Une Amie qui vous veut du bien. *Libr. des Champs-Elysées, 1989.* (Le Masque ; 1951 c3)
ISBN 2-7024-1878-3. *32 F / 4,88 €*

617 **RENDELL R.** Un amour importun. Réimpr. *Libr. des Champs-Elysées, 1999.* (Le Masque ; 1640. Les reines du crime c2)
ISBN 2-7024-2084-2. *30 F / 4,57 €*

618 **RENDELL R.** Un amour importun. *Libr. des Champs-Elysées, 1996.* (Le Club des masques ; 633)
ISBN 2-7024-9102-2. *32 F / 4,88 €*

619 **RENDELL R.** L'analphabète. *Libr. des Champs-Elysées, 1999.* (Le Masque ; 1352. Les reines du crime c3)
ISBN 2-7024-2946-7. *32 F / 4,88 €*

620 **RENDELL R.** L'analphabète. *LGF, 1996.* (Le Livre de poche ; 4055. Policier c6)
ISBN 2-253-03782-6. *26 F / 3,96 €*

621 **RENDELL R.** L'Arbre à fièvre : nouvelles. *LGF, 1992.* (Le Livre de poche ; 9543. Policier c7)
ISBN 2-253-06194-8. *30 F / 4,57 €*

622 **RENDELL R.** La Banque ferme à midi. *Libr. des Champs-Elysées.* (Le Masque ; 1629. Les reines du crime c1)
26 F / 3,96 €

623 **RENDELL R.** Ces choses-là ne se font pas. Réimpr. *Libr. des Champs-Elysées, 1995.* (Le Club des masques ; 1582 c2)
ISBN 2-7024-1986-0. *30 F / 4,57 €*

624 **RENDELL R.** Les Corbeaux entre eux. *LGF, 1993.* (Le Livre de poche ; 9764. Policier c6)
ISBN 2-253-06581-1. *26 F / 3,96 €*

625 **RENDELL R.** La Danse de Salomé = To Fear a painted devil. Réimpr. *Libr. des Champs-Elysées, 1983.* (Le Club des masques ; 510 c1)
ISBN 2-7024-2252-7. *32 F / 4,88 €*

626 **RENDELL R.** La Demoiselle d'honneur. *LGF, 1992.* (Le Livre de poche ; 4315. Policier c9)
ISBN 2-253-05963-3. *36 F / 5,49 €*

627 [A] **RENDELL R.** Les Désarrois du Pr Sanders. Réimpr. *Libr. des Champs-Elysées, 2001.* (Le Masque ; 2036 c4)
ISBN 2-7024-2124-5. *35 F / 5,34 €*

628 **RENDELL R.** Douces morts violentes. *LGF, 1989.* (Le Livre de poche ; 6645. Policier c5)
ISBN 2-253-05003-2. *23 F / 3,51 €*

629 **RENDELL R.** En chair et en os : l'homme à la tortue. Nouv. éd. *LGF, 1997.* (Le Livre de poche ; 4316. Policier c9)
ISBN 2-253-05964-1. *36 F / 5,49 €*

630 **RENDELL R.** L'Enveloppe mauve. *Libr. des Champs-Elysées, 1990.* (Le Masque ; 1563 c2)
ISBN 2-7024-2045-1. *35 F / 5,34 €*

631 **RENDELL R.** Espèces protégées. *LGF, 2000.* (Le Livre de poche ; 14789. Policier c10)
ISBN 2-253-14789-3. *40 F / 6,10 €*

632 **RENDELL R.** Et tout ça en famille... *Libr. des Champs-Elysées, 1992.* (Le Masque ; 1851. Les reines du crime c2)
ISBN 2-7024-1945-3. *30 F / 4,57 €*

16633 **RENDELL R.** Et tout ça en famille... *Libr. des Champs-Elysées, 1996.* (Le Club des masques ; 632 c2)
ISBN 2-7024-9100-6. *32 F / 4,88 €*

16634 **RENDELL R.** L'Eté de Trapellune. *LGF, 1994.* (Le Livre de poche ; 9780. Policier c9)
ISBN 2-253-09780-2. *36 F / 5,49 €*

16635 **RENDELL R.** Etrange créature. Réimpr. *Libr. des Champs-Elysées, 1989.* (Le Masque ; 1589 c2)
ISBN 2-7024-0980-6. *30 F / 4,57 €*

16636 **RENDELL R.** Fantasmes. *Libr. des Champs-Elysées, 1993.* (Le Masque ; 624 c2)
ISBN 2-7024-2335-3. *32 F / 4,88 €*

16637 **RENDELL R.** Fausse route. *LGF, 1995.* (Le Livre de poche ; 13744. Policier c7)
ISBN 2-253-13744-8. *30 F / 4,57 €*

16638 **RENDELL R.** La Fièvre dans le sang. *Libr. des Champs-Elysées, 1990.* (Le Masque ; 1747. Les maîtres du roman policier c1)
ISBN 2-7024-2095-8. *30 F / 4,57 €*

16639 **RENDELL R.** La Fille qui venait de loin. *Libr. des Champs-Elysées, 1983.* (Le Masque ; 1718 c1)
26 F / 3,96 €

16640 **RENDELL R.** Le goût du risque. *LGF, 1996.* (Le Livre de poche ; 13937. Policier c9)
ISBN 2-253-13937-8. *36 F / 5,49 €*

16641 **RENDELL R.** L'Inspecteur Wexford. *Libr. des Champs-Elysées.* (Le Masque ; 1661 c1)
26 F / 3,96 €

16642 **RENDELL R.** Le jeune homme et la mort. *Libr. des Champs-Elysées, 1997.* (Le Masque ; 2000. Les reines du crime c2)
ISBN 2-7024-2030-3. *32 F / 4,88 €*

16643 [A] **RENDELL R.** Jeux de mains. *LGF, 2001.* (Le Livre de poche ; 18205. Policier)
ISBN 2-253-18025-4. *36 F / 5,49 €*

16644 **RENDELL R.** Le journal d'Asta. *LGF, 1996.* (Le Livre de poche ; 13954. Policier c10)
ISBN 2-253-13954-8. *40 F / 6,10 €*

16645 **RENDELL R.** Le Lac des ténèbres. *Libr. des Champs-Elysées, 1991.* (Le Club des masques ; 602 c1)
ISBN 2-7024-2146-6. *32 F / 4,88 €*

16646 **RENDELL R.** La maison aux escaliers. *LGF, 1994.* (Le Livre de poche ; 13622. Policier c9)
ISBN 2-253-13622-0. *36 F / 5,49 €*

16647 **RENDELL R.** La Maison de la mort. *Libr. des Champs-Elysées, 1990.* (Le Masque ; 1989 c2)
ISBN 2-7024-2022-2. *30 F / 4,57 €*

16648 [N] **RENDELL R.** Le maître de la lande. Réimpr. *Libr. des Champs-Elysées, 2000.* (Le Masque ; 1688. Les reines du crime c3)
ISBN 2-7024-1361-7. *32 F / 4,88 €*

16649 **RENDELL R.** Le meilleur des témoins. Nouv. éd. *Libr. des Champs-Elysées, 1995.* (Le Masque ; 1451. Les reines du crime c3)
ISBN 2-7024-2636-0. *32 F / 4,88 €*

16650 **RENDELL R.** Une mort obsédante. *LGF, 1998.* (Le Livre de poche ; 14415. Policier c10)
ISBN 2-253-14415-0. *40 F / 6,10 €*

16651 **RENDELL R.** Morts croisées. *Libr. des Champs-Elysées, 1991.* (Le Club des masques ; 601 c1)
ISBN 2-7024-2140-7. *32 F / 4,88 €*

16652 **RENDELL R.** Morts croisées. *Libr. des Champs-Elysées, 1997.* (Le Masque ; 1815. Les reines du crime c3)
ISBN 2-7024-2773-1. *32 F / 4,88 €*

16653 **RENDELL R.** Noces de feu. *LGF, 1999.* (Le Livre de poche ; 14665. Policier c9)
ISBN 2-253-14665-X. *36 F / 5,49 €*

16654 **RENDELL R.** Oeuvres. *Laffont, 1992.* (Bouquins)
ISBN 2-221-07257-X. *140 F / 21,34 €*

16655 **RENDELL R.** L'oiseau crocodile. *LGF, 1997.* (Le Livre de poche ; 14099. Policier c8)
ISBN 2-253-14099-6. *33 F / 5,03 €*

16656 **RENDELL R.** Le pasteur détective. Réimpr. *Libr. des Champs-Elysées, 1999.* (Le Masque ; 1521. Les reines du crime c1)
ISBN 2-7024-2309-4. *30 F / 4,57 €*

16657 **RENDELL R.** Le Petit été de la Saint-Luke. *Libr. des Champs-Elysées, 1992.* (Le Club des masques ; 551 c1)
ISBN 2-7024-2254-3. *32 F / 4,88 €*

16658 **RENDELL R.** Le petit été de la Saint Luke. Réimpr. *Libr. des Champs-Elysées, 1980.* (Le Masque ; 1601. Les reines du crime)
ISBN 2-7024-2178-4. *32 F / 4,88 €*

16659 **RENDELL R.** Plumes de sang : nouvelles. *LGF, 1994.* (Le Livre de poche ; 13559. Policier c6)
ISBN 2-253-13559-3. *26 F / 3,96 €*

16660 **N** **RENDELL R.** La police conduit le deuil. Nouv. éd. *Libr. des Champs-Elysées, 1999.* (Le Masque ; 1978. Les reines du crime c1)
ISBN 2-7024-1967-4. *30 F / 4,57 €*

16661 **RENDELL R.** Qui a tué Charlie Hatton?. *Libr. des Champs-Elysées, 1981.* (Le Club des masques ; 451 c1)
ISBN 2-7024-0557-6. *28 F / 4,27 €*

16662 **RENDELL R.** Qui a tué Charlie Hatton?. *Libr. des Champs-Elysées.* (Le Masque ; 1451. Les reines du crime c1)
26 F / 3,96 €

16663 **RENDELL R.** Qui ne tuerait le mandarin?. *Libr. des Champs-Elysées, 1993.* (Le Masque ; 625 c2)
ISBN 2-7024-2334-5. *32 F / 4,88 €*

16664 **N** **RENDELL R.** Qui ne tuerait le mandarin?. *Libr. des Champs-Elysées, 2000.* (Le Masque ; 625 c4)
ISBN 2-7024-3018-X. *35 F / 5,34 €*

16665 **RENDELL R.** Regent's Park. *LGF, 2000.* (Le Livre de poche ; 14826. Policier c10)
ISBN 2-253-14826-1. *40 F / 6,10 €*

16666 **RENDELL R.** Reviens-moi. Réimpr. *Libr. des Champs-Elysées, 1993.* (Le Masque ; 1616 c2)
ISBN 2-7024-1858-9. *30 F / 4,57 €*

16667 **RENDELL R.** Ruth Rendell. 2, Les années 1965-1979. *Libr. des Champs-Elysées, 1993.* (Les intégrales du Masque)
ISBN 2-7024-2371-X. *149 F / 22,71 €*

16668 **RENDELL R.** Ruth Rendell. 4, Les années 1976-1984. *Libr. des Champs-Elysées, 1997.* (Les intégrales du Masque c2)
ISBN 2-7024-2672-7. *149 F / 22,71 €*

16669 **RENDELL R.** Simisola. *LGF, 1997.* (Le Livre de poche ; 14274. Policier c10)
ISBN 2-253-14274-3. *40 F / 6,10 €*

16670 **RENDELL R.** Son âme au diable. Réimpr. *Libr. des Champs-Elysées, 1997.* (Le Club des masques ; 623)
ISBN 2-7024-2336-1. *32 F / 4,88 €*

16671 **RENDELL R.** Son âme au diable. Réimpr. *Libr. des Champs-Elysées, 1996.* (Le Masque ; 1806. Les reines du crime c3)
ISBN 2-7024-2179-2. *32 F / 4,88 €*

16672 **RENDELL R.** Les Wexford : 1964-1972. *Libr. des Champs-Elysées, 1992.* (Ruth Rendell; 1)(Les intégrales du Masque c2)
ISBN 2-7024-2213-6. *149 F / 22,71 €*

16673 **A** **RENDELL R., SIMPSON H.** Heures fatales. *Gallimard, 2099.* (Folio ; 2608. Policier c11)
ISBN 2-07-041034-X. *49 F / 7,47 €*

16674 **REOUVEN R.** Souvenez-vous de Monte-Christo. *Gallimard, 1998.* (Folio ; 3034 c11)
ISBN 2-07-040400-5. *29,50 F / 4,50 €*

16675 **RESPLANDY F.** Lisier dans les yeux. *Baleine, 1999.* (Le Poulpe ; 173)
ISBN 2-84219-227-3. *39 F / 5,95 €*

16676 **RICE C.** Justus, Malone & Co. *Libr. des Champs-Elysées, 1986.* (Le Masque ; 1862. Les reines du crime c1)
ISBN 2-7024-1740-X. *28 F / 4,27 €*

16677 **RICE C.** Malone cherche le 114. *Libr. des Champs-Elysées, 1987.* (Le Masque ; 1899. Les reines du crime c1)
ISBN 2-7024-1781-7. *28 F / 4,27 €*

16678 **RICE C.** Malone est à la noce. *Libr. des Champs-Elysées, 1987.* (Le Masque ; 1881. Les reines du crime c1)
ISBN 2-7024-1762-0. *28 F / 4,27 €*

16679 **RICE C.** Malone et le cadavre en fuite. *Libr. des Champs-Elysées, 1987.* (Le Masque ; 1870. Les reines du crime c1)
ISBN 2-7024-1750-7. *28 F / 4,27 €*

16680 **RICE C.** Malone et le fantôme. *Libr. des Champs-Elysées, 1996.* (Le Masque ; 2297. Les reines du crime c6)
ISBN 2-7024-2467-8. *39 F / 5,95 €*

16681 **RICE C.** Malone quitte Chicago. *Libr. des Champs-Elysées, 1988.* (Le Masque ; 1924. Les reines du crime c3)
ISBN 2-7024-1821-X. *32 F / 4,88 €*

16682 **RICHARDSON R.** Un âge sans pitié. *Libr. des Champs-Elysées, 1995.* (Le Masque ; 2236. Les maîtres du roman policier c3)
ISBN 2-7024-2526-7. *32 F / 4,88 €*

16683 **RICHARDSON R.** Album funèbre. *Libr. des Champs-Elysées, 1998.* (Le Masque ; 2368. Les maîtres du roman policier c6)
ISBN 2-7024-2775-8. *39 F / 5,95 €*

16684 **RINEHART M. R.** La chambre jaune. *Libr. des Champs-Elysées, 1995.* (Le Masque ; 2220. Les reines du crime c5)
ISBN 2-7024-2598-4. *37 F / 5,64 €*

16685 **RING R.** Arizona Kiss. *Gallimard, 1999.* (Folio ; 144. Policier c8)
ISBN 2-07-040732-2. *37 F / 5,64 €*

16686 **RIVIÈRE F.** Le colloque de Biarritz. *Libr. des Champs-Elysées, 1996.* (Le Masque ; 2274. Les maîtres du roman policier c3)
ISBN 2-7024-2677-8. *32 F / 4,88 €*

16687 **RIVIÈRE F.** Le livre de Kipling : une aventure de Charles Purley et Monette Odot, agents littéraires. *Libr. des Champs-Elysées, 1995.* (Le Masque ; 2222. Les maîtres du roman policier c2)
ISBN 2-7024-2557-7. *30 F / 4,57 €*

16688 **RIVIÈRE F.** Le testament de Rebecca. *Libr. des Champs-Elysées, 1998.* (Le Masque ; 2364. Les maîtres du roman policier c3)
ISBN 2-7024-2831-2. *32 F / 4,88 €*

16689 **ROBB C.** La chapelle de la vierge. *Libr. des Champs-Elysées, 1996.* (Le Masque ; 2276. Les reines du crime c6)
ISBN 2-7024-2615-8. *39 F / 5,95 €*

16690 **ROBB C.** Le dit de la nonne. *Libr. des Champs-Elysées, 1997.* (Le Masque ; 2320. Les reines du crime c6)
ISBN 2-7024-2732-4. *39 F / 5,95 €*

16691 **ROBB C.** L'évêque du roi. *Libr. des Champs-Elysées, 1998.* (Le Masque ; 2386. Les reines du crime c6)
ISBN 2-7024-2736-7. *39 F / 5,95 €*

16692 **ROBB C.** La rose de l'apothicaire. *Libr. des Champs-Elysées, 1995.* (Le Masque ; 2229. Les reines du crime c5)
ISBN 2-7024-2596-8. *37 F / 5,64 €*

16693 **N** **ROBB C.** La rose de l'apothicaire. *Libr. des Champs-Elysées, 2000.* (Labyrinthes ; 83)
ISBN 2-7024-9705-5. *69 F / 10,52 €*

16694 **ROBERTS G.** La fabrique de hooligans. *Fleuve noir, 1999.* (Cracker)
ISBN 2-265-06650-8. *49 F / 7,47 €*

16695 **A** **ROBERTS N.** Cérémonie du crime. *J'ai lu, 2001.* (Lieutenant Eve Dallas; 5)(J'ai lu ; 4756. Amour et destin)
ISBN 2-290-31022-0

16696 **N** **ROBERTS N.** Crimes en cascade. *J'ai lu, 2001.* (Lieutenant Eve Dallas; 4)(J'ai lu ; 4711. Amour et destin cJ)
ISBN 2-290-30911-7. *39 F / 5,95 €*

16697 **N** **ROBINSON L. R.** Soupçons aux urgences. *Pocket, 2000.* (Pocket ; 10796. Thriller c7)
ISBN 2-266-09752-0. *42 F / 6,40 €*

16698 **ROBINSON L. S.** L'agent de Pharaon. *Libr. des Champs-Elysées, 1998.* (Labyrinthes ; 30)
ISBN 2-7024-9607-5. *40 F / 6,10 €*

16699 **ROBINSON L. S.** La place d'Anubis. *Libr. des Champs-Elysées, 1998.* (Labyrinthes ; 38 c2)
ISBN 2-7024-9608-3. *38 F / 5,79 €*

16700 **N** **ROBINSON L. S.** Le prince des Hittites. *Libr. des Champs-Elysées, 2000.* (Labyrinthes ; 69)
ISBN 2-7024-9662-8. *51 F / 7,77 €*

16701 **ROBINSON L. S.** Le retour d'Akhenaton. *Libr. des Champs-Elysées, 1999.* (Labyrinthes ; 50 c3)
ISBN 2-7024-9654-7. *40 F / 6,10 €*

16702 **ROBINSON P.** Nimitz. *LGF, 2000.* (Le Livre de poche ; 17113. Thriller)
ISBN 2-253-17113-1. *45 F / 6,86 €*

16703 **N** **ROBINSON P.** Le sous-marin de la dernière chance. *LGF, 2001.* (Le Livre de poche. Thriller ; 17164)
ISBN 2-253-17164-6. *45 F / 6,86 €*

16704 **ROBITAILLE J.** Le fantôme et le détective. *J'ai lu, 1996.* (Code Quantum : d'après les séries de Universal Television Quantum leap créées par Donald P. Bellisario; 4)(J'ai lu ; 4237. Littérature générale c3)
ISBN 2-290-04290-0. *29 F / 4,42 €*

16705 **A** **ROE C.** Le glaive de l'archange. *10-18, 2001.* (10-18 ; 3331. Grands détectives)
ISBN 2-264-03110-7

16706 **A** **ROE C.** Remède pour un charlatan. *10-18, 2001.* (10-18 ; 3331. Grands détectives)
ISBN 2-264-03109-3

16707 **ROGERS J. T.** Jeu de massacre. Réimpr. *Libr. des Champs-Elysées, 1997.* (Le Masque ; 1908. Les maîtres du roman policier c1)
ISBN 2-7024-1791-4. *30 F / 4,57 €*

16708 **Les romans qui ont inspiré Hitchcock. 1.** *Libr. des Champs-Elysées, 1994.* (Les intégrales du Masque c2)
ISBN 2-7024-2446-5. *149 F / 22,71 €*

16709 **Les romans qui ont inspiré Hitchcock. 3.** *Libr. des Champs-Elysées, 1998.* (Les intégrales du Masque)
ISBN 2-7024-2871-1. *149 F / 22,71 €*

16710 **N** **ROSE M.** A petit feu. *J'ai lu, 2001.* (Les enquêtes de Lawless et Tilley; 5)(J'ai lu ; 5703. Policier cG)
ISBN 2-290-30466-2. *29 F / 4,42 €*

16711 **N** **ROSE M.** L'autopsie. *J'ai lu, 2000.* (Les enquêtes de Lawless et Tilley; 1)(J'ai lu ; 5651. Policier cG)
ISBN 2-290-30407-7. *29 F / 4,42 €*

16712 **N** **ROSE M.** Eaux profondes. *J'ai lu, 2000.* (Les enquêtes de Lawless et Tilley; 2)(J'ai lu ; 5661. Policier cG)
ISBN 2-290-30418-2. *29 F / 4,42 €*

16713 **N** **ROSE M.** Message codé. *J'ai lu, 2000.* (Les enquêtes de Lawless et Tilley; 3)(J'ai lu ; 5673. Policier cH)
ISBN 2-290-30434-4. *32 F / 4,88 €*

16714 **N** **ROSE M.** Nature morte. *J'ai lu, 2000.* (Les enquêtes de Lawless et Tilley; 4)(J'ai lu ; 5688. Policier cH)
ISBN 2-290-30454-9. *29 F / 4,42 €*

16715 **N** **ROSE M.** Pièces à conviction. *J'ai lu, 2001.* (Les enquêtes de Lawless et Tilley; 6)(J'ai lu ; 5710. Policier cG)
ISBN 2-290-30565-0. *29 F / 4,42 €*

16716 **ROSENBERG N. T.** Dans l'intérêt de la Justice. *J'ai lu, 1999.* (J'ai lu ; 5260. Littérature générale c4)
ISBN 2-290-05260-4. *36 F / 5,49 €*

16717 **N** **ROSENBERG N. T.** Justice aveugle. *LGF, 2000.* (Le Livre de poche ; 17146. Thriller c9)
ISBN 2-253-17146-8. *36 F / 5,49 €*

16718 **ROSENBERG N. T.** Pour que justice soit faite. *J'ai lu, 1996.* (J'ai lu ; 4189. Littérature générale)
ISBN 2-277-24189-X. *39 F / 5,95 €*

16719 **ROSENBERG N. T.** La proie du feu. *LGF, 1999.* (Le Livre de poche ; 17074. Thriller c8)
ISBN 2-253-17074-7. *33 F / 5,03 €*

16720 **ROSS J.** Une poire pour la soif. *Gallimard, 1999.* (Folio ; 113. Policier c7)
ISBN 2-07-041004-8. *32,50 F / 4,95 €*

16721 **ROSS K.** Dans le vif. *Libr. des Champs-Elysées, 1997.* (Le Masque ; 2330. Les reines du crime c6)
ISBN 2-7024-2699-9. *39 F / 5,95 €*

16722 **ROSS K.** La disparition d'Orphée. *Libr. des Champs-Elysées, 2000.* (Le Masque ; 2433. Les reines du crime)
ISBN 2-7024-2948-3. *45 F / 6,86 €*

16723 **ROSS K.** La maison sans joie. *Libr. des Champs-Elysées, 1995.* (Le Masque ; 2237. Les reines du crime c5)
ISBN 2-7024-2562-3. *37 F / 5,64 €*

16724 **ROTHENBERG R.** Des marais mortels. *Libr. des Champs-Elysées, 1999.* (Le Masque ; 2431. Les reines du crime c6)
ISBN 2-7024-2883-5. *39 F / 5,95 €*

16725 **ROUCH S.** Meufs mimosas. *Baleine, 1998.* (Le Poulpe ; 120)
ISBN 2-84219-138-2. *39 F / 5,95 €*

16726 **ROUCH S.** Zoé s'en va-t-au ciel. *Baleine, 1997.* (Canaille-revolver ; 62)
ISBN 2-84219-061-0. *42 F / 6,40 €*

16727 **ROULET D.** Le Crime d'Antoine. *Gallimard, 1989.* (Folio ; 2095 c8)
ISBN 2-07-038183-8. *37 F / 5,64 €*

16728 **ROUSSELIER D.** Thannanarive qu'aux autres. *Baleine, 1998.* (Le Poulpe ; 135)
ISBN 2-84219-162-5. *39 F / 5,95 €*

16729 **N** **ROWE J.** Lagneau à l'abattoir. *LGF, 2000.* (Le Livre de poche ; 14964. Policier)
ISBN 2-253-14964-0. *39 F / 5,95 €*

16730 **ROWE J.** Pommes de discorde. *LGF, 1998.* (Le Livre de poche ; 14519. Policier c10)
ISBN 2-253-14519-X. *40 F / 6,10 €*

16731 **ROWE J.** Prière d'inhumer. *LGF, 1998.* (Le Livre de poche ; 14399. Policier c9)
ISBN 2-253-14399-5. *36 F / 5,49 €*

16732 **N** **ROZENFARB M.** Junkie Boot. *Zulma, 2000.* (Quatre-bis)
ISBN 2-84304-100-7. *59 F / 8,99 €*

16733 **RUSSO E.** Tous sans exception. *Pocket, 1997.* (Pocket ; 10163. Thriller c4)
ISBN 2-266-07468-7. *30 F / 4,57 €*

16734 **RUTLEDGE N.** La Femme de César. *Libr. des Champs-Elysées, 1986.* (Le Masque ; 1830. Les reines du crime c1)
ISBN 2-7024-1700-0. *28 F / 4,27 €*

16735 **RYAN G.** Speed 2. *J'ai lu, 1997.* (J'ai lu ; 4569. Littérature générale c4)
ISBN 2-290-04569-1. *36 F / 5,49 €*

16736 **RYCK F.** L'honneur des rats. *LGF, 1997.* (Le Livre de poche ; 7696. Thriller c5)
ISBN 2-253-07696-1. *23 F / 3,51 €*

16737 **RYCK F.** Le Nuage et la foudre. Nouv. éd. *LGF, 1984.* (Le Livre de poche ; 7481. Thriller c6)
ISBN 2-253-03446-0. *26 F / 3,96 €*

16738 **RYCK F., EDO M.** L'autre versant de la nuit. *LGF, 1998.* (Le Livre de poche ; 17044. Thriller c7)
ISBN 2-253-17044-5. *30 F / 4,57 €*

16739 **A** **SADOUL J.** Carré de dames : une aventure de Carol Evans. *J'ai lu, 2001.* (J'ai lu ; 5925. Policier)
ISBN 2-290-31159-6

16740 **SADOUL J.** Le homard fou : une aventure de Carol Evans. *J'ai lu, 1999.* (J'ai lu ; 5314. Policier)
ISBN 2-290-05314-7. *32 F / 4,88 €*

16741 **SADOUL J.** L'inconnue de Las Vegas : une aventure de Carol Evans. *J'ai lu, 1999.* (J'ai lu ; 1264. Policier c4)
ISBN 2-290-01753-1. *36 F / 5,49 €*

16742 **SAINT-ANDRÉ A. d.** L'ange et le réservoir à liquide à freins. *Gallimard, 1998.* (Folio ; 6. Policier ; 6 c8)
ISBN 2-07-040643-1. *37 F / 5,64 €*

16743 **SALVATORE R.** Eclat de cristal. *Fleuve noir, 1995.* (Les Royaumes oubliés c1)
ISBN 2-265-05419-4. *35 F / 5,34 €*

16744 **SALVAYRE L.** La puissance des mouches. *Seuil, 1997.* (Points ; 316 c1)
ISBN 2-02-030900-9. *32 F / 4,88 €*

16745 **SAN-ANTONIO** L'Année de la moule. *Fleuve noir, 1982.* (San-Antonio ; 110 c1)
ISBN 2-265-02032-X. *35 F / 5,34 €*

16746 **SAN-ANTONIO** Appelez-moi chérie. Nouv. éd. *Fleuve noir, 1996.* (San-Antonio ; 97 c1)
ISBN 2-265-05825-4. *35 F / 5,34 €*

16747 **SAN-ANTONIO** Au bal des rombières. *Fleuve noir, 1990.* (San-Antonio ; 145)
ISBN 2-265-04365-6. *35 F / 5,34 €*

16748 **SAN-ANTONIO** Au suivant de ces messieurs. *Fleuve noir, 1991.* (San-Antonio ; 65 c2)
ISBN 2-265-04518-7. *35 F / 5,34 €*

16749 **SAN-ANTONIO** Bacchanale chez la mère Tatzi. Réimpr. *Fleuve noir, 1996.* (San-Antonio ; 121)
ISBN 2-265-06189-1. *35 F / 5,34 €*

16750 **SAN-ANTONIO** Baisse la pression, tu me les gonfles!. Réimpr. *Fleuve noir, 1997.* (San-Antonio ; 136 c1)
ISBN 2-265-06190-5. *35 F / 5,34 €*

16751 **SAN-ANTONIO** Une banane dans l'oreille. Nouv. éd. *Fleuve noir, 1994.* (San-Antonio ; 75 c1)
ISBN 2-265-00378-6. *35 F / 5,34 €*

16752 [N] **SAN-ANTONIO** Béru et ces dames. *Fleuve noir, 2000.* (San-Antonio)
ISBN 2-265-06985-X. *119 F / 18,14 €*

16753 [N] **SAN-ANTONIO** Bons baisers où tu sais : chronique des temps merdiques. Nouv. éd. *Fleuve noir, 2000.* (San-Antonio ; 130)
ISBN 2-265-06920-5. *35 F / 5,34 €*

16754 **SAN-ANTONIO** Bravo, docteur Béru !. *Fleuve noir, 1997.* (San-Antonio ; 35 c1)
ISBN 2-265-06191-3. *35 F / 5,34 €*

16755 **SAN-ANTONIO** Buffalo bide. *Fleuve noir, 1991.* (San-Antonio ; 146)
ISBN 2-265-04471-7. *35 F / 5,34 €*

16756 **SAN-ANTONIO** Buffalo bide. Nouv. éd. *Fleuve noir, 1999.* (San-Antonio ; 146)
ISBN 2-265-06693-1. *35 F / 5,34 €*

16757 **SAN-ANTONIO** Ca baigne dans le béton ou L'infernale tragédie : roman tout ce qu'il y a de policier et je dirais même policier. *Fleuve noir, 1997.* (San-Antonio ; 135 c1)
ISBN 2-265-06192-1. *35 F / 5,34 €*

16758 [N] **SAN-ANTONIO** Ça ne s'invente pas!. Réimpr. *Fleuve noir, 2001.* (San-Antonio ; 1)
ISBN 2-265-07136-6. *35 F / 5,34 €*

16759 [A] **SAN-ANTONIO** Ça tourne au vinaigre. *Fleuve noir, 2001.* (San-Antonio ; 62)
ISBN 2-265-07142-0. *35 F / 5,34 €*

16760 **SAN-ANTONIO** Le Casse de l'oncle Tom. Réimpr. *Fleuve noir, 1994.* (San-Antonio ; 129 c1)
ISBN 2-265-00196-1. *35 F / 5,34 €*

16761 **SAN-ANTONIO** Ceci est bien une pipe. *Fleuve noir, 1999.* (San-Antonio ; 172)
ISBN 2-265-06695-8. *42 F / 6,40 €*

16762 [A] **SAN-ANTONIO** Certains l'aiment chauve. Réimpr. *Fleuve noir, 2001.* (San-Antonio ; 46)
ISBN 2-265-07140-4. *35 F / 5,34 €*

16763 **SAN-ANTONIO** Chauds, les lapins !. *Fleuve noir, 1997.* (San-Antonio ; 125 c1)
ISBN 2-265-06233-2. *35 F / 5,34 €*

16764 [A] **SAN-ANTONIO** Chérie passe-moi tes microbes!. Réimpr. *Fleuve noir, 2001.* (San-Antonio ; 69 c1)
ISBN 2-265-07143-9. *35 F / 5,34 €*

16765 **SAN-ANTONIO** Circulez! Y a rien à voir. Réimpr. *Fleuve noir, 1997.* (San-Antonio ; 132 c1)
ISBN 2-265-06231-6. *35 F / 5,34 €*

16766 **SAN-ANTONIO** Les cochons sont lâchés. Nouv. éd. *Fleuve noir, 1999.* (San-Antonio ; 148)
ISBN 2-265-06694-X. *35 F / 5,34 €*

16767 **SAN-ANTONIO** Cocottes-minute. Réimpr. *Fleuve noir, 1997.* (San-Antonio ; 143)
ISBN 2-265-06230-8. *35 F / 5,34 €*

16768 **SAN-ANTONIO** Les Confessions de l'ange noir. *Fleuve noir, 1992.* (Super poche ; 3 c1)
ISBN 2-265-04780-5. *49 F / 7,47 €*

16769 **SAN-ANTONIO** Le coup du père François. Nouv. éd. *Fleuve noir, 1994.* (San-Antonio ; 21 c1)
ISBN 2-265-05151-9. *35 F / 5,34 €*

16770 **SAN-ANTONIO** Le Cri du morpion. Nouv. éd. *Fleuve noir, 1996.* (San-Antonio ; 138 c1)
ISBN 2-265-05826-2. *35 F / 5,34 €*

16771 **SAN-ANTONIO** De A jusqu'à Z. Réimpr. *Fleuve noir, 1997.* (San-Antonio ; 86 c1)
34 F / 5,18 €

16772 **SAN-ANTONIO** De l'antigel dans le calebute : récit à s'en arracher la peau des couilles pour en confectionner un sac du soir à la dame de ses pensées. *Fleuve noir, 1996.* (San-Antonio ; 167 c1)
ISBN 2-265-05772-X. *35 F / 5,34 €*

16773 **SAN-ANTONIO** Dégustez, gourmandes!. *Fleuve noir, 1997.* (San-Antonio ; 122 c1)
ISBN 2-265-06238-3. *35 F / 5,34 €*

16774 [N] **SAN-ANTONIO** Descendez-le à la prochaine. Nouv. éd. *Fleuve noir, 2000.* (San-Antonio ; 50 c1)
ISBN 2-265-06914-0. *35 F / 5,34 €*

16775 **A** **SAN-ANTONIO** Deuil express. *Fleuve noir, 2001.* (San-Antonio ; 53)
ISBN 2-265-07141-2. *35 F / 5,34 €*

16776 **SAN-ANTONIO** Les Deux oreilles et la queue. *Fleuve noir, 1984.* (San-Antonio ; 117 c1)
ISBN 2-265-02633-6. *35 F / 5,34 €*

16777 **SAN-ANTONIO** Dis bonjour à la dame. Nouv. éd. *Fleuve noir, 2000.* (San-Antonio ; 42 c1)
ISBN 2-265-06911-6. *35 F / 5,34 €*

16778 **SAN-ANTONIO** Des dragées sans baptême. Nouv. éd. *Fleuve noir, 2000.* (San-Antonio ; 48 c1)
ISBN 2-265-06912-4. *35 F / 5,34 €*

16779 **SAN-ANTONIO** Le dragon de Cracovie. *Pocket, 2000.* (Pocket ; 10896 c5)
ISBN 2-266-10000-9. *35 F / 5,34 €*

16780 **SAN-ANTONIO** Du brut pour les brutes. Réimpr. *Fleuve noir, 2000.* (San-Antonio ; 15)
ISBN 2-265-06910-8. *35 F / 5,34 €*

16781 **SAN-ANTONIO** Du mouron à se faire. *Fleuve noir, 1999.* (San-Antonio ; 57 c1)
ISBN 2-265-06687-7. *35 F / 5,34 €*

16782 **SAN-ANTONIO** Du plomb dans les tripes. Réimpr. *Fleuve noir, 1998.* (San-Antonio ; 47 c2)
ISBN 2-265-06428-9. *35 F / 5,34 €*

16783 **SAN-ANTONIO** Du sirop pour les guêpes. Réimpr. *Fleuve noir, 1999.* (San-Antonio ; 5 c1)
ISBN 2-265-06681-8. *35 F / 5,34 €*

16784 **A** **SAN-ANTONIO** En avant la moujik!. Réimpr. *Fleuve noir, 2001.* (San-Antonio ; 89 c1)
ISBN 2-265-07145-5. *35 F / 5,34 €*

16785 **N** **SAN-ANTONIO** En long, en large et en travers. Réimpr. *Fleuve noir, 2001.* (San-Antonio ; 7)
ISBN 2-265-07137-4. *35 F / 5,34 €*

16786 **N** **SAN-ANTONIO** En peignant la girafe. Réimpr. *Fleuve noir, 2001.* (San-Antonio ; 14)
ISBN 2-265-07138-2. *35 F / 5,34 €*

16787 **SAN-ANTONIO** Fais gaffe à tes os. Réimpr. *Fleuve noir, 1999.* (San-Antonio ; 59 c1)
ISBN 2-265-06688-5. *35 F / 5,34 €*

16788 **SAN-ANTONIO** Fais-moi des choses. *Fleuve noir, 1999.* (San-Antonio ; 91)
35 F / 5,34 €

16789 **N** **SAN-ANTONIO** Faut être logique. Réimpr. *Fleuve noir, 2001.* (San-Antonio ; 28)
ISBN 2-265-07139-0. *35 F / 5,34 €*

16790 **SAN-ANTONIO** La Fin des haricots. Nouv. éd. *Fleuve noir, 1994.* (San-Antonio ; 83)
ISBN 2-265-05335-X. *35 F / 5,34 €*

16791 **SAN-ANTONIO** Fleur de nave vinaigrette. Réimpr. *Fleuve noir, 2000.* (San-Antonio ; 10)
ISBN 2-265-06909-4. *35 F / 5,34 €*

16792 **SAN-ANTONIO** Galantine de volaille pour dames frivoles. *Fleuve noir, 1992.* (San-Antonio ; 133 c3)
ISBN 2-265-04805-4. *35 F / 5,34 €*

16793 **SAN-ANTONIO** Des gonzesses comme s'il en pleuvait. *Fleuve noir, 1997.* (San-Antonio ; 116 c1)
ISBN 2-265-06237-5. *35 F / 5,34 €*

16794 **SAN-ANTONIO** Grimpe-la en danseuse. *Fleuve noir, 1997.* (San-Antonio ; 169 c1)
ISBN 2-265-06235-9. *35 F / 5,34 €*

16795 **A** **SAN-ANTONIO** Hue, Dada. Réimpr. *Fleuve noir, 2001.* (San-Antonio ; 79 c1)
ISBN 2-265-07144-7. *35 F / 5,34 €*

16796 **SAN-ANTONIO** Les huîtres me font bâiller. *Fleuve noir, 1995.* (San-Antonio ; 162 c1)
ISBN 2-265-05436-4. *35 F / 5,34 €*

16797 **SAN-ANTONIO** J'ai essayé, on peut!. Réimpr. *Fleuve noir, 2000.* (San-Antonio ; 6 c1)
ISBN 2-265-06908-6. *35 F / 5,34 €*

16798 **SAN-ANTONIO** Lâche-le, il tiendra tout seul. *Fleuve noir, 1999.* (San-Antonio ; 174)
ISBN 2-265-06697-4. *35 F / 5,34 €*

16799 **SAN-ANTONIO** Laissez pousser les asperges. *Fleuve noir, 1985.* (San-Antonio ; 119)
16,50 F / 2,52 €

16800 **SAN-ANTONIO** Ménage tes méninges. *Fleuve noir, 1995.* (San-Antonio ; 11 c1)
ISBN 2-265-05643-X. *35 F / 5,34 €*

16801 **SAN-ANTONIO** Mes hommages à la donzelle. Réimpr. *Fleuve noir, 1999.* (San-Antonio ; 45 c1)
ISBN 2-265-06685-0. *35 F / 5,34 €*

16802 **SAN-ANTONIO** Messieurs les hommes. Réimpr. *Fleuve noir, 1998.* (San-Antonio ; 56 c2)
ISBN 2-265-06427-0. *35 F / 5,34 €*

16803 **SAN-ANTONIO** Mets ton doigt où j'ai mon doigt. *Fleuve noir, 1995.* (San-Antonio ; 26 c1)
ISBN 2-265-05642-1. *35 F / 5,34 €*

16804 **SAN-ANTONIO** Meurs pas, on a du monde. Nouv. éd. *Fleuve noir, 1995.* (San-Antonio ; 103 c1)
ISBN 2-265-05512-3. *35 F / 5,34 €*

16805 **SAN-ANTONIO** Mon culte sur la commode. Nouv. éd. *Fleuve noir, 1995.* (San-Antonio ; 98 c1)
ISBN 2-265-05511-5. *35 F / 5,34 €*

16806 **SAN-ANTONIO** Morpions circus. Nouv. éd. *Fleuve noir, 1995.* (San-Antonio ; 113 c1)
ISBN 2-265-05454-2. *35 F / 5,34 €*

16807 **SAN-ANTONIO** La nurse anglaise. *Pocket, 1998.* (Pocket ; 10411 c6)
ISBN 2-266-08132-2. *38 F / 5,79 €*

16808 **SAN-ANTONIO** Oeuvres complètes. 8. Réimpr. *Fleuve noir, 1998.* (San-Antonio)
200 F / 30,49 €

16809 **SAN-ANTONIO** On liquide et on s'en va. Nouv. éd. *Fleuve noir, 1998.* (San-Antonio ; 105 c1)
ISBN 2-265-06429-7. *35 F / 5,34 €*

16810 **SAN-ANTONIO** Passez-moi la Joconde. *Fleuve noir, 1988.* (San-Antonio ; 2 c1)
ISBN 2-265-03754-0. *35 F / 5,34 €*

16811 **SAN-ANTONIO** Pétomane ne répond plus. *Fleuve noir, 1995.* (San-Antonio ; 165 c1)
ISBN 2-265-05641-3. *35 F / 5,34 €*

16812 **SAN-ANTONIO** Plein les moustaches. Nouv. éd. *Fleuve noir, 1997.* (San-Antonio ; 123 c1)
ISBN 2-265-06335-5. *35 F / 5,34 €*

16813 **SAN-ANTONIO** Pleins feux sur le tutu. *Fleuve noir, 1984.* (San-Antonio ; 118 c1)
ISBN 2-265-02731-6. *35 F / 5,34 €*

16814 **SAN-ANTONIO** Les prédictions de Nostrabérus. *Fleuve noir, 2000.* (San-Antonio ; 20)
ISBN 2-265-06907-8. *35 F / 5,34 €*

16815 **SAN-ANTONIO** La Pute enchantée. *Fleuve noir, 1982.* (San-Antonio ; 108 c1)
ISBN 2-265-01899-6. *35 F / 5,34 €*

16816 **SAN-ANTONIO** La Rate au court bouillon. *Fleuve noir, 1994.* (San-Antonio ; 88)
ISBN 2-265-05336-8. *35 F / 5,34 €*

16817 **SAN-ANTONIO** Rue des macchabées. Nouv. éd. *Fleuve noir, 1994.* (San-Antonio ; 4 c1)
ISBN 2-265-00382-4. *35 F / 5,34 €*

16818 **SAN-ANTONIO** Salut, mon pope!. Réimpr. *Fleuve noir, 1999.* (San-Antonio ; 25 c1)
ISBN 2-265-06682-6. *35 F / 5,34 €*

16819 **SAN-ANTONIO** Si ma tante en avait. *Fleuve noir, 1999.* (San-Antonio ; 85)
ISBN 2-265-06690-7. *35 F / 5,34 €*

16820 **SAN-ANTONIO** Si, signore !. Nouv. éd. *Fleuve noir, 1998.* (San-Antonio ; 30 c1)
ISBN 2-265-05831-9. *35 F / 5,34 €*

16821 **SAN-ANTONIO** Le silence des homards : roman hyperbolique. Nouv. éd. *Fleuve noir, 1999.* (San-Antonio ; 151)
ISBN 2-265-06679-6. *35 F / 5,34 €*

16822 **SAN-ANTONIO** Les souris ont la peau tendre. *Fleuve noir, 1998.* (San-Antonio ; 44)
ISBN 2-265-06430-0. *35 F / 5,34 €*

16823 **SAN-ANTONIO** Le Standinge, selon Bérurier. Réimpr. *Pocket, 1965.* (Pocket ; 417. Best c4)
ISBN 2-266-04047-2. *30 F / 4,57 €*

16824 **SAN-ANTONIO** T'assieds pas sur le compte-gouttes. *Fleuve noir, 1996.* (San-Antonio ; 166 c1)
ISBN 2-265-05773-8. *42 F / 6,40 €*

16825 **SAN-ANTONIO** T'es beau, tu sais !. *Fleuve noir, 1999.* (San-Antonio ; 99)
ISBN 2-265-06692-3. *35 F / 5,34 €*

16826 **SAN-ANTONIO** Tango chinetoque. Nouv. éd. *Fleuve noir, 1996.* (San-Antonio ; 24 c1)
ISBN 2-265-05822-X. *35 F / 5,34 €*

16827 **SAN-ANTONIO** Têtes et sacs de noeuds : roman délibéré. Nouv. éd. *Fleuve noir, 1999.* (San-Antonio ; 150)
ISBN 2-265-06680-X. *35 F / 5,34 €*

16828 **SAN-ANTONIO** Tire-m'en deux, c'est pour offrir. *Fleuve noir, 1983.* (San-Antonio ; 100 c1)
ISBN 2-265-02216-0. *35 F / 5,34 €*

16829 **SAN-ANTONIO** Trempe ton pain dans ta soupe. *Fleuve noir, 1999.* (San-Antonio ; 173)
ISBN 2-265-06696-6. *35 F / 5,34 €*

16830 **SAN-ANTONIO** Tu vas trinquer, San-Antonio. Nouv. éd. *Fleuve noir, 1999.* (San-Antonio ; 40 c1)
ISBN 2-265-06683-4. *35 F / 5,34 €*

16831 **SAN-ANTONIO** Turlute gratos les jours fériés. *Fleuve noir, 1995.* (San-Antonio ; 163 c1)
ISBN 2-265-05493-3. *35 F / 5,34 €*

16832 **SAN-ANTONIO** Vas-y Béru !. *Fleuve noir, 1996.* (San-Antonio ; 23 c1)
ISBN 2-265-05823-8. *35 F / 5,34 €*

16833 **SAN-ANTONIO** La Vieille qui marchait dans la mer. Réimpr. *Pocket, 1998.* (Pocket ; 3357. Best c5)
ISBN 2-266-08374-0. *35 F / 5,34 €*

16834 **SAN-ANTONIO** Votez Bérurier. Nouv. éd. *Fleuve noir, 1996.* (San-Antonio ; 22 c1)
ISBN 2-265-05824-6. *35 F / 5,34 €*

16835 **SAN-ANTONIO** Y en avait dans les pâtes : roman extrêmement policier. *Fleuve noir, 1992.* (San-Antonio ; 152)
ISBN 2-265-04745-7. *35 F / 5,34 €*

16836 **SAN-ANTONIO** Zéro pour la question. Nouv. éd. *Fleuve noir, 1998.* (San-Antonio ; 34 c1)
ISBN 2-265-06343-6. *35 F / 5,34 €*

16837 **N** **SANCHEZ SOLER M.** Oasis pour l'O.A.S. *Baleine, 2000.* (Le Poulpe ; 206)
ISBN 2-84219-290-7. *45 F / 6,86 €*

16838 **N** **SANDERS L.** Dans la vallée des ombres. *LGF, 2001.* (Le Livre de poche ; 17169. Thriller)
ISBN 2-253-17169-7. *39 F / 5,95 €*

16839 **SANDERS L.** Les Jeux de Timothy. *LGF, 1992.* (Le Livre de poche ; 7581. Thriller c9)
ISBN 2-253-05912-9. *36 F / 5,49 €*

16840 **SANDERS L.** Manhattan trafic. *LGF, 1993.* (Le Livre de poche ; 7612. Thriller c6)
ISBN 2-253-06503-X. *26 F / 3,96 €*

16841 **SANDFORD J.** Froid aux yeux. *Gallimard, 1999.* (Folio ; 120. Policier c10)
ISBN 2-07-041101-X. *46 F / 7,01 €*

16842 **SANDFORD J.** Froid dans le dos. *Gallimard, 1998.* (Folio ; 10. Policier ; 10 c10)
ISBN 2-07-040644-X. *46 F / 7,01 €*

16843 **SANDFORD J.** La proie de l'ombre. *Pocket, 1997.* (Pocket ; 10110 c6)
ISBN 2-266-07275-7. *38 F / 5,79 €*

16844 **SANDFORD J.** La proie de la nuit. *Pocket, 1998.* (Pocket ; 10249 c6)
ISBN 2-266-07732-5. *38 F / 5,79 €*

16845 **SAPIR R., MURPHY W.** Conditionné à mort. *Vaugirard, 1995.* (L'Implacable ; 6 c1)
ISBN 2-265-05540-9. *34 F / 5,18 €*

16846 **SATTERTHWAIT W.** L'affaire du collier. *Libr. des Champs-Elysées, 1996.* (Le Masque ; 2272. Les maîtres du roman policier c4)
ISBN 2-7024-2674-3. *35 F / 5,34 €*

16847 **SATTERTHWAIT W.** L'affaire du pendu. *Libr. des Champs-Elysées, 1998.* (Le Masque ; 2384. Les maîtres du roman policier c6)
ISBN 2-7024-2840-1. *39 F / 5,95 €*

16848 **SATTERTHWAIT W.** Dans les ténèbres. *Libr. des Champs-Elysées, 1998.* (Le Masque ; 2402. Les maîtres du roman policier c5)
ISBN 2-7024-2841-X. *37 F / 5,64 €*

16849 **SATTERTHWAIT W.** Escapade. *Libr. des Champs-Elysées, 1996.* (Le Masque ; 2282 c6)
ISBN 2-7024-2691-3. *39 F / 5,95 €*

16850 **SATTERTHWAIT W.** La mort n'est pas une étrangère. *Libr. des Champs-Elysées, 1995.* (Le Masque ; 2239 c5)
ISBN 2-7024-2634-4. *37 F / 5,64 €*

16851 **SATTERTHWAIT W.** La rose des sables. *Libr. des Champs-Elysées, 1997.* (Le Masque ; 2323. Les maîtres du roman policier c5)
ISBN 2-7024-2764-2. *37 F / 5,64 €*

16852 **A** **SAUL J.** La présence. *J'ai lu, 2001.* (J'ai lu ; 5961. Policier)
ISBN 2-290-31236-3

16853 **SAUVARD J.** La nuit du rappeur. *Baleine, 1998.* (Canaille-revolver ; 116)
ISBN 2-84219-134-X. *39 F / 5,95 €*

16854 **A** **SAYERS D.** Arrêt du coeur. *Libr. des Champs-Elysées, 2001.* (Le Masque ; 2450)
ISBN 2-7024-3013-9. *41 F / 6,25 €*

16855 **SAYERS D.** Lord Peter et l'inconnu. *Libr. des Champs-Elysées, 1999.* (Le Masque ; 282. Les reines du crime c4)
ISBN 2-7024-2962-9. *35 F / 5,34 €*

16856 **N** **SAYERS D. L., WALSH J. P.** Au crépuscule de l'empire. *LGF, 2000.* (Le Livre de poche ; 14903. Policier c9)
ISBN 2-253-14903-9. *36 F / 5,49 €*

16857 **SAYLOR S.** Du sang sur Rome. *10-18, 1998.* (10-18 ; 2996. Grands détectives c6)
ISBN 2-264-02714-2. *47 F / 7,17 €*

16858 **SAYLOR S.** Un Egyptien dans la ville. *10-18, 2000.* (10-18 ; 3143. Grands détectives c6)
ISBN 2-264-02846-7. *47 F / 7,17 €*

16859 **SAYLOR S.** L'énigme de Catilina. *10-18, 1999.* (10-18 ; 3099. Grands détectives c7)
ISBN 2-264-02845-9. *50 F / 7,62 €*

16860 **SAYLOR S.** L'étreinte de Némésis. *10-18, 1999.* (10-18 ; 3064. Grands détectives c6)
ISBN 2-264-02711-8. *47 F / 7,17 €*

16861 **SCERBANENCO G.** A tous les râteliers. Rééd. *10-18, 1998.* (10-18 ; 1605. Grands détectives c5)
ISBN 2-264-02697-9. *44 F / 6,71 €*

16862 **SCERBANENCO G.** Les enfants du massacre. Réimpr. *10-18, 1998.* (10-18 ; 1604. Grands détectives c5)
ISBN 2-264-02719-3. *44 F / 6,71 €*

16863 **SCERBANENCO G.** Les Milanais tuent le samedi. Rééd. augm. *10-18, 1998.* (10-18 ; 1645. Grands détectives c5)
ISBN 2-264-02806-8. *41 F / 6,25 €*

16864 **SCERBANENCO G.** La nuit du tigre. Réimpr. *10-18, 1999.* (10-18 ; 2257. Grands détectives c5)
ISBN 2-264-01407-5. *44 F / 6,71 €*

16865 **SCERBANENCO G.** Péchés et vertus. Réimpr. *10-18, 1999.* (10-18 ; 2304. Grands détectives c5)
ISBN 2-264-01408-3. *44 F / 6,71 €*

16866 **SCERBANENCO G.** Vénus privée. Réimpr. *10-18, 1998.* (10-18 ; 1603. Grands détectives c5)
ISBN 2-264-02698-7. *44 F / 6,71 €*

16867 **SCHINEIZER J-C.** Le pégase du ponant. *Baleine, 1999.* (Instantanés de polar ; 175)
ISBN 2-84219-229-X. *47 F / 7,17 €*

16868 **SCHLINK B., POPP W.** Brouillard sur Mannheim. *Gallimard, 1999.* (Folio ; 135. Policier c8)
ISBN 2-07-041090-0. *37 F / 5,64 €*

16869 **SCHLOGEL G.** Mort d'un médecin. *LGF, 2000.* (Le Livre de poche ; 14822 c8)
ISBN 2-253-14822-9. *33 F / 5,03 €*

16870 **SCHNEIDER J. A.** Baignade interdite. *LGF, 1995.* (Le Livre de poche ; 7646. Thriller c9)
ISBN 2-253-07646-5. *36 F / 5,49 €*

16871 **N** **SCHULZ R.** Sous les pans du bizarre. *Baleine, 2000.* (Pierre de Gondol)
ISBN 2-84219-257-5. *80 F / 12,20 €*

16872 **SCOPPETTONE S.** Je te quitterai toujours. *Fleuve noir, 1996.* (Fleuve noir crime)
ISBN 2-265-05632-4. *57 F / 8,69 €*

16873 **SCOPPETTONE S.** Long Island blues. *Fleuve noir, 1999.* (Fleuve noir crime ; 58)
ISBN 2-265-06550-1. *57 F / 8,69 €*

16874 **SCOPPETTONE S.** Tout ce qui est à toi... *Fleuve noir, 1995.* (Fleuve noir crime)
ISBN 2-265-05634-0. *57 F / 8,69 €*

16875 **N** **SCOPPETTONE S.** Tout ce qui est à toi... *Pocket, 2000.* (Pocket ; 11099. Noir c5)
ISBN 2-266-10533-7. *35 F / 5,34 €*

16876 **SCOPPETTONE S.** Toute la mort devant nous. *Fleuve noir, 1997.* (Fleuve noir crime ; 31)
ISBN 2-265-06252-9. *57 F / 8,69 €*

16877 **SCOTT A. H.** Asphyxie. *J'ai lu, 1998.* (J'ai lu ; 4893. Littérature générale c3)
ISBN 2-290-04893-3. *29 F / 4,42 €*

16878 **SCOTT M.** Sur les dents. *Libr. des Champs-Elysées, 1998.* (Le Masque ; 2401. Les reines du crime c6)
ISBN 2-7024-2882-7. *39 F / 5,95 €*

16879 **N** **SEBASTIAN T.** Ultra. *LGF, 2000.* (Le Livre de poche ; 17136. Thriller c7)
ISBN 2-253-17136-0. *30 F / 4,57 €*

16880 **SÉCHAN O., MASLOWSKI I. B.** Vous qui n'avez jamais été tués. Réimpr. *Libr. des Champs-Elysées, 1996.* (Le Masque ; 395. Les maîtres du roman policier c3)
ISBN 2-7024-2692-1. *32 F / 4,88 €*

16881 **SECRET A.** La mort à Lübeck. *Actes Sud, 1998.* (Babel ; 347. Babel noir c4)
ISBN 2-7427-1900-8. *51 F / 7,77 €*

16882 **SEDLEY K.** La cape de Plymouth. *10-18, 1998.* (10-18 ; 2922. Grands détectives c5)
ISBN 2-264-02537-9. *44 F / 6,71 €*

16883 **SEDLEY K.** La chanson du trouvère. *10-18, 1999.* (10-18 ; 3069. Grands détectives c5)
ISBN 2-264-02604-9. *44 F / 6,71 €*

16884 **SEDLEY K.** Le colporteur et la mort. *10-18, 1998.* (10-18 ; 2921. Grands détectives c5)
ISBN 2-264-02538-7. *44 F / 6,71 €*

16885 **SEDLEY K.** La corde au cou. *10-18, 1998.* (10-18 ; 2956. Grands détectives)
ISBN 2-264-02565-4. *44 F / 6,71 €*

16886 **SEDLEY K.** Un cruel hiver. *10-18, 2000.* (10-18 ; 3173. Grands détectives c5)
ISBN 2-264-03004-6. *44 F / 6,71 €*

16887 **SEDLEY K.** Les saints innocents. *10-18, 1998.* (10-18 ; 3006. Grands détectives c5)
ISBN 2-264-02603-0. *44 F / 6,71 €*

16888 **SEE L.** La mort scarabée. *Pocket, 2000.* (Pocket ; 10658. Noir c7)
ISBN 2-266-09123-9. *42 F / 6,40 €*

16889 **SEELEY M.** Il siffle dans l'ombre. *Libr. des Champs-Elysées, 1987.* (Le Masque ; 1885. Les reines du crime c1)
ISBN 2-7024-1766-3. *28 F / 4,27 €*

16890 **SEIGNEUR O.** Les dieux outragés. *Libr. des Champs-Elysées, 1998.* (Labyrinthes ; 39 c2)
ISBN 2-7024-9627-X. *38 F / 5,79 €*

16891 **SEIGNEUR O.** Les ferrets sont éternels. *Libr. des Champs-Elysées, 1996.* (Le Masque ; 2273. Les maîtres du roman policier c3)
ISBN 2-7024-2676-X. *32 F / 4,88 €*

16892 **SEIGNEUR O.** La licorne assassinée. *Libr. des Champs-Elysées, 1999.* (Labyrinthes ; 61 c2)
ISBN 2-7024-9672-5. *38 F / 5,79 €*

16893 **N** **SEIGNEUR O.** Le sang du Trianon. *Libr. des Champs-Elysées, 2000.* (Labyrinthes ; 78)
ISBN 2-7024-9692-X. *45 F / 6,86 €*

16894 **SEIGNEUR O.** Le vestibule du crime. *Libr. des Champs-Elysées, 1999.* (Labyrinthes ; 51 c2)
ISBN 2-7024-9637-7. *38 F / 5,79 €*

16895 **N** **SEIGNEUR O.** La vierge du soleil. *Libr. des Champs-Elysées, 2001.* (Labyrinthes ; 86)
ISBN 2-7024-9717-9. *45 F / 6,86 €*

16896 **SEIGNEUR O.** Zapping mortel. *Libr. des Champs-Elysées, 1997.* (Le Masque ; 2342. Les maîtres du roman policier c2)
ISBN 2-7024-2812-6. *30 F / 4,57 €*

16897 **N** **SHAMES L.** Soleil brûlé. *Ed. du Masque, 2001.* (Littérature)
ISBN 2-7024-9349-1. *75 F / 11,43 €*

16898 **SHANGDI T.** Le chrysanthème de longévité. *Libr. des Champs-Elysées, 1999.* (Labyrinthes ; 64 c2)
ISBN 2-7024-9680-6. *38 F / 5,79 €*

16899 **N** **SHANGDI T.** La dent du cheval marin. *Libr. des Champs-Elysées, 2000.* (Labyrinthes ; 73)
ISBN 2-7024-9691-1. *45 F / 6,86 €*

16900 **SHANGDI T.** La noyée du Palais d'été. *Libr. des Champs-Elysées, 1997.* (Labyrinthes ; 21 c1)
ISBN 2-7024-9577-X. *36 F / 5,49 €*

16901 **N** **SHANGDI T.** Le palais de la splendeur pourpre. *Libr. des Champs-Elysées, 2001.* (Labyrinthes ; 90)
ISBN 2-7024-9706-3. *45 F / 6,86 €*

16902 **SHANGDI T.** Les pierres de la douleur. *Libr. des Champs-Elysées, 1999.* (Labyrinthes ; 55 c1)
ISBN 2-7024-9636-9. *38 F / 5,79 €*

16903 **SHANGDI T.** Le prisonnier de l'océan. *Libr. des Champs-Elysées, 1998.* (Labyrinthes ; 27)
ISBN 2-7024-9596-6. *36 F / 5,49 €*

16904 **SHANGDI T.** Le puits de la morte. *Libr. des Champs-Elysées, 1998.* (Labyrinthes ; 34 c1)
ISBN 2-7024-9613-X. *36 F / 5,49 €*

16905 **SHANGDI T.** Le singe empoisonné. *Libr. des Champs-Elysées, 1998.* (Labyrinthes ; 41 c1)
ISBN 2-7024-9639-3. *36 F / 5,49 €*

16906 **SHANGDI T.** Les soieries de l'effroi. *Libr. des Champs-Elysées, 1999.* (Labyrinthes ; 47)
ISBN 2-7024-9646-6. *36 F / 5,49 €*

16907 **SHANGDI T.** La sonate interdite. *Libr. des Champs-Elysées, 1997.* (Labyrinthes ; 14 c1)
ISBN 2-7024-9567-2. *36 F / 5,49 €*

16908 **N** **SHAW S.** Le scélérat de la terre. *Libr. des Champs-Elysées, 2000.* (Le Masque ; 2441. Les maîtres du roman policier)
ISBN 2-7024-3002-3. *39 F / 5,95 €*

16909 **N** **SHELDON S.** Un plan infaillible. *LGF, 2001.* (Le Livre de poche. Thriller ; 17166 c9)
ISBN 2-253-17166-2. *36 F / 5,49 €*

16910 **A** **SICH M.** Mortels abîmes. *Pocket, 2001.* (Pocket. Thriller ; 10893)
ISBN 2-266-09966-3

16911 **SIMENON G.** L'ami d'enfance de Maigret. *LGF, 1997.* (Le Livre de poche ; 14213 c7)
ISBN 2-253-14213-1. *30 F / 4,57 €*

16912 **SIMENON G.** L'amie de madame Maigret. *LGF, 1999.* (Le Livre de poche ; 14225 c7)
ISBN 2-253-14225-5. *30 F / 4,57 €*

16913 **SIMENON G.** L'Ane rouge. *Pocket, 1991.* (Pocket ; 1355. Noir c3)
ISBN 2-266-03570-3. *26 F / 3,96 €*

16914 **SIMENON G.** L'assassin. *Gallimard, 1999.* (Folio ; 61. Policier ; 61 c6)
ISBN 2-07-040808-6. *29,50 F / 4,50 €*

16915 **SIMENON G.** Au bout de rouleau. *Pocket, 1992.* (Pocket ; 3780. Noir c4)
ISBN 2-266-04977-1. *30 F / 4,57 €*

16916 **SIMENON G.** Au rendez-vous des Terre-Neuvas. Nouv. éd. *Pocket, 1999.* (Pocket ; 1352. Noir c2)
ISBN 2-266-09157-3. *23 F / 3,51 €*

16917 **SIMENON G.** Le Blanc à lunettes. Réimpr. *Gallimard, 1998.* (Folio ; 1013 c11)
ISBN 2-07-037013-5. *29,50 F / 4,50 €*

16918 **SIMENON G.** La Boule noire. *Pocket, 1992.* (Pocket ; 3837. Noir c4)
ISBN 2-266-05073-7. *30 F / 4,57 €*

16919 **SIMENON G.** Le bourgmestre de Furnes. Réimpr. *Gallimard, 2000.* (Folio ; 110. Policier c6)
ISBN 2-07-041028-5. *29,50 F / 4,50 €*

16920 **SIMENON G.** Le cercle des Mahé. *Gallimard, 1999.* (Folio ; 99. Policier)
ISBN 2-07-040821-3. *29,50 F / 4,50 €*

16921 **SIMENON G.** Ceux de la soif. *Gallimard, 1999.* (Folio ; 100. Policier c6)
ISBN 2-07-040822-1. *29,50 F / 4,50 €*

16922 **SIMENON G.** Le charretier de la Providence. Nouv. éd. *Pocket, 2000.* (Pocket ; 1338 c3)
ISBN 2-266-09997-3. *26 F / 3,96 €*

16923 **N** **SIMENON G.** Le cheval blanc. *Gallimard, 2000.* (Folio ; 182. Policier c6)
ISBN 2-07-041490-6. *29,50 F / 4,50 €*

16924 **SIMENON G.** Chez les Flamands. Nouv.éd. *Pocket, 1999.* (Pocket ; 1357. Noir)
ISBN 2-266-09521-8. *26 F / 3,96 €*

16925 **SIMENON G.** Le Chien jaune. *Pocket, 1991.* (Pocket ; 1330. Noir c2)
ISBN 2-266-02320-9. *23 F / 3,51 €*

16926 **SIMENON G.** Les clients d'Avrenos. Réimpr. *Gallimard, 1996.* (Folio ; 661 c11)
ISBN 2-07-036661-8. *29,50 F / 4,50 €*

16927 **A** **SIMENON G.** La colère de Maigret. *LGF, 2001.* (Le Livre de poche ; 14235. Policier)
ISBN 2-253-14235-2. *30 F / 4,57 €*

16928 **SIMENON G.** Les Complices. *Pocket, 1992.* (Pocket ; 3839. Noir c4)
ISBN 2-266-05270-5. *30 F / 4,57 €*

16929 **SIMENON G.** Les complices. *LGF, 1999.* (Le Livre de poche ; 14227 c7)
ISBN 2-253-14227-1. *30 F / 4,57 €*

16930 **SIMENON G.** Une Confidence de Maigret. *Pocket, 1992.* (Pocket ; 3853. Noir c4)
ISBN 2-266-04978-X. *30 F / 4,57 €*

16931 **SIMENON G.** Le coup de la vague. *Gallimard, 1999.* (Folio ; 101. Policier c4)
ISBN 2-07-040823-X. *20,50 F / 3,13 €*

16932 **N** **SIMENON G.** Le coup de lune. Réimpr. *Pocket, 2000.* (Pocket ; 1334. Noir c3B)
ISBN 2-266-10422-5. *28 F / 4,27 €*

16933 **SIMENON G.** Crime impuni. *Pocket, 1992.* (Pocket ; 3829. Noir c4)
ISBN 2-266-05072-9. *30 F / 4,57 €*

16934 **SIMENON G.** Les demoiselles de Concarneau. *Gallimard, 1999.* (Folio. Policier ; 46 c4)
ISBN 2-07-040766-7. *20,50 F / 3,13 €*

16935 **SIMENON G.** En cas de malheur. Réimpr. *Pocket, 1991.* (Pocket ; 3840. Noir c4)
ISBN 2-266-04587-3. *30 F / 4,57 €*

16936 **SIMENON G.** En cas de malheur. *LGF, 1999.* (Le Livre de poche ; 14282 c7)
ISBN 2-253-14282-4. *30 F / 4,57 €*

16937 **SIMENON G.** L'enterrement de Monsieur Bouvet. *LGF, 1997.* (Le Livre de poche ; 14279 c7)
ISBN 2-253-14279-4. *30 F / 4,57 €*

16938 **N** **SIMENON G.** Les fantômes du chapelier. *LGF, 2000.* (Le Livre de poche ; 14880 c7)
ISBN 2-253-14880-6. *30 F / 4,57 €*

16939 **N** **SIMENON G.** Faubourg. *Gallimard, 2000.* (Folio ; 158. Policier c4)
ISBN 2-07-041102-8. *20,50 F / 3,13 €*

16940 **SIMENON G.** Les Fiançailles de M. Hire. *Pocket, 1989.* (Pocket ; 1331. Noir c3)
ISBN 2-266-03227-5. *26 F / 3,96 €*

16941 **SIMENON G.** La folle de Maigret. *LGF, 1997.* (Le Livre de poche ; 14214 c7)
ISBN 2-253-14214-X. *30 F / 4,57 €*

16942 **SIMENON G.** Le Fou de Bergerac. *Pocket, 1976.* (Pocket ; 1336. Noir c2)
ISBN 2-266-02356-X. *23 F / 3,51 €*

16943 **N** **SIMENON G.** La fuite de Monsieur Monde. *LGF, 2000.* (Le Livre de poche ; 14283 c7)
ISBN 2-253-14283-2. *30 F / 4,57 €*

16944 **N** **SIMENON G.** La guinguette à deux sous. Nouv. éd. *Pocket, 2000.* (Pocket ; 1344. Noir c2)
ISBN 2-266-10014-9. *23 F / 3,51 €*

16945 **SIMENON G.** Le Haut mal. *Pocket, 1983.* (Pocket ; 1354. Noir c3)
ISBN 2-266-04410-9. *30 F / 4,57 €*

16946 **SIMENON G.** L'homme de Londres. Réimpr. *Pocket, 1999.* (Pocket ; 1342)
ISBN 2-266-09155-7. *26 F / 3,96 €*

16947 **SIMENON G.** L'homme qui regardait passer les trains. *Gallimard, 1999.* (Folio ; 96. Policier c6)
ISBN 2-07-040836-1. *29,50 F / 4,50 €*

16948 **N** **SIMENON G.** L'horloger d'Everton. *LGF, 2000.* (Le Livre de poche ; 14284 c7)
ISBN 2-253-14284-0. *30 F / 4,57 €*

16949 **A** **SIMENON G.** Il pleut bergère. *Gallimard, 2001.* (Folio. Policier)
ISBN 2-07-041837-5. *25,50 F / 3,89 €*

16950 **SIMENON G.** Les inconnus dans la maison. Réimpr. *Gallimard, 1999.* (Folio ; 90. Policier ; 90 c6)
ISBN 2-07-040832-9. *29,50 F / 4,50 €*

16951 **SIMENON G.** Liberty-Bar. Nouv. éd. *Pocket, 1986.* (Pocket ; 1349. Noir c2)
ISBN 2-266-02332-2. *23 F / 3,51 €*

16952 **SIMENON G.** Maigret à Vichy. *LGF, 1998.* (Le Livre de poche ; 14216 c7)
ISBN 2-253-14216-6. *30 F / 4,57 €*

16953 **SIMENON G.** Maigret au Picratt's. *LGF, 1999.* (Le Livre de poche ; 14219 c7)
ISBN 2-253-14219-0. *30 F / 4,57 €*

16954 **SIMENON G.** Maigret en meublé. *LGF, 1999.* (Le Livre de poche ; 14226 c7)
ISBN 2-253-14226-3. *30 F / 4,57 €*

16955 **SIMENON G.** Maigret et l'affaire Nahour. *LGF, 1999.* (Le Livre de poche ; 14220 c7)
ISBN 2-253-14220-4. *30 F / 4,57 €*

16956 **N** **SIMENON G.** Maigret et l'homme du banc. *LGF, 2001.* (Le Livre de poche ; 14234. Policier)
ISBN 2-253-14234-4. *30 F / 4,57 €*

16957 **SIMENON G.** Maigret et l'indicateur. *LGF, 1997.* (Le Livre de poche ; 14210 c7)
ISBN 2-253-14210-7. *30 F / 4,57 €*

16958 **SIMENON G.** Maigret et la Grande Perche. *Pocket, 1992.* (Pocket ; 3817. Noir c4)
ISBN 2-266-05102-4. *30 F / 4,57 €*

16959 **SIMENON G.** Maigret et la Grande Perche. *LGF, 1999.* (Le Livre de poche ; 14223 c7)
ISBN 2-253-14223-9. *30 F / 4,57 €*

16960 **N** **SIMENON G.** Maigret et la vieille dame. *LGF, 2000.* (Le Livre de poche ; 14907. Policier c7)
ISBN 2-253-14907-1. *30 F / 4,57 €*

16961 **SIMENON G.** Maigret et le clochard. *LGF, 2000.* (Le Livre de poche ; 14228 c7)
ISBN 2-253-14228-X. *30 F / 4,57 €*

16962 **SIMENON G.** Maigret et le marchand de vin. *LGF, 1997.* (Le Livre de poche ; 14209 c7)
ISBN 2-253-14209-3. *30 F / 4,57 €*

16963 **SIMENON G.** Maigret et le tueur. *LGF, 1998.* (Le Livre de poche ; 14217 c7)
ISBN 2-253-14217-4. *30 F / 4,57 €*

16964 **SIMENON G.** Maigret et Monsieur Charles. *LGF, 1997.* (Le Livre de poche ; 14211 c7)
ISBN 2-253-14211-5. *30 F / 4,57 €*

16965 **SIMENON G.** Maigret hésite. *LGF, 1997.* (Le Livre de poche ; 14215 c7)
ISBN 2-253-14215-8. *30 F / 4,57 €*

16966 **N** **SIMENON G.** Maigret se trompe. *LGF, 2000.* (Le Livre de poche ; 14229 c7)
ISBN 2-253-14229-8. *30 F / 4,57 €*

16967 **N** **SIMENON G.** Maigret tend un piège. *LGF, 2000.* (Le Livre de poche ; 14231 c7)
ISBN 2-253-14231-X. *30 F / 4,57 €*

16968 **SIMENON G.** La maison des sept jeunes filles ; suivi de Le châle de Marie Dudon. Réimpr. *Gallimard, 1997.* (Folio ; 732 c9)
ISBN 2-07-036737-1. *20,50 F / 3,13 €*

16969 **SIMENON G.** La Maison du canal. *Pocket, 1976.* (Pocket ; 1335. Noir c3)
ISBN 2-266-04605-5. *26 F / 3,96 €*

16970 **SIMENON G.** Malempin. *Gallimard, 1980.* (Folio ; 1193 c11)
ISBN 2-07-037193-X. *29,50 F / 4,50 €*

16971 **A** **SIMENON G.** La Marie du port. *Gallimard, 1999.* (Folio. Policier)
ISBN 2-07-041039-0

16972 **SIMENON G.** La Marie du port. *Gallimard, 1996.* (Folio ; 662 c9)
ISBN 2-07-036662-6. *29,50 F / 4,50 €*

16973 **SIMENON G.** Les mémoires de Maigret. *LGF, 1997.* (Le Livre de poche ; 14212 c7)
ISBN 2-253-14212-3. *30 F / 4,57 €*

16974 **SIMENON G.** La mort de Belle. *LGF, 1999.* (Le Livre de poche ; 14222 c7)
ISBN 2-253-14222-0. *30 F / 4,57 €*

16975 **SIMENON G.** Un Nouveau dans la ville. *Pocket, 1992.* (Pocket ; 3802. Noir c4)
ISBN 2-266-05271-3. *30 F / 4,57 €*

16976 **SIMENON G.** La Nuit du carrefour. *Pocket, 1976.* (Pocket ; 1340. Noir c3)
ISBN 2-266-03327-1. *26 F / 3,96 €*

16977 **SIMENON G.** Oncle Charles s'est enfermé. Réimpr. *Gallimard, 1998.* (Folio ; 734 c11)
ISBN 2-07-036734-7. *29,50 F / 4,50 €*

16978 **SIMENON G.** Le passager du Polarlys. Réimpr. *Pocket, 1999.* (Pocket ; 1347)
ISBN 2-266-09156-5. *23 F / 3,51 €*

16979 **SIMENON G.** La patience de Maigret. *LGF, 1999.* (Le Livre de poche ; 14221 c7)
ISBN 2-253-14221-2. *30 F / 4,57 €*

16980 **SIMENON G.** Le pendu de Saint-Pholien. *Labor, 1997.* (Espace Nord ; 28)
ISBN 2-8040-1230-1. *199 FB / 4,93 €*

16981 **SIMENON G.** Le Petit saint. *Pocket, 1993.* (Pocket ; 3874. Noir c4)
ISBN 2-266-05548-8. *30 F / 4,57 €*

16982 **SIMENON G.** Pietr le Letton. *Pocket, 1977.* (Pocket ; 1345. Noir c3)
ISBN 2-266-03573-8. *26 F / 3,96 €*

16983 **SIMENON G.** Les Pitard. Réimpr. *Gallimard, 1996.* (Folio ; 660 c11)
ISBN 2-07-036660-X. *29,50 F / 4,50 €*

16984 **SIMENON G.** Police-secours ou Les nouveaux mystères de Paris. *Mille et une nuits, 1998.* (La petite collection ; 210 c2)
ISBN 2-84205-352-4. *10 F / 1,52 €*

16985 **SIMENON G.** Le président. *LGF, 1998.* (Le Livre de poche ; 14281 c7)
ISBN 2-253-14281-6. *30 F / 4,57 €*

16986 **SIMENON G.** Quarante-cinq degrés à l'ombre. Réimpr. *Gallimard, 1997.* (Folio ; 736 c11)
ISBN 2-07-036736-3. *29,50 F / 4,50 €*

16987 **SIMENON G.** Quartier nègre. Réimpr. *Gallimard, 1997.* (Folio ; 737 c11)
ISBN 2-07-036737-1. *29,50 F / 4,50 €*

16988 **N** **SIMENON G.** Le rapport du gendarme. *Gallimard, 2000.* (Folio ; 160. Policier c6)
ISBN 2-07-041103-6. *29,50 F / 4,50 €*

16989 **SIMENON G.** Le Relais d'Alsace. *Pocket, 1977.* (Pocket ; 1348. Noir c3)
ISBN 2-266-03571-1. *26 F / 3,96 €*

16990 **N** **SIMENON G.** Le relais d'Alsace. Nouv. éd. *Pocket, 2000.* (Pocket ; 1348 c3B)
ISBN 2-266-10005-X. *28 F / 4,27 €*

16991 **SIMENON G.** Les rescapés du Télémaque. Réimpr. *Gallimard, 1997.* (Folio ; 1175 c11)
ISBN 2-07-037175-1. *29,50 F / 4,50 €*

16992 **N** **SIMENON G.** Les soeurs Lacroix. *Gallimard, 2000.* (Folio ; 181. Policier c6)
ISBN 2-07-041489-2. *29,50 F / 4,50 €*

16993 **SIMENON G.** Strip-tease. *LGF, 1999.* (Le Livre de poche ; 14224 c7)
ISBN 2-253-14224-7. *30 F / 4,57 €*

16994 **N** **SIMENON G.** La tête d'un homme. *Pocket, 2000.* (Pocket ; 1341 c4)
ISBN 2-266-03574-6. *30 F / 4,57 €*

16995 **SIMENON G.** Les 13 énigmes. Nouv. éd. *Pocket, 1999.* (Pocket ; 1359 c4)
ISBN 2-266-09520-X. *30 F / 4,57 €*

16996 **SIMENON G.** Les Treize coupables. Réimpr. *Pocket, 1992.* (Pocket ; 1358. Noir c4)
ISBN 2-266-04435-4. *30 F / 4,57 €*

16997 **N** **SIMENON G.** Les trois crimes de mes amis. *Gallimard, 2000.* (Folio ; 159. Policier c6)
ISBN 2-07-041104-4. *29,50 F / 4,50 €*

16998 **SIMENON G.** La vérité sur Bébé Donge. *Gallimard, 1999.* (Folio ; 98. Policier c6)
ISBN 2-07-040838-8. *29,50 F / 4,50 €*

16999 **SIMENON G.** La veuve Couderc. Réimpr. *Gallimard, 1996.* (Folio ; 733 c11)
ISBN 2-07-036733-9. *29,50 F / 4,50 €*

17000 **SIMENON G.** Une Vie comme neuve. *Pocket, 1992.* (Pocket ; 3816. Noir c4)
ISBN 2-266-04971-2. *30 F / 4,57 €*

17001 **SIMENON G.** Le voleur de Maigret. *LGF, 1998.* (Le Livre de poche ; 14218 c7)
ISBN 2-253-14218-2. *30 F / 4,57 €*

17002 **SIMENON G.** Le voyageur de la Toussaint. Réimpr. *Gallimard, 2000.* (Folio ; 111. Policier c8)
ISBN 2-07-041029-3. *37 F / 5,64 €*

17003 **SIMMONS D.** Nuit d'été. *LGF, 1995.* (Le Livre de poche ; 13862 c13)
ISBN 2-253-13862-2. *46 F / 7,01 €*

17004 **SIMONIN A.** L'Elégant. *Gallimard, 1975.* (Folio ; 677 c8)
ISBN 2-07-036677-4. *37 F / 5,64 €*

17005 **N** **SIMONIN A.** Touchez pas au grisbi !. *Gallimard, 2000.* (Folio ; 183. Policier c6)
ISBN 2-07-041398-5. *37 F / 5,64 €*

17006 **SIMPSON D.** Feu le mari de madame. *Libr. des Champs-Elysées, 1986.* (Le Masque ; 1852. Les reines du crime c1)
ISBN 2-7024-1729-9. *28 F / 4,27 €*

17007 **SIMSOLO N.** Apocalypse nord. *Baleine, 1997.* (Instantanés de polar ; 68)
ISBN 2-84219-067-X. *49 F / 7,47 €*

17008 **SIMSOLO N.** Couleur sang. *Baleine, 1996.* (Instantanés de polar ; 10)
ISBN 2-84219-009-2. *49 F / 7,47 €*

17009 **SIMSOLO N.** Les enfants de l'enfer. *Baleine, 1999.* (Instantanés de polar ; 156)
ISBN 2-84219-199-4. *55 F / 8,38 €*

17010 **SIMSOLO N.** Images de chair. *Seuil, 2000.* (Les piétons du siècle; 1)(Points ; 708 c8)
ISBN 2-02-037610-5. *39 F / 5,95 €*

17011 **N** **SIMSOLO N.** Prédateurs. *Seuil, 2000.* (Les piétons du siècle; 2)(Points ; 782 c8)
ISBN 2-02-037611-3. *39 F / 5,95 €*

17012 **SIMSOLO N.** Un travelo nommé désir. *Baleine, 1996.* (Le Poulpe ; 8)
ISBN 2-84219-007-6. *39 F / 5,95 €*

17013 **A** **SIMSOLO N.** Un travelo nommé désir. *Librio, 2001.* (Le Poulpe; 10)(Librio ; 473. Noir c1)
ISBN 2-290-31379-3. *10 F / 1,52 €*

17014 **SINIAC P.** L'affreux joujou. *Baleine, 1997.* (Instantanés de polar ; 63)
ISBN 2-84219-062-9. *47 F / 7,17 €*

17015 **N** **SINIAC P.** L'affreux joujou. Ed. rev. et corr. *Librio, 2001.* (Librio ; 438. Noir c1)
ISBN 2-290-30875-7. *10 F / 1,52 €*

17016 **SINIAC P.** Aime le maudit. *Libr. des Champs-Elysées, 1991.* (Le Masque ; 2071. Les maîtres du roman policier c2)
ISBN 2-7024-2210-1. *30 F / 4,57 €*

17017 **SINIAC P.** Des Amis dans la police. *Libr. des Champs-Elysées, 1989.* (Le Masque ; 1949. Les maîtres du roman policier c1)
ISBN 2-7024-1876-7. *28 F / 4,27 €*

17018 **SINIAC P.** Bazar bizarre. *Baleine, 1998.* (Canaille-revolver ; 132)
ISBN 2-84219-154-4. *49 F / 7,47 €*

17019 [N] **SINIAC P.** Les monte-en-l'air sont là. *Gallimard, 2000.* (Folio ; 185. Policier c6)
ISBN 2-07-041241-5. *29,50 F / 4,50 €*

17020 **SINIAC P.** Mystère en coup de vent. *Libr. des Champs-Elysées, 1990.* (Le Masque ; 2023. Les maîtres du roman policier c2)
ISBN 2-7024-2092-3. *32 F / 4,88 €*

17021 [N] **SINIAC P.** Reflets changeants sur mare de sang. *Gallimard, 2000.* (Folio ; 162. Policier c7)
ISBN 2-07-041240-7. *29,50 F / 4,50 €*

17022 **SINIAC P.** Sombres soirées chez madame Glauque. *Libr. des Champs-Elysées, 1989.* (Le Masque ; 1983. Les maîtres du roman policier c3)
ISBN 2-7024-1968-2. *32 F / 4,88 €*

17023 **SINIAC P.** L'Unijambiste de la cote 284. *Gallimard, 1989.* (Folio ; 2045 c8)
ISBN 2-07-038133-1. *37 F / 5,64 €*

17024 **SJÖWALL M., WAHLÖÖ P.** L'Homme qui partit en fumée : les enquêtes de l'inspecteur Beck. *10-18, 1986.* (10-18 ; 1747. Grands détectives c4)
ISBN 2-264-00732-X. *41 F / 6,25 €*

17025 **SJÖWALL M., WAHLÖÖ P.** Le Policier qui rit : les enquêtes de l'inspecteur Beck. *10-18, 1985.* (10-18 ; 1718. Grands détectives c5)
ISBN 2-264-00700-1. *44 F / 6,71 €*

17026 **SJÖWALL M., WAHLÖÖ P.** Roseanna : les enquêtes de l'inspecteur Beck. *10-18, 1985.* (10-18 ; 1716. Grands détectives c5)
ISBN 2-264-00698-6. *44 F / 6,71 €*

17027 **SJÖWALL M., WAHLÖÖ P.** Vingt deux, v'là les frites!. *10-18, 1986.* (10-18 ; 1759. Grands détectives c5)
ISBN 2-264-00746-X. *44 F / 6,71 €*

17028 **SJÖWALL M., WAHLÖÖ P.** La Voiture des pompiers disparue : les enquêtes de l'inspecteur Beck. *10-18, 1986.* (10-18 ; 1746. Grands détectives c5)
ISBN 2-264-00731-1. *44 F / 6,71 €*

17029 **SMITH A.** Montana avenue. *Seuil, 1998.* (Points ; 513 c8)
ISBN 2-02-034133-6. *39 F / 5,95 €*

17030 **SMITH J.** Carnaval sanglant : une enquête de Skip Langdon. *J'ai lu, 1998.* (J'ai lu ; 4793. Policier c4)
ISBN 2-290-04793-7. *42 F / 6,40 €*

17031 **SMITH J.** Funérailles à La Nouvelle-Orléans : une enquête de Skipp Langdon. *J'ai lu, 1999.* (J'ai lu ; 5109. Policier c5)
ISBN 2-290-05109-8. *39 F / 5,95 €*

17032 **SMITH J.** Le jazz du bourreau : une enquête de Skip Langdon. *J'ai lu, 1998.* (J'ai lu ; 04888. Policier c5)
ISBN 2-290-04888-7. *39 F / 5,95 €*

17033 **SMITH J.** Les sorcières de la Nouvelle-Orléans : une enquête de Skip Langdon. *J'ai lu, 1999.* (J'ai lu ; 5250. Policier c6)
ISBN 2-290-05250-7. *42 F / 6,40 €*

17034 **SMITH M.** Aux portes de l'enfer. *LGF, 1996.* (Le Livre de poche ; 7865. Thriller c12)
ISBN 2-253-07685-6. *44 F / 6,71 €*

17035 [N] **SMITH M.** L'espion qui dansait sur l'eau. *LGF, 2000.* (Le Livre de poche ; 17150. Thriller c15)
ISBN 2-253-17150-6. *50 F / 7,62 €*

17036 **SMITH M. C.** Blues pour un Tsigane. *Pocket, 1998.* (Pocket ; 10193. Noir c4B)
ISBN 2-266-07596-9. *32 F / 4,88 €*

17037 **SMITH M. C.** L'Etoile polaire. *LGF, 1992.* (Le Livre de poche ; 7591. Thriller c11)
ISBN 2-253-06117-4. *42 F / 6,40 €*

17038 **SMITH M. C.** L'étoile polaire. *Pocket, 1999.* (Pocket ; 10630. Thriller)
ISBN 2-266-08487-9. *42 F / 6,40 €*

17039 **SMITH M. C.** Gorki park. *Pocket, 1995.* (Pocket ; 4237 c8)
ISBN 2-266-06286-7. *45 F / 6,86 €*

17040 **SMITH M. C.** Red Square. *LGF, 1996.* (Le Livre de poche ; 7684. Thriller c11)
ISBN 2-253-07684-8. *42 F / 6,40 €*

17041 **SMITH M. C.** Requiem pour un Tsigane. *Pocket, 1998.* (Pocket ; 10215. Noir c4B)
ISBN 2-266-07597-7. *32 F / 4,88 €*

17042 **SMITH R.** Le Département de musique. *LGF, 1993.* (Le Livre de poche ; 7615. Thriller c9)
ISBN 2-253-06538-2. *36 F / 5,49 €*

17043 **SMITH S.** Un plan simple. *LGF, 1997.* (Le Livre de poche ; 17001. Thriller c10)
ISBN 2-253-17001-1. *40 F / 6,10 €*

17044 **SOALHAT A.** Nazes Brocs. *Baleine, 1999.* (Canaille-revolver ; 157)
ISBN 2-84219-201-X. *42 F / 6,40 €*

17045 **SOARES J.** Elémentaire, ma chère Sarah !. *Pocket, 1998.* (Pocket ; 10332 c5)
ISBN 2-266-07929-8. *35 F / 5,34 €*

17046 **SOGNO P.** Le serre aux truffes. *LGF, 1997.* (Le Livre de poche ; 14081 c7)
ISBN 2-253-14081-3. *30 F / 4,57 €*

17047 [A] **SOR G.** Pompe et peine, petite khmère. *Baleine, 2001.* (Le Poulpe ; 219)
ISBN 2-84219-320-2. *39 F / 5,95 €*

17048 **SOUVESTRE P., ALLAIN M.** Fantômas. 2. *Laffont, 1988.* (Bouquins)
ISBN 2-221-05439-3. *120 F / 18,29 €*

17049 **SOUVESTRE P., ALLAIN M.** Fantômas. 3. *Laffont, 1989.* (Bouquins)
ISBN 2-221-05736-8. *120 F / 18,29 €*

17050 **SPILLANE M.** L'Homme qui tue. *LGF, 1992.* (Le Livre de poche ; 7579. Thriller c9)
ISBN 2-253-05906-4. *36 F / 5,49 €*

17051 **STAGGE J.** La Mort et les chères petites. *Libr. des Champs-Elysées, 1985.* (Le Masque ; 1809. Les maîtres du roman policier c1)
ISBN 2-7024-1653-5. *28 F / 4,27 €*

17052 **STAGGE J.** Pas de pitié pour la divine Daphné. *Libr. des Champs-Elysées, 1986.* (Le Masque ; 1833. Les maîtres du roman policier c1)
ISBN 2-7024-1702-7. *28 F / 4,27 €*

17053 **STEEMAN S-A.** L'Assassin habite au 21. *LGF, 1986.* (Le Livre de poche ; 1449. Policier c4)
ISBN 2-253-01102-9. *23 F / 3,51 €*

17054 **STEEMAN S-A.** Autopsie d'un viol. *Libr. des Champs-Elysées, 1994.* (Le Masque ; 2168. Les maîtres du roman policier c1)
ISBN 2-7024-2465-1. *28 F / 4,27 €*

17055 **STEEMAN S-A.** Le condamné meurt à cinq heures. Réimpr. *Libr. des Champs-Elysées, 1996.* (Le Club des masques ; 588 c1)
ISBN 2-7024-1905-4. *32 F / 4,88 €*

17056 **STEEMAN S-A.** Le condamné meurt à cinq heures. Nouv. éd. *Libr. des Champs-Elysées, 1996.* (Le Masque ; 1864. Les maîtres du roman policier c1)
ISBN 2-7024-1947-X. *30 F / 4,57 €*

17057 **STEEMAN S-A.** Dix-huit fantômes : dortoir des grandes. *LGF, 1997.* (Le Livre de poche ; 14207. Policier c6)
ISBN 2-253-14207-7. *26 F / 3,96 €*

17058 **STEEMAN S-A.** Dix-huit fantômes. *Libr. des Champs-Elysées, 1989.* (Le Masque ; 1980. Les maîtres du roman policier c1)
ISBN 2-7024-1970-4. *28 F / 4,27 €*

17059 **STEEMAN S-A.** L'Ennemi sans visage. *Libr. des Champs-Elysées, 1985.* (Le Masque ; 305. Les maîtres du roman policier c1)
ISBN 2-7024-1612-8. *28 F / 4,27 €*

17060 **STEEMAN S-A.** Faisons les fous. *Libr. des Champs-Elysées, 1993.* (Le Masque ; 2122 c1)
ISBN 2-7024-2329-9. *28 F / 4,27 €*

17061 **STEEMAN S-A.** Feu Lady Anne : l'adorable spectre. *Libr. des Champs-Elysées, 1990.* (Le Masque ; 2029. Les maîtres du roman policier c2)
ISBN 2-7024-2101-6. *30 F / 4,57 €*

17062 **STEEMAN S-A.** Feu Lady Anne : l'adorable spectre. Réimpr. *Libr. des Champs-Elysées, 1996.* (Le Club des masques ; 637 c1)
ISBN 2-7024-9113-8. *32 F / 4,88 €*

17063 **STEEMAN S-A.** Haute tension. *Libr. des Champs-Elysées, 1991.* (Le Masque ; 2040. Les maîtres du roman policier c2)
ISBN 2-7024-2135-0. *30 F / 4,57 €*

17064 **STEEMAN S-A.** Impasse des boiteux. *Libr. des Champs-Elysées, 1991.* (Le Masque ; 2063. Les maîtres du roman policier c1)
ISBN 2-7024-2207-1. *28 F / 4,27 €*

17065 **STEEMAN S-A.** L'infaillible Silas Lord. *Libr. des Champs-Elysées, 1996.* (Le Masque ; 2298. Les maîtres du roman policier c4)
ISBN 2-7024-2379-5. *35 F / 5,34 €*

17066 **STEEMAN S-A.** L'infaillible Silas Lord. *Labor, 1997.* (Espace Nord ; 123 c2)
ISBN 2-8040-1227-1. *42 F / 6,40 €*

17067 **STEEMAN S-A.** Légitime défense (Quai des Orfèvres) : roman. *Labor, 2000.* (Espace Nord ; 161)
ISBN 2-8040-1454-1. *259 FB / 6,42 €*

17068 **STEEMAN S-A.** Légitime défense (Quai des Orfèvres). *LGF, 1993.* (Le Livre de poche ; 2151. Policier c6)
ISBN 2-253-00787-0. *26 F / 3,96 €*

17069 **STEEMAN S-A.** Madame la mort. *Libr. des Champs-Elysées, 1996.* (Le Club des masques ; 622)
ISBN 2-7024-2333-7. *32 F / 4,88 €*

17070 **STEEMAN S-A.** Madame la mort. *Libr. des Champs-Elysées, 1989.* (Le Masque ; 1955. Les maîtres du roman policier c2)
ISBN 2-7024-1894-5. *30 F / 4,57 €*

17071 **STEEMAN S-A.** La Maison des veilles. *Libr. des Champs-Elysées, 1990.* (Le Masque ; 2006. Les maîtres du roman policier c2)
ISBN 2-7024-2038-9. *30 F / 4,57 €*

17072 **STEEMAN S-A.** Le Mannequin assassiné. *Libr. des Champs-Elysées, 1990.* (Le Club des masques ; 594 c1)
ISBN 2-7024-2067-2. *32 F / 4,88 €*

17073 **STEEMAN S-A.** La morte survit au 13. Réimpr. *Libr. des Champs-Elysées, 1997.* (Le Club des masques ; 600)
ISBN 2-7024-2145-8. *32 F / 4,88 €*

17074 **STEEMAN S-A.** La Morte survit au 13. *Libr. des Champs-Elysées, 1985.* (Le Masque ; 1812. Les maîtres du roman policier c1)
ISBN 2-7024-1660-8. *28 F / 4,27 €*

17075 **STEEMAN S-A.** Quai des Orfèvres. Réimpr. *Libr. des Champs-Elysées, 1999.* (Le Masque ; 1772. Les maîtres du roman policier c1)
ISBN 2-7024-1587-3. *28 F / 4,27 €*

17076 **STEEMAN S-A.** Que personne ne sorte : six hommes à tuer. *Libr. des Champs-Elysées, 1991.* (Le Club des masques ; 613 c1)
ISBN 2-7024-2212-8. *32 F / 4,88 €*

17077 **STEEMAN S-A.** Six hommes morts. *Libr. des Champs-Elysées, 1984.* (Le Masque ; 84. Les maîtres du roman policier c1)
ISBN 2-7024-1477-X. *28 F / 4,27 €*

17078 **STEEMAN S-A.** Steeman. 1. *Libr. des Champs-Elysées, 1991.* (Les intégrales du Masque)
ISBN 2-7024-2089-3. *149 F / 22,71 €*

17079 **STEEMAN S-A.** Steeman. 2. *Libr. des Champs-Elysées, 1992.* (Les intégrales du Masque c2)
ISBN 2-7024-2242-X. *149 F / 22,71 €*

17080 **STEEMAN S-A.** Steeman. 3. *Libr. des Champs-Elysées, 1993.* (Les intégrales du Masque c2)
ISBN 2-7024-2339-6. *149 F / 22,71 €*

17081 **STEEMAN S-A.** Le Trajet de la foudre. *Libr. des Champs-Elysées, 1986.* (Le Masque ; 1854. Les maîtres du roman policier c1)
ISBN 2-7024-1731-0. *28 F / 4,27 €*

17082 **STEEMAN S-A.** Un dans trois. *Libr. des Champs-Elysées, 1990.* (Le Club des masques ; 596 c1)
ISBN 2-7024-2069-9. *32 F / 4,88 €*

17083 **STEEMAN S-A.** Un dans trois. *Libr. des Champs-Elysées, 1987.* (Le Masque ; 113. Les maîtres du roman policier ; 113 c1)
ISBN 2-7024-1752-3. *28 F / 4,27 €*

17084 **STEEMAN S-A., SINTAIR** Steeman. 4. *Libr. des Champs-Elysées, 1995.* (Les intégrales du Masque c2)
ISBN 2-7024-2491-0. *149 F / 22,71 €*

17085 **STEEMAN S-A., SINTAIR** Steeman. 5. *Libr. des Champs-Elysées, 1997.* (Les intégrales du Masque c1)
ISBN 2-7024-2820-7. *149 F / 22,71 €*

17086 **STEINER M.** Mainmorte. *Baleine, 1998.* (Instantanés de polar ; 150)
ISBN 2-84219-188-9. *49 F / 7,47 €*

17087 **STEINER M.** Petites morts dans un hôpital psychiatrique de campagne. *Baleine, 1999.* (Instantanés de polar ; 172)
ISBN 2-84219-224-9. *49 F / 7,47 €*

17088 **STERLING T.** Le Tricheur de Venise. *Libr. des Champs-Elysées, 1990.* (Le Masque ; 1992. Les maîtres du roman policier c3)
ISBN 2-7024-2025-7. *32 F / 4,88 €*

17089 **N** **STEWART E.** La jurée de trop. *LGF, 2000.* (Le Livre de poche ; 17155. Thriller c13)
ISBN 2-253-17155-7. *46 F / 7,01 €*

17090 **N** **STONE R.** Les guerriers de l'enfer. *Gallimard, 2000.* (Folio ; 186. Policier c9)
ISBN 2-07-041554-6. *41 F / 6,25 €*

17091 **STRAUB P.** Le club de l'enfer. *Pocket, 1999.* (Pocket ; 9220. Terreur)
ISBN 2-266-09238-3. *48 F / 7,32 €*

17092 **N** **STREIFF G.** Le cas G.B. *Baleine, 2000.* (Le Poulpe ; 199)
ISBN 2-84219-271-0. *39 F / 5,95 €*

17093 **N** **STRIEBER W.** Billy. Réimpr. *J'ai lu, 2000.* (J'ai lu ; 3820. Policier cK)
ISBN 2-290-30768-8. *42 F / 6,40 €*

17094 **STUBBS J.** Chère Laura. *10-18, 1993.* (10-18 ; 2373. Grands détectives c5)
ISBN 2-264-01753-8. *44 F / 6,71 €*

17095 **STUBBS J.** Le Creuset magique. *10-18, 1993.* (10-18 ; 2374. Grands détectives c6)
ISBN 2-264-01754-6. *47 F / 7,17 €*

17096 **STUBBS J.** Le Visage grimé. *10-18, 1994.* (10-18 ; 2540. Grands détectives c6)
ISBN 2-264-02046-6. *47 F / 7,17 €*

17097 **N** **SUGAR BROWN** Adieu dealer. *Vauvenargues, 2001.* (Faits divers ; 7)
ISBN 2-7443-0625-8. *35 F / 5,34 €*

17098 **SUILLOT C.** Goulash-moi les baskets. *Baleine, 2000.* (Le Poulpe ; 177)
ISBN 2-84219-235-4. *39 F / 5,95 €*

17099 **N** **SULITZER P-L.** Dans le cercle sacré. *LGF, 2001.* (Le Livre de poche ; 14980 c11)
ISBN 2-253-14980-2. *42 F / 6,40 €*

17100 **A** **SULLIVAN M.** La mémoire du sang. *Pocket, 2001.* (Pocket. Thriller ; 10600)
ISBN 2-266-08965-X

17101 **N** **SUMMERS J.** Crime et ravissement. *Pocket, 2000.* (Pocket ; 10622. Thriller)
ISBN 2-266-08968-4. *32 F / 4,88 €*

17102 **Suspens. 4.** *LGF, 1985.* (Le Livre de poche ; 6103 c4)
ISBN 2-253-30374-7. *20 F / 3,05 €*

17103 **A** **SWINDLE H.** D. Tox. *Pocket, 2001.* (Pocket ; 11255. Thriller)
ISBN 2-266-11050-0

17104 **N** **SYLVAIN D.** Travestis. *J'ai lu, 2000.* (J'ai lu ; 5692. Policier cJ)
ISBN 2-290-30457-3. *39 F / 5,95 €*

17105 **TABACHNIK M.** Un été pourri. *J'ai lu, 2000.* (J'ai lu ; 5483. Policier cH)
ISBN 2-290-30216-3. *32 F / 4,88 €*

17106 **A** **TABACHNIK M.** Le festin de l'araignée. *J'ai lu, 2001.* (J'ai lu ; 5997. Policier)
ISBN 2-290-31259-2

17107 **A** **TABACHNIK M.** Home sweet home. *Librio, 2001.* (Librio. Noir c1)
ISBN 2-290-31096-4. *10 F / 1,52 €*

17108 **N** **TABACHNIK M.** Lâchez les chiens !. *Librio, 2000.* (Librio ; 373. Noir c1)
ISBN 2-290-30586-3. *10 F / 1,52 €*

17109 **A** **TABACHNIK M.** La mémoire du bourreau. *LGF, 2001.* (Le Livre de poche ; 18203. Policier)
ISBN 2-253-18203-6. *32 F / 4,88 €*

17110 **N** **TABACHNIK M.** La mort quelque part. *J'ai lu, 2000.* (J'ai lu ; 5691. Policier cG)
ISBN 2-290-30456-5. *29 F / 4,42 €*

17111 **TABUCCHI A.** La tête perdue de Damasceno Monteiro. *Seuil, 1999.* (Points ; 609)
ISBN 2-02-032460-1. *42 F / 6,40 €*

17112 **TAÏBO P. I.** Sentant que le champ de bataille... *Actes Sud, 1996.* (Babel ; 203 c1)
ISBN 2-7427-0798-0. *39 F / 5,95 €*

17113 **TARANTINO Q.** Pulp fiction. *10-18, 1995.* (10-18 ; 2642. Domaine étranger c3)
ISBN 2-264-02216-7. *41 F / 6,25 €*

17114 **TARTT D.** Le Maître des illusions. *Pocket, 1994.* (Pocket ; 4203 c8)
ISBN 2-266-06156-9. *45 F / 6,86 €*

17115 **TEVIS W. S.** Le Jeu de la dame. *10-18, 1994.* (10-18 ; 2478. Domaine étranger c6)
ISBN 2-264-01842-9. *47 F / 7,17 €*

17116 **TEY J.** Un cadavre sur le sable. *Libr. des Champs-Elysées, 1998.* (Le Masque ; 2345. Les reines du crime c4)
ISBN 2-7024-2815-0. *35 F / 5,34 €*

17117 **TEY J.** En trompe l'oeil. *Libr. des Champs-Elysées, 1993.* (Le Masque ; 2137. Les reines du crime c3)
ISBN 2-7024-2365-5. *32 F / 4,88 €*

17118 **TEY J.** Le grand départ de Miss Pym. *Libr. des Champs-Elysées, 1996.* (Le Masque ; 2301. Les reines du crime c5)
ISBN 2-7024-2648-4. *37 F / 5,64 €*

17119 **TEY J.** Le Monogramme de perles. *Libr. des Champs-Elysées, 1994.* (Le Masque ; 2179. Les reines du crime c5)
ISBN 2-7024-2480-5. *37 F / 5,64 €*

17120 **THIÉBAUT O.** Larmes de fond. *Baleine, 1995.* (Instantanés de polar ; 5)
ISBN 2-84219-004-1. *42 F / 6,40 €*

17121 **THIÉBAUT O.** Les pieds de la dame aux clebs. *Baleine, 1996.* (Le Poulpe ; 15)
ISBN 2-84219-014-9. *39 F / 5,95 €*

17122 **THIVEL C.** Je t'épouse dans les cheveux. *Baleine, 1999.* (Velours ; 4)
ISBN 2-84219-218-4. *39 F / 5,95 €*

17123 **THOMAS L. C.** A vos souhaits la mort. *Libr. des Champs-Elysées, 1996.* (Le Masque ; 2277. Les maîtres du roman policier c2)
ISBN 2-7024-2678-6. *30 F / 4,57 €*

17124 **THOMAS L. C.** Crimes avec préméditation. *Libr. des Champs-Elysées, 1993.* (Le Masque ; 2114. Les maîtres du roman policier c3)
ISBN 2-7024-2380-9. *32 F / 4,88 €*

17125 **N** **THOMAS L. C.** Une femme de trop. *Gallimard, 2000.* (Folio ; 156. Policier c6)
ISBN 2-07-041193-1. *29,50 F / 4,50 €*

17126 **THOMAS L. C.** Le froid du tombeau. *Libr. des Champs-Elysées, 1997.* (Le Masque ; 2349. Les maîtres du roman policier c2)
ISBN 2-7024-2848-7. *30 F / 4,57 €*

17127 **THOMAS L. C.** Malencontre. *Libr. des Champs-Elysées, 1992.* (Le Masque ; 2073. Les maîtres du roman policier c2)
ISBN 2-7024-2216-0. *30 F / 4,57 €*

17128 **THOMAS L. C.** Les mauvaises fréquentations. *Libr. des Champs-Elysées, 1997.* (Le Masque ; 2311. Les maîtres du roman policier c2)
ISBN 2-7024-2741-3. *30 F / 4,57 €*

17129 **THOMAS L. C.** La Mort au coeur. *Libr. des Champs-Elysées, 1989.* (Le Masque ; 1969 c1)
ISBN 2-7024-1958-5. *28 F / 4,27 €*

17130 **THOMAS L. C.** Le mort qui marche. *Libr. des Champs-Elysées, 1999.* (Le Masque ; 2420. Les maîtres du roman policier c3)
ISBN 2-7024-2904-1. *32 F / 4,88 €*

17131 **THOMAS L. C.** La nuit de nulle part. *Libr. des Champs-Elysées, 1998.* (Le Masque ; 2398. Les maîtres du roman policier c2)
ISBN 2-7024-2905-X. *30 F / 4,57 €*

17132 **THOMAZEAU F.** Qui a noyé l'homme-grenouille ? : Schram & Guigou, RMIstes justiciers. *Librio, 2000.* (Librio ; 331. Noir c1)
ISBN 2-290-30082-9. *10 F / 1,52 €*

17133 **THOMAZEAU F.** Qui a tué Monsieur Cul ? : Shram & Guigou, justiciers RMIstes. *Librio, 1999.* (Librio ; 259. Noir c1)
ISBN 2-277-30259-7. *10 F / 1,52 €*

17134 **N** **THOMPSON C.** Noir comme le souvenir. Réimpr. *J'ai lu, 2000.* (J'ai lu ; 3404. Policier cJ)
ISBN 2-290-30480-8. *39 F / 5,95 €*

17135 **THOMPSON C.** Présumée coupable. *J'ai lu, 1997.* (J'ai lu ; 4466. Littérature générale c5)
ISBN 2-290-04466-0. *39 F / 5,95 €*

17136 **A** **THOMPSON C.** Rhapsodie en noir. *J'ai lu, 2001.* (J'ai lu ; 5853. Policier)
ISBN 2-290-31039-5

17137 **N** **THOMPSON C.** Tu es si jolie ce soir. *J'ai lu, 2000.* (J'ai lu ; 5552. Policier cJ)
ISBN 2-290-30311-9. *39 F / 5,95 €*

17138 **THOMPSON J.** Cent mètres de silence. *Gallimard, 1990.* (Folio ; 2176 c11)
ISBN 2-07-038263-X. *29,50 F / 4,50 €*

17139 **THOMPSON J.** Un Chouette petit lot. *Gallimard, 1991.* (Folio ; 2318 c11)
ISBN 2-07-038430-6. *29,50 F / 4,50 €*

17140 **THOMPSON J.** Deuil dans le coton. *Gallimard, 1987.* (Folio ; 1879 c11)
ISBN 2-07-037879-9. *29,50 F / 4,50 €*

17141 **THOMPSON J.** Le Lien conjugal. *Gallimard, 1988.* (Folio ; 1897 c11)
ISBN 2-07-037897-7. *29,50 F / 4,50 €*

17142 **THOMPSON J.** 1.275 âmes. *Gallimard, 1998.* (Folio ; 26. Policier ; 26 c6)
ISBN 2-07-040660-1. *29,50 F / 4,50 €*

17143 **THOMPSON T.** La trace du serpent. *LGF, 1999.* (Le Livre de poche ; 17088. Thriller c15)
ISBN 2-253-17088-7. *50 F / 7,62 €*

17144 **THOMSON J.** Sous les ponts de Wynford. *Libr. des Champs-Elysées, 1987.* (Le Masque ; 1900. Les reines du crime c1)
ISBN 2-7024-1782-5. *28 F / 4,27 €*

17145 **THOMSON J.** Watson et Holmes. *Libr. des Champs-Elysées, 1996.* (Le Masque ; 2292. Les reines du crime c6)
ISBN 2-7024-2709-X. *39 F / 5,95 €*

17146 **TINE R.** L'enjeu. *J'ai lu, 1998.* (J'ai lu ; 4606. Littérature générale c3)
ISBN 2-290-04606-X. *29 F / 4,42 €*

17147 **TOPIN T.** 55 de fièvre. *Gallimard, 1989.* (Folio ; 2016 c11)
ISBN 2-07-038104-8. *29,50 F / 4,50 €*

17148 **N** **TOPOR T.** L'orchestre des ombres. *Gallimard, 2001.* (Folio ; 197. Policier)
ISBN 2-07-041726-3. *29,50 F / 4,50 €*

17149 **N** **TOSCHES N.** La religion des ratés. *Gallimard, 2000.* (Folio ; 2437. Policier c9)
ISBN 2-07-041234-2. *32,50 F / 4,95 €*

17150 **N** **TOSCHES N.** Trinités. *Gallimard, 2000.* (Folio ; 175. Policier c9)
ISBN 2-07-041426-4. *46 F / 7,01 €*

17151 **TRACY D.** La bête qui sommeille. *Gallimard, 1998.* (Folio. Policier ; 27 c6)
ISBN 2-07-040661-X. *29,50 F / 4,50 €*

17152 **TRAVER R.** Autopsie d'un meurtre. *LGF, 1991.* (Le Livre de poche ; 1287. Policier c13)
ISBN 2-253-00003-5. *46 F / 7,01 €*

17153 **TRIPP M.** Tromper n'est pas jouer. *Libr. des Champs-Elysées, 1985.* (Le Masque ; 1862 c1)
ISBN 2-7024-1645-4. *28 F / 4,27 €*

17154 **Trois affaires criminelles résolues par le juge Ti :** roman anonyme chinois du XVIIIe siècle. *10-18, 1988.* (10-18. Grands détectives ; 1917 c5)
ISBN 2-264-01097-5. *44 F / 6,71 €*

17155 **TSAÏ F.** Sans foie ni loi. *Baleine, 1997.* (Le Poulpe ; 69)
ISBN 2-84219-070-X. *42 F / 6,40 €*

17156 **TURBÉ S.** Ataxie pour Hazebrouck. *Baleine, 1998.* (Le Poulpe ; 114)
ISBN 2-84219-132-3. *39 F / 5,95 €*

17157 **TUROW S.** Je plaide coupable. *LGF, 1997.* (Le Livre de poche ; 17019. Thriller c10)
ISBN 2-253-17019-4. *40 F / 6,10 €*

17158 **TUROW S.** La loi de nos pères. *LGF, 2000.* (Le Livre de poche ; 17117. Thriller c14)
ISBN 2-253-17117-4. *48 F / 7,32 €*

17159 **TUROW S.** Présumé innocent. Réimp. *J'ai lu, 2000.* (J'ai lu ; 2787. Littérature générale c8)
ISBN 2-290-30118-3. *49 F / 7,47 €*

17160 **UHNAK D.** La Main à l'appât. *Libr. des Champs-Elysées, 1992.* (Le Masque ; 2109. Les reines du crime c2)
ISBN 2-7024-2290-X. *30 F / 4,57 €*

17161 **UHNAK D.** Le Registre. *Libr. des Champs-Elysées, 1992.* (Le Masque ; 2093. Les reines du crime c3)
ISBN 2-7024-2302-7. *32 F / 4,88 €*

17162 **UHNAK D.** Un Très mauvais souvenir. *Libr. des Champs-Elysées, 1993.* (Le Masque ; 2152. Les reines du crime c4)
ISBN 2-7024-2423-6. *35 F / 5,34 €*

17163 **ULLMAN A., FLETCHER L.** L'homme de la nuit. *Libr. des Champs-Elysées, 1994.* (Le Masque ; 2207. Les reines du crime c2)
ISBN 2-7024-2415-5. *30 F / 4,57 €*

17164 **ULLMAN A., FLETCHER L.** Raccrochez, c'est une erreur. *Libr. des Champs-Elysées, 1992.* (Le Masque ; 2075. Les reines du crime c2)
ISBN 2-7024-2219-5. *30 F / 4,57 €*

17165 **UNDERWOOD M.** A ne pas tuer avec des pincettes. *Libr. des Champs-Elysées, 1986.* (Le Masque ; 1842 c1)
ISBN 2-7024-1717-5. *28 F / 4,27 €*

17166 **UNDERWOOD M.** Trop mort pour être honnête. *Libr. des Champs-Elysées, 1986.* (Le Masque ; 1817 c1)
ISBN 2-7024-1678-0. *28 F / 4,27 €*

17167 **UPFIELD A.** Des ailes au-dessus du Diamantina. *10-18, 1996.* (10-18 ; 2696. Grands détectives c6)
ISBN 2-264-02201-9. *47 F / 7,17 €*

17168 **A** **UPFIELD A.** Bony et la bande à Kelly. *10-18, 2001.* (10-18 ; 3281. Grands détectives)
ISBN 2-264-02901-3

17169 **UPFIELD A.** Bony et le sauvage blanc. *10-18, 1996.* (10-18 ; 2762. Grands détectives c5)
ISBN 2-264-02350-3. *44 F / 6,71 €*

17170 **UPFIELD A.** La branche coupée. *10-18, 1995.* (10-18 ; 2569. Grands détectives c5)
ISBN 2-264-02082-2. *44 F / 6,71 €*

17171 **UPFIELD A.** Le business de M. Jelly. *10-18, 1998.* (10-18 ; 2933. Grands détectives c6)
ISBN 2-264-02671-5. *47 F / 7,17 €*

17172 **UPFIELD A.** Chausse-trappe. *10-18, 1997.* (10-18 ; 2848. Grands détectives c5)
ISBN 2-264-02353-8. *44 F / 6,71 €*

17173 **UPFIELD A.** Crime au sommet. *10-18, 1997.* (10-18 ; 2895. Grands détectives c5)
ISBN 2-264-02352-X. *44 F / 6,71 €*

17174 **UPFIELD A.** Du crime au bourreau. *10-18, 1995.* (10-18 ; 2639. Grands détectives c6)
ISBN 2-264-02200-0. *44 F / 6,71 €*

17175 **N** **UPFIELD A.** Un écrivain mord la poussière. *10-18, 2000.* (10-18 ; 3219. Grands détectives)
ISBN 2-264-02898-X. *47 F / 7,17 €*

17176 **UPFIELD A.** L'Empreinte du diable. *10-18, 1992.* (10-18 ; 2293. Grands détectives c5)
ISBN 2-264-01653-1. *44 F / 6,71 €*

17177 **UPFIELD A.** L'Homme des deux tribus. *10-18, 1991.* (10-18 ; 2226. Grands détectives c5)
ISBN 2-264-01654-X. *44 F / 6,71 €*

17178 **UPFIELD A.** La Loi de la tribu. *10-18, 1992.* (10-18 ; 2315. Grands détectives c5)
ISBN 2-264-01763-5. *44 F / 6,71 €*

17179 **UPFIELD A.** La Maison maléfique. *10-18, 1999.* (10-18 ; 3136. Grands détectives c5)
ISBN 2-264-02902-1. *44 F / 6,71 €*

17180 **UPFIELD A.** Le méandre du fou. *10-18, 1999.* (10-18 ; 3035. Grands détectives c5)
ISBN 2-264-02797-5. *44 F / 6,71 €*

17181 **UPFIELD A.** Le meurtre est secondaire. *10-18, 1997.* (10-18 ; 2815. Grands détectives c6)
ISBN 2-264-02351-1. *47 F / 7,17 €*

17182 **UPFIELD A.** Le monstre du lac Frome. *10-18, 1995.* (10-18 ; 2601. Grands détectives c3)
ISBN 2-264-02199-3. *38 F / 5,79 €*

17183 **UPFIELD A.** Mort d'un lac. *10-18, 1991.* (10-18 ; 2227. Grands détectives c5)
ISBN 2-264-01652-3. *44 F / 6,71 €*

17184 **UPFIELD A.** Mort d'un trimardeur. *10-18, 1993.* (10-18 ; 2345. Grands détectives c5)
ISBN 2-264-01762-7. *44 F / 6,71 €*

17185 **UPFIELD A.** L'Os est pointé. *10-18, 1994.* (10-18 ; 2449. Grands détectives c6)
ISBN 2-264-01964-6. *47 F / 7,17 €*

17186 **UPFIELD A.** Pas de trace dans le bush. *10-18, 1994.* (10-18 ; 2504. Grands détectives c5)
ISBN 2-264-01963-8. *44 F / 6,71 €*

17187 **N** **UPFIELD A.** Le récif aux espadons. *10-18, 2000.* (10-18 ; 3179. Grands détectives c6)
ISBN 2-264-02903-X. *47 F / 7,17 €*

17188 **UPFIELD A.** Le retour du broussard. *10-18, 1996.* (10-18 ; 2721. Grands détectives c5)
ISBN 2-264-02349-X. *44 F / 6,71 €*

17189 **UPFIELD A.** Les Sables de Windee. *10-18, 1994.* (10-18 ; 2550. Grands détectives c5)
ISBN 2-264-01991-3. *47 F / 7,17 €*

17190 **UPFIELD A.** Sinistres augures. *10-18, 1993.* (10-18 ; 2388. Grands détectives c5)
ISBN 2-264-01891-7. *44 F / 6,71 €*

17191 **UPFIELD A.** Un vent du diable. *10-18, 1998.* (10-18 ; 2971. Grands détectives c5)
ISBN 2-264-02732-0. *44 F / 6,71 €*

17192 **UPFIELD A.** Les veuves de Broome. *10-18, 1995.* (10-18 ; 2662. Grands détectives c5)
ISBN 2-264-02202-7. *44 F / 6,71 €*

17193 **VALLET J.** L'amour tarde à Dijon. *Baleine, 1997.* (Le Poulpe ; 44)
ISBN 2-84219-043-2. *39 F / 5,95 €*

17194 **A** **VALLET J.** Monsieur Chrysanthème. *Zulma, 2001.* (Quatre-bis)
ISBN 2-84304-146-5. *59 F / 8,99 €*

17195 **VALLET J.** Pas touche à Desdouches. *Zulma, 1997.* (Quatre-bis ; 6)
ISBN 2-84304-006-X. *59 F / 8,99 €*

17196 **VALLET J.** La trace. *Zulma, 1998.* (Quatre-bis ; 12)
ISBN 2-84304-049-3. *59 F / 8,99 €*

17197 **VAN GULIK R.** Assassins et poètes. *10-18, 1985.* (10-18 ; 1715. Grands détectives c5)
ISBN 2-264-00697-8. *44 F / 6,71 €*

17198 **VAN GULIK R.** Le Collier de la princesse. *10-18, 1985.* (10-18 ; 1688. Grands détectives c5)
ISBN 2-264-00669-2. *41 F / 6,25 €*

17199 **VAN GULIK R.** L'Enigme du clou chinois. *10-18, 1985.* (10-18 ; 1723. Grands détectives c5)
ISBN 2-264-00696-X. *44 F / 6,71 €*

17200 **VAN GULIK R.** Le Fantôme du temple. *10-18, 1985.* (10-18 ; 1741. Grands détectives c5)
ISBN 2-264-00729-X. *44 F / 6,71 €*

17201 **VAN GULIK R.** Le Jour de grâce. Réimpr. *10-18, 1998.* (10-18 ; 2294. Grands détectives c3)
ISBN 2-264-02077-6. *38 F / 5,79 €*

17202 **VAN GULIK R.** Le Juge Ti à l'oeuvre. *10-18, 1986.* (10-18 ; 1794. Grands détectives c5)
ISBN 2-264-00781-8. *44 F / 6,71 €*

17203 **VAN GULIK R.** Meurtre à Canton. *10-18, 1983.* (10-18 ; 1558. Grands détectives c5)
ISBN 2-264-00502-5. *44 F / 6,71 €*

17204 **VAN GULIK R.** Meurtre sur un bateau-de-fleurs. *10-18, 1984.* (10-18 ; 1632. Grands détectives c5)
ISBN 2-264-00609-9. *44 F / 6,71 €*

17205 **VAN GULIK R.** Le Monastère hanté. *10-18, 1984.* (10-18 ; 1633. Grands détectives c4)
ISBN 2-264-00608-0. *38 F / 5,79 €*

17206 **VAN GULIK R.** Le Motif du saule. *10-18, 1983.* (10-18 ; 1591. Grands détectives c5)
ISBN 2-264-00543-2. *44 F / 6,71 €*

17207 **VAN GULIK R.** Le Mystère du labyrinthe. *10-18, 1984.* (10-18 ; 1673. Grands détectives c5)
ISBN 2-264-00650-1. *44 F / 6,71 €*

17208 **VAN GULIK R.** Le Paravent de laque. *10-18, 1984.* (10-18 ; 1620. Grands détectives c5)
ISBN 2-264-00597-1. *44 F / 6,71 €*

17209 **VAN GULIK R.** Le Pavillon rouge. *10-18, 1983.* (10-18 ; 1579. Grands détectives c5)
ISBN 2-264-00544-0. *44 F / 6,71 €*

17210 **VAN GULIK R.** La Perle de l'empereur. *10-18, 1983.* (10-18 ; 1580. Grands détectives c5)
ISBN 2-264-00545-9. *44 F / 6,71 €*

17211 **VAN GULIK R.** Le Singe et le tigre. *10-18, 1986.* (10-18 ; 1765. Grands détectives c3)
ISBN 2-264-00748-6. *38 F / 5,79 €*

17212 **VAN GULIK R.** Le Squelette sous cloche. *10-18, 1984.* (10-18 ; 1621. Grands détectives c5)
ISBN 2-264-00598-X. *44 F / 6,71 €*

17213 **VAN GULIK R.** Trafic d'or sous les T'Ang. *10-18, 1984.* (10-18 ; 1619. Grands détectives c5)
ISBN 2-264-00596-3. *44 F / 6,71 €*

17214 **VAN HASSEN A.** A l'ombre du singe. *Libr. des Champs-Elysées, 1984.* (Le Masque ; 1749 c1)
ISBN 2-7024-1496-6. *28 F / 4,27 €*

17215 **VANCE J.** Méchante fille. *Pocket, 1991.* (Pocket ; 3729. Noir c4)
ISBN 2-266-04341-2. *30 F / 4,57 €*

17216 **VANDEMELK D.** Le carnaval de Venise. *Baleine, 1998.* (Le Poulpe ; 125)
ISBN 2-84219-147-1. *39 F / 5,95 €*

17217 **VANDENBERG P.** La conjuration de la Sixtine. *LGF, 1999.* (Le Livre de poche ; 14677 c7)
ISBN 2-253-14677-3. *30 F / 4,57 €*

17218 **VANDER G.** Divan terrible. *Baleine, 1997.* (Canaille-revolver ; 42)
ISBN 2-84219-041-6. *39 F / 5,95 €*

17219 **VARENDE Y.** Sherlock Holmes revient. *Fleuve noir, 1996.* (Super poche ; 999999 c1)
ISBN 2-265-05695-2. *78 F / 11,89 €*

17220 **N** **VARGAS F.** Ceux qui vont mourir te saluent. *J'ai lu, 2001.* (J'ai lu ; 5811. Policier)
ISBN 2-290-30992-3. *32 F / 4,88 €*

17221 **VARGAS F.** Debout les morts !. *J'ai lu, 2000.* (J'ai lu ; 5482. Policier cH)
ISBN 2-290-30215-5. *32 F / 4,88 €*

17222 **VARGAS F.** Les jeux de l'amour et de la mort. *Libr. des Champs-Elysées, 1997.* (Le Masque ; 1827. Les reines du crime c2)
ISBN 2-7024-7856-5. *30 F / 4,57 €*

17223 **N** **VARGAS F.** Un peu plus loin sur la droite. *J'ai lu, 2000.* (J'ai lu ; 5690. Policier cl)
ISBN 2-290-30455-7. *36 F / 5,49 €*

17224 **A** **VARGAS F.** Sans feu ni lieu. *J'ai lu, 2001.* (J'ai lu ; 5996. Policier)
ISBN 2-290-31258-4

17225 **VAUTRIN J.** Billy-ze-Kick. *Gallimard, 1998.* (Folio ; 28. Policier ; 28 c4)
ISBN 2-07-040662-8. *20,50 F / 3,13 €*

17226 **VAUTRIN J.** Bloody Mary. *LGF, 1982.* (Le Livre de poche ; 5625 c7)
ISBN 2-253-02925-4. *30 F / 4,57 €*

17227 **VAZQUEZ MONTALBAN M.** Assassinat à Prado del Rey : et autres histoires sordides. *10-18, 1999.* (10-18 ; 3122. Grands détectives c4)
ISBN 2-264-02966-8. *41 F / 6,25 €*

17228 **VAZQUEZ MONTALBAN M.** Histoires de fantômes. Réimpr. *10-18, 1999.* (10-18 ; 2648. Grands détectives c3)
ISBN 2-264-02976-5. *38 F / 5,79 €*

17229 **VAZQUEZ MONTALBAN M.** Hors jeu. Réimpr. *10-18, 1999.* (10-18 ; 2281. Grands détectives c6)
ISBN 2-264-02980-3. *47 F / 7,17 €*

17230 **N** **VAZQUEZ MONTALBAN M.** J'ai tué Kennedy. Réimpr. *10-18, 2000.* (10-18 ; 2692. Grands détectives c4)
ISBN 2-264-02975-7. *41 F / 6,25 €*

17231 **VAZQUEZ MONTALBAN M.** Les mers du Sud. Réimpr. *10-18, 1999.* (10-18 ; 1907. Grands détectives c6)
ISBN 2-264-02987-0. *47 F / 7,17 €*

17232 **VAZQUEZ MONTALBAN M.** Meurtre au comité central. Réimpr. *10-18, 1999.* (10-18 ; 2197. Grands détectives c5)
ISBN 2-264-02983-8. *47 F / 7,17 €*

17233 **N** **VAZQUEZ MONTALBAN M.** Les oiseaux de Bangkok. Réimpr. *10-18, 2000.* (10-18 ; 2163. Grands détectives c7)
ISBN 2-264-02984-6. *50 F / 7,62 €*

17234 **N** **VAZQUEZ MONTALBAN M.** Le petit frère. *10-18, 2001.* (10-18 ; 3265. Grands détectives)
ISBN 2-264-03027-5. *41 F / 6,25 €*

17235 **N** **VAZQUEZ MONTALBAN M.** Le prix. *Seuil, 2000.* (Points ; 754)
ISBN 2-02-038665-8. *45 F / 6,86 €*

17236 **VAZQUEZ MONTALBAN M.** Roldan ni mort, ni vif. *10-18, 2000.* (10-18 ; 3168. Grands détectives c3)
ISBN 2-264-02967-6. *38 F / 5,79 €*

17237 **VAZQUEZ MONTALBAN M.** La rose d'Alexandrie. Réimpr. *10-18, 1999.* (10-18 ; 2134. Grands détectives c6)
ISBN 2-264-02985-4. *47 F / 7,17 €*

17238 **VAZQUEZ MONTALBAN M.** Sabotage olympique. *10-18, 1999.* (10-18 ; 3086. Grands détectives c3)
ISBN 2-264-02610-3. *38 F / 5,79 €*

17239 **VAZQUEZ MONTALBAN M.** La solitude du manager. Réimpr. *10-18, 1999.* (10-18 ; 1908. Grands détectives c5)
ISBN 2-264-02986-2. *44 F / 6,71 €*

17240 **N** **VAZQUEZ MONTALBAN M.** Tatouage. Réimpr. *10-18, 2000.* (10-18 ; 2243. Grands détectives c6)
ISBN 2-264-02981-1. *47 F / 7,17 €*

17241 **VAZQUEZ MONTALBAN M.** Les Thermes. Réimpr. *10-18, 1999.* (10-18 ; 2198. Grands détectives c6)
ISBN 2-264-02982-X. *47 F / 7,17 €*

17242 **VECCHIALI P.** La pieuvre par neuf. *Baleine, 1996.* (Le Poulpe ; 11)
ISBN 2-84219-010-6. *39 F / 5,95 €*

17243 **VÉRY P.** Cinéma, cyanure et compagnie. *Libr. des Champs-Elysées, 1997.* (Le Masque ; 468. Les maîtres du roman policier c4)
ISBN 2-7024-2742-1. *35 F / 5,34 €*

17244 **VÉRY P.** Clavier universel. *Libr. des Champs-Elysées, 1996.* (Le Masque ; 2293. Les maîtres du roman policier c2)
ISBN 2-7024-2706-5. *30 F / 4,57 €*

17245 **VÉRY P.** L'Inconnue du terrain vague. *Libr. des Champs-Elysées, 1990.* (Le Masque ; 1987. Les maîtres du roman policier c2)
ISBN 2-7024-2020-6. *30 F / 4,57 €*

17246 **VÉRY P.** L'inspecteur Max. *Libr. des Champs-Elysées, 1997.* (Le Masque ; 2353. Les maîtres du roman policier c2)
ISBN 2-7024-2776-6. *30 F / 4,57 €*

17247 **VÉRY P.** Le meneur de jeu. *Libr. des Champs-Elysées, 1996.* (Le Masque ; 2283. Les maîtres du roman policier c2)
ISBN 2-7024-2694-8. *30 F / 4,57 €*

17248 **VÉRY P.** Les Métamorphoses. *Libr. des Champs-Elysées, 1993.* (Le Masque ; 2144. Les maîtres du roman policier c1)
ISBN 2-7024-2394-9. *28 F / 4,27 €*

17249 **VÉRY P.** Les Quatre vipères. *Libr. des Champs-Elysées, 1994.* (Le Masque ; 2181. Les maîtres du roman policier c4)
ISBN 2-7024-2476-7. *35 F / 5,34 €*

17250 **VÉRY P.** La révolte des Pères Noël. *Libr. des Champs-Elysées, 1998.* (Le Masque ; 2380. Les maîtres du roman policier c4)
ISBN 2-7024-2777-4. *35 F / 5,34 €*

17251 **VÉRY P.** Le Testament de Basil Crooke. *Libr. des Champs-Elysées, 1983.* (Le Masque ; 60. Les maîtres du roman policier c1)
26 F / 3,96 €

17252 **VÉRY P.** Les trois Claude. *Libr. des Champs-Elysées, 1995.* (Le Masque ; 2246. Les maîtres du roman policier c1)
ISBN 2-7024-2590-9. *28 F / 4,27 €*

17253 **VÉRY P.** Les Veillées de la tour pointue. *Libr. des Champs-Elysées, 1991.* (Le Masque ; 2069. Les maîtres du roman policier c3)
ISBN 2-7024-2203-9. *32 F / 4,88 €*

17254 **VETTIER J.** Juge et partie. *Métailié, 1998.* (Noir)
ISBN 2-86424-269-9. *40 F / 6,10 €*

17255 **VETTIER J.** Nécroprocesseurs. *Métailié, 1999.* (Noir ; 11)
ISBN 2-86424-309-1. *52 F / 7,93 €*

17256 **VETTIER J.** La petite marchande de doses. *Baleine, 1998.* (Le Poulpe ; 133)
ISBN 2-84219-160-9. *39 F / 5,95 €*

17257 **VICKERS R.** Et la servante est rousse!. *Libr. des Champs-Elysées, 1992.* (Le Masque ; 2083. Les maîtres du roman policier c3)
ISBN 2-7024-2231-4. *32 F / 4,88 €*

17258 **VIDAL G.** Les deniers du colt. *Baleine, 1997.* (Le Poulpe ; 97)
ISBN 2-84219-109-9. *39 F / 5,95 €*

17259 **VILAR J-F.** Bastille Tango. *Actes Sud, 1998.* (Babel ; 318. Babel noir c4)
ISBN 2-7427-1678-5. *51 F / 7,77 €*

17260 **VILAR J-F.** Les Exagérés. *Seuil, 1990.* (Points. Roman ; 409 c10)
ISBN 2-02-012420-3. *48 F / 7,32 €*

17261 **VILLARD M.** La porte de derrière. *Gallimard, 1999.* (Folio ; 69. Policier ; 69 c4)
ISBN 2-07-040796-9. *20,50 F / 3,13 €*

17262 **Villefranche, ville noire.** *Zulma, 1997.* (Quatre-bis ; 8)
ISBN 2-84304-021-3. *59 F / 8,99 €*

17263 **N** **VILLIERS G. d.** Albanie : mission impossible. Réimpr. *Malko productions, 2000.* (SAS ; 133)
ISBN 2-84267-127-9. *35 F / 5,34 €*

17264 **N** **VILLIERS G. d.** L'amour fou du colonel Chang. *Malko productions, 2000.* (SAS ; 138)
ISBN 2-84267-101-5. *35 F / 5,34 €*

17265 **VILLIERS G. d.** Bombes sur Belgrade. *Malko productions, 1999.* (SAS ; 136)
ISBN 2-84267-091-4. *35 F / 5,34 €*

17266 **N** **VILLIERS G. d.** Djihad. *Malko productions, 2000.* (SAS ; 139)
ISBN 2-84267-102-3. *35 F / 5,34 €*

17267 **N** **VILLIERS G. d.** Enquête sur un génocide. *Malko productions, 2000.* (SAS ; 140)
ISBN 2-84267-103-1. *35 F / 5,34 €*

17268 **N** **VILLIERS G. d.** L'espion du Vatican. Réimpr. *Malko productions, 2000.* (SAS ; 132)
ISBN 2-84267-126-0. *35 F / 5,34 €*

17269 **VILLIERS G. d.** L'héroïne de Vientiane. *Vaugirard.* (SAS ; 28 c1)
ISBN 2-265-05538-7. *35 F / 5,34 €*

17270 **N** **VILLIERS G. d.** La manipulation Yggdrasil. Réimpr. *Malko productions, 2000.* (SAS ; 129)
ISBN 2-84267-123-6. *35 F / 5,34 €*

17271 **N** **VILLIERS G. d.** Mortelle Jamaïque. Réimpr. *Malko productions, 2000.* (SAS ; 130)
ISBN 2-84267-124-4. *35 F / 5,34 €*

17272 **VILLIERS G. d.** Mortelle Jamaïque. *Malko productions, 1998.* (SAS ; 130)
ISBN 2-84267-046-9. *35 F / 5,34 €*

17273 **N** **VILLIERS G. d.** L'otage de Jolo. *Malko productions, 2001.* (SAS ; 141)
ISBN 2-84267-137-6. *35 F / 5,34 €*

17274 **N** **VILLIERS G. d.** L'otage de Jolo. *Malko productions, 2001.* (SAS ; 8)
ISBN 2-84267-116-3. *35 F / 5,34 €*

17275 **VILLIERS G. d.** Les parias de Ceylan. *Vaugirard, 1995.* (SAS ; 22 c1)
ISBN 2-265-05460-7. *35 F / 5,34 €*

17276 **N** **VILLIERS G. d.** La peste noire de Bagdad. Réimpr. *Malko productions, 2000.* (SAS ; 131)
ISBN 2-84267-125-2. *35 F / 5,34 €*

17277 **VILLIERS G. d.** La piste du Kremlin. *Malko productions, 2000.* (SAS ; 137)
ISBN 2-84267-100-7. *35 F / 5,34 €*

17278 **VILLIERS G. d.** SAS contre P.P.K. : la traque Ocalan. *Malko productions, 1999.* (SAS ; 135)
ISBN 2-84267-079-5. *35 F / 5,34 €*

17279 **N** **VILLIERS G. d.** Source Yahalom. Réimpr. *Malko productions, 2000.* (SAS ; 134)
ISBN 2-84267-128-7. *35 F / 5,34 €*

17280 **N** **VINCENT G.** Appelez-moi Jo. *Vauvenargues, 2000.* (Faits divers ; 3)
ISBN 2-7443-0354-2. *35 F / 5,34 €*

17281 **VINE B.** Ravissements. *LGF, 1993.* (Le Livre de poche ; 9727. Policier c9)
ISBN 2-253-06499-8. *36 F / 5,49 €*

17282 **VINE B.** Le Tapis du roi Salomon. *LGF, 1994.* (Le Livre de poche ; 13567. Policier c9)
ISBN 2-253-13567-4. *36 F / 5,49 €*

17283 **VINET G.** La femme rousse du dolmen. *Liv'éditions, 1999.* (Liv'poche)
ISBN 2-910781-91-7. *59 F / 8,99 €*

17284 **VINET G.** Un festival meurtrier. *Liv'éditions, 1999.* (Liv'poche)
ISBN 2-910781-96-8. *59 F / 8,99 €*

17285 **VINET G.** La maison au bord de la falaise. *Liv'éditions, 1998.* (Liv'poche)
ISBN 2-910781-51-8. *49 F / 7,47 €*

17286 **N** **VINET G.** La morsure du serpent. *Liv'éditions, 2000.* (Liv'poche)
ISBN 2-84497-003-6. *59 F / 8,99 €*

17287 **VINET G.** Les noyés de l'Arz. *Liv'éditions, 1998.* (Liv'poche ; 7)
ISBN 2-910781-53-4. *59 F / 8,99 €*

17288 **N** **VINET G.** Le pêcheur de l'île aux Pies. *Liv'éditions, 2000.* (Liv'poche ; 013)
ISBN 2-910781-85-2. *59 F / 8,99 €*

17289 **N** **VINET G.** Le sorcier de Vannes. *Liv'éditions, 2000.* (Liv'poche ; 020)
ISBN 2-910781-27-5. *59 F / 8,99 €*

17290 **N** **VISCONTI M.** Le cheval d'octobre. *Libr. des Champs-Elysées, 2000.* (Labyrinthes ; 74)
ISBN 2-7024-9696-2. *54 F / 8,23 €*

17291 **VISCONTI M.** Le masque de l'Atellane. *Libr. des Champs-Elysées, 2000.* (Labyrinthes ; 65)
ISBN 2-7024-9682-2. *49 F / 7,47 €*

17292 **A** **VISCONTI M.** Le meurtre d'Adonis. *Libr. des Champs-Elysées, 2001.* (Labyrinthes ; 92)
ISBN 2-7024-9721-7. *54 F / 8,23 €*

17293 **VITALIS F.** L'arène des pigeons. *Baleine, 1998.* (Canaille-revolver ; 122)
ISBN 2-84219-143-9. *39 F / 5,95 €*

17294 **VITALIS F.** Les dents de la Joconde. *Baleine, 2000.* (Canaille-revolver ; 195)
ISBN 2-84219-274-5. *49 F / 7,47 €*

17295 **N** **WAGNEUR A.** Drôle de drums. *Baleine, 2000.* (Le Poulpe ; 196)
ISBN 2-84219-278-8. *39 F / 5,95 €*

17296 **WALKER M. W.** Cri rouge. *LGF, 1999.* (Le Livre de poche ; 7094. Thriller c11)
ISBN 2-253-17094-1. *42 F / 6,40 €*

17297 **WALKER M. W.** La loi des morts. *LGF, 2000.* (Le Livre de poche ; 17115. Thriller c9)
ISBN 2-253-17115-8. *36 F / 5,49 €*

17298 **WALKER M. W.** Statues de sang. *LGF, 1999.* (Le Livre de poche ; 17058. Thriller c9)
ISBN 2-253-17058-5. *36 F / 5,49 €*

17299 **WALLACE M.** Un ange disparaît. *LGF, 1998.* (Le Livre de poche ; 14048. Thriller c9)
ISBN 2-253-17048-8. *36 F / 5,49 €*

17300 **WALTERS M.** Chambre froide. *Pocket, 1994.* (Pocket ; 3629 c5)
ISBN 2-266-00836-6. *35 F / 5,34 €*

17301 **WALTERS M.** Cuisine sanglante. *Pocket, 1995.* (Pocket ; 10007. Best c5)
ISBN 2-266-06624-2. *35 F / 5,34 €*

17302 **N** **WALTERS M.** Lame de fond. *Pocket, 2000.* (Pocket ; 10858. Thriller c7)
ISBN 2-266-09851-9. *42 F / 6,40 €*

17303 **WALTERS M.** Lumière noire. *Pocket, 1997.* (Pocket ; 10261. Noir c6)
ISBN 2-266-07729-5. *38 F / 5,79 €*

17304 **WALTERS M.** La muselière. *Pocket, 1996.* (Pocket ; 4483. Noir c5)
ISBN 2-266-07099-1. *35 F / 5,34 €*

17305 **WALTERS M.** Résonances... *Pocket, 1998.* (Pocket ; 10497. Noir c6)
ISBN 2-266-08528-X. *38 F / 5,79 €*

17306 **WAUGH H.** Dors, mon amour, dors !. *Libr. des Champs-Elysées, 1996.* (Le Masque ; 2295. Les maîtres du roman policier c3)
ISBN 2-7024-2520-8. *32 F / 4,88 €*

17307 **WAUGH H.** Le verrou. *Libr. des Champs-Elysées, 1997.* (Le Masque ; 2339. Les maîtres du roman policier c4)
ISBN 2-7024-2822-3. *35 F / 5,34 €*

17308 **WEAVER M.** Obsession mortelle. *Pocket, 1995.* (Pocket ; 4353 c6)
ISBN 2-266-06573-4. *38 F / 5,79 €*

17309 **WEAVER M.** La part du mensonge. *Pocket, 1996.* (Pocket ; 10048 c7)
ISBN 2-266-07097-5. *42 F / 6,40 €*

17310 **N** **WEBER P.** L'ange de Florence. *Libr. des Champs-Elysées, 2000.* (Labyrinthes ; 77)
ISBN 2-7024-9686-5. *51 F / 7,77 €*

17311 **N** **WEBER P.** Les dîners de Cléopâtre. *Libr. des Champs-Elysées, 2000.* (Labyrinthes ; 81)
ISBN 2-7024-9685-7. *45 F / 6,86 €*

17312 **WEBER P.** La vierge de Bruges. *Libr. des Champs-Elysées, 1999.* (Labyrinthes ; 58 c1)
ISBN 2-7024-9667-9. *36 F / 5,49 €*

17313 **WEISBECKER A.** Cosmix bandidos. *Gallimard, 1999.* (Folio ; 77. Policier c8)
ISBN 2-07-040841-8. *37 F / 5,64 €*

17314 **WELLS H. G.** Le Joueur de croquet. *Gallimard, 1988.* (Folio ; 1909 c11)
ISBN 2-07-037909-4. *29,50 F / 4,50 €*

17315 **WENTWORTH P.** A travers le mur. *10-18, 1995.* (10-18 ; 2624. Grands détectives c6)
ISBN 2-264-02159-4. *47 F / 7,17 €*

17316 **N** **WENTWORTH P.** Anna où es-tu ?. *10-18, 2000.* (10-18 ; 3184. Grands détectives c6)
ISBN 2-264-03095-X. *47 F / 7,17 €*

17317 **WENTWORTH P.** Un anneau pour l'éternité. *10-18, 1995.* (10-18 ; 2575. Grands détectives c6)
ISBN 2-264-02161-6. *47 F / 7,17 €*

17318 **WENTWORTH P.** Au douzième coup de minuit. *10-18, 1994.* (10-18 ; 2519. Grands détectives c4)
ISBN 2-264-00144-5. *44 F / 6,71 €*

17319 **WENTWORTH P.** Le belvédère. *10-18, 1997.* (10-18 ; 2878. Grands détectives c6)
ISBN 2-264-02553-0. *47 F / 7,17 €*

17320 **WENTWORTH P.** Le Châle chinois. *10-18, 1994.* (10-18 ; 2494. Grands détectives c4)
ISBN 2-264-00142-9. *41 F / 6,25 €*

17321 **WENTWORTH P.** Le Chemin de la falaise. *10-18, 1994.* (10-18 ; 2450. Grands détectives c4)
ISBN 2-264-00139-9. *41 F / 6,25 €*

17322 **WENTWORTH P.** Comme l'eau qui dort. *10-18, 1996.* (10-18 ; 2792. Grands détectives c6)
ISBN 2-264-02379-1. *47 F / 7,17 €*

17323 **WENTWORTH P.** La dague d'ivoire. *10-18, 1997.* (10-18 ; 2826. Grands détectives c6)
ISBN 2-264-02554-9. *47 F / 7,17 €*

17324 **WENTWORTH P.** L'Empreinte du passé. *10-18, 1994.* (10-18 ; 2473. Grands détectives c4)
ISBN 2-264-00140-2. *47 F / 7,17 €*

17325 **WENTWORTH P.** L'héritage d'Alington. *10-18, 1995.* (10-18 ; 2684. Grands détectives c5)
ISBN 2-264-02204-3. *47 F / 7,17 €*

17326 **WENTWORTH P.** Les Lèvres qui voient. *10-18, 1993.* (10-18 ; 2407. Grands détectives c5)
ISBN 2-264-01936-0. *44 F / 6,71 €*

17327 **WENTWORTH P.** Le manoir des dames. *10-18, 1997.* (10-18 ; 2859. Grands détectives c6)
ISBN 2-264-02555-7. *47 F / 7,17 €*

17328 **N** **WENTWORTH P.** Le marc maudit. Réimpr. *10-18, 2000.* (10-18 ; 2918. Grands détectives c6)
ISBN 2-264-03166-2. *47 F / 7,17 €*

17329 **WENTWORTH P.** Le masque gris. *10-18, 1995.* (10-18 ; 2597. Grands détectives c5)
ISBN 2-264-02076-8. *44 F / 6,71 €*

17330 **N** **WENTWORTH P.** Meurtre en sous-sol. Réimpr. *10-18, 2000.* (10-18 ; 2654. Grands détectives c5)
ISBN 2-264-03167-0. *44 F / 6,71 €*

17331 **WENTWORTH P.** Miss Silver intervient. *10-18, 1993.* (10-18 ; 2362. Grands détectives c5)
ISBN 2-264-01790-2. *44 F / 6,71 €*

17332 **A** **WENTWORTH P.** La mort au fond du jardin. *10-18, 2001.* (10-18 ; 3286. Grands détectives c6)
ISBN 2-264-03094-1. *47 F / 7,17 €*

17333 **WENTWORTH P.** Le mystère de la clef. *10-18, 1996.* (10-18 ; 2709. Grands détectives c6)
ISBN 2-264-02163-2. *47 F / 7,17 €*

17334 **N** **WENTWORTH P.** Pleins feux. Réimpr. *10-18, 2000.* (10-18 ; 2406. Grands détectives c6)
ISBN 2-264-03171-9. *47 F / 7,17 €*

17335 **WENTWORTH P.** Le Rocher de la tête-noire. *10-18, 1994.* (10-18 ; 2534. Grands détectives c6)
ISBN 2-264-01934-4. *44 F / 6,71 €*

17336 **WENTWORTH P.** La Roue de Sainte-Catherine. *10-18, 1993.* (10-18 ; 2437. Grands détectives c6)
ISBN 2-264-01937-9. *47 F / 7,17 €*

17337 **WENTWORTH P.** La trace dans l'ombre. *10-18, 1998.* (10-18 ; 2970. Grands détectives c6)
ISBN 2-264-02652-9. *47 F / 7,17 €*

17338 **WENTWORTH P.** Le trésor des Benevent. *10-18, 1996.* (10-18 ; 2754. Grands détectives c6)
ISBN 2-264-02162-4. *47 F / 7,17 €*

17339 **N** **WENWORTH P.** La collection Brading. *10-18, 2000.* (10-18 ; 3229. Grands détectives c6)
ISBN 2-264-02651-0. *47 F / 7,17 €*

17340 **WENWORTH P.** Miss Silver entre en scène. *10-18, 1992.* (10-18 ; 2308. Grands détectives c5)
ISBN 2-264-01788-0. *47 F / 7,17 €*

17341 **WENWORTH P.** La Plume du corbeau. *10-18, 1992.* (10-18 ; 2307. Grands détectives c5)
ISBN 2-264-01789-9. *47 F / 7,17 €*

17342 **WESLEY V. W.** Danse avec le diable. *Libr. des Champs-Elysées, 1998.* (Le Masque ; 2391. Les reines du crime c6)
ISBN 2-7024-2868-1. *39 F / 5,95 €*

17343 **WESLEY V. W.** Quand la mort vient. *Libr. des Champs-Elysées, 1996.* (Le Masque ; 2280. Les reines du crime c3)
ISBN 2-7024-2684-0. *32 F / 4,88 €*

17344 **WESLEY V. W.** Si le diable l'emporte. *Libr. des Champs-Elysées, 1997.* (Le Masque ; 2325. Les reines du crime c3)
ISBN 2-7024-2763-4. *32 F / 4,88 €*

17345 **N** **WESSON M.** Habeas corpus. *Pocket, 2000.* (Pocket ; 10860. Noir c6)
ISBN 2-266-09848-9. *38 F / 5,79 €*

17346 **A** **WESSON M.** La morte n'en saura rien. *Pocket, 2001.* (Pocket. Noir ; 10861)
ISBN 2-266-09849-7

17347 **WEST D. D.** La dominante. *Libr. des Champs-Elysées, 1998.* (Labyrinthes ; 25 c1)
ISBN 2-7024-9568-0. *36 F / 5,49 €*

17348 **WEST D. D.** L'impair. *Libr. des Champs-Elysées, 1999.* (Labyrinthes ; 48 c1)
ISBN 2-7024-9648-2. *36 F / 5,49 €*

17349 **WEST D. D.** Le mobile. *Libr. des Champs-Elysées, 1997.* (Labyrinthes ; 16 c1)
ISBN 2-7024-9569-9. *36 F / 5,49 €*

17350 **WEST D. D.** La partition. *Libr. des Champs-Elysées, 1998.* (Labyrinthes ; 35 c1)
ISBN 2-7024-9619-9. *36 F / 5,49 €*

17351 **WEST D. D.** La rançon. *Libr. des Champs-Elysées, 1999.* (Labyrinthes ; 66 c2)
ISBN 2-7024-9676-8. *38 F / 5,79 €*

17352 **WEST M.** Le mystère Strassberger. *LGF, 1999.* (Le Livre de poche ; 17065. Thriller c9)
ISBN 2-253-17065-8. *36 F / 5,49 €*

353 **WESTLAKE D. E.** L'assassin de papa. *Gallimard, 1998.* (Folio. Policier ; 29 c6)
SBN 2-07-040663-6. *29,50 F / 4,50 €*

354 **WESTLAKE D. E.** Château en esbroufe. *Gallimard, 1999.* (Folio ; 136. Policier c6)
SBN 2-07-041073-0. *29,50 F / 4,50 €*

355 **WESTLAKE D. E.** Festival de crêpe. *Gallimard, 1987.* (Folio ; 1880 c11)
SBN 2-07-037880-2. *29,50 F / 4,50 €*

356 **WESTLAKE D. E.** Un Loup chasse l'autre. Réimpr. *Gallimard, 1988.* (Folio ; 1911 c11)
SBN 2-07-037911-6. *29,50 F / 4,50 €*

357 **WESTLAKE D. E.** Le Paquet. *Gallimard, 1988.* (Folio ; 1944 c11)
SBN 2-07-037944-2. *29,50 F / 4,50 €*

358 **WESTLAKE D. E.** Pris dans la glu. *Gallimard, 1987.* (Folio ; 1888 c11)
SBN 2-07-037888-8. *29,50 F / 4,50 €*

359 **N** **WHELAN H.** Mort d'une peau de vache. *LGF, 2000.* (Le Livre de poche ; 14975. Thriller c8)
ISBN 2-253-14975-6. *33 F / 5,03 €*

360 **WILLARD F.** Ketchup karma. *Fleuve noir, 1999.* (Les noirs ; 69)
ISBN 2-265-06586-2. *59 F / 8,99 €*

361 **A** **WILLIAMS C.** Aux urnes, les ploucs !. *Gallimard, 2001.* (Folio ; 208. Policier)
ISBN 2-07-041816-2. *25,50 F / 3,89 €*

362 **WILLIAMS C.** Bye-Bye bayou. *Gallimard, 1995.* (Folio ; 2773 c8)
ISBN 2-07-039384-4. *37 F / 5,64 €*

363 **A** **WILLIAMS C.** Le Pigeon. *Gallimard, 2001.* (Folio. Policier)
ISBN 2-07-041507-4. *25,50 F / 3,89 €*

364 **WILLIAMS C.** Vivement dimanche!. *Gallimard, 1998.* (Folio. Policier ; 30 c6)
ISBN 2-07-040664-4. *29,50 F / 4,50 €*

365 **N** **WILLIAMS W. J.** Plasma. *J'ai lu, 2001.* (Millenaires ; 6055)
ISBN 2-290-30974-5. *89 F / 13,57 €*

366 **WILLOCKS T.** L'odeur de la haine. *Pocket, 1997.* (Pocket ; 10090. Thriller c6)
ISBN 2-266-07235-8. *38 F / 5,79 €*

367 **WILS M., WILS G.** Il faut tuer René Dousquet. *Baleine, 1998.* (Canaille-revolver ; 143)
ISBN 2-84219-172-2. *45 F / 6,86 €*

368 **WILTSE D.** Terreur blanche. *Pocket, 1999.* (Pocket ; 10550. Noir c4B)
ISBN 2-266-08779-7. *32 F / 4,88 €*

17369 **WILTSE D.** Terreur noire. *Pocket, 1998.* (Pocket ; 4470. Noir c4B)
ISBN 2-266-07040-1. *32 F / 4,88 €*

17370 **A** **WINCKLER M.** Touche pas à mes deux seins. *Baleine, 2001.* (Le Poulpe ; 221)
ISBN 2-84219-273-7. *39 F / 5,95 €*

17371 **A** **WINSLOW D.** Mort et vie de Bobby Z. *Pocket, 2001.* (Pocket ; 10964)
ISBN 2-266-10192-7

17372 **N** **WOODS S.** Anonymement vôtre. *LGF, 2000.* (Le Livre de poche ; 17145. Thriller c9)
ISBN 2-253-17145-X. *36 F / 5,49 €*

17373 **WOODS S.** Echange mortel. *LGF, 1998.* (Le Livre de poche ; 17040. Thriller c9)
ISBN 2-253-17040-2. *36 F / 5,49 €*

17374 **WOODS S.** Hollywood mafia. *LGF, 2000.* (Le Livre de poche ; 17112. Thriller c9)
ISBN 2-253-17112-3. *36 F / 5,49 €*

17375 **WOODS S.** La mort entre deux eaux. *LGF, 1999.* (Le Livre de poche ; 17101. Thriller c9)
ISBN 2-253-17101-8. *36 F / 5,49 €*

17376 **WOODS S.** Piège à flics. *LGF, 1999.* (Le Livre de poche ; 17078. Thriller c9)
ISBN 2-253-17078-X. *36 F / 5,49 €*

17377 **WOODS S.** La veuve noire. *LGF, 1998.* (Le Livre de poche ; 17050. Thriller c9)
ISBN 2-253-17050-X. *36 F / 5,49 €*

17378 **WRIGHT A.** Tony et Susan. *Seuil, 1997.* (Points ; 321 c2)
ISBN 2-02-030106-7. *39 F / 5,95 €*

17379 **WRIGHT L. R.** Pas de sang dans la clairière. *Seuil, 1995.* (Points ; 155 c2)
ISBN 2-02-025908-7. *39 F / 5,95 €*

17380 **WYLLIE J.** Safari noir. *10-18, 1995.* (10-18 ; 2586. Grands détectives c5)
ISBN 2-264-01941-7. *44 F / 6,71 €*

17381 **WYLLIE J.** Safari sorcier. *10-18, 1998.* (10-18 ; 2947. Grands détectives c6)
ISBN 2-264-02494-1. *47 F / 7,17 €*

17382 **N** **ZAMPONI F.** In nomine patris. *Actes Sud, 2000.* (Babel ; 422. Babel noir)
ISBN 2-7427-2655-1. *39 F / 5,95 €*

17383 **ZAMPONI F.** Mon colonel. *Actes Sud, 1999.* (Babel ; 375. Babel noir c2)
ISBN 2-7427-2189-4. *45 F / 6,86 €*

17384 **ZUFFEREY D.** L'étoile d'or. *Libr. des Champs-Elysées, 1998.* (Le Masque ; 2372. Les maîtres du roman policier c6)
ISBN 2-7024-2855-X. *39 F / 5,95 €*

Littérature (Romans)

17385 **A CHENG** Perdre son chemin. *Ed. de l'Aube, 1996.* (L'Aube poche ; 29 c3)
ISBN 2-87678-281-2. *39 F / 5,95 €*

17386 **A CHENG** Les trois rois. Réimp. *Ed. de l'Aube, 2000.* (L'Aube poche ; 2 c6)
ISBN 2-87678-188-3. *55 F / 8,38 €*

17387 **A Long spoon :** and other short stories. *LGF, 1990.* (Le Livre de poche ; 8736. Lire en anglais c2)
ISBN 2-253-05030-X. *15 F / 2,29 €*

17388 **ABBÉ DU PRAT** Vénus dans le cloître ou la Religieuse en chemise. *Actes Sud ; Labor ; Aire, 1994.* (Babel ; 129. Les érotiques c2)
ISBN 2-7427-0341-1. *39 F / 5,95 €*

17389 **N** **ABBÉ DU PRAT** Vénus dans le cloître ou La religieuse en chemise. *Librio, 2000.* (Librio ; 421 c1)
ISBN 2-290-30759-9. *10 F / 1,52 €*

17390 **ABBOTT E. A.** Flatland. *10-18, 1999.* (10-18 ; 3134. Domaine étranger c3)
ISBN 2-264-02250-7. *38 F / 5,79 €*

17391 **ABE K.** La face d'un autre. Nouv. éd. *Stock, 1999.* (Bibliothèque cosmopolite ; 83 c3)
ISBN 2-234-05135-5. *60 F / 9,15 €*

17392 **ABE K.** La Femme des sables. *LGF, 1992.* (Le Livre de poche ; 3175. Biblio c11)
ISBN 2-253-05995-1. *42 F / 6,40 €*

17393 **ABE K.** La femme des sables. Nouv. éd. *Stock, 1996.* (Bibliothèque cosmopolite ; 10 c4)
ISBN 2-234-04635-1. *65 F / 9,91 €*

17394 **ABE K.** L'homme-boîte. *Stock, 1999.* (Bibliothèque cosmopolite c2)
ISBN 2-234-05134-7. *55 F / 8,38 €*

17395 **ABE K.** Mort anonyme : nouvelles. *LGF, 1995.* (Le Livre de poche ; 3242. Biblio c8)
ISBN 2-253-93242-6. *33 F / 5,03 €*

17396 **ABE K.** Le Plan déchiqueté. *LGF, 1993.* (Le Livre de poche ; 3190. Biblio c11)
ISBN 2-253-06309-6. *42 F / 6,40 €*

17397 **ABE K.** Le plan déchiqueté. Nouv. éd. *Stock, 1997.* (Bibliothèque cosmopolite ; 90 c5)
ISBN 2-234-04846-X. *70 F / 10,67 €*

17398 **ABE K.** Rendez-vous secret. *Gallimard, 1996.* (Folio ; 2841 c8)
ISBN 2-07-039473-5. *37 F / 5,64 €*

17399 **ABÉCASSIS E.** L'or et la cendre. *LGF, 1999.* (Le Livre de poche ; 14690 c10)
ISBN 2-253-14690-0. *40 F / 6,10 €*

17400 **N** **ABOUT E.** Le nez d'un notaire. *Mille et une nuits, 2000.* (La petite collection ; 293 c1)
ISBN 2-84205-490-3. *10 F / 1,52 €*

17401 **ABRAHAMS P.** Le fan. *J'ai lu, 1997.* (J'ai lu ; 4340. Littérature générale c5)
ISBN 2-290-04340-0. *39 F / 5,95 €*

17402 **ACHEBE C.** Les Termitières de la savane. *10-18, 1994.* (10-18 ; 2479. Domaine étranger c5)
ISBN 2-264-01808-9. *47 F / 7,17 €*

17403 **ACKROYD P.** Le golem de Londres. *10-18, 1999.* (10-18 ; 3107. Domaine étranger c7)
ISBN 2-264-02870-X. *50 F / 7,62 €*

17404 **ACKROYD P.** Le Testament d'Oscar Wilde. *10-18, 1991.* (10-18 ; 2181 c5)
ISBN 2-264-01497-0. *44 F / 6,71 €*

17405 **ACKROYD P.** Le Testament d'Oscar Wilde. *10-18, 1991.* (10-18 ; 2181. Domaine étranger c5)
44 F / 6,71 €

17406 **ADAIR G.** Amour et mort à Long Island. *10-18, 1998.* (10-18 ; 2976. Domaine étranger c3)
ISBN 2-264-02215-9. *38 F / 5,79 €*

17407 **A** **ADAM O.** Je vais bien, ne t'en fais pas... *Pocket, 2001.* (Pocket ; 11109)
ISBN 2-266-10569-8

17408 **ADAMEK A-M.** Le fusil à pétales. *Labor, 1997.* (Espace Nord ; 119 c2)
ISBN 2-8040-1211-5. *42 F / 6,40 €*

17409 **ADAMOV A.** L'Homme et l'enfant. *Gallimard, 1981.* (Folio ; 1261 c11)
ISBN 2-07-037261-8. *29,50 F / 4,50 €*

17410 **ADAMOV A.** Je... Ils... *Gallimard, 1994.* (L'imaginaire ; 306)
ISBN 2-07-073721-7. *40 F / 6,10 €*

17411 **A.D.G.** La Nuit des grands chiens malades. *Gallimard, 1990.* (Folio ; 2224 c11)
ISBN 2-07-038325-3. *29,50 F / 4,50 €*

17412 **N** **ADLER E.** Les liens du passé. *Pocket, 2000.* (Pocket ; 10700. Roman c7)
ISBN 2-266-09217-0. *42 F / 6,40 €*

17413 **ADLER E.** Le secret de la Villa Mimosa. *Pocket, 1998.* (Pocket ; 10248. Roman c8)
ISBN 2-266-07661-2. *45 F / 6,86 €*

414 **ADLER E.** Secrets en héritage. *Pocket, 1996.* (Pocket ; 10040 c9)
ISBN 2-266-06833-4. *48 F / 7,32 €*

415 **ADLER P.** Les Amies de ma femme. *J'ai lu, 1988.* (J'ai lu ; 2439. Littérature générale c3)
ISBN 2-277-22439-1. *29 F / 4,42 €*

416 **ADLER P.** Bonjour la galère!. Réimpr. *J'ai lu, 1990.* (J'ai lu ; 1868. Littérature générale c1)
ISBN 2-277-21868-5. *13 F / 1,98 €*

417 **ADLER W.** L'ombre d'un soupçon. *Pocket, 1999.* (Pocket ; 2868 c4)
ISBN 2-266-09703-2. *30 F / 4,57 €*

418 **AE-YOUNG CHOE** Le voyeur à l'écoute. *PUF, 1996.* (Le Texte rêve)
ISBN 2-13-047299-0. *65 F / 9,91 €*

419 **AEPLY J.** Eros zéro. *la Musardine, 1997.* (Lectures amoureuses de Jean-Jacques Pauvert ; 13 c3)
ISBN 2-84271-011-8. *35 F / 5,34 €*

420 [A] **AGEE J.** Une mort dans la famille. *10-18, 2001.* (10-18 ; 3289. Domaine étranger)
ISBN 2-264-03192-1

421 **AGNON S. J.** Une histoire toute simple. *10-18, 1998.* (10-18 ; 3017. Domaine étranger c5)
ISBN 2-264-02143-8. *44 F / 6,71 €*

422 **AGUEEV M.** Roman avec cocaïne. *10-18, 1998.* (10-18 ; 2959. Domaine étranger c5)
ISBN 2-264-02731-2. *44 F / 6,71 €*

423 **AGUILAR CAMIN H.** La Mort à Veracruz. *Seuil, 1994.* (Points. Roman ; 670 c2)
ISBN 2-02-022218-3. *39 F / 5,95 €*

424 [N] **AIKEN C.** Un coeur pour les dieux du Mexique. *Table ronde, 2001.* (La petite vermillon ; 129)
ISBN 2-7103-2390-7. *45 F / 6,86 €*

7425 **AKUTAGAWA R.** Rashômon et autres contes. *Gallimard, 1986.* (Connaissance de l'Orient poche ; 13)
ISBN 2-07-070748-2. *58 F / 8,84 €*

7426 **ALAIN-FOURNIER** Le Grand Meaulnes. *LGF.* (Le Livre de poche ; 1000. Classiques de poche c6)
ISBN 2-253-00527-4. *26 F / 3,96 €*

7427 **ALCOTT L. M.** Pour le meilleur et pour le pire... et pour l'éternité. *LGF, 1998.* (Le Livre de poche ; 14472 c8)
ISBN 2-253-14472-X. *33 F / 5,03 €*

7428 **ALEXAKIS V.** Les Girls du city boum-boum. *Seuil, 1992.* (Points. Roman c1)
ISBN 2-02-017739-0. *32 F / 4,88 €*

7429 **ALEXAKIS V.** Papa. *LGF, 1999.* (Le Livre de poche ; 14639 c6)
ISBN 2-253-14639-0. *26 F / 3,96 €*

7430 [A] **ALEXANDER V.** Un mari à l'essai. *J'ai lu, 2001.* (J'ai lu ; 5910. Aventures et passions)
ISBN 2-290-31148-0

17431 **ALEXIE S.** Indian blues. *10-18, 1999.* (10-18 ; 3059. Domaine étranger c6)
ISBN 2-264-02674-X. *47 F / 7,17 €*

17432 **ALEXIS** Compère général Soleil. *Gallimard, 1982.* (L'imaginaire ; 91)
ISBN 2-07-028730-0. *56 F / 8,54 €*

17433 **ALEXIS J. S.** Les arbres musiciens. *Gallimard, 1997.* (L'imaginaire ; 371)
ISBN 2-07-075052-3. *77 F / 11,74 €*

17434 **ALEXIS J. S.** L'espace d'un cillement. Réimpr. *Gallimard, 1996.* (L'imaginaire ; 114)
ISBN 2-07-025017-2. *58 F / 8,84 €*

17435 **ALFAU F.** Le Café des fous. *Seuil, 1992.* (Points. Roman ; 515 c3)
ISBN 2-02-013257-5. *48 F / 7,32 €*

17436 **ALGREN N.** Un fils de l'Amérique. *10-18, 2000.* (10-18 ; 3171. Domaine étranger c6)
ISBN 2-264-02920-X. *47 F / 7,17 €*

17437 **ALGREN N.** L'Homme au bras d'or. *Gallimard, 1981.* (Folio ; 1320 c10)
ISBN 2-07-037320-7. *46 F / 7,01 €*

17438 **ALGREN N.** La Rue chaude. *Gallimard, 1991.* (L'Etrangère)
ISBN 2-07-072265-1. *68 F / 10,37 €*

17439 **ALLAIS A.** A l'oeil. *Librio, 1995.* (Librio ; 50 c01)
ISBN 2-277-30050-0. *10 F / 1,52 €*

17440 **ALLAIS A.** La nuit blanche d'un hussard rouge : et autres contes. *Mercure de France, 1997.* (Le petit Mercure. Brèves histoires d'humour)
20 F / 3,05 €

17441 **ALLAIS A.** Oeuvres anthumes. *Laffont, 1989.* (Bouquins)
ISBN 2-221-05483-0. *159 F / 24,24 €*

17442 **ALLE G.** Un air à faire pleurer la mariée. *Baleine, 2000.* (Velours ; 8)
ISBN 2-84219-246-X. *39 F / 5,95 €*

17443 [N] **ALLE G.** Il faut buter les patates. *Baleine, 2001.* (Ultimes ; 3)
ISBN 2-84219-300-8. *45 F / 6,86 €*

17444 **ALLÉGRET C.** L'entre deux mères. *LGF, 1999.* (Le Livre de poche ; 14586 c6)
ISBN 2-253-14586-6. *26 F / 3,96 €*

17445 **ALLEN W.** Crimes et délits. *Seuil, 1993.* (Point-virgule ; 131 c2)
ISBN 2-02-012949-3. *39 F / 5,95 €*

17446 **ALLEN W.** Hannah et ses soeurs. *Seuil, 1991.* (Point-virgule ; 106 c2)
ISBN 2-02-012950-7. *39 F / 5,95 €*

17447 **ALLENDE I.** Les Contes d'Eva Luna. *LGF, 1992.* (Le Livre de poche ; 9544 c9)
ISBN 2-253-06206-5. *36 F / 5,49 €*

17448 **ALLENDE I.** Les contes d'Eva Luna. Nouv. éd. *Stock, 1997.* (Bibliothèque cosmopolite c4)
ISBN 2-234-04868-0. *65 F / 9,91 €*

17449 **ALLENDE I.** D'amour et d'ombre. *LGF, 1987.* (Le Livre de poche ; 6347 c7)
ISBN 2-253-04175-0. *33 F / 5,03 €*

17450 **ALLENDE I.** Eva-Luna. *LGF, 1990.* (Le Livre de poche ; 6789 c10)
ISBN 2-253-05354-6. *40 F / 6,10 €*

17451 **ALLENDE I.** La Maison aux esprits. *LGF, 1986.* (Le Livre de poche ; 6143 c10)
ISBN 2-253-03804-0. *40 F / 6,10 €*

17452 **ALLENDE I.** Paula. *LGF, 1997.* (Le Livre de poche ; 14119 c9)
ISBN 2-253-14119-4. *36 F / 5,49 €*

17453 **ALLENDE I.** Le plan infini. *LGF, 1994.* (Le Livre de poche ; 13608 c10)
ISBN 2-253-13608-5. *40 F / 6,10 €*

17454 **ALLISON D.** L'histoire de Bone. *10-18, 1999.* (10-18 ; 3026. Domaine étranger c10)
ISBN 2-264-02467-4. *65 F / 9,91 €*

17455 **N** **ALLISON D.** Retour à Cayro. *10-18, 2000.* (10-18 ; 3182. Domaine étranger c8)
ISBN 2-264-02970-6. *55 F / 8,38 €*

17456 **ALMIRA J.** Le Bal de la guerre ou la Vie de la princesse des Ursins. *Gallimard, 1993.* (Folio ; 2455 c11)
ISBN 2-07-038596-5. *50 F / 7,62 €*

17457 **ALMIRA J.** Le Bar de la mer. *Gallimard, 1994.* (Folio ; 2600 c11)
ISBN 2-07-038861-1. *29,50 F / 4,50 €*

17458 **ALMIRA J.** Le Voyage à Naucratis. *Gallimard, 1990.* (Folio ; 2192 c13)
ISBN 2-07-038283-4. *61 F / 9,30 €*

17459 **ALMODOVAR P.** Patty Diphusa, la Vénus des lavabos. Réimpr. *Seuil, 1999.* (Points ; 642 c7)
ISBN 2-02-025584-7. *35 F / 5,34 €*

17460 **ALTEN S.** Mégalodon. *Pocket, 1998.* (Pocket ; 10333 c6)
ISBN 2-266-07948-4. *38 F / 5,79 €*

17461 **A** **ALTEN S.** The trench : Mégalodon. *Pocket, 2001.* (Pocket ; 10823)
ISBN 2-266-09749-0. *38 F / 5,79 €*

17462 **AMADO J.** Bahia de tous les saints. *Gallimard, 1981.* (Folio ; 1299 c8)
ISBN 2-07-037299-5. *37 F / 5,64 €*

17463 **AMADO J.** La Bataille du Petit Trianon. *Stock, 1991.* (Bibliothèque cosmopolite)
ISBN 2-234-02357-2. *50 F / 7,62 €*

17464 **N** **AMADO J.** Cacao. Nouv. éd. *Stock, 2000.* (Bibliothèque cosmopolite)
ISBN 2-234-05242-4. *50 F / 7,62 €*

17465 **AMADO J.** Capitaine des sables. *Gallimard, 1984.* (L'imaginaire ; 141)
ISBN 2-07-070237-5. *58 F / 8,84 €*

17466 **AMADO J.** Les Chemins de la faim. *Gallimard, 1991.* (Folio ; 2232)
ISBN 2-07-038332-6. *61 F / 9,30 €*

17467 **AMADO J.** La Découverte de l'Amérique par les Turcs ou Comment l'Arabe Jamil Bichara, défricheur de terres vierges, venu en la bonne ville d'Itabuna pour satisfaire aux nécessités du corps, s'y vit offrir fortune et mariage ou encore les Fiancailles d'Adma : mini-roman. *LGF, 1994.* (Le Livre de poche ; 13583 c3)
ISBN 2-253-13583-6. *18 F / 2,74 €*

17468 **AMADO J.** Les deux morts de Quinquin-la-Flotte. Nouv. éd. *Stock, 1996.* (Bibliothèque cosmopolite ; 16 c2)
ISBN 2-234-04638-6. *55 F / 8,38 €*

17469 **AMADO J.** Navigation de cabotage : notes pour des mémoires que je n'écrirai jamais. *Gallimard, 1998.* (Folio ; 3088)
ISBN 2-07-040473-0. *60 F / 9,15 €*

17470 **AMADO J.** Les pâtres de la nuit. Nouv. éd. *LGF, 1998.* (Le Livre de poche ; 3300. Biblio c14)
ISBN 2-253-93300-7. *48 F / 7,32 €*

17471 **AMADO J.** Suor. *Gallimard, 1991.* (Folio ; 2314 c11)
ISBN 2-07-038426-8. *29,50 F / 4,50 €*

17472 **AMADO J.** Tereza Batista. *LGF, 1998.* (Le Livre de poche ; 3301. Biblio c17)
ISBN 2-253-93301-5. *60 F / 9,15 €*

17473 **AMADO J.** La terre aux fruits d'or. *Gallimard, 1995.* (Folio ; 2726 c10)
ISBN 2-07-039290-2. *46 F / 7,01 €*

17474 **AMADO J.** Les Terres du bout du monde. *Gallimard, 1991.* (Folio ; 2313 c12)
ISBN 2-07-038425-X. *52 F / 7,93 €*

17475 **AMADO J.** Le vieux marin. *Stock, 1998.* (Bibliothèque cosmopolite)
ISBN 2-234-04926-1. *55 F / 8,38 €*

17476 **AMADO J.** Yansan des orages : une histoire de sorcellerie. *LGF, 1991.* (Le Livre de poche ; 6978 c11)
ISBN 2-253-05697-9. *42 F / 6,40 €*

17477 **AMBLER E.** Le Brochet. *Seuil, 1992.* (Points. Roman ; 562 c2)
ISBN 2-02-018249-1. *39 F / 5,95 €*

17478 **AMBLER E.** L'héritage Schirmer. Réimpr. *Seuil, 1998.* (Points ; 435 c8)
ISBN 2-02-033311-2. *39 F / 5,95 €*

17479 **AMBLER E.** Le Levantin. *Seuil, 1988.* (Points. Roman ; 317 c3)
ISBN 2-02-010192-0. *48 F / 7,32 €*

17480 **AMBLER E.** Sale histoire. *Seuil, 1992.* (Points. Roman c2)
ISBN 2-02-018244-0. *39 F / 5,95 €*

17481 **AMBLER E.** Les Visiteurs du crépuscule. *Seuil, 1991.* (Points. Roman ; 478 c2)
ISBN 2-02-013398-9. *39 F / 5,95 €*

17482 **AMBRIÈRE F.** Les grandes vacances. *Seuil, 1984.* (Points. Roman ; 160 c4)
ISBN 2-02-006900-8. *52 F / 7,93 €*

17483 **AMETTE J-P.** Les Deux Léopards. *Seuil, 1999.* (Points ; 664)
ISBN 2-02-038079-X. *42 F / 6,40 €*

17484 **AMETTE J-P.** Province. *Seuil, 1997.* (Points ; 405 c8)
ISBN 2-02-032361-3. *39 F / 5,95 €*

17485 **AMETTE J-P.** Le Voyage de Hölderlin en France : l'adieu à la raison. *Seuil, 1993.* (Points. Roman ; 583 c1)
ISBN 2-02-018240-8. *32 F / 4,88 €*

17486 **AMIS M.** La flèche du temps. *10-18, 1998.* (10-18 ; 2887. Domaine étranger c3)
ISBN 2-264-02358-9. *38 F / 5,79 €*

17487 **AMIS M.** L'information. *Gallimard, 1998.* (Folio ; 3129 c13)
ISBN 2-07-040563-X. *56 F / 8,54 €*

17488 **AMIS M.** London Fields. *10-18, 1997.* (10-18 ; 2813. Domaine étranger c8)
ISBN 2-264-02357-0. *55 F / 8,38 €*

17489 **AMIS M.** Les monstres d'Einstein. *10-18, 1999.* (10-18 ; 3032. Domaine étranger c3)
ISBN 2-264-00088-0. *38 F / 5,79 €*

17490 [A] **AMIS M.** Train de nuit. *Gallimard, 2001.* (Folio)
ISBN 2-07-041734-4. *41 F / 6,25 €*

17491 **AMORI M.** Le beau sexe. *Pocket, 1999.* (Pocket ; 10508)
ISBN 2-266-08696-0. *23 F / 3,51 €*

17492 **AMPUERO F.** Caramel vert. *Métailié, 1999.* (Suites ; 24. Suite hispano-américaine)
ISBN 2-86424-311-3. *45 F / 6,86 €*

17493 **ANCION N.** Ciel bleu, trop bleu. *Ancrage, 1999.* (Poche ; 4 c1)
ISBN 2-930311-00-2. *35 F / 5,34 €*

17494 **ANDERSEN H. C.** Le compagnon de voyage. *Mercure de France, 1995.* (Le petit Mercure)
ISBN 2-7152-1948-2. *12 F / 1,83 €*

17495 **ANDERSEN H. C.** Contes choisis. *Gallimard, 1994.* (Folio ; 2599. Classique c9)
ISBN 2-07-038786-0. *41 F / 6,25 €*

17496 [A] **ANDERSEN H. C.** Contes choisis. *Gallimard, 2001.* (Folio. Classique)
ISBN 2-07-041821-9. *20,50 F / 3,13 €*

17497 **ANDERSEN H. C.** Contes. *LGF, 1987.* (Le Livre de poche ; 4262. Nouvelle approche c5)
ISBN 2-253-04000-2. *23 F / 3,51 €*

17498 [N] **ANDERSEN H. C.** Le vaillant soldat de plomb, la petite sirène et autres contes. *LGF, 2000.* (Le Livre de poche ; 14949. Les classiques d'aujourd'hui c1)
ISBN 2-253-14949-7. *10 F / 1,52 €*

17499 **ANDERSON C.** L'amour pour châtiment. *J'ai lu, 1998.* (J'ai lu ; 4917. Aventures et passions c5)
ISBN 2-290-04917-4. *39 F / 5,95 €*

17500 **ANDERSON C.** Sous la menace. *J'ai lu, 2000.* (J'ai lu ; 5488. Amour et destin cK)
ISBN 2-290-30219-8. *42 F / 6,40 €*

17501 **ANDERSON K.** Sympathy for the devil. *Gallimard, 1997.* (Folio ; 2957 c15)
ISBN 2-07-040197-9. *61 F / 9,30 €*

17502 **ANDERSON S.** Tar. *Stock, 1987.* (Bibliothèque cosmopolite ; 76)
ISBN 2-234-01997-4. *50 F / 7,62 €*

17503 [N] **ANDREWS V. C.** L'ange de la nuit. Réimpr. *J'ai lu, 2000.* (La saga de Heaven; 2)(J'ai lu ; 2870. Littérature générale cL)
ISBN 2-290-30176-0. *45 F / 6,86 €*

17504 [N] **ANDREWS V. C.** Aurore. 1. *J'ai lu, 2000.* (J'ai lu ; 3464. Littérature générale cJ)
ISBN 2-290-30390-9. *39 F / 5,95 €*

17505 [N] **ANDREWS V. C.** Avant l'aurore. Réimpr. *J'ai lu, 2000.* (Aurore; 5)(J'ai lu ; 3899. Littérature générale cJ)
ISBN 2-290-30394-1. *39 F / 5,95 €*

17506 **ANDREWS V. C.** Bouquet d'épines. Réimpr. *J'ai lu, 1999.* (Fleurs captives; 3)(J'ai lu ; 1350. Littérature générale c6)
ISBN 2-290-11350-6. *42 F / 6,40 €*

17507 **ANDREWS V. C.** Brenda. *J'ai lu, 1999.* (Les orphelines; 3)(J'ai lu ; 5182. Littérature générale c2)
ISBN 2-290-05182-9. *22 F / 3,35 €*

17508 [N] **ANDREWS V. C.** Le chant du coeur. *J'ai lu, 2000.* (La famille Logan; 2)(J'ai lu ; 5516. Littérature générale cK)
ISBN 2-290-30342-9. *42 F / 6,40 €*

17509 [N] **ANDREWS V. C.** Coeurs maudits. *J'ai lu, 2000.* (La saga de Heaven; 3)(J'ai lu ; 2971. Littérature générale cK)
ISBN 2-290-30213-9. *42 F / 6,40 €*

17510 **ANDREWS V. C.** Crystal. *J'ai lu, 1999.* (Les orphelines; 2)(J'ai lu ; 5181. Littérature générale c2)
ISBN 2-290-05181-0. *22 F / 3,35 €*

17511 **ANDREWS V. C.** D'or et de cendres : les origines de la famille Landry. Réimpr. *J'ai lu, 1999.* (J'ai lu ; 4808. Littérature générale c6)
ISBN 2-290-14808-3. *42 F / 6,40 €*

17512 **ANDREWS V. C.** D'or et de lumière. Réimpr. *J'ai lu, 1999.* (La famille Landry; 3)(J'ai lu ; 4542. Littérature générale c5)
ISBN 2-290-14542-4. *39 F / 5,95 €*

17513 [N] **ANDREWS V. C.** Les démons de la nuit. Réimpr. *J'ai lu, 2000.* (Aurore; 4)(J'ai lu ; 3772. Littérature générale cK)
ISBN 2-290-30393-3. *42 F / 6,40 €*

17514 **ANDREWS V. C.** En fuite !. *J'ai lu, 1999.* (Les orphelines; 5)(J'ai lu ; 5184. Littérature générale c5)
ISBN 2-290-05184-5. *39 F / 5,95 €*

17515 N **ANDREWS V. C.** L'enfant du crépuscule. Réimpr. *J'ai lu, 2000.* (Aurore; 3)(J'ai lu ; 3723. Littérature générale cK)
ISBN 2-290-30392-5. *42 F / 6,40 €*

17516 N **ANDREWS V. C.** Les enfants des collines. Réimpr. *J'ai lu, 2000.* (La saga de Heaven; 1)(J'ai lu ; 2727. Littérature générale cL)
ISBN 2-290-30175-2. *45 F / 6,86 €*

17517 **ANDREWS V. C.** Fleurs captives. 1. Réimpr. *J'ai lu, 1999.* (J'ai lu ; 1165. Littérature générale c6)
ISBN 2-290-21165-6. *42 F / 6,40 €*

17518 **ANDREWS V. C.** Janet. *J'ai lu, 1999.* (Les orphelines; 1)(J'ai lu ; 5180. Littérature générale c2)
ISBN 2-290-05180-2. *22 F / 3,35 €*

17519 **ANDREWS V. C.** Le jardin des ombres. Réimpr. *J'ai lu, 1999.* (Fleurs captives; 5)(J'ai lu ; 2526. Littérature générale c5)
ISBN 2-290-02526-7. *39 F / 5,95 €*

17520 N **ANDREWS V. C.** Le labyrinthe des songes. *J'ai lu, 2000.* (La saga de Heaven; 5)(J'ai lu ; 3234. Littérature générale cL)
ISBN 2-290-30178-7. *45 F / 6,86 €*

17521 N **ANDREWS V. C.** Ma douce Audrina. Réimpr. *J'ai lu, 2000.* (J'ai lu ; 1578. Littérature générale cK)
ISBN 2-290-31121-9. *41 F / 6,25 €*

17522 N **ANDREWS V. C.** Melody. *J'ai lu, 2000.* (La famille Logan; 1)(J'ai lu ; 5516. Littérature générale cJ)
ISBN 2-290-30174-4. *39 F / 5,95 €*

17523 **ANDREWS V. C.** Perle. Réimpr. *J'ai lu, 1999.* (La famille Landry; 2)(J'ai lu ; 4332. Littérature générale c5)
ISBN 2-290-14332-4. *39 F / 5,95 €*

17524 **ANDREWS V. C.** Pétales au vent. Réimpr. *J'ai lu, 1999.* (Fleurs captives; 2)(J'ai lu ; 1237. Littérature générale c7)
ISBN 2-290-11237-2. *45 F / 6,86 €*

17525 A **ANDREWS V. C.** Petite musique de nuit. *J'ai lu, 2001.* (La famille Logan; 4)(J'ai lu ; 5967. Littérature générale)
ISBN 2-290-31203-7

17526 **ANDREWS V. C.** Les racines du passé. Réimpr. *J'ai lu, 1999.* (Fleurs captives; 4)(J'ai lu ; 1818. Littérature générale c7)
ISBN 2-290-11818-4. *45 F / 6,86 €*

17527 **ANDREWS V. C.** Rebecca. *J'ai lu, 1999.* (Les orphelines; 4)(J'ai lu ; 5183. Littérature générale c2)
ISBN 2-290-05183-7. *22 F / 3,35 €*

17528 **ANDREWS V. C.** Ruby. Réimpr. *J'ai lu, 1999.* (La famille Landry; 1)(J'ai lu ; 4253. Littérature générale c6)
ISBN 2-290-14253-0. *42 F / 6,40 €*

17529 N **ANDREWS V. C.** Les secrets de l'aube. *J'ai lu, 2000.* (Aurore; 2)(J'ai lu ; 3580. Littérature générale cL)
ISBN 2-290-30391-7. *45 F / 6,86 €*

17530 N **ANDREWS V. C.** Symphonie inachevée. *J'ai lu, 2001.* (La famille Logan; 3)(J'ai lu ; 5772. Littérature générale cL)
ISBN 2-290-30928-1. *45 F / 6,86 €*

17531 **ANDREWS V. C.** Tel un joyau caché. *J'ai lu, 1999.* (La famille Landry; 4)(J'ai lu ; 4627. Littérature générale c5)
ISBN 2-290-14627-7. *39 F / 5,95 €*

17532 N **ANDREWS V. C.** Un visage au paradis. *J'ai lu, 2000.* (La saga de Heaven; 4)(J'ai lu ; 3119. Littérature générale cL)
ISBN 2-290-30177-9. *45 F / 6,86 €*

17533 **ANDRIC I.** Le pont sur la Drina. *LGF, 1999.* (Le Livre de poche ; 3321. Biblio c10)
ISBN 2-253-93321-X. *40 F / 6,10 €*

17534 **ANDRZEJEWSKI J.** Cendres et diamant. *Gallimard, 1986.* (Folio ; 1767 c11)
ISBN 2-07-037767-9. *50 F / 7,62 €*

17535 **ANGELOU M.** Je sais pourquoi chante l'oiseau en cage. *10-18, 1994.* (10-18 ; 2445. Domaine étranger c8)
ISBN 2-264-01807-0. *55 F / 8,38 €*

17536 A **ANGLADE J.** La fille aux orages. *Pocket, 2001.* (Pocket ; 11097)
ISBN 2-266-10474-8

17537 N **ANGLADE J.** Le grillon vert. *Pocket, 2000.* (Pocket ; 10573 c4)
ISBN 2-266-09432-7. *30 F / 4,57 €*

17538 **ANGLADE J.** Le Jardin de Mercure. *Pocket, 1994.* (Pocket ; 3265 c5)
ISBN 2-266-00415-8. *35 F / 5,34 €*

17539 **ANGLADE J.** Un lit d'aubépine. *Pocket, 1997.* (Pocket ; 10145 c5)
ISBN 2-266-07370-2. *35 F / 5,34 €*

17540 **ANGLADE J.** La maîtresse au piquet. *Pocket, 1998.* (Pocket ; 10233 c5)
ISBN 2-266-07798-8. *35 F / 5,34 €*

17541 **ANGLADE J.** Un Parrain de cendre. *Pocket, 1993.* (Pocket ; 4607. Best c5)
ISBN 2-266-05233-0. *35 F / 5,34 €*

17542 **ANGLADE J.** Une Pomme oubliée. *Pocket, 1994.* (Pocket ; 1065 c4)
ISBN 2-266-02906-1. *30 F / 4,57 €*

17543 **ANGLADE J.** Le saintier. *Pocket, 1999.* (Pocket ; 10516 c4B)
ISBN 2-266-08593-X. *32 F / 4,88 €*

17544 **ANGLADE J.** La soupe à la fourchette. *Pocket, 1996.* (Pocket ; 4362 c5)
ISBN 2-266-06565-3. *35 F / 5,34 €*

17545 **ANGLADE J.** Le Voleur de coloquintes. *Pocket, 1990.* (Pocket ; 1188. Best c4)
ISBN 2-266-02995-9. *30 F / 4,57 €*

17546 **ANGLADE J.** Y a pas d'bon Dieu. *Pocket, 1995.* (Pocket ; 4361 c4)
ISBN 2-266-06564-5. *30 F / 4,57 €*

17547 **ANGOT C.** Not to be. *Gallimard, 2000.* (Folio ; 3345 c7)
ISBN 2-07-041262-8. *20,50 F / 3,13 €*

17548 **ANGOT C.** Sujet Angot. Nouv. éd. *Pocket, 2000.* (Pocket ; 10743 c3B)
ISBN 2-266-10228-1. *28 F / 4,27 €*

17549 **ANGOT C.** L'usage de la vie. *Mille et une nuits, 1999.* (La petite collection ; 260)
ISBN 2-84205-447-4. *10 F / 1,52 €*

17550 **ANGOT C.** Vu du ciel. *Gallimard, 2000.* (Folio ; 3346 c7)
ISBN 2-07-041263-6. *20 F / 3,05 €*

17551 **ANISSIMOV M.** Dans la plus stricte intimité. *Seuil, 1998.* (Points ; 509 c7)
ISBN 2-02-034135-2. *35 F / 5,34 €*

17552 **N** **ANISSIMOV M.** Le Marida. *Seuil, 2000.* (Points ; 798)
ISBN 2-02-033437-2. *39 F / 5,95 €*

17553 **ANISSIMOV M.** La Soie et les cendres. *Gallimard, 1991.* (Folio ; 2287 c14)
ISBN 2-07-038404-7. *60 F / 9,15 €*

17554 **ANOUILH J.** Fables. *Gallimard, 1973.* (Folio ; 316 c9)
ISBN 2-07-036316-3. *20,50 F / 3,13 €*

17555 **ANOUILH J.** Le Scénario. *Gallimard, 1984.* (Folio ; 1610 c11)
ISBN 2-07-037610-9. *29,50 F / 4,50 €*

17556 **Anthologie de la peur :** entre chien et loup. *Seuil, 1989.* (Points. Essais ; 202 c5)
ISBN 2-02-010687-6. *55 F / 8,38 €*

17557 **N** **ANTUNES A. L.** Connaissance de l'enfer. *Seuil, 2000.* (Points ; 801)
ISBN 2-02-034895-0. *45 F / 6,86 €*

17558 **ANTUNES A. L.** Le cul de Judas. *Métailié, 1997.* (Suites ; 3. Suite portugaise)
ISBN 2-86424-248-6. *46 F / 7,01 €*

17559 **ANTUNES A. L.** Explication des oiseaux. *Seuil, 1999.* (Points ; 612)
ISBN 2-02-033834-3. *45 F / 6,86 €*

17560 **ANTUNES A. L.** Fado alexandrino. *Métailié, 1998.* (Suites ; 17. Suite portugaise)
ISBN 2-86424-287-7. *82 F / 12,50 €*

17561 **ANTUNES A. L.** La farce des damnés. *Seuil, 1998.* (Points ; 576 c10)
ISBN 2-02-035797-6. *67 F / 10,21 €*

17562 **ANTUNES A. L.** Le manuel des inquisiteurs. *10-18, 1999.* (10-18 ; 3102. Domaine étranger c9)
ISBN 2-264-02602-2. *60 F / 9,15 €*

17563 **ANTUNES A. L.** La mort de Carlos Gardel. *10-18, 1998.* (10-18 ; 2992. Domaine étranger c7)
ISBN 2-264-02596-4. *50 F / 7,62 €*

17564 **ANTUNES A. L.** L'ordre naturel des choses. *Seuil, 1999.* (Points ; 691)
ISBN 2-02-033833-5. *45 F / 6,86 €*

17565 **ANTUNES A. L.** Le retour des caravelles. *10-18, 1995.* (10-18 ; 2589. Domaine étranger c5)
ISBN 2-264-00202-6. *44 F / 6,71 €*

17566 **ANTUNES A. L.** La splendeur du Portugal. *Seuil, 2000.* (Points ; 728 c12)
ISBN 2-02-036210-4. *50 F / 7,62 €*

17567 **ANTUNES A. L.** Traité des passions de l'âme. *Seuil, 1998.* (Points ; 491 c9)
ISBN 2-02-032459-8. *45 F / 6,86 €*

17568 **APOLLINAIRE G.** La Femme assise ; Chronique de France et d'Amérique ; Moeurs et merveilles du temps Lanka. *Gallimard, 1979.* (L'imaginaire ; 37)
ISBN 2-07-028612-6. *39 F / 5,95 €*

17569 **N** **APOLLINAIRE G.** Les onze mille verges ou Les amours d'un hospodar. Réimpr. *J'ai lu, 2000.* (J'ai lu ; 704. Littérature générale c1)
ISBN 2-290-30595-2. *13 F / 1,98 €*

17570 **N** **APPIGNANESI L.** Une femme exemplaire. *J'ai lu, 2000.* (J'ai lu ; 5610. Littérature générale)
ISBN 2-290-30317-8. *45 F / 6,86 €*

17571 **A** **APPLEYARD D.** Pause-bébé. *J'ai lu, 2001.* (J'ai lu ; 5780. Amour et destin cJ)
ISBN 2-290-30909-5. *39 F / 5,95 €*

17572 **ARAGON L.** Anicet ou Le panorama, roman. Réimpr. *Gallimard, 1997.* (Folio ; 195 c11)
ISBN 2-07-036195-0. *29,50 F / 4,50 €*

17573 **ARAGON L.** Aurélien. Nouv. éd. *Gallimard, 1986.* (Folio ; 1750 c14)
ISBN 2-07-037750-4. *60 F / 9,15 €*

17574 **ARAGON L.** Les aventures de Télémaque. *Gallimard, 1997.* (L'imaginaire ; 370)
ISBN 2-07-074993-2. *34 F / 5,18 €*

17575 **ARAGON L.** Les beaux quartiers. Réimpr. *Gallimard, 1989.* (Folio ; 241 c11)
ISBN 2-07-036241-8. *50 F / 7,62 €*

17576 **ARAGON L.** Les Cloches de Bâle. *Gallimard, 1978.* (Folio ; 791 c9)
ISBN 2-07-036791-6. *41 F / 6,25 €*

17577 **ARAGON L.** Le Libertinage. *Gallimard, 1977.* (L'imaginaire ; 9)
ISBN 2-07-029774-8. *49 F / 7,47 €*

17578 **ARAGON L.** Le mentir-vrai. *Gallimard, 1997.* (Folio ; 3001 c12)
ISBN 2-07-040342-4. *52 F / 7,93 €*

17579 **ARAGON L.** La Mise à mort. *Gallimard, 1973.* (Folio ; 314 c10)
ISBN 2-07-036314-7. *46 F / 7,01 €*

17580 **ARAGON L.** La semaine sainte. *Gallimard, 1998.* (Folio ; 3099 c14)
ISBN 2-07-040461-7. *60 F / 9,15 €*

17581 **ARAGON L.** Théâtre-Roman. *Gallimard, 1998.* (L'imaginaire ; 381)
ISBN 2-07-040494-3. *78 F / 11,89 €*

17582 **ARAGON L.** Traité de style. *Gallimard, 1980.* (L'imaginaire ; 59)
ISBN 2-07-020989-X. *46 F / 7,01 €*

17583 **ARAGON L.** Les voyageurs de l'impériale. Réimpr. *Gallimard, 1996.* (Folio ; 120 c11)
ISBN 2-07-036120-9. *50 F / 7,62 €*

17584 **ARBAUD J. d.** La Bête du Vaccarès. *Grasset, 1985.* (Les Cahiers rouges ; 42)
ISBN 2-246-17683-2. *62 F / 9,45 €*

17585 **ARCHER J.** Le souffle du temps. *J'ai lu, 1995.* (J'ai lu ; 4058. Littérature générale c10)
ISBN 2-277-24058-3. *52 F / 7,93 €*

17586 **ARDISSON T.** Louis XX : contre-enquête sur la monarchie. *Gallimard, 1988.* (Folio ; 1912 c8)
ISBN 2-07-037912-4. *37 F / 5,64 €*

17587 **N** **ARENAS R.** Avant la nuit : autobiographie. *Actes Sud, 2000.* (Babel ; 458)
ISBN 2-7427-3096-6. *57 F / 8,69 €*

17588 **ARENAS R.** Le Monde hallucinant. *Seuil, 1989.* (Points. Roman ; 356 c1)
ISBN 2-02-010723-6. *39 F / 5,95 €*

17589 **N** **ARGENS J-B. d. B. (. d.** Thérèse philosophe ou Mémoires pour servir à l'histoire du P. Dirrag et de Mlle Eradice. *Librio, 2000.* (Librio ; 422 c1)
ISBN 2-290-30760-2. *10 F / 1,52 €*

17590 **N** **ARGENS J-B. d. B. (. d.** Thérèse philosophe. Réimpr. *Actes Sud, 2000.* (Babel ; 37. Les érotiques c2)
ISBN 2-86869-788-7. *39 F / 5,95 €*

17591 **ARGENS J-B. d. B. (. d.** Thérèse philosophe. *la Musardine, 1998.* (Lectures amoureuses de Jean-Jacques Pauvert ; 19)
ISBN 2-84271-019-3. *35 F / 5,34 €*

17592 **ARGUEDAS J. M.** Les fleuves profonds. *Gallimard, 1997.* (L'Etrangère)
ISBN 2-07-074752-2. *69 F / 10,52 €*

17593 **ARIDJIS H.** 1492, les aventures de Juan Cabezon de Castille. *Seuil, 1992.* (Points. Roman ; 498 c4)
ISBN 2-02-013691-0. *52 F / 7,93 €*

17594 **ARIDJIS H.** 1492, mémoires du Nouveau Monde. *Seuil, 1994.* (Points. Roman ; 654 c4)
ISBN 2-02-022049-0. *52 F / 7,93 €*

17595 **ARIYOSHI S.** Les Années du crépuscule. *Stock, 1994.* (Bibliothèque cosmopolite)
ISBN 2-234-04288-7. *60 F / 9,15 €*

17596 **ARIYOSHI S.** Les dames de Kimoto. Nouv. éd. *Stock, 1998.* (Bibliothèque cosmopolite c2)
ISBN 2-234-04927-X. *55 F / 8,38 €*

17597 **ARIYOSHI S.** Kaé ou les Deux rivales. *Stock, 1990.* (Bibliothèque cosmopolite)
ISBN 2-234-02306-8. *55 F / 8,38 €*

17598 **ARKEN R.** Froid devant. *J'ai lu, 1996.* (Navarro; 1)(J'ai lu ; 4123. Littérature générale)
ISBN 2-277-24123-7. *29 F / 4,42 €*

17599 **ARLAND M.** La Consolation du voyageur. *Gallimard, 1978.* (L'imaginaire ; 26)
ISBN 2-07-029956-2. *41 F / 6,25 €*

17600 **ARLAND M.** Terres étrangères. *Gallimard, 1996.* (L'imaginaire ; 343)
ISBN 2-07-074401-9. *39 F / 5,95 €*

17601 **ARLAND M.** Zelie dans le désert. *Gallimard, 1974.* (Folio ; 534 c9)
ISBN 2-07-036534-4. *20,50 F / 3,13 €*

17602 **ARLEN M.** Le chapeau vert. *10-18, 1999.* (10-18 ; 3060. Domaine étranger c5)
ISBN 2-264-02331-7. *44 F / 6,71 €*

17603 **ARLT R.** Les Sept fous. *Seuil, 1994.* (Points. Roman ; 634 c3)
ISBN 2-02-015946-5. *48 F / 7,32 €*

17604 **ARMAND M-P.** La cense aux alouettes. *Pocket, 1998.* (Pocket ; 10482 c5)
ISBN 2-266-08438-0. *35 F / 5,34 €*

17605 **N** **ARMAND M-P.** L'enfance perdue. *Pocket, 2001.* (Pocket ; 11096 c6)
ISBN 2-266-10475-6. *38 F / 5,79 €*

17606 **ARMAND M-P.** Louise. *Pocket, 1993.* (La Courée; 2)(Pocket ; 4608. Best c6)
ISBN 2-266-05234-9. *35 F / 5,34 €*

17607 **ARMAND M-P.** La maîtresse d'école. *Pocket, 1997.* (Pocket ; 10060. Best c5)
ISBN 2-266-07023-1. *35 F / 5,34 €*

17608 **ARMEN M.** La Fontaine d'Heghnar. *Actes Sud, 1994.* (Babel ; 93 c2)
ISBN 2-7427-0148-6. *39 F / 5,95 €*

17609 **ARNAUD G.** Le Salaire de la peur. Réimpr. *Pocket, 1984.* (Pocket ; 2284. Best c2)
ISBN 2-266-02302-0. *23 F / 3,51 €*

17610 **N** **ARNAUD T.** Le secret du docteur Guillard. *J'ai lu, 2000.* (J'ai lu ; 5589. Littérature générale cK)
ISBN 2-290-30279-1. *42 F / 6,40 €*

17611 **ARNIM L. A. v.** Les héritiers du majorat. *Mercure de France, 1995.* (Le petit Mercure)
ISBN 2-7152-1950-4. *15 F / 2,29 €*

17612 **ARNIM L. A. v.** Isabelle d'Egypte et autres récits. *Gallimard, 1983.* (Folio ; 1498. Classique c12)
ISBN 2-07-037498-X. *52 F / 7,93 €*

17613 **ARNOTHY C.** Une Affaire d'héritage. *LGF, 1993.* (Le Livre de poche ; 9612 c9)
ISBN 2-253-06330-4. *36 F / 5,49 €*

17614 **ARNOTHY C.** Le Bonheur d'une manière ou d'une autre. *LGF, 1979.* (Le Livre de poche ; 5295 c8)
ISBN 2-253-02286-1. *42 F / 6,40 €*

17615 **ARNOTHY C.** Chiche. *LGF, 1974.* (Le Livre de poche ; 3890 c5)
ISBN 2-253-00095-7. *23 F / 3,51 €*

17616 **N** **ARNOTHY C.** Complot de femmes. *LGF, 2001.* (Le Livre de poche ; 15019)
ISBN 2-253-15019-3. *36 F / 5,49 €*

17617 **ARNOTHY C.** La dernière nuit avant l'an 2000. *Pocket, 1999.* (Pocket ; 10457 c4B)
ISBN 2-266-08218-3. *32 F / 4,88 €*

17618 **ARNOTHY C.** Désert brûlant. *LGF, 1994.* (Le Livre de poche ; 13588 c6)
ISBN 2-253-13588-7. *26 F / 3,96 €*

17619 **ARNOTHY C.** J'ai quinze ans et je ne veux pas mourir. *LGF, 1964.* (Le Livre de poche ; 2375 c7)
ISBN 2-253-00322-0. *33 F / 5,03 €*

17620 **ARNOTHY C.** J'aime la vie. *LGF, 1978.* (Le Livre de poche ; 5108 c7)
ISBN 2-253-01964-X. *30 F / 4,57 €*

17621 **ARNOTHY C.** Jeux de mémoire. *LGF, 1982.* (Le Livre de poche ; 5651 c2)
ISBN 2-253-02967-X. *15 F / 2,29 €*

17622 **N** **ARNOTHY C.** Malins plaisirs. *Pocket, 2000.* (Pocket ; 10903 c8)
ISBN 2-266-10012-2. *45 F / 6,86 €*

17623 **ARNOTHY C.** La piste africaine. *Pocket, 1998.* (Pocket ; 10495 c6)
ISBN 2-266-08494-1. *38 F / 5,79 €*

17624 **ARNOTHY C.** Une question de chance. *Pocket, 1996.* (Pocket ; 10005 c5)
ISBN 2-266-06626-9. *35 F / 5,34 €*

17625 **ARNOTHY C.** Toutes les chances plus une. *LGF, 1981.* (Le Livre de poche ; 5564 c7)
ISBN 2-253-02754-5. *30 F / 4,57 €*

17626 **ARNOTHY C.** Les Trouble-fête. *LGF, 1987.* (Le Livre de poche ; 6355 c7)
ISBN 2-253-04189-0. *30 F / 4,57 €*

17627 **ARNOTHY C.** Un Type merveilleux. *LGF, 1980.* (Le Livre de poche ; 5449 c7)
ISBN 2-253-02529-1. *30 F / 4,57 €*

17628 **ARNOTHY C.** Vent africain. *LGF, 1991.* (Le Livre de poche ; 6960 c10)
ISBN 2-253-05671-5. *40 F / 6,10 €*

17629 **ARNOTHY C.** Voyage de noces. *LGF.* (Le Livre de poche ; 13836 c9)
ISBN 2-253-13836-3. *36 F / 5,49 €*

17630 **ARPINO G.** Serena. *Seuil, 1988.* (Points. Roman ; 295 c1)
ISBN 2-02-009869-5. *32 F / 4,88 €*

17631 **ARRIBA S. d.** Les vestiges du temps. *Visibilis, 2000.* (Gros caractères)
ISBN 2-913196-12-8. *125 F / 19,06 €*

17632 **ARROU-VIGNOD J-P.** Le conseil d'indiscipline. *Gallimard, 1997.* (Folio ; 2986 c11)
ISBN 2-07-040291-6. *29,50 F / 4,50 €*

17633 **ARROU-VIGNOD J-P.** L'homme du cinquième jour. *Gallimard, 1999.* (Folio ; 3253 c10)
ISBN 2-07-041015-3. *46 F / 7,01 €*

17634 **ARROU-VIGNOD J-P.** Les jours d'avant. *Arléa, 1998.* (Noël)
ISBN 2-86959-432-1. *50 F / 7,62 €*

17635 **ARSAN E.** Chargée de mission. *J'ai lu, 1993.* (J'ai lu ; 3427. Littérature générale)
ISBN 2-277-23427-3. *29 F / 4,42 €*

17636 **ARSAN E.** Emmanuelle. 1, La leçon d'homme. *la Musardine, 1999.* (Lectures amoureuses de Jean-Jacques Pauvert ; 28)
ISBN 2-84271-049-5. *39 F / 5,95 €*

17637 **ARSAN E.** Emmanuelle. 2, L'antivierge. *la Musardine, 1999.* (Lectures amoureuses de Jean-Jacques Pauvert ; 29 c4)
ISBN 2-84271-050-9. *39 F / 5,95 €*

17638 **N** **ARSAN E.** Emmanuelle. *Pocket, 2000.* (Pocket ; 10974 c9)
ISBN 2-266-10184-6. *48 F / 7,32 €*

17639 **ARTAUD A.** Héliogabale ou l'Anarchiste couronné. *Gallimard, 1979.* (L'imaginaire ; 36)
ISBN 2-07-028472-7. *42 F / 6,40 €*

17640 **ARTAUD A.** Le Moine : de Lewis. Réimpr. *Gallimard, 1975.* (Folio ; 690 c9)
ISBN 2-07-036690-1. *41 F / 6,25 €*

17641 **N** **ASHFORD J.** Pari tenu. *J'ai lu, 2000.* (J'ai lu ; 5762. Aventures et passions cJ)
ISBN 2-290-30895-1. *39 F / 5,95 €*

17642 **ASHLEY A.** Un amour hors du temps. *J'ai lu, 1999.* (J'ai lu ; 5169. Amour et destin c5)
ISBN 2-290-05169-1. *39 F / 5,95 €*

17643 **ASHWORTH S.** Calories story. *J'ai lu, 1995.* (J'ai lu ; 3964. Littérature générale c5)
ISBN 2-277-23964-X. *39 F / 5,95 €*

17644 **ASSINIWI B.** La saga des Béothuks : roman. *Actes Sud ; Leméac, 2000.* (Babel ; 398)
ISBN 2-7427-2463-X. *63 F / 9,60 €*

17645 **ASSIS M. d.** L'aliéniste = O alienista. *Gallimard, 1992.* (Folio bilingue ; 25 c5)
ISBN 2-07-038489-6. *52 F / 7,93 €*

17646 **ASSIS M. d.** Dom Casmurro. *LGF, 1997.* (Le Livre de poche ; 3268. Biblio c9)
ISBN 2-253-93268-X. *36 F / 5,49 €*

17647 **ASSIS M. d.** Dom Casmurro. *Albin Michel, 1989.* (Bibliothèque Albin Michel poche ; 27 c2)
ISBN 2-226-03675-X. *49 F / 7,47 €*

17648 **N** **ASSIS M. d.** Mémoires posthumes de Bras Cubas. *Métailié, 2000.* (Suites ; 33. Suite brésilienne)
ISBN 2-86424-352-0. *60 F / 9,15 €*

17649 **ASSIS M. d.** La montre en or. *Métailié : Unesco, 1998.* (Suites ; 10. Suite brésilienne)
ISBN 2-86424-265-6. *43 F / 6,56 €*

17650 **ASSIS M. d., BRUYAS J-P.** Le philosophe ou le chien : Quincas Borba. *Métailié, 1997.* (Suites ; 4. Suite brésilienne)
ISBN 2-86424-249-4. *65 F / 9,91 €*

17651 **ASSOULINE P.** La cliente. *Gallimard, 2000.* (Folio ; 3347 c9)
ISBN 2-07-041274-1. *29,50 F / 4,50 €*

17652 **N** **ASTER C.** ODC. *Gallimard, 2000.* (Folio ; 3418 c6)
ISBN 2-07-040990-2. *50 F / 7,62 €*

17653 **ASTURIAS M. A.** Le Larron qui ne croyait pas au ciel. *Seuil, 1992.* (Points. Roman ; 505 c3)
ISBN 2-02-012704-0. *48 F / 7,32 €*

17654 **ASTURIAS M. A.** L'Ouragan. *Gallimard, 1993.* (L'Etrangère)
ISBN 2-07-072835-8. *48 F / 7,32 €*

17655 **ASTURIAS M. A.** Le Pape vert. *LGF, 1985.* (Le Livre de poche ; 3064. Biblio c13)
ISBN 2-253-03768-0. *46 F / 7,01 €*

17656 **ASTURIAS M. A.** Vendredi des douleurs. *Seuil, 1991.* (Points. Roman ; 457 c13)
ISBN 2-02-012838-1. *52 F / 7,93 €*

17657 **ATHANASSIADIS N.** Une Jeune fille nue. Nouv. éd. *Albin Michel, 1989.* (Bibliothèque Albin Michel poche ; 36 c2)
ISBN 2-226-03903-1. *49 F / 7,47 €*

17658 **ATKINSON K.** Dans les coulisses du musée. *LGF, 1998.* (Le Livre de poche ; 14490 c11)
ISBN 2-253-14490-8. *42 F / 6,40 €*

17659 **ATKINSON K.** Dans les replis du temps. *LGF, 1999.* (Le Livre de poche ; 14687 c10)
ISBN 2-253-14687-0. *40 F / 6,10 €*

17660 **ATTALI J.** Au-delà de nulle part. *LGF, 1999.* (Le Livre de poche ; 14652 c7)
ISBN 2-253-14652-8. *30 F / 4,57 €*

17661 **A** **ATTALI J.** La femme du menteur. *LGF, 2001.* (Le Livre de poche ; 15035)
ISBN 2-253-15035-5. *30 F / 4,57 €*

17662 **ATTALI J.** Il viendra. *LGF, 1995.* (Le Livre de poche ; 13875 c8)
ISBN 2-253-13875-4. *33 F / 5,03 €*

17663 **ATTALI J.** La Vie éternelle, roman. *LGF, 1990.* (Le Livre de poche ; 6866 c9)
ISBN 2-253-05460-7. *36 F / 5,49 €*

17664 **ATTANÉ C.** Le Propre du bouc. *J'ai lu, 1992.* (J'ai lu ; 3337. Littérature générale)
ISBN 2-277-23337-4. *22 F / 3,35 €*

17665 **ATWOOD M.** Captive. *Pocket, 1999.* (Pocket ; 10616 c8)
ISBN 2-266-09207-3. *45 F / 6,86 €*

17666 **ATWOOD M.** Mort en lisière. *LGF, 1998.* (Le Livre de poche ; 14383 c7)
ISBN 2-253-14383-9. *30 F / 4,57 €*

17667 **ATWOOD M.** Oeil-de-chat. *J'ai lu, 1991.* (J'ai lu ; 3063. Littérature générale)
ISBN 2-277-23063-4. *49 F / 7,47 €*

17668 **ATWOOD M.** La voleuse d'hommes. *LGF, 1996.* (Le Livre de poche ; 14067 c16)
ISBN 2-253-14067-8. *55 F / 8,38 €*

17669 **AUBERJONOIS F.** L'île aux feux. *Aire, 1998.* (L'Aire bleue)
ISBN 2-88108-488-5. *59 F / 8,99 €*

17670 **AUBERT B.** La rose de fer. *Seuil, 1995.* (Points ; 104 c2)
ISBN 2-02-025576-6. *39 F / 5,95 €*

17671 **AUBERT J-M.** Bambous. *LGF, 1998.* (Le Livre de poche ; 14386 c5)
ISBN 2-253-14386-3. *23 F / 3,51 €*

17672 **AUDIBERTI J.** Abraxas. *Gallimard, 1977.* (L'imaginaire ; 10)
ISBN 2-07-029775-6. *45 F / 6,86 €*

17673 **AUDIBERTI J.** La Fin du monde. *Actes Sud, 1989.* (Babel ; 1 c1)
ISBN 2-86869-362-8. *33 F / 5,03 €*

17674 **AUDIBERTI J.** Les jardins et les fleuves. *Gallimard, 1997.* (L'imaginaire ; 363)
ISBN 2-07-074811-1. *90 F / 13,72 €*

17675 **AUDIBERTI J.** Le Maître de Milan. *Gallimard, 1986.* (L'imaginaire ; 173 c1)
ISBN 2-07-070771-7. *40 F / 6,10 €*

17676 **AUDIBERTI J.** L'Opéra du monde. *Grasset, 1993.* (Les Cahiers rouges ; 187)
ISBN 2-246-16902-X. *62 F / 9,45 €*

17677 **AUDIBERTI J.** Le Retour du divin. *Gallimard, 1983.* (L'imaginaire ; 111)
ISBN 2-07-025343-0. *42 F / 6,40 €*

17678 **AUDOUARD Y.** Le porte-plume. *Pocket, 1998.* (Pocket ; 10388 c3)
ISBN 2-266-08049-0. *26 F / 3,96 €*

17679 **AUDOUX M.** L'Atelier de Marie-Claire. *Grasset, 1987.* (Les Cahiers rouges ; 79)
ISBN 2-246-20022-9. *55 F / 8,38 €*

17680 **AUDOUX M.** Marie-Claire. *Grasset, 1987.* (Les Cahiers rouges ; 78)
ISBN 2-246-16912-7. *52 F / 7,93 €*

17681 **AUDRY C.** Derrière la baignoire. *Gallimard, 1983.* (Folio ; 1504 c8)
ISBN 2-07-037504-8. *37 F / 5,64 €*

17682 **AUEL J. M.** Les Chasseurs de mammouths. *Pocket, 1994.* (Les Enfants de la terre; 3)(Pocket ; 3267 c7)
ISBN 2-266-00412-3. *42 F / 6,40 €*

17683 **AUEL J. M.** Le Clan de l'ours des cavernes. *Pocket, 1994.* (Les Enfants de la terre; 1)(Pocket ; 3260 c7)
ISBN 2-266-00403-4. *42 F / 6,40 €*

17684 **AUEL J. M.** Le Grand voyage. *Pocket, 1994.* (Les Enfants de la terre; 4)(Pocket ; 3258 c7)
ISBN 2-266-00396-8. *42 F / 6,40 €*

17685 **AUEL J. M.** Le Retour d'Ayla. *Pocket, 1994.* (Les Enfants de la terre; 5)(Pocket ; 3259 c7)
ISBN 2-266-00402-6. *42 F / 6,40 €*

17686 **AUEL J. M.** La Vallée des chevaux. *Pocket, 1994.* (Les Enfants de la terre; 2)(Pocket ; 3261 c7)
ISBN 2-266-00411-5. *42 F / 6,40 €*

17687 **AUGIÉRAS F.** L'apprenti sorcier. *Grasset, 1995.* (Les Cahiers rouges ; 216)
ISBN 2-246-51021-X. *44 F / 6,71 €*

17688 **AUGIÉRAS F.** Domme ou l'Essai d'occupation. *Grasset, 1997.* (Les Cahiers rouges ; 257)
ISBN 2-246-55081-5. *49 F / 7,47 €*

17689 **AUGIÉRAS F.** Un voyage au Mont Athos. *Grasset, 1996.* (Les Cahiers rouges ; 234)
ISBN 2-246-52211-0. *59 F / 8,99 €*

17690 **AURIAC E. d.** D'Artagnan : capitaine-lieutenant des mousquetaires. *Table ronde, 1993.* (La petite vermillon ; 9)
ISBN 2-7103-0559-3. *45 F / 6,86 €*

17691 **AUSTEN J.** Catherine Morland. *Gallimard, 1980.* (L'imaginaire ; 57)
ISBN 2-07-020988-1. *45 F / 6,86 €*

17692 **AUSTEN J.** Emma. *10-18, 1996.* (10-18 ; 1526. Domaine étranger c9)
ISBN 2-264-02318-X. *60 F / 9,15 €*

17693 **AUSTEN J.** Emma. *LGF, 1997.* (Le Livre de poche ; 14073. Classiques de poche c15)
ISBN 2-253-14073-2. *50 F / 7,62 €*

17694 **AUSTEN J.** Juvenilia. *10-18, 1999.* (10-18 ; 3033. Domaine étranger)
ISBN 2-264-02528-X. *47 F / 7,17 €*

17695 **AUSTEN J.** Lady Susan ; Les Watson ; Sanditon. *10-18, 1998.* (10-18 ; 2925. Domaine étranger c5)
ISBN 2-264-02524-7. *44 F / 6,71 €*

17696 **AUSTEN J.** Mansfield Park. Réimpr. *10-18, 1999.* (10-18 ; 1675. Domaine étranger c8)
ISBN 2-264-02470-4. *55 F / 8,38 €*

17697 **AUSTEN J.** Northanger Abbaye. *10-18, 1996.* (10-18 ; 1596. Domaine étranger c5)
ISBN 2-264-02380-5. *44 F / 6,71 €*

17698 **AUSTEN J.** Orgueil et préjugés. *10-18, 1996.* (10-18 ; 1505. Domaine étranger c6)
ISBN 2-264-02382-1. *47 F / 7,17 €*

17699 **AUSTEN J.** Raison et sentiments. Réimpr. *10-18, 1996.* (10-18 ; 1475. Domaine étranger c6)
ISBN 2-264-02381-3. *47 F / 7,17 €*

17700 **AUSTEN J.** Sanditon. *LGF, 1999.* (Le Livre de poche ; 14736 c11)
ISBN 2-253-14736-2. *42 F / 6,40 €*

17701 **AUSTER P.** La Chambre dérobée. *LGF, 1994.* (Trilogie new-yorkaise; 3)(Le Livre de poche ; 13520 c2)
ISBN 2-253-13520-8. *15 F / 2,29 €*

17702 **N** **AUSTER P.** Coffret Paul Auster. 3. Réimpr. *Actes Sud, 2000.* (Babel)
ISBN 2-7427-2472-9. *153 F / 23,32 €*

17703 **AUSTER P.** L'Invention de la solitude. *LGF, 1994.* (Le Livre de poche ; 13503 c6)
ISBN 2-253-13503-8. *26 F / 3,96 €*

17704 **AUSTER P.** L'invention de la solitude. Réimpr. *Actes Sud* ; *Labor* ; *Aire, 1994.* (Babel ; 41 c3)
ISBN 2-86869-820-4. *45 F / 6,86 €*

17705 **N** **AUSTER P.** Léviathan. *Actes Sud, 2000.* (Babel ; 106 c4)
ISBN 2-7427-0213-X. *57 F / 8,69 €*

17706 **AUSTER P.** Léviathan. *LGF, 1996.* (Le Livre de poche ; 13908 c9)
ISBN 2-253-13907-6. *36 F / 5,49 €*

17707 **N** **AUSTER P.** Moon Palace. Réimpr. *Actes Sud, 2000.* (Babel ; 68 c5)
ISBN 2-86869-892-1. *57 F / 8,69 €*

17708 **AUSTER P.** Moon Palace. *LGF, 1995.* (Le Livre de poche ; 13728 c10)
ISBN 2-253-13728-6. *40 F / 6,10 €*

17709 **N** **AUSTER P.** Mr Vertigo. Réimpr. *Actes Sud, 2000.* (Babel ; 163 c4)
ISBN 2-7427-0572-4. *63 F / 9,60 €*

17710 **AUSTER P.** Mr Vertigo. *LGF, 1997.* (Le Livre de poche ; 14075 c9)
ISBN 2-253-14075-9. *36 F / 5,49 €*

17711 **AUSTER P.** La musique du hasard. Nouv. éd. *Actes Sud, 2000.* (Babel ; 83 c4)
ISBN 2-7427-2824-4. *51 F / 7,77 €*

17712 **AUSTER P.** La musique du hasard. *LGF, 1995.* (Le Livre de poche ; 13832 c6)
ISBN 2-253-13832-0. *26 F / 3,96 €*

17713 **AUSTER P.** Paul Auster. 1, Oeuvres romanesques. Nouv. éd. *Actes Sud, 1999.* (Thésaurus)
ISBN 2-7427-2324-2. *150 F / 22,87 €*

17714 **AUSTER P.** Revenants. *LGF, 1994.* (Trilogie new-yorkaise; 2)(Le Livre de poche ; 13519 c2)
ISBN 2-253-13519-4. *15 F / 2,29 €*

17715 **N** **AUSTER P.** Tombouctou. *Actes Sud* ; *Leméac, 2001.* (Babel ; 460)
ISBN 2-7427-3109-1. *45 F / 6,86 €*

17716 **N** **AUSTER P.** Trilogie new-yorkaise. Réimpr. *Actes Sud, 2000.* (Babel ; 32)
ISBN 2-86869-694-5. *57 F / 8,69 €*

17717 **AUSTER P.** Le Voyage d'Anna Blume. *Actes Sud, 1993.* (Babel ; 60 c3)
ISBN 2-86869-950-2. *45 F / 6,86 €*

17718 **AUSTER P.** Le voyage d'Anna Blume. *LGF, 1995.* (Le Livre de poche ; 13662 c6)
ISBN 2-253-13662-X. *26 F / 3,96 €*

17719 **AUTIN-GRENIER P.** Toute une vie bien ratée. *Gallimard, 1999.* (Folio ; 3195 c4)
ISBN 2-07-040847-7. *20,50 F / 3,13 €*

17720 **AVENTIN C.** Le Coeur en poche. *Gallimard, 1989.* (Folio ; 2123 c11)
ISBN 2-07-038207-9. *29,50 F / 4,50 €*

17721 **Aventures pour tous les temps.** *Laffont, 1989.* (Bouquins)
ISBN 2-221-05848-8. *120 F / 18,29 €*

17722 **AVRIL N.** La disgrâce. Réimpr. *J'ai lu, 2000.* (J'ai lu ; 1344. Littérature générale cG)
ISBN 2-290-30377-1. *29 F / 4,42 €*

17723 **N** **AVRIL N.** Il y a longtemps que je t'aime. Réimp. *J'ai lu, 2000.* (J'ai lu ; 3506. Littérature générale cG)
ISBN 2-290-30805-6. *29 F / 4,42 €*

17724 **N** **AVRIL N.** Jeanne. Réimpr. *J'ai lu, 2000.* (J'ai lu ; 1879. Littérature générale cG)
ISBN 2-290-31080-8. *29 F / 4,42 €*

17725 **N** **AVRIL N.** Monsieur de Lyon. Nouv. éd. *J'ai lu, 2000.* (J'ai lu ; 1049. Littérature générale cG)
ISBN 2-290-30948-6. *22 F / 3,35 €*

17726 **AVRIL N.** Une personne déplacée. *LGF, 1998.* (Le Livre de poche ; 14450 c6)
ISBN 2-253-14450-9. *26 F / 3,96 €*

17727 **AVRIL N.** Le roman d'un inconnu. *LGF, 2000.* (Le Livre de poche ; 14813 c6)
ISBN 2-253-14813-X. *26 F / 3,96 €*

17728 **AXIONOV V.** Une saga moscovite. 1, La génération de l'hiver, Guerre et prison. *Gallimard, 1997.* (Folio ; 2984 c15)
ISBN 2-07-040222-3. *61 F / 9,30 €*

17729 **AXIONOV V.** Une saga moscovite. 2, Prison et paix. *Gallimard, 1997.* (Folio ; 2985 c12)
ISBN 2-07-040275-4. *52 F / 7,93 €*

17730 **A** **AYCLIFFE J.** La chambre de Naomi. *J'ai lu, 2001.* (J'ai lu ; 5633. Fantastique)
ISBN 2-290-30361-5. *29 F / 4,42 €*

17731 **AYGUESPARSE A.** Simon-la-bonté. *Labor, 1994.* (Espace Nord ; 94 c3)
ISBN 2-8040-1015-5. *54 F / 8,23 €*

17732 **N** **AYLWEN A.** Le dernier vol du faucon. *LGF, 2000.* (Le faucon de Siam; 3)(Le Livre de poche ; 14895)
ISBN 2-253-14895-4. *45 F / 6,86 €*

17733 **AYLWEN A.** L'envol du faucon. *LGF, 1999.* (Le faucon de Siam; 2)(Le Livre de poche ; 14674 c14)
ISBN 2-253-14674-9. *48 F / 7,32 €*

17734 **AYLWEN A.** Le faucon de Siam. 1. *LGF, 1998.* (Le Livre de poche ; 14452 c14)
ISBN 2-253-14452-5. *48 F / 7,32 €*

17735 **AYMÉ M.** Le Chemin des écoliers. *Gallimard, 1990.* (Folio ; 143 c11)
ISBN 2-07-036143-8. *29,50 F / 4,50 €*

17736 **AYMÉ M.** Clérambard. *Grasset, 1984.* (Les Cahiers rouges ; 23)
ISBN 2-246-10102-6. *45 F / 6,86 €*

17737 **AYMÉ M.** Le Confort intellectuel. *LGF, 1988.* (Le Livre de poche ; 3530 c5)
ISBN 2-253-04586-1. *23 F / 3,51 €*

17738 **AYMÉ M.** Les Contes du chat perché. *Gallimard, 1973.* (Folio ; 343 c8)
ISBN 2-07-036343-0. *37 F / 5,64 €*

17739 **AYMÉ M.** Derrière chez Martin. *Gallimard, 1973.* (Folio ; 432 c9)
ISBN 2-07-036432-1. *29,50 F / 4,50 €*

17740 **N** **AYMÉ M.** Enjambées. *Gallimard, 2000.* (Folio ; 3449 c6)
ISBN 2-07-041431-0. *29,50 F / 4,50 €*

17741 **AYMÉ M.** La Jument verte. *Gallimard, 1976.* (Folio ; 817 c11)
ISBN 2-07-036817-3. *29,50 F / 4,50 €*

17742 **AYMÉ M.** Le Moulin de la Sourdine. *Gallimard, 1973.* (Folio ; 321 c9)
ISBN 2-07-036321-X. *20,50 F / 3,13 €*

17743 **AYMÉ M.** Le Nain : nouvelles. *Gallimard, 1977.* (Folio ; 912 c11)
ISBN 2-07-036912-9. *29,50 F / 4,50 €*

17744 **AYMÉ M.** Le Passe-muraille. Nouv. éd. *Gallimard, 1982.* (Folio ; 961 c11)
ISBN 2-07-036961-7. *29,50 F / 4,50 €*

17745 **AYMÉ M.** La Table-aux-crevés. Réimpr. *Gallimard, 1990.* (Folio ; 116 c8)
ISBN 2-07-036116-0. *37 F / 5,64 €*

17746 **AYMÉ M.** La Tête des autres. *LGF, 1956.* (Le Livre de poche ; 180 c4)
ISBN 2-253-00615-7. *23 F / 3,51 €*

17747 **AYMÉ M.** Les Tiroirs de l'inconnu. *Gallimard, 1986.* (Folio ; 1724 c8)
ISBN 2-07-037724-5. *37 F / 5,64 €*

17748 **AYMÉ M.** Travelingue. *Gallimard, 1973.* (Folio ; 500 c9)
ISBN 2-07-036500-X. *20,50 F / 3,13 €*

17749 **AYMÉ M.** Uranus. *Gallimard, 1990.* (Folio ; 224 c8)
ISBN 2-07-036224-8. *37 F / 5,64 €*

17750 **AYMÉ M.** Le Vin de Paris. *Gallimard, 1984.* (Folio ; 1515 c8)
ISBN 2-07-037515-3. *37 F / 5,64 €*

17751 **AYMÉ M.** La Vouivre. *Gallimard, 1972.* (Folio ; 167 c11)
ISBN 2-07-036167-5. *29,50 F / 4,50 €*

17752 **AZUA F. d.** Hautes trahisons. *Seuil, 1995.* (Points ; 36 c2)
ISBN 2-02-023833-0. *39 F / 5,95 €*

17753 **A** **AZUA F. d.** Histoire d'un idiot racontée par lui-même ou la Recherche du bonheur. *Seuil, 2001.* (Points ; 439)
ISBN 2-02-012657-5. *32 F / 4,88 €*

17754 **N** **BÂ A. H.** Amkoullel, l'enfant peul. Réimpr. *Actes Sud ; Labor ; Aire, 2001.* (Mémoires; 1)(Babel ; 50 c6)
ISBN 2-86869-906-5. *63 F / 9,60 €*

17755 **BÂ A. H.** Etrange destin de Wangrin. *10-18, 1998.* (10-18 ; 785. Domaine étranger c6)
ISBN 2-264-01758-9. *47 F / 7,17 €*

17756 **BABEL I.** Cavalerie rouge : récits ; suivi de Journal de 1920. *Actes Sud, 1997.* (Babel ; 247 c5)
ISBN 2-7427-0999-1. *57 F / 8,69 €*

17757 **BABEL I.** Cavalerie rouge : suivi des récits du cycle de Cavalerie rouge, des fragments du journal de 1920, des plans et esquisses. *Seuil, 1986.* (Points. Roman ; 227 c3)
ISBN 2-02-009100-3. *48 F / 7,32 €*

17758 **BABEL I.** Chroniques de l'an 18. *Actes Sud, 1996.* (Babel ; 201 c2)
ISBN 2-7427-0797-2. *39 F / 5,95 €*

17759 **BABEL I.** Contes d'Odessa ; Nouvelles. *Gallimard, 1980.* (Folio ; 1126 c8)
ISBN 2-07-037126-3. *37 F / 5,64 €*

17760 **BABEL I.** Contes d'Odessa = Odesskie rasskazy. *Gallimard, 1999.* (Folio bilingue ; 85)
ISBN 2-07-040774-8. *46 F / 7,01 €*

17761 **BABEL I.** Récits d'Odessa : et autres récits. *Actes Sud, 1996.* (Babel ; 200 c2)
ISBN 2-7427-0796-4. *39 F / 5,95 €*

17762 **N** **BACH R.** Illusions : le Messie récalcitrant. Réimpr. *J'ai lu, 2000.* (J'ai lu ; 2111. Littérature générale c1)
ISBN 2-290-30642-8. *13 F / 1,98 €*

17763 **BACH R.** Jonathan Livingston le goéland. *Librio, 1994.* (Librio ; 2 c1)
ISBN 2-277-30002-0. *10 F / 1,52 €*

17764 **BACH R.** Le messie récalcitrant : illusions. *Librio, 1999.* (Librio ; 315 c1)
ISBN 2-277-30315-1. *10 F / 1,52 €*

17765 **BACH R.** Un pont sur l'infini : une histoire d'amour. Réimpr. *J'ai lu, 1999.* (J'ai lu ; 2270. Littérature générale c5)
ISBN 2-290-12270-X. *39 F / 5,95 €*

17766 **BACHMANN I.** Franza. *Seuil, 1993.* (Points. Roman ; 568 c1)
ISBN 2-02-013321-0. *32 F / 4,88 €*

17767 **N** **BACHMANN I.** Malina. Réimpr. *Seuil, 2001.* (Points ; 814 c8)
ISBN 2-02-048240-1. *39 F / 5,95 €*

17768 **BACHMANN I.** Trois sentiers vers le lac. *10-18, 1992.* (10-18 ; 2299. Domaine étranger c5)
ISBN 2-264-01393-1. *44 F / 6,71 €*

17769 **N** **BADDIEL D.** Au lit !. *10-18, 2000.* (10-18 ; 3215. Domaine étranger c7)
ISBN 2-264-02946-3. *50 F / 7,62 €*

17770 **BAILLON A.** Histoire d'une Marie. *Labor, 1997.* (Espace Nord ; 118 c3)
ISBN 2-8040-1169-0. *54 F / 8,23 €*

17771 **BAILLON A.** Le perce-oreille du Luxembourg. Réimpr. *Labor : Labor ; Aire, 1998.* (Espace Nord ; 12 c2)
ISBN 2-8040-1294-8. ISBN 2-8040-0433-3. *42 F / 6,40 €*

17772 **N** **BAILLY O.** L'enfant qui se laissait mourir. Réimp. *J'ai lu, 2000.* (J'ai lu ; 3859. Littérature générale c1)
ISBN 2-290-30774-2. *13 F / 1,98 €*

17773 **A** **BAILLY O.** J'ai 13 ans et je vais me tuer. *J'ai lu, 2001.* (J'ai lu ; 5864. Littérature générale)
ISBN 2-290-31060-3

17774 **A** **BAINBRIDGE B.** Ce très cher William. *10-18, 2001.* (10-18 ; 3329. Domaine étranger)
ISBN 2-264-03186-7. *47 F / 7,17 €*

17775 **BAJIN** Famille. *LGF, 1989.* (Le Livre de poche ; 3119. Biblio c12)
ISBN 2-253-04964-6. *44 F / 6,71 €*

17776 **BAJIN** Le jardin du repos. Réimpr. *Gallimard, 1999.* (Folio ; 1275 c11)
ISBN 2-07-037275-8. *29,50 F / 4,50 €*

17777 **BAJIN** Nuit glacée. *Gallimard, 2000.* (Folio ; 1512 c10)
ISBN 2-07-037512-9. *46 F / 7,01 €*

17778 **BAJIN** Le secret de Robespierre : et autres nouvelles. *Stock, 1997.* (Bibliothèque cosmopolite)
ISBN 2-234-04629-7. *60 F / 9,15 €*

17779 **BAKER D.** Le Jeune homme à la trompette. *Gallimard, 1982.* (Folio ; 1384 c11)
ISBN 2-07-037384-3. *29,50 F / 4,50 €*

17780 **BAKER J.** La nouvelle venue. *J'ai lu, 1999.* (Dawson : d'après la série télévisée créée par Kevin Williamson; 1)(Séries TV cF)
ISBN 2-290-05396-1. *26 F / 3,96 €*

17781 **BAKER J.** Le Pèlerin. *Gallimard, 1989.* (Folio ; 2081 c9)
ISBN 2-07-038169-2. *41 F / 6,25 €*

17782 **N** **BAKER L.** Flamingo. *Pocket, 2000.* (Pocket ; 10574 c6)
ISBN 2-266-08805-X. *38 F / 5,79 €*

17783 **BAKER N.** La Mezzanine. *10-18, 1993.* (10-18 ; 2364. Domaine étranger c3)
ISBN 2-264-01769-4. *38 F / 5,79 €*

17784 **BAKER N.** Le point d'orgue. *10-18, 1998.* (10-18 ; 2919. Domaine étranger c6)
ISBN 2-264-02460-7. *47 F / 7,17 €*

17785 **BAKIS K.** Les chiens monstres. *Pocket, 2000.* (Pocket ; 10578 c6)
ISBN 2-266-08909-9. *38 F / 5,79 €*

17786 **BALDWIN J.** Un autre pays. *Gallimard, 1996.* (Folio ; 2644 c13)
ISBN 2-07-038170-6. *56 F / 8,54 €*

17787 **BALDWIN J.** Face à l'homme blanc. *Gallimard, 1996.* (Folio ; 2854 c9)
ISBN 2-07-040049-2. *41 F / 6,25 €*

17788 **BALDWIN J.** Harlem Quartet. Nouv. éd. *Stock, 1998.* (Bibliothèque cosmopolite c3)
ISBN 2-234-05083-9. *60 F / 9,15 €*

17789 **BALDWIN J.** La prochaine fois, le feu. *Gallimard, 1996.* (Folio ; 2855 c8)
ISBN 2-07-040050-6. *37 F / 5,64 €*

17790 **BALDWIN J.** Si Beale street pouvait parler. Nouv. éd. *Stock, 1997.* (Bibliothèque cosmopolite ; 32 c3)
ISBN 2-234-04802-8. *60 F / 9,15 €*

17791 **BALKA M.** La Nuit. *Gallimard, 1978.* (Folio ; 1038 c8)
ISBN 2-07-037038-0. *37 F / 5,64 €*

17792 **BALLAND A.** L'Amateur. *Seuil, 1993.* (Points. Roman ; 611 c3)
ISBN 2-02-020171-2. *48 F / 7,32 €*

17793 **N** **BALLAND P.** Une affaire de goût. Nouv. éd. *Pocket, 2000.* (Pocket ; 3044 c4)
ISBN 2-266-09996-5. *30 F / 4,57 €*

17794 **BALLARD J. G.** La Bonté des femmes. *Stock, 1994.* (Bibliothèque cosmopolite)
ISBN 2-234-04290-9. *70 F / 10,67 €*

17795 **BALLARD J. G.** Fièvre guerrière. *Stock, 1998.* (Bibliothèque cosmopolite)
ISBN 2-234-05030-8. *60 F / 9,15 €*

17796 **BALOGH M.** Duel d'espions. *J'ai lu, 1997.* (J'ai lu ; 4373. Aventures et passions c4)
ISBN 2-290-04373-7. *36 F / 5,49 €*

17797 **A** **BALOGH M.** Passion secrète. *J'ai lu, 2001.* (J'ai lu ; 6011. Aventures et passions)
ISBN 2-290-31262-2

17798 **BALZAC H. d.** Adieu. *LGF, 1995.* (Le Livre de poche ; 13679. Les classiques d'aujourd'hui c1)
ISBN 2-253-13679-4. *10 F / 1,52 €*

17799 **BALZAC H. d.** Béatrix. *Gallimard, 1979.* (Folio ; 1123. Classique c10)
ISBN 2-07-037123-9. *46 F / 7,01 €*

17800 **BALZAC H. d.** Le cabinet des antiques. *Gallimard, 1999.* (Folio ; 3085. Classique c2)
ISBN 2-07-040280-0. *29,50 F / 4,50 €*

17801 **BALZAC H. d.** César Birotteau. *Gallimard, 1975.* (Folio ; 703. Classique c8)
ISBN 2-07-036703-7. *37 F / 5,64 €*

17802 **BALZAC H. d.** Le Chef-d'oeuvre inconnu : et autres nouvelles. *Gallimard, 1994.* (Folio ; 2577. Classique c8)
ISBN 2-07-038819-0. *36 F / 5,49 €*

17803 **BALZAC H. d.** Le Chef-d'oeuvre inconnu. *Mille et une nuits, 1993.* (La petite collection ; 11 cA)
ISBN 2-910233-02-2. *10 F / 1,52 €*

17804 **BALZAC H. d.** Le chef-d'oeuvre inconnu. *LGF, 1995.* (Le Livre de poche ; 13808. Les classiques d'aujourd'hui c1)
ISBN 2-253-13808-8. *10 F / 1,52 €*

17805 **BALZAC H. d.** Les chouans. Nouv. éd. *LGF, 1997.* (Le Livre de poche ; 705. Classiques de poche c6)
ISBN 2-253-00320-4. *26 F / 3,96 €*

17806 **BALZAC H. d.** Les Chouans. *Gallimard, 1972.* (Folio ; 84. Classique c8)
ISBN 2-07-036084-9. *37 F / 5,64 €*

17807 **BALZAC H. d.** Le Colonel Chabert. *J'ai lu, 1994.* (J'ai lu ; 3235. Les Classiques c1)
ISBN 2-277-23235-1. *13 F / 1,98 €*

17808 **BALZAC H. d.** Le Colonel Chabert. Nouv. éd. *LGF, 1994.* (Le Livre de poche ; 3107. Classiques de poche c3)
ISBN 2-253-09804-3. *18 F / 2,74 €*

17809 **BALZAC H. d.** Le colonel Chabert. *Librio, 1994.* (Librio ; 28 c1)
ISBN 2-277-30028-4. *10 F / 1,52 €*

17810 **BALZAC H. d.** Le colonel Chabert. Nouv. éd. *Gallimard, 1999.* (Folio ; 3298. Classique c2)
ISBN 2-07-041118-4. *16 F / 2,44 €*

17811 **BALZAC H. d.** Le Contrat de mariage ; Une Double famille ; L'Interdiction. *Gallimard, 1973.* (Folio ; 302. Classique c11)
ISBN 2-07-036302-3. *29,50 F / 4,50 €*

17812 **BALZAC H. d.** Le cousin Pons. *LGF, 1999.* (Le Livre de poche ; 989. Classiques de poche c7)
ISBN 2-253-01671-3. *30 F / 4,57 €*

17813 **BALZAC H. d.** Le Cousin Pons. *Gallimard, 1973.* (Folio ; 380. Classique c8)
ISBN 2-07-036380-5. *37 F / 5,64 €*

17814 **BALZAC H. d.** La Cousine Bette. *LGF, 1984.* (Le Livre de poche ; 952. Classiques de poche c9)
ISBN 2-253-01067-7. *36 F / 5,49 €*

17815 **BALZAC H. d.** La Cousine Bette. *Gallimard, 1972.* (Folio ; 138. Classique c9)
ISBN 2-07-036138-1. *41 F / 6,25 €*

17816 **BALZAC H. d.** Le Curé de Tours ; Pierrette. *Gallimard, 1976.* (Folio ; 717. Classique c8)
ISBN 2-07-036717-7. *37 F / 5,64 €*

17817 **BALZAC H. d.** Le Curé de village. *Gallimard, 1975.* (Folio ; 659. Classique c8)
ISBN 2-07-036659-6. *37 F / 5,64 €*

17818 **BALZAC H. d.** La Duchesse de Langeais ; La Fille aux yeux d'or. *Gallimard, 1976.* (Folio ; 846. Classique c8)
ISBN 2-07-036846-7. *37 F / 5,64 €*

17819 **BALZAC H. d.** La duchesse de Langeais. Nouv. éd. *LGF, 1998.* (Le Livre de poche ; 9629. Classiques de poche c6)
ISBN 2-253-09629-6. *26 F / 3,96 €*

17820 **BALZAC H. d.** Les Employés. *Gallimard, 1985.* (Folio ; 1669. Classique c10)
ISBN 2-07-037669-9. *46 F / 7,01 €*

17821 **BALZAC H. d.** L'Envers de l'histoire contemporaine. *Gallimard, 1978.* (Folio ; 1056. Classique c8)
ISBN 2-07-037056-9. *37 F / 5,64 €*

17822 **BALZAC H. d.** Eugénie Grandet. *LGF, 1997.* (Le Livre de poche ; 1414. Classiques de poche c4)
ISBN 2-253-00386-7. *20 F / 3,05 €*

17823 **BALZAC H. d.** Eugénie Grandet. Nouv. éd. *Gallimard, 1999.* (Folio ; 3217. Classique c3)
ISBN 2-07-040928-7. *19 F / 2,90 €*

17824 **BALZAC H. d.** La Femme de trente ans. Réimpr. *LGF, 1994.* (Le Livre de poche ; 4487. Classiques de poche c7)
ISBN 2-253-05721-5. *30 F / 4,57 €*

17825 **BALZAC H. d.** La Femme de trente ans. *Gallimard, 1977.* (Folio ; 951. Classique c8)
ISBN 2-07-036951-X. *37 F / 5,64 €*

17826 **BALZAC H. d.** Ferragus, chef des Dévorants. *Librio, 1998.* (Librio ; 226 c1)
ISBN 2-277-30226-0. *10 F / 1,52 €*

17827 **BALZAC H. d.** La fille aux yeux d'or. *Mille et une nuits, 1998.* (La petite collection ; 220)
ISBN 2-84205-370-2. *16,50 F / 2,52 €*

17828 **BALZAC H. d.** Une Fille d'Eve : la fausse maitresse. *Gallimard, 1980.* (Folio ; 1202. Classique c8)
ISBN 2-07-037202-2. *37 F / 5,64 €*

17829 **BALZAC H. d.** Histoire des treize. *LGF, 1983.* (Le Livre de poche ; 5874. Classiques de poche c8)
ISBN 2-253-03342-1. *36 F / 5,49 €*

17830 **BALZAC H. d.** Illusions perdues. *LGF, 1972.* (Le Livre de poche ; 862. Classiques de poche c9)
ISBN 2-253-01081-2. *36 F / 5,49 €*

17831 **BALZAC H. d.** Louis Lambert. *Gallimard, 1980.* (Folio ; 1161. Classique c8)
ISBN 2-07-037161-1. *37 F / 5,64 €*

17832 **BALZAC H. d.** Le lys dans la vallée. *LGF, 1997.* (Le Livre de poche ; 1461. Classiques de poche c7)
ISBN 2-253-00444-8. *30 F / 4,57 €*

17833 **BALZAC H. d.** Le Lys dans la vallée. *Gallimard, 1972.* (Folio ; 112. Classique c8)
ISBN 2-07-036112-8. *37 F / 5,64 €*

17834 **BALZAC H. d.** La maison du chat qui pelote. *LGF, 1999.* (Le Livre de poche ; 4621. Les classiques d'aujourd'hui c1)
ISBN 2-253-14622-6. *10 F / 1,52 €*

17835 **BALZAC H. d.** La Maison du Chat-qui-pelote. *Gallimard, 1983.* (Folio ; 1441. Classique c10)
ISBN 2-07-037441-6. *46 F / 7,01 €*

17836 **BALZAC H. d.** Le médecin de campagne ; suivi de La confession inédite. *LGF, 1999.* (Le Livre de poche ; 4643. Classiques de poche c8)
ISBN 2-253-14643-9. *33 F / 5,03 €*

17837 **BALZAC H. d.** Le Médecin de campagne. *Gallimard, 1974.* (Folio ; 636. Classique c9)
ISBN 2-07-036636-7. *41 F / 6,25 €*

17838 **BALZAC H. d.** Mémoires de deux jeunes mariées. *Gallimard, 1981.* (Folio ; 1268. Classique c8)
ISBN 2-07-037268-5. *37 F / 5,64 €*

17839 **BALZAC H. d.** Modeste Mignon. *Gallimard, 1982.* (Folio ; 1360. Classique c8)
ISBN 2-07-037360-6. *37 F / 5,64 €*

17840 **BALZAC H. d.** La Muse du département ; Un Prince de la bohême. *Gallimard, 1984.* (Folio ; 1542. Classique c11)
ISBN 2-07-037542-0. *50 F / 7,62 €*

17841 **BALZAC H. d.** Une passion dans le désert. *Mille et une nuits, 1994.* (La petite collection ; 38 cA)
ISBN 2-910233-43-X. *10 F / 1,52 €*

17842 **BALZAC H. d.** Les Paysans. *Gallimard, 1975.* (Folio ; 675. Classique c8)
ISBN 2-07-036675-8. *37 F / 5,64 €*

17843 **BALZAC H. d.** La peau de chagrin. *LGF, 1997.* (Le Livre de poche ; 1701. Classiques de poche c6)
ISBN 2-253-00630-0. *26 F / 3,96 €*

17844 **BALZAC H. d.** Le père Goriot ; Les illusions perdues ; Splendeurs et misères des courtisanes. *Gallimard, 1999.* (Folio. Classique)
ISBN 2-07-040952-X. *147 F / 22,41 €*

17845 **BALZAC H. d.** Le Père Goriot. Nouv. éd. *Gallimard, 1999.* (Folio ; 3226. Classique c4)
ISBN 2-07-040934-1. *20 F / 3,05 €*

17846 **BALZAC H. d.** Le père Goriot. Réimpr. *Pocket, 1998.* (Pocket ; 6023. Classiques c1)
ISBN 2-266-08331-7. *19 F / 2,90 €*

17847 **BALZAC H. d.** Le Père Goriot. *LGF, 1997.* (Le Livre de poche ; 757. Classiques de poche c4)
ISBN 2-253-00427-8. *20 F / 3,05 €*

17848 **BALZAC H. d.** Petites misères de la vie conjugale. *Arléa, 1996.* (Arléa-poche ; 10)
ISBN 2-86959-304-X. *45 F / 6,86 €*

17849 **BALZAC H. d.** Physiologie du mariage. *Gallimard, 1987.* (Folio ; 1832. Classique c8)
ISBN 2-07-037832-2. *37 F / 5,64 €*

17850 **BALZAC H. d.** Premiers romans. 1. *Laffont, 1999.* (Bouquins)
ISBN 2-221-05956-5. *169 F / 25,76 €*

17851 **BALZAC H. d.** Premiers romans. 2. *Laffont, 1999.* (Bouquins)
ISBN 2-221-09045-4. *169 F / 25,76 €*

17852 **BALZAC H. d.** La rabouilleuse. Nouv. éd. *LGF, 1999.* (Le Livre de poche ; 543. Classiques de poche c8)
ISBN 2-253-02092-3. *33 F / 5,03 €*

17853 **BALZAC H. d.** La Rabouilleuse. *Gallimard, 1972.* (Folio ; 163. Classique c8)
ISBN 2-07-036163-2. *37 F / 5,64 €*

17854 **BALZAC H. d.** La recherche de l'absolu. *LGF, 1999.* (Le Livre de poche ; 9637. Classiques de poche c7)
ISBN 2-253-09637-7. *30 F / 4,57 €*

17855 **BALZAC H. d.** La Recherche de l'absolu. *Gallimard, 1976.* (Folio ; 739. Classique c8)
ISBN 2-07-036739-8. *37 F / 5,64 €*

17856 **BALZAC H. d.** Sarrasine ; Gambara ; Massimilla Doni. *Gallimard, 1995.* (Folio ; 2817. Classique c8)
ISBN 2-07-038867-0. *37 F / 5,64 €*

17857 **BALZAC H. d.** Sarrasine. *Mille et une nuits, 1996.* (La petite collection ; 87 cA)
ISBN 2-84205-030-4. *10 F / 1,52 €*

17858 **BALZAC H. d.** Sarrasine. *Allia, 2000.* (Petite collection)
ISBN 2-84485-024-3. *40 F / 6,10 €*

17859 **BALZAC H. d.** Les secrets de la princesse de Cadignan. *LGF, 1999.* (Le Livre de poche ; 6044. Les classiques d'aujourd'hui c1)
ISBN 2-253-16044-X. *10 F / 1,52 €*

17860 **BALZAC H. d.** Splendeurs et misères des courtisanes. *Gallimard, 1973.* (Folio ; 405. Classique c10)
ISBN 2-07-036405-4. *46 F / 7,01 €*

17861 **BALZAC H. d.** Splendeurs et misères des courtisanes. *LGF, 1988.* (Le Livre de poche ; 6491. Classiques de poche c13)
ISBN 2-253-04655-8. *46 F / 7,01 €*

17862 **BALZAC H. d.** Une ténébreuse affaire ; Le député d'Arcis. *LGF, 1999.* (Le Livre de poche ; 9641. Classiques de poche c9)
ISBN 2-253-09641-5. *36 F / 5,49 €*

17863 **BALZAC H. d.** Une Ténébreuse affaire. *Actes Sud, 1991.* (Babel ; 35 c3)
ISBN 2-86869-766-6. *45 F / 6,86 €*

17864 **BALZAC H. d.** Une Ténébreuse affaire. *Gallimard, 1973.* (Folio ; 468. Classique c8)
ISBN 2-07-036468-2. *37 F / 5,64 €*

17865 **BALZAC H. d.** Ursule Mirouet. *Gallimard, 1981.* (Folio ; 1300. Classique c8)
ISBN 2-07-037300-2. *37 F / 5,64 €*

17866 **BALZAC H. d.** La vendetta ; suivi de La bourse. *Librio, 1999.* (Librio ; 302 c1)
ISBN 2-277-30302-X. *10 F / 1,52 €*

17867 **N** **BALZAC H. d.** La vendetta. *LGF, 2000.* (Le Livre de poche ; 14945. Les classiques d'aujourd'hui c1)
ISBN 2-253-14945-4. *10 F / 1,52 €*

17868 **BALZAC H. d.** La Vieille fille. *Gallimard, 1978.* (Folio ; 1024. Classique c8)
ISBN 2-07-037024-0. *37 F / 5,64 €*

17869 **BAMBARA T. C.** Les mangeurs de sel. *10-18, 1998.* (10-18 ; 2972. Domaine étranger c6)
ISBN 2-264-02070-9. *47 F / 7,17 €*

17870 **BANERJI T. S.** Râdhâ au lotus : et autres nouvelles. *Gallimard, 1988.* (Connaissance de l'Orient poche ; 30)
ISBN 2-07-071477-2. *35 F / 5,34 €*

17871 **BANG H.** Maison blanche ; Maison grise. *Stock, 1998.* (Bibliothèque cosmopolite)
ISBN 2-234-04915-6. *50 F / 7,62 €*

17872 **BANG H.** Tine. *Stock, 1997.* (Bibliothèque cosmopolite)
ISBN 2-234-04862-1. *60 F / 9,15 €*

17873 **BANIER F-M.** Balthazar, fils de famille. *Gallimard, 1987.* (Folio ; 1828 c8)
ISBN 2-07-037828-4. *37 F / 5,64 €*

17874 **BANIER F-M.** Le Passé composé. *Gallimard, 1994.* (Folio ; 2564 c11)
ISBN 2-07-038695-3. *29,50 F / 4,50 €*

17875 **BANIER F-M.** Les Résidences secondaires ou la Vie distraite. *Gallimard, 1993.* (Folio ; 2444 c8)
ISBN 2-07-038585-X. *37 F / 5,64 €*

17876 **BANIER F-M.** Sur un air de fête. *Gallimard, 1999.* (Folio ; 3283 c8)
ISBN 2-07-041115-X. *37 F / 5,64 €*

17877 **BANIER F-M.** La tête la première. *Gallimard, 1995.* (Folio ; 2715 c11)
ISBN 2-07-038696-1. *29,50 F / 4,50 €*

17878 **BANKS R.** Affliction. Réimpr. *Actes Sud, 2000.* (Babel ; 404)
ISBN 2-7427-2280-7. *57 F / 8,69 €*

17879 **BANKS R.** De beaux lendemains. *Actes Sud, 1997.* (Babel ; 294 c4)
ISBN 2-7427-1444-8. *51 F / 7,77 €*

17880 **BANKS R.** Continents à la dérive. Nouv. éd. *Actes Sud, 2000.* (Babel ; 94 c7)
ISBN 2-7427-2823-6. *69 F / 10,52 €*

17881 **BANKS R.** Hamilton Stark. *10-18, 1993.* (10-18 ; 2456. Domaine étranger c6)
ISBN 2-264-01926-3. *47 F / 7,17 €*

17882 **N** **BANKS R.** Histoire de réussir. *10-18, 2000.* (10-18 ; 3239. Domaine étranger)
ISBN 2-264-03078-X. *41 F / 6,25 €*

17883 **BANKS R.** Le livre de la Jamaïque. Réimpr. *10-18, 1999.* (10-18 ; 2405. Domaine étranger c7)
ISBN 2-264-01925-5. *47 F / 7,17 €*

17884 **N** **BANKS R.** Pourfendeur de nuages. *Actes Sud, 2001.* (Babel ; 465)
ISBN 2-7427-3112-1. *80 F / 12,20 €*

17885 **A** **BANKS R.** La relation de mon emprisonnement. *10-18, 2001.* (10-18 ; 3308. Domaine étranger)
ISBN 2-264-03077-1

17886 **BANKS R.** Russell Banks. 1, Oeuvres romanesques. Réimpr. *Actes Sud, 1999.* (Thésaurus)
ISBN 2-7427-2275-0. *150 F / 22,87 €*

17887 **BANKS R.** Sous le règne de Bone. Réimpr. *Actes Sud, 2000.* (Babel ; 216 c5)
ISBN 2-7427-0858-8. *57 F / 8,69 €*

17888 **N** **BANKS R.** Trailerpark. Réimpr. *Actes Sud, 2000.* (Babel ; 348 c5)
ISBN 2-7427-1901-6. *57 F / 8,69 €*

17889 **BANVILLE J.** Le livre des aveux. *Actes Sud, 1996.* (Babel ; 198 c4)
ISBN 2-7427-0696-8. *51 F / 7,77 €*

17890 **BAPTISTE-MARREY** Edda H. *Actes Sud, 1995.* (Babel ; 138)
ISBN 2-7427-0277-6. *33 F / 5,03 €*

17891 **BAPTISTE-MARREY** Elvira : opéra-roman. *Actes Sud, 1993.* (Babel ; 88 c2)
ISBN 2-7427-0121-4. *39 F / 5,95 €*

17892 **BAPTISTE-MARREY** Les Papiers de Walter Jonas. *Actes Sud, 1989.* (Babel ; 15 c4)
ISBN 2-86869-430-6. *51 F / 7,77 €*

17893 **BARBARO P.** Lunaisons vénitiennes. *10-18, 1997.* (Odyssées c4)
ISBN 2-264-02277-9. *41 F / 6,25 €*

17894 **BARBER N.** La Ballade des jours passés. *LGF, 1994.* (Le Livre de poche ; 13539 c13)
ISBN 2-253-13539-9. *46 F / 7,01 €*

17895 **N** **BARBEY D'AUREVILLY J. A.** Le bonheur dans le crime ; suivi de La vengeance d'une femme. Réimpr. *Librio, 2000.* (Librio ; 196 c1)
ISBN 2-277-30196-5. *10 F / 1,52 €*

17896 **BARBEY D'AUREVILLY J. A.** Le Bonheur dans le crime. *Mille et une nuits, 1994.* (La petite collection ; 42 cA)
ISBN 2-910233-47-2. *10 F / 1,52 €*

17897 **BARBEY D'AUREVILLY J. A.** Le Chevalier des Touches. *LGF, 1991.* (Le Livre de poche ; 6749. Classiques de poche c7)
ISBN 2-253-05266-3. *30 F / 4,57 €*

17898 **BARBEY D'AUREVILLY J. A.** Les dessous de cartes d'une partie de whist. *Arléa, 1998.* (Arléa-poche ; 50)
ISBN 2-86959-428-3. *30 F / 4,57 €*

17899 **BARBEY D'AUREVILLY J. A.** Les diaboliques. *LGF, 1999.* (Le Livre de poche ; 6048. Classiques de poche c8)
ISBN 2-253-03654-4. *33 F / 5,03 €*

17900 **BARBEY D'AUREVILLY J. A.** Les Diaboliques. *Gallimard, 1987.* (Folio ; 342. Classique c8)
ISBN 2-07-036342-2. *37 F / 5,64 €*

17901 **BARBEY D'AUREVILLY J. A.** L'ensorcelée. Réimpr. *Pocket, 1999.* (Pocket ; 6194. Classiques c3)
ISBN 2-266-08938-2. *26 F / 3,96 €*

17902 **BARBEY D'AUREVILLY J. A.** L'Ensorcelée. *Gallimard, 1977.* (Folio ; 910. Classique c11)
ISBN 2-07-036910-2. *29,50 F / 4,50 €*

17903 **BARBEY D'AUREVILLY J. A.** Une histoire sans nom. *Mille et une nuits, 1997.* (La petite collection ; 175 cC)
ISBN 2-84205-160-2. *20 F / 3,05 €*

17904 **BARBEY D'AUREVILLY J. A.** Une Vieille maîtresse. *Gallimard, 1979.* (Folio ; 1115. Classique c10)
ISBN 2-07-037115-8. *46 F / 7,01 €*

17905 **BARBUSSE H.** L'Enfer. *Albin Michel, 1992.* (Bibliothèque Albin Michel poche ; 52 c2)
ISBN 2-226-05617-3. *49 F / 7,47 €*

17906 **BARBUSSE H.** Le feu : journal d'une escouade ; Carnet de guerre. *LGF, 1988.* (Le Livre de poche ; 6524 c11)
ISBN 2-253-04741-4. *42 F / 6,40 €*

17907 **BARER B.** Le Saint : d'après une histoire et un scénario de Jonathan Hensleigh et Wesley Strick. *J'ai lu, 1997.* (J'ai lu ; 4464. Littérature générale c4)
ISBN 2-290-04464-4. *36 F / 5,49 €*

17908 **BARICCO A.** Châteaux de la colère. *Seuil, 1997.* (Points ; 373 c10)
ISBN 2-02-029368-4. *45 F / 6,86 €*

17909 **BARICCO A.** Novecento : pianiste. *Mille et une nuits, 1997.* (La petite collection ; 146 cA)
ISBN 2-84205-118-1. *10 F / 1,52 €*

17910 **BARICCO A.** Novecento : pianiste. *Mille et une nuits, 1999.* (Lunes)
ISBN 2-84205-387-7. *45 F / 6,86 €*

17911 **BARILIER E.** La Créature. *Seuil, 1986.* (Points. Roman ; 221 c2)
ISBN 2-02-009046-5. *39 F / 5,95 €*

17912 **BARILLÉ E.** Corps de jeune fille. *Gallimard, 1988.* (Folio ; 1964 c11)
ISBN 2-07-038039-4. *29,50 F / 4,50 €*

17913 **BARJAVEL R.** La Charrette bleue. *Gallimard, 1982.* (Folio ; 1406 c11)
ISBN 2-07-037406-8. *29,50 F / 4,50 €*

17914 **BARJAVEL R.** Les Chemins de Katmandou. Réimpr. *Pocket, 1972.* (Pocket ; 894. Best c3)
ISBN 2-266-02584-8. *26 F / 3,96 €*

17915 **BARJAVEL R.** Colomb de la lune. *Gallimard, 1977.* (Folio ; 955 c9)
ISBN 2-07-036955-2. *29,50 F / 4,50 €*

17916 **BARJAVEL R.** L'Enchanteur. *Gallimard, 1987.* (Folio ; 1841 c9)
ISBN 2-07-037841-1. *41 F / 6,25 €*

17917 **BARJAVEL R.** La Faim du tigre. *Gallimard, 1976.* (Folio ; 847 c11)
ISBN 2-07-036847-5. *29,50 F / 4,50 €*

17918 **BARJAVEL R.** Le Grand secret. Réimpr. *Pocket, 1974.* (Pocket ; 1106. Best c3)
ISBN 2-266-02304-7. *26 F / 3,96 €*

17919 **BARJAVEL R.** Ravage. *Gallimard, 1972.* (Folio ; 238 c8)
ISBN 2-07-036238-8. *37 F / 5,64 €*

17920 **BARJAVEL R.** Une Rose au paradis. Réimpr. *Pocket, 1982.* (Pocket ; 2081. Best c2)
ISBN 2-266-03258-5. *26 F / 3,96 €*

17921 **BARJAVEL R.** Tarendol. *Gallimard, 1972.* (Folio ; 169 c9)
ISBN 2-07-036169-1. *41 F / 6,25 €*

17922 **BARJAVEL R.** La Tempête. *Gallimard, 1985.* (Folio ; 1696 c11)
ISBN 2-07-037696-6. *29,50 F / 4,50 €*

17923 **BARJAVEL R.** Le Voyageur imprudent. *Gallimard, 1973.* (Folio ; 485 c11)
ISBN 2-07-036485-2. *29,50 F / 4,50 €*

17924 **BARNES J.** Avant moi. Réimpr. *Gallimard, 1999.* (Folio ; 2505 c9)
ISBN 2-07-038802-6. *41 F / 6,25 €*

17925 **BARNES J.** Love, etc. Réimpr. *Gallimard, 1994.* (Folio ; 2632 c8)
ISBN 2-07-038935-9. *37 F / 5,64 €*

17926 **BARNES J.** Metroland. *Gallimard, 1997.* (Folio ; 2987 c8)
ISBN 2-07-040338-6. *37 F / 5,64 €*

17927 **BARNES J.** Outre-Manche. *Gallimard, 2000.* (Folio ; 3285 c7)
ISBN 2-07-041007-2. *32,50 F / 4,95 €*

17928 **BARNES J.** Le porc-épic. *Gallimard, 1995.* (Folio ; 2716 c11)
ISBN 2-07-039325-9. *29,50 F / 4,50 €*

17929 **BARNES J.** Le Soleil en face. *Stock, 1990.* (Bibliothèque cosmopolite)
ISBN 2-234-02308-4. *60 F / 9,15 €*

17930 **BAROCHE C.** La rage au bois dormant. *LGF, 1998.* (Le Livre de poche ; 14423 c9)
ISBN 2-253-14423-1. *36 F / 5,49 €*

17931 **BARRÈS M.** Romans et voyages. 1. *Laffont, 1994.* (Bouquins)
ISBN 2-221-05480-6. *179 F / 27,29 €*

17932 **BARRÈS M.** Romans et voyages. 2. *Laffont, 1994.* (Bouquins)
ISBN 2-221-05943-3. *139 F / 21,19 €*

17933 **BARTH J.** L'opéra flottant. *Gallimard, 1997.* (L'Etrangère)
ISBN 2-07-074753-0. *68 F / 10,37 €*

17934 **Les bas-fonds du Caire.** *Actes Sud, 1998.* (Roman de Baïbars; 3)(Babel ; 329 c4)
ISBN 2-7427-1770-6. *57 F / 8,69 €*

17935 **BASILE G.** La chatte cendrillonne ; suivi de Visage et de Coeur fécondant : contes merveilleux napolitains. *Mercure de France, 1995.* (Le petit Mercure)
ISBN 2-7152-1949-0. *12 F / 1,83 €*

17936 **BASS R.** Dans les monts Loyautés. *10-18, 1998.* (10-18 ; 2955. Domaine étranger)
ISBN 2-264-02598-0. *38 F / 5,79 €*

17937 **BASS R.** Le guet. *10-18, 2000.* (10-18 ; 3166. Domaine étranger)
ISBN 2-264-02779-7. *44 F / 6,71 €*

17938 **N** **BASS R.** Là où se trouvait la mer. *10-18, 2001.* (10-18 ; 3254. Domaine étranger c10)
ISBN 2-264-03022-4. *65 F / 9,91 €*

17939 **BASS R.** Platte River. *10-18, 1999.* (10-18 ; 3023. Domaine étranger c3)
ISBN 2-264-02597-2. *38 F / 5,79 €*

17940 **BASSANI G.** Derrière la porte. *Gallimard, 1991.* (L'Etrangère)
ISBN 2-07-072396-8. *50 F / 7,62 €*

17941 **BASSANI G.** Le Jardin des Finzi-Contini. *Gallimard, 1975.* (Folio ; 634 c8)
ISBN 2-07-036634-0. *37 F / 5,64 €*

17942 **BASSANI G.** Les lunettes d'or et autres histoires de Ferrare. *Gallimard, 2000.* (Folio ; 1394 c9)
ISBN 2-07-037394-0. *41 F / 6,25 €*

17943 **BASSANI G.** L'odeur du foin. *Gallimard, 1996.* (L'Etrangère)
ISBN 2-07-074416-7. *48 F / 7,32 €*

17944 **BASTIDE F-R.** Les Adieux. *Gallimard, 1980.* (Folio ; 1221 c8)
ISBN 2-07-037221-9. *37 F / 5,64 €*

17945 **BASTIDE F-R.** La Fantaisie du voyageur. *Seuil, 1980.* (Points. Roman ; 26 c2)
ISBN 2-02-005692-5. *39 F / 5,95 €*

17946 **BASTIDE F-R.** L'homme au désir d'amour lointain. *Gallimard, 1996.* (Folio ; 2831 c12)
ISBN 2-07-039469-7. *52 F / 7,93 €*

17947 **BASTIDE F-R.** La Palmeraie. *Seuil, 1983.* (Points. Roman ; 118 c2)
ISBN 2-02-006563-0. *39 F / 5,95 €*

17948 **BASTIDE F-R.** La Vie rêvée. *Gallimard, 1982.* (Folio ; 1342 c10)
ISBN 2-07-037342-8. *46 F / 7,01 €*

17949 **BATAILLE C.** Absinthe. *Seuil, 1995.* (Points ; 127 c5)
ISBN 2-02-024675-9. *29 F / 4,42 €*

17950 **BATAILLE C.** Annam. Nopuv. éd. *Seuil, 1996.* (Points ; 214 c4)
ISBN 2-02-028310-7. *25 F / 3,81 €*

17951 **BATAILLE C.** Le maître des heures. *LGF, 1999.* (Le Livre de poche ; 14703 c5)
ISBN 2-253-14703-6. *23 F / 3,51 €*

17952 **N** **BATAILLE C.** Vive l'enfer. *LGF, 2001.* (Le Livre de poche ; 15012 c8)
ISBN 2-253-15012-6. *33 F / 5,03 €*

17953 **BATAILLE G.** Le Bleu du ciel. *Gallimard, 1991.* (L'imaginaire ; 258)
ISBN 2-07-072328-3. *52 F / 7,93 €*

17954 **BATAILLE G.** Le Bleu du ciel. *10-18, 1991.* (10-18 ; 465 c3)
ISBN 2-264-00097-X. *38 F / 5,79 €*

17955 **BATAILLE G.** Histoire de l'oeil. *Gallimard, 1993.* (L'imaginaire ; 291)
ISBN 2-07-072850-1. *42 F / 6,40 €*

17956 **BATAILLE G.** Madame Edwarda ; Le Mort ; Histoire de l'oeil. *10-18, 1973.* (10-18 ; 781 c3)
ISBN 2-264-00165-8. *38 F / 5,79 €*

17957 **BATAILLE M.** L'Arbre de Noël. Réimpr. *Pocket, 1988.* (Pocket ; 2656. Best c3)
ISBN 2-266-02578-3. *26 F / 3,96 €*

17958 **Le bâtisseur de Jérusalem :** et autres nouvelles. *LGF, 1997.* (Le Livre de poche ; 8689. Lire en hebreu c14)
ISBN 2-253-08689-4. *48 F / 7,32 €*

17959 **N** **BATUT M.** Un parfum de lavande. *LGF, 2000.* (Le Livre de poche ; 14824)
ISBN 2-253-14824-5. *28 F / 4,27 €*

17960 **N** **BAUCHAU H.** Antigone. Réimpr. *Actes Sud, 2000.* (Babel ; 362 c4)
ISBN 2-7427-2068-5. *51 F / 7,77 €*

17961 **A** **BAUCHAU H.** Antigone. *J'ai lu, 2001.* (J'ai lu ; 5818. Littérature générale)
ISBN 2-290-31008-5

17962 **BAUCHAU H.** La déchirure. Ed. rev. et cor. *Labor, 1998.* (Espace Nord ; 34 c2)
ISBN 2-8040-1337-5. *42 F / 6,40 €*

17963 **BAUCHAU H.** Diotime et les lions. *Actes Sud, 1997.* (Babel ; 279 c1)
ISBN 2-7427-1369-7. *33 F / 5,03 €*

17964 **BAUCHAU H.** Oedipe sur la route. *Actes Sud, 1992.* (Babel ; 54 c4)
ISBN 2-86869-908-1. *57 F / 8,69 €*

17965 **BAUCHAU H.** Oedipe sur la route. *J'ai lu, 2000.* (J'ai lu ; 5501. Littérature générale cJ)
ISBN 2-290-30152-3. *39 F / 5,95 €*

17966 **BAUCHAU H.** Le régiment noir. Réimp. *Labor, 1998.* (Espace Nord ; 75 c4)
ISBN 2-8040-1373-1. *54 F / 8,23 €*

17967 **N** **BAUCHAU H.** Les vallées du bonheur profond : récits. Réimpr. *Actes Sud, 2001.* (Babel ; 384 c3)
ISBN 2-7427-2300-5. *33 F / 5,03 €*

17968 **BAUDELAIRE C.** La Fanfarlo. *Mille et une nuits, 1993.* (La petite collection ; 10 cA)
ISBN 2-910233-03-0. *10 F / 1,52 €*

17969 **BAUDELAIRE C.** Oeuvres complètes. Réimpr. *Laffont, 1999.* (Bouquins)
ISBN 2-221-50201-9. *149 F / 22,71 €*

17970 **BAUDIS D.** Raimond le cathare : mémoires apocryphes. *LGF, 1998.* (Le Livre de poche ; 14418 c7)
ISBN 2-253-14418-5. *30 F / 4,57 €*

17971 **BAUM L. F.** Le Magicien d'Oz. Réimpr. *J'ai lu, 1994.* (J'ai lu ; 1652. Littérature générale)
ISBN 2-277-21652-6. *13 F / 1,98 €*

17972 **BAUM V.** Sang et volupté à Bali. *10-18, 1985.* (10-18 ; 1726. Domaine étranger c6)
ISBN 2-264-00728-1. *47 F / 7,17 €*

17973 **BAZIN H.** Les Bienheureux de la désolation. *Seuil, 1980.* (Points. Roman ; 11 c2)
ISBN 2-02-005507-4. *39 F / 5,95 €*

17974 **BAZIN H.** Chapeau bas. *LGF, 1975.* (Le Livre de poche ; 2690 c6)
ISBN 2-253-01070-7. *26 F / 3,96 €*

17975 **BAZIN H.** Cri de la chouette. *LGF, 1974.* (Le Livre de poche ; 3886 c6)
ISBN 2-253-00086-8. *26 F / 3,96 €*

17976 **BAZIN H.** Le Démon de minuit. *LGF, 1990.* (Le Livre de poche ; 6879 c8)
ISBN 2-253-05479-8. *33 F / 5,03 €*

17977 **BAZIN H.** L'Ecole des pères. *LGF, 1993.* (Le Livre de poche ; 9576 c7)
ISBN 2-253-06258-8. *30 F / 4,57 €*

17978 **BAZIN H.** Le Grand méchant doux : nouvelles. *LGF, 1994.* (Le Livre de poche ; 9786 c3)
ISBN 2-253-09786-1. *18 F / 2,74 €*

17979 **BAZIN H.** L'Huile sur le feu. *LGF, 1981.* (Le Livre de poche ; 407 c7)
ISBN 2-253-00423-5. *30 F / 4,57 €*

17980 **BAZIN H.** Madame Ex. *LGF, 1977.* (Le Livre de poche ; 4707 c7)
ISBN 2-253-01145-2. *30 F / 4,57 €*

17981 **BAZIN H.** Le Matrimoine. Rééd. *LGF, 1984.* (Le Livre de poche ; 2810 c8)
ISBN 2-253-00342-5. *33 F / 5,03 €*

17982 **BAZIN H.** La Mort du petit cheval. *LGF, 1955.* (Le Livre de poche ; 112 c6)
ISBN 2-253-00686-6. *26 F / 3,96 €*

17983 **BAZIN H.** Qui j'ose aimer. *LGF, 1979.* (Le Livre de poche ; 599 c6)
ISBN 2-253-00714-5. *26 F / 3,96 €*

17984 **BAZIN H.** La Tête contre les murs. *LGF, 1956.* (Le Livre de poche ; 201 c8)
ISBN 2-253-00617-3. *33 F / 5,03 €*

17985 **BAZIN H.** Vipère au poing. *LGF, 1972.* (Le Livre de poche ; 58 c6)
ISBN 2-253-00145-7. *26 F / 3,96 €*

17986 **N** **BEARN P.** La bête. *Blanche, 2001.* (Bibliothèque blanche)
ISBN 2-911621-99-9. *59 F / 8,99 €*

17987 **BEAUCHEMIN Y.** Juliette Pomerleau. *LGF, 1991.* (Le Livre de poche ; 6974 c15)
ISBN 2-253-05693-6. *50 F / 7,62 €*

17988 **BEAUMAN S.** Femmes en danger. *Pocket, 1999.* (Pocket ; 10486 c8)
ISBN 2-266-08512-3. *45 F / 6,86 €*

17989 **N** **BEAUMAN S.** La valse des mensonges. *Pocket, 2000.* (Pocket ; 10866 c6)
ISBN 2-266-09891-8. *38 F / 5,79 €*

17990 **BEAUMONT G.** Le Chien dans l'arbre. *Gallimard, 1978.* (Folio ; 1009 c11)
ISBN 2-07-037009-7. *29,50 F / 4,50 €*

17991 **BEAUSSANT P.** L'archéologue. *Gallimard, 1996.* (Folio ; 2888 c9)
ISBN 2-07-040077-8. *20,50 F / 3,13 €*

17992 **BEAUSSANT P.** L'Archéologue. *Gallimard, 1987.* (L'imaginaire ; 191)
ISBN 2-07-071177-3. *42 F / 6,40 €*

17993 **BEAUSSANT P.** Le biographe. Nouv. éd. rev. *Gallimard, 1995.* (Folio ; 2679 c9)
ISBN 2-07-039271-6. *20,50 F / 3,13 €*

17994 **BEAUSSANT P.** Héloïse. *Gallimard, 1995.* (Folio ; 2763 c9)
ISBN 2-07-039379-8. *20,50 F / 3,13 €*

17995 **BEAUVOIR S. d.** Les Belles images. *Gallimard, 1972.* (Folio ; 243 c11)
ISBN 2-07-036243-4. *29 F / 4,42 €*

17996 **BEAUVOIR S. d.** La Cérémonie des adieux ; Entretiens avec Jean-Paul Sartre. Août-septembre 1974. *Gallimard, 1987.* (Folio ; 1805 c11)
ISBN 2-07-037805-5. *50 F / 7,62 €*

17997 **BEAUVOIR S. d.** La Femme rompue : monologue, l'âge de discrétion. *Gallimard, 1978.* (Folio ; 960 c11)
ISBN 2-07-036960-9. *29,50 F / 4,50 €*

17998 **BEAUVOIR S. d.** La Force de l'âge. *Gallimard, 1986.* (Folio ; 1782 c13)
ISBN 2-07-037782-2. *56 F / 8,54 €*

17999 **BEAUVOIR S. d.** La Force des choses. 1. Nouv. éd. *Gallimard, 1977.* (Folio ; 764 c8)
ISBN 2-07-036764-9. *37 F / 5,64 €*

18000 **BEAUVOIR S. d.** La Force des choses. 2. Nouv. éd. *Gallimard, 1977.* (Folio ; 765 c9)
ISBN 2-07-036765-7. *41 F / 6,25 €*

18001 **BEAUVOIR S. d.** L'Invitée. *Gallimard, 1977.* (Folio ; 768 c9)
ISBN 2-07-036768-1. *41 F / 6,25 €*

18002 **BEAUVOIR S. d.** Les Mandarins. 1. *Gallimard, 1978.* (Folio ; 769 c9)
ISBN 2-07-036769-X. *41 F / 6,25 €*

18003 **BEAUVOIR S. d.** Les Mandarins. 2. *Gallimard, 1978.* (Folio ; 770 c9)
ISBN 2-07-036770-3. *41 F / 6,25 €*

18004 **BEAUVOIR S. d.** Mémoires d'une jeune fille rangée. *Gallimard, 1972.* (Folio ; 786 c9)
ISBN 2-07-036786-X. *41 F / 6,25 €*

18005 **BEAUVOIR S. d.** Une Mort très douce. *Gallimard, 1972.* (Folio ; 137 c9)
ISBN 2-07-036137-3. *20,50 F / 3,13 €*

18006 **BEAUVOIR S. d.** Le Sang des autres. *Gallimard, 1973.* (Folio ; 363 c8)
ISBN 2-07-036363-5. *37 F / 5,64 €*

18007 **BEAUVOIR S. d.** Tous les hommes sont mortels. Réimpr. *Gallimard, 1974.* (Folio ; 533 c10)
ISBN 2-07-036533-6. *46 F / 7,01 €*

18008 **BEAUVOIR S. d.** Tout compte fait. *Gallimard, 1978.* (Folio ; 1022 c11)
ISBN 2-07-037022-4. *50 F / 7,62 €*

18009 **BECK B.** Des accommodements avec le ciel. *Gallimard, 1996.* (Folio ; 2851 c11)
ISBN 2-07-040041-7. *29,50 F / 4,50 €*

18010 **BECK B.** La Décharge. *Grasset, 1988.* (Les Cahiers rouges ; 92)
ISBN 2-246-29352-9. *48 F / 7,32 €*

18011 **BECK B.** Grâce. *Actes Sud, 1995.* (Babel ; 169 c1)
ISBN 2-7427-0577-5. *33 F / 5,03 €*

18012 [A] **BECK B.** Guidée par le songe : nouvelles. *LGF, 2001.* (Le Livre de poche ; 15031)
ISBN 2-253-15031-2. *30 F / 4,57 €*

18013 **BECK B.** Josée dite Nancy. *Grasset, 1988.* (Les Cahiers rouges ; 93)
ISBN 2-246-25922-3. *34 F / 5,18 €*

18014 **BECK B.** Léon Morin, prêtre. *Gallimard, 1996.* (Folio ; 217 c11)
ISBN 2-07-036217-5. *29,50 F / 4,50 €*

18015 **BECK B.** Une lilliputienne. *LGF, 1995.* (Le Livre de poche ; 13866 c3)
ISBN 2-253-13866-5. *18 F / 2,74 €*

18016 **BECK B.** Une mort irrégulière. *Gallimard, 1996.* (Folio ; 1278 c9)
ISBN 2-07-037278-2. *20,50 F / 3,13 €*

18017 **BECK B.** Recensement : nouvelles. *LGF, 1993.* (Le Livre de poche ; 9724 c5)
ISBN 2-253-06496-3. *23 F / 3,51 €*

18018 **BECK B.** Stella Corfou. *LGF, 1990.* (Le Livre de poche ; 6869 c4)
ISBN 2-253-05463-1. *20 F / 3,05 €*

18019 **BECK B.** Un(e). *LGF, 1991.* (Le Livre de poche ; 7344 c4)
ISBN 2-253-05835-1. *26 F / 3,96 €*

18020 **BECK B.** Vulgaires vies : nouvelles. *LGF, 1994.* (Le Livre de poche ; 13596 c3)
ISBN 2-253-13596-8. *18 F / 2,74 €*

18021 [N] **BECK K.** Des voisins trop parfaits. *Pocket, 2001.* (Pocket ; 11091 c5)
ISBN 2-266-10480-2. *35 F / 5,34 €*

18022 **BECKER J.** Jakob le menteur. *Grasset, 1997.* (Les Cahiers rouges ; 253)
ISBN 2-246-40732-X. *59 F / 8,99 €*

18023 **BECKETT S.** Molloy. *Minuit, 1982.* (Double ; 7 c4)
ISBN 2-7073-0628-2. *49 F / 7,47 €*

18024 **BEGAG A.** Béni ou le Paradis privé. *Seuil, 1989.* (Point-virgule ; 69 c2)
ISBN 2-02-010481-4. *39 F / 5,95 €*

18025 **BEGAG A.** Les chiens aussi. *Seuil, 1996.* (Point-virgule c1)
ISBN 2-02-030120-2. *32 F / 4,88 €*

18026 **BEGAG A.** Coffret Azouz Begag. *Seuil, 1996.* (Point-virgule)
ISBN 2-02-030700-6. *119 F / 18,14 €*

18027 [N] **BEGAG A.** Le gone de Chaâba. Nouv. éd. *Seuil, 2001.* (Point-virgule ; 6 c8)
ISBN 2-02-048170-7. *39 F / 5,95 €*

18028 **BEGAG A.** L'Ilet-aux-vents. *Seuil, 1992.* (Point-virgule ; 114 c1)
ISBN 2-02-012462-9. *32 F / 4,88 €*

18029 **BEGAG A.** Zenzela. *Seuil, 1999.* (Point-virgule)
ISBN 2-02-037359-9. *32 F / 4,88 €*

18030 [A] **BEIGBEDER F.** L'amour dure trois ans. *Gallimard, 2001.* (Folio)
ISBN 2-07-041457-4. *41 F / 6,25 €*

18031 **A** **BEIGBEDER F.** Mémoires d'un jeune homme dérangé. *Table ronde, 2001.* (La petite vermillon)
ISBN 2-7103-2410-5. *45 F / 6,86 €*

18032 **N** **BEIGBEDER F.** Nouvelles sous ecstasy. *Gallimard, 2000.* (Folio ; 3401 c7)
ISBN 2-07-041358-6. *20,50 F / 3,13 €*

18033 **BEIGBEDER F.** Vacances dans le coma. *LGF, 1997.* (Le Livre de poche ; 14070 c4)
ISBN 2-253-14070-8. *20 F / 3,05 €*

18034 **BELHAJ KACEM M.** Cancer. *J'ai lu, 1999.* (J'ai lu ; 5153. Littérature générale c4)
ISBN 2-290-05153-5. *36 F / 5,49 €*

18035 **BELL M. S.** Save me, Joe Louis. *Actes Sud, 1996.* (Babel ; 227 c6)
ISBN 2-7427-0905-3. *63 F / 9,60 €*

18036 **N** **BELLEFROID J.** Les étoiles filantes. *Gallimard, 2001.* (Folio ; 3468 c6)
ISBN 2-07-041364-0. *29,50 F / 4,50 €*

18037 **A** **BELLEFROID J.** Fille de joie. *Gallimard, 2001.* (Folio)
ISBN 2-07-041366-7. *41 F / 6,25 €*

18038 **BELLEMARE P., ANTOINE J.** Les Dossiers incroyables. *LGF, 1991.* (Le Livre de poche ; 7331 c8)
ISBN 2-253-05822-X. *33 F / 5,03 €*

18039 **BELLEMARE P., ANTOINE J.** Histoires vraies. 3. *LGF, 1983.* (Le Livre de poche ; 5836 c6)
ISBN 2-253-03280-8. *26 F / 3,96 €*

18040 **BELLEMARE P., ANTOINE J.** Histoires vraies. 4. *LGF, 1984.* (Le Livre de poche ; 5899 c6)
ISBN 2-253-03396-0. *30 F / 4,57 €*

18041 **BELLEMARE P., ANTOINE J.** Histoires vraies. 5. *LGF, 1984.* (Le Livre de poche ; 5945 c6)
ISBN 2-253-03469-X. *26 F / 3,96 €*

18042 **BELLEMARE P., ANTOINE J.** Les Nouveaux dossiers incroyables. *LGF, 1991.* (Le Livre de poche ; 7369 c8)
ISBN 2-253-05884-X. *33 F / 5,03 €*

18043 **BELLEMARE P., ANTOINE J.** Quand les femmes tuent. 1. *LGF, 1986.* (Le Livre de poche ; 6157 c7)
ISBN 2-253-03831-8. *30 F / 4,57 €*

18044 **BELLEMARE P., NAHMIAS J-F.** Nuits d'angoisse. 1. *Pocket.* (Pocket ; 3707. Best c4)
ISBN 2-266-04259-9. *30 F / 4,57 €*

18045 **BELLEMARE P., NAHMIAS J-F.** Nuits d'angoisse. 2. *Pocket.* (Pocket ; 3708. Best c4)
ISBN 2-266-04260-2. *30 F / 4,57 €*

18046 **N** **BELLETTO R.** L'enfer. Réimp. *J'ai lu, 2000.* (J'ai lu ; 3150. Littérature générale cJ)
ISBN 2-290-30674-6. *39 F / 5,95 €*

18047 **BELLETTO R.** La Machine. Réimpr. *J'ai lu, 1991.* (J'ai lu ; 3080. Littérature générale c6)
ISBN 2-290-03080-5. *42 F / 6,40 €*

18048 **BELLETTO R.** Le Revenant. Réimpr. *J'ai lu, 1992.* (J'ai lu ; 2841. Littérature générale c5)
ISBN 2-277-22841-9. *39 F / 5,95 €*

18049 **BELLETTO R.** Sur la terre comme au ciel. *J'ai lu, 1991.* (J'ai lu ; 2943. Littérature générale c5)
ISBN 2-277-22943-1. *39 F / 5,95 €*

18050 **BELLOC D.** Suzanne. *Gallimard, 1990.* (Folio ; 2132 c11)
ISBN 2-07-038216-8. *29,50 F / 4,50 €*

18051 **BELLOW S.** Une affinité véritable. *Gallimard, 1999.* (Folio ; 3286 c5)
ISBN 2-07-041067-6. *20,50 F / 3,13 €*

18052 **BELLOW S.** Au jour le jour. *Gallimard, 1983.* (L'imaginaire ; 123)
ISBN 2-07-070014-3. *45 F / 6,86 €*

18053 **BELLOW S.** Le Faiseur de pluie. *Gallimard, 1984.* (Folio ; 1539 c13)
ISBN 2-07-037539-0. *56 F / 8,54 €*

18054 **BELLOW S.** Un larcin. *10-18, 1995.* (10-18 ; 2605. Domaine étranger c3)
ISBN 2-264-02139-X. *38 F / 5,79 €*

18055 **BELLOW S.** Mémoires de Mosby et autres nouvelles. *Gallimard, 1984.* (L'imaginaire ; 134)
ISBN 2-07-070178-6. *40 F / 6,10 €*

18056 **BELOT A.** Les stations de l'amour. Nouv. éd. *la Musardine, 1999.* (Lectures amoureuses de Jean-Jacques Pauvert ; 25 c4)
ISBN 2-84271-046-0. *39 F / 5,95 €*

18057 **BELY A.** La Colombe d'argent. *LGF, 1994.* (Le Livre de poche ; 3224. Biblio cJ)
ISBN 2-253-93224-8. *40 F / 6,10 €*

18058 **BEN JELLOUN T.** L'Ange aveugle : nouvelles. *Seuil, 1995.* (Points ; 64 c1)
ISBN 2-02-024638-4. *32 F / 4,88 €*

18059 **N** **BEN JELLOUN T.** L'auberge des pauvres. *Seuil, 2000.* (Points ; 746)
ISBN 2-02-041390-6. *39 F / 5,95 €*

18060 **BEN JELLOUN T.** Coffret Tahar Ben Jelloun. *Seuil, 1996.* (Points)
ISBN 2-02-030169-5. *96 F / 14,64 €*

18061 **BEN JELLOUN T.** Coffret Tahar Ben Jelloun. *Seuil, 1997.* (Points)
ISBN 2-02-032672-8. *118 F / 17,99 €*

18062 **BEN JELLOUN T.** coffret Tahar Ben Jelloun. *Seuil, 1998.* (Points)
ISBN 2-02-035985-5. *110 F / 16,77 €*

18063 **BEN JELLOUN T.** L'écrivain public. Réimpr. *Seuil, 1997.* (Points ; 428 c8)
ISBN 2-02-032663-9. *39 F / 5,95 €*

18064 **BEN JELLOUN T.** L'enfant de sable. Réimpr. sous une nouv. couv. *Seuil, 1995.* (Points c2)
ISBN 2-02-023818-7. *39 F / 5,95 €*

18065 **BEN JELLOUN T.** Harrouda. *Gallimard, 1988.* (Folio ; 1981 c6)
ISBN 2-07-038069-6. *29,50 F / 4,50 €*

18066 **BEN JELLOUN T.** L'homme rompu. *Seuil, 1995.* (Points ; 116 c7)
ISBN 2-02-025839-0. *35 F / 5,34 €*

18067 **BEN JELLOUN T.** Jour de silence à Tanger. Nouv. éd. *Seuil, 1995.* (Points ; 160 c1)
ISBN 2-02-025912-5. *32 F / 4,88 €*

18068 **N** **BEN JELLOUN T.** Labyrinthe des sentiments. *Seuil, 2001.* (Points ; 144)
ISBN 2-02-040746-9. *32 F / 4,88 €*

18069 **BEN JELLOUN T.** Moha le fou, Moha le sage. *Seuil, 1997.* (Points ; 358 c6)
ISBN 2-02-031721-4. *32 F / 4,88 €*

18070 **BEN JELLOUN T.** La nuit de l'erreur. *Seuil, 1998.* (Points ; 541 c2)
ISBN 2-02-034710-5. *39 F / 5,95 €*

18071 **BEN JELLOUN T.** La Nuit sacrée. Rééd. *Seuil, 1995.* (Points ; 113 c2)
ISBN 2-02-025583-9. *39 F / 5,95 €*

18072 **BEN JELLOUN T.** Le premier amour est toujours le dernier. *Seuil, 1996.* (Points ; 278 c7)
ISBN 2-02-030030-3. *35 F / 5,34 €*

18073 **BEN JELLOUN T.** La prière de l'absent. *Seuil, 1997.* (Points ; 376 c8)
ISBN 2-02-031985-3. *39 F / 5,95 €*

18074 **BEN JELLOUN T.** La réclusion solitaire. Nouv. éd. *Seuil, 1995.* (Points ; 161 c1)
ISBN 2-02-025913-3. *32 F / 4,88 €*

18075 **BEN JELLOUN T.** Les yeux baissés. *Seuil, 1997.* (Points ; 359 c11)
ISBN 2-02-031722-2. *48 F / 7,32 €*

18076 **BEN MILAD I.** Contes fantastiques, candides, cruels et courts. *Alyssa, 1999*
ISBN 9973-758-12-9. *50 F / 7,62 €*

18077 **BENACQUISTA T.** Saga. *Gallimard, 1999.* (Folio ; 3179 c9)
ISBN 2-07-040845-0. *41 F / 6,25 €*

18078 **N** **BENACQUISTA T.** Tout à l'ego. *Gallimard, 2001.* (Folio ; 3469 c5)
ISBN 2-07-041708-5. *25,50 F / 3,89 €*

18079 **BENEDETTI M.** La trêve. *LGF, 1998.* (Le Livre de poche ; 3296. Biblio c7)
ISBN 2-253-93296-5. *30 F / 4,57 €*

18080 **BENET J.** L'air d'un crime. *10-18, 1997.* (10-18 ; 2856. Domaine étranger c5)
ISBN 2-264-02559-X. *44 F / 6,71 €*

18081 **BENJAMIN W.** Rastelli raconte... : et autres récits ; Le narrateur. *Seuil, 1995.* (Points ; 13 c7)
ISBN 2-02-023725-3. *35 F / 5,34 €*

18082 **N** **BENMALEK A.** Les amants désunis. *LGF, 2000.* (Le Livre de poche ; 14855 c9)
ISBN 2-253-14855-5. *36 F / 5,49 €*

18083 **BENNETT E.** Coeurs et âmes. Réimp. *J'ai lu, 1999.* (J'ai lu ; 3971. Amour et destin)
ISBN 2-290-03971-3. *25 F / 3,81 €*

18084 **BENNETT L.** Le secret d'Anna. *Pocket, 1998.* (Pocket ; 10222. Roman c6)
ISBN 2-266-07624-8. *38 F / 5,79 €*

18085 **BENOIT P.** L'Atlantide. *LGF, 1956.* (Le Livre de poche ; 151 c6)
ISBN 2-253-01037-5. *30 F / 4,57 €*

18086 **BENOIT P.** Erromango. *Table ronde, 1996.* (La petite vermillon ; 59)
ISBN 2-7103-0735-9. *55 F / 8,38 €*

18087 **BENOIT P.** Koenigsmark. *LGF, 1953.* (Le Livre de poche ; 1 c4)
ISBN 2-253-01344-7. *26 F / 3,96 €*

18088 **BENOIT P.** Mademoiselle de la Ferté. *LGF, 1953.* (Le Livre de poche ; 15 c7)
ISBN 2-253-02166-0. *30 F / 4,57 €*

18089 **BENOÎT P.** Romans. 1. *Laffont, 1994.* (Bouquins)
ISBN 2-221-07620-6. *149 F / 22,71 €*

18090 **BENOIT P.** Le soleil de minuit. *Librio, 1995.* (Librio ; 60 c1)
ISBN 2-277-30060-8. *10 F / 1,52 €*

18091 **BENOZIGLIO J-L.** Béno s'en va-t-en guerre. *Seuil, 1988.* (Points. Roman ; 318 c3)
ISBN 2-02-010194-7. *48 F / 7,32 €*

18092 **BENOZIGLIO J-L.** La Boîte noire. *Seuil, 1992.* (Points. Roman ; 538 c2)
ISBN 2-02-016485-X. *39 F / 5,95 €*

18093 **BENOZIGLIO J-L.** Cabinet portrait. *Seuil, 1981.* (Points. Roman ; 53 c2)
ISBN 2-02-005967-3. *39 F / 5,95 €*

18094 **BENOZIGLIO J-L.** Quelqu'unbis est mort. *Seuil, 1993.* (Points. Roman ; 616 c1)
ISBN 2-02-019984-X. *32 F / 4,88 €*

18095 **BENOZIGLIO J-L.** Tableaux d'une ex. *Seuil, 1991.* (Points. Roman ; 432 c1)
ISBN 2-02-012894-2. *39 F / 5,95 €*

18096 **BENSON E. F.** La gloire de Lucia. *10-18, 1997.* (Le cycle de Mapp et Lucia; 5)(10-18 ; 2892. Domaine étranger c7)
ISBN 2-264-02298-1. *50 F / 7,62 €*

18097 **BENSON E. F.** Lucia à Londres. *10-18, 1996.* (Le cycle de Mapp et Lucia; 2)(10-18 ; 2702. Domaine étranger c7)
ISBN 2-264-02300-7. *50 F / 7,62 €*

18098 **BENSON E. F.** Les malheurs de Lucia. *10-18, 1998.* (Le cycle de Mapp et Lucia; 6)(10-18 ; 2929. Domaine étranger c6)
ISBN 2-264-02296-5. *47 F / 7,17 €*

18099 **BENSON E. F.** Mapp et Lucia. *10-18, 1997.* (Le cycle de Mapp et Lucia; 4)(10-18 ; 2855. Domaine étranger c8)
ISBN 2-264-02297-3. *55 F / 8,38 €*

18100 **BENSON E. F.** Miss Mapp. *10-18, 1996.* (10-18 ; 2759. Domaine étranger c7)
ISBN 2-264-02299-X. *50 F / 7,62 €*

18101 **BENSON E. F.** Queen Lucia. *10-18, 1996.* (Le cycle de Mapp et Lucia; 1)(10-18 ; 2701. Domaine étranger c7)
ISBN 2-264-02301-5. *50 F / 7,62 €*

18102 **BENZONI J.** Un aussi long chemin. *Pocket, 1997.* (Pocket ; 4497. Roman c7)
ISBN 2-266-07150-5. *42 F / 6,40 €*

18103 **BENZONI J.** De deux roses l'une. *Pocket, 1999.* (Pocket ; 10438 c4B)
ISBN 2-266-08486-0. *32 F / 4,88 €*

18104 [N] **BENZONI J.** Les émeraudes du prophète. *Pocket, 2000.* (Pocket ; 10801 c7)
ISBN 2-266-09771-7. *42 F / 6,40 €*

18105 **BENZONI J.** L'étoile bleue. *Pocket, 1996.* (Le boiteux de Varsovie; 1)(Pocket ; 4446 c7)
ISBN 2-266-06940-3. *42 F / 6,40 €*

18106 **BENZONI J.** L'exilée. *Pocket, 1995.* (Les Treize vents; 4)(Pocket ; 10015 c6)
ISBN 2-266-06683-8. *38 F / 5,79 €*

18107 **BENZONI J.** Félicia au soleil couchant. Réimpr. *Pocket, 1988.* (Les Loups de Lauzargues; 3)(Pocket ; 2846. Roman c7)
ISBN 2-266-05166-0. *42 F / 6,40 €*

18108 **BENZONI J.** La Fière Américaine. *Pocket, 1993.* (Les Dames du Méditerranée-express; 2)(Pocket ; 2549. Roman c5)
ISBN 2-266-05464-3. *35 F / 5,34 €*

18109 **BENZONI J.** Fiora et le Magnifique. *Pocket, 1991.* (La Florentine; 1)(Pocket ; 3902. Roman c5)
ISBN 2-266-04583-0. *35 F / 5,34 €*

18110 **BENZONI J.** Fiora et le pape. *Pocket, 1992.* (La Florentine; 3)(Pocket ; 3956. Roman c5)
ISBN 2-266-04720-5. *35 F / 5,34 €*

18111 **BENZONI J.** Fiora et le roi de France. *Pocket, 1992.* (La Florentine; 4)(Pocket ; 3957. Roman c5)
ISBN 2-266-04719-1. *35 F / 5,34 €*

18112 [A] **BENZONI J.** Un homme pour le roi. *Pocket, 2001.* (Le jeu de l'amour et de la mort; 1)(Pocket ; 11007)
ISBN 2-266-10295-8

18113 **BENZONI J.** Hortense au point du jour. Réimpr. *Pocket, 1987.* (Les Loups de Lauzargues; 2)(Pocket ; 2786. Roman c5)
ISBN 2-266-05004-4. *35 F / 5,34 €*

18114 **BENZONI J.** L'intrus. *Pocket, 1995.* (Les treize vents; 3)(Pocket ; 4379. Roman c6)
ISBN 2-266-06558-0. *38 F / 5,79 €*

18115 [A] **BENZONI J.** Jason des quatre mers. *Pocket, 2001.* (Marianne; 3)(Pocket ; 11189)
ISBN 2-266-10844-1. *38 F / 5,79 €*

18116 **BENZONI J.** Jean de la nuit. Réimpr. *Pocket, 1987.* (Les Loups de Lauzargues; 1)(Pocket ; 2785. Roman c5)
ISBN 2-266-05003-6. *35 F / 5,34 €*

18117 **BENZONI J.** La Jeune mariée. *Pocket, 1992.* (Les Dames du Méditerranée-express; 1)(Pocket ; 4620. Roman c5)
ISBN 2-266-05255-1. *35 F / 5,34 €*

18118 [N] **BENZONI J.** Marianne et l'inconnu de Toscane. *Pocket, 2001.* (Marianne; 2)(Pocket ; 11188)
ISBN 2-266-10843-3. *42 F / 6,40 €*

18119 [A] **BENZONI J.** Marianne, les lauriers de flamme.1. *Pocket, 2001.* (Marianne; 5)(Pocket ; 11191)
ISBN 2-266-10846-8

18120 [A] **BENZONI J.** Marianne, les lauriers de flamme.2. *Pocket, 2001.* (Marianne; 2)(Pocket ; 11192)
ISBN 2-266-10847-6

18121 [N] **BENZONI J.** Marianne, une étoile pour Napoléon. *Pocket, 2001.* (Marianne; 1)(Pocket ; 11187)
ISBN 2-266-10842-5. *42 F / 6,40 €*

18122 **BENZONI J.** L'opale de Sissi. *Pocket, 1997.* (Le boiteux de Varsovie; 3)(Pocket ; 10194 c7)
ISBN 2-266-07521-7. *42 F / 6,40 €*

18123 **BENZONI J.** La Princesse mandchoue. *Pocket, 1993.* (Les Dames du Méditerranée-express; 3)(Pocket ; 2563 c6)
ISBN 2-266-05463-5. *38 F / 5,79 €*

18124 **BENZONI J.** Le prisonnier masqué. *Pocket, 1999.* (Secret d'Etat; 3)(Pocket ; 10561)
ISBN 2-266-08385-6. *42 F / 6,40 €*

18125 **BENZONI J.** Le Réfugié. *Pocket, 1994.* (Les Treize vents; 2)(Pocket ; 4211 c6)
ISBN 2-266-06150-X. *38 F / 5,79 €*

18126 **BENZONI J.** Le roi des halles. *Pocket, 1999.* (Secret d'Etat; 2)(Pocket ; 10560 c6)
ISBN 2-266-08383-X. *38 F / 5,79 €*

18127 **BENZONI J.** La rose d'York. *Pocket, 1997.* (Le boiteux de Varsovie; 2)(Pocket ; 7181 c7)
ISBN 2-266-07218-8. *42 F / 6,40 €*

18128 **BENZONI J.** Le rubis de Jeanne la Folle. *Pocket, 1997.* (Le boiteux de Varsovie; 4)(Pocket ; 10258 c7)
ISBN 2-266-07739-2. *42 F / 6,40 €*

18129 **BENZONI J.** Secret d'Etat. 1, La chambre de la reine. *Pocket, 1998.* (Pocket ; 10559 c6)
ISBN 2-266-08384-8. *38 F / 5,79 €*

18130 [A] **BENZONI J.** Toi, Marianne. *Pocket, 2001.* (Marianne; 4)(Pocket ; 11190)
ISBN 2-266-10845-X. *38 F / 5,79 €*

18131 **BENZONI J.** Le Voyageur. *Pocket, 1994.* (Les Treize vents; 1)(Pocket ; 3042 c6)
ISBN 2-266-05873-8. *38 F / 5,79 €*

18132 **BÉRAUD H.** Le vitriol de lune. *Albin Michel, 1988.* (Bibliothèque Albin Michel poche ; 3 c1)
ISBN 2-226-03211-8. *39 F / 5,95 €*

18133 **BERBEROVA N.** L'Accompagnatrice. *J'ai lu, 1992.* (J'ai lu ; 3362. Littérature générale c1)
ISBN 2-277-23362-5. *36 F / 5,49 €*

18134 **BERBEROVA N.** L'Accompagnatrice. *LGF, 1994.* (Le Livre de poche ; 8672. Lire en russe c14)
ISBN 2-253-06225-1. *48 F / 7,32 €*

18135 **BERBEROVA N.** L'accompagnatrice. *Librio, 1998.* (Librio ; 198 c1)
ISBN 2-277-30198-1. *10 F / 1,52 €*

18136 **BERBEROVA N.** Astachev à Paris. *J'ai lu, 1991.* (J'ai lu ; 2941. Littérature générale c2)
ISBN 2-277-22941-5. *22 F / 3,35 €*

18137 **BERBEROVA N.** Chroniques de Billancourt. *Actes Sud, 1994.* (Babel ; 120 c3)
ISBN 2-7427-0262-8. *45 F / 6,86 €*

18138 **BERBEROVA N.** Chroniques de Billancourt. *J'ai lu, 1996.* (J'ai lu ; 4076. Littérature générale c3)
ISBN 2-277-24076-1. *29 F / 4,42 €*

18139 **BERBEROVA N.** De capes et de larmes. *J'ai lu, 1993.* (J'ai lu ; 3426. Littérature générale c1)
ISBN 2-277-23426-5. *13 F / 1,98 €*

18140 **BERBEROVA N.** Le Laquais et la putain. *J'ai lu, 1990.* (J'ai lu ; 2850. Littérature générale c1)
ISBN 2-277-22850-8. *13 F / 1,98 €*

18141 **N** **BERBEROVA N.** Le livre du bonheur. Nouv. éd. *Actes Sud, 2000.* (Babel ; 343 c3)
ISBN 2-7427-2719-1. *45 F / 6,86 €*

18142 **BERBEROVA N.** Où il n'est pas question d'amour : et autres récits. *Actes Sud* ; *Labor* ; *Aire, 1995.* (Babel ; 186 c3)
ISBN 2-7427-0657-7. *45 F / 6,86 €*

18143 **BERBEROVA N.** Récits de l'exil. 1. *Actes Sud, 1993.* (Babel ; 62 c4)
ISBN 2-86869-961-8. *51 F / 7,77 €*

18144 **BERBEROVA N.** Récits de l'exil. 2. *Actes Sud, 1993.* (Babel ; 78 c2)
ISBN 2-7427-0071-4. *39 F / 5,95 €*

18145 **BERBEROVA N.** La Résurrection de Mozart. *J'ai lu, 1991.* (J'ai lu ; 3064. Littérature générale c1)
ISBN 2-277-23064-2. *13 F / 1,98 €*

18146 **BERBEROVA N.** Roquenval : chronique d'un château. *J'ai lu, 1994.* (J'ai lu ; 3679. Littérature générale c1)
ISBN 2-277-23679-9. *13 F / 1,98 €*

18147 **BERBEROVA N.** La souveraine. *Actes Sud, 1997.* (Babel ; 274 c2)
ISBN 2-7427-1284-4. *39 F / 5,95 €*

18148 **N** **BERBEROVA N.** La souveraine. *J'ai lu, 2000.* (J'ai lu ; 5594. Littérature générale cF)
ISBN 2-290-30293-7. *26 F / 3,96 €*

18149 **A** **BERBEROVA N., TÉROUANNE C.** Le livre du bonheur. *J'ai lu, 2001.* (J'ai lu ; 5930. Littérature générale)
ISBN 2-290-31175-8

18150 **BERENBOOM A.** La position du missionnaire roux. *Labor, 1997.* (Espace Nord ; 119 c3)
ISBN 2-8040-1201-8. *54 F / 8,23 €*

18151 **N** **BERENBOOM A.** La position du missionnaire roux. *J'ai lu, 2000.* (J'ai lu ; 5713. Littérature générale cG)
ISBN 2-290-30568-5. *29 F / 4,42 €*

18152 **N** **BERENBOOM A.** La table de riz. *Ancrage, 2000.* (Poche ; 12 c3)
ISBN 2-930311-08-8. *49 F / 7,47 €*

18153 **BERENDT J.** Minuit dans le jardin du bien et du mal : Savannah, Géorgie, chronique d'une ville. *Pocket, 1998.* (Pocket ; 10174 c5)
ISBN 2-266-07518-7. *35 F / 5,34 €*

18154 **BERG J. d.** L'Image. *J'ai lu, 1984.* (J'ai lu ; 1686. Littérature générale)
ISBN 2-277-21686-0. *13 F / 1,98 €*

18155 **BERGER J.** La cocadrille. *Seuil, 1996.* (Points ; 289 c2)
ISBN 2-02-030098-2. *39 F / 5,95 €*

18156 **BERGER J.** Flamme et lilas. *Seuil, 1996.* (Points ; 308 c2)
ISBN 2-02-030099-0. *39 F / 5,95 €*

18157 **BERGER J.** Joue-moi quelque chose. *Seuil, 1996.* (Points ; 307 c9)
ISBN 2-02-030097-4. *42 F / 6,40 €*

18158 **BERGER T.** Little Big Man : mémoires d'un visage pâle. *J'ai lu, 1992.* (J'ai lu ; 3281. Littérature générale)
ISBN 2-277-23281-5. *49 F / 7,47 €*

18159 **BERGER Y.** L'Attrapeur d'ombres. *LGF, 1994.* (Le Livre de poche ; 9777 c4)
ISBN 2-253-09777-2. *20 F / 3,05 €*

18160 **BERGER Y.** Le Fou d'Amérique. *LGF, 1978.* (Le Livre de poche ; 5107 c7)
ISBN 2-253-01963-1. *30 F / 4,57 €*

18161 **BERGER Y.** Immobile dans le courant du fleuve. *LGF, 1996.* (Le Livre de poche ; 13897 c6)
ISBN 2-253-13897-5. *26 F / 3,96 €*

18162 **BERGER Y.** Les Matins du Nouveau Monde. *LGF, 1988.* (Le Livre de poche ; 6469 c7)
ISBN 2-253-04608-6. *30 F / 4,57 €*

18163 **BERGER Y.** Le monde après la pluie. *LGF, 1999.* (Le Livre de poche ; 14750 c6)
ISBN 2-253-14750-8. *26 F / 3,96 €*

18164 **BERGER Y.** La Pierre et le saguaro. *LGF, 1991.* (Le Livre de poche ; 7382 c6)
ISBN 2-253-05888-2. *26 F / 3,96 €*

18165 **BERGER Y.** Le Sud. *LGF, 1971.* (Le Livre de poche ; 3187 c6)
ISBN 2-253-02883-5. *26 F / 3,96 €*

166 **BERGMAN I.** Cris et chuchotements ; Persona ; Le Lien. *Gallimard, 1994.* (Folio ; 2620 c11)
SBN 2-07-038917-0. *29,50 F / 4,50 €*

167 **BERGMAN I.** Fanny et Alexandre. *Gallimard, 1998.* (Folio ; 3130 c8)
SBN 2-07-040564-8. *37 F / 5,64 €*

168 **BERGMAN I.** Les Meilleures intentions. *Gallimard, 1994.* (Folio ; 2621 c10)
SBN 2-07-038950-2. *46 F / 7,01 €*

169 **BERGMAN I.** Scènes de la vie conjugale. *Gallimard, 1992.* (Folio ; 2409)
SBN 2-07-038544-2. *29,50 F / 4,50 €*

170 **BERGOT E.** Le Courrier de Saïgon. *LGF, 1992.* (Sud lointain; 1)(Le Livre de poche ; 4356 c13)
SBN 2-253-06060-7. *46 F / 7,01 €*

171 **BERGOT E.** Le Maître de bao tan. *LGF, 1993.* (Sud lointain; 3)(Le Livre de poche ; 9656 c10)
SBN 2-253-06372-X. *40 F / 6,10 €*

172 **BERGOT E.** La Rivière des parfums. *LGF, 1992.* (Sud lointain; 2)(Le Livre de poche ; 4357 c13)
SBN 2-253-06061-5. *46 F / 7,01 €*

173 **BERGOUNIOUX P.** Miette. *Gallimard, 1996.* (Folio ; 2889 c11)
SBN 2-07-040078-6. *29,50 F / 4,50 €*

174 **BERGOUNIOUX P.** La mort de Brune. *Gallimard, 1997.* (Folio ; 3012 c11)
ISBN 2-07-040295-9. *29,50 F / 4,50 €*

175 **BÉRIOT L.** La canne de mon père. *LGF, 2000.* (Le Livre de poche ; 14828)
ISBN 2-253-14828-8. *25 F / 3,81 €*

176 **BERL E.** Sylvia. *Gallimard, 1994.* (L'imaginaire ; 320)
ISBN 2-07-073995-3. *39 F / 5,95 €*

177 **N** **BERLING P.** Le calice noir 1 : le secret des templiers. *LGF, 2000.* (Les enfants du Graal; 4)(Le Livre de poche ; 1427)
ISBN 2-253-14927-6. *39 F / 5,95 €*

178 **N** **BERLING P.** Le calice noir 2 : le sceau de Salomon. *LGF, 2000.* (Les enfants du Graal; 5)(Le Livre de poche ; 14978)
ISBN 2-253-14978-0. *39 F / 5,95 €*

179 **N** **BERLING P.** La couronne du monde. *LGF, 2000.* (Les enfants du Graal; 3)(Le Livre de poche ; 14885 c16)
ISBN 2-253-14885-7. *55 F / 8,38 €*

180 **BERLING P.** Les enfants du Graal. 1. *LGF, 1998.* (Le Livre de poche ; 14406 c16)
ISBN 2-253-14406-1. *55 F / 8,38 €*

181 **BERLING P.** Le sang des rois. *LGF, 1999.* (Les enfants du Graal; 2)(Le Livre de poche ; 14650 c17)
ISBN 2-253-14650-1. *60 F / 9,15 €*

18182 **BERNANOS G.** Dialogue d'ombres. *LGF, 1998.* (Le Livre de poche ; 3306. Biblio c7)
ISBN 2-253-93306-6. *30 F / 4,57 €*

18183 **BERNANOS G.** Les grands cimetières sous la lune. Rées. sous une nouv. prés. *Seuil, 1995.* (Points ; 91 c11)
ISBN 2-02-025378-X. *48 F / 7,32 €*

18184 **BERNANOS G.** L'Imposture. *Seuil, 1985.* (Points. Roman ; 195 c3)
ISBN 2-02-008720-0. *48 F / 7,32 €*

18185 **BERNANOS G.** La Joie. *Seuil, 1983.* (Points. Roman ; 120 c3)
ISBN 2-02-006591-6. *48 F / 7,32 €*

18186 **BERNANOS G.** Journal d'un curé de campagne. Réimpr. *Pocket, 1984.* (Pocket ; 2301. Blanche c4)
ISBN 2-266-02576-7. *30 F / 4,57 €*

18187 **BERNANOS G.** Un Mauvais rêve. *Pocket, 1988.* (Pocket ; 3151 c4)
ISBN 2-266-02277-6. *30 F / 4,57 €*

18188 **BERNANOS G.** Un mauvais rêve. *Librio, 1998.* (Librio ; 247 c1)
ISBN 2-277-30247-3. *10 F / 1,52 €*

18189 **BERNANOS G.** Sous le soleil de Satan. *Pocket, 1994.* (Pocket ; 4270 c4)
ISBN 2-266-06323-5. *30 F / 4,57 €*

18190 **BERNARD J., DUBOY B.** Medhi, l'initiation d'un soufi. *Pocket, 1997.* (Pocket ; 4803 c4)
ISBN 2-266-06996-9. *30 F / 4,57 €*

18191 **BERNARD M.** Au-delà de l'absence. *Gallimard, 1996.* (L'imaginaire ; 339)
ISBN 2-07-074395-0. *45 F / 6,86 €*

18192 **BERNARD M.** La Mort de la bien-aimée. *Gallimard, 1984.* (L'imaginaire ; 142)
ISBN 2-07-070227-8. *40 F / 6,10 €*

18193 **BERNARD M.** La Négresse muette. *la Musardine, 1999.* (Lectures amoureuses de Jean-Jacques Pauvert ; 26)
ISBN 2-84271-047-9. *45 F / 6,86 €*

18194 **BERNARD M.** Pareils à des enfants... *Gallimard, 1994.* (L'imaginaire ; 321)
ISBN 2-07-074069-2. *58 F / 8,84 €*

18195 **BERNARD M.** Pareils à des enfants. *Gallimard, 1979.* (Folio ; 1103 c8)
ISBN 2-07-037103-4. *37 F / 5,64 €*

18196 **BERNARD T.** Sous toute réserve. *Arléa, 1997.* (Arléa-poche ; 28)
ISBN 2-86959-354-6. *35 F / 5,34 €*

18197 **BERNARDIN DE SAINT-PIERRE H.** Paul et Virginie. *Librio, 1995.* (Librio ; 65 c1)
ISBN 2-277-30065-9. *10 F / 1,52 €*

18198 **BERNARDIN DE SAINT-PIERRE H.** Paul et Virginie. Nouv. éd. *LGF, 1999.* (Le Livre de poche ; 4166. Classiques de poche c7)
ISBN 2-253-00729-3. *30 F / 4,57 €*

18199 **BERNARDIN DE SAINT-PIERRE H.** Paul et Virginie. *Gallimard, 1984.* (Folio ; 1552. Classique c10)
ISBN 2-07-037552-8. *46 F / 7,01 €*

18200 **N** **BERNET A.** Mémoires de Ponce Pilate. *Pocket, 2000.* (Pocket ; 10718 c6)
ISBN 2-266-09360-6. *38 F / 5,79 €*

18201 **A** **BERNFELD K.** Apologie de la passivité. *J'ai lu, 2001.* (J'ai lu ; 5904. Littérature générale)
ISBN 2-290-31144-8

18202 **BERNHARD T.** Des arbres à abattre : une irritation. *Gallimard, 1998.* (Folio ; 3028 c8)
ISBN 2-07-040395-5. *37 F / 5,64 €*

18203 **BERNHARD T.** Un Enfant. *Gallimard, 1994.* (Folio ; 2542 c11)
ISBN 2-07-038837-9. *29,50 F / 4,50 €*

18204 **BERNHARD T.** Extinction : un effondrement. *Gallimard, 1999.* (Folio ; 3216 c11)
ISBN 2-07-040698-9. *50 F / 7,62 €*

18205 **BERNHARD T.** L'imitateur : choix = Der Stimmenimitator : Auswahl. *Gallimard, 1997.* (Folio bilingue ; 66)
ISBN 2-07-040160-X. *46 F / 7,01 €*

18206 **BERNHARD T.** Maîtres anciens : comédie. *Gallimard, 1991.* (Folio ; 2276 c8)
ISBN 2-07-038390-3. *37 F / 5,64 €*

18207 **BERNHARD T.** Le Naufragé. *Gallimard, 1993.* (Folio ; 2445 c11)
ISBN 2-07-038586-8. *29,50 F / 4,50 €*

18208 **BERNHARD T.** Le Neveu de Wittgenstein : une amitié. *Gallimard, 1991.* (Folio ; 2323 c11)
ISBN 2-07-038447-0. *29,50 F / 4,50 €*

18209 **BERNHARD T.** Oui. *Gallimard, 1997.* (Folio ; 2932 c11)
ISBN 2-07-040186-3. *29,50 F / 4,50 €*

18210 **BERNHARD T.** Perturbation. *Gallimard, 1989.* (L'imaginaire ; 207)
ISBN 2-07-070907-8. *52 F / 7,93 €*

18211 **BERNHEIM E.** Un couple. *Gallimard, 1994.* (Folio ; 2667 c9)
ISBN 2-07-039264-3. *20,50 F / 3,13 €*

18212 **BERNHEIM E.** Le Cran d'arrêt. *Gallimard, 1994.* (Folio ; 2614 c9)
ISBN 2-07-038912-X. *20,50 F / 3,13 €*

18213 **BERNHEIM E.** Sa femme. *Gallimard, 1995.* (Folio ; 2741 c9)
ISBN 2-07-039343-7. *20,50 F / 3,13 €*

18214 **BERNHEIM E.** Vendredi soir. *Gallimard, 1999.* (Folio ; 3287 c5)
ISBN 2-07-041066-8. *20,50 F / 3,13 €*

18215 **N** **BERNSTEIN M.** Corps et âmes. *J'ai lu, 2001.* (J'ai lu ; 5773. Littérature générale cM)
ISBN 2-290-30929-X. *49 F / 7,47 €*

18216 **BERNSTEIN M.** Le pacte du silence. *J'ai lu, 1999.* (J'ai lu ; 5327. Littérature générale c6)
ISBN 2-290-05327-9. *42 F / 6,40 €*

18217 **BERTIN C.** Don Juan. *Labor, 1988.* (Espace Nord ; 48 c1)
ISBN 2-8040-0353-1. *34 F / 5,18 €*

18218 **BERTIN C.** Les jardins du désert. *Actes Sud, 1999.* (Babel ; 382 c4)
ISBN 2-7427-2192-4. *51 F / 7,77 €*

18219 **N** **BERTIN C.** La petite dame en son jardin de Bruges. Nouv. éd., réimpr. *Actes Sud, 2001.* (Babel ; 341)
ISBN 2-7427-2822-8. *39 F / 5,95 €*

18220 **BESNIER M.** La roseraie. *LGF, 1999.* (Le Livre de poche ; 14679 c5)
ISBN 2-253-14679-X. *23 F / 3,51 €*

18221 **BESSON P.** Ah! Berlin : et autres récits. *Gallimard, 1989.* (Folio ; 2029 c10)
ISBN 2-07-038117-X. *46 F / 7,01 €*

18222 **BESSON P.** Les Braban. *LGF, 1997.* (Le Livre de poche ; 14171 c9)
ISBN 2-253-14171-2. *36 F / 5,49 €*

18223 **N** **BESSON P.** Dara. *LGF, 2000.* (Le Livre de poche ; 14874)
ISBN 2-253-14874-1. *28 F / 4,27 €*

18224 **N** **BESSON P.** Le deuxième couteau. *LGF, 2001.* (Le Livre de poche ; 15013 c6)
ISBN 2-253-15013-4. *26 F / 3,96 €*

18225 **BESSON P.** Le dîner de filles. *Pocket, 1996.* (Pocket ; 4388 c3)
ISBN 2-266-06637-4. *26 F / 3,96 €*

18226 **BESSON P.** La Femme riche. *LGF, 1995.* (Le Livre de poche ; 13818 c3)
ISBN 2-253-13818-5. *18 F / 2,74 €*

18227 **BESSON P.** Julius et Isaac. *LGF, 1994.* (Le Livre de poche ; 13575 c6)
ISBN 2-253-13575-5. *26 F / 3,96 €*

18228 **BESSON P.** Lettre à un ami perdu. *Librio, 1998.* (Librio ; 218 c1)
ISBN 2-277-30218-X. *10 F / 1,52 €*

18229 **BESSON P.** L'orgie échevelée. *Pocket, 1999.* (Pocket ; 10407 c2)
ISBN 2-266-08140-3. *23 F / 3,51 €*

18230 **BESSON P.** La Paresseuse. *LGF, 1992.* (Le Livre de poche ; 4361 c9)
ISBN 2-253-06065-8. *36 F / 5,49 €*

18231 **BESSON P.** Les Petits maux d'amour. *Gallimard, 1992.* (Folio ; 2362 c11)
ISBN 2-07-038499-3. *29,50 F / 4,50 €*

18232 **BESSON P.** La science du baiser. *LGF, 1999.* (Le Livre de poche ; 14656 c6)
ISBN 2-253-14656-0. *26 F / 3,96 €*

18233 **BESSON P.** La Statue du commandeur. *LGF, 1990.* (Le Livre de poche ; 6868 c12)
ISBN 2-253-05462-3. *44 F / 6,71 €*

18234 **A** **BESSON P.** La Titanic. *Pocket, 2001.* (Pocket ; 10826)
ISBN 2-266-09772-5

235 [A] **BESSORA** 53 cm. *J'ai lu, 2001.* (J'ai lu ; 5932. Littérature générale)
ISBN 2-290-31177-4

236 **BEUCLER A.** Gueule d'amour. *Librio, 1995.* (Librio ; 53 c1)
ISBN 2-277-30053-5. *10 F / 1,52 €*

237 **BEUCLER A.** La ville anonyme. *Gallimard, 1998.* (L'imaginaire ; 389)
ISBN 2-07-075337-9. *59 F / 8,99 €*

238 [N] **BEYALA C.** Amours sauvages. *J'ai lu, 2000.* (J'ai lu ; 5752. Littérature générale cF)
ISBN 2-290-30902-8. *26 F / 3,96 €*

239 **BEYALA C.** Assèze l'Africaine. *J'ai lu, 1996.* (J'ai lu ; 4292. Littérature générale c4)
ISBN 2-290-04292-7. *36 F / 5,49 €*

240 **BEYALA C.** C'est le soleil qui m'a brûlée. Réimp. *J'ai lu, 1999.* (J'ai lu ; 2512. Littérature générale c2)
ISBN 2-290-02512-7. *22 F / 3,35 €*

241 [N] **BEYALA C.** Les honneurs perdus. Réimp. *J'ai lu, 2000.* (J'ai lu ; 4974. Littérature générale cJ)
ISBN 2-290-14974-8. *39 F / 5,95 €*

242 **BEYALA C.** La négresse rousse. *J'ai lu, 1997.* (J'ai lu ; 4601. Littérature générale c5)
ISBN 2-290-04601-9. *39 F / 5,95 €*

243 **BEYALA C.** La petite fille du réverbère. *J'ai lu, 1999.* (J'ai lu ; 5329. Littérature générale cH)
ISBN 2-290-05329-5. *32 F / 4,88 €*

244 **BEYALA C.** Tu t'appelleras Tanga. *J'ai lu, 1990.* (J'ai lu ; 2807. Littérature générale c3)
ISBN 2-290-02807-X. *29 F / 4,42 €*

3245 **BIALOT J.** Le semeur d'étincelles. *Seuil, 1998.* (Points ; 505 c11)
ISBN 2-02-034128-X. *48 F / 7,32 €*

3246 **BIANCIOTTI H.** L'Amour n'est pas aimé. *Gallimard, 1986.* (L'imaginaire ; 166 c1)
ISBN 2-07-070653-2. *42 F / 6,40 €*

3247 **BIANCIOTTI H.** Le pas si lent de l'amour. *Gallimard, 1999.* (Folio ; 3267 c10)
ISBN 2-07-040992-9. *46 F / 7,01 €*

3248 **BIANCIOTTI H.** Sans la miséricorde du Christ. *Gallimard, 1987.* (Folio ; 1847 c8)
ISBN 2-07-037847-0. *37 F / 5,64 €*

3249 **BIANCIOTTI H.** Seules les larmes seront comptées. *Gallimard, 1991.* (Folio ; 2315 c10)
ISBN 2-07-038427-6. *46 F / 7,01 €*

8250 **BIANCIOTTI H.** Le Traité des saisons. *Gallimard, 1984.* (Folio ; 1573 c8)
ISBN 2-07-037573-0. *37 F / 5,64 €*

8251 **BIBESCO M.** Catherine-Paris. *Grasset, 1990.* (Les Cahiers rouges ; 115)
ISBN 2-246-17792-8. *53 F / 8,08 €*

8252 [N] **BICKMORE B.** Là où souffle le vent. *Pocket, 2000.* (Pocket ; 10871 c10)
ISBN 2-266-09886-1. *50 F / 7,62 €*

18253 **BICKMORE B.** Une lointaine étoile. *Pocket, 1997.* (Pocket ; 10161. Roman c9)
ISBN 2-266-07465-2. *48 F / 7,32 €*

18254 **BICKMORE B.** Médecin du ciel. *Pocket, 1999.* (Pocket ; 10555 c9)
ISBN 2-266-08769-X. *48 F / 7,32 €*

18255 **BIDDLE C.** Au-dela du vent. *LGF, 1997.* (Le Livre de poche ; 14154 c10)
ISBN 2-253-14154-2. *40 F / 6,10 €*

18256 **BIERCE A.** Le club des parenticides. *Mille et une nuits, 1997.* (La petite collection ; 138 cA)
ISBN 2-84205-107-6. *10 F / 1,52 €*

18257 **BIERCE A.** Histoires impossibles. *Grasset, 1985.* (Les Cahiers rouges ; 47)
ISBN 2-246-36633-X. *48 F / 7,32 €*

18258 **BIERCE A.** Morts violentes. *Grasset, 1987.* (Les Cahiers rouges ; 68)
ISBN 2-246-38882-1. *50 F / 7,62 €*

18259 [A] **BIÉVILLE C. d.** L'amour en grippe. *Pocket, 2001.* (Pocket ; 11004)
ISBN 2-266-10356-3

18260 **BIÉVILLE C. d.** L'été des hannetons. *Pocket, 1997.* (Pocket ; 10147 c5)
ISBN 2-266-07398-2. *35 F / 5,34 €*

18261 [N] **BIÉVILLE C. d.** Le meilleur des mariages. *Pocket, 2000.* (Pocket ; 10476 c4)
ISBN 2-266-08488-7. *30 F / 4,57 €*

18262 **BILLE S. C.** Forêts obscures. *Aire, 1996.* (L'Aire bleue)
ISBN 2-88108-405-2. *59 F / 8,99 €*

18263 **BILLE S. C.** Juliette éternelle. *Actes Sud, 1993.* (Babel ; 64 c3)
ISBN 2-86869-960-X. *51 F / 7,77 €*

18264 **BILLE S. C.** Oeil-de-mer. *Aire, 1996.* (L'Aire bleue)
ISBN 2-88108-385-4. *59 F / 8,99 €*

18265 **BILLETDOUX R.** Entrez et fermez la porte. *LGF, 1993.* (Le Livre de poche ; 9564 c5)
ISBN 2-253-06235-9. *23 F / 3,51 €*

18266 **BILLETDOUX R.** Jeune fille en silence. *Seuil, 1988.* (Points. Roman ; 310 c1)
ISBN 2-02-010161-0. *39 F / 5,95 €*

18267 **BILLETDOUX R.** Lettre d'excuse. *Seuil, 1983.* (Points. Roman ; 93 c2)
ISBN 2-02-006344-1. *39 F / 5,95 €*

18268 **BILLETDOUX R.** Mélanie dans un vent terrible. *LGF, 1996.* (Le Livre de poche ; 14023 c3)
ISBN 2-253-14023-6. *18 F / 2,74 €*

18269 **BILLETDOUX R.** L'Ouverture des bras de l'homme. *Seuil, 1987.* (Points. Roman ; 264 c1)
ISBN 2-02-009473-8. *32 F / 4,88 €*

18270 **BILLETDOUX R.** Prends garde à la douceur des choses. Nouv. éd. *Seuil, 1985.* (Points. Roman c2)
ISBN 2-02-008687-5. *39 F / 5,95 €*

18271 **BILLON P.** L'Enfant du cinquième Nord. *Seuil, 1984.* (Points. Roman ; 152 c3)
ISBN 2-02-006808-7. *48 F / 7,32 €*

18272 **BILLON P.** L'Ultime alliance. *Seuil, 1992.* (Points. Roman ; 514 c6)
ISBN 2-02-014767-X. *62 F / 9,45 €*

18273 **N** **BINCHY M.** C'était pourtant l'été. *Pocket, 2000.* (Pocket ; 10668 c8)
ISBN 2-266-09242-1. *45 F / 6,86 €*

18274 **BINCHY M.** Le cercle des amies. *Pocket, 1995.* (Pocket ; 3272. Best c7)
ISBN 2-266-08205-1. *42 F / 6,40 €*

18275 **BINCHY M.** Le lac aux sortilèges. *Pocket, 1999.* (Pocket ; 10530 c7)
ISBN 2-266-08691-X. *42 F / 6,40 €*

18276 **BINCHY M.** Nos rêves de Castlebay. *Pocket, 2000.* (Pocket ; 10825 c6)
ISBN 2-266-09747-4. *38 F / 5,79 €*

18277 **BINCHY M.** Portraits de femmes. *Pocket, 1998.* (Pocket ; 10374. Roman c5)
ISBN 2-266-08050-4. *35 F / 5,34 €*

18278 **BINCHY M.** Retour en Irlande. *Pocket, 1991.* (Pocket ; 3745. Roman ; 3745 c6)
ISBN 2-266-04393-5. *38 F / 5,79 €*

18279 **BINCHY M.** Les secrets du Shancarrig. *Pocket, 1995.* (Pocket ; 4285 c5)
ISBN 2-266-06367-7. *35 F / 5,34 €*

18280 **N** **BINCHY M.** Sur la route de Tara. *Pocket, 2001.* (Pocket ; 11113 c10)
ISBN 2-266-10566-3. *50 F / 7,62 €*

18281 **A** **BINGHAM C.** Ecoute le rossignol. *J'ai lu, 2001.* (J'ai lu ; 6016. Amour et destin)
ISBN 2-290-31268-1

18282 **BINGHAM C.** Ombre et lumière. *J'ai lu, 1993.* (J'ai lu ; 3493. Amour et destin cL)
ISBN 2-290-03493-2. *45 F / 6,86 €*

18283 **BIOY CASARES A.** Dormir au soleil. *Gallimard, 1992.* (Folio ; 2382 c11)
ISBN 2-07-038519-1. *50 F / 7,62 €*

18284 **BIOY CASARES A.** Le Héros des femmes. *Seuil, 1992.* (Points. Roman ; 497 c2)
ISBN 2-02-012702-4. *39 F / 5,95 €*

18285 **BIOY CASARES A.** L'Invention de Morel. Nouv. éd. *10-18, 1992.* (10-18 ; 953. Domaine étranger c2)
ISBN 2-264-01693-0. *25 F / 3,81 €*

18286 **BIOY CASARES A.** Journal de la guerre au cochon. *LGF, 1986.* (Le Livre de poche ; 3074. Biblio c9)
ISBN 2-253-03940-3. *36 F / 5,49 €*

18287 **BIOY CASARES A.** Nouvelles démesurées. *Seuil, 1992.* (Points. Roman ; 559 c2)
ISBN 2-02-012701-6. *39 F / 5,95 €*

18288 **BIOY CASARES A.** Nouvelles démesurées. *LGF, 2000.* (Le Livre de poche ; 3323. Biblio c9)
ISBN 2-253-93323-6. *35 F / 5,34 €*

18289 **BIOY CASARES A.** Un photographe à la Plata. *10-18, 1996.* (10-18 ; 2774. Domaine étranger c4)
ISBN 2-264-01947-6. *41 F / 6,25 €*

18290 **BIOY CASARES A.** Plan d'évasion. *10-18, 1994.* (10-18 ; 2490. Domaine étranger c4)
ISBN 2-264-01692-2. *41 F / 6,25 €*

18291 **A** **BIOY CASARES A.** Romans. *Laffont, 2001.* (Bouquins)
ISBN 2-221-09043-8. *169 F / 25,76 €*

18292 **BIOY CASARES A.** Le Songe des héros. *10-18, 1991.* (10-18 ; 2206. Domaine étranger c4)
ISBN 2-264-01622-1. *41 F / 6,25 €*

18293 **BITOV A.** La Maison Pouchkine : roman de l'humiliation infinie. *Seuil, 1994.* (Points. Roman ; 631 c4)
ISBN 2-02-015916-3. *52 F / 7,93 €*

18294 **BITTNER R.** Impitoyable. *J'ai lu, 1998.* (J'ai lu ; 5019. Aventures et passions c5)
ISBN 2-290-05019-9. *39 F / 5,95 €*

18295 **A** **BITTNER R.** Orages sur la plaine. *J'ai lu, 2001.* (J'ai lu ; 5850. Aventure secrète)
ISBN 2-290-31036-0

18296 **N** **BITTNER R.** Où le vent te mène. Réimpr. *J'ai lu, 1999.* (J'ai lu ; 5189. Aventures et passions cJ)
ISBN 2-290-05189-6. *39 F / 5,95 €*

18297 **N** **BITTNER R.** Une passion nommée Anna. *J'ai lu, 2000.* (J'ai lu ; 5761. Aventures et passions cJ)
ISBN 2-290-30894-3. *39 F / 5,95 €*

18298 **BITTNER R.** Pionnière au Montana. *J'ai lu, 1995.* (J'ai lu ; 3970. Aventures et passions c6)
ISBN 2-277-23970-4. *42 F / 6,40 €*

18299 **BITTNER R.** Sous les cendres de la passion. *J'ai lu, 1997.* (J'ai lu ; 4424. Aventures et passions c4)
ISBN 2-290-04424-5. *36 F / 5,49 €*

18300 **BITTNER R.** Tendre trahison. Réimpr. *J'ai lu, 1997.* (J'ai lu ; 4127. Aventures et passions c7)
ISBN 2-290-04127-0. *45 F / 6,86 €*

18301 **BLAIS M-C.** Une saison dans la vie d'Emmanuel. *Seuil, 1996.* (Points ; 297 c7)
ISBN 2-02-029189-4. *35 F / 5,34 €*

18302 **BLAKE J.** Les Chaînes de l'amour. *J'ai lu, 1992.* (J'ai lu ; 3240. Aventures et passions c5)
ISBN 2-277-23240-8. *39 F / 5,95 €*

18303 **BLAKE J.** Un eden sauvage. Réimpr. *J'ai lu, 1997.* (J'ai lu ; 3347. Aventures et passions c6)
ISBN 2-290-03347-2. *42 F / 6,40 €*

18304 **BLAKE J.** Sérénade en Louisiane. *J'ai lu, 1992.* (J'ai lu ; 3169. Aventures et passions)
ISBN 2-290-03169-0. *25 F / 3,81 €*

18305 **BLAKE J.** Le temps d'une valse. Réimpr. *J'ai lu, 1996.* (J'ai lu ; 3758. Aventures et passions cJ)
ISBN 2-290-03758-3. *39 F / 5,95 €*

18306 **BLAKE J.** Le vengeur créole. Réimp. *J'ai lu, 1999.* (J'ai lu ; 3415. Aventures et passions)
ISBN 2-290-30122-1. *25 F / 3,81 €*

18307 **BLANCHOT F.** Le Chevalier sur le fleuve. *Gallimard, 1990.* (Folio ; 2166 c12)
ISBN 2-07-038255-9. *52 F / 7,93 €*

18308 **BLANCHOT M.** L'Arrêt de mort. *Gallimard, 1987.* (L'imaginaire ; 15)
ISBN 2-07-029699-7. *40 F / 6,10 €*

18309 [N] **BLANCHOT M.** L'attente l'oubli. *Gallimard, 2000.* (L'imaginaire ; 420)
ISBN 2-07-075838-9. *38 F / 5,79 €*

18310 **BLANCHOT M.** Au moment voulu. *Gallimard, 1993.* (L'imaginaire ; 288)
ISBN 2-07-072848-X. *39 F / 5,95 €*

18311 **BLANCHOT M.** Celui qui ne m'accompagnait pas. *Gallimard, 1993.* (L'imaginaire ; 300)
ISBN 2-07-073438-2. *40 F / 6,10 €*

18312 **BLANCHOT M.** Le Dernier homme. *Gallimard, 1992.* (L'imaginaire ; 283)
ISBN 2-07-072722-X. *39 F / 5,95 €*

18313 **BLANCHOT M.** Thomas l'obscur. Réimpr. *Gallimard, 1999.* (L'imaginaire ; 272)
ISBN 2-07-072548-0. *40 F / 6,10 €*

18314 **BLANCHOT M.** Le Très-Haut. *Gallimard, 1988.* (L'imaginaire ; 203)
ISBN 2-07-071447-0. *45 F / 6,86 €*

18315 **BLANGENOIS B.** L'enfance est un Eden violent. *Pocket, 1996.* (Pocket ; 4327 c5)
ISBN 2-266-06480-0. *35 F / 5,34 €*

18316 **BLANGENOIS B.** Une odeur de neige. *Pocket, 1998.* (Pocket ; 10359 c4B)
ISBN 2-266-08061-X. *32 F / 4,88 €*

18317 **BLANZAT J.** Le Faussaire. *Gallimard, 1981.* (L'imaginaire ; 85)
ISBN 2-07-024650-7. *38 F / 5,79 €*

18318 **BLANZAT J.** L'iguane. *Gallimard, 1999.* (L'imaginaire ; 402)
ISBN 2-07-075582-7. *50 F / 7,62 €*

18319 **BLASBAND P.** De cendres et de fumées. *Labor, 2000.* (Espace Nord ; 149)
ISBN 2-8040-1390-1. *44 F / 6,71 €*

18320 **BLASCO IBANEZ V.** Arènes sanglantes. *LGF, 1995.* (Le Livre de poche ; 1361 c7)
ISBN 2-253-09993-7. *30 F / 4,57 €*

18321 [N] **BLIER B.** Existe en blanc. *Pocket, 2000.* (Pocket ; 10739 c5)
ISBN 2-266-09794-6. *35 F / 5,34 €*

18322 [N] **BLIER B.** Les valseuses. *Pocket, 2000.* (Pocket ; 10742 c7)
ISBN 2-266-09791-1. *42 F / 6,40 €*

18323 **BLIXEN K.** Les chevaux fantômes et autres contes. *Gallimard, 1997.* (Folio ; 2907 c11)
ISBN 2-07-040172-3. *29,50 F / 4,50 €*

18324 **BLIXEN K.** Contes d'hiver. *Gallimard, 1982.* (Folio ; 1411 c8)
ISBN 2-07-037411-4. *37 F / 5,64 €*

18325 **BLIXEN K.** Le Dîner de Babette. *Gallimard, 1989.* (Folio ; 2007 c8)
ISBN 2-07-038095-5. *37 F / 5,64 €*

18326 **BLIXEN K.** La Ferme africaine. *Gallimard, 1986.* (Folio ; 1037 c9)
ISBN 2-07-037037-2. *40 F / 6,10 €*

18327 **BLIXEN K.** Nouveaux contes d'hiver. *Gallimard, 1987.* (Folio ; 1821 c9)
ISBN 2-07-037821-7. *41 F / 6,25 €*

18328 **BLIXEN K.** Ombres sur la prairie. *Gallimard, 1995.* (Folio ; 2727 c11)
ISBN 2-07-039309-7. *29,50 F / 4,50 €*

18329 **BLIXEN K.** Sept contes gothiques. *Stock, 1991.* (Bibliothèque cosmopolite)
ISBN 2-234-02359-9. *60 F / 9,15 €*

18330 [N] **BLIXEN K.** Sept contes gothiques. *LGF, 2000.* (Le Livre de poche ; 3020. Biblio c14)
ISBN 2-253-03154-2. *48 F / 7,32 €*

18331 [N] **BLIXEN K.** Les voies de la vengeance. Réimpr. *Gallimard, 2000.* (Folio ; 2219 c9)
ISBN 2-07-038320-2. *41 F / 6,25 €*

18332 **BLONDIN A.** Les Enfants du Bon Dieu. *Gallimard, 1973.* (Folio ; 474 c11)
ISBN 2-07-036474-7. *29,50 F / 4,50 €*

18333 [N] **BLONDIN A.** Oeuvres. Réimp. *Laffont, 2000.* (Bouquins)
ISBN 2-221-06981-1. *199 F / 30,34 €*

18334 **BLONDIN A.** Quat'saisons. *Gallimard, 1977.* (Folio ; 973 c11)
ISBN 2-07-036973-0. *29,50 F / 4,50 €*

18335 **BLONDIN A.** Un Singe en hiver. *Gallimard, 1987.* (Folio ; 359 c11)
ISBN 2-07-036359-7. *29,50 F / 4,50 €*

18336 **BLOY L.** Le désespéré. *Table ronde, 1997.* (La petite vermillon ; 74)
ISBN 2-7103-0790-1. *55 F / 8,38 €*

18337 **BLOY L.** La Femme pauvre. *Gallimard, 1980.* (Folio ; 1194 c9)
ISBN 2-07-037194-8. *56 F / 8,54 €*

18338 [A] **BLUME J.** Soeurs d'un été. *Pocket, 2001.* (Pocket ; 10923)
ISBN 2-266-10073-4

18339 [A] **BOBER R.** Berg et Beck. *Gallimard, 2001.* (Folio)
ISBN 2-07-041622-4. *41 F / 6,25 €*

18340 **BOBER R.** Quoi de neuf sur la guerre?. *Gallimard, 1995.* (Folio ; 2690 c8)
ISBN 2-07-038907-3. *37 F / 5,64 €*

18341 **BOBIN C.** La femme à venir. *Gallimard, 1999.* (Folio ; 3254 c5)
ISBN 2-07-041014-5. *25,50 F / 3,89 €*

18342 **BOBIN C.** La folle allure. *Gallimard, 1997.* (Folio ; 2959 c11)
ISBN 2-07-040202-9. *29,50 F / 4,50 €*

18343 [N] **BOBIN C.** Geai. *Gallimard, 2000.* (Folio ; 3436 c3)
ISBN 2-07-041506-6. *19 F / 2,90 €*

18344 **BOBIN C.** L'inespérée. *Gallimard, 1996.* (Folio ; 2819 c9)
ISBN 2-07-039455-7. *20,50 F / 3,13 €*

18345 **BOBIN C.** Isabelle Bruges. *Gallimard, 1996.* (Folio ; 2820 c11)
ISBN 2-07-039439-5. *29,50 F / 4,50 €*

18346 **BOBIN C.** La Part manquante. *Gallimard, 1994.* (Folio ; 2554 c9)
ISBN 2-07-038842-5. *20,50 F / 3,13 €*

18347 **BOBIN C.** Une Petite robe de fête. *Gallimard, 1993.* (Folio ; 2466 c11)
ISBN 2-07-038724-0. *29,50 F / 4,50 €*

18348 **N** **BODARD L.** Le chien de Mao. *LGF, 2000.* (Le Livre de poche ; 14871 c15)
ISBN 2-253-14871-7. *50 F / 7,62 €*

18349 **BODARD L.** La vallée des roses. *Grasset, 1999.* (Les Cahiers rouges ; 289)
ISBN 2-246-04813-3. *74 F / 11,28 €*

18350 **BOHRINGER R.** Le bord intime des rivières. *Gallimard, 1995.* (Folio ; 2668 c9)
ISBN 2-07-039265-1. *20,50 F / 3,13 €*

18351 **BOISSARD J.** L'Amour, Béatrice. *LGF, 1992.* (Le Livre de poche ; 4334 c6)
ISBN 2-253-06014-3. *26 F / 3,96 €*

18352 **BOISSARD J.** L'Avenir de Bernadette. *LGF, 1980.* (L'Esprit de famille; 2)(Le Livre de poche ; 5470 c6)
ISBN 2-253-02624-7. *26 F / 3,96 €*

18353 **BOISSARD J.** Bébé couple. *LGF, 1998.* (Le Livre de poche ; 14508 c6)
ISBN 2-253-14508-4. *26 F / 3,96 €*

18354 **BOISSARD J.** Belle grand-mère. 1. *LGF, 1995.* (Le Livre de poche ; 13707 c6)
ISBN 2-253-13706-5. *26 F / 3,96 €*

18355 **BOISSARD J.** Boléro. *LGF, 1996.* (Le Livre de poche ; 13964 c5)
ISBN 2-253-13964-5. *23 F / 3,51 €*

18356 **BOISSARD J.** Cécile et son amour. *LGF, 1986.* (L'Esprit de famille; 6)(Le Livre de poche ; 6184 c6)
ISBN 2-253-03885-7. *26 F / 3,96 €*

18357 **BOISSARD J.** Cécile, la poison. *LGF, 1985.* (L'Esprit de famille; 5)(Le Livre de poche ; 6008 c6)
ISBN 2-253-03592-0. *26 F / 3,96 €*

18358 **BOISSARD J.** Chez Babouchka. *LGF, 1995.* (Belle grand-mère; 2)(Le Livre de poche ; 13858 c6)
ISBN 2-253-13858-4. *26 F / 3,96 €*

18359 **BOISSARD J.** Claire et le bonheur. *LGF, 1981.* (L'Esprit de famille; 3)(Le Livre de poche ; 5524 c7)
ISBN 2-253-02714-6. *30 F / 4,57 €*

18360 **BOISSARD J.** Cris du coeur. *LGF, 1994.* (Le Livre de poche ; 9767 c5)
ISBN 2-253-09767-5. *23 F / 3,51 €*

18361 **BOISSARD J.** Croisière. *LGF, 1989.* (Le Livre de poche ; 6662 c7)
ISBN 2-253-05092-X. *30 F / 4,57 €*

18362 **BOISSARD J.** L'Esprit de famille. *LGF, 1979.* (L'Esprit de famille; 1)(Le Livre de poche ; 5260 c5)
ISBN 2-253-02217-9. *23 F / 3,51 €*

18363 **BOISSARD J.** Une femme en blanc. *Pocket, 1997.* (Pocket ; 10203. Best c6)
ISBN 2-266-07578-0. *38 F / 5,79 €*

18364 **BOISSARD J.** Une Femme neuve. *LGF, 1981.* (Le Livre de poche ; 5544 c4)
ISBN 2-253-02734-0. *20 F / 3,05 €*

18365 **BOISSARD J.** Une Femme réconciliée. *LGF, 1988.* (Le Livre de poche ; 6448 c6)
ISBN 2-253-04514-4. *26 F / 3,96 €*

18366 **BOISSARD J.** Une Grande petite fille. *LGF, 1993.* (Le Livre de poche ; 9731 c6)
ISBN 2-253-06518-8. *26 F / 3,96 €*

18367 **A** **BOISSARD J.** La maison des enfants. *Pocket, 2001.* (Pocket ; 11170)
ISBN 2-266-10862-X

18368 **BOISSARD J.** Marie-Tempête. *Pocket, 1999.* (Pocket ; 10659 c7)
ISBN 2-266-09158-1. *42 F / 6,40 €*

18369 **BOISSARD J.** Moi, Pauline. *LGF, 1982.* (L'Esprit de famille; 4)(Le Livre de poche ; 5600 c4)
ISBN 2-253-02866-5. *23 F / 3,51 €*

18370 **BOISSARD J.** Les Pommes d'or : Croisière 2. *LGF, 1989.* (Le Livre de poche ; 6676 c7)
ISBN 2-253-05121-7. *30 F / 4,57 €*

18371 **BOISSARD J.** La Reconquête. *LGF, 1991.* (Le Livre de poche ; 7327 c7)
ISBN 2-253-05818-1. *30 F / 4,57 €*

18372 **BOISSARD J.** Rendez-vous avec mon fils. *LGF, 1982.* (Le Livre de poche ; 5710 c4)
ISBN 2-253-03069-4. *23 F / 3,51 €*

18373 **N** **BOISSARD J.** Toi, mon Pacha. *LGF, 2000.* (Belle grand-mère; 3)(Le Livre de poche ; 14888 c8)
ISBN 2-253-14888-1. *33 F / 5,03 €*

18374 **BOISSARD J.** Vous verrez... vous m'aimerez. *LGF, 1988.* (Le Livre de poche ; 6514 c6)
ISBN 2-253-04710-4. *26 F / 3,96 €*

18375 **BOITO A.** Le Fou noir ; Le Poing fermé. *Seuil, 1993.* (Points. Roman ; 566 c4)
ISBN 2-02-013325-3. *25 F / 3,81 €*

18376 **BOITO C.** Senso : carnet secret de la comtesse Livia. Nouv. éd. *Seuil, 1985.* (Points. Roman ; 190 c1)
ISBN 2-02-008686-7. *32 F / 4,88 €*

18377 **BOITO C.** Senso : le carnet secret de la comtesse Livia. *Actes Sud, 1994.* (Babel ; 91 c1)
ISBN 2-7427-0126-5. *33 F / 5,03 €*

3378 **BOITO C.** Senso. *Mille et une nuits, 1998.* (La petite collection ; 209 c1)
ISBN 2-84205-351-6. *10 F / 1,52 €*

3379 **BOLESLAVSKI R., WOODWARD H.** Les Lanciers. *Gallimard, 1986.* (Folio ; 1729 c10)
ISBN 2-07-037729-6. *46 F / 7,01 €*

8380 **N** **BOLGER D.** Un Irlandais en Allemagne. *Librio, 2001.* (Librio ; 435 c1)
ISBN 2-290-30872-2. *10 F / 1,52 €*

8381 **A** **BOLGER D.** La musique du père. *10-18, 2001.* (10-18 ; 3302. Domaine étranger)
ISBN 2-264-03055-0

8382 **BOLGER D.** La ville des ténèbres. *10-18, 1996.* (10-18 ; 2744. Domaine étranger c6)
ISBN 2-264-02172-1. *47 F / 7,17 €*

8383 **A** **BÖLL H.** Les deux sacrements. Nouv. éd. *Seuil, 2001.* (Points. Roman ; 238 c10)
ISBN 2-02-049073-0. *45 F / 6,86 €*

18384 **BÖLL H.** Die Verlorene Ehre der Katharina Blum. *LGF, 1991.* (Le Livre de poche ; 8641. Lire en allemand c10)
ISBN 2-253-05626-X. *40 F / 6,10 €*

18385 **A** **BÖLL H.** Les enfants des morts. Nouv. éd. *Seuil, 2001.* (Points ; 845 c10)
ISBN 2-02-049074-9. *45 F / 6,86 €*

18386 **BÖLL H.** Femmes devant un paysage fluvial. *Seuil, 1988.* (Points. Roman ; 326 c2)
ISBN 2-02-010261-7. *39 F / 5,95 €*

18387 **BÖLL H.** Fin de mission. *Seuil, 1993.* (Points. Roman ; 621 c2)
ISBN 2-02-020788-5. *39 F / 5,95 €*

18388 **BÖLL H.** La grimace. Réimpr... *Seuil, 1997.* (Points ; 414 c2)
ISBN 2-02-032368-0. *39 F / 5,95 €*

18389 **BÖLL H.** L'honneur perdu de Katharina Blum. Rééd. *Seuil, 1996.* (Points ; 262 c1)
ISBN 2-02-029159-2. *32 F / 4,88 €*

18390 **BÖLL H.** Loin de la troupe : satires et nouvelles. *Seuil, 1993.* (Points. Roman ; 589 c2)
ISBN 2-02-018223-8. *39 F / 5,95 €*

18391 **BÖLL H.** La Mort de Lohengrin. *Seuil, 1992.* (Points. Roman ; 495 c1)
ISBN 2-02-014428-X. *32 F / 4,88 €*

18392 **BÖLL H.** Portrait de groupe avec dame. Réimpr. *Seuil, 1995.* (Points c4)
ISBN 2-02-025919-2. *52 F / 7,93 €*

18393 **BÖLL H.** Protection encombrante. *Seuil, 1983.* (Points. Roman ; 92 c3)
ISBN 2-02-006345-X. *48 F / 7,32 €*

18394 **BÖLL H.** Rentrez chez vous Bogner!. *Seuil, 1990.* (Points. Roman ; 413 c2)
ISBN 2-02-012461-0. *39 F / 5,95 €*

18395 **BÖLL H.** Le Train était à l'heure = Der Zug war pünktlich : quatorze nouvelles. *Gallimard, 1993.* (Folio bilingue ; 33 c7)
ISBN 2-07-038633-3. *60 F / 9,15 €*

18396 **N** **BOMAN M.** Impulsions. *Pocket, 2000.* (Pocket ; 10666 c4)
ISBN 2-266-09200-6. *30 F / 4,57 €*

18397 **BOMBARDIER D.** Une Enfance à l'eau bénite. *Seuil, 1990.* (Points ; 387. Roman ; 387 c2)
ISBN 2-02-011625-1. *39 F / 5,95 €*

18398 **BOMBARDIER D.** Tremblement de coeur. *Seuil, 1992.* (Points. Roman ; 512 c2)
ISBN 2-02-014757-2. *39 F / 5,95 €*

18399 **BON F.** L'enterrement. *Gallimard, 1998.* (Folio ; 3038 c11)
ISBN 2-07-040318-1. *29,50 F / 4,50 €*

18400 **BONA D.** Argentina. *Gallimard, 1986.* (Folio ; 1734 c10)
ISBN 2-07-037734-2. *46 F / 7,01 €*

18401 **BONA D.** Malika. *Gallimard, 1994.* (Folio ; 2602 c11)
ISBN 2-07-038894-8. *29,50 F / 4,50 €*

18402 **N** **BONA D.** Le manuscrit de Port-Ebène. *LGF, 2001.* (Le Livre de poche ; 14988)
ISBN 2-253-14988-8. *33 F / 5,03 €*

18403 **BONAVIRI G.** Silvinia ou le Voyage des égarés. *Mille et une nuits, 1996.* (La petite collection ; 102 cC)
ISBN 2-84205-045-2. *20 F / 3,05 €*

18404 **BONAVIRI G.** Le Tailleur de la grand-rue. *Gallimard, 1989.* (L'imaginaire ; 209)
ISBN 2-07-071558-2. *37 F / 5,64 €*

18405 **A** **BONGRAND C.** Pitch. *Pocket, 2001.* (Pocket ; 11102)
ISBN 2-266-10550-7

18406 **BONGRAND C.** Le souligneur. *Pocket, 1995.* (Pocket ; 3111 c3)
ISBN 2-266-00005-5. *26 F / 3,96 €*

18407 **BONHEUR G.** Qui a cassé le vase de Soissons?. 1. *Gallimard, 1976.* (Folio ; 729 c8)
ISBN 2-07-036729-0. *37 F / 5,64 €*

18408 **BONHEUR G.** Qui a cassé le vase de Soissons?. 2. *Gallimard, 1976.* (Folio ; 730 c8)
ISBN 2-07-036730-4. *37 F / 5,64 €*

18409 **BONNET M.** Sexes. *Pocket, 1999.* (Pocket ; 10631)
ISBN 2-266-08386-4. *32 F / 4,88 €*

18410 **BORDES G.** L'Angélus de minuit. *Pocket, 1994.* (Pocket ; 3045 c5)
ISBN 2-266-06077-5. *35 F / 5,34 €*

18411 **BORDES G.** L'année des coquelicots. *Pocket, 1998.* (Pocket ; 10306 c4)
ISBN 2-266-07857-7. *30 F / 4,57 €*

18412 **BORDES G.** Ce soir, il fera jour. *Pocket, 1997.* (Pocket ; 10075 c6)
ISBN 2-266-07181-5. *38 F / 5,79 €*

18413 **BORDES G.** Les Chasseurs de papillons. *Pocket, 1994.* (Pocket ; 3239 c6)
ISBN 2-266-00112-4. *38 F / 5,79 €*

18414 **BORDES G.** Le chat derrière la vitre : et autres histoires d'animaux. *Pocket, 1996.* (Pocket ; 10004. Best c3)
ISBN 2-266-06627-7. *26 F / 3,96 €*

18415 **BORDES G.** Un cheval sous la lune. *Pocket, 1996.* (Pocket ; 10035 c6)
ISBN 2-266-06777-X. *38 F / 5,79 €*

18416 **BORDES G.** L'heure du braconnier. *Pocket, 2000.* (Pocket ; 10695 c4B)
ISBN 2-266-09394-0. *32 F / 4,88 €*

18417 **BORDES G.** La Nuit des hulottes. *Pocket, 1999.* (Pocket ; 4668 c6)
ISBN 2-266-05333-7. *38 F / 5,79 €*

18418 **BORDES G.** Les Porteurs de destins. *Pocket, 1994.* (Pocket ; 4696 c4)
ISBN 2-266-05437-6. *30 F / 4,57 €*

18419 **BORDES G.** Le roi en son moulin. *Pocket, 1992.* (Pocket ; 3949. Best c6)
ISBN 2-266-07450-4. *35 F / 5,34 €*

18420 **BOREL J.** L'adoration. *Gallimard, 1992.* (L'imaginaire ; 278)
ISBN 2-07-072549-9. *68 F / 10,37 €*

18421 **N** **BOREL V.** Un ruban noir. *J'ai lu, 2000.* (J'ai lu ; 5737. Littérature générale cG)
ISBN 2-290-30724-6. *29 F / 4,42 €*

18422 **BOREL V.** Un ruban noir. *Actes Sud, 1997.* (Babel ; 258 c3)
ISBN 2-7427-1170-8. *45 F / 6,86 €*

18423 **N** **BOREL V.** Vie et mort d'un crabe. *Librio, 2000.* (Librio ; 400 c1)
ISBN 2-290-30764-5. *10 F / 1,52 €*

18424 **BORGELLA C.** Marion du Faouët, brigande et rebelle : 1717-1755. *Pocket, 1999.* (Pocket ; 10358 c9)
ISBN 2-266-08062-8. *48 F / 7,32 €*

18425 **BORGES J. L.** L'Aleph. *Gallimard, 1977.* (L'imaginaire ; 13)
ISBN 2-07-029666-0. *44 F / 6,71 €*

18426 **BORGES J. L.** L'Auteur et autres textes. *Gallimard, 1982.* (L'imaginaire ; 105)
ISBN 2-07-024037-1. *45 F / 6,86 €*

18427 **BORGES J. L.** Evaristo Carriego. Réimpr. *Seuil, 1999.* (Points ; 665)
ISBN 2-02-038088-9. *35 F / 5,34 €*

18428 **BORGES J. L.** Fictions = Ficciones. *Gallimard, 1994.* (Folio bilingue ; 43 c8)
ISBN 2-07-038904-9. *66 F / 10,06 €*

18429 **BORGES J. L.** Fictions. *Gallimard, 1974.* (Folio ; 614 c9)
ISBN 2-07-036614-6. *20,50 F / 3,13 €*

18430 **BORGES J. L.** La Intrusa y otros cuentos. *LGF, 1989.* (Le Livre de poche ; 8618. Lire en espagnol c8)
ISBN 2-253-05163-2. *36 F / 5,49 €*

18431 **BORGES J. L.** Livre de préfaces ; Essai d'autobiographie. *Gallimard, 1987.* (Folio ; 1794 c9)
ISBN 2-07-037794-6. *41 F / 6,25 €*

18432 **BORGES J. L.** Le Livre de sable = El Libro de arena. *Gallimard, 1990.* (Folio bilingue ; 10)
ISBN 2-07-038314-8. *52 F / 7,93 €*

18433 **BORGES J. L.** Le Livre de sable. *Gallimard, 1983.* (Folio ; 1461 c11)
ISBN 2-07-037461-0. *29,50 F / 4,50 €*

18434 **BORGES J. L.** Le livre des êtres imaginaires. Réimpr. *Gallimard, 1999.* (L'imaginaire ; 188)
ISBN 2-07-071102-1. *52 F / 7,93 €*

18435 **BORGES J. L.** Le Rapport de Brodie. *Gallimard, 1984.* (Folio ; 1588 c11)
ISBN 2-07-037588-9. *29,50 F / 4,50 €*

18436 **BORGES J. L., BIOY CASARES A.** Nouveaux contes de Bustos Domecq. *Seuil, 1992.* (Points. Roman ; 526 c2)
ISBN 2-02-013029-7. *39 F / 5,95 €*

18437 **BORGESE G. A.** Les Belles. *Gallimard, 1991.* (L'Etrangère)
ISBN 2-07-072262-7. *48 F / 7,32 €*

18438 **BORY J-L.** La Peau des zèbres. *Gallimard, 1981.* (Folio ; 1265 c10)
ISBN 2-07-037265-0. *46 F / 7,01 €*

18439 **BORY J-L.** Un Prix d'excellence. *Gallimard, 1988.* (Folio ; 1973 c11)
ISBN 2-07-038060-2. *29,50 F / 4,50 €*

18440 **BOSCO H.** L'Ane culotte. *Gallimard, 1973.* (Folio ; 337 c11)
ISBN 2-07-036337-6. *29,50 F / 4,50 €*

18441 **BOSCO H.** Antonin. *Gallimard, 1992.* (Folio ; 2363 c10)
ISBN 2-07-038500-0. *46 F / 7,01 €*

18442 **BOSCO H.** L'Enfant et la rivière. *Gallimard, 1975.* (Folio ; 679 c11)
ISBN 2-07-036679-0. *29,50 F / 4,50 €*

18443 **BOSCO H.** Hyacinthe. Réimpr. *Gallimard, 1995.* (Folio ; 966 c11)
ISBN 2-07-036966-8. *29,50 F / 4,50 €*

18444 **BOSCO H.** Irénée. *Gallimard, 1982.* (L'imaginaire ; 102)
ISBN 2-07-023391-X. *39 F / 5,95 €*

18445 **BOSCO H.** Malicroix. *Gallimard, 1973.* (Folio ; 397 c8)
ISBN 2-07-036397-X. *37 F / 5,64 €*

18446 **BOSCO H.** Le mas Théotime. *Gallimard, 1972.* (Folio ; 168 c9)
ISBN 2-07-036168-3. *41 F / 6,25 €*

18447 **BOSCO H.** Pierre Lampedouze. *Gallimard, 1980.* (L'imaginaire ; 61)
ISBN 2-07-021681-0. *41 F / 6,25 €*

18448 **BOSCO H.** Sylvius. *Gallimard, 1995.* (Folio ; 1010 c9)
ISBN 2-07-037010-0. *20,50 F / 3,13 €*

18449 **BOSQUET A.** L'Amour à deux têtes. *LGF, 1994.* (Le Livre de poche ; 13564 c6)
ISBN 2-253-13564-X. *26 F / 3,96 €*

18450 **BOSQUET A.** Un Besoin de malheur. Ed. rev. et corr. *LGF, 1991.* (Le Livre de poche ; 7362 c8)
ISBN 2-253-05873-4. *33 F / 5,03 €*

18451 **BOSQUET A.** Les Fêtes cruelles. *LGF, 1986.* (Les Trente premières années; 3)(Le Livre de poche ; 6274 c7)
ISBN 2-253-04057-6. *30 F / 4,57 €*

18452 **BOSQUET A.** Un homme pour un autre. *Gallimard, 1989.* (Folio ; 2030 c10)
ISBN 2-07-038118-8. *46 F / 7,01 €*

18453 **BOSQUET A.** Lettre à mon père qui aurait eu cent ans. *Gallimard, 1990.* (Folio ; 2220 c8)
ISBN 2-07-038321-0. *37 F / 5,64 €*

18454 **BOSQUET A.** Le Métier d'otage. *Gallimard, 1994.* (Folio ; 2556 c11)
ISBN 2-07-038844-1. *29,50 F / 4,50 €*

18455 **BOSQUET A.** Les solitudes. *Gallimard, 1995.* (Folio ; 2752 c10)
ISBN 2-07-039348-8. *46 F / 7,01 €*

18456 **N** **BOSWELL B.** Pourquoi es-tu revenu ?. Réimp. *J'ai lu, 2000.* (J'ai lu ; 4712. Amour et destin cL)
ISBN 2-290-30647-9. *45 F / 6,86 €*

18457 **BOSWELL B.** Les raisins de l'amour. *J'ai lu, 1997.* (J'ai lu ; 4449. Amour et destin c4)
ISBN 2-290-04449-0. *36 F / 5,49 €*

18458 **BOTTON A. d.** Petite philosophie de l'amour. *Pocket, 1997.* (Pocket ; 10081 c5)
ISBN 2-266-07166-1. *35 F / 5,34 €*

18459 **BOTTON A. d.** Le plaisir de souffrir. *Pocket, 1999.* (Pocket ; 10080)
ISBN 2-266-07165-3. *35 F / 5,34 €*

18460 **N** **BOTTON A. d.** Portrait d'une jeune fille anglaise. *Pocket, 2000.* (Pocket ; 10587 c4B)
ISBN 2-266-08960-9. *32 F / 4,88 €*

18461 **BOUDARD A.** Bleubite. *Gallimard, 1976.* (Folio ; 799 c11)
ISBN 2-07-036799-1. *29,50 F / 4,50 €*

18462 **BOUDARD A.** Une bonne affaire. *Librio, 1996.* (Librio ; 99 c1)
ISBN 2-277-30099-3. *10 F / 1,52 €*

18463 **BOUDARD A.** La cerise. Nouv. éd. *Table ronde, 2000.* (La petite vermillon ; 120 c2)
ISBN 2-7103-0968-8. *45 F / 6,86 €*

18464 **BOUDARD A.** La Cerise. *Gallimard, 1973.* (Folio ; 403 c11)
ISBN 2-07-036403-8. *29,50 F / 4,50 €*

18465 **N** **BOUDARD A.** Chère visiteuse. *Gallimard, 2000.* (Folio ; 3437 c8)
ISBN 2-07-041116-8. *41 F / 6,25 €*

18466 **BOUDARD A.** Cinoche. *Gallimard, 1975.* (Folio ; 684 c11)
ISBN 2-07-036684-7. *29,50 F / 4,50 €*

18467 **BOUDARD A.** Les combattants du petit bonheur. *Table ronde, 1999.* (La petite vermillon ; 105)
ISBN 2-7103-0900-9. *45 F / 6,86 €*

18468 **BOUDARD A.** Le Corbillard de Jules. *Gallimard, 1981.* (Folio ; 1282 c11)
ISBN 2-07-037282-0. *29,50 F / 4,50 €*

18469 **BOUDARD A.** Les Enfants de choeur. *Gallimard, 1984.* (Folio ; 1565 c8)
ISBN 2-07-037565-X. *37 F / 5,64 €*

18470 **BOUDARD A.** L'étrange monsieur Joseph. *Pocket, 2000.* (Pocket ; 10738 c6)
ISBN 2-266-09790-3. *38 F / 5,79 €*

18471 **BOUDARD A.** L'hôpital : une hostobiographie. *Table ronde, 1999.* (La petite vermillon ; 104)
ISBN 2-7103-0902-5. *45 F / 6,86 €*

18472 **BOUDARD A.** L'Hôpital. *Gallimard, 1974.* (Folio ; 572 c8)
ISBN 2-07-036572-7. *37 F / 5,64 €*

18473 **BOUDARD A.** Madame... de Saint-Sulpice. *Gallimard, 1998.* (Folio ; 3089 c9)
ISBN 2-07-040285-1. *41 F / 6,25 €*

18474 **BOUDARD A.** La métamorphose des cloportes. *Table ronde, 2000.* (La petite vermillon ; 119)
ISBN 2-7103-0967-X. *45 F / 6,86 €*

18475 **BOUDJEDRA R.** L'Escargot entêté. *Gallimard, 1985.* (Folio ; 1686 c11)
ISBN 2-07-037686-9. *29,50 F / 4,50 €*

18476 **BOUDJEDRA R.** L'Insolation. *Gallimard, 1987.* (Folio ; 1871 c8)
ISBN 2-07-037871-3. *37 F / 5,64 €*

18477 **BOUDJEDRA R.** Les 1001 années de la nostalgie. *Gallimard, 1988.* (Folio ; 1998 c12)
ISBN 2-07-038087-4. *52 F / 7,93 €*

18478 **BOUDJEDRA R.** Timimoun. *Gallimard, 1995.* (Folio ; 2704 c9)
ISBN 2-07-039321-6. *20,50 F / 3,13 €*

18479 **BOUDJEDRA R.** Topographie idéale pour une agression caractérisée. *Gallimard, 1986.* (Folio ; 1766 c8)
ISBN 2-07-037766-0. *37 F / 5,64 €*

18480 **BOUDJEDRA R.** Le Vainqueur de coupe. *Gallimard, 1989.* (Folio ; 2049 c8)
ISBN 2-07-038137-4. *37 F / 5,64 €*

18481 **BOUDJEDRA R.** La vie à l'endroit. *LGF, 1999.* (Le Livre de poche ; 14758 c6)
ISBN 2-253-14758-3. *26 F / 3,96 €*

18482 **BOUDJERA R.** La Répudiation. *Gallimard, 1981.* (Folio ; 1326 c11)
ISBN 2-07-037326-6. *29,50 F / 4,50 €*

18483 **BOUILLOT F.** La boue. *J'ai lu, 1996.* (J'ai lu ; 4139. Littérature générale)
ISBN 2-277-24139-3. *29 F / 4,42 €*

18484 **BOUJUT M.** Miss Missouri. *Seuil, 1990.* (Points. Roman ; 397)
ISBN 2-02-012118-2. *31 F / 4,73 €*

18485 **BOUKHOBZA C.** Le Cri. *Seuil, 1988.* (Points. Roman ; 325 c3)
ISBN 2-02-010366-4. *48 F / 7,32 €*

18486 **BOUKHOBZA C.** Un Eté à Jérusalem. *Seuil, 1988.* (Points. Roman ; 321 c3)
ISBN 2-02-010195-5. *48 F / 7,32 €*

18487 **BOUKHOBZA C.** Les Herbes amères. *Seuil, 1990.* (Points. Roman ; 414 c1)
ISBN 2-02-012453-X. *32 F / 4,88 €*

18488 **BOULANGER D.** Un arbre dans Babylone. *Gallimard, 1993.* (Folio ; 2430 c9)
ISBN 2-07-038563-9. *41 F / 6,25 €*

18489 **BOULANGER D.** L'Autre rive. *Gallimard, 1988.* (L'imaginaire ; 202)
ISBN 2-07-071400-4. *35 F / 5,34 €*

18490 **BOULANGER D.** Caporal supérieur. *Gallimard, 1997.* (Folio ; 2988 c10)
ISBN 2-07-040302-5. *46 F / 7,01 €*

18491 **BOULANGER D.** Le Chemin des caracoles. *Gallimard, 1988.* (Folio ; 1974 c11)
ISBN 2-07-038061-0. *29,50 F / 4,50 €*

18492 **BOULANGER D.** La Confession d'Omer. *Gallimard, 1993.* (Folio ; 2506 c11)
ISBN 2-07-038767-4. *29,50 F / 4,50 €*

18493 **BOULANGER D.** Connaissez-vous Maronne?. *Gallimard, 1986.* (Folio ; 1753 c9)
ISBN 2-07-037753-9. *20,50 F / 3,13 €*

18494 **BOULANGER D.** L'Enfant de bohème. *Gallimard, 1990.* (Folio ; 2205 c10)
ISBN 2-07-038295-8. *46 F / 7,01 €*

18495 **BOULANGER D.** Un Eté à la diable. *Gallimard, 1994.* (Folio ; 2588 c11)
ISBN 2-07-038862-X. *37 F / 5,64 €*

18496 **BOULANGER D.** Fouette cocher!. *Gallimard, 1980.* (Folio ; 1160 c8)
ISBN 2-07-037160-3. *37 F / 5,64 €*

18497 **BOULANGER D.** Les jeux du tour de ville. *Gallimard, 1995.* (Folio ; 2764 c9)
ISBN 2-07-039349-6. *41 F / 6,25 €*

18498 **BOULANGER D.** Jules Bouc. *Gallimard, 1992.* (Folio ; 2396 c11)
ISBN 2-07-038534-5. *29,50 F / 4,50 €*

18499 **BOULANGER D.** Mémoire de la ville. *Gallimard, 1991.* (L'imaginaire ; 250)
ISBN 2-07-072224-4. *42 F / 6,40 €*

18500 **BOULANGER D.** Mes coquins. *Gallimard, 1991.* (Folio ; 2324 c11)
ISBN 2-07-038448-9. *29,50 F / 4,50 €*

18501 **BOULANGER D.** Les noces du merle. *Gallimard, 1996.* (Folio ; 2833 c10)
ISBN 2-07-039465-4. *46 F / 7,01 €*

18502 **BOULANGER D.** La Porte noire. *Gallimard, 1981.* (Folio ; 1324 c9)
ISBN 2-07-037324-X. *20,50 F / 3,13 €*

18503 **BOULANGER D.** Le retable Wasserfall. *Gallimard, 1999.* (Folio ; 3288 c6)
ISBN 2-07-041093-5. *29,50 F / 4,50 €*

18504 **BOULANGER D.** La Rose et le reflet. *Gallimard, 1985.* (L'imaginaire ; 159 c1)
ISBN 2-07-070575-7. *35 F / 5,34 €*

18505 **BOULANGER D.** Table d'hôte. *Gallimard, 1985.* (Folio ; 1697 c8)
ISBN 2-07-037697-4. *37 F / 5,64 €*

18506 **BOULANGER D.** Le Téméraire. *Gallimard, 1984.* (Folio ; 1525 c11)
ISBN 2-07-037525-0. *29,50 F / 4,50 €*

18507 **BOULANGER D.** Ursacq. *Gallimard, 1994.* (Folio ; 2669)
ISBN 2-07-039266-X. *29,50 F / 4,50 €*

18508 **BOULANGER D.** Vessies et lanternes. *Gallimard, 1987.* (Folio ; 1891 c9)
ISBN 2-07-037891-8. *41 F / 6,25 €*

18509 **BOULGAKOV M. A.** Coeur de chien. *LGF, 1999.* (Le Livre de poche ; 3314. Biblio c8)
ISBN 2-253-93314-7. *33 F / 5,03 €*

18510 **BOULGAKOV M. A.** Diablerie. *Mille et une nuits, 1994.* (La petite collection ; 41 cA)
ISBN 2-910233-46-4. *10 F / 1,52 €*

18511 **BOULGAKOV M. A.** La garde blanche. *Pocket, 1995.* (Pocket ; 4239 c6)
ISBN 2-266-06287-5. *38 F / 5,79 €*

18512 **BOULGAKOV M. A.** J'ai tué. *LGF, 1988.* (Le Livre de poche ; 3108. Biblio c6)
ISBN 2-253-04774-0. *26 F / 3,96 €*

18513 **BOULGAKOV M. A.** Le Maître et Marguerite. *Pocket, 1994.* (Pocket ; 4229 c7)
ISBN 2-266-06232-8. *42 F / 6,40 €*

18514 **BOULGAKOV M. A.** Morphine. *Seuil, 1992.* (Points. Roman ; 516 c4)
ISBN 2-02-013057-2. *25 F / 3,81 €*

18515 **BOULGAKOV M. A.** Morphine. *Mille et une nuits, 1997.* (La petite collection ; 172 cA)
ISBN 2-84205-157-2. *10 F / 1,52 €*

18516 **BOULGAKOV M. A.** Les oeufs fatidiques ; suivi de Diableries. Réimp. *LGF, 1999.* (Le Livre de poche ; 3101. Biblio c9)
ISBN 2-253-04713-9. *36 F / 5,49 €*

18517 **BOULGAKOV M. A.** Récits d'un jeune médecin ; suivi de Morphine et de Les Aventures singulières d'un docteur. Nouv. éd. *LGF, 1996.* (Le Livre de poche ; 3254. Biblio c6)
ISBN 2-253-93254-X. *26 F / 3,96 €*

18518 **BOULGAKOV M. A.** Récits d'un jeune médecin. *Seuil, 1987.* (Points. Roman ; 230 c1)
ISBN 2-02-009101-1. *32 F / 4,88 €*

18519 **BOULGAKOV M. A.** Le Roman de Monsieur de Molière. *Gallimard, 1993.* (Folio ; 2454 c11)
ISBN 2-07-038595-7. *29,50 F / 4,50 €*

18520 **BOULGAKOV M. A.** Romans. Réimp. *Laffont, 1999.* (Bouquins)
ISBN 2-221-07398-3. *179 F / 27,29 €*

18521 **BOULLE P.** L'Epreuve des hommes blancs. Réimpr. *Pocket, 1989.* (Pocket ; 2143. Best c3)
ISBN 2-266-02829-4. *26 F / 3,96 €*

18522 **BOUNINE I. A.** Le Calice de la vie. *Gallimard, 1990.* (L'imaginaire ; 241)
ISBN 2-07-072023-3. *40 F / 6,10 €*

18523 **BOUNINE I. A.** Le Monsieur de San Francisco. *Stock, 1984.* (Bibliothèque cosmopolite ; 38)
ISBN 2-234-01700-9. *55 F / 8,38 €*

18524 **BOUNINE I. A.** Le village. Nouv. éd. *Stock, 1999.* (Bibliothèque cosmopolite ; 59 c3)
ISBN 2-234-05136-3. *60 F / 9,15 €*

18525 **BOURAOUI N.** L'âge blessé. *LGF, 1999.* (Le Livre de poche ; 14691 c3)
ISBN 2-253-14691-9. *18 F / 2,74 €*

18526 **BOURAOUI N.** Le bal des Murènes. *LGF, 1997.* (Le Livre de poche ; 14268 c3)
ISBN 2-253-14268-9. *18 F / 2,74 €*

18527 **N** **BOURAOUI N.** Le jour du séisme. *LGF, 2001.* (Le Livre de poche ; 14991 c3)
ISBN 2-253-14991-8. *18 F / 2,74 €*

18528 **BOURAOUI N.** Poing mort. *Gallimard, 1994.* (Folio ; 2622 c9)
ISBN 2-07-038936-7. *20,50 F / 3,13 €*

18529 **BOURAOUI N.** La Voyeuse interdite. *Gallimard, 1993.* (Folio ; 2479 c11)
ISBN 2-07-038730-5. *29,50 F / 4,50 €*

18530 **BOURBON BUSSET J. d.** Le Lion bat la campagne. *Gallimard, 1986.* (Folio ; 1712 c8)
ISBN 2-07-037712-1. *37 F / 5,64 €*

18531 **BOURBON BUSSET J. d.** La Nature est un talisman. *Gallimard, 1978.* (Folio ; 994 c11)
ISBN 2-07-036994-3. *29,50 F / 4,50 €*

18532 **BOURDIN C.** Le fil. *Gallimard, 1996.* (Folio ; 2941 c11)
ISBN 2-07-040194-4. *29,50 F / 4,50 €*

18533 **BOURDIN F.** La Camarguaise. *J'ai lu, 1999.* (J'ai lu ; 4698. Littérature générale c5)
ISBN 2-290-04698-1. *39 F / 5,95 €*

18534 **BOURDIN F.** L'héritier des Beaulieu. *J'ai lu, 2000.* (J'ai lu ; 5432. Littérature générale cJ)
ISBN 2-290-30046-2. *39 F / 5,95 €*

18535 **BOURDIN F.** Juillet en hiver. *J'ai lu, 1997.* (J'ai lu ; 4496. Littérature générale c5)
ISBN 2-290-04496-2. *39 F / 5,95 €*

18536 **BOURDIN F.** Les sirènes de Saint-Malo. *J'ai lu, 1998.* (J'ai lu ; 4978. Littérature générale c5)
ISBN 2-290-04978-6. *39 F / 5,95 €*

18537 **BOURDIN F.** Terre indigo. Réimpr. *J'ai lu, 2000.* (J'ai lu ; 4382. Littérature générale)
ISBN 2-290-30045-4. *39 F / 5,95 €*

18538 **BOURDIN F.** Les vendanges de juillet. *J'ai lu, 1996.* (J'ai lu ; 4142. Littérature générale c6)
ISBN 2-277-24142-3. *42 F / 6,40 €*

18539 **N** **BOURDOUXHE M.** La femme de Gilles. Réimpr. *Labor : Labor ; Aire, 2000.* (Espace Nord ; 21 c1)
ISBN 2-8040-1296-4. ISBN 2-8040-0500-3. *34 F / 5,18 €*

18540 **BOURDOUXHE M.** Sous le pont Mirabeau. *Labor, 1996.* (Espace Nord ; 115 c1)
ISBN 2-8040-1183-6. *34 F / 5,18 €*

18541 **BOURGEADE P.** Les âmes juives. *Pocket, 2000.* (Pocket ; 10669 c3B)
ISBN 2-266-09194-8. *28 F / 4,27 €*

18542 **BOURGEADE P.** L'Armoire. *Gallimard, 1993.* (Folio ; 2446 c11)
ISBN 2-07-038587-6. *29,50 F / 4,50 €*

18543 **BOURGEADE P.** L'Empire des livres. *Gallimard, 1991.* (Folio ; 2319 c8)
ISBN 2-07-038431-4. *37 F / 5,64 €*

18544 **BOURGEADE P.** Eros mécanique. *Gallimard, 1997.* (Folio ; 2989 c9)
ISBN 2-07-040296-7. *20,50 F / 3,13 €*

18545 **N** **BOURGEADE P.** Warum. *Pocket, 2001.* (Pocket ; 11025 c5)
ISBN 2-266-10355-5. *35 F / 5,34 €*

18546 **BOURGET P.** Le Disciple. *Table ronde, 1994.* (La petite vermillon ; 33)
ISBN 2-7103-0639-5. *45 F / 6,86 €*

18547 **BOURIN J.** Les Amours blessées. *Gallimard, 1989.* (Folio ; 2031 c9)
ISBN 2-07-038119-6. *41 F / 6,25 €*

18548 **BOURIN J.** La Chambre des dames. *LGF, 1986.* (Le Livre de poche ; 6203 c11)
ISBN 2-253-03912-8. *42 F / 6,40 €*

18549 **BOURIN J.** Les Compagnons d'éternité. *Gallimard, 1994.* (Folio ; 2557 c9)
ISBN 2-07-038683-X. *41 F / 6,25 €*

18550 **BOURIN J.** La Dame de beauté. *LGF, 1987.* (Le Livre de poche ; 6341 c6)
ISBN 2-253-04169-6. *26 F / 3,96 €*

18551 **BOURIN J.** La Garenne. *Pocket, 1996.* (Pocket ; 4410 c4)
ISBN 2-266-06739-7. *30 F / 4,57 €*

18552 **BOURIN J.** Le Grand feu. *Gallimard, 1988.* (Folio ; 1925 c9)
ISBN 2-07-037925-6. *41 F / 6,25 €*

18553 **BOURIN J.** Le Jeu de la tentation. *LGF, 1986.* (Le Livre de poche ; 6227 c9)
ISBN 2-253-03946-2. *36 F / 5,49 €*

18554 **BOURIN J.** Les Pérégrines. *Gallimard, 1992.* (Folio ; 2383 c9)
ISBN 2-07-038520-5. *41 F / 6,25 €*

18555 **BOURIN J.** Très sage Héloïse. *LGF, 1987.* (Le Livre de poche ; 6279 c6)
ISBN 2-253-04062-2. *26 F / 3,96 €*

18556 **BOUSQUET J.** Un Amour couleur de thé. *Gallimard, 1993.* (L'imaginaire ; 302)
ISBN 2-07-073589-3. *52 F / 7,93 €*

18557 **BOUSQUET J.** Le cahier noir. *la Musardine, 1997.* (Lectures amoureuses de Jean-Jacques Pauvert ; 11 c4)
ISBN 2-84271-009-6. *39 F / 5,95 €*

18558 **BOUSQUET J.** Le Médisant par bonté. *Gallimard, 1980.* (L'imaginaire ; 55)
ISBN 2-07-020606-8. *40 F / 6,10 €*

18559 **BOUSQUET J.** Le Meneur de lune. *Albin Michel, 1989.* (Bibliothèque Albin Michel poche ; 31 c1)
ISBN 2-226-03798-5. *39 F / 5,95 €*

18560 **BOUVARD P.** La grinchieuse. *LGF, 1998.* (Le Livre de poche ; 14391 c6)
ISBN 2-253-14391-X. *26 F / 3,96 €*

18561 **BOUVIER N.** Le poisson-scorpion. *Gallimard, 1996.* (Folio ; 2842 c6)
ISBN 2-07-039495-6. *29,50 F / 4,50 €*

18562 **N** **BOVE E.** L'amour de Pierre Neuhart. *Seuil, 2000.* (Points ; 796)
ISBN 2-02-037871-X. *35 F / 5,34 €*

18563 **BOVE E.** Départ dans la nuit ; Non lieu. *Gallimard, 1992.* (L'imaginaire ; 284)
ISBN 2-07-072721-1. *65 F / 9,91 €*

18564 **BOVE E.** Le Piège. *Gallimard, 1991.* (L'imaginaire ; 267)
ISBN 2-07-072385-2. *58 F / 8,84 €*

18565 **N** **BOVE E.** Le pressentiment. *Seuil, 2000.* (Points ; 797)
ISBN 2-02-037870-1. *39 F / 5,95 €*

18566 **BOWEN E.** La Maison à Paris. *Gallimard, 1986.* (L'imaginaire ; 167 c1)
ISBN 2-07-070654-0. *40 F / 6,10 €*

18567 **BOWEN E.** Un monde d'amour. *10-18, 1996.* (10-18 ; 1516. Domaine étranger c4)
ISBN 2-264-02375-9. *41 F / 6,25 €*

18568 **BOWEN E.** Les Petites filles. Nouv. éd. *10-18, 1994.* (10-18 ; 1467. Domaine étranger c6)
ISBN 2-264-01981-6. *47 F / 7,17 €*

18569 **BOWLES P.** Après toi le déluge. *Gallimard, 1988.* (L'imaginaire ; 204)
ISBN 2-07-071453-5. *49 F / 7,47 €*

18570 **BOWLES P.** L'éducation de Malika. *Mille et une nuits, 1996.* (La petite collection ; 124 cA)
ISBN 2-84205-091-6. *10 F / 1,52 €*

18571 **BOWLES P.** La jungle rouge. Nouv. éd. *LGF, 1997.* (Le Livre de poche ; 3285. Biblio c9)
ISBN 2-253-93285-X. *36 F / 5,49 €*

18572 **BOWLES P.** Leurs mains sont bleues. Réimpr. sous une nouv. couv. *Seuil, 1995.* (Points ; 68 c3)
ISBN 2-02-024636-8. *48 F / 7,32 €*

18573 **BOWLES P.** La maison de l'araignée. *LGF, 1995.* (Le Livre de poche ; 13879 c14)
ISBN 2-253-13879-7. *48 F / 7,32 €*

18574 **BOWLES P.** Paroles malvenues. *Seuil, 1995.* (Points ; 40 c1)
ISBN 2-02-014652-5. *32 F / 4,88 €*

18575 **BOWLES P.** Réveillon à Tanger. *LGF, 1997.* (Le Livre de poche ; 3278. Biblio c8)
ISBN 2-253-93278-7. *33 F / 5,03 €*

18576 **BOWLES P.** Un Thé au Sahara. *Gallimard, 1987.* (L'imaginaire ; 62 c1)
ISBN 2-07-021682-9. *55 F / 8,38 €*

18577 **BOYD W.** Un Anglais sous les tropiques ; Comme neige au soleil ; Brazzaville Plage. *Seuil, 1995.* (Points ; 1002)
ISBN 2-02-025926-5. *146 F / 22,26 €*

18578 **BOYD W.** Un Anglais sous les tropiques. Rééd. *Seuil, 1986.* (Points ; 12 c4)
ISBN 2-02-023820-9. *50 F / 7,62 €*

18579 **BOYD W.** L'après-midi bleu. *Seuil, 1996.* (Points ; 235 c10)
ISBN 2-02-028306-9. *45 F / 6,86 €*

18580 **BOYD W.** Armadillo. *Seuil, 1999.* (Points ; 625)
ISBN 2-02-037229-0. *45 F / 6,86 €*

18581 **BOYD W.** Brazzaville plage. Nouv. éd. *Seuil, 1995.* (Points c3)
ISBN 2-02-023922-1. *48 F / 7,32 €*

18582 **BOYD W.** La chasse au lézard. *Seuil, 1997.* (Points ; 381 c10)
ISBN 2-02-031717-6. *45 F / 6,86 €*

18583 **BOYD W.** Coffret William Boyd. *Seuil, 1997.* (Points)
ISBN 2-02-032668-X. *142 F / 21,65 €*

18584 **BOYD W.** Comme neige au soleil. Nouv. éd. *Seuil, 1995.* (Points c3)
ISBN 2-02-023924-8. *48 F / 7,32 €*

18585 **BOYD W.** Le destin de Nathalie X. *Seuil, 1998.* (Points ; 480 c8)
ISBN 2-02-033645-6. *39 F / 5,95 €*

18586 **BOYD W.** Les Nouvelles confessions. Nouv. éd. *Seuil, 1995.* (Points c13)
ISBN 2-02-023923-X. *52 F / 7,93 €*

18587 **A** **BOYD W.** Visions fugitives : histoires, mémoires et canulars. *Seuil, 2001.* (Points ; 856)
ISBN 2-02-049520-1. *32 F / 4,88 €*

18588 **BOYER F.** Des choses idiotes et douces. *Gallimard, 1995.* (Folio ; 2682 c8)
ISBN 2-07-038908-1. *37 F / 5,64 €*

18589 **BOYER F.** Jeux interdits. *Gallimard, 1973.* (Folio ; 453 c11)
ISBN 2-07-036453-4. *29,50 F / 4,50 €*

18590 **BOYLE E.** L'Ange impudique. *J'ai lu, 2000.* (J'ai lu ; 5428. Aventures et passions cl)
ISBN 2-290-30019-5. *36 F / 5,49 €*

18591 **BOYLE T. C.** America. *LGF, 1999.* (Le Livre de poche ; 14659 c12)
ISBN 2-253-14659-5. *44 F / 6,71 €*

18592 **BOYLE T. C.** Au bout du monde. *LGF, 1994.* (Le Livre de poche ; 13545 cM)
ISBN 2-253-13545-3. *46 F / 7,01 €*

18593 **BOYLE T. C.** La Belle affaire. *Seuil, 1993.* (Points. Roman ; 605 c5)
ISBN 2-02-014624-X. *55 F / 8,38 €*

18594 **BOYLE T. C.** L'Orient, c'est l'Orient. *LGF, 1996.* (Le Livre de poche ; 13970 c11)
ISBN 2-253-13970-X. *42 F / 6,40 €*

18595 **BOZIER R.** Lieu-dit. *LGF, 1999.* (Le Livre de poche ; 14595 c6)
ISBN 2-253-14595-5. *26 F / 3,96 €*

18596 **BRADBURY R.** A Story of love : and other non-science fiction stories. *LGF, 1991.* (Le Livre de poche ; 8622. Lire en anglais c8)
ISBN 2-253-05187-X. *33 F / 5,03 €*

18597 **BRADBURY R.** L'arbre d'Halloween. *Seuil, 1998.* (Point-virgule ; 94 c1)
ISBN 2-02-029759-0. *32 F / 4,88 €*

18598 **BRADBURY R.** La Solitude est un cercueil de verre. *Gallimard, 1991.* (Folio ; 2281 c9)
ISBN 2-07-038394-6. *41 F / 6,25 €*

18599 **BRADBURY R.** Le vin de l'été. *10-18, 1996.* (10-18 ; 2690 c5)
ISBN 2-264-02283-3. *47 F / 7,17 €*

18600 **BRADBURY R., YVINEC H.** The Last circus : non-science fiction stories and exclusive interviews. *LGF, 1993.* (Le Livre de poche ; 8649. Lire en anglais c9)
ISBN 2-253-05740-1. *36 F / 5,49 €*

18601 **BRADFORD B. T.** A force d'aimer. *LGF, 1997.* (Le Livre de poche ; 14186 c9)
ISBN 2-253-14186-0. *36 F / 5,49 €*

18602 **BRADFORD B. T.** Accroche-toi à ton rêve. *LGF, 1988.* (Le Livre de poche ; 6492 c12)
ISBN 2-253-04663-9. *44 F / 6,71 €*

18603 **BRADFORD B. T.** L'amour est ailleurs. *LGF, 1997.* (Le Livre de poche ; 14103 c6)
ISBN 2-253-14103-8. *26 F / 3,96 €*

18604 **BRADFORD B. T.** Un amour secret. *LGF, 1999.* (Le Livre de poche ; 14732 c6)
ISBN 2-253-14732-X. *26 F / 3,96 €*

18605 **BRADFORD B. T.** Angel, mon amour. *LGF, 1995.* (Le Livre de poche ; 13766 c9)
ISBN 2-253-13766-9. *36 F / 5,49 €*

18606 **BRADFORD B. T.** L'Espace d'une vie. *LGF, 1990.* (Le Livre de poche ; 6769 c14)
ISBN 2-253-05310-4. *48 F / 7,32 €*

18607 **BRADFORD B. T.** Les Femmes de sa vie. *Pocket, 1993.* (Pocket ; 3731. Roman cK)
ISBN 2-266-04344-7. *55 F / 8,38 €*

18608 **BRADFORD B. T.** L'Héritage d'Emma Harte. *LGF, 1991.* (Le Livre de poche ; 6972 c10)
ISBN 2-253-05691-X. *40 F / 6,10 €*

18609 **BRADFORD B. T.** Jamais je n'oublierai. *LGF, 1994.* (Le Livre de poche ; 13546 c10)
ISBN 2-253-13546-1. *40 F / 6,10 €*

18610 **BRADFORD B. T.** Passions dangereuses. *LGF, 1998.* (Le Livre de poche ; 14462 c8)
ISBN 2-253-14462-2. *33 F / 5,03 €*

18611 **BRADFORD B. T.** Pour que triomphe la vie. *LGF, 1999.* (Le Livre de poche ; 14647 c7)
ISBN 2-253-14647-1. *30 F / 4,57 €*

18612 **N** **BRADFORD B. T.** Le pouvoir d'une femme. *LGF, 2000.* (Le Livre de poche ; 14868)
ISBN 2-253-14868-7. *36 F / 5,49 €*

18613 **BRADFORD B. T.** Quand le destin bascule. *LGF, 1989.* (Le Livre de poche ; 6636 c11)
ISBN 2-253-04993-X. *42 F / 6,40 €*

18614 **BRADFORD B. T.** Les Voix du coeur. Nouv. éd. *LGF, 1989.* (Le Livre de poche ; 6614 c11)
ISBN 2-253-04940-9. *42 F / 6,40 €*

18615 **BRADLEY M. Z.** Les brumes d'Avalon. *LGF, 1989.* (Les Dames du lac; 2)(Le Livre de poche ; 6430 c10)
ISBN 2-253-04885-2. *40 F / 6,10 €*

18616 **BRADLEY M. Z.** La colline du dernier adieu. *LGF, 1996.* (Le Livre de poche ; 13997 c10)
ISBN 2-253-13997-1. *40 F / 6,10 €*

18617 **BRADLEY M. Z.** Les Dames du lac. 1. *LGF, 1988.* (Le Livre de poche ; 6429 c10)
ISBN 2-253-04491-1. *40 F / 6,10 €*

18618 **BRADLEY M. Z.** La princesse de la nuit. *LGF, 1997.* (Le Livre de poche ; 14163 c7)
ISBN 2-253-14163-1. *30 F / 4,57 €*

18619 **BRADLEY M. Z.** Le secret d'Avalon. *LGF, 1998.* (Les Dames du lac; 3)(Le Livre de poche ; 14506 c13)
ISBN 2-253-14506-8. *46 F / 7,01 €*

18620 **BRADLEY M. Z.** La Trahison des dieux. *LGF, 1991.* (Le Livre de poche ; 7329 c10)
ISBN 2-253-05820-3. *40 F / 6,10 €*

18621 **BRADSHAW E.** Par peur de l'aimer. *J'ai lu, 1997.* (J'ai lu ; 4478. Aventures et passions c5)
ISBN 2-290-04478-4. *39 F / 5,95 €*

18622 **BRADSHAW E.** La puritaine et le voyou. Réimpr. *J'ai lu, 1997.* (J'ai lu ; 4089. Aventures et passions c5)
ISBN 2-290-04089-4. *39 F / 5,95 €*

18623 **BRADY J.** L'enfant loué. *Pocket, 1997.* (Pocket ; 4467 c6)
ISBN 2-266-07037-1. *38 F / 5,79 €*

18624 **BRAGANCE A.** Annibal. *Pocket, 1993.* (Pocket ; 3965. Blanche c4)
ISBN 2-266-04728-0. *30 F / 4,57 €*

18625 **BRAGANCE A.** Le chagrin des Resslingen. *Pocket, 1996.* (Pocket ; 4412 c5)
ISBN 2-266-06737-0. *35 F / 5,34 €*

18626 **N** **BRAGANCE A.** Clichy sur Pacifique. *Actes Sud, 2001.* (Babel ; 462)
ISBN 2-7427-3098-2. *39 F / 5,95 €*

18627 **BRAGANCE A.** La correspondante anglaise. *LGF, 1999.* (Le Livre de poche ; 14757 c6)
ISBN 2-253-14757-5. *26 F / 3,96 €*

18628 **N** **BRAGANCE A.** Le fils-récompense. *LGF, 2000.* (Le Livre de poche ; 14894)
ISBN 2-253-14894-6. *29 F / 4,42 €*

18629 **BRAMI C.** La Danse d'amour du vieux corbeau. *Gallimard, 1986.* (Folio ; 1709 c12)
ISBN 2-07-037709-1. *52 F / 7,93 €*

18630 **BRAMI C.** Le Garçon sur la colline. *Gallimard, 1982.* (Folio ; 1397 c8)
ISBN 2-07-037397-5. *37 F / 5,64 €*

18631 **BRAMI C.** Mon amie d'enfance. *Gallimard, 1996.* (Folio ; 2860 c11)
ISBN 2-07-040106-5. *29,50 F / 4,50 €*

18632 **BRAMI C.** Parfums des étés perdus. *Gallimard, 1992.* (Folio ; 2421 c10)
ISBN 2-07-038554-X. *46 F / 7,01 €*

18633 **BRAMLY S.** Madame Satan. *LGF, 1994.* (Le Livre de poche ; 13555 c6)
ISBN 2-253-13555-0. *26 F / 3,96 €*

18634 **BRANCATI V.** Les années perdues. *LGF, 1999.* (Le Livre de poche ; 3311. Biblio c10)
ISBN 2-253-93311-2. *40 F / 6,10 €*

18635 **BRANDEWYNE R.** Les Amants hors la loi. *J'ai lu, 1993.* (J'ai lu ; 3397. Aventures et passions c6)
ISBN 2-277-23397-8. *42 F / 6,40 €*

18636 **A** **BRANDEWYNE R.** Les amants hors la loi. Réimpr. *J'ai lu, 2001.* (J'ai lu ; 3397. Aventures et passions)
ISBN 2-290-31143-X

18637 **BRANDEWYNE R.** Duel sur la lande. Rééd. *J'ai lu, 1998.* (J'ai lu ; 3055. Aventures et passions)
ISBN 2-290-03055-4. *36 F / 5,49 €*

18638 **BRANDEWYNE R.** La lande sauvage. Rééd. *J'ai lu, 1998.* (J'ai lu ; 3018. Aventures et passions)
ISBN 2-290-03018-X. *39 F / 5,95 €*

18639 **BRANDEWYNE R.** Un mari en héritage. Réimpr. *J'ai lu, 1996.* (J'ai lu ; 3543. Aventures et passions)
ISBN 2-290-03543-2. *39 F / 5,95 €*

18640 **BRANDEWYNE R.** La passion du conquistador. *J'ai lu, 1992.* (J'ai lu ; 3285. Aventures et passions)
ISBN 2-290-03285-9. *39 F / 5,95 €*

18641 **BRANDEWYNE R.** La prisonnière du drakkar. *J'ai lu, 1995.* (J'ai lu ; 3907. Aventures et passions c5)
ISBN 2-277-23907-0. *39 F / 5,95 €*

18642 **A** **BRANTÔME M.** Avec tout ce qu'on a fait pour toi : cahier de pensées. *Seuil, 2001.* (Point-virgule ; 48)
ISBN 2-02-048871-X. *35 F / 5,34 €*

18643 **BRANTÔME P. d. B. d.** Les Dames galantes. *LGF, 1990.* (Le Livre de poche ; 2507. Classiques de poche c11)
ISBN 2-253-05596-4. *42 F / 6,40 €*

18644 **BRAUDEAU M.** L'Amazone. *Seuil, 1988.* (Points. Roman ; 323 c1)
ISBN 2-02-010264-1. *32 F / 4,88 €*

18645 **BRAUDEAU M.** Fantôme d'une puce. *Seuil, 1985.* (Points. Roman ; 209 c2)
ISBN 2-02-008903-3. *39 F / 5,95 €*

18646 **BRAUDEAU M.** Le Livre de John. *Seuil, 1993.* (Points. Roman ; 616 c2)
ISBN 2-02-020614-5. *39 F / 5,95 €*

18647 **A** **BRAUDEAU M.** Le Livre de John. *Gallimard, 2001.* (Folio)
ISBN 2-07-041802-2. *41 F / 6,25 €*

18648 **A** **BRAUDEAU M.** Loin des forêts. *Gallimard, 2001.* (Folio)
ISBN 2-07-041681-X. *41 F / 6,25 €*

18649 **BRAUDEAU M.** Mon ami Pierrot. *Seuil, 1995.* (Points ; 132 c6)
ISBN 2-02-023639-7. *32 F / 4,88 €*

18650 **BRAUDEAU M.** Naissance d'une passion. *Gallimard, 2000.* (Folio ; 3348 c9)
ISBN 2-07-041248-2. *56 F / 8,54 €*

18651 **BRAUDEAU M.** L'Objet perdu de l'amour. *Seuil, 1990.* (Points. Roman ; 378 c13)
ISBN 2-02-011475-5. *52 F / 7,93 €*

18652 **BRAUDEAU M.** Pérou. *Gallimard, 1999.* (Folio ; 3255)
ISBN 2-07-041013-7. *25,50 F / 3,89 €*

18653 **BRAUDEAU M.** Vaulascar. *Seuil, 1991.* (Points. Roman ; 476 c4)
ISBN 2-02-013455-1. *52 F / 7,93 €*

18654 **BRAUN L. J.** Le Chat qui parlait aux fantômes. *10-18, 1993.* (10-18 ; 2350. Grands détectives c5)
ISBN 2-264-01854-2. *44 F / 6,71 €*

18655 **BRAUTIGAN R.** L'Avortement : une histoire romanesque en 1966. *Seuil, 1991.* (Points. Roman ; 458 c2)
ISBN 2-02-013242-7. *39 F / 5,95 €*

18656 **BRAUTIGAN R.** Cahier d'un retour de Troie. *10-18, 1995.* (10-18 ; 2674. Domaine étranger c3)
ISBN 2-264-00109-7. *38 F / 5,79 €*

18657 **BRAUTIGAN R.** Le Général sudiste de Big-Sur. *10-18, 1984.* (10-18 ; 1638 c3)
ISBN 2-264-00605-6. *38 F / 5,79 €*

18658 **BRAUTIGAN R.** Mémoires sauvés du vent. *10-18, 1989.* (10-18 ; 2002 c3)
ISBN 2-264-01327-3. *38 F / 5,79 €*

18659 **BRAUTIGAN R.** Le Monstre des Hawkline. *10-18, 1985.* (10-18 ; 1695 c3)
ISBN 2-264-00673-0. *38 F / 5,79 €*

18660 **BRAUTIGAN R.** Un Privé à Babylone. *10-18, 1983.* (10-18 ; 1551 c4)
ISBN 2-264-00466-5. *41 F / 6,25 €*

18661 **BRAUTIGAN R.** Retombées de sombrero. *10-18, 1987.* (10-18 ; 1859 c4)
ISBN 2-264-01059-2. *41 F / 6,25 €*

18662 **BRAUTIGAN R.** Sucre de pastèque ; La Pêche à la truite en Amérique. *10-18, 1984.* (10-18 ; 1624 c5)
ISBN 2-264-00595-5. *44 F / 6,71 €*

18663 **BRAUTIGAN R.** Tokyo-Montana express. *10-18, 1988.* (10-18 ; 1894 c5)
ISBN 2-264-01088-6. *44 F / 6,71 €*

18664 **BRAUTIGAN R.** La Vengeance de la pelouse. *10-18, 1988.* (10-18 ; 1893 c4)
ISBN 2-264-01091-6. *41 F / 6,25 €*

18665 **BRAUTIGAN R.** Willard et ses trophées de Bowling ; Une Enigme... et quelques perversions. *10-18, 1984.* (10-18 ; 1696 c3)
ISBN 2-264-00674-9. *38 F / 5,79 €*

18666 **BRAVO C.** L'adieu à Tolède. *J'ai lu, 1997.* (J'ai lu ; 4393. Littérature générale c6)
ISBN 2-290-04393-1. *42 F / 6,40 €*

18667 **BRAYFIELD C.** Diamants. *LGF, 1997.* (Le Livre de poche ; 14337 c10)
ISBN 2-253-14337-5. *40 F / 6,10 €*

18668 **BRECHT B.** Les crabes de la mer du Nord : et autres histoires, 1913-1927. *LGF, 1999.* (Le Livre de poche ; 3309. Biblio c10)
ISBN 2-253-93309-0. *40 F / 6,10 €*

18669 **BRECHT B.** Histoires de monsieur Keuner. *Arche éditeur, 1980.* (Travaux ; 29)
ISBN 2-85181-187-8. *55 F / 8,38 €*

18670 **BRECHT B.** La vieille dame indigne : et autres histoires, 1928-1948. *LGF, 1998.* (Le Livre de poche ; 3307. Biblio c8)
ISBN 2-253-93307-4. *33 F / 5,03 €*

18671 **BREDIN J-D.** Un Coupable. *Gallimard, 1986.* (Folio ; 1784 c9)
ISBN 2-07-037784-9. *20,50 F / 3,13 €*

18672 **BREDIN J-D.** Encore un peu de temps. *Gallimard, 1997.* (Folio ; 3013 c11)
ISBN 2-07-040297-5. *29,50 F / 4,50 €*

18673 **BREDIN J-D.** Un Enfant sage. *Gallimard, 1992.* (Folio ; 2384 c11)
ISBN 2-07-038521-3. *29,50 F / 4,50 €*

18674 **BRÉHAL N.** Les corps célestes. *Gallimard, 1995.* (Folio ; 2728 c8)
ISBN 2-07-039311-9. *37 F / 5,64 €*

18675 **BRÉHAL N.** L'Enfant au souffle coupé. *Gallimard, 1989.* (Folio ; 2071 c8)
ISBN 2-07-038159-5. *37 F / 5,64 €*

18676 **BRÉHAL N.** Les Etangs de Woodfield. *Gallimard, 1985.* (Folio ; 1648 c8)
ISBN 2-07-037648-6. *37 F / 5,64 €*

18677 **BRÉHAL N.** Le parfait amour. *Gallimard, 1997.* (Folio ; 2960 c11)
ISBN 2-07-040223-1. *29,50 F / 4,50 €*

18678 [N] **BREILLAT C.** L'homme facile. *J'ai lu, 2000.* (J'ai lu ; 5750. Littérature générale cE)
ISBN 2-290-30882-X. *22 F / 3,35 €*

18679 **BREKILIEN Y.** La reine sauvage. *Liv'éditions, 1997.* (Liv'poche)
ISBN 2-910781-40-2. *59 F / 8,99 €*

18680 **BRENNER J.** Daniel ou la Double rupture. *Gallimard, 1992.* (Folio ; 2391 c11)
ISBN 2-07-038449-7. *29,50 F / 4,50 €*

18681 **BRENNER J.** Les Petites filles de Courbelles. *LGF, 1991.* (Le Livre de poche ; 7365 c6)
ISBN 2-253-05874-2. *26 F / 3,96 €*

18682 **BRENTANO C.** Histoire du brave Gaspard. *Mercure de France, 1997.* (Le petit Mercure)
ISBN 2-7152-2016-2. *22 F / 3,35 €*

18683 **BRESNER L.** Le Sculpteur de femmes. *Gallimard, 1994.* (Folio ; 2633 c9)
ISBN 2-07-038929-4. *20,50 F / 3,13 €*

18684 **BRETON A.** L'Amour fou. *Gallimard, 1976.* (Folio ; 723 c11)
ISBN 2-07-036723-1. *29,50 F / 4,50 €*

18685 **BRETON A.** Nadja. *Gallimard, 1972.* (Folio ; 73 c11)
ISBN 2-07-036073-3. *29,50 F / 4,50 €*

18686 **BREYTENBACH B.** Mémoire de poussière et de neige. *LGF, 1991.* (Le Livre de poche ; 7337 c14)
ISBN 2-253-05828-9. *48 F / 7,32 €*

18687 **BRIAND C.** Le seigneur de Farguevieille. *J'ai lu, 1996.* (J'ai lu ; 4074. Littérature générale)
ISBN 2-277-24074-5. *36 F / 5,49 €*

18688 [N] **BRICE M.** Bacchanales aux Bahamas. *Vauvenargues, 2001.* (Brigade mondaine c1)
ISBN 2-7443-0555-3. *35 F / 5,34 €*

18689 [A] **BRICE M.** Titre à venir. *Vauvenargues, 2001.* (Brigade mondaine ; 213)
ISBN 2-7443-0557-X. *35 F / 5,34 €*

18690 [A] **BRICE M.** Titre à venir. *Vauvenargues, 2001.* (Brigade mondaine ; 214)
ISBN 2-7443-0558-8. *35 F / 5,34 €*

18691 **BRICE M.** La Vénus de Belle-Ile. *Vaugirard, 1990.* (Brigade mondaine ; 105)
ISBN 2-285-00170-3. *35 F / 5,34 €*

18692 **BRINCOURT A.** Le Vert Paradis. *Seuil, 1984.* (Points. Roman ; 155 c2)
ISBN 2-02-006833-8. *39 F / 5,95 €*

18693 **BRINK A.** Un Acte de terreur. *LGF, 1993.* (Le Livre de poche ; 9591 c17)
ISBN 2-253-06287-1. *60 F / 9,15 €*

18694 **BRINK A.** Adamastor. *LGF, 1995.* (Le Livre de poche ; 13758 c4)
ISBN 2-253-13758-8. *20 F / 3,05 €*

18695 **BRINK A.** Au plus noir de la nuit. *LGF, 1978.* (Le Livre de poche ; 5099 c11)
ISBN 2-253-01955-0. *42 F / 6,40 €*

18696 **BRINK A.** Etats d'urgence. *LGF, 1990.* (Le Livre de poche ; 6712 c9)
ISBN 2-253-05212-4. *36 F / 5,49 €*

18697 **BRINK A.** Les imaginations du sable. *LGF, 1997.* (Le Livre de poche ; 14267 c12)
ISBN 2-253-14267-0. *44 F / 6,71 €*

18698 **BRINK A.** Un Instant dans le vent. Nouv. éd. *LGF, 1985.* (Le Livre de poche ; 5998 c8)
ISBN 2-253-03570-X. *33 F / 5,03 €*

18699 **BRINK A.** Le Mur de la peste. *Stock, 1991.* (Bibliothèque cosmopolite)
ISBN 2-234-02360-2. *60 F / 9,15 €*

18700 **BRINK A.** Une Saison blanche et sèche. Nouv. éd. *LGF, 1992.* (Le Livre de poche ; 5638 c9)
ISBN 2-253-02946-7. *36 F / 5,49 €*

18701 **BRINK A.** Tout au contraire. *LGF, 1996.* (Le Livre de poche ; 14020 c10)
ISBN 2-253-14020-1. *40 F / 6,10 €*

18702 **BRINK A.** Un turbulent silence. *Stock, 1991.* (Bibliothèque cosmopolite c3)
ISBN 2-234-02361-0. *60 F / 9,15 €*

18703 **N** **BRINK A.** Un turbulent silence. Nouv. éd. *Stock, 2001.* (Bibliothèque cosmopolite)
ISBN 2-234-05340-4. *70 F / 10,67 €*

18704 **BRINK A.** Un Turbulent silence. *LGF, 1983.* (Le Livre de poche ; 5768 c10)
ISBN 2-253-03211-5. *40 F / 6,10 €*

18705 **BRION M.** Contes fantastiques. *Albin Michel, 1989.* (Bibliothèque Albin Michel poche ; 26 c2)
ISBN 2-226-03547-8. *49 F / 7,47 €*

18706 **BRION M.** La Rose de cire. *LGF, 1994.* (Le Livre de poche ; 9797 c6)
ISBN 2-253-09797-7. *26 F / 3,96 €*

18707 **BRISAC G.** Les filles. *Gallimard, 1997.* (Folio ; 2978 c9)
ISBN 2-07-040233-9. *20,50 F / 3,13 €*

18708 **BRISAC G.** Petite. *Seuil, 1996.* (Points ; 187 c5)
ISBN 2-02-028180-5. *29 F / 4,42 €*

18709 **BRISAC G.** Voir les jardins de Babylone. *Seuil, 2000.* (Points ; 721 c7)
ISBN 2-02-040340-4. *35 F / 5,34 €*

18710 **BRISAC G.** Week-end de chasse à la mère. *Seuil, 1998.* (Points ; 446 c7)
ISBN 2-02-033295-7. *35 F / 5,34 €*

18711 **BRISKIN J.** Les aigles et la colombe. *J'ai lu, 1999.* (J'ai lu ; 5280. Littérature générale c8)
ISBN 2-290-05280-9. *49 F / 7,47 €*

18712 **BRISKIN J.** Le palais du comte Paskevitch. *J'ai lu, 1999.* (J'ai lu ; 5256. Littérature générale c8)
ISBN 2-290-05256-6. *49 F / 7,47 €*

18713 **N** **BRISSAC E. d.** Au diable. *Gallimard, 2000.* (Folio ; 3420 c7)
ISBN 2-07-041367-5. *46 F / 7,01 €*

18714 **BRISSAC E. d.** Le tour de l'arbre. *LGF, 1998.* (Le Livre de poche ; 14436 c5)
ISBN 2-253-14436-3. *23 F / 3,51 €*

18715 **BRITE P. Z.** Le corps exquis. *J'ai lu, 1999.* (J'ai lu ; 5295. Littérature générale c5)
ISBN 2-290-05295-7. *39 F / 5,95 €*

18716 **BRIZZI E.** Jack Frusciante a largué le groupe : une grandiose histoire d'amour et de rock paroissial. *Seuil, 1998.* (Points ; 482 c7)
ISBN 2-02-033647-2. *35 F / 5,34 €*

18717 **N** **BROCH H.** Les irresponsables. *Gallimard, 2001.* (L'imaginaire ; 426)
ISBN 2-07-076059-6. *78 F / 11,89 €*

18718 **BROCH H.** La Mort de Virgile. *Gallimard, 1980.* (L'imaginaire ; 65)
ISBN 2-07-022153-9. *62 F / 9,45 €*

18719 **BROCH H.** Les Somnambules. Nouv. éd. rev. et augm. *Gallimard, 1990.* (L'imaginaire ; 229)
ISBN 2-07-071971-5. *98 F / 14,94 €*

18720 **BROD M.** Le Royaume enchanté de l'amour. *Seuil, 1993.* (Points. Roman ; 565 c3)
ISBN 2-02-014688-6. *48 F / 7,32 €*

18721 **BROMFIELD L.** La Mousson. *LGF, 1980.* (Le Livre de poche ; 540 c10)
ISBN 2-253-00521-5. *40 F / 6,10 €*

18722 **N** **BRONNER G.** Journal de guerre. *Baleine, 2001.* (Ultimes ; 4)
ISBN 2-84219-317-2. *49 F / 7,47 €*

18723 **BRONTË A., BRONTË C., BRONTË E.** Jane Eyre ; Le Professeur. *Laffont, 1991.* (Oeuvres; 2)(Bouquins)
ISBN 2-221-06776-2. *130 F / 19,82 €*

18724 **BRONTË A., BRONTË C., BRONTË E.** Wuthering heights. *Laffont, 1990.* (Oeuvres; 1)(Bouquins)
ISBN 2-221-06775-4. *130 F / 19,82 €*

18725 **BRONTË A., BRONTË C., BRONTË E., BRONTË P. B.** Shirley ; Caractères des hommes célèbres du temps présent ; Albion et Marina... *Laffont, 1992.* (Oeuvres; 3)(Bouquins)
ISBN 2-221-06777-0. *140 F / 21,34 €*

18726 **BRONTË C.** Jane Eyre. Nouv. éd. *LGF, 1984.* (Le Livre de poche ; 1175. Classiques de poche c9)
ISBN 2-253-00435-9. *36 F / 5,49 €*

18727 **BRONTË C.** Le professeur. *Gallimard, 1997.* (L'Etrangère)
ISBN 2-07-074780-8. *60 F / 9,15 €*

18728 **BRONTË E.** Les Hauts de Hurle-Vent. Réimp. *LGF, 1995.* (Le Livre de poche ; 105. Classiques de poche c9)
ISBN 2-253-00475-8. *36 F / 5,49 €*

18729 **BRONTË E.** Hurlevent. *Gallimard, 1991.* (Folio ; 2215. Classique c11)
ISBN 2-07-038305-9. *50 F / 7,62 €*

18730 **BRONTË E., BRONTË C., BRONTË A.** Romans. *LGF, 1997.* (La Pochothèque ; 3238. Classiques modernes)
ISBN 2-253-13238-1. *125 F / 19,06 €*

18731 **BROOKNER A.** Une Amie d'Angleterre. *Seuil, 1989.* (Points. Roman ; 372 c2)
ISBN 2-02-010919-0. *39 F / 5,95 €*

18732 **BROOKNER A.** Dolly. *Seuil, 1997.* (Points ; 371 c8)
ISBN 2-02-025572-3. *39 F / 5,95 €*

18733 **BROOKNER A.** Esquives. *Seuil, 1996.* (Points ; 102 c2)
ISBN 2-02-020774-5. *39 F / 5,95 €*

18734 **BROOKNER A.** Etats seconds. *LGF, 1999.* (Le Livre de poche ; 14735 c8)
ISBN 2-253-14735-4. *33 F / 5,03 €*

18735 **BROOKNER A.** Hôtel du lac. Réimpr. *Seuil, 1997.* (Points ; 398 c8)
ISBN 2-02-032125-4. *39 F / 5,95 €*

18736 **BROOKNER A.** Julia et moi. *Seuil, 1995.* (Points ; 72 c9)
ISBN 2-02-018264-5. *42 F / 6,40 €*

18737 **BROOKNER A.** Lewis Percy. *Seuil, 1993.* (Points. Roman ; 593 c3)
ISBN 2-02-013412-8. *48 F / 7,32 €*

18738 **BROOKNER A.** Mésalliance. *Seuil, 1996.* (Points ; 240 c2)
ISBN 2-02-022651-0. *39 F / 5,95 €*

18739 **BROOKNER A.** La porte de Brandebourg. Réimpr. *Seuil, 1997.* (Points ; 397 c8)
ISBN 2-02-032124-6. *39 F / 5,95 €*

18740 **BROOKNER A.** Providence. *Seuil, 1994.* (Points. Roman ; 650 c2)
ISBN 2-02-020186-0. *39 F / 5,95 €*

18741 **BROOKNER A.** Regardez-moi. Rééd. sous une nouv. prés. *Seuil, 1995.* (Points ; 89 c2)
ISBN 2-02-025377-1. *39 F / 5,95 €*

18742 **BROOKNER A.** Sofka. *Seuil, 1997.* (Points ; 333 c8)
ISBN 2-02-021833-X. *39 F / 5,95 €*

18743 **BROOKNER A.** La Vie quelque part. *Seuil, 1993.* (Points. Roman ; 619 c3)
ISBN 2-02-015907-4. *39 F / 5,95 €*

18744 **BROOKS T.** La licorne noire. *J'ai lu, 1996.* (Royaume magique à vendre; 2)(J'ai lu ; 4096. Science-fiction c5)
ISBN 2-277-24096-6. *39 F / 5,95 €*

18745 **BROSSARD-LE GRAND M.** Chienne de vie, je t'aime!. *LGF, 1992.* (Le Livre de poche ; 5721 c7)
ISBN 2-253-03117-8. *30 F / 4,57 €*

18746 N **BROSSARD-LE GRAND M.** Élise des montagnes. *LGF, 2000.* (Le Livre de poche ; 14970 c8)
ISBN 2-253-14970-5. *33 F / 5,03 €*

18747 **BROUILLET C.** Marie LaFlamme. 1. *J'ai lu, 1995.* (J'ai lu ; 3838. Littérature générale c6)
ISBN 2-277-23838-4. *42 F / 6,40 €*

18748 N **BROUILLET C.** Les neuf vies d'Edward. *Gallimard, 2000.* (Folio ; 3387 c8)
ISBN 2-07-041420-5. *41 F / 6,25 €*

18749 **BROUILLET C.** Nouvelle-France. *J'ai lu, 1995.* (Marie LaFlamme; 2)(J'ai lu ; 3839. Littérature générale c6)
ISBN 2-277-23839-2. *42 F / 6,40 €*

18750 **BROUILLET C.** La renarde. *J'ai lu, 1995.* (Marie LaFlamme; 3)(J'ai lu ; 3840. Littérature générale c6)
ISBN 2-277-23840-6. *42 F / 6,40 €*

18751 **BROUWERS J.** Rouge décanté. *Gallimard, 1997.* (Folio ; 2967 c11)
ISBN 2-07-040200-2. *29,50 F / 4,50 €*

18752 **BROWN D.** Enterre mon coeur à Wounded Knee. *10-18, 1995.* (10-18 ; 2576. Domaine étranger c8)
ISBN 2-264-02081-4. *55 F / 8,38 €*

18753 A **BROWN S.** Amants d'un soir. *J'ai lu, 2001.* (J'ai lu ; 5992. Amour et destin)
ISBN 2-290-31254-1

18754 **BROWN S.** Le coeur de l'autre. *LGF, 1997.* (Le Livre de poche ; 17010. Thriller c10)
ISBN 2-253-17010-0. *40 F / 6,10 €*

18755 **BROWN S.** French Silk. *J'ai lu, 1993.* (J'ai lu ; 3472. Amour et destin cL)
ISBN 2-290-03472-X. *45 F / 6,86 €*

18756 A **BROWN S.** Mon dernier amour. *J'ai lu, 2001.* (J'ai lu ; 5955. Amour et destin)
ISBN 2-290-31229-0

18757 N **BROWN S.** Des secrets bien gardés. Réimp. *J'ai lu, 2000.* (J'ai lu ; 3617. Amour et destin cK)
ISBN 2-290-30675-4. *42 F / 6,40 €*

18758 **BROWN S.** Texas! : le destin de Lucky. Réimpr. *J'ai lu, 1992.* (J'ai lu ; 3282. Amour et destin cG)
ISBN 2-290-03282-4. *29 F / 4,42 €*

18759 **BROWN S.** Texas! : le destin de Rocky. Réimpr. *J'ai lu, 1993.* (J'ai lu ; 3432. Amour et destin cG)
ISBN 2-290-03432-0. *29 F / 4,42 €*

18760 **BROWN S.** Texas! : le destin de Sally. Réimpr. *J'ai lu, 1993.* (J'ai lu ; 3563. Amour et destin)
ISBN 2-290-03563-7. *29 F / 4,42 €*

18761 **BRUCE D.** La maîtresse du Loch Leven. *Pocket, 1998.* (Pocket ; 10166. Roman c11)
ISBN 2-266-07549-7. *55 F / 8,38 €*

18762 N **BRUCE D.** L'impossible adieu. *Pocket, 2000.* (Pocket ; 10380 c10)
ISBN 2-266-08042-3. *50 F / 7,62 €*

18763 **BRUCKNER P.** Allez jouer ailleurs. *Gallimard, 1989.* (Folio ; 2019 c10)
ISBN 2-07-038107-2. *46 F / 7,01 €*

18764 **BRUCKNER P.** Le divin enfant. Réimpr. *Seuil, 1995.* (Points c1)
ISBN 2-02-025993-1. *32 F / 4,88 €*

18765 **BRUCKNER P.** Lunes de fiel. Rééd. *Seuil, 1996.* (Points ; 177 c2)
ISBN 2-02-026197-9. *39 F / 5,95 €*

18766 **BRUCKNER P.** Monsieur Tac. *Gallimard, 1986.* (Folio ; 1787 c10)
ISBN 2-07-037787-3. *46 F / 7,01 €*

18767 **BRUCKNER P.** Le Palais des claques. *Seuil, 1986.* (Point-virgule ; 43 c1)
ISBN 2-02-009184-4. *32 F / 4,88 €*

18768 **BRUCKNER P.** Parias. *Seuil, 1996.* (Points ; 285 c11)
ISBN 2-02-030035-4. *48 F / 7,32 €*

18769 **BRUCKNER P.** Les voleurs de beauté. *LGF, 1999.* (Le Livre de poche ; 14626 c7)
ISBN 2-253-14626-9. *30 F / 4,57 €*

18770 **A** **BRUEL A.** Le mas des oliviers. *Pocket, 2001.* (Pocket ; 11112)
ISBN 2-266-10567-1

18771 **N** **BRUNE E.** Fissures. *Ancrage, 2000.* (Poche c3)
ISBN 2-930311-16-9. *49 F / 7,47 €*

18772 **BRUSSOLO S.** A l'image du dragon. *G. de Villiers, 1992.* (Serge Brussolo ; 11 c1)
ISBN 2-7386-0257-6. *32 F / 4,88 €*

18773 **BRUSSOLO S.** L'Epave. *G. de Villiers, 1990.* (Serge Brussolo ; 5 c1)
ISBN 2-7386-0132-4. *32 F / 4,88 €*

18774 **BRUSSOLO S.** Hurlemort : le dernier royaume. *Gallimard, 1997.* (Folio ; 2961 c10)
ISBN 2-07-040224-X. *46 F / 7,01 €*

18775 **BRUSSOLO S.** Les Inhumains. *G. de Villiers, 1992.* (Serge Brussolo ; 10 c1)
ISBN 2-7386-0201-0. *32 F / 4,88 €*

18776 **BRUSSOLO S.** Krucifix. *G. de Villiers, 1990.* (Serge Brussolo ; 3 c1)
ISBN 2-7386-0104-9. *32 F / 4,88 €*

18777 **BRUSSOLO S.** La maison de l'aigle. *Gallimard, 1998.* (Folio ; 3050 c8)
ISBN 2-07-040410-2. *37 F / 5,64 €*

18778 **BRUSSOLO S.** La moisson d'hiver. *Gallimard, 1996.* (Folio ; 2861 c9)
ISBN 2-07-040107-3. *41 F / 6,25 €*

18779 **BRUSSOLO S.** Les ombres du jardin. *Gallimard, 1999.* (Folio ; 3159 c9)
ISBN 2-07-040717-9. *41 F / 6,25 €*

18780 **BRUSSOLO S.** Les Rêveurs d'ombre. *G. de Villiers, 1991.* (Serge Brussolo ; 7 c1)
ISBN 2-7386-0159-6. *32 F / 4,88 €*

18781 **BRUSSOLO S.** Le Vent noir. *G. de Villiers, 1991.* (Serge Brussolo ; 9 c1)
ISBN 2-7386-0187-1. *32 F / 4,88 €*

18782 **N** **BRUYÈRE J.** Roger ou Les à-côtés de l'ombrelle. *la Musardine, 2000.* (Lectures amoureuses de Jean-Jacques Pauvert ; 42)
ISBN 2-84271-144-0. *39 F / 5,95 €*

18783 **BRYCE ECHENIQUE A.** L'Homme qui parlait d'Octavia de Cadix. *Seuil, 1992.* (Points. Roman ; 523 c4)
ISBN 2-02-013135-8. *52 F / 7,93 €*

18784 **A** **BRYCE ECHENIQUE A.** Un monde pour Julius. *Métailié, 2001.* (Suites ; 42. Suite hispano-américaine)
85 F / 12,96 €

18785 **BRYCE ECHENIQUE A.** La Vie exagérée de Martin Romana. *Seuil, 1991.* (Points. Roman ; 467 c6)
ISBN 2-02-013226-5. *62 F / 9,45 €*

18786 **BUARQUE C.** Embrouille. *Gallimard, 1996.* (Folio ; 2807 c11)
ISBN 2-07-039483-2. *29,50 F / 4,50 €*

18787 **BUCHAN E.** Le jardin des sentiments. *LGF, 1997.* (Le Livre de poche ; 14180 c10)
ISBN 2-253-14180-1. *40 F / 6,10 €*

18788 **BÜCHNER G.** Lenz. *J. Chambon, 1995.* (Chambon-Poche ; 2)
ISBN 2-87711-132-6. *29 F / 4,42 €*

18789 **BÜCHNER G.** Lenz. *Mille et une nuits, 1997.* (La petite collection ; 173 cA)
ISBN 2-84205-158-0. *10 F / 1,52 €*

18790 **BUCK P.** L'Ange combattant. Rééd. *LGF, 1992.* (Le Livre de poche ; 2349 c6)
ISBN 2-253-01034-0. *26 F / 3,96 €*

18791 **BUCK P.** Un Coeur fier. *LGF.* (Le Livre de poche ; 683 c9)
ISBN 2-253-00565-7. *36 F / 5,49 €*

18792 **BUCK P.** La famille dispersée. *LGF, 1975.* (Le Livre de poche ; 1409 c8)
ISBN 2-253-00975-X. *33 F / 5,03 €*

18793 **BUCK P.** Impératrice de Chine. Réimpr. *LGF, 1992.* (Le Livre de poche ; 1993 c9)
ISBN 2-253-01017-0. *36 F / 5,49 €*

18794 **BUCK P.** La Mère. *LGF, 1980.* (Le Livre de poche ; 416 c8)
ISBN 2-253-00622-X. *33 F / 5,03 €*

18795 **BUCK P.** Pavillon de femmes. *LGF, 1979.* (Le Livre de poche ; 291 c10)
ISBN 2-253-00618-1. *40 F / 6,10 €*

18796 **BUCK P.** Pivoine. *LGF, 1979.* (Le Livre de poche ; 242 c9)
ISBN 2-253-00561-4. *36 F / 5,49 €*

18797 **BUCK P.** La Terre chinoise. *LGF, 1977.* (Le Livre de poche ; 1367 c9)
ISBN 2-253-00550-9. *36 F / 5,49 €*

18798 **BUCK P.** Vent d'est, vent d'ouest. *LGF, 1982.* (Le Livre de poche ; 912 c6)
ISBN 2-253-00468-5. *26 F / 3,96 €*

18799 **BUKOWSKI C.** L'Amour est un chien de l'enfer. 1. *Grasset, 1989.* (Les Cahiers rouges ; 108)
ISBN 2-246-29012-0. *49 F / 7,47 €*

18800 **BUKOWSKI C.** L'Amour est un chien de l'enfer. 2. *Grasset, 1990.* (Les Cahiers rouges ; 121)
ISBN 2-246-29022-8. *52 F / 7,93 €*

18801 **BUKOWSKI C.** Au sud de nulle part : contes souterrains. *LGF, 1986.* (Le Livre de poche ; 6162 c6)
ISBN 2-253-03836-9. *26 F / 3,96 €*

18802 **BUKOWSKI C.** Au sud de nulle part. *Grasset, 1992.* (Les Cahiers rouges ; 164)
ISBN 2-246-28262-4. *55 F / 8,38 €*

18803 **BUKOWSKI C.** Contes de la folie ordinaire. *LGF, 1983.* (Le Livre de poche ; 5735 c6)
ISBN 2-253-03133-X. *26 F / 3,96 €*

18804 **BUKOWSKI C.** Factotum. *Grasset, 1995.* (Les Cahiers rouges ; 204)
ISBN 2-246-33082-3. *55 F / 8,38 €*

18805 **BUKOWSKI C.** Hollywood. *LGF, 1993.* (Le Livre de poche ; 9597 c9)
ISBN 2-253-06293-6. *36 F / 5,49 €*

18806 **BUKOWSKI C.** Je t'aime, Albert : et les autres nouvelles de Hot Water Music. *LGF, 1990.* (Le Livre de poche ; 6762 c9)
ISBN 2-253-05286-8. *36 F / 5,49 €*

18807 **BUKOWSKI C.** Nouveaux contes de la folie ordinaire. *LGF, 1985.* (Le Livre de poche ; 6027 c8)
ISBN 2-253-03621-8. *33 F / 5,03 €*

18808 **BUKOWSKI C.** Le Postier. *Grasset, 1986.* (Les Cahiers rouges ; 60)
ISBN 2-246-31431-3. *49 F / 7,47 €*

18809 **BUKOWSKI C.** Pulp. *LGF, 1997.* (Le Livre de poche ; 14197 c6)
ISBN 2-253-14197-6. *26 F / 3,96 €*

18810 **BUKOWSKI C.** Le ragoût du septuagénaire. *LGF, 1999.* (Le Livre de poche ; 14633 c13)
ISBN 2-253-14633-1. *46 F / 7,01 €*

18811 **BUKOWSKI C.** Souvenirs d'un pas grand chose. *LGF, 1987.* (Le Livre de poche ; 6297 c8)
ISBN 2-253-04103-3. *33 F / 5,03 €*

18812 **BUKOWSKI C.** Women. *Grasset, 1994.* (Les Cahiers rouges ; 188)
ISBN 2-246-26162-7. *63 F / 9,60 €*

18813 **BUKOWSKI C.** Women. *LGF, 1984.* (Le Livre de poche ; 5900 c9)
ISBN 2-253-03397-9. *36 F / 5,49 €*

18814 **BURCELL R.** Aujourd'hui plus qu'hier. *J'ai lu, 1998.* (J'ai lu ; 4817. Aventures et passions c5)
ISBN 2-290-04817-8. *39 F / 5,95 €*

18815 **BURGER H.** Diabelli. *Actes Sud, 1991.* (Babel ; 29 c1)
ISBN 2-86869-668-6. *33 F / 5,03 €*

18816 **BURGESS A.** Ferraille à vendre. *LGF, 1997.* (Le Livre de poche ; 14140 c13)
ISBN 2-253-14140-2. *46 F / 7,01 €*

18817 **BURGESS A.** L'homme de Nazareth. *Pocket, 1998.* (Pocket ; 10301 c7)
ISBN 2-266-07765-1. *42 F / 6,40 €*

18818 **BURGESS A.** L'Orange mécanique. *Pocket, 1994.* (Pocket ; 4228 c4)
ISBN 2-266-06231-X. *30 F / 4,57 €*

18819 **BURGESS A.** Pianistes. *Grasset, 1994.* (Les Cahiers rouges ; 191)
ISBN 2-246-39822-3. *58 F / 8,84 €*

18820 **A** **BURGESS A.** La symphonie Napoléon. *Pocket, 1999.* (Pocket ; 10300)
ISBN 2-266-07766-X

18821 **BURGESS A.** Le testament de l'orange. *Pocket, 1996.* (Pocket ; 4354 c6)
ISBN 2-266-06574-2. *38 F / 5,79 €*

18822 **BURNETT W. R.** Le Capitaine Lightfoot. *Gallimard, 1985.* (Folio ; 1614 c10)
ISBN 2-07-037614-1. *46 F / 7,01 €*

18823 **BURON N. d.** C'est quoi, ce petit boulot?. Réimpr. *J'ai lu, 1999.* (J'ai lu ; 2880. Littérature générale cl)
ISBN 2-290-30376-3. *36 F / 5,49 €*

18824 **BURON N. d.** Chéri, tu m'écoutes : alors répète ce que je viens de dire... *Pocket, 1999.* (Pocket ; 10568 c4)
ISBN 2-266-08789-4. *30 F / 4,57 €*

18825 **BURON N. d.** Dix jours de rêve. Réimpr. *J'ai lu, 1999.* (J'ai lu ; 1481. Littérature générale cG)
ISBN 2-290-11481-2. *29 F / 4,42 €*

18826 **A** **BURON N. d.** Mon coeur, tu penses à quoi? : à rien... *Pocket, 2001.* (Pocket ; 11126)
ISBN 2-266-10590-6

18827 **N** **BURON N. d.** Où sont mes lunettes?. Réimp. *J'ai lu, 2000.* (J'ai lu ; 3297. Littérature générale cl)
ISBN 2-290-30583-9. *36 F / 5,49 €*

18828 **N** **BURON N. d.** Qui c'est, ce garçon?. Réimpr. *J'ai lu, 2000.* (J'ai lu ; 2043. Littérature générale cG)
ISBN 2-290-30541-3. *29 F / 4,42 €*

18829 **BURON N. d.** Les saintes chéries : nouvelle version. Nouv. éd. *J'ai lu, 1999.* (J'ai lu ; 248. Littérature générale c3)
ISBN 2-290-30138-8. *29 F / 4,42 €*

18830 **BURON N. d.** Vas-y maman. Réimpr. *J'ai lu, 1999.* (J'ai lu ; 1031. Littérature générale cE)
ISBN 2-290-21031-5. *22 F / 3,35 €*

18831 **BURROUGHS E. R.** Le retour de Tarzan. *10-18, 1998.* (10-18 ; 2964. Domaine étranger c6)
ISBN 2-264-02736-3. *47 F / 7,17 €*

18832 **BURROUGHS W. S.** Le Festin nu. Nouv. éd. *Gallimard, 1984.* (L'imaginaire ; 138)
ISBN 2-07-070208-1. *46 F / 7,01 €*

18833 **BURROUGHS W. S.** Les Garçons sauvages : un livre de morts. *10-18, 1984.* (10-18 ; 1142 c5)
ISBN 2-264-00599-8. *44 F / 6,71 €*

18834 **BURROUGHS W. S.** Junky. Ed. rev. et compl. *10-18, 1988.* (10-18 ; 1904 c3)
ISBN 2-264-01103-3. *38 F / 5,79 €*

18835 **BURROUGHS W. S.** La Machine molle. *10-18, 1985.* (10-18 ; 545. Domaine étranger c4)
ISBN 2-264-00702-8. *41 F / 6,25 €*

18836 **BURROUGHS W. S.** Queer. *10-18, 1988.* (10-18 ; 1903 c3)
ISBN 2-264-01096-7. *38 F / 5,79 €*

18837 **BURTON T.** La triste fin du petit Enfant Huître : et autres histoires. *10-18, 1998.* (10-18 ; 3000. Domaine étranger c10)
ISBN 2-264-02768-1. ISBN 2-264-02814-9. *47 F / 7,17 €* *65 F / 9,91 €*

18838 **BUSBEE S.** Au-delà du pardon. *J'ai lu, 1991.* (J'ai lu ; 2957. Aventures et passions c5)
ISBN 2-277-22957-1. *39 F / 5,95 €*

18839 **N** **BUSBEE S.** Le quiproquo de minuit. Réimpr. *J'ai lu, 2000.* (J'ai lu ; 2930. Aventures et passions cJ)
ISBN 2-290-02930-0. *39 F / 5,95 €*

18840 **BUSSY-RABUTIN R. d.** Histoire amoureuse des Gaules. *Gallimard, 1993.* (Folio ; 2443. Classique c8)
ISBN 2-07-038615-5. *37 F / 5,64 €*

18841 **BUTEN H.** C'était mieux avant. *Seuil, 1996.* (Point-virgule c1)
ISBN 2-02-025036-5. *32 F / 4,88 €*

18842 **BUTEN H.** Le Coeur sous le rouleau compresseur. *Seuil, 1984.* (Point-virgule ; 24 c3)
ISBN 2-02-006736-6. *48 F / 7,32 €*

18843 **BUTEN H.** Monsieur Butterfly. *Seuil, 1989.* (Point-virgule ; 77 c2)
ISBN 2-02-010889-5. *39 F / 5,95 €*

18844 **BUTEN H.** Quand j'avais cinq ans, je m'ai tué ; Le coeur sous le rouleau compresseur. *Seuil, 1992.* (Point-virgule)
ISBN 2-02-019042-7. *96 F / 14,64 €*

18845 **N** **BUTEN H.** Quand j'avais cinq ans, je m'ai tué. Nouv. éd. *Seuil, 2001.* (Point-virgule ; 4 c8)
ISBN 2-02-048171-5. *39 F / 5,95 €*

18846 **BUTEN H., CARASSO J-P.** Histoire de Rofo, clown. *Seuil, 1994.* (Point-virgule ; 148 c1)
ISBN 2-02-020100-3. *32 F / 4,88 €*

18847 **BUTLER S.** Nouveaux voyages en Erewhon : accomplis, vingt ans après la découverte du pays, par le premier explorateur et par son fils. *Gallimard, 1994.* (L'Etrangère)
ISBN 2-07-073714-4. *78 F / 11,89 €*

18848 **BUTOR M.** Degrés. *Gallimard, 1978.* (L'imaginaire ; 16)
ISBN 2-07-029734-9. *60 F / 9,15 €*

18849 **BUTOR M.** L'emploi du temps. *Minuit, 1995.* (Double ; 54 c6)
ISBN 2-7073-1521-4. *54 F / 8,23 €*

18850 **BUTOR M.** Mobile. *Gallimard, 1991.* (L'imaginaire ; 268)
ISBN 2-07-072530-8. *68 F / 10,37 €*

18851 **BUTOR M.** La modification. *Minuit, 1980.* (Double ; 1 c3)
ISBN 2-7073-0312-7. *43 F / 6,56 €*

18852 **BUTOR M.** Passage de Milan. *Seuil, 1984.* (Points. Roman ; 146 c3)
ISBN 2-02-006772-2. *48 F / 7,32 €*

18853 **BUZZATI D.** Barnabo des montagnes. *10-18, 1981.* (10-18 ; 1449 c5)
ISBN 2-264-00396-0. *44 F / 6,71 €*

18854 **BUZZATI D.** Bestiaire étranger. *10-18, 1997.* (10-18 ; 2865. Domaine étranger c6)
ISBN 2-264-02245-0. *47 F / 7,17 €*

18855 **BUZZATI D.** Le Désert des Tartares. *Pocket, 1994.* (Pocket ; 3640 c3)
ISBN 2-266-00993-1. *26 F / 3,96 €*

18856 **BUZZATI D.** L'Ecroulement de la Baliverna. *Gallimard, 1978.* (Folio ; 1027 c8)
ISBN 2-07-037027-5. *37 F / 5,64 €*

18857 **BUZZATI D.** En ce moment précis. *10-18, 1983.* (10-18 ; 1592 c6)
ISBN 2-264-00548-3. *47 F / 7,17 €*

18858 **BUZZATI D.** L'image de pierre. Réimpr. *10-18, 1998.* (10-18 ; 1518. Domaine étranger c3)
ISBN 2-264-00475-4. *41 F / 6,25 €*

18859 **BUZZATI D.** Le K = Il Colombre. *LGF, 1990.* (Les Langues modernes ; 8733. Bilingue)
ISBN 2-253-05322-8. *39 F / 5,95 €*

18860 **BUZZATI D.** Le K. *Pocket, 1994.* (Pocket ; 3641 c5)
ISBN 2-266-00994-X. *35 F / 5,34 €*

18861 **BUZZATI D.** Oeuvres. 1. *Laffont, 1995.* (Bouquins)
ISBN 2-221-07777-6. *149 F / 22,71 €*

18862 **BUZZATI D.** Le Régiment part à l'aube. *LGF, 1989.* (Le Livre de poche ; 6697 c4)
ISBN 2-253-05154-3. *20 F / 3,05 €*

18863 **BUZZATI D.** Les Sept messagers. *10-18, 1982.* (10-18 ; 1519 c4)
ISBN 2-264-00478-9. *41 F / 6,25 €*

18864 **BYATT A. S.** Des anges et des insectes. *LGF, 1997.* (Le Livre de poche ; 14113 c11)
ISBN 2-253-14113-5. *42 F / 6,40 €*

18865 **BYATT A. S.** Histoires pour Matisse. *LGF, 1999.* (Le Livre de poche ; 14698 c6)
ISBN 2-253-14698-6. *26 F / 3,96 €*

18866 **N** **BYATT A. S.** Possession. *LGF, 2000.* (Le Livre de poche ; 3336. Biblio c17)
ISBN 2-253-93336-8. *60 F / 9,15 €*

18867 **BYATT A. S.** Le sucre et autres récits. *Seuil, 1996.* (Points ; 242 c1)
ISBN 2-02-026154-5. *32 F / 4,88 €*

18868 **BYRNE B.** Les flammes de la vengeance. Réimp. *J'ai lu, 1999.* (J'ai lu ; 4544. Littérature générale cM)
ISBN 2-290-14544-0. *49 F / 7,47 €*

18869 **BYRNE B.** Gitana. Réimp. *J'ai lu, 1999.* (J'ai lu ; 3938. Littérature générale c8)
ISBN 2-290-03938-1. *49 F / 7,47 €*

18870 **C'est arrivé un jour. 1.** *LGF, 1983.* (Le Livre de poche ; 5716 c7)
ISBN 2-253-03082-1. *30 F / 4,57 €*

18871 **C'est arrivé un jour. 2.** *LGF, 1983.* (Le Livre de poche ; 5717 c8)
ISBN 2-253-03083-X. *33 F / 5,03 €*

18872 **CABANIS J.** Une Femme dans la ville. *Gallimard, 1979.* (Folio ; 1108 c11)
ISBN 2-07-037108-5. *29,50 F / 4,50 €*

18873 **CABANIS J.** Les Jardins de la nuit. *Gallimard, 1973.* (Folio ; 367 c8)
ISBN 2-07-036367-8. *37 F / 5,64 €*

18874 **CABRERA INFANTE G.** Dans la paix comme dans la guerre. *Gallimard, 1998.* (L'Etrangère)
ISBN 2-07-075053-1. *58 F / 8,84 €*

18875 **CABRERA INFANTE G.** La Havane pour un infante défunt. *Seuil, 1999.* (Points ; 599)
ISBN 2-02-034485-8. *59 F / 8,99 €*

18876 **CABRERA INFANTE G.** Trois tristes tigres. *Gallimard, 1989.* (L'imaginaire ; 213)
ISBN 2-07-071522-1. *69 F / 10,52 €*

18877 **CABRERA L.** Brégantino, Brégantin ; suivi de Davi-ye-ye et de Le fils du bélier. *Mercure de France, 1995.* (Le petit Mercure)
ISBN 2-7152-1947-4. *12 F / 1,83 €*

18878 **CACUCCI P.** Puerto Escondido. *10-18, 1997.* (10-18 ; 2812. Domaine étranger c7)
ISBN 2-264-02529-8. *50 F / 7,62 €*

18879 **N** **CADALEN S.** Le divan. *le Cercle, 2001.* (Le Cercle poche ; 12)
ISBN 2-913563-44-9. *39 F / 5,95 €*

18880 **CAFFIER M.** Le hameau des mirabelliers. *Pocket, 1999.* (Pocket ; 10715 c6)
ISBN 2-266-09273-1. *38 F / 5,79 €*

18881 **N** **CAFFIER M.** La péniche Saint-Nicolas. *Pocket, 2001.* (Pocket ; 10972 c7)
ISBN 2-266-10186-2. *42 F / 6,40 €*

18882 **CAGNATI I.** Génie la folle. *Gallimard, 1979.* (Folio ; 1114 c11)
ISBN 2-07-037114-X. *29,50 F / 4,50 €*

18883 **CAGNATI I.** Jour de congé. *Gallimard, 1980.* (Folio ; 1200 c11)
ISBN 2-07-037200-6. *29,50 F / 4,50 €*

18884 **CAILHOL A.** Immaculada. *J'ai lu, 1994.* (J'ai lu ; 3766. Littérature générale)
ISBN 2-277-23766-3. *36 F / 5,49 €*

18885 **CAILLOIS R.** Le Fleuve Alphée. *Gallimard, 1992.* (L'imaginaire ; 270)
ISBN 2-07-072544-8. *40 F / 6,10 €*

18886 **CAILLOIS R.** Ponce Pilate. *Gallimard, 1981.* (L'imaginaire ; 83)
ISBN 2-07-025114-4. *37 F / 5,64 €*

18887 **CAIN J. M.** Assurance sur la mort. *Gallimard.* (Folio ; 1432 c9)
ISBN 2-07-037432-7. *41 F / 6,25 €*

18888 **CAIN J. M.** Dette de coeur. *Gallimard, 1986.* (Folio ; 1763 c8)
ISBN 2-07-037763-6. *37 F / 5,64 €*

18889 **CAIN J. M.** Sérénade. *Gallimard, 1983.* (Folio ; 1475 c8)
ISBN 2-07-037475-0. *37 F / 5,64 €*

18890 **CALAFERTE L.** C'est la guerre. *Gallimard, 1996.* (Folio ; 2821 c11)
ISBN 2-07-039444-1. *29,50 F / 4,50 €*

18891 **N** **CALAFERTE L.** Requiem des innocents. *Gallimard, 2000.* (Folio ; 3388 c9)
ISBN 2-07-041001-3. *32,50 F / 4,95 €*

18892 **CALAFERTE L.** Rosa mystica. *Gallimard, 1996.* (Folio ; 2822 c11)
ISBN 2-07-040021-2. *29,50 F / 4,50 €*

18893 **CALAFERTE L.** Septentrion. *Gallimard, 1990.* (Folio ; 2142 c12)
ISBN 2-07-038227-3. *52 F / 7,93 €*

18894 **CALASSO R.** Le fou impur. *Gallimard, 2000.* (Arcades ; 65)
ISBN 2-07-040306-8. *98 F / 14,94 €*

18895 **CALASSO R.** Les noces de Cadmos et Harmonie. *Gallimard, 1995.* (Folio ; 2517 c11)
ISBN 2-07-038766-6. *50 F / 7,62 €*

18896 **CALDWELL E.** Bagarre de Juillet. *Gallimard, 1985.* (Folio ; 1634 c8)
ISBN 2-07-037634-6. *37 F / 5,64 €*

18897 **CALDWELL E.** Le bâtard. *LGF, 1995.* (Le Livre de poche ; 13738 c6)
ISBN 2-253-13738-3. *26 F / 3,96 €*

18898 **CALDWELL E.** Le Doigt de Dieu. *Gallimard, 1984.* (Folio ; 1535 c8)
ISBN 2-07-037535-8. *37 F / 5,64 €*

18899 **CALDWELL E.** Haute tension à Palmetto. *Pocket, 1988.* (Pocket ; 2869 c3)
ISBN 2-266-02174-5. *26 F / 3,96 €*

18900 **CALDWELL E.** L'île d'été. *10-18, 1994.* (10-18 ; 2559. Domaine étranger c4)
ISBN 2-264-00107-0. *41 F / 6,25 €*

18901 **CALDWELL E.** Jenny toute nue. *Gallimard, 1995.* (L'Etrangère)
ISBN 2-07-074100-1. *66 F / 10,06 €*

18902 **CALDWELL E.** Une Lampe, le soir... *Grasset, 1984.* (Les Cahiers rouges ; 17)
ISBN 2-246-17002-8. *42 F / 6,40 €*

18903 **CALDWELL E.** Miss Mamma Aimée. *Albin Michel, 1988.* (Bibliothèque Albin Michel poche ; 16 c1)
ISBN 2-226-03212-6. *39 F / 5,95 €*

18904 **CALDWELL E.** Un p'tit gars de Géorgie. Réimpr. *Gallimard, 1999.* (Folio ; 1059 c11)
ISBN 2-07-040770-5. *29,50 F / 4,50 €*

18905 **CALDWELL E.** Le petit arpent du Bon Dieu. Réimpr. *Gallimard, 2000.* (Folio ; 419 c6)
ISBN 2-07-036419-4. *29,50 F / 4,50 €*

18906 **CALDWELL E.** La Route du tabac. *Gallimard, 1973.* (Folio ; 438 c11)
ISBN 2-07-036438-0. *29,50 F / 4,50 €*

18907 **CALDWELL E.** Toute la vérité. *Gallimard, 1984.* (Folio ; 1571 c8)
ISBN 2-07-037571-4. *37 F / 5,64 €*

18908 **CALDWELL E.** Les Voies du Seigneur. *Gallimard, 1981.* (Folio ; 1330 c11)
ISBN 2-07-037330-4. *29,50 F / 4,50 €*

18909 **CALET H.** La Belle lurette. *Gallimard, 1979.* (L'imaginaire ; 44)
ISBN 2-07-029923-6. *46 F / 7,01 €*

18910 **N** **CALET H.** Le bouquet. *Gallimard, 2001.* (L'imaginaire ; 428)
48 F / 7,32 €

18911 **CALET H.** Monsieur Paul. *Gallimard, 1996.* (L'imaginaire ; 349)
ISBN 2-07-074402-7. *69 F / 10,52 €*

18912 **CALET H.** Peau d'ours. *Gallimard, 1985.* (L'imaginaire ; 154 c1)
ISBN 2-07-070453-X. *37 F / 5,64 €*

18913 **CALET H.** Le Tout sur le tout. *Gallimard, 1980.* (L'imaginaire ; 64)
ISBN 2-07-022152-0. *45 F / 6,86 €*

18914 **CALVINO I.** Aventures. Réimpr. *Seuil, 1998.* (Points ; 475 c2)
ISBN 2-02-033424-0. *39 F / 5,95 €*

18915 **CALVINO I.** Le baron perché. Rééd. *Seuil, 1996.* (Points ; 232 c8)
ISBN 2-02-028604-1. *39 F / 5,95 €*

18916 **CALVINO I.** Le château des destins croisés. Réimpr. *Seuil, 1998.* (Points ; 476 c6)
ISBN 2-02-033425-9. *32 F / 4,88 €*

18917 **CALVINO I.** Le Chevalier inexistant. Reimpr. *Seuil, 1995.* (Points c1)
ISBN 2-02-023812-8. *32 F / 4,88 €*

18918 **A** **CALVINO I.** Coffret Italo Calvino. *Seuil, 2001.* (Points ; 995)
ISBN 2-02-021390-7. *101 F / 15,40 €*

18919 **CALVINO I.** Contes italiens = Fiabe italiane. *Gallimard, 1995.* (Folio bilingue ; 50 c5)
ISBN 2-07-039319-4. *52 F / 7,93 €*

18920 **CALVINO I.** Le Corbeau vient le dernier. *10-18, 1981.* (10-18 ; 1447 c5)
ISBN 2-264-00398-7. *44 F / 6,71 €*

18921 **CALVINO I.** Cosmicomics. Réimpr. *Seuil, 1997.* (Points ; 416 c6)
ISBN 2-02-032427-X. *32 F / 4,88 €*

18922 **CALVINO I.** La grande Bonace des Antilles. *Seuil, 1997.* (Points ; 427 c10)
ISBN 2-02-032644-2. *45 F / 6,86 €*

18923 **CALVINO I.** La journée d'un scrutateur. Réimpr. *Seuil, 1997.* (Points ; 346 c6)
ISBN 2-02-031249-2. *32 F / 4,88 €*

18924 **CALVINO I.** Marcovaldo ou les Saisons en ville. Réimpr. *10-18, 1991.* (10-18 ; 1411. Domaine étranger c3)
ISBN 2-264-01725-2. *38 F / 5,79 €*

18925 **CALVINO I.** Palomar. *Seuil, 1997.* (Points ; 391 c6)
ISBN 2-02-032129-7. *32 F / 4,88 €*

18926 **CALVINO I.** La route de San Giovanni. *Seuil, 1998.* (Points ; 570 c1)
ISBN 2-02-035312-1. *32 F / 4,88 €*

18927 **CALVINO I.** Le Sentier des nids d'araignée. *10-18, 1981.* (10-18 ; 1448 c4)
ISBN 2-264-00394-4. *41 F / 6,25 €*

18928 **CALVINO I.** Si par une nuit d'hiver un voyageur. Rééd. sous une nouv. présentat. *Seuil, 1995.* (Points ; 90 c2)
ISBN 2-02-025157-4. *39 F / 5,95 €*

18929 **CALVINO I.** Sous le soleil jaguar. Réimpr. *Seuil, 1997.* (Points ; 392 c6)
ISBN 2-02-032130-0. *32 F / 4,88 €*

18930 **N** **CALVINO I.** La spéculation immobilière. Nouv. éd. *Seuil, 2000.* (Points ; 522)
ISBN 2-02-041142-3. *32 F / 4,88 €*

18931 **CALVINO I.** Temps zéro. *Seuil, 1997.* (Points ; 440 c6)
ISBN 2-02-033032-6. *32 F / 4,88 €*

18932 **CALVINO I.** Le Vicomte pourfendu. *LGF, 1982.* (Le Livre de poche ; 3004. Biblio c5)
ISBN 2-253-02985-8. *23 F / 3,51 €*

18933 **CALVINO I.** Les villes invisibles. Rééd. *Seuil, 1996.* (Points ; 273 c2)
ISBN 2-02-029770-1. *39 F / 5,95 €*

18934 **CAMI P.** Drames de la vie courante. *Gallimard, 1991.* (Folio ; 2298 c11)
ISBN 2-07-038412-8. *29,50 F / 4,50 €*

18935 **A** **CAMILLERI A.** La concession du téléphone. *LGF, 2001.* (Le Livre de poche ; 15052)
ISBN 2-253-15052-5. *36 F / 5,49 €*

18936 **N** **CAMILLERI A.** Le jeu de la mouche. *Mille et une nuits, 2000*
ISBN 2-84205-478-4. *45 F / 6,86 €*

18937 **CAMON F.** Jamais vu soleil ni lune. *Gallimard, 1998.* (Folio ; 3103)
ISBN 2-07-040503-6. *29,50 F / 4,50 €*

18938 **CAMON F.** La Maladie humaine. *Gallimard, 1987.* (Folio ; 1830 c11)
ISBN 2-07-037830-6. *29,50 F / 4,50 €*

18939 **CAMP C.** A l'aube d'un nouveau jour. Réimp. *J'ai lu, 2000.* (J'ai lu ; 4983. Amour et destin cJ)
ISBN 2-290-30648-7. *39 F / 5,95 €*

18940 **CAMP C.** L'enfant au bout du chemin. Réimp. *J'ai lu, 2000.* (J'ai lu ; 5058. Amour et destin cJ)
ISBN 2-290-30649-5. *39 F / 5,95 €*

18941 **CAMP J.** Trajectoire de fou. *LGF, 1993.* (Le Livre de poche ; 7616. Thriller c7)
ISBN 2-253-06567-6. *30 F / 4,57 €*

18942 **N** **CAMPBELL B.** Rêve prémonitoire. *J'ai lu, 2001.* (J'ai lu ; 5847. Amour et destin c5)
ISBN 2-290-31033-6. *36 F / 5,49 €*

18943 **A** **CAMPBELL E.** La vie secrète de Dot. *Pocket, 2001.* (Pocket ; 10894)
ISBN 2-266-09953-1

18944 **CAMPION J.** La Leçon de piano. *10-18, 1994.* (10-18 ; 2423. Domaine étranger c3)
ISBN 2-264-00182-8. *38 F / 5,79 €*

18945 **CAMUS A.** La chute. *Gallimard, 1972.* (Folio ; 10 c4)
ISBN 2-07-036010-5. *20,50 F / 3,13 €*

18946 **CAMUS A.** L'Etranger. *Gallimard, 1972.* (Folio ; 2 c9)
ISBN 2-07-036002-4. *20,50 F / 3,13 €*

18947 **CAMUS A.** L'Exil et le royaume. *Gallimard, 1972.* (Folio ; 78 c11)
ISBN 2-07-036078-4. *29,50 F / 4,50 €*

18948 **CAMUS A.** Noces ; L'Eté. *Gallimard, 1972.* (Folio ; 16 c11)
ISBN 2-07-036016-4. *29,50 F / 4,50 €*

18949 **CAMUS A.** La Peste. *Gallimard, 1972.* (Folio ; 42 c11)
ISBN 2-07-036042-3. *29,50 F / 4,50 €*

18950 **CAMUS A.** Le premier homme. *Gallimard, 2000.* (Folio ; 3320 c7)
ISBN 2-07-040101-4. *32,50 F / 4,95 €*

18951 **CANETTI E.** Auto-da-fé. *Gallimard, 1991.* (L'imaginaire ; 249)
ISBN 2-07-072182-5. *75 F / 11,43 €*

18952 **CANETTI E.** La Langue sauvée. *LGF, 1984.* (Histoire d'une jeunesse; 1)(Le Livre de poche ; 3044. Biblio c13)
ISBN 2-253-03425-8. *46 F / 7,01 €*

18953 **CANIN E.** Le voleur du palais. *10-18, 1998.* (10-18 ; 2962. Domaine étranger c4)
ISBN 2-264-02582-4. *41 F / 6,25 €*

18954 **A** **CANO J.** Le maquilleur d'étoiles. *10-18, 2001.* (10-18 ; 3299. Domaine étranger)
ISBN 2-264-03116-6

18955 **CANTY K.** Etrangère en ce monde. *Ed. de l'Olivier, 1997.* (Petite bibliothèque américaine)
ISBN 2-87929-147-X. *59 F / 8,99 €*

18956 **CAPEK K.** La Vie et l'oeuvre du compositeur Foltyn. *Stock, 1990.* (Bibliothèque cosmopolite)
ISBN 2-234-02268-1. *50 F / 7,62 €*

18957 **A** **CAPENDU E.** Blancs et Bleus. *Ed. maritimes et d'outre-mer, 2001.* (Récits de mer)
ISBN 2-7373-2819-5. *39 F / 5,95 €*

18958 **A** **CAPENDU E.** Brûle-Gueule. *Ed. maritimes et d'outre-mer, 2001.* (Récits de mer)
ISBN 2-7373-2818-7. *39 F / 5,95 €*

18959 **CAPOTE T.** Un arbre de nuit. *Gallimard, 1996.* (L'Etrangère)
ISBN 2-07-074481-7. *55 F / 8,38 €*

18960 **CAPOTE T.** De sang-froid. *Gallimard, 1972.* (Folio ; 59 c9)
ISBN 2-07-036059-8. *41 F / 6,25 €*

18961 **CAPOTE T.** Les Domaines hantés. *Gallimard, 1985.* (L'imaginaire ; 157 c1)
ISBN 2-07-070455-6. *50 F / 7,62 €*

18962 **CAPOTE T.** La Harpe d'herbes. *Gallimard, 1978.* (L'imaginaire ; 25)
ISBN 2-07-029957-0. *42 F / 6,40 €*

18963 **CAPOTE T.** Musique pour caméléons. *Gallimard, 1991.* (Folio ; 2134 c8)
ISBN 2-07-038267-2. *37 F / 5,64 €*

18964 **CAPOTE T.** Un Noël = One Christmas ; L'Invité du jour = The Thanksgiving visitor. *Gallimard, 1991.* (Folio bilingue ; 17 c3)
ISBN 2-07-038437-3. *41 F / 6,25 €*

18965 **CAPOTE T.** Petit déjeuner chez Tiffany = Breakfast at Tiffany's. *Gallimard, 1998.* (Folio bilingue ; 76)
ISBN 2-07-040388-2. *56 F / 8,54 €*

18966 **CAPOTE T.** Petit déjeuner chez Tiffany. *Gallimard, 1973.* (Folio ; 364 c9)
ISBN 2-07-036364-3. *29,50 F / 4,50 €*

18967 **CARCATERRA L.** Sleepers. *Pocket, 1996.* (Pocket ; 4488 c5)
ISBN 2-266-07128-9. *35 F / 5,34 €*

18968 **CARCO F.** L'Equipe : roman des fortif's. *Albin Michel, 1989.* (Bibliothèque Albin Michel poche ; 28 c1)
ISBN 2-226-03704-7. *39 F / 5,95 €*

18969 **CARCO F.** L'Homme traqué. *LGF, 1973.* (Le Livre de poche ; 67 c4)
ISBN 2-253-02602-6. *20 F / 3,05 €*

18970 **CARCO F.** Rien qu'une femme. *Librio, 1995.* (Librio ; 71 c1)
ISBN 2-277-30071-3. *10 F / 1,52 €*

18971 **CARDINAL M.** Amour... amours... *LGF, 2000.* (Le Livre de poche ; 14776 c4)
ISBN 2-253-14776-1. *20 F / 3,05 €*

18972 **CARDINAL M.** La Clé sur la porte. *LGF, 1975.* (Le Livre de poche ; 4213 c4)
ISBN 2-253-00862-1. *23 F / 3,51 €*

18973 **CARDINAL M.** Comme si de rien n'était. *LGF, 1992.* (Le Livre de poche ; 7386 c5)
ISBN 2-253-05918-8. *23 F / 3,51 €*

18974 **CARDINAL M.** Les Grands désordres. *LGF, 1989.* (Le Livre de poche ; 6674 c7)
ISBN 2-253-05119-5. *30 F / 4,57 €*

18975 **CARDINAL M.** Les jeudis de Charles et Lula. *LGF, 1995.* (Le Livre de poche ; 13817 c6)
ISBN 2-253-13817-7. *26 F / 3,96 €*

18976 **CARDINAL M.** Les Mots pour le dire. *LGF, 1977.* (Le Livre de poche ; 4887 c6)
ISBN 2-253-01559-8. *26 F / 3,96 €*

18977 **CAREY P.** L'inspectrice. *10-18, 1995.* (10-18 ; 2593. Domaine étranger c7)
ISBN 2-264-02150-0. *50 F / 7,62 €*

18978 **N** **CAREY P.** Jack Maggs. *10-18, 2000.* (10-18 ; 3198. Domaine étranger c6)
ISBN 2-264-03031-3. *47 F / 7,17 €*

18979 **CAREY P.** Oscar et Lucinda. *10-18, 1999.* (10-18 ; 3054. Domaine étranger c10)
ISBN 2-264-02677-4. *65 F / 9,91 €*

18980 **CARNEGIE D.** Comment se faire des amis. *LGF, 1990.* (Le Livre de poche ; 508 c8)
ISBN 2-253-00910-5. *33 F / 5,03 €*

18981 **CARON L.** Le Canard de bois. *Seuil, 1982.* (Les Fils de la liberté; 1)(Points. Roman ; 76 c3)
ISBN 2-02-006160-0. *48 F / 7,32 €*

18982 **CARPENTIER A.** Chasse à l'homme. *Gallimard, 1993.* (L'Etrangère)
ISBN 2-07-072833-1. *44 F / 6,71 €*

18983 **CARPENTIER A.** Concert baroque = Concierto barroco. *Gallimard, 1991.* (Folio bilingue ; 20 c4)
ISBN 2-07-038315-6. *46 F / 7,01 €*

18984 **CARPENTIER A.** Concert baroque. *Gallimard, 1978.* (Folio ; 1020 c9)
ISBN 2-07-037020-8. *20,50 F / 3,13 €*

18985 **CARPENTIER A.** Guerre du temps : et autres nouvelles. *Gallimard, 1989.* (Folio ; 2032 c8)
ISBN 2-07-038120-X. *37 F / 5,64 €*

18986 **CARPENTIER A.** Guerre du temps = Guerra del tiempo. *Gallimard, 1996.* (Folio bilingue ; 57 c5)
ISBN 2-07-039492-1. *52 F / 7,93 €*

18987 **CARPENTIER A.** Le Partage des eaux. *Gallimard, 1976.* (Folio ; 795 c8)
ISBN 2-07-036795-9. *37 F / 5,64 €*

18988 **CARPENTIER A.** Le Royaume de ce monde. *Gallimard, 1980.* (Folio ; 1248 c11)
ISBN 2-07-037248-0. *29,50 F / 4,50 €*

18989 **CARPENTIER A.** Le Siècle des Lumières. *Gallimard, 1977.* (Folio ; 981 c9)
ISBN 2-07-036981-1. *41 F / 6,25 €*

18990 **CARR J. D.** Les Neufs mauvaises réponses. *Libr. des Champs-Elysées, 1991.* (Le Masque ; 2056 c4)
ISBN 2-7024-2185-7. *35 F / 5,34 €*

18991 **CARREL D.** L'Annamite. *J'ai lu, 1993.* (J'ai lu ; 3459. Littérature générale)
ISBN 2-277-23459-1. *45 F / 6,86 €*

18992 **A** **CARRÈRE E.** L'adversaire. *Gallimard, 2001.* (Folio)
ISBN 2-07-041621-6. *41 F / 6,25 €*

18993 **CARRÈRE E.** La classe de neige. Réimpr. *Gallimard, 1997.* (Folio ; 2908 c11)
ISBN 2-07-039472-7. *29,50 F / 4,50 €*

18994 **CARRÈRE E.** Hors d'atteinte?. *Gallimard, 1989.* (Folio ; 2116 c11)
ISBN 2-07-038204-4. *29,50 F / 4,50 €*

18995 **CARRÈRE E.** La Moustache. *Gallimard, 1987.* (Folio ; 1883 c11)
ISBN 2-07-037883-7. *29,50 F / 4,50 €*

18996 **CARRIÈRE J.** Achigan. *Pocket, 1998.* (Pocket ; 10101 c4B)
ISBN 2-266-07313-3. *32 F / 4,88 €*

18997 **CARRIÈRE J.** L'indifférence des étoiles. *Pocket, 1996.* (Pocket ; 4378 c7)
ISBN 2-266-06557-2. *42 F / 6,40 €*

18998 **CARRIÈRE J-C.** Simon le Mage. *Pocket, 1994.* (Pocket ; 4195 c5)
ISBN 2-266-06164-X. *35 F / 5,34 €*

18999 **CARROLL L.** Alice au pays des merveilles ; A travers le miroir. *J'ai lu, 1993.* (J'ai lu ; 3486. Littérature générale c2)
ISBN 2-277-23486-9. *22 F / 3,35 €*

19000 **CARROLL L.** Les Aventures d'Alice au pays des merveilles ; ce qu'Alice trouva de l'autre côté du miroir. *Gallimard, 1994.* (Folio ; 2657. Classique c9)
ISBN 2-07-038916-2. *41 F / 6,25 €*

19001 **N** **CARROLL L.** Les aventures d'Alice au pays des merveilles. *Librio, 2000.* (Librio ; 389 c1)
ISBN 2-290-30694-0. *10 F / 1,52 €*

19002 **CARROLL L.** Oeuvres complètes. 1. *Laffont, 1989.* (Bouquins)
ISBN 2-221-06439-9. *149 F / 22,71 €*

19003 **CARROLL L.** Oeuvres complètes. 2. *Laffont, 1989.* (Bouquins)
ISBN 2-221-06440-2. *149 F / 22,71 €*

19004 **CARROLL L.** Oeuvres complètes. *Laffont, 1994.* (Bouquins)
ISBN 2-221-90033-2. *298 F / 45,43 €*

19005 **CARROLL L.** Sylvie et Bruno. *Seuil, 1992.* (Points. Roman ; 560 c5)
ISBN 2-02-019138-5. *55 F / 8,38 €*

19006 **CARROLL L., MERLE M.** Les Aventures d'Alice au pays des merveilles = Alice's adventures in Wonderland. *LGF, 1990.* (Les Langues modernes ; 8732. Bilingue c10)
ISBN 2-253-05306-6. *40 F / 6,10 €*

19007 **CARTANO T.** Le Bel Arturo. *LGF, 1991.* (Le Livre de poche ; 6988 c8)
ISBN 2-253-05726-6. *33 F / 5,03 €*

19008 **CARTANO T.** Un dernier soir avant la fin du monde. *LGF, 2000.* (Le Livre de poche ; 14804)
ISBN 2-253-14804-0. *29 F / 4,42 €*

19009 **CARTANO T.** En attendant Gallagher. *LGF, 1997.* (Le Livre de poche ; 14158 c7)
ISBN 2-253-14158-5. *30 F / 4,57 €*

19010 **A** **CARTANO T.** Mister Sax. *LGF, 2001.* (Le Livre de poche ; 15044)
ISBN 2-253-15044-4. *26 F / 3,96 €*

011 **CARTANO T.** Schmutz. *LGF, 1989.* (Le Livre de poche ; 6671 c11)
ISBN 2-253-05101-2. *42 F / 6,40 €*

012 **CARTANO T.** Le Souffle de Satan. *LGF, 1992.* (Le Livre de poche ; 9547 c8)
ISBN 2-253-06209-X. *33 F / 5,03 €*

013 **CARTER A.** La compagnie des loups. *Seuil, 1997.* (Points ; 444 c8)
ISBN 2-02-033158-6. *39 F / 5,95 €*

014 **CARTER F.** Pleure, Géronimo. *Gallimard, 1997.* (Folio ; 2968 c10)
ISBN 2-07-040142-1. *46 F / 7,01 €*

015 **N** **CARTLAND B.** A la conquête de l'amour. *J'ai lu, 2000.* (J'ai lu ; 5531. Barbara Cartland cE)
ISBN 2-290-30276-7. *22 F / 3,35 €*

016 **CARTLAND B.** A la découverte du paradis. *J'ai lu, 1989.* (J'ai lu ; 2531. Barbara Cartland)
ISBN 2-277-22531-2. *22 F / 3,35 €*

017 **N** **CARTLAND B.** Ah, l'adorable menteuse! ; suivi de La sérénité d'un amour. Réimpr. *J'ai lu, 2000.* (J'ai lu ; 3048. Barbara Cartland c3)
ISBN 2-290-30514-6. *29 F / 4,42 €*

018 **CARTLAND B.** Alissa, mon amour. *J'ai lu, 2000.* (J'ai lu ; 5503. Barbara Cartland cE)
ISBN 2-290-30221-X. *22 F / 3,35 €*

019 **CARTLAND B.** Les Amants de Lisbonne. *J'ai lu, 1990.* (J'ai lu ; 2756. Barbara Cartland c2)
ISBN 2-277-22756-0. *13 F / 1,98 €*

020 **CARTLAND B.** Amour, argent et fantaisie. *J'ai lu, 1990.* (J'ai lu ; 2832. Barbara Cartland cE)
ISBN 2-277-22832-X. *22 F / 3,35 €*

021 **CARTLAND B.** L'amour comme un espoir ; suivi de Tempête amoureuse. *J'ai lu, 1998.* (J'ai lu ; 4956. Barbara Cartland cE)
ISBN 2-290-04956-5. *29 F / 4,42 €*

022 **N** **CARTLAND B.** L'amour déjoue tous les pièges. *J'ai lu, 2001.* (J'ai lu ; 5788. Barbara Cartland cE)
ISBN 2-290-30918-4. *22 F / 3,35 €*

023 **CARTLAND B.** Un amour en danger ; suivi de La princesse oubliée. *J'ai lu, 1997.* (J'ai lu ; 4693. Barbara Cartland cE)
ISBN 2-290-04693-0. *29 F / 4,42 €*

024 **CARTLAND B.** L'amour en offrande. Nouv. éd. *J'ai lu, 1997.* (J'ai lu ; 2031. Barbara Cartland)
ISBN 2-290-02031-1. *10 F / 1,52 €*

025 **CARTLAND B.** L'amour est un jeu. *J'ai lu, 1990.* (J'ai lu ; 2872. Barbara Cartland cE)
ISBN 2-277-22872-9. *22 F / 3,35 €*

026 **N** **CARTLAND B.** L'amour fou de Zivana. *J'ai lu, 2000.* (J'ai lu ; 1348. Barbara Cartland cE)
ISBN 2-290-30234-1. *22 F / 3,35 €*

027 **CARTLAND B.** Un amour imprévu. *J'ai lu, 1983.* (J'ai lu ; 1538. Barbara Cartland c1)
ISBN 2-277-21538-4. *13 F / 1,98 €*

19028 **N** **CARTLAND B.** Un amour qui ne meurt jamais. Réimpr. *J'ai lu, 2000.* (J'ai lu ; 1468. Barbara Cartland cE)
ISBN 2-290-30898-6. *22 F / 3,35 €*

19029 **CARTLAND B.** Un amour sans fortune ; suivi de Les illusions du coeur. *J'ai lu, 1997.* (J'ai lu ; 4694. Barbara Cartland cE)
ISBN 2-290-04694-9. *29 F / 4,42 €*

19030 **CARTLAND B.** L'amour se joue des sortilèges. *J'ai lu, 1988.* (J'ai lu ; 2480. Barbara Cartland cE)
ISBN 2-277-22480-4. *22 F / 3,35 €*

19031 **A** **CARTLAND B.** L'amour sinon rien. *J'ai lu, 2001.* (J'ai lu ; 5872. Barbara Cartland)
ISBN 2-290-31074-3

19032 **CARTLAND B.** L'amour tombé du ciel. *J'ai lu, 1992.* (J'ai lu ; 3140. Barbara Cartland cE)
ISBN 2-277-23140-1. *22 F / 3,35 €*

19033 **CARTLAND B.** Un ange en enfer. Réimpr. *J'ai lu, 1997.* (J'ai lu ; 2083. Barbara Cartland)
ISBN 2-290-02083-4. *10 F / 1,52 €*

19034 **A** **CARTLAND B.** L'arme secrète de Lucinda. *J'ai lu, 2001.* (J'ai lu. Barbara Cartland)
ISBN 2-290-31267-3

19035 **CARTLAND B.** Au coeur du péril. Réimpr. *J'ai lu, 1997.* (J'ai lu ; 2131. Barbara Cartland)
ISBN 2-290-02131-8. *10 F / 1,52 €*

19036 **CARTLAND B.** Au secours, mon amour. *J'ai lu, 1989.* (J'ai lu ; 2588. Barbara Cartland)
ISBN 2-290-02588-7. *22 F / 3,35 €*

19037 **CARTLAND B.** L'Aube de la passion. *J'ai lu, 1992.* (J'ai lu ; 3377. Barbara Cartland)
ISBN 2-277-23377-3. *22 F / 3,35 €*

19038 **CARTLAND B.** Aventure au bord du Nil. Réimpr. *J'ai lu, 1999.* (J'ai lu ; 1498. Barbara Cartland cE)
ISBN 2-290-30139-6. *22 F / 3,35 €*

19039 **CARTLAND B.** Le baiser d'un étranger ; suivi de Coup de foudre à Pénang. *J'ai lu, 2000.* (J'ai lu ; 5495. Barbara Cartland cE)
ISBN 2-290-30511-1. *29 F / 4,42 €*

19040 **CARTLAND B.** Un baiser dans le désert. *J'ai lu, 1995.* (J'ai lu ; 3997. Barbara Cartland cE)
ISBN 2-277-23997-6. *22 F / 3,35 €*

19041 **CARTLAND B.** Un baiser pour la vie. *J'ai lu, 1997.* (J'ai lu ; 1700. Barbara Cartland)
ISBN 2-290-01700-0. *10 F / 1,52 €*

19042 **CARTLAND B.** Beau comme Apollon. *J'ai lu, 1997.* (J'ai lu ; 4632. Barbara Cartland c2)
ISBN 2-290-04632-9. *22 F / 3,35 €*

19043 **CARTLAND B.** La beauté trahie. *J'ai lu, 1995.* (J'ai lu ; 3986. Barbara Cartland)
ISBN 2-277-23986-0. *22 F / 3,35 €*

19044 **CARTLAND B.** La belle cavalière. Nouv. éd. *J'ai lu, 1997.* (J'ai lu ; 1641. Barbara Cartland)
ISBN 2-290-01641-1. *10 F / 1,52 €*

19045 **CARTLAND B.** La belle et le Léopard. Réimpr. *J'ai lu, 1998.* (J'ai lu ; 1215. Barbara Cartland cE)
ISBN 2-290-01215-7. *22 F / 3,35 €*

19046 **CARTLAND B.** Belle ou spirituelle. *J'ai lu, 1996.* (J'ai lu ; 4125. Barbara Cartland cE)
ISBN 2-277-24125-3. *22 F / 3,35 €*

19047 **CARTLAND B.** Les caprices de Malvina. *J'ai lu, 1999.* (J'ai lu ; 5099. Barbara Cartland cE)
ISBN 2-290-05099-7. *22 F / 3,35 €*

19048 **N** **CARTLAND B.** La captive du Grand Vizir. *J'ai lu, 2001.* (J'ai lu ; 5810. Barbara Cartland)
ISBN 2-290-30988-5. *22 F / 3,35 €*

19049 **CARTLAND B.** Cléona et son double. Réimpr. *J'ai lu, 1992.* (J'ai lu ; 908. Barbara Cartland)
ISBN 2-290-00908-3. *22 F / 3,35 €*

19050 **N** **CARTLAND B.** Un coeur découvre l'amour. *J'ai lu, 2000.* (J'ai lu ; 5694. Barbara Cartland cE)
ISBN 2-290-30459-X. *22 F / 3,35 €*

19051 **CARTLAND B.** Un coeur hanté. *J'ai lu, 1995.* (J'ai lu ; 4009. Barbara Cartland)
ISBN 2-277-24009-5. *22 F / 3,35 €*

19052 **CARTLAND B.** Comme une blonde fée. *J'ai lu, 1992.* (J'ai lu ; 3306. Barbara Cartland)
ISBN 2-277-23306-4. *22 F / 3,35 €*

19053 **CARTLAND B.** Complot amoureux. *J'ai lu, 1998.* (J'ai lu ; 4814. Barbara Cartland cE)
ISBN 2-290-04814-3. *22 F / 3,35 €*

19054 **CARTLAND B.** Le comte prodigue. Réimpr. *J'ai lu, 1997.* (J'ai lu ; 1942. Barbara Cartland)
ISBN 2-290-01942-9. *10 F / 1,52 €*

19055 **N** **CARTLAND B.** La conspiration de l'amour. *J'ai lu, 2000.* (J'ai lu ; 5653. Barbara Cartland cE)
ISBN 2-290-30410-7. *22 F / 3,35 €*

19056 **CARTLAND B.** Coup de foudre en Ecosse. *J'ai lu, 1995.* (J'ai lu ; 4070. Barbara Cartland)
ISBN 2-277-24070-2. *22 F / 3,35 €*

19057 **CARTLAND B.** La Course à l'amour. *J'ai lu, 1990.* (J'ai lu ; 2903. Barbara Cartland)
ISBN 2-290-02903-3. *22 F / 3,35 €*

19058 **CARTLAND B.** La course aux maris. *J'ai lu, 2000.* (J'ai lu ; 1310. Barbara Cartland cE)
ISBN 2-290-30013-6. *22 F / 3,35 €*

19059 **CARTLAND B.** Un cri d'amour. *J'ai lu, 1984.* (J'ai lu ; 1657. Barbara Cartland cE)
ISBN 2-277-21657-7. *13 F / 1,98 €*

19060 **A** **CARTLAND B.** La croisière de l'amour. *J'ai lu, 2001.* (J'ai lu ; 6030. Barbara Cartland)
ISBN 2-290-31280-0

19061 **CARTLAND B.** La danse de l'amour. Réimpr. *J'ai lu, 1997.* (J'ai lu ; 2160. Barbara Cartland)
ISBN 2-290-02160-1. *10 F / 1,52 €*

19062 **CARTLAND B.** Dansons sous la pluie. *J'ai lu, 1989.* (J'ai lu ; 2626. Barbara Cartland)
ISBN 2-290-02626-3. *22 F / 3,35 €*

19063 **CARTLAND B.** Les Deux cousines. *J'ai lu, 1982.* (J'ai lu ; 1384. Barbara Cartland)
ISBN 2-277-21384-5. *29 F / 4,42 €*

19064 **CARTLAND B.** Les Deux mariages de Thérésa. *J'ai lu, 1994.* (J'ai lu ; 3774. Barbara Cartland)
ISBN 2-277-23774-4. *22 F / 3,35 €*

19065 **CARTLAND B.** Le diadème de l'amour. *J'ai lu, 1998.* (J'ai lu ; 4955. Barbara Cartland cE)
ISBN 2-290-04955-7. *22 F / 3,35 €*

19066 **CARTLAND B.** Un dieu pour l'amour. Nouv. éd. *J'ai lu, 1997.* (J'ai lu ; 1671. Barbara Cartland)
ISBN 2-290-01671-3. *10 F / 1,52 €*

19067 **CARTLAND B.** Une Douce tentation. *J'ai lu, 1989.* (J'ai lu ; 2627. Barbara Cartland)
ISBN 2-277-22627-0. *22 F / 3,35 €*

19068 **A** **CARTLAND B.** Le duc qui haïssait les femmes. *J'ai lu, 2001.* (J'ai lu ; 5980. Barbara Cartland)
ISBN 2-290-31241-X

19069 **N** **CARTLAND B.** La duchesse a disparu. *J'ai lu, 2000.* (J'ai lu ; 1441. Barbara Cartland cE)
ISBN 2-290-30318-6. *22 F / 3,35 €*

19070 **CARTLAND B.** Duel avec le destin. Réimpr. *J'ai lu, 1997.* (J'ai lu ; 1626. Barbara Cartland cE)
ISBN 2-290-01626-8. *10 F / 1,52 €*

19071 **CARTLAND B.** Echange de coeurs. *J'ai lu, 1998.* (J'ai lu ; 4717. Barbara Cartland c2)
ISBN 2-290-04717-1. *22 F / 3,35 €*

19072 **CARTLAND B.** Echec au diable. *J'ai lu, 1996.* (J'ai lu ; 4085. Barbara Cartland cE)
ISBN 2-277-24085-0. *22 F / 3,35 €*

19073 **CARTLAND B.** Effrayée... *J'ai lu, 1992.* (J'ai lu ; 3325. Barbara Cartland cE)
ISBN 2-277-23325-0. *22 F / 3,35 €*

19074 **N** **CARTLAND B.** Elle voulait simplement être aimée. *J'ai lu, 2000.* (J'ai lu ; 5712. Barbara Cartland cE)
ISBN 2-290-30567-7. *22 F / 3,35 €*

19075 **CARTLAND B.** Embarquement pour l'amour. *J'ai lu, 2000.* (J'ai lu ; 5461. Barbara Cartland cE)
ISBN 2-290-30168-X. *22 F / 3,35 €*

19076 **A** **CARTLAND B.** En route vers l'amour. *J'ai lu, 2001.* (J'ai lu ; 5897. Barbara Cartland)
ISBN 2-290-31037-9

077 A **CARTLAND B.** Une épouse à tout prix. *J'ai lu, 2001.* (J'ai lu ; 5831. Barbara Cartland)
ISBN 2-290-31026-3

078 A **CARTLAND B.** Une épouse particulière ; suivi de Le sortilège des Antilles. *J'ai lu, 2001.* (J'ai lu ; 5990. Barbara Cartland)
ISBN 2-290-31252-5

079 **CARTLAND B.** Une épouse particulière. *J'ai lu, 1987.* (J'ai lu ; 2115. Barbara Cartland)
ISBN 2-277-22115-5. *13 F / 1,98 €*

080 A **CARTLAND B.** Escapade en Bavière. *J'ai lu, 2001.* (J'ai lu ; 93 Barbara Cartland)
ISBN 2-290-31038-7

081 **CARTLAND B.** Et si ce n'était qu'un rêve ?. *J'ai lu, 1999.* (J'ai lu ; 5229. Barbara Cartland cE)
ISBN 2-290-05229-9. *22 F / 3,35 €*

082 **CARTLAND B.** Un été indien. *J'ai lu, 1989.* (J'ai lu ; 2479. Barbara Cartland cE)
ISBN 2-290-02479-1. *22 F / 3,35 €*

083 **CARTLAND B.** Un éternel enchantement. Réimpr. *J'ai lu, 1997.* (J'ai lu ; 2230. Barbara Cartland)
ISBN 2-290-02230-6. *10 F / 1,52 €*

084 **CARTLAND B.** L'éternité de l'amour. *J'ai lu, 1995.* (J'ai lu ; 4017. Barbara Cartland)
ISBN 2-277-24017-6. *22 F / 3,35 €*

085 **CARTLAND B.** Etranges amazones. *J'ai lu, 2000.* (J'ai lu ; 3141. Barbara Cartland cE)
ISBN 2-290-30145-0. *22 F / 3,35 €*

9086 **CARTLAND B.** Le fantôme amoureux ; suivi de Satan frappé par l'amour. *J'ai lu, 1999.* (J'ai lu ; 5255. Barbara Cartland cE)
ISBN 2-290-05255-8. *29 F / 4,42 €*

9087 **CARTLAND B.** La fausse duchesse. Réimpr. *J'ai lu, 1999.* (J'ai lu ; 3901. Barbara Cartland cE)
ISBN 2-290-30142-6. *22 F / 3,35 €*

9088 A **CARTLAND B.** Les Feux de l'amour. Réimpr. *J'ai lu, 2001.* (J'ai lu ; 944. Barbara Cartland)
ISBN 2-290-31136-7

9089 **CARTLAND B.** Fiançailles forcées. *J'ai lu, 1995.* (J'ai lu ; 3862. Barbara Cartland)
ISBN 2-277-23862-7. *22 F / 3,35 €*

9090 **CARTLAND B.** Fiançailles impromptues. Réimp. *J'ai lu, 2000.* (J'ai lu ; 4878. Barbara Cartland cE)
ISBN 2-290-04878-X. *22 F / 3,35 €*

9091 N **CARTLAND B.** La fiancée pour rire ; suivi de Duchesse d'un jour. *J'ai lu, 2000.* (J'ai lu ; 5500. Barbara Cartland c3)
ISBN 2-290-30516-2. *29 F / 4,42 €*

9092 N **CARTLAND B.** La flèche de Cupidon. *J'ai lu, 2001.* (J'ai lu ; 5765. Barbara Cartland cE)
ISBN 2-290-30897-8. *22 F / 3,35 €*

19093 N **CARTLAND B.** La fleur de Cornouailles. *J'ai lu, 2000.* (J'ai lu ; 1361. Barbara Cartland cE)
ISBN 2-290-30278-3. *22 F / 3,35 €*

19094 **CARTLAND B.** Fragile bonheur. *J'ai lu, 1996.* (J'ai lu ; 4296. Barbara Cartland cE)
ISBN 2-290-04296-X. *22 F / 3,35 €*

19095 **CARTLAND B.** Fuite en Cornouailles. *J'ai lu, 1995.* (J'ai lu ; 4059. Barbara Cartland)
ISBN 2-277-24059-1. *22 F / 3,35 €*

19096 **CARTLAND B.** Fuite sur le Nil. *J'ai lu, 1999.* (J'ai lu ; 5355. Barbara Cartland cE)
ISBN 2-290-05355-4. *22 F / 3,35 €*

19097 **CARTLAND B.** La guerre des coeurs. *J'ai lu, 1998.* (J'ai lu ; 4813. Barbara Cartland cE)
ISBN 2-290-04813-5. *22 F / 3,35 €*

19098 A **CARTLAND B.** Un héritage embarrassant. *J'ai lu, 2001.* (J'ai lu ; 5988. Barbara Cartland)
ISBN 2-290-31250-9

19099 **CARTLAND B.** L'homme de mes rêves. Réimpr. *J'ai lu, 1995.* (J'ai lu ; 3842. Barbara Cartland cE)
ISBN 2-290-03842-3. *22 F / 3,35 €*

19100 **CARTLAND B.** Les horizons de l'amour. Nouv. éd. *J'ai lu, 1997.* (J'ai lu ; 1714. Barbara Cartland)
ISBN 2-290-01714-0. *10 F / 1,52 €*

19101 **CARTLAND B.** Idylle à Lucca. Réimpr. *J'ai lu, 1994.* (J'ai lu ; 3808. Barbara Cartland cE)
ISBN 2-290-03808-3. *22 F / 3,35 €*

19102 **CARTLAND B.** Idylle en Ecosse. Réimp. *J'ai lu, 2000.* (J'ai lu ; 4666. Barbara Cartland cE)
ISBN 2-290-04666-3. *22 F / 3,35 €*

19103 **CARTLAND B.** Il ne nous reste que l'amour. *J'ai lu, 2000.* (J'ai lu ; 1347. Barbara Cartland cE)
ISBN 2-290-30024-1. *22 F / 3,35 €*

19104 A **CARTLAND B.** L'Irrésistible charme d'Helga. Nouv. éd. *J'ai lu, 2001.* (J'ai lu ; 5979. Barbara Cartland)
ISBN 2-290-31240-1

19105 **CARTLAND B.** Je ne veux pas te perdre. *J'ai lu, 1996.* (J'ai lu ; 4145. Barbara Cartland)
ISBN 2-277-24145-8. *22 F / 3,35 €*

19106 **CARTLAND B.** Je t'ai cherché toute ma vie. *J'ai lu, 1999.* (J'ai lu ; 1273. Barbara Cartland cE)
ISBN 2-290-01273-4. *22 F / 3,35 €*

19107 **CARTLAND B.** Les larmes de l'amour. Réimpr. *J'ai lu, 1998.* (J'ai lu ; 1228. Barbara Cartland cE)
ISBN 2-290-01228-9. *22 F / 3,35 €*

19108 **CARTLAND B.** Lune de miel au Rajasthan. Réimpr. *J'ai lu, 1999.* (J'ai lu ; 1440. Barbara Cartland cE)
ISBN 2-290-30471-9. *22 F / 3,35 €*

19109 **CARTLAND B.** Le lys de Brighton ; suivi de Rêver aux étoiles. Réimpr. *J'ai lu, 2000.* (J'ai lu ; 5496. Barbara Cartland cE)
ISBN 2-290-30512-X. *29 F / 4,42 €*

19110 **CARTLAND B.** Ma soeur, mon amie, mon ennemie. Réimpr. *J'ai lu, 1999.* (J'ai lu ; 3941. Barbara Cartland cE)
ISBN 2-290-30143-4. *22 F / 3,35 €*

19111 **CARTLAND B.** Le maître de Singapour. Réimpr. *J'ai lu, 1999.* (J'ai lu ; 1309. Barbara Cartland cE)
ISBN 2-290-30140-X. *22 F / 3,35 €*

19112 [A] **CARTLAND B.** Les manigances de Georgina. *J'ai lu, 2001.* (J'ai lu ; 5832. Barbara Cartland)
ISBN 2-290-31027-1

19113 **CARTLAND B.** Un mariage en Ecosse. *J'ai lu, 1990.* (J'ai lu ; 2716. Barbara Cartland cE)
ISBN 2-277-22716-1. *22 F / 3,35 €*

19114 **CARTLAND B.** Un mariage imprévu. *J'ai lu, 1986.* (J'ai lu ; 2006. Barbara Cartland cE)
ISBN 2-290-02006-0. *22 F / 3,35 €*

19115 **CARTLAND B.** Un mariage sans amour. *J'ai lu, 1998.* (J'ai lu ; 4779. Barbara Cartland cE)
ISBN 2-290-04779-1. *22 F / 3,35 €*

19116 **CARTLAND B.** Le Marquis et la gouvernante. *J'ai lu, 1984.* (J'ai lu ; 1682. Barbara Cartland cE)
ISBN 2-277-21682-8. *13 F / 1,98 €*

19117 **CARTLAND B.** Le marquis gagne la bataille. *J'ai lu, 1996.* (J'ai lu ; 4086. Barbara Cartland cE)
ISBN 2-277-24086-9. *22 F / 3,35 €*

19118 **CARTLAND B.** Miracle pour une madone ; suivi de Douce enchanteresse. *J'ai lu, 1998.* (J'ai lu ; 4957. Barbara Cartland cE)
ISBN 2-290-04957-3. *29 F / 4,42 €*

19119 [A] **CARTLAND B.** Musique au coeur. *J'ai lu, 2001.* (J'ai lu ; 6026. Barbara Cartland)
ISBN 2-290-31276-2

19120 [A] **CARTLAND B.** No bride no wedding. *J'ai lu, 2001.* (J'ai lu ; 6025. Barbara Cartland)
ISBN 2-290-31275-4

19121 **CARTLAND B.** O toi, mon roi. *J'ai lu, 1994.* (J'ai lu ; 3661. Barbara Cartland cE)
ISBN 2-277-23661-6. *22 F / 3,35 €*

19122 **CARTLAND B.** L'Ombre du péché. *J'ai lu, 1988.* (J'ai lu ; 2428. Barbara Cartland)
ISBN 2-290-02428-7. *22 F / 3,35 €*

19123 **CARTLAND B.** Pas d'ombre sur notre amour. *J'ai lu, 1999.* (J'ai lu ; 1262. Barbara Cartland cE)
ISBN 2-290-01262-9. *22 F / 3,35 €*

19124 **CARTLAND B.** La passagère de l'amour. *J'ai lu, 1999.* (J'ai lu ; 5165. Barbara Cartland cE)
ISBN 2-290-05165-9. *22 F / 3,35 €*

19125 **CARTLAND B.** Passion diabolique. *J'ai lu, 1993.* (J'ai lu ; 3470. Barbara Cartland cE)
ISBN 2-277-23470-2. *22 F / 3,35 €*

19126 **CARTLAND B.** Le piège de l'amour. *J'ai lu, 1989.* (J'ai lu ; 2664. Barbara Cartland cE)
ISBN 2-277-22664-5. *22 F / 3,35 €*

19127 [N] **CARTLAND B.** Piège pour un duc. *J'ai lu, 2000.* (J'ai lu ; 5677. Barbara Cartland cE)
ISBN 2-290-30441-7. *22 F / 3,35 €*

19128 [N] **CARTLAND B.** Pirate d'amour. Réimpr. *J'ai lu, 2000.* (J'ai lu ; 1455. Barbara Cartland cE)
ISBN 2-290-30421-2. *22 F / 3,35 €*

19129 **CARTLAND B.** Le port du bonheur ; suivi de Un souhait d'amour. Réimpr. *J'ai lu, 1999.* (J'ai lu ; 5162. Barbara Cartland cE)
ISBN 2-290-05162-4. *29 F / 4,42 €*

19130 **CARTLAND B.** Les portes du paradis. *J'ai lu, 2000.* (J'ai lu ; 5487. Barbara Cartland cE)
ISBN 2-290-30218-X. *22 F / 3,35 €*

19131 [A] **CARTLAND B.** Le portrait de l'amour ; suivi de De l'enfer au paradis. *J'ai lu, 2001.* (J'ai lu ; 5880. Barbara Cartland)
ISBN 2-290-31062-X

19132 **CARTLAND B.** Pour l'amour d'un chevalier. Réimpr. *J'ai lu, 1995.* (J'ai lu ; 3841. Barbara Cartland cE)
ISBN 2-290-03841-5. *22 F / 3,35 €*

19133 [A] **CARTLAND B.** Pour l'amour d'un prince. *J'ai lu, 2001.* (J'ai lu ; 5989. Barbara Cartland)
ISBN 2-290-31251-7

19134 [N] **CARTLAND B.** Premier bal. *J'ai lu, 2000.* (J'ai lu ; 5663. Barbara Cartland cE)
ISBN 2-290-30420-4. *22 F / 3,35 €*

19135 **CARTLAND B.** Prière d'une princesse. *J'ai lu, 1996.* (J'ai lu ; 4190. Barbara Cartland)
ISBN 2-277-24190-3. *22 F / 3,35 €*

19136 **CARTLAND B.** Le prince et le Pékinois. *J'ai lu, 1999.* (J'ai lu ; 1263. Barbara Cartland cE)
ISBN 2-290-01263-7. *22 F / 3,35 €*

19137 [N] **CARTLAND B.** La princesse au bois dormant. *J'ai lu, 2000.* (J'ai lu ; 5640. Barbara Cartland cE)
ISBN 2-290-30396-8. *22 F / 3,35 €*

19138 **CARTLAND B.** Princesse en fuite. *J'ai lu, 1998.* (J'ai lu ; 5042. Barbara Cartland cE)
ISBN 2-290-05042-3. *22 F / 3,35 €*

19139 **CARTLAND B.** Princesse rebelle. *J'ai lu, 1989.* (J'ai lu ; 2567. Barbara Cartland)
ISBN 2-290-02567-4. *22 F / 3,35 €*

19140 [N] **CARTLAND B.** La princesse venue du froid. *J'ai lu, 2001.* (J'ai lu ; 5787. Barbara Cartland cE)
ISBN 2-290-30917-6. *22 F / 3,35 €*

9141 **CARTLAND B.** La prisonnière du vieux moulin. *J'ai lu, 1996.* (J'ai lu ; 4124. Barbara Cartland cE)
ISBN 2-277-24124-5. *22 F / 3,35 €*

9142 **CARTLAND B.** La Puissance d'un amour. *J'ai lu, 1986.* (J'ai lu ; 2030. Barbara Cartland)
ISBN 2-277-22030-2. *22 F / 3,35 €*

9143 **N** **CARTLAND B.** Quand l'amour l'emporte. *J'ai lu, 2000.* (J'ai lu ; 5561. Barbara Cartland cE)
ISBN 2-290-30316-X. *22 F / 3,35 €*

19144 **CARTLAND B.** Que notre bonheur dure. Réimpr. *J'ai lu, 1998.* (J'ai lu ; 1204. Barbara Cartland)
ISBN 2-290-01204-1. *22 F / 3,35 €*

19145 **CARTLAND B.** Rencontre à Lahore. *J'ai lu, 1999.* (J'ai lu ; 1401. Barbara Cartland cE)
ISBN 2-290-30144-2. *22 F / 3,35 €*

19146 **CARTLAND B.** Rêve provençal. Réimpr. *J'ai lu, 1999.* (J'ai lu ; 3918. Barbara Cartland cE)
ISBN 2-290-30141-8. *22 F / 3,35 €*

19147 **CARTLAND B.** Le roi et elle. *J'ai lu, 1995.* (J'ai lu ; 4040. Barbara Cartland)
ISBN 2-277-24040-0. *22 F / 3,35 €*

19148 **CARTLAND B.** Le roi sans coeur. *J'ai lu, 1995.* (J'ai lu ; 3863. Barbara Cartland)
ISBN 2-277-23863-5. *22 F / 3,35 €*

19149 **N** **CARTLAND B.** La rose d'Écosse. *J'ai lu, 2000.* (J'ai lu ; 5693. Barbara Cartland cE)
ISBN 2-290-30458-1. *22 F / 3,35 €*

19150 **CARTLAND B.** Un rossignol chantait. Réimpr. *J'ai lu, 1997.* (J'ai lu ; 1898. Barbara Cartland)
ISBN 2-290-01898-8. *10 F / 1,52 €*

19151 **CARTLAND B.** Le Secret de la mosquée. *J'ai lu, 1989.* (J'ai lu ; 2638. Barbara Cartland)
ISBN 2-290-02638-7. *22 F / 3,35 €*

19152 **CARTLAND B.** Séréna ; suivi de La fille de Séréna. *J'ai lu, 1998.* (J'ai lu ; 5079. Barbara Cartland cE)
ISBN 2-290-05079-2. *49 F / 7,47 €*

19153 **CARTLAND B.** Une si jolie cambrioleuse. *J'ai lu, 1998.* (J'ai lu ; 5018. Barbara Cartland cE)
ISBN 2-290-05018-0. *22 F / 3,35 €*

19154 **N** **CARTLAND B.** Une si jolie femme de chambre. *J'ai lu, 2000.* (J'ai lu ; 5641. Barbara Cartland cE)
ISBN 2-290-30397-6. *22 F / 3,35 €*

19155 **CARTLAND B.** Une si jolie Gitane. *J'ai lu, 1996.* (J'ai lu ; 4100. Barbara Cartland cE)
ISBN 2-277-24100-8. *22 F / 3,35 €*

19156 **N** **CARTLAND B.** Sincère ou tricheuse ? ; suivi de La tigresse apprivoisée. *J'ai lu, 2000.* (J'ai lu ; 5499. Barbara Cartland c3)
ISBN 2-290-30515-4. *29 F / 4,42 €*

19157 **CARTLAND B.** La sirène de Monte-Carlo. *J'ai lu, 1989.* (J'ai lu ; 2648. Barbara Cartland)
ISBN 2-290-02648-4. *22 F / 3,35 €*

19158 **CARTLAND B.** Une source de bonheur. Nouv. éd. *J'ai lu, 1997.* (J'ai lu ; 1941. Barbara Cartland)
ISBN 2-290-01941-0. *10 F / 1,52 €*

19159 **A** **CARTLAND B.** Sous le charme d'une inconnue. *J'ai lu, 2001.* (J'ai lu ; 5999. Barbara Cartland)
ISBN 2-290-31239-8

19160 **A** **CARTLAND B.** Sous le charme gitan. Nouv. éd. *J'ai lu, 2001.* (J'ai lu ; 1120. Barbara Cartland)
ISBN 2-290-30989-3

19161 **CARTLAND B.** Sous le ciel de Bahreïn. *J'ai lu, 1995.* (J'ai lu ; 4071. Barbara Cartland)
ISBN 2-277-24071-0. *22 F / 3,35 €*

19162 **CARTLAND B.** Le talisman de jade. Nouv. éd. *J'ai lu, 1984.* (J'ai lu ; 1713. Barbara Cartland c1)
ISBN 2-277-21713-1. *13 F / 1,98 €*

19163 **CARTLAND B.** Un terrible malentendu. *J'ai lu, 1999.* (J'ai lu ; 5074. Barbara Cartland cE)
ISBN 2-290-05074-1. *22 F / 3,35 €*

19164 **CARTLAND B.** Un tour du destin ; suivi de Idylle romaine. Réimpr. *J'ai lu, 1999.* (J'ai lu ; 5163. Barbara Cartland c3)
ISBN 2-290-05163-2. *29 F / 4,42 €*

19165 **CARTLAND B.** Tous les parfums des Indes. *J'ai lu, 1997.* (J'ai lu ; 4394. Barbara Cartland cE)
ISBN 2-290-04394-X. *22 F / 3,35 €*

19166 **CARTLAND B.** La Trahison diabolique. *J'ai lu, 1989.* (J'ai lu ; 2516. Barbara Cartland)
ISBN 2-290-02516-X. *22 F / 3,35 €*

19167 **CARTLAND B.** Trahison!. *J'ai lu, 1995.* (J'ai lu ; 3884. Barbara Cartland cE)
ISBN 2-290-03884-9. *22 F / 3,35 €*

19168 **A** **CARTLAND B.** Le trésor caché. *J'ai lu, 2001.* (J'ai lu ; 5873. Barbara Cartland)
ISBN 2-290-31075-1

19169 **N** **CARTLAND B.** Le triomphe de la reine. *J'ai lu, 2000.* (J'ai lu ; 5678. Barbara Cartland cE)
ISBN 2-290-30442-5. *22 F / 3,35 €*

19170 **CARTLAND B.** Une si cruelle marâtre. *J'ai lu, 1999.* (J'ai lu ; 5301. Barbara Cartland cE)
ISBN 2-290-05301-5. *22 F / 3,35 €*

19171 **CARTLAND B.** La vallée du bonheur. Réimpr. *J'ai lu, 1997.* (J'ai lu ; 1658. Barbara Cartland)
ISBN 2-290-01658-6. *10 F / 1,52 €*

19172 **CARTLAND B.** Les Vestiges de l'amour. *J'ai lu, 1994.* (J'ai lu ; 3755. Barbara Cartland)
ISBN 2-277-23755-8. *22 F / 3,35 €*

19173 **N** **CARTLAND B.** Les vibrations de l'amour ; suivi de La tigresse et le roi. *J'ai lu, 2000.* (J'ai lu ; 5497. Barbara Cartland c3)
ISBN 2-290-30513-8. *29 F / 4,42 €*

19174 **CARTLAND B.** Un voyage enchanteur. *J'ai lu, 1997.* (J'ai lu ; 4604. Barbara Cartland cE)
ISBN 2-290-04604-3. *22 F / 3,35 €*

19175 **CARTLAND B.** Les yeux du coeur. Réimpr. *J'ai lu, 1994.* (J'ai lu ; 3640. Barbara Cartland cE)
ISBN 2-290-03640-4. *22 F / 3,35 €*

19176 **A** **CARTLAND B., LASSÈRE J-L.** L'impétueuse duchesse. Réimpr. *J'ai lu, 2001.* (J'ai lu ; 1023. Barbara Cartland)
ISBN 2-290-31142-1

19177 **CARTLAND B., MANTRAN F.** L'ange et le marquis. *J'ai lu, 1998.* (J'ai lu ; 4846. Barbara Cartland cE)
ISBN 2-290-04846-1. *22 F / 3,35 €*

19178 **CARTLAND B., TRANCHART M-N.** Les sortilèges du coeur. Réimpr. *J'ai lu, 1994.* (J'ai lu ; 3809. Barbara Cartland cE)
ISBN 2-290-03809-1. *22 F / 3,35 €*

19179 **CARVALHO M. J. d.** Tous ces gens, Mariana... *Gallimard, 2000.* (Folio ; 3307 c5)
ISBN 2-07-041339-X. *25,50 F / 3,89 €*

19180 **CARVER R.** Les Feux. *Seuil, 1993.* (Points. Roman ; 580 c3)
ISBN 2-02-014588-X. *48 F / 7,32 €*

19181 **CARVER R.** Neuf histoires et un poème. *Ed. de l'Olivier, 1996.* (Petite bibliothèque américaine ; 1)
ISBN 2-87929-101-1. *49 F / 7,47 €*

19182 **CARVER R.** Parlez-moi d'amour. *LGF, 1990.* (Le Livre de poche ; 3137. Biblio c8)
ISBN 2-253-05349-X. *33 F / 5,03 €*

19183 **CARVER R.** Parlez-moi d'amour. *Stock, 1996.* (Bibliothèque cosmopolite)
ISBN 2-234-04678-5. *50 F / 7,62 €*

19184 **CARVER R.** Tais-toi, je t'en prie. *LGF, 1991.* (Le Livre de poche ; 3160. Biblio c12)
ISBN 2-253-05712-6. *44 F / 6,71 €*

19185 **CARVER R.** Tais-toi, je t'en prie. *Stock, 1996.* (Bibliothèque cosmopolite c1)
ISBN 2-234-04585-1. *50 F / 7,62 €*

19186 **CARVER R.** Les Vitamines du bonheur. *LGF, 1989.* (Le Livre de poche ; 3120. Biblio)
ISBN 2-253-05012-1. *39 F / 5,95 €*

19187 **CARVER R.** Les vitamines du bonheur. *Stock, 1995.* (Bibliothèque cosmopolite c3)
ISBN 2-234-04450-2. *60 F / 9,15 €*

19188 **CASSOLA C.** Le Chasseur. *Seuil, 1989.* (Points. Roman ; 365 c2)
ISBN 2-02-010801-1. *39 F / 5,95 €*

19189 **CASSOLA C.** Un Coeur aride. *Gallimard, 1975.* (Folio ; 645 c11)
ISBN 2-07-036645-6. *29,50 F / 4,50 €*

19190 **CASSOU J.** Les Inconnus dans la cave. *Gallimard, 1984.* (L'imaginaire ; 140)
ISBN 2-07-070236-7. *39 F / 5,95 €*

19191 **CASTELAIN A-M.** Un été bigouden. *Liv'éditions, 1999.* (Liv'poche)
ISBN 2-910781-76-3. *59 F / 8,99 €*

19192 **CASTELO BRANCO C.** Amour de perdition. *Actes Sud, 2000.* (Babel ; 418)
ISBN 2-7427-2621-7. *45 F / 6,86 €*

19193 **CASTER S.** La petite Sibérie. *LGF, 1997.* (Le Livre de poche ; 14082 c6)
ISBN 2-253-14082-1. *26 F / 3,96 €*

19194 **CASTRO CAYCEDO G.** Je lègue mon âme au diable. *Seuil, 1991.* (Points. Roman ; 490 c4)
ISBN 2-02-013633-3. *52 F / 7,93 €*

19195 **CASTRO E. d.** Ayez pitié du coeur des hommes. *LGF, 1993.* (Le Livre de poche ; 9666 c9)
ISBN 2-253-06400-9. *36 F / 5,49 €*

19196 **CASTRO E. d.** Nous serons comme des dieux. *LGF, 1998.* (Le Livre de poche ; 14486 c6)
ISBN 2-253-14486-X. *26 F / 3,96 €*

19197 **CASTRO E. d.** Le soir et le matin suivant. *LGF, 2000.* (Le Livre de poche ; 14827)
ISBN 2-253-14827-X. *28 F / 4,27 €*

19198 **CASTRO E. d.** Soleils amers. *LGF, 1995.* (Le Livre de poche ; 13841 c5)
ISBN 2-253-13841-X. *23 F / 3,51 €*

19199 **CATES K.** Le duel des prétendants. *J'ai lu, 1998.* (J'ai lu ; 4816. Aventures et passions c5)
ISBN 2-290-04816-X. *39 F / 5,95 €*

19200 **N** **CATES K.** Sous la plume de l'amour. Réimpr. *J'ai lu, 2000.* (J'ai lu ; 5105. Aventures et passions cJ)
ISBN 2-290-05105-5. *39 F / 5,95 €*

19201 **CATHER W.** Mon Antonia. *10-18, 1994.* (10-18 ; 2444. Domaine étranger c8)
ISBN 2-264-00149-6. *47 F / 7,17 €*

19202 **CATHER W.** Pionniers. *Gallimard, 1989.* (Folio ; 2050 c10)
ISBN 2-07-038138-2. *46 F / 7,01 €*

19203 **N** **CATHRINE A.** L'invention du père. *Seuil, 2001.* (Points ; 807)
ISBN 2-02-040338-2. *35 F / 5,34 €*

19204 **CATHRINE A.** Les yeux secs. *J'ai lu, 1999.* (J'ai lu ; 5155. Littérature générale c2)
ISBN 2-290-05155-1. *22 F / 3,35 €*

19205 **N** **CATO N.** Marigold. Nouv. éd. *J'ai lu, 2001.* (J'ai lu ; 3837. Littérature générale cE)
ISBN 2-290-30795-5. *22 F / 3,35 €*

19206 **CATO N.** Tous nos jours sont des adieux. Réimpr. *J'ai lu, 1992.* (J'ai lu ; 3154. Littérature générale)
ISBN 2-290-03154-2. *52 F / 7,93 €*

19207 **CAUVIN P.** L'Amour aveugle. *LGF, 1982.* (Le Livre de poche ; 5656 c6)
ISBN 2-253-02972-6. *26 F / 3,96 €*

19208 **CAUVIN P.** Belles galères. *LGF, 1993.* (Le Livre de poche ; 9664 c8)
ISBN 2-253-06398-3. *33 F / 5,03 €*

9209 **CAUVIN P.** E égal MC2, mon amour. *LGF, 1983.* (Le Livre de poche ; 5723 c5)
ISBN 2-253-03119-4. *23 F / 3,51 €*

9210 **CAUVIN P.** Haute-Pierre. *LGF, 1987.* (Le Livre de poche ; 6307 c6)
ISBN 2-253-04105-X. *26 F / 3,96 €*

9211 **CAUVIN P.** Huit jours en été. *LGF, 1983.* (Le Livre de poche ; 5796 c6)
ISBN 2-253-03260-3. *26 F / 3,96 €*

9212 **CAUVIN P.** Laura Brams. *LGF, 1986.* (Le Livre de poche ; 6154 c7)
ISBN 2-253-03828-8. *30 F / 4,57 €*

9213 **CAUVIN P.** Menteur. *LGF, 1995.* (Le Livre de poche ; 13769 c6)
ISBN 2-253-13769-3. *26 F / 3,96 €*

9214 **CAUVIN P.** Monsieur Papa. *LGF, 1982.* (Le Livre de poche ; 5699 c4)
ISBN 2-253-03052-X. *20 F / 3,05 €*

9215 **CAUVIN P.** Nous allions vers les beaux jours. Nouv. éd. *LGF, 1984.* (Le Livre de poche ; 5965 c8)
ISBN 2-253-03508-4. *33 F / 5,03 €*

9216 **CAUVIN P.** Pourquoi pas nous?. *LGF, 1983.* (Le Livre de poche ; 5760 c6)
ISBN 2-253-03185-2. *26 F / 3,96 €*

9217 **CAUVIN P.** Povchéri. *LGF, 1988.* (Le Livre de poche ; 6537 c9)
ISBN 2-253-04782-1. *36 F / 5,49 €*

9218 **CAUVIN P.** Présidente. *LGF, 1998.* (Le Livre de poche ; 14427 c5)
ISBN 2-253-14427-4. *23 F / 3,51 €*

19219 **CAUVIN P.** Rue des Bons-Enfants. *LGF, 1992.* (Le Livre de poche ; 9517 c9)
ISBN 2-253-06178-6. *36 F / 5,49 €*

19220 **CAUVIN P.** Le théâtre dans la nuit. *LGF, 1999.* (Le Livre de poche ; 14629 c6)
ISBN 2-253-14629-3. *26 F / 3,96 €*

19221 **CAUVIN P.** Tout ce que Joseph écrivit cette année-là. *LGF, 1996.* (Le Livre de poche ; 13966 c4)
ISBN 2-253-13966-1. *20 F / 3,05 €*

19222 **CAUVIN P.** Villa Vanille. *LGF, 1997.* (Le Livre de poche ; 14150 c9)
ISBN 2-253-14150-X. *36 F / 5,49 €*

19223 **CAVANNA F.** Coeur d'artichaut. *LGF, 1997.* (Le Livre de poche ; 14262 c8)
ISBN 2-253-14262-X. *33 F / 5,03 €*

19224 **CAVANNA F.** La Couronne d'Irène. *LGF, 1990.* (Le Livre de poche ; 6828 c8)
ISBN 2-253-05388-0. *33 F / 5,03 €*

19225 **CAVANNA F.** La déesse mère. *LGF, 1999.* (Le Livre de poche ; 14565 c7)
ISBN 2-253-14565-3. *30 F / 4,57 €*

19226 **N** **CAVANNA F.** Le Hun blond. *LGF, 2000.* (Le Livre de poche ; 14915 c9)
ISBN 2-253-14915-2. *36 F / 5,49 €*

19227 **CAVANNA F.** Maria. *LGF, 1987.* (Le Livre de poche ; 6317 c7)
ISBN 2-253-04131-9. *30 F / 4,57 €*

19228 **CAVANNA F.** Les Ritals. *LGF, 1980.* (Le Livre de poche ; 5383 c8)
ISBN 2-253-02463-5. *33 F / 5,03 €*

19229 **CAVANNA F.** Les Russkoffs. *LGF, 1981.* (Le Livre de poche ; 5507 c9)
ISBN 2-253-02677-8. *36 F / 5,49 €*

19230 **CAYROL J.** Les Corps étrangers. *Seuil, 1987.* (Points. Roman ; 267 c2)
ISBN 2-02-009477-0. *39 F / 5,95 €*

19231 **CAYROL J.** Le Déménagement. *Seuil, 1993.* (Points. Roman ; 602 c1)
ISBN 2-02-019492-9. *32 F / 4,88 €*

19232 **CAYROL J.** Les Enfants pillards. *Seuil, 1989.* (Points. Roman ; 335 c1)
ISBN 2-02-010521-7: *32 F / 4,88 €*

19233 **CAYROL J.** Le Froid du soleil. *Gallimard, 1974.* (Folio ; 551 c9)
ISBN 2-07-036551-4. *20,50 F / 3,13 €*

19234 **CAYROL J.** Histoire de la mer. Nouv. éd. *Seuil, 1985.* (Points. Roman ; 189 c2)
ISBN 2-02-008688-3. *39 F / 5,95 €*

19235 **CAYROL J.** Histoire du ciel. *Seuil, 1991.* (Points. Roman ; 459 c2)
ISBN 2-02-013343-1. *39 F / 5,95 €*

19236 **CAYROL J.** Je vivrai l'amour des autres. Réimpr. *Seuil, 1996.* (Points ; 197 c2)
ISBN 2-02-028138-4. *39 F / 5,95 €*

19237 **CAYROL J.** La Noire. *Seuil, 1983.* (Points. Roman ; 95 c2)
ISBN 2-02-006343-3. *39 F / 5,95 €*

19238 **CAZENAVE M.** Les Amants de Teruel. *LGF, 1994.* (Le Livre de poche ; 13606 c6)
ISBN 2-253-13606-9. *26 F / 3,96 €*

19239 **CAZENAVE M.** Tristan et Yseut : roman. *Albin Michel, 1994.* (Espaces libres ; 48)
ISBN 2-226-07496-1. *49 F / 7,47 €*

19240 **CAZOTTE J.** Le diable amoureux. *Librio, 1994.* (Librio ; 20 c1)
ISBN 2-277-30020-9. *10 F / 1,52 €*

19241 **CAZOTTE J.** Le Diable amoureux. *Gallimard, 1981.* (Folio ; 1272. Classique c8)
ISBN 2-07-037272-3. *37 F / 5,64 €*

19242 **N** **CÉARD H., HENNIQUE L.** Deux nouvelles naturalistes. *Mille et une nuits, 2000.* (La petite collection ; 302 c1)
ISBN 2-84205-510-1. *10 F / 1,52 €*

19243 **CECCATTY R. d.** L'accompagnement. *Gallimard, 1996.* (Folio ; 2862 c11)
ISBN 2-07-040092-1. *29,50 F / 4,50 €*

19244 **CECCATTY R. d.** Aimer. *Gallimard, 1998.* (Folio ; 3061 c8)
ISBN 2-07-040448-X. *37 F / 5,64 €*

19245 **CECCATTY R. d.** La sentinelle du rêve. *Seuil, 1997.* (Points ; 431 c10)
ISBN 2-02-032682-5. *45 F / 6,86 €*

19246 **CELA C. J.** La Familia de Pascual Duarte. *LGF, 1991.* (Le Livre de poche ; 8646. Lire en espagnol c14)
ISBN 2-253-05708-8. *48 F / 7,32 €*

19247 **CELA C. J.** La famille de Pascal Duarte. Réimpr. *Seuil, 1997.* (Points ; 415 c6)
ISBN 2-02-030648-4. *32 F / 4,88 €*

19248 **CELA C. J.** Le Joli crime du carabinier : et autres anecdotes. *LGF, 1991.* (Le Livre de poche ; 3153. Biblio c8)
ISBN 2-253-05584-0. *33 F / 5,03 €*

19249 **CELA C. J.** San Camilo, 1936. *Seuil, 1994.* (Points. Roman ; 637 c4)
ISBN 2-02-015912-0. *52 F / 7,93 €*

19250 **CELA C. J.** Toreros de salon : farce accompagnée de clameurs et de fanfares. *Gallimard.* (L'Étrangère)
ISBN 2-07-038714-3. *58 F / 8,84 €*

19251 **CÉLINE L-F.** Casse pipe ; Carnet du Cuirassier Destouches. *Gallimard, 1975.* (Folio ; 666 c9)
ISBN 2-07-036666-9. *20,50 F / 3,13 €*

19252 **CÉLINE L-F.** D'un château l'autre. *Gallimard, 1976.* (Folio ; 776 c9)
ISBN 2-07-036776-2. *41 F / 6,25 €*

19253 **CÉLINE L-F.** Féerie pour une autre fois. *Gallimard, 1995.* (Folio ; 2737 c13)
ISBN 2-07-039331-3. *56 F / 8,54 €*

19254 **CÉLINE L-F.** Guignol's band I et II. *Gallimard, 1989.* (Folio ; 2112)
ISBN 2-07-038148-X. *61 F / 9,30 €*

19255 **CÉLINE L-F.** Mort à crédit. Nouv. éd. *Gallimard, 1985.* (Folio ; 1692 c12)
ISBN 2-07-037692-3. *52 F / 7,93 €*

19256 **CÉLINE L-F.** Nord. *Gallimard, 1976.* (Folio ; 851 c11)
ISBN 2-07-036851-3. *50 F / 7,62 €*

19257 **CÉLINE L-F.** Rigodon. *Gallimard, 1987.* (Folio ; 481 c8)
ISBN 2-07-036481-X. *37 F / 5,64 €*

19258 **CÉLINE L-F.** Voyage au bout de la nuit. *Gallimard, 1972.* (Folio ; 28 c11)
ISBN 2-07-036028-8. *50 F / 7,62 €*

19259 **N** **CELLARD J.** La chambre aux miroirs. *le Cercle, 2000.* (Le Cercle poche ; 7)
ISBN 2-913563-16-3. *39 F / 5,95 €*

19260 **CELLARD J.** Journal plutôt inconvenant d'une toute jeune fille. *Pocket, 1994.* (Pocket ; 3046 c5)
ISBN 2-266-06086-4. *35 F / 5,34 €*

19261 **CELLARD J.** Les Petites marchandes de plaisir. *Pocket, 1992.* (Pocket ; 3712. Best c5)
ISBN 2-266-04264-5. *35 F / 5,34 €*

19262 **CENDRARS B.** Bourlinguer. *Gallimard, 1974.* (Folio ; 602 c9)
ISBN 2-07-036602-2. *41 F / 6,25 €*

19263 **CENDRARS B.** D'oultremer à Indigo. *Gallimard, 1998.* (Folio ; 2970 c9)
ISBN 2-07-040228-2. *41 F / 6,25 €*

19264 **CENDRARS B.** Emmène-moi au bout du monde. *Gallimard, 1972.* (Folio ; 15 c11)
ISBN 2-07-036015-6. *29,50 F / 4,50 €*

19265 **CENDRARS B.** L'Homme foudroyé. *Gallimard, 1973.* (Folio ; 467 c9)
ISBN 2-07-036467-4. *41 F / 6,25 €*

19266 **CENDRARS B.** Le lotissement du ciel. Nouv. éd. *Gallimard, 1996.* (Folio ; 2795 c12)
ISBN 2-07-039430-1. *52 F / 7,93 €*

19267 **CENDRARS B.** La Main coupée. *Gallimard, 1975.* (Folio ; 619 c9)
ISBN 2-07-036619-7. *41 F / 6,25 €*

19268 **CENDRARS B.** Moravagine. *Grasset, 1983.* (Les Cahiers rouges ; 1)
ISBN 2-246-10883-7. *54 F / 8,23 €*

19269 **CENDRARS B.** L'or : la merveilleuse histoire du général Johann August Suter. *Gallimard, 1973.* (Folio ; 331 c4)
ISBN 2-07-036331-7. *20,50 F / 3,13 €*

19270 **CENDRARS B.** Rhum. *Grasset, 1990.* (Les Cahiers rouges ; 120)
ISBN 2-246-17862-2. *56 F / 8,54 €*

19271 **CENDRARS B.** Rhum. *LGF, 1983.* (Le Livre de poche ; 3022. Biblio c7)
ISBN 2-253-03156-9. *30 F / 4,57 €*

19272 **N** **CENDREY J-Y.** Parties fines. *Mille et une nuits, 2000.* (La petite collection ; 295)
ISBN 2-84205-502-0. *10 F / 1,52 €*

19273 **CERF M.** Amérindiennes. *Librio, 1996.* (Librio ; 95 c1)
ISBN 2-277-30095-0. *10 F / 1,52 €*

19274 **CERF M.** L'antivoyage. *J'ai lu, 1995.* (J'ai lu ; 3883. Littérature générale c3)
ISBN 2-277-23883-X. *29 F / 4,42 €*

19275 **CERF M.** Le diable vert. *Actes Sud, 1997.* (Babel ; 270 c4)
ISBN 2-7427-1279-8. *51 F / 7,77 €*

19276 **CERF M.** Une passion. *Actes Sud, 1996.* (Babel ; 222 c9)
ISBN 2-7427-0899-5. *80 F / 12,20 €*

19277 **CERVANTES SAAVEDRA M. d.** L'amant généreux = El amante liberal. *Gallimard, 1995.* (Folio bilingue ; 51 c5)
ISBN 2-07-039304-6. *52 F / 7,93 €*

19278 **CERVANTES SAAVEDRA M. d.** L'amant généreux. *Mille et une nuits, 1998.* (La petite collection ; 9 c2)
ISBN 2-84205-324-9. *10 F / 1,52 €*

19279 **CERVANTES SAAVEDRA M. d.** Don Quichotte. 1. *Gallimard, 1988.* (Folio ; 1900. Classique c12)
ISBN 2-07-037900-0. *52 F / 7,93 €*

19280 **CERVANTES SAAVEDRA M. d.** Don Quichotte. 2. *Gallimard, 1988.* (Folio ; 1901. Classique c12)
ISBN 2-07-037901-9. *52 F / 7,93 €*

19281 **CERVANTES SAAVEDRA M. d.** Nouvelles exemplaires = Novelas ejemplares. *Gallimard, 1991.* (Folio bilingue ; 11)
ISBN 2-07-038357-1. *60 F / 9,15 €*

19282 **CERVANTES SAAVEDRA M. d.** Nouvelles exemplaires. *Gallimard, 1981.* (Folio ; 1256. Classique c11)
ISBN 2-07-037256-1. *50 F / 7,62 €*

19283 **CESBRON G.** C'est Mozart qu'on assassine. Réimp. *J'ai lu, 1999.* (J'ai lu ; 379. Littérature générale cH)
ISBN 2-290-20379-3. *32 F / 4,88 €*

19284 [N] **CESBRON G.** Chiens perdus sans collier. Réimp. *J'ai lu, 2000.* (J'ai lu ; 6. Littérature générale cE)
ISBN 2-290-30785-8. *22 F / 3,35 €*

19285 **CESBRON G.** Notre prison est un royaume ; Les Saints vont en enfer ; Chiens perdus sans collier... ; Il est plus tard que tu ne penses. *Laffont, 1981.* (Bouquins)
ISBN 2-221-50262-0. *63 F / 9,60 €*

19286 **CEUPPENS R.** A bord de la Magda. *Labor, 1998.* (Espace Nord ; 125)
ISBN 2-8040-1281-6. *42 F / 6,40 €*

19287 [N] **CH'OE Y.** Là-bas, sans bruit, tombe un pétale ; précédé de Il surveille son père ; suivi de Avec cette neige grise et sale. *Actes Sud, 2000.* (Babel ; 457)
ISBN 2-7427-3107-5. *45 F / 6,86 €*

19288 [N] **CHABON M.** Des garçons épatants. *Pocket, 2000.* (Pocket ; 10690 c9)
ISBN 2-266-09455-6. *38 F / 5,79 €*

19289 **CHABROL J-P.** La banquise. *Pocket, 1999.* (Pocket ; 10651)
ISBN 2-266-09128-X. *38 F / 5,79 €*

19290 **CHABROL J-P.** La Folie des miens. *Gallimard, 1984.* (Folio ; 1528 c11)
ISBN 2-07-037528-5. *50 F / 7,62 €*

19291 **CHABROL J-P.** Les fous de Dieu. Réimpr. *Gallimard, 1998.* (Folio ; 257 c10)
ISBN 2-07-036257-4. *46 F / 7,01 €*

19292 [N] **CHABROL J-P.** Les mille et une veillées. *Pocket, 2000.* (Pocket ; 10371 c6)
ISBN 2-266-08063-6. *38 F / 5,79 €*

19293 **CHABROL J-P.** La soupe de la mamée. *Librio, 1995.* (Contes à mi-voix; 1)(Librio ; 55 c1)
ISBN 2-277-30055-1. *10 F / 1,52 €*

19294 **CHADOURNE L.** Le Pot au noir. *Table ronde, 1994.* (La petite vermillon ; 25)
ISBN 2-7103-0606-9. *35 F / 5,34 €*

19295 **CHADOURNE M.** Vasco. *Table ronde, 1994.* (La petite vermillon ; 26)
ISBN 2-7103-0605-0. *45 F / 6,86 €*

19296 **CHAILLOU M.** La Croyance des voleurs. *Seuil, 1990.* (Points. Roman ; 402 c3)
ISBN 2-02-012244-8. *48 F / 7,32 €*

19297 **CHAILLOU M.** Jonathamour. *Gallimard, 1991.* (Folio ; 2244 c11)
ISBN 2-07-038344-X. *29,50 F / 4,50 €*

19298 **CHAILLOU M.** Mémoires de Melle. *Seuil, 1995.* (Points ; 134 c9)
ISBN 2-02-025720-3. *42 F / 6,40 €*

19299 **CHAILLOU M.** Le Rêve de Saxe. *Gallimard, 1988.* (Folio ; 1947 c9)
ISBN 2-07-038033-5. *41 F / 6,25 €*

19300 **CHAILLOU M.** Le Sentiment géographique. *Gallimard, 1989.* (L'imaginaire ; 216)
ISBN 2-07-071559-0. *36 F / 5,49 €*

19301 **CHAILLOU M.** La vie privée du désert. *Seuil, 1997.* (Points ; 407 c10)
ISBN 2-02-032363-X. *45 F / 6,86 €*

19302 **CHAIX M.** L'Age du tendre. *Seuil, 1980.* (Points. Roman ; 23 c2)
ISBN 2-02-005653-4. *39 F / 5,95 €*

19303 **CHAIX M.** Juliette, chemin des Cerisiers. *Seuil, 1986.* (Points. Roman ; 249 c1)
ISBN 2-02-009266-2. *32 F / 4,88 €*

19304 **CHAIX M.** Les lauriers du lac de Constance : chronique d'une collaboration. Réimpr. *Seuil, 1998.* (Points ; 484 c10)
ISBN 2-02-033792-4. *45 F / 6,86 €*

19305 **CHAIX M.** Les Silences ou la Vie d'une femme. *Seuil, 1988.* (Points. Roman ; 315 c1)
ISBN 2-02-010193-9. *32 F / 4,88 €*

19306 **CHALLES R.** Les illustres Françaises. Réimpr. *LGF, 1998.* (Le Livre de poche ; 716. Bibliothèque classique c19)
ISBN 2-253-90716-2. *70 F / 10,67 €*

19307 **CHALUMEAU L.** Neuilly brûle-t-il ?. *LGF, 1999.* (Le Livre de poche ; 14682 c6)
ISBN 2-253-14682-X. *26 F / 3,96 €*

19308 [N] **CHALUMEAU L.** Topodoco ! : roman pour hommes. *LGF, 2000.* (Le Livre de poche ; 14960 c9)
ISBN 2-253-14960-8. *36 F / 5,49 €*

19309 **CHAMBAZ B.** L'arbre de vies. *Seuil, 1997.* (Points ; 406 c7)
ISBN 2-02-029808-2. *35 F / 5,34 €*

19310 **CHAMBAZ B.** L'orgue de Barbarie. *Seuil, 1996.* (Points ; 294 c9)
ISBN 2-02-030118-0. *42 F / 6,40 €*

19311 [A] **CHAMBERLAIN D.** Désirs secrets. *Pocket, 2001.* (Pocket ; 10553. Roman)
ISBN 2-266-08771-1

19312 [N] **CHAMBERLAIN D.** Etranges secrets. *Pocket, 2000.* (Pocket ; 10872 c6)
ISBN 2-266-09884-5. *38 F / 5,79 €*

19313 **CHAMBERLAIN D.** Le faiseur de pluie. *Pocket, 1997.* (Pocket ; 10158 c6)
ISBN 2-266-07462-8. *38 F / 5,79 €*

19314 **CHAMBERLAIN D.** Que la lumière soit. *Pocket, 1996.* (Pocket ; 10073 c7)
ISBN 2-266-07111-4. *42 F / 6,40 €*

19315 **CHAMBERLAIN D.** Vies secrètes. *Pocket, 1995.* (Pocket ; 4281. Roman c6)
ISBN 2-266-06363-4. *38 F / 5,79 €*

19316 **CHAMBERS A.** La Danse du coucou. *Seuil, 1983.* (Point-virgule ; 22 c4)
ISBN 2-02-006624-6. *52 F / 7,93 €*

19317 **CHAMISSO A. v.** L'Etrange histoire de Peter Schlemihl = Peter Schlemihls wundersame Geschichte. *Gallimard, 1992.* (Folio bilingue ; 26 c5)
ISBN 2-07-038493-4. *52 F / 7,93 €*

19318 **CHAMISSO A. v.** L'étrange histoire de Peter Schlemihl. *LGF, 1995.* (Le Livre de poche ; 13650. Les classiques d'aujourd'hui c1)
ISBN 2-253-13650-6. *10 F / 1,52 €*

19319 **CHAMMAM D.** Les anges ne répondent plus. *Autres temps* ; *Ecrits des forges, 1999.* (Temps brefs)
ISBN 2-84521-023-X. *60 F / 9,15 €*

19320 **CHAMOISEAU P.** Chronique des sept misères ; Paroles de djobeurs. *Gallimard, 1988.* (Folio ; 1965 c8)
ISBN 2-07-038062-9. *37 F / 5,64 €*

19321 **CHAMOISEAU P.** L'esclave vieil homme et le molosse. *Gallimard, 1999.* (Folio ; 3184 c5)
ISBN 2-07-040873-6. *25,50 F / 3,89 €*

19322 **CHAMOISEAU P.** Solibo Magnifique. *Gallimard, 1991.* (Folio ; 2277 c11)
ISBN 2-07-038391-1. *29,50 F / 4,50 €*

19323 **CHAMOISEAU P.** Texaco. *Gallimard, 1994.* (Folio ; 2634 c10)
ISBN 2-07-038952-9. *46 F / 7,01 €*

19324 **CHAMPFLEURY** Le chien des musiciens. *Mercure de France, 1997.* (Le petit Mercure. Bestiaire sentimental)
ISBN 2-7152-1994-6. *18 F / 2,74 €*

19325 **CHAMPION J.** La maison Germanicus. *LGF, 1998.* (Le Livre de poche ; 14493 c16)
ISBN 2-253-14493-2. *55 F / 8,38 €*

19326 **A** **CHAMPION S.** Disco 2000. *J'ai lu, 2001.* (J'ai lu ; 5798. Littérature générale)
ISBN 2-290-30981-8

19327 **CHAMSON A.** L'Auberge de l'abîme. *Grasset, 1986.* (Les Cahiers rouges ; 61)
ISBN 2-246-10902-7. *41 F / 6,25 €*

19328 **N** **CHAMSON A.** Le crime des justes. *Grasset, 2000.* (Les Cahiers rouges ; 304)
ISBN 2-246-10922-1. *48 F / 7,32 €*

19329 **N** **CHAMSON A.** La Superbe. Réimpr. *J'ai lu, 2000.* (J'ai lu ; 3269. Littérature générale cL)
ISBN 2-290-30258-9. *45 F / 6,86 €*

19330 **N** **CHAMSON A.** La tour de Constance. *J'ai lu, 2000.* (J'ai lu ; 3342. Littérature générale cL)
ISBN 2-290-30259-7. *45 F / 6,86 €*

19331 **N** **CHANCE M.** La vallée de la tendresse. *J'ai lu, 2001.* (J'ai lu ; 5783. Aventures et passions cH)
ISBN 2-290-30913-3. *32 F / 4,88 €*

19332 **CHANDERNAGOR F.** L'allée du roi. Réimpr. *Pocket, 1999.* (Pocket ; 2227. Best)
ISBN 2-266-06787-7. *42 F / 6,40 €*

19333 **CHANDERNAGOR F.** L'Archange de Vienne. *LGF, 1991.* (Leçons de ténèbres; 2)(Le Livre de poche ; 6984 c15)
ISBN 2-253-05716-9. *50 F / 7,62 €*

19334 **CHANDERNAGOR F.** L'Enfant aux loups. *LGF, 1992.* (Leçons de ténèbres; 3)(Le Livre de poche ; 7387 c15)
ISBN 2-253-05919-6. *50 F / 7,62 €*

19335 **CHANDERNAGOR F.** L'enfant des lumières. *LGF, 1997.* (Le Livre de poche ; 14104 c10)
ISBN 2-253-14104-6. *40 F / 6,10 €*

19336 **CHANDERNAGOR F.** La première épouse. *LGF, 1999.* (Le Livre de poche ; 14686 c9)
ISBN 2-253-14686-2. *36 F / 5,49 €*

19337 **CHANDERNAGOR F.** La Sans pareille. *LGF, 1990.* (Leçons de ténèbres; 1)(Le Livre de poche ; 6791 c15)
ISBN 2-253-05356-2. *50 F / 7,62 €*

19338 **CHANG J.** Les Cygnes sauvages : les mémoires d'une famille chinoise de l'empire céleste à Tiananmen. *Pocket, 1993.* (Pocket ; 2827. Best cJ)
ISBN 2-266-05543-7. *50 F / 7,62 €*

19339 **CHANY A.** Une Sécheresse à Paris. *Seuil, 1994.* (Points. Roman ; 666 c4)
ISBN 2-02-019979-3. *25 F / 3,81 €*

19340 **CHAPPAZ M.** Le chant de la grande dixence. *Actes Sud, 1995.* (Babel ; 143 c1)
ISBN 2-7427-0489-2. *33 F / 5,03 €*

19341 **CHAPPAZ M.** Le garçon qui croyait au paradis. *Aire, 1995.* (L'Aire bleue)
ISBN 2-88108-331-5. *59 F / 8,99 €*

19342 **CHAPPAZ M.** La veillée des Vikings. *Aire, 1995.* (L'Aire bleue)
ISBN 2-88108-363-3. *59 F / 8,99 €*

19343 **CHAPSAL M.** Adieu l'amour. *LGF, 1988.* (Le Livre de poche ; 6523 c5)
ISBN 2-253-04740-6. *23 F / 3,51 €*

19344 **CHAPSAL M.** Les amoureux. *LGF, 1999.* (Le Livre de poche ; 14588 c6)
ISBN 2-253-14588-2. *26 F / 3,96 €*

19345 **N** **CHAPSAL M.** Cet homme est marié. *LGF, 2000.* (Le Livre de poche ; 14870 c7)
ISBN 2-253-14870-9. *30 F / 4,57 €*

19346 **CHAPSAL M.** Défense d'aimer. *LGF, 2000.* (Le Livre de poche ; 14814 c5)
ISBN 2-253-14814-8. *23 F / 3,51 €*

19347 **N** **CHAPSAL M.** L'embellisseur. *LGF, 2001.* (Le Livre de poche ; 14984 c6)
ISBN 2-253-14984-5. *26 F / 3,96 €*

19348 **CHAPSAL M.** Un été sans toi. *LGF, 1999.* (Le Livre de poche ; 14670 c3)
ISBN 2-253-14670-6. *18 F / 2,74 €*

19349 **CHAPSAL M.** La femme abandonnée : d'après une nouvelle de Balzac avec la collaboration d'Edouard Molinaro. *LGF, 1995.* (Le Livre de poche ; 13767 c3)
ISBN 2-253-13767-7. *18 F / 2,74 €*

19350 **CHAPSAL M.** Une femme heureuse. *LGF, 1996.* (Le Livre de poche ; 14021 c7)
ISBN 2-253-14021-X. *30 F / 4,57 €*

19351 **CHAPSAL M.** Le foulard bleu. *LGF, 1997.* (Le Livre de poche ; 14260 c7)
ISBN 2-253-14260-3. *30 F / 4,57 €*

19352 **A** **CHAPSAL M.** L'indivision. *LGF, 2001.* (Le Livre de poche ; 15039)
ISBN 2-253-15039-8. *30 F / 4,57 €*

19353 **CHAPSAL M.** L'inondation. *LGF, 1996.* (Le Livre de poche ; 14061 c4)
ISBN 2-253-14061-9. *20 F / 3,05 €*

19354 **CHAPSAL M.** L'inventaire. *LGF, 1996.* (Le Livre de poche ; 14008 c8)
ISBN 2-253-14008-2. *33 F / 5,03 €*

19355 **CHAPSAL M.** La Maison de jade. *LGF, 1988.* (Le Livre de poche ; 6441 c10)
ISBN 2-253-04504-7. *40 F / 6,10 €*

19356 **CHAPSAL M.** La maîtresse de mon mari. *LGF, 1999.* (Le Livre de poche ; 14733 c6)
ISBN 2-253-14733-8. *26 F / 3,96 €*

19357 **CHAPSAL M.** Mère et filles. *LGF, 1993.* (Le Livre de poche ; 9760 c8)
ISBN 2-253-06570-6. *33 F / 5,03 €*

19358 **N** **CHAPSAL M.** La mieux aimée. *LGF, 2000.* (Le Livre de poche ; 14961)
ISBN 2-253-14961-6. *29 F / 4,42 €*

19359 **CHAPSAL M.** On attend les enfants. *LGF, 1993.* (Le Livre de poche ; 9746 c6)
ISBN 2-253-06551-X. *26 F / 3,96 €*

19360 **CHAPSAL M.** Reviens, Simone. *LGF, 1998.* (Le Livre de poche ; 14464 c6)
ISBN 2-253-14464-9. *26 F / 3,96 €*

19361 **CHAPSAL M.** Une Saison de feuilles. *LGF, 1989.* (Le Livre de poche ; 6663 c9)
ISBN 2-253-05093-8. *36 F / 5,49 €*

19362 **CHAPSAL M.** Si aimée, si seule. *LGF, 1991.* (Le Livre de poche ; 6999 c10)
ISBN 2-253-05757-6. *40 F / 6,10 €*

19363 **CHAPSAL M.** Suzanne et la province. *LGF, 1995.* (Le Livre de poche ; 13624 c7)
ISBN 2-253-13624-7. *30 F / 4,57 €*

19364 **CHARDONNE J.** Claire. *Grasset, 1984.* (Les Cahiers rouges ; 18)
ISBN 2-246-17952-1. *52 F / 7,93 €*

19365 **N** **CHARDONNE J.** Les destinées sentimentales. Réimpr. *LGF, 2001.* (Le Livre de poche ; 3039. Biblio c13)
ISBN 2-253-03360-X. *46 F / 7,01 €*

19366 **CHARDONNE J.** L'Epithalame. *Albin Michel, 1988.* (Bibliothèque Albin Michel poche ; 1 c1)
ISBN 2-226-03209-6. *49 F / 7,47 €*

19367 **CHARDONNE J.** Eva. *Gallimard, 1984.* (Folio ; 1519 c11)
ISBN 2-07-037519-6. *29,50 F / 4,50 €*

19368 **CHARDONNE J.** Lettres à Roger Nimier et quelques réponses de Roger Nimier. *Grasset, 1985.* (Les Cahiers rouges ; 39)
ISBN 2-246-11012-2. *39 F / 5,95 €*

19369 **CHARDONNE J.** Les Varais. *Grasset, 1989.* (Les Cahiers rouges ; 101)
ISBN 2-246-18002-3. *44 F / 6,71 €*

19370 **CHARDONNE J.** Vivre à Madère. *Grasset, 1984.* (Les Cahiers rouges ; 32)
ISBN 2-246-18012-0. *49 F / 7,47 €*

19371 **CHAREF M.** Le Harki de Meriem. *Gallimard, 1991.* (Folio ; 2310 c11)
ISBN 2-07-038422-5. *29,50 F / 4,50 €*

19372 **N** **CHAREF M.** La maison d'Alexina. *Gallimard, 2000.* (Folio ; 3402 c7)
ISBN 2-07-041218-0. *25,50 F / 3,89 €*

19373 **CHAREF M.** Le Thé au harem d'Archi Ahmed. *Gallimard, 1988.* (Folio ; 1958 c11)
ISBN 2-07-038041-6. *29,50 F / 4,50 €*

19374 **N** **CHARLEBOIS R.** On dirait ma femme... en mieux. *Pocket, 2000.* (Pocket ; 10880 c4B)
ISBN 2-266-09871-3. *32 F / 4,88 €*

19375 **CHARLES-ROUX E.** Elle, Adrienne. *LGF, 1988.* (Le Livre de poche ; 3494 c10)
ISBN 2-253-00571-1. *40 F / 6,10 €*

19376 **CHARLOTTE** Le grand toboggan. *Alyssa, 1999*
ISBN 9973-758-17-X. *40 F / 6,10 €*

19377 **CHARRAS P.** La crise de foi(e). *Arléa, 1999.* (Noël)
ISBN 2-86959-472-0. *50 F / 7,62 €*

19378 **CHARRAS P.** Juste avant la nuit. *Gallimard, 2000.* (Folio ; 3333 c7)
ISBN 2-07-041154-0. *25,50 F / 3,89 €*

19379 **CHARRAS P.** Marthe jusqu'au soir. *Gallimard, 1994.* (Folio ; 2671 c9)
ISBN 2-07-039267-8. *20,50 F / 3,13 €*

19380 **CHARRIÈRE H.** Papillon. *Pocket, 1995.* (Pocket ; 4352 c8)
ISBN 2-266-06572-6. *45 F / 6,86 €*

19381 **CHARYN J.** La belle ténébreuse de Biélorussie. *Gallimard, 1998.* (Folio ; 3078 c9)
ISBN 2-07-040439-0. *20,50 F / 3,13 €*

19382 **CHARYN J.** Un Bon flic. *Gallimard, 1993.* (Folio ; 2528 c8)
ISBN 2-07-038813-1. *37 F / 5,64 €*

19383 **CHARYN J.** Elseneur. *Gallimard, 1994.* (Folio ; 2645 c8)
ISBN 2-07-038955-3. *37 F / 5,64 €*

19384 [A] **CHARYN J.** Frog. *Gallimard, 2001.* (Folio)
ISBN 2-07-041313-6. *41 F / 6,25 €*

19385 **CHARYN J.** Il était une fois un droshky. *Gallimard, 1998.* (Folio ; 3113 c8)
ISBN 2-07-040555-9. *37 F / 5,64 €*

19386 **CHARYN J.** Isaac le mystérieux. *Gallimard, 1996.* (Folio ; 2904 c8)
ISBN 2-07-040159-6. *37 F / 5,64 €*

19387 **CHARYN J.** Isaac le Mystérieux. *Seuil, 1981.* (Points. Roman ; 36 c2)
ISBN 2-02-005835-9. *48 F / 7,32 €*

19388 **CHARYN J.** Kermesse à Manhattan. *Gallimard, 1992.* (Folio ; 2385 c11)
ISBN 2-07-038522-1. *29,50 F / 4,50 €*

19389 [N] **CHARYN J.** Mort d'un roi du tango. *Gallimard, 2000.* (Folio ; 3438 c7)
ISBN 2-07-041458-2. *37 F / 5,64 €*

19390 **CHARYN J.** Poisson-chat. *Seuil, 1999.* (Points ; 630 c10)
ISBN 2-02-037031-X. *45 F / 6,86 €*

19391 [A] **CHASE L.** Le torrent des jours. *Pocket, 2001.* (Pocket ; 11101)
ISBN 2-266-10555-8. *42 F / 6,40 €*

19392 **CHASE-RIBOUD B.** La fille du Président. *LGF, 1997.* (Le Livre de poche ; 14191 c10)
ISBN 2-253-14191-7. *40 F / 6,10 €*

19393 **CHASE-RIBOUD B.** La Grande sultane. *LGF, 1990.* (Le Livre de poche ; 6723 c11)
ISBN 2-253-05230-2. *42 F / 6,40 €*

19394 **CHASE-RIBOUD B.** Le Nègre de l'Amistad. *LGF, 1992.* (Le Livre de poche ; 4336 c9)
ISBN 2-253-06016-X. *36 F / 5,49 €*

19395 **CHASE-RIBOUD B.** La Virginienne. *LGF, 1982.* (Le Livre de poche ; 5627 c10)
ISBN 2-253-02927-0. *40 F / 6,10 €*

19396 **CHATEAUBRIAND F. R. d.** Atala ; René ; Les Aventures du dernier Abencérage. *Gallimard, 1978.* (Folio ; 1017. Classique c11)
ISBN 2-07-037017-8. *29,50 F / 4,50 €*

19397 **CHATEAUBRIAND F. R. d.** Atala ; René ; Les Natchez. *LGF, 1989.* (Le Livre de poche ; 6609. Classiques de poche c13)
ISBN 2-253-04929-8. *46 F / 7,01 €*

19398 **CHÂTEAUBRIANT A. d.** La Brière. *Grasset, 1985.* (Les Cahiers rouges ; 49)
ISBN 2-246-11063-7. *65 F / 9,91 €*

19399 **CHÂTEAUREYNAUD G-O.** Le héros blessé au bras : nouvelles. *Actes Sud, 1999.* (Babel ; 383 c3)
ISBN 2-7427-2315-3. *45 F / 6,86 €*

19400 **CHÂTEAUREYNAUD G-O.** Le jardin dans l'île : et autre nouvelles. *Librio, 1996.* (Librio ; 144 c1)
ISBN 2-277-30144-2. *10 F / 1,52 €*

19401 **CHÂTEAUREYNAUD G-O.** Le kiosque et le tilleul. *Actes Sud, 1997.* (Babel ; 288 c2)
ISBN 2-7427-1378-6. *39 F / 5,95 €*

19402 **CHÂTEAUREYNAUD G-O.** Les messagers. *Actes Sud, 1997.* (Babel ; 260 c2)
ISBN 2-7427-1172-4. *39 F / 5,95 €*

19403 **CHÂTELET N.** A contre-sens. *Gallimard, 1990.* (Folio ; 2206 c8)
ISBN 2-07-038296-6. *37 F / 5,64 €*

19404 **CHÂTELET N.** La Courte échelle. *Gallimard, 1993.* (Folio ; 2508 c11)
ISBN 2-07-038746-1. *29,50 F / 4,50 €*

19405 **CHÂTELET N.** La dame en bleu. *LGF, 1997.* (Le Livre de poche ; 14199 c3)
ISBN 2-253-14199-2. *18 F / 2,74 €*

19406 **CHÂTELET N.** La femme coquelicot. *LGF, 1999.* (Le Livre de poche ; 14563 c4)
ISBN 2-253-14610-2. *20 F / 3,05 €*

19407 **CHÂTELET N.** Histoires de bouches. *Gallimard, 1988.* (Folio ; 1903 c11)
ISBN 2-07-037903-5. *29,50 F / 4,50 €*

19408 [N] **CHÂTELET N.** La petite aux tournesols. *LGF, 2001.* (Le Livre de poche ; 15023)
ISBN 2-253-15023-1. *23 F / 3,51 €*

19409 **CHATENET J.** Petits Blancs, vous serez tous mangés. *Seuil, 1979.* (Poche)
ISBN 2-02-005113-3. *31 F / 4,73 €*

19410 **CHATTERJI B. C.** Le Testament de Krishnokanto. *Gallimard : Unesco, 1988.* (Connaissance de l'Orient poche ; 23)
ISBN 2-07-071330-X. *35 F / 5,34 €*

19411 **CHATWIN B.** En Patagonie. *Grasset, 1987.* (Les Cahiers rouges ; 77)
ISBN 2-246-39812-6. *58 F / 8,84 €*

19412 **CHATWIN B.** Les Jumeaux de Black Hill. *Grasset, 1993.* (Les Cahiers rouges ; 171)
ISBN 2-246-31462-3. *60 F / 9,15 €*

19413 **CHATWIN B.** Utz. *LGF, 1993.* (Le Livre de poche ; 9658 c6)
ISBN 2-253-06374-6. *26 F / 3,96 €*

19414 **CHATWIN B.** Utz. *Grasset, 1997.* (Les Cahiers rouges ; 251)
ISBN 2-246-41692-2. *49 F / 7,47 €*

19415 **CHAUFFIN Y.** Marion du Faouët. *Liv'éditions, 1997.* (Liv'poche)
ISBN 2-910781-38-0. *39 F / 5,95 €*

19416 [N] **CHAUFFIN Y.** Marion du Faouët. *Liv'éditions, 2001.* (Liv'poche)
ISBN 2-84497-014-1. *49 F / 7,47 €*

19417 [N] **CHAUFOUR-VERHEYEN C.** Rive dangereuse. *Pocket, 2000.* (Pocket ; 10725 c8)
ISBN 2-266-09356-8. *45 F / 6,86 €*

19418 **CHAWAF C.** Rétable : la rêverie. *Des femmes-Antoinette Fouque, 1979.* (Pour chacune ; 13 c2)
ISBN 2-7210-0122-1. *39 F / 5,95 €*

19419 **N** **CHAZAL C.** A quoi bon souffrir ?. *Pocket, 2001.* (Pocket ; 11165 c4)
ISBN 2-266-10765-8. *30 F / 4,57 €*

19420 **CHAZAL C.** L'institutrice. *Pocket, 1998.* (Pocket ; 10338 c3B)
ISBN 2-266-07993-X. *28 F / 4,27 €*

19421 **CHEDID A.** L'artiste : et autres nouvelles. *Librio, 1999.* (Librio ; 281 c1)
ISBN 2-292-30280-2. *10 F / 1,52 €*

19422 **CHEDID A.** L'autre. Réimpr. *J'ai lu, 1998.* (J'ai lu ; 2730. Littérature générale c3)
ISBN 2-290-02730-8. *29 F / 4,42 €*

19423 **CHEDID A.** L'autre. *Librio, 1998.* (Librio ; 203 c1)
ISBN 2-277-30203-1. *10 F / 1,52 €*

19424 **N** **CHEDID A.** La cité fertile. Réimp. *J'ai lu, 2000.* (J'ai lu ; 3319. Littérature générale c1)
ISBN 2-290-30850-1. *13 F / 1,98 €*

19425 **CHEDID A.** L'enfant multiple. Réimp. *J'ai lu, 1999.* (J'ai lu ; 2970. Littérature générale c2)
ISBN 2-290-12970-4. *22 F / 3,35 €*

19426 **N** **CHEDID A.** L'enfant multiple. Réimpr. *Librio, 2000.* (Librio ; 107 c1)
ISBN 2-277-30107-8. *10 F / 1,52 €*

19427 **CHEDID A.** La femme de Job. *Actes Sud, 1997.* (Babel ; 207 c1)
ISBN 2-7427-0802-2. *33 F / 5,03 €*

19428 **N** **CHEDID A.** La femme en rouge : et autres nouvelles. Réimpr. *J'ai lu, 2000.* (J'ai lu ; 3769. Littérature générale c1)
ISBN 2-290-30382-8. *13 F / 1,98 €*

19429 **CHEDID A.** La maison sans racines. *Librio, 2000.* (Librio ; 350 c1)
ISBN 2-290-30490-5. *10 F / 1,52 €*

19430 **N** **CHEDID A.** Les marches de sable. Réimpr. *J'ai lu, 2001.* (J'ai lu ; 2886. Littérature générale cG)
ISBN 2-290-30857-9. *29 F / 4,42 €*

19431 **CHEDID A.** Le sixième jour. *Librio.* (Librio ; 47)
ISBN 2-277-30047-0. *10 F / 1,52 €*

19432 **N** **CHEDID A.** Le sommeil délivré. Réimpr. *J'ai lu, 2000.* (J'ai lu ; 2636. Littérature générale cG)
ISBN 2-290-30386-0. *29 F / 4,42 €*

19433 **CHEIKH H. e.** Histoire de Zahra. *Actes Sud, 1999.* (Babel ; 378. Sindbad c4)
ISBN 2-7427-2213-0. *51 F / 7,77 €*

19434 **CHEN FOU** Récits d'une vie fugitive : mémoires d'un lettré pauvre. *Gallimard : Unesco, 1986.* (Connaissance de l'Orient poche ; 10)
ISBN 2-07-070636-2. *39 F / 5,95 €*

19435 **CHEN Y.** L'ingratitude. *Actes Sud ; Leméac, 1999.* (Babel ; 386 c2)
ISBN 2-7427-2462-1. *39 F / 5,95 €*

19436 **CHEN Y.** Les lettres chinoises : roman, nouvelle version. *Actes Sud, 1999.* (Babel ; 353 c2)
ISBN 2-7427-1955-5. *39 F / 5,95 €*

19437 **CHEN Y.** La mémoire de l'eau. *Actes Sud, 1996.* (Babel ; 224 c2)
ISBN 2-7427-0901-0. *39 F / 5,95 €*

19438 **CHÉRER S.** Le dimanche des réparations. *Seuil, 1998.* (Points ; 449 c7)
ISBN 2-02-033298-1. *35 F / 5,34 €*

19439 **CHERRYH C. J.** L'Héritage de Chanur. *J'ai lu, 1994.* (J'ai lu ; 3648. Science-fiction)
ISBN 2-277-23648-9. *49 F / 7,47 €*

19440 **CHESSEX J.** L'Ardent royaume. *LGF, 1991.* (Le Livre de poche ; 5355 c5)
ISBN 2-253-02404-X. *23 F / 3,51 €*

19441 **N** **CHESSEX J.** L'imitation. *LGF, 2000.* (Le Livre de poche ; 14941 c5)
ISBN 2-253-14941-1. *23 F / 3,51 €*

19442 **CHESSEX J.** Jonas. *LGF, 1989.* (Le Livre de poche ; 6693 c7)
ISBN 2-253-05150-0. *30 F / 4,57 €*

19443 **CHESSEX J.** Judas le transparent. *LGF, 1990.* (Le Livre de poche ; 6886 c7)
ISBN 2-253-05486-0. *30 F / 4,57 €*

19444 **CHESSEX J.** Morgane madrigal. *LGF, 1992.* (Le Livre de poche ; 9512 c8)
ISBN 2-253-06156-5. *33 F / 5,03 €*

19445 **CHESSEX J.** La trinité. *LGF, 1995.* (Le Livre de poche ; 13882 c6)
ISBN 2-253-13882-7. *26 F / 3,96 €*

19446 **CHESTERTON G. K.** Le club des métiers bizarres. *Gallimard, 1996.* (L'Etrangère)
ISBN 2-07-074403-5. *45 F / 6,86 €*

19447 **A** **CHESTERTON G. K.** Le Napoléon de Notting Hill. *Gallimard, 2001.* (L'imaginaire)
ISBN 2-07-076168-1

19448 **CHESTERTON G. K.** Le Nommé Jeudi : un cauchemar. *Gallimard, 1979.* (Folio ; 605 c11)
ISBN 2-07-036605-7. *29,50 F / 4,50 €*

19449 **CHESTERTON G. K.** Le Secret du père Brown = The Secret of Father Brown. *LGF, 1991.* (Les Langues modernes ; 8740. Bilingue c12)
ISBN 2-253-05650-2. *44 F / 6,71 €*

19450 **CHEVALIER A.** Pions, dames et cavalier. *LGF, 1999.* (Le Livre de poche ; 14663 c8)
ISBN 2-253-14663-3. *33 F / 5,03 €*

19451 **CHEVALLIER G.** Clochemerle. *LGF, 1956.* (Le Livre de poche ; 252)
ISBN 2-253-00563-0. *39 F / 5,95 €*

19452 **La chevauchée des fils d'Ismaïl.** *Actes Sud, 1998.* (Roman de Baïbars; 4)(Babel ; 330 c4)
ISBN 2-7427-1771-4. *51 F / 7,77 €*

19453 **CHEVREUIL C.** Les mémoires de Giorgione. *LGF, 2000.* (Le Livre de poche ; 14784)
ISBN 2-253-14784-2. *39 F / 5,95 €*

19454 **CHIMO** J'ai peur. *Pocket, 1999.* (Pocket ; 10633 c4B)
ISBN 2-266-08388-0. *32 F / 4,88 €*

19455 **CHIMO** Lila dit ça. *Pocket, 1997.* (Pocket ; 10221. Best c3)
ISBN 2-266-07582-9. *26 F / 3,96 €*

19456 **CHKLOVSKI V. B.** Zoo : lettres qui ne parlent pas d'amour ou La troisième Héloïse. *Gallimard, 1999.* (L'Etrangère)
ISBN 2-07-075378-6. *48 F / 7,32 €*

19457 **CHODERLOS DE LACLOS P-AF.** Les Liaisons dangereuses. *LGF, 1972.* (Le Livre de poche ; 354. Classiques de poche c8)
ISBN 2-253-00401-4. *33 F / 5,03 €*

19458 **CHODERLOS DE LACLOS P-AF.** Les Liaisons dangereuses. *Gallimard, 1972.* (Folio ; 894. Classique c9)
ISBN 2-07-036894-7. *41 F / 6,25 €*

19459 **CHOLEM ALEICHEM** Le dixième homme. *10-18, 1995.* (10-18 ; 2687. Domaine étranger c5)
ISBN 2-264-01968-9. *44 F / 6,71 €*

19460 **CHOLEM ALEICHEM** Un Violon sur le toit : Tèvié le laitier. *Albin Michel, 1990.* (Bibliothèque Albin Michel poche ; 40 c1)
ISBN 2-226-04140-0. *39 F / 5,95 €*

19461 **CHOPIN K.** La cigarette égyptienne. *10-18, 1999.* (10-18 ; 3048. Domaine étranger c4)
ISBN 2-264-02248-5. *41 F / 6,25 €*

19462 **CHOPIN K.** L'Eveil. *10-18, 1993.* (10-18 ; 2438. Domaine étranger c4)
ISBN 2-264-01973-5. *41 F / 6,25 €*

19463 **CHOPRA D.** Le retour de Merlin. *J'ai lu, 1998.* (J'ai lu ; 5013. Aventure secrète c7)
ISBN 2-290-05013-X. *45 F / 6,86 €*

19464 **CHOUAKI A.** Les oranges. *Mille et une nuits, 1998.* (La petite collection ; 184 cA)
ISBN 2-84205-188-2. *10 F / 1,52 €*

19465 **CHOUKRI M.** Le pain nu. *Seuil, 1997.* (Points ; 365 c6)
ISBN 2-02-031720-6. *32 F / 4,88 €*

19466 **CHOW C. L.** Le palanquin des larmes. Réimpr. *J'ai lu, 2000.* (J'ai lu ; 859. Littérature générale cl)
ISBN 2-290-30204-X. *36 F / 5,49 €*

19467 **CHRAÏBI D.** Les Boucs. *Gallimard, 1989.* (Folio ; 2072 c8)
ISBN 2-07-038160-9. *37 F / 5,64 €*

19468 **CHRAÏBI D.** La civilisation, ma mère!. *Gallimard, 1988.* (Folio ; 1902 c6)
ISBN 2-07-037902-7. *29,50 F / 4,50 €*

19469 **CHRAÏBI D.** Une enquête au pays. Réimpr. *Seuil, 1999.* (Points ; 656 c2)
ISBN 2-02-037433-1. *39 F / 5,95 €*

19470 **CHRAÏBI D.** L'Inspecteur Ali. *Gallimard, 1993.* (Folio ; 2518 c6)
ISBN 2-07-038810-7. *29,50 F / 4,50 €*

19471 **CHRAÏBI D.** La mère du printemps : l'Oum-er-Bia. Réimpr. *Seuil, 1995.* (Points c2)
ISBN 2-02-024641-4. *39 F / 5,95 €*

19472 **CHRAÏBI D.** Naissance à l'aube. *Seuil, 1999.* (Points ; 655)
ISBN 2-02-037538-9. *32 F / 4,88 €*

19473 **CHRAÏBI D.** Le Passé simple. *Gallimard, 1986.* (Folio ; 1728 c9)
ISBN 2-07-037728-8. *41 F / 6,25 €*

19474 **CHRAÏBI D.** Succession ouverte. *Gallimard, 1979.* (Folio ; 1136 c6)
ISBN 2-07-037136-0. *29,50 F / 4,50 €*

19475 **CHRISTIE A.** Le train bleu. Réimpr. *Libr. des Champs-Elysées, 1996.* (Le Masque ; 122 c3)
ISBN 2-7024-2189-X. *32 F / 4,88 €*

19476 **N** **CINGRIA C-A.** Bois sec, bois vert. Réimpr. *Gallimard, 2000.* (L'imaginaire ; 119)
ISBN 2-07-028046-2. *49 F / 7,47 €*

19477 **CITATI P.** Histoire qui fut heureuse, puis douloureuse et funeste. *Gallimard, 1993.* (Folio ; 2519 c11)
ISBN 2-07-038764-X. *29,50 F / 4,50 €*

19478 **CIVIL-BROWN S.** Les locataires du souvenir. *J'ai lu, 1999.* (J'ai lu ; 5192. Amour et destin cK)
ISBN 2-290-05192-6. *42 F / 6,40 €*

19479 **N** **CLANCIER G-E.** Le pain noir. *J'ai lu, 2001.* (Le Pain noir; 1)(J'ai lu ; 651. Littérature générale cG)
ISBN 2-290-30794-7. *29 F / 4,42 €*

19480 **CLANCY T.** Le Cardinal du Kremlin. *LGF, 1992.* (Le Livre de poche ; 7586. Thriller c16)
ISBN 2-253-06033-X. *55 F / 8,38 €*

19481 **CLANCY T.** Danger immédiat. *LGF, 1993.* (Le Livre de poche ; 7597. Thriller c16)
ISBN 2-253-06246-4. *55 F / 8,38 €*

19482 **CLANCY T.** Jeux de guerre. *LGF, 1991.* (Le Livre de poche ; 7575. Thriller c15)
ISBN 2-253-05802-5. *50 F / 7,62 €*

19483 **CLANCY T.** Octobre rouge. *LGF, 1989.* (Le Livre de poche ; 7547. Thriller c11)
ISBN 2-253-05157-8. *42 F / 6,40 €*

19484 **CLANCY T.** La Somme de toutes les peurs. 1. *LGF, 1994.* (Le Livre de poche ; 7623. Thriller c15)
ISBN 2-253-07623-6. *50 F / 7,62 €*

19485 **CLANCY T.** Tempête rouge. *LGF, 1990.* (Le Livre de poche ; 7559. Thriller c15)
ISBN 2-253-05428-3. *50 F / 7,62 €*

19486 **CLARK M. H.** Ne pleure pas ma belle. *LGF, 1990.* (Le Livre de poche ; 7561. Thriller c9)
ISBN 2-253-05474-7. *36 F / 5,49 €*

19487 **CLARK M. H.** Recherche jeune femme aimant danser. *LGF, 1994.* (Le Livre de poche ; 7618. Thriller c8)
ISBN 2-253-07618-X. *33 F / 5,03 €*

19488 **CLAUS H.** Belladonna : scènes de la vie de province. *LGF, 1997.* (Le Livre de poche ; 3286. Biblio c11)
ISBN 2-253-93286-8. *42 F / 6,40 €*

19489 **CLAUS H.** La Chasse aux canards. *Grasset, 1987.* (Les Cahiers rouges ; 74)
ISBN 2-246-17032-X. *34 F / 5,18 €*

19490 **CLAUS H.** L'étonnement. *Stock, 1999.* (Bibliothèque cosmopolite)
ISBN 2-234-05079-0. *70 F / 10,67 €*

19491 **CLAVEL B.** La Bourrelle. *J'ai lu, 1994.* (J'ai lu ; 3659. Littérature générale c1)
ISBN 2-290-03659-5. *13 F / 1,98 €*

19492 **CLAVEL B.** Carcajou. *Pocket, 1997.* (Pocket ; 7192 c3)
ISBN 2-266-07467-9. *26 F / 3,96 €*

19493 **CLAVEL B.** Celui qui voulait voir la mer. *Pocket, 1998.* (La grande patience; 2)(Pocket ; 10423 c5)
ISBN 2-266-08223-X. *35 F / 5,34 €*

19494 **CLAVEL B.** Le coeur des vivants. *Pocket, 1998.* (La grande patience; 3)(Pocket ; 10424 c5)
ISBN 2-266-08224-8. *35 F / 5,34 €*

19495 **CLAVEL B.** Compagnons du Nouveau Monde. *Pocket, 1997.* (Les colonnes du ciel; 5)(Pocket ; 10214 c4)
ISBN 2-266-07855-0. *30 F / 4,57 €*

19496 **CLAVEL B.** Contes et légendes du Bordelais. *Librio, 1998.* (Librio ; 224 c1)
ISBN 2-277-30224-4. *10 F / 1,52 €*

19497 **N** **CLAVEL B.** L'Espagnol. *Pocket, 2000.* (Pocket ; 10711 c5)
ISBN 2-266-09407-6. *35 F / 5,34 €*

19498 **CLAVEL B.** La femme de guerre. *Pocket, 1997.* (Les colonnes du ciel; 3)(Pocket ; 10212. Best c4)
ISBN 2-266-07853-4. *30 F / 4,57 €*

19499 **CLAVEL B.** Les fruits de l'hiver. *Pocket, 1998.* (La grande patience; 4)(Pocket ; 10425 c5)
ISBN 2-266-08225-6. *35 F / 5,34 €*

19500 **CLAVEL B.** Les Fruits de l'hiver. Réimpr. *J'ai lu, 1997.* (La Grande patience; 4)(J'ai lu ; 525. Littérature générale c4)
ISBN 2-290-10525-2. *36 F / 5,49 €*

19501 **N** **CLAVEL B.** La Guinguette. Réimp. *J'ai lu, 2000.* (J'ai lu ; 5067. Littérature générale cG)
ISBN 2-290-15067-3. *29 F / 4,42 €*

19502 **CLAVEL B.** Jésus, le fils du charpentier. *Pocket, 1998.* (Pocket ; 10325 c4)
ISBN 2-266-07915-8. *30 F / 4,57 €*

19503 **CLAVEL B.** La lumière du lac. *Pocket, 1997.* (Les colonnes du ciel; 2)(Pocket ; 10211. Best c4)
ISBN 2-266-07852-6. *30 F / 4,57 €*

19504 **CLAVEL B.** La maison des autres. *Pocket, 1998.* (La grande patience; 1)(Pocket ; 10422 c5)
ISBN 2-266-08222-1. *35 F / 5,34 €*

19505 **CLAVEL B.** Malataverne. Nouv. éd. *J'ai lu, 1993.* (J'ai lu ; 324. Littérature générale c1)
ISBN 2-277-12324-2. *13 F / 1,98 €*

19506 **CLAVEL B.** Malataverne. *Pocket, 1999.* (Pocket ; 10708 c1)
ISBN 2-266-09278-2. *19 F / 2,90 €*

19507 **CLAVEL B.** Marie bon pain. *Pocket, 1997.* (Les colonnes du ciel; 4)(Pocket ; 10213. Best c4)
ISBN 2-266-07854-2. *30 F / 4,57 €*

19508 **CLAVEL B.** Maudits sauvages. *J'ai lu, 1998.* (Le royaume du nord; 6)(J'ai lu ; 3170. Littérature générale c4)
ISBN 2-290-03170-4. *36 F / 5,49 €*

19509 **A** **CLAVEL B.** Meurtre sur le Grandvaux. *Pocket, 2001.* (Pocket ; 10865)
ISBN 2-266-09892-6

19510 **CLAVEL B.** Miséréré. *J'ai lu, 1998.* (Le royaume du nord; 3)(J'ai lu ; 2540. Littérature générale c4)
ISBN 2-290-02540-2. *36 F / 5,49 €*

19511 **CLAVEL B.** L'or de la terre. Réimpr. *J'ai lu, 1998.* (Le royaume du nord; 2)(J'ai lu ; 2328. Littérature générale c4)
ISBN 2-290-02328-0. *36 F / 5,49 €*

19512 **CLAVEL B.** Quand j'étais capitaine. *J'ai lu, 1993.* (J'ai lu ; 3423. Littérature générale)
ISBN 2-277-23423-0. *29 F / 4,42 €*

19513 **CLAVEL B.** Les roses de Verdun. Réimp. *J'ai lu, 2000.* (J'ai lu ; 4260. Littérature générale cG)
ISBN 2-290-14260-3. *29 F / 4,42 €*

19514 **CLAVEL B.** La saison des loups. *Pocket, 1997.* (Les colonnes du ciel; 1)(Pocket ; 10210. Best c4)
ISBN 2-266-07851-8. *30 F / 4,57 €*

19515 **CLAVEL B.** Le seigneur du fleuve. *Pocket, 2000.* (Pocket ; 10712 c4B)
ISBN 2-266-09408-4. *32 F / 4,88 €*

19516 **CLAVEL B.** Le seigneur du fleuve. Rééd. *J'ai lu, 1998.* (J'ai lu ; 590. Littérature générale)
ISBN 2-277-13590-9. *29 F / 4,42 €*

19517 **CLAVEL B.** Le Silence des armes. *J'ai lu, 1977.* (J'ai lu ; 742. Littérature générale)
ISBN 2-277-11742-0. *29 F / 4,42 €*

19518 **CLAVEL B.** Le soleil des morts. *Pocket, 1999.* (Pocket ; 10726 c7)
ISBN 2-266-09399-1. *42 F / 6,40 €*

19519 **N** **CLAVEL B.** Le tambour du Bief. *Pocket, 2000.* (Pocket ; 10710 c4B)
ISBN 2-266-09406-8. *32 F / 4,88 €*

19520 **CLAVEL B.** Tiennot ou l'Ile aux Biard. *Librio, 1994.* (Librio ; 35 c1)
ISBN 2-277-30035-7. *10 F / 1,52 €*

19521 **CLAVEL B.** Le tonnerre de Dieu (qui m'emporte). Réimpr. *J'ai lu, 1997.* (J'ai lu ; 290. Littérature générale c1)
ISBN 2-290-00290-9. *13 F / 1,98 €*

19522 **CLAVELL J.** Shôgun. 1. *J'ai lu, 1997.* (J'ai lu ; 4361. Littérature générale c6)
ISBN 2-290-04361-3. *42 F / 6,40 €*

19523 **CLAVELL J.** Shôgun. 2. *J'ai lu, 1997.* (J'ai lu ; 4362. Littérature générale c6)
ISBN 2-290-04362-1. *42 F / 6,40 €*

19524 **CLAVELL J.** Taï-pan. 1. *J'ai lu, 1998.* (J'ai lu ; 4873. Littérature générale c6)
ISBN 2-290-04873-9. *42 F / 6,40 €*

19525 **CLAVELL J.** Taï-pan. 2. *J'ai lu, 1998.* (J'ai lu ; 4874. Littérature générale c6)
ISBN 2-290-04874-7. *42 F / 6,40 €*

19526 **A** **CLAYTON V.** L'amie de Daisy. *Pocket, 2001.* (Pocket ; 10813)
ISBN 2-266-09759-8

19527 **CLÉBERT J-P.** Paris insolite. *Gallimard, 1972.* (Folio ; 285 c9)
ISBN 2-07-036285-X. *20,50 F / 3,13 €*

19528 **CLELAND J.** Fanny Hill, la fille de joie. *Actes Sud, 1993.* (Babel ; 61. Les érotiques c1)
ISBN 2-86869-951-0. *33 F / 5,03 €*

19529 **N** **CLELAND J.** Fanny Hill, la fille de joie. *Librio, 2000.* (Librio ; 423 c1)
ISBN 2-290-30766-1. *10 F / 1,52 €*

19530 **N** **CLÉMENCE A.** Librairie des pentes. *Zulma, 2000.* (Quatre-bis)
ISBN 2-84304-107-4. *59 F / 8,99 €*

19531 **CLÉMENT C.** Martin et Hannah. *LGF, 2000.* (Le Livre de poche ; 14798)
ISBN 2-253-14798-2. *35 F / 5,34 €*

19532 **N** **CLÉMENT C.** Pour l'amour de l'Inde. Réimp. *J'ai lu, 2000.* (J'ai lu ; 3896. Littérature générale cM)
ISBN 2-290-30205-8. *49 F / 7,47 €*

19533 **CLÉMENT C.** La putain du diable. *J'ai lu, 1998.* (J'ai lu ; 4839. Littérature générale c7)
ISBN 2-290-04839-9. *45 F / 6,86 €*

19534 **CLÉMENT C.** La Senora. *LGF, 1993.* (Le Livre de poche ; 9717 c12)
ISBN 2-253-06479-3. *44 F / 6,71 €*

19535 **CLÉMENT C.** La valse inachevée. *LGF, 1996.* (Le Livre de poche ; 13942 c11)
ISBN 2-253-13942-4. *42 F / 6,40 €*

19536 **CLÉMENT C.** Le voyage de Théo. *Seuil, 1999.* (Points ; 680)
ISBN 2-02-038203-2. *55 F / 8,38 €*

19537 **N** **CLÉMENT M.** Alice de Brocéliande. *J'ai lu, 2000.* (J'ai lu ; 5630. Littérature générale)
ISBN 2-290-30358-5. *36 F / 5,49 €*

19538 **CLÉMENT M.** La Fleur de lotus. *Gallimard, 1986.* (Folio ; 1731 c8)
ISBN 2-07-037731-8. *37 F / 5,64 €*

19539 **CLÉMENT-MAINARD M.** L'Empreinte des sabots. *LGF, 1992.* (Le Livre de poche ; 4354 c9)
ISBN 2-253-06058-5. *36 F / 5,49 €*

19540 **CLÉMENT-MAINARD M.** La Foire aux mules. *LGF, 1989.* (Le Livre de poche ; 6655 c10)
ISBN 2-253-05060-1. *40 F / 6,10 €*

19541 **CLÉMENT-MAINARD M.** La Fourche à loup de Marie Therville. *LGF, 1989.* (Le Livre de poche ; 6604 c9)
ISBN 2-253-04917-4. *36 F / 5,49 €*

19542 **CLÉMENT-MAINARD M.** La Grande Rivière. *LGF, 1995.* (Le Livre de poche ; 13770 c7)
ISBN 2-253-13770-7. *30 F / 4,57 €*

19543 **CLÉMENT-MAINARD M.** La rose du fleuve. *LGF, 1999.* (Le Livre de poche ; 14609 c7)
ISBN 2-253-14609-9. *30 F / 4,57 €*

19544 **CLERMONT E.** Amour promis. *Grasset, 1995.* (Les Cahiers rouges ; 207)
ISBN 2-246-11232-X. *59 F / 8,99 €*

19545 **CLUNY C-M.** Un Jeune homme de Venise. *Gallimard, 1983.* (Folio ; 1460 c8)
ISBN 2-07-037460-2. *37 F / 5,64 €*

19546 **A** **COATALEM J-L.** Le fils du fakir. *LGF, 2001.* (Le Livre de poche ; 15042)
ISBN 2-253-15042-8. *33 F / 5,03 €*

19547 **COCTEAU J.** La Difficulté d'être. *LGF, 1993.* (Le Livre de poche ; 3188. Biblio c9)
ISBN 2-253-06271-5. *36 F / 5,49 €*

19548 **COCTEAU J.** Journal d'un inconnu. *Grasset, 1983.* (Les Cahiers rouges ; 9)
ISBN 2-246-11272-9. *49 F / 7,47 €*

19549 **N** **COE J.** Coffret Jonathan Coe. *Gallimard, 2000.* (Folio)
ISBN 2-07-041504-X. *106 F / 16,16 €*

19550 **N** **COE J.** La maison du sommeil. *Gallimard, 2000.* (Folio ; 3389 c8)
ISBN 2-07-041257-1. *46 F / 7,01 €*

19551 **COE J.** Testament à l'anglaise. *Gallimard, 1997.* (Folio ; 2992 c12)
ISBN 2-07-040326-2. *52 F / 7,93 €*

19552 **COELHO P.** L'alchimiste. Réimp. *J'ai lu, 1999.* (J'ai lu ; 4120. Littérature générale c4)
ISBN 2-290-14120-8. *36 F / 5,49 €*

19553 **COELHO P.** La cinquième montagne. *LGF, 1999.* (Le Livre de poche ; 14710 c6)
ISBN 2-253-14710-9. *26 F / 3,96 €*

19554 **N** **COELHO P.** Coffret Paulo Coelho. *J'ai lu, 2000.* (J'ai lu. Littérature générale)
ISBN 2-277-60168-3. *72 F / 10,98 €*

19555 **COELHO P.** Sur le bord de la rivière Piedra, je me suis assise et j'ai pleuré. *J'ai lu, 1997.* (J'ai lu ; 4385. Littérature générale c4)
ISBN 2-290-14385-5. *36 F / 5,49 €*

19556 **N** **COEN E.** J'ai tué Phil Shapiro. *Ed. de l'Olivier : Cahiers du cinéma, 2000.* (Petite bibliothèque américaine ; 24)
ISBN 2-87929-267-0. *69 F / 10,52 €*

19557 **COETZEE J.** En attendant les Barbares. *Seuil, 2000.* (Points ; 720)
ISBN 2-02-040456-7. *45 F / 6,86 €*

19558 **COETZEE J.** Michael K., sa vie, son temps. Nouv. éd. *Seuil, 2000.* (Points ; 719 c8)
ISBN 2-02-040455-9. *39 F / 5,95 €*

19559 **A** **COFFMAN E.** Une insolente proposition. *J'ai lu, 2001.* (J'ai lu ; 6010. Aventures et passions)
ISBN 2-290-06010-0

19560 **N** **Coffret Les mille et une nuits.** *Gallimard, 2000.* (Folio. Classique)
ISBN 2-07-040028-X. *194 F / 29,58 €*

19561 **COHEN A.** Belle du seigneur. *Gallimard, 1998.* (Folio ; 3039 c15)
ISBN 2-07-040402-1. *61 F / 9,30 €*

19562 **COHEN A.** Belle du seigneur. *Gallimard, 1998.* (Folio c16)
ISBN 2-07-040460-9. *66 F / 10,06 €*

19563 **COHEN A.** Le Livre de ma mère. *Gallimard, 1954.* (Folio ; 561 c4)
ISBN 2-07-036561-1. *20,50 F / 3,13 €*

19564 **COHEN A.** Mangeclous. *Gallimard, 1983.* (Folio ; 1170 c11)
ISBN 2-07-037170-0. *50 F / 7,62 €*

19565 **N** **COHEN A.** Le marabout de Blida. Ed. revue par l'auteur. *Gallimard, 2000.* (Folio ; 3360 c6)
ISBN 2-07-040970-8. *29,50 F / 4,50 €*

19566 **COHEN A.** O vous, frères humains. *Gallimard, 1988.* (Folio ; 1915 c11)
ISBN 2-07-037915-9. *29,50 F / 4,50 €*

19567 **COHEN A.** Solal. *Gallimard, 1981.* (Folio ; 1269 c9)
ISBN 2-07-037269-3. *41 F / 6,25 €*

19568 **COHEN A.** Les Valeureux. *Gallimard, 1986.* (Folio ; 1740 c8)
ISBN 2-07-037740-7. *37 F / 5,64 €*

19569 **COHEN L.** Les Perdants magnifiques. Nouv. éd. *10-18, 1993.* (10-18 ; 775. Domaine étranger c6)
ISBN 2-264-01931-X. *47 F / 7,17 €*

19570 **COLETTE** Le blé en herbe. Réimp. *Librio, 1999.* (Librio ; 7 c1)
ISBN 2-290-30470-0. *10 F / 1,52 €*

19571 **N** **COLETTE** Le blé en herbe. Réimp. *J'ai lu, 2000.* (J'ai lu ; 2. Littérature générale c1)
ISBN 2-290-30714-9. *13 F / 1,98 €*

19572 **COLETTE** Chambre d'hôtel ; La Lune de pluie. *LGF, 1990.* (Le Livre de poche ; 6834 c6)
ISBN 2-253-05394-5. *26 F / 3,96 €*

19573 **COLETTE** La Chatte. *LGF, 1955.* (Le Livre de poche ; 96 c5)
ISBN 2-253-01171-1. *23 F / 3,51 €*

19574 **COLETTE** Chéri. *LGF, 1976.* (Le Livre de poche ; 307 c5)
ISBN 2-253-01333-1. *23 F / 3,51 €*

19575 **COLETTE** Dialogues de bêtes. *Gallimard, 1975.* (Folio ; 701 c9)
ISBN 2-07-036701-0. *20 F / 3,05 €*

19576 **COLETTE** L'Entrave. *LGF, 1989.* (Le Livre de poche ; 6568 c6)
ISBN 2-253-04832-1. *26 F / 3,96 €*

19577 **COLETTE** Le Fanal bleu. *LGF, 1988.* (Le Livre de poche ; 4221 c6)
ISBN 2-253-00873-7. *26 F / 3,96 €*

19578 **COLETTE** La Femme cachée. *Gallimard, 1974.* (Folio ; 612 c9)
ISBN 2-07-036612-X. *20,50 F / 3,13 €*

19579 **COLETTE** Gigi. *LGF, 1962.* (Le Livre de poche ; 89 c4)
ISBN 2-253-00284-4. *20 F / 3,05 €*

19580 **COLETTE** Gribiche. *LGF, 1998.* (Le Livre de poche ; 14503. Les classiques d'aujourd'hui c1)
ISBN 2-253-14503-3. *10 F / 1,52 €*

19581 **COLETTE** L'Ingénue libertine. *Albin Michel, 1991.* (Bibliothèque Albin Michel poche ; 48 c1)
ISBN 2-226-05369-7. *39 F / 5,95 €*

19582 **COLETTE** L'Ingénue libertine. *LGF, 1978.* (Le Livre de poche ; 11 c7)
ISBN 2-253-01351-X. *30 F / 4,57 €*

19583 **COLETTE** Julie de Carneilhan. *Gallimard, 1982.* (Folio ; 1344 c11)
ISBN 2-07-037344-4. *29,50 F / 4,50 €*

19584 **COLETTE** Le Képi. *LGF, 1987.* (Le Livre de poche ; 2388 c4)
ISBN 2-253-04279-X. *20 F / 3,05 €*

19585 **COLETTE** La lune de pluie. *Mille et une nuits, 2000.* (La petite collection ; 267)
ISBN 2-84205-465-2. *10 F / 1,52 €*

19586 **COLETTE** La Maison de Claudine. *LGF, 1990.* (Le Livre de poche ; 763 c6)
ISBN 2-253-00428-6. *26 F / 3,96 €*

19587 **COLETTE** L'Oeuvre romanesque. 1, 1900-1919. *Laffont, 1989.* (Bouquins)
ISBN 2-221-05400-8. *199 F / 30,34 €*

19588 **COLETTE** L'Oeuvre romanesque. 2, 1920-1940. *Laffont, 1989.* (Bouquins)
ISBN 2-221-05401-6. *199 F / 30,34 €*

19589 **COLETTE** L'Oeuvre romanesque. 3, 1941-1949. Réimpr. *Laffont, 1999.* (Bouquins)
ISBN 2-221-05402-4. *179 F / 27,29 €*

19590 **N** **COLETTE** L'oeuvre romanesque. *Laffont, 2000.* (Bouquins)
ISBN 2-221-09372-0. *577 F / 87,96 €*

19591 **COLETTE** La paix chez les bêtes. *LGF, 1996.* (Le Livre de poche ; 13978 c4)
ISBN 2-253-13978-5. *20 F / 3,05 €*

19592 **COLETTE** La Retraite sentimentale. *Gallimard, 1972.* (Folio ; 135 c11)
ISBN 2-07-036135-7. *29,50 F / 4,50 €*

19593 **COLETTE** La ronde des bêtes. *LGF, 1996.* (Le Livre de poche ; 3994. Les classiques d'aujourd'hui c1)
ISBN 2-253-13994-7. *10 F / 1,52 €*

19594 **COLETTE** La Vagabonde. *LGF, 1958.* (Le Livre de poche ; 283 c7)
ISBN 2-253-01109-6. *30 F / 4,57 €*

19595 **COLETTE** Le Voyage égoïste ; Quatre-saisons. *LGF, 1989.* (Le Livre de poche ; 3393 c6)
ISBN 2-253-04999-9. *26 F / 3,96 €*

19596 **COLETTE** Les vrilles de la vigne. *LGF, 1995.* (Le Livre de poche ; 13801. Les classiques d'aujourd'hui c1)
ISBN 2-253-13801-0. *10 F / 1,52 €*

19597 **COLETTE, WILLY** Claudine à l'école. *LGF, 1977.* (Le Livre de poche ; 193 c7)
ISBN 2-253-01048-0. *30 F / 4,57 €*

19598 **COLETTE, WILLY** Claudine à Paris. *LGF, 1957.* (Le Livre de poche ; 213)
ISBN 2-253-01089-8. *25 F / 3,81 €*

19599 **COLETTE, WILLY** Claudine s'en va. *LGF, 1977.* (Le Livre de poche ; 238 c6)
ISBN 2-253-01090-1. *26 F / 3,96 €*

19600 **A** **COLGAN J.** Le mariage d'Amanda. *J'ai lu, 2001.* (J'ai lu ; 5840. Littérature générale)
ISBN 2-290-31043-3

19601 **COLLARD C.** Condamné amour. *J'ai lu, 1993.* (J'ai lu ; 3501. Littérature générale c4)
ISBN 2-277-23501-6. *36 F / 5,49 €*

19602 **COLLARD C.** Les nuits fauves. *J'ai lu, 1991.* (J'ai lu ; 2993. Littérature générale c3)
ISBN 2-290-02993-9. *29 F / 4,42 €*

19603 **COLLIGNON A.** Les Jonchères. *Pocket, 1997.* (Pocket ; 10061. Best c5)
ISBN 2-266-07024-X. *35 F / 5,34 €*

19604 **COLLINS J.** Les enfants oubliés. *Pocket, 1998.* (Pocket ; 10201. Roman c10)
ISBN 2-266-07576-4. *50 F / 7,62 €*

19605 **A** **COLLINS J.** Frissons. *Pocket, 2001.* (Pocket ; 10807)
ISBN 2-266-09765-2

19606 **COLLINS J.** L.A. connections. 1, Pouvoir. *Pocket, 2000.* (Pocket ; 10808 c3B)
ISBN 2-266-09761-X. *28 F / 4,27 €*

19607 **COLLINS J.** L.A. connections. 2, Obsession. *Pocket, 2000.* (Pocket ; 10809 c3B)
ISBN 2-266-09762-8. *28 F / 4,27 €*

19608 **COLLINS J.** L.A. connections. 3, Meurtre. *Pocket, 2000.* (Pocket ; 10810 c3B)
ISBN 2-266-09763-6. *28 F / 4,27 €*

19609 **N** **COLLINS J.** L.A. connections. 4, Vengeance. *Pocket, 2000.* (Pocket ; 10811 c3B)
ISBN 2-266-09764-4. *28 F / 4,27 €*

19610 **COLLINS J.** Lady boss. *Pocket, 1993.* (Pocket ; 4574. Roman c5)
ISBN 2-266-05144-X. *50 F / 7,62 €*

19611 **A** **COLLINS J.** Le monde est plein d'hommes mariés. *Pocket, 2001.* (Pocket ; 11133)
ISBN 2-266-10643-0

19612 **N** **COLLINS J.** Ne dis jamais jamais. Nouv. éd. *Pocket, 2000.* (Pocket ; 4343 c8)
ISBN 2-266-11068-3. *45 F / 6,86 €*

19613 **COLLINS J.** Rock star. *Pocket, 1991.* (Pocket ; 3763. Roman c6)
ISBN 2-266-04501-6. *42 F / 6,40 €*

19614 **COLLINS J.** Vendetta : la revanche de Lucky. *Pocket, 1999.* (Pocket ; 10790. Roman c7)
ISBN 2-266-09664-8. *42 F / 6,40 €*

19615 **COLLINS L.** Dédale. *LGF, 1991.* (Le Livre de poche ; 6931 c12)
ISBN 2-253-05601-4. *44 F / 6,71 €*

19616 **COLLINS L.** Fortitude. *Pocket, 1994.* (Pocket ; 4231 c7)
ISBN 2-266-06234-4. *42 F / 6,40 €*

19617 **COLLINS M. A.** Il faut sauver le soldat Ryan : d'après un scénario de Robert Rodat. *J'ai lu, 1998.* (J'ai lu ; 4954. Littérature générale c3)
ISBN 2-290-04954-9. *29 F / 4,42 €*

19618 **N** **COLLINS M. A.** U-571. *Pocket, 2000.* (Pocket ; 11127 c4)
ISBN 2-266-10612-0. *30 F / 4,57 €*

19619 **COLLINS W.** La pissotière. *10-18, 1999.* (10-18 ; 3109. Domaine étranger c5)
ISBN 2-264-02769-X. *44 F / 6,71 €*

19620 **COLOANE F.** Cap Horn. *Seuil, 1996.* (Points ; 253 c7)
ISBN 2-02-024550-7. *35 F / 5,34 €*

19621 **COLOANE F.** Le dernier mousse. *Seuil, 1998.* (Points ; 481 c6)
ISBN 2-02-033290-6. *32 F / 4,88 €*

19622 **COLOANE F.** Le golfe des peines. *Seuil, 1999.* (Points ; 601)
ISBN 2-02-033289-2. *35 F / 5,34 €*

19623 **COLOANE F.** El Guanaco. *Seuil, 1997.* (Points ; 426 c8)
ISBN 2-02-029911-9. *39 F / 5,95 €*

19624 **N** **COLOANE F.** Le sillage de la baleine. *Seuil, 2000.* (Points ; 739 c9)
ISBN 2-02-037791-8. *42 F / 6,40 €*

19625 **COLOANE F.** Tierra del fuego. *Seuil, 1995.* (Points ; 148 c7)
ISBN 2-02-022653-7. *35 F / 5,34 €*

19626 **COLOMBANI M-F.** Donne-moi la main, on traverse. Réimpr. *J'ai lu, 1998.* (J'ai lu ; 2881. Littérature générale c3)
ISBN 2-290-02881-9. *29 F / 4,42 €*

19627 **COMBE R.** Le Mile des Garret. *J'ai lu, 1996.* (J'ai lu ; 4333. Littérature générale c2)
ISBN 2-290-04333-8. *22 F / 3,35 €*

19628 **COMBESCOT P.** Les Filles du Calvaire. *LGF, 1993.* (Le Livre de poche ; 9613 c10)
ISBN 2-253-06331-2. *40 F / 6,10 €*

19629 **COMBESCOT P.** La sainte famille. *LGF, 1998.* (Le Livre de poche ; 14470 c12)
ISBN 2-253-14470-3. *44 F / 6,71 €*

19630 **A** **COMENCINI C.** Soeurs. *J'ai lu, 2001.* (J'ai lu ; 5922. Littérature générale)
ISBN 2-290-31170-7

19631 **COMMENT B.** Florence, retours. *Gallimard, 2000.* (Folio ; 3321 c7)
ISBN 2-07-040909-0. *32,50 F / 4,95 €*

19632 **N** **COMMENT B.** Même les oiseaux. *J'ai lu, 2000.* (J'ai lu ; 5541. Littérature générale cF)
ISBN 2-290-30243-0. *26 F / 3,96 €*

19633 **COMMENT B.** L'ombre de mémoire. *Gallimard, 1999.* (Folio ; 3289 c8)
ISBN 2-07-040908-2. *37 F / 5,64 €*

19634 **COMMENT B.** L'ongle noir. *Mille et une nuits, 1997.* (La petite collection ; 137 cA)
ISBN 2-84205-106-8. *10 F / 1,52 €*

19635 **COMPÈRE G.** Je soussigné, Charles le Téméraire, duc de Bourgogne. *Labor, 1989.* (Espace Nord ; 56 c2)
ISBN 2-8040-0448-1. *42 F / 6,40 €*

19636 **COMPTON-BURNETT I.** Une Famille et son chef. *Gallimard, 1983.* (L'imaginaire ; 107)
ISBN 2-07-024827-5. *41 F / 6,25 €*

19637 **COMPTON-BURNETT I.** Des Hommes et des femmes. *Gallimard, 1984.* (Folio ; 1617 c9)
ISBN 2-07-037617-6. *41 F / 6,25 €*

19638 **CONCHON G.** Colette Stern. *Gallimard, 1989.* (Folio ; 2090 c11)
ISBN 2-07-038178-1. *29,50 F / 4,50 €*

19639 **CONCHON G., GIROD F.** Lacenaire. *Seuil, 1990.* (Points. Roman ; 420 c3)
ISBN 2-02-012613-3. *48 F / 7,32 €*

19640 **CONDÉ M.** La colonie du Nouveau Monde. *Pocket, 1996.* (Pocket ; 4375 c6)
ISBN 2-266-06554-8. *38 F / 5,79 €*

19641 **CONDÉ M.** Les derniers rois mages. *Gallimard, 1995.* (Folio ; 2742 c8)
ISBN 2-07-039372-0. *37 F / 5,64 €*

19642 **CONDÉ M.** Désirada. *Pocket, 1999.* (Pocket ; 10506 c3B)
ISBN 2-266-08697-9. *28 F / 4,27 €*

19643 **CONDÉ M.** La migration des coeurs. *Pocket, 1997.* (Pocket ; 10100 c6)
ISBN 2-266-07312-5. *38 F / 5,79 €*

19644 **CONDÉ M.** Moi, Tituba sorcière : Noire de Salem. *Gallimard, 1988.* (Folio ; 1929 c8)
ISBN 2-07-037929-9. *37 F / 5,64 €*

19645 **CONDÉ M.** Les murailles de terre. *Pocket, 1996.* (Ségou; 1)(Pocket ; 4338 c7)
ISBN 2-266-06491-6. *42 F / 6,40 €*

19646 **CONDÉ M.** La terre en miettes. *Pocket, 1996.* (Ségou; 2)(Pocket ; 4339 c7)
ISBN 2-266-06492-4. *42 F / 6,40 €*

19647 **CONDÉ M.** Traversée de la Mangrove. *Gallimard, 1992.* (Folio ; 2411 c8)
ISBN 2-07-038546-9. *37 F / 5,64 €*

19648 **CONFIANT R.** L'allée des soupirs. *LGF, 1996.* (Le Livre de poche ; 14069 c12)
ISBN 2-253-14069-4. *44 F / 6,71 €*

19649 **CONFIANT R.** La baignoire de Joséphine. *Mille et une nuits, 1997.* (La petite collection ; 133 cA)
ISBN 2-84205-101-7. *10 F / 1,52 €*

19650 **CONFIANT R.** Bassin des ouragans. *Mille et une nuits, 1994.* (La petite collection ; 40 cA)
ISBN 2-910233-45-6. *10 F / 1,52 €*

19651 **CONFIANT R.** Chimères d'en-ville. *Librio, 1998.* (Librio ; 240 c1)
ISBN 2-277-30240-6. *10 F / 1,52 €*

19652 **N** **CONFIANT R.** Commandeur du sucre. 1. *Pocket, 2000.* (Pocket ; 10766 c4B)
ISBN 2-266-09580-3. *32 F / 4,88 €*

19653 **CONFIANT R.** Eau de Café. *LGF, 1993.* (Le Livre de poche ; 9642 c10)
ISBN 2-253-06337-1. *40 F / 6,10 €*

19654 **CONFIANT R.** Le Nègre et l'amiral. *LGF, 1993.* (Le Livre de poche ; 9643 c10)
ISBN 2-253-06338-X. *40 F / 6,10 €*

19655 **N** **CONFIANT R.** Régisseur du rhum. *Pocket, 2000.* (Commandeur du sucre; 2)(Pocket ; 10767 c6)
ISBN 2-266-09581-1. *38 F / 5,79 €*

19656 **CONFIANT R.** La savane des pétrifications. *Mille et une nuits, 1995.* (La petite collection ; 79 cA)
ISBN 2-84205-008-8. *10 F / 1,52 €*

19657 **CONFIANT R.** Trilogie tropicale. *Mille et une nuits, 1997.* (La petite collection)
ISBN 2-84205-173-4. *30 F / 4,57 €*

19658 **N** **CONNELLY J.** Ressusciter les morts. *Pocket, 2000.* (Pocket ; 11010 c6)
ISBN 2-266-10301-6. *38 F / 5,79 €*

19659 **CONNOLLY C.** Ce qu'il faut faire pour ne plus être écrivain. *LGF, 1994.* (Le Livre de poche ; 3223. Biblio c10)
ISBN 2-253-93223-X. *40 F / 6,10 €*

19660 **A** **CONNOLLY J.** Vacances anglaises. *Seuil, 2001.* (Points ; 857)
ISBN 2-02-049521-X. *48 F / 7,32 €*

19661 **CONRAD J.** L'agent secret. *Gallimard, 1995.* (Folio ; 2725. Classique c10)
ISBN 2-07-038829-8. *46 F / 7,01 €*

19662 **CONRAD J.** L'agent secret. *10-18, 1995.* (10-18 ; 2638. Domaine étranger c6)
ISBN 2-264-02075-X. *47 F / 7,17 €*

19663 **CONRAD J.** Au bout du rouleau. *Gallimard, 1988.* (L'imaginaire ; 195)
ISBN 2-07-071230-3. *39 F / 5,95 €*

19664 **CONRAD J.** Au coeur des ténèbres = Heart of darkness. *Gallimard, 1996.* (Folio bilingue ; 60 c7)
ISBN 2-07-040004-2. *60 F / 9,15 €*

19665 **CONRAD J.** Au coeur des ténèbres. *Mille et une nuits, 1999.* (La petite collection ; 231 c6)
ISBN 2-84205-391-5. *23 F / 3,51 €*

19666 **CONRAD J.** Un Avant-poste du progrès = An Outpost of progress ; Le Compagnon clandestin = The Secret sharer. *LGF, 1993.* (Les Langues modernes ; 8762. Bilingue c10)
ISBN 2-253-06284-7. *40 F / 6,10 €*

19667 **CONRAD J.** Le Coeur des ténèbres = Heart of darkness. *LGF, 1988.* (Les Langues modernes ; 8703. Bilingue c8)
ISBN 2-253-04762-7. *33 F / 5,03 €*

19668 **CONRAD J.** Le compagnon secret. *Mille et une nuits, 1995.* (La petite collection ; 65 cA)
ISBN 2-910233-89-8. *10 F / 1,52 €*

19669 **CONRAD J.** Le duel : un récit militaire = The duel : a military tale. *Gallimard, 1998.* (Folio bilingue ; 70)
ISBN 2-07-040374-2. *56 F / 8,54 €*

19670 **CONRAD J.** La flèche d'or. *Gallimard, 1998.* (Folio ; 3132 c9)
ISBN 2-07-040549-4. *41 F / 6,25 €*

19671 **CONRAD J.** La Folie-Almayer. Nouv. éd. *Gallimard, 1999.* (Folio ; 3270 c8)
ISBN 2-07-041065-X. *37 F / 5,64 €*

19672 **CONRAD J.** Fortune. *10-18, 1994.* (10-18 ; 2461. Domaine étranger c7)
ISBN 2-264-01814-3. *50 F / 7,62 €*

19673 **CONRAD J.** Fortune. *Gallimard, 1989.* (Folio ; 2061 c11)
ISBN 2-07-038090-4. *50 F / 7,62 €*

19674 **CONRAD J.** Le frère de la Côte. *Gallimard, 1998.* (Folio ; 3147 c8)
ISBN 2-07-040550-8. *37 F / 5,64 €*

19675 **A** **CONRAD J.** Gaspar Ruiz = A set of six. *Gallimard, 2001.* (Folio bilingue)
ISBN 2-07-041515-5. *19 F / 2,90 €*

19676 **CONRAD J.** Jeunesse ; Coeur des ténèbres. *Gallimard, 1978.* (L'imaginaire ; 19)
ISBN 2-07-029899-X. *55 F / 8,38 €*

19677 **CONRAD J.** Jeunesse = Youth. *Gallimard, 1993.* (Folio bilingue ; 36 c4)
ISBN 2-07-038798-4. *46 F / 7,01 €*

19678 **CONRAD J.** La ligne d'ombre : une confession. *10-18, 1998.* (10-18 ; 2930. Domaine étranger c3)
ISBN 2-264-02194-2. *38 F / 5,79 €*

19679 **CONRAD J.** Lord Jim. *Gallimard, 1982.* (Folio ; 1403 c11)
ISBN 2-07-037403-3. *50 F / 7,62 €*

19680 **CONRAD J.** Le Nègre du Narcisse : histoire de gaillard d'avant. *Gallimard, 1983.* (L'imaginaire ; 109)
ISBN 2-07-025041-5. *42 F / 6,40 €*

19681 **CONRAD J.** Nostromo. *Gallimard, 1992.* (Folio ; 2407. Classique c10)
ISBN 2-07-038565-5. *46 F / 7,01 €*

19682 **CONRAD J.** Un paria des îles. *Gallimard, 1999.* (Folio ; 3256 c8)
ISBN 2-07-041089-7. *37 F / 5,64 €*

19683 **CONRAD J.** Sextuor. *LGF, 1994.* (Le Livre de poche ; 3215. Biblio c8)
ISBN 2-253-93215-9. *33 F / 5,03 €*

19684 **CONRAD J.** Typhon = Typhoon. *Gallimard, 1991.* (Folio bilingue ; 13 c7)
ISBN 2-07-038358-X. *60 F / 9,15 €*

19685 **CONRAD J.** Typhon. *Gallimard, 1973.* (Folio ; 416 c9)
ISBN 2-07-036416-X. *20,50 F / 3,13 €*

19686 **CONRAD J., FORD F. M.** L'Aventure. *LGF, 1983.* (Le Livre de poche ; 3017. Biblio c12)
ISBN 2-253-03203-4. *44 F / 6,71 €*

19687 **CONROY P.** Beach music. *LGF, 1998.* (Le Livre de poche ; 14451 c18)
ISBN 2-253-14451-7. *65 F / 9,91 €*

19688 **CONROY P.** Le Prince des marées. 1. Réimpr. *J'ai lu, 1989.* (J'ai lu ; 2641. Littérature générale c5)
ISBN 2-290-02641-7. *39 F / 5,95 €*

19689 **CONROY P.** Le Prince des marées. 2. Réimpr. *J'ai lu, 1989.* (J'ai lu ; 2642. Littérature générale c5)
ISBN 2-290-02642-5. *39 F / 5,95 €*

19690 **CONSOLO V.** Le Sourire du marin inconnu. *Grasset, 1990.* (Les Cahiers rouges ; 125)
ISBN 2-246-08932-8. *51 F / 7,77 €*

19691 **CONSTANT B.** Adolphe ; Le Cahier rouge ; Cécile. Réimpr. *Gallimard, 1991.* (Folio ; 514. Classique c8)
ISBN 2-07-036514-X. *37 F / 5,64 €*

19692 **CONSTANT B.** Adolphe. *LGF, 1988.* (Le Livre de poche ; 360. Classiques de poche c4)
ISBN 2-253-04588-8. *20 F / 3,05 €*

19693 **CONSTANT P.** Balta. *Gallimard, 1986.* (Folio ; 1783 c8)
ISBN 2-07-037783-0. *37 F / 5,64 €*

19694 **N** **CONSTANT P.** Confidence pour confidence. *Gallimard, 2000.* (Folio ; 3349 c8)
ISBN 2-07-041381-0. *29,50 F / 4,50 €*

19695 **CONSTANT P.** La fille du gobernator. *Gallimard, 1996.* (Folio ; 2864 c11)
ISBN 2-07-040079-4. *29,50 F / 4,50 €*

19696 **CONSTANT P.** Le Grand Ghâpal. *Gallimard, 1993.* (Folio ; 2520 c11)
ISBN 2-07-038806-9. *29,50 F / 4,50 €*

19697 **CONSTANT P.** Ouregano. *Gallimard, 1985.* (Folio ; 1623 c8)
ISBN 2-07-037623-0. *37 F / 5,64 €*

19698 **CONSTANT P.** Propriété privée. *Gallimard, 1989.* (Folio ; 2115 c8)
ISBN 2-07-038203-6. *37 F / 5,64 €*

19699 **CONSTANT P.** White spirit. *Gallimard, 1992.* (Folio ; 2364 c11)
ISBN 2-07-038501-9. *29,50 F / 4,50 €*

19700 **Contes d'Ise.** *Gallimard, 1988.* (Connaissance de l'Orient poche)
ISBN 2-07-071475-6. *35 F / 5,34 €*

19701 **Contes de Noël.** *Seuil, 1997.* (Livre de vie ; 17)
ISBN 2-02-033128-4. *32 F / 4,88 €*

19702 **Contes érotiques d'hiver.** *Pocket, 1999.* (Pocket ; 10740 c3B)
ISBN 2-266-09427-0. *28 F / 4,27 €*

19703 **Contes et chroniques d'expression portugaise :** Portugal, Brésil, Afrique = Contos e cronicas de expressão portuguesa : Portugal, Brasil, Africa. *Langues pour tous, 1998.* (Langues pour tous ; 2216 c6)
ISBN 2-266-08369-4. *38 F / 5,79 €*

19704 **N** **CONWAY J.** Croqueuse de céréales. *J'ai lu, 2001.* (J'ai lu ; 5775. Littérature générale cJ)
ISBN 2-290-30931-1. *39 F / 5,95 €*

19705 **COOK R.** Avec intention de nuire. *LGF, 1994.* (Le Livre de poche ; 7622. Thriller c10)
ISBN 2-253-07622-8. *40 F / 6,10 €*

19706 **COOK R.** Fièvre. *LGF, 1984.* (Le Livre de poche ; 7479. Thriller c8)
ISBN 2-253-03366-9. *33 F / 5,03 €*

19707 **COOKSON C.** Les oiseaux rêvent aussi. *J'ai lu, 1996.* (J'ai lu ; 4169. Amour et destin)
ISBN 2-277-24169-5. *36 F / 5,49 €*

19708 **COONEY E., ALTIERI D.** L'impératrice des mensonges. *Pocket, 1996.* (Pocket ; 10026 c10)
ISBN 2-266-06725-7. *50 F / 7,62 €*

19709 **COONTS S.** Dernier vol. *LGF, 1992.* (Le Livre de poche ; 7590. Thriller c10)
ISBN 2-253-06116-6. *40 F / 6,10 €*

19710 **COONTS S.** Le Minotaure. *LGF, 1994.* (Le Livre de poche ; 7619. Thriller c10)
ISBN 2-253-07619-8. *40 F / 6,10 €*

19711 **COONTS S.** Le Vol de l'Intruder. *LGF, 1989.* (Le Livre de poche ; 7548. Thriller c12)
ISBN 2-253-05158-6. *44 F / 6,71 €*

19712 **COOPER J.** Polo. *LGF, 1997.* (Le Livre de poche ; 14172 c9)
ISBN 2-253-14172-0. *36 F / 5,49 €*

19713 **COOPER J. F.** Le Tueur de daims. *10-18, 1994.* (10-18 ; 2453. Domaine étranger c9)
ISBN 2-264-00131-3. *60 F / 9,15 €*

19714 **COPELAND L.** La piste de la vengeance. *J'ai lu, 1995.* (J'ai lu ; 4061. Aventures et passions c4)
ISBN 2-277-24061-3. *36 F / 5,49 €*

19715 **COPELAND L.** La rebelle venue d'ailleurs. *J'ai lu, 1997.* (J'ai lu ; 4550. Aventures et passions c3)
ISBN 2-290-04550-0. *29 F / 4,42 €*

19716 **COPFERMANN E.** Les patries buissonnières. *Ed. de l'Aube, 1996.* (L'Aube poche ; 26 c8)
ISBN 2-87678-245-6. *69 F / 10,52 €*

19717 **CORBIAU A.** Farinelli : il castrato : d'après le scénario du film de Gérard Corbiau. *J'ai lu, 1995.* (J'ai lu ; 3955. Littérature générale)
ISBN 2-277-23955-0. *29 F / 4,42 €*

19718 **N** **CORLETT W.** Deux garçons bien sous tous rapports. *Pocket, 2000.* (Pocket ; 10910 c6)
ISBN 2-266-10013-0. *38 F / 5,79 €*

19719 **CORNAILLE D.** Les labours d'hiver. *Pocket, 1997.* (Pocket ; 10092 c6)
ISBN 2-266-07238-2. *38 F / 5,79 €*

19720 **CORTANZE G. d.** L'amour dans la ville. *LGF, 1996.* (Le Livre de poche ; 13990 c7)
ISBN 2-253-13990-4. *30 F / 4,57 €*

19721 **CORTANZE G. d.** Les enfants s'ennuient le dimanche. *Actes Sud, 1999.* (Babel ; 402)
ISBN 2-7427-2509-1. *51 F / 7,77 €*

19722 **CORTANZE G. d.** Giuliana. *Actes Sud, 1998.* (Babel ; 339 c3)
ISBN 2-7427-1888-5. *45 F / 6,86 €*

19723 **N** **CORTANZE G. d.** Les vice-rois. *Actes Sud, 2000.* (Babel ; 438)
ISBN 2-7427-2881-3. *69 F / 10,52 €*

19724 **CORTAZAR J.** Les Armes secrètes = Las Armas secretas. *Gallimard, 1993.* (Folio bilingue ; 35 c3)
ISBN 2-07-038742-9. *41 F / 6,25 €*

19725 **CORTAZAR J.** Les Armes secrètes. *Gallimard, 1973.* (Folio ; 448 c8)
ISBN 2-07-036448-8. *37 F / 5,64 €*

19726 **CORTAZAR J.** L'autoroute du Sud. *Mercure de France, 1998.* (Le petit Mercure)
ISBN 2-7152-2119-3. *20 F / 3,05 €*

19727 **CORTAZAR J.** Cronopes et Fameux. *Gallimard, 1993.* (Folio ; 2435 c11)
ISBN 2-07-038577-9. *29,50 F / 4,50 €*

19728 **CORTAZAR J.** Façons de perdre. *Gallimard, 1993.* (L'Etrangère)
ISBN 2-07-072836-6. *42 F / 6,40 €*

19729 **CORTAZAR J.** Les gagnants. Réimpr. *Gallimard, 1999.* (Folio ; 1354 c10)
ISBN 2-07-037354-1. *46 F / 7,01 €*

19730 **CORTAZAR J.** Livre de Manuel. *Gallimard, 1987.* (Folio ; 1812 c11)
ISBN 2-07-037812-8. *50 F / 7,62 €*

19731 **CORTAZAR J.** Marelle. *Gallimard, 1979.* (L'imaginaire ; 51)
ISBN 2-07-029134-0. *80 F / 12,20 €*

19732 **CORTAZAR J.** Nous l'aimons tant, Glenda (choix) = Queremos tanto a Glenda (seleccion). *Gallimard, 1999.* (Folio bilingue ; 84)
ISBN 2-07-040754-3. *52 F / 7,93 €*

19733 **CORTAZAR J., BÉSAULT E., CHAMBAUT A.** La Noche boca arriba : y otros relatos. *LGF, 1993.* (Le Livre de poche ; 8675. Lire en espagnol c10)
ISBN 2-253-06308-8. *40 F / 6,10 €*

19734 **N** **COSSÉ-BRISSAC M-P. d.** Le cahier indien. *LGF, 2000.* (Le Livre de poche ; 14896 c10)
ISBN 2-253-14896-2. *40 F / 6,10 €*

19735 **COSSÉ L.** Le coin du voile. *Gallimard, 1998.* (Folio ; 3104 c11)
ISBN 2-07-040540-0. *29,50 F / 4,50 €*

19736 **N** **COSSÉ L.** La femme du premier ministre. *Gallimard, 2000.* (Folio ; 3403 c8)
ISBN 2-07-041293-8. *37 F / 5,64 €*

19737 **COTRONEO R.** Presto con fuoco. *LGF, 1999.* (Le Livre de poche ; 14700 c8)
ISBN 2-253-14700-1. *33 F / 5,03 €*

19738 **N** **COUAO-ZOTTI F.** Notre pain de chaque nuit. *J'ai lu, 2000.* (J'ai lu ; 5540. Littérature générale cH)
ISBN 2-290-30242-2. *32 F / 4,88 €*

19739 **COUDERC C.** Un amour clair-obscur. *Pocket, 1995.* (Pocket ; 4340. Best c4)
ISBN 2-266-06493-2. *30 F / 4,57 €*

19740 **COUDERC C.** C'est sûr, la vie sera belle. *Pocket, 1997.* (Pocket ; 10076. Best c4)
ISBN 2-266-07182-3. *30 F / 4,57 €*

19741 **COUDERC C.** Le Mal d'enfance : récit. *Pocket, 1993.* (Pocket ; 4647 c6)
ISBN 2-266-05308-6. *38 F / 5,79 €*

19742 **COUFFER J.** Le rat qui rit. *Gallimard, 1995.* (Folio ; 2729 c11)
ISBN 2-07-039327-5. *29,50 F / 4,50 €*

19743 **A** **COULONGES G.** Les blés deviennent paille. *Pocket, 2001.* (Pocket ; 10973)
ISBN 2-266-10185-4. *38 F / 5,79 €*

19744 **COULONGES G.** L'enfant sous les étoiles. *Pocket, 1998.* (Pocket ; 10234 c5)
ISBN 2-266-07799-6. *35 F / 5,34 €*

19745 **COULONGES G.** La fête des écoles. *Pocket, 1996.* (Pocket ; 4428 c5)
ISBN 2-266-06837-7. *35 F / 5,34 €*

19746 **COULONGES G.** Les flammes de la liberté. *Pocket, 1999.* (Pocket ; 10394 c6)
ISBN 2-266-08094-6. *38 F / 5,79 €*

19747 **COULONGES G.** La madelon de l'an 40. *Pocket, 1997.* (Pocket ; 10144 c5)
ISBN 2-266-07371-0. *35 F / 5,34 €*

19748 **COULONGES G.** Les terres gelées. *LGF, 1996.* (Le Livre de poche ; 13900 c6)
ISBN 2-253-13900-9. *26 F / 3,96 €*

19749 **COULONGES H.** A l'approche d'un soir du monde. Nouv. éd. *LGF, 1985.* (Le Livre de poche ; 6015 c10)
ISBN 2-253-03599-8. *40 F / 6,10 €*

19750 **COULONGES H.** L'adieu à la femme sauvage. *LGF, 1981.* (Le Livre de poche ; 5553 c9)
ISBN 2-253-02743-X. *36 F / 5,49 €*

19751 **COULONGES H.** Les Frères moraves. *LGF, 1994.* (Le Livre de poche ; 6369 c9)
ISBN 2-253-04277-3. *36 F / 5,49 €*

19752 **COULONGES H.** La Lettre à Kirilenko. *LGF, 1991.* (Le Livre de poche ; 6964 c10)
ISBN 2-253-05675-8. *40 F / 6,10 €*

19753 **COULONGES H.** La Marche hongroise. *LGF, 1994.* (Le Livre de poche ; 13540 c10)
ISBN 2-253-13540-2. *40 F / 6,10 €*

19754 **COULONGES H.** Passage de la comète. *LGF, 1998.* (Le Livre de poche ; 14387 c6)
ISBN 2-253-14387-1. *26 F / 3,96 €*

19755 **COULTER C.** Arabella, l'infidèle. *J'ai lu, 1998.* (J'ai lu ; 4849. Aventures et passions c5)
ISBN 2-290-04849-6. *39 F / 5,95 €*

19756 **A** **COULTER C.** Education amoureuse. *J'ai lu, 2001.* (J'ai lu ; 5829. Aventures et passions)
ISBN 2-290-31025-5

19757 **COULTER C.** Esclave du viking. *J'ai lu, 1995.* (J'ai lu ; 4023. Aventures et passions)
ISBN 2-277-24023-0. *39 F / 5,95 €*

19758 **COULTER C.** Le fiancé infidèle. *J'ai lu, 1997.* (J'ai lu ; 4506. Aventures et passions c4)
ISBN 2-290-04506-3. *36 F / 5,49 €*

19759 **COUPLAND D.** Génération X. *10-18, 1994.* (10-18 ; 2508. Domaine étranger c5)
ISBN 2-264-00219-0. *44 F / 6,71 €*

19760 **COUPLAND D.** Microserfs. *10-18, 1997.* (10-18 ; 2898. Domaine étranger c6)
ISBN 2-264-02400-3. *47 F / 7,17 €*

19761 **A** **COURCHAY C.** Des journées ocres et sèches. *LGF, 2001.* (Le Livre de poche ; 15053)
ISBN 2-253-15053-3. *33 F / 5,03 €*

19762 **COURCHAY C.** Quelqu'un dans la vallée... *LGF, 1998.* (Le Livre de poche ; 14551 c9)
ISBN 2-253-14551-3. *36 F / 5,49 €*

19763 **COURCHAY C.** Veillée d'armes. *Pocket, 1996.* (Pocket ; 4261 c5)
ISBN 2-266-06327-8. *35 F / 5,34 €*

19764 **COURCHAY C.** La vie comme avant. *Pocket, 1996.* (Pocket ; 4306. Best c5)
ISBN 2-266-06326-X. *35 F / 5,34 €*

19765 **COURTILLE A.** Les dames de Clermont. 1. *Pocket, 1995.* (Pocket ; 4283 c6)
ISBN 2-266-06365-0. *38 F / 5,79 €*

19766 **COURTILLE A.** Florine. *Pocket, 1996.* (Les dames de Clermont; 2)(Pocket ; 10064 c5)
ISBN 2-266-07026-6. *35 F / 5,34 €*

19767 **COURTILLÉ A.** Les messieurs de Clermont. *Pocket, 1999.* (Pocket ; 10392 c6)
ISBN 2-266-08093-8. *38 F / 5,79 €*

19768 **COURTIN J.** Le chamane du bout du monde. *Seuil, 1999.* (Points ; 654)
ISBN 2-02-037537-0. *45 F / 6,86 €*

19769 **COUSSE R.** Stratégie pour deux jambons : roman cochon. *Librio, 1996.* (Librio ; 137 c1)
ISBN 2-277-30137-X. *10 F / 1,52 €*

19770 **COUSTURE A.** Blanche. *Pocket, 1997.* (Pocket ; 3271. Roman c7)
ISBN 2-266-00551-0. *42 F / 6,40 €*

19771 **COUSTURE A.** Ces enfants d'ailleurs. *LGF, 1996.* (Le Livre de poche ; 13943 c11)
ISBN 2-253-13943-2. *42 F / 6,40 €*

19772 **COUSTURE A.** Emilie. *Pocket, 1993.* (Pocket ; 2967 c6)
ISBN 2-266-05707-3. *38 F / 5,79 €*

19773 **COUSTURE A.** L'envol des tourterelles. *LGF, 1997.* (Le Livre de poche ; 14123 c9)
ISBN 2-253-14123-2. *36 F / 5,49 €*

19774 **N** **COWAN A.** Temps de cochon. *10-18, 2000.* (10-18 ; 3233. Domaine étranger c6)
ISBN 2-264-03028-3. *47 F / 7,17 €*

19775 **CRANE E.** Dans les bras d'un inconnu. *J'ai lu, 1998.* (J'ai lu ; 5021. Aventures et passions c5)
ISBN 2-290-05021-0. *39 F / 5,95 €*

19776 **CRANE T.** Cet amour si fragile. *Pocket, 1999.* (Pocket ; 10412. Roman c7)
ISBN 2-266-08143-8. *42 F / 6,40 €*

19777 **CRANE T.** Demain, le bonheur. *Pocket, 1998.* (Pocket ; 10293 c8)
ISBN 2-266-07794-5. *45 F / 6,86 €*

19778 **CRANE T.** Promesses d'amour. *Pocket, 1998.* (Pocket ; 10295 c8)
ISBN 2-266-07793-7. *45 F / 6,86 €*

19779 **N** **CRANE T., NORAC B.** Le talisman d'or. *Pocket, 2000.* (Pocket ; 10841 c7)
ISBN 2-266-09802-0. *42 F / 6,40 €*

19780 **N** **CRÉBILLON C-P. J. d.** La nuit et le moment. *Mercure de France, 2000.* (Le petit Mercure)
ISBN 2-7152-2212-2. *26 F / 3,96 €*

19781 **CRÉBILLON C-P. J. d.** Le sylphe. *Mille et une nuits, 2000.* (La petite collection ; 271)
ISBN 2-84205-452-0. *10 F / 1,52 €*

19782 **N** **CRESSANGES J.** Le luthier de Mirecourt. *Gallimard, 2000.* (Folio ; 3404 c8)
ISBN 2-07-041423-X. *37 F / 5,64 €*

19783 **CREVEL R.** Etes-vous fous?. *Gallimard, 1981.* (L'imaginaire ; 75)
ISBN 2-07-023380-4. *39 F / 5,95 €*

19784 **CREVEL R., ZYLBERSTEIN J-C.** Mon corps et moi. *LGF, 1991.* (Le Livre de poche ; 3154. Biblio c12)
ISBN 2-253-05620-0. *44 F / 6,71 €*

19785 **CRICHTON M.** Congo. *Pocket, 1995.* (Pocket ; 4429 c6)
ISBN 2-266-06838-5. *38 F / 5,79 €*

19786 **CRICHTON M.** Harcèlement. *Pocket, 1996.* (Pocket ; 10046. Best c7)
ISBN 2-266-06849-0. *42 F / 6,40 €*

19787 **CRISWELL M.** Un fiancé sur commande. *J'ai lu, 1996.* (J'ai lu ; 4195. Aventures et passions)
ISBN 2-277-24195-4. *36 F / 5,49 €*

19788 **CRNJANSKI M.** Migrations. *LGF, 1993.* (Le Livre de poche ; 3191. Biblio c17)
ISBN 2-253-06317-7. *60 F / 9,15 €*

19789 **CRONIN A. J.** Les Années d'illusion. *LGF, 1956.* (Le Livre de poche ; 198 c6)
ISBN 2-253-00616-5. *26 F / 3,96 €*

19790 **CRONIN A. J.** La Dame aux oeillets. *LGF, 1992.* (Le Livre de poche ; 30 c4)
ISBN 2-253-00695-5. *20 F / 3,05 €*

19791 **CRONIN A. J.** Le Destin de Robert Shannon. *LGF, 1955.* (Le Livre de poche ; 95 c7)
ISBN 2-253-00382-4. *30 F / 4,57 €*

19792 **CRONIN A. J.** Sous le regard des étoiles. Nouv. éd. *LGF, 1995.* (Le Livre de poche ; 64 c7)
ISBN 2-253-00691-2. *30 F / 4,57 €*

19793 **CRONIN A. J.** Les Vertes années. *LGF, 1956.* (Le Livre de poche ; 652 c8)
ISBN 2-253-00624-6. *33 F / 5,03 €*

19794 **N** **CROSBY T. A.** Pour les yeux de Sarah. *J'ai lu, 2000.* (J'ai lu ; 5682. Aventures et passions cJ)
ISBN 2-290-30446-8. *39 F / 5,95 €*

19795 **CROUZAT H.** Azizah de Niamkoko. Réimpr. *Pocket, 1988.* (Pocket ; 2179. Best c5)
ISBN 2-266-02307-1. *35 F / 5,34 €*

19796 **CROWELL J.** Le temps d'apprendre à vivre. *LGF, 2000.* (Le Livre de poche ; 14821 c6)
ISBN 2-253-14821-0. *26 F / 3,96 €*

19797 **N** **CROZES D.** La fille de La Ramière. *LGF, 2000.* (Le Livre de poche ; 14919 c9)
ISBN 2-253-14919-5. *36 F / 5,49 €*

19798 **CROZES D.** La gantière. *LGF, 1999.* (Le Livre de poche ; 14717 c11)
ISBN 2-253-14717-6. *42 F / 6,40 €*

19799 **CROZES D.** Le pain blanc. *Pocket, 1997.* (Pocket ; 4493 c5)
ISBN 2-266-07154-8. *35 F / 5,34 €*

19800 **CRUMLEY J.** Un pour marquer la cadence. *Gallimard, 1997.* (Folio ; 2909 c11)
ISBN 2-07-040175-8. *50 F / 7,62 €*

19801 **Cuentos fantasticos de América.** *LGF, 1990.* (Le Livre de poche ; 8623. Lire en espagnol c8)
ISBN 2-253-05195-0. *33 F / 5,03 €*

19802 **Cuentos selectos.** *LGF, 1989.* (Le Livre de poche ; 8608. Lire en espagnol c7)
ISBN 2-253-04695-7. *30 F / 4,57 €*

19803 **CUNEO A.** Le trajet d'une rivière : la vie et les aventures parfois secrètes de Francis Tregian, gentilhomme et musicien. *Gallimard, 1997.* (Folio ; 2910 c13)
ISBN 2-07-040176-6. *56 F / 8,54 €*

19804 **CUNNINGHAM M.** De chair et de sang. *LGF, 1997.* (Le Livre de poche ; 14156 c14)
ISBN 2-253-14156-9. *48 F / 7,32 €*

19805 **A** **CUNNINGHAM M.** Les heures. *Pocket, 2001.* (Pocket ; 10992)
ISBN 2-266-10262-1

19806 **CUNNINGHAM M.** La Maison du bout du monde. *LGF, 1993.* (Le Livre de poche ; 9748 c10)
ISBN 2-253-06553-6. *40 F / 6,10 €*

19807 **CURNIER J-P.** Ici et ailleurs. *Autres temps, 1999.* (Temps brefs)
ISBN 2-84251-008-9. *20 F / 3,05 €*

19808 **CURTIS J-L.** Andromède. *LGF, 1998.* (Le Livre de poche ; 14390 c7)
ISBN 2-253-14390-1. *30 F / 4,57 €*

19809 **CURTIS J-L.** La France m'épuise. *Seuil, 1984.* (Points. Roman ; 130 c2)
ISBN 2-02-006688-2. *39 F / 5,95 €*

19810 **CURVERS A.** Printemps chez des ombres. *Labor, 1988.* (Espace Nord ; 40 c2)
ISBN 2-8040-0229-2. *42 F / 6,40 €*

19811 **CURVERS A.** Tempo di Roma. *Labor ; Actes Sud ; Aire, 1998.* (Espace Nord ; 129 c5)
ISBN 2-8040-1302-2. *66 F / 10,06 €*

19812 **A** **CUSSET C.** En toute innocence. *Gallimard, 2001.* (Folio)
ISBN 2-07-041706-9. *41 F / 6,25 €*

19813 **CUSSET C.** Jouir. *Gallimard, 1999.* (Folio ; 3271 c4)
ISBN 2-07-041097-8. *20,50 F / 3,13 €*

19814 **A** **CUSSET C.** Le problème avec Jane. *Gallimard, 2001.* (Folio)
ISBN 2-07-041705-0. *41 F / 6,25 €*

19815 **CUSSLER C.** Dragon. *LGF, 1993.* (Le Livre de poche ; 7604. Thriller c14)
ISBN 2-253-06382-7. *48 F / 7,32 €*

19816 **CUSSLER C.** Panique à la Maison Blanche. *LGF, 1986.* (Le Livre de poche ; 7507. Thriller c11)
ISBN 2-253-03941-1. *42 F / 6,40 €*

19817 **CYRANO DE BERGERAC S. d.** L'autre monde ou Les états et empires de la lune : les Etats et empires de la lune. *Mille et une nuits, 1998.* (La petite collection ; 201 c5)
ISBN 2-84205-316-8. *19,50 F / 2,97 €*

19818 **D'ANNUNZIO G.** L'Enfant de volupté. *LGF, 1991.* (Le Livre de poche ; 7357. Classiques de poche c9)
ISBN 2-253-05856-4. *36 F / 5,49 €*

19819 **D'ANNUNZIO G.** L'Innocent. *Table ronde, 1994.* (La petite vermillon ; 23)
ISBN 2-7103-0603-4. *45 F / 6,86 €*

19820 **D'ANNUNZIO G.** Le passeur et autres nouvelles de la Pescara = Il traghettatore ed altre novelle della Pescara. *Gallimard, 1998.* (Folio bilingue ; 71)
ISBN 2-07-040375-0. *60 F / 9,15 €*

19821 **D'ANNUNZIO G.** Terre vierge. *Stock, 1994.* (Bibliothèque cosmopolite)
ISBN 2-234-04294-1. *60 F / 9,15 €*

19822 **D'ANNUNZIO G.** Triomphe de la mort. *Stock, 1994.* (Bibliothèque cosmopolite)
ISBN 2-234-04336-0. *70 F / 10,67 €*

19823 **DABIT E.** Faubourgs de Paris. *Gallimard, 1990.* (L'imaginaire ; 235)
ISBN 2-07-071963-4. *36 F / 5,49 €*

19824 **DABIT E.** L'Hôtel du Nord. *Gallimard, 1990.* (Folio ; 2155 c11)
ISBN 2-07-038245-1. *29,50 F / 4,50 €*

19825 **DABIT E.** Petit-Louis. *Gallimard, 1988.* (L'imaginaire ; 199)
ISBN 2-07-071277-X. *43 F / 6,56 €*

19826 **DABIT E.** Villa Oasis ou Les faux bourgeois. *Gallimard, 1998.* (L'imaginaire ; 388)
ISBN 2-07-075338-7. *50 F / 7,62 €*

19827 **DABYDEEN D.** Terres maudites. *Dapper, 2000.* (Dapper littérature)
ISBN 2-906067-55-5. *58 F / 8,84 €*

19828 **DAENINCKX D.** Cannibale. *Gallimard, 1999.* (Folio ; 3290 c4)
ISBN 2-07-040883-3. *20,50 F / 3,13 €*

19829 **DAENINCKX D.** En marge. *Gallimard, 1995.* (Folio ; 2765 c11)
ISBN 2-07-039380-1. *29,50 F / 4,50 €*

19830 **DAENINCKX D.** Hors limites. *Gallimard, 1999.* (Folio ; 3205 c7)
ISBN 2-07-040683-0. *32,50 F / 4,95 €*

19831 **DAENINCKX D.** Passages d'enfer. *Gallimard, 2000.* (Folio ; 3350 c8)
ISBN 2-07-041382-9. *36 F / 5,49 €*

19832 **DAENINCKX D.** Zapping. *Gallimard, 1994.* (Folio ; 2558 c11)
ISBN 2-07-038845-X. *29,50 F / 4,50 €*

19833 **DAGERMAN S.** L'Enfant brûlé. *Gallimard, 1981.* (L'imaginaire ; 77)
ISBN 2-07-023392-8. *62 F / 9,45 €*

19834 **DAHL R.** Bizarre! Bizarre!. *Gallimard, 1973.* (Folio ; 395 c8)
ISBN 2-07-036395-3. *36 F / 5,49 €*

19835 **DAHL R.** La grande entourloupe = The great switcheroo ; Le dernier acte = The last act. *Gallimard, 1995.* (Folio bilingue ; 52 c7)
ISBN 2-07-039337-2. *60 F / 9,15 €*

19836 **DAHL R.** La Grande entourloupe. *Gallimard, 1984.* (Folio ; 1520 c11)
ISBN 2-07-037520-X. *29,50 F / 4,50 €*

19837 **DAHL R.** The Hitch-hiker : and other short stories. *LGF, 1989.* (Le Livre de poche ; 8610. Lire en anglais c8)
ISBN 2-253-05029-6. *33 F / 5,03 €*

19838 **DAHL R.** L'Homme au parapluie : et autres nouvelles. *Gallimard, 1993.* (Folio ; 2468 c11)
ISBN 2-07-038720-8. *29,50 F / 4,50 €*

19839 **DAHL R.** Kiss Kiss. *Gallimard, 1978.* (Folio ; 1029 c8)
ISBN 2-07-037029-1. *37 F / 5,64 €*

19840 **DAHL R.** Mon oncle Oswald. *Gallimard, 1986.* (Folio ; 1745 c9)
ISBN 2-07-037745-8. *41 F / 6,25 €*

19841 **DAHL R.** La Princesse et le braconnier = The Princess and the poacher ; La Princesse Mammalia = Princess Mammalia. *Gallimard, 1990.* (Folio bilingue ; 9 c4)
ISBN 2-07-038316-4. *46 F / 7,01 €*

19842 **DAHL R.** Someone like you : and other short stories. *LGF, 1988.* (Le Livre de poche ; 8605. Lire en anglais c7)
ISBN 2-253-04692-2. *30 F / 4,57 €*

19843 **DAILEY J.** La belle de Boston. 1, Princesse Cherokee. *J'ai lu, 1998.* (J'ai lu ; 4752. Littérature générale c5)
ISBN 2-290-04752-X. *39 F / 5,95 €*

19844 **DAILEY J.** Le chemin des larmes. *J'ai lu, 1998.* (La belle de Boston; 2)(J'ai lu ; 4934. Littérature générale c5)
ISBN 2-290-04934-4. *39 F / 5,95 €*

19845 **DAILEY J.** Sombre espérance. *J'ai lu, 1999.* (J'ai lu ; 5193. Amour et destin c5)
ISBN 2-290-05193-4. *39 F / 5,95 €*

19846 **DAISNE J.** L'Homme au crâne rasé. *Actes Sud, 1993.* (Babel ; 86 c4)
ISBN 2-7427-0077-3. *51 F / 7,77 €*

19847 **DALEY R.** Le Piège de Bogota. *LGF, 1993.* (Le Livre de poche ; 7610. Thriller c9)
ISBN 2-253-06481-5. *36 F / 5,49 €*

19848 **Dame Merveille :** et autres contes d'Egypte. Réimpr. *Actes Sud, 1999.* (Babel ; 326 c2)
ISBN 2-7427-1767-6. *39 F / 5,95 €*

19849 **DANA J.** Tota Rosa. *Gallimard, 1985.* (Folio ; 1637 c8)
ISBN 2-07-037637-0. *37 F / 5,64 €*

19850 **DANIEL J.** L'ami anglais. *Gallimard, 1995.* (Folio ; 2753 c8)
ISBN 2-07-039333-X. *37 F / 5,64 €*

19851 **DANIEL J.** L'Erreur ou la Seconde vie de Sylvain Regard. *LGF, 1988.* (Le Livre de poche ; 4891 c6)
ISBN 2-253-01563-6. *26 F / 3,96 €*

19852 **DANIEL J.** Le Refuge et la source. *Gallimard, 1979.* (Folio ; 1121 c9)
ISBN 2-07-037121-2. *20,50 F / 3,13 €*

19853 **DANINOS P.** Le 36e dessous. Rééd. *LGF, 1990.* (Le Livre de poche ; 3892 c4)
ISBN 2-253-00097-3. *20 F / 3,05 €*

19854 **DANINOS P.** Snobissimo. *LGF, 1990.* (Le Livre de poche ; 3565 c7)
ISBN 2-253-00837-0. *30 F / 4,57 €*

19855 **DANNEMARK F.** Mémoires d'un ange maladroit. *Labor, 1993.* (Espace Nord ; 83 c2)
ISBN 2-8040-0852-5. *42 F / 6,40 €*

19856 **DANTE ALIGHIERI** Vita Nova. *Gallimard, 1974.* (Poésie ; 107 c1)
ISBN 2-07-032140-1. *35,50 F / 5,41 €*

19857 **DANTICAT E.** Krik ? Krak !. *Pocket, 1998.* (Pocket ; 10198 c5)
ISBN 2-266-07537-3. *35 F / 5,34 €*

19858 **A** **DANTICAT E.** La récolte douce des larmes. *10-18, 2001.* (10-18 ; 3288. Domaine étranger)
ISBN 2-264-03057-7

19859 **DANTON** Discours. *Aire, 1983.* (Le Chant du monde)
ISBN 2-88108-003-0. *56 F / 8,54 €*

19860 **DARIEN G.** Gottlieb Krumm. *Gallimard, 1991.* (Folio ; 2299 c10)
ISBN 2-07-038413-6. *46 F / 7,01 €*

19861 **N** **DARNE A.** Akhenaton l'hérétique. *LGF, 2001.* (Le Livre de poche ; 15009 c13)
ISBN 2-253-15009-6. *46 F / 7,01 €*

19862 **N** **DARRIEUSSECQ M.** Le mal de mer. *Gallimard, 2001.* (Folio ; 3456 c5)
ISBN 2-07-041623-2. *25 F / 3,81 €*

19863 **DARRIEUSSECQ M.** Naissance des fantômes. *Gallimard, 1999.* (Folio ; 3272 c6)
ISBN 2-07-040984-8. *29,50 F / 4,50 €*

19864 **DARRIEUSSECQ M.** Truismes. *Gallimard, 1998.* (Folio ; 3065 c6)
ISBN 2-07-040307-6. *29,50 F / 4,50 €*

19865 **DART I. R.** Une nouvelle vie. *Pocket, 1996.* (Pocket ; 10023 c8)
ISBN 2-266-07031-2. *45 F / 6,86 €*

19866 **DAUDET A.** Aventures prodigieuses de Tartarin de Tarascon. Nouv. éd. *J'ai lu, 1992.* (J'ai lu ; 34. Littérature générale c1)
ISBN 2-277-12034-0. *13 F / 1,98 €*

19867 **DAUDET A.** Aventures prodigieuses de Tartarin de Tarascon. *LGF, 19897.* (Le Livre de poche ; 5672. Classiques de poche c3)
ISBN 2-253-03009-0. *18 F / 2,74 €*

19868 **DAUDET A.** Aventures prodigieuses de Tartarin de Tarascon. *Gallimard, 1987.* (Folio ; 1824. Classique c11)
ISBN 2-07-037824-1. *29,50 F / 4,50 €*

19869 **DAUDET A.** Contes du lundi. Rééd. *LGF, 1985.* (Le Livre de poche ; 1058. Classiques de poche c6)
ISBN 2-253-00568-1. *26 F / 3,96 €*

19870 **DAUDET A.** Les femmes d'artistes. *Actes Sud, 1997.* (Babel ; 300 c2)
ISBN 2-7427-1450-2. *39 F / 5,95 €*

19871 **DAUDET A.** Lettres de mon moulin. Réimpr. *J'ai lu, 1997.* (J'ai lu ; 844. Les Classiques c1)
ISBN 2-290-00844-3. *13 F / 1,98 €*

19872 **DAUDET A.** Lettres de mon moulin. Nouv. éd. *LGF, 1994.* (Le Livre de poche ; 848. Classiques de poche c3)
ISBN 2-253-00525-8. *18 F / 2,74 €*

19873 **DAUDET A.** Lettres de mon moulin. *Librio, 1994.* (Librio ; 12 c1)
ISBN 2-277-30012-8. *10 F / 1,52 €*

19874 **DAUDET A.** Lettres de mon moulin. Nouv. éd. *Gallimard, 1999.* (Folio ; 3239. Classique c3)
ISBN 2-07-040899-X. *19 F / 2,90 €*

19875 **DAUDET A.** Le petit Chose : histoire d'un enfant. Nouv. éd. *LGF, 1997.* (Le Livre de poche ; 925. Classiques de poche c4)
ISBN 2-253-00488-X. *20 F / 3,05 €*

19876 **DAUDET A.** Le Petit chose : histoire d'un enfant. *J'ai lu, 1993.* (J'ai lu ; 3339. Les Classiques c2)
ISBN 2-277-23339-0. *22 F / 3,35 €*

19877 **DAUDET A.** Le Petit chose. *Gallimard, 1977.* (Folio ; 979. Classique c9)
ISBN 2-07-036979-X. *41 F / 6,25 €*

19878 **DAUDET A.** Tartarin de Tarascon. *Librio, 1997.* (Librio ; 164 c1)
ISBN 2-277-30164-7. *10 F / 1,52 €*

19879 **DAUDET A.** Tartarin sur les Alpes. *Gallimard, 1997.* (Folio ; 2918. Classique c11)
ISBN 2-07-039365-8. *29,50 F / 4,50 €*

19880 **DAUDET L.** Les Morticoles. *Grasset, 1984.* (Les Cahiers rouges ; 29)
ISBN 2-246-17083-4. *53 F / 8,08 €*

19881 **DAUMAL R.** La Grande beuverie. *Gallimard, 1986.* (L'imaginaire ; 165 c1)
ISBN 2-07-070586-2. *39 F / 5,95 €*

19882 **DAUMAL R.** Le Mont Analogue : roman d'aventures alpines, non euclidiennes et symboliquement authentiques. Réimpr. *Gallimard, 1999.* (L'imaginaire ; 72)
ISBN 2-07-022877-0. *42 F / 6,40 €*

19883 **A** **DAUXOIS J.** Néfertiti. *J'ai lu, 2001.* (J'ai lu ; 5096. Littérature générale)
ISBN 2-290-31147-2

19884 **A** **DAUXOIS J.** La reine de Saba. *J'ai lu, 2001.* (J'ai lu ; 5907. Littérature générale)
ISBN 2-290-31149-9

19885 **DAUXOIS J., VOLKOFF V.** Alexandra. *LGF, 1996.* (Le Livre de poche ; 14064 c13)
ISBN 2-253-14064-3. *46 F / 7,01 €*

19886 **DAVENAT C.** La femme choisie. *LGF, 1997.* (Le Livre de poche ; 14097 c8)
ISBN 2-253-14097-X. *33 F / 5,03 €*

19887 **DAVID-NÉEL A.** Le Sortilège du mystère. Réimpr. *Pocket, 1983.* (Pocket ; 2196. Best c3)
ISBN 2-266-03826-5. *26 F / 3,96 €*

19888 **DAVID-NÉEL A.** Voyage d'une parisienne à Lhassa. Réimpr. *Pocket, 1989.* (Pocket ; 2095. Best c4)
ISBN 2-266-02946-0. *30 F / 4,57 €*

19889 **DAVIES R.** Fantômes et Cie. *Seuil, 1997.* (Points ; 332 c12)
ISBN 2-02-031376-6. *50 F / 7,62 €*

19890 **DAVIES R.** Un homme remarquable. *Seuil, 1997.* (Points ; 424 c13)
ISBN 2-02-032680-9. *52 F / 7,93 €*

19891 **DAVIES R.** La lyre d'Orphée. *Seuil, 1996.* (Points ; 190 c14)
ISBN 2-02-021472-5. *55 F / 8,38 €*

19892 **DAVIS C.** Philadelphia : d'après un scénario de Ron Nyswaner. *Pocket, 1995.* (Pocket ; 3642. Best c4)
ISBN 2-266-00975-3. *30 F / 4,57 €*

19893 **DAZAI O.** La déchéance d'un homme. Réimpr. *Gallimard, 1990.* (Connaissance de l'Orient poche ; 46)
ISBN 2-07-072088-8. *42 F / 6,40 €*

19894 **DAZAI O.** Soleil couchant : crépuscule de l'aristocratie. *Gallimard, 1986.* (L'imaginaire ; 177 c1)
ISBN 2-07-070847-0. *42 F / 6,40 €*

19895 **DE BERNIÈRES L.** La calamiteuse progéniture du cardinal Guzman. *Stock, 1999.* (Bibliothèque cosmopolite)
ISBN 2-234-05078-2. *70 F / 10,67 €*

19896 **DE BERNIÈRES L.** La guerre des fesses de don Emmanuel. *Stock, 1998.* (Bibliothèque cosmopolite)
ISBN 2-234-05021-9. *70 F / 10,67 €*

19897 **DE BERNIÈRES L.** La mandoline du capitaine Corelli. *Gallimard, 1999.* (Folio ; 3148 c12)
ISBN 2-07-040699-7. *52 F / 7,93 €*

19898 **DE BERNIÈRES L.** Senor Vivo et le baron de la coca. *Stock, 1998.* (Bibliothèque cosmopolite)
ISBN 2-234-05031-6. *65 F / 9,91 €*

19899 **N** **DE BRUYCKER D.** Silex : la tombe du chasseur. *Actes Sud, 2001.* (Babel ; 469 c2)
ISBN 2-7427-3238-1. *39 F / 5,95 €*

19900 **DE CAEVEL H.** Echappées de divan. *Erès, 1998*
ISBN 2-86586-589-4. *80 F / 12,20 €*

19901 **DE CAMP L. S., CARTER L.** Conan l'Aquilonien. *J'ai lu, 1994.* (J'ai lu ; 3649. Science-fiction)
ISBN 2-277-23649-7. *29 F / 4,42 €*

19902 **DE CARLO A.** Amore. *LGF, 1998.* (Le Livre de poche ; 14371 c7)
ISBN 2-253-14371-5. *30 F / 4,57 €*

19903 **DE COSTER C.** La légende et les aventures héroïques, joyeuses et glorieuses d'Ulenspiegel et de Lamme Goedzak au pays de Flandre et ailleurs ; La légende d'Ulenspiegel. *Labor, 1996.* (Espace Nord ; 113)
ISBN 2-8040-1160-7. *74 F / 11,28 €*

19904 **DE DECKER J.** La Grande roue. Nouv. éd. *Labor, 1993.* (Espace Nord ; 90 c2)
ISBN 2-8040-0904-1. *42 F / 6,40 €*

19905 **DE DUVE P.** Izo. *LGF, 1994.* (Le Livre de poche ; 13522 c4)
ISBN 2-253-13522-4. *20 F / 3,05 €*

19906 **A** **DE GHELDERODE M.** Sortilèges. *Labor, 2001.* (Espace Nord ; 168)
ISBN 2-8040-1563-7. *54 F / 8,23 €*

19907 **N** **DE GRAEVE L.** Ego, ego. *Ancrage, 2000.* (Poche ; 15 c3)
ISBN 2-930311-11-8. *49 F / 7,47 €*

19908 **DE GRAEVE L.** Les orchidées du bel Edouard. Nouv. éd. rev. *Ancrage, 1999.* (Poche ; 6 c3)
ISBN 2-930311-02-9. *49 F / 7,47 €*

19909 **DE KEYSER E.** La surface de l'eau. *Labor, 1996.* (Espace Nord ; 111 c2)
ISBN 2-8040-1155-0. *42 F / 6,40 €*

19910 **N** **DEBAECKE F.** Entre ciel et terre. *La plume et l'encrier, 2000.* (Nouvelles)
ISBN 2-9515508-0-4. *49 F / 7,47 €*

19911 **DEBAISIEUX H.** Les amants de la ville d'hiver. *J'ai lu, 1998.* (J'ai lu ; 5017. Littérature générale c4)
ISBN 2-290-05017-2. *36 F / 5,49 €*

19912 **DEBLANDER G.** Le retour des chasseurs. *Labor, 1999.* (Espace Nord ; 153)
ISBN 2-8040-1396-0. *54 F / 8,23 €*

19913 **DEBRÉ F.** Trente ans avec sursis. *Gallimard, 2000.* (Folio ; 3334 c7)
ISBN 2-07-041299-7. *32,50 F / 4,95 €*

19914 **DECAUX A.** Histoires extraordinaires. *Pocket, 1995.* (Pocket ; 4188. Best c5)
ISBN 2-266-06171-2. *35 F / 5,34 €*

19915 **DECOIN D.** Abraham de Brooklyn. *Seuil, 1998.* (Points ; 453 c8)
ISBN 2-02-033303-1. *39 F / 5,95 €*

19916 **DECOIN D.** Autopsie d'une étoile. *Seuil, 1989.* (Points. Roman ; 362 c3)
ISBN 2-02-010796-1. *48 F / 7,32 €*

19917 **DECOIN D.** Docile. *Seuil, 1996.* (Points ; 216 c9)
ISBN 2-02-028518-5. *42 F / 6,40 €*

19918 **DECOIN D.** L'Enfant de la Mer de Chine. *Seuil, 1982.* (Points. Roman ; 62 c3)
ISBN 2-02-006091-4. *48 F / 7,32 €*

19919 **DECOIN D.** La femme de chambre du Titanic. Réimpr. *Seuil, 1997.* (Points ; 452 c8)
ISBN 2-02-025494-8. *39 F / 5,95 €*

19920 **DECOIN D.** John l'Enfer. Réimpr. *Seuil, 1996.* (Points ; 221)
ISBN 2-02-028588-6. *42 F / 6,40 €*

19921 **DECOIN D.** Louise. *Seuil, 1999.* (Points ; 632)
ISBN 2-02-037428-5. *45 F / 6,86 €*

19922 **DECOIN D.** Meurtre à l'anglaise. *Gallimard, 1992.* (Folio ; 2397 c8)
ISBN 2-07-038535-3. *37 F / 5,64 €*

19923 **DECOIN D.** Un Policeman. *Seuil, 1987.* (Points. Roman ; 266 c2)
ISBN 2-02-009479-7. *39 F / 5,95 €*

19924 **DECOIN D.** La promeneuse d'oiseaux. *Seuil, 1997.* (Points ; 368 c11)
ISBN 2-02-031983-7. *48 F / 7,32 €*

19925 **DECOIN D.** Les Trois vies de Babe Ozouf. *Seuil, 1984.* (Points. Roman ; 154 c4)
ISBN 2-02-006832-X. *52 F / 7,93 €*

19926 **DEFOE D.** Moll Flanders. *Gallimard, 1979.* (Folio ; 1109. Classique c10)
ISBN 2-07-037109-3. *46 F / 7,01 €*

19927 **DEFOE D.** Robinson Crusoé : première partie. *Gallimard, 1996.* (Folio ; 2887. Classique c9)
ISBN 2-07-038755-0. *41 F / 6,25 €*

19928 **DEFOE D.** Robinson Crusoé. *Actes Sud, 1995.* (Babel ; 187 c5)
ISBN 2-7427-0658-5. *57 F / 8,69 €*

19929 **A** **DEFOE D.** Robinson Crusoé. *Gallimard, 2001.* (Folio. Classique)
ISBN 2-07-041822-7. *20,50 F / 3,13 €*

19930 **DEFOE D.** Robinson Crusoé. *LGF, 1987.* (Le Livre de poche ; 4266. Nouvelle approche c4)
ISBN 2-253-04004-5. *20 F / 3,05 €*

19931 **DEFORGES R.** La Bicyclette bleue. 1. *LGF, 1984.* (Le Livre de poche ; 5885 c9)
ISBN 2-253-03383-9. *36 F / 5,49 €*

19932 **DEFORGES R.** Blanche et Lucie. *LGF, 1979.* (Le Livre de poche ; 5207)
ISBN 2-253-02111-3. *19 F / 2,90 €*

19933 **DEFORGES R.** Le Cahier volé. *LGF, 1980.* (Le Livre de poche ; 5369 c5)
ISBN 2-253-02418-X. *23 F / 3,51 €*

19934 **DEFORGES R.** 101, avenue Henri-Martin. *LGF, 1987.* (La Bicyclette bleue; 2)(Le Livre de poche ; 6391 c9)
ISBN 2-253-04312-5. *36 F / 5,49 €*

19935 **DEFORGES R.** Contes pervers. *LGF, 1982.* (Le Livre de poche ; 5696 c4)
ISBN 2-253-03049-X. *20 F / 3,05 €*

19936 **N** **DEFORGES R.** Cuba libre ! 1955-1959. *LGF, 2001.* (La Bicyclette bleue; 7)(Le Livre de poche ; 15001 c10)
ISBN 2-253-15001-0. *40 F / 6,10 €*

19937 **DEFORGES R.** La dernière colline : 1950-1954. *LGF, 1999.* (La Bicyclette bleue; 6)(Le Livre de poche ; 14624 c11)
ISBN 2-253-14624-2. *42 F / 6,40 €*

19938 **DEFORGES R.** Le diable en rit encore. *LGF, 1988.* (La Bicyclette bleue; 3)(Le Livre de poche ; 6517 c9)
ISBN 2-253-04727-9. *36 F / 5,49 €*

19939 **DEFORGES R.** Les Enfants de Blanche. *LGF, 1983.* (Le Livre de poche ; 5835 c4)
ISBN 2-253-03279-4. *20 F / 3,05 €*

19940 **DEFORGES R.** Lola et quelques autres. *LGF, 1981.* (Le Livre de poche ; 5536 c6)
ISBN 2-253-02726-X. *26 F / 3,96 €*

19941 **DEFORGES R.** Noir tango. *LGF, 1993.* (La Bicyclette bleue; 4)(Le Livre de poche ; 9697 c9)
ISBN 2-253-06445-9. *36 F / 5,49 €*

19942 **DEFORGES R.** L'orage. *Pocket, 1998.* (Pocket ; 10206 c2)
ISBN 2-266-07600-0. *23 F / 3,51 €*

19943 **DEFORGES R.** Pour l'amour de Marie Sarlat. *LGF, 1988.* (Le Livre de poche ; 6443 c5)
ISBN 2-253-04506-3. *23 F / 3,51 €*

19944 **DEFORGES R.** La révolte des nonnes. *LGF, 1983.* (Le Livre de poche ; 5748 c7)
ISBN 2-253-03167-4. *30 F / 4,57 €*

19945 **DEFORGES R.** Sous le ciel de Novgorod. *LGF, 1990.* (Le Livre de poche ; 6864 c9)
ISBN 2-253-05458-5. *36 F / 5,49 €*

19946 **N** **DEGAS F.** Dolorosa soror. *le Cercle, 2000.* (Le Cercle poche ; 8)
ISBN 2-913563-17-1. *39 F / 5,95 €*

19947 **DEKOBRA M.** La madone des sleepings ; Mon coeur au ralenti. *Pocket, 1997.* (Pocket ; 1255 c4)
ISBN 2-266-07638-8. *30 F / 4,57 €*

19948 **DEL CASTILLO M.** Le Colleur d'affiches. Nouv. éd. *Seuil, 1999.* (Points ; 614 c2)
ISBN 2-02-036718-1. *39 F / 5,95 €*

19949 **DEL CASTILLO M.** Le crime des pères. *Seuil, 1996.* (Points ; 198)
ISBN 2-02-028139-2. *42 F / 6,40 €*

19950 **DEL CASTILLO M.** Les Cyprès meurent en Italie. *Seuil, 1991.* (Points. Roman ; 474)
ISBN 2-02-013036-X. *52 F / 7,93 €*

19951 **DEL CASTILLO M.** De père français. *Gallimard, 2000.* (Folio ; 3322 c8)
ISBN 2-07-040630-X. *37 F / 5,64 €*

19952 **DEL CASTILLO M.** Le Démon de l'oubli. *Seuil, 1989.* (Points. Roman ; 337 c4)
ISBN 2-02-010418-0. *52 F / 7,93 €*

19953 **DEL CASTILLO M.** Une femme en soi. Réimpr. *Seuil, 1999.* (Points ; 591)
ISBN 2-02-036389-5. *48 F / 7,32 €*

19954 **DEL CASTILLO M.** La gloire de Dina. Réimpr. *Seuil, 1999.* (Points ; 590)
ISBN 2-02-036197-3. *48 F / 7,32 €*

19955 **DEL CASTILLO M.** La guitare. Nouv. éd. *Seuil, 1998.* (Points ; 580 c1)
ISBN 2-02-035824-7. *32 F / 4,88 €*

19956 **N** **DEL CASTILLO M.** Le manège espagnol. Nouv. éd. *Seuil, 2001.* (Points ; 832 c10)
ISBN 2-02-048500-1. *45 F / 6,86 €*

19957 **DEL CASTILLO M.** Mon frère l'idiot. *Gallimard, 1997.* (Folio ; 2991 c10)
ISBN 2-07-040087-5. *46 F / 7,01 €*

19958 **DEL CASTILLO M.** La nuit du décret. Nouv. éd. *Seuil, 1996.* (Points ; 250 c11)
ISBN 2-02-028964-4. *48 F / 7,32 €*

19959 **DEL CASTILLO M.** Rue des Archives. *Gallimard, 1996.* (Folio ; 2834 c8)
ISBN 2-07-039494-8. *37 F / 5,64 €*

19960 **DEL CASTILLO M.** Le Silence des pierres. *Seuil, 1992.* (Points. Roman c2)
ISBN 2-02-013034-3. *39 F / 5,95 €*

19961 **DEL CASTILLO M.** Tanguy : histoire d'un enfant d'aujourd'hui. Nouv. éd. rev. et corr. *Gallimard, 1996.* (Folio ; 2872 c8)
ISBN 2-07-040091-3. *37 F / 5,64 €*

19962 **DEL CASTILLO M.** Tara. *Seuil, 1990.* (Points. Roman ; 405 c3)
ISBN 2-02-012243-X. *48 F / 7,32 €*

19963 **DEL CASTILLO M.** La tunique d'infamie. *Gallimard, 1999.* (Folio ; 3116 c9)
ISBN 2-07-040381-5. *41 F / 6,25 €*

19964 **DEL CASTILLO M.** Le Vent de la nuit. *Seuil, 1985.* (Points. Roman ; 184 c6)
ISBN 2-02-008646-8. *65 F / 9,91 €*

19965 **DELARUE C.** En attendant la guerre. *Seuil, 1995.* (Points ; 141 c9)
ISBN 2-02-025773-4. *42 F / 6,40 €*

19966 **DELARUE C.** Le Grand homme. *Seuil, 1989.* (Points. Roman ; 370 c1)
ISBN 2-02-010832-1. *32 F / 4,88 €*

19967 **DELAY F.** Le Aie aie de la corne de brume. *Gallimard, 1984.* (Folio ; 1554 c8)
ISBN 2-07-037554-4. *37 F / 5,64 €*

19968 **DELAY F.** Etxemendi. *Gallimard, 1992.* (Folio ; 2398 c11)
ISBN 2-07-038536-1. *29,50 F / 4,50 €*

19969 **DELAY F.** L'Insuccès de la fête. *Gallimard, 1990.* (L'imaginaire ; 244)
ISBN 2-07-072120-5. *42 F / 6,40 €*

19970 **DELAY J.** D'Une minute à l'autre : 1555-1736. *Gallimard, 1991.* (Avant mémoire; 1)(Folio ; 2327 c12)
ISBN 2-07-038451-9. *52 F / 7,93 €*

19971 **DELAY J.** D'une minute à l'autre : 1555-1736. *Gallimard, 1994.* (Avant mémoire ; 2)(Folio ; 2544 c10)
ISBN 2-07-038839-5. *46 F / 7,01 €*

19972 **DELBÉE A.** Racine, roman. *LGF, 1999.* (Le Livre de poche ; 14589 c9)
ISBN 2-253-14589-0. *36 F / 5,49 €*

19973 **DELERM P.** Autumn. *Gallimard, 1999.* (Folio ; 3166 c8)
ISBN 2-07-040392-0. *36 F / 5,49 €*

19974 **DELERM P.** L'envol ; suivi de Panier de fruits. *Librio, 1999.* (Librio ; 280 c1)
ISBN 2-292-30280-2. *10 F / 1,52 €*

19975 **DELERM P.** Il avait plu tout le dimanche. *Gallimard, 2000.* (Folio ; 3309 c7)
ISBN 2-07-041155-9. *25,50 F / 3,89 €*

19976 **N** **DELERM P.** Mister Mouse ou La métaphysique du terrier. *Gallimard, 2001.* (Folio ; 3470 c5)
ISBN 2-07-041654-2. *25,50 F / 3,89 €*

19977 **DELERM P.** Sundborn ou Les jours de lumière. *Gallimard, 1998.* (Folio ; 3041 c11)
ISBN 2-07-040391-2. *29,50 F / 4,50 €*

19978 **DELFEIL DE TON** On peut cogner, chef?. *Gallimard, 1975.* (Folio ; 655 c9)
ISBN 2-07-036655-3. *20,50 F / 3,13 €*

19979 **DELILLO D.** Bruit de fond. *Actes Sud, 1999.* (Babel ; 371 c5)
ISBN 2-7427-2153-3. *57 F / 8,69 €*

19980 **DELILLO D.** Chien galeux. Réimpr. *Actes Sud, 1999.* (Babel ; 84 c4)
ISBN 2-7427-0076-5. *51 F / 7,77 €*

19981 **DELILLO D.** Chien galeux. *LGF, 2000.* (Le Livre de poche ; 14979 c7)
ISBN 2-253-14797-4. *30 F / 4,57 €*

19982 **N** **DELILLO D.** Libra. *Actes Sud, 2001.* (Babel ; 461)
ISBN 2-7427-3110-5. *75 F / 11,43 €*

19983 **DELILLO D.** Les Noms. *Seuil, 1993.* (Points. Roman ; 584 c4)
ISBN 2-02-013322-9. *52 F / 7,93 €*

19984 **DELINSKY B.** La confidente. *Pocket, 1998.* (Pocket ; 10511. Roman c8)
ISBN 2-266-08590-5. *45 F / 6,86 €*

19985 **DELINSKY B.** Une femme trahie. *J'ai lu, 1993.* (J'ai lu ; 3396. Amour et destin cL)
ISBN 2-290-03396-0. *45 F / 6,86 €*

19986 **DELINSKY B.** Plaidoyer pour un amour. *J'ai lu, 1999.* (J'ai lu ; 5378. Amour et destin c3)
ISBN 2-290-05378-3. *29 F / 4,42 €*

19987 **N** **DELINSKY B.** Trahison conjugale. *Pocket, 2000.* (Pocket ; 10717. Roman c7)
ISBN 2-266-09414-9. *42 F / 6,40 €*

19988 **N** **DELSOL C.** Quatre. *Gallimard, 2000.* (Folio ; 3421 c7)
ISBN 2-07-041217-2. *50 F / 7,62 €*

19989 **DELTEIL G.** Chili con carne. *Gallimard, 1995.* (Folio ; 2743 c8)
ISBN 2-07-039347-X. *37 F / 5,64 €*

19990 **DELTEIL G.** Le Miroir de l'Inca. *Gallimard, 1994.* (Folio ; 2559 c12)
ISBN 2-07-038694-5. *52 F / 7,93 €*

19991 **DELTEIL J.** Choléra. *Grasset, 1983.* (Les Cahiers rouges ; 15)
ISBN 2-246-31992-7. *46 F / 7,01 €*

19992 **DELTEIL J.** Jeanne d'Arc. *Grasset, 1994.* (Les Cahiers rouges ; 190)
ISBN 2-246-48911-3. *45 F / 6,86 €*

19993 **DELTEIL J.** Jésus II. *Grasset, 1998.* (Les Cahiers rouges ; 259)
ISBN 2-246-55791-7. *46 F / 7,01 €*

19994 **DELTEIL J.** Les Poilus. *Grasset, 1987.* (Les Cahiers rouges ; 69)
ISBN 2-246-36811-1. *53 F / 8,08 €*

19995 **DELTEIL J.** Sur le fleuve amour. *Grasset, 1983.* (Les Cahiers rouges ; 16)
ISBN 2-246-31982-X. *47 F / 7,17 €*

19996 **DEMILLE N.** Paroles d'honneur. *LGF, 1994.* (Le Livre de poche ; 13510 c12)
ISBN 2-253-13510-0. *44 F / 6,71 €*

19997 **DEMURE J-P.** Découpe sombre. *Gallimard, 1996.* (Folio ; 2823 c8)
ISBN 2-07-039446-8. *37 F / 5,64 €*

19998 **DENIAU J-F.** Un Héros très discret. Réimpr. *Pocket, 1996.* (Pocket ; 3542 c5)
ISBN 2-266-07396-6. *35 F / 5,34 €*

19999 **N** **DENIAU J-F.** Tadjoura. *LGF, 2001.* (Le Livre de poche ; 14979 c8)
ISBN 2-253-14979-9. *33 F / 5,03 €*

20000 **N** **DENIEL J.** Vos papiers s'il vous plaît. *Vauvenargues, 2000.* (Faits divers ; 4)
ISBN 2-7443-0548-0. *35 F / 5,34 €*

20001 **DENIS S.** Les derniers jours. *LGF, 1999.* (Le Livre de poche ; 14759 c9)
ISBN 2-253-14759-1. *36 F / 5,49 €*

20002 **DENIS S.** Histoire de France. *LGF, 1998.* (Le Livre de poche ; 14392 c7)
ISBN 2-253-14392-8. *30 F / 4,57 €*

20003 **DENIS S.** Madame est morte. *LGF, 2000.* (Le Livre de poche ; 14783 c7)
ISBN 2-253-14783-4. *30 F / 4,57 €*

20004 **DENKER H.** Elvira. *Pocket, 1996.* (Pocket ; 10022 c8)
ISBN 2-266-06729-X. *45 F / 6,86 €*

20005 **DENKER H.** Hôpital de l'espoir. *Pocket, 1999.* (Pocket ; 10400. Roman c6)
ISBN 2-266-08123-3. *38 F / 5,79 €*

20006 **DENKER H.** L'infirmière. *Pocket, 1997.* (Pocket ; 10168 c4)
ISBN 2-266-07491-1. *30 F / 4,57 €*

20007 **N** **DENKER H.** Le patient du docteur Scott. *Pocket, 2000.* (Pocket ; 10873 c5)
ISBN 2-266-09883-7. *35 F / 5,34 €*

20008 **DENKER H.** Le procès du docteur Forrester. *Pocket, 1995.* (Pocket ; 4288. Roman c5)
ISBN 2-266-06370-7. *35 F / 5,34 €*

20009 **DENNIS P.** Autour du monde avec tante Mame. *10-18, 1999.* (10-18 ; 3119. Domaine étranger c7)
ISBN 2-264-02425-9. *50 F / 7,62 €*

20010 **DENON D. V., BASTIDE J-F. d.** Point de lendemain. *Gallimard, 1995.* (Folio ; 2739. Classique c4)
ISBN 2-07-039318-6. *20 F / 3,05 €*

20011 **N** **DENON D. V., DELON M.** Point de lendemain. *Librio, 2000.* (Librio ; 425 c1)
ISBN 2-290-30758-0. *10 F / 1,52 €*

20012 **DENUZIÈRE M.** L'Adieu au Sud. *Gallimard, 1989.* (Folio ; 2100 c9)
ISBN 2-07-038040-8. *41 F / 6,25 €*

20013 **DENUZIÈRE M.** L'Amour flou. *Gallimard, 1991.* (Folio ; 2251 c8)
ISBN 2-07-038372-5. *37 F / 5,64 €*

20014 **DENUZIÈRE M.** Bagatelle. *LGF, 1997.* (Le Livre de poche ; 14101 c17)
ISBN 2-253-14101-1. *60 F / 9,15 €*

20015 **A** **DENUZIÈRE M.** Beauregard. *J'ai lu, 2001.* (Hélvétie; 4)(J'ai lu ; 5859. Littérature générale)
ISBN 2-290-31055-7

20016 **DENUZIÈRE M.** Un Chien de saison. *LGF, 1982.* (Le Livre de poche ; 5684 c5)
ISBN 2-253-03028-7. *23 F / 3,51 €*

20017 **DENUZIÈRE M.** Hélvétie. 1. *J'ai lu, 1993.* (J'ai lu ; 3534. Littérature générale)
ISBN 2-277-23534-2. *52 F / 7,93 €*

20018 **DENUZIÈRE M.** Louisiane. Rééd. *LGF, 1994.* (Le Livre de poche ; 13649)
ISBN 2-253-03665-X. *49 F / 7,47 €*

20019 **DENUZIÈRE M.** Rive-Reine. 1. *J'ai lu, 1995.* (J'ai lu ; 4033. Littérature générale c6)
ISBN 2-277-24033-8. *42 F / 6,40 €*

20020 **DENUZIÈRE M.** Rive-Reine. 2. *J'ai lu, 1995.* (J'ai lu ; 4034. Littérature générale c6)
ISBN 2-277-24034-6. *42 F / 6,40 €*

20021 **N** **DENUZIÈRE M.** Romandie. *J'ai lu, 2000.* (J'ai lu ; 5509. Littérature générale cN)
ISBN 2-290-30162-0. *52 F / 7,93 €*

20022 **DENUZIÈRE M.** La Trahison des apparences. *J'ai lu, 1994.* (J'ai lu ; 3674. Littérature générale c1)
ISBN 2-277-23674-8. *13 F / 1,98 €*

20023 **DÉON M.** Bagages pour Vancouver. *Gallimard, 1987.* (Folio ; 1886 c8)
ISBN 2-07-037886-1. *37 F / 5,64 €*

20024 **DÉON M.** La Carotte et le bâton. *Gallimard, 1983.* (Folio ; 1471 c10)
ISBN 2-07-037471-8. *46 F / 7,01 €*

20025 **N** **DÉON M.** Coffret Déon. *Gallimard, 2000.* (Folio)
ISBN 2-07-041619-4. *189 F / 28,81 €*

20026 **DÉON M.** La cour des grands. *Gallimard, 1998.* (Folio ; 3106)
ISBN 2-07-040523-0. *37 F / 5,64 €*

20027 **DÉON M.** Un déjeuner de soleil. *Gallimard, 1996.* (Folio ; 2857 c9)
ISBN 2-07-040038-7. *41 F / 6,25 €*

20028 **DÉON M.** Les Gens de la nuit. *Table ronde, 1993.* (La petite vermillon ; 6)
ISBN 2-7103-0554-2. *35 F / 5,34 €*

20029 **DÉON M.** Les Gens de la nuit. *Gallimard, 1974.* (Folio ; 557 c11)
ISBN 2-07-036557-3. *29,50 F / 4,50 €*

20030 **DÉON M.** Je ne veux jamais l'oublier. *Gallimard, 1990.* (Folio ; 2157 c13)
ISBN 2-07-038247-8. *56 F / 8,54 €*

20031 **DÉON M.** Je vous écris d'Italie... *Gallimard, 1986.* (Folio ; 1720 c8)
ISBN 2-07-037720-2. *37 F / 5,64 €*

20032 **DÉON M.** Le jeune homme vert. Réimpr. *Gallimard, 1996.* (Folio ; 2858 c11)
ISBN 2-07-040111-1. *49 F / 7,47 €*

20033 **DÉON M.** Madame Rose. *Gallimard, 2000.* (Folio ; 3323 c8)
ISBN 2-07-040684-9. *37 F / 5,64 €*

20034 **DÉON M.** Mes arches de Noé. *Gallimard, 1980.* (Folio ; 1211 c8)
ISBN 2-07-037211-1. *37 F / 5,64 €*

20035 **DÉON M.** Pages grecques. *Gallimard, 1998.* (Folio ; 3080 c11)
ISBN 2-07-040422-6. *50 F / 7,62 €*

20036 **DÉON M.** Un Parfum de jasmin. *Gallimard, 1978.* (Folio ; 1055 c11)
ISBN 2-07-037055-0. *29,50 F / 4,50 €*

20037 **DÉON M.** Les Poneys sauvages. *Gallimard, 1972.* (Folio ; 71 c9)
ISBN 2-07-036071-7. *41 F / 6,25 €*

20038 **DÉON M.** Le Prix de l'amour. *Gallimard, 1994.* (Folio ; 2579 c11)
ISBN 2-07-038886-7. *29,50 F / 4,50 €*

20039 **DÉON M.** Un Souvenir. *Gallimard, 1992.* (Folio ; 2373 c11)
ISBN 2-07-038510-8. *29,50 F / 4,50 €*

20040 **DÉON M.** Un taxi mauve. *Gallimard, 1978.* (Folio ; 999 c9)
ISBN 2-07-036999-4. *41 F / 6,25 €*

20041 **DÉON M.** Les Vingt ans du jeune homme vert. *Gallimard, 1981.* (Folio ; 1301 c10)
ISBN 2-07-037301-0. *46 F / 7,01 €*

20042 **DEPESTRE R.** Alléluia pour une femme-jardin. *Gallimard, 1986.* (Folio ; 1713 c11)
ISBN 2-07-037713-X. *29,50 F / 4,50 €*

20043 **DEPESTRE R.** Eros dans un train chinois. *Gallimard, 1993.* (Folio ; 2456 c11)
ISBN 2-07-038597-3. *29,50 F / 4,50 €*

20044 **DEPESTRE R.** Hadriana dans tous mes rêves. *Gallimard, 1990.* (Folio ; 2182 c11)
ISBN 2-07-038272-9. *29,50 F / 4,50 €*

20045 **DEPESTRE R.** Le mât de cocagne. *Gallimard, 1998.* (Folio ; 3081 c11)
ISBN 2-07-040423-4. *29,50 F / 4,50 €*

20046 **DERRIEN E.** Journal de la fin du monde. *Baleine, 2000.* (Ultimes ; 1)
ISBN 2-84219-238-9. *49 F / 7,47 €*

20047 N **DES CARS G.** L'amant imaginaire. Réimp. *J'ai lu, 2000.* (J'ai lu ; 3694. Littérature générale cK)
ISBN 2-290-30550-2. *42 F / 6,40 €*

20048 N **DES CARS G.** L'amoureuse. *J'ai lu, 2000.* (J'ai lu ; 3192. Littérature générale cl)
ISBN 2-290-30600-2. *36 F / 5,49 €*

20049 N **DES CARS G.** La brute. Réimpr. *J'ai lu, 2000.* (J'ai lu ; 47. Littérature générale cG)
ISBN 2-290-30603-7. *29 F / 4,42 €*

20050 N **DES CARS G.** Le château de la juive. Réimp. *J'ai lu, 2000.* (J'ai lu ; 97. Littérature générale cl)
ISBN 2-290-30845-5. *36 F / 5,49 €*

20051 N **DES CARS G.** La corruptrice. Réimp. *J'ai lu, 2000.* (J'ai lu ; 229. Littérature générale cG)
ISBN 2-290-30605-3. *29 F / 4,42 €*

20052 N **DES CARS G.** Le crime de Mathilde. Réimp. *J'ai lu, 2000.* (J'ai lu ; 2375. Littérature générale cl)
ISBN 2-290-30804-8. *36 F / 5,49 €*

20053 N **DES CARS G.** La dame du cirque. Réimpr. *J'ai lu, 2000.* (J'ai lu ; 295. Littérature générale cG)
ISBN 2-290-30944-3. *29 F / 4,42 €*

20054 N **DES CARS G.** La demoiselle d'opéra. Réimpr. *J'ai lu, 2000.* (J'ai lu ; 246. Littérature générale cl)
ISBN 2-290-30846-3. *36 F / 5,49 €*

20055 **DES CARS G.** La femme-objet. Réimpr. *J'ai lu, 2000.* (J'ai lu ; 3517. Littérature générale cG)
ISBN 2-290-30601-0. *29 F / 4,42 €*

20056 N **DES CARS G.** L'Homme au double visage. Nouv. éd. *J'ai lu, 2000.* (J'ai lu ; 2992. Littérature générale cl)
ISBN 2-290-30847-1. *36 F / 5,49 €*

20057 N **DES CARS G.** L'impure. Réimp. *J'ai lu, 2000.* (J'ai lu ; 173. Littérature générale cl)
ISBN 2-290-30604-5. *36 F / 5,49 €*

20058 **DES CARS G.** Je t'aimerai éternellement. Réimpr. *J'ai lu, 2000.* (J'ai lu ; 3462. Littérature générale cl)
ISBN 2-290-30599-5. *36 F / 5,49 €*

20059 **DES CARS G.** La justicière. Réimp. *J'ai lu, 2000.* (J'ai lu ; 1163. Littérature générale cG)
ISBN 2-290-30602-9. *22 F / 3,35 €*

20060 N **DES CARS G.** La maudite. Réimp. *J'ai lu, 2000.* (J'ai lu ; 361. Littérature générale cl)
ISBN 2-290-30844-7. *36 F / 5,49 €*

20061 N **DES CARS G.** La tricheuse. Nouv. éd. *J'ai lu, 2000.* (J'ai lu ; 125. Littérature générale cl)
ISBN 2-290-30848-X. *36 F / 5,49 €*

20062 N **DES CARS G.** La tueuse. Réimp. *J'ai lu, 2000.* (J'ai lu ; 3320. Littérature générale cl)
ISBN 2-290-30779-3. *36 F / 5,49 €*

20063 **DES CARS G.** La Vie secrète de Dorothée Gindt. Réimpr. *J'ai lu, 1981.* (J'ai lu ; 1236. Littérature générale c1)
ISBN 2-277-21236-9. *13 F / 1,98 €*

20064 N **DES CARS G.** La visiteuse. Réimp. *J'ai lu, 2000.* (J'ai lu ; 3939. Littérature générale cG)
ISBN 2-290-30786-6. *29 F / 4,42 €*

20065 N **DES CARS G.** La voleuse. Réimpr. *J'ai lu, 2000.* (J'ai lu ; 2660. Littérature générale cl)
ISBN 2-290-30778-5. *36 F / 5,49 €*

20066 **DES FORETS L-R.** Le Bavard. *Gallimard, 1978.* (L'imaginaire ; 32)
ISBN 2-07-028570-7. *48 F / 7,32 €*

20067 **DES FORETS L-R.** La Chambre des enfants. *Gallimard, 1983.* (L'imaginaire ; 117)
ISBN 2-07-026554-4. *40 F / 6,10 €*

20068 **DES FORÊTS L-R.** Les mendiants. *Gallimard, 1995.* (L'imaginaire ; 334)
ISBN 2-07-074238-5. *69 F / 10,52 €*

20069 **DES OMBIAUX M.** Le maugré. Réimpr. *Labor, 1997.* (Espace Nord ; 33 c3)
ISBN 2-8040-1250-6. *54 F / 8,23 €*

20070 **DES SAUSSAIES B.** La Machine policière. *Seuil, 1972.* (Société ; 46 c1)
ISBN 2-02-000424-0. *15 F / 2,29 €*

20071 **DESAI A.** La claire lumière du jour. *10-18, 1997.* (10-18 ; 2807. Domaine étranger c6)
ISBN 2-264-02280-9. *47 F / 7,17 €*

20072 **DESAI A.** Un Héritage exorbitant. *Stock, 1992.* (Bibliothèque cosmopolite)
ISBN 2-234-02447-1. *60 F / 9,15 €*

20073 **DESAI A.** Jeux au crépuscule. *10-18, 1998.* (10-18 ; 2954. Domaine étranger c4)
ISBN 2-264-02279-5. *41 F / 6,25 €*

20074 **DESAI A.** Où irons-nous cet été ?. *Gallimard, 1998.* (Folio ; 3082)
ISBN 2-07-040471-4. *29,50 F / 4,50 €*

20075 **DESARTHE A.** Cinq photos de ma femme. *Seuil, 2000.* (Points ; 704)
ISBN 2-02-039564-9. *35 F / 5,34 €*

20076 **DESARTHE A.** Quelques minutes de bonheur absolu. *Seuil, 1996.* (Points ; 189 c1)
ISBN 2-02-026371-8. *32 F / 4,88 €*

20077 **DESARTHE A.** Un secret sans importance. *Seuil, 1997.* (Points ; 350 c7)
ISBN 2-02-031559-9. *35 F / 5,34 €*

20078 **DESARZENS C.** Aubeterre. 1. *Aire, 2000.* (L'Aire bleue)
ISBN 2-88108-522-9. *72 F / 10,98 €*

20079 **DESARZENS C.** Aubeterre. 2. *Aire, 1999.* (L'Aire bleue)
ISBN 2-88108-523-7. *72 F / 10,98 €*

20080 [N] **DESBIOLLES M.** Anchise. *Seuil, 2000.* (Points ; 787)
ISBN 2-02-044462-3. *29 F / 4,42 €*

20081 **DESBIOLLES M.** La seiche. *Seuil, 1999.* (Points ; 679)
ISBN 2-02-038205-9. *29 F / 4,42 €*

20082 **DESCHAMPS F.** Louison dans la douceur perdue. *LGF, 1991.* (Le Livre de poche ; 6944 c12)
ISBN 2-253-05629-4. *44 F / 6,71 €*

20083 **DESCHAMPS F.** Louison ou l'Heure exquise. *LGF, 1990.* (Le Livre de poche ; 6739 c12)
ISBN 2-253-05256-6. *44 F / 6,71 €*

20084 **DESCHAMPS F.** Pauline de sa jeunesse. *LGF, 2000.* (Le Livre de poche ; 14848 c12)
ISBN 2-253-14848-2. *44 F / 6,71 €*

20085 **DESCHAMPS-PRIA E.** Cent ans de prose italienne. *Pocket, 1993.* (Pocket ; 4033 c9)
ISBN 2-266-04930-5. *48 F / 7,32 €*

20086 [A] **Désirs de femmes.** *Pocket, 2001.* (Pocket ; 10850)
ISBN 2-266-09828-4

20087 **DESNOS R.** La Liberté ou l'amour ; Deuil pour deuil. *Gallimard, 1982.* (L'imaginaire ; 90)
ISBN 2-07-027695-3. *39 F / 5,95 €*

20088 **DESNOS R.** Le Vin est tiré... *Gallimard, 1992.* (L'imaginaire ; 273)
ISBN 2-07-072550-2. *40 F / 6,10 €*

20089 [N] **DESPENTES V.** Baise-moi. *J'ai lu, 2000.* (J'ai lu ; 5294. Littérature générale cl)
ISBN 2-290-30879-X. *36 F / 5,49 €*

20090 **DESPENTES V.** Les chiennes savantes. Réimp. *J'ai lu, 1998.* (J'ai lu ; 4580. Littérature générale c3)
ISBN 2-290-04580-2. *29 F / 4,42 €*

20091 **DESPENTES V.** Les jolies choses. *J'ai lu, 2000.* (J'ai lu ; 5460. Littérature générale cH)
ISBN 2-290-30185-X. *32 F / 4,88 €*

20092 **DESPENTES V.** Mordre au travers. *Librio, 1999.* (Librio ; 308 c1)
ISBN 2-277-30308-9. *10 F / 1,52 €*

20093 **DESPLECHIN M.** Sans moi. *Seuil, 1999.* (Points ; 681)
ISBN 2-02-038204-0. *39 F / 5,95 €*

20094 **DESPLECHIN M.** Trop sensibles. *Seuil, 1997.* (Points ; 408 c7)
ISBN 2-02-032364-8. *35 F / 5,34 €*

20095 **DESPROGES P.** Coffret Pierre Desproges. *Seuil, 1997.* (Points)
ISBN 2-02-032434-2. *99 F / 15,09 €*

20096 [N] **DESSAIX R.** Une mère et sa honte. *LGF, 2000.* (Le Livre de poche ; 14957 c7)
ISBN 2-253-14957-8. *30 F / 4,57 €*

20097 **DESTREMAU Y.** Ortiz. *Pocket, 1998.* (Pocket ; 10307 c3)
ISBN 2-266-07866-6. *26 F / 3,96 €*

20098 **DETAMBEL R.** La verrière. *Gallimard, 1998.* (Folio ; 3107)
ISBN 2-07-040541-9. *20,50 F / 3,13 €*

20099 **DETREZ C.** Ludo. *Labor, 1988.* (Espace Nord ; 45 c1)
ISBN 2-8040-0355-8. *34 F / 5,18 €*

20100 **DETREZ C.** Les plumes du coq. *Labor, 1998.* (Espace Nord ; 136 c2)
ISBN 2-8040-1309-X. *42 F / 6,40 €*

20101 **Deutsche Kurzgeschichten.** *LGF, 1989.* (Le Livre de poche ; 8606. Lire en allemand c8)
ISBN 2-253-04693-0. *33 F / 5,03 €*

20102 **DEVAULX N.** L'Auberge Parpillon. Nouv. éd. *Gallimard, 1984.* (L'imaginaire ; 137)
ISBN 2-07-070209-X. *36 F / 5,49 €*

20103 **DEVERAUX J.** La brute apprivoisée. *J'ai lu, 1996.* (J'ai lu ; 4274. Aventures et passions)
ISBN 2-290-04274-9. *36 F / 5,49 €*

20104 [A] **DEVERAUX J.** Une coupable idéale. *J'ai lu, 2001.* (J'ai lu ; 5960. Amour et destin)
ISBN 2-290-31235-5

20105 **DEVERAUX J.** La duchesse infidèle. Réimpr. *J'ai lu, 1994.* (J'ai lu ; 3683. Aventures et passions c6)
ISBN 2-290-03683-8. *42 F / 6,40 €*

20106 **DEVERAUX J.** Duel de femmes. *J'ai lu, 1993.* (J'ai lu ; 3447. Aventures et passions c4)
ISBN 2-290-03447-9. *36 F / 5,49 €*

20107 [N] **DEVERAUX J.** En échange de bons procédés. *J'ai lu, 2000.* (J'ai lu ; 5665. Amour et destin cG)
ISBN 2-290-30426-3. *29 F / 4,42 €*

20108 **DEVERAUX J.** L'éveil d'Amanda. *J'ai lu, 1995.* (J'ai lu ; 4045. Aventures et passions c4)
ISBN 2-277-24045-1. *36 F / 5,49 €*

20109 **DEVERAUX J.** La fausse héritière. *J'ai lu, 1997.* (J'ai lu ; 4635. Aventures et passions)
ISBN 2-290-04635-3. *36 F / 5,49 €*

20110 **DEVERAUX J.** La Fiancée délaissée. *J'ai lu, 1992.* (Les Dames de Virginie; 2)(J'ai lu ; 3181. Aventures et passions c4)
ISBN 2-277-23181-9. *36 F / 5,49 €*

20111 **DEVERAUX J.** L'homme au masque. Rééd. *J'ai lu, 1998.* (J'ai lu ; 3523. Aventures et passions c4)
ISBN 2-290-03523-8. *36 F / 5,49 €*

20112 **DEVERAUX J.** Kidnappée par erreur. Réimp. *J'ai lu, 1999.* (Les Dames de Virginie; 1)(J'ai lu ; 3180. Aventures et passions c5)
ISBN 2-290-03180-1. *39 F / 5,95 €*

20113 **DEVERAUX J.** Mariage forcé. Réimpr. *J'ai lu, 1997.* (Les Dames de Virginie; 3)(J'ai lu ; 3182. Aventures et passions c5)
ISBN 2-290-13182-2. *39 F / 5,95 €*

20114 **DEVERAUX J.** Une mélodie de velours. *J'ai lu, 1999.* (J'ai lu ; 3049. Aventures et passions c4)
ISBN 2-290-03049-X. *36 F / 5,49 €*

20115 **DEVERAUX J.** La patience récompensée. Réimpr. *J'ai lu, 1997.* (J'ai lu ; 3843. Amour et destin c2)
ISBN 2-290-03843-1. *22 F / 3,35 €*

20116 **DEVERAUX J.** Princesse sans trône. *J'ai lu, 1996.* (J'ai lu ; 4105. Aventures et passions)
ISBN 2-277-24105-9. *39 F / 5,95 €*

20117 **DEVERAUX J.** Un teint de velours. *J'ai lu, 1999.* (J'ai lu ; 3003. Aventures et passions c5)
ISBN 2-290-03003-1. *39 F / 5,95 €*

20118 **A** **DEVERAUX J.** Les yeux de velours. Nouv. éd. *J'ai lu, 2001.* (J'ai lu ; 2927. Aventures et passions)
ISBN 2-290-31133-2

20119 **A** **DEVERAUX J., TOLILA I.** Un ange de velours. Réimpr. *J'ai lu, 2001.* (J'ai lu ; 3127. Aventures et passions)
ISBN 2-290-31137-5

20120 **DEVEREUX C.** Mes amours sous les déodars. *J'ai lu, 1997.* (Vénus indienne; 2)(J'ai lu ; 4409. Littérature générale c4)
ISBN 2-290-04409-1. *36 F / 5,49 €*

20121 **DEVEREUX C.** Vénus indienne. *la Musardine, 2000.* (Lectures amoureuses de Jean-Jacques Pauvert ; 35)
ISBN 2-84271-056-8. *45 F / 6,86 €*

20122 **N** **DEVIERS-JONCOUR C.** Relation publique. *LGF, 2000.* (Le Livre de poche ; 14939 c7)
ISBN 2-253-14939-X. *30 F / 4,57 €*

20123 **DEVINE T.** Désirs interdits. *J'ai lu, 1999.* (J'ai lu ; 5191. Aventures et passions c5)
ISBN 2-290-05191-8. *39 F / 5,95 €*

20124 **DEWARRAT M-C.** Carême : roman. *Actes Sud, 1992.* (Babel ; 47 c2)
ISBN 2-86869-863-8. *39 F / 5,95 €*

20125 **DEWARRAT M-C.** L'été sauvage. *Aire, 1999.* (L'Aire bleue)
ISBN 2-88108-535-0. *49 F / 7,47 €*

20126 **DEWEERT W.** Les allumettes de la sacristie. *Seuil, 2000.* (Points ; 706)
ISBN 2-02-037480-3. *48 F / 7,32 €*

20127 **DEXTER P.** Un amour fraternel. *Ed. de l'Olivier, 1996.* (Petite bibliothèque américaine)
ISBN 2-87929-111-9. *69 F / 10,52 €*

20128 **DEXTER P.** Cotton Point. *Ed. de l'Olivier, 1998.* (Petite bibliothèque américaine)
ISBN 2-87929-158-5. *69 F / 10,52 €*

20129 **DEXTER P.** Paperboy. *Ed. de l'Olivier, 1996.* (Petite bibliothèque américaine)
ISBN 2-87929-110-0. *69 F / 10,52 €*

20130 **DHÔTEL A.** Les Chemins du long voyage. *Gallimard, 1984.* (Folio ; 1540 c8)
ISBN 2-07-037540-4. *37 F / 5,64 €*

20131 **DHÔTEL A.** Le Ciel du faubourg. *Grasset, 1984.* (Les Cahiers rouges ; 27)
ISBN 2-246-11502-7. *45 F / 6,86 €*

20132 **DHÔTEL A.** Le pays où l'on n'arrive jamais. Réimpr. *J'ai lu, 1999.* (J'ai lu ; 61. Littérature générale c2)
ISBN 2-290-20061-1. *22 F / 3,35 €*

20133 **DHÔTEL A.** Le pays où l'on n'arrive jamais. *Librio, 1999.* (Librio ; 276 c1)
ISBN 2-277-30276-7. *10 F / 1,52 €*

20134 **DHÔTEL A.** Le Village pathétique. *Gallimard, 1974.* (Folio ; 582 c11)
ISBN 2-07-036582-4. *29,50 F / 4,50 €*

20135 **DI LASCIA M.** Passage dans l'ombre. *LGF, 1998.* (Le Livre de poche ; 14494 c10)
ISBN 2-253-14494-0. *40 F / 6,10 €*

20136 **N** **DIAZ J.** Los boys. *10-18, 2000.* (10-18 ; 3222. Domaine étranger c3)
ISBN 2-264-02893-9. *38 F / 5,79 €*

20137 **DIB M.** Au café. Réimpr. *Actes Sud, 1999.* (Babel ; 210. Sindbad c2)
ISBN 2-7427-0805-7. *39 F / 5,95 €*

20138 **DIB M.** La Danse du roi. *Seuil, 1978.* (Poche)
ISBN 2-02-004778-0. *31 F / 4,73 €*

20139 **DIB M.** Un été africain. *Seuil, 1998.* (Points ; 464 c6)
ISBN 2-02-033438-0. *32 F / 4,88 €*

20140 **DIB M.** La grande maison. *Seuil, 1996.* (Points ; 225 c1)
ISBN 2-02-028312-3. *32 F / 4,88 €*

20141 **DIB M.** L'Incendie. *Seuil, 1989.* (Points. Roman ; 351 c2)
ISBN 2-02-010686-8. *39 F / 5,95 €*

20142 **DIB M.** Le maître de chasse. *Seuil, 1997.* (Points ; 425 c2)
ISBN 2-02-032642-6. *35 F / 5,34 €*

20143 **DIB M.** Le talisman. *Actes Sud, 1997.* (Babel ; 256 c2)
ISBN 2-7427-1168-6. *39 F / 5,95 €*

20144 **DICK R.** Le fantôme et Mrs Muir. *10-18, 1995.* (10-18 ; 2645. Domaine étranger c4)
ISBN 2-264-02257-4. *38 F / 5,79 €*

20145 **DICKENS C.** A Christmas Carol = Un chant de Noël. *Gallimard, 1997.* (Folio bilingue ; 68)
ISBN 2-07-040340-8. *60 F / 9,15 €*

20146 **DICKENS C.** Les Aventures d'Oliver Twist. *Gallimard, 1973.* (Folio ; 386. Classique c9)
ISBN 2-07-036386-4. *41 F / 6,25 €*

20147 **DICKENS C.** Un chant de Noël. *Libria, 1996.* (Librio ; 146 c1)
ISBN 2-277-30146-9. *10 F / 1,52 €*

20148 **DICKENS C.** De grandes espérances. *LGF, 1998.* (Le Livre de poche ; 420. Classiques de poche c13)
ISBN 2-253-01672-1. *46 F / 7,01 €*

20149 **DICKENS C.** Les Grandes espérances ; Le Mystère d'Edwin Drood ; Récits pour Noël. Nouv. éd. *Laffont, 1991.* (Bouquins)
ISBN 2-221-07044-5. *129 F / 19,67 €*

20150 **DICKENS C.** De grandes espérances. *Gallimard, 1999.* (Folio ; 3190. Classique)
ISBN 2-07-038830-1. *60 F / 9,15 €*

20151 **DICKENS C.** Temps difficiles. *Gallimard, 1985.* (Folio ; 1647. Classique c13)
ISBN 2-07-037647-8. *56 F / 8,54 €*

20152 [A] **DICKENS C., COLLINS W.** Voie sans issue. *10-18, 2001.* (10-18 ; 3297. Grands détectives)

20153 **DICKENS C., FRUTTERO C., LUCENTINI F.** L'Affaire D. ou le Crime du faux vagabond. Rééd. *Seuil, 1995.* (Points ; 112 c3)
ISBN 2-02-025582-0. *48 F / 7,32 €*

20154 **DICKENS C., LEYRIS P.** De grandes espérances. *Grasset, 1991.* (Les Cahiers rouges ; 145)
ISBN 2-246-11514-0. *69 F / 10,52 €*

20155 [A] **DICKEY E-J.** Café noisette. *J'ai lu, 2001.* (J'ai lu ; 5842. Littérature générale)
ISBN 2-290-31045-X

20156 **DICKEY J.** Délivrance. Réimpr. *J'ai lu, 2000.* (J'ai lu ; 531. Littérature générale cH)
ISBN 2-290-30117-5. *32 F / 4,88 €*

20157 **DIDEROT D.** Les bijoux indiscrets. *Actes Sud, 1995.* (Babel ; 156. Les érotiques c4)
ISBN 2-7427-0544-9. *51 F / 7,77 €*

20158 **DIDEROT D.** Les Bijoux indiscrets. *Gallimard, 1982.* (Folio ; 1343. Classique c8)
ISBN 2-07-037343-6. *37 F / 5,64 €*

20159 **DIDEROT D.** Ceci n'est pas un conte. *Mercure de France, 1995.* (Le petit Mercure)
ISBN 2-7152-1951-2. *12 F / 1,83 €*

20160 **DIDEROT D.** Contes. *Laffont, 1994.* (Oeuvres; 2)(Bouquins)
ISBN 2-221-05722-8. *129 F / 19,67 €*

20161 **DIDEROT D.** Contes. *LGF, 1998.* (Le Livre de poche ; 3144. Classiques de poche c7)
ISBN 2-253-09841-8. *30 F / 4,57 €*

20162 **DIDEROT D.** Jacques le Fataliste et son maitre. *Gallimard, 1977.* (Folio ; 763. Classique c8)
ISBN 2-07-036763-0. *37 F / 5,64 €*

20163 **DIDEROT D.** Jacques le fataliste. Nouv. éd. *LGF, 2000.* (Le Livre de poche ; 403. Classiques de poche)
ISBN 2-253-00413-8. *29 F / 4,42 €*

20164 **DIDEROT D.** Le Neveu de Rameau ; Satires ; Contes et entretiens. *LGF, 1984.* (Le Livre de poche ; 5925. Classiques de poche c6)
ISBN 2-253-03440-1. *26 F / 3,96 €*

20165 **DIDEROT D.** Le neveu de Rameau. *Librio, 1995.* (Librio ; 61 c1)
ISBN 2-277-30061-6. *10 F / 1,52 €*

20166 **DIDEROT D.** Le neveu de Rameau. *Pocket, 1999.* (Pocket ; 6180. Classiques c5)
ISBN 2-266-08978-1. *26 F / 3,96 €*

20167 [N] **DIDEROT D.** La religieuse. Nouv. éd. *LGF, 2000.* (Le Livre de poche ; 2077. Classiques de poche)
ISBN 2-253-00969-5. *29 F / 4,42 €*

20168 **DIDEROT D.** La religieuse. *Librio, 1999.* (Librio ; 311 c1)
ISBN 2-277-30311-9. *10 F / 1,52 €*

20169 **DIDEROT D.** La Religieuse. *Gallimard, 1972.* (Folio ; 57. Classique c8)
ISBN 2-07-036057-1. *37 F / 5,64 €*

20170 **DIDIER M.** Contre-visite. *Gallimard, 1992.* (Folio ; 2422 c11)
ISBN 2-07-038555-8. *29,50 F / 4,50 €*

20171 **Die Puppe :** und andere Geschichten. *LGF, 1992.* (Le Livre de poche ; 8664. Lire en allemand c5)
ISBN 2-253-05935-8. *23 F / 3,51 €*

20172 **DIEHL W.** Peur primale. *J'ai lu, 1996.* (J'ai lu ; 4247. Littérature générale)
ISBN 2-277-24247-0. *42 F / 6,40 €*

20173 [A] **DIETRICH L.** Le bonheur des tristes. *Arléa, 2001.* (Arléa-poche ; 73)
ISBN 2-86959-526-3. *50 F / 7,62 €*

20174 **DILLARD A.** Pèlerinage à Tinker Creek. *10-18, 1995.* (10-18 ; 2673. Domaine étranger c7)
ISBN 2-264-02072-5. *50 F / 7,62 €*

20175 **Disco biscuits.** *J'ai lu, 1999.* (J'ai lu ; 5296. Littérature générale c5)
ISBN 2-290-05296-5. *39 F / 5,95 €*

20176 **DITLEVSEN T.** Printemps précoce. *Stock, 1999.* (Bibliothèque cosmopolite)
ISBN 2-234-05095-2. *60 F / 9,15 €*

20177 [N] **DIWO J.** Au temps où la Joconde parlait. Réimp. *J'ai lu, 2000.* (J'ai lu ; 3443. Littérature générale cL)
ISBN 2-290-30976-1. *45 F / 6,86 €*

20178 **DIWO J.** Les Dames du faubourg. 1. *Gallimard, 1987.* (Folio ; 1834 c12)
ISBN 2-07-037834-9. *52 F / 7,93 €*

20179 **DIWO J.** Les dîners de Calpurnia. *J'ai lu, 1997.* (J'ai lu ; 4539. Littérature générale c8)
ISBN 2-290-04539-X. *49 F / 7,47 €*

20180 **DIWO J.** L'Empereur. *J'ai lu, 1996.* (J'ai lu ; 4186. Littérature générale c7)
ISBN 2-277-24186-5. *45 F / 6,86 €*

20181 **DIWO J.** La fontainière du roy. Réimp. *J'ai lu, 2000.* (J'ai lu ; 5204. Littérature générale cL)
ISBN 2-290-30679-7. *45 F / 6,86 €*

20182 **DIWO J.** Le Génie de la Bastille. *Gallimard, 1991.* (Les Dames du faubourg; 3)(Folio ; 2280 c12)
ISBN 2-07-038393-8. *52 F / 7,93 €*

20183 **DIWO J.** Le Lit d'acajou. *Gallimard, 1989.* (Les Dames du faubourg; 2)(Folio ; 2062 c12)
ISBN 2-07-038149-8. *52 F / 7,93 €*

20184 **N** **DIWO J.** Les ombrelles de Versailles. *J'ai lu, 2000.* (J'ai lu ; 5530. Littérature générale cL)
ISBN 2-290-30236-8. *45 F / 6,86 €*

20185 **DIWO J.** Les Violons du roi. *Gallimard, 1992.* (Folio ; 2374 c9)
ISBN 2-07-038511-6. *41 F / 6,25 €*

20186 **DIXON S.** Movies. *10-18, 1995.* (10-18 ; 2600. Domaine étranger c5)
ISBN 2-264-01953-0. *44 F / 6,71 €*

20187 **DIXON S.** Nouvelles du 14e. *10-18, 1994.* (10-18 ; 2462. Domaine étranger c5)
ISBN 2-264-00026-0. *44 F / 6,71 €*

20188 **DIXON S.** Ordures. *10-18, 1994.* (10-18 ; 2463. Domaine étranger c5)
ISBN 2-264-01954-9. *44 F / 6,71 €*

20189 **DIXON S.** La vie est une blague. *10-18, 1995.* (10-18 ; 2655. Domaine étranger c5)
ISBN 2-264-02079-2. *44 F / 6,71 €*

20190 **A** **DJAÏDANI R.** Boumkoeur. *Seuil, 2001.* (Point-virgule ; 47)
ISBN 2-02-048870-1. *29 F / 4,42 €*

20191 **N** **DJAOUT T.** Les chercheurs d'os. *Seuil, 2001.* (Points ; 824 c6)
ISBN 2-02-048491-9. *32 F / 4,88 €*

20192 **DJAOUT T.** Les vigiles. *Seuil, 1995.* (Points ; 171 c2)
ISBN 2-02-026195-2. *39 F / 5,95 €*

20193 **N** **DJEBAR A.** Les alouettes naïves. *Actes Sud, 2000.* (Babel ; 257 c6)
ISBN 2-7427-1169-4. *63 F / 9,60 €*

20194 **DJEBAR A.** Femmes d'Alger dans leur appartement. *Des femmes-Antoinette Fouque, 1995.* (Pour chacune)
ISBN 2-7210-0461-1. *35 F / 5,34 €*

20195 **N** **DJEMAÏ A.** Un été de cendres. *Gallimard, 2000.* (Folio ; 3362 c7)
ISBN 2-07-041149-4. *25,50 F / 3,89 €*

20196 **N** **DJEMAÏ A.** 31, rue de l'Aigle. *Gallimard, 2000.* (Folio ; 3361 c7)
ISBN 2-07-041150-8. *25,50 F / 3,89 €*

20197 **DJIAN P.** Assassins. *Gallimard, 1996.* (Folio ; 2845 c8)
ISBN 2-07-039470-0. *37 F / 5,64 €*

20198 **DJIAN P.** Bleu comme l'enfer. Réimpr. *J'ai lu, 1998.* (J'ai lu ; 1971. Littérature générale c4)
ISBN 2-290-01971-2. *36 F / 5,49 €*

20199 **DJIAN P.** 50 contre 1. Réimpr. *J'ai lu, 1998.* (J'ai lu ; 2363. Littérature générale c2)
ISBN 2-290-02363-9. *22 F / 3,35 €*

20200 **DJIAN P.** Criminels. *Gallimard, 1998.* (Folio ; 3135 c8)
ISBN 2-07-040567-2. *37 F / 5,64 €*

20201 **DJIAN P.** Crocodiles. *J'ai lu, 1990.* (J'ai lu ; 2785. Littérature générale c2)
ISBN 2-277-22785-4. *22 F / 3,35 €*

20202 **DJIAN P.** Crocodiles. *Librio, 1994.* (Librio ; 10 c1)
ISBN 2-277-30010-1. *10 F / 1,52 €*

20203 **DJIAN P.** Echine. Réimp. *J'ai lu, 2000.* (J'ai lu ; 2658. Littérature générale cJ)
ISBN 2-290-30576-6. *39 F / 5,95 €*

20204 **DJIAN P.** Lent dehors. *Gallimard, 1993.* (Folio ; 2437 c10)
ISBN 2-07-038579-5. *46 F / 7,01 €*

20205 **N** **DJIAN P.** Maudit manège. Réimp. *J'ai lu, 2000.* (J'ai lu ; 2167. Littérature générale cJ)
ISBN 2-290-30712-2. *39 F / 5,95 €*

20206 **DJIAN P.** Sainte-Bob. *Gallimard, 2000.* (Folio ; 3324 c9)
ISBN 2-07-041174-5. *41 F / 6,25 €*

20207 **DJIAN P.** Sotos. *Gallimard, 1995.* (Folio ; 2708 c9)
ISBN 2-07-039303-8. *41 F / 6,25 €*

20208 **N** **DJIAN P.** 37°2 le matin. Réimp. *J'ai lu, 2000.* (J'ai lu ; 1951. Littérature générale cl)
ISBN 2-290-30803-X. *36 F / 5,49 €*

20209 **N** **DJIAN P.** Zone érogène. Réimpr. *J'ai lu, 2000.* (J'ai lu ; 2062. Littérature générale cl)
ISBN 2-290-30978-8. *36 F / 5,49 €*

20210 **DÖBLIN A.** Assassinat d'une renoncule = Die Ermordung einer Butterblume : et autres récits. *LGF, 1990.* (Les Langues modernes ; 8737. Bilingue c9)
ISBN 2-253-05553-0. *36 F / 5,49 €*

20211 **DÖBLIN A.** Berlin, Alexanderplatz. *Gallimard, 1981.* (Folio ; 1239 c11)
ISBN 2-07-037239-1. *50 F / 7,62 €*

20212 **DÖBLIN A.** L'Empoisonnement. *LGF, 1991.* (Le Livre de poche ; 3159. Biblio c4)
ISBN 2-253-05707-X. *20 F / 3,05 €*

20213 **N** **DOBYNS S.** Les deux morts de la senora Puccini. Réimpr. *J'ai lu, 2000.* (J'ai lu ; 3752. Littérature générale cJ)
ISBN 2-290-30810-2. *39 F / 5,95 €*

20214 **DOCTOROW E. L.** Ragtime. Réimpr. *J'ai lu, 2000.* (J'ai lu ; 825. Littérature générale c4)
ISBN 2-290-30115-9. *36 F / 5,49 €*

20215 **DODERER H. v.** Les Démons. 1. *Gallimard, 1992.* (L'Etrangère)
ISBN 2-07-072596-0. *75 F / 11,43 €*

20216 **DODERER H. v.** Les Démons. 2. *Gallimard, 1992.* (L'Etrangère)
ISBN 2-07-072597-9. *70 F / 10,67 €*

20217 **DODERER H. v.** Les Démons. 3. *Gallimard, 1992.* (L'Etrangère)
ISBN 2-07-072598-7. *78 F / 11,89 €*

20218 **DODGE J.** L'Oiseau canadèche. *Seuil, 1985.* (Point-virgule ; 35 c2)
ISBN 2-02-008906-8. *39 F / 5,95 €*

20219 **DOFF N.** Jours de famine et de détresse. *Labor, 1998.* (Espace Nord ; 137 c2)
ISBN 2-8040-1307-3. *42 F / 6,40 €*

20220 **DOFF N.** Keetje. *Labor, 1987.* (Espace Nord ; 42 c2)
ISBN 2-8040-0248-9. *42 F / 6,40 €*

20221 **DOGBÉ A.** Bon voyage, Don Quichotte : et autres textes. *Lansman, 1997.* (Contes, nouvelles récits, témoignages ; 2)
ISBN 2-87282-201-1. *52 F / 7,93 €*

20222 **DOIZELET S.** Chercher sa demeure. *Gallimard, 1994.* (Folio ; 2646 c11)
ISBN 2-07-038926-X. *29,50 F / 4,50 €*

20223 **Dom Carlos et autres nouvelles françaises du XVIIe siècle.** *Gallimard, 1995.* (Folio ; 2714. Classique c10)
ISBN 2-07-039330-5. *46 F / 7,01 €*

20224 **N** **DONLEAVY J. P.** Les béatitudes bestiales de Balthazar B. Réimpr. *Gallimard, 2000.* (Folio ; 987 c10)
ISBN 2-07-036987-0. *46 F / 7,01 €*

20225 **DONLEAVY J. P.** Un Conte de fées newyorkais. *Gallimard, 1988.* (Folio ; 1976 c11)
ISBN 2-07-038064-5. *50 F / 7,62 €*

20226 **N** **DONLEAVY J. P.** La dame qui aimait les toilettes propres : chronique d'une des plus étranges histoires colportées dans les environs de New York. *Gallimard, 2000.* (Folio ; 3363 c5)
ISBN 2-07-040673-3. *25 F / 3,81 €*

20227 **DONLEAVY J. P.** Mangeurs d'oignons. *10-18, 1995.* (10-18 ; 2667. Domaine étranger c6)
ISBN 2-264-00158-5. *47 F / 7,17 €*

20228 **DONNER C.** L'Europe mordue par un chien. *Seuil, 1992.* (Points. Roman ; 528 c2)
ISBN 2-02-014051-9. *39 F / 5,95 €*

20229 **DONNER C.** Les maisons. *LGF, 1995.* (Le Livre de poche ; 13867 c6)
ISBN 2-253-13867-3. *26 F / 3,96 €*

20230 **DONNER C.** Mon oncle. *LGF, 1997.* (Le Livre de poche ; 14272 c5)
ISBN 2-253-14272-7. *23 F / 3,51 €*

20231 **DONNER C.** Quand je suis devenu fou. *Pocket, 1999.* (Pocket ; 10468)
ISBN 2-266-08423-2. *28 F / 4,27 €*

20232 **N** **DONNER C.** Le voile, le visage, l'âme. *Pocket, 2000.* (Pocket ; 10466 c3)
ISBN 2-266-08421-6. *26 F / 3,96 €*

20233 **DONOSO J.** L'Obscène oiseau de la nuit. *Seuil, 1990.* (Points. Roman ; 394 c7)
ISBN 2-02-012104-2. *65 F / 9,91 €*

20234 **DORGELÈS R.** Bouquet de bohême. *Albin Michel, 1989.* (Bibliothèque Albin Michel poche ; 24 c2)
ISBN 2-226-03629-6. *49 F / 7,47 €*

20235 **DORGELES R.** Le cabaret de la belle femme. *LGF, 1992.* (Le Livre de poche ; 92 c5)
ISBN 2-253-02322-1. *23 F / 3,51 €*

20236 **DORGELÈS R.** Les Croix de bois. *LGF, 1956.* (Le Livre de poche ; 189 c6)
ISBN 2-253-00313-1. *26 F / 3,96 €*

20237 **N** **DORIN F.** Au nom du père et de la fille. Réimp. *J'ai lu, 2000.* (J'ai lu ; 3551. Littérature générale cJ)
ISBN 2-290-30833-1. *39 F / 5,95 €*

20238 **DORIN F.** Les corbeaux et les renardes. Réimpr. *J'ai lu, 1999.* (J'ai lu ; 2748. Littérature générale cl)
ISBN 2-290-30375-5. *39 F / 5,95 €*

20239 **N** **DORIN F.** La courte paille. *Pocket, 2000.* (Pocket ; 10800 c5)
ISBN 2-266-09775-X. *35 F / 5,34 €*

20240 **N** **DORIN F.** Les jupes-culottes. Réimp. *J'ai lu, 2000.* (J'ai lu ; 1893. Littérature générale cJ)
ISBN 2-290-30697-5. *39 F / 5,95 €*

20241 **N** **DORIN F.** Les lits à une place. Réimp. *J'ai lu, 2000.* (J'ai lu ; 1369. Littérature générale cl)
ISBN 2-290-30780-7. *36 F / 5,49 €*

20242 **DORIN F.** La mouflette. *J'ai lu, 1996.* (J'ai lu ; 4187. Littérature générale c4)
ISBN 2-277-24187-3. *36 F / 5,49 €*

20243 **N** **DORIN F.** Nini Patte-en-l'air. Réimp. *J'ai lu, 2000.* (J'ai lu ; 3105. Littérature générale cK)
ISBN 2-290-30832-3. *42 F / 6,40 €*

20244 **DORIN F.** Va voir maman, papa travaille. Réimpr. *Pocket, 1997.* (Pocket ; 1632. Best)
ISBN 2-266-07584-5. *30 F / 4,57 €*

20245 **DORIN F.** Les vendanges tardives. *Pocket, 1998.* (Pocket ; 10416 c5)
ISBN 2-266-08227-2. *35 F / 5,34 €*

20246 **DORMANN G.** Le bal du dodo. *LGF, 1991.* (Le Livre de poche ; 7325 c11)
ISBN 2-253-05816-5. *42 F / 6,40 €*

20247 **DORMANN G.** Mickey l'ange. *Seuil, 1985.* (Points. Roman ; 188 c3)
ISBN 2-02-008645-X. *48 F / 7,32 €*

20248 **DORMANN G.** La Petite main. *LGF, 1995.* (Le Livre de poche ; 13814 c6)
ISBN 2-253-13814-2. *26 F / 3,96 €*

20249 **DORMANN G.** Le Roman de Sophie Trebuchet. *LGF, 1984.* (Le Livre de poche ; 5940 c9)
ISBN 2-253-03464-9. *36 F / 5,49 €*

20250 **N** **DORMIENNE L.** Les caprices du sexe. *la Musardine, 2000.* (Lectures amoureuses de Jean-Jacques Pauvert ; 40)
ISBN 2-84271-142-4. *39 F / 5,95 €*

20251 **DOS PASSOS J.** 42e parallèle. *Gallimard, 1986.* (Folio ; 1694 c14)
ISBN 2-07-037694-X. *60 F / 9,15 €*

20252 **DOS PASSOS J.** L'An premier du siècle : 1919. Réimpr. *Gallimard, 1993.* (Folio ; 1208 c10)
ISBN 2-07-037208-1. *46 F / 7,01 €*

20253 **DOS PASSOS J.** Aventures d'un jeune homme. *Gallimard, 1987.* (Folio ; 1808 c12)
ISBN 2-07-037808-X. *52 F / 7,93 €*

20254 **DOS PASSOS J.** La Grosse galette. *Gallimard, 1986.* (Folio ; 1693)
ISBN 2-07-037693-1. *61 F / 9,30 €*

20255 **DOS PASSOS J.** L'initiation d'un homme. *Gallimard, 1997.* (Folio ; 2911)
ISBN 2-07-040112-X. *29,50 F / 4,50 €*

20256 **DOS PASSOS J.** Manhattan transfer. *Gallimard, 1976.* (Folio ; 825 c9)
ISBN 2-07-036825-4. *41 F / 6,25 €*

20257 **DOS PASSOS J.** Milieu de siècle. *Gallimard, 1990.* (L'imaginaire ; 231)
ISBN 2-07-071887-5. *70 F / 10,67 €*

20258 **DOSTOÏEVSKI F. M.** L'adolescent. 1. *Actes Sud, 1998.* (Babel ; 305)
ISBN 2-7427-1455-3. *63 F / 9,60 €*

20259 **DOSTOÏEVSKI F. M.** L'adolescent. 2. *Actes Sud, 1998.* (Babel ; 306 c6)
ISBN 2-7427-1456-1. *63 F / 9,60 €*

20260 **DOSTOÏEVSKI F. M.** L'adolescent. *Gallimard, 1998.* (Folio ; 3128. Classique c10)
ISBN 2-07-040552-4. *46 F / 7,01 €*

20261 **DOSTOÏEVSKI F. M.** L'adolescent. Nouv. éd. *Actes Sud, 1999.* (Intégrale Dostoïevski; 2)(Babel)
ISBN 2-7427-1584-3. *126 F / 19,21 €*

20262 **DOSTOÏEVSKI F. M.** Bobok. *Mille et une nuits, 1994.* (La petite collection ; 44 c1)
ISBN 2-910233-49-9. *10 F / 1,52 €*

20263 **N** **DOSTOÏEVSKI F. M.** Le bourg de Stépantchikovo et sa population. *Actes Sud, 2001.* (Babel ; 463)
ISBN 2-7427-3097-4. *57 F / 8,69 €*

20264 **DOSTOÏEVSKI F. M.** Brouillons et ébauches. *Actes Sud.* (L'Idiot; 3)(Babel ; 73 c2)
ISBN 2-7427-0010-2. *39 F / 5,95 €*

20265 **DOSTOÏEVSKI F. M.** Les carnets de la maison morte. *Actes Sud, 1999.* (Babel ; 365 c6)
ISBN 2-7427-2071-5. *63 F / 9,60 €*

20266 **DOSTOÏEVSKI F. M.** Les Carnets du sous-sol : récit. *Actes Sud, 1992.* (Babel ; 40 c2)
ISBN 2-86869-799-2. *39 F / 5,95 €*

20267 **DOSTOÏEVSKI F. M.** Carnets du sous-sol : récit. *Gallimard, 1995.* (Folio bilingue ; 49 c10)
ISBN 2-07-039239-2. *76,50 F / 11,66 €*

20268 **N** **DOSTOÏEVSKI F. M.** Un coeur faible. *Actes Sud, 2000.* (Babel ; 430)
ISBN 2-7427-2769-8. *33 F / 5,03 €*

20269 **DOSTOÏEVSKI F. M.** Crime et châtiment ; Le joueur ; L'idiot. *Actes Sud, 1998.* (Thésaurus)
ISBN 2-7427-1936-9. *170 F / 25,92 €*

20270 **N** **DOSTOÏEVSKI F. M.** Crime et châtiment. 1. Réimpr. *Actes Sud, 2000.* (Babel ; 231 c6)
ISBN 2-7427-0909-6. *63 F / 9,60 €*

20271 **N** **DOSTOÏEVSKI F. M.** Crime et châtiment. 2. Réimpr. *Actes Sud, 2000.* (Babel ; 232 c6)
ISBN 2-7427-0910-X. *63 F / 9,60 €*

20272 **DOSTOÏEVSKI F. M.** Crime et châtiment ; suivi de Journal de Raskolnikov. *Gallimard, 1995.* (Folio. Classique c11)
ISBN 2-07-039253-8. *50 F / 7,62 €*

20273 **DOSTOÏEVSKI F. M.** Crime et châtiment. *LGF, 1995.* (Le Livre de poche ; 3110. Classiques de poche c14)
ISBN 2-253-09807-8. *48 F / 7,32 €*

20274 **N** **DOSTOÏEVSKI F. M.** Le crocodile : un événement extraordinaire ou ce qui s'est passé dans le passage : récit. *Actes Sud, 2000.* (Babel ; 428)
ISBN 2-7427-2767-1. *33 F / 5,03 €*

20275 **DOSTOÏEVSKI F. M.** Les démons. 2. *Actes Sud, 1995.* (Babel ; 146 c6)
ISBN 2-7427-0493-0. *63 F / 9,60 €*

20276 **DOSTOÏEVSKI F. M.** Les démons. *Actes Sud, 1995.* (Babel)
ISBN 2-7427-0495-7. *165 F / 25,15 €*

20277 **DOSTOÏEVSKI F. M.** Les démons. *Gallimard, 1997.* (Folio ; 2781. Classique c11)
ISBN 2-07-039416-6. *50 F / 7,62 €*

20278 **N** **DOSTOÏEVSKI F. M.** Dernières miniatures. *Actes Sud, 2000.* (Babel ; 456)
ISBN 2-7427-3106-7. *39 F / 5,95 €*

20279 **N** **DOSTOÏEVSKI F. M.** Le double. Réimpr. *Actes Sud, 2000.* (Babel ; 345 c4)
ISBN 2-7427-1898-2. *51 F / 7,77 €*

20280 **DOSTOÏEVSKI F. M.** Le Double. *Gallimard, 1980.* (Folio ; 1227. Classique c11)
ISBN 2-07-037227-8. *29,50 F / 4,50 €*

20281 **N** **DOSTOÏEVSKI F. M.** La douce : récit. Nouv. éd. *Actes Sud, 2000.* (Babel ; 57 c2)
ISBN 2-7427-2718-3. *39 F / 5,95 €*

20282 **DOSTOÏEVSKI F. M.** Douce ; Songe d'un homme ridicule. *Gallimard, 1992.* (Folio bilingue ; 22 c6)
ISBN 2-07-038488-8. *56 F / 8,54 €*

20283 **DOSTOÏEVSKI F. M.** L'Eternel mari. *Gallimard, 1972.* (Folio ; 97. Classique c11)
ISBN 2-07-036097-0. *29,50 F / 4,50 €*

20284 **DOSTOÏEVSKI F. M.** L'Eternel mari. Rééd. *LGF, 1990.* (Le Livre de poche ; 353. Classiques de poche c4)
ISBN 2-253-02330-2. *20 F / 3,05 €*

20285 **DOSTOÏEVSKI F. M.** L'éternel mari. *Librio, 1996.* (Librio ; 112)
ISBN 2-277-30112-4. *10 F / 1,52 €*

20286 **N** **DOSTOÏEVSKI F. M.** L'éternel mari. Réimpr. *Actes Sud, 2000.* (Babel ; 277 c3)
ISBN 2-7427-1285-2. *45 F / 6,86 €*

20287 **DOSTOÏEVSKI F. M.** La Femme d'un autre et le mari sous le lit. *Actes Sud, 1994.* (Babel ; 92 c1)
ISBN 2-7427-0127-3. *33 F / 5,03 €*

20288 **DOSTOÏEVSKI F. M.** Les Frères Karamazov. Rééd. *Gallimard, 1994.* (Folio ; 2655. Classique c13)
ISBN 2-07-038962-6. *56 F / 8,54 €*

20289 **DOSTOÏEVSKI F. M.** Les frères Karamazov. *LGF, 1994.* (Le Livre de poche ; 4626. Classiques de poche c15)
ISBN 2-253-06707-5. *50 F / 7,62 €*

20290 **N** **DOSTOÏEVSKI F. M.** Humiliés et offensés : roman en quatre parties avec épilogue. *Actes Sud, 2000.* (Babel ; 441)
ISBN 2-7427-2884-8. *63 F / 9,60 €*

20291 **DOSTOÏEVSKI F. M.** L'Idiot. Nouv. éd. *LGF, 1994.* (Le Livre de poche ; 4627. Classiques de poche c12)
ISBN 2-253-06708-3. *44 F / 6,71 €*

20292 **DOSTOÏEVSKI F. M.** L'idiot. Nouv. éd. *Actes Sud, 1999.* (Intégrale Dostoïevski; 1)(Babel)
ISBN 2-7427-2475-3. *126 F / 19,21 €*

20293 **DOSTOÏEVSKI F. M.** L'Idiot. *Gallimard, 1994.* (Folio ; 2656. Classique c12)
ISBN 2-07-038963-4. *52 F / 7,93 €*

20294 **DOSTOÏEVSKI F. M.** Le joueur. Nouv. éd. *Actes Sud, 2000.* (Babel ; 34 c3)
ISBN 2-7427-2821-X. *45 F / 6,86 €*

20295 **DOSTOÏEVSKI F. M.** Le Joueur. Rééd. *LGF, 1983.* (Le Livre de poche ; 388. Classiques de poche c4)
ISBN 2-253-01173-8. *20 F / 3,05 €*

20296 **DOSTOÏEVSKI F. M.** Le joueur. *Librio, 1997.* (Librio ; 155 c1)
ISBN 2-277-30155-8. *10 F / 1,52 €*

20297 **DOSTOÏEVSKI F. M.** Le joueur. *Mille et une nuits, 1998.* (La petite collection ; 214 c6)
ISBN 2-84205-356-7. *23 F / 3,51 €*

20298 **DOSTOÏEVSKI F. M.** Le Joueur. *Gallimard, 1973.* (Folio ; 893. Classique c11)
ISBN 2-07-036893-9. *29,50 F / 4,50 €*

20299 **DOSTOÏEVSKI F. M.** La Légende du Grand Inquisiteur. *Desclée De Brouwer, 1993.* (Les carnets DDB)
ISBN 2-220-03423-2. *59 F / 8,99 €*

20300 **N** **DOSTOÏEVSKI F. M.** La logeuse. Réimpr. *Actes Sud, 2000.* (Babel ; 202 c2)
ISBN 2-7427-2902-X. *39 F / 5,95 €*

20301 **DOSTOÏEVSKI F. M.** Monsieur Prokhartchine. *Actes Sud, 1994.* (Babel ; 112 c1)
ISBN 2-7427-0217-2. *33 F / 5,03 €*

20302 **DOSTOÏEVSKI F. M.** Nétotchka Nezvanova. *Actes Sud, 2000.* (Babel ; 407 c4)
ISBN 2-7427-2529-6. *51 F / 7,77 €*

20303 **N** **DOSTOÏEVSKI F. M.** Les Nuits blanches. Réimpr. *Actes Sud, 2000.* (Babel ; 43 c1)
ISBN 2-86869-831-X. *39 F / 5,95 €*

20304 **DOSTOÏEVSKI F. M.** Les Nuits blanches. *Gallimard, 1982.* (Folio ; 1352. Classique c8)
ISBN 2-07-037352-5. *37 F / 5,64 €*

20305 **N** **DOSTOÏEVSKI F. M.** Le petit héros. *Actes Sud, 2000.* (Babel ; 429)
ISBN 2-7427-2768-X. *33 F / 5,03 €*

20306 **DOSTOÏEVSKI F. M.** Les Possédés. Rééd. *LGF, 1983.* (Le Livre de poche ; 695. Classiques de poche c10)
ISBN 2-253-01825-2. *40 F / 6,10 €*

20307 **N** **DOSTOÏEVSKI F. M.** Premières miniatures. *Actes Sud, 2000.* (Babel ; 455)
ISBN 2-7427-3062-1. *39 F / 5,95 €*

20308 **DOSTOÏEVSKI F. M.** Le Rêve d'un homme ridicule : un récit fantastique, Journal d'un écrivain, avril 1877, chapitre II. Réimpr. *Actes Sud, 1999.* (Babel ; 87 c1)
ISBN 2-7427-0074-9. *33 F / 5,03 €*

20309 **DOSTOÏEVSKI F. M.** Le rêve de l'oncle : extrait des annales mordassoviennes. *Actes Sud, 1999.* (Babel ; 400 c3)
ISBN 2-7427-2507-5. *45 F / 6,86 €*

20310 **DOSTOÏEVSKI F. M.** Une sale histoire et autres nouvelles. *LGF, 1997.* (Le Livre de poche ; 3146. Classiques de poche c7)
ISBN 2-253-09843-4. *30 F / 4,57 €*

20311 **DOSTOÏEVSKI F. M.** Souvenirs de la maison des morts. *Gallimard, 1977.* (Folio ; 925. Classique c9)
ISBN 2-07-036925-0. *41 F / 6,25 €*

20312 **DOUBROVSKY S.** Le Livre brisé. *LGF, 1991.* (Le Livre de poche ; 6936 c14)
ISBN 2-253-05606-5. *48 F / 7,32 €*

20313 **DOUGLAS K.** La Danse avec le diable. *Pocket, 1991.* (Pocket ; 3735 c5)
ISBN 2-266-04348-X. *35 F / 5,34 €*

20314 **DOUGLAS K.** Dernier tango à Brooklyn. *Pocket, 1997.* (Pocket ; 10109 c4)
ISBN 2-266-07276-5. *30 F / 4,57 €*

20315 **DOUMENC P.** Les comptoirs du Sud. *Seuil, 1991.* (Points. Roman ; 430 c3)
ISBN 2-02-012959-0. *48 F / 7,32 €*

20316 **N** **DOUYÈRE O.** Monsieur Lavabeau. *Baleine, 2001.* (Série grise ; 7)
ISBN 2-84219-288-5. *29 F / 4,42 €*

20317 **DOYLE A. C.** Le brigadier Gérard. *Laffont, 1990.* (Bouquins)
ISBN 2-221-06816-5. *130 F / 19,82 €*

20318 **DOYLE A. C.** Les exploits du Pr. Challenger : et autres aventures. Nouv. éd. *Laffont, 1991.* (Bouquins)
ISBN 2-221-05630-2. *139 F / 21,19 €*

20319 **N** **DOYLE A. C.** Histoires extraodinaires = Extraordinary tales : bilingue anglais-français. *Langues pour tous, 2000.* (Langues pour tous ; 11129 c5)
ISBN 2-266-10616-3. *35 F / 5,34 €*

20320 **N** **DOYLE A. C.** Rendez-vous au pub. *Librio, 2001.* (Librio ; 429 c1)
ISBN 2-290-30865-X. *10 F / 1,52 €*

20321 **DOYLE A. C.** Sherlock Holmes. 3. *Langues pour tous, 1987.* (Langues pour tous ; 8405)
ISBN 2-266-03916-4. *44,70 F / 6,81 €*

20322 **DOYLE R.** The Commitments. *10-18, 1997.* (La trilogie de Barrytown; 1)(10-18 ; 2880. Domaine étranger c3)
ISBN 2-264-02655-3. *38 F / 5,79 €*

20323 **DOYLE R.** La femme qui se cognait dans les portes. *10-18, 1999.* (10-18 ; 3096. Domaine étranger c6)
ISBN 2-264-02968-4. *47 F / 7,17 €*

20324 **DOYLE R.** Paddy Clarke ha, ha, ha!. *10-18, 1996.* (10-18 ; 2784. Domaine étranger c6)
ISBN 2-264-02244-2. *47 F / 7,17 €*

20325 **DOYLE R.** The snapper. *10-18, 1997.* (La trilogie de Barrytown; 2)(10-18 ; 2881. Domaine étranger c5)
ISBN 2-264-02657-X. *44 F / 6,71 €*

20326 **DOYLE R.** The van. *10-18, 1997.* (La trilogie de Barrytown; 3)(10-18 ; 2882. Domaine étranger)
ISBN 2-264-02656-1. *47 F / 7,17 €*

20327 **DREVET P.** La micheline. *Gallimard, 1998.* (Folio ; 3114 c11)
ISBN 2-07-040556-7. *29,50 F / 4,50 €*

20328 **DRIEU LA ROCHELLE P.** Beloukia. *Gallimard, 1991.* (L'imaginaire ; 266)
ISBN 2-07-072463-8. *40 F / 6,10 €*

20329 **DRIEU LA ROCHELLE P.** Les chiens de paille. *Gallimard, 1999.* (L'imaginaire ; 392)
ISBN 2-07-075315-8. *42 F / 6,40 €*

20330 **DRIEU LA ROCHELLE P.** La comédie de Charleroi. *Gallimard, 1996.* (L'imaginaire ; 352)
ISBN 2-07-074586-4. *58 F / 8,84 €*

20331 **DRIEU LA ROCHELLE P.** Etat civil. *Gallimard, 1977.* (L'imaginaire ; 14)
ISBN 2-07-029845-0. *42 F / 6,40 €*

20332 **DRIEU LA ROCHELLE P.** Une femme à sa fenêtre. *Gallimard, 1996.* (Folio ; 2835 c8)
ISBN 2-07-039464-6. *37 F / 5,64 €*

20333 **DRIEU LA ROCHELLE P.** Le Feu follet ; Adieu à Gonzague. *Gallimard, 1972.* (Folio ; 152 c9)
ISBN 2-07-036152-7. *20,50 F / 3,13 €*

20334 **DRIEU LA ROCHELLE P.** Gilles. *Gallimard, 1973.* (Folio ; 459 c11)
ISBN 2-07-036459-3. *50 F / 7,62 €*

20335 **DRIEU LA ROCHELLE P.** Histoires déplaisantes. *Gallimard, 1988.* (L'imaginaire ; 205)
ISBN 2-07-071490-X. *43 F / 6,56 €*

20336 **DRIEU LA ROCHELLE P.** L'Homme à cheval. *Gallimard, 1992.* (L'imaginaire ; 281)
ISBN 2-07-072719-X. *41 F / 6,25 €*

20337 **DRIEU LA ROCHELLE P.** L'Homme couvert de femmes. *Gallimard, 1994.* (L'imaginaire ; 310)
ISBN 2-07-073744-6. *40 F / 6,10 €*

20338 **DRIEU LA ROCHELLE P.** Journal d'un homme trompé. Réimpr. *Gallimard, 1999.* (Folio ; 1765 c8)
ISBN 2-07-037765-2. *37 F / 5,64 €*

20339 **DRIEU LA ROCHELLE P.** Rêveuse bourgeoisie. *Gallimard, 1995.* (L'imaginaire ; 322)
ISBN 2-07-074087-0. *55 F / 8,38 €*

20340 **DRUON M.** Le Bonheur des uns... *LGF, 1984.* (Le Livre de poche ; 5138 c7)
ISBN 2-253-01994-1. *30 F / 4,57 €*

20341 **DRUON M.** La Dernière brigade. *LGF, 1978.* (Le Livre de poche ; 5085 c6)
ISBN 2-253-01890-2. *26 F / 3,96 €*

20342 **DRUON M.** Les grandes familles. Nouv. éd. *LGF, 1989.* (La Fin des hommes; 1)(Le Livre de poche ; 75 c8)
ISBN 2-253-00614-9. *33 F / 5,03 €*

20343 **DRUON M.** Le Lis et le lion. *LGF, 1970.* (Les Rois maudits; 6)(Le Livre de poche ; 2891 c8)
ISBN 2-253-00465-0. *33 F / 5,03 €*

20344 **DRUON M.** La Loi des mâles. *LGF, 1970.* (Les Rois maudits; 4)(Le Livre de poche ; 2889 c8)
ISBN 2-253-00405-7. *33 F / 5,03 €*

20345 **DRUON M.** La Louve de France. *LGF, 1970.* (Les Rois maudits; 5)(Le Livre de poche ; 2890 c8)
ISBN 2-253-00406-5. *33 F / 5,03 €*

20346 **DRUON M.** Les Poisons de la couronne. *LGF, 1970.* (Les Rois maudits; 3)(Le Livre de poche ; 2888 c8)
ISBN 2-253-00404-9. *33 F / 5,03 €*

20347 **DRUON M.** Quand un roi perd la France. *LGF, 1979.* (Les Rois maudits; 7)(Le Livre de poche ; 5252 c8)
ISBN 2-253-02197-0. *33 F / 5,03 €*

20348 **DRUON M.** La Reine étranglée. *LGF, 1970.* (Les Rois maudits; 2)(Le Livre de poche ; 2887 c8)
ISBN 2-253-00306-9. *33 F / 5,03 €*

20349 **DRUON M.** Rendez-vous aux enfers. *LGF, 1996.* (Le Livre de poche ; 896 c8)
ISBN 2-253-01455-9. *33 F / 5,03 €*

20350 **DRUON M.** Le Roi de fer. *LGF, 1970.* (Les Rois maudits; 1)(Le Livre de poche ; 2886 c8)
ISBN 2-253-01101-0. *33 F / 5,03 €*

20351 **DRUON M.** La Volupté d'être. *LGF, 1965.* (Le Livre de poche ; 1493 c4)
ISBN 2-253-00520-7. *20 F / 3,05 €*

20352 **DU MAURIER D.** L'Auberge de la Jamaïque. *LGF, 1954.* (Le Livre de poche ; 77 c9)
ISBN 2-253-01455-9. *36 F / 5,49 €*

20353 **DU MAURIER D.** La crique du Français. *LGF, 2000.* (Le Livre de poche ; 14817 c7)
ISBN 2-253-14817-2. *30 F / 4,57 €*

20354 **DU MAURIER D.** Ma cousine Rachel. *LGF, 1958.* (Le Livre de poche ; 364 c10)
ISBN 2-253-00621-1. *40 F / 6,10 €*

20355 **DU MAURIER D.** Rebecca ; Ma cousine Rachel ; L'aventure vient de la mer. *Laffont, 1996.* (Bouquins)
ISBN 2-221-08170-6. *149 F / 22,71 €*

20356 **DU MAURIER D.** Rebecca. *LGF, 1984.* (Le Livre de poche ; 529 c9)
ISBN 2-253-00673-4. *36 F / 5,49 €*

20357 **DU MAURIER G.** Peter Ibbetson. *Gallimard, 1978.* (L'imaginaire ; 18)
ISBN 2-07-029869-8. *55 F / 8,38 €*

20358 **N** **DUBARRY V.** Hors les liens sacrés du mariage. *le Cercle, 2001.* (Le Cercle poche ; 14)
ISBN 2-913563-35-X. *39 F / 5,95 €*

20359 **DUBILLARD R.** Olga ma vache ; Les Campements ; Confessions d'un fumeur de tabac français. *Gallimard, 1993.* (L'imaginaire ; 297)
ISBN 2-07-072977-X. *42 F / 6,40 €*

20360 **DUBOIS J-P.** Je pense à autre chose. *Seuil, 1999.* (Points ; 583)
ISBN 2-02-036036-5. *39 F / 5,95 €*

20361 **DUBOIS J-P.** Kennedy et moi. *Seuil, 1997.* (Points ; 409 c7)
ISBN 2-02-032365-6. *35 F / 5,34 €*

20362 **A** **DUBOIS J-P.** Les poissons me regardent. *Seuil, 2001.* (Points ; 854)
ISBN 2-02-041956-4. *35 F / 5,34 €*

20363 **DUBOIS J-P.** Prends soin de moi. *Seuil, 1997.* (Points ; 315 c7)
ISBN 2-02-023737-7. *35 F / 5,34 €*

20364 **DUBOIS J-P.** Si ce livre pouvait me rapprocher de toi. *Seuil, 2000.* (Points ; 724 c8)
ISBN 2-02-040342-0. *39 F / 5,95 €*

20365 **DUBOIS J-P.** Tous les matins je me lève. *Seuil, 1995.* (Points ; 118 c7)
ISBN 2-02-023738-5. *35 F / 5,34 €*

20366 **DUBOIS J-P.** La vie me fait peur. *Seuil, 1996.* (Points ; 188 c7)
ISBN 2-02-028134-1. *35 F / 5,34 €*

20367 **DUBOS A.** La palombe noire. *Pocket, 2000.* (Pocket ; 10520)
ISBN 2-266-08588-3. *42 F / 6,40 €*

20368 **DUBOS A.** Les seigneurs de la Haute Lande. *Pocket, 1999.* (Pocket ; 10240 c5)
ISBN 2-266-07797-X. *35 F / 5,34 €*

20369 **A** **DUBOS A.** La sève et la cendre. *Pocket, 2001.* (Pocket ; 10815)
ISBN 2-266-09757-1

20370 **DUBUS A.** Jolie la fille. *Seuil, 1993.* (Points. Roman ; 599 c1)
ISBN 2-02-013323-7. *32 F / 4,88 €*

20371 **DUBUS E. N.** Beau-chêne. *J'ai lu, 1988.* (J'ai lu ; 2346. Littérature générale)
ISBN 2-277-22346-8. *45 F / 6,86 €*

20372 **A** **DUBUS E. N.** Beau-chêne. Réimpr. *J'ai lu, 2001.* (J'ai lu ; 2346. Littérature générale)
ISBN 2-290-30798-X

20373 **DUCHARME R.** L'Avalée des avalés. *Gallimard, 1982.* (Folio ; 1393 c10)
ISBN 2-07-037393-2. *46 F / 7,01 €*

20374 **DUCHARME R.** Dévadé. *Gallimard, 1992.* (Folio ; 2412 c8)
ISBN 2-07-038547-7. *37 F / 5,64 €*

20375 **A** **DUCHARME R.** Gros mots. *Gallimard, 2001.* (Folio)
ISBN 2-07-041715-8. *41 F / 6,25 €*

20376 **DUCHARME R.** L'Hiver de force. *Gallimard, 1984.* (Folio ; 1622 c9)
ISBN 2-07-037622-2. *41 F / 6,25 €*

20377 **DUCHARME R.** Le Nez qui voque. *Gallimard, 1993.* (Folio ; 2457 c8)
ISBN 2-07-038598-1. *37 F / 5,64 €*

20378 **DUCHARME R.** L'océantume. *Gallimard, 1999.* (Folio ; 3215 c7)
ISBN 2-07-040866-3. *32,50 F / 4,95 €*

20379 **DUCHARME R.** Va savoir. *Gallimard, 1996.* (Folio ; 2875 c11)
ISBN 2-07-040102-2. *29,50 F / 4,50 €*

20380 **N** **DUCHÂTEL E., POSTEL P.** Pandore et l'ouvre-boîte. *Gallimard, 2001.* (Folio ; 3476 c10)
ISBN 2-07-041691-7. *46 F / 7,01 €*

20381 **DUCHAUSSOIS C.** Flash ou le Grand voyage. *LGF, 1974.* (Le Livre de poche ; 3730 c9)
ISBN 2-253-00014-0. *36 F / 5,49 €*

20382 **DUCHER F., TURENNE H. d.** Les Alsaciens ou Les deux Mathilde. *Pocket, 1997.* (Pocket ; 10276 c7)
ISBN 2-266-07702-3. *42 F / 6,40 €*

20383 **N** **DUCLOS C.** Histoire de Madame de Luz : anecdote du règne de Henri IV. *Table ronde, 2001.* (La petite vermillon)
ISBN 2-7103-2391-5. *45 F / 6,86 €*

20384 **DUFOUR H.** Cléopâtre, la fatale. *J'ai lu, 1999.* (J'ai lu ; 5225. Littérature générale c7)
ISBN 2-290-05225-6. *45 F / 6,86 €*

20385 **DUFOUR H.** La fille du Saulnier. *LGF, 1994.* (Le Livre de poche ; 13619 c6)
ISBN 2-253-13619-0. *26 F / 3,96 €*

20386 **DUFREIGNE J-P.** Boire. *LGF, 1998.* (Le Livre de poche ; 14413 c5)
ISBN 2-253-14413-4. *23 F / 3,51 €*

20387 **DUFREIGNE J-P.** Le Dernier amour d'Aramis ou Les vrais Mémoires du chevalier René d'Herblay... *LGF, 1994.* (Le Livre de poche ; 13648 c6)
ISBN 2-253-13648-4. *26 F / 3,96 €*

20388 **DUGAIN M.** La chambre des officiers. *Pocket, 2000.* (Pocket ; 10679 c4)
ISBN 2-266-09308-8. *30 F / 4,57 €*

20389 **DUHAMEL G.** Cécile parmi nous. *Gallimard, 1976.* (Chronique des Pasquier; 7)(Folio ; 553 c11)
ISBN 2-07-036553-0. *29,50 F / 4,50 €*

20390 **DUHAMEL G.** Le Combat contre les ombres. *Gallimard, 1976.* (Chronique des Pasquier; 8)(Folio ; 841 c11)
ISBN 2-07-036841-6. *29,50 F / 4,50 €*

20391 **DUHAMEL G.** Les Maîtres. *Gallimard, 1974.* (Chronique des Pasquier; 6)(Folio ; 525 c9)
ISBN 2-07-036525-5. *20,50 F / 3,13 €*

20392 **DUHAMEL G.** Le Notaire du Havre. *Gallimard, 1972.* (Chronique des Pasquier; 1)(Folio ; 903 c11)
ISBN 2-07-036903-X. *29,50 F / 4,50 €*

20393 **DUHAMEL G.** La Passion de Joseph Pasquier. *Gallimard, 1977.* (Chronique des Pasquier; 10)(Folio ; 985 c11)
ISBN 2-07-036985-4. *29,50 F / 4,50 €*

20394 **DUHAMEL G.** Suzanne et les jeunes hommes. *Gallimard, 1977.* (Chronique des Pasquier; 9)(Folio ; 923 c8)
ISBN 2-07-036923-4. *37 F / 5,64 €*

20395 **DUHAMEL G.** Le Voyage de Patrice Périot. *Gallimard, 1983.* (Folio ; 1438 c8)
ISBN 2-07-037438-6. *37 F / 5,64 €*

20396 **DUHAMEL G.** Vue de la terre promise. *Gallimard, 1973.* (Chronique des Pasquier; 3)(Folio ; 404 c9)
ISBN 2-07-036404-6. *20,50 F / 3,13 €*

20397 **DUMAS A.** Blanche de Beaulieu. *Mercure de France, 1996.* (Le petit Mercure)
ISBN 2-7152-1967-9. *20 F / 3,05 €*

20398 **DUMAS A.** Catherine Blum. *Grasset, 1999.* (Les Cahiers rouges ; 283)
ISBN 2-246-58331-4. *58 F / 8,84 €*

20399 **DUMAS A.** La chasse au chastre : et autres nouvelles humoristiques. *Actes Sud, 1995.* (Babel ; 175 c4)
ISBN 2-7427-0583-X. *51 F / 7,77 €*

20400 **DUMAS A.** Le Collier de la reine ; Ange Pitou. Réimpr. *Laffont, 1999.* (Les Grands romans; 2)(Bouquins)
ISBN 2-221-06450-X. *159 F / 24,24 €*

20401 **DUMAS A.** Le comte de Monte-Cristo. 1. *LGF, 1995.* (Le Livre de poche ; 3108. Classiques de poche c12)
ISBN 2-253-09805-1. *40 F / 6,10 €*

20402 **DUMAS A.** Le comte de Monte-Cristo. 1. *Gallimard, 1998.* (Folio ; 3142. Classique c8)
ISBN 2-07-040537-0. *37 F / 5,64 €*

20403 **DUMAS A.** Le comte de Monte-Cristo. 2. *LGF, 1995.* (Le Livre de poche ; 3109. Classiques de poche c12)
ISBN 2-253-09806-X. *40 F / 6,10 €*

20404 **DUMAS A.** Le comte de Monte-Cristo. 2. *Gallimard, 1998.* (Folio ; 3143. Classique c8)
ISBN 2-07-040592-3. *37 F / 5,64 €*

20405 **DUMAS A.** Le comte de Monte-Cristo. Réimpr. *Laffont, 1998.* (Bouquins)
ISBN 2-221-06457-7. *169 F / 25,76 €*

20406 **DUMAS A.** La Comtesse de Charny ; Le Chevalier de Maison-Rouge. Réimpr. *Laffont, 1999.* (Les Grands romans; 3)(Bouquins)
ISBN 2-221-06451-8. *179 F / 27,29 €*

20407 **DUMAS A.** La femme au collier de velours. *Librio, 1995.* (Librio ; 58 c1)
ISBN 2-277-30058-6. *10 F / 1,52 €*

20408 **DUMAS A.** Georges. *Gallimard, 1974.* (Folio ; 567. Classique c11)
ISBN 2-07-036567-0. *29,50 F / 4,50 €*

20409 **DUMAS A.** Herminie. *Mercure de France, 1996.* (Le petit Mercure)
ISBN 2-7152-1969-5. *20 F / 3,05 €*

20410 **DUMAS A.** Histoire d'un lézard : souvenirs de Naples. *Mercure de France, 1996.* (Le petit Mercure)
ISBN 2-7152-1972-5. *20 F / 3,05 €*

20411 **DUMAS A.** Jacquot sans oreille. *Grasset, 1999.* (Les Cahiers rouges ; 282)
ISBN 2-246-58321-7. *46 F / 7,01 €*

20412 **DUMAS A.** Joseph Balsamo. *Laffont, 1991.* (Les Grands romans; 1)(Bouquins)
ISBN 2-221-06449-6. *169 F / 25,76 €*

20413 **DUMAS A.** Les quarante-cinq. Réimpr. *Laffont, 2000.* (Les Grands romans; 8)(Bouquins)
ISBN 2-221-06456-9. *159 F / 24,24 €*

20414 **DUMAS A.** La reine Margot ; La Dame de Monsoreau. Réimp. *Laffont, 2000.* (Les Grands romans; 7)(Bouquins)
ISBN 2-221-06455-0. *150 F / 22,87 €*

20415 **DUMAS A.** La Reine Margot. Réimpr. *J'ai lu, 1994.* (J'ai lu ; 3279. Les Classiques c3)
ISBN 2-277-23279-3. *29 F / 4,42 €*

20416 **DUMAS A.** La Reine Margot. *LGF, 1994.* (Le Livre de poche ; 906. Classiques de poche c7)
ISBN 2-253-09999-6. *30 F / 4,57 €*

20417 **DUMAS A.** La Reine Margot. Nouv. éd. *Gallimard, 1994.* (Folio ; 411. Classique c8)
ISBN 2-07-036411-9. *37 F / 5,64 €*

20418 **DUMAS A.** Robin des Bois : le prince des voleurs. *J'ai lu, 1996.* (J'ai lu ; 4366. Les Classiques c3)
ISBN 2-290-04366-4. *29 F / 4,42 €*

20419 **DUMAS A.** Robin des Bois : le proscrit. *J'ai lu, 1997.* (J'ai lu ; 4311. Les Classiques c3)
ISBN 2-290-04311-7. *29 F / 4,42 €*

20420 **DUMAS A.** Les Trois mousquetaires ; Vingt ans après. *Laffont, 1991.* (Les Grands romans; 4)(Bouquins)
ISBN 2-221-06452-6. *169 F / 25,76 €*

20421 **DUMAS A.** Les trois mousquetaires. Nouv. éd. *LGF, 1997.* (Le Livre de poche ; 667. Classiques de poche c9)
ISBN 2-253-00888-5. *36 F / 5,49 €*

20422 **DUMAS A.** Les Trois mousquetaires. *Gallimard, 1994.* (Folio ; 2610. Classique c10)
ISBN 2-07-038899-9. *46 F / 7,01 €*

20423 **A** **DUMAS A.** Les Trois mousquetaires. *Gallimard, 2001.* (Folio. Classique)
ISBN 2-07-041768-9. *20,50 F / 3,13 €*

20424 **DUMAS A.** Le vicomte de Bragelonne : 1re part. Réimpr. *Laffont, 1998.* (Les Grands romans; 5)(Bouquins)
ISBN 2-221-06453-4. *139 F / 21,19 €*

20425 **DUMAS A.** Le vicomte de Bragelonne : 2e 2e partie. Réimpr. *Laffont, 1998.* (Les Grands romans; 6)(Bouquins)
ISBN 2-221-06454-2. *149 F / 22,71 €*

20426 **DUMAS A.** Le vicomte de Bragelonne. 1. *Gallimard, 1997.* (Folio ; 3023. Classique c15)
ISBN 2-07-040051-4. *61 F / 9,30 €*

20427 **DUMAS A.** Le vicomte de Bragelonne. 2. *Gallimard, 1997.* (Folio ; 3024. Classique c15)
ISBN 2-07-040052-2. *61 F / 9,30 €*

20428 **DUMAS A.** Le vicomte de Bragelonne. 3. *Gallimard, 1997.* (Folio ; 3025. Classique c15)
ISBN 2-07-040053-0. *61 F / 9,30 €*

20429 **DUMAS A.** Vingt ans après. *LGF, 1989.* (Le Livre de poche ; 736. Classiques de poche c15)
ISBN 2-253-05052-0. *50 F / 7,62 €*

20430 **DUMAS A. (.** La Dame aux camélias. *LGF, 1975.* (Le Livre de poche ; 2682. Classique théâtre c7)
ISBN 2-253-01184-3. *30 F / 4,57 €*

20431 **DUMAS A. (.** La Dame aux camélias. *Gallimard, 1975.* (Folio ; 704. Classique c8)
ISBN 2-07-036704-5. *37 F / 5,64 €*

20432 **DUMITRIU P.** Incognito. *Seuil, 1983.* (Points. Roman ; 121 c5)
ISBN 2-02-006594-0. *55 F / 8,38 €*

20433 **DUMONT F.** La Région du coeur et autres textes. *Labor, 1985.* (Espace Nord ; 20 c1)
ISBN 2-8040-0084-2. *34 F / 5,18 €*

20434 **DUNETON C.** L'ouilla. Réimpr. *Seuil, 1991.* (Point-virgule)
ISBN 2-02-013317-2. *32 F / 4,88 €*

20435 **DUNKEL E.** Toutes les femmes aiment un poète russe. *J'ai lu, 1993.* (J'ai lu ; 3463. Littérature générale)
ISBN 2-277-23463-X. *45 F / 6,86 €*

20436 **DUNMORE H.** Un été vénéneux. *Pocket, 1999.* (Pocket ; 10605 c4)
ISBN 2-266-08952-8. *30 F / 4,57 €*

20437 **DUNNE D.** Une Femme encombrante. *LGF, 1993.* (Le Livre de poche ; 7607. Thriller c10)
ISBN 2-253-06419-X. *40 F / 6,10 €*

20438 **N** **DUONG T. H.** Histoire d'amour racontée avant l'aube. Nouv. éd. *Ed. de l'Aube, 2001.* (L'Aube poche ; 13)
ISBN 2-87678-224-3. *45 F / 6,86 €*

20439 **DUPEREY A.** L'admiroir. Réimpr. *Seuil, 1997.* (Points ; 438 c8)
ISBN 2-02-029156-8. *35 F / 5,34 €*

20440 **DUPEREY A.** Le nez de Mazarin. RRééd. sous une nouv. prés. *Seuil, 1995.* (Points ; 86 c2)
ISBN 2-02-025312-7. *39 F / 5,95 €*

20441 **DUQUESNE J.** Laura C. *LGF, 1996.* (Le Livre de poche ; 13929 c7)
ISBN 2-253-13929-7. *30 F / 4,57 €*

20442 **DUQUESNE J.** Maria Vandamme. *LGF, 1985.* (Le Livre de poche ; 6021 c8)
ISBN 2-253-03615-3. *33 F / 5,03 €*

20443 **DUQUESNE J.** Théo et Marie. *Pocket, 1997.* (Pocket ; 10197. Best c6)
ISBN 2-266-07581-0. *38 F / 5,79 €*

20444 **N** **DURAN COHEN I.** Chronique alicienne. *J'ai lu, 2000.* (J'ai lu ; 5608. Littérature générale)
ISBN 2-290-30314-3. *29 F / 4,42 €*

20445 **DURAND L.** Le jaguar. Réimpr. *Pocket, 1996.* (Pocket ; 3541 c5)
ISBN 2-266-07104-1. *35 F / 5,34 €*

20446 **DURANTY L-E.** Le Malheur d'Henriette Gérard. *Gallimard, 1981.* (L'imaginaire ; 73)
ISBN 2-07-023376-6. *57 F / 8,69 €*

20447 **N** **DURAS M.** Abahn Sabana David. *Gallimard, 2000.* (L'imaginaire ; 418)
ISBN 2-07-075846-X. *40 F / 6,10 €*

20448 **DURAS M.** L'Amant de la Chine du Nord. *Gallimard, 1993.* (Folio ; 2509 c8)
ISBN 2-07-038809-3. *37 F / 5,64 €*

20449 **DURAS M.** L'amante anglaise. Réimpr. *Gallimard, 1998.* (L'imaginaire ; 168)
ISBN 2-07-070750-4. *48 F / 7,32 €*

20450 **DURAS M.** L'Amour. *Gallimard, 1992.* (Folio ; 2418 c11)
ISBN 2-07-038553-1. *29,50 F / 4,50 €*

20451 **DURAS M.** L'Après-midi de Monsieur Andesmas. *Gallimard, 1979.* (L'imaginaire ; 49)
ISBN 2-07-028664-9. *38 F / 5,79 €*

20452 **DURAS M.** Un Barrage contre le Pacifique. *Gallimard, 1977.* (Folio ; 882 c8)
ISBN 2-07-036882-3. *36 F / 5,49 €*

20453 **DURAS M.** Dix heures et demie du soir en été. *Gallimard, 1985.* (Folio ; 1699 c9)
ISBN 2-07-037699-0. *20,50 F / 3,13 €*

20454 **DURAS M.** La Douleur. *Gallimard, 1993.* (Folio ; 2469 c11)
ISBN 2-07-038704-6. *29,50 F / 4,50 €*

20455 **DURAS M.** L'Eden cinéma. *Gallimard, 1989.* (Folio ;.2051 c11)
ISBN 2-07-038139-0. *29,50 F / 4,50 €*

20456 **DURAS M.** Hiroshima mon amour. *Gallimard, 1972.* (Folio ; 9 c11)
ISBN 2-07-036009-1. *29,50 F / 4,50 €*

20457 **DURAS M.** Les Impudents. *Gallimard, 1992.* (Folio ; 2325 c8)
ISBN 2-07-038490-X. *37 F / 5,64 €*

20458 **DURAS M.** India song. *Gallimard, 1991.* (L'imaginaire ; 263)
ISBN 2-07-072386-0. *40 F / 6,10 €*

20459 **DURAS M.** Le Marin de Gibraltar. *Gallimard, 1977.* (Folio ; 943 c9)
ISBN 2-07-036943-9. *41 F / 6,25 €*

20460 **DURAS M.** Moderato cantabile. *Minuit, 1980.* (Double ; 2 c2)
ISBN 2-7073-0314-3. *34 F / 5,18 €*

20461 **DURAS M.** Les Petits chevaux de Tarquinia. *Gallimard, 1973.* (Folio ; 187 c11)
ISBN 2-07-036187-X. *29,50 F / 4,50 €*

20462 **DURAS M.** La Pluie d'été. *Gallimard, 1994.* (Folio ; 2568 c11)
ISBN 2-07-038705-4. *29,50 F / 4,50 €*

20463 **DURAS M.** Le Ravissement de Lol V. Stein. *Gallimard, 1976.* (Folio ; 810 c9)
ISBN 2-07-036810-6. *20,50 F / 3,13 €*

20464 **DURAS M.** Le Square. *Gallimard, 1990.* (Folio ; 2136 c4)
ISBN 2-07-038224-9. *20,50 F / 3,13 €*

20465 **DURAS M.** Le Théâtre de l'amante anglaise. *Gallimard, 1991.* (L'imaginaire ; 265)
ISBN 2-07-072434-4. *35 F / 5,34 €*

20466 **DURAS M.** Le Vice-consul. *Gallimard, 1977.* (L'imaginaire ; 12)
ISBN 2-07-029844-2. *44 F / 6,71 €*

20467 **DURAS M.** La Vie tranquille. *Gallimard, 1982.* (Folio ; 1341 c11)
ISBN 2-07-037341-X. *29,50 F / 4,50 €*

20468 **A** **DURAS M.** Yann Andréa Steiner. *Gallimard, 2001.* (Folio)
ISBN 2-07-041626-7. *41 F / 6,25 €*

20469 **N** **DURIÈS V.** Le lien. *Blanche, 2000.* (Bibliothèque blanche ; 7)
ISBN 2-911621-86-7. *59 F / 8,99 €*

20470 **N** **DURIÈS V.** Le lien. Réimp. *J'ai lu, 2000.* (J'ai lu ; 3678. Littérature générale cG)
ISBN 2-290-30700-9. *29 F / 4,42 €*

20471 **N** **DURRELL L.** Balthazar. *LGF, 2000.* (Le quatuor d'Alexandrie; 2)(Le Livre de poche ; 3329. Biblio)
ISBN 2-253-93329-5. *39 F / 5,95 €*

20472 **DURRELL L.** Cefalû. *LGF, 1983.* (Le Livre de poche ; 3037. Biblio c9)
ISBN 2-253-03336-7. *36 F / 5,49 €*

20473 **DURRELL L.** Citrons acides. *LGF, 1994.* (Le Livre de poche ; 3213. Biblio c10)
ISBN 2-253-93213-2. *40 F / 6,10 €*

20474 **N** **DURRELL L.** Cléa. *LGF, 2000.* (Le quatuor d'Alexandrie; 4)(Le Livre de poche ; 3331. Biblio c11)
ISBN 2-253-93331-7. *42 F / 6,40 €*

20475 **DURRELL L.** L'Ile de Prospero. *LGF, 1993.* (Le Livre de poche ; 3194. Biblio c8)
ISBN 2-253-06343-6. *33 F / 5,03 €*

20476 **N** **DURRELL L.** Justine. *LGF, 2000.* (Le quatuor d'Alexandrie; 1)(Le Livre de poche ; 3328. Biblio)
ISBN 2-253-93328-7. *39 F / 5,95 €*

20477 **DURRELL L.** Monsieur ou le Prince des ténèbres. *Gallimard, 1988.* (Folio ; 1988 c11)
ISBN 2-07-038076-9. *50 F / 7,62 €*

20478 **N** **DURRELL L.** Mountolive. *LGF, 2000.* (Le quatuor d'Alexandrie; 3)(Le Livre de poche ; 3330. Biblio c11)
ISBN 2-253-93330-9. *42 F / 6,40 €*

20479 **DURRELL L.** Nunquam. *Gallimard, 1980.* (Folio ; 1171 c9)
ISBN 2-07-037171-9. *41 F / 6,25 €*

20480 **DURRELL L.** La Papesse Jeanne : récit adapté de l'oeuvre grecque de Emmanuel Royidis. *LGF, 1994.* (Le Livre de poche ; 3218. Biblio c7)
ISBN 2-253-93218-3. *30 F / 4,57 €*

20481 **DURRELL L.** Le Quatuor d'Alexandrie. *LGF, 1992.* (La Pochothèque ; 3209. Classiques modernes)
ISBN 2-253-06126-3. *140 F / 21,34 €*

20482 **DURRELL L.** Tunc. *Gallimard, 1979.* (Folio ; 1122 c9)
ISBN 2-07-037122-0. *41 F / 6,25 €*

20483 **DURRELL L.** Vénus et la mer. *LGF, 1993.* (Le Livre de poche ; 3193. Biblio c10)
ISBN 2-253-06342-8. *40 F / 6,10 €*

20484 **DÜRRENMATT F.** Grec cherche Grecque : une comédie en prose. *LGF, 1995.* (Le Livre de poche ; 3235. Biblio c7)
ISBN 2-253-93235-3. *30 F / 4,57 €*

20485 **DÜRRENMATT F.** Grec cherche Grecque. *Albin Michel, 1988.* (Bibliothèque Albin Michel poche ; 12 c1)
ISBN 2-226-03374-2. *39 F / 5,95 €*

20486 **DÜRRENMATT F.** Le juge et son bourreau. *LGF, 1996.* (Le Livre de poche ; 3264. Biblio c6)
ISBN 2-253-93264-7. *26 F / 3,96 €*

20487 **DÜRRENMATT F.** La Promesse : Requiem pour le roman policier. *Albin Michel, 1990.* (Bibliothèque Albin Michel poche ; 25 c2)
ISBN 2-226-03631-8. *49 F / 7,47 €*

20488 **DÜRRENMATT F.** La promesse : requiem pour le roman policier. *LGF, 1995.* (Le Livre de poche ; 3252. Biblio c7)
ISBN 2-253-93252-3. *30 F / 4,57 €*

20489 **DÜRRENMATT F.** La ville : et autres proses de jeunesse. *LGF, 1997.* (Le Livre de poche ; 3283. Biblio c8)
ISBN 2-253-93283-3. *33 F / 5,03 €*

20490 **DÜRRENMATT F.** La Ville : et autres proses de jeunesse. *Albin Michel, 1988.* (Bibliothèque Albin Michel poche ; 18 c1)
ISBN 2-226-03486-2. *39 F / 5,95 €*

20491 **A** **DUSTAN G.** Nicolas Pages. *J'ai lu, 2001.* (J'ai lu ; 5903. Littérature générale)
ISBN 2-290-31224-X

20492 **N** **DUTEURTRE B.** Drôle de temps. Ed. rev. par l'auteur. *Gallimard, 2001.* (Folio ; 3472 c6)
ISBN 2-07-041723-9. *29,50 F / 4,50 €*

20493 **DUTEURTRE B.** Gaité parisienne. Ed. rev. *Gallimard, 1998.* (Folio ; 3136 c11)
ISBN 2-07-040568-0. *29,50 F / 4,50 €*

20494 **DUTOURD J.** 2024. *Gallimard, 1989.* (Folio ; 2083 c11)
ISBN 2-07-038171-4. *29,50 F / 4,50 €*

20495 **DUTOURD J.** Au bon beurre : scènes de la vie sous l'occupation. *Gallimard, 1982.* (Folio ; 260 c8)
ISBN 2-07-036260-4. *37 F / 5,64 €*

20496 **DUTOURD J.** Le Déjeuner du lundi. *Gallimard, 1986.* (Folio ; 1756 c10)
ISBN 2-07-037756-3. *46 F / 7,01 €*

20497 **DUTOURD J.** Le Demi-solde. *Gallimard, 1983.* (Folio ; 1488 c11)
ISBN 2-07-037488-2. *29,50 F / 4,50 €*

20498 **DUTOURD J.** Les Horreurs de l'amour. 1. *Gallimard, 1980.* (Folio ; 1181 c10)
ISBN 2-07-037181-6. *46 F / 7,01 €*

20499 **DUTOURD J.** Les Horreurs de l'amour. 2. *Gallimard, 1980.* (Folio ; 1182 c9)
ISBN 2-07-037182-4. *41 F / 6,25 €*

20500 **DUTOURD J.** Les Taxis de la Marne. *Gallimard, 1973.* (Folio ; 506 c9)
ISBN 2-07-036506-9. *41 F / 6,25 €*

20501 **DUTOURD J.** Une Tête de chien. *Gallimard, 1988.* (Folio ; 1997 c11)
ISBN 2-07-038086-6. *29,50 F / 4,50 €*

20502 **DUVERT T.** L'Ile atlantique. *Seuil, 1988.* (Points. Roman ; 301 c3)
ISBN 2-02-009910-1. *48 F / 7,32 €*

20503 **DUVIGNAUD J.** L'Or de la république. *Gallimard, 1984.* (Folio ; 1564 c14)
ISBN 2-07-037564-1. *60 F / 9,15 €*

20504 **N** **DYER G.** La couleur du souvenir. *10-18, 2000.* (10-18 ; 3181. Domaine étranger c6)
ISBN 2-264-03083-6. *47 F / 7,17 €*

20505 **N** **EAGLE K.** L'homme au coeur sauvage. *J'ai lu, 2001.* (J'ai lu ; 5781. Amour et destin cL)
ISBN 2-290-30910-9. *45 F / 6,86 €*

20506 **EASTLAKE W.** Portrait d'un artiste avec vingt-six chevaux. *Gallimard, 1992.* (L'Etrangère)
ISBN 2-07-072566-9. *48 F / 7,32 €*

20507 **ECHENOZ J.** L'équipée malaise. *Minuit, 1999.* (Double ; 13)
ISBN 2-7073-1687-3. *43 F / 6,56 €*

20508 **ECO U.** L'île du jour d'avant. *LGF, 1998.* (Le Livre de poche ; 14361 c13)
ISBN 2-253-14361-8. *46 F / 7,01 €*

20509 **ECO U.** Le Nom de la rose. *LGF, 1983.* (Le Livre de poche ; 5859 c10)
ISBN 2-253-03313-8. *40 F / 6,10 €*

20510 **ECO U.** L'Oeuvre ouverte. *Seuil, 1979.* (Points ; 107. Essais c3)
ISBN 2-02-005327-6. *48 F / 7,32 €*

20511 **ECO U.** Le Pendule de Foucault. *LGF, 1992.* (Le Livre de poche ; 4301 c15)
ISBN 2-253-05949-8. *50 F / 7,62 €*

20512 **L'école des filles ou La philosophie des dames.** *la Musardine, 2000.* (Lectures amoureuses de Jean-Jacques Pauvert ; 36)
ISBN 2-84271-058-4. *39 F / 5,95 €*

20513 **N** **EDDINGS D.** Le trône de diamant. *Pocket, 2000.* (La trilogie des joyaux; 1)(Pocket junior ; 5555. SF c8)
ISBN 2-266-11007-1. *45 F / 6,86 €*

20514 **EDEN D.** Secrets de famille. *Pocket, 1981.* (Pocket ; 1989 c2)
ISBN 2-266-01035-2. *23 F / 3,51 €*

20515 **EDMONDS L.** En coulisse. Réimpr. *J'ai lu, 1994.* (J'ai lu ; 3676. Amour et destin cK)
ISBN 2-290-03676-5. *42 F / 6,40 €*

20516 **EDMONDS L.** Sous le charme. *J'ai lu, 1995.* (J'ai lu ; 4001. Amour et destin)
ISBN 2-277-24001-X. *45 F / 6,86 €*

20517 **N** **EDMONDS L.** Sous les feux de la rampe. *J'ai lu, 2000.* (J'ai lu ; 5646. Amour et destin)
ISBN 2-290-30402-6. *39 F / 5,95 €*

20518 **EDWARDS G.** Sarnia. *Seuil, 1985.* (Points. Roman ; 199 c6)
ISBN 2-02-008813-4. *62 F / 9,45 €*

20519 **EEKHOUD G.** Voyous de velours ou l'Autre vue. *Labor, 1991.* (Espace Nord ; 68 c2)
ISBN 2-8040-0629-8. *42 F / 6,40 €*

20520 **A** **EGAN J.** La parade des anges. *Pocket, 2000.* (Pocket ; 10757)
ISBN 2-266-09523-4. *30 F / 4,57 €*

20521 **EICHENDORFF J. v.** Scènes de la vie d'un propre-à-rien = Aus dem Leben eines Taugenichts. *Gallimard, 1994.* (Folio bilingue ; 44 c6)
ISBN 2-07-038960-X. *56 F / 8,54 €*

20522 **N** **EINSTEIN C.** Bébuquin ou Les dilettantes du miracle. *Presses du réel, 2000.* (L'écart absolu poche)
ISBN 2-84066-048-2. *50 F / 7,62 €*

20523 **EISENBERG D.** Petits désordres sans importance. *10-18, 1999.* (10-18 ; 3037. Domaine étranger c5)
ISBN 2-264-02741-X. *44 F / 6,71 €*

20524 **EISENBERG D.** Transactions dans une monnaie étrangère. *10-18, 1998.* (10-18 ; 2945. Domaine étranger c5)
ISBN 2-264-02727-4. *44 F / 6,71 €*

20525 **ELDSON T.** La caravane de soeur Agnès. *Pocket, 1998.* (Pocket ; 7189 c5)
ISBN 2-266-07291-9. *35 F / 5,34 €*

20526 **N** **ELGOLF T.** Le seigneur des porcheries : le temps venu de tuer le veau gras et d'armer les justes. *Gallimard, 2000.* (Folio ; 3422 c8)
ISBN 2-07-041473-6. *37 F / 5,64 €*

20527 **ELIADE M.** Les dix-neuf roses. *Gallimard, 1996.* (Folio ; 2825 c11)
ISBN 2-07-039490-5. *29,50 F / 4,50 €*

20528 **ELIADE M.** La lumière qui s'éteint. *10-18, 1999.* (10-18 ; 3049. Domaine étranger c6)
ISBN 2-264-02490-9. *47 F / 7,17 €*

20529 **ELIADE M.** Noces au paradis. *Gallimard, 1986.* (L'imaginaire ; 170)
ISBN 2-07-070656-7. *52 F / 7,93 €*

20530 **ELIADE M.** La Nuit bengali. *Gallimard, 1979.* (Folio ; 1087 c11)
ISBN 2-07-037087-9. *29,50 F / 4,50 €*

20531 **ELIADE M.** Le Roman de l'adolescent myope. *Actes Sud, 1994.* (Babel ; 95 c3)
ISBN 2-7427-0132-X. *45 F / 6,86 €*

20532 **ELIADE M.** Le Vieil homme et l'officier. *Gallimard, 1982.* (L'imaginaire ; 88)
ISBN 2-07-025367-8. *44 F / 6,71 €*

20533 **ELIOT G.** Silas Marner. *Gallimard, 1980.* (Folio ; 1191. Classique c8)
ISBN 2-07-037191-3. *37 F / 5,64 €*

20534 **ELLIS A. T.** Les égarements de Lili. *Seuil, 1995.* (Points ; 101 c1)
ISBN 2-02-025602-9. *32 F / 4,88 €*

20535 **ELLIS A. T.** Les habits neufs de Margaret ; Les ivresses de Madame Monro ; Les égarements de Lili. *Seuil, 1995.* (Points)
102 F / 15,55 €

20536 **ELLIS A. T.** Les habits neufs de Margaret. *Seuil, 1995.* (Points ; 55 c7)
ISBN 2-02-021473-3. *35 F / 5,34 €*

20537 **ELLIS A. T.** Les ivresses de madame Monro. *Seuil, 1995.* (Points ; 79 c7)
ISBN 2-02-022074-1. *35 F / 5,34 €*

20538 **ELLIS A. T.** Les oiseaux du ciel. *Seuil, 1997.* (Points ; 355 c7)
ISBN 2-02-026370-X. *35 F / 5,34 €*

20539 **ELLIS A. T.** Un rire inexplicable. *Seuil, 1999.* (Points ; 635)
ISBN 2-02-037430-7. *35 F / 5,34 €*

20540 **ELLIS A. T.** Le vingt-septième royaume. *Seuil, 1996.* (Points ; 241 c1)
ISBN 2-02-026153-7. *32 F / 4,88 €*

20541 **ELLIS B. E.** American psycho. Rééd. sous une nouv. prés. *Seuil, 1995.* (Points ; 94 c13)
ISBN 2-02-025380-1. *52 F / 7,93 €*

20542 **A** **ELLIS B. E.** Glamorama. *10-18, 2001.* (10-18 ; 3292. Domaine étranger)
ISBN 2-264-03191-3. *47 F / 7,17 €*

20543 **ELLIS B. E.** Les Lois de l'attraction. *10-18, 1990.* (10-18 ; 2113 c5)
ISBN 2-264-01356-7. *44 F / 6,71 €*

20544 **ELLIS B. E.** Moins que zéro. *10-18, 1988.* (10-18 ; 1914 c5)
ISBN 2-264-01095-9. *44 F / 6,71 €*

20545 **ELLIS B. E.** Zombies. *10-18, 1998.* (10-18 ; 2953. Domaine étranger)
ISBN 2-264-02654-5. *44 F / 6,71 €*

20546 **ELLISON R.** Homme invisible, pour qui chantes-tu?. *Grasset, 1994.* (Les Cahiers rouges ; 149)
ISBN 2-246-32323-1. *73 F / 11,13 €*

20547 **EMECHETA B.** Les enfants sont une bénédiction. *10-18, 1999.* (10-18 ; 3072. Domaine étranger c6)
ISBN 2-264-02685-5. *47 F / 7,17 €*

20548 **EMMANUEL F.** Grain de peau. Réimpr. *Labor, 2000.* (Espace Nord ; 155)
ISBN 2-8040-1421-5. *54 F / 8,23 €*

20549 **N** **EMMANUEL F.** La leçon de chant : roman. *Labor, 2000.* (Espace Nord ; 163)
ISBN 2-8040-1519-X. *54 F / 8,23 €*

20550 **N** **EMMANUEL F.** La passion Savinsen. *LGF, 2000.* (Le Livre de poche ; 14893)
ISBN 2-253-14893-8. *25 F / 3,81 €*

20551 **EMMANUEL F.** Retour à Satyah. *Ancrage, 2000.* (Poche ; 10 c2)
ISBN 2-930311-06-1. *45 F / 6,86 €*

20552 **EMMANUEL F.** Le tueur mélancolique. *Labor, 1999.* (Espace Nord ; 145)
ISBN 2-8040-1329-4. *299 FB / 7,41 €*

20553 **EMOND P.** La danse du fumiste. Réimpr. *Labor, 1998.* (Espace Nord ; 82 c1)
ISBN 2-8040-0851-7. *34 F / 5,18 €*

20554 **EMOND P.** Plein la vue. *Labor, 1998.* (Espace Nord ; 141 c3)
ISBN 2-8040-1321-9. *54 F / 8,23 €*

20555 **En mouchant la chandelle :** nouvelles chinoises des Ming. *Gallimard, 1986.* (L'imaginaire ; 162 c1)
ISBN 2-07-070561-7. *44 F / 6,71 €*

20556 **ENARD J-P.** Contes à faire rougir les petits chaperons. *Gallimard, 1989.* (Folio ; 2052 c8)
ISBN 2-07-038140-4. *37 F / 5,64 €*

20557 **ENDE M.** L'Histoire sans fin. Nouv. éd. *LGF, 1985.* (Le Livre de poche ; 6014 c11)
ISBN 2-253-03598-X. *42 F / 6,40 €*

20558 **ENDO S.** Douleurs exquises : nouvelles. *LGF, 1996.* (Le Livre de poche ; 3255. Biblio c7)
ISBN 2-253-93255-8. *30 F / 4,57 €*

20559 **N** **ENDO S.** Une femme nommée Shizu. *Gallimard, 2000.* (Folio ; 3440 c8)
ISBN 2-07-041551-1. *37 F / 5,64 €*

20560 **ENDO S.** La fille que j'ai abandonnée. *Gallimard, 1998.* (Folio ; 3042 c8)
ISBN 2-07-040405-6. *37 F / 5,64 €*

20561 N **ENDO S.** Le fleuve sacré. *Gallimard, 2000.* (Folio ; 3353 c9)
ISBN 2-07-041383-7. *41 F / 6,25 €*

20562 **ENDO S.** Volcano. *10-18, 1992.* (10-18 ; 2260 c4)
ISBN 2-264-01663-9. *41 F / 6,25 €*

20563 **Les enfances de Baïbars.** *Actes Sud, 1998.* (Roman de Baïbars; 1)(Babel ; 327 c4)
ISBN 2-7427-1768-4. *51 F / 7,77 €*

20564 **L'enfant du bordel.** *la Musardine, 1997.* (Lectures amoureuses de Jean-Jacques Pauvert ; 9 c2)
ISBN 2-84271-007-X. *29 F / 4,42 €*

20565 **English crime stories of today.** *LGF, 1993.* (Le Livre de poche ; 8648. Lire en anglais c10)
ISBN 2-253-05732-0. *40 F / 6,10 €*

20566 **English ghost stories.** *LGF, 1992.* (Le Livre de poche ; 8638. Lire en anglais c10)
ISBN 2-253-05599-9. *15 F / 2,29 €*

20567 N **ENQUIST P. O.** L'extradition des Baltes. *Actes Sud, 2000.* (Babel ; 449)
ISBN 2-7427-2920-8. *63 F / 9,60 €*

20568 N **EPHRON D.** Raccroche. *Pocket, 2000.* (Pocket ; 10758 c5)
ISBN 2-266-09522-6. *35 F / 5,34 €*

20569 **EPHRON D.** Tchao l'enfance, craignos l'amour. *Seuil, 1984.* (Point-virgule ; 28 c1)
ISBN 2-02-008503-8. *32 F / 4,88 €*

20570 N **EPINAY L. T. d. (. d.** Les contre-confessions de madame d'Épinay. 1. Nouv. éd. *Mercure de France, 2000.* (Le temps retrouvé)
ISBN 2-7152-2228-9. *69 F / 10,52 €*

20571 N **EPINAY L. T. d. (. d.** Les contre-confessions de madame d'Épinay. 2. Nouv. éd. *Mercure de France, 2000.* (Le temps retrouvé)
ISBN 2-7152-2229-7. *69 F / 10,52 €*

20572 N **EPINAY L. T. d. (. d.** Les contre-confessions de madame d'Épinay. 3. Nouv. éd. *Mercure de France, 2000.* (Le temps retrouvé)
ISBN 2-7152-2232-7. *69 F / 10,52 €*

20573 **ERCKMANN E., CHATRIAN A.** Un conscrit de 1813. *Table ronde, 1996.* (La petite vermillon ; 68 c2)
ISBN 2-7103-0767-7. *45 F / 6,86 €*

20574 **ERDRICH L.** L'Amour sorcier. *Seuil, 1992.* (Points. Roman ; 528 c2)
ISBN 2-02-012696-6. *39 F / 5,95 €*

20575 **ERFAN A.** Le dernier poète du monde. *Ed. de l'Aube, 1996.* (L'Aube poche ; 3)
ISBN 2-87678-306-1. *55 F / 8,38 €*

20576 **ERMAKOV O.** Hiver en Afghanistan. *10-18, 1997.* (10-18 ; 2833. Domaine étranger c5)
ISBN 2-264-00118-6. *41 F / 6,25 €*

20577 **ERNAUX A.** Les Armoires vides. *Gallimard, 1984.* (Folio ; 1600 c11)
ISBN 2-07-037600-1. *29,50 F / 4,50 €*

20578 **ERNAUX A.** Ce qu'ils disent ou rien. *Gallimard, 1989.* (Folio ; 2010 c11)
ISBN 2-07-038098-X. *29,50 F / 4,50 €*

20579 **ERNAUX A.** La Femme gelée. *Gallimard, 1987.* (Folio ; 1818 c9)
ISBN 2-07-037818-7. *20,50 F / 3,13 €*

20580 **ERNAUX A.** Une Femme. *Gallimard, 1989.* (Folio ; 2121 c11)
ISBN 2-07-038211-7. *29,50 F / 4,50 €*

20581 **ERNAUX A.** La honte. *Gallimard, 1999.* (Folio ; 3154)
ISBN 2-07-040715-2. *20 F / 3,05 €*

20582 **ERNAUX A.** Journal du dehors. *Gallimard, 1995.* (Folio ; 2693 c9)
ISBN 2-07-039282-1. *20,50 F / 3,13 €*

20583 **ERNAUX A.** Passion simple. *Gallimard, 1994.* (Folio ; 2545 c11)
ISBN 2-07-038840-9. *29,50 F / 4,50 €*

20584 **ERNAUX A.** La place. *Gallimard, 1986.* (Folio ; 1722 c9)
ISBN 2-07-037722-9. *20 F / 3,05 €*

20585 A **Eros 2001.** *J'ai lu, 2001.* (Millenaires ; 6062)
ISBN 2-290-31345-9

20586 **Les érotiques. 1. Nouv. éd.** *Actes Sud, 1999.* (Babel)
ISBN 2-7427-0514-7. *90 F / 13,72 €*

20587 N **ESCHENBRENNER R.** L'homme sans accessoires. *Baleine, 2000.* (Velours ; 11)
ISBN 2-84219-277-X. *39 F / 5,95 €*

20588 **ESTANG L.** Cherchant qui dévorer. *Seuil, 1986.* (Points. Roman ; 239 c6)
ISBN 2-02-009137-2. *62 F / 9,45 €*

20589 **ESTANG L.** Les Fontaines du grand abîme. *Seuil, 1988.* (Charges d'âmes; 3)(Points. Roman ; 306 c5)
ISBN 2-02-010096-7. *55 F / 8,38 €*

20590 **ESTANG L.** L'Horloger du Cherche midi. *Seuil, 1980.* (Points. Roman ; 9 c2)
ISBN 2-02-005483-3. *39 F / 5,95 €*

20591 **ESTANG L.** Les Stigmates. *Seuil, 1984.* (Points. Roman ; 142 c6)
ISBN 2-02-006768-4. *62 F / 9,45 €*

20592 **ESTERHAZY P.** L'oeillade de la comtesse Hahn Hahn : en descendant le Danube. *Gallimard, 1999.* (Arcades ; 60)
ISBN 2-07-075271-2. *110 F / 16,77 €*

20593 **ETCHERELLI C.** Un Arbre voyageur. *Gallimard, 1983.* (Folio ; 1466 c9)
ISBN 2-07-037466-1. *41 F / 6,25 €*

20594 **ETCHERELLI C.** Elise ou la Vraie vie. *Gallimard, 1977.* (Folio ; 939 c11)
ISBN 2-07-036939-0. *29,50 F / 4,50 €*

20595 N **ETXEBARRIA L.** Amour, Prozac et autres curiosités. *10-18, 2001.* (10-18 ; 3253. Domaine étranger c7)
ISBN 2-264-03115-8. *50 F / 7,62 €*

20596 **A** **EUDELINE P.** Ce siècle aura ta peau. *J'ai lu, 2001.* (J'ai lu ; 6033. Littérature générale)
ISBN 2-290-31317-3

20597 **N** **EUGENIDES J.** Virgin suicides. Réimpr. *J'ai lu, 2000.* (J'ai lu ; 5493. Littérature générale cG)
ISBN 2-290-30949-4. *29 F / 4,42 €*

20598 **A** **EVANS J.** Les enfants de la soie. *J'ai lu, 2001.* (J'ai lu ; 5839. Littérature générale)
ISBN 2-290-31019-0

20599 **EVANS M.** Hi Lo Country. *10-18, 1999.* (10-18 ; 3050. Domaine étranger c5)
ISBN 2-264-02770-3. *44 F / 6,71 €*

20600 **N** **EVANS N.** Le cercle des loups. *Pocket, 2000.* (Pocket ; 10623 c9)
ISBN 2-266-09132-8. *48 F / 7,32 €*

20601 **EVANS N.** L'homme qui murmurait à l'oreille des chevaux. *Pocket, 1997.* (Pocket ; 10027 c7)
ISBN 2-266-06724-9. *42 F / 6,40 €*

20602 **EVANS R.** Le coffret de Noël. *Librio, 1998.* (Librio ; 251 c1)
ISBN 2-277-30251-1. *10 F / 1,52 €*

20603 **EVETTE J-B.** Jordan Fantosme. *Gallimard, 1999.* (Folio c11)
ISBN 2-07-040886-8. *50 F / 7,62 €*

20604 **EXBRAYAT C.** Joyeux Noël, Tony. Nouv. éd. *Libr. des Champs-Elysées, 1984.* (Le Masque ; 1768 c1)
26 F / 3,96 €

20605 **FABERT G.** Autoportrait en érection. *Blanche, 1997.* (Bibliothèque blanche)
ISBN 2-911621-25-5. *95 F / 14,48 €*

20606 **FACK R.** Les gages. *J'ai lu, 2000.* (J'ai lu ; 5468. Littérature générale cE)
ISBN 2-290-05468-2. *22 F / 3,35 €*

20607 **FAJARDIE F-H.** Une Charrette pleine d'étoiles. *Gallimard, 1991.* (Folio ; 2236 c11)
ISBN 2-07-038336-9. *29,50 F / 4,50 €*

20608 **FAJARDIE F-H.** Un Homme en harmonie. *Gallimard, 1992.* (Folio ; 2337 c8)
ISBN 2-07-038460-8. *37 F / 5,64 €*

20609 **FAJARDIE F-H.** Jeunes femmes rouges toujours plus belles. *Table ronde, 1998.* (La petite vermillon ; 98)
ISBN 2-7103-0858-4. *45 F / 6,86 €*

20610 **FAJARDIE F-H.** Des lendemains enchanteurs. *Actes Sud, 1996.* (Babel ; 237 c2)
ISBN 2-7427-0988-6. *39 F / 5,95 €*

20611 **FAJARDIE F-H.** La Nuit des chats bottés. *Table ronde, 1993.* (La petite vermillon ; 5)
ISBN 2-7103-0552-6. *45 F / 6,86 €*

20612 **FAKINOS A.** L'Aïeul. *Seuil, 1992.* (Points. Roman ; 496 c2)
ISBN 2-02-014574-X. *39 F / 5,95 €*

20613 **FAKINOS A.** Récit des temps perdus. *Seuil, 1985.* (Points. Roman ; 214 c2)
ISBN 2-02-008937-8. *39 F / 5,95 €*

20614 **FALCONER C.** Les nuits de Topkapi. *Pocket, 1997.* (Pocket ; 10094 c8)
ISBN 2-266-07241-2. *45 F / 6,86 €*

20615 **FALDBAKKEN K.** La Séduction. *10-18, 1994.* (10-18 ; 2525. Domaine étranger c4)
ISBN 2-264-01678-7. *44 F / 6,71 €*

20616 **FALLACI O.** Un homme. *Grasset, 1997.* (Les Cahiers rouges ; 252)
ISBN 2-246-25392-6. *73 F / 11,13 €*

20617 **FALLACI O.** Inchallah. *Gallimard, 1994.* (Folio ; 2604 c14)
ISBN 2-07-038895-6. *60 F / 9,15 €*

20618 **FALLET R.** L'Amour baroque. *Gallimard, 1994.* (Folio ; 2636 c9)
ISBN 2-07-038953-7. *41 F / 6,25 €*

20619 **FALLET R.** Le Beaujolais nouveau est arrivé. *Gallimard, 1979.* (Folio ; 1092 c11)
ISBN 2-07-037092-5. *29,50 F / 4,50 €*

20620 **FALLET R.** Comment fais-tu l'amour, Cerise?. Réimpr. *Gallimard, 1997.* (Folio ; 381 c8)
ISBN 2-07-036381-3. *37 F / 5,64 €*

20621 **FALLET R.** Paris au mois d'Août. *Gallimard, 1974.* (Folio ; 596 c11)
ISBN 2-07-036596-4. *29,50 F / 4,50 €*

20622 **FALLET R.** La Soupe aux choux. *Gallimard, 1983.* (Folio ; 1479 c11)
ISBN 2-07-037479-3. *29,50 F / 4,50 €*

20623 **FALLET R.** Le Triporteur. *Gallimard, 1982.* (Folio ; 286 c8)
ISBN 2-07-036286-8. *37 F / 5,64 €*

20624 **FALLET R.** Les Vieux de la vieille. *Gallimard, 1973.* (Folio ; 437 c11)
ISBN 2-07-036437-2. *29,50 F / 4,50 €*

20625 **FALLET R.** Y-a-t-il un docteur dans la salle?. *Gallimard, 1984.* (Folio ; 1568 c11)
ISBN 2-07-037568-4. *50 F / 7,62 €*

20626 **FANTE J.** Bandini. *10-18, 1988.* (10-18 ; 1915 c5)
ISBN 2-264-01098-3. *44 F / 6,71 €*

20627 **FANTE J.** Les Compagnons de la grappe. *10-18, 1990.* (10-18 ; 2111 c5)
ISBN 2-264-01354-0. *44 F / 6,71 €*

20628 **FANTE J.** Demande à la poussière. *10-18, 1988.* (10-18 ; 1954 c5)
ISBN 2-264-01153-X. *44 F / 6,71 €*

20629 **FANTE J.** Mon chien stupide. *10-18, 1989.* (10-18 ; 2026 c3)
ISBN 2-264-01325-7. *38 F / 5,79 €*

20630 **FANTE J.** L'Orgie ; 1933 fut une mauvaise année. *10-18, 1990.* (10-18 ; 2071 c4)
ISBN 2-264-01452-0. *41 F / 6,25 €*

20631 **FANTE J.** Pleins de vie. *10-18, 1990.* (10-18 ; 2089 c4)
ISBN 2-264-01465-2. *41 F / 6,25 €*

20632 **FANTE J.** Rêves de Bunker Hill. *10-18, 1989.* (10-18 ; 2056 c3)
ISBN 2-264-01430-X. *38 F / 5,79 €*

20633 **FANTE J.** La Route de Los Angeles. *10-18, 1989.* (10-18 ; 2028 c5)
ISBN 2-264-01434-2. *44 F / 6,71 €*

20634 **FANTE J.** Le Vin de la jeunesse. *10-18, 1989.* (10-18 ; 1998 c5)
ISBN 2-264-01326-5. *44 F / 6,71 €*

20635 **FARAGGI C.** Le Maitre d'heure. *Gallimard, 1977.* (Folio ; 990 c9)
ISBN 2-07-036990-0. *20,50 F / 3,13 €*

20636 **FARGUE L-P.** Haute solitude. *Gallimard, 1982.* (L'imaginaire ; 97)
ISBN 2-07-026635-4. *44 F / 6,71 €*

20637 **FARGUE L-P.** Le Piéton de Paris ; D'après Paris. *Gallimard, 1993.* (L'imaginaire ; 301)
ISBN 2-07-073439-0. *50 F / 7,62 €*

20638 **FARRELL J. G.** Le Siège de Krishnapur. *LGF, 1992.* (Le Livre de poche ; 3185. Biblio c16)
ISBN 2-253-06222-7. *55 F / 8,38 €*

20639 **FASQUELLE S.** Le chant des hérissons. *LGF, 1999.* (Le Livre de poche ; 14702 c8)
ISBN 2-253-14702-8. *33 F / 5,03 €*

20640 **FASQUELLE S.** Les falaises d'Ischia. *LGF, 1996.* (Le Livre de poche ; 14029 c8)
ISBN 2-253-14029-5. *33 F / 5,03 €*

20641 **FASQUELLE S.** Les Sarranches. *LGF, 1998.* (Le Livre de poche ; 14476 c9)
ISBN 2-253-14476-2. *36 F / 5,49 €*

20642 **FAST H.** La dernière frontière. *10-18, 1996.* (10-18 ; 2719. Domaine étranger c5)
ISBN 2-264-02063-6. *44 F / 6,71 €*

20643 **FAUCHER E.** Rends la monnaie, papa!. *J'ai lu, 1994.* (J'ai lu ; 3746. Littérature générale)
ISBN 2-277-23746-9. *29 F / 4,42 €*

20644 **FAULKNER C.** L'amant interdit. *J'ai lu, 1999.* (J'ai lu ; 5377. Aventures et passions c6)
ISBN 2-290-05377-5. *42 F / 6,40 €*

20645 **FAULKNER W.** Absalon! Absalon!. Réimpr. *Gallimard, 2000.* (L'imaginaire ; 412)
ISBN 2-07-075700-5. *82 F / 12,50 €*

20646 **FAULKNER W.** Le bruit et la fureur ; Les larrons ; Sanctuaire. *Gallimard, 1996.* (Folio)
ISBN 2-07-040143-X. *41 F / 6,25 €*

20647 **FAULKNER W.** Le Bruit et la fureur. *Gallimard, 1972.* (Folio ; 162 c8)
ISBN 2-07-036162-4. *37 F / 5,64 €*

20648 **FAULKNER W.** Descends, Moïse. *Gallimard, 1990.* (L'imaginaire ; 246)
ISBN 2-07-072187-6. *54 F / 8,23 €*

20649 **FAULKNER W.** Evangeline. *Mercure de France, 1998.* (Le petit Mercure)
ISBN 2-7152-2104-5. *18 F / 2,74 €*

20650 **FAULKNER W.** Le gambit du cavalier. *Gallimard, 1995.* (Folio ; 2718 c11)
ISBN 2-07-039313-5. *29,50 F / 4,50 €*

20651 **FAULKNER W.** Le Hameau. *Gallimard, 1985.* (Folio ; 1661 c11)
ISBN 2-07-037661-3. *50 F / 7,62 €*

20652 **FAULKNER W.** Idylle au désert : et autres nouvelles. *Gallimard, 1998.* (Folio ; 3091 c10)
ISBN 2-07-040475-7. *46 F / 7,01 €*

20653 **FAULKNER W.** L'Intrus. *Gallimard, 1973.* (Folio ; 420 c8)
ISBN 2-07-036420-8. *37 F / 5,64 €*

20654 **FAULKNER W.** L'Invaincu. *Gallimard, 1990.* (Folio ; 2184 c8)
ISBN 2-07-038274-5. *37 F / 5,64 €*

20655 **FAULKNER W.** Les larrons. *Gallimard, 1996.* (Folio ; 2789 c9)
ISBN 2-07-039476-X. *41 F / 6,25 €*

20656 **FAULKNER W.** Lumière d'août. *Gallimard, 1974.* (Folio ; 621 c11)
ISBN 2-07-036621-9. *50 F / 7,62 €*

20657 **FAULKNER W.** Moustiques. Rééd. *Seuil, 1996.* (Points ; 229 c10)
ISBN 2-02-028586-X. *45 F / 6,86 €*

20658 **FAULKNER W.** Les Palmiers sauvages. *Gallimard, 1977.* (L'imaginaire ; 2)
ISBN 2-07-029672-5. *57 F / 8,69 €*

20659 **FAULKNER W.** Parabole. *Gallimard, 1997.* (Folio ; 2996 c13)
ISBN 2-07-040350-5. *56 F / 8,54 €*

20660 **FAULKNER W.** Pylone. *Gallimard, 1984.* (Folio ; 1531 c10)
ISBN 2-07-037531-5. *46 F / 7,01 €*

20661 **FAULKNER W.** Requiem pour une nonne. *Gallimard, 1993.* (Folio ; 2480 c8)
ISBN 2-07-038625-2. *37 F / 5,64 €*

20662 **FAULKNER W.** Une rose pour Emily = A rose for Emily ; Soleil couchant = That evening sun ; Septembre ardent = Dry september. *Gallimard, 1996.* (Folio bilingue c3)
ISBN 2-07-039453-0. *41 F / 6,25 €*

20663 **FAULKNER W.** Sanctuaire. Ed. rev. *Gallimard, 1972.* (Folio ; 231 c8)
ISBN 2-07-036231-0. *37 F / 5,64 €*

20664 **FAULKNER W.** Sartoris. *Gallimard, 1977.* (Folio ; 920 c9)
ISBN 2-07-036920-X. *41 F / 6,25 €*

20665 **FAULKNER W.** Tandis que j'agonise = As I lay dying. *Gallimard, 1990.* (Folio bilingue ; 1)
ISBN 2-07-038307-5. *60 F / 9,15 €*

20666 **FAULKNER W.** Tandis que j'agonise. *Gallimard, 1973.* (Folio ; 307 c6)
ISBN 2-07-036307-4. *29,50 F / 4,50 €*

20667 **FAULKNER W.** Treize histoires. *Gallimard, 1991.* (Folio ; 2300 c10)
ISBN 2-07-038414-4. *46 F / 7,01 €*

20668 **N** **FAULKS S.** Charlotte Gray. *Pocket, 2000.* (Pocket ; 10676 c9)
ISBN 2-266-09416-5. *48 F / 7,32 €*

20669 **FAULKS S.** Les chemins de feu. *Pocket, 1999.* (Pocket ; 10670 c9)
ISBN 2-266-09415-7. *48 F / 7,32 €*

20670 **FAURE L.** Variations sur l'imposture : nouvelles. *Gallimard, 1975.* (Folio ; 710 c11)
ISBN 2-07-036710-X. *29,50 F / 4,50 €*

20671 **N** **FAYE E.** Le général Solitude. *Seuil, 2000.* (Points ; 784)
ISBN 2-02-039509-6. *35 F / 5,34 €*

20672 **FAYE E.** Je suis le gardien du phare : et autres récits fantastiques. *Seuil, 2000.* (Points ; 701)
ISBN 2-02-035906-5. *35 F / 5,34 €*

20673 **FAYE E.** Parij. *J'ai lu, 1999.* (J'ai lu ; 5156. Littérature générale c4)
ISBN 2-290-05156-X. *36 F / 5,49 €*

20674 **FEATHER J.** Un coeur à vendre. *J'ai lu, 1996.* (J'ai lu ; 4172. Aventures et passions)
ISBN 2-277-24172-5. *42 F / 6,40 €*

20675 **FEATHER J.** La courtisane effrontée. *J'ai lu, 1999.* (J'ai lu ; 5104. Aventures et passions c5)
ISBN 2-290-05104-7. *39 F / 5,95 €*

20676 **FEATHER J.** Le cygne d'émeraude. *J'ai lu, 1999.* (J'ai lu ; 5358. Aventures et passions c5)
ISBN 2-290-05358-9. *32 F / 4,88 €*

20677 **FEATHER J.** La favorite afghane. Réimpr. *J'ai lu, 1996.* (J'ai lu ; 3664. Aventures et passions cL)
ISBN 2-290-03664-1. *45 F / 6,86 €*

20678 **FEATHER J.** La favorite du sérail. Réimpr. *J'ai lu, 1996.* (J'ai lu ; 3448. Aventures et passions cK)
ISBN 2-290-03448-7. *42 F / 6,40 €*

20679 **FEATHER J.** Prise au piège. *J'ai lu, 1997.* (J'ai lu ; 4586. Aventures et passions c5)
ISBN 2-290-04586-1. *39 F / 5,95 €*

20680 **FEDOROVSKI V.** Les deux soeurs ou L'art d'aimer. *LGF, 1999.* (Le Livre de poche ; 14680 c9)
ISBN 2-253-14680-3. *36 F / 5,49 €*

20681 **FEINMANN J. P.** Les Derniers jours de la victime. *LGF, 1993.* (Le Livre de poche ; 7608. Thriller c7)
ISBN 2-253-06436-X. *30 F / 4,57 €*

20682 **FÉNELON F. d. S. d. L. M.** Les aventures de Télémaque. *Gallimard, 1995.* (Folio ; 2689. Classique c10)
ISBN 2-07-039258-9. *46 F / 7,01 €*

20683 **FÉNÉON F.** Nouvelles en trois lignes. 2. *Mercure de France, 1998.* (Le petit Mercure. Brèves histoires d'humour)
ISBN 2-7152-2118-5. *22 F / 3,35 €*

20684 **FERAOUN M.** L'Anniversaire. *Seuil, 1989.* (Points. Roman ; 357)
ISBN 2-02-010724-4. *31 F / 4,73 €*

20685 **FERAOUN M.** Le fils du pauvre. Réimpr. *Seuil, 1995.* (Points ; 180 c1)
ISBN 2-02-026199-5. *32 F / 4,88 €*

20686 **FERAOUN M.** La Terre et le sang. *Seuil, 1998.* (Points ; 545)
ISBN 2-02-034782-2. *35 F / 5,34 €*

20687 **N** **FERMINE M.** Neige. *Seuil, 2001.* (Points ; 804)
ISBN 2-02-038580-5. *25 F / 3,81 €*

20688 **FERNANDEZ D.** L'amour. *LGF, 1997.* (Le Livre de poche ; 6348 c9)
ISBN 2-253-04176-9. *36 F / 5,49 €*

20689 **FERNANDEZ D.** Le dernier des Médicis. *LGF, 1996.* (Le Livre de poche ; 13928 c9)
ISBN 2-253-13928-9. *36 F / 5,49 €*

20690 **FERNANDEZ D.** L'Ecole du Sud. *LGF, 1993.* (Le Livre de poche ; 9660 c10)
ISBN 2-253-06376-2. *40 F / 6,10 €*

20691 **FERNANDEZ D.** L'Etoile rose. *LGF, 1997.* (Le Livre de poche ; 5473 c9)
ISBN 2-253-02627-1. *36 F / 5,49 €*

20692 **FERNANDEZ D.** Porfirio et Constance. *LGF, 1994.* (Le Livre de poche ; 13526 c10)
ISBN 2-253-13526-7. *40 F / 6,10 €*

20693 **FERNANDEZ D.** Tribunal d'honneur. *LGF, 1999.* (Le Livre de poche ; 14695 c16)
ISBN 2-253-14695-1. *55 F / 8,38 €*

20694 **N** **FERNEY A.** L'élégance des veuves. Réimpr. *J'ai lu, 2001.* (J'ai lu ; 5740. Littérature générale cE)
ISBN 2-290-30736-X. *22 F / 3,35 €*

20695 **N** **FERNEY A.** L'élégance des veuves. Réimpr. *Actes Sud, 2001.* (Babel ; 280 c2)
ISBN 2-7427-1370-0. *39 F / 5,95 €*

20696 **N** **FERNEY A.** Grâce et dénuement. *Actes Sud, 2000.* (Babel ; 439)
ISBN 2-7427-2882-1. *51 F / 7,77 €*

20697 **A** **FERNEY A.** Grâce et dénuement. *J'ai lu, 2000.* (J'ai lu ; 5585. Littérature générale cE)
ISBN 2-290-30275-9. *21 F / 3,20 €*

20698 **FERNIOT J.** Morte saison. *LGF, 1998.* (Le Livre de poche ; 14517 c7)
ISBN 2-253-14517-3. *30 F / 4,57 €*

20699 **FERRARI M.** En 2 CV vers la révolution. *Mille et une nuits, 1996.* (La petite collection ; 115 cB)
ISBN 2-84205-063-0. *15 F / 2,29 €*

20700 **FERREIRA DE CASTRO A.** La mission. *Grasset, 1998.* (Les Cahiers rouges ; 273)
ISBN 2-246-11892-1. *46 F / 7,01 €*

20701 **FERREIRA DE CASTRO J. M.** Forêt vierge. *Grasset, 1988.* (Les Cahiers rouges ; 95)
ISBN 2-246-11912-X. *58 F / 8,84 €*

20702 **FERREIRA V.** Matin perdu. *10-18, 1995.* (10-18 ; 2686. Domaine étranger c4)
ISBN 2-264-01864-X. *41 F / 6,25 €*

20703 **FERRI L.** Enchantements. *Mille et une nuits, 2000*
ISBN 2-84205-453-9. *45 F / 6,86 €*

20704 **FÉVAL P.** Le bossu ou Le petit parisien. *Pocket, 1997.* (Pocket ; 10378. Best c7)
ISBN 2-266-07522-5. *42 F / 6,40 €*

20705 **FÉVAL P.** Le bossu. *LGF, 1997.* (Le Livre de poche ; 14421 c10)
ISBN 2-253-14421-5. *40 F / 6,10 €*

20706 **FÉVAL P.** Le bossu. *J'ai lu, 1997.* (J'ai lu ; 3296. Littérature générale c3)
ISBN 2-290-03296-4. *29 F / 4,42 €*

20707 **FÉVAL P.** Lagardère. *J'ai lu, 1997.* (J'ai lu ; 3985. Littérature générale c3)
ISBN 2-290-03985-3. *29 F / 4,42 €*

20708 **FEYDER V.** La Derelitta. *Labor, 1994.* (Espace Nord ; 91 c2)
ISBN 2-8040-0950-5. *42 F / 6,40 €*

20709 **A** **FFORDE K.** Sans rancune. *J'ai lu, 2001.* (J'ai lu ; 5868. Amour et destin)
ISBN 2-290-31070-0

20710 **FIELD M.** L'Homme aux pâtes. *J'ai lu, 1994.* (J'ai lu ; 3825. Littérature générale c4)
ISBN 2-277-23825-2. *36 F / 5,49 €*

20711 **N** **FIELDING H.** Cause céleb'. *J'ai lu, 2001.* (J'ai lu ; 5774. Littérature générale cM)
ISBN 2-290-30930-3. *49 F / 7,47 €*

20712 **FIELDING H.** Histoire de Tom Jones, enfant trouvé. 1. *Gallimard, 1990.* (Folio ; 2174. Classique c13)
ISBN 2-07-038264-8. *56 F / 8,54 €*

20713 **FIELDING H.** Histoire de Tom Jones, enfant trouvé. 2. *Gallimard, 1990.* (Folio ; 2175. Classique c13)
ISBN 2-07-038265-6. *56 F / 8,54 €*

20714 **FIELDING H.** Le journal de Bridget Jones. *J'ai lu, 2000.* (J'ai lu ; 5418. Littérature générale cJ)
ISBN 2-290-30039-X. *39 F / 5,95 €*

20715 **FIELDING J.** Les amours déchirées. Réimp. *J'ai lu, 1999.* (J'ai lu ; 3545. Amour et destin)
ISBN 2-290-03545-9. *25 F / 3,81 €*

20716 **FIELDING J.** Le dernier été de Joanne Hunter. Rééd. *J'ai lu, 1998.* (J'ai lu ; 2586. Littérature générale c6)
ISBN 2-290-02586-0. *42 F / 6,40 €*

20717 **FIELDING J.** Dis au revoir à Maman. *J'ai lu, 1982.* (J'ai lu ; 1276. Littérature générale c4)
ISBN 2-277-21276-8. *36 F / 5,49 €*

20718 **FIELDING J.** La femme piégée. Réimpr. *J'ai lu, 1997.* (J'ai lu ; 1750. Littérature générale c4)
ISBN 2-290-01750-7. *36 F / 5,49 €*

20719 **A** **La fille du fleuve.** *Ed. de l'Aube, 2001.* (L'Aube poche ; 60)
ISBN 2-87678-629-X. *49 F / 7,47 €*

20720 **FILLE E.** Arthur, la ballade du perdu. *J'ai lu, 1998.* (J'ai lu ; 4784. Littérature générale c3)
ISBN 2-290-04784-8. *29 F / 4,42 €*

20721 **FINCH C.** Aveuglée par l'amour. Réimpr. *J'ai lu, 1994.* (J'ai lu ; 3777. Aventures et passions c6)
ISBN 2-290-03777-X. *42 F / 6,40 €*

20722 **FINCH C.** Séduction au clair de lune. Réimpr. *J'ai lu, 1997.* (J'ai lu ; 3946. Aventures et passions c5)
ISBN 2-290-13946-7. *39 F / 5,95 €*

20723 **A** **FINDLEY T.** La fille de l'homme au piano. *Gallimard, 2001.* (Folio)
ISBN 2-07-041536-8. *41 F / 6,25 €*

20724 **FINDLEY T.** Le Grand Elysium hôtel. *10-18, 1992.* (10-18 ; 2309 c6)
ISBN 2-264-01642-6. *55 F / 8,38 €*

20725 **FINE A.** Un bonheur mortel. *Seuil, 1996.* (Points ; 239 c2)
ISBN 2-02-021344-3. *39 F / 5,95 €*

20726 **FINE A.** Les confessions de Victoria Plum. *Seuil, 1995.* (Points ; 56 c2)
ISBN 2-02-021343-5. *39 F / 5,95 €*

20727 **FINE A.** Dans un jardin anglais. *Seuil, 1997.* (Points ; 354 c9)
ISBN 2-02-026372-6. *42 F / 6,40 €*

20728 **FINE A.** Une sale rumeur. *Seuil, 2000.* (Points ; 714 c9)
ISBN 2-02-039913-X. *42 F / 6,40 €*

20729 **FINK I.** Le Jardin à la dérive. *Seuil, 1991.* (Points. Roman ; 436 c1)
ISBN 2-02-012917-5. *32 F / 4,88 €*

20730 **FIRBANK R.** La Princesse artificielle ; Mon piaffeur noir. *Gallimard, 1987.* (L'imaginaire ; 189)
ISBN 2-07-071125-0. *40 F / 6,10 €*

20731 **FISCHER T.** Sous le cul de la grenouille. *J'ai lu, 1999.* (J'ai lu ; 5298. Littérature générale c5)
ISBN 2-290-05298-1. *39 F / 5,95 €*

20732 **FISHER D.** Conversations avec mon chat. *Pocket, 1997.* (Pocket ; 7191 c3)
ISBN 2-266-07300-1. *26 F / 3,96 €*

20733 **FISHER M.** Le millionnaire. *Pocket, 2000.* (Pocket ; 10864 c3)
ISBN 2-266-09893-4. *26 F / 3,96 €*

20734 **FITOUSSI M.** Un bonheur effroyable. *LGF, 1997.* (Le Livre de poche ; 14126 c5)
ISBN 2-253-14126-7. *23 F / 3,51 €*

20735 **FITOUSSI M.** Des gens qui s'aiment. *LGF, 1999.* (Le Livre de poche ; 14693 c5)
ISBN 2-253-14693-5. *23 F / 3,51 €*

20736 **FITZGERALD F. S.** La Ballade du rossignol roulant. *LGF, 1995.* (Le Livre de poche ; 13825 c7)
ISBN 2-253-13825-8. *30 F / 4,57 €*

20737 **FITZGERALD F. S.** Le Dernier nabab. *Gallimard, 1988.* (Folio ; 2002 c9)
ISBN 2-07-038091-2. *41 F / 6,25 €*

20738 **FITZGERALD F. S.** Les Enfants du jazz. *Gallimard, 1978.* (Folio ; 1052 c9)
ISBN 2-07-037052-6. *41 F / 6,25 €*

20739 **FITZGERALD F. S.** Entre trois et quatre : et autres nouvelles. *LGF, 1993.* (Love boat; 2)(Le Livre de poche ; 9735 c9)
ISBN 2-253-06523-4. *36 F / 5,49 €*

20740 **FITZGERALD F. S.** L'Envers du paradis. *Gallimard, 1978.* (L'imaginaire ; 27)
ISBN 2-07-029954-6. *48 F / 7,32 €*

20741 **FITZGERALD F. S.** La Fêlure. *Gallimard, 1981.* (Folio ; 1305 c9)
ISBN 2-07-037305-3. *41 F / 6,25 €*

20742 **FITZGERALD F. S.** Fleurs interdites : et autres nouvelles. *LGF, 1994.* (Love boat; 3)(Le Livre de poche ; 13552 c10)
ISBN 2-253-13552-6. *40 F / 6,10 €*

20743 **FITZGERALD F. S.** Fragments du paradis. *LGF, 1996.* (Love boat; 4)(Le Livre de poche ; 13968 c12)
ISBN 2-253-13968-8. *44 F / 6,71 €*

20744 **FITZGERALD F. S.** Gatsby le Magnifique. *LGF, 1983.* (Le Livre de poche ; 900 c4)
ISBN 2-253-00790-0. *26 F / 3,96 €*

20745 **FITZGERALD F. S.** Histoires de Pat Hoboy. Réimp. *10-18, 1997.* (10-18 ; 1418. Domaine étranger c5)
ISBN 2-264-02615-4. *44 F / 6,71 €*

20746 **FITZGERALD F. S.** Nouvelles. *Langues pour tous, 1988.* (Langues pour tous ; 2729 c7)
ISBN 2-266-02185-0. *41 F / 6,25 €*

20747 **FITZGERALD F. S.** Tendre est la nuit. *LGF, 1990.* (Le Livre de poche ; 6722 c10)
ISBN 2-253-05229-9. *40 F / 6,10 €*

20748 **FLAGG F.** Beignets de tomates vertes. *J'ai lu, 1992.* (J'ai lu ; 3315. Littérature générale c7)
ISBN 2-290-03315-4. *45 F / 6,86 €*

20749 **FLAGG F.** Daisy Fay et l'homme-miracle. *J'ai lu, 1996.* (J'ai lu ; 4334. Littérature générale c5)
ISBN 2-290-04334-6. *39 F / 5,95 €*

20750 **N** **FLAHERTY-COX J.** Diane. Réimpr. *Blanche, 2000.* (Bibliothèque blanche ; 9)
ISBN 2-911621-92-1. *59 F / 8,99 €*

20751 **FLANNERY C. O.** Les saisons de l'amour. *J'ai lu, 1996.* (J'ai lu ; 4148. Amour et destin c5)
ISBN 2-277-24148-2. *39 F / 5,95 €*

20752 **FLAUBERT G.** Bouvard et Pécuchet. Réimpr. *Pocket, 1999.* (Pocket ; 6188. Classiques c4B)
ISBN 2-266-08995-1. *32 F / 4,88 €*

20753 **FLAUBERT G.** Bouvard et Pécuchet. *LGF, 1999.* (Le Livre de poche ; 6049. Classiques de poche c7)
ISBN 2-253-16049-0. *30 F / 4,57 €*

20754 **FLAUBERT G.** Bouvard et Pécuchet. *Gallimard, 1999.* (Folio ; 3252. Classique c6)
ISBN 2-07-041087-0. *29,50 F / 4,50 €*

20755 **FLAUBERT G.** Un Coeur simple. *Mille et une nuits, 1994.* (La petite collection ; 32 cA)
ISBN 2-910233-32-4. *10 F / 1,52 €*

20756 **FLAUBERT G.** Un Coeur simple. *LGF, 1994.* (Le Livre de poche ; 13542. Les classiques d'aujourd'hui c1)
ISBN 2-253-13642-5. *10 F / 1,52 €*

20757 **FLAUBERT G.** L'Education sentimentale. *LGF, 1965.* (Le Livre de poche ; 1499. Classiques de poche c6)
ISBN 2-253-01069-3. *26 F / 3,96 €*

20758 **FLAUBERT G.** L'Education sentimentale. *J'ai lu, 1994.* (J'ai lu ; 3695. Littérature générale)
ISBN 2-277-23695-0. *36 F / 5,49 €*

20759 **FLAUBERT G.** L'Education sentimentale. Nouv. éd. *Pocket, 1998.* (Pocket ; 6014. Classiques c2)
ISBN 2-266-08316-3. *23 F / 3,51 €*

20760 **FLAUBERT G.** L'Education sentimentale. *Gallimard, 1972.* (Folio ; 147. Classique c8)
ISBN 2-07-036147-0. *36 F / 5,49 €*

20761 **N** **FLAUBERT G.** Hérodias. *Mille et une nuits, 2000.* (La petite collection ; 310)
ISBN 2-84205-518-7. *10 F / 1,52 €*

20762 **FLAUBERT G.** La légende de Saint Julien l'Hospitalier. *Mille et une nuits, 1996.* (La petite collection ; 117 cA)
ISBN 2-84205-069-X. *10 F / 1,52 €*

20763 **FLAUBERT G.** Madame Bovary : moeurs de province. *Gallimard, 1976.* (Folio ; 804 c9)
ISBN 2-07-036804-1. *41 F / 6,25 €*

20764 **FLAUBERT G.** Madame Bovary. Réimpr. *J'ai lu, 1992.* (J'ai lu ; 103. Littérature générale)
ISBN 2-277-12103-7. *29 F / 4,42 €*

20765 **FLAUBERT G.** Madame Bovary. Nouv. éd. *LGF, 1999.* (Le Livre de poche ; 713. Classiques de poche c6)
ISBN 2-253-00486-3. *26 F / 3,96 €*

20766 **A** **FLAUBERT G.** Madame Bovary. *Gallimard, 2001.* (Folio. Classique c4)
ISBN 2-07-041311-X. *20,50 F / 3,13 €*

20767 **A** **FLAUBERT G.** Mémoires d'un fou ; Pyrénées ; Corse ; Novembre ; Voyage en Italie. *Gallimard, 2001.* (Folio. Classique)
ISBN 2-07-041360-8. *20,50 F / 3,13 €*

20768 **FLAUBERT G.** Mémoires d'un fou. *Mille et une nuits, 1998.* (La petite collection ; 193 cA)
ISBN 2-84205-303-6. *10 F / 1,52 €*

20769 **N** **FLAUBERT G.** Novembre. *LGF, 2000.* (Le Livre de poche ; 14944. Les classiques d'aujourd'hui c1)
ISBN 2-253-14944-6. *10 F / 1,52 €*

20770 **FLAUBERT G.** La Première Education sentimentale. *LGF, 1993.* (Le Livre de poche ; 9575. Classiques de poche c8)
ISBN 2-253-06248-0. *33 F / 5,03 €*

20771 **FLAUBERT G.** Salammbô. *Gallimard, 1974.* (Folio ; 608. Classique c10)
ISBN 2-07-036608-1. *46 F / 7,01 €*

20772 **FLAUBERT G.** La Tentation de saint Antoine. *Gallimard, 1983.* (Folio ; 1492. Classique c10)
ISBN 2-07-037492-0. *46 F / 7,01 €*

20773 **FLAUBERT G.** Trois contes. Nouv. éd. *LGF, 1999.* (Le Livre de poche ; 1958. Classiques de poche c2)
ISBN 2-253-01179-7. *15 F / 2,29 €*

20774 **FLAUBERT G.** Trois contes. *Librio, 1994.* (Librio ; 45 c1)
ISBN 2-277-30045-4. *10 F / 1,52 €*

20775 **A** **FLAUBERT G.** Voyage en Bretagne : par les champs et par les grèves ; précédé de En Bretagne. Réimp. *Complexe, 2001.* (Le Regard littéraire ; 26 c9)
ISBN 2-87027-294-4. *59 F / 8,99 €*

20776 **FLAUBERT G., SACY S. S. d.** Trois contes. Nouv. éd. *Gallimard, 1999.* (Folio ; 3245. Classique c3)
ISBN 2-07-040929-5. *19 F / 2,90 €*

20777 **FLEISCHER L.** Rain man : d'après un scénario de Ronald Bass et Barry Morrow et une histoire de Barry Morrow. *Pocket, 1989.* (Pocket ; 3358 c2)
ISBN 2-266-03045-0. *23 F / 3,51 €*

20778 **A** **FLEISCHMAN C.** Un slow des années 50. *Pocket, 2001.* (Pocket ; 10994)
ISBN 2-266-10265-6

20779 **Fleur de truands.** *Actes Sud, 1998.* (Roman de Baïbars; 2)(Babel ; 328 c4)
ISBN 2-7427-1769-2. *51 F / 7,77 €*

20780 **FLEURY G.** Le Grand courage. *LGF, 1990.* (Le Livre de poche ; 6759 c8)
ISBN 2-253-05283-3. *33 F / 5,03 €*

20781 **FLEURY G.** Le Guerrier. *LGF, 1989.* (Le Livre de poche ; 6606 c11)
ISBN 2-253-04920-4. *42 F / 6,40 €*

20782 **FLEUTIAUX P.** Allons-nous être heureux?. *Gallimard, 1996.* (Folio ; 2890 c9)
ISBN 2-07-040088-3. *41 F / 6,25 €*

20783 **N** **FLEUTIAUX P.** L'expédition. *Gallimard, 2000.* (Folio ; 3405 c7)
ISBN 2-07-041430-2. *50 F / 7,62 €*

20784 **FLEUTIAUX P.** Histoire de la chauve-souris. *Gallimard, 1991.* (Folio ; 2245 c11)
ISBN 2-07-038360-1. *29,50 F / 4,50 €*

20785 **FLEUTIAUX P.** Histoire du tableau. *Gallimard, 1991.* (Folio ; 2247 c11)
ISBN 2-07-038361-X. *29,50 F / 4,50 €*

20786 **FLEUTIAUX P.** Métamorphoses de la reine. *Gallimard, 1990.* (Folio ; 2183 c8)
ISBN 2-07-038273-7. *37 F / 5,64 €*

20787 **FLEUTIAUX P.** Nous sommes éternels. *Gallimard, 1992.* (Folio ; 2413)
ISBN 2-07-038548-5. *61 F / 9,30 €*

20788 **FLEUTIAUX P.** Sauvée!. *Gallimard, 1995.* (Folio ; 2719 c11)
ISBN 2-07-039294-5. *29,50 F / 4,50 €*

20789 **FOL S.** Vu de dos. *Pocket, 1999.* (Pocket ; 10691)
ISBN 2-266-09389-4. *32 F / 4,88 €*

20790 **FOLCO M.** Dieu et nous seuls pouvons : les très-édifiantes et très-inopinées mémoires des Pibrac de Bellerocaille, huit générations d'exécuteurs. Réimpr. *Seuil, 1997.* (Points ; 301 c11)
ISBN 2-02-030895-9. *48 F / 7,32 €*

20791 **FOLCO M.** Un loup est un loup. *Seuil, 1996.* (Points ; 263 c13)
ISBN 2-02-029145-2. *52 F / 7,93 €*

20792 **FOLLETT K.** Le Code Rebecca. *LGF, 1983.* (Le Livre de poche ; 7473. Thriller c9)
ISBN 2-253-03206-9. *36 F / 5,49 €*

20793 **FOLLETT K.** L'Homme de Saint-Petersbourg. *LGF, 1994.* (Le Livre de poche ; 7628. Thriller c10)
ISBN 2-253-07628-7. *40 F / 6,10 €*

20794 **FOLLETT K.** La marque de Windfield. *LGF, 1996.* (Le Livre de poche ; 13909 c15)
ISBN 2-253-13909-2. *50 F / 7,62 €*

20795 **FOLLETT K.** La Nuit de tous les dangers. *LGF, 1994.* (Le Livre de poche ; 13505 c10)
ISBN 2-253-13505-4. *40 F / 6,10 €*

20796 **FOLLETT K.** Le pays de la liberté. *LGF, 1997.* (Le Livre de poche ; 14330 c11)
ISBN 2-253-14330-8. *42 F / 6,40 €*

20797 **FOLLETT K.** Les Piliers de la terre. *LGF, 1992.* (Le Livre de poche ; 4305 c17)
ISBN 2-253-05953-6. *60 F / 9,15 €*

20798 **FOLLETT K.** Triangle. *LGF, 1983.* (Le Livre de poche ; 7465. Thriller c9)
ISBN 2-253-03086-4. *36 F / 5,49 €*

20799 **FOLLETT K.** Le troisième jumeau. *LGF, 1998.* (Le Livre de poche ; 14505 c14)
ISBN 2-253-14505-X. *48 F / 7,32 €*

20800 **FONSON F., WICHELER F.** Le Mariage de Mlle Beulemans. *Labor, 1991.* (Espace Nord ; 70 c2)
ISBN 2-8040-0637-9. *42 F / 6,40 €*

20801 **FONTANE T.** Effi Briest. *Gallimard, 1997.* (L'Etrangère)
ISBN 2-07-074991-6. *69 F / 10,52 €*

20802 **FONTANE T.** Romans. *Laffont, 1981.* (Bouquins)
ISBN 2-221-07546-3. *139 F / 21,19 €*

20803 **FONTANE T.** Le Stechlin. *LGF, 1998.* (Le Livre de poche ; 3295. Biblio c15)
ISBN 2-253-93295-7. *50 F / 7,62 €*

20804 **FOOTE S.** L'Enfant de la fièvre. *Gallimard, 1986.* (L'imaginaire ; 174 c1)
ISBN 2-07-070749-0. *52 F / 7,93 €*

20805 **FORD R.** Le Bout du rouleau. *Seuil, 1994.* (Points. Roman ; 681 c2)
ISBN 2-02-019754-5. *39 F / 5,95 €*

20806 **FORD R.** Indépendance. *Seuil, 1997.* (Points ; 429 c13)
ISBN 2-02-032643-4. *52 F / 7,93 €*

20807 **FORD R.** Une Saison ardente. *Seuil, 1993.* (Points. Roman ; 571 c2)
ISBN 2-02-014591-X. *39 F / 5,95 €*

20808 **FOREST P.** L'enfant éternel. *Gallimard, 1998.* (Folio ; 3115 c9)
ISBN 2-07-040557-5. *41 F / 6,25 €*

20809 **FORESTER C. S.** Trésor de guerre. *Pocket, 1993.* (Capitaine Hornblower; 4)(Pocket ; 4637 c6)
ISBN 2-266-05291-8. *38 F / 5,79 €*

20810 **FORLANI R.** Au bonheur des chiens. *Gallimard, 1984.* (Folio ; 1534 c11)
ISBN 2-07-037534-X. *29,50 F / 4,50 €*

20811 **FORLANI R.** La déglingue. *Gallimard, 1996.* (Folio ; 2891 c11)
ISBN 2-07-040117-0. *29,50 F / 4,50 €*

20812 **FORLANI R.** Gouttière. *Gallimard, 1991.* (Folio ; 2282 c13)
ISBN 2-07-038395-4. *56 F / 8,54 €*

20813 **FORLANI R.** Papa est parti, maman aussi. *Gallimard, 1988.* (Folio ; 1914 c8)
ISBN 2-07-037914-0. *37 F / 5,64 €*

20814 **FORLANI R.** Pour l'amour de Finette. *Gallimard, 1985.* (Folio ; 1628 c8)
ISBN 2-07-037628-1. *37 F / 5,64 €*

20815 **FORLANI R.** Quand les petites filles s'appelaient Sarah. *Gallimard, 1989.* (Folio ; 2039 c8)
ISBN 2-07-038127-7. *37 F / 5,64 €*

20816 **FORLANI R.** Tous les chats ne sont pas en peluche. *Gallimard, 1990.* (Folio ; 2158 c8)
ISBN 2-07-038248-6. *37 F / 5,64 €*

20817 **FORLANI R.** Valentin tout seul. *Gallimard, 1995.* (Folio ; 2683 c9)
ISBN 2-07-039273-2. *41 F / 6,25 €*

20818 **FORLANI R.** Violette, je t'aime. *Gallimard, 1986.* (Folio ; 1749 c11)
ISBN 2-07-037749-0. *29,50 F / 4,50 €*

20819 **FORRESTER V.** Ainsi des exilés. *Gallimard, 1985.* (Folio ; 1672 c11)
ISBN 2-07-037672-9. *29,50 F / 4,50 €*

20820 **FORSTER E. M.** Avec vue sur l'Arno. *10-18, 1983.* (10-18 ; 1545. Domaine étranger c5)
ISBN 2-264-00514-9. *44 F / 6,71 €*

20821 **FORSTER E. M.** De l'autre côté de la haie. *10-18, 1999.* (10-18 ; 3123. Domaine étranger c4)
ISBN 2-264-02422-4. *41 F / 6,25 €*

20822 **FORSTER E. M.** Howards End. Rééd. *10-18, 1992.* (10-18 ; 1509. Domaine étranger c6)
ISBN 2-264-01793-7. *47 F / 7,17 €*

20823 **FORSTER E. M.** Un Instant d'éternité. *10-18, 1991.* (10-18 ; 2149. Domaine étranger c5)
ISBN 2-264-01605-1. *44 F / 6,71 €*

20824 **FORSTER E. M.** Maurice. *10-18, 1988.* (10-18 ; 1979 c5)
ISBN 2-264-01273-0. *44 F / 6,71 €*

20825 **FORSTER E. M.** Monteriano. *10-18, 1982.* (10-18 ; 1510 c5)
ISBN 2-264-00463-0. *44 F / 6,71 €*

20826 **FORSTER E. M.** Le Plus long des voyages. *10-18, 1983.* (10-18 ; 1544. Domaine étranger c5)
ISBN 2-264-00508-4. *44 F / 6,71 €*

20827 **FORSTER E. M.** Quelle importance ? : et autres nouvelles. *10-18, 1998.* (10-18 ; 2967. Domaine étranger c3)
ISBN 2-264-02421-6. *38 F / 5,79 €*

20828 **FORSTER E. M.** Route des Indes. *10-18, 1982.* (10-18 ; 1476. Domaine étranger c6)
ISBN 2-264-00422-3. *47 F / 7,17 €*

20829 **FORSTER R.** Au coeur de la tourmente. *J'ai lu, 1998.* (J'ai lu ; 4757. Amour et destin c5)
ISBN 2-290-04757-0. *39 F / 5,95 €*

20830 **FORSYTH F.** Chacal. Réimpr. *Gallimard, 1997.* (Folio ; 569 c9)
ISBN 2-07-036569-7. *41 F / 6,25 €*

20831 **FORSYTH F.** Le Manipulateur. *LGF, 1993.* (Le Livre de poche ; 7613. Thriller c12)
ISBN 2-253-06536-6. *44 F / 6,71 €*

20832 **N** **FOUCAULT A.** Françoise Maîtresse. *la Musardine, 2000.* (Lectures amoureuses de Jean-Jacques Pauvert ; 39)
ISBN 2-84271-141-6. *45 F / 6,86 €*

20833 **FOUCHET L.** Château en Champagne. *J'ai lu, 1999.* (J'ai lu ; 5211. Littérature générale c5)
ISBN 2-290-05211-6. *39 F / 5,95 €*

20834 **N** **FOUCHET L.** De toute urgence. Réimpr. *J'ai lu, 2000.* (J'ai lu ; 4812. Littérature générale cJ)
ISBN 2-290-30687-8. *39 F / 5,95 €*

20835 **FOUCHET L.** Jeanne, sans domicile fixe. *J'ai lu, 1990.* (J'ai lu ; 2932. Littérature générale c4)
ISBN 2-290-02932-7. *36 F / 5,49 €*

20836 **FOUCHET M-P.** La rencontre de Santa-Cruz. *Grasset, 1995.* (Les Cahiers rouges ; 217)
ISBN 2-246-03922-3. *64 F / 9,76 €*

20837 **FOUED S.** Désir. *le Cercle, 2000.* (Le Cercle poche ; 1)
ISBN 2-913563-10-4. *39 F / 5,95 €*

20838 **FOUQUÉ F. H. K. d. L. M.** La mandragore. *Mercure de France, 1997.* (Le petit Mercure)
ISBN 2-7152-2019-7. *20 F / 3,05 €*

20839 **A** **FOURNEL P.** Les athlètes dans leur tête. Nouv. éd. *Seuil, 2001.* (Points ; 636 c4)
ISBN 2-02-021394-X. *29 F / 4,42 €*

20840 **FOURNEL P.** Les grosses rêveuses. Rééd. *Seuil, 1998.* (Points ; 557 c1)
ISBN 2-02-034966-3. *32 F / 4,88 €*

20841 **FOURNEL P.** Un homme regarde une femme. *Seuil, 1995.* (Points ; 125 c6)
ISBN 2-02-025719-X. *32 F / 4,88 €*

20842 **FOURNEL P.** Les Petites filles respirent le même air que nous. *Gallimard, 1994.* (Folio ; 2546 c11)
ISBN 2-07-038820-4. *29,50 F / 4,50 €*

20843 **FOURRE M.** La Nuit du Rose-Hôtel. *Gallimard, 1979.* (L'imaginaire ; 52)
ISBN 2-07-029983-X. *45 F / 6,86 €*

20844 **N** **FOWLES J.** Daniel Martin. *LGF, 2000.* (Le Livre de poche ; 14858 c17)
ISBN 2-253-14858-X. *60 F / 9,15 €*

20845 **FOWLES J.** L'Obsédé. *Seuil, 1983.* (Points. Roman ; 96 c3)
ISBN 2-02-006376-X. *48 F / 7,32 €*

20846 **FOWLES J.** Sarah et le lieutenant français. *Seuil, 1998.* (Points ; 529 c14)
ISBN 2-02-034492-0. *55 F / 8,38 €*

20847 **FOWLES J.** La Tour d'ébène. *Albin Michel, 1988.* (Bibliothèque Albin Michel poche ; 9 c1)
ISBN 2-226-03326-2. *39 F / 5,95 €*

20848 **FOX P.** Pauvre Georges!. *LGF, 1991.* (Le Livre de poche ; 3152. Biblio c12)
ISBN 2-253-05583-2. *44 F / 6,71 €*

20849 **N** **FRAIN F.** Peau de fesse. *LGF, 2001.* (Le Livre de poche ; 15017 c9)
ISBN 2-253-15017-7. *36 F / 5,49 €*

20850 **FRAIN I.** Désirs. *LGF, 1987.* (Le Livre de poche ; 6364 c8)
ISBN 2-253-04198-X. *33 F / 5,03 €*

20851 **FRAIN I.** Devi : récit. *LGF, 1994.* (Le Livre de poche ; 13607 c12)
ISBN 2-253-13607-7. *44 F / 6,71 €*

20852 **FRAIN I.** L'homme fatal. *LGF, 1996.* (Le Livre de poche ; 14039 c7)
ISBN 2-253-14039-2. *30 F / 4,57 €*

20853 **FRAIN I.** L'inimitable. *LGF, 1999.* (Le Livre de poche ; 14668 c14)
ISBN 2-253-14668-4. *48 F / 7,32 €*

20854 **FRAIN I.** Le Nabab. *LGF, 1987.* (Le Livre de poche ; 6423 c13)
ISBN 2-253-04473-3. *46 F / 7,01 €*

20855 **FRAIN I.** Secret de famille. *LGF, 1991.* (Le Livre de poche ; 6963 c11)
ISBN 2-253-05674-X. *42 F / 6,40 €*

20856 **FRANCE A.** Crainquebille : récit. *Actes Sud, 1992.* (Babel ; 46 c1)
ISBN 2-86869-853-0. *33 F / 5,03 €*

20857 **FRANCE A.** Le crime de Sylvestre Bonnard. *Gallimard, 1991.* (Folio ; 2267. Classique c9)
ISBN 2-07-038370-9. *41 F / 6,25 €*

20858 **FRANCE A.** Les dieux ont soif. *LGF, 1994.* (Le Livre de poche ; 6875. Classiques de poche c6)
ISBN 2-253-05136-5. *26 F / 3,96 €*

20859 **FRANCE A.** Les Dieux ont soif. *Gallimard, 1989.* (Folio ; 2080. Classique c8)
ISBN 2-07-038168-4. *37 F / 5,64 €*

20860 **FRANCE A.** Le livre de mon ami : et autres nouvelles. *Librio, 1996.* (Librio ; 123 c1)
ISBN 2-277-30123-X. *10 F / 1,52 €*

20861 **FRANCE A.** La Vie en fleur. *Gallimard, 1983.* (Folio ; 1465. Classique c8)
ISBN 2-07-037465-3. *37 F / 5,64 €*

20862 **FRANCK D.** Les adieux. Réimpr. *Seuil, 1998.* (Points ; 472 c6)
ISBN 2-02-033421-6. *32 F / 4,88 €*

20863 **FRANCK D.** Apolline. *Seuil, 1997.* (Points ; 337 c7)
ISBN 2-02-030745-6. *35 F / 5,34 €*

20864 **FRANCK D.** Les calendes grecques. Nouv. éd. rev. et corr. *Seuil, 1999.* (Points ; 675)
ISBN 2-02-038107-9. *32 F / 4,88 €*

20865 **FRANCK D.** Le cimetière des fous. Réimpr. *Seuil, 1999.* (Points ; 674)
ISBN 2-02-038106-0. *32 F / 4,88 €*

20866 **FRANCK D.** La Dame du soir. Nouv. éd. rev. par l'auteur. *Seuil, 1995.* (Points ; 31 c6)
ISBN 2-02-024007-6. *32 F / 4,88 €*

20867 **FRANCK D.** Une jeune fille. *Seuil, 1996.* (Points ; 210 c1)
ISBN 2-02-028311-5. *32 F / 4,88 €*

20868 **FRANCK D.** Nu couché. *Seuil, 1999.* (Points ; 660)
ISBN 2-02-037427-7. *39 F / 5,95 €*

20869 **FRANCK D.** La séparation. Réimpr. *Seuil, 1998.* (Points ; 473 c6)
ISBN 2-02-033422-4. *32 F / 4,88 €*

20870 **FRANCK D.** Tabac. *Mille et une nuits, 1997.* (La petite collection ; 168 cB)
ISBN 2-84205-150-5. *15 F / 2,29 €*

20871 **FRANCK D., VAUTRIN J.** La Dame de Berlin : les aventures de Boro, reporter photographe. *Pocket, 1989.* (Pocket ; 3385 c5)
ISBN 2-266-03161-9. *35 F / 5,34 €*

20872 **FRANCK D., VAUTRIN J.** Mademoiselle chat. *Pocket, 1998.* (Les aventures de Boro reporter photographe; 4)(Pocket ; 10152. Best c7)
ISBN 2-266-07441-5. *42 F / 6,40 €*

20873 **FRANCK D., VAUTRIN J.** Les noces de Guernica. *Pocket, 1996.* (Les aventures de Boro reporter photographe; 3)(Pocket ; 4355. Best c6)
ISBN 2-266-06575-0. *38 F / 5,79 €*

20874 **FRANCK D., VAUTRIN J.** Le Temps des cerises. *Pocket, 1992.* (Pocket ; 3753. Best c6)
ISBN 2-266-04613-6. *38 F / 5,79 €*

20875 **FRANÇOIS A.** Nu-tête. *Labor, 1993.* (Espace Nord ; 84 c1)
ISBN 2-8040-0850-9. *34 F / 5,18 €*

20876 **FRANÇOIS J.** Les amantes ou Tombeau de C. *Gallimard, 1998.* (Folio ; 1698 c11)
ISBN 2-07-037698-2. *29,50 F / 4,50 €*

20877 **FRANK C.** L'Année des méduses. *Seuil, 1990.* (Points. Roman ; 396 c2)
ISBN 2-02-012117-4. *39 F / 5,95 €*

20878 **FRANK C.** Le Chevalier et la reine. *Seuil, 1989.* (Points. Roman ; 339 c1)
ISBN 2-02-010520-9. *32 F / 4,88 €*

20879 **FRANK C.** Je ferai comme si je n'étais pas là. *Seuil, 1994.* (Points. Roman ; 663 c2)
ISBN 2-02-022094-6. *39 F / 5,95 €*

20880 **FRANK C.** Josépha. *Seuil, 1992.* (Points. Roman ; 527 c3)
ISBN 2-02-014597-9. *48 F / 7,32 €*

20881 **FRANK C.** Mortelle. Rééd. *Seuil, 1996.* (Points ; 230 c1)
ISBN 2-02-028587-8. *32 F / 4,88 €*

20882 **FRANK C.** La Nuit américaine. *Seuil, 1985.* (Points. Roman ; 207 c3)
ISBN 2-02-008810-X. *48 F / 7,32 €*

20883 **FRANK C.** Le Rêve du singe fou. *Seuil, 1989.* (Points. Roman c1)
ISBN 2-02-010888-7. *32 F / 4,88 €*

20884 **N** **FRANKLIN M.** Ma brillante carrière. *Ed. de l'Aube, 2000.* (L'Aube poche ; 50)
ISBN 2-87678-569-2. *69 F / 10,52 €*

20885 **N** **FRANKLIN M.** Le pays d'en haut. *Ed. de l'Aube, 2000.* (L'Aube poche ; 51)
ISBN 2-87678-566-8. *69 F / 10,52 €*

20886 **N** **FRAZIER C.** Retour à Cold Mountain. *LGF, 2000.* (Le Livre de poche ; 14928 c15)
ISBN 2-253-14928-4. *50 F / 7,62 €*

20887 **FREDRIC C.** Mirror. *J'ai lu, 2000.* (J'ai lu ; 5467. Littérature générale cF)
ISBN 2-290-30189-2. *26 F / 3,96 €*

20888 **FREDRIC C.** La môme. *J'ai lu, 1998.* (J'ai lu ; 4862. Littérature générale c3)
ISBN 2-290-04862-3. *29 F / 4,42 €*

20889 **A** **FREDRIKSSON M.** Hanna et ses filles. *J'ai lu, 2001.* (J'ai lu ; 5857. Littérature générale)
ISBN 2-290-31053-0

20890 **FRÉGNI R.** Les Chemins noirs. *Gallimard, 1992.* (Folio ; 2361 c11)
ISBN 2-07-038484-5. *50 F / 7,62 €*

20891 **FRÉGNI R.** Les Nuits d'Alice. *Gallimard, 1994.* (Folio ; 2624 c8)
ISBN 2-07-038951-0. *37 F / 5,64 €*

20892 **FRÉGNI R.** Où se perdent les hommes. *Gallimard, 2000.* (Folio ; 3354 c5)
ISBN 2-07-041363-2. *25,50 F / 3,89 €*

20893 **FRÉGNI R.** Tendresse des loups. *Gallimard, 1998.* (Folio ; 3109)
ISBN 2-07-040554-0. *29,50 F / 4,50 €*

20894 **FRÉGNI R.** Vierge noire. *Autres temps, 1998.* (Temps brefs)
ISBN 2-911873-72-6. *15 F / 2,29 €*

20895 **FRÉGNI R.** Le voleur d'innocence. *Gallimard, 1996.* (Folio ; 2828 c11)
ISBN 2-07-040022-0. *29,50 F / 4,50 €*

20896 **N** **FREIRE E.** Irlanda. *J'ai lu, 2000.* (J'ai lu ; 5755. Littérature générale)
ISBN 2-290-30905-2. *22 F / 3,35 €*

20897 **FRENCH A.** Billy. *Gallimard, 1998.* (Folio ; 3043 c8)
ISBN 2-07-040319-X. *37 F / 5,64 €*

20898 **FRENCH M.** Notre père. *LGF, 1997.* (Le Livre de poche ; 14125 c13)
ISBN 2-253-14125-9. *46 F / 7,01 €*

20899 **FRÈRE M.** Les Jumeaux millénaires. *Labor, 1988.* (Espace Nord ; 49 c1)
ISBN 2-8040-0357-4. *34 F / 5,18 €*

20900 **FREUD E.** Marrakech express. *LGF, 2000.* (Le Livre de poche ; 14781 c6)
ISBN 2-253-14781-8. *26 F / 3,96 €*

20901 **FREUSTIÉ J.** Auteuil. *Table ronde, 1992.* (La petite vermillon ; 2 c1)
ISBN 2-7103-0535-6. *35 F / 5,34 €*

20902 **FREUSTIÉ J.** L'Héritage du vent. *Gallimard, 1983.* (Folio ; 1496 c8)
ISBN 2-07-037496-3. *37 F / 5,64 €*

20903 **FREUSTIÉ J.** Isabelle ou L'arrière-saison. *Gallimard, 1973.* (Folio ; 368 c8)
ISBN 2-07-036368-6. *37 F / 5,64 €*

20904 **FREUSTIÉ J.** Marthe ou les Amants tristes. *Gallimard, 1979.* (Folio ; 1011 c10)
ISBN 2-07-037011-9. *46 F / 7,01 €*

20905 **FREUSTIÉ J.** Proche est la mer. *Grasset, 1994.* (Les Cahiers rouges ; 189)
ISBN 2-246-03082-X. *55 F / 8,38 €*

20906 **FRIED E.** Le Soldat et la fille. *Gallimard, 1992.* (L'Etrangère)
ISBN 2-07-072736-X. *54 F / 8,23 €*

20907 **FRISCH M.** Homo Faber : un rapport. Réimpr. *Gallimard, 1991.* (Folio ; 1418 c11)
ISBN 2-07-037418-1. *29,50 F / 4,50 €*

20908 **FRISON-ROCHE R.** Djebel Amour. Réimp. *J'ai lu, 1999.* (J'ai lu ; 1225. Littérature générale c4)
ISBN 2-290-01225-4. *36 F / 5,49 €*

20909 **N** **FRISON-ROCHE R.** La grande crevasse. Réimp. *J'ai lu, 2000.* (J'ai lu ; 951. Littérature générale cG)
ISBN 2-290-30713-0. *29 F / 4,42 €*

20910 **FRISON-ROCHE R.** Les montagnards de la nuit. Réimp. *J'ai lu, 2000.* (J'ai lu ; 1442. Littérature générale cl)
ISBN 2-290-30549-9. *36 F / 5,49 €*

20911 **FRISON-ROCHE R.** La piste oubliée. *J'ai lu, 1998.* (J'ai lu ; 1054. Littérature générale c3)
ISBN 2-290-01054-5. *29 F / 4,42 €*

20912 **FRISON-ROCHE R.** Premier de cordée. 2. *Librio, 1997.* (Librio ; 149 c1)
ISBN 2-277-30149-3. *10 F / 1,52 €*

20913 **N** **FRISON-ROCHE R.** Premier de cordée. Réimp. *J'ai lu, 2000.* (J'ai lu ; 936. Littérature générale cG)
ISBN 2-290-30720-3. *29 F / 4,42 €*

20914 **N** **FRISON-ROCHE R.** Retour à la montagne. Réimp. *J'ai lu, 2000.* (J'ai lu ; 960. Littérature générale cG)
ISBN 2-290-30598-7. *29 F / 4,42 €*

20915 **A** **FROBENIUS N.** Le valet de Sade. *Pocket, 2001.* (Pocket ; 10781)
ISBN 2-266-09636-2

20916 **FROBENIUS N.** Le valet de Sade. *Actes Sud, 2000.* (Babel ; 419)
ISBN 2-7427-2652-7. *45 F / 6,86 €*

20917 **A** **FROMENTIN E.** Dominique. *LGF, 2001.* (Le Livre de poche ; 16076. Classiques de poche)
ISBN 2-253-16076-8. *30 F / 4,57 €*

20918 **FRUTTERO C., LUCENTINI F.** L'Amant sans domicile fixe. Rééd. *Seuil, 1989.* (Points ; 110 c2)
ISBN 2-02-025580-4. *39 F / 5,95 €*

20919 **FRUTTERO C., LUCENTINI F.** Ce qu'a vu le vent d'Ouest. *Seuil, 1995.* (Points ; 14 c10)
ISBN 2-02-023519-6. *45 F / 6,86 €*

20920 **FRUTTERO C., LUCENTINI F.** La femme du dimanche. Nouv. présentation. *Seuil, 1999.* (Points ; 652 c12)
ISBN 2-02-037805-1. *50 F / 7,62 €*

20921 **FRUTTERO C., LUCENTINI F.** La Nuit du grand boss. Rééd. *LGF, 1990.* (Le Livre de poche ; 6826 c15)
ISBN 2-253-05386-4. *50 F / 7,62 €*

20922 **FRUTTERO C., LUCENTINI F.** Place de Sienne, côté ombre. *Seuil, 1998.* (Points ; 538 c7)
ISBN 2-02-034711-3. *35 F / 5,34 €*

20923 **FRUTTERO C., LUCENTINI F.** La signification de l'existence. *Arléa, 1996.* (Arléa-poche ; 5)
ISBN 2-86959-297-3. *30 F / 4,57 €*

20924 **FRYDMAN S.** La marche des vivants. *Pocket, 1999.* (Pocket ; 10575 c10)
ISBN 2-266-08806-8. *50 F / 7,62 €*

20925 **FUENTES C.** Christophe et son oeuf. *Gallimard, 1993.* (Folio ; 2471)
ISBN 2-07-038621-X. *61 F / 9,30 €*

20926 **FUENTES C.** La Mort d'Artemio Cruz. *Gallimard, 1976.* (Folio ; 856 c8)
ISBN 2-07-036856-4. *37 F / 5,64 €*

20927 **FUENTES C.** L'oranger. *Gallimard, 1997.* (Folio ; 2946 c9)
ISBN 2-07-040199-5. *41 F / 6,25 €*

20928 **FUENTES C.** La Plus limpide région. *Gallimard, 1982.* (Folio ; 1371 c11)
ISBN 2-07-037371-1. *50 F / 7,62 €*

20929 **FUENTES C.** Terra nostra. 1. *Gallimard, 1989.* (Folio ; 2053 c13)
ISBN 2-07-038141-2. *61 F / 9,30 €*

20930 **FUENTES C.** Terra nostra. 2. *Gallimard, 1989.* (Folio ; 2113 c11)
ISBN 2-07-038196-X. *50 F / 7,62 €*

20931 **FUENTES C.** Le Vieux gringo. *Gallimard, 1990.* (Folio ; 2125 c8)
ISBN 2-07-038213-3. *37 F / 5,64 €*

20932 **FUJIWARA T.** Le conducteur de métro ; Echec au roi. *Stock, 1998.* (Bibliothèque cosmopolite c1)
ISBN 2-234-04924-5. *50 F / 7,62 €*

20933 **FUKAZAWA S.** Etude à propos des chansons de Narayama. *Gallimard, 1980.* (Folio ; 1179 c9)
ISBN 2-07-037179-4. *20,50 F / 3,13 €*

20934 **FURETIÈRE A.** Le roman bourgeois. *Gallimard, 1981.* (Folio ; 1277. Classique c8)
ISBN 2-07-037277-4. *37 F / 5,64 €*

20935 **FÜST M.** L'Histoire de ma femme. *Gallimard, 1994.* (L'Etrangère)
ISBN 2-07-073964-3. *90 F / 13,72 €*

20936 **GAARDER J.** Dans un miroir, obscur. *Seuil, 1998.* (Points ; 549 c1)
ISBN 2-02-034961-2. *32 F / 4,88 €*

20937 **GAARDER J.** Le mystère de la patience. *Seuil, 1999.* (Points ; 634)
ISBN 2-02-037429-3. *39 F / 5,95 €*

20938 **GABALDON D.** Le bûcher des sorcières. *J'ai lu, 1998.* (Le chardon et le tartan; 2)(J'ai lu ; 4810. Littérature générale c5)
ISBN 2-290-04810-0. *39 F / 5,95 €*

20939 **GABALDON D.** Les flammes de la rébellion. *J'ai lu, 1999.* (Le chardon et le tartan; 4)(J'ai lu ; 5072. Littérature générale c6)
ISBN 2-290-05072-5. *42 F / 6,40 €*

20940 **GABALDON D.** La porte de pierre. *J'ai lu, 1998.* (Le chardon et le tartan; 1)(J'ai lu ; 4809. Littérature générale c5)
ISBN 2-290-04809-7. *39 F / 5,95 €*

20941 **GABALDON D.** Le talisman. *J'ai lu, 1999.* (Le chardon et le tartan; 3)(J'ai lu ; 5071. Littérature générale c6)
ISBN 2-290-05071-7. *42 F / 6,40 €*

20942 **GABALDON D.** Les tambours de l'automne. *J'ai lu, 2000.* (Le chardon et le tartan; 6)(J'ai lu ; 5442. Littérature générale cR)
ISBN 2-290-30032-2. *65 F / 9,91 €*

20943 **GABALDON D.** Le voyage. *J'ai lu, 1999.* (Le chardon et le tartan; 5)(J'ai lu ; 5207. Littérature générale)
ISBN 2-290-05207-8. *65 F / 9,91 €*

20944 **GADDA C. E.** L'affreux pastis de la rue des Merles. Réimpr. *Seuil, 1999.* (Points ; 593)
ISBN 2-02-036081-0. *48 F / 7,32 €*

20945 **GADDA C. E.** Le Château d'Udine. *Grasset, 1991.* (Les Cahiers rouges ; 140)
ISBN 2-246-26662-9. *54 F / 8,23 €*

20946 **GADDA C. E.** La Connaissance de la douleur. *Seuil, 1987.* (Points. Roman ; 293 c2)
ISBN 2-02-009777-X. *39 F / 5,95 €*

20947 **GADDIS W.** Gothique charpentier. *10-18, 1993.* (10-18 ; 2355. Domaine étranger c6)
ISBN 2-264-01818-6. *47 F / 7,17 €*

20948 **GADENNE P.** Baleine ; L'Intellectuel dans le jardin ; Bal à Espelette. *Actes Sud, 1993.* (Babel ; 59 c1)
ISBN 2-86869-937-5. *33 F / 5,03 €*

20949 **GADENNE P.** Les Hauts-quartiers. *Seuil, 1991.* (Points. Roman ; 489 c8)
ISBN 2-02-013528-0. *67 F / 10,21 €*

20950 **GADENNE P.** L'invitation chez les Stirl. Nouv. éd. *Gallimard, 1995.* (L'imaginaire ; 325)
ISBN 2-07-074016-1. *50 F / 7,62 €*

20951 **GADENNE P.** La Plage de Scheveningen. *Gallimard, 1983.* (L'imaginaire ; 106)
ISBN 2-07-023114-3. *45 F / 6,86 €*

20952 **GADENNE P.** Siloe. *Seuil, 1983.* (Points. Roman ; 97 c6)
ISBN 2-02-006375-1. *62 F / 9,45 €*

20953 **GAINES E. J.** Une longue journée de novembre. *10-18, 1996.* (10-18 ; 2773. Domaine étranger c2)
ISBN 2-264-02313-9. *25 F / 3,81 €*

20954 **GAINSBOURG S.** Evguenie Sokolov. *Gallimard, 1985.* (Folio ; 1643 c9)
ISBN 2-07-020847-8. *39 F / 5,95 €*

20955 **GAINSBOURG S.** Evguénie Sokolov. *Gallimard, 1985.* (Folio ; 1643 c9)
ISBN 2-07-037643-5. *20 F / 3,05 €*

20956 **N** **GALA A.** Une passion turque. *LGF, 2000.* (Le Livre de poche ; 14962)
ISBN 2-253-14962-4. *39 F / 5,95 €*

20957 **GALLANT M.** Ciel vert, ciel d'eau. *Gallimard, 1998.* (Folio ; 3053 c9)
ISBN 2-07-040237-1. *20,50 F / 3,13 €*

20958 **GALLANT M.** Poisson d'avril. *Gallimard, 1998.* (Folio ; 3054 c8)
ISBN 2-07-040236-3. *37 F / 5,64 €*

20959 **GALLEGOS R.** Dona Barbara. *Gallimard, 1979.* (L'imaginaire ; 45)
ISBN 2-07-028746-7. *55 F / 8,38 €*

20960 **GALLIAND J-M.** Tequila blues. *LGF, 1999.* (Le Livre de poche ; 14578 c7)
ISBN 2-253-14578-5. *30 F / 4,57 €*

20961 **GALLINARO D., ITRI J-P. d.** La saga de Jalna : d'après Mazo de La Roche. *J'ai lu, 1995.* (J'ai lu ; 4069. Littérature générale)
ISBN 2-277-24069-9. *39 F / 5,95 €*

20962 **GALLO M.** Une Affaire publique. *LGF, 1993.* (Le Livre de poche ; 9692 c9)
ISBN 2-253-06435-1. *36 F / 5,49 €*

20963 **GALLO M.** L'ambitieuse. *LGF, 1997.* (Le Livre de poche ; 14166 c8)
ISBN 2-253-14166-6. *33 F / 5,03 €*

20964 **GALLO M.** L'Amour au temps des solitudes. *LGF, 1994.* (Le Livre de poche ; 13523 c8)
ISBN 2-253-13523-2. *33 F / 5,03 €*

20965 **GALLO M.** La Baie des Anges ; Le Palais des Fêtes ; La Promenade des Anglais. *Laffont, 1982.* (Bouquins)
ISBN 2-221-08821-2. *129 F / 19,67 €*

20966 **GALLO M.** La baie des Anges. 1. *Pocket, 1999.* (Pocket ; 10787)
ISBN 2-266-09659-1. *38 F / 5,79 €*

20967 **GALLO M.** La baie des Anges. 2, Le palais des fêtes. *Pocket, 1999.* (Pocket ; 10788 c6)
ISBN 2-266-09660-5. *38 F / 5,79 €*

20968 **GALLO M.** La baie des Anges. 3, La promenade des Anglais. *Pocket, 1999.* (Pocket ; 10789 c6)
ISBN 2-266-09661-3. *38 F / 5,79 €*

20969 **GALLO M.** Le Beau rivage. *LGF, 1987.* (Le Livre de poche ; 6400 c10)
ISBN 2-253-04321-4. *40 F / 6,10 €*

20970 **GALLO M.** Le condottiere. *LGF, 1995.* (Le Livre de poche ; 13856 c9)
ISBN 2-253-13856-8. *36 F / 5,49 €*

20971 **GALLO M.** Le faiseur d'or. *LGF, 1998.* (Le Livre de poche ; 14527 c7)
ISBN 2-253-14527-0. *30 F / 4,57 €*

20972 **GALLO M.** La femme derrière le miroir. *LGF, 1998.* (Le Livre de poche ; 14469 c9)
ISBN 2-253-14469-X. *36 F / 5,49 €*

20973 **GALLO M.** Le fils de Klara H. *LGF, 1996.* (Le Livre de poche ; 14043 c9)
ISBN 2-253-14043-0. *36 F / 5,49 €*

20974 **GALLO M.** La Fontaine des innocents. *LGF, 1993.* (Le Livre de poche ; 9681 c10)
ISBN 2-253-06405-X. *40 F / 6,10 €*

20975 **GALLO M.** Napoléon. 1, Le chant du départ. *Pocket, 1998.* (Pocket ; 10353 c6)
ISBN 2-266-08055-5. *38 F / 5,79 €*

20976 **GALLO M.** Napoléon. 2, Le soleil d'Austerlitz. *Pocket, 1998.* (Pocket ; 10354 c6)
ISBN 2-266-08056-3. *38 F / 5,79 €*

20977 **GALLO M.** Napoléon. 3, L'empereur des rois. *Pocket, 1999.* (Pocket ; 10355)
ISBN 2-266-08057-1. *38 F / 5,79 €*

20978 **GALLO M.** Napoléon. 4, L'immortel de Sainte-Hélène. *Pocket, 1999.* (Pocket ; 10356 c6)
ISBN 2-266-08058-X. *38 F / 5,79 €*

20979 **GALLO M.** La part de Dieu. *LGF, 1998.* (Le Livre de poche ; 14404 c7)
ISBN 2-253-14404-5. *30 F / 4,57 €*

20980 **GALLO M.** Le Regard des femmes. *LGF, 1993.* (Le Livre de poche ; 9732 c10)
ISBN 2-253-06519-6. *40 F / 6,10 €*

20981 **GALLO M.** Les rois sans visage. *LGF, 1995.* (Le Livre de poche ; 13743 c10)
ISBN 2-253-13743-X. *40 F / 6,10 €*

20982 **GALLOIS C.** Et si on parlait d'amour. *Seuil, 1987.* (Points. Roman ; 280 c1)
ISBN 2-02-009672-2. *32 F / 4,88 €*

20983 **GALLOIS C.** L'Homme de peine. *LGF, 1991.* (Le Livre de poche ; 6903 c5)
ISBN 2-253-05538-7. *23 F / 3,51 €*

20984 **GALLOIS S.** Genius. *Pocket, 1997.* (Pocket ; 4498 c8)
ISBN 2-266-07149-1. *45 F / 6,86 €*

20985 **GALSWORTHY J.** Histoire des Forsyte. 2, Comédie moderne. *Laffont, 1993.* (Bouquins)
ISBN 2-221-06881-5. *150 F / 22,87 €*

20986 **GAMARRA P.** Cantilène occitane. *Gallimard, 1992.* (Folio ; 2365 c11)
ISBN 2-07-038502-7. *50 F / 7,62 €*

20987 **GAMARRA P.** Le Maître d'école. *Gallimard, 1994.* (Folio ; 2625 c8)
ISBN 2-07-038703-8. *37 F / 5,64 €*

20988 **GAMBARO G.** Rien à voir avec une autre histoire. *Seuil, 1987.* (Point-virgule ; 52 c1)
ISBN 2-02-009554-8. *32 F / 4,88 €*

20989 **A** **GANDILLOT T.** Câline. *Pocket, 2001.* (Pocket ; 11122)
ISBN 2-266-10595-7

20990 **GANDILLOT T.** L'héritage Windsmith. *Seuil, 1997.* (Points ; 370 c10)
ISBN 2-02-031015-5. *45 F / 6,86 €*

20991 **N** **GANDY A.** L'énigme de Ravejouls. *Pocket, 2001.* (Pocket ; 10749 c6)
ISBN 2-266-09431-9. *38 F / 5,79 €*

20992 **N** **GANDY A.** Un sombre été à Chaluzac. *Pocket, 2001.* (Pocket ; 11115 c4)
ISBN 2-266-10564-7. *30 F / 4,57 €*

20993 **N** **GAO X.** Une canne à pêche pour mon grand-père. *Ed. de l'Aube, 2001.* (L'Aube poche ; 56)
ISBN 2-87678-603-6. *45 F / 6,86 €*

20994 **GAO X.** La montagne de l'âme. *Ed. de l'Aube, 2000.* (L'Aube poche ; 46)
ISBN 2-87678-526-9. *69 F / 10,52 €*

20995 **GARAT A-M.** Aden. *Seuil, 1994.* (Points. Roman ; 642 c1)
ISBN 2-02-021538-1. *32 F / 4,88 €*

20996 **N** **GARAT A-M.** L'insomniaque. *Actes Sud, 2000.* (Babel ; 440)
ISBN 2-7427-2883-X. *45 F / 6,86 €*

20997 **GARAT A-M.** Merle. *Seuil, 1999.* (Points ; 621)
ISBN 2-02-037227-4. *39 F / 5,95 €*

20998 **GARAT A-M.** Le monarque égaré. *Seuil, 1996.* (Points ; 205 c2)
ISBN 2-02-025472-7. *39 F / 5,95 €*

20999 **A** **GARCETTE P.** Guere épais. *Baleine, 2001.* (Le Poulpe ; 217)
ISBN 2-84219-327-X. *39 F / 5,95 €*

21000 **GARCIA MARQUEZ G.** L'Amour au temps du choléra. *LGF, 1992.* (Le Livre de poche ; 4349 c10)
ISBN 2-253-06054-2. *40 F / 6,10 €*

21001 **GARCIA MARQUEZ G.** L'Automne du patriarche. *LGF, 1982.* (Le Livre de poche ; 5692 c8)
ISBN 2-253-03045-7. *33 F / 5,03 €*

21002 **GARCIA MARQUEZ G.** L'automne du patriarche. *Grasset, 1996.* (Les Cahiers rouges ; 228)
ISBN 2-246-04272-0. *63 F / 9,60 €*

21003 **GARCIA MARQUEZ G.** L'Aventure de Miguel Littin clandestin au Chili. *LGF, 1988.* (Le Livre de poche ; 6550 c4)
ISBN 2-253-04794-5. *20 F / 3,05 €*

21004 **GARCIA MARQUEZ G.** Cent ans de solitude. Réimpr. *Seuil, 1995.* (Points c3)
ISBN 2-02-023811-X. *48 F / 7,32 €*

21005 **GARCIA MARQUEZ G.** Chronique d'une mort annoncée. *Grasset, 1993.* (Les Cahiers rouges ; 174)
ISBN 2-246-26742-0. *49 F / 7,47 €*

21006 **GARCIA MARQUEZ G.** Chronique d'une mort annoncée. *LGF, 1987.* (Le Livre de poche ; 6409 c2)
ISBN 2-253-04397-4. *15 F / 2,29 €*

21007 **GARCIA MARQUEZ G.** De l'amour et autres démons. *LGF, 1997.* (Le Livre de poche ; 14145 c7)
ISBN 2-253-14145-3. *30 F / 4,57 €*

21008 **GARCIA MARQUEZ G.** Douze contes vagabonds. *LGF, 1995.* (Le Livre de poche ; 13747 c5)
ISBN 2-253-13747-2. *23 F / 3,51 €*

21009 **GARCIA MARQUEZ G.** Des Feuilles dans la bourrasque. *Grasset, 1991.* (Les Cahiers rouges ; 132)
ISBN 2-246-26732-3. *54 F / 8,23 €*

21010 **GARCIA MARQUEZ G.** Les Funérailles de la grande mémé = Los Funerales de la mamà grande. *LGF, 1988.* (Les Langues modernes ; 8701. Bilingue c9)
ISBN 2-253-04723-6. *36 F / 5,49 €*

21011 **GARCIA MARQUEZ G.** Les Funérailles de la grande mémé. *Grasset, 1990.* (Les Cahiers rouges ; 123)
ISBN 2-246-05502-4. *47 F / 7,17 €*

21012 **GARCIA MARQUEZ G.** Le Général dans son labyrinthe. *LGF, 1993.* (Le Livre de poche ; 9650 c8)
ISBN 2-253-06363-0. *33 F / 5,03 €*

21013 **GARCIA MARQUEZ G.** L'Incroyable et triste histoire de la candide Erendira et de sa grand-mère diabolique. *Grasset, 1990.* (Les Cahiers rouges ; 124)
ISBN 2-246-05493-1. *47 F / 7,17*

21014 **GARCIA MARQUEZ G.** Journal d'un enlèvement. *LGF, 1999.* (Le Livre de poche ; 14625 c9)
ISBN 2-253-14625-0. *36 F / 5,49 €*

21015 **GARCIA MARQUEZ G.** La Mala hora. *Grasset, 1991.* (Les Cahiers rouges ; 138)
ISBN 2-246-31322-8. *58 F / 8,84 €*

21016 **GARCIA MARQUEZ G.** La Mala hora. *LGF, 1988.* (Le Livre de poche ; 6440 c7)
ISBN 2-253-04503-9. *30 F / 4,57 €*

21017 **GARCIA MARQUEZ G.** Pas de lettre pour le colonel. *Grasset, 1991.* (Les Cahiers rouges ; 130)
ISBN 2-246-25232-6. *42 F / 6,40 €*

21018 **GARCIA MARQUEZ G.** Récit d'un naufragé. *Grasset, 1998.* (Les Cahiers rouges ; 263)
ISBN 2-246-08462-8. *45 F / 6,86 €*

21019 **GARCIA MARQUEZ G.** Des Yeux de chien bleu. *Grasset, 1991.* (Les Cahiers rouges ; 137)
ISBN 2-246-31451-8. *47 F / 7,17 €*

21020 **GARCIA MORALES A.** Le Silence des sirènes. *Stock, 1989.* (Bibliothèque cosmopolite)
ISBN 2-234-02191-X. *55 F / 8,38 €*

21021 **GARDEL L.** L'aurore des bien-aimés. *Seuil, 1998.* (Points ; 546 c1)
ISBN 2-02-034958-2. *32 F / 4,88 €*

21022 **GARDEL L.** Le Beau rôle. *Seuil, 1990.* (Points. Roman ; 407 c1)
ISBN 2-02-012323-1. *32 F / 4,88 €*

21023 **GARDEL L.** Dar Baroud. *Seuil, 1995.* (Points ; 52)
ISBN 2-02-023832-2. *42 F / 6,40 €*

21024 **GARDEL L.** Fort Saganne. Réimpr. *Seuil, 1997.* (Points ; 349 c11)
ISBN 2-02-031626-9. *48 F / 7,32 €*

21025 **N** **GARDEL L.** Grand Seigneur. *Seuil, 2000.* (Points ; 774)
ISBN 2-02-041943-2. *35 F / 5,34 €*

21026 **GARDEL L.** Notre homme. Réimpr. *Seuil, 1995.* (Points ; 28 c2)
ISBN 2-02-025121-3. *39 F / 5,95 €*

21027 **GARLAND A.** La plage. *LGF, 1999.* (Le Livre de poche ; 14651 c12)
ISBN 2-253-14651-X. *44 F / 6,71 €*

21028 **GARLOCK D.** Chassée de ses terres. *J'ai lu, 1997.* (J'ai lu ; 4423. Aventures et passions c4)
ISBN 2-290-04423-7. *36 F / 5,49 €*

21029 **GARLOCK D.** Le métis apache. Rééd. *J'ai lu, 1998.* (J'ai lu ; 3594. Aventures et passions c5)
ISBN 2-290-03594-7. *39 F / 5,95 €*

21030 **GARNER J. F.** De plus en plus politiquement correct : nouveaux contes d'autrefois pour lecteurs d'aujourd'hui. *LGF, 1998.* (Le Livre de poche ; 14531 c5)
ISBN 2-253-14531-9. *23 F / 3,51 €*

21031 **GARNER J. F.** Politiquement correct : contes d'autrefois pour lecteurs d'aujourd'hui. *LGF, 1997.* (Le Livre de poche ; 14080 c4)
ISBN 2-253-14080-5. *20 F / 3,05 €*

21032 **GARNETT D.** La Femme changée en renard. *Grasset, 1994.* (Les Cahiers rouges ; 195)
ISBN 2-246-12162-0. *49 F / 7,47 €*

21033 **GARNIER D.** La Femme publique. *Seuil, 1986.* (Points. Roman ; 258 c1)
ISBN 2-02-009299-9. *32 F / 4,88 €*

21034 **GARNIER P.** L'A26. *Zulma, 1999.* (Quatre-bis)
ISBN 2-84304-070-1. *59 F / 8,99 €*

21035 **N** **GARNIER P.** Nul n'est à l'abri du succès. *Zulma, 2001.* (Quatre-bis)
ISBN 2-84304-117-1. *59 F / 8,99 €*

21036 **A** **GARRETT A.** Les cicatrices du passé. *J'ai lu, 2001.* (J'ai lu ; 5909. Amour et destin)
ISBN 2-290-31145-6

21037 **GARWOOD J.** Un ange diabolique. Réimpr. *J'ai lu, 1996.* (J'ai lu ; 3092. Aventures et passions)
ISBN 2-290-03092-9. *39 F / 5,95 €*

21038 **GARWOOD J.** Un cadeau empoisonné. *J'ai lu, 1998.* (J'ai lu ; 3219. Aventures et passions c5)
ISBN 2-290-03219-0. *39 F / 5,95 €*

21039 **N** **GARWOOD J.** Le dernier des Clayborne. *J'ai lu, 2000.* (J'ai lu ; 5666. Aventures et passions)
ISBN 2-290-30427-1. *39 F / 5,95 €*

21040 **GARWOOD J.** Désir rebelle. *J'ai lu, 1992.* (J'ai lu ; 3286. Aventures et passions)
ISBN 2-290-13286-1. *25 F / 3,81 €*

21041 **GARWOOD J.** La fiancée offerte. Réimpr. *J'ai lu, 1997.* (J'ai lu ; 3346. Aventures et passions c5)
ISBN 2-290-13346-9. *39 F / 5,95 €*

21042 **GARWOOD J.** Les frères Clayborne. *J'ai lu, 2000.* (J'ai lu ; 5505. Aventures et passions cl)
ISBN 2-290-30223-6. *36 F / 5,49 €*

21043 **GARWOOD J.** Une lady en haillons. *J'ai lu, 1997.* (J'ai lu ; 4372. Aventures et passions c6)
ISBN 2-290-04372-9. *42 F / 6,40 €*

21044 **N** **GARWOOD J.** Le maître chanteur. *J'ai lu, 2001.* (J'ai lu ; 5782. Aventures et passions cM)
ISBN 2-290-30912-5. *49 F / 7,47 €*

21045 **GARWOOD J.** Prince charmant. Rééd. *J'ai lu, 1998.* (J'ai lu ; 4087. Aventures et passions c5)
ISBN 2-290-04087-8. *39 F / 5,95 €*

21046 **GARWOOD J.** Le secret de Judith. Rééd. *J'ai lu, 1998.* (J'ai lu ; 3467. Aventures et passions c5)
ISBN 2-290-03467-3. *39 F / 5,95 €*

21047 **GARWOOD J.** Sur ordre du roi. Rééd. *J'ai lu, 1998.* (J'ai lu ; 3019. Aventures et passions c5)
ISBN 2-290-03019-8. *39 F / 5,95 €*

21048 **GARY R.** Adieu Gary Cooper. *Gallimard, 1991.* (Folio ; 2328 c11)
ISBN 2-07-038452-7. *29,50 F / 4,50 €*

21049 **GARY R.** L'Angoisse du roi Salomon. *Gallimard, 1990.* (Folio ; 1797 c8)
ISBN 2-07-037797-0. *37 F / 5,64 €*

21050 **GARY R.** Au-delà de cette limite votre ticket n'est plus valable. *Gallimard, 1978.* (Folio ; 1048 c11)
ISBN 2-07-037048-8. *29 F / 4,42 €*

21051 **GARY R.** Les Cerfs-volants. *Gallimard, 1983.* (Folio ; 1467 c9)
ISBN 2-07-037467-X. *41 F / 6,25 €*

21052 **GARY R.** Charge d'âme. *Gallimard, 1997.* (Folio ; 3015 c8)
ISBN 2-07-040366-1. *37 F / 5,64 €*

21053 **GARY R.** Chien blanc. *Gallimard, 1972.* (Folio ; 50 c11)
ISBN 2-07-036050-4. *29,50 F / 4,50 €*

21054 **GARY R.** Clair de femme. *Gallimard, 1982.* (Folio ; 1367 c11)
ISBN 2-07-037367-3. *29,50 F / 4,50 €*

21055 **GARY R.** Les Clowns lyriques. *Gallimard, 1989.* (Folio ; 2084 c8)
ISBN 2-07-038172-2. *37 F / 5,64 €*

21056 **GARY R.** La danse de Gengis Cohn. *Gallimard, 1995.* (Folio ; 2730 c9)
ISBN 2-07-039302-X. *41 F / 6,25 €*

21057 **GARY R.** Education européenne. *Gallimard, 1972.* (Folio ; 203 c11)
ISBN 2-07-036203-5. *29,50 F / 4,50 €*

21058 **GARY R.** Les Enchanteurs. *Gallimard, 1988.* (Folio ; 1904 c10)
ISBN 2-07-037904-3. *46 F / 7,01 €*

21059 **GARY R.** Europa ; précédé de Note pour l'édition américaine d'Europa. *Gallimard, 1999.* (Folio ; 3273 c11)
ISBN 2-07-041096-X. *50 F / 7,62 €*

21060 **GARY R.** Le Grand vestiaire. *Gallimard, 1985.* (Folio ; 1678 c8)
ISBN 2-07-037678-8. *37 F / 5,64 €*

21061 **GARY R.** Gros-Câlin. *Gallimard, 1979.* (Folio ; 906 c11)
ISBN 2-07-036906-4. *29,50 F / 4,50 €*

21062 **GARY R.** Lady L. *Gallimard, 1973.* (Folio ; 304 c11)
ISBN 2-07-036304-X. *29,50 F / 4,50 €*

21063 **GARY R.** Les Mangeurs d'étoiles. *Gallimard, 1981.* (Folio ; 1257 c9)
ISBN 2-07-037257-X. *41 F / 6,25 €*

21064 **GARY R.** La Nuit sera calme : entretiens avec François Bondy. *Gallimard, 1976.* (Folio ; 719 c8)
ISBN 2-07-036719-3. *37 F / 5,64 €*

21065 **GARY R.** Les Oiseaux vont mourir au Pérou ; Gloire à nos illustres pionniers. *Gallimard, 1982.* (Folio ; 668 c11)
ISBN 2-07-036668-5. *29,50 F / 4,50 €*

21066 **GARY R.** La Promesse de l'aube. *Gallimard, 1976.* (Folio ; 373 c8)
ISBN 2-07-036373-2. *37 F / 5,64 €*

21067 **GARY R.** Les racines du ciel. *Gallimard, 1972.* (Folio ; 242 c9)
ISBN 2-07-036242-6. *41 F / 6,25 €*

21068 **GARY R.** La Tête coupable. *Gallimard, 1980.* (Folio ; 1204 c8)
ISBN 2-07-037204-9. *37 F / 5,64 €*

21069 **GARY R.** Tulipe. *Gallimard, 1999.* (Folio ; 3197 c5)
ISBN 2-07-040876-0. *25,50 F / 3,89 €*

21070 **GARY R.** La vie devant soi. *Gallimard, 1982.* (Folio ; 1362 c11)
ISBN 2-07-037362-2. *29,50 F / 4,50 €*

21071 **GASCAR P.** Les bêtes. *Gallimard, 1978.* (L'imaginaire ; 23)
ISBN 2-07-029925-2. *37 F / 5,64 €*

21072 **GASCAR P.** Les femmes. *Gallimard, 1997.* (Folio ; 3021 c11)
ISBN 2-07-040313-0. *29,50 F / 4,50 €*

21073 **GASPAR J. d. N.** Congrès gastronomique. *Libr. des Champs-Elysées, 1989.* (Le Masque ; 597 c2)
ISBN 2-7024-1897-X. *30 F / 4,57 €*

21074 **GASPAR J. d. N.** Les Corps sans âmes. *Libr. des Champs-Elysées, 1988.* (Le Masque ; 457. Les maîtres du roman policier c3)
ISBN 2-7024-1851-1. *32 F / 4,88 €*

21075 **GATES D.** Jernigan. *Seuil, 1995.* (Points ; 150 c9)
ISBN 2-02-021071-1. *42 F / 6,40 €*

21076 **GAUTIER T.** Arria Marcella. *LGF, 1994.* (Le Livre de poche ; 13645. Les classiques d'aujourd'hui c1)
ISBN 2-253-13645-X. *10 F / 1,52 €*

21077 **GAUTIER T.** Le capitaine Fracasse. *LGF, 1985.* (Le Livre de poche ; 6138. Classiques de poche c8)
ISBN 2-253-03796-6. *33 F / 5,03 €*

21078 **GAUTIER T.** Le capitaine Fracasse. *Gallimard, 1972.* (Folio ; 204. Classique c9)
ISBN 2-07-036204-3. *41 F / 6,25 €*

21079 **GAUTIER T.** Contes et récits fantastiques. Nouv. éd. *LGF, 1991.* (Le Livre de poche ; 6895. Classiques de poche c10)
ISBN 2-253-05520-4. *40 F / 6,10 €*

21080 **GAUTIER T.** Mademoiselle de Maupin. *LGF, 1994.* (Le Livre de poche ; 4288. Classiques de poche c9)
ISBN 2-253-06072-0. *36 F / 5,49 €*

21081 **GAUTIER T.** La morte amoureuse ; Avatar ; Le Chevalier double et autres récits fantastiques. *Gallimard, 1981.* (Folio ; 1316. Classique c9)
ISBN 2-07-037316-9. *41 F / 6,25 €*

21082 **GAUTIER T.** La morte amoureuse ; suivi de Une nuit de Cléopâtre. *Librio, 1999.* (Librio ; 263 c1)
ISBN 2-277-30263-5. *10 F / 1,52 €*

21083 **GAUTIER T.** Les mortes amoureuses. *Actes Sud, 1996.* (Babel ; 242. Les fantastiques c2)
ISBN 2-7427-0994-0. *39 F / 5,95 €*

21084 **GAUTIER T.** Oeuvres. *Laffont, 1995.* (Bouquins)
ISBN 2-221-07035-6. *189 F / 28,81 €*

21085 **GAUTIER T.** Le roman de la momie. *Librio, 1995.* (Librio ; 81 c1)
ISBN 2-277-30081-0. *10 F / 1,52 €*

21086 **GAUTIER T.** Le roman de la momie. *LGF, 1997.* (Le Livre de poche ; 6099. Classiques de poche c6)
ISBN 2-253-03741-9. *26 F / 3,96 €*

21087 **GAUTIER T.** Le roman de la momie. *Gallimard, 1986.* (Folio ; 1718. Classique c8)
ISBN 2-07-037718-0. *37 F / 5,64 €*

21088 **GAUVIN A.** L'Aimé. *Seuil, 1992.* (Points. Roman ; 542 c2)
ISBN 2-02-016486-8. *39 F / 5,95 €*

21089 **A** **GAVALDA A.** Je voudrais que quelqu'un m'attende quelque part. *J'ai lu, 2001.* (J'ai lu ; 5933. Littérature générale)
ISBN 2-290-31178-2

21090 **GAVRON L.** Marabouts d'ficelle. *Baleine, 2000.* (Velours ; 7)
ISBN 2-84219-237-0. *45 F / 6,86 €*

21091 **GAY-LUSSAC B.** L'Examen de minuit. *Gallimard, 1987.* (Folio ; 1870 c9)
ISBN 2-07-037870-5. *41 F / 6,25 €*

21092 **GAZIER M.** Le cercle de famille. *Seuil, 1998.* (Points ; 447 c8)
ISBN 2-02-033296-5. *39 F / 5,95 €*

21093 **GAZIER M.** En sortant de l'école. *Seuil, 1999.* (Points ; 594)
ISBN 2-02-034947-7. *39 F / 5,95 €*

21094 **GAZIER M.** Histoires d'une femme sans histoire. *Seuil, 1999.* (Points ; 673)
ISBN 2-02-037197-9. *39 F / 5,95 €*

21095 **N** **GAZIER M.** Le merle bleu. *Seuil, 2000.* (Points ; 786)
ISBN 2-02-041942-4. *39 F / 5,95 €*

21096 **GAZIER M.** Nativités. *Seuil, 1996.* (Points ; 211 c1)
ISBN 2-02-028313-1. *32 F / 4,88 €*

21097 **GAZIER M.** Sorcières ordinaires. *Gallimard, 1999.* (Folio ; 3198 c6)
ISBN 2-07-040590-7. *29,50 F / 4,50 €*

21098 **GÉACHE E.** Une nuit d'orgies à Saint-Pierre Martinique. *la Musardine, 2000.* (Lectures amoureuses de Jean-Jacques Pauvert ; 33)
ISBN 2-84271-054-1. *39 F / 5,95 €*

21099 **GEDGE P.** Les chevaux du fleuve. *LGF, 2000.* (Seigneurs des deux terres; 1)(Le Livre de poche ; 14773)
ISBN 2-253-14773-7. *35 F / 5,34 €*

21100 **GEDGE P.** La dame du Nil. Réimpr. *J'ai lu, 1999.* (J'ai lu ; 2590. Littérature générale c6)
ISBN 2-290-12590-3. *42 F / 6,40 €*

21101 **GEDGE P.** Les Enfants du soleil. *LGF, 1995.* (Le Livre de poche ; 13757)
ISBN 2-253-13757-X. *39 F / 5,95 €*

21102 **N** **GEDGE P.** L'oasis. *LGF, 2001.* (Seigneurs des deux terres; 2)(Le Livre de poche ; 15002 c10)
ISBN 2-253-15002-9. *40 F / 6,10 €*

21103 **GEDGE P.** Le scorpion du Nil. *LGF, 1996.* (Le Livre de poche ; 13948 c12)
ISBN 2-253-13948-3. *44 F / 6,71 €*

21104 **GEDGE P.** Le Tombeau de Saqqarah. *LGF, 1993.* (Le Livre de poche ; 9584 c10)
ISBN 2-253-06266-9. *40 F / 6,10 €*

21105 **GEDGE P.** La vengeance du scorpion. *LGF, 1998.* (Le Livre de poche ; 14426 c9)
ISBN 2-253-14426-6. *36 F / 5,49 €*

21106 **GEERAERTS J.** Black Vénus. *Actes Sud, 1995.* (Babel ; 178 c3)
ISBN 2-7427-0586-4. *45 F / 6,86 €*

21107 **GEILLE A.** La Voyageuse du soir. *Gallimard, 1988.* (Folio ; 1985 c8)
ISBN 2-07-038073-4. *37 F / 5,64 €*

21108 **GEISZLER H. W.** Cher Augustin. *Stock, 1993.* (Bibliothèque cosmopolite)
ISBN 2-234-02565-6. *65 F / 9,91 €*

21109 **GEMMELL N.** Traversée. *10-18, 2000.* (10-18 ; 3129. Domaine étranger c6)
ISBN 2-264-02904-8. *47 F / 7,17 €*

21110 **GENESTAR A.** Le baraquement américain. *LGF, 2000.* (Le Livre de poche ; 14800 c7)
ISBN 2-253-14800-8. *30 F / 4,57 €*

21111 **GENET J.** Le Journal du voleur. *Gallimard, 1982.* (Folio ; 493 c8)
ISBN 2-07-036493-3. *37 F / 5,64 €*

21112 **GENET J.** Miracle de la rose. *Gallimard, 1977.* (Folio ; 887 c8)
ISBN 2-07-036887-4. *37 F / 5,64 €*

21113 **GENET J.** Notre-Dame des fleurs. *Gallimard, 1976.* (Folio ; 860 c8)
ISBN 2-07-036860-2. *37 F / 5,64 €*

21114 **GENET J.** Les Paravents. *Gallimard, 1981.* (Folio ; 1309 c11)
ISBN 2-07-037309-6. *29,50 F / 4,50 €*

21115 **GENET J.** Pompes funèbres. *Gallimard, 1978.* (L'imaginaire ; 34)
ISBN 2-07-027919-7. *48 F / 7,32 €*

21116 **GENET J.** Querelle de Brest. *Gallimard, 1981.* (L'imaginaire ; 86)
ISBN 2-07-026329-0. *50 F / 7,62 €*

21117 **GENÈVE M.** La nuit sera chienne. *Pocket, 1995.* (Pocket ; 4275 c2)
ISBN 2-266-06357-X. *23 F / 3,51 €*

21118 **GENEVOIX M.** Beau François. Réimpr. *Pocket, 1991.* (Pocket ; 2229. Blanche c3)
ISBN 2-266-03157-0. *26 F / 3,96 €*

21119 **GENEVOIX M.** Bestiaire sans oubli. *Pocket, 1989.* (Pocket ; 3174 c3)
ISBN 2-266-02703-4. *26 F / 3,96 €*

21120 **GENEVOIX M.** La Boite à pêche. *Grasset, 1983.* (Les Cahiers rouges ; 2)
ISBN 2-246-00993-6. *45 F / 6,86 €*

21121 **GENEVOIX M.** Le Jardin dans l'île. *Pocket, 1992.* (Pocket ; 3935. Blanche c6)
ISBN 2-266-04679-9. *38 F / 5,79 €*

21122 **GENEVOIX M.** Un Jour. *Seuil, 1980.* (Points. Roman ; 20 c2)
ISBN 2-02-005581-3. *39 F / 5,95 €*

21123 **GENEVOIX M.** La Loire, Agnès et les garçons. *Pocket, 1992.* (Pocket ; 4055. Blanche c5)
ISBN 2-266-04983-6. *35 F / 5,34 €*

21124 **GENEVOIX M.** Lorelei. *Seuil, 1986.* (Points. Roman ; 244 c2)
ISBN 2-02-009261-1. *39 F / 5,95 €*

21125 **GENEVOIX M.** Les Mains vides. *Seuil, 1993.* (Points. Roman ; 622 c2)
ISBN 2-02-019494-5. *39 F / 5,95 €*

21126 **GENEVOIX M.** La Maison du Mesnil (Cyrille). *Seuil, 1991.* (Points. Roman ; 451 c3)
ISBN 2-02-013235-4. *48 F / 7,32 €*

21127 **GENEVOIX M.** La Motte rouge. *Seuil, 1981.* (Points. Roman ; 33 c2)
ISBN 2-02-005805-7. *39 F / 5,95 €*

21128 **GENEVOIX M.** Raboliot. *LGF, 1961.* (Le Livre de poche ; 692 c8)
ISBN 2-253-00922-9. *33 F / 5,03 €*

21129 **GENEVOIX M.** Raboliot. *Grasset, 1995.* (Les Cahiers rouges ; 218)
ISBN 2-246-33746-1. *55 F / 8,38 €*

21130 **GENEVOIX M.** Trente mille jours. Rééd. *Seuil, 1996.* (Points ; 222 c2)
ISBN 2-02-026417-X. *39 F / 5,95 €*

21131 **A** **GENKA N.** Jeanne la pudeur. *J'ai lu, 2001.* (J'ai lu ; 5821. Littérature générale)
ISBN 2-290-31011-5

21132 **GEORGE E.** Enquête dans le brouillard. *Pocket, 1992.* (Pocket ; 4056. Noir c5)
ISBN 2-266-04960-7. *35 F / 5,34 €*

21133 **N** **GEORGE M.** La fille d'Isis. *LGF, 2000.* (Les mémoires de Cléopâtre; 1)(Le Livre de poche ; 14952)
ISBN 2-253-14952-7. *49 F / 7,47 €*

21134 **N** **GEORGE M.** Sous le signe d'Aphrodite. *LGF, 2001.* (Les mémoires de Cléopâtre; 2)(Le Livre de poche ; 15004)
ISBN 2-253-15004-5. *45 F / 6,86 €*

21135 **GERMAIN S.** Eclats de sel. *Gallimard, 1997.* (Folio ; 3016 c11)
ISBN 2-07-040298-3. *29,50 F / 4,50 €*

21136 **GERMAIN S.** L'Enfant méduse. *Gallimard, 1993.* (Folio ; 2510 c11)
ISBN 2-07-038749-6. *29,50 F / 4,50 €*

21137 **GERMAIN S.** Immensités. *Gallimard, 1995.* (Folio ; 2766 c8)
ISBN 2-07-039360-7. *37 F / 5,64 €*

21138 **GERMAIN S.** Jours de colère. *Gallimard, 1991.* (Folio ; 2316 c8)
ISBN 2-07-038428-4. *37 F / 5,64 €*

21139 **GERMAIN S.** Le Livre des nuits. *Gallimard, 1987.* (Folio ; 1806 c8)
ISBN 2-07-037806-3. *37 F / 5,64 €*

21140 **GERMAIN S.** Nuit-d'ambre. *Gallimard, 1989.* (Folio ; 2073 c11)
ISBN 2-07-038161-7. *50 F / 7,62 €*

21141 **GERMAIN S.** La Pleurante des rues de Prague. *Gallimard, 1994.* (Folio ; 2590 c9)
ISBN 2-07-038881-6. *20,50 F / 3,13 €*

21142 **GERMAIN S.** Tobie des marais. *Gallimard, 2000.* (Folio ; 3336 c9)
ISBN 2-07-041294-6. *37 F / 5,64 €*

21143 **Geschichten von Heute.** *LGF, 1989.* (Le Livre de poche ; 8617. Lire en allemand c9)
ISBN 2-253-05140-3. *36 F / 5,49 €*

21144 **GETHERS P.** Le Chat qui dînait chez Maxim's. *Pocket, 1994.* (Pocket ; 2597 c4)
ISBN 2-266-05497-X. *30 F / 4,57 €*

21145 **GEVERS M.** La grande marée. *Labor, 1996.* (Espace Nord ; 109 c3)
ISBN 2-8040-1104-6. *54 F / 8,23 €*

21146 **GEVERS M.** Guldentop : histoire d'un fantôme. *Labor, 1985.* (Espace Nord ; 24 c1)
ISBN 2-8040-0128-8. *34 F / 5,18 €*

21147 **GEVERS M.** Madame Orpha : la sérénade de Mai. *Labor, 1992.* (Espace Nord ; 74 c2)
ISBN 2-8040-0767-7. *42 F / 6,40 €*

21148 **GHEORGHIU V.** Les immortels d'Agapia. *Gallimard, 1998.* (Folio ; 3044 c9)
ISBN 2-07-040287-8. *41 F / 6,25 €*

21149 **GHEORGHIU V.** La vingt-cinquième heure. *Pocket, 1997.* (Pocket ; 1408 c5)
ISBN 2-266-03260-7. *35 F / 5,34 €*

21150 **GHOSH A.** Les Feux du Bengale. *Seuil, 1992.* (Points. Roman ; 521 c4)
ISBN 2-02-015168-5. *52 F / 7,93 €*

21151 **GIARDINELLI M.** Le dixième cercle. *Métailié, 1999.* (Suites ; 23. Suite hispano-américaine)
ISBN 2-86424-306-7. *40 F / 6,10 €*

21152 **GIBBONS K.** Histoire de faire de beaux rêves. *Seuil, 1995.* (Points ; 57 c7)
ISBN 2-02-020762-1. *35 F / 5,34 €*

21153 **GIBBONS K.** Une sage femme. *Seuil, 1997.* (Points ; 353 c9)
ISBN 2-02-025451-4. *42 F / 6,40 €*

21154 **GIDE A.** Les Caves du Vatican. *Gallimard, 1972.* (Folio ; 34 c11)
ISBN 2-07-036034-2. *29,50 F / 4,50 €*

21155 **GIDE A.** La comtesse. *Mille et une nuits, 1999.* (La petite collection ; 226)
ISBN 2-84205-384-2. *10 F / 1,52 €*

21156 **GIDE A.** L'Ecole des femmes ; Robert et Geneviève. *Gallimard, 1973.* (Folio ; 339 c11)
ISBN 2-07-036339-2. *29,50 F / 4,50 €*

21157 **GIDE A.** Les Faux-monnayeurs. *Gallimard, 1977.* (Folio ; 879 c8)
ISBN 2-07-036879-3. *37 F / 5,64 €*

21158 **GIDE A.** Feuillets d'automne : précédé de quelques récits. *Gallimard, 1980.* (Folio ; 1245 c11)
ISBN 2-07-037245-6. *29,50 F / 4,50 €*

21159 **GIDE A.** L'Immoraliste. *Gallimard, 1972.* (Folio ; 229 c9)
ISBN 2-07-036229-9. *20,50 F / 3,13 €*

21160 **GIDE A.** Isabelle. *Gallimard, 1982.* (Folio ; 144 c9)
ISBN 2-07-036144-6. *20,50 F / 3,13 €*

21161 **GIDE A.** Paludes. *Gallimard, 1973.* (Folio ; 436 c9)
ISBN 2-07-036436-4. *20,50 F / 3,13 €*

21162 **GIDE A.** La Porte étroite. *Gallimard, 1972.* (Folio ; 210 c9)
ISBN 2-07-036210-8. *20,50 F / 3,13 €*

21163 **GIDE A.** Le Retour de l'enfant prodigue. *Gallimard, 1978.* (Folio ; 1044 c11)
ISBN 2-07-037044-5. *29,50 F / 4,50 €*

21164 **GIDE A.** Si le grain ne meurt. *Gallimard, 1976.* (Folio ; 875 c8)
ISBN 2-07-036875-0. *37 F / 5,64 €*

21165 **GIDE A.** La Symphonie pastorale. *Gallimard, 1972.* (Folio ; 18 c11)
ISBN 2-07-036018-0. *29,50 F / 4,50 €*

21166 **GIDE A.** Thésée. *Gallimard, 1981.* (Folio ; 1334 c11)
ISBN 2-07-037334-7. *29,50 F / 4,50 €*

21167 **GIESBERT F-O.** Monsieur Adrien. *Seuil, 1991.* (Points. Roman ; 425 c3)
ISBN 2-02-012848-9. *48 F / 7,32 €*

21168 **N** **GIESBERT F-O.** Le sieur Dieu. *LGF, 2000.* (Le Livre de poche ; 14931 c14)
ISBN 2-253-14931-4. *48 F / 7,32 €*

21169 **GIESBERT F-O.** La souille. *LGF, 1997.* (Le Livre de poche ; 14090 c6)
ISBN 2-253-14090-2. *26 F / 3,96 €*

21170 **GILBERT O-P.** Bauduin-des-Mines. *Labor, 1996.* (Espace Nord ; 113 c3)
ISBN 2-8040-1153-4. *54 F / 8,23 €*

21171 **GILLE E.** Le crabe sur la banquette arrière. *Gallimard, 1996.* (Folio ; 2790 c9)
ISBN 2-07-039477-8. *20,50 F / 3,13 €*

21172 **GILLE E.** Un paysage de cendres. *Seuil, 1998.* (Points ; 463 c6)
ISBN 2-02-032638-8. *32 F / 4,88 €*

21173 **GILLES D.** Nés pour mourir. *Labor, 1995.* (Espace Nord ; 101 c5)
ISBN 2-8040-1012-0. *66 F / 10,06 €*

21174 **GINZBURG N.** Les Mots de la tribu. *Grasset, 1992.* (Les Cahiers rouges ; 139)
ISBN 2-246-12282-1. *54 F / 8,23 €*

21175 **GIONO J.** Les Ames fortes. *Gallimard, 1972.* (Folio ; 249 c11)
ISBN 2-07-036249-3. *29,50 F / 4,50 €*

21176 **GIONO J.** Angelo. *Gallimard, 1983.* (Folio ; 1457 c11)
ISBN 2-07-037457-2. *29,50 F / 4,50 €*

21177 **GIONO J.** Batailles dans la montagne. *Gallimard, 1980.* (Folio ; 624 c11)
ISBN 2-07-036624-3. *50 F / 7,62 €*

21178 **GIONO J.** Le Bonheur fou. Nouv. éd. *Gallimard, 1986.* (Folio ; 1752 c14)
ISBN 2-07-037752-0. *60 F / 9,15 €*

21179 **GIONO J.** Le Chant du monde. *Gallimard, 1976.* (Folio ; 872 c11)
ISBN 2-07-036872-6. *29,50 F / 4,50 €*

21180 **GIONO J.** La Chasse au bonheur. *Gallimard, 1990.* (Folio ; 2222 c11)
ISBN 2-07-038323-7. *29,50 F / 4,50 €*

21181 **GIONO J.** Coeurs, passions, caractères. *Gallimard, 1999.* (L'imaginaire ; 398)
ISBN 2-07-075518-5. *38 F / 5,79 €*

21182 **GIONO J.** Colline. *LGF, 1960.* (Le Livre de poche ; 590 c5)
ISBN 2-253-00289-5. *23 F / 3,51 €*

21183 **GIONO J.** Colline. *Grasset, 1993.* (Les Cahiers rouges ; 179)
ISBN 2-246-12293-7. *47 F / 7,17 €*

21184 **GIONO J.** Le Déserteur et autres récits. *Gallimard, 1978.* (Folio ; 1012 c11)
ISBN 2-07-037012-7. *29,50 F / 4,50 €*

21185 **GIONO J.** Deux cavaliers de l'orage. *Gallimard, 1972.* (Folio ; 198 c11)
ISBN 2-07-036198-5. *29,50 F / 4,50 €*

21186 **GIONO J.** Ennemonde et autres caractères. *Gallimard, 1973.* (Folio ; 456 c11)
ISBN 2-07-036456-9. *29,50 F / 4,50 €*

21187 **GIONO J.** Le Grand troupeau. *Gallimard, 1977.* (Folio ; 760 c11)
ISBN 2-07-036760-6. *29,50 F / 4,50 €*

21188 **GIONO J.** Les Grands chemins. *Gallimard, 1973.* (Folio ; 311 c11)
ISBN 2-07-036311-2. *29,50 F / 4,50 €*

21189 **GIONO J.** Le hussard sur le toit. Réimpr. *Gallimard, 1995.* (Folio ; 240 c9)
ISBN 2-07-036240-X. *41 F / 6,25 €*

21190 **GIONO J.** Le hussard sur le toit. Nouv. éd. *Gallimard, 1995.* (Folio ; 1. Plus ; 1 c9)
ISBN 2-07-039334-8. *41 F / 6,25 €*

21191 **GIONO J.** L'Iris de Suse. *Gallimard, 1974.* (Folio ; 573 c8)
ISBN 2-07-036573-5. *37 F / 5,64 €*

21192 **GIONO J.** Jean le Bleu. *LGF, 1974.* (Le Livre de poche ; 3649 c6)
ISBN 2-253-00022-1. *26 F / 3,96 €*

21193 **GIONO J.** Manosque-des-Plateaux ; Poème de l'olive. *Gallimard, 1998.* (Folio ; 3045 c9)
ISBN 2-07-040406-4. *20,50 F / 3,13 €*

21194 **GIONO J.** Mort d'un personnage. *Grasset, 1984.* (Les Cahiers rouges ; 34)
ISBN 2-246-12302-X. *48 F / 7,32 €*

21195 **GIONO J.** Le Moulin de Pologne. *Gallimard, 1972.* (Folio ; 274 c9)
ISBN 2-07-036274-4. *29,50 F / 4,50 €*

21196 **GIONO J.** Naissance de l'Odyssée. *Grasset, 1987.* (Les Cahiers rouges ; 71)
ISBN 2-246-12312-7. *52 F / 7,93 €*

21197 **GIONO J.** Noé : chroniques. *Gallimard, 1973.* (Folio ; 365 c8)
ISBN 2-07-036365-1. *37 F / 5,64 €*

21198 **GIONO J.** L'oiseau bagué. *Gallimard, 1995.* (L'Eau vive; 2)(L'imaginaire ; 316)
ISBN 2-07-074072-2. *54 F / 8,23 €*

21199 **GIONO J.** Que ma joie demeure. *LGF, 1959.* (Le Livre de poche ; 493 c9)
ISBN 2-253-00522-3. *36 F / 5,49 €*

21200 **GIONO J.** Que ma joie demeure. *Grasset, 1996.* (Les Cahiers rouges ; 229)
ISBN 2-246-12373-9. *74 F / 11,28 €*

21201 **N** **GIONO J.** Les récits de la demi-brigade. *Gallimard, 2000.* (Folio ; 3351 c6)
ISBN 2-07-041371-3. *29,50 F / 4,50 €*

21202 **GIONO J.** Regain. *Grasset, 1992.* (Les Cahiers rouges ; 155)
ISBN 2-246-12333-X. *56 F / 8,54 €*

21203 **GIONO J.** Regain. *LGF, 1958.* (Le Livre de poche ; 382 c6)
ISBN 2-253-00402-2. *26 F / 3,96 €*

21204 **GIONO J.** Un Roi sans divertissement. *Gallimard, 1972.* (Folio ; 220 c11)
ISBN 2-07-036220-5. *29,50 F / 4,50 €*

21205 **GIONO J.** Rondeur des jours. *Gallimard, 1994.* (L'Eau vive; 1)(L'imaginaire ; 316)
ISBN 2-07-073952-X. *48 F / 7,32 €*

21206 **GIONO J.** Le serpent d'étoiles. *Grasset, 1999.* (Les Cahiers rouges ; 279)
ISBN 2-246-12342-9. *58 F / 8,84 €*

21207 **GIONO J.** Solitude de la pitié. *Gallimard, 1973.* (Folio ; 330 c9)
ISBN 2-07-036330-9. *29,50 F / 4,50 €*

21208 **GIONO J.** Triomphe de la vie : supplément aux Vraies richesses. *LGF, 1992.* (Le Livre de poche ; 3176. Biblio c8)
ISBN 2-253-05974-9. *33 F / 5,03 €*

21209 **GIONO J.** Un de Baumugnes. *LGF, 1957.* (Le Livre de poche ; 235 c4)
ISBN 2-253-01084-7. *20 F / 3,05 €*

21210 **GIONO J.** Un de Baumugnes. *Grasset, 1996.* (Les Cahiers rouges ; 222)
ISBN 2-246-12363-1. *53 F / 8,08 €*

21211 **GIONO J.** Voyage en Italie. *Gallimard, 1979.* (Folio ; 1143 c11)
ISBN 2-07-037143-3. *29,50 F / 4,50 €*

21212 **GIOVANNI J.** Les aventuriers ; Les grandes gueules ; Le musher. *Gallimard, 1998.* (Folio)
ISBN 2-07-040511-7. *41 F / 6,25 €*

21213 **GIOVANNI J.** Les aventuriers. Réimpr. *Gallimard, 1998.* (Folio ; 584 c11)
ISBN 2-07-036584-0. *29,50 F / 4,50 €*

21214 **GIOVANNI J.** Les grandes gueules : le haut-fer. Réimpr. *Gallimard, 1998.* (Folio ; 463 c9)
ISBN 2-07-036463-1. *41 F / 6,25 €*

21215 **GIOVANNI J.** Il avait dans le coeur des jardins introuvables. *Pocket, 1998.* (Pocket ; 10136 c6)
ISBN 2-266-07513-6. *38 F / 5,79 €*

21216 **GIOVANNI J.** Le musher. Réimpr. *Gallimard, 1998.* (Folio ; 1810 c11)
ISBN 2-07-037810-1. *29,50 F / 4,50 €*

21217 **A** **GIRARD P.** Hamilcar, le lion des sables. *LGF, 2001.* (Le roman de Carthage; 1)(Le Livre de poche ; 15045)
ISBN 2-253-15045-2. *40 F / 6,10 €*

21218 **GIRAUDOUX J.** Aventures de Jérôme Bardini. *LGF, 1994.* (Le Livre de poche ; 3227. Biblio c7)
ISBN 2-253-93227-2. *30 F / 4,57 €*

21219 **GIRAUDOUX J.** Bella : histoire des Fontranges. Nouv. éd. *LGF, 1991.* (Le Livre de poche ; 7368 c9)
ISBN 2-253-05883-1. *36 F / 5,49 €*

21220 **GIRAUDOUX J.** Bella. *Grasset, 1985.* (Les Cahiers rouges ; 46)
ISBN 2-246-12414-X. *40 F / 6,10 €*

21221 **GIRAUDOUX J.** Choix des élues. *LGF, 1994.* (Le Livre de poche ; 3211. Biblio c9)
ISBN 2-253-93211-6. *36 F / 5,49 €*

21222 **GIRAUDOUX J.** Combat avec l'ange. *LGF, 1994.* (Le Livre de poche ; 3207. Biblio c8)
ISBN 2-253-93207-8. *33 F / 5,03 €*

21223 **GIRAUDOUX J.** Les contes d'un matin. *Gallimard, 1999.* (L'imaginaire ; 393)
ISBN 2-07-075487-1. *42 F / 6,40 €*

21224 **GIRAUDOUX J.** Eglantine. *Grasset, 1994.* (Les Cahiers rouges ; 203)
ISBN 2-246-12452-2. *54 F / 8,23 €*

21225 **GIRAUDOUX J.** La Menteuse. *Grasset, 1993.* (Les Cahiers rouges ; 181)
ISBN 2-246-12694-0. *57 F / 8,69 €*

21226 **GIRAUDOUX J.** Siegfried et le Limousin ; Siegfried : pièce en quatre actes. *LGF, 1991.* (Le Livre de poche ; 6991 c10)
ISBN 2-253-05737-1. *40 F / 6,10 €*

21227 **GIRAUDOUX J.** Siegfried et le Limousin. *Grasset, 1989.* (Les Cahiers rouges ; 103)
ISBN 2-246-12592-8. *56 F / 8,54 €*

21228 **GIRAUDOUX J.** Simon le Pathétique. *LGF, 1998.* (Le Livre de poche ; 3297. Biblio c7)
ISBN 2-253-93297-3. *30 F / 4,57 €*

21229 **GIRAUDOUX J.** Suzanne et le Pacifique. *LGF, 1997.* (Le Livre de poche ; 3277. Biblio c8)
ISBN 2-253-93277-9. *33 F / 5,03 €*

21230 **GIRAUDOUX J-P.** Sublime. *LGF, 1999.* (Le Livre de poche ; 14765 c6)
ISBN 2-253-14765-6. *26 F / 3,96 €*

21231 **GIROUD F.** Deux et deux font trois. *LGF, 2000.* (Le Livre de poche ; 14812 c6)
ISBN 2-253-14812-1. *26 F / 3,96 €*

21232 **GIROUD F.** Mon très cher amour... *LGF, 1996.* (Le Livre de poche ; 13961 c4)
ISBN 2-253-13961-0. *20 F / 3,05 €*

21233 **GIUDICELLI C.** Une Affaire de famille. Rééd. *Seuil, 1984.* (Points. Roman ; 174 c2)
ISBN 2-02-006998-9. *39 F / 5,95 €*

21234 **GIUDICELLI C.** Les insulaires. *Seuil, 1998.* (Points ; 548 c7)
ISBN 2-02-034960-4. *35 F / 5,34 €*

21235 **GIUDICELLI C.** Station balnéaire. *Gallimard, 1988.* (Folio ; 1941 c11)
ISBN 2-07-037941-8. *29,50 F / 4,50 €*

21236 **GLAESER E.** Le Dernier civil. *Grasset, 1986.* (Les Cahiers rouges ; 62)
ISBN 2-246-35702-0. *57 F / 8,69 €*

21237 **GLAISTER L.** C'est la curiosité qui tue les chats. *Seuil, 1995.* (Points ; 58 c9)
ISBN 2-02-020456-8. *42 F / 6,40 €*

21238 **GLAISTER L.** Halloween. *Seuil, 1996.* (Points ; 238 c2)
ISBN 2-02-024582-5. *39 F / 5,95 €*

21239 **GLISSANT E.** La Lézarde. Réimpr. sous une nouv. couv. *Seuil, 1995.* (Points ; 65 c2)
ISBN 2-02-024639-2. *39 F / 5,95 €*

21240 **GLISSANT E.** Tout-monde. *Gallimard, 1995.* (Folio ; 2744 c14)
ISBN 2-07-039361-5. *60 F / 9,15 €*

21241 **GLOAG J.** Le Tabernacle. *Gallimard, 1991.* (L'imaginaire ; 251)
ISBN 2-07-072218-X. *45 F / 6,86 €*

21242 **GOBINEAU A. d.** Les Pléiades. *Gallimard, 1997.* (Folio ; 2929. Classique c12)
ISBN 2-07-039354-2. *52 F / 7,93 €*

21243 **GOBINEAU J. A. d.** Adélaïde, mademoiselle Irnois ; Souvenirs de voyage. *10-18, 1982.* (10-18 ; 1514 c6)
ISBN 2-264-00461-4. *47 F / 7,17 €*

21244 **GOBINEAU J. A. d.** Mademoiselle Irnois ; Les Conseils de Rabelais ; Souvenirs de voyage ; Adelaïde. *Gallimard, 1985.* (Folio ; 1640. Classique c11)
ISBN 2-07-037640-0 *50 F / 7,62 €*

21245 **GOBRY-VALLE A.** Iblis ou la Défroque du serpent. *Seuil, 1993.* (Points. Roman ; 620 c1)
ISBN 2-02-014708-4. *32 F / 4,88 €*

21246 **N** **GODARD J.** La couronne insolente. *LGF, 2000.* (Les Thébaines; 1)(Le Livre de poche ; 14886 c10)
ISBN 2-253-14886-5. *40 F / 6,10 €*

21247 **N** **GODARD J.** De roche et d'argile. *LGF, 2000.* (Les Thébaines; 2)(Le Livre de poche ; 14909 c9)
ISBN 2-253-14909-8. *36 F / 5,49 €*

21248 **N** **GODARD J.** Vents et parfums. *LGF, 2000.* (Les Thébaines; 3)(Le Livre de poche ; 14956 c9)
ISBN 2-253-14956-X. *36 F / 5,49 €*

21249 **GODBOUT J.** D'amour P.Q. *Seuil, 1991.* (Points. Roman ; 445 c2)
ISBN 2-02-013121-8. *39 F / 5,95 €*

21250 **GODBOUT J.** Une histoire américaine. Réimpr. *Seuil, 1995.* (Points c6)
ISBN 2-02-025911-7. *29 F / 4,42 €*

21251 **GODBOUT J.** Salut Galarneau!. Rééd. sous une nouv. présentat. *Seuil, 1995.* (Points ; 92 c1)
ISBN 2-02-025379-8. *32 F / 4,88 €*

21252 **GODDARD R.** Les voies du bonheur. *LGF, 1995.* (Le Livre de poche ; 13849 c10)
ISBN 2-253-13849-5. *40 F / 6,10 €*

21253 **GODDEN R.** Le Fleuve. *Albin Michel, 1989.* (Bibliothèque Albin Michel poche ; 29 c1)
ISBN 2-226-03777-2. *39 F / 5,95 €*

21254 **GOELDLIN M.** Le vent meurt à midi. *Aire, 1998.* (L'Aire bleue)
ISBN 2-88108-461-3. *59 F / 8,99 €*

21255 **GOES A.** Jusqu'à l'aube. *Librio, 1996.* (Librio ; 140 c1)
ISBN 2-277-30140-X. *10 F / 1,52 €*

21256 **GOETHE J. W. v.** Les affinités électives. *Gallimard, 1980.* (Folio ; 1237. Classique c8)
ISBN 2-07-037237-5. *35 F / 5,34 €*

21257 **GOETHE J. W. v.** Les années d'apprentissage de Wilhelm Meister. *Gallimard, 1999.* (Folio ; 3077. Classique c15)
ISBN 2-07-040292-4. *61 F / 9,30 €*

21258 **GOETHE J. W. v.** La nouvelle : la chasse. *Mille et une nuits, 1996.* (La petite collection ; 95 cA)
ISBN 2-84205-038-X. *10 F / 1,52 €*

21259 **GOETHE J. W. v.** Les Souffrances du jeune Werther = Die Leiden des jungen Werther. *Gallimard, 1990.* (Folio bilingue ; 4)
ISBN 2-07-038269-9. *56 F / 8,54 €*

21260 **GOETHE J. W. v.** Les souffrances du jeune Werther. *LGF, 1999.* (Le Livre de poche ; 9640. Classiques de poche c4)
ISBN 2-253-09640-7. *20 F / 3,05 €*

21261 **GOETHE J. W. v.** Les souffrances du Jeune Werther. *Gallimard, 1973.* (Folio ; *. Classique c9)
ISBN 2-07-036496-8. *20 F / 3,05 €*

21262 **GOGOL N.** Les âmes mortes. *Gallimard, 1973.* (Folio ; 425. Classique c9)
ISBN 2-07-036425-9. *41 F / 6,25 €*

21263 **GOGOL N.** La brouille des deux Ivan. *Mille et une nuits, 1999.* (La petite collection ; 244)
ISBN 2-84205-408-3. *16,50 F / 2,52 €*

21264 **GOGOL N.** Le Journal d'un fou ; Le Nez ; Le Manteau. *Gallimard, 1990.* (Folio bilingue ; 6)
ISBN 2-07-038310-5. *56 F / 8,54 €*

21265 **N** **GOGOL N.** Le journal d'un fou ; suivi de Le portrait et de La perspective Nevsky. Réimpr. *Librio, 2000.* (Librio ; 120 c1)
ISBN 2-277-30120-5. *10 F / 1,52 €*

21266 **GOGOL N.** Le nez. Réimpr. *Mille et une nuits, 1999.* (La petite collection ; 190 cA)
ISBN 2-84205-300-1. *10 F / 1,52 €*

21267 **GOGOL N.** Nouvelles de Pétersbourg. *Gallimard, 1998.* (Folio ; 3145. Classique c4)
ISBN 2-07-040622-9. *20 F / 3,05 €*

21268 **GOGOL N.** Nouvelles de Pétersbourg. *LGF, 1998.* (Le Livre de poche ; 9630. Classiques de poche c4)
ISBN 2-253-09630-X. *20 F / 3,05 €*

21269 **GOGOL N.** La nuit de Noël ; suivi de La veille de la Saint-Jean. *Librio, 1998.* (Librio ; 252 c1)
ISBN 2-277-30252-X. *10 F / 1,52 €*

21270 **GOGOL N.** Le Portrait. *Mille et une nuits, 1994.* (La petite collection ; 16 cA)
ISBN 2-910233-16-2. *10 F / 1,52 €*

21271 **GOGOL N.** Le portrait. *Gallimard, 1998.* (Folio bilingue ; 77)
ISBN 2-07-040542-7. *60 F / 9,15 €*

21272 **GOGOL N.** Les soirées du hameau. *Gallimard, 1989.* (Folio ; 2037. Classique c8)
ISBN 2-07-038125-0. *37 F / 5,64 €*

21273 **GOGOL N.** Taras Boulba. *Gallimard, 1991.* (Folio ; 2285. Classique c11)
ISBN 2-07-038383-0. *29,50 F / 4,50 €*

21274 **GOLD A., FIZDALE R.** Misia : la vie de Misia Sert. Réimpr. *Gallimard, 1992.* (Folio ; 1522 c11)
ISBN 2-07-037522-6. *50 F / 7,62 €*

21275 **GOLDEN A.** Geisha. *LGF, 2000.* (Le Livre de poche ; 14794 c13)
ISBN 2-253-14794-X. *46 F / 7,01 €*

21276 **GOLDENBERG D.** Le Triporteur de Belleville. *Pocket, 1988.* (Pocket ; 2893 c4)
ISBN 2-266-02204-0. *30 F / 4,57 €*

21277 **GOLDING W.** Chris Martin. *Gallimard, 1985.* (L'imaginaire ; 150)
ISBN 2-07-070302-9. *40 F / 6,10 €*

21278 **GOLDING W.** Chute libre. *Gallimard, 1996.* (L'Etrangère)
ISBN 2-07-074591-0. *62 F / 9,45 €*

21279 **GOLDING W.** Le Dieu Scorpion. *Gallimard, 1987.* (L'imaginaire ; 178 c1)
ISBN 2-07-070884-5. *39 F / 5,95 €*

21280 **GOLDING W.** La Nef. *Gallimard, 1981.* (L'imaginaire ; 81)
ISBN 2-07-022155-5. *50 F / 7,62 €*

21281 **GOLDING W.** Sa Majesté des mouches. *Gallimard, 1983.* (Folio ; 1480 c8)
ISBN 2-07-037480-7. *37 F / 5,64 €*

21282 **GOLDSMITH O.** Le club des ex. Nouv. éd. *J'ai lu, 1997.* (J'ai lu ; 3502. Littérature générale c7)
ISBN 2-290-03502-5. *45 F / 6,86 €*

21283 **GOLDSMITH O.** Elégamment vôtre. *J'ai lu, 1997.* (J'ai lu ; 4555. Littérature générale c5)
ISBN 2-290-04555-1. *39 F / 5,95 €*

21284 **GOLON A., GOLON S.** Angélique à Québec 1. *J'ai lu, 1989.* (Angélique à Québec; 1)(J'ai lu ; 2498. Littérature générale c5)
ISBN 2-277-22498-7. *39 F / 5,95 €*

21285 **GOLON A., GOLON S.** Angélique à Québec 2. *J'ai lu, 1989.* (Angélique à Québec; 2)(J'ai lu ; 2499. Littérature générale c5)
ISBN 2-277-22499-5. *39 F / 5,95 €*

21286 **GOLON A., GOLON S.** Angélique et le complot des ombres. Nouv. éd. *J'ai lu, 1995.* (J'ai lu ; 2497. Littérature générale c5)
ISBN 2-277-22497-9. *39 F / 5,95 €*

21287 **GOLON A., GOLON S.** Angélique et le Nouveau Monde. Réimpr. *J'ai lu, 1997.* (J'ai lu ; 2494. Littérature générale c7)
ISBN 2-290-02494-5. *45 F / 6,86 €*

21288 **GOLON A., GOLON S.** Angélique et le roy. Réimpr. *J'ai lu, 1998.* (J'ai lu ; 2490. Littérature générale c7)
ISBN 2-290-02490-2. *45 F / 6,86 €*

21289 **A** **GOLON A., GOLON S.** Angélique et le roy. Nouv. éd. *J'ai lu, 2001.* (J'ai lu ; 2490. Littérature générale)
ISBN 2-290-30813-7

21290 **GOLON A., GOLON S.** Angélique et son amour. Réimpr. *J'ai lu, 1995.* (J'ai lu ; 2493. Littérature générale c7)
ISBN 2-277-22493-6. *45 F / 6,86 €*

21291 **GOLON A., GOLON S.** Angélique, la route de l'espoir. *J'ai lu, 1989.* (J'ai lu ; 2500. Littérature générale c7)
ISBN 2-277-22500-2. *45 F / 6,86 €*

21292 **A** **GOLON A., GOLON S.** Angélique, le chemin de Versailles. Réimpr. *J'ai lu, 2001.* (J'ai lu ; 2489. Littérature générale)
ISBN 2-290-30812-9

21293 **N** **GOLON A., GOLON S.** Angélique, marquise des anges. *J'ai lu, 2001.* (J'ai lu ; 2488. Littérature générale cL)
ISBN 2-290-30811-0. *45 F / 6,86 €*

21294 **GOLON A., GOLON S.** Angélique se révolte. Réimpr. *J'ai lu, 1995.* (J'ai lu ; 2492. Littérature générale c7)
ISBN 2-277-22492-8. *45 F / 6,86 €*

21295 **GOLON A., GOLON S.** Indomptable Angélique. Réimpr. *J'ai lu, 1995.* (J'ai lu ; 2491. Littérature générale c7)
ISBN 2-277-22491-X. *45 F / 6,86 €*

21296 **GOMBROWICZ W.** Bakakaï. *Gallimard, 1990.* (Folio ; 2208 c8)
ISBN 2-07-038298-2. *37 F / 5,64 €*

21297 **GOMBROWICZ W.** Bakakaï. Nouv. éd. *Gallimard, 1998.* (Folio ; 3118)
ISBN 2-07-040559-1. *37 F / 5,64 €*

21298 **GOMBROWICZ W.** Cosmos. Réimpr. *Gallimard, 1989.* (Folio ; 400 c11)
ISBN 2-07-036400-3. *29,50 F / 4,50 €*

21299 **GOMBROWICZ W.** Les envoûtés. *Gallimard, 2000.* (Folio ; 3325 c6)
ISBN 2-07-041175-3. *56 F / 8,54 €*

21300 **GOMBROWICZ W.** Les Envoûtés. *Seuil, 1986.* (Points. Roman ; 236 c3)
ISBN 2-02-009167-4. *48 F / 7,32 €*

21301 **GOMBROWICZ W.** Ferdydurke. *Gallimard, 1998.* (Folio ; 3117 c9)
ISBN 2-07-040571-0. *41 F / 6,25 €*

21302 **GOMBROWICZ W.** La pornographie. *Gallimard, 1995.* (Folio ; 2784 c8)
ISBN 2-07-039389-5. *37 F / 5,64 €*

21303 **GOMBROWICZ W.** Trans-Atlantique. *Gallimard, 1990.* (Folio ; 2207 c8)
ISBN 2-07-038297-4. *37 F / 5,64 €*

21304 **GOMEZ-ARCOS A.** L'Agneau carnivore. *Seuil, 1985.* (Points. Roman ; 194 c3)
ISBN 2-02-008717-0. *48 F / 7,32 €*

21305 **GOMEZ-ARCOS A.** L'Enfant pain. *Seuil, 1987.* (Points. Roman ; 290 c3)
ISBN 2-02-009730-3. *48 F / 7,32 €*

21306 **GOMEZ-ARCOS A.** Maria Républica. *Seuil, 1983.* (Points. Roman ; 119 c2)
ISBN 2-02-006561-4. *39 F / 5,95 €*

21307 **GOMEZ-ARCOS A.** Un oiseau brûlé vif. *Seuil, 1991.* (Points. Roman ; 446 c3)
ISBN 2-02-013120-X. *48 F / 7,32 €*

21308 **GOMEZ DE LA SERNA R.** La femme d'ambre. *LGF, 2000.* (Le Livre de poche ; 3326. Biblio c10)
ISBN 2-253-93326-0. *40 F / 6,10 €*

21309 **GONCOURT E. d.** La Faustin. *Actes Sud, 1995.* (Babel ; 183)
ISBN 2-7427-0653-4. *45 F / 6,86 €*

21310 **GONCOURT J. d., GONCOURT E. d.** Manette Salomon. *Gallimard, 1996.* (Folio ; 2762. Classique c15)
ISBN 2-07-038799-2. *61 F / 9,30 €*

21311 **GONTCHAROV I. A.** Oblomov. *LGF, 1999.* (Le Livre de poche ; 3315. Biblio c18)
ISBN 2-253-93315-5. *65 F / 9,91 €*

21312 **GONZALEZ LEDESMA F.** Soldados. *Gallimard, 1993.* (Folio ; 2515 c12)
ISBN 2-07-038682-1. *52 F / 7,93 €*

21313 **GOODIS D.** Le Casse. *Gallimard, 1993.* (Folio ; 2490 c11)
ISBN 2-07-038619-8. *29,50 F / 4,50 €*

21314 **N** **GORDIMER N.** L'arme domestique. *10-18, 2000.* (10-18 ; 3244. Domaine étranger)
ISBN 2-264-02913-7. *50 F / 7,62 €*

21315 **GORDIMER N.** Ceux de July. *Albin Michel, 1992.* (Bibliothèque Albin Michel poche ; 53 c1)
ISBN 2-226-05712-9. *39 F / 5,95 €*

21316 **GORDIMER N.** Le conservateur. *10-18, 1995.* (10-18 ; 2672. Domaine étranger c6)
ISBN 2-264-02047-4. *47 F / 7,17 €*

21317 **GORDIMER N.** L'étreinte d'un soldat. *10-18, 1997.* (10-18 ; 2910. Domaine étranger c3)
ISBN 2-264-02275-2. *38 F / 5,79 €*

21318 **GORDIMER N.** Feu le monde bourgeois. *10-18, 1994.* (10-18 ; 2500. Domaine étranger c4)
ISBN 2-264-00284-0. *38 F / 5,79 €*

21319 **GORDIMER N.** Histoire de mon fils. *10-18, 1993.* (10-18 ; 2372 c6)
ISBN 2-264-01876-3. *47 F / 7,17 €*

21320 **GORDIMER N.** Personne pour m'accompagner. *10-18, 1999.* (10-18 ; 3090. Domaine étranger c7)
ISBN 2-264-02588-3. *50 F / 7,62 €*

21321 **GORDON N.** Dr Cole : une femme médecin de campagne. *LGF, 1998.* (Le Livre de poche ; 14453 c9)
ISBN 2-253-14453-3. *36 F / 5,49 €*

21322 **GORDON N.** Le Médecin d'Ispahan. *LGF, 1990.* (Le Livre de poche ; 6728 c13)
ISBN 2-253-05235-3. *46 F / 7,01 €*

21323 **GORDON N.** Shaman. *LGF, 1995.* (Le Livre de poche ; 13771 c12)
ISBN 2-253-13771-5. *44 F / 6,71 €*

21324 **GORKI M.** Enfance. *Gallimard, 1976.* (Folio ; 823. Classique c8)
ISBN 2-07-036823-8. *37 F / 5,64 €*

21325 **GORKI M.** Tempête sur la ville. *Stock, 1983.* (Bibliothèque cosmopolite ; 31)
ISBN 2-234-01613-4. *55 F / 8,38 €*

21326 **GORKI M.** Les Vagabonds. *Albin Michel, 1991.* (Bibliothèque Albin Michel poche ; 47 c1)
ISBN 2-226-05295-X. *39 F / 5,95 €*

21327 **GORZ A.** Le Traître. Nouv. éd. *Seuil, 1978.* (Points ; 87. Essais c4)
ISBN 2-02-004719-5. *52 F / 7,93 €*

21328 **GOSCINNY R.** Tous les visiteurs à terre. *Actes Sud, 1997.* (Babel ; 295)
ISBN 2-7427-1445-6. *39 F / 5,95 €*

21329 **N** **GOUDGE E.** L'heure des secrets. *Pocket, 2000.* (Pocket ; 10556 c6)
ISBN 2-266-08777-0. *38 F / 5,79 €*

21330 **GOUDGE E.** Le jardin des mensonges. Réimpr. *Pocket, 1997.* (Pocket ; 3140 c9)
ISBN 2-266-00067-5. *48 F / 7,32 €*

21331 **GOUDGE E.** Rivales. *Pocket, 1995.* (Pocket ; 4382. Roman c9)
ISBN 2-266-06609-9. *48 F / 7,32 €*

21332 **GOUGAUD H.** Bélibaste. *Seuil, 1996.* (Points ; 306 c9)
ISBN 2-02-030102-4. *42 F / 6,40 €*

21333 **GOUGAUD H.** Coffret Gougaud. *Seuil, 1997.* (Points)
ISBN 2-02-032432-6. *144 F / 21,95 €*

21334 **GOUGAUD H.** Coffret Henri Gougaud. *Seuil, 1996.* (Points)
ISBN 2-02-030652-2. *120 F / 18,29 €*

21335 **N** **GOUGAUD H.** Départements et territoires d'outre-mort. *Seuil, 2000.* (Points ; 732)
ISBN 2-02-040587-3. *35 F / 5,34 €*

21336 **GOUGAUD H.** L'expédition. *Seuil, 1998.* (Points ; 524 c2)
ISBN 2-02-034482-3. *39 F / 5,95 €*

21337 **GOUGAUD H.** Le fils de l'ogre. *Seuil, 1997.* (Points ; 385 c8)
ISBN 2-02-032120-3. *39 F / 5,95 €*

21338 **GOUGAUD H.** Le grand partir. *Seuil, 1998.* (Points ; 525 c7)
ISBN 2-02-034481-5. *35 F / 5,34 €*

21339 **GOUGAUD H.** L'homme à la vie inexplicable. *Seuil, 1996.* (Points ; 305 c2)
ISBN 2-02-030104-0. *39 F / 5,95 €*

21340 **GOUGAUD H.** L'Inquisiteur. Réimpr. sous une nouv. couv. *Seuil, 1995.* (Points ; 66 c2)
ISBN 2-02-024640-6. *39 F / 5,95 €*

21341 **GOUGAUD H.** Le livre des amours : contes de l'envie d'elle et du désir de lui. *Seuil, 1999.* (Points ; 584)
ISBN 2-02-036194-9. *39 F / 5,95 €*

21342 **N** **GOUGAUD H.** Paramour. *Seuil, 2000.* (Points ; 760)
ISBN 2-02-041638-7. *39 F / 5,95 €*

21343 **GOUGAUD H.** Le Trouveur de feu. *Seuil, 1994.* (Points. Roman ; 695 c2)
ISBN 2-02-023173-5. *39 F / 5,95 €*

21344 **GOURIO J-M.** Chut !. *Pocket, 1999.* (Pocket ; 10521)
ISBN 2-266-08610-3. *28 F / 4,27 €*

21345 **N** **GOURIO J-M.** L'eau des fleurs. *Pocket, 2000.* (Pocket ; 10980 c5)
ISBN 2-266-10200-1. *35 F / 5,34 €*

21346 **GOUX J-P.** Les jardins de Morgante. *Actes Sud, 1999.* (Babel ; 390)
ISBN 2-7427-2398-6. *51 F / 7,77 €*

21347 **GOYEN W.** Arcadio. *Gallimard, 1988.* (Folio ; 1926 c8)
ISBN 2-07-037926-4. *37 F / 5,64 €*

21348 **GOYEN W.** Précieuse porte. *Gallimard, 1988.* (L'imaginaire ; 196)
ISBN 2-07-071137-4. *40 F / 6,10 €*

21349 **GOYEN W.** Savannah. *Grasset, 1991.* (Les Cahiers rouges ; 142)
ISBN 2-246-12832-3. *44 F / 6,71 €*

21350 **GOYTISOLO J.** Juan sans terre. *Seuil, 1996.* (Points ; 255 c2)
ISBN 2-02-028316-6. *39 F / 5,95 €*

21351 **GOYTISOLO J.** Paysages après la bataille. *Stock, 1992.* (Bibliothèque cosmopolite)
ISBN 2-234-02458-7. *55 F / 8,38 €*

21352 **GOYTISOLO J.** Pièces d'identité. *Gallimard, 1991.* (L'Etrangère)
ISBN 2-07-072395-X. *76 F / 11,59 €*

21353 **A** **GRAHAM H.** Une passion orageuse. *J'ai lu, 2001.* (J'ai lu ; 5913. Aventures et passions)
ISBN 2-290-31150-2

21354 **N** **GRAHAM H.** La rebelle flamboyante. Réimpr. *J'ai lu, 2000.* (J'ai lu ; 4714. Aventures et passions cJ)
ISBN 2-290-04714-7. *39 F / 5,95 €*

21355 **GRAINVILLE P.** Les anges et les faucons. *Seuil, 1996.* (Points ; 203 c2)
ISBN 2-02-025717-3. *39 F / 5,95 €*

21356 **GRAINVILLE P.** L'Atelier du peintre. Réimpr. *Seuil, 1997.* (Points ; 420 c11)
ISBN 2-02-032372-9. *48 F / 7,32 €*

21357 **GRAINVILLE P.** La Caverne céleste. *Seuil, 1986.* (Points. Roman ; 246 c3)
ISBN 2-02-009265-4. *48 F / 7,32 €*

21358 **GRAINVILLE P.** Colère. *Seuil, 1993.* (Points. Roman ; 615 c3)
ISBN 2-02-020613-7. *48 F / 7,32 €*

21359 **GRAINVILLE P.** Le Dernier Viking. *Seuil, 1982.* (Points. Roman ; 58 c2)
ISBN 2-02-006058-2. *39 F / 5,95 €*

21360 **A** **GRAINVILLE P.** La Diane rousse. 2e éd. *Seuil, 2001.* (Points. Roman ; 331 c9)
ISBN 2-02-049071-4. *42 F / 6,40 €*

21361 **GRAINVILLE P.** Les flamboyants. Réimpr. *Seuil, 1996.* (Points ; 195)
ISBN 2-02-026416-1. *45 F / 6,86 €*

21362 **A** **GRAINVILLE P.** Les forteresses noires. 2e éd. *Seuil, 2001.* (Points ; 839 c10)
ISBN 2-02-049072-2. *45 F / 6,86 €*

21363 **A** **GRAINVILLE P.** Le jour de la fin du monde, une femme me cache. *Seuil, 2001.* (Points ; 837)
ISBN 2-02-049065-X. *42 F / 6,40 €*

21364 **GRAINVILLE P.** Le lien. *Seuil, 1997.* (Points ; 338 c10)
ISBN 2-02-031425-8. *45 F / 6,86 €*

21365 **GRAINVILLE P.** La Lisière. *Gallimard, 1990.* (Folio ; 2124 c11)
ISBN 2-07-038212-5. *50 F / 7,62 €*

21366 **GRAINVILLE P.** L'Orgie, la neige. Réimpr. *Seuil, 1997.* (Points ; 421 c10)
ISBN 2-02-032373-7. *45 F / 6,86 €*

21367 **GRAINVILLE P.** Le paradis des orages. *Seuil, 1995.* (Points c4)
ISBN 2-02-024536-1. *48 F / 7,32 €*

21368 **GRAINVILLE P.** Le tyran éternel. *Seuil, 1999.* (Points ; 620)
ISBN 2-02-037226-6. *45 F / 6,86 €*

21369 **N** **GRAM D.** Gladiator. *J'ai lu, 2000.* (J'ai lu ; 5743. Littérature générale cl)
ISBN 2-290-30782-3. *36 F / 5,49 €*

21370 **GRAN I.** Ipso facto. *J'ai lu, 1999.* (J'ai lu ; 5151. Littérature générale c3)
ISBN 2-290-05151-9. *29 F / 4,42 €*

21371 **GRAND O.** Couleur citron, côté coeur. *LGF, 1998.* (Le Livre de poche ; 14368 c5)
ISBN 2-253-14368-5. *23 F / 3,51 €*

21372 **GRANDES A.** Malena est un nom de tango. *Pocket, 2000.* (Pocket ; 10274 c9)
ISBN 2-266-07753-8. *48 F / 7,32 €*

21373 **GRANGEOT J.** La Canne aux rubans. *Pocket, 1994.* (Pocket ; 3628 c6)
ISBN 2-266-00797-1. *38 F / 5,79 €*

21374 **GRASS G.** Les Années de chien. Réimpr. *Seuil, 1997.* (Points ; 419 c13)
ISBN 2-02-032369-9. *52 F / 7,93 €*

21375 **GRASS G.** L'Appel du crapaud. *Seuil, 1995.* (Points ; 15 c2)
ISBN 2-02-023521-8. *39 F / 5,95 €*

21376 **GRASS G.** Le chat et la souris. Réimpr. *Seuil, 1997.* (Points ; 417 c2)
ISBN 2-02-032370-2. *39 F / 5,95 €*

21377 **GRASS G.** La ratte. *Seuil, 1999.* (Points ; 710 c12)
ISBN 2-02-040279-3. *50 F / 7,62 €*

21378 **GRASS G.** Une rencontre en Westphalie. *Seuil, 1999.* (Points ; 711)
ISBN 2-02-040361-7. *35 F / 5,34 €*

21379 **GRASS G.** Le tambour. Réimpr. *Seuil, 1997.* (Points ; 347 c14)
ISBN 2-02-031430-4. *55 F / 8,38 €*

21380 **N** **GRASS G.** Toute une histoire. *Seuil, 2000.* (Points ; 799)
ISBN 2-02-047500-6. *62 F / 9,45 €*

21381 **N** **GRASS G.** La trilogie de Dantzig. *Seuil, 2001.* (Points ; 2010)
ISBN 2-02-032669-8. *146 F / 22,26 €*

21382 **GRASS G.** Le turbot. Réimpr. *Seuil, 1997.* (Points ; 418 c13)
ISBN 2-02-032371-0. *52 F / 7,93 €*

21383 **GRAVES R.** King Jesus. *Stock, 1999.* (Bibliothèque cosmopolite)
ISBN 2-234-05093-6. *65 F / 9,91 €*

21384 **GRAVES R.** Moi, Claude. *Gallimard, 1987.* (Moi, Claude, empereur; 1)(Folio ; 1813 c10)
ISBN 2-07-037813-6. *46 F / 7,01 €*

21385 **GRAY M.** Au nom de tous les miens. Nouv. éd. *Pocket, 1993.* (Pocket ; 4227)
ISBN 2-266-06230-1. *35 F / 5,34 €*

21386 **GRAY M.** La prière de l'enfant. *Pocket, 1998.* (Pocket ; 4430 c4B)
ISBN 2-266-06854-7. *32 F / 4,88 €*

21387 **GRÈCE M. d.** La Bouboulina. *Pocket, 1995.* (Pocket ; 4187. Best c6)
ISBN 2-266-06172-0. *35 F / 5,34 €*

21388 **GRÈCE M. d.** Le Dernier sultan. *Pocket, 1993.* (Pocket ; 2626. Best c6)
ISBN 2-266-05517-8. *38 F / 5,79 €*

21389 **GRÈCE M. d.** La Femme sacrée. Réimpr. *Pocket, 1988.* (Pocket ; 2644. Best c5)
ISBN 2-266-02361-6. *35 F / 5,34 €*

21390 **GRÈCE M. d.** L'impératrice des adieux. *Pocket, 2000.* (Pocket ; 10732 c8)
ISBN 2-266-09362-2. *45 F / 6,86 €*

21391 **GRÈCE M. d.** Le Palais des larmes. *Pocket, 1990.* (Pocket ; 3367 c4)
ISBN 2-266-03060-4. *30 F / 4,57 €*

21392 **GREEN G. D.** La jurée. *Seuil, 1996.* (Points ; 295 c13)
ISBN 2-02-030544-5. *52 F / 7,93 €*

21393 **GREEN J.** Adrienne Mesurat. *LGF, 1996.* (Le Livre de poche ; 13944 c8)
ISBN 2-253-13944-0. *33 F / 5,03 €*

21394 **GREEN J.** L'autre sommeil. *LGF, 1997.* (Le Livre de poche ; 14200 c5)
ISBN 2-253-14200-X. *23 F / 3,51 €*

21395 **GREEN J.** L'Autre sommeil. *Gallimard, 1984.* (L'imaginaire ; 125)
ISBN 2-07-070063-1. *40 F / 6,10 €*

21396 **GREEN J.** L'autre. *LGF, 1996.* (Le Livre de poche ; 14042 c9)
ISBN 2-253-14042-2. *36 F / 5,49 €*

21397 **GREEN J.** L'Autre. *Seuil, 1983.* (Points. Roman ; 99 c4)
ISBN 2-02-006374-3. *52 F / 7,93 €*

21398 **GREEN J.** Chaque homme dans sa nuit. *Seuil, 1992.* (Points. Roman ; 556 c4)
ISBN 2-02-018339-0. *52 F / 7,93 €*

21399 **GREEN J.** Dixie. *Seuil, 1996.* (Points ; 280 c12)
ISBN 2-02-029284-X. *50 F / 7,62 €*

21400 **GREEN J.** Epaves. *LGF, 1996.* (Le Livre de poche ; 13855 c8)
ISBN 2-253-13855-X. *33 F / 5,03 €*

21401 **GREEN J.** Les Etoiles du Sud. *Seuil, 1991.* (Points. Roman ; 468 c8)
ISBN 2-02-013241-9. *67 F / 10,21 €*

21402 **GREEN J.** Histoires de vertige. *Seuil, 1992.* (Points. Roman ; 534 c2)
ISBN 2-02-016477-9. *39 F / 5,95 €*

21403 **GREEN J.** Leviathan. *LGF, 1995.* (Le Livre de poche ; 13833 c7)
ISBN 2-253-13833-9. *30 F / 4,57 €*

21404 **GREEN J.** Le malfaiteur. *LGF, 1997.* (Le Livre de poche ; 14336 c7)
ISBN 2-253-14336-7. *30 F / 4,57 €*

21405 **GREEN J.** Le Malfaiteur. *Seuil, 1987.* (Points. Roman ; 272 c3)
ISBN 2-02-009615-3. *48 F / 7,32 €*

21406 **GREEN J.** Le Mauvais lieu. *Seuil, 1988.* (Points. Roman ; 307 c3)
ISBN 2-02-010094-0. *48 F / 7,32 €*

21407 **GREEN J.** Minuit. *LGF, 1996.* (Le Livre de poche ; 13911 c8)
ISBN 2-253-13911-4. *33 F / 5,03 €*

21408 **A** **GREEN J.** Mon coeur ping-pong. *J'ai lu, 2001.* (J'ai lu ; 5945. Littérature générale)
ISBN 2-290-31190-1

21409 **GREEN J.** Les Pays lointains. *Seuil, 1990.* (Points. Roman ; 381 c7)
ISBN 2-02-011527-1. *65 F / 9,91 €*

21410 **GREEN J.** Si j'étais vous. *LGF, 1995.* (Le Livre de poche ; 13834 c7)
ISBN 2-253-13834-7. *30 F / 4,57 €*

21411 **GREEN J.** Varouna. *Seuil, 1984.* (Points. Roman ; 156 c1)
ISBN 2-02-006899-0. *48 F / 7,32 €*

21412 **GREEN J.** Le visionnaire. *LGF, 1997.* (Le Livre de poche ; 828 c7)
ISBN 2-253-01514-8. *30 F / 4,57 €*

21413 **GREEN J.** Le Visionnaire. *Seuil, 1986.* (Points. Roman ; 254 c2)
ISBN 2-02-009307-3. *39 F / 5,95 €*

21414 **GREENE G.** L'Agent secret. *Seuil, 1984.* (Points. Roman ; 163 c2)
ISBN 2-02-006942-3. *39 F / 5,95 €*

21415 **GREENE G.** Le Capitaine et l'ennemi. *LGF, 1991.* (Le Livre de poche ; 7326 c7)
ISBN 2-253-05817-3. *30 F / 4,57 €*

21416 **GREENE G.** Un Certain sens du réel. *LGF, 1976.* (Le Livre de poche ; 4814 c6)
ISBN 2-253-01404-4. *26 F / 3,96 €*

21417 **GREENE G.** Le Consul honoraire. *LGF, 1996.* (Le Livre de poche ; 4156 c9)
ISBN 2-253-00727-7. *36 F / 5,49 €*

21418 **N** **GREENE G.** La fin d'une liaison. *10-18, 2000.* (10-18 ; 3174. Domaine étranger c6)
ISBN 2-264-03137-9. *47 F / 7,17 €*

21419 **GREENE G.** Monsignor Quichotte. *LGF, 1984.* (Le Livre de poche ; 5890 c6)
ISBN 2-253-03388-X. *26 F / 3,96 €*

21420 **GREENE G.** Les naufragés. Réimpr. *LGF, 1996.* (Le Livre de poche ; 764 c9)
ISBN 2-253-01673-X. *36 F / 5,49 €*

21421 **A** **GREENE G.** Notre agent à La Havane. *10-18, 2001.* (10-18 ; 1397. Domaine étranger)
ISBN 2-264-02198-5

21422 **N** **GREENE G.** Nouvelles = Short stories. *Langues pour tous, 2000.* (Langues pour tous ; 2705 c7)
ISBN 2-266-11149-3. *42 F / 6,40 €*

21423 **GREENE G.** La Puissance et la Gloire ; Le Fond du problème ; La Fin d'une liaison. *Laffont, 1981.* (Bouquins)
ISBN 2-221-50203-5. *63 F / 9,60 €*

21424 **GREENE G.** La Puissance et la gloire. *LGF, 1955.* (Le Livre de poche ; 104 c7)
ISBN 2-253-00693-9. *30 F / 4,57 €*

21425 **GREENE G.** The tenth man = Le dixième homme. *LGF, 1995.* (Le Livre de poche ; 8686. Lire en anglais c9)
ISBN 2-253-08686-X. *36 F / 5,49 €*

21426 **GREENE G.** The Third man. *LGF, 1991.* (Le Livre de poche ; 8663. Lire en anglais c10)
ISBN 2-253-05869-6. *40 F / 6,10 €*

21427 **GREENE G.** Le Troisième homme = The Third man. *LGF, 1992.* (Les Langues modernes ; 8755. Bilingue c10)
ISBN 2-253-06083-6. *40 F / 6,10 €*

21428 **GREENE G.** Le Troisième homme. *LGF, 1954.* (Le Livre de poche ; 46 c5)
ISBN 2-253-00613-0. *23 F / 3,51 €*

21429 **GREENE G.** Voyages avec ma tante. *LGF, 1997.* (Le Livre de poche ; 3326 c7)
ISBN 2-253-00793-5. *30 F / 4,57 €*

21430 **GREER L.** Bonne espérance. Nouv. éd. *Pocket, 1994.* (Pocket ; 4241 c7)
ISBN 2-266-06290-5. *42 F / 6,40 €*

21431 **GREER L.** Retour à Bonne Espérance. *Pocket, 1994.* (Pocket ; 2965 c8)
ISBN 2-266-00530-8. *45 F / 6,86 €*

21432 **N** **GREGORY J.** Pour l'amour d'un mercenaire. *J'ai lu, 2000.* (J'ai lu ; 5698. Aventures et passions cJ)
ISBN 2-290-30463-8. *39 F / 5,95 €*

21433 **GREGORY P.** Les dernières lueurs du jour. *Pocket, 1996.* (Pocket ; 10034 c10)
ISBN 2-266-06727-3. *50 F / 7,62 €*

21434 **GREGORY P.** Les enchaînés. *Pocket, 1998.* (Pocket ; 10209. Roman c8)
ISBN 2-266-07595-0. *45 F / 6,86 €*

21435 **GRENIER J.** Les Iles. Nouv. éd. *Gallimard, 1977.* (L'imaginaire ; 11)
ISBN 2-07-029776-4. *45 F / 6,86 €*

21436 **GRENIER R.** Ciné-roman. *Gallimard, 1995.* (Folio ; 667 c10)
ISBN 2-07-036667-7. *46 F / 7,01 €*

21437 **GRENIER R.** Les Embuscades. *Gallimard, 1980.* (Folio ; 1184 c11)
ISBN 2-07-037184-0. *29,50 F / 4,50 €*

21438 **GRENIER R.** Il te faudra quitter Florence. *Gallimard, 1994.* (Folio ; 2569 c11)
ISBN 2-07-038852-2. *29,50 F / 4,50 €*

21439 **N** **GRENIER R.** Les larmes d'Ulysse. *Gallimard, 2000.* (Folio ; 3424 c6)
ISBN 2-07-041475-2. *19 F / 2,90 €*

21440 **GRENIER R.** Le Pierrot noir. *Gallimard, 1996.* (Folio ; 2826 c9)
ISBN 2-07-039463-8. *20,50 F / 3,13 €*

21441 **GRIFFIN J. H.** Dans la peau d'un noir. *Gallimard, 1976.* (Folio ; 809 c11)
ISBN 2-07-036809-2. *29,50 F / 4,50 €*

21442 **A** **GRIFFON R.** Le dernier forgeron. *LGF, 2001.* (Le Livre de poche ; 15043)
ISBN 2-253-15043-6. *33 F / 5,03 €*

21443 **GRIMAL P.** Mémoires d'Agrippine. *LGF, 1994.* (Le Livre de poche ; 13508 c10)
ISBN 2-253-13508-9. *40 F / 6,10 €*

21444 **GRIMALDI A.** Les putes. *Ed. de l'Aube, 1997.* (L'Aube poche ; 45 c8)
ISBN 2-87678-357-6. *69 F / 10,52 €*

21445 **GRIMM J., GRIMM W.** Blanche-Neige : et autres contes. *Librio, 1998.* (Librio ; 248 c1)
ISBN 2-277-30248-1. *10 F / 1,52 €*

21446 **GRIMM J., GRIMM W.** Contes = Märchen. *Gallimard, 1990.* (Folio bilingue ; 5)
ISBN 2-07-038282-6. *41 F / 6,25 €*

21447 **N** **GRIMM J., GRIMM W.** Contes choisis. *Gallimard, 2000.* (Folio ; 3372. Classique c3)
ISBN 2-07-041436-1. *19 F / 2,90 €*

21448 **GRIMM J., GRIMM W.** Contes merveilleux. *LGF, 1987.* (Le Livre de poche ; 4263. Nouvelle approche c4)
ISBN 2-253-04001-0. *20 F / 3,05 €*

21449 **GRIMM J., GRIMM W.** Les deux frères. *Mercure de France, 1997.* (Le petit Mercure)
ISBN 2-7152-2018-9. *20 F / 3,05 €*

21450 **GRIMM J., GRIMM W.** La lumière bleue et autres contes = Das blaue Licht und andere Märchen. *Gallimard, 1999.* (Folio bilingue ; 80)
ISBN 2-07-040585-0. *46 F / 7,01 €*

21451 **GRIMM J., GRIMM W.** Nouveaux contes. *Gallimard, 1996.* (Folio ; 2901. Classique c9)
ISBN 2-07-038836-0. *41 F / 6,25 €*

21452 **GRIMSLEY J.** Confort et joie. *10-18, 2000.* (10-18 ; 3141. Domaine étranger c7)
ISBN 2-264-02938-2. *50 F / 7,62 €*

21453 **GRIMSLEY J.** Les oiseaux de l'hiver. *10-18, 1999.* (10-18 ; 3038. Domaine étranger c4)
ISBN 2-264-02542-5. *41 F / 6,25 €*

21454 **GRIMWOOD K.** Replay. Réimpr. *Seuil, 1997.* (Points ; 399 c9)
ISBN 2-02-032126-2. *42 F / 6,40 €*

21455 **GRIPARI P.** Diable, Dieu et autres contes de menterie. *Gallimard, 1980.* (Folio ; 1190 c8)
ISBN 2-07-037190-5. *37 F / 5,64 €*

21456 **GRIPARI P.** Pierrot la lune. *Gallimard, 1983.* (Folio ; 1482 c9)
ISBN 2-07-037482-3. *41 F / 6,25 €*

21457 **GRIPARI P.** La Vie, la mort et la résurrection de Socrate Marie Gripotard. *Gallimard, 1984.* (Folio ; 1599 c10)
ISBN 2-07-037599-4. *46 F / 7,01 €*

21458 **GRISHAM J.** Non coupable. *Pocket, 1996.* (Pocket ; 10043 c9)
ISBN 2-266-06852-0. *48 F / 7,32 €*

21459 **GROGAN E.** La dernière manche. *Seuil, 1998.* (Points ; 483 c8)
ISBN 2-02-033294-9. *39 F / 5,95 €*

21460 **GROOM W.** Forrest Gump. Réimpr. *J'ai lu, 1997.* (J'ai lu ; 3816. Littérature générale c4)
ISBN 2-290-03816-4. *36 F / 5,49 €*

21461 **GROSSMAN D.** Voir ci-dessous, amour. *Seuil, 1995.* (Points ; 152 c14)
ISBN 2-02-025907-9. *55 F / 8,38 €*

21462 **GROSSMAN V. S.** La Route. *10-18, 1992.* (10-18 ; 2285. Domaine étranger c5)
ISBN 2-264-01560-8. *44 F / 6,71 €*

21463 **GROSSMAN V. S.** Tout passe. *LGF, 1993.* (Le Livre de poche ; 3187. Biblio c9)
ISBN 2-253-06256-1. *36 F / 5,49 €*

21464 **GROULT B.** La Part des choses. *LGF, 1974.* (Le Livre de poche ; 3845 c7)
ISBN 2-253-00038-8. *30 F / 4,57 €*

21465 **GROULT B.** Les Trois quarts du temps. Nouv. éd. *LGF, 1984.* (Le Livre de poche ; 5970 c10)
ISBN 2-253-03513-0. *40 F / 6,10 €*

21466 **GROULT B.** Les Vaisseaux du coeur. *LGF, 1990.* (Le Livre de poche ; 6790 c8)
ISBN 2-253-05355-4. *33 F / 5,03 €*

21467 **GROULT F.** Belle ombre. *J'ai lu, 1990.* (J'ai lu ; 2898. Littérature générale c4)
ISBN 2-277-22898-2. *36 F / 5,49 €*

21468 **GROULT F.** Le Coup de la reine d'Espagne. *J'ai lu, 1993.* (J'ai lu ; 3569. Littérature générale)
ISBN 2-277-23569-5. *13 F / 1,98 €*

21469 **GROULT F.** Maxime ou La déchirure. Réimpr. *J'ai lu, 1998.* (J'ai lu ; 518. Littérature générale c1)
ISBN 2-290-00518-5. *13 F / 1,98 €*

21470 **GROULT F.** Le Passé infini. *J'ai lu, 1985.* (J'ai lu ; 1801. Littérature générale)
ISBN 2-277-21801-4. *22 F / 3,35 €*

21471 **GROULT F.** Un Seul ennui, les jours raccourcissent. *J'ai lu, 1979.* (J'ai lu ; 897. Littérature générale)
ISBN 2-277-11897-4. *22 F / 3,35 €*

21472 **GROULT F.** Le Temps s'en va, madame... Réimpr. *J'ai lu, 1997.* (J'ai lu ; 2311. Littérature générale c2)
ISBN 2-290-02311-6. *22 F / 3,35 €*

21473 **GROULT F.** Une Vie n'est pas assez. *J'ai lu, 1983.* (J'ai lu ; 1450. Littérature générale)
ISBN 2-277-21450-7. *29 F / 4,42 €*

21474 **N** **GRUMBERG J-C.** La nuit tous les chats sont gris. *Actes Sud, 2000.* (Babel ; 447)
ISBN 2-7427-2841-4. *45 F / 6,86 €*

21475 **GRUSON F.** La clôture. *Actes Sud, 1997.* (Babel ; 265 c3)
ISBN 2-7427-1265-8. *51 F / 7,77 €*

21476 **GUARESCHI G.** Le petit monde de Don Camillo. Réimpr. *Seuil, 1996.* (Points)
ISBN 2-02-028141-4. *42 F / 6,40 €*

21477 **A** **GUDMUNDSSON E. M.** Les anges de l'univers. *10-18, 2001.* (10-18 ; 3294. Domaine étranger)
ISBN 2-264-03190-5

21478 **N** **GUEDJ D.** Le théorème du perroquet. *Seuil, 2000.* (Points ; 785)
ISBN 2-02-042785-0. *55 F / 8,38 €*

21479 **GUÉGAN G.** La rage au coeur. *Seuil, 1995.* (Points ; 25 c7)
ISBN 2-02-023742-3. *35 F / 5,34 €*

21480 **GUÉGAN G.** Technicolor. *Actes Sud, 1998.* (Babel ; 340 c2)
ISBN 2-7427-1889-3. *39 F / 5,95 €*

21481 **GUÉRIN R.** Parmi tant d'autres feux... *Gallimard, 1983.* (L'imaginaire ; 124)
ISBN 2-07-025438-0. *70 F / 10,67 €*

21482 **GUÉRIN R.** La tête vide. *Gallimard, 1998.* (L'imaginaire ; 383)
ISBN 2-07-075196-1. *44 F / 6,71 €*

21483 **A** **GUERRA J.** Les bourbiers du Mato Grosso. *Métailié, 2000.* (Noir ; 17)
ISBN 2-86424-350-4. *38 F / 5,79 €*

21484 **A** **GUERRE L.** Les dix Japonais. *Pocket, 2001.* (Pocket ; 11003)
ISBN 2-266-10276-1

21485 **GUERRESCHI J.** Montée en première ligne. *Pocket, 1995.* (Pocket ; 4444 c11)
ISBN 2-266-06308-1. *55 F / 8,38 €*

21486 **GUIBERT H.** A l'ami qui ne m'a pas sauvé la vie. *Gallimard, 1992.* (Folio ; 2366 c8)
ISBN 2-07-038503-5. *37 F / 5,64 €*

21487 **GUIBERT H.** Des aveugles. *Gallimard, 1986.* (Folio ; 1725 c9)
ISBN 2-07-037725-3. *20,50 F / 3,13 €*

21488 **GUIBERT H.** L'Homme au chapeau rouge. *Gallimard, 1994.* (Folio ; 2647 c11)
ISBN 2-07-038956-1. *29,50 F / 4,50 €*

21489 **GUIBERT H.** Mon valet et moi. *Seuil, 1993.* (Points. Roman ; 563 c4)
ISBN 2-02-019406-6. *25 F / 3,81 €*

21490 **GUIBERT H.** Le paradis. *Gallimard, 1996.* (Folio ; 2809 c9)
ISBN 2-07-039445-X. *20,50 F / 3,13 €*

21491 **GUIBERT H.** La piqûre d'amour : et autres textes ; La chair fraîche. *Gallimard, 1997.* (Folio ; 2962 c8)
ISBN 2-07-040204-5. *37 F / 5,64 €*

21492 **GUIBERT H.** Le Protocole compassionnel. *Gallimard, 1993.* (Folio ; 2481 c8)
ISBN 2-07-038731-3. *37 F / 5,64 €*

21493 **GUIGON C.** Les mystères du Sacré-Coeur. 1, Les vignes de la République. *Seuil, 1999.* (Points ; 624)
ISBN 2-02-037357-2. *45 F / 6,86 €*

21494 **A** **GUILLAIS J.** La Berthe. Nouv. éd. *Pocket, 2001.* (Pocket ; 3481)
ISBN 2-266-10988-X

21495 **N** **GUILLAIS J.** La ferme des orages. 1. *Pocket, 2000.* (Pocket ; 10609 c4)
ISBN 2-266-08955-2. *30 F / 4,57 €*

21496 **N** **GUILLAIS J.** La ferme des orages. 2, Les champs de la colère. *Pocket, 2000.* (Pocket ; 10610 c4)
ISBN 2-266-08956-0. *30 F / 4,57 €*

21497 **GUILLAUMIN E.** La Vie d'un simple. *LGF, 1977.* (Le Livre de poche ; 3419 c8)
ISBN 2-253-00999-7. *33 F / 5,03 €*

21498 **GUILLEBAUD J-C.** L'Ancienne comédie. *Seuil, 1991.* (Points. Roman ; 479 c2)
ISBN 2-02-013515-9. *39 F / 5,95 €*

21499 **GUILLEBAUD J-C.** Le voyage à Kéren. *Arléa, 1996.* (Arléa-poche ; 6)
ISBN 2-86959-301-5. *35 F / 5,34 €*

21500 **N** **GUILLERAGUES G. J. d. L. (. d.** Lettres de la religieuse portugaise. *Mille et une nuits, 2000.* (La petite collection ; 309)
ISBN 2-84205-515-2. *10 F / 1,52 €*

21501 **GUILLERAGUES G. J. d. L. (. d.** Lettres portugaises ; Guilleragues par lui-même. *Gallimard, 1990.* (Folio ; p20154. Classique c9)
ISBN 2-07-038244-3. *41 F / 6,25 €*

21502 **GUILLOUX L.** Angelina. *Grasset, 1991.* (Les Cahiers rouges ; 134)
ISBN 2-246-18522-X. *51 F / 7,77 €*

21503 **GUILLOUX L.** Coco perdu : essai de voix. *Gallimard, 1990.* (Folio ; 2147 c11)
ISBN 2-07-038236-2. *29,50 F / 4,50 €*

21504 **GUILLOUX L.** La confrontation. Réimpr. *Gallimard, 1999.* (L'imaginaire ; 63)
ISBN 2-07-029074-3. *38 F / 5,79 €*

21505 **GUILLOUX L.** Dossier confidentiel. *Grasset, 1987.* (Les Cahiers rouges ; 76)
ISBN 2-246-18532-7. *42 F / 6,40 €*

21506 **GUILLOUX L.** Hyménée. *Grasset, 1998.* (Les Cahiers rouges ; 264)
ISBN 2-246-18542-4. *58 F / 8,84 €*

21507 **GUILLOUX L.** Labyrinthe. *Gallimard, 1999.* (L'imaginaire ; 384)
ISBN 2-07-075240-2. *56 F / 8,54 €*

21508 **GUILLOUX L.** La Maison du peuple ; Compagnons. *Grasset, 1983.* (Les Cahiers rouges ; 5)
ISBN 2-246-12995-8. *49 F / 7,47 €*

21509 **GUILLOUX L.** Le Pain des rêves. *Gallimard, 1983.* (Folio ; 909 c9)
ISBN 2-07-036909-9. *41 F / 6,25 €*

21510 **GUILLOUX L.** Salido ; OK, Joe!. *Gallimard, 1992.* (Folio ; 2423 c8)
ISBN 2-07-038556-6. *37 F / 5,64 €*

21511 **GUILLOUX L.** Le Sang noir. *Gallimard, 1980.* (Folio ; 1226 c11)
ISBN 2-07-037226-X. *50 F / 7,62 €*

21512 **GUIMARD P.** L'Age de Pierre. *LGF, 1994.* (Le Livre de poche ; 13541 c4)
ISBN 2-253-13541-0. *20 F / 3,05 €*

21513 **GUIMARD P.** Les Choses de la vie. *Gallimard, 1973.* (Folio ; 315 c11)
ISBN 2-07-036315-5. *29 F / 4,42 €*

21514 **GUIMARD P.** Un Concours de circonstances. *LGF, 1991.* (Le Livre de poche ; 7350 c6)
ISBN 2-253-05841-6. *26 F / 3,96 €*

21515 **GUIMARD P.** L'Ironie du sort. *Gallimard, 1974.* (Folio ; 536 c11)
ISBN 2-07-036536-0. *29,50 F / 4,50 €*

21516 **GUIMARD P.** Le Mauvais temps. *Gallimard, 1977.* (Folio ; 927 c9)
ISBN 2-07-036927-7. *20,50 F / 3,13 €*

21517 **GUIMARD P.** Les premiers venus. *LGF, 1999.* (Le Livre de poche ; 14727 c5)
ISBN 2-253-14727-3. *23 F / 3,51 €*

21518 **GUIRALDES R.** Don Segundo Sombra. *10-18, 1997.* (10-18 ; 2899. Domaine étranger c5)
ISBN 2-264-02058-X. *44 F / 6,71 €*

21519 **GUITRY S.** Bloompott. *Librio, 1998.* (Librio ; 204 c1)
ISBN 2-277-30204-X. *10 F / 1,52 €*

21520 **GUITRY S.** Mémoires d'un tricheur. Réimpr. *Gallimard, 1995.* (Folio ; 434 c11)
ISBN 2-07-036434-8. *29,50 F / 4,50 €*

21521 **GUNN K.** Histoire aux yeux pâles. *10-18, 1999.* (10-18 ; 3044. Domaine étranger c5)
ISBN 2-264-02821-1. *44 F / 6,71 €*

21522 **N** **GUNN K.** Le pays où l'on revient toujours. *10-18, 2000.* (10-18 ; 3220. Domaine étranger c5)
ISBN 2-264-03024-0. *44 F / 6,71 €*

21523 **GUNN K.** Pluie. *10-18, 1998.* (10-18 ; 2993. Domaine étranger c2)
ISBN 2-264-02600-6. *25 F / 3,81 €*

21524 **GUNNARSSON G.** Le berger de l'avent. *Arléa, 1998.* (Arléa-poche ; 43)
ISBN 2-86959-404-6. *30 F / 4,57 €*

21525 **N** **GUNZIG T.** Il y avait quelque chose dans le noir qu'on n'avait pas vu. *J'ai lu, 2000.* (J'ai lu ; 5542. Littérature générale cF)
ISBN 2-290-30244-9. *26 F / 3,96 €*

21526 **GUNZIG T.** Premières nouvelles !. *Ancrage, 1999.* (Poche ; 5 c2)
ISBN 2-930311-01-0. *45 F / 6,86 €*

21527 **GUPTA B. P.** Gange, ô ma mère. *Gallimard, 1991.* (Connaissance de l'Orient poche ; 49)
ISBN 2-07-072294-5. *38 F / 5,79 €*

21528 **GURGAND J-N.** Israéliennes. *Grasset, 1999.* (Les Cahiers rouges ; 285)
ISBN 2-246-02252-5. *48 F / 7,32 €*

21529 **GURGANUS A.** Bénie soit l'assurance : conte moral. *10-18, 1997.* (10-18 ; 2845. Bibliothèques c3)
ISBN 2-264-02132-2. *38 F / 5,79 €*

21530 **GURSEL N.** Le dernier tramway : nouvelles de l'exil et de l'amour. *Seuil, 1996.* (Points ; 243 c7)
ISBN 2-02-028965-2. *35 F / 5,34 €*

21531 **GURSEL N.** Les lapins du commandant. *Seuil, 1997.* (Points ; 366 c6)
ISBN 2-02-028953-9. *32 F / 4,88 €*

21532 **GURSEL N.** Un long été à Istanbul. *Gallimard, 1991.* (L'Etrangère)
ISBN 2-07-072529-4. *55 F / 8,38 €*

21533 **GURSEL N.** La Première femme. *Seuil, 1994.* (Points. Roman ; 648 c1)
ISBN 2-02-021393-1. *32 F / 4,88 €*

21534 **GURSEL N.** Le roman du Conquérant. *Seuil, 1999.* (Points ; 692)
ISBN 2-02-038208-3. *45 F / 6,86 €*

21535 **GUTERSON D.** La neige tombait sur les cèdres. Réimpr. *Seuil, 2000.* (Points ; 386 c9)
ISBN 2-02-032121-1. *42 F / 6,40 €*

21536 **GUTMAN C.** La Folle rumeur de Smyrne. *Gallimard, 1991.* (Folio ; 2228 c11)
ISBN 2-07-038328-8. *50 F / 7,62 €*

21537 **GUYOTAT P.** Eden, éden, éden. *Gallimard, 1985.* (L'imaginaire ; 147)
ISBN 2-07-070278-2. *54 F / 8,23 €*

21538 **GUYOTAT P.** Tombeau pour 500 000 soldats. *Gallimard, 1987.* (L'imaginaire ; 58)
ISBN 2-07-020722-6. *70 F / 10,67 €*

21539 **GUZMAN M. L.** L'ombre du caudillo. *Gallimard, 1996.* (Folio ; 2810 c10)
ISBN 2-07-039454-9. *46 F / 7,01 €*

21540 **N** **HAASSE H. S.** Coffret Hella S. Haasse. *Actes Sud, 2000.* (Babel)
ISBN 2-7427-3043-5. *126 F / 19,21 €*

21541 **HAASSE H. S.** En la forêt de longue attente : le roman de Charles d'Orléans, 1394-1465. *Seuil, 1993.* (Points. Roman ; 592 c1)
ISBN 2-02-019740-5. *52 F / 7,93 €*

21542 **HAASSE H. S.** Le Lac noir. *Actes Sud, 1994.* (Babel ; 117 c1)
ISBN 2-7427-0287-3. *33 F / 5,03 €*

21543 **HAASSE H. S.** Une liaison dangereuse : lettres de La Haye. *Seuil, 1996.* (Points ; 265 c7)
ISBN 2-02-029262-9. *35 F / 5,34 €*

21544 **HAASSE H. S.** Les routes de l'imaginaire. *Actes Sud, 1998.* (Babel ; 313 c2)
ISBN 2-7427-1464-2. *45 F / 6,86 €*

21545 **N** **HAASSE H. S.** La source cachée. *Actes Sud, 2000.* (Babel ; 432)
ISBN 2-7427-2771-X. *39 F / 5,95 €*

21546 **N** **HACHTROUDI F.** Iran, les rives du sang. *Seuil, 2001.* (Points ; 823 c9)
ISBN 2-02-048492-7. *42 F / 6,40 €*

21547 **HACKL E.** Le Mobile d'Aurora. *Stock, 1992.* (Bibliothèque cosmopolite)
ISBN 2-234-02459-5. *50 F / 7,62 €*

21548 **N** **HADDAD H.** L'âme de Buridan. *Mille et une nuits, 2000.* (La petite collection ; 284)
ISBN 2-84205-479-2. *10 F / 1,52 €*

21549 **HAEDENS K.** Adios. *Grasset, 1985.* (Les Cahiers rouges ; 35)
ISBN 2-246-35203-7. *61 F / 9,30 €*

21550 **HAEDENS K.** L'école des parents ; précédé de Magnolia-Jules. *Grasset, 1996.* (Les Cahiers rouges ; 235)
ISBN 2-246-53351-1. *55 F / 8,38 €*

21551 **HAEDENS K.** L'Eté finit sous les tilleuls. *Grasset, 1988.* (Les Cahiers rouges ; 89)
ISBN 2-246-13132-4. *36 F / 5,49 €*

21552 **HAEGER D.** La femme clandestine. *J'ai lu, 1996.* (J'ai lu ; 4126. Aventures et passions c5)
ISBN 2-277-24126-1. *39 F / 5,95 €*

21553 **N** **HAEGER D.** Interdits d'amour. Réimpr. *J'ai lu, 1996.* (J'ai lu ; 4297. Aventures et passions cK)
ISBN 2-290-04297-8. *42 F / 6,40 €*

21554 **HAGAN P.** L'esclave blanche. *J'ai lu, 1996.* (J'ai lu ; 4171. Aventures et passions c6)
ISBN 2-277-24171-7. *39 F / 5,95 €*

21555 **HAGAN P.** Fureurs et passions. *J'ai lu, 1993.* (J'ai lu ; 3398. Aventures et passions c5)
ISBN 2-290-03398-7. *39 F / 5,95 €*

21556 **HAGAN P.** L'héritière de l'amour. *J'ai lu, 1997.* (J'ai lu ; 4505. Aventures et passions c5)
ISBN 2-290-04505-5. *39 F / 5,95 €*

21557 **N** **HAGAN P.** Passion dans le bayou. *J'ai lu, 2001.* (J'ai lu ; 5807. Aventures et passions)
ISBN 2-290-30985-0. *45 F / 6,86 €*

21558 **N** **HAGAN P.** Poker de dames. *J'ai lu, 2000.* (J'ai lu ; 5699. Aventures et passions cJ)
ISBN 2-290-30464-6. *39 F / 5,95 €*

21559 **HAGAN P.** Pour un collier de saphirs. *J'ai lu, 1999.* (J'ai lu ; 5338. Aventures et passions c5)
ISBN 2-290-05338-4. *39 F / 5,95 €*

21560 **HAGGARD H. R.** Elle-qui-doit-être-obéie. *Laffont, 1985.* (Bouquins)
ISBN 2-221-04659-5. *95 F / 14,48 €*

21561 **HAÏK F.** L'envers de Caïn. Rééd. *Stock, 1998.* (Bibliothèque cosmopolite c3)
ISBN 2-234-04873-7. *60 F / 9,15 €*

21562 **HAÏK F.** Joumana. *Stock, 1999.* (Bibliothèque cosmopolite)
ISBN 2-234-05094-4. *60 F / 9,15 €*

21563 **HAILEY A.** Le Destin d'une femme. *LGF, 1988.* (Le Livre de poche ; 6450 c10)
ISBN 2-253-04516-0. *40 F / 6,10 €*

21564 **A** **HALDEMAN J.** La liberté éternelle. *J'ai lu, 2001.* (Millenaires ; 6061)
ISBN 2-290-31341-6

21565 **HALEY A.** Racines. *J'ai lu, 1999.* (J'ai lu ; 5393. Littérature générale cR)
ISBN 2-290-05393-7. *65 F / 9,91 €*

21566 **HALEY A., STEVENS D.** Queen. *Pocket, 1995.* (Pocket ; 4317 c11)
ISBN 2-266-06444-4. *55 F / 8,38 €*

21567 **HALL R.** Secrets barbares. *10-18, 1994.* (10-18 ; 2556. Domaine étranger c4)
ISBN 2-264-01680-9. *41 F / 6,25 €*

21568 **HALTER M.** Les Fils d'Abraham. Réimpr. *Pocket, 1990.* (Pocket ; 3525. Best c5)
ISBN 2-266-03711-0. *35 F / 5,34 €*

21569 **HALTER M.** La Mémoire d'Abraham. Réimpr. *Pocket, 1989.* (Pocket ; 2308. Best c8)
ISBN 2-266-02544-9. *45 F / 6,86 €*

21570 **HALTER M.** Le messie. *Pocket, 1998.* (Pocket ; 10323 c8)
ISBN 2-266-07917-4. *45 F / 6,86 €*

21571 **N** **HALTER M.** Les mystères de Jérusalem. *Pocket, 2000.* (Pocket ; 10879 c7)
ISBN 2-266-09872-1. *42 F / 6,40 €*

21572 **HALTER P.** La Lettre qui tue. *Libr. des Champs-Elysées, 1992.* (Le Masque ; 2100. Les maîtres du roman policier c2)
ISBN 2-7024-2294-2. *30 F / 4,57 €*

21573 **HALTER P.** La Septième hypothèse. *Libr. des Champs-Elysées, 1991.* (Le Masque ; 2059 c3)
ISBN 2-7024-2187-3. *32 F / 4,88 €*

21574 **HAMBURGER J.** Le Journal d'Harvey : les aventures d'un médecin des rois qui bouleversa la médecine. *Gallimard, 1986.* (Folio ; 1747 c8)
ISBN 2-07-037747-4. *37 F / 5,64 €*

21575 **N** **HAMILTON J.** La carte du monde. *Pocket, 2000.* (Pocket ; 11028 c9)
ISBN 2-266-10398-9. *48 F / 7,32 €*

21576 **N** **HAMILTON W.** Tous les petits animaux. *10-18, 2000.* (10-18 ; 3177. Domaine étranger)
ISBN 2-264-02755-X. *44 F / 6,71 €*

21577 **HAMON H., ROTMAN P.** Tant qu'il y aura des profs. *Seuil, 1986.* (Points. Actuels ; 76 c3)
ISBN 2-02-009308-1. *48 F / 7,32 €*

21578 **HAMSUN K.** Un air si pur. *LGF, 1997.* (Le Livre de poche ; 14359 c9)
ISBN 2-253-14359-6. *36 F / 5,49 €*

21579 **HAMSUN K.** Benoni. *Gallimard, 1994.* (Folio ; 2648 c10)
ISBN 2-07-038825-5. *46 F / 7,01 €*

21580 **HAMSUN K.** La Dernière joie. *Gallimard, 1994.* (Folio ; 2649 c10)
ISBN 2-07-038823-9. *46 F / 7,01 €*

21581 **HAMSUN K.** Esclaves de l'amour. *LGF, 1991.* (Le Livre de poche ; 3103. Biblio c14)
ISBN 2-253-04731-7. *48 F / 7,32 €*

21582 **HAMSUN K.** L'éveil de la glèbe. *LGF, 1999.* (Le Livre de poche ; 3312. Biblio c11)
ISBN 2-253-93312-0. *42 F / 6,40 €*

21583 **HAMSUN K.** La Faim. 4e éd. *PUF, 1994.* (Quadrige ; 26)
ISBN 2-13-046812-8. *62 F / 9,45 €*

21584 **HAMSUN K.** La Faim. *LGF, 1989.* (Le Livre de poche ; 3118. Biblio c10)
ISBN 2-253-04963-8. *40 F / 6,10 €*

21585 **N** **HAMSUN K.** Mais la vie continue. *LGF, 2000.* (Le Livre de poche ; 3340. Biblio c15)
ISBN 2-253-93340-6. *50 F / 7,62 €*

21586 **HAMSUN K.** Mystères. *LGF, 1991.* (Le Livre de poche ; 3166. Biblio c12)
ISBN 2-253-05852-1. *44 F / 6,71 €*

21587 **HAMSUN K.** Pan : d'après les papiers du lieutenant Thomas Glahn. *LGF, 1997.* (Le Livre de poche ; 3274. Biblio c7)
ISBN 2-253-93274-4. *30 F / 4,57 €*

21588 **HAMSUN K.** Romans. *LGF, 1999.* (La Pochothèque ; 13243. Classiques modernes)
ISBN 2-253-13243-8. *169 F / 25,76 €*

21589 **HAMSUN K.** Rosa. *Gallimard, 1995.* (Folio ; 2694 c8)
ISBN 2-07-038826-3. *37 F / 5,64 €*

21590 **HAMSUN K.** Sous l'étoile l'automne. *LGF, 1994.* (Le Livre de poche ; 3009. Biblio c4)
ISBN 2-253-03041-4. *20 F / 3,05 €*

21591 **HAMSUN K.** Vagabonds. *Grasset, 1986.* (Les Cahiers rouges ; 53)
ISBN 2-246-13202-9. *69 F / 10,52 €*

21592 **HAMSUN K.** La ville de Segelfoss. *LGF, 1996.* (Le Livre de poche ; 3258. Biblio c12)
ISBN 2-253-93258-2. *44 F / 6,71 €*

21593 **HAN S.** La Cité des sortilèges. *LGF, 1986.* (Le Livre de poche ; 6153 c9)
ISBN 2-253-03827-X. *36 F / 5,49 €*

21594 **HAN S.** La Montagne est jeune. *LGF, 1990.* (Le Livre de poche ; 6848 c15)
ISBN 2-253-05423-2. *50 F / 7,62 €*

21595 **N** **HAN S.** Pa-pa-pa. Nouv. éd. *Ed. de l'Aube, 2000.* (L'Aube poche ; 18 c3)
ISBN 2-87678-564-1. *39 F / 5,95 €*

21596 **HAN S.** Le soleil en embuscade. *LGF, 1998.* (Le Livre de poche ; 14554 c9)
ISBN 2-253-14554-8. *36 F / 5,49 €*

21597 **HAN S.** Ton ombre est la mienne. *Stock, 1991.* (Bibliothèque cosmopolite)
ISBN 2-234-02368-8. *50 F / 7,62 €*

21598 **HAND E.** Anna et le roi. *J'ai lu, 2000.* (J'ai lu ; 5458. Littérature générale cl)
ISBN 2-290-30134-5. *36 F / 5,49 €*

21599 **N** **HANDELAND L.** Passion nocturne. Réimpr. *J'ai lu, 1999.* (J'ai lu ; 5168. Aventures et passions cl)
ISBN 2-290-05168-3. *36 F / 5,49 €*

21600 **HANDKE P.** L'Absence. *Gallimard, 1993.* (Folio ; 2482 c11)
ISBN 2-07-038627-9. *29,50 F / 4,50 €*

21601 **HANDKE P.** L'Angoisse du gardien de but au moment du penalty. *Gallimard, 1982.* (Folio ; 1407 c4)
ISBN 2-07-037407-6. *20,50 F / 3,13 €*

21602 **HANDKE P.** Bienvenue au conseil d'administration. *Gallimard, 1998.* (Folio ; 3056 c11)
ISBN 2-07-075034-5. *29,50 F / 4,50 €*

21603 **HANDKE P.** La Courte lettre pour un long adieu. *Gallimard, 1986.* (Folio ; 1716 c11)
ISBN 2-07-037716-4. *29,50 F / 4,50 €*

21604 **HANDKE P.** La Femme gauchère. Réimpr. *Gallimard, 1989.* (Folio ; 1192 c9)
ISBN 2-07-037192-1. *20,50 F / 3,13 €*

21605 **HANDKE P.** Histoire d'enfant. *Gallimard, 1989.* (Folio ; 2122 c9)
ISBN 2-07-038210-9. *20,50 F / 3,13 €*

21606 **A** **HANDKE P.** Histoire d'enfant. *Gallimard, 2001.* (Folio bilingue)
ISBN 2-07-041467-1. *19 F / 2,90 €*

21607 **HANDKE P.** Le Malheur indifférent. *Gallimard, 1977.* (Folio ; 976 c9)
ISBN 2-07-036976-5. *20,50 F / 3,13 €*

21608 **HANDKE P.** Mon année dans la baie de Personne : un conte des temps nouveaux. *Gallimard, 1999.* (Folio ; 3172 c15)
ISBN 2-07-040728-4. *61 F / 9,30 €*

21609 **N** **HANIN R.** L'hôtel de la Vieille Lune. *LGF, 2000.* (Le Livre de poche ; 14972 c6)
ISBN 2-253-14972-1. *26 F / 3,96 €*

21610 **HANLEY G.** Le Dernier éléphant. *Gallimard, 1988.* (Folio ; 1940 c9)
ISBN 2-07-037940-X. *41 F / 6,25 €*

21611 **HANNAH K.** Pépites d'or. *J'ai lu, 1995.* (J'ai lu ; 4004. Aventures et passions c4)
ISBN 2-277-24004-4. *36 F / 5,49 €*

21612 **HANNAH K.** Si tu m'aimes encore. *J'ai lu, 1999.* (J'ai lu ; 5080. Amour et destin cJ)
ISBN 2-290-05080-6. *39 F / 5,95 €*

21613 **HANSEN E. F.** Cantique pour la fin du voyage. *Pocket, 1999.* (Pocket ; 10498 c7)
ISBN 2-266-08586-7. *42 F / 6,40 €*

21614 **HARAN M.** Scènes de la vie conjugale. *Pocket, 1997.* (Pocket ; 10155 c7)
ISBN 2-266-07460-1. *42 F / 6,40 €*

21615 **HARAUCOURT E.** Daâh, le premier homme. *Arléa, 1996.* (Arléa-poche ; 9)
ISBN 2-86959-302-3. *45 F / 6,86 €*

21616 **N** **HARDELLET A.** Les chasseurs ; suivi de Les chasseurs Deux. *Gallimard, 2000.* (L'imaginaire ; 419)
ISBN 2-07-075710-2. *42 F / 6,40 €*

21617 **HARDELLET A.** Lourdes, lentes... *Gallimard, 1994.* (L'imaginaire ; 317)
ISBN 2-07-073933-3. *48 F / 7,32 €*

21618 **HARDELLET A.** Le parc des archers ; suivi de Lady long solo. *Gallimard, 1996.* (L'imaginaire ; 353)
ISBN 2-07-074531-7. *62 F / 9,45 €*

21619 **HARDELLET A.** Le Seuil du jardin. *Gallimard, 1993.* (L'imaginaire ; 289)
ISBN 2-07-072847-1. *49 F / 7,47 €*

21620 **HARDY T.** Une Femme d'imagination = An Imaginative woman. *LGF, 1992.* (Les Langues modernes ; 8760. Bilingue c10)
ISBN 2-253-06226-X. *40 F / 6,10 €*

21621 **HARDY T.** Jude l'obscur. *LGF, 1997.* (Le Livre de poche ; 3135. Classiques de poche c13)
ISBN 2-253-09832-9. *46 F / 7,01 €*

21622 **HARDY T.** Remèdes désespérés. *Seuil, 1992.* (Points. Roman ; 504 c4)
ISBN 2-02-012698-2. *52 F / 7,93 €*

21623 **HARPMAN J.** L'apparition des esprits. *Ancrage, 1999.* (Poche ; 1 c2)
ISBN 2-930192-13-5. *45 F / 6,86 €*

21624 **HARPMAN J.** Le bonheur dans le crime : roman. *Labor, 2000.* (Espace Nord ; 159)
ISBN 2-8040-1450-9. *319 FB / 7,91 €*

21625 **HARPMAN J.** Les bons sauvages. Réimpr. *Labor, 1998.* (Espace Nord ; 79 c3)
ISBN 2-8040-0705-7. *54 F / 8,23 €*

21626 **HARPMAN J.** Dieu et moi. *Mille et une nuits, 1999.* (La petite collection ; 236 c4)
ISBN 2-84205-396-6. *16,50 F / 2,52 €*

21627 **N** **HARPMAN J.** Dieu et moi. *Mille et une nuits, 2001*
ISBN 2-84205-546-2. *45 F / 6,86 €*

21628 **HARPMAN J.** La Fille démantelée ; suivi de Histoire de Jenny. *Labor*; *Actes Sud, 1998.* (Espace Nord ; 132 c3)
ISBN 2-8040-1306-5. *54 F / 8,23 €*

21629 **A** **HARPMAN J.** La mémoire trouble. *Ancrage, 2001.* (Poche ; 26)
ISBN 2-930311-23-1. *45 F / 6,86 €*

21630 **HARPMAN J.** Moi qui n'ai pas connu les hommes. *LGF, 1997.* (Le Livre de poche ; 14093 c5)
ISBN 2-253-14093-7. *23 F / 3,51 €*

21631 **N** **HARPMAN J.** L'orage rompu. *LGF, 2000.* (Le Livre de poche ; 14892 c5)
ISBN 2-253-14892-X. *23 F / 3,51 €*

21632 **HARPMAN J.** Orlanda. *LGF, 1998.* (Le Livre de poche ; 14468 c7)
ISBN 2-253-14468-1. *30 F / 4,57 €*

21633 **HARPMAN J.** La Plage d'Ostende. *LGF, 1993.* (Le Livre de poche ; 9587 c7)
ISBN 2-253-06269-3. *30 F / 4,57 €*

21634 **N** **HARPMAN J.** Le véritable amour. *Ancrage, 2000.* (Poche ; 14 c2)
ISBN 2-930311-10-X. *45 F / 6,86 €*

21635 **A** **HARRIS J.** Chocolat. *J'ai lu, 2001.* (J'ai lu ; 6034. Littérature générale)
ISBN 2-290-31320-3

21636 **HARRIS R.** Fatherland. *Pocket, 1996.* (Pocket ; 4485. Best c6)
ISBN 2-266-07117-3. *38 F / 5,79 €*

21637 **HARRISON J.** Un bon jour pour mourir. Réimpr. *10-18, 1996.* (10-18 ; 1988. Domaine étranger c4)
ISBN 2-264-02500-X. *41 F / 6,25 €*

21638 **HARRISON J.** Dalva. *10-18, 1991.* (10-18 ; 2168. Domaine étranger c6)
ISBN 2-264-01612-4. *47 F / 7,17 €*

21639 **A** **HARRISON J.** En route vers l'Ouest. *10-18, 2001.* (10-18 ; 3327. Domaine étranger)
ISBN 2-264-03174-3

21640 **HARRISON J.** Entre chien et loup. *10-18, 1994.* (10-18 ; 2538. Domaine étranger c6)
ISBN 2-264-00111-9. *47 F / 7,17 €*

21641 **HARRISON J.** Faux-soleil : l'histoire d'un chef d'équipe américain Robert Carvus Strang racontée à Jim Harrison. *10-18, 1988.* (10-18 ; 1955 c5)
ISBN 2-264-01154-8. *44 F / 6,71 €*

21642 **HARRISON J.** La Femme aux lucioles. *10-18, 1992.* (10-18 ; 2249. Domaine étranger c5)
ISBN 2-264-01713-9. *44 F / 6,71 €*

21643 **HARRISON J.** Julip. *10-18, 1996.* (10-18 ; 2779. Domaine étranger c6)
ISBN 2-264-00110-0. *47 F / 7,17 €*

21644 **HARRISON J.** Légendes d'automne. *10-18, 1985.* (10-18 ; 1682 c5)
ISBN 2-264-00657-9. *44 F / 6,71 €*

21645 **HARRISON J.** Nord Michigan. *10-18, 1991.* (10-18 ; 2205. Domaine étranger c4)
ISBN 2-264-01620-5. *41 F / 6,25 €*

21646 **HARRISON J.** Romans. *Laffont, 2000.* (Bouquins)
ISBN 2-221-09031-4. *149 F / 22,71 €*

21647 **HARRISON J.** La route du retour. *10-18, 2000.* (10-18 ; 3153. Domaine étranger c10)
ISBN 2-264-02527-1. *65 F / 9,91 €*

21648 **HARRISON J.** Sorcier. Réimpr. *10-18, 1997.* (10-18 ; 1987. Domaine étranger c5)
ISBN 2-264-02560-3. *44 F / 6,71 €*

21649 **HARRISON J.** Wolf : mémoires fictifs. *10-18, 1992.* (10-18 ; 2325. Domaine étranger c5)
ISBN 2-264-01691-4. *44 F / 6,71 €*

21650 **HARRISON S.** Ma mère la terre, mon père le ciel. *LGF, 1999.* (Le Livre de poche ; 14638 c12)
ISBN 2-253-14638-2. *44 F / 6,71 €*

21651 **HARRISON S.** Ma soeur la lune. *LGF, 1999.* (Le Livre de poche ; 14637 c14)
ISBN 2-253-14637-4. *48 F / 7,32 €*

21652 **HART C.** Amours clandestines. *J'ai lu, 1998.* (J'ai lu ; 4783. Aventures et passions c4)
ISBN 2-290-04783-X. *36 F / 5,49 €*

21653 **HART C.** Eblouissement. *J'ai lu, 1996.* (J'ai lu ; 4300. Amour et destin cl)
ISBN 2-290-04300-1. *36 F / 5,49 €*

21654 **HARTLEY L. P.** Le messager. Réimpr. *10-18, 1996.* (10-18 ; 1629. Domaine étranger c6)
ISBN 2-264-02412-7. *50 F / 7,62 €*

21655 **HÄRTLING P.** Niembsch ou l'Immobilité : suite musicale. Nouv. éd. *Seuil, 1985.* (Points. Roman ; 192 c1)
ISBN 2-02-008689-1. *32 F / 4,88 €*

21656 **HARVEY K.** Butterfly. *J'ai lu, 1992.* (J'ai lu ; 3252. Littérature générale)
ISBN 2-277-23252-1. *45 F / 6,86 €*

21657 **N** **HARVEY S.** La main dans le sac. *J'ai lu, 2000.* (J'ai lu ; 5706. Amour et destin cJ)
ISBN 2-290-30437-9. *39 F / 5,95 €*

21658 **HASEK J.** Le Brave soldat Chveïk. *Gallimard, 1975.* (Folio ; 676 c8)
ISBN 2-07-036676-6. *37 F / 5,64 €*

21659 **HASEK J.** Nouvelles aventures du brave soldat Chvéïk. Nouv. éd. *Gallimard, 1985.* (Folio ; 1663 c9)
ISBN 2-07-037663-X. *41 F / 6,25 €*

21660 **A** **HATCHER R. L.** La bonne fortune d'Elisabeth Wellington. *J'ai lu, 2001.* (J'ai lu ; 5830. Aventures et passions)
ISBN 2-290-31023-9

21661 **N** **HATCHER R. L.** La fiancée du sérail. *J'ai lu, 2000.* (J'ai lu ; 5683. Aventures et passions cL)
ISBN 2-290-30447-6. *45 F / 6,86 €*

21662 **HATCHER R. L.** L'homme qui ne craignait personne. *J'ai lu, 1999.* (J'ai lu ; 5078. Aventures et passions c4)
ISBN 2-290-05078-4. *36 F / 5,49 €*

21663 **HATCHER R. L.** L'homme qui ne croyait plus en rien. *J'ai lu, 1998.* (J'ai lu ; 4981. Aventures et passions c5)
ISBN 2-290-04981-6. *39 F / 5,95 €*

21664 **HATCHER R. L.** L'homme qui ne savait plus aimer. *J'ai lu, 1999.* (J'ai lu ; 5232. Aventures et passions c5)
ISBN 2-290-05232-9. *39 F / 5,95 €*

21665 **HATCHER R. L.** Les orages du Sud. *J'ai lu, 1999.* (J'ai lu ; 5284. Aventures et passions c5)
ISBN 2-290-05284-1. *39 F / 5,95 €*

21666 **HAUMONT T.** Le conservateur des ombres. *Labor, 1998.* (Espace Nord ; 142 c6)
ISBN 2-8040-1325-1. *74 F / 11,28 €*

21667 **HAUPTMANN G.** Cherche homme impuissant pour relation longue durée. *LGF, 1999.* (Le Livre de poche ; 14612 c10)
ISBN 2-253-14612-9. *40 F / 6,10 €*

21668 **N** **HAUSHOFER M.** Le mur invisible. Réimpr. *Actes Sud, 2001.* (Babel ; 44 c3)
ISBN 2-86869-832-8. *51 F / 7,77 €*

21669 **HAUSHOFER M.** Nous avons tué Stella. *Actes Sud, 1995.* (Babel ; 150 c1)
ISBN 2-7427-0507-4. *33 F / 5,03 €*

21670 **HAUSSER I.** La chambre sourde. *LGF, 2000.* (Le Livre de poche ; 14801 c10)
ISBN 2-253-14801-6. *40 F / 6,10 €*

21671 **HAUSSER I.** Les magiciens de l'âme. *LGF, 1998.* (Le Livre de poche ; 14385 c9)
ISBN 2-253-14385-5. *36 F / 5,49 €*

21672 **HAUSSER I.** Nitchevo. *LGF, 1995.* (Le Livre de poche ; 13732 c10)
ISBN 2-253-13732-4. *40 F / 6,10 €*

21673 **HAWKES J.** Autobiographie d'un cheval. *Seuil, 1997.* (Points ; 372 c10)
ISBN 2-02-028519-3. *45 F / 6,86 €*

21674 **HAWKES J.** Aventures dans le commerce des peaux en Alaska. *Seuil, 1998.* (Points ; 511 c11)
ISBN 2-02-034134-4. *48 F / 7,32 €*

21675 **HAWKES J.** Cassandra. *Seuil, 1994.* (Points. Roman ; 657 c3)
ISBN 2-02-021738-4. *48 F / 7,32 €*

21676 **HAWKES J.** Les Oranges de sang. *Gallimard, 1991.* (L'Etrangère)
ISBN 2-07-072394-1. *50 F / 7,62 €*

21677 **HAWKES J.** La Patte du scarabée. *Seuil, 1992.* (Points. Roman ; 550 c2)
ISBN 2-02-017762-5. *39 F / 5,95 €*

21678 **HAWKES J.** Le Photographe et ses modèles. *Seuil, 1991.* (Points. Roman ; 453 c3)
ISBN 2-02-013279-6. *48 F / 7,32 €*

21679 **HAWTHORNE N.** La lettre écarlate. *Pocket, 1996.* (Pocket ; 4376 c5)
ISBN 2-266-06556-4. *35 F / 5,34 €*

21680 **HAWTHORNE N.** La lettre écarlate. *Gallimard, 1996.* (Folio ; 916. Classique c8)
ISBN 2-07-036916-1. *37 F / 5,64 €*

21681 **N** **HAYDAR C.** Simone. *J'ai lu, 2000.* (J'ai lu ; 5636. Littérature générale cK)
ISBN 2-290-30368-2. *42 F / 6,40 €*

21682 **HAYDEN T. L.** Une enfant comme les autres. Réimpr. *J'ai lu, 1992.* (J'ai lu ; 3369. Littérature générale c6)
ISBN 2-290-03369-3. *42 F / 6,40 €*

21683 **HAYDEN T. L.** L'enfant qui ne parlait pas. *Pocket, 1994.* (Pocket ; 2743 c4)
ISBN 2-266-06088-0. *30 F / 4,57 €*

21684 **N** **HAYDEN T. L.** L'enfant qui ne pleurait pas. Réimpr. *J'ai lu, 2000.* (J'ai lu ; 1606. Littérature générale cl)
ISBN 2-290-21606-2. *36 F / 5,49 €*

21685 **HAYDEN T. L.** Les enfants des autres. Réimp. *J'ai lu, 1999.* (J'ai lu ; 2543. Littérature générale c5)
ISBN 2-290-12543-1. *39 F / 5,95 €*

21686 **HAYDEN T. L.** La forêt de tournesols. Réimpr. *J'ai lu, 1997.* (J'ai lu ; 2988. Littérature générale c5)
ISBN 2-290-02988-2. *39 F / 5,95 €*

21687 **HAYES J.** La Maison des otages. *LGF, 1992.* (Le Livre de poche ; 7584. Thriller c6)
ISBN 2-253-06004-6. *26 F / 3,96 €*

21688 **A** **HAYES K.** Tirades. *J'ai lu, 2001.* (J'ai lu ; 5948. Littérature générale)
ISBN 2-290-31193-6

21689 **N** **HAZARD B.** L'aventurier des Bermudes. Réimpr. *J'ai lu, 2000.* (J'ai lu ; 3703. Aventures et passions cL)
ISBN 2-290-03703-6. *45 F / 6,86 €*

21690 **N** **HAZARD B.** Coup monté. Nouv. éd. *J'ai lu, 2000.* (J'ai lu ; 3811. Aventures et passions cK)
ISBN 2-290-30956-7. *42 F / 6,40 €*

21691 **HEARN L.** Chita. *Gallimard, 1996.* (L'Etrangère)
ISBN 2-07-074629-1. *48 F / 7,32 €*

21692 **HEARN L.** Kwaïdan ou Histoires et études de choses étranges. *Mercure de France, 1998.* (Le petit Mercure)
ISBN 2-7152-2123-1. *24 F / 3,66 €*

21693 **HEATH L.** Entre deux flammes. *J'ai lu, 1995.* (J'ai lu ; 4044. Amour et destin)
ISBN 2-277-24044-3. *42 F / 6,40 €*

21694 **HEATH L.** Le jour se lève. *J'ai lu, 1997.* (J'ai lu ; 4476. Amour et destin c5)
ISBN 2-290-04476-8. *39 F / 5,95 €*

21695 **HÉBERT A.** Aurélien, Clara, Mademoiselle et le lieutenant anglais. *Seuil, 1998.* (Points ; 508 c4)
ISBN 2-02-034136-0. *25 F / 3,81 €*

21696 **HÉBERT A.** Les chambres de bois. Rééd. *Seuil, 1996.* (Points ; 249 c1)
ISBN 2-02-028948-2. *32 F / 4,88 €*

21697 **HÉBERT A.** L'Enfant chargé de songes. Nouv. éd. *Seuil, 1999.* (Points ; 615 c1)
ISBN 2-02-036717-3. *32 F / 4,88 €*

21698 **HÉBERT A.** Les fous de Bassan. Réimpr. *Seuil, 1998.* (Points ; 485 c8)
ISBN 2-02-033648-0. *39 F / 5,95 €*

21699 **HÉBERT A.** Kamouraska. Réimpr. *Seuil, 1997.* (Points ; 345 c8)
ISBN 2-02-031429-0. *39 F / 5,95 €*

21700 **N** **HÉBERT A.** Le premier jardin. Nouv. éd. *Seuil, 2001.* (Points ; 808 c2)
ISBN 2-02-048157-X. *39 F / 5,95 €*

21701 **N** **HEBEY P.** Une seule femme. *Gallimard, 2000.* (Folio ; 3425 c7)
ISBN 2-07-041476-0. *32,50 F / 4,95 €*

21702 **HÉBRARD F.** La chambre de Goethe. *J'ai lu, 1983.* (J'ai lu ; 1398. Littérature générale c3)
ISBN 2-277-21398-5. *29 F / 4,42 €*

21703 **HÉBRARD F.** Le Château des oliviers. *J'ai lu, 1994.* (J'ai lu ; 3677. Littérature générale c7)
ISBN 2-277-23677-2. *45 F / 6,86 €*

21704 **HÉBRARD F.** Félix, fils de Pauline. *J'ai lu, 1993.* (J'ai lu ; 3531. Littérature générale)
ISBN 2-277-23531-8. *22 F / 3,35 €*

21705 **HÉBRARD F.** Le grand batre. *Pocket, 1998.* (Pocket ; 10437 c7)
ISBN 2-266-08190-X. *42 F / 6,40 €*

21706 **HÉBRARD F.** Le harem. Réimpr. *J'ai lu, 1988.* (J'ai lu ; 2456. Littérature générale c4)
ISBN 2-290-02456-2. *36 F / 5,49 €*

21707 **HÉBRARD F.** Le mari de l'ambassadeur. Réimpr. *J'ai lu, 1996.* (J'ai lu ; 3099. Littérature générale cJ)
ISBN 2-290-03099-6. *39 F / 5,95 €*

21708 **HÉBRARD F.** Le Mois de septembre. Réimpr. *J'ai lu, 1988.* (J'ai lu ; 2395. Littérature générale c1)
ISBN 2-277-22395-6. *13 F / 1,98 €*

21709 **HÉBRARD F.** Le mois de septembre. *Librio, 1995.* (Librio ; 79 c1)
ISBN 2-277-30079-9. *10 F / 1,52 €*

21710 **HÉBRARD F., VELLE L.** La Demoiselle d'Avignon. *J'ai lu, 1989.* (J'ai lu ; 2620. Littérature générale c4)
ISBN 2-277-22620-3. *36 F / 5,49 €*

21711 **A** **HÉBRARD F., VELLE L.** La protestante et le catholique : une histoire d'amour. *J'ai lu, 2001.* (J'ai lu ; 5822. Littérature générale)
ISBN 2-290-31012-3

21712 **HEGGAN C.** Fausse accusation. *J'ai lu, 1996.* (J'ai lu ; 4301. Amour et destin cl)
ISBN 2-290-04301-X. *36 F / 5,49 €*

21713 **HEGGAN C.** Trahisons. *J'ai lu, 1996.* (J'ai lu ; 4129. Amour et destin cK)
ISBN 2-277-24129-6. *42 F / 6,40 €*

21714 **N** **HEIN C.** L'ami étranger. *Métailié, 2001.* (Suites ; 38. Suite allemande)
ISBN 2-86424-375-X. *62 F / 9,45 €*

21715 **HEIN C.** La fin de Horn. *Métailié, 1999.* (Suites ; 18. Suite allemande)
ISBN 2-86424-288-5. *62 F / 9,45 €*

21716 **HELLENS F.** Le Naïf. *Labor, 1987.* (Espace Nord ; 38 c2)
ISBN 2-8040-0228-4. *42 F / 6,40 €*

21717 **N** **HELLENS F.** Oeil de Dieu. *Labor, 2001.* (Espace Nord ; 167)
ISBN 2-8040-1555-6. *79 F / 12,04 €*

21718 **HELLER J.** Catch 22. *Grasset, 1985.* (Les Cahiers rouges ; 44-45)
ISBN 2-246-26931-8. *75 F / 11,43 €*

21719 **HEMINGWAY E.** L'Adieu aux armes. *Gallimard, 1982.* (Folio ; 27 c8)
ISBN 2-07-036027-X. *37 F / 5,64 €*

21720 **HEMINGWAY E.** Au-delà du fleuve et sous les arbres. *Gallimard, 1995.* (Folio ; 589 c10)
ISBN 2-07-036589-1. *46 F / 7,01 €*

21721 **HEMINGWAY E.** Le chaud et le froid : un poème et sept nouvelles. *Gallimard, 1997.* (Folio ; 2963 c8)
ISBN 2-07-040193-6. *37 F / 5,64 €*

21722 **HEMINGWAY E.** Cinquante mille dollars. *Gallimard, 1972.* (Folio ; 280 c9)
ISBN 2-07-036280-9. *20,50 F / 3,13 €*

21723 **HEMINGWAY E.** En avoir ou pas. *Gallimard, 1973.* (Folio ; 266 c11)
ISBN 2-07-036266-3. *29,50 F / 4,50 €*

21724 **HEMINGWAY E.** L'Eté dangereux : chroniques. *Gallimard, 1992.* (Folio ; 2387 c8)
ISBN 2-07-038524-8. *37 F / 5,64 €*

21725 **HEMINGWAY E.** La grande rivière au coeur double ; Gens d'été. *Mercure de France, 1998.* (Le petit Mercure)
ISBN 2-7152-2101-0. *18 F / 2,74 €*

21726 **HEMINGWAY E.** Mort dans l'après-midi. *Gallimard, 1972.* (Folio ; 251 c9)
ISBN 2-07-036251-5. *41 F / 6,25 €*

21727 **HEMINGWAY E.** Les Neiges du Kilimandjaro ; Dix indiens. *Gallimard, 1982.* (Folio ; 151 c9)
ISBN 2-07-036151-9. *20,50 F / 3,13 €*

21728 **HEMINGWAY E.** The Old man and the sea. *LGF, 1991.* (Le Livre de poche ; 8639. Lire en anglais c9)
ISBN 2-253-05624-3. *36 F / 5,49 €*

21729 **HEMINGWAY E.** Paradis perdu ; La Cinquième colonne. *Gallimard, 1972.* (Folio ; 175 c8)
ISBN 2-07-036175-6. *37 F / 5,64 €*

21730 **HEMINGWAY E.** Paris est une fête. *Gallimard, 1973.* (Folio ; 465 c11)
ISBN 2-07-036465-8. *29,50 F / 4,50 €*

21731 **HEMINGWAY E.** Pour qui sonne le glas. Rééd. *LGF, 1989.* (Le Livre de poche ; 28 c9)
ISBN 2-253-01232-7. *36 F / 5,49 €*

21732 **HEMINGWAY E.** Pour qui sonne le glas. *Gallimard, 1973.* (Folio ; 455 c9)
ISBN 2-07-036455-0. *41 F / 6,25 €*

21733 **HEMINGWAY E.** Le soleil se lève aussi ; Cinquante mille dollars ; En avoir... ou pas ; Paris est une fête. *Gallimard, 1999.* (Folio)
ISBN 2-07-040951-1. *41 F / 6,25 €*

21734 **HEMINGWAY E.** Le Soleil se lève aussi. *Gallimard, 1972.* (Folio ; 221 c11)
ISBN 2-07-036221-3. *29,50 F / 4,50 €*

21735 **HEMINGWAY E.** Les Vertes collines d'Afrique. *Gallimard.* (Folio ; 352 c8)
ISBN 2-07-036352-X. *37 F / 5,64 €*

21736 **HEMINGWAY E.** Le vieil homme et la mer. *Gallimard, 1972.* (Folio ; 7 c4)
ISBN 2-07-036007-5. *20,50 F / 3,13 €*

21737 **HÉMON L.** Battling Malone, pugiliste. *Grasset, 1984.* (Les Cahiers rouges ; 19)
ISBN 2-246-18612-9. *45 F / 6,86 €*

21738 **HÉMON L.** Maria Chapdelaine. Réimpr. *LGF, 1989.* (Le Livre de poche ; 685 c4)
ISBN 2-253-00566-5. *20 F / 3,05 €*

21739 **HÉMON L.** Monsieur Ripois et la Némésis. *Grasset, 1986.* (Les Cahiers rouges ; 55)
ISBN 2-246-13222-3. *49 F / 7,47 €*

21740 **N** **HENKE S.** Un amant sous condition. *J'ai lu, 2000.* (J'ai lu ; 5563. Aventures et passions cL)
ISBN 2-290-30323-2. *45 F / 6,86 €*

21741 **HENLEY V.** Un amant de rêve. *J'ai lu, 1998.* (J'ai lu ; 4848. Aventures et passions c6)
ISBN 2-290-04848-8. *42 F / 6,40 €*

21742 **HENLEY V.** Les amants secrets. *J'ai lu, 1994.* (J'ai lu ; 3641. Aventures et passions c7)
ISBN 2-290-03641-2. *45 F / 6,86 €*

21743 **HENLEY V.** Le chevalier bâtard. *J'ai lu, 1996.* (J'ai lu ; 4104. Aventures et passions)
ISBN 2-277-24104-0. *42 F / 6,40 €*

21744 **HENLEY V.** Coeurs farouches. *J'ai lu, 1996.* (J'ai lu ; 4255. Aventures et passions c4)
ISBN 2-290-04255-2. *36 F / 5,49 €*

21745 **A** **HENLEY V.** La colombe et le faucon. Réimpr. *J'ai lu, 2001.* (J'ai lu ; 3259. Aventures et passions)
ISBN 2-290-31347-5. *39 F / 5,95 €*

21746 **HENLEY V.** Esclave à travers les siècles. *J'ai lu, 1997.* (J'ai lu ; 4479. Aventures et passions c6)
ISBN 2-290-04479-2. *42 F / 6,40 €*

21747 **N** **HENLEY V.** Une femme de passions. *J'ai lu, 2000.* (J'ai lu ; 5681. Aventures et passions cM)
ISBN 2-290-30445-X. *49 F / 7,47 €*

21748 **HENLEY V.** La gitane irlandaise. *J'ai lu, 1996.* (J'ai lu ; 4337. Aventures et passions cK)
ISBN 2-290-04337-0. *42 F / 6,40 €*

21749 **HENLEY V.** Mariage à l'essai. Réimpr. *J'ai lu, 1997.* (J'ai lu ; 3866. Aventures et passions c7)
ISBN 2-290-03866-0. *45 F / 6,86 €*

21750 **HENLEY V.** La proie du lynx. *J'ai lu, 2000.* (J'ai lu ; 5424. Aventures et passions cJ)
ISBN 2-290-30018-7. *39 F / 5,95 €*

21751 **HENLEY V.** La rose et le corbeau. *J'ai lu, 1993.* (J'ai lu ; 3522. Aventures et passions)
ISBN 2-290-03522-X. *25 F / 3,81 €*

21752 **HENLEY V.** La travestie de Venise. *J'ai lu, 1995.* (J'ai lu ; 3969. Aventures et passions c7)
ISBN 2-277-23969-0. *45 F / 6,86 €*

21753 **HENNEBERT E.** Amer. *Pocket, 2000.* (Pocket ; 10474 c4)
ISBN 2-266-08490-9. *30 F / 4,57 €*

21754 **HÉNOUMONT R.** Le vieil Indien. *Labor, 1996.* (Espace Nord ; 117 c1)
ISBN 2-8040-1168-2. *34 F / 5,18 €*

21755 **HENRY M.** L'amour les yeux fermés. *Gallimard, 1982.* (Folio ; 1401 c10)
ISBN 2-07-037401-7. *46 F / 7,01 €*

21756 **HENRY O.** Attaque de train, mode d'emploi : et autres nouvelles du Far West. *Mille et une nuits, 2000.* (La petite collection ; 271 c1)
ISBN 2-84205-474-1. *10 F / 1,52 €*

21757 **HENRY O.** New York tic tac. Nouv. éd. *Stock, 1996.* (Bibliothèque cosmopolite c3)
ISBN 2-234-04641-6. *60 F / 9,15 €*

21758 **HENRY W.** L'Indien blanc. *10-18, 1993.* (10-18 ; 2377. Domaine étranger c5)
ISBN 2-264-01910-7. *44 F / 6,71 €*

21759 **N** **HENSHER P.** La ville derrière le mur. *10-18, 2001.* (10-18 ; 3273. Domaine étranger)
ISBN 2-264-03114-X. *50 F / 7,62 €*

21760 **HERBART P.** Histoires confidentielles. *Grasset, 1999.* (Les Cahiers rouges ; 281)
ISBN 2-246-13232-0. *52 F / 7,93 €*

21761 **HERBART P.** La Ligne de force. *Gallimard, 1980.* (Folio ; 1228 c9)
ISBN 2-07-037228-6. *20,50 F / 3,13 €*

21762 **HERBART P.** Le Rôdeur. *Gallimard, 1984.* (L'imaginaire ; 127)
ISBN 2-07-070102-6. *40 F / 6,10 €*

21763 **HÉRIAT P.** La Foire aux garçons. *Gallimard, 1973.* (Folio ; 429 c9)
ISBN 2-07-036429-1. *20,50 F / 3,13 €*

21764 **HÉRIAT P.** L'innocent. *Gallimard, 1974.* (Folio ; 543 c11)
ISBN 2-07-036543-3. *29,50 F / 4,50 €*

21765 **HERMARY-VIEILLE C.** L'ange noir. *Pocket, 1999.* (Pocket ; 10564 c7)
ISBN 2-266-08788-6. *42 F / 6,40 €*

21766 **N** **HERMARY-VIEILLE C.** Les dames de Brières. 1, Les dames de Brières. *LGF, 2001.* (Le Livre de poche ; 14987 c11)
ISBN 2-253-14987-X. *42 F / 6,40 €*

21767 **HERMARY-VIEILLE C.** L'initié. *Pocket, 1998.* (Pocket ; 10275 c6)
ISBN 2-266-07757-0. *38 F / 5,79 €*

21768 **HERMARY-VIEILLE C.** Le Jardin des Henderson. *Gallimard, 1991.* (Folio ; 2241 c10)
ISBN 2-07-038341-5. *46 F / 7,01 €*

21769 **HERMARY-VIEILLE C.** Lola. *Pocket, 1996.* (Pocket ; 10012. Best c7)
ISBN 2-266-06681-1. *42 F / 6,40 €*

21770 **HERMARY-VIEILLE C.** La Piste des turquoises. *LGF, 1994.* (Le Livre de poche ; 13524 c6)
ISBN 2-253-13524-0. *26 F / 3,96 €*

21771 **HERMARY-VIEILLE C.** La pointe aux tortues. *LGF.* (Le Livre de poche ; 13837 c6)
ISBN 2-253-13837-1. *26 F / 3,96 €*

21772 **HERMARY-VIEILLE C.** Le Rivage des adieux. *LGF, 1992.* (Le Livre de poche ; 4320 c10)
ISBN 2-253-05983-8. *40 F / 6,10 €*

21773 **N** **Le héros qui pissait dans son froc.** *Ed. de l'Aube, 2001.* (L'Aube poche ; 55)
ISBN 2-87678-601-X. *39 F / 5,95 €*

21774 **N** **HERRGOTT E.** Transports amoureux. *le Cercle, 2000.* (Le Cercle poche ; 9)
ISBN 2-913563-18-X. *39 F / 5,95 €*

21775 **HERSEY J.** La Muraille. 1. *Gallimard, 1979.* (Folio ; 1130 c9)
ISBN 2-07-037130-1. *41 F / 6,25 €*

21776 **HERSEY J.** La Muraille. 2. *Gallimard, 1979.* (Folio ; 1131 c9)
ISBN 2-07-037131-X. *41 F / 6,25 €*

21777 **HESPEY J.** S.M. *Blanche, 2000.* (Bibliothèque blanche ; 6)
ISBN 2-911621-80-8. *89 F / 13,57 €*

21778 **HESSE H.** Berthold. *LGF, 1997.* (Le Livre de poche ; 3273. Biblio c8)
ISBN 2-253-93273-6. *33 F / 5,03 €*

21779 **N** **HESSE H.** Contes merveilleux. Réimpr. *Actes Sud, 2001.* (Babel ; 98 c3)
ISBN 2-7427-0181-8. *45 F / 6,86 €*

21780 **HESSE H.** La Conversion de Casanova : nouvelles. *LGF, 1994.* (Le Livre de poche ; 3210. Biblio c8)
ISBN 2-253-93210-8. *33 F / 5,03 €*

21781 **HESSE H.** Demian : histoire de la jeunesse d'Emile Sinclair. *LGF, 1979.* (Le Livre de poche ; 5300 c4)
ISBN 2-253-02291-8. *20 F / 3,05 €*

21782 **HESSE H.** Demian. Nouv. éd. *Stock, 1997.* (Bibliothèque cosmopolite c3)
ISBN 2-234-04865-6. *60 F / 9,15 €*

21783 **HESSE H.** Le Dernier été de Klingsor : nouvelles. *LGF, 1991.* (Le Livre de poche ; 3163. Biblio c15)
ISBN 2-253-05799-1. *50 F / 7,62 €*

21784 **HESSE H.** L'Enfance d'un magicien : nouvelles. Nouv. éd. *LGF, 1991.* (Le Livre de poche ; 3013. Biblio c11)
ISBN 2-253-03071-6. *42 F / 6,40 €*

21785 **HESSE H.** Fiançailles. *Gallimard, 1995.* (Folio ; 2770 c10)
ISBN 2-07-038824-7. *46 F / 7,01 €*

21786 **HESSE H.** Gertrude. *Gallimard, 1994.* (Folio ; 2650 c9)
ISBN 2-07-038821-2. *41 F / 6,25 €*

21787 **HESSE H.** Histoires d'amour. *LGF, 1999.* (Le Livre de poche ; 3310. Biblio ; 107 c10)
ISBN 2-253-93310-4. *40 F / 6,10 €*

21788 **HESSE H.** Knulp. *LGF, 1995.* (Le Livre de poche ; 3247. Biblio c5)
ISBN 2-253-93247-7. *23 F / 3,51 €*

21789 **N** **HESSE H.** La leçon interrompue. Réimpr. *Actes Sud, 2001.* (Babel ; 155 c2)
ISBN 2-7427-0543-0. *45 F / 6,86 €*

21790 **HESSE H.** Le Loup des steppes. *LGF, 1991.* (Le Livre de poche ; 2008 c8)
ISBN 2-253-00293-3. *33 F / 5,03 €*

21791 **HESSE H.** Narcisse et Goldmund : récit. *LGF, 1991.* (Le Livre de poche ; 1583 c9)
ISBN 2-253-00004-3. *36 F / 5,49 €*

21792 **HESSE H.** Oeuvres complètes. *LGF, 1999.* (La Pochothèque ; 3245. Classiques modernes)
ISBN 2-253-13245-4. *165 F / 25,15 €*

21793 **HESSE H.** L'ornière. *LGF, 2000.* (Le Livre de poche ; 3327. Biblio)
ISBN 2-253-93327-9. *35 F / 5,34 €*

21794 **HESSE H.** Peter Camenzind. *LGF, 1991.* (Le Livre de poche ; 3164. Biblio c11)
ISBN 2-253-05850-5. *42 F / 6,40 €*

21795 **HESSE H.** Le Poète chinois : nouvelles. *LGF, 1992.* (Le Livre de poche ; 3046. Biblio c9)
ISBN 2-253-03459-2. *36 F / 5,49 €*

21796 **HESSE H.** Siddhartha. *LGF, 1975.* (Le Livre de poche ; 4204 c4)
ISBN 2-253-00848-6. *20 F / 3,05 €*

21797 **HESSE H.** Siddhartha. *Grasset, 1988.* (Les Cahiers rouges ; 82)
ISBN 2-246-40462-2. *54 F / 8,23 €*

21798 **HESSE H.** Le Voyage en Orient. *LGF, 1993.* (Le Livre de poche ; 3045. Biblio c6)
ISBN 2-253-03458-4. *26 F / 3,96 €*

21799 **HESSEL F.** Le bazar du bonheur : romance parisienne. *10-18, 1998.* (10-18 ; 2926. Domaine étranger c6)
ISBN 2-264-02168-3. *47 F / 7,17 €*

21800 **HESSEL V.** Le Temps des parents. *Gallimard, 1973.* (Folio ; 382 c8)
ISBN 2-07-036382-1. *37 F / 5,64 €*

21801 **HEYWOOD J.** L'Aigle de Sibérie. *LGF, 1990.* (Le Livre de poche ; 7560. Thriller c14)
ISBN 2-253-05429-1. *48 F / 7,32 €*

21802 **HIAASEN C.** L'arme du crocodile. *J'ai lu, 1997.* (J'ai lu ; 4439. Littérature générale c8)
ISBN 2-290-04439-3. *49 F / 7,47 €*

21803 **HIAASEN C.** Strip-tease. *J'ai lu, 1996.* (J'ai lu ; 4284. Littérature générale c6)
ISBN 2-290-04284-6. *42 F / 6,40 €*

21804 **HIGGINS C.** Harold et Maude = Harold and Maude. *Gallimard, 1995.* (Folio bilingue ; 53 c8)
ISBN 2-07-039336-4. *66 F / 10,06 €*

21805 **HIGGINS C.** Harold et Maude. *Gallimard, 1984.* (Folio ; 1611 c11)
ISBN 2-07-037611-7. *29,50 F / 4,50 €*

21806 **HIGGINS J.** L'Aigle a disparu. *LGF, 1994.* (Le Livre de poche ; 7620. Thriller c7)
ISBN 2-253-07620-1. *30 F / 4,57 €*

21807 **HIGGINS J.** Exocet. *LGF, 1986.* (Le Livre de poche ; 7510. Thriller c7)
ISBN 2-253-04026-6. *30 F / 4,57 €*

21808 **HIGGINS J.** La Nuit des loups. *LGF, 1991.* (Le Livre de poche ; 7569. Thriller c8)
ISBN 2-253-05682-0. *33 F / 5,03 €*

21809 **HIGGINS J.** Opération Cornouailles. *LGF, 1993.* (Le Livre de poche ; 7603. Thriller c8)
ISBN 2-253-06352-5. *33 F / 5,03 €*

21810 **HIGGINS J.** Solo. *LGF, 1982.* (Le Livre de poche ; 7464. Thriller c8)
ISBN 2-253-03074-0. *33 F / 5,03 €*

21811 **HIGHSMITH P.** Carol : les eaux dérobées. *LGF, 1991.* (Le Livre de poche ; 4424. Thriller c9)
ISBN 2-253-05760-6. *36 F / 5,49 €*

21812 **HIGHSMITH P.** Catastrophes. *LGF, 1992.* (Le Livre de poche ; 4434. Thriller c12)
ISBN 2-253-06213-8. *44 F / 6,71 €*

21813 **HIGHSMITH P.** La Cellule de verre. *LGF, 1994.* (Le Livre de poche ; 4438. Thriller c8)
ISBN 2-253-06861-6. *33 F / 5,03 €*

21814 **HIGHSMITH P.** Ces gens qui frappent à la porte. *LGF, 1992.* (Le Livre de poche ; 4430. Thriller c9)
ISBN 2-253-06020-8. *36 F / 5,49 €*

21815 **HIGHSMITH P.** Une Créature de rêve. *LGF, 1992.* (Le Livre de poche ; 4429. Thriller c10)
ISBN 2-253-05988-9. *40 F / 6,10 €*

21816 **HIGHSMITH P.** Le Cri du hibou. *LGF, 1991.* (Le Livre de poche ; 4426. Thriller c10)
ISBN 2-253-05786-X. *40 F / 6,10 €*

21817 **HIGHSMITH P.** Eaux profondes. *LGF, 1991.* (Le Livre de poche ; 4421. Thriller c9)
ISBN 2-253-05668-5. *36 F / 5,49 €*

21818 **HIGHSMITH P.** L'Empreinte du faux. *LGF, 1991.* (Le Livre de poche ; 4420. Thriller c9)
ISBN 2-253-05667-7. *36 F / 5,49 €*

21819 **HIGHSMITH P.** L'Epouvantail. *LGF, 1991.* (Le Livre de poche ; 4427. Thriller c8)
ISBN 2-253-05860-2. *33 F / 5,03 €*

21820 **HIGHSMITH P.** Le Jardin des disparus. *LGF, 1993.* (Le Livre de poche ; 4419. Thriller c9)
ISBN 2-253-05670-7. *36 F / 5,49 €*

21821 **HIGHSMITH P.** Jeu pour les vivants. *LGF, 1992.* (Le Livre de poche ; 4428. Thriller c10)
ISBN 2-253-05927-7. *40 F / 6,10 €*

21822 **HIGHSMITH P.** Le Meurtrier = The Blunderer. *LGF, 1991.* (Le Livre de poche ; 4418. Thriller c10)
ISBN 2-253-05669-3. *40 F / 6,10 €*

21823 **HIGHSMITH P.** La Rançon du chien. *LGF, 1991.* (Le Livre de poche ; 4423. Thriller c9)
ISBN 2-253-05704-5. *36 F / 5,49 €*

21824 **HIGHSMITH P.** Le Rat de Venise : et autres histoires de criminalité animale à l'intention des amis des bêtes. *LGF, 1991.* (Le Livre de poche ; 4417. Thriller c9)
ISBN 2-253-05655-3. *33 F / 5,03 €*

21825 **HIGHSMITH P.** Ripley entre deux eaux. *LGF, 1993.* (Le Livre de poche ; 4435. Thriller c9)
ISBN 2-253-06365-7. *36 F / 5,49 €*

21826 **HIGHSMITH P.** Les Sirènes du golf : nouvelles. *LGF, 1992.* (Le Livre de poche ; 4433. Thriller c8)
ISBN 2-253-06212-X. *33 F / 5,03 €*

21827 **HIGHSMITH P.** Sur les pas de Ripley. *LGF, 1991.* (Le Livre de poche ; 4422. Thriller c10)
ISBN 2-253-05703-7. *40 F / 6,10 €*

21828 **HIGHSMITH P.** Trouble at the jade tower : and other short stories. *LGF, 1991.* (Le Livre de poche ; 8661. Lire en anglais c8)
ISBN 2-253-05859-9. *33 F / 5,03 €*

21829 **HILL S.** Envoûtée. *J'ai lu, 1998.* (J'ai lu ; 4982. Aventures et passions c5)
ISBN 2-290-04982-4. *39 F / 5,95 €*

21830 **HIMES C.** Couché dans le pain. *Gallimard, 1987.* (Folio ; 1814 c11)
ISBN 2-07-037814-4. *29,50 F / 4,50 €*

21831 **HIMES C.** Une messe en prison. *Mille et une nuits, 1997.* (La petite collection ; 159 cA)
ISBN 2-84205-139-4. *10 F / 1,52 €*

21832 **HIMES C.** S'il braille, lâche-le... *Gallimard, 1996.* (Folio ; 1618 c10)
ISBN 2-07-037618-4. *46 F / 7,01 €*

21833 **HIMES C.** La Troisième génération. *Gallimard, 1986.* (Folio ; 1748 c11)
ISBN 2-07-037748-2. *50 F / 7,62 €*

21834 **Histoires d'enfance.** *Pocket, 1999.* (Pocket ; 10830 c4)
ISBN 2-266-09797-0. *30 F / 4,57 €*

21835 **Histoires de la crème du crime.** *LGF, 1992.* (Le Livre de poche ; 4299. Policier c4)
ISBN 2-253-05931-5. *20 F / 3,05 €*

21836 **Histoires étranges et fantastiques d'Amérique latine.** *Métailié, 1997.* (Suites ; 1. Suite hispano-américaine)
ISBN 2-86424-246-X. *80 F / 12,20 €*

21837 **Histoires qui sont maintenant du passé.** *Gallimard.* (Connaissance de l'Orient poche)
ISBN 2-07-070922-1. *40 F / 6,10 €*

21838 **HITCHCOCK A.** Bilingue Hitchcock nouvelles. *Langues pour tous, 1999.* (Langues pour tous ; 4425)
ISBN 2-266-09735-0. *30 F / 4,57 €*

21839 **N** **HO A. T.** Ile aux femmes. *Ed. de l'Aube, 2000.* (L'Aube poche ; 49 c5)
ISBN 2-87678-562-5. *49 F / 7,47 €*

21840 **HO KYUN** L'Histoire de Hong Kiltong. *Gallimard, 1994.* (Connaissance de l'Orient poche ; 66)
ISBN 2-07-073603-2. *55 F / 8,38 €*

21841 **HOAG T.** L'homme des marais. *J'ai lu, 1994.* (J'ai lu ; 3706. Amour et destin cJ)
ISBN 2-290-03706-0. *39 F / 5,95 €*

21842 **HOEG P.** L'histoire des rêves danois. *Seuil, 1999.* (Points ; 585)
ISBN 2-02-033299-X. *48 F / 7,32 €*

21843 **HOEG P.** Smilla et l'amour de la neige. *Seuil, 1996.* (Points ; 298 c11)
ISBN 2-02-030109-1. *48 F / 7,32 €*

21844 **HOFFMAN A.** Les cavaliers de la nuit. *J'ai lu, 1996.* (J'ai lu ; 4116. Littérature générale)
ISBN 2-277-24116-4. *39 F / 5,95 €*

21845 **HOFFMAN A.** Les ensorceleuses. Réimpr. *J'ai lu, 1999.* (J'ai lu ; 5039. Littérature générale c4)
ISBN 2-290-05039-3. *36 F / 5,49 €*

21846 **HOFFMAN A.** La lune tortue. *J'ai lu, 1997.* (J'ai lu ; 4499. Littérature générale c5)
ISBN 2-290-04499-7. *39 F / 5,95 €*

21847 **HOFFMAN A.** La Maison de Nora Silk. *J'ai lu, 1994.* (J'ai lu ; 3611. Littérature générale)
ISBN 2-277-23611-X. *39 F / 5,95 €*

21848 **HOFFMAN A.** Seul parmi les loups. *J'ai lu, 1997.* (J'ai lu ; 4663. Littérature générale c5)
ISBN 2-290-04663-9. *39 F / 5,95 €*

21849 **HOFFMANN E. T. A.** Le Chat Murr. *Gallimard, 1980.* (L'imaginaire ; 54)
ISBN 2-07-020170-8. *60 F / 9,15 €*

21850 **HOFFMANN E. T. A.** Conte véridique. *Mercure de France, 1995.* (Le petit Mercure)
ISBN 2-7152-1946-6. *15 F / 2,29 €*

21851 **HOFFMANN E. T. A.** Contes : Fantaisies à la manière de Callot, tirées du Journal d'un voyageur enthousiaste, 1808-1815. *Gallimard, 1979.* (Folio ; 1151. Classique c9)
ISBN 2-07-037151-4. *41 F / 6,25 €*

21852 **HOFFMANN E. T. A.** Les élixirs du diable. *Stock, 1996.* (Bibliothèque cosmopolite c1)
ISBN 2-234-04596-7. *50 F / 7,62 €*

21853 **HOFFMANN E. T. A.** Mademoiselle de Scudéry. *LGF, 1995.* (Le Livre de poche ; 13680. Les classiques d'aujourd'hui c1)
ISBN 2-253-13680-8. *10 F / 1,52 €*

21854 **HOFFMANN E. T. A.** Nouvelles musicales. Nouv. éd. *Stock, 1997.* (Bibliothèque cosmopolite ; 41 c2)
ISBN 2-234-04909-1. *55 F / 8,38 €*

21855 **HOFFMANN E. T. A.** Soeur Monika. *la Musardine, 1997.* (Lectures amoureuses de Jean-Jacques Pauvert ; 6 c3)
ISBN 2-84271-005-3. *35 F / 5,34 €*

21856 **HOFMANN G.** La Dénonciation. *Actes Sud, 1994.* (Babel ; 103 c1)
ISBN 2-7427-0186-9. *33 F / 5,03 €*

21857 **HOFMANNSTHAL H. v.** Andréas = Andreas ; Fragments. *Gallimard, 1994.* (Folio bilingue ; 41 c7)
ISBN 2-07-038745-3. *60 F / 9,15 €*

21858 **HOFMANNSTHAL H. v.** La femme sans ombre. *LGF, 1999.* (Le Livre de poche ; 3320. Biblio c10)
ISBN 2-253-93320-1. *40 F / 6,10 €*

21859 **HOGG J.** Confession du pécheur justifié. *Gallimard, 1987.* (L'imaginaire ; 186)
ISBN 2-07-071069-6. *46 F / 7,01 €*

21860 **HOHL J.** Un autre printemps. *J'ai lu, 1999.* (J'ai lu ; 5282. Amour et destin cH)
ISBN 2-290-05282-5. *32 F / 4,88 €*

21861 **N** **HOLDER E.** Bienvenue parmi nous. *J'ai lu, 2000.* (J'ai lu ; 5592. Littérature générale cG)
ISBN 2-290-30291-0. *29 F / 4,42 €*

21862 **A** **HOLDER E.** Duo forte. *J'ai lu, 2001.* (J'ai lu ; 5934. Littérature générale)
ISBN 2-290-31179-0

21863 **HOLDER E.** L'homme de chevet. *J'ai lu, 1997.* (J'ai lu ; 4575. Littérature générale c2)
ISBN 2-290-04575-6. *22 F / 3,35 €*

21864 **N** **HOLDER E.** Mademoiselle Chambon. Réimpr. *J'ai lu, 2001.* (J'ai lu ; 4876. Littérature générale cE)
ISBN 2-290-31122-7. *22 F / 3,35 €*

21865 **HOLDER E.** On dirait une actrice et autres nouvelles. *Librio, 1997.* (Librio ; 183 c1)
ISBN 2-277-30183-3. *10 F / 1,52 €*

21866 **HOLLANDER X., DRUMMOND J.** Nouvelles aventures pimentées. *J'ai lu, 1990.* (J'ai lu ; 2758. Littérature générale)
ISBN 2-277-22758-7. *29 F / 4,42 €*

21867 **HOMEL D.** Il pleut des rats. *Actes Sud ; Leméac, 2000.* (Babel ; 413)
ISBN 2-7427-2584-9. *57 F / 8,69 €*

21868 **HOMES A.** Mauvaise mère. *Pocket, 1998.* (Pocket ; 10557 c6)
ISBN 2-266-08396-1. *38 F / 5,79 €*

21869 **HOPKINS J.** L'Arpenteur. *Gallimard, 1994.* (L'Etrangère)
ISBN 2-07-074038-2. *55 F / 8,38 €*

21870 **HORNBURG M.** Bongwater. *10-18, 1996.* (10-18 ; 2728. Domaine étranger c3)
ISBN 2-264-02243-4. *38 F / 5,79 €*

21871 **A** **HORNBY N.** A propos d'un gamin. *10-18, 2001.* (10-18 ; 3278. Domaine étranger)
ISBN 2-264-03030-5

21872 **N** **HORNBY N.** Haute fidélité. Réimpr. *10-18, 2000.* (10-18 ; 3056. Domaine étranger c5)
ISBN 2-264-02713-4. *44 F / 6,71 €*

21873 **HORVATH O. v.** Un fils de notre temps. *Gallimard, 1998.* (L'Etrangère)
ISBN 2-07-040496-X. *52 F / 7,93 €*

21874 **HORWITZ J.** Journal d'une fille de Harlem. *Seuil, 1987.* (Points. Roman ; 274 c1)
ISBN 2-02-009619-6. *32 F / 4,88 €*

21875 **N** **HOUELLEBECQ M.** Coffret Houellebecq. *J'ai lu, 2000.* (J'ai lu. Littérature générale)
ISBN 2-277-60171-3. *106 F / 16,16 €*

21876 **N** **HOUELLEBECQ M.** Les particules élémentaires. *J'ai lu, 2000.* (J'ai lu ; 5602. Littérature générale cK)
ISBN 2-290-30305-4. *42 F / 6,40 €*

21877 **HOUGRON J.** Les Asiates. Rééd. *LGF, 1990.* (Le Livre de poche ; 887 c11)
ISBN 2-253-00128-7. *42 F / 6,40 €*

21878 **HOUGRON J.** La Nuit indochinoise. 2. *Laffont, 1989.* (Bouquins)
ISBN 2-221-05885-2. *120 F / 18,29 €*

21879 **N** **HOWARD L.** Le carnet mystérieux. Réimpr. *J'ai lu, 2000.* (J'ai lu ; 5360. Amour et destin cG)
ISBN 2-290-05360-0. *29 F / 4,42 €*

21880 **N** **HOWATCH S.** Le pardon et la grâce. *LGF, 2000.* (Le Livre de poche ; 14968 c14)
ISBN 2-253-14968-3. *48 F / 7,32 €*

21881 **HRABAL B.** La Chevelure sacrifiée. *Gallimard, 1994.* (L'Etrangère)
ISBN 2-07-073741-1. *48 F / 7,32 €*

21882 **HRABAL B.** Lettres à Doubenka. *Seuil, 1994.* (Points ; 655. Roman ; 655 c2)
ISBN 2-02-015377-7. *39 F / 5,95 €*

21883 **HRABAL B.** Les millions d'Arlequin. *Seuil, 1997.* (Points ; 351 c9)
ISBN 2-02-028505-3. *42 F / 6,40 €*

21884 **HRABAL B.** Moi qui ai servi le roi d'Angleterre. *LGF, 1991.* (Le Livre de poche ; 3151. Biblio c13)
ISBN 2-253-05551-4. *46 F / 7,01 €*

21885 **HRABAL B.** Les Noces dans la maison : la trilogie des souvenirs. *Seuil, 1993.* (Points. Roman ; 569 c6)
ISBN 2-02-012975-2. *62 F / 9,45 €*

21886 **HRABAL B.** Les Palabreurs : nouvelles. *LGF, 1993.* (Le Livre de poche ; 3198. Biblio c11)
ISBN 2-253-06415-7. *42 F / 6,40 €*

21887 **HRABAL B.** La petite ville où le temps s'arrêta. *Seuil, 1995.* (Points ; 43 c2)
ISBN 2-02-018160-6. *39 F / 5,95 €*

21888 **HRABAL B.** Les souffrances du vieux Werther. *10-18, 1996.* (10-18 ; 2790. Domaine étranger c2)
ISBN 2-264-02165-9. *25 F / 3,81 €*

21889 **HRABAL B.** Tendre barbare. *LGF, 1993.* (Le Livre de poche ; 3201. Biblio c6)
ISBN 2-253-06505-6. *26 F / 3,96 €*

21890 **HRABAL B.** Trains étroitement surveillés ; Cours de danse pour... *Gallimard, 1984.* (Folio ; 1529 c9)
ISBN 2-07-037529-3. *20,50 F / 3,13 €*

21891 **HRABAL B.** Une trop bruyante solitude. *Seuil, 1997.* (Points ; 439 c6)
ISBN 2-02-033031-8. *32 F / 4,88 €*

21892 **HRABAL B.** Vends maison où je ne veux plus vivre. *Seuil, 1992.* (Points. Roman ; 543 c2)
ISBN 2-02-012982-5. *39 F / 5,95 €*

21893 **HUBERMONT P.** Treize hommes dans la mine. *Labor, 1993.* (Espace Nord ; 86 c1)
ISBN 2-8040-0800-2. *34 F / 5,18 €*

21894 **N** **HUGO L., VILLEGAS A. T.** La leçon de natation. *J'ai lu, 2000.* (J'ai lu ; 5580. Littérature générale cJ)
ISBN 2-290-30271-6. *39 F / 5,95 €*

21895 **HUGO V.** Claude Gueux. *Mille et une nuits, 1994.* (La petite collection ; 17 c1)
ISBN 2-910233-17-0. *10 F / 1,52 €*

21896 **HUGO V.** Claude Gueux. *LGF, 1995.* (Le Livre de poche ; 13653. Les classiques d'aujourd'hui cA)
ISBN 2-253-13653-0. *10 F / 1,52 €*

21897 **N** **HUGO V.** Le dernier jour d'un condamné ; Bug-Jargal. Réimpr. *Gallimard, 2000.* (Folio ; 3373. Classique c9)
ISBN 2-07-041310-1. *19 F / 2,90 €*

21898 **N** **HUGO V.** Le dernier jour d'un condamné. Réimpr. *Librio, 2000.* (Librio ; 70 c1)
ISBN 2-277-30070-5. *10 F / 1,52 €*

21899 **HUGO V.** Han d'Islande. *Gallimard, 1981.* (Folio ; 1331. Classique c10)
ISBN 2-07-037331-2. *46 F / 7,01 €*

21900 **HUGO V.** Les misérables. 1. *LGF, 1998.* (Le Livre de poche ; 9633. Classiques de poche c12)
ISBN 2-253-09633-4. *44 F / 6,71 €*

21901 **HUGO V.** Les misérables. 1. Nouv. éd. *Gallimard, 1999.* (Folio ; 3223. Classique c8)
ISBN 2-07-040922-8. *37 F / 5,64 €*

21902 **HUGO V.** Les misérables. 2. *LGF, 1998.* (Le Livre de poche ; 9634. Classiques de poche c12)
ISBN 2-253-09634-2. *44 F / 6,71 €*

21903 **HUGO V.** Les misérables. 2. Nouv. éd. *Gallimard, 1999.* (Folio ; 3224. Classique c8)
ISBN 2-07-040923-6. *37 F / 5,64 €*

21904 **HUGO V.** Notre-Dame de Paris. *Pocket, 1998.* (Pocket ; 6004. Classiques c3B)
ISBN 2-266-08305-8. *28 F / 4,27 €*

21905 **HUGO V.** Notre-Dame de Paris. Nouv. éd. *LGF, 1998.* (Le Livre de poche ; 1698. Classiques de poche c7)
ISBN 2-253-00968-7. *30 F / 4,57 €*

21906 **HUGO V.** Notre-Dame de Paris. Réimpr. *Gallimard, 1989.* (Folio ; 549. Classique c10)
ISBN 2-07-036549-2. *46 F / 7,01 €*

21907 **A** **HUGO V.** Quatre-vingt-treize. *Gallimard, 2001.* (Folio. Classique)
ISBN 2-07-041823-5. *20,50 F / 3,13 €*

21908 **A** **HUGO V.** Quatre-vingt-treize. *LGF, 2001.* (Le Livre de poche ; 16078. Classiques de poche)
ISBN 2-253-16078-4. *30 F / 4,57 €*

21909 **HUGO V.** Quatre vingt-treize. *Gallimard, 1979.* (Folio ; 1093. Classique c10)
ISBN 2-07-037093-3. *46 F / 7,01 €*

21910 **HUGO V.** Les Travailleurs de la mer. *Gallimard, 1980.* (Folio ; 1197. Classique c11)
ISBN 2-07-037197-2. *50 F / 7,62 €*

21911 **HUGUENIN J-R.** La côte sauvage. Nouv. éd. *Seuil, 1995.* (Points ; 119)
ISBN 2-02-025776-9. *32 F / 4,88 €*

21912 **HUMBERT D.** L'arbre à poules. *Pocket, 2000.* (Pocket ; 10519 c3B)
ISBN 2-266-08596-4. *28 F / 4,27 €*

21913 **HUMBERT D.** La dent du loup. *Pocket, 1999.* (Pocket ; 10236 c4)
ISBN 2-266-07795-3. *30 F / 4,57 €*

21914 **HUMBERT D.** La Rouvraie. *Pocket, 1998.* (Pocket ; 4372 c4)
ISBN 2-266-06551-3. *30 F / 4,57 €*

21915 **HUMBERT D.** Un si joli village. *Pocket, 1995.* (Pocket ; 3337. Best c4)
ISBN 2-266-00516-2. *30 F / 4,57 €*

21916 **N** **HUMBERT M-T.** Amy. *LGF, 2000.* (Le Livre de poche ; 14875 c9)
ISBN 2-253-14875-X. *36 F / 5,49 €*

21917 **HUMBERT M-T.** Le chant du seringat la nuit. *LGF, 1999.* (Le Livre de poche ; 14740 c12)
ISBN 2-253-14740-0. *44 F / 6,71 €*

21918 **HUMBERT M-T.** Un fils d'orage. *LGF, 1997.* (Le Livre de poche ; 13528 c9)
ISBN 2-253-13528-3. *36 F / 5,49 €*

21919 **HUMBERT M-T.** La montagne des signaux. *LGF, 1996.* (Le Livre de poche ; 13902 c9)
ISBN 2-253-13902-5. *36 F / 5,49 €*

21920 **HUMBERT M-T.** Une Robe d'écume et de vent. *LGF, 1991.* (Le Livre de poche ; 6955 c15)
ISBN 2-253-05640-5. *50 F / 7,62 €*

21921 **HUMBERT M-T.** Le Volkameria. *LGF, 1993.* (Le Livre de poche ; 9698 c12)
ISBN 2-253-06446-7. *44 F / 6,71 €*

21922 **HUMPHREY W.** L'Adieu du chasseur. *Gallimard, 1979.* (Folio ; 1091 c9)
ISBN 2-07-037091-7. *41 F / 6,25 €*

21923 **HUNTER J.** Philtre d'amour. *J'ai lu, 1998.* (J'ai lu ; 4761. Aventures et passions c6)
ISBN 2-290-04761-9. *42 F / 6,40 €*

21924 **HURIET M.** La Fiancée du roi. *Gallimard, 1982.* (Folio ; 1423 c11)
ISBN 2-07-037423-8. *29,50 F / 4,50 €*

21925 **HÜRLIMANN T.** La Tessinoise. *Aire, 1997.* (L'Aire bleue)
ISBN 2-88108-480-X. *59 F / 8,99 €*

21926 **N** **HURSTON Z. N.** Une femme noire. Réimp. *Ed. de l'Aube, 2000.* (L'Aube poche ; 28 c8)
ISBN 2-87678-273-1. *69 F / 10,52 €*

21927 **HURSTON Z. N.** Spunk. *Ed. de l'Aube, 1996.* (L'Aube poche ; 37 c4)
ISBN 2-87678-296-0. *45 F / 6,86 €*

21928 **HUSER F.** Aurélia. *Seuil, 1986.* (Points. Roman ; 241 c1)
ISBN 2-02-009180-1. *32 F / 4,88 €*

21929 **HUSER F.** La Chambre ouverte. *Seuil, 1988.* (Points. Roman ; 313 c2)
ISBN 2-02-010166-1. *39 F / 5,95 €*

21930 **HUSER F.** La Colline rouge. *Seuil, 1994.* (Points. Roman ; 635 c1)
ISBN 2-02-021146-7. *32 F / 4,88 €*

21931 **HUSER F.** Les Lèvres nues. *Seuil, 1990.* (Points. Roman ; 385 c1)
ISBN 2-02-011548-4. *32 F / 4,88 €*

21932 **HUSER F.** La Maison du désir. *Seuil, 1984.* (Points. Roman ; 139 c2)
ISBN 2-02-006722-6. *39 F / 5,95 €*

21933 **N** **HUSTON N.** Cantique des plaines. Réimpr. *Actes Sud, 2001.* (Babel ; 142 c3)
ISBN 2-7427-0490-6. *45 F / 6,86 €*

21934 **HUSTON N.** Cantique des plaines. *J'ai lu ; Leméac, 1998.* (J'ai lu ; 4770. Littérature générale c3)
ISBN 2-290-04770-8. *29 F / 4,42 €*

21935 **N** **HUSTON N.** Coffret Nancy Huston. 2. Réimpr. *Actes Sud, 1999.* (Babel)
ISBN 2-7427-2473-7. *141 F / 21,50 €*

21936 **N** **HUSTON N.** L'empreinte de l'ange. Réimpr. *Actes Sud, 2001.* (Babel ; 431)
ISBN 2-7427-2770-1. *51 F / 7,77 €*

21937 **A** **HUSTON N.** L'empreinte de l'ange. *J'ai lu, 2001.* (J'ai lu ; 5966. Littérature générale)
ISBN 2-290-31202-9

21938 **HUSTON N.** Histoire d'Omaya. *Actes Sud, 1998.* (Babel ; 338 c3)
ISBN 2-7427-1887-7. *45 F / 6,86 €*

21939 **N** **HUSTON N.** Instruments des ténèbres. Réimpr. *Actes Sud, 2000.* (Babel ; 304)
ISBN 2-7427-1454-5. *51 F / 7,77 €*

21940 **HUSTON N.** Instruments des ténèbres. *J'ai lu, 1999.* (J'ai lu ; 5276. Littérature générale cH)
ISBN 2-290-05276-0. *32 F / 4,88 €*

21941 **HUSTON N.** Trois fois septembre. *Actes Sud, 1999.* (Babel ; 388)
ISBN 2-7427-2395-1. *45 F / 6,86 €*

21942 **HUSTON N.** Les variations Goldberg : romance. Réimpr. *Actes Sud* ; *Labor* ; *Aire, 2000.* (Babel ; 101 c3)
ISBN 2-7427-0182-6. *45 F / 6,86 €*

21943 **N** **HUSTON N.** La virevolte. Réimpr. *Actes Sud, 2001.* (Babel ; 212 c3)
ISBN 2-7427-0694-1. *45 F / 6,86 €*

21944 **HUSTON N.** La virevolte. *J'ai lu, 1998.* (J'ai lu ; 4931. Littérature générale c3)
ISBN 2-290-04931-X. *29 F / 4,42 €*

21945 **HUSTVEDT S.** L'envoûtement de Lily Dahl. *Actes Sud, 1999.* (Babel ; 380 c5)
ISBN 2-7427-2278-5. *45 F / 6,86 €*

21946 **HUSTVEDT S.** Les yeux bandés. *Actes Sud, 1996.* (Babel ; 196 c3)
ISBN 2-7427-0712-3. *45 F / 6,86 €*

21947 **HUTH A.** Les filles de Hallows farm. *Gallimard, 2000.* (Folio ; 3338 c11)
ISBN 2-07-040860-4. *50 F / 7,62 €*

21948 **HUTH A.** L'invitation à la vie conjugale. *Gallimard, 2000.* (Folio ; 3337 c12)
ISBN 2-07-040861-2. *46 F / 7,01 €*

21949 **HUXLEY A.** Les Portes de la perception. *10-18, 1977.* (10-18 ; 1122 c5)
ISBN 2-264-00125-9. *44 F / 6,71 €*

21950 **HUXLEY A.** Le Sourire de la Joconde et autres romans. *Gallimard, 1981.* (Folio ; 1291 c8)
ISBN 2-07-037291-X. *37 F / 5,64 €*

21951 **HUYSMANS J-K.** A rebours : roman. *Actes Sud, 1992.* (Babel ; 53 c4)
ISBN 2-86869-907-3. *51 F / 7,77 €*

21952 **HUYSMANS J-K.** A rebours. Réimpr. *Pocket, 1999.* (Pocket ; 6116. Classiques c3)
ISBN 2-266-08937-4. *26 F / 3,96 €*

21953 **HUYSMANS J-K.** A rebours. *Gallimard, 1977.* (Folio ; 898. Classique c8)
ISBN 2-07-036898-X. *37 F / 5,64 €*

21954 **N** **HUYSMANS J-K.** A vau-l'au. *Mille et une nuits, 2000.* (La petite collection ; 299)
ISBN 2-84205-506-3. *10 F / 1,52 €*

21955 **HUYSMANS J-K.** En rade. *Gallimard, 1984.* (Folio ; *. Classique c8)
ISBN 2-07-037609-5. *37 F / 5,64 €*

21956 **HUYSMANS J-K.** En route. *Gallimard, 1996.* (Folio ; 2873. Classique c11)
ISBN 2-07-038754-2. *50 F / 7,62 €*

21957 **HUYSMANS J-K.** Là-bas. *Gallimard, 1985.* (Folio ; 1681. Classique c9)
ISBN 2-07-037681-8. *41 F / 6,25 €*

21958 **HUYSMANS J-K.** Là-bas. *LGF, 1988.* (Le Livre de poche ; 725. Classiques de poche c10)
ISBN 2-253-04617-5. *40 F / 6,10 €*

21959 **HYDE A.** Red Fox. Réimpr. *Seuil, 1995.* (Points ; 181 c3)
ISBN 2-02-026200-2. *42 F / 6,40 €*

21960 **N** **IBBOTSON E.** Un chant pour l'été. *Pocket, 2000.* (Pocket ; 10867 c6)
ISBN 2-266-09890-X. *38 F / 5,79 €*

21961 **IBBOTSON E.** Les matins d'émeraude. *Pocket, 1999.* (Pocket ; 10487 c8)
ISBN 2-266-08513-1. *45 F / 6,86 €*

21962 **IBN AL-ARABI M. I. A. M. a-D. A. A. A.** Traité de l'amour. *Albin Michel, 1989.* (Spiritualités vivantes poche ; 60 c5)
ISBN 2-226-02715-7. *55 F / 8,38 €*

21963 **IHARA S.** Cinq amoureuses. *Gallimard : Unesco, 1986.* (Connaissance de l'Orient poche ; 9)
ISBN 2-07-070635-4. *58 F / 8,84 €*

21964 **ILES F.** Préméditation. *Gallimard, 1973.* (Folio ; 421 c11)
ISBN 2-07-036421-6. *29,50 F / 4,50 €*

21965 **ILES F.** Quant à la femme. *Gallimard, 1986.* (Folio ; 1785 c8)
ISBN 2-07-037785-7. *37 F / 5,64 €*

21966 **INGLIS J.** Daddy's girl. *Seuil, 1996.* (Points ; 264 c13)
ISBN 2-02-029144-4. *52 F / 7,93 €*

21967 **INK L.** La terre de Caïn. *Pocket, 1998.* (Pocket ; 10187 c5)
ISBN 2-266-07508-X. *35 F / 5,34 €*

21968 **INOUÉ Y.** La chasse dans les collines. *Stock, 1999.* (Bibliothèque cosmopolite)
ISBN 2-234-05096-0. *55 F / 8,38 €*

21969 **INOUÉ Y.** Les chemins du désert. Nouv. éd. *Stock, 1998.* (Bibliothèque cosmopolite ; 62 c3)
ISBN 2-234-04928-8. *60 F / 9,15 €*

21970 **INOUÉ Y.** Combat de taureaux. Nouv. éd. *Stock, 1997.* (Bibliothèque cosmopolite c3)
ISBN 2-234-04797-8. *60 F / 9,15 €*

21971 **N** **INOUÉ Y.** Confucius. *LGF, 2000.* (Le Livre de poche ; 3337. Biblio)
ISBN 2-253-93337-6. *45 F / 6,86 €*

21972 **INOUÉ Y.** Confucius. *Stock, 1997.* (Bibliothèque cosmopolite c1)
ISBN 2-234-04742-0. *50 F / 7,62 €*

21973 **INOUÉ Y.** Le Faussaire : nouvelles. *LGF, 1992.* (Le Livre de poche ; 3184. Biblio c7)
ISBN 2-253-06198-0. *30 F / 4,57 €*

21974 **INOUÉ Y.** Le Faussaire. *Stock, 1989.* (Bibliothèque cosmopolite)
ISBN 2-234-02190-1. *50 F / 7,62 €*

21975 **INOUÉ Y.** Le Fusil de chasse. *LGF, 1992.* (Le Livre de poche ; 3171. Biblio c4)
ISBN 2-253-05901-3. *20 F / 3,05 €*

21976 **INOUÉ Y.** Histoire de ma mère. Nouv. éd. *Stock, 1997.* (Bibliothèque cosmopolite c1)
ISBN 2-234-04750-1. *50 F / 7,62 €*

21977 **INOUÉ Y.** Le maître de thé. *Stock, 1998.* (Bibliothèque cosmopolite c1)
ISBN 2-234-04922-9. *50 F / 7,62 €*

21978 **INOUÉ Y.** Le maître de thé. *LGF, 2000.* (Le Livre de poche ; 3324. Biblio c7)
ISBN 2-253-93324-4. *30 F / 4,57 €*

21979 **INOUÉ Y.** Shirobamba. *Gallimard, 1993.* (Folio ; 2511 c9)
ISBN 2-07-038801-8. *41 F / 6,25 €*

21980 **N** **Inventons la paix :** huit écrivains racontent. *Librio, 2000.* (Librio ; 338 c1)
ISBN 2-290-30087-X. *10 F / 1,52 €*

21981 **IONESCO E.** Le Solitaire. *Gallimard, 1976.* (Folio ; 827 c11)
ISBN 2-07-036827-0. *29,50 F / 4,50 €*

21982 **IRVING J.** Coffret John Irving. *Seuil, 1996.* (Points ; 2121)
ISBN 2-02-030168-7. *166 F / 25,31 €*

21983 **IRVING J.** Un enfant de la balle. *Seuil, 1997.* (Points ; 319 c15)
ISBN 2-02-030901-7. *59 F / 8,99 €*

21984 **IRVING J.** L'Epopée du buveur d'eau. *Seuil, 1995.* (Points ; 122 c4)
ISBN 2-02-025778-5. *52 F / 7,93 €*

21985 **IRVING J.** Hotel New Hampshire. Rééd. *Seuil, 1995.* (Points ; 98 c4)
ISBN 2-02-025586-3. *52 F / 7,93 €*

21986 **IRVING J.** Liberté pour les ours!. Rééd. *Seuil, 1995.* (Points ; 99 c4)
ISBN 2-02-025585-5. *52 F / 7,93 €*

21987 **IRVING J.** Un mariage poids moyen ; L'oeuvre de Dieu, la part du diable. *Seuil, 1995.* (Points)
ISBN 2-02-025924-9. *110 F / 16,77 €*

21988 **IRVING J.** Un mariage poids moyen. Rééd. *Seuil, 1995.* (Points ; 121 c11)
ISBN 2-02-025777-7. *48 F / 7,32 €*

21989 **IRVING J.** Le monde selon Garp. *Seuil, 1998.* (Points ; 5 c13)
ISBN 2-02-036376-3. *52 F / 7,93 €*

21990 **IRVING J.** L'Oeuvre de Dieu, la part du diable. Rééd. *Seuil, 1995.* (Points ; 123 c6)
ISBN 2-02-025780-7. *62 F / 9,45 €*

21991 **IRVING J.** Une prière pour Owen. Rééd. *Seuil, 1995.* (Points ; 124 c16)
ISBN 2-02-025779-3. *62 F / 9,45 €*

21992 **IRVING J.** Les rêves des autres. *Seuil, 1995.* (Points ; 54 c7)
ISBN 2-02-024627-9. *35 F / 5,34 €*

21993 **N** **IRVING J.** Une veuve de papier. *Seuil, 2000.* (Points ; 763)
ISBN 2-02-041641-7. *52 F / 7,93 €*

21994 **IRVING W.** Sleepy Hollow = La légende du cavalier sans tête. *Mille et une nuits, 2000.* (La petite collection ; 269)
ISBN 2-84205-464-4. *10 F / 1,52 €*

21995 **ISHERWOOD C.** Adieu à Berlin. *Seuil, 1992.* (Points. Roman ; 503 c2)
ISBN 2-02-013012-2. *39 F / 5,95 €*

21996 **ISHERWOOD C.** Un Homme au singulier. *Seuil, 1984.* (Points. Roman ; 138 c2)
ISBN 2-02-006719-6. *39 F / 5,95 €*

21997 **ISHIGURO K.** Un artiste du monde flottant. Réimpr. *10-18, 1999.* (10-18 ; 2121. Domaine étranger c4)
ISBN 2-264-01442-3. *41 F / 6,25 €*

21998 **ISHIGURO K.** L'inconsolé. *10-18, 1999.* (10-18 ; 3077. Domaine étranger)
ISBN 2-264-02419-4. *60 F / 9,15 €*

21999 **ISHIGURO K.** Lumière pâle sur les collines. Réimpr. *10-18, 1999.* (10-18 ; 2122. Domaine étranger c5)
ISBN 2-264-01441-5. *44 F / 6,71 €*

22000 **ISHIGURO K.** Les vestiges du jour. Réimpr. *10-18, 1999.* (10-18 ; 2191. Domaine étranger c5)
ISBN 2-264-01619-1. *44 F / 6,71 €*

22001 **ISTRATI P.** Les Chardons du Baragan. *Grasset, 1984.* (Les Cahiers rouges ; 30)
ISBN 2-246-13303-3. *48 F / 7,32 €*

22002 **ISTRATI P.** Domnitza de Snagov : les récits d'Adrien Zograffi. *Gallimard, 1983.* (Folio ; 1494 c11)
ISBN 2-07-037494-7. *29,50 F / 4,50 €*

22003 **ISTRATI P.** La jeunesse d'Adrien Zograffi. Réimpr. *Gallimard, 1997.* (Folio ; 1592 c13)
ISBN 2-07-037592-7. *56 F / 8,54 €*

22004 **ISTRATI P.** Kyra Kyralina : les récits d'Adrien Zograffi. *Gallimard, 1981.* (Folio ; 1253 c11)
ISBN 2-07-037253-7. *29,50 F / 4,50 €*

22005 **ISTRATI P.** Nerrantsoula ; Tsatsa ; Minka. Réimpr. *Gallimard, 1997.* (Folio ; 1594 c12)
ISBN 2-07-037594-3. *52 F / 7,93 €*

22006 **ISTRATI P.** Oncle Anghel : les récits d'Adrien Zograffi. *Gallimard, 1992.* (L'Etrangère)
ISBN 2-07-072832-3. *42 F / 6,40 €*

22007 **Itinéraires espagnols = Itinerarios espanoles.** *LGF, 1993.* (Les Langues modernes ; 8766. Bilingue c11)
ISBN 2-253-06449-1. *42 F / 6,40 €*

22008 **IZQUIERDO A.** L'amour pur. *Gallimard, 1995.* (Folio ; 2674 c11)
ISBN 2-07-038784-4. *29,50 F / 4,50 €*

22009 **IZQUIERDO A.** Un souvenir indécent. *Gallimard, 1995.* (Folio ; 2675 c11)
ISBN 2-07-038785-2. *29,50 F / 4,50 €*

22010 **IZZO J-C.** Les marins perdus. *J'ai lu, 1998.* (J'ai lu ; 4841. Littérature générale cl)
ISBN 2-290-04841-0. *36 F / 5,49 €*

22011 **N** **IZZO J-C.** Le soleil des mourants. *J'ai lu, 2001.* (J'ai lu ; 5801. Littérature générale c5)
ISBN 2-290-31000-X. *36 F / 5,49 €*

22012 **JABÈS E.** Le Livre des questions ; Le Livre de Yukel ; Le Retour au livre. *Gallimard, 1988.* (Le Livre des questions; 1)(L'imaginaire ; 197)
ISBN 2-07-071194-3. *65 F / 9,91 €*

22013 **N** **JACCARD R.** Une fille pour l'été. *Zulma, 2000.* (Grain d'orage)
ISBN 2-84304-098-1. *49 F / 7,47 €*

22014 **N** **JACKSON B. K.** Vu d'ici. *Dapper, 2001.* (Dapper littérature)
ISBN 2-906067-62-8. *58 F / 8,84 €*

22015 **A** **JACKSON L.** Une nouvelle chance. *J'ai lu, 2001.* (J'ai lu ; 6028. Amour et destin)
ISBN 2-290-31278-9

22016 **JACOB M.** Filibuth ou la Montre en or. *Gallimard, 1994.* (L'imaginaire ; 308)
ISBN 2-07-073739-X. *42 F / 6,40 €*

22017 **JACOB M.** Le terrain Bouchaballe. *Gallimard, 1996.* (L'imaginaire ; 350)
ISBN 2-07-074419-1. *69 F / 10,52 €*

22018 **A** **JACOB S.** L'obéissance. *Seuil, 2001.* (Points ; 855)
ISBN 2-02-049519-8. *42 F / 6,40 €*

22019 **JACOBSEN J. P.** Niels Lyhne : entre la vie et le rêve. Nouv. éd. *Stock, 1997.* (Bibliothèque cosmopolite ; 49 c3)
ISBN 2-234-04749-8. *60 F / 9,15 €*

22020 **JACQ C.** L'Affaire Toutankhamon. *Pocket, 1994.* (Pocket ; 4609 c7)
ISBN 2-266-05235-7. *42 F / 6,40 €*

22021 **JACQ C.** Barrage sur le Nil. *Pocket, 1996.* (Pocket ; 4451 c6)
ISBN 2-266-06935-7. *38 F / 5,79 €*

22022 **JACQ C.** La bataille de Kadesh. *Pocket, 1997.* (Ramsès; 3)(Pocket ; 10106 c6)
ISBN 2-266-07337-0. *38 F / 5,79 €*

22023 **JACQ C.** Champollion l'Egyptien. Réimpr. *Pocket, 1989.* (Pocket ; 2850 c4)
ISBN 2-266-03206-2. *30 F / 4,57 €*

22024 **JACQ C.** La dame d'Abou Simbel. *Pocket, 1998.* (Ramsès; 4)(Pocket ; 10107 c6)
ISBN 2-266-07338-9. *38 F / 5,79 €*

22025 **JACQ C.** Le fils de la lumière. *Pocket, 1997.* (Ramsès; 1)(Pocket ; 10104 c6)
ISBN 2-266-07335-4. *38 F / 5,79 €*

22026 **JACQ C.** La justice du vizir. *Pocket, 1995.* (Le juge d'Egypte; 3)(Pocket ; 4371 c6)
ISBN 2-266-06550-5. *38 F / 5,79 €*

22027 **JACQ C.** La loi du désert. *Pocket, 1995.* (Le juge d'Egypte; 2)(Pocket ; 4279. Best c6)
ISBN 2-266-06361-8. *38 F / 5,79 €*

22028 **JACQ C.** Maître Hiram et le roi Salomon. *Pocket, 1991.* (Pocket ; 3451 c5)
ISBN 2-266-03422-7. *35 F / 5,34 €*

22029 **JACQ C.** Le moine et le vénérable. *Pocket, 1996.* (Pocket ; 10096 c4)
ISBN 2-266-07242-0. *30 F / 4,57 €*

22030 **JACQ C.** Pour l'amour de Philae. *Pocket, 1992.* (Pocket ; 3752. Best c6)
ISBN 2-266-04465-6. *38 F / 5,79 €*

22031 **JACQ C.** Ramsès. 1, Le fils de la lumière. Réimpr. *Laffont, 1998.* (Bouquins)
ISBN 2-221-08788-7. *99 F / 15,09 €*

22032 **JACQ C.** Ramsès. 2. Réimpr. *Laffont, 1998.* (Bouquins)
ISBN 2-221-08789-5. *99 F / 15,09 €*

22033 **JACQ C.** La Reine Soleil : l'aimée de Toutankhamon. *Pocket, 1990.* (Pocket ; 3432. Best c6)
ISBN 2-266-03388-3. *38 F / 5,79 €*

22034 **JACQ C.** Sous l'acacia d'Occident. *Pocket, 1998.* (Ramsès; 5)(Pocket ; 10108 c6)
ISBN 2-266-07339-7. *38 F / 5,79 €*

22035 **JACQ C.** Le temple des millions d'années. *Pocket, 1997.* (Ramsès; 2)(Pocket ; 10105 c6)
ISBN 2-266-07336-2. *38 F / 5,79 €*

22036 **JACQUES P.** Deborah et les anges dissipés. *Gallimard, 1994.* (Folio ; 2637 c8)
ISBN 2-07-038954-5. *37 F / 5,64 €*

22037 **JACQUES P.** La descente au paradis. *Gallimard, 1997.* (Folio ; 2922 c8)
ISBN 2-07-040179-0. *37 F / 5,64 €*

22038 **JACQUES P.** Les femmes avec leur amour. *Gallimard, 1999.* (Folio ; 3274 c10)
ISBN 2-07-041005-6. *37 F / 5,64 €*

22039 **JACQUES P.** L'Héritage de tante Carlotta. *Gallimard, 1990.* (Folio ; 2159 c10)
ISBN 2-07-038249-4. *46 F / 7,01 €*

22040 **JACQUES P.** Lumière de l'oeil. *Gallimard, 1983.* (Folio ; 1490 c9)
ISBN 2-07-037490-4. *41 F / 6,25 €*

22041 **JAENADA P.** Le chameau sauvage. *J'ai lu, 1998.* (J'ai lu ; 4952. Littérature générale c5)
ISBN 2-290-04952-2. *39 F / 5,95 €*

22042 **N** **JAENADA P.** Néfertiti dans un champ de canne à sucre. *Pocket, 2000.* (Pocket ; 10978 c5)
ISBN 2-266-10202-8. *35 F / 5,34 €*

22043 **N** **JAFFE M.** Des étoiles plein les yeux. *J'ai lu, 2000.* (J'ai lu ; 5668. Aventures et passions cJ)
ISBN 2-290-30429-8. *39 F / 5,95 €*

22044 **A** **JAFFE M.** Une femme mise à prix. *J'ai lu, 2001.* (J'ai lu ; 5984. Aventures et passions)
ISBN 2-290-31245-2

22045 **JAHAM M-R. d.** La Grande Béké. *Pocket, 1992.* (Pocket ; 3543. Roman c6)
ISBN 2-266-03762-5. *38 F / 5,79 €*

22046 **JAHAM M-R. d.** Les héritiers du paradis. *Pocket, 2000.* (L'or des îles; 3)(Pocket ; 10685 c7)
ISBN 2-266-09388-6. *42 F / 6,40 €*

22047 **JAHAM M-R. d.** Le Libanais. *Pocket, 1994.* (Pocket ; 3107 c5)
ISBN 2-266-00008-X. *35 F / 5,34 €*

22048 **JAHAM M-R. d.** Le Maître-savane. *Pocket, 1993.* (Pocket ; 4567. Roman c5)
ISBN 2-266-05121-0. *35 F / 5,34 €*

22049 **N** **JAIVIN L.** Mange-moi. *J'ai lu, 2000.* (J'ai lu ; 5724. Littérature générale cH)
ISBN 2-290-30624-X. *32 F / 4,88 €*

22050 **JAMES H.** L'âge difficile. *10-18, 1998.* (10-18 ; 3004. Domaine étranger)
ISBN 2-264-02454-2. *55 F / 8,38 €*

22051 **JAMES H.** Les Ailes de la colombe. 2. *Gallimard, 1979.* (Folio ; 1098 c8)
ISBN 2-07-037098-4. *37 F / 5,64 €*

22052 **JAMES H.** Les ailes de la colombe. Réimpr. *Gallimard, 1998.* (Folio ; 3141 c12)
ISBN 2-07-040548-6. *52 F / 7,93 €*

22053 **JAMES H.** Les ambassadeurs. *10-18, 1997.* (10-18 ; 2817. Domaine étranger c8)
ISBN 2-264-02536-0. *55 F / 8,38 €*

22054 **JAMES H.** L'Américain. *Stock, 1997.* (Bibliothèque cosmopolite c1)
ISBN 2-234-04740-4. *50 F / 7,62 €*

22055 **JAMES H.** L'Américain. *10-18, 1997.* (10-18 ; 2911. Domaine étranger c7)
ISBN 2-264-02212-4. *50 F / 7,62 €*

22056 **JAMES H.** L'Américain. Réimpr. *Gallimard, 2000.* (Folio ; 1346 c11)
ISBN 2-07-037346-0. *50 F / 7,62 €*

22057 **JAMES H.** L'Autel des morts ; Dans la cage. *Stock, 1982.* (Bibliothèque cosmopolite ; 28)
ISBN 2-234-01607-X. *55 F / 8,38 €*

22058 **JAMES H.** L'Automne à Florence. *10-18, 1992.* (10-18 ; 2284. Domaine étranger c5)
ISBN 2-264-01668-X. *44 F / 6,71 €*

22059 **JAMES H.** L'autre maison. Réimpr. *10-18, 1996.* (10-18 ; 2129. Domaine étranger c6)
ISBN 2-264-01529-2. *47 F / 7,17 €*

22060 **JAMES H.** La bête dans la jungle. Réimpr. *Seuil, 1995.* (Points c1)
ISBN 2-02-025922-2. *32 F / 4,88 €*

22061 **JAMES H.** Les Bostoniennes. Réimpr. *Gallimard, 1992.* (Folio ; 479 c11)
ISBN 2-07-036479-8. *50 F / 7,62 €*

22062 **JAMES H.** Ce que savait Maisie. *10-18, 1980.* (10-18 ; 1401. Domaine étranger c6)
ISBN 2-264-00318-9. *47 F / 7,17 €*

22063 **JAMES H.** Le chaperon. *10-18, 1995.* (10-18 ; 2635. Domaine étranger c6)
ISBN 2-264-02148-9. *47 F / 7,17 €*

22064 **JAMES H.** Confiance. *LGF, 1996.* (Le Livre de poche ; 3260. Biblio c8)
ISBN 2-253-93260-4. *33 F / 5,03 €*

22065 **JAMES H.** Confiance. *Albin Michel, 1988.* (Bibliothèque Albin Michel poche ; 8 c1)
ISBN 2-226-03303-3. *39 F / 5,95 €*

22066 **JAMES H.** La Coupe d'or. *LGF, 1986.* (Le Livre de poche ; 3067. Biblio c14)
ISBN 2-253-03813-X. *48 F / 7,32 €*

22067 **JAMES H.** Daisy Miller ; Les Ailes de la Colombe ; Les Ambassadeurs. Réimpr. *Laffont, 1998.* (Bouquins)
ISBN 2-221-50271-X. *169 F / 25,76 €*

22068 **JAMES H.** Daisy Miller. *10-18, 1990.* (10-18 ; 2127. Domaine étranger c5)
ISBN 2-264-01580-2. *44 F / 6,71 €*

22069 **JAMES H.** Daisy Miller. *Stock, 1994.* (Bibliothèque cosmopolite)
ISBN 2-234-04296-8. *50 F / 7,62 €*

22070 **JAMES H.** Daisy Miller. *Gallimard, 1994.* (Folio bilingue ; 45 c6)
ISBN 2-07-038943-X. *56 F / 8,54 €*

22071 **JAMES H.** Dans la cage. *Seuil, 1995.* (Points ; 37 c2)
ISBN 2-02-020005-8. *39 F / 5,95 €*

22072 **JAMES H.** Les Dépouilles de Poynton. *10-18, 1993.* (10-18 ; 2440. Domaine étranger c5)
ISBN 2-264-01837-2. *44 F / 6,71 €*

22073 **JAMES H.** Les Dépouilles de Poynton. *Pocket, 1986.* (Pocket ; 2667 c4)
ISBN 2-266-01776-4. *30 F / 4,57 €*

22074 **JAMES H.** L'Elève. *Seuil, 1994.* (Points. Roman ; 641 c1)
ISBN 2-02-019423-6. *25 F / 3,81 €*

22075 **JAMES H.** L'élève. *10-18, 1996.* (10-18 ; 147. Domaine étranger c3)
ISBN 2-264-02505-0. *38 F / 5,79 €*

22076 **JAMES H.** Les Européens. *Seuil, 1993.* (Points. Roman ; 564 c2)
ISBN 2-02-015911-2. *39 F / 5,95 €*

22077 **JAMES H.** Impressions d'une cousine. Nouv. éd. *Stock, 1999.* (Bibliothèque cosmopolite c2)
ISBN 2-234-05166-5. *55 F / 8,38 €*

22078 **JAMES H.** In extremis ; suivi de La condition. *Seuil, 1996.* (Points ; 309 c7)
ISBN 2-02-023721-0. *35 F / 5,34 €*

22079 **JAMES H.** Les journaux. *Grasset, 1997.* (Les Cahiers rouges ; 255)
ISBN 2-246-55322-9. *49 F / 7,47 €*

22080 **JAMES H.** Julia Bride. *10-18, 1994.* (10-18 ; 2552. Domaine étranger c6)
ISBN 2-264-02149-7. *47 F / 7,17 €*

22081 **JAMES H.** La Leçon du maître : et autres nouvelles. *Seuil, 1985.* (Points. Roman ; 213 c3)
ISBN 2-02-008939-4. *48 F / 7,32 €*

22082 **JAMES H.** Madame de Mauves ; Gabrielle de Bergerac. *Seuil, 1992.* (Points. Roman ; 506 c2)
ISBN 2-02-012703-2. *39 F / 5,95 €*

22083 **JAMES H.** La madone du futur. *10-18, 1999.* (10-18 ; 3133. Domaine étranger)
ISBN 2-264-01990-5. *47 F / 7,17 €*

22084 **JAMES H.** La Maison natale : et autres nouvelles. *Gallimard, 1993.* (L'Etrangère)
ISBN 2-07-073559-1. *48 F / 7,32 €*

22085 **JAMES H.** La maison natale. *Gallimard, 1998.* (Folio bilingue ; 78)
ISBN 2-07-040587-7. *41 F / 6,25 €*

22086 **JAMES H.** La mort du lion. *Seuil, 1997.* (Points ; 352 c6)
ISBN 2-02-023736-9. *32 F / 4,88 €*

22087 **JAMES H.** Le motif dans le tapis. *Actes Sud, 1997.* (Babel ; 261 c1)
ISBN 2-7427-1174-0. *33 F / 5,03 €*

22088 **JAMES H.** La muse tragique. *LGF, 1995.* (Le Livre de poche ; 3240. Biblio c16)
ISBN 2-253-93240-X. *55 F / 8,38 €*

22089 **JAMES H.** Les papiers de Jeffrey Aspern. *Mille et une nuits, 1999.* (La petite collection ; 243 c4)
ISBN 2-84205-407-5. *23 F / 3,51 €*

22090 **JAMES H.** Les papiers de Jeffrey Aspern. Nouv. éd. *Stock, 1999.* (Bibliothèque cosmopolite ; 71 c2)
ISBN 2-234-05133-9. *55 F / 8,38 €*

22091 **JAMES H.** Pauvre Richard. *Mille et une nuits, 1996.* (La petite collection ; 103 cB)
ISBN 2-84205-046-0. *15 F / 2,29 €*

22092 **JAMES H.** Portrait de femme. *10-18, 1996.* (10-18 ; 2795. Domaine étranger c7)
ISBN 2-264-02489-5. *55 F / 8,38 €*

22093 **JAMES H.** Un portrait de femme. *LGF, 1998.* (Le Livre de poche ; 3304. Biblio c16)
ISBN 2-253-93304-X. *55 F / 8,38 €*

22094 **JAMES H.** La Redevance du fantôme. *10-18, 1984.* (10-18 ; 836. Domaine étranger c5)
ISBN 2-264-00613-7. *44 F / 6,71 €*

22095 **JAMES H.** Le Regard aux aguets. *Stock, 1992.* (Bibliothèque cosmopolite)
ISBN 2-234-02446-3. *55 F / 8,38 €*

22096 **JAMES H.** Roderick Hudson. *Stock, 1997.* (Bibliothèque cosmopolite c1)
ISBN 2-234-04739-0. *50 F / 7,62 €*

22097 **JAMES H.** Roderick Hudson. Nouv. éd. *LGF, 1985.* (Le Livre de poche ; 3053. Biblio c12)
ISBN 2-253-03577-7. *44 F / 6,71 €*

22098 **JAMES H.** Les secrets de Jeffrey Aspern. *Seuil, 1996.* (Points ; 213 c7)
ISBN 2-02-028310-7. *25 F / 3,81 €*

22099 **JAMES H.** Singulières jeunes filles : Pandora, Les Vraies raisons de Georgina, Lady Barbérina. *Seuil, 1991.* (Points. Roman ; 474 c3)
ISBN 2-02-013348-2. *48 F / 7,32 €*

22100 **JAMES H.** Le tour d'écrou. *Librio, 1998.* (Librio ; 200 c1)
ISBN 2-277-30200-7. *10 F / 1,52 €*

22101 **JAMES H.** Le tour d'écrou. Nouv. éd. *Stock, 1999.* (Bibliothèque cosmopolite c3)
ISBN 2-234-05139-8. *60 F / 9,15 €*

22102 **JAMES H.** Le tour d'écrou. *LGF, 1995.* (Le Livre de poche ; 3086. Biblio c8)
ISBN 2-253-04306-0. *33 F / 5,03 €*

22103 **JAMES H.** Vacances romaines. *10-18, 1992.* (10-18 ; 2283. Domaine étranger c5)
ISBN 2-264-01667-1. *44 F / 6,71 €*

22104 **JAMES H.** Visites de fantômes. *LGF, 1998.* (Le Livre de poche ; 3290. Biblio c9)
ISBN 2-253-93290-6. *36 F / 5,49 €*

22105 **JAMES H.** Washington Square. *10-18, 1996.* (10-18 ; 2729. Domaine étranger c5)
ISBN 2-264-02036-9. *44 F / 6,71 €*

22106 **JAMES P. D.** Les Enquêtes d'Adam Dalgliesh. 1. *LGF, 1992.* (La Pochothèque ; 3208. Classiques modernes)
ISBN 2-253-06091-7. *140 F / 21,34 €*

22107 **JAMES P. D.** Les Enquêtes d'Adam Dalgliesh. 2. *LGF, 1992.* (La Pochothèque ; 3210. Classiques modernes)
ISBN 2-253-06142-5. *140 F / 21,34 €*

22108 **JANICOT S.** Des profondeurs... *Pocket, 2000.* (Pocket ; 10784 c4)
ISBN 2-266-09645-1. *30 F / 4,57 €*

22109 **JANICOT S.** Les matriochkas. *Pocket, 1999.* (Pocket ; 10478 c3)
ISBN 2-266-08424-0. *28 F / 4,27 €*

22110 **A** **JANICOT S.** Salam. *Pocket, 2001.* (Pocket ; 10783)
ISBN 2-266-09647-8. *30 F / 4,57 €*

22111 **JANSSON T.** Le Livre d'un été. *Albin Michel, 1988.* (Bibliothèque Albin Michel poche ; 14 c1)
ISBN 2-226-03439-0. *39 F / 5,95 €*

22112 **JAOUEN H.** L'adieu aux îles. *Gallimard, 1999.* (Folio ; 3151 c8)
ISBN 2-07-040702-0. *37 F / 5,64 €*

22113 **JAOUEN H.** L'allumeuse d'étoiles. *Gallimard, 1998.* (Folio ; 3029 c9)
ISBN 2-07-040396-3. *41 F / 6,25 €*

22114 **A** **JAPP A. H.** Petits meurtres entre femmes. *J'ai lu, 2001.* (J'ai lu ; 5986. Policier)
ISBN 2-290-31247-9

22115 **JAPRISOT S.** La Course du lièvre à travers les champs. *Gallimard, 1986.* (Folio ; 1781 c9)
ISBN 2-07-037781-4. *20,50 F / 3,13 €*

22116 **JAPRISOT S.** Un Long dimanche de fiançailles. *Gallimard, 1993.* (Folio ; 2491 c8)
ISBN 2-07-038736-4. *37 F / 5,64 €*

22117 **JAPRISOT S.** Le Passager de la pluie. *Gallimard, 1994.* (Folio ; 2606 c9)
ISBN 2-07-038896-4. *20,50 F / 3,13 €*

22118 **JAPRISOT S.** La Passion des femmes. *Gallimard, 1988.* (Folio ; 1950 c8)
ISBN 2-07-038034-3. *37 F / 5,64 €*

22119 **A** **JARDIN A.** Autobiographie d'un amour. *Gallimard, 2001.* (Folio)
ISBN 2-07-041685-2. *41 F / 6,25 €*

22120 **JARDIN A.** Bille en tête. *Gallimard, 1988.* (Folio ; 1919 c11)
ISBN 2-07-037919-1. *29,50 F / 4,50 €*

22121 **JARDIN A.** Fanfan. *Gallimard, 1992.* (Folio ; 2376 c8)
ISBN 2-07-038513-2. *37 F / 5,64 €*

22122 **JARDIN A.** L'île des Gauchers. *Gallimard, 1997.* (Folio ; 2912 c9)
ISBN 2-07-040168-5. *41 F / 6,25 €*

22123 **JARDIN A.** Le petit sauvage. Réimpr. *Gallimard, 1994.* (Folio ; 2652 c6)
ISBN 2-07-038958-8. *29,50 F / 4,50 €*

22124 **JARDIN A.** Le Zèbre. Ed. rev. et corr. *Gallimard, 1990.* (Folio ; 2185 c8)
ISBN 2-07-038275-3. *37 F / 5,64 €*

22125 **JARDIN P.** La Guerre à neuf ans. *Grasset, 1989.* (Les Cahiers rouges ; 102)
ISBN 2-246-13352-1. *49 F / 7,47 €*

22126 **JARDIN P.** Je te reparlerai d'amour. *Table ronde, 1999.* (La petite vermillon ; 112)
ISBN 2-7103-0910-6. *45 F / 6,86 €*

22127 **N** **Les jardins de solitude :** nouvelles d'Iran. *Mille et une nuits, 2000*
ISBN 2-84205-540-3. *59 F / 8,99 €*

22128 **JARROD S., FOURNEAUX V.** Avec le ciel pour témoin. *J'ai lu, 1999.* (J'ai lu ; 5266. Amour et destin cK)
ISBN 2-290-05266-3. *42 F / 6,40 €*

22129 **JARRY A.** L'amour en visites. *Gallimard, 1996.* (L'imaginaire ; 354)
ISBN 2-07-074630-5. *34 F / 5,18 €*

22130 **JARRY A.** Les Jours et les nuits : roman d'un déserteur. *Gallimard, 1981.* (L'imaginaire ; 82)
ISBN 2-07-028731-9. *39 F / 5,95 €*

22131 **JARRY A.** Le surmâle. *Mille et une nuits, 1996.* (La petite collection ; 108 cB)
ISBN 2-84205-052-5. *15 F / 2,29 €*

22132 **JARRY I.** L'archange perdu. *Gallimard, 1996.* (Folio ; 2867 c8)
ISBN 2-07-040061-1. *37 F / 5,64 €*

22133 **JARRY I.** Emportez-moi sans me briser. *LGF, 1999.* (Le Livre de poche ; 14574 c7)
ISBN 2-253-14574-2. *30 F / 4,57 €*

22134 **JARRY I.** L'Homme de la passerelle. *Seuil, 1994.* (Points. Roman ; 687 c1)
ISBN 2-02-022838-6. *32 F / 4,88 €*

22135 **N** **JARRY I.** Le jardin Yamata. *LGF, 2001.* (Le Livre de poche ; 15008 c8)
ISBN 2-253-15008-8. *33 F / 5,03 €*

22136 **N** **JAUFFRET R.** Clémence Picot. *Gallimard, 2000.* (Folio ; 3443 c10)
ISBN 2-07-041091-9. *56 F / 8,54 €*

22137 **JAUFFRET R.** Histoire d'amour. *Gallimard, 1999.* (Folio ; 3186 c6)
ISBN 2-07-040603-2. *29,50 F / 4,50 €*

22138 **JEAMBAR D.** L'inconnu de Goa. *LGF, 1998.* (Le Livre de poche ; 14477 c3)
ISBN 2-253-14477-0. *18 F / 2,74 €*

22139 **JEAN R.** La cafetière. *J'ai lu, 1996.* (J'ai lu ; 4312. Littérature générale c2)
ISBN 2-290-04312-5. *22 F / 3,35 €*

22140 **JEAN R.** La Ligne 12. *Seuil, 1981.* (Points. Roman ; 48 c1)
ISBN 2-02-005931-2. *32 F / 4,88 €*

22141 **JEAN R.** L'Or et la soie. *Actes Sud, 1990.* (Babel ; 21 c2)
ISBN 2-86869-500-0. *39 F / 5,95 €*

22142 **JEKEL P.** Columbia. *J'ai lu, 1995.* (J'ai lu ; 3897. Littérature générale c8)
ISBN 2-290-03897-0. *49 F / 7,47 €*

22143 **JEKEL P.** Les dames de Deepwater. *J'ai lu, 1997.* (J'ai lu ; 4628. Littérature générale c8)
ISBN 2-290-04628-0. *49 F / 7,47 €*

22144 **JEKEL P.** La rivière sans fin. *J'ai lu, 1999.* (J'ai lu ; 5333. Littérature générale c8)
ISBN 2-290-05333-3. *49 F / 7,47 €*

22145 **JEKEL P.** Sur les rives du Mississippi. *J'ai lu, 1998.* (J'ai lu ; 4777. Littérature générale c8)
ISBN 2-290-04777-5. *49 F / 7,47 €*

22146 **JEKEL P.** La tigresse des mers ou Les vies tumultueuses d'Anne Bonny. Réimp. *J'ai lu, 1999.* (J'ai lu ; 4386. Littérature générale c7)
ISBN 2-290-14386-3. *45 F / 6,86 €*

22147 **JEKEL P., GRAMMONT P.** Bayou. Réimpr. *J'ai lu, 1998.* (J'ai lu ; 3554. Littérature générale c9)
ISBN 2-290-03554-8. *52 F / 7,93 €*

22148 **JELINEK E.** Les Exclus. *Seuil, 1994.* (Points. Roman ; 649 c2)
ISBN 2-02-014614-2. *39 F / 5,95 €*

22149 **JELINEK E.** Lust. *Seuil, 1996.* (Points ; 151 c2)
ISBN 2-02-014615-0. *39 F / 5,95 €*

22150 **JELINEK E.** La Pianiste. *Seuil, 1993.* (Points. Roman ; 595 c2)
ISBN 2-02-014050-0. *39 F / 5,95 €*

22151 **JELINEK H.** La Marche du fou. *Gallimard, 1974.* (Folio ; 615 c11)
ISBN 2-07-036615-4. *29,50 F / 4,50 €*

22152 **JELINEK H.** Portrait d'un séducteur. *Gallimard, 1977.* (Folio ; 971 c11)
ISBN 2-07-036971-4. *29,50 F / 4,50 €*

22153 **JENKINS M.** Un été dans les Flandres. *Table ronde, 1999.* (La petite vermillon)
ISBN 2-7103-0914-9. *45 F / 6,86 €*

22154 **JENNINGS G.** Azteca. Nouv. éd. *LGF, 1991.* (Le Livre de poche ; 6929 c16)
ISBN 2-253-05597-2. *55 F / 8,38 €*

22155 **JEROME J. K.** Trois hommes sur un vélo. *Arléa, 1997.* (Arléa-poche ; 14)
ISBN 2-86959-312-0. *45 F / 6,86 €*

22156 **JEURY M.** L'année du certif. *Pocket, 1998.* (Les grandes filles; 2)(Pocket ; 10182 c7)
ISBN 2-266-07531-4. *42 F / 6,40 €*

22157 **N** **JEURY M.** Une odeur d'herbe folle. Réimpr. *J'ai lu, 2000.* (J'ai lu ; 3103. Littérature générale cJ)
ISBN 2-290-30792-0. *39 F / 5,95 €*

22158 **JEURY M.** Le printemps viendra du ciel. *Pocket, 1999.* (Pocket ; 10237 c7)
ISBN 2-266-07658-2. *42 F / 6,40 €*

22159 **N** **JEURY M.** La soie et la montagne. *Pocket, 2000.* (La vallée de la soie; 2)(Pocket ; 10682 c6)
ISBN 2-266-09514-5. *38 F / 5,79 €*

22160 **N** **JEURY M.** Le soir du vent fou. Réimpr. *J'ai lu, 2000.* (J'ai lu ; 3394. Littérature générale cJ)
ISBN 2-290-30793-9. *39 F / 5,95 €*

22161 **JEURY M.** La source au trésor. *Pocket, 1995.* (Pocket ; 4369. Best c7)
ISBN 2-266-06548-3. *42 F / 6,40 €*

22162 **N** **JEURY M.** La vallée de la soie. 1. *Pocket, 2000.* (Pocket ; 10681 c6)
ISBN 2-266-09385-1. *38 F / 5,79 €*

22163 **N** **JEURY M.** Le vrai goût de la vie. Réimpr. *J'ai lu, 2000.* (J'ai lu ; 2946. Littérature générale cl)
ISBN 2-290-30791-2. *36 F / 5,49 €*

22164 **JHABVALA R. P.** Cette lutte incertaine. *Stock, 1996.* (Bibliothèque cosmopolite c1)
ISBN 2-234-04590-8. *50 F / 7,62 €*

22165 **JHABVALA R. P.** Chaleur et poussière. Nouv. éd. *Stock, 1997.* (Bibliothèque cosmopolite c3)
ISBN 2-234-04747-1. *60 F / 9,15 €*

22166 **JHABVALA R. P.** La vie comme à Delhi. *Stock, 1994.* (Bibliothèque cosmopolite)
ISBN 2-234-04298-4. *65 F / 9,91 €*

22167 **JIA P.** La capitale déchue. *LGF, 1999.* (Le Livre de poche ; 14614 c18)
ISBN 2-253-14614-5. *65 F / 9,91 €*

22168 **JIA P.** Le porteur de jeunes mariées. *Stock, 1998.* (Bibliothèque cosmopolite c1)
ISBN 2-234-04914-8. *50 F / 7,62 €*

22169 **N** **JIMENEZ J. R.** Platero et moi. *10-18, 2000.* (10-18 ; 3209. Domaine étranger c7)
ISBN 2-264-02895-5. *50 F / 7,62 €*

22170 **A** **JODOROWSKY A.** Albina et les hommes chiens. *Métailié, 2001.* (Suites ; 40)
ISBN 2-86424-385-7. *60 F / 9,15 €*

22171 **JODOROWSKY A.** L'arbre du dieu pendu. *Métailié, 1998.* (Suites ; 14. Suite hispano-américaine)
ISBN 2-86424-276-1. *68 F / 10,37 €*

22172 **JOFFO J.** Abraham Lévy, curé de campagne. *LGF, 1993.* (Le Livre de poche ; 9568 c6)
ISBN 2-253-06239-1. *26 F / 3,96 €*

22173 **JOFFO J.** Anna et son orchestre. *LGF, 1982.* (Le Livre de poche ; 5679 c6)
ISBN 2-253-03023-6. *26 F / 3,96 €*

22174 **JOFFO J.** Baby-foot. *LGF, 1983.* (Le Livre de poche ; 5733 c4)
ISBN 2-253-03131-3. *20 F / 3,05 €*

22175 **JOFFO J.** Le Cavalier de la Terre promise. *LGF, 1994.* (Le Livre de poche ; 9773 c9)
ISBN 2-253-09773-X. *36 F / 5,49 €*

22176 **JOFFO J.** Un enfant trop curieux. *LGF, 1999.* (Le Livre de poche ; 14715 c6)
ISBN 2-253-14715-X. *26 F / 3,96 €*

22177 **JOFFO J.** Je reviendrai à Göttingen. *LGF, 1997.* (Le Livre de poche ; 14078 c8)
ISBN 2-253-14078-3. *33 F / 5,03 €*

22178 **JOFFO J.** La jeune fille au pair. *LGF, 1995.* (Le Livre de poche ; 13750 c7)
ISBN 2-253-13750-2. *30 F / 4,57 €*

22179 **JOFFO J.** Un Sac de billes. Réimpr. *LGF, 1992.* (Le Livre de poche ; 5641 c8)
ISBN 2-253-02949-1. *33 F / 5,03 €*

22180 **JOFFO J.** Simon et l'enfant. *LGF, 1986.* (Le Livre de poche ; 6219 c6)
ISBN 2-253-03933-0. *26 F / 3,96 €*

22181 **JOFFO J.** Tendre été. *LGF, 1984.* (Le Livre de poche ; 5912 c7)
ISBN 2-253-03417-7. *30 F / 4,57 €*

22182 **JOFFO J.** La Vieille dame de Djerba. *LGF, 1983.* (Le Livre de poche ; 5851 c6)
ISBN 2-253-03305-7. *26 F / 3,96 €*

22183 **JOHANSEN I.** L'esclave du désert. *J'ai lu, 1998.* (J'ai lu ; 4815. Aventures et passions c5)
ISBN 2-290-04815-1. *39 F / 5,95 €*

22184 **JOHANSEN I.** Le guerrier de minuit. *J'ai lu, 1996.* (J'ai lu ; 4217. Aventures et passions c5)
ISBN 2-277-24217-9. *36 F / 5,49 €*

22185 **JOHANSEN I.** Prince de coeur. *J'ai lu, 1994.* (J'ai lu ; 3757. Aventures et passions c7)
ISBN 2-277-23757-4. *45 F / 6,86 €*

22186 **JOHANSEN I.** Le seigneur arrogant. *J'ai lu, 1997.* (J'ai lu ; 4477. Aventures et passions c5)
ISBN 2-290-04477-6. *39 F / 5,95 €*

22187 **JOHNSON C.** Le passager. *Pocket, 1996.* (Pocket ; 4563. Best c5)
ISBN 2-266-05214-4. *35 F / 5,34 €*

22188 **N** **JOHNSON D.** Fiskadoro. *10-18, 2001.* (10-18 ; 3269. Domaine étranger)
ISBN 2-264-03051-8. *47 F / 7,17 €*

22189 **JOHNSON D.** Jesus'son. *10-18, 1998.* (10-18 ; 2986. Domaine étranger)
ISBN 2-264-02601-4. *38 F / 5,79 €*

22190 **JOHNSON D. M.** La colline des potences. Réimpr. *10-18, 1998.* (10-18 ; 2376. Domaine étranger c5)
ISBN 2-264-02670-7. *44 F / 6,71 €*

22191 **JOHNSON D. M.** Contrée indienne. Réimpr. *10-18, 1997.* (10-18 ; 2375. Domaine étranger c5)
ISBN 2-264-01908-5. *41 F / 6,25 €*

22192 **JOHNSON E.** Le Roman d'Olof. Nouv. éd. *Stock, 1987.* (Bibliothèque cosmopolite ; 81)
ISBN 2-234-02037-9. *50 F / 7,62 €*

22193 **JOHNSON S.** Les enchères de la passion. Réimp. *J'ai lu, 2000.* (J'ai lu ; 3705. Aventures et passions)
ISBN 2-290-30125-6. *25 F / 3,81 €*

22194 **N** **JOHNSON S.** Péché d'orgueil. *J'ai lu, 2000.* (J'ai lu ; 5654. Aventures et passions cJ)
ISBN 2-290-30411-5. *39 F / 5,95 €*

22195 **JOHNSON S.** Proposition malhonnête. Réimp. *J'ai lu, 1999.* (J'ai lu ; 3542. Aventures et passions)
ISBN 2-290-30123-X. *25 F / 3,81 €*

22196 **JOHNSON S.** Le séducteur sauvage. Réimpr. *J'ai lu, 1996.* (J'ai lu ; 3642. Aventures et passions cK)
ISBN 2-290-03642-0. *42 F / 6,40 €*

22197 **JOHNSON U.** Conjectures sur Jakob. Nouv. éd. rev. / éd. Pierre Rusch. *Gallimard, 1994.* (L'Etrangère)
ISBN 2-07-073754-3. *95 F / 14,48 €*

22198 **JOHNSTON J.** Un Noël blanc. *J. Chambon, 1997.* (Chambon-Poche ; 11)
ISBN 2-87711-162-8. *55 F / 8,38 €*

22199 **JOHNSTON J.** Le sanctuaire des fous. *J. Chambon, 1996.* (Chambon-Poche ; 9)
ISBN 2-87711-155-5. *39 F / 5,95 €*

22200 **JONCOUR S.** Vu. *Gallimard, 2000.* (Folio ; 3326 c6)
ISBN 2-07-040983-X. *29,50 F / 4,50 €*

22201 **JONES A.** La Dame de Mandalay. *Pocket, 1991.* (Pocket ; 3672. Roman c7)
ISBN 2-266-04083-9. *42 F / 6,40 €*

22202 **JONES A.** La Princesse de Siam. *Pocket, 1992.* (Pocket ; 4052. Roman c5)
ISBN 2-266-04959-3. *35 F / 5,34 €*

22203 **JONES A.** Samsara. *Pocket, 1993.* (Pocket ; 2978 c6)
ISBN 2-266-05739-1. *38 F / 5,79 €*

22204 **N** **JONES C.** Tête d'affiche. *J'ai lu, 2000.* (J'ai lu ; 5664. Amour et destin cJ)
ISBN 2-290-30424-7. *39 F / 5,95 €*

22205 **JONES J.** Ce plus grand amour. *Gallimard, 1983.* (Folio ; 1508 c8)
ISBN 2-07-037508-0. *37 F / 5,64 €*

22206 **JONES J.** La ligne rouge = The thin red line. *Pocket, 1999.* (Pocket ; 10465 c7)
ISBN 2-266-08404-6. *42 F / 6,40 €*

22207 **JONES J.** Tant qu'il y aura des hommes. *Pocket, 1999.* (Pocket ; 2753 c8)
ISBN 2-266-08988-9. *45 F / 6,86 €*

22208 **JONES K.** La fille d'un soldat ne pleure jamais. *J'ai lu, 1999.* (J'ai lu ; 5062. Littérature générale c4)
ISBN 2-290-05062-8. *36 F / 5,49 €*

22209 **A** **JONES R.** Images de la nuit. *LGF, 2001.* (Le Livre de poche ; 15033)
ISBN 2-253-15033-9. *40 F / 6,10 €*

22210 **N** **JONG E.** De mémoire de filles. *LGF, 2000.* (Le Livre de poche ; 14971 c9)
ISBN 2-253-14971-3. *36 F / 5,49 €*

22211 **JONG E.** Nana blues. *LGF, 1992.* (Le Livre de poche ; 4362 c11)
ISBN 2-253-06066-6. *42 F / 6,40 €*

22212 **JONG E.** La Planche de salut. *LGF, 1991.* (Le Livre de poche ; 6989 c10)
ISBN 2-253-05727-4. *40 F / 6,10 €*

22213 **JONQUET T.** Rouge, c'est la vie. *Seuil, 1999.* (Points ; 633 c1)
ISBN 2-02-037445-5. *32 F / 4,88 €*

22214 **JONQUET T., TESTART J.** L'enfant de l'absente. *Seuil, 1999.* (Points ; 588)
ISBN 2-02-036430-1. *35 F / 5,34 €*

22215 **JORGE L.** La forêt dans le fleuve. *Métailié, 2000.* (Suites ; 31. Suite portugaise)
ISBN 2-86424-336-9. *72 F / 10,98 €*

22216 **JORGE L.** Le rivage des murmures. *Métailié, 1999.* (Suites ; 20. Suite portugaise)
ISBN 2-86424-295-8. *60 F / 9,15 €*

22217 **JORIF R.** Le Burelain. *Gallimard, 1991.* (Folio ; 2259 c11)
ISBN 2-07-038373-3. *29,50 F / 4,50 €*

22218 **JORIF R.** Le Navire Argo. *Gallimard, 1989.* (Folio ; 2040 c14)
ISBN 2-07-038128-5. *60 F / 9,15 €*

22219 **JORIF R.** Les Persistants lilas. *Gallimard, 1992.* (Folio ; 2399 c8)
ISBN 2-07-038537-X. *37 F / 5,64 €*

22220 **JORIS L.** Mon oncle du Congo. *Actes Sud, 1995.* (Babel ; 144. Terres d'aventure c3)
ISBN 2-7427-0491-4. *51 F / 7,77 €*

22221 **Josefine Mutzenbacher :** histoire d'une fille de Vienne racontée par elle-même. *Gallimard, 1998.* (Folio ; 3057 c8)
ISBN 2-07-040414-5. *37 F / 5,64 €*

22222 **N** **JOSSELIN J-F.** Les petites horreurs. *LGF, 2000.* (Le Livre de poche ; 14898 c4)
ISBN 2-253-14898-9. *20 F / 3,05 €*

22223 **N** **JOUBERT J.** L'homme de sable. *Actes Sud, 2001.* (Babel ; 468)
ISBN 2-7427-3100-8. *45 F / 6,86 €*

22224 **JOUFFROY A.** Un Rêve plus long que la nuit. *Gallimard, 1978.* (Folio ; 1021 c11)
ISBN 2-07-037021-6. *29,50 F / 4,50 €*

22225 **JOUHANDEAU M.** Les argonautes. *Grasset, 1996.* (Les Cahiers rouges ; 223)
ISBN 2-246-18662-5. *49 F / 7,47 €*

22226 **JOUHANDEAU M.** Chronique d'une passion. *Gallimard, 1985.* (L'imaginaire ; 156 c1)
ISBN 2-07-070454-8. *48 F / 7,32 €*

22227 **JOUHANDEAU M.** Elise architecte ; L'Incroyable journée. *Grasset, 1993.* (Les Cahiers rouges ; 170)
ISBN 2-246-18692-7. *50 F / 7,62 €*

22228 **JOUHANDEAU M.** La jeunesse de Théophile : histoire ironique et mystique. *Gallimard, 1998.* (L'imaginaire ; 387)
ISBN 2-07-075336-0. *59 F / 8,99 €*

22229 **JOUHANDEAU M.** Monsieur Godeau intime. *Gallimard, 1997.* (L'imaginaire ; 357)
ISBN 2-07-074748-4. *69 F / 10,52 €*

22230 **JOUHANDEAU M.** Le Parricide imaginaire. *Gallimard, 1991.* (L'imaginaire ; 262)
ISBN 2-07-072374-7. *39 F / 5,95 €*

22231 **JOUHANDEAU M.** Les Pincengrain. *Gallimard, 1984.* (Folio ; 1544 c8)
ISBN 2-07-037544-7. *37 F / 5,64 €*

22232 **JOUHANDEAU M.** Prudence Hautechaume. *Gallimard, 1980.* (L'imaginaire ; 56)
ISBN 2-07-020182-1. *42 F / 6,40 €*

22233 **N** **Une journée d'été :** des écrivains contemporains racontent... *Librio, 2000.* (Librio ; 374 c1)
ISBN 2-290-30630-4. *10 F / 1,52 €*

22234 **JOUVE P. J.** Hécate. Réimpr. *Gallimard, 1989.* (Folio ; 89 c8)
ISBN 2-07-036089-X. *37 F / 5,64 €*

22235 **JOUVE P. J.** Le Monde désert. *Gallimard, 1993.* (L'imaginaire ; 287)
ISBN 2-07-072845-5. *40 F / 6,10 €*

22236 **JOUVE P. J.** Paulina 1880. *Gallimard, 1988.* (Folio ; 609 c9)
ISBN 2-07-036609-X. *29,50 F / 4,50 €*

22237 **JOUVE P. J.** Vagadu. *Gallimard, 1989.* (Folio ; 2109 c9)
ISBN 2-07-038199-4. *41 F / 6,25 €*

22238 **N** **JOYCE B.** La belle impertinente. *J'ai lu, 2000.* (J'ai lu ; 5667. Aventures et passions)
ISBN 2-290-30428-X. *45 F / 6,86 €*

22239 **JOYCE B.** Candice la rebelle. Réimpr. *J'ai lu, 1997.* (J'ai lu ; 3684. Aventures et passions c7)
ISBN 2-290-03684-6. *45 F / 6,86 €*

22240 **JOYCE B.** Captive du temps. *J'ai lu, 1997.* (J'ai lu ; 4637. Aventures et passions c5)
ISBN 2-290-04637-X. *39 F / 5,95 €*

22241 **A** **JOYCE B.** Le prince de Mayfair. *J'ai lu, 2001.* (J'ai lu ; 5809. Aventures et passions)
ISBN 2-290-30987-7

22242 **JOYCE B.** Tendre abandon. *J'ai lu, 1997.* (J'ai lu ; 4399. Aventures et passions c5)
ISBN 2-290-04399-0. *39 F / 5,95 €*

22243 **A** **JOYCE B.** Tout feu, tout flamme. *J'ai lu, 2001.* (J'ai lu ; 5982. Aventures et passions)
ISBN 2-290-31243-6

22244 **JOYCE J.** Un cas douloureux = A painful case ; Les morts = The dead. *Gallimard, 1995.* (Folio bilingue ; 47 c5)
ISBN 2-07-038961-8. *52 F / 7,93 €*

22245 **JOYCE J.** Dublinois. *Gallimard, 1993.* (Folio ; 2439 c8)
ISBN 2-07-038581-7. *37 F / 5,64 €*

22246 **JOYCE J.** Finnegans wake. *Gallimard, 1997.* (Folio ; 2964 c15)
ISBN 2-07-040225-8. *61 F / 9,30 €*

22247 **JOYCE J.** Gens de Dublin = Dubliners. *LGF, 1991.* (Le Livre de poche ; 8642. Lire en anglais c10)
ISBN 2-253-05648-0. *40 F / 6,10 €*

22248 **JOYCE J.** Gens de Dublin. Réimpr. *Pocket, 1989.* (Pocket ; 1935. Blanche c3)
ISBN 2-266-02672-0. *26 F / 3,96 €*

22249 **JOYCE J.** Nouvelles dublinoises = Dubliners. *LGF, 1994.* (Les Langues modernes ; 8771. Bilingue c10)
ISBN 2-253-08771-8. *40 F / 6,10 €*

22250 **JOYCE J.** Portrait de l'artiste en jeune homme ; Portrait de l'artiste : 1904. *Gallimard, 1992.* (Folio ; 2432. Classique c11)
ISBN 2-07-038569-8. *50 F / 7,62 €*

22251 **JOYCE J.** Stephen le héros : fragment de la première partie de Dedalus. *Gallimard, 1975.* (Folio ; 670 c11)
ISBN 2-07-036670-7. *29,50 F / 4,50 €*

22252 **JOYCE J.** Ulysse. Nouv. éd. *Gallimard, 1996.* (Folio ; 2830 c15)
ISBN 2-07-040018-2. *61 F / 9,30 €*

22253 **JUIN H.** Les Hameaux : Le Repas chez Marguerite. *Labor, 1984.* (Espace Nord ; 8 c1)
ISBN 2-8040-0174-1. *34 F / 5,18 €*

22254 **JUIN H.** Le repas chez Marguerite ; Les hameaux. *Labor, 1997.* (Espace Nord ; 8 c1)
ISBN 2-8040-1236-0. *34 F / 5,18 €*

22255 **JUIN H.** Les Sangliers. *Labor, 1991.* (Espace Nord ; 67 c1)
ISBN 2-8040-0628-X. *34 F / 5,18 €*

22256 **JULIET C.** L'année de l'éveil. Réimpr. *J'ai lu, 1999.* (J'ai lu ; 2866. Littérature générale c3)
ISBN 2-290-12866-X. *29 F / 4,42 €*

22257 **JÜNGER E.** Abeilles de verre. *LGF, 1988.* (Le Livre de poche ; 3105. Biblio c8)
ISBN 2-253-04757-0. *33 F / 5,03 €*

22258 **JÜNGER E.** Eumesvil. *Gallimard, 1981.* (Folio ; 1332 c10)
ISBN 2-07-037332-0. *46 F / 7,01 €*

22259 **JÜNGER E.** Héliopolis : vue d'une ville disparue. *LGF, 1988.* (Le Livre de poche ; 3104. Biblio c12)
ISBN 2-253-04756-2. *44 F / 6,71 €*

22260 **JÜNGER E.** Jeux africains. *Gallimard, 1978.* (Folio ; 1045 c11)
ISBN 2-07-037045-3. *29,50 F / 4,50 €*

22261 **JÜNGER E.** Le Lance-pierres. *Gallimard, 1976.* (Folio ; 853 c8)
ISBN 2-07-036853-X. *37 F / 5,64 €*

22262 **JÜNGER E.** Orages d'acier : journal de guerre. *Gallimard, 1974.* (Folio ; 539 c11)
ISBN 2-07-036539-5. *49 F / 7,47 €*

22263 **JÜNGER E.** Orages d'acier. *LGF, 1989.* (Le Livre de poche ; 3110. Biblio c10)
ISBN 2-253-04842-9. *40 F / 6,10 €*

22264 **JÜNGER E.** Sur les falaises de marbre. *Gallimard, 1979.* (L'imaginaire ; 47)
ISBN 2-07-028778-5. *40 F / 6,10 €*

22265 **A** **JUNGER S.** La tempête. *LGF, 2001.* (Le Livre de poche ; 14948)
ISBN 2-253-14948-9. *36 F / 5,49 €*

22266 **KADARÉ I.** Les adieux du mal. *Stock, 1996.* (Bibliothèque cosmopolite c1)
ISBN 2-234-04586-X. *50 F / 7,62 €*

22267 **KADARÉ I.** L'aigle. *Mille et une nuits, 1999.* (La petite collection ; 258)
ISBN 2-84205-445-8. *10 F / 1,52 €*

22268 **KADARÉ I.** L'Année noire ; Le Cortège de la noce s'est figé dans la glace. *LGF, 1992.* (Le Livre de poche ; 3183. Biblio c9)
ISBN 2-253-06197-2. *36 F / 5,49 €*

22269 **KADARÉ I.** Avril brisé. *LGF, 1983.* (Le Livre de poche ; 3035. Biblio c9)
ISBN 2-253-03316-2. *36 F / 5,49 €*

22270 **KADARÉ I.** Chronique de la ville de pierre. *Gallimard, 1982.* (Folio ; 1416 c8)
ISBN 2-07-037416-5. *37 F / 5,64 €*

22271 **KADARÉ I.** Clair de lune. *LGF, 1995.* (Le Livre de poche ; 3243. Biblio c5)
ISBN 2-253-93243-4. *23 F / 3,51 €*

22272 **KADARÉ I.** Le Concert. *LGF, 1993.* (Le Livre de poche ; 9589 c10)
ISBN 2-253-06285-5. *40 F / 6,10 €*

22273 **KADARÉ I.** Concours de beauté masculine aux Cimes maudites : et autres récits. *Stock, 1998.* (Bibliothèque cosmopolite c1)
ISBN 2-234-04918-0. *50 F / 7,62 €*

22274 **KADARÉ I.** Le Crépuscule des dieux de la steppe. *Gallimard, 1989.* (Folio ; 2046 c8)
ISBN 2-07-038134-X. *37 F / 5,64 €*

22275 **KADARÉ I.** Le Dossier H. *Gallimard, 1991.* (Folio ; 2237 c8)
ISBN 2-07-038337-7. *37 F / 5,64 €*

22276 **KADARÉ I.** Le firman aveugle. *Stock, 1997.* (Bibliothèque cosmopolite c1)
ISBN 2-234-04736-6. *50 F / 7,62 €*

22277 **KADARÉ I.** Le Général de l'armée morte. *LGF, 1988.* (Le Livre de poche ; 3109. Biblio c9)
ISBN 2-253-04811-9. *36 F / 5,49 €*

22278 **KADARÉ I.** Le Grand hiver. *Gallimard, 1990.* (Folio ; 2129)
ISBN 2-07-038215-X. *61 F / 9,30 €*

22279 **KADARÉ I.** Invitation à un concert officiel : et autres récits. *LGF, 1990.* (Le Livre de poche ; 3147. Biblio c12)
ISBN 2-253-05490-9. *44 F / 6,71 €*

22280 **KADARÉ I.** Le Monstre. *LGF, 1994.* (Le Livre de poche ; 13502 c6)
ISBN 2-253-13502-X. *26 F / 3,96 €*

22281 **N** **KADARÉ I.** Novembre d'une capitale. *LGF, 2000.* (Le Livre de poche ; 14852 c8)
ISBN 2-253-14852-0. *33 F / 5,03 €*

22282 **KADARÉ I.** La Pyramide. *LGF, 1994.* (Le Livre de poche ; 13590 c4)
ISBN 2-253-13590-9. *20 F / 3,05 €*

22283 **KADARÉ I.** Récits d'outre-temps. *Stock, 1995.* (Bibliothèque cosmopolite c1)
ISBN 2-234-04454-5. *50 F / 7,62 €*

22284 **KADARÉ I.** Spiritus : roman avec chaos, révélation, vestiges. *LGF, 1998.* (Le Livre de poche ; 14537 c9)
ISBN 2-253-14537-8. *36 F / 5,49 €*

22285 **KADARÉ I.** Les Tambours de la pluie. *Gallimard, 1979.* (Folio ; 1142 c8)
ISBN 2-07-037142-5. *37 F / 5,64 €*

22286 **KADARÉ I.** La ville sans enseignes. *Stock, 1999.* (Bibliothèque cosmopolite)
ISBN 2-234-05097-9. *50 F / 7,62 €*

22287 **KAFKA F.** A la colonie disciplinaire et autres récits. *Actes Sud, 1998.* (Récits; 2)(Babel ; 352 c3)
ISBN 2-7427-1895-8. *45 F / 6,86 €*

22288 **KAFKA F.** L'Amérique. *Gallimard, 1976.* (Folio ; 803 c8)
ISBN 2-07-036803-3. *37 F / 5,64 €*

22289 **KAFKA F.** Un artiste de la faim : et autres récits. *Gallimard, 1990.* (Tous les textes parus du vivant de Kafka; 2)(Folio ; 2191. Classique c11)
ISBN 2-07-038281-8. *50 F / 7,62 €*

22290 **A** **KAFKA F.** Le château. *LGF, 2001.* (Le Livre de poche ; 15016)
ISBN 2-253-15016-9. *29 F / 4,42 €*

22291 **KAFKA F.** Le Château. *Gallimard, 1972.* (Folio ; 284 c10)
ISBN 2-07-036284-1. *46 F / 7,01 €*

22292 **KAFKA F.** Un médecin de campagne et autres récits = Ein Landartz und andere Erzählungen. *Gallimard, 1996.* (Folio bilingue ; 56 c5)
ISBN 2-07-039441-7. *52 F / 7,93 €*

22293 **KAFKA F.** La métamorphose ; Dans la colonie pénitentiaire. *Librio, 1994.* (Librio ; 3 c1)
ISBN 2-277-30003-9. *10 F / 1,52 €*

22294 **KAFKA F.** La Métamorphose = Die Verwamdlung. *LGF, 1988.* (Les Langues modernes ; 8706. Bilingue c8)
ISBN 2-253-04777-5. *33 F / 5,03 €*

22295 **KAFKA F.** La Métamorphose = Die Verwandlung. *Gallimard, 1991.* (Folio bilingue ; 14 c4)
ISBN 2-07-038359-8. *46 F / 7,01 €*

22296 **KAFKA F.** La Métamorphose : et autres récits. *Gallimard, 1989.* (Tous les textes parus du vivant de Kafka; 1)(Folio ; 2017. Classique)
ISBN 2-07-038105-6. *20 F / 3,05 €*

22297 **KAFKA F.** La métamorphose ; La sentence ; Le soutier : et autres récits. *Actes Sud, 1997.* (Récits; 1)(Babel ; 285 c3)
ISBN 2-7427-1374-3. *45 F / 6,86 €*

22298 **N** **KAFKA F.** La métamorphose. *Gallimard, 2000.* (Folio ; 3374. Classique c2)
ISBN 2-07-041437-X. *16 F / 2,44 €*

22299 **KAFKA F.** La Métamorphose. *LGF, 1989.* (Le Livre de poche ; 6633 c4)
ISBN 2-253-04980-8. *20 F / 3,05 €*

22300 **KAFKA F.** La muraille de Chine : et autres récits. Ed. ref. *Gallimard, 1994.* (Folio ; 654 c8)
ISBN 2-07-036654-5. *41 F / 6,25 €*

22301 **KAFKA F.** Préparatifs de noce à la campagne. *Gallimard, 1985.* (L'imaginaire ; 158 c1)
ISBN 2-07-070456-4. *68 F / 10,37 €*

22302 **N** **KAFKA F.** Le procès. *LGF, 2001.* (Le Livre de poche ; 15015)
ISBN 2-253-15015-0. *29 F / 4,42 €*

22303 **KAFKA F.** Le Procès. *Pocket, 1983.* (Pocket ; 2181 c3)
ISBN 2-266-01290-8. *26 F / 3,96 €*

22304 **KAFKA F.** Le Procès. *Gallimard, 1987.* (Folio ; 1840. Classique c6)
ISBN 2-07-037840-3. *29,50 F / 4,50 €*

22305 **N** **KAFKA F.** Récits, romans, journaux. *LGF, 2000.* (La Pochothèque. Classiques modernes)
ISBN 2-253-13248-9. *135 F / 20,58 €*

22306 **KAFKA F.** Tentation au village. *Grasset, 1983.* (Les Cahiers rouges ; 10)
ISBN 2-246-13452-8. *50 F / 7,62 €*

22307 **KAFKA F.** Le terrier. *Mille et une nuits, 1998.* (La petite collection ; 186 cA)
ISBN 2-84205-190-4. *10 F / 1,52 €*

22308 **KAFKA F.** Le Verdict = Das Urteil : et autres récits. *LGF, 1990.* (Les Langues modernes ; 8731. Bilingue c10)
ISBN 2-253-05252-3. *40 F / 6,10 €*

22309 **KAFKA F.** Le Verdict. *Mille et une nuits, 1994.* (La petite collection ; 14 cA)
ISBN 2-910233-14-6. *10 F / 1,52 €*

22310 **KAFKA F., BRIAND M.** Brief an den Vater. *LGF, 1991.* (Le Livre de poche ; 8660. Lire en allemand c9)
ISBN 2-253-05858-0. *36 F / 5,49 €*

22311 **KAHN M.** Les fantômes de Zurich. *J'ai lu, 1999.* (J'ai lu ; 5206. Littérature générale c6)
ISBN 2-290-05206-X. *42 F / 6,40 €*

22312 **A** **KAHN M.** Savannah. *J'ai lu, 2001.* (J'ai lu ; 5858. Littérature générale)
ISBN 2-290-31054-9

22313 **N** **KAHN M.** Shanghai-la-juive. Réimpr. *J'ai lu, 2000.* (J'ai lu ; 4929. Littérature générale cL)
ISBN 2-290-31123-5. *45 F / 6,86 €*

22314 **KALISKY R.** Falsch ; Sur les ruines de Carthage. *Labor, 1991.* (Espace Nord ; 66 c3)
ISBN 2-8040-0627-1. *54 F / 8,23 €*

22315 **KANAFANI G.** Des Hommes dans le soleil ; L'Horloge et le désert ; Oum-Saad la matrice. *Sindbad, 1990.* (La Petite bibliothèque de Sindbad)
ISBN 2-7274-0189-2. *75 F / 11,43 €*

22316 **KANE C. H.** L'Aventure ambiguë. *10-18, 1971.* (10-18 ; 617 c3)
ISBN 2-264-00834-2. *38 F / 5,79 €*

22317 **KANTUK Y.** Confessions d'un bon Arabe. *Stock, 1994.* (Bibliothèque cosmopolite)
ISBN 2-234-04343-3. *60 F / 9,15 €*

22318 **KAPLAN L.** Le Pont de Brooklyn. *Gallimard, 1991.* (Folio ; 2258 c11)
ISBN 2-07-038368-7. *50 F / 7,62 €*

22319 **A** **KAPLAN L.** Le psychanalyste. *Gallimard, 2001.* (Folio)
ISBN 2-07-041624-0. *41 F / 6,25 €*

22320 **KARINTHY F.** L'âge d'or. *Mille et une nuits, 1997.* (La petite collection ; 154 cA)
ISBN 2-84205-128-9. *10 F / 1,52 €*

22321 **KARINTHY F.** Voyage autour de mon crâne. *Seuil, 1993.* (Points. Roman ; 578 c3)
ISBN 2-02-014689-4. *48 F / 7,32 €*

22322 **KARR M.** Bande de menteurs. *Pocket, 1999.* (Pocket ; 10502 c7)
ISBN 2-266-08607-3. *42 F / 6,40 €*

22323 **N** **KASISCHKE L.** A suspicious river. *Seuil, 2000.* (Points ; 789)
ISBN 2-02-039608-4. *48 F / 7,32 €*

22324 **KÄSTNER E.** Trois hommes dans la neige. Nouv. éd. *Stock, 1996.* (Bibliothèque cosmopolite c3)
ISBN 2-234-04651-3. *60 F / 9,15 €*

22325 **KATEB Y.** Nedjma. Réimpr. *Seuil, 1996.* (Points ; 247 c2)
ISBN 2-02-028947-4. *39 F / 5,95 €*

22326 **KAVANAGH D.** Arrêt de jeu. *Seuil, 1993.* (Points. Roman ; 603 c2)
ISBN 2-02-019857-6. *39 F / 5,95 €*

22327 **N** **KAVANAGH P.** Tarry Flynn. *10-18, 2000.* (10-18 ; 3237. Domaine étranger)
ISBN 2-264-02830-0. *47 F / 7,17 €*

22328 **KAWABATA Y.** Les Belles endormies. *LGF, 1982.* (Le Livre de poche ; 3008. Biblio c4)
ISBN 2-253-02989-0. *20 F / 3,05 €*

22329 **KAWABATA Y.** Chronique d'Asakusa. *LGF, 1992.* (Le Livre de poche ; 3172. Biblio c10)
ISBN 2-253-05934-X. *40 F / 6,10 €*

22330 **KAWABATA Y.** La Danseuse d'Izu. *LGF, 1984.* (Le Livre de poche ; 3023. Biblio c5)
ISBN 2-253-03529-7. *23 F / 3,51 €*

22331 **KAWABATA Y.** Le Grondement de la montagne. *LGF, 1986.* (Le Livre de poche ; 3071. Biblio c10)
ISBN 2-253-03870-9. *40 F / 6,10 €*

22332 **KAWABATA Y.** Kyoto. *LGF, 1987.* (Le Livre de poche ; 3081. Biblio c9)
ISBN 2-253-04153-X. *36 F / 5,49 €*

22333 **KAWABATA Y.** Le Lac. *LGF, 1985.* (Le Livre de poche ; 3060. Biblio c5)
ISBN 2-253-03688-9. *23 F / 3,51 €*

22334 **KAWABATA Y.** Le Maître ou le Tournoi de go. *LGF, 1988.* (Le Livre de poche ; 3098. Biblio c7)
ISBN 2-253-04673-6. *30 F / 4,57 €*

22335 **KAWABATA Y.** Nuée d'oiseaux blancs. *10-18, 1986.* (10-18 ; 1766. Domaine étranger c4)
ISBN 2-264-00749-4. *41 F / 6,25 €*

22336 **KAWABATA Y.** Pays de neige. *LGF, 1982.* (Le Livre de poche ; 3015. Biblio c7)
ISBN 2-253-03073-2. *30 F / 4,57 €*

22337 **N** **KAWABATA Y.** Récits de la paume de la main. *LGF, 2001.* (Le Livre de poche ; 93341. Biblio c9)
ISBN 2-253-93341-4. *36 F / 5,49 €*

22338 **KAWABATA Y.** Romans et nouvelles. *LGF, 1997.* (La Pochothèque ; 3218. Classiques modernes)
ISBN 2-253-13218-7. *149 F / 22,71 €*

22339 **KAWABATA Y.** Les Servantes d'auberge. *LGF, 1993.* (Le Livre de poche ; 3200. Biblio c8)
ISBN 2-253-06475-0. *33 F / 5,03 €*

22340 **KAWABATA Y.** Tristesse et beauté. *Albin Michel, 1990.* (Bibliothèque Albin Michel poche ; 15 c1)
ISBN 2-226-03458-7. *39 F / 5,95 €*

22341 **KAWABATA Y.** Tristesse et beauté. *LGF, 1996.* (Le Livre de poche ; 3253. Biblio c7)
ISBN 2-253-93253-1. *30 F / 4,57 €*

22342 **KAYSEN S.** Une vie volée. Nouv. éd. *J'ai lu, 2000.* (J'ai lu ; 4265. Littérature générale cG)
ISBN 2-290-30136-1. *29 F / 4,42 €*

22343 **KAZAKOV I. P.** La Belle vie. *Gallimard, 1979.* (Folio ; 1134 c11)
ISBN 2-07-037134-4. *29,50 F / 4,50 €*

22344 **KAZAKOV I. P.** La petite gare : et autres nouvelles. *Gallimard, 2000.* (L'imaginaire ; 414)
ISBN 2-07-075770-6. *58 F / 8,84 €*

22345 **KAZAN E.** America, America. *Stock, 1991.* (Bibliothèque cosmopolite)
ISBN 2-234-02385-8. *50 F / 7,62 €*

22346 **KAZANTZAKI N.** Alexis Zorba. *Pocket, 1988.* (Pocket ; 1456. Blanche c4)
ISBN 2-266-02311-X. *30 F / 4,57 €*

22347 **KAZANTZAKI N.** La dernière tentation du Christ. Réimpr. *Pocket, 1995.* (Pocket ; 2056 c6)
ISBN 2-266-02644-5. *38 F / 5,79 €*

22348 **KEANE M.** Un beau mariage. *Table ronde, 1997.* (La petite vermillon ; 81)
ISBN 2-7103-0833-9. *45 F / 6,86 €*

22349 **N** **KEANE M.** Chassés-croisés. *10-18, 2000.* (10-18 ; 3242. Domaine étranger)
ISBN 2-264-02744-4. *47 F / 7,17 €*

22350 **KEANE M.** Et la vague les emporta... *Table ronde, 1999.* (La petite vermillon ; 101)
ISBN 2-7103-0879-7. *55 F / 8,38 €*

22351 **KEANE M.** La revenante. *10-18, 1996.* (10-18 ; 2745. Domaine étranger c6)
ISBN 2-264-02053-9. *47 F / 7,17 €*

22352 **KEANE M.** Les Saint-Charles. *10-18, 1998.* (10-18 ; 3014. Domaine étranger c6)
ISBN 2-264-02054-7. *47 F / 7,17 €*

22353 **KEENAN J.** Un mariage à la mode. *10-18, 1997.* (10-18 ; 2818. Domaine étranger c6)
ISBN 2-264-02261-2. *47 F / 7,17 €*

22354 **KEENAN J.** Le retour d'Elsa Champion. *10-18, 1998.* (10-18 ; 2950. Domaine étranger c6)
ISBN 2-264-02286-8. *47 F / 7,17 €*

22355 **KELLERMAN J.** Double miroir. *Pocket, 1996.* (Pocket ; 10016 c6)
ISBN 2-266-06684-6. *38 F / 5,79 €*

22356 **KEMAL Y.** Memed le faucon. *Gallimard, 1981.* (Folio ; 1276 c10)
ISBN 2-07-037276-6. *46 F / 7,01 €*

22357 **KEMAL Y.** Mèmed le mince. *Gallimard, 1979.* (Folio ; 1117 c10)
ISBN 2-07-037117-4. *46 F / 7,01 €*

22358 **KEMAL Y.** Meurtre au marché des forgerons. *Gallimard, 1989.* (Folio ; 2041)
ISBN 2-07-038129-3. *61 F / 9,30 €*

22359 **KEMAL Y.** Le Pilier. *Gallimard, 1977.* (Folio ; 957 c10)
ISBN 2-07-036957-9. *46 F / 7,01 €*

22360 **KEMAL Y.** Tourterelle, ma tourterelle. *Gallimard, 1992.* (Folio ; 2350)
ISBN 2-07-038471-3. *61 F / 9,30 €*

22361 **KEMAL Y.** Tu écraseras le serpent. *Gallimard, 1995.* (Folio ; 2695 c9)
ISBN 2-07-039283-X. *20,50 F / 3,13 €*

22362 **N** **KENEALLY T.** La liste de Schindler. Réimp. *J'ai lu, 2000.* (J'ai lu ; 2316. Littérature générale cK)
ISBN 2-290-30775-0. *42 F / 6,40 €*

22363 **N** **KENNEDY D.** Les désarrois de Ned Allen. *Pocket, 2000.* (Pocket ; 10917 c7)
ISBN 2-266-10028-9. *42 F / 6,40 €*

22364 **KENNEDY D.** L'homme qui voulait vivre sa vie. *Pocket, 1999.* (Pocket ; 10571 c7)
ISBN 2-266-08798-3. *42 F / 6,40 €*

22365 **KENNEDY W.** L'Herbe de fer. *10-18, 1993.* (10-18 ; 2411. Domaine étranger c5)
ISBN 2-264-00011-2. *44 F / 6,71 €*

22366 **KERN A.** L'Amour profane. *Gallimard, 1974.* (Folio ; 610 c11)
ISBN 2-07-036610-3. *29,50 F / 4,50 €*

22367 **KEROUAC J.** Les anges vagabonds ; Sur la route ; Le vagabond solitaire. *Gallimard, 1999.* (Folio)
ISBN 2-07-040948-1. *41 F / 6,25 €*

22368 **KEROUAC J.** Les Anges vagabonds. *Gallimard, 1973.* (Folio ; 457 c11)
ISBN 2-07-036457-7. *29,50 F / 4,50 €*

22369 **KEROUAC J.** Big Sur. *Gallimard, 1979.* (Folio ; 1094 c8)
ISBN 2-07-037094-1. *37 F / 5,64 €*

22370 **KEROUAC J.** Les Clochards célestes. *Gallimard, 1974.* (Folio ; 565 c8)
ISBN 2-07-036565-4. *37 F / 5,64 €*

22371 **KEROUAC J.** Maggie Cassidy. *Seuil, 1986.* (Points. Roman ; 259 c2)
ISBN 2-02-009302-2. *39 F / 5,95 €*

22372 **KEROUAC J.** Satori à Paris. *Gallimard, 1993.* (Folio ; 2458 c11)
ISBN 2-07-038599-X. *29,50 F / 4,50 €*

22373 **KEROUAC J.** Les Souterrains. *Gallimard, 1985.* (Folio ; 1690 c11)
ISBN 2-07-037690-7. *29,50 F / 4,50 €*

22374 **KEROUAC J.** Sur la route. *Gallimard, 1976.* (Folio ; 766 c9)
ISBN 2-07-036766-5. *41 F / 6,25 €*

22375 **KEROUAC J.** Le vagabond solitaire (choix) = Lonesome traveller (selected stories). *Gallimard, 1999.* (Folio bilingue ; 81)
ISBN 2-07-040547-8. *56 F / 8,54 €*

22376 **KEROUAC J.** Le Vagabond solitaire. *Gallimard, 1980.* (Folio ; 1187 c11)
ISBN 2-07-037187-5. *29,50 F / 4,50 €*

22377 **KEROUAC J.** Vanité de Duluoz. Réimpr. *10-18, 1995.* (10-18 ; 1408. Domaine étranger c6)
ISBN 2-264-02206-X. *47 F / 7,17 €*

22378 **KEROUAC J.** Visions de Cody. *10-18, 1997.* (10-18 ; 2804. Domaine étranger c9)
ISBN 2-264-02523-9. *60 F / 9,15 €*

22379 **KERVÉAN J-F.** La folie du moment. *Pocket, 1996.* (Pocket ; 4426 c4)
ISBN 2-266-06832-6. *30 F / 4,57 €*

22380 **KESEY K.** Vol au-dessus d'un nid de coucou. *Stock, 1993.* (Bibliothèque cosmopolite)
ISBN 2-234-04272-0. *70 F / 10,67 €*

22381 **KESSEL J.** L'Armée des ombres. *Pocket, 1995.* (Pocket ; 2643. Blanche)
ISBN 2-266-06894-6. *30 F / 4,57 €*

22382 **KESSEL J.** Le Bataillon du ciel. *Gallimard, 1974.* (Folio ; 642 c11)
ISBN 2-07-036642-1. *29,50 F / 4,50 €*

22383 **KESSEL J.** Belle de jour. Réimpr. *Gallimard, 1989.* (Folio ; 125 c9)
ISBN 2-07-036125-X. *20,50 F / 3,13 €*

22384 **KESSEL J.** Les captifs. *Gallimard, 1992.* (Folio ; 2377 c11)
ISBN 2-07-038514-0. *29,50 F / 4,50 €*

22385 **KESSEL J.** Les Cavaliers. *Gallimard, 1982.* (Folio ; 1373 c12)
ISBN 2-07-037373-8. *52 F / 7,93 €*

22386 **KESSEL J.** Les Coeurs purs. *Gallimard, 1988.* (Folio ; 1905 c11)
ISBN 2-07-037905-1. *29,50 F / 4,50 €*

22387 **KESSEL J.** Dames de Californie. *Gallimard, 1996.* (Folio ; 2836 c9)
ISBN 2-07-040023-9. *20,50 F / 3,13 €*

22388 **KESSEL J.** L'Equipage. Ed. rev. *Gallimard, 1983.* (Folio ; 864 c11)
ISBN 2-07-036864-5. *29,50 F / 4,50 €*

22389 **KESSEL J.** La fontaine Médicis ; L'affaire Bernan. Nouv. éd. *Gallimard, 1998.* (Le tour du malheur; 1)(Folio ; 3062 c12)
ISBN 2-07-040435-8. *52 F / 7,93 €*

22390 **KESSEL J.** Fortune carrée. Réimpr. *Pocket, 1985.* (Pocket ; 631. Blanche)
ISBN 2-266-03614-9. *30 F / 4,57 €*

22391 **KESSEL J.** Les lauriers roses ; L'homme de plâtre. Nouv. éd. *Gallimard, 1998.* (Le tour du malheur; 2)(Folio ; 3063 c15)
ISBN 2-07-040436-6. *61 F / 9,30 €*

22392 **KESSEL J.** Le Lion. *Gallimard, 1976.* (Folio ; 808 c11)
ISBN 2-07-036808-4. *29,50 F / 4,50 €*

22393 **KESSEL J.** La Passante du Sans-Souci. *Gallimard, 1983.* (Folio ; 1489 c11)
ISBN 2-07-037489-0. *29,50 F / 4,50 €*

22394 **KESSEL J.** La Règle de l'homme. *Gallimard, 1989.* (Folio ; 2092 c9)
ISBN 2-07-038180-3. *20,50 F / 3,13 €*

22395 **KESSEL J.** La Rose de Java. Nouv. éd. *Gallimard, 1972.* (Folio ; 174 c11)
ISBN 2-07-036174-8. *29,50 F / 4,50 €*

22396 **KESSEL J.** La steppe rouge : récits. *Gallimard, 1995.* (Folio ; 2696 c11)
ISBN 2-07-039284-8. *29,50 F / 4,50 €*

22397 **KESSEL J.** Les Temps sauvages. *Gallimard, 1979.* (Folio ; 1072 c11)
ISBN 2-07-037072-0. *29,50 F / 4,50 €*

22398 **KESSEL J.** La Vallée des rubis. *Gallimard, 1994.* (Folio ; 2560 c8)
ISBN 2-07-038846-8. *37 F / 5,64 €*

22399 **KESSEL J.** Vent de sable. *Gallimard, 1997.* (Folio ; 3004 c11)
ISBN 2-07-040345-9. *29,50 F / 4,50 €*

22400 **KESSEL J.** Wagon-lit. *Gallimard, 1988.* (Folio ; 1952 c9)
ISBN 2-07-038035-1. *20,50 F / 3,13 €*

22401 **KEYSERLING E. v.** Altesses. *Actes Sud, 1990.* (Babel ; 26 c3)
ISBN 2-86869-656-2. *45 F / 6,86 €*

22402 **KEYSERLING E. v.** Dumala. *Seuil, 1994.* (Points. Roman ; 696 c1)
ISBN 2-02-014613-4. *32 F / 4,88 €*

22403 **N** **KEYSERLING E. v.** Eté brûlant. *Actes Sud, 2001.* (Babel c1)
ISBN 2-7427-3269-1. *33 F / 5,03 €*

22404 **KEYSERLING E. v.** Une expérience amoureuse. *J. Chambon, 1995.* (Chambon-Poche)
ISBN 2-87711-137-7. *29 F / 4,42 €*

22405 **N** **KEYSERLING E. v.** Versant sud. Nouv. éd. *Actes Sud, 2001.* (Babel)
ISBN 2-7427-3268-3. *33 F / 5,03 €*

22406 **N** **KHADRA Y.** A quoi rêvent les loups. *Pocket, 2000.* (Pocket ; 10979 c5)
ISBN 2-266-10201-X. *35 F / 5,34 €*

22407 **KHADRA Y.** Les agneaux du Seigneur. *Pocket, 1999.* (Pocket ; 10786)
ISBN 2-266-09658-3. *35 F / 5,34 €*

22408 **KHAÏR-EDDINE M.** Agadir. *Seuil, 1992.* (Points. Roman ; 531 c1)
ISBN 2-02-012960-4. *32 F / 4,88 €*

22409 **N** **KHALIFA S.** L'impasse de Bab Essaha. *10-18, 2001.* (10-18 ; 3262. Domaine étranger)
ISBN 2-264-03197-2. *41 F / 6,25 €*

22410 **KHARITONOV M.** Prokhor Menchoutine. *Stock, 1998.* (Une Philosophie provinciale; 1)(Bibliothèque cosmopolite)
ISBN 2-234-04921-0. *50 F / 7,62 €*

22411 **KHARRAT E. a.** Alexandrie, terre de safran. *Actes Sud, 1997.* (Babel ; 291 c4)
ISBN 2-7427-1381-6. *51 F / 7,77 €*

22412 **KHAYAT D.** Ne meurs pas !. *LGF, 1998.* (Le Livre de poche ; 14473 c8)
ISBN 2-253-14473-8. *33 F / 5,03 €*

22413 **KHODJA C.** El-Euldj, captif des Barbaresques. *Sindbad, 1991.* (La Petite bibliothèque de Sindbad)
ISBN 2-7274-0206-6. *78 F / 11,89 €*

22414 **KHOURY-GHATA V.** Les fiancées du Cap Ténès. *LGF, 1997.* (Le Livre de poche ; 14108 c6)
ISBN 2-253-14108-9. *26 F / 3,96 €*

22415 **KIEFFER N.** Peau de lapin. *Seuil, 1997.* (Points ; 329 c12)
ISBN 2-02-031189-5. *50 F / 7,62 €*

22416 **A** **KILPI E.** Tamara. *10-18, 2001.* (10-18 ; 3339. Domaine étranger)
ISBN 2-264-03184-0

22417 **KINCAID J.** Annie John. *Ed. de l'Olivier, 1996.* (Petite bibliothèque américaine ; 4)
ISBN 2-87929-102-X. *49 F / 7,47 €*

22418 **KINCAID J.** Autobiographie de ma mère. *LGF, 1999.* (Le Livre de poche ; 14697 c6)
ISBN 2-253-14697-8. *26 F / 3,96 €*

22419 **KING J.** Football Factory. *J'ai lu, 1999.* (J'ai lu ; 8297. Littérature générale c5)
ISBN 2-290-05297-3. *39 F / 5,95 €*

22420 **A** **KING S.** Le clan des MacLaren. *J'ai lu, 2001.* (J'ai lu ; 5924. Aventures et passions)
ISBN 2-290-31158-8

22421 **KING S.** Minuit 2. *J'ai lu, 1993.* (J'ai lu ; 3529. Stephen King cL)
ISBN 2-277-23529-6. *45 F / 6,86 €*

22422 **KING S.** La Part des ténèbres. *Pocket, 1993.* (Pocket ; 9072. Terreur c6)
ISBN 2-266-04745-0. *38 F / 5,79 €*

22423 **KING S.** Rose Madder. *J'ai lu, 1999.* (J'ai lu ; 5341. Stephen King cN)
ISBN 2-290-05341-4. *52 F / 7,93 €*

22424 **A** **KING S.** Sac d'os. *LGF, 2001.* (Le Livre de poche ; 15037)
ISBN 2-253-15037-1. *40 F / 6,10 €*

22425 **KING S.** Short stories = Nouvelles. *Langues pour tous, 1998.* (Langues pour tous c6)
ISBN 2-266-08984-6. *38 F / 5,79 €*

22426 **KING T.** Chaleurs. *J'ai lu, 1997.* (J'ai lu ; 4389. Littérature générale c7)
ISBN 2-290-04389-3. *45 F / 6,86 €*

22427 **KING T.** Contacts. *J'ai lu, 1999.* (J'ai lu ; 5374. Littérature générale c8)
ISBN 2-290-05374-0. *49 F / 7,47 €*

22428 **KING T.** L'histoire de Reuben. *J'ai lu, 1998.* (J'ai lu ; 4844. Littérature générale c7)
ISBN 2-290-04844-5. *45 F / 6,86 €*

22429 **KIPLING R.** Au hasard de la vie ; Histoires en noir et blanc ; Trois soldats. *Laffont, 1988.* (Oeuvres complètes; 2)(Bouquins)
ISBN 2-221-05461-X. *120 F / 18,29 €*

22430 **KIPLING R.** Les bâtisseurs de ponts. *Mille et une nuits, 1996.* (La petite collection ; 104 cA)
ISBN 2-84205-048-7. *10 F / 1,52 €*

22431 **KIPLING R.** L'Homme qui voulait être roi = The Man who would be king : et autres histoires. *LGF, 1989.* (Les Langues modernes ; 8725. Bilingue c10)
ISBN 2-253-05081-4. *40 F / 6,10 €*

22432 **KIPLING R.** L'Homme qui voulut être roi. *Gallimard, 1973.* (Folio ; 503 c9)
ISBN 2-07-036503-4. *20,50 F / 3,13 €*

22433 **KIPLING R.** Kim. *Gallimard, 1993.* (Folio ; 2488. Classique c11)
ISBN 2-07-038718-6. *50 F / 7,62 €*

22434 **KIPLING R.** Le Livre de la jungle. *Gallimard, 1976.* (Folio ; 783 c11)
ISBN 2-07-036783-5. *29,50 F / 4,50 €*

22435 **KIPLING R.** Le Livre de la jungle. *LGF, 1988.* (Le Livre de poche ; 6422. Classiques de poche c6)
ISBN 2-253-04465-2. *26 F / 3,96 €*

22436 **KIPLING R.** La lumière qui s'éteint. *Gallimard, 1997.* (L'Etrangère)
ISBN 2-07-074873-1. *66 F / 10,06 €*

22437 **KIPLING R.** Nouvelles. Réimpr. *Langues pour tous, 1987.* (Langues pour tous ; 2709 c7)
ISBN 2-266-03972-5. *42 F / 6,40 €*

22438 **KIPLING R.** Oeuvres complètes. 1. *Laffont, 1987.* (Bouquins)
ISBN 2-221-04725-7. *149 F / 22,71 €*

22439 **KIPLING R.** Oeuvres complètes. 3. *Laffont, 1989.* (Bouquins)
ISBN 2-221-05739-2. *120 F / 18,29 €*

22440 **KIPLING R.** Le second livre de la jungle. *Gallimard, 1999.* (Folio ; 325 c6)
ISBN 2-07-036325-2. *29,50 F / 4,50 €*

22441 **KIPLING R.** Stalky et Cie. *Gallimard, 1997.* (Folio bilingue ; 63)
ISBN 2-07-040133-2. *60 F / 9,15 €*

22442 **KIPLING R.** Wee Willie Winkie. *Gallimard, 1992.* (Folio bilingue ; 28 c7)
ISBN 2-07-038571-X. *60 F / 9,15 €*

22443 **KIS D.** Le Cirque de famille. *Gallimard, 1989.* (L'imaginaire ; 218)
ISBN 2-07-071675-9. *68 F / 10,37 €*

22444 **KIS D.** Jardin, cendre. *Gallimard, 1983.* (L'imaginaire ; 110)
ISBN 2-07-025126-8. *36 F / 5,49 €*

22445 **KIS D.** Le luth et les cicatrices. *Stock, 1999.* (Bibliothèque cosmopolite)
ISBN 2-234-05173-8. *55 F / 8,38 €*

22446 **A** **KIS D.** Le luth et les cicatrices. *Mille et une nuits, 2001*
ISBN 2-84205-545-4. *59 F / 8,99 €*

22447 **A** **KITT S.** Coeur à coeur. *J'ai lu, 2001.* (J'ai lu ; 5915. Amour et destin)
ISBN 2-290-31154-5

22448 **N** **KITT S.** Photo de famille. *J'ai lu, 2000.* (J'ai lu ; 5696. Amour et destin cl)
ISBN 2-290-30461-1. *36 F / 5,49 €*

22449 **KIVI A.** Les sept frères. Nouv. éd. *Stock, 1985.* (Bibliothèque cosmopolite ; 56)
ISBN 2-234-01832-3. *50 F / 7,62 €*

22450 **KLARSFELD A.** Les dieux ne songent qu'à dormir. Ed revue par l'auteur. *J'ai lu, 1997.* (J'ai lu ; 4360. Littérature générale c7)
ISBN 2-290-04360-5. *45 F / 6,86 €*

22451 **KLEIN C.** L'écorchée. *Zulma, 1999.* (Quatre-bis)
ISBN 2-84304-071-X. *59 F / 8,99 €*

22452 **KLEIN N.** Mon rayon de soleil. *J'ai lu, 1992.* (J'ai lu ; 3367. Littérature générale)
ISBN 2-277-23367-6. *29 F / 4,42 €*

22453 **KLEINBAUM N.** Le Cercle des poètes disparus. *LGF, 1991.* (Le Livre de poche ; 7324 c7)
ISBN 2-253-05815-7. *30 F / 4,57 €*

22454 **KLEIST H. v.** Le duel. *Mercure de France, 1997.* (Le petit Mercure)
ISBN 2-7152-2020-0. *22 F / 3,35 €*

22455 **A** **KLEIST H. v.** Fiançailles à Saint-Domingue ; Enfant trouvé. *Gallimard, 2001.* (Folio bilingue)
ISBN 2-07-041714-X. *19 F / 2,90 €*

22456 **KLEIST H. v.** La Marquise d'O = Die Marquise von O... ; Le Duel = Der Zweikampf. *Gallimard, 1992.* (Folio bilingue ; 27 c6)
ISBN 2-07-038494-2. *56 F / 8,54 €*

22457 **KLEIST H. v.** La marquise d'O. *Mille et une nuits, 1999.* (La petite collection ; 221)
ISBN 2-84205-379-6. *16,50 F / 2,52 €*

22458 **KLEIST H. v., HOFFMANN E. T. A., EICHENDORFF J. v.** Fantômes romantiques = Romantische Spukgeschichten. *LGF, 1998.* (Les Langues modernes ; 8772. Bilingue c10)
ISBN 2-253-08772-6. *40 F / 6,10 €*

22459 **KLEYPAS L.** L'ange de minuit. *J'ai lu, 1995.* (J'ai lu ; 4062. Aventures et passions c4)
ISBN 2-277-24062-1. *36 F / 5,49 €*

22460 **N** **KLEYPAS L.** Courtisane d'un soir. *J'ai lu, 2001.* (J'ai lu ; 5808. Aventures et passions)
ISBN 2-290-30986-9. *36 F / 5,49 €*

22461 **KLEYPAS L.** La loterie de l'amour. *J'ai lu, 1998.* (J'ai lu ; 4915. Aventures et passions c5)
ISBN 2-290-04915-8. *39 F / 5,95 €*

22462 **KLEYPAS L.** Par pure provocation. Réimpr. *J'ai lu, 1997.* (J'ai lu ; 3945. Aventures et passions c5)
ISBN 2-290-13945-9. *39 F / 5,95 €*

22463 **KLEYPAS L.** Parce que tu m'appartiens. *J'ai lu, 1999.* (J'ai lu ; 5337. Aventures et passions c4)
ISBN 2-290-05337-6. *36 F / 5,49 €*

22464 **KLIMA I.** Amour et ordures. *Seuil, 1994.* (Points. Roman ; 675 c3)
ISBN 2-02-022594-8. *48 F / 7,32 €*

22465 **KLOSSOWSKI P.** Le Baphomet. *Gallimard, 1987.* (L'imaginaire ; 179 c1)
ISBN 2-07-070885-3. *42 F / 6,40 €*

22466 **KLOSSOWSKI P.** Les lois de l'hospitalité. *Gallimard, 1995.* (L'imaginaire ; 336)
ISBN 2-07-074209-1. *75 F / 11,43 €*

22467 **KLOSSOWSKI P.** La Vocation suspendue. *Gallimard, 1990.* (L'imaginaire ; 245)
ISBN 2-07-072169-8. *37 F / 5,64 €*

22468 **KOESTLER A.** Les Call girls. *10-18, 1993.* (10-18 ; 2441. Domaine étranger c5)
ISBN 2-264-01838-0. *44 F / 6,71 €*

22469 **KOESTLER A.** Spartacus. *LGF, 1995.* (Le Livre de poche ; 1231 c10)
ISBN 2-253-01231-9. *40 F / 6,10 €*

22470 **KOESTLER A.** Le Zéro et l'infini. *LGF, 1991.* (Le Livre de poche ; 35 c9)
ISBN 2-253-00341-7. *36 F / 5,49 €*

22471 **KONRAD G.** Le Visiteur. *Seuil, 1991.* (Points. Roman ; 424 c2)
ISBN 2-02-012901-9. *39 F / 5,95 €*

22472 **KONSALIK H. G.** Amours sur le Don. *J'ai lu, 1973.* (J'ai lu ; 497. Littérature générale c5)
ISBN 2-277-11497-9. *39 F / 5,95 €*

22473 **KONSALIK H. G.** Conjuration amoureuse. Réimpr. *J'ai lu, 1988.* (J'ai lu ; 2399. Littérature générale c2)
ISBN 2-290-02399-X. *22 F / 3,35 €*

22474 **KONSALIK H. G.** Mourir sous les palmes. *J'ai lu, 1976.* (J'ai lu ; 655. Littérature générale)
ISBN 2-290-00655-6. *36 F / 5,49 €*

22475 **KONSALIK H. G.** La vallée sans soleil. Réimpr. *J'ai lu, 1992.* (J'ai lu ; 3254. Littérature générale)
ISBN 2-290-03254-9. *39 F / 5,95 €*

22476 **KONWICKI T.** Le Complexe polonais. *Seuil, 1992.* (Points. Roman ; 549 c2)
ISBN 2-02-012695-8. *39 F / 5,95 €*

22477 **KOONTZ D. R.** La Nuit des cafards. *Pocket, 1991.* (Pocket. Terreur)
ISBN 2-266-03855-9. *50 F / 7,62 €*

22478 **A** **KOONTZ D. R.** Seule survivante. *Pocket, 2001.* (Pocket. Terreur ; 9211)
ISBN 2-266-08963-3

22479 **KOONTZ D. R.** Les Yeux des ténèbres. *Pocket, 1990.* (Pocket ; 9011. Terreur c6)
ISBN 2-266-02566-X. *38 F / 5,79 €*

22480 **N** **KOSINSKI J.** L'oiseau bariolé. Réimp. *J'ai lu, 2000.* (J'ai lu ; 270. Littérature générale cG)
ISBN 2-290-30855-2. *29 F / 4,42 €*

22481 **KOUO MO-JO** K'iu Yuan. *Gallimard, 1988.* (Série chinoise)
ISBN 2-07-071476-4. *38 F / 5,79 €*

22482 **A** **KOURKOV A.** Le pingouin. *Seuil, 2001.* (Points ; 842)
ISBN 2-02-047781-5. *42 F / 6,40 €*

22483 **N** **KOUROUMA A.** En attendant le vote des bêtes sauvages. *Seuil, 2000.* (Points ; 762)
ISBN 2-02-041637-9. *45 F / 6,86 €*

22484 **KOUROUMA A.** Monnè, outrages et défis. *Seuil, 1998.* (Points ; 556 c2)
ISBN 2-02-034964-7. *39 F / 5,95 €*

22485 **KOUROUMA A.** Le soleil des indépendances. *Seuil, 1995.* (Points c1)
ISBN 2-02-025921-4. *32 F / 4,88 €*

22486 **KRAINS H.** Le Pain noir. *Labor, 1989.* (Espace Nord ; 57 c1)
ISBN 2-8040-0442-2. *34 F / 5,18 €*

22487 **N** **KRAMER P.** Onze ans plus tard. *Gallimard, 2000.* (Folio ; 3444 c5)
ISBN 2-07-041092-7. *25,50 F / 3,89 €*

22488 **KRANTZ J.** A nous deux, Manhattan. *LGF, 1988.* (Le Livre de poche ; 6507 c10)
ISBN 2-253-04703-1. *40 F / 6,10 €*

22489 **KRANTZ J.** L'Amour en héritage. Nouv. éd. *LGF, 1985.* (Le Livre de poche ; 6010 c9)
ISBN 2-253-03594-7. *36 F / 5,49 €*

22490 **KRANTZ J.** Haute collection. *LGF, 1998.* (Le Livre de poche ; 14429 c10)
ISBN 2-253-14429-0. *40 F / 6,10 €*

22491 **KRANTZ J.** Lovers. *LGF, 1996.* (Le Livre de poche ; 13989 c10)
ISBN 2-253-13989-0. *40 F / 6,10 €*

22492 **KRANTZ J.** Rendez-vous. *LGF, 1991.* (Le Livre de poche ; 6976 c13)
ISBN 2-253-05695-2. *46 F / 7,01 €*

22493 **KRANTZ J.** Scrupules 2. *Pocket, 1995.* (Pocket ; 4370. Roman c8)
ISBN 2-266-06607-2. *45 F / 6,86 €*

22494 **KRANZ J.** Flash. *Pocket, 1993.* (Pocket ; 3732 c8)
ISBN 2-266-04345-5. *45 F / 6,86 €*

22495 **A** **KRAUSSER H.** Le caniche noir de la diva. *Seuil, 2001.* (Points ; 841 c8)
ISBN 2-02-047687-8. *39 F / 5,95 €*

22496 **KRENTZ J. A.** Coup de folie. *Pocket, 1998.* (Pocket ; 10294. Roman c6)
ISBN 2-266-07803-8. *38 F / 5,79 €*

22497 **KRENTZ J. A.** Un mariage blanc. Réimpr. *J'ai lu, 1999.* (J'ai lu ; 3797. Amour et destin cJ)
ISBN 2-290-03797-4. *39 F / 5,95 €*

22498 **KRENTZ J. A.** Talents cachés. Réimpr. *J'ai lu, 1999.* (J'ai lu ; 3943. Amour et destin)
ISBN 2-290-03943-8. *25 F / 3,81 €*

22499 **KRISTEVA J.** Les Samouraïs. *Gallimard, 1992.* (Folio ; 2351 c10)
ISBN 2-07-038472-1. *46 F / 7,01 €*

22500 **KRISTOF A.** Le grand cahier ; La preuve ; Le troisième mensonge. *Seuil, 1995.* (Points)
ISBN 2-02-025769-6. *96 F / 14,64 €*

22501 **KRISTOF A.** Le grand cahier. Nouv. éd. *Seuil, 1995.* (Points c1)
ISBN 2-02-023926-4. *32 F / 4,88 €*

22502 **KRISTOF A.** Hier. *Seuil, 1996.* (Points ; 293 c1)
ISBN 2-02-030101-6. *32 F / 4,88 €*

22503 **KRISTOF A.** La Preuve. *Seuil, 1999.* (Points)
ISBN 2-02-023927-2. *32 F / 4,88 €*

22504 **KRISTOF A.** Le troisième mensonge. Rééd. *Seuil, 1995.* (Points c1)
ISBN 2-02-025781-5. *32 F / 4,88 €*

22505 **KROSS J.** Le Fou du tzar. *Seuil, 1992.* (Points. Roman ; 517 c4)
ISBN 2-02-012697-4. *52 F / 7,93 €*

22506 **KRÜGER H.** Un Bon Allemand. *Actes Sud, 1993.* (Babel ; 66 c3)
ISBN 2-7427-0012-9. *45 F / 6,86 €*

22507 **KUHNS W.** Le Clan. *Gallimard, 1986.* (Folio ; 1738 c11)
ISBN 2-07-037738-5. *50 F / 7,62 €*

22508 **KUNDERA M.** L'identité. *Gallimard, 2000.* (Folio ; 3327 c6)
ISBN 2-07-041176-1. *32,50 F / 4,95 €*

22509 **KUNDERA M.** L'Immortalité. *Gallimard, 1993.* (Folio ; 2447 c12)
ISBN 2-07-038588-4. *52 F / 7,93 €*

22510 **KUNDERA M.** L'Insoutenable légèreté de l'être. Nouv. éd. revue par l'auteur. *Gallimard, 1989.* (Folio ; 2077 c12)
ISBN 2-07-038165-X. *52 F / 7,93 €*

22511 **KUNDERA M.** Le Livre du rire et de l'oubli. Nouv. éd. *Gallimard, 1987.* (Folio ; 1831 c8)
ISBN 2-07-037831-4. *37 F / 5,64 €*

22512 **KUNDERA M.** La Plaisanterie. *Gallimard, 1987.* (Folio ; 638 c9)
ISBN 2-07-036638-3. *41 F / 6,25 €*

22513 **KUNDERA M.** Risibles amours. *Gallimard, 1986.* (Folio ; 1702 c11)
ISBN 2-07-037702-4. *29,50 F / 4,50 €*

22514 **KUNDERA M.** La Valse aux adieux. *Gallimard, 1978.* (Folio ; 1043 c8)
ISBN 2-07-037043-7. *37 F / 5,64 €*

22515 **KUNDERA M.** La Vie est ailleurs. *Gallimard, 1976.* (Folio ; 834 c9)
ISBN 2-07-036834-3. *41 F / 6,25 €*

22516 **KUREISHI H.** Black Album. *10-18, 1997.* (10-18 ; 2893. Domaine étranger c6)
ISBN 2-264-02525-5. *47 F / 7,17 €*

22517 **KUREISHI H.** Des bleus à l'amour. *10-18, 1999.* (10-18 ; 3103. Domaine étranger c6)
ISBN 2-264-02820-3. *47 F / 7,17 €*

22518 **KUREISHI H.** Le Bouddha de banlieue. *10-18, 1993.* (10-18 ; 2365. Domaine étranger c7)
ISBN 2-264-01819-4. *50 F / 7,62 €*

22519 **KUREISHI H.** Intimité. *10-18, 2000.* (10-18 ; 3170. Domaine étranger c3)
ISBN 2-264-02819-X. *38 F / 5,79 €*

22520 **KUSNIEWICZ A.** Constellations : les signes du zodiaque. *10-18, 1999.* (10-18 ; 3118. Domaine étranger c6)
ISBN 2-264-02154-3. *47 F / 7,17 €*

22521 **L'HÔTE J.** Confessions d'un enfant de choeur. *J'ai lu, 1980.* (J'ai lu ; 260. Littérature générale)
ISBN 2-277-12260-2. *22 F / 3,35 €*

22522 **L. M.** Confessée. *la Musardine, 2000.* (Lectures amoureuses de Jean-Jacques Pauvert ; 34)
ISBN 2-84271-055-X. *39 F / 5,95 €*

22523 **LA BAUME C. d.** Béguin. *Pocket, 1998.* (Pocket ; 10298 c4B)
ISBN 2-266-07806-2. *32 F / 4,88 €*

22524 **LA FAYETTE M-M. P. d. L. V. (. d.** La princesse de Clèves. Nouv. éd. *LGF, 1999.* (Le Livre de poche ; 374. Classiques de poche c5)
ISBN 2-253-00672-6. *23 F / 3,51 €*

22525 **N** **LA FAYETTE M-M. P. d. L. V. (. d.** La princesse de Clèves. *Gallimard, 2000.* (Folio ; 3381. Classique c4)
ISBN 2-07-041443-4. *20 F / 3,05 €*

22526 **LA FAYETTE M-M. P. d. L. V. (. d.** La princesse de Clèves. *Librio, 1995.* (Librio ; 57 c1)
ISBN 2-277-30057-8. *10 F / 1,52 €*

22527 **A** **LA FAYETTE M-M. P. d. L. V. (. d.** La princesse de Montpensier ; La comtesse de Tende. *Mercure de France, 2001.* (Le petit Mercure)
ISBN 2-7152-2244-0. *22 F / 3,35 €*

22528 **LA FONTAINE J. d.** Les Amours de Psyché et de Cupidon. *LGF, 1991.* (Le Livre de poche ; 6702. Classiques de poche c11)
ISBN 2-253-05191-8. *42 F / 6,40 €*

22529 **LA FONTAINE J. d.** Contes et nouvelles en vers. *Gallimard, 1982.* (Folio ; 1404. Classique c12)
ISBN 2-07-037404-1. *52 F / 7,93 €*

22530 **LA GENARDIÈRE P. d.** Legs. *Actes Sud, 1996.* (Babel ; 223 c2)
ISBN 2-7427-0900-2. *39 F / 5,95 €*

22531 **A** **LA LANDELLE G. d.** Sans peur le corsaire. *Ed. maritimes et d'outre-mer, 2001.* (Récits de mer)
ISBN 2-7373-2820-9. *44 F / 6,71 €*

22532 **LA MENTHE P.** La venelle. 2e éd. *le Cercle, 2000.* (Le Cercle poche ; 2)
ISBN 2-913563-11-2. *39 F / 5,95 €*

22533 **LA VARENDE J. d.** Le centaure de Dieu. *Grasset, 1999.* (Les Cahiers rouges ; 286)
ISBN 2-246-13662-8. *64 F / 9,76 €*

22534 **LA VARENDE J. d.** Les manants du roi ; Les Masques. *LGF, 1993.* (Le Livre de poche ; 265 c7)
ISBN 2-253-01688-8. *30 F / 4,57 €*

22535 **LA VARENDE J. d.** Nez-de-cuir : gentilhomme d'amour ; Les Masques. *LGF, 1993.* (Le Livre de poche ; 9541 c10)
ISBN 2-253-06192-1. *40 F / 6,10 €*

22536 **LABERGE M.** Comme une odeur de soupe : et autres contes d'un Québec lointain. *Lansman, 1998.* (Contes, nouvelles récits, témoignages ; 4)
ISBN 2-87282-229-1. *7 ECU*

22537 **LABORDE C.** L'Os de Dionysos. *LGF, 1991.* (Le Livre de poche ; 6946 c6)
ISBN 2-253-05631-6. *26 F / 3,96 €*

22538 **LABRO P.** Des bateaux dans la nuit. *Gallimard, 1985.* (Folio ; 1645 c9)
ISBN 2-07-037645-1. *41 F / 6,25 €*

22539 **LABRO P.** Un début à Paris. *Gallimard, 1996.* (Folio ; 2812 c9)
ISBN 2-07-039442-5. *41 F / 6,25 €*

22540 **LABRO P.** Un Eté dans l'Ouest. *Gallimard, 1990.* (Folio ; 2169 c8)
ISBN 2-07-038258-3. *36 F / 5,49 €*

22541 **LABRO P.** L'Etudiant étranger. *Gallimard, 1988.* (Folio ; 1961 c9)
ISBN 2-07-038043-2. *41 F / 6,25 €*

22542 **LABRO P.** Des Feux mal éteints. *Gallimard, 1980.* (Folio ; 1162 c8)
ISBN 2-07-037162-X. *37 F / 5,64 €*

22543 **N** **LABRO P.** Manuella. *Gallimard, 2001.* (Folio ; 3459 c7)
ISBN 2-07-041628-3. *32 F / 4,88 €*

22544 **LABRO P.** Le petit garçon. *Gallimard, 1992.* (Folio ; 2389 c8)
ISBN 2-07-038526-4. *37 F / 5,64 €*

22545 **LABRO P.** Quinze ans. *Gallimard, 1995.* (Folio ; 2677 c8)
ISBN 2-07-039270-8. *37 F / 5,64 €*

22546 **LABRO P.** Rendez-vous au Colorado. *Gallimard, 2000.* (Folio ; 3344 c9)
ISBN 2-07-041177-X. *32,50 F / 4,95 €*

22547 **LACAMP Y.** Le Baiser du dragon. *LGF, 1988.* (Le Livre de poche ; 6500 c10)
ISBN 2-253-04671-X. *40 F / 6,10 €*

22548 **LACAMP Y.** L'éléphant bleu. *LGF, 1997.* (Le Livre de poche ; 14347 c8)
ISBN 2-253-14347-2. *33 F / 5,03 €*

22549 **LACAMP Y.** La Fille du ciel. *J'ai lu, 1990.* (J'ai lu ; 2863. Littérature générale c5)
ISBN 2-277-22863-X. *39 F / 5,95 €*

22550 **A** **LACAMP Y.** La fille du ciel. *LGF, 2001.* (Le Livre de poche ; 14716)
ISBN 2-253-14716-8. *36 F / 5,49 €*

22551 **LACAMP Y.** Une jeune fille bien comme il faut. *LGF, 1999.* (Le Livre de poche ; 14630 c6)
ISBN 2-253-14630-7. *26 F / 3,96 €*

22552 **LACAMP Y.** Mambo mambo. *LGF, 1997.* (Le Livre de poche ; 14259 c8)
ISBN 2-253-14259-X. *33 F / 5,03 €*

22553 **LACAMP Y., GALLIAND J-M.** Les nuits kimonos. *LGF, 1996.* (Le Livre de poche ; 13974 c8)
ISBN 2-253-13974-2. *33 F / 5,03 €*

22554 **LACAMP Y., GALLIAND J-M.** Les Paradis lointains. *LGF, 1995.* (Le Livre de poche ; 13815 c9)
ISBN 2-253-13815-0. *36 F / 5,49 €*

22555 **LACARRIÈRE J.** L'été grec. Réimpr. *Pocket, 1988.* (Pocket ; 3018. Terre humaine c9)
ISBN 2-266-07445-8. *48 F / 7,32 €*

22556 **LACARRIÈRE J.** Marie d'Egypte ou Le désir brûlé. *Seuil, 1999.* (Points ; 623)
ISBN 2-02-036754-8. *35 F / 5,34 €*

22557 **LACARRIÈRE J.** Le Pays sous l'écorce. *Seuil, 1981.* (Points. Roman ; 43 c2)
ISBN 2-02-005884-7. *39 F / 5,95 €*

22558 **LACARRIÈRE J.** La poussière du monde. *Seuil, 1998.* (Points ; 562 c7)
ISBN 2-02-032656-6. *35 F / 5,34 €*

22559 **LACHAUD D.** J'apprends l'allemand. *Actes Sud, 2000.* (Babel ; 406)
ISBN 2-7427-2528-8. *45 F / 6,86 €*

22560 **A** **LACHAUD D.** J'apprends l'allemand. *J'ai lu, 2001.* (J'ai lu ; 5965. Littérature générale)
ISBN 2-290-31200-2

22561 **N** **LACHIVER M.** Une fille perdue. *LGF, 2001.* (Le Livre de poche ; 15011 c9)
ISBN 2-253-15011-8. *36 F / 5,49 €*

22562 **LACLAVETINE J-M.** Demain la veille. *Gallimard, 1997.* (Folio ; 2973 c11)
ISBN 2-07-040205-3. *29,50 F / 4,50 €*

22563 **LACLAVETINE J-M.** En douceur. *Gallimard, 1993.* (Folio ; 2529 c11)
ISBN 2-07-038775-5. *29,50 F / 4,50 €*

22564 **LACLAVETINE J-M.** Le rouge et le blanc. *Gallimard, 1996.* (Folio ; 2847 c11)
ISBN 2-07-039466-2. *29,50 F / 4,50 €*

22565 **LACOUR J-A.** Panique en Occident. *Labor, 1994.* (Espace Nord ; 95 c3)
ISBN 2-8040-1011-2. *54 F / 8,23 €*

22566 **LACRETELLE J. d.** La Bonifas. *Gallimard, 1979.* (Folio ; 1084 c8)
ISBN 2-07-037084-4. *37 F / 5,64 €*

22567 **LACRETELLE J. d.** Le Retour de Silbermann. *Gallimard, 1982.* (Folio ; 1357 c9)
ISBN 2-07-037357-6. *20,50 F / 3,13 €*

22568 **LACRETELLE J. d.** Silbermann. *Gallimard, 1973.* (Folio ; 417 c9)
ISBN 2-07-036417-8. *20,50 F / 3,13 €*

22569 **N** **LAFAYE L.** L'homme qui parlait au vent. *les 2 encres, 2000.* (Manuscrit ; 9)
ISBN 2-912975-09-3. *80 F / 12,20 €*

22570 **LAFORGUE J.** Moralités légendaires. *Gallimard, 1977.* (Folio ; 855. Classique c6)
ISBN 2-07-036855-6. *29,50 F / 4,50 €*

22571 **A** **LAFOY L.** Dangereuse alliance. *J'ai lu, 2001.* (J'ai lu ; 5849. Aventures et passions)
ISBN 2-290-31035-2

22572 **A** **LAFOY L.** La justice de Maddie. *J'ai lu, 2001.* (J'ai lu ; 5993. Aventures et passions)
ISBN 2-290-31255-X

22573 **LAGARDE M.** Récits de l'Ardenne. *Labor, 1992.* (Espace Nord ; 80 c3)
ISBN 2-8040-0802-9. *54 F / 8,23 €*

22574 **LAGERKVIST P.** Le bourreau. Nouv. éd. *Stock, 1997.* (Bibliothèque cosmopolite ; 91 c1)
ISBN 2-234-04748-X. *50 F / 7,62 €*

22575 **LAGERKVIST P.** Contes cruels ; Le Sourire éternel. *Stock, 1987.* (Bibliothèque cosmopolite ; 80)
ISBN 2-234-02007-7. *50 F / 7,62 €*

22576 **LAGERKVIST P.** L'Exil de la terre ; Chronique d'un amour. Nouv. éd. *Stock, 1992.* (Bibliothèque cosmopolite)
ISBN 2-234-02454-4. *55 F / 8,38 €*

22577 **LAGERKVIST P.** La mort d'Ahasverus. Nouv. éd. *Stock, 1998.* (Bibliothèque cosmopolite ; 39 c1)
ISBN 2-234-04929-6. *50 F / 7,62 €*

22578 **LAGERKVIST P.** La Sibylle. *Stock, 1982.* (Bibliothèque cosmopolite ; 30)
ISBN 2-234-01608-8. *55 F / 8,38 €*

22579 **LAGERLÖF S.** L'anneau du pêcheur. Nouv. éd. *Stock, 1996.* (Bibliothèque cosmopolite ; 70 c2)
ISBN 2-234-04706-4. *55 F / 8,38 €*

22580 **LAGERLÖF S.** Les Ecus de messire Arne. *Stock, 1989.* (Bibliothèque cosmopolite)
ISBN 2-234-02039-5. *55 F / 8,38 €*

22581 **LAGERLÖF S.** L'empereur du Portugal. Nouv. éd. *Stock, 1999.* (Bibliothèque cosmopolite ; 64 c3)
ISBN 2-234-05132-0. *60 F / 9,15 €*

22582 **LAGERLÖF S.** Jérusalem en Dalécarlie. *Stock, 1988.* (Bibliothèque cosmopolite ; 87)
ISBN 2-234-02054-9. *55 F / 8,38 €*

22583 **LAGERLÖF S.** Jérusalem en Terre sainte. Réimpr. *Stock, 1993.* (Bibliothèque cosmopolite)
ISBN 2-234-02141-3. *70 F / 10,67 €*

22584 **LAGERLÖF S.** La légende de Costa Berling. Nouv. éd. *Stock, 1996.* (Bibliothèque cosmopolite ; 37 c2)
ISBN 2-234-04636-X. *55 F / 8,38 €*

22585 **LAGERLÖF S.** Le Merveilleux voyage de Nils Holgersson à travers la Suède. *LGF, 1991.* (Le Livre de poche ; 6930 c11)
ISBN 2-253-05600-6. *42 F / 6,40 €*

22586 **LAGORCE G.** Les héroïques. *Table ronde, 1998.* (La petite vermillon ; 86)
ISBN 2-7103-0846-0. *45 F / 6,86 €*

22587 **LAHAIE B.** La Femme modèle. *J'ai lu, 1991.* (J'ai lu ; 3102. Littérature générale c3)
ISBN 2-277-23102-9. *29 F / 4,42 €*

22588 **LAHAIE B.** Les sens de la vie. *J'ai lu, 1995.* (J'ai lu ; 3916. Littérature générale c3)
ISBN 2-277-23916-X. *29 F / 4,42 €*

22589 **LAIMAN L.** Les amours contrariées. *J'ai lu, 1996.* (La richesse du coeur; 3)(J'ai lu ; 4339. Amour et destin cG)
ISBN 2-290-04339-7. *29 F / 4,42 €*

22590 **LAIMAN L.** Pour le pire et pour le meilleur. *J'ai lu, 1996.* (La richesse du coeur; 2)(J'ai lu ; 4192. Amour et destin cG)
ISBN 2-277-24192-X. *29 F / 4,42 €*

22591 **N** **LAINÉ P.** Anaïs nue. *Pocket, 2000.* (Pocket ; 10832 c4B)
ISBN 2-266-09812-8. *32 F / 4,88 €*

22592 **LAINÉ P.** Collision fatale. *LGF, 1997.* (Le Livre de poche ; 14142 c5)
ISBN 2-253-14142-9. *23 F / 3,51 €*

22593 **LAINÉ P.** Comme une image. *LGF, 1999.* (Le Livre de poche ; 14741 c6)
ISBN 2-253-14741-9. *26 F / 3,96 €*

22594 **LAINÉ P.** La dentellière. *Gallimard, 1976.* (Folio ; 726 c11)
ISBN 2-07-036726-6. *29,50 F / 4,50 €*

22595 **LAINÉ P.** Fleur de pavé. *LGF, 1997.* (Le Livre de poche ; 14356 c14)
ISBN 2-253-14356-1. *48 F / 7,32 €*

22596 **LAINÉ P.** L'Incertaine. *LGF, 1994.* (Le Livre de poche ; 9789 c4)
ISBN 2-253-09789-6. *20 F / 3,05 €*

22597 **LAINÉ P.** Jeanne du bon plaisir ou les Hasards de la fidélité. *Gallimard, 1986.* (Folio ; 1730 c11)
ISBN 2-07-037730-X. *29,50 F / 4,50 €*

22598 **LAINÉ P.** Monsieur, vous oubliez votre cadavre. *Gallimard, 1990.* (Folio ; 2186 c8)
ISBN 2-07-038276-1. *37 F / 5,64 €*

22599 **LAINÉ P.** Les Petites égarées. *Gallimard, 1990.* (Folio ; 2170 c12)
ISBN 2-07-038259-1. *52 F / 7,93 €*

22600 **N** **LAKATOS M.** Couleur de fumée : une épopée tzigane. Nouv. éd. *Actes Sud, 2000.* (Babel ; 443)
ISBN 2-7427-2898-8. *51 F / 7,77 €*

22601 **LAKER R.** Aux marches du palais. *Pocket, 1992.* (Pocket ; 4051. Roman c8)
ISBN 2-266-04958-5. *45 F / 6,86 €*

22602 **LAKER R.** Belle Epoque. *Pocket, 1999.* (Pocket ; 10401. Roman)
ISBN 2-266-08122-5. *42 F / 6,40 €*

22603 **LAKER R.** Le masque de Venise. *Pocket, 1996.* (Pocket ; 10067 c8)
ISBN 2-266-07030-4. *45 F / 6,86 €*

22604 **LAKER R.** Le pavillon de sucre. *Pocket, 1997.* (Pocket ; 10159 c8)
ISBN 2-266-07463-6. *45 F / 6,86 €*

22605 **LAKER R.** La tulipe d'or. *Pocket, 1995.* (Pocket ; 4257. Roman c6)
ISBN 2-266-06336-7. *36 F / 5,49 €*

22606 **LALANDE F.** Le gardien d'abalones. *Labor, 1995.* (Espace Nord ; 97 c1)
ISBN 2-8040-1014-7. *34 F / 5,18 €*

22607 **LALANDE F.** Noir. *Ancrage, 2000.* (Poche ; 7 c2)
ISBN 2-930311-03-7. *45 F / 6,86 €*

22608 **LALONDE R.** Le Dernier été des Indiens. *Seuil, 1993.* (Points. Roman ; 572 c1)
ISBN 2-02-019124-5. *32 F / 4,88 €*

22609 **LAMARCHE-VADEL B.** Vétérinaires. *Gallimard, 1995.* (Folio ; 2745 c11)
ISBN 2-07-039291-0. *29,50 F / 4,50 €*

22610 **LAMARTINE A. d.** Graziella. *Gallimard, 1979.* (Folio ; 1085. Classique c6)
ISBN 2-07-037085-2. *29,50 F / 4,50 €*

22611 **N** **LAMB W.** Le chant de Dolorès. *Pocket, 2000.* (Pocket ; 10868 c9)
ISBN 2-266-09889-6. *48 F / 7,32 €*

22612 **LAMBERT S.** Ensemble, Simone et Jean sont entrés dans la rivière. *Ancrage, 1999.* (Poche ; 9 c1)
ISBN 2-930311-05-3. *35 F / 5,34 €*

22613 **LAMBRICHS G.** Les Fines attaches. *Gallimard, 1979.* (L'imaginaire ; 46)
ISBN 2-07-028773-4. *36 F / 5,49 €*

22614 **LAMBRICHS L. L.** Le jeu du roman. *Seuil, 1998.* (Points ; 550 c2)
ISBN 2-02-035227-3. *39 F / 5,95 €*

22615 **LAMBRON M.** 1941. *LGF, 1999.* (Le Livre de poche ; 14611 c10)
ISBN 2-253-14611-0. *40 F / 6,10 €*

22616 **LAMBRON M.** La Nuit des masques. *LGF, 1992.* (Le Livre de poche ; 7380 c7)
ISBN 2-253-05898-X. *30 F / 4,57 €*

22617 **LAMBRON M.** L'oeil du silence. *LGF, 1995.* (Le Livre de poche ; 13729 c10)
ISBN 2-253-13729-4. *40 F / 6,10 €*

22618 **LAMPMAN C.** Pour un jour ou pour toujours. *J'ai lu, 1997.* (J'ai lu ; 4485. Aventures et passions c6)
ISBN 2-290-04485-7. *42 F / 6,40 €*

22619 **Lancelot. 1.** *10-18, 1983.* (10-18 ; 1583. Bibliothèque médiévale c9)
ISBN 2-264-00542-4. *60 F / 9,15 €*

22620 **LANDES-FUSS M-G.** Une Baraque rouge et moche comme tout. *Gallimard, 1985.* (Folio ; 1646 c8)
ISBN 2-07-037646-X. *37 F / 5,64 €*

22621 **LANDIS J. M.** La danseuse de saloon. *J'ai lu, 1996.* (J'ai lu ; 4215. Aventures et passions c3)
ISBN 2-277-24215-2. *29 F / 4,42 €*

22622 **LANDIS J. M.** Double imposture. *J'ai lu, 1998.* (J'ai lu ; 4760. Aventures et passions c5)
ISBN 2-290-04760-0. *39 F / 5,95 €*

22623 **LANDIS J. M.** L'héritage de Jade. *J'ai lu, 1993.* (J'ai lu ; 3449. Aventures et passions c6)
ISBN 2-277-23449-4. *42 F / 6,40 €*

22624 **LANDIS J. M.** Libre d'abord !. *J'ai lu, 1999.* (J'ai lu ; 5357. Aventures et passions c4)
ISBN 2-290-05357-0. *36 F / 5,49 €*

22625 **LANDIS J. M.** La maîtresse audacieuse. *J'ai lu, 1997.* (J'ai lu ; 4451. Aventures et passions c4)
ISBN 2-290-04451-2. *36 F / 5,49 €*

22626 **LANDIS J. M.** La sudiste criminelle. *J'ai lu, 1996.* (J'ai lu ; 4088. Aventures et passions c4)
ISBN 2-277-24088-5. *36 F / 5,49 €*

22627 **N** **LANG A.** Langue de vipère et gueule de bois. *J'ai lu, 2001.* (J'ai lu ; 5777. Littérature générale cl)
ISBN 2-290-30933-8. *36 F / 5,49 €*

22628 **LANG L.** Mille six cents ventres. *Gallimard, 2000.* (Folio ; 3339 c8)
ISBN 2-07-040858-2. *37 F / 5,64 €*

22629 **LANG L.** Voyage sur la ligne d'horizon. *Gallimard, 1999.* (Folio ; 3178 c8)
ISBN 2-07-040768-3. *37 F / 5,64 €*

22630 **LANGAN R. R.** Tout ce qui brille... *J'ai lu, 1996.* (J'ai lu ; 4193. Amour et destin cK)
ISBN 2-277-24193-8. *42 F / 6,40 €*

22631 **LANGE H.** Une Fatigue ; La Promenade sur la grève. *Stock, 1992.* (Bibliothèque cosmopolite)
ISBN 2-234-02460-9. *55 F / 8,38 €*

22632 **LANGE M.** Les Cabines de bain. *Gallimard, 1984.* (Folio ; 1570 c11)
ISBN 2-07-037570-6. *29,50 F / 4,50 €*

22633 **LANGE M.** Les Platanes ; Les Poissons-chats. *Gallimard, 1985.* (Folio ; 1638 c11)
ISBN 2-07-037638-9. *29,50 F / 4,50 €*

22634 **LANGFUS A.** Les bagages de sable. *Gallimard, 1981.* (Folio ; 1283 c11)
ISBN 2-07-037283-9. *29,50 F / 4,50 €*

22635 **LANGFUS A.** Le Sel et le soufre. *Gallimard, 1983.* (Folio ; 1506 c10)
ISBN 2-07-037506-4. *46 F / 7,01 €*

22636 **LANZMANN J.** L'Age d'amour. *LGF, 1987.* (Le Livre de poche ; 6375 c4)
ISBN 2-253-04283-8. *20 F / 3,05 €*

22637 **LANZMANN J.** Café-crime. *LGF, 1989.* (Le Livre de poche ; 6638 c7)
ISBN 2-253-04995-6. *30 F / 4,57 €*

22638 **LANZMANN J.** Le fils de l'Himalaya. *LGF, 1998.* (Le Livre de poche ; 14530 c7)
ISBN 2-253-14530-0. *30 F / 4,57 €*

22639 **LANZMANN J.** La horde d'or. *Pocket, 1995.* (Pocket ; 4368. Best c7)
ISBN 2-266-06547-5. *42 F / 6,40 €*

22640 **LANZMANN J.** La mémoire des dieux. *LGF, 1999.* (Le Livre de poche ; 14631 c6)
ISBN 2-253-14631-5. *26 F / 3,96 €*

22641 **LANZMANN J.** Le raja. *LGF, 1997.* (Le Livre de poche ; 14132 c7)
ISBN 2-253-14132-1. *30 F / 4,57 €*

22642 **LANZMANN J.** Le Septième ciel. *LGF, 1986.* (Le Livre de poche ; 6195 c6)
ISBN 2-253-03900-4. *26 F / 3,96 €*

22643 **LAO S.** Gens de Pékin. *Gallimard, 1993.* (Folio ; 2473 c8)
ISBN 2-07-038727-5. *37 F / 5,64 €*

22644 **N** **LAO S.** Quatre générations sous un même toit. 2, Survivre à tout prix. *Gallimard, 2000.* (Folio ; 3119 c13)
ISBN 2-07-041261-X. *56 F / 8,54 €*

22645 **LAO S., XIAO J.** Quatre générations sous un même toit. 1. *Gallimard, 1998.* (Folio ; 3119 c13)
ISBN 2-07-040466-8. *56 F / 8,54 €*

22646 **LAPEYRE P.** La lenteur de l'avenir. Réimp. *J'ai lu, 1999.* (J'ai lu ; 1333. Littérature générale c3)
ISBN 2-290-02565-8. *29 F / 4,42 €*

22647 **LAPEYRE P.** Ludo et compagnie. *Seuil, 1992.* (Points. Roman ; 554 c2)
ISBN 2-02-015934-1. *39 F / 5,95 €*

22648 **N** **LAPEYRE P.** Sissy, c'est moi. *Gallimard, 2000.* (Folio ; 3450 c6)
ISBN 2-07-040894-9. *29,50 F / 4,50 €*

22649 **LAPIERRE A.** L'absent. Nouv. éd. *Pocket, 1995.* (Pocket ; 3947. Best c5)
ISBN 2-266-04717-5. *35 F / 5,34 €*

22650 **LAPIERRE A.** La lionne du boulevard. *Pocket, 1995.* (Pocket ; 2338. Best c5)
ISBN 2-266-06385-5. *35 F / 5,34 €*

22651 **LAPIERRE D.** La Cité de la joie. *Pocket, 1999.* (Pocket ; 4178. Best)
ISBN 2-266-10753-4. *45 F / 6,86 €*

22652 **LAPIERRE D., COLLINS L.** Cette nuit, la liberté : récit. *Pocket, 1994.* (Pocket ; 4182 c7)
ISBN 2-266-06139-9. *42 F / 6,40 €*

22653 **LAPIERRE D., COLLINS L.** Le Cinquième cavalier. *Pocket, 1994.* (Pocket ; 4179 c7)
ISBN 2-266-06136-4. *42 F / 6,40 €*

22654 **LAPIERRE D., COLLINS L.** Paris brûle-t-il? : histoire de la libération de Paris, 25 août 1944. *Pocket, 1994.* (Pocket ; 4177 c7)
ISBN 2-266-06135-6. *42 F / 6,40 €*

22655 **LAPOUGE G.** Un Soldat en déroute. *Gallimard, 1981.* (Folio ; 1262 c11)
ISBN 2-07-037262-6. *29,50 F / 4,50 €*

22656 **LARBAUD V.** Amants, heureux amants. *Gallimard, 1993.* (L'imaginaire ; 298)
ISBN 2-07-073414-5. *45 F / 6,86 €*

22657 **LARBAUD V.** A.O. Barnabooth : son journal intime. *Gallimard, 1982.* (L'imaginaire ; 98)
ISBN 2-07-020415-4. *44 F / 6,71 €*

22658 **A** **LARBAUD V.** Enfantines. *Gallimard, 2001.* (L'imaginaire ; 8)
ISBN 2-07-029728-4. *41 F / 6,25 €*

22659 **LARBAUD V.** Fermina Marquez. *Gallimard, 1972.* (Folio ; 225 c6)
ISBN 2-07-036225-6. *29,50 F / 4,50 €*

22660 **LARNEUIL M.** Si l'Adour avait voulu... *LGF, 1990.* (Le Livre de poche ; 6799 c14)
ISBN 2-253-05364-3. *48 F / 7,32 €*

22661 **N** **LAROUI F.** Les dents du topographe. *J'ai lu, 2000.* (J'ai lu ; 5539. Littérature générale cG)
ISBN 2-290-30241-4. *29 F / 4,42 €*

22662 **N** **LARSSON B.** Long John Silver : la relation véridique et mouvementée de ma vie et de mes aventures d'homme libre, de gentilhomme de fortune et d'ennemi de l'humanité. *LGF, 2001.* (Le Livre de poche ; 15010 c13)
ISBN 2-253-15010-X. *46 F / 7,01 €*

22663 **LASAYGUES F.** Le Chien de Goya. *J'ai lu, 1992.* (J'ai lu ; 3211. Littérature générale)
ISBN 2-277-23211-4. *39 F / 5,95 €*

22664 **LASAYGUES F.** La piste de l'aigle. *J'ai lu, 1999.* (J'ai lu ; 4975. Littérature générale)
ISBN 2-290-04975-1. *32 F / 4,88 €*

22665 **LASZLO A.** Paco l'infaillible. *Gallimard, 1980.* (Folio ; 1163 c11)
ISBN 2-07-037163-8. *29,50 F / 4,50 €*

22666 **N** **LAURENS C.** L'avenir. *Gallimard, 2000.* (Folio ; 3445 c7)
ISBN 2-07-040895-7. *32,50 F / 4,95 €*

22667 **N** **LAURENS C.** Les travaux d'Hercule. *Gallimard, 2000.* (Folio ; 3390 c7)
ISBN 2-07-041258-X. *37 F / 5,64 €*

22668 **LAURENT F.** Les dunes au clair de lune. *Baleine, 1999.* (Velours ; 6)
ISBN 2-84219-231-1. *42 F / 6,40 €*

22669 **LAURENT J.** Les Corps tranquilles. *LGF, 1992.* (Le Livre de poche ; 3145 c19)
ISBN 2-253-06095-X. *70 F / 10,67 €*

22670 **LAURENT J.** Croire à Noël. *Grasset, 1994.* (Les Cahiers rouges ; 202)
ISBN 2-246-19272-2. *52 F / 7,93 €*

22671 **LAURENT J.** Le Dormeur debout. *Gallimard, 1988.* (Folio ; 1995 c11)
ISBN 2-07-038084-X. *50 F / 7,62 €*

22672 **LAURENT J.** Histoire égoïste. *Gallimard, 1978.* (Folio ; 993 c10)
ISBN 2-07-036993-5. *46 F / 7,01 €*

22673 **LAURENT J.** L'inconnu du temps qui passe. *LGF, 1996.* (Le Livre de poche ; 14047 c7)
ISBN 2-253-14047-3. *30 F / 4,57 €*

22674 **LAURENT J.** Le Miroir aux tiroirs. *LGF, 1992.* (Le Livre de poche ; 4332 c10)
ISBN 2-253-06012-7. *40 F / 6,10 €*

22675 **LAURENT J.** Le Petit canard. *Grasset, 1985.* (Les Cahiers rouges ; 41)
ISBN 2-246-13652-0. *36 F / 5,49 €*

22676 **LAURIA F.** La fin des temps. *Pocket, 2000.* (Pocket ; 10944 c3B)
ISBN 2-266-10099-8. *28 F / 4,27 €*

22677 **LAUSSAC C.** Le dernier bûcher. *Pocket, 1998.* (Pocket ; 10051 c4)
ISBN 2-266-06945-4. *30 F / 4,57 €*

22678 **LAVAL X. d.** Les Aigles du Danube. *LGF, 1993.* (Le Livre de poche ; 9744 c9)
ISBN 2-253-06532-3. *36 F / 5,49 €*

22679 **LAWRENCE D. H.** L'amant de lady Chatterley. Réimpr. *LGF, 1997.* (Le Livre de poche ; 5830. Classiques de poche c6)
ISBN 2-253-05715-0. *26 F / 3,96 €*

22680 **LAWRENCE D. H.** L'Amant de lady Chatterley. *Gallimard, 1993.* (Folio ; 2499 c11)
ISBN 2-07-038743-7. *50 F / 7,62 €*

22681 **LAWRENCE D. H.** L'amant de lady Chatterley. *Pocket, 1997.* (Pocket ; 1993. Best)
ISBN 2-266-07683-3. *26 F / 3,96 €*

22682 **LAWRENCE D. H.** Amants et fils. Réimpr. *Gallimard, 1996.* (Folio ; 1255 c11)
ISBN 2-07-037255-3. *50 F / 7,62 €*

22683 **LAWRENCE D. H.** Femmes amoureuses. Réimpr. *Gallimard, 1988.* (Folio ; 2102)
ISBN 2-07-038188-9. *61 F / 9,30 €*

22684 **N** **LAWRENCE D. H.** Les Filles du pasteur. *Gallimard, 2001.* (Folio bilingue ; 96)
ISBN 2-07-041401-9. *50 F / 7,62 €*

22685 **LAWRENCE D. H.** Les Filles du pasteur. *Gallimard, 1983.* (Folio ; 1429 c8)
ISBN 2-07-037429-7. *37 F / 5,64 €*

22686 **LAWRENCE D. H.** Fils et amants. *LGF, 1989.* (Le Livre de poche ; 6531 c13)
ISBN 2-253-04802-X. *46 F / 7,01 €*

22687 **LAWRENCE D. H.** L'Homme et la poupée. *Gallimard, 1982.* (Folio ; 1340 c8)
ISBN 2-07-037340-1. *37 F / 5,64 €*

22688 **LAWRENCE D. H.** L'Homme qui était mort. *Gallimard, 1977.* (L'imaginaire ; 6)
ISBN 2-07-029727-6. *42 F / 6,40 €*

22689 **LAWRENCE D. H.** Ile mon île. Nouv. éd. *Stock, 1985.* (Bibliothèque cosmopolite ; 52)
ISBN 2-234-01835-8. *50 F / 7,62 €*

22690 **LAWRENCE D. H.** Kangourou. *Gallimard, 1996.* (Folio ; 2848 c11)
ISBN 2-07-039459-X. *50 F / 7,62 €*

22691 **LAWRENCE D. H.** Matinées mexicaines ; Pensées. Nouv. éd. *Stock, 1986.* (Bibliothèque cosmopolite ; 70)
ISBN 2-234-01948-6. *50 F / 7,62 €*

22692 **LAWRENCE D. H.** La princesse ; La Fille du marchand de chevaux. *Gallimard, 1998.* (L'Etrangère)
ISBN 2-07-040428-5. *45 F / 6,86 €*

22693 **LAWRENCE D. H.** Le renard. Nouv. éd. *Stock, 1999.* (Bibliothèque cosmopolite ; 35 c1)
ISBN 2-234-05131-2. *50 F / 7,62 €*

22694 **LAWRENCE D. H.** La Vierge et le Gitan = The Virgin and the Gipsy. *Gallimard, 1993.* (Folio bilingue ; 30 c7)
ISBN 2-07-038607-4. *60 F / 9,15 €*

22695 **LAXNESS H. K.** Le Paradis retrouvé. *Gallimard, 1990.* (L'imaginaire ; 236)
ISBN 2-07-071991-X. *46 F / 7,01 €*

22696 **LAYE C.** L'Enfant noir. Réimpr. *Pocket, 1976.* (Pocket ; 1249. Blanche c2)
ISBN 2-266-02312-8. *23 F / 3,51 €*

22697 **LAYRAC A.** Mauvaises fréquentations. *J'ai lu, 1999.* (J'ai lu ; 5397. Littérature générale c3)
ISBN 2-290-05397-X. *29 F / 4,42 €*

22698 **N** **LE BRIS M.** Les flibustiers de la Sonore. *J'ai lu, 2000.* (J'ai lu ; 5508. Littérature générale cN)
ISBN 2-290-30161-2. *52 F / 7,93 €*

22699 **N** **LE BRIS M.** La porte d'or. *Seuil, 2000.* (Points ; 738 c10)
ISBN 2-02-038971-1. *45 F / 6,86 €*

22700 **LE CARRÉ J.** Un Amant naïf et sentimental ; Un Pur espion ; La Maison Russie. *Laffont, 1991.* (Oeuvres; 3)(Bouquins)
ISBN 2-221-06993-5. *130 F / 19,82 €*

22701 **LE CARRÉ J.** Un Amant naïf et sentimental. *LGF, 1974.* (Le Livre de poche ; 3591 c12)
ISBN 22-530-2874-6. *44 F / 6,71 €*

22702 **A** **LE CARRÉ J.** L'appel du mort. *Gallimard, 2099.* (Folio ; 2178. Policier c8)
ISBN 2-07-041032-3. *35 F / 5,34 €*

22703 **LE CARRÉ J.** L'Espion qui venait du froid. *Gallimard, 1973.* (Folio ; 414 c8)
ISBN 2-07-036414-3. *37 F / 5,64 €*

22704 **LE CARRÉ J.** Les Gens de Smiley ; Une Petite ville en Allemagne ; La Petite fille au tambour. *Laffont, 1991.* (Oeuvres; 2)(Bouquins)
ISBN 2-221-06992-7. *130 F / 19,82 €*

22705 **LE CARRÉ J.** La Maison Russie. *Gallimard, 1991.* (Folio ; 2262 c11)
ISBN 2-07-038379-2. *50 F / 7,62 €*

22706 **LE CARRÉ J.** Un Pur espion. *LGF, 1987.* (Le Livre de poche ; 6371 c12)
ISBN 2-253-04294-3. *44 F / 6,71 €*

22707 **LE CARRÉ J.** La Taupe ; Comme un collégien ; Les Gens de Smiley. *Laffont, 1981.* (Bouquins)
ISBN 2-221-50261-2. *100 F / 15,24 €*

22708 **LE CARRÉ J.** Le Voyageur secret. *LGF, 1993.* (Le Livre de poche ; 9559 c10)
ISBN 2-253-06230-8. *40 F / 6,10 €*

22709 **LE CLÉZIO J-M. G.** Le Chercheur d'or. *Gallimard, 1988.* (Folio ; 2000 c9)
ISBN 2-07-038082-3. *41 F / 6,25 €*

22710 **LE CLÉZIO J-M. G.** Le Déluge. *Gallimard, 1994.* (L'imaginaire ; 309)
ISBN 2-07-073794-2. *48 F / 7,32 €*

22711 **LE CLÉZIO J-M. G.** Désert. *Gallimard, 1985.* (Folio ; 1670 c9)
ISBN 2-07-037670-2. *41 F / 6,25 €*

22712 **LE CLÉZIO J-M. G.** Etoile errante. *Gallimard, 1994.* (Folio ; 2592 c8)
ISBN 2-07-038889-1. *37 F / 5,64 €*

22713 **LE CLÉZIO J-M. G.** La Fièvre. *Gallimard, 1991.* (L'imaginaire ; 253)
ISBN 2-07-072257-0. *42 F / 6,40 €*

22714 **LE CLÉZIO J-M. G.** Les géants. *Gallimard, 1997.* (L'imaginaire ; 362)
ISBN 2-07-074769-7. *51 F / 7,77 €*

22715 **LE CLÉZIO J-M. G.** La Guerre. *Gallimard, 1992.* (L'imaginaire ; 271)
ISBN 2-07-072546-4. *48 F / 7,32 €*

22716 **N** **LE CLÉZIO J-M. G.** Hasard ; suivi de Angoli Mala. *Gallimard, 2000.* (Folio ; 3460 c9)
ISBN 2-07-041629-1. *41 F / 6,25 €*

22717 **LE CLÉZIO J-M. G.** Le Livre des fuites. *Gallimard, 1989.* (L'imaginaire ; 225)
ISBN 2-07-071820-4. *50 F / 7,62 €*

22718 **LE CLÉZIO J-M. G.** Mondo et autres histoires. *Gallimard, 1982.* (Folio ; 1365 c8)
ISBN 2-07-037365-7. *37 F / 5,64 €*

22719 **LE CLÉZIO J-M. G.** Onitsha. *Gallimard, 1993.* (Folio ; 2472 c8)
ISBN 2-07-038726-7. *37 F / 5,64 €*

22720 **LE CLÉZIO J-M. G.** Poisson d'or. *Gallimard, 1999.* (Folio ; 3192 c8)
ISBN 2-07-040875-2. *37 F / 5,64 €*

22721 **LE CLÉZIO J-M. G.** Printemps : et autres saisons. *Gallimard, 1991.* (Folio ; 2264 c11)
ISBN 2-07-038377-6. *29,50 F / 4,50 €*

22722 **LE CLÉZIO J-M. G.** Le procès-verbal. *Gallimard, 1973.* (Folio ; 353 c8)
ISBN 2-07-036353-8. *37 F / 5,64 €*

22723 **LE CLÉZIO J-M. G.** La quarantaine. *Gallimard, 1997.* (Folio ; 2974 c11)
ISBN 2-07-040210-X. *50 F / 7,62 €*

22724 **LE CLÉZIO J-M. G.** La Ronde : et autres faits divers. *Gallimard, 1990.* (Folio ; 2148 c6)
ISBN 2-07-038237-0. *29,50 F / 4,50 €*

22725 **LE CLÉZIO J-M. G.** Terra amata. *Gallimard, 1998.* (L'imaginaire ; 391)
ISBN 2-07-075377-8. *62 F / 9,45 €*

22726 **LE CLÉZIO J-M. G.** Voyages de l'autre côté. *Gallimard, 1995.* (L'imaginaire ; 326)
ISBN 2-07-074146-X. *60 F / 9,15 €*

22727 **A** **LE DENMAT J-P.** Sous le masque de l'ange. *Liv'éditions, 2001.* (Liv'poche)
ISBN 2-84497-018-4. *59 F / 8,99 €*

22728 **N** **LE FORT A.** L'eau froide efface les rêves. *Ancrage, 2000.* (Poche ; 13 c2)
ISBN 2-930311-09-6. *45 F / 6,86 €*

22729 **LE GAL A.** Le Shangaïe. *LGF, 1987.* (Le Livre de poche ; 6392 cJ)
ISBN 2-253-04313-3. *40 F / 6,10 €*

22730 **LE GUILLOU P.** Le Dieu noir. *Gallimard, 1990.* (Folio ; 2195 c11)
ISBN 2-07-038286-9. *50 F / 7,62 €*

22731 **LE GUILLOU P.** Le passage de l'Aulne. *Gallimard, 1996.* (Folio ; 2859 c10)
ISBN 2-07-040116-2. *46 F / 7,01 €*

22732 **LE GUILLOU P.** La Rumeur du soleil. *Gallimard, 1994.* (Folio ; 2662 c9)
ISBN 2-07-038923-5. *41 F / 6,25 €*

22733 **N** **LE GUILLOU P.** Les sept noms du peintre. *Gallimard, 2001.* (Folio ; 3473 c10)
ISBN 2-07-041692-5. *46 F / 7,01 €*

22734 **N** **LÊ L.** Lettre morte. *Pocket, 2000.* (Pocket ; 10794 c3)
ISBN 2-266-09675-3. *26 F / 3,96 €*

22735 **LÊ L.** Les trois parques. *Pocket, 1999.* (Pocket ; 10653 c4)
ISBN 2-266-09104-2. *30 F / 4,57 €*

22736 **LÊ L.** Voix : une crise. *Pocket, 1999.* (Pocket ; 10667)
ISBN 2-266-09204-9. *23 F / 3,51 €*

22737 **LE NABOUR E.** Un Indien dans la ville : d'après le film Un Indien dans la ville d'Hervé Palud. Réimpr. *J'ai lu, 1995.* (J'ai lu ; 3979. Littérature générale c3)
ISBN 2-290-03979-9. *29 F / 4,42 €*

22738 **LE PORRIER H.** Le médecin de Cordoue. Réimpr. *Seuil, 1997.* (Points ; 396 c8)
ISBN 2-02-032123-8. *39 F / 5,95 €*

22739 **LE QUINTREC C.** L'empire des fougères. *LGF, 2000.* (Le Livre de poche ; 14805)
ISBN 2-253-14805-9. *33 F / 5,03 €*

22740 **LE QUINTREC C.** Les Nuits du Parc-Lann. *LGF, 1993.* (Le Livre de poche ; 9572 c13)
ISBN 2-253-06243-X. *46 F / 7,01 €*

22741 **LE QUINTREC C.** La traversée du lac. *LGF, 1998.* (Le Livre de poche ; 14516 c9)
ISBN 2-253-14516-5. *36 F / 5,49 €*

22742 **LE ROUGE G.** L'Amérique des dollars et du crime. *Laffont, 1993.* (Bouquins)
ISBN 2-221-07517-X. *120 F / 18,29 €*

22743 **LE ROUGE G.** Le Mystérieux docteur Cornélius ; Le Prisonnier de la planète Mars ; La Guerre des vampires ; L'Espionne du grand lama ; Cinq nouvelles retrouvées ; Les Poèmes du docteur Cornélius. *Laffont, 1986.* (Bouquins)
ISBN 2-221-05148-3. *120 F / 18,29 €*

22744 **LE ROY E.** Jacquou le Croquant. *LGF, 1997.* (Le Livre de poche ; 3165. Classiques de poche c7)
ISBN 2-253-00783-8. *30 F / 4,57 €*

22745 **LE RUYET R.** Le crime de la Kergroise. *Liv'éditions, 1997.* (Liv'poche)
ISBN 2-910781-47-X. *59 F / 8,99 €*

22746 **LE SAGE A-R.** Le Diable boiteux. *Gallimard, 1984.* (Folio ; 1591. Classique c10)
ISBN 2-07-037591-9. *46 F / 7,01 €*

22747 **LE SAGE A-R.** Gil Blas de Santillane. *Gallimard, 1996.* (Folio ; 2778. Classique c14)
ISBN 2-07-039415-8. *60 F / 9,15 €*

22748 **LE TOUZE G.** Comme ton père. *Seuil, 1995.* (Points ; 130 c7)
ISBN 2-02-025772-6. *35 F / 5,34 €*

22749 **LE TOUZE G.** Etonne-moi. *Seuil, 1998.* (Points ; 448 c7)
ISBN 2-02-033297-3. *35 F / 5,34 €*

22750 **LE VARLET B.** Le baron Virgule. *LGF, 1996.* (Le Livre de poche ; 14003 c4)
ISBN 2-253-14003-1. *20 F / 3,05 €*

22751 **LE VARLET B.** Le Bel amour. *LGF, 1992.* (Le Livre de poche ; 4371 c9)
ISBN 2-253-06102-6. *36 F / 5,49 €*

22752 **LE VARLET B.** Le Crime de Combe Jadouille. *LGF, 1989.* (Le Livre de poche ; 6599 c10)
ISBN 2-253-04912-3. *40 F / 6,10 €*

22753 **LE VARLET B.** Puynègre. *LGF, 1987.* (Le Livre de poche ; 6325 c8)
ISBN 2-253-04139-4. *33 F / 5,03 €*

22754 **LÉANDRI B.** En votre aimable règlement. *J'ai lu, 1997.* (J'ai lu ; 4495. Littérature générale c4)
ISBN 2-290-04495-4. *36 F / 5,49 €*

22755 **N** **LEARNER T.** Celle qui fut ligotée et oubliée. *le Cercle, 2001.* (Le Cercle poche ; 13)
ISBN 2-913563-34-1. *39 F / 5,95 €*

22756 **LÉAUTAUD P.** Amours. *Gallimard, 1996.* (L'imaginaire ; 345)
ISBN 2-07-074451-5. *52 F / 7,93 €*

22757 **A** **LEAVITT D., POUILLOUX J-Y.** Quelques pas de danse en famille. *J'ai lu, 2001.* (J'ai lu ; 5931. Littérature générale)

22758 **LEBLANC A.** Lucas. *J'ai lu, 1993.* (J'ai lu ; 3392. Littérature générale)
ISBN 2-277-23392-7. *36 F / 5,49 €*

22759 **LEBLANC A.** Un pont entre deux rives. *LGF, 1999.* (Le Livre de poche ; 14644 c7)
ISBN 2-253-14644-7. *30 F / 4,57 €*

22760 **LEBLANC M.** Les rivaux d'Arsène Lupin. *Laffont : Laffont, 1988.* (Arsène Lupin; 5)(Bouquins)
ISBN 2-221-05438-5. *159 F / 24,24 €*

22761 **LEDUC V.** L'Asphyxie. *Gallimard, 1988.* (L'imaginaire ; 193)
ISBN 2-07-071217-6. *37 F / 5,64 €*

22762 **LEDUC V.** La bâtarde. *Gallimard, 1996.* (L'imaginaire ; 351)
ISBN 2-07-074535-X. *68 F / 10,37 €*

22763 **LEE L.** Adieu ma concubine. *J'ai lu, 1994.* (J'ai lu ; 3633. Littérature générale c4)
ISBN 2-277-23633-0. *36 F / 5,49 €*

22764 **LEE L.** La dernière princesse de Mandchourie. *J'ai lu, 1996.* (J'ai lu ; 4187. Littérature générale c4)
ISBN 2-277-24185-7. *36 F / 5,49 €*

22765 **A** **LEE L. F.** Une passion en Afrique. *J'ai lu, 2001.* (J'ai lu ; 5995. Amour et destin)
ISBN 2-290-31257-6

22766 **N** **LEFÈVRE F.** Consigne des minutes heureuses. *J'ai lu, 2000.* (J'ai lu ; 5595. Littérature générale cF)
ISBN 2-290-30294-5. *26 F / 3,96 €*

22767 **N** **LEFÈVRE F.** La grosse. *Actes Sud, 2000.* (Babel ; 434 c2)
ISBN 2-7427-2773-6. *39 F / 5,95 €*

22768 **N** **LEFÈVRE F.** Mortel azur. Réimpr. *J'ai lu, 2000.* (J'ai lu ; 3295. Littérature générale cE)
ISBN 2-290-30384-4. *22 F / 3,35 €*

22769 **N** **LEFÈVRE F.** Le petit prince cannibale. Réimpr. *J'ai lu, 2001.* (J'ai lu ; 3083. Littérature générale cG)
ISBN 2-290-31289-4. *29 F / 4,42 €*

22770 **N** **LEFÈVRE F.** La première habitude. *J'ai lu, 2000.* (J'ai lu ; 697. Littérature générale cE)
ISBN 2-290-30383-6. *22 F / 3,35 €*

22771 **N** **LEFÈVRE K.** Métisse blanche. *Ed. de l'Aube, 2001.* (L'Aube poche ; 62)
ISBN 2-87678-648-6. *55 F / 8,38 €*

22772 **LEGARDINIER G.** Le secret de la cité sans soleil. *J'ai lu, 1996.* (J'ai lu ; 4314. Littérature générale c4)
ISBN 2-290-04314-1. *36 F / 5,49 €*

22773 **A** **LEGARDINIER P., LEGARDINIER G.** Comme une ombre. *J'ai lu, 2001.* (J'ai lu ; 5963. Amour et destin)
ISBN 2-290-31238-X

22774 **LEGENDRE C.** Making of. *J'ai lu, 2000.* (J'ai lu ; 5469. Littérature générale cE)
ISBN 2-290-30192-2. *22 F / 3,35 €*

22775 **LÉGER J-A.** L'autre Falstaff. *Gallimard, 1998.* (Folio ; 3069 c8)
ISBN 2-07-040232-0. *37 F / 5,64 €*

22776 **LÉGER J-A.** Un Ciel si fragile. *Gallimard, 1989.* (Folio ; 2074 c9)
ISBN 2-07-038162-5. *41 F / 6,25 €*

22777 **LÉGER J-A.** Pacific Palisades. *Gallimard, 1988.* (Folio ; 1930 c8)
ISBN 2-07-037930-2. *37 F / 5,64 €*

22778 **LÉGER J-A.** Le siècle des ténèbres. *Ancrage, 2000.* (Poche ; 11 c4)
ISBN 2-930311-07-X. *52 F / 7,93 €*

22779 **N** **LEHMANN C.** L'Évangile selon Caïn. *Seuil, 2001.* (Points ; 806)
ISBN 2-02-048134-0. *42 F / 6,40 €*

22780 **LEHMANN R.** L'Invitation à la valse. Nouv. éd. *10-18, 1994.* (10-18 ; 1468. Domaine étranger c5)
ISBN 2-264-02021-0. *44 F / 6,71 €*

22781 **LEHMANN R.** Poussière. Réimpr. *10-18, 1997.* (10-18 ; 1631. Domaine étranger c6)
ISBN 2-264-00604-8. *47 F / 7,17 €*

22782 **LEIRIS M.** L'Age d'homme. *Gallimard, 1973.* (Folio ; 435 c11)
ISBN 2-07-036435-6. *29,50 F / 4,50 €*

22783 **LEIRIS M.** Aurora. *Gallimard, 1977.* (L'imaginaire ; 3)
ISBN 2-07-029647-4. *38 F / 5,79 €*

22784 **A** **LELIÈVRE M-D.** Martine fait du sentiment. *J'ai lu, 2001.* (J'ai lu ; 5802. Littérature générale)
ISBN 2-290-31001-8

22785 **LEMONNIER C.** La Fin des bourgeois. *Labor, 1986.* (Espace Nord ; 31 c2)
ISBN 2-8040-0185-7. *42 F / 6,40 €*

22786 **LEMONNIER C.** Happe-chair. *Labor, 1994.* (Espace Nord ; 92 c4)
ISBN 2-8040-0961-0. *62 F / 9,45 €*

22787 **LEMONNIER C.** Un mâle. *Labor, 1998.* (Espace Nord ; 130 c3)
ISBN 2-8040-1303-0. *54 F / 8,23 €*

22788 **LEMSINE A.** La chrysalide : chroniques algériennes. *Des femmes-Antoinette Fouque, 1996.* (Pour chacune)
ISBN 2-7210-0462-X. *39 F / 5,95 €*

22789 **A** **LENNOX J.** Les châteaux de sable. *J'ai lu, 2001.* (J'ai lu ; 5819. Littérature générale)
ISBN 2-290-31009-3

22790 **N** **LENTERIC B.** L'ange Gabriel. *LGF, 2001.* (Le Livre de poche ; 15025)
ISBN 2-253-15025-8. *39 F / 5,95 €*

22791 **LENTERIC B.** Diane. *LGF, 1991.* (Les Enfants de Salonique; 3)(Le Livre de poche ; 6774 c10)
ISBN 2-253-05321-X. *40 F / 6,10 €*

22792 **LENTERIC B.** Les Enfants de Salonique. 1. *LGF, 1989.* (Le Livre de poche ; 6641 c10)
ISBN 2-253-04998-0. *40 F / 6,10 €*

22793 **LENTERIC B.** Ennemi. *LGF, 1993.* (Le Livre de poche ; 9739 c9)
ISBN 2-253-06527-7. *36 F / 5,49 €*

22794 **LENTERIC B.** La Femme secrète. *LGF, 1990.* (Les Enfants de Salonique; 2)(Le Livre de poche ; 6755 c10)
ISBN 2-253-05279-5. *40 F / 6,10 €*

22795 **LENTERIC B.** La fortune des Laufer. *LGF, 1997.* (Le Livre de poche ; 14148 c9)
ISBN 2-253-14148-8. *36 F / 5,49 €*

22796 **LENTERIC B.** La Gagne. *LGF, 1984.* (Le Livre de poche ; 7478. Thriller c8)
ISBN 2-253-03365-0. *33 F / 5,03 €*

22797 **LENTERIC B.** La Guerre des cerveaux. *LGF, 1986.* (Le Livre de poche ; 7509. Thriller c7)
ISBN 2-253-03969-1. *30 F / 4,57 €*

22798 **LENTERIC B.** L'héritage. *LGF, 1995.* (Les maîtres du pain; 2)(Le Livre de poche ; 13850 c10)
ISBN 2-253-13850-9. *40 F / 6,10 €*

22799 **LENTERIC B.** Les maîtres du pain. 1, Les maîtres du temps. *LGF, 1995.* (Le Livre de poche ; 13704 c9)
ISBN 2-253-13704-9. *36 F / 5,49 €*

22800 **LENTERIC B.** La Nuit des enfants rois. *LGF, 1982.* (Le Livre de poche ; 5666 c8)
ISBN 2-253-03002-3. *33 F / 5,03 €*

22801 **LENTERIC B.** Vol avec effraction douce. *LGF, 1992.* (Le Livre de poche ; 4322 c10)
ISBN 2-253-05985-4. *40 F / 6,10 €*

22802 **LENTERIC B.** Voyante. *LGF, 1991.* (Le Livre de poche ; 7565. Thriller c8)
ISBN 2-253-05576-X. *33 F / 5,03 €*

22803 **LENTZ S.** Les Années sandwiches. *LGF, 1983.* (Le Livre de poche ; 5745 c8)
ISBN 2-253-03164-X. *33 F / 5,03 €*

22804 **N** **LENZ S.** La leçon d'allemand. *10-18, 2001.* (10-18 ; 3274. Domaine étranger)
ISBN 2-264-03194-8. *55 F / 8,38 €*

22805 **LÉPRONT C.** Une Rumeur. *Gallimard, 1994.* (Folio ; 2561 c11)
ISBN 2-07-038847-6. *29,50 F / 4,50 €*

22806 **LERANGIS P.** Sleepy Hollow : la légende du cavalier sans tête : d'après une histoire de Kevin Yagher et Andrew Kevin Walker et un scénario de A.K. Walker d'après une histoire de Washington Irving. *Pocket, 2000.* (Pocket ; 10981 c3B)
ISBN 2-266-10211-7. *28 F / 4,27 €*

22807 **LERMONTOV M. I.** Un héros de notre temps ; Princesse Ligovskoï. *Gallimard, 1998.* (Folio bilingue ; 72)
ISBN 2-07-040161-8. *66 F / 10,06 €*

22808 **LERNET-HOLENIA A.** Le Baron Bagge. *Actes Sud, 1993.* (Babel ; 63 c1)
ISBN 2-86869-963-4. *33 F / 5,03 €*

22809 **LERNET-HOLENIA A.** Le régiment des Deux-Siciles. *Actes Sud, 1996.* (Babel ; 192 c4)
ISBN 2-7427-0676-3. *51 F / 7,77 €*

22810 **LEROUX G.** Le fantôme de l'Opéra ; La Reine du Sabbat ; Les Ténébreuses ; La Mansarde en or. Nouv. éd. *Laffont, 1998.* (Bouquins)
ISBN 2-221-08831-X. *149 F / 22,71 €*

22811 **N** **LEROY G.** Machines à sous. *Gallimard, 2000.* (Folio ; 3406 c6)
ISBN 2-07-041433-7. *29,50 F / 4,50 €*

22812 **LEROY G.** Les maîtres du monde. *Gallimard, 1998.* (Folio ; 3092 c8)
ISBN 2-07-040476-5. *37 F / 5,64 €*

22813 **LESAGE M.** Les ailes du matin. 1. *LGF, 1990.* (Le Livre de poche ; 6743 c12)
ISBN 2-253-05260-4. *44 F / 6,71 €*

22814 **LESAGE M.** Les Noces de Lyon. *LGF, 1990.* (Les ailes du matin; 2)(Le Livre de poche ; 6885 cJ)
ISBN 2-253-05485-2. *40 F / 6,10 €*

22815 **LESKOV N. S.** Lady Macbeth au village ; L'Ange scellé ; Le Vagabond enchanté ; Le Chasse-diable. *Gallimard, 1982.* (Folio ; 1399. Classique c11)
ISBN 2-07-037399-1. *50 F / 7,62 €*

22816 **LESLEY C.** La constellation du pêcheur. *10-18, 1999.* (10-18 ; 3066. Domaine étranger c7)
ISBN 2-264-02712-6. *50 F / 7,62 €*

22817 **LESLEY C.** Une saison de chasse. *10-18, 1995.* (10-18 ; 2671. Domaine étranger c6)
ISBN 2-264-02056-3. *47 F / 7,17 €*

22818 **LESORT P. A.** Le Vent souffle où il veut. *Seuil, 1983.* (Points. Roman ; 126 c4)
ISBN 2-02-006616-5. *52 F / 7,93 €*

22819 **LESSING D.** L'amour, encore. *LGF, 1998.* (Le Livre de poche ; 14433 c11)
ISBN 2-253-14433-9. *42 F / 6,40 €*

22820 **LESSING D.** Le Cinquième enfant. *LGF, 1993.* (Le Livre de poche ; 9703 c6)
ISBN 2-253-06462-9. *26 F / 3,96 €*

22821 **LESSING D.** L'Echo lointain de l'orage. *LGF, 1985.* (Les Enfants de la violence; 2-2)(Le Livre de poche ; 6080 c8)
ISBN 2-253-03709-5. *33 F / 5,03 €*

22822 **LESSING D.** Les Enfants de la violence. 1-2. *LGF, 1983.* (Le Livre de poche ; 5762 c9)
ISBN 2-253-03187-9. *40 F / 6,10 €*

22823 **LESSING D.** L'Habitude d'aimer : nouvelles. *LGF, 1994.* (Le Livre de poche ; 13553 c10)
ISBN 2-253-13553-4. *40 F / 6,10 €*

22824 **LESSING D.** La Madone noire. *LGF, 1990.* (Nouvelles africaines; 2)(Le Livre de poche ; 6872 cK)
ISBN 2-253-05466-6. *42 F / 6,40 €*

22825 **LESSING D.** Mémoires d'une survivante. *LGF, 1996.* (Le Livre de poche ; 13912 c7)
ISBN 2-253-13912-2. *30 F / 4,57 €*

22826 **LESSING D.** Notre amie Judith. *LGF, 1995.* (Le Livre de poche ; 13839 c10)
ISBN 2-253-13839-8. *40 F / 6,10 €*

22827 **LESSING D.** Nouvelles africaines. 1. *LGF, 1988.* (Le Livre de poche ; 6519 c11)
ISBN 2-253-04729-5. *42 F / 6,40 €*

22828 **LESSING D.** Nouvelles de Londres. *LGF, 1999.* (Le Livre de poche ; 14577 c7)
ISBN 2-253-14577-7. *30 F / 4,57 €*

22829 **LESSING D.** La terroriste. *LGF, 1997.* (Le Livre de poche ; 14083 c12)
ISBN 2-253-14083-X. *44 F / 6,71 €*

22830 **LESSING D.** Vaincue par la brousse. *10-18, 1995.* (10-18 ; 1471. Domaine étranger c6)
ISBN 2-264-02308-2. *47 F / 7,17 €*

22831 **LETESSIER D.** Loïca. *Seuil, 1984.* (Points. Roman ; 144 c2)
ISBN 2-02-006769-2. *39 F / 5,95 €*

22832 **LETESSIER D.** Le voyage à Paimpol. Réimpr. *Seuil, 1995.* (Points ; 178 c1)
ISBN 2-02-026198-7. *32 F / 4,88 €*

22833 **Le Lettere anonime :** ed altre storie. *LGF, 1994.* (Le Livre de poche ; 8682. Lire en italien c9)
ISBN 2-253-08682-7. *33 F / 5,03 €*

22834 **Lettres de la religieuse portugaise :** et suites. *LGF, 1993.* (Le Livre de poche ; 9607. Classiques de poche c7)
ISBN 2-253-06318-5. *30 F / 4,57 €*

22835 **A** **LETTS B.** Indian café. *Pocket, 2001.* (Pocket ; 10966)
ISBN 2-266-10234-6

22836 **N** **LETTS B.** La petite voix du coeur. *Pocket, 2000.* (Pocket ; 10951 c6)
ISBN 2-266-10161-7. *38 F / 5,79 €*

22837 **LEVI C.** Le Christ s'est arrêté à Eboli. *Gallimard, 1977.* (Folio ; 954 c8)
ISBN 2-07-036954-4. *37 F / 5,64 €*

22838 **LEVI P.** La Clé à molette. *10-18, 1990.* (10-18 ; 2124. Domaine étranger c4)
ISBN 2-264-01564-0. *41 F / 6,25 €*

22839 **A** **LEVI P.** Le Fabricant de miroirs : contes et réflexions. Réimpr. *LGF, 2001.* (Le Livre de poche ; 3142. Biblio c9)
ISBN 2-253-05396-1. *36 F / 5,49 €*

22840 **LEVI P.** Histoires naturelles ; Vice de forme. *Gallimard, 1994.* (Arcades)
ISBN 2-07-073199-5. *98 F / 14,94 €*

22841 **LEVI P.** Le Métier des autres : notes pour une redéfinition de la culture. *Gallimard, 1992.* (Folio ; 193. Essais ; 193 c8)
ISBN 2-07-032690-X. *66 F / 10,06 €*

22842 **LEVI P.** Le système périodique. *LGF, 1995.* (Le Livre de poche ; 3229. Biblio c9)
ISBN 2-253-93229-9. *36 F / 5,49 €*

22843 **LEVI P.** La Trêve. *Grasset, 1988.* (Les Cahiers rouges ; 85)
ISBN 2-246-13882-5. *53 F / 8,08 €*

22844 **LÉVY B-H.** Les Derniers jours de Charles Baudelaire. *LGF, 1990.* (Le Livre de poche ; 6838 c11)
ISBN 2-253-05413-5. *42 F / 6,40 €*

22845 **LÉVY B-H.** Le Diable en tête. *LGF, 1986.* (Le Livre de poche ; 6168 c10)
ISBN 2-253-03850-4. *40 F / 6,10 €*

22846 **LÉVY J.** Le rendez-vous. *Pocket, 1996.* (Pocket ; 4478 c4)
ISBN 2-266-07062-2. *30 F / 4,57 €*

22847 **A** **LÉVY M.** Et si c'était vrai. *Pocket, 2001.* (Pocket ; 11063)
ISBN 2-266-10453-5

22848 **LEWIS R.** Le Dernier roi socialiste. *Pocket, 1994.* (Pocket ; 3255 c4)
ISBN 2-266-00366-6. *30 F / 4,57 €*

22849 **N** **LEWIS R.** Pourquoi j'ai mangé mon père. Réimpr. *Actes Sud, 2000.* (Babel ; 215 c1)
ISBN 2-7427-0844-8. *33 F / 5,03 €*

22850 **LEWIS R.** Pourquoi j'ai mangé mon père. Rééd. *Pocket, 1998.* (Pocket ; 3671 c3B)
ISBN 2-266-08437-2. *28 F / 4,27 €*

22851 **LEWIS S.** Babbitt. *LGF, 1984.* (Le Livre de poche ; 3038. Biblio c13)
ISBN 2-253-03359-6. *46 F / 7,01 €*

22852 **LEY M.** Le Grand feu. *Actes Sud, 1994.* (Babel ; 130 c1)
ISBN 2-7427-0269-5. *33 F / 5,03 €*

22853 **LEY M.** Olivia. *Labor, 1986.* (Espace Nord ; 32 c2)
ISBN 2-8040-0186-5. *42 F / 6,40 €*

22854 **LEYS S.** La mort de Napoléon. *Labor, 1997.* (Espace Nord ; 120 c1)
ISBN 2-8040-1202-6. *34 F / 5,18 €*

22855 **LEZAMA LIMA J.** Le jeu des décapitations. *Seuil, 1999.* (Points ; 605 c1)
ISBN 2-02-036422-0. *32 F / 4,88 €*

22856 **LEZAMA LIMA J.** Paradiso. *Seuil, 1999.* (Points ; 604)
ISBN 2-02-036423-9. *62 F / 9,45 €*

22857 **LI ANG** La Femme du boucher. *Seuil, 1994.* (Points. Roman ; 660 c1)
ISBN 2-02-019997-1. *32 F / 4,88 €*

22858 **LI X.** Shanghai triad. *J'ai lu, 1997.* (J'ai lu ; 4390. Littérature générale c3)
ISBN 2-290-04390-7. *29 F / 4,42 €*

22859 **LIBOUREL J-C.** Antonin Maillefer. 1. *LGF, 1997.* (Le Livre de poche ; 14202 c7)
ISBN 2-253-14202-6. *30 F / 4,57 €*

22860 **LIBOUREL J-C.** Les roses d'Avril. *LGF, 1998.* (Antonin Maillefer; 2)(Le Livre de poche ; 14548 c9)
ISBN 2-253-14548-3. *36 F / 5,49 €*

22861 **LIBOUREL J-C.** Le secret d'Adélaïde. *LGF, 1999.* (Antonin Maillefer; 3)(Le Livre de poche ; 14675 c7)
ISBN 2-253-14675-7. *30 F / 4,57 €*

22862 **LICARI P.** Grande couronne ; suivi de Ma famille et de Les élèves et de Ailleurs. *J'ai lu, 1999.* (J'ai lu ; 5154. Littérature générale c2)
ISBN 2-290-05154-3. *22 F / 3,35 €*

22863 **LIEBERMAN H. H.** Coffret. *Seuil, 1996.* (Points)
ISBN 2-02-030402-3. *146 F / 22,26 €*

22864 **LIEBERMAN H. H.** La maison près du marais. Réimpr. *Seuil, 1997.* (Points ; 395 c9)
ISBN 2-02-032101-7. *42 F / 6,40 €*

22865 **LIEBERMAN H. H.** Nécropolis. Nouv. éd. *Seuil, 1981.* (Points c4)
ISBN 2-02-025920-6. *52 F / 7,93 €*

22866 **LIEBERMAN H. H.** La nuit du solstice. Rééd. *Seuil, 1996.* (Points ; 234 c13)
ISBN 2-02-028894-X. *52 F / 7,93 €*

22867 **LIEBERMAN H. H.** Le train vert. Réimpr. *Seuil, 1996.* (Points c13)
ISBN 2-02-029936-4. *52 F / 7,93 €*

22868 **LIEBERMAN H. H.** La Traque. Rééd. *Seuil, 1995.* (Points ; 107 c3)
ISBN 2-02-025590-1. *42 F / 6,40 €*

22869 **LIGNE C. J. d.** Les contes immoraux ; suivi de Mes écarts ou ma tête en liberté. *10-18, 1999.* (10-18 ; 3124. Domaine français c7)
ISBN 2-264-02957-9. *50 F / 7,62 €*

22870 **LIGNE C. J. d.** Mes écarts. *Labor, 1990.* (Espace Nord ; 58 c1)
ISBN 2-8040-0524-0. *34 F / 5,18 €*

22871 **N** **LIGNY J-M.** Jihad. *J'ai lu, 2000.* (J'ai lu ; 5604. Littérature générale cL)
ISBN 2-290-30373-9. *45 F / 6,86 €*

22872 **LILAR S.** Le Divertissement portugais. *Labor, 1990.* (Espace Nord ; 62 c1)
ISBN 2-8040-0569-0. *34 F / 5,18 €*

22873 **LIMBOUR G.** La pie voleuse. *Gallimard, 1995.* (L'imaginaire ; 330)
ISBN 2-07-074206-7. *50 F / 7,62 €*

22874 **LIMBOUR G.** Les vanilliers. Réimpr. *Gallimard, 1995.* (L'imaginaire ; 17)
ISBN 2-07-029705-5. *54 F / 8,23 €*

22875 **N** **LIND H.** Chéri, je te quitte. *LGF, 2000.* (Le Livre de poche ; 14958 c10)
ISBN 2-253-14958-6. *40 F / 6,10 €*

22876 **LINDGREN T.** Bethsabée. *Actes Sud, 1989.* (Babel ; 6 c2)
ISBN 2-86869-360-1. *39 F / 5,95 €*

22877 **LINDGREN T.** Le Chemin du serpent : roman. *Actes Sud, 1992.* (Babel ; 45 c1)
ISBN 2-86869-838-7. *33 F / 5,03 €*

22878 **LINDGREN T.** La lumière. *Actes Sud, 1998.* (Babel ; 350 c4)
ISBN 2-7427-1893-1. *51 F / 7,77 €*

22879 **N** **LINDON M.** Les apeurés. *Gallimard, 2000.* (Folio ; 3311 c5)
ISBN 2-07-040685-7. *25,50 F / 3,89 €*

22880 **LINDON M.** Champion du monde. *Gallimard, 1996.* (Folio ; 2876 c9)
ISBN 2-07-039369-0. *41 F / 6,25 €*

22881 **N** **LINDON M.** Le procès de Jean-Marie Le Pen. *Gallimard, 2000.* (Folio ; 3310 c5)
ISBN 2-07-040893-0. *25,50 F / 3,89 €*

22882 **LINDSEY J.** Apparence trompeuse. *J'ai lu, 1999.* (J'ai lu ; 5166. Aventures et passions c5)
ISBN 2-290-05166-7. *39 F / 5,95 €*

22883 **LINDSEY J.** Brûlés par le désir. *J'ai lu, 1997.* (J'ai lu ; 4636. Aventures et passions c5)
ISBN 2-290-04636-1. *39 F / 5,95 €*

22884 **LINDSEY J.** Un Coeur si sauvage. *J'ai lu, 1992.* (J'ai lu ; 3258. Aventures et passions)
ISBN 2-290-03258-1. *36 F / 5,49 €*

22885 **LINDSEY J.** En proie à la passion. *J'ai lu, 2000.* (J'ai lu ; 5489. Aventures et passions cJ)
ISBN 2-290-30220-1. *39 F / 5,95 €*

22886 **LINDSEY J.** Epouse ou maîtresse ?. Réimpr. *J'ai lu, 1997.* (J'ai lu ; 3304. Aventures et passions c3)
ISBN 2-290-03304-9. *29 F / 4,42 €*

22887 **LINDSEY J.** Esclave et châtelaine. *J'ai lu, 1991.* (J'ai lu ; 2925. Aventures et passions)
ISBN 2-290-02925-4. *25 F / 3,81 €*

22888 **N** **LINDSEY J.** La faute d'Anastasia. *J'ai lu, 2001.* (J'ai lu ; 5707. Aventures et passions cG)
ISBN 2-290-30438-7. *29 F / 4,42 €*

22889 **LINDSEY J.** Une femme convoitée. *J'ai lu, 1998.* (J'ai lu ; 4879. Aventures et passions c4)
ISBN 2-290-04879-8. *36 F / 5,49 €*

22890 **LINDSEY J.** Les feux du désir. *J'ai lu, 1991.* (J'ai lu ; 3091. Aventures et passions)
ISBN 2-290-03091-0. *25 F / 3,81 €*

22891 **LINDSEY J.** La fiancée captive. Réimpr. *J'ai lu, 1996.* (J'ai lu ; 3035. Aventures et passions)
ISBN 2-290-03035-X. *36 F / 5,49 €*

22892 **A** **LINDSEY J.** Héritier malgré lui. *J'ai lu, 2001.* (J'ai lu ; 5848. Amour et destin)
ISBN 2-290-31034-4

22893 **LINDSEY J.** Magicienne de l'amour. *J'ai lu, 1996.* (Les frères Malory; 4)(J'ai lu ; 4173. Aventures et passions)
ISBN 2-277-24173-3. *36 F / 5,49 €*

22894 **LINDSEY J.** Passagère clandestine. *J'ai lu, 1994.* (Les frères Malory; 1)(J'ai lu ; 3778. Aventures et passions c5)
ISBN 2-290-03778-8. *39 F / 5,95 €*

22895 **LINDSEY J.** La révoltée du harem. Réimpr. *J'ai lu, 1996.* (J'ai lu ; 2956. Aventures et passions cK)
ISBN 2-290-02956-4. *42 F / 6,40 €*

22896 **LINDSEY J.** Samantha. Réimpr. *J'ai lu, 1998.* (J'ai lu ; 2533. Aventures et passions c3)
ISBN 2-290-02533-X. *29 F / 4,42 €*

22897 **LINDSEY J.** Le séducteur impénitent. *J'ai lu, 1995.* (Les frères Malory; 2)(J'ai lu ; 3888. Aventures et passions c4)
ISBN 2-290-03888-1. *36 F / 5,49 €*

22898 **LINDSEY J.** Un si cher ennemi. *J'ai lu, 1988.* (J'ai lu ; 2382. Aventures et passions c3)
ISBN 2-277-22382-4. *29 F / 4,42 €*

22899 **N** **LINDSEY J.** Si tu oses me quitter. Réimpr. *J'ai lu, 1996.* (J'ai lu ; 4318. Aventures et passions cl)
ISBN 2-290-04318-4. *36 F / 5,49 €*

22900 **LINDSEY J.** Tendre rebelle. *J'ai lu, 1995.* (Les frères Malory; 3)(J'ai lu ; 4003. Aventures et passions c4)
ISBN 2-277-24003-6. *36 F / 5,49 €*

22901 **LINDSEY J.** Le Vent sauvage. *J'ai lu, 1987.* (J'ai lu ; 2241. Aventures et passions)
ISBN 2-277-22241-0. *29 F / 4,42 €*

22902 **LINDSEY J.** La Viking insoumise. Réimpr. *J'ai lu, 1991.* (J'ai lu ; 3115. Aventures et passions c5)
ISBN 2-290-03115-1. *39 F / 5,95 €*

22903 **LING MONG-TCH'OU** L'Amour de la renarde : marchands et lettrés de la vieille Chine : douze contes du XVIIe siècle. *Gallimard : Unesco, 1988.* (Connaissance de l'Orient poche ; 24)
ISBN 2-07-071329-6. *40 F / 6,10 €*

22904 **LINZE J-G.** La Conquête de Prague. *Labor, 1986.* (Espace Nord ; 27 c1)
ISBN 2-8040-0157-1. *34 F / 5,18 €*

22905 [N] **LISPECTOR C.** Le bâtisseur de ruines. *Gallimard, 2000.* (L'imaginaire ; 424)
ISBN 2-07-075935-0. *74 F / 11,28 €*

22906 **LISTFIELD E.** Mensonge mortel. *J'ai lu, 1997.* (J'ai lu ; 4543. Littérature générale c6)
ISBN 2-290-04543-8. *42 F / 6,40 €*

22907 **LITTELL R.** Le sphinx de Sibérie. *Gallimard, 1996.* (Folio ; 2877 c13)
ISBN 2-07-040103-0. *56 F / 8,54 €*

22908 [N] **LIU A.** La montagne aux nuages. *LGF, 2000.* (Le Livre de poche ; 14878 c15)
ISBN 2-253-14878-4. *50 F / 7,62 €*

22909 **LIVELY P.** La soeur de Cléopâtre. *Gallimard, 1997.* (Folio ; 3022 c11)
ISBN 2-07-040380-7. *50 F / 7,62 €*

22910 [A] **Le livre des prodiges.** *Sindbad, 2001.* (La Petite bibliothèque de Sindbad)
ISBN 2-7427-3240-3. *129 F / 19,67 €*

22911 **LLOR M.** Laura. *J. Chambon, 1996.* (Chambon-Poche)
ISBN 2-87711-142-3. *55 F / 8,38 €*

22912 [A] **LOBJOIS P.** Putsch : rebel club. *J'ai lu, 2001.* (J'ai lu ; 5998. Policier)
ISBN 2-290-31260-6

22913 **LONDON A.** L'Aveu. *Gallimard, 1986.* (Folio ; 1721 c14)
ISBN 2-07-037721-0. *60 F / 9,15 €*

22914 **LONDON J.** L'amour de la vie. Réimpr. *10-18, 1999.* (10-18 ; 862. Domaine étranger c5)
ISBN 2-264-03028-3. *44 F / 6,71 €*

22915 **LONDON J.** L'amour de la vie. *Gallimard, 1995.* (Folio ; 2747 c6)
ISBN 2-07-039373-9. *29,50 F / 4,50 €*

22916 **LONDON J.** L'appel de la forêt. *Gallimard, 1997.* (Folio bilingue ; 65)
ISBN 2-07-040122-7. *60 F / 9,15 €*

22917 **LONDON J.** L'appel de la forêt. Nouv. éd. *LGF, 2000.* (Le Livre de poche ; 6247. Classiques de poche c6)
ISBN 2-253-03986-1. *26 F / 3,96 €*

22918 **LONDON J.** Aventures des neiges et d'ailleurs. *Laffont, 1989.* (Oeuvres; 5)(Bouquins)
ISBN 2-221-05349-4. *100 F / 15,24 €*

22919 **LONDON J.** Construire un feu. *Mille et une nuits, 1997.* (La petite collection ; 151 cA)
ISBN 2-84205-125-4. *10 F / 1,52 €*

22920 **LONDON J.** Croc-Blanc. Réimpr. *J'ai lu, 1992.* (J'ai lu ; 2887. Littérature générale c3)
ISBN 2-277-22887-7. *29 F / 4,42 €*

22921 **LONDON J.** Croc-blanc. *LGF, 1976.* (Le Livre de poche ; 3918. Classiques de poche c6)
ISBN 2-253-00149-X. *23 F / 3,51 €*

22922 **LONDON J.** Croc-Blanc. *Librio, 2000.* (Librio ; 347 c1)
ISBN 2-290-30096-9. *10 F / 1,52 €*

22923 **LONDON J.** Croc Blanc. *10-18, 1981.* (10-18 ; 1455 c5)
ISBN 2-264-00402-9. *44 F / 6,71 €*

22924 **LONDON J.** Du possible à l'impossible. *Laffont, 1987.* (Oeuvres; 3)(Bouquins)
ISBN 2-221-04977-2. *100 F / 15,24 €*

22925 **LONDON J.** Episodes de la lutte quotidienne. *Laffont, 1990.* (Oeuvres; 6)(Bouquins)
ISBN 2-221-06408-9. *120 F / 18,29 €*

22926 **LONDON J.** Histoires du Grand Nord = Tales of the far North. *Langues pour tous, 2000.* (Langues pour tous ; 3090)
ISBN 2-266-09814-4. *42 F / 6,40 €*

22927 **LONDON J.** La Peste écarlate. *Actes Sud, 1992.* (Babel ; 42 c1)
ISBN 2-86869-819-0. *33 F / 5,03 €*

22928 [N] **LONDON J.** Pour cent dollars de plus. *Allia, 2000.* (Petite collection)
ISBN 2-84485-047-2. *40 F / 6,10 €*

22929 **LONDON J.** Récits autobiographiques et choses vues. *Laffont, 1988.* (Oeuvres; 4)(Bouquins)
ISBN 2-221-05348-6. *159 F / 24,24 €*

22930 **LONDON J.** Romans maritimes et exotiques. *Laffont, 1985.* (Oeuvres; 2)(Bouquins)
ISBN 2-221-04590-4. *149 F / 22,71 €*

22931 **LONDON J.** Romans, récits, nouvelles du grand Nord. Réimpr. *Laffont, 1999.* (Oeuvres; 1)(Bouquins)
ISBN 2-221-08985-5. *159 F / 24,24 €*

22932 **LONDON J.** Le Silence blanc = The White silence : et autres nouvelles. *LGF, 1989.* (Les Langues modernes ; 8726. Bilingue c9)
ISBN 2-253-05139-X. *36 F / 5,49 €*

22933 **LONDON J.** Un steak. Réimpr. *Mille et une nuits, 1998.* (La petite collection ; 12 c1)
ISBN 2-84205-342-7. *6,50 F / 99 €*

22934 N **LONG E. G.** Les voix du tambour. *Dapper, 2001.* (Dapper littérature)
ISBN 2-906067-66-0. *68 F / 10,37 €*

22935 **LONGSHORE M.** Les indices de la passion. *J'ai lu, 1996.* (J'ai lu ; 4299. Aventures et passions c4)
ISBN 2-290-04299-4. *36 F / 5,49 €*

22936 **LOOS A.** Les Hommes préfèrent les blondes. *Gallimard, 1982.* (Folio ; 1395 c11)
ISBN 2-07-037395-9. *29,50 F / 4,50 €*

22937 **LOOS A.** Mais ils épousent les brunes. *Gallimard, 1982.* (Folio ; 1396 c9)
ISBN 2-07-037396-7. *20,50 F / 3,13 €*

22938 **LORD B. B.** Lune d'été. *Pocket, 1998.* (Pocket ; 10415 c10)
ISBN 2-266-08200-0. *50 F / 7,62 €*

22939 **LORD B. B.** Lune de printemps. *Pocket, 1996.* (Pocket ; 10170 c8)
ISBN 2-266-07486-5. *45 F / 6,86 €*

22940 **LORRAIN J.** Maison pour dames. *Albin Michel, 1990.* (Bibliothèque Albin Michel poche ; 35 c1)
ISBN 2-226-03900-7. *39 F / 5,95 €*

22941 **LORRAIN J.** Monsieur de Phocas. *Table ronde, 1992.* (La petite vermillon ; 4)
ISBN 2-7103-0533-X. *45 F / 6,86 €*

22942 **Los Chicos :** y otros relatos. *LGF, 1992.* (Le Livre de poche ; 8655. Lire en espagnol c2)
ISBN 2-253-05749-5. *15 F / 2,29 €*

22943 **Los Cuentos vagabundos y otros de Espana.** *LGF, 1990.* (Le Livre de poche ; 8625. Lire en espagnol c9)
ISBN 2-253-05201-9. *36 F / 5,49 €*

22944 **LOTI P.** Aziyadé ; Fantôme d'Orient. *Gallimard, 1990.* (Folio ; 2058. Classique c10)
ISBN 2-07-038147-1. *46 F / 7,01 €*

22945 **LOTI P.** Mon frère Yves. *Gallimard, 1998.* (Folio ; 3076. Classique c10)
ISBN 2-07-039335-6. *46 F / 7,01 €*

22946 **LOTI P.** Pêcheur d'Islande. Réimpr. *Pocket, 1989.* (Pocket ; 2528. Blanche c4)
ISBN 2-266-02580-5. *30 F / 4,57 €*

22947 **LOTI P.** Pêcheur d'Islande. *Gallimard, 1988.* (Folio ; 1982. Classique c8)
ISBN 2-07-038070-X. *37 F / 5,64 €*

22948 **LOTI P.** Pêcheur d'Islande. *LGF, 1988.* (Le Livre de poche ; 2271. Classiques de poche c7)
ISBN 2-253-00915-6. *30 F / 4,57 €*

22949 **LOTI P.** Ramuntcho. *Gallimard, 1990.* (Folio ; 2120. Classique c8)
ISBN 2-07-038214-1. *37 F / 5,64 €*

22950 **LOTI P.** Le roman d'un enfant ; suivi de Prime jeunesse. *Gallimard, 1999.* (Folio ; 3280. Classique c9)
ISBN 2-07-040376-9. *41 F / 6,25 €*

22951 **LOTI P.** Le Roman d'un spahi. *Gallimard, 1992.* (Folio ; 2393. Classique c9)
ISBN 2-07-038531-0. *41 F / 6,25 €*

22952 N **LOTI P.** Suleïma. *Mille et une nuits, 2000.* (La petite collection ; 287)
ISBN 2-84205-482-2. *10 F / 1,52 €*

22953 **LOTI P.** Vies de deux chattes. *Mercure de France, 1997.* (Le petit Mercure. Bestiaire sentimental)
ISBN 2-7152-1997-0. *20 F / 3,05 €*

22954 **LOU V.** Oeil pour oeil. *Pocket, 1999.* (Pocket ; 10570 c3)
ISBN 2-266-08798-3. *26 F / 3,96 €*

22955 A **LOUIS J-M.** La nuit apprivoisée : récit. *J'ai lu, 2001.* (J'ai lu ; 5977. Littérature générale)
ISBN 2-290-31215-0

22956 **LOUS A.** Matricide. *Labor, 1996.* (Espace Nord ; 112 c2)
ISBN 2-8040-1154-2. *42 F / 6,40 €*

22957 **LOUVET DE COUVRAY J-B.** Les amours du chevalier de Faublas. *Gallimard, 1996.* (Folio ; 2829. Classique c15)
ISBN 2-07-038803-4. *61 F / 9,30 €*

22958 N **LOUYS P.** La femme et le pantin : roman espagnol. *LGF, 2001.* (Le Livre de poche ; 16070. Classiques de poche c7)
ISBN 2-253-16070-9. *30 F / 4,57 €*

22959 **LOUYS P.** La femme et le pantin. *Gallimard, 1990.* (Folio ; 2190. Classique c6)
ISBN 2-07-038280-X. *29,50 F / 4,50 €*

22960 **LOUYS P.** Histoire du roi Gonzalve et des douze princesses ; suivi de Pybrac et la femme. *la Musardine, 1996.* (Lectures amoureuses de Jean-Jacques Pauvert ; 4 c3)
ISBN 2-84271-003-7. *35 F / 5,34 €*

22961 **LOUYS P.** Psyché. *Albin Michel, 1990.* (Bibliothèque Albin Michel poche ; 41 c1)
ISBN 2-226-04139-7. *39 F / 5,95 €*

22962 N **LOUYS P.** Scènes de péripatéticiennes. *Blanche, 2000.* (Bibliothèque blanche ; 10)
ISBN 2-911621-93-X. *59 F / 8,99 €*

22963 **LOUYS P.** Trois filles de leur mère ; suivi de Manuel de civilité et de 12 douzaines de dialogues. *la Musardine, 1998.* (Lectures amoureuses de Jean-Jacques Pauvert ; 20 c5)
ISBN 2-84271-040-1. *45 F / 6,86 €*

22964 **LOWELL E.** L'amant du Nevada. *J'ai lu, 1997.* (J'ai lu ; 4549. Aventures et passions c4)
ISBN 2-290-04549-7. *36 F / 5,49 €*

22965 **LOWELL E.** Aventure dans les Rocheuses. Réimp. *J'ai lu, 1999.* (J'ai lu ; 3988. Aventures et passions)
ISBN 2-290-30128-0. *25 F / 3,81 €*

22966 **LOWELL E.** Initiation amoureuse. *J'ai lu, 1997.* (J'ai lu ; 4668. Aventures et passions c4)
ISBN 2-290-04668-X. *36 F / 5,49 €*

22967 **LOWELL E.** L'insoumise. *J'ai lu, 1996.* (J'ai lu ; 4196. Aventures et passions)
ISBN 2-277-24196-2. *39 F / 5,95 €*

22968 **LOWELL E.** Mise à l'épreuve. *J'ai lu, 1996.* (J'ai lu ; 4128. Aventures et passions c4)
ISBN 2-277-24128-8. *36 F / 5,49 €*

22969 **LOWERY B.** La cicatrice. Réimpr. *J'ai lu, 1999.* (J'ai lu ; 165. Littérature générale cC)
ISBN 2-290-20165-0. *16 F / 2,44 €*

22970 **LOWRY M.** Au-dessous du volcan. *Gallimard, 1973.* (Folio ; 351 c11)
ISBN 2-07-036351-1. *50 F / 7,62 €*

22971 **LOWRY M.** En route vers l'île de Gabriola. *Gallimard, 1990.* (Folio ; 2187 c12)
ISBN 2-07-038277-X. *52 F / 7,93 €*

22972 **LOWRY M.** Romans, nouvelles, poèmes. *LGF, 1995.* (La Pochothèque ; 3220. Classiques modernes)
ISBN 2-253-13220-9. *145 F / 22,11 €*

22973 **LOWRY M.** Ultramarine. *Gallimard, 1978.* (L'imaginaire ; 21)
ISBN 2-07-029777-2. *41 F / 6,25 €*

22974 **LU X.** Contes anciens à notre manière. *Gallimard, 1988.* (Connaissance de l'Orient poche ; 26)
ISBN 2-07-071327-X. *35 F / 5,34 €*

22975 **LU X.** Histoire d'Aq : véridique biographie. *LGF, 1989.* (Le Livre de poche ; 3116. Biblio c6)
ISBN 2-253-04925-5. *26 F / 3,96 €*

22976 **LU X.** Journal d'un fou ; La Véritable histoire de Ah Q. Nouv. éd. *Stock, 1996.* (Bibliothèque cosmopolite ; 23 c2)
ISBN 2-234-04639-4. *55 F / 8,38 €*

22977 **LU X.** Tempête dans une tasse de thé. *Mille et une nuits, 1998.* (La petite collection ; 215 c1)
ISBN 2-84205-362-1. *6,50 F / 99 €*

22978 **LUBERT M. d.** La princesse Camion. *Mercure de France, 1995.* (Le petit Mercure)
ISBN 2-7152-1944-X. *15 F / 2,29 €*

22979 **LUCAS C.** Suerte : l'exclusion volontaire. *Pocket, 1998.* (Pocket ; 10593. Terre humaine c10)
ISBN 2-266-08813-0. *50 F / 7,62 €*

22980 **LUCENTINI F., FRUTTERO C.** La couleur du destin. *Seuil, 1996.* (Points ; 275 c2)
ISBN 2-02-029888-0. *39 F / 5,95 €*

22981 **LUDLUM R.** Le cercle bleu de Matarese. *LGF, 1994.* (Le Livre de poche ; 7617. Thriller c15)
ISBN 2-253-06582-X. *50 F / 7,62 €*

22982 **LUDLUM R.** Le duel des gémeaux. *Pocket, 1995.* (Pocket ; 4218 c7)
ISBN 2-266-06184-4. *42 F / 6,40 €*

22983 **LUDLUM R.** L'Héritage des Scarlatti. *LGF, 1986.* (Le Livre de poche ; 7508. Thriller c9)
ISBN 2-253-03964-0. *36 F / 5,49 €*

22984 **LUDLUM R.** L'illusion scorpio. *Pocket, 1996.* (Pocket ; 4217 c9)
ISBN 2-266-06183-6. *48 F / 7,32 €*

22985 **LUDLUM R.** La Mort dans la peau. *LGF, 1989.* (Le Livre de poche ; 7541. Thriller c13)
ISBN 2-253-04990-5. *46 F / 7,01 €*

22986 **LUDLUM R.** La mosaïque Parsifal. *LGF, 1994.* (Le Livre de poche ; 7630. Thriller c13)
ISBN 2-253-07630-9. *46 F / 7,01 €*

22987 **LUDLUM R.** Sur la route de Gandolfo. *LGF, 1991.* (Le Livre de poche ; 7562. Thriller c10)
ISBN 2-253-05548-4. *40 F / 6,10 €*

22988 **LUNTZ T.** Le proconsul : petite sotie pornographique à l'usage des historiens de la Rome antique et pour le plaisir des autres. *Pocket, 1999.* (Pocket ; 10337 c2)
ISBN 2-266-07927-1. *23 F / 3,51 €*

22989 **LURET W.** L'homme de Porquerolles. *LGF, 1998.* (Le Livre de poche ; 14410 c11)
ISBN 2-253-14410-X. *42 F / 6,40 €*

22990 **LUZEL F-M.** Le chat noir. *Mercure de France, 1995.* (Le petit Mercure)
ISBN 2-7152-1945-8. *12 F / 1,83 €*

22991 **LY I.** Toiles d'araignées : suivi d'un entretien avec l'auteur. *Actes Sud, 1997.* (Babel ; 296)
ISBN 2-7427-1446-4. *57 F / 8,69 €*

22992 **LYR G.** L'Herbe des fous. *Gallimard, 1982.* (Folio ; 1389 c11)
ISBN 2-07-037389-4. *29,50 F / 4,50 €*

22993 **LYSIAK W.** Echec à l'Empereur. *Pocket, 1996.* (Pocket ; 4269. Best c6)
ISBN 2-266-06334-0. *38 F / 5,79 €*

22994 **LYTTON E. G. B.** Les Derniers jours de Pompéi. *LGF, 1989.* (Le Livre de poche ; 4285. Nouvelle approche c6)
ISBN 2-253-04876-3. *26 F / 3,96 €*

22995 **MAALOUF A.** Les échelles du Levant. *LGF, 1998.* (Le Livre de poche ; 14424 c7)
ISBN 2-253-14424-X. *30 F / 4,57 €*

22996 **MAALOUF A.** Les Jardins de lumière. *LGF, 1992.* (Le Livre de poche ; 9516 c9)
ISBN 2-253-06177-8. *36 F / 5,49 €*

22997 **MAALOUF A.** Léon l'Africain. *LGF, 1987.* (Le Livre de poche ; 6359 c9)
ISBN 2-253-04193-9. *36 F / 5,49 €*

22998 **MAALOUF A.** Le Premier siècle après Béatrice. *LGF, 1994.* (Le Livre de poche ; 9782 c5)
ISBN 2-253-09782-9. *23 F / 3,51 €*

22999 **MAALOUF A.** Le rocher de Tanios. *LGF, 1996.* (Le Livre de poche ; 13891 c8)
ISBN 2-253-13891-6. *33 F / 5,03 €*

23000 **MAALOUF A.** Samarcande. *LGF, 1989.* (Le Livre de poche ; 6675 c9)
ISBN 2-253-05120-9. *36 F / 5,49 €*

23001 **MAC ORLAN P.** A bord de l'Etoile Matutine. *Gallimard, 1983.* (Folio ; 1483 c11)
ISBN 2-07-037483-1. *29,50 F / 4,50 €*

23002 **N** **MAC ORLAN P.** Aventures amoureuses de mademoiselle de Sommerange ou Les aventures libertines d'une demoiselle de qualité sous la Terreur. *la Musardine, 2000.* (Lectures amoureuses de Jean-Jacques Pauvert ; 43)
ISBN 2-84271-145-9. *39 F / 5,95 €*

23003 **MAC ORLAN P.** Babet de Picardie : roman des aventures du sergent Saint-Pierre et de Babet Molina. *Gallimard, 1992.* (L'imaginaire ; 277)
ISBN 2-07-072554-5. *49 F / 7,47 €*

23004 **MAC ORLAN P.** Le Bal du Pont du Nord. *Gallimard, 1984.* (Folio ; 1576 c8)
ISBN 2-07-037576-5. *37 F / 5,64 €*

23005 **MAC ORLAN P.** La bandera. *Gallimard, 1972.* (Folio ; 244 c11)
ISBN 2-07-036244-2. *29,50 F / 4,50 €*

23006 **MAC ORLAN P.** Le Camp Domineau. *Gallimard, 1993.* (Folio ; 2459 c11)
ISBN 2-07-038605-8. *29,50 F / 4,50 €*

23007 **MAC ORLAN P.** Le carrefour des trois couteaux. *Gallimard, 1999.* (Folio ; 3187 c9)
ISBN 2-07-040882-5. *41 F / 6,25 €*

23008 **MAC ORLAN P.** La Cavalière Elsa. *Gallimard, 1980.* (Folio ; 1220 c11)
ISBN 2-07-037220-0. *29,50 F / 4,50 €*

23009 **MAC ORLAN P.** Le chant de l'équipage. Réimpr. *Gallimard, 1999.* (Folio ; 1083 c6)
ISBN 2-07-040848-5. *29,50 F / 4,50 €*

23010 **MAC ORLAN P.** Les Dés pipés ou les Aventures de miss Fanny Hill. *Gallimard, 1986.* (Folio ; 1770 c9)
ISBN 2-07-037770-9. *20,50 F / 3,13 €*

23011 **MAC ORLAN P.** Mademoiselle Bambu. *Gallimard, 1982.* (Folio ; 1361 c11)
ISBN 2-07-037361-4. *29,50 F / 4,50 €*

23012 **MAC ORLAN P.** Mademoiselle de Mustelle et ses amies : roman pervers d'une fillette élégante et vicieuse. *la Musardine, 1999.* (Lectures amoureuses de Jean-Jacques Pauvert ; 23 c3)
ISBN 2-84271-043-6. *35 F / 5,34 €*

23013 **MAC ORLAN P.** Marguerite de la nuit. *Grasset, 1983.* (Les Cahiers rouges ; 11)
ISBN 2-246-13942-2. *48 F / 7,32 €*

23014 **MAC ORLAN P.** Le Quai des brumes. *Gallimard, 1972.* (Folio ; 154 c9)
ISBN 2-07-036154-3. *20,50 F / 3,13 €*

23015 **MAC ORLAN P.** Quartier réservé. *Gallimard, 1994.* (Folio ; 2584 c9)
ISBN 2-07-038620-1. *20,50 F / 3,13 €*

23016 **MAC ORLAN P.** Le Tueur n° 2. *Gallimard, 1991.* (L'imaginaire ; 264)
ISBN 2-07-072375-5. *42 F / 6,40 €*

23017 **MAC ORLAN P.** La Vénus internationale ; Dinah Miami. *Gallimard, 1981.* (Folio ; 1329 c8)
ISBN 2-07-037329-0. *37 F / 5,64 €*

23018 **MACDONALD P. J.** Sans retour. *LGF, 1992.* (Le Livre de poche ; 7587. Thriller c9)
ISBN 2-253-06034-8. *36 F / 5,49 €*

23019 **MACÉ G.** Le dernier des Egyptiens. *Gallimard, 1997.* (Folio ; 2933 c9)
ISBN 2-07-040162-6. *20,50 F / 3,13 €*

23020 **MACHIAVEL** Histoire du diable qui prit femme. *Mille et une nuits, 1996.* (La petite collection ; 89 cA)
ISBN 2-84205-032-0. *10 F / 1,52 €*

23021 **MACINNES C.** Les Blancs-becs. *Gallimard, 1985.* (Folio ; 1621 c9)
ISBN 2-07-037621-4. *41 F / 6,25 €*

23022 **MACLAINE S.** Vivre sa vie. *J'ai lu, 1990.* (J'ai lu ; 2869. Littérature générale)
ISBN 2-277-22869-9. *29 F / 4,42 €*

23023 **MACOMBER D.** Des anges passent. *J'ai lu, 1995.* (J'ai lu ; 3987. Amour et destin)
ISBN 2-277-23987-9. *39 F / 5,95 €*

23024 **MACOMBER D.** Toutes les blessures cicatrisent. *J'ai lu, 1996.* (J'ai lu ; 4271. Amour et destin c4)
ISBN 2-290-04271-4. *36 F / 5,49 €*

23025 **Madame Solario. Rééd.** *10-18, 1992.* (10-18 ; 1684. Domaine étranger c8)
ISBN 2-264-01856-9. *55 F / 8,38 €*

23026 **N** **MADDEN D.** Irlande nuit froide. *10-18, 2000.* (10-18 ; 3188. Domaine étranger c5)
ISBN 2-264-02894-7. *44 F / 6,71 €*

23027 **N** **Mademoiselle M.** *la Musardine, 2001.* (Lectures amoureuses de Jean-Jacques Pauvert ; 45)
ISBN 2-84271-147-5. *45 F / 6,86 €*

23028 **MAETERLINCK M.** Pelléas et Mélisande. *Labor, 1986.* (Espace Nord ; 2 c1)
ISBN 2-8040-0204-7. *34 F / 5,18 €*

23029 **MAGGETTI D.** Chambre 112. *Aire, 1999.* (L'Aire bleue)
ISBN 2-88108-534-2. *49 F / 7,47 €*

23030 **MAGNAN P.** L'Amant du poivre d'âne. *Gallimard, 1991.* (Folio ; 2317 c9)
ISBN 2-07-038429-2. *41 F / 6,25 €*

23031 **MAGNAN P.** L'aube insolite. *Gallimard, 2000.* (Folio ; 3328 c10)
ISBN 2-07-041178-8. *46 F / 7,01 €*

23032 **N** **MAGNAN P.** Un grison d'Arcadie. *Gallimard, 2000.* (Folio ; 3407 c8)
ISBN 2-07-041424-8. *37 F / 5,64 €*

23033 **MAGNAN P.** La Naine. *Gallimard, 1994.* (Folio ; 2585 c6)
ISBN 2-07-038887-5. *29,50 F / 4,50 €*

23034 **MAGNAN P.** Périple d'un cachalot. *Gallimard, 1995.* (Folio ; 2722 c10)
ISBN 2-07-039326-7. *46 F / 7,01 €*

23035 **N** **MAGNON J-L.** Les garrigues rouges. *LGF, 2000.* (Le Livre de poche ; 14954 c9)
ISBN 2-253-14954-3. *36 F / 5,49 €*

23036 **MAGNON J-L.** Hautes terres. *LGF, 1997.* (Le Livre de poche ; 14372 c6)
ISBN 2-253-14372-3. *26 F / 3,96 €*

23037 **MAGNON J-L.** Les larmes de la vigne. *LGF, 1996.* (Le Livre de poche ; 14006 c8)
ISBN 2-253-14006-6. *33 F / 5,03 €*

23038 **MAGNON J-L.** L'Offrande du Sud. *LGF, 1993.* (Le Livre de poche ; 9693 c8)
ISBN 2-253-06440-8. *33 F / 5,03 €*

23039 **MAGNON J-L.** Le Vaste monde. *LGF, 1991.* (Le Livre de poche ; 7345 c8)
ISBN 2-253-05836-X. *33 F / 5,03 €*

23040 **N** **MAGRIS C.** Microcosmes. *Gallimard, 2000.* (Folio ; 3365 c10)
ISBN 2-07-041244-X. *46 F / 7,01 €*

23041 **N** **MAHFOUZ N.** Akhenaton le renégat. *Gallimard, 2000.* (Folio ; 3391 c8)
ISBN 2-07-041422-1. *25,50 F / 3,89 €*

23042 **MAHFOUZ N.** La chanson des gueux ; Chimères ; Dérives sur le Nil. *Gallimard, 1998.* (Folio)
ISBN 2-07-040617-2. *41 F / 6,25 €*

23043 **MAHFOUZ N.** La Chanson des gueux. *Gallimard, 1992.* (Folio ; 2400 c10)
ISBN 2-07-038538-8. *46 F / 7,01 €*

23044 **MAHFOUZ N.** Chimères. *Gallimard, 1994.* (Folio ; 2586 c8)
ISBN 2-07-038888-3. *37 F / 5,64 €*

23045 **MAHFOUZ N.** Dérive sur le Nil. *Gallimard, 1991.* (Folio ; 2311 c11)
ISBN 2-07-038423-3. *29,50 F / 4,50 €*

23046 **MAHFOUZ N.** Impasse des deux palais. *LGF, 1989.* (Le Livre de poche ; 3125. Biblio c15)
ISBN 2-253-05091-1. *50 F / 7,62 €*

23047 **MAHFOUZ N.** Le Jardin du passé. *LGF, 1991.* (Le Livre de poche ; 3161. Biblio c15)
ISBN 2-253-05778-9. *50 F / 7,62 €*

23048 **N** **MAHFOUZ N.** La malédiction de Râ. *LGF, 2001.* (Le Livre de poche ; 93343. Biblio)
ISBN 2-253-93343-0. *36 F / 5,49 €*

23049 **N** **MAHFOUZ N.** Matin de roses. *Actes Sud, 2001.* (Babel ; 464)
ISBN 2-7427-3111-3. *39 F / 5,95 €*

23050 **MAHFOUZ N.** Matin de roses. *Actes Sud, 1998.* (Babel)
ISBN 2-7427-1878-8. *108 F / 16,46 €*

23051 **MAHFOUZ N.** Miramar. *Gallimard, 1993.* (Folio ; 2460 c11)
ISBN 2-07-038600-7. *29,50 F / 4,50 €*

23052 **MAHFOUZ N.** Le Palais du désir. *LGF, 1990.* (Le Livre de poche ; 3141. Biblio c15)
ISBN 2-253-05395-3. *50 F / 7,62 €*

23053 **N** **MAHFOUZ N.** Passage des miracles. *10-18, 2000.* (10-18 ; 3221. Domaine étranger c8)
ISBN 2-264-03079-8. *55 F / 8,38 €*

23054 **MAHFOUZ N.** La quête. *Gallimard, 1999.* (Folio ; 3258 c6)
ISBN 2-07-041049-8. *29,50 F / 4,50 €*

23055 **N** **MAHFOUZ N.** Récits de notre quartier. Réimpr. *Actes Sud, 2001.* (Babel ; 374. Sindbad c2)
ISBN 2-7427-2214-9. *45 F / 6,86 €*

23056 **MAHFOUZ N.** La Trilogie. *LGF, 1993.* (La Pochothèque ; 3214. Classiques modernes)
ISBN 2-253-06327-4. *145 F / 22,11 €*

23057 **MAHFOUZ N.** Vienne la nuit. *Gallimard, 1998.* (Folio ; 3139 c10)
ISBN 2-07-040570-2. *46 F / 7,01 €*

23058 **MAHFOUZ N.** Le voleur et les chiens. *Actes Sud, 1996.* (Babel ; 209. Sindbad c2)
ISBN 2-7427-0804-9. *39 F / 5,95 €*

23059 **A** **MAILER N.** L'Evangile selon le fils. *Pocket, 2001.* (Pocket ; 10577)
ISBN 2-266-08910-2. *35 F / 5,34 €*

23060 **MAILER N.** Mémoires imaginaires de Marilyn. *10-18, 1991.* (10-18 ; 2204. Domaine étranger c3)
ISBN 2-264-01643-4. *38 F / 5,79 €*

23061 **MAILER N.** Les Nus et les morts. *LGF, 1985.* (Le Livre de poche ; 814 c15)
ISBN 2-253-01264-5. *50 F / 7,62 €*

23062 **MAILER N.** Pourquoi sommes-nous au Vietnam?. *Grasset, 1987.* (Les Cahiers rouges ; 81)
ISBN 2-246-13972-4. *42 F / 6,40 €*

23063 **MAILER N.** Un Rêve américain. *Grasset, 1985.* (Les Cahiers rouges ; 36)
ISBN 2-246-13952-X. *58 F / 8,84 €*

23064 **MAILER N.** Rivage de barbarie. *Gallimard, 1977.* (Folio ; 947 c8)
ISBN 2-07-036947-1. *37 F / 5,64 €*

23065 **MAILLET A.** Les Cordes-de-Bois. *Grasset, 1999.* (Les Cahiers rouges ; 280)
ISBN 2-246-05242-4. *58 F / 8,84 €*

23066 **MAILLET A.** Pélagie-la-Charrette. *Grasset, 1998.* (Les Cahiers rouges ; 274)
ISBN 2-246-08203-X. *57 F / 8,69 €*

23067 **A** **MAINARD A.** Nora la conquérante. *le Cercle, 2001.* (Le Cercle poche ; 12)
ISBN 2-913563-33-3. *39 F / 5,95 €*

23068 **MAISTRE X. d.** Voyage autour de ma chambre : 1794 ; Le lépreux de la cité d'Aoste. *Mille et une nuits, 2000.* (La petite collection ; 277)
ISBN 2-84205-476-8. *10 F / 1,52 €*

23069 **N** **MAJROUH S. B.** Le voyageur de minuit. Nouv. éd. *Ed. de l'Aube, 2000.* (L'Aube poche ; 42 c6)
ISBN 2-87678-563-3. *55 F / 8,38 €*

23070 **MAKINE A.** Au temps du fleuve Amour. *Gallimard, 1996.* (Folio ; 2885 c11)
ISBN 2-07-040062-X. *29,50 F / 4,50 €*

23071 **MAKINE A.** Confession d'un porte-drapeau déchu. *Gallimard, 1996.* (Folio ; 2883 c11)
ISBN 2-07-040114-6. *29,50 F / 4,50 €*

23072 **N** **MAKINE A.** Le crime d'Olga Arbélina. *Gallimard, 2000.* (Folio ; 3366 c8)
ISBN 2-07-041167-2. *41 F / 6,25 €*

23073 **MAKINE A.** Le testament français. *Gallimard, 1997.* (Folio ; 2934 c9)
ISBN 2-07-040187-1. *41 F / 6,25 €*

23074 **MALAMUD B.** L'Homme de Kiev. *Seuil, 1992.* (Points. Roman ; 561 c3)
ISBN 2-02-019149-0. *48 F / 7,32 €*

23075 **MALAPARTE C.** Kaputt. *Gallimard, 1972.* (Folio ; 237 c9)
ISBN 2-07-036237-X. *41 F / 6,25 €*

23076 **MALAPARTE C.** La Peau. *Gallimard, 1982.* (Folio ; 502 c9)
ISBN 2-07-036502-6. *41 F / 6,25 €*

23077 **MALAPARTE C.** Le soleil est aveugle = Il sole è cieco. *Gallimard, 2000.* (Folio bilingue ; 86 cM)
ISBN 2-07-040995-3. *79,50 F / 12,12 €*

23078 **MALAPARTE C.** Le soleil est aveugle. Réimpr. *Gallimard, 1999.* (Folio ; 1866 c4)
ISBN 2-07-037866-7. *20,50 F / 3,13 €*

23079 **N** **MALAVOY C.** La brûlure du jour. *LGF, 2001.* (Le Livre de poche ; 15006 c5)
ISBN 2-253-15006-1. *23 F / 3,51 €*

23080 **MALAVOY C.** Parmi tant d'autres... *J'ai lu, 1998.* (J'ai lu ; 4695. Littérature générale c3)
ISBN 2-290-04695-7. *29 F / 4,42 €*

23081 **MALERBA L.** Clopes. *Stock, 1992.* (Bibliothèque cosmopolite)
ISBN 2-234-02479-X. *50 F / 7,62 €*

23082 **MALERBA L.** Le Feu grégeois. *Stock, 1994.* (Bibliothèque cosmopolite)
ISBN 2-234-04292-5. *60 F / 9,15 €*

23083 **MALERBA L.** Les pierres volantes. *Stock, 1996.* (Bibliothèque cosmopolite c1)
ISBN 2-234-04593-2. *50 F / 7,62 €*

23084 **MALERBA L.** Le serpent cannibale. *Grasset, 1998.* (Les Cahiers rouges ; 269)
ISBN 2-246-14012-9. *56 F / 8,54 €*

23085 **MALET L.** Romans, nouvelles et poèmes. *Laffont, 1989.* (Oeuvres complètes; 5)(Bouquins)
ISBN 2-221-05590-X. *129 F / 19,67 €*

23086 **MALINCONI N.** Hôpital silence ; suivi de L'attente. *Labor, 1996.* (Espace Nord ; 110 c2)
ISBN 2-8040-1131-3. *42 F / 6,40 €*

23087 **MALLEA E.** La barque de glace. *Grasset, 1995.* (Les Cahiers rouges ; 206)
ISBN 2-246-14022-6. *60 F / 9,15 €*

23088 **MALLET-JORIS F.** Adriana Sposa. *J'ai lu, 1991.* (J'ai lu ; 3062. Littérature générale)
ISBN 2-277-23062-6. *39 F / 5,95 €*

23089 **MALLET-JORIS F.** Divine. *J'ai lu, 1992.* (J'ai lu ; 3365. Littérature générale c4)
ISBN 2-277-23365-X. *36 F / 5,49 €*

23090 **MALLET-JORIS F.** Les larmes ou La véritable histoire d'un buste en cire, de deux filles, l'une triste, l'autre gaie, d'un prince et d'un bourreau. Réimpr. *J'ai lu, 1995.* (J'ai lu ; 3914. Littérature générale c6)
ISBN 2-290-03914-4. *42 F / 6,40 €*

23091 **MALLET-JORIS F.** La Maison de papier. *LGF, 1972.* (Le Livre de poche ; 3337 c6)
ISBN 2-253-00536-3. *26 F / 3,96 €*

23092 **MALLET-JORIS F.** La maison dont le chien est fou. *Pocket, 1998.* (Pocket ; 10383 c7)
ISBN 2-266-08075-X. *42 F / 6,40 €*

23093 **MALLET-JORIS F.** Le rempart des béguines. *Pocket, 1998.* (Pocket ; 2055 c2)
ISBN 2-266-08344-9. *23 F / 3,51 €*

23094 **MALLET-JORIS F.** Le Rire de Laura. *Gallimard, 1987.* (Folio ; 1792 c8)
ISBN 2-07-037792-X. *37 F / 5,64 €*

23095 **N** **MALLET-JORIS F.** Sept démons dans la ville. *Pocket, 2000.* (Pocket ; 10961 c8)
ISBN 2-266-10195-1. *45 F / 6,86 €*

23096 **MALLET-JORIS F.** La Tristesse du cerf-volant. *J'ai lu, 1989.* (J'ai lu ; 2596. Littérature générale c4)
ISBN 2-277-22596-7. *36 F / 5,49 €*

23097 **MALLET-JORIS F.** Trois âges de la nuit : histoires de sorcellerie. *Labor, 1996.* (Espace Nord ; 107 c6)
ISBN 2-8040-1068-6. *74 F / 11,28 €*

23098 **MALLET R.** Ellynn. *Gallimard, 1989.* (Folio ; 2117 c10)
ISBN 2-07-038205-2. *46 F / 7,01 €*

23099 **MALLET R.** Région inhabitée. *Gallimard, 1991.* (Folio ; 2359 c8)
ISBN 2-07-038483-7. *37 F / 5,64 €*

23100 **N** **MALOT H.** Sans famille. *LGF, 2000.* (Le Livre de poche ; 14977 c7)
ISBN 2-253-14977-2. *30 F / 4,57 €*

23101 **MALOT H., BRUNO G., VERNE J.** Des Enfants sur les routes. *Laffont, 1994.* (Bouquins)
ISBN 2-221-06780-0. *149 F / 22,71 €*

23102 **MALOUF D.** Ce vaste monde. *LGF, 1994.* (Le Livre de poche ; 13513 c12)
ISBN 2-253-13513-5. *44 F / 6,71 €*

23103 **N** **MALOUF D.** Dernière conversation dans la nuit. *LGF, 2000.* (Le Livre de poche ; 14937 c7)
ISBN 2-253-14937-3. *30 F / 4,57 €*

23104 **MALRAUX A.** La condition humaine. *Gallimard, 1972.* (Folio ; 1 c8)
ISBN 2-07-036001-6. *37 F / 5,64 €*

23105 **MALRAUX A.** Les Conquérants. Nouv. éd. *LGF, 1992.* (Le Livre de poche ; 61 c9)
ISBN 2-253-01027-8. *36 F / 5,49 €*

23106 **MALRAUX A.** L'Espoir. *Gallimard, 1972.* (Folio ; 20 c10)
ISBN 2-07-036020-2. *46 F / 7,01 €*

23107 **MALRAUX A.** Les noyers de l'Altenburg. *Gallimard, 1997.* (Folio ; 2997 c8)
ISBN 2-07-040358-0. *37 F / 5,64 €*

23108 **MALRAUX A.** La Tentation de l'Occident. *LGF, 1972.* (Le Livre de poche ; 3283 c4)
ISBN 2-253-01680-2. *20 F / 3,05 €*

23109 **MALRAUX A.** La Tentation de l'Occident. *Grasset, 1984.* (Les Cahiers rouges ; 28)
ISBN 2-246-14064-1. *49 F / 7,47 €*

23110 **MALRAUX A.** La Voie royale. *LGF, 1954.* (Le Livre de poche ; 86 c6)
ISBN 2-253-01035-9. *26 F / 3,96 €*

23111 **N** **MALROUX A.** La Noisetière. *LGF, 2000.* (Le Livre de poche ; 14951 c6)
ISBN 2-253-14951-9. *26 F / 3,96 €*

23112 **MALVA C.** La Nuit dans les yeux. *Labor, 1984.* (Espace Nord ; 3 c1)
ISBN 2-8040-0126-1. *34 F / 5,18 €*

23113 **MAMÈRE N.** Gens de Garonne. 1, Les forçats de la mer. *Pocket, 1999.* (Pocket ; 10791)
ISBN 2-266-09663-X. *30 F / 4,57 €*

23114 **MAMMERI M.** La Colline oubliée. *Gallimard, 1992.* (Folio ; 2353 c9)
ISBN 2-07-038474-8. *41 F / 6,25 €*

23115 **MANAS J. A.** Je suis un écrivain frustré. *Métailié, 1998.* (Suites ; 16. Suite espagnole)
ISBN 2-86424-286-9. *56 F / 8,54 €*

23116 **MANCEAUX M.** Anonymus. *Seuil, 1984.* (Points. Roman ; 147 c2)
ISBN 2-02-006767-6. *39 F / 5,95 €*

23117 **MANCEAUX M.** Grand reportage. *Seuil, 1981.* (Points. Roman ; 35 c2)
ISBN 2-02-005806-5. *39 F / 5,95 €*

23118 **MANCEAUX M.** Pourquoi pas Venise?. *Seuil, 1982.* (Points. Roman ; 73 c2)
ISBN 2-02-006188-0. *39 F / 5,95 €*

23119 **MANDELSTAM O. E.** Le Bruit du temps. *Seuil, 1988.* (Points. Roman ; 330 c1)
ISBN 2-02-010367-2. *32 F / 4,88 €*

23120 **N** **MANET E.** D'amour et d'exil. *LGF, 2001.* (Le Livre de poche ; 15030)
ISBN 2-253-15030-4. *29 F / 4,42 €*

23121 **MANET E.** L'Ile du lézard vert. *Seuil, 1994.* (Points. Roman ; 672 c3)
ISBN 2-02-020504-1. *48 F / 7,32 €*

23122 **MANET E.** Rhapsodie cubaine. *LGF, 1998.* (Le Livre de poche ; 14412 c10)
ISBN 2-253-14412-6. *40 F / 6,10 €*

23123 **N** **MANFREDI V.** Alexandre le Grand. 1, Le fils du songe. *Pocket, 2001.* (Pocket ; 10904 c8)
ISBN 2-266-10004-1. *45 F / 6,86 €*

23124 **N** **MANFREDI V.** Alexandre le Grand. 2, Les sables d'Ammon. *Pocket, 2001.* (Pocket ; 10962 c8)
ISBN 2-266-10193-5. *45 F / 6,86 €*

23125 **N** **MANFREDI V.** Alexandre le Grand. 3, Les confins du monde. *Pocket, 2001.* (Pocket ; 10963 c8)
ISBN 2-266-10194-3. *45 F / 6,86 €*

23126 **MANGUEL A.** Dernières nouvelles d'une terre abandonnée. *Actes Sud, 1998.* (Babel ; 355)
ISBN 2-7427-2060-X. *51 F / 7,77 €*

23127 **MANN H.** Professeur Unrat. *Grasset, 1983.* (Les Cahiers rouges ; 13)
ISBN 2-246-36622-4. *58 F / 8,84 €*

23128 **MANN H.** Le sujet. *Grasset, 1999.* (Les Cahiers rouges ; 284)
ISBN 2-246-57362-9. *64 F / 9,76 €*

23129 **MANN K.** Mephisto. *Grasset, 1993.* (Les Cahiers rouges ; 177)
ISBN 2-246-45721-1. *64 F / 9,76 €*

23130 **N** **MANN K.** Speed. *LGF, 2000.* (Le Livre de poche ; 3339. Biblio c10)
ISBN 2-253-93339-2. *40 F / 6,10 €*

23131 **N** **MANN K.** Le tournant : histoire d'une vie. *10-18, 2001.* (10-18 ; 3272. Domaine étranger)
ISBN 2-264-03195-6. *65 F / 9,91 €*

23132 **MANN K.** Le Volcan : un roman de l'émigration allemande, 1933-1939. *Grasset, 1993.* (Les Cahiers rouges ; 178)
ISBN 2-246-45731-9. *66 F / 10,06 €*

23133 **MANN T.** Altesse royale. *Grasset, 1983.* (Les Cahiers rouges ; 3)
ISBN 2-246-14082-X. *54 F / 8,23 €*

23134 **MANN T.** Les Buddenbrook : le déclin d'une famille. *LGF, 1993.* (Le Livre de poche ; 3192. Biblio c19)
ISBN 2-253-06319-3. *70 F / 10,67 €*

23135 **MANN T.** Les Confessions du chevalier d'industrie Felix Krull. *Albin Michel, 1991.* (Bibliothèque Albin Michel poche ; 49 c2)
ISBN 2-226-05368-9. *49 F / 7,47 €*

23136 **MANN T.** Les confessions du chevalier d'industrie Felix Krull. *LGF, 1995.* (Le Livre de poche ; 3233. Biblio c11)
ISBN 2-253-93233-7. *42 F / 6,40 €*

23137 **MANN T.** Déception : et autres nouvelles ; Fiorenza. *LGF, 1995.* (Le Livre de poche ; 3251. Biblio c8)
ISBN 2-253-93251-5. *33 F / 5,03 €*

23138 **MANN T.** Déception : et autres nouvelles ; Fiorenza. *Albin Michel, 1989.* (Bibliothèque Albin Michel poche ; 20 c2)
ISBN 2-226-03539-7. *49 F / 7,47 €*

23139 **MANN T.** Le Docteur Faustus. *LGF, 1983.* (Le Livre de poche ; 3021. Biblio c15)
ISBN 2-253-03155-0. *50 F / 7,62 €*

23140 **MANN T.** L'Elu. *Albin Michel, 1990.* (Bibliothèque Albin Michel poche ; 42 c2)
ISBN 2-226-04938-X. *49 F / 7,47 €*

23141 **MANN T.** L'élu. *LGF, 1996.* (Le Livre de poche ; 3257. Biblio c10)
ISBN 2-253-93257-4. *40 F / 6,10 €*

23142 **MANN T.** Le Jeune Joseph. *Gallimard, 1980.* (Joseph et ses frères; 2)(L'imaginaire ; 68)
ISBN 2-07-023013-9. *48 F / 7,32 €*

23143 **MANN T.** Joseph en Egypte. *Gallimard, 1980.* (Joseph et ses frères; 3)(L'imaginaire ; 69)
ISBN 2-07-023074-0. *69 F / 10,52 €*

23144 **MANN T.** Joseph le nourricier. *Gallimard, 1980.* (Joseph et ses frères; 4)(L'imaginaire ; 70)
ISBN 2-07-023102-X. *60 F / 9,15 €*

23145 **MANN T.** La loi. *Mille et une nuits, 1996.* (La petite collection ; 127 cB)
ISBN 2-84205-094-0. *15 F / 2,29 €*

23146 **MANN T.** Lotte à Weimar. *Gallimard, 1989.* (L'imaginaire ; 211)
ISBN 2-07-071518-3. *59 F / 8,99 €*

23147 **N** **MANN T.** Maître et chien. *LGF, 2001.* (Le Livre de poche ; 3342. Biblio c8)
ISBN 2-253-93342-2. *33 F / 5,03 €*

23148 **MANN T.** Les maîtres ; précédé de Frédéric et la grande coalition. *Grasset, 1997.* (Les Cahiers rouges ; 244)
ISBN 2-246-07222-0. *63 F / 9,60 €*

23149 **MANN T.** Mario et le magicien ; Expériences occultes ; Doux sommeil. *Grasset, 1994.* (Les Cahiers rouges ; 133)
ISBN 2-246-09312-0. *57 F / 8,69 €*

23150 **MANN T.** Le mirage. *10-18, 1997.* (10-18 ; 2814. Domaine étranger c3)
ISBN 2-264-02541-7. *38 F / 5,79 €*

23151 **MANN T.** La Montagne magique. Rééd. *LGF, 1991.* (Le Livre de poche ; 6994 c16)
ISBN 2-253-05752-5. *55 F / 8,38 €*

23152 **MANN T.** La Mort à Venise = Der Tod in Venedig. *LGF, 1989.* (Les Langues modernes ; 8714. Bilingue c10)
ISBN 2-253-04936-0. *40 F / 6,10 €*

23153 **MANN T.** La Mort à Venise ; Tristan. *LGF, 1965.* (Le Livre de poche ; 1513 c5)
ISBN 2-253-00645-9. *23 F / 3,51 €*

23154 **MANN T.** La mort à Venise. Nouv. éd. *Stock, 1999.* (Bibliothèque cosmopolite c3)
ISBN 2-234-05140-1. *60 F / 9,15 €*

23155 **MANN T.** Romans et nouvelles. 1. *LGF, 1994.* (La Pochothèque ; 3219. Classiques modernes)
ISBN 2-253-13219-5. *120 F / 18,29 €*

23156 **MANN T.** Romans et nouvelles. 2, 1904-1924. *LGF, 1995.* (La Pochothèque ; 3226. Classiques modernes)
ISBN 2-253-13226-8. *140 F / 21,34 €*

23157 **MANN T.** Romans et nouvelles. 3. *LGF, 1996.* (La Pochothèque ; 3233. Classiques modernes)
ISBN 2-253-13233-0. *130 F / 19,82 €*

23158 **MANN T.** Sang réservé ; Désordre ; Maitre et chien. *Grasset, 1984.* (Les Cahiers rouges ; 25)
ISBN 2-246-14102-8. *43 F / 6,56 €*

23159 **MANN T.** Les têtes interverties : légende hindoue. *LGF, 1997.* (Le Livre de poche ; 3269. Biblio c7)
ISBN 2-253-93269-8. *30 F / 4,57 €*

23160 **MANN T.** Les Têtes interverties. *Albin Michel, 1988.* (Bibliothèque Albin Michel poche ; 2 c1)
ISBN 2-226-03210-X. *39 F / 5,95 €*

23161 **MANN T.** Tonio Kröger. *Gallimard, 1993.* (Folio bilingue ; 32 c6)
ISBN 2-07-038617-1. *56 F / 8,54 €*

23162 **MANN T.** Tonio Kröger. *Stock, 1992.* (Bibliothèque cosmopolite)
ISBN 2-234-02455-2. *55 F / 8,38 €*

23163 **MANN T.** Tonio Kroger. *LGF, 1978.* (Le Livre de poche ; 4032 c4)
ISBN 2-253-00269-0. *20 F / 3,05 €*

23164 **MANN T.** Tristan ; Le Paillasse = Der Bajazzo. *LGF, 1991.* (Les Langues modernes ; 8741. Bilingue c11)
ISBN 2-253-05659-6. *42 F / 6,40 €*

23165 **N** **MANSELL J.** Méli-mélo. *J'ai lu, 2000.* (J'ai lu ; 5555. Amour et destin cL)
ISBN 2-290-30282-1. *45 F / 6,86 €*

23166 **MANSELL J.** Sac d'embrouilles. Réimp. *J'ai lu, 2000.* (J'ai lu ; 4758. Amour et destin cK)
ISBN 2-290-30650-9. *42 F / 6,40 €*

23167 **N** **MANSELL J.** Sens dessus dessous. *J'ai lu, 2000.* (J'ai lu ; 5680. Amour et destin cM)
ISBN 2-290-30444-1. *49 F / 7,47 €*

23168 **MANSFIELD K.** Félicité. *Mille et une nuits, 1994.* (La petite collection ; 22 cA)
ISBN 2-910233-22-7. *10 F / 1,52 €*

23169 **MANSFIELD K.** La garden-party. Nouv. éd. *Stock, 1996.* (Bibliothèque cosmopolite ; 34 c3)
ISBN 2-234-04634-3. *60 F / 9,15 €*

23170 **MANSFIELD K.** Nouvelles = Short stories. *Langues pour tous, 2000.* (Langues pour tous ; 2725)
ISBN 2-266-09817-9. *42 F / 6,40 €*

23171 **MANSFIELD K.** Pension allemande. Nouv. éd. *Stock, 1997.* (Bibliothèque cosmopolite ; 43 c2)
ISBN 2-234-04878-8. *55 F / 8,38 €*

23172 **MANSFIELD K.** Le Voyage indiscret. *Seuil, 1983.* (Points. Roman ; 94 c2)
ISBN 2-02-006346-8. *39 F / 5,95 €*

23173 **MANZONI A.** Les fiancés : histoire milanaise du XVIIe siècle. *Gallimard, 1995.* (Folio ; 2527. Classique c15)
ISBN 2-07-038639-2. *61 F / 9,30 €*

23174 **MARCEAU F.** Appelez-moi Mademoiselle. *Gallimard, 1986.* (Folio ; 1762 c11)
ISBN 2-07-037762-8. *29,50 F / 4,50 €*

23175 **MARCEAU F.** Les Belles natures. *Gallimard, 1994.* (Folio ; 2627 c8)
ISBN 2-07-038940-5. *37 F / 5,64 €*

23176 **MARCEAU F.** Bergère légère. *Gallimard, 1973.* (Folio ; 443 c9)
ISBN 2-07-036443-7. *20,50 F / 3,13 €*

23177 **MARCEAU F.** Chair et cuir. *Gallimard, 1974.* (Folio ; 547 c11)
ISBN 2-07-036547-6. *29,50 F / 4,50 €*

23178 **MARCEAU F.** Chasseneuil. *Table ronde, 1996.* (La petite vermillon ; 55 c2)
ISBN 2-7103-0724-3. *45 F / 6,86 €*

23179 **MARCEAU F.** Creezy. *Gallimard, 1972.* (Folio ; 248 c11)
ISBN 2-07-036248-5. *29,50 F / 4,50 €*

23180 **MARCEAU F.** Les Elans du coeur. *Gallimard, 1973.* (Folio ; 340 c9)
ISBN 2-07-036340-6. *41 F / 6,25 €*

23181 **MARCEAU F.** En de secrètes noces. *LGF, 1991.* (Le Livre de poche ; 1129 c7)
ISBN 2-253-00895-8. *30 F / 4,57 €*

23182 **MARCEAU F.** Les ingénus. *Gallimard, 1996.* (Folio ; 2893 c11)
ISBN 2-07-040093-X. *29,50 F / 4,50 €*

23183 **MARCEAU F.** L'Oeuf. *Gallimard, 1980.* (Folio ; 1238 c9)
ISBN 2-07-037238-3. *20,50 F / 3,13 €*

23184 **MARCEAU F.** Un Oiseau dans le ciel. *Gallimard, 1991.* (Folio ; 2274 c11)
ISBN 2-07-038389-X. *29,50 F / 4,50 €*

23185 **MARCEAU F.** Les Passions partagées. *Gallimard, 1989.* (Folio ; 2064 c8)
ISBN 2-07-038151-X. *37 F / 5,64 €*

23186 **MARCEAU F.** La terrasse de Lucrezia. *Gallimard, 1995.* (Folio ; 2723 c11)
ISBN 2-07-039292-9. *29,50 F / 4,50 €*

23187 **MARCEAU F.** Le voyage de noces de Figaro. *Librio, 1995.* (Librio ; 83 c1)
ISBN 2-277-30083-7. *10 F / 1,52 €*

23188 **N** **MARCELLE P.** Conduite intérieure ; suivi de Archéologie. *Seuil, 2001.* (Points ; 825)
ISBN 2-02-035936-7. *39 F / 5,95 €*

23189 **N** **MARCIANO F.** L'Africaine. *Pocket, 2000.* (Pocket ; 10916 c7)
ISBN 2-266-10027-0. *42 F / 6,40 €*

23190 **MARECHAL L.** Adan Buenosayres. *LGF, 1999.* (Le Livre de poche ; 3291. Biblio c18)
ISBN 2-253-93291-4. *65 F / 9,91 €*

23191 **MARECHERA D.** La maison de la faim. *Dapper, 1999.* (Dapper littérature)
ISBN 2-906067-48-2. *58 F / 8,84 €*

23192 **MAREZ M. d.** L'amant du bout du monde. *J'ai lu, 1996.* (J'ai lu ; 4321. Amour et destin c4)
ISBN 2-290-04321-4. *36 F / 5,49 €*

23193 **MAREZ M. d.** Celle par qui le bonheur arrive. *J'ai lu, 1997.* (J'ai lu ; 4607. Amour et destin cl)
ISBN 2-290-04607-8. *36 F / 5,49 €*

23194 **N** **MAREZ M. d.** Ennemi de jeunesse. *J'ai lu, 2001.* (J'ai lu ; 5806. Amour et destin cl)
ISBN 2-290-30984-2. *36 F / 5,49 €*

23195 **N** **MAREZ M. d.** L'épouse indésirable. Nouv. éd. *J'ai lu, 2000.* (J'ai lu ; 3686. Aventures et passions cJ)
ISBN 2-290-30959-1. *39 F / 5,95 €*

23196 **MAREZ M. d.** Un mari sous contrat. *J'ai lu, 1995.* (J'ai lu ; 4019. Amour et destin)
ISBN 2-277-24019-2. *39 F / 5,95 €*

23197 **MARGERIE D. d.** Le Ressouvenir. *Gallimard, 1988.* (Folio ; 1996 c8)
ISBN 2-07-038085-8. *37 F / 5,64 €*

23198 **MARGERIE D. d.** La volière ; suivi de Duplicités. *Gallimard, 1996.* (Folio ; 2799 c9)
ISBN 2-07-039471-9. *41 F / 6,25 €*

23199 **N** **MARGUERITE D'ANGOULÊME (reine de Navarre)** Heptaméron. *Gallimard, 2000.* (Folio ; 3359. Classique c13)
ISBN 2-07-040156-1. *76,50 F / 11,66 €*

23200 **MARGUERITE D'ANGOULÊME (reine de Navarre)** L'Heptaméron. *LGF, 1999.* (Le Livre de poche ; 6048. Classiques de poche c15)
ISBN 2-253-06048-8. *50 F / 7,62 €*

23201 **MARGUERITE D'ANGOULÊME (reine de Navarre)** Trois contes. *Table ronde, 1994.* (La petite vermillon ; 34)
ISBN 2-7103-0638-7. *35 F / 5,34 €*

23202 **MARIE I.** La bonne. *LGF, 1998.* (Le Livre de poche ; 14408 c4)
ISBN 2-253-14408-8. *20 F / 3,05 €*

23203 **MARIE I.** La malle. *LGF, 1999.* (Le Livre de poche ; 14636 c6)
ISBN 2-253-14636-6. *26 F / 3,96 €*

23204 **N** **MARIE L.** A la vie à la mort. *Vauvenargues, 2000.* (Faits divers ; 5)
ISBN 2-7443-0332-1. *35 F / 5,34 €*

23205 **MARIE-POSA** Eclipse. *J'ai lu, 1992.* (J'ai lu ; 3189. Littérature générale)
ISBN 2-277-23189-4. *29 F / 4,42 €*

23206 **MARIËN M.** Les Fantômes du château de carte : nouvelles. *Labor, 1993.* (Espace Nord ; 89 c3)
ISBN 2-8040-0903-3. *54 F / 8,23 €*

23207 **MARIVAUX P. C. d. C. d.** La vie de Marianne. *Gallimard, 1997.* (Folio ; 2956. Classique c11)
ISBN 2-07-040221-5. *50 F / 7,62 €*

23208 **N** **MARKALE J.** Les chevaliers de la Table ronde. Réimp. *J'ai lu, 2000.* (Le cycle du Graal; 2)(J'ai lu ; 4743. Littérature générale cJ)
ISBN 2-290-30939-7. *38 F / 5,79 €*

23209 **N** **MARKALE J.** Coffret Markale : le cycle du Graal. *J'ai lu, 2000.* (J'ai lu. Littérature générale)
ISBN 2-277-60169-1. *150 F / 22,87 €*

23210 **MARKALE J.** La fée Morgane. *J'ai lu, 1999.* (Le cycle du Graal; 4)(J'ai lu ; 4745. Littérature générale c5)
ISBN 2-290-04745-7. *39 F / 5,95 €*

23211 **A** **MARKALE J.** Galaad et le Roi Pêcheur. *J'ai lu, 2001.* (Le cycle du Graal; 7)(J'ai lu ; 5802. Littérature générale)
ISBN 2-290-31007-7

23212 **MARKALE J.** Gauvain. *J'ai lu, 2000.* (Le cycle du Graal; 5)(J'ai lu ; 5407. Littérature générale cJ)
ISBN 2-290-30030-6. *39 F / 5,95 €*

23213 **N** **MARKALE J.** Lancelot du Lac. Réimp. *J'ai lu, 2000.* (Le cycle du Graal; 3)(J'ai lu ; 4744. Littérature générale cl)
ISBN 2-290-30940-0. *35 F / 5,34 €*

23214 **A** **MARKALE J.** La mort du roi Arthur. *J'ai lu, 2001.* (Le cycle du Graal; 8)(J'ai lu ; 5942. Littérature générale)
ISBN 2-290-31187-1

23215 **MARKALE J.** La naissance du roi Arthur. Réimp. *J'ai lu, 2000.* (Le cycle du Graal; 1)(J'ai lu ; 4742. Littérature générale cl)
ISBN 2-290-30422-0. *36 F / 5,49 €*

23216 **N** **MARKALE J.** Perceval le Gallois. *J'ai lu, 2000.* (Le cycle du Graal; 6)(J'ai lu ; 5626. Littérature générale cJ)
ISBN 2-290-30354-2. *39 F / 5,95 €*

23217 **MARKANDAYA K.** Le riz et la mousson. Réimpr. *J'ai lu, 1998.* (J'ai lu ; 117. Littérature générale c2)
ISBN 2-290-00117-1. *22 F / 3,35 €*

23218 **MARLOWE S.** Christophe Colomb : mémoires. *Seuil, 1989.* (Points. Roman ; 338 c6)
ISBN 2-02-010519-5. *62 F / 9,45 €*

23219 **N** **MARNY D.** A l'ombre des amandiers. *Pocket, 2000.* (Pocket ; 10518 c4B)
ISBN 2-266-08595-6. *32 F / 4,88 €*

23220 **MARQUISE COLOMBI** Un Mariage en province. *Gallimard, 1991.* (L'imaginaire ; 255)
ISBN 2-07-072258-9. *38 F / 5,79 €*

23221 **MARSÉ J.** Adieu la vie, adieu l'amour. *10-18, 1996.* (10-18 ; 2749. Domaine étranger c7)
ISBN 2-264-00203-4. *50 F / 7,62 €*

23222 **MARSÉ J.** L'amant bilingue. *10-18, 1999.* (10-18 ; 3085. Domaine étranger c5)
ISBN 2-264-02595-6. *44 F / 6,71 €*

23223 **MARSÉ J.** Boulevard du Guinardo. *10-18, 1995.* (10-18 ; 2591. Domaine étranger c2)
ISBN 2-264-00205-0. *25 F / 3,81 €*

23224 **MARSÉ J.** Enfermés avec un seul jouet. *Gallimard, 1992.* (L'Etrangère)
ISBN 2-07-072567-7. *52 F / 7,93 €*

23225 **MARSÉ J.** Un jour je reviendrai. *Seuil, 1998.* (Points ; 520 c12)
ISBN 2-02-033293-0. *50 F / 7,62 €*

23226 **MARSÉ J.** Les nuits de Shanghai. *10-18, 1998.* (10-18 ; 2963. Domaine étranger c5)
ISBN 2-264-02459-3. *44 F / 6,71 €*

23227 **MARSÉ J.** Teresa l'après-midi. *Seuil, 1998.* (Points ; 523 c12)
ISBN 2-02-033291-4. *50 F / 7,62 €*

23228 **MARTEAU R.** Fleuve sans fin. *Table ronde, 1994.* (La petite vermillon ; 29)
ISBN 2-7103-0611-5. *35 F / 5,34 €*

23229 **MARTET J.** Les cousins de Vaison. *Actes Sud, 1995.* (Babel ; 153 c2)
ISBN 2-7427-0541-4. *39 F / 5,95 €*

23230 **A** **MARTIN-CHAUFFIER G.** Les corrompus. *LGF, 2001.* (Le Livre de poche ; 15032)
ISBN 2-253-15032-0. *30 F / 4,57 €*

23231 **MARTIN D.** Il serait une fois. *Gallimard, 1979.* (Folio ; 1099 c11)
ISBN 2-07-037099-2. *29,50 F / 4,50 €*

23232 **MARTIN D.** Le Prince dénaturé. *Gallimard, 1986.* (Folio ; 1761 c9)
ISBN 2-07-037761-X. *41 F / 6,25 €*

23233 **MARTIN DU GARD R.** Le Cahier gris ; Le Pénitencier ; La Belle saison. *Gallimard, 1976.* (Les Thibault; 1)(Folio ; 788 c10)
ISBN 2-07-036788-6. *46 F / 7,01 €*

23234 **MARTIN DU GARD R.** Confidence africaine. *Gallimard, 1995.* (L'imaginaire ; 328)
ISBN 2-07-074190-7. *38 F / 5,79 €*

23235 **MARTIN DU GARD R.** La Consultation ; La Sorellina ; La Mort du père. *Gallimard, 1972.* (Les Thibault; 2)(Folio ; 140 c9)
ISBN 2-07-036140-3. *41 F / 6,25 €*

23236 **MARTIN DU GARD R.** L'Eté 1914. *Gallimard, 1972.* (Les Thibault; 3-1)(Folio ; 164 c8)
ISBN 2-07-036164-0. *36 F / 5,49 €*

23237 **MARTIN DU GARD R.** L'Eté 1914. *Gallimard, 1972.* (Les Thibault; 3-2)(Folio ; 165 c8)
ISBN 2-07-036165-9. *37 F / 5,64 €*

23238 **MARTIN DU GARD R.** L'Eté 1914. *Gallimard, 1972.* (Les Thibault; 3-3)(Folio ; 189 c9)
ISBN 2-07-036189-6. *41 F / 6,25 €*

23239 **MARTIN DU GARD R.** Vieille France. *Gallimard, 1974.* (Folio ; 540 c9)
ISBN 2-07-036540-9. *20,50 F / 3,13 €*

23240 **N** **MARTIN H-R.** L'éveil de Clémence. *le Cercle, 2000.* (Le Cercle poche ; 6)
ISBN 2-913563-15-5. *39 F / 5,95 €*

23241 **MARTINEZ T. E.** Santa Evita. *10-18, 1998.* (10-18 ; 2885. Domaine étranger c6)
ISBN 2-264-02721-5. *47 F / 7,17 €*

23242 **MARTINI P.** Le Fond du sac. *Actes Sud, 1994.* (Babel ; 96 c2)
ISBN 2-7427-0129-X. *39 F / 5,95 €*

23243 **MARTINI P.** Requiem pour tante Domenica. *Actes Sud, 1991.* (Babel ; 33 c2)
ISBN 2-86869-752-6. *39 F / 5,95 €*

23244 **MARTON S.** Drôle d'héritage. *J'ai lu, 2000.* (J'ai lu ; 5406. Amour et destin cJ)
ISBN 2-290-30014-4. *39 F / 5,95 €*

23245 **MARX G.** Les Mémoires d'un amant lamentable. *Seuil, 1984.* (Point-virgule ; 23 c3)
ISBN 2-02-006698-X. *48 F / 7,32 €*

23246 A **MARY J.** Roger-la-honte. *Laffont, 2001.* (Bouquins)
ISBN 2-221-09116-7. *179 F / 27,29 €*

23247 **MASALA F.** Ceux d'Arasolé. *Pocket, 2000.* (Pocket ; 10785 c2)
ISBN 2-266-09646-X. *23 F / 3,51 €*

23248 A **MASON C.** Atout séduction. *J'ai lu, 2001.* (J'ai lu ; 6017. Aventures et passions)
ISBN 2-290-31269-X

23249 A **MASON C.** La belle effrontée. *J'ai lu, 2001.* (J'ai lu ; 5983. Aventures et passions)
ISBN 2-290-31244-4

23250 **MASON C.** Larmes de pluie. *J'ai lu, 1996.* (J'ai lu ; 4272. Aventures et passions)
ISBN 2-290-04272-2. *36 F / 5,49 €*

23251 **MASPERO F.** Le Figuier. *Seuil, 1990.* (Points. Roman ; 398 c2)
ISBN 2-02-012085-2. *39 F / 5,95 €*

23252 **MASPERO F.** L'honneur de Saint-Arnaud. *Seuil, 1995.* (Points ; 17 c11)
ISBN 2-02-021099-1. *48 F / 7,32 €*

23253 **MASPERO F.** La plage noire. *Seuil, 1996.* (Points ; 279 c1)
ISBN 2-02-030028-1. *32 F / 4,88 €*

23254 **MASPERO F.** Le sourire du chat. Nouv. éd. *Seuil, 1998.* (Points ; 503 c10)
ISBN 2-02-034131-X. *45 F / 6,86 €*

23255 **MASPERO F.** Le temps des Italiens. *Seuil, 1996.* (Points ; 186 c1)
ISBN 2-02-028133-3. *32 F / 4,88 €*

23256 **MASPERO F., FRANTZ A.** Les Passagers du Roissy-Express. *Seuil, 1992.* (Points. Roman ; 502 c3)
ISBN 2-02-014605-3. *48 F / 7,32 €*

23257 **MASPERO L.** L'île au bord du désert. *Ed. de l'Aube, 2000.* (L'Aube poche ; 47)
ISBN 2-87678-534-X. *49 F / 7,47 €*

23258 N **MASSAT A.** Le ministère de l'intérieur. *Gallimard, 2001.* (Folio ; 3474 c6)
ISBN 2-07-041695-X. *29,50 F / 4,50 €*

23259 A **MASSIE A.** Les ombres de l'Empire. *LGF, 2001.* (Le Livre de poche ; 15049)
ISBN 2-253-15049-5. *40 F / 6,10 €*

23260 **MASSIE S.** Ecran fatal. *J'ai lu, 1999.* (J'ai lu ; 5170. Amour et destin cJ)
ISBN 2-290-05170-5. *39 F / 5,95 €*

23261 **MASSIP R.** La Bête quaternaire. *Gallimard, 1981.* (Folio ; 1263 c8)
ISBN 2-07-037263-4. *37 F / 5,64 €*

23262 **MASSIP R.** Les Déesses. *Gallimard, 1978.* (Folio ; 883 c11)
ISBN 2-07-036883-1. *29,50 F / 4,50 €*

23263 **MASSIP R.** Douce lumière. *Gallimard, 1987.* (Folio ; 1862 c8)
ISBN 2-07-037862-4. *37 F / 5,64 €*

23264 **MASSIP R.** La Régente. *Gallimard, 1972.* (Folio ; 267 c9)
ISBN 2-07-036267-1. *20,50 F / 3,13 €*

23265 **MASSIP R.** Le Rire de Sara. *Gallimard, 1975.* (Folio ; 695 c11)
ISBN 2-07-036695-2. *29,50 F / 4,50 €*

23266 **MATHEWS H.** Cigarettes. Réimp. *J'ai lu, 1999.* (J'ai lu ; 1332. Littérature générale c4)
ISBN 2-290-02708-1. *36 F / 5,49 €*

23267 **MATHEWS H.** Conversions. *Gallimard, 1989.* (L'imaginaire ; 220)
ISBN 2-07-071747-X. *40 F / 6,10 €*

23268 **MATHIESSEN P.** Far Tortuga. *Seuil, 1995.* (Points ; 173 c13)
ISBN 2-02-021070-3. *52 F / 7,93 €*

23269 **MATTEI G.** La guerre des gusses. *Ed. de l'Aube, 1995.* (L'Aube poche ; 11 c6)
ISBN 2-87678-212-X. *55 F / 8,38 €*

23270 **MATTHEWS P.** La Maitresse de Malvern. Réimpr. *J'ai lu, 1918.* (J'ai lu ; 1056. Aventures et passions c4)
ISBN 2-290-01056-1. *36 F / 5,49 €*

23271 **MATTHEWS P.** La Promesse sauvage. *J'ai lu, 1982.* (J'ai lu ; 2987. Aventures et passions c5)
ISBN 2-290-02987-4. *39 F / 5,95 €*

23272 **MATTHEWS P.** Les Trois amours de Rachel. *J'ai lu, 1992.* (J'ai lu ; 3160. Aventures et passions)
ISBN 2-290-03160-7. *42 F / 6,40 €*

23273 **MATTON C.** Rembrandt. *J'ai lu, 1999.* (J'ai lu ; 5385. Littérature générale cH)
ISBN 2-290-05385-6. *32 F / 4,88 €*

23274 **MATUTE A. M.** Marionnettes. *Gallimard, 1992.* (L'Etrangère)
ISBN 2-07-072603-7. *50 F / 7,62 €*

23275 **MATZNEFF G.** La Diététique de lord Byron. *Gallimard, 1988.* (Folio ; 1907 c11)
ISBN 2-07-037907-8. *29,50 F / 4,50 €*

23276 **MATZNEFF G.** Ivre du vin perdu. *Gallimard, 1983.* (Folio ; 1503 c10)
ISBN 2-07-037503-X. *46 F / 7,01 €*

23277 **MATZNEFF G.** La prunelle de mes yeux. *Gallimard, 1995.* (Folio ; 2710 c9)
ISBN 2-07-039299-6. *41 F / 6,25 €*

23278 **MAUGHAM R.** The Servant. *10-18, 1992.* (10-18 ; 2335. Domaine étranger c6)
ISBN 2-264-01874-7. *44 F / 6,71 €*

23279 **MAUGHAM S.** Amours singulières. *10-18, 1995.* (10-18 ; 2659. Domaine étranger c6)
ISBN 2-264-02192-6. *47 F / 7,17 €*

23280 **MAUGHAM S.** L'archipel aux sirènes. *10-18, 1996.* (10-18 ; 2714. Domaine étranger c5)
ISBN 2-264-02191-8. *44 F / 6,71 €*

23281 **MAUGHAM S.** La femme dans la jungle. *10-18, 1997.* (10-18 ; 2839. Domaine étranger c5)
ISBN 2-264-02468-2. *44 F / 6,71 €*

23282 **MAUGHAM S.** Liza de Lambeth. *LGF, 1996.* (Le Livre de poche ; 3265. Biblio c6)
ISBN 2-253-93265-5. *26 F / 3,96 €*

23283 **MAUGHAM S.** Mr Ashenden, agent secret. *10-18, 1997.* (10-18 ; 2912. Domaine étranger c6)
ISBN 2-264-02448-8. *47 F / 7,17 €*

23284 **MAUGHAM S.** Rencontres et hasard. *10-18, 1998.* (10-18 ; 2973. Domaine étranger c6)
ISBN 2-264-02447-X. *47 F / 7,17 €*

23285 **MAUGHAM S.** Servitude humaine. *10-18, 1997.* (10-18 ; 2866. Domaine étranger c8)
ISBN 2-264-01418-0. *55 F / 8,38 €*

23286 **MAUGHAM W. S.** Catalina. Réimpr. *10-18, 1995.* (10-18 ; 1546. Domaine étranger c6)
ISBN 2-264-00019-8. *50 F / 7,62 €*

23287 **MAUGHAM W. S.** L'envoûté. Réimpr. *10-18, 1997.* (10-18 ; 1707. Domaine étranger c4)
ISBN 2-264-00690-0. *41 F / 6,25 €*

23288 **MAUGHAM W. S.** The Escape : and other short stories. *LGF, 1989.* (Le Livre de poche ; 8603. Lire en anglais c7)
ISBN 2-253-04690-6. *15 F / 2,29 €*

23289 **MAUGHAM W. S.** Le Fil du rasoir. *10-18, 1980.* (10-18 ; 1399. Domaine étranger c6)
ISBN 2-264-00316-2. *47 F / 7,17 €*

23290 **MAUGHAM W. S.** The Flip of a coin : and other short stories. *LGF, 1989.* (Le Livre de poche ; 8612. Lire en anglais c7)
ISBN 2-253-05037-7. *30 F / 4,57 €*

23291 **MAUGHAM W. S.** Le Fugitif. *10-18, 1989.* (10-18 ; 2049. Domaine étranger c5)
ISBN 2-264-01416-4. *44 F / 6,71 €*

23292 **MAUGHAM W. S.** Il suffit d'une nuit. Réimpr. *10-18, 1995.* (10-18 ; 1547. Domaine étranger c3)
ISBN 2-264-00513-0. *38 F / 5,79 €*

23293 **MAUGHAM W. S.** Mrs Craddock. *LGF, 1994.* (Le Livre de poche ; 3226. Biblio c9)
ISBN 2-253-93226-4. *36 F / 5,49 €*

23294 **MAUGHAM W. S.** La Passe dangereuse. *10-18, 1993.* (10-18 ; 1697. Domaine étranger c5)
ISBN 2-264-01885-2. *44 F / 6,71 €*

23295 **MAUGHAM W. S.** La Ronde de l'amour. *10-18, 1989.* (10-18 ; 2050. Domaine étranger c5)
ISBN 2-264-01417-2. *44 F / 6,71 €*

23296 **MAUPASSANT G. d.** Bel ami. Nouv. éd. *LGF, 1996.* (Le Livre de poche ; 619. Classiques de poche c5)
ISBN 2-253-00900-8. *23 F / 3,51 €*

23297 **MAUPASSANT G. d.** Bel-Ami. Nouv. éd. *Gallimard, 1999.* (Folio ; 3227. Classique c5)
ISBN 2-07-040935-X. *25,50 F / 3,89 €*

23298 **MAUPASSANT G. d.** Berthe et autres contes de l'enfance. Réimpr. *Pocket, 1999.* (Pocket ; 6186. Classiques c3)
ISBN 2-266-08935-8. *26 F / 3,96 €*

23299 **MAUPASSANT G. d.** Boule de suif : et autres nouvelles. *Librio, 1994.* (Librio ; 27 c1)
ISBN 2-277-30027-6. *10 F / 1,52 €*

23300 **N** **MAUPASSANT G. d.** Boule de Suif ; suivi de La maison Tellier. *Mille et une nuits, 2000.* (La petite collection ; 301)
ISBN 2-84205-509-8. *10 F / 1,52 €*

23301 **MAUPASSANT G. d.** Boule de suif. *LGF, 1984.* (Le Livre de poche ; 650. Classiques de poche c4)
ISBN 2-253-00963-6. *20 F / 3,05 €*

23302 **MAUPASSANT G. d.** Boule-de-Suif. Réimpr. *Gallimard, 1999.* (Folio ; 3297. Classique c4)
ISBN 2-07-041119-2. *20 F / 3,05 €*

23303 **MAUPASSANT G. d.** Boule de suif. *Pocket, 1978.* (Pocket ; 1562. Classiques c2)
ISBN 2-266-00485-9. *23 F / 3,51 €*

23304 **MAUPASSANT G. d.** Clair de lune. *Gallimard, 1998.* (Folio ; 3102. Classique c6)
ISBN 2-07-040039-5. *29,50 F / 4,50 €*

23305 **MAUPASSANT G. d.** Les contes de la bécasse. *LGF, 1979.* (Le Livre de poche ; 1539. Classiques de poche c3)
ISBN 2-253-00677-7. *18 F / 2,74 €*

23306 **MAUPASSANT G. d.** Contes de la bécasse. Nouv. éd. *Gallimard, 1999.* (Folio ; 3241. Classique c3)
ISBN 2-07-040924-4. *19 F / 2,90 €*

23307 **MAUPASSANT G. d.** Contes du jour et de la nuit. *Gallimard, 1984.* (Folio ; 1558. Classique c8)
ISBN 2-07-037558-7. *37 F / 5,64 €*

23308 **MAUPASSANT G. d.** Contes du jour et de la nuit. *LGF, 1988.* (Le Livre de poche ; 6490. Classiques de poche c6)
ISBN 2-253-04654-X. *26 F / 3,96 €*

23309 **N** **MAUPASSANT G. d.** Contes et nouvelles. 1. Réimp. *Laffont, 2000.* (Bouquins)
ISBN 2-221-04738-9. *189 F / 28,81 €*

23310 **MAUPASSANT G. d.** Contes et nouvelles. 2. *Laffont.* (Bouquins)
ISBN 2-221-04739-7. *169 F / 25,76 €*

23311 **MAUPASSANT G. d.** Contes grivois. *LGF, 1995.* (Le Livre de poche ; 13678. Classiques de poche c8)
ISBN 2-253-13678-6. *33 F / 5,03 €*

23312 **MAUPASSANT G. d.** Les dimanches d'un bourgeois de Paris. *Ancrage, 2000.* (Poche ; 8 c1)
ISBN 2-930311-04-5. *35 F / 5,34 €*

23313 **MAUPASSANT G. d.** Le docteur Heraclius Gloss : et autres histoires de fous. *Librio, 1999.* (Librio ; 282 c1)
ISBN 2-277-30282-1. *10 F / 1,52 €*

23314 **MAUPASSANT G. d.** Un Fils. *Mille et une nuits, 1993.* (La petite collection ; 7 cA)
ISBN 2-910233-06-5. *10 F / 1,52 €*

23315 **MAUPASSANT G. d.** Fort comme la mort. *Gallimard, 1983.* (Folio ; 1450. Classique c10)
ISBN 2-07-037450-5. *46 F / 7,01 €*

23316 **MAUPASSANT G. d.** Fort comme la mort. *LGF, 1989.* (Le Livre de poche ; 1084. Classiques de poche c6)
ISBN 2-253-01112-6. *26 F / 3,96 €*

23317 **MAUPASSANT G. d.** Le Horla : première et deuxième version. *LGF, 1994.* (Le Livre de poche ; 13646. Les classiques d'aujourd'hui c1)
ISBN 2-253-13646-8. *10 F / 1,52 €*

23318 **MAUPASSANT G. d.** Le Horla ; suivi de L'héritage. Réimp. *Librio, 1999.* (Librio ; 1 c1)
ISBN 2-290-30469-7. *10 F / 1,52 €*

23319 **MAUPASSANT G. d.** Le Horla. Réimpr. *LGF, 1999.* (Le Livre de poche ; 840. Classiques de poche c4)
ISBN 2-253-00539-8. *20 F / 3,05 €*

23320 **MAUPASSANT G. d.** Le Horla. *Mille et une nuits, 1994.* (La petite collection ; 26 cA)
ISBN 2-910233-26-X. *10 F / 1,52 €*

23321 **MAUPASSANT G. d.** Les Horla. *Actes Sud, 1995.* (Babel ; 165. Les fantastiques c2)
ISBN 2-7427-0636-4. *33 F / 5,03 €*

23322 **MAUPASSANT G. d.** Le Horla. Nouv. éd. *Gallimard, 1999.* (Folio ; 3242. Classique c2)
ISBN 2-07-040925-2. *16 F / 2,44 €*

23323 **MAUPASSANT G. d.** L'inutile beauté et autres nouvelles. *Gallimard, 1996.* (Folio ; 2840. Classique c4)
ISBN 2-07-038721-6. *20,50 F / 3,13 €*

23324 **MAUPASSANT G. d.** Madame Baptiste : et autres nouvelles. *LGF, 1991.* (Le Livre de poche ; 8645. Lire en français c9)
ISBN 2-253-05684-7. *36 F / 5,49 €*

23325 **MAUPASSANT G. d.** Mademoiselle Fifi. *LGF, 1977.* (Le Livre de poche ; 583. Classiques de poche c4)
ISBN 2-253-01091-X. *20 F / 3,05 €*

23326 **MAUPASSANT G. d.** Mademoiselle Fifi. *Gallimard, 1977.* (Folio ; 945. Classique c6)
ISBN 2-07-036945-5. *29,50 F / 4,50 €*

23327 **MAUPASSANT G. d.** La main gauche et autres nouvelles. *Gallimard, 1999.* (Folio ; 3247. Classique c5)
ISBN 2-07-040231-2. *25,50 F / 3,89 €*

23328 **MAUPASSANT G. d.** La Maison Tellier : et autres nouvelles. *Librio, 1994.* (Librio ; 44 c1)
ISBN 2-277-30044-6. *10 F / 1,52 €*

23329 **MAUPASSANT G. d.** La Maison Tellier. *LGF, 1979.* (Le Livre de poche ; 760. Classiques de poche c4)
ISBN 2-253-01345-5. *20 F / 3,05 €*

23330 **MAUPASSANT G. d.** La maison Tellier. *Gallimard, 1995.* (Folio ; 2783. Classique c6)
ISBN 2-07-039401-8. *29,50 F / 4,50 €*

23331 **MAUPASSANT G. d.** Miss Harriet : et autres nouvelles. *Librio, 1999.* (Librio ; 318 c1)
ISBN 2-290-30078-0. *10 F / 1,52 €*

23332 **MAUPASSANT G. d.** Miss Harriet. *LGF, 1979.* (Le Livre de poche ; 1962. Classiques de poche c4)
ISBN 2-253-00653-X. *20 F / 3,05 €*

23333 **MAUPASSANT G. d.** Miss Harriet. *Gallimard, 1978.* (Folio ; 1036. Classique c6)
ISBN 2-07-037036-4. *29,50 F / 4,50 €*

23334 **MAUPASSANT G. d.** Monsieur Parent. *Gallimard, 1988.* (Folio ; 1913. Classique c8)
ISBN 2-07-037913-2. *37 F / 5,64 €*

23335 **MAUPASSANT G. d.** Mont Oriol. *Gallimard, 1976.* (Folio ; 811. Classique c8)
ISBN 2-07-036811-4. *37 F / 5,64 €*

23336 **MAUPASSANT G. d.** Mouche : L'inutile beauté ; L'Inutile beauté. Réimpr. *LGF, 1995.* (Le Livre de poche ; 9716. Classiques de poche c4)
ISBN 2-253-06482-3. *20 F / 3,05 €*

23337 **MAUPASSANT G. d.** Notre coeur. *LGF, 1993.* (Le Livre de poche ; 3435. Classiques de poche c6)
ISBN 2-253-06255-3. *26 F / 3,96 €*

23338 **MAUPASSANT G. d.** Notre coeur. *Gallimard, 1993.* (Folio ; 2516. Classique c6)
ISBN 2-07-038772-0. *29,50 F / 4,50 €*

23339 **MAUPASSANT G. d.** Notre coeur. Réimpr. *Pocket, 1999.* (Pocket ; 6203. Classiques c3)
ISBN 2-266-09024-0. *26 F / 3,96 €*

23340 **N** **MAUPASSANT G. d.** La nuit : autres nouvelles fantastiques. *Mille et une nuits, 2000.* (La petite collection ; 303)
ISBN 2-84205-511-X. *10 F / 1,52 €*

23341 **MAUPASSANT G. d.** Une partie de campagne : et autres histoires d'amour. Rééd. *Pocket, 1998.* (Pocket ; 6185. Classiques c2)
ISBN 2-266-08300-7. *23 F / 3,51 €*

23342 **MAUPASSANT G. d.** Une partie de campagne : et autres nouvelles. *Librio, 1994.* (Librio ; 29 c1)
ISBN 2-277-30029-2. *10 F / 1,52 €*

23343 **MAUPASSANT G. d.** La partie de campagne. *LGF, 1995.* (Le Livre de poche ; 13805. Les classiques d'aujourd'hui c1)
ISBN 2-253-13805-3. *10 F / 1,52 €*

23344 **MAUPASSANT G. d.** La parure ; suivi de La légende du Mont-Saint-Michel et de Sur l'eau. *LGF, 1995.* (Le Livre de poche ; 13656. Les classiques d'aujourd'hui c1)
ISBN 2-253-13656-5. *10 F / 1,52 €*

23345 **MAUPASSANT G. d.** La petite Roque et autres contes noirs. *Librio, 1998.* (Librio ; 217 c1)
ISBN 2-277-30217-1. *10 F / 1,52 €*

23346 **MAUPASSANT G. d.** La petite Roque. *LGF, 1972.* (Le Livre de poche ; 1191. Classiques de poche c3)
ISBN 2-253-03017-1. *18 F / 2,74 €*

23347 **MAUPASSANT G. d.** La Petite Roque. *Gallimard, 1987.* (Folio ; 1809. Classique c4)
ISBN 2-07-037809-8. *20,50 F / 3,13 €*

23348 **MAUPASSANT G. d.** Pierre et Jean. *Librio, 1997.* (Librio ; 151 c1)
ISBN 2-277-30151-5. *10 F / 1,52 €*

23349 **MAUPASSANT G. d.** Pierre et Jean. *Gallimard, 1999.* (Folio ; 3250. Classique c3)
ISBN 2-07-041085-4. *19 F / 2,90 €*

23350 **MAUPASSANT G. d.** Pierre et Jean. *Mille et une nuits, 1999.* (La petite collection ; 252)
ISBN 2-84205-425-3. *19,50 F / 2,97 €*

23351 **MAUPASSANT G. d.** Pierre et Jean. *LGF, 1984.* (Le Livre de poche ; 2402. Classiques de poche c4)
ISBN 2-253-01235-1. *20 F / 3,05 €*

23352 **MAUPASSANT G. d.** Le rosier de madame Husson. *Gallimard, 1990.* (Folio ; 2153. Classique c6)
ISBN 2-07-038243-5. *29,50 F / 4,50 €*

23353 **MAUPASSANT G. d.** Le rosier de Madame Husson. *LGF, 1984.* (Le Livre de poche ; 955. Classiques de poche c4)
ISBN 2-253-00431-6. *20 F / 3,05 €*

23354 **MAUPASSANT G. d.** Les Soeurs Rondoli. *LGF, 1992.* (Le Livre de poche ; 2636. Classiques de poche c4)
ISBN 2-253-06009-7. *20 F / 3,05 €*

23355 **MAUPASSANT G. d.** Les soeurs Rondoli. *Mille et une nuits, 1996.* (La petite collection ; 107 cA)
ISBN 2-84205-051-7. *10 F / 1,52 €*

23356 **MAUPASSANT G. d.** Sur l'eau. *Gallimard, 1993.* (Folio ; 2408. Classique c6)
ISBN 2-07-038616-3. *29,50 F / 4,50 €*

23357 **MAUPASSANT G. d.** Toine : et autres contes normands. Réimpr. *Pocket, 1999.* (Pocket ; 6187. Classiques c6)
ISBN 2-266-08934-X. *38 F / 5,79 €*

23358 **N** **MAUPASSANT G. d.** La vie errante. *Table ronde, 2000.* (La petite vermillon ; 122)
ISBN 2-7103-0963-7. *45 F / 6,86 €*

23359 **MAUPASSANT G. d.** Une vie. Rééd. *LGF, 1983.* (Le Livre de poche ; 478. Classiques de poche c3)
ISBN 2-253-00424-3. *18 F / 2,74 €*

23360 **MAUPASSANT G. d.** Une vie. *Librio, 1996.* (Librio ; 109 c1)
ISBN 2-277-30109-4. *10 F / 1,52 €*

23361 **MAUPASSANT G. d.** Une vie. *Gallimard, 1999.* (Folio ; 3251. Classique c4)
ISBN 2-07-041084-6. *20 F / 3,05 €*

23362 **MAUPASSANT G. d.** Yvette. *LGF, 1997.* (Le Livre de poche ; 2743. Classiques de poche c6)
ISBN 2-253-02454-6. *26 F / 3,96 €*

23363 **MAUPASSANT G. d.** Yvette. *Gallimard, 1997.* (Folio ; 2942. Classique c4)
ISBN 2-07-038870-0. *20 F / 3,05 €*

23364 **N** **MAUPIN A.** Autres chroniques de San Francisco. *10-18, 2000.* (Chroniques de San Francisco; 3)(10-18 ; 3217. Domaine étranger c8)
ISBN 2-264-02991-9. *50 F / 7,62 €*

23365 **N** **MAUPIN A.** Babycakes. *10-18, 2001.* (Chroniques de San Francisco; 4)(10-18 ; 3257. Domaine étranger c7)
ISBN 2-264-02992-7. *50 F / 7,62 €*

23366 **MAUPIN A.** Chroniques de San Francisco. 1. *10-18, 2000.* (10-18 ; 3164. Domaine étranger)
ISBN 2-264-02995-1. *50 F / 7,62 €*

23367 **A** **MAUPIN A.** D'un bord à l'autre. *10-18, 2001.* (Chroniques de San Francisco; 5)(10-18 ; 3283. Domaine étranger c7)
ISBN 2-264-02993-5. *50 F / 7,62 €*

23368 **MAUPIN A.** Nouvelles chroniques de San Francisco. *10-18, 2000.* (Chroniques de San Francisco; 2)(10-18 ; 3165. Domaine étranger c7)
ISBN 2-264-02996-X. *50 F / 7,62 €*

23369 **MAURIAC C.** Le Dîner en ville. *Gallimard, 1985.* (Folio ; 1673 c9)
ISBN 2-07-037673-7. *41 F / 6,25 €*

23370 **MAURIAC C.** La Marquise sortit à cinq heures. *Gallimard, 1984.* (Folio ; 1532 c9)
ISBN 2-07-037532-3. *41 F / 6,25 €*

23371 **MAURIAC C.** Zabé. *Gallimard, 1993.* (Folio ; 2541 c11)
ISBN 2-07-038835-2. *29,50 F / 4,50 €*

23372 **MAURIAC F.** Un adolescent d'autrefois. *Librio, 1996.* (Librio ; 122 c1)
ISBN 2-277-30122-1. *10 F / 1,52 €*

23373 **MAURIAC F.** Les Anges noirs. *Grasset, 1985.* (Les Cahiers rouges ; 37)
ISBN 2-246-14252-0. *49 F / 7,47 €*

23374 **MAURIAC F.** Le Baiser au lépreux. *LGF, 1984.* (Le Livre de poche ; 1062 c6)
ISBN 2-253-00901-6. *26 F / 3,96 €*

23375 **MAURIAC F.** Les chemins de la mer. *Grasset, 2000.* (Les Cahiers rouges ; 294)
ISBN 2-246-14312-8. *65 F / 9,91 €*

23376 **MAURIAC F.** Le désert de l'amour. *LGF, 1926.* (Le Livre de poche ; 691 c5)
ISBN 2-253-01234-3. *23 F / 3,51 €*

23377 **MAURIAC F.** La fin de la nuit. *LGF, 1992.* (Le Livre de poche ; 796 c5)
ISBN 2-253-00966-0. *23 F / 3,51 €*

23378 [N] **MAURIAC F.** Genitrix. Réimpr. *LGF, 2000.* (Le Livre de poche ; 1283 c3)
ISBN 2-253-00292-5. *18 F / 2,74 €*

23379 **MAURIAC F.** Le Mystère Frontenac. *LGF, 1984.* (Le Livre de poche ; 359 c4)
ISBN 2-253-01024-3. *25 F / 3,81 €*

23380 **MAURIAC F.** Le mystère Frontenac. *Grasset, 1996.* (Les Cahiers rouges ; 237)
ISBN 2-246-14494-9. *54 F / 8,23 €*

23381 **MAURIAC F.** Le Noeud de vipères. *LGF, 1979.* (Le Livre de poche ; 251 c7)
ISBN 2-253-00287-9. *30 F / 4,57 €*

23382 **MAURIAC F.** Oeuvres romanesques : 1911-1951. *LGF, 1992.* (La Pochothèque ; 3204. Classiques modernes)
ISBN 2-253-05511-5. *140 F / 21,34 €*

23383 **MAURIAC F.** La Pharisienne. *Grasset, 1985.* (Les Cahiers rouges ; 38)
ISBN 2-246-14453-1. *56 F / 8,54 €*

23384 **MAURIAC F.** Préséances ; Galigaï. *LGF, 1990.* (Le Livre de poche ; 6730 c8)
ISBN 2-253-05237-X. *33 F / 5,03 €*

23385 **MAURIAC F.** La robe prétexte. *Grasset, 1996.* (Les Cahiers rouges ; 227)
ISBN 2-246-22742-9. *59 F / 8,99 €*

23386 **MAURIAC F.** Le Sagouin. Réimpr. *Pocket, 1988.* (Pocket ; 1440. Blanche c2)
ISBN 2-266-02313-6. *23 F / 3,51 €*

23387 **MAURIAC F.** Thérèse Desqueyroux. *Grasset, 1993.* (Les Cahiers rouges ; 176)
ISBN 2-246-14506-6. *47 F / 7,17 €*

23388 **MAURIAC F.** Thérèse Desqueyroux. *LGF, 1989.* (Le Livre de poche ; 138 c4)
ISBN 2-253-00421-9. *20 F / 3,05 €*

23389 **MAURIAC F.** Trois récits ; Plongées. *LGF, 1992.* (Le Livre de poche ; 9545 c8)
ISBN 2-253-06207-3. *33 F / 5,03 €*

23390 **MAUROIS A.** Le cercle de famille. *Grasset, 1996.* (Les Cahiers rouges ; 232)
ISBN 2-246-14654-2. *64 F / 9,76 €*

23391 **MAUROIS A.** Climats. *LGF, 1983.* (Le Livre de poche ; 2676 c7)
ISBN 2-253-00491-X. *30 F / 4,57 €*

23392 **MAUROIS A.** Prométhée ou la Vie de Balzac ; Olympio ou la Vie de Victor Hugo ; Les Trois Dumas. *Laffont, 1993.* (Bouquins)
ISBN 2-221-07145-X. *150 F / 22,87 €*

23393 **MAUROIS A.** Les Silences du colonel Bramble. *Grasset, 1993.* (Les Cahiers rouges ; 180)
ISBN 2-246-14642-9. *54 F / 8,23 €*

23394 **MAWSON R.** L'enfant Lazare. *Pocket, 1999.* (Pocket ; 10582 c7)
ISBN 2-266-08907-2. *42 F / 6,40 €*

23395 [N] **MAXIMIN D.** L'isolé soleil. *Seuil, 2001.* (Points ; 809)
ISBN 2-02-048158-8. *39 F / 5,95 €*

23396 **MAXIMIN D.** Soufrières. Rééd. *Seuil, 1995.* (Points ; 138 c2)
ISBN 2-02-025806-4. *39 F / 5,95 €*

23397 **MAXIMY R. d.** La ferme des Neuf-Chemins. *J'ai lu, 1996.* (J'ai lu ; 4184. Littérature générale c2)
ISBN 2-277-24184-9. *22 F / 3,35 €*

23398 **MAXWELL W.** La Feuille repliée. *Gallimard, 1984.* (L'imaginaire ; 136)
ISBN 2-07-070168-9. *40 F / 6,10 €*

23399 **MAYLE P.** Coffret Peter Mayle. *Seuil, 1998.* (Points ; 1800)
ISBN 2-02-035984-7. *116 F / 17,68 €*

23400 [A] **MAYLE P.** Le diamant noir. *Seuil, 2001.* (Points ; 858)
ISBN 2-02-038605-4

23401 [N] **MAYLE P.** La femme aux melons. *Seuil, 2000.* (Points ; 741 c8)
ISBN 2-02-036241-4. *39 F / 5,95 €*

23402 **MAYLE P.** Hôtel Pastis. *Seuil, 1998.* (Points ; 506 c9)
ISBN 2-02-030743-X. *42 F / 6,40 €*

23403 **MAYLE P.** Une vie de chien. *Seuil, 1999.* (Points ; 608)
ISBN 2-02-033497-6. *35 F / 5,34 €*

23404 **MAZZUCATO F.** Hot line. *10-18, 1999.* (10-18 ; 3120. Domaine étranger c3)
ISBN 2-264-02796-7. *38 F / 5,79 €*

23405 **MCBAIN E.** Le Sonneur. *Gallimard, 1993.* (Folio ; 2484 c11)
ISBN 2-07-038710-0. *29,50 F / 4,50 €*

23406 **MCCABE P.** Le garçon boucher. *10-18, 1998.* (10-18 ; 2952. Domaine étranger c4)
ISBN 2-264-02785-1. *41 F / 6,25 €*

23407 **MCCALL D.** Cueilleur de rêves. *J'ai lu, 1999.* (J'ai lu ; 5339. Amour et destin cK)
ISBN 2-290-05339-2. *42 F / 6,40 €*

23408 **MCCANN C.** Le chant du coyote. *10-18, 1998.* (10-18 ; 2799. Domaine étranger)
ISBN 2-264-02766-5. *44 F / 6,71 €*

23409 **MCCANN C.** Les saisons de la nuit. *10-18, 2000.* (10-18 ; 3145. Domaine étranger c6)
ISBN 2-264-02950-1. *47 F / 7,17 €*

23410 **MCCARTHY C.** Un enfant de Dieu. *Seuil, 1999.* (Points ; 611)
ISBN 2-02-030960-2. *35 F / 5,34 €*

23411 **MCCARTHY C.** Le gardien du verger. *Seuil, 1999.* (Points ; 685)
ISBN 2-02-038207-5. *39 F / 5,95 €*

23412 [N] **MCCARTHY C.** Le grand passage. *Seuil, 2000.* (La trilogie des confins; 2)(Points ; 751 c12)
ISBN 2-02-041393-0. *50 F / 7,62 €*

23413 **N** **MCCARTHY C.** Méridien de sang ou Le rougeoiement du soir dans l'Ouest. *Seuil, 2001.* (Points ; 827 c12)
ISBN 2-02-048495-1. *50 F / 7,62 €*

23414 **MCCARTHY C.** L'obscurité du dehors. *Seuil, 1998.* (Points ; 567 c7)
ISBN 2-02-030963-7. *35 F / 5,34 €*

23415 **MCCARTHY C.** De si jolis chevaux. *Seuil, 1998.* (La trilogie des confins; 1)(Points ; 490 c9)
ISBN 2-02-030961-0. *42 F / 6,40 €*

23416 **MCCARTHY C.** Suttree. *Seuil, 1998.* (Points ; 489 c15)
ISBN 2-02-030962-9. *59 F / 8,99 €*

23417 **MCCARTHY E. C.** Le crépuscule de l'amour. *J'ai lu, 1999.* (J'ai lu ; 5373. Littérature générale cF)
ISBN 2-290-05373-2. *26 F / 3,96 €*

23418 **MCCARTHY M.** Le Groupe. *Gallimard, 1983.* (Folio ; 1452 c12)
ISBN 2-07-037452-1. *52 F / 7,93 €*

23419 **MCCARTHY M.** L'oasis : et autres récits. *Stock, 1996.* (Bibliothèque cosmopolite c1)
ISBN 2-234-04588-6. *50 F / 7,62 €*

23420 **MCCAULEY S.** L'art de la fugue. *10-18, 1998.* (10-18 ; 2939. Domaine étranger c7)
ISBN 2-264-02175-6. *50 F / 7,62 €*

23421 **MCCAULEY S.** Et qui va promener le chien ?. *10-18, 1999.* (10-18 ; 3073. Domaine étranger c7)
ISBN 2-264-02756-8. *50 F / 7,62 €*

23422 **MCCAULEY S.** L'objet de mon affection. *10-18, 1997.* (10-18 ; 2841. Domaine étranger c6)
ISBN 2-264-02174-8. *47 F / 7,17 €*

23423 **MCCOY H.** J'aurais dû rester chez nous. *Gallimard, 1982.* (Folio ; 1398 c11)
ISBN 2-07-037398-3. *29,50 F / 4,50 €*

23424 **MCCOY H.** Le Scalpel. *Gallimard, 1984.* (Folio ; 1541 c8)
ISBN 2-07-037541-2. *37 F / 5,64 €*

23425 **N** **MCCRACKEN E.** Un amour improbable. *Pocket, 2000.* (Pocket ; 10586 c6)
ISBN 2-266-08863-7. *38 F / 5,79 €*

23426 **MCCULLERS C.** La Ballade du café triste : et autres nouvelles. Nouv. éd. *LGF, 1985.* (Le Livre de poche ; 3055. Biblio c8)
ISBN 2-253-03589-0. *33 F / 5,03 €*

23427 **N** **MCCULLERS C.** La ballade du café triste. Nouv. éd. *Stock, 2001.* (Bibliothèque cosmopolite)
ISBN 2-234-05342-0. *55 F / 8,38 €*

23428 **MCCULLERS C.** Le Coeur hypothéqué. *LGF, 1992.* (Le Livre de poche ; 3170. Biblio c9)
ISBN 2-253-05900-5. *36 F / 5,49 €*

23429 **MCCULLERS C.** Le Coeur hypothéqué. Réimpr. *Stock, 1993.* (Bibliothèque cosmopolite)
ISBN 2-234-02588-5. *65 F / 9,91 €*

23430 **MCCULLERS C.** Frankie Adams. Réimpr. *Stock, 1993.* (Bibliothèque cosmopolite)
ISBN 2-234-02589-3. *65 F / 9,91 €*

23431 **N** **MCCULLERS C.** Frankie Addams. Réimpr. *LGF, 2000.* (Le Livre de poche ; 3140. Biblio c12)
ISBN 2-253-05380-5. *44 F / 6,71 €*

23432 **MCCULLERS C.** L'Horloge sans aiguilles. Réimpr. *Stock, 1993.* (Bibliothèque cosmopolite)
ISBN 2-234-02590-7. *70 F / 10,67 €*

23433 **MCCULLERS C.** L'Horloge sans aiguilles. *LGF, 1985.* (Le Livre de poche ; 3065. Biblio c10)
ISBN 2-253-03797-4. *40 F / 6,10 €*

23434 **MCCULLERS C.** Reflets dans un oeil d'or. *LGF, 1985.* (Le Livre de poche ; 3054. Biblio c5)
ISBN 2-253-03588-2. *23 F / 3,51 €*

23435 **MCCULLERS C.** Reflets dans une oeil d'or. *Stock, 1993.* (Bibliothèque cosmopolite)
ISBN 2-234-02568-0. *55 F / 8,38 €*

23436 **MCCULLERS C.** Romans et nouvelles. *LGF, 1994.* (La Pochothèque ; 3212. Classiques modernes)
ISBN 2-253-06315-0. *140 F / 21,34 €*

23437 **MCCULLOUGH C.** Un autre nom pour l'amour. Réimpr. *J'ai lu, 1983.* (J'ai lu ; 1534. Littérature générale c4)
ISBN 2-290-01534-2. *36 F / 5,49 €*

23438 **N** **MCCULLOUGH C.** La colère de Spartacus. *J'ai lu, 2000.* (Les maîtres de Rome; 4)(J'ai lu ; 5476. Littérature générale cM)
ISBN 2-290-30196-5. *49 F / 7,47 €*

23439 **MCCULLOUGH C.** Le favori des dieux. *J'ai lu, 2000.* (Les maîtres de Rome; 3)(J'ai lu ; 5620. Littérature générale cM)
ISBN 2-290-30346-1. *49 F / 7,47 €*

23440 **MCCULLOUGH C.** Les oiseaux se cachent pour mourir. Réimpr. *J'ai lu, 1999.* (J'ai lu ; 4875. Littérature générale c8)
ISBN 2-290-14875-X. *49 F / 7,47 €*

23441 **MCCULLOUGH C.** Tim. Réimpr. *J'ai lu, 1981.* (J'ai lu ; 1141. Littérature générale c3)
ISBN 2-290-01141-X. *29 F / 4,42 €*

23442 **MCDERMOTT A.** Ce soir-là. *J'ai lu, 1997.* (J'ai lu ; 4392. Littérature générale c3)
ISBN 2-290-04392-3. *29 F / 4,42 €*

23443 **A** **MCDERMOTT A.** Charming Billy. *10-18, 2001.* (10-18 ; 3298. Domaine étranger)
ISBN 2-264-03111-5

23444 **MCEWAN I.** Les chiens noirs. *Gallimard, 1996.* (Folio ; 2894 c8)
ISBN 2-07-040113-8. *37 F / 5,64 €*

23445 **MCEWAN I.** L'enfant volé. *Gallimard, 1995.* (Folio ; 2733 c8)
ISBN 2-07-039314-3. *37 F / 5,64 €*

23446 **MCEWAN I.** Etrange séduction : un bonheur de rencontre. *Seuil, 1991.* (Points. Roman ; 448 c1)
ISBN 2-02-013259-1. *32 F / 4,88 €*

23447 **MCEWAN I.** L'Innocent. *Seuil, 1992.* (Points. Roman ; 501 c3)
ISBN 2-02-014610-X. *48 F / 7,32 €*

23448 **MCEWAN I.** Le jardin de ciment. Réimpr. *Seuil, 1999.* (Points ; 659 c2)
ISBN 2-02-037798-5. *39 F / 5,95 €*

23449 **MCEWAN I.** Sous les draps : et autres nouvelles. *Gallimard, 1999.* (Folio ; 3259 c9)
ISBN 2-07-041060-9. *41 F / 6,25 €*

23450 **MCFATHER N.** Pour une nuit de passion... *J'ai lu, 1998.* (J'ai lu ; 4716. Aventures et passions c5)
ISBN 2-290-04716-3. *39 F / 5,95 €*

23451 **MCGAHERN J.** Entre toutes les femmes. *10-18, 1995.* (10-18 ; 2579. Domaine étranger c5)
ISBN 2-264-02173-X. *44 F / 6,71 €*

23452 **MCGAHERN J.** Le Pornographe. *10-18, 1991.* (10-18 ; 2220. Domaine étranger c5)
ISBN 2-264-01445-8. *47 F / 7,17 €*

23453 **N** **MCGOLDRICK M.** Les amants maudits. *J'ai lu, 2000.* (J'ai lu ; 5543. Aventures et passions cJ)
ISBN 2-290-30284-8. *29 F / 4,42 €*

23454 **MCGRATH P.** L'asile. *Gallimard, 1999.* (Folio ; 3208 c10)
ISBN 2-07-040626-1. *46 F / 7,01 €*

23455 **MCGRATH P.** L'Etrange histoire de sir Hugo et de son valet Fledge. *Seuil, 1994.* (Points. Roman ; 646 c2)
ISBN 2-02-019404-X. *39 F / 5,95 €*

23456 **MCGUANE T.** 33° à l'ombre. *10-18, 1984.* (10-18 ; 1681. Domaine étranger c4)
ISBN 2-264-00656-0. *41 F / 6,25 €*

23457 **MCGUANE T.** 33° à l'ombre. *10-18, 1984.* (10-18 ; 1681 c4)
41 F / 6,25 €

23458 **MCGUANE T.** L'ange de personne. *10-18, 1999.* (10-18 ; 3067. Domaine étranger c6)
ISBN 2-264-02784-3. *47 F / 7,17 €*

23459 **MCGUANE T.** Le Club de chasse. *10-18, 1993.* (10-18 ; 2383. Domaine étranger c5)
ISBN 2-264-01824-0. *44 F / 6,71 €*

23460 **MCGUANE T.** Comment plumer un pigeon. *10-18, 1994.* (10-18 ; 2489. Domaine étranger c4)
ISBN 2-264-01873-9. *41 F / 6,25 €*

23461 **MCGUANE T.** Embuscade pour un piano. *10-18, 1994.* (10-18 ; 2488. Domaine étranger c5)
ISBN 2-264-01872-0. *44 F / 6,71 €*

23462 **MCGUANE T.** L'Homme qui avait perdu son nom. *10-18, 1992.* (10-18 ; 2272. Domaine étranger c5)
ISBN 2-264-01740-6. *44 F / 6,71 €*

23463 **N** **MCGUANE T.** Outsider. *10-18, 2000.* (10-18 ; 3249. Domaine étranger c7)
ISBN 2-264-02594-8. *50 F / 7,62 €*

23464 **MCGUANE T.** Panama. *10-18, 1993.* (10-18 ; 2422. Domaine étranger c3)
ISBN 2-264-01871-2. *38 F / 5,79 €*

23465 **MCGUANE T.** Rien que du ciel bleu. *10-18, 1997.* (10-18 ; 2834. Domaine étranger c7)
ISBN 2-264-02418-6. *50 F / 7,62 €*

23466 **MCGUANE T.** La source chaude. *10-18, 1998.* (10-18 ; 2974. Domaine étranger c4)
ISBN 2-264-02420-8. *41 F / 6,25 €*

23467 **MCINERNEY J.** Bright lights, big city : journal d'un oiseau de nuit. *Ed. de l'Olivier, 1997.* (Petite bibliothèque américaine ; 14)
ISBN 2-87929-093-7. *59 F / 8,99 €*

23468 **MCINERNEY J.** Le dernier des Savage. *Seuil, 1999.* (Points ; 610 c10)
ISBN 2-02-036719-X. *45 F / 6,86 €*

23469 **N** **MCINERNEY J.** Glamour attitude. *Seuil, 2000.* (Points ; 752)
ISBN 2-02-041394-9. *39 F / 5,95 €*

23470 **MCINERNEY J.** Journal d'un oiseau de nuit. *LGF, 1987.* (Le Livre de poche ; 6374 c4)
ISBN 2-253-04282-X. *20 F / 3,05 €*

23471 **MCINERNEY J.** Ransom. *LGF, 1992.* (Le Livre de poche ; 6832 c8)
ISBN 2-253-05392-9. *33 F / 5,03 €*

23472 **MCINERNEY J.** Trente ans et des poussières. *Seuil, 1995.* (Points ; 149 c13)
ISBN 2-02-022075-X. *55 F / 8,38 €*

23473 **MCKINNEY M.** L'Ange de la vengeance. Réimpr. *J'ai lu, 1997.* (J'ai lu ; 3373. Aventures et passions c5)
ISBN 2-290-03373-1. *39 F / 5,95 €*

23474 **MCKINNEY M.** Le corsaire des Caraïbes. *J'ai lu, 1993.* (J'ai lu ; 3490. Aventures et passions c5)
ISBN 2-290-03490-8. *39 F / 5,95 €*

23475 **MCKINNEY M.** L'Enchanteresse perverse. *J'ai lu, 1992.* (J'ai lu ; 3239. Aventures et passions)
ISBN 2-290-03239-5. *39 F / 5,95 €*

23476 **MCKINNEY M.** Le Secret de la passion. *J'ai lu, 1994.* (J'ai lu ; 3795. Aventures et passions c6)
ISBN 2-290-03795-8. *42 F / 6,40 €*

23477 **MCKINNEY M.** Le secret de la veuve. Réimpr. *J'ai lu, 1995.* (J'ai lu ; 3923. Aventures et passions c6)
ISBN 2-290-03923-3. *42 F / 6,40 €*

23478 **MCKINNON K.** Les amants du lac. *Pocket, 1999.* (Pocket ; 10500 c4B)
ISBN 2-266-08507-7. *32 F / 4,88 €*

23479 **MCLEAY A.** Le destin de Flora. *LGF, 1997.* (Le Livre de poche ; 14153 c10)
ISBN 2-253-14153-4. *40 F / 6,10 €*

23480 **MCLEAY A.** La douceur de l'exil. *LGF, 1995.* (Le Livre de poche ; 13725 c10)
ISBN 2-253-13725-1. *40 F / 6,10 €*

23481 **MCLEAY A.** Par vents et marées. *LGF, 1993.* (Le Livre de poche ; 9740 c10)
ISBN 2-253-06528-5. *40 F / 6,10 €*

23482 **MCLEAY A.** Les sortilèges de la passion. *LGF, 1999.* (Le Livre de poche ; 14755 c9)
ISBN 2-253-14755-9. *36 F / 5,49 €*

23483 **MCMILLAN T.** Où sont les hommes ?. *J'ai lu, 1996.* (J'ai lu ; 4037. Littérature générale)
ISBN 2-277-24037-0. *49 F / 7,47 €*

23484 **MCNAUGHT J.** L'amant de l'ombre. *J'ai lu, 1994.* (J'ai lu ; 3810. Aventures et passions c07)
ISBN 2-290-03810-5. *45 F / 6,86 €*

23485 **MCNAUGHT J.** Compromise. Réimpr. *J'ai lu, 1997.* (J'ai lu ; 3521. Aventures et passions c6)
ISBN 2-290-03521-1. *42 F / 6,40 €*

23486 **MCNAUGHT J.** Garçon manqué. *Pocket, 1999.* (Pocket ; 10399 c7)
ISBN 2-266-08124-1. *42 F / 6,40 €*

23487 **MCNAUGHT J.** L'homme qui haïssait les femmes. *J'ai lu, 1994.* (J'ai lu ; 3665. Amour et destin cl)
ISBN 2-290-03665-X. *36 F / 5,49 €*

23488 **MCNAUGHT J.** Où tu iras, j'irai. *J'ai lu, 1994.* (J'ai lu ; 3760. Amour et destin cK)
ISBN 2-290-03760-5. *42 F / 6,40 €*

23489 **MCNAUGHT J.** La scandaleuse. Réimpr. *J'ai lu, 1997.* (J'ai lu ; 3741. Aventures et passions cJ)
ISBN 2-290-13741-3. *39 F / 5,95 €*

23490 **MCNEIL D.** Lettre à mademoiselle Blumenfeld. *Gallimard, 1993.* (Folio ; 2474 c11)
ISBN 2-07-038622-8. *29,50 F / 4,50 €*

23491 **MCNEIL D.** Tous les bars de Zanzibar. *Gallimard, 1996.* (Folio ; 2827 c11)
ISBN 2-07-039460-3. *29,50 F / 4,50 €*

23492 **MDA Z.** Le pleureur. *Dapper, 1999.* (Dapper littérature)
ISBN 2-906067-49-0. *58 F / 8,84 €*

23493 **MEDEIROS T., BENJAMIN A.** L'idylle interdite. *J'ai lu, 2000.* (J'ai lu ; 5472. Aventures et passions cJ)
ISBN 2-290-30172-8. *39 F / 5,95 €*

23494 **Méditerranées :** anthologie. *Librio, 1998.* (Librio ; 219 c1)
ISBN 2-277-30219-8. *10 F / 1,52 €*

23495 **MEHTA G.** La Maharani. *LGF, 1990.* (Le Livre de poche ; 6867 c14)
ISBN 2-253-05461-5. *49 F / 7,47 €*

23496 **MELNIK C.** Des Services très secrets. *LGF, 1991.* (Le Livre de poche ; 7570. Thriller c9)
ISBN 2-253-05683-9. *36 F / 5,49 €*

23497 **MELO P.** O matador : le tueur. *J'ai lu, 1999.* (J'ai lu ; 5361. Littérature générale cH)
ISBN 2-290-05361-9. *32 F / 4,88 €*

23498 **MELVILLE H.** Bartleby le scribe. *Gallimard, 1996.* (Folio ; 2903 c9)
ISBN 2-07-040140-5. *20,50 F / 3,13 €*

23499 **MELVILLE H.** Bartleby. *Mille et une nuits, 1994.* (La petite collection ; 39 cA)
ISBN 2-910233-44-8. *10 F / 1,52 €*

23500 **MELVILLE H.** Benito Cereno. *LGF, 1992.* (Les Langues modernes ; 8759. Bilingue c11)
ISBN 2-253-06166-2. *42 F / 6,40 €*

23501 **MELVILLE H.** Benito Cereno. *Gallimard, 1994.* (Folio bilingue ; 39 c6)
ISBN 2-07-038818-2. *56 F / 8,54 €*

23502 **MELVILLE H.** Billy Bud, marin : récit interne ; Daniel Orme. *Gallimard, 1987.* (L'imaginaire ; 184)
ISBN 2-07-070904-3. *40 F / 6,10 €*

23503 **MELVILLE H.** Les contes de la véranda : Benito Cereno et autres contes de la véranda. Nouv. éd. *Gallimard, 1995.* (L'imaginaire ; 7)
ISBN 2-07-074026-9. *68 F / 10,37 €*

23504 **MELVILLE H.** Le Grand escroc. *Seuil, 1984.* (Points. Roman ; 165 c4)
ISBN 2-02-006974-1. *52 F / 7,93 €*

23505 **MELVILLE H.** Les îles enchantées. *Mille et une nuits, 1997.* (La petite collection ; 148 cB)
ISBN 2-84205-120-3. *15 F / 2,29 €*

23506 **MELVILLE H.** Mardi. *Gallimard, 1983.* (Folio ; 1497 c13)
ISBN 2-07-037497-1. *61 F / 9,30 €*

23507 **MELVILLE H.** Moby Dick. *Gallimard, 1996.* (Folio ; 2852. Classique c13)
ISBN 2-07-040066-2. *56 F / 8,54 €*

23508 **MELVILLE H.** Pierre ou Les ambiguïtés. Nouv. éd. rev. et corr. *Gallimard, 1999.* (Folio ; 3112 c11)
ISBN 2-07-040868-X. *50 F / 7,62 €*

23509 **MELVILLE H.** Redburn ou Sa première croisière. *Gallimard, 1980.* (Folio ; 1249 c9)
ISBN 2-07-037249-9. *41 F / 6,25 €*

23510 **MELVILLE H.** Taipi. *Gallimard, 1984.* (Folio ; 1526 c11)
ISBN 2-07-037526-9. *50 F / 7,62 €*

23511 **MELVILLE J.** Mortelle cérémonie. *10-18, 1993.* (10-18 ; 2370. Grands détectives c3)
ISBN 2-264-01784-8. *38 F / 5,79 €*

23512 **MELVILLE J.** Le Neuvième Netsuke. *10-18, 1993.* (10-18 ; 2369. Grands détectives c3)
ISBN 2-264-01783-X. *38 F / 5,79 €*

23513 **MEMMI A.** Agar. *Gallimard, 1984.* (Folio ; 1584 c11)
ISBN 2-07-037584-6. *29,50 F / 4,50 €*

23514 **MEMMI A.** Le Désert ou la Vie et les aventures de Jubaïr Ouali El-Mammi. *Gallimard, 1989.* (Folio ; 2034 c9)
ISBN 2-07-038122-6. *41 F / 6,25 €*

23515 **MEMMI A.** La Statue de sel. *Gallimard, 1990.* (Folio ; 206 c8)
ISBN 2-07-036206-X. *37 F / 5,64 €*

23516 [N] **Mémoires de Miss Coote :** exploits d'une fouetteuse britannique racontés par elle-même. *la Musardine, 2000.* (Lectures amoureuses de Jean-Jacques Pauvert ; 44)
ISBN 2-84271-146-7. *39 F / 5,95 €*

23517 **MÉNARD E.** C'est toujours moins grave qu'une jambe cassée. *H & O, 2000.* (H & O poche)
ISBN 2-84547-008-8. *35 F / 5,34 €*

23518 **MENDELSOHN J.** J'étais Amélia Earhart. *10-18, 1997.* (10-18 ; 2846. Domaine étranger)
ISBN 2-264-02483-6. *38 F / 5,79 €*

23519 **MENDOZA E.** L'Année du déluge. *Seuil, 1995.* (Points ; 38 c6)
ISBN 2-02-023834-9. *32 F / 4,88 €*

23520 **MENDOZA E.** Une comédie légère. *Seuil, 1999.* (Points ; 658)
ISBN 2-02-037539-7. *55 F / 8,38 €*

23521 **MENDOZA E.** L'île enchantée. Réimpr. *Seuil, 1999.* (Points ; 657)
ISBN 2-02-037543-5. *48 F / 7,32 €*

23522 [A] **MENDOZA E.** Sans nouvelles de Gurb. Nouv. éd. *Seuil, 2001.* (Point-virgule ; 12 c6)
ISBN 2-02-048236-3. *32 F / 4,88 €*

23523 **MENDOZA E.** La ville des prodiges. Nouv. éd. *Seuil, 1995.* (Points)
ISBN 2-02-023929-9. *52 F / 7,93 €*

23524 [N] **MENONVILLE M.** Je te permettrai de mourir. *Baleine, 2001.* (Si près, si loin ; 1)
ISBN 2-84219-294-X. *98 F / 14,94 €*

23525 **MERAS I.** La partie n'est jamais nulle. Nouv. éd. *Stock, 1998.* (Bibliothèque cosmopolite c2)
ISBN 2-234-04930-X. *55 F / 8,38 €*

23526 **MERCANTON J.** L'amour dur : trois nouvelles. *Aire, 1996.* (L'Aire bleue)
ISBN 2-88108-384-6. *35 F / 5,34 €*

23527 **MERCANTON J.** Le rêve arabe. *Aire, 1997.* (L'Aire bleue)
ISBN 2-88108-487-7. *35 F / 5,34 €*

23528 **MERCANTON J.** Le Soleil ni la mort. *Actes Sud, 1990.* (Babel ; 23 c4)
ISBN 2-86869-553-1. *51 F / 7,77 €*

23529 [A] **MERCÉ ROCA M.** Un temps pour perdre. *Métailié, 2001.* (Suites ; 41)
ISBN 2-86424-386-5. *49 F / 7,47 €*

23530 **MERCIER L-S.** L'an 2440, un rêve s'il en fut jamais. *La Découverte, 1999.* (La Découverte poche ; 76. Littérature et voyages)
ISBN 2-7071-3117-2. *89 F / 13,57 €*

23531 **MERCIER M.** Le journal de Jeanne. *la Musardine, 1998.* (Lectures amoureuses de Jean-Jacques Pauvert ; 16 c4)
ISBN 2-84271-016-9. *39 F / 5,95 €*

23532 **MÉRIMÉE P.** Les âmes du purgatoire. *LGF, 1998.* (Le Livre de poche ; 14502. Les classiques d'aujourd'hui c1)
ISBN 2-253-14502-5. *10 F / 1,52 €*

23533 **MÉRIMÉE P.** Carmen ; Les Ames du purgatoire. *LGF, 1996.* (Le Livre de poche ; 3125. Classiques de poche)
ISBN 2-253-09822-1. *19 F / 2,90 €*

23534 **MÉRIMÉE P.** Carmen ; suivi de Les âmes du purgatoire. *Librio, 1994.* (Librio ; 13 c1)
ISBN 2-277-30013-6. *10 F / 1,52 €*

23535 [N] **MÉRIMÉE P.** Carmen. *Gallimard, 2000.* (Folio ; 3375. Classique c3)
ISBN 2-07-041308-X. *19 F / 2,90 €*

23536 **MÉRIMÉE P.** Carmen. *Mille et une nuits, 1998.* (La petite collection ; 31 c3)
ISBN 2-84205-326-5. *13 F / 1,98 €*

23537 **MÉRIMÉE P.** Chronique du règne de Charles IX. *Gallimard, 1977.* (Folio ; 982. Classique c8)
ISBN 2-07-036982-X. *37 F / 5,64 €*

23538 **MÉRIMÉE P.** Colomba et 10 autres nouvelles. *Gallimard, 1976.* (Nouvelles complètes; 1)(Folio ; 819. Classique c9)
ISBN 2-07-036819-X. *41 F / 6,25 €*

23539 **MÉRIMÉE P.** Colomba. *Librio, 1997.* (Librio ; 167 c1)
ISBN 2-277-30167-1. *10 F / 1,52 €*

23540 **MÉRIMÉE P.** La double méprise. *LGF, 1995.* (Le Livre de poche ; 13792. Les classiques d'aujourd'hui c1)
ISBN 2-253-13792-8. *10 F / 1,52 €*

23541 **MÉRIMÉE P.** La double méprise. *Librio, 1999.* (Librio ; 316 c1)
ISBN 2-277-30316-X. *10 F / 1,52 €*

23542 **MÉRIMÉE P.** Mateo Falcone : et autres nouvelles de Mosaïque. *LGF, 1995.* (Le Livre de poche ; 13888. Classiques de poche c3)
ISBN 2-253-13888-6. *18 F / 2,74 €*

23543 **MÉRIMÉE P.** Mateo Falcone ; suivi de TamangoLa partie de trictrac ; Le vase étrusque. *Librio, 1996.* (Librio ; 98 c1)
ISBN 2-277-30098-5. *10 F / 1,52 €*

23544 **MÉRIMÉE P.** Théâtre de Clara Gazul. *Gallimard, 1985.* (Folio ; 1626. Classique c11)
ISBN 2-07-037626-5. *50 F / 7,62 €*

23545 **MÉRIMÉE P.** La Vénus d'Ille ; Colomba ; Mateo Falcone. Nouv. éd. *Gallimard, 1999.* (Folio ; 3240. Classique c3)
ISBN 2-07-040921-X. *19 F / 2,90 €*

23546 [N] **MÉRIMÉE P.** La Vénus d'Ille : et d'autres nouvelles. Réimpr. *Librio, 2000.* (Librio ; 236 c1)
ISBN 2-277-30236-8. *10 F / 1,52 €*

23547 **MÉRIMÉE P.** La Vénus d'Ille ; La Partie de trictrac. *LGF, 1994.* (Le Livre de poche ; 13647. Les classiques d'aujourd'hui c1)
ISBN 2-253-13647-6. *10 F / 1,52 €*

23548 **N** **MÉRIMÉE P.** La Vénus d'Ille ; suivi de La chambre bleue. *Mille et une nuits, 2000.* (La petite collection ; 311)
ISBN 2-84205-519-5. *10 F / 1,52 €*

23549 **MERLE P.** Le Déchiros. *Seuil, 1991.* (Point-virgule ; 104 c3)
ISBN 2-02-013391-1. *48 F / 7,32 €*

23550 **MERLE R.** Un Animal doué de raison. *Gallimard, 1986.* (Folio ; 1779 c11)
ISBN 2-07-037779-2. *50 F / 7,62 €*

23551 **MERLE R.** Derrière la vitre. *Gallimard, 1974.* (Folio ; 641 c10)
ISBN 2-07-036641-3. *46 F / 7,01 €*

23552 **MERLE R.** En nos vertes années. *LGF, 1994.* (Fortune de France; 2)(Le Livre de poche ; 13536 c10)
ISBN 2-253-13536-4. *40 F / 6,10 €*

23553 **MERLE R.** L'enfant-roi. *LGF, 1995.* (Fortune de France; 8)(Le Livre de poche ; 13681 c12)
ISBN 2-253-13681-6. *44 F / 6,71 €*

23554 **MERLE R.** Fortune de France. 1. *LGF, 1994.* (Le Livre de poche ; 13535 cJ)
ISBN 2-253-13535-6. *40 F / 6,10 €*

23555 **MERLE R.** La gloire et les périls. *LGF, 2000.* (Fortune de France; 11)(Le Livre de poche ; 14865)
ISBN 2-253-14865-2. *45 F / 6,86 €*

23556 **MERLE R.** Les Hommes protégés. *Gallimard, 1989.* (Folio ; 2057 c10)
ISBN 2-07-038146-3. *46 F / 7,01 €*

23557 **MERLE R.** L'idole. *LGF, 1995.* (Le Livre de poche ; 13682 c10)
ISBN 2-253-13682-4. *40 F / 6,10 €*

23558 **MERLE R.** L'Ile. *Gallimard, 1974.* (Folio ; 583 c11)
ISBN 2-07-036583-2. *50 F / 7,62 €*

23559 **MERLE R.** Le jour ne se lève pas pour nous. *LGF, 1997.* (Le Livre de poche ; 14077 c9)
ISBN 2-253-14077-5. *36 F / 5,49 €*

23560 **MERLE R.** Le lys et la pourpre. *LGF, 1999.* (Fortune de France; 10)(Le Livre de poche ; 14560 c12)
ISBN 2-253-14560-2. *44 F / 6,71 €*

23561 **MERLE R.** Madrapour. Réimpr. *Seuil, 1999.* (Points ; 589)
ISBN 2-02-033651-0. *45 F / 6,86 €*

23562 **MERLE R.** Malevil. *Gallimard, 1983.* (Folio ; 1444 c13)
ISBN 2-07-037444-0. *56 F / 8,54 €*

23563 **MERLE R.** La Mort est mon métier. *Gallimard, 1976.* (Folio ; 789 c8)
ISBN 2-07-036789-4. *37 F / 5,64 €*

23564 **MERLE R.** Paris ma bonne ville. *LGF, 1994.* (Fortune de France; 3)(Le Livre de poche ; 13550 cK)
ISBN 2-253-13550-X. *44 F / 6,71 €*

23565 **MERLE R.** La pique du jour. *LGF, 1995.* (Fortune de France; 6)(Le Livre de poche ; 13625 c12)
ISBN 2-253-13625-5. *44 F / 6,71 €*

23566 **MERLE R.** Le Propre de l'homme. *LGF, 1991.* (Le Livre de poche ; 6933 c10)
ISBN 2-253-05603-0. *40 F / 6,10 €*

23567 **MERLE R.** Les roses de la vie. *LGF, 1997.* (Fortune de France; 9)(Le Livre de poche ; 14074 c11)
ISBN 2-253-14074-0. *42 F / 6,40 €*

23568 **MERLE R.** La violente amour. *LGF, 1995.* (Fortune de France; 5)(Le Livre de poche ; 13612 c12)
ISBN 2-253-13612-3. *44 F / 6,71 €*

23569 **MERLE R.** Week-end à Zuydcoote. *Gallimard, 1976.* (Folio ; 775 c11)
ISBN 2-07-036775-4. *29,50 F / 4,50 €*

23570 **MERMET D.** Ugly : Ohmondieumondieumondieu!. Réimpr. *Seuil, 1991.* (Point-virgule c2)
ISBN 2-02-013240-0. *39 F / 5,95 €*

23571 **MERTENS P.** Collision : et autres textes. Réimpr. *Labor*; *Actes Sud*; *Aire*; *Leméac, 1998.* (Espace Nord ; 135)
ISBN 2-8040-1308-1. *62 F / 9,45 €*

23572 **MERTENS P.** Les éblouissements. *Seuil, 1998.* (Points ; 507)
ISBN 2-02-033649-9. *48 F / 7,32 €*

23573 **MERTENS P.** L'Inde ou l'Amérique. *Ancrage, 1999.* (Poche ; 2 c2)
ISBN 2-930192-14-3. *45 F / 6,86 €*

23574 **A** **MERTENS P.** Le niveau de la mer. *Ancrage, 2001.* (Poche ; 25)
ISBN 2-930311-22-3. *45 F / 6,86 €*

23575 **MERTENS P.** Perdre. *Seuil, 1991.* (Points. Roman ; 443 c3)
ISBN 2-02-013118-8. *48 F / 7,32 €*

23576 **MERTENS P.** Terre d'asile. Réimpr. *Labor*; *Actes Sud, 1998.* (Espace Nord ; 43 c2)
ISBN 2-8040-1299-9. ISBN 2-86869-357-1. *42 F / 6,40 €*

23577 **MESSADIÉ G.** La fortune d'Alexandrie. *LGF, 1997.* (Le Livre de poche ; 14334 c9)
ISBN 2-253-14334-0. *36 F / 5,49 €*

23578 **MESSADIÉ G.** L'Homme qui devint Dieu. 1. *LGF, 1990.* (Le Livre de poche ; 6777 c15)
ISBN 2-253-05329-5. *50 F / 7,62 €*

23579 **N** **MESSADIÉ G.** Moïse. 1. *LGF, 2000.* (Le Livre de poche ; 14849 c12)
ISBN 2-253-14849-0. *44 F / 6,71 €*

23580 **N** **MESSADIÉ G.** Moïse. 2, Le prophète fondateur. *LGF, 2000.* (Le Livre de poche ; 14887)
ISBN 2-253-14887-3. *39 F / 5,95 €*

23581 **La Messaline française.** *Mercure de France, 1999.* (Le petit Mercure)
ISBN 2-7152-2140-1. *22 F / 3,35 €*

23582 **MEYER P.** Balivernes pour la levée du corps. *LGF, 1996.* (Le Livre de poche ; 13938 c7)
ISBN 2-253-13938-6. *30 F / 4,57 €*

23583 **MEYER P.** Dans mon pays lui-même... *LGF, 1994.* (Le Livre de poche ; 13609 c7)
ISBN 2-253-13609-3. *30 F / 4,57 €*

23584 **MEYRINK G.** Le Golem. Nouv. éd. *Stock, 1998.* (Bibliothèque cosmopolite c3)
ISBN 2-234-04931-8. *60 F / 9,15 €*

23585 **MICHAEL J.** Une autre femme. Réimp. *J'ai lu, 1998.* (J'ai lu ; 3012. Littérature générale c8)
ISBN 2-290-03012-0. *49 F / 7,47 €*

23586 **MICHAEL J.** L'or du ciel. *J'ai lu, 1996.* (J'ai lu ; 4226. Littérature générale c7)
ISBN 2-277-24226-8. *45 F / 6,86 €*

23587 **MICHAEL J.** Prête-moi ta vie. Réimpr. *J'ai lu, 1998.* (J'ai lu ; 4927. Littérature générale c8)
ISBN 2-290-04861-5. *49 F / 7,47 €*

23588 **MICHAEL J.** Rends-moi ma vie. *J'ai lu, 1998.* (J'ai lu ; 4870. Littérature générale c8)
ISBN 2-290-04870-4. *49 F / 7,47 €*

23589 **MICHAELS F.** L'autre rive de l'amour. *J'ai lu, 1995.* (J'ai lu ; 3768. Littérature générale)
ISBN 2-277-23768-X. *45 F / 6,86 €*

23590 **MICHAELS F.** Sauvage Irina. *J'ai lu, 1999.* (J'ai lu ; 5103. Aventures et passions c4)
ISBN 2-290-05103-9. *36 F / 5,49 €*

23591 **MICHAUX A.** Sissi, une vie rêvée. *J'ai lu, 1999.* (J'ai lu ; 5277. Littérature générale c3)
ISBN 2-290-05277-9. *29 F / 4,42 €*

23592 **N** **MICHELET C.** Des grives aux loups. Réimpr. *Pocket, 2000.* (Les gens de Saint-Libéral; 1)(Pocket ; 2060. Best c3)
ISBN 2-266-10167-6. *26 F / 3,96 €*

23593 **MICHELET C.** Le grand sillon. *Pocket, 1998.* (Les promesses du ciel et de la terre; 3)(Pocket ; 10472 c6)
ISBN 2-266-08370-8. *38 F / 5,79 €*

23594 **MICHELET C.** La Grande muraille. Réimpr. *Pocket, 1995.* (Pocket ; 1999. Best c3)
ISBN 2-266-06978-0. *26 F / 3,96 €*

23595 **MICHELET C.** Histoires des paysans de France. *Pocket, 1998.* (Pocket ; 10324 c5)
ISBN 2-266-07916-6. *35 F / 5,34 €*

23596 **MICHELET C.** La nuit de Calama. *Pocket, 1995.* (Pocket ; 4366. Best c5)
ISBN 2-266-06545-9. *35 F / 5,34 €*

23597 **MICHELET C.** Les palombes ne passeront plus. Nouv. éd. *Pocket, 2000.* (Les gens de Saint-Libéral; 2)(Pocket ; 1997 c4)
ISBN 2-266-05485-6. *30 F / 4,57 €*

23598 **MICHELET C.** Pour un arpent de terre. *Pocket, 1998.* (Les promesses du ciel et de la terre; 2)(Pocket ; 10471 c6)
ISBN 2-266-08371-6. *38 F / 5,79 €*

23599 **MICHELET C.** Les promesses du ciel et de la terre. 1. *Pocket, 1998.* (Pocket ; 10470 c6)
ISBN 2-266-08372-4. *38 F / 5,79 €*

23600 **N** **MICHELET C.** La terre des Vialhe. *Pocket, 2000.* (Les gens de Saint-Libéral; 4)(Pocket ; 10723 c5)
ISBN 2-266-09792-X. *35 F / 5,34 €*

23601 **MICHELET J.** La Mer. *Gallimard, 1983.* (Folio ; 1470. Classique c11)
ISBN 2-07-037470-X. *50 F / 7,62 €*

23602 **MICHELET J.** Le rossignol. *Mercure de France, 1997.* (Le petit Mercure. Bestiaire sentimental)
ISBN 2-7152-1998-9. *18 F / 2,74 €*

23603 **MICHENER J. A.** L'alliance. 1. *Seuil, 1995.* (Points ; 87)
ISBN 2-02-025374-7. *52 F / 7,93 €*

23604 **MICHENER J. A.** L'alliance. 2. *Seuil, 1995.* (Points ; 88)
ISBN 2-02-025375-5. *52 F / 7,93 €*

23605 **MICHENER J. A.** Chesapeake. Réimpr. *Seuil, 1997.* (Points ; 400 c18)
ISBN 2-02-032132-7. *67 F / 10,21 €*

23606 **MICHENER J. A.** Mexique. *Pocket, 1995.* (Pocket ; 4289 c10)
ISBN 2-266-06371-5. *50 F / 7,62 €*

23607 **MICHENER J. A.** Pologne. Réimpr. *Seuil, 1999.* (Points ; 641 c14)
ISBN 2-02-037432-3. *55 F / 8,38 €*

23608 **MICHENER J. A.** Texas. 1. *Seuil, 1997.* (Points ; 382 c14)
ISBN 2-02-031989-6. *55 F / 8,38 €*

23609 **MICHENER J. A.** Texas. 2. *Seuil, 1997.* (Points ; 383 c14)
ISBN 2-02-031990-X. *55 F / 8,38 €*

23610 **MICHON P.** Les vies minuscules. *Gallimard, 1996.* (Folio ; 2895 c11)
ISBN 2-07-040118-9. *29,50 F / 4,50 €*

23611 **MILES R.** Les pièges de la passion. Réimpr. *J'ai lu, 1996.* (J'ai lu ; 4121. Littérature générale c5)
ISBN 2-290-04121-1. *39 F / 5,95 €*

23612 **MILES R.** La vengeance aux deux visages. *J'ai lu, 1999.* (J'ai lu ; 5391. Littérature générale cP)
ISBN 2-290-05391-0. *58 F / 8,84 €*

23613 **Les mille et une nuits. 2.** *Laffont, 1980.* (Bouquins)
ISBN 2-221-50194-2. *139 F / 21,19 €*

23614 **MILLE R.** La belle Otero. *LGF, 1996.* (Le Livre de poche ; 13951 c9)
ISBN 2-253-13952-1. *36 F / 5,49 €*

23615 **MILLER A.** Une fille quelconque. *LGF, 1998.* (Le Livre de poche ; 14552 c2)
ISBN 2-253-14552-1. *15 F / 2,29 €*

23616 **N** **MILLER A.** L'homme sans douleur. *Pocket, 2000.* (Pocket ; 10604 c7)
ISBN 2-266-09131-X. *42 F / 6,40 €*

23617 **MILLER A.** Les Misfits. *10-18, 1984.* (10-18 ; 1628. Domaine étranger c5)
ISBN 2-264-00601-3. *38 F / 5,79 €*

23618 **MILLER H.** Le Cauchemar climatisé. *Gallimard, 1986.* (Folio ; 1714 c8)
ISBN 2-07-037714-8. *37 F / 5,64 €*

23619 **MILLER H.** Le Colosse de Maroussi. *LGF, 1983.* (Le Livre de poche ; 3029. Biblio c9)
ISBN 2-253-03202-6. *36 F / 5,49 €*

23620 **MILLER H.** Crazy Cock. *10-18, 1997.* (10-18 ; 2840. Domaine étranger c5)
ISBN 2-264-02229-9. *44 F / 6,71 €*

23621 **MILLER H.** Un Diable au paradis. *10-18.* (10-18 ; 2287. Domaine étranger c3)
ISBN 2-264-01747-3. *38 F / 5,79 €*

23622 **MILLER H.** Jours tranquilles à Clichy. *Pocket, 1995.* (Pocket ; 4606. Best c3)
ISBN 2-266-05229-2. *26 F / 3,96 €*

23623 **MILLER H.** Max et les phagocytes. *Stock, 1993.* (Bibliothèque cosmopolite)
ISBN 2-234-02559-1. *60 F / 9,15 €*

23624 **MILLER H.** Max et les Phagocytes. *LGF, 1986.* (Le Livre de poche ; 3076. Biblio c9)
ISBN 2-253-03980-2. *36 F / 5,49 €*

23625 **MILLER H.** Moloch. *10-18, 1998.* (10-18 ; 2886. Domaine étranger c6)
ISBN 2-264-02230-2. *47 F / 7,17 €*

23626 **MILLER H.** Nexus. *LGF, 1987.* (La Crucifixion en rose; 3)(Le Livre de poche ; 6269 c11)
ISBN 2-253-04040-1. *42 F / 6,40 €*

23627 **MILLER H.** Opus pistorum. *la Musardine, 1997.* (Lectures amoureuses de Jean-Jacques Pauvert ; 10 c4)
ISBN 2-84271-008-8. *39 F / 5,95 €*

23628 **MILLER H.** Plexus. *LGF, 1987.* (La Crucifixion en rose; 2)(Le Livre de poche ; 6268 c11)
ISBN 2-253-04039-8. *42 F / 6,40 €*

23629 **MILLER H.** Printemps noir. *Gallimard, 1975.* (Folio ; 671 c8)
ISBN 2-07-036671-5. *37 F / 5,64 €*

23630 **MILLER H.** Sexus. *LGF, 1987.* (La Crucifixion en rose; 1)(Le Livre de poche ; 6267 c11)
ISBN 2-253-04038-X. *42 F / 6,40 €*

23631 **MILLER H.** Tropique du cancer. *Gallimard, 1972.* (Folio ; 261 c9)
ISBN 2-07-036261-2. *41 F / 6,25 €*

23632 **N** **MILLER H.** Tropique du Capricorne. *Stock, 2000.* (Bibliothèque cosmopolite)
ISBN 2-234-05238-6. *65 F / 9,91 €*

23633 **MILLER H.** Le Tropique du capricorne. *LGF, 1976.* (Le Livre de poche ; 4194 c7)
ISBN 2-253-00825-7. *30 F / 4,57 €*

23634 **MILLER L. L.** A jamais séduite. *J'ai lu, 1997.* (J'ai lu ; 4588. Aventures et passions c5)
ISBN 2-290-04588-8. *39 F / 5,95 €*

23635 **MILLER L. L.** Héritage en Australie. Réimp. *J'ai lu, 1999.* (J'ai lu ; 4091. Amour et destin)
ISBN 2-290-04091-6. *25 F / 3,81 €*

23636 **MILLER L. L.** Pendue ou mariée. Réimp. *J'ai lu, 1999.* (J'ai lu ; 3614. Aventures et passions)
ISBN 2-290-30124-8. *25 F / 3,81 €*

23637 **MILLER L. L.** Soif d'amour. *J'ai lu, 1998.* (J'ai lu ; 4881. Aventures et passions c5)
ISBN 2-290-04881-X. *39 F / 5,95 €*

23638 **MILLET R.** L'amour des trois soeurs Piale. *Gallimard, 1999.* (Folio ; 3199 c9)
ISBN 2-07-040449-8. *41 F / 6,25 €*

23639 **A** **MILLET R.** La chambre d'ivoire. *Gallimard, 2001.* (Folio)
ISBN 2-07-041298-9. *41 F / 6,25 €*

23640 **MILLET R.** La gloire des Pythre. Ed. revue par l'auteur / par l'auteur. *Gallimard, 1997.* (Folio ; 3018 c13)
ISBN 2-07-040042-5. *56 F / 8,54 €*

23641 **MILLHAUSER S.** La Vie trop brève d'Edwin Mullhouse. *Seuil, 1989.* (Points. Roman ; 334 c13)
ISBN 2-02-010479-2. *55 F / 8,38 €*

23642 **N** **MILLS M.** Retenir les bêtes. *10-18, 2000.* (10-18 ; 3192. Domaine étranger c5)
ISBN 2-264-02849-1. *47 F / 7,17 €*

23643 **MILOSZ C.** Sur les bords de l'Issa. *Gallimard, 1985.* (L'imaginaire ; 146)
ISBN 2-07-070299-5. *52 F / 7,93 €*

23644 **MILOVANOFF J-P.** Le maître des paons. *Pocket, 1998.* (Pocket ; 10479 c4B)
ISBN 2-266-08597-2. *32 F / 4,88 €*

23645 **MILOVANOFF J-P.** Russe blanc. *Pocket, 1999.* (Pocket ; 10480 c3B)
ISBN 2-266-08600-6. *28 F / 4,27 €*

23646 **MILOVANOFF J-P.** La splendeur d'Antonia. *Pocket, 1997.* (Pocket ; 10267 c4)
ISBN 2-266-07758-9. *30 F / 4,57 €*

23647 **MIMOUNI R.** Le Fleuve détourné. *Pocket, 1991.* (Pocket ; 3903. Blanche c6)
ISBN 2-266-04582-2. *38 F / 5,79 €*

23648 **MIMOUNI R.** La malédiction. *Pocket, 1995.* (Pocket ; 4175. Best c4)
ISBN 2-266-06122-4. *30 F / 4,57 €*

23649 **MIMOUNI R.** Le printemps n'en sera que plus beau. *Pocket, 1997.* (Pocket ; 10077 c3)
ISBN 2-266-07203-X. *26 F / 3,96 €*

23650 **MIMOUNI R.** Tombéza. *Pocket, 1996.* (Pocket ; 4449 c5)
ISBN 2-266-06937-3. *35 F / 5,34 €*

23651 **MIN A.** Katherine. *J'ai lu, 1998.* (J'ai lu ; 5036. Littérature générale c4)
ISBN 2-290-05036-9. *36 F / 5,49 €*

23652 **MINGARELLI H.** Le bruit du vent. Réimpr. *Gallimard-Jeunesse, 1991.* (Page blanche ; 19 c4)
ISBN 2-07-052246-6. *32,50 F / 4,95 €*

23653 **A** **MINGARELLI H.** Une rivière verte et silencieuse. *Seuil, 2001.* (Points ; 840)
ISBN 2-02-049066-8. *32 F / 4,88 €*

23654 **MINOT S.** Mouflets. *Gallimard, 1993.* (Folio ; 2485 c11)
ISBN 2-07-038623-6. *29,50 F / 4,50 €*

23655 **MINOT S.** La vie secrète de Lilian Eliot. *Gallimard, 1996.* (Folio ; 2896 c9)
ISBN 2-07-040088-3. *41 F / 6,25 €*

23656 **N** **MIQUEL J.** Mal-aimés. *Gallimard, 2001.* (Folio ; 3461 c11)
ISBN 2-07-041631-3. *49 F / 7,47 €*

23657 **MIRABEAU H-G. R. (. d.** Ma conversion ; suivi de Hic et Hec. *10-18, 1995.* (10-18 ; 2588. Domaine français c5)
ISBN 2-264-02209-4. *44 F / 6,71 €*

23658 **MIRABEAU H-G. R. (. d.** Le Rideau levé ou l'Education de Laure. *Actes Sud, 1994.* (Babel ; 121. Les érotiques c2)
ISBN 2-7427-0263-6. *39 F / 5,95 €*

23659 **MIRABEAU H-G. R. (. d.** Le rideau levé ou L'éducation de Laure. *Librio, 1998.* (Librio ; 256 c1)
ISBN 2-277-30256-2. *10 F / 1,52 €*

23660 **MIRALLES D.** Swiss trash. *Baleine, 2000.* (Ultimes ; 2)
ISBN 2-84219-254-0. *49 F / 7,47 €*

23661 **MIRBEAU O.** L'Abbé Jules. *Albin Michel, 1988.* (Bibliothèque Albin Michel poche ; 5 c2)
ISBN 2-226-03258-4. *49 F / 7,47 €*

23662 **N** **MIRBEAU O.** La folle. *Mille et une nuits, 2001.* (La petite collection ; 316)
ISBN 2-84205-550-0. *10 F / 1,52 €*

23663 **MIRBEAU O.** Le jardin des supplices. *Gallimard, 1988.* (Folio ; 1899. Classique c10)
ISBN 2-07-037899-3. *46 F / 7,01 €*

23664 **MIRBEAU O.** Journal d'une femme de chambre. *Pocket, 1997.* (Pocket ; 2079. Best)
ISBN 2-266-04903-8. *30 F / 4,57 €*

23665 **MIRBEAU O.** Le journal d'une femme de chambre. *Gallimard, 1984.* (Folio ; 1536. Classique c12)
ISBN 2-07-037536-6. *52 F / 7,93 €*

23666 **MISHIMA Y.** Les Amours interdites. *Gallimard, 1994.* (Folio ; 2570 c10)
ISBN 2-07-038853-0. *46 F / 7,01 €*

23667 **MISHIMA Y.** L'Ange en décomposition. *Gallimard, 1992.* (La Mer de la fertilité; 4)(Folio ; 2426 c11)
ISBN 2-07-038559-0. *29,50 F / 4,50 €*

23668 **MISHIMA Y.** Chevaux échappés. *Gallimard, 1991.* (La Mer de la fertilité; 2)(Folio ; 2231 c10)
ISBN 2-07-038331-8. *46 F / 7,01 €*

23669 **MISHIMA Y.** Confession d'un masque. *Gallimard, 1983.* (Folio ; 1455 c8)
ISBN 2-07-037455-6. *37 F / 5,64 €*

23670 **MISHIMA Y.** L'école de la chair. Réimpr. *Gallimard, 1998.* (Folio ; 2697 c8)
ISBN 2-07-039285-6. *37 F / 5,64 €*

23671 **MISHIMA Y.** Le Marin rejeté par la mer. *Gallimard, 1979.* (Folio ; 1147 c11)
ISBN 2-07-037147-6. *29,50 F / 4,50 €*

23672 **MISHIMA Y.** La Mort en été. *Gallimard, 1988.* (Folio ; 1948 c8)
ISBN 2-07-038036-X. *37 F / 5,64 €*

23673 **MISHIMA Y.** Neige de printemps. *Gallimard, 1989.* (La Mer de la fertilité; 1)(Folio ; 2022 c10)
ISBN 2-07-038110-2. *46 F / 7,01 €*

23674 **MISHIMA Y.** Le Pavillon d'Or. *Gallimard, 1975.* (Folio ; 649 c8)
ISBN 2-07-036649-9. *37 F / 5,64 €*

23675 **MISHIMA Y.** Pèlerinage aux trois montagnes. *Gallimard, 1998.* (Folio ; 3093 c8)
ISBN 2-07-040452-8. *37 F / 5,64 €*

23676 **MISHIMA Y.** Une Soif d'amour. *Gallimard, 1986.* (Folio ; 1788 c11)
ISBN 2-07-037788-1. *29,50 F / 4,50 €*

23677 **MISHIMA Y.** Le Soleil et l'acier. *Gallimard, 1993.* (Folio ; 2492 c11)
ISBN 2-07-038737-2. *29,50 F / 4,50 €*

23678 **MISHIMA Y.** Le Temple de l'aube. *Gallimard, 1992.* (La Mer de la fertilité; 3)(Folio ; 2368 c9)
ISBN 2-07-038505-1. *41 F / 6,25 €*

23679 **MISHIMA Y.** Le Tumulte des flots. *Gallimard, 1978.* (Folio ; 1023 c11)
ISBN 2-07-037023-2. *29,50 F / 4,50 €*

23680 **MISTRY R.** Les Beaux jours de Firozsha Baag. *10-18, 1994.* (10-18 ; 2536. Domaine étranger c6)
ISBN 2-264-01921-2. *47 F / 7,17 €*

23681 **MITCHARD J.** Aussi profond que l'océan. *Pocket, 1999.* (Pocket ; 10629 c10)
ISBN 2-266-07864-X. *50 F / 7,62 €*

23682 **MITCHELL M.** Autant en emporte le vent. 1. *Gallimard, 1976.* (Folio ; 740 c9)
ISBN 2-07-036740-1. *41 F / 6,25 €*

23683 **MITCHELL M.** Autant en emporte le vent. 2. *Gallimard, 1976.* (Folio ; 741 c9)
ISBN 2-07-036741-X. *41 F / 6,25 €*

23684 **MITCHELL M.** Autant en emporte le vent. 3. *Gallimard, 1976.* (Folio ; 742 c9)
ISBN 2-07-036742-8. *41 F / 6,25 €*

23685 **MITFORD N.** L'Amour dans un climat froid. Nouv. éd. *10-18, 1994.* (10-18 ; 1470. Domaine étranger c6)
ISBN 2-264-00176-3. *47 F / 7,17 €*

23686 **MITFORD N.** La Poursuite de l'amour. Nouv. éd. *10-18, 1994.* (10-18 ; 1515. Domaine étranger c6)
ISBN 2-264-00174-7. *44 F / 6,71 €*

23687 **N** **MITTERRAND F.** Lettres d'amour en Somalie. *Pocket, 2000.* (Pocket ; 10993 c3B)
ISBN 2-266-10263-X. *28 F / 4,27 €*

23688 **N** **MIZIO F.** Domo dingo. *J'ai lu, 2000.* (J'ai lu ; 5607. Littérature générale cG)
ISBN 2-290-30313-5. *29 F / 4,42 €*

23689 **N** **MIZIO F.** Les hommes préfèrent les sondes. *Baleine, 2000.* (Série grise ; 2)
ISBN 2-84219-270-2. *29 F / 4,42 €*

23690 **Moderne Erzählungen.** *LGF, 1989.* (Le Livre de poche ; 8607. Lire en allemand c8)
ISBN 2-253-04694-9. *33 F / 5,03 €*

23691 **MODIANO P.** Les boulevards de ceinture. *Gallimard, 1978.* (Folio ; 1033 c11)
ISBN 2-07-037033-X. *29,50 F / 4,50 €*

23692 **MODIANO P.** Chien de printemps. *Seuil, 1995.* (Points ; 75 c5)
ISBN 2-02-025260-0. *29 F / 4,42 €*

23693 **MODIANO P.** Un Cirque passe. *Gallimard, 1994.* (Folio ; 2628 c11)
ISBN 2-07-038927-8. *29,50 F / 4,50 €*

23694 **MODIANO P.** De si braves garçons. *Gallimard, 1987.* (Folio ; 1811 c9)
ISBN 2-07-037811-X. *20,50 F / 3,13 €*

23695 **N** **MODIANO P.** Dimanches d'août. Réimpr. *Gallimard, 2001.* (Folio ; 2042 c6)
ISBN 2-07-038130-7. *29,50 F / 4,50 €*

23696 **MODIANO P.** Dora Bruder. *Gallimard, 1999.* (Folio ; 3181 c6)
ISBN 2-07-040848-5. *29,50 F / 4,50 €*

23697 **MODIANO P.** Du plus loin de l'oubli. *Gallimard, 1997.* (Folio ; 3005 c11)
ISBN 2-07-040299-1. *29,50 F / 4,50 €*

23698 **MODIANO P.** Fleurs de ruine. Réimpr. *Seuil, 1995.* (Points c1)
ISBN 2-02-025914-1. *32 F / 4,88 €*

23699 **N** **MODIANO P.** Des inconnues. *Gallimard, 2000.* (Folio ; 3408 c6)
ISBN 2-07-041276-8. *29,50 F / 4,50 €*

23700 **MODIANO P.** Une Jeunesse. *Gallimard, 1985.* (Folio ; 1629 c11)
ISBN 2-07-037629-X. *29,50 F / 4,50 €*

23701 **MODIANO P.** Livret de famille. *Gallimard, 1981.* (Folio ; 1293 c11)
ISBN 2-07-037293-6. *29,50 F / 4,50 €*

23702 **MODIANO P.** Memory lane. *Seuil, 1983.* (Points. Roman ; 107 c1)
ISBN 2-02-006461-8. *32 F / 4,88 €*

23703 **MODIANO P.** La Place de l'étoile. *Gallimard, 1975.* (Folio ; 698 c11)
ISBN 2-07-036698-7. *29,50 F / 4,50 €*

23704 **MODIANO P.** Quartier perdu. *Gallimard, 1988.* (Folio ; 1942 c11)
ISBN 2-07-037942-6. *29,50 F / 4,50 €*

23705 **MODIANO P.** Remise de peine. Rééd. *Seuil, 1996.* (Points c5)
ISBN 2-02-029155-X. *29 F / 4,42 €*

23706 **MODIANO P.** La Ronde de nuit. *Gallimard, 1976.* (Folio ; 835 c9)
ISBN 2-07-036835-1. *20,50 F / 3,13 €*

23707 **MODIANO P.** Rue des boutiques obscures. *Gallimard, 1982.* (Folio ; 1358 c11)
ISBN 2-07-037358-4. *29,50 F / 4,50 €*

23708 **MODIANO P.** Vestiaire de l'enfance. *Gallimard, 1991.* (Folio ; 2253 c11)
ISBN 2-07-038364-4. *29,50 F / 4,50 €*

23709 **MODIANO P.** Villa Triste. Réimpr. *Gallimard, 1994.* (Folio ; 953 c11)
ISBN 2-07-036953-6. *29,50 F / 4,50 €*

23710 **MODIANO P.** Voyage de noces. *Gallimard, 1991.* (Folio ; 2330 c11)
ISBN 2-07-038454-3. *29,50 F / 4,50 €*

23711 **MODIANO P., LE-TAN P.** Poupée blonde. *Seuil, 1992.* (Points. Roman ; 494 c2)
ISBN 2-02-013011-4. *39 F / 5,95 €*

23712 **N** **MOESLE F.** Vengeance meurtrière. *les 2 encres, 2001.* (Manuscrit ; 11)
ISBN 2-912975-10-7. *80 F / 12,20 €*

23713 **MOFOLO T.** Chaka : une épopée bantoue. *Gallimard, 1981.* (L'imaginaire ; 84)
ISBN 2-07-025698-7. *46 F / 7,01 €*

23714 **A** **MOGGACH D.** Le peintre des vanités. *Pocket, 2001.* (Pocket ; 11198)
ISBN 2-266-10834-4

23715 **MOHRT M.** La Campagne d'Italie. Ed. rev. et complétée. *Gallimard, 1973.* (Folio ; 454 c11)
ISBN 2-07-036454-2. *37 F / 5,64 €*

23716 **MOHRT M.** Deux Indiennes à Paris. *Gallimard, 1978.* (Folio ; 995 c11)
ISBN 2-07-036995-1. *29,50 F / 4,50 €*

23717 **MOHRT M.** La guerre civile. *Gallimard, 1998.* (Folio ; 3100 c11)
ISBN 2-07-040487-0. *50 F / 7,62 €*

23718 **MOHRT M.** Mon royaume pour un cheval. *Gallimard, 1988.* (Folio ; 1927 c12)
ISBN 2-07-037927-2. *52 F / 7,93 €*

23719 **MOHRT M.** Les Moyens du bord. *Gallimard, 1982.* (Folio ; 1374 c8)
ISBN 2-07-037374-6. *37 F / 5,64 €*

23720 **MOHRT M.** On liquide et on s'en va. *Gallimard, 1994.* (Folio ; 2639 c9)
ISBN 2-07-038925-1. *20,50 F / 3,13 €*

23721 **MOHRT M.** L'ours des Adirondacks. *Gallimard, 1996.* (Folio ; 2813 c11)
ISBN 2-07-039485-9. *29,50 F / 4,50 €*

23722 **MOHRT M.** La prison maritime. *Gallimard, 1973.* (Folio ; 408 c11)
ISBN 2-07-036408-9. *29,50 F / 4,50 €*

23723 **MOHRT M.** Un Soir, à Londres. *Gallimard, 1993.* (Folio ; 2523 c11)
ISBN 2-07-038748-8. *29,50 F / 4,50 €*

23724 **MOHRT M.** Le Télésiège. *Gallimard, 1992.* (Folio ; 2338 c11)
ISBN 2-07-038461-6. *29,50 F / 4,50 €*

23725 **Moi, Christiane F., 13 ans, droguée, prostituée...** *Gallimard, 1983.* (Folio ; 1443 c9)
ISBN 2-07-037443-2. *41 F / 6,25 €*

23726 **MOINOT P.** Armes et bagages. *Gallimard, 1991.* (Folio ; 2331 c8)
ISBN 2-07-038455-1. *37 F / 5,64 €*

23727 **MOINOT P.** La Descente du fleuve. *Gallimard, 1993.* (Folio ; 2531 c11)
ISBN 2-07-038805-0. *29,50 F / 4,50 €*

23728 **MOINOT P.** Le Guetteur d'ombre. *Gallimard, 1984.* (Folio ; 1562 c10)
ISBN 2-07-037562-5. *46 F / 7,01 €*

23729 **MOINOT P.** Le Sable vif. *Gallimard, 1979.* (Folio ; 1120 c11)
ISBN 2-07-037120-4. *29,50 F / 4,50 €*

23730 **MOIX Y.** Les cimetières sont des champs de fleurs. *LGF, 1999.* (Le Livre de poche ; 14575 c10)
ISBN 2-253-14575-0. *40 F / 6,10 €*

23731 **MOIX Y.** Jubilations vers le ciel. *LGF, 1997.* (Le Livre de poche ; 14374 c6)
ISBN 2-253-14374-X. *26 F / 3,96 €*

23732 **MOKEDDEM M.** Les hommes qui marchent. *LGF, 1999.* (Le Livre de poche ; 14673 c8)
ISBN 2-253-14673-0. *33 F / 5,03 €*

23733 **MOKEDDEM M.** L'interdite. *LGF, 1995.* (Le Livre de poche ; 13768 c7)
ISBN 2-253-13768-5. *30 F / 4,57 €*

23734 **A** **MOKEDDEM M.** La nuit de la lézarde. *LGF, 2001.* (Le Livre de poche ; 15047)
ISBN 2-253-15047-9. *36 F / 5,49 €*

23735 **MOKEDDEM M.** Le siècle des sauterelles. *LGF, 1996.* (Le Livre de poche ; 14045 c7)
ISBN 2-253-14045-7. *30 F / 4,57 €*

23736 **MOMADAY N. S.** Le chemin de la montagne de pluie ; L'enfant des temps oublié ; La maison de l'aube. *Gallimard, 1999.* (Folio)
ISBN 2-07-040950-3. *126 F / 19,21 €*

23737 **MOMADAY N. S.** L'enfant des temps oubliés. *Gallimard, 1998.* (Folio ; 3110)
ISBN 2-07-040288-6. *41 F / 6,25 €*

23738 **MOMADAY N. S.** La maison de l'aube. *Gallimard, 1996.* (Folio ; 2814 c8)
ISBN 2-07-039447-6. *37 F / 5,64 €*

23739 **MONÉNEMBO T.** Les écailles du ciel. *Seuil, 1997.* (Points ; 343 c6)
ISBN 2-02-031448-7. *32 F / 4,88 €*

23740 **MONETTE H.** Unless. *J'ai lu, 2000.* (J'ai lu ; 5471. Littérature générale cG)
ISBN 2-290-30194-9. *29 F / 4,42 €*

23741 **N** **MONFILS N.** Le bal du diable. *le Cercle, 2000.* (Le Cercle poche ; 5)
ISBN 2-913563-14-7. *39 F / 5,95 €*

23742 **MONFREID H. d.** La cargaison enchantée. Nouv. éd. *Grasset, 1995.* (Lectures et aventures ; 7)
ISBN 2-246-07973-X. *56 F / 8,54 €*

23743 **MONFREID H. d.** Les deux frères. *Grasset, 1995.* (Lectures et aventures ; 9 c1)
ISBN 2-246-14822-7. *56 F / 8,54 €*

23744 **MONFREID H. d.** Le dragon de cheik Hussein. *Grasset, 1995.* (Lectures et aventures ; 10 c01)
ISBN 2-246-49541-5. *56 F / 8,54 €*

23745 **MONFREID H. d.** Le drame éthiopien. *Grasset, 1997.* (Lectures et aventures ; 13)
ISBN 2-246-49523-7. *56 F / 8,54 €*

23746 **MONFREID H. d.** Du Harrar au Kenya. *Grasset, 1998.* (Lectures et aventures ; 16)
ISBN 2-246-14912-6. *56 F / 8,54 €*

23747 **MONFREID H. d.** L'esclave du batteur d'or. *Grasset, 1995.* (Lectures et aventures ; 8 c1)
ISBN 2-246-14843-X. *56 F / 8,54 €*

23748 **MONFREID H. d.** L'homme sorti de la mer. *Grasset, 1998.* (Lectures et aventures ; 15)
ISBN 2-246-05413-3. *56 F / 8,54 €*

23749 **MONFREID H. d.** Légendes de Madjélis : et autres contes. *Grasset, 1997.* (Lectures et aventures ; 14)
ISBN 2-246-55521-3. *56 F / 8,54 €*

23750 **MONFREID H. d.** Le lépreux. *Grasset, 1997.* (Lectures et aventures ; 11)
ISBN 2-246-14922-3. *56 F / 8,54 €*

23751 **MONFREID H. d.** Pilleurs d'épaves. *Grasset, 1997.* (Lectures et aventures ; 12)
ISBN 2-246-06883-5. *56 F / 8,54 €*

23752 **MONFREID H. d.** Le récif maudit. *Librio, 1997.* (Librio ; 173 c1)
ISBN 2-277-30173-6. *10 F / 1,52 €*

23753 **MONFREID H. d.** La sirène de Rio Pongo. *Librio, 1998.* (Librio ; 216 c1)
ISBN 2-277-30216-3. *10 F / 1,52 €*

23754 **A** **MONGO BETI** Trop de soleil tue l'amour. *Pocket, 2001.* (Bébète; 1)(Pocket ; 10967)
ISBN 2-266-10191-9

23755 **N** **MONNIER A.** Un amour de Parpot. *Pocket, 2000.* (Pocket ; 10948 c4B)
ISBN 2-266-10143-9. *32 F / 4,88 €*

23756 **N** **MONNIER A.** Signé Parpot. *Pocket, 2000.* (Pocket ; 10947 c3B)
ISBN 2-266-10144-7. *28 F / 4,27 €*

23757 **MONNIER H.** Scènes populaires ; Les bas-fonds de la société. *Gallimard, 1984.* (Folio ; 1596. Classique c10)
ISBN 2-07-037596-X. *46 F / 7,01 €*

23758 **MONNIER T.** La demoiselle. *J'ai lu, 1990.* (Les Desmichels; 4)(J'ai lu ; 222. Littérature générale)
ISBN 2-277-11222-4. *36 F / 5,49 €*

23759 **MONNIER T.** La rue courte. *Grasset, 1998.* (Les Cahiers rouges ; 267)
ISBN 2-246-14972-X. *69 F / 10,52 €*

23760 **MONNIER T.** Travaux. *J'ai lu, 1991.* (Les Desmichels; 5)(J'ai lu ; 231. Littérature générale)
ISBN 2-277-11231-3. *36 F / 5,49 €*

23761 **A** **MONSIGNY J.** La cousine du roi. *J'ai lu, 2001.* (J'ai lu ; 5860. Littérature générale)
ISBN 2-290-31056-5

23762 **N** **MONSIGNY J.** La dame du bocage. Réimp. *J'ai lu, 2000.* (J'ai lu ; 4266. Littérature générale cK)
ISBN 2-290-30578-2. *42 F / 6,40 €*

23763 **MONSIGNY J.** Lorenzo le magnifique. *J'ai lu, 1998.* (J'ai lu ; 4869. Littérature générale c6)
ISBN 2-290-04869-0. *42 F / 6,40 €*

23764 **N** **MONSIGNY J.** Le maître de Hautefort. *J'ai lu, 2000.* (J'ai lu ; 3857. Littérature générale cM)
ISBN 2-290-30575-8. *49 F / 7,47 €*

23765 **MONSIGNY J.** Le Roi sans couronne. *J'ai lu, 1988.* (J'ai lu ; 2332. Littérature générale c7)
ISBN 2-290-02332-9. *45 F / 6,86 €*

23766 **N** **MONSIGNY J.** Soir de première. *J'ai lu, 2000.* (J'ai lu ; 5639. Littérature générale cF)
ISBN 2-290-30370-4. *26 F / 3,96 €*

23767 **MONSIGNY J.** La tour de l'orgueil. *J'ai lu, 1997.* (J'ai lu ; 4598. Littérature générale c10)
ISBN 2-290-04598-5. *52 F / 7,93 €*

23768 **MONTALE E.** La Poésie n'existe pas. *Gallimard, 1994.* (Arcades ; 34)
ISBN 2-07-072942-7. *50 F / 7,62 €*

23769 **MONTASSIER G.** Les Premiers feux du plaisir. *LGF, 1993.* (Le Livre de poche ; 9569 c13)
ISBN 2-253-06240-5. *46 F / 7,01 €*

23770 **N** **MONTEILHET H.** De plume et d'épée. *LGF, 2001.* (Le Livre de poche ; 15003 c11)
ISBN 2-253-15003-7. *42 F / 6,40 €*

23771 **MONTEILHET H.** Mourir à Francfort ou le Malentendu. *LGF, 1991.* (Le Livre de poche ; 7323. Policier c7)
ISBN 2-253-05801-7. *30 F / 4,57 €*

23772 **MONTEILHET H.** Néropolis. *Pocket, 1997.* (Pocket ; 3545 c5)
ISBN 2-266-07685-X. *35 F / 5,34 €*

23773 **MONTEILHET H.** Sophie ou les Galanteries exemplaires. *Gallimard, 1978.* (Folio ; 1030 c11)
ISBN 2-07-037030-5. *29,50 F / 4,50 €*

23774 **MONTESQUIEU C-L. d. S. (. d. L. B. e. d.** Lettres persanes. Nouv. éd. *LGF, 1995.* (Le Livre de poche ; 1665. Classiques de poche c6)
ISBN 2-253-00321-2. *26 F / 3,96 €*

23775 **MONTFOREZ G.** Les enfants du marais. *Gallimard, 1999.* (Folio ; 3068 c7)
ISBN 2-07-040767-5. *32,50 F / 4,95 €*

23776 **MONTHERLANT H. d.** Les bestiaires. *Gallimard, 1999.* (Folio ; 269)
ISBN 2-07-075544-4. *65 F / 9,91 €*

23777 **MONTHERLANT H. d.** Les célibataires. *Gallimard, 1995.* (Folio ; 209 c11)
ISBN 2-07-036209-4. *29,50 F / 4,50 €*

23778 **MONTHERLANT H. d.** Celles qu'on prend dans les bras. *Gallimard, 1983.* (Folio ; 1446 c9)
ISBN 2-07-037446-7. *20,50 F / 3,13 €*

23779 **MONTHERLANT H. d.** Le Démon du bien. *Gallimard, 1972.* (Les Jeunes filles; 3)(Folio ; 193 c11)
ISBN 2-07-036193-4. *29,50 F / 4,50 €*

23780 **MONTHERLANT H. d.** Les garçons. *Gallimard, 1998.* (Folio ; 3111)
ISBN 2-07-040544-3. *46 F / 7,01 €*

23781 **MONTHERLANT H. d.** Les Jeunes filles. 1. *Gallimard, 1978.* (Folio ; 815 c11)
ISBN 2-07-036815-7. *29,50 F / 4,50 €*

23782 **MONTHERLANT H. d.** Les Lépreuses. *Gallimard, 1972.* (Les Jeunes filles; 4)(Folio ; 199 c11)
ISBN 2-07-036199-3. *29,50 F / 4,50 €*

23783 **MONTHERLANT H. d.** Moustique. *LGF, 1987.* (Le Livre de poche ; 6322 c4)
ISBN 2-253-04136-X. *20 F / 3,05 €*

23784 **MONTHERLANT H. d.** Pitié pour les femmes. *Gallimard, 1972.* (Les Jeunes filles; 2)(Folio ; 156 c11)
ISBN 2-07-036156-X. *29,50 F / 4,50 €*

23785 **MONTHERLANT H. d.** La rose de sable. *Gallimard, 1995.* (Folio ; 2738 c11)
ISBN 2-07-039316-X. *50 F / 7,62 €*

23786 **MONTHERLANT H. d.** Le Songe. *Gallimard, 1982.* (Folio ; 1458 c9)
ISBN 2-07-037458-0. *41 F / 6,25 €*

23787 **MONTUPET J.** Bal au palais Darelli. *Pocket, 2000.* (Pocket ; 10686 c9)
ISBN 2-266-09387-8. *48 F / 7,32 €*

23788 **N** **MONTUPET J.** Couleurs de paradis. *Pocket, 2000.* (Pocket ; 10612 c7)
ISBN 2-266-08958-7. *42 F / 6,40 €*

23789 **MONTUPET J.** Dans un grand vent de fleurs. *LGF, 1993.* (Le Livre de poche ; 9719 c9)
ISBN 2-253-06491-2. *36 F / 5,49 €*

23790 **MONTUPET J.** Dans un grand vent de fleurs. *Pocket, 1999.* (Pocket ; 10613 c7)
ISBN 2-266-08959-5. *42 F / 6,40 €*

23791 **MONTUPET J.** La dentellière d'Alençon. *Pocket, 1998.* (Pocket ; 10317 c8)
ISBN 2-266-07919-0. *45 F / 6,86 €*

23792 **MONTUPET J.** Un goût de miel et de bonheur sauvage. *Pocket, 1996.* (Pocket ; 4277. Best c7)
ISBN 2-266-06359-6. *42 F / 6,40 €*

23793 **MONTUPET J.** La jeune amante. *Pocket, 1997.* (Pocket ; 10134 c5)
ISBN 2-266-07378-8. *35 F / 5,34 €*

23794 **N** **MONTUPET J.** La jeune fille et la citadelle. *Pocket, 2001.* (Pocket ; 11042 c3B)
ISBN 2-266-10380-6. *28 F / 4,27 €*

23795 **MONTUPET J.** Judith-Rose. *LGF, 1991.* (La Dentellière d'Alençon; 2)(Le Livre de poche ; 6915 c12)
ISBN 2-253-05561-1. *44 F / 6,71 €*

23796 **MONZO Q.** Gazoline. *J. Chambon, 1995.* (Chambon-Poche ; 1)
ISBN 2-87711-131-8. *49 F / 7,47 €*

23797 **MORAND P.** Air indien. *Grasset, 1988.* (Les Cahiers rouges ; 90)
ISBN 2-246-18962-4. *47 F / 7,17 €*

23798 **MORAND P.** Bains de mer. *LGF, 1992.* (Le Livre de poche ; 3181. Biblio c7)
ISBN 2-253-06098-4. *30 F / 4,57 €*

23799 **MORAND P.** Bouddha vivant : chronique du XXe siècle. *Grasset, 1988.* (Les Cahiers rouges ; 83)
ISBN 2-246-18972-1. *46 F / 7,01 €*

23800 **MORAND P.** Bug O'Shea. *Pocket, 1997.* (Pocket ; 4439 c3)
ISBN 2-266-06904-7. *26 F / 3,96 €*

23801 **MORAND P.** Champions du monde. *Grasset, 1990.* (Les Cahiers rouges ; 113)
ISBN 2-246-18982-9. *37 F / 5,64 €*

23802 **MORAND P.** Les Ecarts amoureux. *Gallimard, 1994.* (L'imaginaire ; 315)
ISBN 2-07-073953-8. *35 F / 5,34 €*

23803 **MORAND P.** L'Europe galante : chronique du XXe siècle. *LGF, 2000.* (Le Livre de poche ; 3325. Biblio)
ISBN 2-253-93325-2. *29 F / 4,42 €*

23804 **MORAND P.** L'Europe galante : chronique du XXe siècle. *Grasset, 1985.* (Les Cahiers rouges ; 48)
ISBN 2-246-19012-6. *46 F / 7,01 €*

23805 **MORAND P.** Fermé la nuit. *Gallimard, 1993.* (L'imaginaire ; 296)
ISBN 2-07-073317-3. *39 F / 5,95 €*

23806 **MORAND P.** Le Flagellant de Séville. *Gallimard, 1982.* (Folio ; 1382 c9)
ISBN 2-07-037382-7. *41 F / 6,25 €*

23807 **MORAND P.** Flèche d'Orient. *Gallimard, 1999.* (Folio ; 3152 c9)
ISBN 2-07-040703-9. *20,50 F / 3,13 €*

23808 **MORAND P.** L'Homme pressé. *Gallimard, 1990.* (L'imaginaire ; 240)
ISBN 2-07-072065-9. *58 F / 8,84 €*

23809 **MORAND P.** Lewis et Irène. *Grasset, 1983.* (Les Cahiers rouges ; 4)
ISBN 2-246-15002-7. *49 F / 7,47 €*

23810 **MORAND P.** Magie noire. *Grasset, 1986.* (Les Cahiers rouges ; 67)
ISBN 2-246-14992-4. *42 F / 6,40 €*

23811 **MORAND P.** Milady ; Monsieur zéro. *Gallimard, 1992.* (L'imaginaire ; 282)
ISBN 2-07-072720-3. *42 F / 6,40 €*

23812 **MORAND P.** Ouvert la nuit. *Gallimard, 1987.* (L'imaginaire ; 185)
ISBN 2-07-071103-X. *44 F / 6,71 €*

23813 **MORAND P.** Le Prisonnier de Cintra. *LGF, 1989.* (Le Livre de poche ; 3839 c6)
ISBN 2-253-00032-9. *26 F / 3,96 €*

23814 **MORAND P.** Tais-toi. *Gallimard, 1998.* (L'imaginaire ; 382)
ISBN 2-07-075232-1. *38 F / 5,79 €*

23815 **MORAND P.** Tendres stocks. *Gallimard, 1996.* (L'imaginaire ; 344)
ISBN 2-07-074429-9. *39 F / 5,95 €*

23816 **MORAND P.** Venises. *Gallimard, 1987.* (L'imaginaire ; 122)
ISBN 2-07-024559-4. *44 F / 6,71 €*

23817 **MORANTE E.** Aracoeli. *Gallimard, 1986.* (Folio ; 1736 c10)
ISBN 2-07-037736-9. *46 F / 7,01 €*

23818 **MORANTE E.** Le châle andalou : et autres nouvelles. *Gallimard, 1998.* (Folio bilingue ; 75)
ISBN 2-07-040522-2. *60 F / 9,15 €*

23819 **MORANTE E.** Le Châle andalou. *Gallimard, 1984.* (Folio ; 1579 c8)
ISBN 2-07-037579-X. *37 F / 5,64 €*

23820 **MORANTE E.** L'Ile d'Arturo : mémoires d'un adolescent. *Gallimard, 1979.* (Folio ; 1076 c10)
ISBN 2-07-037076-3. *46 F / 7,01 €*

23821 **MORANTE E.** Mensonge et sortilège. 2. *Gallimard, 1987.* (Folio ; 1894 c11)
ISBN 2-07-037894-2. *50 F / 7,62 €*

23822 **MORANTE E.** La Storia. 1. *Gallimard, 1987.* (Folio ; 1214 c10)
ISBN 2-07-037214-6. *46 F / 7,01 €*

23823 **MORANTE E.** La Storia. 2. *Gallimard, 1987.* (Folio ; 1215 c9)
ISBN 2-07-037215-4. *41 F / 6,25 €*

23824 **MORAVIA A.** L'Amour conjugal = L'Amore coniugale. *Gallimard, 1991.* (Folio bilingue ; 12 c7)
ISBN 2-07-038313-X. *60 F / 9,15 €*

23825 **MORAVIA A.** L'Amour conjugal. *Gallimard, 1972.* (Folio ; 184 c11)
ISBN 2-07-036184-5. *29,50 F / 4,50 €*

23826 **MORAVIA A.** L'Angelo dell'informazione. *LGF, 1993.* (Le Livre de poche ; 8677. Lire en italien c10)
ISBN 2-253-06358-4. *40 F / 6,10 €*

23827 **MORAVIA A.** La Désobéissance. *Gallimard, 1973.* (Folio ; 508 c11)
ISBN 2-07-036508-5. *29,50 F / 4,50 €*

23828 **MORAVIA A.** La Femme-léopard. *LGF, 1993.* (Le Livre de poche ; 9749 c5)
ISBN 2-253-06554-4. *23 F / 3,51 €*

23829 **A** **MORAVIA A.** Histoires d'amour. *Librio, 2001.* (Librio ; 471 c1)
ISBN 2-290-31375-0. *10 F / 1,52 €*

23830 **MORAVIA A.** Le mépris. *Librio, 1995.* (Librio ; 87 c1)
ISBN 2-277-30087-X. *10 F / 1,52 €*

23831 **MORAVIA A.** Moi et lui. *Gallimard, 1974.* (Folio ; 626 c9)
ISBN 2-07-036626-X. *41 F / 6,25 €*

23832 **MORAVIA A.** Portraits de femmes. *LGF, 1989.* (Les Langues modernes ; 8708. Bilingue c9)
ISBN 2-253-04845-3. *36 F / 5,49 €*

23833 **MORDILLAT G.** A quoi pense Walter?. *Seuil, 1988.* (Point-virgule ; 66 c2)
ISBN 2-02-010368-0. *39 F / 5,95 €*

23834 **MORDILLAT G.** Bethanie. *LGF, 1998.* (Le Livre de poche ; 14538 c7)
ISBN 2-253-14538-6. *30 F / 4,57 €*

23835 **MORDILLAT G.** Vive la sociale! : revu et corrigé... *Seuil, 1987.* (Point-virgule ; 55 c1)
ISBN 2-02-009758-3. *32 F / 4,88 €*

23836 **MOREL F.** Les habits du dimanche. *Pocket, 2000.* (Pocket ; 10824 c4)
ISBN 2-266-09748-2. *30 F / 4,57 €*

23837 **MORGAN A. L.** Là-haut vers le soleil. *J'ai lu, 1996.* (J'ai lu ; 4165. Littérature générale c4)
ISBN 2-277-24169-5. *36 F / 5,49 €*

23838 **N** **MORGAN M.** Message en provenance de l'éternité. *J'ai lu, 2000.* (J'ai lu ; 5624. Aventure secrète cJ)
ISBN 2-290-30352-6. *39 F / 5,95 €*

23839 **MORGIÈVE R.** Cueille le jour. *Pocket, 1997.* (Pocket ; 4414. Best c3)
ISBN 2-266-06775-3. *26 F / 3,96 €*

23840 **MORGIÈVE R.** Un petit homme de dos. *Pocket, 1999.* (Pocket ; 10607)
ISBN 2-266-09011-9. *32 F / 4,88 €*

23841 **MORGIÈVE R.** Sex vox dominam. *Pocket, 1998.* (Pocket ; 10278 c4)
ISBN 2-266-07752-X. *30 F / 4,57 €*

23842 **A** **MORIN L.** Madame de V. a des idées noires. *Pocket, 2001.* (Pocket ; 11179)
ISBN 2-266-10855-7

23843 **MORRELL D.** La Cinquième profession. *LGF, 1992.* (Le Livre de poche ; 7588. Thriller c11)
ISBN 2-253-06070-4. *42 F / 6,40 €*

23844 **MORRELL D.** Les Conjurés de la pierre. *LGF, 1991.* (Le Livre de poche ; 7572. Thriller c13)
ISBN 2-253-05706-1. *46 F / 7,01 €*

23845 **N** **MORRIS E.** Les fleurs d'Hiroshima. *J'ai lu, 2000.* (J'ai lu ; 141. Littérature générale c1)
ISBN 2-290-30784-X. *13 F / 1,98 €*

23846 **A** **MORRIS M. M.** Une femme dangereuse. *Pocket, 2000.* (Pocket ; 3638)
ISBN 2-266-00950-8

23847 **N** **MORRIS M. M.** Mélodie du temps ordinaire. *Pocket, 2000.* (Pocket ; 10906 c13)
ISBN 2-266-10016-5. *65 F / 9,91 €*

23848 **MORRISON J.** Arden lointain. *10-18, 1992.* (10-18 ; 2306 c3)
ISBN 2-264-01765-1. *38 F / 5,79 €*

23849 **MORRISON J.** Wilderness. *10-18, 1992.* (10-18 ; 2273. Domaine étranger c5)
ISBN 2-264-01739-2. *44 F / 6,71 €*

23850 **MORRISON T.** Beloved. Nouv. éd. *10-18, 1999.* (10-18 ; 2378. Domaine étranger c6)
ISBN 2-264-02945-5. *47 F / 7,17 €*

23851 **MORRISON T.** Le chant de Salomon. *10-18, 1997.* (10-18 ; 2509. Domaine étranger c7)
ISBN 2-264-02620-0. *50 F / 7,62 €*

23852 **MORRISON T.** Jazz. *10-18, 1995.* (10-18 ; 2604. Domaine étranger c5)
ISBN 2-264-02074-1. *44 F / 6,71 €*

23853 **MORRISON T.** Paradis. *10-18, 1999.* (10-18 ; 3013. Domaine étranger c7)
ISBN 2-264-02551-4. *50 F / 7,62 €*

23854 **MORRISON T.** Sula. Réimpr. *10-18, 1994.* (10-18 ; 2506. Domaine étranger c3)
ISBN 2-264-02105-5. *38 F / 5,79 €*

23855 **MORRISON T.** Tar Baby. *10-18, 1997.* (10-18 ; 2379. Domaine étranger c7)
ISBN 2-264-02621-9. *50 F / 7,62 €*

23856 **MORRISSON T.** L'oeil le plus bleu. Réimpr. *10-18, 1998.* (10-18 ; 2733. Domaine étranger c4)
ISBN 2-264-02839-4. *41 F / 6,25 €*

23857 **MORSI P.** Amour pour rire. Réimp. *J'ai lu, 1999.* (J'ai lu ; 4043. Amour et destin)
ISBN 2-290-04043-6. *25 F / 3,81 €*

23858 **MORSI P.** La liaison scandaleuse. *J'ai lu, 1995.* (J'ai lu ; 4021. Aventures et passions)
ISBN 2-277-24021-4. *39 F / 5,95 €*

23859 **MORSI P.** Pour la jarretière d'Esmeralda. *J'ai lu, 1996.* (J'ai lu ; 4150. Aventures et passions)
ISBN 2-277-24150-4. *36 F / 5,49 €*

23860 **A** **MORVAN-LE BRAZ L-A.** Sous le ciel de la presqu'île. *Liv'éditions, 2001.* (Liv'poche)
ISBN 2-84497-010-9. *49 F / 7,47 €*

23861 **MOSCONI P.** Le chant de la mort : pour une douleur apache. Ed. revue par l'auteur. *Gallimard, 1999.* (Folio ; 3261 c7)
ISBN 2-07-041061-7. *32,50 F / 4,95 €*

23862 **MOSCONI P.** Louise Brooks est morte. *Gallimard, 1993.* (Folio ; 2461 c11)
ISBN 2-07-038601-5. *29,50 F / 4,50 €*

23863 **MOSER M.** Mon père et autres imposteurs. *LGF, 1999.* (Le Livre de poche ; 14724 c7)
ISBN 2-253-14724-9. *30 F / 4,57 €*

23864 **N** **MOSES E.** Papernik. *Gallimard, 2000.* (Folio ; 3451 c9)
ISBN 2-07-041456-6. *41 F / 6,25 €*

23865 **MOSLEY W.** La musique du diable. *Seuil, 1999.* (Points ; 586)
ISBN 2-02-032313-3. *42 F / 6,40 €*

23866 **MOTROT I.** Faux serments. *Baleine, 1999.* (Velours ; 2)
ISBN 2-84219-210-9. *42 F / 6,40 €*

23867 **MOUAZAN P.** Les geais de Moroval. *Liv'éditions, 1998.* (Liv'poche)
ISBN 2-910781-77-1. *49 F / 7,47 €*

23868 **MOURAD K.** De la part de la princesse morte. *LGF, 1989.* (Le Livre de poche ; 6565 c13)
ISBN 2-253-04829-1. *46 F / 7,01 €*

23869 **N** **MOURAD K.** Le jardin de Badalpour. *LGF, 2000.* (Le Livre de poche ; 4 c13)
ISBN 2-253-14866-0. *46 F / 7,01 €*

23870 **MOUSTIERS P.** A l'abri du monde. *LGF, 1999.* (Le Livre de poche ; 14726 c9)
ISBN 2-253-14726-5. *36 F / 5,49 €*

23871 **MOUSTIERS P.** Un Aristocrate à la lanterne. *Gallimard, 1988.* (Folio ; 1975 c9)
ISBN 2-07-038063-7. *41 F / 6,25 €*

23872 **MOUSTIERS P.** L'Hiver d'un gentilhomme. *Gallimard, 1975.* (Folio ; 705 c8)
ISBN 2-07-036705-3. *37 F / 5,64 €*

23873 **N** **MOUTIER M-O.** Risible et noir. *J'ai lu, 2000.* (J'ai lu ; 5537. Littérature générale cF)
ISBN 2-290-30239-2. *26 F / 3,96 €*

23874 **MUKHERJEE B.** Jasmine. *Gallimard, 1995.* (Folio ; 2748 c8)
ISBN 2-07-039346-1. *37 F / 5,64 €*

23875 **MÜLLER H.** L'Homme est un grand faisan sur terre. *Gallimard, 1990.* (Folio ; 2173 c11)
ISBN 2-07-038238-9. *29,50 F / 4,50 €*

23876 **MULLER M-M.** Les amants du Pont d'Espagne. *Pocket, 1997.* (Pocket ; 10052. Best c4)
ISBN 2-266-06944-6. *30 F / 4,57 €*

23877 **MULLER M-M.** Froidure, le berger magnifique. *Pocket, 1998.* (Pocket ; 10363 c4B)
ISBN 2-266-08083-0. *32 F / 4,88 €*

23878 **MULTATULI** Max Havelaar ou les Ventes de café de la compagnie commerciale des Pays-Bas. *Actes Sud, 1991.* (Babel ; 31 c5)
ISBN 2-86869-697-X. *57 F / 8,69 €*

23879 **MUNO J.** Histoire exécrable d'un héros brabançon. Réimpr. *Labor, 1998.* (Espace Nord ; 126)
ISBN 2-8040-1282-4. *54 F / 8,23 €*

23880 **MUNO J.** Le Joker. *Labor, 1988.* (Espace Nord ; 47 c1)
ISBN 2-8040-0358-2. *34 F / 5,18 €*

23881 **MUNOZ MOLINA A.** Beatus ille. *Seuil, 1993.* (Points. Roman ; 573 c4)
ISBN 2-02-013324-5. *52 F / 7,93 €*

23882 **MUNOZ MOLINA A.** Beltenebros. *Actes Sud, 1995.* (Babel ; 139)
ISBN 2-7427-0353-5. *45 F / 6,86 €*

23883 **MUNOZ MOLINA A.** Pleine lune. *Seuil, 1999.* (Points ; 667)
ISBN 2-02-038083-8. *48 F / 7,32 €*

23884 **N** **MUNOZ MOLINA A.** Le royaume des voix. *Seuil, 2000.* (Points ; 790)
ISBN 2-02-041334-5. *55 F / 8,38 €*

23885 **MURAKAMI H.** La Course au mouton sauvage. *Seuil, 1992.* (Points. Roman ; 519 c3)
ISBN 2-02-015951-1. *48 F / 7,32 €*

23886 **MURAKAMI H.** La Fin des temps. *Seuil, 1994.* (Points. Roman ; 658 c4)
ISBN 2-02-022013-X. *52 F / 7,93 €*

23887 **MURAKAMI R.** Les bébés de la consigne automatique. *J'ai lu, 1999.* (J'ai lu ; 5024. Littérature générale c8)
ISBN 2-290-05024-5. *49 F / 7,47 €*

23888 **MURDOCH I.** Les Angéliques. *Gallimard, 1988.* (Folio ; 1918 c9)
ISBN 2-07-037918-3. *41 F / 6,25 €*

23889 **MURDOCH I.** Le chevalier vert. *Gallimard, 1999.* (Folio ; 3275 c14)
ISBN 2-07-041074-9. *60 F / 9,15 €*

23890 **MURDOCH I.** Les Cloches. *Gallimard, 1985.* (Folio ; 1650 c11)
ISBN 2-07-037650-8. *50 F / 7,62 €*

23891 **MURDOCH I.** La Mer, la mer. *Gallimard, 1992.* (Folio ; 2390)
ISBN 2-07-038527-2. *61 F / 9,30 €*

23892 **MURDOCH I.** Le Rêve de Bruno. *Gallimard, 1989.* (Folio ; 2093 c11)
ISBN 2-07-038181-1. *50 F / 7,62 €*

23893 **MURDOCH I.** Sous le filet. *Gallimard, 1985.* (Folio ; 1642 c10)
ISBN 2-07-037642-7. *46 F / 7,01 €*

23894 **MURGER H.** Scènes de la vie de Bohème. *Gallimard, 1988.* (Folio ; 1968 c11)
ISBN 2-07-038055-6. *50 F / 7,62 €*

23895 **MURPHY M.** Golf dans le royaume. *J'ai lu, 1999.* (J'ai lu ; 5371. Aventure secrète c5)
ISBN 2-290-05371-6. *39 F / 5,95 €*

23896 **MUSIL R.** Les Désarrois de l'élève Torless. Réimpr. sous une nouv. couv. *Seuil, 1995.* (Points ; 6 c2)
ISBN 2-02-023813-6. *39 F / 5,95 €*

23897 **MUSIL R.** L'homme sans qualités. 1. Reimpr. sous une nouv. couv. *Seuil, 1995.* (Points ; 3 c6)
ISBN 2-02-023815-2. *62 F / 9,45 €*

23898 **MUSIL R.** L'homme sans qualités. 2. Rééd. avec une nouv. couv. *Seuil, 1995.* (Points c16)
ISBN 2-02-023816-0. *62 F / 9,45 €*

23899 **MUSIL R.** Oeuvres pré-posthumes. *Seuil, 1990.* (Points ; 421. Roman ; 421 c1)
ISBN 2-02-012656-7. *32 F / 4,88 €*

23900 **MUSIL R.** Proses éparses. *Seuil, 1991.* (Points. Roman ; 482 c2)
ISBN 2-02-013400-4. *39 F / 5,95 €*

23901 **MUSIL R.** Trois femmes ; Noces. Réimpr. sous une nouv. couv. *Seuil, 1995.* (Points ; 9 c2)
ISBN 2-02-023814-4. *39 F / 5,95 €*

23902 **MUSSET A. d.** La Confession d'un enfant du siècle. *Gallimard, 1973.* (Folio ; 476. Classique c8)
ISBN 2-07-036476-3. *37 F / 5,64 €*

23903 **MUSSET A. d.** Le fils du Titien. *Mille et une nuits, 1995.* (La petite collection ; 54 c1)
ISBN 2-910233-71-5. *10 F / 1,52 €*

23904 **MUSSET A. d.** Gamiani ou Deux nuits d'excès. *la Musardine, 1998.* (Lectures amoureuses de Jean-Jacques Pauvert ; 21 c3)
ISBN 2-84271-041-X. *35 F / 5,34 €*

23905 **MUSSET A. d., SAND G.** Fantasio : comédie en deux actes, 1834. *LGF, 1993.* (Le Livre de poche ; 9729. Classique théâtre c6)
ISBN 2-253-06501-3. *26 F / 3,96 €*

23906 **MUTIS A.** Abdul Bashur, le rêveur de navires. *LGF, 1996.* (Le Livre de poche ; 13915 c5)
ISBN 2-253-13915-7. *23 F / 3,51 €*

23907 **MUTIS A.** Un Bel morir. *LGF, 1993.* (Le Livre de poche ; 9651 c6)
ISBN 2-253-06364-9. *26 F / 3,96 €*

23908 **MUTIS A.** Le Dernier visage : récits. *LGF, 1994.* (Le Livre de poche ; 13512 c6)
ISBN 2-253-13512-7. *26 F / 3,96 €*

23909 **MUTIS A.** La Dernière escale du tramp steamer. *Grasset, 1992.* (Les Cahiers rouges ; 167)
ISBN 2-246-44611-2. *48 F / 7,32 €*

23910 **MUTIS A.** Ilona vient avec la pluie. *Grasset, 1992.* (Les Cahiers rouges ; 163)
ISBN 2-246-44631-7. *49 F / 7,47 €*

23911 **MUTIS A.** La Neige de l'amiral. *Grasset, 1992.* (Les Cahiers rouges ; 159)
ISBN 2-246-44621-X. *53 F / 8,08 €*

23912 **MUTIS A.** Le rendez-vous de Bergen : triptyque de terre et de mer. *LGF, 1997.* (Le Livre de poche ; 14098 c5)
ISBN 2-253-14098-8. *23 F / 3,51 €*

23913 **N** **MWANGI M.** La balade des perdus. *Dapper, 2001.* (Dapper littérature)
ISBN 2-906067-64-4. *68 F / 10,37 €*

23914 **NABOKOV V.** Ada ou l'Ardeur : chronique familiale. *Gallimard, 1994.* (Folio ; 2587)
ISBN 2-07-038691-0. *61 F / 9,30 €*

23915 **NABOKOV V.** Bruits. *Mille et une nuits, 1995.* (La petite collection ; 63 cA)
ISBN 2-910233-87-1. *10 F / 1,52 €*

23916 **NABOKOV V.** Chambre obscure. *Grasset, 1983.* (Les Cahiers rouges ; 6)
ISBN 2-246-15102-3. *55 F / 8,38 €*

23917 **NABOKOV V.** La Défense Loujine. *Gallimard, 1991.* (Folio ; 2217 c8)
ISBN 2-07-038318-0. *37 F / 5,64 €*

23918 **NABOKOV V.** Le Don. *Gallimard, 1992.* (Folio ; 2340 c10)
ISBN 2-07-038463-2. *46 F / 7,01 €*

23919 **NABOKOV V.** L'extermination des tyrans. Réimpr. *10-18, 1999.* (10-18 ; 2371. Domaine étranger c4)
ISBN 2-264-01870-4. *41 F / 6,25 €*

23920 **NABOKOV V.** Feu pâle. *Gallimard, 1991.* (Folio ; 2252 c9)
ISBN 2-07-038363-6. *41 F / 6,25 €*

23921 **NABOKOV V.** Le Guetteur. *Gallimard, 1984.* (Folio ; 1580 c11)
ISBN 2-07-037580-3. *29,50 F / 4,50 €*

23922 **NABOKOV V.** Invitation au supplice. *Gallimard, 1980.* (Folio ; 1172 c11)
ISBN 2-07-037172-7. *29,50 F / 4,50 €*

23923 **A** **NABOKOV V.** Lolita. Nouv. éd. *Gallimard, 2001.* (Folio ; 899)
ISBN 2-07-041208-3. *41 F / 6,25 €*

23924 **NABOKOV V.** Machenka. *Gallimard, 1993.* (Folio ; 2449 c8)
ISBN 2-07-038590-6. *37 F / 5,64 €*

23925 **NABOKOV V.** La Méprise. *Gallimard, 1973.* (Folio ; 2295 c8)
ISBN 2-07-038402-0. *37 F / 5,64 €*

23926 **NABOKOV V.** Pnine. *Gallimard, 1992.* (Folio ; 2339 c11)
ISBN 2-07-038462-4. *29,50 F / 4,50 €*

23927 **NABOKOV V.** Regarde, regarde les arlequins!. *Gallimard, 1992.* (Folio ; 2427 c8)
ISBN 2-07-038560-4. *37 F / 5,64 €*

23928 **NABOKOV V.** Roi, dame, valet. *Gallimard, 1975.* (Folio ; 702 c8)
ISBN 2-07-036702-9. *37 F / 5,64 €*

23929 **NABOKOV V.** La Transparence des choses. *Gallimard, 1993.* (Folio ; 2532 c11)
ISBN 2-07-038690-2. *29,50 F / 4,50 €*

23930 **NABOKOV V.** La Vénitienne : et autres nouvelles. *Gallimard, 1993.* (Folio ; 2493 c11)
ISBN 2-07-038624-4. *29,50 F / 4,50 €*

23931 **NABOKOV V.** La Vraie vie de Sebastian Knight. *Gallimard, 1979.* (Folio ; 1081 c8)
ISBN 2-07-037081-X. *36 F / 5,49 €*

23932 **NACEF H.** Purée d'époque !. *Alyssa, 1999*
ISBN 9973-758-12-9. *40 F / 6,10 €*

23933 **NADAUD A.** Archéologie du zéro. *Gallimard, 1989.* (Folio ; 2085 c9)
ISBN 2-07-038173-0. *41 F / 6,25 €*

23934 **NADAUD A.** Auguste fulminant. *LGF, 1999.* (Le Livre de poche ; 14676 c7)
ISBN 2-253-14676-5. *30 F / 4,57 €*

23935 **NADOLNY S.** La découverte de la lenteur. *Grasset, 1998.* (Les Cahiers rouges ; 261)
ISBN 2-246-34062-4. *65 F / 9,91 €*

23936 **NAGAI K.** Une Histoire singulière à l'est du fleuve. *Gallimard, 1992.* (Connaissance de l'Orient poche ; 58)
ISBN 2-07-072789-0. *79 F / 12,04 €*

23937 **NAGAI K.** La Sumida. *Gallimard, 1988.* (Connaissance de l'Orient poche ; 25)
ISBN 2-07-071328-8. *35 F / 5,34 €*

23938 **NAIPAUL S.** Lucioles. *Seuil, 1994.* (Points. Roman ; 678 c4)
ISBN 2-02-020101-1. *52 F / 7,93 €*

23939 **NAIPAUL V. S.** A la courbe du fleuve. *10-18, 1995.* (10-18 ; 2616. Domaine étranger c6)
ISBN 2-264-02158-6. *47 F / 7,17 €*

23940 **NAIPAUL V. S.** Dans un Etat libre. *10-18, 1998.* (10-18 ; 2948. Domaine étranger c5)
ISBN 2-264-02469-0. *44 F / 6,71 €*

23941 **NAIPAUL V. S.** Guérilleros. *10-18, 1995.* (10-18 ; 2682. Domaine étranger c5)
ISBN 2-264-02157-8. *47 F / 7,17 €*

23942 **NAIPAUL V. S.** Les hommes de paille. *10-18, 1997.* (10-18 ; 2900. Domaine étranger c6)
ISBN 2-264-02287-6. *47 F / 7,17 €*

23943 **NAIPAUL V. S.** Une Maison pour monsieur Biswas. *Gallimard, 1985.* (L'imaginaire ; 152)
ISBN 2-07-070409-2. *75 F / 11,43 €*

23944 **NAIPAUL V. S.** Le Masseur mystique. *10-18, 1994.* (10-18 ; 2468. Domaine étranger c4)
ISBN 2-264-01912-3. *44 F / 6,71 €*

23945 **NAIPAUL V. S.** Miguel street. *10-18, 1994.* (10-18 ; 2530. Domaine étranger c5)
ISBN 2-264-01913-1. *41 F / 6,25 €*

23946 **NAIPAUL V. S.** Miguel street. *Gallimard, 2000.* (L'imaginaire ; 410)
ISBN 2-07-075698-X. *52 F / 7,93 €*

23947 **NAIPAUL V. S.** Mr. Stone. *Seuil, 1993.* (Points. Roman ; 588 c2)
ISBN 2-02-015913-9. *39 F / 5,95 €*

23948 **NAIPAUL V. S.** Une virée dans le Sud. *10-18, 1992.* (10-18 ; 2301. Domaine étranger c6)
ISBN 2-264-01782-1. *55 F / 8,38 €*

23949 **NAKAGAMI K.** Mille ans de plaisir. *Pocket, 1990.* (Pocket ; 3452 c5)
ISBN 2-266-03423-5. *35 F / 5,34 €*

23950 **A** **NAKHJAVANI B.** La sacoche. *Actes Sud, 2001.* (Babel ; 477)
ISBN 2-7427-3199-7. *51 F / 7,77 €*

23951 **NARAYAN R. K.** Le conte de grand-mère. *10-18, 1999.* (10-18 ; 3084. Domaine étranger c2)
ISBN 2-264-02579-4. *25 F / 3,81 €*

23952 **NARAYAN R. K.** L'ingénieux Mr Sampath. *10-18, 1998.* (10-18 ; 2995. Domaine étranger c5)
ISBN 2-264-02580-8. *44 F / 6,71 €*

23953 **NARAYAN R. K.** Le Licencié ès lettres. *10-18, 1993.* (10-18 ; 2413. Domaine étranger c4)
ISBN 2-264-01600-0. *41 F / 6,25 €*

23954 **NARAYAN R. K.** Le peintre d'enseignes. *10-18, 1995.* (10-18 ; 2621. Domaine étranger c4)
ISBN 2-264-02119-5. *41 F / 6,25 €*

23955 **NARAYAN R. K.** Le Professeur d'anglais. *10-18, 1992.* (10-18 ; 2318. Domaine étranger c5)
ISBN 2-264-01599-3. *47 F / 7,17 €*

23956 **NARAYAN R. K.** Sous le banian. *10-18, 1996.* (10-18 ; 2752. Domaine étranger c5)
ISBN 2-264-02120-9. *44 F / 6,71 €*

23957 **NASREEN T.** L'alternative ; suivi de Un destin de femme. *LGF, 1999.* (Le Livre de poche ; 14678 c6)
ISBN 2-253-14678-1. *26 F / 3,96 €*

23958 **NASREEN T.** Lajja = La Honte. *LGF, 1996.* (Le Livre de poche ; 13924 c7)
ISBN 2-253-13924-6. *30 F / 4,57 €*

23959 **NASREEN T.** Lajja = La honte. *Stock, 1997.* (Bibliothèque cosmopolite c1)
ISBN 2-234-04744-7. *50 F / 7,62 €*

23960 **NASREEN T.** Un retour ; suivi de Scènes de mariage. *LGF, 1997.* (Le Livre de poche ; 14085 c7)
ISBN 2-253-14085-6. *30 F / 4,57 €*

23961 **NASREEN T.** Scènes de mariage. *Stock, 1998.* (Bibliothèque cosmopolite)
ISBN 2-234-04923-7. *50 F / 7,62 €*

23962 **N** **NATIVELLE J-L.** D'une figure l'autre. *les 2 encres, 2000.* (Manuscrit ; 7)
ISBN 2-912975-02-6. *80 F / 12,20 €*

23963 **NATOLI L.** Le Bâtard de Palerme. *Seuil, 1994.* (Points. Roman ; 671 c8)
ISBN 2-02-022097-0. *67 F / 10,21 €*

23964 **NATSUME S.** Le Pauvre coeur des hommes. *Gallimard, 1987.* (Connaissance de l'Orient poche ; 18)
ISBN 2-07-070924-8. *55 F / 8,38 €*

23965 **N** **NAUDIN P.** L'épervier de feu. *Pocket, 2001.* (Cycle d'Ogier d'Argouges; 7)(Pocket ; 11100 c8)
ISBN 2-266-10537-X. *45 F / 6,86 €*

23966 **N** **NAUDIN P.** La fête écarlate. *Pocket, 2000.* (Cycle d'Ogier d'Argouges; 4)(Pocket ; 11032 c9)
ISBN 2-266-10394-6. *48 F / 7,32 €*

23967 **N** **NAUDIN P.** Les fleurs d'acier. *Pocket, 2000.* (Cycle d'Ogier d'Argouges; 3)(Pocket ; 11016 c9)
ISBN 2-266-10307-5. *48 F / 7,32 €*

23968 **N** **NAUDIN P.** Le granit et le feu. *Pocket, 2000.* (Cycle d'Ogier d'Argouges; 2)(Pocket ; 11015 c9)
ISBN 2-266-10306-7. *48 F / 7,32 €*

23969 **N** **NAUDIN P.** Le jour des reines. *Pocket, 2001.* (Cycle d'Ogier d'Argouges; 6)(Pocket ; 11219 c8)
ISBN 2-266-10869-7. *45 F / 6,86 €*

23970 **N** **NAUDIN P.** Les lions diffamés. *Pocket, 2000.* (Cycle d'Ogier d'Argouges; 1)(Pocket ; 11014 c9)
ISBN 2-266-10305-9. *48 F / 7,32 €*

23971 **N** **NAUDIN P.** Les noces de fer. *Pocket, 2000.* (Cycle d'Ogier d'Argouges; 5)(Pocket ; 11033 c10)
ISBN 2-266-10395-4. *50 F / 7,62 €*

23972 **NAUGRETTE J-P.** Le crime étrange de Mr Hyde. *Actes Sud, 1998.* (Babel ; 336)
ISBN 2-7427-1796-X. *39 F / 5,95 €*

23973 **NAVEL G.** Travaux. *Gallimard, 1979.* (Folio ; 1156 c11)
ISBN 2-07-037156-5. *29,50 F / 4,50 €*

23974 **NDIAYE M.** Comédie classique. *Gallimard, 1988.* (Folio ; 1934 c11)
ISBN 2-07-037934-5. *29,50 F / 4,50 €*

23975 **A** **NEIL B.** La possession de Delia Sutherland. *J'ai lu, 2001.* (J'ai lu ; 5881. Littérature générale)
ISBN 2-290-31101-4

23976 **A** **NEIL B.** Secrets partagés. *J'ai lu, 2001.* (J'ai lu ; 5975. Littérature générale)
ISBN 2-290-31213-4

23977 **NÉMIROVSKY I.** L'Affaire Courilof. *Grasset, 1990.* (Les Cahiers rouges ; 122)
ISBN 2-246-22572-8. *51 F / 7,77 €*

23978 **NÉMIROVSKY I.** Le Bal. *Grasset, 1985.* (Les Cahiers rouges ; 51)
ISBN 2-246-15132-5. *42 F / 6,40 €*

23979 **NÉMIROVSKY I.** Les Chiens et les loups. *Albin Michel, 1988.* (Bibliothèque Albin Michel poche ; 10 c1)
ISBN 2-226-03325-4. *39 F / 5,95 €*

23980 **NÉMIROVSKY I.** David Golder. *Grasset, 1986.* (Les Cahiers rouges ; 63)
ISBN 2-246-15144-9. *51 F / 7,77 €*

23981 **NÉMIROVSKY I.** Les Mouches d'automne. *Grasset, 1988.* (Les Cahiers rouges ; 87)
ISBN 2-246-22302-4. *43 F / 6,56 €*

23982 **NÉMIROVSKY I.** Le Vin de solitude. *Albin Michel, 1988.* (Bibliothèque Albin Michel poche ; 17 c1)
ISBN 2-226-03521-4. *49 F / 7,47 €*

23983 **NERCIAT A. R. A. d.** Les Aphrodites. *10-18, 1997.* (10-18 ; 2835. Domaine français c9)
ISBN 2-264-02557-3. *60 F / 9,15 €*

23984 **NERCIAT A. R. A. d.** Le Doctorat impromptu. *Actes Sud, 1993.* (Babel ; 90 c1)
ISBN 2-7427-0125-7. *33 F / 5,03 €*

23985 **N** **NERCIAT A. R. A. d.** Le doctorat impromptu. *Librio, 2000.* (Librio ; 425 c1)
ISBN 2-290-30762-9. *10 F / 1,52 €*

23986 **NERI P.** A la poursuite des diamants perdus. *J'ai lu, 1996.* (J'ai lu ; 4151. Aventures et passions c6)
ISBN 2-277-24151-2. *42 F / 6,40 €*

23987 **NERVAL G. d.** Aurélia ; suivi de Pandora. *Librio, 1994.* (Librio ; 23 c1)
ISBN 2-277-30023-3. *10 F / 1,52 €*

23988 **NERVAL G. d.** Aurélia ; suivi de Pandora. *LGF, 1999.* (Le Livre de poche ; 14623. Les classiques d'aujourd'hui c1)
ISBN 2-253-14623-4. *10 F / 1,52 €*

23989 **NERVAL G. d.** Aurélia. *Mille et une nuits, 1997.* (La petite collection ; 164 cA)
ISBN 2-84205-146-7. *10 F / 1,52 €*

23990 **NERVAL G. d.** Les Filles du feu ; La Pandora ; Aurélia : préf. Béatrice Didier. Réimpr. *Gallimard, 1989.* (Folio ; 179. Classique c8)
ISBN 2-07-036179-9. *37 F / 5,64 €*

23991 **NERVAL G. d.** Les Filles du feu ; Pandora. *Pocket, 1998.* (Pocket ; 6090. Classiques c4)
ISBN 2-266-08714-2. *30 F / 4,57 €*

23992 **NERVAL G. d.** Les filles du feu ; Petits châteaux de Bohême ; Promenades et souvenirs. Nouv. éd. *LGF, 1999.* (Le Livre de poche ; 9632. Classiques de poche c10)
ISBN 2-253-09632-6. *40 F / 6,10 €*

23993 **NERVAL G. d.** Les illuminés ; Pandora ; Aurélia. Réimpr. *LGF, 1999.* (Le Livre de poche ; 9631. Classiques de poche c9)
ISBN 2-253-09631-8. *36 F / 5,49 €*

23994 **NERVAL G. d.** La Main enchantée : histoire macaronique. *LGF, 1994.* (Le Livre de poche ; 13640. Les classiques d'aujourd'hui c1)
ISBN 2-253-13640-9. *10 F / 1,52 €*

23995 **N** **NERVAL G. d.** Sylvie ; suivi de Les chimères et Odelettes. *Librio, 2001.* (Librio ; 436 c1)
ISBN 2-290-30873-0. *10 F / 1,52 €*

23996 **NERVAL G. d.** Sylvie. *LGF, 1999.* (Le Livre de poche ; 4622. Les classiques d'aujourd'hui c1)
ISBN 2-253-14620-X. *10 F / 1,52 €*

23997 **NEUHOFF E.** Actualités françaises : roman. *LGF, 1993.* (Le Livre de poche ; 9753 c6)
ISBN 2-253-06558-7. *26 F / 3,96 €*

23998 **NEUHOFF E.** Les Hanches de Laetitia. *LGF, 1992.* (Le Livre de poche ; 4296 c7)
ISBN 2-253-05929-3. *30 F / 4,57 €*

23999 **NEUHOFF E.** La petite Française. *LGF, 1999.* (Le Livre de poche ; 14245 c6)
ISBN 2-253-14745-1. *26 F / 3,96 €*

24000 **NEUHUYS P.** On a beau dire : anthologie. *Labor, 1984.* (Espace Nord ; 11 c1)
ISBN 2-8040-0019-2. *34 F / 5,18 €*

24001 **NGUYEN H. T.** Le coeur du tigre. *Ed. de l'Aube, 1995.* (L'Aube poche ; 16 c3)
ISBN 2-87678-231-6. *39 F / 5,95 €*

24002 N **NGUYEN H. T.** Conte d'amour un soir de pluie. *Ed. de l'Aube, 2000.* (L'Aube poche)
ISBN 2-87678-577-3. *55 F / 8,38 €*

24003 **NGUYEN H. T.** Les démons vivent parmi nous. *Ed. de l'Aube, 1996.* (L'Aube poche ; 30)
ISBN 2-87678-278-2. *55 F / 8,38 €*

24004 **NGUYEN H. T.** Un général à la retraite. Réimpr. *Ed. de l'Aube, 2000.* (L'Aube poche ; 5 c5)
ISBN 2-87678-195-6. *49 F / 7,47 €*

24005 N **NGUYEN K. T.** Des fantômes et des hommes. *Ed. de l'Aube, 2001.* (L'Aube poche ; 58)
ISBN 2-87678-619-2. *69 F / 10,52 €*

24006 N **NGUYÊN Q. T.** La petite marchande de vermicelles. *Ed. de l'Aube, 2001.* (L'Aube poche ; 57)
ISBN 2-87678-618-4. *45 F / 6,86 €*

24007 A **NICHOLS M.** Les fortunes du coeur. *J'ai lu, 2001.* (J'ai lu ; 5943. Littérature générale)
ISBN 2-290-31188-X

24008 N **NICHOLSON G.** Comment j'ai raté mes vacances. *10-18, 2000.* (10-18 ; 3216. Domaine étranger c5)
ISBN 2-264-02896-3. *44 F / 6,71 €*

24009 **NICOÏDSKI C.** La ruche. *Blanche, 2000.* (Bibliothèque blanche ; 4)
ISBN 2-911621-74-3. *59 F / 8,99 €*

24010 **NICOLE E.** Les Larmes de Pierre. *Gallimard, 1994.* (Folio ; 2552 c11)
ISBN 2-07-038684-8. *50 F / 7,62 €*

24011 **NICOLE E.** L'Oeuvre des mers. *Gallimard, 1990.* (Folio ; 2171 c12)
ISBN 2-07-038260-5. *52 F / 7,93 €*

24012 **NICOLSON N., SACKVILLE-WEST V.** Portrait d'un mariage. Nouv. éd. *Stock, 1985.* (Bibliothèque cosmopolite ; 65)
ISBN 2-234-02456-0. *55 F / 8,38 €*

24013 **NIJINSKY V.** Journal de Nijinsky. *Gallimard, 1991.* (Folio ; 2312 c8)
ISBN 2-07-038424-1. *37 F / 5,64 €*

24014 **NIKOL M.** La Loi du capitaine. *Seuil, 1993.* (Points. Roman ; 576 c3)
ISBN 2-02-019396-5. *48 F / 7,32 €*

24015 **NIMIER M.** Anatomie d'un choeur. *Gallimard, 1992.* (Folio ; 2402 c11)
ISBN 2-07-038540-X. *37 F / 5,64 €*

24016 **NIMIER M.** La caresse. *Gallimard, 1996.* (Folio ; 2868 c9)
ISBN 2-07-040037-9. *20,50 F / 3,13 €*

24017 **NIMIER M.** Celui qui court derrière l'oiseau. *Gallimard, 1999.* (Folio ; 3173 c8)
ISBN 2-07-040729-2. *37 F / 5,64 €*

24018 **NIMIER M.** La Girafe. *Gallimard, 1989.* (Folio ; 2065 c11)
ISBN 2-07-038152-8. *29,50 F / 4,50 €*

24019 **NIMIER M.** L'Hypnotisme à la portée de tous. *Gallimard, 1994.* (Folio ; 2640 c8)
ISBN 2-07-038928-6. *37 F / 5,64 €*

24020 N **NIMIER M.** Sirène. *Gallimard, 2000.* (Folio ; 3415 c7)
ISBN 2-07-041547-3. *32 F / 4,88 €*

24021 **NIMIER R.** D'Artagnan amoureux ou Cinq ans avant. *Gallimard, 1989.* (Folio ; 2111 c8)
ISBN 2-07-038201-X. *37 F / 5,64 €*

24022 **NIMIER R.** Les Enfants tristes. *Gallimard, 1983.* (Folio ; 1469 c10)
ISBN 2-07-037469-6. *46 F / 7,01 €*

24023 **NIMIER R.** Les épées. *Gallimard, 1997.* (L'imaginaire ; 358)
ISBN 2-07-074800-6. *38 F / 5,79 €*

24024 **NIMIER R.** Le Hussard bleu. *Gallimard, 1977.* (Folio ; 986 c8)
ISBN 2-07-036986-2. *37 F / 5,64 €*

24025 A **NIN A.** Alice et autres nouvelles. *la Musardine, 2001.* (Lectures amoureuses de Jean-Jacques Pauvert ; 48)
ISBN 2-84271-150-5. *39 F / 5,95 €*

24026 **NIN A.** Les chambres du coeur. *Stock, 1998.* (Bibliothèque cosmopolite c1)
ISBN 2-234-04916-4. *50 F / 7,62 €*

24027 **NIN A.** Les cités intérieures. *Stock, 1998.* (Bibliothèque cosmopolite)
250 F / 38,11 €

24028 **NIN A.** Les enfants de l'albatros. *Stock, 1997.* (Bibliothèque cosmopolite)
ISBN 2-234-04864-8. *50 F / 7,62 €*

24029 **NIN A.** Erotica II : les petits oiseaux. *LGF, 1982.* (Le Livre de poche ; 5557 c3)
ISBN 2-253-02747-2. *18 F / 2,74 €*

24030 **NIN A.** Une espionne dans la maison de l'amour. *Stock, 1998.* (Bibliothèque cosmopolite c1)
ISBN 2-234-04917-2. *50 F / 7,62 €*

24031 **NIN A.** Un hiver d'artifice : trois nouvelles. *Des femmes-Antoinette Fouque, 1979.* (Pour chacune ; 14)
ISBN 2-7210-0124-8. *43 F / 6,56 €*

24032 **NIN A.** La Maison de l'inceste. *Des femmes-Antoinette Fouque, 1979.* (Pour chacune ; 26 c1)
ISBN 2-7210-0153-1. *35 F / 5,34 €*

24033 **NIN A.** Les miroirs dans le jardin. *Stock, 1997.* (Bibliothèque cosmopolite)
ISBN 2-234-04863-X. *50 F / 7,62 €*

24034 **NIN A.** La séduction du minotaure. *Stock, 1998.* (Bibliothèque cosmopolite)
ISBN 2-234-05025-1. *50 F / 7,62 €*

24035 **NIN A.** Vénus erotica. *LGF, 1981.* (Le Livre de poche ; 5441 c7)
ISBN 2-253-02521-6. *30 F / 4,57 €*

24036 **Nine english short stories.** *LGF, 1989.* (Le Livre de poche ; 8601. Lire en anglais c9)
ISBN 2-253-04688-4. *36 F / 5,49 €*

24037 **N** **NIRSIMLOO A. D.** Moi, l'interdite. *Dapper, 2000.* (Dapper littérature)
ISBN 2-906067-60-1. *58 F / 8,84 €*

24038 **NIZAN P.** Antoine Bloye. *Grasset, 1985.* (Les Cahiers rouges ; 50)
ISBN 2-246-36652-6. *58 F / 8,84 €*

24039 **NIZAN P.** Le Cheval de Troie. *Gallimard, 1994.* (L'imaginaire ; 313)
ISBN 2-07-073749-7. *38 F / 5,79 €*

24040 **NIZAN P.** Complainte du carabin qui disséqua sa petite amie en fumant deux paquets de Maryland. *Mille et une nuits, 1999.* (La petite collection ; 245 c1)
ISBN 2-84205-413-X. *10 F / 1,52 €*

24041 **NIZAN P.** La Conspiration. *Gallimard, 1973.* (Folio ; 511 c8)
ISBN 2-07-036511-5. *37 F / 5,64 €*

24042 **NIZON P.** L'Année de l'amour. *Actes Sud, 1989.* (Babel ; 9 c1)
ISBN 2-86869-356-3. *33 F / 5,03 €*

24043 **NIZON P.** Les lieux mouvants ; Canto ; Dans la maison les histoires se défont. *Actes Sud, 1997.* (Thésaurus ; 6)
ISBN 2-7427-1166-X. *150 F / 22,87 €*

24044 **NIZON P.** Stolz. *Actes Sud, 1992.* (Babel ; 48 c2)
ISBN 2-86869-903-0. *39 F / 5,95 €*

24045 **N** **NOBÉCOURT L.** La conversation. *LGF, 2000.* (Le Livre de poche ; 14891 c5)
ISBN 2-253-14891-1. *23 F / 3,51 €*

24046 **NOBÉCOURT L.** La démangeaison. *J'ai lu, 1998.* (J'ai lu ; 4906. Littérature générale c2)
ISBN 2-290-04906-9. *22 F / 3,35 €*

24047 **A** **NOBÉCOURT L.** Horsita. *LGF, 2001.* (Le Livre de poche ; 15024)
ISBN 2-253-15024-X. *33 F / 5,03 €*

24048 **NODIER C.** La Fée aux miettes ; Smarra ; Trilby. *Gallimard, 1982.* (Folio ; 1420. Classique c11)
ISBN 2-07-037420-3. *50 F / 7,62 €*

24049 **NOËL B.** Le Château de Cène ; Le Château de Hors ; L'Outrage aux mots. *Gallimard, 1992.* (L'imaginaire ; 286)
ISBN 2-07-072846-3. *44 F / 6,71 €*

24050 **NOËL F.** Nous avons tous découvert l'Amérique. *Actes Sud* ; *Leméac, 2000.* (Babel ; 412 c5)
ISBN 2-7427-2571-7. *57 F / 8,69 €*

24051 **NOGUEZ D.** Amour noir. *Gallimard, 1999.* (Folio ; 3262 c6)
ISBN 2-07-041053-6. *29,50 F / 4,50 €*

24052 **N** **NOOTEBOOM C.** Le chant de l'être et du paraître. *Gallimard, 2000.* (Folio ; 3409 c6)
ISBN 2-07-041127-3. *20,50 F / 3,13 €*

24053 **NOOTEBOOM C.** Dans les montagnes des Pays-Bas. *Actes Sud, 1994.* (Babel ; 126 c2)
ISBN 2-7427-0338-1. *39 F / 5,95 €*

24054 **N** **NOOTEBOOM C.** L'histoire suivante. *Gallimard, 2000.* (Folio ; 3392 c7)
ISBN 2-07-041128-1. *25,50 F / 3,89 €*

24055 **N** **NOOTEBOOM C.** Mokusei ! : une histoire d'amour. *Gallimard, 2000.* (Folio ; 3410 c4)
ISBN 2-07-041129-X. *20,50 F / 3,13 €*

24056 **NOOTEBOOM C.** Philippe et les autres. *Seuil, 1995.* (Points ; 172 c2)
ISBN 2-02-019095-8. *39 F / 5,95 €*

24057 **NOOTEBOOM C.** Rituels. *Seuil, 1994.* (Points. Roman ; 693 c2)
ISBN 2-02-019094-X. *39 F / 5,95 €*

24058 **NORDHOLF C., HALL J. N.** Les Révoltés de la Bounty. *Seuil, 1993.* (Points. Roman ; 574 c4)
ISBN 2-02-014626-6. *52 F / 7,93 €*

24059 **NORFOLK L.** Le dictionnaire de Lemprière. *LGF, 1996.* (Le Livre de poche ; 13967 c13)
ISBN 2-253-13967-X. *46 F / 7,01 €*

24060 **NORFOLK L.** Le rhinocéros du pape. *LGF, 2000.* (Le Livre de poche ; 14816 c16)
ISBN 2-253-14816-4. *55 F / 8,38 €*

24061 **A** **NORTH H.** Confidences sur l'oreiller. *J'ai lu, 2001.* (J'ai lu ; 5959. Amour et destin)
ISBN 2-290-31234-7

24062 **NOTHOMB A.** Attentat. *LGF, 1999.* (Le Livre de poche ; 14688 c5)
ISBN 2-253-14688-9. *23 F / 3,51 €*

24063 **NOTHOMB A.** Les catilinaires. *LGF, 1997.* (Le Livre de poche ; 14170 c4)
ISBN 2-253-14170-4. *20 F / 3,05 €*

24064 **NOTHOMB A.** Les combustibles. *LGF, 1996.* (Le Livre de poche ; 13946 c3)
ISBN 2-253-13946-7. *18 F / 2,74 €*

24065 **NOTHOMB A.** Hygiène de l'assassin. Rééd. *Seuil, 1995.* (Points ; 109 c1)
ISBN 2-02-025462-X. *32 F / 4,88 €*

24066 **N** **NOTHOMB A.** Mercure. *LGF, 2000.* (Le Livre de poche ; 14911 c6)
ISBN 2-253-14911-X. *26 F / 3,96 €*

24067 **NOTHOMB A.** Péplum. *LGF, 1998.* (Le Livre de poche ; 14489 c5)
ISBN 2-253-14489-4. *23 F / 3,51 €*

24068 **NOTHOMB A.** Le sabotage amoureux. *LGF, 1996.* (Le Livre de poche ; 13945 c5)
ISBN 2-253-13945-9. *23 F / 3,51 €*

24069 **NOURISSIER F.** Allemande. *LGF, 1974.* (Le Livre de poche ; 3984 c9)
ISBN 2-253-00201-1. *36 F / 5,49 €*

24070 **NOURISSIER F.** Le bar de l'escadrille. *LGF, 1998.* (Le Livre de poche ; 14465 c12)
ISBN 2-253-14465-7. *44 F / 6,71 €*

24071 **NOURISSIER F.** Bleu comme la nuit. *LGF, 1983.* (Le Livre de poche ; 5743 c6)
ISBN 2-253-03161-5. *26 F / 3,96 €*

24072 **NOURISSIER F.** La Crève. *LGF, 1988.* (Le Livre de poche ; 3420 c5)
ISBN 2-253-00495-2. *23 F / 3,51 €*

24073 **NOURISSIER F.** L'Empire des nuages. *LGF, 1982.* (Le Livre de poche ; 5686 c14)
ISBN 2-253-03030-9. *48 F / 7,32 €*

24074 **NOURISSIER F.** En avant, calme et droit. *LGF, 1989.* (Le Livre de poche ; 6664 c7)
ISBN 2-253-05094-6. *30 F / 4,57 €*

24075 **NOURISSIER F.** La Fête des pères. *LGF, 1987.* (Le Livre de poche ; 6311 c4)
ISBN 2-253-04109-2. *20 F / 3,05 €*

24076 **NOURISSIER F.** Le Gardien des ruines. *LGF, 1994.* (Le Livre de poche ; 13576 c8)
ISBN 2-253-13576-3. *33 F / 5,03 €*

24077 **NOURISSIER F.** Une histoire française. *LGF, 1979.* (Le Livre de poche ; 5251 c6)
ISBN 2-253-02196-2. *26 F / 3,96 €*

24078 **NOURISSIER F.** Le Musée de l'Homme. *LGF, 1980.* (Le Livre de poche ; 5368 c6)
ISBN 2-253-02417-1. *26 F / 3,96 €*

24079 **NOURISSIER F.** Un Petit bourgeois. *Grasset, 1983.* (Les Cahiers rouges ; 7)
ISBN 2-246-15212-7. *40 F / 6,10 €*

24080 **NOURISSIER F.** Un Petit bourgeois. *LGF, 1988.* (Le Livre de poche ; 2592 c7)
ISBN 2-253-01253-X. *30 F / 4,57 €*

24081 **Nouvelles allemandes contemporaines. Réimpr.** *Langues pour tous, 1999.* (Langues pour tous ; 3375 c6)
ISBN 2-266-09267-7. *38 F / 5,79 €*

24082 **Nouvelles allemandes d'aujourd'hui. Réimpr.** *Langues pour tous, 1999.* (Langues pour tous ; 2206 c4)
ISBN 2-266-08994-3. *30 F / 4,57 €*

24083 **Nouvelles classiques américaines = American short stories.** *LGF, 1989.* (Les Langues modernes ; 8713. Bilingue c10)
ISBN 2-253-04934-4. *40 F / 6,10 €*

24084 **N** **Des nouvelles de Cuba :** 1995-2000. *Métailié, 2001.* (Suites ; 39. Suite hispano-américaine)
ISBN 2-86424-376-8. *88 F / 13,42 €*

24085 **Nouvelles des Cévennes.** *Pocket, 1996.* (Pocket ; 10010 c4)
ISBN 2-266-06679-X. *30 F / 4,57 €*

24086 **Des nouvelles du Brésil :** 1945-1998. *Métailié, 1998.* (Suites ; 12. Suite brésilienne)
ISBN 2-86424-267-2. *78 F / 11,89 €*

24087 **Nouvelles du Maghreb.** *LGF, 1996.* (Le Livre de poche ; 8685. Lire en arabe c16)
ISBN 2-253-08685-1. *55 F / 8,38 €*

24088 **Nouvelles du monde arabe.** *LGF, 1993.* (Le Livre de poche ; 8678. Lire en arabe c10)
ISBN 2-253-06397-5. *40 F / 6,10 €*

24089 **Des nouvelles du Portugal :** 1974-1999. *Métailié, 2000.* (Suites ; 30. Suite portugaise)
ISBN 2-86424-335-0. *82 F / 12,50 €*

24090 **Nouvelles espagnoles contemporaines. 1. Réimpr.** *Langues pour tous, 1999.* (Langues pour tous ; 2708 c4)
ISBN 2-266-09100-X. *30 F / 4,57 €*

24091 **Nouvelles fantastiques anglaises.** *LGF, 1990.* (Les Langues modernes ; 8729. Bilingue c10)
ISBN 2-253-05227-2. *40 F / 6,10 €*

24092 **Nouvelles françaises du XVIIIe siècle. 1, De Voltaire à Voisenon.** *LGF, 1994.* (Le Livre de poche ; 705. Bibliothèque classique c18)
ISBN 2-253-90705-7. *65 F / 9,91 €*

24093 **Nouvelles françaises du XVIIIe siècle. 2, De Marmontel à Potocki.** *LGF, 1994.* (Le Livre de poche ; 709. Bibliothèque classique c18)
ISBN 2-253-90709-X. *65 F / 9,91 €*

24094 **Nouvelles italiennes d'aujourd'hui. Réimpr.** *Langues pour tous, 1999.* (Langues pour tous ; 2214 c6)
ISBN 2-266-09264-2. *38 F / 5,79 €*

24095 **Nouvelles néerlandaises.** *LGF, 1994.* (Le Livre de poche ; 8683. Lire en néerlandais c14)
ISBN 2-253-08683-5. *48 F / 7,32 €*

24096 **Nouvelles russes contemporaines.** *LGF, 1994.* (Le Livre de poche ; 8654. Lire en russe c15)
ISBN 2-253-05747-9. *50 F / 7,62 €*

24097 **NOVALIS** Henri d'Ofterdingen. *Gallimard, 1997.* (L'Etrangère)
ISBN 2-07-074955-X. *55 F / 8,38 €*

24098 **NYSSEN H.** Eléonore à Dresde. *Actes Sud, 1989.* (Babel ; 14 c1)
ISBN 2-86869-394-6. *33 F / 5,03 €*

24099 **NYSSEN H.** La femme du botaniste. *Actes Sud, 1998.* (Babel ; 317 c3)
ISBN 2-7427-1677-7. *45 F / 6,86 €*

24100 **N** **NYSSEN H.** Le nom de l'arbre. *Actes Sud, 2000.* (Babel ; 435)
ISBN 2-7427-2812-0. *51 F / 7,77 €*

24101 **NYSSEN H.** Les ruines de Rome. *Actes Sud, 1995.* (Babel ; 134 c2)
ISBN 2-7427-0346-2. *39 F / 5,95 €*

24102 **O'BANYON C.** L'Amante masquée. *J'ai lu, 1993.* (J'ai lu ; 3428. Aventures et passions c6)
ISBN 2-277-23428-1. *42 F / 6,40 €*

24103 **O'BRIAN P.** Capitaine de vaisseau. *Pocket, 1999.* (Pocket ; 10428 c7)
ISBN 2-266-08198-5. *42 F / 6,40 €*

24104 **N** **O'BRIAN P.** La citadelle de la Baltique. *Pocket, 2001.* (Pocket ; 11226 c8)
ISBN 2-266-10795-X. *45 F / 6,86 €*

24105 **O'BRIAN P.** Expédition à l'île Maurice. *Pocket, 2000.* (Pocket ; 10899 c5)
ISBN 2-266-10019-X. *35 F / 5,34 €*

24106 **N** **O'BRIAN P.** Fortune de guerre. *Pocket, 2000.* (Pocket ; 11050 c7)
ISBN 2-266-10427-6. *42 F / 6,40 €*

24107 **N** **O'BRIAN P.** L'île de la désolation. *Pocket, 2000.* (Pocket ; 11011 c5)
ISBN 2-266-10302-4. *35 F / 5,34 €*

24108 **O'BRIAN P.** Maître à bord. *Pocket, 1998.* (Pocket ; 10429 c7)
ISBN 2-266-08199-3. *42 F / 6,40 €*

24109 **A** **O'BRIAN P.** Mission en mer Ionienne. *Pocket, 2001.* (Pocket ; 11268)
ISBN 2-266-11125-6

24110 **O'BRIAN P.** La Surprise. *Pocket, 1999.* (Pocket ; 10427)
ISBN 2-266-08197-7. *38 F / 5,79 €*

24111 **O'BRIEN D.** Au coeur du pays. *10-18, 1995.* (10-18 ; 2594. Domaine étranger c7)
ISBN 2-264-00057-0. *50 F / 7,62 €*

24112 **O'BRIEN D.** Brendan prairie. *10-18, 1999.* (10-18 ; 3101. Domaine étranger c6)
ISBN 2-264-02689-8. *47 F / 7,17 €*

24113 **O'BRIEN D.** L'Esprit des collines. *10-18, 1993.* (10-18 ; 2400. Domaine étranger c6)
ISBN 2-264-01831-3. *47 F / 7,17 €*

24114 **O'BRIEN E.** Un Coeur fanatique. 1. *LGF, 1988.* (Le Livre de poche ; 3092. Biblio c14)
ISBN 2-253-04524-1. *48 F / 7,32 €*

24115 **O'BRIEN E.** Les grands chemins. *Stock, 1995.* (Bibliothèque cosmopolite c3)
ISBN 2-234-04358-1. *60 F / 9,15 €*

24116 **O'BRIEN E.** Lanterne magique. *Stock, 1996.* (Bibliothèque cosmopolite c1)
ISBN 2-234-04591-6. *50 F / 7,62 €*

24117 **O'BRIEN E.** Qui étais-tu Johnny?. *Stock, 1994.* (Bibliothèque cosmopolite)
ISBN 2-234-04291-7. *55 F / 8,38 €*

24118 **O'BRIEN E.** Une Rose dans le coeur. *LGF, 1988.* (Un Coeur fanatique; 2)(Le Livre de poche ; 3093. Biblio c14)
ISBN 2-253-04525-X. *48 F / 7,32 €*

24119 **A** **O'BRIEN E.** Tu ne tueras point. *LGF, 2001.* (Le Livre de poche ; 3344. Biblio)
ISBN 2-253-93344-9. *36 F / 5,49 €*

24120 **N** **O'BRIEN T.** A la poursuite de Cacciato. *10-18, 2001.* (10-18 ; 3258. Domaine étranger)
ISBN 2-264-03198-0. *55 F / 8,38 €*

24121 **O'BRIEN T.** A propos de courage. *10-18, 1993.* (10-18 ; 2429. Domaine étranger c6)
ISBN 2-264-01974-3. *47 F / 7,17 €*

24122 **O'BRIEN T.** Au lac des bois. *10-18, 1999.* (10-18 ; 3043. Domaine étranger c5)
ISBN 2-264-02676-6. *44 F / 6,71 €*

24123 **O'BRIEN T.** En attendant la fin du monde. *10-18, 1992.* (10-18 ; 2297. Domaine étranger c5)
ISBN 2-264-01679-5. *50 F / 7,62 €*

24124 **N** **O'CONNELL T.** Sexe, mensonges et quiproquos. Réimpr. *J'ai lu, 2000.* (J'ai lu ; 5420. Littérature générale cJ)
ISBN 2-290-30041-1. *39 F / 5,95 €*

24125 **N** **O'CONNELL T.** Tendance pot de colle. Réimpr. *J'ai lu, 2000.* (J'ai lu ; 5725. Littérature générale cK)
ISBN 2-290-30701-7. *42 F / 6,40 €*

24126 **O'CONNOR F.** Les Braves gens ne courent pas les rues. *Gallimard, 1981.* (Folio ; 1258 c11)
ISBN 2-07-037258-8. *29,50 F / 4,50 €*

24127 **N** **O'CONNOR J.** A l'irlandaise. *10-18, 2000.* (10-18 ; 3189. Domaine étranger c8)
ISBN 2-264-03067-4. *55 F / 8,38 €*

24128 **O'CONNOR P.** Coup de foudre à Notting Hill : d'après un scénario de Richard Curtis. *Pocket, 1999.* (Pocket ; 10827 c4)
ISBN 2-266-09779-2. *30 F / 4,57 €*

24129 **O'CONNOR P.** Quatre mariages et un enterrement. *Pocket, 1995.* (Pocket ; 4385 c3)
ISBN 2-266-06634-X. *26 F / 3,96 €*

24130 **N** **O'FLANAGAN S.** Histoire de Maggie. *Librio, 2001.* (Librio)
ISBN 2-290-31084-0. *10 F / 1,52 €*

24131 **O'HARA C.** Clayton's college. *la Musardine, 1999.* (Lectures amoureuses de Jean-Jacques Pauvert ; 24 c4)
ISBN 2-84271-045-2. *39 F / 5,95 €*

24132 **O'HENRY** Printemps à la carte : et autres nouvelles. *LGF, 1990.* (Les Langues modernes ; 8727. Bilingue c10)
ISBN 2-253-05162-4. *40 F / 6,10 €*

24133 **O'NAN S.** Des anges dans la neige. *Ed. de l'Olivier, 1998.* (Petite bibliothèque américaine ; 18)
ISBN 2-87929-179-8. *69 F / 10,52 €*

24134 **N** **O'NAN S.** Le nom des morts. *Seuil, 2001.* (Points ; 811 c13)
ISBN 2-02-048136-7. *52 F / 7,93 €*

24135 **O'NAN S.** Speed queen. *Seuil, 1999.* (Points ; 637)
ISBN 2-02-037431-5. *39 F / 5,95 €*

24136 **O. R.** Plusieurs vies. *Gallimard, 1998.* (Folio ; 3070 c9)
ISBN 2-07-040453-6. *20,50 F / 3,13 €*

24137 **OATES J. C.** Un amour noir. *Gallimard, 1999.* (Folio ; 3212 c6)
ISBN 2-07-040520-6. *29,50 F / 4,50 €*

24138 **OATES J. C.** Au commencement était la vie. *Gallimard, 1999.* (Folio ; 3211 c6)
ISBN 2-07-040519-2. *29,50 F / 4,50 €*

24139 **OATES J. C.** Confessions d'un gang de filles. *LGF, 1998.* (Le Livre de poche ; 3293. Biblio c12)
ISBN 2-253-93293-0. *44 F / 6,71 €*

24140 **OATES J. C.** Confessions d'un gang de filles. *Stock, 1999.* (Bibliothèque cosmopolite)
ISBN 2-234-05098-7. *65 F / 9,91 €*

24141 **OATES J. C.** Haute Enfance. *LGF, 1996.* (Le Livre de poche ; 3266. Biblio c11)
ISBN 2-253-93266-3. *42 F / 6,40 €*

24142 **N** **OATES J. C.** Man crazy. *LGF, 2000.* (Le Livre de poche ; 93335. Biblio c10)
ISBN 2-253-93335-X. *40 F / 6,10 €*

24143 **N** **OATES J. C.** Nous étions les Mulvaney. *Stock, 2000.* (Bibliothèque cosmopolite)
ISBN 2-234-05184-3. *70 F / 10,67 €*

24144 **A** **OATES J. C.** Reflets en eau trouble. *Actes Sud, 2001.* (Babel ; 472)
ISBN 2-7427-2279-3. *39 F / 5,95 €*

24145 **OATES J. C.** Solstice. *Stock, 1997.* (Bibliothèque cosmopolite c2)
ISBN 2-234-04912-1. *55 F / 8,38 €*

24146 **OATES J. C.** Zombi. *LGF, 1999.* (Le Livre de poche ; 3313. Biblio c8)
ISBN 2-253-93313-9. *33 F / 5,03 €*

24147 **OBALDIA R. d.** Le Centenaire. *Grasset, 1983.* (Les Cahiers rouges ; 8)
ISBN 2-246-27281-5. *37 F / 5,64 €*

24148 **N** **OBERLÉ G.** Nil rouge. *Gallimard, 2000.* (Folio ; 3426 c7)
ISBN 2-07-041016-1. *41 F / 6,25 €*

24149 **OCAMPO S.** Faits divers de la terre et du ciel. *Gallimard, 1991.* (L'Etrangère)
ISBN 2-07-072261-9. *57 F / 8,69 €*

24150 **N** **ODIER D.** L'illusionniste. *Pocket, 2001.* (Pocket ; 10744 c4)
ISBN 2-266-09424-6. *30 F / 4,57 €*

24151 **OE K.** Dites-nous comment survivre à notre folie. *Gallimard, 1996.* (Folio ; 2792 c9)
ISBN 2-07-039478-6. *41 F / 6,25 €*

24152 **OE K.** Une existence tranquille. *Gallimard, 1997.* (Folio ; 2924 c8)
ISBN 2-07-040163-4. *37 F / 5,64 €*

24153 **N** **OE K.** Le jeu du siècle. *Gallimard, 2000.* (Folio ; 3427 c12)
ISBN 2-07-041477-9. *52 F / 7,93 €*

24154 **OFAIRE C.** L'Ismé. *Actes Sud, 1990.* (Babel ; 24 c4)
ISBN 2-86869-607-4. ISBN 2-8040-0601-8. *51 F / 7,77 €*

24155 **OGAI M.** Vita sexualis ou l'Apprentissage amoureux du professeur Kanai Shizuka. *Gallimard, 1988.* (Connaissance de l'Orient poche ; 29)
ISBN 2-07-071478-0. *35 F / 5,34 €*

24156 **N** **OGAWA Y.** L'annulaire. *Actes Sud, 2000.* (Babel ; 442)
ISBN 2-7427-2897-X. *33 F / 5,03 €*

24157 **OGAWA Y.** La piscine ; Les abeilles ; La grossesse. *Actes Sud, 1998.* (Babel ; 351 c3)
ISBN 2-7427-1894-X. *45 F / 6,86 €*

24158 **OHL P. E.** L'enfant dragon. *J'ai lu, 1998.* (J'ai lu ; 4913. Littérature générale c4)
ISBN 2-290-04913-1. *36 F / 5,49 €*

24159 **OKRI B.** Etoiles d'un nouveau couvre-feu. *10-18, 1994.* (10-18 ; 2566. Domaine étranger c5)
ISBN 2-264-02122-5. *38 F / 5,79 €*

24160 **OKRI B.** Etonner les dieux. *Seuil, 1998.* (Points ; 566 c7)
ISBN 2-02-033025-3. *35 F / 5,34 €*

24161 **OLDENBOURG Z.** Argile et cendres. 1. *Gallimard, 1979.* (Folio ; 1155 c10)
ISBN 2-07-037155-7. *46 F / 7,01 €*

24162 **OLDENBOURG Z.** Argile et cendres. 2. *Gallimard, 1979.* (Folio ; 1159 c9)
ISBN 2-07-037159-X. *41 F / 6,25 €*

24163 **OLDENBOURG Z.** Déguisements. *Gallimard, 1992.* (Folio ; 2406 c11)
ISBN 2-07-038543-4. *29,50 F / 4,50 €*

24164 **OLDENBOURG Z.** La Joie des pauvres. 1. *Gallimard, 1981.* (Folio ; 1302 c9)
ISBN 2-07-037302-9. *41 F / 6,25 €*

24165 **OLDENBOURG Z.** La Joie des pauvres. 2. *Gallimard, 1981.* (Folio ; 1303 c9)
ISBN 2-07-037303-7. *41 F / 6,25 €*

24166 **OLDENBOURG Z.** La Joie-souffrance. 1. *Gallimard, 1985.* (Folio ; 1666)
ISBN 2-07-037666-4. *61 F / 9,30 €*

24167 **OLDENBOURG Z.** La Joie-souffrance. 2. *Gallimard, 1985.* (Folio ; 1667)
ISBN 2-07-037667-2. *61 F / 9,30 €*

24168 **OLDENBOURG Z.** Le Procès du rêve. *Gallimard, 1991.* (Folio ; 2307 c9)
ISBN 2-07-038421-7. *41 F / 6,25 €*

24169 **OLDENBOURG Z.** Visages d'un autoportrait. *Gallimard, 1988.* (Folio ; 1916 c12)
ISBN 2-07-037916-7. *52 F / 7,93 €*

24170 **OLECHA I. K.** L'Envie. *Seuil, 1991.* (Points. Roman ; 450 c2)
ISBN 2-02-013119-6. *39 F / 5,95 €*

24171 **OLIVIA** Olivia par Olivia. Nouv. éd. *Stock, 1999.* (Bibliothèque cosmopolite c3)
ISBN 2-234-05130-4. *60 F / 9,15 €*

24172 **OLLIVIER E.** L'Arrière-saison. *LGF, 1991.* (Le Livre de poche ; 6905 c7)
ISBN 2-253-05540-9. *30 F / 4,57 €*

24173 **OLLIVIER E.** L'Escalier des heures glissantes. *Gallimard, 1993.* (Folio ; 2504 c11)
ISBN 2-07-038768-2. *29,50 F / 4,50 €*

24174 **OLLIVIER E.** Une femme raisonnable. *LGF, 1996.* (Le Livre de poche ; 14053 c4)
ISBN 2-253-14053-8. *20 F / 3,05 €*

24175 **OLLIVIER E.** Godelureaux. *Seuil, 1988.* (Points. Roman ; 312 c1)
ISBN 2-02-010162-9. *32 F / 4,88 €*

24176 **OLLIVIER E.** L'Orphelin de mer ou les Mémoires de Monsieur Non. *Gallimard, 1984.* (Folio ; 1530 c11)
ISBN 2-07-037530-7. *29,50 F / 4,50 €*

24177 **ONDAATJE M.** Un air de famille. Réimpr. *Seuil, 1998.* (Points ; 457 c8)
ISBN 2-02-033310-4. *39 F / 5,95 €*

24178 **ONDAATJE M.** Le Blues de Buddy Bolden. *Seuil, 1991.* (Points. Roman ; 447 c1)
ISBN 2-02-012887-X. *32 F / 4,88 €*

24179 **ONDAATJE M.** L'homme flambé. *Seuil, 1995.* (Points ; 26 c9)
ISBN 2-02-018161-4. *42 F / 6,40 €*

24180 **ONDAATJE M.** La Peau d'un lion. *Gallimard, 1991.* (Folio ; 2249 c8)
ISBN 2-07-038365-2. *37 F / 5,64 €*

24181 **ONETTI J. C.** Les Bas-fonds du rêve. *Gallimard, 1992.* (Folio ; 2341 c11)
ISBN 2-07-038453-5. *50 F / 7,62 €*

24182 **ONETTI J. C.** Le Chantier. *Gallimard, 1984.* (Folio ; 1601 c9)
ISBN 2-07-037601-X. *41 F / 6,25 €*

24183 **ONETTI J. C.** Une Nuit de chien. *10-18, 1990.* (10-18 ; 2072. Domaine étranger c5)
ISBN 2-264-01361-3. *44 F / 6,71 €*

24184 **ONETTI J. C.** Le Puits ; Les Adieux. *10-18, 1994.* (10-18 ; 2505. Domaine étranger c3)
ISBN 2-264-00074-0. *38 F / 5,79 €*

24185 **A** **ONETTI J. C.** Quand plus rien n'aura d'importance. *10-18, 2001.* (10-18 ; 3284. Domaine étranger)
ISBN 2-264-03122-0

24186 **ONETTI J. C.** Terre de personne. *10-18, 1995.* (10-18 ; 2590. Domaine étranger c6)
ISBN 2-264-02069-5. *47 F / 7,17 €*

24187 **N** **ORBAN C.** L'attente. *Pocket, 2001.* (Pocket ; 11054 c3B)
ISBN 2-266-10436-5. *28 F / 4,27 €*

24188 **ORBAN C., ORBAN O.** Une folie amoureuse. *Pocket, 1999.* (Pocket ; 10467)
ISBN 2-266-08408-9. *30 F / 4,57 €*

24189 **ORGILL D., GRIBBIN J.** Le Sixième hiver. *Seuil, 1986.* (Points. Roman ; 242 c2)
ISBN 2-02-009181-X. *39 F / 5,95 €*

24190 **ORIA** L'Evangile de la colombe. *Albin Michel, 1991.* (Espaces libres ; 17 c6)
ISBN 2-226-05272-0. *55 F / 8,38 €*

24191 **ORIEUX J.** L'Aigle de fer. *Gallimard, 1985.* (Folio ; 1682 c11)
ISBN 2-07-037682-6. *50 F / 7,62 €*

24192 **ORMESSON J. d.** Un Amour pour rien. *Gallimard, 1978.* (Folio ; 1034 c11)
ISBN 2-07-037034-8. *29,50 F / 4,50 €*

24193 **ORMESSON J. d.** Au plaisir de Dieu. *Gallimard, 1980.* (Folio ; 1243 c11)
ISBN 2-07-037243-X. *50 F / 7,62 €*

24194 **ORMESSON J. d.** Le Bonheur à San Miniato. *LGF, 1990.* (Le Vent du soir; 3)(Le Livre de poche ; 6752 c9)
ISBN 2-253-05276-0. *36 F / 5,49 €*

24195 **ORMESSON J. d.** Casimir mène la grande vie. *Gallimard, 1999.* (Folio ; 3156 c11)
ISBN 2-07-040723-3. *29,50 F / 4,50 €*

24196 **ORMESSON J. d.** Dieu, sa vie, son oeuvre. *Gallimard, 1986.* (Folio ; 1735 c10)
ISBN 2-07-037735-0. *46 F / 7,01 €*

24197 **ORMESSON J. d.** La douane de mer. *Gallimard, 1996.* (Folio c10)
ISBN 2-07-039461-1. *46 F / 7,01 €*

24198 **ORMESSON J. d.** Du côté de chez Jean. *Gallimard, 1978.* (Folio ; 1065 c11)
ISBN 2-07-037065-8. *29,50 F / 4,50 €*

24199 **ORMESSON J. d.** La gloire de l'Empire. Nouv. éd. *Gallimard, 1994.* (Folio ; 2618)
ISBN 2-07-038941-3. *61 F / 9,30 €*

24200 **ORMESSON J. d.** Histoire du juif errant. *Gallimard, 1993.* (Folio ; 2436 c11)
ISBN 2-07-038578-7. *50 F / 7,62 €*

24201 **ORMESSON J. d.** Presque rien sur presque tout. *Gallimard, 1998.* (Folio ; 3030 c10)
ISBN 2-07-040397-1. *46 F / 7,01 €*

24202 **N** **ORMESSON J. d.** Le rapport Gabriel. *Gallimard, 2001.* (Folio ; 3475 c10)
ISBN 2-07-041735-2. *46 F / 7,01 €*

24203 **ORMESSON J. d.** Tous les hommes en sont fous. *LGF, 1989.* (Le Vent du soir; 2)(Le Livre de poche ; 6600 c8)
ISBN 2-253-04913-1. *33 F / 5,03 €*

24204 **ORMESSON J. d.** Le Vent du soir. 1. *LGF, 1988.* (Le Livre de poche ; 6467 c8)
ISBN 2-253-04606-X. *33 F / 5,03 €*

24205 **ORMESSON J. d., SUREAU F.** Garçon, de quoi écrire. *Gallimard, 1991.* (Folio ; 2304 c8)
ISBN 2-07-038418-7. *37 F / 5,64 €*

24206 **ORSENNA E.** Une comédie française. Réimpr. *Seuil, 1998.* (Points ; 471 c10)
ISBN 2-02-033420-8. *45 F / 6,86 €*

24207 **ORSENNA E.** Deux étés. *LGF, 1998.* (Le Livre de poche ; 14484 c5)
ISBN 2-253-14484-3. *23 F / 3,51 €*

24208 **ORSENNA E.** L'exposition coloniale. Nouv. éd. *Seuil, 1995.* (Points c13)
ISBN 2-02-023921-3. *52 F / 7,93 €*

24209 **ORSENNA E.** Grand amour. *Seuil, 1995.* (Points ; 11 c7)
ISBN 2-02-023524-2. *35 F / 5,34 €*

24210 **ORSENNA E.** Longtemps. *LGF, 1999.* (Le Livre de poche ; 14667 c10)
ISBN 2-253-14667-6. *40 F / 6,10 €*

24211 **ORSENNA E.** Loyola's blues. Réimpr. *Seuil, 1998.* (Points ; 470 c6)
ISBN 2-02-033419-4. *32 F / 4,88 €*

24212 **ORSENNA E.** La Vie comme à Lausanne. *Seuil, 1989.* (Points. Roman ; 371 c8)
ISBN 2-02-010937-9. *39 F / 5,95 €*

24213 **ORWELL G.** 1984. *Gallimard, 1976.* (Folio ; 822 c9)
ISBN 2-07-036822-X. *41 F / 6,25 €*

24214 **ORWELL G.** Et vive l'aspidistra !. *10-18, 2000.* (10-18 ; 3146. Domaine étranger c6)
ISBN 2-264-03035-6. *47 F / 7,17 €*

24215 **ORWELL G.** La Ferme des animaux. *Gallimard, 1984.* (Folio ; 1516 c9)
ISBN 2-07-037516-1. *20,50 F / 3,13 €*

24216 **ORWELL G.** Un peu d'air frais. *10-18, 2000.* (10-18 ; 3148. Domaine étranger c6)
ISBN 2-264-03037-2. *47 F / 7,17 €*

24217 **ORWIG S.** La belle de La Nouvelle-Orléans. Réimpr. *J'ai lu, 1995.* (J'ai lu ; 3968. Aventures et passions c6)
ISBN 2-290-03968-3. *42 F / 6,40 €*

24218 **OSBORNE M.** Aventurières de l'amour. *J'ai lu, 1997.* (J'ai lu ; 4608. Aventures et passions c5)
ISBN 2-290-04608-6. *39 F / 5,95 €*

24219 **N** **OSBORNE M.** Chasseuse de primes. Réimpr. *J'ai lu, 2000.* (J'ai lu ; 4319. Aventures et passions cl)
ISBN 2-290-04319-2. *36 F / 5,49 €*

24220 **A** **OSBORNE M.** Chercheuse d'or. *J'ai lu, 2001.* (J'ai lu ; 5923. Aventures et passions)
ISBN 2-290-31157-X

24221 **N** **OSBORNE M.** Libérée sous caution. *J'ai lu, 2000.* (J'ai lu ; 5644. Aventures et passions)
ISBN 2-290-30400-X. *36 F / 5,49 €*

24222 **OSBORNE M.** Mises au défi. *J'ai lu, 1999.* (J'ai lu ; 5356. Aventures et passions c5)
ISBN 2-290-05356-2. *39 F / 5,95 €*

24223 **OSBORNE M.** Le serment de Jenny Jones. *J'ai lu, 1999.* (J'ai lu ; 5212. Aventures et passions c5)
ISBN 2-290-05212-4. *39 F / 5,95 €*

24224 **N** **OSTER C.** Loin d'Odile. *Minuit, 2001.* (Double ; 15)
ISBN 2-7073-1735-7. *34 F / 5,18 €*

24225 **OTTE J-P.** Blaise Ménil, mains de menthe : le guérisseur. Réimpr. *Labor, 1998.* (Espace Nord ; 63 c1)
ISBN 2-8040-1338-3. *34 F / 5,18 €*

24226 **OTTE J-P.** Histoires du plaisir d'exister. *Pocket, 1999.* (Pocket ; 10440 c4B)
ISBN 2-266-08399-6. *32 F / 4,88 €*

24227 **OTTE J-P.** Petite tribu de femmes. *Pocket, 2000.* (Pocket ; 10898 c4)
ISBN 2-266-10003-3. *30 F / 4,57 €*

24228 **OTTUM B.** Pardon, vous n'avez pas vu ma planète?. *J'ai lu, 1988.* (J'ai lu ; 568. Science-fiction)
ISBN 2-277-11568-1. *29 F / 4,42 €*

24229 **OURY L.** Rouget le braconnier. *Gallimard, 1992.* (Folio ; 2416)
ISBN 2-07-038551-5. *61 F / 9,30 €*

24230 **OUTERS J-L.** L'ordre du jour. *Labor, 1998.* (Espace Nord ; 138 c3)
ISBN 2-8040-1311-1. *54 F / 8,23 €*

24231 **OWENS L.** Le chant du loup. *10-18, 1998.* (10-18 ; 2969. Domaine étranger c6)
ISBN 2-264-02648-0. *47 F / 7,17 €*

24232 **N** **OWENS L.** Le joueur des ténèbres. *10-18, 2000.* (10-18 ; 3194. Domaine étranger c6)
ISBN 2-264-02921-8. *47 F / 7,17 €*

24233 **OWENS L.** Même la vue la plus perçante. *10-18, 1997.* (10-18 ; 2850. Domaine étranger c6)
ISBN 2-264-02303-1. *47 F / 7,17 €*

24234 **OYONO F.** Une Vie de boy. Réimpr. *Pocket, 1970.* (Pocket ; 791. Blanche c2)
ISBN 2-266-02583-X. *23 F / 3,51 €*

24235 **OYONO F.** Le Vieux nègre et la médaille. *10-18, 1972.* (10-18 ; 695 c3)
ISBN 2-264-00962-4. *38 F / 5,79 €*

24236 **OZ A.** La Boîte noire. *LGF, 1993.* (Le Livre de poche ; 9742 c9)
ISBN 2-253-06530-7. *36 F / 5,49 €*

24237 **OZ A.** Jusqu'à la mort. *Seuil, 1986.* (Points. Roman ; 235 c2)
ISBN 2-02-008901-7. *39 F / 5,95 €*

24238 **OZ A.** Un juste repos. *Gallimard, 1996.* (Folio ; 2802 c13)
ISBN 2-07-038934-0. *56 F / 8,54 €*

24239 **OZ A.** Mon Michaël. *Gallimard, 1995.* (Folio ; 2756 c11)
ISBN 2-07-038932-4. *50 F / 7,62 €*

24240 **OZ A.** Toucher l'eau, toucher le vent. *Gallimard, 1997.* (Folio ; 2951 c8)
ISBN 2-07-038933-2. *37 F / 5,64 €*

24241 **A** **OZEKI R. L.** Mon épouse américaine. *Pocket, 2001.* (Pocket ; 11056)
ISBN 2-266-10446-2

24242 **OZICK C.** La galaxie cannibale. *Stock, 1997.* (Bibliothèque cosmopolite)
ISBN 2-234-04738-2. *50 F / 7,62 €*

24243 **N** **PAASILINNA A.** La cavale du géomètre. *Gallimard, 2000.* (Folio ; 3393 c8)
ISBN 2-07-041425-6. *37 F / 5,64 €*

24244 **PAASILINNA A.** Le fils du dieu de l'orage. *Gallimard, 1995.* (Folio ; 2771 c8)
ISBN 2-07-039382-8. *37 F / 5,64 €*

24245 **PAASILINNA A.** La forêt des renards pendus ; Le lièvre de Vatanen ; Prisonniers du paradis. *Gallimard, 1999.* (Folio)
ISBN 2-07-040947-3. *41 F / 6,25 €*

24246 **PAASILINNA A.** La forêt des renards pendus. *Gallimard, 1996.* (Folio ; 2869 c8)
ISBN 2-07-040110-3. *37 F / 5,64 €*

24247 **PAASILINNA A.** Le Lièvre de Vatanen. *Gallimard, 1993.* (Folio ; 2462 c11)
ISBN 2-07-038602-3. *29,50 F / 4,50 €*

24248 **PAASILINNA A.** Le Meunier hurlant. *Gallimard, 1994.* (Folio ; 2562 c8)
ISBN 2-07-038848-4. *37 F / 5,64 €*

24249 **PAASILINNA A.** Prisonniers du paradis. *Gallimard, 1998.* (Folio ; 3084)
ISBN 2-07-040472-2. *29 F / 4,42 €*

24250 **A** **PAGEL M.** Le roi d'août. *J'ai lu, 2001.* (Millenaires ; 31342)
ISBN 2-290-31342-4

24251 **PAGNOL M.** Le Château de ma mère. *Ed. de Fallois, 1988.* (Souvenirs d'enfance; 2)(Fortunio ; 2 c1)
ISBN 2-87706-051-9. *34 F / 5,18 €*

24252 **PAGNOL M.** La Gloire de mon père. *Ed. de Fallois, 1988.* (Souvenirs d'enfance; 1)(Fortunio ; 1 c1)
ISBN 2-87706-050-0. *34 F / 5,18 €*

24253 **PAGNOL M.** Jean de Florette. *Ed. de Fallois, 1988.* (L'Eau des collines; 1)(Fortunio ; 5 c1)
ISBN 2-87706-054-3. *34 F / 5,18 €*

24254 **PAGNOL M.** Manon des Sources. *Ed. de Fallois, 1988.* (L'Eau des collines; 2)(Fortunio ; 6 c1)
ISBN 2-87706-055-1. *34 F / 5,18 €*

24255 **PAGNOL M.** La Petite fille aux yeux sombres. *Ed. de Fallois, 1991.* (Fortunio ; 22 c1)
ISBN 2-87706-071-3. *34 F / 5,18 €*

24256 **PAGNOL M.** Pirouettes. *Ed. de Fallois, 1991.* (Fortunio ; 24 c1)
ISBN 2-87706-073-X. *34 F / 5,18 €*

24257 **PAGNOL M.** Le Temps des amours. *Ed. de Fallois, 1988.* (Souvenirs d'enfance; 4)(Fortunio ; 4 c1)
ISBN 2-87706-053-5. *34 F / 5,18 €*

24258 **PAGNOL M.** Le Temps des secrets. *Ed. de Fallois, 1988.* (Souvenirs d'enfance; 3)(Fortunio ; 3 c1)
ISBN 2-87706-052-7. *34 F / 5,18 €*

24259 **PAHLEN K.** Bouddha, le roman de sa vie. *Pocket, 1998.* (Pocket ; 10268 c4)
ISBN 2-266-07700-7. *30 F / 4,57 €*

24260 **PAILLET M.** Le remords de Dieu. *Pocket, 1997.* (Pocket ; 10153 c8)
ISBN 2-266-07458-X. *45 F / 6,86 €*

24261 **PALAZZESCHI A.** Les Soeurs Materassi. *Gallimard, 1990.* (Folio ; 2188)
ISBN 2-07-038278-8. *61 F / 9,30 €*

24262 **PALLISER C.** Le Quinconce. 2. Rééd. *Seuil, 1995.* (Points c7)
ISBN 2-02-021009-6. *65 F / 9,91 €*

24263 **PALLISER C.** Le quinconce. *Seuil, 1995.* (Points)
ISBN 2-02-025928-1. *130 F / 19,82 €*

24264 **PALMER D.** Amélia, la rebelle. *J'ai lu, 1997.* (J'ai lu ; 4609. Aventures et passions c4)
ISBN 2-290-04609-4. *36 F / 5,49 €*

24265 **N** **PALMER M.** Situation critique. *LGF, 2000.* (Le Livre de poche ; 17133. Thriller c11)
ISBN 2-253-17133-6. *42 F / 6,40 €*

24266 **PAMPUZAC D.** La grande. *LGF, 1997.* (Le Livre de poche ; 14127 c6)
ISBN 2-253-14127-5. *26 F / 3,96 €*

24267 **PAMPUZAC D.** Les larmes de Caramel. *LGF, 1998.* (Le Livre de poche ; 14434 c6)
ISBN 2-253-14434-7. *26 F / 3,96 €*

24268 **A** **PAMPUZAC D.** Rose des collines. *LGF, 2001.* (Le Livre de poche ; 15050)
ISBN 2-253-15050-9. *30 F / 4,57 €*

24269 **PAMUK O.** Le château blanc. *Gallimard, 1999.* (Folio ; 3291 c7)
ISBN 2-07-041106-0. *32,50 F / 4,95 €*

24270 **PAMUK O.** Le livre noir. *Gallimard, 1996.* (Folio ; 2897 c13)
ISBN 2-07-040119-7. *56 F / 8,54 €*

24271 **N** **PAMUK O.** La vie nouvelle. *Gallimard, 2000.* (Folio ; 3428 c9)
ISBN 2-07-041478-7. *37 F / 5,64 €*

24272 **PANCOL K.** La Barbare. Rééd. *Seuil, 1995.* (Points ; 115 c2)
ISBN 2-02-025708-4. *39 F / 5,95 €*

24273 **PANCOL K.** Encore une danse. *LGF, 1999.* (Le Livre de poche ; 14671 c7)
ISBN 2-253-14671-4. *30 F / 4,57 €*

24274 **PANCOL K.** Les hommes cruels ne courent pas les rues. *Seuil, 1997.* (Points ; 364 c11)
ISBN 2-02-031902-0. *48 F / 7,32 €*

24275 **A** **PANCOL K.** J'étais là avant. *LGF, 2001.* (Le Livre de poche ; 15022)
ISBN 2-253-15022-3. *36 F / 5,49 €*

24276 **PANCOL K.** Moi d'abord. Réimpr. *Seuil, 1998.* (Points ; 455 c6)
ISBN 2-02-033305-8. *32 F / 4,88 €*

24277 **PANCOL K.** Scarlett, si possible. *Seuil, 1997.* (Points ; 378 c11)
ISBN 2-02-029158-4. *48 F / 7,32 €*

24278 **PANCOL K.** Vu de l'extérieur. Nouv. éd. *Seuil, 1995.* (Points c2)
ISBN 2-02-025123-X. *39 F / 5,95 €*

24279 **PANCRAZI J-N.** L'heure des adieux. *Seuil, 1999.* (Points ; 689)
ISBN 2-02-038206-7. *45 F / 6,86 €*

24280 **PANCRAZI J-N.** Long séjour. *Gallimard, 2000.* (Folio ; 3329 c4)
ISBN 2-07-041179-6. *20,50 F / 3,13 €*

24281 **PANCRAZI J-N.** Madame Arnoul. *Gallimard, 1997.* (Folio ; 2925 c9)
ISBN 2-07-040182-0. *20,50 F / 3,13 €*

24282 **PANCRAZI J-N.** La Mémoire brûlée. *Seuil, 1994.* (Points. Roman ; 632 c2)
ISBN 2-02-021144-0. *39 F / 5,95 €*

24283 **PANCRAZI J-N.** Les Quartiers d'hiver. *Gallimard, 1992.* (Folio ; 2428 c11)
ISBN 2-07-038561-2. *29,50 F / 4,50 €*

24284 **PANCRAZI J-N.** Le silence des passions. *Gallimard, 1995.* (Folio ; 2749 c8)
ISBN 2-07-039350-X. *37 F / 5,64 €*

24285 **PAPADIAMANTIS A.** Les petites filles et la mort. *Actes Sud, 1995.* (Babel ; 157 c3)
ISBN 2-7427-0545-7. *39 F / 5,95 €*

24286 **PARAIN B.** Joseph. *Gallimard, 1983.* (L'imaginaire ; 112)
ISBN 2-07-025179-9. *38 F / 5,79 €*

24287 **PARIS G.** Papa et maman sont morts. *Seuil, 1991.* (Point-virgule ; 100 c1)
ISBN 2-02-012965-5. *32 F / 4,88 €*

24288 **PARKER D.** Comme une valse. *10-18, 1992.* (10-18 ; 2248. Domaine étranger c5)
ISBN 2-264-01710-4. *44 F / 6,71 €*

24289 **N** **PARKER D.** Mauvaise journée, demain. *10-18, 2000.* (10-18 ; 3203. Domaine étranger c3)
ISBN 2-264-03023-2. *38 F / 5,79 €*

24290 **PARKER D.** La Vie à deux. *10-18, 1983.* (10-18 ; 1599. Domaine étranger c5)
ISBN 2-264-00568-8. *44 F / 6,71 €*

24291 **PARON C.** Les Vagues peuvent mourir. *Labor, 1988.* (Espace Nord ; 51 c1)
ISBN 2-8040-0356-6. *34 F / 5,18 €*

24292 **PASINETTI P. M.** De Venise à Venise, Dorsoduro. *10-18, 1993.* (10-18 ; 2418. Domaine étranger c6)
ISBN 2-264-01972-7. *50 F / 7,62 €*

24293 **PASO F. d.** Palinure de Mexico. *Seuil, 1991.* (Points. Roman ; 426 c7)
ISBN 2-02-012760-1. *65 F / 9,91 €*

24294 **PASOLINI P. P.** Les Ragazzi. *10-18, 1998.* (10-18 ; 1521. Domaine étranger c8)
ISBN 2-264-02725-8. *55 F / 8,38 €*

24295 **PASOLINI P. P.** Le Rêve d'une chose. *Gallimard, 1988.* (L'imaginaire ; 201)
ISBN 2-07-071296-6. *39 F / 5,95 €*

24296 **PASOLINI P. P.** Théorème. *Gallimard, 1988.* (Folio ; 1949 c11)
ISBN 2-07-038037-8. *29,50 F / 4,50 €*

24297 **PASOLINI P. P.** Une vie violente. Réimpr. *10-18, 1998.* (10-18 ; 1522. Domaine étranger c6)
ISBN 2-264-02737-1. *47 F / 7,17 €*

24298 **N** **PASQUALI A.** Eloge du migrant. Nouv. éd. *Aire, 2000.* (L'Aire bleue)
ISBN 2-88108-563-6. *59 F / 8,99 €*

24299 **Passions de femmes.** *Pocket, 1998.* (Pocket ; 10205 c3B)
ISBN 2-266-07599-3. *28 F / 4,27 €*

24300 **PASTERNAK B.** Le Docteur Jivago. *Gallimard, 1972.* (Folio ; 79 c11)
ISBN 2-07-036079-2. *50 F / 7,62 €*

24301 **PASTERNAK B.** Les voies aériennes et autres nouvelles. *Gallimard, 1998.* (L'Etrangère)
ISBN 2-07-040429-3. *55 F / 8,38 €*

24302 **PASTEUR J.** Ouragan. *LGF, 2000.* (Le Livre de poche ; 14802)
ISBN 2-253-14802-4. *32 F / 4,88 €*

24303 **PASTEUR J.** Silène. *LGF, 1992.* (Le Livre de poche ; 9530 c6)
ISBN 2-253-06181-6. *26 F / 3,96 €*

24304 **PATE A.** Amistad : d'après le scénario de David Franzoni. *Pocket, 1998.* (Pocket ; 10408 c4)
ISBN 2-266-08107-1. *30 F / 4,57 €*

24305 **N** **PATIER X.** La foire aux célibataires. *Pocket, 2000.* (Pocket ; 10722 c2)
ISBN 2-266-09381-9. *23 F / 3,51 €*

24306 **PATON A.** Pleure, ô pays bien-aimé. Réimpr. *LGF, 1997.* (Le Livre de poche ; 216 c9)
ISBN 2-253-00304-2. *36 F / 5,49 €*

24307 **PAULHAN J.** Les causes célèbres. *Gallimard, 1999.* (L'imaginaire ; 395)
ISBN 2-07-075489-8. *38 F / 5,79 €*

24308 **PAUWELS L.** Blumroch l'admirable ou le déjeuner du surhomme. *Gallimard, 1978.* (Folio ; 1062 c11)
ISBN 2-07-037062-3. *29,50 F / 4,50 €*

24309 **PAVESE C.** Avant que le coq chante. *Gallimard, 1973.* (Folio ; 464 c8)
ISBN 2-07-036464-X. *37 F / 5,64 €*

24310 **PAVESE C.** Le Bel été = La Bella estate. *Gallimard, 1993.* (Folio bilingue ; 34 c8)
ISBN 2-07-038634-1. *66 F / 10,06 €*

24311 **PAVESE C.** Le Bel été. *Gallimard, 1978.* (L'imaginaire ; 22)
ISBN 2-07-029926-0. *58 F / 8,84 €*

24312 **PAVESE C.** La Lune et les feux ; La Plage. *Gallimard, 1986.* (L'imaginaire ; 163 c1)
ISBN 2-07-070560-9. *45 F / 6,86 €*

24313 **PAVESE C.** Salut Masino. *Gallimard, 1995.* (L'Etrangère)
ISBN 2-07-074149-4. *58 F / 8,84 €*

24314 **PAVESE C.** La Trilogie des machines. *Mille et une nuits, 1994.* (La petite collection ; 23 cA)
ISBN 2-910233-23-5. *10 F / 1,52 €*

24315 **PAYNE D.** Le monde perdu de Joey Madden. *LGF, 1997.* (Le Livre de poche ; 14335 c11)
ISBN 2-253-14335-9. *42 F / 6,40 €*

24316 **PAYSAN C.** L'Empire du taureau. *Gallimard, 1982.* (Folio ; 1417 c11)
ISBN 2-07-037417-3. *29,50 F / 4,50 €*

24317 **PAYSAN C.** Le Nègre de sables. *Gallimard, 1989.* (Folio ; 2094 c9)
ISBN 2-07-038182-X. *41 F / 6,25 €*

24318 **PAYSAN C.** Nous autres, les Sanchez. *Gallimard, 1976.* (Folio ; 812 c9)
ISBN 2-07-036812-2. *29,50 F / 4,50 €*

24319 **PAYSAN C.** Le passage du SS. *LGF, 1999.* (Le Livre de poche ; 14576 c10)
ISBN 2-253-14576-9. *40 F / 6,10 €*

24320 **PEARS I.** Le cercle de la croix. *Pocket, 1999.* (Pocket ; 10572 c11)
ISBN 2-266-08802-5. *55 F / 8,38 €*

24321 **Les péchés des cités de la plaine.** *H & O, 2000.* (H & O poche)
ISBN 2-84547-009-6. *25 F / 3,81 €*

24322 **PECKA K.** Passage. *Ed. de l'Aube, 1995.* (L'Aube poche ; 20 c3)
ISBN 2-87678-244-8. *39 F / 5,95 €*

24323 **PEISSEL M.** La khamba. *LGF, 1997.* (Le Livre de poche ; 14348 c8)
ISBN 2-253-14348-0. *33 F / 5,03 €*

24324 **PEISSON E.** Hans le marin. *Grasset, 1993.* (Les Cahiers rouges ; 183)
ISBN 2-246-15482-0. *48 F / 7,32 €*

24325 **PEISSON E.** Le pilote. *Grasset, 1998.* (Les Cahiers rouges ; 260)
ISBN 2-246-15412-X. *52 F / 7,93 €*

24326 **PEISSON E.** Le sel de la mer. *Grasset, 1995.* (Les Cahiers rouges ; 212)
ISBN 2-246-15452-9. *56 F / 8,54 €*

24327 **N** **PÉJU P.** Naissances. *Gallimard, 2000.* (Folio ; 3384 c5)
ISBN 2-07-041416-7. *25,50 F / 3,89 €*

24328 **A** **PELECANOS G. P.** King Suckerman. *Seuil, 2001.* (Points ; 847)
ISBN 2-02-049068-4. *45 F / 6,86 €*

24329 **PELEVINE V.** La flèche jaune. *Mille et une nuits, 1999.* (Lunes)
ISBN 2-84205-404-0. *45 F / 6,86 €*

24330 **PELEVINE V.** Omon Ra. *Mille et une nuits, 1998.* (La petite collection ; 208 c6)
ISBN 2-84205-336-2. *23 F / 3,51 €*

24331 **PELEVINE V.** La vie des insectes. *Seuil, 1997.* (Points ; 412 c7)
ISBN 2-02-032446-6. *35 F / 5,34 €*

24332 **PELOT P.** Ce soir, les souris sont bleues. *Gallimard, 2000.* (Folio ; 3312 c9)
ISBN 2-07-041171-0. *41 F / 6,25 €*

24333 **N** **PELOT P.** Debout dans le ventre blanc du silence. *Gallimard, 2001.* (Sous le vent du monde; 3)(Folio ; 3462 c9)
ISBN 2-07-041632-1. *41 F / 6,25 €*

24334 **PELOT P.** Delirium circus. *J'ai lu, 1993.* (J'ai lu ; 773. Science-fiction c3)
ISBN 2-277-11773-0. *29 F / 4,42 €*

24335 **A** **PELOT P.** L'Eté en pente douce. *Gallimard, 2001.* (Folio. Policier)
ISBN 2-07-041468-X. *25,50 F / 3,89 €*

24336 **N** **PELOT P.** La forêt muette. *Seuil, 2000.* (Points ; 731 c7)
ISBN 2-02-036738-6. *35 F / 5,34 €*

24337 **PELOT P.** Le nom perdu du soleil. *Gallimard, 2000.* (Sous le vent du monde; 2)(Folio ; 3313 c9)
ISBN 2-07-041211-3. *41 F / 6,25 €*

24338 **PELOT P., COPPENS Y.** Qui regarde la montagne au loin. *Gallimard, 1998.* (Sous le vent du monde; 1)(Folio ; 3031 c9)
ISBN 2-07-040398-X. *41 F / 6,25 €*

24339 **PELOT P., COPPENS Y., LIBERATORE T.** Le rêve de Lucy. *Seuil, 1997.* (Points ; 402 c8)
ISBN 2-02-032337-0. *39 F / 5,95 €*

24340 **PENNA S.** Un peu de fièvre. *Grasset, 1996.* (Les Cahiers rouges ; 239)
ISBN 2-246-50621-2. *44 F / 6,71 €*

24341 **N** **PENNAC D.** Aux fruits de la passion. *Gallimard, 2000.* (Folio ; 3434 c7)
ISBN 2-07-041533-3. *32,50 F / 4,95 €*

24342 **PENNAC D.** Des chrétiens et des Maures. *Gallimard, 1999.* (Folio ; 3134 c9)
ISBN 2-07-040696-2. *20,50 F / 3,13 €*

24343 **N** **PENNAC D.** Coffret Pennac. *Gallimard, 2000.* (Folio)
ISBN 2-07-041604-6. *41 F / 6,25 €*

24344 **PENNAC D.** Comme un roman. *Gallimard, 1995.* (Folio ; 2724 c11)
ISBN 2-07-038890-5. *29,50 F / 4,50 €*

24345 **PENNAC D.** La Fée carabine ; Au bonheur des ogres ; La petite marchande de prose. Réimpr. *Gallimard, 1997.* (Folio ; 2043 c9)
ISBN 2-07-040370-X. *41 F / 6,25 €*

24346 **PENNAC D.** Messieurs les enfants. *Gallimard, 1999.* (Folio ; 3277 c8)
ISBN 2-07-041099-4. *32,50 F / 4,95 €*

24347 **PENNAC D.** Monsieur Malaussène. *Gallimard, 1997.* (Folio ; 3000 c12)
ISBN 2-07-040300-9. *52 F / 7,93 €*

24348 **PENNAC D.** La petite marchande de prose. Réimpr. *Gallimard, 1997.* (Folio ; 2342 c9)
ISBN 2-07-040368-8. *40 F / 6,10 €*

24349 **PÉPIN E.** L'Homme-au-Bâton. *Gallimard, 1997.* (Folio ; 2926 c11)
ISBN 2-07-040164-2. *29,50 F / 4,50 €*

24350 **PEREC G.** 53 jours. *Gallimard, 1993.* (Folio ; 2547 c10)
ISBN 2-07-038783-6. *46 F / 7,01 €*

24351 **PEREC G.** Un Cabinet d'amateur. *LGF, 1989.* (Le Livre de poche ; 6654 c3)
ISBN 2-253-05059-8. *18 F / 2,74 €*

24352 **PEREC G.** Les choses : une histoire des années soixante. Réimpr. *10-18, 1999.* (10-18 ; 1426. Domaine français c3)
ISBN 2-264-02487-9. *38 F / 5,79 €*

24353 **PEREC G.** Les Choses. Réimpr. *Pocket, 1987.* (Pocket ; 2224. Blanche c2)
ISBN 2-266-02579-1. *23 F / 3,51 €*

24354 **PEREC G.** La Disparition. *Gallimard, 1989.* (L'imaginaire ; 215)
ISBN 2-07-071523-X. *52 F / 7,93 €*

24355 **PEREC G.** Un Homme qui dort. *Gallimard, 1990.* (Folio ; 2197 c11)
ISBN 2-07-038288-5. *29,50 F / 4,50 €*

24356 **PEREC G.** Quel petit vélo à guidon chromé au fond de la cour?. *Gallimard, 1982.* (Folio ; 1413 c11)
ISBN 2-07-037413-0. *29,50 F / 4,50 €*

24357 **PEREC G.** La Vie mode d'emploi. *LGF, 1980.* (Le Livre de poche ; 5341 c13)
ISBN 2-253-02390-6. *46 F / 7,01 €*

24358 **PEREC G.** W ou le Souvenir d'enfance. *Gallimard, 1993.* (L'imaginaire ; 293)
ISBN 2-07-073316-5. *48 F / 7,32 €*

24359 **N** **PÉREZ-REVERTE A.** Les bûchers de Bocanegra. *Seuil, 2000.* (Les aventures du capitaine Alatriste; 2)(Points ; 740 c7)
ISBN 2-02-040806-6. *35 F / 5,34 €*

24360 **PÉREZ-REVERTE A.** Le capitaine Alatriste. *Seuil, 2000.* (Les aventures du capitaine Alatriste; 1)(Points ; 725 c7)
ISBN 2-02-040344-7. *35 F / 5,34 €*

24361 **N** **PÉREZ-REVERTE A.** Coffret Arturo Pérez-Reverte. *Seuil, 2000.* (Points ; 1215)
ISBN 2-02-044714-2. *105 F / 16,01 €*

24362 **PÉREZ-REVERTE A.** Le maître d'escrime. *Seuil, 1995.* (Points ; 154 c9)
ISBN 2-02-025575-8. *42 F / 6,40 €*

24363 **PÉREZ-REVERTE A.** La peau du tambour. *Seuil, 1998.* (Points ; 518)
ISBN 2-02-034479-3. *45 F / 6,86 €*

24364 **N** **PÉREZ-REVERTE A.** Le soleil de Breda. *Seuil, 2000.* (Les aventures du capitaine Alatriste; 3)(Points ; 753 c7)
ISBN 2-02-041395-7. *35 F / 5,34 €*

24365 **PÉREZ-REVERTE A.** Le Tableau du maître flamand. *LGF, 1994.* (Le Livre de poche ; 7625. Thriller c9)
ISBN 2-253-07625-2. *36 F / 5,49 €*

24366 **PERGAUD L.** De Goupil à Margot. *Gallimard, 1982.* (Folio ; 1353 c11)
ISBN 2-07-037353-3. *29,50 F / 4,50 €*

24367 **PERGAUD L.** La Guerre des boutons : roman de ma douzième année. *Gallimard, 1976.* (Folio ; 758 c11)
ISBN 2-07-036758-4. *29,50 F / 4,50 €*

24368 **PERGAUD L.** Le Roman de Miraut : Chien de chasse. *Gallimard, 1978.* (Folio ; 1046 c8)
ISBN 2-07-037046-1. *37 F / 5,64 €*

24369 **PERRAULT C.** Contes de ma mère l'Oye. *Librio, 1994.* (Librio ; 32 c1)
ISBN 2-277-30032-2. *10 F / 1,52 €*

24370 **PERRAULT C.** Contes. *LGF, 1990.* (Le Livre de poche ; 6767. Classiques de poche c5)
ISBN 2-253-05294-9. *23 F / 3,51 €*

24371 **PERRAULT C.** Contes. Nouv. éd. *Gallimard, 1999.* (Folio ; 3238. Classique c3)
ISBN 2-07-040898-1. *19 F / 2,90 €*

24372 **PERRAULT C.** Contes. *LGF, 1987.* (Le Livre de poche ; 4261. Nouvelle approche c4)
ISBN 2-253-03999-3. *20 F / 3,05 €*

24373 **PERRAULT G.** Le Dérapage. *Gallimard, 1989.* (Folio ; 2086 c11)
ISBN 2-07-038174-9. *29,50 F / 4,50 €*

24374 **PERRAULT G.** Le Pull-over rouge. *LGF, 1980.* (Le Livre de poche ; 5463 c10)
ISBN 2-253-02543-7. *40 F / 6,10 €*

24375 **PERREAU N.** L'Amour en soi. *Pocket, 1992.* (Pocket ; 3696. Best c4)
ISBN 2-266-04200-9. *30 F / 4,57 €*

24376 **PERRET J.** Les Biffins de Gonesse. *Gallimard, 1979.* (Folio ; 1058 c9)
ISBN 2-07-037058-5. *20,50 F / 3,13 €*

24377 **PERRET J.** Le Caporal épinglé. *Gallimard, 1972.* (Folio ; 222 c11)
ISBN 2-07-036222-1. *50 F / 7,62 €*

24378 **PERRET J.** Roucou. *Gallimard, 1984.* (Folio ; 1537 c8)
ISBN 2-07-037537-4. *37 F / 5,64 €*

24379 **PERRET J.** Le Vent dans les voiles. *Gallimard, 1983.* (Folio ; 1454 c8)
ISBN 2-07-037454-8. *37 F / 5,64 €*

24380 **PERRICK P.** La fille du Connemara. *Pocket, 1999.* (Pocket ; 10162. Roman c5)
ISBN 2-266-07466-0. *35 F / 5,34 €*

24381 **PERRY J.** Alcool vert. *Gallimard, 1990.* (Folio ; 2144 c12)
ISBN 2-07-038228-1. *52 F / 7,93 €*

24382 **PERRY J.** Vie d'un païen. *Gallimard, 1984.* (Folio ; 1613 c10)
ISBN 2-07-037613-3. *46 F / 7,01 €*

24383 **A** **PERUTZ L.** Le maître du jugement dernier. Réimpr. *LGF, 2001.* (Le Livre de poche ; 3173. Biblio c9)
ISBN 2-253-05966-8. *36 F / 5,49 €*

24384 **PERUTZ L.** Le Marquis de Bolibar. *Albin Michel, 1991.* (Bibliothèque Albin Michel poche ; 50 c2)
ISBN 2-226-05448-0. *49 F / 7,47 €*

24385 **PERUTZ L.** Le marquis de Bolibar. *LGF, 1995.* (Le Livre de poche ; 3236. Biblio c8)
ISBN 2-253-93236-1. *33 F / 5,03 €*

24386 **PERUTZ L.** Le miracle du manguier. *10-18, 1997.* (10-18 ; 2904. Domaine étranger c3)
ISBN 2-264-02305-8. *38 F / 5,79 €*

24387 **PERUTZ L.** Où roules-tu, petite pomme?. *LGF, 1992.* (Le Livre de poche ; 3186. Biblio c10)
ISBN 2-253-06223-5. *40 F / 6,10 €*

24388 **PERUTZ L.** Seigneur, ayez pitié de moi. *10-18, 1995.* (10-18 ; 2679. Domaine étranger c4)
ISBN 2-264-00126-7. *41 F / 6,25 €*

24389 **PERUTZ L.** Le Tour du cadran. *10-18, 1991.* (10-18 ; 2159 c5)
ISBN 2-264-01609-4. *44 F / 6,71 €*

24390 **PERUTZ L.** La Troisième balle. *LGF, 1989.* (Le Livre de poche ; 3128. Biblio c12)
ISBN 2-253-05144-6. *44 F / 6,71 €*

24391 **PERUTZ L.** Turlupin. *Stock, 1998.* (Bibliothèque cosmopolite)
ISBN 2-234-05001-4. *55 F / 8,38 €*

24392 **PERUTZ L., FRANK P.** Le cosaque et le rossignol. *10-18, 1998.* (10-18 ; 2957. Domaine étranger c4)
ISBN 2-264-02304-X. *41 F / 6,25 €*

24393 **PESKINE B.** L'enfant oublié. *Pocket, 1999.* (Pocket ; 10445 c2)
ISBN 2-266-08245-0. *23 F / 3,51 €*

24394 **PESKOV V.** Ermites dans la taïga. *Actes Sud, 1995.* (Babel ; 158. Terres d'aventure c3)
ISBN 2-7427-0546-5. *45 F / 6,86 €*

24395 **N** **PETIT M.** Architecte des glaces. *Gallimard, 2000.* (Folio ; 3429 c7)
ISBN 2-07-041003-X. *20,50 F / 3,13 €*

24396 **PETRESCU C.** Madame T. *J. Chambon, 1997.* (Chambon-Poche ; 12)
ISBN 2-87711-163-6. *65 F / 9,91 €*

24397 **PEYRAMAURE M.** Le beau monde : histoire d'Anna Labrousse, servante. *LGF, 1995.* (Le Livre de poche ; 13840 c10)
ISBN 2-253-13840-1. *40 F / 6,10 €*

24398 **PEYRAMAURE M.** Cléopâtre, reine du Nil. *Pocket, 1998.* (Pocket ; 10447 c6)
ISBN 2-266-08247-7. *38 F / 5,79 €*

24399 **PEYRAMAURE M.** Les demoiselles des écoles. *Pocket, 1996.* (Pocket ; 10050 c6)
ISBN 2-266-06946-2. *38 F / 5,79 €*

24400 **PEYRAMAURE M.** Les escaliers de Montmartre. *Pocket, 2000.* (Suzanne Valadon; 1)(Pocket ; 10683 c5)
ISBN 2-266-09412-2. *35 F / 5,34 €*

24401 **PEYRAMAURE M.** Les flammes du paradis. *Pocket, 1995.* (Pocket ; 2890 c6)
ISBN 2-266-05582-8. *38 F / 5,79 €*

24402 **PEYRAMAURE M.** Henri IV. 1, L'enfant roi de Navarre. *Pocket, 1999.* (Pocket ; 10367 c6)
ISBN 2-266-08064-4. *38 F / 5,79 €*

24403 **PEYRAMAURE M.** Henri IV. 2, Ralliez-vous à mon panache blanc !. *Pocket, 1999.* (Pocket ; 10368 c6)
ISBN 2-266-08065-2. *38 F / 5,79 €*

24404 **PEYRAMAURE M.** Henri IV. 3, Les amours, les passions et la gloire. *Pocket, 1999.* (Pocket ; 10369 c6)
ISBN 2-266-08066-0. *38 F / 5,79 €*

24405 **PEYRAMAURE M.** Henri IV. Réimpr. *Laffont, 1998.* (Bouquins)
ISBN 2-221-08792-5. *99 F / 15,09 €*

24406 **N** **PEYRAMAURE M.** Jeanne d'Arc. 1, Et Dieu donnera la victoire. *Pocket, 2000.* (Pocket ; 10933 c6)
ISBN 2-266-10083-. *38 F / 5,79 €*

24407 **N** **PEYRAMAURE M.** Jeanne d'Arc. 2, La couronne de feu. *Pocket, 2000.* (Pocket ; 10934 c7)
ISBN 2-266-10084-X. *42 F / 6,40 €*

24408 **N** **PEYRAMAURE M.** Lavalette, grenadier d'Egypte. *Pocket, 2000.* (Pocket ; 10603 c4B)
ISBN 2-266-08951-X. *32 F / 4,88 €*

24409 **PEYRAMAURE M.** Louisiana. *Pocket, 1998.* (Pocket ; 10235 c12)
ISBN 2-266-07800-3. *60 F / 9,15 €*

24410 **PEYRAMAURE M.** L'orange de Noël. *Pocket, 1996.* (Pocket ; 10049. Best c6)
ISBN 2-266-06947-0. *38 F / 5,79 €*

24411 **PEYRAMAURE M.** Pacifique Sud : Bougainville à Tahiti. *Pocket, 1997.* (Pocket ; 4358 c4)
ISBN 2-266-06559-9. *30 F / 4,57 €*

24412 **PEYRAMAURE M.** Les Tambours sauvages. *Pocket, 1994.* (Pocket ; 3631 c8)
ISBN 2-266-00822-6. *45 F / 6,86 €*

24413 **N** **PEYRAMAURE M.** Le temps des ivresses. *Pocket, 2000.* (Suzanne Valadon; 2)(Pocket ; 10684 c5)
ISBN 2-266-09386-X. *35 F / 5,34 €*

24414 **PEYRÉ J.** L'Escadron blanc. *Grasset, 1985.* (Les Cahiers rouges ; 40)
ISBN 2-246-15533-9. *38 F / 5,79 €*

24415 **PEYRÉ J.** Matterhorn. *Grasset, 1992.* (Les Cahiers rouges ; 152)
ISBN 2-246-15542-8. *54 F / 8,23 €*

24416 **PEYRÉ J.** Sang et lumières. *Grasset, 1989.* (Les Cahiers rouges ; 98)
ISBN 2-246-15572-X. *52 F / 7,93 €*

24417 **PEYREFITTE R.** La Soutane rouge. *Gallimard, 1987.* (Folio ; 1793 c11)
ISBN 2-07-037793-8. *29,50 F / 4,50 €*

24418 **PHILBRICK R.** Les puissants. *J'ai lu, 1998.* (J'ai lu ; 5063. Littérature générale c3)
ISBN 2-290-05063-6. *29 F / 4,42 €*

24419 **PHILIPE A.** Un Eté près de la mer. *Gallimard, 1979.* (Folio ; 1152 c11)
ISBN 2-07-037152-2. *29,50 F / 4,50 €*

24420 **PHILIPPE C.** Nouvelles histoires horizontales : bibliothèque libertine. *Pocket, 1999.* (Pocket ; 10585 c4)
ISBN 2-266-09075-5. *30 F / 4,57 €*

24421 **PHILIPPE C.** Petites histoires horizontales. *Pocket, 1997.* (Pocket ; 10230 c4)
ISBN 2-266-07592-6. *30 F / 4,57 €*

24422 **PHILIPPE C-J.** La douce gravité du désir. *Pocket, 1996.* (Pocket ; 4315 c5)
ISBN 2-266-06445-2. *35 F / 5,34 €*

24423 **PHILIPPE C-L.** Bubu de Montparnasse. *Grasset, 1986.* (Les Cahiers rouges ; 57)
ISBN 2-246-20533-6. *35 F / 5,34 €*

24424 **PHILIPPE C-L.** La Mère et l'enfant ; Le Père Perdrix. *Gallimard, 1983.* (Folio ; 1509 c9)
ISBN 2-07-037509-9. *41 F / 6,25 €*

24425 **PHILLIPS J.** Mojo hand. *Ed. de l'Aube, 1997.* (L'Aube poche ; 41 c6)
ISBN 2-87678-326-6. *55 F / 8,38 €*

24426 N **PHILLIPS S. E.** Ensorcelée. *J'ai lu, 2000.* (J'ai lu ; 5645. Amour et destin cJ)
ISBN 2-290-30401-8. *39 F / 5,95 €*

24427 **PIAT J.** Le dîner de Londres. *J'ai lu, 1995.* (J'ai lu ; 4011. Littérature générale c3)
ISBN 2-277-24011-7. *29 F / 4,42 €*

24428 **PIAT J.** La jeune fille à l'avant scène. *J'ai lu, 1997.* (J'ai lu ; 4472. Littérature générale c4)
ISBN 2-290-04472-5. *36 F / 5,49 €*

24429 **PIAT J.** Le Parcours du combattant. *J'ai lu, 1991.* (J'ai lu ; 3028. Littérature générale)
ISBN 2-277-23028-6. *36 F / 5,49 €*

24430 **PIAT J.** Veille de fête. *J'ai lu, 1994.* (J'ai lu ; 3715. Littérature générale)
ISBN 2-277-23715-9. *29 F / 4,42 €*

24431 A **PICCAMIGLIO R.** La station-service. *Pocket, 2001.* (Pocket ; 10953)
ISBN 2-266-10160-9

24432 A **PICOULT J., DARNEAU D.** Le pacte : une histoire d'amour. *J'ai lu, 2001.* (J'ai lu ; 5936. Littérature générale)
ISBN 2-290-31181-2

24433 **PICOULY D.** Le champ de personne. Réimp. *J'ai lu, 2000.* (J'ai lu ; 4436. Littérature générale cJ)
ISBN 2-290-30558-8. *39 F / 5,95 €*

24434 A **PICOULY D.** L'enfant léopard. *LGF, 2001.* (Le Livre de poche ; 15074)
ISBN 2-253-15074-6

24435 **PICOULY D.** Fort de l'eau. Réimp. *J'ai lu, 2000.* (J'ai lu ; 5177. Littérature générale cJ)
ISBN 2-290-30680-0. *39 F / 5,95 €*

24436 **PICOULY D.** La lumière des fous. *J'ai lu, 1998.* (J'ai lu ; 4772. Littérature générale c4)
ISBN 2-290-04772-4. *36 F / 5,49 €*

24437 N **PIERRE J.** Le dernier tableau. *Blanche, 2001.* (Bibliothèque blanche)
ISBN 2-84628-000-2. *59 F / 8,99 €*

24438 **PIERRE J.** Qu'est-ce que Thérèse? C'est les marronniers en fleurs. *la Musardine, 1998.* (Lectures amoureuses de Jean-Jacques Pauvert ; 17 c4)
ISBN 2-84271-017-7. *39 F / 5,95 €*

24439 **PIEYRE DE MANDIARGUES A.** L'Anglais décrit dans le château fermé. Nouv. éd. *Gallimard, 1993.* (L'imaginaire ; 290)
ISBN 2-07-072849-8. *37 F / 5,64 €*

24440 **PIEYRE DE MANDIARGUES A.** Feu de braise. *Grasset, 1984.* (Les Cahiers rouges ; 26)
ISBN 2-246-15622-X. *48 F / 7,32 €*

24441 **PIEYRE DE MANDIARGUES A.** Le Lis de mer. *Gallimard, 1972.* (Folio ; 247 c9)
ISBN 2-07-036247-7. *20,50 F / 3,13 €*

24442 **PIEYRE DE MANDIARGUES A.** Marbre ou les Mystères d'Italie. *Gallimard, 1985.* (L'imaginaire ; 151)
ISBN 2-07-070346-0. *40 F / 6,10 €*

24443 **PIEYRE DE MANDIARGUES A.** La marge. *Gallimard, 1981.* (Folio ; 1294 c11)
ISBN 2-07-037294-4. *29,50 F / 4,50 €*

24444 **PIEYRE DE MANDIARGUES A.** La motocyclette. *Gallimard, 1999.* (L'imaginaire ; 396)
ISBN 2-07-075497-9. *48 F / 7,32 €*

24445 **PIEYRE DE MANDIARGUES A.** Le Musée noir. *Gallimard, 1990.* (L'imaginaire ; 237)
ISBN 2-07-071990-1. *46 F / 7,01 €*

24446 **PIEYRE DE MANDIARGUES A.** Porte dévergondée. *Gallimard, 1997.* (L'imaginaire ; 372)
ISBN 2-07-074956-8. *43 F / 6,56 €*

24447 **PIEYRE DE MANDIARGUES A.** Soleil des loups. *Gallimard, 1979.* (L'imaginaire ; 41)
ISBN 2-07-028347-X. *36 F / 5,49 €*

24448 A **PIEYRE DE MANDIARGUES A.** Sous la lame. *Gallimard, 2001.* (L'imaginaire)
ISBN 2-07-076184-3

24449 **PIEYRE DE MANDIARGUES A.** Tout disparaîtra. *Gallimard, 1989.* (Folio ; 2060 c8)
ISBN 2-07-038158-7. *37 F / 5,64 €*

24450 **PIGEOT J., TSCHUDIN J-J.** La Littérature japonaise. *PUF, 1983.* (Que sais-je? ; 710 c1)
ISBN 2-13-037992-3. *42 F / 6,40 €*

24451 **PILCHER R.** Les pêcheurs de coquillages. *Pocket, 1999.* (Pocket ; 10713 c8)
ISBN 2-266-09276-6. *45 F / 6,86 €*

24452 N **PILCHER R.** Retour au pays. *Pocket, 2000.* (Pocket ; 10977 c8)
ISBN 2-266-10198-6. *45 F / 6,86 €*

24453 **PILCHER R.** Retour en Cornouailles. *Pocket, 1998.* (Pocket ; 10341. Roman c10)
ISBN 2-266-07944-1. *50 F / 7,62 €*

24454 A **PILCHER R.** Retour en Ecosse. *Pocket, 2001.* (Pocket ; 11201)
ISBN 2-266-10831-X

24455 **PILCHER R.** September. Réimpr. *J'ai lu, 1998.* (J'ai lu ; 3446. Littérature générale c6)
ISBN 2-290-13446-5. *49 F / 7,47 €*

24456 **PILHES R-V.** L'Imprécateur. *Seuil, 1980.* (Points. Roman ; 17 c3)
ISBN 2-02-005584-8. *48 F / 7,32 €*

24457 **PILHES R-V.** Le Loum. *Seuil, 1991.* (Points. Roman ; 483 c4)
ISBN 2-02-013427-6. *52 F / 7,93 €*

24458 **PILHES R-V.** La position de Philidor. *Gallimard, 1995.* (Folio ; 2757 c8)
ISBN 2-07-039377-1. *37 F / 5,64 €*

24459 **PILHES R-V.** La Rhubarbe. *Seuil, 1983.* (Points. Roman ; 105 c2)
ISBN 2-02-006462-6. *39 F / 5,95 €*

24460 **N** **PINEAU G.** L'âme prêtée aux oiseaux. *LGF, 2001.* (Le Livre de poche ; 15034)
ISBN 2-253-15034-7. *30 F / 4,57 €*

24461 **PINEAU G.** L'espérance-macadam. *LGF, 1998.* (Le Livre de poche ; 14496 c6)
ISBN 2-253-14496-7. *26 F / 3,96 €*

24462 **PINEAU G.** L'exil selon Julia. *LGF, 2000.* (Le Livre de poche ; 14799)
ISBN 2-253-14799-0. *25 F / 3,81 €*

24463 **PINERA V.** Nouveaux contes froids. *Métailié, 1999.* (Suites ; 25. Suite hispano-américaine)
ISBN 2-86424-312-1. *55 F / 8,38 €*

24464 **PINGAUD B.** Adieu Kafka ou L'imitation. *Gallimard, 1998.* (Folio ; 3047 c9)
ISBN 2-07-040438-2. *41 F / 6,25 €*

24465 **PINGAUD B.** La Scène primitive. *Gallimard, 1984.* (L'imaginaire ; 131)
ISBN 2-07-070052-6. *36 F / 5,49 €*

24466 **PINGEOT M.** Premier roman. *Pocket, 1999.* (Pocket ; 10656 c5)
ISBN 2-266-09095-X. *35 F / 5,34 €*

24467 **PINGET R.** L'Inquisitoire. *Minuit, 1986.* (Double ; 10 c6)
ISBN 2-7073-1070-0. *54 F / 8,23 €*

24468 **PIQUERAY M., PIQUERAY G.** Au-delà des gestes : et autres textes. *Labor, 1993.* (Espace Nord ; 81 c3)
ISBN 2-8040-0801-0. *54 F / 8,23 €*

24469 **PIRANDELLO L.** La Dernière séquence. *LGF, 1989.* (Le Livre de poche ; 3115. Biblio c10)
ISBN 2-253-04903-4. *40 F / 6,10 €*

24470 **PIRANDELLO L.** Feu Mathias Pascal. Ed. rev. et corr. *LGF, 1991.* (Le Livre de poche ; 3168. Biblio c12)
ISBN 2-253-05861-0. *44 F / 6,71 €*

24471 **PIRANDELLO L.** Nouvelles choisies. *LGF, 1996.* (La Pochothèque ; 13230. Classiques modernes)
ISBN 2-253-13230-6. *149 F / 22,71 €*

24472 **PIRANDELLO L.** Nouvelles pour une année. 1. *Gallimard, 1990.* (Folio bilingue ; 8)
ISBN 2-07-038312-1. *60 F / 9,15 €*

24473 **PIRANDELLO L.** Nouvelles pour une année. 2. *Gallimard, 1992.* (Folio bilingue ; 21 c7)
ISBN 2-07-038491-8. *60 F / 9,15 €*

24474 **PIRANDELLO L.** Un, personne et cent mille. *Gallimard, 1982.* (L'imaginaire ; 103)
ISBN 2-07-022407-4. *46 F / 7,01 €*

24475 **PIRANDELLO L.** Le viager. *Mille et une nuits, 1996.* (La petite collection ; 118 cA)
ISBN 2-84205-071-1. *10 F / 1;52 €*

24476 **PIRANDELLO L.** Le Voyage. *Mille et une nuits, 1994.* (La petite collection ; 28 cA)
ISBN 2-910233-28-6. *10 F / 1,52 €*

24477 **PIRES J. C.** Ballade de la plage aux chiens : dissertation sur un crime. *Gallimard, 1999.* (L'Etrangère)
ISBN 2-07-075490-1. *68 F / 10,37 €*

24478 **PIROTTE J-C.** Un Eté dans la combe. *Table ronde, 1993.* (La petite vermillon ; 13)
ISBN 2-7103-0575-5. *35 F / 5,34 €*

24479 **PIROTTE J-C.** La Pluie à Rethel. *Labor, 1991.* (Espace Nord ; 65 c1)
ISBN 2-8040-0626-3. *34 F / 5,18 €*

24480 **PIRSIG R. M.** Traité du zen et de l'entretien des motocyclettes. Réimpr. *Seuil, 1998.* (Points ; 456 c11)
ISBN 2-02-033391-0. *48 F / 7,32 €*

24481 **PISIER M-F.** Le deuil du printemps. *LGF, 1999.* (Le Livre de poche ; 14658 c6)
ISBN 2-253-14658-7. *26 F / 3,96 €*

24482 **PISIER M-F.** Je n'ai aimé que vous. *LGF, 1987.* (Le Livre de poche ; 6412 c5)
ISBN 2-253-04400-8. *23 F / 3,51 €*

24483 **PLAIN B.** A force d'oubli. *Pocket, 1999.* (Pocket ; 10554 c8)
ISBN 2-266-08770-3. *45 F / 6,86 €*

24484 **PLAIN B.** A l'aube l'espoir se lève aussi. *Pocket, 1996.* (Pocket ; 10054 c8)
ISBN 2-266-06942-X. *45 F / 6,86 €*

24485 **PLAIN B.** Les diamants de l'hiver. *Pocket, 2000.* (Pocket ; 10900 c4B)
ISBN 2-266-09998-1. *32 F / 4,88 €*

24486 **PLAIN B.** Et soudain le silence. *Pocket, 1997.* (Pocket ; 10137 c6)
ISBN 2-266-07373-7. *38 F / 5,79 €*

24487 **PLAIN B.** Les Farrel. *J'ai lu, 1998.* (J'ai lu ; 3540. Littérature générale c8)
ISBN 2-290-03540-8. *49 F / 7,47 €*

24488 **PLAIN B.** Promesse. *Pocket, 1998.* (Pocket ; 10379 c7)
ISBN 2-266-08045-8. *42 F / 6,40 €*

24489 **N** **PLAIN B.** Le secret magnifique. *Pocket, 2001.* (Pocket ; 11196 c7)
ISBN 2-266-10836-0. *42 F / 6,40 €*

24490 **PLAIN B.** Les silences du coeur. Réimpr. *J'ai lu, 1998.* (J'ai lu ; 4055. Littérature générale c7)
ISBN 2-290-04055-X. *45 F / 6,86 €*

24491 **PLAIN B.** La splendeur des orages. Réimpr. *J'ai lu, 1997.* (J'ai lu ; 1622. Littérature générale c6)
ISBN 2-290-01622-5. *42 F / 6,40 €*

24492 **PLAIN B.** Tous les fleuves vont à la mer. 1. *J'ai lu, 1997.* (J'ai lu ; 1479. Littérature générale cJ)
ISBN 2-290-01479-6. *39 F / 5,95 €*

24493 **PLAIN B.** Tous les fleuves vont à la mer. 2. Nouv. éd. *J'ai lu, 1997.* (J'ai lu ; 1480. Littérature générale c5)
ISBN 2-290-01480-X. *39 F / 5,95 €*

24494 **PLAIN B.** Les Werner. Réimpr. *J'ai lu, 1999.* (J'ai lu ; 2662. Littérature générale c6)
ISBN 2-290-12662-4. *42 F / 6,40 €*

24495 **N** **Plaisirs de femmes :** nouvelles érotiques. *Pocket, 2000.* (Pocket ; 10650 c5)
ISBN 2-266-09129-8. *35 F / 5,34 €*

24496 **PLANTU** C'est le goulag!. *Gallimard, 1988.* (Folio ; 1966 c10)
ISBN 2-07-038053-X. *46 F / 7,01 €*

24497 **PLATH S.** La Cloche de détresse. *Gallimard, 1987.* (L'imaginaire ; 192)
ISBN 2-07-071218-4. *49 F / 7,47 €*

24498 **PLATH S.** Le jour où Mr Prescott est mort. *Table ronde, 1995.* (La petite vermillon ; 51 c2)
ISBN 2-7103-0705-7. *45 F / 6,86 €*

24499 **PLATONOV A. P., BRODSKI I. A.** La Mer de Jouvence. *Albin Michel, 1990.* (Bibliothèque Albin Michel poche ; 38 c1)
ISBN 2-226-03951-1. *39 F / 5,95 €*

24500 **PLISNIER C.** Folies douces. *Labor, 1986.* (Espace Nord ; 29 c1)
ISBN 2-8040-0159-8. *34 F / 5,18 €*

24501 **PLOUSSARD J.** Carnet de route. *Seuil, 1970.* (Livre de vie ; 104 c3)
ISBN 2-02-000555-7. *48 F / 7,32 €*

24502 **POE E. A.** Aventures d'Arthur Gordon Pym. *Gallimard, 1975.* (Folio ; 658. Classique c8)
ISBN 2-07-036658-8. *37 F / 5,64 €*

24503 **POE E. A.** Le Chat noir = The Black cat : et autres contes. *LGF, 1991.* (Les Langues modernes ; 8739. Bilingue c11)
ISBN 2-253-05582-4. *42 F / 6,40 €*

24504 **POE E. A.** Contes, essais, poèmes. Réimp. *Laffont, 1999.* (Bouquins)
ISBN 2-221-04937-3. *189 F / 28,81 €*

24505 **POE E. A.** Double assassinat dans la rue Morgue : et autres contes = The Murders in the Rue Morgue : and other tales. *Gallimard, 1996.* (Folio bilingue ; 55 c5)
ISBN 2-07-039491-3. *19 F / 2,90 €*

24506 **POE E. A.** Histoires extraordinaires. *LGF, 1972.* (Le Livre de poche ; 604. Classiques de poche c6)
ISBN 2-253-00692-0. *26 F / 3,96 €*

24507 **A** **POE E. A.** Histoires extraordinaires. *Gallimard, 2001.* (Folio. Classique)
ISBN 2-07-041359-4. *20,50 F / 3,13 €*

24508 **POE E. A.** Histoires extraordinaires. *Gallimard, 1973.* (Folio ; 310 c8)
ISBN 2-07-036310-4. *36 F / 5,49 €*

24509 **POE E. A.** Histoires grotesques et sérieuses. *LGF, 1973.* (Le Livre de poche ; 2173. Classiques de poche c6)
ISBN 2-253-01107-X. *26 F / 3,96 €*

24510 **POE E. A.** Histoires grotesques et sérieuses. *Gallimard, 1978.* (Folio ; 1040. Classique c8)
ISBN 2-07-037040-2. *37 F / 5,64 €*

24511 **POE E. A.** La lettre volée. *Mille et une nuits, 1995.* (La petite collection ; 82 cA)
ISBN 2-84205-011-8. *10 F / 1,52 €*

24512 **N** **POE E. A.** Les lunettes. *Mille et une nuits, 2000.* (La petite collection ; 285)
ISBN 2-84205-480-6. *10 F / 1,52 €*

24513 **POE E. A.** Mystification et autres contes = Mystification and other tales. *Gallimard, 1992.* (Folio bilingue ; 24 c5)
ISBN 2-07-038529-9. *52 F / 7,93 €*

24514 **POE E. A.** Ne pariez jamais votre tête au diable : et autres contes non traduits par Baudelaire. *Gallimard, 1989.* (Folio ; 2048. Classique c12)
ISBN 2-07-038194-3. *52 F / 7,93 €*

24515 **POE E. A.** Nouvelles histoires extraordinaires. *LGF, 1972.* (Le Livre de poche ; 1055. Classiques de poche c6)
ISBN 2-253-00433-2. *26 F / 3,96 €*

24516 **POE E. A.** Nouvelles histoires extraordinaires. *Gallimard, 1976.* (Folio ; 801. Classique c8)
ISBN 2-07-036801-7. *37 F / 5,64 €*

24517 **POE E. A.** Le Scarabée d'or. *Mille et une nuits, 1993.* (La petite collection ; 4 cA)
ISBN 2-910233-09-X. *10 F / 1,52 €*

24518 **POHL F.** A travers la grande porte. *J'ai lu, 1992.* (J'ai lu ; 3332. Science-fiction c4)
ISBN 2-277-23332-3. *36 F / 5,49 €*

24519 **POIROT-DELPECH B.** Le Golfe de Gasgogne. *Gallimard, 1991.* (Folio ; 2297 c11)
ISBN 2-07-038411-X. *29,50 F / 4,50 €*

24520 **POIROT-DELPECH B.** Le Grand dadais. *Gallimard, 1974.* (Folio ; 590 c9)
ISBN 2-07-036590-5. *20,50 F / 3,13 €*

24521 **POIROT-DELPECH B.** Les Grands de ce monde. *Gallimard, 1984.* (Folio ; 1585 c8)
ISBN 2-07-037585-4. *37 F / 5,64 €*

24522 **Le Poisson de jade et l'épingle au phénix :** douze contes chinois du XVIIe siècle. *Gallimard, 1991.* (Connaissance de l'Orient poche ; 47)
ISBN 2-07-072260-0. *56 F / 8,54 €*

24523 **N** **POIVRE D'ARVOR O., POIVRE D'ARVOR P.** La fin du monde : roman. *LGF, 2000.* (Le Livre de poche ; 14890 c8)
ISBN 2-253-14890-3. *33 F / 5,03 €*

24524 **POIVRE D'ARVOR P.** Les Enfants de l'aube. *LGF, 1983.* (Le Livre de poche ; 5777 c1)
ISBN 2-253-03224-7. *10 F / 1,52 €*

24525 **POIVRE D'ARVOR P.** Un héros de passage. *LGF, 1998.* (Le Livre de poche ; 14002 c7)
ISBN 2-253-14402-9. *30 F / 4,57 €*

24526 **A** **POIVRE D'ARVOR P.** Petit homme. *LGF, 2001.* (Le Livre de poche ; 15038)
ISBN 2-253-15038-X. *30 F / 4,57 €*

24527 **POIVRE D'ARVOR P.** Une trahison amoureuse. *LGF, 1999.* (Le Livre de poche ; 14672 c4)
ISBN 2-253-14672-2. *20 F / 3,05 €*

24528 **PONIATOWSKA E.** Cher Diego, Quiela t'embrasse. *Actes Sud, 1993.* (Babel ; 65 c1)
ISBN 2-7427-0011-0. *33 F / 5,03 €*

24529 **PONS M.** Mademoiselle B. *Gallimard, 1986.* (Folio ; 1780 c8)
ISBN 2-07-037780-6. *37 F / 5,64 €*

24530 **PONSON DU TERRAIL P. A. d.** Rocambole. 1, Les exploits de Rocambole. *Laffont, 1992.* (Bouquins)
ISBN 2-221-06622-7. *120 F / 18,29 €*

24531 **PONSON DU TERRAIL P. A. d.** Rocambole. 2, La résurrection de Rocambole. *Laffont, 1992.* (Bouquins)
ISBN 2-221-06623-5. *120 F / 18,29 €*

24532 **N** **PONTALIS J-B.** L'enfant des limbes. *Gallimard, 2001.* (Folio ; 3463 c9)
ISBN 2-07-041633-X. *25 F / 3,81 €*

24533 **PONTALIS J-B.** Un homme disparaît. *Gallimard, 1998.* (Folio ; 3122 c9)
ISBN 2-07-040545-1. *20,50 F / 3,13 €*

24534 **PONTALIS J-B.** Loin. *Gallimard, 1992.* (Folio ; 2332 c11)
ISBN 2-07-038456-X. *29,50 F / 4,50 €*

24535 **PONTI C.** Les pieds-bleus. *Seuil, 1998.* (Points ; 462 c8)
ISBN 2-02-033414-3. *39 F / 5,95 €*

24536 **Popol Vuh :** le livre des Indiens Maya Quichés. *Albin Michel, 1991.* (Spiritualités vivantes poche ; 96 c3)
ISBN 2-226-05550-9. *45 F / 6,86 €*

24537 **PORÉE-KURRER P.** La fiancée du lac. *LGF, 1995.* (Le Livre de poche ; 13731 c10)
ISBN 2-253-13731-6. *40 F / 6,10 €*

24538 **Le Portier des Chartreux :** histoire de dom Bougre écrite par lui-même. *Actes Sud, 1993.* (Babel ; 75. Les érotiques)
ISBN 2-7427-0029-3. *51 F / 7,77 €*

24539 **POTOCKI J.** Manuscrit trouvé à Saragosse. *LGF, 1993.* (Le Livre de poche ; 9649. Classiques de poche c17)
ISBN 2-253-06353-3. *60 F / 9,15 €*

24540 **POTOK C.** L'élu. Réimpr. *10-18, 1997.* (10-18 ; 1830. Domaine étranger c7)
ISBN 2-264-02488-7. *50 F / 7,62 €*

24541 **POTOK C.** Le maître de trope. *LGF, 1999.* (Le Livre de poche ; 14617 c3)
ISBN 2-253-14617-X. *18 F / 2,74 €*

24542 **N** **POTTER P.** Diablo. Réimpr. *J'ai lu, 2000.* (J'ai lu ; 4959. Aventures et passions cJ)
ISBN 2-290-04959-X. *39 F / 5,95 €*

24543 **N** **POTTER P.** Enchaîné par l'amour. *J'ai lu, 2000.* (J'ai lu ; 5655. Aventures et passions cK)
ISBN 2-290-30412-3. *42 F / 6,40 €*

24544 **POTTER P.** Le flambeur du Mississippi. *J'ai lu, 1993.* (J'ai lu ; 3468. Aventures et passions c6)
ISBN 2-290-03468-1. *42 F / 6,40 €*

24545 **POTTER P.** Par amour ou par défi. *J'ai lu, 1996.* (J'ai lu ; 4338. Aventures et passions c5)
ISBN 2-290-04338-9. *39 F / 5,95 €*

24546 **POTTER P.** Le rival. *J'ai lu, 1998.* (J'ai lu ; 4561. Aventures et passions c5)
ISBN 2-290-04561-6. *39 F / 5,95 €*

24547 **POTTER P.** Sans foi ni loi. Réimpr. *J'ai lu, 1993.* (J'ai lu ; 3561. Aventures et passions c5)
ISBN 2-290-03561-0. *39 F / 5,95 €*

24548 **POUCHKINE A. S.** Le coup de pistolet. *Mille et une nuits, 1997.* (La petite collection ; 153 cA)
ISBN 2-84205-127-0. *10 F / 1,52 €*

24549 **POUCHKINE A. S.** La Dame de pique ; Récits de feu Ivan Pétrovitch Bielkine ; Doubrovski. *Gallimard, 1974.* (Folio ; 542 c11)
ISBN 2-07-036542-5. *29,50 F / 4,50 €*

24550 **POUCHKINE A. S.** La dame de pique ; suivi de Doubrovsky. *Librio, 1995.* (Librio ; 74 c1)
ISBN 2-277-30074-8. *10 F / 1,52 €*

24551 **POUCHKINE A. S.** La dame de pique ; suivi de Récits de feu Ivan Petrovitch Belkine. Nouv. éd. *LGF, 1999.* (Le Livre de poche ; 6214. Classiques de poche c4)
ISBN 2-253-03927-6. *20 F / 3,05 €*

24552 **POUCHKINE A. S.** La Dame de pique. *Mille et une nuits, 1994.* (La petite collection ; 27 cA)
ISBN 2-910233-27-8. *10 F / 1,52 €*

24553 **POUCHKINE A. S.** La dame de pique. *Gallimard, 1995.* (Folio bilingue ; 54 c7)
ISBN 2-07-039342-9. *60 F / 9,15 €*

24554 **POUCHKINE A. S.** Eugène Onéguine. *Gallimard, 1996.* (Folio ; 2796. Classique c8)
ISBN 2-07-038898-0. *37 F / 5,64 €*

24555 **POUCHKINE A. S.** Eugène Oniéguine : roman en vers. *Seuil, 1998.* (Points ; 499)
ISBN 2-02-032956-5. *45 F / 6,86 €*

24556 **POUCHKINE A. S.** La fille du capitaine. *LGF, 1997.* (Le Livre de poche ; 3138. Classiques de poche c5)
ISBN 2-253-09835-3. *23 F / 3,51 €*

24557 **POULAILLE H.** Pain de soldat : 1914-1917. *Grasset, 1995.* (Les Cahiers rouges ; 219)
ISBN 2-246-15712-9. *75 F / 11,43 €*

24558 **POULAILLE H.** Le Pain quotidien. *Grasset, 1986.* (Les Cahiers rouges ; 65)
ISBN 2-246-19152-1. *53 F / 8,08 €*

24559 **POULIN J.** Chat sauvage. *Actes Sud ; Leméac, 2000.* (Babel ; 414)
ISBN 2-7427-2604-7. *45 F / 6,86 €*

24560 **POULIN J.** Les grandes marées. *Actes Sud, 1996.* (Babel ; 195 c2)
ISBN 2-7427-0679-8. *39 F / 5,95 €*

24561 **POULIN J.** Jimmy. *Actes Sud, 1999.* (Babel ; 370 c2)
ISBN 2-7427-2129-0. *39 F / 5,95 €*

24562 **POULIN J.** Tournée d'automne. *Actes Sud, 1997.* (Babel ; 219 c2)
ISBN 2-7427-0992-4. *39 F / 5,95 €*

24563 **POULIN J.** Le vieux chagrin. *Actes Sud, 1995.* (Babel ; 151 c2)
ISBN 2-7427-0498-1. *39 F / 5,95 €*

24564 **POULIN J.** Volkswagen blues. *Actes Sud, 1998.* (Babel ; 331 c3)
ISBN 2-7427-1800-1. *51 F / 7,77 €*

24565 **POURRAT H.** Bons, pauvres et mauvais diables : contes. *Gallimard, 1994.* (Folio ; 2641 c8)
ISBN 2-07-038949-9. *37 F / 5,64 €*

24566 **POURRAT H.** Gaspard des montagnes. *LGF, 1991.* (Le Livre de poche ; 5828 c16)
ISBN 2-253-05879-3. *55 F / 8,38 €*

24567 **POUY J-B.** Plein tarif. *Mille et une nuits, 1997.* (La petite collection ; 158 cA)
ISBN 2-84205-138-6. *10 F / 1,52 €*

24568 **POWELL A.** A l'écoute des harmonies secrètes. *10-18, 1998.* (La ronde de la musique du temps; 12)(10-18 ; 3010. Domaine étranger c6)
ISBN 2-264-02332-5. *47 F / 7,17 €*

24569 **POWELL A.** L'acceptation. *10-18, 1997.* (La ronde de la musique du temps; 3)(10-18 ; 2851. Domaine étranger c5)
ISBN 2-264-02341-4. *44 F / 6,71 €*

24570 **POWELL A.** Art martial. *10-18, 1998.* (La ronde de la musique du temps; 8)(10-18 ; 2941. Domaine étranger c5)
ISBN 2-264-02336-8. *44 F / 6,71 €*

24571 **POWELL A.** Les braves gens. *10-18, 1997.* (La ronde de la musique du temps; 6)(10-18 ; 2905. Domaine étranger c5)
ISBN 2-264-02340-6. *44 F / 6,71 €*

24572 **POWELL A.** Casanova's chinese restaurant. *10-18, 1997.* (La ronde de la musique du temps; 5)(10-18 ; 2876. Domaine étranger c5)
ISBN 2-264-02339-2. *44 F / 6,71 €*

24573 **POWELL A.** Des livres au mètre. *10-18, 1998.* (La ronde de la musique du temps; 10)(10-18 ; 2975. Domaine étranger c6)
ISBN 2-264-02334-1. *47 F / 7,17 €*

24574 **POWELL A.** Les mouvements du coeur. *10-18, 1997.* (La ronde de la musique du temps; 2)(10-18 ; 2824. Domaine étranger c6)
ISBN 2-264-02342-2. *47 F / 7,17 €*

24575 **POWELL A.** Philosophes militaires. *10-18, 1998.* (La ronde de la musique du temps; 9)(10-18 ; 2958. Domaine étranger)
ISBN 2-264-02335-X. *47 F / 7,17 €*

24576 **POWELL A.** Une question d'éducation. *10-18, 1997.* (La ronde de la musique du temps; 1)(10-18 ; 2823. Domaine étranger c5)
ISBN 2-264-02343-0. *44 F / 6,71 €*

24577 **POWELL A.** Rois d'un jour. *10-18, 1998.* (La ronde de la musique du temps; 11)(10-18 ; 2987. Domaine étranger)
ISBN 2-264-02333-3. *47 F / 7,17 €*

24578 **POWELL A.** La ronde de la musique du temps. 4, Chez lady Powell. *10-18, 1997.* (10-18 ; 2867. Domaine étranger c5)
ISBN 2-264-02338-4. *44 F / 6,71 €*

24579 **POWELL A.** La vallée des ossements. *10-18, 1998.* (La ronde de la musique du temps; 7)(10-18 ; 2916. Domaine étranger c5)
ISBN 2-264-02337-6. *44 F / 6,71 €*

24580 **POWER S.** Danseur d'herbe. *10-18, 1999.* (10-18 ; 3112. Domaine étranger c6)
ISBN 2-264-02646-4. *47 F / 7,17 €*

24581 **POWERS T.** Sur des mers plus ignorées. *J'ai lu, 1988.* (J'ai lu ; 2371. Science-fiction c4)
ISBN 2-277-22371-9. *36 F / 5,49 €*

24582 **POWYS J. C.** Camp retranché. *Grasset, 1988.* (Les Cahiers rouges ; 96)
ISBN 2-246-15722-6. *69 F / 10,52 €*

24583 **POWYS J. C.** Comme je l'entends. *Seuil, 1992.* (Points. Roman ; 509 c5)
ISBN 2-02-013402-0. *55 F / 8,38 €*

24584 **POWYS J. C.** Givre et sang. *Seuil, 1982.* (Points. Roman ; 79 c3)
ISBN 2-02-006213-5. *48 F / 7,32 €*

24585 **POWYS T. F.** Le Bon vin de M. Weston. *Gallimard, 1986.* (L'imaginaire ; 160 c1)
ISBN 2-07-070576-5. *52 F / 7,93 €*

24586 **POWYS T. F.** De vie à trépas. *Gallimard, 1999.* (L'Etrangère)
ISBN 2-07-075644-0. *70 F / 10,67 €*

24587 **N** **PRATO D.** Brûlures. *Allia, 2000.* (Petite collection)
ISBN 2-84485-042-1. *40 F / 6,10 €*

24588 **PRATOLINI V.** Chronique des pauvres amants. *Albin Michel, 1988.* (Bibliothèque Albin Michel poche ; 11 c2)
ISBN 2-226-03380-7. *49 F / 7,47 €*

24589 **PRATT H.** Corto Maltese. *Gallimard, 1998.* (Folio ; 3032 c8)
ISBN 2-07-040399-8. *37 F / 5,64 €*

24590 **PRATT H.** Cour des mystères. *Gallimard, 1999.* (Folio ; 3167 c7)
ISBN 2-07-040724-1. *32,50 F / 4,95 €*

24591 **PRATT H.** Cour des mystères. *Gallimard, 1999.* (Folio ; 3167)
ISBN 2-07-040946-5. *41 F / 6,25 €*

24592 **PRATTE J.** Les honorables. *Pocket, 1998.* (Pocket ; 10264 c6)
ISBN 2-266-07768-6. *38 F / 5,79 €*

24593 **PRATTE J.** Les persiennes. *Pocket, 1999.* (Pocket ; 10652 c4)
ISBN 2-266-09105-0. *30 F / 4,57 €*

24594 **PRÉVERT J.** Grand Bal du printemps. Charmes de Londres. *Gallimard, 1979.* (Folio ; 1075 c9)
ISBN 2-07-037075-5. *20,50 F / 3,13 €*

24595 **PRÉVOST A. F.** Histoire du chevalier des Grieux et de Manon Lescaut. *Gallimard, 1976.* (Folio ; 757. Classique c6)
ISBN 2-07-036757-6. *29,50 F / 4,50 €*

24596 **PRÉVOST A. F.** Manon Lescaut. Nouv. éd. *LGF, 1995.* (Le Livre de poche ; 460. Classiques de poche c4)
ISBN 2-253-00984-9. *20 F / 3,05 €*

24597 **PRÉVOST A. F.** Manon Lescaut. *Librio, 1996.* (Librio ; 94 c1)
ISBN 2-277-30094-2. *10 F / 1,52 €*

24598 [A] **PRÉVOST A. F.** Manon Lescaut. *Gallimard, 2001.* (Folio. Classique)
ISBN 2-07-041353-5. *20,50 F / 3,13 €*

24599 **PRÉVOST D.** Le pont de la révolte. *Gallimard, 1997.* (Folio ; 3006 c11)
ISBN 2-07-040346-7. *29,50 F / 4,50 €*

24600 **PRÉVOST J.** Les frères Bouquinquant. *Gallimard, 1999.* (L'imaginaire ; 404)
ISBN 2-07-075628-9. *59 F / 8,99 €*

24601 **Le Prince que voilà.** *LGF, 1994.* (Fortune de France; 4)(Le Livre de poche ; 13551 c13)
ISBN 2-253-13551-8. *46 F / 7,01 €*

24602 [A] **PRISER L.** Une poignée d'ajoncs. *Liv'éditions, 2001.* (Liv'poche)
ISBN 2-84497-011-7. *69 F / 10,52 €*

24603 **PRIVAT B.** Au pied du mur. *Grasset, 1995.* (Les Cahiers rouges ; 221)
ISBN 2-246-52041-X. *54 F / 8,23 €*

24604 [A] **Prix Cognac.** *Libr. des Champs-Elysées, 2001.* (Le Masque ; 2449)
ISBN 2-7024-3028-7. *39 F / 5,95 €*

24605 **PROCTOR C.** Prisonnière du désir. *J'ai lu, 1999.* (J'ai lu ; 5305. Aventures et passions)
ISBN 2-290-05305-8. *39 F / 5,95 €*

24606 **PROKOSCH F.** Les Asiatiques. *Gallimard, 1984.* (L'imaginaire ; 144)
ISBN 2-07-070322-3. *53 F / 8,08 €*

24607 **PROKOSCH F.** Un Chant d'amour. *Actes Sud, 1992.* (Babel ; 39 c4)
ISBN 2-86869-798-4. *51 F / 7,77 €*

24608 **PROKOSCH F.** Hasards de l'Arabie heureuse. *Gallimard, 1992.* (L'Etrangère)
ISBN 2-07-072831-5. *48 F / 7,32 €*

24609 **PROKOSCH F.** Le manège d'ombres. *Actes Sud, 1999.* (Babel ; 366 c5)
ISBN 2-7427-2072-3. *57 F / 8,69 €*

24610 **PROKOSCH F.** Nuit des humbles. *Gallimard, 1999.* (L'Etrangère)
ISBN 2-07-075494-4. *60 F / 9,15 €*

24611 **PROKOSCH F.** Pas de quatre. *Gallimard, 1996.* (L'Etrangère)
ISBN 2-07-074417-5. *78 F / 11,89 €*

24612 **PROKOSCH F.** Sept fugitifs. *Gallimard, 1980.* (L'imaginaire ; 60)
ISBN 2-07-021690-X. *46 F / 7,01 €*

24613 [N] **PROKOSCH F.** La tempête et l'écho. *Gallimard, 2000.* (L'imaginaire ; 421)
ISBN 2-07-075847-8. *69 F / 10,52 €*

24614 **PROSE F.** Les petits miracles. *Gallimard, 1996.* (Folio ; 2849 c8)
ISBN 2-07-040024-7. *37 F / 5,64 €*

24615 **PROU S.** L'album de famille. *LGF, 1997.* (Le Livre de poche ; 14205 c4)
ISBN 2-253-14205-0. *20 F / 3,05 €*

24616 **PROU S.** Méchamment les oiseaux. *LGF, 1992.* (Le Livre de poche ; 3120 c7)
ISBN 2-253-01119-3. *30 F / 4,57 €*

24617 **PROU S.** La Notairesse. *LGF, 1993.* (Le Livre de poche ; 9571 c7)
ISBN 2-253-06242-1. *30 F / 4,57 €*

24618 **PROU S.** Le Temps des innocents. *LGF, 1992.* (Le Livre de poche ; 4378 c8)
ISBN 2-253-06109-3. *33 F / 5,03 €*

24619 **PROUST M.** A l'ombre des jeunes filles en fleurs. *Gallimard, 1990.* (A la recherche du temps perdu; 2)(Folio ; 1946. Classique c10)
ISBN 2-07-038051-3. *46 F / 7,01 €*

24620 **PROUST M.** A l'ombre des jeunes filles en fleurs. *LGF, 1992.* (A la recherche du temps perdu; 2)(Le Livre de poche ; 7391. Classiques de poche c10)
ISBN 2-253-05910-2. *40 F / 6,10 €*

24621 **PROUST M.** A la recherche du temps perdu. 1. *Laffont, 1998.* (Bouquins)
ISBN 2-221-04741-9. *179 F / 27,29 €*

24622 **PROUST M.** A la recherche du temps perdu. 2. Réimpr. *Laffont, 1998.* (Bouquins)
ISBN 2-221-04742-7. *159 F / 24,24 €*

24623 **PROUST M.** A la recherche du temps perdu. 3. Réimpr. *Laffont, 1998.* (Bouquins)
ISBN 2-221-04743-5. *169 F / 25,76 €*

24624 **PROUST M.** Albertine disparue (La Fugitive). *Gallimard, 1990.* (A la recherche du temps perdu; 6)(Folio ; 2139. Classique c10)
ISBN 2-07-038233-8. *46 F / 7,01 €*

24625 **PROUST M.** Un Amour de Swann. *LGF, 1987.* (Le Livre de poche ; 6463. Classiques de poche c6)
ISBN 2-253-04576-4. *26 F / 3,96 €*

24626 [N] **PROUST M.** Un amour de Swann. *Librio, 2000.* (Librio ; 430 c1)
ISBN 2-290-30866-8. *10 F / 1,52 €*

24627 **PROUST M.** Un amour de Swann. *Gallimard, 1976.* (A la recherche du temps perdu; 4)(Folio ; 780. Classique c6)
ISBN 2-07-036780-0. *29,50 F / 4,50 €*

24628 **PROUST M.** Le Côté de Guermantes I et II. *LGF, 1992.* (A la recherche du temps perdu; 3)(Le Livre de poche ; 7392. Classiques de poche cK)
ISBN 2-253-05948-X. *42 F / 6,40 €*

24629 **PROUST M.** Du côté de chez Swann. *Gallimard, 1989.* (A la recherche du temps perdu; 1)(Folio ; 1924. Classique c11)
ISBN 2-07-037924-8. *50 F / 7,62 €*

24630 **PROUST M.** La Fugitive : cahiers d'Albertine disparue. *LGF, 1993.* (A la recherche du temps perdu; 6)(Le Livre de poche ; 7395. Classiques de poche c8)
ISBN 2-253-06050-X. *33 F / 5,03 €*

24631 **PROUST M.** La Prisonnière : Sodome et Gomorrhe III ; Albertine disparue : dernière version revue par l'auteur. *LGF, 1993.* (A la recherche du temps perdu; 5)(Le Livre de poche ; 7394. Classiques de poche c10)
ISBN 2-253-06049-6. *40 F / 6,10 €*

24632 **PROUST M.** La prisonnière. *Gallimard, 1989.* (A la recherche du temps perdu; 6)(Folio ; 2089. Classique c10)
ISBN 2-07-038177-3. *46 F / 7,01 €*

24633 **PROUST M.** Sodome et Gomorrhe I et II. *LGF, 1993.* (A la recherche du temps perdu; 4)(Le Livre de poche ; 7393. Classiques de poche c9)
ISBN 2-253-06035-6. *36 F / 5,49 €*

24634 **PROUST M.** Sodome et Gomorrhe. *Gallimard, 1989.* (A la recherche du temps perdu; 4)(Folio ; 2047. Classique c13)
ISBN 2-07-038135-8. *56 F / 8,54 €*

24635 **PROUST M.** Le temps retrouvé. Réimpr. *Gallimard, 1990.* (A la recherche du temps perdu; 7)(Folio ; 2203. Classique c11)
ISBN 2-07-038293-1. *50 F / 7,62 €*

24636 **PROUST M.** Le Temps retrouvé. *LGF, 1993.* (A la recherche du temps perdu; 7)(Le Livre de poche ; 7396. Classiques de poche c9)
ISBN 2-253-06125-5. *36 F / 5,49 €*

24637 **PROVIS M.** Les chemins de pierre. Réimpr. *J'ai lu, 1994.* (J'ai lu ; 3751. Littérature générale c3)
ISBN 2-290-03751-6. *29 F / 4,42 €*

24638 **PUÉRTOLAS S.** Le bandit doublement armé. *J. Chambon, 1996.* (Chambon-Poche)
ISBN 2-87711-140-7. *36 F / 5,49 €*

24639 **PUIG M.** Le baiser de la femme-araignée. *Seuil, 1996.* (Points ; 286 c8)
ISBN 2-02-030064-8. *39 F / 5,95 €*

24640 **PUIG M.** Les Mystères de Buenos Aires. *Seuil, 1989.* (Points. Roman ; 336 c10)
ISBN 2-02-010612-4. *48 F / 7,32 €*

24641 **PUIG M.** Le Plus beau tango du monde. *Gallimard, 1987.* (L'imaginaire ; 190)
ISBN 2-07-071155-2. *42 F / 6,40 €*

24642 **PUJADE-RENAUD C.** Belle-mère. *Actes Sud, 1997.* (Babel ; 246 c2)
ISBN 2-7427-0998-3. *39 F / 5,95 €*

24643 **N** **PUJADE-RENAUD C.** Belle-mère. Réimp. *J'ai lu, 2000.* (J'ai lu ; 4538. Littérature générale cG)
ISBN 2-290-30385-2. *29 F / 4,42 €*

24644 **PUJADE-RENAUD C.** La danse océane. *Actes Sud, 1996.* (Babel ; 234 c4)
ISBN 2-7427-0912-6. *51 F / 7,77 €*

24645 **PUJADE-RENAUD C.** Martha. *Actes Sud, 1996.* (Babel ; 235 c1)
ISBN 2-7427-0913-4. *33 F / 5,03 €*

24646 **PUJADE-RENAUD C.** La nuit, la neige. *Actes Sud, 1998.* (Babel ; 322 c6)
ISBN 2-7427-1682-3. *63 F / 9,60 €*

24647 **PUJADE-RENAUD C.** La nuit, la neige. *J'ai lu, 1998.* (J'ai lu ; 4930. Littérature générale c5)
ISBN 2-290-04930-1. *39 F / 5,95 €*

24648 **N** **PUJADE-RENAUD C.** Le sas de l'absence ; suivi de La ventriloque. *Actes Sud, 2000.* (Babel ; 425)
ISBN 2-7427-2764-7. *39 F / 5,95 €*

24649 **N** **PUJADE-RENAUD C.** Le sas de l'absence. *J'ai lu, 2000.* (J'ai lu ; 5593. Littérature générale cF)
ISBN 2-290-30292-9. *26 F / 3,96 €*

24650 **PUJADE-RENAUD C.** Un si joli petit livre : et autres nouvelles. *Actes Sud, 1999.* (Babel ; 389)
ISBN 2-7427-2396-X. *39 F / 5,95 €*

24651 **PUJADE-RENAUD C.** Vous êtes toute seule?. *Actes Sud, 1994.* (Babel ; 125 c2)
ISBN 2-7427-0337-3. *39 F / 5,95 €*

24652 **PURCELL D.** L'été de nos seize ans. *Pocket, 1996.* (Pocket ; 10069 c10)
ISBN 2-266-06728-1. *50 F / 7,62 €*

24653 **A** **PURCELL D.** Jésus et Billy s'en vont à Barcelone. *Librio, 2001.* (Librio ; 463 c1)
ISBN 2-290-31305-X. *10 F / 1,52 €*

24654 **PURCELL D.** Passion irlandaise. *Pocket, 1994.* (Pocket ; 4210 c07)
ISBN 2-266-06151-8. *42 F / 6,40 €*

24655 **PURCELL D.** Une saison de lumière. *Pocket, 1997.* (Pocket ; 10160 c9)
ISBN 2-266-07464-4. *48 F / 7,32 €*

24656 **PURDY J.** Malcolm. *Gallimard, 1991.* (L'Etrangère)
ISBN 2-07-072528-6. *48 F / 7,32 €*

24657 **PURDY J.** L'oiseau de paradis. *Stock, 1995.* (Bibliothèque cosmopolite c1)
ISBN 2-234-04457-X. *50 F / 7,62 €*

24658 **A** **PUTNEY M. J.** La fiancée chinoise. *J'ai lu, 2001.* (J'ai lu ; 6009. Aventures et passions)
ISBN 2-290-31261-4

24659 **A** **PUTNEY M. J.** Un tempérament explosif. *J'ai lu, 2001.* (J'ai lu ; 5916. Aventures et passions)
ISBN 2-290-31155-3

24660 **A** **PUTTEMANS P.** La constellation du chien. *Ancrage, 2001.* (Poche ; 27)
ISBN 2-930311-24-X. *35 F / 5,34 €*

24661 **PUZO M.** Le dernier parrain. *LGF, 1998.* (Le Livre de poche ; 14467 c13)
ISBN 2-253-14467-3. *46 F / 7,01 €*

24662 **PUZO M.** Le Quatrième K. *LGF, 1993.* (Le Livre de poche ; 7606. Thriller c10)
ISBN 2-253-06418-1. *40 F / 6,10 €*

24663 **PUZO M.** Le Sicilien. *LGF, 1986.* (Le Livre de poche ; 6221 c9)
ISBN 2-253-03935-7. *36 F / 5,49 €*

24664 **PYM B.** Un Brin de verdure. *10-18, 1989.* (10-18 ; 2052. Domaine étranger c5)
ISBN 2-264-01367-2. *44 F / 6,71 €*

24665 **PYM B.** Une Corne d'abondance. *10-18, 1993.* (10-18 ; 2412. Domaine étranger c6)
ISBN 2-264-01875-5. *47 F / 7,17 €*

24666 **PYM B.** Crampton Hodnet. *10-18, 1994.* (10-18 ; 2466. Domaine étranger c5)
ISBN 2-264-00197-6. *44 F / 6,71 €*

24667 **PYM B.** Une Demoiselle comme il faut. *10-18, 1991.* (10-18 ; 2169. Domaine étranger c5)
ISBN 2-264-01613-2. *44 F / 6,71 €*

24668 **PYM B.** La Douce colombe est morte. *10-18, 1989.* (10-18 ; 2051. Domaine étranger c5)
ISBN 2-264-01366-4. *44 F / 6,71 €*

24669 **PYM B.** Des Femmes remarquables. *10-18, 1992.* (10-18 ; 2250. Domaine étranger c5)
ISBN 2-264-01716-3. *44 F / 6,71 €*

24670 **PYM B.** Les Ingratitudes de l'amour. *10-18, 1993.* (10-18 ; 2380 c6)
ISBN 2-264-01823-2. *47 F / 7,17 €*

24671 **PYM B.** Jane et Prudence. *10-18, 1994.* (10-18 ; 2531. Domaine étranger c5)
ISBN 2-264-00198-4. *44 F / 6,71 €*

24672 **PYM B.** Quatuor d'automne. *10-18, 1990.* (10-18 ; 2114. Domaine étranger c4)
ISBN 2-264-01365-6. *41 F / 6,25 €*

24673 **PYM B.** Une Question purement académique. *10-18, 1992.* (10-18 ; 2266. Domaine étranger c4)
ISBN 2-264-01720-1. *41 F / 6,25 €*

24674 **N** **PYNCHON T.** V. *Seuil, 2001.* (Points ; 812 c14)
ISBN 2-02-041877-0. *55 F / 8,38 €*

24675 **N** **PYNCHON T.** Vente à la criée du lot 49. Réimpr. *Seuil, 2000.* (Points ; 773)
ISBN 2-02-040648-9. *39 F / 5,95 €*

24676 **N** **PYNCHON T.** Vineland. *Seuil, 2001.* (Points ; 813 c12)
ISBN 2-02-048159-6. *50 F / 7,62 €*

24677 **QIAN Z.** Hommes, bêtes et démons. *Gallimard, 1994.* (Connaissance de l'Orient poche ; 67)
ISBN 2-07-073966-X. *89 F / 13,57 €*

24678 **QUARANTOTTI-GAMBINI P. A.** La Vie ardente. *Gallimard, 1991.* (L'Etrangère)
ISBN 2-07-072393-3. *75 F / 11,43 €*

24679 **QUEFFÉLEC Y.** Le Charme noir. *Gallimard, 1985.* (Folio ; 1665 c8)
ISBN 2-07-037665-6. *37 F / 5,64 €*

24680 **QUEFFÉLEC Y.** Disparue dans la nuit. *LGF, 1996.* (Le Livre de poche ; 13908 c6)
ISBN 2-253-13908-4. *26 F / 3,96 €*

24681 **QUEFFÉLEC Y.** Et la force d'aimer. *LGF, 1998.* (Le Livre de poche ; 14425 c5)
ISBN 2-253-14425-8. *23 F / 3,51 €*

24682 **QUEFFÉLEC Y.** Happy birthday Sara. *LGF, 2000.* (Le Livre de poche ; 14795 c5)
ISBN 2-253-14795-8. *23 F / 3,51 €*

24683 **QUEFFÉLEC Y.** Le Maître des chimères. *Pocket, 1992.* (Pocket ; 4059. Blanche c5)
ISBN 2-266-04944-5. *35 F / 5,34 €*

24684 **QUEFFÉLEC Y.** Les noces barbares. *Gallimard, 1987.* (Folio ; 1856 c8)
ISBN 2-07-037856-X. *37 F / 5,64 €*

24685 **QUEFFÉLEC Y.** Noir animal ou La menace. *Pocket, 1999.* (Pocket ; 4236 c1)
ISBN 2-266-09113-1. *19 F / 2,90 €*

24686 **QUEFFÉLEC Y.** Prends garde au loup. *Pocket, 1993.* (Pocket ; 2925 c5)
ISBN 2-266-05632-8. *35 F / 5,34 €*

24687 **QUEIROS J. M. E. d.** 202, Champs-Elysées. *Gallimard, 2000.* (Folio ; 3299 c10)
ISBN 2-07-041338-1. *32,50 F / 4,95 €*

24688 **QUEIROS J. M. E. d.** Une singulière jeune fille blonde et autres contes. *Gallimard, 1997.* (Folio bilingue ; 64)
ISBN 2-07-040183-9. *66 F / 10,06 €*

24689 **QUEIROS J. M. E. d.** La tragédie de la rue des Fleurs. *Métailié, 2000.* (Suites ; 32. Suite portugaise)
ISBN 2-86424-337-7. *85 F / 12,96 €*

24690 **QUEIROZ R. d.** L'année de la grande sécheresse. Réimpr. *Stock, 1998.* (Bibliothèque cosmopolite)
ISBN 2-234-04991-1. *50 F / 7,62 €*

24691 **QUENEAU R.** Le Chiendent. *Gallimard, 1974.* (Folio ; 588 c9)
ISBN 2-07-036588-3. *41 F / 6,25 €*

24692 **QUENEAU R.** Contes et propos. *Gallimard, 1990.* (Folio ; 2127 c8)
ISBN 2-07-038220-6. *37 F / 5,64 €*

24693 **QUENEAU R.** Les derniers jours. *Gallimard, 1997.* (Folio ; 3019 c8)
ISBN 2-07-040323-8. *37 F / 5,64 €*

24694 **QUENEAU R.** Le Dimanche de la vie. *Gallimard, 1973.* (Folio ; 442 c11)
ISBN 2-07-036442-9. *29,50 F / 4,50 €*

24695 **QUENEAU R.** Les Enfants du limon. *Gallimard, 1993.* (L'imaginaire ; 303)
ISBN 2-07-073440-4. *62 F / 9,45 €*

24696 **QUENEAU R.** Exercices de style. *Gallimard, 1982.* (Folio ; 1363 c9)
ISBN 2-07-037363-0. *20,50 F / 3,13 €*

24697 **QUENEAU R.** Les Fleurs bleues. *Gallimard, 1978.* (Folio ; 1000 c11)
ISBN 2-07-037000-3. *29,50 F / 4,50 €*

24698 **QUENEAU R.** Loin de Rueil. *Gallimard, 1976.* (Folio ; 849 c11)
ISBN 2-07-036849-1. *29,50 F / 4,50 €*

24699 **QUENEAU R.** Odile. *Gallimard, 1992.* (L'imaginaire ; 276)
ISBN 2-07-072547-2. *44 F / 6,71 €*

24700 **QUENEAU R.** Les Oeuvres complètes de Sally Mara. *Gallimard, 1979.* (L'imaginaire ; 48)
ISBN 2-07-028752-1. *56 F / 8,54 €*

24701 **QUENEAU R.** On est toujours trop bon avec les femmes : Un Roman irlandais de Sally Mara. *Gallimard, 1981.* (Folio ; 1312 c11)
ISBN 2-07-037312-6. *29,50 F / 4,50 €*

24702 **QUENEAU R.** Pierrot mon ami. Réimpr. *Gallimard, 1989.* (Folio ; 226 c11)
ISBN 2-07-036226-4. *29,50 F / 4,50 €*

24703 **QUENEAU R.** Un Rude hiver. *Gallimard, 1977.* (L'imaginaire ; 1)
ISBN 2-07-029648-2. *40 F / 6,10 €*

24704 **QUENEAU R.** Saint-Glinglin. *Gallimard, 1981.* (L'imaginaire ; 78)
ISBN 2-07-029151-0. *48 F / 7,32 €*

24705 **QUENEAU R.** Le Vol d'Icare. *Gallimard, 1994.* (Folio ; 2629 c8)
ISBN 2-07-038918-9. *37 F / 5,64 €*

24706 **QUENEAU R.** Zazie dans le métro. *Gallimard, 1972.* (Folio ; 103 c9)
ISBN 2-07-036103-9. *20,50 F / 3,13 €*

24707 **N** **QUICK A.** Au-delà de tout soupçon. Nouv. éd. *J'ai lu, 2000.* (J'ai lu ; 4936. Aventures et passions cJ)
ISBN 2-290-30958-3. *39 F / 5,95 €*

24708 **QUICK A.** Le chant de la sirène. *J'ai lu, 2000.* (J'ai lu ; 4587. Aventures et passions cJ)
ISBN 2-290-04587-X. *39 F / 5,95 €*

24709 **QUICK A.** Les clés d'Aphrodite. *J'ai lu, 1999.* (J'ai lu ; 5303. Aventures et passions c5)
ISBN 2-290-05303-1. *39 F / 5,95 €*

24710 **N** **QUICK A.** La dame de lumière. Réimpr. *J'ai lu, 2000.* (J'ai lu ; 5214. Aventures et passions cJ)
ISBN 2-290-05214-0. *39 F / 5,95 €*

24711 **QUICK A.** Un duo inattendu. *J'ai lu, 2000.* (J'ai lu ; 5410. Aventures et passions cJ)
ISBN 2-290-30007-1. *39 F / 5,95 €*

24712 **QUICK A.** Etrange passion. Réimpr. *J'ai lu, 1995.* (J'ai lu ; 3921. Aventures et passions c4)
ISBN 2-290-03921-7. *36 F / 5,49 €*

24713 **A** **QUICK A.** Le mystère de la veuve noire. *J'ai lu, 2001.* (J'ai lu ; 5871. Aventures et passions)
ISBN 2-290-31073-5

24714 **QUICK A.** Rendez-vous manqué. *J'ai lu, 1998.* (J'ai lu ; 4781. Aventures et passions cJ)
ISBN 2-290-04781-3. *39 F / 5,95 €*

24715 **QUICK A.** La séductrice inattendue. Réimpr. *J'ai lu, 1997.* (J'ai lu ; 3491. Aventures et passions c5)
ISBN 2-290-13491-0. *39 F / 5,95 €*

24716 **QUICK A., CLARENS E.** Fiançailles pour rire. *J'ai lu, 1997.* (J'ai lu ; 4398. Aventures et passions c3)
ISBN 2-290-04398-2. *29 F / 4,42 €*

24717 **QUIGNARD P.** Carus. Ed. rev. et corr. *Gallimard, 1990.* (Folio ; 2211 c9)
ISBN 2-07-038301-6. *41 F / 6,25 €*

24718 **QUIGNARD P.** Les Escaliers de Chambord. *Gallimard, 1991.* (Folio ; 2301 c8)
ISBN 2-07-038415-2. *37 F / 5,64 €*

24719 **QUIGNARD P.** Le nom sur le bout de la langue : récit. *Gallimard, 1995.* (Folio ; 2698 c9)
ISBN 2-07-039255-4. *20,50 F / 3,13 €*

24720 **QUIGNARD P.** L'occupation américaine. *Seuil, 1996.* (Points ; 208 c7)
ISBN 2-02-028305-0. *35 F / 5,34 €*

24721 **QUIGNARD P.** Le Salon du Wurtemberg. *Gallimard, 1988.* (Folio ; 1928 c9)
ISBN 2-07-037928-0. *41 F / 6,25 €*

24722 **QUIGNARD P.** Les Tablettes de buis d'Apronenia Avitia. *Gallimard, 1989.* (L'imaginaire ; 212)
ISBN 2-07-071520-5. *40 F / 6,10 €*

24723 **QUIGNARD P.** Tous les matins du monde. *Gallimard, 1993.* (Folio ; 2533 c11)
ISBN 2-07-038773-9. *29,50 F / 4,50 €*

24724 **QUIGNARD P.** Vie secrète. *Gallimard, 1999.* (Folio ; 3292 c13)
ISBN 2-07-041107-9. *50 F / 7,62 €*

24725 **QUILLIOT R.** L'Homme sur le pavois. *Gallimard, 1982.* (Folio ; 1421 c9)
ISBN 2-07-037421-1. *41 F / 6,25 €*

24726 **QUIN A.** Berg. *Gallimard, 1991.* (Folio ; 2227 c11)
ISBN 2-07-038327-X. *29,50 F / 4,50 €*

24727 **QUINDLEN A.** Contre coeur. *Pocket, 1999.* (Pocket ; 10420 c4B)
ISBN 2-266-08393-7. *32 F / 4,88 €*

24728 **QUINN D.** Ishmael : l'homme une fois disparu, y aura-t-il un espoir pour le gorille ?. *J'ai lu, 1999.* (J'ai lu ; 5161. Littérature générale c4)
ISBN 2-290-05161-6. *36 F / 5,49 €*

24729 **QUIROGA H.** Anaconda : contes. *Seuil, 1994.* (Points. Roman ; 661 c2)
ISBN 2-02-012875-6. *39 F / 5,95 €*

24730 **N** **QUIROGA H.** Contes d'amour de folie et de mort. *Métailié, 2000.* (Suites ; 34. Suite hispano-américaine)
ISBN 2-86424-361-X. *40 F / 6,10 €*

24731 **QUIROGA H.** Les exilés. *Métailié, 1997.* (Suites ; 5. Suite hispano-américaine)
ISBN 2-86424-258-3. *40 F / 6,10 €*

24732 **RABELAIS F.** Le cinquième livre. *Seuil, 1997.* (Points ; 410 c11)
ISBN 2-02-032366-4. *48 F / 7,32 €*

24733 **RABELAIS F.** François Rabelais : les cinq livres. *LGF, 1994.* (La Pochothèque ; 3223. Classiques modernes)
ISBN 2-253-13223-3. *165 F / 25,15 €*

24734 **RABELAIS F.** Gargantua. Nouv. éd. *LGF, 1994.* (Le Livre de poche ; 1589. Classiques de poche c7)
ISBN 2-253-01494-X. *30 F / 4,57 €*

24735 **RABELAIS F.** Gargantua. *Seuil, 1996.* (Points ; 287 c6)
ISBN 2-02-030032-X. *32 F / 4,88 €*

24736 **RABELAIS F.** Gargantua. *Gallimard, 1976.* (Folio ; 773. Classique c9)
ISBN 2-07-036773-8. *41 F / 6,25 €*

24737 **RABELAIS F.** Pantagruel. *Seuil, 1996.* (Points ; 288 c1)
ISBN 2-02-030033-8. *32 F / 4,88 €*

24738 **RABELAIS F.** Pantagruel. *Gallimard, 1973.* (Folio ; 387. Classique c9)
ISBN 2-07-036387-2. *41 F / 6,25 €*

24739 **RABELAIS F.** Le quart livre : édition critique sur le texte des éditions publiées en 1548 à Lyon par Pierre de Tours en 1552 à Paris par Michel Fezandat. *LGF, 1994.* (Le Livre de poche ; 710. Bibliothèque classique c19)
ISBN 2-253-90710-3. *70 F / 10,67 €*

24740 **RABELAIS F.** Le quart livre. *Seuil, 1997.* (Points ; 318 c11)
ISBN 2-02-030903-3. *48 F / 7,32 €*

24741 **RABELAIS F.** Le quart livre. *Gallimard, 1998.* (Folio ; 3037. Classique c10)
ISBN 2-07-038959-6. *46 F / 7,01 €*

24742 **RABELAIS F.** Le tiers livre : édition critique sur le texte publié en 1552 à Paris par Michel Fezandat. *LGF, 1995.* (Le Livre de poche ; 711. Bibliothèque classique c13)
ISBN 2-253-90711-1. *46 F / 7,01 €*

24743 **RABELAIS F.** Le Tiers livre. Réimpr. *Gallimard, 1991.* (Folio ; 462. Classique c8)
ISBN 2-07-036462-3. *37 F / 5,64 €*

24744 **RABELAIS F.** Le tiers livre. *Seuil, 1997.* (Points ; 317 c11)
ISBN 2-02-030176-8. *48 F / 7,32 €*

24745 **RACHET G.** Les 12 travaux d'Hercule. *Gallimard, 1993.* (Folio ; 2450 c12)
ISBN 2-07-038591-4. *52 F / 7,93 €*

24746 **N** **RACHET G.** Képhren et la pyramide du sphinx. *LGF, 2000.* (Le roman des pyramides; 4)(Le Livre de poche ; 14869 c10)
ISBN 2-253-14869-5. *40 F / 6,10 €*

24747 **RACHET G.** Khéops et la pyramide du soleil. *LGF, 1998.* (Le roman des pyramides; 1)(Le Livre de poche ; 14526 c9)
ISBN 2-253-14526-2. *36 F / 5,49 €*

24748 **RACHET G.** Khéphren et Didoufri : la pyramide inachevée. *LGF, 1999.* (Le roman des pyramides; 3)(Le Livre de poche ; 14713 c9)
ISBN 2-253-14713-3. *36 F / 5,49 €*

24749 **N** **RACHET G.** Mykérinos et la pyramide divine. *LGF, 2000.* (Le roman des pyramides; 5)(Le Livre de poche ; 14955 c9)
ISBN 2-253-14955-1. *36 F / 5,49 €*

24750 **RACHET G.** Néfertiti. *LGF, 1998.* (Le Livre de poche ; 14428 c9)
ISBN 2-253-14428-2. *36 F / 5,49 €*

24751 **RACHET G.** Le prêtre d'Amon. *LGF, 1996.* (Le Livre de poche ; 13957 c9)
ISBN 2-253-13957-2. *36 F / 5,49 €*

24752 **RACHET G.** Le rêve de pierre de Khéops. *LGF, 1999.* (Le roman des pyramides; 2)(Le Livre de poche ; 14627 c9)
ISBN 2-253-14627-7. *36 F / 5,49 €*

24753 **RACHET G.** Le Signe du taureau ou la Vie de César Borgia. *Gallimard, 1993.* (Folio ; 2486 c10)
ISBN 2-07-038734-8. *46 F / 7,01 €*

24754 **RACHET G.** Le Soleil de la Perse. *Gallimard, 1992.* (Folio ; 2343 c11)
ISBN 2-07-038466-7. *50 F / 7,62 €*

24755 **RACHET G., KHATTAB S.** Le manuscrit secret du Nil. *LGF, 1996.* (Le Livre de poche ; 13926 c10)
ISBN 2-253-13926-2. *40 F / 6,10 €*

24756 **RACHILDE** La Jongleuse. *Des femmes-Antoinette Fouque, 1983.* (Écrits d'hier)
ISBN 2-7210-0239-2. *72 F / 10,98 €*

24757 **RACHILDE** La marquise de Sade. *Gallimard, 1996.* (L'imaginaire ; 342)
ISBN 2-07-074422-1. *58 F / 8,84 €*

24758 **RADICEVIC B.** Le Trou de la serrure. *Stock, 1993.* (Bibliothèque cosmopolite)
ISBN 2-234-02564-8. *55 F / 8,38 €*

24759 **RADIGUET R.** Le bal du comte d'Orgel. *Librio, 1997.* (Librio ; 156 c1)
ISBN 2-277-30156-6. *10 F / 1,52 €*

24760 **RADIGUET R.** Le bal du comte d'Orgel. *Gallimard, 1983.* (Folio ; 1476. Classique c6)
ISBN 2-07-037476-9. *29,50 F / 4,50 €*

24761 **RADIGUET R.** Le Diable au corps : texte intégral et les clés de l'oeuvre. *Pocket, 1998.* (Pocket ; 6044. Classiques c1)
ISBN 2-266-08709-6. *19 F / 2,90 €*

24762 **RADIGUET R.** Le Diable au corps. *LGF, 1983.* (Le Livre de poche ; 119 c3)
ISBN 2-253-00669-6. *18 F / 2,74 €*

24763 **RADIGUET R.** Le diable au corps. *Librio, 1994.* (Librio ; 8 c1)
ISBN 2-277-30008-X. *10 F / 1,52 €*

24764 **RADIGUET R.** Le Diable au corps. *Grasset, 1994.* (Les Cahiers rouges ; 200)
ISBN 2-246-15785-4. *47 F / 7,17 €*

24765 **RADIGUET R.** Le diable au corps. *Mille et une nuits, 1998.* (La petite collection ; 213 c5)
ISBN 2-84205-355-9. *19,50 F / 2,97 €*

24766 **RADIGUET R.** Le diable au corps. *Gallimard, 1982.* (Folio ; 1391. Classique c6)
ISBN 2-07-037391-6. *29 F / 4,42 €*

24767 **RAFTERY B.** Une seconde d'éternité. *J'ai lu, 1998.* (J'ai lu ; 4960. Aventures et passions c5)
ISBN 2-290-04960-3. *39 F / 5,95 €*

24768 **RAGON M.** L'Accent de ma mère. *LGF, 1983.* (Le Livre de poche ; 5734 c7)
ISBN 2-253-03132-1. *30 F / 4,57 €*

24769 **RAGON M.** Le Cocher du Boiroux. *LGF, 1994.* (Le Livre de poche ; 13573 c6)
ISBN 2-253-13573-9. *26 F / 3,96 €*

24770 **RAGON M.** Les coquelicots sont revenus. *LGF, 1997.* (Le Livre de poche ; 14365 c5)
ISBN 2-253-14365-0. *23 F / 3,51 €*

24771 **RAGON M.** La Louve de Mervent. *LGF, 1987.* (Le Livre de poche ; 6381 c7)
ISBN 2-253-04296-X. *30 F / 4,57 €*

24772 **RAGON M.** Le Marin des sables. *LGF, 1990.* (Le Livre de poche ; 6754 c9)
ISBN 2-253-05278-7. *36 F / 5,49 €*

24773 **RAGON M.** La Mémoire des vaincus. *LGF, 1992.* (Le Livre de poche ; 4302 c13)
ISBN 2-253-05950-1. *46 F / 7,01 €*

24774 **RAGON M.** Les Mouchoirs rouges de Cholet. *LGF, 1986.* (Le Livre de poche ; 6094 c8)
ISBN 2-253-03727-3. *33 F / 5,03 €*

24775 **RAGON M.** Le roman de Rabelais. *LGF, 1996.* (Le Livre de poche ; 13965 c6)
ISBN 2-253-13965-3. *26 F / 3,96 €*

24776 **N** **RAGON M.** Un si bel espoir. *LGF, 2001.* (Le Livre de poche ; 15029)
ISBN 2-253-15029-0. *30 F / 4,57 €*

24777 **RAMBAUD P.** La bataille. *LGF, 1999.* (Le Livre de poche ; 14646 c7)
ISBN 2-253-14646-3. *30 F / 4,57 €*

24778 **RAMUZ C-F.** Aline. Nouv. éd. *Grasset, 1986.* (Les Cahiers rouges ; 66)
ISBN 2-246-35162-6. *49 F / 7,47 €*

24779 **RAMUZ C-F.** Derborence. *Grasset, 1985.* (Les Cahiers rouges ; 43)
ISBN 2-246-15792-7. *52 F / 7,93 €*

24780 **RAMUZ C-F.** Le garçon savoyard. *Grasset, 1997.* (Les Cahiers rouges ; 246)
ISBN 2-246-15822-2. *49 F / 7,47 €*

24781 **RAMUZ C-F.** Le Grand printemps. *Aire, 1978.* (Le Chant du monde)
ISBN 2-88108-013-8. *30 F / 4,57 €*

24782 **RAMUZ C-F.** La Grande peur dans la montagne. *LGF, 1968.* (Le Livre de poche ; 2474 c6)
ISBN 2-253-01096-0. *26 F / 3,96 €*

24783 **RAMUZ C-F.** La Grande peur dans la montagne. *Grasset, 1989.* (Les Cahiers rouges ; 104)
ISBN 2-246-19192-0. *50 F / 7,62 €*

24784 **RAMUZ C-F.** Jean-Luc persécuté. *Grasset, 1995.* (Les Cahiers rouges ; 215)
ISBN 2-246-15802-8. *54 F / 8,23 €*

24785 **RAMUZ C-F.** Joie dans le ciel. *Grasset, 1997.* (Les Cahiers rouges ; 241)
ISBN 2-246-15812-5. *48 F / 7,32 €*

24786 **RAMUZ C-F.** Paris, notes d'un Vaudois. *Aire, 1979.* (Le Chant du monde)
40 F / 6,10 €

24787 **RAMUZ C-F.** Présence de la mort. *Aire, 1978.* (Le Chant du monde)
ISBN 2-88108-011-1. *40 F / 6,10 €*

24788 **RAMUZ C-F.** Salutation paysanne. *Aire, 1978.* (Le Chant du monde)
ISBN 2-88108-014-6. *30 F / 4,57 €*

24789 **RAMUZ C-F.** Souvenirs sur Stravinsky. *Aire, 1980.* (Le Chant du monde)
ISBN 2-88108-012-X. *40 F / 6,10 €*

24790 **RAMUZ C-F.** Vendanges ; Chant de notre Rhône. *Aire, 1978.* (Le Chant du monde)
30 F / 4,57 €

24791 **N** **RANCÉ C.** On ne fait que passer. *Pocket, 2000.* (Pocket ; 10920 c4B)
ISBN 2-266-10030-0. *32 F / 4,88 €*

24792 **RANSMAYR C.** Le Dernier des mondes. *LGF, 1991.* (Le Livre de poche ; 6914 c10)
ISBN 2-253-05560-3. *40 F / 6,10 €*

24793 **RANSMAYR C.** Les Effrois de la glace et des ténèbres. *Seuil, 1991.* (Points. Roman ; 433 c3)
ISBN 2-02-012867-5. *48 F / 7,32 €*

24794 **RANSMAYR C.** Le syndrome de Kitahara. *LGF, 1999.* (Le Livre de poche ; 14743 c13)
ISBN 2-253-14743-5. *46 F / 7,01 €*

24795 **RASPAIL J.** L'anneau du pêcheur. *LGF, 1997.* (Le Livre de poche ; 14089 c9)
ISBN 2-253-14089-9. *36 F / 5,49 €*

24796 **N** **RASPAIL J.** Hurrah Zara !. *LGF, 2000.* (Le Livre de poche ; 14930 c9)
ISBN 2-253-14930-6. *36 F / 5,49 €*

24797 **N** **RASPAIL J.** Qui se souvient des hommes. Réimp. *J'ai lu, 2000.* (J'ai lu ; 2344. Littérature générale cG)
ISBN 2-290-30571-5. *29 F / 4,42 €*

24798 **RAUCAT T.** L'Honorable partie de campagne. *Gallimard, 1984.* (Folio ; 1597 c8)
ISBN 2-07-037597-8. *37 F / 5,64 €*

24799 **RAVALEC V.** Cantique de la racaille. Réimp. *J'ai lu, 2000.* (J'ai lu ; 4117. Littérature générale cJ)
ISBN 2-290-30553-7. *39 F / 5,95 €*

24800 **RAVALEC V.** Du pain pour les pauvres et autres nouvelles. *Librio, 1996.* (Librio ; 111)
ISBN 2-277-30111-6. *10 F / 1,52 €*

24801 **RAVALEC V.** Joséphine et les Gitans : et autres nouvelles. *Librio, 1998.* (Librio ; 242 c1)
ISBN 2-277-30242-2. *10 F / 1,52 €*

24802 **RAVALEC V.** Nostalgie de la magie noire. *J'ai lu, 1999.* (J'ai lu ; 5152. Littérature générale c4)
ISBN 2-290-05152-7. *36 F / 5,49 €*

24803 **RAVALEC V.** Un pur moment de rock'n roll. *J'ai lu, 1996.* (J'ai lu ; 4261. Littérature générale c2)
ISBN 2-290-14261-1. *22 F / 3,35 €*

24804 **N** **RAVALEC V.** Treize contes étranges. *J'ai lu, 2001.* (J'ai lu ; 5799. Littérature générale)
ISBN 2-290-30998-2. *29 F / 4,42 €*

24805 **RAVALEC V.** La vie moderne. *J'ai lu, 1998.* (J'ai lu ; 4842. Littérature générale c3)
ISBN 2-290-04842-9. *29 F / 4,42 €*

24806 **RAVALEC V.** Vol de sucettes, recel de bâtons. *J'ai lu, 1997.* (J'ai lu ; 4579. Littérature générale c4)
ISBN 2-290-04579-9. *36 F / 5,49 €*

24807 **RAVALEC V.** Wendy : biographie d'une sainte. *J'ai lu, 1997.* (J'ai lu ; 4467. Littérature générale c4)
ISBN 2-290-04467-9. *36 F / 5,49 €*

24808 **RAWN M.** Le jugement du fléau. *J'ai lu, 1997.* (Code Quantum : d'après les séries de Universal Television Quantum leap créées par Donald P. Bellisario; 5)(J'ai lu ; 4330. Littérature générale c3)
ISBN 2-290-04330-3. *29 F / 4,42 €*

24809 **RAY H.** Cherche souris pour garder chat. *Seuil, 1983.* (Point-virgule ; 20 c1)
ISBN 2-02-006519-3. *32 F / 4,88 €*

24810 **RAY S.** Autres nouvelles du Bengale. *10-18, 1990.* (10-18 ; 2140. Domaine étranger c3)
ISBN 2-264-01444-X. *38 F / 5,79 €*

24811 **RAY S.** La Nuit de l'indigo. *10-18, 1990.* (10-18 ; 2077. Domaine étranger c4)
ISBN 2-264-01443-1. *41 F / 6,25 €*

24812 **RAYMO C.** Dans les serres du faucon : un roman de l'an mil. *LGF, 1995.* (Le Livre de poche ; 13864 c9)
ISBN 2-253-13864-9. *36 F / 5,49 €*

24813 **RAYMO C.** Le Nain astronome. *LGF, 1994.* (Le Livre de poche ; 13594 c9)
ISBN 2-253-13594-1. *36 F / 5,49 €*

24814 **RAYNAL P.** En cherchant Sam. *Seuil, 1999.* (Points ; 682)
ISBN 2-02-037619-9. *39 F / 5,95 €*

24815 **RÉAGE P.** Histoire d'O ; suivi de Retour à Roissy. *LGF, 1999.* (Le Livre de poche ; 14766 c10)
ISBN 2-253-14766-4. *40 F / 6,10 €*

24816 **REAVES S.** Le Taxi mène l'enquête. *Seuil, 1994.* (Points. Roman ; 633 c2)
ISBN 2-02-021145-9. *39 F / 5,95 €*

24817 **N** **REBOUX J-J.** Le voyage de monsieur Victor. *Baleine, 2001.* (Velours ; 14)
ISBN 2-84219-298-2. *45 F / 6,86 €*

24818 **RECHY J.** Cité de la nuit. *Gallimard, 1993.* (L'Etrangère)
ISBN 2-07-072834-X. *98 F / 14,94 €*

24819 **RÉDA J.** L'herbe des talus. *Gallimard, 1996.* (Folio ; 2793 c9)
ISBN 2-07-039451-4. *41 F / 6,25 €*

24820 **REDD J.** L'aventurière de Fort Alamo. Réimpr. *J'ai lu, 1996.* (J'ai lu ; 3328. Aventures et passions)
ISBN 2-290-03328-6. *39 F / 5,95 €*

24821 **REDD J.** Danse avec le feu. Rééd. *J'ai lu, 1998.* (J'ai lu ; 3429. Aventures et passions c4)
ISBN 2-290-03429-0. *36 F / 5,49 €*

24822 **REDD J.** La Fiancée du désert. *J'ai lu, 1991.* (J'ai lu ; 2926. Aventures et passions)
ISBN 2-290-02926-2. *36 F / 5,49 €*

24823 **REDFIELD J.** La prophétie des Andes : à la poursuite du manuscrit secret dans la jungle du Pérou. *J'ai lu, 1996.* (J'ai lu ; 4113. Aventure secrète c4)
ISBN 2-277-24113-X. *36 F / 5,49 €*

24824 **A** **REES E., LLOYD J.** Jamais deux sans toi. *Pocket, 2001.* (Pocket ; 11151)
ISBN 2-266-10716-X. *38 F / 5,79 €*

24825 **N** **REICH C.** Compte numéroté. *LGF, 2000.* (Le Livre de poche ; 17160. Thriller c14)
ISBN 2-253-17160-3. *48 F / 7,32 €*

24826 **REISDORFF I.** L'homme qui demanda du feu. *Labor, 1995.* (Espace Nord ; 104 c5)
ISBN 2-8040-1075-9. *66 F / 10,06 €*

24827 **REITMAN B.** Boxcar Bertha. *10-18, 1996.* (10-18 ; 2760. Domaine étranger c5)
ISBN 2-264-02325-2. *44 F / 6,71 €*

24828 **REMARQUE E. M.** A l'Ouest rien de nouveau. *LGF, 1956.* (Le Livre de poche ; 197 c6)
ISBN 2-253-00670-X. *26 F / 3,96 €*

24829 **REMMERT E.** Rossenotti. *10-18, 1999.* (10-18 ; 3042. Domaine étranger c6)
ISBN 2-264-02723-1. *47 F / 7,17 €*

24830 **REMY M.** Les ceux de chez nous. *Labor, 1997.* (Espace Nord ; 122 c3)
ISBN 2-8040-1229-8. *54 F / 8,23 €*

24831 **REMY P-J.** Aria di Roma. *LGF, 2000.* (Le Livre de poche ; 14823 c13)
ISBN 2-253-14823-7. *46 F / 7,01 €*

24832 **REMY P-J.** Des Châteaux en Allemagne. *LGF, 1989.* (Le Livre de poche ; 6578 c9)
ISBN 2-253-04852-6. *36 F / 5,49 €*

24833 **REMY P-J.** Un cimetière rouge en Nouvelle-Angleterre. *LGF, 1996.* (Le Livre de poche ; 13953 c10)
ISBN 2-253-13953-X. *40 F / 6,10 €*

24834 **REMY P-J.** Comédies italiennes. *LGF, 1988.* (Le Livre de poche ; 6548 c10)
ISBN 2-253-04792-9. *40 F / 6,10 €*

24835 **REMY P-J.** De la photographie considérée comme un assassinat. *LGF, 1994.* (Le Livre de poche ; 3515 c8)
ISBN 2-253-13515-1. *33 F / 5,03 €*

24836 **REMY P-J.** Désir d'Europe. *LGF, 1997.* (Le Livre de poche ; 14206 c12)
ISBN 2-253-14206-9. *44 F / 6,71 €*

24837 **REMY P-J.** Le rose et le blanc. *LGF, 1999.* (Le Livre de poche ; 14660 c15)
ISBN 2-253-14660-9. *50 F / 7,62 €*

24838 **REMY P-J.** Le sac du palais d'été. *Gallimard, 1988.* (Folio ; 1920)
ISBN 2-07-037920-5. *61 F / 9,30 €*

24839 **REMY P-J.** Toscanes. *LGF, 1991.* (Le Livre de poche ; 7301 c13)
ISBN 2-253-05759-2. *46 F / 7,01 €*

24840 **REMY P-J.** La Vie d'Adrien Putney. *Gallimard, 1979.* (Folio ; 1105 c11)
ISBN 2-07-037105-0. *29,50 F / 4,50 €*

24841 N **RENARD J.** Crime de village. *Mille et une nuits, 2001.* (La petite collection ; 318)
ISBN 2-84205-552-7. *10 F / 1,52 €*

24842 **RENARD J.** L'Ecornifleur ; Les Cloportes. Réimpr. *10-18, 1999.* (10-18 ; 1637. Domaine français c6)
ISBN 2-264-02971-4. *47 F / 7,17 €*

24843 **RENARD J.** L'Ecornifleur. *Gallimard, 1980.* (Folio ; 1167 c11)
ISBN 2-07-037167-0. *29,50 F / 4,50 €*

24844 **RENARD J.** Histoires naturelles. *Gallimard, 1984.* (Folio ; 1575 c10)
ISBN 2-07-037575-7. *46 F / 7,01 €*

24845 **RENARD J.** La lanterne sourde. *Mercure de France, 1997.* (Le petit Mercure. Brèves histoires d'humour)
20 F / 3,05 €

24846 **RENARD J.** L'oeil clair. *Gallimard, 1998.* (L'imaginaire ; 386)
ISBN 2-07-075332-8. *40 F / 6,10 €*

24847 **RENARD J.** Poil de Carotte ; Bigote. *Gallimard, 1979.* (Folio ; 1090 c8)
ISBN 2-07-037090-9. *37 F / 5,64 €*

24848 **RENARD J.** Poil de Carotte. *LGF, 1994.* (Le Livre de poche ; 8681. Lire en français c12)
ISBN 2-253-06576-5. *44 F / 6,71 €*

24849 **RENARD J.** Poil de carotte. *Librio, 1994.* (Librio ; 25 c1)
ISBN 2-277-30025-X. *10 F / 1,52 €*

24850 **RENARD J.** Poil de carotte. *LGF, 1999.* (Le Livre de poche ; 16043. Les classiques d'aujourd'hui c1)
ISBN 2-253-16043-1. *10 F / 1,52 €*

24851 **RENARD J.** Poil de carotte. *LGF, 1984.* (Le Livre de poche ; 5992. Classiques de poche c3)
ISBN 2-253-03560-2. *18 F / 2,74 €*

24852 **RENARD J.** Poil de carotte. Réimp. *J'ai lu, 1999.* (J'ai lu ; 11. Littérature générale c4)
ISBN 2-290-10011-0. *16 F / 2,44 €*

24853 **RENARD M.** Romans et contes fantastiques. *Laffont, 1990.* (Bouquins)
ISBN 2-221-05758-9. *120 F / 18,29 €*

24854 **RENDELL R.** L'arbousier = The strawberry tree. *Gallimard, 1999.* (Folio bilingue ; 83)
ISBN 2-07-040769-1. *66 F / 10,06 €*

24855 **RENDELL R.** Un Enfant pour un autre. *LGF, 1991.* (Le Livre de poche ; 7347. Policier c9)
ISBN 2-253-05838-6. *36 F / 5,49 €*

24856 **RENICK J.** L'Enfant de la dernière chance. *J'ai lu, 1994.* (J'ai lu ; 3742. Amour et destin cK)
ISBN 2-290-03742-7. *42 F / 6,40 €*

24857 **RENICK J.** Neige, amour et rock'n roll. *J'ai lu, 1996.* (J'ai lu ; 4103. Amour et destin cJ)
ISBN 2-277-24103-2. *39 F / 5,95 €*

24858 **RENOIR J.** Les Cahiers du capitaine Georges : souvenirs d'amour et de guerre, 1894-1945. *Gallimard, 1994.* (Folio ; 2548 c8)
ISBN 2-07-038828-X. *37 F / 5,64 €*

24859 **RÉTIF DE LA BRETONNE N-E.** L'anti-Justine. *la Musardine, 1998.* (Lectures amoureuses de Jean-Jacques Pauvert ; 22 c4)
ISBN 2-84271-042-8. *39 F / 5,95 €*

24860 **RÉTIF DE LA BRETONNE N-E.** Les Nuits de Paris ou le Spectateur nocturne. *Gallimard, 1986.* (Folio ; 1739. Classique c12)
ISBN 2-07-037739-3. *52 F / 7,93 €*

24861 **RÉTIF DE LA BRETONNE N-E.** Les nuits révolutionnaires. *LGF, 1988.* (Le Livre de poche ; 5020. Classiques de poche c8)
ISBN 2-253-01788-4. *33 F / 5,03 €*

24862 **REY F.** Des camions de tendresse. *la Musardine, 1996.* (Lectures amoureuses de Jean-Jacques Pauvert ; 3 c4)
ISBN 2-84271-002-9. *39 F / 5,95 €*

24863 **REY F.** La Femme de papier. *Pocket, 1990.* (Pocket ; 3439 c3)
ISBN 2-266-03396-4. *26 F / 3,96 €*

24864 **REY F.** Le gourgandin. *Pocket, 1998.* (Pocket ; 10244 c4)
ISBN 2-266-07622-1. *30 F / 4,57 €*

24865 **REY F.** Loubards magnifiques. *Mille et une nuits, 1999.* (La petite collection ; 247)
ISBN 2-84205-415-6. *10 F / 1,52 €*

24866 **REY F.** Marcel facteur. *Pocket, 1997.* (Pocket ; 4461. Best c3)
ISBN 2-266-06992-6. *26 F / 3,96 €*

24867 **REY F.** Nuits d'encre. *Pocket, 1995.* (Pocket ; 4344. Best c3)
ISBN 2-266-06497-5. *26 F / 3,96 €*

24868 **REY F.** La peur du noir. 2e éd. *le Cercle, 2000.* (Le Cercle poche ; 3)
ISBN 2-913563-12-0. *39 F / 5,95 €*

24869 **REY F.** La Rencontre. *Pocket, 1994.* (Pocket ; 3047 c6)
ISBN 2-266-06114-3. *38 F / 5,79 €*

24870 **REY F., FORLANI R.** En toutes lettres. *Pocket, 1993.* (Pocket ; 4680. Best c4)
ISBN 2-266-05404-X. *30 F / 4,57 €*

24871 **A** **REY F., RAYNAL P.** Blue movie. *Blanche, 2001.* (Bibliothèque blanche)
ISBN 2-84628-004-5. *59 F / 8,99 €*

24872 **N** **REY N.** Treize minutes. *J'ai lu, 2000.* (J'ai lu ; 5605. Littérature générale cE)
ISBN 2-290-30309-7. *22 F / 3,35 €*

24873 **REY P.** Liouba. *LGF, 1994.* (Le Livre de poche ; 13504 cJ)
ISBN 2-253-13504-6. *40 F / 6,10 €*

24874 **REY P.** Le rocher. *LGF, 1997.* (Le Livre de poche ; 14167 c13)
ISBN 2-253-14167-4. *46 F / 7,01 €*

24875 **REY ROSA R.** Le projet. *Gallimard, 1999.* (L'Etrangère)
ISBN 2-07-075514-2. *40 F / 6,10 €*

24876 **REYES A.** Le boucher. *Seuil, 1995.* (Points c1)
ISBN 2-02-026205-3. *32 F / 4,88 €*

24877 **REYES A.** Derrière la porte. *Pocket, 1996.* (Pocket ; 10029 c8)
ISBN 2-266-06722-2. *45 F / 6,86 €*

24878 **REYES A.** L'exclue. *Mille et une nuits, 2000.* (La petite collection ; 273 c1)
ISBN 2-84205-466-0. *10 F / 1,52 €*

24879 **N** **REYES A.** Moha m'aime. *Gallimard, 2000.* (Folio ; 3446 c5)
ISBN 2-07-041505-8. *25,50 F / 3,89 €*

24880 **REYES A.** Poupée anale nationale. *Pocket, 1999.* (Pocket ; 10538 c3)
ISBN 2-266-08687-1. *26 F / 3,96 €*

24881 **REYES A.** Quand tu aimes, il faut partir. *Gallimard, 1996.* (Folio ; 2750 c9)
ISBN 2-07-039374-7. *20,50 F / 3,13 €*

24882 **A** **REZA Y.** Une désolation. *LGF, 2001.* (Le Livre de poche ; 15020)
ISBN 2-253-15020-7. *23 F / 3,51 €*

24883 **REZVANI S.** Les Années Lula. *Seuil, 1987.* (Points. Roman ; 291 c2)
ISBN 2-02-009776-1. *39 F / 5,95 €*

24884 **REZVANI S.** Les années-lumière ; Les années Lula ; Le testament amoureux. *Actes Sud, 1997.* (Thésaurus)
ISBN 2-7427-1053-1. *180 F / 27,44 €*

24885 **REZVANI S.** Les Années-lumière. *Seuil, 1986.* (Points. Roman ; 256 c4)
ISBN 2-02-009300-6. *52 F / 7,93 €*

24886 **REZVANI S.** La Nuit transfigurée. *Gallimard, 1993.* (Folio ; 2512 c12)
ISBN 2-07-038712-7. *52 F / 7,93 €*

24887 **REZVANI S.** Phénix. *Actes Sud, 1994.* (Babel ; 115 c2)
ISBN 2-7427-0258-X. *39 F / 5,95 €*

24888 **REZVANI S.** Le Testament amoureux. Rééd. *Seuil, 1984.* (Points. Roman ; 175 c6)
ISBN 2-02-008507-0. *62 F / 9,45 €*

24889 **REZVANI S.** La traversée des Monts Noirs : en supplément au rêve de D'Alembert. *LGF, 1995.* (Le Livre de poche ; 13877 c10)
ISBN 2-253-13877-0. *40 F / 6,10 €*

24890 **REZVANI S.** Le vol du feu. *Actes Sud, 2000.* (Babel ; 408 c6)
ISBN 2-7427-2550-4. *63 F / 9,60 €*

24891 **RHEIMS M.** Les forêts d'argent. *Gallimard, 1997.* (Folio ; 2936 c8)
ISBN 2-07-040189-8. *37 F / 5,64 €*

24892 **RHEIMS M.** Le Saint-Office. *Gallimard, 1985.* (Folio ; 1674 c12)
ISBN 2-07-037674-5. *52 F / 7,93 €*

24893 **RHINEHART L.** L'homme-dé. *Ed. de l'Olivier, 1998.* (Petite bibliothèque américaine ; 16)
ISBN 2-87929-167-4. *79 F / 12,04 €*

24894 **N** **RHODES E. H.** Le prince de Central Park. *J'ai lu, 2000.* (J'ai lu ; 819. Littérature générale cE)
ISBN 2-290-30946-X. *22 F / 3,35 €*

24895 **RHYS J.** Il ne faut pas tirer les oiseaux au repos. *Gallimard, 1994.* (Folio ; 2597 c8)
ISBN 2-07-038892-1. *37 F / 5,64 €*

24896 **RHYS J.** La prisonnière des Sargasses. *Gallimard, 1995.* (L'Etrangère)
ISBN 2-07-074205-9. *65 F / 9,91 €*

24897 **RHYS J.** Quai des Grands-Augustins. *Gallimard, 2000.* (Folio ; 1308 c6)
ISBN 2-07-037308-8. *29,50 F / 4,50 €*

24898 **RHYS J.** Quatuor. *Gallimard, 1982.* (Folio ; 1379 c11)
ISBN 2-07-037379-7. *29,50 F / 4,50 €*

24899 **RHYS J.** Rive gauche. *Gallimard, 1987.* (L'imaginaire ; 182 c1)
ISBN 2-07-070906-X. *39 F / 5,95 €*

24900 **RHYS J.** Voyage dans les ténèbres. *Gallimard, 1978.* (Folio ; 1071 c11)
ISBN 2-07-037071-2. *29,50 F / 4,50 €*

24901 **RIBEIRO A.** Casa grande. Nouv. éd. *Stock, 1998.* (Bibliothèque cosmopolite c5)
ISBN 2-234-04932-6. *70 F / 10,67 €*

24902 **RIBEIRO D.** Maïra. *Gallimard, 1997.* (L'Etrangère)
ISBN 2-07-074887-1. *88 F / 13,42 €*

24903 **RIBEYRO J. R.** Charognards sans plumes. *Gallimard, 1995.* (L'Etrangère)
ISBN 2-07-074305-5. *56 F / 8,54 €*

24904 **RICCOBONI M-J.** L'Histoire du marquis de Cressy. *Des femmes-Antoinette Fouque, 1987.* (Ecrits d'hier)
ISBN 2-7210-0349-6. *78 F / 11,89 €*

24905 **RICE A.** L'initiation. *Pocket, 1999.* (Les infortunes de la Belle au bois dormant; 1)(Pocket ; 10614)
ISBN 2-266-09203-0. *35 F / 5,34 €*

24906 **RICE A.** La libération. *Pocket, 1999.* (Les infortunes de la Belle au bois dormant; 3)(Pocket ; 10638 c5)
ISBN 2-266-09210-3. *35 F / 5,34 €*

24907 **RICE A.** La punition. *Pocket, 1999.* (Les infortunes de la Belle au bois dormant; 2)(Pocket ; 10615 c5)
ISBN 2-266-09209-X. *35 F / 5,34 €*

24908 **RICE A.** La voix des anges. *Pocket, 1999.* (Pocket ; 10366)
ISBN 2-266-08087-3. *50 F / 7,62 €*

24909 **RICE L.** Les brûlures de l'absence. *LGF, 1998.* (Le Livre de poche ; 14388 c9)
ISBN 2-253-14388-X. *36 F / 5,49 €*

24910 **RICE P.** La garçonne en dentelle. *J'ai lu, 1998.* (J'ai lu ; 4759. Aventures et passions c5)
ISBN 2-290-04759-7. *39 F / 5,95 €*

24911 **RICHAUD A. d.** La barette rouge. Réimpr. *Grasset, 1997.* (Les Cahiers rouges ; 22)
ISBN 2-246-15912-1. *55 F / 8,38 €*

24912 **RICHAUD A. d.** La Douleur. *Grasset, 1988.* (Les Cahiers rouges ; 86)
ISBN 2-246-37872-9. *54 F / 8,23 €*

24913 **RICHAUD A. d.** L'Etrange visiteur. *Grasset, 1984.* (Les Cahiers rouges ; 20)
ISBN 2-246-22002-5. *43 F / 6,56 €*

24914 **N** **RICHLER M.** Le monde de Barney. *LGF, 2001.* (Le Livre de poche ; 14995 c15)
ISBN 2-253-14995-0. *50 F / 7,62 €*

24915 **RIEL J.** Un curé d'enfer et autres racontars. *10-18, 1998.* (10-18 ; 2997. Domaine étranger c3)
ISBN 2-264-02686-3. *38 F / 5,79 €*

24916 **N** **RIEL J.** La fête du premier de tout. *10-18, 2000.* (La maison de mes pères; 3)(10-18 ; 3247. Domaine étranger c3)
ISBN 2-264-02887-4. *38 F / 5,79 €*

24917 **A** **RIEL J.** Heq : le chant pour celui qui désire vivre. *10-18, 2001.* (10-18 ; 3279. Domaine étranger c4)
ISBN 2-264-03043-7. *41 F / 6,25 €*

24918 **RIEL J.** La passion secrète de Fjordur : et autres racontars. *10-18, 1998.* (10-18 ; 2944. Domaine étranger c3)
ISBN 2-264-02292-2. *38 F / 5,79 €*

24919 **N** **RIEL J.** Le piège à renards du seigneur. *10-18, 2000.* (La maison de mes pères; 2)(10-18 ; 3204. Domaine étranger c3)
ISBN 2-264-02886-6. *38 F / 5,79 €*

24920 **RIEL J.** Un récit qui donne un beau visage. *10-18, 2000.* (La maison de mes pères; 1)(10-18 ; 3159. Domaine étranger c3)
ISBN 2-264-02885-8. *38 F / 5,79 €*

24921 **RIEL J.** Un safari arctique : et autres racontars. *10-18, 1997.* (10-18 ; 2906. Domaine étranger c3)
ISBN 2-264-02293-0. *38 F / 5,79 €*

24922 **RIEL J.** La vierge froide et autres racontars. *10-18, 1997.* (10-18 ; 2861. Domaine étranger c3)
ISBN 2-264-02294-9. *38 F / 5,79 €*

24923 **RIEL J.** Le voyage à Nanga : un racontar exceptionnellement long. *10-18, 1999.* (10-18 ; 3027. Domaine étranger c3)
ISBN 2-264-02687-1. *38 F / 5,79 €*

24924 **N** **RIGONI STERN M.** L'année de la victoire. *10-18, 2000.* (10-18 ; 3187. Domaine étranger c3)
ISBN 2-264-03008-9. *38 F / 5,79 €*

24925 **RIGONI STERN M.** La chasse aux coqs de bruyère. *10-18, 1997.* (10-18 ; 2857. Domaine étranger c4)
ISBN 2-264-02455-0. *41 F / 6,25 €*

24926 **N** **RIGONI STERN M.** Lointains hivers. *Mille et une nuits, 2000*
ISBN 2-84205-494-6. *45 F / 6,86 €*

24927 **N** **RIGONI STERN M.** Les saisons de Giacomo. *10-18, 2001.* (10-18 ; 3268. Domaine étranger)
ISBN 2-264-03196-4. *44 F / 6,71 €*

24928 **RIGONI STERN M.** Le sergent dans la neige. *10-18, 1995.* (10-18 ; 2634. Domaine étranger c4)
ISBN 2-264-02080-6. *38 F / 5,79 €*

24929 **A** **RIHOIT C.** La dame au loup. *LGF, 2001.* (Le Livre de poche ; 15046 c7)
ISBN 2-253-15046-0. *30 F / 4,57 €*

24930 **RIHOIT C.** Retour à Cythère. *Gallimard, 1991.* (Folio ; 2243 c10)
ISBN 2-07-038343-1. *46 F / 7,01 €*

24931 **RIKER L.** L'enfant caché. *J'ai lu, 1996.* (J'ai lu ; 4130. Amour et destin)
ISBN 2-277-24130-X. *36 F / 5,49 €*

24932 **RILKE R. M.** Les cahiers de Malte Laurids Brigge. Rééd. *Seuil, 1996.* (Points ; 199 c8)
ISBN 2-02-028927-X. *39 F / 5,95 €*

24933 **RILKE R. M.** Les carnets de Malte Laurids Brigge. *Gallimard, 1991.* (Folio ; 2294. Classique c10)
ISBN 2-07-038432-2. *46 F / 7,01 €*

24934 **RILKE R. M.** Deux histoires pragoises = Zwei Prager Geschichten. *Gallimard, 1998.* (Folio bilingue ; 74)
ISBN 2-07-040389-0. *60 F / 9,15 €*

24935 **RILKE R. M.** Deux histoires pragoises. *Mille et une nuits, 1999.* (La petite collection ; 235)
ISBN 2-84205-395-8. *23 F / 3,51 €*

24936 **RILKE R. M.** Ewald Tragy : et autres récits de jeunesse. *Seuil, 1997.* (Points ; 436)
ISBN 2-02-033039-3. *35 F / 5,34 €*

24937 **RILKE R. M.** Histoires du bon Dieu. *Seuil, 1996.* (Points ; 310 c1)
ISBN 2-02-030650-6. *32 F / 4,88 €*

24938 **RILKE R. M.** Histoires pragoises. *Seuil, 1997.* (Points ; 437 c7)
ISBN 2-02-033143-8. *35 F / 5,34 €*

24939 **RILKE R. M.** Lettres à un jeune poète = Briefe an einen jungen Dichter. *LGF, 1989.* (Les Langues modernes ; 8712. Bilingue c9)
ISBN 2-253-04911-5. *36 F / 5,49 €*

24940 **RILKE R. M.** Lettres à un jeune poète ; Réflexions sur la vie créatrice, par Bernard Grasset. *Grasset, 1984.* (Les Cahiers rouges ; 24)
ISBN 2-246-00991-X. *44 F / 6,71 €*

24941 **RINALDI A.** La Confession dans les collines. *Gallimard, 1992.* (Folio ; 2417 c9)
ISBN 2-07-038552-3. *41 F / 6,25 €*

24942 **RINALDI A.** La Dernière fête de l'Empire. *Gallimard, 1984.* (Folio ; 1587 c8)
ISBN 2-07-037587-0. *37 F / 5,64 €*

24943 **RINALDI A.** Dernières nouvelles de la nuit. *Gallimard, 2000.* (Folio ; 3314 c9)
ISBN 2-07-040993-7. *46 F / 7,01 €*

24944 **RINALDI A.** L'Education de l'oubli. *Gallimard, 1979.* (Folio ; 989 c8)
ISBN 2-07-036989-7. *37 F / 5,64 €*

24945 **RINALDI A.** Les Jardins du consulat. *Gallimard, 1986.* (Folio ; 1771 c8)
ISBN 2-07-037771-7. *37 F / 5,64 €*

24946 **RINALDI A.** Les jours ne s'en vont pas longtemps. *Gallimard, 1995.* (Folio ; 2711 c10)
ISBN 2-07-039300-3. *46 F / 7,01 €*

24947 **RINALDI A.** La Maison des Atlantes. *Gallimard, 1973.* (Folio ; 449 c10)
ISBN 2-07-036449-6. *46 F / 7,01 €*

24948 **RINALDI A.** Les Roses de Pline. *Gallimard, 1990.* (Folio ; 2075 c8)
ISBN 2-07-038163-3. *37 F / 5,64 €*

24949 **RIO M.** Alizés. *Gallimard, 1987.* (Folio ; 1819 c9)
ISBN 2-07-037819-5. *20,50 F / 3,13 €*

24950 **RIO M.** Archipel. *Seuil, 1998.* (Points ; 578 c1)
ISBN 2-02-035822-0. *32 F / 4,88 €*

24951 **RIO M.** Faux pas. *Seuil, 1998.* (Points ; 579)
ISBN 2-02-035823-9. *32 F / 4,88 €*

24952 **RIO M.** Les jungles pensives. Réimpr. *Seuil, 1999.* (Points ; 666)
ISBN 2-02-038086-2. *32 F / 4,88 €*

24953 **RIO M.** Manhattan terminus. *Seuil, 1997.* (Points ; 326 c6)
ISBN 2-02-031187-9. *32 F / 4,88 €*

24954 **RIO M.** Mélancolie Nord. *Seuil, 1999.* (Points ; 603 c1)
ISBN 2-02-036421-2. *32 F / 4,88 €*

24955 **RIO M.** Merlin. *Seuil, 1998.* (Points ; 504)
ISBN 2-02-034130-1. *32 F / 4,88 €*

24956 **N** **RIO M.** La mort : une enquête de Francis Malone. *Seuil, 2000.* (Points ; 749)
ISBN 2-02-041391-4. *35 F / 5,34 €*

24957 **RIO M.** Le perchoir du perroquet. *Seuil, 1999.* (Points ; 602)
ISBN 2-02-036420-4. *32 F / 4,88 €*

24958 **RIO M.** Le Principe d'incertitude. *Seuil, 1995.* (Points ; 47 c5)
ISBN 2-02-024704-6. *29 F / 4,42 €*

24959 **N** **RIO M.** La statue de la liberté. *Seuil, 2000.* (Points ; 750)
ISBN 2-02-041392-2. *35 F / 5,34 €*

24960 **RIO M.** Tlacuilo. Nouv. éd. *Seuil, 2000.* (Points ; 729 c7)
ISBN 2-02-040347-1. *35 F / 5,34 €*

24961 **RIPLEY A.** Un amour divin. *LGF, 1998.* (Le Livre de poche ; 14463 c12)
ISBN 2-253-14463-0. *44 F / 6,71 €*

24962 **RIPLEY A.** La Contadina. *LGF, 1996.* (Le Livre de poche ; 13973 c10)
ISBN 2-253-13973-4. *40 F / 6,10 €*

24963 **RIPLEY A.** La demoiselle du Mississippi. *LGF, 1995.* (Le Livre de poche ; 13749 c10)
ISBN 2-253-13749-9. *40 F / 6,10 €*

24964 **RIPLEY A.** Pour tout l'or du Sud. *LGF, 1997.* (Le Livre de poche ; 14122 c10)
ISBN 2-253-14122-4. *40 F / 6,10 €*

24965 **RIPLEY A.** Retour à Charleston. *LGF, 1994.* (Le Livre de poche ; 13527 c10)
ISBN 2-253-13527-5. *40 F / 6,10 €*

24966 **RIPLEY A.** Scarlett. *LGF, 1993.* (Le Livre de poche ; 9688 c16)
ISBN 2-253-06412-2. *55 F / 8,38 €*

24967 **A** **RIVAZ A.** Coffret du centenaire. *Aire, 2001.* (L'Aire bleue c1)
ISBN 2-88108-584-9. *59 F / 8,99 €*

24968 **RIVAZ A.** Comme le sable. *Aire, 1996.* (L'Aire bleue)
ISBN 2-88108-313-7. *59 F / 8,99 €*

24969 **N** **RIVAZ A.** Comptez vos jours. *Aire, 2001.* (L'Aire bleue)
ISBN 2-88108-483-4. *49 F / 7,47 €*

24970 **RIVAZ A.** Le creux de la vague. *Aire, 2000.* (L'Aire bleue)
ISBN 2-88108-414-1. *72 F / 10,98 €*

24971 **RIVAZ A.** Jette ton pain. *Aire, 1997.* (L'Aire bleue)
ISBN 2-88108-486-9. *72 F / 10,98 €*

24972 **RIVAZ A.** La paix des ruches. *Aire, 1999.* (L'Aire bleue)
ISBN 2-88108-516-4. *59 F / 8,99 €*

24973 **RIVIÈRE J.** Aimée. *Gallimard, 1993.* (L'imaginaire ; 299)
ISBN 2-07-073413-7. *48 F / 7,32 €*

24974 **RIVOYRE C. d.** Crépuscule, taille unique. *LGF, 1991.* (Le Livre de poche ; 6967 c9)
ISBN 2-253-05678-2. *36 F / 5,49 €*

24975 **ROA BASTOS A.** Moi, le suprême. *LGF, 1985.* (Le Livre de poche ; 3048. Biblio c14)
ISBN 2-253-03497-5. *48 F / 7,32 €*

24976 **ROBARDS K.** Le brigand aux yeux d'or. Réimpr. *J'ai lu, 1996.* (J'ai lu ; 3142. Aventures et passions)
ISBN 2-290-03142-9. *39 F / 5,95 €*

24977 **ROBARDS K.** Désirs fous. Réimpr. *J'ai lu, 1997.* (J'ai lu ; 2928. Aventures et passions c5)
ISBN 2-290-02928-9. *39 F / 5,95 €*

24978 **ROBARDS K.** Esclave de personne. Réimpr. *J'ai lu, 1997.* (J'ai lu ; 3327. Aventures et passions c5)
ISBN 2-290-13327-2. *39 F / 5,95 €*

24979 **ROBARDS K.** La femme du sénateur. *J'ai lu, 2000.* (J'ai lu ; 5403. Amour et destin cH)
ISBN 2-290-30009-8. *32 F / 4,88 €*

24980 **A** **ROBARDS K.** Hantée par le souvenir. *J'ai lu, 2001.* (J'ai lu ; 5956. Amour et destin)
ISBN 2-290-31230-4

24981 **ROBARDS K.** La lune voilée. Réimpr. *J'ai lu, 1997.* (J'ai lu ; 2979. Aventures et passions c5)
ISBN 2-290-02979-3. *39 F / 5,95 €*

24982 **ROBARDS K.** Mississippi Belle. *J'ai lu, 1991.* (J'ai lu ; 3070. Aventures et passions)
ISBN 2-290-03070-8. *25 F / 3,81 €*

24983 **N** **ROBARDS K.** Mortelle jalousie. *J'ai lu, 2000.* (J'ai lu ; 5695. Amour et destin)
ISBN 2-290-30460-3. *39 F / 5,95 €*

24984 **ROBARDS K.** Promise au bûcher. *J'ai lu, 1996.* (J'ai lu ; 3221. Aventures et passions)
ISBN 2-290-03221-2. *39 F / 5,95 €*

24985 **ROBARDS K.** Les sortilèges de Ceylan. *J'ai lu, 1993.* (J'ai lu ; 3466. Aventures et passions)
ISBN 2-290-03466-5. *25 F / 3,81 €*

24986 **ROBB M.** Ma meilleure ennemie. *Pocket, 1999.* (Pocket ; 10663 c3)
ISBN 2-266-08979-X. *26 F / 3,96 €*

24987 **ROBBE-GRILLET A.** La Maison de rendez-vous. *Minuit, 1980.* (Double ; 4 c2)
ISBN 2-7073-0315-1. *34 F / 5,18 €*

24988 **ROBBE-GRILLET A.** Souvenirs du triangle d'or. Nouv. éd. *Seuil, 1985.* (Points. Roman ; 177 c3)
ISBN 2-02-008612-3. *48 F / 7,32 €*

24989 **ROBBINS T.** Même les cow-girls ont du vague à l'âme. *10-18, 1993.* (10-18 ; 2428. Domaine étranger)
ISBN 2-264-01929-8. *60 F / 9,15 €*

24990 **ROBERTS A. V.** Les Portes de l'aube. *LGF, 1994.* (Le Livre de poche ; 9774 c14)
ISBN 2-253-09774-8. *48 F / 7,32 €*

24991 **N** **ROBERTS J-M.** Affaires étrangères. *LGF, 2000.* (Le Livre de poche ; 14901)
ISBN 2-253-14901-2. *25 F / 3,81 €*

24992 **ROBERTS J-M.** Affaires étrangères. *Seuil, 1981.* (Points. Roman ; 30 c2)
ISBN 2-02-005770-0. *39 F / 5,95 €*

24993 **ROBERTS J-M.** Affaires personnelles. *LGF, 1997.* (Le Livre de poche ; 14160 c4)
ISBN 2-253-14160-7. *20 F / 3,05 €*

24994 **ROBERTS J-M.** L'Ami de Vincent. *Seuil, 1984.* (Points. Roman ; 137 c2)
ISBN 2-02-006720-X. *39 F / 5,95 €*

24995 **ROBERTS J-M.** L'Angoisse du tigre. *Seuil, 1992.* (Points. Roman ; 499 c2)
ISBN 2-02-014387-9. *39 F / 5,95 €*

24996 **ROBERTS J-M.** Les Enfants de fortune. *Seuil, 1982.* (Points. Roman ; 91 c1)
ISBN 2-02-006317-4. *32 F / 4,88 €*

24997 **ROBERTS J-M.** Méchant. *LGF, 1999.* (Le Livre de poche ; 14756 c6)
ISBN 2-253-14756-7. *26 F / 3,96 €*

24998 **ROBERTS J-M.** Méchant. *Seuil, 1987.* (Points. Roman ; 265 c2)
ISBN 2-02-009474-6. *39 F / 5,95 €*

24999 **ROBERTS J-M.** Mon père américain. *LGF, 1998.* (Le Livre de poche ; 14444 c4)
ISBN 2-253-14444-4. *20 F / 3,05 €*

25000 **ROBERTS J-M.** Mon père américain. *Seuil, 1989.* (Points. Roman ; 366 c1)
ISBN 2-02-010887-9. *32 F / 4,88 €*

25001 **N** **ROBERTS J-M.** Monsieur Pinocchio. Nouv. éd. *Seuil, 2000.* (Points ; 758 c7)
ISBN 2-02-041398-1. *35 F / 5,34 €*

25002 **N** **ROBERTS J-M.** Une petite femme. *LGF, 2000.* (Le Livre de poche ; 14856 c5)
ISBN 2-253-14856-3. *23 F / 3,51 €*

25003 **ROBERTS J-M.** Les seins de Blanche-Neige. *LGF, 1996.* (Le Livre de poche ; 13917 c5)
ISBN 2-253-13917-3. *23 F / 3,51 €*

25004 **ROBERTS J-M.** Le Sommeil agité. Nouv. éd. *Seuil, 1985.* (Points. Roman ; 180 c2)
ISBN 2-02-008608-5. *39 F / 5,95 €*

25005 **N** **ROBERTS N.** Au bénéfice du crime. Réimpr. *J'ai lu, 2000.* (Lieutenant Eve Dallas; 3)(J'ai lu ; 4481. Amour et destin cJ)
ISBN 2-290-30892-7. *39 F / 5,95 €*

25006 **A** **ROBERTS N.** Au coeur du crime. Réimpr. *J'ai lu, 2001.* (Lieutenant Eve Dallas; 6)(J'ai lu ; 4918. Amour et destin)
ISBN 2-290-31061-1

25007 **ROBERTS N.** La blessure de Laura. *J'ai lu, 1997.* (Trois rêves; 3)(J'ai lu ; 4585. Amour et destin cJ)
ISBN 2-290-14585-8. *39 F / 5,95 €*

25008 **N** **ROBERTS N.** Ce soir et à jamais. *J'ai lu, 2000.* (J'ai lu ; 5532. Amour et destin cG)
ISBN 2-290-30280-5. *29 F / 4,42 €*

25009 **A** **ROBERTS N.** Conspiration du crime. *J'ai lu, 2001.* (Lieutenant Eve Dallas; 8)(J'ai lu ; 6027. Amour et destin)
ISBN 2-290-31277-0

25010 **N** **ROBERTS N.** Crimes pour l'exemple. Réimp. *J'ai lu, 2000.* (Lieutenant Eve Dallas; 2)(J'ai lu ; 4454. Amour et destin cJ)
ISBN 2-290-30881-1. *39 F / 5,95 €*

25011 **N** **ROBERTS N.** Douce Brianna. Réimp. *J'ai lu, 2000.* (Les trois soeurs; 2)(J'ai lu ; 4147. Amour et destin cJ)
ISBN 2-290-30676-2. *39 F / 5,95 €*

25012 **ROBERTS N.** Les illusionnistes. *J'ai lu, 1994.* (J'ai lu ; 3608. Amour et destin cM)
ISBN 2-290-03608-0. *49 F / 7,47 €*

25013 **N** **ROBERTS N.** Lieutenant Eve Dallas. 1. Réimp. *J'ai lu, 2000.* (J'ai lu ; 4428. Amour et destin cI)
ISBN 2-290-30880-3. *36 F / 5,49 €*

25014 **A** **ROBERTS N.** Lieutenant Eve Dallas. 7, Les bijoux du crime. *J'ai lu, 2001.* (J'ai lu ; 5981. Amour et destin)
ISBN 2-290-31242-8

25015 **N** **ROBERTS N.** Maggie la rebelle. Réimpr. *J'ai lu, 2000.* (Les trois soeurs; 1)(J'ai lu ; 4102. Amour et destin cJ)
ISBN 2-290-30654-1. *39 F / 5,95 €*

25016 **ROBERTS N.** Orgueilleuse Margo. *J'ai lu, 1997.* (Trois rêves; 1)(J'ai lu ; 4560. Amour et destin cJ)
ISBN 2-290-14560-2. *39 F / 5,95 €*

25017 **ROBERTS N.** La rivale. *J'ai lu, 2000.* (J'ai lu ; 5438. Amour et destin cG)
ISBN 2-290-30025-X. *29 F / 4,42 €*

25018 **ROBERTS N.** Sables mouvants. *J'ai lu, 1999.* (J'ai lu ; 5215. Amour et destin cJ)
ISBN 2-290-05215-9. *39 F / 5,95 €*

25019 **ROBERTS N.** Shannon apprivoisée. Réimp. *J'ai lu, 2000.* (Les trois soeurs; 3)(J'ai lu ; 4371. Amour et destin cJ)
ISBN 2-290-30651-7. *39 F / 5,95 €*

25020 **ROBILLARD C.** La fontaine aux fées. *le Verger, 1999.* (Contes à croquer)
ISBN 2-908367-87-4. *50 F / 7,62 €*

25021 **ROBIN A.** Le Temps qu'il fait. *Gallimard, 1986.* (L'imaginaire ; 171 c1)
ISBN 2-07-070585-4. *39 F / 5,95 €*

25022 **ROBINSON K. S.** La Planète sur la table. *J'ai lu, 1988.* (J'ai lu ; 2389. Science-fiction c4)
ISBN 2-277-22389-1. *36 F / 5,49 €*

25023 **ROBLÈS E.** Cela s'appelle l'aurore. *Seuil, 1980.* (Points. Roman ; 13 c2)
ISBN 2-02-005506-6. *39 F / 5,95 €*

25024 **ROBLÈS E.** La Chasse à la licorne. *Seuil, 1987.* (Points. Roman ; 276 c2)
ISBN 2-02-009618-8. *39 F / 5,95 €*

25025 **ROBLÈS E.** L'Herbe des ruines. *Seuil, 1994.* (Points. Roman ; 647 c1)
ISBN 2-02-021599-3. *32 F / 4,88 €*

25026 **ROBLÈS E.** Norma ou l'Exil infini. *Seuil, 1989.* (Points. Roman ; 373 c2)
ISBN 2-02-010938-7. *39 F / 5,95 €*

25027 **ROBLÈS E.** Un Printemps d'Italie. *Seuil, 1990.* (Points. Roman ; 395 c2)
ISBN 2-02-012191-3. *39 F / 5,95 €*

25028 **ROBLÈS E.** Les Rives du fleuve Bleu. *Seuil, 1992.* (Points. Roman ; 548 c3)
ISBN 2-02-018239-4. *48 F / 7,32 €*

25029 **ROBLÈS E.** Saison violente. Réimpr... *Seuil, 1995.* (Points ; 176 c2)
ISBN 2-02-026196-0. *39 F / 5,95 €*

25030 **ROBLÈS E.** Venise en hiver. *Seuil, 1982.* (Points. Roman ; 87 c2)
ISBN 2-02-006282-8. *39 F / 5,95 €*

25031 **ROBLÈS E.** Le Vésuve. *Seuil, 1986.* (Points. Roman ; 251 c2)
ISBN 2-02-009269-7. *39 F / 5,95 €*

25032 **ROBLÈS E.** Les Yaquils ; Ile déserte. *Seuil, 1991.* (Points. Roman ; 481 c1)
ISBN 2-02-013618-X. *32 F / 4,88 €*

25033 **ROCHE D.** Louve basse : ce n'est pas le mot qui fait la guerre, c'est la mort. *Seuil, 1992.* (Points. Roman ; 492 c3)
ISBN 2-02-014388-7. *48 F / 7,32 €*

25034 **ROCHÉ H-P.** Jules et Jim. *Gallimard, 1979.* (Folio ; 1096 c11)
ISBN 2-07-037096-8. *29,50 F / 4,50 €*

25035 **ROCHE M.** Je ne vais pas bien mais il faut que j'y aille. *Seuil, 1990.* (Point-virgule ; 90 c1)
ISBN 2-02-012253-7. *32 F / 4,88 €*

25036 **ROCHEFORT C.** Archaos ou Le jardin étincelant. *Grasset, 1999.* (Les Cahiers rouges ; 276)
ISBN 2-246-16013-8. *72 F / 10,98 €*

25037 **ROCHEFORT C.** Archaos ou le Jardin étincelant. Nouv. éd. *LGF, 1984.* (Le Livre de poche ; 3906 c8)
ISBN 2-253-00107-4. *33 F / 5,03 €*

25038 **ROCHEFORT C.** Les Petits enfants du siècle. *LGF.* (Le Livre de poche ; 2637 c3)
ISBN 2-253-00294-1. *18 F / 2,74 €*

25039 **ROCHEFORT C.** La Porte du fond. *LGF, 1990.* (Le Livre de poche ; 6753 c8)
ISBN 2-253-05277-9. *33 F / 5,03 €*

25040 **ROCHEFORT C.** Printemps au parking ; suivi de C'est bizarre l'écriture. *Grasset, 1998.* (Les Cahiers rouges ; 271)
ISBN 2-246-16033-2. *62 F / 9,45 €*

25041 **RODOREDA M.** La place du diamant. *Gallimard, 1996.* (L'Etrangère)
ISBN 2-07-074420-5. *55 F / 8,38 €*

25042 N **ROEGIERS P.** Beau regard. *Seuil, 2000.* (Points ; 766)
ISBN 2-02-047499-9. *25 F / 3,81 €*

25043 N **ROGERS R.** Amour tendre, amour sauvage. Nouv. éd. *J'ai lu, 2000.* (J'ai lu ; 952. Aventures et passions cl)
ISBN 2-290-30957-5. *36 F / 5,49 €*

25044 **ROGERS R.** Baiser volé. *J'ai lu, 1999.* (J'ai lu ; 5262. Aventures et passions c5)
ISBN 2-290-05262-0. *39 F / 5,95 €*

25045 N **ROGERS R.** Le grand amour de Virginia. Nouv. éd. *J'ai lu, 2000.* (J'ai lu ; 1457. Aventures et passions cl)
ISBN 2-290-30955-9. *36 F / 5,49 €*

25046 **ROGERS R.** Insolente passion. *J'ai lu, 1992.* (J'ai lu ; 2557. Aventures et passions)
ISBN 2-277-22557-6. *42 F / 6,40 €*

25047 **ROGERS R.** Jeux d'amour. Réimpr. *J'ai lu, 1997.* (J'ai lu ; 1371. Amour et destin)
ISBN 2-290-01371-4. *36 F / 5,49 €*

25048 A **ROGERS R.** Un séducteur diabolique. *J'ai lu, 2001.* (J'ai lu ; 5828. Aventures et passions)
ISBN 2-290-31024-7

25049 N **ROGERS R.** Sous bonne escorte. *J'ai lu, 2000.* (J'ai lu ; 5642. Aventures et passions cJ)
ISBN 2-290-30398-4. *39 F / 5,95 €*

25050 **ROGERS R-M.** La femme impudique. *J'ai lu, 1998.* (J'ai lu ; 2069. Aventures et passions c5)
ISBN 2-290-02069-9. *39 F / 5,95 €*

25051 **ROHMER E.** Six contes moraux. Nouv. éd. *Cahiers du cinéma, 1998.* (Petite bibliothèque des Cahiers du cinéma)
ISBN 2-86642-211-2. *69 F / 10,52 €*

25052 **ROÏDIS E.** La papesse Jeanne. *Actes Sud, 1995.* (Babel ; 148 c3)
ISBN 2-7427-0496-5. *45 F / 6,86 €*

25053 **ROLFE F.** Don Tarquinio. *Gallimard, 1991.* (L'imaginaire ; 247)
ISBN 2-07-072188-4. *38 F / 5,79 €*

25054 **ROLIN D.** Deux femmes un soir. *Gallimard, 1995.* (Folio ; 2685 c8)
ISBN 2-07-039275-9. *37 F / 5,64 €*

25055 A **ROLIN D.** Dulle Griet. *Labor, 2001.* (Espace Nord ; 166)
ISBN 2-8040-1538-6. *54 F / 8,23 €*

25056 **ROLIN D.** L'Enragé. *Labor, 1986.* (Espace Nord ; 26 c2)
ISBN 2-8040-0156-3. *42 F / 6,40 €*

25057 **ROLIN D.** L'infini chez soi. *Labor ; Actes Sud ; Leméac, 1998.* (Espace Nord ; 133 c3)
ISBN 2-8040-1310-3. *54 F / 8,23 €*

25058 A **ROLIN D.** Journal amoureux. *Gallimard, 2001.* (Folio)
ISBN 2-07-041793-X. *41 F / 6,25 €*

25059 **ROLIN D.** Le lit. *Gallimard, 1972.* (Folio ; 190 c9)
ISBN 2-07-036190-X. *41 F / 6,25 €*

25060 **ROLIN D.** La Maison, la forêt. *Labor, 1992.* (Espace Nord ; 78 c2)
ISBN 2-8040-0799-5. *42 F / 6,40 €*

25061 **ROLIN D.** La rénovation. *Gallimard, 1999.* (Folio ; 3293 c5)
ISBN 2-07-041108-7. *25,50 F / 3,89 €*

25062 **ROLIN J.** L'organisation. *Gallimard, 1999.* (Folio ; 3153 c8)
ISBN 2-07-040415-3. *37 F / 5,64 €*

25063 **ROLIN J.** Zones. *Gallimard, 1997.* (Folio ; 2913 c11)
ISBN 2-07-040165-0. *29,50 F / 4,50 €*

25064 **ROLIN O.** Bar des flots noirs. Nouv. éd. *Seuil, 2000.* (Points ; 697 c2)
ISBN 2-02-039571-1. *39 F / 5,95 €*

25065 **ROLIN O.** L'invention du monde. *Seuil, 1995.* (Points ; 12 c13)
ISBN 2-02-023724-5. *52 F / 7,93 €*

25066 **ROLIN O.** Méroé. *Seuil, 2000.* (Points ; 696)
ISBN 2-02-039563-0. *42 F / 6,40 €*

25067 **ROLIN O.** Phénomène futur. *Seuil, 1999.* (Points ; 581)
ISBN 2-02-023536-6. *45 F / 6,86 €*

25068 **ROLIN O.** Port-Soudan. *Seuil, 1996.* (Points ; 200 c5)
ISBN 2-02-028132-5. *29 F / 4,42 €*

25069 **ROLLAND R.** Colas Breugnon. Rééd. *LGF, 1988.* (Le Livre de poche ; 42 c6)
ISBN 2-253-01213-0. *26 F / 3,96 €*

25070 **ROMAINS J.** Les Copains. *Gallimard, 1982.* (Folio ; 182 c9)
ISBN 2-07-036182-9. *20,50 F / 3,13 €*

25071 N **ROMAINS J.** Les hommes de bonne volonté. 1. Réimp. *Laffont, 2000.* (Bouquins)
ISBN 2-221-05354-0. *189 F / 28,81 €*

25072 **ROMAINS J.** Les hommes de bonne volonté. 2. *Laffont, 1988.* (Bouquins)
ISBN 2-221-05355-9. *130 F / 19,82 €*

25073 **ROMAINS J.** Les hommes de bonne volonté. 3. *Laffont, 1988.* (Bouquins)
ISBN 2-221-05356-7. *130 F / 19,82 €*

25074 **ROMAINS J.** Les hommes de bonne volonté. 4. *Laffont, 1988.* (Bouquins)
ISBN 2-221-05584-5. *130 F / 19,82 €*

25075 **ROMAINS J.** Lucienne ; Le Dieu des corps ; Quand le navire. *Gallimard, 1985.* (Folio ; 1671 c13)
ISBN 2-07-037671-0. *55 F / 8,38 €*

25076 **ROMAINS J.** Mort de quelqu'un. *Gallimard, 1987.* (Folio ; 1882 c9)
ISBN 2-07-037882-9. *20,50 F / 3,13 €*

25077 **ROMAINS J.** Le vin blanc de la Villette. *Gallimard, 2000.* (Folio ; 3331 c6)
ISBN 2-07-041181-8. *32,50 F / 4,95 €*

25078 **Le Roman de Renart.** *LGF, 1987.* (Le Livre de poche ; 4270. Nouvelle approche c4)
ISBN 2-253-04008-8. *20 F / 3,05 €*

25079 **Le roman de Tristan et Iseult.** *10-18, 1981.* (10-18 ; 1439. Bibliothèque médiévale c3)
ISBN 2-264-00379-0. *38 F / 5,79 €*

25080 **Le roman de Violette.** *la Musardine, 1999.* (Lectures amoureuses de Jean-Jacques Pauvert ; 31)
ISBN 2-84271-052-5. *39 F / 5,95 €*

25081 **Le roman noir de la Révolution française.** *Nathan ; Complexe, 1997.* (Nathan-Université. Réf)
ISBN 2-09-190922-X. ISBN 2-87027-605-2. *149 F / 22,71 €*

25082 **A** **ROMANO F.** Le film pornographique le moins cher du monde. *LGF, 2001.* (Le Livre de poche ; 15021)
ISBN 2-253-15021-5. *36 F / 5,49 €*

25083 **N** **Romans de femmes du 18e siècle. Réimp.** *Laffont, 2000.* (Bouquins)
ISBN 2-221-08097-1. *189 F / 28,81 €*

25084 **Romans de fin de siècle.** *Laffont, 1999.* (Bouquins)
ISBN 2-221-07863-2. *199 F / 30,34 €*

25085 **Romans libertins du XVIIIe siècle. réimpr.** *Laffont, 1999.* (Bouquins)
ISBN 2-221-07072-0. *159 F / 24,24 €*

25086 **N** **ROMILLY J. d.** Laisse flotter les rubans. *LGF, 2001.* (Le Livre de poche ; 14986)
ISBN 2-253-14986-1. *29 F / 4,42 €*

25087 **ROMILLY J. d.** Les oeufs de Pâques. *LGF, 1995.* (Le Livre de poche ; 13736 c8)
ISBN 2-253-13736-7. *33 F / 5,03 €*

25088 **ROMILLY J. d.** Ouverture à coeur. *LGF, 1992.* (Le Livre de poche ; 4325 c9)
ISBN 2-253-05989-7. *36 F / 5,49 €*

25089 **RONAN F.** Les Hommes qui ont aimé Evelyn Cotton. *Seuil, 1992.* (Points. Roman ; 530 c3)
ISBN 2-02-013038-6. *48 F / 7,32 €*

25090 **RONDEAU D.** Les Tambours du monde. *LGF, 1991.* (Le Livre de poche ; 7361 c13)
ISBN 2-253-05872-6. *46 F / 7,01 €*

25091 **ROSA J. G.** Diadorim. *10-18, 1995.* (10-18 ; 2609. Domaine étranger c9)
ISBN 2-264-02140-3. *60 F / 9,15 €*

25092 **N** **ROSA J. G.** Mon oncle le jaguar. *10-18, 2000.* (10-18 ; 3176. Domaine étranger c2)
ISBN 2-264-02660-X. *25 F / 3,81 €*

25093 **ROSA J. G.** Sagarana. *10-18, 1999.* (10-18 ; 3082. Domaine étranger c7)
ISBN 2-264-02647-2. *50 F / 7,62 €*

25094 **ROSENDORFER H.** Stéphanie et la vie antérieure. *LGF, 1996.* (Le Livre de poche ; 13983 c5)
ISBN 2-253-13983-1. *23 F / 3,51 €*

25095 **ROSNY J-H.** La Guerre du feu. *Labor ; Actes Sud ; Aire, 1998.* (Espace Nord ; 140 c3)
ISBN 2-8040-1305-7. *54 F / 8,23 €*

25096 **ROSSET F. d.** Les Histoires mémorables et tragiques de ce temps : 1619. *LGF, 1994.* (Le Livre de poche ; 703. Bibliothèque classique c15)
ISBN 2-253-90703-0. *50 F / 7,62 €*

25097 **ROTH H.** A la merci d'un courant violent. *Seuil, 1997.* (Points ; 320 c10)
ISBN 2-02-025836-6. *45 F / 6,86 €*

25098 **ROTH H.** La fin de l'exil. *Seuil, 2000.* (A la merci d'un courant violent; 3)(Points ; 702 c12)
ISBN 2-02-039566-5. *50 F / 7,62 €*

25099 **ROTH H.** Un rocher sur l'Hudson. *Seuil, 1998.* (A la merci d'un courant violent; 2)(Points ; 465 c14)
ISBN 2-02-033415-1. *55 F / 8,38 €*

25100 **ROTH J.** La crypte des capucins. Réimpr. *Seuil, 1996.* (Points ; 196)
ISBN 2-02-026418-8. *32 F / 4,88 €*

25101 **ROTH J.** Hôtel Savoy. Réimpr. *Gallimard, 1987.* (L'imaginaire ; 183)
ISBN 2-07-070905-1. *40 F / 6,10 €*

25102 **ROTH J.** La marche de Radetzky ; La Rébellion : La Crypte des capucins. *Seuil, 1994.* (Points. Roman ; 1001)
ISBN 2-02-023080-1. *115 F / 17,53 €*

25103 **ROTH J.** La marche de Radetzky ; La Rébellion : La Crypte des capucins. Réimpr. sous une nouv. couv. *Seuil, 1995.* (Points. Roman ; 1001)
ISBN 2-02-023819-5. *115 F / 17,53 €*

25104 **ROTH J.** Notre assassin. *10-18, 1996.* (10-18 ; 2793. Domaine étranger c3)
ISBN 2-264-02266-3. *38 F / 5,79 €*

25105 **ROTH J.** La Rébellion. *Seuil, 1991.* (Points. Roman ; 444 c1)
ISBN 2-02-013112-9. *32 F / 4,88 €*

25106 **ROTH J.** Tarabas. *Seuil, 1990.* (Points ; 389. Roman ; 389 c2)
ISBN 2-02-011574-3. *39 F / 5,95 €*

25107 **ROTH J.** La Toile d'araignée. *Gallimard, 1991.* (L'Etrangère)
ISBN 2-07-071473-X. *48 F / 7,32 €*

25108 **ROTH P.** La Contrevie. *Gallimard, 1991.* (Folio ; 2293 c9)
ISBN 2-07-038410-1. *41 F / 6,25 €*

25109 **ROTH P.** Goodbye, Colombus. *Gallimard, 1980.* (Folio ; 1185 c8)
ISBN 2-07-037185-9. *37 F / 5,64 €*

25110 **ROTH P.** Laisser courir. 2. *Gallimard, 1983.* (Folio ; 1478 c12)
ISBN 2-07-037478-5. *52 F / 7,93 €*

25111 **ROTH P.** Ma vie d'homme. Nouv. éd. *Gallimard, 1993.* (Folio ; 1355 c9)
ISBN 2-07-037355-X. *41 F / 6,25 €*

25112 **ROTH P.** Opération Shylock : une confession. *Gallimard, 1997.* (Folio ; 2937 c12)
ISBN 2-07-040190-1. *52 F / 7,93 €*

25113 **A** **ROTH P.** Pastorale américaine. *Gallimard, 2001.* (Folio)
ISBN 2-07-041736-0. *41 F / 6,25 €*

25114 **ROTH P.** Patrimoine : une histoire vraie. *Gallimard, 1994.* (Folio ; 2653 c8)
ISBN 2-07-038948-0. *37 F / 5,64 €*

25115 **ROTH P.** Portnoy et son complexe. *Gallimard, 1973.* (Folio ; 470 c11)
ISBN 2-07-036470-4. *29,50 F / 4,50 €*

25116 **ROTH P.** Professeur de désir. *Gallimard, 1982.* (Folio ; 1422 c8)
ISBN 2-07-037422-X. *37 F / 5,64 €*

25117 **ROTH P.** Le Sein. *Gallimard, 1984.* (Folio ; 1607 c9)
ISBN 2-07-037607-9. *20,50 F / 3,13 €*

25118 **ROTH P.** Le théâtre de Sabbath. *Gallimard, 1998.* (Folio ; 3072 c14)
ISBN 2-07-040467-6. *60 F / 9,15 €*

25119 **ROTH P.** Tromperie. *Gallimard, 1996.* (Folio ; 2803 c11)
ISBN 2-07-039480-8. *29,50 F / 4,50 €*

25120 **ROTH P.** Zuckerman enchaîné. Nouv. éd. *Gallimard, 1990.* (Folio ; 1877)
ISBN 2-07-037877-2. *61 F / 9,30 €*

25121 **ROUART J-M.** Avant-guerre. Nouv. éd. *LGF, 1984.* (Le Livre de poche ; 5983 c7)
ISBN 2-253-03547-5. *30 F / 4,57 €*

25122 **ROUART J-M.** La Femme de proie. *LGF, 1991.* (Le Livre de poche ; 7317 c7)
ISBN 2-253-05794-0. *30 F / 4,57 €*

25123 **N** **ROUART J-M.** La fuite en Pologne. *LGF, 2001.* (Le Livre de poche ; 14996 c6)
ISBN 2-253-14996-9. *26 F / 3,96 €*

25124 **ROUART J-M.** Le goût du malheur. *Gallimard, 1995.* (Folio ; 2734 c8)
ISBN 2-07-039293-7. *37 F / 5,64 €*

25125 **ROUART J-M.** L'invention de l'amour. *LGF, 1999.* (Le Livre de poche ; 14742 c6)
ISBN 2-253-14742-7. *26 F / 3,96 €*

25126 **ROUART J-M.** Morny, un voluptueux au pouvoir. *Gallimard, 1997.* (Folio ; 2952 c9)
ISBN 2-07-040206-1. *41 F / 6,25 €*

25127 **ROUART J-M.** Le Voleur de jeunesse. *LGF, 1992.* (Le Livre de poche ; 9550 c7)
ISBN 2-253-06214-6. *30 F / 4,57 €*

25128 **ROUAUD J.** Les champs d'honneur. *Minuit, 1996.* (Double ; 12)
ISBN 2-7073-1565-6. *34 F / 5,18 €*

25129 **ROUAUD J.** Des hommes illustres. *Minuit, 1999.* (Double ; 14 c2)
ISBN 2-7073-1688-1. *34 F / 5,18 €*

25130 **ROUBAUD J.** La belle Hortense. *Seuil, 1996.* (Points ; 202 c8)
ISBN 2-02-024546-9. *39 F / 5,95 €*

25131 **ROUBAUD J.** L'enlèvement d'Hortense. *Seuil, 1996.* (Points ; 212 c2)
ISBN 2-02-024545-0. *39 F / 5,95 €*

25132 **ROUBAUD J.** L'exil d'Hortense. *Seuil, 1996.* (Points ; 224 c2)
ISBN 2-02-024547-7. *39 F / 5,95 €*

25133 **ROULAND N.** Les lauriers de cendre. *Actes Sud, 1999.* (Babel ; 394 c5)
ISBN 2-7427-2403-6. *57 F / 8,69 €*

25134 **ROUSSEAU F-O.** L'Enfant d'Edouard. *Gallimard, 1984.* (Folio ; 1605 c8)
ISBN 2-07-037605-2. *37 F / 5,64 €*

25135 **N** **ROUSSEAU F-O.** Les enfants du siècle. *Seuil, 2000.* (Points ; 759)
ISBN 2-02-041636-0. *39 F / 5,95 €*

25136 **ROUSSEAU F-O.** La gare de Wannsee. *LGF, 1990.* (Le Livre de poche ; 6829 c11)
ISBN 2-253-05389-9. *42 F / 6,40 €*

25137 **ROUSSEAU F-O.** Sébastien Doré. *Gallimard, 1989.* (Folio ; 2110 c13)
ISBN 2-07-038200-1. *56 F / 8,54 €*

25138 **ROUSSEAU J-J.** Emile ou De l'éducation. *Gallimard, 1995.* (Folio ; 281. Essais ; 281 c10)
ISBN 2-07-032908-9. *76,50 F / 11,66 €*

25139 **ROUSSEAU J-J.** Julie ou La Nouvelle Héloïse. 1. *Gallimard, 1993.* (Folio ; 2419. Classique c13)
ISBN 2-07-038566-3. *56 F / 8,54 €*

25140 **ROUSSEAU J-J.** Julie ou La Nouvelle Héloïse. 2. *Gallimard, 1993.* (Folio ; 2420. Classique c13)
ISBN 2-07-038567-1. *56 F / 8,54 €*

25141 **ROUSSEAU J-J.** Les Rêveries du promeneur solitaire : texte intégral et les clés de l'oeuvre. Réimpr. *Pocket, 1998.* (Pocket ; 6069. Classiques c2)
ISBN 2-266-08759-2. *23 F / 3,51 €*

25142 **ROUSSEAU J-J.** Les rêveries du promeneur solitaire. *Gallimard, 1972.* (Folio ; 186. Classique c4)
ISBN 2-07-036186-1. *20,50 F / 3,13 €*

25143 **ROUSSEAU N.** Les Iris bleus. *J'ai lu, 1993.* (J'ai lu ; 3500. Littérature générale c1)
ISBN 2-277-23500-8. *13 F / 1,98 €*

25144 **ROUSSEL R.** Locus Solus. *Gallimard, 1990.* (L'imaginaire ; 230)
ISBN 2-07-071886-7. *48 F / 7,32 €*

25145 **ROUX D. d.** L'HarmoniKa-Zug. *Gallimard, 1983.* (Folio ; 1514 c11)
ISBN 2-07-037514-5. *29,50 F / 4,50 €*

25146 **ROVIN J.** Broken Arrow : roman d'après un scénario de Graham Yost. *Pocket, 1996.* (Pocket ; 4490 c4)
ISBN 2-266-07132-7. *30 F / 4,57 €*

25147 **ROY A.** Le Dieu des petits riens. *Gallimard, 2000.* (Folio ; 3315 c10)
ISBN 2-07-041172-9. *41 F / 6,25 €*

25148 **ROY C.** L'Ami lointain. *Gallimard, 1990.* (Folio ; 2150 c11)
ISBN 2-07-038240-0. *29,50 F / 4,50 €*

25149 **ROY C.** Léone et les siens. *Gallimard, 1987.* (Folio ; 1795 c8)
ISBN 2-07-037795-4. *37 F / 5,64 €*

25150 **ROY C.** Le Malheur d'aimer. *Gallimard, 1974.* (Folio ; 580 c9)
ISBN 2-07-036580-8. *20,50 F / 3,13 €*

25151 **ROY C.** Moi je. *Gallimard, 1978.* (Folio ; 1066 c9)
ISBN 2-07-037066-6. *41 F / 6,25 €*

25152 **ROY C.** Nous. *Gallimard, 1980.* (Folio ; 1247 c10)
ISBN 2-07-037247-2. *46 F / 7,01 €*

25153 **ROY C.** Permis de séjour : 1977-1982. *Gallimard, 1985.* (Folio ; 1700 c11)
ISBN 2-07-037700-8. *50 F / 7,62 €*

25154 **ROY C.** Somme toute. *Gallimard, 1982.* (Folio ; 1405 c12)
ISBN 2-07-037405-X. *52 F / 7,93 €*

25155 **ROY C.** La Traversée du Pont des Arts. *Gallimard, 1983.* (Folio ; 1500 c8)
ISBN 2-07-037500-5. *37 F / 5,64 €*

25156 **ROY J.** Guynemer, l'ange de la mort. *LGF, 1990.* (Le Livre de poche ; 6891 c14)
ISBN 2-253-05431-3. *48 F / 7,32 €*

25157 **ROYER H.** Mille et une raisons de rompre. *Zulma, 1998.* (Grain d'orage)
ISBN 2-84304-040-X. *49 F / 7,47 €*

25158 **N** **ROZAN J-M.** Le fric. *Pocket, 2000.* (Pocket ; 10945 c5)
ISBN 2-266-10146-3. *35 F / 5,34 €*

25159 **ROZE P.** Le chasseur zéro. *LGF, 1997.* (Le Livre de poche ; 14373 c5)
ISBN 2-253-14420-7. *23 F / 3,51 €*

25160 **A** **ROZE P.** Ferraille. *LGF, 2001.* (Le Livre de poche ; 15028)
ISBN 2-253-15028-2. *26 F / 3,96 €*

25161 **ROZE P.** Histoires dérangées. *LGF, 1998.* (Le Livre de poche ; 14442 c4)
ISBN 2-253-14442-8. *20 F / 3,05 €*

25162 **A** **ROZEN A.** Plaisir d'offrir, joie de recevoir. *J'ai lu, 2001.* (J'ai lu ; 5944. Littérature générale)
ISBN 2-290-31189-8

25163 **RUDNICKI A.** Têtes polonaises. *Albin Michel, 1989.* (Bibliothèque Albin Michel poche ; 32 c2)
ISBN 2-226-03799-3. *49 F / 7,47 €*

25164 **RUFIN J-C.** L'abyssin : relation des extraordinaires voyages de Jean-Baptiste Poncet, ambassadeur du Négus auprès de Sa Majesté Louis XIV. *Gallimard, 1999.* (Folio ; 3137 c12)
ISBN 2-07-040697-0. *52 F / 7,93 €*

25165 **N** **RUFIN J-C.** L'Abyssin ; Sauver Ispahan. *Gallimard, 2000.* (Folio)
ISBN 2-07-041351-9. *111 F / 16,92 €*

25166 **N** **RUFIN J-C.** Sauver Ispahan. *Gallimard, 2000.* (Folio ; 3394 c10)
ISBN 2-07-041418-3. *50 F / 7,62 €*

25167 **RUI M.** Le porc épique. *Dapper, 1999.* (Dapper littérature)
ISBN 2-906067-51-2. *38 F / 5,79 €*

25168 **RULFO J.** Pedro Paramo. *Gallimard, 1979.* (L'imaginaire ; 38)
ISBN 2-07-028598-7. *42 F / 6,40 €*

25169 **RUNYON D.** Broadway, mon village. *Gallimard, 1982.* (Folio ; 1378 c8)
ISBN 2-07-037378-9. *37 F / 5,64 €*

25170 **RUNYON D.** Le Complexe de Broadway. *Gallimard, 1982.* (Folio ; 1388 c8)
ISBN 2-07-037388-6. *37 F / 5,64 €*

25171 **RUSHDIE S.** Le dernier soupir du Maure. *Pocket, 1997.* (Pocket ; 10164. Best c8)
ISBN 2-266-07497-0. *45 F / 6,86 €*

25172 **RUSHDIE S.** Le dernier soupir du Maure. *10-18, 1998.* (10-18 ; 3003. Domaine étranger c5)
ISBN 2-264-02801-7. *44 F / 6,71 €*

25173 **RUSHDIE S.** Les Enfants de minuit. *LGF, 1989.* (Le Livre de poche ; 3122. Biblio c15)
ISBN 2-253-05040-7. *50 F / 7,62 €*

25174 **RUSHDIE S.** Haroun et la mer des histoires. *10-18, 1993.* (10-18 ; 2402. Domaine étranger c5)
ISBN 2-264-01904-2. *44 F / 6,71 €*

25175 **N** **RUSHDIE S.** La terre sous ses pieds. *Pocket, 2000.* (Pocket ; 10891 c13)
ISBN 2-266-09955-8. *65 F / 9,91 €*

25176 **RUSHDIE S.** Les versets sataniques. *Pocket, 2000.* (Pocket ; 10840 c10)
ISBN 2-266-09804-7. *50 F / 7,62 €*

25177 **N** **RUSSEL M. D.** Le moineau de Dieu. *Pocket, 2001.* (Pocket. Science-fiction ; 5700 c10)
ISBN 2-266-08801-7. *50 F / 7,62 €*

25178 **RUSSO R.** Un rôle qui me convient. *10-18, 1999.* (10-18 ; 3055. Domaine étranger c7)
ISBN 2-264-02847-5. *50 F / 7,62 €*

25179 **RYAN M.** Destins croisés. *Pocket, 1999.* (Pocket ; 10555 c6)
ISBN 2-266-08585-9. *38 F / 5,79 €*

25180 **RYAN N.** L'amour pour mission. *J'ai lu, 1995.* (J'ai lu ; 3846. Aventures et passions)
ISBN 2-290-03846-6. *25 F / 3,81 €*

25181 **RYAN N.** Esclave de soie. *J'ai lu, 1991.* (J'ai lu ; 2929. Aventures et passions)
ISBN 2-277-22929-6. *39 F / 5,95 €*

25182 **RYAN N.** La hors-la-loi. *J'ai lu, 1999.* (J'ai lu ; 5304. Aventures et passions c5)
ISBN 2-290-05304-X. *39 F / 5,95 €*

25183 **RYAN N.** Le prince aztèque. Réimp. *J'ai lu, 1999.* (J'ai lu ; 3071. Aventures et passions)
ISBN 2-290-30119-1. *25 F / 3,81 €*

25184 **RYAN N.** Le ravisseur indien. Réimpr. *J'ai lu, 1999.* (J'ai lu ; 3574. Aventures et passions)
ISBN 2-290-03574-2. *42 F / 6,40 €*

25185 **RYBAKOV A.** Les Enfants de l'Arbat. *LGF, 1991.* (Le Livre de poche ; 7330 c13)
ISBN 2-253-05821-1. *46 F / 7,01 €*

25186 **RYCK F.** Le Silencieux : drôle de pistolet. *Gallimard, 1993.* (Folio ; 2524 c11)
ISBN 2-07-038812-3. *29,50 F / 4,50 €*

25187 **RYMAN R.** Le Trident de Shiva. Réimpr. *Pocket, 1999.* (Pocket ; 3765. Roman cJ)
ISBN 2-266-08409-7. *50 F / 7,62 €*

25188 **RYMAN R.** Le voile de l'illusion. *Pocket, 1998.* (Pocket ; 10225. Roman c9)
ISBN 2-266-07625-6. *48 F / 7,32 €*

25189 **SA S.** Porte de la paix céleste. *Gallimard, 2000.* (Folio ; 3316 c6)
ISBN 2-07-040746-2. *25,50 F / 3,89 €*

25190 **N** **SAAD K.** CosmoQueer. *H & O, 2000.* (H & O poche)
ISBN 2-84547-016-9. *25 F / 3,81 €*

25191 **N** **SABATER J.** Plaisirs et châtiments. *Baleine, 2001.* (Velours ; 15)
ISBN 2-84219-318-0. *45 F / 6,86 €*

25192 **SABATIER R.** Alain et le nègre. *LGF, 1988.* (Le Livre de poche ; 3236 c4)
ISBN 2-253-01906-2. *20 F / 3,05 €*

25193 **SABATIER R.** Les Allumettes suédoises. *LGF, 1984.* (Le Livre de poche ; 5876 c6)
ISBN 2-253-03430-4. *26 F / 3,96 €*

25194 **SABATIER R.** Boulevard. *LGF, 1988.* (Le Livre de poche ; 5461 c6)
ISBN 2-253-02541-0. *26 F / 3,96 €*

25195 **SABATIER R.** Le cygne noir. *LGF, 1997.* (Le Livre de poche ; 14105 c6)
ISBN 2-253-14105-4. *26 F / 3,96 €*

25196 **SABATIER R.** David et Olivier. *LGF, 1989.* (Le Livre de poche ; 6635 c8)
ISBN 2-253-04992-1. *33 F / 5,03 €*

25197 **SABATIER R.** Les Fillettes chantantes. *LGF, 1985.* (Le Livre de poche ; 6035 c6)
ISBN 2-253-03638-2. *26 F / 3,96 €*

25198 **SABATIER R.** Le lit de la merveille. *LGF, 1999.* (Le Livre de poche ; 14585 c8)
ISBN 2-253-14585-8. *33 F / 5,03 €*

25199 **SABATIER R.** Le Marchand de sable. *LGF, 1982.* (Le Livre de poche ; 5704 c5)
ISBN 2-253-03063-5. *23 F / 3,51 €*

25200 **SABATIER R.** Les Noisettes sauvages. *LGF, 1985.* (Le Livre de poche ; 6034 c6)
ISBN 2-253-03637-4. *26 F / 3,96 €*

25201 **SABATIER R.** Olivier et ses amis. *LGF, 1995.* (Le Livre de poche ; 13746 c6)
ISBN 2-253-13746-4. *26 F / 3,96 €*

25202 **SABATIER R.** La Souris verte. *LGF, 1992.* (Le Livre de poche ; 9502 c7)
ISBN 2-253-06145-X. *30 F / 4,57 €*

25203 **SABATIER R.** Trois sucettes à la menthe. *LGF, 1984.* (Le Livre de poche ; 5958 c7)
ISBN 2-253-03491-6. *30 F / 4,57 €*

25204 **SABATO E.** L'ange des ténèbres. *Seuil, 1996.* (Points ; 312 c13)
ISBN 2-02-028136-8. *52 F / 7,93 €*

25205 **SABATO E.** Héros et tombes. Nouv. éd. *Seuil, 1996.* (Points ; 311 c12)
ISBN 2-02-028137-6. *52 F / 7,93 €*

25206 **SABATO E.** Le tunnel. Nouv. éd. *Seuil, 1995.* (Points c1)
ISBN 2-02-023928-0. *32 F / 4,88 €*

25207 **SABOURET A.** Une Femme éperdue : mémoires apocryphes de madame Caillaux. *LGF, 1992.* (Le Livre de poche ; 4330 cK)
ISBN 2-253-05993-5. *42 F / 6,40 €*

25208 **SACCHI H.** La dogaresse. *Seuil, 1995.* (Points ; 77 c11)
ISBN 2-02-025308-9. *48 F / 7,32 €*

25209 **SACHER-MASOCH L. v.** La Vénus à la fourrure. *Mille et une nuits, 1999.* (La petite collection ; 228)
ISBN 2-84205-386-9. *23 F / 3,51 €*

25210 **SACHS M.** Le Sabbat. Réimpr. *Gallimard, 1999.* (L'imaginaire ; 42)
ISBN 2-07-028724-6. *48 F / 7,32 €*

25211 **SACKVILLE-WEST V.** Au temps du roi Edouard. *Grasset, 1991.* (Les Cahiers rouges ; 141)
ISBN 2-246-42932-3. *52 F / 7,93 €*

25212 **SACKVILLE-WEST V.** Escales sans nom. *Stock, 1987.* (Bibliothèque cosmopolite ; 85)
ISBN 2-234-02079-4. *50 F / 7,62 €*

25213 **SADE D. A. F. d.** Aline et Valcour ou le Roman philosophique : écrit à la Bastille un an avant la Révolution de France. *LGF, 1994.* (Le Livre de poche ; 4757. Classiques de poche c16)
ISBN 2-253-01298-X. *55 F / 8,38 €*

25214 **SADE D. A. F. d.** Les 120 journées de Sodome ou l'école du libertinage. Rééd. *10-18, 1998.* (10-18 ; 913. Domaine français c8)
ISBN 2-264-02699-5. *55 F / 8,38 €*

25215 **SADE D. A. F. d.** Les crimes de l'amour : nouvelles héroïques et tragiques ; Idée sur les romans. *Gallimard, 1987.* (Folio ; 1817. Classique c9)
ISBN 2-07-037817-9. *41 F / 6,25 €*

25216 **SADE D. A. F. d.** Les Crimes de l'amour. Nouv. éd. *LGF, 1994.* (Le Livre de poche ; 3413. Classiques de poche c5)
ISBN 2-253-00328-X. *23 F / 3,51 €*

25217 **SADE D. A. F. d.** Dialogue entre un prêtre et un moribond. *Mille et une nuits, 1993.* (La petite collection ; 3 cA)
ISBN 2-910233-10-3. *10 F / 1,52 €*

25218 **SADE D. A. F. d.** Histoire de Juliette ou les Prospérités du vice. 1. Réimpr. *10-18, 1997.* (10-18 ; 1086. Domaine français c9)
ISBN 2-264-02632-4. *60 F / 9,15 €*

25219 **SADE D. A. F. d.** Histoire de Juliette ou les Prospérités du vice. 2. Réimpr. *10-18, 1997.* (10-18 ; 1087. Domaine français c9)
ISBN 2-264-02632-4. *60 F / 9,15 €*

25220 **SADE D. A. F. d.** Histoire secrète d'Isabelle de Bavière, reine de France. *Gallimard, 1992.* (L'imaginaire ; 280)
ISBN 2-07-072717-3. *62 F / 9,45 €*

25221 **SADE D. A. F. d.** Les infortunes de la vertu. Réimpr. *10-18, 1998.* (10-18 ; 399. Domaine français c3)
ISBN 2-264-02734-7. *38 F / 5,79 €*

25222 **SADE D. A. F. d.** Les infortunes de la vertu. *Gallimard, 1977.* (Folio ; 963. Classique c8)
ISBN 2-07-036963-3. *37 F / 5,64 €*

25223 **SADE D. A. F. d.** Justine ou les Malheurs de la vertu. *LGF, 1973.* (Le Livre de poche ; 3714. Classiques de poche c6)
ISBN 2-253-00715-3. *26 F / 3,96 €*

25224 **SADE D. A. F. d.** Justine ou les Malheurs de la vertu. *Gallimard, 1994.* (L'imaginaire ; 312)
ISBN 2-07-073851-5. *55 F / 8,38 €*

25225 **SADE D. A. F. d.** La nouvelle Justine ou Les malheurs de la vertu. 1. *10-18, 1998.* (10-18 ; 1241. Domaine français c7)
ISBN 2-264-02729-0. *50 F / 7,62 €*

25226 **SADE D. A. F. d.** La nouvelle Justine ou Les malheurs de la vertu. 2. *10-18, 1998.* (10-18 ; 1242. Domaine français c7)
ISBN 2-264-02728-2. *50 F / 7,62 €*

25227 **SADE D. A. F. d.** L'ogre Minski ; suivi de Le pape Brashi. *Mercure de France, 1999.* (Le petit Mercure)
ISBN 2-7152-2142-8. *24 F / 3,66 €*

25228 **SADE D. A. F. d.** La philosophie dans le boudoir ou les Instituteurs immoraux. Rééd. *10-18, 1998.* (10-18 ; 696. Domaine français c5)
ISBN 2-264-02491-7. *47 F / 7,17 €*

25229 **SADE D. A. F. d.** La philosophie dans le boudoir ou Les instituteurs immoraux. *Gallimard, 1976.* (Folio ; 800. Classique c8)
ISBN 2-07-036800-9. *37 F / 5,64 €*

25230 **SADE D. A. F. d.** La philosophie dans le boudoir. *la Musardine, 1997.* (Lectures amoureuses de Jean-Jacques Pauvert ; 8 c3)
ISBN 2-84271-020-7. *35 F / 5,34 €*

25231 **SADOUL J.** Baron-Samedi. *J'ai lu, 1995.* (J'ai lu ; 3984. Littérature générale c4)
ISBN 2-277-23984-4. *36 F / 5,49 €*

25232 **SADOUL J.** La Belle-est-venue. *J'ai lu, 1993.* (J'ai lu ; 3532. Littérature générale)
ISBN 2-277-23532-6. *36 F / 5,49 €*

25233 **SADOUL J.** La Cité fabuleuse. *J'ai lu, 1993.* (J'ai lu ; 3412. Littérature générale)
ISBN 2-277-23412-5. *36 F / 5,49 €*

25234 **SADOUL J.** L'Ile Isabelle. *J'ai lu, 1989.* (J'ai lu ; 2623. Littérature générale)
ISBN 2-277-22623-8. *29 F / 4,42 €*

25235 **SADOUL J.** Les sept masques. *J'ai lu, 1997.* (J'ai lu ; 4596. Littérature générale c5)
ISBN 2-290-04596-9. *39 F / 5,95 €*

25236 **SAER J. J.** L'Ancêtre. *10-18, 1992.* (10-18 ; 2296. Domaine étranger c3)
ISBN 2-264-01727-9. *38 F / 5,79 €*

25237 **SAER J. J.** L'anniversaire. *Seuil, 1995.* (Points ; 153 c2)
ISBN 2-02-025453-0. *39 F / 5,95 €*

25238 **SAER J. J.** L'occasion. *Seuil, 1996.* (Points ; 281 c7)
ISBN 2-02-025452-2. *35 F / 5,34 €*

25239 **SAGAN C.** Contact. *Pocket, 1997.* (Pocket ; 10126 c7)
ISBN 2-266-07999-9. *42 F / 6,40 €*

25240 **SAGAN F.** Aimez-vous Brahms?. *Pocket, 1992.* (Pocket ; 4621. Blanche c3)
ISBN 2-266-05256-X. *23 F / 3,51 €*

25241 **SAGAN F.** Des bleus à l'âme. *Pocket, 1998.* (Pocket ; 4185 c3)
ISBN 2-266-06174-7. *26 F / 3,96 €*

25242 **SAGAN F.** Bonjour tristesse. Réimpr. *Pocket, 1999.* (Pocket ; 3564 c1)
ISBN 2-266-06128-3. *23 F / 3,51 €*

25243 **SAGAN F.** Un chagrin de passage. *Pocket, 1996.* (Pocket ; 4440 c5)
ISBN 2-266-06905-5. *35 F / 5,34 €*

25244 **SAGAN F.** La Chamade. Réimpr. *Pocket, 1981.* (Pocket ; 1967. Blanche c3)
ISBN 2-266-03640-8. *26 F / 3,96 €*

25245 **SAGAN F.** Le Chien couchant. *Pocket, 1994.* (Pocket ; 2923 c4)
ISBN 2-266-05628-X. *30 F / 4,57 €*

25246 **SAGAN F.** Dans un mois, dans un an. Réimpr. *Pocket, 1983.* (Pocket ; 2195. Blanche c2)
ISBN 2-266-03889-3. *23 F / 3,51 €*

25247 **SAGAN F.** De guerre lasse. *Gallimard, 1986.* (Folio ; 1759 c11)
ISBN 2-07-037759-8. *29,50 F / 4,50 €*

25248 **SAGAN F.** Et toute ma sympathie. *Pocket, 1994.* (Pocket ; 4192 c4)
ISBN 2-266-06167-4. *30 F / 4,57 €*

25249 **SAGAN F.** Les Faux-fuyants. *Pocket, 1993.* (Pocket ; 2867. Blanche c4)
ISBN 2-266-05547-X. *30 F / 4,57 €*

25250 **SAGAN F.** La Femme fardée. *LGF, 1991.* (Le Livre de poche ; 9770 c14)
ISBN 2-253-05311-2. *48 F / 7,32 €*

25251 **SAGAN F.** Le lit défait. *Pocket, 1995.* (Pocket ; 4184. Best c4)
ISBN 2-266-06175-5. *30 F / 4,57 €*

25252 **SAGAN F.** Le miroir égaré. *Pocket, 1998.* (Pocket ; 10292 c4B)
ISBN 2-266-07767-8. *32 F / 4,88 €*

25253 **SAGAN F.** Musiques de scènes. *Pocket, 1995.* (Pocket ; 2918. Best c3)
ISBN 2-266-05630-1. *26 F / 3,96 €*

25254 **SAGAN F.** Oeuvres. *Laffont, 1993.* (Bouquins)
ISBN 2-221-07497-1. *150 F / 22,87 €*

25255 **SAGAN F.** Un Orage immobile. Réimpr. *Pocket, 1992.* (Pocket ; 2256. Blanche c3)
ISBN 2-266-04305-6. *26 F / 3,96 €*

25256 **SAGAN F.** Un peu de soleil dans l'eau froide. *Pocket, 1996.* (Pocket ; 4183 c5)
ISBN 2-266-06176-3. *35 F / 5,34 €*

25257 **SAGAN F.** Un profil perdu. *Pocket, 1997.* (Pocket ; 4186. Best c3)
ISBN 2-266-06173-9. *26 F / 3,96 €*

25258 **SAGAN F.** Un Sang d'aquarelle. *Gallimard, 1989.* (Folio ; 2054 c11)
ISBN 2-07-038142-0. *29,50 F / 4,50 €*

25259 **SAGAN F.** Les Violons parfois. Réimpr. *Pocket, 1984.* (Pocket ; 2233. Blanche c3)
ISBN 2-266-04446-X. *26 F / 3,96 €*

25260 **N** **SAGLIO-BRAMLY M.** La veuve de Saint-Pierre. *Pocket, 2000.* (Pocket ; 10921 c4B)
ISBN 2-266-10068-8. *32 F / 4,88 €*

25261 **SAHEBJAM F.** Le vieux de la montagne. *LGF, 1997.* (Le Livre de poche ; 14357 c9)
ISBN 2-253-14357-X. *36 F / 5,49 €*

25262 **SAINT AMAND M.** Pour un air de blues. *J'ai lu, 1996.* (J'ai lu ; 4238. Amour et destin)
ISBN 2-277-24238-1. *22 F / 3,35 €*

25263 **SAINT-AVIT G. d.** Deux filles et leur mère. *Librio, 1998.* (Librio ; 254 c1)
ISBN 2-277-30254-6. *10 F / 1,52 €*

25264 **N** **SAINT-EXUPÉRY A. d.** Citadelle. Nouv. éd. abrégée. *Gallimard, 2000.* (Folio ; 3367 c10)
ISBN 2-07-040747-0. *46 F / 7,01 €*

25265 **N** **SAINT-EXUPÉRY A. d.** Coffret Saint-Exupéry. *Gallimard, 2000.* (Folio)
ISBN 2-07-041350-0. *118,50 F / 18,07 €*

25266 **SAINT-EXUPÉRY A. d.** Courrier Sud. *Gallimard, 1972.* (Folio ; 80 c9)
ISBN 2-07-036080-6. *20,50 F / 3,13 €*

25267 **SAINT-EXUPÉRY A. d.** Le petit prince : avec des aquarelles de l'auteur. *Gallimard, 1999.* (Folio ; 3200 c7)
ISBN 2-07-040850-7. *32 F / 4,88 €*

25268 **SAINT-EXUPÉRY A. d.** Pilote de guerre. Réimpr. *Gallimard, 1976.* (Folio ; 824 c6)
ISBN 2-07-036824-6. *29,50 F / 4,50 €*

25269 **SAINT-EXUPÉRY A. d.** Terre des hommes. *Gallimard, 1972.* (Folio ; 21 c9)
ISBN 2-07-036021-0. *20,50 F / 3,13 €*

25270 **SAINT-EXUPÉRY A. d.** Vol de nuit. *Gallimard, 1982.* (Folio ; 4 c9)
ISBN 2-07-036004-0. *20,50 F / 3,13 €*

25271 **SAINT-LAURENT C.** L'Erreur. *Gallimard, 1988.* (Folio ; 1963 c8)
ISBN 2-07-038044-0. *37 F / 5,64 €*

25272 **SAINT-LAURENT C.** Hortense 14-18. 1. *Gallimard, 1981.* (Folio ; 1286 c10)
ISBN 2-07-037286-3. *46 F / 7,01 €*

25273 **SAINT-LAURENT C.** Hortense 14-18. 2. *Gallimard, 1981.* (Folio ; 1287 c9)
ISBN 2-07-037287-1. *41 F / 6,25 €*

25274 **SAINT-LAURENT C.** Hortense 14-18. 3. *Gallimard, 1981.* (Folio ; 1288 c10)
ISBN 2-07-037288-X. *46 F / 7,01 €*

25275 **SAINT-LAURENT C.** Hortense 14-18. 4. *Gallimard, 1981.* (Folio ; 1289 c10)
ISBN 2-07-037289-8. *46 F / 7,01 €*

25276 **SAINT-PHALLE T. d.** La Chandelle. *Gallimard, 1987.* (Folio ; 1791 c11)
ISBN 2-07-037791-1. *29,50 F / 4,50 €*

25277 **SAINT-PHALLE T. d.** La Clairière. *Gallimard, 1981.* (Folio ; 1254 c11)
ISBN 2-07-037254-5. *29,50 F / 4,50 €*

25278 **SAINT-PHALLE T. d.** Le Métronome. *Gallimard, 1989.* (Folio ; 2024 c8)
ISBN 2-07-038112-9. *37 F / 5,64 €*

25279 **SAINT-PHALLE T. d.** Le Tournesol. *Gallimard, 1973.* (Folio ; 313 c9)
ISBN 2-07-036313-9. *20,50 F / 3,13 €*

25280 **SAINT PIERRE M. d.** Monsieur de Charette, chevalier du roi. *Gallimard, 1982.* (Folio ; 1409 c10)
ISBN 2-07-037409-2. *46 F / 7,01 €*

25281 **SAINT PIERRE M. d.** La Passion de l'abbé Delance. *Gallimard, 1980.* (Folio ; 1240 c8)
ISBN 2-07-037240-5. *37 F / 5,64 €*

25282 **SAINTE-BEUVE C-A.** Volupté. *Gallimard, 1986.* (Folio ; 1755. Classique c13)
ISBN 2-07-037755-5. *56 F / 8,54 €*

25283 **SAINTE-SOLINE C.** Le dimanche des Rameaux. *Grasset, 1997.* (Les Cahiers rouges ; 250)
ISBN 2-246-16232-7. *58 F / 8,84 €*

25284 **SAKI** La Fenêtre ouverte : nouvelles I. *10-18, 1980.* (10-18 ; 1400. Domaine étranger c5)
ISBN 2-264-00317-0. *44 F / 6,71 €*

25285 **SAKI** L'Omelette byzantine : nouvelles II. *10-18, 1981.* (10-18 ; 1431. Domaine étranger c5)
ISBN 2-264-00358-8. *44 F / 6,71 €*

25286 **SALACROU A.** Les Invités du Bon Dieu : Pièce en trois actes. *Gallimard, 1978.* (Folio ; 1068 c11)
ISBN 2-07-037068-2. *29,50 F / 4,50 €*

25287 **SALIH T.** Saison de la migration vers le Nord. *Actes Sud, 1996.* (Babel ; 230. Sindbad c2)
ISBN 2-7427-0908-8. *39 F / 5,95 €*

25288 **SALINGER J. D.** L'Attrape-coeurs. *Pocket, 1994.* (Pocket ; 4230 c6)
ISBN 2-266-06233-6. *30 F / 4,57 €*

25289 **SALINGER J. D.** Franny et Zooey. *Seuil, 1991.* (Points. Roman ; 475 c2)
ISBN 2-02-013327-X. *39 F / 5,95 €*

25290 **SALINGER J. D.** Nouvelles. *Pocket, 1996.* (Pocket ; 10031 c5)
ISBN 2-266-06720-6. *35 F / 5,34 €*

25291 **SALLENAVE D.** Les portes de Gubbio. *Gallimard, 1995.* (Folio ; 2758 c9)
ISBN 2-07-039378-X. *41 F / 6,25 €*

25292 **SALLENAVE D.** Un Printemps froid. *Seuil, 1985.* (Points. Roman c2)
ISBN 2-02-008644-1. *39 F / 5,95 €*

25293 **SALLENAVE D.** Les trois minutes du diable. *Gallimard, 1996.* (Folio ; 2879 c11)
ISBN 2-07-040104-9. *50 F / 7,62 €*

25294 **SALLENAVE D.** La Vie fantôme. *Seuil, 1988.* (Points. Roman ; 299 c2)
ISBN 2-02-009908-X. *39 F / 5,95 €*

25295 **SALLENAVE D.** Viol : six entretiens, quelques lettres et une conversation finale. *Gallimard, 1999.* (Folio ; 3189 c5)
ISBN 2-07-040874-4. *25,50 F / 3,89 €*

25296 **SALOMÉ J.** Je m'appelle toi. *Albin Michel, 1992.* (Espaces libres ; 9 c5)
ISBN 2-226-04846-4. *55 F / 8,38 €*

25297 **SALOMON E. v.** La Ville. *Gallimard, 1986.* (L'imaginaire ; 172 c1)
ISBN 2-07-070766-0. *45 F / 6,86 €*

25298 **SALTER J.** American express. *Ed. de l'Olivier, 1997.* (Petite bibliothèque américaine)
ISBN 2-87929-136-4. *59 F / 8,99 €*

25299 **SALTER J.** Un bonheur parfait. *Ed. de l'Olivier, 1999.* (Petite bibliothèque américaine ; 23)
ISBN 2-87929-240-9. *69 F / 10,52 €*

25300 **SALTER J.** Un sport et un passe-temps. *Ed. de l'Olivier, 1997.* (Petite bibliothèque américaine)
ISBN 2-87929-137-2. *69 F / 10,52 €*

25301 **SALTYKOV-CHTCHEDRINE M. E.** Histoire d'une ville. *Gallimard, 1994.* (Folio ; 2551 c8)
ISBN 2-07-038833-6. *37 F / 5,64 €*

25302 **N** **SALVAING F.** La boîte. *LGF, 2000.* (Le Livre de poche ; 14936 c8)
ISBN 2-253-14936-5. *33 F / 5,03 €*

25303 **SALVAING F.** De purs désastres. *Gallimard, 1992.* (Folio ; 2369 c11)
ISBN 2-07-038506-X. *29,50 F / 4,50 €*

25304 **SALVAING F.** Misayre! Misayre!. *Gallimard, 1989.* (Folio ; 2059 c12)
ISBN 2-07-038143-9. *52 F / 7,93 €*

25305 **SALVAING F.** La Nuda. *Pocket, 1997.* (Pocket ; 4409 c5)
ISBN 2-266-06740-0. *35 F / 5,34 €*

25306 **SALVAING F.** Une vie de rechange. *Gallimard, 1993.* (Folio ; 2494 c9)
ISBN 2-07-038681-3. *41 F / 6,25 €*

25307 **SALVAYRE L.** La compagnie des spectres. *Seuil, 1998.* (Points ; 561 c1)
ISBN 2-02-035285-0. *32 F / 4,88 €*

25308 **SALVAYRE L.** La conférence de Cintegabelle. *Seuil : Verticales, 2000.* (Points ; 726 c6)
ISBN 2-02-040341-2. *32 F / 4,88 €*

25309 **SALVAYRE L.** La déclaration. *Seuil, 1999.* (Points)
ISBN 2-02-036518-9. *32 F / 4,88 €*

25310 **SAMPEDRO J. L.** Le fleuve qui nous emporte. *Métailié, 1999.* (Suites ; 22. Suite espagnole)
ISBN 2-86424-305-9. *65 F / 9,91 €*

25311 **SAMPEDRO J. L.** Le sourire étrusque. *Métailié, 1997.* (Suites ; 2. Suite espagnole)
ISBN 2-86424-247-8. *68 F / 10,37 €*

25312 **A** **SAMPIERO D.** Le ciel et la terre. *Gallimard, 2001.* (Folio)
ISBN 2-07-041411-6. *41 F / 6,25 €*

25313 **SAN-ANTONIO** L'Histoire de France vue par San Antonio. *Pocket, 1986.* (Pocket ; 289 c3)
ISBN 2-266-00400-X. *26 F / 3,96 €*

25314 **SAN-ANTONIO** Les Soupers du prince. *Pocket, 1994.* (Pocket ; 3320 c6)
ISBN 2-266-00517-0. *38 F / 5,79 €*

25315 **SANCHEZ T.** Boulevard des trahisons. *Seuil, 1989.* (Points. Roman ; 350 c3)
ISBN 2-02-010684-1. *48 F / 7,32 €*

25316 **SANCHEZ T.** Kilomètre zéro. *Seuil, 1991.* (Points. Roman ; 473 c5)
ISBN 2-02-013382-2. *55 F / 8,38 €*

25317 **SANCHEZ T.** Rabbit Boss. *Seuil, 1990.* (Points. Roman ; 391 c5)
ISBN 2-02-011586-7. *55 F / 8,38 €*

25318 **SAND G.** Elle et lui. *Seuil, 1999.* (Points ; 672)
ISBN 2-02-038129-X. *35 F / 5,34 €*

25319 **SAND G.** François le Champi. Réimp. *LGF, 1999.* (Le Livre de poche ; 4771. Classiques de poche c4)
ISBN 2-253-01346-3. *20 F / 3,05 €*

25320 **SAND G.** François le Champi. *Gallimard, 1976.* (Folio ; 738. Classique c6)
ISBN 2-07-036738-X. *29,50 F / 4,50 €*

25321 **SAND G.** Indiana. *Gallimard, 1984.* (Folio ; 1604. Classique c11)
ISBN 2-07-037604-4. *50 F / 7,62 €*

25322 **SAND G.** Mademoiselle Merquem. *Actes Sud, 1996.* (Babel ; 218 c4)
ISBN 2-7427-0849-9. *51 F / 7,77 €*

25323 **SAND G.** Les maitres sonneurs. *Gallimard, 1979.* (Folio ; 1139. Classique c10)
ISBN 2-07-037139-5. *46 F / 7,01 €*

25324 **SAND G.** La mare au diable. Nouv. éd. *LGF, 1995.* (Le Livre de poche ; 3551. Classiques de poche c2)
ISBN 2-253-00709-9. *15 F / 2,29 €*

25325 **SAND G.** La mare au diable. *Librio, 1995.* (Librio ; 78 c1)
ISBN 2-277-30078-0. *10 F / 1,52 €*

25326 **SAND G.** La mare au diable. Nouv. éd. *Gallimard, 1999.* (Folio ; 3301. Classique c3)
ISBN 2-07-041121-4. *19 F / 2,90 €*

25327 **N** **SAND G.** La marquise. *Mille et une nuits, 2000.* (La petite collection ; 312)
ISBN 2-84205-520-9. *10 F / 1,52 €*

25328 **SAND G.** Mauprat. *Gallimard, 1981.* (Folio ; 1311. Classique c9)
ISBN 2-07-037311-8. *41 F / 6,25 €*

25329 **SAND G.** Nouvelles. *Des femmes-Antoinette Fouque, 1986.* (Ecrits d'hier)
ISBN 2-7210-0299-6. *100 F / 15,24 €*

25330 **SAND G.** La petite Fadette. *LGF, 1999.* (Le Livre de poche ; 3550. Classiques de poche c4)
ISBN 2-253-00374-3. *20 F / 3,05 €*

25331 **SAND G.** La petite Fadette. *Librio, 1998.* (Librio ; 205 c1)
ISBN 2-277-30205-8. *10 F / 1,52 €*

25332 **N** **SANEROT-DEGROOTE A.** L'oubliée de Salperwick. *Pocket, 2001.* (Pocket ; 10647 c6)
ISBN 2-266-09124-7. *38 F / 5,79 €*

25333 **A** **SANSAL B.** Le serment des barbares. *Gallimard, 2001.* (Folio)
ISBN 2-07-041806-5. *41 F / 6,25 €*

25334 **SANTOS E.** La malcastrée. *Des femmes-Antoinette Fouque, 1976.* (Pour chacune ; 7 c2)
39 F / 5,95 €

25335 **SANTOS L. M.** Les demeures du silence. *Actes Sud, 1998.* (Babel ; 316)
ISBN 2-7427-1592-4. *57 F / 8,69 €*

25336 **SAPIR R., MURPHY W.** Extermination invisible. *Vaugirard, 1990.* (L'Implacable ; 72 c1)
ISBN 2-285-00154-1. *34 F / 5,18 €*

25337 **SAPPHIRE** Push. *Seuil, 1998.* (Points ; 568)
ISBN 2-02-035290-7. *35 F / 5,34 €*

25338 **SARAMAGO J.** L'année de la mort de Ricardo Reis. *Seuil, 1998.* (Points ; 574)
ISBN 2-02-036432-8. *50 F / 7,62 €*

25339 **SARAMAGO J.** L'aveuglement. *Seuil, 2000.* (Points ; 722 c10)
ISBN 2-02-040343-9. *45 F / 6,86 €*

25340 **SARAMAGO J.** Le Dieu manchot. *Seuil, 1996.* (Points ; 174 c13)
ISBN 2-02-015915-5. *52 F / 7,93 €*

25341 **SARAMAGO J.** L'Evangile selon Jésus-Christ. *Seuil, 2000.* (Points ; 723 c11)
ISBN 2-02-040398-6. *48 F / 7,32 €*

25342 **SARAMAGO J.** Histoire du siège de Lisbonne. *Seuil, 1999.* (Points ; 619)
ISBN 2-02-036804-8. *45 F / 6,86 €*

25343 **N** **SARAMAGO J.** Quasi-objets. *Seuil, 2000.* (Points ; 802)
ISBN 2-02-037613-X. *39 F / 5,95 €*

25344 **N** **SARAMAGO J.** Tous les noms. *Seuil, 2001.* (Points ; 826 c10)
ISBN 2-02-048493-5. *45 F / 6,86 €*

25345 **SARDUY S.** Cobra. *Seuil, 1986.* (Points. Roman ; 226 c2)
ISBN 2-02-009097-X. *39 F / 5,95 €*

25346 **SARRAUTE C.** Ah! l'amour, toujours l'amour. *LGF, 1995.* (Le Livre de poche ; 13748 c8)
ISBN 2-253-13748-0. *33 F / 5,03 €*

25347 **SARRAUTE C.** Allô Lolotte, c'est Coco. *J'ai lu, 1988.* (J'ai lu ; 2422. Littérature générale)
ISBN 2-277-22422-7. *13 F / 1,98 €*

25348 **N** **SARRAUTE C.** C'est pas bientôt fini !. *Pocket, 2000.* (Pocket ; 10720 c4B)
ISBN 2-266-09351-7. *32 F / 4,88 €*

25349 **SARRAUTE C.** Mademoiselle, s'il vous plaît!. *LGF, 1993.* (Le Livre de poche ; 9577 c6)
ISBN 2-253-06259-6. *26 F / 3,96 €*

25350 **SARRAUTE C.** Papa qui ?. *LGF, 1996.* (Le Livre de poche ; 13977 c6)
ISBN 2-253-13977-7. *26 F / 3,96 €*

25351 **SARRAUTE N.** Disent les imbéciles. *Gallimard, 1978.* (Folio ; 997 c9)
ISBN 2-07-036997-8. *20,50 F / 3,13 €*

25352 **SARRAUTE N.** Enfance. *Gallimard, 1985.* (Folio ; 1684 c8)
ISBN 2-07-037684-2. *37 F / 5,64 €*

25353 **SARRAUTE N.** Entre la vie et la mort. *Gallimard, 1973.* (Folio ; 409 c11)
ISBN 2-07-036409-7. *29,50 F / 4,50 €*

25354 **SARRAUTE N.** Les Fruits d'or. *Gallimard, 1973.* (Folio ; 390 c9)
ISBN 2-07-036390-2. *20 F / 3,05 €*

25355 **SARRAUTE N.** Ici. *Gallimard, 1997.* (Folio ; 2994 c11)
ISBN 2-07-040301-7. *29,50 F / 4,50 €*

25356 **SARRAUTE N.** Martereau. *Gallimard, 1972.* (Folio ; 136 c11)
ISBN 2-07-036136-5. *29,50 F / 4,50 €*

25357 **SARRAUTE N.** Ouvrez. *Gallimard, 1999.* (Folio ; 3294 c6)
ISBN 2-07-041109-5. *29,50 F / 4,50 €*

25358 **SARRAUTE N.** Le Planétarium. *Gallimard, 1972.* (Folio ; 92 c11)
ISBN 2-07-036092-X. *29 F / 4,42 €*

25359 **SARRAUTE N.** Portrait d'un inconnu. *Gallimard, 1977.* (Folio ; 942 c11)
ISBN 2-07-036942-0. *29,50 F / 4,50 €*

25360 **SARRAUTE N.** Tu ne t'aimes pas. *Gallimard, 1991.* (Folio ; 2302 c11)
ISBN 2-07-038416-0. *29,50 F / 4,50 €*

25361 **SARRAUTE N.** L'Usage de la parole. *Gallimard, 1983.* (Folio ; 1435 c11)
ISBN 2-07-037435-1. *29,50 F / 4,50 €*

25362 **SARRAUTE N.** Vous les entendez. *Gallimard, 1976.* (Folio ; 839 c9)
ISBN 2-07-036839-4. *20,50 F / 3,13 €*

25363 **N** **SARTORI G.** Insupportable. *10-18, 2001.* (10-18 ; 3251. Domaine étranger c5)
ISBN 2-264-03199-9. *44 F / 6,71 €*

25364 **SARTRE J-P.** L'Age de raison. *Gallimard, 1976.* (Les Chemins de la liberté; 1)(Folio ; 870 c8)
ISBN 2-07-036870-X. *37 F / 5,64 €*

25365 **SARTRE J-P.** Huis clos ; Les Mouches. *Gallimard, 1976.* (Folio ; 807 c11)
ISBN 2-07-036807-6. *29,50 F / 4,50 €*

25366 **SARTRE J-P.** La Mort dans l'âme. *Gallimard, 1972.* (Les Chemins de la liberté; 3)(Folio ; 58 c8)
ISBN 2-07-036058-X. *37 F / 5,64 €*

25367 **SARTRE J-P.** Le Mur. *Gallimard, 1977.* (Folio ; 878 c11)
ISBN 2-07-036878-5. *29,50 F / 4,50 €*

25368 **SARTRE J-P.** La Nausée. *Gallimard, 1978.* (Folio ; 805 c11)
ISBN 2-07-036805-X. *29 F / 4,42 €*

25369 **SARTRE J-P.** Le Sursis. *Gallimard, 1976.* (Les Chemins de la liberté; 2)(Folio ; 866 c9)
ISBN 2-07-036866-1. *41 F / 6,25 €*

25370 **SATTA S.** Le Jour du Jugement. *Gallimard, 1990.* (Folio ; 2131 c9)
ISBN 2-07-038218-4. *41 F / 6,25 €*

25371 **SAUDRAY N.** La Maison des prophètes. *Seuil, 1986.* (Points. Roman ; 231 c2)
ISBN 2-02-009135-6. *39 F / 5,95 €*

25372 **SAUL J. R.** L'Ennemi du bien. *Gallimard, 1992.* (Folio ; 2355)
ISBN 2-07-038476-4. *61 F / 9,30 €*

25373 **SAUMONT A.** Après. *Pocket, 1998.* (Pocket ; 10176. Best c3)
ISBN 2-266-07504-7. *26 F / 3,96 €*

25374 **SAUMONT A.** Embrassons-nous. *Pocket, 1999.* (Pocket ; 10509 c3)
ISBN 2-266-08701-0. *26 F / 3,96 €*

25375 **N** **SAUMONT A.** Je suis pas un camion. *Pocket, 2000.* (Pocket ; 10952 c4)
ISBN 2-266-10159-5. *30 F / 4,57 €*

25376 **SAUMONT A.** Les voilà, quel bonheur. *Pocket, 1996.* (Pocket ; 4480 c5)
ISBN 2-266-07102-5. *35 F / 5,34 €*

25377 **A** **SAUNIÈRE P.** Le capitaine Belle-Humeur. *Ed. maritimes et d'outre-mer, 2001.* (Récits de mer)
ISBN 2-7373-2817-9. *44 F / 6,71 €*

25378 **SAUVARD J.** D'Alex à Lise. *Baleine, 1999.* (Velours ; 5)
ISBN 2-84219-226-5. *39 F / 5,95 €*

25379 **La Saveur des jours.** *Pocket, 1989.* (Les Mille et Une Nuits; 4)(Pocket ; 3206. Blanche c5)
ISBN 2-266-02779-4. *35 F / 5,34 €*

25380 **SAVINIO A.** La Maison hantée. *Stock, 1992.* (Bibliothèque cosmopolite)
ISBN 2-234-02461-7. *55 F / 8,38 €*

25381 **SAVINIO A.** Toute la vie. *Gallimard, 1993.* (Folio ; 2534 c8)
ISBN 2-07-038777-1. *37 F / 5,64 €*

25382 **A** **SAWYER M.** Les brumes du passé. *J'ai lu, 2001.* (J'ai lu ; 4883. Amour et destin)
ISBN 2-290-31115-4

25383 **A** **SAWYER M.** La trame de l'ombre. *J'ai lu, 2001.* (J'ai lu ; 5827. Amour et destin)
ISBN 2-290-31021-2

25384 **A** **SCANLAN P.** Mauvaises ondes. *Librio, 2001.* (Librio ; 457 c1)
ISBN 2-290-31301-7. *10 F / 1,52 €*

25385 **N** **SCANLAN P.** Le temps des promesses. *J'ai lu, 2000.* (J'ai lu ; 5571. Littérature générale cM)
ISBN 2-290-30268-6. *49 F / 7,47 €*

25386 **SCARRON P.** Le Roman comique : avec un choix des suites. *Gallimard, 1985.* (Folio ; 1644. Classique c12)
ISBN 2-07-037644-3. *52 F / 7,93 €*

25387 **SCARRON P.** Roman comique. *LGF, 1994.* (Le Livre de poche ; 13501. Classiques de poche c10)
ISBN 2-253-13501-1. *40 F / 6,10 €*

25388 **SCERBANENCO G.** Profession salopard. *10-18, 1984.* (10-18 ; 1689 c5)
ISBN 2-264-00665-X. *44 F / 6,71 €*

25389 **SCHIFANO J-N.** Chroniques napolitaines. *Gallimard, 1989.* (Folio ; 2008 c8)
ISBN 2-07-038096-3. *37 F / 5,64 €*

25390 **N** **SCHIFANO J-N.** La danse des ardents ou La vie de Masaniello. *Gallimard, 2000.* (Folio ; 3464 c9)
ISBN 2-07-041634-8. *41 F / 6,25 €*

25391 **SCHIFANO J-N.** Les Rendez-vous de Fausta. *Gallimard, 1991.* (Folio ; 2283 c11)
ISBN 2-07-038396-2. *29,50 F / 4,50 €*

25392 **SCHINE C.** Destinataire inconnu. *Pocket, 1999.* (Pocket ; 10584 c4)
ISBN 2-266-08914-5. *30 F / 4,57 €*

25393 **SCHLINK B.** Le liseur. *Gallimard, 1999.* (Folio ; 3158 c11)
ISBN 2-07-040458-7. *29 F / 4,42 €*

25394 **SCHLOGEL G.** Docteur Hellen. *LGF, 1996.* (Le Livre de poche ; 13914 c9)
ISBN 2-253-13914-9. *36 F / 5,49 €*

25395 **SCHLOGEL G.** Les Princes du sang. *LGF, 1994.* (Le Livre de poche ; 9768 c13)
ISBN 2-253-09768-3. *46 F / 7,01 €*

25396 **SCHLOGEL G.** Victoire ou La douleur des femmes. *LGF, 1999.* (Le Livre de poche ; 14734 c10)
ISBN 2-253-14734-6. *40 F / 6,10 €*

25397 **SCHLUMBERGER J.** Le lion devenu vieux. *Gallimard, 2000.* (L'imaginaire ; 411)
ISBN 2-07-075699-8. *45 F / 6,86 €*

25398 **SCHLUNEGGER J-P.** La chambre du musicien ; La Vitre. *Aire, 1980.* (Le Chant du monde)
34 F / 5,18 €

25399 **SCHMITT E-E.** La secte des égoïstes. *LGF, 1996.* (Le Livre de poche ; 14050 c3)
ISBN 2-253-14050-3. *18 F / 2,74 €*

25400 **SCHNEIDER J.** Le dieu aveugle : roman. *Labor, 2000.* (Espace Nord ; 160)
ISBN 2-8040-1451-7. *259 FB / 6,42 €*

25401 **SCHNEIDER M.** Les Deux miroirs. Rééd. *Albin Michel, 1989.* (Bibliothèque Albin Michel poche ; 33 c1)
ISBN 2-226-03824-8. *39 F / 5,95 €*

25402 **SCHNEIDER M.** Un été sur le lac. *LGF, 1996.* (Le Livre de poche ; 9743 c6)
ISBN 2-253-06531-5. *26 F / 3,96 €*

25403 **SCHNEIDER P.** Le sauteur de mur. *Grasset, 2000.* (Les Cahiers rouges ; 292)
ISBN 2-246-28772-3. *48 F / 7,32 €*

25404 **SCHNEIDER R.** Frère sommeil. *LGF, 1995.* (Le Livre de poche ; 13835 c6)
ISBN 2-253-13835-5. *26 F / 3,96 €*

25405 **N** **SCHNEIDRE D.** Atteinte à la mémoire des morts. *LGF, 2000.* (Le Livre de poche ; 14925 c7)
ISBN 2-253-14925-X. *30 F / 4,57 €*

25406 **SCHNITZLER A.** Le Dernier adieu. *10-18, 1988.* (10-18 ; 1960. Domaine étranger c5)
ISBN 2-264-01160-2. *44 F / 6,71 €*

25407 **SCHNITZLER A.** L'étrangère. Nouv. éd. *Stock, 1998.* (Bibliothèque cosmopolite c1)
ISBN 2-234-04933-4. *50 F / 7,62 €*

25408 **SCHNITZLER A.** Le Lieutenant Gustel = Leutnant Gustl. *Langues pour tous, 1991.* (Langues pour tous ; 3528 c6)
ISBN 2-266-03730-7. *38 F / 5,79 €*

25409 **SCHNITZLER A.** Madame Béate et son fils. *Stock, 1985.* (Bibliothèque cosmopolite ; 57)
ISBN 2-234-01842-0. *50 F / 7,62 €*

25410 **SCHNITZLER A.** Mademoiselle Else. *LGF, 1993.* (Le Livre de poche ; 3195. Biblio c4)
ISBN 2-253-06344-4. *20 F / 3,05 €*

25411 **SCHNITZLER A.** Mademoiselle Else. Nouv. éd. *Stock, 1999.* (Bibliothèque cosmopolite ; 20 c1)
ISBN 2-234-05129-0. *50 F / 7,62 €*

25412 **SCHNITZLER A.** Mourir. Nouv. éd. *Stock, 1996.* (Bibliothèque cosmopolite ; 73 c1)
ISBN 2-234-04632-7. *50 F / 7,62 €*

25413 **N** **SCHNITZLER A.** La pénombre des âmes. *Stock, 2000.* (Bibliothèque cosmopolite)
ISBN 2-234-05237-8. *60 F / 9,15 €*

25414 **SCHNITZLER A.** Le retour de Casanova. Réimpr. *10-18, 1997.* (10-18 ; 3237. Domaine étranger c3)
ISBN 2-264-02630-8. *38 F / 5,79 €*

25415 **SCHNITZLER A.** Romans et nouvelles. 1. *LGF, 1994.* (La Pochothèque ; 3211. Classiques modernes)
ISBN 2-253-06314-2. *140 F / 21,34 €*

25416 **SCHNITZLER A.** Romans et nouvelles. 2, 1909-1931. *LGF, 1996.* (La Pochothèque ; 3231. Classiques modernes)
ISBN 2-253-13231-4. *145 F / 22,11 €*

25417 **SCHNITZLER A.** La Ronde. Nouv. éd. *Stock, 1984.* (Bibliothèque cosmopolite ; 46)
ISBN 2-234-01753-X. *55 F / 8,38 €*

25418 **SCHNITZLER A.** Spiel im Morgengrauen. *LGF, 1994.* (Le Livre de poche ; 8666. Lire en allemand c13)
ISBN 2-253-05942-0. *46 F / 7,01 €*

25419 **N** **SCHNITZLER A.** Vienne au crépuscule. Nouv. éd. *Stock, 2000.* (Bibliothèque cosmopolite c4)
ISBN 2-234-05241-6. *65 F / 9,91 €*

25420 **N** **SCHNITZLER A.** Vienne au crépuscule. *Stock, 2000.* (Bibliothèque cosmopolite)
48 F / 7,32 €

25421 **SCHNITZLER A.** Vienne au crépuscule. *LGF, 1987.* (Le Livre de poche ; 3079. Biblio c11)
ISBN 2-253-04114-9. *42 F / 6,40 €*

25422 **SCHOELLER G.** Benoît le Borgne, maharadjah. *Pocket, 1998.* (Pocket ; 10123 c8)
ISBN 2-266-07333-8. *45 F / 6,86 €*

25423 **SCHOENDOERFFER P.** La Trois cent dix-septième section. *Gallimard, 1973.* (Folio ; 391 c11)
ISBN 2-07-036391-0. *29,50 F / 4,50 €*

25424 **N** **SCHREIBER B.** Hors-les-murs. *Gallimard, 2000.* (Folio ; 3368 c6)
ISBN 2-07-040944-9. *29,50 F / 4,50 €*

25425 **SCHREIBER B.** Le Lait de la nuit. *Gallimard, 1991.* (Folio ; 2263 c9)
ISBN 2-07-038374-1. *41 F / 6,25 €*

25426 **SCHREIBER B.** Un silence d'environ une demi-heure. 1. *Gallimard, 1998.* (Folio ; 3097 c13)
ISBN 2-07-040270-3. *56 F / 8,54 €*

25427 **SCHREIBER B.** Un silence d'environ une demi-heure. 2. *Gallimard, 1998.* (Folio ; 3098 c13)
ISBN 2-07-040521-4. *56 F / 8,54 €*

25428 **SCHREIBER B.** Un silence d'environ une demi-heure. *Gallimard, 1998.* (Folio)
ISBN 2-07-040575-3. *41 F / 6,25 €*

25429 **SCHREIBER B.** Le Tournesol déchiré. *Gallimard, 1993.* (Folio ; 2513 c10)
ISBN 2-07-038685-6. *52 F / 7,93 €*

25430 **N** **SCHROEDER-DEVRIENT W.** Mémoires d'une chanteuse allemande. *la Musardine, 2000.* (Lectures amoureuses de Jean-Jacques Pauvert ; 37)
ISBN 2-84271-059-2. *45 F / 6,86 €*

25431 **SCHROEDER-DEVRIENT W.** Mémoires d'une chanteuse allemande. *10-18, 1996.* (10-18 ; 2691. Domaine étranger c6)
ISBN 2-264-02327-9. *47 F / 7,17 €*

25432 **SCHULMAN S.** After Delores. *10-18, 1994.* (10-18 ; 2458. Domaine étranger c3)
ISBN 2-264-00025-2. *38 F / 5,79 €*

25433 **SCHULZ B.** Les Boutiques de cannelle. *Gallimard, 1992.* (L'Etrangère)
ISBN 2-07-072565-0. *48 F / 7,32 €*

25434 **SCHULZ B.** Le Sanatorium au croque-mort. *Gallimard, 1994.* (L'Etrangère)
ISBN 2-07-073921-X. *55 F / 8,38 €*

25435 **A** **SCHURER G.** Et si maman se mariait. *Pocket, 2001.* (Pocket ; 10817)
ISBN 2-266-09755-5

25436 **SCHWARZ-BART A.** Le dernier des justes. *Seuil, 1996.* (Points ; 217 c12)
ISBN 2-02-028314-X. *48 F / 7,32 €*

25437 **SCHWARZ-BART A.** La mulâtresse solitude. *Seuil, 1996.* (Points ; 302 c1)
ISBN 2-02-030108-3. *32 F / 4,88 €*

25438 **SCHWARZ-BART A., SCHWARZ-BART S.** Un plat de porc aux bananes vertes. *Seuil, 1996.* (Points ; 314 c7)
ISBN 2-02-030651-4. *35 F / 5,34 €*

25439 **SCHWARZ-BART S.** Pluie et vent sur Télumée Miracle. Nouv. éd. *Seuil, 1995.* (Points c2)
ISBN 2-02-023925-6. *35 F / 5,34 €*

25440 **SCHWARZ-BART S.** Ti-Jean l'Horizon. Réimpr. *Seuil, 1998.* (Points ; 474 c9)
ISBN 2-02-033423-2. *39 F / 5,95 €*

25441 **SCHWOB M.** Coeur double. *Gallimard, 1997.* (L'imaginaire ; 369)
ISBN 2-07-074895-2. *45 F / 6,86 €*

25442 **SCHWOB M.** Le roi au masque d'or ; suivi de Le pays bleu. *LGF, 1999.* (Le Livre de poche ; 6042. Les classiques d'aujourd'hui c1)
ISBN 2-253-16042-3. *10 F / 1,52 €*

25443 **SCHWOB M.** Vies imaginaires. *Gallimard, 1993.* (L'imaginaire ; 304)
ISBN 2-07-071524-8. *40 F / 6,10 €*

25444 **SCIASCIA L.** A chacun son dû. *Gallimard, 1984.* (Folio ; 1517 c11)
ISBN 2-07-037517-X. *29,50 F / 4,50 €*

25445 **SCIASCIA L.** Le Chevalier et la mort. *LGF, 1993.* (Le Livre de poche ; 3196. Biblio c7)
ISBN 2-253-06377-0. *30 F / 4,57 €*

25446 **SCIASCIA L.** Le Conseil d'Egypte. *Gallimard, 1983.* (Folio ; 1513 c11)
ISBN 2-07-037513-7. *29,50 F / 4,50 €*

25447 **SCIASCIA L.** Le contexte : une parodie = Il contesto : una parodia. *Gallimard, 1996.* (Folio bilingue ; 61 c7)
ISBN 2-07-040099-9. *60 F / 9,15 €*

25448 **SCIASCIA L.** Le Contexte. *Gallimard, 1979.* (Folio ; 1074 c9)
ISBN 2-07-037074-7. *20,50 F / 3,13 €*

25449 **SCIASCIA L.** Du côté des infidèles. *Grasset, 1989.* (Les Cahiers rouges ; 110)
ISBN 2-246-42432-1. *34 F / 5,18 €*

25450 **SCIASCIA L.** La mer couleur de vin. *Gallimard, 1983.* (L'imaginaire ; 121)
ISBN 2-07-070004-6. *39 F / 5,95 €*

25451 **SCIASCIA L.** Les Paroisses de Regalpetra ; Mort de l'inquisiteur. *Gallimard, 1986.* (Folio ; 1754 c8)
ISBN 2-07-037754-7. *37 F / 5,64 €*

25452 **SCIASCIA L.** Portes ouvertes. *LGF, 1994.* (Le Livre de poche ; 3208. Biblio c5)
ISBN 2-253-93208-6. *23 F / 3,51 €*

25453 **SCIASCIA L.** La Sorcière et le capitaine. *LGF, 1991.* (Le Livre de poche ; 3158. Biblio c3)
ISBN 2-253-05688-X. *18 F / 2,74 €*

25454 **SCIASCIA L.** Todo modo. *Gallimard, 1987.* (Folio ; 1848 c11)
ISBN 2-07-037848-9. *29,50 F / 4,50 €*

25455 **SCORZA M.** Roulements de tambours pour Rancas. *Métailié, 1998.* (Suites ; 15. Suite hispano-américaine)
ISBN 2-86424-277-X. *65 F / 9,91 €*

25456 **SCOTT W.** Le coeur du Mid-Lothian : la prison d'Edimbourg. *Gallimard, 1998.* (Folio ; 3048. Classique c15)
ISBN 2-07-040071-9. *61 F / 9,30 €*

25457 **SCOTT W.** La fiancée de Lammermoor. *Stock, 1993.* (Bibliothèque cosmopolite)
ISBN 2-234-02615-6. *70 F / 10,67 €*

25458 **SCOTT W.** Waverley ; Rob-Roy ; La Fiancé de Lammermoor. *Laffont, 1998.* (Bouquins)
ISBN 2-221-50250-7. *159 F / 24,24 €*

25459 **N** **SEBALD W. G.** Les émigrants. *Actes Sud, 2001.* (Babel ; 459)
ISBN 2-7427-3108-3. *51 F / 7,77 €*

25460 **SÉDA** Le Fumoir de l'ambassade. *J'ai lu, 1992.* (J'ai lu ; 3368. Littérature générale)
ISBN 2-277-23368-4. *29 F / 4,42 €*

25461 **SEDARIS D.** Tout nu. *J'ai lu, 2000.* (J'ai lu ; 5419. Littérature générale cJ)
ISBN 2-290-30040-3. *39 F / 5,95 €*

25462 **SEFÉRIS G.** Six nuits sur l'Acropolé. *LGF, 1996.* (Le Livre de poche ; 3256. Biblio c8)
ISBN 2-253-93256-6. *33 F / 5,03 €*

25463 **SEGAL E.** Actes de foi. *LGF, 1994.* (Le Livre de poche ; 13610 c9)
ISBN 2-253-13361-2. *36 F / 5,49 €*

25464 **SEGAL E.** Un homme, une femme, un enfant. *LGF, 1999.* (Le Livre de poche ; 14591 c7)
ISBN 2-253-14591-2. *30 F / 4,57 €*

25465 **SEGAL E.** Les lauriers d'or. *LGF, 1998.* (Le Livre de poche ; 14454 c10)
ISBN 2-253-14454-1. *40 F / 6,10 €*

25466 **N** **SEGAL E.** Love story. Réimp. *J'ai lu, 2000.* (J'ai lu ; 412. Littérature générale c1)
ISBN 2-290-30781-5. *13 F / 1,98 €*

25467 **N** **SEGAL E.** Only love. *LGF, 2000.* (Le Livre de poche ; 14897 c8)
ISBN 2-253-14897-0. *33 F / 5,03 €*

25468 **SEGALEN V.** Equipée. *Gallimard, 1983.* (L'imaginaire ; 108)
ISBN 2-07-025369-4. *37 F / 5,64 €*

25469 **SEGALEN V.** Oeuvres : voyages au pays du réel. *Complexe, 1995.* (Bibliothèque Complexe)
ISBN 2-87027-575-7. *195 F / 29,73 €*

25470 **SEGALEN V.** René Leys. *LGF, 1999.* (Le Livre de poche ; 6051. Classiques de poche c9)
ISBN 2-253-16051-2. *36 F / 5,49 €*

25471 **SEGALEN V.** René Leys. *Gallimard, 2000.* (Folio ; 3319. Classique c10)
ISBN 2-07-041182-6. *46 F / 7,01 €*

25472 **SEGALEN V.** René Leys. *Gallimard, 1978.* (L'imaginaire ; 28)
ISBN 2-07-027896-4. *46 F / 7,01 €*

25473 **SÉGUR S. d.** Les malheurs de Sophie ; Les petites filles modèles ; Les vacances. *Actes Sud, 1997.* (Babel ; 278 c7)
ISBN 2-7427-1293-3. *69 F / 10,52 €*

25474 **N** **SÉGUR S. d.** Les malheurs de Sophie. *Librio, 2000.* (Librio ; 410 c1)
ISBN 2-290-30747-5. *10 F / 1,52 €*

25475 **SÉGUY P.** Jeanne d'Arc. *Pocket, 1999.* (Pocket ; 10912 c4)
ISBN 2-266-10020-3. *30 F / 4,57 €*

25476 **SEI SHÔNAGON** Notes de chevet. Réimpr. *Gallimard, 1997.* (Connaissance de l'Orient poche ; 5)
ISBN 2-07-070533-1. *75 F / 11,43 €*

25477 **N** **SEIDEL K. G.** Le temps d'un été. *J'ai lu, 2000.* (J'ai lu ; 5656. Amour et destin cJ)
ISBN 2-290-30413-1. *39 F / 5,95 €*

25478 **Les seigneurs du thé.** *Seuil, 1997.* (Points ; 387 c9)
ISBN 2-02-032122-X. *42 F / 6,40 €*

25479 **SELBY H.** Chanson de la neige silencieuse. *Ed. de l'Olivier, 1998.* (Petite bibliothèque américaine ; 17)
ISBN 2-87929-153-4. *69 F / 10,52 €*

25480 **SELBY H.** Le démon. Réimpr. *10-18, 1997.* (10-18 ; 1606. Domaine étranger c6)
ISBN 2-264-00578-5. *47 F / 7,17 €*

25481 **SELBY H.** La geôle. Réimpr. *10-18, 1999.* (10-18 ; 1491. Domaine étranger c5)
ISBN 2-264-02326-0. *44 F / 6,71 €*

25482 **SELBY H.** Last exit to Brooklyn. *10-18, 1993.* (10-18 ; 2393. Domaine étranger c6)
ISBN 2-264-01894-1. *44 F / 6,71 €*

25483 **A** **SELBY H.** Retour à Brooklyn. Réimpr. *10-18, 2001.* (10-18 ; 1660. Domaine étranger c5)
ISBN 2-264-03054-2. *44 F / 6,71 €*

25484 **N** **SELBY H. J.** Le saule. *Seuil, 2001.* (Points ; 810 c10)
ISBN 2-02-048135-9. *45 F / 6,86 €*

25485 **N** **SELF W.** Les grands singes : v. *Seuil, 2000.* (Points ; 778)
ISBN 2-02-039912-1. *48 F / 7,32 €*

25486 **SELF W.** Mon idée du plaisir : conte moral. *Seuil, 1999.* (Points ; 676)
ISBN 2-02-038082-X. *48 F / 7,32 €*

25487 **SELF W.** Un roc de crack gros comme le Ritz. *Mille et une nuits, 1997.* (La petite collection ; 174 cA)
ISBN 2-84205-159-9. *10 F / 1,52 €*

25488 **A** **SELF W.** La théorie quantitative de la démence. *Seuil, 2001.* (Points ; 864)
ISBN 2-02-049750-6. *42 F / 6,40 €*

25489 **SELF W.** Vice-versa. *Seuil, 1998.* (Points ; 551 c2)
ISBN 2-02-035225-7. *39 F / 5,95 €*

25490 **SELL M.** Le dernier amant. *Pocket, 1996.* (Pocket ; 4411 c3)
ISBN 2-266-06738-9. *26 F / 3,96 €*

25491 **N** **SELVADURAI S.** Drôle de garçon. *10-18, 2000.* (10-18 ; 3183. Domaine étranger c6)
ISBN 2-264-03007-0. *47 F / 7,17 €*

25492 **SEMPOUX A.** Moi aussi je suis peintre : et autres nouvelles. *Labor, 1999.* (Espace Nord ; 151)
ISBN 2-8040-1397-9. *199 FB / 4,93 €*

25493 **SEMPRUN J.** L'algarabie. *Gallimard, 1997.* (Folio ; 2914 c11)
ISBN 2-07-040032-8. *50 F / 7,62 €*

25494 **SEMPRUN J.** Autobiographie de Federico Sanchez. *Seuil, 1996.* (Points ; 204 c2)
ISBN 2-02-028232-1. *39 F / 5,95 €*

25495 **SEMPRUN J.** La Deuxième mort de Ramon Mercader. *Gallimard, 1984.* (Folio ; 1612 c13)
ISBN 2-07-037612-5. *56 F / 8,54 €*

25496 **SEMPRUN J.** Le Grand voyage. *Gallimard, 1972.* (Folio ; 276 c9)
ISBN 2-07-036276-0. *20,50 F / 3,13 €*

25497 **SEMPRUN J.** La Montagne blanche. *Gallimard, 1988.* (Folio ; 1999 c9)
ISBN 2-07-038088-2. *41 F / 6,25 €*

25498 **SENANCOUR E. P. d.** Obermann. *Gallimard, 1984.* (Folio ; 1566. Classique c15)
ISBN 2-07-037566-8. *61 F / 9,30 €*

25499 **SENDER R.** Requiem pour un paysan espagnol. *Actes Sud, 1990.* (Babel ; 25 c1)
ISBN 2-86869-608-2. *39 F / 5,95 €*

25500 **N** **SÉNÉ T.** La fille de l'essarteur. *Liv'éditions, 2000.* (Les batteurs de landes; 1)(Liv'poche ; 017)
ISBN 2-910781-94-1. *69 F / 10,52 €*

25501 **N** **SÉNÉ T.** Trahisons. *Liv'éditions, 2000.* (Les batteurs de landes; 2)(Liv'poche ; 018)
ISBN 2-910781-95-X. *59 F / 8,99 €*

25502 **SÉNÉCAL P.** Sur le seuil. *Alire, 1998.* (Romans)
ISBN 2-922145-17-4. *98 F / 14,94 €*

25503 **SEPULVEDA L.** Coffret. *Seuil, 1996.* (Points)
ISBN 2-02-030403-1. *96 F / 14,64 €*

25504 **SEPULVEDA L.** Journal d'un tueur sentimental. *Métailié, 1998.* (Suites ; 8. Suite hispano-américaine)
ISBN 2-86424-262-1. *40 F / 6,10 €*

25505 **SEPULVEDA L.** Le Monde du bout du monde. *Seuil, 1995.* (Points ; 32 c5)
ISBN 2-02-021783-X. *29 F / 4,42 €*

25506 **SEPULVEDA L.** Le neveu d'Amérique. *Seuil, 1998.* (Points ; 494 c6)
ISBN 2-02-031549-1. *32 F / 4,88 €*

25507 **SEPULVEDA L.** Un nom de torero. *Seuil, 1996.* (Points ; 237 c7)
ISBN 2-02-025735-1. *35 F / 5,34 €*

25508 **SEPULVEDA L.** Rendez-vous d'amour dans un pays en guerre : et autres histoires. *Seuil, 1999.* (Points ; 622)
ISBN 2-02-036573-1. *35 F / 5,34 €*

25509 **SEPULVEDA L.** Le Vieux qui lisait des romans d'amour. *Seuil, 1995.* (Points ; 70 c1)
ISBN 2-02-023930-2. *32 F / 4,88 €*

25510 **SEPULVEDA L.** Yacaré ; suivi de Hot line. *Métailié, 1999.* (Suites ; 19. Suite hispano-américaine)
ISBN 2-86424-294-X. *42 F / 6,40 €*

25511 **SERGE V.** Les derniers temps. *Grasset, 1998.* (Les Cahiers rouges ; 265)
ISBN 2-246-16322-6. *69 F / 10,52 €*

25512 **SERGE V.** S'il est minuit dans le siècle. *Grasset, 1986.* (Les Cahiers rouges ; 58)
ISBN 2-246-16353-6. *44 F / 6,71 €*

25513 **SERGUINE J.** La culotte de feuilles. Réimpr. *Pocket, 1997.* (Pocket ; 2828. Best)
ISBN 2-266-06089-9. *35 F / 5,34 €*

25514 **SERGUINE J.** Eloge de la fessée. *Gallimard, 1976.* (Folio ; 837 c9)
ISBN 2-07-036837-8. *20,50 F / 3,13 €*

25515 **SERGUINE J.** Mano l'archange. *Gallimard, 1975.* (Folio ; 657 c9)
ISBN 2-07-036657-X. *41 F / 6,25 €*

25516 **SETH V.** Un garçon convenable. 1. *LGF, 1997.* (Le Livre de poche ; 14327 c14)
ISBN 2-253-14327-8. *48 F / 7,32 €*

25517 **SETH V.** Un garçon convenable. 2. *LGF, 1997.* (Le Livre de poche ; 14328 c14)
ISBN 2-253-14328-6. *48 F / 7,32 €*

25518 **SEURAT M.** Une étoile filante : le destin brisé d'Asmahane. *LGF, 2000.* (Le Livre de poche ; 14818)
ISBN 2-253-14818-0. *29 F / 4,42 €*

25519 **Seven american short stories.** *LGF, 1989.* (Le Livre de poche ; 8602. Lire en anglais c10)
ISBN 2-253-04689-2. *40 F / 6,10 €*

25520 **SHAHAR D.** Le Jour de la comtesse. *Gallimard, 1989.* (Le Palais des vases brisés; 3)(L'imaginaire ; 223)
ISBN 2-07-071525-6. *44 F / 6,71 €*

25521 **SHAHAR D.** Lune de miel et d'or. *Seuil, 1992.* (Points. Roman ; 533 c3)
ISBN 2-02-013243-5. *48 F / 7,32 €*

25522 **SHAHAR D.** Un Voyage à Ur de Chaldée. *Gallimard, 1986.* (Le Palais des vases brisés; 2)(L'imaginaire ; 169 c1)
ISBN 2-07-070655-9. *39 F / 5,95 €*

25523 **A** **SHAKESPEARE W.** Roméo et Juliette. *Gallimard, 2001.* (Folio. Classique)
ISBN 2-07-041824-3. *20,50 F / 3,13 €*

25524 **SHALEV M.** Que la Terre se souvienne. *LGF, 1996.* (Le Livre de poche ; 14027 c15)
ISBN 2-253-14027-9. *50 F / 7,62 €*

25525 **SHARPE T.** Le bâtard récalcitrant. *10-18, 1996.* (10-18 ; 2704. Domaine étranger c5)
ISBN 2-264-02372-4. *44 F / 6,71 €*

25526 **SHARPE T.** Comment se débarrasser d'un crocodile, de terroristes et d'une jeune fille au pair. *10-18, 1988.* (Wilt; 2)(10-18 ; 1913. Domaine étranger c5)
ISBN 2-264-01110-6. *44 F / 6,71 €*

25527 **SHARPE T.** Comment se sortir d'une poupée gonflable et de beaucoup d'autres ennuis encore. *10-18, 1988.* (Wilt; 1)(10-18 ; 1912. Domaine étranger c5)
ISBN 2-264-01109-2. *44 F / 6,71 €*

25528 **SHARPE T.** Fumiers et compagnie. *10-18, 1999.* (10-18 ; 3088. Domaine étranger c6)
ISBN 2-264-02789-4. *47 F / 7,17 €*

25529 **SHARPE T.** La Grande poursuite. *Gallimard, 1988.* (Folio ; 1931 c10)
ISBN 2-07-037931-0. *46 F / 7,01 €*

25530 **SHARPE T.** Outrage public à la pudeur. *10-18, 1990.* (10-18 ; 2075. Domaine étranger c5)
ISBN 2-264-01405-9. *44 F / 6,71 €*

25531 **SHARPE T.** Panique à Porterhouse. *10-18, 2000.* (10-18 ; 3158. Domaine étranger c7)
ISBN 2-264-02790-8. *50 F / 7,62 €*

25532 **SHARPE T.** Porterhouse. *10-18, 1988.* (10-18 ; 1911. Domaine étranger c5)
ISBN 2-264-01108-4. *44 F / 6,71 €*

25533 **SHARPE T.** La Route sanglante du jardinier Blott. *Gallimard, 1986.* (Folio ; 1726 c9)
ISBN 2-07-037726-1. *41 F / 6,25 €*

25534 **SHARPE T.** Wilt. 3. *10-18, 1994.* (10-18 ; 2524. Domaine étranger c5)
ISBN 2-264-01903-4. *47 F / 7,17 €*

25535 **SHEEHAN N.** L'Innocence perdue : un Américain au Viêt-nam. *Seuil, 1991.* (Points. Actuels ; 112 c7)
ISBN 2-02-013357-1. *65 F / 9,91 €*

25536 **SHELDON S.** Maîtresse du jeu. *Gallimard, 1988.* (Folio ; 1959)
ISBN 2-07-038045-9. *61 F / 9,30 €*

25537 **SHELDON S.** Matin, midi et soir. *LGF, 1998.* (Le Livre de poche ; 14544 c9)
ISBN 2-253-14544-0. *36 F / 5,49 €*

25538 **SHELDON S.** Rien n'est éternel. *LGF, 1997.* (Le Livre de poche ; 14152 c8)
ISBN 2-253-14152-6. *33 F / 5,03 €*

25539 **SHELLEY M. W.** Le dernier homme. *Gallimard, 1998.* (Folio ; 3035 c12)
ISBN 2-07-040286-X. *52 F / 7,93 €*

25540 **SHELLEY M. W.** Frankenstein ou Le Prométhée moderne. Réimpr. *J'ai lu, 1997.* (J'ai lu ; 3567. Littérature générale c3)
ISBN 2-290-03567-X. *29 F / 4,42 €*

25541 **SHELLEY M. W.** Frankenstein ou Le Prométhée moderne. *LGF, 1997.* (Le Livre de poche ; 3147. Classiques de poche c5)
ISBN 2-253-09844-2. *23 F / 3,51 €*

25542 **SHEN C.** Le passeur de Chadong. *10-18, 1995.* (10-18 ; 2623. Domaine étranger c4)
ISBN 2-264-00121-6. *41 F / 6,25 €*

25543 **SHEPARD S.** Balades au paradis. *10-18, 1999.* (10-18 ; 3130. Domaine étranger)
ISBN 2-264-02969-2. *47 F / 7,17 €*

25544 **N** **SHERMAN C. W.** La couleur des esprits. *Dapper, 2000.* (Dapper littérature)
ISBN 2-906067-59-8. *58 F / 8,84 €*

25545 **SHI N.** Au bord de l'eau. 1. *Gallimard, 1997.* (Folio ; 2954 c15)
ISBN 2-07-040220-7. *61 F / 9,30 €*

25546 **SHI N.** Au bord de l'eau. 2. *Gallimard, 1997.* (Folio ; 2955 c15)
ISBN 2-07-040268-1. *61 F / 9,30 €*

25547 **SHI N.** Au bord de l'eau. *Gallimard, 1997.* (Folio)
ISBN 2-07-040269-X. *126 F / 19,21 €*

25548 **SHIELDS C.** La mémoire des pierres. *LGF, 1997.* (Le Livre de poche ; 14124 c9)
ISBN 2-253-14124-0. *36 F / 5,49 €*

25549 **SHIELDS C.** Une soirée chez Larry. *LGF, 2000.* (Le Livre de poche ; 14780)
ISBN 2-253-14780-X. *39 F / 5,95 €*

25550 **SHREVE A.** Etrange passion. *LGF, 1997.* (Le Livre de poche ; 14338 c9)
ISBN 2-253-14338-3. *36 F / 5,49 €*

25551 **N** **SHREVE A.** La femme du pilote. *Pocket, 2001.* (Pocket ; 11248 c7)
ISBN 2-266-11022-5. *42 F / 6,40 €*

25552 **SHREVE A.** Le poids de l'eau. *LGF, 1999.* (Le Livre de poche ; 14594 c8)
ISBN 2-253-14594-7. *33 F / 5,03 €*

25553 **SIDDONS A. R.** Ballade italienne. *Pocket, 1998.* (Pocket ; 10376 c8)
ISBN 2-266-08052-0. *45 F / 6,86 €*

25554 **SIDDONS A. R.** La fissure. *Pocket, 1999.* (Pocket ; 10528. Roman)
ISBN 2-266-08693-6. *38 F / 5,79 €*

25555 **N** **SIDDONS A. R.** Les lumières d'Atlanta. *Pocket, 2000.* (Pocket ; 10529 c6)
ISBN 2-266-08692-8. *38 F / 5,79 €*

25556 **SIDDONS A. R.** La maison des dunes. *Pocket, 1997.* (Pocket ; 10066 c8)
ISBN 2-266-07029-0. *45 F / 6,86 €*

25557 **SIDDONS A. R.** Quartiers d'été. *Pocket, 1996.* (Pocket ; 10065 c9)
ISBN 2-266-07028-2. *48 F / 7,32 €*

25558 **SIDDONS A. R.** Vent du Sud. *Pocket, 1993.* (Pocket ; 4616 c5)
ISBN 2-266-05253-5. *35 F / 5,34 €*

25559 **SIDHWA B.** La fiancée pakistanaise. *Actes Sud, 1997.* (Babel ; 271 c4)
ISBN 2-7427-1383-2. *51 F / 7,77 €*

25560 **SIF M.** Méchamment berbère. *J'ai lu, 2000.* (J'ai lu ; 5470. Littérature générale cG)
ISBN 2-290-30193-0. *29 F / 4,42 €*

25561 **N** **SIGAUD D.** Blue Moon. *Gallimard, 2000.* (Folio ; 3369 c6)
ISBN 2-07-041278-4. *29,50 F / 4,50 €*

25562 **SIGNOL C.** Adeline en Périgord. *Pocket, 1994.* (Pocket ; 2905 c4)
ISBN 2-266-05581-X. *30 F / 4,57 €*

25563 **N** **SIGNOL C.** Bleus sont les étés. *LGF, 2000.* (Le Livre de poche ; 14950)
ISBN 2-253-14950-0. *28 F / 4,27 €*

25564 **SIGNOL C.** Les cailloux bleus. *Pocket, 1998.* (Pocket ; 2654 c5)
ISBN 2-266-02667-4. *35 F / 5,34 €*

25565 **SIGNOL C.** Les Chemins d'étoiles. *Pocket, 1988.* (Pocket ; 3119 c3)
ISBN 2-266-02254-7. *26 F / 3,96 €*

25566 **SIGNOL C.** La lumière des collines. *LGF, 1999.* (Les vignes de Sainte-Colombe; 2)(Le Livre de poche ; 14602 c10)
ISBN 2-253-14602-1. *40 F / 6,10 €*

25567 **N** **SIGNOL C.** Les menthes sauvages. Rééd. *Pocket, 2000.* (Pocket ; 2772 c4B)
ISBN 2-266-10669-4. *32 F / 4,88 €*

25568 **SIGNOL C.** La promesse des sources. *LGF, 2000.* (Le Livre de poche ; 14810 c7)
ISBN 2-253-14810-5. *30 F / 4,57 €*

25569 **SIGNOL C.** Les vignes de Sainte-Colombe. 1. *LGF, 1998.* (Le Livre de poche ; 14400 c10)
ISBN 2-253-14400-2. *40 F / 6,10 €*

25570 **SIGNORET S.** Adieu Volodia. *LGF, 1986.* (Le Livre de poche ; 6230 c10)
ISBN 2-253-03956-X. *40 F / 6,10 €*

25571 **SILLITOE A.** Samedi soir, dimanche matin. *Seuil, 1987.* (Points. Roman ; 287 c2)
ISBN 2-02-009726-5. *39 F / 5,95 €*

25572 **SILLITOE A.** La solitude du coureur de fond. *Seuil, 1999.* (Points ; 694 c5)
ISBN 2-02-039638-6. *29 F / 4,42 €*

25573 **SILLITOE A.** Vengeance : et autres nouvelles. *LGF, 1989.* (Les Langues modernes ; 8707. Bilingue c9)
ISBN 2-253-04844-5. *36 F / 5,49 €*

25574 **SILONE I.** L'Ecole des dictateurs. *Gallimard, 1981.* (Folio ; 1313 c8)
ISBN 2-07-037313-4. *37 F / 5,64 €*

25575 **SILONE I.** Fontarama. *Grasset, 1995.* (Les Cahiers rouges ; 210)
ISBN 2-246-27773-6. *59 F / 8,99 €*

25576 **SILONE I.** Une Poignée de mûres. *Grasset, 1984.* (Les Cahiers rouges ; 21)
ISBN 2-246-16382-X. *53 F / 8,08 €*

25577 **SIMENON G.** Les Anneaux de Bicêtre. *Pocket, 1993.* (Pocket ; 3867. Noir c4)
ISBN 2-266-05300-0. *30 F / 4,57 €*

25578 **SIMENON G.** Betty. *Pocket, 1992.* (Pocket ; 3859 c4)
ISBN 2-266-04980-1. *30 F / 4,57 €*

25579 **SIMENON G.** Le bourgmestre de Furnes. Réimpr. *Labor* ; *Actes Sud* ; *Aire, 1998.* (Espace Nord ; 1)
ISBN 2-8040-1290-5. *42 F / 6,40 €*

25580 **SIMENON G.** La Chambre bleue. *Pocket, 1993.* (Pocket ; 3870. Noir c4)
ISBN 2-266-05298-5. *30 F / 4,57 €*

25581 **SIMENON G.** Le Destin des Malou. *Pocket, 1992.* (Pocket ; 3785. Noir c4)
ISBN 2-266-05088-5. *30 F / 4,57 €*

25582 **SIMENON G.** Les Fantômes du chapelier. *Pocket, 1992.* (Pocket ; 3798. Noir c4)
ISBN 2-266-05087-7. *30 F / 4,57 €*

25583 **SIMENON G.** L'horloger d'Everton. Réimpr. *Labor, 1998.* (Espace Nord ; 77 c2)
ISBN 2-8040-0779-0. *42 F / 6,40 €*

25584 **SIMENON G.** Lettre à mon juge. *LGF, 1997.* (Le Livre de poche ; 14276 c7)
ISBN 2-253-14276-X. *30 F / 4,57 €*

25585 **SIMENON G.** Maigret et le corps sans tête. *Pocket, 1992.* (Pocket ; 3836. Noir c4)
ISBN 2-266-05103-2. *30 F / 4,57 €*

25586 **SIMENON G.** Pedigree. *LGF* ; *Labor* ; *Aire, 1998.* (Le Livre de poche ; 14280 c16)
ISBN 2-253-14280-8. *55 F / 8,38 €*

25587 **SIMENON G.** Pedigree. *Labor* ; *Actes Sud, 1998.* (Espace Nord ; 128 c4)
ISBN 2-8040-1301-4. ISBN 2-86869-395-4. *62 F / 9,45 €*

25588 **SIMENON G.** Le Pendu de Saint-Pholien. *Labor, 1986.* (Espace Nord ; 28 c1)
ISBN 2-8040-0372-8. *34 F / 5,18 €*

25589 **SIMENON G.** Le petit homme d'Arkhangelsk. *LGF, 1997.* (Le Livre de poche ; 14278 c7)
ISBN 2-253-14278-6. *30 F / 4,57 €*

25590 **SIMENON G.** La Porte. *Pocket, 1993.* (Pocket ; 3682. Noir c4)
ISBN 2-266-05268-3. *30 F / 4,57 €*

25591 **SIMENON G.** La Rue aux trois poussins. *Pocket, 1992.* (Pocket ; 3869. Noir c4)
ISBN 2-266-05299-3. *30 F / 4,57 €*

25592 **SIMENON G.** Strip-tease. *Pocket, 1993.* (Pocket ; 3847. Noir c4)
ISBN 2-266-05269-1. *30 F / 4,57 €*

25593 **SIMENON G.** Trois chambres à Manhattan. *LGF, 1997.* (Le Livre de poche ; 14277 c7)
ISBN 2-253-14277-8. *30 F / 4,57 €*

25594 **A** **SIMIOT B.** Carbec, mon empereur. *LGF, 2001.* (Le Livre de poche ; 15040)
ISBN 2-253-15040-1. *36 F / 5,49 €*

25595 **SIMIOT B.** Ces messieurs de Saint-Malo. 1. *LGF, 1987.* (Le Livre de poche ; 6291 c12)
ISBN 2-253-04082-7. *44 F / 6,71 €*

25596 **SIMIOT B.** Rendez-vous à la Malouinière. *LGF, 1991.* (Ces messieurs de Saint-Malo; 3)(Le Livre de poche ; 6973 c15)
ISBN 2-253-05692-8. *50 F / 7,62 €*

25597 **SIMIOT B.** Le Temps des Carbec. *LGF, 1988.* (Ces messieurs de Saint-Malo; 2)(Le Livre de poche ; 6466 c15)
ISBN 2-253-04605-1. *50 F / 7,62 €*

25598 **SIMMONS C.** Rides. *Table ronde, 1999.* (La petite vermillon ; 103)
ISBN 2-7103-0898-3. *45 F / 6,86 €*

25599 **SIMMONS D.** L'amour, la mort. *LGF, 1997.* (Le Livre de poche ; 14168 c11)
ISBN 2-253-14168-2. *42 F / 6,40 €*

25600 **SIMMONS D.** Les feux de l'Eden. *LGF, 1998.* (Le Livre de poche ; 14405 c11)
ISBN 2-253-14405-3. *42 F / 6,40 €*

25601 **SIMON C.** La Route des Flandres. *Minuit, 1982.* (Double ; 8 c4)
ISBN 2-7073-0629-0. *49 F / 7,47 €*

25602 **SIMON C., DUNCAN A.** L'Herbe ; Lire L'Herbe. *Minuit, 1986.* (Double ; 9 c3)
ISBN 2-7073-1074-3. *43 F / 6,56 €*

25603 **SIMON Y.** L'Amour dans l'âme. *LGF, 1981.* (Le Livre de poche ; 5563 c5)
ISBN 2-253-02753-7. *23 F / 3,51 €*

25604 **SIMON Y.** La Dérive des sentiments. *LGF, 1993.* (Le Livre de poche ; 9611 c6)
ISBN 2-253-06328-2. *26 F / 3,96 €*

25605 **SIMON Y.** Un instant de bonheur. *LGF, 1998.* (Le Livre de poche ; 14449 c6)
ISBN 2-253-14449-5. *26 F / 3,96 €*

25606 **SIMON Y.** Les jours en couleurs. *LGF, 1996.* (Le Livre de poche ; 13996 c4)
ISBN 2-253-13996-3. *20 F / 3,05 €*

25607 **SIMON Y.** Océans. *LGF, 1984.* (Le Livre de poche ; 5972 c10)
ISBN 2-253-03520-3. *40 F / 6,10 €*

25608 **SIMON Y.** Le prochain amour. *LGF, 1997.* (Le Livre de poche ; 14149 c8)
ISBN 2-253-14149-6. *33 F / 5,03 €*

25609 **SIMON Y.** Transit-Express. *LGF, 1983.* (Le Livre de poche ; 5725 c4)
ISBN 2-253-03121-6. *20 F / 3,05 €*

25610 **SIMON Y.** Le Voyageur magnifique. *LGF, 1989.* (Le Livre de poche ; 6634 c9)
ISBN 2-253-04989-1. *36 F / 5,49 €*

25611 **SIMONAY B.** La cité sacrée d'Imhotep. *Gallimard, 1999.* (La première pyramide; 2)(Folio ; 3194 c13)
ISBN 2-07-040505-2. *56 F / 8,54 €*

25612 **SIMONAY B.** La jeunesse de Djoser. *Gallimard, 1999.* (La première pyramide; 1)(Folio ; 3193 c13)
ISBN 2-07-040504-4. *56 F / 8,54 €*

25613 **N** **SIMONAY B.** La lumière d'Horus. *Gallimard, 2000.* (La première pyramide; 3)(Folio ; 3370 c13)
ISBN 2-07-040884-1. *56 F / 8,54 €*

25614 **N** **SIMONAY B.** La première pyramide. *Gallimard, 2000.* (Folio)
ISBN 2-07-041349-7. *178 F / 27,14 €*

25615 **SIMONS P.** Le silence d'une femme. *Pocket, 1998.* (Pocket ; 10178. Roman c9)
ISBN 2-266-07507-1. *48 F / 7,32 €*

25616 **SIMPÈRE F.** Le jeune homme au téléphone. *Pocket, 1998.* (Pocket ; 10181 c3)
ISBN 2-266-07579-9. *26 F / 3,96 €*

25617 **Simple arithmetic and other american short stories.** *LGF, 1990.* (Le Livre de poche ; 8616. Lire en anglais c8)
ISBN 2-253-05107-1. *33 F / 5,03 €*

25618 **SIMPSON M.** Ma mère, moi et ma mère. *J'ai lu, 2000.* (J'ai lu ; 5715. Littérature générale c0)
ISBN 2-290-30587-1. *55 F / 8,38 €*

25619 **SIMSOLO N.** Retour d'amour à Lille. *Baleine, 2000.* (Velours ; 9)
ISBN 2-84219-252-4. *42 F / 6,40 €*

25620 **A** **SINGER C.** Histoire d'âme. *Albin Michel, 2001.* (Espaces libres)
ISBN 2-226-12547-7. *39 F / 5,95 €*

25621 **N** **SINGER C.** Une passion : entre ciel et chair. *Albin Michel, 2000.* (Espaces libres ; 103 c2)
ISBN 2-226-11613-3. *39 F / 5,95 €*

25622 **SINGER C.** Rastenberg. *LGF, 1998.* (Le Livre de poche ; 14497 c4)
ISBN 2-253-14497-5. *20 F / 3,05 €*

25623 **N** **SINGER I. B.** Le beau monsieur de Cracovie. *Stock, 2000.* (Bibliothèque cosmopolite)
ISBN 2-234-05234-3. *65 F / 9,91 €*

25624 **SINGER I. B.** Le blasphémateur. Nouv. éd. *Stock, 1998.* (Bibliothèque cosmopolite)
ISBN 2-234-04879-6. *65 F / 9,91 €*

25625 **SINGER I. B.** Le certificat. *Gallimard, 1995.* (Folio ; 2686 c8)
ISBN 2-07-039276-7. *37 F / 5,64 €*

25626 **SINGER I. B.** La Corne du bélier. Nouv. éd. *Stock, 1998.* (Bibliothèque cosmopolite ; 26 c3)
ISBN 2-234-05081-2. *60 F / 9,15 €*

25627 **SINGER I. B.** Le Domaine. *Stock, 1991.* (Bibliothèque cosmopolite)
ISBN 2-234-02366-1. *55 F / 8,38 €*

25628 **SINGER I. B.** Ennemies : une histoire d'amour. Nouv. éd. *Stock, 1998.* (Bibliothèque cosmopolite ; 21 c3)
ISBN 2-234-05063-4. *60 F / 9,15 €*

25629 **SINGER I. B.** Le Fantôme. *Stock, 1994.* (Bibliothèque cosmopolite)
ISBN 2-234-04367-0. *65 F / 9,91 €*

25630 **SINGER I. B.** Gimpel le naïf. *Gallimard, 1994.* (Folio ; 2598 c11)
ISBN 2-07-038893-X. *29,50 F / 4,50 €*

25631 **SINGER I. B.** Le Manoir. Nouv. éd. *Stock, 1998.* (Bibliothèque cosmopolite c5)
ISBN 2-234-04934-2. *70 F / 10,67 €*

25632 **SINGER I. B.** Meshugah. *Gallimard, 1997.* (Folio ; 2995 c8)
ISBN 2-07-040349-1. *37 F / 5,64 €*

25633 **SINGER I. B.** Le Petit monde de la rue Krochmalna. *Gallimard, 1993.* (Folio ; 2487 c8)
ISBN 2-07-038733-X. *37 F / 5,64 €*

25634 **SINGER I. B.** Le Spinoza de la rue du marché. *Gallimard, 1998.* (Folio ; 3124 c8)
ISBN 2-07-040561-3. *37 F / 5,64 €*

25635 **SINGER I. B.** Yentl et autres nouvelles. Nouv. éd. *Stock, 1998.* (Bibliothèque cosmopolite ; 54 c2)
ISBN 2-234-04935-0. *55 F / 8,38 €*

25636 **SINGER I. B., BERNIER G.** L'Esclave. Nouv. éd. *Stock, 1998.* (Bibliothèque cosmopolite c3)
ISBN 2-234-04942-3. *60 F / 9,15 €*

25637 **SINGER I. B., GINIEWSKI P.** Amour tardif. Nouv. éd. *Stock, 1996.* (Bibliothèque cosmopolite c3)
ISBN 2-234-04642-4. *60 F / 9,15 €*

25638 **SINGER M.** Entre ciel et terre : d'après le scénario d'Oliver Stone. *J'ai lu, 1993.* (J'ai lu ; 3630. Littérature générale)
ISBN 2-277-23630-6. *36 F / 5,49 €*

25639 **SINIAC P.** Monsieur Cauchemar. *Libr. des Champs-Elysées, 1992.* (Le Masque ; 2106. Les maîtres du roman policier c1)
ISBN 2-7024-2298-5. *28 F / 4,27 €*

25640 **SINIAVSKI A.** Bonne nuit!. *LGF, 1990.* (Le Livre de poche ; 3149. Biblio c15)
ISBN 2-253-05492-5. *50 F / 7,62 €*

25641 **SINOUÉ G.** Avicenne ou la route d'Ispahan ; La pourpre et l'olivier ou Calixte 1er ; Le pape oublié ; Le livre de saphir. *Gallimard, 1999.* (Folio)
ISBN 2-07-040949-X. *163 F / 24,85 €*

25642 **SINOUÉ G.** Avicenne ou la Route d'Ispahan. *Gallimard, 1990.* (Folio ; 2212 c13)
ISBN 2-07-038302-4. *56 F / 8,54 €*

25643 **SINOUÉ G.** L'Egyptienne. *Gallimard, 1993.* (Folio ; 2475 c12)
ISBN 2-07-038728-3. *52 F / 7,93 €*

25644 **N** **SINOUÉ G.** L'enfant de Bruges. *Gallimard, 2001.* (Folio ; 3477)
ISBN 2-07-041737-9. *45 F / 6,86 €*

25645 **SINOUÉ G.** La fille du Nil. *Gallimard, 1995.* (Folio ; 2772 c10)
ISBN 2-07-039383-6. *46 F / 7,01 €*

25646 **SINOUÉ G.** Le livre de saphir. *Gallimard, 1997.* (Folio ; 2965 c12)
ISBN 2-07-040226-6. *52 F / 7,93 €*

25647 **SINOUÉ G.** La Pourpre et l'olivier ou Calixte 1er, le papeçoublié. *Gallimard, 1994.* (Folio ; 2563 c11)
ISBN 2-07-038849-2. *50 F / 7,62 €*

25648 **SJÖWALL M., WAHLÖÖ P.** L'Abominable homme de Säffle. *10-18, 1987.* (10-18 ; 1827. Grands détectives c5)
ISBN 2-264-01019-3. *44 F / 6,71 €*

25649 **SJÖWALL M., WAHLÖÖ P.** L'Assassin de l'agent de police : inédit. *10-18, 1987.* (10-18 ; 1876. Grands détectives c6)
ISBN 2-264-01071-1. *47 F / 7,17 €*

25650 **SJÖWALL M., WAHLÖÖ P.** La Chambre close. *10-18, 1987.* (10-18 ; 1865. Grands détectives c6)
ISBN 2-264-01055-X. *47 F / 7,17 €*

25651 **SJÖWALL M., WAHLÖÖ P.** Les Terroristes. *10-18, 1987.* (10-18 ; 1890. Grands détectives c6)
ISBN 2-264-01083-5. *47 F / 7,17 €*

25652 **N** **SKARMETA A.** Une ardente patience. *Seuil, 2001.* (Point-virgule c6)
ISBN 2-02-048169-3. *32 F / 4,88 €*

25653 **SKARMETA A.** Le Cycliste de San Cristobal : nouvelles. *Seuil, 1984.* (Point-virgule ; 27 c1)
ISBN 2-02-006908-3. *32 F / 4,88 €*

25654 **SKARMETA A.** T'es pas mort!. *Seuil, 1982.* (Point-virgule ; 9 c1)
ISBN 2-02-006223-2. *32 F / 4,88 €*

25655 **SKVORECKY J.** Le camarade joueur de jazz. *10-18, 1999.* (10-18 ; 3078. Domaine étranger c3)
ISBN 2-264-02247-7. *38 F / 5,79 €*

25656 **SKVORECKY J.** L'Escadron blindé : chronique de la période des cultes. *Gallimard, 1984.* (Folio ; 1615 c10)
ISBN 2-07-037615-X. *46 F / 7,01 €*

25657 **SLOAN S. R.** Karen au coeur de la nuit. *Pocket, 1999.* (Pocket ; 10124 c8)
ISBN 2-266-07316-8. *45 F / 6,86 €*

25658 **SLOCUM J.** Navigateur en solitaire. *Actes Sud, 1995.* (Babel ; 140. Terres d'aventure c4)
ISBN 2-7427-0352-7. *51 F / 7,77 €*

25659 **SMAÏL P.** Vivre me tue. *J'ai lu, 1998.* (J'ai lu ; 4951. Littérature générale c3)
ISBN 2-290-04951-4. *29 F / 4,42 €*

25660 **SMALL B.** Chassé-croisé. Réimpr. *J'ai lu, 1994.* (J'ai lu ; 3776. Aventures et passions c7)
ISBN 2-290-03776-1. *45 F / 6,86 €*

25661 **A** **SMALL B.** L'héritage d'Eléonore. *J'ai lu, 2001.* (J'ai lu ; 5869. Aventures et passions)
ISBN 2-290-31071-9

25662 **N** **SMALL B.** La libertine. *J'ai lu, 2000.* (J'ai lu ; 5697. Aventures et passions)
ISBN 2-290-30462-X. *42 F / 6,40 €*

25663 **A** **SMALL B.** La perle d'Orient. *J'ai lu, 2001.* (J'ai lu ; 5994. Amour et destin)
ISBN 2-290-31256-8

25664 **SMITH B.** Capture mon coeur. Réimpr. *J'ai lu, 1995.* (J'ai lu ; 3922. Aventures et passions c6)
ISBN 2-290-03922-5. *42 F / 6,40 €*

25665 **SMITH B.** Chasseuse d'homme. *J'ai lu, 2000.* (J'ai lu ; 5439. Aventures et passions cl)
ISBN 2-290-30026-8. *36 F / 5,49 €*

25666 **SMITH B.** L'espion des Caraïbes. *J'ai lu, 1996.* (J'ai lu ; 4216. Aventures et passions cJ)
ISBN 2-277-24216-0. *39 F / 5,95 €*

25667 **SMITH B. D.** Coureur de jupons. *J'ai lu, 2000.* (J'ai lu ; 5760. Aventures et passions cl)
ISBN 2-290-30893-5. *36 F / 5,49 €*

25668 **N** **SMITH B. D.** Liaisons secrètes. *J'ai lu, 2000.* (J'ai lu ; 5643. Aventures et passions)
ISBN 2-290-30399-2. *39 F / 5,95 €*

25669 **A** **SMITH B. D.** Un plan machiavélique. *J'ai lu, 2001.* (J'ai lu ; 5870. Aventures et passions)
ISBN 2-290-31072-7

25670 **SMITH D.** Quand Vénus s'en mêle. *J'ai lu, 2000.* (J'ai lu ; 5504. Amour et destin cL)
ISBN 2-290-30222-8. *45 F / 6,86 €*

25671 **SMITH D.** Les secrets du passé. *J'ai lu, 1999.* (J'ai lu ; 5307. Amour et destin cJ)
ISBN 2-290-05307-4. *39 F / 5,95 €*

25672 **N** **SMITH M. C.** Rose. *Pocket, 2001.* (Pocket ; 10688 c8)
ISBN 2-266-09410-6. *45 F / 6,86 €*

25673 **SMITH W.** Le dieu fleuve. *Pocket, 1995.* (Pocket ; 10014 c9)
ISBN 2-266-06713-3. *48 F / 7,32 €*

25674 **SMITH W.** Le septième papyrus. *Pocket, 1997.* (Pocket ; 10156 c10)
ISBN 2-266-07540-3. *50 F / 7,62 €*

25675 **N** **SOARES J.** L'homme qui tua Getulio Vargas. *Pocket, 2001.* (Pocket ; 11027 c6)
ISBN 2-266-10363-6. *38 F / 5,79 €*

25676 **SOARES LINS D.** La passion selon Lampiao : le roi des cangaceiros. *Seuil, 1995.* (Point-virgule ; 161 c7)
ISBN 2-02-019596-8. *35 F / 5,34 €*

25677 **Les Soirées de Médan.** *Grasset, 1991.* (Les Cahiers rouges ; 129)
ISBN 2-246-43502-1. *56 F / 8,54 €*

25678 **SOJCHER J.** Le Rêve de ne pas parler ; Essai de n'être pas mort ; La Mise en quarantaine. *Labor, 1990.* (Espace Nord ; 59 c2)
ISBN 2-8040-0525-9. *42 F / 6,40 €*

25679 **SOLÉ R.** La mamelouka. *Seuil, 1997.* (Points ; 404 c10)
ISBN 2-02-032360-5. *45 F / 6,86 €*

25680 **SOLÉ R.** Le sémaphore d'Alexandrie. *Seuil, 1996.* (Points ; 236 c9)
ISBN 2-02-028517-7. *42 F / 6,40 €*

25681 **SOLÉ R.** Le tarbouche. Rééd. *Seuil, 1995.* (Points c11)
ISBN 2-02-025775-0. *48 F / 7,32 €*

25682 **SOLJÉNITSYNE A.** Une Journée d'Ivan Denissovitch. Nouv. éd. *10-18, 1979.* (10-18 ; 488. Domaine étranger c3)
ISBN 2-264-00070-8. *38 F / 5,79 €*

25683 **SOLJÉNITSYNE A.** Une Journée d'Ivan Denissovitch. *LGF, 1994.* (Le Livre de poche ; 8652. Lire en russe c16)
ISBN 2-253-05745-2. *55 F / 8,38 €*

25684 **SOLJÉNITSYNE A.** Le Pavillon des cancéreux. Réimpr. *Pocket, 1988.* (Pocket ; 1910. Blanche c5)
ISBN 2-266-02331-4. *35 F / 5,34 €*

25685 **SOLJÉNITSYNE A.** Le Premier cercle. Nouv. éd. *LGF, 1991.* (Le Livre de poche ; 6993 c17)
ISBN 2-253-05739-8. *60 F / 9,15 €*

25686 **SOLJÉNITSYNE A.** Une journée d'Ivan Denissovitch. *Pocket, 1988.* (Pocket ; 3114 c2)
ISBN 2-266-02234-2. *23 F / 3,51 €*

25687 **SOLLERS P.** Un amour américain. *Mille et une nuits, 1999.* (La petite collection ; 256)
ISBN 2-84205-443-1. *10 F / 1,52 €*

25688 **SOLLERS P.** Le Coeur absolu. *Gallimard, 1989.* (Folio ; 2013 c9)
ISBN 2-07-038101-3. *41 F / 6,25 €*

25689 **SOLLERS P.** Femmes. *Gallimard, 1984.* (Folio ; 1620 c13)
ISBN 2-07-037620-6. *61 F / 9,30 €*

25690 **SOLLERS P.** La Fête à Venise. *Gallimard, 1993.* (Folio ; 2463 c11)
ISBN 2-07-038603-1. *29,50 F / 4,50 €*

25691 **SOLLERS P.** Les Folies françaises. *Gallimard, 1990.* (Folio ; 2201 c11)
ISBN 2-07-038291-5. *29,50 F / 4,50 €*

25692 **N** **SOLLERS P.** Lois. *Gallimard, 2001.* (L'imaginaire)
ISBN 2-07-075741-2. *42 F / 6,40 €*

25693 **N** **SOLLERS P.** Nombres. *Gallimard, 2000.* (L'imaginaire ; 425)
ISBN 2-07-075742-0. *42 F / 6,40 €*

25694 **SOLLERS P.** Paradis. *Seuil, 1994.* (Points. Roman ; 690 c3)
ISBN 2-02-023056-9. *48 F / 7,32 €*

25695 **SOLLERS P.** Le Parc. *Seuil, 1981.* (Points. Roman ; 28 c1)
ISBN 2-02-005738-7. *32 F / 4,88 €*

25696 **SOLLERS P.** Portrait du joueur. *Gallimard, 1986.* (Folio ; 1786 c8)
ISBN 2-07-037786-5. *37 F / 5,64 €*

25697 **SOLLERS P.** Le secret. *Gallimard, 1995.* (Folio ; 2687 c8)
ISBN 2-07-039277-5. *37 F / 5,64 €*

25698 **SOLLERS P.** Studio. *Gallimard, 1999.* (Folio ; 3168 c7)
ISBN 2-07-040725-X. *32,50 F / 4,95 €*

25699 **SOMMERFIELD S.** Les yeux d'émeraude. *J'ai lu, 1999.* (J'ai lu ; 5213. Aventures et passions c5)
ISBN 2-290-05213-2. *39 F / 5,95 €*

25700 **SONTAG S.** L'amant du volcan. *Seuil, 1997.* (Points ; 374 c13)
ISBN 2-02-031625-0. *52 F / 7,93 €*

25701 **SONY LABOU TANSI** Les Sept solitudes de Lorsa Lopez. *Seuil, 1994.* (Points. Roman ; 680 c1)
ISBN 2-02-022689-8. *32 F / 4,88 €*

25702 **SONY LABOU TANSI** La vie et demie. Réimpr. *Seuil, 1998.* (Points ; 569 c1)
ISBN 2-02-035306-7. *32 F / 4,88 €*

25703 **SOREL C.** Histoire comique de Francion. *Gallimard, 1996.* (Folio ; 2806. Classique c15)
ISBN 2-07-038759-3. *61 F / 9,30 €*

25704 **SORIANO O.** Je ne vous dis pas adieu. *Grasset, 1999.* (Les Cahiers rouges ; 287)
ISBN 2-246-58401-9. *56 F / 8,54 €*

25705 **SORIANO O.** Quartiers d'hiver. *Grasset, 1996.* (Les Cahiers rouges ; 233)
ISBN 2-246-52811-9. *52 F / 7,93 €*

25706 **Sortons couverts ! :** huit écrivains racontent le préservatif. *Librio, 1999.* (Librio ; 290 c1)
ISBN 2-277-30290-2. *10 F / 1,52 €*

25707 **SOUBIRAN A.** Au revoir Dr Roch. *LGF, 1999.* (Les hommes en blanc; 4)(Le Livre de poche ; 14751 c10)
ISBN 2-253-14571-8. *40 F / 6,10 €*

25708 **SOUBIRAN A.** Le grand métier. *LGF, 1999.* (Les hommes en blanc; 3)(Le Livre de poche ; 14570 c10)
ISBN 2-253-14570-X. *40 F / 6,10 €*

25709 **SOUBIRAN A.** Les hommes en blanc. 1, Tu seras médecin. *LGF, 1999.* (Le Livre de poche ; 14568 c8)
ISBN 2-253-14568-8. *33 F / 5,03 €*

25710 **SOUBIRAN A.** Les hommes en blanc. 2, La nuit de bal. *LGF, 1999.* (Le Livre de poche ; 14569 c8)
ISBN 2-253-14569-6. *33 F / 5,03 €*

25711 **N** **SOUCY G.** L'acquittement. *Seuil, 2001.* (Points ; 805)
ISBN 2-02-038669-0. *32 F / 4,88 €*

25712 **SOUCY G.** La petite fille qui aimait trop les allumettes. *Seuil, 2000.* (Points ; 700 c7)
ISBN 2-02-038671-2. *35 F / 5,34 €*

25713 **A** **SOUEIF A.** Lady Pacha. *LGF, 2001.* (Le Livre de poche ; 15036)
ISBN 2-253-15036-3. *33 F / 5,03 €*

25714 **SOUMY J-G.** Les fruits de la ville. *Pocket, 1996.* (Les moissons délaissées; 2)(Pocket ; 10006. Best c8)
ISBN 2-266-06625-0. *45 F / 6,86 €*

25715 **SOUMY J-G.** Les Moissons délaissées. *J'ai lu, 1994.* (J'ai lu ; 3720. Littérature générale c6)
ISBN 2-277-23720-5. *42 F / 6,40 €*

25716 **SOUPAULT P.** Les dernières nuits de Paris. *Gallimard, 1997.* (L'imaginaire ; 374)
ISBN 2-07-075163-5. *48 F / 7,32 €*

25717 **SOUPAULT P.** Le nègre. *Gallimard, 1997.* (L'imaginaire ; 373)
ISBN 2-07-075164-3. *48 F / 7,32 €*

25718 **SOUZA M.** L'empereur d'Amazonie. *Métailié, 1998.* (Suites ; 13. Suite brésilienne)
ISBN 2-86424-275-3. *50 F / 7,62 €*

25719 **SOYINKA W.** Une Saison d'anomie. *LGF, 1993.* (Le Livre de poche ; 9582 c10)
ISBN 2-253-06264-2. *40 F / 6,10 €*

25720 **SPADDY** Colette ou Les amusements de bon ton. *la Musardine, 1998.* (Lectures amoureuses de Jean-Jacques Pauvert ; 15 c3)
ISBN 2-84271-015-0. *35 F / 5,34 €*

25721 **SPADDY** Dévergondages. *la Musardine, 1999.* (Lectures amoureuses de Jean-Jacques Pauvert ; 30)
ISBN 2-84271-051-7. *39 F / 5,95 €*

25722 **SPARK M.** L'Abbesse de Crewe. *Stock, 1997.* (Bibliothèque cosmopolite c1)
ISBN 2-234-04743-9. *50 F / 7,62 €*

25723 **SPARK M.** L'Appropriation. *Stock, 1994.* (Bibliothèque cosmopolite)
ISBN 2-234-04342-5. *60 F / 9,15 €*

25724 **SPARK M.** Les Célibataires. *Gallimard, 1990.* (Folio ; 2126 c8)
ISBN 2-07-038209-5. *37 F / 5,64 €*

25725 **SPARK M.** Demoiselles de moyens modestes. *Stock, 1998.* (Bibliothèque cosmopolite)
ISBN 2-234-05020-0. *50 F / 7,62 €*

25726 **SPARK M.** Intentions suspectes. *Gallimard, 1989.* (Folio ; 2069 c9)
ISBN 2-07-038157-9. *41 F / 6,25 €*

25727 **SPARK M.** Memento mori. *Stock, 1994.* (Bibliothèque cosmopolite)
ISBN 2-234-04289-5. *60 F / 9,15 €*

25728 **SPARK M.** Ne pas déranger. *Gallimard, 1988.* (Folio ; 1951 c9)
ISBN 2-07-038038-6. *20,50 F / 3,13 €*

25729 **SPARK M.** Le Pisseur de copie. *Stock, 1992.* (Bibliothèque cosmopolite)
ISBN 2-234-02462-5. *55 F / 8,38 €*

25730 **SPARK M.** La Place du conducteur. *Gallimard, 1987.* (Folio ; 1867 c9)
ISBN 2-07-037867-5. *20,50 F / 3,13 €*

25731 **SPARK M.** Robinson. *Stock, 1996.* (Bibliothèque cosmopolite c1)
ISBN 2-234-04594-0. *50 F / 7,62 €*

25732 **SPARK M.** L'unique problème. *Stock, 1992.* (Bibliothèque cosmopolite c2)
ISBN 2-234-02514-1. *55 F / 8,38 €*

25733 **SPARKS N.** Une bouteille à la mer. *Pocket, 1999.* (Pocket ; 10797)
ISBN 2-266-09702-4. *32 F / 4,88 €*

25734 **SPARKS N.** Les pages de notre amour. *Pocket, 1999.* (Pocket ; 10454 c4)
ISBN 2-266-08394-5. *30 F / 4,57 €*

25735 **SPENCER L. V.** Le bonheur éclaté. Réimp. *J'ai lu, 2000.* (J'ai lu ; 4634. Amour et destin cJ)
ISBN 2-290-30652-5. *39 F / 5,95 €*

25736 **SPENCER L. V.** Cache-cache amoureux. Réimpr. *J'ai lu, 1997.* (J'ai lu ; 4046. Aventures et passions c6)
ISBN 2-290-04046-0. *42 F / 6,40 €*

25737 **SPENCER L. V.** Doux amer. *J'ai lu, 1991.* (J'ai lu ; 2942. Amour et destin cL)
ISBN 2-277-22942-3. *45 F / 6,86 €*

25738 **SPENCER L. V.** Les embruns du coeur. *J'ai lu, 1996.* (J'ai lu ; 4298. Aventures et passions c5)
ISBN 2-290-04298-6. *39 F / 5,95 €*

25739 **SPENCER L. V.** N'aimer qu'une seule fois. *J'ai lu, 1999.* (J'ai lu ; 3906. Aventures et passions c6)
ISBN 2-290-03906-3. *42 F / 6,40 €*

25740 **SPENCER L. V.** La voix du coeur. *J'ai lu, 1995.* (J'ai lu ; 4020. Amour et destin)
ISBN 2-277-24020-6. *29 F / 4,42 €*

25741 **SPENCER S.** Un Amour infini. *Seuil, 1982.* (Points. Roman ; 83 c3)
ISBN 2-02-006241-0. *48 F / 7,32 €*

25742 **SPENGLER F.** La vie amoureuse des fées. *Blanche, 2000.* (Bibliothèque blanche ; 5)
ISBN 2-911621-79-4. *59 F / 8,99 €*

25743 **SPITZ C.** T'as un problème, Max ?. *J'ai lu, 1998.* (J'ai lu ; 4912. Littérature générale c4)
ISBN 2-290-04912-3. *36 F / 5,49 €*

25744 **SPORTES M.** L'appât. *Seuil, 1995.* (Points ; 16 c8)
ISBN 2-02-022839-4. *42 F / 6,40 €*

25745 **N** **SPORTES M.** La dérive des continents. *Seuil, 2000.* (Points ; 775)
ISBN 2-02-041944-0. *39 F / 5,95 €*

25746 **SPORTES M.** Je t'aime, je te tue. *Seuil, 1985.* (Point-virgule ; 32 c2)
ISBN 2-02-008656-5. *39 F / 5,95 €*

25747 **SPORTES M.** Pour la plus grande gloire de Dieu. *Seuil, 1995.* (Points ; 76 c13)
ISBN 2-02-025309-7. *52 F / 7,93 €*

25748 **SPORTES M.** Siam. *Seuil, 1996.* (Points ; 296 c9)
ISBN 2-02-030107-5. *42 F / 6,40 €*

25749 **SPORTES M.** Tonkinoise. *Seuil, 1997.* (Points ; 328 c12)
ISBN 2-02-031188-7. *50 F / 7,62 €*

25750 **N** **ST AUBYN E.** Après tout. *10-18, 2000.* (Trilogie Patrick Melrose; 3)(10-18 ; 3228. Domaine étranger c4)
ISBN 2-264-02851-3. *41 F / 6,25 €*

25751 **N** **ST AUBYN E.** Mauvaise nouvelle. *10-18, 2000.* (Trilogie Patrick Melrose; 2)(10-18 ; 3199. Domaine étranger c5)
ISBN 2-264-02852-1. *44 F / 6,71 €*

25752 **ST AUBYN E.** Peu importe. *10-18, 2000.* (Trilogie Patrick Melrose; 1)(10-18 ; 3157. Domaine étranger c3)
ISBN 2-264-02853-X. *38 F / 5,79 €*

25753 **STAËL-HOLSTEIN G. d.** Corinne ou l'Italie. *Gallimard, 1985.* (Folio ; 1632. Classique c15)
ISBN 2-07-037632-X. *61 F / 9,30 €*

25754 **STANCANELLI E.** Benzina. *Mille et une nuits, 1999.* (Lunes)
ISBN 2-84205-418-0. *45 F / 6,86 €*

25755 **STANGERUP H.** Lagoa Santa. *Stock, 1995.* (Bibliothèque cosmopolite c4)
ISBN 2-234-04452-9. *65 F / 9,91 €*

25756 **STANGERUP H., EYDOUX E.** Le séducteur. Nouv. éd. *Stock, 1995.* (Bibliothèque cosmopolite c1)
ISBN 2-234-04527-4. *50 F / 7,62 €*

25757 **STEEL D.** L'accident. *Pocket, 1996.* (Pocket ; 10008 c6)
ISBN 2-266-06677-3. *38 F / 5,79 €*

25758 **STEEL D.** Album de famille. *LGF, 1987.* (Le Livre de poche ; 6354 c10)
ISBN 2-253-04188-2. *40 F / 6,10 €*

25759 **STEEL D.** L'anneau de Cassandra. *LGF, 1999.* (Le Livre de poche ; 14709 c10)
ISBN 2-253-14709-5. *40 F / 6,10 €*

25760 **STEEL D.** Au nom du coeur. *Pocket, 1998.* (Pocket ; 10431 c5)
ISBN 2-266-08229-9. *35 F / 5,34 €*

25761 **STEEL D.** Audrey, la vagabonde. *LGF, 1990.* (Le Livre de poche ; 6793 c10)
ISBN 2-253-05358-9. *40 F / 6,10 €*

25762 **STEEL D.** Une Autre vie. *LGF, 1988.* (Le Livre de poche ; 6540 c10)
ISBN 2-253-04785-6. *40 F / 6,10 €*

25763 **STEEL D.** La Belle vie. *LGF, 1991.* (Le Livre de poche ; 6934 c10)
ISBN 2-253-05604-9. *40 F / 6,10 €*

25764 **STEEL D.** Le cadeau. *Pocket, 1996.* (Pocket ; 10111 c5)
ISBN 2-266-07271-4. *35 F / 5,34 €*

25765 **STEEL D.** Cher daddy. *LGF, 1994.* (Le Livre de poche ; 13534 c9)
ISBN 2-253-13534-8. *36 F / 5,49 €*

25766 **STEEL D.** Cinq jours à Paris. *Pocket, 1997.* (Pocket ; 10226 c5)
ISBN 2-266-07677-9. *35 F / 5,34 €*

25767 **STEEL D.** Coups de coeur. *Pocket, 1994.* (Pocket ; 2981 c5)
ISBN 2-266-05740-5. *35 F / 5,34 €*

25768 **STEEL D.** Disparu. *Pocket, 1996.* (Pocket ; 10009 c6)
ISBN 2-266-06678-1. *38 F / 5,79 €*

25769 **A** **STEEL D.** Double reflet. *Pocket, 2001.* (Pocket ; 11269)
ISBN 2-266-11122-1

25770 **STEEL D.** Le fantôme. *Pocket, 2000.* (Pocket ; 10897 c6)
ISBN 2-266-10001-7. *38 F / 5,79 €*

25771 **STEEL D.** La Fin de l'été. *LGF, 1986.* (Le Livre de poche ; 6241 c9)
ISBN 2-253-03974-8. *36 F / 5,49 €*

25772 **STEEL D.** La foudre. *Pocket, 1997.* (Pocket ; 10232. Roman c7)
ISBN 2-266-07808-9. *42 F / 6,40 €*

25773 **STEEL D.** Honneur et courage. *Pocket, 1999.* (Pocket ; 10654 c7)
ISBN 2-266-09103-4. *42 F / 6,40 €*

25774 **STEEL D.** Il était une fois l'amour. *LGF, 1987.* (Le Livre de poche ; 6294 c8)
ISBN 2-253-04085-1. *33 F / 5,03 €*

25775 **STEEL D.** Joyaux. *Pocket, 1995.* (Pocket ; 10001. Roman c7)
ISBN 2-266-06629-3. *42 F / 6,40 €*

25776 **STEEL D.** Kaléidoscope. *LGF, 1992.* (Le Livre de poche ; 4370 c11)
ISBN 2-253-06101-8. *42 F / 6,40 €*

25777 **STEEL D.** Leur Promesse : d'après un scénario de Garry Michael White. Réimpr. *J'ai lu, 1998.* (J'ai lu ; 1075. Littérature générale c3)
ISBN 2-290-11075-2. *29 F / 4,42 €*

25778 **STEEL D.** Loving. *LGF, 1990.* (Le Livre de poche ; 6883 c9)
ISBN 2-253-05483-6. *36 F / 5,49 €*

25779 **STEEL D.** Maintenant et pour toujours. *LGF, 1998.* (Le Livre de poche ; 14401 c10)
ISBN 2-253-14401-0. *40 F / 6,10 €*

25780 **STEEL D.** La maison des jours heureux. *Pocket, 1998.* (Pocket ; 10432. Roman c8)
ISBN 2-266-08230-2. *45 F / 6,86 €*

25781 **STEEL D.** Malveillance. *Pocket, 1998.* (Pocket ; 10430. Roman c7)
ISBN 2-266-08191-8. *42 F / 6,40 €*

25782 **STEEL D.** Un monde de rêve. *LGF, 1999.* (Le Livre de poche ; 14603 c9)
ISBN 2-253-14603-X. *36 F / 5,49 €*

25783 **STEEL D.** Naissances. *Pocket, 1995.* (Pocket ; 10002 c5)
ISBN 2-266-06630-7. *35 F / 5,34 €*

25784 **STEEL D.** Palomino. *LGF, 1997.* (Le Livre de poche ; 14164 c9)
ISBN 2-253-14164-X. *36 F / 5,49 €*

25785 **STEEL D.** Un Parfait inconnu. *LGF, 1991.* (Le Livre de poche ; 7315 c9)
ISBN 2-253-05792-4. *36 F / 5,49 €*

25786 **STEEL D.** Plein ciel. *Pocket, 1997.* (Pocket ; 10231 c7)
ISBN 2-266-07676-0. *42 F / 6,40 €*

25787 **STEEL D.** Les promesses de la passion. *LGF, 1999.* (Le Livre de poche ; 14645 c9)
ISBN 2-253-14645-5. *36 F / 5,49 €*

25788 **STEEL D.** Le ranch. *Pocket, 1999.* (Pocket ; 10737. Roman c8)
ISBN 2-266-09154-9. *45 F / 6,86 €*

25789 **STEEL D.** Renaissance. *Pocket, 1999.* (Pocket ; 10774 c5)
ISBN 2-266-09588-9. *35 F / 5,34 €*

25790 **STEEL D.** La Ronde des souvenirs. *LGF, 1989.* (Le Livre de poche ; 6644)
ISBN 2-253-05002-4. *39 F / 5,95 €*

25791 **STEEL D.** Une saison de passion. Réimpr. *J'ai lu, 1993.* (J'ai lu ; 1266. Littérature générale c4)
ISBN 2-290-11266-6. *36 F / 5,49 €*

25792 **STEEL D.** Secrets. *LGF, 1988.* (Le Livre de poche ; 6449 c9)
ISBN 2-253-04515-2. *36 F / 5,49 €*

25793 **STEEL D.** Un si grand amour. *Pocket, 1994.* (Pocket ; 4170 c5)
ISBN 2-266-01195-2. *35 F / 5,34 €*

25794 **N** **STEEL D.** Un si long chemin. *Pocket, 2001.* (Pocket ; 11249 c7)
ISBN 2-266-11018-7. *42 F / 6,40 €*

25795 **STEEL D.** Souvenirs d'amour. *LGF, 1997.* (Le Livre de poche ; 14190 c9)
ISBN 2-253-14190-9. *36 F / 5,49 €*

25796 **STEEL D.** Souvenirs du Vietnam. *LGF, 1994.* (Le Livre de poche ; 13589 c9)
ISBN 2-253-13589-5. *36 F / 5,49 €*

25797 **STEEL D.** Star. *LGF, 1993.* (Le Livre de poche ; 9614 c10)
ISBN 2-253-06332-0. *40 F / 6,10 €*

25798 **STEEL D.** Traversées. *LGF, 1989.* (Le Livre de poche ; 6681 c10)
ISBN 2-253-05126-8. *40 F / 6,10 €*

25799 **STEEL D.** Zoya. *LGF, 1992.* (Le Livre de poche ; 7388 c10)
ISBN 2-253-05920-X. *40 F / 6,10 €*

25800 **STEEMAN S-A.** Le Démon de Sainte-Croix. *Libr. des Champs-Elysées, 1991.* (Le Club des masques ; 608 c1)
ISBN 2-7024-2195-4. *32 F / 4,88 €*

25801 **STEEMAN S-A.** La Maison des veilles. *Labor, 1985.* (Espace Nord ; 19 c1)
ISBN 2-8040-0083-4. *34 F / 5,18 €*

25802 **STEEMAN S-A.** Virage dangereux. *Libr. des Champs-Elysées, 1992.* (Le Masque ; 2077. Les maîtres du roman policier c3)
ISBN 2-7024-2224-1. *32 F / 4,88 €*

25803 **STEIN G.** Autobiographie d'Alice Toklas. *Gallimard, 1980.* (L'imaginaire ; 53)
ISBN 2-07-020134-1. *48 F / 7,32 €*

25804 **STEIN G.** Autobiographie de tout le monde. *Seuil, 1989.* (Points. Roman ; 340 c4)
ISBN 2-02-010326-5. *52 F / 7,93 €*

25805 **STEIN G.** Ida. *Seuil, 1997.* (Points ; 340 c6)
ISBN 2-02-031432-0. *32 F / 4,88 €*

25806 **STEIN G.** Trois vies. *Gallimard, 1981.* (L'imaginaire ; 87)
ISBN 2-07-025735-5. *54 F / 8,23 €*

25807 **STEIN H.** Victoire in extremis. *Pocket, 1998.* (Pocket ; 10316 c7)
ISBN 2-266-07920-4. *42 F / 6,40 €*

25808 **STEINBECK J.** A l'est d'Eden. *LGF, 1963.* (Le Livre de poche ; 1008 c12)
ISBN 2-253-00597-5. *44 F / 6,71 €*

25809 **STEINBECK J.** Au Dieu inconnu. Réimpr. *Gallimard, 1993.* (Folio ; 1232 c8)
ISBN 2-07-037232-4. *37 F / 5,64 €*

25810 **STEINBECK J.** La coupe d'or. *Gallimard, 1998.* (Folio ; 3073 c11)
ISBN 2-07-038457-8. *29,50 F / 4,50 €*

25811 **STEINBECK J.** En un combat douteux. *Gallimard, 1972.* (Folio ; 228 c8)
ISBN 2-07-036228-0. *37 F / 5,64 €*

25812 **STEINBECK J.** La Grande vallée. *Gallimard, 1977.* (Folio ; 881 c8)
ISBN 2-07-036881-5. *37 F / 5,64 €*

25813 **STEINBECK J.** Lune noire. *LGF, 1996.* (Le Livre de poche ; 14005 c5)
ISBN 2-253-14005-8. *23 F / 3,51 €*

25814 **STEINBECK J.** Les Naufragés de l'autocar. *Gallimard, 1977.* (Folio ; 861 c11)
ISBN 2-07-036861-0. *37 F / 5,64 €*

25815 **STEINBECK J.** Les Pâturages du ciel. *Gallimard, 1975.* (Folio ; 692 c8)
ISBN 2-07-036692-8. *37 F / 5,64 €*

25816 **STEINBECK J.** La perle = The pearl. *Gallimard, 2000.* (Folio bilingue ; 87 cG)
ISBN 2-07-040736-5. *60 F / 9,15 €*

25817 **STEINBECK J.** La Perle. *Gallimard, 1973.* (Folio ; 428 c11)
ISBN 2-07-036428-3. *29,50 F / 4,50 €*

25818 **STEINBECK J.** Les Raisins de la colère. *Gallimard, 1982.* (Folio ; 83 c11)
ISBN 2-07-036083-0. *50 F / 7,62 €*

25819 **STEINBECK J.** Rue de la Sardine. *Gallimard, 1974.* (Folio ; 787 c11)
ISBN 2-07-036787-8. *29,50 F / 4,50 €*

25820 **STEINBECK J.** Une saison amère. *LGF, 1998.* (Le Livre de poche ; 14550 c10)
ISBN 2-253-14550-5. *40 F / 6,10 €*

25821 **STEINBECK J.** Des souris et des hommes. *Gallimard, 1972.* (Folio ; 37 c9)
ISBN 2-07-036037-7. *20,50 F / 3,13 €*

25822 **STEINBECK J.** Tendre jeudi. *LGF, 1977.* (Rue de la Sardine; 2)(Le Livre de poche ; 1536 c4)
ISBN 2-253-00131-7. *20 F / 3,05 €*

25823 **STEINBECK J.** Tortilla Flat. *Gallimard, 1976.* (Folio ; 897 c11)
ISBN 2-07-036897-1. *29,50 F / 4,50 €*

25824 **STEINER G.** Anno Domini. *Gallimard, 1992.* (Folio ; 2344 c11)
ISBN 2-07-038467-5. *50 F / 7,62 €*

25825 **STEINER G.** Le Transport de A.H. *LGF, 1991.* (Le Livre de poche ; 3167. Biblio c9)
ISBN 2-253-05853-X. *36 F / 5,49 €*

25826 **STENDHAL** Armance. *Gallimard, 1987.* (Folio ; 686. Classique c6)
ISBN 2-07-036686-3. *29,50 F / 4,50 €*

25827 **STENDHAL** La Chartreuse de Parme. *LGF, 1973.* (Le Livre de poche ; 851. Classiques de poche c9)
ISBN 2-253-00526-6. *36 F / 5,49 €*

25828 **STENDHAL** La Chartreuse de Parme. *Gallimard, 1973.* (Folio ; 155. Classique c9)
ISBN 2-07-036155-1. *41 F / 6,25 €*

25829 **STENDHAL** Chroniques italiennes. *Gallimard, 1973.* (Folio ; 392. Classique c8)
ISBN 2-07-036392-9. *37 F / 5,64 €*

25830 **STENDHAL** Le coffre et le revenant : et autres histoires d'amour. *Librio, 1998.* (Librio ; 221 c1)
ISBN 2-277-30221-X. *10 F / 1,52 €*

25831 **STENDHAL** Le Coffre et le revenant. *Mille et une nuits, 1994.* (La petite collection ; 47 cA)
ISBN 2-910233-52-9. *10 F / 1,52 €*

25832 **STENDHAL** De l'amour. *Gallimard, 1980.* (Folio ; 1189. Classique c10)
ISBN 2-07-037189-1. *46 F / 7,01 €*

25833 **STENDHAL** Ernestine ou la Naissance de l'amour. *Mille et une nuits, 1993.* (La petite collection ; 2 cA)
ISBN 2-910233-11-1. *10 F / 1,52 €*

25834 **STENDHAL** Lamiel. *Gallimard, 1983.* (Folio ; 1462. Classique c9)
ISBN 2-07-037462-9. *41 F / 6,25 €*

25835 **STENDHAL** Lucien Leuwen. 1. Réimpr. *Gallimard, 1990.* (Folio ; 515. Classique c9)
ISBN 2-07-036515-8. *41 F / 6,25 €*

25836 **STENDHAL** Lucien Leuwen. 2. Réimpr. *Gallimard, 1998.* (Folio ; 516. Classique c9)
ISBN 2-07-036516-6. *41 F / 6,25 €*

25837 **STENDHAL** Le Rose et le vert : Mina de Vanghel et autres nouvelles. Réimpr. *Gallimard, 1998.* (Folio ; 1381. Classique c11)
ISBN 2-07-037381-9. *50 F / 7,62 €*

25838 **STENDHAL** Le rouge et le noir. Nouv. éd. *LGF, 1997.* (Le Livre de poche ; 357. Classiques de poche c7)
ISBN 2-253-00620-3. *30 F / 4,57 €*

25839 **N** **STENDHAL** Le rouge et le noir. *Gallimard, 2000.* (Folio ; 3380. Classique c6)
ISBN 2-07-041239-3. *29,50 F / 4,50 €*

25840 **STENDHAL** Vanina Vanini. *Mille et une nuits, 1996.* (La petite collection ; 106 cA)
ISBN 2-84205-050-9.. *10 F / 1,52 €*

25841 **STENDHAL** Vie de Henry Brulard. *Gallimard, 1973.* (Folio ; 447. Classique c9)
ISBN 2-07-036447-X. *41 F / 6,25 €*

25842 **STÉPHANIE** Des Cornichons au chocolat. *LGF, 1984.* (Le Livre de poche ; 5943 c4)
ISBN 2-253-03467-3. *20 F / 3,05 €*

25843 **N** **STERNBERG J.** Le coeur froid. *Gallimard, 2000.* (Folio ; 3452 c7)
ISBN 2-07-041428-0. *32,50 F / 4,95 €*

25844 **STERNBERG J.** L'Employé. *Labor, 1989.* (Espace Nord ; 52 c1)
ISBN 2-8040-0445-7. *34 F / 5,18 €*

25845 **STERNBERG J.** Histoires à dormir sans vous. *Gallimard, 1993.* (Folio ; 2496 c10)
ISBN 2-07-038725-9. *46 F / 7,01 €*

25846 **STERNBERG J.** Histoires à mourir de vous. *Gallimard, 1995.* (Folio ; 2699 c8)
ISBN 2-07-039286-4. *37 F / 5,64 €*

25847 **N** **STERNBERG J.** Toi, ma nuit. Réimpr. *Gallimard, 2000.* (Folio ; 1251 c11)
ISBN 2-07-037251-0. *29,50 F / 4,50 €*

25848 **STERNHEIM C.** Napoléon et autres récits. *Gallimard, 1995.* (L'Etrangère)
ISBN 2-07-074374-8. *60 F / 9,15 €*

25849 **STEVENSON R. L.** A travers l'Ecosse. *Complexe, 1992.* (Le Regard littéraire ; 54 c13)
ISBN 2-87027-443-2. *69 F / 10,52 €*

25850 **STEVENSON R. L.** Le Cas étrange du Dr Jekyll et de Mr. Hyde. *LGF, 1988.* (Le Livre de poche ; 4279. Nouvelle approche c4)
ISBN 2-253-04292-7. *20 F / 3,05 €*

25851 **A** **STEVENSON R. L.** Coffret Stevenson. *Seuil, 2001.* (Points ; 990)
ISBN 2-02-021869-0. *103 F / 15,70 €*

25852 **STEVENSON R. L.** Contes noirs = Two gothics tales. *LGF, 1992.* (Les Langues modernes ; 8751. Bilingue c10)
ISBN 2-253-06002-X. *40 F / 6,10 €*

25853 **STEVENSON R. L.** L'Etrange cas du docteur Jekill et de Mister Hyde = The Strange case of Dr Jekyll and Mr Hyde. *Gallimard, 1992.* (Folio bilingue ; 29 c6)
ISBN 2-07-038572-8. *56 F / 8,54 €*

25854 **STEVENSON R. L.** L'Etrange cas du Dr Jekyll et Mr Hyde = The Strange case of Dr. Jekyll and Mr. Hyde. *LGF, 1988.* (Les Langues modernes ; 8704. Bilingue c8)
ISBN 2-253-04763-5. *33 F / 5,03 €*

25855 **STEVENSON R. L.** Les Gais lurons. *Mille et une nuits, 1994.* (La petite collection ; 45 cA)
ISBN 2-910233-50-2. *10 F / 1,52 €*

25856 **STEVENSON R. L.** L'Ile au trésor ; L'Etrange cas du Dr Jekyll et de Mr Hyde ; Le Maître de Ballantrae ; Enlevé! ; Catriona ; Un mort encombrant ; Veillées des iles. *Laffont, 1984.* (Bouquins)
ISBN 2-221-04293-X. *169 F / 25,76 €*

25857 **STEVENSON R. L.** L'Ile au trésor. *LGF, 1972.* (Le Livre de poche ; 756. Classiques de poche c6)
ISBN 2-253-00368-9. *26 F / 3,96 €*

25858 **STEVENSON R. L.** L'Ile au trésor. *Actes Sud, 1993.* (Babel ; 70 c4)
ISBN 2-7427-0015-3. *51 F / 7,77 €*

25859 **N** **STEVENSON R. L.** L'île au trésor. *Gallimard, 2000.* (Folio ; 3399. Classique c5)
ISBN 2-07-041288-1. *25,50 F / 3,89 €*

25860 **N** **STEVENSON R. L.** Le maître de Ballantrae. *Gallimard, 2000.* (Folio ; 3382. Classique c15)
ISBN 2-07-040354-8. *41 F / 6,25 €*

25861 **STEVENSON R. L.** Les Nouvelles mille et une nuits. 1. *Seuil, 1994.* (Points. Roman ; 651 c1)
ISBN 2-02-019824-X. *32 F / 4,88 €*

25862 **STEVENSON R. L.** Les Nouvelles mille et une nuits. 2. *Seuil, 1994.* (Points. Roman ; 652 c1)
ISBN 2-02-019825-8. *32 F / 4,88 €*

25863 **STEVENSON R. L.** Les Nouvelles mille et une nuits. 3. *Seuil, 1994.* (Points. Roman ; 653 c2)
ISBN 2-02-019826-6. *39 F / 5,95 €*

25864 **STEVENSON R. L.** Olalla des montagnes. *Librio, 1995.* (Librio ; 73 c1)
ISBN 2-277-30073-X. *10 F / 1,52 €*

25865 **STEVENSON R. L.** Le Reflux. *Albin Michel, 1991.* (Bibliothèque Albin Michel poche ; 51 c1)
ISBN 2-226-05616-5. *39 F / 5,95 €*

25866 **STEVENSON R. L.** Les Trafiquants d'épaves. *J'ai lu, 1994.* (J'ai lu ; 3718. Littérature générale)
ISBN 2-277-23718-3. *36 F / 5,49 €*

25867 **STIFTER A.** Brigitta. *Seuil, 1992.* (Points. Roman ; 532 c1)
ISBN 2-02-012978-7. *32 F / 4,88 €*

25868 **STIFTER A.** Le condor. *J. Chambon, 1996.* (Chambon-Poche ; 7)
ISBN 2-87711-149-0. *34 F / 5,18 €*

25869 **STIFTER A.** Cristal de roche. *J. Chambon, 1995.* (Chambon-Poche ; 3)
ISBN 2-87711-134-2. *49 F / 7,47 €*

25870 **STIFTER A.** L'homme sans postérité. Rééd. sous une nouv. prés. *Seuil, 1995.* (Points ; 85 c2)
ISBN 2-02-025573-1. *35 F / 5,34 €*

25871 **STIL A.** Beau comme un homme. *Gallimard, 1977.* (Folio ; 984 c9)
ISBN 2-07-036984-6. *20,50 F / 3,13 €*

25872 **N** **STIL A.** L'homme fleur. *LGF, 2000.* (Le Livre de poche ; 14924 c4)
ISBN 2-253-14924-1. *20 F / 3,05 €*

25873 **STIL A.** Maxime et Anne. *LGF, 1991.* (Le Livre de poche ; 7354 c5)
ISBN 2-253-05845-9. *23 F / 3,51 €*

25874 **STIL A.** Le Médecin de charme. *LGF, 1983.* (Le Livre de poche ; 5841 c4)
ISBN 2-253-03285-9. *20 F / 3,05 €*

25875 **STIL A.** Le mouvement de la terre. *LGF, 1998.* (Le Livre de poche ; 14375 c6)
ISBN 2-253-14375-8. *26 F / 3,96 €*

25876 **STIL A.** La neige fumée. *LGF, 1999.* (Le Livre de poche ; 14762 c6)
ISBN 2-253-14762-1. *26 F / 3,96 €*

25877 **STIL A.** Qui?. *Gallimard, 1980.* (Folio ; 1219 c11)
ISBN 2-07-037219-7. *29,50 F / 4,50 €*

25878 **STIL A.** Le Roman de Constance : divertissement. *LGF, 1992.* (Le Livre de poche ; 9553 c6)
ISBN 2-253-06217-0. *26 F / 3,96 €*

25879 **A** **STINE R. L.** Faux numéro. *J'ai lu, 2001.* (Fear street; 3)(Peur bleue)
ISBN 2-290-31156-1

25880 **N** **STOKER B.** La coupe de cristal. *Mille et une nuits, 2001.* (La petite collection ; 319)
ISBN 2-84205-554-3. *10 F / 1,52 €*

25881 **STOKER B.** Dracula. *Pocket, 1992.* (Pocket ; 4669. Best c6)
ISBN 2-266-05366-3. *35 F / 5,34 €*

25882 **STOKER B.** Dracula. *Actes Sud, 1997.* (Babel ; 268. Les fantastiques c6)
ISBN 2-7427-1268-2. *63 F / 9,60 €*

25883 **STOKER B.** L'Invité de dracula. *10-18, 1997.* (10-18 ; 2291. Domaine étranger c5)
ISBN 2-264-02567-0. *44 F / 6,71 €*

25884 **STONE K.** A la vie, à l'amour. *J'ai lu, 2000.* (J'ai lu ; 5462. Amour et destin cJ)
ISBN 2-290-30249-X. *39 F / 5,95 €*

25885 **N** **STONE K.** Médecin du coeur. *J'ai lu, 2001.* (J'ai lu ; 5758. Amour et destin cJ)
ISBN 2-290-30890-0. *39 F / 5,95 €*

25886 **STONE R.** L'autre côté du monde. *Ed. de l'Olivier, 1997.* (Petite bibliothèque américaine)
ISBN 2-87929-126-7. *79 F / 12,04 €*

25887 **STOWE H. B.** La Case de l'oncle Tom. *LGF, 1986.* (Le Livre de poche ; 6136. Classiques de poche c12)
ISBN 2-253-03791-5. *44 F / 6,71 €*

25888 **STRAUB P.** Sans portes ni fenêtres. *Pocket, 1994.* (Pocket ; 9106. Terreur c5)
ISBN 2-266-05737-5. *35 F / 5,34 €*

25889 **N** **STUART A.** L'amant secret. *J'ai lu, 2000.* (J'ai lu ; 5679. Amour et destin cG)
ISBN 2-290-30443-3. *29 F / 4,42 €*

25890 **STUART A.** Désirs masqués. Réimpr. *J'ai lu, 1996.* (J'ai lu ; 3845. Aventures et passions cJ)
ISBN 2-290-03845-8. *39 F / 5,95 €*

25891 **STUART A.** Séducteur sans scrupule. Réimpr. *J'ai lu, 1997.* (J'ai lu ; 4002. Aventures et passions c5)
ISBN 2-290-04002-9. *39 F / 5,95 €*

25892 **N** **STUART A.** Voleur de coeur. Réimpr. *J'ai lu, 1999.* (J'ai lu ; 5167. Aventures et passions c5)
ISBN 2-290-05167-5. *39 F / 5,95 €*

25893 **STYRON W.** Le choix de Sophie. Réimpr. *Gallimard, 1998.* (Folio ; 2740)
ISBN 2-07-039345-3. *61 F / 9,30 €*

25894 **STYRON W.** Les Confessions de Nat Turner. *Gallimard, 1982.* (Folio ; 1425 c12)
ISBN 2-07-037425-4. *52 F / 7,93 €*

25895 **STYRON W.** Un Lit de ténèbres. *Gallimard, 1983.* (Folio ; 1486 c14)
ISBN 2-07-037486-6. *60 F / 9,15 €*

25896 **STYRON W.** Un matin de Virginie : trois histoires de jeunesse. *Gallimard, 1996.* (Folio ; 2898 c11)
ISBN 2-07-040120-0. *29,50 F / 4,50 €*

25897 **STYRON W.** La Proie des flammes. 1. *Gallimard, 1980.* (Folio ; 1224 c8)
ISBN 2-07-037224-3. *37 F / 5,64 €*

25898 **STYRON W.** La Proie des flammes. 2. *Gallimard, 1980.* (Folio ; 1225 c8)
ISBN 2-07-037225-1. *37 F / 5,64 €*

25899 **SU T.** Epouses et concubines. *LGF, 1997.* (Le Livre de poche ; 3279. Biblio c6)
ISBN 2-253-93279-5. *26 F / 3,96 €*

25900 **SUE E.** Le Juif errant. *Laffont, 1983.* (Bouquins)
ISBN 2-221-01141-4. *149 F / 22,71 €*

25901 **SUE E.** Kernok le pirate. *Mille et une nuits, 1997.* (La petite collection ; 181 cB)
ISBN 2-84205-181-5. *15 F / 2,29 €*

25902 **SUE E.** Les mystères de Paris. Réimpr. *Laffont, 1999.* (Bouquins)
ISBN 2-221-05895-X. *169 F / 25,76 €*

25903 **SUE E.** Romans de mort et d'aventures. *Laffont, 1993.* (Bouquins)
ISBN 2-221-07518-8. *130 F / 19,82 €*

25904 **SULITZER P-L.** Berlin. *LGF, 1994.* (Le Livre de poche ; 9766 c10)
ISBN 2-253-09766-7. *40 F / 6,10 €*

25905 **SULITZER P-L.** Cartel. *LGF, 1992.* (Le Livre de poche ; 7372 c12)
ISBN 2-253-05890-4. *44 F / 6,71 €*

25906 **SULITZER P-L.** Cash!. *LGF, 1983.* (Le Livre de poche ; 5858 c8)
ISBN 2-253-03312-X. *33 F / 5,03 €*

25907 **SULITZER P-L.** Le complot des anges. *LGF, 1998.* (Le Livre de poche ; 14525 c11)
ISBN 2-253-14525-4. *42 F / 6,40 €*

25908 **SULITZER P-L.** La confession de Dina Winter. *LGF, 1999.* (Le Livre de poche ; 14711 c11)
ISBN 2-253-14711-7. *42 F / 6,40 €*

25909 **SULITZER P-L.** L'enfant des sept mers. *LGF, 1995.* (Le Livre de poche ; 13665 c12)
ISBN 2-253-13665-4. *44 F / 6,71 €*

25910 **SULITZER P-L.** La femme d'affaires. *LGF, 2000.* (Le Livre de poche ; 14774)
ISBN 2-253-14774-5. *39 F / 5,95 €*

25911 **SULITZER P-L.** La Femme pressée. *LGF, 1989.* (Le Livre de poche ; 6575 c12)
ISBN 2-253-04849-6. *44 F / 6,71 €*

25912 **SULITZER P-L.** Fortune. *LGF, 1984.* (Le Livre de poche ; 5886 c7)
ISBN 2-253-03384-7. *30 F / 4,57 €*

25913 **SULITZER P-L.** Hannah. *LGF, 1987.* (Hannah; 1)(Le Livre de poche ; 6278 c10)
ISBN 2-253-04061-4. *40 F / 6,10 €*

25914 **SULITZER P-L.** L'Impératrice. *LGF, 1988.* (Hannah; 2)(Le Livre de poche ; 6447 c11)
ISBN 2-253-04513-6. *42 F / 6,40 €*

25915 **SULITZER P-L.** Kate. *LGF, 1990.* (Le Livre de poche ; 6709 c12)
ISBN 2-253-05209-4. *44 F / 6,71 €*

25916 **SULITZER P-L.** Les maîtres de la vie. *LGF, 1998.* (Le Livre de poche ; 14362 c10)
ISBN 2-253-14362-6. *40 F / 6,10 €*

25917 **SULITZER P-L.** Le mercenaire du diable. *LGF, 1999.* (Le Livre de poche ; 14561 c12)
ISBN 2-253-14561-0. *44 F / 6,71 €*

25918 **SULITZER P-L.** Money. *LGF, 1983.* (Le Livre de poche ; 5778 c7)
ISBN 2-253-03225-5. *30 F / 4,57 €*

25919 **SULITZER P-L.** Le Roi vert. *LGF, 1984.* (Le Livre de poche ; 5911 c10)
ISBN 2-253-03416-9. *40 F / 6,10 €*

25920 **SULITZER P-L.** Les Routes de Pékin. *LGF, 1991.* (Le Livre de poche ; 6896 c13)
ISBN 2-253-05531-X. *46 F / 7,01 €*

25921 **SULITZER P-L.** Soleils rouges. *LGF, 1996.* (Le Livre de poche ; 13892 c14)
ISBN 2-253-13892-4. *48 F / 7,32 €*

25922 **SULITZER P-L.** Tantzor. *LGF, 1993.* (Le Livre de poche ; 9561 c12)
ISBN 2-253-06232-4. *44 F / 6,71 €*

25923 **SULITZER P-L.** Tête de diable. *LGF, 1997.* (Le Livre de poche ; 14076 c12)
ISBN 2-253-14076-7. *44 F / 6,71 €*

25924 **SULIVAN J.** Devance tout adieu. *Gallimard, 1983.* (Folio ; 1451 c11)
ISBN 2-07-037451-3. *29,50 F / 4,50 €*

25925 **SULIVAN J.** Joie errante. *Gallimard, 1988.* (Folio ; 1917 c8)
ISBN 2-07-037917-5. *37 F / 5,64 €*

25926 **SULIVAN J.** Mais il y a la mer. *Gallimard, 1974.* (Folio ; 628 c9)
ISBN 2-07-036628-6. *20,50 F / 3,13 €*

25927 **SULLEROT E.** Alias. *LGF, 1999.* (Le Livre de poche ; 14760 c8)
ISBN 2-253-14760-5. *33 F / 5,03 €*

25928 **SUPERVIELLE J.** L'arche de Noé. *Gallimard, 1996.* (L'imaginaire ; 355)
ISBN 2-07-074527-9. *45 F / 6,86 €*

25929 **SUPERVIELLE J.** L'Enfant de la haute mer. *Gallimard, 1972.* (Folio ; 252 c9)
ISBN 2-07-036252-3. *20,50 F / 3,13 €*

25930 **SUPERVIELLE J.** L'Homme de la pampa. *Gallimard, 1978.* (L'imaginaire ; 24)
ISBN 2-07-029955-4. *38 F / 5,79 €*

25931 **SUPERVIELLE J.** Premiers pas de l'Univers. *Gallimard, 1998.* (L'imaginaire ; 377)
ISBN 2-07-075132-5. *47 F / 7,17 €*

25932 **SUPERVIELLE J.** Le Voleur d'enfants. *Gallimard, 1973.* (Folio ; 357 c11)
ISBN 2-07-036357-0. *29,50 F / 4,50 €*

25933 **N** **SUREAU C.** Alice au pays des clones. *J'ai lu, 2000.* (J'ai lu ; 5627. Littérature générale)
ISBN 2-290-30355-0. *36 F / 5,49 €*

25934 **SUREAU F.** Les hommes n'en sauront rien. *LGF, 1998.* (Le Livre de poche ; 14518 c4)
ISBN 2-253-14518-1. *20 F / 3,05 €*

25935 **SUREAU F.** L'infortune. *Gallimard, 1992.* (Folio ; 2429 c8)
ISBN 2-07-038562-0. *37 F / 5,64 €*

25936 **A** **SUREAU F.** Lambert pacha. *LGF, 2001.* (Le Livre de poche ; 15048)
ISBN 2-253-15048-7. *26 F / 3,96 €*

25937 **SUSINI M.** C'était cela notre amour. Nouv. éd. *Seuil, 1985.* (Points. Roman ; 176 c2)
ISBN 2-02-008609-3. *39 F / 5,95 €*

25938 **SUSINI M.** La Fiera. *Seuil, 1983.* (Points. Roman ; 124 c1)
ISBN 2-02-006602-5. *32 F / 4,88 €*

25939 **SUSINI M.** Je m'appelle Anna Livia. *Gallimard, 1991.* (L'imaginaire ; 257)
ISBN 2-07-072350-X. *40 F / 6,10 €*

25940 **SUSINI M.** Je m'appelle Anna Livia. *Gallimard, 1986.* (Folio ; 1737 c11)
ISBN 2-07-037737-7. *29,50 F / 4,50 €*

25941 **SUSINI M.** Un Pas d'homme. *Seuil, 1980.* (Points. Roman ; 21 c1)
ISBN 2-02-005614-3. *39 F / 5,95 €*

25942 **SUSINI M.** Plein soleil. *Seuil, 1982.* (Points. Roman ; 90 c1)
ISBN 2-02-006316-6. *32 F / 4,88 €*

25943 **SUSINI M.** Le Premier regard. *Seuil, 1988.* (Points. Roman ; 297 c1)
ISBN 2-02-009911-X. *32 F / 4,88 €*

25944 **SUSINI M.** Les Yeux fermés. *Seuil, 1986.* (Points. Roman ; 225 c2)
ISBN 2-02-009099-6. *39 F / 5,95 €*

25945 **SÜSKIND P.** Un combat et autres récits. *LGF, 1997.* (Le Livre de poche ; 14192 c3)
ISBN 2-253-14192-5. *18 F / 2,74 €*

25946 **SÜSKIND P.** La Contrebasse. *LGF, 1992.* (Le Livre de poche ; 7308 c3)
ISBN 2-253-05783-5. *18 F / 2,74 €*

25947 **SÜSKIND P.** Der Kontrabass. *LGF, 1992.* (Le Livre de poche ; 8667. Lire en allemand c6)
ISBN 2-253-06000-3. *26 F / 3,96 €*

25948 **SÜSKIND P.** Die Taube. *LGF, 1993.* (Le Livre de poche ; 8674. Lire en allemand c9)
ISBN 2-253-06307-X. *36 F / 5,49 €*

25949 **SÜSKIND P.** Le Parfum : histoire d'un meurtrier. *LGF, 1988.* (Le Livre de poche ; 6427 c9)
ISBN 2-253-04490-3. *36 F / 5,49 €*

25950 **SÜSKIND P.** Le Pigeon. *LGF, 1988.* (Le Livre de poche ; 6428 c2)
ISBN 2-253-04742-2. *15 F / 2,29 €*

25951 **SÜSKIND P.** Le testament de maître Mussard. *Mille et une nuits, 1999.* (La petite collection ; 259)
ISBN 2-84205-446-6. *10 F / 1,52 €*

25952 **SUTCLIFFE K.** La belle du pénitentier. *J'ai lu, 1996.* (J'ai lu ; 4320. Aventures et passions c3)
ISBN 2-290-04320-6. *29 F / 4,42 €*

25953 **SUTCLIFFE K.** Un défi amoureux. Rééd. *J'ai lu, 1998.* (J'ai lu ; 3592. Aventures et passions c4)
ISBN 2-290-03592-0. *36 F / 5,49 €*

25954 **SUTCLIFFE K.** Le solitaire apprivoisé. *J'ai lu, 1998.* (J'ai lu ; 4880. Aventures et passions c5)
ISBN 2-290-04880-1. *39 F / 5,95 €*

25955 **SUTER M.** Small world. *Seuil, 2000.* (Points ; 703)
ISBN 2-02-037475-7. *48 F / 7,32 €*

25956 **SVEVO I.** Le bon vieux et la belle enfant. *Seuil, 1996.* (Points ; 291 c7)
ISBN 2-02-030121-0. *35 F / 5,34 €*

25957 **SVEVO I.** La conscience de Zeno. Nouv. éd. *LGF, 1999.* (Le Livre de poche ; 3308. Biblio c13)
ISBN 2-253-93308-2. *46 F / 7,01 €*

25958 **SVEVO I.** La Conscience de Zeno. *Gallimard, 1973.* (Folio ; 439 c10)
ISBN 2-07-036439-9. *46 F / 7,01 €*

25959 **SVEVO I.** Court voyage sentimental. *Gallimard, 1997.* (Folio bilingue ; 67)
ISBN 2-07-040155-3. *66 F / 10,06 €*

25960 **SVEVO I.** Senilita. *Seuil, 1996.* (Points)
ISBN 2-02-030122-9. *48 F / 7,32 €*

25961 **SVEVO I.** Une Vie. *Gallimard, 1991.* (L'Etrangère)
ISBN 2-07-072266-X. *57 F / 8,69 €*

25962 **SVEVO I.** Le Vin du salut. *Mille et une nuits, 1994.* (La petite collection ; 34 cA)
ISBN 2-910233-34-0. *10 F / 1,52 €*

25963 **SWARTE V. d.** Pharricide. *Pocket, 1999.* (Pocket ; 10665)
ISBN 2-266-09201-4. *28 F / 4,27 €*

25964 **N** **SWARTE V. d.** Requiem pour un sauvage. *Pocket, 2001.* (Pocket ; 10918 c4)
ISBN 2-266-10256-7. *30 F / 4,57 €*

25965 **SWENNEN R.** Le Roman du linceul. *Gallimard, 1993.* (Folio ; 2526 c11)
ISBN 2-07-038776-3. *29,50 F / 4,50 €*

25966 **SWIFT G.** Le pays des eaux. *Gallimard, 1995.* (Folio ; 2536 c13)
ISBN 2-07-038816-6. *56 F / 8,54 €*

25967 **N** **SWIFT J.** Le voyage à Lilliput. *Librio, 2000.* (Librio ; 378 c1)
ISBN 2-290-30644-4. *10 F / 1,52 €*

25968 **SWIFT J.** Voyages de Gulliver. *Gallimard, 1976.* (Folio ; 597 c9)
ISBN 2-07-036597-2. *41 F / 6,25 €*

25969 **SWINDELLS M.** Les amants de l'apartheid. *J'ai lu, 1998.* (J'ai lu ; 4843. Littérature générale c10)
ISBN 2-290-04843-7. *52 F / 7,93 €*

25970 **SWINDELLS M.** Ecoute ce que dit le vent. Réimp. *J'ai lu, 1999.* (J'ai lu ; 2280. Littérature générale c7)
ISBN 2-290-02280-2. *45 F / 6,86 €*

25971 **SWINDELLS M.** Edelweiss. *J'ai lu, 1997.* (J'ai lu ; 4188. Littérature générale c8)
ISBN 2-277-24188-1. *49 F / 7,47 €*

25972 **N** **SWINDELLS M.** L'héritière de Glentirran. *Pocket, 2000.* (Pocket ; 11044. Roman c8)
ISBN 2-266-10376-8. *45 F / 6,86 €*

25973 **A** **SWINDELLS M.** Les moissons du passé. *Pocket, 2001.* (Pocket ; 11045)
ISBN 2-266-10381-4. *38 F / 5,79 €*

25974 **SYREIGEOL J.** Miracle en Vendée. *Gallimard, 1994.* (Folio ; 2642 c11)
ISBN 2-07-038922-7. *29,50 F / 4,50 €*

25975 **SZILAGYI S.** Forever. *J'ai lu, 1998.* (J'ai lu ; 4855. Littérature générale c2)
ISBN 2-290-04855-0. *39 F / 5,95 €*

25976 **T'SERSTEVENS A.** Les corsaires du roi. *Arléa, 1998.* (Arléa-poche ; 46)
ISBN 2-86959-409-7. *45 F / 6,86 €*

25977 **T'SERSTEVENS A.** L'Or du Cristobal. *Librio, 1994.* (Librio ; 33 c1)
ISBN 2-277-30033-0. *10 F / 1,52 €*

25978 **T'SERSTEVENS A.** Taïa. *Librio, 1995.* (Librio ; 88 c1)
ISBN 2-277-30088-8. *10 F / 1,52 €*

25979 **A** **TABACHNIK M.** L'étoile du temple. *J'ai lu, 2001.* (J'ai lu ; 5874. Policier)
ISBN 2-290-31076-X

25980 **Les tableaux vivants ou Mes confessions aux pieds de la duchesse.** *la Musardine, 1999.* (Lectures amoureuses de Jean-Jacques Pauvert ; 27)
ISBN 2-84271-048-7. *29 F / 4,42 €*

25981 **TABUCCHI A.** L'Ange noir. *10-18, 1992.* (10-18 ; 2333. Domaine étranger c3)
ISBN 2-264-01825-9. *38 F / 5,79 €*

25982 **TABUCCHI A.** Femmes de Porto Pim : et autres histoires. *10-18, 1991.* (10-18 ; 2155. Domaine étranger c2)
ISBN 2-264-01359-1. *25 F / 3,81 €*

25983 **TABUCCHI A.** Le Fil de l'horizon ; Dialogues manqués. *10-18, 1990.* (10-18 ; 2112. Domaine étranger c3)
ISBN 2-264-01358-3. *38 F / 5,79 €*

25984 **TABUCCHI A.** Le Jeu de l'envers. *10-18, 1989.* (10-18 ; 2064. Domaine étranger c4)
ISBN 2-264-01451-2. *41 F / 6,25 €*

25985 **TABUCCHI A.** Nocturne indien. *10-18, 1988.* (10-18 ; 1916. Domaine étranger c2)
ISBN 2-264-01099-1. *25 F / 3,81 €*

25986 **N** **TABUCCHI A.** Les oiseaux de Fra Angelico. *10-18, 2000.* (10-18 ; 3169. Domaine étranger)
ISBN 2-264-02778-9. *25 F / 3,81 €*

25987 **TABUCCHI A.** Pereira prétend. *10-18, 1998.* (10-18 ; 2920. Domaine étranger c4)
ISBN 2-264-02458-5. *41 F / 6,25 €*

25988 **N** **TABUCCHI A.** Le petit navire. *Seuil, 2000.* (Points ; 791 c9)
ISBN 2-02-038712-3. *42 F / 6,40 €*

25989 **TABUCCHI A.** Petits malentendus sans importance. *10-18, 1989.* (10-18 ; 1999. Domaine étranger c3)
ISBN 2-264-01328-1. *38 F / 5,79 €*

25990 **TABUCCHI A.** Piazza d'Italia : conte populaire en trois temps, un épilogue et un appendice. *10-18, 1995.* (10-18 ; 2660. Domaine étranger c3)
ISBN 2-264-02144-6. *38 F / 5,79 €*

25991 **TABUCCHI A.** Requiem. *10-18, 1994.* (10-18 ; 2467. Domaine étranger c3)
ISBN 2-264-01946-8. *25 F / 3,81 €*

25992 **TABUCCHI A.** Rêves de rêves. *10-18, 1999.* (10-18 ; 3021. Domaine étranger c3)
ISBN 2-264-02457-7. *38 F / 5,79 €*

25993 **TADINI E.** La Longue nuit. *Gallimard, 1990.* (Folio ; 2164 c11)
ISBN 2-07-038254-0. *50 F / 7,62 €*

25994 **TAGORE R.** Le naufrage. *Gallimard, 1999.* (L'Etrangère)
ISBN 2-07-075483-9. *58 F / 8,84 €*

25995 **TAGORE R.** Souvenirs d'enfance. *Gallimard, 1985.* (L'imaginaire ; 153 c1)
ISBN 2-07-070452-1. *39 F / 5,95 €*

25996 **TAHA-HUSSEIN M.** Le Livre des jours. *Gallimard, 1984.* (L'imaginaire ; 126)
ISBN 2-07-070086-0. *45 F / 6,86 €*

25997 **TAÏBO P. I.** De passage. *Métailié, 1997.* (Suites ; 6. Suite hispano-américaine)
ISBN 2-86424-259-1. *45 F / 6,86 €*

25998 **N** **TAILLANDIER F.** Anielka. *LGF, 2001.* (Le Livre de poche ; 14994 c8)
ISBN 2-253-14994-2. *33 F / 5,03 €*

25999 **TAILLANDIER F.** Les Clandestins. *LGF, 1992.* (Le Livre de poche ; 4344 c16)
ISBN 2-253-06027-5. *55 F / 8,38 €*

26000 **TAILLANDIER F.** Des hommes qui s'éloignent. *LGF, 1999.* (Le Livre de poche ; 14722 c6)
ISBN 2-253-14722-2. *26 F / 3,96 €*

26001 **TAILLANDIER F.** Mémoires de Monte-Cristo. *LGF, 1996.* (Le Livre de poche ; 13981 c9)
ISBN 2-253-13981-5. *36 F / 5,49 €*

26002 **TAMARO S.** Anima mundi. *Pocket, 1998.* (Pocket ; 10381 c4B)
ISBN 2-266-08073-3. *32 F / 4,88 €*

26003 **TAMARO S.** Pour voix seule. *10-18, 1996.* (10-18 ; 2740. Domaine étranger c4)
ISBN 2-264-02436-4. *41 F / 6,25 €*

26004 **TAMARO S.** Rien à cirer. *Mille et une nuits, 1997.* (La petite collection ; 167 cA)
ISBN 2-84205-149-1. *10 F / 1,52 €*

26005 **TAMARO S.** La tête dans les nuages. *Pocket, 1997.* (Pocket ; 10220 c3)
ISBN 2-266-07594-2. *26 F / 3,96 €*

26006 **TAMARO S.** Va où ton coeur te porte. *Pocket, 1996.* (Pocket ; 4468 c3)
ISBN 2-266-07038-X. *26 F / 3,96 €*

26007 **TAMMUZ B.** Le verger. *Mille et une nuits, 1996.* (La petite collection ; 96 cB)
ISBN 2-84205-039-8. *15 F / 2,29 €*

26008 **TAN A.** Le Club de la chance. *J'ai lu, 1994.* (J'ai lu ; 3589. Littérature générale c4)
ISBN 2-277-23589-X. *36 F / 5,49 €*

26009 **TAN A.** La Femme du dieu du feu. *J'ai lu, 1994.* (J'ai lu ; 3747. Littérature générale)
ISBN 2-277-23747-7. *45 F / 6,86 €*

26010 **TANIZAKI J.** Un Amour insensé. *Gallimard, 1991.* (Folio ; 2242 c8)
ISBN 2-07-038342-3. *37 F / 5,64 €*

26011 **TANIZAKI J.** Le chat, son maître et ses deux maîtresses. *Gallimard, 1997.* (Folio ; 2915 c8)
ISBN 2-07-040167-7. *37 F / 5,64 €*

26012 **TANIZAKI J.** La Confession impudique. *Gallimard, 1977.* (Folio ; 913 c11)
ISBN 2-07-036913-7. *29,50 F / 4,50 €*

26013 **TANIZAKI J.** Deux amours cruelles. Nouv. éd. *Stock, 1995.* (Bibliothèque cosmopolite ; 2 c1)
ISBN 2-234-04936-9. *50 F / 7,62 €*

26014 **TANIZAKI J.** Le Goût des orties. *Gallimard, 1985.* (L'imaginaire ; 161 c1)
ISBN 2-07-070587-0. *45 F / 6,86 €*

26015 **TANIZAKI J.** Journal d'un vieux fou. *Gallimard, 1980.* (Folio ; 1246 c11)
ISBN 2-07-037246-4. *29,50 F / 4,50 €*

26016 **TANIZAKI J.** Le pied de Fumiko. *Mercure de France, 1998.* (Le petit Mercure)
ISBN 2-7152-2116-9. *20 F / 3,05 €*

26017 **TANIZAKI J.** Quatre soeurs. *Gallimard, 1997.* (Folio ; 2966 c15)
ISBN 2-07-040211-8. *61 F / 9,30 €*

26018 **TANIZAKI J.** Svastika. *Gallimard, 1988.* (Folio ; 1990 c8)
ISBN 2-07-038078-5. *37 F / 5,64 €*

26019 **TAPIE J-P.** Dix petits phoques. *H & O, 1999.* (H & O poche)
ISBN 2-84547-007-X. *35 F / 5,34 €*

26020 **TARANTINO Q.** True romance ; suivi de Reservoir dogs. *10-18, 1996.* (10-18 ; 2697. Domaine étranger c6)
ISBN 2-264-02314-7. *47 F / 7,17 €*

26021 **N** **TAVERNIER T.** Dans la nuit aussi le ciel. *Seuil, 2000.* (Points ; 788)
ISBN 2-02-041884-3. *39 F / 5,95 €*

26022 **TCHEKHOV A. P.** Aniouta : et autres nouvelles. *LGF, 1994.* (Le Livre de poche ; 8653. Lire en russe c13)
ISBN 2-253-05746-0. *46 F / 7,01 €*

26023 **TCHEKHOV A. P.** La dame au petit chien : et autres nouvelles. *Gallimard, 1999.* (Folio ; 3266. Classique c9)
ISBN 2-07-041057-9. *41 F / 6,25 €*

26024 **TCHEKHOV A. P.** La Dame au petit chien ; L'Evêque ; La Fiancée. *Gallimard, 1993.* (Folio bilingue ; 31 c8)
ISBN 2-07-038608-2. *66 F / 10,06 €*

26025 **TCHEKHOV A. P.** La dame au petit chien ; suivi de Récit d'un inconnu. *Librio, 1996.* (Librio ; 142 c1)
ISBN 2-277-30142-6. *10 F / 1,52 €*

26026 **TCHEKHOV A. P.** La dame au petit chien. *Mille et une nuits, 1995.* (La petite collection ; 57 cA)
ISBN 2-910233-80-4. *10 F / 1,52 €*

26027 **TCHEKHOV A. P.** Le duel ; Lueurs ; Une banale histoire... ; Ma vie ; La fiancée. *Gallimard, 1983.* (Folio ; 1433. Classique c12)
ISBN 2-07-037433-5. *52 F / 7,93 €*

26028 **TCHEKHOV A. P.** Nouvelles. *LGF, 1993.* (La Pochothèque ; 3215. Classiques modernes)
ISBN 2-253-06361-4. *130 F / 19,82 €*

26029 **TCHEKHOV A. P.** La salle n° 6 et autres histoires de fous. *Librio, 1997.* (Librio ; 189 c1)
ISBN 2-277-30189-2. *10 F / 1,52 €*

26030 **TCHEKHOV A. P.** La steppe. *LGF, 1995.* (Le Livre de poche ; 13651. Les classiques d'aujourd'hui c1)
ISBN 2-253-13651-4. *5 F / 76 €*

26031 **TEKIN L.** Les contes de la montagne d'ordures. *Stock, 1997.* (Bibliothèque cosmopolite c1)
ISBN 2-234-04737-4. *50 F / 7,62 €*

26032 **TEMPLE F. J.** Un cimetière indien. *Actes Sud, 1996.* (Babel ; 204 c2)
ISBN 2-7427-0699-2. *39 F / 5,95 €*

26033 **TEMPLE F. J.** Les eaux mortes. *Actes Sud, 1997.* (Babel ; 301 c2)
ISBN 2-7427-1451-0. *39 F / 5,95 €*

26034 **TENCIN C-A. G. (. d.** Les mémoires du Comte de Comminges ; suivi de Des romans. *Mercure de France, 1996.* (Le petit Mercure)
ISBN 2-7152-1957-1. *20 F / 3,05 €*

26035 **TEPPER S. S.** Un Monde de femmes. *J'ai lu, 1990.* (J'ai lu ; 2907. Science-fiction c5)
ISBN 2-277-22907-5. *39 F / 5,95 €*

26036 **N** **TESSARECH B.** La machine à écrire. *Gallimard, 2000.* (Folio ; 3465 c7)
ISBN 2-07-041232-6. *32,50 F / 4,95 €*

26037 **N** **TEULÉ J.** Balade pour un père oublié. *Pocket, 2001.* (Pocket ; 10674 c4)
ISBN 2-266-09382-7. *30 F / 4,57 €*

26038 **N** **TEULÉ J.** Darling. *Pocket, 2000.* (Pocket ; 10675 c5)
ISBN 2-266-09383-5. *35 F / 5,34 €*

26039 **TEULÉ J.** Rainbow pour Rimbaud. *Pocket, 1999.* (Pocket ; 10672 c4)
ISBN 2-266-09195-6. *30 F / 4,57 €*

26040 **TEVIS W. S.** L'Arnaqueur : (in ze pocket). *Gallimard, 1990.* (Folio ; 2189 c11)
ISBN 2-07-038279-6. *29,50 F / 4,50 €*

26041 **TEVIS W. S.** La couleur de l'argent. *Stock, 1996.* (Bibliothèque cosmopolite c4)
ISBN 2-234-04597-5. *65 F / 9,91 €*

26042 **N** **TEXIER C.** Les draps neufs. *J'ai lu, 2001.* (J'ai lu ; 5634. Littérature générale cG)
ISBN 2-290-30367-4. *29 F / 4,42 €*

26043 **THACKER S.** Pour ne plus jamais te perdre. *J'ai lu, 1997.* (J'ai lu ; 4610. Aventures et passions c5)
ISBN 2-290-04610-8. *39 F / 5,95 €*

26044 **THACKER S.** Rencontre explosive. *J'ai lu, 1999.* (J'ai lu ; 5233. Aventures et passions c5)
ISBN 2-290-05233-7. *39 F / 5,95 €*

26045 **THACKERAY W. M.** La Foire aux vanités : roman sans héros. *Gallimard, 1994.* (Folio ; 2631. Classique c15)
ISBN 2-07-038663-5. *61 F / 9,30 €*

26046 **N** **THEMERSON S.** Les aventures de Peddy Bottom. *Allia, 2000.* (Petite collection)
ISBN 2-84485-040-5. *40 F / 6,10 €*

26047 **N** **THEMERSON S.** Ouah ! Ouah ! ou Qui a tué Richard Wagner ?. *Allia, 2000.* (Petite collection)
ISBN 2-84485-041-3. *40 F / 6,10 €*

26048 **THÉRAME V.** Hosto blues. 1. Nouv. éd. *Des femmes-Antoinette Fouque, 1980.* (Pour chacune ; 32)
ISBN 2-7210-0173-6. *49 F / 7,47 €*

26049 **THÉRAME V.** Hosto blues. 2. Nouv. éd. *Des femmes-Antoinette Fouque, 1980.* (Pour chacune ; 33 c3)
ISBN 2-7210-0174-4. *43 F / 6,56 €*

26050 **THIBAUX J-M.** La bastide blanche. 1. *Pocket, 1996.* (Pocket ; 10063 c4)
ISBN 2-266-07027-4. *30 F / 4,57 €*

26051 **N** **THIBAUX J-M.** La colère du mistral. *Pocket, 2000.* (Pocket ; 10748 c4B)
ISBN 2-266-09429-7. *32 F / 4,88 €*

26052 **THIBAUX J-M.** La fille de la garrigue. *Pocket, 1998.* (Pocket ; 10395 c4)
ISBN 2-266-08095-4. *30 F / 4,57 €*

26053 **THIBAUX J-M.** L'Or du diable. *Pocket, 1989.* (Pocket ; 3186 c5)
ISBN 2-266-02734-4. *35 F / 5,34 €*

26054 **A** **THIBAUX J-M.** Le roman de Cléopâtre. *Pocket, 2001.* (Pocket ; 10648)
ISBN 2-266-09125-5

26055 **THIBAUX J-M.** Le secret de Magali. *Pocket, 1997.* (La bastide blanche; 2)(Pocket ; 10143 c4)
ISBN 2-266-07372-9. *30 F / 4,57 €*

26056 **THINÈS G.** Le tramway des officiers. *Labor, 1995.* (Espace Nord ; 103 c4)
ISBN 2-8040-1069-4. *58 F / 8,84 €*

26057 **Thirteen modern english and american short stories.** *LGF, 1988.* (Le Livre de poche ; 8600. Lire en anglais c7)
ISBN 2-253-04684-1. *30 F / 4,57 €*

26058 **THIRY M.** Nouvelles du grand possible. Réimpr. *Labor* ; *Actes Sud* ; *Aire, 1998.* (Espace Nord ; 39 c3)
ISBN 2-8040-1298-0. *54 F / 8,23 €*

26059 **THOMAS D. M.** Portrait de l'artiste en jeune chien. Réimpr. *Seuil, 1996.* (Points ; 201 c2)
ISBN 2-02-028142-2. *39 F / 5,95 €*

26060 **THOMAS H.** John Perkins ; Un Scrupule. *Gallimard, 1991.* (L'imaginaire ; 269)
ISBN 2-07-072531-6. *38 F / 5,79 €*

26061 **THOMAS H.** La Nuit de Londres. *Gallimard, 1977.* (L'imaginaire ; 4)
ISBN 2-07-029650-4. *36 F / 5,49 €*

26062 **THOMAS H.** Le parjure. *Gallimard, 1995.* (L'imaginaire ; 329)
ISBN 2-07-074071-4. *46 F / 7,01 €*

26063 **THOMAS H.** Le Précepteur. *Gallimard, 1993.* (L'imaginaire ; 292)
ISBN 2-07-072969-9. *38 F / 5,79 €*

26064 **THOMAS H.** Le Promontoire. *Gallimard, 1987.* (L'imaginaire ; 181)
ISBN 2-07-070900-0. *37 F / 5,64 €*

26065 **THOMAS H.** La Vie ensemble. *Gallimard, 1983.* (Folio ; 1493 c11)
ISBN 2-07-037493-9. *29,50 F / 4,50 €*

26066 **THOMAS R.** Célébration. *J'ai lu, 1993.* (J'ai lu ; 3357. Amour et destin)
ISBN 2-290-03357-X. *39 F / 5,95 €*

26067 **THOMAS R.** Le poids des souvenirs. *J'ai lu, 1995.* (J'ai lu ; 3917. Littérature générale)
ISBN 2-277-23917-8. *45 F / 6,86 €*

26068 **THOMPSON H. S.** Las Vegas parano. *10-18, 1998.* (10-18 ; 2512. Domaine étranger c4)
ISBN 2-264-02805-X. *41 F / 6,25 €*

26069 **THOMPSON H. S.** Le nouveau testament Gonzo. *10-18, 1995.* (10-18 ; 2573. Domaine étranger c9)
ISBN 2-264-02217-5. *60 F / 9,15 €*

26070 **THOMPSON J.** Le Démon dans ma peau. *Gallimard, 1989.* (Folio ; 2036 c11)
ISBN 2-07-038124-2. *29,50 F / 4,50 €*

26071 **THOMPSON J.** Eliminatoires. *Gallimard, 1992.* (Folio ; 2371 c9)
ISBN 2-07-038508-6. *41 F / 6,25 €*

26072 **A** **THOMPSON K.** A contre emploi. *J'ai lu, 2001.* (J'ai lu ; 5991. Amour et destin)
ISBN 2-290-31253-3

26073 **THOMSON R.** L'église de monsieur Eiffel. *Stock, 1998.* (Bibliothèque cosmopolite)
ISBN 2-234-05002-2. *70 F / 10,67 €*

26074 **THOREAU H. D.** Walden ou la Vie dans les bois. *Gallimard, 1990.* (L'imaginaire ; 239)
ISBN 2-07-071521-3. *58 F / 8,84 €*

26075 **THOREZ P.** Les Enfants modèles. *Gallimard, 1984.* (Folio ; 1538 c11)
ISBN 2-07-037538-2. *29,50 F / 4,50 €*

26076 **THORNTON E.** Une fille insaisissable. *J'ai lu, 1997.* (J'ai lu ; 4507. Aventures et passions c5)
ISBN 2-290-04507-1. *39 F / 5,95 €*

26077 **THORNTON E.** Sous le sceau du secret. *J'ai lu, 1998.* (J'ai lu ; 4980. Aventures et passions c5)
ISBN 2-290-04980-8. *39 F / 5,95 €*

26078 **TIECK L.** La coupe d'or. *Mercure de France, 1997.* (Le petit Mercure)
ISBN 2-7152-2015-4. *20 F / 3,05 €*

26079 **A** **TILLINAC D.** Le bonheur à Souillac. *Table ronde, 2001.* (La petite vermillon)
ISBN 2-7103-2411-3. *45 F / 6,86 €*

26080 **TIRTIAUX B.** Le passeur de lumière : Nivard de Chassepierre, maître verrier. *Gallimard, 1995.* (Folio ; 2688 c9)
ISBN 2-07-039278-3. *41 F / 6,25 €*

26081 **TIRTIAUX B.** Le passeur de lumière ; Les sept couleurs du vent ; Le puisatier des abîmes. *Gallimard, 2000.* (Folio)
ISBN 2-07-041348-9. *128 F / 19,51 €*

26082 **TIRTIAUX B.** Le puisatier des abîmes. *Gallimard, 2000.* (Folio ; 3357 c9)
ISBN 2-07-041362-4. *41 F / 6,25 €*

26083 **TIRTIAUX B.** Les sept couleurs du vent. *Gallimard, 1997.* (Folio ; 2916 c8)
ISBN 2-07-040177-4. *37 F / 5,64 €*

26084 **TISMA A.** Le Livre de Blam. *10-18, 1993.* (10-18 ; 2349. Domaine étranger c5)
ISBN 2-264-01563-2. *44 F / 6,71 €*

26085 **TISMA A.** L'Usage de l'homme. *10-18, 1993.* (10-18 ; 2348. Domaine étranger c6)
ISBN 2-264-01567-5. *47 F / 7,17 €*

26086 **TITTENSOR J.** La croisade de Carmody. *10-18, 1999.* (10-18 ; 3022. Domaine étranger c4)
ISBN 2-264-02788-6. *41 F / 6,25 €*

26087 **TLILI M.** Gloire des sables. *Gallimard, 1987.* (Folio ; 1820 c11)
ISBN 2-07-037820-9. *29,50 F / 4,50 €*

26088 **TLILI M.** La rage aux tripes ; suivi de Rage et sang pour une grande bataille. *Gallimard, 1995.* (Folio ; 2760 c9)
ISBN 2-07-039352-6. *41 F / 6,25 €*

26089 **TODD C.** La couette. *Seuil, 1996.* (Points ; 270 c1)
ISBN 2-02-029150-9. *32 F / 4,88 €*

26090 **TOER P. A.** Le fugitif. *10-18, 1997.* (10-18 ; 2828. Domaine étranger c4)
ISBN 2-264-02265-5. *41 F / 6,25 €*

26091 **TOER P. A.** La Vie n'est pas une foire nocturne. *Gallimard, 1993.* (Connaissance de l'Orient poche ; 61)
ISBN 2-07-073422-6. *85 F / 12,96 €*

26092 **N** **TOIBIN C.** Histoire de la nuit. *10-18, 2001.* (10-18 ; 3264. Domaine étranger)
ISBN 2-264-03072-0. *50 F / 7,62 €*

26093 **TOLKIEN J. R. R.** Les Deux tours. Réimpr. *Pocket, 1995.* (Le seigneur des anneaux; 2)(Pocket ; 5453. Science-fiction)
ISBN 2-266-07060-6. *35 F / 5,34 €*

26094 **TOLKIEN J. R. R.** Le retour du roi. Réimpr. *Pocket, 1998.* (Le seigneur des anneaux; 3)(Pocket ; 2659. Science-fiction c5)
ISBN 2-266-07059-2. *35 F / 5,34 €*

26095 **TOLKIN M.** The Player. *J'ai lu, 1993.* (J'ai lu ; 3483. Littérature générale)
ISBN 2-277-23483-4. *29 F / 4,42 €*

26096 **TOLSTOÏ L.** Ainsi meurt l'amour. *Mille et une nuits, 1996.* (La petite collection ; 92 cA)
ISBN 2-84205-035-5. *10 F / 1,52 €*

26097 **TOLSTOÏ L.** Anna Karénine. *LGF, 1997.* (Le Livre de poche ; 3141. Classiques de poche c15)
ISBN 2-253-09838-8. *50 F / 7,62 €*

26098 **TOLSTOÏ L.** Anna Karénine. Réimpr. *Gallimard, 1998.* (Folio ; 2660. Classique c14)
ISBN 2-07-039252-X. *60 F / 9,15 €*

26099 **TOLSTOÏ L.** Un Cas de conscience. *Stock, 1979.* (Bibliothèque cosmopolite ; 4)
ISBN 2-234-01082-9. *55 F / 8,38 €*

26100 **TOLSTOÏ L.** Le cheval. *Mercure de France, 1997.* (Le petit Mercure. Bestiaire sentimental)
ISBN 2-7152-1995-4. *20 F / 3,05 €*

26101 **TOLSTOÏ L.** Les cosaques. Réimpr. *Gallimard, 1996.* (Folio ; 850. Classique c6)
ISBN 2-07-036850-5. *29,50 F / 4,50 €*

26102 **TOLSTOÏ L.** Enfance, adolescence, jeunesse. *Gallimard, 1975.* (Folio ; 678. Classique c9)
ISBN 2-07-036678-2. *41 F / 6,25 €*

26103 **TOLSTOÏ L.** La guerre et la paix. 1. *Gallimard, 1989.* (Folio ; 287. Classique c11)
ISBN 2-07-036287-6. *50 F / 7,62 €*

26104 **TOLSTOÏ L.** Guerre et paix. 1. Réimpr. *LGF, 1988.* (Le Livre de poche ; 1016. Classiques de poche c11)
ISBN 2-253-01726-4. *42 F / 6,40 €*

26105 **TOLSTOÏ L.** Guerre et paix. 2. Réimpr. *LGF, 1988.* (Le Livre de poche ; 1019. Classiques de poche c11)
ISBN 2-253-02070-2. *42 F / 6,40 €*

26106 **TOLSTOÏ L.** Hadji Mourad. *Librio, 1995.* (Librio ; 85 c1)
ISBN 2-277-30085-3. *10 F / 1,52 €*

26107 **TOLSTOÏ L.** Maître et serviteur. *Mille et une nuits, 1999.* (La petite collection ; 225)
ISBN 2-84205-383-4. *16,50 F / 2,52 €*

26108 **TOLSTOÏ L.** La Mort d'Ivan Ilitch ; Maître et serviteur. *Stock, 1983.* (Bibliothèque cosmopolite ; 33)
ISBN 2-234-01618-5. *60 F / 9,15 €*

26109 **TOLSTOÏ L.** La mort d'Ivan Ilitch ; précédé de Trois morts ; suivi de Maître et serviteur. *Gallimard, 1997.* (Folio ; 3011. Classique c8)
ISBN 2-07-039433-6. *37 F / 5,64 €*

26110 **TOLSTOÏ L.** La mort d'Ivan Ilitch ; précédé de Trois morts ; suivi de Maître et serviteur. *Librio, 1999.* (Librio ; 287 c1)
ISBN 2-277-30287-2. *10 F / 1,52 €*

26111 **N** **TOLSTOÏ L.** La mort d'Ivan Ilitch. *Gallimard, 2000.* (Folio bilingue ; 89)
ISBN 2-07-041153-2. *61 F / 9,30 €*

26112 **TOLSTOÏ L.** La Mort d'Ivan Illitch ; Maître et serviteur ; Trois morts. Rééd. *LGF, 1988.* (Le Livre de poche ; 3958. Classiques de poche c5)
ISBN 2-253-00177-5. *23 F / 3,51 €*

26113 **N** **TOLSTOÏ L.** Un musicien déchu. *Mille et une nuits, 2000*
ISBN 2-84205-495-4. *49 F / 7,47 €*

26114 **TOLSTOÏ L.** Résurrection. *Gallimard, 1994.* (Folio ; 2619. Classique c15)
ISBN 2-07-038942-1. *61 F / 9,30 €*

26115 **TOLSTOÏ L.** La Sonate à Kreutzer ; Le Bonheur conjugal ; Le Diable. *Gallimard, 1974.* (Folio ; 622. Classique c8)
ISBN 2-07-036622-7. *37 F / 5,64 €*

26116 **TOLSTOÏ L.** La Sonate à Kreutzer. *Gallimard, 1994.* (Folio bilingue ; 40 c9)
ISBN 2-07-038866-2. *71 F / 10,82 €*

26117 **TOLSTOÏ L.** La Vérité sur mon père. *Stock, 1979.* (Bibliothèque cosmopolite ; 3)
ISBN 2-234-01090-X. *55 F / 8,38 €*

26118 **TOMASI DI LAMPEDUSA G.** Le guépard. Rééd. *Seuil, 1996.* (Points c2)
ISBN 2-02-029160-6. *39 F / 5,95 €*

26119 **TOMASI DI LAMPEDUSA G.** Le Professeur et la sirène. *Seuil, 1982.* (Points. Roman ; 63 c1)
ISBN 2-02-006090-6. *32 F / 4,88 €*

26120 **TOMEO J.** L'agonie de Proserpine. *Seuil, 1998.* (Points ; 519 c7)
ISBN 2-02-032458-X. *35 F / 5,34 €*

26121 **TONG CUONG V.** Big. *J'ai lu, 1998.* (J'ai lu ; 4773. Littérature générale c3)
ISBN 2-290-04773-2. *29 F / 4,42 €*

26122 **TOOLE J. K.** La Bible de néon. Réimpr. *10-18, 1999.* (10-18 ; 2336. Domaine étranger c4)
ISBN 2-264-02348-1. *41 F / 6,25 €*

26123 N **TOOLE J. K.** La conjuration des imbéciles. Réimpr. *10-18, 2000.* (10-18 ; 2010. Domaine étranger c7)
ISBN 2-264-03225-1. *50 F / 7,62 €*

26124 **TOPIN T.** Piano barjo. *Gallimard, 1996.* (Folio ; 2871 c8)
ISBN 2-07-040013-1. *37 F / 5,64 €*

26125 N **TORQUET A.** Les sultanes de Bonaparte. *LGF, 2000.* (Le Livre de poche ; 14938 c10)
ISBN 2-253-14938-1. *40 F / 6,10 €*

26126 A **TORRECILLAS B.** La confession. *J'ai lu, 2001.* (J'ai lu ; 5899. Littérature générale)
ISBN 2-290-31221-5

26127 **TORRENTE BALLESTER G.** Les délices et les ombres : trilogie romanesque. *Actes Sud, 1998.* (Thésaurus)
ISBN 2-7427-1860-5. *160 F / 24,39 €*

26128 **TORRENTE BALLESTER G.** L'Ile des jacinthes coupées. *Gallimard, 1993.* (Folio ; 2452)
ISBN 2-07-038593-0. *61 F / 9,30 €*

26129 **TORRENTE BALLESTER G.** Le Roi ébahi : chronique, scherzo en roi majeur, allegro ma non troppo. *Gallimard, 1994.* (Folio ; 2565 c8)
ISBN 2-07-038687-2. *37 F / 5,64 €*

26130 **TOULET P-J.** Mon amie Nane. *Table ronde, 1999.* (La petite vermillon ; 102 c2)
ISBN 2-7103-0878-9. *45 F / 6,86 €*

26131 **TOURGUENIEV I. S.** L'Abandonnée ; Jacques Passinkof ; Andreï Kolosov. *Stock, 1983.* (Bibliothèque cosmopolite ; 53)
ISBN 2-234-01656-8. *60 F / 9,15 €*

26132 **TOURGUENIEV I. S.** Apparitions. *Mille et une nuits, 1994.* (La petite collection ; 36 cA)
ISBN 2-910233-36-7. *10 F / 1,52 €*

26133 **TOURGUENIEV I. S.** Dimitri Roudine. *Stock, 1984.* (Bibliothèque cosmopolite ; 27)
ISBN 2-234-01684-3. *55 F / 8,38 €*

26134 N **TOURGUENIEV I. S.** Les eaux printannières. *Librio, 2000.* (Librio ; 371 c1)
ISBN 2-290-30534-0. *10 F / 1,52 €*

26135 **TOURGUENIEV I. S.** L'exécution de Tropmann : et autres récits. Nouv. éd. *Stock, 2000.* (Bibliothèque cosmopolite)
ISBN 2-234-02271-1. *50 F / 7,62 €*

26136 **TOURGUENIEV I. S.** Fumée. *Stock, 1986.* (Bibliothèque cosmopolite ; 72)
ISBN 2-234-01959-1. *55 F / 8,38 €*

26137 N **TOURGUENIEV I. S.** Le journal d'un homme de trop ; Trois rencontres. *LGF, 2000.* (Le Livre de poche ; 14946. Les classiques d'aujourd'hui c1)
ISBN 2-253-14946-2. *10 F / 1,52 €*

26138 **TOURGUENIEV I. S.** Le Journal d'un homme de trop ; Trois rencontres. Nouv. éd. *Stock, 1998.* (Bibliothèque cosmopolite ; 48 c1)
ISBN 2-234-04937-7. *50 F / 7,62 €*

26139 **TOURGUENIEV I. S.** Mémoires d'un chasseur. *Gallimard, 1981.* (Folio ; 1264. Classique c11)
ISBN 2-07-037264-2. *50 F / 7,62 €*

26140 **TOURGUENIEV I. S.** Moumou. *Mercure de France, 1997.* (Le petit Mercure. Bestiaire sentimental)
ISBN 2-7152-2011-1. *18 F / 2,74 €*

26141 **TOURGUENIEV I. S.** Pères et fils. *Gallimard, 1987.* (Folio ; 1869. Classique c9)
ISBN 2-07-037869-1. *41 F / 6,25 €*

26142 **TOURGUENIEV I. S.** Premier amour ; Un Nid de gentilhomme. *Gallimard, 1984.* (Folio ; 1619. Classique c10)
ISBN 2-07-037619-2. *46 F / 7,01 €*

26143 **TOURGUENIEV I. S.** Premier amour ; suivi de L'auberge de grand chemin et de L'Antchar. Nouv. éd. *LGF, 1998.* (Le Livre de poche ; 497. Classiques de poche c2)
ISBN 2-253-01252-1. *15 F / 2,29 €*

26144 **TOURGUENIEV I. S.** Premier amour. *Gallimard, 1990.* (Folio bilingue ; 7)
ISBN 2-07-038311-3. *52 F / 7,93 €*

26145 N **TOURGUENIEV I. S.** Premier amour. Réimpr. *Librio, 2000.* (Librio ; 17 c1)
ISBN 2-277-30017-9. *10 F / 1,52 €*

26146 **TOURNIER J.** Jeanne de Luynes, comtesse de Verue. *Gallimard, 1993.* (Folio ; 2453 c11)
ISBN 2-07-038594-9. *29,50 F / 4,50 €*

26147 **TOURNIER J.** La maison déserte. *Gallimard, 1999.* (Folio ; 3175 c6)
ISBN 2-07-040581-8. *29,50 F / 4,50 €*

26148 **TOURNIER M.** Le Coq de bruyère. *Gallimard, 1980.* (Folio ; 1229 c8)
ISBN 2-07-037229-4. *37 F / 5,64 €*

26149 **TOURNIER M.** Gaspard, Melchior et Balthazar. *Gallimard, 1982.* (Folio ; 1415 c8)
ISBN 2-07-037415-7. *37 F / 5,64 €*

26150 **TOURNIER M.** Gilles et Jeanne. *Gallimard, 1985.* (Folio ; 1707 c9)
ISBN 2-07-037707-5. *20,50 F / 3,13 €*

26151 **TOURNIER M.** La Goutte d'or. *Gallimard, 1988.* (Folio ; 1908 c8)
ISBN 2-07-037908-6. *36 F / 5,49 €*

26152 **TOURNIER M.** Le Médianoche amoureux. *Gallimard, 1991.* (Folio ; 2290 c8)
ISBN 2-07-038406-3. *37 F / 5,64 €*

26153 **TOURNIER M.** Les Météores. *Gallimard, 1977.* (Folio ; 905 c11)
ISBN 2-07-036905-6. *50 F / 7,62 €*

26154 **TOURNIER M.** Petites proses. *Gallimard, 1986.* (Folio ; 1768 c11)
ISBN 2-07-037768-7. *29,50 F / 4,50 €*

26155 **TOURNIER M.** Le roi des Aulnes. Réimpr. *Gallimard, 1996.* (Folio ; 656 c10)
ISBN 2-07-036656-1. *46 F / 7,01 €*

26156 **TOURNIER M.** Vendredi ou les Limbes du Pacifique. Ed. rev. *Gallimard, 1977.* (Folio ; 959 c11)
ISBN 2-07-036959-5. *29,50 F / 4,50 €*

26157 **TOUSSEUL J.** La Cellule 158. *Labor, 1990.* (Espace Nord ; 60 c1)
ISBN 2-8040-0526-7. *34 F / 5,18 €*

26158 **TOWNSEND S.** Adrian Mole, 23 ans 3/4 : les années galère. *Seuil, 1996.* (Point-virgule c10)
ISBN 2-02-023549-8. *45 F / 6,86 €*

26159 **TOWNSEND S.** Les Aventures d'Adrian Mole 15 ans : journal secret. *Seuil, 1986.* (Point-virgule ; 42 c3)
ISBN 2-02-009141-0. *48 F / 7,32 €*

26160 **TOWNSEND S.** La Reine et moi. *Seuil, 1994.* (Point-virgule ; 140 c2)
ISBN 2-02-019722-7. *39 F / 5,95 €*

26161 **TRASSARD J-L.** Paroles de laine. *Gallimard, 1989.* (L'imaginaire ; 210)
ISBN 2-07-071519-1. *39 F / 5,95 €*

26162 **TRAVEN B.** La charrette. Réimpr. *10-18, 1996.* (10-18 ; 1822. Domaine étranger c6)
ISBN 2-264-02410-0. *47 F / 7,17 €*

26163 **TRAVEN B.** La révolte des pendus. Rééd. *10-18, 1997.* (10-18 ; 1823. Domaine étranger c6)
ISBN 2-264-02658-8. *47 F / 7,17 €*

26164 **TRAVEN B.** Le trésor de la Sierra Madre. Réimpr. *10-18, 1995.* (10-18 ; 1820. Domaine étranger c5)
ISBN 2-264-01015-0. *44 F / 6,71 €*

26165 **TRAVEN B., ELSEN C.** Le Visiteur du soir : et autres histoires. Nouv. éd. *Stock, 1998.* (Bibliothèque cosmopolite c2)
ISBN 2-234-04938-5. *55 F / 8,38 €*

26166 **13 histoires diaboliques.** *Pocket, 1992.* (Pocket ; 9075. Terreur cJ)
ISBN 2-266-04722-1. *45 F / 6,86 €*

26167 **TREMAIN R.** Le don du roi. *LGF, 1995.* (Le Livre de poche ; 13664 c9)
ISBN 2-253-13664-6. *36 F / 5,49 €*

26168 **TREMAIN R.** L'été de Valentina. *LGF, 1998.* (Le Livre de poche ; 14528 c10)
ISBN 2-253-14528-9. *40 F / 6,10 €*

26169 **TREMAIN R.** Lettre à soeur Bénédicte. *LGF, 1997.* (Le Livre de poche ; 14266 c6)
ISBN 2-253-14266-2. *26 F / 3,96 €*

26170 **A** **TREMAIN R.** Musique et silence. *Pocket, 2001.* (Pocket ; 11150)
ISBN 2-266-10717-8

26171 **TREMAIN R.** Le royaume interdit. *LGF, 1996.* (Le Livre de poche ; 13923 c10)
ISBN 2-253-13923-8. *40 F / 6,10 €*

26172 **N** **TREMBLAY M.** Chroniques du plateau Mont-Royal. *Actes Sud*; *Leméac, 2000.* (Thésaurus ; 180)
ISBN 2-7427-2892-9. *160 F / 24,39 €*

26173 **TREMBLAY M.** Le coeur découvert. *Actes Sud, 1995.* (Babel ; 167 c4)
ISBN 2-7427-0630-5. *51 F / 7,77 €*

26174 **TREMBLAY M.** Le coeur éclaté. *Actes Sud, 1995.* (Babel ; 168 c3)
ISBN 2-7427-0576-7. *45 F / 6,86 €*

26175 **TREMBLAY M.** La grosse femme d'à côté est enceinte. *Actes Sud, 1995.* (Babel ; 179 c3)
ISBN 2-7427-0637-2. *45 F / 6,86 €*

26176 **TREMBLAY M.** Des nouvelles d'Edouard. *Actes Sud, 1998.* (Babel ; 284)
ISBN 2-7427-1375-1. *51 F / 7,77 €*

26177 **TREMBLAY M.** La nuit des princes charmants. *Actes Sud*; *Leméac, 2000.* (Babel ; 415)
ISBN 2-7427-2619-5. *45 F / 6,86 €*

26178 **TREMBLAY M.** Le premier quartier de la lune. *Actes Sud, 1999.* (Babel ; 369 c3)
ISBN 2-7427-2114-2. *51 F / 7,77 €*

26179 **TREMBLAY M.** Thérèse et Pierrette à l'Ecole des Saint-Anges. *Actes Sud, 1995.* (Babel ; 180 c3)
ISBN 2-7427-0592-9. *45 F / 6,86 €*

26180 **TRENT L.** Jumelles et rivales. *J'ai lu, 1997.* (J'ai lu ; 3724. Aventures et passions c6)
ISBN 2-290-03724-9. *42 F / 6,40 €*

26181 **N** **TREUER D.** Little. *10-18, 2001.* (10-18 ; 3259. Domaine étranger c8)
ISBN 2-264-02858-0. *55 F / 8,38 €*

26182 **TREVISAN D.** Le vampire de Curitiba. *Métailié, 1998.* (Suites ; 11. Suite brésilienne)
ISBN 2-86424-266-4. *48 F / 7,32 €*

26183 **TREVOR W.** Coups du sort. *10-18, 1999.* (10-18 ; 3108. Domaine étranger c6)
ISBN 2-264-02829-7. *47 F / 7,17 €*

26184 **N** **TRILLARD M.** Coup de lame. *Seuil, 2000.* (Points ; 747)
ISBN 2-02-034064-X. *35 F / 5,34 €*

26185 **TRILLARD M.** Eldorado 51. *Seuil, 1996.* (Points ; 254 c7)
ISBN 2-02-025073-X. *35 F / 5,34 €*

26186 **TRILLARD M.** Un exil. *Librio, 1998.* (Librio ; 241 c1)
ISBN 2-277-30241-4. *10 F / 1,52 €*

26187 **TRILLARD M.** Tête de cheval. *Seuil, 1999.* (Points ; 582)
ISBN 2-02-034065-8. *32 F / 4,88 €*

26188 **TRIOLET E.** Le cheval blanc. Réimpr. *Gallimard, 1972.* (Folio ; 48 c8)
ISBN 2-07-036048-2. *37 F / 5,64 €*

26189 **TRIOLET E.** Le Grand jamais. *Gallimard, 1977.* (Folio ; 970 c8)
ISBN 2-07-036970-6. *37 F / 5,64 €*

26190 **TRIOLET E.** L'Inspecteur des ruines. *Gallimard, 1978.* (Folio ; 1070 c8)
ISBN 2-07-037070-4. *37 F / 5,64 €*

26191 **TRIOLET E.** Luna-park. Réimpr. *Gallimard, 1997.* (L'Age de nylon; 2)(Folio ; 358 c8)
ISBN 2-07-036358-9. *37 F / 5,64 €*

26192 **TRIOLET E.** Mille regrets. *Gallimard, 1981.* (Folio ; 1274 c11)
ISBN 2-07-037274-X. *29,50 F / 4,50 €*

26193 **TRIOLET E.** Le premier accroc coûte deux cents francs. Réimpr. *Gallimard, 1997.* (Folio ; 371 c10)
ISBN 2-07-036371-6. *46 F / 7,01 €*

26194 **TRIOLET E.** Roses à crédit. *Gallimard, 1972.* (L'Age de nylon; 1)(Folio ; 183 c8)
ISBN 2-07-036183-7. *37 F / 5,64 €*

26195 **Tristan et Iseult. Rééd.** *LGF, 1988.* (Le Livre de poche ; 1306. Classiques de poche c6)
ISBN 2-253-00436-7. *26 F / 3,96 €*

26196 **TRISTAN F.** Les égarés. Rééd. *Seuil, 1984.* (Points. Roman ; 173 c4)
ISBN 2-02-006999-7. *52 F / 7,93 €*

26197 **TRISTAN F.** L'énigme du Vatican. *LGF, 1997.* (Le Livre de poche ; 14084 c9)
ISBN 2-253-14084-8. *36 F / 5,49 €*

26198 **TRISTAN F.** Le Fils de Babel. *Gallimard, 1988.* (Folio ; 1970 c8)
ISBN 2-07-038056-4. *37 F / 5,64 €*

26199 **TRISTAN F.** Pique-nique chez Tiffany Warton. *LGF, 2000.* (Le Livre de poche ; 14857 c6)
ISBN 2-253-14857-1. *26 F / 3,96 €*

26200 **TRISTAN F.** Stéphanie Phanistée. *LGF, 1999.* (Le Livre de poche ; 14725 c11)
ISBN 2-253-14725-7. *42 F / 6,40 €*

26201 **TRISTAN F.** Les Tribulations héroïques de Balthasar Kober. *Gallimard, 1987.* (Folio ; 1858 c8)
ISBN 2-07-037858-6. *37 F / 5,64 €*

26202 **TRISTAN L'HERMITE** Le Page disgracié. *Gallimard, 1994.* (Folio ; 2609. Classique c10)
ISBN 2-07-038909-X. *46 F / 7,01 €*

26203 **TROLLOPE J.** Un amant espagnol. *Pocket, 1995.* (Pocket ; 4349 c6)
ISBN 2-266-06569-6. *38 F / 5,79 €*

26204 **TROLLOPE J.** Les enfants d'une autre. *Pocket, 2000.* (Pocket ; 10763 c6)
ISBN 2-266-09554-4. *38 F / 5,79 €*

26205 **TROLLOPE J.** La femme du pasteur. *Pocket, 1997.* (Pocket ; 4351 c5)
ISBN 2-266-06571-8. *35 F / 5,34 €*

26206 **TROLLOPE J.** Les liens du sang. *Pocket, 1999.* (Pocket ; 10296 c6)
ISBN 2-266-07894-1. *38 F / 5,79 €*

26207 **TROLLOPE J.** De si bonnes amies. *Pocket, 1998.* (Pocket ; 10132. Roman c5)
ISBN 2-266-07397-4. *35 F / 5,34 €*

26208 **TROLLOPE J.** Trop jeune pour toi. *Pocket, 1996.* (Pocket ; 4350 c5)
ISBN 2-266-06570-X. *35 F / 5,34 €*

26209 **Troubles de femmes :** nouvelles. *Pocket, 1996.* (Pocket ; 4356. Best c4)
ISBN 2-266-06561-0. *30 F / 4,57 €*

26210 **N** **TROYAT H.** A demain, Sylvie. *J'ai lu, 2000.* (J'ai lu ; 2295. Littérature générale cE)
ISBN 2-290-30611-8. *22 F / 3,35 €*

26211 **TROYAT H.** L'affaire Crémonnière. Réimp. *J'ai lu, 2000.* (J'ai lu ; 5016. Littérature générale cE)
ISBN 2-290-15016-9. *22 F / 3,35 €*

26212 **TROYAT H.** Aliocha. Réimp. *J'ai lu, 1999.* (J'ai lu ; 3409. Littérature générale cC)
ISBN 2-290-03409-6. *16 F / 2,44 €*

26213 **TROYAT H.** Anne Prédaille. Réimpr. *J'ai lu, 1990.* (J'ai lu ; 619. Littérature générale c3)
ISBN 2-277-12619-5. *29 F / 4,42 €*

26214 **TROYAT H.** L'araigne. *J'ai lu, 1998.* (J'ai lu ; 4910. Littérature générale c4)
ISBN 2-290-04910-7. *36 F / 5,49 €*

26215 **A** **TROYAT H.** La ballerine de Saint-Pétersbourg. *Pocket, 2001.* (Pocket ; 11124)
ISBN 2-266-10592-2

26216 **N** **TROYAT H.** La Barynia. Réimp. *J'ai lu, 2000.* (La lumière des justes; 2)(J'ai lu ; 274. Littérature générale cl)
ISBN 2-290-30614-2. *36 F / 5,49 €*

26217 **N** **TROYAT H.** Les compagnons du coquelicot. Réimp. *J'ai lu, 2000.* (La lumière des justes; 1)(J'ai lu ; 272. Littérature générale cl)
ISBN 2-290-30613-4. *36 F / 5,49 €*

26218 **N** **TROYAT H.** Les dames de Sibérie. Réimpr. *J'ai lu, 2000.* (La lumière des justes; 4)(J'ai lu ; 278. Littérature générale cl)
ISBN 2-290-30616-9. *36 F / 5,49 €*

26219 **TROYAT H.** Le défi d'Olga. Réimp. *J'ai lu, 1999.* (J'ai lu ; 4310. Littérature générale c2)
ISBN 2-290-14310-3. *22 F / 3,35 €*

26220 **TROYAT H.** La Dérision. *J'ai lu, 1993.* (J'ai lu ; 1743. Littérature générale c2)
ISBN 2-277-21743-3. *22 F / 3,35 €*

26221 **N** **TROYAT H.** Les désordres secrets. Nouv. éd. *J'ai lu, 2000.* (Le Moscovite; 2)(J'ai lu ; 763. Littérature générale cG)
ISBN 2-290-30622-3. *29 F / 4,42 €*

26222 **TROYAT H.** Etrangers sur la terre. 1. *J'ai lu, 1999.* (J'ai lu ; 5331. Littérature générale c6)
ISBN 2-290-05331-7. *42 F / 6,40 €*

26223 **TROYAT H.** Etrangers sur la terre. 2. *J'ai lu, 1999.* (J'ai lu ; 5332. Littérature générale c7)
ISBN 2-290-05332-5. *45 F / 6,86 €*

26224 **TROYAT H.** Une extrême amitié. *J'ai lu, 1997.* (J'ai lu ; 4568. Littérature générale c3)
ISBN 2-290-04568-3. *29 F / 4,42 €*

26225 **N** **TROYAT H.** Les Eygletière. 1. Réimpr. *J'ai lu, 2000.* (J'ai lu ; 344. Littérature générale cl)
ISBN 2-290-30618-5. *36 F / 5,49 €*

26226 **N** **TROYAT H.** La faim des lionceaux. Réimpr. *J'ai lu, 2000.* (Les Eygletière; 2)(J'ai lu ; 345. Littérature générale cl)
ISBN 2-290-30619-3. *36 F / 5,49 €*

26227 **TROYAT H.** La Femme de David. *J'ai lu, 1993.* (J'ai lu ; 3316. Littérature générale c2)
ISBN 2-290-03316-2. *22 F / 3,35 €*

26228 **N** **TROYAT H.** Les feux du matin. Réimpr. *J'ai lu, 2000.* (Le Moscovite; 3)(J'ai lu ; 764. Littérature générale cG)
ISBN 2-290-30623-1. *29 F / 4,42 €*

26229 **TROYAT H.** Le fils du satrape. *LGF, 1999.* (Le Livre de poche ; 14608 c5)
ISBN 2-253-14608-0. *23 F / 3,51 €*

26230 **TROYAT H.** Le Geste d'Eve : et autres nouvelles. *Librio, 1994.* (Librio ; 36 c1)
ISBN 2-277-30036-5. *10 F / 1,52 €*

26231 **N** **TROYAT H.** Le geste d'Eve. Réimpr. *J'ai lu, 2000.* (J'ai lu ; 323. Littérature générale cE)
ISBN 2-290-30851-X. *22 F / 3,35 €*

26232 **N** **TROYAT H.** La gloire des vaincus. Réimp. *J'ai lu, 2000.* (La lumière des justes; 3)(J'ai lu ; 276. Littérature générale cl)
ISBN 2-290-30615-0. *36 F / 5,49 €*

26233 **TROYAT H.** La Grive. Réimpr. *Pocket, 1976.* (Les Semailles et les moissons; 3)(Pocket ; 1273. Best c4)
ISBN 2-266-03338-7. *35 F / 5,34 €*

26234 **N** **TROYAT H.** La Malandre. Réimpr. *J'ai lu, 2001.* (Les Eygletière; 3)(J'ai lu ; 346. Littérature générale cl)
ISBN 2-290-30620-7. *36 F / 5,49 €*

26235 **TROYAT H.** Marie Karpovna. *J'ai lu, 1986.* (J'ai lu ; 1925. Littérature générale c1)
ISBN 2-277-21925-8. *13 F / 1,98 €*

26236 **N** **TROYAT H.** Le Moscovite. 1. Réimpr. *J'ai lu, 2000.* (J'ai lu ; 762. Littérature générale cG)
ISBN 2-290-30621-5. *28 F / 4,27 €*

26237 **TROYAT H.** La neige en deuil. *Librio, 1994.* (Librio ; 6 c1)
ISBN 2-277-30006-3. *10 F / 1,52 €*

26238 **N** **TROYAT H.** La neige en deuil. Nouv. éd. *J'ai lu, 2001.* (J'ai lu ; 10. Littérature générale c1)
ISBN 2-290-30606-1. *13 F / 1,98 €*

26239 **TROYAT H.** La Pierre, la feuille et les ciseaux. Réimpr. *J'ai lu, 1991.* (J'ai lu ; 559. Littérature générale c3)
ISBN 2-277-11559-2. *29 F / 4,42 €*

26240 **TROYAT H.** La pierre, la feuille et les ciseaux. *Librio, 1995.* (Librio ; 67 c1)
ISBN 2-277-30067-5. *10 F / 1,52 €*

26241 **N** **TROYAT H.** Le sac et la cendre. 1. Réimp. *J'ai lu, 2000.* (J'ai lu ; 5069. Littérature générale cL)
ISBN 2-290-15069-X. *45 F / 6,86 €*

26242 **N** **TROYAT H.** Le sac et la cendre. 2. Réimp. *J'ai lu, 2000.* (J'ai lu ; 5070. Littérature générale cL)
ISBN 2-290-15070-3. *45 F / 6,86 €*

26243 **TROYAT H.** Le signe du taureau. *J'ai lu, 1999.* (J'ai lu ; 5279. Littérature générale c5)
ISBN 2-290-05279-5. *39 F / 5,95 €*

26244 **N** **TROYAT H.** Sophie ou la Fin des combats. Réimpr. *J'ai lu, 2000.* (La lumière des justes; 5)(J'ai lu ; 280. Littérature générale cl)
ISBN 2-290-30617-7. *36 F / 5,49 €*

26245 **N** **TROYAT H.** Tant que la terre durera. 1. Réimp. *J'ai lu, 2000.* (J'ai lu ; 4748. Littérature générale cK)
ISBN 2-290-30608-8. *42 F / 6,40 €*

26246 **N** **TROYAT H.** Tant que la terre durera. 2. Réimp. *J'ai lu, 2000.* (J'ai lu ; 4749. Littérature générale cK)
ISBN 2-290-30609-6. *42 F / 6,40 €*

26247 **N** **TROYAT H.** Tant que la terre durera. 3. Réimpr. *J'ai lu, 2000.* (J'ai lu ; 4750. Littérature générale cK)
ISBN 2-290-30610-X. *42 F / 6,40 €*

26248 **N** **TROYAT H.** Le troisième bonheur. Réimp. *J'ai lu, 2000.* (J'ai lu ; 2523. Littérature générale cE)
ISBN 2-290-30612-6. *22 F / 3,35 €*

26249 **TROYAT H.** Viou. *Librio, 1999.* (Librio ; 284 c1)
ISBN 2-277-30284-8. *10 F / 1,52 €*

26250 **TROYAT H.** Viou. Réimpr. *J'ai lu, 1999.* (J'ai lu ; 1318. Littérature générale c2)
ISBN 2-290-11318-2. *22 F / 3,35 €*

26251 **TROYAT H.** Votre très humble et très obéissant serviteur. *J'ai lu, 1997.* (J'ai lu ; 4624. Littérature générale c3)
ISBN 2-290-04624-8. *29 F / 4,42 €*

26252 **TROYAT H.** Youri. Réimpr. *J'ai lu, 2000.* (J'ai lu ; 3634. Littérature générale c1)
ISBN 2-290-30968-0. *13 F / 1,98 €*

26253 **TRUMBO D.** Johnny s'en va-t-en guerre. *Seuil, 1993.* (Points. Roman ; 624 c2)
ISBN 2-02-015117-0. *39 F / 5,95 €*

26254 **TSCHINAG G.** Ciel bleu : une enfance dans le haut Altaï. *Métailié, 1999.* (Suites ; 21. Suite allemande)
ISBN 2-86424-304-0. *50 F / 7,62 €*

26255 **TSIRKAS S.** Cités à la dérive. Nouv. éd. *Seuil, 1999.* (Points ; 695 c17)
ISBN 2-02-038210-5. *65 F / 9,91 €*

26256 **TSIRKAS S.** L'Homme du Nil. *Seuil, 1983.* (Points. Roman ; 104 c2)
ISBN 2-02-006417-0. *48 F / 7,32 €*

26257 **N** **TSUJI H.** Le bouddha blanc. *Gallimard, 2001.* (Folio ; 3479 c7)
ISBN 2-07-041391-8. *32,50 F / 4,95 €*

26258 **TSVETAEVA M. I.** Le diable : et autres récits. *LGF, 1995.* (Le Livre de poche ; 3239. Biblio c6)
ISBN 2-253-93239-6. *26 F / 3,96 €*

26259 **TUNSTRÖM G.** Oeuvres romanesques. 1. *Actes Sud, 1999.* (Thésaurus)
ISBN 2-7427-2381-1. *160 F / 24,39 €*

26260 **N** **TUNSTRÖM G.** L'Oratorio de Noël. Réimpr. *Actes Sud*; *Labor*; *Aire, 2000.* (Babel ; 56 c6)
ISBN 2-86869-929-4. *63 F / 9,60 €*

26261 **TURCOTTE E.** Le bruit des choses vivantes. *Actes Sud, 1999.* (Babel ; 354 c3)
ISBN 2-7427-1956-3. *45 F / 6,86 €*

26262 **N** **TURGEON A.** Gode blesse. *J'ai lu, 2000.* (J'ai lu ; 5538. Littérature générale cF)
ISBN 2-290-30240-6. *26 F / 3,96 €*

26263 **TUROW S.** Le Poids de la preuve. *J'ai lu, 1993.* (J'ai lu ; 3505. Littérature générale)
ISBN 2-277-23505-9. *52 F / 7,93 €*

26264 **N** **TUTUOLA A.** La femme plume. *Dapper, 2000.* (Dapper littérature)
ISBN 2-906067-57-1. *58 F / 8,84 €*

26265 **TWAIN M.** Est-il vivant ou est-il mort ? = Is he living or is he dead ? : and other short stories. *Gallimard, 1999.* (Folio bilingue ; 82)
ISBN 2-07-040758-6. *52 F / 7,93 €*

26266 **TWAIN M.** Le journal d'Eve. *Mille et une nuits, 1995.* (La petite collection ; 56 cA)
ISBN 2-910233-79-0. *10 F / 1,52 €*

26267 **TWAIN M.** Une Journée à Niagara = A Day at Niagara. *LGF, 1991.* (Les Langues modernes ; 8743. Bilingue c9)
ISBN 2-253-05709-6. *36 F / 5,49 €*

26268 **TWAIN M.** Le meurtre de Jules César en faits divers et autres contes. *Mercure de France, 1997.* (Le petit Mercure. Brèves histoires d'humour)
22 F / 3,35 €

26269 **TWAIN M.** Oeuvres. *Laffont, 1990.* (Bouquins)
ISBN 2-221-05578-0. *159 F / 24,24 €*

26270 **TWAIN M.** Trois mille ans chez les microbes. *Librio, 1997.* (Librio ; 176 c1)
ISBN 2-277-30176-0. *10 F / 1,52 €*

26271 **TYLER A.** Une autre femme. *LGF, 1997.* (Le Livre de poche ; 14198 c10)
ISBN 2-253-14198-4. *40 F / 6,10 €*

26272 **TYLER A.** En suivant les étoiles. *LGF, 1999.* (Le Livre de poche ; 14723 c9)
ISBN 2-253-14723-0. *36 F / 5,49 €*

26273 **TYLER A.** Leçons de conduite. *LGF, 1997.* (Le Livre de poche ; 14355 c9)
ISBN 2-253-14355-3. *36 F / 5,49 €*

26274 **TYLER A.** Toujours partir. *Stock, 1994.* (Bibliothèque cosmopolite)
ISBN 2-234-04293-3. *60 F / 9,15 €*

26275 **N** **TYNIANOV I.** Le disgracié. *Gallimard, 2001.* (L'imaginaire ; 429)
ISBN 2-07-076097-9. *80 F / 12,20 €*

26276 **TYNIANOV I.** Le Disgracié. *Gallimard, 1983.* (Folio ; 1485 c11)
ISBN 2-07-037485-8. *50 F / 7,62 €*

26277 **N** **TYNIANOV I.** Le Lieutenant Kijé. *Gallimard, 2001.* (Folio bilingue ; 94)
ISBN 2-07-041419-1. *52 F / 7,93 €*

26278 **TYNIANOV I.** Le Lieutenant Kijé. *Gallimard, 1983.* (L'imaginaire ; 113)
ISBN 2-07-025858-0. *41 F / 6,25 €*

26279 **N** **UDALL B.** Lâchons les chiens. *10-18, 2000.* (10-18 ; 3227. Domaine étranger c5)
ISBN 2-264-02922-6. *44 F / 6,71 €*

26280 **UEDA A., SIEFFERT R.** Contes de pluie et de lune. *Gallimard : Unesco, 1990.* (Connaissance de l'Orient poche ; 43)
ISBN 2-07-072063-2. *48 F / 7,32 €*

26281 **UHLMAN F.** L'Ami retrouvé = Reunion. *Gallimard, 1990.* (Folio bilingue ; 2)
ISBN 2-07-038308-3. *41 F / 6,25 €*

26282 **UHLMAN F.** L'Ami retrouvé. *Gallimard, 1983.* (Folio ; 1463 c11)
ISBN 2-07-037463-7. *29,50 F / 4,50 €*

26283 **UHLMAN F.** Il fait beau à Paris aujourd'hui. Nouv. éd. *Stock, 1986.* (Bibliothèque cosmopolite ; 77)
ISBN 2-234-01995-8. *60 F / 9,15 €*

26284 **N** **UHLMAN F.** La lettre de Conrad ; suivi de Pas de résurrection, s'il vous plaît. *Stock, 2000.* (Bibliothèque cosmopolite)
ISBN 2-234-05240-8. *55 F / 8,38 €*

26285 **UHLMAN F.** Reunion. *LGF, 1991.* (Le Livre de poche ; 8640. Lire en anglais c8)
ISBN 2-253-05625-1. *33 F / 5,03 €*

26286 **N** **ULLMANN L.** Avant que tu ne t'endormes. *J'ai lu, 2001.* (J'ai lu ; 5841. Littérature générale)
ISBN 2-290-31044-1. *36 F / 5,49 €*

26287 **ULYSSE L-S.** La mission des flammes. *J'ai lu, 1998.* (J'ai lu ; 4953. Littérature générale c2)
ISBN 2-290-04953-0. *22 F / 3,35 €*

26288 **The Umbrella man :** and other short stories. *LGF, 1992.* (Le Livre de poche ; 8670. Lire en anglais c8)
ISBN 2-253-06136-0. *33 F / 5,03 €*

26289 **L'Umiltà :** ed altri racconti. *LGF, 1993.* (Le Livre de poche ; 8668. Lire en italien c8)
ISBN 2-253-06042-9. *33 F / 5,03 €*

26290 **N** **UNAMUNO M. d.** Contes (choix) = Cuentos (seleccion). *Gallimard, 2000.* (Folio bilingue ; 90)
ISBN 2-07-041354-3. *61 F / 9,30 €*

26291 **UNDSET S.** L'Age heureux. *Stock, 1989.* (Bibliothèque cosmopolite)
ISBN 2-234-02158-8. *50 F / 7,62 €*

26292 **UNDSET S.** La Femme fidèle. *Gallimard, 1982.* (Folio ; 1380 c10)
ISBN 2-07-037380-0. *46 F / 7,01 €*

26293 **UNDSET S.** Printemps. *Stock, 1979.* (Bibliothèque cosmopolite ; 5)
ISBN 2-234-01136-1. *55 F / 8,38 €*

26294 **UNDSET S., METZGER M.** Vigdis la farouche. Nouv. éd. *Stock, 1996.* (Bibliothèque cosmopolite ; 84 c1)
ISBN 2-234-04691-2. *50 F / 7,62 €*

26295 **UNO C.** Confession amoureuse. *10-18, 1997.* (10-18 ; 2913. Domaine étranger c5)
ISBN 2-264-02281-7. *44 F / 6,71 €*

26296 **UNSWORTH B.** Une affaire de moralité. *LGF, 1998.* (Le Livre de poche ; 14475 c8)
ISBN 2-253-14475-4. *33 F / 5,03 €*

26297 **UPDIKE J.** Bech est de retour. *Gallimard, 1994.* (Folio ; 2612 c11)
ISBN 2-07-038902-2. *29,50 F / 4,50 €*

26298 **UPDIKE J.** Bech voyage. *Gallimard, 1985.* (Folio ; 1630 c8)
ISBN 2-07-037630-3. *37 F / 5,64 €*

26299 **UPDIKE J.** Brésil. *Seuil, 1997.* (Points ; 331 c10)
ISBN 2-02-031191-7. *45 F / 6,86 €*

26300 **UPDIKE J.** Le Centaure. *Seuil, 1989.* (Points. Roman ; 352 c10)
ISBN 2-02-010685-X. *48 F / 7,32 €*

26301 **UPDIKE J.** Coeur de lièvre. Réimpr. *Seuil, 1995.* (Points ; 183 c3)
ISBN 2-02-026202-9. *48 F / 7,32 €*

26302 **UPDIKE J.** La Concubine de saint Augustin : et autres nouvelles. *Gallimard, 1994.* (Folio ; 2611 c11)
ISBN 2-07-038900-6. *29,50 F / 4,50 €*

26303 **UPDIKE J.** Epouse-moi. *Gallimard, 1985.* (Folio ; 1687 c12)
ISBN 2-07-037687-7. *52 F / 7,93 €*

26304 **UPDIKE J.** La Ferme. *Seuil, 1990.* (Points. Roman ; 393 c1)
ISBN 2-02-012105-0. *32 F / 4,88 €*

26305 **UPDIKE J.** Jour de fête à l'hospice. *10-18, 1985.* (10-18 ; 1721 c4)
ISBN 2-264-00706-0. *41 F / 6,25 €*

26306 **UPDIKE J.** Un Mois de dimanches. *Gallimard, 1994.* (Folio ; 2613 c11)
ISBN 2-07-038901-4. *29,50 F / 4,50 €*

26307 **UPDIKE J.** La parfaite épouse. *Gallimard, 1996.* (Folio ; 2886 c10)
ISBN 2-07-040076-X. *46 F / 7,01 €*

26308 **UPDIKE J.** Les Plumes du pigeon. *Seuil, 1989.* (Points. Roman ; 375 c2)
ISBN 2-02-011395-3. *39 F / 5,95 €*

26309 **UPDIKE J.** Le Putsch. *Gallimard, 1984.* (Folio ; 1590 c12)
ISBN 2-07-037590-0. *52 F / 7,93 €*

26310 **UPDIKE J.** Les quatre faces d'une histoire. *Seuil, 1996.* (Points ; 228 c9)
ISBN 2-02-028520-7. *42 F / 6,40 €*

26311 **UPDIKE J.** Rabbit est riche. *Gallimard, 1993.* (Folio ; 2476 c12)
ISBN 2-07-038711-9. *52 F / 7,93 €*

26312 **UPDIKE J.** Rabbit rattrapé. *Gallimard, 1992.* (Folio ; 2372 c11)
ISBN 2-07-038509-4. *50 F / 7,62 €*

26313 **UPDIKE J.** Les Sorcières d'Eastwick. *Gallimard, 1991.* (Folio ; 2240 c10)
ISBN 2-07-038340-7. *46 F / 7,01 €*

26314 **UPDIKE J.** Trop loin : les Maple. *Gallimard, 1986.* (Folio ; 1757 c8)
ISBN 2-07-037757-1. *37 F / 5,64 €*

26315 **URFE H. d.** L'Astrée. *Gallimard, 1984.* (Folio ; 1523. Classique c13)
ISBN 2-07-037523-4. *56 F / 8,54 €*

26316 **URIS L.** Exodus. Réimpr. *Pocket, 1999.* (Pocket ; 4610 cJ)
ISBN 2-266-05238-1. *55 F / 8,38 €*

26317 **URQUHART J.** La foudre et le sable. *LGF, 1997.* (Le Livre de poche ; 14273 c10)
ISBN 2-253-14273-5. *40 F / 6,10 €*

26318 **VAILLAND R.** 325 000 francs. *LGF, 1963.* (Le Livre de poche ; 986 c5)
ISBN 2-253-00667-X. *23 F / 3,51 €*

26319 **VAILLAND R.** Beau masque. *Gallimard, 1991.* (L'imaginaire ; 248)
ISBN 2-07-072170-1. *52 F / 7,93 €*

26320 **VAILLAND R.** Bon pied, bon oeil. *Grasset, 1994.* (Les Cahiers rouges ; 192)
ISBN 2-246-38351-X. *50 F / 7,62 €*

26321 **VAILLAND R.** Drôle de jeu. *LGF, 1990.* (Le Livre de poche ; 640 c10)
ISBN 2-253-02935-1. *40 F / 6,10 €*

26322 **VAILLAND R.** Un Jeune homme seul. *Grasset, 1992.* (Les Cahiers rouges ; 154)
ISBN 2-246-41931-X. *48 F / 7,32 €*

26323 **N** **VAILLAND R.** La loi. Réimpr. *Gallimard, 2000.* (Folio ; 110 c8)
ISBN 2-07-036110-1. *37 F / 5,64 €*

26324 **VAILLAND R.** Les Mauvais coups. *Grasset, 1991.* (Les Cahiers rouges ; 147)
ISBN 2-246-16634-9. *51 F / 7,77 €*

26325 **VALDÉS Z.** Café nostalgia. *Actes Sud, 2000.* (Babel ; 396)
ISBN 2-7427-2402-8. *57 F / 8,69 €*

26326 **A** **VALDÉS Z.** Café nostalgia. *Pocket, 2001.* (Pocket ; 10707)
ISBN 2-266-09333-9

26327 **N** **VALDÉS Z.** Coffret Zoé Valdés. 1. Réimpr. *Actes Sud, 2000.* (Babel)
ISBN 2-7427-2474-5. *129 F / 19,67 €*

26328 **VALDÉS Z.** La douleur du dollar. *Actes Sud, 1999.* (Babel ; 361)
ISBN 2-7427-2067-7. *51 F / 7,77 €*

26329 **N** **VALDÉS Z.** La douleur du dollar. *Pocket, 2000.* (Pocket ; 10590 c7)
ISBN 2-266-08970-6. *42 F / 6,40 €*

26330 **VALDÉS Z.** Le néant quotidien. Réimpr. *Actes Sud, 1997.* (Babel ; 251 c2)
ISBN 2-7427-1003-5. *39 F / 5,95 €*

26331 **VALDÉS Z.** Le néant quotidien. *Pocket, 1999.* (Pocket ; 10591 c4)
ISBN 2-266-08969-2. *30 F / 4,57 €*

26332 **VALDÉS Z.** Sang bleu ; suivi de La sous-développée. *Pocket, 1999.* (Pocket ; 10706)
ISBN 2-266-09332-0. *32 F / 4,88 €*

26333 **VALDÉS Z.** Soleil en solde. *Mille et une nuits, 2000.* (La petite collection ; 264)
ISBN 2-84205-461-X. *10 F / 1,52 €*

26334 **VALDÉS Z.** La sous-développée. *Actes Sud, 1998.* (Babel ; 349 c2)
ISBN 2-7427-1892-3. *39 F / 5,95 €*

26335 **VALÈRE V.** Malika ou un Jour comme tous les autres. *LGF, 1983.* (Le Livre de poche ; 5843 c7)
ISBN 2-253-03287-5. *30 F / 4,57 €*

26336 **VALÈRE V.** Obsession blanche. *LGF, 1992.* (Le Livre de poche ; 4373 c6)
ISBN 2-253-06104-2. *26 F / 3,96 €*

26337 **VALÈRE V.** Véra ; Magnificia love : et pages diverses. *LGF, 1998.* (Le Livre de poche ; 14373 c9)
ISBN 2-253-14523-8. *36 F / 5,49 €*

26338 **VALÉRY P.** Monsieur Teste. *Gallimard, 1978.* (L'imaginaire ; 29)
ISBN 2-07-027913-8. *40 F / 6,10 €*

26339 **VALLE-INCLAN R. M. d.** Tirano Banderas. *Seuil, 1991.* (Points. Roman ; 486 c3)
ISBN 2-02-013158-7. *48 F / 7,32 €*

26340 **VALLEJO F.** Le feu secret. *LGF, 2000.* (Le Livre de poche ; 14803)
ISBN 2-253-14803-2. *28 F / 4,27 €*

26341 **VALLEJO F.** La vierge des tueurs. *LGF, 1999.* (Le Livre de poche ; 14681 c6)
ISBN 2-253-14681-1. *26 F / 3,96 €*

26342 **VALLÈS J.** Le Bachelier. *Gallimard, 1974.* (Jacques Vingtras; 2)(Folio ; 603. Classique c8)
ISBN 2-07-036603-0. *37 F / 5,64 €*

26343 **VALLÈS J.** Le bachelier. *J'ai lu, 1995.* (J'ai lu ; 3993. Les Classiques)
ISBN 2-277-23993-3. *29 F / 4,42 €*

26344 **VALLÈS J.** Le Bachelier. *LGF, 1985.* (Le Livre de poche ; 1200. Classiques de poche c7)
ISBN 2-253-00911-3. *30 F / 4,57 €*

26345 **VALLÈS J.** L'Enfant : Jacques Vingtras. Réimpr. *LGF, 1994.* (Le Livre de poche ; 1038. Classiques de poche c7)
ISBN 2-253-00291-7. *30 F / 4,57 €*

26346 **N** **VALLÈS J.** L'enfant. Nouv. éd. *Gallimard, 2000.* (Jacques Vingtras; 1)(Folio ; 3397. Classique c5)
ISBN 2-07-041287-3. *32,50 F / 4,95 €*

26347 **VALLÈS J.** L'Insurgé. *Gallimard, 1975.* (Jacques Vingtras; 3)(Folio ; 669. Classique c8)
ISBN 2-07-036669-3. *37 F / 5,64 €*

26348 **VALLÈS J.** L'Insurgé. *LGF, 1972.* (Le Livre de poche ; 1244. Classiques de poche c7)
ISBN 2-253-01176-2. *30 F / 4,57 €*

26349 **VALLOTTON F.** La Vie meurtrière. *Aire, 1979.* (Le Chant du monde)
56 F / 8,54 €

26350 **VAN CAUWELAERT D.** Un aller simple. *LGF, 1995.* (Le Livre de poche ; 13853 c5)
ISBN 2-253-13853-3. *23 F / 3,51 €*

26351 **VAN CAUWELAERT D.** Cheyenne. *LGF, 1995.* (Le Livre de poche ; 13854 c4)
ISBN 2-253-13854-1. *20 F / 3,05 €*

26352 **VAN CAUWELAERT D.** Corps étranger. *LGF, 2000.* (Le Livre de poche ; 14793)
ISBN 2-253-14793-1. *35 F / 5,34 €*

26353 **VAN CAUWELAERT D.** Un Objet en souffrance. *LGF, 1993.* (Le Livre de poche ; 9708 c7)
ISBN 2-253-06467-X. *29 F / 4,42 €*

26354 **VAN CAUWELAERT D.** L'orange amère. Réimpr. *Seuil, 1995.* (Points c2)
ISBN 2-02-025998-2. *39 F / 5,95 €*

26355 **VAN CAUWELAERT D.** Poisson d'amour. Nouv. éd. *Seuil, 2000.* (Points ; 730 c8)
ISBN 2-02-040349-8. *39 F / 5,95 €*

26356 **VAN CAUWELAERT D.** Les vacances du fantôme. Rééd. *Seuil, 1995.* (Points c13)
ISBN 2-02-025786-6. *52 F / 7,93 €*

26357 **VAN CAUWELAERT D.** La vie interdite. *LGF, 1999.* (Le Livre de poche ; 14564 c9)
ISBN 2-253-14564-5. *36 F / 5,49 €*

26358 **VAN CAUWELAERT D.** Vingt ans et des poussières. Nouv. éd. sous une nouvelle pr. *Seuil, 1995.* (Points ; 95 c2)
ISBN 2-02-025460-3. *39 F / 5,95 €*

26359 **VAN DER MEERSCH M.** Corps et âmes. *LGF, 1996.* (Le Livre de poche ; 4391 c17)
ISBN 2-253-06807-1. *60 F / 9,15 €*

26360 **VAN DER MEERSCH M.** Pêcheurs d'hommes. *LGF.* (Le Livre de poche ; 1709 c6)
ISBN 2-253-01317-X. *26 F / 3,96 €*

26361 **VAN DER MEERSCH M.** Quand les sirènes se taisent. *Albin Michel, 1990.* (Bibliothèque Albin Michel poche ; 37 c2)
ISBN 2-226-03992-9. *49 F / 7,47 €*

26362 **VAN HAMME J.** Les Steenfort, maîtres de l'orge. *Pocket, 1997.* (Pocket ; 10326. Best c7)
ISBN 2-266-07914-X. *42 F / 6,40 €*

26363 **VAN HOEYMISSEN A.** Fantasmes. 2e éd. *le Cercle, 2000.* (Le Cercle poche ; 4)
ISBN 2-913563-13-9. *39 F / 5,95 €*

26364 **VAN LERBERGHE C.** Contes hors du temps. *Labor, 1992.* (Espace Nord ; 76 c1)
ISBN 2-8040-0778-2. *34 F / 5,18 €*

26365 **N** **VANDENBERG P.** La malédiction d'Imhotep. *LGF, 2000.* (Le Livre de poche ; 14967 c13)
ISBN 2-253-14967-5. *46 F / 7,01 €*

26366 **VANDERBEKE B.** Apocalypse non !. *Stock, 1999.* (Bibliothèque cosmopolite)
ISBN 2-234-05175-4. *55 F / 8,38 €*

26367 **VANDERBEKE B.** Dîner de moules. *Stock, 1997.* (Bibliothèque cosmopolite c1)
ISBN 2-234-04745-5. *50 F / 7,62 €*

26368 **N** **VANDERBEKE B.** Le dîner de moules. Nouv. éd. *Stock, 2000.* (Bibliothèque cosmopolite)
ISBN 2-234-05239-4. *50 F / 7,62 €*

26369 **N** **VANIER N.** Solitudes blanches : roman. Nouv. éd. *Actes Sud, 2001.* (Babel ; 467. Terres d'aventure)
ISBN 2-7427-3114-8. *45 F / 6,86 €*

26370 **VANOYEKE V.** Les histoires d'amour des pharaons. 1. *LGF, 1999.* (Le Livre de poche ; 14592 c7)
ISBN 2-253-14592-0. *30 F / 4,57 €*

26371 **N** **VANOYEKE V.** Les histoires d'amour des pharaons. 2. *LGF, 2001.* (Le Livre de poche ; 14985 c7)
ISBN 2-253-14985-3. *30 F / 4,57 €*

26372 **VANOYEKE V.** Une mystérieuse Egyptienne. *Pocket, 2000.* (Pocket ; 10844 c4B)
ISBN 2-266-09833-0. *32 F / 4,88 €*

26373 **VANOYEKE V.** La princesse de Thèbes. *LGF, 2000.* (La pharaonne; 1)(Le Livre de poche ; 14777 c8)
ISBN 2-253-14777-X. *33 F / 5,03 €*

26374 **VANOYEKE V.** Le pschent royal. *LGF, 2000.* (La pharaonne; 2)(Le Livre de poche ; 14850)
ISBN 2-253-14850-4. *29 F / 4,42 €*

26375 **N** **VANOYEKE V.** Le trésor de la reine-cobra. *Pocket, 2000.* (Pocket ; 10845 c4B)
ISBN 2-266-09832-2. *32 F / 4,88 €*

26376 **N** **VANOYEKE V.** Le voyage d'éternité. *LGF, 2000.* (La pharaonne; 3)(Le Livre de poche ; 14912 c8)
ISBN 2-253-14912-8. *33 F / 5,03 €*

26377 **VAREL B.** Un village pourtant si tranquille. *Pocket, 1998.* (Pocket ; 10239 c5)
ISBN 2-266-07796-1. *35 F / 5,34 €*

26378 **VAREL B.** Les yeux de Manon. *Pocket, 1999.* (Pocket ; 10517 c6)
ISBN 2-266-08594-8. *38 F / 5,79 €*

26379 **VARGAFTIG C.** Frédérique. *J'ai lu, 2000.* (J'ai lu ; 3773. Littérature générale cl)
ISBN 2-290-03773-7. *36 F / 5,49 €*

26380 **VARGAS LLOSA M.** Les cahiers de don Rigoberto. *Gallimard, 2000.* (Folio ; 3343 c10)
ISBN 2-07-041238-5. *46 F / 7,01 €*

26381 **VARGAS LLOSA M.** Les Chiots = Los Cachorros. *Gallimard, 1991.* (Folio bilingue ; 15)
ISBN 2-07-038435-7. *41 F / 6,25 €*

26382 **VARGAS LLOSA M.** Eloge de la marâtre. *Gallimard, 1992.* (Folio ; 2405 c8)
ISBN 2-07-038542-6. *37 F / 5,64 €*

26383 **VARGAS LLOSA M.** La Guerre de la fin du monde. *Gallimard, 1987.* (Folio ; 1823 c14)
ISBN 2-07-037823-3. *60 F / 9,15 €*

26384 **VARGAS LLOSA M.** L'Homme qui parle. *Gallimard, 1992.* (Folio ; 2345 c8)
ISBN 2-07-038468-3. *37 F / 5,64 €*

26385 **VARGAS LLOSA M.** Lituma dans les Andes. *Gallimard, 1997.* (Folio ; 3020 c8)
ISBN 2-07-040336-X. *37 F / 5,64 €*

26386 **VARGAS LLOSA M.** La Maison verte. *Gallimard, 1981.* (L'imaginaire ; 76)
ISBN 2-07-023381-2. *60 F / 9,15 €*

26387 **VARGAS LLOSA M.** Pantaleon et les visiteuses. *Gallimard, 1990.* (Folio ; 2137 c8)
ISBN 2-07-038231-1. *37 F / 5,64 €*

26388 **VARGAS LLOSA M.** Qui a tué Palomino Molero?. *Gallimard, 1989.* (Folio ; 2035 c11)
ISBN 2-07-038123-4. *29,50 F / 4,50 €*

26389 **VARGAS LLOSA M.** La Tante Julia et le scribouillard. *Gallimard, 1985.* (Folio ; 1649 c11)
ISBN 2-07-037649-4. *50 F / 7,62 €*

26390 **VARGAS LLOSA M.** La Ville et les chiens. *Gallimard, 1981.* (Folio ; 1271 c10)
ISBN 2-07-037271-5. *46 F / 7,01 €*

26391 **VASSILIKOS V.** Les Photographies. *Gallimard, 1985.* (Folio ; 1668 c8)
ISBN 2-07-037668-0. *37 F / 5,64 €*

26392 **VASSILIKOS V.** La Plante. *Gallimard, 1989.* (L'imaginaire ; 226)
ISBN 2-07-071821-2. *35 F / 5,34 €*

26393 **VASSILIKOS V.** Z. *Gallimard, 1972.* (Folio ; 111 c8)
ISBN 2-07-036111-X. *37 F / 5,64 €*

26394 **VAUTRIN J.** Billy-ze-kick. *Gallimard, 1985.* (Folio ; 1677 c9)
ISBN 2-07-037677-X. *20,50 F / 3,13 €*

26395 **N** **VAUTRIN J.** Le cri du peuple. *LGF, 2001.* (Le Livre de poche ; 15007)
ISBN 2-253-15007-X. *49 F / 7,47 €*

26396 **VAUTRIN J.** Un Grand pas vers le bon Dieu. *LGF, 1991.* (Le Livre de poche ; 7307 c12)
ISBN 2-253-05782-7. *44 F / 6,71 €*

26397 **VAUTRIN J.** Le roi des ordures. *LGF, 1998.* (Le Livre de poche ; 14487 c9)
ISBN 2-253-14487-8. *36 F / 5,49 €*

26398 **VAZQUEZ MONTALBAN M.** L'étrangleur. *Seuil, 1998.* (Points ; 521 c2)
ISBN 2-02-034478-5. *39 F / 5,95 €*

26399 **VAZQUEZ MONTALBAN M.** Galindez. *Seuil, 1994.* (Points. Roman ; 638 c3)
ISBN 2-02-021546-2. *48 F / 7,32 €*

26400 **VAZQUEZ MONTALBAN M.** Histoires de politique fiction. *10-18, 1992.* (10-18 ; 2298. Grands détectives c3)
ISBN 2-264-01712-0. *38 F / 5,79 €*

26401 **VAZQUEZ MONTALBAN M.** La joyeuse bande d'Atzavara. *Seuil, 1995.* (Points ; 184 c3)
ISBN 2-02-026203-7. *48 F / 7,32 €*

26402 **VAZQUEZ MONTALBAN M.** Ménage à quatre. *Seuil, 1992.* (Points. Roman ; 511 c4)
ISBN 2-02-014628-2. *25 F / 3,81 €*

26403 **VAZQUEZ MONTALBAN M.** Moi, Franco. *Seuil, 1997.* (Points ; 339 c13)
ISBN 2-02-028963-6. *52 F / 7,93 €*

26404 **N** **VAZQUEZ MONTALBAN M.** Ou César ou rien. *Seuil, 2000.* (Points ; 777)
ISBN 2-02-041946-7. *45 F / 6,86 €*

26405 **VAZQUEZ MONTALBAN M.** Le pianiste. *Seuil, 1998.* (Points ; 527 c10)
ISBN 2-02-034484-X. *45 F / 6,86 €*

26406 **VAZQUEZ MONTALBAN M.** Tatouage. *10-18, 1992.* (10-18 ; 2243. Grands détectives c5)
ISBN 2-264-01461-X. *44 F / 6,71 €*

26407 **VAZQUEZ MONTALBAN M.** Le tueur des abattoirs : et autres nouvelles. *Seuil, 1998.* (Points ; 526 c7)
ISBN 2-02-033653-7. *35 F / 5,34 €*

26408 **VEILLETET P.** Bords d'eaux. *Arléa, 1999.* (Arléa-poche ; 57)
ISBN 2-86959-460-7. *35 F / 5,34 €*

26409 **VEILLETET P.** Le cadeau du moine. *Arléa, 1998.* (Noël)
ISBN 2-86959-433-X. *50 F / 7,62 €*

26410 **VEILLETET P.** La pension des nonnes. *Arléa, 1996.* (Arléa-poche ; 7)
ISBN 2-86959-305-8. *25 F / 3,81 €*

26411 **VEINSTEIN A.** L'accordeur. *Gallimard, 1998.* (Folio ; 3086)
ISBN 2-07-040215-0. *29,50 F / 4,50 €*

26412 **A** **VEINSTEIN A.** Violante. *Gallimard, 2001.* (Folio)
ISBN 2-07-041459-0. *41 F / 6,25 €*

26413 **VERCEL R.** Capitaine Conan. Réimpr. *LGF, 1997.* (Le Livre de poche ; 9 c6)
ISBN 2-253-02921-1. *26 F / 3,96 €*

26414 **VERCEL R.** Capitaine Conan. *Albin Michel, 1988.* (Bibliothèque Albin Michel poche ; 13 c1)
ISBN 2-226-03437-4. *39 F / 5,95 €*

26415 **VERCORS** Les Animaux dénaturés. *LGF, 1984.* (Le Livre de poche ; 210 c7)
ISBN 2-253-01023-5. *30 F / 4,57 €*

26416 **VERCORS** Les armes de la nuit et la puissance du jour. *Seuil, 1997.* (Points ; 323 c2)
ISBN 2-02-030699-9. *42 F / 6,40 €*

26417 **VERCORS** Le Silence de la mer : et autres récits. Nouv. éd. *LGF, 1994.* (Le Livre de poche ; 25 c5)
ISBN 2-253-00310-7. *23 F / 3,51 €*

26418 **VERCORS** Sylva. *Grasset, 1992.* (Les Cahiers rouges ; 158)
ISBN 2-246-16662-4. *57 F / 8,69 €*

26419 **VERGA G.** Cavalleria rusticana : et autres nouvelles = Cavalleria rusticana : ed altre novelle. *Gallimard, 1996.* (Folio bilingue ; 62 c7)
ISBN 2-07-039440-9. *60 F / 9,15 €*

26420 **VERGA G.** Les Malavoglia. *Gallimard, 1997.* (Folio ; 2939 c8)
ISBN 2-07-040191-X. *37 F / 5,64 €*

26421 **VERGA G., SERAO M.** Gens et paysages du Sud = Gente e paesaggi del Mezzogiorno. *LGF, 1993.* (Les Langues modernes ; 8765. Bilingue c11)
ISBN 2-253-06450-5. *42 F / 6,40 €*

26422 **VERGUIN P.** Un beau soir sans pudeur. *Pocket, 1996.* (Pocket ; 3048. Best c4)
ISBN 2-266-06115-1. *30 F / 4,57 €*

26423 **N** **VERGUIN P.** Hiver champagne. *Pocket, 2000.* (Pocket ; 10762 c3)
ISBN 2-266-09555-2. *26 F / 3,96 €*

26424 **N** **VERGUIN P.** Presque un an. *la Musardine, 2000.* (Lectures amoureuses de Jean-Jacques Pauvert ; 41)
ISBN 2-84271-143-2. *39 F / 5,95 €*

26425 **A** **VERLAINE P.** Romances sans paroles ; suivi de Cellulairement. *LGF, 2001.* (Le Livre de poche ; 16075. Classiques de poche)
ISBN 2-253-16075-X. *26 F / 3,96 €*

26426 **VERNE J.** Autour de la lune. Rééd. *LGF, 1989.* (Le Livre de poche ; 2035. Classiques de poche c6)
ISBN 2-253-00587-8. *26 F / 3,96 €*

26427 **N** **VERNE J.** Le château des Carpathes. Réimpr. *Librio, 2000.* (Librio ; 171 c1)
ISBN 2-277-30171-X. *10 F / 1,52 €*

26428 **VERNE J.** Le château des Carpathes. *Actes Sud, 1997.* (Babel ; 299. Les fantastiques c3)
ISBN 2-7427-1449-9. *45 F / 6,86 €*

26429 **N** **VERNE J.** Le château des Carpathes. Rééd. *LGF, 2001.* (Le Livre de poche ; 2031. Classiques de poche c6)
ISBN 2-253-01329-3. *26 F / 3,96 €*

26430 **VERNE J.** Les Cinq cents millions de la Bégum. Rééd. *LGF, 1988.* (Le Livre de poche ; 2032. Classiques de poche c4)
ISBN 2-253-01270-X. *20 F / 3,05 €*

26431 **VERNE J.** Cinq semaines en ballon. Rééd. *LGF, 1989.* (Le Livre de poche ; 2028. Classiques de poche)
ISBN 2-253-00590-8. *29 F / 4,42 €*

26432 **VERNE J.** De la terre à la lune. Rééd. *LGF, 1989.* (Le Livre de poche ; 2026. Classiques de poche)
ISBN 2-253-00631-9. *29 F / 4,42 €*

26433 **VERNE J.** Deux ans de vacances. Rééd. *LGF, 1989.* (Le Livre de poche ; 2049. Classiques de poche c8)
ISBN 2-253-00537-1. *33 F / 5,03 €*

26434 **VERNE J.** En Magellanie. *Gallimard, 1999.* (Folio ; 3201 c9)
ISBN 2-07-040671-7. *41 F / 6,25 €*

26435 **VERNE J.** Les enfants du capitaine Grant. 1. *LGF, 1967.* (Le Livre de poche ; 2036. Classiques de poche c7)
ISBN 2-253-00588-6. *30 F / 4,57 €*

26436 **VERNE J.** Les enfants du capitaine Grant. 2. *LGF, 1967.* (Le Livre de poche ; 2037. Classiques de poche c7)
ISBN 2-253-00589-4. *30 F / 4,57 €*

26437 **N** **VERNE J.** L'éternel Adam. *Mille et une nuits, 2001.* (La petite collection ; 317)
ISBN 2-84205-551-9. *10 F / 1,52 €*

26438 **VERNE J.** Une fantaisie du docteur Ox. *Mille et une nuits, 1997.* (La petite collection ; 155 cB)
ISBN 2-84205-129-7. *15 F / 2,29 €*

26439 **VERNE J.** L'île mystérieuse. 1. *LGF, 1973.* (Le Livre de poche ; 2038. Classiques de poche c7)
ISBN 2-253-01271-8. *30 F / 4,57 €*

26440 **VERNE J.** L'île mystérieuse. 2. *LGF, 1973.* (Le Livre de poche ; 2039. Classiques de poche c7)
ISBN 2-253-01307-2. *33 F / 5,03 €*

26441 **VERNE J.** Les Indes noires. *LGF.* (Le Livre de poche ; 2044. Classiques de poche c4)
ISBN 2-253-01272-6. *20 F / 3,05 €*

26442 **VERNE J.** Michel Strogoff. Réimpr. *Pocket, 1999.* (Pocket ; 6082. Classiques c4B)
ISBN 2-266-09026-7. *32 F / 4,88 €*

26443 **VERNE J.** Michel Strogoff. Nouv. éd. *LGF, 1989.* (Le Livre de poche ; 2034. Classiques de poche)
ISBN 2-253-00586-X. *39 F / 5,95 €*

26444 **VERNE J.** Paris au XXe siècle. *LGF, 1996.* (Le Livre de poche ; 13941 c6)
ISBN 2-253-13941-6. *26 F / 3,96 €*

26445 **VERNE J.** Robur le conquérant. *LGF, 1976.* (Le Livre de poche ; 2024. Classiques de poche c6)
ISBN 2-253-01273-4. *26 F / 3,96 €*

26446 **VERNE J.** Le secret de Wilhelm Storitz. *Gallimard, 1999.* (Folio ; 3202 c9)
ISBN 2-07-040670-9. *41 F / 6,25 €*

26447 **VERNE J.** Le Sphinx des glaces. *LGF, 1987.* (Le Livre de poche ; 2056. Classiques de poche c10)
ISBN 2-253-04572-1. *40 F / 6,10 €*

26448 **N** **VERNE J.** Le tour du monde en 80 jours. Réimp. *LGF, 2000.* (Le Livre de poche ; 2025. Classiques de poche)
ISBN 2-253-01269-6. *29 F / 4,42 €*

26449 **VERNE J.** Le Tour du monde en 80 jours. *Hemma, 1983.* (Notre livre club pour la jeunesse ; 71)
ISBN 2-8006-0220-1. *135 FB / 3,35 €*

26450 **VERNE J.** Le Tour du monde en quatre-vingts jours. *Pocket, 1998.* (Pocket ; 6027. Classiques c3)
ISBN 2-266-08267-1. *26 F / 3,96 €*

26451 **VERNE J.** Les Tribulations d'un Chinois en Chine. Rééd. *LGF, 1989.* (Le Livre de poche ; 2030. Classiques de poche)
ISBN 2-253-01274-2. *39 F / 5,95 €*

26452 **VERNE J.** Le volcan d'or. *Gallimard, 1999.* (Folio ; 3203 c14)
ISBN 2-07-040672-5. *60 F / 9,15 €*

26453 **VERNE J.** Voyage au centre de la terre. Rééd. *LGF, 1988.* (Le Livre de poche ; 2029. Classiques de poche c6)
ISBN 2-253-01254-8. *26 F / 3,96 €*

26454 **VERNEUIL H.** Le cheval Vartan. *Pocket, 1999.* (Pocket ; 10632 c5)
ISBN 2-266-08389-9. *35 F / 5,34 €*

26455 **VERNEUIL H.** Mayrig. *Pocket, 1999.* (Pocket ; 10319 c5)
ISBN 2-266-07921-2. *35 F / 5,34 €*

26456 **VESAAS T.** Le Germe. *LGF, 1993.* (Le Livre de poche ; 3202. Biblio c9)
ISBN 2-253-06506-4. *36 F / 5,49 €*

26457 **N** **VESAAS T.** Le vent du Nord. Réimpr. *Table ronde, 2001.* (La petite vermillon ; 17)
ISBN 2-7103-0579-8. *45 F / 6,86 €*

26458 **A** **VETTIER J.** Avès Sotavento : balade caraïbe. *Baleine, 2001.* (Instantanés de polar ; 222)
ISBN 2-84219-316-4. *45 F / 6,86 €*

26459 **VIALATTE A.** Battling le ténébreux. *Gallimard, 1987.* (L'imaginaire ; 101 c1)
ISBN 2-07-021362-5. *44 F / 6,71 €*

26460 **VIALATTE A.** La Dame du Job. *LGF, 1989.* (Le Livre de poche ; 3126. Biblio c7)
ISBN 2-253-05130-6. *30 F / 4,57 €*

26461 **VIALATTE A.** Le fidèle Berger. *Gallimard, 2000.* (L'imaginaire ; 415)
ISBN 2-07-075782-X. *48 F / 7,32 €*

26462 **VIALATTE A.** Le Fidèle berger. *Gallimard, 1984.* (Folio ; 1563 c8)
ISBN 2-07-037563-3. *37 F / 5,64 €*

26463 **VIALATTE A.** Les Fruits du Congo. *Gallimard, 1991.* (L'imaginaire ; 256)
ISBN 2-07-072298-8. *72 F / 10,98 €*

26464 **VIALATTE A.** La Maison du joueur de flûte : géographie du grand tourment. *LGF, 1989.* (Le Livre de poche ; 3127. Biblio c7)
ISBN 2-253-05131-4. *30 F / 4,57 €*

26465 **VIAN B.** L'Arrache-coeur. Nouv. éd. rev. et corr. *LGF, 1992.* (Le Livre de poche ; 2398 c4)
ISBN 2-253-00662-9. *26 F / 3,96 €*

26466 **VIAN B.** Contes de fées à l'usage des moyennes personnes. *LGF, 1999.* (Le Livre de poche ; 14896 c7)
ISBN 2-253-14696-X. *30 F / 4,57 €*

26467 **VIAN B.** L'écume des jours. *LGF, 1997.* (Le Livre de poche ; 14087 c9)
ISBN 2-253-14087-2. *36 F / 5,49 €*

26468 **N** **VIAN B.** Elles se rendent pas compte. *LGF, 2000.* (Le Livre de poche ; 14921 c5)
ISBN 2-253-14921-7. *23 F / 3,51 €*

26469 **VIAN B.** Et on tuera tous les affreux. *LGF, 1999.* (Le Livre de poche ; 14616 c7)
ISBN 2-253-14616-1. *30 F / 4,57 €*

26470 **VIAN B.** Les fourmis. *LGF, 2000.* (Le Livre de poche ; 14782 c9)
ISBN 2-253-14782-6. *29 F / 4,42 €*

26471 **VIAN B.** L'Herbe rouge ; Les Lurettes fourrées : nouvelles. Nouv. éd. rev. et corr. *LGF, 1992.* (Le Livre de poche ; 2622 c6)
ISBN 2-253-00135-X. *26 F / 3,96 €*

26472 **VIAN B.** J'irai cracher sur vos tombes. *LGF, 1997.* (Le Livre de poche ; 14143 c8)
ISBN 2-253-14143-7. *33 F / 5,03 €*

26473 **N** **VIAN B.** Le loup-garou : suivi de douze autres nouvelles. *LGF, 2000.* (Le Livre de poche ; 14853)
ISBN 2-253-14853-9. *28 F / 4,27 €*

26474 **VIAN B.** Les morts ont tous la même peau. *LGF, 1997.* (Le Livre de poche ; 14193 c6)
ISBN 2-253-14193-3. *26 F / 3,96 €*

26475 **VIAN B.** Le ratichon baigneur. *LGF, 1999.* (Le Livre de poche ; 14719 c6)
ISBN 2-253-14719-2. *26 F / 3,96 €*

26476 **VIAN B.** Romans, nouvelles, oeuvres diverses. *LGF, 1991.* (La Pochothèque ; 3205. Classiques modernes)
ISBN 2-253-05512-3. *140 F / 21,34 €*

26477 **VIAN B.** Trouble dans les andains. *LGF, 1997.* (Le Livre de poche ; 14135 c9)
ISBN 2-253-14135-6. *36 F / 5,49 €*

26478 **VIANNA V.** La dernière ligne. *Métailié, 1999.* (Suites ; 26. Suite brésilienne)
ISBN 2-86424-313-X. *55 F / 8,38 €*

26479 **N** **VICTOR C.** Les soeurs Collins. *J'ai lu, 2001.* (J'ai lu ; 5759. Amour et destin cJ)
ISBN 2-290-30891-9. *39 F / 5,95 €*

26480 **VIDAL L.** Les amants de Grenade. *LGF, 2000.* (Le Livre de poche ; 14859)
ISBN 2-253-14859-8. *35 F / 5,34 €*

26481 **VIGNY A. d.** Cinq-Mars. *Gallimard, 1980.* (Folio ; 1205. Classique c10)
ISBN 2-07-037205-7. *46 F / 7,01 €*

26482 **VIGNY A. d.** Servitude et grandeur militaires. *Gallimard, 1992.* (Folio ; 2329. Classique c10)
ISBN 2-07-038479-9. *46 F / 7,01 €*

26483 **VILA S.** La Procession des pierres. *Gallimard, 1991.* (Folio ; 2260 c8)
ISBN 2-07-038375-X. *37 F / 5,64 €*

26484 **N** **VILLEGAS A.** Le coeur a ses raisons. *J'ai lu, 2000.* (J'ai lu ; 5521. Littérature générale cG)
ISBN 2-290-30179-5. *29 F / 4,42 €*

26485 **VILLIERS DE L'ISLE-ADAM A. d.** Contes cruels. *Gallimard, 1983.* (Folio ; 1456. Classique c11)
ISBN 2-07-037456-4. *50 F / 7,62 €*

26486 **VILLIERS DE L'ISLE-ADAM A. d.** Le convive des dernières fêtes. *Mille et une nuits, 1996.* (La petite collection ; 94 cA)
ISBN 2-84205-037-1. *10 F / 1,52 €*

26487 **VILLIERS DE L'ISLE-ADAM A. d.** L'Eve future. *Gallimard, 1993.* (Folio ; 2498. Classique c11)
ISBN 2-07-038739-9. *50 F / 7,62 €*

26488 **VILMORIN L. d.** Les Belles amours. *Gallimard, 1984.* (Folio ; 1602 c11)
ISBN 2-07-037602-8. *29,50 F / 4,50 €*

26489 **VILMORIN L. d.** Histoire d'aimer. *Gallimard, 1997.* (L'imaginaire ; 364)
ISBN 2-07-074852-9. *39 F / 5,95 €*

26490 **VILMORIN L. d.** La lettre dans un taxi. *Gallimard, 1998.* (L'imaginaire ; 378)
ISBN 2-07-075176-7. *40 F / 6,10 €*

26491 **VILMORIN L. d.** Le lit à colonnes. *Gallimard, 1999.* (L'imaginaire ; 401)
ISBN 2-07-075519-3. *68 F / 10,37 €*

26492 **VILMORIN L. d.** Madame de... ; Julietta. Réimpr. *Gallimard, 1993.* (Folio ; 294 c11)
ISBN 2-07-036294-9. *29,50 F / 4,50 €*

26493 **VINCENOT H.** La Billebaude. *Gallimard, 1982.* (Folio ; 1370 c9)
ISBN 2-07-037370-3. *41 F / 6,25 €*

26494 **VINCENOT H.** Les Chevaliers du chaudron. *Gallimard, 1981.* (Folio ; 1270 c11)
ISBN 2-07-037270-7. *29,50 F / 4,50 €*

26495 **N** **VINCENOT H.** Du côté des Bordes. *LGF, 2000.* (Le Livre de poche ; 14872 c6)
ISBN 2-253-14872-5. *26 F / 3,96 €*

26496 **VINCENOT H.** Les Etoiles de Compostelle. *Gallimard, 1987.* (Folio ; 1876 c8)
ISBN 2-07-037876-4. *37 F / 5,64 €*

26497 **VINCENOT H.** Le Livre de raison de Claude Bourguignon. *Gallimard, 1990.* (Folio ; 2213 c11)
ISBN 2-07-038303-2. *29,50 F / 4,50 €*

26498 **VINCENOT H.** Le Maître des abeilles. *Gallimard, 1989.* (Folio ; 2096 c9)
ISBN 2-07-038154-4. *20,50 F / 3,13 €*

26499 **A** **VINCENOT H.** Nouvelles ironiques. *LGF, 2001.* (Le Livre de poche ; 15027)
ISBN 2-253-15027-4. *33 F / 5,03 €*

26500 **VINCENOT H.** L'Oeuvre de chair. *Gallimard, 1986.* (Folio ; 1719 c8)
ISBN 2-07-037719-9. *37 F / 5,64 €*

26501 **VINCENOT H.** Le Pape des escargots. *Gallimard, 1983.* (Folio ; 1474 c9)
ISBN 2-07-037474-2. *41 F / 6,25 €*

26502 **VINCENOT H.** La Pie saoule. *Gallimard, 1979.* (Folio ; 1132 c11)
ISBN 2-07-037132-8. *29,50 F / 4,50 €*

26503 **VINCENOT H.** Récits des friches et des bois. *LGF, 1999.* (Le Livre de poche ; 14628 c7)
ISBN 2-253-14628-5. *30 F / 4,57 €*

26504 **VINCENOT H.** Les Voyages du professeur Lorgnon. *Gallimard, 1985.* (Folio ; 1664 c9)
ISBN 2-07-037664-8. *41 F / 6,25 €*

26505 **VINCENT C.** Le Pierrot de soleil. *LGF, 1999.* (Le Livre de poche ; 14657 c9)
ISBN 2-253-14657-9. *36 F / 5,49 €*

26506 **N** **VINCENT C.** Les roses de l'hiver. *LGF, 2000.* (Le Livre de poche ; 14899 c9)
ISBN 2-253-14899-7. *36 F / 5,49 €*

26507 **VINCENT R.** L'Adieu au champs. *Seuil, 1989.* (Points. Roman ; 354 c2)
ISBN 2-02-010722-8. *39 F / 5,95 €*

26508 **VINCENT R.** L'Enfant de Port-Royal : le roman de Jean Racine. *Seuil, 1994.* (Points. Roman ; 674 c5)
ISBN 2-02-022574-3. *48 F / 7,32 €*

26509 **VINCENT R.** Le Temps d'un royaume : Jeanne Dupleix. *Seuil, 1983.* (Points. Roman ; 113 c4)
ISBN 2-02-006515-0. *52 F / 7,93 €*

26510 **VINCENZI P.** La belle absente. *J'ai lu, 1999.* (J'ai lu ; 5227. Littérature générale c7)
ISBN 2-290-05227-2. *45 F / 6,86 €*

26511 **VINET G.** Le rendez-vous de la Korrigane. *Liv'éditions, 1997.* (Liv'poche)
ISBN 2-910781-49-6. *49 F / 7,47 €*

26512 **VINGE J. D.** Cat le Psion. *J'ai lu, 1991.* (J'ai lu ; 3114. Science-fiction c7)
ISBN 2-277-23114-2. *45 F / 6,86 €*

26513 **22 histoires de sexe et d'horreur.** *Pocket, 1995.* (Pocket ; 9113. Terreur c8)
ISBN 2-266-00119-1. *45 F / 6,86 €*

26514 **20 Kurzgeschichten des 20 Jahrhunderts.** *LGF, 1989.* (Le Livre de poche ; 8619. Lire en allemand c8)
ISBN 2-253-05019-9. *33 F / 5,03 €*

26515 **N** **VIOLLIER Y.** L'étoile du bouvier. *Pocket, 2001.* (Les saisons de Vendée; 2)(Pocket ; 10503 c5)
ISBN 2-266-08695-2. *35 F / 5,34 €*

26516 **VIOLLIER Y.** Les saisons de Vendée. *Pocket, 1998.* (Pocket ; 10186 c7)
ISBN 2-266-07509-8. *42 F / 6,40 €*

26517 **VISAGE B.** Angelica. Nouv. éd. *Seuil, 2000.* (Points. Roman ; 369 c1)
ISBN 2-02-039570-3. *32 F / 4,88 €*

26518 **VISAGE B.** Angelica. *Seuil, 1989.* (Points. Roman ; 369 c1)
ISBN 2-02-010885-2. *31 F / 4,73 €*

26519 **VISAGE B.** Bambini. *Seuil, 1994.* (Points. Roman ; 688 c1)
ISBN 2-02-023055-0. *32 F / 4,88 €*

26520 **VISAGE B.** L'éducation féline. *Seuil, 1998.* (Points ; 547 c1)
ISBN 2-02-034959-0. *32 F / 4,88 €*

26521 **VISAGE B.** Hôtel Atmosphère. *Seuil, 2000.* (Points ; 698 c2)
ISBN 2-02-039565-7. *39 F / 5,95 €*

26522 **VISAGE B.** Rendez-vous sur la terre. *Seuil, 1991.* (Points. Roman ; 454 c2)
ISBN 2-02-013201-X. *39 F / 5,95 €*

26523 **VISAGE B.** Tous les soleils. *Seuil, 1999.* (Points ; 628 c1)
ISBN 2-02-034967-1. *32 F / 4,88 €*

26524 **VITOUX F.** Un Amour de chat. *Seuil, 1993.* (Points. Roman ; 623 c4)
ISBN 2-02-020134-8. *25 F / 3,81 €*

26525 **VITOUX F.** Cartes postales. *Gallimard, 1993.* (Folio ; 2539 c11)
ISBN 2-07-038827-1. *29,50 F / 4,50 €*

26526 **VITOUX F.** Charles et Camille. *Seuil, 1994.* (Points. Roman ; 667 c3)
ISBN 2-02-022177-2. *48 F / 7,32 €*

26527 **VITOUX F.** La comédie de Terracina. *Seuil, 1996.* (Points ; 209 c2)
ISBN 2-02-028308-5. *39 F / 5,95 €*

26528 **VITOUX F.** Deux femmes. *Seuil, 1998.* (Points ; 517 c9)
ISBN 2-02-034477-7. *42 F / 6,40 €*

26529 **VITOUX F.** Esther et le diplomate. *Seuil, 2000.* (Points ; 713 c10)
ISBN 2-02-039911-3. *45 F / 6,86 €*

26530 **VITOUX F.** Fin de saison au Palazzo Pedrotti. *Seuil, 1984.* (Points. Roman ; 170 c1)
ISBN 2-02-006976-8. *39 F / 5,95 €*

26531 **VITOUX F.** Sérénissime. *Seuil, 1992.* (Points. Roman ; 545 c3)
ISBN 2-02-017743-9. *48 F / 7,32 €*

26532 **VITOUX F.** Yedda jusqu'à la fin. *LGF, 1995.* (Le Livre de poche ; 13844 c6)
ISBN 2-253-13844-4. *26 F / 3,96 €*

26533 **VITTORINI E.** Conversation en Sicile. *Gallimard, 1990.* (L'imaginaire ; 232)
ISBN 2-07-071889-1. *45 F / 6,86 €*

26534 **VITTORINI E.** Les Hommes et les autres. *Gallimard, 1992.* (L'Etrangère)
ISBN 2-07-072734-3. *50 F / 7,62 €*

26535 **VITTORINI E.** Le Simplon fait un clin d'oeil au Fréjus. *Gallimard, 1982.* (Folio ; 1400 c11)
ISBN 2-07-037400-9. *29,50 F / 4,50 €*

26536 **VIVIANT A.** La ville des grincements de dents. *LGF, 1999.* (Le Livre de poche ; 14694 c4)
ISBN 2-253-14694-3. *20 F / 3,05 €*

26537 **VIVIER R.** Délivrez-nous du mal. *Labor, 1989.* (Espace Nord ; 53 c2)
ISBN 2-8040-0443-0. *42 F / 6,40 €*

26538 **A** **VLADIMIR** Une valse de slave nu. *Baleine, 2001.* (Le Poulpe ; 216)
ISBN 2-84219-339-3. *39 F / 5,95 €*

26539 **VLADY M.** Le Collectionneur de Venise. *LGF, 1992.* (Le Livre de poche ; 4290 c6)
ISBN 2-253-05922-6. *26 F / 3,96 €*

26540 **VLADY M.** Le Voyage de Sergueï Ivanovitch. *LGF, 1994.* (Le Livre de poche ; 13615 c5)
ISBN 2-253-13615-8. *23 F / 3,51 €*

26541 **VLÉRICK C.** Le brodeur de Pont-L'Abbé. *Pocket, 2000.* (Pocket ; 10814 c4B)
ISBN 2-266-09758-X. *32 F / 4,88 €*

26542 **VLÉRICK C.** La fille du goémonier. *Pocket, 1999.* (Pocket ; 10716 c5)
ISBN 2-266-09272-3. *35 F / 5,34 €*

26543 **VOINOVITCH V.** Les Aventures singulières du soldat Ivan Tchonkine. *Seuil, 1991.* (Points. Roman ; 455 c3)
ISBN 2-02-013258-3. *48 F / 7,32 €*

26544 **VOLKOFF V.** Le Berkeley à cinq heures. *LGF, 1995.* (Le Livre de poche ; 13711 c7)
ISBN 2-253-13711-1. *30 F / 4,57 €*

26545 **VOLKOFF V.** Un cas de force mineure : et autres nouvelles. *Librio, 1997.* (Nouvelles américaines; 2)(Librio ; 166 c1)
ISBN 2-277-30166-3. *10 F / 1,52 €*

26546 **VOLKOFF V.** Chroniques angéliques. *LGF, 1999.* (Le Livre de poche ; 14761 c10)
ISBN 2-253-14761-3. *40 F / 6,10 €*

26547 **VOLKOFF V.** Les Faux tsars. *LGF, 1994.* (Le Livre de poche ; 9769 c11)
ISBN 2-253-09769-1. *42 F / 6,40 €*

26548 **VOLKOFF V.** Le grand tsar blanc. *LGF, 1997.* (Le Livre de poche ; 14169 c11)
ISBN 2-253-14169-0. *42 F / 6,40 €*

26549 **VOLKOFF V.** Un homme juste : et autres nouvelles. *Librio, 1996.* (Nouvelles américaines; 1)(Librio ; 124 c1)
ISBN 2-277-30124-8. *10 F / 1,52 €*

26550 **VOLLMANN W. T.** Les nuits du papillon. *10-18, 1999.* (10-18 ; 3138. Domaine étranger c6)
ISBN 2-264-03040-2. *47 F / 7,17 €*

26551 **N** **VOLLMANN W. T.** Des putes pour Gloria. *Seuil, 2000.* (Points ; 764)
ISBN 2-02-038551-1. *35 F / 5,34 €*

26552 **VOLTAIRE** Candide : et autres contes. *Gallimard, 1992.* (Romans et contes; 2)(Folio ; 2358. Classique c9)
ISBN 2-07-038482-9. *41 F / 6,25 €*

26553 **VOLTAIRE** Candide ou L'optimisme : et autres contes. Rééd. *Pocket, 1998.* (Pocket ; 6006. Classiques c1)
ISBN 2-266-08266-3. *19 F / 2,90 €*

26554 **VOLTAIRE** Candide ou L'optimisme. *Librio, 1994.* (Librio ; 31 c1)
ISBN 2-277-30031-4. *10 F / 1,52 €*

26555 **VOLTAIRE** Candide ou L'optimisme. *Mille et une nuits, 1998.* (La petite collection ; 189 cC)
ISBN 2-84205-193-9. *20 F / 3,05 €*

26556 **VOLTAIRE** Candide ou L'optimisme. Nouv. éd. *Gallimard, 1999.* (Folio ; 3243. Classique c4)
ISBN 2-07-040936-8. *20,50 F / 3,13 €*

26557 **VOLTAIRE** Candide. *LGF, 1995.* (Le Livre de poche ; 3111. Classiques de poche c3)
ISBN 2-253-09808-6. *18 F / 2,74 €*

26558 **VOLTAIRE** L'ingénu ; suivi de La Bastille et de Epître à Uranie. *LGF, 1996.* (Le Livre de poche ; 13940. Classiques de poche c5)
ISBN 2-253-13940-8. *23 F / 3,51 €*

26559 **VOLTAIRE** L'ingénu ; suivi de L'homme aux quarante écus. *Librio, 1997.* (Librio ; 180 c1)
ISBN 2-277-30180-9. *10 F / 1,52 €*

26560 **N** **VOLTAIRE** Micromégas. *LGF, 2000.* (Le Livre de poche ; 14904. Les classiques d'aujourd'hui c1)
ISBN 2-253-14904-7. *10 F / 1,52 €*

26561 **VOLTAIRE** La princesse de Babylone. *Librio, 2000.* (Librio ; 356 c1)
ISBN 2-290-30496-4. *10 F / 1,52 €*

26562 **VOLTAIRE** La Princesse de Babylone. *LGF, 1994.* (Le Livre de poche ; 13643. Les classiques d'aujourd'hui c1)
ISBN 2-253-13643-3. *10 F / 1,52 €*

26563 **VOLTAIRE** Voltaire : romans et contes en vers et en prose. *LGF, 1994.* (La Pochothèque ; 3216. Classiques modernes)
ISBN 2-253-13216-0. *120 F / 18,29 €*

26564 **VOLTAIRE** Zadig : et autres contes orientaux. Réimpr. *Pocket, 1998.* (Pocket ; 6046. Classiques c3B)
ISBN 2-266-08758-4. *28 F / 4,27 €*

26565 **VOLTAIRE** Zadig : et autres contes. *Gallimard, 1992.* (Romans et contes; 1)(Folio ; 2347. Classique c9)
ISBN 2-07-038481-0. *41 F / 6,25 €*

26566 **VOLTAIRE** Zadig ou La destinée ; suivi de Micromégas. *Librio, 1995.* (Librio ; 77 c1)
ISBN 2-277-30077-2. *10 F / 1,52 €*

26567 **VOLTAIRE** Zadig ou La destinée. Nouv. éd. *Gallimard, 1999.* (Folio ; 3244. Classique c3)
ISBN 2-07-040927-9. *19 F / 2,90 €*

26568 **VOLTAIRE** Zadig. *LGF, 1984.* (Le Livre de poche ; 658. Classiques de poche c7)
ISBN 2-253-01492-3. *30 F / 4,57 €*

26569 **La Volte des vertugadins.** *LGF, 1992.* (Fortune de France; 9)(Le Livre de poche ; 4351 c10)
ISBN 2-253-06055-0. *40 F / 6,10 €*

26570 **VON ARNIM E.** Avril enchanté. *10-18, 1999.* (10-18 ; 3062. Domaine étranger c6)
ISBN 2-264-02427-5. *47 F / 7,17 €*

26571 **VON ARNIM E.** Elizabeth et son jardin allemand. *10-18, 1996.* (10-18 ; 2732. Domaine étranger c3)
ISBN 2-264-02329-5. *38 F / 5,79 €*

26572 **VON ARNIM E.** En caravane. *10-18, 1995.* (10-18 ; 2678. Domaine étranger c6)
ISBN 2-264-02262-0. *47 F / 7,17 €*

26573 **VON ARNIM E.** L'été solitaire. *10-18, 1997.* (10-18 ; 2827. Domaine étranger c2)
ISBN 2-264-02330-9. *25 F / 3,81 €*

26574 **VON ARNIM E.** Mrs Skeffington. *10-18, 1998.* (10-18 ; 2914. Domaine étranger c7)
ISBN 2-264-02388-0. *50 F / 7,62 €*

26575 **N** **VON ARNIM E.** Vera. *10-18, 2000.* (10-18 ; 3208. Domaine étranger c6)
ISBN 2-264-02389-9. *47 F / 7,17 €*

26576 **VONNEGUT K.** Abattoir 5. *Seuil, 1992.* (Points. Roman ; 508 c2)
ISBN 2-02-014694-0. *39 F / 5,95 €*

26577 **N** **VONNEGUT K.** Le berceau du chat. Nouv. éd. *Seuil, 2001.* (Points ; 833 c8)
ISBN 2-02-048501-X. *39 F / 5,95 €*

26578 **VONNEGUT K.** Breakfast of champions = Le breakfast du champion. *J'ai lu, 1999.* (J'ai lu ; 600. Littérature générale c5)
ISBN 2-290-00660-2. *39 F / 5,95 €*

26579 **VRIGNY R.** Accident de parcours ; suivi de Amour et de Une tache sur la vitre. *Gallimard, 1996.* (Folio ; 2794 c9)
ISBN 2-07-039404-2. *20,50 F / 3,13 €*

26580 **VRIGNY R.** Un Ange passe. *Gallimard, 1984.* (Folio ; 1545 c11)
ISBN 2-07-037545-5. *29,50 F / 4,50 €*

26581 **VRIGNY R.** Le Bonhomme d'Ampère. *Gallimard, 1991.* (Folio ; 2229 c8)
ISBN 2-07-038329-6. *37 F / 5,64 €*

26582 **VRIGNY R.** La Nuit de Mougins. *Gallimard, 1963.* (Folio ; 558 c9)
ISBN 2-07-036558-1. *20,50 F / 3,13 €*

26583 **VRIGNY R.** La Vie brève. *Gallimard, 1980.* (Folio ; 1157 c8)
ISBN 2-07-037157-3. *37 F / 5,64 €*

26584 **N** **WAJSBROT C.** Le désir d'Equateur. *le Cercle, 2001.* (Le Cercle poche ; 11)
ISBN 2-913563-32-5. *39 F / 5,95 €*

26585 **WALDER F.** Saint-Germain ou la Négociation. *Gallimard, 1992.* (Folio ; 2357 c11)
ISBN 2-07-038478-0. *29,50 F / 4,50 €*

26586 **WALKER E.** Au risque de la vie. *Pocket, 1999.* (Pocket ; 10512 c9)
ISBN 2-266-08589-1. *48 F / 7,32 €*

26587 **WALKER E.** L'aube de la fortune. *Pocket, 1998.* (Pocket ; 10491. Roman c10)
ISBN 2-266-08508-5. *50 F / 7,62 €*

26588 **N** **WALKER E.** Le labyrinthe des coeurs. *Pocket, 2000.* (Pocket ; 10886 c8)
ISBN 2-266-09885-3. *45 F / 6,86 €*

26589 **WALKER M.** Blé d'hiver. *10-18, 1999.* (10-18 ; 3091. Domaine étranger c8)
ISBN 2-264-02660-X. *55 F / 8,38 €*

26590 **WALKER M.** Jubilee. *Seuil, 1982.* (Points. Roman ; 77 c4)
ISBN 2-02-006216-X. *52 F / 7,93 €*

26591 **WALLACE I.** La vingt-septième épouse du Mormon. *Gallimard, 1995.* (L'Etrangère)
ISBN 2-07-039413-1. *90 F / 13,72 €*

26592 **WALLER R. J.** Sur la route de Madison. *Pocket, 1995.* (Pocket ; 4300. Best c3)
ISBN 2-266-06406-1. *26 F / 3,96 €*

26593 **N** **WALLER R. J.** Valse lente à Cedar Bend. *Pocket, 2000.* (Pocket ; 10119 c4)
ISBN 2-266-07496-2. *30 F / 4,57 €*

26594 **WALLRAFF G.** Tête de Turc. *LGF, 1987.* (Le Livre de poche ; 6326 c8)
ISBN 2-253-04140-8. *33 F / 5,03 €*

26595 **WALPOLE H.** Contes hiéroglyphiques. *Mercure de France, 1995.* (Le petit Mercure)
ISBN 2-7152-1952-0. *15 F / 2,29 €*

26596 **WALSER M.** Wolf et Doris. *Seuil, 1992.* (Points. Roman ; 518 c1)
ISBN 2-02-012694-X. *32 F / 4,88 €*

26597 **WALSER R.** Le brigand. *Gallimard, 1996.* (Folio ; 2900 c11)
ISBN 2-07-040090-5. *29,50 F / 4,50 €*

26598 **WALSER R.** Les Enfants Tanner. *Gallimard, 1992.* (Folio ; 2380 c10)
ISBN 2-07-038517-5. *46 F / 7,01 €*

26599 **WALSER R.** L'Institut Benjamenta : Jakob von Juten. Réimpr. *Gallimard, 1999.* (L'imaginaire ; 80)
ISBN 2-07-024369-9. *50 F / 7,62 €*

26600 **N** **WALSER R.** La promenade = Der Spaziergang. *Gallimard, 2000.* (Folio bilingue ; 93)
ISBN 2-07-041334-9. *60 F / 9,15 €*

26601 **WALSER R.** La rose. *Gallimard, 1995.* (L'Etrangère)
ISBN 2-07-074074-9. *42 F / 6,40 €*

26602 **WALTARI M.** Les Amants de Byzance. *Pocket, 1992.* (Pocket ; 2270. Best c9)
ISBN 2-266-05371-X. *30 F / 4,57 €*

26603 **WALTARI M.** Un inconnu vint à la ferme. *Gallimard, 1995.* (Folio ; 2751 c11)
ISBN 2-07-039375-5. *29,50 F / 4,50 €*

26604 **WALTARI M.** Sinouhé l'Egyptien. 1. *Gallimard, 1988.* (Folio ; 1297 c9)
ISBN 2-07-037297-9. *41 F / 6,25 €*

26605 **WALTARI M.** Sinouhé l'Egyptien. 2. *Gallimard, 1989.* (Folio ; 1298 c9)
ISBN 2-07-037298-7. *41 F / 6,25 €*

26606 **WALTARI M.** Sinouhé l'Egyptien. *Gallimard, 1998.* (Folio)
ISBN 2-07-040618-0. *41 F / 6,25 €*

26607 **WALTER A.** Les Relations d'incertitude. *Actes Sud, 1994.* (Babel ; 110 c1)
ISBN 2-7427-0211-3. *33 F / 5,03 €*

26608 **WARNER A.** Ces terres démentes. *10-18, 2000.* (10-18 ; 3197. Domaine étranger c5)
ISBN 2-264-02840-8. *44 F / 6,71 €*

26609 **WARNER A.** Morvern Callar. *10-18, 1999.* (10-18 ; 3039. Domaine étranger c5)
ISBN 2-264-02841-6. *44 F / 6,71 €*

26610 **WARNER S. T.** Laura Willowes. *Gallimard, 1991.* (Folio ; 2218 c10)
ISBN 2-07-038319-9. *46 F / 7,01 €*

26611 **N** **WARREN P.** Sous tension. *J'ai lu, 2000.* (J'ai lu ; 5523. Amour et destin cJ)
ISBN 2-290-30181-7. *39 F / 5,95 €*

26612 **WARREN R. P.** Un Endroit où aller. *Actes Sud, 1991.* (Babel ; 28 c6)
ISBN 2-86869-662-7. *63 F / 9,60 €*

26613 **WARREN R. P.** La grande forêt. *Stock, 1988.* (Bibliothèque cosmopolite ; 96)
ISBN 2-234-02134-0. *60 F / 9,15 €*

26614 **WARREN R. P.** Les rendez-vous de la clairière. *Actes Sud, 1996.* (Babel ; 197 c6)
ISBN 2-7427-0695-X. *63 F / 9,60 €*

26615 **WASSERMANN J.** Gaspard Hauser ou la Paresse du coeur. *Grasset, 1992.* (Les Cahiers rouges ; 160)
ISBN 2-246-46082-4. *67 F / 10,21 €*

26616 **N** **WASSMO H.** La chambre silencieuse. *Actes Sud, 2000.* (Babel ; 433 c4)
ISBN 2-7427-2772-8. *51 F / 7,77 €*

26617 **N** **WASSMO H.** Les limons vides. *10-18, 2000.* (Le livre de Dina; 1)(10-18 ; 3231. Domaine étranger)
ISBN 2-264-03046-1. *38 F / 5,79 €*

26618 **N** **WASSMO H.** Le livre de Dina. 2, Les vivants aussi. *10-18, 2001.* (10-18 ; 3267. Domaine étranger)
ISBN 2-264-03047-X. *38 F / 5,79 €*

26619 **A** **WASSMO H.** Mon bien-aimé est à moi. *10-18, 2001.* (Le livre de Dina; 3)(10-18 ; 3293. Domaine étranger)
ISBN 2-264-03048-8. *44 F / 6,71 €*

26620 **WASSMO H.** La véranda aveugle. Réimpr. *Actes Sud, 2000.* (Babel ; 405)
ISBN 2-7427-2527-X. *45 F / 6,86 €*

26621 **WATERHOUSE R.** Ridicule ou Les désordres causés par Grégoire Ponceludon de Malavoy à la cour de Versailles. *Pocket, 1996.* (Pocket ; 7189 c4)
ISBN 2-266-07261-7. *30 F / 4,57 €*

26622 **WATSON L.** Justice. *10-18, 1999.* (10-18 ; 3079. Domaine étranger c6)
ISBN 2-264-02636-7. *47 F / 7,17 €*

26623 **WATSON L.** Montana 1948. *10-18, 1998.* (10-18 ; 2981. Domaine étranger)
ISBN 2-264-02496-8. *41 F / 6,25 €*

26624 **WAUGH E.** La capitulation. Réimpr. *10-18, 1998.* (10-18 ; 1713. Domaine étranger c6)
ISBN 2-264-02798-3. *47 F / 7,17 €*

26625 **WAUGH E.** Le Cher disparu. Réimpr. *10-18, 1994.* (10-18 ; 1430. Domaine étranger c3)
ISBN 2-264-01996-4. *38 F / 5,79 €*

26626 **WAUGH E.** Diablerie. Réimpr. *10-18, 1997.* (10-18 ; 1691. Domaine étranger c5)
ISBN 2-264-00173-9. *44 F / 6,71 €*

26627 **WAUGH E.** L'épreuve de Gilbert Pinfold. Rééd. *10-18, 1999.* (10-18 ; 1511. Domaine étranger c5)
ISBN 2-264-02754-1. *44 F / 6,71 €*

26628 **WAUGH E.** La Fin d'une époque. *Seuil, 1993.* (Points. Roman ; 567 c3)
ISBN 2-02-014654-1. *48 F / 7,32 €*

26629 **WAUGH E.** Hissez le grand pavois. Réimpr. *10-18, 1996.* (10-18 ; 1473. Domaine étranger c6)
ISBN 2-264-02409-7. *47 F / 7,17 €*

26630 **WAUGH E.** Hommes en armes. Réimpr. *10-18, 1998.* (10-18 ; 1674. Domaine étranger c6)
ISBN 2-264-02800-9. *47 F / 7,17 €*

26631 **WAUGH E.** Officiers et gentlemen. Réimpr. *10-18, 1998.* (10-18 ; 1691. Domaine étranger c6)
ISBN 2-264-02752-5. *47 F / 7,17 €*

26632 **WAUGH E.** Retour à Brideshead. Réimpr. *10-18, 1992.* (10-18 ; 1398. Domaine étranger c6)
ISBN 2-264-00315-4. *47 F / 7,17 €*

26633 **WAUGH E.** Scoop. *10-18, 1983.* (10-18 ; 1589. Domaine étranger c5)
ISBN 2-264-00562-9. *44 F / 6,71 €*

26634 **WAUGH E.** Une poignée de cendres. Rééd. *10-18, 1994.* (10-18 ; 1501. Domaine étranger c9)
ISBN 2-264-00171-2. *47 F / 7,17 €*

26635 **WEBB M.** Sarn. *Grasset, 1986.* (Les Cahiers rouges ; 54)
ISBN 2-246-19472-5. *62 F / 9,45 €*

26636 **WEBB P.** Un amour de dauphin. Réimp. *J'ai lu, 1999.* (J'ai lu ; 3920. Amour et destin)
ISBN 2-290-13920-3. *25 F / 3,81 €*

26637 **WEBB P.** La fuite en Afrique. *J'ai lu, 1997.* (J'ai lu ; 4448. Amour et destin cJ)
ISBN 2-290-14448-7. *39 F / 5,95 €*

26638 **WEBB P.** La passion d'Aigle Noir. *J'ai lu, 1995.* (J'ai lu ; 4060. Amour et destin)
ISBN 2-277-24060-5. *42 F / 6,40 €*

26639 **WEBER P.** Des ombres sur Alexandrie. *Libr. des Champs-Elysées, 1999.* (Labyrinthes ; 63 c2)
ISBN 2-7024-9677-6. *38 F / 5,79 €*

26640 **WEDEKIND F.** Coup de foudre. *10-18, 1994.* (10-18 ; 2547. Domaine étranger c3)
ISBN 2-264-01644-2. *38 F / 5,79 €*

26641 **WEIL J.** Mendelssohn est sur le toit. *10-18, 1997.* (10-18 ; 2888. Domaine étranger c6)
ISBN 2-264-02060-1. *47 F / 7,17 €*

26642 **A** **WEISS B. L.** Il n'y a que l'amour. *J'ai lu, 2001.* (J'ai lu ; 5825. Aventure secrète)
ISBN 2-290-31017-4

26643 **WEISS E.** Le Témoin oculaire. *Gallimard, 1991.* (Folio ; 2261 c13)
ISBN 2-07-038376-8. *56 F / 8,54 €*

26644 **WEITZMANN M.** Chaos. *Gallimard, 1999.* (Folio ; 3264 c8)
ISBN 2-07-075555-X. *37 F / 5,64 €*

26645 **A** **WELCH J.** L'avocat indien. *10-18, 2001.* (10-18 ; 3337. Domaine étranger)
ISBN 2-264-03059-3

26646 **WELCH J.** Comme des ombres sur la terre. *10-18, 1996.* (10-18 ; 2765. Domaine étranger c8)
ISBN 2-264-02302-3. *55 F / 8,38 €*

26647 **WELCH J.** L'Hiver dans le sang. *10-18, 1994.* (10-18 ; 2460. Domaine étranger c4)
ISBN 2-264-00018-X. *41 F / 6,25 €*

26648 **WELCH J.** La mort de Jim Loney. *10-18, 1995.* (10-18 ; 2630. Domaine étranger c5)
ISBN 2-264-00058-9. *44 F / 6,71 €*

26649 **WELLS H. G.** Au temps de la comète. *Gallimard, 1984.* (Folio ; 1548 c8)
ISBN 2-07-037548-X. *37 F / 5,64 €*

26650 **WELLS H. G.** La Burlesque équipée d'un cycliste. *Gallimard, 1984.* (Folio ; 1560 c8)
ISBN 2-07-037560-9. *37 F / 5,64 €*

26651 **WELLS H. G.** Enfants des étoiles. *Gallimard, 1984.* (Folio ; 1572 c11)
ISBN 2-07-037572-2. *29,50 F / 4,50 €*

26652 **WELLS H. G.** La Guerre dans les airs. *Gallimard, 1984.* (Folio ; 1549 c9)
ISBN 2-07-037549-8. *41 F / 6,25 €*

26653 **WELLS H. G.** La Guerre des mondes. *Gallimard, 1972.* (Folio ; 185 c11)
ISBN 2-07-036185-3. *29,50 F / 4,50 €*

26654 **WELLS H. G.** L'Histoire de M. Polly. *Gallimard, 1978.* (Folio ; 1014 c8)
ISBN 2-07-037014-3. *37 F / 5,64 €*

26655 **WELLS H. G.** La Machine à explorer le temps ; L'Ile du Dr. Moreau. *Gallimard, 1975.* (Folio ; 587 c8)
ISBN 2-07-036587-5. *37 F / 5,64 €*

26656 **WELLS H. G.** La Machine à explorer le temps = The Time machine. *Gallimard, 1992.* (Folio bilingue ; 23 c6)
ISBN 2-07-038492-6. *56 F / 8,54 €*

26657 **WELLS H. G.** Miss Waters. *Gallimard, 1984.* (Folio ; 1559 c11)
ISBN 2-07-037559-5. *29,50 F / 4,50 €*

26658 **WELLS R.** Les divins secrets des petites ya-ya. *Pocket, 2000.* (Pocket ; 10759 c8)
ISBN 2-266-09548-X. *45 F / 6,86 €*

26659 **N** **WELSH I.** Ecstasy. *Seuil, 2000.* (Points ; 765)
ISBN 2-02-041640-9. *42 F / 6,40 €*

26660 **WELSH I.** Trainspotting. *Seuil, 1998.* (Points ; 488 c10)
ISBN 2-02-033646-4. *45 F / 6,86 €*

26661 **WERBER B.** Les Fourmis. *LGF, 1993.* (Le Livre de poche ; 9615 c9)
ISBN 2-253-06333-9. *36 F / 5,49 €*

26662 **WERBER B.** Le jour des fourmis. *LGF, 1995.* (Le Livre de poche ; 13724 c10)
ISBN 2-253-13724-3. *40 F / 6,10 €*

26663 **WERBER B.** Le père de nos pères. *LGF, 2000.* (Le Livre de poche ; 14847)
ISBN 2-253-14847-4. *39 F / 5,95 €*

26664 **WERBER B.** La révolution des fourmis. *LGF, 1998.* (Le Livre de poche ; 14445 c12)
ISBN 2-253-14445-2. *44 F / 6,71 €*

26665 **WERFEL F.** Une Ecriture bleu pâle. *LGF, 1993.* (Le Livre de poche ; 3205. Biblio c5)
ISBN 2-253-06564-1. *23 F / 3,51 €*

26666 **WERFEL F.** Le Passé ressuscité. *Stock, 1986.* (Bibliothèque cosmopolite ; 68)
ISBN 2-234-01904-4. *50 F / 7,62 €*

26667 **WERFEL F.** Le Passé ressuscité. *LGF, 1992.* (Le Livre de poche ; 3182. Biblio c8)
ISBN 2-253-06160-3. *33 F / 5,03 €*

26668 **WESLEY M.** Les raisons du coeur. *J'ai lu, 1996.* (J'ai lu ; 4335. Littérature générale c7)
ISBN 2-290-04335-4. *45 F / 6,86 €*

26669 **WEST A.** Héritage. *Gallimard, 1986.* (Folio ; 1708 c10)
ISBN 2-07-037708-3. *46 F / 7,01 €*

26670 **WEST M.** Les amants. *LGF, 1996.* (Le Livre de poche ; 13901 c9)
ISBN 2-253-13901-7. *36 F / 5,49 €*

26671 **WEST M.** L'Ambassadeur. *LGF, 1991.* (Le Livre de poche ; 2663 c6)
ISBN 2-253-05751-7. *26 F / 3,96 €*

26672 **WEST M.** L'avocat du diable. *LGF, 1997.* (Le Livre de poche ; 14329 c9)
ISBN 2-253-14329-4. *36 F / 5,49 €*

26673 **WEST M.** Les Bouffons de Dieu. *LGF, 1991.* (Le Livre de poche ; 5711 c9)
ISBN 2-253-03070-8. *36 F / 5,49 €*

26674 **WEST M.** De main de maître. *LGF, 1991.* (Le Livre de poche ; 7328 c11)
ISBN 2-253-05819-X. *42 F / 6,40 €*

26675 **WEST M.** Kaloni le navigateur. *LGF, 1978.* (Le Livre de poche ; 5091 c9)
ISBN 2-253-01947-X. *36 F / 5,49 €*

26676 **WEST M.** Lazare. *LGF, 1992.* (Le Livre de poche ; 4359 c9)
ISBN 2-253-06063-1. *36 F / 5,49 €*

26677 **WEST M.** Le Loup rouge. *LGF, 1991.* (Le Livre de poche ; 4195 c7)
ISBN 2-253-00826-5. *30 F / 4,57 €*

26678 **WEST M.** Les souliers de Saint-Pierre. *LGF, 1998.* (Le Livre de poche ; 14512 c9)
ISBN 2-253-14512-2. *36 F / 5,49 €*

26679 **WEST N.** L'incendie de Los Angeles. *Seuil, 1998.* (Points ; 512 c7)
ISBN 2-02-032127-0. *35 F / 5,34 €*

26680 **WEST N.** Miss Lonelyhearts. *Seuil, 1988.* (Points. Roman ; 319 c1)
ISBN 2-02-010191-2. *32 F / 4,88 €*

26681 **A** **WESTBROOK R.** Le Mexicain. *J'ai lu, 2001.* (J'ai lu ; 6032. Littérature générale)
ISBN 2-290-31312-2

26682 **WESTLAKE D. E.** Adios Schéhérazade. *Seuil, 1992.* (Points. Roman ; 520 c2)
ISBN 2-02-013286-9. *39 F / 5,95 €*

26683 **WESTLAKE D. E.** Pierre qui brûle. *Gallimard, 1993.* (Folio ; 2464 c11)
ISBN 2-07-038604-X. *29,50 F / 4,50 €*

26684 **WESTMACOTT M.** Musique barbare. *LGF, 1995.* (Le Livre de poche ; 13740 c9)
ISBN 2-253-13740-5. *36 F / 5,49 €*

26685 **WEYERGANS F.** Françaises, Français. *Gallimard, 1988.* (Folio ; 1864 c10)
ISBN 2-07-037864-0. *46 F / 7,01 €*

26686 **WEYERGANS F.** Franz et François. *LGF, 1999.* (Le Livre de poche ; 14604 c10)
ISBN 2-253-14604-8. *40 F / 6,10 €*

26687 **WEYERGANS F.** Je suis écrivain. *Gallimard, 1991.* (Folio ; 2288 c11)
ISBN 2-07-038405-5. *29,50 F / 4,50 €*

26688 **WEYERGANS F.** Macaire le copte. *Gallimard, 1984.* (Folio ; 1543 c11)
ISBN 2-07-037543-9. *29,50 F / 4,50 €*

26689 **WEYERGANS F.** Le Radeau de la Méduse. *Gallimard, 1986.* (Folio ; 1772 c11)
ISBN 2-07-037772-5. *29,50 F / 4,50 €*

26690 **WEYERGANS F.** Rire et pleurer. *LGF, 1992.* (Le Livre de poche ; 4312 c5)
ISBN 2-253-05960-9. *23 F / 3,51 €*

26691 **WEYERGANS F.** La Vie d'un bébé. *Gallimard, 1988.* (Folio ; 1987 c8)
ISBN 2-07-038075-0. *37 F / 5,64 €*

26692 **WEYRICH B. L.** Le bal masqué de Géorgie. Réimpr. *J'ai lu, 1997.* (J'ai lu ; 3303. Aventures et passions)
ISBN 2-290-03303-0. *39 F / 5,95 €*

26693 **WEYRICH B. L.** Le Chardon et la Rose. *J'ai lu, 1991.* (J'ai lu ; 3110. Aventures et passions c6)
ISBN 2-290-03110-0. *42 F / 6,40 €*

26694 **WEYRICH B. L.** Dans les bras d'un pirate. *J'ai lu, 1999.* (J'ai lu ; 5336. Aventures et passions c5)
ISBN 2-290-05336-8. *39 F / 5,95 €*

26695 **A** **WEYRICH B. L.** L'esclave de l'empereur. Réimpr. *J'ai lu, 2001.* (J'ai lu ; 3905. Aventures et passions)
ISBN 2-290-31134-0

26696 **WEYRICH B. L.** La messagère du temps. *J'ai lu, 1999.* (J'ai lu ; 5190. Aventures et passions c5)
ISBN 2-290-05190-X. *39 F / 5,95 €*

26697 **WEYRICH B. L.** Le vent brûlant de Bombay. Réimpr. *J'ai lu, 1997.* (J'ai lu ; 3036. Aventures et passions)
ISBN 2-290-03036-8. *39 F / 5,95 €*

26698 **WEYRICH B. L., CAUSSÉ D.** Savannah. *J'ai lu, 2000.* (J'ai lu ; 5463. Aventures et passions cJ)
ISBN 2-290-30170-1. *39 F / 5,95 €*

26699 **N** **WHARTON E.** Chez les heureux du monde. *Gallimard, 2000.* (L'imaginaire ; 417)
ISBN 2-07-075845-1. *76 F / 11,59 €*

26700 **WHARTON E.** L'Ecueil. *10-18, 1989.* (10-18 ; 2027. Domaine étranger c6)
ISBN 2-264-01270-6. *47 F / 7,17 €*

26701 **WHARTON E.** Eté. Réimpr. *10-18, 1992.* (10-18 ; 1683. Domaine étranger c5)
ISBN 2-264-00660-9. *44 F / 6,71 €*

26702 **WHARTON E.** Ethan Frome. *Gallimard, 1984.* (L'imaginaire ; 128)
ISBN 2-07-070103-4. *40 F / 6,10 €*

26703 **WHARTON E.** Le fils et autres nouvelles. *Gallimard, 1995.* (L'Etrangère)
ISBN 2-07-074328-4. *60 F / 9,15 €*

26704 **WHARTON E.** Grain de grenade. *10-18, 1994.* (10-18 ; 2511. Domaine étranger c4)
ISBN 2-264-01868-2. *41 F / 6,25 €*

26705 **WHARTON E.** Leurs enfants. *10-18, 1983.* (10-18 ; 1585. Domaine étranger c5)
ISBN 2-264-00551-3. *44 F / 6,71 €*

26706 **A** **WHARTON E.** Les New-Yorkaises. *J'ai lu, 2001.* (J'ai lu ; 5905. Littérature générale)
ISBN 2-290-31146-4

26707 **WHARTON E.** Sur les rives de l'Hudson. *J'ai lu, 1998.* (J'ai lu ; 4932. Littérature générale c8)
ISBN 2-290-04932-8. *49 F / 7,47 €*

26708 **WHARTON E.** Le Temps de l'innocence. *J'ai lu, 1993.* (J'ai lu ; 3393. Littérature générale c5)
ISBN 2-277-23393-5. *39 F / 5,95 €*

26709 [N] **WHARTON E.** Xingu. *Mille et une nuits, 2000.* (La petite collection ; 294)
ISBN 2-84205-491-1. *10 F / 1,52 €*

26710 **WHARTON E.** Les yeux. *Mille et une nuits, 1997.* (La petite collection ; 140 cA)
ISBN 2-84205-109-2. *10 F / 1,52 €*

26711 [A] **WHITE E.** Ecorché vif. *10-18, 2001.* (10-18 ; 3282. Domaine étranger)
ISBN 2-264-02917-X

26712 **WHITE E.** Nocturnes pour le roi de Naples. *Ed. de l'Olivier, 1997.* (Petite bibliothèque américaine ; 13)
ISBN 2-87929-150-X. *59 F / 8,99 €*

26713 **WHITE E.** La Tendresse sur la peau. *10-18, 1992.* (10-18 ; 2310. Domaine étranger c5)
ISBN 2-264-01764-3. *47 F / 7,17 €*

26714 **WHITE T. H.** Excalibur. 1, L'épée dans la pierre. *LGF, 1999.* (Le Livre de poche ; 14655 c10)
ISBN 2-253-14655-2. *40 F / 6,10 €*

26715 **WIAZEMSKY A.** Canines. *Gallimard, 1995.* (Folio ; 2761 c8)
ISBN 2-07-039353-4. *37 F / 5,64 €*

26716 **WIAZEMSKY A.** Hymnes à l'amour. *Gallimard, 1998.* (Folio ; 3036 c11)
ISBN 2-07-040401-3. *29,50 F / 4,50 €*

26717 **WIAZEMSKY A.** Marimé. *Gallimard, 1993.* (Folio ; 2514 c11)
ISBN 2-07-038797-6. *37 F / 5,64 €*

26718 **WIAZEMSKY A.** Mon beau navire. *Gallimard, 1991.* (Folio ; 2292 c11)
ISBN 2-07-038408-X. *29,50 F / 4,50 €*

26719 **WIAZEMSKY A.** Une poignée de gens. *Gallimard, 2000.* (Folio ; 3358 c7)
ISBN 2-07-041315-2. *29,50 F / 4,50 €*

26720 [N] **WICKHAM M.** Une maison de rêve. *Pocket, 2000.* (Pocket ; 10870 c5)
ISBN 2-266-09887-X. *35 F / 5,34 €*

26721 **WICKHAM M.** Un week-end entre amis. *Pocket, 1999.* (Pocket ; 10588 c4)
ISBN 2-266-08864-5. *30 F / 4,57 €*

26722 **WIDEMAN J. E.** Suis-je le gardien de mon frère?. *Gallimard, 1999.* (Folio ; 3278 c10)
ISBN 2-07-040691-1. *46 F / 7,01 €*

26723 **WIECHERT E.** Les enfants Jéromine. *LGF, 1995.* (Le Livre de poche ; 13865 c16)
ISBN 2-253-13865-7. *55 F / 8,38 €*

26724 **WIECHERT E.** La Servante du passeur. *Stock, 1993.* (Bibliothèque cosmopolite)
ISBN 2-234-02563-X. *55 F / 8,38 €*

26725 **WIESEL E.** L'aube. Réimpr. *Seuil, 1995.* (Points ; 179 c1)
ISBN 2-02-025727-0. *32 F / 4,88 €*

26726 **WIESEL E.** Le Crépuscule au loin. *LGF, 1988.* (Le Livre de poche ; 6477 c7)
ISBN 2-253-04637-X. *30 F / 4,57 €*

26727 [A] **WIESEL E.** Le Golem raconté par Elie Wiesel. *Pocket, 2001.* (Pocket ; 10863)
ISBN 2-266-09894-2

26728 [N] **WIESEL E.** Les juges. *Seuil, 2000.* (Points ; 761)
ISBN 2-02-041639-5. *39 F / 5,95 €*

26729 **WIESEL E.** Le mendiant de Jérusalem. *Seuil, 1998.* (Points ; 501 c8)
ISBN 2-02-033650-2. *39 F / 5,95 €*

26730 **WIESEL E.** L'Oublié. *Seuil, 1991.* (Points. Roman ; 428 c2)
ISBN 2-02-012958-2. *39 F / 5,95 €*

26731 **WIESEL E.** Les Portes de la forêt. *Seuil, 1985.* (Points. Roman ; 216 c2)
ISBN 2-02-008988-2. *39 F / 5,95 €*

26732 **WIESEL E.** Le testament d'un poète juif assassiné. Réimpr. *Seuil, 1995.* (Points c11)
ISBN 2-02-025728-9. *48 F / 7,32 €*

26733 **WIGGS S.** Le lys et le léopard. *J'ai lu, 1995.* (J'ai lu ; 4022. Aventures et passions c6)
ISBN 2-277-24022-2. *42 F / 6,40 €*

26734 **WIGGS S.** Le mercenaire amoureux. *J'ai lu, 1996.* (J'ai lu ; 4194. Aventures et passions cl)
ISBN 2-277-24194-6. *36 F / 5,49 €*

26735 **WIGGS S.** Le rénégat. Réimpr. *J'ai lu, 1997.* (J'ai lu ; 3944. Aventures et passions c6)
ISBN 2-290-13944-0. *42 F / 6,40 €*

26736 **WIGGS S.** Le seigneur du crépuscule. *J'ai lu, 1998.* (J'ai lu ; 5020. Aventures et passions c5)
ISBN 2-290-05020-2. *39 F / 5,95 €*

26737 **WIGGS S.** La voleuse de chevaux. *J'ai lu, 1997.* (J'ai lu ; 4400. Aventures et passions c5)
ISBN 2-290-04400-8. *39 F / 5,95 €*

26738 **WIJKMARK C-H.** La Draisine. *Actes Sud, 1989.* (Babel ; 18 c3)
ISBN 2-86869-464-0. *45 F / 6,86 €*

26739 [N] **WILDE O.** Contes et récits. *LGF, 2000.* (Le Livre de poche ; 16054. Classiques de poche c9)
ISBN 2-253-16054-7. *35 F / 5,34 €*

26740 **WILDE O.** Le Crime de lord Arthur Savile = Lord Arthur Savile's crime and two ther short stories : et deux autre nouvelles. *LGF, 1990.* (Les Langues modernes ; 8735. Bilingue c9)
ISBN 2-253-05434-8. *36 F / 5,49 €*

26741 **WILDE O.** Le crime de Lord Arthur Savile et autres contes. *LGF, 1996.* (Le Livre de poche ; 3127. Classiques de poche c7)
ISBN 2-253-09824-8. *30 F / 4,57 €*

26742 **WILDE O.** Le Crime de Lord Arthur Savile et autres contes. *Gallimard, 1975.* (Folio ; 674 c9)
ISBN 2-07-036674-X. *20,50 F / 3,13 €*

26743 **WILDE O.** Le Crime de lord Arthur Saville = Lord Arthur Saville's crime. *Gallimard, 1994.* (Folio bilingue ; 42 c4)
ISBN 2-07-038905-7. *46 F / 7,01 €*

26744 **WILDE O.** Le Fantôme de Canterville. *LGF, 1988.* (Le Livre de poche ; 4283. Nouvelle approche c6)
ISBN 2-253-04808-9. *26 F / 3,96 €*

26745 **WILDE O.** Le Fantôme de Canterville. *Hachette-Jeunesse, 1988.* (Le livre de poche jeunesse ; 14 c5)
ISBN 2-01-019684-8. *26,50 F / 4,04 €*

26746 **WILDE O.** Le fantôme des Canterville et autres contes. *Gallimard, 1998.* (Folio bilingue ; 73)
ISBN 2-07-040386-6. *41 F / 6,25 €*

26747 **WILDE O.** Le fantôme des Canterville. *Mille et une nuits, 1997.* (La petite collection ; 165 c1)
ISBN 2-84205-147-5. *10 F / 1,52 €*

26748 **WILDE O.** Nouvelles = Short stories. Réimpr. *Langues pour tous, 1999.* (Langues pour tous ; 3287 c6)
ISBN 2-266-09265-0. *38 F / 5,79 €*

26749 **WILDE O.** Le portrait de Dorian Gray. *Gallimard, 1991.* (Folio ; 2360. Classique c10)
ISBN 2-07-038485-3. *46 F / 7,01 €*

26750 **WILDE O.** Le Portrait de Dorian Gray. Rééd. *LGF, 1988.* (Le Livre de poche ; 569. Classiques de poche c5)
ISBN 2-253-00288-7. *23 F / 3,51 €*

26751 **WILDE O.** Le portrait de Monsieur W.H. *LGF, 1997.* (Le Livre de poche ; 14185. Les classiques d'aujourd'hui c1)
ISBN 2-253-14185-2. *10 F / 1,52 €*

26752 **N** **WILDE O.** Le portrait de Mr. W.H. = The portrait of Mr. W. H. *Gallimard, 2000.* (Folio bilingue ; 91)
ISBN 2-07-041282-2. *56 F / 8,54 €*

26753 **WILDE O.** Le prince heureux ; suivi de Le jeune roi et de Le pêcheur et son âme. *LGF, 1996.* (Le Livre de poche ; 13993. Les classiques d'aujourd'hui c1)
ISBN 2-253-13993-9. *10 F / 1,52 €*

26754 **WILDER T.** En voiture pour le ciel. *Gallimard, 1986.* (Folio ; 1775 c8)
ISBN 2-07-037775-X. *37 F / 5,64 €*

26755 **WILDER T.** Les Ides de Mars. *Gallimard, 1981.* (Folio ; 1337 c9)
ISBN 2-07-037337-1. *41 F / 6,25 €*

26756 **WILLEM** Le Crime ça paie. *Gallimard, 1974.* (Folio ; 631 c11)
ISBN 2-07-036631-6. *29,50 F / 4,50 €*

26757 **WILLEM** Drames de famille. *Gallimard, 1978.* (Folio ; 1006 c11)
ISBN 2-07-037006-2. *29,50 F / 4,50 €*

26758 **WILLEMS P.** Blessures. *Labor, 1984.* (Espace Nord ; 16 c1)
ISBN 2-8040-0281-0. *34 F / 5,18 €*

26759 **WILLEMS P.** La Ville à voile ; La Vita breve. *Labor, 1989.* (Espace Nord ; 55 c2)
ISBN 2-8040-0441-4. *42 F / 6,40 €*

26760 **WILLIAMS J.** Effractions. *Ed. de l'Olivier, 1997.* (Petite bibliothèque américaine)
ISBN 2-87929-132-1. *69 F / 10,52 €*

26761 **A** **WILLIAMS N.** Comme au ciel. *J'ai lu, 2001.* (J'ai lu ; 5911. Littérature générale)
ISBN 2-290-31153-7

26762 **N** **WILLIAMS N.** Quatre lettres d'amour. Réimp. *J'ai lu, 2000.* (J'ai lu ; 5205. Littérature générale cJ)
ISBN 2-290-30683-5. *39 F / 5,95 €*

26763 **WILLIAMS T.** Le Boxeur manchot : la statue mutilée. *10-18, 1982.* (10-18 ; 1464. Domaine étranger c5)
ISBN 2-264-00404-5. *44 F / 6,71 €*

26764 **WILLIAMS T.** Une femme nommée Moïse. *10-18, 1999.* (10-18 ; 1556. Domaine étranger c4)
ISBN 2-264-02973-0. *41 F / 6,25 €*

26765 **WILLIAMS T.** La nuit de l'iguane. *10-18, 1996.* (10-18 ; 2750. Domaine étranger c5)
ISBN 2-264-02187-X. *44 F / 6,71 €*

26766 **WILLIAMS T.** Sucre d'orge. *10-18, 1983.* (10-18 ; 1557. Domaine étranger c4)
ISBN 2-264-00526-2. *41 F / 6,25 €*

26767 **WILLIAMS T.** Un tramway nommé désir. *10-18, 1994.* (10-18 ; 2565. Domaine étranger c5)
ISBN 2-264-02050-4. *44 F / 6,71 €*

26768 **WILLIAMSON P.** Au coeur de l'Ouest. *J'ai lu, 1999.* (J'ai lu ; 5185. Littérature générale c10)
ISBN 2-290-05185-3. *52 F / 7,93 €*

26769 **WILLIAMSON P.** Le dragon noir. *J'ai lu, 1998.* (J'ai lu ; 4850. Aventures et passions c6)
ISBN 2-290-04850-X. *42 F / 6,40 €*

26770 **WILLIAMSON P.** L'homme qui venait de nulle part. *J'ai lu, 1998.* (J'ai lu ; 4700. Littérature générale c7)
ISBN 2-290-04700-7. *45 F / 6,86 €*

26771 **WILLIAMSON P.** La passion d'Emma. *J'ai lu, 1999.* (J'ai lu ; 5353. Littérature générale c7)
ISBN 2-290-05353-8. *45 F / 6,86 €*

26772 **WILLIAMSON P.** La rançon du désir. *J'ai lu, 1999.* (J'ai lu ; 5231. Aventures et passions c6)
ISBN 2-290-05231-0. *42 F / 6,40 €*

26773 **WILLY, COLETTE** Claudine en ménage. Réimpr. *Gallimard, 1999.* (Folio ; 335 c6)
ISBN 2-07-036335-X. *29,50 F / 4,50 €*

26774 **WILSON A.** Saturnales. *Stock, 1984.* (Bibliothèque cosmopolite ; 45)
ISBN 2-234-01712-2. *55 F / 8,38 €*

26775 **WILSON C.** Soho, à la dérive. *Gallimard, 1981.* (Folio ; 1307 c11)
ISBN 2-07-037307-X. *29,50 F / 4,50 €*

26776 **WILSON R. M.** Eureka street. *10-18, 1999.* (10-18 ; 3047. Domaine étranger c8)
ISBN 2-264-02775-4. *55 F / 8,38 €*

26777 **WILSON R. M.** Ripley bogle. *10-18, 1998.* (10-18 ; 2935. Domaine étranger)
ISBN 2-264-02593-X. *50 F / 7,62 €*

26778 **WINCKLER M.** La maladie de Sachs. *J'ai lu, 1999.* (J'ai lu ; 5352. Littérature générale c10)
ISBN 2-290-15352-4. *52 F / 7,93 €*

26779 **N** **WINCKLER M.** La vacation. Réimp. *J'ai lu, 2000.* (J'ai lu ; 5082. Littérature générale cG)
ISBN 2-290-30684-3. *29 F / 4,42 €*

26780 **WINSOR K.** D'or et d'argent. 1. *J'ai lu, 1997.* (J'ai lu ; 4414. Littérature générale c6)
ISBN 2-290-04414-8. *42 F / 6,40 €*

26781 **WINSOR K.** D'or et d'argent. 2. *J'ai lu, 1997.* (J'ai lu ; 4415. Littérature générale c6)
ISBN 2-290-04415-6. *42 F / 6,40 €*

26782 **WITTKOP-MÉNARDEAU G.** Le nécrophile. *la Musardine, 1998.* (Lectures amoureuses de Jean-Jacques Pauvert ; 18 c3)
ISBN 2-84271-018-5. *35 F / 5,34 €*

26783 **WODEHOUSE P. G.** Allez-y, Jeeves. Nouv. éd. *10-18, 1994.* (10-18 ; 1535. Domaine étranger c5)
ISBN 2-264-00169-0. *41 F / 6,25 €*

26784 **WODEHOUSE P. G.** Bonjour Jeeves. *10-18, 1982.* (10-18 ; 1498. Domaine étranger c5)
ISBN 2-264-00449-5. *44 F / 6,71 €*

26785 **WODEHOUSE P. G.** Bravo, oncle Fred!. Nouv. éd. *10-18, 1995.* (10-18 ; 1643. Domaine étranger c5)
ISBN 2-264-02113-6. *44 F / 6,71 €*

26786 **WODEHOUSE P. G.** La citrouille a besoin de vous. *10-18, 1995.* (10-18 ; 2653. Domaine étranger c5)
ISBN 2-264-02104-7. *44 F / 6,71 €*

26787 **WODEHOUSE P. G.** Eclair de chaleur. Réimpr. *10-18, 1994.* (10-18 ; 1533. Domaine étranger c6)
ISBN 2-264-00489-4. *47 F / 7,17 €*

26788 **WODEHOUSE P. G.** Hollywood follies. Nouv. éd. *10-18, 1995.* (10-18 ; 1743. Domaine étranger c5)
ISBN 2-264-02112-8. *44 F / 6,71 €*

26789 **WODEHOUSE P. G.** L'Inimitable Jeeves. *10-18, 1992.* (10-18 ; 2311. Domaine étranger c5)
ISBN 2-264-01674-4. *44 F / 6,71 €*

26790 **WODEHOUSE P. G.** Jeeves, au secours!. *10-18, 1982.* (10-18 ; 1497. Domaine étranger c6)
ISBN 2-264-00450-9. *47 F / 7,17 €*

26791 **WODEHOUSE P. G.** Jeeves dans la coulisse. *10-18, 1986.* (10-18 ; 1793. Domaine étranger c5)
ISBN 2-264-00780-X. *44 F / 6,71 €*

26792 **WODEHOUSE P. G.** Merci, Jeeves. *10-18, 1982.* (10-18 ; 1496. Domaine étranger c5)
ISBN 2-264-00448-7. *44 F / 6,71 €*

26793 **WODEHOUSE P. G.** Mr Mulliner raconte. *10-18, 1983.* (10-18 ; 1573. Domaine étranger c5)
ISBN 2-264-00531-9. *44 F / 6,71 €*

26794 **WODEHOUSE P. G.** Nouvelles = Short stories. *Langues pour tous, 1990.* (Langues pour tous ; 3291 c6)
ISBN 2-266-02901-0. *38 F / 5,79 €*

26795 **WODEHOUSE P. G.** Oncle dynamite. *10-18, 1993.* (10-18 ; 1986. Domaine étranger c5)
ISBN 2-264-01286-2. *44 F / 6,71 €*

26796 **WODEHOUSE P. G.** Oncle Galahad au château de Blandings. *10-18, 1991.* (10-18 ; 2166. Domaine étranger c5)
ISBN 2-264-01597-7. *44 F / 6,71 €*

26797 **WODEHOUSE P. G.** Pas de pitié pour les neveux, Jeeves!. *10-18, 1994.* (10-18 ; 1864. Domaine étranger c5)
ISBN 2-264-00170-4. *44 F / 6,71 €*

26798 **WODEHOUSE P. G.** Le Petit trésor. *10-18, 1992.* (10-18 ; 2264. Domaine étranger c5)
ISBN 2-264-01688-4. *44 F / 6,71 €*

26799 **WODEHOUSE P. G.** La Petite garçonnière. *10-18, 1991.* (10-18 ; 2167. Domaine étranger c5)
ISBN 2-264-01623-X. *44 F / 6,71 €*

26800 **WODEHOUSE P. G.** Piccadilly Jim. *10-18, 1998.* (10-18 ; 2998. Domaine étranger)
ISBN 2-264-02611-1. *47 F / 7,17 €*

26801 **WODEHOUSE P. G.** Une pluie de dollars. Rééd. *10-18, 1995.* (10-18 ; 1702. Domaine étranger c5)
ISBN 2-264-02134-9. *44 F / 6,71 €*

26802 **WODEHOUSE P. G.** Le Plus beau cochon du monde. Nouv. éd. *10-18, 1984.* (10-18 ; 1642. Domaine étranger c5)
ISBN 2-264-02116-0. *44 F / 6,71 €*

26803 **WODEHOUSE P. G.** Sally entre en scène. *10-18, 1997.* (10-18 ; 2868. Domaine étranger)
ISBN 2-264-02423-2. *44 F / 6,71 €*

26804 **WODEHOUSE P. G.** Sous pression. *10-18, 1994.* (10-18 ; 1574. Domaine étranger c6)
ISBN 2-264-02115-2. *47 F / 7,17 €*

26805 **WODEHOUSE P. G.** Tous cambrioleurs. *10-18, 1989.* (10-18 ; 2025. Domaine étranger c6)
ISBN 2-264-01347-8. *44 F / 6,71 €*

26806 **WODEHOUSE P. G.** Very good Jeeves. *10-18, 1993.* (10-18 ; 2341. Domaine étranger c5)
ISBN 2-264-01672-8. *47 F / 7,17 €*

26807 **WOLF C.** Aucun lieu ; Nulle part. *Stock, 1994.* (Bibliothèque cosmopolite)
ISBN 2-234-04366-2. *50 F / 7,62 €*

26808 **WOLF C.** Changement d'optique. *Stock, 1996.* (Bibliothèque cosmopolite c1)
ISBN 2-234-04685-8. *50 F / 7,62 €*

26809 **WOLF C.** Incident : nouvelles d'un jour. *Stock, 1996.* (Bibliothèque cosmopolite c2)
ISBN 2-234-04574-6. *55 F / 8,38 €*

26810 **WOLF C.** Scènes d'été. *Stock, 1995.* (Bibliothèque cosmopolite c4)
ISBN 2-234-04455-3. *65 F / 9,91 €*

26811 **WOLF C.** Trame d'enfance. *Gallimard, 1991.* (Folio ; 2255)
ISBN 2-07-038371-7. *61 F / 9,30 €*

26812 **WOLF C.** Trois histoires invraisemblables. *Stock, 1996.* (Bibliothèque cosmopolite)
ISBN 2-234-04684-X. *50 F / 7,62 €*

26813 **N** **WOLF J.** Le complot amoureux. Réimpr. *J'ai lu, 2000.* (J'ai lu ; 4958. Aventures et passions cJ)
ISBN 2-290-04958-1. *39 F / 5,95 €*

26814 **WOLFE T.** Acid test : chronique. *Seuil, 1996.* (Points ; 313 c13)
ISBN 2-02-030649-2. *52 F / 7,93 €*

26815 **WOLFE T.** L'Ange exilé : une histoire de la vie ensevelie. *LGF, 1989.* (Le Livre de poche ; 6545 c15)
ISBN 2-253-04790-2. *50 F / 7,62 €*

26816 **WOLFE T.** Le Bûcher des vanités. *LGF, 1990.* (Le Livre de poche ; 6788 c15)
ISBN 2-253-05340-6. *50 F / 7,62 €*

26817 **WOLFE T.** De la mort au matin. *Stock, 1987.* (Bibliothèque cosmopolite ; 79)
ISBN 2-234-02014-X. *55 F / 8,38 €*

26818 **WOLFE T.** Embuscade à Fort Bragg. *10-18, 1999.* (10-18 ; 3071. Domaine étranger c2)
ISBN 2-264-02828-9. *25 F / 3,81 €*

26819 **WOLFE T.** L'Etoffe des héros. Réimpr. *Gallimard, 1991.* (Folio ; 1844 c11)
ISBN 2-07-037844-6. *50 F / 7,62 €*

26820 **N** **WOLFE T.** Un homme, un vrai. *Pocket, 2000.* (Pocket ; 10909 c13)
ISBN 2-266-10011-4. *65 F / 9,91 €*

26821 **WOLFF I.** Les tribulations de Tiffany Trott. *Pocket, 2000.* (Pocket ; 10834 c8)
ISBN 2-266-09810-1. *45 F / 6,86 €*

26822 **WOLFF T.** Chasseurs dans la neige. *10-18, 1998.* (10-18 ; 2999. Domaine étranger c4)
ISBN 2-264-02367-8. *41 F / 6,25 €*

26823 **WOLFF T.** Engrenages. *10-18, 1996.* (10-18 ; 2703. Domaine étranger c3)
ISBN 2-264-02368-6. *25 F / 3,81 €*

26824 **WOLFROMM J-D.** Diane Lanster. *Grasset, 1999.* (Les Cahiers rouges ; 277)
ISBN 2-246-06843-6. *54 F / 8,23 €*

26825 **N** **WOLFROMM J-D.** La leçon inaugurale. *Grasset, 2000.* (Les Cahiers rouges ; 299)
ISBN 2-246-27722-1. *60 F / 9,15 €*

26826 **WOLINSKI M.** Graines de femmes. *LGF, 1997.* (Le Livre de poche ; 14352 c4)
ISBN 2-253-14352-9. *20 F / 3,05 €*

26827 **N** **WOLKENSTEIN J.** Juliette ou La paresseuse. *Gallimard, 2000.* (Folio ; 3412 c7)
ISBN 2-07-041002-1. *37 F / 5,64 €*

26828 **WOLLSTONECRAFT-SHELLEY M.** Mathilda : et fragments autobiographiques. *Des femmes-Antoinette Fouque, 1984.* (Ecrits d'hier)
ISBN 2-7210-0252-X. *93 F / 14,18 €*

26829 **WOOD B.** Australian lady. *Pocket, 1992.* (Pocket ; 4626. Roman cJ)
ISBN 2-266-05261-6. *50 F / 7,62 €*

26830 **WOOD B.** Les battements du coeur. *J'ai lu, 1998.* (J'ai lu ; 2909. Littérature générale cK)
ISBN 2-290-02909-2. *42 F / 6,40 €*

26831 **WOOD B.** Les fleurs de l'Orient. *Pocket, 1999.* (Pocket ; 10754 c8)
ISBN 2-266-09488-2. *45 F / 6,86 €*

26832 **WOOD B.** La prophétesse. *Pocket, 1998.* (Pocket ; 10515. Roman c7)
ISBN 2-266-08584-0. *42 F / 6,40 €*

26833 **WOOD B.** Les Vierges du paradis. *Pocket, 1994.* (Pocket ; 4208 c9)
ISBN 2-266-06153-4. *48 F / 7,32 €*

26834 **WOODIWISS K. E.** A la cour du tsar. *J'ai lu, 1995.* (J'ai lu ; 4047. Aventures et passions c6)
ISBN 2-277-24047-8. *42 F / 6,40 €*

26835 **WOODIWISS K. E.** Cendres dans le vent. Réimpr. *J'ai lu, 1997.* (J'ai lu ; 2421. Aventures et passions c7)
ISBN 2-277-22421-9. *45 F / 6,86 €*

26836 **WOODIWISS K. E.** L'Inconnue du Mississippi. Réimpr. *J'ai lu, 1997.* (J'ai lu ; 2509. Aventures et passions c3)
ISBN 2-290-02509-7. *29 F / 4,42 €*

26837 **WOODIWISS K. E.** Quand l'ouragan s'apaise. *J'ai lu, 1988.* (J'ai lu ; 772. Aventures et passions)
ISBN 2-290-00772-2. *39 F / 5,95 €*

26838 **WOODIWISS K. E.** Shanna. Réimpr. *J'ai lu, 1997.* (J'ai lu ; 1983. Aventures et passions)
ISBN 2-290-01983-6. *39 F / 5,95 €*

26839 **WOODLEY R.** Volcano. *J'ai lu, 1997.* (J'ai lu ; 4594. Littérature générale c4)
ISBN 2-290-04594-2. *36 F / 5,49 €*

26840 **WOOLF V.** La Chambre de Jacob. Nouv. éd. *LGF, 1984.* (Le Livre de poche ; 3049. Biblio c6)
ISBN 2-253-03499-1. *26 F / 3,96 €*

26841 **WOOLF V.** Entre les actes. *LGF, 1986.* (Le Livre de poche ; 3068. Biblio)
ISBN 2-253-03841-5. *39 F / 5,95 €*

26842 **WOOLF V.** La Fascination de l'étang. *Seuil, 1991.* (Points. Roman ; 484 c2)
ISBN 2-02-013399-7. *39 F / 5,95 €*

26843 **WOOLF V.** Le faux roman. *Mille et une nuits, 1995.* (La petite collection ; 49 cA)
ISBN 2-910233-66-9. *10 F / 1,52 €*

26844 **WOOLF V.** Kew gardens : et autres nouvelles. *LGF, 1993.* (Les Langues modernes ; 8767. Bilingue c10)
ISBN 2-253-06513-7. *40 F / 6,10 €*

26845 **WOOLF V.** La Mort de la phalène. *Seuil, 1982.* (Points. Roman ; 59 c2)
ISBN 2-02-005997-5. *39 F / 5,95 €*

26846 **WOOLF V.** Mrs Dalloway. *LGF, 1982.* (Le Livre de poche ; 3012. Biblio c8)
ISBN 2-253-03058-9. *33 F / 5,03 €*

26847 **WOOLF V.** Mrs Dalloway. *Gallimard, 1994.* (Folio ; 2643. Classique c6)
ISBN 2-07-038741-0. *29,50 F / 4,50 €*

26848 **WOOLF V.** Orlando. *LGF, 1982.* (Le Livre de poche ; 3002. Biblio c9)
ISBN 2-253-02983-1. *36 F / 5,49 €*

26849 **WOOLF V.** Orlando. *Stock, 1992.* (Bibliothèque cosmopolite)
ISBN 2-234-02453-6. *55 F / 8,38 €*

26850 **WOOLF V.** La Promenade au phare. *LGF, 1983.* (Le Livre de poche ; 3019. Biblio c7)
ISBN 2-253-03153-4. *30 F / 4,57 €*

26851 **WOOLF V.** Romans et nouvelles : 1917-1941. *LGF, 1993.* (La Pochothèque ; 3207. Classiques modernes)
ISBN 2-253-05814-9. *140 F / 21,34 €*

26852 **WOOLF V.** Les Vagues. *LGF, 1982.* (Le Livre de poche ; 3011. Biblio c10)
ISBN 2-253-03057-0. *40 F / 6,10 €*

26853 **WOOLF V.** Vers le phare. *Gallimard, 1996.* (Folio ; 2816. Classique c9)
ISBN 2-07-038947-2. *41 F / 6,25 €*

26854 **WOU KING-TSEU** Chronique indiscrète des mandarins. 1. *Gallimard, 1986.* (Connaissance de l'Orient poche ; 11)
ISBN 2-07-070746-6. *62 F / 9,45 €*

26855 **WOU KING-TSEU** Chronique indiscrète des mandarins. 2. *Gallimard, 1986.* (Connaissance de l'Orient poche ; 12)
ISBN 2-07-070747-4. *59 F / 8,99 €*

26856 **WOUK H.** Israël. *Pocket, 1996.* (Pocket ; 4313 c11)
ISBN 2-266-06447-9. *55 F / 8,38 €*

26857 **WRIGHT D.** Au matin des nuages d'or. *LGF, 1995.* (Le Livre de poche ; 13734 c8)
ISBN 2-253-13734-0. *33 F / 5,03 €*

26858 **WRIGHT L. R.** Mort en hiver. *Seuil, 1995.* (Points ; 29 c9)
ISBN 2-02-021489-X. *42 F / 6,40 €*

26859 **WRIGHT R.** Black Boy : jeunesse noire. *Gallimard, 1977.* (Folio ; 965 c9)
ISBN 2-07-036965-X. *41 F / 6,25 €*

26860 **WRIGHT R.** Bon sang de bonsoir. *Gallimard, 1980.* (Folio ; 1206 c8)
ISBN 2-07-037206-5. *37 F / 5,64 €*

26861 **WRIGHT R.** Un Enfant du pays. *Gallimard, 1988.* (Folio ; 1855 c11)
ISBN 2-07-037855-1. *50 F / 7,62 €*

26862 **WRIGHT R.** Fishbelly. *Gallimard, 1989.* (Folio ; 2044 c12)
ISBN 2-07-038132-3. *52 F / 7,93 €*

26863 **WRIGHT R.** Huit hommes. *Gallimard, 1989.* (Folio ; 2076 c8)
ISBN 2-07-038164-1. *37 F / 5,64 €*

26864 **WU YUANTAÏ** Pérégrinations vers l'Est : légendes taoïstes. *Gallimard, 1993.* (Connaissance de l'Orient poche ; 59)
ISBN 2-07-073387-4. *92 F / 14,03 €*

26865 **WYND O.** Une odeur de gingembre. *Table ronde, 1999.* (La petite vermillon ; 116)
ISBN 2-7103-0925-4. *55 F / 8,38 €*

26866 **XAVIERE** La punition. *Librio, 1998.* (Librio ; 253 c1)
ISBN 2-277-30253-8. *10 F / 1,52 €*

26867 **XENAKIS F.** Chéri, tu viens pour la photo. *J'ai lu, 1991.* (J'ai lu ; 3040. Littérature générale)
ISBN 2-277-23040-5. *36 F / 5,49 €*

26868 **XENAKIS F.** Désolée, mais ça ne se fait pas. *Pocket, 1997.* (Pocket ; 10165 c6)
ISBN 2-266-07480-6. *38 F / 5,79 €*

26869 **XENAKIS F.** Mouche-toi, Cléopâtre. *J'ai lu, 1988.* (J'ai lu ; 2359. Littérature générale c3)
ISBN 2-277-22359-X. *29 F / 4,42 €*

26870 **XENAKIS F.** La Natte coupée. Nouv. éd. *J'ai lu, 1985.* (J'ai lu ; 1790. Littérature générale)
ISBN 2-277-21790-5. *22 F / 3,35 €*

26871 **XENAKIS F.** La Vie exemplaire de Rita Capuchon. *J'ai lu, 1989.* (J'ai lu ; 2585. Littérature générale)
ISBN 2-277-22585-1. *29 F / 4,42 €*

26872 **YA DING** La jeune fille Tong. *Gallimard, 1996.* (Folio ; 2808 c11)
ISBN 2-07-039484-0. *29,50 F / 4,50 €*

26873 **YAMAGUCHI Y.** La tête d'un autre. *10-18, 1999.* (10-18 ; 3132. Domaine étranger c5)
ISBN 2-264-02749-5. *44 F / 6,71 €*

26874 **YAMATA K.** La dame de beauté. *Stock, 1997.* (Bibliothèque cosmopolite c1)
ISBN 2-234-04741-2. *50 F / 7,62 €*

26875 **YAMATA K.** Masako. *Stock, 1995.* (Bibliothèque cosmopolite c1)
ISBN 2-234-04520-7. *50 F / 7,62 €*

26876 **YEHOSHUA A. B.** L'Amant. *Gallimard, 1994.* (Folio ; 2574)
ISBN 2-07-038855-7. *60 F / 9,15 €*

26877 **YEHOSHUA A. B.** L'Année des cinq saisons. *Gallimard, 1993.* (Folio ; 2537)
ISBN 2-07-038817-4. *61 F / 9,30 €*

26878 **YEHOSHUA A. B.** Monsieur Mani. *Gallimard, 1995.* (Folio ; 2774 c13)
ISBN 2-07-038822-0. *56 F / 8,54 €*

26879 **N** **YENIDEN C.** Lettres du désir. *Blanche, 2000.* (Bibliothèque blanche ; 8)
ISBN 2-911621-87-5. *59 F / 8,99 €*

26880 **YI M-Y.** Notre héros défiguré ; L'Oiseau aux ailes d'or ; L'Hiver, cette année-là. *Actes Sud, 1993.* (Babel ; 76 c3)
ISBN 2-7427-0038-2. *45 F / 6,86 €*

26881 **YOKOMIZO S.** La Hache, le koto et le chrysanthème. *Gallimard, 1988.* (Folio ; 1978 c11)
ISBN 2-07-038066-1. *50 F / 7,62 €*

26882 **N** **YOSHIKAWA E.** La parfaite lumière. Réimpr. *J'ai lu, 2000.* (J'ai lu ; 5392. Littérature générale cO)
ISBN 2-290-30783-1. *55 F / 8,38 €*

26883 **YOSHIKAWA E.** La pierre et le sabre. Réimpr. *J'ai lu, 2000.* (J'ai lu ; 5195. Littérature générale cQ)
ISBN 2-290-30054-3. *62 F / 9,45 €*

26884 **YOSHIMOTO B.** Kitchen. *Gallimard, 1996.* (Folio ; 2815 c8)
ISBN 2-07-039486-7. *37 F / 5,64 €*

26885 **YOURCENAR M.** Alexis ou le traité du vain combat ; Le Coup de grâce. *Gallimard, 1978.* (Folio ; 1041 c11)
ISBN 2-07-037041-0. *29,50 F / 4,50 €*

26886 **YOURCENAR M.** Anna, soror. *Gallimard, 1991.* (Folio ; 2230 c11)
ISBN 2-07-038330-X. *29,50 F / 4,50 €*

26887 **YOURCENAR M.** Conte bleu ; Le premier soir ; Maléfice. *Gallimard, 1996.* (Folio ; 2838 c9)
ISBN 2-07-039287-2. *20,50 F / 3,13 €*

26888 **YOURCENAR M.** Denier du rêve. *Gallimard, 1982.* (L'imaginaire ; 100)
ISBN 2-07-022727-8. *46 F / 7,01 €*

26889 **YOURCENAR M.** Feux. *Gallimard, 1993.* (L'imaginaire ; 294)
ISBN 2-07-073312-2. *44 F / 6,71 €*

26890 **YOURCENAR M.** Un homme obscur ; Une belle matinée. *Gallimard, 1998.* (Folio ; 3075 c11)
ISBN 2-07-038834-4. *29,50 F / 4,50 €*

26891 **YOURCENAR M.** Mémoires d'Hadrien ; Carnets de notes de Mémoires d'Hadrien. *Gallimard, 1977.* (Folio ; 921 c8)
ISBN 2-07-036921-8. *37 F / 5,64 €*

26892 **YOURCENAR M.** Nouvelles orientales. *Gallimard, 1978.* (L'imaginaire ; 31)
ISBN 2-07-029973-2. *48 F / 7,32 €*

26893 **YOURCENAR M.** L'Oeuvre au noir. *Gallimard, 1976.* (Folio ; 798 c9)
ISBN 2-07-036798-3. *40 F / 6,10 €*

26894 **YOURCENAR M.** Quoi? l'éternité. *Gallimard, 1990.* (Le Labyrinthe du monde; 3)(Folio ; 2161 c8)
ISBN 2-07-038251-6. *37 F / 5,64 €*

26895 **YU H.** Vivre. *LGF, 1994.* (Le Livre de poche ; 13570 c7)
ISBN 2-253-13570-4. *30 F / 4,57 €*

26896 **Z'GRAGGEN Y.** Les collines. *Aire, 1997.* (L'Aire bleue)
ISBN 2-88108-484-2. *35 F / 5,34 €*

26897 **Z'GRAGGEN Y.** La Punta. Nouv. éd. *Aire, 1995.* (L'Aire bleue)
ISBN 2-88108-379-X. *59 F / 8,99 €*

26898 **A** **ZAMIATINE E. I.** La caverne. *Seuil, 2001.* (Points ; 441)
ISBN 2-02-012167-0. *32 F / 4,88 €*

26899 **ZAMIATINE E. I.** L'Inondation. *Seuil, 1990.* (Points. Roman ; 412 c1)
ISBN 2-02-012166-2. *32 F / 4,88 €*

26900 **ZAMIATINE E. I.** Nous autres. *Gallimard, 1979.* (L'imaginaire ; 39)
ISBN 2-07-028648-7. *50 F / 7,62 €*

26901 **ZANIEWSKI A.** Mémoires d'un rat. *LGF, 1998.* (Le Livre de poche ; 14411 c8)
ISBN 2-253-14411-8. *33 F / 5,03 €*

26902 **ZEVACO M.** Fausta vaincue. Rééd. *LGF, 1988.* (Le Livre de poche ; 2374 c8)
ISBN 2-253-01185-1. *33 F / 5,03 €*

26903 **ZEVACO M.** La Fausta. Rééd. *LGF, 1988.* (Le Livre de poche ; 2211 c8)
ISBN 2-253-04413-X. *33 F / 5,03 €*

26904 **ZÉVACO M.** Nostradamus. *Laffont, 2000.* (Bouquins)
ISBN 2-221-09038-1. *159 F / 24,24 €*

26905 **ZÉVACO M.** Les Pardaillan. 1. *Laffont, 1988.* (Bouquins)
ISBN 2-221-05746-5. *159 F / 24,24 €*

26906 **ZÉVACO M.** Les Pardaillan. 2. Réimpr. *Laffont, 1998.* (Bouquins)
ISBN 2-221-08828-X. *179 F / 27,29 €*

26907 **ZÉVACO M.** Les Pardaillan. 3. Réimpr. *Laffont, 1999.* (Bouquins)
ISBN 2-221-08829-8. *179 F / 27,29 €*

26908 **ZHANG J.** Ailes de plomb. *10-18, 1998.* (10-18 ; 3016. Domaine étranger c7)
ISBN 2-264-02166-7. *50 F / 7,62 €*

26909 **ZIEGLER L.** Damnation. *J'ai lu, 1998.* (J'ai lu ; 4901. Littérature générale c2)
ISBN 2-290-04901-8. *22 F / 3,35 €*

26910 **ZIGMAN L.** Vacheries. *J'ai lu, 2000.* (J'ai lu ; 5421. Littérature générale cJ)
ISBN 2-290-30042-X. *39 F / 5,95 €*

26911 **A** **ZILAHY L.** L'ange de la colère. *Gallimard, 2001.* (Folio)
ISBN 2-07-041229-6. *41 F / 6,25 €*

26912 **N** **ZILAHY L.** Les Dukay. *Gallimard, 2000.* (Folio ; 3364 c16)
ISBN 2-07-041435-3. *66 F / 10,06 €*

26913 **ZIMMERMANN D.** Le dixième cercle : l'anus du monde. *Gallimard, 1999.* (Folio ; 3295 c10)
ISBN 2-07-040440-4. *46 F / 7,01 €*

26914 **ZIMMERMANN D.** Nouvelles de la zone interdite. *Actes Sud, 1996.* (Babel ; 208 c1)
ISBN 2-7427-0803-0. *33 F / 5,03 €*

26915 **ZIMMERMANN D.** Les virginités. *Actes Sud, 2000.* (Babel ; 417)
ISBN 2-7427-2620-9. *39 F / 5,95 €*

26916 **ZINOVIEV A.** Les Hauteurs béantes ; L'Avenir radieux ; Notes d'un veilleur de nuit. *Laffont, 1990.* (Bouquins)
ISBN 2-221-06936-6. *140 F / 21,34 €*

26917 **ZITOUNI A.** Manosque aller-retour. *Autres temps, 1998.* (Temps brefs)
ISBN 2-911873-57-2. *10 F / 1,52 €*

26918 **ZOLA E.** L'argent. Nouv. éd. *LGF, 1998.* (Les Rougon-Macquart; 18)(Le Livre de poche ; 584. Classiques de poche c9)
ISBN 2-253-00367-0. *36 F / 5,49 €*

26919 **ZOLA E.** L'argent. *Gallimard, 1980.* (Folio ; 1222. Classique c10)
ISBN 2-07-037222-7. *46 F / 7,01 €*

26920 **ZOLA E.** L'assommoir. Réimpr. *Gallimard, 1999.* (Folio ; 3303. Classique c10)
ISBN 2-07-041143-5. *25,50 F / 3,89 €*

26921 **ZOLA E.** L'assommoir. Nouv. éd. *LGF, 1997.* (Le Livre de poche ; 97. Classiques de poche c7)
ISBN 2-253-00285-2. *30 F / 4,57 €*

26922 **ZOLA E.** L'attaque du moulin ; suivi de Jacques Damour. *Librio, 1997.* (Librio ; 182 c1)
ISBN 2-277-30182-5. *10 F / 1,52 €*

26923 **ZOLA E.** L'attaque du moulin. *Mille et une nuits, 2000.* (La petite collection ; 263)
ISBN 2-84205-456-3. *10 F / 1,52 €*

26924 **ZOLA E.** Au bonheur des dames. Nouv. éd. *Gallimard, 1999.* (Folio ; 3218. Classique c6)
ISBN 2-07-040930-9. *29,50 F / 4,50 €*

26925 **ZOLA E.** Au bonheur des dames. *LGF, 1998.* (Le Livre de poche ; 228. Classiques de poche c7)
ISBN 2-253-00286-0. *30 F / 4,57 €*

26926 **ZOLA E.** La Bête humaine ; Ebauche. *Actes Sud, 1992.* (Babel ; 55 c6)
ISBN 2-86869-938-3. *63 F / 9,60 €*

26927 **ZOLA E.** La bête humaine. *Gallimard, 1977.* (Folio ; 948 c8)
ISBN 2-07-036948-X. *37 F / 5,64 €*

26928 **ZOLA E.** La bête humaine. *LGF, 1997.* (Les Rougon-Macquart; 17)(Le Livre de poche ; 7. Classiques de poche c5)
ISBN 2-253-00557-6. *23 F / 3,51 €*

26929 **A** **ZOLA E.** La Bête humaine. *Gallimard, 2001.* (Folio. Classique)
ISBN 2-07-041801-4. *20,50 F / 3,13 €*

26930 **ZOLA E.** Comment on meurt. *Mille et une nuits, 1997.* (La petite collection ; 152 cA)
ISBN 2-84205-126-2. *10 F / 1,52 €*

26931 **ZOLA E.** Comment on se marie. *Mille et une nuits, 1997.* (La petite collection ; 144 cA)
ISBN 2-84205-116-5. *10 F / 1,52 €*

26932 **N** **ZOLA E.** La confession de Claude. *Ancrage, 2000.* (Poche ; 17 c2)
ISBN 2-930311-13-4. *45 F / 6,86 €*

26933 **ZOLA E.** La conquête de Plassans. *Gallimard, 1990.* (Folio ; 2214. Classique c10)
ISBN 2-07-038304-0. *46 F / 7,01 €*

26934 **ZOLA E.** La conquête de Plassans. Nouv. éd. *LGF, 1999.* (Les Rougon-Macquart; 4)(Le Livre de poche ; 384. Classiques de poche c9)
ISBN 2-253-00894-X. *36 F / 5,49 €*

26935 **ZOLA E.** La curée. Réimpr. *Gallimard, 1999.* (Folio ; 3302. Classique c5)
ISBN 2-07-041141-9. *25,50 F / 3,89 €*

26936 **ZOLA E.** La curée. Nouv. éd. *LGF, 1997.* (Les Rougon-Macquart; 2)(Le Livre de poche ; 349. Classiques de poche c6)
ISBN 2-253-00366-2. *26 F / 3,96 €*

26937 **ZOLA E.** La débâcle. *Gallimard, 1995.* (Folio ; 1586. Classique c11)
ISBN 2-07-037586-2. *50 F / 7,62 €*

26938 **ZOLA E.** La Débâcle. *LGF, 1958.* (Les Rougon-Macquart; 19)(Le Livre de poche ; 316. Classiques de poche c8)
ISBN 2-253-00479-0. *33 F / 5,03 €*

26939 **ZOLA E.** Le Docteur Pascal. Nouv. éd. *LGF, 1984.* (Les Rougon-Macquart; 20)(Le Livre de poche ; 932. Classiques de poche c7)
ISBN 2-253-00370-0. *30 F / 4,57 €*

26940 **ZOLA E.** Le Docteur Pascal. *Gallimard, 1993.* (Folio ; 2477. Classique c10)
ISBN 2-07-038662-7. *46 F / 7,01 €*

26941 **ZOLA E.** La faute de l'abbé Mouret. *Gallimard, 1991.* (Folio ; 2320. Classique c12)
ISBN 2-07-038434-9. *52 F / 7,93 €*

26942 **ZOLA E.** La Faute de l'abbé Mouret. Nouv. éd. *LGF, 1998.* (Les Rougon-Macquart; 5)(Le Livre de poche ; 69. Classiques de poche c8)
ISBN 2-253-00559-2. *33 F / 5,03 €*

26943 **ZOLA E.** La Fortune des Rougon. *LGF, 1960.* (Les Rougon-Macquart; 1)(Le Livre de poche ; 531. Classiques de poche c6)
ISBN 2-253-00674-2. *26 F / 3,96 €*

26944 **ZOLA E.** La fortune des Rougon. *Gallimard, 1981.* (Folio ; 1290. Classique c9)
ISBN 2-07-037290-1. *41 F / 6,25 €*

26945 **ZOLA E.** Germinal : Les Rougon-Macquart, histoire naturelle et sociale d'une famille sous le Second Empire. *Grasset, 1993.* (Les Cahiers rouges ; 162)
ISBN 2-246-46561-3. *65 F / 9,91 €*

26946 **ZOLA E.** Germinal. *J'ai lu, 1993.* (J'ai lu ; 901. Littérature générale c3)
ISBN 2-277-12901-1. *29 F / 4,42 €*

26947 **N** **ZOLA E.** Germinal. Réimpr. *LGF, 2000.* (Le Livre de poche ; 145. Classiques de poche c6)
ISBN 2-253-00422-7. *26 F / 3,96 €*

26948 **ZOLA E.** Germinal. Réimpr. *Gallimard, 1999.* (Folio ; 3304. Classique c10)
ISBN 2-07-041142-7. *25,50 F / 3,89 €*

26949 **ZOLA E.** La Joie de vivre. *LGF, 1962.* (Les Rougon-Macquart; 12)(Le Livre de poche ; 797. Classiques de poche c7)
ISBN 2-253-00713-7. *30 F / 4,57 €*

26950 **ZOLA E.** La joie de vivre. *Gallimard, 1985.* (Folio ; 1654. Classique c12)
ISBN 2-07-037654-0. *52 F / 7,93 €*

26951 **ZOLA E.** Lourdes. *Gallimard, 1995.* (Folio ; 2736. Classique c15)
ISBN 2-07-038878-6. *61 F / 9,30 €*

26952 **N** **ZOLA E.** La mort d'Olivier Bécaille : et autres nouvelles. Réimpr. *Librio, 2000.* (Librio ; 42 c1)
ISBN 2-277-30042-X. *10 F / 1,52 €*

26953 **ZOLA E.** Naïs ; Pour une nuit d'amour. *Librio, 1996.* (Librio ; 127 c1)
ISBN 2-277-30127-2. *10 F / 1,52 €*

26954 **ZOLA E.** Nana. Nouv. éd. *LGF, 1997.* (Le Livre de poche ; 50. Classiques de poche c6)
ISBN 2-253-00365-4. *26 F / 3,96 €*

26955 **ZOLA E.** Nana. *Gallimard, 1977.* (Folio ; 956. Classique c8)
ISBN 2-07-036956-0. *37 F / 5,64 €*

26956 **ZOLA E.** Nana. Réimpr. *J'ai lu, 1997.* (J'ai lu ; 954. Littérature générale c3)
ISBN 2-290-00954-7. *29 F / 4,42 €*

26957 **ZOLA E.** L'oeuvre. Nouv. éd. *LGF, 1959.* (Les Rougon-Macquart; 14)(Le Livre de poche ; 429. Classiques de poche c8)
ISBN 2-253-00887-7. *33 F / 5,03 €*

26958 **ZOLA E.** L'oeuvre. *Gallimard, 1983.* (Folio ; 1437. Classique c12)
ISBN 2-07-037437-8. *52 F / 7,93 €*

26959 **ZOLA E.** Une Page d'amour. *LGF, 1961.* (Les Rougon-Macquart; 8)(Le Livre de poche ; 681. Classiques de poche c7)
ISBN 2-253-00426-X. *30 F / 4,57 €*

26960 **ZOLA E.** Une page d'amour. *Gallimard, 1989.* (Folio ; 2070. Classique c8)
ISBN 2-07-038187-0. *37 F / 5,64 €*

26961 **ZOLA E.** Pot-Bouille. *Gallimard, 1982.* (Folio ; 1408. Classique c11)
ISBN 2-07-037408-4. *50 F / 7,62 €*

26962 **ZOLA E.** Pot-Bouille. Nouv. éd. *LGF, 1998.* (Le Livre de poche ; 247. Classiques de poche c7)
ISBN 2-253-00698-X. *30 F / 4,57 €*

26963 **ZOLA E.** Le Rêve. *LGF, 1954.* (Les Rougon-Macquart; 16)(Le Livre de poche ; 87. Classiques de poche c6)
ISBN 2-253-00283-6. *26 F / 3,96 €*

26964 **ZOLA E.** Le rêve. *Gallimard, 1986.* (Folio ; 1746. Classique c6)
ISBN 2-07-037746-6. *29,50 F / 4,50 €*

26965 **ZOLA E.** Rome. *Gallimard, 1999.* (Folio. Classique c16)
ISBN 2-07-040208-8. *66 F / 10,06 €*

26966 **ZOLA E.** Les Rougon-Macquart. 1. *Laffont, 1991.* (Bouquins)
ISBN 2-221-05897-6. *149 F / 22,71 €*

26967 **ZOLA E.** Les Rougon-Macquart. 2. *Laffont, 1991.* (Bouquins)
ISBN 2-221-05898-4. *179 F / 27,29 €*

26968 **ZOLA E.** Les Rougon-Macquart. 3. *Laffont, 1992.* (Bouquins)
ISBN 2-221-05899-2. *180 F / 27,44 €*

26969 **ZOLA E.** Son excellence Eugène Rougon. *Gallimard, 1982.* (Folio ; 1369. Classique c9)
ISBN 2-07-037369-X. *41 F / 6,25 €*

26970 **ZOLA E.** Son Excellence Eugène Rougon. *LGF, 1962.* (Les Rougon-Macquart; 6)(Le Livre de poche ; 901. Classiques de poche c8)
ISBN 2-253-00628-9. *33 F / 5,03 €*

26971 **ZOLA E.** La terre. *Gallimard, 1980.* (Folio ; 1177. Classique c10)
ISBN 2-07-037177-8. *46 F / 7,01 €*

26972 **ZOLA E.** La Terre. Nouv. éd. *LGF, 1994.* (Le Livre de poche ; 178. Classiques de poche c8)
ISBN 2-253-00319-0. *33 F / 5,03 €*

26973 **A** **ZOLA E.** Thérèse Raquin. *Gallimard, 2001.* (Folio. Classique)
ISBN 2-07-041800-6. *20,50 F / 3,13 €*

26974 **ZOLA E.** Thérèse Raquin. Nouv. éd. *LGF, 1997.* (Le Livre de poche ; 34. Classiques de poche c5)
ISBN 2-253-01007-3. *23 F / 3,51 €*

26975 **ZOLA E.** Thérèse Raquin. *Gallimard, 1979.* (Folio ; 1116 c8)
ISBN 2-07-037116-6. *37 F / 5,64 €*

26976 **ZOLA E.** Le ventre de Paris. Nouv. éd. *LGF, 1997.* (Les Rougon-Macquart; 3)(Le Livre de poche ; 277. Classiques de poche c7)
ISBN 2-253-00562-2. *30 F / 4,57 €*

26977 **ZOLA E.** Le Ventre de Paris. *Gallimard, 1979.* (Folio ; 1107. Classique c9)
ISBN 2-07-037107-7. *41 F / 6,25 €*

26978 **ZORN F.** Mars. *Gallimard, 1982.* (Folio ; 1368 c8)
ISBN 2-07-037368-1. *37 F / 5,64 €*

26979 **ZWEIG S.** Amok = Der Amokläufer. *LGF, 1993.* (Les Langues modernes ; 8761. Bilingue c10)
ISBN 2-253-06283-9. *40 F / 6,10 €*

26980 **ZWEIG S.** Amok ou le Fou de Malaisie. *LGF, 1991.* (Le Livre de poche ; 6996 c6)
ISBN 2-253-05754-1. *26 F / 3,96 €*

26981 **ZWEIG S.** Amok. Nouv. éd. *Stock, 1998.* (Bibliothèque cosmopolite ; 6 c2)
ISBN 2-234-04940-7. *55 F / 8,38 €*

26982 **ZWEIG S.** Amok. *Stock, 1979.* (Bibliothèque cosmopolite ; 6)
ISBN 2-234-01083-7. *55 F / 8,38 €*

26983 **ZWEIG S.** L'Amour d'Erika Ewald : nouvelles. *LGF, 1992.* (Le Livre de poche ; 9520 c6)
ISBN 2-253-06173-5. *26 F / 3,96 €*

26984 **ZWEIG S.** Brûlant secret. *Grasset, 1986.* (Les Cahiers rouges ; 64)
ISBN 2-246-35882-5. *59 F / 8,99 €*

26985 **ZWEIG S.** Le Chandelier enterré. *Grasset, 1983.* (Les Cahiers rouges ; 12)
ISBN 2-246-32002-X. *53 F / 8,08 €*

26986 **ZWEIG S.** Clarissa. *LGF, 1995.* (Le Livre de poche ; 9528 c6)
ISBN 2-253-09528-1. *26 F / 3,96 €*

26987 **ZWEIG S.** Le Combat avec le démon. *LGF, 1994.* (Le Livre de poche ; 9527 c9)
ISBN 2-253-09527-3. *36 F / 5,49 €*

26988 **ZWEIG S.** La Confusion des sentiments : notes intimes du professeur R. de D. *LGF, 1992.* (Le Livre de poche ; 9521 c5)
ISBN 2-253-06143-3. *23 F / 3,51 €*

26989 **N** **ZWEIG S.** La confusion des sentiments. Nouv. éd. *Stock, 2001.* (Bibliothèque cosmopolite ; 19)
ISBN 2-234-05341-2. *50 F / 7,62 €*

26990 **ZWEIG S.** Destruction d'un coeur ; La Gouvernante ; Le Jeu dangereux. *LGF, 1994.* (Le Livre de poche ; 9525 c3)
ISBN 2-253-09525-7. *18 F / 2,74 €*

26991 **ZWEIG S.** Ivresse de la métamorphose. *LGF, 1994.* (Le Livre de poche ; 9523 c9)
ISBN 2-253-06460-2. *36 F / 5,49 €*

26992 **ZWEIG S.** Le Joueur d'échecs = Schachnovelle. *LGF, 1991.* (Le Livre de poche ; 8643. Lire en allemand c9)
ISBN 2-253-05649-9. *36 F / 5,49 €*

26993 **ZWEIG S.** Le Joueur d'échecs. *LGF, 1991.* (Le Livre de poche ; 7309 c3)
ISBN 2-253-05784-3. *18 F / 2,74 €*

26994 **ZWEIG S.** Un mariage à Lyon. *LGF, 1996.* (Le Livre de poche ; 13893 c4)
ISBN 2-253-13893-2. *20 F / 3,05 €*

26995 **ZWEIG S.** La Peur. *Grasset, 1984.* (Les Cahiers rouges ; 31)
ISBN 2-246-34722-X. *57 F / 8,69 €*

26996 **ZWEIG S.** La Pitié dangereuse. *Grasset, 1983.* (Les Cahiers rouges ; 14)
ISBN 2-246-09863-7. *64 F / 9,76 €*

26997 **ZWEIG S.** Printemps au Prater ; suivi de La scarlatine. *LGF, 1998.* (Le Livre de poche ; 14504. Les classiques d'aujourd'hui c1)
ISBN 2-253-14504-1. *10 F / 1,52 €*

26998 **ZWEIG S.** Les prodiges de la vie. *LGF, 1996.* (Le Livre de poche ; 14016. Les classiques d'aujourd'hui c1)
ISBN 2-253-14016-3. *10 F / 1,52 €*

26999 **ZWEIG S.** Romans et nouvelles. *LGF, 1991.* (Stefan Zweig; 1)(La Pochothèque ; 3206. Classiques modernes)
ISBN 2-253-05513-1. *140 F / 21,34 €*

27000 **ZWEIG S.** Romans, nouvelles, théâtre. *LGF, 1995.* (Stefan Zweig; 2)(La Pochothèque ; 3224. Classiques modernes)
ISBN 2-253-13224-1. *140 F / 21,34 €*

27001 **ZWEIG S.** Vingt-quatre heures de la vie d'une femme = Vierundzwanzig Stunden aus dem Leben einer Frau. *LGF, 1993.* (Les Langues modernes ; 8763. Bilingue cK)
ISBN 2-253-06426-2. *42 F / 6,40 €*

27002 **N** **ZWEIG S.** Vingt-quatre heures de la vie d'une femme. Nouv. éd. *Stock, 2000.* (Bibliothèque cosmopolite ; 25 c1)
ISBN 2-234-05235-1. *50 F / 7,62 €*

27003 **ZWEIG S.** Vingt-quatre heures de la vie d'une femme. *LGF, 1992.* (Le Livre de poche ; 4340 c5)
ISBN 2-253-06022-4. *23 F / 3,51 €*

27004 **ZWEIG S.** Wondrak. *LGF, 1996.* (Le Livre de poche ; 14057 c6)
ISBN 2-253-14057-0. *26 F / 3,96 €*

27005 **ZYKË C.** Amsterdam zombie. *LGF, 1996.* (Le Livre de poche ; 14060 c6)
ISBN 2-253-14060-0. *26 F / 3,96 €*

27006 **ZYKË C.** La Ferme d'Eden. *LGF, 1993.* (Le Livre de poche ; 9654 c6)
ISBN 2-253-06370-3. *26 F / 3,96 €*

27007 **ZYKË C.** Histoires de fous. *LGF, 1997.* (Le Livre de poche ; 14354 c7)
ISBN 2-253-14354-5. *30 F / 4,57 €*

27008 **ZYKË C.** Paranoïa. *LGF, 1990.* (Le Livre de poche ; 6776 c11)
ISBN 2-253-05328-7. *42 F / 6,40 €*

27009 **ZYKË C.** Tuan. *LGF, 1994.* (Le Livre de poche ; 9788 c9)
ISBN 2-253-09788-8. *36 F / 5,49 €*

Littérature (Science Fiction Fantastique)

27010 **N** **ADAMS D.** Le dernier restaurant avant la fin du monde. *Gallimard, 2000.* (Le guide galactique; 2)(Folio. SF ; 35 c6)
ISBN 2-07-041615-1. *29,50 F / 4,50 €*

27011 **N** **ADAMS D.** Le guide galactique. 1. *Gallimard, 2000.* (Folio. SF ; 21 c6)
ISBN 2-07-041568-6. *29,50 F / 4,50 €*

27012 **A** **ADAMS D.** Salut et encore merci pour le poisson. *Gallimard, 2001.* (Folio. SF)
ISBN 2-07-041836-7. *87 F / 13,26 €*

27013 **AILLET L., CLUZEAU N.** Epousailles. *Fleuve noir, 1998.* (Chroniques de la Terre déchirée; 2)(Fleuve noir SF ; 34. SF legend)
ISBN 2-265-06440-8. *42 F / 6,40 €*

27014 **AILLET L., CLUZEAU N.** Fiançailles. *Fleuve noir, 1998.* (Chroniques de la Terre déchirée; 1)(Fleuve noir SF ; 33. SF legend)
ISBN 2-265-06441-6. *39 F / 5,95 €*

27015 **ALLEN R. M.** L'homme modulaire. *J'ai lu, 1994.* (J'ai lu ; 3782. Science-fiction c5)
ISBN 2-277-23782-5. *39 F / 5,95 €*

27016 **ALLEN R. M.** Le robot Caliban. *J'ai lu, 1993.* (La trilogie de Caliban d'Isaac Asimov; 1)(J'ai lu ; 3503. Science-fiction c6)
ISBN 2-277-23503-2. *42 F / 6,40 €*

27017 **ALLEN R. M.** La trilogie corellienne. 1, Traquenard sur Corellia. *Fleuve noir, 1999.* (Star Wars)
ISBN 2-265-06801-2. *32 F / 4,88 €*

27018 **ALLEN R. M.** La trilogie corellienne. 2, Assaut sur Selonia. *Fleuve noir, 1999.* (Star Wars)
ISBN 2-265-06800-4. *32 F / 4,88 €*

27019 **ALLEN R. M.** La trilogie corellienne. 3, Bras de fer sur centerpoint. *Fleuve noir, 1999.* (Star Wars)
ISBN 2-265-06799-7. *32 F / 4,88 €*

27020 **ALLEN R. M.** Utopia. *J'ai lu, 1996.* (La trilogie de Caliban d'Isaac Asimov; 3)(J'ai lu ; 3503. Science-fiction c6)
ISBN 2-290-04304-4. *42 F / 6,40 €*

27021 **N** **ALLSTON A.** Le Poing d'acier. *Fleuve noir, 2000.* (Star Wars)
ISBN 2-265-06966-3. *32 F / 4,88 €*

27022 **A** **ALLSTON A.** Sous les ordres de Yan-Solo. *Fleuve noir, 2001.* (Star Wars)
ISBN 2-265-07171-4. *39 F / 5,95 €*

27023 **AMBROSE D.** Cyber killer. *LGF, 1999.* (Le Livre de poche ; 17073. Thriller c8)
ISBN 2-253-17073-9. *33 F / 5,03 €*

27024 **AMBROSE D.** Superstition. *J'ai lu, 2000.* (Millenaires ; 6024)
ISBN 2-290-30064-0. *79 F / 12,04 €*

27025 **ANDERSON K. J.** L'Académie Jedi. 1, La quête des Jedi. *Fleuve noir, 1999.* (Star Wars)
ISBN 2-265-06798-9. *32 F / 4,88 €*

27026 **ANDERSON K. J.** L'Académie Jedi. 2, Sombre disciple. *Fleuve noir, 1999.* (Star Wars)
ISBN 2-265-06797-0. *32 F / 4,88 €*

27027 **ANDERSON K. J.** L'Académie Jedi. 3, Les champions de la force. *Fleuve noir, 1999.* (Star Wars)
ISBN 2-265-06796-2. *32 F / 4,88 €*

27028 **ANDERSON K. J.** Aux frontières du réel. 3, Point zéro. *J'ai lu, 1996.* (J'ai lu ; 4252. Littérature générale c3)
ISBN 2-290-04252-8. *29 F / 4,42 €*

27029 **ANDERSON K. J.** Aux frontières du réel. 4, Ruines. *J'ai lu, 1997.* (J'ai lu ; 4363. Littérature générale c4)
ISBN 2-290-04363-X. *36 F / 5,49 €*

27030 **ANDERSON K. J.** Aux frontières du réel. 5, Anticorps. *J'ai lu, 1998.* (J'ai lu ; 4943. Littérature générale c4)
ISBN 2-290-04943-3. *36 F / 5,49 €*

27031 **ANDERSON K. J.** Le sabre noir. *Fleuve noir, 1999.* (Star Wars)
ISBN 2-265-06805-5. *32 F / 4,88 €*

27032 **ANDERSON P.** La patrouille du temps. Réimpr. *J'ai lu, 1997.* (J'ai lu ; 1409. Science-fiction c3)
ISBN 2-290-01409-5. *29 F / 4,42 €*

27033 **ANDERSON P.** La Reine de l'Air et des Ténèbres. *J'ai lu, 1982.* (J'ai lu ; 1268. Science-fiction c2)
ISBN 2-277-21268-7. *29 F / 4,42 €*

27034 **ANDREVON J-P.** Cinq anguilles dans une botte d'humains. *Baleine, 1998.* (Macno ; 4)
ISBN 2-84219-093-9. *39 F / 5,95 €*

27035 **N** **ANDREVON J-P.** Gandahar. *Gallimard, 2000.* (Folio. SF ; 13 c6)
ISBN 2-07-041569-4. *29,50 F / 4,50 €*

27036 **ANDREVON J-P.** La trace des rêves. *LGF, 1995.* (Le Livre de poche ; 7173. Science-fiction c9)
ISBN 2-253-07173-0. *36 F / 5,49 €*

27037 **Les annales du Disque-monde. 4, Mortimer.** *Pocket, 1998.* (Pocket ;. 5671. Science-fiction c5)
ISBN 2-266-08068-7. *35 F / 5,34 €*

27038 **ANSCOMBE R.** La vie secrète de Laszlo, comte Dracula. *Pocket, 1998.* (Pocket ; 9196. Terreur c7)
ISBN 2-266-08048-2. *42 F / 6,40 €*

27039 **ANTHONY P.** Frère Termite. *Pocket, 1999.* (Pocket ; 5657. Science-fiction)
ISBN 2-266-07620-5. *35 F / 5,34 €*

27040 **APRIL J-P.** Berlin-Bangkok. *J'ai lu, 1993.* (J'ai lu ; 3419. Science-fiction)
ISBN 2-277-23419-2. *36 F / 5,49 €*

27041 **ARNAUD G. J.** L'atoll des bateaux perdus. *Fleuve noir, 1997.* (Fleuve noir SF ; 14. SF mystère)
ISBN 2-265-05742-8. *34 F / 5,18 €*

27042 **ARNAUD G. J.** Chroniques glaciaires. *Fleuve noir, 1997.* (Chroniques glacières ; 2)(Fleuve noir SF ; 28)
ISBN 2-265-06311-8. *39 F / 5,95 €*

27043 **N** **ARNAUD G. J.** La légende des hommes-Jonas. *Fleuve noir, 2000.* (Chroniques glaciaires; 11)(Fleuve noir SF)
ISBN 2-265-06981-7. *39 F / 5,95 €*

27044 **ARNAUD G. J.** Les prédestinés. *Fleuve noir, 1999.* (Chroniques glacières ; 4)(Fleuve noir SF)
ISBN 2-265-06526-9. *39 F / 5,95 €*

27045 **ARNAUD G. J.** Les survivants crépusculaires. *Fleuve noir, 1999.* (Chroniques glacières)(Fleuve noir SF)
ISBN 2-265-06659-1. *39 F / 5,95 €*

27046 **ASIMOV I.** Asimov parallèle. *J'ai lu, 1987.* (J'ai lu ; 2277. Science-fiction)
ISBN 2-277-22277-1. *36 F / 5,49 €*

27047 **ASIMOV I.** L'aube de fondation. *Pocket, 1996.* (Le cycle de la fondation; 2)(Pocket ; 5619. Science-fiction c8)
ISBN 2-266-06733-8. *45 F / 6,86 €*

27048 **ASIMOV I.** Azazel. 1. *Pocket, 1993.* (Pocket ; 5508. Science-fiction c5)
ISBN 2-266-05520-8. *35 F / 5,34 €*

27049 **A** **ASIMOV I.** Cailloux dans le ciel. Nouv. éd. *J'ai lu, 2001.* (J'ai lu ; 552. Science-fiction)
ISBN 2-290-31297-5

27050 **ASIMOV I.** Les cavernes d'acier. Réimp. *J'ai lu, 1999.* (J'ai lu ; 404. Science-fiction c4)
ISBN 2-290-00404-9. *36 F / 5,49 €*

27051 **ASIMOV I.** Civilisations extraterrestres. *Pocket, 1981.* (Pocket ; 1958 c4)
ISBN 2-266-01001-8. *30 F / 4,57 €*

27052 **ASIMOV I.** Les Courants de l'espace. *Pocket, 1991.* (Pocket ; 5373. Science-fiction c4)
ISBN 2-266-04209-2. *30 F / 4,57 €*

27053 **ASIMOV I.** Destination cerveau. *Pocket, 1990.* (Pocket ; 5381. Science-fiction c7)
ISBN 2-266-03472-3. *42 F / 6,40 €*

27054 **ASIMOV I.** Face aux feux du soleil. Réimp. *J'ai lu, 1998.* (J'ai lu ; 468. Science-fiction c3)
ISBN 2-290-00468-5. *29 F / 4,42 €*

27055 **N** **ASIMOV I.** Fondation et empire. *Gallimard, 2000.* (Le cycle de Fondation; 2)(Folio. SF ; 2 c6)
ISBN 2-07-041571-6. *29,50 F / 4,50 €*

27056 **N** **ASIMOV I.** Fondation foudroyée. *Gallimard, 2000.* (Le cycle de Fondation; 4)(Folio. SF ; 41 c8)
ISBN 2-07-041646-1. *37 F / 5,64 €*

27057 **N** **ASIMOV I.** Fondation. *Gallimard, 2000.* (Le cycle de Fondation; 1)(Folio. SF ; 1 c6)
ISBN 2-07-041570-8. *29,50 F / 4,50 €*

27058 **ASIMOV I.** Légende. *Pocket, 1996.* (Azazel; 2)(Pocket ; 5627. Science-fiction c6)
ISBN 2-266-06863-6. *38 F / 5,79 €*

27059 **ASIMOV I.** Mais le docteur est d'or. *Pocket, 1996.* (Pocket ; 5621. Science-fiction c8)
ISBN 2-266-06926-8. *45 F / 6,86 €*

27060 **ASIMOV I.** Némésis. *Pocket, 1993.* (Pocket ; 5514. Science-fiction c6)
ISBN 2-266-05537-2. *38 F / 5,79 €*

27061 **ASIMOV I.** La pierre parlante : et autres nouvelles. *Librio, 1996.* (Librio ; 129 c1)
ISBN 2-277-30129-9. *10 F / 1,52 €*

27062 **ASIMOV I.** Prélude à Fondation. *Pocket, 1990.* (Pocket ; 5380. Science-fiction c6)
ISBN 2-266-03471-5. *38 F / 5,79 €*

27063 **ASIMOV I.** Le robot qui rêvait. *J'ai lu, 1988.* (J'ai lu ; 2388. Science-fiction c7)
ISBN 2-290-02388-4. *45 F / 6,86 €*

27064 **N** **ASIMOV I.** Les robots de l'aube. 1. Réimpr. *J'ai lu, 2000.* (J'ai lu ; 1602. Science-fiction cG)
ISBN 2-290-30718-1. *29 F / 4,42 €*

27065 **N** **ASIMOV I.** Les robots de l'aube. 2. Réimpr. *J'ai lu, 2000.* (J'ai lu ; 1603. Science-fiction cG)
ISBN 2-290-30719-X. *29 F / 4,42 €*

27066 **ASIMOV I.** Les Robots et l'empire. 2. *J'ai lu, 1986.* (J'ai lu ; 1997. Science-fiction c4)
ISBN 2-277-21997-5. *36 F / 5,49 €*

27067 **A** **ASIMOV I.** Les robots et l'empire. *J'ai lu, 2001.* (J'ai lu ; 5895. Science-fiction)
ISBN 2-290-31116-2

27068 **A** **ASIMOV I.** Les robots. Nouv. éd. *J'ai lu, 2001.* (J'ai lu ; 453. Science-fiction)
ISBN 2-290-31290-8

27069 **N** **ASIMOV I.** Seconde fondation. *Gallimard, 2000.* (Le cycle de Fondation; 3)(Folio. SF ; 31)
ISBN 2-07-041611-9. *29,50 F / 4,50 €*

27070 **ASIMOV I.** Tyrann. Nouv. éd. *J'ai lu, 1996.* (J'ai lu ; 484. Science-fiction c3)
ISBN 2-290-00484-7. *29 F / 4,42 €*

27071 **ASIMOV I.** Le voyage fantastique. Réimpr. *J'ai lu, 1997.* (J'ai lu ; 1635. Science-fiction c3)
ISBN 2-290-01635-7. *29 F / 4,42 €*

27072 **ASIMOV I., SILVERBERG R.** L'homme bicentenaire : (tout sauf un homme) : l'épopée extraordinaire du robot qui voulait être humain. *Pocket, 2000.* (Pocket ; 5697. Science-fiction c4B)
ISBN 2-266-10238-9. *32 F / 4,88 €*

27073 **ASIMOV I., SILVERBERG R.** Tout sauf un homme. *Pocket, 1998.* (Pocket ; 5697. Science-fiction c4B)
ISBN 2-266-08764-9. *32 F / 4,88 €*

27074 **ATTALI J.** Le Premier jour après moi. *LGF, 1992.* (Le Livre de poche ; 7378 c4)
ISBN 2-253-05896-3. *20 F / 3,05 €*

27075 **ATTANASIO A.** L'Arc du rêve. *LGF, 1993.* (Le Livre de poche ; 7161. Science-fiction c10)
ISBN 2-253-06543-9. *40 F / 6,10 €*

27076 **ATWOOD M.** La Servante écarlate. *J'ai lu, 1990.* (J'ai lu ; 2781. Science-fiction c4)
ISBN 2-277-22781-1. *39 F / 5,95 €*

27077 **AYERDHAL** Balade choreïale. *J'ai lu, 1999.* (J'ai lu ; 3731. Science-fiction c5)
ISBN 2-290-03731-1. *39 F / 5,95 €*

27078 **AYERDHAL** Consciences virtuelles. *Baleine, 1998.* (Macno ; 1)
ISBN 2-84219-092-0. *39 F / 5,95 €*

27079 **AYERDHAL** Cybione. 1. *J'ai lu, 2000.* (J'ai lu ; 5464. Science-fiction cG)
ISBN 2-290-30187-6. *29 F / 4,42 €*

27080 **A** **AYERDHAL** Cybione. 3. *J'ai lu, 2001.* (J'ai lu ; 5938. Science-fiction)
ISBN 2-290-31182-0

27081 **N** **AYERDHAL** Demain, une oasis. *J'ai lu, 2000.* (J'ai lu ; 5603. Littérature générale cG)
ISBN 2-290-30306-2. *29 F / 4,42 €*

27082 **AYERDHAL** L'histrion. *J'ai lu, 1993.* (J'ai lu ; 3526. Science-fiction c6)
ISBN 2-290-03526-2. *42 F / 6,40 €*

27083 **AYERDHAL** Le Mystère Lyphine. *Fleuve noir, 1992.* (Le Chant du drille; 2)(Fleuve noir SF ; 1875 c1)
ISBN 2-265-04762-7. *34 F / 5,18 €*

27084 **AYERDHAL** Mytale. *J'ai lu, 1997.* (J'ai lu ; 4641. Science-fiction c7)
ISBN 2-290-04641-8. *45 F / 6,86 €*

27085 **AYERDHAL** Parleur ou Les chroniques d'un rêve enclavé. *J'ai lu, 1999.* (Millenaires ; 6020)
ISBN 2-277-26020-7. *65 F / 9,91 €*

27086 **N** **AYERDHAL** Polytan. *J'ai lu, 2000.* (Cybione; 2)(J'ai lu ; 5621. Science-fiction cG)
ISBN 2-290-30347-X. *29 F / 4,42 €*

27087 **AYERDHAL** Sexomorphoses. *J'ai lu, 1994.* (J'ai lu ; 3821. Science-fiction c6)
ISBN 2-277-23821-X. *42 F / 6,40 €*

27088 **AYERDHAL** Le Syndrome des baleines. *Fleuve noir, 1992.* (Le Chant du drille; 1)(Fleuve noir SF ; 1871)
ISBN 2-265-04750-3. *34 F / 5,18 €*

27089 **AYERDHAL, DUNYACH J-C.** Etoiles mourantes. *J'ai lu, 1999.* (Millenaires ; 6011)
ISBN 2-277-26011-8. *89 F / 13,57 €*

27090 **BACHMAN R.** Les régulateurs. Réimp. *J'ai lu, 2000.* (J'ai lu ; 5011. Stephen King cL)
ISBN 2-290-30668-1. *45 F / 6,86 €*

27091 **BAKER N.** Nuit intérieure. *J'ai lu, 1999.* (J'ai lu ; 5220. Ténèbres c6)
ISBN 2-290-05220-5. *42 F / 6,40 €*

27092 **BALLARD J. G.** Empire du Soleil. *Gallimard, 1990.* (Folio ; 2179 c8)
ISBN 2-07-038268-0. *37 F / 5,64 €*

27093 **BALLARD J. G.** Le massacre de Pangbourne. *Mille et une nuits, 1995.* (La petite collection ; 74 cA)
ISBN 2-84205-003-7. *10 F / 1,52 €*

27094 **N** **BANKS I.** Entrefer. *Gallimard, 2000.* (Folio. SF ; 23 c9)
ISBN 2-07-041572-4. *41 F / 6,25 €*

27095 **BANKS I.** Une forme de guerre. *LGF, 1997.* (Le Livre de poche ; 7199. Science-fiction c14)
ISBN 2-253-07199-4. *48 F / 7,32 €*

27096 **BANKS I.** L'homme des jeux. *LGF, 1996.* (Le Livre de poche ; 7185. Science-fiction c11)
ISBN 2-253-07185-4. *42 F / 6,40 €*

27097 **BANKS I.** L'usage des armes. *LGF, 1996.* (Le Livre de poche ; 7189. Science-fiction c14)
ISBN 2-253-07189-7. *48 F / 7,32 €*

27098 **BARJAVEL R.** Béni soit l'atome : et autres nouvelles. *Librio, 1999.* (Librio ; 261 c1)
ISBN 2-277-30261-9. *10 F / 1,52 €*

27099 **N** **BARJAVEL R.** Les dames à la licorne. Rééd. *Pocket, 2000.* (Pocket ; 1264 c4)
ISBN 2-266-10754-2. *30 F / 4,57 €*

27100 **BARKER C.** Everville. *Pocket, 1999.* (Pocket ; 9195. Terreur c9)
ISBN 2-266-08077-6. *48 F / 7,32 €*

27101 **BARKER C.** Imajica. 1. *Pocket, 1998.* (Pocket ; 9177. Terreur c9)
ISBN 2-266-07503-9. *48 F / 7,32 €*

27102 **BARKER C.** Imajica. 2. *Pocket, 1998.* (Pocket ; 9187. Terreur c9)
ISBN 2-266-07888-7. *48 F / 7,32 €*

27103 **N** **BARKER C.** Le jeu de la damnation. Nouv. éd. *J'ai lu, 2000.* (J'ai lu ; 2655. Fantastique cK)
ISBN 2-290-30822-6. *42 F / 6,40 €*

27104 **BARKER C.** La mort, sa vie, son oeuvre. Nouv. éd. *J'ai lu, 1999.* (Livres de sang; 6)(J'ai lu ; 4202. Ténèbres c4)
ISBN 2-290-04202-1. *36 F / 5,49 €*

27105 **BARKER C.** Prison de chair. Nouv. éd. *J'ai lu, 1999.* (Livres de sang; 5)(J'ai lu ; 4065. Ténèbres c4)
ISBN 2-290-04065-7. *36 F / 5,49 €*

27106 **BARKER C.** Le Royaume des devins. *Pocket, 1994.* (Pocket ; 9118. Terreur cK)
ISBN 2-266-00578-2. *55 F / 8,38 €*

27107 **N** **BARNES J.** Passerelles pour l'infini. *LGF, 2001.* (Le Livre de poche ; 7229. Science-fiction)
ISBN 2-253-07229-X. *39 F / 5,95 €*

27108 **N** **BAXTER S.** Titan. *J'ai lu, 2001.* (Millenaires ; 6044)
ISBN 2-290-30973-7. *129 F / 19,67 €*

27109 **BAXTER S.** Voyage. 1. *J'ai lu, 1999.* (Millenaires ; 6015)
ISBN 2-277-26015-0. *89 F / 13,57 €*

27110 **BAXTER S.** Voyage. 2. *J'ai lu, 1999.* (Millenaires ; 6016)
ISBN 2-277-26016-9. *79 F / 12,04 €*

27111 **BEAR G.** L'envol de Mars. *LGF, 1999.* (Le Livre de poche ; 7215. Science-fiction c16)
ISBN 2-253-07215-X. *55 F / 8,38 €*

27112 **BEAR G.** Eon. Réimp. *LGF, 1999.* (Le Livre de poche ; 7162. Science-fiction c15)
ISBN 2-253-07162-5. *50 F / 7,62 €*

27113 **BEAR G.** Eternité. *LGF, 1994.* (Le Livre de poche ; 7164. Science-fiction c13)
ISBN 2-253-07164-1. *46 F / 7,01 €*

27114 **N** **BEAULIEU N.** L'ange écarlate. *Alire, 2000.* (Les cités intérieures; 1)(Romans. Fantastique, horreur ; 33)
ISBN 2-922145-32-8. *61 F / 9,30 €*

27115 **BELLEMARE P., ANTOINE J.** Histoires vraies. 1. *LGF, 1982.* (Le Livre de poche ; 5633 c7)
ISBN 2-253-02941-6. *30 F / 4,57 €*

27116 **BELLEMARE P., ANTOINE J.** Histoires vraies. 2. *LGF, 1982.* (Le Livre de poche ; 5634 c7)
ISBN 2-253-02942-4. *30 F / 4,57 €*

27117 **BELLETTO R.** Le temps mort. *J'ai lu, 1996.* (J'ai lu ; 4095. Science-fiction c4)
ISBN 2-277-24095-8. *36 F / 5,49 €*

27118 **BENFORD G.** En chair étrangère. *LGF, 1994.* (Le Livre de poche ; 7169. Science-fiction c12)
ISBN 2-253-07169-2. *44 F / 6,71 €*

27119 **BENFORD G.** La grande rivière du ciel. *LGF, 1994.* (Le Livre de poche ; 7171. Science-fiction c13)
ISBN 2-253-07171-4. *46 F / 7,01 €*

27120 **BENFORD G.** Marées de lumière. *LGF, 1995.* (Le Livre de poche ; 7172. Science-fiction c10)
ISBN 2-253-07172-2. *40 F / 6,10 €*

27121 **N** **BENFORD G.** Un paysage du temps. *Gallimard, 2001.* (Folio ; 44. SF)
ISBN 2-07-041772-7. *49 F / 7,47 €*

27122 **BENSON S.** Le passage. *Baleine, 1998.* (Macno ; 3)
ISBN 2-84219-142-0. *42 F / 6,40 €*

27123 **BERNANOS M.** Le cycle de la montagne morte de la vie. *Fleuve noir, 1996.* (Oeuvres romanesques complètes ; 1)(Super poche c1)
ISBN 2-265-05750-9. *84 F / 12,81 €*

27124 **N** **BERTHELOT F.** Rivage des intouchables. *Gallimard, 2001.* (Folio ; 43. SF c8)
ISBN 2-07-041773-5. *37 F / 5,64 €*

27125 **A** **BISCHOFF D.** Ce que dit le corbeau. *Pocket, 2001.* (The crow; 1)(Pocket. Terreur ; 9261)
ISBN 2-266-11123-X

27126 **BISSON T.** Le cinquième élément : d'après un scénario de Luc Besson et Robert Mark Kamen. *Pocket, 1997.* (Pocket ; 10273 c4)
ISBN 2-266-07681-7. *30 F / 4,57 €*

27127 **BISSON T.** Johnny Mnemonic : d'après une histoire et un scénario de William Gibson. *J'ai lu, 1995.* (J'ai lu ; 4079. Science-fiction c4)
ISBN 2-277-24079-6. *36 F / 5,49 €*

27128 **A** **BLATTY W. P.** L'exorciste. Réimpr. *J'ai lu, 2001.* (J'ai lu ; 630. Fantastique)
ISBN 2-290-31372-6

27129 **A** **BLAYLOCK J. P.** Le nain qui disparaissait. *J'ai lu, 2001.* (J'ai lu ; 5845. Fantasy)
ISBN 2-290-31048-4

27130 **BLAYLOCK J. P.** Reliques de la nuit. *J'ai lu, 1995.* (J'ai lu ; 4049. Science-fiction c8)
ISBN 2-277-24049-4. *49 F / 7,47 €*

27131 **BLAYLOCK J. P.** Le vaisseau elfique : contes de l'oriel. *J'ai lu, 2000.* (J'ai lu ; 5506. Science-fiction cK)
ISBN 2-290-30154-X. *42 F / 6,40 €*

27132 **BLISH J.** Semailles humaines. *J'ai lu, 1988.* (J'ai lu. Science-fiction ; 752)
ISBN 2-277-11752-8. *29 F / 4,42 €*

27133 **BONANSINGA J.** Pire que le mal. *Pocket, 1996.* (Pocket ; 9133. Terreur c7)
ISBN 2-266-07002-9. *42 F / 6,40 €*

27134 **BORDAGE P.** Les aigles d'Orient. *J'ai lu, 2000.* (Wang; 2)(J'ai lu ; 5405. Science-fiction cM)
ISBN 2-290-30005-5. *49 F / 7,47 €*

27135 **BORDAGE P.** Atlantis : le fils du rayon d'or : naissance d'un univers. *J'ai lu, 1998.* (J'ai lu ; 4829. Science-fiction c6)
ISBN 2-290-04829-1. *42 F / 6,40 €*

27136 **N** **BORDAGE P.** Les chemins du secret. *Librio, 2000.* (Les derniers hommes; 4)(Librio ; 335 c1)
ISBN 2-290-30112-4. *10 F / 1,52 €*

27137 **N** **BORDAGE P.** Le cinquième ange. Réimpr. *Librio, 2000.* (Les derniers hommes; 2)(Librio ; 333 c1)
ISBN 2-290-30110-8. *10 F / 1,52 €*

27138 **BORDAGE P.** La citadelle Hyponéros. *J'ai lu, 1999.* (Les guerriers du silence; 3)(J'ai lu ; 5088. Science-fiction c10)
ISBN 2-290-05088-1. *52 F / 7,93 €*

27139 **N** **BORDAGE P.** Coffret Bordage-Wang. *J'ai lu, 2000.* (J'ai lu. Science-fiction)
ISBN 2-277-60173-X. *98 F / 14,94 €*

27140 **N** **BORDAGE P.** Coffret Bordage. *Librio, 2000.* (Librio)
ISBN 2-277-60183-7. *60 F / 9,15 €*

27141 **N** **BORDAGE P.** Le dernier jugement. *Librio, 2000.* (Les derniers hommes; 6)(Librio ; 337 c1)
ISBN 2-290-30114-0. *10 F / 1,52 €*

27142 **N** **BORDAGE P.** Les douze tribus. *Librio, 2000.* (Les derniers hommes; 5)(Librio ; 336 c1)
ISBN 2-290-30113-2. *10 F / 1,52 €*

27143 **BORDAGE P.** Les fables de l'Humpur. *J'ai lu, 1999.* (Millenaires ; 6019)
ISBN 2-277-26019-3. *89 F / 13,57 €*

27144 **BORDAGE P.** Les légions de l'apocalypse. *Librio, 2000.* (Les derniers hommes; 3)(Librio ; 334 c1)
ISBN 2-290-30111-6. *10 F / 1,52 €*

27145 **N** **BORDAGE P.** Le peuple de l'eau. Réimpr. *Librio, 2000.* (Les derniers hommes; 1)(Librio ; 332 c1)
ISBN 2-290-30109-4. *10 F / 1,52 €*

27146 **BORDAGE P.** Les portes d'Occident. *J'ai lu, 1999.* (Wang; 1)(J'ai lu ; 5285. Science-fiction cM)
ISBN 2-290-05285-X. *49 F / 7,47 €*

27147 **BORDAGE P.** Terra mater. *J'ai lu, 1998.* (Les guerriers du silence; 2)(J'ai lu ; 4963. Science-fiction c10)
ISBN 2-290-04963-8. *52 F / 7,93 €*

27148 **BOUCHARD N.** Astronef aux enchères. *Fleuve noir, 1999.* (Fleuve noir SF ; 65. SF space)
ISBN 2-265-06752-0. *39 F / 5,95 €*

27149 **BOULLE P.** La Planète des singes. Réimpr. *Pocket, 1999.* (Pocket ; 1867. Best c3)
ISBN 2-266-02653-4. *23 F / 3,51 €*

27150 **BRADBURY R.** Celui qui attend : et autres nouvelles. *Librio, 1995.* (Librio ; 59 c1)
ISBN 2-277-30059-4. *10 F / 1,52 €*

27151 **N** **BRADBURY R.** Chroniques martiennes. *Gallimard, 2001.* (Folio ; 45. SF c6)
ISBN 2-07-041774-3. *29,50 F / 4,50 €*

27152 **N** **BRADBURY R.** Fahrenheit 451. *Gallimard, 2000.* (Folio. SF ; 3 c5)
ISBN 2-07-041573-2. *25,50 F / 3,89 €*

27153 **BRADBURY R.** Mais à part ça tout va très bien. *Gallimard, 1999.* (Folio ; 3182 c9)
ISBN 2-07-040871-X. *41 F / 6,25 €*

27154 **BRADBURY R.** The Martian chronicles. *LGF, 1991.* (Le Livre de poche ; 8621. Lire en anglais c9)
ISBN 2-253-05184-5. *36 F / 5,49 €*

27155 **BRADLEY M. Z.** Les âges du chaos. *Pocket, 1996.* (Chroniques de Ténébreuse; 2)(Pocket ; 5598. Science-fiction c6)
ISBN 2-266-06596-3. *38 F / 5,79 €*

27156 **N** **BRADLEY M. Z.** L'alliance. *Pocket, 2000.* (Chroniques de Ténébreuse; 6)(Pocket ; 5602. Science-fiction c8)
ISBN 2-266-06600-5. *45 F / 6,86 €*

27157 **BRADLEY M. Z.** Les amazones libres. *Pocket, 1995.* (Chroniques de Ténébreuse; 4)(Pocket ; 5564. Science-fiction c7)
ISBN 2-266-06414-2. *42 F / 6,40 €*

27158 **BRADLEY M. Z.** La Captive aux cheveux de feu : la romance de Ténébreuse. *Pocket, 1990.* (Pocket ; 5364. Science-fiction c4)
ISBN 2-266-03382-4. *30 F / 4,57 €*

27159 **BRADLEY M. Z.** Les Casseurs de mondes : la romance de Ténébreuse. *Pocket, 1991.* (Pocket ; 5366. Science-fiction c6)
ISBN 2-266-03384-0. *38 F / 5,79 €*

27160 **BRADLEY M. Z.** La Chaîne brisée : la romance de Ténébreuse. *Pocket, 1989.* (Pocket ; 5385. Science-fiction c5)
ISBN 2-266-03514-2. *35 F / 5,34 €*

27161 **BRADLEY M. Z.** La chanson de l'exil : la romance de Ténébreuse. *Pocket, 1996.* (Pocket ; 5604. Science-fiction c8)
ISBN 2-266-06602-1. *45 F / 6,86 €*

27162 **BRADLEY M. Z.** Chasse sur la lune rouge : unité. *Pocket, 1994.* (Pocket ; 5565. Science-fiction c4)
ISBN 2-266-06443-6. *30 F / 4,57 €*

27163 **BRADLEY M. Z.** La chute d'Atlantis. *Pocket, 1998.* (Pocket ; 5687. Science-fiction c9)
ISBN 2-266-08349-X. *48 F / 7,32 €*

27164 **BRADLEY M. Z.** La dame du Trillium. *LGF, 1998.* (Le cycle du Trillium; 3)(Le Livre de poche ; 14396 c9)
ISBN 2-253-14396-0. *36 F / 5,49 €*

27165 **BRADLEY M. Z.** L'Empire débarque. *Pocket, 1999.* (Chroniques de Ténébreuse; 5)(Pocket ; 5601. Science-fiction c7)
ISBN 2-266-06599-8. *42 F / 6,40 €*

27166 **BRADLEY M. Z.** L'Epée enchantée : la romance de Ténébreuse. *Pocket, 1989.* (Pocket ; 5302. Science-fiction c4)
ISBN 2-266-02263-6. *30 F / 4,57 €*

27167 **BRADLEY M. Z.** L'Etoile du danger : la romance de Ténébreuse. *Pocket, 1988.* (Pocket ; 5290. Science-fiction c6)
ISBN 2-266-02192-3. *38 F / 5,79 €*

27168 **BRADLEY M. Z.** La gladiatrice. *Pocket, 1998.* (Pocket ; 5606. Science-fiction c5)
ISBN 2-266-06581-5. *35 F / 5,34 €*

27169 **N** **BRADLEY M. Z.** L'Héritage d'Hastur : la romance de Ténébreuse. Nouv. éd. *Pocket, 2000.* (Pocket ; 5421. Science-fiction c10)
ISBN 2-266-10686-4. *50 F / 7,62 €*

27170 **BRADLEY M. Z.** Les Héritiers d'Hammerfell : la romance de ténébreuse. *Pocket, 1993.* (Pocket ; 5495. Science-fiction c6)
ISBN 2-266-05368-X. *38 F / 5,79 €*

27171 **BRADLEY M. Z.** Le Loup des Kilghard. *Pocket, 1992.* (Pocket ; 5459. Science-fiction cJ)
ISBN 2-266-04667-5. *50 F / 7,62 €*

27172 **BRADLEY M. Z.** La Maison des Amazones : la romance de Ténébreuse. *Pocket, 1993.* (Pocket ; 5510. Science-fiction cJ)
ISBN 2-266-05532-1. *50 F / 7,62 €*

27173 **BRADLEY M. Z.** La Planète aux vents de folie : la romance de Ténébreuse. *Pocket, 1989.* (Pocket ; 5333. Science-fiction c5)
ISBN 2-266-02985-1. *35 F / 5,34 €*

27174 **BRADLEY M. Z.** Projet Jason : la romance de Ténébreuse. *Pocket, 1990.* (Pocket ; 5365. Science-fiction c3)
ISBN 2-266-03383-2. *26 F / 3,96 €*

27175 **BRADLEY M. Z.** Reine des orages : la romance de Ténébreuse. *Pocket, 1989.* (Pocket ; 5348. Science-fiction c5)
ISBN 2-266-03171-6. *35 F / 5,34 €*

27176 **BRADLEY M. Z.** Les ruines d'Isis. *Pocket, 1998.* (Unité; 3)(Pocket ; 5605. Science-fiction c7)
ISBN 2-266-06603-X. *42 F / 6,40 €*

27177 **BRADLEY M. Z.** Les survivants. *Pocket, 1996.* (Unité; 2)(Pocket ; 5603. Science-fiction c8)
ISBN 2-266-06601-3. *45 F / 6,86 €*

27178 **BRADLEY M. Z.** La Tour interdite : la romance de Ténébreuse. *Pocket, 1989.* (Pocket ; 5320. Science-fiction c8)
ISBN 2-266-02920-7. *45 F / 6,86 €*

27179 **BRADLEY M. Z.** Les Voix des étoiles. *Pocket, 1994.* (Pocket ; 5470. Science-fiction c7)
ISBN 2-266-04827-9. *42 F / 6,40 €*

27180 **BRADLEY M. Z., LACKEY M.** Redécouverte : la romance de Ténébreuse. *Pocket, 1994.* (Pocket ; 5529. Science-fiction c5)
ISBN 2-266-00013-6. *35 F / 5,34 €*

27181 **BRADLEY M. Z., LACKEY M., NORTON A.** Tigre, feu et flamme. *J'ai lu, 1999.* (J'ai lu ; 5121. Fantasy c8)
ISBN 2-290-05121-7. *49 F / 7,47 €*

27182 **BRADLEY M. Z., MAY J.** Le talisman écarlate. *LGF, 1998.* (Le cycle du Trillium; 1)(Le Livre de poche ; 14394 c12)
ISBN 2-253-14394-4. *44 F / 6,71 €*

27183 **BRADLEY M. Z., MAY J.** Le Trillium céleste. *LGF, 1998.* (Le cycle du Trillium; 4)(Le Livre de poche ; 14397 c12)
ISBN 2-253-14397-9. *44 F / 6,71 €*

27184 **N** **BRADLEY M. Z., MAY J., NORTON A.** Les Trois amazones. Nouv. éd. *Pocket, 2000.* (Pocket ; 5478. Science-fiction c6)
ISBN 2-266-10683-X. *45 F / 6,86 €*

27185 **BRADLEY M. Z., NORTON A.** Le trillium d'or. *LGF, 1998.* (Le cycle du Trillium; 2)(Le Livre de poche ; 14395 c9)
ISBN 2-253-14395-2. *36 F / 5,49 €*

27186 **BRICE M.** Les Amants maudits. *Vaugirard, 1990.* (Brigade mondaine ; 104)
ISBN 2-285-00168-1. *35 F / 5,34 €*

27187 **BRIN D.** Le chemin des bannis. *J'ai lu, 1998.* (Rédemption; 3)(J'ai lu ; 4857. Science-fiction c6)
ISBN 2-290-04857-7. *42 F / 6,40 €*

27188 **BRIN D.** Elévation. 1. *J'ai lu, 1989.* (J'ai lu ; 2552. Science-fiction c5)
ISBN 2-277-22552-5. *39 F / 5,95 €*

27189 **BRIN D.** Elévation. 2. *J'ai lu, 1989.* (J'ai lu ; 2553. Science-fiction c5)
ISBN 2-277-22553-3. *39 F / 5,95 €*

27190 **BRIN D.** Le facteur. Rééd. *J'ai lu, 1998.* (J'ai lu ; 2261. Science-fiction c5)
ISBN 2-290-02261-6. *39 F / 5,95 €*

27191 **BRIN D.** Le grand défi. *J'ai lu, 1999.* (Rédemption; 5)(J'ai lu ; 5368. Science-fiction cP)
ISBN 2-290-05368-6. *52 F / 7,93 €*

27192 **BRIN D.** Jusqu'au coeur du soleil. *LGF, 1995.* (Le Livre de poche ; 7175. Science-fiction c10)
ISBN 2-253-07175-7. *40 F / 6,10 €*

27193 **N** **BRIN D.** Marée stellaire. Nouv. éd. *J'ai lu, 2000.* (J'ai lu ; 1981. Science-fiction cL)
ISBN 2-290-30815-3. *45 F / 6,86 €*

27194 **BRIN D.** Rédemption. 1, Le monde de l'exil. *J'ai lu, 1997.* (J'ai lu ; 4457. Science-fiction c6)
ISBN 2-290-04457-1. *42 F / 6,40 €*

27195 **BRIN D.** Rédemption. 2, Le monde de l'oubli. *J'ai lu, 1997.* (J'ai lu ; 4458. Science-fiction c6)
ISBN 2-290-04458-X. *42 F / 6,40 €*

27196 **BRIN D.** Les rives de l'infini. *J'ai lu, 1998.* (Rédemption; 4)(J'ai lu ; 4858. Science-fiction c6)
ISBN 2-290-04858-5. *42 F / 6,40 €*

27197 **BRITE P. Z.** Ames perdues. Réimpr. *J'ai lu, 1999.* (J'ai lu ; 4136. Ténèbres c6)
ISBN 2-290-04136-X. *42 F / 6,40 €*

27198 **BRITE P. Z.** Sang d'encre. *J'ai lu, 1999.* (J'ai lu ; 5089. Ténèbres c8)
ISBN 2-290-05089-X. *49 F / 7,47 €*

27199 **BROOKS T.** La boite à malice. *J'ai lu, 1997.* (Royaume magique à vendre; 4)(J'ai lu ; 4510. Science-fiction)
ISBN 2-290-04510-1. *45 F / 6,86 €*

27200 **BROOKS T.** Le Glaive de Shannara. *J'ai lu, 1992.* (J'ai lu ; 3331. Science-fiction c8)
ISBN 2-277-23331-5. *49 F / 7,47 €*

27201 **BROOKS T.** Les Pierres des elfes de Shannara. *J'ai lu, 1993.* (J'ai lu ; 3547. Science-fiction c7)
ISBN 2-277-23547-4. *45 F / 6,86 €*

27202 **BROOKS T.** Royaume magique à vendre. 1. Réimpr. *J'ai lu, 1996.* (J'ai lu ; 3667. Science-fiction cK)
ISBN 2-290-03667-6. *42 F / 6,40 €*

27203 **BROOKS T.** Star Wars, Episode 1 : la menace fantôme. *Fleuve noir, 1999.* (Star Wars)
ISBN 2-265-06849-7. *32 F / 4,88 €*

27204 **N** **BROWN F.** Une étoile m'a dit. *Gallimard, 2000.* (Folio. SF ; 42 c6)
ISBN 2-07-041669-0. *29 F / 4,42 €*

27205 **N** **BROWN F.** Martiens go home. *Gallimard, 2000.* (Folio. SF ; 6 c5)
ISBN 2-07-041562-7. *25,50 F / 3,89 €*

27206 **BROWN T.** Le chevalier noir de Karameikos. *J'ai lu, 1998.* (J'ai lu ; 5066. Fantasy c5)
ISBN 2-290-05066-0. *39 F / 5,95 €*

27207 **BRUNNER J.** Le Creuset du temps. *LGF, 1990.* (Le Livre de poche ; 7121. Science-fiction c13)
ISBN 2-253-05269-8. *46 F / 7,01 €*

27208 **BRUNNER J.** Sur l'onde de choc. *LGF, 1990.* (Le Livre de poche ; 7122. Science-fiction c11)
ISBN 2-253-05270-1. *42 F / 6,40 €*

27209 **BRUNNER J.** Tous à Zanzibar. *LGF, 1995.* (Le Livre de poche ; 7180. Science-fiction c15)
ISBN 2-253-07180-3. *50 F / 7,62 €*

27210 **BRUNNER J.** Le troupeau aveugle. *LGF, 1998.* (Le Livre de poche ; 7207. Science-fiction c14)
ISBN 2-253-07207-9. *48 F / 7,32 €*

27211 **BRUSSOLO S.** L'Armure maudite. *G. de Villiers, 1992.* (Serge Brussolo ; 12 c1)
ISBN 2-7386-0276-2. *32 F / 4,88 €*

27212 **N** **BRUSSOLO S.** Cauchemar à louer. Nouv. éd. *G. de Villiers, 2001.* (Serge Brussolo ; 1. Serial thriller)
ISBN 2-7386-5932-2. *59 F / 8,99 €*

27213 **BRUSSOLO S.** Les Démoniaques. *G. de Villiers, 1991.* (Serge Brussolo ; 8 c1)
ISBN 2-7386-0173-1. *32 F / 4,88 €*

27214 **BRUSSOLO S.** Les Emmurés. *G. de Villiers, 1990.* (Serge Brussolo ; 6 c1)
ISBN 2-7386-0145-6. *32 F / 4,88 €*

27215 **BRUSSOLO S.** Les Mangeurs de murailles. *G. de Villiers, 1991.* (Serge Brussolo ; 1 c1)
ISBN 2-7386-0240-1. *35 F / 5,34 €*

27216 **BRUSSOLO S.** La Meute. *G. de Villiers, 1990.* (Serge Brussolo ; 2 c1)
ISBN 2-7386-0101-4. *32 F / 4,88 €*

27217 **BRUSSOLO S.** Le Puzzle de chair. *G. de Villiers, 1993.* (Les Introuvables c1)
ISBN 2-7386-0364-5. *35 F / 5,34 €*

27218 **BRUSSOLO S.** Soleil de soufre : et autres nouvelles. *Librio, 1999.* (Librio ; 291 c1)
ISBN 2-277-30291-0. *10 F / 1,52 €*

27219 **N** **BRUSSOLO S.** Le syndrome du scaphandrier. *Gallimard, 2000.* (Folio. SF ; 12 c5)
ISBN 2-07-041563-5. *25,50 F / 3,89 €*

27220 **BRUSSOLO S.** Traque-la-mort. *G. de Villiers, 1992.* (Les Introuvables c1)
ISBN 2-7386-0275-4. *35 F / 5,34 €*

27221 **A** **BUJOLD L. M.** A civil campaign. *J'ai lu, 2001.* (J'ai lu ; 5927. Science-fiction)
ISBN 2-290-31172-3

27222 **BUJOLD L. M.** L'apprentissage du guerrier. *J'ai lu, 1997.* (J'ai lu ; 4376. Science-fiction c7)
ISBN 2-290-04376-1. *45 F / 6,86 €*

27223 **BUJOLD L. M.** Barrayar. Réimp. *J'ai lu, 1998.* (J'ai lu ; 3454. Science-fiction c6)
ISBN 2-290-03454-1. *42 F / 6,40 €*

27224 **BUJOLD L. M.** Cetaganda. *J'ai lu, 1998.* (J'ai lu ; 4891. Science-fiction c6)
ISBN 2-290-04891-7. *42 F / 6,40 €*

27225 **BUJOLD L. M.** Un clone encombrant. *J'ai lu, 1995.* (J'ai lu ; 3925. Science-fiction c5)
ISBN 2-277-23925-9. *39 F / 5,95 €*

27226 **BUJOLD L. M.** Cordelia Vorkosigan. Réimpr. *J'ai lu, 1998.* (J'ai lu ; 3687. Science-fiction)
ISBN 2-290-03687-0. *39 F / 5,95 €*

27227 **BUJOLD L. M.** La danse du miroir. *J'ai lu, 1995.* (J'ai lu ; 4025. Science-fiction c8)
ISBN 2-277-24025-7. *49 F / 7,47 €*

27228 **BUJOLD L. M.** L'esprit de l'anneau profane. Réimp. *J'ai lu, 1999.* (J'ai lu ; 3762. Science-fiction c6)
ISBN 2-290-30472-7. *42 F / 6,40 €*

27229 **BUJOLD L. M.** Ethan d'Athos. *J'ai lu, 1997.* (J'ai lu ; 4640. Science-fiction c5)
ISBN 2-290-04640-X. *39 F / 5,95 €*

27230 **BUJOLD L. M.** Les frontières de l'infini. *J'ai lu, 1998.* (J'ai lu ; 5001. Science-fiction c5)
ISBN 2-290-05001-6. *39 F / 5,95 €*

27231 **BUJOLD L. M.** Memory. *J'ai lu, 1999.* (J'ai lu ; 5230. Science-fiction c10)
ISBN 2-290-05230-2. *52 F / 7,93 €*

27232 **BUJOLD L. M.** Miles Vorkosigan. *J'ai lu, 1992.* (J'ai lu ; 3288. Science-fiction c5)
ISBN 2-277-23288-2. *39 F / 5,95 €*

27233 **BUJOLD L. M.** Opération Cay. *J'ai lu, 1997.* (J'ai lu ; 4511. Science-fiction c5)
ISBN 2-290-04511-X. *39 F / 5,95 €*

27234 **BUTLER O. E.** Liens de sang. *Dapper, 2000.* (Dapper littérature)
ISBN 2-906067-53-9. *68 F / 10,37 €*

27235 **BUTLER O. E.** La parabole du semeur. *J'ai lu, 1995.* (J'ai lu ; 3948. Science-fiction c6)
ISBN 2-277-23948-8. *42 F / 6,40 €*

27236 **CADIGAN P.** Mise en abîme. *J'ai lu, 1996.* (J'ai lu ; 4134. Science-fiction c5)
ISBN 2-277-24134-2. *39 F / 5,95 €*

27237 **CAMPBELL J., VAN VOGT A. E., DEL REY L.** Les grands maîtres de la science-fiction américaine : John Wood Campbell, A.E. Van Vogt, Lester Del Rey. *Langues pour tous, 1999.* (Langues pour tous ; 2600 c4B)
ISBN 2-266-05505-4. *32 F / 4,88 €*

27238 **N** **CAMPBELL J. W.** Le ciel est mort. *LGF, 2000.* (Le Livre de poche ; 7227. Science-fiction c14)
ISBN 2-253-07227-3. *48 F / 7,32 €*

27239 **CANAL R.** Aube noire : de Babylone à Zion. *J'ai lu, 1994.* (J'ai lu ; 3669. Science-fiction c5)
ISBN 2-277-23669-1. *39 F / 5,95 €*

27240 **CANAL R.** Le cimetière des papillons. *J'ai lu, 1995.* (J'ai lu ; 3908. Science-fiction)
ISBN 2-277-23908-9. *36 F / 5,49 €*

27241 **CANAL R.** La malédiction de l'éphémère. *J'ai lu, 1996.* (J'ai lu ; 4156. Science-fiction c4)
ISBN 2-277-24156-3. *36 F / 5,49 €*

27242 **CANAL R.** Ombres blanches. *J'ai lu, 1993.* (J'ai lu ; 3455. Science-fiction c4)
ISBN 2-277-23455-9. *36 F / 5,49 €*

27243 **CANAL R.** Les paradis piégés. *J'ai lu, 1997.* (J'ai lu ; 4483. Science-fiction c5)
ISBN 2-290-04483-0. *39 F / 5,95 €*

27244 **CANAL R.** Swap-swap. *J'ai lu, 1990.* (J'ai lu ; 2836. Science-fiction c3)
ISBN 2-277-22836-2. *29 F / 4,42 €*

27245 **CARD O. S.** Abyss. *J'ai lu, 1996.* (J'ai lu ; 2657. Science-fiction cl)
ISBN 2-290-02657-3. *36 F / 5,49 €*

27246 **N** **CARD O. S.** L'apprenti. *Gallimard, 2000.* (Chroniques d'Alvin le Faiseur; 3)(Folio. SF ; 16 c9)
ISBN 2-07-041576-7. *41 F / 6,25 €*

27247 **N** **CARD O. S.** Coffret Card : le cycle d'Ender. *J'ai lu, 2000.* (J'ai lu. Science-fiction)
ISBN 2-277-60174-8. *130 F / 19,82 €*

27248 **N** **CARD O. S.** Les enfants de l'esprit. *J'ai lu, 2000.* (La trilogie d'Ender; 4)(Millenaires ; 6040)
ISBN 2-290-30545-6. *79 F / 12,04 €*

27249 **N** **CARD O. S.** Le prophète rouge. *Gallimard, 2000.* (Chroniques d'Alvin le Faiseur; 2)(Folio. SF ; 15 c8)
ISBN 2-07-041575-9. *37 F / 5,64 €*

27250 **N** **CARD O. S.** Le septième fils. *Gallimard, 2000.* (Chroniques d'Alvin le Faiseur; 1)(Folio. SF ; 14 c7)
ISBN 2-07-041574-0. *32,50 F / 4,95 €*

27251 **CARD O. S.** La stratégie Ender. *J'ai lu, 1994.* (La trilogie d'Ender; 1)(J'ai lu ; 3781. Science-fiction cJ)
ISBN 2-277-23781-7. *39 F / 5,95 €*

27252 **CARD O. S.** La voix des morts. *J'ai lu, 1995.* (La trilogie d'Ender; 2)(J'ai lu ; 3848. Science-fiction c6)
ISBN 2-290-03848-2. *42 F / 6,40 €*

27253 **CARD O. S.** La voix des morts. *LGF, 1989.* (Le Livre de poche ; 7115. Science-fiction c11)
ISBN 2-253-05086-5. *42 F / 6,40 €*

27254 **CARD O. S.** Xénocide. *J'ai lu, 1995.* (La trilogie d'Ender; 3)(J'ai lu ; 4024. Science-fiction c8)
ISBN 2-277-24024-9. *49 F / 7,47 €*

27255 **CARLTON C.** Volte face : d'après un scénario de Mike Werb et Michael Colleary. *J'ai lu, 1997.* (J'ai lu ; 4605. Science-fiction c4)
ISBN 2-290-04605-1. *36 F / 5,49 €*

27256 **CARR J. D.** Capitaine coupe-gorge. *Libr. des Champs-Elysées, 1990.* (Le Masque ; 2001 c4)
ISBN 2-7024-2031-1. *35 F / 5,34 €*

27257 **CARRIÈRE J-C.** Les Frankenstein. 1. *Fleuve noir, 1995.* (Super poche ; 20 c1)
ISBN 2-265-05376-7. *49 F / 7,47 €*

27258 **CARRIÈRE J-C.** Les Frankenstein. 2. *Fleuve noir, 1995.* (Super poche ; 21 c1)
ISBN 2-265-05456-9. *49 F / 7,47 €*

27259 **N** **CARROLL J.** Collection d'automne. *Pocket, 2000.* (Pocket ; 9223. Terreur c5)
ISBN 2-266-09433-5. *35 F / 5,34 €*

27260 **N** **CARROLL J.** L'enfant arc-en-ciel. *Pocket, 2000.* (Pocket ; 9224. Terreur c5)
ISBN 2-266-09435-1. *35 F / 5,34 €*

27261 **N** **CARROLL J.** Flammes d'enfer. *Pocket, 2001.* (Pocket. Terreur ; 9231 c6)
ISBN 2-266-09876-4. *38 F / 5,79 €*

27262 **CARROLL J.** La morsure de l'ange. *Pocket, 1999.* (Pocket ; 9209. Terreur c5)
ISBN 2-266-08961-7. *35 F / 5,34 €*

27263 **CARROLL J.** Le pays du fou rire. *J'ai lu, 1996.* (J'ai lu ; 2450. Science-fiction cl)
ISBN 2-290-02450-3. *36 F / 5,49 €*

27264 **CASTAN C.** Les allées de la gloire. *Fleuve noir, 1996.* (Fleuve noir SF ; 1984 c1)
34 F / 5,18 €

27265 **CASTAN C.** Les chemins de Pilduin : le cycle de Gâlaë. *Fleuve noir, 1996.* (Fleuve noir SF ; 1978 c1)
ISBN 2-265-05920-X. *34 F / 5,18 €*

27266 **CASTAN C.** Les pistes d'Ahran. *Fleuve noir, 1996.* (Fleuve noir SF ; 1987 c1)
ISBN 2-265-05980-3. *34 F / 5,18 €*

27267 **CASTAN C.** La route de Stelian. *Fleuve noir, 1996.* (Fleuve noir SF ; 1983 c1)
34 F / 5,18 €

27268 **N** **Les cent ans de Dracula :** huit histoires de vampires de Goethe à Lovecraft. Réimpr. *Librio, 2000.* (Librio ; 160 c1)
ISBN 2-277-30160-4. *10 F / 1,52 €*

27269 **CHABEUIL D.** La piste indigo. *Fleuve noir, 1998.* (Fleuve noir SF ; 30. SF metal)
ISBN 2-265-06380-0. *42 F / 6,40 €*

27270 **CHAMPETIER J.** L'aile du papillon. *Alire, 1999.* (Romans. Fantastique, horreur ; 28)
ISBN 2-922145-24-7. *67 F / 10,21 €*

27271 **CHAMPETIER J.** La peau blanche. *Alire, 1997.* (Romans. Fantastique, horreur ; 6)
ISBN 2-922145-05-0. *55 F / 8,38 €*

27272 **CHAMPETIER J.** La taupe et le dragon. *Alire, 1999.* (Romans. Science-fiction)
ISBN 2-922145-26-3. *67 F / 10,21 €*

27273 **Chaos puissance 5.** *Mnémos, 1997.* (Projet Nexus; 1)(Mnémos ; 18. Surnaturel c3)
ISBN 2-911618-15-7. *44 F / 6,71 €*

27274 **CHARNAS S. M.** Un vampire ordinaire. Réimpr. *J'ai lu, 1997.* (J'ai lu ; 2433. Science-fiction)
ISBN 2-290-02433-3. *39 F / 5,95 €*

27275 **CHARRETTE R. N.** Attention aux Elfes. *Fleuve noir, 1995.* (Shadowrun ; 6)
ISBN 2-265-05142-X. *35 F / 5,34 €*

27276 **CHARRETTE R. N.** Choisis bien tes ennemis. *Fleuve noir, 1994.* (Les Secrets du pouvoir; 2)(Shadowrun ; 2 c1)
ISBN 2-265-05146-2. *35 F / 5,34 €*

27277 **CHARRETTE R. N.** Et trouve ta vérité. *Fleuve noir, 1994.* (Shadowrun ; 3)
ISBN 2-265-05145-4. *35 F / 5,34 €*

27278 **CHARRETTE R. N.** Juste compensation. *Fleuve noir, 1998.* (Shadowrun ; 17 c1)
ISBN 2-265-06417-3. *35 F / 5,34 €*

27279 **CHARRETTE R. N.** Méfie-toi des dragons. *Fleuve noir, 1994.* (Les Secrets du pouvoir; 1)(Shadowrun ; 1 c1)
ISBN 2-265-05147-0. *35 F / 5,34 €*

27280 **CHAUMETTE J-C.** L'Arpenteur de mondes. *Pocket, 2000.* (Pocket ; 9237. Terreur c5)
ISBN 2-266-10098-X. *35 F / 5,34 €*

27281 **CHAUMETTE J-C.** L'impossible quête. Rééd. *Fleuve noir, 1998.* (Le neuvième cercle; 2)(Fleuve noir SF ; 47. SF legend)
ISBN 2-265-06490-4. *42 F / 6,40 €*

27282 **CHAUMETTE J-C.** Le Niwaâd. *Fleuve noir, 1997.* (Fleuve noir SF ; 8. SF legend)
ISBN 2-265-06173-5. *39 F / 5,95 €*

27283 **CHAUMETTE J-C.** Le peuple oublié. Rééd. *Fleuve noir, 1998.* (Le neuvième cercle; 1)(Fleuve noir SF ; 46. SF legend)
ISBN 2-265-06489-0. *42 F / 6,40 €*

27284 **CHAUMETTE J-C.** La porte des ténèbres. *Fleuve noir, 1999.* (Fleuve noir SF ; 71. SF legend)
ISBN 2-265-06606-0. *52 F / 7,93 €*

27285 **CHERRYH C. J.** Les adieux du soleil. *J'ai lu, 1982.* (J'ai lu ; 1354. Science-fiction c3)
ISBN 2-277-21354-3. *29 F / 4,42 €*

27286 **CHERRYH C. J.** Chanur. Réimpr. *J'ai lu, 1991.* (J'ai lu ; 1475. Science-fiction)
ISBN 2-277-21475-2. *36 F / 5,49 €*

27287 **CHERRYH C. J.** Chasseurs de mondes. *J'ai lu, 1991.* (J'ai lu ; 1280. Science-fiction)
ISBN 2-277-21280-6. *36 F / 5,49 €*

27288 **CHERRYH C. J.** La citadelle noire. *J'ai lu, 1996.* (J'ai lu ; 4404. Science-fiction c6)
ISBN 2-290-04404-0. *42 F / 6,40 €*

27289 **CHERRYH C. J.** Cyteen. 1. *J'ai lu, 1990.* (J'ai lu ; 2935. Science-fiction c6)
ISBN 2-277-22935-0. *42 F / 6,40 €*

27290 **CHERRYH C. J.** Cyteen. 2. *J'ai lu, 1990.* (J'ai lu ; 2936. Science-fiction c6)
ISBN 2-277-22936-9. *42 F / 6,40 €*

27291 **N** **CHERRYH C. J.** L'épopée de Chanur. Réimp. *J'ai lu, 2000.* (J'ai lu ; 2104. Science-fiction cl)
ISBN 2-290-30686-X. *36 F / 5,49 €*

27292 **CHERRYH C. J.** Les étalombres. *J'ai lu, 1997.* (J'ai lu ; 4613. Science-fiction c10)
ISBN 2-290-04613-2. *52 F / 7,93 €*

27293 **CHERRYH C. J.** Les feux d'Azeroth. *J'ai lu, 1994.* (J'ai lu ; 3800. Science-fiction)
ISBN 2-277-23800-7. *36 F / 5,49 €*

27294 **CHERRYH C. J.** Forteresse des étoiles. *J'ai lu, 1995.* (J'ai lu ; 3330. Science-fiction c7)
ISBN 2-277-23330-7. *45 F / 6,86 €*

27295 **CHERRYH C. J.** Hestia. *J'ai lu, 1993.* (J'ai lu ; 1183. Science-fiction)
ISBN 2-277-21183-4. *29 F / 4,42 €*

27296 **CHERRYH C. J.** Les Légions de l'enfer. *J'ai lu, 1990.* (J'ai lu ; 2814. Science-fiction)
ISBN 2-277-22814-1. *39 F / 5,95 €*

27297 **CHERRYH C. J.** Loïs et Clark : une aventure de Superman. *J'ai lu, 1997.* (J'ai lu ; 4456. Science-fiction c5)
ISBN 2-290-04456-3. *39 F / 5,95 €*

27298 **CHERRYH C. J.** L'Oeuf du coucou. *J'ai lu, 1988.* (J'ai lu ; 2307. Science-fiction)
ISBN 2-277-22307-7. *29 F / 4,42 €*

27299 **CHERRYH C. J.** L'Opéra de l'espace. *J'ai lu, 1983.* (J'ai lu ; 1563. Science-fiction c1)
ISBN 2-277-21563-5. *29 F / 4,42 €*

27300 **CHERRYH C. J.** Le Paidhi. *J'ai lu, 1998.* (J'ai lu ; 4999. Science-fiction c8)
ISBN 2-290-04999-9. *49 F / 7,47 €*

27301 **CHERRYH C. J.** La Pierre de rêve. *J'ai lu, 1984.* (J'ai lu ; 1738. Science-fiction)
ISBN 2-277-21738-7. *29 F / 4,42 €*

27302 **CHERRYH C. J.** Les portes d'Ivrel. *J'ai lu, 1994.* (J'ai lu ; 3631. Science-fiction c4)
ISBN 2-277-23631-4. *36 F / 5,49 €*

27303 **CHERRYH C. J.** Le Puits de Shiuan. *J'ai lu, 1994.* (J'ai lu ; 3688. Science-fiction)
ISBN 2-277-23688-8. *39 F / 5,95 €*

27304 **CHERRYH C. J.** Le Retour de Chanur. Réimpr. *J'ai lu, 1991.* (J'ai lu ; 2609. Science-fiction)
ISBN 2-277-22609-2. *45 F / 6,86 €*

27305 **CHERRYH C. J.** Le retour du phoenix. *J'ai lu, 1999.* (J'ai lu ; 5171. Science-fiction c10)
ISBN 2-290-05171-3. *52 F / 7,93 €*

27306 **CHERRYH C. J.** Les Seigneurs de l'Hydre. *J'ai lu, 1991.* (J'ai lu ; 1420. Science-fiction)
ISBN 2-277-21420-5. *36 F / 5,49 €*

27307 **CHERRYH C. J.** Temps fort. *J'ai lu, 1993.* (J'ai lu ; 3417. Science-fiction c7)
ISBN 2-277-23417-6. *45 F / 6,86 €*

27308 **CHERRYH C. J.** La Vengeance de Chanur. Réimpr. *J'ai lu, 1991.* (J'ai lu ; 2289. Science-fiction)
ISBN 2-277-22289-5. *36 F / 5,49 €*

27309 **CHERRYH C. J.** Volte-face. *J'ai lu, 1991.* (J'ai lu ; 3144. Science-fiction c5)
ISBN 2-277-23144-4. *39 F / 5,95 €*

27310 **CHEVRON M.** Gavial poursuite. *Baleine, 1998.* (Macno ; 5)
ISBN 2-84219-159-5. *39 F / 5,95 €*

27311 **CHRISTIAN D.** Mainline. *J'ai lu, 2000.* (J'ai lu ; 5437. Science-fiction cN)
ISBN 2-290-30051-9. *52 F / 7,93 €*

27312 **N** **CIENCIN S.** Les frères de la nuit. *Fleuve noir, 2000.* (Les ménestrels; 4)(Les Royaumes oubliés c1)
ISBN 2-265-06892-6. *35 F / 5,34 €*

27313 **CLANCY T., PIECZENIK S.** Acte de guerre. *Pocket, 1999.* (Op Center; 4)(Pocket ; 10311. Thriller c6)
ISBN 2-266-07811-9. *38 F / 5,79 €*

27314 **CLARINARD R.** La cité sans mémoire. *Fleuve noir, 1998.* (Fleuve noir SF ; 35. SF space)
ISBN 2-265-06439-4. *39 F / 5,95 €*

27315 **CLARKE A. C.** Cache-cache. *J'ai lu, 1991.* (Base Vénus; 3)(J'ai lu ; 3006. Science-fiction)
ISBN 2-277-23006-5. *36 F / 5,49 €*

27316 **N** **CLARKE A. C.** Coffret Clarke. *J'ai lu, 2000.* (J'ai lu. Science-fiction)
ISBN 2-277-60175-6. *129 F / 19,67 €*

27317 **CLARKE A. C.** 2061, odyssée trois. Réimp. *J'ai lu, 1991.* (J'ai lu ; 3075. Science-fiction c3)
ISBN 2-290-03075-9. *29 F / 4,42 €*

27318 **N** **CLARKE A. C.** 2001, l'odyssée de l'espace. *J'ai lu, 2001.* (J'ai lu ; 349. Science-fiction cE)
ISBN 2-290-30814-5. *22 F / 3,35 €*

27319 **CLARKE A. C.** L'Etoile. *J'ai lu, 1979.* (J'ai lu ; 966. Science-fiction)
ISBN 2-277-11966-0. *29 F / 4,42 €*

27320 **CLARKE A. C.** Maelström. *J'ai lu, 1990.* (Base Vénus; 2)(J'ai lu ; 2679. Science-fiction c4)
ISBN 2-277-22679-3. *36 F / 5,49 €*

27321 **CLARKE A. C.** Le marteau de Dieu. *J'ai lu, 1995.* (J'ai lu ; 3973. Science-fiction c3)
ISBN 2-277-23973-9. *29 F / 4,42 €*

27322 **CLARKE A. C.** Méduse. *J'ai lu, 1992.* (Base Vénus; 4)(J'ai lu ; 3224. Science-fiction)
ISBN 2-277-23224-6. *36 F / 5,49 €*

27323 **CLARKE A. C.** Les neuf milliards de noms de Dieu : et autres nouvelles. *Librio, 1996.* (Librio ; 145 c1)
ISBN 2-277-30145-0. *10 F / 1,52 €*

27324 **CLARKE A. C.** Point de rupture. *J'ai lu, 1989.* (Base Vénus; 1)(J'ai lu ; 2668. Science-fiction)
ISBN 2-277-22668-8. *36 F / 5,49 €*

27325 **CLARKE A. C.** Rendez-vous avec Rama. Réimpr. *J'ai lu, 1996.* (J'ai lu ; 1047. Science-fiction c3)
ISBN 2-290-01047-2. *29 F / 4,42 €*

27326 **CLARKE A. C.** Terre, planète impériale. *J'ai lu, 1993.* (J'ai lu ; 904. Science-fiction c4)
ISBN 2-277-11904-0. *36 F / 5,49 €*

27327 **CLARKE A. C., LEE G.** Les jardins de Rama. Réimpr. *J'ai lu, 1998.* (J'ai lu ; 3619. Science-fiction c6)
ISBN 2-290-13619-0. *42 F / 6,40 €*

27328 **CLARKE A. C., LEE G.** Rama II. Réimpr. *J'ai lu, 1997.* (J'ai lu ; 3204. Science-fiction c7)
ISBN 2-290-03204-2. *45 F / 6,86 €*

27329 **CLARKE A. C., LEE G.** Rama révélé. *J'ai lu, 1995.* (J'ai lu ; 3850. Science-fiction c8)
ISBN 2-290-03850-4. *49 F / 7,47 €*

27330 **CLARKE A. C., LEE G.** La terre est un berceau. *J'ai lu, 1993.* (J'ai lu ; 3565. Science-fiction c7)
ISBN 2-290-03565-3. *45 F / 6,86 €*

27331 **CLARKE A. C., MCQUAY M.** 10 sur l'échelle de Richter. *J'ai lu, 1999.* (Millenaires ; 6008)
ISBN 2-277-26008-8. *89 F / 13,57 €*

27332 **A** **CLARKE A. C., MCQUAY M.** 10 sur l'échelle de Richter. *J'ai lu, 2001.* (J'ai lu ; 5598. Science-fiction)
ISBN 2-290-30297-X

27333 **CLÉMENT H.** Mission gravité. *Pocket, 1982.* (Pocket ; 5132. Science-fiction c3)
ISBN 2-266-01129-4. *26 F / 3,96 €*

27334 **COCHET J-L., LACROIX C.** Pop Hall. *Baleine, 1999.* (Macno ; 15)
ISBN 2-84219-233-8. *42 F / 6,40 €*

27335 **COCHRAN M., MURPHY W.** Le maître de l'éternité. *J'ai lu, 1994.* (J'ai lu ; 3814. Science-fiction c09)
ISBN 2-277-23814-7. *52 F / 7,93 €*

27336 **COLIN F.** Les cantiques de Mercure. *Mnémos, 1997.* (Mnémos. Angle mort)
ISBN 2-911618-27-0. *46 F / 7,01 €*

27337 **COLIN F.** La musique du sommeil. *Mnémos, 1998.* (Arcadia; 2)(Mnémos. Surnaturel)
ISBN 2-911618-40-8. *44 F / 6,71 €*

27338 **COLIN F.** Neuvième cercle. *Mnémos, 1997.* (Mnémos. Angle mort c4)
ISBN 2-911618-12-2. *46 F / 7,01 €*

27339 **COLIN F.** La saison des conquêtes. *Mnémos, 1999.* (Winterheim; 2)(Mnémos. Légendaire c5)
ISBN 2-911618-47-5. *49 F / 7,47 €*

27340 **COLIN F.** Vestiges d'Arcadia. *Mnémos, 1998.* (Arcadia; 1)(Mnémos. Surnaturel c3)
ISBN 2-911618-38-6. *44 F / 6,71 €*

27341 **COLLET I., COLLET D.** Le chant de la terre. *Mnémos, 1996.* (Le chant de la terre; 1)(Mnémos ; 9. Surnaturel c3)
ISBN 2-911618-03-3. *44 F / 6,71 €*

27342 **COLLET I., COLLET D.** Diapason d'Orichalque. *Mnémos, 1996.* (Le chant de la terre; 2)(Mnémos ; 13. Surnaturel c4)
ISBN 2-911618-10-6. *46 F / 7,01 €*

27343 **COLLET I., COLLET D.** La part du diable. *Mnémos, 1997.* (Le chant de la terre; 3)(Mnémos ; 19. Surnaturel c3)
ISBN 2-911618-18-1. *44 F / 6,71 €*

27344 **COMPÈRE G.** La femme de Putiphar et autres contes fantastiques. *Labor, 1995.* (Espace Nord ; 105 c5)
ISBN 2-8040-1076-7. *66 F / 10,06 €*

27345 **CONEY M.** Charisme. *LGF, 1997.* (Le Livre de poche ; 7192. Science-fiction c8)
ISBN 2-253-07192-7. *33 F / 5,03 €*

27346 **CONEY M.** Le gnome. *LGF, 1998.* (Le chant de la Terre; 4)(Le Livre de poche ; 7204. Science-fiction c10)
ISBN 2-253-07204-4. *40 F / 6,10 €*

27347 **CONEY M.** La grande course de chars à voiles : ouverture. *LGF, 1992.* (Le chant de la Terre; 1)(Le Livre de poche ; 7144. Science-fiction c11)
ISBN 2-253-05976-5. *42 F / 6,40 €*

27348 **CONEY M.** La locomotive à vapeur céleste. *LGF, 1991.* (Le chant de la Terre; 2)(Le Livre de poche ; 7134. Science-fiction c12)
ISBN 2-253-05658-8. *44 F / 6,71 €*

27349 **CONEY M.** Le roi de l'île au sceptre. *LGF, 1999.* (Le chant de la Terre; 5)(Le Livre de poche ; 7213. Science-fiction c13)
ISBN 2-253-07213-3. *46 F / 7,01 €*

27350 **Contes du chat pervers.** *J'ai lu, 1999.* (J'ai lu ; 5347. Ténèbres c7)
ISBN 2-290-05347-3. *45 F / 6,86 €*

27351 **N** **Contes fantastiques de Noël :** une anthologie. Réimpr. *Librio, 2000.* (Librio ; 197 c1)
ISBN 2-277-30197-3. *10 F / 1,52 €*

27352 **A** **COOK D.** Soldats de glace. *Fleuve noir, 2001.* (Les Royaumes oubliés c1)
ISBN 2-265-07101-3. *35 F / 5,34 €*

27353 **COOK R.** Mutation. *Pocket, 1996.* (Pocket ; 3427. Best c3)
ISBN 2-266-07131-9. *26 F / 3,96 €*

27354 **Cosmic erotica.** *J'ai lu, 2000.* (Millenaires ; 6025)
ISBN 2-290-30065-9. *79 F / 12,04 €*

27355 **COYNE J.** Hobgoblin. *J'ai lu, 1999.* (J'ai lu ; 5270. Ténèbres c6)
ISBN 2-290-05270-1. *42 F / 6,40 €*

27356 **CRICHTON M.** L'Homme terminal. *Pocket, 1994.* (Pocket ; 3639 c4)
ISBN 2-266-00982-6. *30 F / 4,57 €*

27357 **CRICHTON M.** Jurassic park. *Pocket, 1994.* (Pocket ; 3275 c6)
ISBN 2-266-00566-9. *38 F / 5,79 €*

27358 **CRICHTON M.** Le monde perdu. *Pocket, 1998.* (Jurassic Park; 2)(Pocket ; 10263 c6)
ISBN 2-266-07912-3. *38 F / 5,79 €*

27359 **CRICHTON M.** Sphère. *Pocket, 1998.* (Pocket ; 10483 c6)
ISBN 2-266-08495-X. *38 F / 5,79 €*

27360 **CRICHTON M.** Le 13e guerrier. *Pocket, 1999.* (Pocket ; 10542)
ISBN 2-266-08665-0. *30 F / 4,57 €*

27361 **CRICHTON M.** La Variété Andromède. *Pocket, 1994.* (Pocket ; 4193 c4)
ISBN 2-266-06166-6. *30 F / 4,57 €*

27362 **CRISPIN A. C.** Alien : la résurrection : d'après un scénario de Joss Whedon. *J'ai lu, 1997.* (J'ai lu ; 4649. Science-fiction c4)
ISBN 2-290-04649-3. *36 F / 5,49 €*

27363 **N** **CRISPIN A. C.** L'aube de la rébellion. *Fleuve noir, 2000.* (La trilogie Yan Solo; 3)(Star Wars)
ISBN 2-265-06973-6. *32 F / 4,88 €*

27364 **N** **CRISPIN A. C.** Le coup du paradis. *Fleuve noir, 2000.* (La trilogie Yan Solo; 1)(Star Wars)
ISBN 2-265-06971-X. *32 F / 4,88 €*

27365 **N** **CRISPIN A. C.** Le gambit du Hutt. *Fleuve noir, 2000.* (La trilogie Yan Solo; 2)(Star Wars)
ISBN 2-265-06972-8. *32 F / 4,88 €*

27366 **N** **CROWLEY J.** Aegypt. *Pocket, 2001.* (Pocket. Science-fiction ; 5679 c8)
ISBN 2-266-08141-1. *45 F / 6,86 €*

27367 **CROWLEY J.** L'art de la mémoire. *Pocket, 1998.* (Le parlement des fées; 2)(Pocket ; 5655. Science-fiction c7)
ISBN 2-266-07403-2. *42 F / 6,40 €*

27368 **CROWLEY J.** L'orée du bois. *Pocket, 1998.* (Le parlement des fées; 1)(Pocket ; 5654. Science-fiction c7)
ISBN 2-266-07402-4. *42 F / 6,40 €*

27369 **A** **CUNNINGHAM E.** La chanson de l'elfe. *Fleuve noir, 2001.* (Les Royaumes oubliés c1)
ISBN 2-265-07100-5. *35 F / 5,34 €*

27370 **N** **CUNNINGHAM E.** Eternelle rencontre, le berceau des elfes. *Fleuve noir, 2000.* (Les Royaumes oubliés)
ISBN 2-265-06891-8. *35 F / 5,34 €*

27371 **CUNNINGHAM E.** L'étreinte de l'araignée. *Fleuve noir, 1999.* (Le monde d'Ombre-Terre; 3)(Les Royaumes oubliés)
ISBN 2-265-06589-7. *35 F / 5,34 €*

27372 **CUNNINGHAM E.** La fille du sorcier Drow. *Fleuve noir, 1999.* (Le monde d'Ombre-Terre; 2)(Les Royaumes oubliés)
ISBN 2-265-06588-9. *35 F / 5,34 €*

27373 **CUNNINGHAM E.** L'ombre de l'elfe. *Fleuve noir, 1999.* (Les Royaumes oubliés c1)
ISBN 2-265-06591-9. *35 F / 5,34 €*

27374 **CURVAL P.** Cette chère humanité. *LGF, 1990.* (Le Livre de poche ; 7131. Science-fiction c14)
ISBN 2-253-05473-9. *48 F / 7,32 €*

27375 **N** **CURVAL P.** Congo pantin : les évadés du mirage. *Gallimard, 2000.* (Folio ; 32. SF)
ISBN 2-07-041612-7. *29,50 F / 4,50 €*

27376 **CURVAL P.** En souvenir du futur. *LGF, 1988.* (Le Livre de poche ; 7100. Science-fiction c13)
ISBN 2-253-04781-3. *46 F / 7,01 €*

27377 **CURVAL P.** Macno emmerde la mort. *Baleine, 1998.* (Macno ; 7)
ISBN 2-84219-170-6. *39 F / 5,95 €*

27378 **N** **CURVAL P.** Voyage à l'envers. *J'ai lu, 2000.* (Millenaires ; 6042)
ISBN 2-290-30727-0. *79 F / 12,04 €*

27379 **CUSHMAN C.** La sorcière et le wombat. *J'ai lu, 1999.* (J'ai lu ; 5038. Fantasy c6)
ISBN 2-290-05038-5. *42 F / 6,40 €*

27380 **DARTEVELLE A.** Imago. *J'ai lu, 1994.* (J'ai lu ; 3601. Science-fiction)
ISBN 2-277-23601-2. *36 F / 5,49 €*

27381 **DAWSON D. L.** La villa des ombres. *Seuil, 1995.* (Points ; 106 c9)
ISBN 2-02-025578-2. *42 F / 6,40 €*

27382 **DE CAMP L. S.** Conan le justicier. *J'ai lu, 1994.* (J'ai lu ; 3710. Science-fiction c3)
ISBN 2-277-23710-8. *29 F / 4,42 €*

27383 **DE CAMP L. S., CARTER L.** Conan le Barbare : d'après le scénario de Oliver Stone et John Milius, d'après le personnage de Robert E. Howard. Réimpr. *J'ai lu, 1997.* (J'ai lu ; 1449. Science-fiction c3)
ISBN 2-290-01449-4. *29 F / 4,42 €*

27384 **DE HAVEN T.** D'un monde l'autre. Réimpr. *J'ai lu, 1998.* (Chroniques du vagabond; 1)(J'ai lu ; 3186. Fantasy c5)
ISBN 2-290-03186-0. *39 F / 5,95 €*

27385 **DE HAVEN T.** Le dernier humain. Réimpr. *J'ai lu, 1998.* (Chroniques du vagabond; 3)(J'ai lu ; 366. Fantasy c5)
ISBN 2-290-03566-1. *39 F / 5,95 €*

27386 **DE HAVEN T.** Le mage de l'Apocalpyse. Réimp. *J'ai lu, 1998.* (Chroniques du vagabond; 2)(J'ai lu ; 3308. Fantasy c5)
ISBN 2-290-03308-1. *39 F / 5,95 €*

27387 **DEBIEN M-H.** Le voyageur en hiver. *J'ai lu, 1998.* (J'ai lu ; 5065. Fantasy c5)
ISBN 2-290-05065-2. *39 F / 5,95 €*

27388 **DELANY S. R.** Nova. *LGF, 1988.* (Le Livre de poche ; 7095. Science-fiction c13)
ISBN 2-253-04681-7. *46 F / 7,01 €*

27389 **DELANY S. R.** Le triton. *Pocket, 1997.* (Pocket ; 5293. Science-fiction c8)
ISBN 2-266-04619-5. *44 F / 6,71 €*

27390 **DEMUTH M.** Les Galaxiales. 1. *J'ai lu, 1978.* (J'ai lu ; 693. Science-fiction c4)
ISBN 2-277-11693-9. *36 F / 5,49 €*

27391 **DENNING T.** L'enchanteresse d'ambre. *J'ai lu, 1999.* (Dark sun : le prisme; 3)(J'ai lu ; 5259. Fantasy c5)
ISBN 2-290-05259-0. *39 F / 5,95 €*

27392 **DENNING T.** La légion rouge. *J'ai lu, 1999.* (Dark sun : le prisme; 2)(J'ai lu ; 5221. Fantasy c5)
ISBN 2-290-05221-3. *39 F / 5,95 €*

27393 **DENNING T.** L'oracle d'obsidienne. *J'ai lu, 1999.* (Dark sun : le prisme; 4)(J'ai lu ; 5275. Fantasy c5)
ISBN 2-290-05275-2. *39 F / 5,95 €*

27394 **DENNING T.** L'orage céruléen. *J'ai lu, 1999.* (Dark sun : le prisme; 5)(J'ai lu ; 5292. Fantasy c5)
ISBN 2-290-05292-2. *39 F / 5,95 €*

27395 **DENNING T.** Le passage verdoyant. *J'ai lu, 1999.* (Dark sun : le prisme; 1)(J'ai lu ; 5091. Fantasy c5)
ISBN 2-290-05091-1. *39 F / 5,95 €*

27396 **Dernières nouvelles de Dracula.** *Pocket, 1996.* (Pocket ; 9103. Terreur c5)
ISBN 2-266-07110-6. *35 F / 5,34 €*

27397 **DEVLIN D.** Stargate. *J'ai lu, 1995.* (J'ai lu ; 3870. Science-fiction c06)
ISBN 2-277-23870-8. *42 F / 6,40 €*

27398 **DEVLIN D., EMMERICH R.** Enfants des dieux. *J'ai lu, 1998.* (Stargate SG 1; 1)(Séries TV c4)
ISBN 2-290-05052-0. *36 F / 5,49 €*

27399 **DEVLIN D., EMMERICH R., MOLSTAD S.** Independence day : le jour de la riposte. *J'ai lu, 1996.* (J'ai lu ; 4288. Science-fiction c5)
ISBN 2-290-04288-9. *39 F / 5,95 €*

27400 **N** **DI FILLIPO P.** La trilogie Steampunk. *J'ai lu, 2000.* (J'ai lu ; 5534. Science-fiction cJ)
ISBN 2-290-30237-6. *39 F / 5,95 €*

27401 **DICK P. K.** A rebrousse-temps. Réimp. *J'ai lu, 1999.* (J'ai lu ; 613. Science-fiction c3)
ISBN 2-290-30525-1. *29 F / 4,42 €*

27402 **DICK P. K.** Blade runner. Réimpr. *J'ai lu, 1990.* (J'ai lu ; 1768. Science-fiction c3)
ISBN 2-277-21768-9. *29 F / 4,42 €*

27403 **DICK P. K.** Les braconniers du cosmos : et autres nouvelles. *Librio, 1998.* (Librio ; 211 c1)
ISBN 2-277-30211-2. *10 F / 1,52 €*

27404 **DICK P. K.** Les clans de la lune alphane. Réimp. *J'ai lu, 1999.* (J'ai lu ; 879. Science-fiction c3)
ISBN 2-290-30526-X. *29 F / 4,42 €*

27405 **DICK P. K.** Le dieu venu du Centaure. Réimpr. *J'ai lu, 1989.* (J'ai lu ; 1379. Science-fiction c3)
ISBN 2-290-01379-X. *29 F / 4,42 €*

27406 **DICK P. K.** Dr Bloodmoney. Réimpr. *J'ai lu, 1991.* (J'ai lu ; 563. Science-fiction c4)
ISBN 2-277-11563-0. *36 F / 5,49 €*

27407 **A** **DICK P. K.** Le maître du Haut-Château. Nouv. éd. *J'ai lu, 2001.* (J'ai lu ; 567. Science-fiction)
ISBN 2-290-30248-1

27408 **DICK P. K.** Mensonges et Cie. *10-18, 1999.* (10-18 ; 3125. Domaine étranger c6)
ISBN 2-264-02974-9. *47 F / 7,17 €*

27409 **DICK P. K.** Message de Frolix 8. *J'ai lu, 1990.* (J'ai lu ; 1708. Science-fiction c3)
ISBN 2-277-21708-5. *29 F / 4,42 €*

27410 **N** **DICK P. K.** L'oeil dans le ciel. *10-18, 2000.* (10-18 ; 3248. Domaine étranger c6)
ISBN 2-264-03002-X. *47 F / 7,17 €*

27411 **DICK P. K.** L'Orphée aux pieds d'argile. *Mille et une nuits, 1995.* (La petite collection ; 67 cA)
ISBN 2-84205-002-9. *10 F / 1,52 €*

27412 **DICK P. K.** Le père truqué : anthologie. Réimpr. *10-18, 1989.* (10-18 ; 2012. Domaine étranger c5)
ISBN 2-264-00192-5. *47 F / 7,17 €*

27413 **N** **DICK P. K.** Substance mort. *Gallimard, 2000.* (Folio. SF ; 25 c7)
ISBN 2-07-041577-5. *32,50 F / 4,95 €*

27414 **DICK P. K.** Ubik. *10-18, 1999.* (10-18 ; 3034. Domaine étranger)
ISBN 2-264-02881-5. *44 F / 6,71 €*

27415 **N** **DICK P. K.** La vérité avant-dernière. *10-18, 2000.* (10-18 ; 3207. Domaine étranger c6)
ISBN 2-264-03000-3. *47 F / 7,17 €*

27416 **N** **DICK P. K., ZELAZNY R.** Deus Irae. *Gallimard, 2001.* (Folio. SF ; 39 c6)
ISBN 2-07-041770-0. *29 F / 4,42 €*

27417 **DICKSON G. R.** Le Chevalier Dragon. *J'ai lu, 1993.* (J'ai lu ; 3418. Science-fiction c7)
ISBN 2-277-23418-4. *45 F / 6,86 €*

27418 **N** **La dimension fantastique. 1, Treize nouvelles de E.T.A. Hoffmann à Claude Seignolle. Réimpr.** *Librio, 2000.* (Librio ; 150 c1)
ISBN 2-277-30150-7. *10 F / 1,52 €*

27419 **La dimension fantastique. 2, Six nouvelles d'Honoré de Balzac à Théodore Sturgeon.** *Librio, 1998.* (Librio ; 234 c1)
ISBN 2-277-30234-1. *10 F / 1,52 €*

27420 **N** **La dimension fantastique. 3, Dix nouvelles de Gustave Flaubert à Alexandro Jodorowsky. Réimpr.** *Librio, 2000.* (Librio ; 271 c1)
ISBN 2-277-30271-6. *10 F / 1,52 €*

27421 **Les dinosaures.** *Librio, 1999.* (Librio ; 328 c1)
ISBN 2-290-30079-9. *10 F / 1,52 €*

27422 **DORNY J.** Gambling nova. *J'ai lu, 1999.* (J'ai lu ; 5384. Science-fiction c5)
ISBN 2-290-05384-8. *39 F / 5,95 €*

27423 **N** **DOUGLAS P., CHILD L.** Cauchemar génétique. *Pocket, 2000.* (Pocket ; 10504. Thriller c8)
ISBN 2-266-08719-3. *45 F / 6,86 €*

27424 **DOURIAUX H.** Les damnés de Vonia. *Fleuve noir, 1999.* (Les chroniques de Vonia; 3)(Fleuve noir SF ; 70. SF legend)
ISBN 2-265-06772-5. *47 F / 7,17 €*

27425 **DOURIAUX H.** Les révoltés de Vonia. *Fleuve noir, 1999.* (Les chroniques de Vonia; 1)(Fleuve noir SF. SF legend)
ISBN 2-265-06602-8. *42 F / 6,40 €*

27426 **DOURIAUX H.** Les seigneurs de Vonia. Rééd. *Fleuve noir, 1998.* (Les chroniques de Vonia; 1)(Fleuve noir SF ; 1742)
ISBN 2-265-06474-2. *42 F / 6,40 €*

27427 **DOWD T.** Feu d'enfer. *Fleuve noir, 1997.* (Shadowrun ; 14 c1)
ISBN 2-265-06241-3. *35 F / 5,34 €*

27428 **DOWD T.** Le pion de la nuit. *Fleuve noir, 1996.* (Shadowrun ; 8 c1)
ISBN 2-265-05587-5. *35 F / 5,34 €*

27429 **DOYLE A. C.** Le monde perdu. *J'ai lu, 1997.* (J'ai lu ; 4595. Science-fiction c3)
ISBN 2-290-04595-0. *29 F / 4,42 €*

27430 **A** **DUCLOS D.** Longwor, l'Archipel-Monde. *J'ai lu, 2001.* (Le cycle de l'Ancien futur; 1)(J'ai lu ; 5867. Fantasy)
ISBN 2-290-31065-4

27431 **N** **DUNYACH J-C.** Etoiles mortes. *J'ai lu, 2000.* (J'ai lu ; 5529. Science-fiction cL)
ISBN 2-290-30554-5. *45 F / 6,86 €*

27432 **N** **DUROCHER L.** Firestorm. *Alire, 2000.* (Romans ; 38)
ISBN 2-922145-43-3. *73 F / 11,13 €*

27433 **DUVIC P.** Autant en emporte le divan. *Fleuve noir, 1996.* (Fleuve noir SF ; 1997 c1)
ISBN 2-265-06160-3. *34 F / 5,18 €*

27434 **ECKEN C.** Petites vertus virtuelles. *Baleine, 1999.* (Macno ; 11)
ISBN 2-84219-202-8. *42 F / 6,40 €*

27435 **EDDINGS D.** Le chevalier de rubis. *Pocket, 1999.* (La trilogie des joyaux; 2)(Pocket junior ; 5577. SF c5)
ISBN 2-266-11006-3. *35 F / 5,34 €*

27436 **N** **EDDINGS D.** La cité occulte. *Pocket, 2000.* (La trilogie des périls; 3)(Pocket ; 5632. Science-fiction c8)
ISBN 2-266-11008-X. *45 F / 6,86 €*

27437 **EDDINGS D.** Le Démon majeur de Karanda : chant III de la Mallorée. *Pocket, 1993.* (Pocket ; 5519. Science-fiction cJ)
ISBN 2-266-05561-5. *50 F / 7,62 €*

27438 **N** **EDDINGS D.** Les dômes de feu. *Pocket, 2000.* (La trilogie des périls; 1)(Pocket ; 5628. Science-fiction c8)
ISBN 2-266-06925-X. *45 F / 6,86 €*

27439 **EDDINGS D.** La Fin de partie de l'enchanteur : chant V de la Belgariade. *Pocket, 1992.* (Pocket ; 5425. Science-fiction cJ)
ISBN 2-266-04155-X. *50 F / 7,62 €*

27440 **N** **EDDINGS D.** Le Gambit du magicien : chant III de la Belgariade. Nouv. éd. *Pocket, 2000.* (Pocket ; 5419. Science-fiction)
ISBN 2-266-10749-6. *42 F / 6,40 €*

27441 **EDDINGS D.** Les Gardiens du Ponant : chant I de la Mallorée. *Pocket, 1992.* (Pocket ; 5482. Science-fiction c9)
ISBN 2-266-05107-5. *48 F / 7,32 €*

27442 **EDDINGS D.** Le Pion blanc des présages : chant I de La Belgariade. *Pocket, 1990.* (Pocket ; 5357. Science-fiction)
ISBN 2-266-03375-1. *45 F / 6,86 €*

27443 **EDDINGS D.** La Reine des sortilèges : chant II de la Belgariade. *Pocket, 1990.* (Pocket ; 5356. Science-fiction)
ISBN 2-266-03374-3. *45 F / 6,86 €*

27444 **N** **EDDINGS D.** Le Roi des Murgos : chant II de la Mallorée. Nouv. éd. *Pocket, 2000.* (Pocket ; 5481. Science-fiction)
ISBN 2-266-10750-X. *50 F / 7,62 €*

27445 **EDDINGS D.** La rose de saphir. Nouv. éd. *Pocket, 1999.* (La trilogie des joyaux; 3)(Pocket junior ; 5631. SF c8)
ISBN 2-266-11005-5. *45 F / 6,86 €*

27446 **N** **EDDINGS D.** La Sorcière de Darshiva : chant IV de la Mallorée. Nouv. éd. *Pocket, 2000.* (Pocket ; 5522. Science-fiction)
ISBN 2-266-10746-1. *45 F / 6,86 €*

27447 **N** **EDDINGS D.** La Sybille de Kell : chant V de la Mallorée. Nouv. éd. *Pocket, 2000.* (Pocket ; 5523. Science-fiction)
ISBN 2-266-10748-8. *45 F / 6,86 €*

27448 **EDDINGS D.** La Tour des maléfices : chant IV de la Belgariade. *Pocket, 1991.* (Pocket ; 5424. Science-fiction)
ISBN 2-266-04154-1. *50 F / 7,62 €*

27449 **N** **EGAN G.** La cité des permutants. *LGF, 2000.* (Le Livre de poche ; 7224. Science-fiction c11)
ISBN 2-253-07224-9. *42 F / 6,40 €*

27450 **ELFMAN E.** Une petite ville tranquille. *J'ai lu, 1998.* (Aux frontières du réel : les épisodes, d'après la série télévisée créée par Chris Carter; 14)(Séries TV c2)
ISBN 2-290-04726-0. *22 F / 3,35 €*

27451 **ELLISON H., ASIMOV I.** I, robot : le scénario. *J'ai lu, 1997.* (J'ai lu ; 4403. Science-fiction c5)
ISBN 2-290-04403-2. *39 F / 5,95 €*

27452 **Eros vampires.** *J'ai lu, 1999.* (J'ai lu ; 5315. Ténèbres c7)
ISBN 2-290-05315-5. *45 F / 6,86 €*

27453 **Les Evadés des ténèbres.** *Laffont, 1989.* (Bouquins)
ISBN 2-221-05579-9. *169 F / 25,76 €*

27454 **EVANGELISTI V.** Les chaînes d'Eymerich. *Pocket, 1999.* (Pocket ; 10914. Terreur c4B)
ISBN 2-266-08905-6. *32 F / 4,88 €*

27455 **N** **EVANGELISTI V.** Le corps et le sang d'Eymerich. *Pocket, 2000.* (Pocket ; 10915 c4B)
ISBN 2-266-09553-6. *32 F / 4,88 €*

27456 **EVANGELISTI V.** Nicolas Eymerich, inquisiteur. *Pocket, 1999.* (Pocket ; 10913. Terreur c4B)
ISBN 2-266-08906-4. *32 F / 4,88 €*

27457 **L'Eveil des belles au bois.** *Pocket, 1994.* (Chansons pour J.R.R. Tolkien; 3)(Pocket ; 5493. Science-fiction c5)
ISBN 2-266-05209-8. *35 F / 5,34 €*

27458 **FAJARDIE F-H.** Tueurs de flics. *Table ronde, 1993.* (La petite vermillon ; 16)
ISBN 2-7103-0578-X. *45 F / 6,86 €*

27459 **Le fantastique féminin :** d'Ann Radcliff à Patricia Highsmith. *Complexe, 1995.* (Bibliothèque Complexe)
ISBN 2-87027-578-1. *139 F / 21,19 €*

27460 **FARLAND D.** L'anneau du serpent. *Pocket, 2000.* (Les seigneurs des runes; 2)(Pocket ; 5740. Science-fiction c6)
ISBN 2-266-10021-1. *38 F / 5,79 €*

27461 **A** **FARLAND D.** La confrérie des loups. 1. *Pocket, 2001.* (Pocket. Science-fiction ; 5756)
ISBN 2-266-10771-2

27462 **A** **FARLAND D.** La confrérie des loups. 2. *Pocket, 2001.* (Pocket. Science-fiction ; 5757)
ISBN 2-266-10772-0

27463 **FARLAND D.** La douleur de la terre 1 : Le don d'amour. *Pocket, 2000.* (Les seigneurs des runes; 1)(Pocket ; 5739. Science-fiction c6)
ISBN 2-266-09557-9. *38 F / 5,79 €*

27464 **FARMER P. J.** Les Amants étrangers. Réimpr. *J'ai lu, 1990.* (J'ai lu ; 537. Science-fiction c2)
ISBN 2-277-11537-1. *29 F / 4,42 €*

27465 **FARMER P. J.** Le Bateau fabuleux. *LGF, 1992.* (Le Fleuve de l'éternité; 2)(Le Livre de poche ; 7152. Science-fiction c10)
ISBN 2-253-06201-4. *40 F / 6,10 €*

27466 **FARMER P. J.** Les Dieux du fleuve. *LGF, 1993.* (Le Fleuve de l'éternité; 5)(Le Livre de poche ; 7159. Science-fiction c10)
ISBN 2-253-06483-1. *40 F / 6,10 €*

27467 **FARMER P. J.** Le Faiseur d'univers. Nouv. éd. *Pocket, 1990.* (La Saga des hommes dieux; 1)(Pocket ; 5140. Science-fiction c2)
ISBN 2-266-03340-9. *26 F / 3,96 €*

27468 **FARMER P. J.** Le Labyrinthe magique. *LGF, 1993.* (Le Fleuve de l'éternité; 4)(Le Livre de poche ; 7157. Science-fiction c12)
ISBN 2-253-06395-9. *44 F / 6,71 €*

27469 **FARMER P. J.** Le Monde du fleuve. *LGF, 1992.* (Le Fleuve de l'éternité; 1)(Le Livre de poche ; 7151. Science-fiction c10)
ISBN 2-253-06119-0. *40 F / 6,10 €*

27470 **FARMER P. J.** Le Noir dessein. *LGF, 1993.* (Le Fleuve de l'éternité; 3)(Le Livre de poche ; 7153. Science-fiction c12)
ISBN 2-253-06282-0. *44 F / 6,71 €*

27471 **FARMER P. J.** La nuit de la lumière. *J'ai lu, 1978.* (J'ai lu ; 885. Science-fiction c3)
ISBN 2-290-00885-0. *29 F / 4,42 €*

27472 **FARMER P. J.** Les Portes de la création. Nouv. éd. *Pocket, 1990.* (La Saga des hommes dieux; 2)(Pocket ; 5148. Science-fiction c2)
ISBN 2-266-03342-5. *26 F / 3,96 €*

27473 **FARMER P. J.** Des rapports étranges. Réimpr. *J'ai lu, 1990.* (J'ai lu ; 712. Science-fiction c3)
ISBN 2-277-11712-9. *29 F / 4,42 €*

27474 **FARMER P. J.** Le Soleil obscur. Réimpr. *J'ai lu, 1991.* (J'ai lu ; 1257. Science-fiction c4)
ISBN 2-277-21257-1. *36 F / 5,49 €*

27475 **FARMER P. J.** L'Univers à l'envers. *J'ai lu, 1991.* (J'ai lu ; 581. Science-fiction c2)
ISBN 2-277-11581-9. *22 F / 3,35 €*

27476 **FARRACHI A.** Un amour de Dracula. *Zulma, 1998.* (Grain d'orage)
ISBN 2-84304-028-0. *49 F / 7,47 €*

27477 **FARRACHI A.** Les argolides. *Zulma, 1998.* (Grain d'orage)
ISBN 2-84304-027-2. *49 F / 7,47 €*

27478 **FARRÈRE C.** La maison des hommes vivants. *Librio, 1996.* (Librio ; 92 c1)
ISBN 2-277-30092-6. *10 F / 1,52 €*

27479 **N** **FAYE E.** Croisière en mer des pluies. *LGF, 2000.* (Le Livre de poche ; 14922 c5)
ISBN 2-253-14922-5. *23 F / 3,51 €*

27480 **A** **FEIST R. E.** Le mage. *J'ai lu, 2001.* (Les chroniques de Krondor; 2)(J'ai lu ; 6035. Science-fiction)
ISBN 2-290-31322-X

27481 **A** **FEIST R. E.** Pug, l'apprenti. *J'ai lu, 2001.* (Les chroniques de Krondor; 1)(J'ai lu ; 5823. Science-fiction)
ISBN 2-290-31013-1

27482 **N** **Filets bleux et matière grise.** *Liv'éditions, 2000.* (Liv'poche)
ISBN 2-84497-009-5. *59 F / 8,99 €*

27483 **FINDLEY N. D.** Jeu d'ombres. *Fleuve noir, 1995.* (Shadowrun ; 7 c1)
ISBN 2-265-05585-9. *35 F / 5,34 €*

27484 **FINDLEY N. D.** Le loup solitaire. *Fleuve noir, 1996.* (Shadowrun ; 11 c1)
ISBN 2-265-06111-5. *35 F / 5,34 €*

27485 **FINDLEY N. D.** La maison du soleil. *Fleuve noir, 1998.* (Shadowrun ; 16 c1)
ISBN 2-265-06416-5. *35 F / 5,34 €*

27486 **N** **FINNEY J.** L'invasion des profanateurs. *Gallimard, 2000.* (Folio. SF ; 27 c6)
ISBN 2-07-041578-3. *29,50 F / 4,50 €*

27487 **FLORENTZ B.** Noces d'enfer. *Pocket, 1997.* (Pocket ; 9176. Terreur c5)
ISBN 2-266-07438-5. *35 F / 5,34 €*

27488 **FOLLETT K.** Les Lions du Panshir. *LGF, 1987.* (Le Livre de poche ; 7519. Thriller c9)
ISBN 2-253-04202-1. *36 F / 5,49 €*

27489 **FORD J.** Physiognomy. *J'ai lu, 2000.* (Millenaires ; 6029)
ISBN 2-290-30484-0. *69 F / 10,52 €*

27490 **FORWARD R.** Le Vol de la libellule. *LGF, 1991.* (Le Livre de poche ; 7139. Science-fiction c11)
ISBN 2-253-05766-5. *42 F / 6,40 €*

27491 **FOSTER A. D.** Alien 3. Nouv. éd. *J'ai lu, 1992.* (J'ai lu ; 3294. Science-fiction c4)
ISBN 2-290-03294-8. *36 F / 5,49 €*

27492 **FOSTER A. D.** Alien le 8e passager. Nouv. éd. *J'ai lu, 1998.* (J'ai lu ; 1115. Science-fiction c3)
ISBN 2-290-01115-0. *29 F / 4,42 €*

27493 **FOSTER A. D.** Aliens, le retour. Réimpr. *J'ai lu, 1998.* (J'ai lu ; 2105. Science-fiction c4)
ISBN 2-290-02105-9. *36 F / 5,49 €*

27494 **FOWLER C.** Le Diable aux trousses. *Pocket, 1994.* (Pocket ; 9119. Terreur c5)
ISBN 2-266-00787-4. *35 F / 5,34 €*

27495 **FOWLER C.** L'illusionniste. *Pocket, 1997.* (Pocket ; 9178. Terreur c5)
ISBN 2-266-07586-1. *35 F / 5,34 €*

27496 **N** **FOWLER C.** Le monde d'en haut. *J'ai lu, 2000.* (J'ai lu ; 5527. Ténèbres cJ)
ISBN 2-290-30528-6. *39 F / 5,95 €*

27497 **FOWLER C.** Psychoville. *J'ai lu, 1998.* (Millenaires ; 6001)
ISBN 2-277-26001-0. *79 F / 12,04 €*

27498 **A** **FOWLER C.** Psychoville. *J'ai lu, 2001.* (J'ai lu ; 5902. Policier)
ISBN 2-290-31218-5

27499 **FREIREICH V. J.** Le Phare. *J'ai lu, 1998.* (J'ai lu ; 4938. Science-fiction c6)
ISBN 2-290-04938-7. *42 F / 6,40 €*

27500 **FRIEDMAN M. J.** Batman et Robin : d'après un scénario de Akiva Goldsman. *J'ai lu, 1997.* (J'ai lu ; 4482. Littérature générale c4)
ISBN 2-290-04482-2. *36 F / 5,49 €*

27501 **N** **Le futur a déjà commencé.** *Librio, 2000.* (Librio ; 364 c1)
ISBN 2-290-30539-1. *10 F / 1,52 €*

27502 **GABORIT M.** Les danseurs de Lorgol. Réimpr. *Mnémos, 1998.* (Chronique des crépusculaires; 2)(Mnémos ; 2. Légendaire c3)
ISBN 2-911618-39-4. *44 F / 6,71 €*

27503 **GABORIT M.** Revolutsyia. *Mnémos, 1997.* (Bohème; 2)(Mnémos ; 27. Science-fiction c3)
ISBN 2-911618-26-2. *44 F / 6,71 €*

27504 **GABORIT M.** Les rives d'Antipolie. *Mnémos, 1997.* (Bohème; 1)(Mnémos ; 21. Science-fiction c3)
ISBN 2-911618-20-3. *44 F / 6,71 €*

27505 **GABORIT M.** La romance du démiurge. *Mnémos, 1997.* (Abyme; 2)(Mnémos ; 15. Légendaire c2)
ISBN 2-911618-13-0. *39 F / 5,95 €*

27506 **GABORIT M.** Souffre-Jour. *Mnémos, 1997.* (Chronique des crépusculaires; 1)(Mnémos ; 1. Légendaire c2)
ISBN 2-911618-16-5. *39 F / 5,95 €*

27507 **GAIMAN N.** Neverwhere. *J'ai lu, 1998.* (Millenaires ; 6002)
ISBN 2-277-26002-9. *79 F / 12,04 €*

27508 **A** **GAIMAN N.** Neverwhere. *J'ai lu, 2001.* (J'ai lu ; 5613. Fantastique)
ISBN 2-290-30334-8

27509 **GALLERNE G.** Petit homme vert. *Baleine, 1998.* (Macno ; 6)
ISBN 2-84219-164-1. *39 F / 5,95 €*

27510 **GALOUYE D. F.** Simulacron 3. *J'ai lu, 1988.* (J'ai lu. Science-fiction ; 778 c2)
ISBN 2-290-00778-1. *22 F / 3,35 €*

27511 **Gare au garou :** huit histoires de loups-garous. *Librio, 2000.* (Librio ; 372 c1)
ISBN 2-290-30560-X. *10 F / 1,52 €*

27512 **GENEFORT L.** La compagnie des fous. *Fleuve noir, 1996.* (L'opéra de l'espace; 1)(Fleuve noir SF ; 1993 c1)
ISBN 2-265-06013-5. *34 F / 5,18 €*

27513 **GENEFORT L.** Le continent déchiqueté. *Fleuve noir, 1997.* (Fleuve noir SF ; 25. SF space) *34 F / 5,18 €*

27514 **GENEFORT L.** Les croisés du vide. *Fleuve noir, 1998.* (Fleuve noir SF ; 42. SF space)
ISBN 2-265-06466-1. *39 F / 5,95 €*

27515 **GENEFORT L.** Dans la gueule du dragon. *Fleuve noir, 1998.* (Fleuve noir SF ; 58. SF space)
ISBN 2-265-06553-6. *35 F / 5,34 €*

27516 **GENEFORT L.** Les engloutis. *Fleuve noir, 1999.* (Fleuve noir SF ; 87. SF space)
ISBN 2-265-06698-2. *35 F / 5,34 €*

27517 **GENEFORT L.** L'homme qui n'existait plus. *Fleuve noir, 1996.* (Fleuve noir SF ; 1974 c1)
ISBN 2-265-05888-2. *34 F / 5,18 €*

27518 **N** **GENEFORT L.** Omale. *J'ai lu, 2001.* (Millenaires ; 6032)
ISBN 2-290-30488-3. *99 F / 15,09 €*

27519 **GENEFORT L.** Les peaux-épaisses. *Mnémos, 1998.* (Mnémos ; 29. Science-fiction)
ISBN 2-911618-34-3. *44 F / 6,71 €*

27520 **GENEFORT L.** Rézo. Réimpr. *Fleuve noir, 1999.* (Fleuve noir SF ; 63. SF metal)
ISBN 2-265-06601-X. *35 F / 5,34 €*

27521 **GENEFORT L.** Les voies du ciel. *Fleuve noir, 1996.* (L'opéra de l'espace; 2)(Fleuve noir SF ; 1994 c1)
ISBN 2-265-06014-3. *34 F / 5,18 €*

27522 **N** **Genèses :** anthologie. Réimp. *J'ai lu, 2000.* (J'ai lu ; 4279. Science-fiction cJ)
ISBN 2-290-04279-X. *39 F / 5,95 €*

27523 **N** **GENTLE M.** Les fils de la sorcière. *Gallimard, 2000.* (Folio ; 33. SF)
ISBN 2-07-041530-9. *66 F / 10,06 €*

27524 **GIBSON W.** Fragments de rose en hologramme : et autres nouvelles. *Librio, 1998.* (Librio ; 215 c1)
ISBN 2-277-30215-5. *10 F / 1,52 €*

27525 **GIBSON W.** Gravé sur chrome. Réimpr. *J'ai lu, 1999.* (J'ai lu ; 2940. Science-fiction c3)
ISBN 2-290-12940-2. *29 F / 4,42 €*

27526 **GIBSON W.** Idoru. *J'ai lu, 1999.* (J'ai lu ; 5346. Science-fiction c6)
ISBN 2-290-05346-5. *42 F / 6,40 €*

27527 **GIBSON W.** Lumière virtuelle. *J'ai lu, 1995.* (J'ai lu ; 3891. Science-fiction c6)
ISBN 2-277-23891-0. *42 F / 6,40 €*

27528 **GIBSON W.** Mona Lisa s'éclate. Réimpr. *J'ai lu, 1998.* (J'ai lu ; 2735. Science-fiction c4)
ISBN 2-290-02735-9. *36 F / 5,49 €*

27529 **N** **GIBSON W.** Neuromancien. Nouv. éd. *J'ai lu, 2000.* (J'ai lu ; 2325. Science-fiction cl)
ISBN 2-290-30820-X. *36 F / 5,49 €*

27530 **A** **GIBSON W., STERLING B.** La machine à différences. *LGF, 2001.* (Le Livre de poche ; 7231. Science-fiction)
ISBN 2-253-07231-1. *36 F / 5,49 €*

27531 **GOIMARD J., STRAGLIATI R.** Histoires de maléfices. *Pocket, 1981.* (Pocket ; 2012 c4)
ISBN 2-266-01072-7. *35 F / 5,34 €*

27532 **A** **GOLDEN C.** Des anges et des démons. *Pocket, 2001.* (Pocket. Terreur ; 9264)
ISBN 2-266-11252-X

27533 **GOLDSTEIN L.** Les jeux étranges du soleil et de la lune. *J'ai lu, 1998.* (J'ai lu ; 4937. Fantasy c5)
ISBN 2-290-04937-9. *39 F / 5,95 €*

27534 **N** **GOLDSTEIN L.** Roi de l'été, fou de l'hiver. *J'ai lu, 2000.* (J'ai lu ; 5547. Science-fiction cJ)
ISBN 2-290-30253-8. *39 F / 5,95 €*

27535 **N** **GOM L. M.** Chromosome Y. *Alire, 2000.* (Romans ; 36)
ISBN 2-922145-41-7. *61 F / 9,30 €*

27536 **GOODKIND T.** L'épée de vérité 1. *J'ai lu, 1998.* (La première règle du magicien; 1)(J'ai lu ; 4894. Fantasy c6)
ISBN 2-290-04894-1. *42 F / 6,40 €*

27537 **GOODKIND T.** L'épée de vérité 2. *J'ai lu, 1998.* (La première règle du magicien; 2)(J'ai lu ; 4895. Fantasy c6)
ISBN 2-290-04895-X. *42 F / 6,40 €*

27538 **Les grands maîtres du fantastique.** *Langues pour tous, 2000.* (Langues pour tous ; 2704)
ISBN 2-266-09815-2. *38 F / 5,79 €*

27539 **GRANT C.** Aux frontières du réel. 1, Les gobelins. *J'ai lu, 1996.* (J'ai lu ; 4099. Littérature générale c3)
ISBN 2-277-24099-0. *29 F / 4,42 €*

27540 **GRANT C.** Aux frontières du réel. 2, Tornade. *J'ai lu, 1996.* (J'ai lu ; 4239. Littérature générale c3)
ISBN 2-277-24239-X. *29 F / 4,42 €*

27541 **GREENLAND C.** Les chemins de l'espace. *J'ai lu, 2000.* (Millenaires ; 6028)
ISBN 2-290-30483-2. *79 F / 12,04 €*

27542 **GREENWOOD E.** La couronne de feu. *Fleuve noir, 1995.* (Les Royaumes oubliés ; 14 c1)
ISBN 2-265-05418-6. *35 F / 5,34 €*

27543 **N** **GREENWOOD E.** Elminster à Myth Drannor. *Fleuve noir, 2000.* (Les Royaumes oubliés c1)
ISBN 2-265-06890-X. *35 F / 5,34 €*

27544 **GREENWOOD E.** Elminster, la jeunesse d'un mage. *Fleuve noir, 1997.* (Les Royaumes oubliés)
ISBN 2-265-06213-8. *35 F / 5,34 €*

27545 **N** **GREENWOOD E.** Histoires des sept soeurs. *Fleuve noir, 2000.* (Les Royaumes oubliés)
ISBN 2-265-06889-6. *35 F / 5,34 €*

27546 **GREENWOOD E.** Magefeu. *Fleuve noir, 1994.* (Les Royaumes oubliés ; 10)
ISBN 2-265-00211-9. *35 F / 5,34 €*

27547 **GREENWOOD E.** Le manteau des ombres. *Fleuve noir, 1998.* (Trilogie des ombres; 2)(Les Royaumes oubliés c1)
ISBN 2-265-06461-0. *35 F / 5,34 €*

27548 **GREENWOOD E.** Les ombres de l'apocalypse. *Fleuve noir, 1998.* (Trilogie des ombres; 1)(Les Royaumes oubliés c1)
ISBN 2-265-06462-9. *35 F / 5,34 €*

27549 **N** **GRIMAUD M.** Malakansâr : l'éternité des pierres. *Gallimard, 2000.* (Folio. SF ; 29 c6)
ISBN 2-07-041579-1. *29,50 F / 4,50 €*

27550 **GRIMBERT P.** L'ombre des anciens. *Mnémos, 1997.* (Le secret de Ji; 3)(Mnémos ; 20. Légendaire c5)
ISBN 2-911618-19-X. *49 F / 7,47 €*

27551 **GRUBB J., NOVAK K.** Le chant des saurials. *Fleuve noir, 1995.* (Les Royaumes oubliés c1)
ISBN 2-265-05417-8. *35 F / 5,34 €*

27552 **GRUBB J., NOVAK K.** L'éperon de Wiverne. *Fleuve noir, 1995.* (La trilogie de la pierre de Trouveur; 2)(Les Royaumes oubliés c1)
ISBN 2-265-05416-X. *35 F / 5,34 €*

27553 **GRUBB J., NOVAK K.** Les liens d'Azur. *Fleuve noir, 1995.* (La trilogie de la pierre de Trouveur; 1)(Les Royaumes oubliés c1)
ISBN 2-265-05403-8. *35 F / 5,34 €*

27554 **GUIEU J.** Les brumes de Joklun-N'Ghar. *Vaugirard.* (SF Jimmy Guieu ; 102 c1)
ISBN 2-265-05412-7. *35 F / 5,34 €*

27555 **A** **GUIEU J.** Convulsions solaires. *Vauvenargues, 2001.* (SF Jimmy Guieu ; 6)
ISBN 2-7443-0597-9. *35 F / 5,34 €*

27556 **GUIEU J.** Le grand mythe. *Vaugirard.* (SF Jimmy Guieu ; 39 c1)
ISBN 2-265-05543-3. *35 F / 5,34 €*

27557 **N** **GUIEU J.** Novak contre Novak. *Vauvenargues, 2001.* (SF Jimmy Guieu ; 135)
ISBN 2-7443-0591-X. *35 F / 5,34 €*

27558 **GUIEU J.** Les orgues de Satan. *Vaugirard, 1995.* (SF Jimmy Guieu ; 40 c1)
ISBN 2-265-05544-1. *35 F / 5,34 €*

27559 **A** **GUIEU J.** Titre à venir. *Vauvenargues, 2001.* (SF Jimmy Guieu ; 136)
ISBN 2-7443-0592-8. *35 F / 5,34 €*

27560 **GUIEU J., WOLFRAM R.** Les Magiciens des mondes oubliés. *Vaugirard, 1994.* (SF Jimmy Guieu ; 97 c1)
ISBN 2-265-00304-2. *35 F / 5,34 €*

27561 **GUITTEAUD C.** L'enfant d'Ys. *Fleuve noir, 1999.* (Les portes du temps; 2)(Fleuve noir SF ; 58. SF legend)
ISBN 2-265-06576-5. *52 F / 7,93 €*

27562 **GUITTEAUD C.** La fille de Dreïa. *Fleuve noir, 1998.* (Les portes du temps; 1)(Fleuve noir SF ; 55. SF legend)
ISBN 2-265-06577-3. *42 F / 6,40 €*

27563 **GUNNARSSON T.** Les chroniques du chevalier-dragon. 2, Le mage-dragon de Mystara 2 : l'adieu. *J'ai lu, 1998.* (J'ai lu ; 4965. Fantasy c4)
ISBN 2-290-04965-4. *36 F / 5,49 €*

27564 **GUNNARSSON T.** Le mage-dragon de Mystara 1 : l'attaque. *J'ai lu, 1998.* (Les chroniques du chevalier-dragon; 1)(J'ai lu ; 4964. Fantasy c4)
ISBN 2-290-04964-6. *36 F / 5,49 €*

27565 **GUNNARSSON T.** seigneur-dragon de Mystara. 1, L'écuyer. *J'ai lu, 1998.* (J'ai lu ; 4734. Fantasy c4)
ISBN 2-290-04734-1. *36 F / 5,49 €*

27566 **GUNNARSSON T.** seigneur-dragon de Mystara. 2, Le chevalier. *J'ai lu, 1998.* (J'ai lu ; 4735. Fantasy c4)
ISBN 2-290-04735-X. *36 F / 5,49 €*

27567 **GUY P.** Phalènes. *Fleuve noir, 1996.* (Fleuve noir SF ; 1977 c1)
ISBN 2-265-04139-4. *34 F / 5,18 €*

27568 **HABER K.** L'Etoile des mutants. *J'ai lu, 1993.* (J'ai lu ; 3475. Science-fiction)
ISBN 2-277-23475-3. *39 F / 5,95 €*

27569 **HABER K.** La fille sans ombre. *J'ai lu, 1997.* (J'ai lu ; 4377. Science-fiction c5)
ISBN 2-290-04377-X. *39 F / 5,95 €*

27570 **HABER K.** L'héritage du mutant. *J'ai lu, 1994.* (J'ai lu ; 3813. Science-fiction)
ISBN 2-277-23813-9. *36 F / 5,49 €*

27571 **HABER K.** Super-mutant. *J'ai lu, 1992.* (J'ai lu ; 3187. Science-fiction)
ISBN 2-277-23187-8. *36 F / 5,49 €*

27572 **HALDEMAN J.** La guerre éternelle. Rééd. *J'ai lu, 1995.* (J'ai lu ; 1769. Science-fiction c3)
ISBN 2-290-01769-8. *29 F / 4,42 €*

27573 **A** **HALDEMAN J., LEBEC G., BROWER L.** La guerre éternelle. Réimpr. *J'ai lu, 2001.* (J'ai lu ; 1769. Science-fiction)
ISBN 2-290-30825-0

27574 **HAMBLY B.** Les enfants du Jedi. *Fleuve noir, 1999.* (Star Wars)
ISBN 2-265-06806-3. *32 F / 4,88 €*

27575 **HAMBLY B.** La planète du crépuscule. *Fleuve noir, 2000.* (Star Wars)
ISBN 2-265-06968-X. *32 F / 4,88 €*

27576 **HAMBLY B.** Voyage avec les morts. *Pocket, 1996.* (Pocket ; 9163. Terreur c7)
ISBN 2-266-07234-X. *42 F / 6,40 €*

27577 **HAMILTON E.** Le Retour aux étoiles. Réimpr. *J'ai lu, 1988.* (J'ai lu ; 490. Science-fiction c3)
ISBN 2-277-11490-1. *36 F / 5,49 €*

27578 **A** **HAND E.** L'éveil de la lune. *Pocket, 2001.* (Pocket ; 9247. Terreur)
ISBN 2-266-10425-X

27579 **HAND E.** The X-Files, le film : d'après le scénario de Chris Carter. *J'ai lu, 1998.* (J'ai lu ; 4972. Littérature générale c4)
ISBN 2-290-04972-7. *36 F / 5,49 €*

27580 **HARRIS T.** Dragon rouge. *Pocket, 1992.* (Pocket ; 9001. Terreur c5)
ISBN 2-266-05132-6. *35 F / 5,34 €*

27581 **HARRIS T.** Le Silence des agneaux. *Pocket, 1992.* (Pocket ; 9071. Terreur c5)
ISBN 2-266-04744-2. *35 F / 5,34 €*

27582 **HARRISON H.** Le Rat en acier inox. *J'ai lu, 1992.* (J'ai lu ; 3242. Science-fiction)
ISBN 2-277-23242-4. *29 F / 4,42 €*

27583 **HARRISON H., MINSKY M.** Le problème de Turing. *LGF, 1998.* (Le Livre de poche ; 7211. Science-fiction c14)
ISBN 2-253-07211-7. *48 F / 7,32 €*

27584 **HARRY E. L.** 10 juin 1999 : la première guerre nucléaire vient de commencer. *Pocket, 1998.* (Pocket ; 10116. Thriller c8)
ISBN 2-266-07369-9. *45 F / 6,86 €*

27585 **HARRY E. L.** L'ordinateur. *Pocket, 2000.* (Pocket ; 10687 c8)
ISBN 2-266-09391-6. *45 F / 6,86 €*

27586 **N** **HAYNES A.** La quête de Kysma. *J'ai lu, 2000.* (J'ai lu ; 5748. Science-fiction cl)
ISBN 2-290-30831-5. *36 F / 5,49 €*

27587 **HEINLEIN R. A.** Au-delà du crépuscule ou la Vie et les amours de Maureen Johnson : mémoires d'une dame un peu spéciale. *J'ai lu, 1989.* (J'ai lu ; 2591. Science-fiction)
ISBN 2-277-22591-6. *45 F / 6,86 €*

27588 **HEINLEIN R. A.** Le Chat passe-muraille. *J'ai lu, 1987.* (J'ai lu ; 2248. Science-fiction c6)
ISBN 2-277-22248-8. *45 F / 6,86 €*

27589 **HEINLEIN R. A.** Double étoile. *J'ai lu, 1988.* (J'ai lu ; 589. Science-fiction)
ISBN 2-277-11589-4. *22 F / 3,35 €*

27590 **HEINLEIN R. A.** Etoiles, garde à vous ! (Starship Troopers). Réimp. *J'ai lu, 1999.* (J'ai lu ; 562. Science-fiction c4)
ISBN 2-290-30129-9. *36 F / 5,49 €*

27591 **HEINLEIN R. A.** Une porte sur l'été. Réimpr. *J'ai lu, 1996.* (J'ai lu ; 510. Science-fiction c3)
ISBN 2-290-00510-X. *29 F / 4,42 €*

27592 **HEINLEIN R. A.** Vendredi. *J'ai lu, 1984.* (J'ai lu ; 1782. Science-fiction c5)
ISBN 2-277-21782-4. *39 F / 5,95 €*

27593 **HERBERT F.** La barrière Santaroga. Nouv. éd. *Pocket, 1999.* (Pocket ; 5283. Science-fiction c6)
ISBN 2-266-09605-2. *38 F / 5,79 €*

27594 **HERBERT F.** Champ mental. Nouv. éd. *Pocket, 1990.* (Pocket ; 5262. Science-fiction)
ISBN 2-266-03609-2. *35 F / 5,34 €*

27595 **HERBERT F.** Destination vide. Nouv. éd. *Pocket, 1990.* (Pocket. Science-fiction ; 5220 c4)
ISBN 2-266-02856-1. *35 F / 5,34 €*

27596 **HERBERT F.** Dosadi : le bureau des sabotages. Réimpr. *Pocket, 1999.* (Pocket ; 5186. Science-fiction)
ISBN 2-266-09280-4. *35 F / 5,34 €*

27597 **HERBERT F.** Le Dragon sous la mer. *Pocket, 1993.* (Pocket ; 5520. Science-fiction c5)
ISBN 2-266-05556-9. *35 F / 5,34 €*

27598 **HERBERT F.** Dune. Nouv. éd. *Pocket, 1989.* (Le cycle de Dune; 1)(Pocket ; 5069. Science-fiction c4)
ISBN 2-266-02665-8. *30 F / 4,57 €*

27599 **HERBERT F.** Dune. Nouv. éd. *Pocket, 1989.* (Le cycle de Dune; 2)(Pocket ; 5070. Science-fiction c4)
ISBN 2-266-02664-X. *30 F / 4,57 €*

27600 **HERBERT F.** L'Empereur-Dieu de Dune. *Pocket, 1987.* (Le cycle de Dune; 5)(Pocket ; 5245. Science-fiction c8)
ISBN 2-266-02723-9. *45 F / 6,86 €*

27601 **HERBERT F.** Les enfants de Dune. Nouv. éd. *Pocket, 1998.* (Le cycle de Dune; 4)(Pocket ; 5167. Science-fiction c6)
ISBN 2-266-02722-0. *38 F / 5,79 €*

27602 **HERBERT F.** L'étoile et le fouet. Réimpr. *LGF, 1999.* (Le Livre de poche ; 7107. Science-fiction c7)
ISBN 2-253-04932-8. *30 F / 4,57 €*

27603 **HERBERT F.** Les fabricants d'Eden. Nouv. éd. *Pocket, 1999.* (Pocket ; 5429. Science-fiction c5)
ISBN 2-266-09604-4. *35 F / 5,34 €*

27604 **HERBERT F.** Les hérétiques de Dune. *Pocket, 1989.* (Le cycle de Dune; 6)(Pocket ; 5322. Science-fiction c5)
ISBN 2-266-02813-8. *35 F / 5,34 €*

27605 **HERBERT F.** La Maison des mères. *Pocket, 1990.* (Pocket ; 5387. Science-fiction c7)
ISBN 2-266-03512-6. *42 F / 6,40 €*

27606 **HERBERT F.** Le Messie de Dune. *Pocket, 1980.* (Le cycle de Dune; 3)(Pocket ; 5073. Science-fiction c5)
ISBN 2-266-02725-5. *35 F / 5,34 €*

27607 **HERBERT F.** La mort blanche. Réimpr. *LGF, 1999.* (Le Livre de poche ; 7087. Science-fiction c16)
ISBN 2-253-04511-X. *55 F / 8,38 €*

27608 **HERBERT F.** Le preneur d'âmes. Réimpr. *Pocket, 1999.* (Pocket ; 5175. Science-fiction)
ISBN 2-266-09438-6. *30 F / 4,57 €*

27609 **HERBERT F.** Les Prêtres du Psi. Nouv. éd. *Pocket, 1988.* (Pocket ; 5198. Science-fiction c2)
ISBN 2-266-02609-7. *23 F / 3,51 €*

27610 **HERBERT F.** Les Yeux d'Heisenberg. *Pocket, 1994.* (Pocket ; 5545. Science-fiction c4)
ISBN 2-266-01203-7. *30 F / 4,57 €*

27611 **N** **HERBERT F., HERBERT B.** L'homme de deux mondes. *LGF, 2000.* (Le Livre de poche ; 7223. Science-fiction)
ISBN 2-253-07223-0. *50 F / 7,62 €*

27612 **HERBERT F., RANSOM B.** L'effet Lazare. Réimp. *LGF, 1999.* (Le Livre de poche ; 7102. Science-fiction c15)
ISBN 2-253-04862-3. *50 F / 7,62 €*

27613 **HERBERT F., RANSOM B.** Le Facteur ascension. *LGF, 1993.* (Le Livre de poche ; 7154. Science-fiction c13)
ISBN 2-253-06305-3. *46 F / 7,01 €*

27614 **HERBERT F., RANSOM B.** L'incident Jésus. Réimpr. *Pocket, 1999.* (Pocket ; 5241. Science-fiction c6)
ISBN 2-266-09439-4. *38 F / 5,79 €*

27615 **N** **HERBERT J.** Ballade pour un ange déchu. *Pocket, 2000.* (Pocket ; 9227. Terreur c5)
ISBN 2-266-09857-8. *35 F / 5,34 €*

27616 **HERBERT J.** La conspiration des fantômes. *Pocket, 2000.* (Pocket ; 9238. Terreur c6)
ISBN 2-266-10097-1. *38 F / 5,79 €*

27617 **HERBERT J.** Dis-moi qui tu hantes. *Pocket, 1992.* (Pocket ; 9083. Terreur c4)
ISBN 2-266-04968-2. *30 F / 4,57 €*

27618 **HERBERT J.** L'Empire des rats. *Pocket, 1993.* (Pocket ; 9050. Terreur c8)
ISBN 2-266-03987-3. *45 F / 6,86 €*

27619 **HERBERT J.** Fluke. *Pocket, 1995.* (Pocket ; 9080. Terreur c5)
ISBN 2-266-04841-4. *35 F / 5,34 €*

27620 **HERBERT J.** La Lance. *Pocket, 1992.* (Pocket ; 9064. Terreur c6)
ISBN 2-266-04611-X. *38 F / 5,79 €*

27621 **HERBERT J.** Présages. *Pocket, 1996.* (Pocket ; 9145. Terreur c7)
ISBN 2-266-06617-X. *42 F / 6,40 €*

27622 **HERBERT J.** Sanctuaire. *Pocket, 1993.* (Pocket ; 9098. Terreur c9)
ISBN 2-266-05589-5. *48 F / 7,32 €*

27623 **HIGHSMITH P.** L'Amateur d'escargot. *LGF, 1991.* (Le Livre de poche ; 4425. Thriller c9)
ISBN 2-253-05785-1. *36 F / 5,49 €*

27624 **Une histoire de la science-fiction. 1, 1901-1937, les premiers maîtres.** *Librio, 2000.* (Librio ; 345 c1)
ISBN 2-290-30094-2. *10 F / 1,52 €*

27625 **N** **Une histoire de la science-fiction. 2, 1938-1957, l'âge d'or.** *Librio, 2000.* (Librio ; 368 c1)
ISBN 2-290-30531-6. *10 F / 1,52 €*

27626 **N** **Une histoire de la science-fiction. 3, 1958-1981, l'expansion.** *Librio, 2000.* (Librio ; 404 c1)
ISBN 2-290-30741-6. *10 F / 1,52 €*

27627 N **Une histoire de la science-fiction. 4, 1982-2000, le renouveau.** *Librio, 2001.* (Librio ; 437 c1)
ISBN 2-290-30874-9. *10 F / 1,52 €*

27628 **Histoires à risques et périls.** *LGF, 1991.* (Le Livre de poche ; 6926. Policier c4)
ISBN 2-253-05574-3. *20 F / 3,05 €*

27629 **Histoires de l'an 2000. Nouv. éd.** *LGF, 1999.* (Le Livre de poche ; 3817. Science-fiction c10)
ISBN 2-253-03625-0. *40 F / 6,10 €*

27630 **Histoires de trouble émoi.** *LGF, 1992.* (Le Livre de poche ; 4369. Policier c4)
ISBN 2-253-05868-8. *20 F / 3,05 €*

27631 **HJORTSBERG W.** Matières grises. *LGF, 1993.* (Le Livre de poche ; 7156. Science-fiction c8)
ISBN 2-253-06360-6. *33 F / 5,03 €*

27632 N **HOBB R.** L'apprenti assassin. *J'ai lu, 2001.* (L'assassin royal; 1)(J'ai lu ; 5632. Fantasy cN)
ISBN 2-290-30360-7. *52 F / 7,93 €*

27633 A **HOBB R.** L'assassin du roi. *J'ai lu, 2001.* (L'assassin royal; 2)(J'ai lu ; 6036. Fantasy)
ISBN 2-290-31323-8

27634 **HOLDER N.** L'appel des profondeurs. *J'ai lu, 1998.* (J'ai lu ; 4864. Ténèbres c8)
ISBN 2-290-04864-X. *49 F / 7,47 €*

27635 N **HOLLAND T.** La malédiction des pharaons. *Pocket, 2001.* (Pocket ; 9255. Terreur c7)
ISBN 2-266-11019-5. *42 F / 6,40 €*

27636 **HOPMAN G.** Des corps platoniques. *Baleine, 1999.* (Macno ; 13)
ISBN 2-84219-220-6. *39 F / 5,95 €*

27637 **Les horizons divergents.** *LGF, 1999.* (Le Livre de poche ; 7212. Science-fiction c13)
ISBN 2-253-07212-5. *46 F / 7,01 €*

27638 N **Horizons lointains :** anthologie. *J'ai lu, 2000.* (Millenaires ; 6033)
ISBN 2-290-30485-9. *129 F / 19,67 €*

27639 **HOUGRON J.** Le Naguen. *J'ai lu, 1995.* (J'ai lu ; 4005. Science-fiction c3)
ISBN 2-277-24005-2. *42 F / 6,40 €*

27640 N **HOUSSIN J.** Le temps du twist. *Gallimard, 2000.* (Folio. SF ; 36 c5)
ISBN 2-07-041616-X. *25,50 F / 3,89 €*

27641 **HOWARD R. E.** Conan l'usurpateur. *J'ai lu, 1987.* (J'ai lu ; 2224. Science-fiction c3)
ISBN 2-277-22224-0. *29 F / 4,42 €*

27642 **HOWARD R. E.** Conan le conquérant. *J'ai lu, 1988.* (J'ai lu ; 2468. Science-fiction c3)
ISBN 2-277-22468-5. *29 F / 4,42 €*

27643 **HOWARD R. E.** Conan le flibustier. Réimpr. *J'ai lu, 1990.* (J'ai lu ; 1891. Science-fiction c3)
ISBN 2-277-21891-X. *29 F / 4,42 €*

27644 **HOWARD R. E.** Conan le vagabond. *J'ai lu, 1990.* (J'ai lu ; 1935. Science-fiction c3)
ISBN 2-277-21935-5. *29 F / 4,42 €*

27645 A **HOWARD R. E.** Conan. Nouv. éd. *J'ai lu, 2001.* (J'ai lu ; 1754. Science-fiction)
ISBN 2-290-31296-7

27646 N **HOWARD R. E., DE CAMP L. S.** Conan l'aventurier. Réimpr. *J'ai lu, 2000.* (J'ai lu ; 2036. Fantasy cG)
ISBN 2-290-30965-6. *29 F / 4,42 €*

27647 **HOWARD R. E., DE CAMP L. S.** Conan le guerrier. Réimp. *J'ai lu, 1999.* (J'ai lu ; 2120. Science-fiction cG)
ISBN 2-290-30476-X. *29 F / 4,42 €*

27648 **HUBERT J-P.** Je suis la Mort. *Fleuve noir, 1998.* (Fleuve noir SF ; 54. SF metal)
ISBN 2-265-06510-2. *35 F / 5,34 €*

27649 **HUXLEY A.** Retour au meilleur des mondes. Réimpr. *Pocket, 1978.* (Pocket ; 1645. Best c3)
ISBN 2-266-03655-6. *26 F / 3,96 €*

27650 **JACKSON S.** Le cadran solaire. *Pocket, 1995.* (Pocket ; 9151. Terreur c5)
ISBN 2-266-06667-6. *35 F / 5,34 €*

27651 **JACKSON S.** Hantise : Maison hantée. *Pocket, 1999.* (Pocket ; 9092. Terreur c4)
ISBN 2-266-09780-6. *30 F / 4,57 €*

27652 **JACKSON S.** La Maison hantée. *Pocket, 1993.* (Pocket ; 9092. Terreur c6)
ISBN 2-266-05527-5. *30 F / 4,57 €*

27653 **JAMES P. D.** Meurtres en blouse blanche. *LGF, 1991.* (Le Livre de poche ; 6928. Policier c10)
ISBN 2-253-05592-1. *40 F / 6,10 €*

27654 N **JETER K.** L'armure mandalorienne. *Fleuve noir, 2000.* (La guerre des chasseurs de primes; 1)(Star Wars)
ISBN 2-265-07021-1. *35 F / 5,34 €*

27655 **JETER K.** Blade runner 2. *J'ai lu, 1999.* (Millenaires ; 26005)
ISBN 2-277-26005-3. *79 F / 12,04 €*

27656 N **JETER K.** Blade runner 2. *J'ai lu, 2000.* (J'ai lu ; 5564. Science-fiction cJ)
ISBN 2-290-30260-0. *39 F / 5,95 €*

27657 A **JETER K.** Blade runner 3. *J'ai lu, 2001.* (J'ai lu ; 5865. Science-fiction)
ISBN 2-290-31063-8

27658 N **JETER K.** Une encombrante cargaison. *Fleuve noir, 2000.* (La guerre des chasseurs de primes; 3)(Star Wars)
ISBN 2-265-07023-8. *35 F / 5,34 €*

27659 **JETER K.** Horizon vertical. *J'ai lu, 1990.* (J'ai lu ; 2798. Science-fiction c4)
ISBN 2-277-22798-6. *36 F / 5,49 €*

27660 **JETER K.** Machines infernales : une fantaisie baroque des temps victoriens. *J'ai lu, 1989.* (J'ai lu ; 2518. Science-fiction c4)
ISBN 2-290-02518-6. *36 F / 5,49 €*

27661 **JETER K.** Madlands. *J'ai lu, 1992.* (J'ai lu ; 3309. Science-fiction c3)
ISBN 2-290-03309-X. *32 F / 4,88 €*

27662 **N** **JETER K.** Le vaisseau esclave. *Fleuve noir, 2000.* (La guerre des chasseurs de primes; 2)(Star Wars)
ISBN 2-265-07022-X. *35 F / 5,34 €*

27663 **JEURY M.** Aux yeux la lune. *Fleuve noir, 1998.* (Fleuve noir SF ; 29)
ISBN 2-265-06414-9. *35 F / 5,34 €*

27664 **JEURY M.** La croix et la lionne. réimpr. *J'ai lu, 1995.* (J'ai lu ; 2035. Science-fiction)
ISBN 2-277-22035-3. *29 F / 4,42 €*

27665 **JEURY M.** Le Jeu du monde. *LGF, 1990.* (Le Livre de poche ; 7129. Science-fiction c14)
ISBN 2-253-05449-6. *48 F / 7,32 €*

27666 **JEURY M.** Le jour des voies. *J'ai lu, 1988.* (J'ai lu ; 761. Science-fiction)
ISBN 2-277-11761-7. *29 F / 4,42 €*

27667 **JEURY M.** L'Orbe et la roue. *LGF, 1988.* (Le Livre de poche ; 7094. Science-fiction c13)
ISBN 2-253-04680-9. *46 F / 7,01 €*

27668 **JEURY M.** Le Temps incertain. *LGF, 1989.* (Le Livre de poche ; 7118. Science-fiction c9)
ISBN 2-253-05141-1. *36 F / 5,49 €*

27669 **JORDAN R.** La bannière du dragon. *Pocket, 1999.* (La grande chasse; 2)(Pocket ; 5665. Science-fiction c10)
ISBN 2-266-07891-7. *50 F / 7,62 €*

27670 **JORDAN R.** Conan le destructeur. *J'ai lu, 1984.* (J'ai lu ; 1689. Science-fiction)
ISBN 2-277-21689-5. *22 F / 3,35 €*

27671 **JORDAN R.** Conan le triomphant. *J'ai lu, 1996.* (J'ai lu ; 4222. Science-fiction c4)
ISBN 2-277-24222-5. *36 F / 5,49 €*

27672 **JORDAN R.** Le cor de Valère. *Pocket, 1999.* (La grande chasse; 1)(Pocket ; 5664. Science-fiction c10)
ISBN 2-266-07892-5. *50 F / 7,62 €*

27673 **N** **JORDAN R.** Le dragon réincarné. *Pocket, 2001.* (La grande chasse; 5)(Pocket ; 5665. Science-fiction ; 5700 c9)
ISBN 2-266-08861-0. *48 F / 7,32 €*

27674 **N** **JORDAN R.** Le jeu des ténèbres. *Pocket, 2001.* (La grande chasse; 6)(Pocket ; 5665. Science-fiction ; 5734 c9)
ISBN 2-266-09830-6. *48 F / 7,32 €*

27675 **JORDAN R.** L'oeil du monde. *Pocket, 1997.* (L'invasion des ténèbres; 2)(Pocket ; 5653. Science-fiction c10)
ISBN 2-266-07400-8. *50 F / 7,62 €*

27676 **JOUANNE E.** Nuage. *LGF, 1989.* (Le Livre de poche ; 7110. Science-fiction c8)
ISBN 2-253-04988-3. *33 F / 5,03 €*

27677 **JOYCE G.** L'enfer du rêve. *Pocket, 1995.* (Pocket ; 9130. Terreur c5)
ISBN 2-266-06205-0. *35 F / 5,34 €*

27678 **N** **JOYCE G.** Indigo. *Pocket, 2000.* (Pocket ; 9234. Terreur c6)
ISBN 2-266-09993-0. *38 F / 5,79 €*

27679 **JOYCE G.** L'intercepteur de cauchemars. *Pocket, 1998.* (Pocket ; 9194. Terreur c6)
ISBN 2-266-08067-9. *38 F / 5,79 €*

27680 **JOYCE G.** Requiem. *Pocket, 1996.* (Pocket ; 9168. Terreur c7)
ISBN 2-266-07359-1. *42 F / 6,40 €*

27681 **A** **JOYCE G.** Rêves oubliés. *Pocket, 2001.* (Pocket. Terreur ; 9260)
ISBN 2-266-11127-2

27682 **JOYCE G.** Sorcière, ma soeur. *Pocket, 1998.* (Pocket ; 9155. Terreur c5)
ISBN 2-266-07109-2. *35 F / 5,34 €*

27683 **N** **JUBERT H.** Deep fighter : la promotion 66. *J'ai lu, 2000.* (J'ai lu ; 5485. Science-fiction cJ)
ISBN 2-290-30198-1. *29 F / 4,42 €*

27684 **JUBERT H.** In medias res. *J'ai lu, 2000.* (Les aventures de Pierre Pélerin; 2)(J'ai lu ; 5435. Science-fiction cG)
ISBN 2-290-30047-0. *29 F / 4,42 €*

27685 **JUBERT H.** Sinedeis. *J'ai lu, 1999.* (Les aventures de Pierre Pélerin; 1)(J'ai lu ; 5194. Science-fiction c3)
ISBN 2-290-05194-2. *29 F / 4,42 €*

27686 **KALOGRIDIS J.** Les enfants du vampire : les journaux de la famille Dracul. *Pocket, 1998.* (Pocket ; 9186. Terreur c5)
ISBN 2-266-07887-9. *35 F / 5,34 €*

27687 **KALOGRIDIS J.** Pacte avec le vampire : les journaux de la famille Dracul. *Pocket, 1997.* (Pocket ; 9175. Terreur c5)
ISBN 2-266-07439-3. *35 F / 5,34 €*

27688 **N** **KALOGRIDIS J.** Le sang du vampire. *Pocket, 2001.* (Pocket. Terreur ; 9258 c8)
ISBN 2-266-11131-0. *45 F / 6,86 €*

27689 **KAY G. G.** L'arbre de l'été. *J'ai lu, 1998.* (La tapisserie de Fionavar; 1)(J'ai lu ; 4859. Fantasy c6)
ISBN 2-290-04859-3. *42 F / 6,40 €*

27690 **KAY G. G.** La voie obscure. *J'ai lu, 1999.* (La tapisserie de Fionavar; 3)(J'ai lu ; 5267. Fantasy c8)
ISBN 2-290-05267-1. *49 F / 7,47 €*

27691 **KESSEL J.** Bonnes nouvelles de l'espace. *J'ai lu, 1994.* (J'ai lu ; 3744. Science-fiction)
ISBN 2-277-23744-2. *49 F / 7,47 €*

27692 **A** **KEYES D.** Des fleurs pour Algernon. Nouv. éd. *J'ai lu, 2001.* (J'ai lu ; 427. Science-fiction)
ISBN 2-290-31295-9

27693 **KIERNAN S.** Roar. 1. *J'ai lu, 1999.* (Séries TV cH)
ISBN 2-290-05395-3. *32 F / 4,88 €*

27694 **KILLOUGH L.** Bloodwalk. *J'ai lu, 2000.* (J'ai lu ; 5465. Ténèbres cM)
ISBN 2-290-30188-4. *49 F / 7,47 €*

27695 **KING S.** La ballade de la balle élastique ; suivi de L'homme qui refusait de serrer la main. *Librio, 1995.* (Librio ; 46 c01)
ISBN 2-277-30046-2. *10 F / 1,52 €*

27696 **KING S.** Bazaar. 1. *J'ai lu, 1994.* (J'ai lu ; 3817. Stephen King cL)
ISBN 2-277-23817-1. *45 F / 6,86 €*

27697 **KING S.** Bazaar. 2. *J'ai lu, 1994.* (J'ai lu ; 3818. Stephen King cL)
ISBN 2-277-23818-X. *45 F / 6,86 €*

27698 **N** **KING S.** Brume : la Faucheuse. Réimp. *J'ai lu, 2000.* (J'ai lu ; 2579. Stephen King cJ)
ISBN 2-290-30838-2. *39 F / 5,95 €*

27699 **N** **KING S.** Brume : Paranoïa. Réimp. *J'ai lu, 2000.* (J'ai lu ; 2578. Stephen King cJ)
ISBN 2-290-30839-0. *39 F / 5,95 €*

27700 **KING S.** Ca. 2. *J'ai lu, 1990.* (J'ai lu ; 2893. Stephen King c6)
ISBN 2-277-22893-1. *42 F / 6,40 €*

27701 **KING S.** Ca. 3. *J'ai lu, 1997.* (J'ai lu ; 2894. Stephen King cK)
ISBN 2-277-22894-X. *42 F / 6,40 €*

27702 **N** **KING S.** Carrie. Réimpr. *J'ai lu, 2000.* (J'ai lu ; 835. Stephen King cG)
ISBN 2-290-30251-1. *29 F / 4,42 €*

27703 **KING S.** Celui qui garde le ver : et autres nouvelles. *Librio, 1997.* (Danse macabre; 1)(Librio ; 193)
ISBN 2-277-30193-0. *10 F / 1,52 €*

27704 **N** **KING S.** Charlie. Réimp. *J'ai lu, 2000.* (J'ai lu ; 2089. Stephen King cK)
ISBN 2-290-30836-6. *42 F / 6,40 €*

27705 **KING S.** Cours, Jimmy, cours : et autres nouvelles. *Librio, 1998.* (Danse macabre; 2)(Librio ; 214 c1)
ISBN 2-277-30214-7. *10 F / 1,52 €*

27706 **N** **KING S.** Cujo. *J'ai lu, 2000.* (J'ai lu ; 1590. Stephen King cI)
ISBN 2-290-30842-0. *36 F / 5,49 €*

27707 **N** **KING S.** Danse macabre. Réimp. *J'ai lu, 2000.* (J'ai lu ; 1355. Stephen King cJ)
ISBN 2-290-30841-2. *39 F / 5,95 €*

27708 **KING S.** Désolation. Réimp. *J'ai lu, 2000.* (J'ai lu ; 5010. Stephen King cN)
ISBN 2-290-30667-3. *52 F / 7,93 €*

27709 **KING S.** Deux petites filles mortes. *Librio, 1996.* (La ligne verte; 1)(Librio ; 100 c1)
ISBN 2-277-30100-0. *10 F / 1,52 €*

27710 **N** **KING S.** Différentes saisons. Réimp. *J'ai lu, 2000.* (J'ai lu ; 2434. Stephen King cL)
ISBN 2-290-30840-4. *45 F / 6,86 €*

27711 **N** **KING S.** Les enfants du maïs : et autres nouvelles. Réimpr. *Librio, 2000.* (Danse macabre; 4)(Librio ; 249 c1)
ISBN 2-277-30249-X. *10 F / 1,52 €*

27712 **KING S.** Le fléau. 1. *J'ai lu, 1992.* (J'ai lu ; 3311. Stephen King cK)
ISBN 2-277-23311-0. *42 F / 6,40 €*

27713 **KING S.** Le fléau. 2. *J'ai lu, 1992.* (J'ai lu ; 3312. Stephen King cK)
ISBN 2-277-23312-9. *42 F / 6,40 €*

27714 **KING S.** Le fléau. 3. *J'ai lu, 1992.* (J'ai lu ; 3313. Stephen King cK)
ISBN 2-277-23313-7. *42 F / 6,40 €*

27715 **KING S.** L'homme qu'il vous faut : et autres nouvelles. *Librio, 1998.* (Danse macabre; 3)(Librio ; 233 c1)
ISBN 2-277-30233-3. *10 F / 1,52 €*

27716 **KING S.** Insomnie. 1. *J'ai lu, 1997.* (J'ai lu ; 4615. Stephen King cK)
ISBN 2-290-04615-9. *42 F / 6,40 €*

27717 **KING S.** Insomnie. 2. *J'ai lu, 1997.* (J'ai lu ; 4616. Stephen King cK)
ISBN 2-290-04616-7. *42 F / 6,40 €*

27718 **N** **KING S.** La ligne verte. *Librio, 2000.* (Librio c1)
ISBN 2-277-34155-X. *10 F / 1,52 €*

27719 **KING S.** Magie et cristal. *J'ai lu, 1999.* (La tour sombre; 4)(J'ai lu ; 5313. Science-fiction)
ISBN 2-290-05313-9. *62 F / 9,45 €*

27720 **KING S.** Minuit 4. *J'ai lu, 1994.* (J'ai lu ; 3670. Stephen King cM)
ISBN 2-277-23670-5. *49 F / 7,47 €*

27721 **N** **KING S.** Misery. Réimp. *J'ai lu, 2000.* (J'ai lu ; 3112. Stephen King cK)
ISBN 2-290-30252-X. *42 F / 6,40 €*

27722 **N** **KING S.** La peau sur les os. Réimp. *J'ai lu, 2000.* (J'ai lu ; 2435. Stephen King cI)
ISBN 2-290-30773-4. *36 F / 5,49 €*

27723 **N** **KING S.** Peur bleue. Réimp. *J'ai lu, 2000.* (J'ai lu ; 1999. Stephen King cG)
ISBN 2-290-30777-7. *29 F / 4,42 €*

27724 **KING S.** Le pistolero. Réimpr. *J'ai lu, 1999.* (La tour sombre; 1)(J'ai lu ; 2950. Science-fiction cH)
ISBN 2-290-12950-X. *32 F / 4,88 €*

27725 **N** **KING S.** Rêves et cauchemars. 1. Réimp. *J'ai lu, 2000.* (J'ai lu ; 4305. Stephen King cL)
ISBN 2-290-30942-7. *44 F / 6,71 €*

27726 **N** **KING S.** Rêves et cauchemars. 2. Réimp. *J'ai lu, 2000.* (J'ai lu ; 4306. Stephen King cL)
ISBN 2-290-30943-5. *44 F / 6,71 €*

27727 **N** **KING S.** Running man. Réimp. *J'ai lu, 2000.* (J'ai lu ; 2694. Stephen King cG)
ISBN 2-290-30671-1. *29 F / 4,42 €*

27728 **KING S.** Salem. *Pocket, 1989.* (Pocket ; 9016. Terreur c4)
ISBN 2-266-02961-4. *30 F / 4,57 €*

27729 **N** **KING S.** Shining : l'enfant lumière. Réimp. *J'ai lu, 2000.* (J'ai lu ; 1197. Stephen King cK)
ISBN 2-290-30843-9. *42 F / 6,40 €*

27730 **N** **KING S.** Simetierre. Réimp. *J'ai lu, 2000.* (J'ai lu ; 2266. Stephen King cL)
ISBN 2-290-30776-9. *45 F / 6,86 €*

27731 **KING S.** Le singe ; suivi de Le Chenal. *Librio, 1994.* (Librio ; 4 c1)
ISBN 2-277-30004-7. *10 F / 1,52 €*

27732 **KING S.** Terres perdues. Réimpr. *J'ai lu, 1999.* (La tour sombre; 3)(J'ai lu ; 3243. Science-fiction c8)
ISBN 2-290-13243-8. *49 F / 7,47 €*

27733 **KING S.** Les Tommyknockers. 1. *J'ai lu, 1993.* (J'ai lu ; 3384. Stephen King cl)
ISBN 2-277-23384-6. *36 F / 5,49 €*

27734 **KING S.** Les Tommyknockers. 2. *J'ai lu, 1993.* (J'ai lu ; 3385. Stephen King cl)
ISBN 2-277-23385-4. *36 F / 5,49 €*

27735 **KING S.** Les Tommyknockers. 3. *J'ai lu, 1993.* (J'ai lu ; 3386. Stephen King cl)
ISBN 2-277-23386-2. *36 F / 5,49 €*

27736 **N** **KING S.** Un tour sur le bolid'. *LGF ; Albin Michel, 2000.* (Le Livre de poche ; 14325 c2)
ISBN 2-253-14325-1. *15 F / 2,29 €*

27737 **KING S.** Les trois cartes. Réimpr. *J'ai lu, 1999.* (La tour sombre; 2)(J'ai lu ; 3037. Science-fiction c8)
ISBN 2-290-13037-0. *49 F / 7,47 €*

27738 **KING S.** Les yeux du dragon. *Pocket, 1998.* (Pocket ; 9170. Terreur c5)
ISBN 2-266-07550-0. *35 F / 5,34 €*

27739 **N** **KING S., ROUARD P.** La ligne verte. Réimp. *J'ai lu, 2001.* (J'ai lu ; 5157. Littérature générale cM)
ISBN 2-290-30186-8. *49 F / 7,47 €*

27740 **KING S., STRAUB P.** Le Talisman. *LGF, 1987.* (Le Livre de poche ; 7075. Science-fiction c14)
ISBN 2-253-04181-5. *48 F / 7,32 €*

27741 **KLEIN G.** La Loi du talion : nouvelles. *LGF, 1992.* (Le Livre de poche ; 7149. Science-fiction c12)
ISBN 2-253-06074-7. *44 F / 6,71 €*

27742 **KLEIN G.** Le Long voyage. Réimpr. *J'ai lu, 1990.* (J'ai lu ; 2324. Science-fiction)
ISBN 2-277-22324-7. *22 F / 3,35 €*

27743 **KLEIN G.** Le Rêve des forêts. *J'ai lu, 1987.* (J'ai lu ; 2164. Science-fiction c3)
ISBN 2-277-22164-3. *29 F / 4,42 €*

27744 **A** **KLEIN G.** Les seigneurs de la guerre. Réimpr. *LGF, 2001.* (Le Livre de poche ; 7141. Science-fiction)
ISBN 2-253-05803-3

27745 **KLEIN G.** Les Voiliers du soleil. Réimpr. *J'ai lu, 1989.* (J'ai lu ; 2247. Science-fiction c2)
ISBN 2-277-22247-X. *22 F / 3,35 €*

27746 **KLOETZER L.** Mémoire vagabonde. *Mnémos, 1997.* (Mnémos ; 24. Légendaire)
ISBN 2-911618-22-X. *49 F / 7,47 €*

27747 **A** **KLOETZER L.** La voie du cygne. *Gallimard, 2001.* (Folio. SF)
ISBN 2-07-041835-9. *87 F / 13,26 €*

27748 **KLOTZ C.** Dracula père et fils : roman suivi de huit nouvelles. *LGF, 1983.* (Le Livre de poche ; 5797 c5)
ISBN 2-253-03261-1. *23 F / 3,51 €*

27749 **KOKE J.** Le coeur du dragon. *Fleuve noir, 1999.* (Shadowrun ; 19)
ISBN 2-265-06749-0. *35 F / 5,34 €*

27750 **N** **KOKE J.** La deuxième mort de Jonathon Winger. *Fleuve noir, 2000.* (Shadowrun ; 22)
ISBN 2-265-06885-3. *35 F / 5,34 €*

27751 **KOKE J.** Mise à l'index. *Fleuve noir, 1999.* (Shadowrun ; 20)
ISBN 2-265-06748-2. *35 F / 5,34 €*

27752 **KOKE J.** Mort d'un président. *Fleuve noir, 1999.* (Shadowrun ; 18)
ISBN 2-265-06750-4. *35 F / 5,34 €*

27753 **N** **KOKE J., BOND E. J.** Le soleil des vampires. *Fleuve noir, 2000.* (Shadowrun ; 23 c1)
ISBN 2-265-06886-1. *35 F / 5,34 €*

27754 **KOONTZ D. R.** L'antre du tonnerre. *Pocket, 1999.* (Pocket ; 9190. Terreur c4B)
ISBN 2-266-08017-2. *32 F / 4,88 €*

27755 **KOONTZ D. R.** La cache du diable. *Pocket, 1996.* (Pocket ; 9159. Terreur c7)
ISBN 2-266-06931-4. *42 F / 6,40 €*

27756 **N** **KOONTZ D. R.** La clé interdite. *Pocket, 2000.* (Pocket ; 9243. Terreur c5)
ISBN 2-266-10255-9. *35 F / 5,34 €*

27757 **KOONTZ D. R.** Démons intimes. *Pocket, 1997.* (Pocket ; 9165. Terreur c7)
ISBN 2-266-07282-X. *42 F / 6,40 €*

27758 **KOONTZ D. R.** L'heure des chauves-souris. *Pocket, 1998.* (Pocket ; 9189. Terreur c8)
ISBN 2-266-08016-4. *45 F / 6,86 €*

27759 **N** **KOONTZ D. R.** Intensité. *Pocket, 2000.* (Pocket ; 9210. Terreur c7)
ISBN 2-266-08962-5. *42 F / 6,40 €*

27760 **KOONTZ D. R.** La Maison interdite. *Pocket, 1994.* (Pocket ; 9114. Terreur c9)
ISBN 2-266-00370-4. *48 F / 7,32 €*

27761 **KOONTZ D. R.** Le Masque de l'oubli. *Pocket, 1989.* (Pocket ; 9004. Terreur c3)
ISBN 2-266-02567-8. *26 F / 3,96 €*

27762 **KOONTZ D. R.** Miroirs de sang. *Pocket, 1989.* (Pocket ; 9015. Terreur c3)
ISBN 2-266-02929-0. *26 F / 3,96 €*

27763 **KOONTZ D. R.** La Nuit du forain. *Pocket, 1991.* (Pocket ; 9061. Terreur c7)
ISBN 2-266-04511-3. *42 F / 6,40 €*

27764 **KOONTZ D. R.** La Peste grise. *Pocket, 1989.* (Pocket ; 9035. Terreur c5)
ISBN 2-266-02661-5. *35 F / 5,34 €*

27765 **KOONTZ D. R.** Prison de glace. *Pocket, 1996.* (Pocket ; 4423. Best c6)
ISBN 2-266-06815-6. *38 F / 5,79 €*

27766 **KOONTZ D. R.** Le rideau de ténèbres. *Pocket, 1998.* (Pocket ; 9191. Terreur c4B)
ISBN 2-266-08019-9. *32 F / 4,88 €*

27767 **KOONTZ D. R.** La semence du démon. *Pocket, 1999.* (Pocket ; 9055. Terreur c4)
ISBN 2-266-04337-4. *30 F / 4,57 €*

27768 **KOONTZ D. R.** Spectres. *Pocket, 1999.* (Pocket ; 9188. Terreur c10)
ISBN 2-266-08015-6. *50 F / 7,62 €*

27769 **KOONTZ D. R.** Le temps paralysé. *J'ai lu, 1998.* (J'ai lu ; 3291. Ténèbres)
ISBN 2-290-03291-3. *42 F / 6,40 €*

27770 **KOONTZ D. R.** Tic-tac. *Pocket, 1997.* (Pocket ; 9184. Terreur c6)
ISBN 2-266-07820-8. *38 F / 5,79 €*

27771 **KOONTZ D. R.** Le visage de la peur. *Pocket, 1998.* (Pocket ; 9192. Terreur c4B)
ISBN 2-266-08018-0. *32 F / 4,88 €*

27772 **KOONTZ D. R.** Les yeux foudroyés. *J'ai lu, 1998.* (J'ai lu ; 3072. Ténèbres c8)
ISBN 2-290-03072-4. *49 F / 7,47 €*

27773 **KUBASIK C.** Métamorphose. *Fleuve noir, 1995.* (Shadowrun ; 5)
ISBN 2-265-05143-8. *35 F / 5,34 €*

27774 **KUBE-MCDOWELL M. P.** Le bouclier furtif. *Fleuve noir, 1998.* (Star Wars)
ISBN 2-265-06726-1. *32 F / 4,88 €*

27775 **KUBE-MCDOWELL M. P.** Exilé. *J'ai lu, 1994.* (J'ai lu ; 3689. Science-fiction c7)
ISBN 2-277-23689-6. *45 F / 6,86 €*

27776 **KUBE-MCDOWELL M. P.** Projet Diaspora. *J'ai lu, 1993.* (J'ai lu ; 3496. Science-fiction)
ISBN 2-277-23496-6. *45 F / 6,86 €*

27777 **KUBE-MCDOWELL M. P.** La tempête approche. *Fleuve noir, 1998.* (Star Wars)
ISBN 2-265-06727-X. *32 F / 4,88 €*

27778 **KUBE-MCDOWELL M. P., MCQUAY M.** La Cité des robots d'Isaac Asimov 1. Réimpr. *J'ai lu, 1992.* (J'ai lu ; 2573. Science-fiction c6)
ISBN 2-277-22573-8. *42 F / 6,40 €*

27779 **KURTZ K.** L'année du roi Javan. *Pocket, 1999.* (Les Derynis; 11)(Pocket ; 5613. Science-fiction)
ISBN 2-266-06659-5. *42 F / 6,40 €*

27780 **KURTZ K.** Le bâtard de l'évêque. *Pocket, 1997.* (Les Derynis; 7)(Pocket ; 5609. Science-fiction c7)
ISBN 2-266-06655-2. *42 F / 6,40 €*

27781 **KURTZ K.** Le calvaire de Gwynedd. *Pocket, 1998.* (Les Derynis; 10)(Pocket ; 5612. Science-fiction c6)
ISBN 2-266-06658-7. *38 F / 5,79 €*

27782 **KURTZ K.** La Chasse aux magiciens. *Pocket, 1994.* (Les Derynis; 2)(Pocket ; 5513. Science-fiction c7)
ISBN 2-266-05649-2. *42 F / 6,40 €*

27783 **KURTZ K.** La justice du roi. *Pocket, 1997.* (Les Derynis; 8)(Pocket ; 5610. Science-fiction c6)
ISBN 2-266-06656-0. *38 F / 5,79 €*

27784 **N** **KURTZ K.** Le prince félon. *Pocket, 2000.* (Les Derynis; 12)(Pocket. Science-fiction ; 5694 c8)
ISBN 2-266-08534-4. *45 F / 6,86 €*

27785 **KURTZ K.** La quête de Saint Camber. *Pocket, 1998.* (Les Derynis; 9)(Pocket ; 5611. Science-fiction c7)
ISBN 2-266-06657-9. *42 F / 6,40 €*

27786 **KURTZ K.** Le Réveil des magiciens. *Pocket, 1994.* (Les Derynis; 1)(Pocket ; 5512. Science-fiction c6)
ISBN 2-266-05648-4. *38 F / 5,79 €*

27787 **KURTZ K.** Roi de douleur. *Pocket, 1996.* (Les Derynis; 5)(Pocket ; 5607. Science-fiction c8)
ISBN 2-266-06653-6. *45 F / 6,86 €*

27788 **KURTZ K.** Roi de folie. *Pocket, 1995.* (Les Derynis; 4)(Pocket ; 5552. Science-fiction c7)
ISBN 2-266-06350-2. *42 F / 6,40 €*

27789 **KURTZ K.** Roi de mort. *Pocket, 1996.* (Les Derynis; 6)(Pocket ; 5607. Science-fiction c8)
ISBN 2-266-06654-4. *45 F / 6,86 €*

27790 **KURTZ K.** Le triomphe des magiciens. *Pocket, 1995.* (Les Derynis; 3)(Pocket ; 5551. Science-fiction c8)
ISBN 2-266-06349-9. *45 F / 6,86 €*

27791 **LACKEY M.** La chute de la flèche. *Pocket, 1997.* (Les hérauts de Valdemar; 5)(Pocket ; 5636. Science-fiction c5)
ISBN 2-266-06998-5. *35 F / 5,34 €*

27792 **LACKEY M.** L'envol de la flèche. *Pocket, 1996.* (Les hérauts de Valdemar; 4)(Pocket ; 5635. Science-fiction c5)
ISBN 2-266-06991-8. *35 F / 5,34 €*

27793 **LACKEY M.** Les flèches de la reine. *Pocket, 1996.* (Les hérauts de Valdemar; 3)(Pocket ; 5634. Science-fiction c5)
ISBN 2-266-06990-X. *35 F / 5,34 €*

27794 **A** **LACKEY M.** Le gryphon noir. *Pocket, 2001.* (Pocket. Science-fiction ; 5710)
ISBN 2-266-08874-2

27795 **LACKEY M.** Par le fer. *Pocket, 1999.* (Les hérauts de Valdemar; 9)(Pocket ; 5703. Science-fiction)
ISBN 2-266-08867-X. *38 F / 5,79 €*

27796 **LACKEY M.** Les parjures. *Pocket, 1995.* (Les hérauts de Valdemar; 2)(Pocket ; 5585. Science-fiction c6)
ISBN 2-266-06591-2. *38 F / 5,79 €*

27797 **LACKEY M.** Le prix de la magie. *Pocket, 1998.* (Les hérauts de Valdemar; 8)(Pocket ; 5588. Science-fiction c4B)
ISBN 2-266-06594-7. *32 F / 4,88 €*

27798 **LACKEY M.** La proie de la magie. *Pocket, 1997.* (Les hérauts de Valdemar; 6)(Pocket ; 5586. Science-fiction c6)
ISBN 2-266-06592-0. *38 F / 5,79 €*

27799 **LACKEY M.** Les promesses de la magie. *Pocket, 1998.* (Les hérauts de Valdemar; 7)(Pocket ; 5587. Science-fiction c5)
ISBN 2-266-06593-9. *35 F / 5,34 €*

27800 **LACKEY M.** Soeurs de sang. *Pocket, 1995.* (Les hérauts de Valdemar; 1)(Pocket ; 5584. Science-fiction c6)
ISBN 2-266-06590-4. *38 F / 5,79 €*

27801 **N** **LACKEY M.** Les vents du changement. *Pocket, 2000.* (Les hérauts de Valdemar; 11)(Pocket ; 5705. Science-fiction c8)
ISBN 2-266-08869-6. *45 F / 6,86 €*

27802 **LACKEY M.** Les vents du destin. *Pocket, 1999.* (Les hérauts de Valdemar; 10)(Pocket ; 5704. Science-fiction c7)
ISBN 2-266-08868-8. *42 F / 6,40 €*

27803 **N** **LACKEY M.** Les vents furieux. *Pocket, 2000.* (Les hérauts de Valdemar; 12)(Pocket ; 5706. Science-fiction c7)
ISBN 2-266-08870-X. *42 F / 6,40 €*

27804 **LAWS S.** Macabre. *Pocket, 1999.* (Pocket ; 9217. Terreur c8)
ISBN 2-266-09098-4. *45 F / 6,86 €*

27805 **LAWS S.** Train fantôme. Réimpr. *Pocket, 1999.* (Pocket ; 9025. Terreur)
ISBN 2-266-09277-4. *30 F / 4,57 €*

27806 **LE BUSSY A.** Equilibre. *Fleuve noir, 1997.* (Fleuve noir SF ; 11. SF space)
ISBN 2-265-06244-8. *39 F / 5,95 €*

27807 **LE BUSSY A.** Le maître d'Iquand. *Fleuve noir, 1999.* (Chatinika; 4)(Fleuve noir SF ; 66. SF legend)
ISBN 2-265-06773-3. *39 F / 5,95 €*

27808 **LE BUSSY A.** Le mendiant de Karnathok. *Fleuve noir, 1999.* (Fleuve noir SF ; 59. SF space)
ISBN 2-265-06555-2. *39 F / 5,95 €*

27809 **LE BUSSY A.** Nexus de feu. *Fleuve noir, 1998.* (Fleuve noir SF ; 41. SF metal)
ISBN 2-265-06467-X. *35 F / 5,34 €*

27810 **LE BUSSY A.** La route du Sud. *Fleuve noir, 1998.* (Chatinika; 3)(Fleuve noir SF ; 31. SF legend)
ISBN 2-265-06345-2. *35 F / 5,34 €*

27811 **LE FANU J. S.** Carmilla. *Actes Sud, 1996.* (Babel ; 206. Les fantastiques c1)
ISBN 2-7427-0801-4. *39 F / 5,95 €*

27812 **LE RUYET A.** Morvarc'h, cheval de mer. *Liv'éditions, 1999.* (Liv'poche)
ISBN 2-910781-84-4. *59 F / 8,99 €*

27813 **LEE T.** Caïn l'obscur. *Pocket, 1996.* (L'Opéra de sang; 3)(Pocket ; 9161. Terreur c8)
ISBN 2-266-07049-5. *45 F / 6,86 €*

27814 **LEE T.** Cyrion. *J'ai lu, 1986.* (J'ai lu ; 1649. Science-fiction c4)
ISBN 2-277-21649-6. *36 F / 5,49 €*

27815 **LEE T.** La Danse des ombres. *Pocket, 1994.* (Pocket ; 9124. Terreur c5)
ISBN 2-266-06129-1. *35 F / 5,34 €*

27816 **LEE T.** La Déesse voilée. *J'ai lu, 1984.* (J'ai lu ; 1690. Science-fiction c4)
ISBN 2-277-21690-9. *36 F / 5,49 €*

27817 **LEE T.** Le festin des ténèbres. *Pocket, 1995.* (L'Opéra de sang; 2)(Pocket ; 9142. Terreur c6)
ISBN 2-266-06614-5. *38 F / 5,79 €*

27818 **LEE T.** La Quête de la sorcière blanche. Réimpr. *J'ai lu, 1989.* (J'ai lu ; 2042. Science-fiction)
ISBN 2-277-22042-6. *36 F / 5,49 €*

27819 **LEE T.** Terre de lierre. *J'ai lu, 1988.* (J'ai lu ; 2469. Science-fiction c3)
ISBN 2-277-22469-3. *29 F / 4,42 €*

27820 **LEE T.** Tuer les morts. *J'ai lu, 1987.* (J'ai lu ; 2194. Science-fiction c3)
ISBN 2-277-22194-5. *29 F / 4,42 €*

27821 **LEGARDINIER G., LEGARDINIER P.** Les réfugiés : d'après un scénario de Katharyn Powers. *J'ai lu, 1999.* (Stargate SG 1; 3)(Séries TV c4)
ISBN 2-290-05199-3. *36 F / 5,49 €*

27822 **A** **Légendes :** onze récits inédits par les maîtres de la fantasy moderne. *J'ai lu, 2001.* (J'ai lu ; 5599. Science-fiction)
ISBN 2-290-30298-8

27823 **LEHMAN S.** Aucune étoile aussi lointaine. *J'ai lu, 1998.* (Millenaires ; 6003)
ISBN 2-277-26003-7. *69 F / 10,52 €*

27824 **N** **LEHMAN S.** Aucune étoile aussi lointaine. *J'ai lu, 2001.* (J'ai lu ; 5611. Science-fiction cK)
ISBN 2-290-30319-4. *42 F / 6,40 €*

27825 **LEIBER F.** Le Crépuscule des épées : le cycle des épées. *Pocket, 1991.* (Pocket ; 5418. Science-fiction c6)
ISBN 2-266-04152-5. *38 F / 5,79 €*

27826 **LEIBER F.** Epées et démons. Nouv. éd. *Pocket, 1990.* (Pocket ; 5194. Science-fiction c4)
ISBN 2-266-02930-4. *26 F / 3,96 €*

27827 **LEIBER F.** Le Vagabond. *LGF, 1987.* (Le Livre de poche ; 7072. Science-fiction c9)
ISBN 2-253-04095-9. *36 F / 5,49 €*

27828 **LEIGH S.** Le Cri du tyrannosaure. *J'ai lu, 1992.* (Dinosaures de Ray Bradbury; 1)(J'ai lu ; 3307. Science-fiction)
ISBN 2-277-23307-2. *36 F / 5,49 €*

27829 **LEIGH S.** La Planète des dinosaures : dinosaures de Ray Bradbury. *J'ai lu, 1994.* (J'ai lu ; 3763. Science-fiction)
ISBN 2-277-23763-9. *36 F / 5,49 €*

27830 **LEIGH S., SCOTTEN C.** Le Renégat. *J'ai lu, 1991.* (Robots et extraterrestres d'Isaac Asimov; 1)(J'ai lu ; 3094. Science-fiction cK)
ISBN 2-277-23094-4. *42 F / 6,40 €*

27831 **LEM S.** Le congrès de futurologie. Réimpr. *J'ai lu, 1995.* (J'ai lu. Science-fiction c2)
ISBN 2-277-21739-5. *18 F / 2,74 €*

27832 **LENTERIC B.** L'empereur des rats. 1. *LGF, 1998.* (Le Livre de poche ; 14480 c11)
ISBN 2-253-14480-0. *42 F / 6,40 €*

27833 **LENTERIC B.** Le prince héritier. *LGF, 1999.* (L'empereur des rats; 2)(Le Livre de poche ; 14649 c8)
ISBN 2-253-14649-8. *33 F / 5,03 €*

27834 **LENTERIC B.** Substance B. *LGF, 1989.* (Le Livre de poche ; 7538. Thriller c6)
ISBN 2-253-04923-9. *26 F / 3,96 €*

27835 **LÉOURIER C.** La Loi du monde. *J'ai lu, 1990.* (J'ai lu ; 2736. Science-fiction c3)
ISBN 2-277-22736-6. *29 F / 4,42 €*

27836 **LÉOURIER C.** Les Masques du réel. *J'ai lu, 1991.* (J'ai lu ; 2976. Science-fiction)
ISBN 2-277-22976-8. *29 F / 4,42 €*

27837 **LÉOURIER C.** Les racines de l'oubli. réimpr. *J'ai lu, 1995.* (J'ai lu ; 2405. Science-fiction c2)
ISBN 2-277-22405-7. *22 F / 3,35 €*

27838 **LÉOURIER C.** La Terre de promesse : le cycle de Lanmeur. *J'ai lu, 1994.* (J'ai lu ; 3709. Science-fiction c3)
ISBN 2-277-23709-4. *29 F / 4,42 €*

27839 **N** **LERANGIS P.** Le sixième sens. *Pocket, 2000.* (Pocket ; 9250. Terreur c4B)
ISBN 2-266-10710-0. *32 F / 4,88 €*

27840 **LETHEM J.** Flingue sur fond musical. *J'ai lu, 1996.* (J'ai lu ; 4199. Science-fiction c4)
ISBN 2-277-24199-7. *36 F / 5,49 €*

27841 **LETHEM J.** Un homme nommé Chaos. *J'ai lu, 1997.* (J'ai lu ; 4563. Science-fiction c5)
ISBN 2-290-04563-2. *39 F / 5,95 €*

27842 **N** **LEVIN I.** Un bébé pour Rosemary. Nouv. éd. *J'ai lu, 2000.* (J'ai lu ; 342. Fantastique cl)
ISBN 2-290-30250-3. *36 F / 5,49 €*

27843 **LEVIN I.** Les femmes de Stepford. Réimpr. *J'ai lu, 1989.* (J'ai lu ; 649. Science-fiction c2)
ISBN 2-277-11649-1. *22 F / 3,35 €*

27844 **A** **LEVIN I.** Le fils de Rosemary. *J'ai lu, 2001.* (J'ai lu ; 5866. Fantastique)
ISBN 2-290-31064-6

27845 **N** **LEWIS M. G.** Le moine. Nouv. éd. *Actes Sud, 2000.* (Babel ; 214. Les fantastiques c5)
ISBN 2-7427-2717-5. *57 F / 8,69 €*

27846 **LIGNY J-M.** Aqua. *Fleuve noir, 1993.* (Fleuve noir SF ; 1898 c1)
ISBN 2-265-04862-3. *32 F / 4,88 €*

27847 **LIGNY J-M.** Les chants des IA au fond des réseaux. *Baleine, 1999.* (Macno)
ISBN 2-84219-193-5. *42 F / 6,40 €*

27848 **LIGNY J-M.** Cyberkiller. *Fleuve noir, 1998.* (Fleuve noir SF. SF metal)
ISBN 2-265-06377-0. *39 F / 5,95 €*

27849 **LIGNY J-M.** Inner city. *J'ai lu, 1996.* (J'ai lu ; 4159. Science-fiction c4)
ISBN 2-277-24159-8. *36 F / 5,49 €*

27850 **LITTLE B.** Révélation. *Pocket, 1999.* (Pocket ; 9212. Terreur c6)
ISBN 2-266-09092-5. *38 F / 5,79 €*

27851 **LOUBET C.** Le miroir aux âmes : deuxième cycle, le roi banni. *Fleuve noir, 1999.* (La saga des bannis; 4)(Fleuve noir SF ; 18. SF legend)
ISBN 2-265-06771-7. *42 F / 6,40 €*

27852 **LOUBET C.** Les yeux de sang : premier cycle, Le prince banni. *Fleuve noir, 1998.* (La saga des bannis; 3)(Fleuve noir SF ; 18. SF legend)
ISBN 2-265-06438-6. *42 F / 6,40 €*

27853 **LOVECRAFT H. P.** L'abomination de Dunwich. *J'ai lu, 1997.* (J'ai lu ; 4402. Science-fiction)
ISBN 2-290-04402-4. *22 F / 3,35 €*

27854 **LOVECRAFT H. P.** L'affaire Charles Dexter Ward. Réimpr. *J'ai lu, 1989.* (J'ai lu ; 410. Science-fiction c2)
ISBN 2-277-12410-9. *22 F / 3,35 €*

27855 **LOVECRAFT H. P.** Les autres dieux : et autres nouvelles. *Librio, 1995.* (Librio ; 68 c1)
ISBN 2-277-30068-3. *10 F / 1,52 €*

27856 **LOVECRAFT H. P.** Le cauchemar d'Innsmouth : et autres nouvelles. *J'ai lu, 1996.* (J'ai lu ; 4094. Science-fiction c2)
ISBN 2-277-24094-X. *22 F / 3,35 €*

27857 **N** **LOVECRAFT H. P.** La couleur tombée du ciel. *Gallimard, 2000.* (Folio. SF ; 4 c7)
ISBN 2-07-041580-5. *32,50 F / 4,95 €*

27858 **LOVECRAFT H. P.** Dagon. Réimpr. *J'ai lu, 1989.* (J'ai lu ; 459. Science-fiction c5)
ISBN 2-290-00459-6. *39 F / 5,95 €*

27859 **N** **LOVECRAFT H. P.** Dans l'abîme du temps. *Gallimard, 2000.* (Folio. SF ; 37 c7)
ISBN 2-07-041617-8. *32,50 F / 4,95 €*

27860 **LOVECRAFT H. P.** Démons et merveilles. Rééd. *10-18, 1982.* (10-18 ; 72. Domaine étranger c5)
ISBN 2-264-00416-9. *44 F / 6,71 €*

27861 **LOVECRAFT H. P.** L'Horreur de Dunwich = The Dunwich horror. *Gallimard, 1993.* (Folio bilingue c4)
ISBN 2-07-038781-X. *46 F / 7,01 €*

27862 **LOVECRAFT H. P.** Le Masque de Cthulhu. *Pocket, 1989.* (Pocket ; 5313. Science-fiction c3)
ISBN 2-266-02530-9. *26 F / 3,96 €*

27863 **LOVECRAFT H. P.** Les montagnes hallucinées ; suivi de Dans l'abîme du temps. *J'ai lu, 1996.* (J'ai lu ; 4326. Science-fiction c2)
ISBN 2-290-04326-5. *22 F / 3,35 €*

27864 **LOVECRAFT H. P.** Le mythe de Cthulhu. *J'ai lu, 1996.* (J'ai lu ; 4176. Science-fiction c2)
ISBN 2-277-24176-8. *22 F / 3,35 €*

27865 **LOVECRAFT H. P.** Night Ocean : et autres nouvelles. Réimp. *J'ai lu, 1999.* (J'ai lu ; 2519. Science-fiction c3)
ISBN 2-290-30477-8. *29 F / 4,42 €*

27866 **LOVECRAFT H. P.** Oeuvres. 1. *Laffont, 1991.* (Bouquins)
ISBN 2-221-05684-1. *159 F / 24,24 €*

27867 **LOVECRAFT H. P.** Oeuvres. 2. Réimpr. *Laffont, 1998.* (Bouquins)
ISBN 2-221-06460-7. *179 F / 27,29 €*

27868 **LOVECRAFT H. P.** Oeuvres. 3. Réimpr. *Laffont, 1998.* (Bouquins)
ISBN 2-221-06461-5. *179 F / 27,29 €*

27869 **LOVECRAFT H. P.** La quête onirique de Kadath l'inconnue. *J'ai lu, 1996.* (J'ai lu ; 4256. Science-fiction cE)
ISBN 2-290-04256-0. *22 F / 3,35 €*

27870 **LOVECRAFT H. P.** La quête onirique de Kadath l'inconnue. *Librio, 1997.* (Librio ; 188 c1)
ISBN 2-277-30188-4. *10 F / 1,52 €*

27871 **LOVECRAFT H. P.** Les rats dans les murs. *Mille et une nuits, 1997.* (La petite collection ; 162 cA)
ISBN 2-84205-142-4. *10 F / 1,52 €*

27872 **LOVECRAFT H. P., DERLETH A.** L'Ombre venue de l'espace : et autres contes, les papiers du Lovecraft club. *Pocket, 1989.* (Pocket ; 5330. Science-fiction c3)
ISBN 2-266-02895-2. *26 F / 3,96 €*

27873 **LOWDER J.** Le prince des mensonges. *Fleuve noir, 1996.* (Les Royaumes oubliés c1)
ISBN 2-265-05879-3. *35 F / 5,34 €*

27874 **LUCAS G.** La Guerre des étoiles. *Fleuve noir, 1999.* (Star Wars)
ISBN 2-265-06730-X. *32 F / 4,88 €*

27875 **LUCAS T.** Salles obscures. *Pocket, 1996.* (Pocket ; 9156. Terreur c6)
ISBN 2-266-06793-1. *38 F / 5,79 €*

27876 **LUDLUM R.** Les veilleurs de l'apocalypse. *Pocket, 1997.* (Pocket ; 4219 c9)
ISBN 2-266-06185-2. *48 F / 7,32 €*

27877 **LUMLEY B.** L'abominable Cthulhu : la légende de Titus Crow. *Fleuve noir, 1995.* (Super poche ; 999999)
ISBN 2-265-05694-4. *78 F / 11,89 €*

27878 **LUMLEY B.** Le héros des rêves. *Pocket, 1996.* (La terre des rêves; 1)(Pocket ; 5614. Science-fiction c5)
ISBN 2-266-06827-X. *35 F / 5,34 €*

27879 **LUMLEY B.** L'invincible Cthulhu. *Fleuve noir, 1996.* (La légende de Titus Crow ; 2)(Super poche ; 999999)
ISBN 2-265-05749-5. *78 F / 11,89 €*

27880 **LUMLEY B.** La lune des rêves. *Pocket, 1998.* (Pocket ; 5617. Science-fiction c4)
ISBN 2-266-06829-6. *30 F / 4,57 €*

27881 **LUMLEY B.** Nécroscope. *Pocket, 1999.* (Nécroscope; 1)(Pocket ; 9215. Terreur c7)
ISBN 2-266-09102-6. *42 F / 6,40 €*

27882 **LUMLEY B.** Le vaisseau des rêves. *Pocket, 1997.* (La terre des rêves; 2)(Pocket ; 5616. Science-fiction c5)
ISBN 2-266-06826-1. *35 F / 5,34 €*

27883 **A** **LUMLEY B.** Vamphyri. *Pocket, 2099.* (Nécroscope; 2)(Pocket ; 9218. Terreur)
ISBN 2-266-09458-0. *38 F / 5,79 €*

27884 **MACHEN A.** Le grand dieu Pan. *Librio, 1995.* (Librio ; 64 c1)
ISBN 2-277-30064-0. *10 F / 1,52 €*

27885 **MACHINE P.** Les post-humains. *Baleine, 1999.* (Macno ; 8)
ISBN 2-84219-182-X. *45 F / 6,86 €*

27886 **N** **Les maîtres de l'étrange et de la peur. 1.** *Laffont, 2000.* (Bouquins)
ISBN 2-221-07810-1. *169 F / 25,76 €*

27887 **A** **MALAGOLI A.** Celle-Qui-Dort. *Mnémos, 2001.* (La pierre de Tu-Hadj; 3)(Mnémos. Légendaire c5)
ISBN 2-911618-67-X. *49 F / 7,47 €*

27888 **MALAGOLI A.** Le sang d'Arion. *Mnémos, 1999.* (La pierre de Tu-Hadj; 1)(Mnémos. Légendaire)
ISBN 2-911618-52-1. *54 F / 8,23 €*

27889 **N** **MALAGOLI A.** Lex voix de la mer. *Mnémos, 2000.* (La pierre de Tu-Hadj; 2)(Mnémos. Légendaire)
ISBN 2-911618-58-0. *46 F / 7,01 €*

27890 **MARSAN S.** La cathédrale des cimes. *Mnémos, 1996.* (Les carnets de la constellation; 2)(Mnémos ; 8. Légendaire c3)
ISBN 2-911618-01-7. *44 F / 6,71 €*

27891 **MARSAN S.** Le château de nocte. *Mnémos, 1999.* (La légende de Shamir; 2)(Mnémos. Légendaire c3)
ISBN 2-911618-43-2. *44 F / 6,71 €*

27892 **MARSAN S.** L'empire des naufrageurs. *Mnémos, 1999.* (La légende de Shamir; 3)(Mnémos. Légendaire c3)
ISBN 2-911618-48-3. *44 F / 6,71 €*

27893 **MARSAN S.** L'épreuve de l'astramance. *Mnémos, 1996.* (Les carnets de la constellation; 1)(Mnémos ; 5. Légendaire c3)
ISBN 2-911618-17-3. *44 F / 6,71 €*

27894 **MARSAN S.** Les miroirs de Cosme. *Mnémos, 1996.* (Les carnets de la constellation; 3)(Mnémos ; 10. Légendaire c4)
ISBN 2-911618-08-4. *46 F / 7,01 €*

27895 **MARTIN G. R. R.** Armageddon Rag. *Pocket, 2000.* (Pocket ; 9233. Terreur c5)
ISBN 2-266-09995-7. *35 F / 5,34 €*

27896 **N** **MARTIN G. R. R.** Le trône de fer. 1. *J'ai lu, 2001.* (J'ai lu ; 5591. Fantasy)
ISBN 2-290-30286-4. *49 F / 7,47 €*

27897 **A** **MARTIN G. R. R., SOLA J.** Le trône de fer. 2, Le donjon rouge. *J'ai lu, 2001.* (J'ai lu ; 6037. Fantasy)
ISBN 2-290-31318-1

27898 **MARTIN L.** Autosuggestion. *J'ai lu, 1998.* (Aux frontières du réel : les épisodes, d'après la série télévisée créée par Chris Carter; 17)(Séries TV c2)
ISBN 2-290-05002-4. *22 F / 3,35 €*

27899 **MARTIN L.** Entité biologique extraterrestre. *J'ai lu, 1997.* (Aux frontières du réel : les épisodes, d'après la série télévisée créée par Chris Carter; 9)(Séries TV c2)
ISBN 2-290-04527-6. *22 F / 3,35 €*

27900 **MARTIN L.** Faux frères siamois : d'après un scénario de Darin Morgan. *J'ai lu, 1996.* (Aux frontières du réel : les épisodes, d'après la série télévisée créée par Chris Carter; 5)(Séries TV c2)
ISBN 2-290-04348-6. *22 F / 3,35 €*

27901 **MARTIN L.** La guerre des coprophages. *J'ai lu, 1997.* (Aux frontières du réel : les épisodes, d'après la série télévisée créée par Chris Carter; 10)(Séries TV c2)
ISBN 2-290-04528-4. *22 F / 3,35 €*

27902 **MARTIN L.** L'hôte. *J'ai lu, 1998.* (Aux frontières du réel : les épisodes, d'après la série télévisée créée par Chris Carter; 18)(Séries TV c2)
ISBN 2-290-05003-2. *22 F / 3,35 €*

27903 **MARTIN L.** Mauvais sang : d'après un scénario de Glen Morgan et James Wong. *J'ai lu, 1997.* (Aux frontières du réel : les épisodes, d'après la série télévisée créée par Chris Carter; 7)(Séries TV c2)
ISBN 2-290-04358-3. *22 F / 3,35 €*

27904 **MARTIN L.** Nous ne sommes pas seuls : d'après un scénario de Chris Carter. *J'ai lu, 1996.* (Aux frontières du réel : les épisodes, d'après la série télévisée créée par Chris Carter; 1)(Séries TV c2)
ISBN 2-290-04344-3. *22 F / 3,35 €*

27905 **MARTIN L.** Parole de singe : d'après un scénario de Steve de Jarnatt. *J'ai lu, 1996.* (Aux frontières du réel : les épisodes, d'après la série télévisée créée par Chris Carter; 3)(Séries TV c2)
ISBN 2-290-04346-X. *22 F / 3,35 €*

27906 **MASTERTON G.** Le Démon des morts. *Pocket, 1989.* (Pocket ; 9003. Terreur c4)
ISBN 2-266-02787-5. *30 F / 4,57 €*

27907 **MASTERTON G.** Le Djinn. *Pocket, 1992.* (Pocket ; 9077. Terreur c4)
ISBN 2-266-04837-6. *30 F / 4,57 €*

27908 **N** **MASTERTON G.** L'enfant de la nuit. *Pocket, 2000.* (Pocket ; 9229. Terreur c7)
ISBN 2-266-09875-6. *42 F / 6,40 €*

27909 **MASTERTON G.** Les escales du cauchemar. *Pocket, 2000.* (Pocket ; 9228. Terreur c4)
ISBN 2-266-09846-2. *30 F / 4,57 €*

27910 **N** **MASTERTON G.** Magie des neiges. *Pocket, 2001.* (Pocket ; 9242. Terreur)
ISBN 2-266-10230-3. *35 F / 5,34 €*

27911 **MASTERTON G.** Magie indienne. *Pocket, 1999.* (Pocket ; 9205. Terreur c5)
ISBN 2-266-08721-5. *35 F / 5,34 €*

27912 **MASTERTON G.** Magie maya. *Pocket, 1999.* (Pocket ; 9219. Terreur)
ISBN 2-266-09193-X. *35 F / 5,34 €*

27913 **MASTERTON G.** Magie vaudou. *Pocket, 1999.* (Pocket ; 9206. Terreur)
ISBN 2-266-08722-3. *35 F / 5,34 €*

27914 **MASTERTON G.** La Nuit des salamandres. *Pocket, 1993.* (Pocket ; 9093. Terreur c4)
ISBN 2-266-05566-6. *30 F / 4,57 €*

27915 **MASTERTON G.** Le Portrait du mal. *Pocket, 1989.* (Pocket ; 9017. Terreur c5)
ISBN 2-266-03043-4. *35 F / 5,34 €*

27916 **MASTERTON G.** Les rivages de la nuit. *Pocket, 1996.* (Pocket ; 9147. Terreur c6)
ISBN 2-266-06671-4. *38 F / 5,79 €*

27917 **MASTERTON G.** Sang impur. *Pocket, 1997.* (Pocket ; 9179. Terreur c7)
ISBN 2-266-07587-X. *42 F / 6,40 €*

27918 **A** **MASTERTON G.** Sphinx. *Pocket, 2001.* (Pocket. Terreur ; 9256)
ISBN 2-266-11052-7

27919 **MASTERTON G.** Tengu. *Pocket, 1996.* (Pocket ; 9139. Terreur c7)
ISBN 2-266-06428-2. *42 F / 6,40 €*

27920 **MASTERTON G.** Le Trône de Satan. *Pocket, 1993.* (Pocket ; 9100. Terreur c4)
ISBN 2-266-05607-7. *30 F / 4,57 €*

27921 **MASTERTON G.** La Vengeance du Manitou. *Pocket, 1990.* (Pocket ; 9038. Terreur c4)
ISBN 2-266-03600-9. *30 F / 4,57 €*

27922 **MASTERTON G.** Les visages du cauchemar. *Pocket, 1998.* (Pocket ; 9185. Terreur c4B)
ISBN 2-266-07862-3. *32 F / 4,88 €*

27923 **A** **MATHESON R.** Au-delà de nos rêves. Rééd. *J'ai lu, 2001.* (J'ai lu ; 5600. Fantastique)
ISBN 2-290-31316-5

27924 **N** **MATHESON R.** Au-delà de nos rêves. *J'ai lu, 2000.* (J'ai lu ; 5600. Ténèbres)
ISBN 2-290-30299-6. *39 F / 5,95 €*

27925 **N** **MATHESON R.** L'homme qui rétrécit. *Gallimard, 2000.* (Folio. SF ; 22 c6)
ISBN 2-07-041581-3. *29,50 F / 4,50 €*

27926 **A** **MATHESON R.** Je suis une légende. *Gallimard, 2001.* (Folio. SF)
ISBN 2-07-041807-3. *87 F / 13,26 €*

27927 [N] **MATHESON R.** Le jeune homme, la mort et le temps. *Gallimard, 2000.* (Folio ; 34. SF)
ISBN 2-07-041614-3. *32,50 F / 4,95 €*

27928 [N] **MATHESON R.** La maison des damnés. Nouv. éd. *J'ai lu, 2000.* (J'ai lu ; 612. Fantastique cl)
ISBN 2-290-30972-9. *36 F / 5,49 €*

27929 [N] **MATHESON R.** La maison enragée : et autres nouvelles fantastiques. *Librio, 2000.* (Librio ; 355 c1)
ISBN 2-290-30495-6. *10 F / 1,52 €*

27930 **MAY J.** Les conquérants du Pliocène. *J'ai lu, 1998.* (La saga des exilés; 2)(J'ai lu ; 4729. Fantasy c4)
ISBN 2-290-04729-5. *36 F / 5,49 €*

27931 **MAY J.** Le pays multicolore. *J'ai lu, 1998.* (La saga des exilés; 1)(J'ai lu ; 4728. Fantasy c4)
ISBN 2-290-04728-7. *36 F / 5,49 €*

27932 **MAY J.** Le torque d'or. *J'ai lu, 1999.* (La saga des exilés; 3-4)(J'ai lu ; 5023. Fantasy c7)
ISBN 2-290-05023-7. *45 F / 6,86 €*

27933 **[illegible]AULEY P. J.** Féerie. *J'ai lu, 1999.* (Millenai[illegible] 6006)
ISBN 2-27[illegible]6006-1. *89 F / 13,57 €*

27934 [N] **[illegible]AULEY P. J.** Féerie. *J'ai lu, 2001.* (J'ai lu ; 5631. [illegible]ience-fiction)
ISBN 2-290-303[illegible]3. *44 F / 6,71 €*

27935 [N] **MCAU[illegible]Y P. J.** La lumière des astres. *J'ai lu, 20[illegible]* (J'ai lu ; 5612. Science-fiction)
ISBN 2-290-30321-6. *49 F / 7,47 €*

27936 **MCAULEY P. J.** [illegible]tre cents milliards d'étoiles. *J'ai lu, 1998.* (J'a[illegible]; 4796. Science-fiction cK)
ISBN 2-290-04796-1. *42 F / 6,40 €*

27937 [N] **MCCAFFREY A.** L'A[illegible] des dragons : la ballade de Pern. Nouv. éd. *[illegible]ket, 2000.* (Pocket ; 5362. Science-fiction c6)
ISBN 2-266-10684-8. *45 F[illegible]6,86 €*

27938 **MCCAFFREY A.** Le Chant du d[illegible]on. *Pocket, 1993.* (La Ballade de Pern; 12)(Poc[illegible]; 5507. Science-fiction c5)
ISBN 2-266-05453-8. *35 F / 5,34 €*

27939 **MCCAFFREY A.** La Chanteuse-dragon de Pern. *Pocket, 1993.* (La Ballade de Pern; 13)(Pocket ; 5499. Science-fiction c5)
ISBN 2-266-05412-0. *35 F / 5,34 €*

27940 **MCCAFFREY A.** La Chanteuse du Crystal. *Pocket, 1994.* (La Transe du Crystal; 1)(Pocket ; 5531. Science-fiction c7)
ISBN 2-266-00025-X. *42 F / 6,40 €*

27941 [N] **MCCAFFREY A.** La chute des Fils. Nouv. éd. *Pocket, 2000.* (Chroniques de Pern; 1)(Pocket ; 5544. Science-fiction c4)
ISBN 2-266-10685-6. *30 F / 4,57 €*

27942 **MCCAFFREY A.** La Dame des dragons. *Pocket, 1990.* (La Ballade de Pern; 4)(Pocket ; 5361. Science-fiction c7)
ISBN 2-266-03379-4. *42 F / 6,40 €*

27943 **MCCAFFREY A.** Damia. *Pocket, 1994.* (Le vol de Pégase; 4)(Pocket ; 5540. Science-fiction c4)
ISBN 2-266-00486-7. *30 F / 4,57 €*

27944 **MCCAFFREY A.** Les dauphins de Pern. *Pocket, 1996.* (La Ballade de Pern; 12)(Pocket ; 5629. Science-fiction c5)
ISBN 2-266-06924-1. *35 F / 5,34 €*

27945 [N] **MCCAFFREY A.** Le Dragon blanc. Nouv. éd. *Pocket, 2000.* (La Ballade de Pern; 3)(Pocket ; 5343. Science-fiction c7)
ISBN 2-266-10745-3. *42 F / 6,40 €*

27946 **MCCAFFREY A.** Les enfants de Damia. Réimpr. *Pocket, 1999.* (Le vol de Pégase; 5)(Pocket ; 5630. Science-fiction c4B)
ISBN 2-266-06928-4. *139 F / 21,19 €*

27947 **MCCAFFREY A.** Histoire de Nerilka : la ballade de Pern. *Pocket, 1990.* (Pocket ; 5392. Science-fiction c4)
ISBN 2-266-03885-0. *30 F / 4,57 €*

27948 **MCCAFFREY A.** Killashandra. *Pocket, 1995.* (La transe du Crystal; 2)(Pocket ; 5536. Science-fiction c8)
ISBN 2-266-00068-3. *45 F / 6,86 €*

27949 **MCCAFFREY A.** La mémoire du crystal. *Pocket, 1995.* (La transe du Crystal; 3)(Pocket ; 5537. Science-fiction c5)
ISBN 2-266-00075-6. *35 F / 5,34 €*

27950 **MCCAFFREY A.** L'orgueil des Lyon. *Pocket, 2000.* (Le vol de Pégase; 6)(Pocket ; 5638. Science-fiction c6)
ISBN 2-266-07606-X. *38 F / 5,79 €*

27951 **MCCAFFREY A.** La Quête du dragon. *Pocket, 1989.* (La Ballade de Pern; 2)(Pocket ; 5342. Science-fiction c6)
ISBN 2-266-02880-4. *38 F / 5,79 €*

27952 [N] **MCCAFFREY A.** Les Renégats de Pern : la ballade de Pern. Nouv. éd. *Pocket, 2000.* (Pocket ; 5393. Science-fiction c8)
ISBN 2-266-10682-1. *45 F / 6,86 €*

27953 **MCCAFFREY A.** La Rowane. *Pocket, 1993.* (Le vol de Pégase; 3)(Pocket ; 5517. Science-fiction c5)
ISBN 2-266-05558-5. *35 F / 5,34 €*

[illegible]954 **MCCAFFREY A.** Les Tambours de Pern. *[illegible]ocket, 1993.* (La Ballade de Pern; 14)(Pocket ; 5[illegible]7. Science-fiction c4)
ISB[illegible] 2-266-05413-9. *30 F / 4,57 €*

27955 [N] **MCCAFFREY A.** Terre d'élection. *Pocket, 2001.* (Le cycle des hommes libres)(Pocket ; 5732. Science-fiction c5)
ISBN 2-266-09688-5. *35 F / 5,34 €*

27956 **MCCAFFREY A.** Terre de défi. *Pocket, 2000.* (Le cycle des hommes libres)(Pocket ; 5678. Science-fiction c7)
ISBN 2-266-08128-4. *42 F / 6,40 €*

27957 [N] **MCCAFFREY A.** La tour et la ruche. *Pocket, 2001.* (Le vol de Pégase; 7)(Pocket ; 5638. Science-fiction)
ISBN 2-266-10300-8. *139 F / 21,19 €*

27958 **MCCAFFREY A.** Tous les weyrs de Pern. *Pocket, 1993.* (La Ballade de Pern; 11)(Pocket ; 5498. Science-fiction cJ)
ISBN 2-266-05411-2. *50 F / 7,62 €*

27959 **MCCAFFREY A.** Le vaisseau qui chantait. *Pocket, 1996.* (Le cycle des partenaires; 1)(Pocket ; 5620. Science-fiction c4)
ISBN 2-266-06834-2. *30 F / 4,57 €*

27960 **MCCAFFREY A.** Le Vol du dragon. *Pocket, 1989.* (La Ballade de Pern; 1)(Pocket ; 5341. Science-fiction c5)
ISBN 2-266-02879-0. *35 F / 5,34 €*

27961 **MCCAFFREY A., BALL M.** Acorna. *Pocket, 1999.* (Pocket ; 5689. Science-fiction c6)
ISBN 2-266-08699-5. *38 F / 5,79 €*

27962 **MCCAFFREY A., SCARBOROUGH E. A.** Les forces majeures. *Pocket, 1995.* (Pocket ; 5576. Science-fiction c4)
ISBN 2-266-06467-3. *30 F / 4,57 €*

27963 **MCCAFFREY A., SCARBOROUGH E. A.** Le jeu des forces. *Pocket, 1998.* (La trilogie des forces; 3)(Pocket ; 5561. Science-fiction c6)
ISBN 2-266-07502-0. *38 F / 5,79 €*

27964 **MCCAFFREY A., SCARBOROUGH E. A.** Les lignes de force. *Pocket, 1997.* (La trilogie des forces; 1)(Pocket ; 5637. Science-fiction c5)
ISBN 2-266-06997-7. *35 F / 5,34 €*

27965 **MCCAMMON R.** La Malédiction de Bethany. *Pocket, 1991.* (Pocket ; 9054. Terreur c9)
ISBN 2-266-04247-5. *48 F / 7,32 €*

27966 **MCCAMMON R.** Soif de sang : vampires à Los Angeles. *Pocket, 1998.* (Pocket ; 9202. Terreur c9)
ISBN 2-266-08587-5. *48 F / 7,32 €*

27967 **MCCONNELL A.** Code Quantum. 1, Prélude. *J'ai lu, 1996.* (J'ai lu ; 4235. Littérature générale)
ISBN 2-277-24235-7. *29 F / 4,42 €*

27968 **MCCONNELL A.** Le mur. *J'ai lu, 1996.* (Code Quantum : d'après les séries de Universal Television Quantum leap créées par Donald P. Bellisario; 3)(J'ai lu ; 4237. Littérature générale)
ISBN 2-277-24237-3. *29 F / 4,42 €*

27969 **MCDEVITT J.** Anciens rivages. *Pocket, 1999.* (Pocket ; 5699. Science-fiction c7)
ISBN 2-266-08799-1. *42 F / 6,40 €*

27970 **MCDONALD I.** Etat de rêve. *LGF, 1997.* (Le Livre de poche ; 7203. Science-fiction c9)
ISBN 2-253-07203-6. *36 F / 5,49 €*

27971 **MCDONALD I.** Nécroville. *J'ai lu, 1996.* (J'ai lu ; 4278. Science-fiction c7)
ISBN 2-290-04278-1. *45 F / 6,86 €*

27972 **MCINTYRE V. N.** L'étoile de cristal : la guerre des étoiles. *Pocket, 1998.* (Pocket ; 5673. Science-fiction c4B)
ISBN 2-266-08051-2. *32 F / 4,88 €*

27973 **MCINTYRE V. N.** L'étoile de cristal. *Fleuve noir, 2000.* (Star Wars)
ISBN 2-265-06970-1. *32 F / 4,88 €*

27974 **MCINTYRE V. N.** La lune et le Roi-Soleil. *J'ai lu, 1999.* (Millenaires ; 6012)
ISBN 2-277-26012-6. *89 F / 13,57 €*

27975 **MCINTYRE V. N.** Le serpent du rêve. *LGF, 1995.* (Le Livre de poche ; 7170. Science-fiction c12)
ISBN 2-253-07170-6. *44 F / 6,71 €*

27976 **MCKILLIP P. A.** Le cygne et l'oiseau de feu. *J'ai lu, 1996.* (J'ai lu ; 4111. Science-fiction c5)
ISBN 2-277-24111-3. *39 F / 5,95 €*

27977 **MCKILLIP P. A.** Le livre d'Atrix Wolfe. *J'ai lu, 1997.* (J'ai lu ; 4484. Science-fiction c5)
ISBN 2-290-04484-9. *39 F / 5,95 €*

27978 **MCKILLIP P. A.** La sorcière et le cygne. *J'ai lu, 1995.* (J'ai lu ; 3974. Science-fiction c5)
ISBN 2-277-23974-7. *39 F / 5,95 €*

27979 **MCQUAY M.** Mémoire. *LGF, 1994.* (Le Livre de poche ; 7163. Science-fiction c13)
ISBN 2-253-07163-3. *46 F / 7,01 €*

27980 **A** **MERRITT A.** Le gouffre de la lune. Réimpr. *J'ai lu, 2001.* (J'ai lu ; 618. Science-fiction)
ISBN 2-290-31294-0

27981 **MERRITT A.** Les Habitants du mirage. *J'ai lu, 1974.* (J'ai lu ; 557. Science-fiction)
ISBN 2-277-13557-7. *36 F / 5,49 €*

27982 **N** **MERRITT A.** La nef d'Ishtar. Nouv. éd. *J'ai lu, 2000.* (J'ai lu ; 574. Fantasy cG)
ISBN 2-290-30966-4. *29 F / 4,42 €*

27983 **MERRITT A.** Le Visage dans l'abîme. Réimpr. *J'ai lu, 1990.* (J'ai lu ; 886. Science-fiction)
ISBN 2-277-11886-9. *29 F / 4,42 €*

27984 **MEYNARD Y.** Le livre des chevaliers. *Alire, 1999.* (Romans. Fantasy ; 29)
ISBN 2-922145-34-4. *61 F / 9,30 €*

27985 **MEZRICH B.** Peau. *J'ai lu, 2000.* (Aux frontières du réel : les romans; 6)(J'ai lu ; 5466. Littérature générale cG)
ISBN 2-290-30171-X. *29 F / 4,42 €*

27986 **MILLER R., WINGROVE D.** Le livre d'Atrus. *J'ai lu, 1996.* (Myst; 1)(J'ai lu ; 4110. Science-fiction c5)
ISBN 2-277-24110-5. *39 F / 5,95 €*

27987 **MILLER R., WINGROVE D.** Le livre de D'ni. *J'ai lu, 1999.* (Myst; 3)(J'ai lu ; 4987. Science-fiction c5)
ISBN 2-290-04987-5. *39 F / 5,95 €*

27988 **MILLER R., WINGROVE D.** Le livre de Ti'ana. *J'ai lu, 1997.* (Myst; 2)(J'ai lu ; 4455. Science-fiction c6)
ISBN 2-290-04455-5. *42 F / 6,40 €*

27989 **MIZIO F.** La vie ultra-moderne. *Baleine, 1999.* (Macno ; 9)
ISBN 2-84219-189-7. *42 F / 6,40 €*

27990 **MOLSTAD S.** Godzilla : d'après un scénario de Dean Devlin et Roland Emmerich. *J'ai lu, 1998.* (J'ai lu ; 4985. Science-fiction c5)
ISBN 2-290-04985-9. *39 F / 5,95 €*

27991 **MONTELEONE T. F.** Lyrica. Réimpr. *J'ai lu, 2000.* (J'ai lu ; 3147. Ténèbres)
ISBN 2-290-03147-X. *39 F / 5,95 €*

27992 **MOON E.** La résistante. *J'ai lu, 1999.* (J'ai lu ; 5219. Science-fiction c7)
ISBN 2-290-05219-1. *45 F / 6,86 €*

27993 **MOORCOCK M.** Le Champion éternel : la quête d'Erekosé. *Pocket, 1990.* (Pocket ; 5423. Science-fiction c5)
ISBN 2-266-03970-9. *35 F / 5,34 €*

27994 **MOORCOCK M.** Le Chêne et le bélier. *Pocket, 1993.* (Pocket ; 5461. Science-fiction c4)
ISBN 2-266-04773-6. *30 F / 4,57 €*

27995 **MOORCOCK M.** Le Chevalier des épées. *Pocket, 1992.* (Corum; 1)(Pocket ; 5465. Science-fiction c4)
ISBN 2-266-04770-1. *30 F / 4,57 €*

27996 **MOORCOCK M.** Le chien de guerre et la douleur du monde. *Pocket, 2000.* (Le pacte de Von Bek; 1)(Pocket ; 5685. Science-fiction c4)
ISBN 2-266-08380-5. *30 F / 4,57 €*

27997 **N** **MOORCOCK M.** La cité des étoiles d'automne. *Pocket, 2000.* (Pocket ; 5686. Science-fiction c8)
ISBN 2-266-08381-3. *45 F / 6,86 €*

27998 **MOORCOCK M.** Le Dieu fou. *Pocket, 1989.* (La Légende de Hawkmoon; 2)(Pocket ; 5307. Science-fiction c3)
ISBN 2-266-02291-1. *26 F / 3,96 €*

27999 **MOORCOCK M.** Elric à la fin des temps. *Pocket, 1994.* (Le Cycle d'Elric; 9)(Pocket ; 5533. Science-fiction c4)
ISBN 2-266-00022-5. *30 F / 4,57 €*

28000 **N** **MOORCOCK M.** Elric des dragons. Nouv. éd. *Pocket, 2000.* (Le Cycle d'Elric; 1)(Pocket ; 5276. Science-fiction)
ISBN 2-266-10744-5. *26 F / 3,96 €*

28001 **MOORCOCK M.** Elric le nécromancien. *Pocket, 1983.* (Le Cycle d'Elric; 4)(Pocket ; 5170. Science-fiction c3)
ISBN 2-266-02934-7. *26 F / 3,96 €*

28002 **MOORCOCK M.** L'Epée noire. *Pocket, 1994.* (Le Cycle d'Elric; 7)(Pocket ; 5183. Science-fiction c2)
ISBN 2-266-02932-0. *23 F / 3,51 €*

28003 **MOORCOCK M.** Le Glaive et l'étalon. *Pocket, 1993.* (Corum; 5)(Pocket ; 5460. Science-fiction c4)
ISBN 2-266-04774-4. *30 F / 4,57 €*

28004 **N** **MOORCOCK M.** Gloriana ou La reine inassouvie. *Gallimard, 2000.* (Folio. SF ; 28 c10)
ISBN 2-07-041582-1. *46 F / 7,01 €*

28005 **MOORCOCK M.** Le Joyau noir. *Pocket, 1988.* (La Légende de Hawkmoon; 1)(Pocket ; 5298. Science-fiction c4)
ISBN 2-266-02247-4. *30 F / 4,57 €*

28006 **MOORCOCK M.** Le Navigateur sur les mers du destin. *Pocket, 1988.* (Le Cycle d'Elric; 3)(Pocket ; 5292. Science-fiction c5)
ISBN 2-266-02711-5. *35 F / 5,34 €*

28007 **MOORCOCK M.** Le nomade du temps, Le léviathan des terres. *Pocket, 1996.* (Pocket ; 5625. Science-fiction c3)
ISBN 2-266-06915-2. *26 F / 3,96 €*

28008 **MOORCOCK M.** Par-delà le multivers. *Pocket, 1996.* (Contes du loup blanc; 1)(Pocket ; 5645. Science-fiction c5)
ISBN 2-266-07125-4. *35 F / 5,34 €*

28009 **MOORCOCK M.** La Quête d'Erekosë. 1. *Pocket, 1991.* (Pocket ; 5422. Science-fiction)
ISBN 2-266-03969-5. *35 F / 5,34 €*

28010 **MOORCOCK M.** La Reine des épées. *Pocket, 1992.* (Corum; 2)(Pocket ; 5464. Science-fiction c3)
ISBN 2-266-04769-8. *26 F / 3,96 €*

28011 **MOORCOCK M.** La Revanche de la rose. *Pocket, 1994.* (Le Cycle d'Elric; 6)(Pocket ; 5532. Science-fiction c5)
ISBN 2-266-00023-3. *35 F / 5,34 €*

28012 **MOORCOCK M.** Le Roi des épées. *Pocket, 1992.* (Corum; 3)(Pocket ; 5463. Science-fiction c4)
ISBN 2-266-04768-X. *30 F / 4,57 €*

28013 **N** **MOORCOCK M.** Le secret des Runes. Nouv. éd. *Pocket, 2000.* (La Légende de Hawkmoon; 4)(Pocket ; 5339. Science-fiction)
ISBN 2-266-10747-X. *30 F / 4,57 €*

28014 **MOORCOCK M.** Le seigneur des airs. *Pocket, 1996.* (Le nomade du temps; 1)(Pocket ; 5624. Science-fiction c4)
ISBN 2-266-06916-0. *30 F / 4,57 €*

28015 **MOORCOCK M.** La Sorcière dormante. *Pocket, 1984.* (Le Cycle d'Elric; 5)(Pocket ; 5176. Science-fiction c3)
ISBN 2-266-02931-2. *26 F / 3,96 €*

28016 **MOORCOCK M.** Souvenirs de la troisième guerre mondiale. *Mille et une nuits, 1995.* (La petite collection ; 77)
ISBN 2-84205-004-5. *10 F / 1,52 €*

28017 **MOORCOCK M.** Stormbringer. *Pocket, 1994.* (Le Cycle d'Elric; 8)(Pocket ; 5185. Science-fiction c3)
ISBN 2-266-02933-9. *26 F / 3,96 €*

28018 **MOORCOCK M.** Le tsar d'acier. *Pocket, 1997.* (Le nomade du temps)(Pocket ; 5626. Science-fiction c4)
ISBN 2-266-06917-9. *30 F / 4,57 €*

28019 **MOORE C. L.** Jirel de Joiry. *J'ai lu, 1974.* (J'ai lu ; 533. Science-fiction)
ISBN 2-277-11533-9. *29 F / 4,42 €*

28020 **MOORE C. L.** La nuit du jugement. *J'ai lu, 1976.* (J'ai lu ; 700. Science-fiction)
ISBN 2-277-11700-5. *22 F / 3,35 €*

28021 **MOORE C. L.** Shambleau. *J'ai lu, 1987.* (J'ai lu ; 415. Science-fiction)
ISBN 2-277-12415-X. *36 F / 5,49 €*

28022 **MORROW J.** L'Arbre à rêves. *J'ai lu, 1989.* (J'ai lu ; 2653. Science-fiction c4)
ISBN 2-277-22653-X. *36 F / 5,49 €*

28023 **MORROW J.** Notre Mère qui êtes aux cieux. Réimp. *J'ai lu, 1999.* (J'ai lu ; 3131. Science-fiction c5)
ISBN 2-290-30479-4. *39 F / 5,95 €*

28024 **N** **MOULY M.** Azram, le démon des profondeurs. *Pocket, 2000.* (Pocket ; 9236. Terreur c6)
ISBN 2-266-10031-9. *38 F / 5,79 €*

28025 **MURAIL L.** La méthode albanaise. *Mille et une nuits, 1995.* (La petite collection ; 70 cA)
ISBN 2-84205-005-3. *10 F / 1,52 €*

28026 **N** **MURPHY P.** Nadya. *J'ai lu, 2001.* (J'ai lu ; 5528. Fantastique)
ISBN 2-290-30543-X. *52 F / 7,93 €*

28027 **Mystères italiens = Misteri italiani.** *LGF, 1994.* (Les Langues modernes ; 8770. Bilingue cM)
ISBN 2-253-08770-X. *46 F / 7,01 €*

28028 **NEIDERMAN A.** L'associé du diable. *Pocket, 1998.* (Pocket ; 9068. Terreur c6)
ISBN 2-266-08151-9. *38 F / 5,79 €*

28029 **NEIDERMAN A.** Confessions androgynes. *Pocket, 1998.* (Pocket ; 9193. Terreur c4)
ISBN 2-266-08156-X. *30 F / 4,57 €*

28030 **N** **999, le livre du millénaire des maîtres du fantastique.** *LGF, 2001.* (Le Livre de poche ; 14992. Thriller c16)
ISBN 2-253-14992-6. *55 F / 8,38 €*

28031 **NEWMAN K.** Anno Dracula. *J'ai lu, 1998.* (Anno Dracula; 1)(J'ai lu ; 4966. Ténèbres c6)
ISBN 2-290-04966-2. *42 F / 6,40 €*

28032 **NEWMAN K.** Le baron rouge sang : Anno Dracula 1918. *J'ai lu, 1999.* (Anno Dracula; 2)(J'ai lu ; 5090. Ténèbres c6)
ISBN 2-290-05090-3. *42 F / 6,40 €*

28033 **N** **NEWMAN K.** Le jugement des larmes. *J'ai lu, 2000.* (Anno Dracula; 3)(J'ai lu ; 5426. Ténèbres cl)
ISBN 2-290-30043-8. *36 F / 5,49 €*

28034 **NILES D.** Le coureur des ténèbres. *Fleuve noir, 1997.* (Les Royaumes oubliés c1)
ISBN 2-265-06210-3. *35 F / 5,34 €*

28035 **NILES D.** La prêtresse devint reine. *Fleuve noir, 1998.* (Trilogie de la Terre des druides; 3)(Les Royaumes oubliés c1)
34 F / 5,18 €

28036 **NILES D.** Le prophète des Sélénae. *Fleuve noir, 1998.* (Trilogie de la Terre des druides; 1)(Les Royaumes oubliés)
35 F / 5,34 €

28037 **NILES D.** Le royaume de corail. *Fleuve noir, 1998.* (Trilogie de la Terre des druides; 2)(Les Royaumes oubliés)
ISBN 2-265-06464-5. *35 F / 5,34 €*

28038 **NILES D.** Les sorciers noirs. *Fleuve noir, 1997.* (Les Royaumes oubliés c1)
ISBN 2-265-06211-1. *35 F / 5,34 €*

28039 **NILES D.** La source obscure. *Fleuve noir, 1997.* (Les Royaumes oubliés c1)
ISBN 2-265-06212-X. *35 F / 5,34 €*

28040 **NIVEN L.** L'anneau monde. Réimpr. *J'ai lu, 1995.* (J'ai lu ; 3527. Science-fiction c6)
ISBN 2-277-23527-X. *39 F / 5,95 €*

28041 **NIVEN L.** Les ingénieurs de l'Anneau-Monde. *J'ai lu, 1995.* (J'ai lu ; 3893. Science-fiction c6)
ISBN 2-290-30131-0. *42 F / 6,40 €*

28042 **NIX G.** Les Calusari. *J'ai lu, 1997.* (Aux frontières du réel : les épisodes, d'après la série télévisée créée par Chris Carter; 11)(Séries TV c2)
ISBN 2-290-04618-3. *22 F / 3,35 €*

28043 **NORMAN J.** Les Assassins de Gor. *J'ai lu, 1993.* (J'ai lu ; 3497. Science-fiction c6)
ISBN 2-277-23497-4. *42 F / 6,40 €*

28044 **NORMAN J.** Les maraudeurs de Gor. *J'ai lu, 1995.* (J'ai lu ; 3909. Science-fiction c6)
ISBN 2-277-23909-7. *42 F / 6,40 €*

28045 **NORMAN J.** Les monstres de Gor. *J'ai lu, 1997.* (J'ai lu ; 4642. Science-fiction c10)
ISBN 2-290-04642-6. *52 F / 7,93 €*

28046 **NORMAN J.** Les nomades de Gor. Réimpr. *J'ai lu, 1997.* (J'ai lu ; 3435. Science-fiction c5)
ISBN 2-290-03435-5. *39 F / 5,95 €*

28047 **NORMAN J.** Les Pirates de Gor. *J'ai lu, 1993.* (J'ai lu ; 3548. Science-fiction c6)
ISBN 2-277-23548-2. *42 F / 6,40 €*

28048 **NORMAN J.** Le Tarnier de Gor. Réimpr. *J'ai lu, 1997.* (J'ai lu ; 3168. Science-fiction c4)
ISBN 2-290-03168-2. *36 F / 5,49 €*

28049 **NORMAN J.** Les tribus de Gor. *J'ai lu, 1995.* (J'ai lu ; 4026. Science-fiction c7)
ISBN 2-277-24026-5. *45 F / 6,86 €*

28050 **A** **NOVAK K., GRUBB J.** Mascarades. *Fleuve noir, 2001.* (Les Royaumes oubliés c1)
ISBN 2-265-07099-8. *35 F / 5,34 €*

28051 **O'BRIEN F. J.** Qu'était-ce ?. *Actes Sud, 1998.* (Babel ; 324. Les fantastiques c1)
ISBN 2-7427-1684-X. *33 F / 5,03 €*

28052 **O'DONNELL K.** Ora:cle. *LGF, 1992.* (Le Livre de poche ; 7147. Science-fiction c13)
ISBN 2-253-06010-0. *46 F / 7,01 €*

28053 **ODOM M.** Blade : d'après un scénario de David S. Goyer. *J'ai lu, 1998.* (J'ai lu ; 4991. Science-fiction c3)
ISBN 2-290-04991-3. *29 F / 4,42 €*

28054 **OFFUTT A. J.** Conan et l'épée de Skelos : d'après le personnage de Robert E. Howard. *J'ai lu, 1995.* (J'ai lu ; 4007. Science-fiction)
ISBN 2-277-24007-9. *36 F / 5,49 €*

28055 **ORWELL G.** La Ferme des animaux. *Gallimard, 1994.* (Folio bilingue ; 38 c7)
ISBN 2-07-038780-1. *60 F / 9,15 €*

28056 **N** **OWEN T.** La cave aux crapauds. *Labor, 2000.* (Espace Nord ; 152)
ISBN 2-8040-1520-3. *54 F / 8,23 €*

28057 **OWEN T.** La Truie : et autres histoires secrètes. *Labor, 1987.* (Espace Nord ; 36 c2)
ISBN 2-8040-0988-2. *42 F / 6,40 €*

28058 **PAGEL M.** Casino perdu. *Fleuve noir, 1998.* (Fleuve noir SF ; 32. SF space)
ISBN 2-265-06379-7. *42 F / 6,40 €*

28059 **PAGEL M.** Cinéterre. *Fleuve noir, 1998.* (Fleuve noir SF. SF metal ; 51)
ISBN 2-265-06518-8. *39 F / 5,95 €*

28060 **PAGEL M.** L'équilibre des paradoxes. *Fleuve noir, 1999.* (Fleuve noir SF ; 84. SF metal)
ISBN 2-265-06618-4. *47 F / 7,17 €*

28061 **PAGEL M.** Orages en terre de France. Rééd. *Fleuve noir, 1998.* (Fleuve noir SF ; 48. SF metal)
ISBN 2-265-06478-5. *35 F / 5,34 €*

28062 **PAGEL M.** La sirène de l'espace. *Fleuve noir, 1999.* (Fleuve noir SF ; 68. SF space)
ISBN 2-265-06664-8. *35 F / 5,34 €*

28063 **PARIS A.** Ashermayam. *Fleuve noir, 1986.* (Fleuve noir SF ; 1456)
ISBN 2-265-03266-2. *34 F / 5,18 €*

28064 **PÉAN S.** Zombi blues. *J'ai lu, 1999.* (J'ai lu ; 5202. Ténèbres c5)
ISBN 2-290-05202-7. *39 F / 5,95 €*

28065 **PELLETIER F.** Issabel de Qohosaten. *Alire, 1998.* (Le sable et l'acier; 3)(Romans. Science-fiction ; 20)
ISBN 2-922145-21-2. *67 F / 10,21 €*

28066 **PELLETIER F.** Nelle de Vilvèq. *Alire, 1997.* (Le sable et l'acier; 1)(Romans. Science-fiction ; 11)
ISBN 2-922145-12-3. *61 F / 9,30 €*

28067 **PELLETIER F.** Samiva de Frée. *Alire, 1998.* (Le sable et l'acier; 2)(Romans. Science-fiction ; 16)
ISBN 2-922145-18-2. *67 F / 10,21 €*

28068 **PELOT P.** Le Bruit des autres. *Fleuve noir, 1985.* (Chromagnon Z; 2)(Fleuve noir SF ; 1359 c1)
ISBN 2-265-02953-X. *34 F / 5,18 €*

28069 **PELOT P.** Fou dans sa tête de nazi Jones, Belladone et compagnie. *Fleuve noir, 1986.* (Fleuve noir SF ; 1463)
ISBN 2-265-03308-1. *34 F / 5,18 €*

28070 **PELOT P.** Offensive du virus sous le champ de bataille. *Fleuve noir, 1987.* (Fleuve noir SF ; 1580 c1)
ISBN 2-265-03696-X. *34 F / 5,18 €*

28071 **PELOT P.** Paradis zéro. *Fleuve noir, 1985.* (Chromagnon Z; 1)(Fleuve noir SF ; 1355 c1)
ISBN 2-265-02877-0. *34 F / 5,18 €*

28072 **PELOT P.** Les pirates du Graal. *Fleuve noir, 1998.* (Fleuve noir SF ; 53. SF mystère)
ISBN 2-265-05469-0. *35 F / 5,34 €*

28073 **PENNES S.** Dans l'oeil d'Aleph. *Mnémos, 1996.* (Cycle des phenix; 3)(Mnémos. Surnaturel c3)
ISBN 2-911618-00-9. *44 F / 6,71 €*

28074 **PENNES S.** Le pacte de pierre. *Mnémos, 1996.* (Cycle des phenix; 2)(Mnémos ; 4. Surnaturel)
ISBN 2-909934-83-7. *44 F / 6,71 €*

28075 **PENNES S.** Le sabre et le fou. *Mnémos, 1997.* (Mnémos ; 17. Surnaturel c2)
ISBN 2-911618-14-9. *39 F / 5,95 €*

28076 **N** **PERNOT I.** Au nom de la magie. *Mnémos, 2000.* (Les enfants de Lugheir; 1)(Mnémos. Légendaire)
ISBN 2-911618-61-0. *49 F / 7,47 €*

28077 **N** **PERNOT I.** La mère des Songes. *Mnémos, 2001.* (Les enfants de Lugheir; 2)(Mnémos. Légendaire c5)
ISBN 2-911618-65-3. *54 F / 8,23 €*

28078 **PERRY S.** Aliens, la ruche terrestre. *J'ai lu, 1995.* (J'ai lu ; 4063. Science-fiction)
ISBN 2-277-24063-X. *36 F / 5,49 €*

28079 **PERRY S.** Conan l'indomptable. *J'ai lu, 1995.* (J'ai lu ; 3849. Science-fiction c03)
ISBN 2-277-23849-X. *29 F / 4,42 €*

28080 **PERRY S.** Les ombres de l'empire. *Fleuve noir, 1999.* (Star Wars)
ISBN 2-265-06804-7. *32 F / 4,88 €*

28081 **N** **PIKE C.** Fantôme. *Fleuve noir, 2000.* (Vampire ; 4)
ISBN 2-265-06546-3. *30 F / 4,57 €*

28082 **N** **PIKE C.** Les immortels. *Fleuve noir, 2001.* (Vampire ; 6)
ISBN 2-265-06548-X. *30 F / 4,57 €*

28083 **PIKE C.** L'ombre froide. *J'ai lu, 1998.* (J'ai lu ; 4863. Ténèbres c6)
ISBN 2-290-04863-1. *42 F / 6,40 €*

28084 **PIKE C.** La promesse. *Fleuve noir, 2000.* (Vampire ; 1)
ISBN 2-265-06549-8. *30 F / 4,57 €*

28085 **PIKE C.** La saison du passage. *J'ai lu, 1999.* (J'ai lu ; 5238. Ténèbres c8)
ISBN 2-290-05238-8. *49 F / 7,47 €*

28086 **PIKE C.** Sang noir. *Fleuve noir, 2000.* (Vampire ; 2)
ISBN 2-265-06563-3. *30 F / 4,57 €*

28087 N **PIKE C.** La soif du mal. *Fleuve noir, 2000.* (Vampire ; 5)
ISBN 2-265-06547-1. *30 F / 4,57 €*

28088 **PIKE C.** Tapis rouge. *Fleuve noir, 2000.* (Vampire ; 3)
ISBN 2-265-06564-1. *30 F / 4,57 €*

28089 N **PIKE C.** Les témoins. *J'ai lu, 2000.* (J'ai lu ; 5567. Ténèbres cJ)
ISBN 2-290-30265-1. *39 F / 5,95 €*

28090 **POE E. A.** Le chat noir : et autres nouvelles. *Librio, 1998.* (Librio ; 213 c1)
ISBN 2-277-30213-9. *10 F / 1,52 €*

28091 **POE E. A.** La chute de la maison Usher : et autres nouvelles. *Librio, 1999.* (Librio ; 293 c1)
ISBN 2-277-30293-7. *10 F / 1,52 €*

28092 **POE E. A.** Double assassinat dans la rue Morgue ; suivi de Le mystère de Marie Roget. *Librio, 1994.* (Librio ; 26 c1)
ISBN 2-277-30026-8. *10 F / 1,52 €*

28093 **POE E. A.** Le scarabée d'or ; suivi de La lettre volée. *Librio, 1996.* (Librio ; 93 c1)
ISBN 2-277-30093-4. *10 F / 1,52 €*

28094 **POHL F.** Les Annales des Heechees. *J'ai lu, 1989.* (J'ai lu ; 2632. Science-fiction c4)
ISBN 2-277-22632-7. *39 F / 5,95 €*

28095 **POHL F.** Dialogue avec l'extra-terrestre. *J'ai lu, 1996.* (J'ai lu ; 4327. Science-fiction c5)
ISBN 2-290-04327-3. *39 F / 5,95 €*

28096 **POHL F.** La Grande porte. *J'ai lu, 1988.* (J'ai lu ; 1691. Science-fiction c4)
ISBN 2-277-21691-7. *36 F / 5,49 €*

28097 **POHL F.** Les pilotes de la grande porte. *J'ai lu, 1985.* (J'ai lu ; 1814. Science-fiction c4)
ISBN 2-277-21814-6. *39 F / 5,95 €*

28098 **POHL F.** Rendez-vous à la Grande Porte. *J'ai lu, 1986.* (J'ai lu ; 2087. Science-fiction c4)
ISBN 2-277-22087-6. *39 F / 5,95 €*

28099 **POLIDORI J. W.** Le vampire : d'après Lord Byron. *Actes Sud, 1996.* (Babel ; 228. Les fantastiques c1)
ISBN 2-7427-0906-1. *33 F / 5,03 €*

28100 **POTOCKI J.** Manuscrit trouvé à Saragosse. *Gallimard, 1996.* (L'Etrangère)
ISBN 2-07-074580-5. *58 F / 8,84 €*

28101 **POWERS K.** Le marteau de Thor : d'après un scénario de Katharyn Powers. *J'ai lu, 1998.* (Stargate SG 1; 2)(Séries TV c4)
ISBN 2-290-05055-5. *36 F / 5,49 €*

28102 **POWERS T.** Les cieux découronnés. *J'ai lu, 1998.* (J'ai lu ; 4670. Science-fiction c4)
ISBN 2-290-04670-1. *36 F / 5,49 €*

28103 **POWERS T.** Le Palais du déviant. *J'ai lu, 1989.* (J'ai lu ; 2610. Science-fiction c4)
ISBN 2-277-22610-6. *36 F / 5,49 €*

28104 **POWERS T.** Les pêcheurs du ciel. *J'ai lu, 1997.* (J'ai lu ; 4512. Science-fiction c4)
ISBN 2-290-04512-8. *36 F / 5,49 €*

28105 **POWERS T.** Le Poids de son regard. *J'ai lu, 1990.* (J'ai lu ; 2874. Science-fiction c6)
ISBN 2-277-22874-5. *42 F / 6,40 €*

28106 **POWERS T.** Poker d'âmes. *J'ai lu, 1994.* (J'ai lu ; 3602. Science-fiction c9)
ISBN 2-277-23602-0. *52 F / 7,93 €*

28107 **POWERS T.** Les voies d'Anubis. Réimpr. *J'ai lu, 1998.* (J'ai lu ; 2011. Science-fiction c5)
ISBN 2-290-02011-7. *39 F / 5,95 €*

28108 **PRATCHETT T.** Les aéronautes. *J'ai lu, 1997.* (Le grand livre des gnomes; 3)(J'ai lu ; 4180. Science-fiction c2)
ISBN 2-277-24180-6. *22 F / 3,35 €*

28109 N **PRATCHETT T.** Au guet !. *Pocket, 2000.* (Les annales du Disque-monde; 8)(Pocket ; 5737. Science-fiction c7)
ISBN 2-266-09970-1. *42 F / 6,40 €*

28110 **PRATCHETT T.** Les camionneurs. *J'ai lu, 1996.* (Le grand livre des gnomes; 1)(J'ai lu ; 4178. Science-fiction c2)
ISBN 2-277-24178-4. *22 F / 3,35 €*

28111 N **PRATCHETT T.** Eric. *Pocket, 2001.* (Les annales du Disque-monde; 9)(Pocket. Science-fiction ; 5761 c5)
ISBN 2-266-11132-9. *33 F / 5,03 €*

28112 **PRATCHETT T.** La huitième couleur. *Pocket, 1997.* (Les annales du Disque-monde; 1)(Pocket ; 5646. Science-fiction c6)
ISBN 2-266-07156-4. *38 F / 5,79 €*

28113 **PRATCHETT T.** Le huitième sortilège. *Pocket, 1997.* (Les annales du Disque-monde; 2)(Pocket ; 5647. Science-fiction c6)
ISBN 2-266-07155-6. *38 F / 5,79 €*

28114 **PRATCHETT T.** Le peuple du tapis. *J'ai lu, 1997.* (J'ai lu ; 4669. Science-fiction c2)
ISBN 2-290-04669-8. *22 F / 3,35 €*

28115 **PRATCHETT T.** Le peuple du tapis. *Librio, 1999.* (Librio ; 268 c1)
ISBN 2-277-30268-6. *10 F / 1,52 €*

28116 N **PRATCHETT T.** Pyramides : le livre de la sortie. *Pocket, 2000.* (Les annales du Disque-monde; 7)(Pocket ; 5738. Science-fiction c8)
ISBN 2-266-09971-X. *45 F / 6,86 €*

28117 N **PRATCHETT T.** Sourcellerie. Nouv. éd. *Pocket, 2000.* (Les annales du Disque-monde)(Pocket ; 5684. Science-fiction c7)
ISBN 2-266-10699-6. *42 F / 6,40 €*

28118 **PRATCHETT T.** Strate-à-gemmes. *Pocket, 1997.* (Pocket ; 5648. Science-fiction c4)
ISBN 2-266-07288-9. *30 F / 4,57 €*

28119 **PRATCHETT T.** Les terrassiers. *J'ai lu, 1996.* (Le grand livre des gnomes; 2)(J'ai lu ; 4179. Science-fiction c2)
ISBN 2-277-24179-2. *22 F / 3,35 €*

28120 **PRATCHETT T.** Trois soeurcières. *Pocket, 1999.* (Les annales du Disque-monde; 6)(Pocket ; 5721. Science-fiction c5)
ISBN 2-266-09134-4. *35 F / 5,34 €*

28121 **PRATCHETT T., GAIMAN N.** De bons présages. *J'ai lu, 1995.* (J'ai lu ; 3892. Science-fiction c6)
ISBN 2-277-23892-9. *42 F / 6,40 €*

28122 **PRESTON D., CHILD L.** Le grenier des enfers. *Pocket, 2000.* (Pocket ; 9235. Terreur c8)
ISBN 2-266-10009-2. *45 F / 6,86 €*

28123 **PRIEST C.** Le Don. *LGF, 1994.* (Le Livre de poche ; 7167. Science-fiction c10)
ISBN 2-253-07167-6. *40 F / 6,10 €*

28124 **PRIEST C.** Le monde inverti. *Pocket, 1997.* (Pocket ; 5279. Science-fiction c7)
ISBN 2-266-07898-4. *41 F / 6,25 €*

28125 **PRITCHARD J.** Les anges du désespoir. *Pocket, 1997.* (Pocket ; 9169. Terreur c6)
ISBN 2-266-07437-7. *38 F / 5,79 €*

28126 **PRITCHARD J.** Les cavaliers du crépuscule. *Pocket, 1998.* (Pocket ; 9199. Terreur c6)
ISBN 2-266-08341-4. *38 F / 5,79 €*

28127 **PRITCHARD J.** Les soeurs de la nuit. *Pocket, 1996.* (Pocket ; 9158. Terreur c7)
ISBN 2-266-06908-X. *42 F / 6,40 €*

28128 **N** **QUICK W. T.** Hollow man = L'homme sans ombre. *J'ai lu, 2000.* (J'ai lu ; 5747. Littérature générale cl)
ISBN 2-290-30809-9. *36 F / 5,49 €*

28129 **RABE J.** L'aube d'un nouvel âge. *Fleuve noir, 2000.* (Lancedragon ; 28)
ISBN 2-265-06599-4. *35 F / 5,34 €*

28130 **RASPAIL J.** Sire. *LGF, 1993.* (Le Livre de poche ; 9562 c7)
ISBN 2-253-06233-2. *30 F / 4,57 €*

28131 **RAY J.** Le châtiment des Foyle ; suivi de Les vengeurs du diable : Harry Dickson. *Librio, 1994.* (Librio ; 38 c1)
ISBN 2-277-30038-1. *10 F / 1,52 €*

28132 **RAY J.** L'étrange lueur verte ; suivi de Les mystérieuses études du Dr Drum : Harry Dickson. *Librio, 1997.* (Librio ; 154 c1)
ISBN 2-277-30154-X. *10 F / 1,52 €*

28133 **RAY J.** L'île de la terreur ; suivi de Les 7 petites chaises : Harry Dickson. *Librio, 1998.* (Librio ; 230 c1)
ISBN 2-277-30230-9. *10 F / 1,52 €*

28134 **N** **RAY J.** Malpertuis. Réimpr. *Labor, 2000.* (Espace Nord ; 88)
ISBN 2-8040-0902-5. *54 F / 8,23 €*

28135 **RAY J.** Le psautier de Mayence. *Mille et une nuits, 1997.* (La petite collection ; 161 cA)
ISBN 2-84205-141-6. *10 F / 1,52 €*

28136 **RAY J.** Le temple de fer ; suivi de Le roi de minuit : Harry Dickson. *Librio, 1996.* (Librio ; 115 c1)
ISBN 2-277-30115-9. *10 F / 1,52 €*

28137 **REDFIELD J.** La dixième prophétie. *J'ai lu, 1998.* (J'ai lu ; 4830. Aventure secrète c5)
ISBN 2-290-04830-5. *39 F / 5,95 €*

28138 **REED R.** La Jungle hormone. *LGF, 1995.* (Le Livre de poche ; 7177. Science-fiction c12)
ISBN 2-253-07177-3. *44 F / 6,71 €*

28139 **REED R.** Le lait de la chimère. *LGF, 1996.* (Le Livre de poche ; 7190. Science-fiction c10)
ISBN 2-253-07190-0. *40 F / 6,10 €*

28140 **REED R.** La voie terrestre. *LGF, 1998.* (Le Livre de poche ; 7206. Science-fiction c9)
ISBN 2-253-07206-0. *36 F / 5,49 €*

28141 **REED R.** Le voile de l'espace. *LGF, 2000.* (Le Livre de poche ; 7217. Science-fiction)
ISBN 2-253-07217-6. *38 F / 5,79 €*

28142 **REEVES-STEVENS G.** Contrat sur un vampire. *Pocket, 1993.* (Pocket ; 9099. Terreur c5)
ISBN 2-266-05596-8. *35 F / 5,34 €*

28143 **N** **RESNICK M.** Kirinyaga : une utopie africaine. *Gallimard, 2000.* (Folio. SF ; 24 c9)
ISBN 2-07-041583-X. *41 F / 6,25 €*

28144 **Le retour du Jedi.** *Fleuve noir, 1999.* (Star Wars)
ISBN 2-265-06728-8. *32 F / 4,88 €*

28145 **N** **Révélations.** *J'ai lu, 2000.* (J'ai lu ; 5557. Ténèbres cN)
ISBN 2-290-30256-2. *52 F / 7,93 €*

28146 **RICE A.** Entretien avec un vampire. Nouv. éd. *Pocket, 1994.* (Pocket ; 9031. Terreur c7)
ISBN 2-266-03483-9. *42 F / 6,40 €*

28147 **RICE A.** L'heure des sorcières. Réimpr. *Pocket, 2000.* (Pocket ; 9157. Terreur c9)
ISBN 2-266-10205-2. *48 F / 7,32 €*

28148 **RICE A.** Lestat le vampire. Réimpr. *Pocket, 1999.* (Pocket ; 9023. Terreur c8)
ISBN 2-266-10154-4. *45 F / 6,86 €*

28149 **RICE A.** Le Lien maléfique. Réimpr. *Pocket, 2000.* (Pocket ; 9107. Terreur c10)
ISBN 2-266-10207-9. *50 F / 7,62 €*

28150 **RICE A.** Memnoch le démon. Nouv. éd. *Pocket, 2000.* (Pocket ; 9202. Terreur c6)
ISBN 2-266-10064-5. *38 F / 5,79 €*

28151 **RICE A.** La Momie. *Pocket, 1992.* (Pocket ; 9076. Terreur c9)
ISBN 2-266-04826-0. *48 F / 7,32 €*

28152 **N** **RICE A.** Pandora. *Pocket, 2000.* (Nouveaux contes des vampires; 1)(Pocket ; 9248. Terreur c7)
ISBN 2-266-10622-8. *42 F / 6,40 €*

28153 **RICE A.** La Reine des damnés : chroniques des vampires. *Pocket, 1999.* (Pocket ; 9057. Terreur c8)
ISBN 2-266-10063-7. *45 F / 6,86 €*

28154 **N** **RICE A.** Le sortilège de Babylone. *Pocket, 2000.* (Pocket. Terreur ; 9232 c6)
ISBN 2-266-09866-7. *38 F / 5,79 €*

28155 **RICE A.** Taltos. *Pocket, 1997.* (Pocket ; 9166. Terreur c7)
ISBN 2-266-07477-6. *42 F / 6,40 €*

28156 **RICE A.** Le violon. *Pocket, 1999.* (Pocket ; 9214. Terreur c5)
ISBN 2-266-09094-1. *35 F / 5,34 €*

28157 **N** **RICE A.** Le voleur de corps : chronique des vampires. Nouv. éd. *Pocket, 2000.* (Pocket ; 9136. Terreur c7)
ISBN 2-266-10540-X. *42 F / 6,40 €*

28158 **RICKMAN P.** La nuit celte. *J'ai lu, 1999.* (J'ai lu ; 5172. Ténèbres c8)
ISBN 2-290-05172-1. *49 F / 7,47 €*

28159 **RITON V.** Dose létale à Lutèce-Land. *Baleine, 1998.* (Macno ; 2)
ISBN 2-84219-141-2. *42 F / 6,40 €*

28160 **ROBERSON J.** La ballade d'Homana. *Pocket, 1996.* (Chroniques des Cheysulis; 2)(Pocket ; 5590. Science-fiction c6)
ISBN 2-266-06583-1. *38 F / 5,79 €*

28161 **ROBERSON J.** L'épée du destin. *Pocket, 1997.* (Chroniques des Cheysulis; 3)(Pocket ; 5591. Science-fiction c6)
ISBN 2-266-06584-X. *38 F / 5,79 €*

28162 **ROBERSON J.** La fille du lion. *Pocket, 1998.* (Chroniques des Cheysulis; 6)(Pocket ; 5594. Science-fiction c4B)
ISBN 2-266-06587-4. *32 F / 4,88 €*

28163 **ROBERSON J.** Les métamorphes. *Pocket, 1996.* (Chroniques des Cheysulis; 1)(Pocket ; 5589. Science-fiction c6)
ISBN 2-266-06582-3. *38 F / 5,79 €*

28164 **ROBERSON J.** Une nichée de princes. *Pocket, 1998.* (Chroniques des Cheysulis; 5)(Pocket ; 5593. Science-fiction c5)
ISBN 2-266-06586-6. *35 F / 5,34 €*

28165 **ROBERSON J.** La piste du loup blanc. *Pocket, 1997.* (Chroniques des Cheysulis; 4)(Pocket ; 5592. Science-fiction c5)
ISBN 2-266-06585-8. *35 F / 5,34 €*

28166 **ROBERSON J.** La tapisserie aux lions. *Pocket, 2000.* (Chroniques des Cheysulis; 8)(Pocket ; 5596. Science-fiction c7)
ISBN 2-266-06589-0. *42 F / 6,40 €*

28167 **ROBERSON J.** Le vol du corbeau. *Pocket, 1999.* (Chroniques des Cheysulis; 7)(Pocket ; 5595. Science-fiction)
ISBN 2-266-06588-2. *38 F / 5,79 €*

28168 **ROBERTS A. V.** Possessions. *Pocket, 1998.* (Pocket ; 10208 c10)
ISBN 2-266-07548-9. *50 F / 7,62 €*

28169 **ROBERTS J. M.** Conan le valeureux ; d'après le personnage de Robert E. Howard. *J'ai lu, 1995.* (J'ai lu ; 3950. Science-fiction c4)
ISBN 2-277-23950-X. *36 F / 5,49 €*

28170 **ROBERTS K.** Molly Zéro. *LGF, 1990.* (Le Livre de poche ; 7127. Science-fiction c10)
ISBN 2-253-05371-6. *40 F / 6,10 €*

28171 **ROBERTS K.** Survol. *LGF, 1993.* (Le Livre de poche ; 7158. Science-fiction c10)
ISBN 2-253-06428-9. *40 F / 6,10 €*

28172 **ROBINSON K. S.** Le Géomètre aveugle. *J'ai lu, 1991.* (J'ai lu ; 2922. Science-fiction c4)
ISBN 2-277-22922-9. *36 F / 5,49 €*

28173 **N** **ROBINSON K. S.** Le rivage oublié. Nouv. éd. *J'ai lu, 2000.* (J'ai lu ; 2075. Science-fiction cJ)
ISBN 2-290-30971-0. *39 F / 5,95 €*

28174 **ROBITAILLE J.** Code Quantum. 2, Pilote. *J'ai lu, 1996.* (J'ai lu ; 4236. Littérature générale)
ISBN 2-277-24236-5. *29 F / 4,42 €*

28175 **ROCHON E.** Aboli. *Alire, 1996.* (Les chroniques infernales; 1)(Romans. Fantasy ; 2)
ISBN 2-922145-01-8. *55 F / 8,38 €*

28176 **ROCHON E.** L'archipel noir. *Alire, 1999.* (Romans. Fantasy ; 22)
ISBN 2-922145-28-X. *49 F / 7,47 €*

28177 **ROCHON E.** Or. *Alire, 1999.* (Les chroniques infernales; 4)(Romans. Fantasy ; 7)
ISBN 2-922145-29-8. *55 F / 8,38 €*

28178 **ROCHON E.** Ouverture. *Alire, 1997.* (Les chroniques infernales; 2)(Romans. Fantasy ; 7)
ISBN 2-922145-06-9. *55 F / 8,38 €*

28179 **ROCHON E.** Le rêveur dans la citadelle. *Alire, 1998.* (Romans ; 13. Fantasy)
ISBN 2-922145-15-8. *85 F / 12,96 €*

28180 **ROCHON E.** Secrets. *Alire, 1998.* (Les chroniques infernales; 3)(Romans. Fantasy ; 14)
ISBN 2-922145-16-6. *55 F / 8,38 €*

28181 **N** **ROCHON E.** Sorbier. *Alire, 2000.* (Les chroniques infernales; 5)(Romans. Fantasy ; 32)
ISBN 2-922145-38-7. *73 F / 11,13 €*

28182 **RODDENBERRY G.** Star trek. *J'ai lu, 1988.* (J'ai lu. Science-fiction ; 1071 c3)
ISBN 2-277-21071-4. *29 F / 4,42 €*

28183 **ROYCE E.** Ames damnées. *J'ai lu, 1998.* (Aux frontières du réel : les épisodes, d'après la série télévisée créée par Chris Carter; 13)(Séries TV c2)
ISBN 2-290-04725-2. *22 F / 3,35 €*

28184 **ROYCE E.** Coup de foudre : d'après un scénario de Howard Gordon. *J'ai lu, 1997.* (Aux frontières du réel : les épisodes, d'après la série télévisée créée par Chris Carter; 8)(Séries TV c2)
ISBN 2-290-04359-1. *22 F / 3,35 €*

28185 **ROYCE E.** Ombre mortelle. *J'ai lu, 1999.* (Aux frontières du réel : les épisodes, d'après la série télévisée créée par Chris Carter; 20)(Séries TV c2)
ISBN 2-290-05388-0. *22 F / 3,35 €*

28186 **A** **RUAUD A-F.** Guide de la fantasy. *Gallimard, 2001.* (Folio. SF)
ISBN 2-07-041649-6. *87 F / 13,26 €*

28187 **RUSCH K. K.** La nouvelle rébellion. *Fleuve noir, 2000.* (Star Wars)
ISBN 2-265-06969-8. *32 F / 4,88 €*

28188 **N** **RUSCH K. K., SMITH D. W.** X-men. *J'ai lu, 2000.* (J'ai lu ; 5436. Science-fiction cH)
ISBN 2-290-30788-2. *32 F / 4,88 €*

28189 **RUSSEL E. F.** Guêpe. *Pocket.* (Pocket ; 5156. Science-fiction c2)
ISBN 2-266-01239-8. *23 F / 3,51 €*

28190 **RUSSELL J. S.** Blood. *J'ai lu, 1999.* (J'ai lu ; 5198. Ténèbres c6)
ISBN 2-290-05198-5. *42 F / 6,40 €*

28191 **A** **RUSSELL J. S.** Burning bright. *J'ai lu, 2001.* (J'ai lu ; 5972. Science-fiction)
ISBN 2-290-31208-8

28192 **RUSSELL J. S.** Les chiens célestes. *J'ai lu, 2000.* (J'ai lu ; 5473. Ténèbres cl)
ISBN 2-290-30195-7. *36 F / 5,49 €*

28193 **SABERHAGEN F.** Un amour de Dracula. *Pocket, 1997.* (Pocket ; 9173. Terreur c6)
ISBN 2-266-07407-5. *38 F / 5,79 €*

28194 **N** **SABERHAGEN F.** Dracula et les spirites. *Pocket, 2000.* (Pocket ; 9240. Terreur c5)
ISBN 2-266-10183-8. *35 F / 5,34 €*

28195 **SADOUL J.** Le Domaine de R. *J'ai lu, 1988.* (J'ai lu ; 2522. Littérature générale)
ISBN 2-277-22522-3. *42 F / 6,40 €*

28196 **SADOUL J.** Les hautes terres du rêve. *J'ai lu, 1980.* (Le Domaine de R.; 3)(J'ai lu ; 1079. Littérature générale)
ISBN 2-277-21079-X. *22 F / 3,35 €*

28197 **SADOUL J.** Le jardin de la licorne. *J'ai lu, 1980.* (Le Domaine de R.; 2)(J'ai lu ; 1045. Littérature générale)
ISBN 2-277-21045-5. *22 F / 3,35 €*

28198 **SADOUL J.** Les Meilleurs récits de Weird tales stories. *J'ai lu, 1989.* (J'ai lu ; 2556. Science-fiction)
ISBN 2-277-22556-8. *42 F / 6,40 €*

28199 **SADOUL J.** La Mort du héros. *J'ai lu, 1986.* (J'ai lu ; 1950. Littérature générale)
ISBN 2-277-21950-9. *29 F / 4,42 €*

28200 **SADOUL J.** La Passion selon Satan. *J'ai lu, 1979.* (Le Domaine de R.; 1)(J'ai lu ; 1000. Littérature générale)
ISBN 2-277-21000-5. *22 F / 3,35 €*

28201 **SALVATORE R.** A l'ombre des forêts. *Fleuve noir, 1996.* (Les Royaumes oubliés c1)
ISBN 2-265-05877-7. *35 F / 5,34 €*

28202 **SALVATORE R.** Cantique. *Fleuve noir, 1996.* (Les Royaumes oubliés c1)
ISBN 2-265-05878-5. *35 F / 5,34 €*

28203 **SALVATORE R.** Chaos cruel. *Fleuve noir, 1997.* (Les Royaumes oubliés c1)
34 F / 5,18 €

28204 **SALVATORE R.** Les compagnons du renouveau. *Fleuve noir, 1996.* (Les Royaumes oubliés c1)
ISBN 2-265-05880-7. *35 F / 5,34 €*

28205 **SALVATORE R.** La dague volée. *J'ai lu, 1999.* (La saga des lances; 2)(J'ai lu ; 5239. Fantasy c5)
ISBN 2-290-05239-6. *39 F / 5,95 €*

28206 **SALVATORE R.** La forteresse déchue. *Fleuve noir, 1997.* (Les Royaumes oubliés c1)
ISBN 2-265-06201-4. *35 F / 5,34 €*

28207 **SALVATORE R.** Le glaive de Bedwyr. *J'ai lu, 1998.* (L'ombre pourpre; 1)(J'ai lu ; 4730. Fantasy c3)
ISBN 2-290-04730-9. *29 F / 4,42 €*

28208 **SALVATORE R.** Le joyau du petit homme. *Fleuve noir, 1995.* (Les Royaumes oubliés c1)
ISBN 2-265-05421-6. *35 F / 5,34 €*

28209 **SALVATORE R.** Les masques de la nuit. *Fleuve noir, 1996.* (Les Royaumes oubliés c1)
ISBN 2-265-05876-9. *35 F / 5,34 €*

28210 **SALVATORE R.** Le pari de Luthien. *J'ai lu, 1998.* (L'ombre pourpre; 2)(J'ai lu ; 4731. Fantasy c3)
ISBN 2-290-04731-7. *29 F / 4,42 €*

28211 **SALVATORE R.** Retour à la clarté. *Fleuve noir, 2000.* (Le monde d'Ombre-Terre)(Les Royaumes oubliés c1)
ISBN 2-265-06888-8. *35 F / 5,34 €*

28212 **SALVATORE R.** Le retour du tueur de dragons. *J'ai lu, 1999.* (La saga des lances; 3)(J'ai lu ; 5289. Fantasy c5)
ISBN 2-290-05289-2. *36 F / 5,49 €*

28213 **SALVATORE R.** Les revenants du fond du gouffre. *Fleuve noir, 1996.* (Les Royaumes oubliés c1)
ISBN 2-265-05882-3. *35 F / 5,34 €*

28214 **SALVATORE R.** Le roi des dragons. *J'ai lu, 1998.* (L'ombre pourpre; 3)(J'ai lu ; 4732. Fantasy c4)
ISBN 2-290-04732-5. *36 F / 5,49 €*

28215 **SALVATORE R.** La saga des lances. 1, Le bois aux elfes. *J'ai lu, 1998.* (J'ai lu ; 4715. Fantasy c4)
ISBN 2-290-04715-5. *36 F / 5,49 €*

28216 **SALVATORE R.** Terre d'exil. *Fleuve noir, 1994.* (La Trilogie de l'Elfe noir; 2)(Les Royaumes oubliés c1)
ISBN 2-265-00215-1. *35 F / 5,34 €*

28217 **SALVATORE R.** Terre promise. *Fleuve noir, 1994.* (La Trilogie de l'Elfe noir; 3)(Les Royaumes oubliés)
ISBN 2-265-00214-3. *35 F / 5,34 €*

28218 **SALVATORE R.** Les torrents d'argent. *Fleuve noir, 1995.* (Les Royaumes oubliés c1)
ISBN 2-265-05420-8. *35 F / 5,34 €*

28219 **N** **SALVATORE R.** Vector prime. *Fleuve noir, 2001.* (Star Wars)
ISBN 2-265-07163-3. *39 F / 5,95 €*

28220 **SALVATORE R.** Vers la lumière. *Fleuve noir, 1999.* (Le monde d'Ombre-Terre; 1)(Les Royaumes oubliés)
ISBN 2-265-06587-0. *35 F / 5,34 €*

28221 **SARGENT C., GASCOIGNE M.** La madone noire. *Fleuve noir, 2000.* (Shadowrun ; 21)
ISBN 2-265-06884-5. *35 F / 5,34 €*

28222 **SARGENT C., GASCOIGNE M.** Nosferatu. *Fleuve noir, 1997.* (Shadowrun ; 13 c1)
ISBN 2-265-06242-1. *35 F / 5,34 €*

28223 **SARGENT C., GASCOIGNE M.** Les rues de sang. *Fleuve noir, 1996.* (Shadowrun ; 10 c1)
ISBN 2-265-05998-6. *35 F / 5,34 €*

28224 **SARGENT P.** Le rivage des femmes. *LGF, 1997.* (Le Livre de poche ; 7202. Science-fiction c15)
ISBN 2-253-07202-8. *50 F / 7,62 €*

28225 **SAUL J.** L'asile. *J'ai lu, 1998.* (Les chroniques de Blackstone; 6)(J'ai lu ; 4709. Ténèbres c2)
ISBN 2-290-04709-0. *22 F / 3,35 €*

28226 **SAUL J.** Le briquet. *J'ai lu, 1998.* (Les chroniques de Blackstone; 3)(J'ai lu ; 4706. Ténèbres c2)
ISBN 2-290-04706-6. *22 F / 3,35 €*

28227 **SAUL J.** Les chroniques de Blackstone. *J'ai lu, 2000.* (J'ai lu ; 5409. Ténèbres cL)
ISBN 2-290-30029-2. *45 F / 6,86 €*

28228 **SAUL J.** Le médaillon. *J'ai lu, 1998.* (Les chroniques de Blackstone; 2)(J'ai lu ; 4705. Ténèbres c2)
ISBN 2-290-04705-8. *22 F / 3,35 €*

28229 **SAUL J.** Le mouchoir. *J'ai lu, 1998.* (Les chroniques de Blackstone; 4)(J'ai lu ; 4707. Ténèbres c2)
ISBN 2-290-04707-4. *22 F / 3,35 €*

28230 **SAUL J.** La poupée. *J'ai lu, 1998.* (Les chroniques de Blackstone; 1)(J'ai lu ; 4704. Ténèbres c2)
ISBN 2-290-04704-X. *22 F / 3,35 €*

28231 **SAUL J.** Le stéréoscope. *J'ai lu, 1998.* (Les chroniques de Blackstone; 5)(J'ai lu ; 4708. Ténèbres c2)
ISBN 2-290-04708-2. *22 F / 3,35 €*

28232 **SAWYER R. J.** Expérience terminale. *J'ai lu, 1998.* (J'ai lu ; 4703. Science-fiction c6)
ISBN 2-290-04703-1. *42 F / 6,40 €*

28233 **SAWYER R. J.** Mutations. *J'ai lu, 1999.* (Millenaires ; 6007)
ISBN 2-277-26007-X. *79 F / 12,04 €*

28234 **A** **SAWYER R. J.** Mutations. Nouv. éd. *J'ai lu, 2001.* (J'ai lu ; 5917. Science-fiction)
ISBN 2-290-31167-7

28235 **SCARBOROUGH E. A.** Le clan des fées. *J'ai lu, 1996.* (J'ai lu ; 4341. Science-fiction c4)
ISBN 2-290-04341-9. *36 F / 5,49 €*

28236 **SCHECKLEY R.** Le mariage alchimique d'Alistair Crompton. *J'ai lu, 1995.* (J'ai lu ; 4064. Science-fiction c3)
ISBN 2-277-24064-8. *29 F / 4,42 €*

28237 **SCHEER K-H., DARLTON C.** Les Astres noirs. *Fleuve noir, 1982.* (Fleuve noir SF ; 1178 c1)
ISBN 2-265-02077-X. *35 F / 5,34 €*

28238 **SCHEER K-H., DARLTON C.** La Bataille de Panotol. *Fleuve noir, 1982.* (Fleuve noir SF ; 1156 c1)
ISBN 2-265-01984-4. *35 F / 5,34 €*

28239 **SCHEER K-H., DARLTON C.** Le Captif du futur. *Fleuve noir, 1982.* (Fleuve noir SF ; 1149 c1)
ISBN 2-265-01959-3. *35 F / 5,34 €*

28240 **SCHEER K-H., DARLTON C.** Médiation protoplasmique. *Fleuve noir, 1983.* (Fleuve noir SF ; 1213 c1)
ISBN 2-265-02196-2. *35 F / 5,34 €*

28241 **SCHEER K-H., DARLTON C.** La Mort de Mecanica. *Fleuve noir, 1982.* (Fleuve noir SF ; 1128 c1)
ISBN 2-265-01863-5. *35 F / 5,34 €*

28242 **SCHEER K-H., DARLTON C.** L'Offensive d'oubli. *Fleuve noir, 1991.* (Fleuve noir SF c1)
ISBN 2-265-04606-X. *35 F / 5,34 €*

28243 **SCHEER K-H., DARLTON C.** Opération dernière chance. *Fleuve noir, 1981.* (Fleuve noir SF ; 1085 c1)
ISBN 2-265-01680-2. *35 F / 5,34 €*

28244 **SCHEER K-H., DARLTON C.** Les Pyramides pourpres. *Fleuve noir, 1991.* (Fleuve noir SF c1)
ISBN 2-265-04408-3. *35 F / 5,34 €*

28245 **SCHEER K-H., DARLTON C.** Rencontres extragalactiques. *Fleuve noir, 1981.* (Fleuve noir SF ; 1100 c1)
ISBN 2-265-01762-0. *35 F / 5,34 €*

28246 **SCHEER K-H., DARLTON C.** Le Triscaphe titanesque. *Fleuve noir, 1991.* (Fleuve noir SF c1)
ISBN 2-265-04407-5. *35 F / 5,34 €*

28247 **N** **SELTZER D.** La malédiction. Nouv. éd. *J'ai lu, 2001.* (J'ai lu ; 796. Fantastique)
ISBN 2-290-30964-8. *22 F / 3,35 €*

28248 **N** **SÉNÉCAL P.** Aliss. *Alire, 2000.* (Romans. Fantastique, horreur ; 39)
ISBN 2-922145-44-1. *73 F / 11,13 €*

28249 **SERNINE D.** Chronoreg. *Alire, 1999.* (Romans. Science-fiction ; 26)
ISBN 2-922145-30-1. *73 F / 11,13 €*

28250 **N** **SHEA M.** La revanche de Cugel l'astucieux. *J'ai lu, 2000.* (J'ai lu ; 5522. Science-fiction cl)
ISBN 2-290-30180-9. *36 F / 5,49 €*

28251 **SHECKLEY R.** La Dimension des miracles. *LGF, 1989.* (Le Livre de poche ; 7109. Science-fiction c7)
ISBN 2-253-04962-X. *30 F / 4,57 €*

28252 **SHECKLEY R.** Les erreurs de Joenes. *J'ai lu, 1996.* (J'ai lu ; 4135. Science-fiction c3)
ISBN 2-277-24135-0. *29 F / 4,42 €*

28253 **SHECKLEY R.** Le Prix du danger. Réimpr. *J'ai lu, 1988.* (J'ai lu ; 1474. Science-fiction c3)
ISBN 2-277-21474-4. *29 F / 4,42 €*

28254 **SHEFFIELD C.** Le frère des dragons. *LGF, 1999.* (Le Livre de poche ; 7218. Science-fiction c11)
ISBN 2-253-07218-4. *42 F / 6,40 €*

28255 **SHEFFIELD C.** La Toile entre les mondes. *LGF, 1991.* (Le Livre de poche ; 7133. Science-fiction c9)
ISBN 2-253-05657-X. *36 F / 5,49 €*

28256 **N** **SHELLEY M. W.** Frankenstein ou Le Prométhée moderne. *Gallimard, 2000.* (Folio. SF ; 5 c6)
ISBN 2-07-041584-8. *29,50 F / 4,50 €*

28257 **A** **SHEPARD L.** L'aube écarlate. *Gallimard, 2001.* (Folio. SF)
ISBN 2-07-041804-9. *87 F / 13,26 €*

28258 **SHEPARD L.** La vie en temps de guerre. *LGF, 1996.* (Le Livre de poche ; 7181. Science-fiction c10)
ISBN 2-253-07181-1. *40 F / 6,10 €*

28259 **Shock rock :** anthologie. *Pocket, 1998.* (Pocket ; 9204. Terreur c5)
ISBN 2-266-08668-5. *35 F / 5,34 €*

28260 **N** **SILLIG O.** Bzjeurd. *Gallimard, 2000.* (Folio. SF ; 26 c5)
ISBN 2-07-041585-6. *25,50 F / 3,89 €*

28261 **SILVERBERG R.** A la fin de l'hiver. *LGF, 1996.* (Le Livre de poche ; 7182. Science-fiction c15)
ISBN 2-253-07182-X. *50 F / 7,62 €*

28262 **SILVERBERG R.** Les Ailes de la nuit. Réimpr. *J'ai lu, 1993.* (J'ai lu ; 585. Science-fiction c3)
ISBN 2-277-11585-1. *29 F / 4,42 €*

28263 **SILVERBERG R.** Les Chants de l'été. *J'ai lu, 1991.* (J'ai lu ; 1392. Science-fiction)
ISBN 2-277-21392-6. *29 F / 4,42 €*

28264 **SILVERBERG R.** Le Château de Lord Valentin. *J'ai lu, 1991.* (J'ai lu ; 2656. Science-fiction c8)
ISBN 2-277-22656-4. *49 F / 7,47 €*

28265 **SILVERBERG R.** Le chemin de l'espace. *J'ai lu, 1983.* (J'ai lu ; 1434. Science-fiction c3)
ISBN 2-277-21434-5. *29 F / 4,42 €*

28266 **SILVERBERG R.** Chroniques de Majipoor. *LGF, 1987.* (Le Livre de poche ; 7073. Science-fiction c8)
ISBN 2-253-04120-3. *33 F / 5,03 €*

28267 **SILVERBERG R.** Ciel brûlant de minuit. *LGF, 1999.* (Le Livre de poche ; 7214. Science-fiction c15)
ISBN 2-253-07214-1. *50 F / 7,62 €*

28268 **SILVERBERG R.** L'Etoile des Gitans. *LGF, 1993.* (Le Livre de poche ; 7155. Science-fiction c15)
ISBN 2-253-06359-2. *50 F / 7,62 €*

28269 **SILVERBERG R.** La face des eaux. *LGF, 1997.* (Le Livre de poche ; 7191. Science-fiction c14)
ISBN 2-253-07191-9. *48 F / 7,32 €*

28270 **N** **SILVERBERG R.** Gilgamesh, roi d'Ourouk. *Gallimard, 2000.* (Folio. SF ; 18 c9)
ISBN 2-07-041586-4. *41 F / 6,25 €*

28271 **SILVERBERG R.** Un jeu cruel. *J'ai lu, 1977.* (J'ai lu ; 800. Science-fiction c3)
ISBN 2-277-11800-1. *29 F / 4,42 €*

28272 **SILVERBERG R.** Jusqu'aux portes de la vie. *LGF, 1995.* (Le Livre de poche ; 7178. Science-fiction c14)
ISBN 2-253-07178-1. *48 F / 7,32 €*

28273 **N** **SILVERBERG R.** Les monades urbaines. *LGF, 2000.* (Le Livre de poche ; 7225. Science-fiction c7)
ISBN 2-253-07225-7. *30 F / 4,57 €*

28274 **SILVERBERG R.** Les montagnes de Majipoor. *LGF, 1999.* (Le Livre de poche ; 7216. Science-fiction c6)
ISBN 2-253-07216-8. *26 F / 3,96 €*

28275 **SILVERBERG R.** Opération Pendule. *J'ai lu, 1991.* (J'ai lu ; 3059. Science-fiction c3)
ISBN 2-277-23059-6. *29 F / 4,42 €*

28276 **SILVERBERG R.** Pavane au fil du temps. *J'ai lu, 1989.* (J'ai lu ; 2631. Science-fiction c4)
ISBN 2-277-22631-9. *36 F / 5,49 €*

28277 **SILVERBERG R.** Les royaumes du mur. *LGF, 1998.* (Le Livre de poche ; 7205. Science-fiction c12)
ISBN 2-253-07205-2. *44 F / 6,71 €*

28278 **SILVERBERG R.** Shadrak dans la fournaise. *LGF, 1993.* (Le Livre de poche ; 7160. Science-fiction c10)
ISBN 2-253-06510-2. *40 F / 6,10 €*

28279 **SILVERBERG R.** Starborne. *J'ai lu, 1996.* (J'ai lu ; 4109. Science-fiction c4)
ISBN 2-277-24109-1. *36 F / 5,49 €*

28280 **SILVERBERG R.** Le Temps des changements. *LGF, 1987.* (Le Livre de poche ; 7052. Science-fiction c7)
ISBN 2-253-02310-8. *30 F / 4,57 €*

28281 **SILVERBERG R.** Thèbes aux cent portes. *J'ai lu, 1992.* (J'ai lu ; 3227. Science-fiction)
ISBN 2-277-23227-0. *36 F / 5,49 €*

28282 **N** **SILVERBERG R.** Tom O'Bedlam. *LGF, 2000.* (Le Livre de poche ; 7222. Science-fiction)
ISBN 2-253-07222-2. *40 F / 6,10 €*

28283 **SILVERBERG R.** Trips : nouvelles. *J'ai lu, 1995.* (J'ai lu ; 1068. Science-fiction c4)
ISBN 2-277-21068-4. *36 F / 5,49 €*

28284 **SILVERBERG R.** Valentin de Majipoor. *LGF, 1990.* (Le Livre de poche ; 7119. Science-fiction c13)
ISBN 2-253-05249-3. *46 F / 7,01 €*

28285 **N** **SILVERBERG R., HABER K.** La Saison des mutants. Réimpr. *J'ai lu, 2000.* (J'ai lu ; 3021. Science-fiction cJ)
ISBN 2-290-30653-3. *39 F / 5,95 €*

28286 **SIMAK C. D.** Au carrefour des étoiles. Réimpr. *J'ai lu, 1997.* (J'ai lu ; 847. Science-fiction c3)
ISBN 2-290-00847-8. *29 F / 4,42 €*

28287 **SIMAK C. D.** Au pays du mal. *J'ai lu, 1984.* (J'ai lu ; 1781. Science-fiction c3)
ISBN 2-277-21781-6. *29 F / 4,42 €*

28288 **SIMAK C. D.** Chaîne autour du soleil. Réimpr. *J'ai lu, 1990.* (J'ai lu ; 814. Science-fiction)
ISBN 2-277-11814-1. *29 F / 4,42 €*

28289 **SIMAK C. D.** Une Chasse dangereuse. Rééd. *J'ai lu, 1990.* (J'ai lu ; 903. Science-fiction)
ISBN 2-277-11903-2. *36 F / 5,49 €*

28290 **SIMAK C. D.** Le Chemin de l'éternité. *J'ai lu, 1988.* (J'ai lu ; 2432. Science-fiction)
ISBN 2-277-22432-4. *36 F / 5,49 €*

28291 **SIMAK C. D.** La Confrérie du Talisman. *J'ai lu, 1990.* (J'ai lu ; 2760. Science-fiction c4)
ISBN 2-277-22760-9. *36 F / 5,49 €*

28292 **N** **SIMAK C. D.** Dans le torrent des siècles. Nouv. éd. *J'ai lu, 2000.* (J'ai lu ; 500. Science-fiction cl)
ISBN 2-290-30962-1. *36 F / 5,49 €*

28293 **SIMAK C. D.** Demain les chiens. Réimpr. *J'ai lu, 1990.* (J'ai lu ; 373. Science-fiction cG)
ISBN 2-290-00373-5. *29 F / 4,42 €*

28294 **SIMAK C. D.** L'empire des esprits. *J'ai lu, 1995.* (J'ai lu ; 3926. Science-fiction c3)
ISBN 2-277-23926-7. *29 F / 4,42 €*

28295 **SIMAK C. D.** Les épaves de Tycho : et autres récits. *J'ai lu, 1978.* (J'ai lu ; 800. Science-fiction c2)
ISBN 2-277-11808-7. *22 F / 3,35 €*

28296 **SIMAK C. D.** Escarmouche. *J'ai lu, 1979.* (J'ai lu ; 1005. Science-fiction c3)
ISBN 2-277-21005-6. *29 F / 4,42 €*

28297 **SIMAK C. D.** Les fleurs pourpres. *J'ai lu, 1996.* (J'ai lu ; 4220. Science-fiction c5)
ISBN 2-277-24220-9. *39 F / 5,95 €*

28298 **SIMAK C. D.** Honorable adversaire : et autres nouvelles. *Librio, 1998.* (Librio ; 246 c1)
ISBN 2-277-30246-5. *10 F / 1,52 €*

28299 **SIMAK C. D.** Mastodonia. *J'ai lu, 1988.* (J'ai lu. Science-fiction ; 956 c3)
ISBN 2-277-11956-3. *29 F / 4,42 €*

28300 **SIMAK C. D.** Mirage. *Mille et une nuits, 1995.* (La petite collection ; 71 cA)
ISBN 2-910233-95-2. *10 F / 1,52 €*

28301 **SIMAK C. D.** Le Pêcheur. Réimpr. *J'ai lu, 1990.* (J'ai lu ; 609. Science-fiction c4)
ISBN 2-277-11609-2. *36 F / 5,49 €*

28302 **SIMAK C. D.** La Planète aux embûches. Nouv. éd. *J'ai lu, 1992.* (J'ai lu ; 1588. Science-fiction c3)
ISBN 2-277-21588-0. *29 F / 4,42 €*

28303 **SIMAK C. D.** Projet Vatican XVII. Rééd. *J'ai lu, 1990.* (J'ai lu ; 1367. Science-fiction c4)
ISBN 2-277-21367-5. *39 F / 5,95 €*

28304 **SIMAK C. D.** Visions d'antan et autres nouvelles. *J'ai lu, 1997.* (J'ai lu ; 4513. Science-fiction c6)
ISBN 2-290-04513-6. *42 F / 6,40 €*

28305 **SIMAK C. D.** Les visiteurs. *J'ai lu, 1990.* (J'ai lu ; 1194. Science-fiction c3)
ISBN 2-290-01194-0. *29 F / 4,42 €*

28306 **SIMMONS D.** Le chant de Kali. Réimpr. *J'ai lu, 1999.* (J'ai lu ; 1285. Ténèbres c4)
ISBN 2-290-12555-5. *36 F / 5,49 €*

28307 **SIMMONS D.** Le conseiller : et autres nouvelles. *Librio, 1999.* (Librio ; 260 c1)
ISBN 2-277-30260-0. *10 F / 1,52 €*

28308 **N** **SIMMONS D.** L'échiquier du mal. 1. *Gallimard, 2000.* (Folio. SF ; 9 c8)
ISBN 2-07-041587-2. *37 F / 5,64 €*

28309 **N** **SIMMONS D.** L'échiquier du mal. 2. *Gallimard, 2000.* (Folio. SF ; 10 c8)
ISBN 2-07-041588-0. *37 F / 5,64 €*

28310 **N** **SIMMONS D.** Endymion. 1. *Pocket, 2000.* (Les voyages d'Endymion; 1)(Pocket ; 5681. Science-fiction c8)
ISBN 2-266-08398-8. *45 F / 6,86 €*

28311 **N** **SIMMONS D.** Endymion. 2. *Pocket, 2000.* (Les voyages d'Endymion; 2)(Pocket ; 5751. Science-fiction c7)
ISBN 2-266-10575-2. *42 F / 6,40 €*

28312 **N** **SIMMONS D.** L éveil d'Endymion. 1. *Pocket, 2000.* (Les voyages d'Endymion; 1)(Pocket ; 5682. Science-fiction c10)
ISBN 2-266-08397-X. *50 F / 7,62 €*

28313 **N** **SIMMONS D.** L'éveil d'Endymion. 2. *Pocket, 2000.* (Les voyages d'Endymion; 2)(Pocket ; 5760. Science-fiction c10)
ISBN 2-266-10634-1. *50 F / 7,62 €*

28314 **SIMMONS D.** Les fils des ténèbres. *LGF, 1997.* (Le Livre de poche ; 14120 c11)
ISBN 2-253-14120-8. *42 F / 6,40 €*

28315 **SIMMONS D.** L'homme nu. *LGF, 1996.* (Le Livre de poche ; 13998 c9)
ISBN 2-253-13998-X. *36 F / 5,49 €*

28316 **SIMMONS D.** Hypérion 1. *Pocket, 1995.* (Les cantos d'Hypérion; 1)(Pocket ; 5578. Science-fiction c5)
ISBN 2-266-06476-2. *35 F / 5,34 €*

28317 **SIMMONS D.** Hypérion 2. *Pocket, 1995.* (Les cantos d'Hypérion; 2)(Pocket ; 5579. Science-fiction c5)
ISBN 2-266-06477-0. *35 F / 5,34 €*

28318 **SIMON V.** Morwen, déesse de l'amour. *Fleuve noir, 1999.* (Arkem, la pierre des ténèbres; 4)(Fleuve noir SF ; 72. SF legend)
ISBN 2-265-06831-4. *42 F / 6,40 €*

28319 **SIMON V.** Sinèn, déesse de la vie. *Fleuve noir, 1997.* (Arkem, la pierre des ténèbres; 2)(Fleuve noir SF ; 23. SF legend)
42 F / 6,40 €

28320 **SIMON V.** Tahnee Sharn, déesse d'alliance. *Fleuve noir, 1998.* (Arkem, la pierre des ténèbres; 3)(Fleuve noir SF ; 52. SF legend)
ISBN 2-265-06603-6. *42 F / 6,40 €*

28321 **SIMON V.** Yanis, déesse de la mort. *Fleuve noir, 1997.* (Arkem, la pierre des ténèbres; 1)(Fleuve noir SF ; 22. SF legend)
ISBN 2-265-06372-X. *42 F / 6,40 €*

28322 **SKAL D. J.** Les Croque-morts. *LGF, 1988.* (Le Livre de poche ; 7092. Science-fiction c7)
ISBN 2-253-04661-2. *30 F / 4,57 €*

28323 **A** **SMEDMAN L.** Le sourire de la mort. *Fleuve noir, 2001.* (Shadowrun ; 25)
ISBN 2-265-07109-9. *35 F / 5,34 €*

28324 **SMITH C.** L'Homme qui acheta la Terre. *Pocket, 1987.* (Les Seigneurs de l'instrumentalité; 4)(Pocket ; 5268. Science-fiction c6)
ISBN 2-266-02041-2. *37 F / 5,64 €*

28325 **SMITH C.** Les Puissances de l'espace. *Pocket, 1987.* (Les Seigneurs de l'instrumentalité; 3)(Pocket ; 5267. Science-fiction c7)
ISBN 2-266-02040-4. *41 F / 6,25 €*

28326 **SMITH C.** La Quête des trois mondes. *Pocket, 1987.* (Les Seigneurs de l'instrumentalité; 6)(Pocket ; 5270. Science-fiction c7)
41 F / 6,25 €

28327 **SMITH C.** Le Sous-peuple. *Pocket, 1987.* (Les Seigneurs de l'instrumentalité; 5)(Pocket ; 5269. Science-fiction c6)
ISBN 2-266-02042-0. *37 F / 5,64 €*

28328 **SMITH C.** Tu seras un autre. *Pocket, 1987.* (Les Seigneurs de l'instrumentalité; 1)(Pocket ; 5265. Science-fiction c7)
ISBN 2-266-02038-2. *41 F / 6,25 €*

28329 **SMITH M. M.** Avance rapide. *Pocket, 1998.* (Pocket ; 5659. Science-fiction c6)
ISBN 2-266-07895-X. *38 F / 5,79 €*

28330 **SMITH M. M.** Frères de chair. *Pocket, 1999.* (Pocket ; 5691. Science-fiction c6)
ISBN 2-266-08606-5. *38 F / 5,79 €*

28331 **SMITH N.** Fondu déchaîné. *Fleuve noir, 1997.* (Shadowrun ; 12 c1)
ISBN 2-265-06216-2. *35 F / 5,34 €*

28332 **SMITH N.** Qui chasse le chasseur. *Fleuve noir, 1998.* (Shadowrun ; 15 c1)
ISBN 2-265-06415-7. *35 F / 5,34 €*

28333 **SMITH N.** Striper, assassin. *Fleuve noir, 1996.* (Shadowrun ; 9 c1)
ISBN 2-265-05586-7. *35 F / 5,34 €*

28334 **SOMTOW S.** Vampire junction. 1. Réimp. *J'ai lu, 2000.* (J'ai lu ; 2862. Ténèbres cK)
ISBN 2-290-30069-1. *42 F / 6,40 €*

28335 **SOMTOW S.** Vampire junction. 2, Valentine. Réimp. *J'ai lu, 2000.* (J'ai lu ; 5454. Ténèbres cL)
ISBN 2-290-30070-5. *45 F / 6,86 €*

28336 **N** **SOMTOW S.** Vampire junction. 3, Vanitas. *J'ai lu, 2000.* (J'ai lu ; 5623. Ténèbres cL)
ISBN 2-290-30349-6. *45 F / 6,86 €*

28337 **N** **SPELLMAN C. C.** Dans les griffes du diable : L'élue. Nouv. éd. *Pocket, 2000.* (Pocket ; 9149. Terreur c10)
ISBN 2-266-10695-3. *50 F / 7,62 €*

28338 **SPIELBERG S.** E.T. : la planète verte. *J'ai lu, 1986.* (J'ai lu ; 1980. Science-fiction)
ISBN 2-277-21980-0. *29 F / 4,42 €*

28339 **SPIELBERG S.** Rencontres du troisième type. *J'ai lu, 1979.* (J'ai lu ; 947. Science-fiction c3)
ISBN 2-277-11947-4. *29 F / 4,42 €*

28340 **SPINRAD N.** L'enfant de la fortune : storia du deuxième âge des étoiles racontée par Wendi Shasta Leonardo. *LGF, 1995.* (Le Livre de poche ; 7174. Science-fiction c10)
ISBN 2-253-07174-9. *40 F / 6,10 €*

28341 **SPINRAD N.** La Grande guerre des bleus et des roses. *Pocket, 1985.* (Pocket. Science-fiction ; 5212 c6)
ISBN 2-266-01602-4. *37 F / 5,64 €*

28342 **SPINRAD N.** Jack Barron et l'éternité. *J'ai lu, 2000.* (J'ai lu ; 856. Science-fiction cK)
ISBN 2-290-30006-3. *42 F / 6,40 €*

28343 **N** **SPINRAD N.** Le printemps russe. 1. *Gallimard, 2000.* (Folio. SF ; 7 c8)
ISBN 2-07-041589-9. *37 F / 5,64 €*

28344 **N** **SPINRAD N.** Le printemps russe. 2. *Gallimard, 2000.* (Folio. SF ; 8 c8)
ISBN 2-07-041590-2. *37 F / 5,64 €*

28345 **SPINRAD N.** Rock machine. *LGF, 1994.* (Le Livre de poche ; 7166. Science-fiction c16)
ISBN 2-253-07166-8. *55 F / 8,38 €*

28346 **A** **STABLEFORD B. M. J'ai lu, 2001. (J'ai lu ; 5926. Science-fict, ION)** ISBN 2-290-31171-5

28347 **STABLEFORD B. M.** Les loups-garous de Londres. Réimpr. *J'ai lu, 2000.* (J'ai lu ; 3422. Ténèbres)
ISBN 2-290-03422-3. *49 F / 7,47 €*

28348 **N** **STABLEFORD B. M.** Le sang du serpent. *J'ai lu, 2000.* (Les livres de la genèse; 1)(J'ai lu ; 5572. Science-fiction cM)
ISBN 2-290-30269-4. *49 F / 7,47 €*

28349 **STACKPOLE M. A.** L'escadron rogue. *Fleuve noir, 1999.* (Les X-Wings; 1)(Star Wars)
ISBN 2-265-06755-5. *32 F / 4,88 €*

28350 **STACKPOLE M. A.** L'escadron spectre. *Fleuve noir, 2000.* (Les X-Wings; 5)(Star Wars)
ISBN 2-265-06967-1. *32 F / 4,88 €*

28351 **STACKPOLE M. A.** La guerre du Bacta. *Fleuve noir, 1999.* (Les X-Wings; 4)(Star Wars)
ISBN 2-265-06758-X. *32 F / 4,88 €*

28352 **STACKPOLE M. A.** Le jeu de la mort. *Fleuve noir, 1999.* (Les X-Wings; 2)(Star Wars)
ISBN 2-265-06756-3. *32 F / 4,88 €*

28353 **A** **STACKPOLE M. A.** Naufrage. *Fleuve noir, 2001.* (La marée des ténèbres; 1)(Star Wars)
ISBN 2-265-07170-6. *39 F / 5,95 €*

28354 **STACKPOLE M. A.** Un piège nommé Krytos. *Fleuve noir, 1999.* (Les X-Wings; 3)(Star Wars)
ISBN 2-265-06757-1. *32 F / 4,88 €*

28355 **N** **STACKPOLE M. A.** Wolf et Raven. *Fleuve noir, 2001.* (Shadowrun ; 24 c1)
ISBN 2-265-07093-9. *35 F / 5,34 €*

28356 **STEAKLEY J. D.** Vampires. *Pocket, 1998.* (Pocket ; 9197. Terreur c6)
ISBN 2-266-08105-5. *38 F / 5,79 €*

28357 **N** **STEEL D.** Le klone et moi. *Pocket, 2000.* (Pocket ; 11089 c5)
ISBN 2-266-10471-3. *35 F / 5,34 €*

28358 **STEIBER E.** Compressions : d'après un scénario de Glen Morgan et James Wong. *J'ai lu, 1996.* (Aux frontières du réel : les épisodes, d'après la série télévisée créée par Chris Carter; 4)(Séries TV c2)
ISBN 2-290-04347-8. *22 F / 3,35 €*

28359 **STEIBER E.** Eve. *J'ai lu, 1997.* (Aux frontières du réel : les épisodes, d'après la série télévisée créée par Chris Carter; 12)(Séries TV c2)
ISBN 2-290-04619-1. *22 F / 3,35 €*

28360 **STEIBER E.** Métamorphoses : d'après un scénario de Marilyn Osborn. *J'ai lu, 1996.* (Aux frontières du réel : les épisodes, d'après la série télévisée créée par Chris Carter; 06)(Séries TV c2)
ISBN 2-290-04349-4. *22 F / 3,35 €*

28361 **STEIBER E.** La règle du jeu. *J'ai lu, 1999.* (Aux frontières du réel : les épisodes, d'après la série télévisée créée par Chris Carter; 19)(Séries TV c2)
ISBN 2-290-05387-2. *22 F / 3,35 €*

28362 **STEIBER E.** Souvenir d'oubliette. *J'ai lu, 1998.* (Aux frontières du réel : les épisodes, d'après la série télévisée créée par Chris Carter; 15)(Séries TV c2)
ISBN 2-290-04831-3. *22 F / 3,35 €*

28363 **STEPHENSON N.** L'âge du diamant. *LGF, 1998.* (Le Livre de poche ; 7210. Science-fiction c15)
ISBN 2-253-07210-9. *50 F / 7,62 €*

28364 **STEPHENSON N.** Le samouraï virtuel. *LGF, 2000.* (Le Livre de poche ; 7221. Science-fiction c14)
ISBN 2-253-07221-4. *48 F / 7,32 €*

28365 **A** **STERLING B.** Gros temps. *Gallimard, 2001.* (Folio. SF)
ISBN 2-07-041834-0. *87 F / 13,26 €*

28366 **STERNBERG J.** 188 contes à régler. Ed. rev. *Gallimard, 1998.* (Folio ; 3059 c9)
ISBN 2-07-040416-1. *41 F / 6,25 €*

28367 **N** **STEVENSON R. L.** Le cas étrange du dr Jekyll et de M. Hyde. Réimpr. *Librio, 2000.* (Librio ; 113)
ISBN 2-277-30113-2. *10 F / 1,52 €*

28368 **STEVENSON R. L.** L'étrange affaire du Dr Jekill et de Mr Hyde. *Actes Sud, 1997.* (Babel ; 263. Les fantastiques c2)
ISBN 2-7427-1175-9. *39 F / 5,95 €*

28369 **N** **STEVENSON R. L.** L'étrange cas du Dr Jekyll et de M. Hyde : et autres récits fantastiques. *LGF, 2000.* (Le Livre de poche ; 16067. Classiques de poche c6)
ISBN 2-253-16067-9. *26 F / 3,96 €*

28370 **STEVENSON R. L.** L'étrange cas du Dr Jekyll et de M. Hyde. *LGF, 1999.* (Le Livre de poche ; 14764. Les classiques d'aujourd'hui c1)
ISBN 2-253-14764-8. *10 F / 1,52 €*

28371 **STINE R. L.** Les maîtres des superstitions. *J'ai lu, 1998.* (J'ai lu ; 4967. Ténèbres c6)
ISBN 2-290-04967-0. *42 F / 6,40 €*

28372 **STOKER B.** L'enterrement des rats, et autres nouvelles. *Librio, 1996.* (Librio ; 125 c1)
ISBN 2-277-30125-6. *10 F / 1,52 €*

28373 **N** **STOLZE P.** La maison Usher ne chutera pas. *Gallimard, 2000.* (Folio ; 40. SF c6)
ISBN 2-07-041771-9. *29 F / 4,42 €*

28374 **STRAUB P.** Ghost Story. *Pocket, 1990.* (Pocket ; 9033. Terreur c9)
ISBN 2-266-03481-2. *48 F / 7,32 €*

28375 **STRAUB P.** Julia. *Pocket, 1989.* (Pocket ; 9020. Terreur c3)
ISBN 2-266-03181-3. *26 F / 3,96 €*

28376 **STRAUB P.** Koko. *Pocket, 1991.* (Pocket ; 9047. Terreur c7)
ISBN 2-266-03884-2. *42 F / 6,40 €*

28377 **N** **STRAUB P.** La magie de la terreur. *Pocket, 2000.* (Pocket ; 9241. Terreur c7)
ISBN 2-266-10236-2. *42 F / 6,40 €*

28378 **STRIEBER W.** Les Prédateurs. *J'ai lu, 1983.* (J'ai lu ; 1419. Science-fiction)
ISBN 2-277-21419-1. *39 F / 5,95 €*

28379 **STURGEON T.** Le Coeur désintégré. *J'ai lu, 1991.* (J'ai lu ; 3074. Science-fiction)
ISBN 2-277-23074-X. *29 F / 4,42 €*

28380 **STURGEON T.** Cristal qui songe. Réimpr. *J'ai lu, 1993.* (J'ai lu ; 369. Science-fiction c3)
ISBN 2-277-12369-2. *29 F / 4,42 €*

28381 **STURGEON T.** Cristal qui songe. *Librio, 1999.* (Librio ; 296 c1)
ISBN 2-277-30296-1. *10 F / 1,52 €*

28382 **STURGEON T.** Killdozer : le viol cosmique. *J'ai lu, 1971.* (J'ai lu ; 407. Science-fiction)
ISBN 2-277-12407-9. *36 F / 5,49 €*

28383 **A** **STURGEON T.** Les plus qu'humains. Réimpr. *J'ai lu, 2001.* (J'ai lu ; 355. Science-fiction)
ISBN 2-290-31124-3

28384 **STURGEON T.** Les Talents de Xanadu. *J'ai lu, 1978.* (J'ai lu ; 829. Science-fiction c4)
ISBN 2-277-11829-X. *36 F / 5,49 €*

28385 **Sur les berges du temps.** *Pocket, 1993.* (Chansons pour J.R.R. Tolkien; 2)(Pocket ; 5492. Science-fiction c6)
ISBN 2-266-05210-1. *38 F / 5,79 €*

28386 **SWANWICK M.** Stations des profondeurs. *J'ai lu, 1993.* (J'ai lu ; 3436. Science-fiction)
ISBN 2-277-23436-2. *39 F / 5,95 €*

28387 **A** **TARR J.** The hall of the moutain. *Pocket, 2001.* (Avaryan; 1)(Pocket. Science-fiction ; 5722)
ISBN 2-266-09083-6. *42 F / 6,40 €*

28388 **TELEP P.** Space 2063 : d'après un scénario original de Glen Morgan et James Wong. *J'ai lu, 1997.* (J'ai lu ; 4417. Science-fiction c4)
ISBN 2-290-04417-2. *36 F / 5,49 €*

28389 **TEPPER S. S.** La Belle endormie. *J'ai lu, 1994.* (J'ai lu ; 3647. Science-fiction)
ISBN 2-277-23647-0. *49 F / 7,47 €*

28390 **TEPPER S. S.** Prière à l'ange obscur. *J'ai lu, 1995.* (J'ai lu ; 4050. Science-fiction c10)
ISBN 2-277-24050-8. *52 F / 7,93 €*

28391 **TEPPER S. S.** Rituel de chasse. *J'ai lu, 1992.* (J'ai lu ; 3244. Science-fiction)
ISBN 2-277-23244-0. *45 F / 6,86 €*

28392 **N** **TESSIER T.** Coeur de brume. *Pocket, 2001.* (Pocket. Terreur ; 9259 c8)
ISBN 2-266-11133-7. *45 F / 6,86 €*

28393 **THIRION L.** Le Temps des rats. *Fleuve noir, 1986.* (Fleuve noir SF ; 1455)
ISBN 2-265-03265-4. *34 F / 5,18 €*

28394 **THOMAS G.** Acherra. *Fleuve noir, 1995.* (Les cages de Beltem; 1)(Fleuve noir SF ; 1968 c1)
ISBN 2-265-05692-8. *49 F / 7,47 €*

28395 **THOMAS G.** La croix des décastés. *Fleuve noir, 1995.* (Fleuve noir SF ; 1686 c1)
ISBN 2-265-05507-7. *34 F / 5,18 €*

28396 **THOMAS G.** Les Hommes marqués. *Fleuve noir, 1994.* (Fleuve noir SF ; 1650 c1)
ISBN 2-265-00403-0. *34 F / 5,18 €*

28397 **THOMAS G.** La légende des niveaux fermés. *Fleuve noir, 1996.* (Fleuve noir SF ; 1764 c1)
ISBN 2-265-05940-4. *34 F / 5,18 €*

28398 **THOMAS G.** La Mort en billes. Réimpr. *Fleuve noir, 1994.* (Fleuve noir SF ; 1710 c1)
ISBN 2-265-05221-3. *34 F / 5,18 €*

28399 **THOMAS G.** Offren. *Fleuve noir, 1995.* (Les cages de Beltem; 2)(Fleuve noir SF ; 1969 c1)
ISBN 2-265-05691-X. *49 F / 7,47 €*

28400 **THOMAS G.** Les oiseaux de cuir. *Fleuve noir, 1996.* (Fleuve noir SF ; 1999 c1)
ISBN 2-265-06161-1. *39 F / 5,95 €*

28401 **THOMAS G.** Les Portes sans retour. *Fleuve noir, 1994.* (Fleuve noir SF ; 1941 c1)
ISBN 2-265-00395-6. *34 F / 5,18 €*

28402 **THOMAS G., VERLANGER J.** La Porte des serpents. *Fleuve noir, 1992.* (Fleuve noir SF ; 1887)
ISBN 2-265-04830-5. *34 F / 5,18 €*

28403 **THOMPSON P. B., CARTER T. R.** Nations elfiques. 3, La terre de nos pères. *Fleuve noir, 2000.* (Lancedragon ; 31)
ISBN 2-265-06598-6. *35 F / 5,34 €*

28404 **THOMPSON P. B., CARTER T. R.** Le premier fils. *Fleuve noir, 2000.* (Nations elfiques; 1)(Lancedragon)
ISBN 2-265-06596-X. *35 F / 5,34 €*

28405 **THUILLIER G.** Le dixième cercle. *J'ai lu, 1999.* (J'ai lu ; 4986. Science-fiction c6)
ISBN 2-290-04986-7. *42 F / 6,40 €*

28406 **TILTON L.** Accusations. *J'ai lu, 1998.* (Babylon 5 : basé sur la série télévisée créée par J. Michael Straczynski; 2)(J'ai lu ; 5025. Science-fiction c5)
ISBN 2-290-15025-8. *39 F / 5,95 €*

28407 **TOLKIEN J. R. R.** Bilbo le Hobbit. *LGF, 1989.* (Le Livre de poche ; 6615 c7)
ISBN 2-253-04941-7. *30 F / 4,57 €*

28408 **N** **TOLKIEN J. R. R.** La communauté de l'anneau. Réimpr. *Pocket, 2000.* (Le seigneur des anneaux; 1)(Pocket ; 5452. Science-fiction c5)
ISBN 2-266-10798-4. *35 F / 5,34 €*

28409 **TOLKIEN J. R. R.** La communauté de l'anneau. *Pocket, 1995.* (Le seigneur des anneaux; 1)(Pocket)
ISBN 2-266-07061-4. *35 F / 5,34 €*

28410 **TOLKIEN J. R. R.** Le livre des contes perdus. 1. *Pocket, 1999.* (Pocket ; 5668. Science-fiction c6)
ISBN 2-266-07930-1. *38 F / 5,79 €*

28411 **A** **TOLKIEN J. R. R.** Le livre des contes perdus. 2. *Pocket, 2001.* (Pocket. Science-fiction ; 5718)
ISBN 2-266-09549-8

28412 **Trilogie des Selenae.** *Fleuve noir, 1997.* (Les Royaumes oubliés)
ISBN 2-265-06364-9. *102 F / 15,55 €*

28413 **TROY D.** La mer assoiffée. *Fleuve noir, 1999.* (Les Royaumes oubliés c1)
ISBN 2-265-06590-0. *35 F / 5,34 €*

28414 **N** **TRUONG J-M.** Le successeur de Pierre. *Pocket, 2001.* (Pocket ; 10969. Thriller c9)
ISBN 2-266-10190-0. *48 F / 7,32 €*

28415 **TRYON T.** Noire magie. *Pocket, 1997.* (Pocket ; 9172. Terreur c5)
ISBN 2-266-07406-7. *35 F / 5,34 €*

28416 **TYERS K.** Trêve à Bakura. *Fleuve noir, 1999.* (Star Wars)
ISBN 2-265-06803-9. *32 F / 4,88 €*

28417 **Vampire story.** *Fleuve noir, 1994.* (Super poche ; 17 c1)
ISBN 2-265-05113-6. *59 F / 8,99 €*

28418 **Les vampires.** *Actes Sud, 1997.* (Babel. Les fantastiques)
ISBN 2-7427-1269-0. *174 F / 26,53 €*

28419 **N** **VAN VOGT A. E.** A la poursuite des Slans. Nouv. éd. *J'ai lu, 2000.* (J'ai lu ; 381. Science-fiction cE)
ISBN 2-290-30963-X. *22 F / 3,35 €*

8420 **VAN VOGT A. E.** Les Armureries d'Isher. Réimpr. *J'ai lu, 1991.* (J'ai lu ; 439. Science-fiction c3)
ISBN 2-277-11439-1. *29 F / 4,42 €*

421 **VAN VOGT A. E.** Au-delà du village enchanté. *J'ai lu, 1987.* (J'ai lu ; 2150. Science-fiction c4)
ISBN 2-277-22150-3. *36 F / 5,49 €*

28422 **VAN VOGT A. E.** Le Colosse anarchique. *J'ai lu, 1988.* (J'ai lu ; 1172. Science-fiction c3)
ISBN 2-290-01172-X. *29 F / 4,42 €*

28423 **VAN VOGT A. E.** Créateur d'univers. Réimpr. *J'ai lu, 1996.* (J'ai lu ; 529. Science-fiction c3)
ISBN 2-290-00529-0. *29 F / 4,42 €*

28424 **VAN VOGT A. E.** Destination univers. Réimpr. *J'ai lu, 1989.* (J'ai lu ; 496. Science-fiction c4)
ISBN 2-277-11496-0. *36 F / 5,49 €*

28425 **VAN VOGT A. E.** L'Empire de l'atome. *J'ai lu, 1972.* (J'ai lu ; 418. Science-fiction c3)
ISBN 2-277-12418-4. *29 F / 4,42 €*

28426 **VAN VOGT A. E.** Les Enfants de demain. *Pocket, 1979.* (Pocket ; 5059. Science-fiction c5)
ISBN 2-266-00780-7. *30 F / 4,57 €*

28427 **VAN VOGT A. E.** L'Eté indien d'une paire de lunettes. *J'ai lu, 1980.* (J'ai lu ; 1057. Science-fiction c2)
ISBN 2-277-21057-9. *22 F / 3,35 €*

28428 **VAN VOGT A. E.** Les Fabricants d'armes. Réimpr. *J'ai lu, 1991.* (J'ai lu ; 440. Science-fiction c3)
ISBN 2-277-11440-5. *29 F / 4,42 €*

28429 **VAN VOGT A. E.** La Faune de l'espace. Nouv. éd. *J'ai lu, 1992.* (J'ai lu ; 392. Science-fiction c3)
ISBN 2-277-12392-7. *29 F / 4,42 €*

28430 **VAN VOGT A. E.** La fin du A. *J'ai lu, 1983.* (J'ai lu ; 1601. Science-fiction c3)
ISBN 2-290-01601-2. *29 F / 4,42 €*

28431 **VAN VOGT A. E.** La Guerre contre le Rull. Réimpr. *J'ai lu, 1989.* (J'ai lu ; 475. Science-fiction)
ISBN 2-277-12475-3. *36 F / 5,49 €*

28432 **VAN VOGT A. E.** L'Homme multiplié. *J'ai lu, 1976.* (J'ai lu ; 659. Science-fiction c2)
ISBN 2-290-00659-9. *22 F / 3,35 €*

28433 **VAN VOGT A. E.** Les joueurs du A. Nouv. éd. *J'ai lu, 1998.* (J'ai lu ; 397. Science-fiction c3)
ISBN 2-277-12397-8. *29 F / 4,42 €*

28434 **VAN VOGT A. E.** Des Lendemains qui scintillent. Réimpr. *J'ai lu, 1990.* (J'ai lu ; 588. Science-fiction c3)
ISBN 2-277-12588-1. *29 F / 4,42 €*

28435 **VAN VOGT A. E.** Le Livre de Ptath. *J'ai lu, 1976.* (J'ai lu ; 463. Science-fiction c4)
ISBN 2-277-12463-X. *36 F / 5,49 €*

28436 **VAN VOGT A. E.** La Machine ultime. Réimpr. *J'ai lu, 1996.* (J'ai lu ; 1548. Science-fiction c3)
ISBN 2-290-01548-2. *29 F / 4,42 €*

28437 **VAN VOGT A. E.** Le monde des A. Réimpr. *J'ai lu, 1992.* (J'ai lu ; 362. Science-fiction c3)
ISBN 2-290-00362-X. *29 F / 4,42 €*

28438 **A** **VAN VOGT A. E.** Le monde des A. Nouv. éd. *J'ai lu, 2001.* (J'ai lu ; 362. Science-fiction)
ISBN 2-290-31298-3

28439 **VAN VOGT A. E.** Les Monstres. Réimpr. *J'ai lu, 1990.* (J'ai lu ; 1082. Science-fiction c2)
ISBN 2-277-21082-X. *22 F / 3,35 €*

28440 **VAN VOGT A. E.** Rencontre Cosmique. *J'ai lu, 1979.* (J'ai lu ; 975. Science-fiction c3)
ISBN 2-277-11975-X. *29 F / 4,42 €*

28441 **VAN VOGT A. E.** Le Silkie. Réimpr. *J'ai lu, 1989.* (J'ai lu ; 855. Science-fiction c2)
ISBN 2-277-11855-9. *22 F / 3,35 €*

28442 **VAN VOGT A. E.** Le Sorcier de Linn. *J'ai lu, 1972.* (J'ai lu ; 419. Science-fiction c3)
ISBN 2-277-12419-2. *29 F / 4,42 €*

28443 **VAN VOGT A. E.** Ténèbres sur Diamondia. Réimpr. *J'ai lu, 1990.* (J'ai lu ; 515. Science-fiction c3)
ISBN 2-277-11515-0. *29 F / 4,42 €*

28444 **N** **VANCE J.** Cugel l'astucieux. Réimpr. *J'ai lu, 2000.* (J'ai lu ; 707. Science-fiction cH)
ISBN 2-290-30182-5. *32 F / 4,88 €*

28445 **N** **VANCE J.** Cugel saga. Réimpr. *J'ai lu, 2000.* (J'ai lu ; 1665. Science-fiction cJ)
ISBN 2-290-30214-7. *39 F / 5,95 €*

28446 **N** **VANCE J.** Cycle de Tschaï. *J'ai lu, 2001.* (J'ai lu ; 5796. Science-fiction cR)
ISBN 2-290-30975-3. *65 F / 9,91 €*

28447 **VANCE J.** Le Dirdir. Réimpr. *J'ai lu, 1989.* (Cycle de Tschaï; 3)(J'ai lu ; 723. Science-fiction)
ISBN 2-290-00723-4. *29 F / 4,42 €*

28448 **N** **VANCE J.** Escales dans les étoiles. *Pocket, 2001.* (Pocket ; 5729. Science-fiction c6)
ISBN 2-266-09552-8. *38 F / 5,79 €*

28449 **VANCE J.** L'Homme sans visage. *Pocket, 1981.* (Chroniques de Durdane; 1)(Pocket ; 5088. Science-fiction c3)
ISBN 2-266-00933-8. *26 F / 3,96 €*

28450 **VANCE J.** Madouc. *Pocket, 1990.* (Lyonesse; 3)(Pocket ; 5394. Science-fiction c7)
ISBN 2-266-03566-5. *42 F / 6,40 €*

28451 **VANCE J.** La mémoire des étoiles. *Pocket, 1998.* (Pocket ; 5996 c7)
ISBN 2-266-08711-8. *42 F / 6,40 €*

28452 **VANCE J.** Le Monde magique. Réimpr. *J'ai lu, 1989.* (J'ai lu ; 836. Science-fiction c2)
ISBN 2-277-11836-2. *22 F / 3,35 €*

28453 **VANCE J.** Le Pnume. Réimpr. *J'ai lu, 1989.* (Cycle de Tschaï; 4)(J'ai lu ; 724. Science-fiction)
ISBN 2-290-00724-2. *29 F / 4,42 €*

28454 **VANCE J.** Le Prince des étoiles. *Pocket, 1980.* (La Geste des princes-démons; 3)(Pocket ; 5067. Science-fiction c2)
ISBN 2-266-00843-9. *23 F / 3,51 €*

28455 **VANCE J.** Un Tour en Thaery. *Pocket, 1981.* (Les Mystères de Maske; 1)(Pocket ; 5124. Science-fiction c3)
ISBN 2-266-01091-3. *26 F / 3,96 €*

28456 **VANCE J.** Trullion : Alastor 2262. Réimpr. *J'ai lu, 1989.* (J'ai lu ; 1476. Science-fiction)
ISBN 2-277-21476-0. *29 F / 4,42 €*

28457 **VANCE J.** Le Wankh. Réimpr. *J'ai lu, 1989.* (Cycle de Tschaï; 2)(J'ai lu ; 722. Science-fiction)
ISBN 2-290-00722-6. *29 F / 4,42 €*

28458 **N** **VARLEY J.** Persistance de la vision. *Gallimard, 2000.* (Folio. SF ; 17 c9)
ISBN 2-07-041592-9. *41 F / 6,25 €*

28459 **VERNE J.** Les Indes noires. *Librio, 1998.* (Librio ; 227 c1)
ISBN 2-277-30227-9. *10 F / 1,52 €*

28460 **VERNE J.** Une ville flottante. *Librio, 2000.* (Librio ; 346 c1)
ISBN 2-290-30095-0. *10 F / 1,52 €*

28461 **VERNE J.** Vingt mille lieues sous les mers. *LGF, 1992.* (Le Livre de poche ; 2033. Classiques de poche c12)
ISBN 2-253-00632-7. *44 F / 6,71 €*

28462 **VETTIER J.** Sous les nées vertes. *Baleine, 1999.* (Macno ; 12)
ISBN 2-84219-207-9. *42 F / 6,40 €*

28463 **VILÀ C.** Boulevard de l'infini. *Fleuve noir, 1999.* (Fleuve noir SF. SF metal)
ISBN 2-265-06479-3. *39 F / 5,95 €*

28464 **VILÀ C.** Iceflyer. *Fleuve noir, 1997.* (Fleuve noir SF ; 18)
ISBN 2-265-06167-0. *34 F / 5,18 €*

28465 **VINCE J. D.** Finismonde. *J'ai lu, 1986.* (J'ai lu ; 1863. Science-fiction c3)
ISBN 2-277-21863-4. *29 F / 4,42 €*

28466 **VINCE J. D.** La Reine des neiges. *J'ai lu, 1988.* (J'ai lu ; 1707. Science-fiction c5)
ISBN 2-277-21707-7. *39 F / 5,95 €*

28467 **VINGE J. D.** Mad Max au-delà du dôme du tonnerre. *J'ai lu, 1985.* (J'ai lu ; 1864. Science-fiction c3)
ISBN 2-277-21864-2. *29 F / 4,42 €*

28468 **VINGE J. D.** Pluie de rêves. *J'ai lu, 1997.* (J'ai lu ; 4591. Science-fiction c10)
ISBN 2-290-04591-8. *52 F / 7,93 €*

28469 **VINGE J. D.** La Reine de l'été. 1. Réimp. *J'ai lu, 1999.* (J'ai lu ; 3405. Science-fiction c6)
ISBN 2-290-30473-5. *42 F / 6,40 €*

28470 **VINGE J. D.** La Reine de l'été. 2. Réimp. *J'ai lu, 1999.* (J'ai lu ; 3406. Science-fiction c6)
ISBN 2-290-30474-3. *42 F / 6,40 €*

28471 **VINGE J. D.** La Reine de l'été. 3. Réimp. *J'ai lu, 1999.* (J'ai lu ; 3407. Science-fiction c6)
ISBN 2-290-30475-1. *42 F / 6,40 €*

28472 **VINGE J. D.** Les Yeux d'ambre. *J'ai lu, 1992.* (J'ai lu ; 3205. Science-fiction c4)
ISBN 2-277-23205-X. *36 F / 5,49 €*

28473 **N** **VINGE V.** La captive du temps perdu. *LGF, 2000.* (Le Livre de poche ; 7228. Science-fiction)
ISBN 2-253-07228-1. *39 F / 5,95 €*

28474 **VINGE V.** Un feu sur l'abîme. *LGF, 1998.* (Le Livre de poche ; 7208. Science-fiction c14)
ISBN 2-253-07208-7. *48 F / 7,32 €*

28475 **21 nouvelles histoires de sexe et d'horreur.** *Pocket, 1999.* (Pocket ; 08721. Terreur c8)
ISBN 2-266-08804-1. *45 F / 6,86 €*

28476 **VONARBURG E.** L'autre rivage. *Alire, 1997.* (Tyranaël; 4)(Romans. Science-fiction ; 10)
ISBN 2-922145-11-5. *73 F / 11,13 €*

28477 **N** **VONARBURG E.** Chroniques du pays des mères. *Alire, 2000.* (Romans. Science-fiction ; 27)
ISBN 2-922145-31-X. *79 F / 12,04 €*

28478 **VONARBURG E.** Le jeu de la perfection. *Alire, 1996.* (Tyranaël; 2)(Romans. Science-fiction ; 4)
ISBN 2-922145-03-4. *67 F / 10,21 €*

28479 **VONARBURG E.** Mon frère l'ombre. *Alire, 1997.* (Tyranaël; 3)(Romans. Science-fiction ; 5)
ISBN 2-922145-04-2. *67 F / 10,21 €*

28480 **VONARBURG E.** Les rêves de la mer. *Alire, 1996.* (Tyranaël; 1)(Romans. Science-fiction ; 3)
ISBN 2-922145-02-6. *67 F / 10,21 €*

28481 **VONARBURG E.** Le silence de la cité. *Alire, 1998.* (Romans. Science-fiction ; 17)
ISBN 2-922145-22-0. *61 F / 9,30 €*

28482 **VONNEGUT K.** Galapagos. *Grasset, 1994.* (Les Cahiers rouges ; 198)
ISBN 2-246-37192-9. *57 F / 8,69 €*

28483 **VORNHOLT J.** Par le sang. *J'ai lu, 1999.* (Babylon 5 : basé sur la série télévisée créée par J. Michael Straczynski; 3)(J'ai lu ; 5119. Science-fiction c5)
ISBN 2-290-05119-5. *39 F / 5,95 €*

28484 **VORNHOLT J.** Les voix psy. *J'ai lu, 1998.* (Babylon 5 : basé sur la série télévisée créée par J. Michael Straczynski; 1)(J'ai lu ; 4909. Science-fiction c5)
ISBN 2-290-04909-3. *39 F / 5,95 €*

28485 **WAGNER R. C.** L'aube incertaine. *Fleuve noir, 1997.* (Fleuve noir SF ; 15)
ISBN 2-265-06293-6. *39 F / 5,95 €*

28486 **WAGNER R. C.** La balle du néant. *Fleuve noir, 1996.* (Les futurs mystères de Paris; 1)(Fleuve noir SF ; 1988 c1)
34 F / 5,18 €

28487 **WAGNER R. C.** Cette Crédille qui nous ronge. *Fleuve noir, 1991.* (Fleuve noir SF ; 1847 c1)
ISBN 2-265-04637-X. *34 F / 5,18 €*

28488 **WAGNER R. C.** Poupée aux yeux morts. *Fleuve noir, 1998.* (Fleuve noir SF ; 38. SF metal)
ISBN 2-265-06390-8. *59 F / 8,99 €*

28489 **WAGNER R. C.** Les psychopompes de Klash. *Mnémos, 1997.* (Mnémos. Science-fiction)
ISBN 2-911618-24-6. *44 F / 6,71 €*

28490 **WAGNER R. C.** Les ravisseurs quantiques. *Fleuve noir, 1996.* (Les futurs mystères de Paris ; 2)(Fleuve noir SF ; 1998)
ISBN 2-265-06115-8. *34 F / 5,18 €*

28491 **WAGNER R. C., GALLART R.** Le pacte des esclavagistes. *Baleine, 1999.* (Macno ; 14)
ISBN 2-84219-232-X. *42 F / 6,40 €*

28492 **WALTHER D.** L'Epouvante. *J'ai lu, 1988.* (J'ai lu ; 976. Science-fiction)
ISBN 2-277-11976-8. *29 F / 4,42 €*

28493 **WANDREI D., WALTON E., KELLER D. H.** Horror story. *Fleuve noir, 1993.* (Super poche ; 12)
ISBN 2-265-00114-7. *59 F / 8,99 €*

28494 **WARD J. M., BROWN A. K.** La Fontaine de lumière. *Fleuve noir, 1994.* (La Trilogie des héros de Phlan; 1)(Les Royaumes oubliés ; 7)
ISBN 2-265-00213-5. *35 F / 5,34 €*

28495 **WARD J. M., BROWN A. K.** La Fontaine de pénombre. *Fleuve noir, 1994.* (La Trilogie des héros de Phlan; 3)(Les Royaumes oubliés ; 9 c1)
ISBN 2-265-00210-0. *35 F / 5,34 €*

28496 **WARD J. M., BROWN A. K.** Les Fontaines de ténèbres. *Fleuve noir, 1994.* (La Trilogie des héros de Phlan; 2)(Les Royaumes oubliés ; 8 c1)
ISBN 2-265-00212-7. *35 F / 5,34 €*

28497 **WARRINGTON F.** Le retour de Dracula. *LGF, 1999.* (Le Livre de poche ; 14632 c10)
ISBN 2-253-14632-3. *40 F / 6,10 €*

28498 **WATSON I.** Les coucous. *J'ai lu, 1998.* (Le livre de Mana; 1)(J'ai lu ; 4737. Fantasy c6)
ISBN 2-290-04737-6. *42 F / 6,40 €*

28499 **WATSON I.** Lever de lune. *J'ai lu, 1998.* (Le livre de Mana; 3)(J'ai lu ; 4738. Fantasy c6)
ISBN 2-290-04738-4. *42 F / 6,40 €*

28500 **WATSON I.** Le livre de Mana. 1, Les proclamateurs. *J'ai lu, 1998.* (J'ai lu ; 4736. Fantasy c6)
ISBN 2-290-04736-8. *42 F / 6,40 €*

28501 **WEIS M.** Une âme bien trempée. *Fleuve noir, 1999.* (Lancedragon)
ISBN 2-265-06843-8. *99 F / 15,09 €*

28502 **WEIS M.** La légion fantôme. *Pocket, 1998.* (L'étoile du gardien; 4)(Pocket ; 5569. Science-fiction c10)
ISBN 2-266-06439-8. *50 F / 7,62 €*

28503 **WEIS M.** La quête du roi. *Pocket, 1996.* (L'étoile du gardien; 1)(Pocket ; 5566. Science-fiction c8)
ISBN 2-266-06442-8. *45 F / 6,86 €*

28504 **WEIS M.** Le sacrifice du roi. *Pocket, 1997.* (L'étoile du gardien; 1)(Pocket ; 5568. Science-fiction c9)
ISBN 2-266-06440-1. *48 F / 7,32 €*

28505 **WEIS M., HICKMAN T.** L'Aile du dragon. *Pocket, 1992.* (Les portes de la mort; 1)(Pocket ; 5485. Science-fiction cJ)
ISBN 2-266-05164-4. *50 F / 7,62 €*

28506 **WEIS M., HICKMAN T.** Le Désir du dieu errant. *Pocket, 1994.* (La Rose du prophète; 1)(Pocket ; 5544. Science-fiction c8)
ISBN 2-266-00893-5. *45 F / 6,86 €*

28507 **WEIS M., HICKMAN T.** Dragons d'une flamme d'été. *Fleuve noir, 1997.* (Lancedragon)
ISBN 2-265-06246-4. *99 F / 15,09 €*

28508 **WEIS M., HICKMAN T.** L'épreuve du roi. *Pocket, 1997.* (L'étoile du gardien; 2)(Pocket ; 5567. Science-fiction c10)
ISBN 2-266-06441-X. *50 F / 7,62 €*

28509 **WEIS M., HICKMAN T.** L'Etoile des elfes. *Pocket, 1992.* (Les portes de la mort; 2)(Pocket ; 5486. Science-fiction cJ)
ISBN 2-266-05163-6. *50 F / 7,62 €*

28510 **WEIS M., HICKMAN T.** La main du chaos. *Pocket, 1994.* (Les portes de la mort; 5)(Pocket ; 5557. Science-fiction c11)
ISBN 2-266-06383-9. *55 F / 8,38 €*

28511 **N** **WEIS M., HICKMAN T.** La malédiction de l'épée. *Pocket, 2000.* (La légende de l'épée noire; 2)(Pocket ; 5571. Science-fiction c8)
ISBN 2-266-11004-7. *45 F / 6,86 €*

28512 **WEIS M., HICKMAN T.** La naissance de l'épée. *Pocket, 1998.* (La légende de l'épée noire; 1)(Pocket ; 5570. Science-fiction c8)
ISBN 2-266-06436-3. *45 F / 6,86 €*

28513 **WEIS M., HICKMAN T.** Le Paladin de la nuit. *Pocket, 1994.* (La Rose du prophète; 2)(Pocket ; 5504. Science-fiction c8)
ISBN 2-266-05443-0. *45 F / 6,86 €*

28514 **WEIS M., HICKMAN T.** Le Prophète d'Akhran. *Pocket, 1994.* (La Rose du prophète; 3)(Pocket ; 5505. Science-fiction c8)
ISBN 2-266-05442-2. *45 F / 6,86 €*

28515 **WEIS M., HICKMAN T.** La renaissance de l'épée. *Pocket, 2000.* (La légende de l'épée noire; 4)(Pocket ; 5695. Science-fiction c6)
ISBN 2-266-08537-9. *38 F / 5,79 €*

28516 **N** **WEIS M., HICKMAN T.** Sentinelles. *Pocket, 2000.*-(Le bouclier des étoiles; 1)(Pocket ; 5702. Science-fiction c6)
ISBN 2-266-08975-7. *38 F / 5,79 €*

28517 **WEIS M., HICKMAN T.** Le Serpent mage. *Pocket, 1993.* (Les portes de la mort; 4)(Pocket ; 5500. Science-fiction cK)
ISBN 2-266-05375-2. *55 F / 8,38 €*

28518 **WEIS M., HICKMAN T.** Le triomphe de l'Epée. *Pocket, 1999.* (La légende de l'épée noire; 3)(Pocket ; 5572. Science-fiction c10)
ISBN 2-266-06437-1. *50 F / 7,62 €*

28519 **WEIS M., HICKMAN T.** Voyage au fond du labyrinthe. *Pocket, 1995.* (Les portes de la mort; 5)(Pocket ; 5558. Science-fiction c10)
ISBN 2-266-06382-0. *50 F / 7,62 €*

28520 **N** **WEIS M., PERRIN D.** Les frères d'armes. *Fleuve noir, 2000.* (Lancedragon)
ISBN 2-265-06895-0. *99 F / 15,09 €*

28521 **WELLS H. G.** L'Homme invisible. Rééd. *LGF, 1980.* (Le Livre de poche ; 709 c7)
ISBN 2-253-00485-5. *30 F / 4,57 €*

28522 **WELLS H. G.** L'île du Docteur Moreau. *Gallimard, 1997.* (Folio ; 2917 c11)
ISBN 2-07-040178-2. *29,50 F / 4,50 €*

28523 **WELLS H. G.** Le nouvel accélérateur. *Mille et une nuits, 1995.* (La petite collection ; 75 cA)
ISBN 2-910233-98-7. *10 F / 1,52 €*

28524 **WELLS H. G.** Le pays des aveugles et autres récits d'anticipation = The country of the blind and other tales of anticipation. *Gallimard, 2000.* (Folio bilingue ; 88 cH)
ISBN 2-07-041140-0. *66 F / 10,06 €*

28525 **WERBER B.** Les Thanatonautes. *LGF, 1996.* (Le Livre de poche ; 13922 c10)
ISBN 2-253-13922-X. *40 F / 6,10 €*

28526 **N** **WERFEL F.** L'étoile de ceux qui ne sont pas nés. *LGF, 2000.* (Le Livre de poche ; 7226. Science-fiction)
ISBN 2-253-07226-5. *58 F / 8,84 €*

28527 **WIETZEL E.** La porte des limbes. *Mnémos, 1997.* (Mnémos. Angle mort)
ISBN 2-911618-21-1. *44 F / 6,71 €*

28528 **WILDE O.** Nouvelles fantastiques. *Stock, 1998.* (Bibliothèque cosmopolite c1)
ISBN 2-234-04920-2. *50 F / 7,62 €*

28529 **N** **WILLIAMS T.** Le cri de Camaris. *Pocket, 2000.* (L'arcane des épées. 3, La citadelle assiégée; 2)(Pocket ; 5735. Science-fiction c10)
ISBN 2-266-09829-2. *50 F / 7,62 €*

28530 **N** **WILLIAMS T.** Le livre du Nécromant. *Pocket, 2000.* (L'arcane des épées. 3, La citadelle assiégée; 1)(Pocket ; 5701. Science-fiction c10)
ISBN 2-266-08860-2. *50 F / 7,62 €*

28531 **WILLIAMS T.** La maison de l'ancêtre. *Pocket, 1999.* (La route des rêves; 1)(Pocket ; 5666. Science-fiction)
ISBN 2-266-07889-5. *45 F / 6,86 €*

28532 **WILLIAMS T.** La pierre de l'adieu. *Pocket, 1999.* (La route des rêves; 2)(Pocket ; 5667. Science-fiction)
ISBN 2-266-07890-9. *45 F / 6,86 €*

28533 **WILLIAMS T.** Le roi de l'orage. *Pocket, 1997.* (La ligue du parchemin; 2)(Pocket ; 5651. Science-fiction)
ISBN 2-266-07401-6. *50 F / 7,62 €*

28534 **WILLIAMS W. J.** Aristoï. *J'ai lu, 1995.* (J'ai lu ; 3869. Science-fiction)
ISBN 2-277-23869-4. *49 F / 7,47 €*

28535 **WILLIAMSON J.** La Légion de l'espace. *J'ai lu, 1992.* (J'ai lu ; 3262. Science-fiction c3)
ISBN 2-277-23262-9. *29 F / 4,42 €*

28536 **WILLIS C.** Aux confins de l'étrange. *J'ai lu, 1995.* (J'ai lu ; 3975. Science-fiction c8)
ISBN 2-277-23975-5. *49 F / 7,47 €*

28537 **WILLIS C.** Le grand livre. *J'ai lu, 1994.* (J'ai lu ; 3761. Science-fiction cL)
ISBN 2-277-23761-2. *55 F / 8,38 €*

28538 **WILLIS C.** Remake. *J'ai lu, 1997.* (J'ai lu ; 4429. Science-fiction c3)
ISBN 2-290-04429-6. *29 F / 4,42 €*

28539 **N** **WILLIS C.** Sans parler du chien ou Comment nous retrouvâmes enfin la potiche de l'évêque. *J'ai lu, 2000.* (Millenaires ; 6034)
ISBN 2-290-30374-7. *89 F / 13,57 €*

28540 **WILLIS C.** Les Veilleurs du feu. *J'ai lu, 1988.* (J'ai lu ; 2339. Science-fiction c4)
ISBN 2-277-22339-5. *36 F / 5,49 €*

28541 **WILSON F. P.** Liens de sang. *Pocket, 1995.* (Pocket ; 9140. Terreur c5)
ISBN 2-266-06543-2. *35 F / 5,34 €*

28542 **WILSON F. P.** Mort clinique. *Pocket, 1995.* (Pocket ; 9135. Terreur c6)
ISBN 2-266-06339-1. *38 F / 5,79 €*

28543 **N** **WILSON F. P., COSTELO M.** Mirage. *Pocket, 2000.* (Pocket ; 9239. Terreur ; 9239 c6)
ISBN 2-266-10136-6. *38 F / 5,79 €*

28544 **WILSON R. C.** Mysterium. *J'ai lu, 1995.* (J'ai lu ; 3949. Science-fiction c5)
ISBN 2-277-23949-6. *39 F / 5,95 €*

28545 **WILSON R. C.** Le Vaisseau des voyageurs. *J'ai lu, 1994.* (J'ai lu ; 3733. Science-fiction c8)
ISBN 2-277-23733-7. *49 F / 7,47 €*

28546 **WILSON R. C.** Vice versa. *J'ai lu, 1992.* (J'ai lu ; 3263. Science-fiction c3)
ISBN 2-277-23263-7. *29 F / 4,42 €*

28547 **WINTREBERT J.** Chromoville. Réimpr. *J'ai lu, 1989.* (J'ai lu ; 1576. Science-fiction)
ISBN 2-277-21576-7. *29 F / 4,42 €*

28548 **WINTREBERT J.** Les Maîtres-feu. *J'ai lu, 1983.* (J'ai lu ; 1408. Science-fiction)
ISBN 2-277-21408-6. *29 F / 4,42 €*

28549 **N** **WINTREBERT J.** Les Olympiades truquées. *J'ai lu, 2000.* (J'ai lu ; 5535. Science-fiction)
ISBN 2-290-30547-2. *42 F / 6,40 €*

28550 **A** **WOLFE B.** Limbo. *LGF, 2001.* (Le Livre de poche ; 7230. Science-fiction)
ISBN 2-253-07230-3. *40 F / 6,10 €*

28551 **WOLFE G.** Caldé, côté cité. *J'ai lu, 1996.* (Le livre du long soleil; 3)(J'ai lu ; 4200. Science-fiction c5)
ISBN 2-277-24200-4. *39 F / 5,95 €*

28552 **WOLFE G.** Côté lac. *J'ai lu, 1995.* (Le livre du long soleil; 2)(J'ai lu ; 3924. Science-fiction c5)
ISBN 2-277-23924-0. *39 F / 5,95 €*

28553 **WOLFE G.** Côté nuit. *J'ai lu, 1994.* (Le livre du long soleil; 1)(J'ai lu ; 3708. Science-fiction c5)
ISBN 2-277-23708-6. *39 F / 5,95 €*

28554 **WOLFE G.** L'exode. *J'ai lu, 1998.* (Le livre du long soleil; 4)(J'ai lu ; 4921. Science-fiction c7)
ISBN 2-290-04921-2. *45 F / 6,86 €*

28555 **WOLFE G.** Le Sortilège de Castleview. *J'ai lu, 1992.* (J'ai lu ; 3165. Science-fiction)
ISBN 2-277-23165-7. *39 F / 5,95 €*

28556 **WOLVERTON D.** Le mariage de la princesse Leia. *Fleuve noir, 1999.* (Star Wars)
ISBN 2-265-06802-0. *32 F / 4,88 €*

28557 **WOOD B.** Prémonitions (in dreams). Réimpr. *Pocket, 1999.* (Pocket ; 9138. Terreur c6)
ISBN 2-266-09398-3. *38 F / 5,79 €*

28558 **WU W. F.** Le dictateur, le guerrier. *J'ai lu, 1995.* (Robots temporels d'Isaac Asimov; 2)(J'ai lu ; 4048. Science-fiction)
ISBN 2-277-24048-6. *45 F / 6,86 €*

28559 **N** **WUL S.** Oms en série. *Gallimard, 2000.* (Folio. SF ; 11 c5)
ISBN 2-07-041560-0. *25,50 F / 3,89 €*

28560 **ZAHN T.** La bataille de Jedi. *Pocket, 1996.* (Starwars; 5)(Pocket ; 5623. Science-fiction c6)
ISBN 2-266-06874-1. *37 F / 5,64 €*

28561 **ZAHN T.** La bataille des Jedi. *Fleuve noir, 1999.* (La croisade noire du Jedi fou)(Star Wars)
ISBN 2-265-06808-X. *32 F / 4,88 €*

28562 **ZAHN T.** L'héritier de l'empire. *Fleuve noir, 1999.* (La croisade noire du Jedi fou)(Star Wars)
ISBN 2-265-06807-1. *32 F / 4,88 €*

28563 **N** **ZAHN T.** Le spectre du passé. *Fleuve noir, 2000.* (La main du Thrawn; 1)(Star Wars)
ISBN 2-265-06964-7. *45 F / 6,86 €*

28564 **ZAHN T.** L'ultime commandement. *Fleuve noir, 1999.* (La croisade noire du Jedi fou)(Star Wars)
ISBN 2-265-06809-8. *32 F / 4,88 €*

28565 **N** **ZAHN T.** Vision du futur. *Fleuve noir, 2000.* (La main du Thrawn; 2)(Star Wars)
ISBN 2-265-06965-5. *45 F / 6,86 €*

28566 **A** **ZELAZNY R.** Les Cours du chaos. *Gallimard, 2001.* (Folio. SF)
ISBN 2-07-041833-2. *87 F / 13,26 €*

28567 **ZELAZNY R.** Franc-sorcier. *Pocket, 1987.* (Pocket ; 5258. Science-fiction c6)
ISBN 2-266-01976-7. *37 F / 5,64 €*

28568 **N** **ZELAZNY R.** Les fusils d'Avalon. *Gallimard, 2000.* (Le cycle des princes d'Ambre; 2)(Folio. SF ; 20 c8)
ISBN 2-07-041594-5. *37 F / 5,64 €*

28569 **N** **ZELAZNY R.** L'île des morts. *J'ai lu, 2001.* (J'ai lu ; 509. Science-fiction cE)
ISBN 2-290-30950-8. *22 F / 3,35 €*

28570 **N** **ZELAZNY R.** La main d'Oberon. *Gallimard, 2001.* (Le cycle des princes d'Ambre; 4)(Folio. SF ; 46 c7)
ISBN 2-07-041775-1. *32,50 F / 4,95 €*

28571 **ZELAZNY R.** Le Maître des ombres. *Pocket, 1978.* (Pocket ; 5022. Science-fiction c2)
ISBN 2-266-00515-4. *23 F / 3,51 €*

28572 **N** **ZELAZNY R.** Les neuf princes d'Ambre. *Gallimard, 2000.* (Le cycle des princes d'Ambre; 1)(Folio. SF ; 19 c7)
ISBN 2-07-041593-7. *32,50 F / 4,95 €*

28573 **ZELAZNY R.** Une Rose pour l'écclésiaste. *J'ai lu, 1980.* (J'ai lu ; 1126. Science-fiction c3)
ISBN 2-277-21126-5. *29 F / 4,42 €*

28574 **N** **ZELAZNY R.** Le signe de la licorne. *Gallimard, 2000.* (Le cycle des princes d'Ambre; 3)(Folio. SF ; 38 c8)
ISBN 2-07-041618-6. *37 F / 5,64 €*

28575 **ZELAZNY R., SABERHAGEN F.** Le Trône noir. *J'ai lu, 1993.* (J'ai lu ; 3456. Science-fiction c5)
ISBN 2-290-03456-8. *39 F / 5,95 €*

28576 **ZELAZNY R., SHECKLEY R.** Apportez-moi la tête du prince charmant. *J'ai lu, 1993.* (J'ai lu ; 3504. Science-fiction c4)
ISBN 2-277-23504-0. *36 F / 5,49 €*

28577 **ZELAZNY R., SHECKLEY R.** Le démon de la farce. *J'ai lu, 1997.* (J'ai lu ; 4614. Science-fiction c6)
ISBN 2-290-04614-0. *42 F / 6,40 €*

28578 **ZELAZNY R., THOMAS T. T.** Le Masque de Loki. *J'ai lu, 1992.* (J'ai lu ; 3274. Science-fiction c5)
ISBN 2-290-03274-3. *39 F / 5,95 €*

28579 **ZHEIMER A.** Mars ou crève. *PARC, 1998.* (Collection grise. 10/15)
ISBN 2-912010-04-7. *20 F / 3,05 €*

Littérature (Théatre)

28580 **ABA N.** L'exécution au beffroi. *Lansman, 1995.* (Beaumarchais ; 12)
ISBN 2-87282-096-5. *66 F / 10,06 €*

28581 **ACHTERNBUSCH H.** La botte et sa chaussette ; Ella ; Susn. *Arche éditeur, 1994.* (Scène ouverte)
ISBN 2-85181-355-2. *89 F / 13,57 €*

28582 **ACHTERNBUSCH H.** Gust. *Arche éditeur, 1984.* (Scène ouverte)
ISBN 2-85181-032-4. *49 F / 7,47 €*

28583 **ALBERTINI M.** Le chant du bouc. *Lansman, 1994.* (Beaumarchais ; 4)
ISBN 2-87282-076-0. *52 F / 7,93 €*

28584 **ALBERTINI M.** Dès le printemps la cafétéria est ouverte dans le parc. *Lansman, 1995.* (Beaumarchais ; 9)
ISBN 2-87282-091-4. *52 F / 7,93 €*

28585 **N** **ALEGRE J-P.** Le palais des cinq sens ; suivi de Je hais le monologue !. *Lansman, 2000.* (Nocturnes théâtre ; 82)
ISBN 2-87282-282-8. *56 F / 8,54 €*

28586 **ALLEN W.** Harry dans tous ses états = Deconstruting Harry. *Cahiers du cinéma, 1997.* (Petite bibliothèque des Cahiers du cinéma)
ISBN 2-86642-204-X. *59 F / 8,99 €*

28587 **ANOUILH J.** L'Alouette. *Gallimard, 1973.* (Folio ; 336 c9)
ISBN 2-07-036336-8. *20 F / 3,05 €*

28588 **ANOUILH J.** L'Arrestation. *Gallimard, 1986.* (Folio ; 1774 c8)
ISBN 2-07-037774-1. *37 F / 5,64 €*

28589 **ANOUILH J.** Becket ou l'Honneur de Dieu. *Gallimard, 1972.* (Folio ; 191 c11)
ISBN 2-07-036191-8. *29,50 F / 4,50 €*

28590 **ANOUILH J.** Le Boulanger, la boulangère et le petit mitron. *Gallimard, 1980.* (Folio ; 1174 c9)
ISBN 2-07-037174-3. *20,50 F / 3,13 €*

28591 **ANOUILH J.** Cher Antoine ou l'Amour raté. *Gallimard, 1975.* (Folio ; 697 c9)
ISBN 2-07-036697-9. *20,50 F / 3,13 €*

28592 **ANOUILH J.** Chers Zoiseaux. *Gallimard, 1983.* (Folio ; 1510 c11)
ISBN 2-07-037510-2. *29,50 F / 4,50 €*

28593 **ANOUILH J.** Colombe. *Gallimard, 1996.* (Folio ; 398 c9)
ISBN 2-07-036398-8. *20,50 F / 3,13 €*

28594 **ANOUILH J.** Le Directeur de l'opéra. *Gallimard, 1978.* (Folio ; 1032 c11)
ISBN 2-07-037032-1. *29,50 F / 4,50 €*

28595 **ANOUILH J.** Eurydice ; Roméo et Jeannette. *Gallimard, 1980.* (Folio ; 1218 c8)
ISBN 2-07-037218-9. *37 F / 5,64 €*

28596 **ANOUILH J.** Médée. *Table ronde, 1997.* (La petite vermillon ; 82)
ISBN 2-7103-0837-1. *35 F / 5,34 €*

28597 **ANOUILH J.** Monsieur Barnett ; L'Orchestre. *Gallimard, 1982.* (Folio ; 1426 c9)
ISBN 2-07-037426-2. *20,50 F / 3,13 €*

28598 **ANOUILH J.** Oedipe ou Le roi boiteux. *Table ronde, 1996.* (La petite vermillon ; 60 c1)
ISBN 2-7103-0745-6. *35 F / 5,34 €*

28599 **ANOUILH J.** Les Poissons rouges. *Gallimard, 1972.* (Folio ; 6 c9)
ISBN 2-07-036006-7. *20,50 F / 3,13 €*

28600 **ANOUILH J.** Le Rendez-vous de Senlis ; Leocadia. *Gallimard, 1973.* (Folio ; 375 c11)
ISBN 2-07-036375-9. *29,50 F / 4,50 €*

28601 **ANOUILH J.** La Répétition ou l'Amour puni. *Gallimard, 1973.* (Folio ; 444 c11)
ISBN 2-07-036444-5. *29,50 F / 4,50 €*

28602 **ANOUILH J.** La Sauvage ; L'invitation au château. *Gallimard, 1972.* (Folio ; 874 c8)
ISBN 2-07-036874-2. *37 F / 5,64 €*

28603 **ANOUILH J.** Le Voyageur sans bagage ; Le Bal des voleurs. *Gallimard, 1976.* (Folio ; 759 c11)
ISBN 2-07-036759-2. *29,50 F / 4,50 €*

28604 **ARDEN J.** L'Asile du bonheur. *Arche éditeur, 1964.* (Scène ouverte)
ISBN 2-85181-111-8. *65 F / 9,91 €*

28605 **ARISTOPHANE** Lysistrata. *LGF, 1996.* (Le Livre de poche ; 3126. Classiques de poche c5)
ISBN 2-253-09823-X. *23 F / 3,51 €*

28606 **ARISTOPHANE** Les oiseaux. *Actes Sud, 1996.* (Babel ; 193 c1)
ISBN 2-7427-0677-1. *33 F / 5,03 €*

28607 **ARRABAL F.** Théâtre bouffe ; Vole-moi un petit milliard ; Le Pastaga des loufs ; Punk et punk et colegram. *10-18, 1986.* (10-18 ; 1799 c5)
ISBN 2-264-00785-0. *44 F / 6,71 €*

28608 **AUDIBERTI J.** Le mal court. *Gallimard, 1996.* (Folio ; 35. Théâtre ; 35 c9)
ISBN 2-07-038859-X. *41 F / 6,25 €*

28609 **AYMÉ M.** Vogue la galère. *Grasset, 1997.* (Les Cahiers rouges ; 240)
ISBN 2-246-10142-5. *48 F / 7,32 €*

28610 **BAKER L-A.** Les jours se traînent, les nuits aussi. *Lansman, 1993.* (Théâtre à vif ; 32)
ISBN 2-87282-061-2. *52 F / 7,93 €*

28611 **BARKER H.** Les Européens : combats pour l'amour. *Lansman, 1998.* (Nocturnes théâtre ; 49)
ISBN 2-87282-227-5. *66 F / 10,06 €*

28612 **BARNES D.** Pièces en dix minutes. *Arche éditeur, 1993.* (Scène ouverte)
ISBN 2-85181-319-6. *75 F / 11,43 €*

28613 **BARRIE J. M.** L'admirable Crichton. *Infrarouge, 1999.* (Dramatis personnae)
ISBN 2-908614-34-0. *70 F / 10,67 €*

28614 **BARRIE J. M.** La vieille dame sort ses médailles. *Infrarouge, 1999.* (Dramatis personnae)
ISBN 2-908614-33-2. *40 F / 6,10 €*

28615 **BAYEN B.** A trois mains. *Arche éditeur, 1997.* (Scène ouverte)
ISBN 2-85181-396-X. *65 F / 9,91 €*

28616 **BAYEN B.** La fuite en Egypte. *Arche éditeur, 1999.* (Scène ouverte)
ISBN 2-85181-423-0. *65 F / 9,91 €*

28617 **BEAUMARCHAIS P-A. C. d.** Le Barbier de Séville : comédie, 1775. *LGF, 1985.* (Le Livre de poche ; 6125. Classique théâtre c3)
ISBN 2-253-03779-6. *18 F / 2,74 €*

28618 **BEAUMARCHAIS P-A. C. d.** Le barbier de Séville ou La précaution inutile. *Gallimard, 1996.* (Folio ; 30. Théâtre ; 30 c4)
ISBN 2-07-040003-4. *20,50 F / 3,13 €*

28619 **BEAUMARCHAIS P-A. C. d.** Le barbier de Séville. *Librio, 1996.* (Librio ; 139 c1)
ISBN 2-277-30139-6. *10 F / 1,52 €*

28620 **BEAUMARCHAIS P-A. C. d.** Le Barbier de Séville. *Gallimard, 1982.* (Folio ; 1377. Classique c11)
ISBN 2-07-037377-0. *29,50 F / 4,50 €*

28621 **BEAUMARCHAIS P-A. C. d.** Le mariage de Figaro ; La Mère coupable. Nouv. éd. *Gallimard, 1999.* (Folio ; 3249. Classique c4)
ISBN 2-07-041086-2. *20,50 F / 3,13 €*

28622 **A** **BEAUMARCHAIS P-A. C. d.** Le mariage de Figaro. *Librio, 2001.* (Librio ; 464 c1)
ISBN 2-290-31310-6. *10 F / 1,52 €*

28623 **BEAUMARCHAIS P-A. C. d.** Le mariage de Figaro. *LGF, 1989.* (Le Livre de poche ; 6688. Classique théâtre c3)
ISBN 2-253-05138-1. *18 F / 2,74 €*

28624 **BEAUMARCHAIS P-A. C. d.** Théâtre. *LGF, 1999.* (La Pochothèque ; 3251. Classiques modernes)
ISBN 2-253-13251-9. *125 F / 19,06 €*

28625 **BELFOND P.** La délibération. *Lansman, 1996.* (Beaumarchais ; 27)
ISBN 2-87282-141-4. *60 F / 9,15 €*

28626 **BELVAUX B., LAMBERT J., POELVOORDE B.** Modèle déposé. 2e éd. rev. *Lansman, 1995.* (Théâtre à vif ; 39)
ISBN 2-87282-106-6. *60 F / 9,15 €*

28627 **BENAÏSSA S.** Au-delà du voile : si tu es mon frère, moi qui suis-je?. *Lansman, 1991.* (Théâtre à vif ; 13)
ISBN 2-87282-025-6. *60 F / 9,15 €*

28628 **BENAÏSSA S.** L'avenir oublié. *Lansman, 1999.* (Théâtre à vif ; 64)
ISBN 2-87282-255-0. *52 F / 7,93 €*

28629 **BENAÏSSA S.** Le Conseil de discipline. *Lansman, 1994.* (Théâtre à vif ; 20)
ISBN 2-87282-079-5. *60 F / 9,15 €*

28630 **BENAÏSSA S.** Les fils de l'amertume. 2e éd. *Lansman, 1997.* (Théâtre à vif ; 58)
ISBN 2-87282-174-0. *60 F / 9,15 €*

28631 **BENAÏSSA S.** Un homme ordinaire pour quatre femmes particulières. *Lansman, 1997.* (Théâtre à vif ; 59)
ISBN 2-87282-176-7. *52 F / 7,93 €*

28632 **BENAÏSSA S.** Marianne et le marabout. *Lansman, 1995.* (Théâtre à vif ; 50)
ISBN 2-87282-108-2. *52 F / 7,93 €*

28633 **BENAÏSSA S.** Prophètes sans dieu. *Lansman, 1999.* (Nocturnes théâtre ; 54)
ISBN 2-87282-240-2. *52 F / 7,93 €*

28634 **BENAÏSSA S.** Théâtre en exil. *Lansman, 1997.* (Théâtre à vif)
ISBN 2-87282-180-5. *200 F / 30,49 €*

28635 **BÉNÉGUI L.** Les femmes de la petite couronne. *Lansman, 1995.* (Théâtre à vif ; 49)
ISBN 2-87282-107-4. *52 F / 7,93 €*

28636 **BENGUETTAF M.** Arrêt fixe. *Lansman, 1996.* (Beaumarchais ; 28)
ISBN 2-87282-162-7. *52 F / 7,93 €*

28637 **BENGUETTAF M.** Matins de... quiétude. *Lansman, 1998.* (Nocturnes théâtre ; 55)
ISBN 2-87282-241-0. *52 F / 7,93 €*

28638 **BENGUETTAF M.** La répétition ou Le rond-point. *Lansman, 1994.* (Beaumarchais ; 7)
ISBN 2-87282-093-0. *52 F / 7,93 €*

28639 **BERNANOS G.** Dialogue des Carmélites. Rééd. *Seuil, 1996.* (Points ; 219 c6)
ISBN 2-02-028542-8. *32 F / 4,88 €*

28640 **BERNHARD T.** Les Apparences sont trompeuses. Réimpr. *Arche éditeur, 1994.* (Scène ouverte)
ISBN 2-85181-052-9. *59 F / 8,99 €*

28641 **BERNHARD T.** Le Faiseur de théâtre. Nouv. éd. *Arche éditeur, 1989.* (Scène ouverte)
ISBN 2-85181-061-8. *65 F / 9,91 €*

28642 **BERNHARD T.** Une fête pour Boris. *Arche éditeur, 1996.* (Scène ouverte)
ISBN 2-85181-371-4. *69 F / 10,52 €*

28643 **BERNHARD T.** La force de l'habitude. Réimpr. *Arche éditeur, 1991.* (Scène ouverte)
ISBN 2-85181-030-2 (rron) 2-85181-030-8. *55 F / 8,38 €*

28644 **BERNHARD T.** L'Ignorant et le fou. Réimpr. *Arche éditeur, 1992.* (Scène ouverte)
ISBN 2-85181-033-2. *59 F / 8,99 €*

28645 **BERNHARD T.** Minetti. Réimpr. *Arche éditeur, 1990.* (Scène ouverte)
ISBN 2-85181-024-3. *49 F / 7,47 €*

28646 **BLASBAND P.** La Lettre des chats. *Lansman, 1992.* (Théâtre à vif ; 24)
ISBN 2-87282-042-6. *52 F / 7,93 €*

28647 **BLASBAND P.** Les mangeuses de chocolat. *Lansman, 1996.* (Nocturnes théâtre ; 19)
ISBN 2-87282-166-X. *52 F / 7,93 €*

28648 **BOISVERT N.** L'été des Martiens. *Lansman, 1999.* (Nocturnes théâtre ; 68)
ISBN 2-87282-260-7. *52 F / 7,93 €*

28649 **N** **BOND E.** Auprès de la mer intérieure. *Arche éditeur, 2000.* (Scène ouverte)
ISBN 2-85181-463-X. *69 F / 10,52 €*

28650 **BOND E.** Bingo. *Arche éditeur, 1994.* (Scène ouverte)
ISBN 2-85181-338-2. *69 F / 10,52 €*

28651 **N** **BOND E.** Café. *Arche éditeur, 2000.* (Scène ouverte)
ISBN 2-85181-453-2. *75 F / 11,43 €*

28652 **N** **BOND E.** Le crime du XXIe siècle. *Arche éditeur, 2001.* (Scène ouverte)
ISBN 2-85181-477-X. *69 F / 10,52 €*

28653 **N** **BOND E.** Le fou : scènes de pain et d'amour. *Arche éditeur, 2000.* (Scène ouverte)
ISBN 2-85181-476-1. *75 F / 11,43 €*

28654 **BOND E.** Mardi ; suivi de L'Enfant dramatique. *Arche éditeur, 1995.* (Scène ouverte)
ISBN 2-85181-366-8. *69 F / 10,52 €*

28655 **BOUDARD A.** Appelez-moi chef !. *Lansman.* (Théâtre à vif ; 48)
ISBN 2-87282-104-X. *66 F / 10,06 €*

28656 **BOULAN G.** Dernière plage avant l'océan. *Lansman, 1997.* (Nocturnes théâtre ; 35)
ISBN 2-87282-197-X. *52 F / 7,93 €*

28657 **BOULAN G.** Kinderzimmer. *Lansman, 1996.* (Nocturnes théâtre ; 11)
ISBN 2-87282-143-0. *52 F / 7,93 €*

28658 **BRASCH T.** Mercedes. *Arche éditeur, 1985.* (Scène ouverte)
ISBN 2-85181-050-2. *49 F / 7,47 €*

28659 **BRECHT B.** Antigone. *Arche éditeur, 2000.* (Scène ouverte)
ISBN 2-85181-452-4. *55 F / 8,38 €*

28660 **BRECHT B.** Baal. Réimpr. *Arche éditeur, 1995.* (Scène ouverte)
ISBN 2-85181-075-8. *49 F / 7,47 €*

28661 **BRECHT B.** La Bonne âme de Setchouan. *Arche éditeur, 1990.* (Scène ouverte)
ISBN 2-85181-252-1. *59 F / 8,99 €*

28662 **BRECHT B.** Le cercle de craie caucasien. Réimpr. *Arche éditeur, 1995.* (Scène ouverte)
ISBN 2-85181-014-6. *59 F / 8,99 €*

28663 **BRECHT B.** Dans la jungle des villes. Nouv. éd. *Arche éditeur, 1998.* (Scène ouverte)
ISBN 2-85181-402-8. *55 F / 8,38 €*

28664 **BRECHT B.** Dans la jungle des villes. *Arche éditeur, 1987.* (Scène ouverte c3)
ISBN 2-85181-076-6. *49 F / 7,47 €*

28665 **BRECHT B.** Le Débit de pain ; Rien à tirer de rien : fragments. *Arche éditeur, 1992.* (Scène ouverte)
ISBN 2-85181-308-0. *65 F / 9,91 €*

28666 **BRECHT B.** Dialogues d'exilés ; Fragments. Réimpr. *Arche éditeur, 1972.* (Scène ouverte)
ISBN 2-85181-153-3. *59 F / 8,99 €*

28667 **BRECHT B.** Don Juan : d'après Molière. *Arche éditeur, 1984.* (Scène ouverte)
ISBN 2-85181-042-1. *45 F / 6,86 €*

28668 **BRECHT B.** Grand peur et misère du IIIe Reich. Réimpr. *Arche éditeur, 1999.* (Scène ouverte)
ISBN 2-85181-041-3. *59 F / 8,99 €*

28669 **BRECHT B.** Grandeur et décadence de la ville de Mahagonny. *Arche éditeur, 1983.* (Scène ouverte)
ISBN 2-85181-007-3. *45 F / 6,86 €*

28670 **BRECHT B.** Homme pour homme. *Arche éditeur, 1999.* (Scène ouverte)
ISBN 2-85181-449-4. *69 F / 10,52 €*

28671 **BRECHT B.** Maître Puntila et son valet Matti. Réimpr. *Arche éditeur, 1993.* (Scène ouverte)
ISBN 2-85181-012-X. *55 F / 8,38 €*

28672 **BRECHT B.** Mère Courage et ses enfants. Réimpr. *Arche éditeur, 1994.* (Scène ouverte)
ISBN 2-85181-010-3. *55 F / 8,38 €*

28673 **BRECHT B.** La Noce chez les petits bourgeois : suivi de 4 autres pièces en un acte. *Arche éditeur, 1983.* (Scène ouverte)
ISBN 2-85181-015-4. *55 F / 8,38 €*

28674 **BRECHT B.** L'Opéra de quat'sous. Réimpr. *Arche éditeur, 1993.* (Scène ouverte)
ISBN 2-85181-006-5. *49 F / 7,47 €*

28675 **BRECHT B.** La Résistible ascension d'Arturo Ui. Réimpr. *Arche éditeur, 1993.* (Scène ouverte)
ISBN 2-85181-013-8. *55 F / 8,38 €*

28676 **BRECHT B.** Sainte Jeanne des abattoirs. *Arche éditeur, 1983.* (Scène ouverte)
ISBN 2-85181-008-1. *49 F / 7,47 €*

28677 **BRECHT B.** La Vie de Galilée. Réimpr. *Arche éditeur, 1993.* (Scène ouverte)
ISBN 2-85181-248-3. *59 F / 8,99 €*

28678 **BRISVILLE J-C.** Le Souper ; L'Entretien de M. Descartes avec M. Pascal le Jeune ; L'Antichambre. *Actes Sud, 1994.* (Babel ; 114 c2)
ISBN 2-7427-0221-0. *39 F / 5,95 €*

28679 **BÜCHNER G.** Woyzeck : fragments complets. *Arche éditeur, 1993.* (Scène ouverte)
ISBN 2-85181-318-8. *65 F / 9,91 €*

28680 **CALDERON DE LA BARCA P.** Le Schisme d'Angleterre. *Arche éditeur, 1960.* (Répertoire pour un théâtre populaire ; 23)
ISBN 2-85181-404-4. *42 F / 6,40 €*

28681 **CALDERON DE LA BARCA P.** La vie est un songe. *Gallimard, 1996.* (Folio ; 36. Théâtre ; 36 c4)
ISBN 2-07-040064-6. *20,50 F / 3,13 €*

28682 **CALDERON DE LA BARCA P.** La vie est un songe. *LGF, 1996.* (Le Livre de poche ; 3130. Classiques de poche ; 134 c3)
ISBN 2-253-09827-2. *18 F / 2,74 €*

28683 **CALDERON DE LA BARCA P.** La vie est un songe. *Actes Sud, 1996.* (Babel ; 191 c3)
ISBN 2-7427-1057-4. *45 F / 6,86 €*

28684 **CAMUS A.** Caligula ; Le Malentendu. *Gallimard, 1972.* (Folio ; 64 c11)
ISBN 2-07-036064-4. *29,50 F / 4,50 €*

28685 **CAMUS A.** Caligula. *Gallimard, 1993.* (Folio ; 6. Théâtre ; 6 c9)
ISBN 2-07-038670-8. *41 F / 6,25 €*

28686 **CAMUS A.** L'état de siège. *Gallimard, 1998.* (Folio ; 52. Théâtre ; 52 c9)
ISBN 2-07-040036-0. *41 F / 6,25 €*

28687 **CAMUS A.** Les Justes : pièce en 5 actes. *Gallimard, 1973.* (Folio ; 477 c9)
ISBN 2-07-036477-1. *20,50 F / 3,13 €*

28688 **CAMUS A.** Le malentendu ; Caligula. *Gallimard, 1995.* (Folio ; 18. Théâtre c4)
ISBN 2-07-038872-7. *20,50 F / 3,13 €*

28689 **CARBALLIDO E.** Ecrit au coeur de la nuit. *Lansman, 1993.* (Théâtre à vif ; 38)
ISBN 2-87282-070-1. *56 F / 8,54 €*

28690 **CARBALLIDO E.** La rose aux deux parfums. *Lansman, 1991.* (Théâtre à vif ; 9)
ISBN 2-87282-017-5. *48 F / 7,32 €*

28691 **CERVANTÈS F.** Dialogues d'esclaves : conte nocturne. *Lansman, 1992.* (Théâtre à vif ; 16)
ISBN 2-87282-029-9. *52 F / 7,93 €*

28692 **CERVANTÈS F.** On a marché sur la Terre. *Lansman, 1992.* (Théâtre à vif ; 18)
ISBN 2-87282-031-0. *52 F / 7,93 €*

28693 **CERVANTÈS F.** Oui, mais il y a la mer. *Lansman, 1992.* (Théâtre à vif ; 17)
ISBN 2-87282-030-2. *52 F / 7,93 €*

28694 **N** **CÉSAIRE A.** Une saison au Congo. Nouv. éd. *Seuil, 2001.* (Points ; 831 c5)
ISBN 2-02-048624-5. *29 F / 4,42 €*

28695 **CÉSAIRE A.** Une tempête : d'après La tempête de Shakespeare, adaptation pour un théâtre nègre. *Seuil, 1997.* (Points ; 344 c5)
ISBN 2-02-031431-2. *29 F / 4,42 €*

28696 **CHURCHILL C.** Septième ciel. *Arche éditeur, 1992.* (Scène ouverte)
ISBN 2-85181-289-0. *65 F / 9,91 €*

28697 **CHURCHILL C.** Top girls. *Arche éditeur, 1988.* (Scène ouverte)
ISBN 2-85181-203-3. *49 F / 7,47 €*

28698 **CLAUDEL P.** L'Annonce faite à Marie : version définitive pour la scène. *Gallimard, 1993.* (Folio ; 7. Théâtre ; 7 c8)
ISBN 2-07-038656-2. *41 F / 6,25 €*

28699 **CLAUDEL P.** L'Annonce faite à Marie. *Gallimard, 1972.* (Folio ; 26 c11)
ISBN 2-07-036026-1. *29,50 F / 4,50 €*

28700 **CLAUDEL P.** L'Echange. *Gallimard, 1977.* (Folio ; 911 c11)
ISBN 2-07-036911-0. *29,50 F / 4,50 €*

28701 **CLAUDEL P.** L'Otage ; Le Pain dur ; Le Père humilié. *Gallimard, 1972.* (Folio ; 170 c9)
ISBN 2-07-036170-5. *41 F / 6,25 €*

28702 **CLAUDEL P.** Le Partage de midi : version de 1906 suivie de deux versions primitives inédites et de lettres, également inédites, à Ysé. *Gallimard, 1994.* (Folio ; 17. Théâtre ; 17 c8)
ISBN 2-07-038885-9. *37 F / 5,64 €*

28703 **CLAUDEL P.** Le Partage de midi. *Gallimard, 1972.* (Folio ; 245 c11)
ISBN 2-07-036245-0. *29,50 F / 4,50 €*

28704 **CLAUDEL P.** Le soulier de satin. *Gallimard, 1997.* (Folio ; 41. Théâtre c8)
ISBN 2-07-039338-0. *41 F / 6,25 €*

28705 **CLAUDEL P.** Le Soulier de satin. *Gallimard, 1972.* (Folio ; 774 c9)
ISBN 2-07-036774-6. *41 F / 6,25 €*

28706 **CLAUDEL P.** Tête d'or. *Gallimard, 1987.* (Folio ; 308 c11)
ISBN 2-07-036308-2. *29,50 F / 4,50 €*

28707 **CLAUDEL P.** La Ville. *Gallimard, 1982.* (Folio ; 1345 c9)
ISBN 2-07-037345-2. *20,50 F / 3,13 €*

28708 **COCTEAU J.** L'Aigle à deux têtes. *Gallimard, 1973.* (Folio ; 328 c9)
ISBN 2-07-036328-7. *20,50 F / 3,13 €*

28709 **COCTEAU J.** Antigone ; Les Mariés de la Tour Eiffel. *Gallimard, 1977.* (Folio ; 908 c9)
ISBN 2-07-036908-0. *20,50 F / 3,13 €*

28710 **COCTEAU J.** Bacchus. *Gallimard, 1998.* (Folio ; 50. Théâtre ; 50 c10)
ISBN 2-07-039435-2. *46 F / 7,01 €*

28711 **COCTEAU J.** Les Enfants terribles. *Grasset, 1990.* (Les Cahiers rouges ; 116)
ISBN 2-246-11252-4. *44 F / 6,71 €*

28712 **COCTEAU J.** Les Enfants terribles. *LGF, 1959.* (Le Livre de poche ; 399 c3)
ISBN 2-253-01025-1. *18 F / 2,74 €*

28713 **COCTEAU J.** La Machine infernale : pièce en 4 actes. Nouv. éd. *LGF, 1992.* (Le Livre de poche ; 854 c4)
ISBN 2-253-00916-4. *20 F / 3,05 €*

28714 **COCTEAU J.** La Machine infernale : pièce en 4 actes. *Grasset, 1993.* (Les Cahiers rouges ; 173)
ISBN 2-246-11262-1. *49 F / 7,47 €*

28715 **COCTEAU J.** Les Parents terribles : version originale et complète. *Gallimard, 1994.* (Folio ; 14. Théâtre ; 14 c6)
ISBN 2-07-038753-4. *29,50 F / 4,50 €*

28716 **COCTEAU J.** Les Parents terribles. *Gallimard, 1972.* (Folio ; 149 c9)
ISBN 2-07-036149-7. *20,50 F / 3,13 €*

28717 **COCTEAU J.** Thomas l'Imposteur. *Gallimard, 1982.* (Folio ; 480 c9)
ISBN 2-07-036480-1. *20,50 F / 3,13 €*

28718 **COFINO GOMEZ A.** Affaire de timbres première catégorie. *Lansman, 1991.* (Théâtre à vif ; 12)
ISBN 2-87282-024-8. *48 F / 7,32 €*

28719 **COLLETTE J., CECCHINATO T.** Garage des ancêtres. *Lansman, 1997.* (Beaumarchais ; 31)
ISBN 2-87282-204-6. *60 F / 9,15 €*

28720 **COMPÈRE G.** Le Rempart de Babylone. *Lansman, 1989.* (Nocturnes théâtre ; 3)
68 F / 10,37 €

28721 **CONGREVE W.** Amour pour amour. *Arche éditeur, 1960.* (Répertoire pour un théâtre populaire ; 22)
ISBN 2-85181-094-4. *42 F / 6,40 €*

28722 **CORNEILLE P.** Le Cid : tragi-comédie 1637. *Gallimard, 1999.* (Folio ; 3220. Classique c3)
ISBN 2-07-040918-X. *19 F / 2,90 €*

28723 **CORNEILLE P.** Le Cid. *Librio, 1994.* (Librio ; 21 c1)
ISBN 2-277-30021-7. *10 F / 1,52 €*

28724 **A** **CORNEILLE P.** Le Cid. Réimpr. *LGF, 2001.* (Le Livre de poche ; 6140. Classique théâtre c3)
ISBN 2-253-03801-6. *18 F / 2,74 €*

28725 **CORNEILLE P.** Cinna. *Gallimard, 1994.* (Folio ; 10. Théâtre ; 10 c6)
ISBN 2-07-038658-9. *29,50 F / 4,50 €*

28726 **CORNEILLE P.** Cinna. *LGF, 1987.* (Le Livre de poche ; 6304. Classique théâtre c4)
ISBN 2-253-04094-0. *20 F / 3,05 €*

28727 **CORNEILLE P.** Horace : texte intégral et les clés de l'oeuvre. *Pocket, 1998.* (Pocket ; 6131. Classiques c1)
ISBN 2-266-08716-9. *19 F / 2,90 €*

28728 **CORNEILLE P.** Horace : tragédie, 1640. *LGF, 1986.* (Le Livre de poche ; 6225. Classique théâtre c4)
ISBN 2-253-03939-X. *20 F / 3,05 €*

28729 **CORNEILLE P.** Horace. *Gallimard, 1994.* (Folio. Théâtre ; 16 c4)
ISBN 2-07-038660-0. *20,50 F / 3,13 €*

28730 **N** **CORNEILLE P.** L'illusion comique. *Gallimard, 2000.* (Folio ; 3416. Classique c4)
ISBN 2-07-041309-8. *19 F / 2,90 €*

28731 **CORNEILLE P.** L'illusion comique. *LGF, 1987.* (Le Livre de poche ; 6334. Classique théâtre c3)
ISBN 2-253-04157-2. *18 F / 2,74 €*

28732 **N** **CORNEILLE P.** Le menteur ; suivi de La suite du menteur. *Gallimard, 2000.* (Folio ; 64. Théâtre c9)
ISBN 2-07-040417-X. *41 F / 6,25 €*

28733 **CORNEILLE P.** Polyeucte. *Gallimard, 1996.* (Folio. Théâtre ; 34 c4)
ISBN 2-07-039359-3. *20,50 F / 3,13 €*

28734 **CORNEILLE P.** Polyeucte. *LGF, 1988.* (Le Livre de poche ; 6532. Classique théâtre c4)
ISBN 2-253-04760-0. *20 F / 3,05 €*

28735 **CORNEILLE P.** Suréna, général des Parthes : tragédie, 1674. Réimp. *LGF, 1999.* (Le Livre de poche ; 4289. Classique théâtre c6)
ISBN 2-253-06073-9. *26 F / 3,96 €*

28736 **CORNEILLE P.** Suréna. *Gallimard, 1999.* (Folio ; 58. Théâtre c4)
ISBN 2-07-040454-4. *20,50 F / 3,13 €*

28737 **CORNEILLE P., RACINE J.** Tite et Bérénice. *Table ronde, 1998.* (La petite vermillon ; 95)
ISBN 2-7103-0875-4. *45 F / 6,86 €*

28738 **CROMMELYNCK F.** Le Cocu magnifique. *Labor, 1988.* (Espace Nord ; 44 c1)
ISBN 2-8040-0250-0. *34 F / 5,18 €*

28739 **CROMMELYNCK F.** Tripes d'or. Réimpr. *Labor*; *Actes Sud*; *Aire, 1998.* (Espace Nord ; 4)
ISBN 2-8040-1291-3. *34 F / 5,18 €*

28740 **CYRANO DE BERGERAC S. d.** La mort d'Agrippine : veuve de Germanicus. *Table ronde, 1995.* (La petite vermillon ; 49 c2)
ISBN 2-7103-0704-9. *45 F / 6,86 €*

28741 **DAMBURY G.** Lettres indiennes. *Lansman, 1993.* (Théâtre à vif ; 31)
ISBN 2-87282-060-4. *52 F / 7,93 €*

28742 **N** **DANIS D.** Le chant du dire-dire. *Arche éditeur, 2000.* (Scène ouverte)
ISBN 2-85181-454-0. *59 F / 8,99 €*

28743 **DE DECKER J.** Le magnolia ou le Veau-de-Ville et le Veau-des-Champs. *Lansman, 1998.* (Nocturnes théâtre ; 50)
ISBN 2-87282-230-5. *60 F / 9,15 €*

28744 **DE GHELDERODE M.** Pantagleize. *Labor, 1998.* (Espace Nord ; 144)
ISBN 2-8040-1327-8. *199 FB / 4,93 €*

28745 **N** **De mémoire d'ondes :** mémoire et résistance à tous les formes d'infamie. *Lansman, 2000.* (Beaumarchais ; 38)
ISBN 2-87282-280-1. *66 F / 10,06 €*

28746 **DE NECK A., PLASSCHAERT D., DE NECK D.** L'ornithorynque. *Lansman, 1991.* (Théâtre à vif ; 8)
ISBN 2-87282-015-9. *48 F / 7,32 €*

28747 **DEBROUX T.** Moscou nuit blanche ; Le clown et l'enfant sombre. *Lansman, 1996.* (Théâtre à vif ; 56)
ISBN 2-87282-134-1. *52 F / 7,93 €*

28748 **DEBROUX T.** La poupée Titanic. *Lansman, 2000.* (Nocturnes théâtre ; 74)
ISBN 2-87282-267-4. *52 F / 7,93 €*

28749 **DELLISSE L.** L'Ancien Régime ; Les Provinces perdues. *Lansman, 1991.* (Théâtre à vif ; 10)
ISBN 2-87282-020-5. *48 F / 7,32 €*

28750 **DELLISSE L.** Mille morts. *Lansman, 1993.* (Théâtre à vif ; 27)
ISBN 2-87282-045-0. *52 F / 7,93 €*

28751 **DELLISSE L.** Ni bonjour ni bonsoir. *Lansman, 1996.* (Nocturnes théâtre ; 10)
ISBN 2-87282-135-X. *60 F / 9,15 €*

28752 **DELTENRE A. J.** Mossieu Jean Bulot. *Lansman, 1996.* (Nocturnes théâtre ; 48)
ISBN 2-87282-169-4. *48 F / 7,32 €*

28753 **DESTRAIT M.** Ecart. *Lansman, 1997.* (Nocturnes théâtre ; 21)
ISBN 2-87282-168-6. *52 F / 7,93 €*

28754 **DEUTSCH M.** Dimanche ; La Bonne vie ; Convoi. *Arche éditeur, 1994.* (Scène ouverte)
ISBN 2-85181-329-3. *80 F / 12,20 €*

28755 **DEUTSCH M.** Dimanche. *Arche éditeur, 1998.* (Scène ouverte)
ISBN 2-85181-420-6. *49 F / 7,47 €*

28756 **DEUTSCH M.** Imprécation 36. *Arche éditeur, 1999.* (Scène ouverte)
ISBN 2-85181-426-5. *65 F / 9,91 €*

28757 **DEUTSCH M.** John Lear. *Arche éditeur, 1996.* (Scène ouverte)
ISBN 2-85181-374-9. *65 F / 9,91 €*

28758 **DEUTSCH M.** La Négresse bonheur : divertissement populaire avec choeur d'hommes et voix de femmes. *Arche éditeur, 1995.* (Scène ouverte c5)
ISBN 2-85181-347-1. *65 F / 9,91 €*

28759 **DEUTSCH M., LAVAUDANT G.** Histoires de France. *Arche éditeur, 1997.* (Scène ouverte)
ISBN 2-85181-398-6. *65 F / 9,91 €*

28760 **DIAGANA M.** La légende du Wagadu vue par Sia Yatabéré. *Lansman, 1994.* (Théâtre à vif ; 46)
ISBN 2-87282-088-4. *60 F / 9,15 €*

28761 **DOPAGNE J-P.** Un ami fidèle. *Lansman, 1997.* (Nocturnes théâtre ; 34)
ISBN 2-87282-194-5. *52 F / 7,93 €*

28762 **DOPAGNE J-P.** L'Enseigneur ou une Ombre au tableau. 2e éd. *Lansman, 1994.* (Théâtre à vif ; 45)
ISBN 2-87282-087-6. *52 F / 7,93 €*

28763 **DOPAGNE J-P.** Photos de famille. *Lansman, 1997.* (Nocturnes théâtre ; 32)
ISBN 2-87282-187-2. *52 F / 7,93 €*

28764 **DOPAGNE J-P.** Le vieil homme rangé. *Lansman, 2000.* (Nocturnes théâtre ; 77)
ISBN 2-87282-270-4. *52 F / 7,93 €*

28765 **N** **DORST T.** Fernando Krapp m'a écrit cette lettre. *Arche éditeur, 2000.* (Scène ouverte)
ISBN 2-85181-468-0. *55 F / 8,38 €*

28766 **DORST T.** La Grande imprécation devant les murs de la ville. *Arche éditeur, 1990.* (Scène ouverte)
ISBN 2-85181-255-6. *49 F / 7,47 €*

28767 **DROUIN I.** L'authentique histoire d'Iphigénie. *Infrarouge, 1999.* (Dramatis personnae)
ISBN 2-908614-32-4. *50 F / 7,62 €*

28768 **DROUIN I.** Faust amoureux : drame fantastique. *Infrarouge, 1998.* (Dramatis personnae)
ISBN 2-908614-12-X. *80 F / 12,20 €*

28769 **DUBILLARD R.** Les diablogues et autres inventions à deux voix. *Gallimard, 1998.* (Folio ; 3177 c10)
ISBN 2-07-040693-8. *46 F / 7,01 €*

28770 **DUBILLARD R.** Les nouveaux diablogues. *Gallimard, 1998.* (Folio ; 3176 c9)
ISBN 2-07-040694-6. *41 F / 6,25 €*

28771 **DUBILLARD R.** Si Camille me voyait... *Mercure de France, 1997.* (Le petit Mercure. Brèves histoires d'humour)
20 F / 3,05 €

28772 **DUMAS A.** Antony : drame en cinq actes. *Table ronde, 1994.* (La petite vermillon ; 31)
ISBN 2-7103-0610-7. *35 F / 5,34 €*

28773 **DUMAS A.** L'invitation à la valse. *Mercure de France, 1996.* (Le petit Mercure)
ISBN 2-7152-1970-9. *20 F / 3,05 €*

28774 **DUMAS A.** La Jeunesse des mousquetaires ; Les Mousquetaires : théâtre. *Table ronde, 1994.* (La petite vermillon ; 37)
ISBN 2-7103-0641-7. *55 F / 8,38 €*

28775 **DUMONT L.** Faut pas rêver. *Lansman, 1991.* (Théâtre à vif ; 6)
ISBN 2-87282-013-2. *48 F / 7,32 €*

28776 **DUMONT L.** J'ai besoin d'une étoile ; Il n'y a que l'heure qui change... et encore pas si vite ; One, two. *Lansman, 1996.* (Nocturnes théâtre ; 14)
ISBN 2-87282-160-0. *56 F / 8,54 €*

28777 **DURAS M.** Des journées entières dans les arbres. *Gallimard, 1997.* (Folio ; 2993 c11)
ISBN 2-07-040312-2. *29,50 F / 4,50 €*

28778 **DURNEZ E.** A. *Lansman, 1999.* (Nocturnes théâtre ; 60)
ISBN 2-87282-249-6. *52 F / 7,93 €*

28779 **DURNEZ E.** Brousailles. *Lansman, 1997.* (Nocturnes théâtre ; 17)
ISBN 2-87282-164-3. *48 F / 7,32 €*

28780 **DURNEZ E.** Le début de l'après-midi. *Lansman, 1999.* (Nocturnes théâtre ; 65)
ISBN 2-87282-257-7. *52 F / 7,93 €*

28781 **DURNEZ E.** Echange clarinette ; suivi de Stef et Lou. *Lansman, 1998.* (Nocturnes théâtre ; 52)
ISBN 2-87282-234-8. *8 ECU*

28782 **DÜRRENMATT F.** Le Mariage de monsieur Mississippi. *Aire, 1979.* (Le Chant du monde)
ISBN 2-88108-010-3. *44 F / 6,71 €*

28783 **DÜRRENMATT F.** La panne : une histoire encore possible. *LGF, 1986.* (Le Livre de poche ; 3075. Biblio c7)
ISBN 2-253-03979-9. *30 F / 4,57 €*

28784 **DÜRRENMATT F.** La Visite de la vieille dame. *LGF, 1988.* (Le Livre de poche ; 3102. Biblio c7)
ISBN 2-253-04730-9. *30 F / 4,57 €*

28785 **EFOUI K.** La malaventure. *Lansman, 1993.* (Théâtre à vif ; 34)
ISBN 2-87282-063-9. *48 F / 7,32 €*

28786 **EFOUI K.** Le petit frère du rameur. *Lansman, 1995.* (Théâtre à vif ; 51)
ISBN 2-87282-109-0. *48 F / 7,32 €*

28787 **EFOUI K.** Récupérations. *Lansman, 1992.* (Théâtre à vif ; 23)
ISBN 2-87282-038-8. *52 F / 7,93 €*

28788 **ELIOT T. S.** Meurtre dans la cathédrale. Nouv. éd. *Seuil, 1995.* (Points ; 74 c7)
ISBN 2-02-023416-5. *35 F / 5,34 €*

28789 **EMOND P.** A l'ombre du vent. *Lansman, 1998.* (Nocturnes théâtre ; 41)
ISBN 2-87282-215-1. *52 F / 7,93 €*

28790 **EMOND P.** Caprices d'images. *Lansman, 1998.* (Nocturnes théâtre ; 53)
ISBN 2-87282-238-0. *52 F / 7,93 €*

28791 **EMOND P.** Grincements et autres bruits. *Lansman, 1999.* (Nocturnes théâtre)
ISBN 2-87282-254-2. *56 F / 8,54 €*

28792 **EMOND P.** Malaga : inaccessibles amours. *Lansman, 1994.* (Beaumarchais ; 3)
ISBN 2-87282-075-2. *66 F / 10,06 €*

28793 **EMOND P.** Le royal. *Lansman, 1998.* (Nocturnes théâtre ; 42)
ISBN 2-87282-221-6. *52 F / 7,93 €*

28794 **N** **EMOND P.** Seul waterloo, seul à Sainte-Hélène. *Lansman, 2000.* (Nocturnes théâtre ; 80)
ISBN 2-87282-279-8. *52 F / 7,93 €*

28795 **ESCHYLE** Prométhée enchaîné. *Aire, 1981.* (Le Chant du monde)
ISBN 2-88108-304-8. *44 F / 6,71 €*

28796 **ESCHYLE, SOPHOCLE, EURIPIDE** Les tragiques grecs : théâtre complet. *LGF, 1999.* (La Pochothèque ; 3246. Classiques modernes)
ISBN 2-253-13246-2. *170 F / 25,92 €*

28797 **EURIPIDE** Electre. *Arléa, 1998.* (Retour aux grands textes poche ; 30)
ISBN 2-86959-367-8. *30 F / 4,57 €*

28798 **N** **FABIEN M.** Charlotte ; Sara Z. ; Notre Sade : théâtre. *Labor, 2000.* (Espace Nord ; 162)
ISBN 2-8040-1521-1. *54 F / 8,23 €*

28799 **N** **FABRE J.** Le marchand de sel et la mouche ; Une femme normale-à-en-mourir ; L'ange de la mort ; Mon corps, mon joli corps, dis-moi... *Arche éditeur, 2000.* (Scène ouverte)
ISBN 2-85181-460-5. *90 F / 13,72 €*

28800 **La farce de Maître Pathelin.** *Gallimard, 1999.* (Folio ; 3282. Classique c6)
ISBN 2-07-040539-7. *29,50 F / 4,50 €*

28801 **FARHOUD A.** Les filles du 5-10-15 cents. 2e éd. *Lansman, 1998.* (Nocturnes théâtre ; 51)
ISBN 2-87282-233-X. *52 F / 7,93 €*

28802 **FARHOUD A.** Quand le vautour danse. *Lansman, 1997.* (Nocturnes théâtre ; 30)
ISBN 2-87282-184-8. *52 F / 7,93 €*

28803 **FASSBINDER R. W.** Le Bouc ; Les Larmes amères de Petra von Kant ; Liberté à Brême. Réimpr. *Arche éditeur, 1995.* (Scène ouverte)
ISBN 2-85181-031-6. *65 F / 9,91 €*

28804 **FASSBINDER R. W.** Le Café : d'après Goldoni. *Arche éditeur, 1990.* (Scène ouverte)
ISBN 2-85181-051-0. *49 F / 7,47 €*

28805 **FASSBINDER R. W.** La Peur dévore l'âme. *Arche éditeur, 1992.* (Scène ouverte)
ISBN 2-85181-293-9. *59 F / 8,99 €*

28806 **FASSBINDER R. W.** Preparadise sorry now ; Du sang sur le cou du chat. *Arche éditeur, 1986.* (Scène ouverte)
ISBN 2-85181-058-8. *69 F / 10,52 €*

28807 **FASSBINDER R. W.** Qu'une tranche de pain ; Nul n'est méchant, personne n'est bon ; Loup-garou. *Arche éditeur, 1995.* (Scène ouverte)
ISBN 2-85181-361-7. *69 F / 10,52 €*

28808 **FASSBINDER R. W.** Le Village en flammes : d'après Lope de Vega. *Arche éditeur, 1984.* (Scène ouverte)
ISBN 2-85181-044-8. *49 F / 7,47 €*

28809 **A** **FEYDEAU G.** Le dindon. *Gallimard, 2001.* (Folio. Théâtre)
ISBN 2-07-041290-3. *50 F / 7,62 €*

28810 **FEYDEAU G.** Occupe-toi d'Amélie. *LGF, 1995.* (Le Livre de poche ; 13723. Classique théâtre c5)
ISBN 2-253-13723-5. *23 F / 3,51 €*

28811 **FEYDER V.** Petite suite de pertes irréparables. *Lansman, 1998.* (Nocturnes théâtre ; 46)
ISBN 2-87282-224-0. *55 F / 8,38 €*

28812 **FEYDER V.** Réglements de contes. *Lansman, 1997.* (Nocturnes théâtre ; 25)
ISBN 2-87282-177-5. *56 F / 8,54 €*

28813 **FLEISSER M.** Pionniers à Ingolstadt. *Arche éditeur, 1982.* (Scène ouverte)
ISBN 2-85181-003-0. *49 F / 7,47 €*

28814 **FLEISSER M.** Purgatoire à Ingolstadt. *Arche éditeur, 1982.* (Scène ouverte)
ISBN 2-85181-004-9. *49 F / 7,47 €*

28815 **FORD J.** Dommage que ce soit une putain. *Gallimard, 1998.* (Folio ; 51. Théâtre c10)
ISBN 2-07-040463-3. *46 F / 7,01 €*

28816 **FORGEAU F.** Pas de quartier pour ma viande. *Lansman, 1999.* (Nocturnes théâtre ; 61)
ISBN 2-87282-250-X. *52 F / 7,93 €*

28817 **FORTE D.** Martin Luther et Thomas Münzer ou les Débuts de la comptabilité. *Arche éditeur, 1973.* (Scène ouverte)
ISBN 2-85181-157-6. *55 F / 8,38 €*

28818 **N** **GAO X.** Au bord de la vie. *Lansman, 2000.* (Nocturnes théâtre ; 92)
ISBN 2-87282-296-8. *52 F / 7,93 €*

28819 **N** **GAO X.** La fuite. *Lansman, 2000.* (Nocturnes théâtre ; 91)
ISBN 2-87282-295-X. *56 F / 8,54 €*

28820 **N** **GAO X.** Quatre quatuors pour un week-end. *Lansman, 2000.* (Nocturnes théâtre ; 92)
ISBN 2-87282-298-4. *60 F / 9,15 €*

28821 **N** **GAO X.** Le somnambule. *Lansman, 2000.* (Nocturnes théâtre ; 93)
ISBN 2-87282-297-6. *56 F / 8,54 €*

28822 **N** **GAO X.** Théâtre 1. *Lansman, 2000.* (Beaumarchais)
ISBN 2-87282-299-2. *120 F / 18,29 €*

28823 **GARCIA LORCA F.** La Maison de Bernarda Alba ; Noces de sang. *Gallimard, 1973.* (Folio ; 282 c11)
ISBN 2-07-036282-5. *29,50 F / 4,50 €*

28824 **GARCIA LORCA F.** Mariana Pineda ; La Savetière prodigieuse ; Les Amours de Don Perlimplin avec Bélise en son jardin. Réimpr. *Gallimard, 1999.* (Folio ; 1589 c8)
ISBN 2-07-037589-7. *37 F / 5,64 €*

28825 **GARNIER F.** La Folle soirée. *Lansman, 1994.* (Théâtre à vif ; 44)
ISBN 2-87282-086-8. *52 F / 7,93 €*

28826 **GAUDREAULT J-R.** Mathieu trop court, François trop long. *Lansman, 1997.* (Nocturnes théâtre ; 29)
ISBN 2-87282-183-X. *52 F / 7,93 €*

28827 **GAY J.** L'Opéra des gueux. 2e éd. *Arche éditeur, 1984.* (Répertoire pour un théâtre populaire ; 18)
ISBN 2-85181-035-9. *49 F / 7,47 €*

28828 **GENET J.** Le Balcon. *Gallimard, 1979.* (Folio ; 1149 c9)
ISBN 2-07-037149-2. *29,50 F / 4,50 €*

28829 **N** **GENET J.** Les bonnes. *Gallimard, 2001.* (Folio ; 55. Théâtre c6)
ISBN 2-07-041281-4. *29 F / 4,42 €*

28830 **GENET J.** Haute surveillance. *Gallimard, 1988.* (Folio ; 1967 c9)
ISBN 2-07-038054-8. *20,50 F / 3,13 €*

28831 **GENET J.** Les Nègres. *Gallimard, 1980.* (Folio ; 1180 c9)
ISBN 2-07-037180-8. *20,50 F / 3,13 €*

28832 **N** **GENET J.** Les paravents. *Gallimard, 2000.* (Folio ; 69. Théâtre c10)
ISBN 2-07-041613-5. *46 F / 7,01 €*

28833 **GINGRAS R.** D'Avila : une histoire. *Lansman, 1999.* (Nocturnes théâtre ; 70)
ISBN 2-87282-262-3. *56 F / 8,54 €*

28834 **GIONO J.** La femme du boulanger ; suivi de Le bout de la route et de Lanceurs de graines. *Gallimard, 1995.* (Folio ; 1079 c8)
ISBN 2-07-037079-8. *37 F / 5,64 €*

28835 **GIRAUDOUX J.** Electre. *LGF, 1963.* (Le Livre de poche ; 1030. Classique théâtre c6)
ISBN 2-253-00129-5. *26 F / 3,96 €*

28836 **GIRAUDOUX J.** La Folle de Chaillot. *LGF, 1968.* (Le Livre de poche ; 2373 c5)
ISBN 2-253-01249-1. *23 F / 3,51 €*

28837 **GIRAUDOUX J.** La Guerre de Troie n'aura pas lieu. *LGF, 1963.* (Le Livre de poche ; 945 c7)
ISBN 2-253-00489-8. *30 F / 4,57 €*

28838 **GIRAUDOUX J.** Intermezzo. *LGF, 1964.* (Le Livre de poche ; 1209 c2)
ISBN 2-253-00629-7. *15 F / 2,29 €*

28839 **GIRAUDOUX J.** Ondine. *LGF, 1990.* (Le Livre de poche ; 1657 c6)
ISBN 2-253-00977-6. *26 F / 3,96 €*

28840 **GIRAUDOUX J.** Supplément au voyage de Cook. *Grasset, 2000.* (Les Cahiers rouges ; 293)
ISBN 2-246-12622-3. *40 F / 6,10 €*

28841 **GIRAUDOUX J.** Théâtre complet. *LGF, 1991.* (La Pochothèque ; 3202. Classiques modernes)
ISBN 2-253-05509-3. *140 F / 21,34 €*

28842 **GIRAUDOUX J., GIRAUDOUX J-P.** Amphitryon 38 : comédie en trois actes. *LGF, 1994.* (Le Livre de poche ; 2207 c4)
ISBN 2-253-09796-9. *20 F / 3,05 €*

28843 **GOETHE J. W. v.** Faust. *Gallimard, 1995.* (Folio ; 26. Théâtre ; 26 c6)
ISBN 2-07-038911-1. *29,50 F / 4,50 €*

28844 **GOETHE J. W. v.** Faust. *Librio, 1995.* (Librio ; 82 c1)
ISBN 2-277-30082-9. *10 F / 1,52 €*

28845 **GOGOL N.** Le Revizor. *Arche éditeur, 1989.* (Scène ouverte)
ISBN 2-85181-034-0. *55 F / 8,38 €*

28846 **GOLDONI C.** L'Adulateur. *Arche éditeur, 1990.* (Scène ouverte)
ISBN 2-85181-249-1. *69 F / 10,52 €*

28847 **GOLDONI C.** Arlequin, valet de deux maîtres. Réimpr. *Arche éditeur, 1993.* (Scène ouverte ; 33)
ISBN 2-85181-000-6. *49 F / 7,47 €*

28848 **GOLDONI C.** La Bonne épouse = La Buona moglie. *Arche éditeur, 1992.* (Scène ouverte)
ISBN 2-85181-305-6. *85 F / 12,96 €*

28849 **GOLDONI C.** La Bonne mère. Réimpr. *Arche éditeur, 1994.* (Scène ouverte c5)
ISBN 2-85181-214-9. *59 F / 8,99 €*

28850 **GOLDONI C.** Les Cancans. *Arche éditeur, 1991.* (Scène ouverte)
ISBN 2-85181-272-6. *69 F / 10,52 €*

28851 **GOLDONI C.** Le Chevalier de bon goût. *Arche éditeur, 1994.* (Scène ouverte)
ISBN 2-85181-330-7. *75 F / 11,43 €*

28852 **GOLDONI C.** Le Chevalier et la Dame. *Arche éditeur, 1993.* (Scène ouverte)
ISBN 2-85181-311-0. *79 F / 12,04 €*

28853 **GOLDONI C.** La Femme fantasque = La Donna volubile. *Arche éditeur, 1992.* (Scène ouverte)
ISBN 2-85181-300-5. *69 F / 10,52 €*

28854 **GOLDONI C.** Les Femmes pointilleuses. *Arche éditeur, 1993.* (Scène ouverte)
ISBN 2-85181-316-1. *79 F / 12,04 €*

28855 **GOLDONI C.** L'honnête aventurier. *Arche éditeur, 1996.* (Scène ouverte)
ISBN 2-85181-364-1. *75 F / 11,43 €*

28856 **GOLDONI C.** L'Honnête fille = La Putta onorata. *Arche éditeur, 1992.* (Scène ouverte)
ISBN 2-85181-304-8. *89 F / 13,57 €*

28857 **GOLDONI C.** Les jumeaux vénitiens. *Arche éditeur, 1996.* (Scène ouverte)
ISBN 2-85181-377-3. *69 F / 10,52 €*

28858 **GOLDONI C.** La Locandiera. *Gallimard, 1991.* (Folio bilingue ; 19)
ISBN 2-07-038444-6. *52 F / 7,93 €*

28859 **GOLDONI C.** La Locandiera. *Arche éditeur, 1993.* (Scène ouverte ; 4)
ISBN 2-85181-078-9 (rron) 2-85181-078-2. *45 F / 6,86 €*

28860 **GOLDONI C.** Les tracasseries domestiques = I puntigli domestici. *Arche éditeur, 1995.* (Scène ouverte)
ISBN 2-85181-363-3. *75 F / 11,43 €*

28861 **GOLDONI C.** Une des dernières soirées de carnaval. *Arche éditeur, 1990.* (Scène ouverte)
ISBN 2-85181-263-7. *65 F / 9,91 €*

28862 **GOLDONI C.** Le vieux boute-en-train = Il vecchio bizzaro. *Arche éditeur, 1994.* (Scène ouverte)
ISBN 2-85181-343-9. *79 F / 12,04 €*

28863 **GOLDONI C.** La Villégiature. *Arche éditeur, 1992.* (Scène ouverte)
ISBN 2-85181-295-5. *69 F / 10,52 €*

28864 **GOMA V.** En attendant l'été. *Lansman, 1998.* (Beaumarchais ; 33)
ISBN 2-87282-206-2. *52 F / 7,93 €*

28865 **N** **GOMBROWICZ W.** Théâtre. *Gallimard, 2001.* (Folio ; 3458 c15)
ISBN 2-07-041474-4. *60 F / 9,15 €*

28866 **GORKI M.** Les Bas-fonds. Réimpr. *Arche éditeur, 1992.* (Scène ouverte)
ISBN 2-85181-067-7. *49 F / 7,47 €*

28867 **GORKI M.** Les Estivants ; Les Enfants du soleil. *Arche éditeur, 1978.* (Travaux ; 28)
ISBN 2-85181-175-4. *69 F / 10,52 €*

28868 **GORKI M.** Vassa Geleznova : 2e version. *Arche éditeur, 1958.* (Répertoire pour un théâtre populaire ; 16)
ISBN 2-85181-091-X. *42 F / 6,40 €*

28869 **GRAND-JOUAN L.** Un aller simple pour Phénix. *Lansman, 1995.* (Beaumarchais ; 11)
ISBN 2-87282-095-7. *52 F / 7,93 €*

28870 **GRIBOÏEDOV A. S.** Le Malheur d'avoir trop d'esprit. Nouv. éd. *Arche éditeur, 1989.* (Scène ouverte)
49 F / 7,47 €

28871 **GRUMBERG J-C.** Les courtes. *Actes Sud, 1995.* (Babel ; 159 c3)
ISBN 2-7427-0547-3. *45 F / 6,86 €*

28872 **GUILBERT K.** Tombeau d'un séducteur. *Lansman, 1988.* (Nocturnes théâtre ; 1)
48 F / 7,32 €

28873 **GUITRY S.** Faisons un rêve. *Pocket, 1997.* (Pocket ; 10227 c2)
ISBN 2-266-07583-7. *23 F / 3,51 €*

28874 **GUITRY S.** Quadrille. *Pocket, 1997.* (Pocket ; 10228 c3)
ISBN 2-266-07588-8. *26 F / 3,96 €*

28875 **HANDKE P.** La chevauchée sur le lac de Constance. 3e éd. *Arche éditeur, 1999.* (Scène ouverte)
ISBN 2-85181-185-1. *59 F / 8,99 €*

28876 **HANDKE P.** Gaspard. 2e éd. *Arche éditeur, 1990.* (Scène ouverte)
ISBN 2-85181-025-1. *49 F / 7,47 €*

28877 **HANDKE P.** Les gens déraisonnables sont en voie de disparition. Nouv. éd. *Arche éditeur, 1986.* (Scène ouverte)
ISBN 2-85181-057-X. *59 F / 8,99 €*

28878 **N** **HANDKE P.** Outrage au public ; Prédiction ; Introspection. Réimpr. *Arche éditeur, 2000.* (Scène ouverte)
ISBN 2-85181-080-4. *59 F / 8,99 €*

28879 **HANDKE P.** Préparatifs d'immortalité. *Arche éditeur, 1998.* (Scène ouverte)
ISBN 2-85181-410-9. *75 F / 11,43 €*

28880 **HANDKE P.** Le Pupille veut être tuteur. *Arche éditeur, 1985.* (Scène ouverte)
ISBN 2-85181-053-7. *49 F / 7,47 €*

28881 **HARE D.** L'absence de guerre. *Arche éditeur, 1995.* (Scène ouverte)
ISBN 2-85181-407-9. *75 F / 11,43 €*

28882 **HARE D.** Skylight. *Arche éditeur, 1997.* (Scène ouverte)
ISBN 2-85181-391-9. *75 F / 11,43 €*

28883 **HENKEL H.** Olaf et Albert. *Arche éditeur, 1978.* (Scène ouverte)
ISBN 2-85181-177-0. *49 F / 7,47 €*

28884 **HOFMANNSTHAL H. v.** Le chevalier à la rose : et autres pièces. *Gallimard, 1997.* (Folio. Théâtre ; 40 c9)
ISBN 2-07-039387-9. *46 F / 7,01 €*

28885 **HOFMANNSTHAL H. v.** L'incorruptible. *Arche éditeur, 1997.* (Scène ouverte)
ISBN 2-85181-390-0. *75 F / 11,43 €*

28886 **HONOREZ L.** Oiseau. *Lansman, 1990.* (Théâtre à vif ; 2)
ISBN 2-87282-008-6. *33 F / 5,03 €*

28887 **HOUSSIAU B., RUDIN R.** La folie de Van Gogh : pièce en trois actes et quatorze tableaux. *Lansman, 1997.* (Nocturnes théâtre ; 33)
ISBN 2-87282-189-9. *56 F / 8,54 €*

28888 **HUGO V.** Hernani. *Gallimard, 1995.* (Folio ; 20. Théâtre c6)
ISBN 2-07-038657-0. *29,50 F / 4,50 €*

28889 **HUGO V.** Hernani. *LGF, 1987.* (Le Livre de poche ; 6328. Classique théâtre c4)
ISBN 2-253-04147-5. *20 F / 3,05 €*

28890 **HUGO V.** Ruy Blas. *Gallimard, 1997.* (Folio ; 37. Théâtre c4)
ISBN 2-07-040157-X. *20,50 F / 3,13 €*

28891 **HUGO V.** Ruy Blas. *LGF, 1987.* (Le Livre de poche ; 6352. Classique théâtre)
ISBN 2-253-04180-7. *19 F / 2,90 €*

28892 **HUGO V.** Torquemada. *Table ronde, 1996.* (La petite vermillon ; 63 c2)
ISBN 2-7103-0747-2. *45 F / 6,86 €*

28893 **IBSEN H.** Une Maison de poupée : drame en trois actes. *LGF, 1990.* (Le Livre de poche ; 6738. Classique théâtre c5)
ISBN 2-253-05255-8. *23 F / 3,51 €*

28894 **IONESCO E.** La Cantatrice chauve ; La Leçon. *Gallimard, 1972.* (Folio ; 236 c11)
ISBN 2-07-036236-1. *29,50 F / 4,50 €*

28895 **IONESCO E.** La Cantatrice chauve. *Gallimard, 1993.* (Folio ; 4. Théâtre ; 4 c6)
ISBN 2-07-038653-8. *29,50 F / 4,50 €*

28896 **IONESCO E.** Les Chaises ; L'Impromptu de l'Alma. *Gallimard, 1973.* (Folio ; 401 c11)
ISBN 2-07-036401-1. *29,50 F / 4,50 €*

28897 **IONESCO E.** Les chaises. *Gallimard, 1996.* (Folio ; 32. Théâtre c6)
ISBN 2-07-039247-3. *29,50 F / 4,50 €*

28898 **IONESCO E.** La Leçon. *Gallimard, 1994.* (Folio ; 11. Théâtre ; 11 c6)
ISBN 2-07-038865-4. *29,50 F / 4,50 €*

28899 **IONESCO E.** Macbett. *Gallimard, 1975.* (Folio ; 694 c11)
ISBN 2-07-036694-4. *29,50 F / 4,50 €*

28900 **IONESCO E.** Rhinocéros : pièce en 3 actes et 4 tableaux. *Gallimard, 1976.* (Folio ; 816 c11)
ISBN 2-07-036816-5. *29,50 F / 4,50 €*

28901 **IONESCO E.** Rhinocéros. *Gallimard, 1999.* (Folio ; 53. Théâtre c4)
ISBN 2-07-038920-0. *41 F / 6,25 €*

28902 **IONESCO E.** Le roi se meurt. Réimpr. *Gallimard, 1997.* (Folio ; 42. Théâtre c6)
ISBN 2-07-036361-9. *20,50 F / 3,13 €*

28903 **IONESCO E.** Tueurs sans gages. *Gallimard, 1974.* (Folio ; 576 c11)
ISBN 2-07-036576-X. *29,50 F / 4,50 €*

28904 **IONESCO E.** Victimes du devoir. *Gallimard, 1990.* (Folio ; 2209 c11)
ISBN 2-07-038299-0. *29,50 F / 4,50 €*

28905 **N** **IONESCO E.** Victimes du devoir. *Gallimard, 2000.* (Folio. Théâtre ; 58 c6)
ISBN 2-07-038790-9. *29 F / 4,42 €*

28906 **ISNARD P.** Le raciste : comédie en cinq actes. *Infrarouge, 1998.* (Dramatis personnae)
ISBN 2-908614-22-7. *70 F / 10,67 €*

28907 **JARRY A.** Tout Ubu. *LGF, 1999.* (Le Livre de poche ; 838. Classiques de poche c12)
ISBN 2-253-00544-4. *44 F / 6,71 €*

28908 **JARRY A.** Ubu : Ubu roi, Ubu cocu, Ubu enchainé, Ubu sur la butte. *Gallimard, 1978.* (Folio ; 980. Classique c10)
ISBN 2-07-036980-3. *46 F / 7,01 €*

28909 **N** **JARRY A.** Ubu Roi. *Librio, 2000.* (Librio ; 377 c1)
ISBN 2-290-30632-0. *10 F / 1,52 €*

28910 **N** **JARRY A.** Ubu Roi. *LGF, 2000.* (Le Livre de poche ; 14905. Les classiques d'aujourd'hui c1)
ISBN 2-253-14905-5. *10 F / 1,52 €*

28911 **N** **JARRY A.** Ubu roi. *Mille et une nuits, 2000.* (La petite collection)
ISBN 2-84205-517-9. *10 F / 1,52 €*

28912 **Jeunes publics. 1.** *Lansman, 1997.* (Nocturnes théâtre ; 38)
ISBN 2-87282-212-7. *66 F / 10,06 €*

28913 **JOLIVET P-A.** Palimpseste ; Le supplice de la caresse. *Lansman, 1995.* (Beaumarchais ; 13)
ISBN 2-87282-097-3. *52 F / 7,93 €*

28914 **JONSON B.** L'Alchimiste. 2e éd. *Arche éditeur, 1980.* (Répertoire pour un théâtre populaire ; 7)
ISBN 2-85181-189-4. *45 F / 6,86 €*

28915 **KÄGI M.** Des oh et des ah = Ach und och. *Lansman, 1995.* (Théâtre à vif ; 47)
ISBN 2-87282-103-1. *52 F / 7,93 €*

28916 **KALISKY R.** Aïda vaincue. *Arche éditeur, 1990.* (Scène ouverte)
ISBN 2-85181-264-5. *55 F / 8,38 €*

28917 **KALISKY R.** Dave au bord de mer. *Arche éditeur, 1993.* (Scène ouverte)
ISBN 2-85181-408-7. *65 F / 9,91 €*

28918 **KALISZ R.** Le long voyage vers le jour. *Lansman, 1999.* (Nocturnes théâtre ; 59)
ISBN 2-87282-248-8. *60 F / 9,15 €*

28919 **KAMAGURKA** Mario, va ouvrir, on a sonné ! = Mario ga eens opendoen er wordt gebeld !. *Lansman, 1996.* (Théâtre à vif ; 57)
ISBN 2-87282-153-8. *52 F / 7,93 €*

28920 **KANE S.** Anéantis. *Arche éditeur, 1998.* (Scène ouverte)
ISBN 2-85181-421-4. *75 F / 11,43 €*

28921 **KANE S.** Manque ; L'amour de Phèdre. *Arche éditeur, 1999.* (Scène ouverte)
ISBN 2-85181-448-6. *85 F / 12,96 €*

28922 **KANE S.** Purifiés. *Arche éditeur, 1999.* (Scène ouverte)
ISBN 2-85181-432-X. *65 F / 9,91 €*

28923 **KARAGHEOZIAN H.** La lune avait l'épaisseur d'un cil. *Lansman, 1995.* (Beaumarchais ; 6)
ISBN 2-87282-092-2. *52 F / 7,93 €*

28924 **KATEB Y.** Le cercle des représailles. Nouv. éd. *Seuil, 1998.* (Points ; 575)
ISBN 2-02-035019-X. *32 F / 4,88 €*

28925 **KEÏTA M.** Nuit blanche. *Lansman, 1995.* (Beaumarchais ; 20)
ISBN 2-87282-128-7. *52 F / 7,93 €*

28926 **KERMANN P.** The great disaster. *Lansman, 1999.* (Nocturnes théâtre ; 66)
ISBN 2-87282-258-5. *52 F / 7,93 €*

28927 **KERMANN P.** La mastication des morts. *Lansman, 1999.* (Nocturnes théâtre ; 55)
ISBN 2-87282-269-0. *66 F / 10,06 €*

28928 **KILTY J.** Cher menteur. *Arche éditeur, 1990.* (Scène ouverte)
ISBN 2-85181-270-X. *59 F / 8,99 €*

28929 **KIPPHARDT H.** Le Chien du général. *Arche éditeur, 1968.* (Scène ouverte)
ISBN 2-85181-136-3. *55 F / 8,38 €*

28930 **KIPPHARDT H.** En cause, J. Robert Oppenheimer. *Arche éditeur, 1967.* (Scène ouverte)
ISBN 2-85181-130-4. *59 F / 8,99 €*

28931 **KIPPHARDT H.** Joel Brand ; Histoire d'une affaire. *Arche éditeur, 1966.* (Scène ouverte)
ISBN 2-85181-123-1. *59 F / 8,99 €*

28932 **KONATÉ M.** Un appel de nuit. *Lansman, 1995.* (Théâtre à vif ; 52)
ISBN 2-87282-110-4. *52 F / 7,93 €*

28933 **KOSKAS M.** Le roi des schnorrers. *Lansman, 1994.* (Beaumarchais ; 2)
ISBN 2-87282-074-4. *60 F / 9,15 €*

28934 **KROETZ F. X.** Haute-Autriche ; Meilleurs souvenirs de Grado ; Concert à la carte. *Arche éditeur, 1991.* (Scène ouverte)
ISBN 2-85181-277-7. *69 F / 10,52 €*

28935 **KROETZ F. X.** Pulsion. *Arche éditeur, 1999.* (Scène ouverte)
ISBN 2-85181-447-8. *69 F / 10,52 €*

28936 **KROETZ F. X.** Terres mortes : fragments dramatiques. *Arche éditeur, 1991.* (Scène ouverte)
ISBN 2-85181-275-0. *59 F / 8,99 €*

28937 **KROETZ F. X.** Travail à domicile ; Une Affaire d'homme ; Train de ferme. *Arche éditeur, 1991.* (Scène ouverte)
ISBN 2-85181-276-9. *69 F / 10,52 €*

28938 **KUMPS M-P., COGNIAUX B.** Pour qui sont ces enfants qui hurlent sur nos têtes ?. *Lansman, 1998.* (Nocturnes théâtre ; 39)
ISBN 2-87282-203-8. *52 F / 7,93 €*

28939 **KUNDERA M.** Jacques et son maître : hommage à Denis Diderot en trois actes. *Gallimard, 1998.* (Folio ; 3140)
ISBN 2-07-040583-4. *29,50 F / 4,50 €*

28940 **KWAHULÉ K.** Bintou. *Lansman, 1997.* (Beaumarchais ; 30)
ISBN 2-87282-191-0. *56 F / 8,54 €*

28941 **KWAHULÉ K.** Cette vieille magie noire. *Lansman, 1993.* (Théâtre à vif ; 33)
ISBN 2-87282-062-0. *52 F / 7,93 €*

28942 **KWAHULÉ K.** Fama. *Lansman, 1998.* (Nocturnes théâtre ; 47)
ISBN 2-87282-225-9. *52 F / 7,93 €*

28943 **LABICHE E.** L'Affaire de la rue de Lourcine. *Arche éditeur, 1992.* (Scène ouverte)
ISBN 2-85181-241-6. *45 F / 6,86 €*

28944 **LABICHE E.** Brûlons Voltaire! : et autres pièces en un acte. *Gallimard, 1995.* (Folio ; 22. Théâtre c9)
ISBN 2-07-039249-X. *41 F / 6,25 €*

28945 **LABICHE E.** La Cagnotte. *LGF, 1994.* (Le Livre de poche ; 13644. Les classiques d'aujourd'hui c1)
ISBN 2-253-13644-1. *10 F / 1,52 €*

28946 **LABICHE E.** Un Chapeau de paille d'Italie : comédie en cinq actes mêlée de couplets, Théâtre du Palais-Royal (1851). *LGF, 1994.* (Le Livre de poche ; 4497. Classique théâtre c5)
ISBN 2-253-06124-7. *23 F / 3,51 €*

28947 **LABICHE E.** Théâtre. 1. *Laffont, 1991.* (Bouquins)
ISBN 2-221-06679-0. *130 F / 19,82 €*

28948 **LABICHE E.** Théâtre. 2. *Laffont, 1991.* (Bouquins)
ISBN 2-221-06680-4. *130 F / 19,82 €*

28949 **LABICHE E.** Le voyage de monsieur Perrichon ; suivi de La cagnotte. *Librio, 1999.* (Librio ; 270 c1)
ISBN 2-277-30270-8. *10 F / 1,52 €*

28950 **LABICHE E.** Le Voyage de monsieur Perrichon. *LGF, 1987.* (Le Livre de poche ; 6303. Classique théâtre c4)
ISBN 2-253-04093-2. *20 F / 3,05 €*

28951 **LAMKO K.** Comme des flèches. *Lansman, 1997.* (Beaumarchais ; 29)
ISBN 2-87282-173-2. *52 F / 7,93 €*

28952 **LAMKO K.** Ndo kela ou l'Initiation avortée. *Lansman, 1993.* (Théâtre à vif ; 35)
ISBN 2-87282-064-7. *52 F / 7,93 €*

28953 **LAMKO K.** Tout bas... si bas. *Lansman, 1995.* (Beaumarchais ; 21)
ISBN 2-87282-129-5. *52 F / 7,93 €*

28954 **LAPLANTE M-L.** Ciel. *Lansman, 1997.* (Nocturnes théâtre ; 28)
ISBN 2-87282-182-1. *48 F / 7,32 €*

28955 **LATIN F.** La répétition ou Le royaume de la mer. *Lansman, 1991.* (Théâtre à vif ; 7)
ISBN 2-87282-014-0. *48 F / 7,32 €*

28956 N **LEJEUNE C.** Le chant du dragon. *Lansman, 2000.* (Théâtre à l'affiche ; 1)
ISBN 2-87282-284-4. *52 F / 7,93 €*

28957 **LESAGE A-R.** Turcaret ; précédé de Crispin rival de son maître. *LGF, 1999.* (Le Livre de poche ; 18000. Classique théâtre c5)
ISBN 2-253-18000-9. *23 F / 3,51 €*

28958 **LIAZÉRÉ** La complainte d'Ewadi. *Lansman, 1996.* (Nocturnes théâtre ; 15)
ISBN 2-87282-161-9. *49 F / 7,47 €*

28959 **LOUVET J.** L'annonce faite à Benoît. *Lansman, 1996.* (Nocturnes théâtre ; 20)
ISBN 2-87282-167-8. *52 F / 7,93 €*

28960 **LOUVET J.** Conversation en Wallonie : pièce en treize tableaux ; suivi de Un Faust : pièce en vingt et un tableaux. *Labor, 1997.* (Espace Nord ; 116 c3)
ISBN 2-8040-1161-5. *54 F / 8,23 €*

28961 **LOUVET J.** Devant le mur élevé. *Lansman, 2000.* (Nocturnes théâtre)
ISBN 2-87282-286-0. *52 F / 7,93 €*

28962 **LOUVET J.** Un homme de compagnie. *Lansman, 1993.* (Théâtre à vif ; 37)
ISBN 2-87282-069-8. *52 F / 7,93 €*

28963 **LOUVET J.** Jacob seul. *Lansman, 1990.* (Théâtre à vif ; 5)
ISBN 2-87282-012-4. *39 F / 5,95 €*

28964 **LOUVET J.** Simenon. *Lansman, 1994.* (Théâtre à vif ; 43)
ISBN 2-87282-085-X. *56 F / 8,54 €*

28965 **LOUVET J.** Théâtre. *Labor, 1984.* (Espace Nord ; 14 c1)
ISBN 2-8040-0041-9. *34 F / 5,18 €*

28966 **MABARDI V.** Cassandre graffiti. *Lansman, 1990.* (Théâtre à vif ; 3)
ISBN 2-87282-010-8. *39 F / 5,95 €*

28967 **MABARDI V.** Titre provisoire. *Lansman, 1993.* (Théâtre à vif ; 36)
ISBN 2-87282-068-X. *48 F / 7,32 €*

28968 **MAETERLINCK M.** La mort de Tintagiles. *Actes Sud* ; *Leméac, 1997.* (Babel ; 264. Répliques c2)
ISBN 2-7427-1186-4. ISBN 2-7609-1813-0. *39 F / 5,95 €*

28969 **MAETERLINCK M.** L'oiseau bleu. *Labor, 1998.* (Espace Nord ; 127 c2)
ISBN 2-8040-1300-6. *42 F / 6,40 €*

28970 **MAETERLINCK M.** La princesse Maleine. *Labor, 1998.* (Espace Nord ; 147)
ISBN 2-8040-1358-8. *42 FB / 1,04 €*

28971 **MAGNIN J-D.** Le blé cornu. *Lansman, 1994.* (Beaumarchais ; 1)
ISBN 2-87282-073-6. *66 F / 10,06 €*

28972 **MAIAKOVSKI V. V.** Théâtre. *Grasset, 1989.* (Les Cahiers rouges ; 112)
ISBN 2-246-17322-1. *64 F / 9,76 €*

28973 **MARIVAUX P. C. d. C. d.** La double inconstance ; suivi de Harlequin poli par l'amour. *LGF, 1987.* (Le Livre de poche ; 6351. Classique théâtre c4)
ISBN 2-253-04179-3. *18 F / 2,74 €*

28974 N **MARIVAUX P. C. d. C. d.** La double inconstance. *Gallimard, 2000.* (Folio ; 65. Théâtre c3)
ISBN 2-07-040535-4. *19 F / 2,90 €*

28975 **MARIVAUX P. C. d. C. d.** La fausse suivante. *LGF, 1999.* (Le Livre de poche ; 18002. Classique théâtre c3)
ISBN 2-253-18002-5. *18 F / 2,74 €*

28976 **MARIVAUX P. C. d. C. d.** Les fausses confidences. *Gallimard, 1997.* (Folio ; 39. Théâtre c4)
ISBN 2-07-040057-3. *20,50 F / 3,13 €*

28977 N **MARIVAUX P.. C. d. C. d.** L'île aux esclaves. *Mille et une nuits, 2000.* (La petite collection ; 304)
ISBN 2-84205-512-8. *10 F / 1,52 €*

28978 N **MARIVAUX P. C. d. C. d.** L'île des esclaves. *Gallimard, 2000.* (Folio ; 3398. Classique c3)
ISBN 2-07-041268-7. *20,50 F / 3,13 €*

28979 **MARIVAUX P. C. d. C. d.** L'île des esclaves. *LGF, 1999.* (Le Livre de poche ; 18001. Classique théâtre c2)
ISBN 2-253-18001-7. *15 F / 2,29 €*

28980 **MARIVAUX P. C. d. C. d.** Le jeu de l'amour et du hasard : comédie, 1730. *LGF, 1985.* (Le Livre de poche ; 6131. Classique théâtre c3)
ISBN 2-253-03786-9. *18 F / 2,74 €*

28981 **MARIVAUX P. C. d. C. d.** Le Jeu de l'amour et du hasard : texte intégral et les clés de l'oeuvre. *Pocket, 1998.* (Pocket ; 6107. Classiques c1)
ISBN 2-266-08713-4. *19 F / 2,90 €*

28982 **MARIVAUX P. C. d. C. d.** Le jeu de l'amour et du hasard. *Gallimard, 1994.* (Folio ; 9. Théâtre ; 9 c6)
ISBN 2-07-038678-3. *29,50 F / 4,50 €*

28983 **MARIVAUX P. C. d. C. d.** Le paysan Parvenu. *Gallimard, 1981.* (Folio ; 1327. Classique c10)
ISBN 2-07-037327-4. *46 F / 7,01 €*

28984 **MARIVAUX P. C. d. C. d.** La surprise de l'amour ; suivi de La seconde surprise de l'amour. *LGF, 1991.* (Le Livre de poche ; 4489. Classique théâtre c6)
ISBN 2-253-05729-0. *26 F / 3,96 €*

28985 **N** **MARIVAUX P. C. d. C. d.** Théâtre complet. *LGF, 2000.* (La Pochothèque ; 3253. Classiques modernes)
ISBN 2-253-13253-5. *185 F / 28,20 €*

28986 **MARIVAUX P. C. d. C. d.** Le triomphe de l'amour. *Gallimard, 1998.* (Folio ; 46. Théâtre c6)
ISBN 2-07-040056-5. *29,50 F / 4,50 €*

28987 **MARLOWE C.** Faust : tragédie en quatre actes. *Infrarouge, 1996.* (Dramatis personnae)
ISBN 2-908614-15-4. *60 F / 9,15 €*

28988 **MARZOUGUI H.** Mémoire de cendres. *Lansman, 1998.* (Nocturnes théâtre ; 44)
ISBN 2-87282-222-4. *48 F / 7,32 €*

28989 **N** **MELQUIOT F.** L'inattendu. *Arche éditeur, 2001.* (Scène ouverte)
ISBN 2-85181-480-X. *49,20 F / 7,50 €*

28990 **N** **MÉNANDRE** Théâtre. *LGF, 2000.* (Le Livre de poche ; 4302. Classique théâtre c14)
ISBN 2-253-14302-2. *48 F / 7,32 €*

28991 **MÉRIMÉE P.** Le carrosse du Saint-Sacrement. *Mercure de France, 1998.* (Le petit Mercure)
ISBN 2-7152-2115-0. *20 F / 3,05 €*

28992 **MOHNNAU R. G.** Saison de nacres. *Arche éditeur, 1988.* (Scène ouverte)
ISBN 2-85181-229-7. *49 F / 7,47 €*

28993 **MOLIÈRE** Amphitryon ; George Dandin ; L'Avare. *Gallimard, 1973.* (Folio ; 333 c8)
ISBN 2-07-036333-3. *37 F / 5,64 €*

28994 **MOLIÈRE** Amphitryon. *LGF, 1988.* (Le Livre de poche ; 6379. Classique théâtre c4)
ISBN 2-253-04287-0. *20 F / 3,05 €*

28995 **MOLIÈRE** L'Avare. *Gallimard, 1993.* (Folio ; 3. Théâtre ; 3 c6)
ISBN 2-07-038659-7. *29,50 F / 4,50 €*

28996 **MOLIÈRE** L'avare. *Gallimard, 1999.* (Folio ; 3234. Classique c3)
ISBN 2-07-040919-8. *19 F / 2,90 €*

28997 **N** **MOLIÈRE** L'avare. Réimpr. *Librio, 2000.* (Librio ; 339 c1)
ISBN 2-290-30088-8. *10 F / 1,52 €*

28998 **MOLIÈRE** L'Avare. *LGF, 1986.* (Le Livre de poche ; 6173. Classique théâtre c3)
ISBN 2-253-03855-5. *18 F / 2,74 €*

28999 **MOLIÈRE** Le Bourgeois gentilhomme : comédie-ballet. *LGF, 1985.* (Le Livre de poche ; 6126. Classique théâtre c3)
ISBN 2-253-03780-X. *18 F / 2,74 €*

29000 **MOLIÈRE** Le bourgeois gentilhomme ; Les femmes savantes ; Le malade imaginaire. *Gallimard, 1998.* (Folio ; 48. Théâtre c4)
ISBN 2-07-040081-6. *20,50 F / 3,13 €*

29001 **MOLIÈRE** Le Bourgeois gentilhomme ; Les Femmes savantes ; Le Malade imaginaire. *Gallimard, 1973.* (Folio ; 334 c9)
ISBN 2-07-036334-1. *41 F / 6,25 €*

29002 **MOLIÈRE** Le bourgeois gentilhomme. *Librio, 1998.* (Librio ; 235 c1)
ISBN 2-277-30235-X. *10 F / 1,52 €*

29003 **MOLIÈRE** Le bourgeois gentilhomme. Nouv. éd. *Gallimard, 1999.* (Folio ; 3233. Classique c3)
ISBN 2-07-040920-1. *19 F / 2,90 €*

29004 **MOLIÈRE** Dom Juan ou le Festin de pierre : comédie 1665. *LGF, 1985.* (Le Livre de poche ; 6130. Classique théâtre c3)
ISBN 2-253-03787-7. *18 F / 2,74 €*

29005 **MOLIÈRE** Dom Juan ou Le festin de pierre. *Librio, 1994.* (Librio ; 14 c1)
ISBN 2-277-30014-4. *10 F / 1,52 €*

29006 **MOLIÈRE** Dom Juan ou Le festin de pierre. Nouv. éd. *Gallimard, 1999.* (Folio ; 3229. Classique c3)
ISBN 2-07-040933-3. *19 F / 2,90 €*

29007 **MOLIÈRE** Dom Juan. Réimpr. *Mille et une nuits, 1998.* (La petite collection ; 29 c3)
ISBN 2-84205-343-5. *13 F / 1,98 €*

29008 **N** **MOLIÈRE** L'école des femmes ; L'école des maris ; La critique de L'école des femmes. *Gallimard, 2000.* (Folio ; 3377. Classique c3)
ISBN 2-07-041246-6. *19 F / 2,90 €*

29009 **MOLIÈRE** L'école des femmes. *Librio, 1999.* (Librio ; 277 c1)
ISBN 2-277-30277-5. *10 F / 1,52 €*

29010 **MOLIÈRE** L'Ecole des femmes. *LGF, 1986.* (Le Livre de poche ; 6174. Classique théâtre c3)
ISBN 2-253-03856-3. *18 F / 2,74 €*

29011 **MOLIÈRE** Les Femmes savantes. *LGF, 1986.* (Le Livre de poche ; 6181. Classique théâtre c3)
ISBN 2-253-03874-1. *18 F / 2,74 €*

29012 **MOLIÈRE** Les femmes savantes. Nouv. éd. *Gallimard, 1999.* (Folio ; 3230. Classique c3)
ISBN 2-07-040926-0. *19 F / 2,90 €*

29013 **MOLIÈRE** Les fourberies de Scapin ; L'Amour médecin ; Le Médecin malgré lui ; Monsieur de Pourceaugnac. *Gallimard, 1978.* (Folio ; 996. Classique c8)
ISBN 2-07-036996-X. *37 F / 5,64 €*

29014 **MOLIÈRE** Les Fourberies de Scapin. *LGF, 1986.* (Le Livre de poche ; 6182. Classique théâtre c3)
ISBN 2-253-03875-X. *18 F / 2,74 €*

29015 **MOLIÈRE** Les fourberies de Scapin. *Librio, 1997.* (Librio ; 181 c1)
ISBN 2-277-30181-7. *10 F / 1,52 €*

29016 **MOLIÈRE** Les fourberies de Scapin. Nouv. éd. *Gallimard, 1999.* (Folio ; 3231. Classique c3)
ISBN 2-07-040917-1. *19 F / 2,90 €*

29017 **MOLIÈRE** George Dandin ; Amphitryon. *LGF, 1987.* (Le Livre de poche ; 6378. Classique théâtre c3)
ISBN 2-253-04286-2. *18 F / 2,74 €*

29018 **MOLIÈRE** Le Malade imaginaire. *LGF, 1986.* (Le Livre de poche ; 6135. Classique théâtre c3)
ISBN 2-253-03794-X. *18 F / 2,74 €*

29019 **MOLIÈRE** Le malade imaginaire. *Gallimard, 1999.* (Folio ; 3300. Classique c2)
ISBN 2-07-041120-6. *16 F / 2,44 €*

29020 **MOLIÈRE** Le Médecin malgré lui. *LGF, 1986.* (Le Livre de poche ; 6183. Classique théâtre c2)
ISBN 2-253-03876-8. *15 F / 2,29 €*

29021 **MOLIÈRE** Le médecin malgré lui. *Gallimard, 1999.* (Folio ; 3232. Classique c3)
ISBN 2-07-040913-9. *19 F / 2,90 €*

29022 **N** **MOLIÈRE** Le misanthrope. *Gallimard, 2000.* (Folio ; 3376. Classique c3)
ISBN 2-07-041438-8. *19 F / 2,90 €*

29023 **MOLIÈRE** Le Misanthrope. *LGF, 1986.* (Le Livre de poche ; 6133. Classique théâtre)
ISBN 2-253-03792-3. *19 F / 2,90 €*

29024 **MOLIÈRE** Les précieuses ridicules. *Gallimard, 1998.* (Folio ; 45. Théâtre c4)
ISBN 2-07-040084-0. *20,50 F / 3,13 €*

29025 **MOLIÈRE** Les précieuses ridicules. *LGF, 1999.* (Le Livre de poche ; 6046. Classique théâtre c3)
ISBN 2-253-16046-6. *18 F / 2,74 €*

29026 **MOLIÈRE** Le Tartuffe ; Don Juan ; Le Misanthrope. *Gallimard, 1973.* (Folio ; 332 c8)
ISBN 2-07-036332-5. *36 F / 5,49 €*

29027 **MOLIÈRE** Le Tartuffe ou l'Imposteur. *LGF, 1985.* (Le Livre de poche ; 6122. Classique théâtre c3)
ISBN 2-253-03776-1. *18 F / 2,74 €*

29028 **MOLIÈRE** Le Tartuffe. Nouv. éd. *Gallimard, 1999.* (Folio ; 3228. Classique c3)
ISBN 2-07-040932-5. *19 F / 2,90 €*

29029 **MOLIÈRE, PLAUTE** L'avare. Rééd. *Pocket, 1998.* (Pocket ; 6125. Classiques c1)
ISBN 2-266-08291-4. *19 F / 2,90 €*

29030 **MOLINA T. d.** Le timide au palais. *Arche éditeur, 1984.* (Répertoire pour un théâtre populaire ; 20)
ISBN 2-85181-036-7. *45 F / 6,86 €*

29031 **MONTHERLANT H. d.** Le Cardinal d'Espagne. *Gallimard, 2000.* (Folio ; 613 c11)
ISBN 2-07-036613-8. *29,50 F / 4,50 €*

29032 **MONTHERLANT H. d.** Le Maître de Santiago. *Gallimard, 1972.* (Folio ; 142 c9)
ISBN 2-07-010369-2. *39 F / 5,95 €*

29033 **MONTHERLANT H. d.** Port Royal ; Notes de théâtre sur le Maître de Santiago et Port-Royal. *Gallimard, 1972.* (Folio ; 253 c9)
ISBN 2-07-036253-1. *20,50 F / 3,13 €*

29034 **MONTHERLANT H. d.** La Reine morte. *Gallimard, 1972.* (Folio ; 12 c11)
ISBN 2-07-036012-1. *29,50 F / 4,50 €*

29035 **MONTHERLANT H. d.** La ville dont le prince est un enfant : pièce en trois actes, texte de 1967. Réimpr. *Gallimard, 1997.* (Folio ; 293 c8)
ISBN 2-07-036293-0. *37 F / 5,64 €*

29036 **MROZEK S.** Tango : pièce en trois actes. *Albin Michel, 1989.* (Bibliothèque Albin Michel poche ; 22 c2)
ISBN 2-226-03550-8. *49 F / 7,47 €*

29037 **MÜLLER H.** Germania 3, les spectres du mort-homme. *Arche éditeur, 1996.* (Scène ouverte)
ISBN 2-85181-380-3. *75 F / 11,43 €*

29038 **MUSSET A. d.** Les caprices de Marianne ; suivi de On ne badine pas avec l'amour. *Librio, 1994.* (Librio ; 39 c1)
ISBN 2-277-30039-X. *10 F / 1,52 €*

29039 **MUSSET A. d.** Lorenzaccio ; André del Sarto. *Gallimard, 1978.* (Folio ; 1026. Classique c8)
ISBN 2-07-037026-7. *37 F / 5,64 €*

29040 **MUSSET A. d.** Lorenzaccio. *LGF, 1986.* (Le Livre de poche ; 6248. Classique théâtre)
ISBN 2-253-03987-X. *19 F / 2,90 €*

29041 **MUSSET A. d.** On ne badine pas avec l'amour. *Gallimard, 1994.* (Folio ; 12. Théâtre ; 12 c6)
ISBN 2-07-038654-6. *29,50 F / 4,50 €*

29042 **MUSSET A. d.** On ne badine pas avec l'amour. *LGF, 2000.* (Le Livre de poche ; 18003. Classique théâtre)
ISBN 2-253-18003-3. *19 F / 2,90 €*

29043 **MUSSET A. d., SAND G.** Lorenzaccio. Réimpr. *Pocket, 1998.* (Pocket ; 6081. Classiques c1)
ISBN 2-266-08287-6. *19 F / 2,90 €*

29044 **N'DEBEKA M.** Le diable à longue queue. *Lansman, 2000.* (Nocturnes théâtre)
ISBN 2-87282-285-2. *52 F / 7,93 €*

29045 **NGANDU P. N.** L'empire des ombres vivantes. *Lansman, 1991.* (Théâtre à vif ; 11)
ISBN 2-87282-022-1. *48 F / 7,32 €*

29046 **NLANDU MAYAMBA MBUYA T.** Misère. *Lansman, 1994.* (Théâtre à vif ; 42)
ISBN 2-87282-084-1. *52 F / 7,93 €*

29047 **NOREN L.** Automne et hiver. *Arche éditeur, 1993.* (Scène ouverte)
ISBN 2-85181-324-2. *75 F / 11,43 €*

29048 **N** **NORÉN L.** Catégorie 3.1. *Arche éditeur, 2000.* (Scène ouverte)
ISBN 2-85181-456-7. *95 F / 14,48 €*

29049 **NORÉN L.** Démons. *Arche éditeur, 1994.* (Scène ouverte)
ISBN 2-85181-344-7. *75 F / 11,43 €*

29050 **NOREN L.** La Force de tuer. *Arche éditeur, 1988.* (Scène ouverte)
ISBN 2-85181-201-7. *49 F / 7,47 €*

29051 **NORÉN L.** Munich-Athènes. *Arche éditeur, 1992.* (Scène ouverte)
ISBN 2-85181-296-3. *59 F / 8,99 €*

29052 **NORÉN L.** Sang. *Arche éditeur, 1999.* (Scène ouverte)
ISBN 2-85181-424-9. *65 F / 9,91 €*

29053 **Nouvelles écritures. 1.** *Lansman, 1997.* (Nocturnes théâtre ; 37)
ISBN 2-87282-210-0. *52 F / 7,93 €*

29054 **NUZZO S.** La Finale. *Lansman, 1993.* (Théâtre à vif ; 30)
ISBN 2-87282-059-0. *52 F / 7,93 €*

29055 **NYSENHOLC A.** La Passion du diable. *Lansman, 1995.* (Théâtre à vif ; 53)
ISBN 2-87282-113-9. *52 F / 7,93 €*

29056 **O'NEILL E.** Long voyage du jour à la nuit. *Arche éditeur, 1996.* (Scène ouverte)
ISBN 2-85181-387-0. *85 F / 12,96 €*

29057 **OBALDIA R. d.** Genousie. 3e éd. *Arche éditeur, 1987.* (Scène ouverte)
ISBN 2-85181-079-5 (rron) 2-85181-079-0. *49 F / 7,47 €*

29058 **OLMI V.** Chaos debout ; Les nuits sans lune. *Arche éditeur, 1997.* (Scène ouverte)
ISBN 2-85181-389-7. *85 F / 12,96 €*

29059 **OLMI V.** Le passage. *Arche éditeur, 1996.* (Scène ouverte)
ISBN 2-85181-382-X. *65 F / 9,91 €*

29060 **OLMI V.** Point à la ligne ; La jouissance du scorpion. *Arche éditeur, 1998.* (Scène ouverte)
ISBN 2-85181-406-0. *75 F / 11,43 €*

29061 **OWONDO L.** La Folle du gouverneur. *Lansman, 1990.* (Théâtre à vif ; 4)
ISBN 2-87282-011-6. *39 F / 5,95 €*

29062 **PAGNOL M.** Angèle. *Ed. de Fallois, 1989.* (Fortunio ; 11 c1)
ISBN 2-87706-060-8. *34 F / 5,18 €*

29063 **PAGNOL M.** César. *Ed. de Fallois, 1988.* (Fortunio ; 9 c1)
ISBN 2-87706-058-6. *34 F / 5,18 €*

29064 **PAGNOL M.** Cigalon. *Ed. de Fallois, 1991.* (Fortunio ; 25 c1)
ISBN 2-87706-074-8. *34 F / 5,18 €*

29065 **PAGNOL M.** Fanny. *Ed. de Fallois, 1988.* (Fortunio ; 8 c1)
ISBN 2-87706-057-8. *34 F / 5,18 €*

29066 **PAGNOL M.** La Femme du boulanger. *Ed. de Fallois, 1989.* (Fortunio ; 12 c1)
ISBN 2-87706-061-6. *34 F / 5,18 €*

29067 **PAGNOL M.** La Fille du puisatier. *Ed. de Fallois, 1989.* (Fortunio ; 13 c1)
ISBN 2-87706-062-4. *34 F / 5,18 €*

29068 **PAGNOL M.** Jazz. *Ed. de Fallois, 1996.* (Fortunio ; 27 c1)
ISBN 2-87706-266-X. *34 F / 5,18 €*

29069 **PAGNOL M.** Judas. *Ed. de Fallois, 1991.* (Fortunio ; 23 c1)
ISBN 2-87706-072-1. *34 F / 5,18 €*

29070 **PAGNOL M.** Les marchands de gloire. *Ed. de Fallois, 1996.* (Fortunio ; 28 c1)
ISBN 2-87706-267-8. *34 F / 5,18 €*

29071 **PAGNOL M.** Marius. *Ed. de Fallois, 1988.* (Fortunio ; 7 c1)
ISBN 2-87706-056-X. *34 F / 5,18 €*

29072 **PAGNOL M.** Regain. *Ed. de Fallois, 1989.* (Fortunio ; 14 c1)
ISBN 2-87706-063-2. *34 F / 5,18 €*

29073 **PAGNOL M.** Le Schpountz. *Ed. de Fallois, 1989.* (Fortunio ; 15 c1)
ISBN 2-87706-064-0. *34 F / 5,18 €*

29074 **PAGNOL M.** Topaze. *Ed. de Fallois, 1988.* (Fortunio ; 10 c1)
ISBN 2-87706-059-4. *34 F / 5,18 €*

29075 **PALUSTRAN C.** Abîmes ; Nuage ; Journal d'un loup-garou. *Lansman, 1996.* (Nocturnes théâtre ; 12)
ISBN 2-87282-155-4. *56 F / 8,54 €*

29076 **PANIJEL J.** Carmel n°18. *Lansman, 1998.* (Beaumarchais ; 34)
ISBN 2-87282-207-0. *69 F / 10,52 €*

29077 **PARENTEAU-LEBEUF D.** L'autoroute. *Lansman, 1999.* (Nocturnes théâtre ; 71)
ISBN 2-87282-263-1. *52 F / 7,93 €*

29078 **PARENTEAU-LEBEUF D.** Poème pour une nuit d'anniversaire. *Lansman, 1997.* (Nocturnes théâtre ; 27)
ISBN 2-87282-181-3. *52 F / 7,93 €*

29079 **PARISOT F.** Le Jeu du mort. *Lansman, 1993.* (Théâtre à vif ; 29)
ISBN 2-87282-049-3. *52 F / 7,93 €*

29080 **PARISOT F.** La Librairie. *Lansman, 1992.* (Théâtre à vif ; 21)
ISBN 2-87282-036-1. *52 F / 7,93 €*

29081 **N** **PASOLINI P. P.** Théâtre complet. Nouv. éd. *Actes Sud ; Labor ; Aire, 2000.* (Babel ; 177 c6)
ISBN 2-7427-0616-X. *63 F / 9,60 €*

29082 **N** **PELLET C.** Le garçon girafe. *Arche éditeur, 2000.* (Scène ouverte)
ISBN 2-85181-473-7. *65 F / 9,91 €*

29083 **PENNAC D.** Monsieur Malaussène au théâtre. *Gallimard, 1998.* (Folio ; 3121 c9)
ISBN 2-07-040408-0. *20,50 F / 3,13 €*

29084 **PERCY X.** Au bout du désert. *Lansman, 1995.* (Théâtre à vif ; 54)
ISBN 2-87282-114-7. *52 F / 7,93 €*

29085 **N** **Le Père Noël est une ordure. Réimpr.** *Actes Sud, 2001.* (Babel ; 454)
ISBN 2-7427-3105-9. *33 F / 5,03 €*

29086 **PICASSO P.** Le désir attrapé par la queue. *Gallimard, 1995.* (L'imaginaire ; 338)
ISBN 2-07-074164-8. *35 F / 5,34 €*

29087 **PICASSO P.** Les quatre petites filles : pièce en six actes. *Gallimard, 1999.* (L'imaginaire ; 399)
ISBN 2-07-075549-5. *34 F / 5,18 €*

29088 **PICHETTE H.** Les épiphanies : mystère profane. *Gallimard, 1998.* (Poésie ; 46 c7)
ISBN 2-07-040456-0. *60 F / 9,15 €*

29089 **N** **PIEMME J-M.** Ciel et simulacre ; suivi de Peep show. *Lansman, 2000.* (Nocturnes théâtre)
ISBN 2-87282-290-9. *56 F / 8,54 €*

29090 **N** **PIEMME J-M.** Eva, Gloria, Léa. *Lansman, 2000.* (Nocturnes théâtre)
ISBN 2-87282-289-5. *52 F / 7,93 €*

29091 **PIEMME J-M.** Toréadors. *Lansman, 1999.* (Nocturnes théâtre)
ISBN 2-87282-247-X. *58 F / 8,84 €*

29092 **PIEMME J-M., SADE D. A. F. d.** Les Instituteurs immoraux. *Lansman, 1989.* (Nocturnes théâtre ; 4)
48 F / 7,32 €

29093 **PIRANDELLO L.** L'Amie de leurs femmes. Nouv. éd. *Arche éditeur, 1994.* (Scène ouverte ; 31)
ISBN 2-85181-096-0. *55 F / 8,38 €*

29094 **PIRANDELLO L.** Ce soir on improvise ; suivi de Chacun à sa façon. *LGF, 1996.* (Le Livre de poche ; 3116. Classique théâtre c8)
ISBN 2-253-09813-2. *33 F / 5,03 €*

29095 **PIRANDELLO L.** Henri IV ; suivi de Le jeu de rôles. *LGF, 1995.* (Le Livre de poche ; 13699. Classique théâtre c6)
ISBN 2-253-13699-9. *26 F / 3,96 €*

29096 **PIRANDELLO L.** Henri IV. *Gallimard, 1998.* (Folio ; 49. Théâtre c6)
ISBN 2-07-039306-2. *29,50 F / 4,50 €*

29097 **PIRANDELLO L.** Qui sait la vérité? : parabole en trois actes. *LGF, 1994.* (Le Livre de poche ; 4629. Classique théâtre c5)
ISBN 2-253-06710-5. *23 F / 3,51 €*

29098 **PIRANDELLO L.** Six personnages en quête d'auteur = Sei personaggi in cerca d'autore. *Gallimard, 1997.* (Folio bilingue ; 69)
ISBN 2-07-040147-2. *60 F / 9,15 €*

29099 **PIRANDELLO L.** Six Personnages en quête d'auteur ; La Volupté de l'honneur : Version définitive. *Gallimard, 1978.* (Folio ; 1063 c11)
ISBN 2-07-037063-1. *29,50 F / 4,50 €*

29100 **PIRANDELLO L.** Six personnages en quête d'auteur. *LGF, 1995.* (Le Livre de poche ; 13886. Classique théâtre c7)
ISBN 2-253-13886-X. *30 F / 4,57 €*

29101 **POURVEUR P.** La minute anacoustique. *Lansman, 1996.* (Nocturnes théâtre ; 16)
ISBN 2-87282-163-5. *52 F / 7,93 €*

29102 **POURVEUR P.** Venise. *Lansman, 1992.* (Théâtre à vif ; 15)
ISBN 2-87282-028-0. *52 F / 7,93 €*

29103 **PRÉVAND J-F.** Camus, Sartre... et Les Autres. *Lansman, 1996.* (Beaumarchais ; 22)
ISBN 2-87282-136-8. *66 F / 10,06 €*

29104 **RACINE J.** Andromaque. *LGF, 1986.* (Le Livre de poche ; 6180. Classique théâtre c4)
ISBN 2-253-03873-3. *20 F / 3,05 €*

29105 **RACINE J.** Andromaque. Nouv. éd. *Pocket, 1998.* (Pocket ; 6094. Classiques c1)
ISBN 2-266-08279-5. *19 F / 2,90 €*

29106 **RACINE J.** Andromaque. Nouv. éd. *Gallimard, 1999.* (Folio ; 3236. Classique c3)
ISBN 2-07-040902-3. *19 F / 2,90 €*

29107 **A** **RACINE J.** Andromaque. *Librio, 2001.* (Librio ; 469 c1)
ISBN 2-290-31373-4. *10 F / 1,52 €*

29108 **RACINE J.** Athalie : tragédie tirée de l'Ecriture sainte, 1691. Nouv. éd. *LGF, 1999.* (Le Livre de poche ; 9555. Classique théâtre c4)
ISBN 2-253-06228-6. *20 F / 3,05 €*

29109 **RACINE J.** Bajazet : tragédie, 1672. *LGF, 1992.* (Le Livre de poche ; 4493. Classique théâtre c4)
ISBN 2-253-06008-9. *20 F / 3,05 €*

29110 **RACINE J.** Bajazet. *Gallimard, 1995.* (Folio ; 24. Théâtre c4)
ISBN 2-07-039341-0. *20,50 F / 3,13 €*

29111 **RACINE J.** Bérénice. *Gallimard, 1994.* (Folio. Théâtre ; 15 c4)
ISBN 2-07-038686-4. *20,50 F / 3,13 €*

29112 **RACINE J.** Bérénice. *LGF, 1988.* (Le Livre de poche ; 6437. Classique théâtre)
ISBN 2-253-04499-7. *19 F / 2,90 €*

29113 **N** **RACINE J.** Britannicus. *Gallimard, 2000.* (Folio ; 3378. Classique c3)
ISBN 2-07-041439-6. *19 F / 2,90 €*

29114 **N** **RACINE J.** Britannicus. *Librio, 2000.* (Librio ; 390 c1)
ISBN 2-290-30695-9. *10 F / 1,52 €*

29115 **RACINE J.** Britannicus. *LGF, 1986.* (Le Livre de poche ; 6137. Classique théâtre c4)
ISBN 2-253-03795-8. *20 F / 3,05 €*

29116 **RACINE J.** Iphigénie. *LGF, 1986.* (Le Livre de poche ; 6134. Classique théâtre c4)
ISBN 2-253-03793-1. *20 F / 3,05 €*

29117 **RACINE J.** Iphigénie. *Gallimard, 1999.* (Folio ; 54. Théâtre c5)
ISBN 2-07-040479-X. *25,50 F / 3,89 €*

29118 **RACINE J.** Mithridate. *Gallimard, 1999.* (Folio ; 56. Théâtre c4)
ISBN 2-07-040481-1. *20,50 F / 3,13 €*

29119 **RACINE J.** Phèdre : tragédie, 1677. *LGF, 1985.* (Le Livre de poche ; 6127. Classique théâtre c3)
ISBN 2-253-03781-8. *18 F / 2,74 €*

29120 **N** **RACINE J.** Phèdre. *Gallimard, 2000.* (Folio ; 3379. Classique c4)
ISBN 2-07-041403-5. *16 F / 2,44 €*

29121 **RACINE J.** Phèdre. *Gallimard, 1995.* (Folio ; 23. Théâtre c4)
ISBN 2-07-038763-1. *20,50 F / 3,13 €*

29122 **RACINE J.** Phèdre. *Librio, 1999.* (Librio ; 301 c1)
ISBN 2-277-30301-1. *10 F / 1,52 €*

29123 **RACINE J.** Les plaideurs. *LGF, 1997.* (Le Livre de poche ; 14183. Les classiques d'aujourd'hui c1)
ISBN 2-253-14183-6. *10 F / 1,52 €*

29124 **RACINE J.** Théâtre complet. 1. *Gallimard, 1982.* (Folio ; 1412. Classique c13)
ISBN 2-07-037412-2. *56 F / 8,54 €*

29125 **RACINE J.** Théâtre complet. 2. *Gallimard, 1983.* (Folio ; 1495. Classique c13)
ISBN 2-07-037495-5. *56 F / 8,54 €*

29126 **RACINE J.** Théâtre complet. *LGF, 1998.* (La Pochothèque ; 13242. Classiques modernes)
ISBN 2-253-13242-X. *135 F / 20,58 €*

29127 **RAVALEC V.** PEP, projet d'éducation prioritaire. *Mille et une nuits, 1996.* (La petite collection ; 111 cA)
ISBN 2-84205-059-2. *10 F / 1,52 €*

29128 **REZA Y.** Théâtre. *LGF, 1999.* (Le Livre de poche ; 14701 c7)
ISBN 2-253-14701-X. *30 F / 4,57 €*

29129 **N** **RIBES J-M.** Monologues, bilogues, trilogues. Réimpr. *Actes Sud, 2000.* (Babel ; 286 c2)
ISBN 2-7427-1376-X. *39 F / 5,95 €*

29130 **RIBES J-M.** Palace. *Actes Sud, 1999.* (Babel ; 395 c4)
ISBN 2-7427-2405-2. *51 F / 7,77 €*

29131 **ROBLÈS E.** Montserrat. *LGF, 1969.* (Le Livre de poche ; 2570 c2)
ISBN 2-253-00353-0. *15 F / 2,29 €*

29132 **ROMAINS J.** Knock ou le Triomphe de la médecine. *Gallimard, 1972.* (Folio ; 60 c9)
ISBN 2-07-036060-1. *20,50 F / 3,13 €*

29133 **ROMAINS J.** Knock. *Gallimard, 1993.* (Folio ; 2. Théâtre ; 2 c6)
ISBN 2-07-038655-4. *29,50 F / 4,50 €*

29134 **ROSTAND E.** L'Aiglon. *Gallimard, 1986.* (Folio ; 1764. Classique c11)
ISBN 2-07-037764-4. *49 F / 7,47 €*

29135 **ROSTAND E.** Cyrano de Bergerac : comédie héroïque en cinq actes et en vers. *LGF, 1990.* (Le Livre de poche ; 873. Classique théâtre c7)
ISBN 2-253-00567-3. *23 F / 3,51 €*

29136 **ROSTAND E.** Cyrano de Bergerac : comédie héroïque en cinq actes et en vers. *Librio, 1996.* (Librio ; 116 c1)
ISBN 2-277-30116-7. *10 F / 1,52 €*

29137 **ROSTAND E.** Cyrano de Bergerac. Nouv. éd. *Gallimard, 1999.* (Folio ; 3246. Classique c5)
ISBN 2-07-040931-7. *25,50 F / 3,89 €*

29138 **RULLIER C.** ADN : abandon, désobéissance, no body. *Lansman, 1998.* (Beaumarchais ; 32)
ISBN 2-87282-205-4. *52 F / 7,93 €*

29139 **RULLIER C.** L'orphelinat. *Lansman, 1996.* (Beaumarchais ; 24)
ISBN 2-87282-138-4. *60 F / 9,15 €*

29140 **RUZZANTE** La Moscheta. *Arche éditeur, 1990.* (Scène ouverte)
ISBN 2-85181-251-3. *55 F / 8,38 €*

29141 **SAGAN F.** Un Piano dans l'herbe : comédie. *Pocket, 1994.* (Pocket ; 2922 c4)
ISBN 2-266-05629-8. *30 F / 4,57 €*

29142 **SALACROU A.** L'Inconnue d'Arras. *Gallimard, 1973.* (Folio ; 384 c9)
ISBN 2-07-036384-8. *20,50 F / 3,13 €*

29143 **N** **SARRAUTE N.** C'est beau. *Gallimard, 2000.* (Folio ; 63. Théâtre c5)
ISBN 2-07-041264-4. *25,50 F / 3,89 €*

29144 **N** **SARRAUTE N.** Elle est là. *Gallimard, 2000.* (Folio ; 66. Théâtre c6)
ISBN 2-07-041265-2. *29,50 F / 4,50 €*

29145 **SARRAUTE N.** Pour un oui, pour un non. *Gallimard, 1999.* (Folio ; 60. Théâtre c5)
ISBN 2-07-040751-9. *25,50 F / 3,89 €*

29146 **SARRAUTE N.** Le Silence. *Gallimard, 1993.* (Folio ; 5. Théâtre ; 5 c6)
ISBN 2-07-038669-4. *29,50 F / 4,50 €*

29147 **SARTRE J-P.** Les Mains sales : pièce en 7 tableaux. *Gallimard, 1976.* (Folio ; 806 c11)
ISBN 2-07-036806-8. *29,50 F / 4,50 €*

29148 **SARTRE J-P.** Nekrassov. *Gallimard, 1973.* (Folio ; 431 c8)
ISBN 2-07-036431-3. *37 F / 5,64 €*

29149 **SARTRE J-P.** La P... respectueuse ; Morts sans sépulture (Pièce en 2 actes et 4 tableaux) : Pièce en un acte et 2 tableaux. *Gallimard, 1976.* (Folio ; 868 c11)
ISBN 2-07-036868-8. *29,50 F / 4,50 €*

29150 **SARTRE J-P.** Les Séquestrés d'Altona. *Gallimard, 1978.* (Folio ; 938 c8)
ISBN 2-07-036938-2. *37 F / 5,64 €*

29151 **SAUGEON N.** C'était Dieu qui pleurait. *Lansman, 1995.* (Beaumarchais ; 10)
ISBN 2-87282-094-9. *56 F / 8,54 €*

29152 **SAUGEON N.** Maman est morte. *Lansman, 1997.* (Nocturnes théâtre ; 24)
ISBN 2-87282-172-4. *60 F / 9,15 €*

29153 **SCHILLER F. v.** Les brigands. *Arche éditeur, 1998.* (Scène ouverte)
ISBN 2-85181-405-2. *75 F / 11,43 €*

29154 **SCHILLER F. v.** Cabale et amour. *Arche éditeur, 1999.* (Scène ouverte)
ISBN 2-85181-425-7. *75 F / 11,43 €*

29155 **SCHILLER F. v.** Don Carlos : poème dramatique en cinq actes. *Arche éditeur, 1997.* (Scène ouverte)
ISBN 2-85181-397-8. *75 F / 11,43 €*

29156 **SCHILLER F. v.** Don Carlos. *Infrarouge, 1997.* (Dramatis personnae)
ISBN 2-908614-21-9. *80 F / 12,20 €*

29157 **SCHILLER F. v.** Marie Stuart : tragédie en cinq actes. *Infrarouge, 1995.* (Dramatis personnae)
ISBN 2-908614-17-0. *90 F / 13,72 €*

29158 **SCHILLER F. v.** Marie Stuart. *Arche éditeur, 1998.* (Scène ouverte)
ISBN 2-85181-417-6. *75 F / 11,43 €*

29159 **SCHNITZLER A.** La ronde. Nouv. éd. *Stock, 1996.* (Bibliothèque cosmopolite ; 46 c2)
ISBN 2-234-04733-1. *55 F / 8,38 €*

29160 **SCHWAB W.** Escalade ordinaire ; Extermination du peuple. *Arche éditeur, 1998.* (Scène ouverte)
ISBN 2-85181-419-2. *95 F / 14,48 €*

29161 **SCHWAB W.** Les présidentes ; Excédent de poids, insignifiant : amorphe. *Arche éditeur, 1997.* (Scène ouverte)
ISBN 2-85181-393-5. *95 F / 14,48 €*

29162 **N** **SCHWAB W.** La ravissante ronde d'après La ronde du ravissant monsieur Arthur Schnitzler ; Enfin mort enfin plus de souffle ; Anticlimax. *Arche éditeur, 2000.* (Scène ouverte)
ISBN 2-85181-457-5. *95 F / 14,48 €*

29163 **SCIASCIA L.** Monsieur le député ; Les Mafieux. *LGF, 1991.* (Le Livre de poche ; 3162. Biblio c8)
ISBN 2-253-05779-7. *33 F / 5,03 €*

29164 **SEGAL G.** Monsieur Schpill et monsieur Tippeton. *Lansman, 1996.* (Beaumarchais ; 23)
ISBN 2-87282-137-6. *60 F / 9,15 €*

29165 **SÉNÈQUE** Médée. *LGF, 1997.* (Le Livre de poche ; 14189. Les classiques d'aujourd'hui c1)
ISBN 2-253-14189-5. *10 F / 1,52 €*

29166 **SHAKESPEARE W.** Antoine et Cléopâtre. *Gallimard, 1999.* (Folio ; 61. Théâtre c15)
ISBN 2-07-040945-7. *61 F / 9,30 €*

29167 **N** **SHAKESPEARE W.** Comédies. 1. *Laffont, 2000.* (Bouquins)
ISBN 2-221-08233-8. *179 F / 27,29 €*

29168 **N** **SHAKESPEARE W.** Comédies. 2. *Laffont, 2000.* (Bouquins)
ISBN 2-221-08234-6. *179 F / 27,29 €*

29169 **SHAKESPEARE W.** Comédies. *Laffont, 2000.* (Bouquins)
ISBN 2-221-91142-3. *358 F / 54,58 €*

29170 **SHAKESPEARE W.** Le conte d'hiver. *Gallimard, 1996.* (Folio. Théâtre ; 33 c8)
ISBN 2-07-039475-1. *37 F / 5,64 €*

29171 **SHAKESPEARE W.** Hamlet ; Othello ; Macbeth. Ed. rev. *LGF, 1972.* (Le Livre de poche ; 1265. Classique théâtre c6)
ISBN 2-253-01719-1. *26 F / 3,96 €*

29172 **SHAKESPEARE W.** Hamlet ; Le Roi Lear. *Gallimard, 1978.* (Folio ; 1069. Classique c8)
ISBN 2-07-037069-0. *37 F / 5,64 €*

29173 **SHAKESPEARE W.** Hamlet. *Librio, 1995.* (Librio ; 54 c1)
ISBN 2-277-30054-3. *10 F / 1,52 €*

29174 **SHAKESPEARE W.** Henri V. *Gallimard, 1999.* (Folio ; 59. Théâtre c10)
ISBN 2-07-040759-4. *46 F / 7,01 €*

29175 **N** **SHAKESPEARE W.** Henry V. *LGF, 2000.* (Le Livre de poche ; 16071. Les classiques d'aujourd'hui c1)
ISBN 2-253-16071-7. *10 F / 1,52 €*

29176 **SHAKESPEARE W.** Histoires. 1. *Laffont, 1997.* (Bouquins)
ISBN 2-221-06690-1. *169 F / 25,76 €*

29177 **SHAKESPEARE W.** Histoires. 2. *Laffont, 1997.* (Bouquins)
ISBN 2-221-06691-X. *169 F / 25,76 €*

29178 **SHAKESPEARE W.** Histoires. *Laffont, 1997.* (Bouquins)
ISBN 2-221-91099-0. *338 F / 51,53 €*

29179 **SHAKESPEARE W.** Jules César. *Gallimard, 1995.* (Folio ; 19. Théâtre c6)
ISBN 2-07-039320-8. *29,50 F / 4,50 €*

29180 **SHAKESPEARE W.** Macbeth. *LGF, 1994.* (Le Livre de poche ; 8684. Lire en anglais c9)
ISBN 2-253-08684-3. *36 F / 5,49 €*

29181 **SHAKESPEARE W.** Macbeth. *Librio, 1997.* (Librio ; 178 c1)
ISBN 2-277-30178-7. *10 F / 1,52 €*

29182 **SHAKESPEARE W.** Othello. *Librio, 1996.* (Librio ; 108 c1)
ISBN 2-277-30108-6. *10 F / 1,52 €*

29183 **N** **SHAKESPEARE W.** Othello. *Gallimard, 2001.* (Folio ; 70. Théâtre c8)
ISBN 2-07-041368-3. *46 F / 7,01 €*

29184 **SHAKESPEARE W.** Le Roi Lear. *Gallimard, 1993.* (Folio. Théâtre ; 8 c6)
ISBN 2-07-038709-7. *29,50 F / 4,50 €*

29185 **SHAKESPEARE W.** Le roi Lear. *Librio, 2000.* (Librio ; 351 c1)
ISBN 2-290-30491-3. *10 F / 1,52 €*

29186 **N** **SHAKESPEARE W.** Le roi Lear. *Arche éditeur, 2000.* (Scène ouverte)
ISBN 2-85181-474-5. *55 F / 8,38 €*

29187 **SHAKESPEARE W.** Roméo et Juliette ; Macbeth. *Gallimard, 1985.* (Folio ; 1676. Classique c10)
ISBN 2-07-037676-1. *46 F / 7,01 €*

29188 **SHAKESPEARE W.** Roméo et Juliette ; Le Songe d'une nuit d'été. *LGF, 1973.* (Le Livre de poche ; 1066. Classique théâtre c6)
ISBN 2-253-01502-4. *26 F / 3,96 €*

29189 **SHAKESPEARE W.** Roméo et Juliette. *Librio, 1994.* (Librio ; 9 c1)
ISBN 2-277-30009-8. *10 F / 1,52 €*

29190 **SHAKESPEARE W.** La tempête. *Gallimard, 1997.* (Folio ; 43. Théâtre c9)
ISBN 2-07-040315-7. *41 F / 6,25 €*

29191 **SHAKESPEARE W.** Tout est bien qui finit bien. *Gallimard, 1996.* (Folio ; 27. Théâtre ; 27 c8)
ISBN 2-07-039450-6. *37 F / 5,64 €*

29192 **SHAKESPEARE W.** La tragédie du roi Richard II. *Gallimard, 1998.* (Folio ; 44. Théâtre c11)
ISBN 2-07-038880-8. *49 F / 7,47 €*

29193 **SHAKESPEARE W.** Tragédies. 1. *Laffont, 1995.* (Bouquins)
ISBN 2-221-06688-X. *169 F / 25,76 €*

29194 **SHAKESPEARE W.** Tragédies. 2. *Laffont, 1995.* (Bouquins)
ISBN 2-221-06689-8. *169 F / 25,76 €*

29195 **SHAKESPEARE W.** Tragédies. *Laffont, 1995.* (Bouquins)
ISBN 2-221-91001-X. *338 F / 51,53 €*

29196 **SHAKESPEARE W.** Trois comédies. *Table ronde, 1997.* (La petite vermillon ; 80)
ISBN 2-7103-0823-1. *55 F / 8,38 €*

29197 **N** **SHAKESPEARE W., MARCOWICZ A.** Hamlet ; suivi de Macbeth. Nouv. éd. *Actes Sud, 2000.* (Babel ; 233 c4)
ISBN 2-7427-2978-X. *51 F / 7,77 €*

29198 **SHAW B.** Androclès et le Lion. *Arche éditeur, 1982.* (Scène ouverte)
ISBN 2-85181-198-3. *42 F / 6,40 €*

29199 **SHAW B.** La Maison des coeurs brisés. *Arche éditeur, 1982.* (Scène ouverte)
ISBN 2-85181-199-1. *49 F / 7,47 €*

29200 **SHAW B.** La Milliardaire. *Arche éditeur, 1985.* (Scène ouverte)
ISBN 2-85181-049-9. *49 F / 7,47 €*

29201 **SHAW B.** Pygmalion. Réimpr. *Arche éditeur, 1993.* (Scène ouverte)
ISBN 2-85181-019-7. *59 F / 8,99 €*

29202 **SHAW B.** Sainte Jeanne. *Arche éditeur, 1992.* (Scène ouverte)
89 F / 13,57 €

29203 **SHELLEY P. B.** Les Cenci. *Infrarouge, 1990.* (Dramatis personnae)
ISBN 2-908614-01-4. *90 F / 13,72 €*

29204 **SIMON D.** Ventre de papier. *Lansman, 1991.* (Théâtre à vif ; 14)
ISBN 2-87282-026-4. *48 F / 7,32 €*

29205 **SIRJACQ L-C.** L'Hiver, chapitre 1 ; Des Fakirs, des momies et maman. *Arche éditeur, 1994.* (Scène ouverte)
ISBN 2-85181-342-0. *65 F / 9,91 €*

29206 **SMETANA V., FANO D.** Speculoos. *Lansman, 1993.* (Nocturnes théâtre ; 9)
ISBN 2-87282-067-1. *52 F / 7,93 €*

29207 **SOLAL E.** Armor. *Lansman, 1996.* (Beaumarchais ; 25)
ISBN 2-87282-139-2. *66 F / 10,06 €*

29208 **SONY LABOU TANSI** Monologue d'or et noces d'argent ; Le trou. *Lansman, 1998.* (Théâtre; 3)(Beaumarchais ; 37)
ISBN 2-87282-236-4. *85 F / 12,96 €*

29209 **SONY LABOU TANSI** Théâtre. 1. *Lansman, 1995.* (Beaumarchais ; 18)
ISBN 2-87282-126-0. *72 F / 10,98 €*

29210 **SONY LABOU TANSI** Théâtre. 2. *Lansman, 1995.* (Beaumarchais ; 19)
ISBN 2-87282-127-9. *72 F / 10,98 €*

29211 **N** **SOPHOCLE** Oedipe roi. *Mille et une nuits, 2000.* (La petite collection ; 305)
ISBN 2-84205-513-6. *10 F / 1,52 €*

29212 **SPERR M.** Scènes de chasse en Bavière. Nouv. éd. *Arche éditeur, 1989.* (Scène ouverte)
ISBN 2-85181-228-9. *59 F / 8,99 €*

29213 **STERN A.** Pâte feuilletée. *Lansman, 1998.* (Beaumarchais ; 35)
ISBN 2-87282-208-9. *60 F / 9,15 €*

29214 **STRAUSS B.** Choeur final. *Arche éditeur, 1993.* (Scène ouverte)
ISBN 2-85181-313-7. *65 F / 9,91 €*

29215 **STRAUSS B.** L'équilibre. *Arche éditeur, 1995.* (Scène ouverte)
ISBN 2-85181-353-6. *75 F / 11,43 €*

29216 **STRAUSS B.** Les semblables : interludes moraux. *Arche éditeur, 1999.* (Scène ouverte)
ISBN 2-85181-433-8. *75 F / 11,43 €*

29217 **STRAUSS B.** Le Temps et la chambre. *Arche éditeur, 1991.* (Scène ouverte)
ISBN 2-85181-281-5. *59 F / 8,99 €*

29218 **STRAUSS B.** Visages connus, sentiments mêlés. *Arche éditeur, 1991.* (Scène ouverte)
ISBN 2-85181-282-3. *65 F / 9,91 €*

29219 **STRINDBERG A.** Créanciers. 3e éd. *Arche éditeur, 1984.* (Répertoire pour un théâtre populaire ; 19)
ISBN 2-85181-045-6. *49 F / 7,47 €*

29220 **STRINDBERG A.** La danse de mort, 1 et 2. Réimpr. *Arche éditeur, 1990.* (Scène ouverte)
ISBN 2-85181-254-8. *59 F / 8,99 €*

29221 **STRINDBERG A.** Jouer avec le feu. *Arche éditeur, 1996.* (Scène ouverte)
ISBN 2-85181-388-9. *49 F / 7,47 €*

29222 **STRINDBERG A.** Mademoiselle Julie. Réimpr. *Arche éditeur, 1993.* (Scène ouverte ; 8)
ISBN 2-85181-029-4. *49 F / 7,47 €*

29223 **STRINDBERG A.** Orage. Réimpr. *Arche éditeur, 1990.* (Scène ouverte ; 50)
ISBN 2-85181-046-4. *42 F / 6,40 €*

29224 **STRINDBERG A.** Père. Réimpr. *Arche éditeur, 1991.* (Scène ouverte)
ISBN 2-85181-047-2. *49 F / 7,47 €*

29225 **N** **STRINDBERG A.** La Sonate des spectres. Réimp. *Arche éditeur, 2000.* (Répertoire pour un théâtre populaire ; 49)
ISBN 2-85181-048-0. *55 F / 8,38 €*

29226 **SYNGE J. M.** Théâtre complet. *Actes Sud, 1996.* (Babel ; 199 c5)
ISBN 2-7427-0697-6. *57 F / 8,69 €*

29227 **TARDIEU J.** La Comédie de la comédie ; La Comédie des arts ; Poèmes à jouer. *Gallimard, 1990.* (Folio ; 2149 c10)
ISBN 2-07-038239-7. *46 F / 7,01 €*

29228 **TARDIEU J.** La Comédie du drame. *Gallimard, 1993.* (Folio ; 2441 c9)
ISBN 2-07-038583-3. *41 F / 6,25 €*

29229 **TARTAR L.** Les Arabes à Poitiers. *Lansman, 1999.* (Nocturnes théâtre ; 57)
ISBN 2-87282-245-3. *52 F / 7,93 €*

29230 **N** **TARTAR L.** Terres arables. *Lansman, 2000.* (Nocturnes théâtre ; 81)
ISBN 2-87282-281-X. *52 F / 7,93 €*

29231 **TARTAR L., MABARDI V., EFOUI K.** Nouvelles écritures. 2. *Lansman, 1998.* (Nocturnes théâtre ; 40)
ISBN 2-87282-214-3. *52 F / 7,93 €*

29232 **TCHEKHOV A. P.** La Cerisaie. *LGF, 1988.* (Le Livre de poche ; 1090. Classique théâtre c4)
ISBN 2-253-04589-6. *20 F / 3,05 €*

29233 **TCHEKHOV A. P.** L'homme des bois. *Actes Sud, 1995.* (Babel ; 189 c2)
ISBN 2-7427-0354-3. *39 F / 5,95 €*

29234 **N** **TCHEKHOV A. P.** Ivanov : théâtre. *Actes Sud, 2000.* (Babel ; 436)
ISBN 2-7427-2817-1. *51 F / 7,77 €*

29235 **TCHEKHOV A. P.** La Mouette ; Ce fou de Platonov ; Ivanov ; Les Trois soeurs : préf. Roger Grenier. Réimpr. *Gallimard, 1989.* (Théâtre complet; 1)(Folio ; 393. Classique c9)
ISBN 2-07-036393-7. *41 F / 6,25 €*

29236 **TCHEKHOV A. P.** La Mouette. *LGF, 1985.* (Le Livre de poche ; 6123. Classique théâtre c5)
ISBN 2-253-03777-X. *26 F / 3,96 €*

29237 **TCHEKHOV A. P.** Oncle Vania : scènes de la vie de campagne en quatre actes. *LGF, 1986.* (Le Livre de poche ; 6251. Classique théâtre c4)
ISBN 2-253-03992-6. *20 F / 3,05 €*

29238 **TCHEKHOV A. P.** Le Sauvage ; Oncle Vania ; La Cerisaie. *Gallimard, 1973.* (Théâtre complet; 2)(Folio ; 521. Classique c10)
ISBN 2-07-036521-2. *46 F / 7,01 €*

29239 **TCHEKHOV A. P.** Théâtre complet. 1. *Laffont, 1996.* (Bouquins)
ISBN 2-221-07237-5. *149 F / 22,71 €*

29240 **TCHEKHOV A. P.** Les Trois soeurs : drame en quatre actes. *LGF, 1991.* (Le Livre de poche ; 6701. Classique théâtre c5)
ISBN 2-253-05160-8. *23 F / 3,51 €*

29241 **TESSIER J.** L'humeur glacée de la lune. *Lansman, 1995.* (Beaumarchais ; 14)
ISBN 2-87282-098-1. *52 F / 7,93 €*

29242 **Théâtre contemporain. 3.** *Lansman, 1996.* (Beaumarchais)
ISBN 2-87282-142-2. *249 F / 37,96 €*

29243 **Théâtre contemporain. 4.** *Lansman, 1998.* (Beaumarchais)
ISBN 2-87282-209-7. *249 F / 37,96 €*

29244 **Théâtre des marionnettes :** répertoire Guignol du XIXe siècle. *Actes Sud*; *Leméac, 1995.* (Babel ; 182 c6)
ISBN 2-7427-0652-6. ISBN 2-7609-1719-3. *63 F / 9,60 €*

29245 **N** **Théâtre érotique. 1.** *la Musardine, 2001.* (Lectures amoureuses de Jean-Jacques Pauvert ; 46)
ISBN 2-84271-148-3. *59 F / 8,99 €*

29246 **Théâtre francophone. 4.** *Lansman, 1995.* (Beaumarchais)
ISBN 2-87282-130-9. *249 F / 37,96 €*

29247 **Théâtre québécois contemporain. 1.** *Lansman, 1997.* (Nocturnes théâtre)
ISBN 2-87282-186-4. *200 F / 30,49 €*

29248 **Théâtre québécois contemporain. 2.** *Lansman, 1999.* (Nocturnes théâtre)
ISBN 2-87282-264-X. *200 F / 30,49 €*

29249 **TISON P.** La chute des âmes. *Lansman, 1994.* (Théâtre à vif ; 41)
ISBN 2-87282-082-5. *52 F / 7,93 €*

29250 **TISON P.** La rapporteuse ; suivi de Le bruit des rêves. *Lansman, 1997.* (Nocturnes théâtre ; 36)
ISBN 2-87282-198-8. *52 F / 7,93 €*

29251 **TOURGUENIEV I. S.** Un mois à la campagne. *Gallimard, 1995.* (Folio ; 21. Théâtre c9)
ISBN 2-07-038910-3. *41 F / 6,25 €*

29252 **TREMBLAY L.** Le génie de la rue Drolet. *Lansman, 1997.* (Nocturnes théâtre ; 26)
ISBN 2-87282-178-3. *52 F / 7,93 €*

29253 **TREMBLAY L.** Les mains bleues. *Lansman, 1998.* (Nocturnes théâtre ; 48)
ISBN 2-87282-226-7. *52 F / 7,93 €*

29254 **TREMBLAY L.** Ogre ; Cornemuse. *Lansman, 1997.* (Nocturnes théâtre ; 31)
ISBN 2-87282-185-6. *60 F / 9,15 €*

29255 **TREMBLAY L.** Téléroman. *Lansman, 1999.* (Nocturnes théâtre ; 69)
ISBN 2-87282-261-5. *52 F / 7,93 €*

29256 **TSVETAEVA M. I.** Romantika. *Gallimard, 1998.* (Arcades)
ISBN 2-07-075115-5. *160 F / 24,39 €*

29257 **N** **VAILLANCOURT L.** Le petit dragon ; La balade de Fannie et Carcassonne. *Lansman, 2000.* (Nocturnes théâtre ; 67)
ISBN 2-87282-259-3. *52 F / 7,93 €*

29258 **VAN BELLE A.** Errances : le voyage intérieur de Patrice Lumumba. *Lansman, 1999.* (Nocturnes théâtre ; 76)
ISBN 2-87282-268-2. *52 F / 7,93 €*

29259 **VAN WETTER L.** Le pont. *Lansman, 2000.* (Nocturnes théâtre ; 79)
ISBN 2-87282-277-1. *52 F / 7,93 €*

29260 **VÂRIAR U.** Jours d'amour et d'épreuve : l'histoire de Nala. *Gallimard, 1995.* (Connaissance de l'Orient poche ; 72)
ISBN 2-07-074291-1. *89 F / 13,57 €*

29261 **VEBER F.** Le dîner de cons : comédie en deux actes. Réimpr. *Pocket, 1998.* (Pocket ; 4324 c4)
ISBN 2-266-07299-4. *30 F / 4,57 €*

29262 **VIALLON J.** La langue de bois. *Lansman, 1998.* (Nocturnes théâtre ; 45)
ISBN 2-87282-223-2. *52 F / 7,93 €*

29263 **VIALLON J.** Des oiseaux dans ma tête : nouvelles à lire et à jouer. *Lansman, 1992.* (Théâtre à vif ; 19)
ISBN 2-87282-032-9. *52 F / 7,93 €*

29264 **VIALLON J.** Le Sens de l'ombre : contes et nouvelles à lire et à jouer. *Lansman, 1993.* (Théâtre à vif ; 28)
ISBN 2-87282-048-5. *52 F / 7,93 €*

29265 **VIAN B.** Les Bâtisseurs d'Empire ou Le Schmürz. Réimpr. *Arche éditeur, 1993.* (Scène ouverte)
ISBN 2-85181-023-5. *49 F / 7,47 €*

29266 **VIAN B.** Le chevalier de neige ; suivi de Opéras. *LGF, 1998.* (Le Livre de poche ; 14522 c10)
ISBN 2-253-14522-X. *40 F / 6,10 €*

29267 **VIAN B.** L'équarrissage pour tous ; suivi de Tête de méduse et de Série blême. *LGF, 1998.* (Le Livre de poche ; 14370 c10)
ISBN 2-253-14370-7. *40 F / 6,10 €*

29268 **VIAN B.** Le goûter des généraux ; suivi de Le dernier des métiers et de Le chasseur français. *LGF, 1998.* (Le Livre de poche ; 14407 c10)
ISBN 2-253-14407-X. *40 F / 6,10 €*

29269 **VIAN B.** Petits spectacles. *LGF, 1998.* (Le Livre de poche ; 14457 c9)
ISBN 2-253-14457-6. *36 F / 5,49 €*

29270 **A** **VIGNY A. d.** Chatterton. *Gallimard, 2001.* (Folio. Théâtre)
ISBN 2-07-041139-7. *50 F / 7,62 €*

29271 **VINAVER M.** La Demande d'emploi. *Arche éditeur, 1988.* (Scène ouverte)
ISBN 2-85181-158-4. *49 F / 7,47 €*

29272 **VINAVER M.** King ; suivi de Les huissiers (nouvelle version) : théâtre. *Actes Sud, 1998.* (Babel ; 360)
ISBN 2-7427-2066-9. *51 F / 7,77 €*

29273 **VINAVER M.** L'ordinaire : pièce en sept morceaux. *Aire, 1983.* (Le Chant du monde)
ISBN 2-88108-300-5. *35 F / 5,34 €*

29274 **VINAVER M.** Théatre de chambre. Réimpr. *Arche éditeur, 1992.* (Scène ouverte)
ISBN 2-85181-026-X. *59 F / 8,99 €*

29275 **VINAVER M.** Les Travaux et les jours. *Arche éditeur, 1988.* (Scène ouverte)
ISBN 2-85181-183-5. *49 F / 7,47 €*

29276 **VISDEI A.** Atroce fin d'un séducteur : divertissement misogyne. *Lansman, 1994.* (Théâtre à vif ; 40)
ISBN 2-87282-081-7. *52 F / 7,93 €*

29277 **VISDEI A.** Photo de classe. *Lansman, 1996.* (Beaumarchais ; 26)
ISBN 2-87282-140-6. *72 F / 10,98 €*

29278 **N** **VISNIEC M.** L'histoire du communisme racontée aux malades mentaux. *Lansman, 2000.* (Nocturnes théâtre ; 83)
ISBN 2-87282-283-6. *56 F / 8,54 €*

29279 **VISNIEC M.** Trois nuits avec Madox. *Lansman, 1995.* (Beaumarchais ; 16)
ISBN 2-87282-101-5. *52 F / 7,93 €*

29280 **VITRAC R.** Victor ou Les enfants au pouvoir. *Gallimard, 2000.* (Folio ; 62. Théâtre c6)
ISBN 2-07-040677-6. *37 F / 5,64 €*

29281 **WAELPUT G.** Le silence de Dieu. *Lansman, 1999.* (Nocturnes théâtre ; 62)
ISBN 2-87282-253-4. *60 F / 9,15 €*

29282 **N** **WEISS P.** Marat-Sade. *Arche éditeur, 2000.* (Scène ouverte)
ISBN 2-85181-464-8. *75 F / 11,43 €*

29283 **WIDMER U.** Top dogs. *Arche éditeur, 1999.* (Scène ouverte)
ISBN 2-85181-435-4. *65 F / 9,91 €*

29284 **N** **WILDE O.** L'éventail de lady Windermere. *Gallimard, 2000.* (Folio. Théâtre ; 67 c11)
ISBN 2-07-039488-3. *49 F / 7,47 €*

29285 **WILDE O.** Il importe d'être constant = The Importance of being earnest. Réimpr. *Langues pour tous, 1999.* (Langues pour tous ; 2211 c4)
ISBN 2-266-09266-9. *30 F / 4,57 €*

29286 **WILDE O.** Un mari idéal. *LGF, 1999.* (Le Livre de poche ; 6053. Classiques de poche c4)
ISBN 2-253-16053-9. *20 F / 3,05 €*

29287 **WILLIAMS T.** La chatte sur un toit brûlant ; suivi de La descente d'Orphée. *10-18, 1995.* (10-18 ; 2587. Domaine étranger c5)
ISBN 2-264-02185-3. *44 F / 6,71 €*

29288 **WILLIAMS T.** La ménagerie de verre. *10-18, 1995.* (10-18 ; 2688. Domaine étranger c5)
ISBN 2-264-02183-7. *47 F / 7,17 €*

29289 **WILLIAMS T.** La rose tatouée. *10-18, 1998.* (10-18 ; 3015. Domaine étranger c5)
ISBN 2-264-02225-6. *44 F / 6,71 €*

29290 **WILLIAMS T.** Soudain l'été dernier. *10-18, 1995.* (10-18 ; 2664. Domaine étranger c5)
ISBN 2-264-02190-X. *47 F / 7,17 €*

29291 **WITTORSKI D.** Katowice- Eldorado. *Lansman, 1995.* (Théâtre à vif ; 55)
ISBN 2-87282-131-7. *52 F / 7,93 €*

29292 **WOUTERS L.** La salle des profs : pièce en douze séquences. *Labor, 1994.* (Espace Nord ; 96 c1)
ISBN 2-8040-1010-4. *34 F / 5,18 €*

29293 **ZAMBON C.** Catarineto : la nuit de la Saint-Jean. *Lansman, 1998.* (Nocturnes théâtre ; 43)
ISBN 2-87282-220-8. *52 F / 7,93 €*

29294 **ZAMBON C.** Eismitte : le milieu des glaces. *Lansman, 1994.* (Beaumarchais ; 5)
ISBN 2-87282-077-9. *52 F / 7,93 €*

29295 **ZAMBON C.** La héronnière. *Lansman, 2000.* (Nocturnes théâtre ; 72)
ISBN 2-87282-265-8. *52 F / 7,93 €*

29296 **ZAMBON C.** La mauvaise. *Lansman, 2000.* (Nocturnes théâtre ; 73)
ISBN 2-87282-266-6. *52 F / 7,93 €*

29297 **ZWEIG S.** Un Caprice de Bonaparte : pièce en trois actes. *Grasset, 1993.* (Les Cahiers rouges ; 186)
ISBN 2-246-16832-5. *52 F / 7,93 €*

Littératures classiques

29298 **N** **ABÉLARD P.** Histoire de mes malheurs. *Mille et une nuits, 2001.* (La petite collection ; 313)
ISBN 2-84205-547-0. *10 F / 1,52 €*

29299 **N** **ABÉLARD P., HÉLOÏSE** Correspondance. *Gallimard, 2000.* (Folio ; 3432. Classique c9)
ISBN 2-07-041528-7. *41 F / 6,25 €*

29300 **N** **ABÛ AL-ATÂHIYA** Poèmes de vie et de mort. *Sindbad, 2000.* (La Petite bibliothèque de Sindbad)
ISBN 2-7427-2895-3. *79 F / 12,04 €*

29301 **ABÛ NUWÂS** Le vin, le vent, la vie. Réimpr. *Sindbad, 1998.* (La Petite bibliothèque de Sindbad)
ISBN 2-7427-1820-6. *98 F / 14,94 €*

29302 **ADAM DE LA HALLE** Oeuvres complètes. *LGF, 1995.* (Le Livre de poche ; 4543. Lettres gothiques c19)
ISBN 2-253-06656-7. *70 F / 10,67 €*

29303 **Ali Baba et les quarante voleurs :** les Mille et Une nuits. *Librio, 1999.* (Librio ; 298 c1)
ISBN 2-277-30298-8. *10 F / 1,52 €*

29304 **APULÉE** L'Ane d'or ou les Métamorphoses. *Gallimard, 1975.* (Folio ; 629 c11)
ISBN 2-07-036629-4. *29,50 F / 4,50 €*

29305 **Les Arabes et l'amour :** anthologie poétique. *Sindbad, 1999.* (La Petite bibliothèque de Sindbad)
ISBN 2-7427-2299-8. *99 F / 15,09 €*

29306 **ARISTOPHANE** Théâtre complet. 1. *Gallimard, 1987.* (Folio ; 1789. Classique c10)
ISBN 2-07-037789-X. *46 F / 7,01 €*

29307 **ARISTOPHANE** Théâtre complet. 2. *Gallimard, 1987.* (Folio ; 1790. Classique c10)
ISBN 2-07-037790-3. *46 F / 7,01 €*

29308 **ARISTOTE** Poétique. *LGF, 1990.* (Le Livre de poche ; 6734. Classiques de poche c7)
ISBN 2-253-05241-8. *30 F / 4,57 €*

29309 **ARISTOTE** Poétique. Réimpr. *Mille et une nuits, 1999.* (La petite collection ; 145 cA)
ISBN 2-84205-117-3. *10 F / 1,52 €*

29310 **ARISTOTE, XÉNOPHON** Constitution de Sparte. *Gallimard, 1996.* (Tel ; 275)
ISBN 2-07-074631-3. *60 F / 9,15 €*

29311 **ARTÉMIDORE D'EPHÈSE** La clef des songes : Onirocritique. *Arléa, 1998.* (Retour aux grands textes poche ; 32)
ISBN 2-86959-389-9. *45 F / 6,86 €*

29312 **Aucassin et Nicolette :** chantefable du XIIIe siècle. *Gallimard, 1999.* (Folio ; 3265. Classique c4)
ISBN 2-07-040538-9. *20 F / 3,05 €*

29313 **AVRIL Y.** Anthologie de la littérature latine. *LGF, 1992.* (Le Livre de poche ; 4490. Classiques de poche c10)
ISBN 2-253-05914-5. *40 F / 6,10 €*

29314 **BENOÎT DE SAINTE-MAURE** Le roman de Troie : extraits du manuscrit Milan, Bibliothèque ambrosienne, D 55. *LGF, 1998.* (Le Livre de poche ; 6665. Lettres gothiques c22)
ISBN 2-253-06665-6. *90 F / 13,72 €*

29315 **N** **BÉROUL** Tristan et Iseut. *LGF, 2000.* (Le Livre de poche ; 16072. Classiques de poche c2)
ISBN 2-253-16072-5. *15 F / 2,29 €*

29316 **N** **BÉROUL** Tristan et Iseut. *Gallimard, 2000.* (Folio ; 3435. Classique c5)
ISBN 2-07-039256-2. *19 F / 2,90 €*

29317 **BOCCACE** Décaméron. *LGF, 1994.* (Le Livre de poche ; 702. Bibliothèque classique c20)
ISBN 2-253-90702-2. *80 F / 12,20 €*

29318 **BONNARD A.** Prométhée enchainé : Tragédie d'Eschyle. *Aire, 1981.* (Le Chant du monde)
44 F / 6,71 €

29319 **CÉSAR J.** La Guerre des Gaules. *Gallimard, 1981.* (Folio ; 1315. Classique c9)
ISBN 2-07-037315-0. *41 F / 6,25 €*

29320 **CÉSAR J.** La guerre en Gaule. *Arléa, 1996.* (Retour aux grands textes poche ; 18)
ISBN 2-86959-278-7. *45 F / 6,86 €*

29321 **La chanson de Roland.** *LGF, 1997.* (Le Livre de poche ; 3142. Classiques de poche c4)
ISBN 2-253-09839-6. *20 F / 3,05 €*

29322 **La Chanson de Roland.** *Gallimard, 1979.* (Folio ; 1150. Classique c9)
ISBN 2-07-037150-6. *41 F / 6,25 €*

29323 **Chansons d'amour du Moyen Age.** *LGF, 1995.* (Le Livre de poche ; 13811. Les classiques d'aujourd'hui c1)
ISBN 2-253-13811-8. *10 F / 1,52 €*

29324 **Chansons des trouvères :** chanter m'estuet. *LGF, 1995.* (Le Livre de poche ; 4545. Lettres gothiques c21)
ISBN 2-253-06658-3. *85 F / 12,96 €*

29325 **Le charroi de Nîmes.** *Gallimard, 1999.* (Folio ; 3204. Classique c6)
ISBN 2-07-038769-0. *29,50 F / 4,50 €*

29326 **La Châtelaine de Vergy.** *Gallimard, 1994.* (Folio ; 2576. Classique c9)
ISBN 2-07-038832-8. *41 F / 6,25 €*

29327 **N** **CHAUCER G.** Les contes de Canterbury. *Gallimard, 2000.* (Folio ; 3413. Classique c5)
ISBN 2-07-040634-2. *79,50 F / 12,12 €*

29328 **CHRÉTIEN DE TROYES** Le Chevalier au lion ou le Roman d'Yvain. *LGF, 1994.* (Le Livre de poche ; 4539. Lettres gothiques c16)
ISBN 2-253-06652-4. *55 F / 8,38 €*

29329 **CHRÉTIEN DE TROYES** Le chevalier de la Charrette. *LGF, 1996.* (Le Livre de poche ; 3124. Classiques de poche c4)
ISBN 2-253-09821-3. *20 F / 3,05 €*

29330 **CHRÉTIEN DE TROYES** Cligès. *LGF, 1994.* (Le Livre de poche ; 4541. Lettres gothiques c17)
ISBN 2-253-06654-0. *60 F / 9,15 €*

29331 **CHRÉTIEN DE TROYES** Le conte du Graal ou Le Roman de Perceval. *LGF, 1997.* (Le Livre de poche ; 3140. Classiques de poche c5)
ISBN 2-253-09837-X. *23 F / 3,51 €*

29332 **CHRÉTIEN DE TROYES** Lancelot ou Le chevalier de la charrette. *Gallimard, 1996.* (Folio ; 2902. Classique c4)
ISBN 2-07-040063-8. *20 F / 3,05 €*

29333 **CHRÉTIEN DE TROYES** Perceval ou le Roman du Graal. *Gallimard, 1974.* (Folio ; 537. Classique c11)
ISBN 2-07-036537-9. *29,50 F / 4,50 €*

29334 **CHRÉTIEN DE TROYES** Romans de la Table ronde : Erec et Enide; Cligès ou la Fausse Morte; Lancelot le Chevalier à la charrette; Yvain le chevalier au lion. *Gallimard, 1975.* (Folio ; 696. Classique c8)
ISBN 2-07-036696-0. *37 F / 5,64 €*

29335 **CHRÉTIEN DE TROYES** Romans. *LGF, 1994.* (La Pochothèque ; 3222. Classiques modernes)
ISBN 2-253-13222-5. *120 F / 18,29 €*

29336 **N** **CHRÉTIEN DE TROYES** Yvain ou Le chevalier au lion. *Gallimard, 2000.* (Folio ; 3396. Classique c5)
ISBN 2-07-041406-X. *25,50 F / 3,89 €*

29337 **N** **CHRISTINE DE PISAN** Le chemin de longue étude : édition critique du ms. Harley 4431. *LGF, 2000.* (Le Livre de poche ; 6671. Lettres gothiques c17)
ISBN 2-253-06671-0. *60 F / 9,15 €*

29338 **CICÉRON** L'amitié : Laelius, de amicitia. *Arléa, 1995.* (Retour aux grands textes poche ; 11)
ISBN 2-86959-256-6. *30 F / 4,57 €*

29339 **CICÉRON** L'amitié. Réimpr. *Mille et une nuits, 1998.* (La petite collection ; 66 cA)
ISBN 2-84205-345-1. *10 F / 1,52 €*

29340 **CICÉRON** Le bonheur. *Arléa, 1996.* (Retour aux grands textes poche ; 23)
ISBN 2-86959-292-2. *35 F / 5,34 €*

29341 **CICÉRON** Devant la mort. *Arléa, 1996.* (Retour aux grands textes poche ; 21)
ISBN 2-86959-290-6. *30 F / 4,57 €*

29342 **CICÉRON** Devant la souffrance : Tusculanes, livres II et III. *Arléa, 1996.* (Retour aux grands textes poche ; 22)
ISBN 2-86959-291-4. *30 F / 4,57 €*

29343 **CICÉRON** La République ; Le Destin. *Gallimard, 1994.* (Tel ; 249)
ISBN 2-07-074013-7. *79 F / 12,04 €*

29344 **CICÉRON** Savoir vieillir. *Arléa, 1995.* (Retour aux grands textes poche ; 10)
ISBN 2-86959-255-8. *30 F / 4,57 €*

29345 **CICÉRON Q. T.** Manuel de campagne électorale. *Arléa, 1996.* (Retour aux grands textes poche ; 19)
ISBN 2-86959-285-X. *25 F / 3,81 €*

29346 **CONFUCIUS** Maximes et pensées : Confucius : 551-479 av. J.-C. 7e éd. *A. Silvaire, 1995.* (Maximes et pensées c1)
ISBN 2-85055-252-6. *42 F / 6,40 €*

29347 **Le cycle de Guillaume d'Orange :** anthologie. *LGF, 1996.* (Le Livre de poche ; 4547. Lettres gothiques c23)
ISBN 2-253-06660-5. *95 F / 14,48 €*

29348 **DANTE ALIGHIERI** La divine comédie. *Albin Michel, 1995.* (La bibliothèque spirituelle ; 5)
ISBN 2-226-07868-1. *98 F / 14,94 €*

29349 **DANTE ALIGHIERI** Oeuvres complètes. *LGF, 1996.* (La Pochothèque ; 3234. Classiques modernes)
ISBN 2-253-13234-9. *155 F / 23,63 €*

29350 **DANTE ALIGHIERI** La vie nouvelle = Vita nuova. *Gallimard, 1999.* (Folio bilingue ; 79)
ISBN 2-07-040573-7. *56 F / 8,54 €*

29351 **DANTE ALIGHIERI** Vita nova. Réimpr. *Mille et une nuits, 1998.* (La petite collection ; 60 c2)
ISBN 2-84205-344-3. *13 F / 1,98 €*

29352 **DÉMOSTHÈNE** Sur les affaires de la Chersonèse ; suivi de Première Philippique. *Arléa, 1998.* (Retour aux grands textes poche ; 37)
ISBN 2-86959-422-4. *30 F / 4,57 €*

29353 **EILHART VON OBERG** Tristan et Iseut. *Actes Sud, 1997.* (Babel ; 252 c3)
ISBN 2-7427-1005-1. *45 F / 6,86 €*

29354 **EPICURE** Lettres, maximes, sentences. *LGF, 1994.* (Le Livre de poche ; 4628. Classiques de la philosophie c7)
ISBN 2-253-06709-1. *30 F / 4,57 €*

29355 **EPICURE** Maximes. *Actes Sud, 1993.* (Babel ; 82 c1)
ISBN 2-7427-0072-2. *33 F / 5,03 €*

29356 **ESCHYLE** Agamemnon. *Aire, 1992.* (Le Chant du monde)
ISBN 2-88108-084-7. *44 F / 6,71 €*

29357 **ESCHYLE** Tragédies. *Gallimard, 1982.* (Folio ; 1364. Classique c9)
ISBN 2-07-037364-9. *41 F / 6,25 €*

29358 **ESOPE** Fables. *Arléa, 1997.* (Retour aux grands textes poche ; 26)
ISBN 2-86959-317-1. *35 F / 5,34 €*

29359 **EURIPIDE** Tragédies complètes. 1. *Gallimard, 1989.* (Folio ; 2104. Classique c12)
ISBN 2-07-038191-9. *52 F / 7,93 €*

29360 **EURIPIDE** Tragédies complètes. 2. *Gallimard, 1989.* (Folio ; 2105. Classique c12)
ISBN 2-07-038192-7. *52 F / 7,93 €*

29361 **Les Evangiles des quenouilles.** *Albin Michel, 1999.* (Espaces libres ; 91 c2)
ISBN 2-226-10551-4. *39 F / 5,95 €*

29362 **Fabliaux.** *Gallimard, 1999.* (Folio ; 3222. Classique c3)
ISBN 2-07-040916-3. *19 F / 2,90 €*

29363 **La fin'amor :** chants de troubadours, XIIe et XIIIe siècles. *Seuil, 1998.* (Points ; 135. Sagesses c7)
ISBN 2-02-032715-5. *35 F / 5,34 €*

29364 **GALIEN C.** De l'utilité des parties du corps humain. *Gallimard, 1994.* (Oeuvres médicales choisies; 1)(Tel ; 235)
ISBN 2-07-073684-9. *75 F / 11,43 €*

29365 **GALIEN C.** Des facultés naturelles, des lieux affectés, de la méthode thérapeutique à glançon. *Gallimard, 1994.* (Oeuvres médicales choisies; 2)(Tel ; 236)
ISBN 2-07-073685-7. *65 F / 9,91 €*

29366 **GRÉBAN A.** Le mystère de la Passion de notre sauveur Jésus-Christ. *Gallimard, 1987.* (Folio ; 1881. Classique c14)
ISBN 2-07-037881-0. *60 F / 9,15 €*

29367 **GRIMAL P.** La Littérature latine. 6e éd. *PUF, 1996.* (Que sais-je? ; 327 c1)
ISBN 2-13-044440-7. *42 F / 6,40 €*

29368 **GUILLAUME DE LORRIS, JEAN DE MEUNG** Le roman de la rose. *Gallimard, 1984.* (Folio ; 1518. Classique c11)
ISBN 2-07-037518-8. *49 F / 7,47 €*

29369 **GUILLAUME DE MACHAUT** Le livre du Voir dit. *LGF, 1999.* (Le Livre de poche ; 4557. Lettres gothiques c20)
ISBN 2-253-06670-2. *80 F / 12,20 €*

29370 **N** **HAFEZ** L'amour, l'amant, l'aimé : cent ballades du Divân. Réimpr. *Sindbad : Unesco, 2000.* (La Petite bibliothèque de Sindbad)
ISBN 2-7427-1819-2. *128 F / 19,51 €*

29371 **HÉRODOTE** Découverte du monde. *Aire, 1981.* (Le Chant du monde)
53 F / 8,08 €

29372 **HÉRODOTE** L'Enquête : livres I à IV. *Gallimard, 1985.* (Folio ; 1651. Classique)
ISBN 2-07-037651-6. *61 F / 9,30 €*

29373 **HÉRODOTE** L'Enquête : livres V à IX. *Gallimard, 1990.* (Folio ; 2130. Classique)
ISBN 2-07-038223-0. *61 F / 9,30 €*

29374 **HÉSIODE** La théogonie ; Les travaux et les jours ; Le bouclier. *LGF, 1999.* (Le Livre de poche ; 6041. Classiques de poche c8)
ISBN 2-253-16041-5. *33 F / 5,03 €*

29375 **HÉSIODE** Les travaux et les jours ; précédé de La théogonie. *Arléa, 1998.* (Retour aux grands textes poche ; 38)
ISBN 2-86959-430-5. *35 F / 5,34 €*

29376 **HÉSIODE** Les travaux et les jours. *Mille et une nuits, 1999.* (La petite collection ; 242)
ISBN 2-84205-406-7. *13 F / 1,98 €*

29377 **HÉSIODE** Les travaux et les jours. *Aire, 1979.* (Le Chant du monde)
ISBN 2-88108-034-0. *26 F / 3,96 €*

29378 **N** **HÉSIODE, HOMÈRE (auteur prétendu)** Théogonie ; Les travaux et les jours ; Bouclier. *Gallimard, 2001.* (Folio ; 3467. Classique)
ISBN 2-07-039344-5. *40 F / 6,10 €*

29379 **HIPPOCRATE** De l'art médical. *LGF, 1994.* (Le Livre de poche ; 704. Bibliothèque classique c18)
ISBN 2-253-90704-9. *65 F / 9,91 €*

29380 **Histoire auguste :** les empereurs romains des IIe-IIIe siècles. *Laffont, 1994.* (Bouquins)
ISBN 2-221-05734-1. *179 F / 27,29 €*

29381 **N** **Histoire d'Aladdin ou La lampe merveilleuse :** les Mille et une nuits. Réimpr. *Librio, 2000.* (Librio ; 191 c1)
ISBN 2-277-30191-4. *10 F / 1,52 €*

29382 **N** **Histoire de Sindbad le marin :** les mille et une nuits. Réimpr. *Librio, 2000.* (Librio ; 147 c1)
ISBN 2-277-30147-7. *10 F / 1,52 €*

29383 **HOFFMAN G.** Sophocle, Oedipe roi. *PUF, 1990.* (Etudes littéraires ; 25)
ISBN 2-13-042951-3. *45 F / 6,86 €*

29384 **HOMÈRE** Des héros et des dieux. *Arléa, 1998.* (Retour aux grands textes poche ; 35)
ISBN 2-86959-410-0. *40 F / 6,10 €*

29385 **HOMÈRE** L'Iliade. *LGF, 1980.* (Le Livre de poche ; 1063. Classiques de poche)
ISBN 2-253-01080-4. *29 F / 4,42 €*

29386 **N** **HOMÈRE** L'Iliade. Réimpr. *Actes Sud, 2000.* (Babel ; 171 c6)
ISBN 2-7427-0580-5. *63 F / 9,60 €*

29387 **HOMÈRE** L'Iliade. *Gallimard, 1975.* (Folio ; 700. Classique c9)
ISBN 2-07-036700-2. *41 F / 6,25 €*

29388 **HOMÈRE** L'Odyssée : morceaux choisis. *Librio, 1999.* (Librio ; 300 c1)
ISBN 2-277-30300-3. *10 F / 1,52 €*

29389 **HOMÈRE** L'Odyssée. Réimp. *LGF, 1997.* (Le Livre de poche ; 602. Classiques de poche)
ISBN 2-253-00564-9. *29 F / 4,42 €*

29390 **HOMÈRE** L'odyssée. Réimpr. *Actes Sud ; Labor ; Aire, 1995.* (Babel ; 172 c5)
ISBN 2-7427-0579-1. *57 F / 8,69 €*

29391 **HOMÈRE** L'Odyssée. Nouv. éd. *Gallimard, 1999.* (Folio ; 3235. Classique c6)
ISBN 2-07-040912-0. *29,50 F / 4,50 €*

29392 **HOMÈRE** L'Odyssée. *La Découverte, 2000.* (La Découverte poche ; 87. Littérature et voyages)
ISBN 2-7071-3222-5. *60 F / 9,15 €*

29393 **HOMÈRE** L'Odyssée. *Gallimard, 1973.* (Folio ; 254. Classique c9)
ISBN 2-07-036254-X. *41 F / 6,25 €*

29394 **HOMÈRE** L'Odyssée. *LGF, 1989.* (Le Livre de poche ; 4286. Nouvelle approche c8)
ISBN 2-253-05069-5. *33 F / 5,03 €*

29395 **HOMÈRE, BARDOLLET L.** L'Iliade ; L'Odyssée. Réimpr. *Laffont, 1999.* (Bouquins)
ISBN 2-221-07599-4. *149 F / 22,71 €*

29396 **JACQUES DE VORAGINE** La légende dorée. *Seuil, 1998.* (Points ; 137. Sagesses c19)
ISBN 2-02-034501-3. *69 F / 10,52 €*

29397 **JEAN MAILLART** Le roman du comte d'Anjou. *Gallimard, 1998.* (Folio ; 3087. Classique c8)
ISBN 2-07-038882-4. *37 F / 5,64 €*

29398 **Le jugement de Renart :** roman de Renart, branche I, Ia, Ib. *LGF, 1995.* (Le Livre de poche ; 13804. Les classiques d'aujourd'hui c1)
ISBN 2-253-13804-5. *10 F / 1,52 €*

29399 **JUVÉNAL** La décadence : satires. *Arléa, 1996.* (Retour aux grands textes poche ; 15)
ISBN 2-86959-267-1. *35 F / 5,34 €*

29400 **JUVÉNAL** Satires. *Gallimard, 1996.* (Poésie c6)
ISBN 2-07-032797-3. *56 F / 8,54 €*

29401 **LA SALE A. d.** Jehan de Saintré. *LGF, 1995.* (Le Livre de poche ; 6657. Lettres gothiques c19)
ISBN 2-253-06657-5. *70 F / 10,67 €*

29402 **Lancelot du lac. 1.** *LGF, 1991.* (Le Livre de poche ; 4528. Lettres gothiques c19)
ISBN 2-253-05578-6. *70 F / 10,67 €*

29403 **Lancelot du lac. 2.** *LGF, 1993.* (Le Livre de poche ; 4535. Lettres gothiques c19)
ISBN 2-253-06302-9. *70 F / 10,67 €*

29404 **Lancelot du lac. 3, La fausse Guenièvre.** *LGF, 1998.* (Le Livre de poche ; 4553. Lettres gothiques c19)
ISBN 2-253-06666-4. *70 F / 10,67 €*

29405 **Lancelot du lac. 5, L'enlèvement de Guenièvre.** *LGF, 1999.* (Le Livre de poche ; 4555. Lettres gothiques c22)
ISBN 2-253-06668-0. *90 F / 13,72 €*

29406 **La légende du roi Arthur et des chevaliers de la Table ronde. 1.** *Terre de brume, 1999.* (Bibliothèque de poche ; 7. Les plus beaux contes c4)
ISBN 2-84362-041-4. *59 F / 8,99 €*

29407 **La légende du roi Arthur et des chevaliers de la Table ronde. 2.** *Terre de brume, 1999.* (Bibliothèque de poche ; 8. Les plus beaux contes)
ISBN 2-84362-042-2. *59 F / 8,99 €*

29408 **LÉONARD DE VINCI** Les prophéties facétieuses. *Mille et une nuits, 1999.* (La petite collection ; 255)
ISBN 2-84205-442-3. *10 F / 1,52 €*

29409 **LONGIN** Traité du sublime. *LGF, 1995.* (Le Livre de poche ; 713. Bibliothèque classique c8)
ISBN 2-253-90713-8. *33 F / 5,03 €*

29410 **LONGUS** Daphnis et Chloé. Réimpr. *Gallimard, 1991.* (Folio ; 415. Classique)
ISBN 2-07-036415-1. *39 F / 5,95 €*

29411 **LONGUS** Daphnis et Chloé. *Librio, 1995.* (Librio ; 49 c01)
ISBN 2-277-30049-7. *10 F / 1,52 €*

29412 **LUCIEN DE SAMOSATE** Dialogues des courtisanes ; suivi de Amours et de Toxaris. *Arléa, 1998.* (Retour aux grands textes poche ; 31)
ISBN 2-86959-386-4. *35 F / 5,34 €*

29413 **LUCIEN DE SAMOSATE** Philosophes à vendre ; suivi de Le pêcheur ou Les ressuscités. *LGF, 1996.* (Le Livre de poche ; 3991. Les classiques d'aujourd'hui c1)
ISBN 2-253-13991-2. *10 F / 1,52 €*

29414 **LUCIEN DE SAMOSATE** Sectes à vendre. *Mille et une nuits, 1997.* (La petite collection ; 139 cA)
ISBN 2-84205-108-4. *10 F / 1,52 €*

29415 **MAJNÛN LAYLÂ** L'amour poème. Réimpr. *Sindbad, 1999.* (La Petite bibliothèque de Sindbad)
ISBN 2-7427-1818-4. *78 F / 11,89 €*

29416 **MARIE DE FRANCE** Le lai de Lanval. *LGF, 1995.* (Le Livre de poche ; 13813. Les classiques d'aujourd'hui c1)
ISBN 2-253-13813-4. *10 F / 1,52 €*

29417 **MARIE DE FRANCE** Lais de Marie de France. *LGF, 1998.* (Le Livre de poche ; 3148. Classiques de poche c4)
ISBN 2-253-09845-0. *20 F / 3,05 €*

29418 **N** **MARIE DE FRANCE** Lais. *Gallimard, 2000.* (Folio ; 3395. Classique)
ISBN 2-07-040543-5. *41 F / 6,25 €*

29419 **MARTIAL** Epigrammes. *Gallimard, 1992.* (Poésie c6)
ISBN 2-07-032705-1. *56 F / 8,54 €*

29420 **Le Mesnagier de Paris.** *LGF, 1994.* (Le Livre de poche ; 4540. Lettres gothiques c22)
ISBN 2-253-06653-2. *90 F / 13,72 €*

29421 **Les mille et une nuits :** le trésor sans fond. *Mille et une nuits, 1996.* (La petite collection ; 100 cA)
ISBN 2-84205-043-6. *10 F / 1,52 €*

29422 **Les mille et une nuits. 1. Réimp.** *Laffont, 2000.* (Bouquins)
ISBN 2-221-50176-4. *129 F / 19,67 €*

29423 **Les Mille et Une Nuits. 2.** *Gallimard, 1991.* (Folio ; 2257. Classique c15)
ISBN 2-07-038400-4. *60 F / 9,15 €*

29424 **Les Mille et Une Nuits. 3.** *Gallimard, 1996.* (Folio ; 2775. Classique c15)
ISBN 2-07-039385-2. *61 F / 9,30 €*

29425 **La mort de Roland ; suivi de La mort de Vivien.** *LGF, 1996.* (Le Livre de poche ; 13992. Les classiques d'aujourd'hui c1)
ISBN 2-253-13992-0. *10 F / 1,52 €*

29426 **Nouvelles courtoises :** françaises et occitanes. *LGF, 1997.* (Le Livre de poche ; 4548. Lettres gothiques c23)
ISBN 2-253-06661-3. *95 F / 14,48 €*

29427 **OMAR HAYYAM** Quatrains. *Mille et une nuits, 1995.* (La petite collection ; 51 cA)
ISBN 2-910233-68-5. *10 F / 1,52 €*

29428 **N** **OMAR HAYYAM, HAFEZ** Quatrains. Réimpr. *Sindbad, 2000.* (La Petite bibliothèque de Sindbad)
ISBN 2-7427-1821-4. *88 F / 13,42 €*

29429 **ORLÉANS C. d.** L'écolier de mélancolie. *LGF, 1995.* (Le Livre de poche ; 13803. Les classiques d'aujourd'hui c1)
ISBN 2-253-13803-7. *10 F / 1,52 €*

29430 **OVIDE** L'art d'aimer ; Les remèdes de l'amour ; Les produits de beauté pour le visage de la femme. *Gallimard, 1974.* (Folio ; 532. Classique c6)
ISBN 2-07-036532-8. *29,50 F / 4,50 €*

29431 **OVIDE** L'art d'aimer. *Librio, 1994.* (Librio ; 11 c1)
ISBN 2-277-30011-X. *10 F / 1,52 €*

29432 **OVIDE** L'art d'aimer. *Mille et une nuits, 1998.* (La petite collection ; 195 cC)
ISBN 2-84205-305-2. *10 F / 1,52 €*

29433 **OVIDE** L'exil et le salut : Tristes et Pontiques. *Arléa, 1999.* (Retour aux grands textes poche ; 44)
ISBN 2-86959-445-3. *45 F / 6,86 €*

29434 **OVIDE** Lettres d'amour : les Héroïdes. *Gallimard, 1999.* (Folio ; 3281. Classique c10)
ISBN 2-07-040153-7. *46 F / 7,01 €*

29435 **OVIDE** Les Métamorphoses. *Gallimard, 1992.* (Folio ; 2404. Classique c14)
ISBN 2-07-038564-7. *60 F / 9,15 €*

29436 **OVIDE** Remèdes à l'amour. *Mille et une nuits, 1993.* (La petite collection ; 6 cA)
ISBN 2-910233-07-3. *10 F / 1,52 €*

29437 **PAUL LE SILENTIAIRE** Epigrammes amoureuses. *Aire, 1993.* (Le Chant du monde)
ISBN 2-88108-314-5. *45 F / 6,86 €*

29438 **PÉTRONE** Le satiricon. *LGF, 1995.* (Le Livre de poche ; 589. Classiques de poche c6)
ISBN 2-253-23655-1. *26 F / 3,96 €*

29439 **PÉTRONE** Satiricon. *Arléa, 1995.* (Retour aux grands textes poche ; 7)
ISBN 2-86959-242-6. *45 F / 6,86 €*

29440 **PÉTRONE** Le Satiricon. *Gallimard, 1972.* (Folio ; 70. Classique c6)
ISBN 2-07-036070-9. *29,50 F / 4,50 €*

29441 **PLAUTE** Théâtre complet. 1. *Gallimard, 1996.* (Folio ; 2308 c11)
ISBN 2-07-038433-0. *50 F / 7,62 €*

29442 **PLINE L'ANCIEN** Histoire naturelle. *Gallimard, 1999.* (Folio ; 3090. Classique c9)
ISBN 2-07-038921-9. *41 F / 6,25 €*

29443 **PLINE L'ANCIEN** La vertu des arbres : médecines douces de l'Antiquité. *Arléa, 1999.* (Retour aux grands textes poche ; 50)
ISBN 2-86959-479-8. *35 F / 5,34 €*

29444 **PLINE L'ANCIEN** La vertu des plantes : médecines douces de l'Antiquité. *Arléa, 1999.* (Retour aux grands textes poche ; 49)
ISBN 2-86959-478-X. *35 F / 5,34 €*

29445 **PLINE LE JEUNE** Correspondance. *10-18, 1998.* (10-18 ; 298. Bibliothèques c8)
ISBN 2-264-02720-7. *55 F / 8,38 €*

29446 **PLINE LE JEUNE** Le temps à soi. *Arléa, 1997.* (Retour aux grands textes poche ; 27)
ISBN 2-86959-342-2. *40 F / 6,10 €*

29447 **PLUTARQUE** L'ami véritable. *Arléa, 1999.* (Retour aux grands textes poche ; 41)
ISBN 2-86959-447-X. *30 F / 4,57 €*

29448 **PLUTARQUE** Comment distinguer le flatteur de l'ami. *Aire, 1987.* (Le Chant du monde)
ISBN 2-88108-097-9. *56 F / 8,54 €*

29449 **PLUTARQUE** La conscience tranquille ; suivi de Le bavardage. *Arléa, 1996.* (Retour aux grands textes poche ; 14)
ISBN 2-86959-266-3. *35 F / 5,34 €*

29450 **PLUTARQUE** Erotikos : dialogue sur l'amour. *Arléa, 1995.* (Retour aux grands textes poche ; 8)
ISBN 2-86959-243-4. *35 F / 5,34 €*

29451 **PLUTARQUE** Grecs et Romains en parallèle. *LGF, 1999.* (Le Livre de poche ; 720. Bibliothèque classique c14)
ISBN 2-253-90720-0. *48 F / 7,32 €*

29452 **PLUTARQUE** L'Intelligence des animaux ; Gryllos. *Arléa, 1998.* (Retour aux grands textes poche ; 39)
ISBN 2-86959-431-3. *35 F / 5,34 €*

29453 **PLUTARQUE** Sur les délais de la justice divine. *Actes Sud, 1995.* (Babel ; 135 c1)
ISBN 2-7427-0348-9. *33 F / 5,03 €*

29454 **PLUTARQUE** Le vice et la vertu. *Arléa, 1999.* (Retour aux grands textes poche ; 48)
ISBN 2-86959-458-5. *30 F / 4,57 €*

29455 **PLUTARQUE** Vie d'Alcibiade. *LGF, 1996.* (Le Livre de poche ; 14014. Les classiques d'aujourd'hui c1)
ISBN 2-253-14014-7. *10 F / 1,52 €*

29456 **N** **PLUTARQUE** Vies parallèles. 1. *Laffont, 2001.* (Bouquins)
ISBN 2-221-09391-7. *169 F / 25,76 €*

29457 **N** **PLUTARQUE** Vies parallèles. 2. *Laffont, 2001.* (Bouquins)
ISBN 2-221-09393-3. *169 F / 25,76 €*

29458 **N** **Poésie lyrique latine du Moyen Age.** *LGF, 2000.* (Le Livre de poche ; 14908. Lettres gothiques c12)
ISBN 2-253-14908-X. *44 F / 6,71 €*

29459 **N** **Pyrame et Thisbé ; Narcisse ; Philomena :** trois contes du XIIe siècle imités d'Ovide. *Gallimard, 2000.* (Folio ; 3448. Classique c15)
ISBN 2-07-040317-3. *50 F / 7,62 €*

29460 **Raoul de Cambrai :** chanson de geste du XIIe siècle. *LGF, 1996.* (Le Livre de poche ; 4537. Lettres gothiques c20)
ISBN 2-253-06454-8. *80 F / 12,20 €*

29461 **N** **Récits d'amour et de chevalerie au Moyen Age :** XIIe-XVe siècle. *Laffont, 2000.* (Bouquins)
ISBN 2-221-07208-1. *189 F / 28,81 €*

29462 **REINHARDT K.** Eschyle, Euripide. *Gallimard, 1991.* (Tel ; 182)
ISBN 2-07-072221-X. *78 F / 11,89 €*

29463 **Le roman d'Alexandre :** Alexandre de Paris. *LGF, 1994.* (Le Livre de poche ; 4542. Lettres gothiques c21)
ISBN 2-253-06655-9. *85 F / 12,96 €*

29464 **Le roman d'Eneas :** édition critique d'après le manuscrit BN fr. 60. *LGF, 1997.* (Le Livre de poche ; 4550. Lettres gothiques c20)
ISBN 2-253-06663-X. *80 F / 12,20 €*

29465 **Le roman de Renart.** *Gallimard, 1999.* (Folio ; 3221. Classique c3)
ISBN 2-07-040915-5. *19 F / 2,90 €*

29466 **Le roman de Thèbes.** *LGF, 1995.* (Le Livre de poche ; 4536. Lettres gothiques c23)
ISBN 2-253-06387-8. *95 F / 14,48 €*

29467 **Rome et l'amour :** anthologie. *Arléa, 1998.* (Retour aux grands textes poche ; 36)
ISBN 2-86959-414-3. *45 F / 6,86 €*

29468 **ROMILLY J. d.** Homère. 3e éd. corr. *PUF, 1998.* (Que sais-je? ; 2218 c1)
ISBN 2-13-045728-2. *42 F / 6,40 €*

29469 **ROMILLY J. d.** La Tragédie grecque. 4e éd. *PUF, 1992.* (Quadrige ; 28)
ISBN 2-13-044792-9. *59 F / 8,99 €*

29470 **N** **La saga de Charlemagne.** *LGF, 2000.* (La Pochothèque ; 13228. Classiques modernes)
ISBN 2-253-13228-4. *120 F / 18,29 €*

29471 **SAÏD S.** La Littérature grecque d'Alexandre à Justinien. 2e éd. corr. *PUF, 1994.* (Que sais-je? ; 2523 c1)
ISBN 2-13-042888-6. *42 F / 6,40 €*

29472 **SALLUSTE** La conjuration de Catilina. *Arléa, 1999.* (Retour aux grands textes poche ; 47)
ISBN 2-86959-457-7. *30 F / 4,57 €*

29473 **SAPPHO** Le désir : oeuvres complètes. *Arléa, 1996.* (Retour aux grands textes poche ; 16)
ISBN 2-86959-268-X. *30 F / 4,57 €*

29474 **SAPPHO** Le Désir. *Mille et une nuits, 1994.* (La petite collection ; 37 cA)
ISBN 2-910233-42-1. *10 F / 1,52 €*

29475 **SÉNÈQUE** Apprendre à vivre. 1. *Arléa, 1996.* (Retour aux grands textes poche ; 17)
ISBN 2-86959-277-9. *35 F / 5,34 €*

29476 **SÉNÈQUE** Apprendre à vivre. 2. *Arléa, 1996.* (Retour aux grands textes poche ; 24)
ISBN 2-86959-298-1. *35 F / 5,34 €*

29477 **SÉNÈQUE** Entretiens ; Lettres à Lucilius. Réimpr. *Laffont, 1998.* (Bouquins)
ISBN 2-221-07127-1. *179 F / 27,29 €*

29478 **SÉNÈQUE** La providence ; suivi de La constance du sage. *Arléa, 1996.* (Retour aux grands textes poche ; 20)
ISBN 2-86959-286-8. *30 F / 4,57 €*

29479 **SOPHOCLE** Ajax. *Arche éditeur, 1961.* (Répertoire pour un théâtre populaire ; 32)
ISBN 2-85181-097-9. *42 F / 6,40 €*

29480 **SOPHOCLE** Antigone. *LGF, 1991.* (Le Livre de poche ; 6909. Classique théâtre c6)
ISBN 2-253-05544-1. *26 F / 3,96 €*

29481 **SOPHOCLE** Antigone. *Aire, 1981.* (Le Chant du monde)
28 F / 4,27 €

29482 **N** **SOPHOCLE** Oedipe roi. Réimpr. *Librio, 2000.* (Librio ; 30 c1)
ISBN 2-277-30030-6. *10 F / 1,52 €*

29483 **SOPHOCLE** Oedipe roi. *LGF, 1994.* (Le Livre de poche ; 4632. Classique théâtre c3)
ISBN 2-253-06713-X. *18 F / 2,74 €*

29484 **SOPHOCLE** Oedipe roi. *Aire, 1989.* (Le Chant du monde)
ISBN 2-88108-041-3. *42 F / 6,40 €*

29485 **SOPHOCLE** Tragédies. *Gallimard, 1983.* (Folio ; 360. Classique c8)
ISBN 2-07-036360-0. *35 F / 5,34 €*

29486 **SUÉTONE** Vie de Néron. *LGF, 1995.* (Le Livre de poche ; 13806. Les classiques d'aujourd'hui c1)
ISBN 2-253-13806-1. *10 F / 1,52 €*

29487 **SUÉTONE** La vie des douze Césars. *Gallimard, 1975.* (Folio ; 640. Classique c8)
ISBN 2-07-036640-5. *37 F / 5,64 €*

29488 **TACITE** Annales. *Gallimard, 1993.* (Folio ; 2540. Classique c12)
ISBN 2-07-038762-3. *52 F / 7,93 €*

29489 **TACITE** Histoires. *Gallimard, 1980.* (Folio ; 1231. Classique c9)
ISBN 2-07-037231-6. *41 F / 6,25 €*

29490 **THÉOPHRASTE** Caractères. *Mille et une nuits, 1996.* (La petite collection ; 101 cA)
ISBN 2-84205-044-4. *10 F / 1,52 €*

29491 **A** **THIERCY P.** Les tragédies grecques. *PUF, 2001.* (Que sais-je? ; 3602 c1)
ISBN 2-13-051043-4. *42 F / 6,40 €*

29492 **THUCYDIDE** La guerre du Péloponnèse. *Gallimard, 2000.* (Folio ; 3332. Classique c9)
ISBN 2-07-040068-9. *66 F / 10,06 €*

29493 **Tristan :** la merveilleuse histoire de Tristan et Iseut et de leurs folles amours, restituée en son ensemble et nouvellement écrite dans l'esprit des grands conteurs d'autrefois. *Gallimard, 1999.* (Folio ; 3225. Classique c5)
ISBN 2-07-038903-0. *25,50 F / 3,89 €*

29494 **N** **Tristan et Iseult.** *Librio, 2000.* (Librio ; 357 c1)
ISBN 2-290-30497-2. *10 F / 1,52 €*

29495 **VÂTSYÂYANA** Kama-sûtra. *10-18, 1994.* (10-18 ; 2480. Domaine étranger c5)
ISBN 2-264-00278-6. *44 F / 6,71 €*

29496 **VÂTSYÂYANA** Les Kâma-sûtra. *Librio, 1997.* (Librio ; 152 c1)
ISBN 2-277-30152-3. *10 F / 1,52 €*

29497 **VILLON F., MARTIN T.** Ballades en argot homosexuel. *Mille et une nuits, 1998.* (La petite collection ; 188 cB)
ISBN 2-84205-192-0. *15 F / 2,29 €*

29498 **VIRGILE** Bucoliques ; Géorgiques. *Gallimard, 1997.* (Folio ; 2980. Classique c8)
ISBN 2-07-039448-4. *37 F / 5,64 €*

29499 **VIRGILE** Enéide. *Gallimard, 1991.* (Folio ; 2225. Classique c13)
ISBN 2-07-038345-8. *56 F / 8,54 €*

Loisirs Vie pratique

29500 **N** **ABOU O.** Acheter et vendre sur Internet. *Micro application, 2000.* (E-poche)
ISBN 2-7429-1944-9. *52 F / 7,93 €*

29501 **ALBOUKER R.** Autour du billard. *Gallimard, 1993.* (Découvertes ; 162. Sports et jeux c5)
ISBN 2-07-053180-5. *85 F / 12,96 €*

29502 **ALLÈGRE-PAPADACCI C.** Point de croix : 40 modèles à broder pour les enfants. *LGF, 2000.* (Le Livre de poche ; 16516. Pratique c11)
ISBN 2-253-16516-6. *42 F / 6,40 €*

29503 **N** **ALLÈGRE S.** Le chien. *Mango-Pratique, 2000.* (Tout ce que vous voulez savoir sur...)
ISBN 2-84270-193-3. *42 F / 6,40 €*

29504 **ANTOINE (pseud.)** Globe-flotteur : les 7 péchés capitaux du navigateur solitaire. *J'ai lu, 1999.* (J'ai lu ; 4438. Littérature générale c4)
ISBN 2-290-04438-5. *36 F / 5,49 €*

29505 **AUBERT F., PUISSET P., TRICOT H.** Le golf. *PUF, 1999.* (Que sais-je? ; 1385 c1)
ISBN 2-13-049547-8. *42 F / 6,40 €*

29506 **N** **AUCANTE P.** Le safran. *Actes Sud, 2000.* (Chroniques du potager c1)
ISBN 2-7427-2861-9. *69 F / 10,52 €*

29507 **AVELINE C.** Le Code des jeux. Rééd. *LGF, 1989.* (Le Livre de poche ; 7876. Pratique c10)
ISBN 2-253-03344-8. *40 F / 6,10 €*

29508 **AZZITA E.** Cours pratique d'origami : trucs et astuces. *De Vecchi, 1994.* (De Vecchi poche)
ISBN 2-7328-4800-X. *33 F / 5,03 €*

29509 **BALLINGALL P.** Le golf. Réimpr. *Mango-Pratique, 1998.* (101 trucs et conseils ; 7 c1)
ISBN 2-910635-58-9. *35 F / 5,34 €*

29510 **BAR A.** Cuisine et congélation : méthodes et recettes. *Ouest-France, 1999.* (Guide pratique de poche)
ISBN 2-7373-2486-6. *30 F / 4,57 €*

29511 **BAUDINET J-L., COSTA P.** Balades à pied en Lorraine. *Nuée bleue ; Ed. de l'Est, 1996.* (Guide poche)
ISBN 2-7165-0388-5. *39 F / 5,95 €*

29512 **BAUDOIS S.** Les droits des jeunes. *Milan, 1996.* (Les essentiels Milan ; 36 c1)
ISBN 2-84113-280-3. *25 F / 3,81 €*

29513 **BAUER J.** La nourriture cacher. *PUF, 1996.* (Que sais-je? ; 3098 c1)
ISBN 2-13-047572-8. *42 F / 6,40 €*

29514 **BEAUDEMONT-DUBUS A.** La Cuisine de la femme pressée. *J'ai lu, 1993.* (J'ai lu ; 7017. Bien-être)
ISBN 2-277-07017-3. *29 F / 4,42 €*

29515 **BEAUVAIS M.** Les plantes grimpantes avec succès. *LGF, 2000.* (Le Livre de poche ; 16525. Pratique)
ISBN 2-253-16525-5. *39 F / 5,95 €*

29516 **BEN SOUSSAN P.** Gastronomes en couches. *Erès, 1999.* (Mille et un bébés ; 28)
ISBN 2-86586-763-3. *20 F / 3,05 €*

29517 **BENS J.** La cuisine en jeux. *Zulma, 1998.* (Grain d'orage)
ISBN 2-84304-036-1. *49 F / 7,47 €*

29518 **BENS J.** Mots croisés. *Zulma, 1999.* (Grain d'orage)
ISBN 2-84304-064-7. *49 F / 7,47 €*

29519 **BERNARD F.** Mes secrets de cuisine. *LGF, 1983.* (Le Livre de poche ; 7837. Pratique c10)
ISBN 2-253-03145-3. *40 F / 6,10 €*

29520 **BERNARD R.** La cuisson solaire facile : une délicieuse alternative. *Jouvence, 1999.* (Pratiques Jouvence ; 41)
ISBN 2-88353-172-2. *29 F / 4,42 €*

29521 **BERNARD T.** Mots croisés. *Grasset, 1994.* (Les Cahiers rouges ; 196)
ISBN 2-246-46822-1. *46 F / 7,01 €*

29522 **BETBÈZE J-P.** Le Loto. *PUF, 1982.* (Que sais-je? ; 1959 c1)
ISBN 2-13-037072-1. *42 F / 6,40 €*

29523 **N** **BETTANE M., DESSEAUVE T.** Guide du vin : connaître, déguster et conserver le vin. *Librio, 2000.* (Librio ; 396 c1)
ISBN 2-290-30732-7. *10 F / 1,52 €*

29524 **BINET M., JADFARD R.** Trois assiettes et un bébé. Réimpr. *J'ai lu, 2000.* (J'ai lu ; 7113. Bien-être)
ISBN 2-290-30579-0. *29 F / 4,42 €*

29525 **N** **BISTOLFI R.** La blette et la betterave. *Actes Sud, 2000.* (Chroniques du potager c1)
ISBN 2-7427-2870-8. *69 F / 10,52 €*

29526 **BISTOLFI R., MARDAM-BEY F.** Le pois chiche. *Actes Sud, 1999.* (Chroniques du potager c1)
ISBN 2-7427-2499-0. *69 F / 10,52 €*

29527 **BLANC H., LESNIK R.** Saveurs de Russie. *LGF, 1998.* (Le Livre de poche ; 8183. Pratique c7)
ISBN 2-253-08183-3. *30 F / 4,57 €*

29528 **A** **BLONDIN A.** Sur le Tour de France. Réimpr. *Table ronde, 2001.* (La petite vermillon ; 58 c2)
ISBN 2-7103-0737-5. *45 F / 6,86 €*

29529 **BOCUSE P.** Bocuse dans votre cuisine. *J'ai lu, 1998.* (J'ai lu ; 7145. Bien vivre cJ)
ISBN 2-290-07145-5. *39 F / 5,95 €*

29530 **BODIS J-P.** Le rugby. *Privat, 1999.* (Pages Grand Sud)
ISBN 2-7089-5414-8. *49 F / 7,47 €*

29531 **BODIS L.** Toutes les lignes pour la pêche en eau douce. *Ouest-France, 2000.* (Guide pratique de poche)
ISBN 2-7373-2628-1. *30 F / 4,57 €*

29532 **BONJOUR K.** La cuisine des gourmandes. *Librio, 1999.* (Librio ; 321. Cuisine)
ISBN 2-290-30074-8. *10 F / 1,52 €*

29533 **BOUQUEREL C.** Tricoter pour la maison. *LGF, 2000.* (Le Livre de poche ; 16519. Pratique)
ISBN 2-253-16519-0. *39 F / 5,95 €*

29534 **BOURGEOIS C.** La bière et la brasserie. *PUF, 1998.* (Que sais-je? ; 440 c1)
ISBN 2-13-048911-7. *42 F / 6,40 €*

29535 **BRAND S.** Décorations murales en un week-end. *LGF, 1999.* (Le Livre de poche ; 6509. Pratique c8)
ISBN 2-253-16509-3. *33 F / 5,03 €*

29536 **BRESSON A.** L'artichaut et le cardon. *Actes Sud, 1999.* (Chroniques du potager)
ISBN 2-7427-2501-6. *69 F / 10,52 €*

29537 **BRESSON A.** Le potiron. Réimpr. *Actes Sud, 2000.* (Chroniques du potager)
ISBN 2-7427-1939-3. *69 F / 10,52 €*

29538 **BROCHARD D.** Le gazon avec succès. *LGF, 2000.* (Le Livre de poche ; 16523. Pratique)
ISBN 2-253-16523-9. *39 F / 5,95 €*

29539 **BROOKES J.** Le jardin. *Mango-Pratique, 1999.* (101 trucs et conseils ; 6 c1)
ISBN 2-910635-75-9. *35 F / 5,34 €*

29540 **BRUNET C., THOMAS R.** L'Equitation. Nouv. éd. *PUF, 1990.* (Que sais-je? ; 902 c1)
ISBN 2-13-042773-1. *42 F / 6,40 €*

29541 **BUDWORTH G.** Le Livre des noeuds. *De Vecchi, 1993.* (De Vecchi poche c3)
ISBN 2-7328-4182-X. *33 F / 5,03 €*

29542 **BURGAUD F.** Mon bouquin de cuisine. *Laffont, 1992.* (Bouquins)
ISBN 2-221-05446-6. *150 F / 22,87 €*

29543 **CADORIN P.** Calendrier lunaire de l'agriculteur. *De Vecchi, 1995.* (De Vecchi poche ; 4805 c3)
ISBN 2-7328-4805-0. *29 F / 4,42 €*

29544 **CAMBRONNE L. d.** Votre premier mois avec bébé : les cent questions que se pose une mère dans les jours qui suivent la naissance de son enfant. *LGF, 1999.* (Le Livre de poche ; 8196. Pratique c7)
ISBN 2-253-08196-5. *30 F / 4,57 €*

29545 **CAPEK K.** L'année du jardinier. *10-18, 2000.* (10-18 ; 3142. Domaine étranger c3)
ISBN 2-264-03033-X. *38 F / 5,79 €*

29546 **N** **CARON-LAMBERT A.** Délices de fleurs : recettes, saveurs et bienfaits. *LGF, 2000.* (Le Livre de poche ; 16538. Pratique)
ISBN 2-253-16538-7. *45 F / 6,86 €*

29547 **CATSAROS C., SCHUCHMAN J.** Guide de l'Europe facile. *Mille et une nuits, 1998.* (Guide Mille et une nuits)
ISBN 2-84205-337-0. *39 F / 5,95 €*

29548 **CAZEILS N., GUILLOU J-L.** Tous les bas de ligne pour la pêche du bord de mer : 100 bas de ligne et le savoir-faire pour les réaliser. *Ouest-France, 1999.* (Guide pratique de poche)
ISBN 2-7373-2442-4. *30 F / 4,57 €*

29549 **Les céréales.** *Mango-Pratique, 2000.* (101 trucs et conseils ; 58)
ISBN 2-84270-177-1. *35 F / 5,34 €*

29550 **Ces petits riens qui changent tout :** idées déco pour la maison. *LGF, 1999.* (Le Livre de poche ; 8185. Pratique c8)
ISBN 2-253-08185-X. *33 F / 5,03 €*

29551 **CHANTERELLE E.** La Cuisine à la vapeur. *De Vecchi, 1993.* (De Vecchi poche ; 4183 c3)
ISBN 2-7328-4183-8. *33 F / 5,03 €*

29552 **CHARLON R.** Crêpes et galettes. *Ouest-France, 1998.* (Guide pratique de poche)
ISBN 2-7373-2354-1. *30 F / 4,57 €*

29553 **A** **CHARLON R.** Meilleures recettes barbecue et cheminée. *Ouest-France, 2001.* (Guide pratique de poche)
ISBN 2-7373-2733-4. *35 F / 5,34 €*

29554 **CHARLON R.** Recettes bretonnes d'hier et d'aujourd'hui. *Ouest-France, 1999.* (Guide pratique de poche)
ISBN 2-7373-2480-7. *35 F / 5,34 €*

29555 **CHARLOT E., DENAUD P.** Les arts martiaux. *PUF, 1999.* (Que sais-je? ; 1791 c1)
ISBN 2-13-049706-3. *42 F / 6,40 €*

29556 **Le chat.** *Mango-Pratique, 1999.* (Tout ce que vous voulez savoir sur...)
ISBN 2-84270-168-2. *39 F / 5,95 €*

29557 **CHAUVIN F.** Fermes-auberges et auberges de montagne en Franche-Comté. *Nuée bleue, 1996.* (Guide poche)
ISBN 2-7165-0387-7. *39 F / 5,95 €*

29558 **CHEMIN M.** La Loi du ring. *Gallimard, 1993.* (Découvertes ; 163. Sports et jeux c5)
ISBN 2-07-053137-6. *85 F / 12,96 €*

29559 **CHÉREL G.** L'autre monde de la coupe. *Milan, 1998.* (Les essentiels Milan ; 117 c1)
ISBN 2-84113-697-3. *25 F / 3,81 €*

29560 **CIVEYREL F.** Consommez bien, dépensez mieux. *J'ai lu, 1995.* (J'ai lu ; 7098. Bien-être c5)
ISBN 2-277-07098-X. *39 F / 5,95 €*

29561 **COCARD A., KAPLAN M.** La Cuisine à la vapeur de Marion. *LGF, 1986.* (Le Livre de poche ; 7859. Pratique c6)
ISBN 2-253-03843-1. *26 F / 3,96 €*

29562 **COFFE J-P.** Au bonheur des fruits : confitures, compotes, douceurs, plaisirs. *J'ai lu, 1999.* (J'ai lu ; 7163. Bien vivre cM)
ISBN 2-290-07163-3. *49 F / 7,47 €*

29563 **COFFE J-P.** Comme à la maison. 1. *J'ai lu, 1998.* (J'ai lu ; 7148. Bien vivre cM)
ISBN 2-290-07148-X. *49 F / 7,47 €*

29564 **COFFE J-P.** Comme à la maison. 2. *J'ai lu, 1999.* (J'ai lu ; 7177. Bien vivre cM)
ISBN 2-290-30509-X. *49 F / 7,47 €*

29565 **COFFE J-P.** Le marché. *J'ai lu, 1998.* (J'ai lu ; 7142. Bien vivre cM)
ISBN 2-290-07154-4. *49 F / 7,47 €*

29566 **A** **Compotes, confitures et chutneys.** *LGF, 2001.* (Le Livre de poche ; 16562. Les nouvelles fiches-cuisine Elle c7)
ISBN 2-253-16562-X. *30 F / 4,57 €*

29567 **Conserves de fruits et confitures.** *Mango-Pratique, 1998.* (101 trucs et conseils ; 33 c1)
ISBN 2-84270-068-6. *35 F / 5,34 €*

29568 **CRISTENSEN K.** La maison écologique : astuces et conseils pour vivre mieux. Réimpr. *J'ai lu, 2000.* (J'ai lu ; 7152. Bien vivre cK)
ISBN 2-290-30577-4. *42 F / 6,40 €*

29569 **CRITON M.** Les jeux mathématiques. 2e éd. rev. *PUF, 1998.* (Que sais-je? ; 3220 c1)
ISBN 2-13-048109-4. *42 F / 6,40 €*

29570 **A** **Cuisine à la vapeur.** *Ouest-France, 2001.* (Guide pratique de poche)
35 F / 5,34 €

29571 **A** **Cuisine d'Auvergne d'hier et d'aujourd'hui.** *Ouest-France, 2001.* (Guide pratique de poche)
ISBN 2-7373-2790-3. *35 F / 5,34 €*

29572 **A** **Cuisine de Bourgogne d'hier et d'aujourd'hui.** *Ouest-France, 2001.* (Guide pratique de poche)
35 F / 5,34 €

29573 **A** **Cuisine de Normandie d'hier et d'aujourd'hui.** *Ouest-France, 2001.* (Guide pratique de poche)
ISBN 2-7373-2757-1. *35 F / 5,34 €*

29574 **A** **Cuisine de Provence d'hier et d'aujourd'hui.** *Ouest-France, 2001.* (Guide pratique de poche)
35 F / 5,34 €

29575 **N** **Cuisinez ! :** cinq livres de recettes pratiques pour cuisiner sans souci. *Librio, 1999.* (Librio. Cuisine)
ISBN 2-277-60051-2. *50 F / 7,62 €*

29576 **DANAN S., DENARNAUD J.** La nouvelle cuisine judéo-marocaine : authentique et allégée. *ACR, 1994.* (Pochecouleur ; 8)
ISBN 2-86770-086-8. *120 F / 18,29 €*

29577 **DANNEYROLLES J-L.** L'ail et l'oignon. *Actes Sud, 1998.* (Chroniques du potager c1)
ISBN 2-7427-1937-7. *69 F / 10,52 €*

29578 **A** **DANNEYROLLES J-L.** Curiosités potagères. *Actes Sud, 2001.* (Chroniques du potager)
ISBN 2-7427-3235-7. *69 F / 10,52 €*

29579 **DANNEYROLLES J-L.** Le piment et le poivron. *Actes Sud, 2000.* (Chroniques du potager)
ISBN 2-7427-2648-9. *69 F / 10,52 €*

29580 **DANNEYROLLES J-L.** La tomate. Réimpr. *Actes Sud, 1999.* (Chroniques du potager c1)
ISBN 2-7427-2149-5. *69 F / 10,52 €*

29581 **DAUMAS M.** Les Grandes étapes du progrès technique. *PUF, 1981.* (Que sais-je? ; 1960 c1)
ISBN 2-13-037075-6. *42 F / 6,40 €*

29582 **DEBUIGNE G.** Les vins : dictionnaire de la vigne et du vin. *Larousse, 1996.* (Guide de poche)
ISBN 2-03-506007-9. *95 F / 14,48 €*

29583 **DEFORGES R.** Ma cuisine. *LGF, 1991.* (Le Livre de poche ; 7829. Pratique c6)
ISBN 2-253-05711-8. *26 F / 3,96 €*

29584 **DELAHAYE T., VIN P.** La fraise. *Actes Sud, 2000.* (Chroniques du potager c1)
ISBN 2-7427-2618-7. *69 F / 10,52 €*

29585 **N** **DELOS G.** Les vins de Bordeaux. *LGF, 2001.* (Le Livre de poche ; 16545. Pratique)
ISBN 2-253-16545-X. *39 F / 5,95 €*

29586 **DELTEIL J.** La cuisine paléolithique. *Arléa ; Presses du Languedoc, 1998.* (Arléa-poche ; 40)
ISBN 2-86959-395-3. *30 F / 4,57 €*

29587 **DENIAU J-F.** La Mer est ronde. Nouv. éd. *Gallimard, 1992.* (Folio ; 2386 c9)
ISBN 2-07-038523-X. *41 F / 6,25 €*

29588 **DENUELLE S.** Le savoir-vivre : guide pratique des bons usages d'aujourd'hui. Nouv. éd. *Larousse, 1999.* (Larousse de poche)
ISBN 2-03-507403-7. *50 F / 7,62 €*

29589 **DESBROSSES J.** Mangez bio : plus de 100 recettes santé. *LGF, 2000.* (Le Livre de poche ; 16534. Pratique)
ISBN 2-253-16534-4. *29 F / 4,42 €*

29590 **DESHIMARU T.** Zen et arts martiaux. *Albin Michel, 1991.* (Spiritualités vivantes poche ; 38 c2)
ISBN 2-226-01788-7. *39 F / 5,95 €*

29591 **DESMARAIS B.** Offrir des cadeaux pour toutes circonstances. *De Vecchi, 1999.* (De Vecchi poche)
ISBN 2-7328-4837-9. *29 F / 4,42 €*

29592 **Desserts.** *LGF, 1999.* (Le Livre de poche ; 16514. Les nouvelles fiches-cuisine Elle c7)
ISBN 2-253-16514-X. *30 F / 4,57 €*

29593 **DIGARD J-P.** Le cheval, force de l'homme. Réimpr. *Gallimard, 1994.* (Découvertes ; 232. Histoires naturelles c5)
ISBN 2-07-053205-4. *85 F / 12,96 €*

29594 **DISTCH S.** Guide pratique pour préparer les cocktails. Nouv. éd. *De Vecchi, 1994.* (De Vecchi poche c4)
ISBN 2-7328-4804-2. *38 F / 5,79 €*

29595 **DISTER A.** Vivre vite : chroniques de la course automobile. *Gallimard, 1995.* (Découvertes ; 267. Sports et jeux c5)
ISBN 2-07-053293-3. *85 F / 12,96 €*

29596 **DOMECQ J-P.** Ce que nous dit la vitesse. Nouv. éd. augm. *Pocket, 2000.* (Agora ; 225 c5)
ISBN 2-266-09952-3. *35 F / 5,34 €*

29597 **DOURNON J-Y.** La Correspondance pratique : dictionnaire des 1001 tournures. *LGF, 1977.* (Le Livre de poche ; 7702. Pratique)
ISBN 2-253-01599-7. *35 F / 5,34 €*

29598 **DOUTRELANT P-M.** Les Bons vins et les autres : suivi de 500 bonnes adresses. *Seuil, 1984.* (Points. Actuels ; 61 c3)
ISBN 2-02-006449-9. *48 F / 7,32 €*

29599 **DRACHKOVITCH Y.** Guide de la pêche pour débutant. Réimpr. *De Vecchi, 1999.* (De Vecchi poche ; 4831 c3)
ISBN 2-7328-4831-X. *33 F / 5,03 €*

29600 **DRACHKOVITCH Y.** La pêche des carnassiers. Réimpr. *De Vecchi, 1999.* (De Vecchi poche ; 4830 c4)
ISBN 2-7328-4830-1. *33 F / 5,03 €*

29601 **DU PONTAVICE G.** Créer sa cave et choisir son vin. *Ouest-France, 1999.* (Guide pratique de poche)
ISBN 2-7373-2515-3. *30 F / 4,57 €*

29602 **DUBOIS S., COUËSMES M.** La couture. *J'ai lu, 1998.* (J'ai lu ; 7144. Bien vivre cJ)
ISBN 2-290-07144-7. *39 F / 5,95 €*

29603 **DUFOR H.** L'univers de l'armagnac. *Privat, 1999.* (Pages Grand Sud)
ISBN 2-7089-5410-5. *49 F / 7,47 €*

29604 **DUMAS A.** Mon dictionnaire de cuisine. *10-18, 1998.* (10-18 ; 2988. Domaine français c10)
ISBN 2-264-02807-6. *65 F / 9,91 €*

29605 **DUMAY R.** Guide du vin. Nouv. éd. *LGF, 1992.* (Le Livre de poche ; 7886. Pratique c10)
ISBN 2-253-03578-5. *40 F / 6,10 €*

29606 **DURBEC R.** Un amour de chocolat : les vertus du chocolat. *Jouvence, 1997.* (Pratiques Jouvence ; 23)
ISBN 2-88353-134-X. *29 F / 4,42 €*

29607 **N** **Entrées.** *LGF ; Filipacchi, 2000.* (Le Livre de poche ; 16541. Les nouvelles fiches-cuisine Elle c7)
ISBN 2-253-16541-7. *30 F / 4,57 €*

29608 **FEDERATION FRANCAISE DE BRIDGE** Le premier livre de bridge. *LGF, 1999.* (Le Livre de poche ; 6504. Pratique c6)
ISBN 2-253-16504-2. *26 F / 3,96 €*

29609 **A** **FERBER C.** Mes aigres-doux : terrines et pâtés. *J'ai lu, 2001.* (J'ai lu ; 7237. Bien-être)
ISBN 2-290-31210-X

29610 **FERBER C.** Mes confitures. *J'ai lu, 1999.* (J'ai lu ; 7162. Bien-être cJ)
ISBN 2-290-30440-9. *39 F / 5,95 €*

29611 **FERBER C.** Mes tartes sucrées et salées. *J'ai lu, 2000.* (J'ai lu ; 7186. Bien-être)
ISBN 2-290-30199-X. *39 F / 5,95 €*

29612 **FISCHER J.** Comprendre et soigner son chien. *J'ai lu, 2000.* (J'ai lu ; 7160. Bien-être cH)
ISBN 2-290-07160-9. *32 F / 4,88 €*

29613 **Flight Simulator 2000. Nouv. éd.** *Micro application, 1999.* (Guidexpress ; 2116)
ISBN 2-7429-1693-8. *72 F / 10,98 €*

29614 **FOGLE B.** Votre chiot. Réimpr. *Mango-Pratique, 1997.* (101 trucs et conseils ; 25 c1)
ISBN 2-84270-023-6. *35 F / 5,34 €*

29615 **N** **FRONTY L.** Les secrets de grand-mère. *LGF, 2000.* (Le Livre de poche ; 16550. Pratique)
ISBN 2-253-16550-6. *35 F / 5,34 €*

29616 **GALLI L. M.** La cuisine yin et yang. *De Vecchi, 1996.* (De Vecchi poche)
ISBN 2-7328-4815-8. *33 F / 5,03 €*

29617 **GANDOUIN J.** Guide du protocole et des usages. *LGF, 1993.* (Le Livre de poche ; 8122. Pratique c15)
ISBN 2-253-06394-0. *50 F / 7,62 €*

29618 **GARCIA A.** Les vins de Champagne. 2e éd. *PUF, 1997.* (Que sais-je? ; 2259 c1)
ISBN 2-13-048583-9. *42 F / 6,40 €*

29619 **GARCIA H.** Les Contes du rugby. *Table ronde, 1993.* (La petite vermillon ; 21)
ISBN 2-7103-0589-5. *45 F / 6,86 €*

29620 **GAUTIER J-F.** La civilisation du vin. *PUF, 1997.* (Que sais-je? ; 3296 c1)
ISBN 2-13-048604-5. *42 F / 6,40 €*

29621 **GAUTIER J-F.** Histoire du vin. Nouv. éd. *PUF, 1996.* (Que sais-je? ; 2676 c1)
ISBN 2-13-046145-X. *42 F / 6,40 €*

29622 **GAUTIER J-F.** Les Vins de France. *PUF, 1994.* (Que sais-je? ; 208 c1)
ISBN 2-13-045971-4. *42 F / 6,40 €*

29623 **GAUTRAT J.** Dictionnaire du ski. *Seuil, 1969.* (Microcosme. Dictionnaire ; 6 c1)
ISBN 2-02-000302-3. *52 F / 7,93 €*

29624 **GÉLIN D.** Le jardin facile. *J'ai lu, 1998.* (J'ai lu ; 7143. Bien vivre cL)
ISBN 2-290-07143-9. *45 F / 6,86 €*

29625 **GIFFARD N.** Les échecs : leçons particulières avec un champion. *LGF, 1995.* (Le Livre de poche ; 8151. Pratique c9)
ISBN 2-253-08151-5. *36 F / 5,49 €*

29626 **GIFFARD N., BIÉNABE A.** Le Guide des échecs. Réimpr. *Laffont, 1998.* (Bouquins)
ISBN 2-221-05913-1. *129 F / 19,67 €*

29627 **GILLI E.** L'exploration spéléologique et ses techniques. *PUF, 1998.* (Que sais-je? ; 3362 c1)
ISBN 2-13-049096-4. *42 F / 6,40 €*

29628 **N** **GIORDANO L.** 500 conseils et astuces aux jardiniers débutants. *J'ai lu, 2001.* (J'ai lu ; 7215. Bien-être cH)
ISBN 2-290-07215-X. *32 F / 4,88 €*

29629 **N** **GODARD M.** Le temps des confitures. *LGF, 2000.* (Le Livre de poche ; 16537. Pratique c14)
ISBN 2-253-16544-1. *48 F / 7,32 €*

29630 **N** **GODARD O.** La cuisine d'amour. 1, Cent et quelques recettes pour mettre le coeur en fête. *Actes Sud, 2000.* (Babel ; 450)
ISBN 2-7427-2921-6. *45 F / 6,86 €*

29631 **GOSSET M.** Bien faire ses tartes. *De Vecchi, 1995.* (De Vecchi poche ; 4809 c2)
ISBN 2-7328-4809-3. *29 F / 4,42 €*

29632 **GOSSET M.** La cuisine régionale française. *De Vecchi, 1995.* (De Vecchi poche ; 4813 c3)
ISBN 2-7328-4813-1. *33 F / 5,03 €*

29633 **GOUNY M.** Coudre pour la maison. *LGF, 2000.* (Le Livre de poche ; 16517. Pratique c11)
ISBN 2-253-16517-4. *42 F / 6,40 €*

29634 **GOUST J.** Basilic, marjolaine et origan. *Actes Sud, 1999.* (Chroniques du potager c1)
ISBN 2-7427-2150-9. *69 F / 10,52 €*

29635 **A** **GOUST J.** La carotte et le panais. *Actes Sud, 2001.* (Chroniques du potager)
ISBN 2-7427-3234-9. *69 F / 10,52 €*

29636 **GOUST J.** L'épinard, l'arroche et la tétragone. *Actes Sud, 2000.* (Chroniques du potager c1)
ISBN 2-7427-2647-0. *69 F / 10,52 €*

29637 **GOUST J.** Le haricot. *Actes Sud, 1998.* (Chroniques du potager c1)
ISBN 2-7427-1938-5. *69 F / 10,52 €*

29638 **GOUST J.** Thym et sarriette. *Actes Sud, 1999.* (Chroniques du potager c1)
ISBN 2-7427-2151-7. *69 F / 10,52 €*

29639 **GOUVION C.** Les petits meubles de récupération : brocante et bric-à-brac. *LGF, 1999.* (Le Livre de poche ; 8184. Pratique ; 8184 c8)
ISBN 2-253-08184-1. *33 F / 5,03 €*

29640 **Grands classiques de la cuisine française.** *LGF, 1999.* (Le Livre de poche ; 16513. Les nouvelles fiches-cuisine Elle c7)
ISBN 2-253-16513-1. *30 F / 4,57 €*

29641 **GRAVILLON I.** Le sommeil des bébés : sommeil de plume, sommeil de plomb. *Milan, 1999.* (Du côté des parents ; 1 c1)
ISBN 2-84113-818-6. *48 F / 7,32 €*

29642 **GUÉRIN S.** Le chocolat. *Milan, 1998.* (Les essentiels Milan ; 94 c1)
ISBN 2-84113-593-4. *25 F / 3,81 €*

29643 **N** **GUILLOU J-L., CAZEILS N.** Appâts et eschages pour la pêche en mer. *Ouest-France, 2001.* (Guide pratique de poche)
ISBN 2-7373-2783-0. *30 F / 4,57 €*

29644 **N** **HACHE F.** Jeux Olympiques, la flamme de l'exploit. Nouv. éd. *Gallimard, 2000.* (Découvertes ; 133. Sports et jeux c5)
ISBN 2-07-053173-2. *85 F / 12,96 €*

29645 **N** **HAEDENS C.** La cuisine de Caroline. *Table ronde, 2000.* (La petite vermillon)
ISBN 2-7103-2387-7. *55 F / 8,38 €*

29646 **HALBA B.** Dopage et sport. *Milan, 1999.* (Les essentiels Milan ; 133 c1)
ISBN 2-84113-791-0. *25 F / 3,81 €*

29647 **HAMILTON A.** Meubles et accessoires en un week-end. *LGF, 1999.* (Le Livre de poche ; 6505. Pratique c8)
ISBN 2-253-16505-0. *33 F / 5,03 €*

29648 **HEFIED N.** 130 recettes traditionnelles du Maghreb. *J'ai lu, 1999.* (J'ai lu ; 7174. Bien-être c3)
ISBN 2-290-07174-9. *29 F / 4,42 €*

29649 **HEIMERMANN B.** Les Gladiateurs du Nouveau monde : histoire des sports aux Etats-Unis. *Gallimard, 1990.* (Découvertes ; 82. Sports et jeux c4)
ISBN 2-07-053104-X. *75 F / 11,43 €*

29650 **A** **HERRERO D.** L'esprit du jeu : l'âme des peuples. Réimpr. *Table ronde, 2001.* (La petite vermillon)
ISBN 2-7103-0918-1. *105 F / 16,01 €*

29651 **N** **HUNT C. L.** Décorez votre cuisine en un week-end. *LGF, 2000.* (Le Livre de poche ; 16547. Pratique)
ISBN 2-253-16547-6. *35 F / 5,34 €*

29652 **HUNT J. D., HILLARY E.** Victoire sur l'Everest. *Actes Sud, 1996.* (Babel ; 220. Terres d'aventure c5)
ISBN 2-7427-0850-2. *57 F / 8,69 €*

29653 **IKEMI Y., DESHIMARU T.** Zen et self-control. *Albin Michel, 1991.* (Espaces libres ; 11 c4)
ISBN 2-226-05172-4. *49 F / 7,47 €*

29654 **JAIS P., LEBEL M.** Tout le monde peut jouer au bridge. *LGF, 1982.* (Le Livre de poche ; 7805. Pratique)
ISBN 2-253-02877-0. *29 F / 4,42 €*

29655 **N** **JAMOIS-DESAUTEL D.** Le tour du Net en famille : l'Internet des enfants et des parents. *CampusPress France, 2000.* (Web Book)
ISBN 2-7440-1039-1. *59 F / 8,99 €*

29656 **N** **JANZÉ G. d.** Les liqueurs. *Ouest-France, 2001.* (Guide pratique de poche)
ISBN 2-7373-2569-2. *30 F / 4,57 €*

29657 **JOBIN A.** 1 devinette, ça trompe, ça trompe. Nouv. éd. *Seuil, 1997.* (Point-virgule c12)
ISBN 2-02-032032-0. *48 F / 7,32 €*

29658 **JOHNSON H.** Une histoire mondiale du vin : de l'Antiquité à nos jours. *Hachette Littératures, 1995.* (Pluriel ; 8736 c7)
ISBN 2-01-278736-3. *79 F / 12,04 €*

29659 **KERSAUSON O. d.** Tous les océans du monde : 71 jours, 14 h, 22', 8". *Pocket, 1998.* (Pocket ; 10435 c4)
ISBN 2-266-08209-4. *30 F / 4,57 €*

29660 **KERSAUSON O. d., NOLI J.** Homme libre : toujours tu chériras la mer !. *Pocket, 1996.* (Pocket ; 10028. Best c4)
ISBN 2-266-06723-0. *30 F / 4,57 €*

29661 **KIEJMAN C-C., LAMOUR C.** 50 dîners sans se lever de table. *LGF, 1995.* (Le Livre de poche ; 8148. Pratique c6)
ISBN 2-253-08148-5. *26 F / 3,96 €*

29662 **LA QUINTINIE J. d.** Instruction pour les jardins fruitiers et potagers. *Actes Sud ; Ed. ENSP, 1999.* (Thésaurus)
ISBN 2-7427-2496-6. *170 F / 25,92 €*

29663 **LABBÉ V.** Stratégie du Scrabble : guide commenté du jeu de Scrabble. Nouv. éd. rev. *Larousse, 1993.* (Références. Langue française)
ISBN 2-03-730231-2. *80 F / 12,20 €*

29664 **LACAZE P.** En garde : du duel à l'escrime. *Gallimard, 1991.* (Découvertes ; 107. Sports et jeux c3)
ISBN 2-07-053120-1. *65 F / 9,91 €*

29665 **LACLOS M.** Mots croisés. 2. *Zulma, 2000.* (Grain d'orage)
ISBN 2-84304-092-2. *49 F / 7,47 €*

29666 **N** **LACLOS M.** Mots croisés. 3. *Zulma, 2000.* (Grain d'orage)
ISBN 2-84304-112-0. *99 F / 15,09 €*

29667 **LACOUTURE J.** Le Rugby, c'est un monde. *Seuil, 1979.* (Points. Actuels ; 24 c3)
ISBN 2-02-005119-2. *48 F / 7,32 €*

29668 **LACOUTURE J.** Voyous et gentlemen : une histoire du rugby. *Gallimard, 1993.* (Découvertes ; 164. Sports et jeux c5)
ISBN 2-07-053139-2. *85 F / 12,96 €*

29669 **LAFORGE F., PETIT P.** Le calendrier du pêcheur. *De Vecchi, 2000.* (De Vecchi poche ; 4841)
ISBN 2-7328-4841-7. *33 F / 5,03 €*

29670 **LAFORGE F., PETIT P.** La pêche à la truite : techniques et conseils. *De Vecchi, 1998.* (De Vecchi poche ; 4817)
ISBN 2-7328-4817-4. *33 F / 5,03 €*

29671 **LAGET S.** La Saga du Tour de France. *Gallimard, 1990.* (Découvertes ; 81. Sports et jeux c4)
ISBN 2-07-053101-5. *85 F / 12,96 €*

29672 **LAGRIFA M-O.** 540 trucs pour votre maison. *De Vecchi, 1998.* (De Vecchi poche ; 4821)
ISBN 2-7328-4821-2. *33 F / 5,03 €*

29673 **LALA R., CHASSIN M.** Le vin. *Milan, 1997.* (Les essentiels Milan ; 87 c1)
ISBN 2-84113-586-1. *25 F / 3,81 €*

29674 **LALANNE D.** Le Grand combat du Quinze de France. *Table ronde, 1993.* (La petite vermillon ; 22)
ISBN 2-7103-0590-9. *35 F / 5,34 €*

29675 **LANDRY F.** Les Jeux Olympiques. *Milan, 1996.* (Les essentiels Milan ; 47 c1)
ISBN 2-84113-382-6. *25 F / 3,81 €*

29676 **A** **LAROCHE R. d.** Parole de chat. *Pocket, 2000.* (Pocket ; 10727)
ISBN 2-266-09425-4. *38 F / 5,79 €*

29677 **N** **Le Larousse du football. Nouv. éd.** *Larousse, 2000.* (Larousse de poche)
ISBN 2-03-505151-7. *199 F / 30,34 €*

29678 **A** **LEBÉDEL C.** Cuisine française d'hier et d'aujourd'hui. *Ouest-France, 2001.* (Guide pratique de poche)
ISBN 2-7373-2815-2. *35 F / 5,34 €*

29679 **LEBEL M.** Bridgez en une heure. *LGF, 1995.* (Le Livre de poche ; 8146. Pratique c5)
ISBN 2-253-08146-9. *23 F / 3,51 €*

29680 **Légumes d'hiver.** *LGF, 1999.* (Le Livre de poche ; 16515. Les nouvelles fiches-cuisine Elle c7)
ISBN 2-253-16515-8. *30 F / 4,57 €*

29681 **A** **Légumes de printemps.** *LGF, 2001.* (Le Livre de poche ; 16563. Les nouvelles fiches-cuisine Elle c7)
ISBN 2-253-16563-8. *30 F / 4,57 €*

29682 **LESUEUR P.** La pêche au lancer : techniques et conseils : choisir et connaître son matériel pour l'adapter aux techniques classiques de pêche. *De Vecchi, 1998.* (De Vecchi poche ; 4819)
ISBN 2-7328-4819-0. *33 F / 5,03 €*

29683 **LICHINE A.** Encyclopédie des vins et des alcools : de tous les pays. Nouv. éd. mise à jour. *Laffont, 1998.* (Bouquins)
179 F / 27,29 €

29684 **N** **LIS M.** Le jardin sur la table : histoire, culture, recettes de cuisine. *Actes Sud, 2000.* (Babel ; 426)
ISBN 2-7427-2765-5. *45 F / 6,86 €*

29685 **N** **LIS M., VINCENT P.** La cuisine des bois et des champs : recettes. *Actes Sud, 2000.* (Babel ; 427)
ISBN 2-7427-2766-3. *45 F / 6,86 €*

29686 **LIU B.** Le jeu des bâtons chinois. *Seuil, 1997.* (Point-virgule c9)
ISBN 2-02-032221-8. *39 F / 5,95 €*

29687 **N** **LONDON J.** Meubles et astuces de rangement en un week-end. *LGF, 2000.* (Le Livre de poche ; 16548. Pratique)
ISBN 2-253-16548-4. *35 F / 5,34 €*

29688 **LONDRES A.** Les forçats de la route. *Arléa, 1996.* (Arléa-poche ; 3)
ISBN 2-86959-295-7. *20 F / 3,05 €*

29689 **LYONNET B.** Balades à pied en Franche-Comté. *Nuée bleue* ; *Ed. de l'Est, 1996.* (Guide poche)
ISBN 2-7165-0386-9. *39 F / 5,95 €*

29690 **MAINE M.** Cuisine pour toute l'année : tradition et cuisine d'aujourd'hui. Nouv. éd. *LGF, 1991.* (Le Livre de poche ; 7802. Pratique c10)
ISBN 2-253-05451-8. *40 F / 6,10 €*

29691 **N** **Une maison tout en récup.** *LGF, 2001.* (Le Livre de poche ; 8190. Pratique)
ISBN 2-253-08190-6. *35 F / 5,34 €*

29692 **N** **MAISONBLANCHE F.** Comment gagner de l'argent. *De Vecchi, 2001.* (De Vecchi poche)
ISBN 2-7328-4844-1. *33 F / 5,03 €*

29693 **N** **MAÎTRE P.** Les meilleurs appâts pour la pêche en eau douce. *Ouest-France, 2001.* (Guide pratique de poche)
ISBN 2-7373-2795-4. *30 F / 4,57 €*

29694 **MANCIO E.** Les grands vins à petits prix. *LGF, 1999.* (Le Livre de poche ; 16506. Pratique c7)
ISBN 2-253-16506-9. *30 F / 4,57 €*

29695 **N** **MANTOUX T.** Les vins de Bourgogne. *LGF, 2001.* (Le Livre de poche ; 16546. Pratique)
ISBN 2-253-16546-8. *39 F / 5,95 €*

29696 **MARIEL** 300 menus, 300 recettes. *Ouest-France, 1998.* (Guide pratique de poche ; LLL)
ISBN 2-7373-2358-4. *35 F / 5,34 €*

29697 **MATHIOT G.** La cuisine pour tous. *LGF, 1993.* (Le Livre de poche ; 7819. Pratique c11)
ISBN 2-253-03097-X. *42 F / 6,40 €*

29698 **MAURY E.** La Médecine par le vin ou le Vin comme remède universel. *J'ai lu, 1993.* (J'ai lu ; 7076. Bien-être c3)
ISBN 2-277-07016-5. *29 F / 4,42 €*

29699 **MCMANNERS H.** La randonnée. *Mango-Pratique, 1998.* (101 trucs et conseils ; 41 c1)
ISBN 2-84270-071-6. *35 F / 5,34 €*

29700 **N** **MENTHÉOUR E.** Secret défonce : ma vérité sur le dopage. Réimp. *J'ai lu, 2000.* (J'ai lu ; 5293. Littérature générale cG)
ISBN 2-290-30691-6. *29 F / 4,42 €*

29701 **MÉRIL M.** Joyeuses pâtes. *LGF, 1988.* (Le Livre de poche ; 7932. Pratique c9)
ISBN 2-253-04619-1. *36 F / 5,49 €*

29702 **MERIL M.** Moi, j'en riz. *LGF, 1996.* (Le Livre de poche ; 8156. Pratique c7)
ISBN 2-253-08156-6. *30 F / 4,57 €*

29703 **MEUDEC G.** Le potager avec succès. *LGF, 2000.* (Le Livre de poche ; 16524. Pratique)
ISBN 2-253-16524-7. *39 F / 5,95 €*

29704 **MICHELET C., MICHELET B.** Quatre saisons en Limousin. *Pocket, 1995.* (Pocket ; 2958. Best c3)
ISBN 2-266-05693-X. *26 F / 3,96 €*

29705 **MIÈGE C.** Les Institutions sportives. *PUF, 1993.* (Que sais-je? ; 2729 c1)
ISBN 2-13-045163-2. *42 F / 6,40 €*

29706 **MIÈGE C.** Le sport européen. *PUF, 1996.* (Que sais-je? ; 3083 c1)
ISBN 2-13-047898-0. *42 F / 6,40 €*

29707 **MISTERIOSO** Jazz en jeux. *Zulma, 1998.* (Grain d'orage)
ISBN 2-84304-037-X. *49 F / 7,47 €*

29708 **A** **MONETTE S.** Nouveau dictionnaire des aliments. *LGF, 2001.* (Le Livre de poche ; 16552. Pratique)
ISBN 2-253-16552-2

29709 **MONTIGNAC M.** Je cuisine Montignac. *J'ai lu, 1997.* (J'ai lu ; 7121. Bien-être c5)
ISBN 2-290-07121-8. *39 F / 5,95 €*

29710 **MONTIGNAC M.** Recettes et menus. 1, La gastronomie nutritionnelle. *J'ai lu, 1995.* (J'ai lu ; 7079. Bien-être c5)
ISBN 2-277-07079-3. *39 F / 5,95 €*

29711 **MONTIGNAC M.** Recettes et menus. 2. *J'ai lu, 1999.* (J'ai lu ; 7164. Bien-être c5)
ISBN 2-290-17164-6. *39 F / 5,95 €*

29712 **MONTIGNY R.** Cuisine sans souci. Réimpr. *Laffont, 1998.* (Bouquins)
ISBN 2-221-07586-2. *149 F / 22,71 €*

29713 **MONTVALON C. d.** Le dico du foot. *Ed. de l'Aube, 2000.* (L'Aube poche ; 7 c8)
ISBN 2-87678-545-5. *69 F / 10,52 €*

29714 **MORLEY A.** L'Alsace à vélo. *Nuée bleue, 1998.* (Guide poche)
ISBN 2-7165-0121-1. *39 F / 5,95 €*

29715 **Mots croisés. 1.** *Zulma, 1999.* (Grain d'orage)
ISBN 2-84304-065-5. *49 F / 7,47 €*

29716 **MULLER M-F.** Cuisine végétarienne rapide. *Jouvence, 1997.* (Pratiques Jouvence ; 19)
ISBN 2-88353-126-9. *29 F / 4,42 €*

29717 **MULLER M-F.** Médecines douces pour animaux : mieux les soigner et les aimer. *Jouvence, 1998.* (Pratiques Jouvence ; 37 c1)
ISBN 2-88353-164-1. *29 F / 4,42 €*

29718 **NGUYEN N. R.** La Cuisine chinoise. *LGF, 1980.* (Le Livre de poche ; 7738. Pratique c8)
ISBN 2-253-02431-7. *33 F / 5,03 €*

29719 **NORMAN J.** Cuisiner avec les épices. *Mango-Pratique, 1998.* (101 trucs et conseils ; 36 c1)
ISBN 2-84270-070-8. *35 F / 5,34 €*

29720 **A** **NUGON-BAUDON L.** Maisons toxiques. *J'ai lu, 2001.* (J'ai lu ; 7229. Bien-être)
ISBN 2-290-31174-X

29721 **N** **ORTESCHI A.** Antipasti et petits plats : recettes italiennes de hors-d'oeuvre et d'entrées, de potages et de soupes. *LGF, 2000.* (Le Livre de poche ; 16537. Pratique)
ISBN 2-253-16537-9. *39 F / 5,95 €*

29722 **PAGE P.** Manuel du prestidigitateur : les 100 plus grands tours de la magie. *De Vecchi, 1993.* (De Vecchi poche ; 4194 c6)
ISBN 2-7328-4194-3. *47 F / 7,17 €*

29723 **A** **PARRA C.** Mon cochon, de la tête aux pieds. *J'ai lu, 2001.* (J'ai lu ; 7238. Bien-être)
ISBN 2-290-31211-8

29724 **N** **Pâtes et riz.** *LGF, 2000.* (Le Livre de poche ; 16554. Les nouvelles fiches-cuisine Elle c7)
ISBN 2-253-16554-9. *30 F / 4,57 €*

29725 **PÉCHINÉ J-M.** Les échecs : roi des jeux, jeu des rois. *Gallimard, 1997.* (Découvertes ; 335. Sports et jeux)
ISBN 2-07-053396-4. *75 F / 11,43 €*

29726 **N** **PELT J-M.** Des fruits. *J'ai lu, 2000.* (J'ai lu ; 7169. Bien-être cJ)
ISBN 2-290-07169-2. *39 F / 5,95 €*

29727 **N** **PELT J-M.** Des légumes. *J'ai lu, 2001.* (J'ai lu ; 7169. Bien-être)
ISBN 2-290-31003-4. *32 F / 4,88 €*

29728 **PEREC G.** Nouveaux jeux intéressants. *Zulma, 1998.* (Grain d'orage)
ISBN 2-84304-052-3. *49 F / 7,47 €*

29729 **PEREZ G.** La cuisine des maris. *Librio, 1999.* (Librio ; 319. Cuisine)
ISBN 2-290-30072-1. *10 F / 1,52 €*

29730 **PESSEY C., GUEDJ M.** La Plomberie. *LGF, 1989.* (Le Livre de poche ; 7963. Pratique c7)
ISBN 2-253-04982-4. *30 F / 4,57 €*

29731 **PIZZIGONI B.** La Cuisine végétarienne pour tous. *De Vecchi, 1993.* (De Vecchi poche ; 4184 c3)
ISBN 2-7328-4184-6. *33 F / 5,03 €*

29732 **A** **POILÂNE L.** Les meilleures tartines de Lionel Poilâne. *LGF, 2001.* (Le Livre de poche ; 16564. Pratique)
ISBN 2-253-16564-6. *30 F / 4,57 €*

29733 **N** **Poissons.** *LGF ; Filipacchi, 2000.* (Le Livre de poche ; 16540. Les nouvelles fiches-cuisine Elle c7)
ISBN 2-253-16540-9. *30 F / 4,57 €*

29734 **N** **PRADARCI F., NAHMANI L., PETROVIC M.** Votre beauté à moins de 100 francs : 200 cosmétiques pour dépenser moins sans se tromper. *LGF, 2000.* (Le Livre de poche ; 16536. Pratique)
ISBN 2-253-16536-0. *35 F / 5,34 €*

29735 **PRÉVOST F.** Cent cinquante recettes pour cuisinières nulles. *LGF, 1984.* (Le Livre de poche ; 7881. Pratique)
ISBN 2-253-03494-0. *29 F / 4,42 €*

29736 **PREVOSTO M-T.** Toute la correspondance. *De Vecchi, 1988.* (De Vecchi poche ; 4085 c3)
ISBN 2-7328-4085-8. *33 F / 5,03 €*

29737 **A** **RABÂA C.** L'aubergine. *Actes Sud, 2001.* (Chroniques du potager)
ISBN 2-7427-3233-0. *69 F / 10,52 €*

29738 **N** **RABÂA C.** La fève. *Actes Sud, 2000.* (Chroniques du potager)
ISBN 2-7427-2868-6. *69 F / 10,52 €*

29739 **N** **Recettes du soleil.** *LGF ; Filipacchi, 2000.* (Le Livre de poche ; 16539. Les nouvelles fiches-cuisine Elle c7)
ISBN 2-253-16539-5. *30 F / 4,57 €*

29740 **Les recettes préférées des Françaises.** *LGF, 1999.* (Le Livre de poche ; 8199. Pratique c9)
ISBN 2-253-08199-X. *36 F / 5,49 €*

29741 **N** **Recettes rapides.** *LGF ; Filipacchi, 2000.* (Le Livre de poche ; 16542. Les nouvelles fiches-cuisine Elle c7)
ISBN 2-253-16542-5. *30 F / 4,57 €*

29742 **Repas de fête.** *LGF, 1999.* (Le Livre de poche ; 16510. Les nouvelles fiches-cuisine Elle c7)
ISBN 2-253-16510-7. *30 F / 4,57 €*

29743 **A** **RÉVÉLANT O.** L'alimentation de demain : le règne des OGM ?. *Milan, 2001.* (Les essentiels Milan ; 194 c1)
ISBN 2-7459-0264-4. *25 F / 3,81 €*

29744 **RIBEREAU-GAYON P.** Le vin. 3e éd. corr. *PUF, 1999.* (Que sais-je? ; 2606 c1)
ISBN 2-13-043897-0. *42 F / 6,40 €*

29745 **RIPAULT F.** Le classique des noeuds. *Ouest-France, 1998.* (Guide pratique de poche)
ISBN 2-7373-2359-2. *30 F / 4,57 €*

29746 **ROBINE A., ROBINE J-C.** Le guide de la correspondance : courrier privé et lettres d'affaires. *LGF, 1996.* (Le Livre de poche ; 8153. Pratique c9)
ISBN 2-253-08153-1. *36 F / 5,49 €*

29747 **N** **ROBUCHON J.** Cuisinez comme un grand chef. 1. *LGF, 2000.* (Le Livre de poche ; 16557. Pratique c14)
ISBN 2-253-16557-3. *48 F / 7,32 €*

29748 **ROBUCHON J.** Le meilleur et le plus simple de la France : 130 recettes. *LGF, 1998.* (Le Livre de poche ; 8179. Pratique c14)
ISBN 2-253-08179-5. *48 F / 7,32 €*

29749 **ROBUCHON J.** Le meilleur et le plus simple de Robuchon : 130 recettes. *LGF, 1999.* (Le Livre de poche ; 8200. Pratique c13)
ISBN 2-253-08200-7. *46 F / 7,01 €*

29750 **ROBUCHON J., SABATIER P. P.** Le meilleur et le plus simple de la pomme de terre : 100 recettes. *LGF, 1996.* (Le Livre de poche ; 8158. Pratique c10)
ISBN 2-253-08159-0. *40 F / 6,10 €*

29751 **ROSAMEL C. d.** L'asperge. *Actes Sud, 2000.* (Chroniques du potager c1)
ISBN 2-7427-2617-9. *69 F / 10,52 €*

29752 **ROTHSCHILD N. d.** Le Bonheur de séduire, l'art de réussir. *Pocket, 1992.* (Pocket ; 3646 c6)
ISBN 2-266-04712-4. *38 F / 5,79 €*

29753 **ROUANET M.** Petit traité romanesque de cuisine. *J'ai lu, 1999.* (J'ai lu ; 7159. Bien vivre cK)
ISBN 2-290-07159-5. *42 F / 6,40 €*

29754 **ROWLEY A.** A table! : la fête gastronomique. *Gallimard, 1994.* (Découvertes ; 228. Art de vivre c06)
ISBN 2-07-053271-2. *90 F / 13,72 €*

29755 **RYDE R.** Chambres d'enfants en un week-end. *LGF, 1999.* (Le Livre de poche ; 485. Pratique c8)
ISBN 2-253-16507-7. *33 F / 5,03 €*

29756 **SCHREINER A.** Les roses avec succès. *LGF, 2000.* (Le Livre de poche ; 16522. Pratique)
ISBN 2-253-16522-0. *39 F / 5,95 €*

29757 **SCHWARTZBROD (soeurs)** La cuisine des enfants. *Librio, 1999.* (Librio ; 323. Cuisine)
ISBN 2-290-30097-7. *10 F / 1,52 €*

29758 **SCIPION R.** Mots croisés. *Zulma, 2000.* (Grain d'orage)
ISBN 2-84304-091-4. *49 F / 7,47 €*

29759 **N** **SENDERENS A.** Le vin et la table. *LGF, 2000.* (Le Livre de poche ; 16551. Pratique c13)
ISBN 2-253-16551-4. *46 F / 7,01 €*

29760 **SENECA C.** Les Echecs. *LGF, 1974.* (Le Livre de poche ; 7817. Pratique c12)
ISBN 2-253-03090-2. *44 F / 6,71 €*

29761 **A** **SHAUKAT S.** La beauté au naturel. *J'ai lu, 2001.* (J'ai lu ; 7222. Bien-être)
ISBN 2-290-31049-2

29762 **N** **Soupes et potages :** 100 recettes. *Ouest-France, 2000.* (Guide pratique de poche)
ISBN 2-7373-2745-8. *35 F / 5,34 €*

29763 **SPENGLER F.** La cuisine des amants. *Librio, 1999.* (Librio ; 322. Cuisine)
ISBN 2-290-30075-6. *10 F / 1,52 €*

29764 **SPIELER M.** Barbecue. *Mango-Pratique, 1998.* (101 trucs et conseils ; 40 c1)
ISBN 2-84270-069-4. *35 F / 5,34 €*

29765 **STURM M.** Les Bons plats des fermes-auberges. *Nuée bleue, 1992.* (Guide poche)
ISBN 2-7165-0169-6. *55 F / 8,38 €*

29766 **TABOR R.** Comprendre son chat. *J'ai lu, 1998.* (J'ai lu ; 7153. Bien vivre cK)
ISBN 2-290-07153-6. *39 F / 5,95 €*

29767 **TARTAKOVER X.** Bréviaire des échecs. *LGF, 1988.* (Le Livre de poche ; 7933. Pratique c10)
ISBN 2-253-04620-5. *40 F / 6,10 €*

29768 **N** **Tartes salées et sucrées.** *LGF, 2000.* (Le Livre de poche ; 16556. Les nouvelles fiches-cuisine Elle c7)
ISBN 2-253-16556-5. *30 F / 4,57 €*

29769 **A** **TAUZIAT N.** Les dessous du tennis féminin. *J'ai lu, 2001.* (J'ai lu ; 5897. Littérature générale)
ISBN 2-290-31219-3

29770 **THOMAS R.** Education physique et sportive. 5e éd. rev. et corr. *PUF, 1996.* (Que sais-je? ; 238 c1)
ISBN 2-13-045625-1. *42 F / 6,40 €*

29771 **THOMAS R.** Histoire du sport. *PUF, 1991.* (Que sais-je? ; 337 c1)
ISBN 2-13-043564-5. *42 F / 6,40 €*

29772 **THOMAS R.** Psychologie du sport. 4e éd. rev. *PUF, 1998.* (Que sais-je? ; 2110 c1)
ISBN 2-13-044876-3. *42 F / 6,40 €*

29773 **N** **THOREZ J-P.** La pomme de terre. *Actes Sud, 2000.* (Chroniques du potager)
ISBN 2-7427-2869-4. *89 F / 13,57 €*

29774 **THOREZ J-P.** Les salades. *Actes Sud, 1999.* (Chroniques du potager)
ISBN 2-7427-2500-8. *69 F / 10,52 €*

29775 **TILLINAC D.** Rugby blues. Nouv. éd. revue et augmentée. *Table ronde, 1999.* (La petite vermillon)
ISBN 2-7103-0921-1. *45 F / 6,86 €*

29776 **TISCH T.** Le guide de vos randonnées pédestres. Réimpr. *De Vecchi, 1999.* (De Vecchi poche ; 4833 c3)
ISBN 2-7328-4833-6. *33 F / 5,03 €*

29777 **TOKITSU K.** La Voie du karaté : pour une théorie des arts martiaux japonais. *Seuil, 1993.* (Points. Sagesses ; 51 c2)
ISBN 2-02-019463-5. *39 F / 5,95 €*

29778 **TOMLINSON H.** Les bonsaï. Réimpr. *Mango-Pratique, 2000.* (101 trucs et conseils ; 17 c1)
ISBN 2-910635-91-0. *35 F / 5,34 €*

29779 **TOUSSAINT-SAMAT M.** Histoire naturelle et morale de la nourriture. *Larousse, 1997.* (In extenso c1)
ISBN 2-03-750039-4. *160 F / 24,39 €*

29780 **N** **Tout pour l'enfant :** vite et pas cher. *LGF, 2000.* (Le Livre de poche ; 16549. Pratique c8)
ISBN 2-253-16549-2. *33 F / 5,03 €*

29781 **VALABRÈGUE C.** La cuisine des gens pressés. *Librio, 1999.* (Librio ; 320. Cuisine)
ISBN 2-290-30073-X. *10 F / 1,52 €*

29782 **VAN DE VELDE-MALBRANCHE Y., ROSENTHAL C.** Leçon de broderie. *LGF, 2000.* (Le Livre de poche ; 16518. Pratique)
ISBN 2-253-16518-2. *39 F / 5,95 €*

29783 **VANNIER C.** Bien cuisiner les oeufs. *De Vecchi, 1995.* (De Vecchi poche ; 4810 c2)
ISBN 2-7328-4810-7. *29 F / 4,42 €*

29784 **VARENNE J-M., BIANU Z., SMEDT M. d.** L'Esprit des jeux. *Albin Michel, 1990.* (Espaces libres ; 6 c5)
ISBN 2-226-03912-0. *55 F / 8,38 €*

29785 **VEILLETET P.** Le vin, leçon de choses. *Arléa, 1997.* (Arléa-poche ; 15)
ISBN 2-86959-316-3. *35 F / 5,34 €*

29786 **VENNING J.** Rideaux et stores en un week-end. *LGF, 1999.* (Le Livre de poche ; 6508. Pratique c8)
ISBN 2-253-16508-5. *33 F / 5,03 €*

29787 **N** **VERHOYE D.** Les recettes de mamie. *J'ai lu, 2000.* (J'ai lu ; 7209. Bien-être cH)
ISBN 2-290-30363-1. *32 F / 4,88 €*

29788 **VERSINI G.** Le Bridge. 6e éd. *PUF, 1983.* (Que sais-je? ; 1055 c1)
ISBN 2-13-037568-5. *42 F / 6,40 €*

29789 **N** **La vie en vert.** *LGF, 2001.* (Le Livre de poche ; 8189. Pratique)
ISBN 2-253-08189-2. *35 F / 5,34 €*

29790 **Le vin.** *Mango-Pratique, 1999.* (Tout ce que vous voulez savoir sur...)
ISBN 2-84270-167-4. *39 F / 5,95 €*

29791 **VINCENT J-S.** Appater en eau douce. *De Vecchi, 2000.* (De Vecchi poche ; 4839)
ISBN 2-7328-4839-5. *33 F / 5,03 €*

29792 **VINCENT J-S.** La pêche au coup. *De Vecchi, 2000.* (De Vecchi poche ; 4840)
ISBN 2-7328-4840-9. *33 F / 5,03 €*

29793 **VINCENT J-S.** La pêche en eau douce. *De Vecchi, 1998.* (De Vecchi poche ; 4818)
ISBN 2-7328-4818-2. *33 F / 5,03 €*

29794 **VOET W.** Massacre à la chaîne : révélations sur 30 ans de tricheries. *J'ai lu, 1999.* (J'ai lu ; 5452. Littérature générale c3)
ISBN 2-290-30062-4. *29 F / 4,42 €*

29795 **VOLPI M.** 45 tours de magie : illusionnisme et tours de cartes. Réimpr. *De Vecchi, 1999.* (De Vecchi poche ; 4173 c3)
ISBN 2-7328-4173-0. *33 F / 5,03 €*

29796 **Votre chat. Réimpr.** *Mango-Pratique, 1998.* (101 trucs et conseils ; 3 c1)
ISBN 2-910635-57-0. *35 F / 5,34 €*

29797 **WAHL A.** La Balle au pied : histoire du football. *Gallimard, 1990.* (Découvertes ; 83. Sports et jeux c5)
ISBN 2-07-053105-8. *85 F / 12,96 €*

29798 **A** **WEIGHT WATCHERS (France)** 52 semaines de minceur. *LGF, 2001.* (Le Livre de poche ; 16561. Pratique c10)
ISBN 2-253-16561-1. *40 F / 6,10 €*

29799 **WEIGHT WATCHERS (France)** Recettes plaisir pour bien maigrir. *LGF, 1998.* (Le Livre de poche ; 8178. Pratique c10)
ISBN 2-253-08178-7. *40 F / 6,10 €*

29800 **WELLS P.** Les 200 meilleures recettes de bistrot. *LGF, 1993.* (Le Livre de poche ; 8048. Pratique c9)
ISBN 2-253-06304-5. *36 F / 5,49 €*

29801 **WELLS P.** Ma cuisine en Provence. *LGF, 1998.* (Le Livre de poche ; 8177. Pratique c10)
ISBN 2-253-08177-9. *40 F / 6,10 €*

29802 **WELLS P.** Les meilleures recettes des restaurants italiens. *LGF, 1999.* (Le Livre de poche ; 8048. Pratique c9)
ISBN 2-253-16501-8. *36 F / 5,49 €*

Philosophie

29803 **ABBÉ PIERRE, JACQUARD A., AMBLARD H.** Absolu : dialogue animé par Hélène Amblard. *Seuil, 1995.* (Points ; 140 c1)
ISBN 2-02-025812-9. *32 F / 4,88 €*

29804 **N** **AIVANHOV O. M.** L'amour plus grand que la foi. *Prosveta, 2000.* (Izvor ; 299 c1)
ISBN 2-85566-798-4. *57 F / 8,69 €*

29805 **AIVANHOV O. M.** L'Arbre de la connaissance du bien et du mal. 7e éd. *Prosveta, 1997.* (Izvor ; 210 c1)
ISBN 2-85566-211-7. *57 F / 8,69 €*

29806 **AIVANHOV O. M.** Un avenir pour la jeunesse. 3e éd., réimpr. *Prosveta, 1996.* (Izvor ; 233 c1)
ISBN 2-85566-508-6. *57 F / 8,69 €*

29807 **N** **AIVANHOV O. M.** Création artistique et création spirituelle. 6e éd., réimpr. *Prosveta, 2000.* (Izvor ; 223 c1)
ISBN 2-85566-372-5. *57 F / 8,69 €*

29808 **AIVANHOV O. M.** De l'homme à Dieu : séphiroth et hiérarchies angéliques. 2e éd. *Prosveta, 1996.* (Izvor c1)
ISBN 2-85566-594-9. *57 F / 8,69 €*

29809 **AIVANHOV O. M.** En esprit et en vérité. *Prosveta, 1993.* (Izvor ; 235 c1)
ISBN 2-85566-566-3. *57 F / 8,69 €*

29810 **AIVANHOV O. M.** La foi qui transporte les montagnes. *Prosveta, 1999.* (Izvor ; 238)
ISBN 2-85566-793-3. *57 F / 8,69 €*

29811 **AIVANHOV O. M.** Hommage au maître Peter Deunov. Réimpr. *Prosveta, 1992.* (Izvor ; 200 c1)
ISBN 2-85566-519-1. *57 F / 8,69 €*

29812 **AIVANHOV O. M.** La liberté, victoire de l'esprit. 6 éd. *Prosveta, 1998.* (Izvor ; 211 c1)
ISBN 2-85566-228-1. *57 F / 8,69 €*

29813 **N** **AIVANHOV O. M.** Le Livre de la magie divine. 7e éd., réimpr. *Prosveta, 2000.* (Izvor ; 226 c1)
ISBN 2-85566-434-9. *57 F / 8,69 €*

29814 **N** **AIVANHOV O. M.** Pensée quotidiennes 2001. *Prosveta, 2000.* (Pensées quotidiennes)
ISBN 2-85566-796-8. *75 F / 11,43 €*

29815 **AIVANHOV O. M.** Pensées quotidiennes : 1990. *Prosveta, 1990.* (Pensées quotidiennes ; 1)
ISBN 2-85566-495-0. *75,10 F / 11,45 €*

29816 **AIVANHOV O. M.** Pensées quotidiennes : 1992. *Prosveta, 1991.* (Pensées quotidiennes)
ISBN 2-85566-509-4. *75 F / 11,43 €*

29817 **AIVANHOV O. M.** Pensées quotidiennes : 1993. *Prosveta, 1992.* (Pensées quotidiennes ; 3)
ISBN 2-85566-532-9. *75 F / 11,43 €*

29818 **AIVANHOV O. M.** Pensées quotidiennes : 1994. *Prosveta, 1993.* (Pensées quotidiennes)
ISBN 2-85566-556-6. *75 F / 11,43 €*

29819 **AIVANHOV O. M.** Pensées quotidiennes : 1996. *Prosveta, 1995.* (Pensées quotidiennes)
ISBN 2-85566-611-2. *75 F / 11,43 €*

29820 **AIVANHOV O. M.** Pensées quotidiennes : 1997. *Prosveta, 1996.* (Pensées quotidiennes ; 7)
ISBN 2-85566-635-X. *75 F / 11,43 €*

29821 **AIVANHOV O. M.** Pensées quotidiennes : 1998. *Prosveta, 1997.* (Pensées quotidiennes ; 7)
ISBN 2-85566-730-5. *75 F / 11,43 €*

29822 **AIVANHOV O. M.** Pensées quotidiennes : 1999. *Prosveta, 1998.* (Pensées quotidiennes ; 9)
ISBN 2-85566-751-8. *75 F / 11,43 €*

29823 **AIVANHOV O. M.** Pensées quotidiennes : 2000. *Prosveta, 1999.* (Pensées quotidiennes ; 10)
ISBN 2-85566-778-X. *75 F / 11,43 €*

29824 **AIVANHOV O. M.** Pensées quotidiennes. *Prosveta, 1994.* (Pensées quotidiennes ; 5)
ISBN 2-85566-581-7. *85 F / 12,96 €*

29825 **AIVANHOV O. M.** Une philosophie de l'Universel. 5e éd., réimpr. *Prosveta, 1996.* (Izvor ; 206 c1)
ISBN 2-85566-388-1. *57 F / 8,69 €*

29826 **N** **AIVANHOV O. M.** Puissances de la pensée. 10 éd., réimpr. *Prosveta, 2000.* (Izvor ; 224 c1)
ISBN 2-85566-378-4. *57 F / 8,69 €*

29827 **AIVANHOV O. M.** Règles d'or pour la vie quotidienne. 8e éd. *Prosveta, 1998.* (Izvor ; 227 c1)
ISBN 2-85566-456-X. *57 F / 8,69 €*

29828 **AIVANHOV O. M.** Les semences du bonheur. 6e éd. *Prosveta, 1999.* (Izvor ; 231 c1)
ISBN 2-85566-482-9. *57 F / 8,69 €*

29829 **N** **AIVANHOV O. M.** Le travail alchimique ou la Quête de la perfection. 6e éd., réimpr. *Prosveta, 2000.* (Izvor ; 221 c1)
ISBN 2-85566-348-2. *57 F / 8,69 €*

29830 **A** **AIVANHOV O. M.** La voie du silence. 3e éd., réimpr. *Prosveta, 2001.* (Izvor ; 229 c1)
ISBN 2-85566-466-7. *57 F / 8,69 €*

29831 **ALAIN** Eléments de philosophie. *Gallimard, 1990.* (Folio ; 150. Essais ; 150 c2)
ISBN 2-07-032612-8. *37 F / 5,64 €*

29832 **ALAIN** Entretiens au bord de la mer : recherche de l'entendement. *Gallimard, 1998.* (Folio ; 309. Essais c2)
ISBN 2-07-040609-1. *37 F / 5,64 €*

29833 **ALAIN** Mars ou La guerre jugée ; précédé de De quelques-unes des causes réelles de la guerre entre nations civilisées. *Gallimard, 1995.* (Folio ; 262. Essais ; 262 c7)
ISBN 2-07-032871-6. *60 F / 9,15 €*

29834 **ALAIN** Propos sur le bonheur. *Gallimard, 1985.* (Folio ; 21. Essais ; 21 c2)
ISBN 2-07-032321-8. *37 F / 5,64 €*

29835 **ALAIN** Propos sur les pouvoirs. *Gallimard, 1985.* (Folio ; 1. Essais ; 1 c5)
ISBN 2-07-032278-5. *52 F / 7,93 €*

29836 **ALAIN** Spinoza ; suivi de Souvenirs concernant Jules Lagneau. Ed. rev. et augm. *Gallimard, 1999.* (Tel ; 106)
ISBN 2-07-074711-5. *60 F / 9,15 €*

29837 **ALAIN** Système des beaux-arts. *Gallimard, 1983.* (Tel ; 74)
ISBN 2-07-025424-0. *68 F / 10,37 €*

29838 **ALBERONI F.** La morale. *Pocket, 1997.* (Pocket ; 10140. Best c4)
ISBN 2-266-07376-1. *30 F / 4,57 €*

29839 **N** **ALBOM M.** La dernière leçon : comment un vieil homme face à la mort m'a appris le goût de vivre. *Pocket, 2001.* (Pocket ; 10918 c5)
ISBN 2-266-10093-9. *35 F / 5,34 €*

29840 **ALQUIÉ F.** Le désir d'éternité. 6e éd. *PUF, 1999.* (Quadrige ; 50)
ISBN 2-13-044900-X. *55 F / 8,38 €*

29841 **N** **ALQUIÉ F.** Plans de philosophie générale. *Table ronde, 2000.* (La petite vermillon ; 124)
ISBN 2-7103-0995-5. *45 F / 6,86 €*

29842 **ALTHUSSER L.** Ecrits philosophiques et politiques. 1. *LGF, 1999.* (Le Livre de poche ; 4279. Biblio essais c18)
ISBN 2-253-94268-5. *65 F / 9,91 €*

29843 **ALTHUSSER L.** Pour Marx. *La Découverte, 1996.* (La Découverte poche ; 16. Sciences humaines et sociales)
ISBN 2-7071-2642-X. *69 F / 10,52 €*

29844 **AMBROSELLI C.** L'éthique médicale. 3e éd. corr. *PUF, 1998.* (Que sais-je? ; 2422 c1)
ISBN 2-13-041917-8. *42 F / 6,40 €*

29845 **N** **ANDERS G., GREFFRATH M.** Et si je suis désespéré, que voulez-vous que j'y fasse ? : entretien avec Mathias Greffrath. *Allia, 2001.* (Petite collection)
ISBN 2-84485-049-9. *40 F / 6,10 €*

29846 **A** **ANDLER C., FAGOT-LARGEAULT A., SAINT-SERNIN B.** Le philosophe et la science. *Gallimard, 2001.* (Folio. Essais)
ISBN 2-07-041625-9. *20,50 F / 3,13 €*

29847 **ANDORNO R.** Bioéthique et dignité de la personne. *PUF, 1997.* (Médecine et société ; 1 c1)
ISBN 2-13-048756-4. *52 F / 7,93 €*

29848 **N** **ANDREAS-SALOMÉ L.** Friedrich Nietzsche à travers ses oeuvres. *Grasset, 2000.* (Les Cahiers rouges ; 295)
ISBN 2-246-43762-8. *55 F / 8,38 €*

29849 **ANTOINE A.** Maine de Biran, sujet et politique. *PUF, 1999.* (Philosophies ; 122 c1)
ISBN 2-13-049945-7. *48 F / 7,32 €*

29850 **APEL K. O.** Ethique de la discussion. *Cerf, 1994.* (Humanités)
ISBN 2-204-05089-X. *62 F / 9,45 €*

29851 **N** **Approche spirituelle de la peur :** peur de quoi, peur de qui, qui a peur ?. *Diamantel, 2000.* (Spiramed)
ISBN 2-912677-14-9. *59 F / 8,99 €*

29852 **ARENDT H.** Condition de l'homme moderne. *Pocket, 1988.* (Agora ; 24 cJ)
ISBN 2-86917-029-7. *50 F / 7,62 €*

29853 **ARENDT H.** Condition de l'homme moderne. Réimpr. *Pocket, 1992.* (Agora ; 24 c10)
ISBN 2-266-04387-0. *50 F / 7,62 €*

29854 **ARENDT H.** La Crise de la culture : huit exercices de pensée politique. *Gallimard, 1989.* (Folio ; 113. Essais ; 113 c3)
ISBN 2-07-032503-2. *41 F / 6,25 €*

29855 **ARENDT H.** Vies politiques. *Gallimard, 1986.* (Tel ; 112)
ISBN 2-07-070805-5. *56 F / 8,54 €*

29856 **ARISTOTE** De l'âme. *Gallimard, 1994.* (Tel ; 237)
ISBN 2-07-073732-2. *50 F / 7,62 €*

29857 **ARISTOTE** Ethique à Eudème ; suivi de Des vertus et des vices. *Pocket, 1999.* (Agora ; 197)
ISBN 2-266-08514-X. *42 F / 6,40 €*

29858 **ARISTOTE** Ethique à Nicomaque. *Pocket, 1992.* (Agora ; 98 cN)
ISBN 2-266-04564-4. *70 F / 10,67 €*

29859 **ARISTOTE** Ethique à Nicomaque. *LGF, 1992.* (Le Livre de poche ; 4611. Classiques de la philosophie c9)
ISBN 2-253-05772-X. *36 F / 5,49 €*

29860 **ARISTOTE** Les grands livres d'éthique (La grande morale). *Arléa, 1995.* (Retour aux grands textes poche ; 12)
ISBN 2-86959-257-4. *45 F / 6,86 €*

29861 **ARISTOTE** Histoire des animaux. *Gallimard, 1994.* (Folio ; 241. Essais ; 241 c8)
ISBN 2-07-038779-8. *66 F / 10,06 €*

29862 **N** **ARISTOTE** Invitation à la philosophie. *Mille et une nuits, 2000.* (La petite collection ; 283)
ISBN 2-84205-448-2. *10 F / 1,52 €*

29863 **ARISTOTE** Leçons de physique : livres I et II suivis d'extraits des autres livres. *Pocket, 1990.* (Agora ; 82. Les Classiques cJ)
ISBN 2-266-03896-6. *50 F / 7,62 €*

29864 **ARISTOTE** La Métaphysique. *Pocket, 1992.* (Agora ; 107 cM)
ISBN 2-266-04703-5. *65 F / 9,91 €*

29865 **ARISTOTE** Poétique. *Gallimard, 1996.* (Tel ; 272)
ISBN 2-07-074368-3. *55 F / 8,38 €*

29866 **ARISTOTE** Politique : livres I à VIII. *Gallimard, 1993.* (Tel)
ISBN 2-07-072840-4. *116 F / 17,68 €*

29867 **ARISTOTE** Rhétorique. *LGF, 1991.* (Le Livre de poche ; 4607. Classiques de la philosophie c12)
ISBN 2-253-05686-3. *44 F / 6,71 €*

29868 **ARKOUN M.** La Pensée arabe. 4e éd. *PUF, 1991.* (Que sais-je? ; 915 c1)
ISBN 2-13-043616-1. *42 F / 6,40 €*

29869 **ARNALDEZ R.** Trois messagers pour un seul Dieu. *Albin Michel, 1991.* (Spiritualités vivantes poche ; 93 c4)
ISBN 2-226-05360-3. *49 F / 7,47 €*

29870 **ARNAULD A., NICOLE P.** La Logique ou l'Art de penser. *Gallimard, 1992.* (Tel ; 211)
ISBN 2-07-072726-2. *63 F / 9,60 €*

29871 **N** **ARNSPERGER C., LARRÈRE C., LADRIÈRE J.** Trois essais sur l'éthique économique et sociale : conférences-débats, Le Croisic, 26-29 octobre 1999. *INRA, 2001.* (Sciences en questions)
ISBN 2-7380-0948-4. *59 F / 8,99 €*

29872 **N** **ARNSPERGER C., VAN PARIJS P.** Ethique économique et sociale. *La Découverte, 2000.* (Repères ; 300 c1)
ISBN 2-7071-3182-2. *52 F / 7,93 €*

29873 **ARON R.** Essai sur les libertés. Rééd. *Hachette Littératures, 1998.* (Pluriel ; 8581 c5)
ISBN 2-01-278883-1. *40 F / 6,10 €*

29874 **ARON R.** La Philosophie critique de l'histoire. *Seuil, 1970.* (Points ; 18. Essais c4)
ISBN 2-02-000593-X. *52 F / 7,93 €*

29875 **ASSOUN P-L.** Freud et Nietzsche. *PUF, 1998.* (Quadrige ; 257)
ISBN 2-13-049123-5. *69 F / 10,52 €*

29876 **ASSOUN P-L.** Freud, la philosophie et les philosophes. *PUF, 1995.* (Quadrige ; 180)
ISBN 2-13-046774-1. *78 F / 11,89 €*

29877 **AUBENQUE P.** Le Problème de l'être chez Aristote. 3e éd. *PUF, 1997.* (Quadrige ; 121)
ISBN 2-13-043388-X. *104 F / 15,85 €*

29878 **AUBENQUE P.** La prudence chez Aristote. 3e éd. *PUF, 1993.* (Quadrige ; 157)
ISBN 2-13-045069-5. *62 F / 9,45 €*

29879 **N** **AUDI P.** Supériorité de l'éthique : de Schopenhauer à Wittgenstein et au-delà. *PUF, 2000.* (Quadrige ; 313)
ISBN 2-13-050885-5. *78 F / 11,89 €*

29880 **AUROBINDO (sri)** Métaphysique et psychologie. *Albin Michel, 1988.* (Spiritualités vivantes poche ; 69 c4)
ISBN 2-226-03300-9. *49 F / 7,47 €*

29881 **AUROBINDO (sri)** Renaissance et Karma. *LGF, 1995.* (Le Livre de poche ; 13884 c8)
ISBN 2-253-13884-3. *33 F / 5,03 €*

29882 **AUROBINDO (sri)** La vie divine. 1. Réimpr. *Albin Michel, 1992.* (Spiritualités vivantes poche ; 14)
ISBN 2-226-03662-8. *55 F / 8,38 €*

29883 **AUROBINDO (sri)** La vie divine. 2. *Albin Michel, 1992.* (Spiritualités vivantes poche ; 15)
ISBN 2-226-04788-3. *45 F / 6,86 €*

29884 **AUROBINDO (sri)** La vie divine. 4, La Connaissance et l'ignorance. *Albin Michel, 1992.* (Spiritualités vivantes poche ; 17 c6)
ISBN 2-226-04790-5. *59 F / 8,99 €*

29885 **AUSTIN J. L.** Quand dire, c'est faire. *Seuil, 1991.* (Points. Essais ; 235 c3)
ISBN 2-02-012569-2. *48 F / 7,32 €*

29886 **AXELOS K.** Métamorphoses : clôture-ouverture. *Hachette Littératures, 1996.* (Pluriel ; 8789 c4)
ISBN 2-01-278789-4. *58 F / 8,84 €*

29887 **AYACHE A.** Lettres à Prunelle. *J'ai lu, 2000.* (J'ai lu ; 5445. Littérature générale cF)
ISBN 2-290-30033-0. *26 F / 3,96 €*

29888 **N** **AYERS M.** Locke : les idées et les choses. *Seuil, 2000.* (Points ; 435. Essais c7)
ISBN 2-02-037463-3. *35 F / 5,34 €*

29889 **AZOUX BACRIE L.** Vocabulaire de bioéthique. *PUF, 2000.* (Médecine et société ; 14)
ISBN 2-13-050451-5. *59 F / 8,99 €*

29890 **BACHELARD G.** L'Air et les songes : essai sur l'imagination du mouvement. *LGF, 1992.* (Le Livre de poche ; 4161. Biblio essais c14)
ISBN 2-253-06100-X. *48 F / 7,32 €*

29891 **BACHELARD G.** La Dialectique de la durée. 2e éd. *PUF, 1993.* (Quadrige ; 104)
ISBN 2-13-045660-X. *55 F / 8,38 €*

29892 **BACHELARD G.** L'Eau et les rêves : essai sur l'imagination de la matière. *LGF, 1993.* (Le Livre de poche ; 4160. Biblio essais c11)
ISBN 2-253-06099-2. *42 F / 6,40 €*

29893 **BACHELARD G.** La Flamme d'une chandelle. 3e éd. *PUF, 1996.* (Quadrige ; 52)
ISBN 2-13-039486-8. *49 F / 7,47 €*

29894 **BACHELARD G.** L'Intuition de l'instant. *LGF, 1994.* (Le Livre de poche ; 4197. Biblio essais c8)
ISBN 2-253-94197-2. *33 F / 5,03 €*

29895 **BACHELARD G.** Le Matérialisme rationnel. *PUF, 1990.* (Quadrige ; 118)
ISBN 2-13-043037-6. *59 F / 8,99 €*

29896 **BACHELARD G.** La Philosophie du non. 4e éd. *PUF, 1994.* (Quadrige ; 9)
ISBN 2-13-041960-7. *55 F / 8,38 €*

29897 **BACHELARD G.** La Poétique de l'espace. 7e éd. *PUF, 1998.* (Quadrige ; 24)
ISBN 2-13-044375-3. *62 F / 9,45 €*

29898 **BACHELARD G.** La poétique de la rêverie. *PUF, 1997.* (Quadrige ; 62)
ISBN 2-13-045669-3. *55 F / 8,38 €*

29899 **BACHELARD G.** La Psychanalyse du feu. *Gallimard, 1985.* (Folio ; 25. Essais ; 25 c2)
ISBN 2-07-032325-0. *37 F / 5,64 €*

29900 **BACHELARD G.** Le Rationalisme appliqué. 2e éd. *PUF, 1994.* (Quadrige ; 82)
ISBN 2-13-039591-0. *62 F / 9,45 €*

29901 **BACHELET B.** L'espace. *PUF, 1998.* (Que sais-je? ; 3293 c1)
ISBN 2-13-048641-X. *42 F / 6,40 €*

29902 **BACON F.** Du progrès et de la promotion des savoirs : 1605. *Gallimard, 1991.* (Tel ; 178)
ISBN 2-07-072141-8. *75 F / 11,43 €*

29903 [A] **BALIBAR E.** La philosophie de Marx. Nouv. éd. *La Découverte, 2001.* (Repères ; 124 c1)
ISBN 2-7071-3389-2. *52 F / 7,93 €*

29904 **BALIBAR E.** Spinoza et la politique. 2e éd. *PUF, 1990.* (Philosophies ; 8)
ISBN 2-13-043210-7. *45 F / 6,86 €*

29905 **BALIBAR F.** Galilée, Newton lus par Einstein : espaces et relativité. 4e éd. *PUF, 1994.* (Philosophies ; 1)
ISBN 2-13-043493-2. *48 F / 7,32 €*

29906 **BARREAU H.** L'Epistémologie. 2e éd. corr. *PUF, 1992.* (Que sais-je? ; 1475 c1)
ISBN 2-13-044844-5. *42 F / 6,40 €*

29907 **BASTIDE R.** Les problèmes de la vie mystique. *PUF, 1996.* (Quadrige ; 226)
ISBN 2-13-047928-6. *62 F / 9,45 €*

29908 **BATAILLE G.** L'Expérience intérieure. *Gallimard, 1978.* (Tel ; 23)
ISBN 2-07-029786-1. *48 F / 7,32 €*

29909 **BATAILLE G.** Théorie de la religion. *Gallimard, 1986.* (Tel ; 102)
ISBN 2-07-070577-3. *50 F / 7,62 €*

29910 **BAUDOUIN J.** Karl Popper. 3e éd. corr. *PUF, 1995.* (Que sais-je? ; 2440 c1)
ISBN 2-13-043136-4. *42 F / 6,40 €*

29911 **BAYLE P.** De la tolérance. *Pocket, 1992.* (Agora ; 113 c0)
ISBN 2-266-04763-9. *80 F / 12,20 €*

29912 **BEAUDE J.** La Mystique. *Cerf ; Fides, 1990.* (Bref ; 27)
ISBN 2-204-04154-8. ISBN 2-7621-1775-5. *50 F / 7,62 €*

29913 **BEAUFRET J.** Parménide, Le poème. *PUF, 1996.* (Quadrige ; 214)
ISBN 2-13-047755-0. *49 F / 7,47 €*

29914 **BÉGUIN A.** Pascal. *Seuil, 1981.* (Ecrivains de toujours ; 6 c1)
ISBN 2-02-000006-7. *49 F / 7,47 €*

29915 **BEIGBEDER O.** La Symbolique. 7e éd. *PUF, 1992.* (Que sais-je? ; 749 c1)
ISBN 2-13-045131-4. *42 F / 6,40 €*

29916 [A] **BÉJART M.** Lettres à un jeune danseur. *Actes Sud, 2001.* (Le souffle de l'esprit)
ISBN 2-7427-3247-0. *39 F / 5,95 €*

29917 **BELAVAL Y.** Etudes leibniziennes : de Leibniz à Hegel. *Gallimard, 1993.* (Tel ; 229)
ISBN 2-07-073616-4. *54 F / 8,23 €*

29918 **BELAVAL Y.** Les Philosophes et leur langage. *Gallimard, 1990.* (Tel ; 163)
ISBN 2-07-071960-X. *47 F / 7,17 €*

29919 **BENDA J.** Tradition de l'existentialisme ou Les philosophes de la vie. *Grasset, 1997.* (Les Cahiers rouges ; 247)
ISBN 2-246-37082-5. *42 F / 6,40 €*

29920 [N] **BENJAMIN W.** Oeuvres. 1. *Gallimard, 2000.* (Folio ; 372. Essais)
ISBN 2-07-040666-0. *50 F / 7,62 €*

29921 [N] **BENJAMIN W.** Oeuvres. 2. *Gallimard, 2000.* (Folio ; 373. Essais)
ISBN 2-07-040667-9. *49 F / 7,47 €*

29922 [N] **BENJAMIN W.** Oeuvres. 3. *Gallimard, 2000.* (Folio ; 374. Essais)
ISBN 2-07-040668-7. *50 F / 7,62 €*

29923 [N] **BENJAMIN W.** Oeuvres. *Gallimard, 2000.* (Folio. Essais)
ISBN 2-07-041483-3. *162 F / 24,70 €*

29924 **BENMAKHLOUF A.** Bertrand Russell, la philosophie de l'atomisme logique. *PUF, 1996.* (Philosophies ; 70)
ISBN 2-13-047541-8. *45 F / 6,86 €*

29925 **BENMAKHLOUF A.** Gottlob Frege : logicien philosophe. *PUF, 1997.* (Philosophies ; 87 c1)
ISBN 2-13-048390-9. *45 F / 6,86 €*

29926 **BENOIST J-M.** Marx est mort. *PUF, 1994.* (Quadrige ; 176)
ISBN 2-13-046141-7. *62 F / 9,45 €*

29927 **BENOIST J-M.** Tyrannie du logos. *PUF, 1993.* (Quadrige ; 166)
ISBN 2-13-045108-X. *55 F / 8,38 €*

29928 **BENOIT-BROWAEYS D.** La bioéthique. *Milan, 1996.* (Les essentiels Milan ; 19 c1)
ISBN 2-84113-269-2. *25 F / 3,81 €*

29929 [N] **BENSUSSAN G.** Franz Rosenzweig, existence et philosophie. *PUF, 2000.* (Philosophies ; 132 c1)
ISBN 2-13-050662-3. *48 F / 7,32 €*

29930 **BENTHAM J.** De l'ontologie : et autres textes sur les fictions. *Seuil, 1997.* (Points ; 353. Essais c11)
ISBN 2-02-032332-X. *48 F / 7,32 €*

29931 **N** **BERGSON H.** Les deux sources de la morale et de la religion. 8e éd. *PUF, 2000.* (Quadrige ; 34)
ISBN 2-13-044793-7. *69 F / 10,52 €*

29932 **BERGSON H.** Durée et simultanéité : à propos de la théorie d'Einstein. *PUF, 1992.* (Quadrige ; 141)
ISBN 2-13-044485-7. *58 F / 8,84 €*

29933 **BERGSON H.** L'énergie spirituelle. 6e éd. *PUF, 1999.* (Quadrige ; 36)
ISBN 2-13-045305-8. *62 F / 9,45 €*

29934 **BERGSON H.** Essai sur les données immédiates de la conscience. 6e éd. *PUF, 1997.* (Quadrige ; 31)
ISBN 2-13-045664-2. *55 F / 8,38 €*

29935 **BERGSON H.** Matière et mémoire : essai sur la relation du corps à l'esprit. 3e éd. *PUF, 1997.* (Quadrige ; 29)
ISBN 2-13-045661-8. *69 F / 10,52 €*

29936 **BERGSON H.** La pensée et le mouvant. 14e éd. *PUF, 2000.* (Quadrige ; 78)
ISBN 2-13-045514-X. *69 F / 10,52 €*

29937 **BERGSON H.** Le rire : essai sur la signification du comique. 10e éd. *PUF, 2000.* (Quadrige ; 11)
ISBN 2-13-045547-6. *59 F / 8,99 €*

29938 **BERNHARDT J.** Hobbes. 2e éd. corr. *PUF, 1994.* (Que sais-je? ; 2498 c1)
ISBN 2-13-042720-0. *42 F / 6,40 €*

29939 **BERTRAND C-J.** Les Eglises aux Etats-Unis. *PUF, 1975.* (Que sais-je? ; 1616 c1)
ISBN 2-13-033755-4. *42 F / 6,40 €*

29940 **BESNIER J-M.** Histoire de la philosophie moderne et contemporaine. 1. *LGF, 1998.* (Le Livre de poche ; 4272. Biblio essais c11)
ISBN 2-253-94272-3. *42 F / 6,40 €*

29941 **BESRET B.** Confiteor : de la contestation à la sérénité. *Albin Michel, 1996.* (Espaces libres ; 60 c3)
ISBN 2-226-08474-6. *45 F / 6,86 €*

29942 **BIANU Z.** Krishnamurti ou L'insoumission de l'esprit. *Seuil, 1996.* (Points. Sagesses ; 112 c7)
ISBN 2-02-023672-9. *35 F / 5,34 €*

29943 **BIANU Z.** Sagesses de la mort : en Orient et en Occident. *Albin Michel, 1998.* (Spiritualités vivantes poche ; 158 c3)
ISBN 2-226-10581-6. *45 F / 6,86 €*

29944 **BIARD J.** Guillaume d'Ockham : logique et philosophie. *PUF, 1997.* (Philosophies ; 80 c1)
ISBN 2-13-048311-9. *45 F / 6,86 €*

29945 **BINOCHE B.** Critiques des droits de l'homme. *PUF, 1989.* (Philosophies ; 20)
ISBN 2-13-042491-0. *35 F / 5,34 €*

29946 **La bioéthique est-elle de mauvaise foi ?.** *PUF, 1999.* (Forum Diderot)
ISBN 2-13-049931-7. *45 F / 6,86 €*

29947 **BLANCHÉ R.** L'axiomatique. 2e éd. *PUF, 1999.* (Quadrige ; 116)
ISBN 2-13-043141-0. *49 F / 7,47 €*

29948 **BLOCH O.** Le Matérialisme. *PUF, 1985.* (Que sais-je? ; 2256 c1)
ISBN 2-13-039241-5. *42 F / 6,40 €*

29949 **BLONDEL M.** L'Action : essai d'une critique de la vie et d'une science de la pratique, 1893. *PUF, 1993.* (Quadrige ; 170)
ISBN 2-13-045861-0. *92 F / 14,03 €*

29950 **BODEI R.** Le prix de la liberté : aux origines de la hiérarchie sociale chez Hegel. *Cerf, 1995.* (Humanités)
ISBN 2-204-05145-4. *62 F / 9,45 €*

29951 **BODÉÜS R.** Aristote, la justice et la cité. *PUF, 1996.* (Philosophies ; 79 c1)
ISBN 2-13-048141-8. *45 F / 6,86 €*

29952 **BODIN J.** Les Six livres de la République. *LGF, 1993.* (Le Livre de poche ; 4619. Classiques de la philosophie c17)
ISBN 2-253-06354-1. *60 F / 9,15 €*

29953 **BOITUZAT F.** Un Droit de mentir? : Constant ou Kant?. *PUF, 1993.* (Philosophies ; 40 c1)
ISBN 2-13-045123-3. *48 F / 7,32 €*

29954 **BÖLL H.** Lettre à un jeune catholique ; suivi de Lettre à un jeune non-catholique. *Mille et une nuits, 1996.* (La petite collection ; 119 cA)
ISBN 2-84205-072-X. *10 F / 1,52 €*

29955 **BOLLACK J.** Introduction à l'ancienne physique. *Gallimard, 1992.* (Empédocle; 1)(Tel ; 201)
ISBN 2-07-072557-X. *92 F / 14,03 €*

29956 **BOLLACK J.** Les Origines : commentaires I et II. *Gallimard, 1992.* (Empédocle; 3)(Tel ; 203)
ISBN 2-07-072559-6. *110 F / 16,77 €*

29957 **BOLLACK J., EMPÉDOCLE** Les Origines : édition critique et traduction des fragments et témoignages. *Gallimard, 1992.* (Empédocle; 2)(Tel ; 202)
ISBN 2-07-072558-8. *84 F / 12,81 €*

29958 **BONÉ E.** La bioéthique. *Fidélité, 1996.* (Que penser de...? ; 29 c1)
ISBN 2-87356-121-1. *15 F / 2,29 €*

29959 **BONNARD A.** Socrate selon Platon : textes choisis. *Aire, 1996.* (Le Chant du monde)
ISBN 2-88108-373-0. *63 F / 9,60 €*

29960 **BORNE E.** Le Problème du mal. *PUF, 1992.* (Quadrige ; 137)
ISBN 2-13-044149-1. *48 F / 7,32 €*

29961 **BOSS G.** John Stuart Mill, induction et utilité. *PUF, 1990.* (Philosophies ; 28)
ISBN 2-13-043284-0. *37 F / 5,64 €*

29962 **BOST H.** Pierre Bayle et la religion. *PUF, 1994.* (Philosophies ; 48)
ISBN 2-13-046173-5. *45 F / 6,86 €*

29963 **BOUDOT P.** Nietzsche en miettes. Nouv. éd. *PUF, 1993.* (Quadrige ; 171)
ISBN 2-13-045862-9. *49 F / 7,47 €*

29964 **N** **Bouillon de poulet pour l'âme de la femme.** *J'ai lu, 2000.* (Equilibres ; 7155)
ISBN 2-290-30797-1. *69 F / 10,52 €*

29965 **BOURDEAU M.** Pensée symbolique et intuition. *PUF, 1999.* (Philosophies ; 123 c1)
ISBN 2-13-050321-7. *48 F / 7,32 €*

29966 **BOURDIN J-C.** Diderot et le matérialisme. *PUF, 1998.* (Philosophies ; 98 c1)
ISBN 2-13-048997-4. *48 F / 7,32 €*

29967 **BOURGEOIS B.** La Philosophie allemande classique. *PUF, 1995.* (Que sais-je? ; 1466 c1)
ISBN 2-13-047283-4. *42 F / 6,40 €*

29968 **N** **BOURIAU C.** Lectures de Kant : le problème du dualisme. *PUF, 2000.* (Philosophies ; 133 c1)
ISBN 2-13-050663-1. *48 F / 7,32 €*

29969 **BOUTANG P.** Ontologie du secret. *PUF, 1988.* (Quadrige ; 97)
ISBN 2-13-041806-6. *69 F / 10,52 €*

29970 **BOUTOT A.** La pensée allemande moderne. *PUF, 1995.* (Que sais-je? ; 2991 c1)
ISBN 2-13-047112-9. *42 F / 6,40 €*

29971 **N** **BOUVERESSE J., ROSAT J-J.** Le philosophe et le réel : entretiens avec Jean-Jacques Rosat. *Hachette Littératures, 2000.* (Pluriel ; 9014 c5)
ISBN 2-01-279014-3. *45 F / 6,86 €*

29972 **BOUVERESSE-QUILLIOT R.** L'empirisme anglais. *PUF, 1997.* (Que sais-je? ; 3233 c1)
ISBN 2-13-048256-2. *42 F / 6,40 €*

29973 **BOUVERESSE R.** Leibniz. 2e éd. *PUF, 1999.* (Que sais-je? ; 2868 c1)
ISBN 2-13-046256-1. *42 F / 6,40 €*

29974 **BRAGUE R.** Europe, la voie romaine. *Gallimard, 1999.* (Folio ; 343. Essais c3)
ISBN 2-07-040877-9. *41 F / 6,25 €*

29975 **BRAHAMI F.** Le scepticisme de Montaigne. *PUF, 1997.* (Philosophies ; 83 c1)
ISBN 2-13-048391-7. *45 F / 6,86 €*

29976 **BRAS G.** Hegel et l'art. 2e éd. corr. *PUF, 1994.* (Philosophies ; 19)
ISBN 2-13-042240-3. *45 F / 6,86 €*

29977 **BRAS G., CLERO J-P.** Pascal : figures de l'imagination. *PUF.* (Philosophies ; 56)
ISBN 2-13-046394-0. *45 F / 6,86 €*

29978 **BRÉHIER E.** Antiquité et Moyen Age. 8e éd. *PUF, 1997.* (Histoire de la philosophie; 1)(Quadrige ; 21)
ISBN 2-13-044378-8. *118 F / 17,99 €*

29979 **N** **BRÉHIER E.** Dix-septième et dix-huitième siècles. 8e éd. *PUF, 2000.* (Histoire de la philosophie; 2)(Quadrige ; 22)
ISBN 2-13-045549-2. *92 F / 14,03 €*

29980 **BRÉHIER E.** Histoire de la philosophie. 3, Dix-neuvième et vingtième siècles. 7e éd. *PUF, 2000.* (Quadrige ; 23)
ISBN 2-13-044379-6. *98 F / 14,94 €*

29981 **BRÉHIER L.** La Philosophie du Moyen Age. *Albin Michel, 1971.* (L'Evolution de l'humanité poche ; 28)
ISBN 2-226-04720-4. *45 F / 6,86 €*

29982 **BRETON S.** Saint Paul. *PUF, 1988.* (Philosophies ; 18)
ISBN 2-13-041918-6. *33 F / 5,03 €*

29983 **BROGOWSKI L.** Dilthey, conscience et histoire. *PUF, 1997.* (Philosophies ; 95)
ISBN 2-13-048876-5. *48 F / 7,32 €*

29984 **BROSSE J.** Alexandra David-Neel : aventure et spiritualité. *Albin Michel, 1991.* (Espaces libres ; 18 c6)
ISBN 2-226-05302-6. *59 F / 8,99 €*

29985 **BRUCKNER P.** Fourier. *Seuil, 1975.* (Ecrivains de toujours ; 98 c1)
ISBN 2-02-004233-9. *49 F / 7,47 €*

29986 **N** **BRUGÈRE F.** Le goût : art, passions et société. *PUF, 2000.* (Philosophies ; 130 c1)
ISBN 2-13-050638-0. *48 F / 7,32 €*

29987 **BRUN J.** Aristote et le Lycée. 7e éd. *PUF, 1992.* (Que sais-je? ; 928 c1)
ISBN 2-13-044559-4. *42 F / 6,40 €*

29988 **BRUN J.** L'épicurisme. 11e éd. *PUF, 1997.* (Que sais-je? ; 810 c1)
ISBN 2-13-043583-1. *42 F / 6,40 €*

29989 **BRUN J.** Le Néoplatonisme. *PUF, 1988.* (Que sais-je? ; 2381 c1)
ISBN 2-13-040269-0. *42 F / 6,40 €*

29990 **BRUN J.** Platon et l'Académie. 13e éd. *PUF, 1999.* (Que sais-je? ; 880 c1)
ISBN 2-13-044046-0. *42 F / 6,40 €*

29991 **BRUN J.** Les Présocratiques. 6e éd. *PUF, 1998.* (Que sais-je? ; 1319 c1)
ISBN 2-13-045161-6. *42 F / 6,40 €*

29992 **BRUN J.** Socrate. 12e éd. *PUF, 1998.* (Que sais-je? ; 899 c1)
ISBN 2-13-044044-4. *42 F / 6,40 €*

29993 **BRUN J.** Le stoïcisme. 13e éd. *PUF, 1998.* (Que sais-je? ; 770 c1)
ISBN 2-13-044530-6. *42 F / 6,40 €*

29994 **BRUNSCHWIG L.** Descartes et Pascal, lecteurs de Montaigne. *Pocket, 1995.* (Agora ; 136 c6)
ISBN 2-266-05236-5. *38 F / 5,79 €*

29995 **BUBER M.** Moïse. *PUF, 1986.* (Quadrige ; 56)
ISBN 2-13-038235-5. *55 F / 8,38 €*

29996 **BURBAGE F., CHOUCHAN N.** Leibniz et l'infini. *PUF, 1993.* (Philosophies ; 44)
ISBN 2-13-045577-8. *45 F / 6,86 €*

29997 **BUZON F. d., CARRAUD V.** Descartes et les principia. *PUF, 1994.* (Philosophies ; 52 c1)
ISBN 2-13-046529-3. *45 F / 6,86 €*

29998 **CAILLOIS R.** Le Mythe et l'homme. *Gallimard, 1987.* (Folio ; 56. Essais ; 56 c2)
ISBN 2-07-032410-9. *37 F / 5,64 €*

29999 **CALVEZ J-Y.** La Pensée de Karl Marx. Ed. rev. *Seuil, 1983.* (Points. Politique ; 38 c11)
ISBN 2-02-000342-2. *55 F / 8,38 €*

30000 **CAMPANELLA T.** La cité du soleil. *Mille et une nuits, 2000.* (La petite collection ; 261)
ISBN 2-84205-450-4. *10 F / 1,52 €*

30001 **CAMPBELL J., MOYERS B.** Puissance du mythe. Réimpr. *J'ai lu, 1997.* (J'ai lu ; 3095. Aventure secrète c5)
ISBN 2-290-03095-3. *39 F / 5,95 €*

30002 **CAMUS A.** L'Homme révolté. *Gallimard, 1985.* (Folio ; 15. Essais ; 15 c3)
ISBN 2-07-032302-1. *41 F / 6,25 €*

30003 **CAMUS A.** Le Mythe de Sisyphe : essai sur l'absurde. *Gallimard, 1985.* (Folio ; 11. Essais ; 11 c2)
ISBN 2-07-032288-2. *36 F / 5,49 €*

30004 **N** **CANFIELD J., HANSEN M. V.** Bouillon de poulet pour l'âme 2. *J'ai lu, 2000.* (Equilibres ; 6018)
ISBN 2-277-26018-5. *69 F / 10,52 €*

30005 **CARRIÈRE J-C.** Le cercle des menteurs : contes philosophiques du monde entier. *Pocket, 1999.* (Pocket ; 10567 c6)
ISBN 2-266-08787-8. *38 F / 5,79 €*

30006 **CARRILHO M. M.** Rhétoriques de la modernité. *PUF, 1999.* (Quadrige ; 299)
ISBN 2-13-050417-5. *55 F / 8,38 €*

30007 **CARTIER R., CARTIER J-P.** Prophètes d'aujourd'hui. *Albin Michel, 1992.* (Espaces libres ; 30 c5)
ISBN 2-226-05902-4. *55 F / 8,38 €*

30008 **CATTIN Y.** Les grandes notions philosophiques. 4, Métaphysique et religion. *Seuil, 1997.* (Mémo ; 76. Philosophie c1)
ISBN 2-02-032629-9. *29 F / 4,42 €*

30009 **N** **CAULY O.** Comenius, l'utopie du paradis. *PUF, 2000.* (Philosophies ; 134 c1)
ISBN 2-13-050906-1. *48 F / 7,32 €*

30010 **CAULY O.** Kierkegaard. *PUF, 1991.* (Que sais-je? ; 2588 c1)
ISBN 2-13-043700-1. *42 F / 6,40 €*

30011 **CAULY O.** Les philosophies scandinaves. *PUF, 1998.* (Que sais-je? ; 3308 c1)
ISBN 2-13-048738-6. *42 F / 6,40 €*

30012 **CHALIER C.** Levinas : l'utopie de l'humain. *Albin Michel, 1993.* (Présences du judaïsme poche ; 12)
ISBN 2-226-06351-X. *45 F / 6,86 €*

30013 **CHAPPUIS R.** La solidarité : l'éthique des relations humaines. *PUF, 1999.* (Que sais-je? ; 3485 c1)
ISBN 2-13-050377-2. *42 F / 6,40 €*

30014 **CHARLES-DAUBERT F.** Les libertins érudits en France au XVIIe siècle. *PUF, 1998.* (Philosophies ; 106 c1)
ISBN 2-13-049345-9. *48 F / 7,32 €*

30015 **CHÂTELET F.** Hegel. Ed. rev. et augm. *Seuil, 1994.* (Ecrivains de toujours c4)
ISBN 2-02-022533-6. *69 F / 10,52 €*

30016 **CHÂTELET F.** Platon. *Gallimard, 1989.* (Folio. Essais ; 115 c1)
ISBN 2-07-032506-7. *29,50 F / 4,50 €*

30017 **CHÂTELET F., NOËL E.** Une Histoire de la raison : entretiens avec Emile Noël. *Seuil, 1992.* (Points. Sciences ; 81 c3)
ISBN 2-02-017745-5. *48 F / 7,32 €*

30018 **CHEVALLEY C.** Pascal, contingence et probabilités. *PUF, 1995.* (Philosophies ; 57)
ISBN 2-13-046731-8. *45 F / 6,86 €*

30019 **CHIRPAZ F.** Le tragique. *PUF, 1998.* (Que sais-je? ; 3330 c1)
ISBN 2-13-048805-6. *42 F / 6,40 €*

30020 **CHOGYAM TRUNGPA** Shambala : la voix sacrée du guerrier. *Seuil, 1990.* (Points. Sagesses ; 37 c4)
ISBN 2-02-012642-7. *52 F / 7,93 €*

30021 **N** **CHOPRA D.** Le chemin vers l'amour. *J'ai lu, 2000.* (J'ai lu ; 5757. Aventure secrète cJ)
ISBN 2-290-30926-5. *39 F / 5,95 €*

30022 **N** **CHOPRA D.** Les clés spirituelles de la richesse. *J'ai lu, 2000.* (J'ai lu ; 5614. Aventure secrète cE)
ISBN 2-290-30337-2. *22 F / 3,35 €*

30023 **A** **CHOPRA D.** Les sept lois pour guider vos enfants sur la voie du succès. *J'ai lu, 2001.* (J'ai lu ; 5941. Aventure secrète)
ISBN 2-290-31186-3

30024 **CHOPRA D.** Les sept lois spirituelles du succès. *J'ai lu, 1998.* (J'ai lu ; 4701. Aventure secrète c3)
ISBN 2-290-04701-5. *29 F / 4,42 €*

30025 **CHOPRA D.** La vie sans conditions : maîtriser les mystères de la réalité personnelle. *J'ai lu, 1997.* (J'ai lu ; 3713. Aventure secrète c5)
ISBN 2-290-03713-3. *39 F / 5,95 €*

30026 **CHOPRA D.** La voie du magicien : vingt leçons spirituelles pour transformer votre vie. *J'ai lu, 1998.* (J'ai lu ; 5029. Aventure secrète c3)
ISBN 2-290-05029-6. *29 F / 4,42 €*

30027 **CHOURAQUI A.** La Pensée juive. 6e éd. *PUF, 1992.* (Que sais-je? ; 1181 c1)
ISBN 2-13-045080-6. *42 F / 6,40 €*

30028 **CIORAN E. M.** Précis de décomposition. *Gallimard, 1978.* (Tel ; 18)
ISBN 2-07-029768-3. *52 F / 7,93 €*

30029 **CIORAN E. M.** Syllogismes de l'amertume. *Gallimard, 1987.* (Folio. Essais ; 79 c1)
ISBN 2-07-032449-4. *29,50 F / 4,50 €*

30030 **CIORAN E. M.** La Tentation d'exister. *Gallimard, 1986.* (Tel ; 99)
ISBN 2-07-070451-3. *50 F / 7,62 €*

30031 **CLAIR A.** Kierkegaard : existence et éthique. *PUF, 1997.* (Philosophies ; 82 c1)
ISBN 2-13-048330-5. *48 F / 7,32 €*

30032 **CLAVIER P.** Kant, les idées cosmologiques. *PUF, 1997.* (Philosophies ; 86 c1)
ISBN 2-13-048404-2. *45 F / 6,86 €*

30033 **Code de déontologie médicale.** *Seuil, 1996.* (Points. Essais ; 334 c9)
ISBN 2-02-028535-5. *42 F / 6,40 €*

30034 **COELHO P.** Manuel du guerrier de la lumière. *LGF, 2000.* (Le Livre de poche ; 14772 c5)
ISBN 2-253-14772-9. *23 F / 3,51 €*

30035 **COLETTE J.** L'existentialisme. 2e éd. mise à jour. *PUF, 1996.* (Que sais-je? ; 253 c1)
ISBN 2-13-047454-3. *42 F / 6,40 €*

30036 **COLETTE J.** Kierkegaard et la non-philosophie. *Gallimard, 1994.* (Tel ; 238)
ISBN 2-07-073727-6. *70 F / 10,67 €*

30037 **COLLI G.** Naissance de la philosophie. *Aire, 1981.* (Le Chant du monde)
ISBN 2-88108-042-1. *44 F / 6,71 €*

30038 **COLLI G.** Pour une encyclopédie des auteurs classiques. *10-18, 1999.* (10-18 ; 3095. Domaine étranger c4)
ISBN 2-264-02782-7. *41 F / 6,25 €*

30039 **COLLIN D.** Les grandes notions philosophiques. 2, La société, le pouvoir, l'Etat. *Seuil, 1997.* (Mémo ; 53 c1)
ISBN 2-02-030826-6. *29 F / 4,42 €*

30040 **COLLIN D.** Les grandes notions philosophiques. 3, La justice, le droit. *Seuil, 1997.* (Mémo ; 54 c1)
ISBN 2-02-030827-4. *29 F / 4,42 €*

30041 **COLLIN D.** Les grandes notions philosophiques. 5, Le travail et la technique. *Seuil, 1999.* (Mémo ; 111 c2)
ISBN 2-02-034984-1. *29 F / 4,42 €*

30042 **N** **COLOMBEL J.** Lettre à Mathilde sur Jean-Paul Sartre. *LGF, 2000.* (Le Livre de poche ; 14947. Les classiques d'aujourd'hui c1)
ISBN 2-253-14947-0. *10 F / 1,52 €*

30043 **COMBES M.** Simondon, individu et collectivité. *PUF, 1999.* (Philosophies ; 117 c1)
ISBN 2-13-049815-9. *48 F / 7,32 €*

30044 **COMTE-SPONVILLE A., FERRY L.** La sagesse des Modernes : dix questions pour notre temps : essai. *Pocket, 1999.* (Pocket ; 10639)
ISBN 2-266-09306-1. *50 F / 7,62 €*

30045 **CONFUCIUS** Les entretiens de Confucius. *Gallimard, 1989.* (Connaissance de l'Orient poche ; 35)
ISBN 2-07-071790-9. *42 F / 6,40 €*

30046 **CONFUCIUS** Entretiens du maître avec ses disciples. *Mille et une nuits, 1997.* (La petite collection ; 156 cC)
ISBN 2-84205-130-0. *20 F / 3,05 €*

30047 **CONFUCIUS** Le livre de la piété filiale. *Seuil, 1998.* (Points. Sagesses ; 131 c8)
ISBN 2-02-031310-3. *39 F / 5,95 €*

30048 **CORBIN H.** Histoire de la philosophie islamique. *Gallimard, 1986.* (Folio ; 39. Essais ; 39 c6)
ISBN 2-07-032353-6. *56 F / 8,54 €*

30049 **CORBIN H.** Le Paradoxe du monothéisme. *LGF, 1992.* (Le Livre de poche ; 4167. Biblio essais c11)
ISBN 2-253-06200-6. *42 F / 6,40 €*

30050 **CORNU D.** Ethique de l'information. *PUF, 1997.* (Que sais-je? ; 3252 c1)
ISBN 2-13-048441-7. *42 F / 6,40 €*

30051 **COTTINGHAM J. G.** Descartes. *Seuil, 2000.* (Points. Essais ; 417 c7)
ISBN 2-02-037455-2. *35 F / 5,34 €*

30052 **COUDARCHER M.** Les grandes notions philosophiques. 1, La connaissance, la raison, la science. *Seuil, 1997.* (Mémo ; 52 c1)
ISBN 2-02-030717-0. *29 F / 4,42 €*

30053 **Le couple intérieur.** *Albin Michel, 1998.* (Espaces libres ; 87)
ISBN 2-226-10432-1. *45 F / 6,86 €*

30054 **Le courage :** en connaissance de causes. *Seuil, 1998.* (Points. Essais ; 375 c8)
ISBN 2-02-033773-8. *39 F / 5,95 €*

30055 **COURTINE-DENAMY S.** Hannah Arendt. *Hachette Littératures, 1998.* (Pluriel ; 886 c9)
ISBN 2-01-278886-6. *65 F / 9,91 €*

30056 **CRÉPON P.** Les Religions et la guerre. *Albin Michel, 1991.* (Espaces libres ; 16 c4)
ISBN 2-226-05276-3. *49 F / 7,47 €*

30057 **CRISTOFOLINI P.** Spinoza, chemins dans l'Ethique. 2e éd. *PUF, 1998.* (Philosophies ; 69 c1)
ISBN 2-13-047496-9. *48 F / 7,32 €*

30058 **CRISTOFOLINI P.** Vico et l'histoire. *PUF, 1995.* (Philosophies ; 58)
ISBN 2-13-046880-2. *45 F / 6,86 €*

30059 **CROCE B.** Essais d'esthétique. *Gallimard, 1991.* (Tel ; 184)
ISBN 2-07-072297-X. *70 F / 10,67 €*

30060 **CUVILLIER A.** Cours de philosophie. 1. *LGF, 1986.* (Le Livre de poche ; 4053. Biblio essais c14)
ISBN 2-253-04021-5. *48 F / 7,32 €*

30061 **CUVILLIER A.** Cours de philosophie. 2. *LGF, 1986.* (Le Livre de poche ; 4054. Biblio essais c14)
ISBN 2-253-04022-3. *48 F / 7,32 €*

30062 **CUVILLIER A.** Vocabulaire philosophique. *LGF, 1988.* (Le Livre de poche ; 4096. Biblio essais c10)
ISBN 2-253-04810-0. *40 F / 6,10 €*

30063 **Les Cyniques grecs :** fragments et témoignages. *LGF, 1992.* (Le Livre de poche ; 4614. Classiques de la philosophie c12)
ISBN 2-253-05913-7. *44 F / 6,71 €*

30064 **Les cyniques grecs :** lettres de Diogène et Cratès. *Actes Sud, 1998.* (Babel ; 357. Les philosophiques)
ISBN 2-7427-2062-6. *39 F / 5,95 €*

30065 **D'un millénaire à l'autre :** la grande mutation. *Albin Michel, 2000.* (Espaces libres ; 98 c3)
ISBN 2-226-11129-8. *45 F / 6,86 €*

30066 **DARRICAU R., PEYROUS B.** La Spiritualité. 2e éd. *PUF, 1990.* (Que sais-je? ; 2416 c1)
ISBN 2-13-043250-6. *42 F / 6,40 €*

30067 **DASTUR F.** Heidegger et la question du temps. 3e éd. corr. *PUF, 1999.* (Philosophies ; 26 c1)
ISBN 2-13-042954-8. *48 F / 7,32 €*

30068 **DASTUR F.** Husserl, des mathématiques à l'histoire. 2e éd. *PUF, 1999.* (Philosophies ; 60 c1)
ISBN 2-13-047109-9. *48 F / 7,32 €*

30069 **DAVAL R.** Moore et la philosophie analytique. *PUF, 1997.* (Philosophies ; 92)
ISBN 2-13-048690-8. *48 F / 7,32 €*

30070 **DAVID-NÉEL A.** Immortalité et réincarnation : doctrines et pratiques Chine, Tibet, Inde. *Pocket, 1993.* (Pocket ; 2928 c4)
ISBN 2-266-05636-0. *30 F / 4,57 €*

30071 **DAVID P.** Schelling de l'absolu à l'histoire. *PUF, 1998.* (Philosophies ; 108 c1)
ISBN 2-13-049460-9. *48 F / 7,32 €*

30072 **DAVY M-M.** Nicolas Berdiaev ou La révolution de l'esprit. *Albin Michel, 1999.* (Espaces libres ; 95 c3)
ISBN 2-226-10873-4. *45 F / 6,86 €*

30073 **DAVY M-M.** L'oiseau et sa symbolique. *Albin Michel, 1998.* (Espaces libres ; 84 c4)
ISBN 2-226-10034-2. *49 F / 7,47 €*

30074 **N** **DE CRESCENZO L.** Les grands philosophes de la Grèce antique. *LGF, 2000.* (Le Livre de poche ; 4306. Biblio essais c15)
ISBN 2-253-94306-1. *50 F / 7,62 €*

30075 **De Vienne à Cambridge :** l'héritage du positivisme logique. *Gallimard, 1996.* (Tel ; 267)
ISBN 2-07-074150-8. *95 F / 14,48 €*

30076 **DEGRÉMONT R.** Berkeley, l'idée de nature. *PUF, 1995.* (Philosophies ; 63)
ISBN 2-13-047168-4. *45 F / 6,86 €*

30077 **DELACAMPAGNE C.** Histoire de la philosophie au XXe siècle. *Seuil, 2000.* (Points ; 403. Essais ; 403)
ISBN 2-02-039594-0. *55 F / 8,38 €*

30078 **DELEUZE G.** Le bergsonisme. 2e éd. *PUF, 1998.* (Quadrige ; 238)
ISBN 2-13-048331-3. *49 F / 7,47 €*

30079 **DELEUZE G.** Nietzsche et la philosophie. *PUF, 1997.* (Quadrige ; 237)
ISBN 2-13-048332-1. *62 F / 9,45 €*

30080 **DELEUZE G.** La philosophie critique de Kant. *PUF, 1997.* (Quadrige ; 236)
ISBN 2-13-048095-0. *49 F / 7,47 €*

30081 **Démocrite et l'atomisme ancien :** fragments et témoignages. *Pocket, 1993.* (Agora c5)
ISBN 2-266-05469-4. *34 F / 5,18 €*

30082 **DERRIDA J.** La Dissémination. *Seuil, 1993.* (Points. Essais ; 265 c6)
ISBN 2-02-020623-4. *62 F / 9,45 €*

30083 **DERRIDA J.** L'Ecriture et la différence. *Seuil, 1979.* (Points ; 100. Essais c4)
ISBN 2-02-005182-6. *52 F / 7,93 €*

30084 **DERRIDA J.** La Voix et le phénomène : introduction au problème du signe dans la phénoménologie de Husserl. Nouv. éd. *PUF, 1993.* (Quadrige ; 156)
ISBN 2-13-044702-3. *49 F / 7,47 €*

30085 **DESANTI J-T.** Introduction à la phénoménologie. Nouv. éd. rev. *Gallimard, 1994.* (Folio ; 251. Essais ; 251 c2)
ISBN 2-07-032823-6. *37 F / 5,64 €*

30086 **DESCARTES R.** Le Discours de la méthode ; La Dioptrique. *Gallimard, 1991.* (Folio. Essais ; 158 c3)
ISBN 2-07-032613-6. *41 F / 6,25 €*

30087 **DESCARTES R.** Discours de la méthode ; Méditations. Réimpr. *10-18, 1977.* (10-18 ; 1. Bibliothèques c5)
ISBN 2-264-02550-6. *44 F / 6,71 €*

30088 **DESCARTES R.** Discours de la méthode : pour bien conduire sa raison, et chercher la vérité dans les sciences. *Librio, 1999.* (Librio ; 299 c1)
ISBN 2-277-30299-6. *10 F / 1,52 €*

30089 **DESCARTES R.** Discours de la méthode. *Pocket, 1990.* (Agora ; 61 c4)
ISBN 2-266-03093-0. *30 F / 4,57 €*

30090 **N** **DESCARTES R.** Discours de la méthode. *Mille et une nuits, 2000.* (La petite collection ; 308)
ISBN 2-84205-516-0. *10 F / 1,52 €*

30091 **N** **DESCARTES R.** Discours de la méthode. *LGF, 2000.* (Le Livre de poche ; 2593. Classiques de la philosophie)
ISBN 2-253-06741-5. *25 F / 3,81 €*

30092 **DESCARTES R.** Méditations métaphysiques. *LGF, 1990.* (Le Livre de poche ; 4600. Classiques de la philosophie c11)
ISBN 2-253-05444-5. *42 F / 6,40 €*

30093 **DESCARTES R.** Méditations métaphysiques. 3e éd. *PUF, 1992.* (Quadrige ; 81)
ISBN 2-13-044515-2. *69 F / 10,52 €*

30094 **DESCARTES R.** Les Passions de l'âme. *LGF, 1990.* (Le Livre de poche ; 4602. Classiques de la philosophie c7)
ISBN 2-253-05455-0. *30 F / 4,57 €*

30095 **DESCARTES R.** Les passions de l'âme. *Mille et une nuits, 1996.* (La petite collection ; 97 cC)
ISBN 2-84205-040-1. *20 F / 3,05 €*

30096 **DESCARTES R.** La recherche de la vérité. *Actes Sud, 1997.* (Babel ; 259. Les philosophiques)
ISBN 2-7427-1171-6. *33 F / 5,03 €*

30097 **DESHIMARU T.** Zen et vie quotidienne : la pratique de la concentration. Réimpr. *Albin Michel, 1992.* (Spiritualités vivantes poche ; 47 c4)
ISBN 2-226-02247-3. *49 F / 7,47 €*

30098 **DESJARDINS A.** L'audace de vivre. *Pocket, 2000.* (Pocket ; 10752 c6)
ISBN 2-266-09454-8. *38 F / 5,79 €*

30099 **DESJARDINS A., FARCET G.** Confidences impersonnelles : entretiens avec Gilles Farcet. *Albin Michel, 1994.* (Espaces libres ; 46 c3)
ISBN 2-226-07494-5. *45 F / 6,86 €*

30100 **DETIENNE M.** Les maîtres de vérité dans la Grèce antique. *Pocket, 1995.* (Agora ; 154 c7)
ISBN 2-266-06072-4. *42 F / 6,40 €*

30101 **DEVILLAIRS L.** Descartes, Leibniz, les vérités éternelles. *PUF, 1998.* (Philosophies ; 107 c1)
ISBN 2-13-049380-7. *48 F / 7,32 €*

30102 **DIDEROT D.** Lettre sur les aveugles à l'usage de ceux qui voient. *LGF, 1999.* (Le Livre de poche ; 14621. Les classiques d'aujourd'hui c1)
ISBN 2-253-14621-8. *10 F / 1,52 €*

30103 **DIDEROT D.** Oeuvres. 1, Philosophie. *Laffont, 1994.* (Bouquins)
ISBN 2-221-05721-X. *169 F / 25,76 €*

30104 **DIDEROT D.** Pensées philosophiques. *Actes Sud, 1998.* (Babel ; 315. Les philosophiques c1)
ISBN 2-7427-1466-9. *33 F / 5,03 €*

30105 **DIDEROT D.** Supplément au Voyage de Bougainville : et autres oeuvres philosophiques. *Pocket, 1992.* (Agora. Les Classiques ; 68 cL)
ISBN 2-266-03701-3. *60 F / 9,15 €*

30106 **DIDEROT D.** Supplément au Voyage de Bougainville. *LGF, 1995.* (Le Livre de poche ; 13809. Les classiques d'aujourd'hui c1)
ISBN 2-253-13809-6. *10 F / 1,52 €*

30107 **DIDIER R.** Schopenhauer. *Seuil, 1995.* (Ecrivains de toujours c0)
ISBN 2-02-023492-0. *59 F / 8,99 €*

30108 **DIOGÈNE LAËRCE** Vies et doctrines des philosophes illustres. *LGF, 1999.* (La Pochothèque ; 3241. Classiques modernes)
ISBN 2-253-13241-1. *160 F / 24,39 €*

30109 **N** **DOKIC J., ENGEL P.** Ramsey : vérité et succès. *PUF, 2001.* (Philosophies)
ISBN 2-13-051455-3. *49 F / 7,47 €*

30110 **DOMENACH J-M.** Emmanuel Mounier. *Seuil, 1972.* (Ecrivains de toujours ; 91 c1)
ISBN 2-02-000091-1. *49 F / 7,47 €*

30111 **DOSSE F.** Histoire du structuralisme. 1, Le champ du signe : 1945-1966. *LGF, 1995.* (Le Livre de poche ; 4211. Biblio essais c18)
ISBN 2-253-94211-1. *65 F / 9,91 €*

30112 **DOSSE F.** Histoire du structuralisme. 2, Le chant du cygne : 1967 à nos jours. *LGF, 1995.* (Le Livre de poche ; 4212. Biblio essais c18)
ISBN 2-253-94212-X. *65 F / 9,91 €*

30113 **N** **DOSSE F.** Paul Ricoeur, les sens d'une vie. *La Découverte, 2001.* (La Découverte poche ; 103. Sciences humaines et sociales)
ISBN 2-7071-3378-7. *140 F / 21,34 €*

30114 **N** **DOYLE W.** La vénalité. *PUF, 2000.* (Que sais-je? c1)
ISBN 2-13-050719-0. *42 F / 6,40 €*

30115 **DREYFUS H. L., RABINOW P.** Michel Foucault, un parcours philosophique : au-delà de l'objectivité et de la subjectivité. *Gallimard, 1992.* (Folio. Essais ; 204 c3)
ISBN 2-07-032727-2. *41 F / 6,25 €*

30116 **DROIT R-P.** L'Oubli de l'Inde : une amnésie philosophique. Ed. rev. et corr. *LGF, 1992.* (Le Livre de poche ; 4150. Biblio essais c11)
ISBN 2-253-05969-2. *42 F / 6,40 €*

30117 **DROZ G.** Les Mythes platoniciens. *Seuil, 1992.* (Points. Sagesses ; 43 c4)
ISBN 2-02-013520-5. *52 F / 7,93 €*

30118 **N** **DUBOIS C.** Heidegger, introduction à une lecture. *Seuil, 2000.* (Points. Essais ; 432)
ISBN 2-02-033810-6. *55 F / 8,38 €*

30119 **DUFLO C.** La finalité dans la nature de Descartes à Kant. *PUF, 1996.* (Philosophies ; 71)
ISBN 2-13-047741-0. *45 F / 6,86 €*

30120 **DUFLO C.** Le jeu de Pascal à Schiller. *PUF, 1997.* (Philosophies ; 94)
ISBN 2-13-048688-6. *48 F / 7,32 €*

30121 **DUMAS J-L.** Histoire de la pensée. 2, Renaissance et siècle des Lumières. *LGF, 1993.* (Le Livre de poche ; 406. Références philosophie c18)
ISBN 2-253-06311-8. *65 F / 9,91 €*

30122 **DUMAS J-L.** Histoire de la pensée. 3, Temps modernes. *LGF, 1993.* (Le Livre de poche ; 407. Références philosophie c18)
ISBN 2-253-06312-6. *65 F / 9,91 €*

30123 **DUMÉZIL G.** Du mythe au roman : la saga de Hadingus et autres essais. Nouv. éd. *PUF, 1987.* (Quadrige ; 41)
ISBN 2-13-040132-5. *59 F / 8,99 €*

30124 **DUMONT J-P.** Les Ecoles présocratiques. *Gallimard, 1991.* (Folio ; 152. Essais ; 152 cK)
ISBN 2-07-032610-1. *76,50 F / 11,66 €*

30125 **DUMONT J-P.** La Philosophie antique. 8e éd. *PUF, 1993.* (Que sais-je? ; 250 c1)
ISBN 2-13-045308-2. *42 F / 6,40 €*

30126 **N** **DUQUESNE J.** Le bonheur en 36 vertus. *Pocket, 2001.* (Pocket ; 10839)
ISBN 2-266-09805-5

30127 **DURAND D.** La Systémique. 6e éd. *PUF, 1994.* (Que sais-je? ; 1795 c1)
ISBN 2-13-044622-1. *42 F / 6,40 €*

30128 **DURAND G.** La bioéthique : nature, principes, enjeux. *Cerf ; Fides, 1998.* (Bref ; 14)
ISBN 2-204-05929-3. ISBN 2-7621-2004-7. *50 F / 7,62 €*

30129 **DÜRCKHEIM K. v.** L'expérience de la transcendance. *Albin Michel, 1994.* (Spiritualités vivantes poche ; 125 c3)
ISBN 2-226-07023-0. *45 F / 6,86 €*

30130 **DÜRCKHEIM K. v.** L'homme et sa double origine. *Albin Michel, 1996.* (Spiritualités vivantes poche ; 136 c3)
ISBN 2-226-08541-6. *45 F / 6,86 €*

30131 **DÜRCKHEIM K. v., CASTERMANE J.** Le Centre de l'être. *Albin Michel, 1992.* (Spiritualités vivantes poche ; 104 c4)
ISBN 2-226-06090-1. *49 F / 7,47 €*

30132 **DÜRCKHEIM K. v., GOETTMANN A.** Dialogue sur le chemin initiatique. *Albin Michel, 1999.* (Spiritualités vivantes poche ; 164 c1)
ISBN 2-226-10842-4. *35 F / 5,34 €*

30133 **DURKHEIM E.** Les Formes élémentaires de la vie religieuse : le système totémique en Australie. 2e éd. *PUF, 1990.* (Quadrige ; 77)
ISBN 2-13-043338-3. *86 F / 13,11 €*

30134 **EAGLETON T.** Marx : et la liberté. *Seuil, 2000.* (Points ; 419. Essais c7)
ISBN 2-02-037465-X. *35 F / 5,34 €*

30135 **ECKHART J.** Oeuvres de Maître Eckhart : sermons-traités. *Gallimard, 1988.* (Tel ; 126)
ISBN 2-07-071178-1. *65 F / 9,91 €*

30136 **EHRENZWEIG A.** L'Ordre caché de l'art. *Gallimard, 1987.* (Tel ; 62)
ISBN 2-07-029667-9. *74 F / 11,28 €*

30137 **ELÂHI B.** La Voie de la perfection : l'enseignement secret d'un maître kurde en Iran. Réimpr. *Albin Michel, 1992.* (Spiritualités vivantes poche ; 32 c4)
ISBN 2-226-01444-6. *49 F / 7,47 €*

30138 **ELIADE M.** Aspects du mythe. *Gallimard, 1988.* (Folio. Essais ; 100 c1)
ISBN 2-07-032488-5. *29,50 F / 4,50 €*

30139 **ELIADE M.** Méphistophélès et l'androgyne. *Gallimard, 1995.* (Folio ; 270. Essais ; 270 c3)
ISBN 2-07-032889-9. *41 F / 6,25 €*

30140 **ELIADE M.** Mythes, rêves et mystères. *Gallimard, 1989.* (Folio. Essais ; 128 c1)
ISBN 2-07-032520-2. *29,50 F / 4,50 €*

30141 **ELIADE M.** La Nostalgie des origines : méthodologie et histoire des religions. *Gallimard, 1991.* (Folio. Essais ; 104 c3)
ISBN 2-07-032633-0. *41 F / 6,25 €*

30142 **ELIADE M.** Le Sacré et le profane. *Gallimard, 1988.* (Folio ; 82. Essais ; 82 c1)
ISBN 2-07-032454-0. *29,50 F / 4,50 €*

30143 **ELIADE M.** Techniques du yoga. Nouv. éd. rev. et augm. *Gallimard, 1994.* (Folio ; 246. Essais c3)
ISBN 2-07-032844-9. *37 F / 5,64 €*

30144 **ELIADE M., COULIANO I.** Le Dictionnaire des religions. *Pocket, 1999.* (Agora ; 122 cL)
ISBN 2-266-05012-5. *55 F / 8,38 €*

30145 **L'embryon humain est-il humain ?.** *PUF, 1996.* (Forum Diderot ; 1)
ISBN 2-13-048135-3. *45 F / 6,86 €*

30146 **ENGEL P.** Philosophie et psychologie. *Gallimard, 1996.* (Folio. Essais ; 283 c4)
ISBN 2-07-032864-3. *46 F / 7,01 €*

30147 **Entretiens sur la fin des temps.** *Pocket, 1999.* (Pocket ; 10724 c6)
ISBN 2-266-09357-6. *38 F / 5,79 €*

30148 **EPICTÈTE** Ce qui dépend de nous : Manuel et Entretiens. *Arléa, 1995.* (Retour aux grands textes poche ; 2)
ISBN 2-86959-228-0. *35 F / 5,34 €*

30149 **EPICTÈTE** Entretiens : livres I à IV. *Gallimard, 1993.* (Tel ; 232)
ISBN 2-07-073561-3. *78 F / 11,89 €*

30150 **N** **EPICTÈTE** Manuel d'Epictète. *LGF, 2000.* (Le Livre de poche ; 4661. Classiques de la philosophie c8)
ISBN 2-253-06742-3. *33 F / 5,03 €*

30151 **EPICTÈTE** Manuel. *Mille et une nuits, 1995.* (La petite collection ; 52 cA)
ISBN 2-910233-69-3. *10 F / 1,52 €*

30152 **EPICTÈTE** Maximes et pensées. Nouv. éd. *A. Silvaire, 1992.* (Maximes et pensées c1)
ISBN 2-85055-210-0. *42 F / 6,40 €*

30153 **EPICURE** Lettre sur l'univers. *Mille et une nuits, 1998.* (La petite collection ; 185 cA)
ISBN 2-84205-189-0. *10 F / 1,52 €*

30154 **EPICURE** Lettre sur le bonheur : lettre à Ménécée. *Mille et une nuits, 1993.* (La petite collection ; 1 cA)
ISBN 2-910233-00-6. *10 F / 1,52 €*

30155 **N** **EPICURE** Lettres et maximes. *Librio, 2000.* (Librio ; 363 c1)
ISBN 2-290-30538-3. *10 F / 1,52 €*

30156 **EPICURE** Maximes et pensées. 3e éd. *A. Silvaire, 1990.* (Maximes et pensées c1)
ISBN 2-85055-229-1. *42 F / 6,40 €*

30157 **ERASME D.** Eloge de la folie ; Adages ; Colloques. Réimp. *Laffont, 2000.* (Bouquins)
ISBN 2-221-05916-6. *199 F / 30,34 €*

30158 **ERASME D.** Eloge de la folie. *Actes Sud, 1994.* (Babel ; 123 c2)
ISBN 2-7427-0266-0. *39 F / 5,95 €*

30159 **ERASME D.** Eloge de la folie. *Mille et une nuits, 1997.* (La petite collection ; 136 cC)
ISBN 2-84205-104-1. *20 F / 3,05 €*

30160 **ETCHEGOYEN A.** La valse des éthiques. *Pocket, 1995.* (Agora ; 157 c6)
ISBN 2-266-06208-5. *38 F / 5,79 €*

30161 **ETIEMBLE R.** Confucius. Ed. rev. et augm. *Gallimard, 1986.* (Folio. Essais ; 40 c4)
ISBN 2-07-032358-7. *46 F / 7,01 €*

30162 **L'Europe une :** les philosophes et l'Europe. *Gallimard, 1992.* (Arcades ; 25)
ISBN 2-07-072826-9. *75 F / 11,43 €*

30163 **FARCET G.** Arnaud Desjardins ou l'Aventure de la sagesse. *Albin Michel, 1992.* (Espaces libres ; 26 c4)
ISBN 2-226-05666-1. *49 F / 7,47 €*

30164 **FARCET G.** Henry Thoreau, l'éveillé du Nouveau Monde. *Albin Michel, 1990.* (Espaces libres ; 10 c4)
ISBN 2-226-04847-2. *49 F / 7,47 €*

30165 **FARIAS V.** Heidegger et le nazisme. *LGF, 1989.* (Le Livre de poche ; 4099. Biblio essais c12)
ISBN 2-253-04883-6. *44 F / 6,71 €*

30166 **FAURE P.** Les Anges. *Cerf ; Fides, 1988.* (Bref ; 9)
ISBN 2-204-02985-8. ISBN 2-7621-1424-1. *50 F / 7,62 €*

30167 **Faut-il vraiment cloner l'homme ?.** *PUF, 1999.* (Forum Diderot)
ISBN 2-13-050111-7. *49 F / 7,47 €*

30168 **FEILD R.** La voie invisible : cheminer de clarté en clarté. *Pocket, 1998.* (Pocket ; 10270 c5)
ISBN 2-266-07730-9. *35 F / 5,34 €*

30169 **FERRERO G.** Pouvoir : les génies invisibles de la cité. *LGF, 1988.* (Le Livre de poche ; 4075. Biblio essais c11)
ISBN 2-253-04391-5. *42 F / 6,40 €*

30170 **FERRY J-M.** L'éthique reconstructive. *Cerf, 1996.* (Humanités c1)
ISBN 2-204-05383-X. *62 F / 9,45 €*

30171 **FERRY J-M.** Philosophie de la communication : de l'antinomie de la vérité à la fondation ultime de la raison. *Cerf, 1994.* (Humanités)
ISBN 2-204-04883-6. *62 F / 9,45 €*

30172 **FERRY L.** L'homme-Dieu ou Le sens de la vie. *LGF, 1997.* (Le Livre de poche ; 14261 c6)
ISBN 2-253-14261-1. *26 F / 3,96 €*

30173 **FERRY L.** Homo aestheticus : l'invention du goût à l'âge démocratique. *LGF, 1991.* (Le Livre de poche ; 4074. Biblio essais c16)
ISBN 2-253-04410-5. *55 F / 8,38 €*

30174 **FERRY L., GERME C.** Des animaux et des hommes. *LGF, 1994.* (Le Livre de poche ; 4164. Biblio essais c19)
ISBN 2-253-06162-X. *70 F / 10,67 €*

30175 **FERRY L., RENAUT A.** La Pensée 68 : essai sur l'anti-humanisme contemporain. *Gallimard, 1988.* (Folio. Essais ; 101 c4)
ISBN 2-07-032489-3. *46 F / 7,01 €*

30176 **FESTUGIÈRE A-J.** Epicure et ses dieux. 4e éd. *PUF, 1997.* (Quadrige ; 64)
ISBN 2-13-038592-3. *55 F / 8,38 €*

30177 **N** **FESTUGIÈRE A-J.** Socrate. *Table ronde, 2001.* (La petite vermillon)
ISBN 2-7103-2399-0. *45 F / 6,86 €*

30178 **FEUERBACH L.** L'Essence du christianisme. *Gallimard, 1992.* (Tel ; 216)
ISBN 2-07-072723-8. *98 F / 14,94 €*

30179 **FEUERBACH L.** Pensées sur la mort et l'immortalité. *Pocket, 1997.* (Agora ; 181 c7)
ISBN 2-266-07492-X. *42 F / 6,40 €*

30180 **FEYERABEND P.** Contre la méthode : esquisse d'une théorie anarchiste de la connaissance. *Seuil, 1988.* (Points. Sciences ; 56 c5)
ISBN 2-02-009995-0. *55 F / 8,38 €*

30181 **N** **FICHTE J. G.** Doctrine de la science nova methodo. *LGF, 2000.* (Le Livre de poche ; 4621. Classiques de la philosophie)
ISBN 2-253-06431-9. *45 F / 6,86 €*

30182 **FICHTE J. G.** Fondement du droit naturel selon les principes de la doctrine de la science. *PUF, 1998.* (Quadrige ; 272)
ISBN 2-13-049642-3. *78 F / 11,89 €*

30183 **La fidélité :** un horizon, un échange, une mémoire. *Seuil, 1998.* (Points. Essais ; 374 c2)
ISBN 2-02-033774-6. *39 F / 5,95 €*

30184 **FILLIOZAT J.** Les Philosophies de l'Inde. *PUF, 1988.* (Que sais-je? ; 932 c1)
ISBN 2-13-040015-9. *42 F / 6,40 €*

30185 **La fin de la vie, qui en décide ?.** *PUF, 1996.* (Forum Diderot ; 2)
ISBN 2-13-048134-5. *45 F / 6,86 €*

30186 **FINKIELKRAUT A.** La Défaite de la pensée. *Gallimard, 1989.* (Folio ; 117. Essais ; 117 c1)
ISBN 2-07-032509-1. *29,50 F / 4,50 €*

30187 **FINKIELKRAUT A.** La Sagesse de l'amour. *Gallimard, 1988.* (Folio ; 86. Essais ; 86 c2)
ISBN 2-07-032469-9. *37 F / 5,64 €*

30188 **FISCHBACH F.** Fichte et Hegel, la reconnaissance. *PUF, 1999.* (Philosophies ; 116 c1)
ISBN 2-13-049762-4. *48 F / 7,32 €*

30189 **FLEISCHMANN E.** La Philosophie politique de Hegel : sous forme d'un commentaire des Fondements de la philosophie du droit. *Gallimard, 1992.* (Tel ; 198)
ISBN 2-07-072500-6. *63 F / 9,60 €*

30190 **Le foetus exposé.** *Erès, 1998.* (Mille et un bébés ; 18)
ISBN 2-86586-657-2. *35 F / 5,34 €*

30191 **FOLSCHEID D.** Les grandes dates de la philosophie antique et médiévale. *PUF, 1996.* (Que sais-je? ; 3138 c1)
ISBN 2-13-047737-2. *42 F / 6,40 €*

30192 **FOLSCHEID D.** Les grandes dates de la philosophie classique, moderne et contemporaine. *PUF, 1996.* (Que sais-je? ; 3131 c1)
ISBN 2-13-047738-0. *42 F / 6,40 €*

30193 **FOLSCHEID D.** Les Grandes philosophies. 4e éd. *PUF, 1994.* (Que sais-je? ; 47 c1)
ISBN 2-13-044826-7. *42 F / 6,40 €*

30194 **FONTENELLE B. L. B. d.** Entretiens sur la pluralité des mondes. *Ed. de l'Aube, 1994.* (L'Aube poche ; 3 c4)
ISBN 2-87678-193-X. *45 F / 6,86 €*

30195 **FOUCAULT M.** Histoire de la folie à l'âge classique. *Gallimard, 1976.* (Tel ; 9)
ISBN 2-07-029582-6. *94 F / 14,33 €*

30196 **FOUGEYROLLAS P.** Marx. 2e éd. corr. *PUF, 1992.* (Que sais-je? ; 2265 c1)
ISBN 2-13-044410-5. *42 F / 6,40 €*

30197 **FOULQUIÉ P.** Dictionnaire de la langue philosophique. 2e éd. *PUF, 1997.* (Quadrige ; 125)
ISBN 2-13-043789-3. *92 F / 14,03 €*

30198 **FRAISSE G.** La différence des sexes. *PUF, 1996.* (Philosophies ; 65)
ISBN 2-13-047495-0. *45 F / 6,86 €*

30199 **FREGE G.** Ecrits logiques et philosophiques. *Seuil, 1994.* (Points. Essais ; 296 c3)
ISBN 2-02-022966-8. *48 F / 7,32 €*

30200 **FREUD S.** L'Homme aux loups. *PUF, 1990.* (Quadrige ; 120)
ISBN 2-13-043400-2. *50 F / 7,62 €*

30201 **FREUD S.** L'Homme Moïse et la religion monothéiste : trois essais. *Gallimard, 1993.* (Folio ; 219. Essais ; 219 c2)
ISBN 2-07-032741-8. *37 F / 5,64 €*

30202 **FROSSARD A.** Le crime d'être né : témoignage au procès Barbie. *Desclée De Brouwer, 1997.* (Les carnets DDB)
ISBN 2-220-03839-4. *56 F / 8,54 €*

30203 **GABOURY P.** Le karma de nos vies. *Mortagne, 1993.* (Poche c2)
ISBN 2-89074-522-8. *39 F / 5,95 €*

30204 **GABOURY P.** Une religion sans murs. *Mortagne, 1994.* (Poche c3)
ISBN 2-89074-543-0. *44 F / 6,71 €*

30205 **GABOURY P.** Une Voie qui coule comme l'eau. *Mortagne, 1993.* (Poche c2)
ISBN 2-89074-530-9. *39 F / 5,95 €*

30206 **GABOURY P.** Le voyage intérieur. *Mortagne, 1981.* (Poche c2)
ISBN 2-89074-512-0. *39 F / 5,95 €*

30207 **N** **GADAMER H-G.** Nietzsche l'antipode : le drame de Zarathoustra. *Allia, 2000.* (Petite collection)
ISBN 2-84485-043-X. *40 F / 6,10 €*

30208 **GANDHI M. K.** Lettres à l'Ashram. Nouv. éd. *Albin Michel, 1989.* (Spiritualités vivantes poche ; 5 c2)
ISBN 2-226-03703-9. *39 F / 5,95 €*

30209 **GANDHI M. K.** Tous les hommes sont frères : vie et pensées du Mahatma Gandhi d'après ses oeuvres. *Gallimard, 1990.* (Folio. Essais ; 130 c2)
ISBN 2-07-032570-9. *41 F / 6,25 €*

30210 **GARO I.** Marx, une critique de la philosophie. *Seuil, 2000.* (Points ; 408. Essais ; 408 c14)
ISBN 2-02-034520-X. *55 F / 8,38 €*

30211 **GAUTHIER-MUZELLEC M-H.** Aristote et la juste mesure. *PUF, 1998.* (Philosophies ; 115 c1)
ISBN 2-13-049604-0. *48 F / 7,32 €*

30212 **GENARD J-L.** La grammaire de la responsabilité. *Cerf, 1999.* (Humanités)
ISBN 2-204-06305-3. *95 F / 14,48 €*

30213 **GÉRARD A. B.** Athéisme et religion. *Erès, 1999.* (Ethique et modernité; 4)(Réponses philosophiques)
ISBN 2-86586-694-7. *90 F / 13,72 €*

30214 **GÉRARD A. B.** La bataille des éthiques. *Erès, 1998.* (Ethique et modernité; 3)(Réponses philosophiques)
ISBN 2-86586-647-5. *75 F / 11,43 €*

30215 **GÉRARD A. B.** Le cadre de la nouvelle éthique. *Erès, 1998.* (Ethique et modernité; 1)(Réponses philosophiques)
ISBN 2-86586-647-5. *85 F / 12,96 €*

30216 **GÉRARD A. B.** Ethique du partage. *Erès, 1999.* (Ethique et modernité; 5)(Réponses philosophiques)
ISBN 2-86586-695-5. *70 F / 10,67 €*

30217 **GÉRARD A. B.** Ethique du travail et de la production. *Erès, 1998.* (Ethique et modernité; 2)(Réponses philosophiques)
ISBN 2-86586-648-3. *65 F / 9,91 €*

30218 **GERMAIN J-F.** La réanimation néonatale : éthique aux limites de la vie. *PUF, 1999.* (Médecine et société ; 13 c1)
ISBN 2-13-050290-3. *55 F / 8,38 €*

30219 **GIBRAN K.** Merveilles et processions. *Albin Michel, 1996.* (Spiritualités vivantes poche ; 138 c2)
ISBN 2-226-08539-4. *39 F / 5,95 €*

30220 **GIBRAN K.** L'Oeil du prophète. *Albin Michel, 1991.* (Spiritualités vivantes poche ; 97 c3)
ISBN 2-226-05541-X. *45 F / 6,86 €*

30221 **N** **GIBRAN K.** Le précurseur. *Mille et une nuits, 2000.* (La petite collection ; 289)
ISBN 2-84205-486-5. *10 F / 1,52 €*

30222 **GIBRAN K.** Les secrets du coeur. *Mortagne, 1993.* (Poche)
ISBN 2-89074-535-X. *39 F / 5,95 €*

30223 **GIL D.** Bachelard et la culture scientifique. *PUF, 1993.* (Philosophies ; 43)
ISBN 2-13-045366-X. *46 F / 7,01 €*

30224 **GILBERT G.** Un Prêtre chez les loubards. *LGF, 1984.* (Le Livre de poche ; 5888 c4)
ISBN 2-253-03386-3. *20 F / 3,05 €*

30225 **GILBERT G.** La Rue est mon église. *LGF, 1984.* (Le Livre de poche ; 5967 c3)
ISBN 2-253-03510-6. *18 F / 2,74 €*

30226 **GIRARD R.** Le Bouc émissaire. *LGF, 1986.* (Le Livre de poche ; 4029. Biblio essais c12)
ISBN 2-253-03738-9. *44 F / 6,71 €*

30227 **GIRARD R.** La Route antique des hommes pervers. *LGF, 1988.* (Le Livre de poche ; 4084. Biblio essais c10)
ISBN 2-253-04591-8. *40 F / 6,10 €*

30228 **GLUCKSMANN A.** Le bien et le mal : lettres immorales d'Allemagne et de France. *Hachette Littératures, 1999.* (Pluriel ; 910 c8)
ISBN 2-01-278910-2. *60 F / 9,15 €*

30229 **GOFFI J-Y.** La Philosophie de la technique. *PUF, 1988.* (Que sais-je? ; 2405 c1)
ISBN 2-13-041777-9. *42 F / 6,40 €*

30230 **GOLDSTEIN K.** La Structure de l'organisme. *Gallimard, 1983.* (Tel ; 78)
ISBN 2-07-025838-6. *64 F / 9,76 €*

30231 **GONTIER T.** Les grandes oeuvres de la philosophie ancienne. *Seuil, 1996.* (Mémo ; 9)
ISBN 2-02-023030-5. *29 F / 4,42 €*

30232 **GONTIER T.** Les grandes oeuvres de la philosophie moderne. *Seuil, 1996.* (Mémo ; 10)
ISBN 2-02-028178-3. *36 F / 5,49 €*

30233 **GONTIER T.** L'homme et l'animal : la philosophie antique. *PUF, 1999.* (Philosophies ; 120 c1)
ISBN 2-13-049901-5. *48 F / 7,32 €*

30234 **GOTTLIEB A.** Socrate : martyr de la philosophie. *Seuil, 2000.* (Points ; 420. Essais c7)
ISBN 2-02-037462-5. *35 F / 5,34 €*

30235 **GOURINAT J-B.** Les Stoïciens et l'âme. *PUF, 1996.* (Philosophies ; 72)
ISBN 2-13-047808-5. *45 F / 6,86 €*

30236 **GRAF A.** Les grands courants de la philosophie ancienne. *Seuil, 1996.* (Mémo ; 7)
ISBN 2-02-022901-3. *29 F / 4,42 €*

30237 **GRAF A.** Les grands courants de la philosophie moderne. *Seuil, 1996.* (Mémo ; 8)
ISBN 2-02-023496-3. *29 F / 4,42 €*

30238 **GRANET M.** La pensée chinoise. *Albin Michel, 1999.* (Bibliothèque de l'évolution de l'humanité)
ISBN 2-226-10474-7. *85 F / 12,96 €*

30239 **GRANGER G-G.** La raison. 11e éd. corr. *PUF, 1993.* (Que sais-je? ; 680 c1)
ISBN 2-13-045763-0. *42 F / 6,40 €*

30240 **GRANGER G-G.** La Science et les sciences. *PUF, 1993.* (Que sais-je? ; 2710 c1)
ISBN 2-13-045077-6. *42 F / 6,40 €*

30241 **GRATELOUP L-L.** Problématiques de la philosophie. *LGF, 1996.* (Le Livre de poche ; 4226. Biblio essais c11)
ISBN 2-253-94226-X. *42 F / 6,40 €*

30242 **N** **GRAY J.** Voltaire : Voltaire et les Lumières. *Seuil, 2000.* (Points ; 436. Essais c7)
ISBN 2-02-037453-6. *35 F / 5,34 €*

30243 **GRENIER H.** Les Grandes doctrines morales. 2e éd. *PUF, 1994.* (Que sais-je? ; 658 c1)
ISBN 2-13-042661-1. *42 F / 6,40 €*

30244 **GRILLO E.** Les grandes oeuvres de la philosophie analytique. *Seuil, 1999.* (Mémo ; 121)
ISBN 2-02-037198-7. *36 F / 5,49 €*

30245 **GRIMAL P.** Sénèque. *PUF, 1981.* (Que sais-je? ; 1950 c1)
ISBN 2-13-037054-3. *42 F / 6,40 €*

30246 **GROC DE SALMIECH C.** La méditation en 10 leçons. *De Vecchi, 1998.* (De Vecchi poche ; 4823)
ISBN 2-7328-4823-9. *33 F / 5,03 €*

30247 **GROETHUYSEN B.** Philosophie de la Révolution française ; Montesquieu. *Gallimard, 1982.* (Tel ; 67)
ISBN 2-07-020942-3. *52 F / 7,93 €*

30248 **GROS F.** Foucault et la folie. *PUF, 1997.* (Philosophies ; 100 c1)
ISBN 2-13-049075-1. *48 F / 7,32 €*

30249 **GROS F.** Michel Foucault. 2e éd. corr. *PUF, 1998.* (Que sais-je? ; 3118 c1)
ISBN 2-13-047686-4. *42 F / 6,40 €*

30250 **GUARDINI R.** De la mélancolie. *Seuil, 1992.* (Points. Sagesses ; 49 c4)
ISBN 2-02-018300-5. *25 F / 3,81 €*

30251 **GUENANCIA P.** Descartes : bien conduire sa raison. *Gallimard, 1996.* (Découvertes ; 294. Philosophie c5)
ISBN 2 07-053370-0 *85 F / 12,96 €*

30252 **GUENANCIA P.** Lire Descartes. *Gallimard, 2000.* (Folio ; 354. Essais)
ISBN 2-07-041183-4. *66 F / 10,06 €*

30253 **GUESNÉ J.** Le 7e sens ou Le corps spirituel. *Albin Michel, 1991.* (Espaces libres ; 20)
ISBN 2-226-05432-4. *59 F / 8,99 €*

30254 **GUESNÉ J.** Le 3e souffle ou L'agir universel. *Albin Michel, 1995.* (Espaces libres ; 58 c4)
ISBN 2-226-07939-4. *49 F / 7,47 €*

30255 **Guide de la sérénité et de la sagesse.** *De Vecchi, 1999.* (De Vecchi poche ; 4201 c4)
ISBN 2-7328-4201-X. *38 F / 5,79 €*

30256 **N** **GUIGOT A.** Sartre et l'existentialisme. *Milan, 2000.* (Les essentiels Milan ; 177 c1)
ISBN 2-7459-0125-7. *25 F / 3,81 €*

30257 **A** **GUILLAUME B.** John Rawls : une introduction. *Pocket, 2000.* (Agora ; 236)

30258 **GUILLEBAUD J-C.** La tyrannie du plaisir. *Seuil, 1999.* (Points ; 668)
ISBN 2-02-038084-6. *50 F / 7,62 €*

30259 **GUINERET H.** Clausewitz et la guerre. *PUF, 1999.* (Philosophies ; 118 c1)
ISBN 2-13-049827-2. *48 F / 7,32 €*

30260 **GUITTON J.** Justification du temps. *PUF, 1993.* (Quadrige ; 159)
ISBN 2-13-045350-3. *49 F / 7,47 €*

30261 **N** **GUITTON J., ANTIER J-J.** Le livre de la sagesse et des vertus retrouvées. *Pocket, 2000.* (Pocket ; 10721 c5)
ISBN 2-266-09352-5. *35 F / 5,34 €*

30262 **HAAR M.** Nietzsche et la métaphysique. *Gallimard, 1993.* (Tel ; 220)
ISBN 2-07-072838-2. *72 F / 10,98 €*

30263 **HABERMAS J.** Connaissance et intérêt. *Gallimard, 1979.* (Tel ; 38)
ISBN 2-07-028652-5. *60 F / 9,15 €*

30264 **HABERMAS J.** La paix perpétuelle : le bicentenaire d'une idée kantienne. *Cerf, 1996.* (Humanités c1)
ISBN 2-204-05460-7. *62 F / 9,45 €*

30265 **HABERMAS J.** La Technique et la science comme idéologie. *Gallimard, 1990.* (Tel ; 161)
ISBN 2-07-071942-1. *62 F / 9,45 €*

30266 **N** **HACKER P. M. S.** Wittgenstein. *Seuil, 2000.* (Points. Essais ; 437 c7)
ISBN 2-02-037456-0. *35 F / 5,34 €*

30267 **HADOT P.** Plotin ou La simplicité du regard. *Gallimard, 1997.* (Folio ; 302. Essais c2)
ISBN 2-07-032965-8. *37 F / 5,64 €*

30268 **HAN F.** Han Fei tse ou Le tao du prince. *Seuil, 1999.* (Points ; 141. Sagesses)
ISBN 2-02-029372-2. *69 F / 10,52 €*

30269 **A** **HARTOG F.** Le Miroir d'Hérodote. *Gallimard, 2001.* (Folio. Histoire)
ISBN 2-07-041847-2. *87 F / 13,26 €*

30270 **HAVEL V.** L'amour et la vérité doivent triompher de la haine et du mensonge. *Ed. de l'Aube, 1994.* (L'Aube poche ; 1 c3)
ISBN 2-87678-187-5. *39 F / 5,95 €*

30271 **HAYEK F. A.** Droit, législation et liberté. *PUF, 1995.* (Quadrige ; 202)
ISBN 2-13-047203-6. *186 F / 28,36 €*

30272 **HAYMAN R.** Nietzsche. *Seuil, 2000.* (Points ; 422. Essais c7)
ISBN 2-02-037454-4. *35 F / 5,34 €*

30273 **HAYOUN M-R.** Moïse Mendelssohn. *PUF, 1997.* (Que sais-je? ; 3202 c1)
ISBN 2-13-048357-7. *42 F / 6,40 €*

30274 **HAZARD P.** La pensée européenne au XVIIIe siècle : de Montesquieu à Lessing. *Hachette Littératures, 1995.* (Pluriel ; 8747 c5)
ISBN 2-01-278747-9. *65 F / 9,91 €*

30275 **HÉBER-SUFFRIN P.** Le Zarathoustra de Nietzsche. *PUF, 1992.* (Philosophies ; 15)
ISBN 2-13-044484-9. *48 F / 7,32 €*

30276 **HEGEL G. W. F.** L'Esprit du christianisme. *Pocket, 1992.* (Agora ; 121 cL)
ISBN 2-266-04995-X. *70 F / 10,67 €*

30277 **HEGEL G. W. F.** Esthétique. 1. *LGF, 1997.* (Le Livre de poche ; 4637. Classiques de la philosophie c19)
ISBN 2-253-06718-0. *70 F / 10,67 €*

30278 **HEGEL G. W. F.** Esthétique. 2. *LGF, 1997.* (Le Livre de poche ; 4638. Classiques de la philosophie c19)
ISBN 2-253-06719-9. *70 F / 10,67 €*

30279 **HEGEL G. W. F.** Leçons sur l'histoire de la philosophie. 1. *Gallimard, 1990.* (Folio ; 144. Essais ; 144 c1)
ISBN 2-07-032581-4. *29,50 F / 4,50 €*

30280 **HEGEL G. W. F.** Leçons sur l'histoire de la philosophie. 2. *Gallimard, 1991.* (Folio. Essais ; 151 c1)
ISBN 2-07-032611-X. *29,50 F / 4,50 €*

30281 **HEGEL G. W. F.** Morceaux choisis. *Gallimard, 1995.* (Folio ; 264. Essais c8)
ISBN 2-07-032875-9. *66 F / 10,06 €*

30282 **HEGEL G. W. F.** Principes de la philosophie du droit. *Gallimard, 1989.* (Tel ; 148)
ISBN 2-07-071531-0. *78 F / 11,89 €*

30283 **HEGEL G. W. F.** La raison dans l'histoire. *10-18, 1976.* (10-18 ; 235. Bibliothèques c5)
ISBN 2-264-02503-4. *44 F / 6,71 €*

30284 **HEIDEGGER M.** Acheminement vers la parole. *Gallimard, 1981.* (Tel ; 55)
ISBN 2-07-023955-1. *48 F / 7,32 €*

30285 **HEIDEGGER M.** Chemins qui ne mènent nulle part. Nouv. éd. *Gallimard, 1986.* (Tel ; 100)
ISBN 2-07-070562-5. *70 F / 10,67 €*

30286 **HEIDEGGER M.** Essais et conférences. *Gallimard, 1980.* (Tel ; 52)
ISBN 2-07-022220-9. *65 F / 9,91 €*

30287 **HEIDEGGER M.** Introduction à la métaphysique. *Gallimard, 1987.* (Tel ; 49)
ISBN 2-07-020419-7. *59 F / 8,99 €*

30288 **HEIDEGGER M.** Kant et le problème de la métaphysique. *Gallimard, 1981.* (Tel ; 61)
ISBN 2-07-025790-8. *55 F / 8,38 €*

30289 **HEIDEGGER M.** Le Principe de raison. *Gallimard, 1983.* (Tel ; 79)
ISBN 2-07-020368-9. *55 F / 8,38 €*

30290 **HEIDEGGER M.** Qu'appelle-t-on penser?. 2e éd. *PUF, 1999.* (Quadrige ; 145)
ISBN 2-13-044635-3. *69 F / 10,52 €*

30291 **HEIDEGGER M.** Qu'est-ce qu'une chose?. *Gallimard, 1988.* (Tel ; 139)
ISBN 2-07-071465-9. *58 F / 8,84 €*

30292 **HEIDEGGER M.** Questions I et II. *Gallimard, 1990.* (Tel ; 156)
ISBN 2-07-071852-2. *90 F / 13,72 €*

30293 **HEIDEGGER M.** Questions III et IV. *Gallimard, 1990.* (Tel ; 172)
ISBN 2-07-072130-2. *85 F / 12,96 €*

30294 **HEISENBERG W.** Physique et philosophie : la science moderne en révolution. *Albin Michel, 1971.* (Science d'aujourd'hui poche ; 3)
ISBN 2-226-05050-7. *39 F / 5,95 €*

30295 **A** **HENRY M.** La barbarie. *PUF, 2001.* (Quadrige)
ISBN 2-13-051501-0. *69 F / 10,52 €*

30296 **A** **HENRY M.** La barbarie. Réimpr. *LGF, 2001.* (Le Livre de poche ; 4085. Biblio essais cK)
ISBN 2-253-04592-6. *42 F / 6,40 €*

30297 **HERBERT J.** L'Enseignement de Mâ Ananda Moyi. Réimpr. *Albin Michel, 1989.* (Spiritualités vivantes poche ; 24 c2)
ISBN 2-226-01042-4. *55 F / 8,38 €*

30298 **HERSCH J.** L'Etonnement philosophique : une histoire de la philosophie. *Gallimard, 1993.* (Folio ; 216. Essais ; 216 c5)
ISBN 2-07-032784-1. *52 F / 7,93 €*

30299 **N** **HERVÉ C.** Éthique, politique et santé. *PUF, 2000.* (Médecine et société ; 18)
ISBN 2-13-051018-3. *59 F / 8,99 €*

30300 **HIPPOCRATE** Maximes et pensées : vers 460-377 av.J.-C. Nouv. éd. *A. Silvaire, 1992.* (Maximes et pensées c1)
ISBN 2-85055-244-5. *42 F / 6,40 €*

30301 **Histoire de la philosophie.** *Gallimard, 1999.* (Folio. Essais)
ISBN 2-07-040864-7. *20,50 F / 3,13 €*

30302 **Histoire de la philosophie. 1-1, Orient, Antiquité.** *Gallimard, 1999.* (Folio ; 337. Essais ; 337 c5)
ISBN 2-07-040777-2. *52 F / 7,93 €*

30303 **Histoire de la philosophie. 1-2, Antiquité, Moyen Age.** *Gallimard, 1999.* (Folio ; 338. Essais c5)
ISBN 2-07-040778-0. *52 F / 7,93 €*

30304 **Histoire de la philosophie. 2-1, La Renaissance, l'âge classique.** *Gallimard, 1999.* (Folio ; 339. Essais)
ISBN 2-07-040779-9. *52 F / 7,93 €*

30305 **Histoire de la philosophie. 2-2, Le siècle des lumières, la révolution kantienne.** *Gallimard, 1999.* (Folio ; 340. Essais ; 340 c5)
ISBN 2-07-040780-2. *52 F / 7,93 €*

30306 **Histoire de la philosophie. 3-1, Le XIXe siècle, le XXe siècle.** *Gallimard, 1999.* (Folio ; 341. Essais ; 341 c5)
ISBN 2-07-040781-0. *52 F / 7,93 €*

30307 **Histoire de la philosophie. 3-2, Le XXe siècle, la philosophie en Orient.** *Gallimard, 1999.* (Folio ; 342. Essais)
ISBN 2-07-040782-9. *52 F / 7,93 €*

30308 **Histoire de la philosophie, idées, doctrines. 1, La philosophie païenne :** du VIe siècle av. J.-C. au IIIe siècle apr. J.-C. *Hachette Littératures, 1999.* (Pluriel ; 979 c5)
ISBN 2-01-278979-X. *45 F / 6,86 €*

30309 **Histoire de la philosophie, idées, doctrines. 2, La philosophie médiévale :** du Ier siècle au XVe siècle. *Hachette Littératures, 1999.* (Pluriel ; 981 c5)
ISBN 2-01-278981-1. *45 F / 6,86 €*

30310 **Histoire de la philosophie, idées, doctrines. 3, La philosophie du monde nouveau :** du XVIe siècle au XVIIe siècle. *Hachette Littératures, 1999.* (Pluriel ; 980 c5)
ISBN 2-01-278980-3. *45 F / 6,86 €*

30311 **Histoire de la philosophie, idées, doctrines. 4, Les Lumières :** XVIIIe siècle. *Hachette Littératures, 1999.* (Pluriel ; 978 c5)
ISBN 2-01-278978-1. *45 F / 6,86 €*

30312 **N** **Histoire de la philosophie, idées, doctrines. 5, La philosophie et l'histoire :** de 1780 à 1880. *Hachette Littératures, 2000.* (Pluriel ; 978 c7)
ISBN 2-01-279005-4. *55 F / 8,38 €*

30313 **N** **Histoire de la philosophie, idées, doctrines. 6, La philosophie du monde scientifique et industriel :** de 1860 à 1940. *Hachette Littératures, 2000.* (Pluriel ; 979 c7)
ISBN 2-01-279006-2. *55 F / 8,38 €*

30314 **N** **Histoire de la philosophie, idées, doctrines. 7, La philosophie des sciences sociales :** de 1860 à nos jours. *Hachette Littératures, 2000.* (Pluriel ; 980 c7)
ISBN 2-01-279003-8. *55 F / 8,38 €*

30315 **N** **Histoire de la philosophie, idées, doctrines. 8, Le XXe siècle.** *Hachette Littératures, 2000.* (Pluriel ; 981 c7)
ISBN 2-01-279004-6. *55 F / 8,38 €*

30316 **HOBBES T.** De la nature humaine ou Exposition des facultés, des actions et des passions de l'âme et de leurs causes déduites d'après des principes philosophiques qui ne sont communément ni reçus ni connus. *Actes Sud, 1997.* (Babel ; 292. Les philosophiques c2)
ISBN 2-7427-1382-4. *39 F / 5,95 €*

30317 **HOBBES T.** Du citoyen ; suivi de Léviathan, chap. XVI et XVII. *LGF, 1996.* (Le Livre de poche ; 4645. Classiques de la philosophie c11)
ISBN 2-253-06726-1. *42 F / 6,40 €*

30318 **HOLENSTEIN E.** Entente interculturelle : dix thèses à l'essai. *Cerf, 1999.* (Humanités c1)
ISBN 2-204-05625-1. *90 F / 13,72 €*

30319 **HORKHEIMER M.** Théorie traditionnelle et théorie critique. *Gallimard, 1996.* (Tel ; 277)
ISBN 2-07-074588-0. *70 F / 10,67 €*

30320 **HORKHEIMER M., ADORNO T. W.** La Dialectique de la raison : fragments philosophiques. *Gallimard, 1983.* (Tel ; 82)
ISBN 2-07-070005-4. *60 F / 9,15 €*

30321 **N** **HÖSLE V.** L'idéalisme objectif. *Cerf, 2001.* (Humanités c1)
ISBN 2-204-06598-6. *59 F / 8,99 €*

30322 **N** **HOUSSET E.** Husserl et l'énigme du monde. *Seuil, 2000.* (Points ; 424. Essais c12)
ISBN 2-02-033812-2. *50 F / 7,62 €*

30323 **HUISMAN D.** L'Esthétique. 12e éd. corr. *PUF, 1992.* (Que sais-je? ; 635 c1)
ISBN 2-13-044177-7. *42 F / 6,40 €*

30324 **N** **L'humain est-il expérimentable ?.** *PUF, 2000.* (Forum Diderot ; 14)
ISBN 2-13-050976-2. *49 F / 7,47 €*

30325 **HUME D.** Enquête sur l'entendement humain. *LGF, 1999.* (Le Livre de poche ; 6734. Classiques de la philosophie c8)
ISBN 2-253-06734-2. *33 F / 5,03 €*

30326 **HUME D.** Réflexions sur les passions. *LGF, 1990.* (Le Livre de poche ; 4603. Classiques de la philosophie c4)
ISBN 2-253-05505-0. *20 F / 3,05 €*

30327 **HUMMEL R.** Les Gourous. *Cerf ; Fides, 1988.* (Bref ; 6)
ISBN 2-204-02915-7. ISBN 2-7621-1408-X. *50 F / 7,62 €*

30328 **HUNEMAN P.** Bichat, la vie et la mort. *PUF, 1998.* (Philosophies ; 111 c1)
ISBN 2-13-049505-2. *48 F / 7,32 €*

30329 **HUNYADI M.** La vertu du conflit : pour une morale de la médiation. *Cerf, 1995.* (Humanités c1)
ISBN 2-204-05173-X. *62 F / 9,45 €*

30330 **HUSSERL E.** La Crise des sciences européennes et la phénoménologie transcendantale. *Gallimard, 1989.* (Tel ; 151)
ISBN 2-07-071719-4. *86 F / 13,11 €*

30331 **HUSSERL E.** Idées directrices pour une phénoménologie. *Gallimard, 1985.* (Tel ; 94)
ISBN 2-07-070347-9. *87 F / 13,26 €*

30332 **HUXLEY A.** La Philosophie éternelle : philosophia perennis. Nouv. éd. *Seuil, 1977.* (Points. Sagesses ; 11 c5)
ISBN 2-02-004655-5. *55 F / 8,38 €*

30333 **HYPPOLITE J.** Figures de la pensée philosophique. *PUF, 1991.* (Quadrige ; 131-132)
ISBN 2-13-043887-3. *149 F / 22,71 €*

30334 **HYPPOLITE J.** Introduction à la philosophie de l'histoire de Hegel. *Seuil, 1983.* (Points ; 153. Essais c2)
ISBN 2-02-006621-1. *39 F / 5,95 €*

30335 **IACONO A. M.** Le Fétichisme : histoire d'un concept. *PUF, 1992.* (Philosophies ; 38)
ISBN 2-13-044590-X. *45 F / 6,86 €*

30336 **IBN TUFAYL M. i. A. a-M.** Le philosophe autodidacte. *Mille et une nuits, 1999.* (La petite collection ; 248)
ISBN 2-84205-416-4. *23 F / 3,51 €*

30337 **L'idéologie ou La révolution de l'analyse.** *Gallimard, 1998.* (Tel ; 292)
ISBN 2-07-075037-X. *60 F / 9,15 €*

30338 **JACCARD R.** Le cimetière de la morale. *LGF, 1998.* (Le Livre de poche ; 4250. Biblio essais c6)
ISBN 2-253-94250-2. *26 F / 3,96 €*

30339 **JACCARD R.** La Tentation nihiliste. *PUF, 1991.* (Quadrige ; 126)
ISBN 2-13-043828-8. *44 F / 6,71 €*

30340 **JACOB A.** L'homme et le mal. *Cerf, 1998.* (Humanités)
ISBN 2-204-06208-1. *65 F / 9,91 €*

30341 **JACOB F.** La Logique du vivant : une histoire de l'hérédité. *Gallimard, 1976.* (Tel ; 2)
ISBN 2-07-029334-3. *65 F / 9,91 €*

30342 **JACOPIN P., LAGRÉE J.** Erasme, humanisme et langage. *PUF, 1996.* (Philosophies ; 68)
ISBN 2-13-047424-1. *45 F / 6,86 €*

30343 **JACQ C.** Le voyage initiatique ou Les trente trois degrés de la sagesse. Réimpr. *Pocket, 1996.* (Pocket ; 4798. L'Age d'être c5)
ISBN 2-266-07881-X. *35 F / 5,34 €*

30344 **JACQUARD A.** Inventer l'homme. Nouv. éd. augm. d'une post fac. *Complexe, 1993.* (Complexe poche ; 5 c8)
ISBN 2-87027-383-5. *56 F / 8,54 €*

30345 **JACQUARD A., PLANÈS H.** Petite philosophie à l'usage des non-philosophes. *LGF, 1999.* (Le Livre de poche ; 14562 c7)
ISBN 2-253-14562-9. *30 F / 4,57 €*

30346 **JANKÉLÉVITCH V.** Henri Bergson. 2e éd. *PUF, 2000.* (Quadrige ; 111)
ISBN 2-13-037550-2. *69 F / 10,52 €*

30347 **JANKÉLÉVITCH V.** L'imprescriptible : pardonner ? Dans l'honneur et la dignité. *Seuil, 1996.* (Points. Essais ; 327 c7)
ISBN 2-02-029695-0. *35 F / 5,34 €*

30348 **JANKÉLÉVITCH V.** La Manière et l'occasion. *Seuil, 1981.* (Le Je-ne-sais-quoi et le presque-rien; 1)(Points ; 128. Essais c2)
ISBN 2-02-005810-3. *39 F / 5,95 €*

30349 **JANKÉLÉVITCH V.** La Méconnaissance, le malentendu. *Seuil, 1981.* (Le Je-ne-sais-quoi et le presque-rien; 2)(Points ; 134. Essais c2)
ISBN 2-02-006001-9. *39 F / 5,95 €*

30350 **JANKÉLÉVITCH V.** Le Paradoxe de la morale. *Seuil, 1989.* (Points ; 203. Essais c6)
ISBN 2-02-010726-0. *32 F / 4,88 €*

30351 **JANKÉLÉVITCH V.** Philosophie première. 2e éd. *PUF, 1986.* (Quadrige ; 86)
ISBN 2-13-039806-5. *55 F / 8,38 €*

30352 **JANKÉLÉVITCH V.** La Volonté de vouloir. *Seuil, 1986.* (Le Je-ne-sais-quoi et le presque-rien; 3)(Points ; 182. Essais c1)
ISBN 2-02-009111-9. *32 F / 4,88 €*

30353 **JASPERS K.** Introduction à la philosophie. Réimpr. *10-18, 1997.* (10-18 ; 269. Bibliothèques c3)
ISBN 2-264-02548-4. *38 F / 5,79 €*

30354 **JASPERS K.** Kant. *Pocket, 1989.* (Les Grands philosophes; 3)(Agora ; 35)
ISBN 2-266-02777-8. *35 F / 5,34 €*

30355 **JASPERS K.** Nietzsche : introduction à sa philosophie. *Gallimard, 1978.* (Tel ; 29)
ISBN 2-07-029934-1. *73 F / 11,13 €*

30356 **JASPERS K.** Platon, saint Augustin. *Pocket, 1989.* (Les Grands philosophes; 2)(Agora ; 34)
ISBN 2-266-02776-X. *35 F / 5,34 €*

30357 **JASPERS K.** Socrate, Bouddha, Confucius, Jésus. *Pocket, 1989.* (Les Grands philosophes; 1)(Agora ; 33)
ISBN 2-266-02775-1. *35 F / 5,34 €*

30358 **JAULIN A.** Aristote, La métaphysique. *PUF, 1999.* (Philosophies ; 126 c1)
ISBN 2-13-050541-4. *48 F / 7,32 €*

30359 **JEANNIÈRE A.** Platon. *Seuil, 1994.* (Ecrivains de toujours c3)
ISBN 2-02-019786-3. *65 F / 9,91 €*

30360 **JEANNIÈRE A.** Les présocratiques. *Seuil, 1996.* (Ecrivains de toujours)
ISBN 2-02-025513-8. *65 F / 9,91 €*

30361 **JEANSON F.** La Foi d'un incroyant. *Seuil, 1976.* (Points. Sagesses ; 4 c1)
ISBN 2-02-004399-8. *52 F / 7,93 €*

30362 **JERPHAGNON L.** Histoire de la pensée. 1, Antiquité et Moyen Age. *LGF, 1993.* (Le Livre de poche ; 405. Références philosophie c18)
ISBN 2-253-06310-X. *65 F / 9,91 €*

30363 **JIN SI YAN, BELLET M.** Le rêve. *Desclée De Brouwer*; *Presses littéraires et artistiques de Shanghai, 1999.* (Proches lointains)
ISBN 2-220-04403-3. *68 F / 10,37 €*

30364 **JORDY J.** Les techniques de dépassement de soi : pour un épanouissement personnel et social. *De Vecchi, 2000.* (De Vecchi poche)
ISBN 2-7328-4236-2. *33 F / 5,03 €*

30365 **JOVANOVIC P.** Enquête sur l'existence des anges gardiens. *J'ai lu, 1995.* (J'ai lu ; 3895. Aventure secrète c7)
ISBN 2-277-23895-3. *45 F / 6,86 €*

30366 **JULIA D.** Dictionnaire de la philosophie. *Larousse, 1991.* (Références)
ISBN 2-03-720312-8. *80 F / 12,20 €*

30367 **JULLIEN F.** Le détour et l'accès : stratégies du sens en Chine, en Grèce. *LGF, 1997.* (Le Livre de poche ; 4244. Biblio essais c11)
ISBN 2-253-94244-8. *42 F / 6,40 €*

30368 **JULLIEN F.** Dialogue sur la morale. *LGF, 1998.* (Le Livre de poche ; 4259. Biblio essais c8)
ISBN 2-253-94259-6. *33 F / 5,03 €*

30369 **JULLIEN F.** Procès ou création : une introduction à la pensée chinoise : essai de problèmatique interculturelle. *LGF, 1996.* (Le Livre de poche ; 4238. Biblio essais c13)
ISBN 2-253-94238-3. *46 F / 7,01 €*

30370 **JÜNGER E.** L'Etat universel ; La Mobilisation totale. *Gallimard, 1990.* (Tel ; 159)
ISBN 2-07-071927-8. *46 F / 7,01 €*

30371 **JÜNGER E.** Le Mur du temps. *Gallimard, 1994.* (Folio ; 249. Essais ; 249 c2)
ISBN 2-07-032847-3. *37 F / 5,64 €*

30372 **JURANVILLE A.** Lacan et la philosophie. *PUF, 1996.* (Quadrige ; 208)
ISBN 2-13-047510-8. *92 F / 14,03 €*

30373 **KAHN A.** Société et révolution biologique : pour une éthique de la responsabilité : une conférence-débat, Paris, 24 octobre 1995. *INRA, 1996.* (Sciences en questions)
ISBN 2-7380-0690-6. *39 F / 5,95 €*

30374 **KANT E.** Critique de la faculté de juger ; Idée d'une histoire universelle au point de vue cosmopolitique ; Réponse à la question : Qu'est-ce que les Lumières?. *Gallimard, 1989.* (Folio ; 134. Essais ; 134 c5)
ISBN 2-07-032538-5. *52 F / 7,93 €*

30375 **N** **KANT E.** Critique de la raison pratique. 6e éd. *PUF, 2000.* (Quadrige ; 42)
ISBN 2-13-045662-6. *48 F / 7,32 €*

30376 **KANT E.** Critique de la raison pratique. *Gallimard, 1989.* (Folio. Essais ; 133 c1)
ISBN 2-07-032537-7. *41 F / 6,25 €*

30377 **KANT E.** Critique de la raison pure. *Gallimard, 1990.* (Folio ; 145. Essais ; 145 c1)
ISBN 2-07-032575-X. *76,50 F / 11,66 €*

30378 **KANT E.** La fin de toutes choses. *Actes Sud, 1996.* (Babel ; 240. Les philosophiques c1)
ISBN 2-7427-0991-6. *33 F / 5,03 €*

30379 **KANT E.** Fondements de la métaphysique des moeurs. *LGF, 1993.* (Le Livre de poche ; 4622. Classiques de la philosophie c7)
ISBN 2-253-06514-5. *30 F / 4,57 €*

30380 **KANT E.** Leçons d'éthique. *LGF, 1997.* (Le Livre de poche ; 4647. Classiques de la philosophie c15)
ISBN 2-253-06728-8. *50 F / 7,62 €*

30381 **KANT E.** Leçons sur la théorie philosophique de la religion. *LGF, 1993.* (Le Livre de poche ; 4618. Classiques de la philosophie c15)
ISBN 2-253-06221-9. *50 F / 7,62 €*

30382 **A** **KANT E.** Projet de paix perpétuel. *Mille et une nuits, 2001.* (La petite collection ; 327)
ISBN 2-84205-541-1. *10 F / 1,52 €*

30383 **KEEN S.** Retrouver le sens du sacré : éveil de la spiritualité dans la vie de tous les jours. *J'ai lu, 1999.* (J'ai lu ; 4892. Aventure secrète c7)
ISBN 2-290-04892-5. *45 F / 6,86 €*

30384 **KELLER C-A.** Approche de la mystique dans les religions occidentales et orientales. *Albin Michel, 1996.* (La bibliothèque spirituelle ; 9)
ISBN 2-226-08698-6. *98 F / 14,94 €*

30385 **KERFORNE P., QUESTIN M-L.** Le guide de la joie permanente : comment atteindre l'extase et l'harmonie. *Pocket, 1997.* (Pocket ; 10252 c5)
ISBN 2-266-07628-0. *35 F / 5,34 €*

30386 **KHARITIDI O.** La chamane blanche : l'initiation d'une psychiatre à la médecine traditionnelle des âmes. *Pocket, 1998.* (Pocket ; 10256 c5)
ISBN 2-266-07769-4. *35 F / 5,34 €*

30387 **KIERKEGAARD S.** Etapes sur le chemin de la vie. Réimpr. *Gallimard, 1988.* (Tel ; 41)
ISBN 2-07-028688-6. *62 F / 9,45 €*

30388 **KIERKEGAARD S.** Le Journal du séducteur. *Gallimard, 1990.* (Folio. Essais ; 124 c1)
ISBN 2-07-032516-4. *29 F / 4,42 €*

30389 **KIERKEGAARD S.** Miettes philosophiques ; Le Concept de l'angoisse ; Traité du désespoir. *Gallimard, 1990.* (Tel ; 164)
ISBN 2-07-071961-8. *82 F / 12,50 €*

30390 **KIERKEGAARD S.** Les miettes philosophiques. *Seuil, 1996.* (Points ; 336. Essais c8)
ISBN 2-02-030705-7. *39 F / 5,95 €*

30391 **KIERKEGAARD S.** Oeuvres. *Laffont, 1993.* (Bouquins)
ISBN 2-221-07373-8. *168 F / 25,61 €*

30392 **KIERKEGAARD S.** Ou bien... ou bien. Réimpr. *Gallimard, 1988.* (Tel ; 85)
ISBN 2-07-070107-7. *89 F / 13,57 €*

30393 **KIERKEGAARD S.** Post-scriptum aux miettes philosophiques. *Gallimard, 1989.* (Tel ; 149)
ISBN 2-07-071703-8. *63 F / 9,60 €*

30394 **KIERKEGAARD S.** Traité du désespoir. *Gallimard, 1990.* (Folio ; 94. Essais ; 94 c2)
ISBN 2-07-032477-X. *37 F / 5,64 €*

30395 **KLEIN J.** Qui suis-je? : la quête sacrée. *Albin Michel, 1989.* (Spiritualités vivantes poche ; 75 c4)
ISBN 2-226-03665-2. *49 F / 7,47 €*

30396 **KOJÈVE A.** Essai d'une histoire raisonnée de la philosophie païenne. 1, Les présocratiques. *Gallimard, 1997.* (Tel ; 286)
ISBN 2-07-074725-5. *48 F / 7,32 €*

30397 **KOJÈVE A.** Essai d'une histoire raisonnée de la philosophie païenne. 2, Platon, Aristote. *Gallimard, 1997.* (Tel ; 287)
ISBN 2-07-074726-3. *52 F / 7,93 €*

30398 **KOJÈVE A.** Essai d'une histoire raisonnée de la philosophie païenne. 3, La philosophie hellénistique, les néo-platoniciens. *Gallimard, 1997.* (Tel ; 288)
ISBN 2-07-074727-1. *62 F / 9,45 €*

30399 **KOJEVE A.** Introduction à la lecture de Hegel : leçons sur la phénoménologie de l'esprit professées de 1933 à 1939 à l'Ecole des hautes études. *Gallimard, 1979.* (Tel ; 45)
ISBN 2-07-029528-1. *85 F / 12,96 €*

30400 **KOYRÉ A.** Du monde clos à l'univers infini. *Gallimard, 1988.* (Tel ; 129)
ISBN 2-07-071278-8. *60 F / 9,15 €*

30401 **KOYRÉ A.** Etudes d'histoire de la pensée philosophique. *Gallimard, 1981.* (Tel ; 57)
ISBN 2-07-023981-0. *63 F / 9,60 €*

30402 **KREMER-MARIETTI A.** L'Ethique. 2e éd. corr. *PUF, 1994.* (Que sais-je? ; 2383 c1)
ISBN 2-13-040270-4. *42 F / 6,40 €*

30403 **KREMER-MARIETTI A.** La Morale. 2e éd. corr. *PUF, 1991.* (Que sais-je? ; 2003 c1)
ISBN 2-13-043878-4. *42 F / 6,40 €*

30404 **KREMER-MARIETTI A.** La Philosophie cognitive. *PUF, 1994.* (Que sais-je? ; 2817 c1)
ISBN 2-13-045933-1. *42 F / 6,40 €*

30405 **KREMER-MARIETTI A.** Le Positivisme. *PUF, 1993.* (Que sais-je? ; 2034 c1)
ISBN 2-13-045634-0. *42 F / 6,40 €*

30406 **KRISHNAMURTI J.** Dernier journal. *Seuil, 1997.* (Points. Sagesses ; 125 c8)
ISBN 2-02-030908-4. *39 F / 5,95 €*

30407 **KRISHNAMURTI J.** La flamme de l'attention. *Seuil, 1996.* (Points ; 108. Sagesses ; 108 c8)
ISBN 2-02-025880-3. *39 F / 5,95 €*

30408 **KRISHNAMURTI J.** Le livre de la méditation et de la vie. *LGF, 1999.* (Le Livre de poche ; 14752 c10)
ISBN 2-253-14752-4. *40 F / 6,10 €*

30409 **KRISHNAMURTI J.** La première et la dernière liberté. *LGF, 1995.* (Le Livre de poche ; 13821)
ISBN 2-253-13821-5. *39 F / 5,95 €*

30410 **KRISHNAMURTI J.** Se libérer du connu. *LGF, 1995.* (Le Livre de poche ; 13820 c3)
ISBN 2-253-13820-7. *18 F / 2,74 €*

30411 **KRISHNAMURTI J., LUTYENS M.** La révolution du silence. *LGF, 1995.* (Le Livre de poche ; 13878 c6)
ISBN 2-253-13878-9. *26 F / 3,96 €*

30412 **KRISHNAMURTI J., PRASAD L.** Ultimes paroles : entretiens avec Lakshmi Prasad. *Albin Michel, 1997.* (Espaces libres ; 70 c3)
ISBN 2-226-09288-9. *45 F / 6,86 €*

30413 **KUNZMANN P., BURKARD F-P., WIEDMANN F.** Atlas de la philosophie. *LGF, 1993.* (La Pochothèque ; 3009. Encyclopédies d'aujourd'hui)
ISBN 2-253-06511-0. *85 F / 12,96 €*

30414 **LA METTRIE J. O. d.** L'homme-machine. *Mille et une nuits, 2000.* (La petite collection ; 275 c1)
ISBN 2-84205-468-7. *10 F / 1,52 €*

30415 **LA METTRIE J. O. d.** L'homme-machine. *Gallimard, 1999.* (Folio ; 344. Essais c3)
ISBN 2-07-040878-7. *41 F / 6,25 €*

30416 **LABICA G.** Karl Marx, Les Thèses sur Feuerbach. *PUF, 1987.* (Philosophies ; 13)
ISBN 2-13-040234-8. *36 F / 5,49 €*

30417 **LABICA G.** Robespierre, une politique de la philosophie. *PUF, 1990.* (Philosophies ; 30)
ISBN 2-13-043419-3. *37 F / 5,64 €*

30418 **LABORIT H.** Eloge de la fuite. *Gallimard, 1985.* (Folio ; 7. Essais ; 7 c2)
ISBN 2-07-032283-1. *37 F / 5,64 €*

30419 **LACARRIÈRE J.** Les Hommes ivres de Dieu. *Seuil, 1983.* (Points. Sagesses ; 33 c4)
ISBN 2-02-006566-5. *52 F / 7,93 €*

30420 **LACHELIER J., LETERRE T.** Fondements de l'induction. *Pocket, 1993.* (Agora ; 117. Les Classiques c8)
ISBN 2-266-04878-3. *45 F / 6,86 €*

30421 **LACROIX A.** Hegel, la philosophie de la nature. *PUF, 1997.* (Philosophies ; 81 c1)
ISBN 2-13-048329-1. *48 F / 7,32 €*

30422 **LACROIX J.** Kant et le kantisme. 12e éd. *PUF, 1998.* (Que sais-je? ; 1213 c1)
ISBN 2-13-044074-6. *42 F / 6,40 €*

30423 **LADOUS R.** Le Spiritisme. *Cerf ; Fides, 1989.* (Bref ; 13)
ISBN 2-204-03048-1. ISBN 2-7621-1452-7. *50 F / 7,62 €*

30424 **LAGRÉE J.** La Religion naturelle. *PUF, 1991.* (Philosophies ; 32 c1)
ISBN 2-13-043784-2. *35 F / 5,34 €*

30425 **LALANDE A.** Vocabulaire technique et critique de la philosophie. 4e éd. *PUF, 1997.* (Quadrige ; 133-134)
ISBN 2-13-044512-8. *184 F / 28,05 €*

30426 **LAMARCK J-B. M. d.** Système analytique des connaissances positives de l'homme. *PUF, 1988.* (Quadrige ; 108)
ISBN 2-13-042161-X. *66 F / 10,06 €*

30427 **LANDSBERG P-L.** Essai sur l'expérience de la mort ; Le Problème moral du suicide. *Seuil, 1993.* (Points. Sagesses ; 50 c1)
ISBN 2-02-017283-6. *32 F / 4,88 €*

30428 **LANZA DEL VASTO** Le Pèlerinage aux sources. *Gallimard, 1989.* (Folio ; 262 c9)
ISBN 2-07-036262-0. *41 F / 6,25 €*

30429 **LANZA DEL VASTO** Technique de la non-violence. *Gallimard, 1988.* (Folio. Essais ; 97 c3)
ISBN 2-07-032480-X. *41 F / 6,25 €*

30430 **LAOZI** Tao Te King. *Albin Michel, 1991.* (Spiritualités vivantes poche ; 43 c2)
ISBN 2-226-02118-3. *39 F / 5,95 €*

30431 **LAPOUJADE D.** William James : empirisme et pragmatisme. *PUF, 1997.* (Philosophies ; 89 c1)
ISBN 2-13-048640-1. *48 F / 7,32 €*

30432 **LARGEAULT J.** La logique. 2e éd. corri. *PUF, 1998.* (Que sais-je? ; 225 c1)
ISBN 2-13-046088-7. *42 F / 6,40 €*

30433 **LARRÈRE C.** Les philosophies de l'environnement. *PUF, 1997.* (Philosophies ; 85 c1)
ISBN 2-13-048402-6. *45 F / 6,86 €*

30434 **N** **LASSALLE P.** L'art moral : manifester ses buts en cultivant la fraternité. *Sophiakalia, 2000.* (Christosophie)
ISBN 2-913415-07-5. *50 F / 7,62 €*

30435 **LASSALLE P.** Le combat contre le dragon. *Sophiakalia, 1999.* (Christosophie)
ISBN 2-913415-03-2. *40 F / 6,10 €*

30436 **LASSALLE P.** Parousie : la présence du Christ. *Sophiakalia, 1998.* (Christosophie)
ISBN 2-913415-02-4. *55 F / 8,38 €*

30437 **LASSALLE P.** Pourquoi et comment se relier à son ange ?. *Sophiakalia, 1998.* (Christosophie)
ISBN 2-913415-00-8. *40 F / 6,10 €*

30438 **LAVAL C.** Jeremy Bentham : le pouvoir des fictions. *PUF, 1994.* (Philosophies ; 47)
ISBN 2-13-046160-3. *45 F / 6,86 €*

30439 **LE BIHAN C.** Les grands problèmes de l'éthique. *Seuil, 1997.* (Mémo ; 57 c1)
ISBN 2-02-023495-5. *29 F / 4,42 €*

30440 **LE BLANC G.** Canguilhem et les normes. *PUF, 1998.* (Philosophies ; 103 c1)
ISBN 2-13-049124-3. *48 F / 7,32 €*

30441 **LE MOIGNE J-L.** Les épistémologies constructives. *PUF, 1995.* (Que sais-je? ; 2969 c1)
ISBN 2-13-046943-4. *42 F / 6,40 €*

30442 **LE SAUX H.** Ecrits. *Albin Michel, 1991.* (Spiritualités vivantes poche ; 91 c6)
ISBN 2-226-05223-2. *59 F / 8,99 €*

30443 **N** **LEBRUN M.** La joie qui soulève des montagnes. *Pocket, 2001.* (Pocket ; 10117 c4B)
ISBN 2-266-07340-0. *32 F / 4,88 €*

30444 **LECERCLE J-J.** Frankenstein, mythe et philosophie. 3e éd. corr. *PUF, 1997.* (Philosophies ; 17)
ISBN 2-13-041872-4. *48 F / 7,32 €*

30445 **LECOURT D.** Promethée, Faust, Frankenstein : fondements imaginaires de l'éthique. *LGF, 1998.* (Le Livre de poche ; 4275. Biblio essais c9)
ISBN 2-253-94275-8. *36 F / 5,49 €*

30446 **N** **Lectures de Nietzsche.** *LGF, 2000.* (Le Livre de poche ; 577. Références philosophie c15)
ISBN 2-253-90577-1. *50 F / 7,62 €*

30447 **LEDUC-FAYETTE D.** Fénelon et l'amour de Dieu. *PUF, 1996.* (Philosophies ; 66)
ISBN 2-13-047423-3. *45 F / 6,86 €*

30448 **LEFEBVRE H.** L'Idéologie structuraliste. *Seuil, 1975.* (Points ; 66. Essais c3)
ISBN 2-02-004260-6. *48 F / 7,32 €*

30449 **LEFEBVRE H.** Le Matérialisme dialectique. *PUF, 1990.* (Quadrige ; 122)
ISBN 2-13-043427-4. *49 F / 7,47 €*

30450 **LEFEBVRE J-P., MACHEREY P.** Hegel et la société. 2e éd. *PUF, 1987.* (Philosophies ; 4)
ISBN 2-13-041545-8. *32 F / 4,88 €*

30451 **LEFORT C.** Ecrire à l'épreuve du politique. *Pocket, 1995.* (Agora ; 150 c8)
ISBN 2-266-05606-9. *45 F / 6,86 €*

30452 **LEFRANC J.** La philosophie en France au XIXe siècle. *PUF, 1998.* (Que sais-je? ; 3331 c1)
ISBN 2-13-048835-8. *42 F / 6,40 €*

30453 **LEGENDRE P.** La fabrique de l'homme occidental ; suivi de L'homme en meurtrier. *Mille et une nuits* ; *Arte Editions, 1996.* (La petite collection ; 129 cA)
ISBN 2-84205-096-7. *10 F / 1,52 €*

30454 **LEIBNIZ G. W.** Discours de métaphysique ; sur la liberté, le destin, la grâce de Dieu ; Correspondance avec Arnauld. *Pocket, 1993.* (Agora ; 124 c6)
ISBN 2-266-05066-4. *38 F / 5,79 €*

30455 **LEIBNIZ G. W.** Discours de métaphysique ; suivi de Monadologie. *Gallimard, 1995.* (Tel ; 262)
ISBN 2-07-073843-4. *55 F / 8,38 €*

30456 **LEIBNIZ G. W.** L'harmonie des langues. *Seuil, 2000.* (Points ; 404. Essais c14)
ISBN 2-02-035758-5. *55 F / 8,38 €*

30457 **LEIBNIZ G. W.** Réfutation inédite de Spinoza : remarques critiques de Leibniz sur un livre de J.G. Wachter à propos de la philosophie cachée des Hébreux : d'après le manuscrit original de la Bibliothèque royale de Hanovre. *Actes Sud, 1999.* (Babel ; 368. Les philosophiques)
ISBN 2-7427-2074-X. *39 F / 5,95 €*

30458 **LELOUP J-Y.** Désert, déserts. *Albin Michel, 1996.* (Espaces libres ; 68 c2)
ISBN 2-226-08734-6. *39 F / 5,95 €*

30459 **LENOBLE R.** Histoire de l'idée de nature. *Albin Michel, 1990.* (L'Evolution de l'humanité poche ; 10)
ISBN 2-226-05010-8. *59 F / 8,99 €*

30460 **LEQUAN M.** La chimie selon Kant. *PUF, 2000.* (Philosophies ; 127 c1)
ISBN 2-13-050547-3. *48 F / 7,32 €*

30461 **LEVINAS E.** Autrement qu'être ou Au-delà de l'essence. *LGF, 1990.* (Le Livre de poche ; 4121. Biblio essais c13)
ISBN 2-253-05352-X. *46 F / 7,01 €*

30462 **LEVINAS E.** De l'évasion. *LGF, 1998.* (Le Livre de poche ; 4261. Biblio essais c8)
ISBN 2-253-94261-8. *33 F / 5,03 €*

30463 **LEVINAS E.** Dieu, la mort et le temps. *LGF, 1995.* (Le Livre de poche ; 4205. Biblio essais c11)
ISBN 2-253-94205-7. *42 F / 6,40 €*

30464 **LEVINAS E.** Difficile liberté. *LGF, 1984.* (Le Livre de poche ; 4019. Biblio essais c13)
ISBN 2-253-03427-4. *46 F / 7,01 €*

30465 **LEVINAS E.** Entre nous : essais sur le penser-à-l'autre. *LGF, 1993.* (Le Livre de poche ; 4172. Biblio essais c15)
ISBN 2-253-06345-2. *50 F / 7,62 €*

30466 **LEVINAS E.** Ethique et infini. *LGF, 1984.* (Le Livre de poche ; 4018. Biblio essais c5)
ISBN 2-253-03426-6. *23 F / 3,51 €*

30467 **LEVINAS E.** Hors sujet. *LGF, 1997.* (Le Livre de poche ; 4246. Biblio essais c10)
ISBN 2-253-94246-4. *40 F / 6,10 €*

30468 **LEVINAS E.** Humanisme de l'autre homme. *LGF, 1987.* (Le Livre de poche ; 4058. Biblio essais c5)
ISBN 2-253-04115-7. *23 F / 3,51 €*

30469 **LEVINAS E.** Les imprévus de l'histoire. *LGF, 2000.* (Le Livre de poche ; 4296. Biblio essais)
ISBN 2-253-94296-0. *35 F / 5,34 €*

30470 **LEVINAS E.** Liberté et commandement ; Transcendance et hauteur. *LGF, 1999.* (Le Livre de poche ; 4240. Biblio essais c8)
ISBN 2-253-94240-5. *33 F / 5,03 €*

30471 **LEVINAS E.** La Mort et le temps. *LGF, 1992.* (Le Livre de poche ; 4148. Biblio essais c8)
ISBN 2-253-05943-9. *33 F / 5,03 €*

30472 **LEVINAS E.** Le temps et l'autre. 7e éd. *PUF, 1998.* (Quadrige ; 43)
ISBN 2-13-044377-X. *49 F / 7,47 €*

30473 **LEVINAS E.** Totalité et infini : essai sur l'extériorité. *LGF, 1990.* (Le Livre de poche ; 4120. Biblio essais c14)
ISBN 2-253-05351-1. *48 F / 7,32 €*

30474 **LÉVY B-H.** La Barbarie à visage humain. *LGF, 1985.* (Le Livre de poche ; 4032. Biblio essais c7)
ISBN 2-253-03740-0. *33 F / 5,03 €*

30475 **LÉVY C.** Les philosophies hellénistiques. *LGF, 1997.* (Le Livre de poche ; 537. Références Antiquité c11)
ISBN 2-253-90537-2. *42 F / 6,40 €*

30476 **LIBERA A. d.** Penser au Moyen Age. *Seuil, 1996.* (Points ; 329. Essais c15)
ISBN 2-02-029971-2. *59 F / 8,99 €*

30477 **Lire Le capital. Nouv. éd.** / présentée et annotée par Etienne Balibar. *PUF, 1996.* (Quadrige ; 186)
ISBN 2-13-046875-6. *118 F / 17,99 €*

30478 **LITT T.** L'universel dans les sciences morales. *Cerf, 1999.* (Humanités)
ISBN 2-204-05911-0. *95 F / 14,48 €*

30479 **N** **Le livre de la méditation.** *Librio, 2000.* (Librio ; 411 c1)
ISBN 2-290-30748-3. *10 F / 1,52 €*

30480 **N** **Le livre de la sagesse. Réimpr.** *Librio, 2001.* (Librio ; 327 c1)
ISBN 2-290-30098-5. *10 F / 1,52 €*

30481 **Les livres des morts :** tibétain, égyptien et chrétien. *Albin Michel, 1997.* (La bibliothèque spirituelle ; 11)
ISBN 2-226-09554-3. *120 F / 18,29 €*

30482 **LOBSANG RAMPA T.** Le troisième oeil. Nouv. éd. *J'ai lu, 1985.* (J'ai lu ; 1829. Aventure secrète c3)
ISBN 2-277-21829-4. *29 F / 4,42 €*

30483 **LOCK G.** Wittgenstein : philosophie, logique, thérapeutique. *PUF, 1992.* (Philosophies)
ISBN 2-13-044308-7. *40 F / 6,10 €*

30484 **LOCKE J.** Identité et différence : l'invention de la conscience = An essay concerning human understanding II, xxvii : Of identity and diversity. *Seuil, 1998.* (Points ; 367. Essais c17)
ISBN 2-02-026300-9. *65 F / 9,91 €*

30485 **LOCKE J.** Lettre sur la tolérance. *PUF, 1995.* (Quadrige ; 191)
ISBN 2-13-046248-0. *62 F / 9,45 €*

30486 **LOCKE J.** Lettre sur la tolérance. *Mille et une nuits, 1998.* (La petite collection ; 206)
ISBN 2-84205-334-6. *13 F / 1,98 €*

30487 **LÖWITH K.** Nietzsche : philosophie de l'éternel retour du même. *Hachette Littératures, 1998.* (Pluriel ; 843)
ISBN 2-01-278843-2. *50 F / 7,62 €*

30488 **LUCRÈCE** De la nature. *Gallimard, 1990.* (Tel ; 167)
ISBN 2-07-072080-2. *52 F / 7,93 €*

30489 **LUCRÈCE** La nature des choses : De rerum natura. *Arléa, 1995.* (Retour aux grands textes poche ; 3)
ISBN 2-86959-229-9. *45 F / 6,86 €*

30490 **LUKÀCS G.** Marx et Engels, historiens de la littérature. *Arche éditeur, 1976.* (Travaux ; 25)
ISBN 2-85181-166-5. *59 F / 8,99 €*

30491 **LYOTARD J-F.** La phénoménologie. 13 éd. *PUF, 1999.* (Que sais-je? ; 625 c1)
ISBN 2-13-044679-5. *42 F / 6,40 €*

30492 **MACHEREY P.** Comte, la philosophie et les sciences. *PUF, 1989.* (Philosophies ; 22)
ISBN 2-13-042621-2. *35 F / 5,34 €*

30493 **MACHIAVEL** Maximes et pensées. *A. Silvaire, 1975.* (Maximes et pensées c1)
42 F / 6,40 €

30494 **MACLEAN I.** Montaigne philosophe. *PUF, 1996.* (Philosophies ; 72)
ISBN 2-13-047809-3. *45 F / 6,86 €*

30495 **Le Magasin des enfants.** *Gallimard, 1994.* (Folio ; 38. Actuel ; 38 c7)
ISBN 2-07-032770-1. *60 F / 9,15 €*

30496 **MALEBRANCHE N. d.** Conversations chrétiennes ; suivi de Entretiens sur la métaphysique, sur la religion et sur la mort. *Gallimard, 1994.* (Folio ; 260. Essais c10)
ISBN 2-07-039244-9. *76,50 F / 11,66 €*

30497 **N** **MALOLO DISSAKÉ E.** Feyerabend : épistémologie, anarchisme et société libre. *PUF, 2001.* (Philosophies ; 135 c1)
ISBN 2-13-050826-X. *49 F / 7,47 €*

30498 **MANDEVILLE B.** Recherche sur la nature de la société : addition à la seconde édition (1723) de La fable des abeilles : essai. *Actes Sud, 1998.* (Babel ; 358. Les philosophiques)
ISBN 2-7427-2063-4. *33 F / 5,03 €*

30499 **MARC AURÈLE (empereur romain)** Maximes et pensées. 3e éd. *A. Silvaire, 1992.* (Maximes et pensées c1)
ISBN 2-85055-211-9. *42 F / 6,40 €*

30500 **MARC AURÈLE (empereur romain)** Soliloques. *LGF, 1998.* (Le Livre de poche ; 6731. Classiques de la philosophie c8)
ISBN 2-253-06731-8. *33 F / 5,03 €*

30501 **MARC AURÈLE (empereur romain), RENAN E.** Pensées pour moi-même. *Arléa, 1995.* (Retour aux grands textes poche ; 9)
ISBN 2-86959-254-X. *45 F / 6,86 €*

30502 **MARCEL G.** Essai de philosophie concrète. *Gallimard, 1999.* (Folio ; 350. Essais)
ISBN 2-07-041020-X. *41 F / 6,25 €*

30503 **MARCUSE H.** L'Ontologie de Hegel et la théorie de l'historicité. *Gallimard, 1991.* (Tel ; 193)
ISBN 2-07-072466-2. *72 F / 10,98 €*

30504 **MARGOLIN J-C.** L'Humanisme en Europe au temps de la Renaissance. *PUF, 1981.* (Que sais-je? ; 1945 c1)
ISBN 2-13-037003-9. *42 F / 6,40 €*

30505 **MARION J-L.** L'Idole et la distance : cinq études. *LGF, 1991.* (Le Livre de poche ; 4073. Biblio essais c14)
ISBN 2-253-04409-1. *48 F / 7,32 €*

30506 **MARION J-L.** Sur la théologie blanche de Descartes. *PUF, 1991.* (Quadrige ; 135)
ISBN 2-13-044039-8. *65 F / 9,91 €*

30507 **MARX K.** Philosophie. *Gallimard, 1994.* (Folio ; 244. Essais ; 244 cJ)
ISBN 2-07-032839-2. *76,50 F / 11,66 €*

30508 **MATTÉI J-F.** Pythagore et les pythagoriciens. *PUF, 1993.* (Que sais-je? ; 2732 c1)
ISBN 2-13-045283-3. *42 F / 6,40 €*

30509 **MAUREL J.** Victor Hugo philosophe. *PUF, 1985.* (Philosophies ; 7)
ISBN 2-13-039365-9. *29 F / 4,42 €*

30510 **MAURY L.** Les Emotions de Darwin à Freud. *PUF, 1993.* (Philosophies ; 41)
ISBN 2-13-045220-5. *45 F / 6,86 €*

30511 **MAZAURIC S.** Gassendi, Pascal et la querelle du vide. *PUF, 1998.* (Philosophies ; 110 c1)
ISBN 2-13-049471-4. *48 F / 7,32 €*

30512 **MEADOWS K.** L'envol de l'aigle : la voie chamanique de la sagesse intérieure. *Pocket, 1998.* (Pocket ; 10271 c4B)
ISBN 2-266-07731-7. *32 F / 4,88 €*

30513 **Méditer et agir.** *Albin Michel, 1993.* (Espaces libres ; 39)
ISBN 2-226-06408-7. *45 F / 6,86 €*

30514 **Méditerranée entre la raison et la foi.** *Actes Sud, 1998.* (Babel ; 359)
ISBN 2-7427-2064-2. *45 F / 6,86 €*

30515 **MERCIER M.** L'enseignement de l'arbre maître. *Pocket, 1997.* (Pocket ; 4806 c3)
ISBN 2-266-07157-2. *35 F / 5,34 €*

30516 **MERLEAU-PONTY M.** Les aventures de la dialectique. *Gallimard, 2000.* (Folio ; 364. Essais c10)
ISBN 2-07-041337-3. *46 F / 7,01 €*

30517 **MERLEAU-PONTY M.** Eloge de la philosophie : et autres essais. *Gallimard, 1989.* (Folio ; 118. Essais ; 118 c5)
ISBN 2-07-032510-5. *52 F / 7,93 €*

30518 **MERLEAU-PONTY M.** Phénoménologie de la perception. *Gallimard, 1976.* (Tel ; 4)
ISBN 2-07-029337-8. *85 F / 12,96 €*

30519 **MERLEAU-PONTY M.** Le Visible et l'Invisible ; Notes de travail. *Gallimard, 1979.* (Tel ; 36)
ISBN 2-07-028625-8. *65 F / 9,91 €*

30520 **MEYER M.** De l'insolence : essai sur la morale et le politique. *LGF, 1998.* (Le Livre de poche ; 4258. Biblio essais c8)
ISBN 2-253-94258-8. *33 F / 5,03 €*

30521 **N** **MEYER M.** Petite métaphysique de la différence : religion, art et société. *LGF, 2000.* (Le Livre de poche ; 4305. Biblio essais c8)
ISBN 2-253-94305-3. *33 F / 5,03 €*

30522 **MEYER M.** Le Philosophe et les passions : esquisse d'une histoire de la nature humaine. *LGF, 1991.* (Le Livre de poche ; 4133. Biblio essais c14)
ISBN 2-253-05623-5. *48 F / 7,32 €*

30523 **MEYER M.** Pour une histoire de l'ontologie. *PUF, 1999.* (Quadrige ; 282)
ISBN 2-13-049792-6. *55 F / 8,38 €*

30524 **MEYER M.** Qu'est-ce que la philosophie ?. *LGF, 1997.* (Le Livre de poche ; 4241. Biblio essais c8)
ISBN 2-253-94241-3. *33 F / 5,03 €*

30525 **MEYER M.** Science et métaphysique chez Kant. *PUF, 1995.* (Quadrige ; 193)
ISBN 2-13-047127-7. *62 F / 9,45 €*

30526 **MICHAEL T.** Yoga. *Seuil, 1995.* (Points ; 83. Sagesses ; 83 c2)
ISBN 2-02-022720-7. *39 F / 5,95 €*

30527 **MICHAUD Y.** Hume et la philosophie. *PUF, 1999.* (Quadrige ; 301)
ISBN 2-13-050365-9. *69 F / 10,52 €*

30528 **MICHAUD Y.** Locke. *PUF, 1998.* (Quadrige ; 271)
ISBN 2-13-049658-X. *69 F / 10,52 €*

30529 **MICHEL A.** Métanoïa : phénomènes physiques du mysticisme. *Albin Michel, 1986.* (Spiritualités vivantes poche ; 57 c5)
ISBN 2-226-02598-7. *55 F / 8,38 €*

30530 **MILL J. S.** De la liberté. *Gallimard, 1990.* (Folio ; 142. Essais ; 142 c2)
ISBN 2-07-032536-9. *37 F / 5,64 €*

30531 **MILL J. S.** L'utilitarisme : essai sur Bentham. *PUF, 1998.* (Quadrige ; 261)
ISBN 2-13-049415-3. *69 F / 10,52 €*

30532 **MILLET L.** La métaphysique. *PUF, 1996.* (Que sais-je? ; 3078 c1)
ISBN 2-13-047506-X. *42 F / 6,40 €*

30533 **MISHIMA Y.** Le Japon moderne et l'éthique samouraï : la voie du Hagakuré. *Gallimard, 1985.* (Arcades ; 1)
ISBN 2-07-070360-6. *65 F / 9,91 €*

30534 **MISRAHI R.** Construction d'un château : traité du bonheur. *Seuil, 1995.* (Points. Sagesses ; 89 c1)
ISBN 2-02-023914-0. *32 F / 4,88 €*

30535 **MISRAHI R.** Lumière, commencement, liberté : fondements pour une philosophie du sujet et pour une éthique de la joie. *Seuil, 1996.* (Points ; 335. Essais c14)
ISBN 2-02-029892-9. *55 F / 8,38 €*

30536 **MOÏSE MAÏMONIDE** Le Livre de la connaissance. 2e éd. *PUF, 1990.* (Quadrige ; 70)
ISBN 2-13-042740-5. *64 F / 9,76 €*

30537 **MONGIN O.** Paul Ricoeur. Nouv. éd. mise à jour. *Seuil, 1998.* (Points. Essais ; 358 c12)
ISBN 2-02-033127-6. *50 F / 7,62 €*

30538 **MONTAUD B.** Le testament de l'ange : les derniers jours de Gitta Mallasz. *Albin Michel, 1995.* (Espaces libres ; 59 c2)
ISBN 2-226-07940-8. *39 F / 5,95 €*

30539 **N** **MONTEBELLO P.** Nietzsche : la volonté de puissance. *PUF, 2001.* (Philosophies c1)
ISBN 2-13-051038-8. *49 F / 7,47 €*

30540 **MONTESQUIEU C-L. d. S. (. d. L. B. e. d.** Pensées ; Le Spicilège. *Laffont, 1991.* (Bouquins)
ISBN 2-221-05960-3. *150 F / 22,87 €*

30541 **MOORE T.** Le soin de l'âme : un guide pour cultiver au jour le jour la profondeur et le sens du sacré. *J'ai lu, 1996.* (J'ai lu ; 4137. Aventure secrète c5)
ISBN 2-277-24137-7. *39 F / 5,95 €*

30542 **MOREAU P-F.** Hobbes, philosophie, science, religion. *PUF, 1989.* (Philosophies ; 23)
ISBN 2-13-042750-2. *35 F / 5,34 €*

30543 **MOREL P-M.** Atome et nécessité : Démocrite, Epicure, Lucrèce. *PUF, 2000.* (Philosophies ; 128 c1)
ISBN 2-13-050613-5. *48 F / 7,32 €*

30544 **MORILHAT C.** La Mettrie, un matérialisme radical. *PUF, 1997.* (Philosophies ; 90 c1)
ISBN 2-13-048582-0. *48 F / 7,32 €*

30545 **MORILHAT C.** Montesquieu : politique et richesses. *PUF, 1996.* (Philosophies ; 67)
ISBN 2-13-047458-6. *45 F / 6,86 €*

30546 **MORIN E.** La Connaissance de la connaissance : anthropologie de la connaissance. Nouv. éd. *Seuil, 1992.* (La Méthode; 3)(Points. Essais ; 236 c3)
ISBN 2-02-014440-9. *48 F / 7,32 €*

30547 **MORIN E., PIATTELLI-PALMARINI M.** Le Cerveau humain. *Seuil, 1978.* (L'Unité de l'homme; 2)(Points ; 92. Essais c3)
ISBN 2-02-004823-X. *48 F / 7,32 €*

30548 **MORIN E., PIATTELLI-PALMARINI M.** Le Primate et l'homme. *Seuil, 1978.* (L'Unité de l'homme; 1)(Points ; 91. Essais c4)
ISBN 2-02-004822-1. *52 F / 7,93 €*

30549 **La Mort est une autre naissance.** *Albin Michel, 1989.* (Espaces libres ; 4 c4)
ISBN 2-226-03816-7. *52 F / 7,93 €*

30550 **N** **MOUILLIE J-M.** Sartre, conscience, ego et psyché. *PUF, 2000.* (Philosophies ; 137)
ISBN 2-13-050824-3. *49 F / 7,47 €*

30551 **MOUNIER E.** Ecrits sur le personnalisme. *Seuil, 2000.* (Points ; 412. Essais ; 412 c15)
ISBN 2-02-040394-3. *59 F / 8,99 €*

30552 **MOUNIER E.** Le Personnalisme. 15e éd. *PUF, 1992.* (Que sais-je? ; 395 c1)
ISBN 2-13-044675-2. *42 F / 6,40 €*

30553 **MOUNIER E.** Refaire la Renaissance. *Seuil, 2000.* (Points ; 413. Essais ; 413 c18)
ISBN 2-02-040399-4. *67 F / 10,21 €*

30554 **MOURRAL I.** Premières leçons sur la conscience et la vie de Bergson. 2e éd. *PUF, 1997.* (Major bac)
ISBN 2-13-048047-0. *42 F / 6,40 €*

30555 **A** **MOYSE D.** Bien naître, bien être, bien mourir : propos sur l'eugénisme et l'euthanasie. *Erès, 2001.* (Réponses philosophiques)
ISBN 2-86586-925-3. *120 F / 18,29 €*

30556 **N** **NANCY J-L.** Corpus ; suivi de De l'âme. *Métailié, 2000.* (Suite sciences humaines ; 4)
ISBN 2-86424-366-0. *55 F / 8,38 €*

30557 **NATAF A.** La libre pensée. *PUF, 1996.* (Que sais-je? ; 848 c1)
ISBN 2-13-047967-7. *42 F / 6,40 €*

30558 **N** **NEF F.** Leibniz et le langage. *PUF, 2000.* (Philosophies ; 138)
ISBN 2-13-050825-1. *49 F / 7,47 €*

30559 **NIETZSCHE F.** Ainsi parlait Zarathoustra : un livre qui est pour tous et qui n'est pour personne. *Gallimard, 1985.* (Folio ; 8. Essais ; 8 c5)
ISBN 2-07-032285-8. *52 F / 7,93 €*

30560 **NIETZSCHE F.** Ainsi parlait Zarathoustra. Nouv. éd. *LGF, 1983.* (Le Livre de poche ; 987. Classiques de poche c8)
ISBN 2-253-00675-0. *33 F / 5,03 €*

30561 **NIETZSCHE F.** Ainsi parlait Zarathoustra. Réimpr. *10-18, 1998.* (10-18 ; 646. Bibliothèques c5)
ISBN 2-264-02831-9. *44 F / 6,71 €*

30562 **NIETZSCHE F.** L'Antéchrist ; Ecce homo. *Gallimard, 1990.* (Folio. Essais ; 137 c3)
ISBN 2-07-032557-1. *41 F / 6,25 €*

30563 **NIETZSCHE F.** L'Antéchrist. *10-18, 1997.* (10-18 ; 360. Bibliothèques c4)
ISBN 2-264-02486-0. *41 F / 6,25 €*

30564 **NIETZSCHE F.** Aurore : pensées sur les préjugés moraux. *Gallimard, 1989.* (Folio ; 119. Essais ; 119 c2)
ISBN 2-07-032511-3. *41 F / 6,25 €*

30565 **NIETZSCHE F.** Aurore : réflexions sur les préjugés moraux. *LGF, 1995.* (Le Livre de poche ; 6721. Classiques de la philosophie c10)
ISBN 2-253-06721-0. *40 F / 6,10 €*

30566 **NIETZSCHE F.** Aurore : réflexions sur les préjugés moraux. Nouv. éd. rev. *Hachette Littératures, 1987.* (Pluriel ; 8509 c4)
ISBN 2-01-013145-2. *58 F / 8,84 €*

30567 **NIETZSCHE F.** Le Cas Wagner ; Nietzsche contre Wagner. *Gallimard, 1991.* (Folio. Essais ; 169 c1)
ISBN 2-07-032659-4. *29,50 F / 4,50 €*

30568 **NIETZSCHE F.** Considérations inactuelles I et II ; Fragments posthumes. *Gallimard, 1992.* (Folio ; 191. Essais c1)
ISBN 2-07-032689-6. *37 F / 5,64 €*

30569 **NIETZSCHE F.** Considérations inactuelles III et IV. *Gallimard, 1992.* (Folio ; 206. Essais c2)
ISBN 2-07-032729-9. *37 F / 5,64 €*

30570 **NIETZSCHE F.** Crépuscule des idoles ou Comment philosopher à coups de marteau. *Gallimard, 1988.* (Folio. Essais ; 88 c1)
ISBN 2-07-032474-5. *29,50 F / 4,50 €*

30571 **N** **NIETZSCHE F.** Deuxième considération intempestive : de l'utilité et de l'inconvénient de l'histoire pour la vie. *Mille et une nuits, 2000.* (La petite collection ; 288)
ISBN 2-84205-483-0. *10 F / 1,52 €*

30572 **NIETZSCHE F.** Ecce homo. *Mille et une nuits, 1996.* (La petite collection ; 116 c6)
ISBN 2-84205-064-9. *19,50 F / 2,97 €*

30573 **N** **NIETZSCHE F.** Eléments pour la généalogie de la morale : écrit de combat : ajouté à Par-delà bien et mal, publié dernièrement, pour le compléter et l'éclairer. *LGF, 2000.* (Le Livre de poche ; 4659. Classiques de la philosophie c8)
ISBN 2-253-06740-7. *33 F / 5,03 €*

30574 **NIETZSCHE F.** Essai d'autocritique et autres préfaces. *Seuil, 1998.* (Points ; 384. Essais c12)
ISBN 2-02-035759-3. *50 F / 7,62 €*

30575 **NIETZSCHE F.** Le Gai savoir : la gaya scienza. Nouv. éd. rev. *Hachette Littératures, 1987.* (Pluriel ; 8497 c4)
ISBN 2-01-012742-0. *58 F / 8,84 €*

30576 **NIETZSCHE F.** Le Gai savoir. Ed. rev., corr. et augm. *Gallimard, 1990.* (Folio ; 17. Essais ; 17 c3)
ISBN 2-07-032540-7. *41 F / 6,25 €*

30577 **NIETZSCHE F.** Le Gai savoir. *LGF, 1993.* (Le Livre de poche ; 4620. Classiques de la philosophie c9)
ISBN 2-253-06386-X. *36 F / 5,49 €*

30578 **NIETZSCHE F.** La Généalogie de la morale. *Gallimard, 1987.* (Folio ; 16. Essais ; 16 c2)
ISBN 2-07-032327-7. *37 F / 5,64 €*

30579 **NIETZSCHE F.** Humain, trop humain : I et II. *LGF, 1995.* (Le Livre de poche ; 4634. Classiques de la philosophie c15)
ISBN 2-253-06715-6. *50 F / 7,62 €*

30580 **NIETZSCHE F.** Humain, trop humain. 1. *Gallimard, 1987.* (Folio. Essais ; 77 c3)
ISBN 2-07-032451-6. *41 F / 6,25 €*

30581 **NIETZSCHE F.** Humain, trop humain. 2. *Gallimard, 1987.* (Folio. Essais ; 78 c3)
ISBN 2-07-032452-4. *41 F / 6,25 €*

30582 **NIETZSCHE F.** Mauvaises pensées choisies. *Gallimard, 2000.* (Tel ; 306)
ISBN 2-07-075833-8. *84 F / 12,81 €*

30583 **NIETZSCHE F.** Maximes et pensées. Réimpr. *A. Silvaire, 1998.* (Maximes et pensées c1)
ISBN 2-85055-260-7. *42 F / 6,40 €*

30584 **NIETZSCHE F.** Mort parce que bête. *PARC, 1998.* (Collection grise. 10/15)
ISBN 2-912010-06-3. *20 F / 3,05 €*

30585 **NIETZSCHE F.** La Naissance de la tragédie ou Hellénisme et pessimisme. *LGF, 1994.* (Le Livre de poche ; 4625. Classiques de la philosophie c8)
ISBN 2-253-06706-7. *33 F / 5,03 €*

30586 **NIETZSCHE F.** La Naissance de la tragédie. Nouv. éd. *Gallimard, 1989.* (Folio ; 32. Essais ; 32 c3)
ISBN 2-07-032542-3. *41 F / 6,25 €*

30587 **NIETZSCHE F.** Oeuvres. 1. Réimpr. *Laffont, 2000.* (Bouquins)
ISBN 2-221-06905-6. *199 F / 30,34 €*

30588 **NIETZSCHE F.** Oeuvres. 2. Réimpr. *Laffont, 2000.* (Bouquins)
ISBN 2-221-06906-4. *199 F / 30,34 €*

30589 **NIETZSCHE F.** Par-delà bien et mal : prélude d'une philosophie de l'avenir. *Gallimard, 1987.* (Folio ; 70. Essais ; 70 c2)
ISBN 2-07-032430-3. *37 F / 5,64 €*

30590 **NIETZSCHE F.** Par-delà le bien et le mal : prélude à une philosophie de l'avenir. *LGF, 1991.* (Le Livre de poche ; 4605. Classiques de la philosophie c12)
ISBN 2-253-05614-6. *44 F / 6,71 €*

30591 **NIETZSCHE F.** Par-delà le bien et le mal : prélude d'une philosophie de l'avenir. Nouv. éd. rev. *Hachette Littératures, 1987.* (Pluriel ; 8448 c4)
ISBN 2-01-011040-4. *58 F / 8,84 €*

30592 **NIETZSCHE F.** La Philosophie à l'époque tragique des Grecs ; Sur l'avenir de nos établissements d'enseignement. *Gallimard, 1990.* (Folio ; 140. Essais ; 140 c8)
ISBN 2-07-032522-9. *37 F / 5,64 €*

30593 **NIETZSCHE F.** Vérité et mensonge au sens extra-moral. Réimpr. *Actes Sud, 1999.* (Babel ; 302. Les philosophiques c1)
ISBN 2-7427-1452-9. *33 F / 5,03 €*

30594 **NIETZSCHE F.** La Volonté de puissance : essai d'une transmutation de toutes les valeurs : études et fragments. *LGF, 1991.* (Le Livre de poche ; 4608. Classiques de la philosophie c14)
ISBN 2-253-05719-3. *48 F / 7,32 €*

30595 **NIETZSCHE F.** La volonté de puissance. 1. *Gallimard, 1995.* (Tel ; 259)
ISBN 2-07-074216-4. *80 F / 12,20 €*

30596 **NIETZSCHE F.** La volonté de puissance. 2. *Gallimard, 1995.* (Tel ; 260)
ISBN 2-07-074217-2. *90 F / 13,72 €*

30597 **NIZAN P.** Démocrite, Epicure, Lucrèce : les matérialistes de l'Antiquité. *Arléa, 1999.* (Retour aux grands textes poche ; 40)
ISBN 2-86959-437-2. *35 F / 5,34 €*

30598 **NOËL D. C.** Carlos Castaneda, ombres et lumières. *Albin Michel, 1989.* (Spiritualités vivantes poche ; 28 c3)
ISBN 2-226-01289-3. *45 F / 6,86 €*

30599 **Notions de philosophie. 1.** *Gallimard, 1995.* (Folio ; 277. Essais ; 277 c10)
ISBN 2-07-032761-2. *76,50 F / 11,66 €*

30600 **Notions de philosophie. 2.** *Gallimard, 1995.* (Folio ; 278. Essais ; 278 c10)
ISBN 2-07-032903-8. *76,50 F / 11,66 €*

30601 **Notions de philosophie. 3.** *Gallimard, 1995.* (Folio ; 279. Essais ; 279 c10)
ISBN 2-07-032904-6. *76,50 F / 11,66 €*

30602 **ONFRAY M.** L'Art de jouir : pour un matérialisme hédoniste. *LGF, 1994.* (Le Livre de poche ; 4198. Biblio essais c11)
ISBN 2-253-94198-0. *42 F / 6,40 €*

30603 **ONFRAY M.** Cynismes. *LGF, 1992.* (Le Livre de poche ; 4077. Biblio essais c8)
ISBN 2-253-04457-1. *33 F / 5,03 €*

30604 **ONFRAY M.** La raison gourmande : philosophie du goût. *LGF, 1997.* (Le Livre de poche ; 4254. Biblio essais c9)
ISBN 2-253-94254-5. *36 F / 5,49 €*

30605 **ONFRAY M.** La sculpture de soi : la morale esthétique. *LGF, 1996.* (Le Livre de poche ; 4225. Biblio essais c10)
ISBN 2-253-94225-1. *40 F / 6,10 €*

30606 **ONFRAY M.** Le Ventre des philosophes : critique de la raison diététique. *LGF, 1990.* (Le Livre de poche ; 4122. Biblio essais c9)
ISBN 2-253-05382-1. *36 F / 5,49 €*

30607 **L'Orient au miroir de la philosophie :** la Chine et l'Inde, de la philosophie des lumières au romantisme allemand : une anthologie. *Pocket, 1993.* (Agora ; 105. Les Classiques cJ)
ISBN 2-266-04674-8. *50 F / 7,62 €*

30608 **L'Orient intérieur.** *Albin Michel, 1999.* (Espaces libres ; 90 c4)
ISBN 2-226-10533-6. *49 F / 7,47 €*

30609 **OZANIEC N.** La méditation. *Mango-Pratique, 1999.* (101 trucs et conseils ; 55)
ISBN 2-84270-143-7. *35 F / 5,34 €*

30610 **PACE J.** Les rituels secrets d'initiation. *De Vecchi, 1999.* (De Vecchi poche ; 4316)
ISBN 2-7328-4316-4. *33 F / 5,03 €*

30611 **PANDIT M. P.** L'enseignement de Sri Aurobindo. *Seuil, 1999.* (Points. Sagesses ; 149)
ISBN 2-02-035340-7. *39 F / 5,95 €*

30612 **Le pardon :** briser la dette et l'oubli. *Seuil, 1998.* (Points ; 363. Essais c8)
ISBN 2-02-033778-9. *39 F / 5,95 €*

30613 **PARMÉNIDE D'ELÉE** Sur la nature ou sur l'étant : la langue de l'être ?. *Seuil, 1998.* (Points ; 368. Essais c17)
ISBN 2-02-026301-7. *65 F / 9,91 €*

30614 **PASCAL B.** Discours sur les passions de l'amour. *Mille et une nuits, 1995.* (La petite collection ; 53 c1)
ISBN 2-84205-327-3. *10 F / 1,52 €*

30615 **PASCAL B.** Entretien avec monsieur de Sacy sur Epictète et Montaigne : original inédit. *Desclée De Brouwer, 1994.* (Les carnets DDB)
ISBN 2-220-03473-9. *76 F / 11,59 €*

30616 **PASCAL B.** Maximes et pensées. Nouv. éd. *A. Silvaire, 1994.* (Maximes et pensées c1)
ISBN 2-85055-248-8. *42 F / 6,40 €*

30617 **PASCAL B.** Pensées. *Gallimard, 1995.* (Folio ; 2777. Classique c9)
ISBN 2-07-039412-3. *41 F / 6,25 €*

30618 **N** **PASCAL B.** Pensées. *LGF, 2000.* (Le Livre de poche ; 16069. Classiques de poche)
ISBN 2-253-16069-5. *35 F / 5,34 €*

30619 **PASCAL B.** Pensées. *Seuil, 1978.* (Points ; 94. Essais c3)
ISBN 2-02-004979-1. *48 F / 7,32 €*

30620 **PASCAL B.** Les Provinciales. *Gallimard, 1987.* (Folio ; 1860. Classique c11)
ISBN 2-07-037860-8. *50 F / 7,62 €*

30621 **PAUWELS L.** L'apprentissage de la sérénité. *Pocket, 1998.* (Pocket ; 10405 c4B)
ISBN 2-266-08139-X. *32 F / 4,88 €*

30622 **PEALE N. V.** Soyons Positifs. *Mortagne, 1992.* (Poche)
ISBN 2-89074-518-X. *39 F / 5,95 €*

30623 **A** **PECK S.** Au ciel comme sur terre : une vision de l'après-vie. *J'ai lu, 2001.* (J'ai lu ; 5952. Aventure secrète)
ISBN 2-290-31198-7

30624 **N** **PECK S.** La quête des pierres. *J'ai lu, 2000.* (J'ai lu ; 5536. Aventure secrète cM)
ISBN 2-290-30238-4. *49 F / 7,47 €*

30625 **PHILONENKO A.** Nietzsche, le rire et le tragique. *LGF, 1995.* (Le Livre de poche ; 3213. Biblio essais c12)
ISBN 2-253-94213-8. *44 F / 6,71 €*

30626 **Philosopher. 2.** *Pocket, 1991.* (Agora ; 88 c7)
ISBN 2-266-04253-X. *42 F / 6,40 €*

30627 **A** **Philosopher en français :** langue de la philosophie et langue nationale. *PUF, 2001.* (Quadrige)
ISBN 2-13-051490-1. *99 F / 15,09 €*

30628 **Les philosophes de Platon à Sartre. 1, De Platon à Montesquieu.** *LGF, 1996.* (Le Livre de poche ; 4235. Biblio essais c15)
ISBN 2-253-94235-9. *50 F / 7,62 €*

30629 **Les philosophes de Platon à Sartre. 2, De Hume à Sartre.** *LGF, 1996.* (Le Livre de poche ; 4236. Biblio essais c15)
ISBN 2-253-94236-7. *50 F / 7,62 €*

30630 **Philosophes médiévaux des XIIIe et XIVe siècles :** anthologie de textes philosophiques, XIIIe-XIVe siècles. Réimpr. *10-18, 1993.* (10-18 ; 1760. Bibliothèque médiévale c9)
ISBN 2-264-01881-X. *60 F / 9,15 €*

30631 **La Philosophie. Nouv. éd.** *Larousse, 1998.* (Textes essentiels)
ISBN 2-03-741031-X. *150 F / 22,87 €*

30632 **La Philosophie en Europe.** *Gallimard, 1993.* (Folio ; 218. Essais ; 218 cJ)
ISBN 2-07-032750-7. *76,50 F / 11,66 €*

30633 **PIAGET J.** L'Epistémologie génétique. 4e éd. *PUF, 1988.* (Que sais-je? ; 1399 c1)
ISBN 2-13-040208-9. *42 F / 6,40 €*

30634 **PIAGET J.** Sagesse et illusion de la philosophie. *PUF, 1992.* (Quadrige ; 139)
ISBN 2-13-044373-7. *64 F / 9,76 €*

30635 **N** **PLANT R.** Hegel : religion et philosophie. *Seuil, 2000.* (Points ; 438. Essais c7)
ISBN 2-02-037461-7. *35 F / 5,34 €*

30636 **PLATON** Alcibiade. *LGF, 1998.* (Le Livre de poche ; 4651. Classiques de la philosophie c10)
ISBN 2-253-06732-6. *40 F / 6,10 €*

30637 **PLATON** Apologie de Socrate ; Criton ; Phédon. *LGF, 1992.* (Le Livre de poche ; 4615. Classiques de la philosophie c8)
ISBN 2-253-06134-4. *33 F / 5,03 €*

30638 **PLATON** Apologie de Socrate ; Criton ; Phédon. *Gallimard, 1985.* (Folio ; 9. Essais ; 9 c2)
ISBN 2-07-032286-6. *37 F / 5,64 €*

30639 **PLATON** Apologie de Socrate ; Criton. *Pocket, 1994.* (Agora ; 125 c4)
ISBN 2-266-05064-8. *30 F / 4,57 €*

30640 **PLATON** Apologie de Socrate. *LGF, 1997.* (Le Livre de poche ; 14182. Les classiques d'aujourd'hui c1)
ISBN 2-253-14182-8. *10 F / 1,52 €*

30641 **PLATON** Le Banquet. *Gallimard, 1990.* (Folio ; 83. Essais ; 83 c1)
ISBN 2-07-032455-9. *29,50 F / 4,50 €*

30642 **PLATON** Le Banquet. *LGF, 1991.* (Le Livre de poche ; 4488. Classiques de la philosophie c4)
ISBN 2-253-05728-2. *20 F / 3,05 €*

30643 **PLATON** Le Banquet. *Pocket, 1992.* (Agora ; 110 c4)
ISBN 2-266-04725-6. *30 F / 4,57 €*

30644 **PLATON** Le banquet. *Librio, 1995.* (Librio ; 76 c1)
ISBN 2-277-30076-4. *10 F / 1,52 €*

30645 **PLATON** Le banquet. *Mille et une nuits, 1999.* (La petite collection ; 227)
ISBN 2-84205-385-0. *16,50 F / 2,52 €*

30646 **PLATON** Le bonheur selon Socrate (Gorgias). *Arléa, 1999.* (Retour aux grands textes poche ; 42)
ISBN 2-86959-448-8. *35 F / 5,34 €*

30647 **N** **PLATON** Criton ou Le devoir du citoyen. *Mille et une nuits, 2000.* (La petite collection ; 306)
ISBN 2-84205-514-4. *10 F / 1,52 €*

30648 **PLATON** Gorgias ; suivi de Ménon. *Gallimard, 1999.* (Folio ; 347. Essais c2)
ISBN 2-07-040996-1. *37 F / 5,64 €*

30649 **PLATON** Gorgias. *LGF, 1996.* (Le Livre de poche ; 4646. Classiques de la philosophie c9)
ISBN 2-253-06727-X. *36 F / 5,49 €*

30650 **PLATON** Hippias mineur ; Alcibiade ; Apologie de Socrate. *Gallimard, 1991.* (Tel ; 187)
ISBN 2-07-072236-8. *58 F / 8,84 €*

30651 **PLATON** Ion ; Ménexène ; Euthydème. *Gallimard, 1992.* (Tel ; 204)
ISBN 2-07-072602-9. *55 F / 8,38 €*

30652 **PLATON** Lettre aux amis. *Mille et une nuits, 1996.* (La petite collection ; 113 cA)
ISBN 2-84205-061-4. *10 F / 1,52 €*

30653 **PLATON** Les lois : extraits. *Gallimard, 1997.* (Folio ; 308. Essais c6)
ISBN 2-07-032975-5. *56 F / 8,54 €*

30654 **PLATON** Maximes et pensées. *A. Silvaire, 1997.* (Maximes et pensées c1)
ISBN 2-85055-258-5. *42 F / 6,40 €*

30655 **PLATON** Ménon. *LGF, 1999.* (Le Livre de poche ; 6736. Classiques de la philosophie c7)
ISBN 2-253-06736-9. *30 F / 4,57 €*

30656 **PLATON** Parménide ; Théétète ; Le Sophiste. *Gallimard, 1992.* (Tel)
ISBN 2-07-072728-9. *80 F / 12,20 €*

30657 **PLATON** Phédon ; Le Banquet ; Phèdre. *Gallimard, 1991.* (Tel ; 195)
ISBN 2-07-072465-4. *60 F / 9,15 €*

30658 **PLATON** Phédon. *Pocket, 1994.* (Agora ; 109 c5)
ISBN 2-266-04726-4. *34 F / 5,18 €*

30659 **PLATON** Phèdre. *Pocket, 1992.* (Agora ; 111 c6)
ISBN 2-266-04724-8. *38 F / 5,79 €*

30660 **PLATON** Phèdre. *LGF, 1997.* (Le Livre de poche ; 4649. Classiques de la philosophie c11)
ISBN 2-253-06730-X. *42 F / 6,40 €*

30661 **PLATON** Le Politique ; Philèbe ; Timée. *Gallimard, 1992.* (Tel ; 213)
ISBN 2-07-072737-8. *89 F / 13,57 €*

30662 **PLATON** Protagoras ; Gorgias ; Ménon. *Gallimard, 1991.* (Tel)
ISBN 2-07-072384-4. *62 F / 9,45 €*

30663 **PLATON** Protagoras. *LGF, 1993.* (Le Livre de poche ; 4616. Classiques de la philosophie c7)
ISBN 2-253-06159-X. *30 F / 4,57 €*

30664 **PLATON** La République : du régime politique. *Gallimard, 1993.* (Folio ; 228. Essais ; 228 cJ)
ISBN 2-07-032804-X. *71 F / 10,82 €*

30665 **PLATON** République : livres I-X. *Gallimard, 1992.* (Tel)
ISBN 2-07-072725-4. *90 F / 13,72 €*

30666 **PLATON** La République. *LGF, 1995.* (Le Livre de poche ; 4639. Classiques de la philosophie c15)
ISBN 2-253-06720-2. *50 F / 7,62 €*

30667 **PLATON** Le souci du bien. *Arléa, 1997.* (Retour aux grands textes poche ; 28)
ISBN 2-86959-349-X. *30 F / 4,57 €*

30668 **PLATON, JACCOTTET P.** Le banquet. *Aire, 1979.* (Le Chant du monde)
ISBN 2-88108-020-0. *44 F / 6,71 €*

30669 **PLOTIN** Traité 38. *LGF, 1999.* (Le Livre de poche ; 4656. Classiques de la philosophie c13)
ISBN 2-253-04657-4. *46 F / 7,01 €*

30670 **PLOTIN** Traité 50. *LGF : Cerf, 2000.* (Le Livre de poche ; 4658. Classiques de la philosophie)
ISBN 2-253-06739-3. *48 F / 7,32 €*

30671 **PLOTIN** Traité 9. *LGF, 1999.* (Le Livre de poche ; 4656. Classiques de la philosophie c10)
ISBN 2-253-06737-7. *40 F / 6,10 €*

30672 **Les plus belles prières du monde.** *De Vecchi, 1995.* (De Vecchi poche ; 4331 c6)
ISBN 2-7328-4331-8. *47 F / 7,17 €*

30673 **POIRIÉ F., LEVINAS E.** Emmanuel Levinas : essai et entretiens. *Actes Sud, 1996.* (Babel ; 213 c3)
ISBN 2-7427-0842-1. *45 F / 6,86 €*

30674 **PONS D.** Le Fou et le Créateur. *Albin Michel, 1990.* (Spiritualités vivantes poche ; 83 c5)
ISBN 2-226-03965-1. *55 F / 8,38 €*

30675 **POPELARD M-D., VERNANT D.** Eléments de logique. *Seuil, 1998.* (Mémo ; 101. Philosophie)
ISBN 2-02-033505-0. *36 F / 5,49 €*

30676 **POULET G.** Mesure de l'instant. *Pocket, 1990.* (Etudes sur le temps humain; 4)(Agora ; 55 c7)
ISBN 2-266-03489-8. *42 F / 6,40 €*

30677 **PRADEAU J-F.** Platon et la cité. *PUF, 1997.* (Philosophies ; 88 c1)
ISBN 2-13-048591-X. *48 F / 7,32 €*

30678 **N** **Quelle philosophie pour le XXIe siècle.** *Gallimard, 2001.* (Folio ; 380. Essais)
ISBN 2-07-041744-1. *60 F / 9,15 €*

30679 **Qui sommes-nous ? :** les rencontres philosophiques de l'UNESCO. *Gallimard, 1996.* (Découvertes ; 307. Philosophie c2)
ISBN 2-07-053400-6. *59 F / 8,99 €*

30680 **QUILLIOT R.** L'illusion. *PUF, 1996.* (Que sais-je? ; 3093 c1)
ISBN 2-13-047663-5. *130 F / 19,82 €*

30681 **QUILLIOT R.** La Liberté. *PUF, 1993.* (Que sais-je? ; 2737 c1)
ISBN 2-13-045318-X. *42 F / 6,40 €*

30682 **N** **QUINTON A.** Hume. *Seuil, 2000.* (Points ; 439. Essais c7)
ISBN 2-02-037464-1. *35 F / 5,34 €*

30683 **RABANNE P.** Le temps présent : les chemins des grands initiés. Réimp. *J'ai lu, 1999.* (J'ai lu ; 4028. Littérature générale c3)
ISBN 2-290-04028-2. *29 F / 4,42 €*

30684 **RAULET G.** Apologie de la citoyenneté. *Cerf, 1999.* (Humanités)
ISBN 2-204-06059-3. *65 F / 9,91 €*

30685 **RAULET G.** Herbert Marcuse : philosophie de l'émancipation. *PUF, 1992.* (Philosophies ; 39)
ISBN 2-13-045004-0. *80 F / 12,20 €*

30686 **RAUSIS P-E.** L'Initiation. *Cerf ; Fides, 1993.* (Bref ; 45)
ISBN 2-204-04771-6. ISBN 2-7621-1532-9. *50 F / 7,62 €*

30687 **RAVAISSON F.** De l'habitude : métaphysique et morale. *PUF, 1999.* (Quadrige ; 283)
ISBN 2-13-049848-5. *55 F / 8,38 €*

30688 **N** **REDFIELD J.** Coffret James Redfield. *J'ai lu, 2000.* (J'ai lu. Aventure secrète)
ISBN 2-277-60170-5. *107 F / 16,31 €*

30689 **REDFIELD J.** La vision des Andes : pour vivre pleinement la nouvelle conscience spirituelle. *J'ai lu, 2000.* (J'ai lu ; 5427. Aventure secrète cH)
ISBN 2-290-30044-6. *32 F / 4,88 €*

30690 **RÉMY M-P.** L'enfant interieur. *Sophiakalia, 1998.* (Christosophie)
ISBN 2-913415-01-6. *40 F / 6,10 €*

30691 **RENAULT E.** Marx et l'idée de critique. *PUF, 1995.* (Philosophies)
ISBN 2-13-047301-6. *45 F / 6,86 €*

30692 **RENAULT L.** Dieu et les créatures selon saint Thomas d'Aquin. *PUF, 1995.* (Philosophies ; 61)
ISBN 2-13-047146-3. *45 F / 6,86 €*

30693 **RENAUT A.** Sartre, le dernier philosophe. *LGF, 2000.* (Le Livre de poche ; 4290. Biblio essais)
ISBN 2-253-94293-6. *39 F / 5,95 €*

30694 **Le respect :** de l'estime à la déférence, une question de limite. *Seuil, 1999.* (Points. Essais ; 390 c8)
ISBN 2-02-033786-X. *39 F / 5,95 €*

30695 **RESWEBER J-P.** La Philosophie du langage. 3e éd. *PUF, 1990.* (Que sais-je? ; 1765 c1)
ISBN 2-13-043137-2. *42 F / 6,40 €*

30696 **REVEL J-F.** Histoire de la philosophie occidentale : de Thalès à Kant. *Pocket, 1996.* (Agora ; 166 c10)
ISBN 2-266-06791-5. *50 F / 7,62 €*

30697 **REVEL J-F.** Pourquoi des philosophes. Réimpr. *Laffont, 1999.* (Bouquins)
ISBN 2-221-07973-6. *149 F / 22,71 €*

30698 **REYMOND L.** La Vie dans la vie : pratique de la philosophie du Sâmkhya d'après l'enseignement de Shri Anirvân. *Albin Michel, 1984.* (Spiritualités vivantes poche ; 40 c2)
ISBN 2-226-01973-1. *39 F / 5,95 €*

30699 **RICOEUR P.** La Configuration dans le récit de fiction. *Seuil, 1991.* (Temps et récit; 2)(Points. Essais ; 229 c4)
ISBN 2-02-013453-5. *52 F / 7,93 €*

30700 **RICOEUR P.** Du texte à l'action. *Seuil, 1998.* (Essais d'herméneutique; 2)(Points. Essais ; 377)
ISBN 2-02-035989-8. *59 F / 8,99 €*

30701 **RICOEUR P.** L'Intrigue et le récit historique. *Seuil, 1991.* (Temps et récit; 1)(Points. Essais ; 228 c5)
ISBN 2-02-013452-7. *55 F / 8,38 €*

30702 **RICOEUR P.** Lectures. 2, La contrée des philosophes. *Seuil, 1999.* (Points ; 401. Essais ; 401 c17)
ISBN 2-02-038980-0. *65 F / 9,91 €*

30703 **RICOEUR P.** La métaphore vive. *Seuil, 1997.* (Points ; 347. Essais c16)
ISBN 2-02-031470-3. *62 F / 9,45 €*

30704 **RICOEUR P.** Soi-même comme un autre. *Seuil, 1996.* (Points ; 330. Essais c15)
ISBN 2-02-029972-0. *59 F / 8,99 €*

30705 **RICOEUR P.** Temps et récit. 3. *Seuil, 1991.* (Points. Essais ; 230 c5)
ISBN 2-02-013454-3. *55 F / 8,38 €*

30706 **N** **RICOEUR P., AZOUVI F., LAUNAY M. d.** La critique et la conviction : entretiens avec François Azouvi et Marc de Launay. *Hachette Littératures, 2001.* (Pluriel ; 9009 c7)
ISBN 2-01-279009-7. *55 F / 8,38 €*

30707 **N** **RIDRIMONT D.** Lettre à Anne : pour introduire trois livres de physique selon la logique du passé. *Allia, 2000.* (Petite collection)
ISBN 2-84485-033-2. *40 F / 6,10 €*

30708 **RIFKIN J.** Le siècle biotech : le commerce des gènes dans le meilleur des mondes. *Pocket, 2000.* (Pocket ; 10771 c7)
ISBN 2-266-09577-3. *42 F / 6,40 €*

30709 **RIVAROL A. d.** Maximes et pensées. *A. Silvaire, 1960.* (Maximes et pensées c1)
42 F / 6,40 €

30710 **RIVENC F.** Sémantique et vérité, de Tarski à Davidson. *PUF, 1998.* (Philosophies ; 97 c1)
ISBN 2-13-048960-5. *48 F / 7,32 €*

30711 **ROBIN L.** Platon. *PUF, 1997.* (Quadrige ; 246)
ISBN 2-13-048664-9. *69 F / 10,52 €*

30712 **ROBINET A.** La Philosophie française. 5e éd. *PUF, 1987.* (Que sais-je? ; 170 c1)
ISBN 2-13-041473-7. *42 F / 6,40 €*

30713 **RODIS-LEWIS G.** Descartes et le rationalisme. 6e éd. corr. *PUF, 1992.* (Que sais-je? ; 1150 c1)
ISBN 2-13-044824-0. *42 F / 6,40 €*

30714 **RODIS-LEWIS G.** Epicure et son école. *Gallimard, 1993.* (Folio ; 227. Essais ; 227 c6)
ISBN 2-07-032783-3. *56 F / 8,54 €*

30715 **RODIS-LEWIS G.** La morale de Descartes. *PUF, 1998.* (Quadrige ; 255)
ISBN 2-13-048871-4. *49 F / 7,47 €*

30716 **ROMEYER DHERBEY G.** Les Sophistes. 3e éd. rev. *PUF, 1993.* (Que sais-je? ; 2223 c1)
ISBN 2-13-045779-7. *42 F / 6,40 €*

30717 **ROMILLY J. d.** Les grands sophistes dans l'Athènes de Périclès. Réimp. *LGF, 1999.* (Le Livre de poche ; 4109. Biblio essais c12)
ISBN 2-253-05142-X. *44 F / 6,71 €*

30718 **ROSSET C.** Lettres sur les chimpanzés : plaidoyer pour une humanité totale ; suivi de Essai sur Teilhard de Chardin. *Gallimard, 1999.* (L'imaginaire ; 400)
ISBN 2-07-075528-2. *35 F / 5,34 €*

30719 **ROSSET C.** Logique du pire : éléments pour une philosophie tragique. Nouv. éd. *PUF, 1993.* (Quadrige ; 167)
ISBN 2-13-045056-3. *55 F / 8,38 €*

30720 **ROSSET C.** Le Réel et son double : essai sur l'illusion. Nouv. éd. rev. et augm. *Gallimard, 1993.* (Folio. Essais ; 220 c1)
ISBN 2-07-032751-5. *29,50 F / 4,50 €*

30721 **ROSSET C.** Schopenhauer, philosophe de l'absurde. 2e éd. *PUF, 1994.* (Quadrige ; 105)
ISBN 2-13-042130-X. *49 F / 7,47 €*

30722 **ROUSSEAU J-J.** Discours sur les sciences et les arts ; Lettre à d'Alembert sur les spectacles. *Gallimard, 1997.* (Folio ; 304. Essais c1)
ISBN 2-07-032968-2. *29,50 F / 4,50 €*

30723 **ROUSSEAU J-J.** Du contrat social. *10-18, 1973.* (10-18 ; 89 c6)
ISBN 2-264-00899-7. *47 F / 7,17 €*

30724 **ROUSSEAU J-J., JOUVENEL B. d.** Du Contrat social. Nouv. éd. *Hachette Littératures, 1992.* (Pluriel ; 8519 c3)
ISBN 2-01-014250-0. *49 F / 7,47 €*

30725 **RUBY C.** Histoire de la philosophie. *La Découverte, 1990.* (Repères ; 95 c1)
ISBN 2-7071-1990-3. *52 F / 7,93 €*

30726 **RUSS J.** La Pensée éthique contemporaine. *PUF, 1994.* (Que sais-je? ; 2834 c1)
ISBN 2-13-046052-6. *42 F / 6,40 €*

30727 **RUSSELL B.** Le mariage et la morale ; suivi de Pourquoi je ne suis pas chrétien. *10-18, 1997.* (10-18 ; 2822. Bibliothèques c6)
ISBN 2-264-02573-5. *47 F / 7,17 €*

30728 **RUSSELL B.** Science et religion. *Gallimard, 1990.* (Folio ; 125. Essais ; 125 c1)
ISBN 2-07-032517-2. *29,50 F / 4,50 €*

30729 **RUYER R.** La Gnose de Princeton : des savants à la recherche d'une religion. Réimpr. *Hachette Littératures, 1991.* (Pluriel ; 8303 c2)
ISBN 2-01-009495-6. *45 F / 6,86 €*

30730 **SAINT-MARTIN L-C. d.** Maximes et pensées. Réimpr. *A. Silvaire, 1995.* (Maximes et pensées c1)
ISBN 2-85055-206-2. *42 F / 6,40 €*

30731 **SALEM J.** L'atomisme antique : Démocrite, Epicure, Lucrèce. *LGF, 1997.* (Le Livre de poche ; 452. Références Antiquité c11)
ISBN 2-253-90452-X. *42 F / 6,40 €*

30732 **SANS E.** Schopenhauer. 2e éd. *PUF, 1993.* (Que sais-je? ; 2551 c1)
ISBN 2-13-044175-0. *42 F / 6,40 €*

30733 **N** **SARTRE J-P.** Esquisse d'une théorie des émotions. *LGF, 2000.* (Le Livre de poche ; 455. Références philosophie)
ISBN 2-253-90465-1. *29 F / 4,42 €*

30734 **SARTRE J-P.** L'Etre et le néant : essai d'ontologie phénoménologique. *Gallimard, 1976.* (Tel ; 1)
ISBN 2-07-029388-2. *98 F / 14,94 €*

30735 **SARTRE J-P.** L'existentialisme est un humanisme. *Gallimard, 1996.* (Folio ; 284. Essais ; 284 c1)
ISBN 2-07-032913-5. *29,50 F / 4,50 €*

30736 **SARTRE J-P.** L'Imaginaire. *Gallimard, 1986.* (Folio ; 47. Essais ; 47 c4)
ISBN 2-07-032374-9. *46 F / 7,01 €*

30737 **SARTRE J-P.** L'Imagination. 4e éd. *PUF, 1994.* (Quadrige ; 1)
ISBN 2-13-042329-9. *55 F / 8,38 €*

30738 **SARTRE J-P.** Situations philosophiques. *Gallimard, 1990.* (Tel ; 171)
ISBN 2-07-072089-6. *65 F / 9,91 €*

30739 **SAUVAGE M.** Socrate et la conscience de l'homme. Nouv. éd. *Seuil, 1997.* (Points. Sagesses ; 117 c7)
ISBN 2-02-025560-X. *35 F / 5,34 €*

30740 **SAUVANET P.** Le rythme grec : d'Héraclite à Aristote. *PUF, 1999.* (Philosophies ; 124 c1)
ISBN 2-13-050360-8. *48 F / 7,32 €*

30741 **SAVATER F.** Ethique à l'usage de mon fils. *Seuil, 1998.* (Points ; 510)
ISBN 2-02-034129-8. *32 F / 4,88 €*

30742 **SCHAFF A.** Langage et connaissance. *Seuil, 1974.* (Points ; 58. Essais c3)
ISBN 2-02-000633-2. *48 F / 7,32 €*

30743 **N** **SCHELLING F. W. J.** Introduction à l'Esquisse d'un système de philosophie de la nature. *LGF, 2001.* (Le Livre de poche ; 6746. Classiques de la philosophie)
ISBN 2-253-06746-6. *39 F / 5,95 €*

30744 **N** **SCHEVER J.** Les voies orientales de méditation. *Fidélité, 2001.* (Que penser de...? ; 46 c1)
ISBN 2-87356-199-8. *15 F / 2,29 €*

30745 **SCHLECHTA K.** Le cas Nietzsche. *Gallimard, 1997.* (Tel ; 289)
ISBN 2-07-075020-5. *60 F / 9,15 €*

30746 **SCHOPENHAUER A.** Aphorismes sur la sagesse dans la vie. 4e éd. *PUF, 1994.* (Quadrige ; 45)
ISBN 2-13-042977-7. *55 F / 8,38 €*

30747 **SCHOPENHAUER A.** L'art d'avoir toujours raison. *Mille et une nuits, 1998.* (La petite collection ; 191 cA)
ISBN 2-84205-301-X. *10 F / 1,52 €*

30748 **SCHOPENHAUER A.** De la volonté dans la nature. *PUF, 1986.* (Quadrige ; 83)
ISBN 2-13-039681-X. *62 F / 9,45 €*

30749 **SCHOPENHAUER A.** Esthétique et métaphysique. *LGF, 1999.* (Le Livre de poche ; 4648. Classiques de la philosophie c9)
ISBN 2-253-06729-6. *36 F / 5,49 €*

30750 **SCHOPENHAUER A.** Ethique et politique. *LGF, 1996.* (Le Livre de poche ; 4642. Classiques de la philosophie c7)
ISBN 2-253-06723-7. *30 F / 4,57 €*

30751 **SCHOPENHAUER A.** Le Fondement de la morale. *LGF, 1991.* (Le Livre de poche ; 4612. Classiques de la philosophie c8)
ISBN 2-253-05809-2. *33 F / 5,03 €*

30752 **SCHOPENHAUER A.** Maximes et pensées. *A. Silvaire, 1999.* (Maximes et pensées c1)
ISBN 2-85055-263-X (rron) 2-85055-263-1. *42 F / 6,40 €*

30753 **N** **SCHOPENHAUER A.** Philosophie et Science. *LGF, 2001.* (Le Livre de poche ; 4654. Classiques de la philosophie c9)
ISBN 2-253-06735-0. *36 F / 5,49 €*

30754 **SCHWARZ F.** Initiation aux Livres des morts égyptiens. *Albin Michel, 1988.* (Spiritualités vivantes poche ; 72 c3)
ISBN 2-226-03420-X. *45 F / 6,86 €*

30755 **SCOPELLO M.** Les Gnostiques. *Cerf ; Fides, 1991.* (Bref ; 37)
ISBN 2-204-04375-3. ISBN 2-7621-1783-6. *50 F / 7,62 €*

30756 **N** **SCRUTON R.** Spinoza. *Seuil, 2000.* (Points. Essais ; 440 c7)
ISBN 2-02-037467-6. *35 F / 5,34 €*

30757 **SEBTI M.** Avicenne : l'âme humaine. *PUF, 2000.* (Philosophies ; 129 c1)
ISBN 2-13-050654-2. *48 F / 7,32 €*

30758 **N** **SÉJOURNANT M.** Le cercle de vie : initiation chamanique d'une psychothérapeute. *Albin Michel, 2001.* (Espaces libres)
ISBN 2-226-12200-1. *55 F / 8,38 €*

30759 **SÉNÈQUE** L'homme apaisé : colère et clémence. *Arléa, 1996.* (Retour aux grands textes poche ; 13)
ISBN 2-86959-265-5. *40 F / 6,10 €*

30760 **SÉNÈQUE** Sur la brièveté de la vie. *Mille et une nuits, 1998.* (La petite collection ; 18 c1)
ISBN 2-84205-325-7. *10 F / 1,52 €*

30761 **SÉNÈQUE** La vie heureuse ; La Brièveté de la vie. *Arléa, 1995.* (Retour aux grands textes poche ; 1)
ISBN 2-86959-227-2. *35 F / 5,34 €*

30762 **SÉNÈQUE** La vie heureuse ; suivi de Les bienfaits. *Gallimard, 1996.* (Tel ; 265)
ISBN 2-07-074234-2. *60 F / 9,15 €*

30763 **SÉNÈQUE** La vie heureuse. *Mille et une nuits, 2000.* (La petite collection ; 282)
ISBN 2-84205-475-X. *10 F / 1,52 €*

30764 **SERRES M.** Les cinq sens. Nouv. éd. *Hachette Littératures, 1998.* (Pluriel ; 872 c8)
ISBN 2-01-278872-6. *60 F / 9,15 €*

30765 **SERRES M.** Le parasite. *Hachette Littératures, 1997.* (Pluriel ; 862)
ISBN 2-01-278862-9. *55 F / 8,38 €*

30766 **SERVIER J.** Histoire de l'utopie. *Gallimard, 1991.* (Folio ; 172. Essais ; 172 c4)
ISBN 2-07-032647-0. *52 F / 7,93 €*

30767 **SEXTUS EMPIRICUS** Esquisses pyrrhoniennes. *Seuil, 1997.* (Points ; 352. Essais c11)
ISBN 2-02-026298-3. *69 F / 10,52 €*

30768 **SHEILA** Chemins de lumières. *LGF, 1994.* (Le Livre de poche ; 13614 c6)
ISBN 2-253-13614-X. *26 F / 3,96 €*

30769 **N** **Si la philosophie m'était contée :** de Platon à Gilles Deleuze. *Librio, 2000.* (Librio ; 403 c1)
ISBN 2-290-30740-8. *10 F / 1,52 €*

30770 **N** **Un siècle de philosophie :** 1900-2000. *Gallimard : Ed. du Centre Pompidou, 2000.* (Folio ; 369. Essais c9)
ISBN 2-07-041374-8. *87 F / 13,26 €*

30771 **SIGNORILE P.** René Descartes. *Milan, 1997.* (Les essentiels Milan ; 65 c1)
ISBN 2-84113-488-1. *25 F / 3,81 €*

30772 **SINGER C.** Du bon usage des crises. *Albin Michel, 1996.* (Espaces libres ; 65 c2)
ISBN 2-226-08659-5. *39 F / 5,95 €*

30773 **SIRINELLI J-F.** Deux intellectuels dans le siècle : Sartre et Aron. *Hachette Littératures, 1999.* (Pluriel ; 949 c8)
ISBN 2-01-278949-8. *60 F / 9,15 €*

30774 A **SKINNER Q.** Machiavel. *Seuil, 2001.* (Points. Essais ; 451)
ISBN 2-02-048191-X. *45 F / 6,86 €*

30775 N **SLOTERDIJK P.** Domestication de l'être. *Mille et une nuits, 2000.* (La petite collection ; 296)
ISBN 2-84205-503-9. *10 F / 1,52 €*

30776 **SLOTERDIJK P.** Règles pour le parc humain : une lettre en réponse à la Lettre sur l'humanisme de Heidegger. *Mille et une nuits, 2000.* (La petite collection ; 262)
ISBN 2-84205-463-6. *10 F / 1,52 €*

30777 **SMEDT M. d.** Techniques de méditation. *Albin Michel, 1991.* (Spiritualités vivantes poche ; 36 c3)
ISBN 2-226-01743-7. *49 F / 7,47 €*

30778 N **SOJCHER J.** Nietzsche, rien qu'un fou, rien qu'un poète. *La Renaissance du livre, 2000.* (Conférences des Midis de la poésie)
ISBN 2-8046-0441-1. *39 F / 5,95 €*

30779 N **SOJSCHER J.** Nietzsche, la question et le sens ; suivi de Nietzsche ou Levinas. *Ancrage, 2000.* (Poche ; 16 c3)
ISBN 2-930311-12-6. *49 F / 7,47 €*

30780 **SOLT B.** Mystiques et maîtres spirituels contemporains. Ed. rev. et augm. *Pocket, 1996.* (Pocket ; 4802. L'Age d'être c6)
ISBN 2-266-06736-2. *38 F / 5,79 €*

30781 **SORMAN G.** Les Vrais penseurs de notre temps. *LGF, 1991.* (Le Livre de poche ; 6962 c10)
ISBN 2-253-05673-1. *40 F / 6,10 €*

30782 A **SPALDING B. T., COLEMAN Y.** Treize leçons sur La vie des maîtres. *J'ai lu, 2001.* (J'ai lu ; 5974. Aventure secrète)
ISBN 2-290-31212-6

30783 **SPINOZA B.** L'Ethique. *Gallimard, 1994.* (Folio ; 235. Essais ; 235 c5)
ISBN 2-07-032829-5. *52 F / 7,93 €*

30784 **SPINOZA B.** Ethique. *Seuil, 1999.* (Points ; 380. Essais c22)
ISBN 2-02-036056-X. *77 F / 11,74 €*

30785 **SPINOZA B.** Traité de l'autorité politique. *Gallimard, 1994.* (Folio. Essais ; 240 c3)
ISBN 2-07-032820-1. *41 F / 6,25 €*

30786 **SPINOZA B.** Traité de la réforme de l'entendement ; suivi de Les principes de la philosophie de Descartes et de Pensées métaphysiques. *Gallimard, 1995.* (Folio ; 265. Essais c2)
ISBN 2-07-032877-5. *37 F / 5,64 €*

30787 **SPINOZA B.** Traité de la réforme de l'entendement. *Pocket, 1991.* (Agora ; 72 c7)
ISBN 2-266-03765-X. *42 F / 6,40 €*

30788 **SPINOZA B.** Traité de la réforme de l'entendement. *Mille et une nuits, 1998.* (La petite collection ; 98 c3)
ISBN 2-84205-329-X. *13 F / 1,98 €*

30789 **SPINOZA B.** Traité des autorités théologique et politique. *Gallimard, 1994.* (Folio. Essais ; 242 c3)
ISBN 2-07-032842-2. *41 F / 6,25 €*

30790 N **STIEGLER B.** Nietzsche et la biologie. *PUF, 2001.* (Philosophies c1)
ISBN 2-13-050742-5. *49 F / 7,47 €*

30791 N **STIRNER M.** L'Unique et sa propriété. *Table ronde, 2000.* (La petite vermillon)
ISBN 2-7103-0996-3. *65 F / 9,91 €*

30792 **Les stoïciens. 1.** *Gallimard, 1997.* (Tel ; 281)
ISBN 2-07-074713-1. *69 F / 10,52 €*

30793 **Les stoïciens. 2.** *Gallimard, 1997.* (Tel ; 282)
ISBN 2-07-074729-8. *76 F / 11,59 €*

30794 **STRAUSS L.** La Persécution et l'art d'écrire. *Pocket, 1989.* (Agora ; 30 cJ)
ISBN 2-86917-041-6. *50 F / 7,62 €*

30795 **TANG KE YANG, LAFFON M.** La nuit. *Desclée De Brouwer ; Presses littéraires et artistiques de Shanghai, 1999.* (Proches lointains)
ISBN 2-220-04406-8. *62 F / 9,45 €*

30796 **TARDIEU M.** Le Manichéisme. *PUF, 1981.* (Que sais-je? ; 1940 c1)
ISBN 2-13-036999-5. *42 F / 6,40 €*

30797 **TARTHANG T.** L'Esprit caché de la liberté. *Albin Michel, 1986.* (Spiritualités vivantes poche ; 56 c2)
ISBN 2-226-02611-8. *39 F / 5,95 €*

30798 **TAYLOR C.** Le Malaise de la modernité. *Cerf, 1994.* (Humanités)
ISBN 2-204-04977-8. *62 F / 9,45 €*

30799 N **TEILHARD DE CHARDIN P.** L'avenir de l'homme. *Seuil, 2001.* (Points ; 160. Sagesses c11)
ISBN 2-02-048554-0. *48 F / 7,32 €*

30800 **TEILHARD DE CHARDIN P.** Le Phénomène humain. *Seuil, 1970.* (Oeuvres complètes; 1)(Points. Essais c3)
ISBN 2-02-000581-6. *48 F / 7,32 €*

30801 **TEILHARD DE CHARDIN P.** La place de l'homme dans la nature. *Albin Michel.* (Espaces libres ; 62 c4)
ISBN 2-226-08496-7. *49 F / 7,47 €*

30802 **TERESTCHENKO M.** Amour et désespoir : de François de Sales à Fénelon. *Seuil, 2000.* (Points ; 409. Essais ; 409 c15)
ISBN 2-02-033548-4. *59 F / 8,99 €*

30803 **TESSIER R.** Le Sacré. *Cerf ; Fides, 1991.* (Bref ; 34)
ISBN 2-204-04279-X. ISBN 2-7621-1528-0. *50 F / 7,62 €*

30804 **TESTART J., REICH J. G.** Pour une éthique planétaire. *Mille et une nuits*; *Arte Editions, 1997.* (La petite collection ; 170 cA)
ISBN 2-84205-152-1. *10 F / 1,52 €*

30805 **THEUNISSEN M.** Réalisation de soi et universalité : pour une critique de la conscience actuelle. *Cerf, 1997.* (Humanités c1)
ISBN 2-204-05539-5. *62 F / 9,45 €*

30806 **THIERRY P.** La tolérance, société démocratique, opinions, vices et vertus. *PUF, 1997.* (Philosophies ; 77 c1)
ISBN 2-13-048015-2. *45 F / 6,86 €*

30807 **THOMAS D'AQUIN (saint), DIETRICH VON FREIBERG** L'être et l'essence, le vocabulaire médiéval de l'ontologie : deux traités De ente et essentia de Thomas d'Aquin et Dietrich de Freiberg. *Seuil, 1996.* (Points ; 339. Essais c13)
ISBN 2-02-026240-1. *52 F / 7,93 €*

30808 **THOMAS L-V.** La Mort. 2e éd. *PUF, 1991.* (Que sais-je? ; 236 c1)
ISBN 2-13-043236-0. *42 F / 6,40 €*

30809 **THOMAS MORE (saint)** L'utopie. *Librio, 1999.* (Librio ; 317 c1)
ISBN 2-277-30317-8. *10 F / 1,52 €*

30810 **TIERCELIN C.** C.S. Peirce et le pragmatisme. *PUF, 1993.* (Philosophies ; 45)
ISBN 2-13-045781-9. *45 F / 6,86 €*

30811 **N** **TODOROV T.** Le jardin imparfait : la pensée humaniste en France. *LGF, 2000.* (Le Livre de poche ; 4297. Biblio essais c12)
ISBN 2-253-94297-9. *44 F / 6,71 €*

30812 **TODOROV T.** Nous et les autres : la réflexion française sur la diversité humaine. *Seuil, 1992.* (Points. Essais ; 250 c7)
ISBN 2-02-018217-3. *65 F / 9,91 €*

30813 **La tolérance :** pour un humanisme hérétique. *Seuil, 1998.* (Points ; 364. Essais c8)
ISBN 2-02-033788-6. *39 F / 5,95 €*

30814 **TOSEL A.** Kant, révolutionisme : droit et politique. *PUF, 1988.* (Philosophies)
28 F / 4,27 €

30815 **TOSEL A.** Kant révolutionnaire : droit et politique. 2e éd. *PUF, 1991.* (Philosophies)
ISBN 2-13-043229-8. *37 F / 5,64 €*

30816 **TOUATI C.** La Pensée philosophique et théologique de Gersonide. *Gallimard, 1992.* (Tel ; 210)
ISBN 2-07-072562-6. *110 F / 16,77 €*

30817 **TOWARNICKI F. d.** A la rencontre de Heidegger : souvenirs d'un messager de la Forêt-Noire. *Gallimard, 1993.* (Arcades)
ISBN 2-07-073562-1. *82 F / 12,50 €*

30818 **N** **TWYMAN J. F.** L'émissaire de la lumière. *J'ai lu, 2000.* (J'ai lu ; 5634. Aventure secrète)
ISBN 2-290-30364-X. *32 F / 4,88 €*

30819 **TZITZIS S.** Esthétique de la violence. *PUF, 1997.* (Médecine et société ; 2 c1)
ISBN 2-13-048791-2. *52 F / 7,93 €*

30820 **UNAMUNO M. d.** Le sentiment tragique de la vie. *Gallimard, 1997.* (Folio. Essais ; 306 c3)
ISBN 2-07-032972-0. *41 F / 6,25 €*

30821 **VAN EERSEL P.** La source blanche : l'étonnante histoire des Dialogues avec l'ange ou L'exigence de la création. *LGF, 1998.* (Le Livre de poche ; 14546 c11)
ISBN 2-253-14546-7. *42 F / 6,40 €*

30822 **VAN EERSEL P., GROSREY A.** Le cercle des anciens : des hommes-médecines du monde entier autour du dalaï-lama. *LGF, 2000.* (Le Livre de poche ; 14787)
ISBN 2-253-14787-7. *45 F / 6,86 €*

30823 **VARGAS Y.** Rousseau, économie politique : 1755. *PUF, 1986.* (Philosophies ; 9)
ISBN 2-13-039607-0. *29 F / 4,42 €*

30824 **VARGAS Y.** Rousseau, l'énigme du sexe. *PUF, 1997.* (Philosophies ; 91 c1)
ISBN 2-13-048658-4. *48 F / 7,32 €*

30825 **VARGAS Y.** Sur le sport. *PUF, 1992.* (Philosophies ; 34)
ISBN 2-13-044250-1. *39 F / 5,95 €*

30826 **VAYSSE J-M.** Hegel, temps et histoire. *PUF, 1998.* (Philosophies ; 114 c1)
ISBN 2-13-049565-6. *48 F / 7,32 €*

30827 **N** **VÉDRINE H.** Le sujet éclaté. *LGF, 2000.* (Le Livre de poche ; 94304. Biblio essais c8)
ISBN 2-253-94304-5. *33 F / 5,03 €*

30828 **VERGELY B.** Le dico de la philosophie. *Milan, 1998.* (Les dicos essentiels Milan)
ISBN 2-84113-738-4. *58 F / 8,84 €*

30829 **VERGELY B.** Les grandes interrogations de la connaissance. *Milan, 2000.* (Les essentiels Milan ; 161 c1)
ISBN 2-7459-0009-9. *25 F / 3,81 €*

30830 **VERGELY B.** Les grandes interrogations morales. *Milan, 1999.* (Les essentiels Milan ; 143 c1)
ISBN 2-84113-845-3. *25 F / 3,81 €*

30831 **VERGELY B.** Les grandes interrogations philosophiques. *Milan, 1998.* (Les essentiels Milan ; 118 c1)
ISBN 2-84113-708-2. *25 F / 3,81 €*

30832 **N** **VERGELY B.** Kant ou l'invention de la liberté. *Milan, 2001.* (Les essentiels Milan ; 186 c1)
ISBN 2-7459-0211-3. *25 F / 3,81 €*

30833 **N** **VERGELY B.** Nietzsche ou La passion de la vie. *Milan, 2001.* (Les essentiels Milan ; 181 c1)
ISBN 2-7459-0160-5. *25 F / 3,81 €*

30834 **VERGELY B.** Petit précis de philosophie grave et légère. *Milan, 2000.* (Les essentiels Milan ; 157 c1)
ISBN 2-84113-993-X. *25 F / 3,81 €*

30835 **A** **VERGELY B.** Petite philosophie du bonheur. *Milan, 2001.* (Les essentiels Milan ; 197 c1)
ISBN 2-7459-0266-0. *25 F / 3,81 €*

30836 **VERGELY B.** Les philosophes anciens. *Milan, 1997.* (Les essentiels Milan ; 75 c1)
ISBN 2-84113-521-7. *25 F / 3,81 €*

30837 **VERGELY B.** Les philosophes contemporains. *Milan, 1998.* (Les essentiels Milan ; 98 c1)
ISBN 2-84113-609-4. *25 F / 3,81 €*

30838 **VERGELY B.** Les philosophes du Moyen Age et de la Renaissance. *Milan, 1998.* (Les essentiels Milan ; 104 c1)
ISBN 2-84113-615-9. *25 F / 3,81 €*

30839 **VERGELY B.** Les philosophes modernes. *Milan, 1997.* (Les essentiels Milan ; 76 c1)
ISBN 2-84113-522-5. *25 F / 3,81 €*

30840 **VERGELY B.** La philosophie. *Milan, 1996.* (Les essentiels Milan ; 46 c1)
ISBN 2-84113-381-8. *25 F / 3,81 €*

30841 **VERGELY B.** Platon. *Milan, 1995.* (Les essentiels Milan ; 3 c1)
ISBN 2-84113-251-X. *25 F / 3,81 €*

30842 **VERGELY B.** La souffrance : recherche du sens perdu. *Gallimard, 1997.* (Folio ; 311. Essais c4)
ISBN 2-07-032967-4. *46 F / 7,01 €*

30843 **VÉRICOURT G. d.** L'euthanasie, mieux mourir ?. *Milan, 1999.* (Les essentiels Milan ; 129 c1)
ISBN 2-84113-774-0. *25 F / 3,81 €*

30844 **N** **VERNANT J-P.** Les origines de la pensée grecque. 8e éd. *PUF, 2000.* (Quadrige ; 5)
ISBN 2-13-044791-0. *55 F / 8,38 €*

30845 **VERNANT J-P., VIDAL-NAQUET P.** L'Espace et le temps. *Seuil, 1991.* (La Grèce ancienne; 2)(Points. Essais ; 224 c4)
ISBN 2-02-013138-2. *52 F / 7,93 €*

30846 **VERNETTE J.** L'au-delà. *PUF, 1998.* (Que sais-je? ; 725 c1)
ISBN 2-13-048360-7. *42 F / 6,40 €*

30847 **VICO G.** La Science nouvelle : 1725. *Gallimard, 1993.* (Tel ; 227)
ISBN 2-07-073134-0. *85 F / 12,96 €*

30848 **VIEILLARD-BARON J-L.** Bergson. *PUF, 1993.* (Que sais-je? ; 2596 c1)
ISBN 2-13-044594-2. *42 F / 6,40 €*

30849 **VIGNE J., JOURDAN M.** Marcher, méditer. *Albin Michel, 1998.* (Espaces libres ; 85 c2)
ISBN 2-226-10035-0. *39 F / 5,95 €*

30850 **VINCENTI L.** Education et liberté : Kant et Fichte. *PUF, 1992.* (Philosophies ; 37)
ISBN 2-13-044483-0. *40 F / 6,10 €*

30851 **VIRILIO P.** Esthétique de la disparition. *LGF, 1994.* (Le Livre de poche ; 4202. Biblio essais c7)
ISBN 2-253-94202-2. *30 F / 4,57 €*

30852 **VIVEKANANDA S.** Les Yogas pratiques. *Albin Michel, 1970.* (Spiritualités vivantes poche ; 3 c5)
ISBN 2-226-03395-5. *55 F / 8,38 €*

30853 **VOLTAIRE** Dictionnaire philosophique. *Gallimard, 1994.* (Folio ; 2630. Classique c8)
ISBN 2-07-038628-7. *37 F / 5,64 €*

30854 **VOLTAIRE** Lettres philosophiques. *Gallimard, 1985.* (Folio ; 1703. Classique c8)
ISBN 2-07-037703-2. *37 F / 5,64 €*

30855 **WAHL J.** Introduction à la pensée d'Heidegger : cours donnés en Sorbonne de janvier à juin 1946. *LGF, 1998.* (Le Livre de poche ; 4262. Biblio essais c10)
ISBN 2-253-94262-6. *40 F / 6,10 €*

30856 **WALKER R.** Kant. *Seuil, 2000.* (Points ; 418. Essais c7)
ISBN 2-02-037452-8. *35 F / 5,34 €*

30857 **N** **WALSCH N. D.** Conversations avec Dieu : un dialogue hors du commun. Réimpr. *J'ai lu, 2000.* (J'ai lu ; 5573. Aventure secrète cH)
ISBN 2-290-30270-8. *32 F / 4,88 €*

30858 **WEBER M.** Le savant et le politique. Réimpr. *10-18, 1996.* (10-18 ; 134. Bibliothèques c4)
ISBN 2-264-02535-2. *41 F / 6,25 €*

30859 **WEIL S.** La Pesanteur et la grâce. *Pocket, 1991.* (Agora ; 99)
ISBN 2-266-04596-2. *35 F / 5,34 €*

30860 **A** **WERNER C.** La philosophie grecque. *Aire, 1997.* (Le Chant du monde)
ISBN 2-88108-382-X. *75 F / 11,43 €*

30861 **WILLIAMS B.** Platon : l'invention de la philosophie. *Seuil, 2000.* (Points ; 421. Essais c7)
ISBN 2-02-037466-8. *35 F / 5,34 €*

30862 **WITTGENSTEIN L.** Carnets, 1914-1916. *Gallimard, 1997.* (Tel ; 283)
ISBN 2-07-074772-7. *58 F / 8,84 €*

30863 **WITTGENSTEIN L.** De la certitude. *Gallimard, 1987.* (Tel ; 121)
ISBN 2-07-071105-6. *46 F / 7,01 €*

30864 **WITTGENSTEIN L.** Leçons et conversations : sur l'esthétique, la psychologie et la croyance religieuse. *Gallimard, 1992.* (Folio ; 190. Essais ; 190 c4)
ISBN 2-07-032688-8. *46 F / 7,01 €*

30865 **WITTGENSTEIN L.** Remarques philosophiques. *Gallimard, 1984.* (Tel ; 89)
ISBN 2-07-070226-X. *59 F / 8,99 €*

30866 **N** **WITTGENSTEIN L.** Tractatus logico-philosophicus. *Gallimard, 2001.* (Tel ; 311)
ISBN 2-07-075864-8. *46 F / 7,01 €*

30867 **WITTGENSTEIN L., MALCOLM N.** Le Cahier bleu et le cahier brun : études préliminaires aux Investigations philosophiques. Réimpr. *Gallimard, 1988.* (Tel ; 135)
ISBN 2-07-071450-0. *68 F / 10,37 €*

30868 **WOERLY F., DÜRCKHEIM K. v.** L'Esprit guide : entretiens. *Albin Michel, 1991.* (Spiritualités vivantes poche ; 50 c3)
ISBN 2-226-02261-9. *45 F / 6,86 €*

30869 **WOLFF F.** Aristote et la politique. 2e éd. *PUF, 1997.* (Philosophies ; 33)
ISBN 2-13-043995-0. *48 F / 7,32 €*

30870 **N** **WOLFF F.** L'être, l'homme, le disciple : figures philosophiques empruntées aux Anciens. *PUF, 2000.* (Quadrige ; 312)
ISBN 2-13-050843-X. *98 F / 14,94 €*

30871 **N** **WOLFF F.** Socrate. 4e éd. *PUF, 2000.* (Philosophies ; 6)
ISBN 2-13-040131-7. *45 F / 6,86 €*

30872 **WOODROW A.** Les Nouvelles sectes. *Seuil, 1981.* (Points. Actuels ; 44 c3)
ISBN 2-02-005971-1. *48 F / 7,32 €*

30873 **WUNENBURGER J-J.** Le Sacré. *PUF, 1990.* (Que sais-je? ; 1912 c1)
ISBN 2-13-043006-6. *42 F / 6,40 €*

30874 **A** **WUNENBURGER J-J.** Le sacré. 4e éd. *PUF, 2001.* (Que sais-je? ; 1912)
ISBN 2-13-051844-3. *42 F / 6,40 €*

30875 **XÉNOPHON** Banquet ; Apologie de Socrate. *Gallimard, 1994.* (Tel)
ISBN 2-07-073805-1. *58 F / 8,84 €*

30876 **YAKIRA E.** La Causalité de Galilée à Kant. *PUF, 1994.* (Philosophies)
ISBN 2-13-046358-4. *45 F / 6,86 €*

30877 **YUE D., SAUVAGNARGUES A.** La nature. *Desclée De Brouwer ; Presses littéraires et artistiques de Shanghai, 1999.* (Proches lointains)
ISBN 2-220-04404-1. *62 F / 9,45 €*

30878 **ZACCAÏ-REYNERS N.** Le monde de la vie. 1, Dilthey et Husserl. *Cerf, 1995.* (Humanités c1)
ISBN 2-204-05169-1. *62 F / 9,45 €*

30879 **ZACCAÏ-REYNERS N.** Le monde de la vie. 2, Schütz et Mead. *Cerf, 1996.* (Humanités c1)
ISBN 2-204-05400-3. *62 F / 9,45 €*

30880 **ZACCAÏ-REYNERS N.** Le monde de la vie. 3, Après le tournant sémiotique. *Cerf, 1996.* (Humanités c1)
ISBN 2-204-05401-1. *62 F / 9,45 €*

30881 **ZAPATA R.** La Philosophie russe et soviétique. *PUF, 1988.* (Que sais-je? ; 2412 c1)
ISBN 2-13-041735-3. *42 F / 6,40 €*

30882 **ZIMA P. V.** La Déconstruction : une critique. *PUF, 1994.* (Philosophies ; 46)
ISBN 2-13-045997-8. *45 F / 6,86 €*

30883 **ZOURABICHVILI F.** Deleuze : une philosophie de l'événement. 2e éd. *PUF, 1996.* (Philosophies ; 54)
ISBN 2-13-046543-9. *45 F / 6,86 €*

Politique

30884 A **ADLER A.** Le communisme. *PUF, 2001.* (Que sais-je? ; 3594 c1)
ISBN 2-13-051451-0. *42 F / 6,40 €*

30885 **ADLER L.** L'année des adieux. *J'ai lu, 1996.* (J'ai lu ; 4166. Littérature générale c4)
ISBN 2-277-24166-0. *36 F / 5,49 €*

30886 **ADLER L.** Les Femmes politiques. *Seuil, 1994.* (Points. Actuels ; 147 c2)
ISBN 2-02-021807-0. *39 F / 5,95 €*

30887 **AGULHON M.** Coup d'Etat et République. *Presses de Sciences Po, 1997.* (La Bibliothèque du citoyen c1)
ISBN 2-7246-0726-0. *75 F / 11,43 €*

30888 N **ALLÈGRE C., JOFFRIN L.** Toute vérité est bonne à dire : entretiens avec Laurent Joffrin. *Pocket, 2001.* (Pocket ; 11285 c6)
ISBN 2-266-11173-6. *38 F / 5,79 €*

30889 **AMIEL A.** Hannah Arendt, politique et évènement. *PUF, 1996.* (Philosophies ; 74)
ISBN 2-13-047810-7. *45 F / 6,86 €*

30890 **AMNESTY INTERNATIONAL** Les Disparitions. *Actes Sud, 1994.* (Babel ; 113 c1)
ISBN 2-7427-0133-8. *33 F / 5,03 €*

30891 **ANDRÉANI J-L.** Comprendre la Corse. *Gallimard, 1999.* (Folio ; 70. Actuel. Le Monde cC)
ISBN 2-07-041122-2. *41 F / 6,25 €*

30892 **ANGEL B., LAFITTE J.** L'Europe : petite histoire d'une grande idée. *Gallimard, 1999.* (Découvertes ; 367. Histoire c4)
ISBN 2-07-053463-4. *75 F / 11,43 €*

30893 **L'année stratégique 1998.** *Complexe, 1998.* (Bibliothèque Complexe)
ISBN 2-87027-729-6. *139 F / 21,19 €*

30894 **ANTONETTI G.** La monarchie constitutionnelle. *Montchrestien, 1998.* (Clefs. Politique c1)
ISBN 2-7076-1082-8. *70 F / 10,67 €*

30895 **ARDANT P.** Le Premier ministre en France. *Montchrestien, 1991.* (Clefs. Politique)
ISBN 2-7076-0497-6. *60 F / 9,15 €*

30896 **ARENDT H.** Du mensonge à la violence. *Pocket, 1989.* (Agora ; 37)
ISBN 2-266-02882-0. *42 F / 6,40 €*

30897 **ARENDT H.** L'impérialisme. *Seuil, 1997.* (Les origines du totalitarisme; 2)(Points ; 356. Essais c13)
ISBN 2-02-032653-1. *52 F / 7,93 €*

30898 N **ARENDT H.** Qu'est-ce que la politique ?. *Seuil, 2001.* (Points. Essais ; 445 c9)
ISBN 2-02-048190-1. *42 F / 6,40 €*

30899 **ARENDT H.** Sur l'antisémitisme. *Seuil, 1998.* (Les origines du totalitarisme; 1)(Points ; 360. Essais c12)
ISBN 2-02-033791-6. *48 F / 7,32 €*

30900 **ARON R.** Démocratie et totalitarisme. *Gallimard, 1987.* (Folio. Essais ; 69 c4)
ISBN 2-07-032429-X. *45 F / 6,86 €*

30901 **ARON R.** Introduction à la philosophie politique : démocratie et révolution. *LGF, 1997.* (Le Livre de poche ; 536. Références sciences politiques et sociales c10)
ISBN 2-253-90536-4. *40 F / 6,10 €*

30902 **ARON R.** Machiavel et les tyrannies modernes. *LGF, 1995.* (Le Livre de poche ; 4206. Biblio essais c17)
ISBN 2-253-94206-5. *60 F / 9,15 €*

30903 **ARON R.** Marxismes imaginaires : d'une sainte famille à l'autre. *Gallimard, 1998.* (Folio ; 319. Essais c4)
ISBN 2-07-040491-9. *46 F / 7,01 €*

30904 **ARON R.** L'opium des intellectuels. *Hachette Littératures, 1991.* (Pluriel ; 8577 c3)
ISBN 2-01-018341-X. *49 F / 7,47 €*

30905 **ARVON H.** L'Anarchisme. 10e éd. *PUF, 1991.* (Que sais-je? ; 479 c1)
ISBN 2-13-043463-0. *42 F / 6,40 €*

30906 N **ASSOCIATION POUR UNE TAXATION DES TRANSACTIONS FINANCIRES POUR L'AIDE AUX CITOYENS** Agir local, penser global. *Mille et une nuits, 2001.* (Les petits libres ; 32)
ISBN 2-84205-522-5. *10 F / 1,52 €*

30907 **ASSOUN P-L.** Marx et la répétition historique. *PUF, 1999.* (Quadrige ; 281)
ISBN 2-13-049789-6. *69 F / 10,52 €*

30908 **ATTALI J.** Lignes d'horizon. Nouv. éd. rev. et augm. *LGF, 1992.* (Le Livre de poche ; 9535 c6)
ISBN 2-253-06186-7. *26 F / 3,96 €*

30909 **ATTALI J.** Verbatim. 2, Chronique des années 1986-1988. *LGF, 1997.* (Le Livre de poche ; 14106 c15)
ISBN 2-253-14106-2. *50 F / 7,62 €*

30910 **ATTALI J.** Verbatim. 1-1, Chronique des années 1981-1986 : 1981-1983. *LGF, 1995.* (Le Livre de poche ; 13751 c14)
ISBN 2-253-13751-0. *48 F / 7,32 €*

30911 **ATTALI J.** Verbatim. 1-2, Chronique des années 1981-1986 : 1983-1986. *LGF, 1995.* (Le Livre de poche ; 13752 c14)
ISBN 2-253-13752-9. *48 F / 7,32 €*

30912 **ATTALI J.** Verbatim. 3-1, 1988-1989. *LGF, 1998.* (Le Livre de poche ; 14106 c15)
ISBN 2-253-14409-6. *50 F / 7,62 €*

30913 **ATTALI J.** Verbatim. 3-2, 1990-1991. *LGF, 1998.* (Le Livre de poche ; 14106 c15)
ISBN 2-253-14441-X. *50 F / 7,62 €*

30914 **AUBRY M.** Il est grand temps... *LGF, 1997.* (Le Livre de poche ; 14376 c7)
ISBN 2-253-14376-6. *30 F / 4,57 €*

30915 **AUBRY M., DUHAMEL O.** Petit dictionnaire pour lutter contre l'extrême droite. *Seuil, 1996.* (Points ; 277 c1)
ISBN 2-02-029984-4. *32 F / 4,88 €*

30916 **AVRIL P., GICQUEL J.** Le Conseil constitutionnel. 4e éd. *Montchrestien, 1998.* (Clefs. Politique c1)
ISBN 2-7076-1077-1. *70 F / 10,67 €*

30917 **BAAL G.** Histoire du radicalisme. *La Découverte, 1994.* (Repères ; 139)
ISBN 2-7071-2295-5. *52 F / 7,93 €*

30918 **BADIE B.** Les deux Etats : pouvoir et société en Occident et en terre d'Islam. *Seuil, 1997.* (Points ; 340. Essais c14)
ISBN 2-02-030301-9. *55 F / 8,38 €*

30919 **BADIE B., BIRNBAUM P.** Sociologie de l'Etat. *Hachette Littératures, 1983.* (Pluriel ; 8402 c2)
ISBN 2-01-009421-2. *45 F / 6,86 €*

30920 **BAECQUE F. d., QUERMONNE J-L.** Administration et politique sous la Ve République. *Presses de la Fondation nationale des sciences politiques, 1982.* (Références ; 10 c2)
ISBN 2-7246-0473-3. *60 F / 9,15 €*

30921 **BAFOIL F.** Le postcommunisme en Europe. *La Découverte, 1999.* (Repères ; 266 c1)
ISBN 2-7071-3029-X. *52 F / 7,93 €*

30922 **BAGUENARD J.** La Démocratie locale. *PUF, 1995.* (Que sais-je? ; 598 c1)
ISBN 2-13-046705-9. *42 F / 6,40 €*

30923 **BAGUENARD J.** Le Sénat. 2e éd. *PUF, 1997.* (Que sais-je? ; 2529 c1)
ISBN 2-13-047988-X. *42 F / 6,40 €*

30924 **BAKOUNINE M. A.** Dieu et l'Etat. *Mille et une nuits, 1996.* (La petite collection ; 121 cB)
ISBN 2-84205-074-6. *10 F / 1,52 €*

30925 **BALTIQUE** Aboitim. 1. *J'ai lu, 1997.* (J'ai lu ; 4490. Littérature générale c3)
ISBN 2-290-04490-3. *29 F / 4,42 €*

30926 **BALTIQUE** Aboitim. 2, Ma part d'héritage. *J'ai lu, 1998.* (J'ai lu ; 4496. Littérature générale c3)
ISBN 2-290-04491-1. *29 F / 4,42 €*

30927 **BARBIER B., ROSCISZEWSKI M.** La Pologne. *PUF, 1998.* (Que sais-je? ; 1927 c1)
ISBN 2-13-049693-8. *42 F / 6,40 €*

30928 **BARRET P.** Journal apocryphe d'un Président : j'allais vous dire... *Seuil, 1994.* (Points. Actuels ; 148 c3)
ISBN 2-02-021852-6. *48 F / 7,32 €*

30929 **BATA P., RULLEAU C.** L'Algérie. *Milan, 2000.* (Les essentiels Milan ; 162 c1)
ISBN 2-7459-0010-2. *25 F / 3,81 €*

30930 **N** **BAUBÉROT J.** Histoire de la laïcité française. *PUF, 2000.* (Que sais-je? ; 3571 c1)
ISBN 2-13-050839-1. *42 F / 6,40 €*

30931 **BAUDIER G., TEYSSIER F.** La construction de l'Europe : culture, espace, puissance. *PUF, 2000.* (Que sais-je? ; 3535 c1)
ISBN 2-13-050424-8. *42 F / 6,40 €*

30932 **BAUDOUIN J.** Introduction à la sociologie politique. *Seuil, 1998.* (Points ; 365. Essais c12)
ISBN 2-02-021505-5. *50 F / 7,62 €*

30933 **BAUDOUIN J.** Mort ou déclin du marxisme?. *Montchrestien, 1991.* (Clefs. Politique)
ISBN 2-7076-0493-3. *60 F / 9,15 €*

30934 **BAUER J.** Les partis religieux en Israël. 2e éd. *PUF, 1998.* (Que sais-je? ; 2610)
ISBN 2-13-049468-4. *42 F / 6,40 €*

30935 **BAUER J.** Politique et religion. *PUF, 1999.* (Que sais-je? ; 3467 c1)
ISBN 2-13-049902-3. *42 F / 6,40 €*

30936 **BAUER J.** Le système politique canadien. *PUF, 1998.* (Que sais-je? ; 3354 c1)
ISBN 2-13-048932-X. *42 F / 6,40 €*

30937 **N** **BAUER J.** Le système politique israélien. *PUF, 2000.* (Que sais-je? ; 3576 c1)
ISBN 2-13-050995-9. *42 F / 6,40 €*

30938 **BAUMONT S.** De la Ve à la VIème République. *Milan, 1998.* (Les essentiels Milan ; 107 c1)
ISBN 2-84113-675-2. *25 F / 3,81 €*

30939 **A** **BAUMONT S.** Dominique Baudis : un destin politique inachevé. *Privat, 2001.* (Questions d'histoire immédiate)
ISBN 2-7089-0630-5. *78 F / 11,89 €*

30940 **BAUMONT S.** Le jeu politique. *Milan, 1997.* (Les essentiels Milan ; 90 c1)
ISBN 2-84113-589-6. *20 F / 3,05 €*

30941 **N** **BAUMONT S.** Les présidents de la République française. *Milan, 2000.* (Les essentiels Milan ; 172 c1)
ISBN 2-7459-0047-1. *25 F / 3,81 €*

30942 **BAZIN F., MACÉ-SCARON J.** Les Politocrates : vie, moeurs et coutumes de la classe politique. Nouv. éd. augm. *Seuil, 1994.* (Points. Actuels ; 145 c3)
ISBN 2-02-021571-3. *48 F / 7,32 €*

30943 **BENDA J.** Discours à la nation européenne. *Gallimard, 1993.* (Folio. Essais ; 209 c1)
ISBN 2-07-032742-6. *29,50 F / 4,50 €*

30944 **BÉNÉTON P.** Les régimes politiques. *PUF, 1996.* (Que sais-je? ; 289 c1)
ISBN 2-13-047471-3. *42 F / 6,40 €*

30945 **BENSUSSAN G., LABICA G.** Dictionnaire critique du marxisme. *PUF, 1999.* (Quadrige ; 284)
ISBN 2-13-049872-8. *150 F / 22,87 €*

30946 **BERL E.** La France irréelle. *Grasset, 1996.* (Les Cahiers rouges ; 236)
ISBN 2-246-10402-5. *54 F / 8,23 €*

30947 **BERNANOS G.** Français, si vous saviez... *Gallimard, 1998.* (Folio ; 325. Essais)
ISBN 2-07-040508-7. *56 F / 8,54 €*

30948 **BERNANOS G.** La grande peur des bien-pensants. *LGF, 1998.* (Le Livre de poche ; 3302. Biblio c14)
ISBN 2-253-93302-3. *48 F / 7,32 €*

30949 **BERNANOS G.** La liberté pour quoi faire?. *Gallimard, 1995.* (Folio. Essais ; 274 c4)
ISBN 2-07-032888-0. *46 F / 7,01 €*

30950 **BERNARD F. d.** L'emblème démocratique : le gouvernement du petit nombre. *Mille et une nuits, 1998.* (Les petits libres ; 20 c3)
ISBN 2-84205-321-4. *13 F / 1,98 €*

30951 **N** **BERNHEIM N.** Où vont les Américains ?. *La Découverte, 2000.* (Sur le vif)
ISBN 2-7071-3285-3. *42 F / 6,40 €*

30952 **BERTRAND M.** La fin de l'ordre militaire. *Presses de Sciences Po, 1996.* (La Bibliothèque du citoyen)
ISBN 2-7246-0686-8. *75 F / 11,43 €*

30953 **N** **BERTRAND M.** L'ONU. 3e éd. *La Découverte, 2000.* (Repères ; 145 c1)
ISBN 2-7071-3268-3. *52 F / 7,93 €*

30954 **BESANÇON A.** Les origines intellectuelles du léninisme. *Gallimard, 1996.* (Tel ; 270)
ISBN 2-07-073622-9. *85 F / 12,96 €*

30955 **N** **BILLETER J-F.** Chine trois fois muette. *Allia, 2000.* (Petite collection)
ISBN 2-84485-048-0. *40 F / 6,10 €*

30956 **N** **BILLIG J.** L'hitlérisme et le système concentrationnaire. *PUF, 2000.* (Quadrige)
ISBN 2-13-050443-4. *69 F / 10,52 €*

30957 **BIRNBAUM P.** La fin du politique. *Hachette Littératures, 1995.* (Pluriel ; 8769 c4)
ISBN 2-01-278769-X. *58 F / 8,84 €*

30958 **BIRNBAUM P.** Les Sommets de l'Etat : essai sur l'élite du pouvoir en France. Nouv. éd. augm. *Seuil, 1994.* (Points. Essais ; 277 c3)
ISBN 2-02-021244-7. *48 F / 7,32 €*

30959 **A** **BISHARA M.** Palestine, Israël, quelle paix?. *La Découverte, 2001.* (Sur le vif)
ISBN 2-7071-3424-4. *42 F / 6,40 €*

30960 **BLANCHARD P., LEMAIRE S.** L'Afrique, un continent, des nations. *Milan, 1997.* (Les essentiels Milan ; 70 c1)
ISBN 2-84113-493-8. *25 F / 3,81 €*

30961 **BOBBIO N.** Libéralisme et démocratie. *Cerf, 1996.* (Humanités c1)
ISBN 2-204-05408-9. *62 F / 9,45 €*

30962 **BOISSEL J.** L'Iran moderne. *PUF, 1975.* (Que sais-je? ; 1617)
ISBN 2-13-033814-3. *42 F / 6,40 €*

30963 **BONIFACE P.** Les relations Est-Ouest, 1945-1991. *Seuil, 1996.* (Mémo ; 30 c2)
ISBN 2-02-023120-4. *36 F / 5,49 €*

30964 **BORELLA F.** Les Partis politiques dans la France d'aujourd'hui. Nouv. éd. mise à jour et augm. *Seuil, 1990.* (Points. Politique ; 56 c13)
ISBN 2-02-012474-2. *48 F / 7,32 €*

30965 **BORELLA F.** Les Partis politiques en Europe. *Seuil, 1984.* (Points. Politique ; 95 c14)
ISBN 2-02-006727-7. *55 F / 8,38 €*

30966 **BORGETTO M.** Devise : liberté, égalité, fraternité. *PUF, 1997.* (Que sais-je? ; 3196 c1)
ISBN 2-13-048355-0. *42 F / 6,40 €*

30967 **BOTIVEAU B.** L'Etat palestinien. *Presses de Sciences Po, 1999.* (La Bibliothèque du citoyen c1)
ISBN 2-7246-0761-9. *75 F / 11,43 €*

30968 **BOTIVEAU B., CESARI J.** Géopolitique des islams. *Economica, 1997.* (Géopolitique-poche ; 8 c1)
ISBN 2-7178-3272-6. *49 F / 7,47 €*

30969 **BOUCHET C.** L'Aventure Tapie : enquête sur un citoyen modèle. Nouv. éd. actualisée. *Seuil, 1993.* (Points. Actuels ; 130 c3)
ISBN 2-02-019470-8. *48 F / 7,32 €*

30970 **BOUCHET C.** Tapie, l'homme d'affaires. Nouv. éd. mise à jour et augm. *Seuil, 1995.* (Points ; 48 c9)
ISBN 2-02-024630-9. *42 F / 6,40 €*

30971 **BOUDJEDRA R.** FIS de la haine. Nouv. éd. augm. *Gallimard, 1994.* (Folio ; 2617 c9)
ISBN 2-07-038913-8. *20,50 F / 3,13 €*

30972 **BOURMAUD D.** La politique en Afrique. *Montchrestien, 1997.* (Clefs. Politique)
ISBN 2-7076-0637-5. *60 F / 9,15 €*

30973 **BOZO F.** La politique étrangère de la France depuis 1945. *La Découverte, 1997.* (Repères ; 217 c1)
ISBN 2-7071-2704-3. *52 F / 7,93 €*

30974 **BRAILLARD P., DJALILI M-R.** Les Relations internationales. Nouv. éd. *PUF, 1997.* (Que sais-je? ; 2456 c1)
ISBN 2-13-046641-9. *42 F / 6,40 €*

30975 **BRAUD P.** L'émotion en politique : problèmes d'analyse. *Presses de Sciences Po, 1996.* (Références inédites)
ISBN 2-7246-0695-7. *80 F / 12,20 €*

30976 **BRAUD P.** Science politique. 1, La démocratie. *Seuil, 1997.* (Points. Essais ; 343 c10)
ISBN 2-02-028221-6. *45 F / 6,86 €*

30977 **BRAUD P.** Science politique. 2, L'Etat. *Seuil, 1997.* (Points. Essais ; 344 c10)
ISBN 2-02-028220-8. *45 F / 6,86 €*

30978 **N** **BRAUD P.** La science politique. 7e éd. refondue. *PUF, 2000.* (Que sais-je? ; 909 c1)
ISBN 2-13-050747-6. *42 F / 6,40 €*

30979 **BRAUD P.** La Vie politique. 3e éd. rev. *PUF, 1992.* (Que sais-je? ; 1189 c1)
ISBN 2-13-044875-5. *42 F / 6,40 €*

30980 **BRÉCHON P.** Les partis politiques. *Montchrestien, 1999.* (Clefs. Politique)
ISBN 2-7076-1133-6. *70 F / 10,67 €*

30981 **BRIZAY B.** Le Patronat : histoire, structure, stratégie du CNPF. *Seuil, 1975.* (Points. Politique ; 76 c13)
ISBN 2-02-004300-9. *52 F / 7,93 €*

30982 **BROYELLE C., BROYELLE J., TSCHIRHART E.** Deuxième retour de Chine. *Seuil, 1979.* (Points. Actuels ; 21 c3)
ISBN 2-02-005075-7. *48 F / 7,32 €*

30983 **BRUCKNER P.** La Mélancolie démocratique : comment vivre sans ennemis?. Nouv. éd. augm. d'une préface. *Seuil, 1992.* (Points. Actuels ; 122 c3)
ISBN 2-02-016479-5. *48 F / 7,32 €*

30984 **BRUNEL S.** La coopération Nord-Sud. *PUF, 1997.* (Que sais-je? ; 3190 c1)
ISBN 2-13-047964-2. *42 F / 6,40 €*

30985 **BRUNET J-P.** Histoire du socialisme en France de 1871 à nos jours. 2e éd. mise à jour. *PUF, 1993.* (Que sais-je? ; 1451 c1)
ISBN 2-13-045191-8. *42 F / 6,40 €*

30986 **BRZEZINSKI Z.** Le grand échiquier : l'Amérique et le reste du monde. *Hachette Littératures, 2000.* (Pluriel ; 944 c8)
ISBN 2-01-278944-7. *60 F / 9,15 €*

30987 **BURDEAU G.** L'Etat. *Seuil, 1992.* (Points ; 244. Essais c2)
ISBN 2-02-014445-X. *39 F / 5,95 €*

30988 **BURGESS F.** Les Institutions américaines. 5e éd. mise à jour. *PUF, 1992.* (Que sais-je? ; 1547 c1)
ISBN 2-13-044742-2. *42 F / 6,40 €*

30989 **BURNIER M-A., ROMANE C.** Le secret de l'abbé Pierre. *Mille et une nuits, 1996.* (Les petits libres ; 11 cA)
ISBN 2-84205-070-3. *10 F / 1,52 €*

30990 **CABESTAN J-P.** Le système politique de Taïwan. *PUF, 1999.* (Que sais-je? ; 1809 c1)
ISBN 2-13-049434-X. *42 F / 6,40 €*

30991 **CAMBY J-P.** Le financement de la vie politique en France. *Montchrestien, 1995.* (Clefs. Politique)
ISBN 2-7076-0665-0. *60 F / 9,15 €*

30992 **CAMBY J-P., SERVENT P.** Le travail parlementaire sous la cinquième République. 3e éd. *Montchrestien, 1997.* (Clefs. Politique)
ISBN 2-7076-1058-5. *60 F / 9,15 €*

30993 **N** **CAMPBELL D.** Surveillance électronique planétaire. *Allia, 2001.* (Petite collection)
ISBN 2-84485-052-9. *40 F / 6,10 €*

30994 **CAMUS A.** Actuelles : écrits politiques. *Gallimard, 1997.* (Folio ; 305. Essais c2)
ISBN 2-07-032973-9. *37 F / 5,64 €*

30995 **CAMUS J-Y.** L'extrême-droite aujourd'hui. *Milan, 1997.* (Les essentiels Milan ; 73 c1)
ISBN 2-84113-496-2. *25 F / 3,81 €*

30996 **CAMUS J-Y.** Le Front national. *Milan, 1998.* (Les essentiels Milan ; 97 c1)
ISBN 2-84113-608-6. *25 F / 3,81 €*

30997 **CANDAR G.** Histoire politique de la IIIe République. *La Découverte, 1999.* (Repères ; 272 c1)
ISBN 2-7071-3119-9. *52 F / 7,93 €*

30998 **CANDAR G.** Le socialisme. *Milan, 1996.* (Les essentiels Milan ; 59 c1)
ISBN 2-84113-462-8. *25 F / 3,81 €*

30999 **CARFANTAN J-Y., CONDAMINES C.** Qui a peur du tiers-monde? : rapports Nord-Sud, les faits. *Seuil, 1980.* (Points. Politique ; 107 c14)
ISBN 2-02-005687-9. *55 F / 8,38 €*

31000 **CARRÉ O.** L'Orient arabe aujourd'hui. *Complexe, 1991.* (Historiques ; 70 c12)
ISBN 2-87027-395-9. *65 F / 9,91 €*

31001 **CARRÈRE D'ENCAUSSE H.** La Gloire des nations ou la Fin de l'empire soviétique. Nouv. éd. augm. *LGF, 1992.* (Le Livre de poche ; 4377 c12)
ISBN 2-253-06108-5. *44 F / 6,71 €*

31002 **CARRÈRE D'ENCAUSSE H.** Victorieuse Russie. *LGF, 1994.* (Le Livre de poche ; 13598 c9)
ISBN 2-253-13598-4. *36 F / 5,49 €*

31003 **CASTAGNEZ-RUGGIU N.** Histoire des idées socialistes. *La Découverte, 1997.* (Repères ; 223 c1)
ISBN 2-7071-2737-X. *52 F / 7,93 €*

31004 **CATTACIN S., PASSY F., GIUGNI M.** Mouvements sociaux et Etat. *Actes Sud, 1997.* (L'Europe en bref)
ISBN 2-7427-1192-9. *40 F / 6,10 €*

31005 **CAUTRUNES B.** Est-Ouest : de l'affrontement à la coopération. *Montchrestien, 1991.* (Clefs. Politique)
ISBN 2-7076-0486-0. *60 F / 9,15 €*

31006 **CENTRE D'ETUDE DE LA VIE POLITIQUE FRANCAISE (Paris)** L'Electeur français en questions. *Presses de la Fondation nationale des sciences politiques, 1990.* (Références ; 22)
ISBN 2-7246-0578-0. *60 F / 9,15 €*

31007 **CENTRE DE VULGARISATION DE LA CONNAISSANCE (Saint-Aubin, Essonne)** Guide de l'Assemblée nationale. *Milan, 1998.* (Les essentiels Milan ; 95 c1)
ISBN 2-84113-597-7. *25 F / 3,81 €*

31008 **CENTRE DE VULGARISATION DE LA CONNAISSANCE (Saint-Aubin, Essonne)** Mini-guide du citoyen. Nouv. éd. *Milan, 2000.* (Les essentiels Milan ; 13 c1)
ISBN 2-7459-0043-9. *25 F / 3,81 €*

31009 **CERTEAU M. d.** La Prise de parole : et autres écrits politiques. *Seuil, 1994.* (Points. Essais ; 281 c4)
ISBN 2-02-021798-8. *52 F / 7,93 €*

31010 **CESARI J.** Faut-il avoir peur de l'islam ?. *Presses de Sciences Po, 1997.* (La Bibliothèque du citoyen c1)
ISBN 2-7246-0725-2. *75 F / 11,43 €*

31011 **CHABOT J-L.** Le Nationalisme. 2e éd. mise à jour. *PUF, 1993.* (Que sais-je? ; 2280 c1)
ISBN 2-13-045672-3. *42 F / 6,40 €*

31012 **CHAGNOLLAUD D.** Introduction à la politique. *Seuil, 1996.* (Points. Essais ; 320 c7)
ISBN 2-02-017572-X. *35 F / 5,34 €*

31013 **CHALIAND G.** Mythes Révolutionnaires du Tiers-monde. *Seuil, 1979.* (Points. Politique ; 98 c11)
ISBN 2-02-005184-2. *48 F / 7,32 €*

31014 **CHALIAND G., RAGEAU J-P.** Atlas stratégique : géopolitique des nouveaux rapports de forces dans le monde : l'après-guerre froide. Nouv. éd. rev. *Complexe, 1994.* (Historiques ; 48 c11)
ISBN 2-87027-528-5. *120 F / 18,29 €*

31015 **CHARLOT J.** La Politique en France. *LGF, 1994.* (Le Livre de poche ; 509. Références sciences politiques et sociales c11)
ISBN 2-253-90509-7. *42 F / 6,40 €*

31016 **N** **CHAUMONT C., LAFAY F.** L'ONU. 16e éd. mise à jour. *PUF, 2000.* (Que sais-je? ; 748 c1)
ISBN 2-13-050873-1. *42 F / 6,40 €*

31017 **CHEBEL D'APPOLLONIA A.** Histoire politique des intellectuels en France. 1, Des Lendemains qui déchantent. *Complexe, 1991.* (Questions au XXe siècle ; 31 c9)
ISBN 2-87027-369-X. *59 F / 8,99 €*

31018 **CHEBEL D'APPOLLONIA A.** Histoire politique des intellectuels en France. 2, Le Temps de l'engagement. *Complexe, 1991.* (Questions au XXe siècle ; 32 cL)
ISBN 2-87027-370-3. *65 F / 9,91 €*

31019 **CHEBEL D'APPOLLONIA A.** Les racismes ordinaires. *Presses de Sciences Po, 1998.* (La Bibliothèque du citoyen c1)
ISBN 2-7246-0748-1. *75 F / 11,43 €*

31020 **CHEVALLIER J.** L'Etat de droit. 3e éd. mise à jour. *Montchrestien, 1999.* (Clefs. Politique)
ISBN 2-7076-1121-2. *70 F / 10,67 €*

31021 **CHEVALLIER J.** Institutions politiques. *LGDJ, 1996.* (Systèmes)
ISBN 2-275-00296-0. *95 F / 14,48 €*

31022 **CHRISTOPHE-TCHAKALOFF M-F.** Les grandes étapes de l'organisation de l'Europe 1945-1996. 2e éd. corrigée. *PUF, 1999.* (Que sais-je? ; 3105 c1)
ISBN 2-13-047639-2. *42 F / 6,40 €*

31023 **Citoyenneté et nationalité.** *Actes Sud, 1996.* (L'Europe en bref)
ISBN 2-7427-0621-6. *30 F / 4,57 €*

31024 **CLOSETS F. d.** Le compte à rebours. *LGF, 1999.* (Le Livre de poche ; 14613 c15)
ISBN 2-253-14613-7. *50 F / 7,62 €*

31025 **COHEN-TANUGI L.** Le Droit sans l'Etat : sur la démocratie en France et en Amérique. *PUF, 1992.* (Quadrige ; 143)
ISBN 2-13-044687-6. *58 F / 8,84 €*

31026 **COHEN-TANUGI L.** La Métamorphose de la démocratie française : de l'Etat jacobin à l'Etat de droit. Nouv. éd. rev. et augm. *Gallimard, 1993.* (Folio. Actuel ; 34 c3)
ISBN 2-07-032806-6. *41 F / 6,25 €*

31027 **COHN-BENDIT D., HERZLICH G., DELATTRE L.** Une envie de politique : entretiens avec Lucas Delattre et Guy Herzlich. *La Découverte, 1999.* (La Découverte poche ; 64. Essais)
ISBN 2-7071-2941-0. *52 F / 7,93 €*

31028 **COLAS D.** Dictionnaire de la pensée politique : auteurs, oeuvres, notions. *Larousse, 1997.* (Les référents)
ISBN 2-03-720317-9. *110 F / 16,77 €*

31029 **COLAS D.** Le léninisme. *PUF, 1998.* (Quadrige ; 264)
ISBN 2-13-049485-4. *69 F / 10,52 €*

31030 **COLOMBANI J-M.** Le résident de la République. *LGF, 1999.* (Le Livre de poche ; 14579 c7)
ISBN 2-253-14579-3. *30 F / 4,57 €*

31031 **COMITE INTERNATIONAL CONTRE LA REPRESSION EN UNION SOVIETIQUE** Syndicat libre en U.R.S.S. *Seuil, 1978.* (Points. Politique ; 91 c6)
ISBN 2-02-004952-X. *32 F / 4,88 €*

31032 **CONSTANT B.** Ecrits politiques. *Gallimard, 1997.* (Folio ; 307. Essais c10)
ISBN 2-07-032986-0. *76,50 F / 11,66 €*

31033 **CONSTANT B.** Les principes de politique applicables à tous les gouvernements (version 1806-1810). *Hachette Littératures, 1997.* (Pluriel ; 861 c9)
ISBN 2-01-278861-0. *65 F / 9,91 €*

31034 **N** **CONSTANT F.** La citoyenneté : éducation civique, juridique et sociale. 2e éd. *Montchrestien, 2000.* (Clefs. Politique)
ISBN 2-7076-1187-5. *70 F / 10,67 €*

31035 **CORM G.** Le Proche-Orient éclaté 1956-2000. Nouv. éd. augm. *Gallimard, 1999.* (Folio. Histoire ; 30 c12)
ISBN 2-07-040669-5. *85 F / 12,96 €*

31036 **COSTEL E.** Géopolitique contemporaine. *PUF, 1997.* (Que sais-je? ; 693 c1)
ISBN 2-13-048553-7. *42 F / 6,40 €*

31037 **COTTERET J-M., EMERI C.** Les Systèmes électoraux. 6e éd. rev. *PUF, 1994.* (Que sais-je? ; 1382 c1)
ISBN 2-13-045920-X. *42 F / 6,40 €*

31038 **COUFFIGNAL G.** Le Régime politique de l'Espagne. *Montchrestien, 1993.* (Clefs. Politique)
ISBN 2-7076-0567-0. *60 F / 9,15 €*

31039 **Les courants politiques.** *Actes Sud, 1996.* (L'Europe en bref)
ISBN 2-7427-0620-8. *25 F / 3,81 €*

31040 **COURTY G., DEVIN G.** L'Europe politique. *La Découverte, 1996.* (Repères ; 190 c1)
ISBN 2-7071-2547-4. *52 F / 7,93 €*

31041 **CRÉMIEU E.** Le leadership américain. *Dunod, 1998.* (Les topos c1)
ISBN 2-10-003617-3. *52 F / 7,93 €*

31042 **CROISAT M.** Le fédéralisme dans les démocraties contemporaines. 3e éd. *Montchrestien, 1999.* (Clefs. Politique c1)
ISBN 2-7076-1141-7. *70 F / 10,67 €*

31043 **CROZIER M.** Etat modeste, Etat moderne : stratégies pour un autre changement. 2e éd. rev. et augm. *Seuil, 1991.* (Points. Essais ; 223 c3)
ISBN 2-02-012396-7. *48 F / 7,32 €*

31044 **CROZIER M., FRIEDBERG E.** L'acteur et le système. *Seuil, 1999.* (Points. Essais c14)
ISBN 2-02-018220-3. *55 F / 8,38 €*

31045 **CUFARO PETRONI N.** Paix et sécurité. *Actes Sud, 1997.* (L'Europe en bref)
ISBN 2-7427-1191-0. *50 F / 7,62 €*

31046 **CULTURE ET LIBERTE** Les Travailleurs face au capitalisme. *Seuil, 1976.* (Points. Economie ; 2 c4)
ISBN 2-02-004353-X. *52 F / 7,93 €*

31047 **DA LAGE O.** Géopolitique de l'Arabie Saoudite. *Complexe, 1996.* (Géopolitique des Etats du monde ; 2)
ISBN 2-87027-622-2. *95 F / 14,48 €*

31048 **DABÈNE O.** La région Amérique latine : interdépendance et changement politique. *Presses de Sciences Po, 1997.* (Références inédites)
ISBN 2-7246-0723-6. *88 F / 13,42 €*

31049 **DANIEL J.** Voyage au bout de la nation. *Arléa, 1997.* (Arléa-poche ; 22)
ISBN 2-86959-329-5. *35 F / 5,34 €*

31050 **N** **DAVID C-P.** La guerre et la paix : approches contemporaines de la sécurité et de la stratégie. *Presses de Sciences Po, 2000.* (Références inédites)
ISBN 2-7246-0821-6. *98 F / 14,94 €*

31051 **DEBORD G.** Commentaires sur La société du spectacle, 1988 ; Préface à la quatrième édition italienne de La société du spectacle, 1979. *Gallimard, 1996.* (Folio ; 2905 c9)
ISBN 2-07-040135-9. *20,50 F / 3,13 €*

31052 **N** **DEBORD G.** Rapport sur la construction des situations : les situationnistes et les nouvelles formes d'action dans la politique ou l'art. *Mille et une nuits, 2000.* (La petite collection ; 300)
ISBN 2-84205-507-1. *10 F / 1,52 €*

31053 **DEBORD G.** La société du spectacle. *Gallimard, 1996.* (Folio ; 2788 c11)
ISBN 2-07-039443-3. *29,50 F / 4,50 €*

31054 **DEBRAY R.** A demain De Gaulle. *Gallimard, 1996.* (Folio ; 48. Actuel ; 48 c2)
ISBN 2-07-032923-2. *37 F / 5,64 €*

31055 **DEBRAY R.** Critique de la raison politique ou l'Inconscient religieux. *Gallimard, 1987.* (Tel ; 113)
ISBN 2-07-070857-8. *64 F / 9,76 €*

31056 **DEBRAY R.** L'Etat séducteur : les révolutions médiologiques du pouvoir. *Gallimard, 1997.* (Folio ; 312. Essais ; 312 c2)
ISBN 2-07-040303-3. *37 F / 5,64 €*

31057 **DEBRAY R.** La guérilla du Che. *Seuil, 1996.* (Points ; 206 c1)
ISBN 2-02-028530-4. *32 F / 4,88 €*

31058 **La Déclaration universelle des droits de l'homme.** *Gallimard, 1999.* (Folio ; 64. Actuel c1)
ISBN 2-07-040854-X. *29,50 F / 4,50 €*

31059 **DECRAENE P.** Le Panafricanisme. 5e éd. *PUF, 1976.* (Que sais-je? ; 847 c1)
ISBN 2-13-034753-3. *42 F / 6,40 €*

31060 **DEGAGE A., DURO I ARAJOL A.** L'Andorre. *PUF, 1998.* (Que sais-je? ; 3340 c1)
ISBN 2-13-048788-2. *42 F / 6,40 €*

31061 **N** **DELACAMPAGNE C.** Une histoire du racisme : des origines à nos jours. *LGF : France-Culture, 2000.* (Le Livre de poche ; 575. Références histoire c11)
ISBN 2-253-90575-5. *42 F / 6,40 €*

31062 **DELAPORTE M.** La politique étrangère américaine depuis 1945 : l'Amérique à la croisée de l'histoire. *Complexe, 1996.* (Questions au XXe siècle ; 85)
ISBN 2-87027-617-6. *115 F / 17,53 €*

31063 **DELIÈGE R.** Gandhi. *PUF, 1999.* (Que sais-je? ; 3501 c1)
ISBN 2-13-050260-1. *42 F / 6,40 €*

31064 **DELMAS P.** Le bel avenir de la guerre. *Gallimard, 1997.* (Folio ; 56. Actuel ; 56 c2)
ISBN 2-07-040304-1. *37 F / 5,64 €*

31065 **DELORS J.** Combats pour l'Europe. *Economica, 1996.* (Europe-poche ; 1)
ISBN 2-7178-3204-1. *49 F / 7,47 €*

31066 **DÉLOYE Y.** Sociologie historique du politique. *La Découverte, 1997.* (Repères ; 209 c1)
ISBN 2-7071-2657-8. *52 F / 7,93 €*

31067 **N** **DELPÉRÉE F.** Le fédéralisme en Europe. *PUF, 2000.* (Que sais-je? ; 1953 c1)
ISBN 2-13-050685-2. *42 F / 6,40 €*

31068 **La démocratie directe.** *Actes Sud, 1996.* (L'Europe en bref)
ISBN 2-7427-0619-4. *50 F / 7,62 €*

31069 **DENIAU J-F.** Ce que je crois. *LGF, 1994.* (Le Livre de poche ; 9784 c6)
ISBN 2-253-09784-5. *26 F / 3,96 €*

31070 **DENQUIN J-M.** Vocabulaire politique. *PUF, 1997.* (Que sais-je? ; 3268 c1)
ISBN 2-13-048560-X. *42 F / 6,40 €*

31071 **N** **DÉRENS J-A.** Balkans : la crise. *Gallimard, 2000.* (Folio ; 76. Actuel cC)
ISBN 2-07-041305-5. *50 F / 7,62 €*

31072 **DESCHAMPS H.** Les Institutions politiques de l'Afrique Noire. 4e éd. *PUF, 1976.* (Que sais-je? ; 549 c1)
ISBN 2-13-034135-7. *42 F / 6,40 €*

31073 **DÉVOLUY P., DUTEIL M.** La poudrière algérienne : histoire secrète d'une république sous influence. *Hachette Littératures, 1995.* (Pluriel ; 8742 c4)
ISBN 2-01-278742-8. *58 F / 8,84 €*

31074 **DIECKHOFF A.** Les espaces d'Israël : essai sur la stratégie territoriale israélienne. 2e éd. *Presses de la Fondation nationale des sciences politiques ; Institut de stratégie comparée, 1989.* (Références ; 20 c2)
ISBN 2-7246-0565-9. *60 F / 9,15 €*

31075 **DOBRY M.** Sociologie des crises politiques : la dynamique des mobilisations multisectorielles. *Presses de la Fondation nationale des sciences politiques, 1992.* (Références ; 29)
ISBN 2-7246-0610-8. *60 F / 9,15 €*

31076 **DOLLOT L.** Les Relations culturelles internationales. 2e éd. *PUF, 1968.* (Que sais-je? ; 1142 c1)
ISBN 2-13-030056-1. *42 F / 6,40 €*

31077 **DONEGANI J-M., SADOUN M.** La Ve République : naissance et mort. *Gallimard, 1999.* (Folio ; 95. Histoire c8)
ISBN 2-07-040859-0. *66 F / 10,06 €*

31078 **DONEGANI J-M., SADOUN M.** La Démocratie imparfaite : essai sur le parti politique. *Gallimard, 1994.* (Folio. Essais ; 252 c4)
ISBN 2-07-032855-4. *46 F / 7,01 €*

31079 **DONNEDIEU DE VABRES J.** L'Etat. 8e éd. *PUF, 1992.* (Que sais-je? ; 616 c1)
ISBN 2-13-044339-7. *42 F / 6,40 €*

31080 **DORNA A.** Le populisme. *PUF, 1999.* (Que sais-je? ; 3531 c1)
ISBN 2-13-050528-7. *42 F / 6,40 €*

31081 **DOUBLET Y-M.** Le financement de la vie politique. *PUF, 1997.* (Que sais-je? ; 2550)
ISBN 2-13-048935-4. *42 F / 6,40 €*

31082 **DREYFUS M.** L'Europe des socialistes. *Complexe, 1991.* (Questions au XXe siècle ; 42 cM)
ISBN 2-87027-405-X. *69 F / 10,52 €*

31083 **Droits de l'homme.** *Actes Sud, 1996.* (L'Europe en bref)
ISBN 2-7427-0618-6. *25 F / 3,81 €*

31084 **Les droits de l'homme.** *Librio, 1998.* (Librio ; 250 c1)
ISBN 2-277-30250-3. *10 F / 1,52 €*

31085 **DU CHATENET A., COQ B.** Mitterrand de A à Z. *Albin Michel, 1995.* (De A à Z)
ISBN 2-226-07667-0. *98 F / 14,94 €*

31086 **DU GRANRUT C.** La citoyenneté européenne : une application du principe de subsidiarité. *LGDJ, 1997.* (Systèmes)
ISBN 2-275-01638-4. *95 F / 14,48 €*

31087 **DU RÉAU E.** L'idée d'Europe au XXe siècle. *Complexe, 1996.* (Questions au XXe siècle ; 86 c22)
ISBN 2-87027-607-9. *139 F / 21,19 €*

31088 **DUCLOS L-J.** La Jordanie. *PUF, 1999.* (Que sais-je? ; 1823 c1)
ISBN 2-13-049428-5. *42 F / 6,40 €*

31089 **N** **DUFOUR G., DUFOUR J-F.** L'Espagne : un modèle pour l'Europe des régions ?. *Gallimard, 2000.* (Folio ; 77. Actuel cC)
ISBN 2-07-041318-7. *41 F / 6,25 €*

31090 **DUFOUR J-F.** Géopolitique de la Chine. *Complexe, 1999.* (Géopolitique des Etats du monde ; 8)
ISBN 2-87027-800-4. *95 F / 14,48 €*

31091 **DUFOUR J-L.** Les crises internationales : de Pékin (1900) à Sarajevo (1995). *Complexe, 1996.* (Questions au XXe siècle ; 87 c14)
ISBN 2-87027-604-4. *76 F / 11,59 €*

31092 **A** **DUFOUR J-L.** Les crises internationales : de Pékin (1900) au Kosovo (1999). Nouv. éd. *Complexe, 2001.* (Historiques ; 120)
ISBN 2-87027-886-1. *69 F / 10,52 €*

31093 **N** **DUFOUR J-L.** Les crises internationales : de Pékin (1900) au Kosovo (1999). *Complexe, 2000.* (Historiques ; 120 c13)
ISBN 2-87027-801-2. *69 F / 10,52 €*

31094 **DUHAMEL A.** Les Habits neufs de la politique. *Gallimard, 1989.* (Folio. Actuel ; 18 c3)
ISBN 2-07-032558-X. *41 F / 6,25 €*

31095 **DUHAMEL A.** La politique imaginaire : les mythes politiques français. *Gallimard, 1996.* (Folio. Actuel ; 46 c4)
ISBN 2-07-032902-X. *46 F / 7,01 €*

31096 **DUHAMEL A.** Les Prétendants. Nouv. éd. rev. et augm. *Gallimard, 1985.* (Folio. Actuel ; 1 c3)
ISBN 2-07-032291-2. *41 F / 6,25 €*

31097 **DUHAMEL A.** Le Ve Président. *Gallimard, 1988.* (Folio. Actuel ; 12 c1)
ISBN 2-07-032464-8. *29,50 F / 4,50 €*

31098 **N** **DUHAMEL E.** Histoire politique de la IVe République. *La Découverte, 2000.* (Repères ; 299 c1)
ISBN 2-7071-3337-X. *52 F / 7,93 €*

31099 **DUHAMEL O.** La Gauche et la 5e République. Nouv. éd. *PUF, 1993.* (Quadrige ; 150)
ISBN 2-13-043029-5. *104 F / 15,85 €*

31100 **N** **DUHAMEL O.** Le quinquennat. 2e éd. mise à jour. *Presses de Sciences Po, 2000.* (La Bibliothèque du citoyen c1)
ISBN 2-7246-0837-2. *75 F / 11,43 €*

31101 **DUMONT R.** Démocratie pour l'Afrique : la longue marche de l'Afrique noire vers la liberté. *Seuil, 1993.* (Points. Actuels ; 138 c3)
ISBN 2-02-019963-7. *48 F / 7,32 €*

31102 **DUMONT R.** L'Utopie ou la Mort. *Seuil, 1978.* (Points. Politique ; 67 c8)
ISBN 2-02-000371-6. *39 F / 5,95 €*

31103 **DURAND J-D.** L'Europe de la démocratie chrétienne. *Complexe, 1995.* (Questions au XXe siècle ; 45 c11)
ISBN 2-87027-536-6. *65 F / 9,91 €*

31104 **DURANTON-CRABOL A-M.** L'Europe de l'extrême droite : de 1945 à nos jours. *Complexe, 1991.* (Questions au XXe siècle ; 43)
ISBN 2-87027-404-1. *65 F / 9,91 €*

31105 **DURKHEIM E.** Le Socialisme : sa définition, ses débuts, la doctrine saint-simonienne. *PUF, 1992.* (Quadrige ; 138)
ISBN 2-13-044179-3. *62 F / 9,45 €*

31106 **DUVERGER M.** Introduction à la politique. *Gallimard, 1985.* (Folio ; 23. Essais c3)
ISBN 2-07-032322-6. *41 F / 6,25 €*

31107 **DUVERGER M.** Les partis politiques. Réimpr. *Seuil, 1992.* (Points ; 255. Essais c18)
ISBN 2-02-018377-3. *65 F / 9,91 €*

31108 **DWERNICKI C.** Géopolitique de la Pologne. *Complexe, 2000.* (Géopolitique des Etats du monde ; 7)
ISBN 2-87027-751-2. *95 F / 14,48 €*

31109 **L'électeur a ses raisons.** *Presses de Sciences Po, 1997.* (Références inédites)
ISBN 2-7246-0724-4. *98 F / 14,94 €*

31110 **ELLUL J.** Histoire des institutions. 1, L'Antiquité. *PUF, 1999.* (Quadrige ; 274)
ISBN 2-13-049695-4. *99 F / 15,09 €*

31111 **ELLUL J.** Histoire des institutions. 2, Le Moyen Age. *PUF, 1999.* (Quadrige ; 275)
ISBN 2-13-049696-2. *82 F / 12,50 €*

31112 **ELLUL J.** Histoire des institutions. 3, XVIe-XVIIIe siècle. *PUF, 1999.* (Quadrige ; 276)
ISBN 2-13-049697-0. *73 F / 11,13 €*

31113 **ELLUL J.** Histoire des institutions. 4, Le XIXe siècle. *PUF, 1999.* (Quadrige ; 277)
ISBN 2-13-049698-9. *82 F / 12,50 €*

31114 **EPINETTE F.** La question nationale au Québec. *PUF, 1998.* (Que sais-je? ; 3313 c1)
ISBN 2-13-048724-6. *42 F / 6,40 €*

31115 **ESTIEVENART G.** Les Partis politiques en Allemagne fédérale. *PUF, 1973.* (Que sais-je? ; 1493 c1)
ISBN 2-13-032728-1. *42 F / 6,40 €*

31116 **Etat-Providence :** arguments pour une réforme. *Gallimard, 1996.* (Folio ; 51. Actuel c4)
ISBN 2-07-032957-7. *46 F / 7,01 €*

31117 **ETCHEGOYEN A.** Le corrupteur et le corrompu. *Pocket, 1998.* (Agora ; 194 c6)
ISBN 2-266-08104-7. *38 F / 5,79 €*

31118 **L'Europe des régions.** *Actes Sud, 1995.* (L'Europe en bref)
ISBN 2-7427-0378-0. *30 F / 4,57 €*

31119 **L'Europe en bref 1.** *Actes Sud, 1995.* (L'Europe en bref)
ISBN 2-7427-0465-5. *150 F / 22,87 €*

31120 **L'Europe en bref 2.** *Actes Sud, 1996.* (L'Europe en bref)
ISBN 6-7427-0622-4. *130 F / 19,82 €*

31121 **L'Europe en bref 3.** *Actes Sud, 1997.* (L'Europe en bref)
ISBN 2-7427-1189-9. *150 F / 22,87 €*

31122 **L'Europe en bref 4.** *Actes Sud, 1997.* (L'Europe en bref)
ISBN 2-7427-1585-1. *150 F / 22,87 €*

31123 **Explication du vote :** un bilan des études électorales en France. 2e éd. *Presses de la Fondation nationale des sciences politiques, 1989.* (Références ; 21)
ISBN 2-7246-0521-7. *200 F / 30,49 €*

31124 **FALAIZE B.** L'URSS et la CEI depuis 1945. *Seuil, 1997.* (Mémo ; 47 c2)
ISBN 2-02-029293-9. *36 F / 5,49 €*

31125 **FANON F.** Les Damnés de la terre. *Gallimard, 1991.* (Folio ; 25. Actuel c7)
ISBN 2-07-032655-1. *60 F / 9,15 €*

31126 **FANON F.** Peau noire, masques blancs. *Seuil, 1971.* (Points ; 26. Essais c1)
ISBN 2-02-000601-4. *32 F / 4,88 €*

31127 **FARAKLAS G.** Machiavel, le pouvoir du prince. *PUF, 1997.* (Philosophies ; 78 c1)
ISBN 2-13-048049-7. *45 F / 6,86 €*

31128 **FAURE E.** Pour un nouveau contrat social. *Seuil, 1973.* (Points. Politique ; 57 c6)
ISBN 2-02-000361-9. *32 F / 4,88 €*

31129 **FAVIER P., MARTIN-ROLAND M.** La décennie Mitterrand. 1, Les ruptures : 1981-1984. *Seuil, 1995.* (Points ; 50 c8)
ISBN 2-02-024014-9. *67 F / 10,21 €*

31130 **FAVIER P., MARTIN-ROLAND M.** La décennie Mitterrand. 2, Les épreuves : 1984-1988. *Seuil, 1995.* (Points ; 51 c8)
ISBN 2-02-024015-7. *67 F / 10,21 €*

31131 **FAVIER P., MARTIN-ROLAND M.** La décennie Mitterrand. 3, Les défis, 1988-1991. *Seuil, 1997.* (Points ; 413 c18)
ISBN 2-02-032367-2. *67 F / 10,21 €*

31132 **FAYE J-P., VILAINE A-M. d.** La déraison antisémite et son langage : dialogue sur l'histoire et l'identité juive. *Actes Sud, 1996.* (Babel ; 194 c4)
ISBN 2-7427-0678-X. *51 F / 7,77 €*

31133 **FEJTÖ F., KULESZA-MIETKOWSKI E.** La fin des démocraties populaires : les chemins du post-communisme. *Seuil, 1997.* (Points. Histoire ; 237 c16)
ISBN 2-02-031185-2. *62 F / 9,45 €*

31134 **FÉRAL P-A.** Le Comité des régions de l'Union européenne. *PUF, 1998.* (Que sais-je? ; 3369 c1)
ISBN 2-13-049140-5. *42 F / 6,40 €*

31135 **FERRY L.** Le droit, la nouvelle querelle des anciens et des modernes. 2e éd. *PUF, 1999.* (Philosophie politique; 1)(Quadrige ; 211)
ISBN 2-13-047588-4. *55 F / 8,38 €*

31136 **FERRY L., RENAUT A.** Des droits de l'homme à l'idée républicaine. 2e éd. *PUF, 1999.* (Philosophie politique; 3)(Quadrige ; 213)
ISBN 2-13-047590-6. *55 F / 8,38 €*

31137 **FINKIELKRAUT A.** L'humanité perdue : essai sur le XXe siècle. *Seuil, 1998.* (Points ; 451 c7)
ISBN 2-02-033300-7. *35 F / 5,34 €*

31138 **N** **FINKIELKRAUT A.** L'ingratitude : conversation sur notre temps. *Gallimard, 2000.* (Folio ; 3442 c7)
ISBN 2-07-041552-X. *29,50 F / 4,50 €*

31139 **FINKIELKRAUT A.** Le Juif imaginaire. *Seuil, 1983.* (Points ; 149. Essais c2)
ISBN 2-02-006416-2. *39 F / 5,95 €*

31140 **FINKIELKRAUT A.** La Mémoire vaine : du crime contre l'humanité. *Gallimard, 1992.* (Folio ; 197. Essais ; 197 c1)
ISBN 2-07-032730-2. *29,50 F / 4,50 €*

31141 **FOHLEN C.** Les Noirs aux Etats-Unis. 9e éd. rev. *PUF, 1994.* (Que sais-je? ; 1191 c1)
ISBN 2-13-045749-5. *42 F / 6,40 €*

31142 **FONTAINE P.** La construction européenne de 1945 à nos jours. *Seuil, 1996.* (Mémo ; 16)
ISBN 2-02-022954-4. *29 F / 4,42 €*

31143 **FONTAINE P.** L'Union européenne. *Seuil, 1994.* (Points. Essais ; 288 c4)
ISBN 2-02-019982-3. *52 F / 7,93 €*

31144 **FRANCHE D.** Rwanda, généalogie d'un génocide. *Mille et une nuits, 1997.* (Les petits libres ; 12 cA)
ISBN 2-84205-115-7. *10 F / 1,52 €*

31145 **FRANÇOIS B.** Le régime politique de la Ve République. *La Découverte, 1999.* (Repères ; 253 c1)
ISBN 2-7071-2919-4. *52 F / 7,93 €*

31146 **FRÉMONTIER J.** Les Cadets de la droite. Nouv. éd. mise à jour et augm. *Seuil, 1990.* (Points. Politique ; 138 c16)
ISBN 2-02-011485-2. *62 F / 9,45 €*

31147 **FREZEL S.** La Yougoslavie, un Etat provisoire. *Milan, 1996.* (Les essentiels Milan ; 61 c1)
ISBN 2-84113-464-4. *25 F / 3,81 €*

31148 **FRITSCH-BOURNAZEL R.** L'Allemagne unie dans la nouvelle Europe. *Complexe, 1991.* (Questions au XXe siècle ; 29 cM)
ISBN 2-87027-387-8. *69 F / 10,52 €*

31149 **FURET F.** Le passé d'une illusion : essai sur l'idée communiste au XXe siècle. *LGF, 1996.* (Le Livre de poche ; 14018 c16)
ISBN 2-253-14018-X. *55 F / 8,38 €*

31150 **FURET F., JULLIARD J., ROSANVALLON P.** La République du centre. *Hachette Littératures, 1989.* (Pluriel ; 8534 c4)
ISBN 2-01-015380-4. *58 F / 8,84 €*

31151 **FURET F., NOLTE E.** Fascisme et communisme. *Hachette Littératures, 2000.* (Pluriel ; 971 c5)
ISBN 2-01-278971-4. *45 F / 6,86 €*

31152 **GALLET B.** La politique étrangère commune. *Economica, 1999.* (Europe-poche ; 3)
ISBN 2-7178-3857-0. *59 F / 8,99 €*

31153 **GARAUDY R.** Appel aux vivants. *Seuil, 1980.* (Points. Actuels ; 38 c3)
ISBN 2-02-005682-8. *48 F / 7,32 €*

31154 **GARAUDY R.** Parole d'homme. *Seuil, 1980.* (Points. Actuels ; 33 c3)
ISBN 2-02-005480-9. *48 F / 7,32 €*

31155 **GAUDILLÈRE B.** Le régime politique italien. *PUF, 1999.* (Que sais-je? ; 3457 c1)
ISBN 2-13-049787-X. *42 F / 6,40 €*

31156 **GAUME M.** Kosovo, la guerre cachée : trois semaines dans la vie des Kosovars. *Mille et une nuits, 1999.* (Les petits libres ; 26)
ISBN 2-84205-388-5. *13 F / 1,98 €*

31157 **N** **GAXIE D.** La démocratie représentative. 3e éd. *Montchrestien, 2000.* (Clefs. Politique)
ISBN 2-7076-1172-7. *70 F / 10,67 €*

31158 **GÉNÉREUX J.** L'horreur politique : une raison d'espérer. *Pocket, 2000.* (Agora ; 224)
ISBN 2-266-09968-X. *32 F / 4,88 €*

31159 **Géographies du politique.** *Presses de la Fondation nationale des sciences politiques, 1991.* (Références ; 28)
ISBN 2-7246-0595-0. *60 F / 9,15 €*

31160 **GERSTLÉ J.** La Communication politique. *PUF, 1991.* (Que sais-je? ; 2652 c1)
ISBN 2-13-044388-5. *42 F / 6,40 €*

31161 **N** **GHORRA-GOBIN C.** Les Etats-Unis entre local et mondial. *Presses de Sciences Po, 2000.* (Références inédites)
ISBN 2-7246-0814-3. *90 F / 13,72 €*

31162 **GIESBERT F. O.** La Fin d'une époque. *Seuil, 1994.* (Points. Actuels c2)
ISBN 2-02-022069-5. *39 F / 5,95 €*

31163 **GIESBERT F-O.** Le Président. *Seuil, 1991.* (Points. Actuels ; 111 c5)
ISBN 2-02-013355-5. *55 F / 8,38 €*

31164 **GIRARDET R.** Histoire de l'idée coloniale en France : 1871-1962. *Hachette Littératures, 1986.* (Pluriel ; 8482 c5)
ISBN 2-01-012068-X. *65 F / 9,91 €*

31165 **GIRARDET R.** Nationalismes et nations. *Complexe, 1996.* (Questions au XXe siècle ; 84 c13)
ISBN 2-87027-560-9. *69 F / 10,52 €*

31166 **GIUDICI N.** Le problème corse. *Milan, 1998.* (Les essentiels Milan ; 101 c1)
ISBN 2-84113-612-4. *25 F / 3,81 €*

31167 **GIZARD X.** La Méditerranée inquiète. *Ed. de l'Aube, 1995.* (L'Aube poche ; 12 c6)
ISBN 2-87678-221-9. *55 F / 8,38 €*

31168 **GLUCKSMANN A.** De Gaulle où es-tu ?. *Hachette Littératures, 1996.* (Pluriel ; 8782 c5)
ISBN 2-01-278782-7. *65 F / 9,91 €*

31169 **GNESOTTO N.** La puissance et l'Europe. *Presses de Sciences Po, 1998.* (La Bibliothèque du citoyen c1)
ISBN 2-7246-0751-1. *75 F / 11,43 €*

31170 **GOMBIN R.** Les Origines du gauchisme. *Seuil, 1971.* (Points. Politique ; 46 c6)
ISBN 2-02-000350-3. *32 F / 4,88 €*

31171 **GONZALVEZ S.** Guy Debord ou La beauté du négatif. *Mille et une nuits, 1998.* (Les petits libres ; 22 c4)
ISBN 2-84205-319-2. *16,50 F / 2,52 €*

31172 **GORZ A.** Adieux au prolétariat : au-delà du socialisme. *Seuil, 1981.* (Points. Politique ; 112 c13)
ISBN 2-02-005874-X. *52 F / 7,93 €*

31173 **GOTOVITCH J., DELWIT P., DE WAELE J-M.** L'Europe des communistes. *Complexe, 1993.* (Questions au XXe siècle ; 44)
ISBN 2-87027-467-X. *65 F / 9,91 €*

31174 **Grands reportages :** les quarante-trois prix Albert-Londres 1946-1989. *Seuil, 1989.* (Points. Actuels ; 88 c6)
ISBN 2-02-010948-4. *62 F / 9,45 €*

31175 **GRONDEUX J.** Histoire des idées politiques en France au XIXe siècle. *La Découverte, 1998.* (Repères ; 243 c1)
ISBN 2-7071-2850-3. *52 F / 7,93 €*

31176 **GROSJEAN E.** Coopération culturelle européenne. *Actes Sud, 1997.* (L'Europe en bref)
ISBN 2-7427-1590-8. *45 F / 6,86 €*

31177 **GROSSER A.** Dix leçons sur le nazisme. Nouv. éd. *Complexe, 1990.* (Historiques ; 2 c7)
ISBN 2-87027-121-2. *56 F / 8,54 €*

31178 **GROSSER A.** L'Explication politique. *Complexe, 1985.* (Historiques ; 17 c2)
ISBN 2-87027-146-8. *47 F / 7,17 €*

31179 **GUETTIER C.** Le Président sous la Ve République. *PUF, 1995.* (Que sais-je? ; 1926 c1)
ISBN 2-13-047043-2. *42 F / 6,40 €*

31180 **GUILHAUDIS J-F.** L'Europe en transition : l'esquisse du nouvel ordre européen. 2e éd. mise à jour. *Montchrestien, 1998.* (Clefs. Politique)
ISBN 2-7076-0716-9. *70 F / 10,67 €*

31181 **GUILLAIN R.** Orient Extrême : une vie en Asie. *Seuil, 1989.* (Points. Actuels ; 84 c5)
ISBN 2-02-010528-4. *55 F / 8,38 €*

31182 **GUILLAUME G.** Les Grandes crises internationales et le droit. *Seuil, 1994.* (Points. Essais ; 293 c4)
ISBN 2-02-020107-0. *52 F / 7,93 €*

31183 **GUILLEBAUD J-C.** La trahison des Lumières : enquête sur le désarroi contemporain. *Seuil, 1996.* (Points ; 257 c2)
ISBN 2-02-029153-3. *39 F / 5,95 €*

31184 **GUITARD O.** Bandoung et le réveil des peuples colonisés. 4e éd. *PUF, 1976.* (Que sais-je? ; 910 c1)
ISBN 2-13-034829-7. *42 F / 6,40 €*

31185 **Guy Debord présente Potlach, 1954-1957. Ed. augm.** *Gallimard, 1996.* (Folio ; 2906 c8)
ISBN 2-07-040134-0. *37 F / 5,64 €*

31186 **HABERMAS J.** Après Marx. *Hachette Littératures, 1997.* (Pluriel ; 864)
ISBN 2-01-278864-5. *55 F / 8,38 €*

31187 **HABERMAS J., RAWLS J.** Débat sur la justice politique. *Cerf, 1997.* (Humanités)
ISBN 2-204-05492-5. *120 F / 18,29 €*

31188 **HALIMI G.** La Cause des femmes ; Le Temps des malentendus. Nouv. éd. *Gallimard, 1992.* (Folio ; 2334 c10)
ISBN 2-07-038458-6. *46 F / 7,01 €*

31189 **N** **HALIMI S.** Quand la gauche essayait. Nouv. éd. *Arléa, 2000.* (Arléa-poche ; 70)
ISBN 2-86959-503-4. *75 F / 11,43 €*

31190 **HALL E. T.** La Dimension cachée. *Seuil, 1978.* (Points ; 89. Essais c2)
ISBN 2-02-004776-4. *39 F / 5,95 €*

31191 **HASKI P.** Israël. *Milan, 1997.* (Les essentiels Milan ; 80 c1)
ISBN 2-84113-526-8. *25 F / 3,81 €*

31192 **HASSNER P.** La violence et la paix : de la bombe atomique au nettoyage ethnique. Nouv. éd. *Seuil, 2000.* (Points ; 416. Essais c12)
ISBN 2-02-040589-X. *52 F / 7,93 €*

31193 **HASTINGS M.** Aborder la science politique. *Seuil, 1996.* (Mémo ; 34)
ISBN 2-02-028219-4. *36 F / 5,49 €*

31194 **HAUDRIÈRE P., VERGÈS F.** De l'esclave au citoyen. *Gallimard, 1998.* (Découvertes texto ; 5 c2)
ISBN 2-07-053454-5. *52 F / 7,93 €*

31195 **HAVEL V.** L'angoisse de la liberté. *Ed. de l'Aube, 1995.* (L'Aube poche ; 19 c6)
ISBN 2-87678-236-7. *55 F / 8,38 €*

31196 **HAVEL V.** Essais politiques. *Seuil, 1991.* (Points. Politique ; 144 c11)
ISBN 2-02-012896-9. *48 F / 7,32 €*

31197 **HAYEK F. A.** Le mirage de la justice sociale. *PUF, 1995.* (Droit, législation et liberté; 2)(Quadrige ; 202)
ISBN 2-13-047205-2. *62 F / 9,45 €*

31198 **HAYEK F. A.** L'ordre politique d'un peuple libre. *PUF, 1995.* (Droit, législation et liberté; 3)(Quadrige ; 203)
ISBN 2-13-047206-0. *62 F / 9,45 €*

31199 **HAYEK F. A.** Règles et ordre. *PUF, 1995.* (Droit, législation et liberté; 1)(Quadrige ; 201)
ISBN 2-13-047204-4. *62 F / 9,45 €*

31200 **HAYEK F. A.** La Route de la servitude. 2e éd. *PUF, 1993.* (Quadrige ; 69)
ISBN 2-13-045521-2. *55 F / 8,38 €*

31201 **HEGEL G. W. F.** Ecrits politiques. *10-18, 1996.* (10-18 ; 2742. Bibliothèques c7)
ISBN 2-264-02451-8. *50 F / 7,62 €*

31202 **HELFT-MALZ V., LÉVY P-M.** Les femmes et la politique française. *PUF, 2000.* (Que sais-je? ; 3549 c1)
ISBN 2-13-050509-0. *42 F / 6,40 €*

31203 **N** **HEN C., LÉONARD J.** L'Union européenne. 8e éd. *La Découverte, 2000.* (Repères ; 170 c1)
ISBN 2-7071-3297-7. *52 F / 7,93 €*

31204 **HERBETH A.** La construction européenne. *Milan, 1996.* (Les essentiels Milan ; 45 c1)
ISBN 2-84113-380-X. *25 F / 3,81 €*

31205 **HERMET G.** Le passage à la démocratie. *Presses de Sciences Po, 1996.* (La Bibliothèque du citoyen)
ISBN 2-7246-0687-6. *75 F / 11,43 €*

31206 **HEURTEAUX M.** L'ONU. *Milan, 1995.* (Les essentiels Milan ; 5 c1)
ISBN 2-84113-274-9. *25 F / 3,81 €*

31207 **HEYMANN-DOAT A.** Les régimes politiques. *La Découverte, 1998.* (Repères ; 244 c1)
ISBN 2-7071-2852-X. *52 F / 7,93 €*

31208 **HIAULT D.** Hong Kong : rendez-vous chinois. *Gallimard, 1997.* (Découvertes ; 323. Histoire)
ISBN 2-07-053416-2. *75 F / 11,43 €*

31209 **Histoire générale du socialisme.** *PUF, 1997.* (Quadrige)
ISBN 2-13-048428-X. *388 F / 59,15 €*

31210 **Histoire générale du socialisme. 1, Des origines à 1875.** *PUF, 1997.* (Quadrige ; 241)
ISBN 2-13-048117-5. *95 F / 14,48 €*

31211 **Histoire générale du socialisme. 2, De 1875 à 1918.** *PUF, 1997.* (Quadrige ; 242)
ISBN 2-13-048118-3. *95 F / 14,48 €*

31212 **Histoire générale du socialisme. 3, De 1918 à 1945.** *PUF, 1997.* (Quadrige ; 243)
ISBN 2-13-048119-1. *99 F / 15,09 €*

31213 **Histoire générale du socialisme. 4, De 1945 à nos jours.** *PUF, 1997.* (Quadrige ; 244)
ISBN 2-13-048120-5. *99 F / 15,09 €*

31214 **N** **HOBBES T.** Léviathan ou Matière, forme et puissance de l'Etat chrétien et civil. *Gallimard, 2000.* (Folio ; 375. Essais)
ISBN 2-07-075225-9. *87 F / 13,26 €*

31215 **N** **HUNYADI M.** L'art de l'exclusion : une critique de Michael Walzer. *Cerf, 2000.* (Humanités)
ISBN 2-204-06528-5. *79 F / 12,04 €*

31216 **Idéologies, partis politiques et groupes sociaux :** pour Georges Lavau. 2e éd. *Presses de la Fondation nationale des sciences politiques, 1991.* (Références ; 26 c3)
ISBN 2-7246-0593-4. *80 F / 12,20 €*

31217 **N** **IHL O.** Le vote. 2e éd. *Montchrestien, 2000.* (Clefs. Politique c1)
ISBN 2-7076-1190-5. *70 F / 10,67 €*

31218 **Individu et justice sociale :** autour de John Rawls. *Seuil, 1988.* (Points. Politique ; 132 c14)
ISBN 2-02-009891-1. *55 F / 8,38 €*

31219 **Les institutions européennes.** *Actes Sud, 1995.* (L'Europe en bref)
ISBN 2-7427-0503-1. *60 F / 9,15 €*

31220 **Internationale de l'imaginaire, nouvelle série. 10, Nous et les autres :** les cultures contre le racisme. *Actes Sud* ; *Maison des cultures du monde, 1999.* (Babel ; 373)
ISBN 2-7427-2155-X. *45 F / 6,86 €*

31221 **ISTRATI P.** Vers l'autre flamme : après seize mois dans l'U.R.S.S., confessions pour vaincus. *Gallimard, 1987.* (Folio ; 57. Essais ; 57 c5)
ISBN 2-07-032412-5. *52 F / 7,93 €*

31222 **JALLON H., MOUNIER P.** Les enragés de la République. *La Découverte, 1999.* (Sur le vif)
ISBN 2-7071-3030-3. *42 F / 6,40 €*

31223 **JEANNENEY J-N.** L'Argent caché : milieux d'affaires et pouvoirs politiques dans la France du 20e siècle. 2e éd. *Seuil, 1984.* (Points. Histoire ; 70 c5)
ISBN 2-02-006728-5. *55 F / 8,38 €*

31224 **JOFFRIN L.** Kosovo, la guerre du droit ; précédé de Yougoslavie, suicide d'une nation. Nouv. éd. augm. *Mille et une nuits, 1999.* (Les petits libres ; 28 c3)
ISBN 2-84205-417-2. *13 F / 1,98 €*

31225 **JOFFRIN L.** La Régression française. *Seuil, 1994.* (Points. Actuels ; 154 c3)
ISBN 2-02-023107-7. *48 F / 7,32 €*

31226 **JOUVENEL B. d.** Du pouvoir : histoire naturelle de sa croissance. Rééd. *Hachette Littératures, 1998.* (Pluriel ; 8503 c9)
ISBN 2-01-278884-X. *65 F / 9,91 €*

31227 **JOYAUX F.** L'Association des nations du Sud-Est asiatique. *PUF, 1997.* (Que sais-je? ; 3153 c1)
ISBN 2-13-047847-6. *42 F / 6,40 €*

31228 **JOYAUX F.** Espaces et politiques. Nouv. éd. ref. *Complexe, 1993.* (Géopolitique de l'Extrême-Orient; 1)(Questions au XXe siècle ; 24 c13)
ISBN 2-87027-378-9. *69 F / 10,52 €*

31229 **JOYAUX F.** Frontières et stratégies. Nouv. éd. ref. et mise à jour. *Complexe, 1993.* (Géopolitique de l'Extrême-Orient; 2)(Questions au XXe siècle ; 25 c13)
ISBN 2-87027-504-8. *69 F / 10,52 €*

31230 **JULLIARD J.** La faute aux élites. *Gallimard, 1999.* (Folio ; 62. Actuel c1)
ISBN 2-07-040756-X. *29,50 F / 4,50 €*

31231 **JÜNGER E.** La Paix. *Table ronde, 1992.* (La petite vermillon ; 3 c1)
ISBN 2-7103-0532-1. *35 F / 5,34 €*

31232 **KÉHAYAN J.** Le Tabouret de Piotr. *Seuil, 1982.* (Points. Actuels ; 52 c1)
ISBN 2-02-006193-7. *32 F / 4,88 €*

31233 **KENNEDY S.** Introduction à l'Amérique raciste. *Ed. de l'Aube, 1996.* (L'Aube poche ; 22 c6)
ISBN 2-87678-263-4. *55 F / 8,38 €*

31234 **KEPEL G.** A l'ouest d'Allah. *Seuil, 1996.* (Points ; 246 c10)
ISBN 2-02-028967-9. *45 F / 6,86 €*

31235 **KERGOAT J.** Histoire du Parti socialiste. *La Découverte, 1997.* (Repères ; 222 c1)
ISBN 2-7071-2736-1. *52 F / 7,93 €*

31236 **KESSLER M-C.** La politique étrangère de la France. *Presses de Sciences Po, 1998.* (Références inédites)
ISBN 2-7246-0760-0. *100 F / 15,24 €*

31237 **KESSLER N.** Le conservatisme américain. *PUF, 1998.* (Que sais-je? ; 3364 c1)
ISBN 2-13-049105-7. *42 F / 6,40 €*

31238 **KINDER-GEST P.** Les institutions britanniques. *PUF, 1995.* (Que sais-je? ; 1386 c1)
ISBN 2-13-046735-0. *42 F / 6,40 €*

31239 **KONOPNICKI G.** Manuel de survie au Front. *Mille et une nuits, 1998.* (Les petits libres ; 17 cA)
ISBN 2-84205-196-3. *10 F / 1,52 €*

31240 **KRIEGEL B.** Cours de philosophie politique. *LGF, 1997.* (Le Livre de poche ; 535. Références philosophie c6)
ISBN 2-253-90535-6. *26 F / 3,96 €*

31241 **LA BOÉTIE E. d.** Discours de la servitude volontaire. *Mille et une nuits, 1995.* (La petite collection ; 76 cA)
ISBN 2-910233-94-4. *10 F / 1,52 €*

31242 **N** **LA GORCE P-M. d., MOSCHETTO B.** La Ve République. 8e éd. *PUF, 2001.* (Que sais-je? ; 1763)
ISBN 2-13-051088-4. *42 F / 6,40 €*

31243 **LABROUSSE A., KOUTOUSIS M.** Géopolitique et géostratégies des drogues. *Economica, 1996.* (Géopolitique-poche ; 5 c1)
ISBN 2-7178-2976-8. *49 F / 7,47 €*

31244 **LACORNE D.** L'Invention de la République : le modèle américain. *Hachette Littératures, 1991.* (Pluriel ; 8569 c3)
ISBN 2-01-017816-5. *49 F / 7,47 €*

31245 **LAFARGUE P.** Le Droit à la paresse. *Mille et une nuits, 1994.* (La petite collection ; 30 cA)
ISBN 2-910233-30-8. *10 F / 1,52 €*

31246 **LAFAY G., UNAL-KESENCI D.** Repenser l'Europe. *Economica, 1993.* (Economie-poche ; 5 c1)
ISBN 2-7178-2469-3. *49 F / 7,47 €*

31247 **LAMORE J.** Le Castrisme. *PUF, 1983.* (Que sais-je? ; 2073 c1)
ISBN 2-13-037844-7. *42 F / 6,40 €*

31248 **LANCELOT A.** Les élections nationales sous la Ve République. 3e éd. mise à jour. *PUF, 1998.* (Que sais-je? ; 2109 c1)
ISBN 2-13-048714-9. *42 F / 6,40 €*

31249 **LANCELOT A.** La Participation des Français à la politique. 3e éd. *PUF, 1970.* (Que sais-je? ; 911)
ISBN 2-13-031476-7. *42 F / 6,40 €*

31250 **LANGLOIS D.** Le Nouveau guide du militant. *Seuil, 1979.* (Points. Politique ; 71 c11)
ISBN 2-02-005109-5. *48 F / 7,32 €*

31251 **LANGUEPIN O.** Cuba : la faillite d'une utopie. *Gallimard, 1999.* (Folio ; 69. Actuel. Le Monde cC)
ISBN 2-07-041112-5. *41 F / 6,25 €*

31252 **LAROUSSILHE O. d.** L'Ukraine. *PUF, 1998.* (Que sais-je? ; 3371 c1)
ISBN 2-13-049122-7. *42 F / 6,40 €*

31253 **LARRÈRE C.** Actualité de Montesquieu. *Presses de Sciences Po, 1999.* (La Bibliothèque du citoyen c1)
ISBN 2-7246-0778-3. *75 F / 11,43 €*

31254 **LASSALE J-P.** Les Partis politiques aux Etats-Unis. *PUF, 1987.* (Que sais-je? ; 2350 c1)
ISBN 2-13-039952-5. *42 F / 6,40 €*

31255 **N** **LASSIER S.** Gandhi et la non-violence. Nouv. éd. *Seuil, 2000.* (Points. Sagesses ; 156)
ISBN 2-02-040766-3. *39 F / 5,95 €*

31256 **LAUVAUX P.** Le Parlementarisme. Réimpr. *PUF, 1987.* (Que sais-je? ; 2343 c1)
ISBN 2-13-048288-0. *42 F / 6,40 €*

31257 **LAVROFF D. G.** Les Partis politiques en Afrique Noire. 2e éd. *PUF, 1978.* (Que sais-je? ; 1380 c1)
ISBN 2-13-035324-X. *42 F / 6,40 €*

31258 **LAVROFF D. G.** Le Régime politique espagnol. *PUF, 1985.* (Que sais-je? ; 2228 c1)
ISBN 2-13-038881-7. *42 F / 6,40 €*

31259 **LAWRENCE T. E.** Guérilla dans le désert : 1916-1918 ; L'Orient arabe en mutation. *Complexe, 1992.* (Historiques ; 80 c4)
ISBN 2-87027-435-1. *52 F / 7,93 €*

31260 **LE BART C.** Le discours politique. *PUF, 1998.* (Que sais-je? ; 3397 c1)
ISBN 2-13-049374-2. *42 F / 6,40 €*

31261 **LE BRAS-CHOPARD A.** La Guerre : théories et idéologies. *Montchrestien, 1994.* (Clefs. Politique)
ISBN 2-7076-0600-6. *60 F / 9,15 €*

31262 **LE GAC D.** La Syrie du général Assad. *Complexe, 1991.* (Questions au XXe siècle ; 46 cM)
ISBN 2-87027-406-8. *69 F / 10,52 €*

31263 **LE MOIGNE G., LEBON A.** L'immigration en France. 4e éd. mise à jour. *PUF, 1999.* (Que sais-je? ; 2341 c1)
ISBN 2-13-046807-1. *42 F / 6,40 €*

31264 **Le Pen, les mots :** analyse d'un discours d'extrême droite. *La Découverte, 1998.* (La Découverte poche ; 60. Essais)
ISBN 2-7071-2911-9. *65 F / 9,91 €*

31265 **N** **LEBESQUE M.** Comment peut-on être breton ? : essai sur la démocratie française. *Seuil, 2001.* (Points ; 818)
ISBN 2-02-048160-X. *39 F / 5,95 €*

31266 **LECOURT D.** L'Amérique entre la Bible et Darwin. *PUF, 1998.* (Quadrige ; 256)
ISBN 2-13-048905-2. *55 F / 8,38 €*

31267 **LEFEBVRE H.** Le marxisme. 22e éd. *PUF, 1990.* (Que sais-je? ; 300 c1)
ISBN 2-13-043581-5. *42 F / 6,40 €*

31268 **LEFORT C.** Eléments d'une critique de la bureaucratie. *Gallimard, 1979.* (Tel ; 43)
ISBN 2-07-028771-8. *62 F / 9,45 €*

31269 **LEFORT C.** Les formes de l'histoire : essais d'anthropologie politique. *Gallimard, 2000.* (Folio ; 357. Essais c7)
ISBN 2-07-041184-2. *60 F / 9,15 €*

31270 **LEPORS A.** La citoyenneté. *PUF, 1999.* (Que sais-je? ; 665 c1)
ISBN 2-13-049751-9. *42 F / 6,40 €*

31271 **LERUEZ J.** Le Phénomène Thatcher. *Complexe, 1991.* (Questions au XXe siècle ; 28 cM)
ISBN 2-87027-386-X. *69 F / 10,52 €*

31272 **LESGARDS R.** Conquête spatiale et démocratie. *Presses de Sciences Po, 1998.* (La Bibliothèque du citoyen c1)
ISBN 2-7246-0743-0. *75 F / 11,43 €*

31273 **LÉVESQUE J.** 1979-1989, l'URSS envahit l'Afghanistan : de l'invasion au retrait. *Complexe, 1990.* (La mémoire du siècle ; 57 cM)
ISBN 2-87027-357-6. *69 F / 10,52 €*

31274 **LÉVY B-H.** L'idéologie française. *LGF, 1998.* (Le Livre de poche ; 4270. Biblio essais c12)
ISBN 2-253-94270-7. *44 F / 6,71 €*

31275 **LEWIN A.** L'ONU, pour quoi faire?. *Gallimard, 1995.* (Découvertes ; 251. Histoire c5)
ISBN 2-07-053303-4. *85 F / 12,96 €*

31276 **N** **LEYMARIE M.** Les intellectuels et la politique en France. *PUF, 2001.* (Que sais-je? ; 3584 c1)
ISBN 2-13-051372-7. *42 F / 6,40 €*

31277 **LEYS S.** Essais sur la Chine. Réimpr. *Laffont, 1998.* (Bouquins)
ISBN 2-221-08539-6. *149 F / 22,71 €*

31278 **LEYS S.** Les Habits neufs du président Mao. *LGF, 1989.* (Le Livre de poche ; 4112. Biblio essais c13)
ISBN 2-253-05161-6. *46 F / 7,01 €*

31279 **LIAUZU C.** L'Europe et l'Afrique méditerranéenne : de Suez (1869) à nos jours. *Complexe, 1994.* (Questions au XXe siècle ; 62 cN)
ISBN 2-87027-514-5. *69 F / 10,52 €*

31280 **LIPIETZ A.** Qu'est-ce que l'écologie politique ?. *La Découverte, 1999.* (Sur le vif)
ISBN 2-7071-3040-0. *42 F / 6,40 €*

31281 **LOROT P.** Histoire de la géopolitique. *Economica, 1995.* (Géopolitique-poche ; 1)
ISBN 2-7178-2814-1. *49 F / 7,47 €*

31282 **LOROT P.** Histoire de la perestroïka. *PUF, 1993.* (Que sais-je? ; 2752 c1)
ISBN 2-13-045344-9. *42 F / 6,40 €*

31283 **LUHMANN N.** Politique et complexité : les contributions de la théorie générale des systèmes. *Cerf, 1999.* (Humanités c1)
ISBN 2-204-06205-7. *95 F / 14,48 €*

31284 **LUTARD C.** Géopolitique de la Serbie-Monténégro. *Complexe, 1998.* (Géopolitique des Etats du monde ; 6)
ISBN 2-87027-647-8. *95 F / 14,48 €*

31285 **MACCIOCCHI M. A.** De la France. Nouv. éd. *Seuil, 1979.* (Points ; 104. Essais c5)
ISBN 2-02-005281-4. *55 F / 8,38 €*

31286 **MACHIAVEL** Le Prince ; Oeuvres politiques : extraits ; Lettres familières. *Gallimard, 1980.* (Folio ; 1173. Classique c9)
ISBN 2-07-037173-5. *41 F / 6,25 €*

31287 **MACHIAVEL** Le prince = Il principe. *Gallimard, 1995.* (Folio bilingue ; 46 c6)
ISBN 2-07-039246-5. *56 F / 8,54 €*

31288 **MACHIAVEL** Le Prince. *Librio, 1997.* (Librio ; 163 c1)
ISBN 2-277-30163-9. *10 F / 1,52 €*

31289 **MACHIAVEL** Le prince. *Mille et une nuits, 1999.* (La petite collection ; 223)
ISBN 2-84205-381-8. *19,50 F / 2,97 €*

31290 **A** **MACHIAVEL** Le Prince. *Actes Sud, 2001.* (Babel ; 481)
ISBN 2-7427-3241-1. *39 F / 5,95 €*

31291 **N** **MACHIAVEL, GAILLE M.** Le Prince. *LGF, 2000.* (Le Livre de poche ; 4662. Classiques de la philosophie c6)
ISBN 2-253-06743-1. *26 F / 3,96 €*

31292 **Mai 68 à l'usage des moins de vingt ans.** *Actes Sud, 1998.* (Babel ; 323. Révolutions c3)
ISBN 2-7427-1652-1. *45 F / 6,86 €*

31293 **MAIRE E.** Reconstruire l'espoir. *Seuil, 1980.* (Points. Politique ; 103 c8)
ISBN 2-02-005422-1. *39 F / 5,95 €*

31294 **MAIRET G.** Le principe de souveraineté : histoires et fondements du pouvoir moderne. *Gallimard, 1997.* (Folio ; 299. Essais c3)
ISBN 2-07-032932-1. *41 F / 6,25 €*

31295 **MAISTRE J. d.** Considérations sur la France ; Essai sur le principe générateur des Constitutions politiques. *Complexe, 1988.* (Historiques ; 54. Politiques c9)
ISBN 2-87027-260-X. *59 F / 8,99 €*

31296 **MALAPARTE C.** Technique du coup d'Etat. *Grasset, 1992.* (Les Cahiers rouges ; 165)
ISBN 2-246-13982-1. *58 F / 8,84 €*

31297 **MALRAUX A.** La politique, la culture : discours, articles, entretiens, 1925-1975. *Gallimard, 1996.* (Folio ; 298. Essais ; 298 c5)
ISBN 2-07-032958-5. *52 F / 7,93 €*

31298 **MALTI D.** La nouvelle guerre d'Algérie : dix clés pour comprendre. *La Découverte, 1999.* (Sur le vif)
ISBN 2-7071-2889-9. *35 F / 5,34 €*

31299 **MANENT P.** Histoire intellectuelle du libéralisme : dix leçons. *Hachette Littératures, 1997.* (Pluriel ; 865 c2)
ISBN 2-01-278865-3. *45 F / 6,86 €*

31300 **MAO Z.** Mao Tsé-Toung et la construction du socialisme : modèle soviétique ou voie chinoise. *Seuil, 1975.* (Points. Politique ; 69 c8)
ISBN 2-02-000373-2. *39 F / 5,95 €*

31301 **MARAT J-P.** Les Chaînes de l'esclavage. *Complexe, 1988.* (Historiques ; 53. Politiques c9)
ISBN 2-87027-257-X. *59 F / 8,99 €*

31302 **N** **MARBEAU M.** La Société des nations. *PUF, 2001.* (Que sais-je? ; 3593 c1)
ISBN 2-13-051635-1. *42 F / 6,40 €*

31303 **Le marché de la détresse ; suivi de Le paradigme du crime originel nouveau.** *PARC, 1998.* (Collection grise. 10/15)
ISBN 2-912010-10-1. *20 F / 3,05 €*

31304 **MARCOU L.** Le crépuscule du communisme. *Presses de Sciences Po, 1997.* (La Bibliothèque du citoyen c1)
ISBN 2-7246-0706-6. *75 F / 11,43 €*

31305 **MARIE J-L.** Agriculteurs et politique. *Montchrestien, 1994.* (Clefs. Politique)
ISBN 2-7076-0615-4. *60 F / 9,15 €*

31306 **MARTIN P.** Les systèmes électoraux et les modes de scrutin. 2e éd. *Montchrestien, 1997.* (Clefs. Politique)
ISBN 2-7076-0788-6. *60 F / 9,15 €*

31307 **MARTINIELLO M.** Sortir des ghettos culturels. *Presses de Sciences Po, 1997.* (La Bibliothèque du citoyen c1)
ISBN 2-7246-0730-9. *75 F / 11,43 €*

31308 **MARX J-L.** Les territoires de l'Etat. *PUF, 1997.* (Que sais-je? ; 3189 c1)
ISBN 2-13-047970-7. *42 F / 6,40 €*

31309 **A** **MARX K.** La lutte des classes en France : 1848-1850 (TP) ; Le 18 brumaire de Louis Bonaparte. *Table ronde, 2001.* (La petite vermillon)
ISBN 2-7103-2414-8. *45 F / 6,86 €*

31310 **MARX K.** Manifeste du Parti communiste ; La Lutte des classes. Réimpr. *10-18, 1999.* (10-18 ; 3. Bibliothèques c3)
ISBN 2-264-02549-2. *38 F / 5,79 €*

31311 **MARX K., ENGELS F.** Manifeste du Parti communiste : 1848. *LGF, 1973.* (Le Livre de poche ; 3462. Classiques de la philosophie c2)
ISBN 2-253-01491-5. *15 F / 2,29 €*

31312 **MARX K., ENGELS F.** Manifeste du parti communiste. *Librio.* (Librio ; 210 c1)
ISBN 2-277-30210-4. *10 F / 1,52 €*

31313 **MARX K., ENGELS F., VANEIGEM R.** Manifeste du parti communiste. Réimpr. *Mille et une nuits, 1999.* (La petite collection ; 48 cA)
ISBN 2-910233-53-7. *10 F / 1,52 €*

31314 **N** **MASCLET J-C.** L'union politique de l'Europe. 8e éd. *PUF, 2001.* (Que sais-je? ; 1527 c1)
ISBN 2-13-051456-1. *42 F / 6,40 €*

31315 **MASSIANI-FAYOLLE M-P.** Vie politique et société américaines. *PUF, 1999.* (Que sais-je? ; 3519 c1)
ISBN 2-13-050447-7. *42 F / 6,40 €*

31316 **MATHEY J-M.** Comprendre la stratégie. *Economica, 1995.* (Géopolitique-poche ; 2)
ISBN 2-7178-2815-X. *49 F / 7,47 €*

31317 **MATHIEU J-L.** L'Union européenne. 3e éd. *PUF, 1998.* (Que sais-je? ; 2925 c01)
ISBN 2-13-046782-2. *42 F / 6,40 €*

31318 **N** **MATTELART A.** Histoire de l'utopie planétaire : de la cité prophétique à la société globale. *La Découverte, 2000.* (La Découverte poche ; 98. Sciences humaines et sociales)
ISBN 2-7071-3338-8. *85 F / 12,96 €*

31319 **MAUS D.** Le parlement sous la Ve République. 4e éd. mise à jour. *PUF, 1996.* (Que sais-je? ; 2217 c1)
ISBN 2-13-047848-4. *42 F / 6,40 €*

31320 **MEMMI A.** Le Racisme : description, définitions, traitement. Nouv. éd. rev. *Gallimard, 1994.* (Folio. Actuel ; 41 c3)
ISBN 2-07-032854-6. *41 F / 6,25 €*

31321 **MENDRAS H.** L'Europe des Européens : sociologie de l'Europe occidentale. *Gallimard, 1997.* (Folio ; 54. Actuel ; 54 c6)
ISBN 2-07-074641-0. *56 F / 8,54 €*

31322 **MÉNY Y.** Le système politique français. 4e éd. *Montchrestien, 1999.* (Clefs. Politique)
ISBN 2-7076-1090-9. *70 F / 10,67 €*

31323 **MERLE M.** Bilan des relations internationales contemporaines. *Economica, 1995.* (Géopolitique-poche ; 4 c1)
ISBN 2-7178-2890-7. *49 F / 7,47 €*

31324 **MERRIEN F-X.** L'Etat-providence. 2e éd. *PUF, 2000.* (Que sais-je? ; 3249 c1)
ISBN 2-13-048419-0. *42 F / 6,40 €*

31325 **MESSAOUDI K., SCHEMLA E.** Une Algérienne debout : entretiens. *J'ai lu, 1996.* (J'ai lu ; 4077. Littérature générale c3)
ISBN 2-277-24077-X. *29 F / 4,42 €*

31326 **MEYER J.** Esclaves et négriers. Réimpr. *Gallimard, 1998.* (Découvertes ; 11. Histoire c5)
ISBN 2-07-053018-3. *85 F / 12,96 €*

31327 **MEYER P.** Pointes sèches. *Seuil, 1994.* (Points. Actuels ; 151 c1)
ISBN 2-02-022508-5. *32 F / 4,88 €*

31328 **MILLON-DELSOL C.** Le Principe de subsidiarité. *PUF, 1993.* (Que sais-je? ; 2793 c1)
ISBN 2-13-045811-4. *42 F / 6,40 €*

31329 **MILLOT L.** Daniel Cohn-Bendit. *Milan, 1999.* (Les essentiels Milan ; 144 c1)
ISBN 2-84113-867-4. *25 F / 3,81 €*

31330 **MILZA O.** Les Français devant l'immigration. Nouv. éd. *Complexe, 1988.* (Questions au XXe siècle ; 4 c9)
ISBN 2-87027-251-0. *59 F / 8,99 €*

31331 **MITTERRAND D.** Ces hommes sont avant tout nos frères. Nouv. éd. *Pocket, 1997.* (Pocket ; 10269 c4)
ISBN 2-266-07678-7. *30 F / 4,57 €*

31332 **MITTERRAND F.** L'Abeille et l'architecte. *LGF, 1980.* (Le Livre de poche ; 5366 c9)
ISBN 2-253-02415-5. *36 F / 5,49 €*

31333 **MITTERRAND F.** La Paille et le grain. *LGF, 1983.* (Le Livre de poche ; 5774 c8)
ISBN 2-253-03217-4. *33 F / 5,03 €*

31334 **N** **MITTERRAND F.** Pensées, répliques, anecdotes. *J'ai lu, 2000.* (J'ai lu ; 5515. Littérature générale cG)
ISBN 2-290-30173-6. *29 F / 4,42 €*

31335 **MONTAIN-DOMENACH J.** L'Europe de la sécurité intérieure. *Montchrestien, 1998.* (Clefs. Politique c1)
ISBN 2-7076-1089-5. *70 F / 10,67 €*

31336 **MONTESQUIEU C-L. d. S. (. d. L. B. e. d.** De l'esprit des lois. 1. *Gallimard, 1995.* (Folio ; 275. Essais ; 275 c8)
ISBN 2-07-038758-5. *65 F / 9,91 €*

31337 **MONTESQUIEU C-L. d. S. (. d. L. B. e. d.** De l'esprit des lois. 2. *Gallimard, 1995.* (Folio ; 276. Essais ; 276 c10)
ISBN 2-07-032899-6. *76,50 F / 11,66 €*

31338 **MORABITO M.** Le chef de l'Etat en France. 2e éd. *Montchrestien, 1996.* (Clefs. Politique)
ISBN 2-7076-0710-X. *60 F / 9,15 €*

31339 **N** **MOREAU DEFARGES P.** La communauté internationale. *PUF, 2000.* (Que sais-je? ; 3549 c1)
ISBN 2-13-050715-8. *42 F / 6,40 €*

31340 **MOREAU DEFARGES P.** Introduction à la géopolitique. *Seuil, 1994.* (Points. Essais ; 292 c3)
ISBN 2-02-021267-6. *48 F / 7,32 €*

31341 **N** **MOREAU DEFARGES P.** Un monde d'ingérence. 2e éd. *Presses de Sciences Po, 2000.* (La Bibliothèque du citoyen)
ISBN 2-7246-0846-1. *75 F / 11,43 €*

31342 **MOREAU DEFARGES P.** La mondialisation. *PUF, 1997.* (Que sais-je? ; 1687 c1)
ISBN 2-13-048359-3. *42 F / 6,40 €*

31343 **A** **MOREAU DEFARGES P.** La mondialisation. 3e éd. mise à jour. *PUF, 2001.* (Que sais-je? ; 1687)
ISBN 2-13-051846-X. *42 F / 6,40 €*

31344 **MOREAU DEFARGES P.** Les organisations internationales contemporaines. *Seuil, 1996.* (Mémo. Droit-sciences politiques)
ISBN 2-02-026435-8. *36 F / 5,49 €*

31345 **N** **MOREAU DEFARGES P.** Relations internationales. 1, Questions régionales. 4e éd. mise à jour. *Seuil, 2000.* (Points. Essais ; 259 c14)
ISBN 2-02-044794-0. *55 F / 8,38 €*

31346 **MOREAU DEFARGES P.** Relations internationales. 2, Questions mondiales. 4e éd. *Seuil, 2000.* (Points. Essais ; 260 c12)
ISBN 2-02-040430-3. *50 F / 7,62 €*

31347 **MOREAU DEFARGES P.** Les relations internationales depuis 1945. *Seuil, 1996.* (Mémo ; 15)
ISBN 2-02-022953-6. *36 F / 5,49 €*

31348 **MOREAU DEFARGES P.** Repentance et réconciliation. *Presses de Sciences Po, 1999.* (La Bibliothèque du citoyen c1)
ISBN 2-7246-0763-5. *75 F / 11,43 €*

31349 **MORIN E.** Autocritique. *Seuil, 1994.* (Points. Essais ; 283 c3)
ISBN 2-02-022072-5. *48 F / 7,32 €*

31350 **MORIN E.** Introduction à une politique de l'homme. Réimpr. *Seuil, 1999.* (Points. Essais ; 131)
ISBN 2-02-036415-8. *35 F / 5,34 €*

31351 **MOSCHONAS G.** La Social-démocratie : de 1945 à nos jours. *Montchrestien, 1994.* (Clefs. Politique)
ISBN 2-7076-0595-6. *60 F / 9,15 €*

31352 **MOSSUZ-LAVAU J.** André Malraux et le gaullisme. Nouv. éd. rev. *Presses de la Fondation nationale des sciences politiques, 1982.* (Références ; 6 c2)
ISBN 2-7246-0462-8. *60 F / 9,15 €*

31353 **MOSSUZ-LAVAU J.** Femmes-hommes, pour la parité. *Presses de Sciences Po, 1998.* (La Bibliothèque du citoyen c1)
ISBN 2-7246-0746-5. *75 F / 11,43 €*

31354 **MOUNIER E.** Communisme, anarchie et personnalisme. *Seuil, 1978.* (Points. Politique ; 3 c6)
ISBN 2-02-000307-4. *32 F / 4,88 €*

31355 **MOURGEON J.** Les droits de l'homme. 6e éd. mise à jour. *PUF, 1996.* (Que sais-je? ; 1728 c1)
ISBN 2-13-047438-1. *42 F / 6,40 €*

31356 **MOURIAUX R.** La CGT. *Seuil, 1982.* (Points. Politique ; 117 c13)
ISBN 2-02-006220-8. *52 F / 7,93 €*

31357 **MUET Y.** Le débat européen dans l'entre-deux-guerres. *Economica, 1997.* (Europe-poche ; 4)
ISBN 2-7178-3206-8. *59 F / 8,99 €*

31358 **MULLER J-M.** Stratégie de l'action non-violente. *Seuil, 1981.* (Points. Politique ; 109 c13)
ISBN 2-02-005777-8. *52 F / 7,93 €*

31359 **MUSSET A.** Géopolitique du Mexique. *Complexe, 1996.* (Géopolitique des Etats du monde ; 4)
ISBN 2-87027-624-9. *95 F / 14,48 €*

31360 **MUSSO P.** Saint-Simon et le saint-simonisme. *PUF, 1999.* (Que sais-je? ; 3468 c1)
ISBN 2-13-049840-X. *42 F / 6,40 €*

31361 **NAIR S.** Contre les lois Pasqua. *Arléa, 1997.* (Arléa-poche ; 17)
ISBN 2-86959-324-4. *35 F / 5,34 €*

31362 **Naissance de la cinquième République :** analyse de la Constitution par la Revue française de science politique en 1959. 2e éd. *Presses de la Fondation nationale des sciences politiques, 1990.* (Références)
ISBN 2-7246-0583-7. *60 F / 9,15 €*

31363 **Le Nationalisme français :** anthologie, 1871-1914. *Seuil, 1983.* (Points. Histoire ; 68 c4)
ISBN 2-02-006570-3. *52 F / 7,93 €*

31364 **Les Nations-unies :** textes fondamentaux. *PUF, 1995.* (Que sais-je? ; 3035 c1)
ISBN 2-13-047316-4. *42 F / 6,40 €*

31365 **NEGRI T.** Exil. *Mille et une nuits, 1998.* (Les petits libres ; 19 cA)
ISBN 2-84205-198-X. *10 F / 1,52 €*

31366 **Ni Dieu, ni maître :** anthologie de l'anarchisme. *La Découverte, 1999.* (La Découverte poche ; 999999. Essais)
ISBN 2-7071-3136-9. *163 F / 24,85 €*

31367 **Ni Dieu ni maître. 1.** *La Découverte, 1999.* (La Découverte poche ; 70. Essais)
ISBN 2-7071-3034-6. *85 F / 12,96 €*

31368 **Ni Dieu ni maître. 2.** *La Découverte, 1999.* (La Découverte poche ; 71. Essais)
ISBN 2-7071-3035-4. *78 F / 11,89 €*

31369 **NIEDERGANG M.** Mexique, Amérique centrale, Caraïbes. Ed. rev. et augm. *Seuil, 1982.* (Points ; 28. Politique)
ISBN 2-02-000332-5. *52 F / 7,93 €*

31370 **NJAWÉ P.** Bloc-notes du bagnard : prison de New Bell, Douala, Cameroun. *Mille et une nuits, 1998.* (Les petits libres ; 25)
ISBN 2-84205-371-0. *10 F / 1,52 €*

31371 **NOIRIEL G.** Réfugiés et sans-papiers : la République face au droit d'asile, XIXe-XXe siècle. Nouv. éd. augm. *Hachette Littératures, 1998.* (Pluriel ; 914 c7)
ISBN 2-01-278914-5. *50 F / 7,62 €*

31372 **Nouvelle histoire des idées politiques. Nouv. éd. rev. et augm.** *Hachette Littératures, 1989.* (Pluriel ; 8537 c6)
ISBN 2-01-015385-5. *75 F / 11,43 €*

31373 **Les nouvelles relations internationales :** pratiques et théories. *Presses de Sciences Po, 1998.* (Références inédites)
ISBN 2-7246-0755-4. *95 F / 14,48 €*

31374 **OFFERLÉ M.** Les Partis politiques. 2e éd. *PUF, 1991.* (Que sais-je? ; 2376 c1)
ISBN 2-13-043862-8. *42 F / 6,40 €*

31375 **OLIVI B.** L'Europe difficile : histoire politique de la Communauté européenne. *Gallimard, 1998.* (Folio ; 86. Histoire c12)
ISBN 2-07-040420-X. *70 F / 10,67 €*

31376 **ONFRAY M.** Politique du rebelle : traité de résistance et d'insoumission. *LGF, 1999.* (Le Livre de poche ; 4282. Biblio essais c12)
ISBN 2-253-94282-0. *44 F / 6,71 €*

31377 **L'ONU.** *Actes Sud, 1995.* (L'Europe en bref)
ISBN 2-7427-0377-2. *30 F / 4,57 €*

31378 **ORWELL G.** Hommage à la Catalogne : 1936-1937. *10-18, 2000.* (10-18 ; 3147. Domaine étranger c6)
ISBN 2-264-03038-0. *47 F / 7,17 €*

31379 **OSTROGORSKI M.** La Démocratie et les partis politiques. *Seuil, 1979.* (Points. Politique ; 100 c14)
ISBN 2-02-005286-5. *55 F / 8,38 €*

31380 **N PAPAIOANNOU K.** Marx et les marxistes. *Gallimard, 2001.* (Tel ; 309)
ISBN 2-07-075808-7. *80 F / 12,20 €*

31381 **PASQUA C.** Que demande le peuple. *LGF, 1993.* (Le Livre de poche ; 9689 c6)
ISBN 2-253-06569-2. *26 F / 3,96 €*

31382 **La Pensée politique.** *Larousse, 1992.* (Textes essentiels)
ISBN 2-03-741005-0. *150 F / 22,87 €*

31383 **PERES S., LITTELL R.** Conversations avec Shimon Peres. *Gallimard, 1998.* (Folio ; 58. Actuel c2)
ISBN 2-07-040443-9. *37 F / 5,64 €*

31384 **PERRAULT G.** Notre ami le roi. Nouv. éd. *Gallimard, 1992.* (Folio ; 40. Actuel ; 40 c5)
ISBN 2-07-032695-0. *52 F / 7,93 €*

31385 **La persuasion de masse :** guerre psychologique, guerre médiatique. *Pocket, 1996.* (Agora ; 167 c6)
ISBN 2-266-06856-3. *38 F / 5,79 €*

31386 **PETITFILS J-C.** La Droite en France de 1789 à nos jours. 5e éd. rev. *PUF, 1994.* (Que sais-je? ; 1539 c1)
ISBN 2-13-045987-0. *42 F / 6,40 €*

31387 **PETITFILS J-C.** L'Extrême-droite en France. 2e éd. *PUF, 1988.* (Que sais-je? ; 2118 c1)
ISBN 2-13-041489-3. *42 F / 6,40 €*

31388 **PEYREFITTE A.** La Chine s'est éveillée : carnets de route de l'ère Deng Xiaoping. Ed. mise à jour et augm. *LGF, 2000.* (Le Livre de poche ; 14844 c17)
ISBN 2-253-14844-X. *60 F / 9,15 €*

31389 **N** **PÉZZILLO L.** Rousseau et le contrat social. *PUF, 2000.* (Philosophies ; 136 c1)
ISBN 2-13-050936-3. *48 F / 7,32 €*

31390 **PFISTER T.** La République des fonctionnaires. *Seuil, 1990.* (Points. Politique ; 139 c11)
ISBN 2-02-012370-3. *48 F / 7,32 €*

31391 **PFISTER T.** La Vie quotidienne à Matignon au temps de l'Union de la gauche. *Gallimard, 1986.* (Folio ; 9. Actuel ; 9 c5)
ISBN 2-07-032366-8. *52 F / 7,93 €*

31392 **Le piège de la parité :** arguments pour un débat. *Hachette Littératures, 1999.* (Pluriel ; 982)
ISBN 2-01-278982-X. *50 F / 7,62 €*

31393 **PLASSERAUD Y.** Les Etats baltes. 2e éd. *Montchrestien, 1996.* (Clefs. Politique)
ISBN 2-7076-0757-6. *60 F / 9,15 €*

31394 **PLASSERAUD Y.** L'identité. *Montchrestien, 2000.* (Clefs. Politique)
ISBN 2-7076-1176-X. *70 F / 10,67 €*

31395 **PLASSERAUD Y.** Les minorités. *Montchrestien, 1998.* (Clefs. Politique)
ISBN 2-7076-1074-7. *70 F / 10,67 €*

31396 **PLASSERAUD Y.** Les Nouvelles démocraties d'Europe centrale. *Montchrestien, 1991.* (Clefs. Politique)
ISBN 2-7076-0492-5. *60 F / 9,15 €*

31397 **PLATONE F.** Les partis politiques en France. *Milan, 1996.* (Les essentiels Milan ; 25 c1)
ISBN 2-84113-344-3. *25 F / 3,81 €*

31398 **PLENEL E.** Les mots volés. *Gallimard, 1999.* (Folio ; 65. Actuel c4)
ISBN 2-07-040582-6. *46 F / 7,01 €*

31399 **PLENEL E.** La Part d'ombre. nouv. éd. rev. et augm. *Gallimard, 1994.* (Folio ; 37. Actuel ; 37 c6)
ISBN 2-07-073772-1. *56 F / 8,54 €*

31400 **PLENEL E.** Un temps de chien. *Gallimard, 1996.* (Folio ; 49. Actuel c2)
ISBN 2-07-032866-X. *37 F / 5,64 €*

31401 **POPPER K. R.** Etat paternaliste ou Etat minimal : remarques théoriques et pratiques sur la gestion de l'Etat démocratique. *Aire, 1997.* (Le Chant du monde)
ISBN 2-88108-460-5. *53 F / 8,08 €*

31402 **PORTELLI H.** Le Parti socialiste. 2e éd. *Montchrestien, 1998.* (Clefs. Politique)
ISBN 2-7076-1084-4. *70 F / 10,67 €*

31403 **PORTELLI H.** Les Régimes politiques européens : étude comparative. *LGF, 1994.* (Le Livre de poche ; 504. Références sciences politiques et sociales c10)
ISBN 2-253-06390-8. *40 F / 6,10 €*

31404 **POSTEL-VINAY K.** Le Japon et la nouvelle Asie. *Presses de Sciences Po, 1997.* (La Bibliothèque du citoyen c1)
ISBN 2-7246-0703-1. *75 F / 11,43 €*

31405 **N** **POUJOL C.** Le Kazakhstan. *PUF, 2000.* (Que sais-je? ; 3520 c1)
ISBN 2-13-050448-5. *42 F / 6,40 €*

31406 **POULANTZAS N.** Fascisme et dictature. *Seuil, 1979.* (Points. Politique ; 68 c13)
ISBN 2-02-000372-4. *52 F / 7,93 €*

31407 **PRÉVÉLAKIS G.** Géopolitique de la Grèce. *Complexe, 1997.* (Géopolitique des Etats du monde ; 5)
ISBN 2-87027-649-4. *95 F / 14,48 €*

31408 **PRIGENT C.** Berlin deux temps trois mouvements. *Zulma, 1999.* (Grain d'orage)
ISBN 2-84304-087-6. *49 F / 7,47 €*

31409 **PUYMEGE G. d.** Mouvements européens. *Actes Sud, 1997.* (L'Europe en bref)
ISBN 2-7427-1587-8. *30 F / 4,57 €*

31410 **N** **QUERMONNE J-L.** Les régimes politiques occidentaux. 4e éd. mise à jour. *Seuil, 2000.* (Points. Essais ; 290 c14)
ISBN 2-02-041968-8. *55 F / 8,38 €*

31411 **A** **QUERMONNE J-L.** Le système politique de l'Union européenne. 4e éd. *Montchrestien, 2001.* (Clefs. Politique)
ISBN 2-7076-1240-5

31412 **N** **QUERMONNE J-L.** L'Union européenne est-elle légitime ?. *Presses de Sciences Po, 2000.* (La Bibliothèque du citoyen c1)
ISBN 2-7246-0822-4. *75 F / 11,43 €*

31413 **RAMONET I.** Géopolitique du chaos. *Gallimard, 1999.* (Folio ; 67. Actuel c2)
ISBN 2-07-041113-3. *37 F / 5,64 €*

31414 **RAULET G.** Kant, histoire et citoyenneté. *PUF, 1996.* (Philosophies ; 73)
ISBN 2-13-047793-3. *68 F / 10,37 €*

31415 **N** **RAWLS J.** Justice et démocratie. *Seuil, 2000.* (Points ; 427. Essais c14)
ISBN 2-02-041095-8. *55 F / 8,38 €*

31416 **RAWLS J.** Théorie de la justice. *Seuil, 1997.* (Points ; 354. Essais ; 354 c19)
ISBN 2-02-029976-3. *69 F / 10,52 €*

31417 **Réflexions sur les institutions européennes.** *Economica, 1997.* (Europe-poche ; 2)
ISBN 2-7178-3205-X. *39 F / 5,95 €*

31418 **Régions :** la croisée des chemins : perspectives françaises et enjeux européens. *Presses de Sciences Po, 1998.* (Références inédites)
ISBN 2-7246-0738-4. *95 F / 14,48 €*

31419 **N** **RÉMOND B.** De la démocratie locale en Europe. *Presses de Sciences Po, 2001.* (La Bibliothèque du citoyen c1)
ISBN 2-7246-0841-0. *75 F / 11,43 €*

31420 **RENAN E.** Qu'est ce qu'une nation? : et autres essais politiques. *Pocket, 1992.* (Agora ; 126 cL)
ISBN 2-266-05063-X. *60 F / 9,15 €*

31421 **RENAN E.** Qu'est-ce qu'une nation ?. *Mille et une nuits, 1997.* (La petite collection ; 178 cA)
ISBN 2-84205-178-5. *10 F / 1,52 €*

31422 **RENON A.** Géopolitique de la Jordanie. *Complexe, 1996.* (Géopolitique des Etats du monde ; 3)
ISBN 2-87027-623-0. *95 F / 14,48 €*

31423 **RENOUVIN P., DUROSELLE J-B.** Introduction à l'histoire des relations internationales. *Pocket, 1997.* (Agora ; 182 c11)
ISBN 2-266-07698-1. *55 F / 8,38 €*

31424 **REVEL J-F.** Comment les démocraties finissent. *Hachette Littératures, 1984.* (Pluriel ; 8422 c4)
ISBN 2-01-009963-X. *58 F / 8,84 €*

31425 **REVEL J-F.** Le Regain démocratique. *Hachette Littératures, 1993.* (Pluriel ; 8651)
ISBN 2-01-020933-8. *75 F / 11,43 €*

31426 **Revue Faire ; Qu'est-ce que la social-démocratie?.** *Seuil, 1979.* (Points. Politique ; 99 c6)
ISBN 2-02-005078-1. *32 F / 4,88 €*

31427 **Revue Faire ; Le Reflux américain :** décadence ou renouveau des Etats-Unis?. *Seuil, 1980.* (Points. Politique ; 105 c8)
ISBN 2-02-005621-6. *39 F / 5,95 €*

31428 **REY A.** Le réveille-mots. *Seuil, 1996.* (Point-virgule c2)
ISBN 2-02-028559-2. *35 F / 5,34 €*

31429 **RIALS S.** Le Légitimisme. *PUF, 1983.* (Que sais-je? ; 2107 c1)
ISBN 2-13-038059-X. *42 F / 6,40 €*

31430 **RIALS S.** Textes politiques français. 2e éd. *PUF, 1987.* (Que sais-je? ; 2171 c1)
ISBN 2-13-040202-X. *42 F / 6,40 €*

31431 **RICHARD F.** Les Anarchistes de droite. *PUF, 1991.* (Que sais-je? ; 2580 c1)
ISBN 2-13-043560-2. *42 F / 6,40 €*

31432 **RICOEUR P.** Lectures. 1, Autour du politique. *Seuil, 1999.* (Points ; 382. Essais)
ISBN 2-02-036488-3. *59 F / 8,99 €*

31433 **RIOUX J-P.** Tombeaux pour la gauche. *Presses de Sciences Po, 1996.* (La Bibliothèque du citoyen c1)
ISBN 2-7246-0701-5. *75 F / 11,43 €*

31434 **ROCARD M.** A l'épreuve des faits : textes politiques 1979-1985. *Seuil, 1986.* (Points. Politique ; 130 c11)
ISBN 2-02-009118-6. *48 F / 7,32 €*

31435 **ROCARD M.** Les moyens d'en sortir. *Seuil, 1998.* (Points ; 458 c9)
ISBN 2-02-033301-5. *42 F / 6,40 €*

31436 **ROCARD M.** Parler vrai : textes politiques. *Seuil, 1979.* (Points. Politique ; 97 c8)
ISBN 2-02-005188-5. *39 F / 5,95 €*

31437 **ROCARD M.** Un Pays comme le nôtre. *Seuil, 1989.* (Points. Politique ; 135 c12)
ISBN 2-02-011496-8. *52 F / 7,93 €*

31438 **ROCHE J-J.** Le système international contemporain. 3e éd. *Montchrestien, 1998.* (Clefs. Politique)
ISBN 2-7076-1091-7. *70 F / 10,67 €*

31439 **ROCHE J-J.** Théorie des relations internationales. 3e éd. *Montchrestien, 1999.* (Clefs. Politique c1)
ISBN 2-7076-1140-9. *70 F / 10,67 €*

31440 **N** **RODINSON M.** De Pythagore à Lénine : des activismes idéologiques. *Pocket, 2000.* (Agora ; 160 c7)
ISBN 2-266-06465-7. *42 F / 6,40 €*

31441 **RODINSON M.** Peuple juif ou problème juif ?. *La Découverte, 1997.* (La Découverte poche ; 23. Sciences humaines et sociales)
ISBN 2-7071-2681-0. *75 F / 11,43 €*

31442 **ROLLET J.** Tocqueville. *Montchrestien, 1998.* (Clefs. Politique)
ISBN 2-7076-1072-0. *70 F / 10,67 €*

31443 **N** **ROLLIN H.** Une mystification mondiale. *Allia, 2000.* (Petite collection)
ISBN 2-84485-035-9. *40 F / 6,10 €*

31444 **ROMER J-C.** Géopolitique de la Russie. *Economica, 1999.* (Géopolitique-poche ; 10 c1)
ISBN 2-7178-3779-5. *49 F / 7,47 €*

31445 **ROSANVALLON P.** La crise de l'Etat-providence. Réimpr. *Seuil, 1992.* (Points ; 243. Essais c2)
ISBN 2-02-014137-X. *39 F / 5,95 €*

31446 **ROSANVALLON P.** La nouvelle question sociale : repenser l'Etat-providence. *Seuil, 1998.* (Points ; 359. Essais c10)
ISBN 2-02-033572-7. *45 F / 6,86 €*

31447 **A** **ROSSI J-M., SANTONI F., BENHAMOU G.** Pour solde de tout compte : les nationalistes corses parlent : entretiens avec Guy Benhamou. *J'ai lu, 2001.* (J'ai lu ; 5898. Littérature générale)
ISBN 2-290-31220-7

31448 **ROUBAN L.** La fin des technocrates ?. *Presses de Sciences Po, 1998.* (La Bibliothèque du citoyen c1)
ISBN 2-7246-0737-6. *75 F / 11,43 €*

31449 **ROUQUIÉ A.** Amérique latine : introduction à l'Extrême-Occident. Nouv. éd. rev. et augm. *Seuil, 1998.* (Points. Essais ; 373 c14)
ISBN 2-02-020624-2. *55 F / 8,38 €*

31450 **ROUSSEAU J-J.** De l'inégalité parmi les hommes. *Librio, 2000.* (Librio ; 340 c1)
ISBN 2-290-30089-6. *10 F / 1,52 €*

31451 **ROUSSEAU J-J.** Discours sur l'origine et les fondements de l'inégalité parmi les hommes. *Pocket, 1990.* (Agora ; 62 c8)
ISBN 2-266-03204-6. *45 F / 6,86 €*

31452 **ROUSSEAU J-J.** Discours sur l'origine et les fondements de l'inégalité parmi les hommes ; précédé de Discours sur les sciences et les arts. *LGF, 1996.* (Le Livre de poche ; 4643. Classiques de la philosophie c3)
ISBN 2-253-06724-5. *18 F / 2,74 €*

31453 **ROUSSEAU J-J.** Discours sur l'origine et les fondements de l'inégalité parmi les hommes. *Gallimard, 1990.* (Folio ; 18. Essais ; 18 c3)
ISBN 2-07-032541-5. *41 F / 6,25 €*

31454 **ROUSSEAU J-J.** Discours sur l'origine et les fondements de l'inégalité parmi les hommes. *Mille et une nuits, 1996.* (La petite collection ; 130 cC)
ISBN 2-84205-097-5. *20 F / 3,05 €*

31455 **ROUSSEAU J-J.** Du contrat social ; Discours sur l'économie politique ; Du contrat social : première version. *Gallimard, 1993.* (Folio ; 233. Essais ; 233 c6)
ISBN 2-07-032670-5. *56 F / 8,54 €*

31456 **ROUSSEAU J-J.** Du contrat social : ou principes du droit politique. *LGF, 1996.* (Le Livre de poche ; 4644. Classiques de la philosophie c5)
ISBN 2-253-06725-3. *23 F / 3,51 €*

31457 **ROUSSEAU J-J.** L'état de guerre : essai. *Actes Sud, 2000.* (Babel ; 409. Les philosophiques)
ISBN 2-7427-2551-2. *33 F / 5,03 €*

31458 **ROUSSELLIER N.** L'Europe des libéraux. *Complexe, 1991.* (Questions au XXe siècle ; 41 cM)
ISBN 2-87027-401-7. *69 F / 10,52 €*

31459 **ROUVILLOIS F.** Les origines de la Ve République. *PUF, 1998.* (Que sais-je? ; 3305 c1)
ISBN 2-13-048726-2. *42 F / 6,40 €*

31460 **ROUX M.** Le Kosovo : dix clés pour comprendre. *La Découverte, 1999.* (Sur le vif)
ISBN 2-7071-3138-5. *42 F / 6,40 €*

31461 **RUBY C.** Introduction à la philosophie politique. *La Découverte, 1996.* (Repères ; 197 c1)
ISBN 2-7071-2583-0. *52 F / 7,93 €*

31462 **RUFIN J-C.** La dictature libérale : le secret de la toute-puissance des démocraties au 20e siècle. *Hachette Littératures, 1995.* (Pluriel ; 8733 c4)
ISBN 2-01-278733-9. *58 F / 8,84 €*

31463 **RUFIN J-C.** L'Empire et les nouveaux Barbares : rupture Nord-Sud. *Hachette Littératures, 1992.* (Pluriel ; 8592 c3)
ISBN 2-01-019007-6. *49 F / 7,47 €*

31464 **RUFIN J-C.** Le Piège humanitaire ; Humanitaire et politique depuis la chute du mur. *Hachette Littératures, 1993.* (Pluriel ; 8633 c5)
ISBN 2-01-020468-9. *65 F / 9,91 €*

31465 **SABOURIN P.** Les nationalismes européens. *PUF, 1996.* (Que sais-je? ; 3085 c1)
ISBN 2-13-047536-1. *42 F / 6,40 €*

31466 **SAINT-JUST L-AL.** On ne peut pas régner innocemment ; suivi de Essai de Constitution. *Mille et une nuits, 1996.* (La petite collection ; 105 cA)
ISBN 2-84205-049-5. *10 F / 1,52 €*

31467 **SAINT-JUST L-AL.** Théorie politique. *Seuil, 1976.* (Points. Politique ; 83 c13)
ISBN 2-02-004469-2. *52 F / 7,93 €*

31468 **Sans-papiers, l'archaïsme fatal.** *La Découverte, 1999.* (Sur le vif)
ISBN 2-7071-3050-8. *42 F / 6,40 €*

31469 **SANTAMARIA Y.** Histoire du Parti communiste français. *La Découverte, 1999.* (Repères ; 269 c1)
ISBN 2-7071-3104-0. *52 F / 7,93 €*

31470 **SCHATTNER M.** Histoire de la droite israélienne : de Jabotinsky à Shamir. *Complexe, 1991.* (Questions au XXe siècle ; 27 cM)
ISBN 2-87027-384-3. *69 F / 10,52 €*

31471 **SCHNAPPER D.** Qu'est-ce que la citoyenneté ?. *Gallimard, 2000.* (Folio ; 75. Actuel cC)
ISBN 2-07-041189-3. *41 F / 6,25 €*

31472 **SCHNEIDER R.** La Haine tranquille. *Seuil, 1993.* (Points. Actuels ; 129 c2)
ISBN 2-02-019462-7. *39 F / 5,95 €*

31473 **SÉGUR P.** La responsabilité politique. *PUF, 1998.* (Que sais-je? ; 3294 c1)
ISBN 2-13-048642-8. *42 F / 6,40 €*

31474 **SENARCLENS P. d.** L'humanitaire en catastrophe. *Presses de Sciences Po, 1999.* (La Bibliothèque du citoyen c1)
ISBN 2-7246-0772-4. *75 F / 11,43 €*

31475 **SERVIER J.** Le Terrorisme. 4e éd. mise à jour. *PUF, 1992.* (Que sais-je? ; 1768 c1)
ISBN 2-13-044347-8. *42 F / 6,40 €*

31476 **SFEZ L.** La Symbolique politique. *PUF, 1988.* (Que sais-je? ; 2400 c1)
ISBN 2-13-041731-0. *42 F / 6,40 €*

31477 **SINCLAIR A.** Deux ou trois choses que je sais d'eux. *LGF, 1998.* (Le Livre de poche ; 14491 c7)
ISBN 2-253-14491-6. *30 F / 4,57 €*

31478 **SIRONNEAU J.** L'eau, nouvel enjeu stratégique mondial. *Economica, 1996.* (Géopolitique-poche ; 6)
ISBN 2-7178-2977-6. *49 F / 7,47 €*

31479 **SLAMA A-G.** Les chasseurs d'absolu : genèse de la gauche et de la droite. *Hachette Littératures, 1994.* (Pluriel ; 8717 c4)
ISBN 2-01-278717-7. *58 F / 8,84 €*

31480 **SORIN R., LA VÉGA H. d.** Citations de Fidel Castro. *Seuil, 1968.* (Points. Politique ; 22 c6)
ISBN 2-02-000326-0. *32 F / 4,88 €*

31481 **SORMAN G.** Le monde est ma tribu. *LGF, 1999.* (Le Livre de poche ; 14705 c15)
ISBN 2-253-14705-2. *50 F / 7,62 €*

31482 **SOULIER G.** Nos droits face à l'Etat. *Seuil, 1981.* (Points. Politique ; 113 c4)
ISBN 2-02-005973-8. *52 F / 7,93 €*

31483 **SPECTOR C.** Montesquieu, les Lettres persanes, de l'anthropologie à la politique. *PUF, 1997.* (Philosophies ; 84 c1)
ISBN 2-13-048403-4. *45 F / 6,86 €*

31484 **SPITZ J-F.** Bodin et la souveraineté. *PUF, 1998.* (Philosophies ; 112 c1)
ISBN 2-13-049504-4. *48 F / 7,32 €*

31485 **SPOONER L.** Nos vices ne sont pas des crimes ; suivi de Outrage à chefs d'Etat. *10-18, 1996.* (10-18 ; 2737. Bibliothèques c3)
ISBN 2-264-02282-5. *38 F / 5,79 €*

31486 **N** **STORA B.** Algérie : la guerre invisible. *Presses de Sciences Po, 2001.* (La Bibliothèque du citoyen)
ISBN 2-7246-0847-X. *75 F / 11,43 €*

31487 **STRAUSS L., CROPSEY J.** Histoire de la philosophie politique. *PUF, 1999.* (Quadrige ; 297)
ISBN 2-13-050028-5. *178 F / 27,14 €*

31488 **SUN Z.** L'Art de la guerre. *Pocket, 1993.* (Agora ; 127)
ISBN 2-266-05098-2. *35 F / 5,34 €*

31489 **TABUCCHI A.** La gastrite de Platon. *Mille et une nuits, 1997.* (La petite collection ; 177 cA)
ISBN 2-84205-162-9. *10 F / 1,52 €*

31490 **TAGUIEFF P-A.** La couleur et le sang : doctrines racistes à la française. *Mille et une nuits, 1998.* (Les petits libres ; 15)
ISBN 2-84205-194-7. *20 F / 3,05 €*

31491 **A** **TAGUIEFF P-A.** Du progrès. *Librio, 2001.* (Librio ; 428 c1)
ISBN 2-290-30864-1. *10 F / 1,52 €*

31492 **TAGUIEFF P-A., TRIBALAT M.** Face au Front national : arguments pour une contre-offensive. *La Découverte, 1998.* (Sur le vif)
ISBN 2-7071-2877-5. *42 F / 6,40 €*

31493 **TARNERO J.** Les terrorismes. *Milan, 1998.* (Les essentiels Milan ; 103 c1)
ISBN 2-84113-614-0. *25 F / 3,81 €*

31494 **TEISSIER B.** Géopolitique de l'Italie. *Complexe, 1996.* (Géopolitique des Etats du monde ; 1)
ISBN 2-87027-621-4. *95 F / 14,48 €*

31495 **TENZER N.** Histoire des doctrines politiques en France. *PUF, 1996.* (Que sais-je? ; 304 c1)
ISBN 2-13-047534-5. *42 F / 6,40 €*

31496 **TENZER N.** La Politique. *PUF, 1993.* (Que sais-je? ; 2583 c1)
ISBN 2-13-044450-4. *42 F / 6,40 €*

31497 **TERESTCHENKO M.** Les grands courants de la philosophie politique. *Seuil, 1996.* (Mémo ; 36)
ISBN 2-02-022897-1. *36 F / 5,49 €*

31498 **N** **TERREL J.** Les théories du pacte social : droit naturel, souveraineté et contrat de Bodin à Rousseau. *Seuil, 2001.* (Points ; 450. Essais)
ISBN 2-02-034521-8. *59 F / 8,99 €*

31499 **Textes de philosophie politique classique :** de la Renaissance à l'époque moderne. *PUF, 1993.* (Que sais-je? ; 2790 c1)
ISBN 2-13-045707-X. *42 F / 6,40 €*

31500 **THOMAS-PERETTE M.** Itinéraires culturels. *Actes Sud, 1997.* (L'Europe en bref)
ISBN 2-7427-1589-4. *25 F / 3,81 €*

31501 **THOREAU H. D.** La désobéissance civile. Réimpr. *Mille et une nuits, 1999.* (La petite collection ; 114 cA)
ISBN 2-84205-062-2. *10 F / 1,52 €*

31502 **THUAL F.** Géopolitique de l'Amérique latine. *Economica, 1996.* (Géopolitique-poche ; 7)
ISBN 2-7178-3076-6. *49 F / 7,47 €*

31503 **N** **TOCQUEVILLE A. d.** Alexis de Tocqueville : textes essentiels. *Pocket, 2000.* (Agora ; 223 c9)
ISBN 2-266-09746-6. *48 F / 7,32 €*

31504 **TOCQUEVILLE A. d.** De la colonie en Algérie. *Complexe, 1988.* (Historiques ; 52. Politiques c9)
ISBN 2-87027-262-6. *59 F / 8,99 €*

31505 **TOCQUEVILLE A. d.** De la démocratie en Amérique ; Souvenirs ; L'Ancien Régime et la Révolution. Réimpr. *Laffont, 1998.* (Bouquins)
ISBN 2-221-05108-4. *189 F / 28,81 €*

31506 **TOCQUEVILLE A. d.** De la démocratie en Amérique. 1. *Gallimard, 1991.* (Folio ; 12. Histoire ; 12 c3)
ISBN 2-07-032354-4. *41 F / 6,25 €*

31507 **TOCQUEVILLE A. d.** De la démocratie en Amérique. 2. *Gallimard, 1986.* (Folio. Histoire ; 13 c4)
ISBN 2-07-032364-1. *46 F / 7,01 €*

31508 **TOFFLER A., TOFFLER H.** Guerre et contre-guerre : survivre à l'aube du XXIe siècle. *Hachette Littératures, 1996.* (Pluriel ; 8746 c6)
ISBN 2-01-278746-0. *75 F / 11,43 €*

31509 **TOINET M-F.** La présidence américaine. 2e éd. *Montchrestien, 1996.* (Clefs. Politique)
ISBN 2-7076-0671-5. *60 F / 9,15 €*

31510 **N** **Le totalitarisme :** le XXe siècle en débat. *Seuil, 2001.* (Points. Essais ; 442)
ISBN 2-02-037857-4. *80 F / 12,20 €*

31511 **TOUCHARD J.** La Gauche en France depuis 1900. Ed. rev. *Seuil, 1977.* (Points. Histoire ; 26 c5)
ISBN 2-02-004548-6. *55 F / 8,38 €*

31512 **TOUCHARD J.** Le Gaullisme : 1940-1969. *Seuil, 1978.* (Points. Histoire ; 32 c4)
ISBN 2-02-004797-7. *52 F / 7,93 €*

31513 **TOULEMON R.** La construction européenne : histoire, acquis, perspectives. Nouv. éd. *LGF, 1999.* (Le Livre de poche ; 508. Références sciences politiques et sociales c10)
ISBN 2-253-06579-X. *40 F / 6,10 €*

31514 A **TOURAINE A.** Comment sortir du libéralisme ?. *LGF, 2001.* (Le Livre de poche ; 4308. Biblio essais)
ISBN 2-253-94308-8. *30 F / 4,57 €*

31515 **TOURAINE A.** Le Communisme utopique : le mouvement de mai. *Seuil, 1972.* (Points. Politique ; 54 c11)
ISBN 2-02-000358-9. *48 F / 7,32 €*

31516 **TOZY M.** Monarchie et islam politique au Maroc. 2e éd. *Presses de Sciences Po, 1999.* (Références académiques)
ISBN 2-7246-0787-2. *90 F / 13,72 €*

31517 **TRAVEN B.** Dans l'Etat le plus libre du monde. *Actes Sud, 1999.* (Babel ; 393. Révolutions)
ISBN 2-7427-2397-8. *39 F / 5,95 €*

31518 **TRISTAN F.** Union ouvrière ; Lettres. *Des femmes-Antoinette Fouque, 1986.* (Ecrits d'hier)
ISBN 2-7210-0290-2. *95 F / 14,48 €*

31519 **TROTSKY L.** Bilan et perspectives. *Seuil, 1974.* (Points. Politique ; 64 c6)
ISBN 2-02-000368-6. *32 F / 4,88 €*

31520 **L'union européenne.** *Actes Sud, 1995.* (L'Europe en bref)
ISBN 2-7427-0376-4. *30 F / 4,57 €*

31521 **VALADIER P.** Machiavel et la fragilité du politique. *Seuil, 1996.* (Points. Essais ; 333 c9)
ISBN 2-02-025514-6. *42 F / 6,40 €*

31522 **VAN ACKERE P.** L'union de l'Europe occidentale. *PUF, 1995.* (Que sais-je? ; 3023 c1)
ISBN 2-13-047253-2. *42 F / 6,40 €*

31523 **VERGELY B.** Les grandes interrogations politiques. *Milan, 1999.* (Les essentiels Milan ; 145 c1)
ISBN 2-84113-869-0. *25 F / 3,81 €*

31524 **VEY F., HECHT E.** Chirac. *Albin Michel, 1995.* (De A à Z)
ISBN 2-226-07664-6. *85 F / 12,96 €*

31525 **VEZINS V. d.** Balladur. *Albin Michel, 1995.* (De A à Z)
ISBN 2-226-07666-2. *98 F / 14,94 €*

31526 **La Vie politique en France.** *Seuil, 1933.* (Points. Essais ; 204 c7)
ISBN 2-02-015978-3. *65 F / 9,91 €*

31527 **VOEGELIN E.** Les Religions politiques. *Cerf, 1994.* (Humanités)
ISBN 2-204-05000-8. *62 F / 9,45 €*

31528 **WARIN O.** Le Pen. *Albin Michel, 1995.* (De A à Z)
ISBN 2-226-07665-4. *79 F / 12,04 €*

31529 **WEBER H.** Que reste-t-il de mai 68? : essai sur les interprétations des évènements. Nouv. éd. *Seuil, 1998.* (Points ; 496 c8)
ISBN 2-02-034127-1. *39 F / 5,95 €*

31530 **WEIL P.** La France et ses étrangers : l'aventure d'une politique de l'immigration de 1938 à nos jours. *Gallimard, 1995.* (Folio ; 44. Actuel ; 44 c10)
ISBN 2-07-032882-1. *76,50 F / 11,66 €*

31531 **WEIL S.** Réflexions sur les causes de la liberté et de l'oppression sociale. *Gallimard, 1998.* (Folio ; 316. Essais c2)
ISBN 2-07-040442-0. *37 F / 5,64 €*

31532 **WIEVIORKA M.** Le racisme, une introduction. *La Découverte, 1998.* (La Découverte poche ; 55. Sciences humaines et sociales)
ISBN 2-7071-2866-X. *49 F / 7,47 €*

31533 **WIHTOL DE WENDEN C.** La citoyenneté européenne. *Presses de Sciences Po, 1997.* (La Bibliothèque du citoyen c1)
ISBN 2-7246-0727-9. *75 F / 11,43 €*

31534 **WIHTOL DE WENDEN C.** Faut-il ouvrir les frontières?. *Presses de Sciences Po, 1999.* (La Bibliothèque du citoyen c1)
ISBN 2-7246-0777-5. *75 F / 11,43 €*

31535 **WILKINSON E.** Le Japon face à l'Occident. *Complexe, 1992.* (Questions au XXe siècle ; 40)
ISBN 2-87027-424-6. *130 F / 19,82 €*

31536 **WU H.** Retour au Laogaï : la vérité sur les camps de la mort dans la Chine d'aujourd'hui. *J'ai lu, 1998.* (J'ai lu ; 4697. Littérature générale c6)
ISBN 2-290-04697-3. *42 F / 6,40 €*

31537 **Y.B.** Comme il a dit, lui : chroniques (au vitriol) d'Algérie. *J'ai lu, 1998.* (J'ai lu ; 5059. Littérature générale c3)
ISBN 2-290-05059-8. *29 F / 4,42 €*

31538 **ZARKA J-C.** L'OTAN. 2e éd. corr. *PUF, 2000.* (Que sais-je? ; 865 c1)
ISBN 2-13-048327-5. *42 F / 6,40 €*

31539 **ZIEGLER J.** Main basse sur l'Afrique : la recolonisation. *Seuil, 1980.* (Points. Actuels ; 36 c3)
ISBN 2-02-005629-1. *48 F / 7,32 €*

31540 **ZIEGLER J.** Les Rebelles : contre l'ordre du monde. *Seuil, 1985.* (Points ; 126. Politique c16)
ISBN 2-02-008614-X. *62 F / 9,45 €*

31541 **ZIEGLER J.** Une Suisse au-dessus de tout soupçon. 2e éd. *Seuil, 1977.* (Points. Actuels ; 16 c1)
ISBN 2-02-004683-0. *32 F / 4,88 €*

31542 **ZIEGLER J.** La Victoire des vaincus : oppression et résistance culturelle. *Seuil, 1991.* (Points. Actuels ; 107 c5)
ISBN 2-02-013098-X. *55 F / 8,38 €*

31543 **ZIMMERMANN M., ZIMMERMANN M-C.** La Catalogne. *PUF, 1998.* (Que sais-je? ; 2426 c1) ISBN 2-13-048382-8. *42 F / 6,40 €*

31544 **ZOLA E.** J'accuse...! : la vérité en marche. Réimp. *Complexe, 1996.* (Historiques ; 51. Politiques c11) ISBN 2-87027-263-4. *65 F / 9,91 €*

31545 **ZORGBIBE C.** Le Droit d'ingérence. *PUF, 1994.* (Que sais-je? ; 2916 c1) ISBN 2-13-046647-8. *42 F / 6,40 €*

31546 **ZORGBIBE C.** Histoire des relations internationales. 1, Du système de Bismarck au premier conflit mondial : 1871-1918. *Hachette Littératures, 1994.* (Pluriel ; 8677) ISBN 2-01-278677-4. *125 F / 19,06 €*

31547 **ZORGBIBE C.** Histoire des relations internationales. 2, De la paix de Versailles à la grande alliance contre Hitler : 1918-1945. *Hachette Littératures, 1994.* (Pluriel ; 8702) ISBN 2-01-278702-9. *125 F / 19,06 €*

31548 **ZORGBIBE C.** Histoire des relations internationales. 3, Du système de Yalta aux missiles de Cuba : 1945-1962. *Hachette Littératures, 1995.* (Pluriel ; 8730) ISBN 2-01-278730-4. *125 F / 19,06 €*

31549 **ZORGBIBE C.** Histoire des relations internationales. 4, Du schisme Moscou-Pékin à l'après-guerre froide, 1962 à nos jours. *Hachette Littératures, 1995.* (Pluriel) ISBN 2-01-278731-2. *125 F / 19,06 €*

31550 **ZORGBIBE C.** La Méditerranée sans les grands. *PUF, 1997.* (Quadrige ; 229) ISBN 2-13-048018-7. *62 F / 9,45 €, POURSIN J-M., DUPUY G.* Malthus. *Seuil, 1972.* (Société ; 48 c1). ISBN 2-02-000426-7. *15 F / 2,29 €, PRIN C.* Cérémonial pour un combat. *Seuil, 1971.* (Théâtre ; 30 c2). ISBN 2-02-000472-0. *20 F / 3,05 €*

Psychologie Psychopathologies Psychanalyse

31553 **ABENSOUR L.** Evelyne Kestemberg. *PUF, 1999.* (Psychanalystes d'aujourd'hui ; 20)
ISBN 2-13-049790-X. *55 F / 8,38 €*

31554 **N** **Accueillir.** *Erès, 2000.* (Mille et un bébés ; 32)
ISBN 2-86586-829-X. *35 F / 5,34 €*

31555 **N** **AISENSTEIN M.** Michel Fain. *PUF, 2000.* (Psychanalystes d'aujourd'hui ; 28 c1)
ISBN 2-13-050762-X. *55 F / 8,38 €*

31556 **N** **ALAUSIO F.** Atlas des rêves. Nouv. éd. *De Vecchi, 2000.* (De Vecchi poche c5)
ISBN 2-7328-4339-3. *42 F / 6,40 €*

31557 **ALBERONI F.** Le Choc amoureux. *Pocket, 1993.* (Pocket ; 4081. Best c5)
ISBN 2-266-05049-4. *30 F / 4,57 €*

31558 **ALBERONI F.** Les envieux. *Pocket, 1997.* (Pocket ; 10141 c4)
ISBN 2-266-07414-8. *30 F / 4,57 €*

31559 **ALBERONI F.** Je t'aime : tout sur la passion amoureuse. *Pocket, 1998.* (Pocket ; 10558 c5)
ISBN 2-266-08430-5. *35 F / 5,34 €*

31560 **ALBERONI F.** Le vol nuptial : l'imaginaire amoureux des femmes. *Pocket, 1995.* (Pocket ; 4278. Best c4)
ISBN 2-266-06360-X. *30 F / 4,57 €*

31561 **N** **ALLAIS C., ALLAIS D.** L'épanouissement amoureux et sexuel du couple. *Bernet-Danilo, 2000.* (Essentialis ; 41 c1)
ISBN 2-912663-23-7. *33 F / 5,03 €*

31562 **Allaiter.** *Erès, 1999.* (Mille et un bébés ; 23)
ISBN 2-86586-725-0. *45 F / 6,86 €*

31563 **ALTHUSSER L.** Psychanalyse et sciences humaines : deux conférences (1963-1964). *LGF, 1996.* (Le Livre de poche ; 4229. Biblio essais c5)
ISBN 2-253-94229-4. *23 F / 3,51 €*

31564 **ANDRÉ C.** Les thérapies cognitives. Nouv. éd. *Bernet-Danilo, 1999.* (Essentialis ; 10 c1)
ISBN 2-912663-32-6. *33 F / 5,03 €*

31565 **ANDRÉ C.** La timidité. 2e éd. *PUF, 1998.* (Que sais-je? ; 3200 c1)
ISBN 2-13-047982-0. *42 F / 6,40 €*

31566 **ANDRÉ S.** Que veut une femme?. *Seuil, 1995.* (Points. Essais ; 313 c13)
ISBN 2-02-025314-3. *52 F / 7,93 €*

31567 **ANDREAS-SALOMÉ L.** Lettre ouverte à Freud. Réimpr. *Seuil, 2000.* (Points. Essais ; 187 c7)
ISBN 2-02-040351-X. *35 F / 5,34 €*

31568 **ANDREAS-SALOMÉ L.** Lettre ouverte à Freud. *Seuil, 1987.* (Points ; 187. Essais c1)
ISBN 2-02-009482-7. *35 F / 5,34 €*

31569 **ANGEL S., ANGEL P.** Comment bien choisir son psy. *LGF, 2000.* (Le Livre de poche ; 16527. Pratique)
ISBN 2-253-16527-1. *35 F / 5,34 €*

31570 **ANTIER E.** Elever mon enfant aujourd'hui. *LGF, 1999.* (Le Livre de poche ; 16512. Pratique c12)
ISBN 2-253-16512-3. *44 F / 6,71 €*

31571 **A** **ANTIER E.** J'aide mon enfant à se concentrer : une méthode pour favoriser sa réussite. *J'ai lu, 2001.* (J'ai lu ; 7232. Bien-être)
ISBN 2-290-31185-5

31572 **ANTILOGUS P., FESTJENS J-L., BRETÉCHER C.** Le Guide du jeune couple. Réimpr. *Pocket, 1991.* (Pocket ; 3913. Best c4)
ISBN 2-266-04604-7. *30 F / 4,57 €*

31573 **ANTILOGUS P., FESTJENS J-L., SEMPÉ J-J.** Guide de survie à l'usage des parents. *Pocket, 1994.* (Pocket ; 3317 c4)
ISBN 2-266-00592-8. *30 F / 4,57 €*

31574 **ANZIEU D.** Beckett. *Gallimard, 1999.* (Folio ; 336. Essais c5)
ISBN 2-07-040776-4. *52 F / 7,93 €*

31575 **L'apport freudien :** éléments pour une encyclopédie de la psychanalyse. *Larousse, 1998.* (In extenso c1)
ISBN 2-03-750020-3. *160 F / 24,39 €*

31576 **ARÈNES J.** Dis, un jour, moi aussi je mourrirai ?. *Fleurus, 1998.* (Le métier de parents)
ISBN 2-215-04257-5. *59 F / 8,99 €*

31577 **ARÈNES J.** Y a-t-il encore un père à la maison ?. *Fleurus, 1997.* (Le métier de parents)
ISBN 2-215-04203-6. *59 F / 8,99 €*

31578 **N** **ARFOUILLOUX J-C.** Guy Rosolato. *PUF, 2000.* (Psychanalystes d'aujourd'hui ; 27 c1)
ISBN 2-13-050689-5. *55 F / 8,38 €*

31579 **ARGOUD B.** L'onirologie. *Bernet-Danilo, 1997.* (Essentialis ; 34 c1)
ISBN 2-909509-85-0. *33 F / 5,03 €*

31580 **N** **ARMSTRONG T.** Sept façons d'être plus intelligent. Réimpr. *J'ai lu, 2000.* (J'ai lu ; 7105. Bien-être cJ)
ISBN 2-290-30581-2. *39 F / 5,95 €*

31581 **ARNOUX D. J.** Mélanie Klein. *PUF, 1997.* (Psychanalystes d'aujourd'hui ; 7 c1)
ISBN 2-13-048339-9. *48 F / 7,32 €*

31582 **N** **L'art de vivre au présent.** *Albin Michel, 2001.* (Espaces libres ; 105)
ISBN 2-226-12138-2. *49 F / 7,47 €*

31583 **ASSOUN P-L.** Le Fétichisme. *PUF, 1994.* (Que sais-je? ; 2881 c1)
ISBN 2-13-046493-9. *42 F / 6,40 €*

31584 **ASSOUN P-L.** Freud et Wittgenstein. *PUF, 1996.* (Quadrige ; 206)
ISBN 2-13-047456-X. *78 F / 11,89 €*

31585 **ASSOUN P-L.** Introduction à la métapsychologie freudienne. *PUF, 1993.* (Quadrige ; 151)
ISBN 2-13-045248-5. *69 F / 10,52 €*

31586 **ASSOUN P-L.** Leçons psychanalytiques sur corps et symptômes. 1, Clinique du corps. *Anthropos, 1997.* (Psychanalyse-poche ; 9 c1)
ISBN 2-7178-3367-6. *49 F / 7,47 €*

31587 **ASSOUN P-L.** Leçons psychanalytiques sur corps et symptômes. 2, Corps et inconscient. *Anthropos, 1997.* (Psychanalyse-poche ; 10 c1)
ISBN 2-7178-3368-4. *49 F / 7,47 €*

31588 **ASSOUN P-L.** Leçons psychanalytiques sur frères et soeurs. 1, Le lien inconscient. *Anthropos, 1998.* (Psychanalyse-poche ; 12 c1)
ISBN 2-7178-3646-2. *49 F / 7,47 €*

31589 **ASSOUN P-L.** Leçons psychanalytiques sur frères et soeurs. 2-3, Un lien et son écriture. *Anthropos, 1998.* (Psychanalyse-poche ; 13 c1)
ISBN 2-7178-3647-0. *49 F / 7,47 €*

31590 **ASSOUN P-L.** Leçons psychanalytiques sur le regard et la voix. 2, Figures : du symptôme à l'amour. *Anthropos, 1995.* (Psychanalyse-poche ; 2 c1)
ISBN 2-7178-2835-4. *49 F / 7,47 €*

31591 **N** **ASSOUN P-L.** Leçons psychanalytiques sur les phobies. *Anthropos, 2000.* (Psychanalyse-poche ; 15 c1)
ISBN 2-7178-4144-X. *49 F / 7,47 €*

31592 **N** **ASSOUN P-L.** La métapsychologie. *PUF, 2000.* (Que sais-je? ; 3581 c1)
ISBN 2-13-050943-6. *42 F / 6,40 €*

31593 **AUTHIER-ROUX F.** Ces bébés passés sous silence : à propos des interruptions médicales de grossesse. *Erès, 1999.* (Mille et un bébés ; 20)
ISBN 2-86586-722-6. *30 F / 4,57 €*

31594 **AUTREMENT (Paris)** Je t'aime d'amitié. *Seuil, 1986.* (Points. Actuels ; 71 c2)
ISBN 2-02-009105-4. *39 F / 5,95 €*

31595 **AUTREMENT (Paris)** Objectif bébé : une nouvelle science : la bébologie. Nouv. éd. *Seuil, 1987.* (Points. Actuels ; 81 c5)
ISBN 2-02-009678-1. *55 F / 8,38 €*

31596 **Aux marges de la vie :** être parent d'un bébé mort, fragile ou handicapé. *Erès, 1999.* (Mille et un bébés ; 25)
ISBN 2-86586-727-7. *35 F / 5,34 €*

31597 **AZZI A. E., KLEIN O.** Psychologie sociale et relations intergroupes. *Dunod, 1998.* (Les topos. Psychologie c1)
ISBN 2-10-003563-0. *52 F / 7,93 €*

31598 **BABIN P.** Sigmund Freud : un tragique à l'âge de la science. Réimpr. *Gallimard, 1990.* (Découvertes ; 79. Sciences c4)
ISBN 2-07-053098-1. *75 F / 11,43 €*

31599 **A** **BACUS A.** Murmures sur l'essentiel : conseils de vie d'une mère à ses enfants. *J'ai lu, 2001.* (J'ai lu ; 7225. Bien-être)
ISBN 2-290-31052-2

31600 **BACUS A., ROMAIN C.** Libérez votre créativité. *J'ai lu, 1997.* (J'ai lu ; 7124. Bien-être c5)
ISBN 2-290-07124-2. *39 F / 5,95 €*

31601 **BADINTER E.** L'Amour en plus. *LGF, 1982.* (Le Livre de poche ; 5636 c12)
ISBN 2-253-02944-0. *44 F / 6,71 €*

31602 **BADINTER E.** L'Un est l'autre : des relations entre hommes et femmes. *LGF, 1987.* (Le Livre de poche ; 6410 c7)
ISBN 2-253-04398-2. *30 F / 4,57 €*

31603 **BALMARY M.** La divine origine : Dieu n'a pas créé l'homme. *LGF, 1998.* (Le Livre de poche ; 4271. Biblio essais c12)
ISBN 2-253-94271-5. *44 F / 6,71 €*

31604 **BALMARY M.** L'homme aux statues : Freud et la faute cachée du père. *LGF, 1994.* (Le Livre de poche ; 4201. Biblio essais c10)
ISBN 2-253-94201-4. *40 F / 6,10 €*

31605 **BALMARY M.** Le sacrifice interdit. *LGF, 1995.* (Le Livre de poche ; 4220. Biblio essais c12)
ISBN 2-253-94220-0. *44 F / 6,71 €*

31606 **BALMÈS F.** Freud et Moïse. 2, Le nom, la loi, la voix. *Erès, 1997.* (Scripta)
ISBN 2-86586-508-8. *65 F / 9,91 €*

31607 **BARBARAS S.** La rupture pour vivre : comment des ruptures amoureuses, familiales, professionnelles peuvent être libératrices et devenir forces de renouvellement et de créativité. *J'ai lu, 2000.* (J'ai lu ; 7185. Bien-être cH)
ISBN 2-290-30049-7. *32 F / 4,88 €*

31608 **BARBEAU M.** Je me souviens donc je suis. *Cerf, 1998.* (Grandir c1)
ISBN 2-204-05871-8. *50 F / 7,62 €*

31609 **BARBEAU M.** Neuropsychologie du déficit visuel d'origine centrale chez l'enfant. *PUF, 1991.* (Nodules)
ISBN 2-13-044222-6. *40 F / 6,10 €*

31610 **BARBIER D.** La dangerosité alcoolique. *PUF, 1998.* (Nodules)
ISBN 2-13-048962-1. *55 F / 8,38 €*

31611 **BARNES M., BERKE J.** Mary Barnes : un voyage à travers la folie. *Seuil, 1976.* (Points ; 76. Essais c4)
ISBN 2-02-004487-0. *55 F / 8,38 €*

31612 **BARROIS C.** Psychanalyse du guerrier. *Hachette Littératures, 1993.* (Pluriel)
ISBN 2-01-020285-6. *98 F / 14,94 €*

31613 **N** **BARRON J., BARRON S.** Moi, l'enfant autiste. Réimp. *J'ai lu, 2000.* (J'ai lu ; 3900. Littérature générale cl)
ISBN 2-290-30678-9. *36 F / 5,49 €*

31614 **BARTILLAT C. d.** Le livre du sourire : sourire des dieux, sourire des hommes. *Albin Michel, 1998.* (Espaces libres ; 86 c4)
ISBN 2-226-10443-7. *49 F / 7,47 €*

31615 **BASTIDE R.** Sociologie et psychanalyse. *PUF, 1995.* (Quadrige ; 192)
ISBN 2-13-047017-3. *69 F / 10,52 €*

31616 **BATESON G.** Vers une écologie de l'esprit. 1. *Seuil, 1995.* (Points. Essais ; 309 c12)
ISBN 2-02-025767-X. *50 F / 7,62 €*

31617 **BAUD P.** Les Relations humaines. 11e éd. mise à jour. *PUF, 1989.* (Que sais-je? ; 672 c1)
ISBN 2-13-042674-3. *42 F / 6,40 €*

31618 **BAUDUIN A.** Serge Viderman. *PUF, 1999.* (Psychanalystes d'aujourd'hui ; 24 c1)
ISBN 2-13-050214-8. *55 F / 8,38 €*

31619 **BAUR S.** Dinosaur man : folies et merveilles d'un asile ordinaire. *J'ai lu, 1998.* (J'ai lu ; 5040. Littérature générale c4)
ISBN 2-290-05040-7. *36 F / 5,49 €*

31620 **BAYLE G.** Paul Claude Racamier. *PUF, 1997.* (Psychanalystes d'aujourd'hui ; 14)
ISBN 2-13-049073-5. *55 F / 8,38 €*

31621 **BEAUGERIE-PERROT A., LELORD G.** Intégration scolaire et autisme. *PUF, 1991.* (Nodules)
ISBN 2-13-043939-X. *38 F / 5,79 €*

31622 **Bébé d'hier, d'aujourd'hui, de demain et de toujours.** *Erès, 1997.* (Mille et un bébés)
ISBN 2-86586-541-X. *30 F / 4,57 €*

31623 **N** **Le bébé et ses peurs.** *Erès, 2000.* (Mille et un bébés ; 34)
ISBN 2-86586-832-X. *45 F / 6,86 €*

31624 **Le bébé, l'intime et l'étrange.** *Erès, 1998.* (Mille et un bébés)
ISBN 2-86586-641-6. *45 F / 6,86 €*

31625 **N** **Les bébés à risque autistique. Réimpr.** *Erès, 2000.* (Mille et un bébés)
ISBN 2-86586-640-8. *45 F / 6,86 €*

31626 **Des bébés exposés :** séparation, placement, abandon. *Erès, 1999.* (Mille et un bébés ; 27)
ISBN 2-86586-729-3. *35 F / 5,34 €*

31627 **BELLENGER L.** La persuasion. 4e éd. corr. *PUF, 1996.* (Que sais-je? ; 2238 c1)
ISBN 2-13-044398-2. *42 F / 6,40 €*

31628 **BEN SOUSSAN P.** Le bébé imaginaire. *Erès, 1999.* (Mille et un bébés ; 19)
ISBN 2-86586-721-8. *30 F / 4,57 €*

31629 **BENESCH H.** Atlas de la psychologie. *LGF, 1995.* (La Pochothèque ; 3014. Encyclopédies d'aujourd'hui)
ISBN 2-253-13014-1. *155 F / 23,63 €*

31630 **N** **BENOIT G., KLEIN J-P.** Histoire contemporaine de la psychiatrie de l'enfant. *PUF, 2000.* (Que sais-je? ; 3554 c1)
ISBN 2-13-050523-6. *42 F / 6,40 €*

31631 **BÉNONY H., CHAHRAOUI K.** L'entretien clinique. *Dunod, 1999.* (Les topos. Psychologie c1)
ISBN 2-10-004417-6. *52 F / 7,93 €*

31632 **BENSAÏD C.** Aime-toi, la vie t'aimera : comprendre sa douleur pour entendre son désir. *Pocket, 1994.* (Pocket ; 2939 c4)
ISBN 2-266-05657-3. *30 F / 4,57 €*

31633 **BENSAÏD C.** Histoires d'amour, histoire d'aimer : de l'autre rêvé au bonheur partagé. *Pocket, 1998.* (Pocket ; 10184 c4)
ISBN 2-266-07511-X. *30 F / 4,57 €*

31634 **BERGERET J.** Toxicomanie et personnalité. 4e éd. rev. *PUF, 1994.* (Que sais-je? ; 1941 c1)
ISBN 2-13-045884-X. *42 F / 6,40 €*

31635 **BERLOQUIN P.** Testez votre intelligence. 1. *LGF, 1974.* (Le Livre de poche ; 3915. Pratique c4)
ISBN 2-253-00122-8. *20 F / 3,05 €*

31636 **BERLOQUIN P.** Testez votre intelligence. 2. *LGF, 1979.* (Le Livre de poche ; 8109. Pratique c6)
ISBN 2-253-02187-3. *26 F / 3,96 €*

31637 **BERNARD M.** Le corps. *Seuil, 1995.* (Points. Essais c2)
ISBN 2-02-026155-3. *39 F / 5,95 €*

31638 **BERNAUD J-L.** Les méthodes d'évaluation de la personnalité. *Dunod, 1998.* (Les topos. Psychologie c1)
ISBN 2-10-003504-5. *52 F / 7,93 €*

31639 **N** **BERNAUD J-L.** Tests et théories de l'intelligence. *Dunod, 2000.* (Les topos. Psychologie)
ISBN 2-10-004302-1. *52 F / 7,93 €*

31640 **BERTRAND M.** Francis Pasche. *PUF, 1997.* (Psychanalystes d'aujourd'hui ; 13 c1)
ISBN 2-13-048916-8. *55 F / 8,38 €*

31641 **BESCHE C.** La psychopathologie cognitive. *PUF, 2000.* (Nodules)
ISBN 2-13-050578-3. *55 F / 8,38 €*

31642 **BETTELHEIM B.** L'Amour ne suffit pas : le traitement des troubles affectifs chez l'enfant. *LGF, 1994.* (Le Livre de poche ; 13533 c12)
ISBN 2-253-13533-X. *44 F / 6,71 €*

31643 **BETTELHEIM B.** Les Blessures symboliques : essai d'interprétation des rites d'initiation. *Gallimard, 1977.* (Tel ; 16)
ISBN 2-07-029611-3. *58 F / 8,84 €*

31644 **BETTELHEIM B.** Le coeur conscient. Réimpr. *Hachette Littératures, 1997.* (Pluriel ; 8478)
ISBN 2-01-278869-6. *50 F / 7,62 €*

31645 **BETTELHEIM B.** Dialogues avec les mères. Réimpr. *Hachette Littératures, 1997.* (Pluriel ; 879)
ISBN 2-01-278879-3. *55 F / 8,38 €*

31646 **BETTELHEIM B.** Evadés de la vie. *LGF, 1994.* (Le Livre de poche ; 13627 c16)
ISBN 2-253-13627-1. *55 F / 8,38 €*

31647 **BETTELHEIM B.** La forteresse vide : l'autisme infantile et la naissance du soi. *Gallimard, 1998.* (Folio ; 317. Essais c11)
ISBN 2-07-040434-X. *79,50 F / 12,12 €*

31648 **BETTELHEIM B.** Freud et l'âme humaine. *Hachette Littératures, 1993.* (Pluriel ; 8612)
ISBN 2-01-019950-2. *49 F / 7,47 €*

31649 **BETTELHEIM B.** Parents et enfants. *Laffont, 1995.* (Bouquins)
ISBN 2-221-07760-1. *189 F / 28,81 €*

31650 **BETTELHEIM B.** Pour être des parents acceptables : une psychanalyse du jeu. *Hachette Littératures, 1998.* (Pluriel ; 8530 c8)
ISBN 2-01-278947-1. *60 F / 9,15 €*

31651 **BETTELHEIM B.** Psychanalyse des contes de fées. Réimpr. *Hachette Littératures, 1998.* (Pluriel ; 8459 c8)
ISBN 2-01-278898-X. *60 F / 9,15 €*

31652 **BETTELHEIM B.** Psychanalyse des contes de fées. *Pocket, 1999.* (Pocket ; 10770)
ISBN 2-266-09578-1. *55 F / 8,38 €*

31653 **BETTELHEIM B., ROSENFELD A. A.** Dans les chaussures d'un autre : la psychothérapie : art de l'évidence. *Hachette Littératures, 1996.* (Pluriel ; 8805 c2)
ISBN 2-01-278805-X. *45 F / 6,86 €*

31654 **BINOIS R.** La Psychologie appliquée. 12e éd. *PUF, 1980.* (Que sais-je? ; 218 c1)
ISBN 2-13-036607-4. *42 F / 6,40 €*

31655 **BINSWANGER L.** Analyse existentielle et psychanalyse freudienne : discours, parcours et Freud. *Gallimard, 1981.* (Tel ; 56)
ISBN 2-07-023973-X. *64 F / 9,76 €*

31656 **BIRRAUX A.** Les phobies. *PUF, 1999.* (Que sais-je? ; 2946 c1)
ISBN 2-13-046846-2. *42 F / 6,40 €*

31657 **Bisexualité et différences des sexes.** *Gallimard, 2000.* (Folio ; 359. Essais)
ISBN 2-07-041186-9. *66 F / 10,06 €*

31658 **BISSON D., SCHONEN E. d.** L'enfant derrière la porte. *LGF, 1995.* (Le Livre de poche ; 13683 c2)
ISBN 2-253-13683-2. *15 F / 2,29 €*

31659 **BLANC Y.** L'écoute. 2e éd. *Bernet-Danilo, 1999.* (Essentialis ; 32 c1)
ISBN 2-912663-14-8. *33 F / 5,03 €*

31660 **N** **BOIRON C.** La source du bonheur. *Albin Michel, 2000.* (Espaces libres ; 102 c3)
ISBN 2-226-11593-5. *45 F / 6,86 €*

31661 **BORREL M., MARY R.** Guide des techniques du mieux-être. *Pocket, 1993.* (Pocket ; 4778. L'Age d'être)
ISBN 2-266-05751-0. *35 F / 5,34 €*

31662 **BOUBLI M.** Psychopathologie de l'enfant. *Dunod, 1999.* (Les topos. Psychologie c1)
ISBN 2-10-004380-3. *52 F / 7,93 €*

31663 **BOULARD M., JUÈS J-P.** La morphopsychologie. *PUF, 2000.* (Que sais-je? ; 277 c1)
ISBN 2-13-050552-X. *42 F / 6,40 €*

31664 **BOURDIN D.** Janine Chasseguet-Smirgel. *PUF, 1999.* (Psychanalystes d'aujourd'hui ; 23)
ISBN 2-13-049826-4. *55 F / 8,38 €*

31665 **BOURGEOIS M-L.** Le deuil : clinique et pathologie. *PUF, 1996.* (Nodules)
ISBN 2-13-047926-X. *48 F / 7,32 €*

31666 **BOURGEOIS M-L.** Les schizophrénies. *PUF, 1999.* (Que sais-je? ; 3491 c1)
ISBN 2-13-050107-9. *42 F / 6,40 €*

31667 **BOURGERON J-P.** Marie Bonaparte. *PUF, 1997.* (Psychanalystes d'aujourd'hui ; 5 c1)
ISBN 2-13-048149-3. *48 F / 7,32 €*

31668 **BOUSTANY A.** Drogues de paix, drogues de guerre. Nouv. éd. *Hachette Littératures, 1998.* (Pluriel ; 926 c5)
ISBN 2-01-278926-9. *45 F / 6,86 €*

31669 **BOUTINET J-P.** Psychologie de la vie adulte. 2e éd. rev. *PUF, 1998.* (Que sais-je? ; 2966 c1)
ISBN 2-13-046992-2. *42 F / 6,40 €*

31670 **N** **BOYD D.** Les dépendances. *J'ai lu, 2000.* (J'ai lu ; 7196. Bien-être cF)
ISBN 2-290-30262-7. *26 F / 3,96 €*

31671 **BRACHET-LEHUR M.** Les écrans dévorent-ils vos enfants ?. *Fleurus, 1997.* (Le métier de parents)
ISBN 2-215-04204-4. *59 F / 8,99 €*

31672 **BRACONNIER A.** Les bleus de l'âme : angoisses d'enfance, angoisses d'adultes. *LGF, 1997.* (Le Livre de poche ; 8166. Pratique c7)
ISBN 2-253-08166-3. *30 F / 4,57 €*

31673 **BRANDEN N.** Maître de ses choix, maître de sa vie. *J'ai lu, 1997.* (J'ai lu ; 7127. Bien-être c6)
ISBN 2-290-07127-7. *42 F / 6,40 €*

31674 **BRANDEN N.** Les six clés de la confiance en soi. *J'ai lu, 1995.* (J'ai lu ; 7091. Bien-être c7)
ISBN 2-277-07091-2. *45 F / 6,86 €*

31675 **BRAZELTON T. B.** Familles en crises. *LGF, 1991.* (Le Livre de poche ; 7346. Pratique c9)
ISBN 2-253-05837-8. *36 F / 5,49 €*

31676 **BRAZELTON T. B.** La Naissance d'une famille ou Comment se tissent les liens. Rééd. *Seuil, 1985.* (Points. Actuels ; 64 c4)
ISBN 2-02-008655-7. *52 F / 7,93 €*

31677 **BRAZELTON T. B.** Tessy Berry Brazelton vous parle de vos enfants. *LGF, 1990.* (Le Livre de poche ; 6726 c9)
ISBN 2-253-05233-7. *36 F / 5,49 €*

31678 **N** **BRENOT P.** De la lettre d'amour. *Zulma, 2000.* (Grain d'orage)
ISBN 2-84304-097-3. *49 F / 7,47 €*

31679 **BRENOT P.** Eloge de la masturbation. *Zulma, 1997.* (Grain d'orage)
ISBN 2-84304-000-0. *49 F / 7,47 €*

31680 **BRENOT P.** Les passions de vos ados : restez connectés sur ce qui les branche !. *Milan, 1999.* (Du côté des parents ; 12 c1)
ISBN 2-84113-895-X. *48 F / 7,32 €*

31681 **BRENOT P.** La relaxation. *PUF, 1998.* (Que sais-je? ; 929 c1)
ISBN 2-13-049699-7. *42 F / 6,40 €*

31682 **BRENOT P.** La Sexologie. *PUF, 1994.* (Que sais-je? ; 2864 c1)
ISBN 2-13-046251-0. *42 F / 6,40 €*

31683 **N** **BRETON S.** La dépression. *J'ai lu, 2001.* (J'ai lu ; 7223. Bien-être cF)
ISBN 2-290-31050-6. *26 F / 3,96 €*

31684 **BRONNER G.** L'incertitude. *PUF, 1997.* (Que sais-je? ; 3187)
ISBN 2-13-048320-8. *42 F / 6,40 €*

31685 **N** **BRUN J.** Angoisse, es-tu là ?. *Fleurus, 2000.* (Le métier de parents)
ISBN 2-215-04305-9. *59 F / 8,99 €*

31686 **BRUSSET B.** Le Développement libidinal. *PUF, 1992.* (Que sais-je? ; 2695 c1)
ISBN 2-13-044955-7. *42 F / 6,40 €*

31687 **BRUSSET B.** L'hypocondrie. *PUF, 1998.* (Que sais-je? ; 3366 c1)
ISBN 2-13-049103-0. *42 F / 6,40 €*

31688 **BUCKROYD J.** Anorexie et boulimie. *J'ai lu, 2000.* (J'ai lu ; 7191. Bien-être cF)
ISBN 2-290-30158-2. *26 F / 3,96 €*

31689 **BUZYN E.** Papa, maman, laissez-moi le temps de rêver !. *J'ai lu, 1997.* (J'ai lu ; 7132. Bien-être c3)
ISBN 2-290-07132-3. *29 F / 4,42 €*

31690 **CAGLAR H.** La Psychologie scolaire. 2e éd. *PUF, 1989.* (Que sais-je? ; 2120 c1)
ISBN 2-13-042677-8. *42 F / 6,40 €*

31691 **CAMILLI C.** La méthode Camilli : une psychanalyse corporelle. *Bernet-Danilo, 1999.* (Essentialis ; 4)
ISBN 2-912663-27-X. *33 F / 5,03 €*

31692 **CANDILIS-HUISMAN D.** Naître et après ? : du bébé à l'enfant. *Gallimard, 1997.* (Découvertes ; 325. Traditions)
ISBN 2-07-053372-7. *85 F / 12,96 €*

31693 **CANGUILHEM G.** Le normal et le pathologique. 8e éd. *PUF, 1999.* (Quadrige ; 65)
ISBN 2-13-043788-5. *62 F / 9,45 €*

31694 **CARABIN T. M.** Les secrets pour devenir créatif. *De Vecchi, 1999.* (De Vecchi poche ; 4834)
ISBN 2-7328-4834-4. *33 F / 5,03 €*

31695 **CARABIN T. M.** Testez votre mémoire. *De Vecchi, 1999.* (De Vecchi poche ; 4233)
ISBN 2-7328-4233-8. *33 F / 5,03 €*

31696 **CARALP E.** Ces maladies mentales nommées folie. *Milan, 1999.* (Les essentiels Milan ; 140 c1)
ISBN 2-84113-842-9. *25 F / 3,81 €*

31697 **CARALP E., GALLO A.** Le dico de la psychanalyse et de la psychologie. *Milan, 1999.* (Les dicos essentiels Milan)
ISBN 2-84113-928-X. *58 F / 8,84 €*

31698 **CARALP E., GALLO A.** Sciences cognitives et psychanalyse. *Milan, 1998.* (Les essentiels Milan ; 122 c1)
ISBN 2-84113-756-2. *25 F / 3,81 €*

31699 **N** **CARLSON R.** Ne vous noyez pas dans un verre d'eau... en famille. *J'ai lu, 2001.* (J'ai lu ; 7219. Bien-être)
ISBN 2-290-31005-0. *36 F / 5,49 €*

31700 **N** **CARLSON R.** Ne vous noyez pas dans un verre d'eau. Réimpr. *J'ai lu, 2000.* (J'ai lu ; 7183. Bien-être cH)
ISBN 2-290-30038-1. *32 F / 4,88 €*

31701 **CAROLI F.** Hospitalisation psychiatrique : ancienne et nouvelle loi. *PUF, 1991.* (Nodules)
ISBN 2-13-043638-2. *38 F / 5,79 €*

31702 **CARRIER C.** L'Adolescent champion. *PUF, 1992.* (Nodules)
ISBN 2-13-044867-4. *48 F / 7,32 €*

31703 **N** **CARTER S., SOKOL J.** Ces hommes qui ont peur d'aimer. Réimpr. *J'ai lu, 2000.* (J'ai lu ; 7064. Bien-être cJ)
ISBN 2-277-07064-5. *39 F / 5,95 €*

31704 **N** **CARTER-SCOTT C.** Dix règles pour réussir sa vie. *J'ai lu, 2000.* (J'ai lu ; 7211. Bien-être cG)
ISBN 2-290-30570-7. *29 F / 4,42 €*

31705 **A** **CASTANEDA M.** Comprendre l'homosexualité. *Pocket, 2001.* (Pocket ; 11002)
ISBN 2-266-10272-9

31706 **CASTRO D.** Pratique du mémoire de recherche en psychologie. *L'Esprit du temps, 2000.* (Guides psycho)
ISBN 2-913062-16-4. *49 F / 7,47 €*

31707 **CATALAN J-F.** La dépression. *Fidélité, 1999.* (Que penser de...? ; 40 c1)
ISBN 2-87356-172-6. *15 F / 2,29 €*

31708 **CAVERNI J-P.** L'éthique dans les sciences du comportement. *PUF, 1998.* (Que sais-je? ; 3351 c1)
ISBN 2-13-048965-6. *42 F / 6,40 €*

31709 **CENTASSI R.** La méthode Coué : la maîtrise de soi-même par l'autosuggestion consciente. 3e éd. *Bernet-Danilo, 2000.* (Essentialis ; 25 c1)
ISBN 2-912663-16-4. *33 F / 5,03 €*

31710 **CHABERT C.** Didier Anzieu. 2e éd. *PUF, 1997.* (Psychanalystes d'aujourd'hui ; 1)
ISBN 2-13-047773-9. *48 F / 7,32 €*

31711 **CHABERT C.** Psychanalyse et méthodes projectives. *Dunod, 1998.* (Les topos. Psychologie c1)
ISBN 2-10-003568-1. *52 F / 7,93 €*

31712 **CHABROL H.** L'Anorexie et la boulimie de l'adolescente. 2e éd. rev. *PUF, 1994.* (Que sais-je? ; 2603 c1)
ISBN 2-13-045980-3. *42 F / 6,40 €*

31713 **CHABROL H.** Les Comportements suicidaires de l'adolescent. 2e éd. rev. *PUF, 1992.* (Nodules)
ISBN 2-13-045015-6. *56 F / 8,54 €*

31714 **CHABROL H.** La Dépression de l'adolescent. 2e éd. rev. *PUF, 1990.* (Que sais-je? ; 2437 c1)
ISBN 2-13-042964-5. *42 F / 6,40 €*

31715 **CHABROL H.** Les dépressions de la maternité. *PUF, 1998.* (Que sais-je? ; 3396 c1)
ISBN 2-13-049375-0. *42 F / 6,40 €*

31716 **CHAMBON O., MARIE-CARDINE M.** La Réadaptation sociale des psychotiques chroniques : approche cognitivo-comportementale. *PUF, 1992.* (Nodules)
ISBN 2-13-044784-8. *48 F / 7,32 €*

31717 **CHANDEZON G., LANCESTRE A.** L'Analyse transactionnelle. 6e éd. *PUF, 1993.* (Que sais-je? ; 1936 c1)
ISBN 2-13-043464-9. *42 F / 6,40 €*

31718 **CHANOIT P. F.** La psychothérapie institutionnelle. *PUF, 1995.* (Que sais-je? ; 2999 c1)
ISBN 2-13-047160-9. *42 F / 6,40 €*

31719 **N** **CHAPELIER J-B.** Les psychothérapies de groupe. *Dunod, 2000.* (Les topos. Psychologie c1)
ISBN 2-10-004967-4. *52 F / 7,93 €*

31720 **A** **CHAPPUIS R.** La Psychologie des relations humaines. 6e éd. mise à jour. *PUF, 2001.* (Que sais-je? ; 2287 c1)
ISBN 2-13-051073-6. *42 F / 6,40 €*

31721 **CHAPSAL M.** Ce que m'a appris Françoise Dolto. *LGF, 1998.* (Le Livre de poche ; 14381 c5)
ISBN 2-253-14381-2. *23 F / 3,51 €*

31722 **CHAPSAL M.** La femme en moi. *LGF, 1998.* (Le Livre de poche ; 14507 c6)
ISBN 2-253-14507-6. *26 F / 3,96 €*

31723 **CHARRAUD N.** Lacan et les mathématiques. *Anthropos, 1997.* (Psychanalyse-poche ; 11)
ISBN 2-7178-3402-8. *49 F / 7,47 €*

31724 **CHÉRIF A. A.** Les Troubles de mémoire d'origine cérébrale. *PUF, 1992.* (Nodules)
ISBN 2-13-044447-4. *48 F / 7,32 €*

31725 **CICCONE A.** L'observation clinique. *Dunod, 1998.* (Les topos. Psychologie c1)
ISBN 2-10-003378-6. *52 F / 7,93 €*

31726 **CLAPIER-VALLADON S.** Les Théories de la personnalité. 2e éd. *PUF, 1991.* (Que sais-je? ; 2321 c1)
ISBN 2-13-043586-6. *42 F / 6,40 €*

31727 **CLERC L.** Je dépense, donc je suis. *J'ai lu, 1996.* (J'ai lu ; 7107. Bien-être c4)
ISBN 2-277-07107-2. *36 F / 5,49 €*

31728 **COBLENCE F.** Serge Lebovici. 2e éd. *PUF, 1997.* (Psychanalystes d'aujourd'hui ; 3)
ISBN 2-13-047771-2. *52 F / 7,93 €*

31729 **N** **COBLENCE F.** Sigmund Freud. 1, 1886-1897. *PUF, 2000.* (Psychanalystes d'aujourd'hui ; 31)
ISBN 2-13-050915-0. *55 F / 8,38 €*

31730 **Communiquer pour vivre.** *Albin Michel, 1996.* (Espaces libres ; 63 c3)
ISBN 2-226-08494-0. *45 F / 6,86 €*

31731 **COOPER D.** Mort de la famille. *Seuil, 1975.* (Points ; 63. Essais c1)
ISBN 2-02-000638-3. *32 F / 4,88 €*

31732 **COOPER D.** Psychiatrie et anti-psychiatrie. *Seuil, 1978.* (Points ; 88. Essais c1)
ISBN 2-02-004795-0. *32 F / 4,88 €*

31733 **CORDIÉ A.** Les cancres n'existent pas : psychanalyses d'enfants en échec scolaire. *Seuil, 1996.* (Points ; 283 c12)
ISBN 2-02-030031-1. *50 F / 7,62 €*

31734 **CORDIÉ A.** Un Enfant psychotique. *Seuil, 1993.* (Points. Essais ; 266 c5)
ISBN 2-02-020773-7. *55 F / 8,38 €*

31735 **CORNEAU G.** N'y a-t-il pas d'amour heureux? : comment les liens père-fille et mère-fils conditionnent nos amours. *J'ai lu, 1999.* (J'ai lu ; 7157. Bien-être c6)
ISBN 2-290-07157-9. *42 F / 6,40 €*

31736 **COSTA-PRADES B.** Devenir parent d'adolescent : sans parcours du combattant. *Milan, 1999.* (Du côté des parents ; 3 c1)
ISBN 2-84113-820-8. *48 F / 7,32 €*

31737 **COUCHARD F.** La psychologie clinique interculturelle. *Dunod, 1999.* (Les topos. Psychologie c1)
ISBN 2-10-003843-5. *52 F / 7,93 €*

31738 **COUCHARD F., HUGUET M., MATALON B.** La psychologie et ses méthodes. *LGF, 1995.* (Le Livre de poche ; 521. Références psychologie c10)
ISBN 2-253-90521-6. *40 F / 6,10 €*

31739 **COUDERC C., MAZET P.** Mourir à dix ans. *Pocket, 1993.* (Pocket ; 3944. Best c5)
ISBN 2-266-04710-8. *35 F / 5,34 €*

31740 **COULET J-C., LIEURY A.** Eduquer l'intelligence. *Dunod, 1999.* (Les topos. Psychologie c1)
ISBN 2-10-003570-3. *52 F / 7,93 €*

31741 **COUPAL M.** Voyez clair dans vos rêves. *Mortagne, 1991.* (Poche)
ISBN 2-89074-510-4. *39 F / 5,95 €*

31742 **COWAN C. P., COWAN P. A.** 1 + 1 = 3 : quand le couple devient famille. *J'ai lu, 1994.* (J'ai lu ; 7065. Bien-être c6)
ISBN 2-277-07065-3. *42 F / 6,40 €*

31743 **CRAMER B.** Profession bébé : essai. *Hachette Littératures, 1998.* (Pluriel ; 904 c3)
ISBN 2-01-278904-8. *35 F / 5,34 €*

31744 **CRAMER B.** Secrets de femmes : de mère à fille. *LGF, 1997.* (Le Livre de poche ; 8168. Pratique c6)
ISBN 2-253-08168-X. *26 F / 3,96 €*

31745 **N** **CRAWFORD L.** La timidité. *J'ai lu, 2000.* (J'ai lu ; 7195. Bien-être cF)
ISBN 2-290-30261-9. *26 F / 3,96 €*

31746 **N** **Cultiver.** *Erès, 2000.* (Mille et un bébés ; 30)
ISBN 2-86586-828-1. *38 F / 5,79 €*

31747 **La culture des bébés.** *Erès, 1997.* (Mille et un bébés)
ISBN 2-86586-544-4. *30 F / 4,57 €*

31748 **CYRULNIK B.** Mémoire de singe et paroles d'homme. 2e éd. *Hachette Littératures, 1998.* (Pluriel ; 929 c7)
ISBN 2-01-278929-3. *55 F / 8,38 €*

31749 **CYRULNIK B.** Sous le signe du lien : une histoire naturelle de l'attachement. Nouv. éd. *Hachette Littératures, 1997.* (Pluriel ; 8607)
ISBN 2-01-278871-9 (rron) 2-01-278871-8. *50 F / 7,62 €*

31750 **CYRULNIK B., NOËL E.** De la parole comme d'une molécule : entretiens. *Seuil, 1995.* (Points ; 299. Essais ; 299 c6)
ISBN 2-02-023086-0. *32 F / 4,88 €*

31751 **DADOUN R.** La Psychanalyse politique. *PUF, 1995.* (Que sais-je? ; 2948 c1)
ISBN 2-13-046857-8. *42 F / 6,40 €*

31752 **DAHAN J.** La médiation familiale. *Bernet-Danilo, 1996.* (Essentialis ; 27 c1)
ISBN 2-909509-64-8. *33 F / 5,03 €*

31753 **DANA J., MARION S.** Donner la vie : 9 mois de la vie du couple. *Seuil, 1975.* (Points. Pratique ; 5 c3)
ISBN 2-02-004236-3. *48 F / 7,32 €*

31754 **DAVID M.** Psychiatrie en milieu pénitentiaire. *PUF, 1993.* (Nodules)
ISBN 2-13-045522-0. *48 F / 7,32 €*

31755 **DAZORD A., SEULIN C.** Prises en charge institutionnelles en psychiatrie : méthodologie de la recherche évaluative. *PUF, 1997.* (Nodules)
ISBN 2-13-048900-1. *55 F / 8,38 €*

31756 **DE LEERSNYDER H.** Laissez-les faire des bêtises : plaidoyer pour l'enfant par un pédiatre d'aujourd'hui. *J'ai lu, 2000.* (J'ai lu ; 7106. Bien-être cl)
ISBN 2-290-30580-4. *36 F / 5,49 €*

31757 **DEBESSE M.** L'Adolescence. 19e éd. *PUF, 1993.* (Que sais-je? ; 102 c1)
ISBN 2-13-045264-7. *42 F / 6,40 €*

31758 **N** **DEBRAY R.** L'examen psychologique de l'enfant à la période de latence (6-12 ans). 2e éd. *Dunod, 2000.* (Les topos. Psychologie c1)
ISBN 2-10-005288-8. *52 F / 7,93 €*

31759 **DEJOURS C.** Le facteur humain. *PUF, 1995.* (Que sais-je? ; 2996 c1)
ISBN 2-13-047150-1. *42 F / 6,40 €*

31760 **DELACOUR J.** Le cerveau et l'esprit. *PUF, 1995.* (Que sais-je? ; 2938 c1)
ISBN 2-13-046805-5. *42 F / 6,40 €*

31761 **DELISLE I.** Vivre son mourir. *Mortagne, 1995.* (Poche)
ISBN 2-89074-553-8. *49 F / 7,47 €*

31762 **DELORT VILNET M.** La fasciathérapie. *Bernet-Danilo, 1996.* (Essentialis ; 26 c1)
ISBN 2-909509-63-X. *33 F / 5,03 €*

31763 **Demain, les psychotropes ?.** *PUF, 1998.* (Forum Diderot ; 4)
ISBN 2-13-049409-9. *45 F / 6,86 €*

31764 **N** **DENIS P.** Sigmund Freud. 3, 1905-1920. *PUF, 2000.* (Psychanalystes d'aujourd'hui ; 33 c1)
ISBN 2-13-050917-7. *55 F / 8,38 €*

31765 **N** **La dépression est-elle passée de mode ?.** *PUF, 2000.* (Forum Diderot)
ISBN 2-13-050932-0. *49 F / 7,47 €*

31766 **DESCAMPS M-A.** La psychologie transpersonnelle. *Bernet-Danilo, 1999.* (Essentialis ; 47 c1)
ISBN 2-912663-29-6. *33 F / 5,03 €*

31767 **DESCAMPS M-A.** Le rêve éveillé. *Bernet-Danilo, 1999.* (Essentialis ; 48 c1)
ISBN 2-912663-30-X. *33 F / 5,03 €*

31768 **Le Désir et la Perversion.** *Seuil, 1981.* (Points ; 124. Essais c2)
ISBN 2-02-005773-5. *43 F / 6,56 €*

31769 **DESPRATS-PEQUIGNOT C.** La psychanalyse. *La Découverte, 1995.* (Repères ; 168 c1)
ISBN 2-7071-2436-2. *52 F / 7,93 €*

31770 **DESSUANT P.** Béla Grunberger. *PUF, 1999.* (Psychanalystes d'aujourd'hui ; 25 c1)
55 F / 8,38 €

31771 **DEUTSCH H.** Enfance et adolescence. 2e éd. *PUF, 1997.* (La Psychologie des femmes : étude psychanalytique; 1)(Quadrige ; 92)
ISBN 2-13-041542-3. *69 F / 10,52 €*

31772 **Devenir parent en exil.** *Erès, 1999.* (Mille et un bébés ; 26)
ISBN 2-86586-728-5. *35 F / 5,34 €*

31773 **A** **Devenir psychanaliste ?.** *PUF, 2001.* (Quadrige)
ISBN 2-13-051697-1. *65 F / 9,91 €*

31774 **DEVEREUX G.** Essais d'ethnopsychiatrie générale. 4e éd. *Gallimard, 1983.* (Tel ; 80)
ISBN 2-07-028206-6. *65 F / 9,91 €*

31775 **DIATKINE G.** Jacques Lacan. *PUF, 1997.* (Psychanalystes d'aujourd'hui ; 11)
ISBN 2-13-048574-X. *55 F / 8,38 €*

31776 **Dictionnaire de psychanalyse. Nouv. éd.** *Larousse, 1998.* (Les référents)
ISBN 2-03-720241-5. *130 F / 19,82 €*

31777 **Dictionnaire de psychiatrie et de psychopathologie clinique.** *Larousse, 1998.* (Les référents)
ISBN 2-03-720333-0. *130 F / 19,82 €*

31778 **Dictionnaire fondamental de psychologie. Nouv. éd.** *Larousse, 1997.* (In extenso)
ISBN 2-03-750009-2. *280 F / 42,69 €*

31779 **DOLTO F.** Au jeu du désir : essais cliniques. *Seuil, 1988.* (Points ; 192. Essais ; 192 c4)
ISBN 2-02-009918-7. *52 F / 7,93 €*

31780 **DOLTO F.** Le cas Dominique. *Seuil, 1974.* (Points ; 49. Essais c11)
ISBN 2-02-000624-3. *48 F / 7,32 €*

31781 **DOLTO F.** La cause des adolescents. *Pocket, 1997.* (Pocket ; 4225 c5)
ISBN 2-266-06228-X. *35 F / 5,34 €*

31782 **DOLTO F.** La cause des enfants. *Pocket, 1995.* (Pocket ; 4226. Best c7)
ISBN 2-266-06229-8. *42 F / 6,40 €*

31783 **N** **DOLTO F.** Les chemins de l'éducation. *Gallimard, 2000.* (Folio ; 368. Essais c9)
ISBN 2-07-041524-4. *49 F / 7,47 €*

31784 **DOLTO F.** Le dandy, solitaire et singulier. *Mercure de France, 1999.* (Le petit Mercure)
ISBN 2-7152-2168-1. *20 F / 3,05 €*

31785 **DOLTO F.** Enfances. Réimpr. *Seuil, 1999.* (Points ; 600 c1)
ISBN 2-02-036425-5. *32 F / 4,88 €*

31786 **DOLTO F.** L'enfant dans la ville. *Mercure de France, 1998.* (Françoise Dolto; 2)(Le petit Mercure)
ISBN 2-7152-2005-7. *20 F / 3,05 €*

31787 **DOLTO F.** L'enfant et la fête. *Mercure de France, 1998.* (Françoise Dolto; 3)(Le petit Mercure)
ISBN 2-7152-2096-0. *18 F / 2,74 €*

31788 **DOLTO F.** Les étapes majeures de l'enfance. *Gallimard, 1998.* (Folio ; 315. Essais c4)
ISBN 2-07-040433-1. *45 F / 6,86 €*

31789 **DOLTO F.** L'Evangile au risque de la psychanalyse. 1. *Seuil, 1980.* (Points ; 111. Essais c2)
ISBN 2-02-005404-3. *39 F / 5,95 €*

31790 **DOLTO F.** L'image inconsciente du corps. *Seuil, 1992.* (Points. Essais ; 251 c14)
ISBN 2-02-018302-1. *55 F / 8,38 €*

31791 **DOLTO F.** Jeu des poupées. *Mercure de France, 1999.* (Le petit Mercure)
ISBN 2-7152-2165-7. *22 F / 3,35 €*

31792 **DOLTO F.** Lorsque l'enfant paraît. 1. *Seuil, 1999.* (Points ; 595)
ISBN 2-02-036065-9. *35 F / 5,34 €*

31793 **DOLTO F.** Lorsque l'enfant paraît. 2. *Seuil, 1999.* (Points ; 596 c7)
ISBN 2-02-036066-7. *35 F / 5,34 €*

31794 **DOLTO F.** Lorsque l'enfant paraît. 3. *Seuil, 1999.* (Points ; 597 c7)
ISBN 2-02-036067-5. *35 F / 5,34 €*

31795 **DOLTO F.** Lorsque l'enfant paraît. *Seuil, 1999.* (Points ; 905)
ISBN 2-02-038631-3. *105 F / 16,01 €*

31796 **DOLTO F.** Parler de la mort. *Mercure de France, 1998.* (Françoise Dolto; 1)(Le petit Mercure)
ISBN 2-7152-2094-4. *18 F / 2,74 €*

31797 **DOLTO F.** Psychanalyse et pédiatrie. *Seuil, 1976.* (Points ; 69. Essais c3)
ISBN 2-02-004348-3. *48 F / 7,32 €*

31798 **DOLTO F.** Séminaire de psychanalyse d'enfants. *Seuil, 1991.* (Points. Essais)
ISBN 2-02-012574-9. *117 F / 17,84 €*

31799 **DOLTO F.** Séminaires de psychanalyse d'enfants. 1. *Seuil, 1991.* (Points. Essais ; 220 c2)
ISBN 2-02-012571-4. *39 F / 5,95 €*

31800 **DOLTO F.** Séminaires de psychanalyse d'enfants. 2. *Seuil, 1991.* (Points. Essais ; 221 c2)
ISBN 2-02-012572-2. *39 F / 5,95 €*

31801 **DOLTO F.** Séminaires de psychanalyse d'enfants. 3. *Seuil, 1991.* (Points. Essais ; 222 c2)
ISBN 2-02-012573-0. *39 F / 5,95 €*

31802 **DOLTO F.** Sexualité féminine : la libido génitale et son destin féminin. Réimpr. *Gallimard, 1999.* (Folio ; 314. Essais c6)
ISBN 2-07-040432-3. *56 F / 8,54 €*

31803 **DOLTO F., DOLTO-TOLITCH C.** Paroles pour adolescents ou le Complexe du homard. *LGF, 1992.* (Le Livre de poche ; 4331 c8)
ISBN 2-253-06011-9. *33 F / 5,03 €*

31804 **DOLTO F., SÉVÉRIN G.** L'Evangile au risque de la psychanalyse. 2. *Seuil, 1982.* (Points ; 145. Essais c2)
ISBN 2-02-006319-0. *39 F / 5,95 €*

31805 **DOLTO F., SÉVÉRIN G.** La foi au risque de la psychanalyse. *Seuil, 1983.* (Points ; 154. Essais c2)
ISBN 2-02-006623-8. *39 F / 5,95 €*

31806 **DREYFUS S.** Michel Neyraut. *PUF, 1999.* (Psychanalystes d'aujourd'hui ; 22)
ISBN 2-13-050071-4. *55 F / 8,38 €*

31807 **N Drogues, savoir plus, risquer moins :** drogues et dépendances. Nouv. éd. *Seuil*; *CFES, 2001.* (Point-virgule)
ISBN 2-02-048516-8. *20 F / 3,05 €*

31808 **DUCHÉ D-J.** La Psychiatrie de l'enfant. 4e éd. *PUF, 1988.* (Que sais-je? ; 1583 c1)
ISBN 2-13-041857-0. *42 F / 6,40 €*

31809 **DUMAS D.** La sexualité masculine. *Hachette Littératures, 1999.* (Pluriel ; 990 c5)
ISBN 2-01-278990-0. *45 F / 6,86 €*

31810 **DUPARC F.** André Green. 2e éd. *PUF, 1997.* (Psychanalystes d'aujourd'hui ; 2 c1)
ISBN 2-13-047772-0. *48 F / 7,32 €*

31811 **DUPERON I.** G.T. Fechner : le parallélisme psychophysiologique. *PUF, 2000.* (Philosophies ; 125 c1)
ISBN 2-13-050529-5. *48 F / 7,32 €*

31812 **DUPUY J-P.** Aux origines des sciences cognitives. *La Découverte, 1999.* (La Découverte poche ; 69. Sciences humaines et sociales)
ISBN 2-7071-3043-5. *49 F / 7,47 €*

31813 **DURAND G.** L'Imagination symbolique. 3e éd. *PUF, 1993.* (Quadrige ; 51)
ISBN 2-13-044686-8. *49 F / 7,47 €*

31814 **DURKHEIM E.** Le Suicide : étude de sociologie. 10e éd. *PUF, 1999.* (Quadrige ; 19)
ISBN 2-13-045663-4. *92 F / 14,03 €*

31815 **DYER W. W.** Tirez vous-même les ficelles. *Mortagne, 1995.* (Poche c4)
ISBN 2-89074-551-1. *49 F / 7,47 €*

31816 **Écrits. 2. Nouv. éd.** *Seuil, 1999.* (Points ; 21. Essais ; 21 c15)
ISBN 2-02-038053-6. *59 F / 8,99 €*

31817 **N Les écrits en psychologie :** rapports, expertises, bilans. *L'Esprit du temps, 2000.* (Guides psycho ; 2)
ISBN 2-913062-41-5. *49 F / 7,47 €*

31818 **EGÉ M.** La visualisation. *Bernet-Danilo, 1995.* (Essentialis ; 12 c1)
ISBN 2-909509-35-4. *33 F / 5,03 €*

31819 **A ELKAÏM M.** Si tu m'aimes, ne m'aime pas : pourquoi ne m'aimes-tu pas, toi qui prétends m'aimer?, approche systémique et psychothérapie. *Seuil, 2001.* (Points. Essais ; 452)
ISBN 2-02-048693-8. *45 F / 6,86 €*

31820 **EMERY G.** Prenez-vous en main. *Mortagne, 1995.* (Poche c4)
ISBN 2-89074-552-X. *49 F / 7,47 €*

31821 **N L'enfant.** *Gallimard, 2001.* (Folio ; 378. Essais cF)
ISBN 2-07-041650-X. *55 F / 8,38 €*

31822 **N ENJOLET C.** En danger de silence. *J'ai lu, 2000.* (J'ai lu ; 5609. Littérature générale cG)
ISBN 2-290-30315-1. *29 F / 4,42 €*

31823 **ESTAIS F. d.** Le couple face au chômage. *Cerf, 1998.* (Grandir c1)
ISBN 2-204-06045-3. *50 F / 7,62 €*

31824 **Etre à deux ou Les traversées du couple.** *Albin Michel, 2000.* (Espaces libres ; 101 c5)
ISBN 2-226-11511-0. *55 F / 8,38 €*

31825 **L'expérience psychanalytique.** *Pocket, 1996.* (La psychanalyse : une anthologie; 2)(Agora ; 71 c12)
ISBN 2-266-03704-8. *60 F / 9,15 €*

31826 **FABRE N.** Ces enfants qui nous provoquent. *Fleurus, 1997.* (Le métier de parents)
ISBN 2-215-04202-8. *59 F / 8,99 €*

31827 **FABRE N.** Sont-ils heureux loin de nous ?. *Fleurus, 1998.* (Le métier de parents)
ISBN 2-215-04254-0. *59 F / 8,99 €*

31828 **FARGES F.** Approche communautaire des toxicomanies. *PUF, 1998.* (Médecine et société ; 5 c1)
ISBN 2-13-049383-1. *55 F / 8,38 €*

31829 **FARGUE A.** Conseils au collégien. *PARC, 1998.* (Collection grise. 10/15)
ISBN 2-912010-03-9. *15 F / 2,29 €*

31830 **FAURE C.** Vivre le deuil au jour le jour : réapprendre à vivre après la mort d'un proche. *J'ai lu, 1998.* (J'ai lu ; 7151. Bien-être c4)
ISBN 2-290-07151-X. *36 F / 5,49 €*

31831 **FÉNELON G.** Le syndrome de Munchausen. *PUF, 1998.* (Nodules)
ISBN 2-13-049082-4. *55 F / 8,38 €*

31832 **FERNANDEZ-ZOILA A.** Les Complexes. *PUF, 1993.* (Que sais-je? ; 1673 c1)
ISBN 2-13-045641-3. *42 F / 6,40 €*

31833 **N FERRARI P.** L'autisme infantile. 2e éd. *PUF, 2001.* (Que sais-je? ; 3508 c1)
ISBN 2-13-051498-7. *42 F / 6,40 €*

31834 **N FERRIER B.** Un plaisir maudit, enjeux de la masturbation. *la Musardine, 2000.* (L'attrape-corps ; 2)
ISBN 2-84271-102-5. *69 F / 10,52 €*

31835 **FESTJENS J-L., ANTILOGUS P.** Le Guide du jeune père. *Pocket, 1992.* (Pocket ; 4631. Best c4)
ISBN 2-266-05266-7. *30 F / 4,57 €*

31836 **FEUGA P.** L'Art de la concentration. *Albin Michel, 1992.* (Espaces libres ; 32)
ISBN 2-226-05969-5. *39 F / 5,95 €*

31837 **FILLOUX J-C.** L'Inconscient. 17e éd. *PUF, 1991.* (Que sais-je? ; 285 c1)
ISBN 2-13-044013-4. *42 F / 6,40 €*

31838 **FILLOUX J-C.** La personnalité. 13e éd. *PUF, 1999.* (Que sais-je? ; 758 c1)
ISBN 2-13-045511-5. *42 F / 6,40 €*

31839 **FILLOUX J-C.** Le Tonus mental. 6e éd. *PUF, 1984.* (Que sais-je? ; 474 c1)
ISBN 2-13-035571-4. *42 F / 6,40 €*

31840 **FISCHER G-N.** La Psychosociologie de l'espace. *PUF, 1981.* (Que sais-je? ; 1925 c1)
ISBN 2-13-036924-3. *42 F / 6,40 €*

31841 **FLEM L.** L'homme Freud : une biographie intellectuelle. *Seuil, 1995.* (Points ; 49 c10)
ISBN 2-02-023920-5. *45 F / 6,86 €*

31842 **FLEURQUIN V.** Les vrais dangers qui guettent l'adolescent : les connaître pour les prévenir. *Milan, 1999.* (Du côté des parents ; 6 c1)
ISBN 2-84113-823-2. *48 F / 7,32 €*

31843 **FLORES C.** La Mémoire. 6e éd. *PUF, 1992.* (Que sais-je? ; 350 c1)
ISBN 2-13-044389-3. *42 F / 6,40 €*

31844 **FLORIN A.** Le développement du langage. *Dunod, 1999.* (Les topos. Psychologie c1)
ISBN 2-10-004195-9. *52 F / 7,93 €*

31845 **FORGET J-P.** Ces ados qui nous prennent la tête. *Fleurus, 1999.* (Le métier de parents)
ISBN 2-215-04256-7. *59 F / 8,99 €*

31846 **FOUCAULT M.** Maladie mentale et psychologie. 2e éd. *PUF, 1997.* (Quadrige ; 198)
ISBN 2-13-047275-3. *49 F / 7,47 €*

31847 **FRANCESCHINI L.** Les Nouveaux tests psychotechniques. *De Vecchi, 1990.* (De Vecchi poche ; 4138 c3)
ISBN 2-7328-4138-2. *33 F / 5,03 €*

31848 **FRANZ M-L. v.** L'interprétation des contes de fées ; suivi de L'ombre et le mal dans les contes de fées. *Albin Michel, 1995.* (La bibliothèque spirituelle ; 7)
ISBN 2-226-07874-6. *120 F / 18,29 €*

31849 **FRANZ M-L. v.** Rêves d'hier et d'aujourd'hui : de Thémistocle à C.G. Jung. *Albin Michel, 1992.* (Espaces libres ; 29)
ISBN 2-226-05901-6. *45 F / 6,86 €*

31850 **FREUD S.** L'avenir d'une illusion. *PUF, 1995.* (Quadrige ; 196)
ISBN 2-13-047132-3. *49 F / 7,47 €*

31851 **N** **FREUD S.** L'homme aux rats : journal d'une analyse. *PUF, 2000.* (Quadrige ; 321)
ISBN 2-13-051122-8. *49 F / 7,47 €*

31852 **FREUD S.** Inhibition, symptôme et angoisse. 3e éd. *PUF, 1997.* (Quadrige ; 172)
ISBN 2-13-046027-5. *49 F / 7,47 €*

31853 **FREUD S.** L'Inquiétante étrangeté : et autres essais. *Gallimard, 1991.* (Folio. Essais ; 93 c3)
ISBN 2-07-032467-2. *41 F / 6,25 €*

31854 **N** **FREUD S.** L'Inquiétante étrangeté : et autres textes. *Gallimard, 2001.* (Folio bilingue ; 95)
ISBN 2-07-041314-4. *60 F / 9,15 €*

31855 **FREUD S.** Le Malaise dans la culture. 2e éd. *PUF, 1997.* (Quadrige ; 197)
ISBN 2-13-047198-6. *49 F / 7,47 €*

31856 **FREUD S.** Métapsychologie. *Gallimard, 1985.* (Folio ; 30. Essais ; 30 c2)
ISBN 2-07-032340-4. *37 F / 5,64 €*

31857 **FREUD S.** Le Mot d'esprit et sa relation à l'inconscient. *Gallimard, 1992.* (Folio ; 201. Essais ; 201 c3)
ISBN 2-07-032721-3. *41 F / 6,25 €*

31858 **FREUD S.** Nouvelles conférences d'introduction à la psychanalyse. *Gallimard, 1989.* (Folio ; 126. Essais ; 126 c2)
ISBN 2-07-032518-0. *37 F / 5,64 €*

31859 **FREUD S.** La première théorie des névroses. 2e éd. *PUF, 1997.* (Quadrige ; 195)
ISBN 2-13-046813-6. *62 F / 9,45 €*

31860 **N** **FREUD S.** Le président Schreber : remarques psychanalytiques sur un cas de paranoïa. 2e éd. *PUF, 2001.* (Quadrige ; 194)
ISBN 2-13-051494-4. *49 F / 7,47 €*

31861 **FREUD S.** La question de l'analyse profane. *Gallimard, 1998.* (Folio ; 318. Essais c2)
ISBN 2-07-040490-0. *37 F / 5,64 €*

31862 **FREUD S.** Sigmund Freud présenté par lui-même. *Gallimard, 1987.* (Folio. Essais ; 54 c1)
ISBN 2-07-032408-7. *29,50 F / 4,50 €*

31863 **FREUD S.** Souvenirs d'enfance de Léonard de Vinci = Eine Kindheitserinnerung des Leonardo da Vinci. *Gallimard, 1991.* (Folio bilingue ; 16 c5)
ISBN 2-07-038436-5. *52 F / 7,93 €*

31864 **FREUD S.** Sur le rêve. *Gallimard, 1990.* (Folio ; 12. Essais ; 12 c1)
ISBN 2-07-032554-7. *29 F / 4,42 €*

31865 **FREUD S.** Trois essais sur la théorie sexuelle. *Gallimard, 1989.* (Folio ; 6. Essais ; 6 c2)
ISBN 2-07-032539-3. *37 F / 5,64 €*

31866 **FREUD S., JENSEN W.** Le Délire et les rêves dans la Gradiva de W. Jensen. *Gallimard, 1991.* (Folio ; 181. Essais ; 181 c2)
ISBN 2-07-032674-8. *37 F / 5,64 €*

31867 **FRÖHLICH W. D.** Dictionnaire de la psychologie. *LGF, 1997.* (La Pochothèque ; 13112. Encyclopédies d'aujourd'hui)
ISBN 2-253-13112-1. *145 F / 22,11 €*

31868 **FUKS P.** Les rêves. *Milan, 1999.* (Les essentiels Milan ; 132 c1)
ISBN 2-84113-790-2. *25 F / 3,81 €*

31869 **GAGNEBIN M.** Michel de M'Uzan. 2e éd. corr. *PUF, 1997.* (Psychanalystes d'aujourd'hui ; 4)
ISBN 2-13-047770-4. *48 F / 7,32 €*

31870 **N** **GAILLARD C.** Jung. 2e éd. mise à jour. *PUF, 2001.* (Que sais-je? ; 3022 c1)
ISBN 2-13-051400-6. *42 F / 6,40 €*

31871 **GARFIELD P. L.** La créativité onirique : du rêve ordinaire au rêve lucide. *J'ai lu, 1997.* (J'ai lu ; 4516. Aventure secrète c4)
ISBN 2-290-04516-0. *36 F / 5,49 €*

31872 **GAUTHIER D.** L'Enfant victime d'abus sexuels. *PUF, 1994.* (Nodules)
ISBN 2-13-046125-5. *48 F / 7,32 €*

31873 **GEISMAR-WIEVIORKA S., GUIONNET C., GUIS G.** La méthadone. *PUF, 1997.* (Que sais-je? ; 3107 c1)
ISBN 2-13-047943-X. *42 F / 6,40 €*

31874 **GENON J-C., MASSART M.** Le trauma : conséquences et traitements. *Bernet-Danilo, 1998.* (Essentialis ; 35 c1)
ISBN 2-912663-01-6. *33 F / 5,03 €*

31875 **GÉRENT C.** Savoir vivre sa sexualité. *J'ai lu, 1992.* (J'ai lu ; 7014. Bien-être c5)
ISBN 2-277-07014-9. *39 F / 5,95 €*

31876 **GHIGLIONE R.** Les métiers de la psychologie. *Dunod, 1998.* (Les topos. Psychologie c1)
ISBN 2-10-003572-X. *52 F / 7,93 €*

31877 **GILLIÉRON E.** Les Psychothérapies brèves. 2e éd. *PUF, 1990.* (Nodules)
ISBN 2-13-043266-2. *37 F / 5,64 €*

31878 **GINESTE T.** Victor de l'Aveyron : dernier enfant sauvage, premier enfant fou. *Hachette Littératures, 1993.* (Pluriel ; 8673)
ISBN 2-01-021377-7. *79 F / 12,04 €*

31879 **GODFROID I. O.** La psychiatrie de la femme. *PUF, 1999.* (Médecine et société ; 9)
ISBN 2-13-049814-0. *55 F / 8,38 €*

31880 **GODFRYD M.** Vocabulaire psychologique et psychiatrique. 2e éd. rev. *PUF, 1994.* (Que sais-je? ; 2739 c1)
ISBN 2-13-046388-6. *42 F / 6,40 €*

31881 [N] **GOLEMAN D.** L'intelligence émotionnelle : comment transformer ses émotions en intelligence. Réimpr. *J'ai lu, 2000.* (J'ai lu ; 7130. Bien-être cM)
ISBN 2-290-07130-7. *49 F / 7,47 €*

31882 [N] **GOLEMAN D.** L'intelligence émotionnelle. 2. *J'ai lu, 2000.* (J'ai lu ; 7202. Bien-être)
ISBN 2-290-30335-6. *45 F / 6,86 €*

31883 [N] **GOTTMAN J. M., SILVER N.** Les couples heureux ont leurs secrets : les sept lois de la réussite. *Pocket, 2001.* (Pocket ; 11086 c8)
ISBN 2-266-10491-8. *45 F / 6,86 €*

31884 [A] **GRANOFF W.** Filiations, l'avenir du complexe d'Oedipe. *Gallimard, 2001.* (Tel)
ISBN 2-07-076111-8

31885 **GRATTON N.** L'art de rêver : un guide pratique pour devenir un rêveur actif. *J'ai lu, 1999.* (J'ai lu ; 7172. Bien-être cH)
ISBN 2-290-07172-2. *32 F / 4,88 €*

31886 **GRAVILLON I.** L'intelligence de votre bébé : tout ce qu'il sait déjà, tout ce qu'il va apprendre. *Milan, 1999.* (Du côté des parents ; 10 c1)
ISBN 2-84113-890-9. *48 F / 7,32 €*

31887 [N] **GRAY J.** Comment obtenir ce que nous désirons et apprécier ce que nous possédons. *J'ai lu, 2000.* (Equilibres ; 6027)
ISBN 2-290-30067-5. *75 F / 11,43 €*

31888 [N] **GRAY J.** Les hommes viennent de Mars, les femmes viennent de Vénus : connaître nos différences pour mieux nous comprendre. Réimpr. *J'ai lu, 2000.* (J'ai lu ; 7133. Bien-être cK)
ISBN 2-290-07133-1. *42 F / 6,40 €*

31889 **GRAY J.** Mars et Vénus, les chemins de l'harmonie : pour mieux comprendre, accepter et apprécier l'autre sexe. *J'ai lu, 1999.* (Equilibres ; 6013)
ISBN 2-277-26013-4. *75 F / 11,43 €*

31890 [A] **GRAY J.** Mars et Vénus, les chemins de l'harmonie : pour mieux comprendre, accepter et apprécier l'autre sexe. *J'ai lu, 2001.* (J'ai lu ; 7233. Bien-être)
ISBN 2-290-31196-0

31891 [N] **GRAY J.** Mars et Vénus sous la couette : pour que la passion résiste au temps. *J'ai lu, 2000.* (J'ai lu ; 7194. Bien-être cJ)
ISBN 2-290-30254-6. *39 F / 5,95 €*

31892 [A] **GRAY J.** Une nouvelle vie pour Mars et Vénus. *J'ai lu, 2001.* (J'ai lu ; 7224. Bien-être)
ISBN 2-290-31051-4

31893 **GRAY M.** Vivre debout : comment faire face dans un monde en crise. *Pocket, 1997.* (Pocket ; 10021. Best c5)
ISBN 2-266-06774-5. *35 F / 5,34 €*

31894 **GREEN A.** Le Complexe de castration. *PUF, 1990.* (Que sais-je? ; 2531 c1)
ISBN 2-13-043134-8. *42 F / 6,40 €*

31895 **GREEN A.** La déliaison : psychanalyse, anthropologie et littérature. *Hachette Littératures, 1998.* (Pluriel ; 936 c8)
ISBN 2-01-278936-6. *60 F / 9,15 €*

31896 [A] **GREEN A., MACIAS M.** Un psychanalyste engagé : conversations avec Manuel Macias. *Hachette Littératures, 2001.* (Pluriel ; 9010 c5)
ISBN 2-01-279010-0. *45 F / 6,86 €*

31897 **GRODDECK G.** Conférences psychanalytiques. 3. *10-18, 1993.* (10-18 ; 2419. Documents)
ISBN 2-264-01860-7. *50 F / 7,62 €*

31898 **GRODDECK G.** Le Livre du a. *Gallimard, 1976.* (Tel ; 3)
ISBN 2-07-029389-0. *62 F / 9,45 €*

31899 **GROSLÉZIAT C.** Les bébés et la musique. 2, Bébés chasseurs de sons. *Erès, 1999.* (Mille et un bébés ; 21)
ISBN 2-86586-723-4. *50 F / 7,62 €*

31900 **Grossesse et naissance, le passage.** *Erès, 1997.* (Mille et un bébés)
ISBN 2-86586-542-8. *38 F / 5,79 €*

31901 **GUILLOU S.** Pour une nouvelle autorité des parents : sans le retour du bâton. *Milan, 1999.* (Du côté des parents ; 4 c1)
ISBN 2-84113-821-6. *48 F / 7,32 €*

31902 **GUIOT A.** Les rêves prémonitoires, 2400 rêves expliqués. *Mortagne, 1995.* (Poche)
ISBN 2-89074-550-3. *49 F / 7,47 €*

31903 **GUY M., ROUSSEL N.** Le couple et son histoire : se transformer pour durer. *Cerf, 1997.* (Grandir)
ISBN 2-204-05695-2. *50 F / 7,62 €*

31904 **HACHET P.** Ces ados qui fument des joints. *Fleurus, 2000.* (Le métier de parents)
ISBN 2-215-04319-9. *59 F / 8,99 €*

31905 **A** **HACHET P.** Ces ados qui jouent les kamikazes. *Fleurus, 2001.* (Le métier de parents)
ISBN 2-215-04383-0. *59 F / 8,99 €*

31906 **HADAR K.** Connaissance de soi et des autres. *Mortagne, 1993.* (Poche)
ISBN 2-89074-533-3. *39 F / 5,95 €*

31907 **HADDAD G.** Manger le livre : rites alimentaires et fonction paternelle. *Hachette Littératures, 1998.* (Pluriel ; 948 c5)
ISBN 2-01-278948-X. *45 F / 6,86 €*

31908 **HADDAD G., HADDAD A.** Freud en Italie : psychanalyse du voyage. *Hachette Littératures, 1998.* (Pluriel ; 846 c5)
ISBN 2-01-278846-7. *45 F / 6,86 €*

31909 **HADDOU M.** Savoir dire non. *J'ai lu, 1999.* (J'ai lu ; 7178. Bien-être c4)
ISBN 2-290-07178-1. *36 F / 5,49 €*

31910 **N** **HARRIS J.** Pourquoi nos enfants deviennent ce qu'ils sont : de la véritable influence des parents sur la personnalité de leurs enfants. *Pocket, 2000.* (Pocket ; 10932 c9)
ISBN 2-266-10082-3. *48 F / 7,32 €*

31911 **HARRUS-RÉVIDI G.** L'hystérie. *PUF, 1997.* (Que sais-je? ; 3238 c1)
ISBN 2-13-048279-1. *42 F / 6,40 €*

31912 **HENNEZEL M. d.** La mort intime : ceux qui vont mourir nous apprennent à vivre. *Pocket, 1997.* (Pocket ; 10102 c4)
ISBN 2-266-07315-X. *30 F / 4,57 €*

31913 **HENNEZEL M. d., LELOUP J-Y.** L'art de mourir : traditions religieuses et spiritualité humaniste face à la mort aujourd'hui. *Pocket, 2000.* (Pocket ; 10505 c5)
ISBN 2-266-08609-X. *35 F / 5,34 €*

31914 **HÉRIL A.** La pensée positive. 2e éd. *Bernet-Danilo, 1999.* (Essentialis ; 6 c1)
ISBN 2-912663-31-8. *33 F / 5,03 €*

31915 **HÉRIL A.** Les thérapies familiales. *Bernet-Danilo.* (Essentialis ; 8 c1)
ISBN 2-909509-31-1. *33 F / 5,03 €*

31916 **HERTZ H.** La Graphologie. 18e éd. *PUF, 1992.* (Que sais-je? ; 256 c1)
ISBN 2-13-044673-6. *42 F / 6,40 €*

31917 **HIGOUNET C.** L'Ecriture. 8e éd. rev. *PUF, 1997.* (Que sais-je? ; 653 c1)
ISBN 2-13-045715-0. *42 F / 6,40 €*

31918 **HINDLE T.** Vaincre le stress. *Mango-Pratique, 1998.* (101 trucs et conseils ; 43)
ISBN 2-84270-101-1. *35 F / 5,34 €*

31919 **HIRIGOYEN M-F.** Le harcèlement moral : la violence perverse au quotidien. *Pocket, 2000.* (Pocket ; 10680 c4B)
ISBN 2-266-09243-X. *32 F / 4,88 €*

31920 **N** **HITE S.** Rivales ou amies : le nouveau Rapport Hite sur les femmes d'aujourd'hui. *J'ai lu, 2000.* (J'ai lu ; 5628. Littérature générale cH)
ISBN 2-290-30356-9. *32 F / 4,88 €*

31921 **HOAREAU J.** L'hypnose médicale. *Bernet-Danilo, 1996.* (Essentialis ; 29 c1)
ISBN 2-909509-66-4. *33 F / 5,03 €*

31922 **HUBERT J-P.** La Sophrologie. *Bernet-Danilo, 1994.* (Essentialis ; 3 c1)
ISBN 2-909509-20-6. *33 F / 5,03 €*

31923 **HUBIN-GAYTE M.** Les jumeaux : du pareil au même ?. *Gallimard, 1998.* (Découvertes ; 364. Traditions)
ISBN 2-07-053461-8. *75 F / 11,43 €*

31924 **HUMBERT E. G.** L'Homme aux prises avec l'inconscient. *Albin Michel, 1994.* (Espaces libres ; 49)
ISBN 2-226-07497-X. *39 F / 5,95 €*

31925 **HUTEAU M., LAUTREY J.** Les tests d'intelligence. *La Découverte, 1997.* (Repères ; 229 c1)
ISBN 2-7071-2780-9. *52 F / 7,93 €*

31926 **A** **IMBER-BLACK E.** Le poids des secrets de famille : quand et comment en parler : ce qu'il faut dire et ne pas dire. *J'ai lu, 2001.* (J'ai lu ; 7234. Bien-être)
ISBN 2-290-31197-9

31927 **Introduction aux sciences cognitives.** *Gallimard, 1992.* (Folio ; 179. Essais ; 179 cJ)
ISBN 2-07-032577-6. *76,50 F / 11,66 €*

31928 **L'invention de la réalité :** comment savons-nous ce que nous croyons savoir? : contributions au constructivisme. *Seuil, 1996.* (Points. Essais c11)
ISBN 2-02-029452-4. *48 F / 7,32 €*

31929 **ISRAËL L.** La jouissance de l'hystérique : séminaire, 1974. *Seuil, 1999.* (Points. Essais ; 387)
ISBN 2-02-035965-0. *45 F / 6,86 €*

31930 **JACCARD R.** La Folie. 5e éd. corr. *PUF, 1992.* (Que sais-je? ; 1761 c1)
ISBN 2-13-044554-3. *42 F / 6,40 €*

31931 **JACCARD R.** Freud. 4e éd. *PUF, 1990.* (Que sais-je? ; 2121 c1)
ISBN 2-13-043558-0. *42 F / 6,40 €*

31932 **N** **JACOB C.** Peut-on encore élever ses enfants ?. *Fleurus, 2000.* (Le métier de parents)
ISBN 2-215-04320-2. *59 F / 8,99 €*

31933 **JALENQUES I., LACHAL C., COUDERT A-J.** L'Enfant anxieux. *PUF, 1991.* (Nodules)
ISBN 2-13-043824-5. *38 F / 5,79 €*

31934 **JALLON P.** L'Epilepsie. *PUF, 1992.* (Que sais-je? ; 2693 c1)
ISBN 2-13-044935-2. *42 F / 6,40 €*

31935 **JAMES M.** Gagner en famille : analyse transactionnelle pour jeunes parents. *Pocket, 1998.* (Pocket ; 10453 c3)
ISBN 2-266-08228-0. *26 F / 3,96 €*

31936 **JANIN C.** Jean-Bernard Pontalis. *PUF, 1997.* (Psychanalystes d'aujourd'hui ; 12 c1)
ISBN 2-13-048575-8. *52 F / 7,93 €*

31937 **JAOUI H.** La créativité : le trésor inconnu. *Bernet-Danilo, 1995.* (Essentialis ; 9 c1)
ISBN 2-909509-32-X. *33 F / 5,03 €*

31938 **A** **JODOROWSKY A.** Le théâtre de la guérison : une thérapie panique, la psychomagie. *Albin Michel, 2001.* (Espaces libres)
ISBN 2-226-12538-8

31939 **JULIEN P.** Pour lire Jacques Lacan. *Seuil, 1995.* (Points. Essais ; 304 c2)
ISBN 2-02-022864-5. *42 F / 6,40 €*

31940 **JUNG C. G.** L'âme et la vie. Réimpr. *LGF, 1995.* (Le Livre de poche ; 410. Références psychologie c12)
ISBN 2-253-06434-3. *44 F / 6,71 €*

31941 **JUNG C. G.** Dialectique du moi et de l'inconscient. *Gallimard, 1986.* (Folio ; 46. Essais ; 46 c3)
ISBN 2-07-032372-2. *41 F / 6,25 €*

31942 **JUNG C. G.** L'énergétique psychique. 5è éd. *LGF, 1996.* (Le Livre de poche ; 443. Références psychologie c11)
ISBN 2-253-90443-0. *42 F / 6,40 €*

31943 **JUNG C. G.** Essai d'exploration de l'inconscient. *Gallimard, 1988.* (Folio. Essais ; 90 c3)
ISBN 2-07-032476-1. *41 F / 6,25 €*

31944 **JUNG C. G.** Métamorphoses de l'âme et ses symboles : analyse des prodomes d'une schizophrénie. *LGF, 1996.* (Le Livre de poche ; 438. Références psychologie c18)
ISBN 2-253-90438-4. *65 F / 9,91 €*

31945 **JUNG C. G.** Un mythe moderne : des signes du ciel. Nouv. éd. rev. et augm. *Gallimard, 1996.* (Folio. Essais ; 291 c4)
ISBN 2-07-032928-3. *46 F / 7,01 €*

31946 **JUNG C. G.** Présent et avenir. *LGF, 1995.* (Le Livre de poche ; 431. Références psychologie c7)
ISBN 2-253-90431-7. *30 F / 4,57 €*

31947 **JUNG C. G.** Psychologie de l'inconscient. 8e éd. *LGF, 1996.* (Le Livre de poche ; 442. Références psychologie c10)
ISBN 2-253-90442-2. *40 F / 6,10 €*

31948 **JUNG C. G.** Les racines de la conscience. *LGF, 1995.* (Le Livre de poche ; 404. Références psychologie c17)
ISBN 2-253-06250-2. *60 F / 9,15 €*

31949 **JUNG C. G.** La réalité de l'âme. 1, Structure et dynamique de l'inconscient. *LGF, 1998.* (La Pochothèque ; 3237. Classiques modernes)
ISBN 2-253-13237-3. *165 F / 25,15 €*

31950 **N** **JUNG C. G.** Sur l'interprétation des rêves. *LGF, 2000.* (Le Livre de poche ; 463. Références psychologie)
ISBN 2-253-90463-5. *45 F / 6,86 €*

31951 **N** **KAHN L.** Sigmund Freud. 2, 1897-1905. *PUF, 2000.* (Psychanalystes d'aujourd'hui ; 32 c1)
ISBN 2-13-050916-9. *55 F / 8,38 €*

31952 **KAMIENIECKI H.** Histoire de la psychosomatique. *PUF, 1994.* (Que sais-je? ; 2851 c1)
ISBN 2-13-046155-7. *42 F / 6,40 €*

31953 **KAUFMANN J-P.** Guide pratique de la morphopsychologie. *De Vecchi, 2000.* (De Vecchi poche)
ISBN 2-7328-4631-7. *38 F / 5,79 €*

31954 **N** **KEEN S.** Aimer et être aimé. *J'ai lu, 2000.* (Equilibres ; 6022)
ISBN 2-277-26022-3. *75 F / 11,43 €*

31955 **KEEN S.** Etre un homme. *J'ai lu, 1996.* (J'ai lu ; 7109. Bien-être c5)
ISBN 2-277-07109-9. *39 F / 5,95 €*

31956 **KILLINGER B.** Accros du boulot : comment s'en sortir. *J'ai lu, 1996.* (J'ai lu ; 7116. Bien-être c7)
ISBN 2-290-07116-1. *45 F / 6,86 €*

31957 **KLEIN J-P.** L'art-thérapie. *PUF, 1997.* (Que sais-je? ; 3137 c1)
ISBN 2-13-048026-8. *42 F / 6,40 €*

31958 **A** **KLEIN J-P.** L'art-thérapie. 3e éd. mise à jour. *PUF, 2001.* (Que sais-je? ; 3137)
ISBN 2-13-051503-7. *42 F / 6,40 €*

31959 **KLEIN M.** Envie et gratitude : et autres essais. *Gallimard, 1978.* (Tel ; 25)
ISBN 2-07-029780-2. *59 F / 8,99 €*

31960 **KOFMAN S.** L'Enigme de la femme : la femme dans les textes de Freud. *LGF, 1994.* (Le Livre de poche ; 4194. Biblio essais c12)
ISBN 2-253-94194-8. *44 F / 6,71 €*

31961 **KÖHLER W.** Psychologie de la forme : introduction à de nouveaux concepts en psychologie. Nouv. éd. rev. par l'auteur. *Gallimard, 2000.* (Folio ; 363. Essais)
ISBN 2-07-041059-5. *61 F / 9,30 €*

31962 **KRAFFT-EBING R. v.** Psychopathia sexualis : étude médico-légale à l'usage des médecins et des juristes. *Pocket, 1998.* (Agora)
ISBN 2-266-09261-8. *180 F / 27,44 €*

31963 **KRAFFT-EBING R. v.** Psychopathia sexualis. 1. *Pocket, 1999.* (Agora ; 204)
ISBN 2-266-08684-7. *60 F / 9,15 €*

31964 **KRAFFT-EBING R. v.** Psychopathia sexualis. 2. *Pocket, 1999.* (Agora ; 205 c12)
ISBN 2-266-08724-X. *60 F / 9,15 €*

31965 **KRAFFT-EBING R. v.** Psychopathia sexualis. 3. Nouv. éd. rev. / Albert Moll. *Pocket, 1999.* (Agora ; 206 c12)
ISBN 2-266-08725-8. *60 F / 9,15 €*

31966 **KREISLER L.** La Psychosomatique de l'enfant. 4e éd. corr. *PUF, 1992.* (Que sais-je? ; 1669 c1)
ISBN 2-13-044412-1. *42 F / 6,40 €*

31967 **KRISTEVA J.** Au commencement était l'amour : psychanalyse et foi. *LGF, 1997.* (Le Livre de poche ; 4253. Biblio essais c6)
ISBN 2-253-94253-7. *26 F / 3,96 €*

31968 **KRISTEVA J.** Histoires d'amour. *Gallimard, 1985.* (Folio ; 24. Essais ; 24 c6)
ISBN 2-07-032323-4. *56 F / 8,54 €*

31969 **KRISTEVA J.** Les nouvelles maladies de l'âme. *LGF, 1997.* (Le Livre de poche ; 4242. Biblio essais c10)
ISBN 2-253-94242-1. *40 F / 6,10 €*

31970 **KRISTEVA J.** La révolte intime. *LGF, 2000.* (Pouvoirs et limites de la psychanalyse; 2)(Le Livre de poche ; 4292. Biblio essais c11)
ISBN 2-253-94294-4. *42 F / 6,40 €*

31971 **KRISTEVA J.** Sens et non-sens de la révolte : discours direct. *LGF, 1999.* (Pouvoirs et limites de la psychanalyse; 1)(Le Livre de poche ; 4277. Biblio essais c11)
ISBN 2-253-94277-4. *42 F / 6,40 €*

31972 **KRISTEVA J.** Soleil noir ; Dépression et mélancolie. *Gallimard, 1989.* (Folio ; 123. Essais ; 123 c2)
ISBN 2-07-032515-6. *37 F / 5,64 €*

31973 **KÜBLER-ROSS E.** La mort est une question vitale : l'accompagnement des mourants pour changer la vie. *Pocket, 2000.* (Pocket ; 10347 c5)
ISBN 2-266-08028-8. *35 F / 5,34 €*

31974 **KÜBLER-ROSS E.** La mort, porte de la vie. *LGF, 1995.* (Le Livre de poche ; 13822 c5)
ISBN 2-253-13822-3. *23 F / 3,51 €*

31975 **KÜBLER-ROSS E.** Vivre avec la mort et les mourants. *LGF, 1999.* (Le Livre de poche ; 14739 c7)
ISBN 2-253-14739-7. *30 F / 4,57 €*

31976 **LACAN J.** De la psychose paranoïaque dans ses rapports avec la personnalité. *Seuil, 1980.* (Points ; 115. Essais c3)
ISBN 2-02-005510-4. *48 F / 7,32 €*

31977 **LACAN J.** Ecrits. 1. Nouv. éd. *Seuil, 1999.* (Points ; 5. Essais ; 5 c15)
ISBN 2-02-038052-8. *59 F / 8,99 €*

31978 **LACAN J.** Les écrits techniques de Freud : 1953-1954. *Seuil, 1998.* (Le séminaire; 1)(Points ; 366. Essais c15)
ISBN 2-02-035235-4. *59 F / 8,99 €*

31979 **N** **LACAN J.** Le Moi dans la théorie de Freud et dans la technique de la psychanalyse, 1954-1955. *Seuil, 2001.* (Le Séminaire; 2)(Points. Essais ; 443 c14)
ISBN 2-02-048515-X. *55 F / 8,38 €*

31980 **LACAN J.** Les quatre concepts fondamentaux de la psychanalyse. *Seuil, 1990.* (Le séminaire; 11)(Points. Essais ; 217 c5)
ISBN 2-02-012514-5. *55 F / 8,38 €*

31981 **LACAN J.** Le séminaire. 20, Encore (1972-1973). *Seuil, 1999.* (Points ; 398. Essais ; 398)
ISBN 2-02-038577-5. *42 F / 6,40 €*

31982 **N** **LACHAUD D.** L'enfer du devoir : le discours de l'obsessionnel. *Hachette Littératures, 2000.* (Pluriel ; 966 c8)
ISBN 2-01-278966-8. *60 F / 9,15 €*

31983 **LACHAUX D.** Jalousies. *Hachette Littératures, 2000.* (Pluriel ; 967)
ISBN 2-01-278967-6. *45 F / 6,86 €*

31984 **LAGACHE D.** La Jalousie amoureuse : psychologie descriptive et psychanalyse. 4e éd. *PUF, 1997.* (Quadrige ; 3)
ISBN 2-13-039944-4. *85 F / 12,96 €*

31985 **LAGACHE D.** La Psychanalyse. Nouv. éd. *PUF, 1996.* (Que sais-je? ; 660 c1)
ISBN 2-13-045541-7. *42 F / 6,40 €*

31986 **LAGACHE D.** L'Unité de la psychologie. 5e éd. *PUF, 1997.* (Quadrige ; 37)
ISBN 2-13-045550-6. *49 F / 7,47 €*

31987 **LALANDE P. d.** Quelle réussite pour l'enfant ?. *Cerf, 1998.* (Grandir c1)
ISBN 2-204-06038-0. *50 F / 7,62 €*

31988 **LAMBERTUCCI-MANN S.** Eugenio Gaddini. *PUF, 1999.* (Psychanalystes d'aujourd'hui ; 26 c1)
ISBN 2-13-050224-5. *55 F / 8,38 €*

31989 **LANNOY J-D. d., FEYEREISEN P.** L'inceste. Nouv. éd. *PUF, 1998.* (Que sais-je? ; 2645 c1)
ISBN 2-13-046800-4. *42 F / 6,40 €*

31990 **LAPEYRE M.** Au-delà du complexe d'Oedipe. *Anthropos, 1997.* (Psychanalyse-poche ; 7 c1)
ISBN 2-7178-3180-0. *49 F / 7,47 €*

31991 **LAPEYRE M.** Clinique freudienne, cinq leçons. *Anthropos, 1996.* (Psychanalyse-poche ; 3 c1)
ISBN 2-7178-3006-5. *49 F / 7,47 €*

31992 **LAPEYRE M.** Complexe d'Oedipe et complexe de castration. *Anthropos, 2000.* (Psychanalyse-poche ; 14 c1)
ISBN 2-7178-3840-6. *49 F / 7,47 €*

31993 **LAPLANCHE J.** Entre séduction et inspiration, l'homme. *PUF, 1999.* (Quadrige ; 287)
ISBN 2-13-049994-5. *78 F / 11,89 €*

31994 **LAPLANCHE J.** Nouveaux fondements pour la psychanalyse. *PUF, 1994.* (Quadrige ; 174)
ISBN 2-13-046044-5. *62 F / 9,45 €*

31995 **LAPLANCHE J.** Problématiques. 1, L'angoisse. *PUF, 1998.* (Quadrige ; 265)
ISBN 2-13-049509-5. *78 F / 11,89 €*

31996 **LAPLANCHE J.** Problématiques. 2, Castration, symbolisations. *PUF, 1998.* (Quadrige ; 266)
ISBN 2-13-049510-9. *69 F / 10,52 €*

31997 **LAPLANCHE J.** Problématiques. 3, La sublimation. *PUF, 1998.* (Quadrige ; 267)
ISBN 2-13-049511-7. *62 F / 9,45 €*

31998 **LAPLANCHE J.** Problématiques. 4, L'inconscient et le ça. *PUF, 1998.* (Quadrige ; 268)
ISBN 2-13-049512-5. *69 F / 10,52 €*

31999 **LAPLANCHE J.** Problématiques. 5, Le baquet, transcendance du transfert. *PUF, 1998.* (Quadrige ; 269)
ISBN 2-13-049513-3. *69 F / 10,52 €*

32000 **LAPLANCHE J., PONTALIS J-B.** Fantasme originaire, fantasmes des origines, origines du fantasme. *Hachette Littératures, 1998.* (Pluriel ; 945 c3)
ISBN 2-01-278945-5. *35 F / 5,34 €*

32001 **LAPLANCHE J., PONTALIS J-B.** Vocabulaire de la psychanalyse. 2e éd. *PUF, 1998.* (Quadrige ; 249)
ISBN 2-13-048789-0. *98 F / 14,94 €*

32002 **LATERRASSE C., BEAUMATIN A.** L'enfant et ses peurs. *Milan, 1998.* (Les essentiels Milan ; 123 c1)
ISBN 2-84113-757-0. *25 F / 3,81 €*

32003 **LATERRASSE C., BEAUMATIN A.** La psychologie de l'enfant. *Milan, 1997.* (Les essentiels Milan ; 86 c1)
ISBN 2-84113-585-3. *25 F / 3,81 €*

32004 **LE GARREC E.** Un Lit à soi. *Seuil, 1981.* (Points. Actuels ; 41 c2)
ISBN 2-02-005772-7. *39 F / 5,95 €*

32005 **LE GUEN C.** Le Refoulement. *PUF, 1992.* (Que sais-je? ; 2683 c1)
ISBN 2-13-044868-2. *42 F / 6,40 €*

32006 **LE MANER-IDRISSI G.** L'identité sexuée. *Dunod, 1997.* (Les topos. Psychologie c1)
ISBN 2-10-003578-9. *52 F / 7,93 €*

32007 **LE NY J-F., GINESTE M-D.** La psychologie. *Larousse, 1995.* (Textes essentiels)
ISBN 2-03-741018-2. *150 F / 22,87 €*

32008 **LE PONCIN M.** Gym cerveau : une technique, un état d'esprit. *LGF, 1989.* (Le Livre de poche ; 7957. Pratique c7)
ISBN 2-253-04864-X. *30 F / 4,57 €*

32009 **LE VAGUERÈSE L.** Groddeck, la maladie et la psychanalyse. *PUF, 1985.* (Nodules)
ISBN 2-13-039000-5. *26 F / 3,96 €*

32010 **LEBLANC E.** La psychanalyse jungienne. *Morisset, 1995.* (Essentialis ; 11 c1)
ISBN 2-909509-34-6. *33 F / 5,03 €*

32011 **LEBLANC E.** La puissance symbolique dans nos vies. *Bernet-Danilo, 1998.* (Essentialis ; 38 c1)
ISBN 2-912663-04-0. *33 F / 5,03 €*

32012 **LECLAIRE S.** Démasquer le réel. *Seuil, 1983.* (Points ; 148. Essais c2)
ISBN 2-02-006380-8. *39 F / 5,95 €*

32013 **LECLAIRE S.** On tue un enfant. *Seuil, 1981.* (Points ; 126. Essais c2)
ISBN 2-02-005808-1. *39 F / 5,95 €*

32014 **LECLAIRE S.** Psychanalyser. *Seuil, 1975.* (Points ; 61. Essais c1)
ISBN 2-02-000636-7. *32 F / 4,88 €*

32015 **LECLAIRE S.** Rompre les charmes : recueil pour des enchantés de la psychanalyse. *Seuil, 1999.* (Points ; 379. Essais)
ISBN 2-02-035964-2. *45 F / 6,86 €*

32016 **LECONTE P., LAMBERT C.** La Chronopsychologie. *PUF, 1990.* (Que sais-je? ; 2549 c1)
ISBN 2-13-043331-6. *42 F / 6,40 €*

32017 **A** **LEDOUX J.** Guérir sans guerre. *J'ai lu, 2001.* (Equilibres)
ISBN 2-290-31343-2

32018 **N** **LEGENDRE P.** La passion d'être un autre : étude pour la danse. *Seuil, 2000.* (Points. Essais ; 429)
ISBN 2-02-039593-2. *59 F / 8,99 €*

32019 **A** **LELEU G.** La fidélité et le couple. *J'ai lu, 2001.* (J'ai lu ; 7226. Bien-être)
ISBN 2-290-31087-5

32020 **N** **LELOUP J-Y.** Manque et plénitude : éléments pour une mémoire essentielle. *Albin Michel, 2001.* (Espaces libres)
ISBN 2-226-12201-X. *49 F / 7,47 €*

32021 **LEMAIRE P.** Le vieillissement cognitif. *PUF, 1999.* (Que sais-je? ; 3486 c1)
ISBN 2-13-050408-6. *42 F / 6,40 €*

32022 **LEMÉRER B.** Freud et Moïse. 1, Les deux Moïse de Freud. *Erès, 1997.* (Scripta)
ISBN 2-86586-507-X. *65 F / 9,91 €*

32023 **LEPLAT J.** La Psychologie ergonomique. *PUF, 1980.* (Que sais-je? ; 1883 c1)
ISBN 2-13-036631-7. *42 F / 6,40 €*

32024 **N** **LIAUDET J-C.** Dolto expliquée aux parents. *J'ai lu, 2000.* (J'ai lu ; 7206. Bien-être cl)
ISBN 2-290-30350-X. *36 F / 5,49 €*

32025 **N** **LIEURY A.** Introduction à la psychologie. *Dunod, 2000.* (Les topos. Psychologie c1)
ISBN 2-10-004741-8. *52 F / 7,93 €*

32026 **LILAR S.** Le Couple. *Grasset, 1991.* (Les Cahiers rouges ; 131)
ISBN 2-246-13893-0. *56 F / 8,54 €*

32027 **LONDRES A.** Chez les fous. *Arléa, 1999.* (Arléa-poche ; 56)
ISBN 2-86959-451-8. *30 F / 4,57 €*

32028 **LÔO H., LÔO P.** La dépression. 4e éd. mise à jour. *PUF, 2000.* (Que sais-je? ; 2579 c1)
ISBN 2-13-050717-4. *42 F / 6,40 €*

32029 **M'UZAN M. d.** De l'art à la mort : itinéraire psychanalytique. *Gallimard, 1983.* (Tel ; 84)
ISBN 2-07-070013-5. *45 F / 6,86 €*

32030 **MAGEAU P.** Les névroses. *Bernet-Danilo, 1997.* (Essentialis ; 31 c1)
ISBN 2-909509-77-X. *33 F / 5,03 €*

32031 **MAGNIN P.** Le sommeil et le rêve. 3e éd. corr. *PUF, 1992.* (Que sais-je? ; 24 c1)
ISBN 2-13-045008-3. *42 F / 6,40 €*

32032 **A** **MAISONDIEU J., MÉTAYER L.** Les Thérapies familiales. 3e éd. mise à jour. *PUF, 2001.* (Que sais-je? ; 2286 c1)
ISBN 2-13-051703-X. *42 F / 6,40 €*

32033 **MAISONNEUVE J.** La psychologie sociale. 19e éd. corr. *PUF, 1998.* (Que sais-je? ; 458 c1)
ISBN 2-13-045821-1. *42 F / 6,40 €*

32034 **MAISONNEUVE J.** Les Sentiments. 13e éd. *PUF, 1993.* (Que sais-je? ; 322 c1)
ISBN 2-13-045117-9. *42 F / 6,40 €*

32035 **MAISONNEUVE J., BRUCHON-SCHWEITZER M.** Le corps et la beauté. *PUF, 1999.* (Que sais-je? ; 3433 c1)
ISBN 2-13-049606-7. *42 F / 6,40 €*

32036 **MÂLE P.** Psychothérapie de l'adolescent. *PUF, 1999.* (Quadrige ; 291)
ISBN 2-13-050219-9. *69 F / 10,52 €*

32037 **MANNONI M.** L'Enfant arriéré et sa mère. *Seuil, 1981.* (Points ; 132. Essais c3)
ISBN 2-02-005984-3. *48 F / 7,32 €*

32038 **MANNONI M.** L'Enfant, sa 'maladie' et les autres : le symptôme et la parole. *Seuil, 1974.* (Points ; 57. Essais c2)
ISBN 2-02-000632-4. *39 F / 5,95 €*

32039 **MANNONI M.** Le Premier rendez-vous avec le psychanalyste. *Gallimard, 1988.* (Tel ; 128)
ISBN 2-07-071232-X. *50 F / 7,62 €*

32040 **MANNONI M.** Le Psychiatre, son fou et la psychanalyse. *Seuil, 1979.* (Points ; 99. Essais c3)
ISBN 2-02-005144-3. *48 F / 7,32 €*

32041 **MANNONI M.** La théorie comme fiction : Freud, Groddeck, Winnicott, Lacan. *Seuil, 1999.* (Points ; 393. Essais)
ISBN 2-02-037168-5. *42 F / 6,40 €*

32042 **MANNONI O.** Freud. 2e éd. *Seuil, 1977.* (Ecrivains de toujours ; 82 c1)
ISBN 2-02-000082-2. *49 F / 7,47 €*

32043 **MANNONI P.** La Peur. 2e éd. *PUF, 1988.* (Que sais-je? ; 1983 c1)
ISBN 2-13-041556-3. *42 F / 6,40 €*

32044 **MANNONI P.** La Psychologie collective. 2e éd. rev. *PUF, 1994.* (Que sais-je? ; 2256 c1)
ISBN 2-13-045885-8. *42 F / 6,40 €*

32045 **MANNONI P.** La psychopathologie collective. *PUF, 1997.* (Que sais-je? ; 3167 c1)
ISBN 2-13-048322-4. *42 F / 6,40 €*

32046 **N** **MARC E., PICARD D.** Relations et communication interpersonnelles. *Dunod, 2000.* (Les topos. Psychologie c1)
ISBN 2-10-004015-4. *52 F / 7,93 €*

32047 **A** **MARKHAM U.** Le deuil. *J'ai lu, 2001.* (J'ai lu ; 7230. Bien-être)
ISBN 2-290-31183-9

32048 **A** **MARKHAM U.** Les traumatismes infantiles. *J'ai lu, 2001.* (J'ai lu ; 7231. Bien-être)
ISBN 2-290-31184-7

32049 **MARTINO B.** Le bébé est un combat. Réimp. *J'ai lu, 1999.* (J'ai lu ; 7181. Bien-être c5)
ISBN 2-290-07181-1. *39 F / 5,95 €*

32050 **MARTINO B.** Le bébé est une personne. *J'ai lu, 1995.* (J'ai lu ; 7094. Bien-être c4)
ISBN 2-277-07094-7. *36 F / 5,49 €*

32051 **MAURY L.** Le Développement de l'enfant. Nouv. éd. *PUF, 1998.* (Que sais-je? ; 2574 c1)
ISBN 2-13-045192-6. *42 F / 6,40 €*

32052 **MAURY L.** Piaget et l'enfant. 3e éd. *PUF, 1997.* (Philosophies ; 2)
ISBN 2-13-040223-2. *45 F / 6,86 €*

32053 **MCGINNIS A. L.** Le pouvoir de l'optimisme. *J'ai lu, 1993.* (J'ai lu ; 7022. Bien-être c3)
ISBN 2-277-07022-X. *29 F / 4,42 €*

32054 **MELLODY P.** Vaincre la dépendance. *J'ai lu, 1992.* (J'ai lu ; 7013. Bien-être c4)
ISBN 2-277-07013-0. *36 F / 5,49 €*

32055 **MENAHEM R.** Joyce McDougall. 2e éd. corr. *PUF, 2000.* (Psychanalystes d'aujourd'hui ; 10)
ISBN 2-13-048550-2. *55 F / 8,38 €*

32056 **N** **MENAHEM R.** Sigmund Freud. 4, 1920-1939. *PUF, 2000.* (Psychanalystes d'aujourd'hui ; 34 c1)
ISBN 2-13-050918-5. *55 F / 8,38 €*

32057 **MENDEL G.** De Faust à Ubu, sur la formation de l'individu moderne. *Ed. de l'Aube, 1996.* (L'Aube poche ; 31 c7)
ISBN 2-87678-282-0. *59 F / 8,99 €*

32058 **MENDEL G.** La psychanalyse revisitée. *La Découverte, 1998.* (La Découverte poche ; 53. Sciences humaines et sociales)
ISBN 2-7071-2858-9. *55 F / 8,38 €*

32059 **MÉNÉCHAL J.** Introduction à la psychopathologie. *Dunod, 1997.* (Les topos. Psychologie c1)
ISBN 2-10-003535-5. *52 F / 7,93 €*

32060 **MÉNÉCHAL J.** Qu'est-ce que la névrose ?. *Dunod, 1999.* (Les topos. Psychologie c1)
ISBN 2-10-004297-1. *52 F / 7,93 €*

32061 **MERLEAU-PONTY M.** La Structure du comportement. *PUF, 1990.* (Quadrige ; 123)
ISBN 2-13-043534-3. *58 F / 8,84 €*

32062 **MESSERSCHMITT P., CHADEVILLE-PRIGENT M.** Ethique en psychiatrie de l'enfant. *PUF, 1991.* (Nodules)
ISBN 2-13-044156-4. *40 F / 6,10 €*

32063 **MEYER C. F.** Les souffrances d'un enfant. *Anthropos, 1997.* (Psychanalyse-poche ; 4 c1)
ISBN 2-7178-3090-1. *49 F / 7,47 €*

32064 **MEYER R., OLLIVIER S.** La somatanalyse. *Bernet-Danilo, 1998.* (Essentialis ; 20 c1)
ISBN 2-912663-09-1. *33 F / 5,03 €*

32065 **MEYERSON I.** Les fonctions psychologiques et les oeuvres. Nouv. éd. *Albin Michel, 1995.* (Bibliothèque de l'évolution de l'humanité ; 15)
ISBN 2-226-07789-8. *62 F / 9,45 €*

32066 **MIALET J-P.** L'attention. *PUF, 1999.* (Que sais-je? ; 3488 c1)
ISBN 2-13-050087-0. *42 F / 6,40 €*

32067 **MINKOWSKI E.** Le temps vécu. *PUF, 1995.* (Quadrige ; 190)
ISBN 2-13-046991-4. *78 F / 11,89 €*

32068 **MIROGLIO A.** La Psychologie des peuples. 4e éd. *PUF, 1970.* (Que sais-je? ; 798 c1)
ISBN 2-13-031500-3. *42 F / 6,40 €*

32069 **MOESSINGER P.** La Psychologie morale. *PUF, 1989.* (Que sais-je? ; 2465 c1)
ISBN 2-13-042387-6. *42 F / 6,40 €*

32070 **MONFORT J-C.** La psychogériatrie. *PUF, 1998.* (Que sais-je? ; 3333 c1)
ISBN 2-13-048845-5. *42 F / 6,40 €*

32071 **MONTARDRE H.** Parent de fille, parent de garçon : les élève-t-on de la même façon ?. *Milan, 1999.* (Du côté des parents ; 11 c1)
ISBN 2-84113-892-5. *48 F / 7,32 €*

32072 **MORALI-DANINOS A.** Histoire des relations sexuelles. 4e éd. *PUF, 1980.* (Que sais-je? ; 1074 c1)
ISBN 2-13-036561-2. *42 F / 6,40 €*

32073 **MORENO J. L.** Psychothérapie de groupe et psychodrame : introduction théorique et clinique à la socianalyse. *PUF, 1987.* (Quadrige ; 85)
ISBN 2-13-039766-2. *71 F / 10,82 €*

32074 **MORTERA S., NUNGE O.** L'analyse transactionnelle. 3e éd. *Bernet-Danilo, 2000.* (Essentialis ; 5 c1)
ISBN 2-912663-13-X. *33 F / 5,03 €*

32075 **MOSCATO M., WITTWER J.** La Psychologie du langage. 4e éd. corr. *PUF, 1992.* (Que sais-je? ; 1736 c1)
ISBN 2-13-044453-9. *42 F / 6,40 €*

32076 **MOSER G.** L'Agression. *PUF, 1987.* (Que sais-je? ; 2349 c1)
ISBN 2-13-039935-5. *42 F / 6,40 €*

32077 **MOUNIER E.** Traité du caractère. *Seuil, 1974.* (Points ; 56. Essais c4)
ISBN 2-02-000631-6. *55 F / 8,38 €*

32078 **MUCCHIELLI A.** L'identité. 4e éd. mise à jour. *PUF, 1999.* (Que sais-je? ; 2288 c1)
ISBN 2-13-044634-5. *42 F / 6,40 €*

32079 **MUCCHIELLI A.** Les motivations. 5e éd. mise à jour. *PUF, 2000.* (Que sais-je? ; 1949 c1)
ISBN 2-13-050604-6. *42 F / 6,40 €*

32080 **MULLER D.** Demander la lune : essai (et résultats). *Seuil, 1999.* (Points ; 688)
ISBN 2-02-035296-6. *39 F / 5,95 €*

32081 **MULLER M-F.** Croire en soi : la clé d'une vie heureuse. *Jouvence, 1997.* (Pratiques Jouvence ; 14)
ISBN 2-88353-124-2. *29 F / 4,42 €*

32082 **MULLER M-F.** L'enfant timide : comment lui redonner confiance. *Jouvence, 1997.* (Pratiques Jouvence ; 12)
ISBN 2-88353-121-8. *29 F / 4,42 €*

32083 **MULLER M-F.** Oser parler en public : les secrets d'une communication réussie. *Jouvence, 1997.* (Pratiques Jouvence ; 13)
ISBN 2-88353-123-4. *29 F / 4,42 €*

32084 **MULLER M-F.** Vivre au positif : et changer le cours de sa vie. *Jouvence, 1997.* (Pratiques Jouvence ; 15)
ISBN 2-88353-122-6. *29 F / 4,42 €*

32085 **MURPHY J.** Comment réussir votre vie. *J'ai lu, 1996.* (J'ai lu ; 4182. Aventure secrète c4)
ISBN 2-277-24182-2. *36 F / 5,49 €*

32086 **MYERS W.** Pratique de la communication non violente : établir de nouvelles relations. *Jouvence, 1999.* (Pratiques Jouvence ; 45)
ISBN 2-88353-184-6. *29 F / 4,42 €*

32087 **NABATI M.** La dépression. *Bernet-Danilo, 1999.* (Essentialis ; 46 c1)
ISBN 2-912663-28-8. *33 F / 5,03 €*

32088 **NACHIN C.** A l'aide, y a un secret dans le placard !. *Fleurus, 1999.* (Le métier de parents)
ISBN 2-215-04277-X. *59 F / 8,99 €*

32089 **Naissance et développement de la vie psychique. Réimpr.** *Erès, 1997.* (Mille et un bébés)
ISBN 2-86586-545-2. *30 F / 4,57 €*

32090 **Naître différent.** *Erès, 1997.* (Mille et un bébés)
ISBN 2-86586-543-6. *30 F / 4,57 €*

32091 **NAOURI A.** Une place pour le père. Réimpr. *Seuil, 1999.* (Points ; 643 c12)
ISBN 2-02-037446-3. *50 F / 7,62 €*

32092 **Narcisses.** *Gallimard, 2000.* (Folio ; 358. Essais)
ISBN 2-07-041185-0. *66 F / 10,06 €*

32093 **NASSIF J.** Comment devient-on psychanalyste?. *Erès, 1999*
ISBN 2-86586-720-X. *45 F / 6,86 €*

32094 **NATANSON M.** Dans ma famille, je demande les grands-parents. *Fleurus, 1999.* (Le métier de parents)
ISBN 2-215-04275-3. *59 F / 8,99 €*

32095 **NELSON S.** Vos rêves et leur signification : comment vous souvenir d'un rêve, reconnaître les détails importants et interpréter les messages de votre sommeil. *De Vecchi, 1997.* (De Vecchi poche ; 4047 c3)
ISBN 2-7328-4047-5. *38 F / 5,79 €*

32096 **NEMET-PIER L.** Moi, la nuit, je fais jamais dodo... *Fleurus, 2000.* (Le métier de parents)
ISBN 2-215-04297-4. *59 F / 8,99 €*

32097 **NORWOOD R.** Ces femmes qui aiment trop. 1. *J'ai lu, 1993.* (J'ai lu ; 7020. Bien-être c6)
ISBN 2-277-07020-3. *42 F / 6,40 €*

32098 **NORWOOD R.** Ces femmes qui aiment trop. 2, Comment réapprendre à aimer. *J'ai lu, 1998.* (J'ai lu ; 7095. Bien-être c6)
ISBN 2-277-07095-5. *42 F / 6,40 €*

32099 **Nouveau traité de psychiatrie de l'enfant et de l'adolescent.** *PUF, 1999.* (Quadrige ; 292)
ISBN 2-13-050253-9. *498 F / 75,92 €*

32100 **NUNGE O., MORTERA S.** Bien vivre ici et maintenant : la force de l'instant présent. *Jouvence, 1998.* (Pratiques Jouvence ; 40 c1)
ISBN 2-88353-148-X. *29 F / 4,42 €*

32101 **NUNGE O., MORTERA S.** Etre autonome : à l'écoute de ses vrais besoins. *Jouvence, 1998.* (Pratiques Jouvence ; 30 c1)
ISBN 2-88353-147-1. *29 F / 4,42 €*

32102 **NUNGE O., MORTERA S.** Gérer ses émotions : des réactions indispensables. *Jouvence, 1998.* (Pratiques Jouvence ; 29 c1)
ISBN 2-88353-145-5. *29 F / 4,42 €*

32103 **NUNGE O., MORTERA S.** Satisfaire son besoin de reconnaissance : s'accepter et être accepté. *Jouvence, 1998.* (Pratiques Jouvence ; 33 c1)
ISBN 2-88353-146-3. *29 F / 4,42 €*

32104 **N** **NUNGE O., MORTERRA S.** Développer le meilleur de soi-même. *Jouvence, 2000.* (Pratiques Jouvence)
ISBN 2-88353-218-4. *29 F / 4,42 €*

32105 **L'observation du nourrisson et ses applications.** *Erès, 1998.* (Mille et un bébés)
ISBN 2-86586-639-4. *38 F / 5,79 €*

32106 **N** **ODY M.** Denise Braunschweig. *PUF, 2000.* (Psychanalystes d'aujourd'hui ; 30)
ISBN 2-13-050763-8. *55 F / 8,38 €*

32107 **OGILVIE B.** Lacan, le sujet : la formation du concept de sujet, 1932-1949. 3e éd. *PUF, 1993.* (Philosophies ; 12)
ISBN 2-13-042118-0. *45 F / 6,86 €*

32108 **OLERON P.** L'Intelligence. 6e éd. rev. *PUF, 1994.* (Que sais-je? ; 210 c1)
ISBN 2-13-045982-X. *42 F / 6,40 €*

32109 **OLÉRON P.** Le Raisonnement. Réimpr. *PUF, 1995.* (Que sais-je? ; 1671 c1)
ISBN 2-13-047031-9. *42 F / 6,40 €*

32110 **N** **OLIVIER C.** L'ogre intérieur : de la violence personnelle et familiale. *LGF, 2001.* (Le Livre de poche ; 15014 c8)
ISBN 2-253-15014-2. *33 F / 5,03 €*

32111 **OPPENHEIMER A.** Heinz Kohut. *PUF, 1998.* (Psychanalystes d'aujourd'hui ; 19)
ISBN 2-13-049381-5. *55 F / 8,38 €*

32112 **ORLEMANS H., VAN DEN BERGH O.** Phobies intéroceptives et phobies de maladies. *PUF, 1997.* (Nodules)
ISBN 2-13-048691-6. *55 F / 8,38 €*

32113 **PALMADE G.** La Psychothérapie. 10e éd. *PUF, 1994.* (Que sais-je? ; 480 c1)
ISBN 2-13-042815-0. *42 F / 6,40 €*

32114 **PANAFIEU J. d.** La clarification du mental. *Bernet-Danilo, 1997.* (Essentialis ; 24 c1)
ISBN 2-912663-18-0. *33 F / 5,03 €*

32115 **PANAFIEU J. d.** Qui suis-je ? : les séminaires intensifs. *Bernet-Danilo, 1998.* (Essentialis ; 22 c1)
ISBN 2-912663-08-3. *33 F / 5,03 €*

32116 **PANAFIEU J. d.** Le rebirth. *Bernet-Danilo, 1998.* (Essentialis ; 36 c1)
ISBN 2-912663-02-4. *33 F / 5,03 €*

32117 **PAPADAKOS V.** Crise sociale et psychiatrie. *PUF, 1999.* (Médecine et société ; 7 c1)
ISBN 2-13-049776-4. *55 F / 8,38 €*

32118 **N** **La parentalité exposée.** *Erès, 2000.* (Mille et un bébés ; 35)
ISBN 2-86586-833-8. *45 F / 6,86 €*

32119 **PAUL-CAVALLIER F. J.** L'hypnose éricksonienne. *Bernet-Danilo, 1995.* (Essentialis ; 7 c1)
ISBN 2-909509-30-3. *33 F / 5,03 €*

32120 **PAULHAN I., BOURGEOIS M-L.** Stress et coping : les stratégies d'ajustement à l'adversité. 2e éd. *PUF, 1998.* (Nodules)
ISBN 2-13-046834-9. *48 F / 7,32 €*

32121 **PEARCE J. C.** Le futur commence aujourd'hui : le prochain défi de l'intelligence humaine. *J'ai lu, 1999.* (J'ai lu ; 5369. Aventure secrète c6)
ISBN 2-290-05369-4. *42 F / 6,40 €*

32122 **PECK S.** Le chemin le moins fréquenté : apprendre à vivre avec la vie. *J'ai lu, 1990.* (J'ai lu ; 2839. Aventure secrète cJ)
ISBN 2-277-22839-7. *39 F / 5,95 €*

32123 **PEDINIELLI J-L.** Psychosomatique et alexithymie. *PUF, 1992.* (Nodules)
ISBN 2-13-044866-6. *48 F / 7,32 €*

32124 **PEDINIELLI J-L., ROUAN G., BERTAGNE P.** Psychopathologie des addictions. 2e éd. *PUF, 2000.* (Nodules)
ISBN 2-13-047927-8. *48 F / 7,32 €*

32125 **PEIFFER V.** Soyez positifs. *J'ai lu, 1997.* (J'ai lu ; 7118. Bien-être)
ISBN 2-290-07118-8. *36 F / 5,49 €*

32126 **PELLERIN M., BRÈS M.** La Psychosynthèse. *PUF, 1994.* (Que sais-je? ; 2857 c1)
ISBN 2-13-046207-3. *42 F / 6,40 €*

32127 **PERRIER F.** L'amour : séminaire 1970-1971. *Hachette Littératures, 1998.* (Pluriel ; 939 c8)
ISBN 2-01-278939-0. *60 F / 9,15 €*

32128 **A** **PERRON-BORELLI M.** Les fantasmes. *PUF, 2001.* (Que sais-je? ; 3600)
ISBN 2-13-051458-8

32129 **PERRON R.** Histoire de la psychanalyse. 2e éd. *PUF, 1991.* (Que sais-je? ; 2415 c1)
ISBN 2-13-043876-8. *42 F / 6,40 €*

32130 **PERRON R., PERRON-BORELLI M.** Le Complexe d'Oedipe. *PUF, 1994.* (Que sais-je? ; 2899 c1)
ISBN 2-13-046581-1. *42 F / 6,40 €*

32131 **A** **PHILLIPS A.** Le pouvoir psy. *Hachette Littératures, 2001.* (Pluriel ; 940 c6)
ISBN 2-01-278940-4. *50 F / 7,62 €*

32132 **PIAGET J.** Psychologie et pédagogie. *Gallimard, 1988.* (Folio ; 91. Essais ; 91 c2)
ISBN 2-07-032481-8. *37 F / 5,64 €*

32133 **PIAGET J.** Six études de psychologie. *Gallimard, 1987.* (Folio ; 71. Essais ; 71 c2)
ISBN 2-07-032431-1. *37 F / 5,64 €*

32134 **PIAGET J., INHELDER B.** La Psychologie de l'enfant. 14e éd. *PUF, 1992.* (Que sais-je? ; 369 c1)
ISBN 2-13-044689-2. *42 F / 6,40 €*

32135 **PICHOT P.** Les tests mentaux. 16e éd. *PUF, 1999.* (Que sais-je? ; 626 c1)
ISBN 2-13-048096-9. *42 F / 6,40 €*

32136 **PIÉRON H.** La Sensation. 6e éd. *PUF, 1974.* (Que sais-je? ; 555 c1)
ISBN 2-13-033012-6. *42 F / 6,40 €*

32137 **PINEAU G., LE GRAND J-L.** Les Histoires de vie. *PUF, 1993.* (Que sais-je? ; 2760 c1)
ISBN 2-13-045502-6. *42 F / 6,40 €*

32138 **POLETTI R., DOBBS B.** L'estime de soi : un bien essentiel. *Jouvence, 1998.* (Pratiques Jouvence ; 39 c1)
ISBN 2-88353-150-1. *29 F / 4,42 €*

32139 **POLETTI R., DOBBS B.** Lâcher prise : dire oui à la vie. *Jouvence, 1998.* (Pratiques Jouvence ; 27 c1)
ISBN 2-88353-151-X. *29 F / 4,42 €*

32140 **POMMEREAU X.** Quand l'adolescent va mal : l'écouter, le comprendre, l'aimer. *J'ai lu, 1998.* (J'ai lu ; 7147. Bien-être c5)
ISBN 2-290-07147-1. *39 F / 5,95 €*

32141 **PONS J-C., FRYDMAN R.** Les jumeaux. 2e éd. corr. *PUF, 1998.* (Que sais-je? ; 2843 c1)
ISBN 2-13-046102-6. *42 F / 6,40 €*

32142 **PONTALIS J-B.** Après Freud. *Gallimard, 1993.* (Tel ; 223)
ISBN 2-07-072843-9. *52 F / 7,93 €*

32143 **PONTALIS J-B.** Entre le rêve et la douleur. *Gallimard, 1983.* (Tel ; 81)
ISBN 2-07-070006-2. *52 F / 7,93 €*

32144 **PONTALIS J-B.** La force d'attraction : trois essais de psychanalyse. *Seuil, 1999.* (Points. Essais ; 400)
ISBN 2-02-038981-9. *39 F / 5,95 €*

32145 **PONTALIS J-B.** Perdre de vue. *Gallimard, 1999.* (Folio ; 351. Essais c3)
ISBN 2-07-041019-6. *41 F / 6,25 €*

32146 **PORGE E.** Freud Fliess, mythe et chimère de l'auto-analyse. *Anthropos, 1996.* (Psychanalyse-poche ; 5)
ISBN 2-7178-3148-7. *49 F / 7,47 €*

32147 **POROT A., POROT M.** Les Toxicomanies. 8e éd. *PUF, 1993.* (Que sais-je? ; 586 c1)
ISBN 2-13-045630-8. *42 F / 6,40 €*

32148 **POTEL C.** Bébés et parents dans l'eau. *Erès, 1999.* (Mille et un bébés ; 22)
ISBN 2-86586-724-2. *45 F / 6,86 €*

32149 **N** **PRADERVAND P.** Le bonheur ça s'apprend : la voie du coeur. *Jouvence, 2001.* (Pratiques Jouvence c1)
ISBN 2-88353-225-7. *29 F / 4,42 €*

32150 **PRADERVAND P.** La vie simple : guide pratique. *Jouvence, 1999.* (Pratiques Jouvence ; 48)
ISBN 2-88353-185-4. *29 F / 4,42 €*

32151 **Premières sensations et créations.** *Erès, 1998.* (Les bébés et la musique; 1)(Mille et un bébés ; 15)
ISBN 2-86586-643-2. *42 F / 6,40 €*

32152 **PRÉVOST C.** La Psychologie fondamentale. 2e éd. *PUF, 1998.* (Que sais-je? ; 2835 c1)
ISBN 2-13-046066-6. *42 F / 6,40 €*

32153 **PRÉVOST C.** La Volonté. 2e éd. *PUF, 1994.* (Que sais-je? ; 353 c1)
ISBN 2-13-039382-9. *42 F / 6,40 €*

32154 **PRÉVOST C-M.** La Psychologie clinique. 2e éd. *PUF, 1991.* (Que sais-je? ; 2443 c1)
ISBN 2-13-043251-4. *42 F / 6,40 €*

32155 **La psychanalyse.** *Larousse, 1996.* (Textes essentiels)
ISBN 2-03-741025-5. *150 F / 22,87 €*

32156 **La Psychiatrie.** *Larousse, 1994.* (Textes essentiels)
ISBN 2-03-741012-3. *150 F / 22,87 €*

32157 **La psychologie et ses applications pratiques.** *LGF, 1995.* (Le Livre de poche ; 522. Références psychologie c10)
ISBN 2-253-90522-4. *40 F / 6,10 €*

32158 **La Psychopharmacologie chez l'enfant.** *PUF, 1991.* (Nodules)
ISBN 2-13-043848-2. *38 F / 5,79 €*

32159 **Psychose et parentalité.** *Erès, 1999.* (Mille et un bébés ; 24)
ISBN 2-86586-726-9. *35 F / 5,34 €*

32160 **Psychothérapie et réalisation spirituelle :** l'ego, la souffrance, la fin de la souffrance. *Diamantel, 1999.* (Spiramed)
ISBN 2-912677-07-6. *65 F / 9,91 €*

32161 **PURVES L.** Comment ne pas élever des enfants parfaits : guide des trois à huit ans à l'intention des parents flemmards. *Pocket, 1997.* (Pocket ; 4469 c5)
ISBN 2-266-07039-8. *35 F / 5,34 €*

32162 **PURVES L.** Comment ne pas être une famille parfaite. *Pocket, 1998.* (Pocket ; 10397 c5)
ISBN 2-266-08103-9. *35 F / 5,34 €*

32163 **PURVES L.** Comment ne pas être une mère parfaite ou L'art de se débrouiller pour avoir la paix. *Pocket, 1996.* (Pocket ; 4322. Best c5)
ISBN 2-266-06460-6. *35 F / 5,34 €*

32164 **A** **Qu'est-ce qui guérit dans la psychothérapie ?.** *PUF, 2001.* (Forum Diderot)
ISBN 2-13-051481-2. *79 F / 12,04 €*

32165 **QUARTIER-FRINGS F.** René Diatkine. *PUF, 1997.* (Psychanalystes d'aujourd'hui ; 15)
ISBN 2-13-048961-3. *55 F / 8,38 €*

32166 **Que savent les foetus ?.** *Erès, 1997.* (Mille et un bébés)
ISBN 2-86586-547-9. *38 F / 5,79 €*

32167 **Que sont les bébés devenus ?.** *Erès, 1997.* (Mille et un bébés)
ISBN 2-86586-546-0. *38 F / 5,79 €*

32168 **N** **RABINOVITCH S.** La forclusion : enfermés dehors. Réimpr. *Erès, 2000.* (Scripta)
ISBN 2-86586-559-2. *65 F / 9,91 €*

32169 **RABINOVITCH S.** Freud et Moïse. 3, Ecritures du meurtre. *Erès, 1997.* (Scripta)
ISBN 2-86586-509-6. *65 F / 9,91 €*

32170 **RATEAU D.** Lire des livres à des bébés. *Erès, 1998.* (Mille et un bébés ; 16)
ISBN 2-86586-644-0. *38 F / 5,79 €*

32171 **Recueil de confessions et observations psycho-sexuelles tirées de la littérature médicale.** *la Musardine, 2000.* (Lectures amoureuses de Jean-Jacques Pauvert ; 32)
ISBN 2-84271-053-3. *45 F / 6,86 €*

32172 **REUCHLIN M.** Histoire de la psychologie. 15e éd. *PUF, 1991.* (Que sais-je? ; 732 c1)
ISBN 2-13-044077-0. *42 F / 6,40 €*

32173 **REUCHLIN M.** Les méthodes en psychologie. 11e éd. rev. *PUF, 1998.* (Que sais-je? ; 1359 c1)
ISBN 2-13-044722-8. *42 F / 6,40 €*

32174 **N** **REY P.** Le désir. *Pocket, 2000.* (Pocket ; 10806 c3B)
ISBN 2-266-09766-0. *28 F / 4,27 €*

32175 **REY P.** Une saison chez Lacan. Nouv. éd. *Seuil, 1999.* (Points ; 616 c2)
ISBN 2-02-036716-5. *39 F / 5,95 €*

32176 **REYSSET P., WIEDEMANN T.** La pensée stratégique. *PUF, 1997.* (Que sais-je? ; 3245 c1)
ISBN 2-13-048412-3. *42 F / 6,40 €*

32177 **N** **RIBAS D.** Donald Woods Winnicott. *PUF, 2000.* (Psychanalystes d'aujourd'hui ; 29)
ISBN 2-13-050761-1. *55 F / 8,38 €*

32178 **RIBAS D.** L'énigme des enfants autistes. *Hachette Littératures, 1997.* (Pluriel ; 857)
ISBN 2-01-278857-2. *35 F / 5,34 €*

32179 **RICHARD F.** Les troubles psychiques à l'adolescence. *Dunod, 1998.* (Les topos. Psychologie c1)
ISBN 2-10-003757-9. *52 F / 7,93 €*

32180 **RICHARD J., BOVIER P.** La psychiatrie gériatrique. *PUF, 1997.* (Que sais-je? ; 3217 c1)
ISBN 2-13-048366-6. *42 F / 6,40 €*

32181 **RICOEUR P.** De l'interprétation : essai sur Freud. *Seuil, 1995.* (Points ; 298. Essais ; 298 c10)
ISBN 2-02-023679-6. *72 F / 10,98 €*

32182 **RIVIÈRE P.** Moi, Pierre Rivière, ayant égorgé ma mère, ma soeur et mon frère : un cas de parricide au XIXe siècle. *Gallimard, 1994.* (Folio ; 57. Histoire ; 57 c6)
ISBN 2-07-032828-7. *56 F / 8,54 €*

32183 **ROBBINS A.** Pouvoir illimité. *J'ai lu, 1999.* (J'ai lu ; 7175. Bien-être c9)
ISBN 2-290-07175-7. *52 F / 7,93 €*

32184 **ROBERTI A.** Comment se psychanalyser soi-même. *De Vecchi, 1998.* (De Vecchi poche ; 4228 c5)
ISBN 2-7328-4228-1. *42 F / 6,40 €*

32185 **ROBINE J-M.** La gestalt-thérapie. Nouv. éd. *Bernet-Danilo, 1999.* (Essentialis ; 4 c1)
ISBN 2-912663-19-9. *33 F / 5,03 €*

32186 **ROHEIM G.** Psychanalyse et anthropologie : culture, personnalité, inconscient. *Gallimard, 1978.* (Tel ; 30)
ISBN 2-07-029935-X. *69 F / 10,52 €*

32187 **ROJAS URREGO A.** Le Phénomène de la rencontre et la psychopathologie. *PUF, 1991.* (Nodules)
ISBN 2-13-044134-3. *40 F / 6,10 €*

32188 **ROSFELTER P.** Bébé blues : la naissance d'une mère. *Seuil, 1994.* (Points. Actuels ; 149 c2)
ISBN 2-02-020794-X. *39 F / 5,95 €*

32189 **ROSSANT L.** L'éveil psychomoteur du jeune enfant. *PUF, 1996.* (Que sais-je? ; 3141 c1)
ISBN 2-13-047787-9. *42 F / 6,40 €*

32190 **ROSSANT L., ROSSANT-LUMBROSO J.** Votre enfant : guide à l'usage des parents. Nouv. éd. *Laffont, 1994.* (Bouquins)
ISBN 2-221-07776-8. *169 F / 25,76 €*

32191 **ROTROU J. d.** La mémoire en pleine forme : comment l'entretenir, la préserver, la développer. *J'ai lu, 1995.* (J'ai lu ; 7087. Bien-être c5)
ISBN 2-277-07087-4. *39 F / 5,95 €*

32192 **ROUBAUD J., BERNARD M.** Quel avenir pour la mémoire ?. *Gallimard, 1998.* (Découvertes ; 349. Philosophie)
ISBN 2-07-053447-2. *75 F / 11,43 €*

32193 **ROUQUETTE M-L.** La Créativité. 5e éd. maj. *PUF, 1989.* (Que sais-je? ; 1528 c1)
ISBN 2-13-046895-0. *42 F / 6,40 €*

32194 **ROZON G.** Le rire. *Milan, 1998.* (Les essentiels Milan ; 24 c1)
ISBN 2-84113-341-9. *25 F / 3,81 €*

32195 **RUBAUD C., CHIFFRE J-D.** L'affirmation de soi. *Bernet-Danilo, 1995.* (Essentialis ; 16 c1)
ISBN 2-909509-56-7. *33 F / 5,03 €*

32196 **N** **RUBINSTEIN H.** La dépression masquée : l'identifier, la maîtriser, s'en libérer. *J'ai lu, 2000.* (J'ai lu ; 7214. Bien-être cH)
ISBN 2-290-30925-7. *32 F / 4,88 €*

32197 **SACKS O.** L'Homme qui prenait sa femme pour un chapeau : et autres récits cliniques. *Seuil, 1992.* (Points. Essais ; 245 c4)
ISBN 2-02-014630-4. *52 F / 7,93 €*

32198 **SACKS O.** Premier regard. *Seuil, 1999.* (Points ; 661)
ISBN 2-02-038103-6. *32 F / 4,88 €*

32199 **N** **SADLIER K.** Le stress post-traumatique chez l'enfant. *PUF, 2001.* (Médecine et société)
ISBN 2-13-050959-2. *59 F / 8,99 €*

32200 **SAFOUAN M.** Le Structuralisme en psychanalyse. *Seuil, 1973.* (Qu'est-ce que le structuralisme?; 4)(Points ; 47. Essais c1)
ISBN 2-02-000622-7. *32 F / 4,88 €*

32201 **SAINT-DRÔME O.** Comment choisir son psychanalyste ; Comment se débarasser de son psychanalyste ; Dictionnaire inespéré de 55 termes visités par Jacques Lacan. *Seuil, 1994.* (Point-virgule)
ISBN 2-02-023233-2. *103 F / 15,70 €*

32202 **SAINT-DRÔME O.** Comment choisir son psychanalyste. *Seuil, 1987.* (Point-virgule ; 48 c1)
ISBN 2-02-009449-5. *32 F / 4,88 €*

32203 **SAINT-DRÔME O.** Comment se débarrasser de son psychanalyste : 15 scénarios possibles, plus un. *Seuil, 1988.* (Point-virgule ; 59 c1)
ISBN 2-02-009914-4. *32 F / 4,88 €*

32204 **SAINT-DRÔME O.** Dictionnaire inespéré de 55 termes visités par Jacques Lacan. *Seuil, 1994.* (Point-virgule ; 141 c2)
ISBN 2-02-021350-8. *39 F / 5,95 €*

32205 **SAIRIGNÉ G. d.** Tous les dragons de notre vie... : chroniques du bord du gouffre. *LGF, 1994.* (Le Livre de poche ; 13582 c9)
ISBN 2-253-13582-8. *36 F / 5,49 €*

32206 **SALMON E.** L'ennéagramme. *Bernet-Danilo, 1998.* (Essentialis ; 19 c1)
ISBN 2-912663-07-5. *33 F / 5,03 €*

32207 **SALOMÉ J.** Apprivoiser la tendresse. *J'ai lu, 1998.* (J'ai lu ; 7134. Bien-être c4)
ISBN 2-290-07134-X. *36 F / 5,49 €*

32208 **A** **SALOMÉ J.** Le courage d'être soi : l'art de communiquer en conscience. *Pocket, 2001.* (Pocket ; 11088)
ISBN 2-266-10556-6

32209 **SALOMÉ J.** Papa, maman, écoutez-moi vraiment. *J'ai lu, 1996.* (J'ai lu ; 7112. Bien-être c5)
ISBN 2-277-07112-9. *39 F / 5,95 €*

32210 **SALOMÉ J., GALLAND S.** Les mémoires de l'oubli : se rencontrer pour changer. *Albin Michel, 1999.* (Espaces libres ; 92 c7)
ISBN 2-226-10768-1. *65 F / 9,91 €*

32211 **N** **SAMALIN N.** Conflits parents-enfants : comment maintenir le dialogue. *J'ai lu, 2000.* (J'ai lu ; 7198. Bien-être cl)
ISBN 2-290-30267-8. *36 F / 5,49 €*

32212 **SAMALIN N.** Savoir l'entendre, savoir l'aimer. Réimp. *J'ai lu, 1999.* (J'ai lu ; 7062. Bien-être c5)
ISBN 2-290-30425-5. *39 F / 5,95 €*

32213 **SANDRETTO J.** Un Enfant dans l'asile. *Seuil, 1980.* (Points ; 112. Essais c3)
ISBN 2-02-005415-9. *48 F / 7,32 €*

32214 **N** **SANFO V.** Guide pratique de l'autohypnose : comment développer la mémoire, arrêter de fumer, vaincre la timidité... Nouv. éd. *De Vecchi, 2000.* (De Vecchi poche ; 4127 c1)
ISBN 2-7328-4337-7. *29 F / 4,42 €*

32215 **SARY P.** La PNL. 4e éd. *Bernet-Danilo, 2000.* (Essentialis ; 2 c1)
ISBN 2-912663-12-1. *33 F / 5,03 €*

32216 **SAURET M-J.** Freud et l'inconscient. *Milan, 1999.* (Les essentiels Milan ; 125 c1)
ISBN 2-84113-773-2. *25 F / 3,81 €*

32217 **SAURET M-J., ALBERTI C.** La psychanalyse. *Milan, 1996.* (Les essentiels Milan ; 34 c1)
ISBN 2-84113-259-5. *25 F / 3,81 €*

32218 **N** **SAURET M-J., LAPEYRE M.** Lacan : le retour à Freud. *Milan, 2000.* (Les essentiels Milan ; 171 c1)
ISBN 2-7459-0046-3. *25 F / 3,81 €*

32219 **SAUVERZAC J-F.** Françoise Dolto : itinéraire d'une psychanalyste. *LGF, 1995.* (Le Livre de poche ; 13826 c11)
ISBN 2-253-13826-6. *42 F / 6,40 €*

32220 **SCARFONE D.** Jean Laplanche. *PUF, 1997.* (Psychanalystes d'aujourd'hui ; 8)
ISBN 2-13-048405-0. *48 F / 7,32 €*

32221 **SCHILDER P.** L'image du corps : études des forces constructives de la psyché. Réimpr. *Gallimard, 1980.* (Tel ; 53)
ISBN 2-07-022481-3. *64 F / 9,76 €*

32222 **SCHMID-KITSIKIS E.** Pour introduire la psychologie clinique. *Dunod, 1999.* (Les topos. Psychologie c1)
ISBN 2-10-004030-8. *52 F / 7,93 €*

32223 **SCHMID-KITSIKIS E.** Wilfred Bion. *PUF, 1999.* (Psychanalystes d'aujourd'hui ; 21 c1)
ISBN 2-13-049791-8. *55 F / 8,38 €*

32224 **SCHREBER D. P.** Mémoires d'un névropathe. Nouv. éd. *Seuil, 1985.* (Points. Essais ; 177 c4)
ISBN 2-02-008690-5. *52 F / 7,93 €*

32225 **SCHULER E.** L'assertivité. *Bernet-Danilo, 1996.* (Essentialis ; 30 c1)
ISBN 2-909509-67-2. *33 F / 5,03 €*

32226 **SCHUR M.** La Mort dans la vie de Freud. *Gallimard, 1982.* (Tel ; 65)
ISBN 2-07-025794-0. *82 F / 12,50 €*

32227 **SCITIVAUX F. d.** Lexique de psychanalyse. *Seuil, 1997.* (Mémo ; 51 c2)
ISBN 2-02-030425-2. *36 F / 5,49 €*

32228 **SENON J-L.** Psychiatrie de liaison en milieu pénitentiaire. *PUF, 1998.* (Médecine et société ; 6)
ISBN 2-13-049398-X. *55 F / 8,38 €*

32229 **N** **SÉRÉVILLE C. d.** Forgez une mémoire d'éléphant. *LGF, 2000.* (Le Livre de poche ; 16543. Pratique c7)
ISBN 2-253-16543-3. *30 F / 4,57 €*

32230 **SÉRÉVILLE C. d., BOURDIER F.** Evaluez votre Q.I. *LGF, 1993.* (Le Livre de poche ; 8128. Pratique c7)
ISBN 2-253-06544-7. *30 F / 4,57 €*

32231 **SERON X.** La Neuropsychologie cognitive. *PUF, 1993.* (Que sais-je? ; 2754 c1)
ISBN 2-13-045392-9. *42 F / 6,40 €*

32232 **SERSIRON D.** La Gynécologie de l'enfance et de l'adolescence. *PUF.* (Que sais-je? ; 2047 c1)
ISBN 2-13-037656-8. *42 F / 6,40 €*

32233 **Sexualités occidentales. Rééd.** *Seuil, 1984.* (Points ; 172. Essais c3)
ISBN 2-02-008517-8. *48 F / 7,32 €*

32234 **SEYMERT F.** L'Evaluation systémique de la famille. *PUF, 1990.* (Nodules)
ISBN 2-13-042907-6. *35 F / 5,34 €*

32235 **SHAMS AJILI G., MICHARD P.** L'approche contextuelle. *Bernet-Danilo, 1996.* (Essentialis ; 28 c1)
ISBN 2-909509-65-6. *33 F / 5,03 €*

32236 **N** **SHEEHAN E.** Anxiété, phobies et paniques. *J'ai lu, 2000.* (J'ai lu ; 7213. Bien-être cF)
ISBN 2-290-30924-9. *26 F / 3,96 €*

32237 **N** **SHEPARD R. N.** L'oeil qui pense : visions, illusions, perceptions. *Seuil, 2000.* (Points. Sciences ; 140)
ISBN 2-02-047174-4. *48 F / 7,32 €*

32238 **N** **SHER B., SMITH B.** Vous êtes doué et vous ne le savez pas : comment trouver sa voie et s'épanouir. Réimpr. *J'ai lu, 2000.* (J'ai lu ; 7141. Bien-être cL)
ISBN 2-290-07141-2. *45 F / 6,86 €*

32239 **SIBONY D.** Entre-deux. *Seuil, 1998.* (Points. Essais ; 357 c14)
ISBN 2-02-033504-2. *55 F / 8,38 €*

32240 **SIBONY D.** Evénements. 1. *Seuil, 1995.* (Points. Essais ; 305 c4)
ISBN 2-02-024677-5. *52 F / 7,93 €*

32241 **SIBONY D.** Evénements. 2. *Seuil, 1995.* (Points. Essais ; 306 c4)
ISBN 2-02-024678-3. *52 F / 7,93 €*

32242 **N** **SIBONY D.** Perversions : dialogues sur des folies actuelles. *Seuil, 2000.* (Points ; 428. Essais ; 428)
ISBN 2-02-041500-3. *59 F / 8,99 €*

32243 **SILLAMY N.** Dictionnaire de psychologie. Nouv. éd. *Larousse, 1998.* (Les référents)
ISBN 2-03-720331-4. *110 F / 16,77 €*

32244 **SIMONNET D.** Vivent les bébés! : ce que vivent les petits d'homme. *Seuil, 1991.* (Points. Actuels ; 108 c10)
ISBN 2-02-013113-7. *48 F / 7,32 €*

32245 **SMADJA E. J. V.** Le Rire. *PUF, 1993.* (Que sais-je? ; 2766 c1)
ISBN 2-13-045616-2. *42 F / 6,40 €*

32246 **ST JOHN P.** Le message des dauphins. *J'ai lu, 1996.* (J'ai lu ; 4281. Aventure secrète c4)
ISBN 2-290-04281-1. *36 F / 5,49 €*

32247 **N** **STENGERS J., VAN NECK A.** Histoire d'une grande peur : la masturbation. *Pocket, 2000.* (Agora ; 217 c6)
ISBN 2-266-09556-0. *38 F / 5,79 €*

32248 **SUTTER A-L., BOURGEOIS M-L.** Les unités mère-enfant en psychiatrie. *PUF, 1996.* (Nodules)
ISBN 2-13-047708-9. *48 F / 7,32 €*

32249 **SUTTER J., BERTA M.** L'Anticipation et ses aplications cliniques. *PUF, 1991.* (Nodules)
ISBN 2-13-044255-2. *39 F / 5,95 €*

32250 **SUZUKI D. T., FROMM E., MARTINO R. d.** Bouddhisme zen et psychanalyse. 5e éd. *PUF, 1998.* (Quadrige ; 15)
ISBN 2-13-039490-6. *55 F / 8,38 €*

32251 **TAISNE G. d.** Vous devriez l'emmener chez le psy. *Fleurus, 1997.* (Le métier de parents)
ISBN 2-215-04205-2. *59 F / 8,99 €*

32252 **TAISNE G. d., ROUSSEL N.** Temps familial et rythme de l'enfant. *Cerf, 1997.* (Grandir)
ISBN 2-204-05718-5. *50 F / 7,62 €*

32253 **TANNEN D.** Décidément, tu ne me comprends pas! : surmonter les malentendus entre hommes et femmes. *J'ai lu, 1994.* (J'ai lu ; 7083. Bien-être c6)
ISBN 2-290-30150-7. *42 F / 6,40 €*

32254 **N** **TANNEN D.** Décidément, tu ne me comprends pas! : surmonter les malentendus entre hommes et femmes. *Pocket, 2001.* (Pocket ; 11130 c7)
ISBN 2-266-10647-3. *42 F / 6,40 €*

32255 **TARDAN-MASQUELIER Y.** Jung et la question du sacré. Ed. révisée et enrichie. *Albin Michel, 1998.* (Spiritualités vivantes poche ; 153 c4)
ISBN 2-226-09581-0. *49 F / 7,47 €*

32256 **N** **TARDITS A.** Les formations du psychanalyste. *Erès, 2000.* (Scripta)
ISBN 2-86586-816-8. *85 F / 12,96 €*

32257 **TASSART-LAINEY M.** La morphopsychologie. Réimp. *Bernet-Danilo, 1998.* (Essentialis ; 15 c1)
ISBN 2-912663-11-3. *33 F / 5,03 €*

32258 **N** **TASSART-LAINEY M.** Partir à la retraite. *Bernet-Danilo, 2000.* (Essentialis ; 42 c1)
ISBN 2-912663-24-5. *33 F / 5,03 €*

32259 **THIRIET M., KÉPÈS S.** Femmes à 50 ans. *Seuil, 1986.* (Points. Actuels ; 77 c4)
ISBN 2-02-009386-3. *48 F / 7,32 €*

32260 **THIS B.** Le Père, acte de naissance. *Seuil, 1991.* (Points. Essais ; 225 c3)
ISBN 2-02-013231-1. *48 F / 7,32 €*

32261 **THOMAS R.** L'apprentissage moteur. *PUF, 1997.* (Que sais-je? ; 3206 c1)
ISBN 2-13-048358-5. *42 F / 6,40 €*

32262 **THOMAS R., ALAPHILIPPE D.** Les Attitudes. 2e éd. corr. *PUF, 1993.* (Que sais-je? ; 2091 c1)
ISBN 2-13-037941-9. *42 F / 6,40 €*

32263 **THUILLIER J.** La folie, histoire et dictionnaire. *Laffont, 1996.* (Bouquins)
ISBN 2-221-06426-7. *159 F / 24,24 €*

32264 **THURIN M.** Le discours, émergences du sens, niveaux d'analyse, perspectives cliniques. *PUF, 1997.* (Nodules)
ISBN 2-13-048807-2. *55 F / 8,38 €*

32265 **TOMATIS A.** L'oreille et la vie. *LGF, 1999.* (Le Livre de poche ; 8195. Pratique c12)
ISBN 2-253-08195-7. *44 F / 6,71 €*

32266 **TOURETTE-TOURGIS C.** Le counseling : théorie et pratique. *PUF, 1996.* (Que sais-je? ; 3133 c1)
ISBN 2-13-047750-X. *42 F / 6,40 €*

32267 **Transmettre la vie.** *Erès, 1997.* (Mille et un bébés)
ISBN 2-86586-540-1. *35 F / 5,34 €*

32268 **TROISIER H.** Piera Aulagnier. *PUF, 1998.* (Psychanalystes d'aujourd'hui ; 17)
ISBN 2-13-049346-7. *55 F / 8,38 €*

32269 **TRUCHIS C. d.** L'éveil de votre enfant : pour un bébé actif et détendu. *J'ai lu, 1998.* (J'ai lu ; 7146. Bien-être c7)
ISBN 2-290-07146-3. *45 F / 6,86 €*

32270 **TUCKER N.** Le grand amour pour la vie. *J'ai lu, 1995.* (J'ai lu ; 7099. Bien-être c3)
ISBN 2-277-07099-8. *29 F / 4,42 €*

32271 **TUSTIN F.** Autisme et psychose de l'enfant. *Seuil, 1982.* (Points ; 140. Essais c2)
ISBN 2-02-006128-7. *39 F / 5,95 €*

32272 **UYTTENHOVE L.** Les rêves : plus de 1.000 rêves expliqués, des interprétations originales et votre clé des songes. *LGF, 1998.* (Le Livre de poche ; 8180. Pratique c7)
ISBN 2-253-08180-9. *30 F / 4,57 €*

32273 **VALAS P.** Les dimensions de la jouissance : du mythe de la pulsion à la dérive de la jouissance : le concept de la jouissance dans le champ freudien. *Erès, 1998.* (Scripta)
ISBN 2-86586-632-7. *75 F / 11,43 €*

32274 **VALLA J-P., BERGERON L.** L'Epidémiologie de la santé mentale de l'enfant et de l'adolescent. *PUF, 1994.* (Nodules)
ISBN 2-13-046653-2. *48 F / 7,32 €*

32275 **VALLEUR M., BUCHER C.** Le jeu pathologique. *PUF, 1997.* (Que sais-je? ; 3310 c1)
ISBN 2-13-048737-8. *42 F / 6,40 €*

32276 **VAN EERSEL P.** Réapprivoiser la mort : avènement des soins palliatifs et recherches sur les derniers instants en France, entre 1977 et 1999. *LGF, 1999.* (Le Livre de poche ; 14714 c13)
ISBN 2-253-14714-1. *46 F / 7,01 €*

32277 **VAN GULIK R.** La Vie sexuelle dans la Chine ancienne. *Gallimard, 1987.* (Tel ; 17)
ISBN 2-07-029654-7. *79 F / 12,04 €*

32278 **VAN HEUSDEN A., VAN DEN EEREN-BEEMT E. M.** Thérapie familiale et générations : aperçu sur l'oeuvre de Ivan Boszormenyi-Nagy. *PUF, 1994.* (Nodules)
ISBN 2-13-046097-6. *48 F / 7,32 €*

32279 **N** **VAN RILLAER J.** La colère. *Bernet-Danilo, 2000.* (Essentialis ; 43 c1)
ISBN 2-912663-25-3. *33 F / 5,03 €*

32280 **VAN RILLAER J.** Peurs, angoisses et phobies. *Bernet-Danilo, 1998.* (Essentialis ; 37 c1)
ISBN 2-912663-03-2. *33 F / 5,03 €*

32281 **VAN RILLAER J.** Les thérapies comportementales. *Bernet-Danilo, 1995.* (Essentialis ; 18 c1)
ISBN 2-909509-58-3. *33 F / 5,03 €*

32282 **VANINI C.** Manuel pratique de graphologie. Nouv. éd. *De Vecchi, 1999.* (De Vecchi poche ; 4835)
ISBN 2-7328-4835-2. *33 F / 5,03 €*

32283 **VASSALO G.** Comment pratiquer l'hypnose. *De Vecchi, 1986.* (De Vecchi poche ; 4033 c2)
ISBN 2-7328-4033-5. *29 F / 4,42 €*

32284 **VASSE D.** L'ombilic et la voix : deux enfants en analyse. *Seuil, 1999.* (Points ; 392. Essais)
ISBN 2-02-037169-3. *69 F / 10,52 €*

32285 **VASSE D.** Le temps du désir : essai sur le corps et la parole. *Seuil, 1997.* (Points ; 350. Essais c10)
ISBN 2-02-032377-X. *45 F / 6,86 €*

32286 **VERBRUGGHE G.** Vieillir : au-delà des clichés. *Bernet-Danilo, 1998.* (Essentialis ; 44 c1)
ISBN 2-912663-26-1. *33 F / 5,03 €*

32287 **VIDERMAN S.** La Construction de l'espace analytique. *Gallimard, 1982.* (Tel ; 69)
ISBN 2-07-022729-4. *55 F / 8,38 €*

32288 **La Vie du toxicomane :** séminaire de Marmettan 1980. 3e éd. *PUF, 1991.* (Nodules)
ISBN 2-13-044057-6. *35 F / 5,34 €*

32289 **VIGOR M-F.** Enfants : comment répondre à leurs questions!. *J'ai lu, 1992.* (J'ai lu ; 7011. Bien-être c6)
ISBN 2-277-07011-4. *42 F / 6,40 €*

32290 **N** **VILLERBU L. M., GRAZIANI C.** Les dangers du lien sectaire. *PUF, 2000.* (Médecine et société ; 17)
ISBN 2-13-050543-0. *59 F / 8,99 €*

32291 **N** **Vocabulaire de la psychologie. 3e éd.** *PUF, 2000.* (Quadrige ; 144)
ISBN 2-13-044599-3. *104 F / 15,85 €*

32292 **WALLON H.** L'Enfant turbulent. *PUF, 1984.* (Quadrige ; 60)
ISBN 2-13-038450-1. *60 F / 9,15 €*

32293 **WALLON H.** Les Origines de la pensée chez l'enfant. *PUF, 1989.* (Quadrige ; 110)
ISBN 2-13-042459-7. *75 F / 11,43 €*

32294 **WALLON H.** Les Origines du caractère chez l'enfant. 10e éd. *PUF, 1993.* (Quadrige ; 53)
ISBN 2-13-045217-5. *69 F / 10,52 €*

32295 **N** **WALLON P.** Le dessin d'enfant. *PUF, 2001.* (Que sais-je? ; 3591 c1)
ISBN 2-13-051125-2. *42 F / 6,40 €*

32296 **WALLON P.** Le paranormal. *PUF, 1999.* (Que sais-je? ; 3424 c1)
ISBN 2-13-049568-0. *42 F / 6,40 €*

32297 **N** **WATZLAWICK P.** Les cheveux du baron de Münchhausen : psychothérapie et réalité. *Seuil, 2000.* (Points ; 423. Essais c12)
ISBN 2-02-040723-X. *50 F / 7,62 €*

32298 **WATZLAWICK P.** Le Langage du changement : éléments de communication thérapeutique. *Seuil, 1986.* (Points ; 186. Essais c2)
ISBN 2-02-009387-1. *39 F / 5,95 €*

32299 **WATZLAWICK P., WEAKLAND J., FISCH R.** Changements : paradoxes et psychothérapie. *Seuil, 1981.* (Points ; 130. Essais c2)
ISBN 2-02-005871-5. *39 F / 5,95 €*

32300 **WILFART S.** Le chant de l'être : analyser, construire, harmoniser par la voix. *Albin Michel, 1997.* (Espaces libres ; 78 c3)
ISBN 2-226-09441-5. *45 F / 6,86 €*

32301 **WILLIAMS D.** Quelqu'un, quelque part. *J'ai lu, 1996.* (J'ai lu ; 4144. Littérature générale c4)
ISBN 2-277-24144-X. *36 F / 5,49 €*

32302 **WILLIAMS D.** Si on me touche, je n'existe plus : le témoignage exceptionnel d'une jeune autiste. Réimpr. *J'ai lu, 1998.* (J'ai lu ; 3445. Littérature générale c4)
ISBN 2-290-13445-7. *36 F / 5,49 €*

32303 **WINNICOTT D. W.** La Consultation thérapeutique et l'enfant. *Gallimard, 1979.* (Tel ; 40)
ISBN 2-07-028626-6. *98 F / 14,94 €*

32304 **WOLF M.** La psychopathologie et ses méthodes. *PUF, 1998.* (Que sais-je? ; 3298 c1)
ISBN 2-13-048668-1. *42 F / 6,40 €*

32305 **WUNENBURGER J-J.** L'Imagination. Nouv. éd. *PUF, 1991.* (Que sais-je? ; 649 c1)
ISBN 2-13-043793-1. *42 F / 6,40 €*

32306 **YHUEL I.** Mère et fille, l'amour réconcilié. *J'ai lu, 1999.* (J'ai lu ; 7161. Bien-être c6)
ISBN 2-290-07161-7. *42 F / 6,40 €*

32307 **N** **YHUEL I.** Quand les femmes rompent. *J'ai lu, 2000.* (J'ai lu ; 7201. Bien-être cJ)
ISBN 2-290-30300-3. *39 F / 5,95 €*

32308 **YORKE C.** Anna Freud. *PUF, 1997.* (Psychanalystes d'aujourd'hui ; 6 c1)
ISBN 2-13-048333-X. *48 F / 7,32 €*

32309 **ZAZZO R.** Les Jumeaux : le couple et la personne. 3e éd. *PUF, 1992.* (Quadrige ; 88)
ISBN 2-13-044376-1. *88 F / 13,42 €, RAMUZ C-F.*
Raison d'être. *Aire, 1978.* (Le Chant du monde).
30 F / 4,57 €

Religions

32311 **ABBÉ PIERRE** Paroles. *Actes Sud, 1999.* (Le souffle de l'esprit)
ISBN 2-7427-2421-4. *29 F / 4,42 €*

32312 **ABBÉ PIERRE** Une Terre et des hommes : méditations. *Cerf : Bayard Editions-Centurion, 1994.* (Foi vivante ; 343. Témoins c2)
ISBN 2-204-05037-7. *45 F / 6,86 €*

32313 **ABBÉ PIERRE, AMBLARD H.** Amour toujours!. *Seuil, 1992.* (Point-virgule ; 121 c1)
ISBN 2-02-018907-0. *32 F / 4,88 €*

32314 **ABBÉ PIERRE, GUILBERT D.** Testament... *Pocket, 1997.* (Pocket ; 10302. Best c4)
ISBN 2-266-07774-0. *30 F / 4,57 €*

32315 **L'ABC de la foi.** *Cerf, 1998.* (Les Carnets de Fêtes et saisons ; 29 c1)
ISBN 2-204-06140-9. *25 F / 3,81 €*

32316 **ABD-EL-JALIL J-M.** L'Islam et nous. Nouv. éd. *Cerf, 1991.* (Foi vivante ; 268. Formation c1)
ISBN 2-204-04361-3. *40 F / 6,10 €*

32317 **ABD EL-KADER** Ecrits spirituels. *Seuil, 1994.* (Points. Sagesses ; 72 c3)
ISBN 2-02-021882-8. *48 F / 7,32 €*

32318 **ABÉCASSIS A.** Messianités, éclipse politique et éclosions apocalyptiques. *LGF, 1996.* (La pensée juive; 4)(Le Livre de poche ; 4132. Biblio essais c16)
ISBN 2-253-05622-7. *55 F / 8,38 €*

32319 **ACKERMANN B.** Abba, Père bien-aimé : neuvaine à la gloire de Notre Père du ciel. *Saint-Augustin, 1998.* (Spiritualité en poche)
ISBN 2-88011-138-2. *45 F / 6,86 €*

32320 **N** **ADAMS C.** Un temps pour la gratitude. *Cerf, 2000.* (Un temps pour ; 18)
ISBN 2-204-06515-3. *40 F / 6,10 €*

32321 **N** **ADAMS C.** Un temps pour les mères débordées. *Cerf, 2000.* (Un temps pour ; 17)
ISBN 2-204-06514-5. *40 F / 6,10 €*

32322 **ADDAS C.** Ibn Arabî et le voyage sans retour. *Seuil, 1996.* (Points ; 114. Sagesses c8)
ISBN 2-02-025126-4. *39 F / 5,95 €*

32323 **N** **Un âge d'or de l'Eglise :** le 4e siècle. *Cerf, 2000.* (Les Carnets de Fêtes et saisons ; 42 c1)
ISBN 2-204-06475-0. *25 F / 3,81 €*

32324 **AIVANHOV O. M.** Approche de la cité céleste : commentaires de l'Apocalypse. 2e éd. *Prosveta, 1991.* (Izvor ; 230 c1)
ISBN 2-85566-476-4. *57 F / 8,69 €*

32325 **N** **AIVANHOV O. M.** Nouvelle lumière sur les Evangiles. 7e éd. *Prosveta, 2000.* (Izvor ; 217 c1)
ISBN 2-85566-284-2. *57 F / 8,69 €*

32326 **N** **AIVANHOV O. M.** Le véritable enseignement du Christ. 10e éd. *Prosveta, 2000.* (Izvor ; 215 c1)
ISBN 2-85566-289-3. *57 F / 8,69 €*

32327 **AIVANHOV O. M.** La Vérité, fruit de la sagesse et de l'amour. *Prosveta, 1992.* (Izvor ; 234 c1)
ISBN 2-85566-520-5. *57 F / 8,69 €*

32328 **N** **AJCHENBAUM Y-M., AJCHENBAUM J.** Les judaïsmes. *Gallimard, 2000.* (Folio ; 79. Actuel cC)
ISBN 2-07-041304-7. *41 F / 6,25 €*

32329 **ALEXANDRE C.** Etre mystique : à l'école de saint Jean de la Croix et de sainte Thérèse d'Avila. *Cerf, 1994.* (Foi vivante ; 330. Vie spirituelle c5)
ISBN 2-204-04964-6. *65 F / 9,91 €*

32330 **ALILI R.** Qu'est-ce que l'islam ?. *La Découverte, 2000.* (La Découverte poche ; 83. Essais)
ISBN 2-7071-3195-4. *79 F / 12,04 €*

32331 **ALPHANDÉRY P., DUPRONT A.** La chrétienté et l'idée de croisade. *Albin Michel, 1995.* (Bibliothèque de l'évolution de l'humanité ; 10)
ISBN 2-226-07629-8. *85 F / 12,96 €*

32332 **Amour et silence. Nouv. éd.** *Seuil, 1995.* (Livre de vie ; 130 c2)
ISBN 2-02-023611-7. *32 F / 4,88 €*

32333 **ANANDAMAYI (ma)** Aux sources de la joie. *Albin Michel, 1996.* (Spiritualités vivantes poche ; 142 c2)
ISBN 2-226-08790-7. *39 F / 5,95 €*

32334 **ANASTHASE (saint)** Antoine le Grand, père des moines. *Cerf, 1989.* (Foi vivante ; 240. Les classiques c4)
ISBN 2-204-03168-2. *55 F / 8,38 €*

32335 **N** **ANATI E.** La religion des origines. *Hachette Littératures, 2001.* (Pluriel ; 991)
ISBN 2-01-278991-9. *40 F / 6,10 €*

32336 **ANCELET-HUSTACHE J.** Car ils seront consolés. *Seuil, 1968.* (Livre de vie ; 89 c1)
ISBN 2-02-000542-5. *32 F / 4,88 €*

32337 **N** **ANCELET-HUSTACHE J.** Maître Eckhart et la mystique rhénane. *Seuil, 2000.* (Points. Sagesses ; 153)
ISBN 2-02-040764-7. *45 F / 6,86 €*

32338 **ANGÈLE DE FOLIGNO** Le Livre des visions et instructions. *Seuil, 1991.* (Points. Sagesses ; 39 c3)
ISBN 2-02-012882-9. *48 F / 7,32 €*

32339 **ANGELUS SILESIUS** Le Pèlerin chérubinique : épigrammes et maximes spirituelles pour enseigner la contemplation de Dieu. *Albin Michel, 1994.* (Spiritualités vivantes poche ; 124 c2)
ISBN 2-226-06600-4. *39 F / 5,95 €*

32340 **Anthologie du soufisme.** *Albin Michel, 1995.* (Spiritualités vivantes poche ; 132 c4)
ISBN 2-226-07838-X. *49 F / 7,47 €*

32341 **N** **ANTOINE (ermite à Roquebrune-sur-Argens)** Une bouffée d'ermite. *Pocket, 2000.* (Pocket ; 10751 c6)
ISBN 2-266-09453-X. *38 F / 5,79 €*

32342 **N** **Apocalypse.** *Mille et une nuits : Serpent à Plumes, 2000*
ISBN 2-84205-525-X. *10 F / 1,52 €*

32343 **L'Apocalypse.** *Mille et une nuits, 1997.* (La petite collection ; 131 cA)
ISBN 2-84205-099-1. *10 F / 1,52 €*

32344 **L'apocalypse.** *Librio, 1999.* (Librio ; 329 c1)
ISBN 2-290-30080-2. *10 F / 1,52 €*

32345 **ARNOULD J.** Les créationnistes. *Cerf ; Fides, 1996.* (Bref ; 52)
ISBN 2-204-05323-6. ISBN 2-7621-1569-8. *50 F / 7,62 €*

32346 **ARRUPE P.** Promouvoir la justice. *Cerf : Vie chrétienne, 1992.* (Foi vivante ; 289. Vie spirituelle c1)
ISBN 2-204-04516-0. *40 F / 6,10 €*

32347 **ATTAR F. a-D.** Le langage des oiseaux. *Albin Michel, 1996.* (Spiritualités vivantes poche ; 137 c4)
ISBN 2-226-08513-0. *49 F / 7,47 €*

32348 **ATTAR F. a-D.** Le Mémorial des saints. *Seuil, 1976.* (Points. Sagesses ; 6 c4)
ISBN 2-02-004468-4. *52 F / 7,93 €*

32349 **AUBERT R.** L'Affaire Rushdie. *Cerf ; Fides, 1990.* (Bref ; 31)
ISBN 2-204-04193-9. *50 F / 7,62 €*

32350 **AUBERT R.** Problèmes de l'unité chrétienne. *Seuil, 1961.* (Livre de vie ; 11 c1)
ISBN 2-02-000488-7. *32 F / 4,88 €*

32351 **AUBRUN J.** Les oubliés de l'Evangile. *Cerf, 1995.* (Foi vivante ; 355. Bible c3)
ISBN 2-204-05182-9. *50 F / 7,62 €*

32352 **AUCLAIR M.** Bernadette. *Seuil, 1961.* (Livre de vie ; 10 c2)
ISBN 2-02-000487-9. *39 F / 5,95 €*

32353 **AUCLAIR M.** La Joie par l'Evangile. *Seuil, 1981.* (Livre de vie ; 139 c2)
ISBN 2-02-005873-1. *39 F / 5,95 €*

32354 **AUGUSTIN (saint)** La Cité de Dieu. 1, Livres I à X. *Seuil, 1994.* (Points. Sagesses ; 75 c16)
ISBN 2-02-022064-4. *62 F / 9,45 €*

32355 **AUGUSTIN (saint)** La Cité de Dieu. 2, Livres XI à XVII. *Seuil, 1994.* (Points. Sagesses ; 76 c16)
ISBN 2-02-022065-2. *62 F / 9,45 €*

32356 **AUGUSTIN (saint)** La Cité de Dieu. 3, Livres XVIII à XXII. *Seuil, 1994.* (Points. Sagesses ; 77 c16)
ISBN 2-02-022066-0. *62 F / 9,45 €*

32357 **AUGUSTIN (saint)** Confessions. *Gallimard, 1993.* (Folio ; 2465 c13)
ISBN 2-07-038606-6. *56 F / 8,54 €*

32358 **AUGUSTIN (saint)** Confessions. *Seuil, 1982.* (Points. Sagesses ; 31 c6)
ISBN 2-02-006318-2. *62 F / 9,45 €*

32359 **AUGUSTIN (saint)** Jésus-Christ mort et ressuscité pour nous. *Cerf, 1986.* (Foi vivante ; 214. Les classiques c1)
ISBN 2-204-02528-3. *40 F / 6,10 €*

32360 **AUROBINDO (sri)** La Bhagavad-Gitâ : extraits des Essays on the Gitâ. *Albin Michel, 1977.* (Spiritualités vivantes poche ; 1 c5)
ISBN 2-226-01278-8. *55 F / 8,38 €*

32361 **AUROBINDO (sri)** De la Grèce à l'Inde : Héraclite, aperçus et pensées, la mère. *Albin Michel, 1976.* (Spiritualités vivantes poche ; 22 c3)
ISBN 2-226-00389-4. *45 F / 6,86 €*

32362 **AUROBINDO (sri)** Le Guide du Yoga. *Albin Michel, 1976.* (Spiritualités vivantes poche ; 2 c4)
ISBN 2-226-01279-6. *49 F / 7,47 €*

32363 **AUROBINDO (sri)** La Pratique du yoga intégral. *Albin Michel, 1987.* (Spiritualités vivantes poche ; 66 c4)
ISBN 2-226-00399-1. *49 F / 7,47 €*

32364 **AUROBINDO (sri)** Trois upanishads : Isha, Kena, Mundaka. *Albin Michel, 1972.* (Spiritualités vivantes poche ; 7 c3)
ISBN 2-226-04787-5. *45 F / 6,86 €*

32365 **L'Autre rive :** textes fondamentaux du zen. *Albin Michel, 1988.* (Spiritualités vivantes poche ; 67 c3)
ISBN 2-226-03302-5. *45 F / 6,86 €*

32366 **N** **Aux origines du christianisme.** *Gallimard, 2000.* (Folio ; 98. Histoire ; 98)
ISBN 2-07-041114-1. *66 F / 10,06 €*

32367 **AZRIA R.** Le judaïsme. *La Découverte, 1996.* (Repères ; 203 c1)
ISBN 2-7071-2617-9. *52 F / 7,93 €*

32368 **BÂ A. H.** Vie et enseignement de Tierno Bokar : le sage de Bandiagara. *Seuil, 1980.* (Points. Sagesses ; 23 c5)
ISBN 2-02-005657-7. *55 F / 8,38 €*

32369 **BALTHASAR H. U. v.** Elisabeth de la Trinité et sa mission spirituelle. *Seuil, 1996.* (Livre de vie ; 152 c11)
ISBN 2-02-030300-0. *48 F / 7,32 €*

32370 **BALTHASAR H. U. v.** La Foi du Christ. *Cerf, 1994.* (Foi vivante ; 76. Pensée chrétienne c4)
ISBN 2-204-04978-6. *55 F / 8,38 €*

32371 **BALTHASAR H. U. v.** Pâques, le mystère. *Cerf, 1996.* (Foi vivante ; 357. Pensée chrétienne c5)
ISBN 2-204-05415-1. *65 F / 9,91 €*

32372 **BANON D.** Le messianisme. *PUF, 1998.* (Que sais-je? ; 3377 c1)
ISBN 2-13-049243-6. *42 F / 6,40 €*

32373 **BANON D.** Le Midrach. *PUF, 1995.* (Que sais-je? ; 3019 c1)
ISBN 2-13-047211-7. *42 F / 6,40 €*

32374 **Bardo-Thödol :** le livre tibétain des morts. Réimpr. *Albin Michel, 1991.* (Spiritualités vivantes poche ; 26 c2)
ISBN 2-226-01286-9. *39 F / 5,95 €*

32375 **BARNAY S.** Les Apparitions de la Vierge. *Cerf ; Fides, 1992.* (Bref ; 43)
ISBN 2-204-04546-2. ISBN 2-7621-1530-2. *50 F / 7,62 €*

32376 **N** **BARNAY S.** La Vierge, femme au visage divin. *Gallimard, 2000.* (Découvertes ; 401. Religions c4)
ISBN 2-07-053521-5. *85 F / 12,96 €*

32377 **BARRAL-BARON A.** Le Célibat, chemin de vie : ombres et lumières. *Cerf, 1990.* (Foi vivante ; 249. Pensée chrétienne c2)
ISBN 2-204-04198-X. *45 F / 6,86 €*

32378 **BARRAL-BARON A.** Naître, vivre et mourir aujourd'hui. *Cerf, 1988.* (Foi vivante ; 229. Formation c3)
ISBN 2-204-02858-4. *50 F / 7,62 €*

32379 **BARREAU J-C.** La Foi d'un païen. *Seuil, 1970.* (Livre de vie ; 101 c1)
ISBN 2-02-000552-2. *32 F / 4,88 €*

32380 **BARTH K.** L'Eglise en péril. *Desclée De Brouwer, 2000.* (Les carnets DDB)
ISBN 2-220-04673-7. *72 F / 10,98 €*

32381 **BARTHÉLEMY D.** Dieu et son image : ébauche d'une théologie biblique. Nouv. éd. *Cerf, 1990.* (Foi vivante ; 148. Bible c3)
ISBN 2-204-04204-8. *50 F / 7,62 €*

32382 **BASILE DE CÉSARÉE (saint)** Magnifiez le Seigneur avec moi ! : homélies sur les psaumes. *Cerf, 1997.* (Foi vivante ; 387. Les classiques c2)
ISBN 2-204-05643-X. *50 F / 7,62 €*

32383 **BASSET L.** Guérir du malheur. *Albin Michel, 1999.* (Spiritualités vivantes poche ; 170 c5)
ISBN 2-226-11043-7. *55 F / 8,38 €*

32384 **BASSET L.** Le pouvoir de pardonner. *Albin Michel, 1999.* (Spiritualités vivantes poche ; 171 c4)
ISBN 2-226-11044-5. *49 F / 7,47 €*

32385 **BAUBÉROT J.** Histoire du protestantisme. 4e éd. rev. *PUF, 1998.* (Que sais-je? ; 427 c1)
ISBN 2-13-045857-2. *42 F / 6,40 €*

32386 **BAUER J.** Les Juifs hassidiques. *PUF, 1994.* (Que sais-je? ; 2830 c1)
ISBN 2-13-046228-6. *42 F / 6,40 €*

32387 **BEAUDE P-M.** La passion des premiers chrétiens. *Gallimard, 1998.* (Découvertes texto ; 6 c2)
ISBN 2-07-053460-X. *52 F / 7,93 €*

32388 **BEAUDE P-M.** Premiers chrétiens, premiers martyrs. Réimpr. *Gallimard, 1993.* (Découvertes ; 189. Religions c6)
ISBN 2-07-053211-9. *90 F / 13,72 €*

32389 **BEAURECUEIL S. d.** Un Chrétien en Afghanistan : nous avons partagé le pain et le sel. *Cerf, 1985.* (Foi vivante ; 209. Témoins c2)
ISBN 2-204-02326-4. *45 F / 6,86 €*

32390 **BEAURECUEIL S. d.** Mes enfants de Kaboul. *Cerf, 1992.* (Foi vivante ; 295. Témoins c3)
ISBN 2-204-04575-6. *50 F / 7,62 €*

32391 **BECHTEL G.** La chair, le diable et le confesseur. *Hachette Littératures, 1995.* (Pluriel ; 8748 c5)
ISBN 2-01-278748-7. *65 F / 9,91 €*

32392 **BEGIN Y.** La dynamique de l'intimité. Nouv. éd. *Cerf ; Nouvelle Cité, 1995.* (Foi vivante ; 356. Formation c4)
ISBN 2-204-05183-7. ISBN 2-85313-235-8. *55 F / 8,38 €*

32393 **BELLET M.** La Force de vivre. *Cerf : Desclée De Brouwer, 1990.* (Foi vivante ; 241. Vie spirituelle c1)
ISBN 2-204-04144-0. *40 F / 6,10 €*

32394 **N** **BELLINGER G. J.** Encyclopédie des religions. *LGF, 2000.* (La Pochothèque ; 13111. Encyclopédies d'aujourd'hui)
ISBN 2-253-13111-3. *135 F / 20,58 €*

32395 **BENOÎT (saint)** La règle de Saint Benoît. Réimpr. *Cerf, 1998.* (Foi vivante ; 182. Les classiques c2)
ISBN 2-204-01158-4 (rron) 2-204-06112-3. *50 F / 7,62 €*

32396 **BENTOUNÈS A.** Le choeur des prophètes : ainsi a parlé le Cheikh Sidi Hadj 'Adda Bentounès. *Albin Michel, 1999.* (Spiritualités vivantes poche ; 169 c3)
ISBN 2-226-10991-9. *45 F / 6,86 €*

32397 **BENTOUNÈS K.** Le soufisme, coeur de l'islam. *Pocket, 1999.* (Pocket ; 10696 c5)
ISBN 2-266-09310-X. *35 F / 5,34 €*

32398 **BENZINE R., DELORME C.** Nous avons tant de choses à nous dire : pour un vrai dialogue entre chrétiens et musulmans. *Albin Michel, 1998.* (Espaces libres ; 88 c3)
ISBN 2-226-10532-8. *45 F / 6,86 €*

32399 **BERNADOT M-V.** De l'eucharistie à la Trinité. Réimpr. *Cerf, 1991.* (Foi vivante ; 186. Formation c1)
ISBN 2-204-01223-8. *40 F / 6,10 €*

32400 **BERNANOS G.** Les Prédestinés. *Seuil, 1983.* (Points. Sagesses ; 32 c1)
ISBN 2-02-006382-4. *32 F / 4,88 €*

32401 **BERNARD DE CLAIRVAUX (saint)** Lettres d'humanité. *Cerf, 1996.* (Foi vivante ; 378. Les classiques c2)
ISBN 2-204-05485-2. *45 F / 6,86 €*

32402 **BÉRULLE P. d.** Elévation sur sainte Madeleine. *Cerf, 1987.* (Foi vivante ; 224. Les classiques c3)
ISBN 2-204-02727-8. *50 F / 7,62 €*

32403 **BÉRULLE P. d.** Les Mystères de la vie du Christ. *Cerf, 1988.* (Foi vivante ; 233. Les classiques c1)
ISBN 2-204-02975-0. *40 F / 6,10 €*

32404 **BÉRULLE P. d.** La Vie de Jésus. *Cerf, 1989.* (Foi vivante ; 236. Les classiques c4)
ISBN 2-204-03108-9. *55 F / 8,38 €*

32405 **BESNARD A. M.** Un Certain Jésus. *Cerf : Ed. de l'Atelier, 1968.* (Foi vivante ; 79. Formation c1)
ISBN 2-204-03930-6. *40 F / 6,10 €*

32406 **BESNARD A. M.** Propos intempestifs sur la prière. *Cerf, 1978.* (Foi vivante ; 188. Vie spirituelle c1)
ISBN 2-204-01276-9. *40 F / 6,10 €*

32407 **BESSIÈRE G.** Le bonheur est-il possible ?. *Cerf, 1997.* (Les Carnets de Fêtes et saisons ; 22 c1)
ISBN 2-204-05629-4. *25 F / 3,81 €*

32408 **BESSIÈRE G.** Jésus, le Dieu inattendu. *Gallimard, 1993.* (Découvertes ; 170. Religions c6)
ISBN 2-07-053184-8. *90 F / 13,72 €*

32409 **N** **BESSIÈRE G.** Prier comme Jésus. Réimpr. *Cerf ; Novalis, 2001.* (Les Carnets de Fêtes et saisons ; 9 c1)
ISBN 2-204-05046-6. ISBN 2-89088-689-1. *25 F / 3,81 €*

32410 **BESSIÈRE G.** Les prophètes. *Cerf, 1996.* (Les Carnets de Fêtes et saisons ; 19 c1)
ISBN 2-204-05348-1. *25 F / 3,81 €*

32411 **BESSIÈRE G., CHIOVARO F.** Urbi et Orbi : deux mille ans de Papauté. *Gallimard, 1995.* (Découvertes ; 269. Religions c6)
ISBN 2-07-053326-3. *90 F / 13,72 €*

32412 **BESSIÈRE G., SEVIN M.** Les Evangiles. *Cerf, 1996.* (Les Carnets de Fêtes et saisons ; 20 c1)
ISBN 2-204-05349-X. *25 F / 3,81 €*

32413 **BESSIERES G., VULLIEZ H.** Frère François, le saint d'Assise. *Gallimard, 1998.* (Découvertes ; 354. Religions)
ISBN 2-07-053453-7. *85 F / 12,96 €*

32414 **BETZ M-O.** Psaumes pour nos enfants. *Cerf, 1998.* (Foi vivante ; 400. Vie spirituelle)
ISBN 2-204-06069-0. *50 F / 7,62 €*

32415 **N** **BEUKELAER E. d.** Les erreurs de l'Eglise. *Fidélité, 2000.* (Que penser de...? ; 43 c1)
ISBN 2-87356-186-6. *15 F / 2,29 €*

32416 **La Bhagavad-Gîta.** *Arléa, 1995.* (Retour aux grands textes poche ; 6)
ISBN 2-86959-241-8. *35 F / 5,34 €*

32417 **La Bhagavad Gitâ.** *Seuil, 1997.* (Points. Sagesses ; 9 c8)
ISBN 2-02-004546-X. *39 F / 5,95 €*

32418 **Bhagavad-Gitâ, le chant du bienheureux.** *Mille et une nuits, 1997.* (La petite collection ; 135 cB)
ISBN 2-84205-103-3. *15 F / 2,29 €*

32419 **N** **BIANCHI E.** Comment évangéliser aujourd'hui. *Saint-Augustin, 2000.* (Spiritualité en poche)
ISBN 2-88011-195-1. *35 F / 5,34 €*

32420 **BIANCHI E.** Le sida, vivre et mourir en communion. *Cerf, 1998.* (Les Carnets de Fêtes et saisons ; 27 c1)
ISBN 2-204-06007-0. *25 F / 3,81 €*

32421 **La Bible. 9 éd.** *Colbo, 1999.* (Judaïca-poche)
ISBN 2-85332-202-5. *120 F / 18,29 €*

32422 **La Bible.** *Laffont, 1998.* (Bouquins)
ISBN 2-221-05867-4. *189 F / 28,81 €*

32423 **La Bible :** traduction oecuménique. *LGF, 1997.* (La Pochothèque ; 3236. Classiques modernes)
ISBN 2-253-13236-5. *130 F / 19,82 €*

32424 **La Bible :** version luxe. Réimpr. *Colbo, 1999.* (Judaïca-poche)
ISBN 2-85332-203-3. *180 F / 27,44 €*

32425 **La Bible de Jérusalem. Nouv. éd. rev. et corr.** *Pocket, 1998.* (Pocket ; 10456)
ISBN 2-266-08732-0. *75 F / 11,43 €*

32426 **La Bible de Jérusalem pour tous :** l'Ancien Testament. *Cerf, 1991.* (Foi vivante ; 272. Bible c6)
ISBN 2-204-04363-X. *75 F / 11,43 €*

32427 **La Bible de Jérusalem pour tous :** Nouveau Testament. 3e éd. *Cerf, 1999.* (Foi vivante. Bible)
ISBN 2-204-06381-9. *95 F / 14,48 €*

32428 **BIDEAU G.** Saint Nicolas. *Ab éditions, 1997.* (La vie des saints ; 6 c1)
ISBN 2-930052-25-2. *5,95 € / 39,03 F*

32429 **BIDEAU G.** Saint Patrick. *Ab éditions, 1997.* (La vie des saints ; 7 c1)
ISBN 2-930052-26-0. *5,95 € / 39,03 F*

32430 **BITTON D.** Les Mormons. *Cerf ; Fides, 1989.* (Bref ; 19)
ISBN 2-204-03150-X. ISBN 2-7621-1462-4. *50 F / 7,62 €*

32431 **BLACHÈRE R.** Le Coran. 12e éd. *PUF, 1999.* (Que sais-je? ; 1245 c1)
ISBN 2-13-044076-2. *42 F / 6,40 €*

32432 **N** **BLANC P.** Aller au Coeur de Jésus. *Saint-Augustin, 2000.* (Spiritualité en poche)
ISBN 2-88011-214-1. *49 F / 7,47 €*

32433 **BLOCH R.** La Divination dans l'antiquité. *PUF, 1984.* (Que sais-je? ; 2135 c1)
ISBN 2-13-038169-3. *42 F / 6,40 €*

32434 **BLOFELD J.** Le Bouddhisme tantrique du Tibet. *Seuil, 1976.* (Points. Sagesses ; 5 c3)
ISBN 2-02-004400-5. *48 F / 7,32 €*

32435 **BLOFELD J.** Le Taoïsme vivant. *Albin Michel, 1994.* (Spiritualités vivantes poche ; 120 c4)
ISBN 2-226-06888-0. *49 F / 7,47 €*

32436 **BLOOM A.** L'école de la prière. *Seuil, 1995.* (Livre de vie ; 143 c6)
ISBN 2-02-025492-1. *32 F / 4,88 €*

32437 **BLUM L., WOGUE L.** Rituel des prières journalières. 3e éd. *Colbo, 1993.* (Judaïca-poche)
ISBN 2-85332-147-9. *69 F / 10,52 €*

32438 **BODSON G.** Les secrets de l'Apocalypse. *J'ai lu, 2000.* (J'ai lu ; 5477. Littérature générale)
ISBN 2-290-30197-3. *42 F / 6,40 €*

32439 **BOISSELIER J.** La sagesse du Bouddha. Réimpr. *Gallimard, 1993.* (Découvertes ; 194. Religions c6)
ISBN 2-07-053262-3. *90 F / 13,72 €*

32440 **BONHOEFFER D.** De la vie communautaire. Réimpr. *Cerf ; Labor et Fides, 1988.* (Foi vivante ; 83. Formation c1)
ISBN 2-204-05255-8. ISBN 2-8309-0129-0. *40 F / 6,10 €*

32441 **BORGES J. L., JURADO A.** Qu'est-ce que le bouddhisme?. *Gallimard, 1996.* (Folio. Essais ; 293 c1)
ISBN 2-07-032703-5. *29,50 F / 4,50 €*

32442 **BOSC J.** La Foi chrétienne : accords et divergences des Eglises. *Cerf, 1992.* (Foi vivante ; 290. Formation c1)
ISBN 2-204-04538-1. *45 F / 6,86 €*

32443 **BOTTÉRO J.** La plus vieille religion : en Mésopotamie. *Gallimard, 1998.* (Folio ; 82. Histoire c7)
ISBN 2-07-032863-5. *60 F / 9,15 €*

32444 **BOTTÉRO J., OUAKNIN M-A., MOINGT J.** La plus belle histoire de Dieu : qui est le Dieu de la Bible? : essai. *Seuil, 1999.* (Points ; 684)
ISBN 2-02-038209-1. *35 F / 5,34 €*

32445 **BOUAMRANE C., GARDET L.** Panorama de la pensée islamique. *Sindbad, 1991.* (La Petite bibliothèque de Sindbad)
ISBN 2-7274-0203-1. *98 F / 14,94 €*

32446 **BOUCHET J-R.** Si tu cherches Dieu. Réimpr. *Cerf, 1996.* (Foi vivante ; 211. Vie spirituelle c1)
ISBN 2-204-02444-9. *40 F / 6,10 €*

32447 **BOUFLET J.** Guide des lieux de silence. *LGF, 1997.* (Les guides Sélène ; 17002)
ISBN 2-253-17002-X. *75 F / 11,43 €*

32448 **BOUFLET J.** Les stigmatisés. *Cerf, 1996.* (Bref ; 51)
ISBN 2-204-05188-8. *50 F / 7,62 €*

32449 **BOULAD H.** Paraboles d'aujourd'hui. *Saint-Augustin, 2000.* (Spiritualité en poche)
ISBN 2-88011-183-8. *50 F / 7,62 €*

32450 **BOURDIL P-Y.** Le Dieu des philosophes. *Cerf ; Fides, 1989.* (Bref ; 22)
ISBN 2-204-04034-7. ISBN 2-7621-1481-0. *50 F / 7,62 €*

32451 **BOUSQUET F.** Croire. *Cerf, 1991.* (Foi vivante ; 282. Formation c4)
ISBN 2-204-04376-1. *55 F / 8,38 €*

32452 **BOUTTIER M.** Quêtes et requêtes : pages de journal. *Cerf, 1990.* (Foi vivante ; 256. Vie spirituelle c1)
ISBN 2-204-04275-7. *40 F / 6,10 €*

32453 **BOUYER L.** Architecture et liturgie. *Cerf, 1991.* (Foi vivante ; 276. Formation c1)
ISBN 2-204-04366-4. *40 F / 6,10 €*

32454 **BOUYER L.** La Bible et l'Evangile. *Seuil, 1962.* (Livre de vie ; 29 c2)
ISBN 2-02-000503-4. *39 F / 5,95 €*

32455 **BOUYER L.** Initiation chrétienne. *Seuil, 1964.* (Livre de vie ; 52 c1)
ISBN 2-02-000519-0. *32 F / 4,88 €*

32456 **BOYER A.** Theodor Herzl. *Albin Michel, 1991.* (Présences du judaïsme poche ; 2 c3)
ISBN 2-226-05145-7. *45 F / 6,86 €*

32457 **BRACONNIER O.** Radiographie d'une secte au-dessus de tout soupçon. *Cerf, 1995.* (Foi vivante ; 366. Formation ; 366 c5)
ISBN 2-204-05276-0. *65 F / 9,91 €*

32458 **BRAHIMI R.** Guide pratique du bouddhisme. *J'ai lu, 1997.* (J'ai lu ; 4593. Aventure secrète cJ)
ISBN 2-290-04593-4. *39 F / 5,95 €*

32459 **BRAMLY S.** Macumba : forces noires du Brésil. *Albin Michel, 1981.* (Spiritualités vivantes poche ; 27 c1)
ISBN 2-226-01288-5. *35 F / 5,34 €*

32460 **BRASSEUR M.** Provence, terre de mythes et de légendes. *Terre de brume, 1998.* (Bibliothèque de poche ; 4. Essais c2)
ISBN 2-84362-017-1. *44 F / 6,71 €*

32461 **BRAUD P.** Etes-vous catholique...?. *Presses de Sciences Po, 1998.* (La Bibliothèque du citoyen c1)
ISBN 2-7246-0757-0. *75 F / 11,43 €*

32462 **BRENON A.** Les Cathares : pauvres du Christ ou apôtres de satan ?. *Gallimard, 1997.* (Découvertes ; 319. Religions)
ISBN 2-07-053403-0. *75 F / 11,43 €*

32463 **BRENON A.** Les cathares, une Eglise chrétienne au bûcher. *Milan, 1998.* (Les essentiels Milan ; 120 c1)
ISBN 2-84113-710-4. *25 F / 3,81 €*

32464 **N** **BRENON A.** Le dico des cathares. *Milan, 2000.* (Les dicos essentiels Milan)
ISBN 2-84113-817-8. *58 F / 8,84 €*

32465 **BRO B.** Apprendre à prier. Nouv. éd. augm. *Cerf, 1992.* (Foi vivante ; 11. Vie spirituelle c2)
ISBN 2-204-02356-6. *45 F / 6,86 €*

32466 **BRO B.** La Foi n'est pas ce que vous pensez. Nouv. éd. *Cerf, 1993.* (Foi vivante ; 298. Vie spirituelle c1)
ISBN 2-204-04603-5. *40 F / 6,10 €*

32467 **BRO B., CARROUGES M.** Jean-Marie Vianney, curé d'Ars. *Cerf, 1990.* (Foi vivante ; 245. Témoins c1)
ISBN 2-204-04148-3. *40 F / 6,10 €*

32468 **N** **BROSSE J.** Le Bouddha. *J'ai lu, 2001.* (J'ai lu ; 5804. Aventure secrète)
ISBN 2-290-31006-9. *39 F / 5,95 €*

32469 **N** **BROSSE J.** Les maîtres zen. *Albin Michel, 2001.* (Spiritualités vivantes poche)
ISBN 2-226-12228-1. *59 F / 8,99 €*

32470 **BROSSE J.** Satori : dix ans d'expérience avec un maître zen. *Albin Michel, 1984.* (Spiritualités vivantes poche ; 41 c3)
ISBN 2-226-01972-3. *45 F / 6,86 €*

32471 **BROSSE J.** Zen et Occident. *Albin Michel, 1999.* (Spiritualités vivantes poche ; 163 c5)
ISBN 2-226-10729-0. *55 F / 8,38 €*

32472 **BROSSEAU J.** J'offrirai d'avoir gueulé : le témoignage d'Arlette. *Ed. de l'Atelier : Cerf, 1998.* (Foi vivante ; 403. Témoins)
ISBN 2-7082-3401-3. ISBN 2-204-06181-6. *55 F / 8,38 €*

32473 **A** **BROWN P.** La vie de Saint Augustin. Nouv. éd. *Seuil, 2001.* (Points. Histoire c17)
ISBN 2-02-038617-8. *65 F / 9,91 €*

32474 **BRUNEL H.** Prières à Marie. *Cerf, 1999.* (Foi vivante ; 414. Vie spirituelle c1)
ISBN 2-204-06377-0. ISBN 2-7082-3477-3. *40 F / 6,10 €*

32475 **BRUNEL H.** Prières pour ceux qui n'ont pas le temps. *Cerf : Ed. de l'Atelier, 1999.* (Foi vivante ; 406. Vie spirituelle c1)
ISBN 2-204-06250-2. ISBN 2-7082-3428-5. *40 F / 6,10 €*

32476 **BRUNETTTE P.** François d'Assise et ses conversions. *Ed. franciscaines, 1993.* (Présence de saint François ; 35)
ISBN 2-85020-037-9. *72 F / 10,98 €*

32477 **BUBER M.** Les récits hassidiques. 1. *Seuil, 1996.* (Points. Sagesses ; 110 c14)
ISBN 2-02-025231-7. *55 F / 8,38 €*

32478 **BUBER M.** Les récits hassidiques. 2. *Seuil, 1996.* (Points. Sagesses ; 113 c13)
ISBN 2-02-025232-5. *52 F / 7,93 €*

32479 **BUCAILLE M.** La Bible, le Coran et la science : les Ecritures saintes examinées à la lumière des connaissances modernes. *Pocket, 1999.* (Agora ; 198 c6)
ISBN 2-266-08598-0. *38 F / 5,79 €*

32480 **BURGRAFF J.** La mission aujourd'hui. *Fidélité, 1996.* (Que penser de...? ; 30 c1)
ISBN 2-87356-124-6. *15 F / 2,29 €*

32481 **BURN L.** Mythes grecs. *Seuil, 1994.* (Points. Sagesses ; 71 c2)
ISBN 2-02-019538-0. *39 F / 5,95 €*

32482 **N** **BURNET R.** 30 méditations avec les Actes des Apôtres. *Cerf, 2000.* (Les Carnets de Fêtes et saisons ; 41 c1)
ISBN 2-204-06474-2. *25 F / 3,81 €*

32483 **BUTTET N.** Brûlé au soleil de Dieu. *Cerf, 1998.* (Paroles pour vivre)
ISBN 2-204-06075-5. *50 F / 7,62 €*

32484 **CALVIN J.** Oeuvres choisies. *Gallimard, 1995.* (Folio ; 2701. Classique c8)
ISBN 2-07-039250-3. *37 F / 5,64 €*

32485 **CAMPENHAUSEN H. v.** Les Pères grecs. *Seuil, 1969.* (Livre de vie ; 95 c2)
ISBN 2-02-000546-8. *52 F / 7,93 €*

32486 **A** **CAMPENHAUSEN H. v.** Les pères latins. *Seuil, 2001.* (Livre de vie ; 96)
ISBN 2-02-049208-3. *59 F / 8,99 €*

32487 **CANTALAMESSA R.** L'Eucharistie, notre sanctification : méditations. *Saint-Augustin, 1999.* (Spiritualité en poche)
ISBN 2-88011-165-X. *75 F / 11,43 €*

32488 **CANTALAMESSA R.** Le mystère de Pentecôte : ils furent tous remplis d'Esprit saint. *Saint-Augustin, 1999.* (Spiritualité en poche)
ISBN 2-88011-148-X. *62 F / 9,45 €*

32489 **Cantique des Cantiques.** *Mille et une nuits, 1994.* (La petite collection ; 25 cA)
ISBN 2-910233-25-1. *10 F / 1,52 €*

32490 **Le Cantique des cantiques.** *Arléa, 1995.* (Retour aux grands textes poche ; 5)
ISBN 2-86959-240-X. *35 F / 5,34 €*

32491 **N** **Le Cantique des cantiques.** *Mille et une nuits : Serpent à Plumes, 2000*
ISBN 2-84205-524-1. *10 F / 1,52 €*

32492 **N** **Le cantique des cantiques.** *Mercure de France, 2000.* (Le petit Mercure)
ISBN 2-7152-2233-5. *20 F / 3,05 €*

32493 **N** **CARDON DE LICHTBUER P.** Lire et goûter la parole de Dieu. *Fidélité, 2001.* (Foi vivante. Vie spirituelle)
ISBN 2-87356-200-5. *145 FB / 3,59 €*

32494 **CARLES J.** Le Premier homme. *Cerf; Fides, 1994.* (Bref ; 49)
ISBN 2-204-04970-0. ISBN 2-7621-1565-5. *50 F / 7,62 €*

32495 **CARRÉ A-M.** Baptisés dans le Christ. *Cerf, 1986.* (Foi vivante ; 212. Vie spirituelle c1)
ISBN 2-204-02485-6. *40 F / 6,10 €*

32496 **CARRÉ A-M.** Chaque jour je commence. Nouv. éd. *Cerf, 1993.* (Foi vivante ; 312. Témoins c4)
ISBN 2-204-04776-7. *55 F / 8,38 €*

32497 **CARRÉ A-M.** Le Notre Père, prière du Christ et des chrétiens. *Cerf, 1972.* (Foi vivante ; 142. Vie spirituelle c1)
ISBN 2-204-03667-6. *40 F / 6,10 €*

32498 **CARRÉ A-M.** La Rencontre avec Jésus-Christ. *Cerf, 1987.* (Foi vivante ; 225. Les classiques c1)
ISBN 2-204-02840-1. *40 F / 6,10 €*

32499 **CARRÉ A-M., BESSIÈRE G.** Prières pour les jours de notre vie. *Cerf, 1991.* (Foi vivante ; 265. Vie spirituelle c1)
ISBN 2-204-04271-4. *40 F / 6,10 €*

32500 **CARRETTO C.** Moi, François d'Assise. *Cerf : Bayard Editions-Centurion, 1991.* (Foi vivante ; 278. Témoins c2)
ISBN 2-204-04368-0. *45 F / 6,86 €*

32501 **CARRETTO C.** Mon Père, je m'abandonne à toi. *Cerf ; Nouvelle Cité, 1990.* (Foi vivante ; 248. Vie spirituelle c3)
ISBN 2-204-04197-1. *50 F / 7,62 €*

32502 **CASARIL G.** Rabbi Siméon Bar Yochai et la Cabbale. 2e éd. *Seuil, 1977.* (Microcosme. Maîtres spirituels ; 26 c1)
ISBN 2-02-000281-7. *49 F / 7,47 €*

32503 **CASAS B. d. l.** L'Evangile et la force. 3e éd. rev. et corr. *Cerf, 1991.* (Foi vivante ; 264. Les classiques c4)
ISBN 2-204-04322-2. *55 F / 8,38 €*

32504 **CASEL O.** Le Mystère de la liturgie : choix de textes. *Cerf, 1990.* (Foi vivante ; 260. Formation c1)
ISBN 2-204-04235-8. *40 F / 6,10 €*

32505 **CASSIEN J.** Les collations de Jean Cassien ou L'unité des sources. *Albin Michel : Cerf, 1992.* (Spiritualités vivantes poche ; 102 c4)
ISBN 2-226-06088-X. *49 F / 7,47 €*

32506 **CASSIEN J.** Répondre à l'appel du Christ : la vie spirituelle à l'école des Pères du désert. *Cerf, 1996.* (Foi vivante ; 369. Les classiques c5)
ISBN 2-204-05331-7. *65 F / 9,91 €*

32507 **CATANE M.** Qui est juif?. *Colbo, 1990.* (Judaïca-poche)
ISBN 2-85332-088-X. *69 F / 10,52 €*

32508 **CERTEAU M. d.** La Fable mystique. 1. *Gallimard, 1987.* (Tel ; 115)
ISBN 2-07-070903-5. *62 F / 9,45 €*

32509 **N** **CESBRON G.** Lourdes entre ciel et terre. *Cerf, 2000.* (Les Carnets de Fêtes et saisons ; 44 c1)
ISBN 2-204-06506-4. *25 F / 3,81 €*

32510 **CEYRAC P.** Pèlerin des frontières. *Cerf, 1998.* (Paroles pour vivre)
ISBN 2-204-06109-3. *50 F / 7,62 €*

32511 **CHALENDAR X. d.** Les Prêtres. *Seuil, 1963.* (Microcosme. Le Temps qui court ; 31 c1)
ISBN 2-02-000178-0. *49 F / 7,47 €*

32512 **CHAMPEAUX J.** La religion romaine. *LGF, 1998.* (Le Livre de poche ; 552. Références histoire c12)
ISBN 2-253-90552-6. *44 F / 6,71 €*

32513 **CHANDRA (swami)** L'Art de la réalisation. *Albin Michel, 1985.* (Spiritualités vivantes poche ; 53 c2)
ISBN 2-226-02468-9. *39 F / 5,95 €*

32514 **Le chant du Messie :** anthologie du Nouveau Testament. *Seuil, 1997.* (Points. Sagesses ; 122 c7)
ISBN 2-02-031044-9. *35 F / 5,34 €*

32515 **CHANTIN J-P.** Le jansénisme : entre hérésie imaginaire et résistance catholique (XVIIe-XIXe siècle). *Cerf ; Fides, 1996.* (Bref)
ISBN 2-204-05366-X. ISBN 2-7621-1567-1. *48 F / 7,32 €*

32516 **CHARLIER C.** La Lecture chrétienne de la Bible. *Seuil, 1964.* (Livre de vie ; 46 c2)
ISBN 2-02-000515-8. *39 F / 5,95 €*

32517 **N** **CHEBEL M.** Dictionnaire des symboles musulmans : rites, mystique et civilisation. *Albin Michel, 2000.* (Spiritualités vivantes poche ; 179)
ISBN 2-226-12137-4. *59 F / 8,99 €*

32518 **CHÉLINI J.** L'histoire religieuse de l'Occident médiéval. Nouv. éd. *Hachette Littératures, 1997.* (Pluriel ; 8570 c5)
ISBN 2-01-278867-X. *65 F / 9,91 €*

32519 **CHÉLINI J., BRANTHOMME H.** Les chemins de Dieu : histoire des pèlerinages chrétiens des origines à nos jours. *Hachette Littératures, 1995.* (Pluriel ; 8725 c5)
ISBN 2-01-278725-8. *65 F / 9,91 €*

32520 **CHENU B., NEUSCH M.** Au pays de la théologie : à la découverte des hommes et des courants. 2e éd. *Cerf : Bayard Editions-Centurion, 1994.* (Foi vivante ; 347. Formation c3)
ISBN 2-204-05096-2. *50 F / 7,62 €*

32521 **CHENU M-D.** Pour une théologie du travail. *Seuil, 1965.* (Livre de vie ; 53 c1)
ISBN 2-02-000520-4. *32 F / 4,88 €*

32522 **CHENU M-D.** Saint Thomas D'Aquin et la théologie. Ed. rev. *Seuil, 1977.* (Microcosme. Maîtres spirituels ; 17 c1)
ISBN 2-02-000272-8. *49 F / 7,47 €*

32586 **DALAÏ-LAMA 14** Océan de sagesse. *Pocket, 1990.* (Pocket ; 3513 c4)
ISBN 2-266-03638-6. *30 F / 4,57 €*

32587 **DALAÏ-LAMA 14** Passerelles : entretiens avec des scientifiques sur la nature de l'esprit. *Albin Michel, 2000.* (Spiritualités vivantes poche ; 173 c5)
ISBN 2-226-11510-2. *55 F / 8,38 €*

32588 **DALAÏ-LAMA 14** Samsâra : la vie, la mort, la renaissance : le livre du Dalaï-Lama. *Pocket, 1997.* (Pocket ; 10200 c4)
ISBN 2-266-07536-5. *30 F / 4,57 €*

32589 **DALAÏ-LAMA 14** Le sens de la vie : réincarnation et liberté. Réimp. *J'ai lu, 2000.* (J'ai lu ; 4977. Littérature générale cl)
ISBN 2-290-14977-2. *36 F / 5,49 €*

32590 **DALAÏ-LAMA 14** Terre des dieux, malheur des hommes : sauver le Tibet. *LGF, 1996.* (Le Livre de poche ; 14044 c6)
ISBN 2-253-14044-9. *26 F / 3,96 €*

32591 **DALAÏ-LAMA 14** La voie de la félicité : conseils de méditation pour vivre le bouddhisme. *Pocket, 1999.* (Pocket ; 4808 c5)
ISBN 2-266-07475-X. *35 F / 5,34 €*

32592 **DALAÏ-LAMA 14** La voie de la lumière. *J'ai lu, 1999.* (J'ai lu ; 5370. Littérature générale c5)
ISBN 2-290-05370-8. *39 F / 5,95 €*

32593 **N** **DALAÏ-LAMA 14** Le yoga de la sagesse. *Seuil, 2000.* (Points. Sagesses ; 154)
ISBN 2-02-040433-8. *42 F / 6,40 €*

32594 **DALAÏ-LAMA 14, CARRIÈRE J-C.** La force du bouddhisme : mieux vivre dans le monde d'aujourd'hui. *Pocket, 1996.* (Pocket ; 4455 c6)
ISBN 2-266-06958-6. *38 F / 5,79 €*

32595 **N** **DALAÏ-LAMA 14, CUTLER H.** L'art du bonheur. *J'ai lu, 2001.* (J'ai lu ; 5615. Littérature générale cJ)
ISBN 2-290-30341-0. *39 F / 5,95 €*

32596 **DALAÏ-LAMA 14, LEVENSON C. B.** Ainsi parle le dalaï-lama : entretiens. *LGF, 1994.* (Le Livre de poche ; 13563 c9)
ISBN 2-253-13563-1. *36 F / 5,49 €*

32597 **DALAÏ-LAMA 14, OUAKI F.** La vie est à nous. *Pocket, 1998.* (Pocket ; 10481 c5)
ISBN 2-266-08431-3. *35 F / 5,34 €*

32598 **DALAÏ-LAMA 6** L'abeille turquoise : chants d'amour du VIe Dalaï lama. *Seuil, 1996.* (Points. Sagesses ; 102 c1)
ISBN 2-02-022160-8. *32 F / 4,88 €*

32599 **DAMIEN (picpucien)** Un Etrange bonheur : lettres du père Damien lépreux (1885-1889). Nouv. éd. *Cerf, 1994.* (Foi vivante ; 334. Témoins c4)
ISBN 2-204-05006-7. *55 F / 8,38 €*

32600 **N** **DANDOY M., DETAVERNIER I.** Le protestantisme. *Fidélité, 2000.* (Que penser de...? ; 45)
ISBN 2-87356-192-0. *65 FB / 1,61 €*

32601 **DANIEL-ROPS H.** Le fils de Dieu. *Cerf : Desclée De Brouwer : Fayard, 1971.* (Jésus en son temps; 2)(Foi vivante ; 152. Bible c1)
ISBN 2-204-03978-0. *40 F / 6,10 €*

32602 **DANIEL-ROPS H.** Le Fils de l'homme. *Cerf : Desclée De Brouwer : Fayard, 1971.* (Jésus en son temps; 1)(Foi vivante ; 151. Bible c1) *40 F / 6,10 €*

32603 **DANIÉLOU A.** Le Destin du monde d'après la tradition shivaïte. *Albin Michel, 1992.* (Espaces libres ; 34)
ISBN 2-226-05971-7. *45 F / 6,86 €*

32604 **DANIÉLOU J.** Dieu et nous. *Seuil, 1963.* (Livre de vie ; 36 c1)
ISBN 2-02-000508-5. *32 F / 4,88 €*

32605 **DANIELOU J.** Les manuscrits de la Mer Morte et les origines du christianisme. Nouv. éd. rev. et augm. *Seuil, 1995.* (Livre de vie ; 121 c3)
ISBN 2-02-024654-6. *35 F / 5,34 €*

32606 **DANIÉLOU J.** Les symboles chrétiens primitifs. *Seuil, 1996.* (Points. Sagesses ; 106 c7)
ISBN 2-02-028771-4. *35 F / 5,34 €*

32607 **DARRICAU R., PEYROUS B.** Histoire de la spiritualité. 2e éd. rev. *PUF, 1994.* (Que sais-je? ; 2621 c1)
ISBN 2-13-046231-6. *42 F / 6,40 €*

32608 **DAS S.** Eveillez le Bouddha qui est en vous : huit pas vers l'éveil : la sagesse tibétaine vivante en Occident. *Pocket, 2000.* (Pocket ; 10736 c7)
ISBN 2-266-09793-8. *42 F / 6,40 €*

32609 **N** **DAS S.** Eveillez votre spiritualité : les sagesses orientales au quotidien. *J'ai lu, 2000.* (Equilibres ; 6031)
ISBN 2-290-30486-7. *89 F / 13,57 €*

32610 **DAUZET D-M.** Petite vie de saint Norbert (1080-1134). *Desclée De Brouwer, 1995.* (Petite vie)
ISBN 2-220-03591-3. *72 F / 10,98 €*

32611 **DAVID-NÉEL A.** Mystiques et magiciens du Tibet. Réimpr. *Pocket, 1988.* (Pocket ; 1921 c4)
ISBN 2-266-02673-9. *30 F / 4,57 €*

32612 **DAVID-NÉEL A.** La Puissance du néant. Réimpr. *Pocket, 1988.* (Pocket ; 2027. Best c3)
ISBN 2-266-02308-X. *26 F / 3,96 €*

32613 **DAVIDSON N. S.** La Contre-réforme. *Cerf ; Fides, 1989.* (Bref ; 15)
ISBN 2-204-03042-2. ISBN 2-7621-1454-3. *50 F / 7,62 €*

32614 **DAVY M-M.** Le Désert intérieur. *Albin Michel, 1985.* (Spiritualités vivantes poche ; 48 c3)
ISBN 2-226-02273-2. *45 F / 6,86 €*

32615 **DAVY M-M.** Henri Le Saux : Swami Abhishiktânanda : le passeur entre deux rives. *Albin Michel, 1997.* (Espaces libres ; 80 c4)
ISBN 2-226-09411-3. *49 F / 7,47 €*

32616 **DAYEZ N.** La vie monastique. *Fidélité, 1997.* (Que penser de...? ; 32 c1)
ISBN 2-87356-133-5. *15 F / 2,29 €*

32617 **DEBRUYNNE J., BURSZSTEJN D.** Les racines de la liberté. *Cerf, 1995.* (Paroles pour vivre)
ISBN 2-204-05291-4. *47 F / 7,17 €*

32618 **Les Débuts de l'Eglise.** *Cerf; Novalis, 1994.* (Les Carnets de Fêtes et saisons ; 12 c1)
ISBN 2-204-05049-0. ISBN 2-89088-692-1. *25 F / 3,81 €*

32619 **DECORVET J.** Samuel Ajayi Crowther : un père de l'Eglise en Afrique noire. *Cerf; Reidar; Groupes missionnaires, 1992.* (Foi vivante ; 309. Témoins c4)
ISBN 2-204-04716-3. *55 F / 8,38 €*

32620 **Le défi des sectes.** *Cerf, 1997.* (Les Carnets de Fêtes et saisons ; 21 c1)
ISBN 2-204-05628-6. *25 F / 3,81 €*

32621 **N** **DEISS L.** Prières chrétiennes des psaumes. *Desclée De Brouwer, 2001.* (Pensées pour vivre)
ISBN 2-220-04872-1. *55 F / 8,38 €*

32622 **DELACROIX A., DELACROIX J-M.** Le tantra. Réimpr. *Bernet-Danilo, 1999.* (Essentialis ; 14 c1)
ISBN 2-912663-17-2. *33 F / 5,03 €*

32623 **DELBRÊL M.** Alcide : guide simple pour simples chrétiens. Réimpr. *Seuil, 1995.* (Livre de vie ; 133 c1)
ISBN 2-02-023966-3. *32 F / 4,88 €*

32624 **DELBRÊL M.** La joie de croire. Nouv. éd. *Seuil, 1995.* (Livre de vie ; 141 c2)
ISBN 2-02-022972-2. *39 F / 5,95 €*

32625 **DELBRÊL M.** Nous autres, gens des rues. *Seuil, 1971.* (Livre de vie ; 107 c4)
ISBN 2-02-026309-2. *52 F / 7,93 €*

32626 **DELCAMBRE A-M.** L'Islam. Nouv. éd. *La Découverte, 1999.* (Repères ; 82 c1)
ISBN 2-7071-3027-3. *52 F / 7,93 €*

32627 **DELCAMBRE A-M.** Mahomet, la parole d'Allah. *Gallimard, 1987.* (Découvertes ; 22. Religions)
ISBN 2-07-053030-2. *85 F / 12,96 €*

32628 **DELCROIX S.** Saint Jean Bosco. *Ab éditions, 1995.* (La vie des saints ; 4 c1)
ISBN 2-930052-22-8. *5,95 € / 39,03 F*

32629 **DELEU M., GOURNAY T.** Chemin d'Evangile ouvert à tous : message et actualité de François d'Assise. *Ed. franciscaines, 1997*
ISBN 2-85020-078-6. *30 F / 4,57 €*

32630 **DELHEZ C.** Ce Dieu inutile : éloge de la gratuité. *Cerf; Fidélité; Lumen vitae, 1995.* (Foi vivante ; 368. Vie spirituelle c3)
ISBN 2-204-05292-2. *45 F / 6,86 €*

32631 **DELHEZ C.** Lourdes. 2e éd. *Fidélité, 1995.* (Que penser de...? ; 4 c1)
ISBN 2-87356-004-5. *15 F / 2,29 €*

32632 **DELHEZ C.** Le Nouvel Age. Nouv. éd. *Fidélité, 1991.* (Que penser de...? ; 9 c1)
ISBN 2-87356-009-6. *15 F / 2,29 €*

32633 **DELHEZ C.** Rerum novarum. *Fidélité, 1991.* (Que penser de...? ; 8 c1)
ISBN 2-87356-008-8. *15 F / 2,29 €*

32634 **DELHEZ C.** Satan. *Fidélité, 1996.* (Que penser de...? ; 26 c1)
ISBN 2-87356-111-4. *15 F / 2,29 €*

32635 **DELHEZ C.** Si tu veux : 40 méditations à la suite de Jésus de Nazareth. *Cerf; Fidélité, 1996.* (Foi vivante ; 380. Etudiants c1)
ISBN 2-204-05525-5. ISBN 2-87356-119-X. *40 F / 6,10 €*

32636 **DELOOZ P.** Les miracles. *Fidélité, 1999.* (Que penser de...? ; 39 c1)
ISBN 2-87356-166-1. *15 F / 2,29 €*

32637 **DELUMEAU J.** L'Aveu et le pardon : les difficultés de la confession, XIIIe-XVIIIe siècle. *LGF, 1992.* (Le Livre de poche ; 2935. Références histoire c8)
ISBN 2-253-06172-7. *33 F / 5,03 €*

32638 **DELUMEAU J.** Des religions et des hommes. *LGF, 1999.* (La Pochothèque ; 13247. Encyclopédies d'aujourd'hui)
ISBN 2-253-13247-0. *95 F / 14,48 €*

32639 **DEMARIAUX J-C.** Le Tao. *Cerf; Fides, 1990.* (Bref ; 32)
ISBN 2-204-04194-7. ISBN 2-7621-1778-X. *50 F / 7,62 €*

32640 **DEMOUY P.** Petite vie de saint Rémi. *Desclée De Brouwer, 1997.* (Petite vie)
ISBN 2-220-04005-4. *76 F / 11,59 €*

32641 **DENTIN P.** La papauté. *Fidélité, 1998.* (Que penser de...? ; 36 c1)
ISBN 2-87356-151-3. *15 F / 2,29 €*

32642 **DERICQUEBOURG R.** Religions de guérison : antoinisme, science chrétienne, scientologie. *Cerf; Fides, 1988.* (Bref ; 11)
ISBN 2-204-02984-X. ISBN 2-7621-1423-3. *50 F / 7,62 €*

32643 **DERMENGHEM E.** Le Culte des saints dans l'Islam maghrébin. *Gallimard, 1982.* (Tel ; 66)
ISBN 2-07-021066-9. *58 F / 8,84 €*

32644 **DERMENGHEM E.** Mahomet et la tradition islamique. *Seuil, 1974.* (Microcosme. Maîtres spirituels ; 1 c1)
ISBN 2-02-000256-6. *49 F / 7,47 €*

32645 **N** **DERRIDA J., WIEVIORKA M.** Foi et savoir ; suivi de Le siècle et le pardon : entretien avec Michel Wieviorka. *Seuil, 2001.* (Points ; 447. Essais c8)
ISBN 2-02-047986-9. *39 F / 5,95 €*

32646 **DESCOUVEMONT P.** Guide des chemins de la prière. 2e éd. *Cerf, 1995.* (Foi vivante ; 321. Formation c4)
ISBN 2-204-04798-8. *55 F / 8,38 €*

32647 **Le désert :** petite anthologie. *Cerf, 1997.* (Un temps avec)
ISBN 2-204-05767-3. *50 F / 7,62 €*

32648 **DESHIMARU T.** L'Anneau de la voie. *Albin Michel, 1993.* (Spiritualités vivantes poche ; 110 c3)
ISBN 2-226-06352-8. *45 F / 6,86 €*

32649 **DESHIMARU T.** Le Bol et le bâton : 120 contes zen. Nouv. éd. *Albin Michel, 1986.* (Spiritualités vivantes poche ; 59 c3)
ISBN 2-226-02684-3. *45 F / 6,86 €*

32650 **DESHIMARU T.** L'esprit du Ch'an : le Shin Jin Mei : aux sources chinoises du zen. *Albin Michel, 2000.* (Spiritualités vivantes poche ; 172 c3)
ISBN 2-226-11429-7. *45 F / 6,86 €*

32651 **DESHIMARU T.** La Pratique du Zen. *Albin Michel, 1992.* (Spiritualités vivantes poche ; 25 c3)
ISBN 2-226-01287-7. *45 F / 6,86 €*

32652 **DESHIMARU T.** Questions à un maître Zen. *Albin Michel, 1990.* (Spiritualités vivantes poche ; 44 c3)
ISBN 2-226-02119-1. *45 F / 6,86 €*

32653 **DESJARDINS A.** Ashrams : grands maîtres de l'Inde. *Albin Michel, 1989.* (Spiritualités vivantes poche ; 29 c2)
ISBN 2-226-01430-6. *45 F / 6,86 €*

32654 **N** **DESJARDINS D.** De naissance en naissance : témoignage sur une vie antérieure. *Pocket, 2000.* (Pocket ; 10621 c4)
ISBN 2-266-08916-1. *30 F / 4,57 €*

32655 **DETIENNE M.** Dionysos mis à mort. *Gallimard, 1998.* (Tel ; 293)
ISBN 2-07-074212-1. *58 F / 8,84 €*

32656 **DETIENNE M.** L'Invention de la mythologie. *Gallimard, 1992.* (Tel ; 212)
ISBN 2-07-072561-8. *58 F / 8,84 €*

32657 **Dhammapada :** les dits du Bouddha. *Albin Michel, 1993.* (Spiritualités vivantes poche ; 109 c4)
ISBN 2-226-06274-2. *49 F / 7,47 €*

32658 **Dictionnaire de la sagesse orientale :** bouddhisme, hindouisme, taoïsme, zen. *Laffont, 1989.* (Bouquins)
ISBN 2-221-05611-6. *139 F / 21,19 €*

32659 **Dictionnaire encyclopédique du judaïsme. Réimpr.** *Laffont, 1997.* (Bouquins)
ISBN 2-221-08099-8. *199 F / 30,34 €*

32660 **DIDIER H.** Petite vie de Charles de Foucauld. *Desclée De Brouwer, 1993.* (Petite vie)
ISBN 2-220-03440-2. *62 F / 9,45 €*

32661 **DIDIER H.** Petite vie de saint François Xavier. *Desclée De Brouwer, 1992.* (Petite vie)
ISBN 2-220-03331-7. *57 F / 8,69 €*

32662 **DIÉTRICH S. d.** Le Dessein de Dieu : itinéraire biblique. Nouv. éd. *Cerf ; Labor et Fides, 1992.* (Foi vivante ; 292. Bible c2)
ISBN 2-204-04558-6. ISBN 2-8309-0659-4. *45 F / 6,86 €*

32663 **Le Dieu des chrétiens.** *Cerf, 1998.* (Les Carnets de Fêtes et saisons ; 30 c1)
ISBN 2-204-06141-7. *25 F / 3,81 €*

32664 **Dieu le Père, mystère de charité.** *Cerf, 1998.* (Foi vivante ; 404. Les classiques c3)
ISBN 2-204-06216-2. *50 F / 7,62 €*

32665 **Dieu s'est fait homme.** *Cerf, 1999.* (Les Carnets de Fêtes et saisons ; 39 c1)
ISBN 2-204-06353-3. *25 F / 3,81 €*

32666 **DILGO KHYENTSE (rinpoché)** Le trésor du coeur des êtres éveillés : pratique de la vue, de la méditation et de l'action, discours vertueux du début à la fin. *Seuil, 1996.* (Points. Sagesses ; 107 c10)
ISBN 2-02-022777-0. *45 F / 6,86 €*

32667 **DJALÂL AL-DÎN RÛMI** Le livre du dedans : fihi-mâ-fihi. *Albin Michel, 1997.* (Spiritualités vivantes poche ; 145 c3)
ISBN 2-226-08945-4. *55 F / 8,38 €*

32668 **DJALÂL AL-DÎN RÛMI** Le Mesnevi : 150 contes soufis. *Albin Michel, 1988.* (Spiritualités vivantes poche ; 70 c3)
ISBN 2-226-03423-4. *45 F / 6,86 €*

32669 **DO-DINH P.** Confucius et l'humanisme chinois. *Seuil, 1977.* (Microcosme. Maîtres spirituels ; 14 c1)
ISBN 2-02-000269-8. *49 F / 7,47 €*

32670 **DODD C-H.** Le fondateur du christianisme. Nouv. éd. *Seuil, 1996.* (Livre de vie ; 137 c8)
ISBN 2-02-028513-4. *39 F / 5,95 €*

32671 **DODD C-H.** Morale de l'Evangile : les Rapports entre la foi et la morale dans le Christianisme primitif. *Seuil, 1973.* (Livre de vie ; 118 c1)
ISBN 2-02-000569-7. *32 F / 4,88 €*

32672 **DODD C-H.** La Prédication apostolique et ses développements. *Seuil, 1975.* (Livre de vie ; 125 c1)
ISBN 2-02-004263-0. *32 F / 4,88 €*

32673 **DODIN A.** Saint Vincent de Paul et la charité. *Seuil, 1976.* (Microcosme. Maîtres spirituels ; 21 c1)
ISBN 2-02-000276-0. *49 F / 7,47 €*

32674 **DOGEN** Polir la lune et labourer les nuages : oeuvres philosophiques et poétiques. *Albin Michel, 1998.* (Spiritualités vivantes poche ; 159 c5)
ISBN 2-226-10582-4. *55 F / 8,38 €*

32675 **DOGEN** Le Trésor du zen : textes de maître Dogen. *Albin Michel, 1986.* (Spiritualités vivantes poche ; 54 c3)
ISBN 2-226-02595-2. *45 F / 6,86 €*

32676 **DOMMEN E.** Les Quakers. *Cerf ; Fides, 1990.* (Bref ; 29)
ISBN 2-204-04136-X. *50 F / 7,62 €*

32677 **DORÉ J.** Jésus-Christ. Nouv. éd. *Cerf : Mame, 1992.* (Foi vivante ; 294. Formation c4)
ISBN 2-204-04559-4. ISBN 2-7289-0519-3. *55 F / 8,38 €*

32678 **DOTTERWEICH K. P., ALLEY R.** Un temps pour la famille. *Cerf, 1998.* (Un temps pour ; 14)
ISBN 2-204-05993-5. *40 F / 6,10 €*

32679 **DOTTERWEICH K. P., ALLEY R.** Un temps pour vivre en couple. *Cerf, 1996.* (Un temps pour ; 8)
ISBN 2-204-05554-9. *40 F / 6,10 €*

32680 **DOTTERWEICH K. P., PERRY J. D., ALLEY R.** L'amitié. *Cerf, 1996.* (Un temps pour ; 5)
ISBN 2-204-05452-6. *40 F / 6,10 €*

32681 **DOUDKO D.** L'Espérance qui est en nous. *Seuil, 1980.* (Livre de vie ; 134 c3)
ISBN 2-02-005550-3. *48 F / 7,32 €*

32682 **DOUMERC R.** Dialogue avec Lanza Del Vasto. *Albin Michel, 1983.* (Spiritualités vivantes poche ; 35 c1)
ISBN 2-226-01744-5. *35 F / 5,34 €*

32683 **DREWERMANN E.** De la naissance des dieux à la naissance du Christ : une interprétation des récits de la nativité de Jésus d'après la psychologie des profondeurs. *Seuil, 1997.* (Points ; 355. Essais ; 355 c13)
ISBN 2-02-033130-6. *52 F / 7,93 €*

32684 **DREWERMANN E.** Fonctionnaires de Dieu. Nouv. éd. rev. et corr. *Albin Michel, 1995.* (La bibliothèque spirituelle ; 2)
ISBN 2-226-07736-7. *92 F / 14,03 €*

32685 **DROSNIN M.** La Bible : le code secret. *Pocket, 1998.* (Pocket ; 10410 c4B)
ISBN 2-266-08214-0. *32 F / 4,88 €*

32686 **DU PASQUIER R.** Découverte de l'Islam. *Seuil, 1984.* (Points. Sagesses ; 36 c2)
ISBN 2-02-006943-1. *39 F / 5,95 €*

32687 **DU PASQUIER R.** Le Réveil de l'islam. *Cerf ; Fides, 1988.* (Bref ; 5)
ISBN 2-204-02861-4. ISBN 2-7621-1407-1. *50 F / 7,62 €*

32688 **DUBART J-L.** Les saints guérisseurs. 1. *Ab éditions, 1997*
ISBN 2-930052-27-9. *5,95 € / 39,03 F*

32689 **DUBART J-L.** Les saints guérisseurs. 2. *Ab éditions, 1997*
ISBN 2-930052-28-7. *5,95 € / 39,03 F*

32690 **DUBART J-L.** Les saints guérisseurs. 3. *Ab éditions, 1998*
ISBN 2-930052-29-5. *5,95 € / 39,03 F*

32691 **DUBART J-L.** Les saints guérisseurs. 4. *Ab éditions, 2000*
ISBN 2-930052-30-9. *5,95 € / 39,03 F*

32692 **DUBART J-L.** Les saints guérisseurs. 5. *Ab éditions, 2000*
ISBN 2-930052-31-7. *5,95 € / 39,03 F*

32693 **DUBOIS J.** Les ordres monastiques. 6e éd. *PUF, 1998.* (Que sais-je? ; 2241 c1)
ISBN 2-13-045626-X. *42 F / 6,40 €*

32694 **DUBOST M.** Chemin faisant, l'Eglise. *Cerf, 1996.* (Foi vivante ; 370. Etudiants c3)
ISBN 2-204-05343-0. *45 F / 6,86 €*

32695 **N** **DUBOST M.** Guide pour préparer votre mariage. *Droguet et Ardant, 2000.* (Théo poche ; 7)
ISBN 2-7041-0729-7. *49 F / 7,47 €*

32696 **DUBOST M.** Ministre de la paix : regards chrétiens sur la guerre et l'armée. *Cerf, 1995.* (Foi vivante ; 350. Etudiants c2)
ISBN 2-204-05123-3. *45 F / 6,86 €*

32697 **A** **DUBUISSON D.** L'univers religieux occidental : dictionnaire des grands thèmes de l'histoire des religions, de Pythagore à Lévi-Strauss. *Complexe, 2000.* (Bibliothèque Complexe)
ISBN 2-87027-756-3. ISBN 2-87027-847-0. *295 F / 44,97 €* *195 F / 29,73 €*

32698 **DUCARROZ C.** Nous rappelons ta mort, seigneur Jésus : chemin de croix biblique. *Saint-Augustin, 1999.* (Spiritualité en poche)
ISBN 2-88011-140-4. *50 F / 7,62 €*

32699 **DUFOUR J-F.** Le bouddhisme. *Milan, 1997.* (Les essentiels Milan ; 77 c1)
ISBN 2-84113-523-3. *25 F / 3,81 €*

32700 **N** **DUMAS A.** Cent prières possibles. *Albin Michel, 2000.* (Espaces libres ; 104 c4)
ISBN 2-226-12056-4. *49 F / 7,47 €*

32701 **DUQUESNE J.** Le Dieu de Jésus. *LGF, 1999.* (Le Livre de poche ; 14607 c5)
ISBN 2-253-14607-2. *23 F / 3,51 €*

32702 **DUQUESNE J.** Jésus. Réimp. *J'ai lu, 1999.* (J'ai lu ; 4160. Littérature générale c4)
ISBN 2-290-30527-8. *36 F / 5,49 €*

32703 **DURAND J-P.** Les institutions religieuses. *PUF, 1999.* (Que sais-je? ; 454 c1)
ISBN 2-13-049948-1. *42 F / 6,40 €*

32704 **DUROSELLE J-B., MAYEUR J-M.** Histoire du catholicisme. 8e éd. *PUF, 1998.* (Que sais-je? ; 365 c1)
ISBN 2-13-045133-0. *42 F / 6,40 €*

32705 **L'Ecclésiaste.** *Mille et une nuits, 1994.* (La petite collection ; 43 cA)
ISBN 2-910233-48-0. *10 F / 1,52 €*

32706 **N** **L'Ecclésiaste.** *Mille et une nuits : Serpent à Plumes, 2000*
ISBN 2-84205-527-6. *10 F / 1,52 €*

32707 **N** **ECKHART J.** L'amour nous fait devenir ce que nous aimons : choix de sermons. *Mille et une nuits, 2000.* (La petite collection ; 292)
ISBN 2-84205-489-X. *10 F / 1,52 €*

32708 **ECKHART J.** Le château de l'âme. *Desclée De Brouwer, 1995.* (Les carnets DDB)
ISBN 2-220-03701-0. *52 F / 7,93 €*

32709 **ECKHART J.** Dieu au-delà de Dieu : sermons XXXI à LX. *Albin Michel, 1999.* (Spiritualités vivantes poche ; 162 c3)
ISBN 2-226-10728-2. *45 F / 6,86 €*

32710 **N** **ECKHART J.** Et ce néant était Dieu : sermons 61 à 90. *Albin Michel, 2000.* (Spiritualités vivantes poche ; 176 c4)
ISBN 2-226-11644-3. *49 F / 7,47 €*

32711 **ECKHART J.** L'étincelle de l'âme : sermons de I à XXX. *Albin Michel, 1998.* (Spiritualités vivantes poche ; 156 c5)
ISBN 2-226-10081-4. *55 F / 8,38 €*

32712 **ECKHART J.** Les traités. *Seuil, 1996.* (Points ; 111. Sagesses c10)
ISBN 2-02-030019-2. *45 F / 6,86 €*

32713 **Les Ecrits des Pères apostoliques.** *Cerf, 1990.* (Foi vivante ; 244. Les classiques c5)
ISBN 2-204-04147-5. *65 F / 9,91 €*

32714 **EGLISE CATHOLIQUE** Catéchisme de l'Eglise catholique. Nouv. éd. *Pocket, 1999.* (Pocket ; 3315)
ISBN 2-266-09563-3. *50 F / 7,62 €*

32715 **EGLISE CATHOLIQUE. Confrence piscopale fran┬aise** Catéchisme pour adultes des évêques de France : l'Alliance de Dieu et des hommes. *LGF, 1993.* (Le Livre de poche ; 9700 c10)
ISBN 2-253-06458-0. *40 F / 6,10 €*

32716 **EISENBERG J., ABÉCASSIS A.** A Bible ouverte. 1. *Albin Michel, 1991.* (Spiritualités vivantes poche ; 95 c3)
ISBN 2-226-05543-6. *45 F / 6,86 €*

32717 **EISENBERG J., ABÉCASSIS A.** Et Dieu créa Eve. *Albin Michel, 1992.* (A Bible ouverte; 2)(Spiritualités vivantes poche ; 101 c5)
ISBN 2-226-05754-4. *55 F / 8,38 €*

32718 **EISENBERG J., ABÉCASSIS A.** Moi, le gardien de mon frère?. *Albin Michel, 1993.* (A Bible ouverte; 3)(Spiritualités vivantes poche ; 107 c4)
ISBN 2-226-06235-1. *49 F / 7,47 €*

32719 **ELÂHI B.** Le Chemin de la lumière : la voie de Nur Ali Elâhi. *Albin Michel, 1985.* (Spiritualités vivantes poche ; 52 c3)
ISBN 2-226-02467-0. *45 F / 6,86 €*

32720 **Eléments de doctrine chrétienne. 1. Nouv. éd.** *Seuil, 1995.* (Livre de vie ; 65 c9)
ISBN 2-02-025389-5. *42 F / 6,40 €*

32721 **Eléments de doctrine chrétienne. 2. Nouv. éd.** *Seuil, 1995.* (Livre de vie ; 66 c9)
ISBN 2-02-025390-9. *42 F / 6,40 €*

32722 **ELIADE M.** Cosmologie et alchimie babyloniennes. *Gallimard, 1991.* (Arcades)
ISBN 2-07-072477-8. *60 F / 9,15 €*

32723 **ELIADE M.** Images et symboles : essais sur le symbolisme magico-religieux. Réimpr. *Gallimard, 1999.* (Tel ; 44)
ISBN 2-07-028665-7. *48 F / 7,32 €*

32724 **ELIADE M.** Patanjali et le yoga. Ed. rev. *Seuil, 1976.* (Microcosme ; 27. Maîtres spirituels ; 27 c1)
ISBN 2-02-000282-5. *49 F / 7,47 €*

32725 **ELISABETH DE LA TRINITÉ (carmélite de Dijon)** Ecrits spirituels : lettres, retraites et inédits. *Seuil, 1996.* (Livre de vie ; 150 c12)
ISBN 2-02-029801-5. *50 F / 7,62 €*

32726 **ELISABETH DE LA TRINITÉ (carmélite de Dijon)** Vous êtes la maison de Dieu. 3e éd. *Cerf, 1990.* (Pensées; 1)(Foi vivante ; 207. Les classiques c1)
ISBN 2-204-02204-7. *40 F / 6,10 €*

32727 **ELLUL J.** Anarchie et christianisme. *Table ronde, 1998.* (La petite vermillon ; 96)
ISBN 2-7103-0880-0. *45 F / 6,86 €*

32728 **ELLUL J.** Ce Dieu injuste? : théologie chrétienne pour le peuple d'Israël. *Arléa, 1999.* (Arléa-poche ; 58)
ISBN 2-86959-461-5. *35 F / 5,34 €*

32729 **EMMANUEL P.** Evangéliaire. *Seuil, 1969.* (Livre de vie ; 93 c2)
ISBN 2-02-000544-1. *39 F / 5,95 €*

32730 **EMMANUELLE (religieuse de Notre-Dame de Sion)** Jésus tel que je le connais. *J'ai lu : Flammarion, 1997.* (J'ai lu ; 4554. Littérature générale c2)
ISBN 2-290-04554-3. *22 F / 3,35 €*

32731 **EMMANUELLE (religieuse de Notre-Dame de Sion), HUART F.** Yalla, en avant les jeunes !. *LGF, 1999.* (Le Livre de poche ; 14567 c6)
ISBN 2-253-14567-X. *26 F / 3,96 €*

32732 **EMMANUELLI X.** J'attends quelqu'un. *Albin Michel, 1996.* (Espaces libres ; 67 c3)
ISBN 2-226-08690-0. *45 F / 6,86 €*

32733 **ENGELHARDT L., ALLEY R.** Ton anniversaire. *Cerf, 1996.* (Un temps pour ; 6)
ISBN 2-204-05451-8. *40 F / 6,10 €*

32734 **Entretiens de Confucius.** *Seuil, 1981.* (Points. Sagesses ; 24 c3)
ISBN 2-02-005775-1. *48 F / 7,32 €*

32735 **N** **Épitre de Saint-Jacques.** *Mille et une nuits : Serpent à Plumes, 2000*
ISBN 2-84205-538-1. *10 F / 1,52 €*

32736 **ERLICH J.** La Flamme du shabbath : le shabbath, moment d'éternité, dans une famille juive polonaise. *Pocket, 1989.* (Pocket ; 3026. Terre humaine c7)
ISBN 2-266-03494-4. *42 F / 6,40 €*

32737 **ESCOULEN D.** Petite vie du cardinal Marty. *Desclée De Brouwer, 1996.* (Petite vie)
ISBN 2-220-03803-3. *65 F / 9,91 €*

32738 **EVAGRE LE PONTIQUE** Praxis et gnosis. *Albin Michel : Cerf, 1992.* (Spiritualités vivantes poche ; 103 c2)
ISBN 2-226-06089-8. *39 F / 5,95 €*

32739 **Evangile de Jean.** *Albin Michel, 1991.* (Spiritualités vivantes poche ; 76 c6)
ISBN 2-226-03666-0. *59 F / 8,99 €*

32740 **N** **L'Evangile de Marie :** Myriam de Magdala : Evangile copte du IIe siècle. *Albin Michel, 2000.* (Spiritualités vivantes poche ; 177 c3)
ISBN 2-226-11731-8. *45 F / 6,86 €*

32741 **L'Evangile de Thomas. Réimpr.** *Albin Michel, 1989.* (Spiritualités vivantes poche ; 61 c3)
ISBN 2-226-02716-5. *45 F / 6,86 €*

32742 **EVANGILE ET VIE (Paris)** Quarante mots clés pour entrer dans la Bible. *Cerf ; Novalis ; Famille et éducation, 1993.* (Les Carnets de Fêtes et saisons ; 4 c1)
ISBN 2-204-04917-4. ISBN 2-89088-626-3. ISBN 2-902987-06-4. *25 F / 3,81 €*

32743 **N** **Evangile selon saint Jean.** *Mille et une nuits : Serpent à Plumes, 2000*
ISBN 2-84205-533-0. *10 F / 1,52 €*

32744 **N** **Evangile selon saint Luc.** *Mille et une nuits : Serpent à Plumes, 2000*
ISBN 2-84205-532-2. *10 F / 1,52 €*

32745 **N** **Evangile selon saint Marc.** *Mille et une nuits : Serpent à Plumes, 2000*
ISBN 2-84205-528-4. *10 F / 1,52 €*

32746 **L'Evangile selon saint Marc.** *Cerf, 1999.* (Les Carnets de Fêtes et saisons ; 36 c1)
ISBN 2-204-06289-8. *25 F / 3,81 €*

32747 **N** **Evangile selon saint Matthieu.** *Mille et une nuits : Serpent à Plumes, 2000*
ISBN 2-84205-534-9. *10 F / 1,52 €*

32748 **Evangiles apocryphes.** *Seuil, 1983.* (Points ; 34. Sagesses ; 34 c3)
ISBN 2-02-006622-X. *48 F / 7,32 €*

32749 **EVDOKIMOV M.** Une voix chez les orthodoxes. *Cerf, 1998.* (Paroles pour vivre)
ISBN 2-204-05854-8. *50 F / 7,62 €*

32750 **EVDOKIMOV P.** L'amour fou de Dieu. *Seuil, 1997.* (Livre de vie ; 154)
ISBN 2-02-031202-6. *39 F / 5,95 €*

32751 **EVELY L.** Prier, c'est devenir. Nouv. éd. *Cerf : Bayard Editions-Centurion, 1993.* (Foi vivante ; 320. Vie spirituelle c4)
ISBN 2-204-04856-9. *55 F / 8,38 €*

32752 **EVRARD F.** Mythes et mythologie de la Grèce. *Milan, 1999.* (Les essentiels Milan ; 151 c1)
ISBN 2-84113-958-1. *25 F / 3,81 €*

32753 **N** **Exode.** *Mille et une nuits : Serpent à Plumes, 2000*
ISBN 2-84205-523-3. *10 F / 1,52 €*

32754 **L'expérience du Saint-Esprit :** textes IIe-XIVe siècles. *Cerf, 1998.* (Foi vivante ; 393. Les classiques c3)
ISBN 2-204-05888-2. *65 F / 9,91 €*

32755 **EYT P.** Je crois en Dieu : commentaire du Credo. Nouv. éd. *Cerf : Desclée De Brouwer, 1995.* (Foi vivante ; 362. Formation c4)
ISBN 2-204-05210-8. ISBN 2-220-02575-6. *55 F / 8,38 €*

32756 **FABRE R.** Les protestants en France depuis 1789. *La Découverte, 1999.* (Repères ; 273 c1)
ISBN 2-7071-3151-2. *52 F / 7,93 €*

32757 **FAUX J-M.** Les Immigrés. *Fidélité, 1993.* (Que penser de...? ; 16)
ISBN 2-87356-062-2. *15 F / 2,29 €*

32758 **FEBVRE L.** Martin Luther, un destin. *PUF, 1988.* (Quadrige ; 99)
ISBN 2-13-041879-1. *69 F / 10,52 €*

32759 **FERLAY P.** O mon Dieu, Trinité que j'adore : la prière d'Elisabeth de la Trinité. *Cerf, 1992.* (Foi vivante ; 210. Vie spirituelle c1)
ISBN 2-204-02337-X. *40 F / 6,10 €*

32760 **FERLAY P.** Paix et silence : quelques étapes au désert sous la conduite d'Elisabeth de la Trinité. *Cerf, 1992.* (Foi vivante ; 287. Témoins c1)
ISBN 2-204-04511-X. *40 F / 6,10 €*

32761 **FEUGA P., MICHAËL T.** Le yoga. *PUF, 1998.* (Que sais-je? ; 643 c1)
ISBN 2-13-048877-3. *42 F / 6,40 €*

32762 **N** **FEUILLET M.** Vocabulaire du christianisme. *PUF, 2000.* (Que sais-je? ; 3562 c1)
ISBN 2-13-050822-7. *42 F / 6,40 €*

32763 **FIÉVET M.** Petite vie de Jean-Baptiste de La Salle : le saint de l'éducation populaire (1651-1719). *Desclée De Brouwer, 1990.* (Petite vie)
ISBN 2-220-03131-4. *59 F / 8,99 €*

32764 **FLEG E.** Jésus raconté par le juif errant. *Albin Michel, 1993.* (Espaces libres ; 40 c4)
ISBN 2-226-06517-2. *49 F / 7,47 €*

32765 **FLEG E.** Moïse raconté par les sages. *Albin Michel, 1997.* (Espaces libres ; 71 c4)
ISBN 2-226-09289-7. *49 F / 7,47 €*

32766 **Les Fleurs de Bouddha :** une anthologie du bouddhisme. *Albin Michel, 1991.* (Spiritualités vivantes poche ; 88 c6)
ISBN 2-226-05246-1. *59 F / 8,99 €*

32767 **La Foi a une histoire :** croyants, héritiers et novateurs. *Cerf, 1994.* (Foi vivante ; 337. Etudiants c2)
ISBN 2-204-05025-3. *45 F / 6,86 €*

32768 **La foi des catholique.** *Fidélité, 1999.* (Que penser de...? ; 41 c1)
ISBN 2-87356-182-3. *15 F / 2,29 €*

32769 **FORTIN M-F.** Jérémie, le prophète : un itinéraire dans la foi. *Cerf, 1995.* (Foi vivante ; 360. Etudiants c2)
ISBN 2-204-05189-6. *45 F / 6,86 €*

32770 **FOSTY J-G.** Prières à sainte Rita. Réimpr. *Ab éditions, 2000.* (Prières à... ; 2)
ISBN 2-930052-20-1. *3,69 € / 24,20 F*

32771 **FOUCAULD C. d.** Charles de Foucauld : 1858-1916. *Cerf, 1998.* (Un temps avec)
ISBN 2-204-06003-8. *40 F / 6,10 €*

32772 **FOUCAULD C. d.** Conseils évangéliques : directoire. *Seuil, 2000.* (Livre de vie ; 159)
ISBN 2-02-039657-2. *45 F / 6,86 €*

32773 **FOUCAULD C. d.** Lettres et carnets. Rééd. *Seuil, 1995.* (Livre de vie ; 69 c3)
ISBN 2-02-023968-X. *48 F / 7,32 €*

32774 **FRANÇOIS D'ASSISE (saint)** Les Fioretti de saint François : suivis d'autres textes de la tradition franciscaine. *Seuil, 1994.* (Points. Sagesses ; 73 c5)
ISBN 2-02-021142-4. *55 F / 8,38 €*

32775 **FRANÇOIS D'ASSISE (saint)** Oeuvres. *Albin Michel, 1993.* (Spiritualités vivantes poche ; 117 c4)
ISBN 2-226-06627-6. *49 F / 7,47 €*

32776 **FRANÇOIS D'ASSISE (saint)** Un temps avec François d'Assise. *Cerf, 1997.* (Un temps avec)
ISBN 2-204-05795-9. *40 F / 6,10 €*

32777 **FRANÇOIS D'ASSISE (saint), CLAIRE D'ASSISE (sainte)** Les écrits de saint François et sainte Claire. 5e éd. *Ed. franciscaines, 1996*
ISBN 2-85020-063-8. *72 F / 10,98 €*

32778 **FRANÇOIS DE SALES (saint)** Introduction à la vie dévote. Nouv. éd. *Seuil, 1995.* (Livre de vie ; 22 c3)
ISBN 2-02-023610-9. *48 F / 7,32 €*

32779 **FRANÇOIS DE SALES (saint)** Traité de l'amour de Dieu. 1, Livres I à VI. *Seuil, 1996.* (Livre de vie ; 146 c12)
ISBN 2-02-028641-6. *50 F / 7,62 €*

32780 **FRANÇOIS DE SALES (saint)** Traité de l'amour de Dieu. 2, Livres VII à XII. *Seuil, 1996.* (Livre de vie ; 147 c12)
ISBN 2-02-028642-4. *50 F / 7,62 €*

32781 **FRANÇOIS-XAVIER (saint)** Pour la gloire de Dieu : correspondance. *Cerf, 1996.* (Foi vivante ; 377. Les classiques c1)
ISBN 2-204-05484-4. *45 F / 6,86 €*

32782 **N** **FRONTISI-DUCROUX F.** Dédale : mythologie de l'artisan en Grèce ancienne. Nouv. éd. *La Découverte, 2000.* (La Découverte poche ; 95. Sciences humaines et sociales)
ISBN 2-7071-3311-6. *69 F / 10,52 €*

32783 **FROSSARD A.** 36 preuves de l'existence du diable. *Albin Michel, 1991.* (Espaces libres ; 22)
ISBN 2-226-05453-7. *45 F / 6,86 €*

32784 **FROSSARD A.** Votre très humble serviteur Vincent de Paul. *Seuil, 1981.* (Livre de vie ; 138 c3)
ISBN 2-02-005838-3. *48 F / 7,32 €*

32785 **N** **Les funérailles chrétiennes.** *Cerf, 2000.* (Les Carnets de Fêtes et saisons ; 43 c1)
ISBN 2-204-06476-9. *25 F / 3,81 €*

32786 **FUTRELL J. C.** Le Discernement spirituel : prière et décision. *Cerf : Vie chrétienne, 1994.* (Foi vivante ; 341. Vie spirituelle c2)
ISBN 2-204-05033-4. *45 F / 6,86 €*

32787 **GAGNON M.** Les guerriers du paradis. *Pocket, 1999.* (Pocket ; 10045)
ISBN 2-266-06850-4. *30 F / 4,57 €*

32788 **GAILLOT J., GUIGON C.** Monseigneur des autres. *Seuil, 1993.* (Points. Actuels ; 139 c2)
ISBN 2-02-020616-1. *39 F / 5,95 €*

32789 **GALIMARD FLAVIGNY B.** Les chevaliers de Malte : des hommes de fer et de foi. *Gallimard, 1998.* (Découvertes ; 351. Histoire)
ISBN 2-07-053342-5. *75 F / 11,43 €*

32790 **GARDET L.** Les hommes de l'Islam : approche des mentalités. Réimp. *Complexe, 1999.* (Historiques ; 8 cL)
ISBN 2-87027-129-8. *65 F / 9,91 €*

32791 **GARDNER J. F.** Mythes romains. *Seuil, 1995.* (Points. Sagesses ; 90 c2)
ISBN 2-02-022044-X. *39 F / 5,95 €*

32792 **N** **GARRISSON J.** L'homme protestant. Nouv. éd. *Complexe, 2000.* (Historiques ; 33 c10)
ISBN 2-87027-804-7. *59 F / 8,99 €*

32793 **GATHIER E.** La pensée hindoue : avec un choix de textes. *Seuil, 1995.* (Points ; 84. Sagesses ; 84 c3)
ISBN 2-02-023687-7. *48 F / 7,32 €*

32794 **GAUTHIER P.** Jésus de Nazareth : le charpentier. *Seuil, 1969.* (Livre de vie ; 94 c2)
ISBN 2-02-000545-X. *39 F / 5,95 €*

32795 **GAZALI M. i. M. A. H. a.** Le Tabernacle des lumières (Michkât al-Anwâr). *Seuil, 1994.* (Points. Sagesses ; 81 c1)
ISBN 2-02-023211-1. *32 F / 4,88 €*

32796 **GAZALI M. i. M. A. H. a.** Temps et prières : prières et invocations extraits de l'Ihya ulum al-Dîn. *Albin Michel, 1996.* (Spiritualités vivantes poche ; 143 c4)
ISBN 2-226-08753-2. *49 F / 7,47 €*

32797 **GEFFRÉ C.** Un espace pour Dieu. *Cerf, 1996.* (Foi vivante ; 372. Vie spirituelle)
ISBN 2-204-05387-2. *55 F / 8,38 €*

32798 **GELIN A.** L'Homme selon la Bible. *Cerf, 1968.* (Foi vivante ; 75. Bible c1)
ISBN 2-204-03543-2. *40 F / 6,10 €*

32799 **La Genèse.** *Librio, 1995.* (Librio ; 90 c1)
ISBN 2-277-30090-X. *10 F / 1,52 €*

32800 **N** **La Genèse.** *Mille et une nuits : Serpent à Plumes, 2000*
ISBN 2-84205-529-2. *10 F / 1,52 €*

32801 **La Genèse.** *Mille et une nuits, 1998.* (La petite collection ; 199 c4)
ISBN 2-84205-314-1. *16,50 F / 2,52 €*

32802 **N** **GEOFFROY E.** L'instant soufi. *Actes Sud, 2000.* (Le souffle de l'esprit)
ISBN 2-7427-2862-7. *39 F / 5,95 €*

32803 **GÉRARD A-M.** Dictionnaire de la Bible. *Laffont, 1998.* (Bouquins)
ISBN 2-221-05760-0. *179 F / 27,29 €*

32804 **GERNET L., BOULANGER A.** Le Génie grec dans la religion. *Albin Michel, 1970.* (L'Evolution de l'humanité poche ; 22)
ISBN 2-226-04726-3. *49 F / 7,47 €*

32805 **GERTRUDE LA GRANDE (sainte)** Exercices. *Cerf, 1993.* (Foi vivante ; 319. Les classiques c5)
ISBN 2-204-04851-8. *65 F / 9,91 €*

32806 **N** **GETTEMANS W.** Oser t'écrire : lettre à mon Jésus. *Fidélité, 2000.* (Foi vivante. Vie spirituelle)
ISBN 2-87356-193-9. *145 F / 22,11 €*

32807 **GIBERT P.** La Bible, le livre, les livres. *Gallimard, 2000.* (Découvertes ; 392. Religions c5)
ISBN 2-07-053430-8. *85 F / 12,96 €*

32808 **GIBRAN K.** Jésus, fils de l'homme. *Albin Michel, 1995.* (Espaces libres ; 56 c3)
ISBN 2-226-07946-7. *45 F / 6,86 €*

32809 **GILBERT G.** Dealer d'amour. *LGF, 1999.* (Le Livre de poche ; 14753 c7)
ISBN 2-253-14753-2. *30 F / 4,57 €*

32810 **GILBERT G.** Des loups dans la Bergerie. *LGF, 1998.* (Le Livre de poche ; 14549 c6)
ISBN 2-253-14549-1. *26 F / 3,96 €*

32811 **GIRA D.** Comprendre le bouddhisme. *LGF, 1998.* (Le Livre de poche ; 14366 c6)
ISBN 2-253-14366-9. *26 F / 3,96 €*

32812 **N** **GIRARD R.** Je vois Satan tomber comme l'éclair. *LGF, 2001.* (Le Livre de poche ; 94264. Biblio essais c9)
ISBN 2-253-94264-2. *36 F / 5,49 €*

32813 **N** **GOBRY I.** Saint François d'Assise et l'esprit franciscain. *Seuil, 2001.* (Points. Sagesses ; 158 c8)
ISBN 2-02-048198-7. *39 F / 5,95 €*

32814 **GODRECHE D.** Santana : une expérience de vie auprès de maître Goenka en Inde. *Albin Michel, 1983.* (Spiritualités vivantes poche ; 34 c1)
ISBN 2-226-01631-7. *35 F / 5,34 €*

32815 **GOETSCHEL R.** Isaac Abravanel : conseiller des princes et philosophe, 1437-1508. *Albin Michel, 1996.* (Présences du judaïsme poche ; 19 c4)
ISBN 2-226-06311-0. *49 F / 7,47 €*

32816 **GOETSCHEL R.** La Kabbale. 5e éd. rev. *PUF, 1998.* (Que sais-je? ; 1105 c1)
ISBN 2-13-045194-2. *42 F / 6,40 €*

32817 **GOETTMANN A., GOETTMANN R.** L'au-delà au fond de nous-mêmes : initiation à la méditation. *Albin Michel, 1997.* (Espaces libres ; 75 c3)
ISBN 2-226-09344-3. *45 F / 6,86 €*

32818 **GOETTMANN A., GOETTMANN R.** Prière de Jésus, prière du coeur. *Albin Michel, 1994.* (Spiritualités vivantes poche ; 122 c3)
ISBN 2-226-06956-9. *45 F / 6,86 €*

32819 **GOURNAY T.** Mots tissés aux couleurs d'Assise : lexique franciscain. *Ed. franciscaines, 1991.* (Présence de saint François ; 34)
ISBN 2-85020-021-2. *54 F / 8,23 €*

32820 **GOURNAY T.** Où est-il ton Dieu ?. *Ed. franciscaines, 1998*
ISBN 2-85020-081-6. *39 F / 5,95 €*

32821 **GOVINDA A.** Le Chemin des nuages blancs. Réimpr. *Albin Michel, 1990.* (Spiritualités vivantes poche ; 20 c5)
ISBN 2-226-00257-X. *55 F / 8,38 €*

32822 **GOVINDA A.** La Méditation créatrice et la conscience multidimensionnelle. *Albin Michel, 1993.* (Spiritualités vivantes poche ; 115 c5)
ISBN 2-226-06598-9. *55 F / 8,38 €*

32823 **GOVINDA L. A.** Les Fondements de la mystique tibétaine. Réimpr. *Albin Michel, 1990.* (Spiritualités vivantes poche ; 21 c5)
ISBN 2-226-00260-X. *55 F / 8,38 €*

32824 **GRAMMONT P-M.** Présence à Dieu, présence aux hommes : un moine de l'école de saint Benoît. *Cerf, 1991.* (Foi vivante ; 261. Vie spirituelle c3)
ISBN 2-204-04260-9. *50 F / 7,62 €*

32825 **Les grandes religions.** *Fidélité, 1999.* (Que penser de...? ; 42 c1)
ISBN 2-87356-175-0. *15 F / 2,29 €*

32826 **GRANET M.** La religion des Chinois. *Albin Michel, 1998.* (Spiritualités vivantes poche ; 154 c4)
ISBN 2-226-09962-X. *49 F / 7,47 €*

32827 **GRAVES R.** Les mythes grecs. 1. Réimpr. *Hachette Littératures, 1999.* (Pluriel ; 8399 c8)
ISBN 2-01-278951-X. *60 F / 9,15 €*

32828 **GRAVES R.** Les mythes grecs. 2. Réimpr. *Hachette Littératures, 1999.* (Pluriel ; 8400 c8)
ISBN 2-01-278952-8. *60 F / 9,15 €*

32829 **GRÉAL J.** Petite vie de sainte Claire. *Desclée De Brouwer, 1991.* (Petite vie)
ISBN 2-220-03178-0. *52 F / 7,93 €*

32830 **GREEN M. J.** Mythes celtiques. *Seuil, 1995.* (Points. Sagesses ; 98 c2)
ISBN 2-02-022046-6. *39 F / 5,95 €*

32831 **GRÉGOIRE DE NYSSE (saint)** La Colombe et la ténèbre. *Cerf, 1992.* (Foi vivante ; 281. Les classiques c4)
ISBN 2-204-04377-X. *55 F / 8,38 €*

32832 **GRÉGOIRE DE NYSSE (saint)** Vie de Moïse ou l'Etre de désir. *Albin Michel, 1993.* (Spiritualités vivantes poche ; 112 c3)
ISBN 2-226-06390-0. *45 F / 6,86 €*

32833 **GRELOT P.** Le Couple humain dans l'Ecriture. *Cerf, 1969.* (Foi vivante ; 118. Bible c1)
ISBN 2-204-03433-9. *40 F / 6,10 €*

32834 **GRIFFITHS B.** Expérience chrétienne et mystique hindoue. *Albin Michel, 1995.* (Spiritualités vivantes poche ; 133 c2)
ISBN 2-226-07839-8. *39 F / 5,95 €*

32835 **GRIMAL P.** La Mythologie grecque. 18e éd. *PUF, 1999.* (Que sais-je? ; 582 c1)
ISBN 2-13-044669-8. *42 F / 6,40 €*

32836 **GRIPPO D., ALLEY R.** Un temps pour le travail. *Cerf, 1997.* (Un temps pour ; 10)
ISBN 2-204-05552-2. *40 F / 6,10 €*

32837 **GRUAU M.** Après Jean Guitton, Dieu?. *Cerf, 1993.* (Foi vivante ; 314. Formation c1)
ISBN 2-204-04780-5. *40 F / 6,10 €*

32838 **GRUNEBAUM G. E. v.** L'Identité culturelle de l'Islam. *Gallimard, 1990.* (Tel ; 153)
ISBN 2-07-071818-2. *55 F / 8,38 €*

32839 **GUARDINI R.** Initiation à la prière. *Seuil, 1961.* (Livre de vie ; 14 c1)
ISBN 2-02-000491-7. *32 F / 4,88 €*

32840 **GUARDINI R.** La Prière du Seigneur. *Seuil, 1965.* (Livre de vie ; 58 c1)
ISBN 2-02-000524-7. *32 F / 4,88 €*

32841 **GUÉGUEN J.** Petite vie de Madeleine Delbrêl. *Desclée De Brouwer, 1995.* (Petite vie)
ISBN 2-220-03690-1. *52 F / 7,93 €*

32842 **GUENDUNE (rinpoché)** Mahamoudra : la voie de la compassion et de la dévotion. *Pocket, 1999.* (Pocket ; 10492)
ISBN 2-266-08517-4. *30 F / 4,57 €*

32843 **GUERNE A.** Le Nuage d'inconnaissance. *Seuil, 1977.* (Points. Sagesses ; 12 c2)
ISBN 2-02-004751-9. *48 F / 7,32 €*

32844 **GUEULLETTE J-M.** Vivre avec le Christ : regards chrétiens sur l'existence humaine. *Cerf, 1994.* (Foi vivante ; 327. Etudiants c3)
ISBN 2-204-04969-7. *50 F / 7,62 €*

32845 **GUGENHEIM E.** Le Judaïsme dans la vie quotidienne. *Albin Michel, 1992.* (Présences du judaïsme poche ; 8 c4)
ISBN 2-226-05868-0. *49 F / 7,47 €*

32846 **Guide du catholique.** *Cerf* ; *Novalis, 1994.* (Les Carnets de Fêtes et saisons ; 11 c1)
ISBN 2-204-05048-2. ISBN 2-89088-691-3. *25 F / 3,81 €*

32847 **Guide pour animer la messe le dimanche.** *Cerf, 1996.* (Les Carnets de Fêtes et saisons ; 18 c1)
ISBN 2-204-05347-3. *25 F / 3,81 €*

32848 **GUIGNEBERT C.** Le Christ. *Albin Michel, 1969.* (L'Evolution de l'humanité poche ; 15)
ISBN 2-226-04728-X. *45 F / 6,86 €*

32849 **GUIGNEBERT C.** Jésus. *Albin Michel, 1969.* (L'Evolution de l'humanité poche ; 12)
ISBN 2-226-04729-8. *49 F / 7,47 €*

32850 **GUIGNEBERT C.** Le Monde juif vers le temps de Jésus. *Albin Michel, 1969.* (L'Evolution de l'humanité poche ; 18)
ISBN 2-226-04730-1. *45 F / 6,86 €*

32851 **GUILBERT P.** La Prière retrouvée. *Cerf* ; *Nouvelle Cité, 1990.* (Foi vivante ; 253. Vie spirituelle c2)
ISBN 2-204-04226-9. *45 F / 6,86 €*

32852 **GUILLEMIN H.** L'Affaire Jésus. *Seuil, 1984.* (Points. Essais ; 158 c2)
ISBN 2-02-006724-2. *39 F / 5,95 €*

32853 **GUILLERMOU A.** Les Jésuites. 6e éd. cor. *PUF, 1999.* (Que sais-je? ; 936 c1)
ISBN 2-13-044334-6. *42 F / 6,40 €*

32854 **GUILLON E.** Les philosophies bouddhistes. *PUF, 1995.* (Que sais-je? ; 3003 c1)
ISBN 2-13-047165-X. *42 F / 6,40 €*

32855 **GUIRAND F., SCHMIDT J.** Mythes et mythologies : histoire et dictionnaire. *Larousse, 1996.* (In extenso c1)
ISBN 2-03-750016-5. *160 F / 24,39 €*

32856 **GUITTON J.** Mon petit catéchisme : dialogue avec un enfant. Nouv. éd. *Cerf : Desclée De Brouwer, 1992.* (Foi vivante ; 300. Formation c4)
ISBN 2-204-04605-1. *55 F / 8,38 €*

32857 **GUITTON J.** Mon testament philosophique. *Pocket, 1999.* (Pocket ; 10494 c4B)
ISBN 2-266-08509-3. *32 F / 4,88 €*

32858 **GUITTON J., ANTIER J-J.** Les Pouvoirs mystérieux de la foi. *Pocket, 1994.* (Pocket ; 3314 c6)
ISBN 2-266-00582-0. *42 F / 6,40 €*

32859 **GUY J-C.** Parole des anciens : apophtegmes des pères du désert. *Seuil, 1976.* (Points. Sagesses ; 1 c2)
ISBN 2-02-004394-7. *48 F / 7,32 €*

32860 **HADAS-LEBEL M.** Hillel : un sage au temps de Jésus. *Albin Michel, 1999.* (Présences du judaïsme poche ; 24 c4)
ISBN 2-226-11046-1. *49 F / 7,47 €*

32861 **HADAS-LEBEL M.** Massada, histoire et symboles. *Albin Michel, 1995.* (Présences du judaïsme poche ; 15)
ISBN 2-226-07682-4. *45 F / 6,86 €*

32862 **N** **HADDAD P.** Epreuves d'espérance. *Actes Sud, 2000.* (Le souffle de l'esprit)
ISBN 2-7427-2670-5. *39 F / 5,95 €*

32863 **HADEWIJCH** Ecrits mystiques des béguines. *Seuil, 1994.* (Points. Sagesses ; 65 c3)
ISBN 2-02-021509-8. *48 F / 7,32 €*

32864 **La Haggadah de Pâques.** *LGF, 1997.* (Le Livre de poche ; 14129 c7)
ISBN 2-253-14129-1. *30 F / 4,57 €*

32865 **HALLÂDJ A. I-M. a-H. a.** Diwan. *Seuil, 1992.* (Points. Sagesses ; 44 c2)
ISBN 2-02-014655-X. *39 F / 5,95 €*

32866 **HALLAJ H. M. a.** Poèmes mystiques. *Albin Michel, 1998.* (Spiritualités vivantes poche ; 157 c2)
ISBN 2-226-10055-5. *39 F / 5,95 €*

32867 **A** **HALTER M.** Le judaïsme raconté à mes filleuls. *Pocket, 2001.* (Pocket ; 11059)
ISBN 2-266-10449-7

32868 **N** **HANCOCK G.** Le mystère de l'arche perdue : à la recherche de l'arche d'alliance. *J'ai lu, 2001.* (J'ai lu ; 5779. Aventure secrète c0)
ISBN 2-290-30938-9. *55 F / 8,38 €*

32869 **HARGOUS S.** Les Appeleurs d'âmes : l'univers chamanique des Indiens des Andes. *Albin Michel, 1985.* (Spiritualités vivantes poche ; 51 c4)
ISBN 2-226-02477-8. *49 F / 7,47 €*

32870 **HARNER M.** La voie spirituelle du chamane : le secret d'un sorcier indien d'Amérique du Nord. Réimpr. *Pocket, 1999.* (Pocket ; 4761. L'Age d'être c6)
ISBN 2-266-09298-7. *38 F / 5,79 €*

32871 **HART G.** Mythes égyptiens. *Seuil, 1993.* (Points. Sagesses ; 62 c2)
ISBN 2-02-019536-4. *39 F / 5,95 €*

32872 **HART W.** L'art de vivre : méditation Vipassana enseignée par S.N. Goenka. *Seuil, 1997.* (Points. Sagesses ; 126 c10)
ISBN 2-02-024725-9. *45 F / 6,86 €*

32873 **N** **HARTMANN C., ALLEY R.** Etre bien dans sa peau. *Cerf, 2000.* (Un temps pour ; 1)
ISBN 2-204-05447-X. *40 F / 6,10 €*

32874 **N** **HAYOUN M-R.** L'exégèse juive : exégèse et philosophie dans le judaïsme. *PUF, 2000.* (Que sais-je? ; 3579 c1)
ISBN 2-13-051047-7. *42 F / 6,40 €*

32875 **HAYOUN M-R.** Le Judaïsme moderne. *PUF, 1991.* (Que sais-je? ; 2458 c1)
ISBN 2-13-044211-0. *42 F / 6,40 €*

32876 **HAYOUN M-R.** La Liturgie juive. *PUF, 1994.* (Que sais-je? ; 2883 c1)
ISBN 2-13-046449-1. *42 F / 6,40 €*

32877 **HAYOUN M-R.** Maïmonide. *PUF, 1987.* (Que sais-je? ; 2378 c1)
ISBN 2-13-040267-4. *42 F / 6,40 €*

32878 **HAYOUN M-R.** La science du judaïsme. *PUF, 1995.* (Que sais-je? ; 3031 c1)
ISBN 2-13-046449-1. *42 F / 6,40 €*

32879 **HAYOUN M-R., JARRASSÉ D.** Les synagogues. *PUF, 1999.* (Que sais-je? ; 3430 c1)
ISBN 2-13-049584-2. *42 F / 6,40 €*

32880 **HERBERT J.** La Mythologie hindoue. *Albin Michel, 1979.* (Spiritualités vivantes poche ; 23 c7)
ISBN 2-226-00892-6. *65 F / 9,91 €*

32881 **HERBERT J.** Réflexions sur la Bhagavad Gità. *Albin Michel, 1994.* (Spiritualités vivantes poche ; 127 c2)
ISBN 2-226-07014-1. *39 F / 5,95 €*

32882 **HERBERT J.** Spiritualité hindoue. 2e éd. *Albin Michel, 1988.* (Spiritualités vivantes poche ; 8 c5)
ISBN 2-226-03298-3. *55 F / 8,38 €*

32883 **Histoire des pélerinages non chrétiens :** entre magique et sacré, le chemin des dieux. *Hachette Littératures, 1995.* (Pluriel ; 8726)
ISBN 2-01-278726-6. *75 F / 11,43 €*

32884 **Histoire des religions.** *Gallimard, 1999.* (Folio. Essais)
ISBN 2-07-040863-9. *342 F / 52,14 €*

32885 **Histoire des religions. 1-1, Les religions antiques, la formation des religions universelles et les religions de salut en Inde et en Extrême-Orient.** *Gallimard, 1999.* (Folio ; 330. Essais c5)
ISBN 2-07-040709-8. *52 F / 7,93 €*

32886 **Histoire des religions. 1-2, Les religions antiques, la formation des religions universelles et les religions de salut en Inde et en Extrême-Orient.** *Gallimard, 1999.* (Folio ; 331. Essais c5)
ISBN 2-07-040713-6. *52 F / 7,93 €*

32887 **Histoire des religions. 2-1, La formation des religions universelles et les religions de salut dans le monde méditerranéen et le Proche-Orient, les religions constituées en Occident et leurs contre-courants.** *Gallimard, 1999.* (Folio ; 332. Essais c5)
ISBN 2-07-040711-X. *52 F / 7,93 €*

32888 **Histoire des religions. 2-2, La formation des religions universelles et les religions de salut dans le monde méditerranéen et le Proche-Orient, les religions constituées en Occident et leurs contre-courants.** *Gallimard, 1999.* (Folio ; 333. Essais c5)
ISBN 2-07-040712-8. *52 F / 7,93 €*

32889 **Histoire des religions. 3-1, Les religions constituées en Asie et leurs contre-courants, les religions chez les peuples sans tradition écrite, mouvements religieux nés de l'acculturation.** *Gallimard, 1999.* (Folio ; 334. Essais c5)
ISBN 2-07-040710-1. *52 F / 7,93 €*

32890 **Histoire des religions. 3-2, Les religions constituées en Asie et leurs contre-courants, les religions chez les peuples sans tradition écrite, mouvements religieux nés de l'acculturation.** *Gallimard, 1999.* (Folio ; 335. Essais c5)
ISBN 2-07-040708-X. *52 F / 7,93 €*

32891 **N** **Histoire religieuse de la France. 1, 1800-1880.** *Privat, 2000.* (Hommes et communautés)
ISBN 2-7089-6835-1. *95 F / 14,48 €*

32892 **N** **Histoire religieuse de la France. 2, Géographie aux XIXe et XXe siècles.** *Privat, 2000.* (Hommes et communautés)
ISBN 2-7089-6836-X. *95 F / 14,48 €*

32893 **N** **Histoire religieuse de la France. 3, 1880-1914.** *Privat, 2000.* (Hommes et communautés)
ISBN 2-7089-6837-8. *95 F / 14,48 €*

32894 **HORNUNG E.** L'esprit du temps des pharaons. *Hachette Littératures, 1998.* (Pluriel ; 874 c5)
ISBN 2-01-278874-2. *45 F / 6,86 €*

32895 **HOUANG-PO** Entretiens. *Seuil, 1993.* (Points. Sagesses ; 60 c2)
ISBN 2-02-020151-8. *39 F / 5,95 €*

32896 **HOUEI-HAI** L'éveil subit de Houei-Hai ; suivi de Dialogues du Tch'an. *Albin Michel, 1998.* (Spiritualités vivantes poche ; 160 c3)
ISBN 2-226-10622-7. *45 F / 6,86 €*

32897 **HOUEI-NENG** Discours et sermons : d'après le Sûtra de l'Estrade sur les pierres précieuses de la loi Fa-Pao-Tan-King. *Albin Michel, 1984.* (Spiritualités vivantes poche ; 42 c1)
ISBN 2-226-01974-X. *35 F / 5,34 €*

32898 **HOUYVET P-J.** Jésus que ma joie demeure. *Cerf, 1994.* (Foi vivante ; 339. Vie spirituelle c3)
ISBN 2-204-05027-X. *45 F / 6,86 €*

32899 **HOUZIAUX A.** Paraboles au quotidien. *Cerf, 1995.* (Foi vivante ; 359. Vie spirituelle c3)
ISBN 2-204-05200-0. *50 F / 7,62 €*

32900 **HUBAUT M.** Croire. *Desclée De Brouwer, 2000.* (Pensées pour vivre)
ISBN 2-220-04691-5. *52 F / 7,93 €*

32901 **HUBAUT M.** Faire Eglise. *Desclée De Brouwer, 2000.* (Pensées pour vivre)
ISBN 2-220-04692-3. *52 F / 7,93 €*

32902 **HUBAUT M.** Renaître. *Desclée De Brouwer, 2000.* (Pensées pour vivre)
ISBN 2-220-04690-7. *52 F / 7,93 €*

32903 **HUERRE D.** Petite vie de Jean-Baptiste Muard : fondateur de la Pierre-qui-vire. *Desclée De Brouwer, 1994.* (Petite vie)
ISBN 2-220-03472-0. *72 F / 10,98 €*

32904 **HURBON L.** Les Mystères du vaudou. *Gallimard, 1993.* (Découvertes ; 190. Religions c6)
ISBN 2-07-053186-4. *90 F / 13,72 €*

32905 **N** **Hymnes à la Terre-Mère.** *Mercure de France, 2000.* (Le petit Mercure)
ISBN 2-7152-2235-1. *22 F / 3,35 €*

32906 **N** **Hymnes au masculin.** *Mercure de France, 2000.* (Le petit Mercure)
ISBN 2-7152-2234-3. *20 F / 3,05 €*

32907 **Hymnes de la religion d'Aton :** hymnes du XIVe siècle avant J.C. *Seuil, 1995.* (Points ; 97. Sagesses c2)
ISBN 2-02-022058-X. *39 F / 5,95 €*

32908 **IANCU D.** Etre juif en Provence : au temps du roi René. *Albin Michel, 1998.* (Présences du judaïsme poche ; 24 c4)
ISBN 2-226-10445-3. *49 F / 7,47 €*

32909 **IBN AL'ARAB** La Sagesse des prophètes. *Albin Michel, 1989.* (Spiritualités vivantes poche ; 19 c3)
ISBN 2-226-00010-0. *45 F / 6,86 €*

32910 **IBN AL-ARABI M. I. A. M. a-D. A. A. A.** Les illuminations de La Mecque. *Albin Michel, 1997.* (Spiritualités vivantes poche ; 150 c4)
ISBN 2-226-09434-2. *55 F / 8,38 €*

32911 **IBN AL-ARABI M. I. A. M. a-D. A. A. A.** La Profession de foi. *Sindbad, 1991.* (La Petite bibliothèque de Sindbad)
ISBN 2-7274-0196-5. *90 F / 13,72 €*

32912 **IBN AL-ARABI M. I. A. M. a-D. A. A. A.** Les soufis d'Andalousie ; suivi de La vie merveilleuse de Dhû-l-Nûn l'Egyptien. *Albin Michel, 1995.* (La bibliothèque spirituelle ; 8)
ISBN 2-226-07869-X. *82 F / 12,50 €*

32913 **IGNACE DE LOYOLA (saint)** Exercices spirituels. *Seuil, 1982.* (Points. Sagesses ; 29 c3)
ISBN 2-02-006218-6. *48 F / 7,32 €*

32914 **IKKYÛ** Nuages fous. *Albin Michel, 1991.* (Spiritualités vivantes poche ; 90 c4)
ISBN 2-226-05248-8. *49 F / 7,47 €*

32915 **IKKYÛ** La saveur du zen : poèmes et sermons d'Ikkyû et de ses disciples. *Albin Michel, 1998.* (Spiritualités vivantes poche ; 155 c4)
ISBN 2-226-09990-5. *49 F / 7,47 €*

32916 **IMBERT J.** Le Procès de Jésus. 2e éd. *PUF, 1981.* (Que sais-je? ; 1896 c1)
ISBN 2-13-038490-0. *42 F / 6,40 €*

32917 **L'imitation de Jésus-Christ.** *Albin Michel, 1998.* (Spiritualités vivantes poche ; 161 c4)
ISBN 2-226-10632-4. *49 F / 7,47 €*

32918 **L'imitation de Jésus-Christ.** *Seuil, 1999.* (Livre de vie ; 12)
ISBN 2-02-037243-6. *39 F / 5,95 €*

32919 **L'Imitation de Jésus-Christ.** *Seuil, 1979.* (Points. Sagesses ; 17 c2)
ISBN 2-02-005081-1. *39 F / 5,95 €*

32920 **L'Imitation de Jésus-Christ.** *Cerf, 1989.* (Foi vivante ; 239. Les classiques c4)
ISBN 2-204-03167-4. *55 F / 8,38 €*

32921 **INTROVIGNES M.** Les Témoins de Jéhovah. *Cerf ; Fides, 1990.* (Bref ; 25)
ISBN 2-204-04099-1. ISBN 2-7621-1773-9. *50 F / 7,62 €*

32922 **IQBAL M.** Les secrets du soi ; Les mystères du non-moi. *Albin Michel, 1989.* (Spiritualités vivantes poche ; 77 c3)
ISBN 2-226-03696-2. *45 F / 6,86 €*

32923 **IRÉNÉE (saint)** La Gloire de Dieu, c'est l'homme vivant. *Cerf, 1994.* (Foi vivante ; 338. Les classiques c2)
ISBN 2-204-05026-1. *45 F / 6,86 €*

32924 **JACQ C.** Pouvoir et sagesse selon l'Egypte ancienne. *Pocket, 1997.* (Pocket ; 4799 c4)
ISBN 2-266-06674-9. *30 F / 4,57 €*

32925 **JACQUARD A.** Le souci des pauvres : l'héritage de saint François d'Assise. *LGF, 1998.* (Le Livre de poche ; 14367 c6)
ISBN 2-253-14367-7. *26 F / 3,96 €*

32926 **JACQUEMARD S.** Trois mystiques grecs : Orphée, Pythagore, Empédocle. *Albin Michel, 1997.* (Spiritualités vivantes poche ; 146 c3)
ISBN 2-226-08946-2. *45 F / 6,86 €*

32927 **JACQUES DE VITRY** Vie de Marie d'Oignies. *Actes Sud, 1997.* (Babel ; 289 c3)
ISBN 2-7427-1380-8. *45 F / 6,86 €*

32928 **JAN VAN RUUSBROEC** Les sept degrés de l'échelle d'amour spirituel. *Desclée De Brouwer, 2000.* (Les carnets DDB)
ISBN 2-220-04695-8. *62 F / 9,45 €*

32929 **JAUBERT A.** Les Femmes dans l'Ecriture. Nouv. éd. *Cerf : Vie chrétienne, 1992.* (Foi vivante ; 302. Bible c4)
ISBN 2-204-04640-X. *55 F / 8,38 €*

32930 **JAVARY C.** Le Yi jing : le grand livre du yin et du yang. *Cerf ; Fides, 1989.* (Bref ; 20)
ISBN 2-204-04032-0. ISBN 2-7621-1461-6. *50 F / 7,62 €*

32931 **JAVOUHEY A-M.** Pour Dieu, au bout du monde : lettres choisies. *Cerf, 1993.* (Foi vivante ; 317. Témoins c3)
ISBN 2-204-04843-7. *50 F / 7,62 €*

32932 **N** **JEAN 23 (pape)** Attentifs à Dieu : extraits du Journal de l'âme. Nouv. éd. *Cerf, 2000.* (Foi vivante ; 419. Témoins c3)
ISBN 2-204-06523-4. *50 F / 7,62 €*

32933 **N** **JEAN 23 (pape)** Le rosaire médité de Jean XXIII ; précédé de La lettre apostolique sur le Rosaire, Il religioso convegno, 1961Appendice : Jean XXIII commente les demandes du Pater. *Saint-Augustin, 2000.* (Spiritualité en poche)
ISBN 2-88011-192-7. *49 F / 7,47 €*

32934 **JEAN CHRYSOSTOME (saint)** Homélies de Jean Chrysostome sur l'incompréhensibilité de Dieu. *Albin Michel, 1993.* (Spiritualités vivantes poche ; 113 c3)
ISBN 2-226-06391-9. *45 F / 6,86 €*

32935 **JEAN DE LA CROIX (saint)** Le Cantique spirituel. *Seuil, 1995.* (Points ; 91. Sagesses c2)
ISBN 2-02-025158-2. *35 F / 5,34 €*

32936 **JEAN DE LA CROIX (saint)** La montée du Carmel. Nouv. éd. *Seuil, 1995.* (Livre de vie ; 114 c5)
ISBN 2-02-024764-X. *55 F / 8,38 €*

32937 **JEAN DE LA CROIX (saint)** La Nuit obscure. *Cerf, 1992.* (Foi vivante ; 297. Les classiques c3)
ISBN 2-204-04577-2. *50 F / 7,62 €*

32938 **JEAN DE LA CROIX (saint)** La Nuit obscure. *Seuil, 1984.* (Points. Sagesses ; 35 c3)
ISBN 2-02-006725-0. *48 F / 7,32 €*

32939 **JEAN DE LA CROIX (saint)** La Vive flamme d'amour. *Cerf, 1994.* (Foi vivante ; 336. Les classiques c4)
ISBN 2-204-05012-1. *55 F / 8,38 €*

32940 **JEAN DE LA CROIX (saint)** La vive flamme d'amour. *Seuil, 1995.* (Points ; 92. Sagesses c1)
ISBN 2-02-025155-8. *32 F / 4,88 €*

32941 **JEAN DE SAINT-SAMSON (carme)** Epithalame ou Chant d'amour. *Seuil, 1997.* (Livre de vie ; 155 c8)
ISBN 2-02-030898-3. *39 F / 5,95 €*

32942 **JEAN EUDES (saint)** Le Baptême. *Cerf, 1991.* (Foi vivante ; 271. Les classiques c2)
ISBN 2-204-04339-7. *45 F / 6,86 €*

32943 **JEAN-PAUL 2 (pape)** Dix repères pour l'an 2000. *LGF, 1995.* (Le Livre de poche ; 13857 c7)
ISBN 2-253-13857-6. *30 F / 4,57 €*

32944 **JEAN-PAUL 2 (pape)** Entrez dans l'espérance. *Pocket, 1995.* (Pocket ; 3257. Best c4)
ISBN 2-266-06580-7. *30 F / 4,57 €*

32945 **JEAN-PAUL 2 (pape)** Les Fidèles laïcs : exhortation apostolique de Jean-Paul II. *Cerf, 1991.* (Foi vivante ; 286. Les classiques c1)
ISBN 2-204-04508-X. *40 F / 6,10 €*

32946 **N** **JEANRENAUD R.** L'Evangile dans le désordre. *Saint-Augustin, 2000.* (Spiritualité en poche)
ISBN 2-88011-184-6. *59 F / 8,99 €*

32947 **JEREMIAS J.** Paroles de Jésus, le message central du Nouveau Testament : le sermon sur la montagne, le Notre-Père. *Cerf, 1991.* (Foi vivante ; 262. Bible c4)
ISBN 2-204-04324-9. *55 F / 8,38 €*

32948 **Jésus ou le Christ?.** *Cerf : Desclée De Brouwer, 1970.* (Foi vivante ; 130. Bible c1)
ISBN 2-204-03979-9. *40 F / 6,10 €*

32949 **Jésus, simples regards sur le Sauveur :** par un moine de l'Eglise d'Orient. Nouv. éd. *Seuil, 1996.* (Livre de vie ; 136 c10)
ISBN 2-02-028538-X. *45 F / 6,86 €*

32950 **JODOROWSKY A.** Le doigt et la lune : histoires zen. *Albin Michel, 1997.* (Espaces libres ; 72 c3)
ISBN 2-226-09290-0. *45 F / 6,86 €*

32951 **JOKO BECK C.** Soyez zen. *Pocket, 1997.* (Pocket ; 4707 c8)
ISBN 2-266-07880-1. *45 F / 6,86 €*

32952 **JOKO BECK C.** Vivre zen. *Pocket, 1997.* (Pocket ; 4786 c9)
ISBN 2-266-07843-7. *48 F / 7,32 €*

32953 **JOSEPH M., ALLEY R.** Le jeu. *Cerf, 1996.* (Un temps pour ; 4)
ISBN 2-204-05445-3. *40 F / 6,10 €*

32954 **JOSSUA J-P.** Le Dieu de la foi chrétienne. *Cerf ; Fides, 1989.* (Bref ; 23)
ISBN 2-204-04047-9. *50 F / 7,62 €*

32955 **JOSSUA J-P.** Seul avec Dieu, l'aventure mystique. *Gallimard, 1996.* (Découvertes ; 285. Religions c6)
ISBN 2-07-053332-8. *90 F / 13,72 €*

32956 **JOULIN M.** Le Notre-Père. *Cerf, 1998.* (Les Carnets de Fêtes et saisons ; 25 c1)
ISBN 2-204-06005-4. *25 F / 3,81 €*

32957 **Les journées mondiales de la jeunesse, 1987-1997 :** histoire, témoignages, documents. *Cerf, 1996.* (Foi vivante ; 381. Etudiants c3)
ISBN 2-204-05535-2. *50 F / 7,62 €*

32958 **JOURNET C.** Comme une flèche de feu : lettres. Nouv. éd. *Cerf : Bayard Editions-Centurion, 1992.* (Foi vivante ; 299. Les classiques c2)
ISBN 2-204-04604-3. *45 F / 6,86 €*

32959 **JOURNET C.** Les sept paroles du Christ en croix. *Seuil, 1998.* (Livre de vie ; 158)
ISBN 2-02-034118-2. *42 F / 6,40 €*

32960 **JUÈS J-P.** Le scoutisme. *PUF, 1996.* (Que sais-je? ; 254 c1)
ISBN 2-13-047799-2. *42 F / 6,40 €*

32961 **JULLIEN F.** Figures de l'immanence : pour une lecture philosophique du Yi-king, le classique du changement. *LGF, 1995.* (Le Livre de poche ; 94214. Biblio essais c9)
ISBN 2-253-94214-6. *36 F / 5,49 €*

32962 **JUNG C. G.** Commentaire sur Le Mystère de la fleur d'or. *Albin Michel, 1994.* (Spiritualités vivantes poche ; 121 c3)
ISBN 2-226-06883-X. *45 F / 6,86 €*

32963 **JUNG C. G.** Le divin dans l'homme : lettres sur les religions. *Albin Michel, 1999.* (La bibliothèque spirituelle ; 13)
ISBN 2-226-09991-3. *120 F / 18,29 €*

32964 **A** **JYOJI T.** L'art du koan zen. *Albin Michel, 2001.* (Espaces libres)

32965 **KADOWAKI J. K.** Le Zen et la Bible. *Albin Michel, 1992.* (Espaces libres ; 27 c3)
ISBN 2-226-05722-6. *45 F / 6,86 €*

32966 **KALOU (rinpoché)** Instructions fondamentales : introduction au bouddhisme Vajrayana. *Albin Michel, 1990.* (Spiritualités vivantes poche ; 80 c3)
ISBN 2-226-03772-1. *45 F / 6,86 €*

32967 **KALOU (rinpoché)** La Voie du Bouddha : selon la tradition tibétaine. *Seuil, 1993.* (Points. Sagesses ; 55 c5)
ISBN 2-02-019877-0. *55 F / 8,38 €*

32968 **KAPLEAU P.** Questions zen. *Seuil, 1992.* (Points. Sagesses ; 45 c5)
ISBN 2-02-014596-0. *55 F / 8,38 €*

32969 **KATAFIASZ K., ALLEY R.** Un temps pour le deuil. *Cerf, 1997.* (Un temps pour ; 9)
ISBN 2-204-05553-0. *40 F / 6,10 €*

32970 **N** **KATAFIASZ K., ALLEY R.** Un temps pour Noël. Réimpr. *Cerf, 2000.* (Un temps pour ; 7)
ISBN 2-204-05551-4. *40 F / 6,10 €*

32971 **KATAGARI D.** Retour au silence : la pratique du zen dans la vie quotidienne. *Seuil, 1993.* (Points. Sagesses ; 54 c3)
ISBN 2-02-015672-5. *48 F / 7,32 €*

32972 **KATO T-M.** Traité de bouddhisme zen : à l'usage du bourgeois d'Occident. *PARC, 1998.* (Collection grise. 10/15)
ISBN 2-912010-05-5. *20 F / 3,05 €*

32973 **KELEN J.** Marie-Madeleine, un amour infini. *Albin Michel, 1992.* (Espaces libres ; 28 c3)
ISBN 2-226-05900-8. *45 F / 6,86 €*

32974 **KESHAVJEE S.** Le roi, le sage et le bouffon : le grand tournoi des religions. *Seuil, 2000.* (Points ; 712 c8)
ISBN 2-02-039910-5. *39 F / 5,95 €*

32975 **KHARAQÂNI A. I-H.** Paroles d'un soufi. *Seuil, 1998.* (Points ; 138. Sagesses c11)
ISBN 2-02-033028-8. *48 F / 7,32 €*

32976 **KIERKEGAARD S.** Les soucis des païens. *Cerf ; Delachaux et Niestlé, 1968.* (Foi vivante ; 63. Pensée chrétienne c1)
ISBN 2-204-03999-3. *40 F / 6,10 €*

32977 **KOJÈVE A.** L'athéisme. *Gallimard, 1998.* (Tel ; 299)
ISBN 2-07-074981-9. *90 F / 13,72 €*

32978 **KOLAKOWSKI L.** Philosophie de la religion. *10-18, 1997.* (10-18 ; 2872. Bibliothèques c6)
ISBN 2-264-02518-2. *47 F / 7,17 €*

32979 **KORCZAK J.** Seul à seul avec Dieu ou Prières de ceux qui ne prient jamais. *Seuil, 1995.* (Points ; 101. Sagesses c5)
ISBN 2-02-026387-4. *29 F / 4,42 €*

32980 **KRIEF H.** L'éthique du Lévitique : un survol du commentaire du Kéli Yaqar. *Colbo, 1999.* (Judaïca-poche)
ISBN 2-85332-199-1. *48 F / 7,32 €*

32981 **KRITTER A.** Et pourtant j'aime la vie. Rééd. *Cerf ; Nouvelle Cité, 1994.* (Foi vivante ; 348. Témoins c2)
ISBN 2-204-05103-9. *45 F / 6,86 €*

32982 **KUABELBECK J., O'CONNOR V.** Un temps pour prendre soin des autres. *Cerf, 1997.* (Un temps pour ; 12)
ISBN 2-204-05782-7. *40 F / 6,10 €*

32983 **KÜNG H.** Etre chrétien. *Seuil, 1994.* (Points. Essais ; 284 cJ)
ISBN 2-02-022070-9. *72 F / 10,98 €*

32984 **KÜNG H.** Liberté du chrétien. *Cerf : Desclée De Brouwer, 1991.* (Foi vivante ; 273. Pensée chrétienne c4)
ISBN 2-204-04364-8. *55 F / 8,38 €*

32985 **KÜNG H.** Qu'est-ce que l'Eglise?. *Cerf : Desclée De Brouwer, 1990.* (Foi vivante ; 251. Formation c2)
ISBN 2-204-04227-7. *45 F / 6,86 €*

32986 **KUNLEY D.** Le Fou divin : Drukpa Kunley, yogi tantrique tibétain du XVIe siècle. *Albin Michel, 1983.* (Spiritualités vivantes poche ; 33 c2)
ISBN 2-226-01632-5. *39 F / 5,95 €*

32987 **KURZAWA F.** Petite vie de saint Patrick. *Desclée De Brouwer, 1995.* (Petite vie)
ISBN 2-220-03698-7. *68 F / 10,37 €*

32988 **LA TOUR DU PIN P. d.** Psaumes de tous mes temps. *Cerf, 1990.* (Foi vivante ; 237. Vie spirituelle c1)
ISBN 2-204-03165-8. *40 F / 6,10 €*

32989 **LACORDAIRE H.** Lettres à un jeune homme sur la vie chrétienne. *Cerf, 1988.* (Foi vivante ; 226. Les classiques c1)
ISBN 2-204-02839-8. *40 F / 6,10 €*

32990 **LACORDAIRE H.** Vie de saint Dominique. *Cerf, 1989.* (Foi vivante ; 238. Les classiques c4)
ISBN 2-204-03166-6. *55 F / 8,38 €*

32991 **LACOUTURE J.** Jésuites : une multibiographie. *Seuil, 1995.* (Points)
ISBN 2-02-025925-7. *104 F / 15,85 €*

32992 **LACOUTURE J.** Jésuites. 1, Les conquérants. *Seuil, 1995.* (Points ; 136 c13)
ISBN 2-02-025847-1. *52 F / 7,93 €*

32993 **LACOUTURE J.** Jésuites. 2, Les revenants. *Seuil, 1995.* (Points ; 137 c13)
ISBN 2-02-025849-8. *52 F / 7,93 €*

32994 **LACROIX X.** Le corps de l'esprit. Ed. rev. et augm. *Cerf, 2000.* (Foi vivante ; 416. Vie morale c2)
ISBN 2-204-06441-6. *45 F / 6,86 €*

32995 **LAFON G.** Abraham ou L'invention de la foi. *Seuil, 1996.* (Points. Sagesses ; 115 c8)
ISBN 2-02-023683-4. *39 F / 5,95 €*

32996 **LAGAILLARDIE A.** Saint Augustin, une vie. *Cerf, 1998.* (Les Carnets de Fêtes et saisons ; 31 c1)
ISBN 2-204-06142-5. *25 F / 3,81 €*

32997 **N** **LALANNE S., LEBORGNE O., DA M.** Guide pour baptiser votre enfant. *Droguet et Ardant, 1999.* (Théo poche ; 6)
ISBN 2-7041-0750-5. *49 F / 7,47 €*

32998 **N** **LALLÂ** Chants mystiques du tantrisme cachemirien. *Seuil, 2000.* (Points ; 157. Sagesses)
ISBN 2-02-034076-3. *39 F / 5,95 €*

32999 **A** **LALOU F., CALAME P.** Les psaumes. *Albin Michel, 2001.* (Spiritualités vivantes poche) *55 F / 8,38 €*

33000 **LAMENNAIS F. d.** Paroles d'un croyant. *Pocket, 1996.* (Agora ; 168 c4)
ISBN 2-266-06858-X. *30 F / 4,57 €*

33001 **N** **LAMY M.** Les Templiers, ces grands seigneurs aux blancs manteaux : leurs moeurs, leurs rites, leurs secrets. *Pocket, 2001.* (Pocket ; 11031 c8)
ISBN 2-266-10393-8. *45 F / 6,86 €*

33002 **LANDIER J., PÉCRIAUX F., PIZIVIN D.** Avec Marc : pour accompagner une lecture de l'Evangile de Marc. Nouv. éd. *Cerf : Ed. de l'Atelier, 1992.* (Foi vivante ; 308. Bible c6)
ISBN 2-204-04649-3. *75 F / 11,43 €*

33003 **LANZA DEL VASTO** Judas. *Gallimard, 1992.* (Folio ; 2425 c8)
ISBN 2-07-038558-2. *37 F / 5,64 €*

33004 **LAOZI** Tao te king : le livre de la voie et de la vertu. *Desclée De Brouwer, 1994.* (Les carnets DDB)
ISBN 2-220-03552-2. *56 F / 8,54 €*

33005 **LAOZI** Tao te king : le livre de la voie et de la vertu. Réimpr. *Mille et une nuits, 1999.* (La petite collection ; 109)
ISBN 2-84205-535-7. *10 F / 1,52 €*

33006 **LAOZI** La Voie et sa vertu : Tao-tê-king. *Seuil, 1979.* (Points. Sagesses ; 16 c2)
ISBN 2-02-005067-6. *39 F / 5,95 €*

33007 **LASSALLE H-M. E.** Méditation zen et prière chrétienne. *Albin Michel, 1994.* (Espaces libres ; 47 c3)
ISBN 2-226-07495-3. *45 F / 6,86 €*

33008 **LASSALLE P.** De Noël à l'Epiphanie ou De Jésus au Christ. *Sophiakalia, 1999.* (Christosophie)
ISBN 2-913415-04-0. *40 F / 6,10 €*

33009 **LAUBIER P. d.** L'eschatologie. *PUF, 1998.* (Que sais-je? ; 3352 c1)
ISBN 2-13-048998-2. *42 F / 6,40 €*

33010 **LAURENT DE LA RÉSURRECTION (carme)** L'expérience de la présence de Dieu. *Seuil, 1997.* (Livre de vie ; 153 c8)
ISBN 2-02-030780-4. *39 F / 5,95 €*

33011 **LAURENT R.** Saint Vincent de Paul. *Ab éditions, 1995.* (La vie des saints ; 3 c1)
ISBN 2-930052-18-X. *5,95 € / 39,03 F*

33012 **LAURENT R.** Sainte Catherine Labouré. *Ab éditions, 1997.* (La vie des saints ; 5 c1)
ISBN 2-930052-24-4. *5,95 € / 39,03 F*

33013 **LAURENTIN R.** Petite vie de Catherine Labouré : voyante de la rue du Bac et servante des pauvres. *Desclée De Brouwer, 1991.* (Petite vie)
ISBN 2-220-03185-3. *60 F / 9,15 €*

33014 **LAURENTIN R.** Petite vie de Louis-Marie Grignion de Montfort. *Desclée De Brouwer, 1996.* (Petite vie)
ISBN 2-220-03815-7. *62 F / 9,45 €*

33015 **LE MINCE Y.** Nouvel Age et foi chrétienne. *Cerf, 1995.* (Les Carnets de Fêtes et saisons ; 14 c1)
ISBN 2-204-05216-7. *25 F / 3,81 €*

33016 **LE MOUËL G.** Astrologie et foi chrétienne. *Cerf ; Novalis ; Famille et éducation, 1993.* (Les Carnets de Fêtes et saisons ; 3 c1)
ISBN 2-204-04916-6. ISBN 2-89088-630-1. ISBN 2-902987-05-6. *25 F / 3,81 €*

33017 **LE MOUËL G.** Découvrir l'apôtre Paul. *Cerf ; Novalis ; Famille et éducation, 1993.* (Les Carnets de Fêtes et saisons ; 7 c1)
ISBN 2-204-04920-4. ISBN 2-89088-625-5. ISBN 2-902987-09-9. *25 F / 3,81 €*

33018 **LE MOUËL G.** Une Famille juive au temps de Jésus. *Cerf ; Novalis ; Famille et éducation, 1993.* (Les Carnets de Fêtes et saisons ; 8 c1)
ISBN 2-204-04921-2. ISBN 2-89088-628-X. ISBN 2-902987-10-2. *25 F / 3,81 €*

33019 **LE SAUX M.** Les Adolescents et la foi. *Cerf ; Novalis ; Famille et éducation, 1993.* (Les Carnets de Fêtes et saisons ; 1 c1)
ISBN 2-204-04914-X. ISBN 2-89088-624-7. ISBN 2-902987-03-X. *25 F / 3,81 €*

33020 **LE TOURNEAU D.** L'Eglise et l'Etat en France. *PUF, 2000.* (Que sais-je? ; 886 c1)
ISBN 2-13-050508-2. *42 F / 6,40 €*

33021 **LE TOURNEAU D.** L'Opus Dei. 4e éd. rev. *PUF, 1994.* (Que sais-je? ; 2207 c1)
ISBN 2-13-045937-4. *42 F / 6,40 €*

33022 **LEBRET L-J.** Action, marche vers Dieu. *Seuil, 1967.* (Livre de vie ; 74 c1)
ISBN 2-02-000534-4. *32 F / 4,88 €*

33023 **LEBRET L-J.** Louis-Joseph Lebret : écrits spirituels. *Cerf : Ed. de l'Atelier, 1996.* (Foi vivante ; 379. Vie spirituelle c4)
ISBN 2-204-05486-0. ISBN 2-7082-3254-1. *55 F / 8,38 €*

33024 **LECLERC E.** Le chant des sources. 4e éd. *Ed. franciscaines, 1999.* (Présence de saint François ; 28)
ISBN 2-85020-084-0. *54 F / 8,23 €*

33025 **LECLERC E.** Un maître à prier, François d'Assise. Nouv. éd. *Ed. franciscaines, 1995*
ISBN 2-85020-062-X. *39 F / 5,95 €*

33026 **LECLERCQ J.** Le jour de l'homme. *Seuil, 1998.* (Livre de vie ; 157)
ISBN 2-02-033923-4. *42 F / 6,40 €*

33027 **LECLERCQ J.** Saint Bernard et l'esprit cistercien. *Seuil, 1975.* (Microcosme. Maîtres spirituels ; 36 c1)
ISBN 2-02-000291-4. *49 F / 7,47 €*

33028 **LECLERCQ J.** Vie du père Lebbe. *Seuil, 1964.* (Livre de vie ; 49 c2)
ISBN 2-02-000517-4. *39 F / 5,95 €*

33029 **LELOUP J-Y.** Ecrits sur l'hésychasme : une tradition contemplative oubliée. *Albin Michel, 1992.* (Spiritualités vivantes poche ; 86 c4)
ISBN 2-226-04922-3. *49 F / 7,47 €*

33030 **LELOUP J-Y.** L'enracinement et l'ouverture. *Albin Michel, 1995.* (Spiritualités vivantes poche ; 128 c4)
ISBN 2-226-07679-4. *49 F / 7,47 €*

33031 **LELOUP J-Y.** Paroles du mont Athos. *Albin Michel, 1992.* (Spiritualités vivantes poche ; 94 c2)
ISBN 2-226-05542-8. *39 F / 5,95 €*

33032 **LELOUP J-Y.** Prendre soin de l'être : Philon et les Thérapeutes d'Alexandrie. *Albin Michel, 1999.* (Spiritualités vivantes poche ; 165 c1)
ISBN 2-226-10843-2. *35 F / 5,34 €*

33033 **LELOUP J-Y.** Sectes, églises et religions : éléments pour un discernement spirituel. *Albin Michel, 1998.* (Espaces libres ; 82 c2)
ISBN 2-226-09587-X. *39 F / 5,95 €*

33034 **LEMAITRE S.** Râmakrishna et la vitalité de l'hindouisme. *Seuil, 1975.* (Microcosme. Maîtres spirituels ; 18 c1)
ISBN 2-02-000273-6. *49 F / 7,47 €*

33035 **LÉON 1 (pape)** Le Mystère de l'incarnation. *Cerf, 1987.* (Foi vivante ; 222. Les classiques c1)
ISBN 2-204-02717-0. *40 F / 6,10 €*

33036 **LÉON-DUFOUR X.** Dictionnaire du Nouveau Testament. Nouv. éd. rev. et augm. *Seuil, 1996.* (Livre de vie ; 131 c18)
ISBN 2-02-029378-1. *67 F / 10,21 €*

33037 **LÉONARD E. G.** Histoire générale du protestantisme. *PUF.* (Quadrige ; 101-103)
ISBN 2-13-041889-9. *220 F / 33,54 €*

33038 **LEVENSON C. B.** Le Seigneur du lotus blanc : le dalaï-lama. *LGF, 1990.* (Le Livre de poche ; 6778 c11)
ISBN 2-253-05330-9. *42 F / 6,40 €*

33039 **LÉVÊQUE P.** Introduction aux religions primitives : bêtes, hommes et dieux. *LGF, 1997.* (Le Livre de poche ; 447. Références histoire c11)
ISBN 2-253-90447-3. *42 F / 6,40 €*

33040 **LEWIS C. S.** Si Dieu écoutait : lettres à Malcolm sur la prière. *Cerf ; Delachaux et Niestlé, 1970.* (Foi vivante ; 128. Vie spirituelle c1)
ISBN 2-204-03997-7. *40 F / 6,10 €*

33041 **LIBERA A. d.** La Mystique rhénane : d'Albert le Grand à Maître Eckart. *Seuil, 1994.* (Points. Sagesses ; 68 c6)
ISBN 2-02-021112-2. *62 F / 9,45 €*

33042 **LIE TSEU** Le Vrai classique du vide parfait. *Gallimard, 1989.* (Connaissance de l'Orient poche ; 36)
ISBN 2-07-071787-9. *48 F / 7,32 €*

33043 **LINGS M.** Qu'est-ce que le soufisme?. *Seuil, 1977.* (Points. Sagesses ; 10 c2)
ISBN 2-02-004618-0. *39 F / 5,95 €*

33044 **LINGS M.** Un saint soufi du XXe siècle : le cheikh Ahmad al-Alawi, héritage et testament spirituels. *Seuil, 1990.* (Points. Sagesses ; 38 c6)
ISBN 2-02-012658-3. *62 F / 9,45 €*

33045 **Le Livre de Job.** *Mille et une nuits, 2000.* (La petite collection ; 280)
ISBN 2-84205-472-5. *10 F / 1,52 €*

33046 **Le livre de Job.** *Arléa, 1996.* (Retour aux grands textes poche ; 25)
ISBN 2-86959-303-1. *35 F / 5,34 €*

33047 **N** **Le Livre de Job.** *Mille et une nuits : Serpent à Plumes, 2000*
ISBN 2-84205-526-8. *10 F / 1,52 €*

33048 **Le livre de l'Apocalypse.** *Cerf, 1999.* (Les Carnets de Fêtes et saisons ; 40 c1)
ISBN 2-204-06317-7. *25 F / 3,81 €*

33049 **Le livre de la cour jaune :** classique taoïste des IVe-Ve siècles. *Seuil, 1999.* (Points ; 146. Sagesses)
ISBN 2-02-032293-5. *45 F / 6,86 €*

33050 **Le livre des anciens :** recueil d'apophtegmes des Pères du désert. *Cerf ; Ed. de Solesmes, 1995.* (Foi vivante ; 365. Les classiques c3)
ISBN 2-204-05260-4. ISBN 2-85274-174-1. *50 F / 7,62 €*

33051 **Le livre tibétain des morts :** comme il est communément intitulé en Occident, connu au Tibet sous le nom de Le grand livre de la libération naturelle par la compréhension dans le monde intermédiaire, découvert par Karma Lingpa. *LGF, 1997.* (Le Livre de poche ; 14332 c10)
ISBN 2-253-14332-4. *40 F / 6,10 €*

33052 **Les livres de sagesses des pharaons.** *Gallimard, 1998.* (Folio ; 87. Histoire c1)
ISBN 2-07-040497-8. *29,50 F / 4,50 €*

33053 **N** **Les livres du Livre.** *Serpent à Plumes : Mille et une nuits, 2000*
ISBN 2-84261-226-4. ISBN 2-84205-542-X. *125 F / 19,06 €*

33054 **N** **LOBET B.** La Trinité. *Fidélité, 2000.* (Que penser de...? ; 44)
ISBN 2-87356-176-9. *15 F / 2,29 €*

33055 **LODS A.** Les Prophètes d'Israël et les débuts du judaïsme. *Albin Michel, 1969.* (L'Evolution de l'humanité poche ; 17)
ISBN 2-226-04737-9. *45 F / 6,86 €*

33056 **LOEW J.** Ce Jésus qu'on appelle Christ : retraite au Vatican (1970). *Cerf, 1996.* (Foi vivante ; 371. Vie spirituelle c5)
ISBN 2-204-05373-2. *65 F / 9,91 €*

33057 **LOEW J.** Comme s'il voyait l'invisible. *Cerf, 1979.* (Foi vivante ; 194. Formation c2)
ISBN 2-204-01365-X. *45 F / 6,86 €*

33058 **LOEW J.** Dans la nuit j'ai cherché. *Cerf : Bayard Editions-Centurion, 1991.* (Foi vivante ; 263. Vie spirituelle c1)
ISBN 2-204-04323-0. *40 F / 6,10 €*

33059 **LOEW J.** En mission prolétarienne. *Seuil, 1961.* (Livre de vie ; 5 c1)
ISBN 2-02-000483-6. *32 F / 4,88 €*

33060 **LOEW J.** Journal d'une mission ouvrière. *Seuil, 1963.* (Livre de vie ; 41 c2)
ISBN 2-02-000512-3. *39 F / 5,95 €*

33061 **LOEW J., FAIZANT J.** Paraboles et fariboles. *Cerf, 1993.* (Foi vivante ; 323. Vie spirituelle c1)
ISBN 2-204-04907-7. *40 F / 6,10 €*

33062 **LONGAKER C.** Trouver l'espoir face à la mort. *J'ai lu, 1999.* (J'ai lu ; 7179. Bien-être c7)
ISBN 2-290-07179-X. *45 F / 6,86 €*

33063 **LONGCHENPA** La Liberté naturelle de l'esprit. *Seuil, 1994.* (Points. Sagesses ; 66 c5)
ISBN 2-02-020704-4. *55 F / 8,38 €*

33064 **LOPEZ B.** La prière, un espace de liberté. *Saint-Augustin, 2000.* (Spiritualité en poche)
ISBN 2-88011-155-2. *52 F / 7,93 €*

33065 **LOUIS 9 (roi de France)** Saint Louis roi de France : 1214-1270. *Cerf, 1998.* (Un temps avec)
ISBN 2-204-05870-X. *40 F / 6,10 €*

33066 **LOUIS-MARIE GRIGNION DE MONTFORT (saint)** Traité de la vraie dévotion à la sainte Vierge : préparation au règne de Jésus-Christ. *Seuil, 1996.* (Livre de vie ; 151 c10)
ISBN 2-02-030021-4. *45 F / 6,86 €*

33067 **LUGON C.** La République des Guaranis : 1710-1768. *Cerf : Ed. de l'Atelier, 1970.* (Foi vivante ; 125. Les classiques c1)
ISBN 2-204-03995-0. *40 F / 6,10 €*

33068 **LUNEL P.** L'Abbé Pierre : l'insurgé de Dieu. *LGF, 1991.* (Le Livre de poche ; 6945 c10)
ISBN 2-253-05630-8. *40 F / 6,10 €*

33069 **LUSTIGER J-M.** La messe. *Seuil, 1996.* (Livre de vie ; 149 c9)
ISBN 2-02-028781-1. *42 F / 6,40 €*

33070 **LUSTIGER J-M.** Osez croire, osez vivre : articles, conférences, sermons, interviews : 1981-1984. *Gallimard, 1986.* (Folio ; 8. Actuel ; 8 c7)
ISBN 2-07-032357-9. *60 F / 9,15 €*

33071 **LUSTIGER J-M.** Le Sacrement de l'onction des malades. *Cerf, 1990.* (Foi vivante ; 250. Formation c1)
ISBN 2-204-04177-7. *40 F / 6,10 €*

33072 **LUSTIGER J-M.** Soyez heureux. *Seuil, 1999.* (Points ; 690)
ISBN 2-02-034541-2. *35 F / 5,34 €*

33073 **LUSTIGER J-M., MISSIKA J-L., WOLTON D.** Le Choix de Dieu : entretiens avec Jean-Louis Missika et Dominique Wolton. *LGF, 1989.* (Le Livre de poche ; 6601 c11)
ISBN 2-253-04914-X. *42 F / 6,40 €*

33074 **LUTHER M.** De la liberté du chrétien ; Préfaces à la Bible : la naissance de l'allemand philosophique. *Seuil, 1996.* (Points ; 338. Essais c11)
ISBN 2-02-026285-1. *48 F / 7,32 €*

33075 **LUTHER M.** Du fond de ma détresse : deux psaumes de pénitence ; suivi de Sermon pour la Vierge Marie. *Desclée De Brouwer, 1998.* (Les carnets DDB)
ISBN 2-220-04168-9. *58 F / 8,84 €*

33076 **N** **LUTHER M., ERASME D.** Du serf arbitre. *Gallimard, 2001.* (Folio ; 376. Essais c18)
ISBN 2-07-041469-8. *76,50 F / 11,66 €*

33077 **LUZZATTO M. H.** Le sentier de rectitude. Nouv. éd. *Seuil, 1996.* (Points. Sagesses ; 104 c9)
ISBN 2-02-028322-0. *42 F / 6,40 €*

33078 **LYONNET S.** Eucharistie et vie chrétienne : quelques aspects bibliques du mystère eucharistique. *Cerf : Vie chrétienne, 1993.* (Foi vivante ; 316. Formation c2)
ISBN 2-204-04830-5. *45 F / 6,86 €*

33079 **MACKENZIE V.** Enfants de la réincarnation. *J'ai lu, 2000.* (J'ai lu ; 5507. Aventure secrète cJ)
ISBN 2-290-30160-4. *39 F / 5,95 €*

33080 **MAILLARD P.** Le bonheur d'aimer. *Cerf, 1995.* (Paroles pour vivre)
ISBN 2-204-05229-9. *47 F / 7,17 €*

33081 **MAÎTRE H., NÉOUZE C.** Saisir la vie : itinéraire d'une conseillère conjugale et familiale. *Cerf, 1999.* (Paroles pour vivre)
ISBN 2-204-06229-4. *50 F / 7,62 €*

33082 **Le Maître spirituel.** *Cerf, 1980.* (Foi vivante ; 198. Vie spirituelle c1)
ISBN 2-204-01526-1. *40 F / 6,10 €*

33083 **MAKARIAN C.** Marie. *LGF, 1997.* (Le Livre de poche ; 14155 c6)
ISBN 2-253-14155-0. *26 F / 3,96 €*

33084 **MALDAMÉ J-M.** Le Saint Suaire. *Fidélité, 1997.* (Que penser de...? ; 33 c1)
ISBN 2-87356-141-6. *15 F / 2,29 €*

33085 **MALEISSYE M-T. d.** Petite vie de Marie de la Passion (Hélène de Chappotin) : fondatrice des Franciscaines missionnaires de Marie. *Desclée De Brouwer, 1996.* (Petite vie)
ISBN 2-220-03857-2. *60 F / 9,15 €*

33086 **MALHERBE M.** Les Religions de l'humanité. 1. *Hachette Littératures, 1993.* (Pluriel ; 8574 c7)
ISBN 2-01-018338-X. *79 F / 12,04 €*

33087 **MALHERBE M.** Les Religions de l'humanité. 2. *Hachette Littératures, 1993.* (Pluriel ; 8635 c7)
ISBN 2-01-020659-2. *79 F / 12,04 €*

33088 **MALKA V.** Les Juifs sépharades. 2e éd. *PUF, 1991.* (Que sais-je? ; 2276 c1)
ISBN 2-13-043794-X. *42 F / 6,40 €*

33089 **MALKA V.** Les plus belles légendes juives. *Seuil, 1998.* (Points. Sagesses ; 134 c11)
ISBN 2-02-030294-2. *48 F / 7,32 €*

33090 **MARAVAL P.** Petite vie de saint Jérôme. *Desclée De Brouwer, 1995.* (Petite vie)
ISBN 2-220-03572-7. *59 F / 8,99 €*

33091 **MARCHEL W.** Dieu Père dans le Nouveau Testament. *Cerf, 1998.* (Foi vivante ; 401. Bible)
ISBN 2-204-06090-9. *50 F / 7,62 €*

33092 **MARÉCHAL E.** Prières avec les enfants. *Cerf, 1994.* (Foi vivante ; 342. Vie spirituelle c2)
ISBN 2-204-05034-2. *45 F / 6,86 €*

33093 **Marie-Madeleine a encore quelque chose à dire :** l'utopie de Béthanie. *Cerf ; Nouvelle Cité, 1994.* (Foi vivante ; 333. Témoins c3)
ISBN 2-204-04993-X. ISBN 2-85313-116-5.
47 F / 7,17 €

33094 **MARITAIN R.** Notes sur le Pater. *Cerf : Desclée De Brouwer, 1991.* (Foi vivante ; 277. Vie spirituelle c2)
ISBN 2-204-04367-2. *45 F / 6,86 €*

33095 **MARITAIN R., QUÉRÉ F.** Histoire d'Abraham : les premiers âges de la conscience morale. *Desclée De Brouwer, 1994.* (Les carnets DDB)
ISBN 2-220-03470-4. *59 F / 8,99 €*

33096 **MARQUET C.** Les Protestants. *Milan, 1998.* (Les essentiels Milan ; 121 c1)
ISBN 2-84113-755-4. *25 F / 3,81 €*

33097 **MARROU H-I.** Saint Augustin et l'augustinisme. Réimpr. *Seuil, 1997.* (Microcosme ; 2. Maîtres spirituels ; 2)
ISBN 2-02-000257-4. *49 F / 7,47 €*

33098 **MARTELET G.** Ignorer les Evangiles, c'est ignorer le Christ. *Cerf, 1994.* (Foi vivante ; 331. Étudiants c2)
ISBN 2-204-04973-5. *45 F / 6,86 €*

33099 **MARTELET G.** N'oublions pas Vatican II. *Cerf, 1995.* (Foi vivante ; 367. Etudiants c2)
ISBN 2-204-05290-6. *45 F / 6,86 €*

33100 **MARTINI C. M.** S'ouvrir à la parole du Christ : maximes spirituelles. *Cerf ; Fates, 1995.* (Foi vivante ; 363. Vie spirituelle c4)
ISBN 2-204-05211-6. ISBN 2-909452-10-7.
55 F / 8,38 €

33101 **MARTINI C. M., ELKANN A.** A l'écoute du coeur : entretiens avec Alain Elkann. *Albin Michel, 1998.* (Espaces libres ; 83 c2)
ISBN 2-226-09613-2. *39 F / 5,95 €*

33102 **MAURIAC F.** Vie de Jésus. *Seuil, 1999.* (Livre de vie ; 1 c2)
ISBN 2-02-036561-8. *48 F / 7,32 €*

33103 **Les maximes des Pères :** et les huit chapitres. 6e éd. *Colbo, 1995.* (Judaïca-poche)
ISBN 2-85332-175-4. *69 F / 10,52 €*

33104 **MCCABE H.** La Foi catholique. *Cerf, 1986.* (Foi vivante ; 217. Formation c1)
ISBN 2-204-02620-4. *40 F / 6,10 €*

33105 **MCCALL H.** Mythes de la Mésopotamie. *Seuil, 1994.* (Points. Sagesses ; 69 c2)
ISBN 2-02-020705-2. *39 F / 5,95 €*

33106 **N** **MCCLELLAN K.** Un temps pour prier. Réimpr. *Cerf, 2000.* (Un temps pour ; 11)
ISBN 2-204-05783-5. *40 F / 6,10 €*

33107 **MCGRATH T., ALLEY R.** Un temps pour décompresser. *Cerf, 1998.* (Un temps pour ; 13)
ISBN 2-204-05992-7. *40 F / 6,10 €*

33108 **MEER DE WALCHEREN P. v. d.** Rencontres : Léon Bloy, Raïssa Maritain, Christine et Pieterke. Nouv. éd. *Cerf : Desclée De Brouwer, 1992.* (Foi vivante ; 307. Témoins c4)
ISBN 2-204-04691-4. *55 F / 8,38 €*

33109 **MEHL R.** La Théologie protestante. 4e éd. *PUF, 1983.* (Que sais-je? ; 1230 c1)
ISBN 2-13-048014-4. *42 F / 6,40 €*

33110 **MERAD A.** L'exégèse coranique. *PUF, 1998.* (Que sais-je? ; 3406 c1)
ISBN 2-13-049435-8. *42 F / 6,40 €*

33111 **MERAD A.** L'Islam contemporain. 4e éd. *PUF, 1992.* (Que sais-je? ; 2195 c1)
ISBN 2-13-044397-4. *42 F / 6,40 €*

33112 **MERTON T.** Mystique et zen ; Journal d'Asie. *Albin Michel, 1995.* (La bibliothèque spirituelle ; 4)
ISBN 2-226-07738-3. *78 F / 11,89 €*

33113 **MERTON T.** Le nouvel homme. *Seuil, 1995.* (Points ; 94. Sagesses c7)
ISBN 2-02-025511-1. *35 F / 5,34 €*

33114 **MERTON T.** La Nuit privée d'étoiles. *Albin Michel, 1994.* (Espaces libres ; 45)
ISBN 2-226-06908-9. *55 F / 8,38 €*

33115 **MERTON T.** Nul n'est une île. *Seuil, 1993.* (Points. Sagesses ; 64 c2)
ISBN 2-02-021092-4. *39 F / 5,95 €*

33116 **MERTON T.** La Paix monastique. *Albin Michel, 1990.* (Spiritualités vivantes poche ; 82 c2)
ISBN 2-226-03964-3. *39 F / 5,95 €*

33117 **MERTON T.** Semences de contemplation. Nouv. éd. *Seuil, 1997.* (Livre de vie ; 156 c10)
ISBN 2-02-032034-7. *45 F / 6,86 €*

33118 **MERTON T.** Les voies de la vraie prière. *Cerf, 1997.* (Foi vivante ; 386. Vie spirituelle c2)
ISBN 2-204-05642-1. *45 F / 6,86 €*

33119 **MESSADIÉ G.** Jésus de Srinagar. *LGF, 1997.* (L'Homme qui devint Dieu; 4)(Le Livre de poche ; 14353 c15)
ISBN 2-253-14353-7. *50 F / 7,62 €*

33120 **Le Message des patriarches hébreux.** *Colbo, 1990.* (Judaïca-poche)
ISBN 2-85332-091-X. *69 F / 10,52 €*

33121 **N** **La messe vient de la Bible.** *Cerf, 2001.* (Les Carnets de Fêtes et saisons ; 45 c1)
ISBN 2-204-06693-1. *25 F / 3,81 €*

33122 **METRAUX A.** Le vaudou haïtien. Réimpr. *Gallimard, 1989.* (Tel ; 20)
ISBN 2-07-029653-9. *62 F / 9,45 €*

33123 **MEYENDORFF J.** Saint Grégoire Palamas et la mystique orthodoxe. *Seuil, 1976.* (Microcosme. Maîtres spirituels ; 20 c1)
ISBN 2-02-000275-2. *49 F / 7,47 €*

33124 **MICHELET J.** La Bible de l'humanité : une vaste fresque des croyances et religions du monde. *Complexe, 1998.* (Bibliothèque Complexe)
ISBN 2-87027-726-1. *95 F / 14,48 €*

33125 **N** **MIDAL F.** Mythes et dieux tibétains : une entrée dans le monde sacré. *Seuil, 2000.* (Points. Sagesses ; 152)
ISBN 2-02-036235-X. *39 F / 5,95 €*

33126 **MIDAL F.** La pratique de l'éveil de Tilopa à Trungpa : l'école Kagyü du bouddhisme tibétain. *Seuil, 1997.* (Points ; 119. Sagesses c9)
ISBN 2-02-023673-7. *42 F / 6,40 €*

33127 **MIGOT A.** Le Bouddha. *Complexe, 1990.* (Historiques ; 57 c9)
ISBN 2-87027-338-X. *59 F / 8,99 €*

33128 **Milinda-panha :** les questions de Milinda. *Gallimard, 1992.* (Connaissance de l'Orient poche ; 55)
ISBN 2-07-072730-0. *59 F / 8,99 €*

33129 **MINNERATH R.** Histoire des conciles. *PUF, 1996.* (Que sais-je? ; 1149 c1)
ISBN 2-13-047688-0. *42 F / 6,40 €*

33130 **MINOIS G.** Histoire de l'enfer. 2e éd. *PUF, 1999.* (Que sais-je? ; 2823 c1)
ISBN 2-13-046021-6. *42 F / 6,40 €*

33131 **MIQUEL P.** Petit traité de théologie symbolique. *Cerf, 1987.* (Foi vivante ; 219. Formation c4)
ISBN 2-204-02677-8. *55 F / 8,38 €*

33132 **Les Miracles dans l'Evangile.** *Cerf ; Novalis, 1994.* (Les Carnets de Fêtes et saisons ; 10 c1)
ISBN 2-204-05047-4. ISBN 2-89088-690-5. *25 F / 3,81 €*

33133 **Le miroir du coeur de Vajrasattva :** tantra du Dzogchen. *Seuil, 1995.* (Points ; 82. Sagesses ; 82 c11)
ISBN 2-02-022848-3. *48 F / 7,32 €*

33134 **N** **MISCHLER D.** L'adoration eucharistique. *Saint-Augustin, 2000.* (Spiritualité en poche)
ISBN 2-88011-182-X. *59 F / 8,99 €*

33135 **MOÏSE MAÏMONIDE** Epîtres. *Gallimard, 1993.* (Tel ; 231)
ISBN 2-07-073300-9. *63 F / 9,60 €*

33136 **MOLINIÉ M-D.** Le courage d'avoir peur. Nouv. éd. *Cerf, 1997.* (Foi vivante ; 346. Vie spirituelle c4)
ISBN 2-204-05084-9. *55 F / 8,38 €*

33137 **MOLTMANN J.** Le seigneur de la danse : essai sur la joie d'être libre. 2è éd. *Cerf : Mame, 1977.* (Foi vivante ; 177. Formation c1)
ISBN 2-204-01090-1. *40 F / 6,10 €*

33138 **MOMADAY N. S.** Le chemin de la montagne de pluie. *Gallimard, 1997.* (Folio ; 2935 c8)
ISBN 2-07-040188-X. *37 F / 5,64 €*

33139 **Le monde de la Bible.** *Gallimard, 1998.* (Folio ; 88. Histoire)
ISBN 2-07-040365-3. *71 F / 10,82 €*

33140 **MONDÉSERT C.** Pour lire les Pères de l'Eglise : dans la collection Sources chrétiennes. 2e éd. rev. et augm. *Cerf, 1988.* (Foi vivante ; 230. Les classiques c2)
ISBN 2-204-02859-2. *45 F / 6,86 €*

33141 **MONTCHEUIL Y. d.** Aspects de l'Eglise. *Seuil, 1962.* (Livre de vie ; 23 c1)
ISBN 2-02-000498-4. *32 F / 4,88 €*

33142 **MONTCLOS X. d.** Histoire religieuse de la France. 3e éd. *PUF, 1990.* (Que sais-je? ; 2428 c1)
ISBN 2-13-042769-3. *42 F / 6,40 €*

33143 **MONTFORT F.** Une catéchèse selon l'Evangile : la bonne nouvelle de l'amour. Nouv. éd. *Cerf, 1995.* (Foi vivante ; 213. Formation c3)
ISBN 2-204-02490-2. *50 F / 7,62 €*

33144 **MONTFORT F.** Petite vie de Pierre Bérulle, fondateur de l'Oratoire de Jésus. *Desclée De Brouwer, 1997.* (Petite vie)
ISBN 2-220-03955-2. *68 F / 10,37 €*

33145 **MORDILLAT G., PRIEUR J.** Corpus Christi : l'intégrale. *Mille et une nuits ; Arte Editions, 1998.* (La petite collection)
ISBN 2-84205-310-9. *60 F / 9,15 €*

33146 **MORDILLAT G., PRIEUR J.** Corpus Christi : Résurrection. *Mille et une nuits*; *Arte Editions, 1998.* (La petite collection)
ISBN 2-84205-309-5. *10 F / 1,52 €*

33147 **N** **MORDILLAT G., PRIEUR J.** Jésus contre Jésus. *Seuil, 2000.* (Points ; 800)
ISBN 2-02-047501-4. *42 F / 6,40 €*

33148 **MORGAN M.** Message des hommes vrais au monde mutant. *J'ai lu, 1997.* (J'ai lu ; 4406. Aventure secrète c3)
ISBN 2-290-04406-7. *29 F / 4,42 €*

33149 **MORIN D.** Dieu existe-t-il?. *Cerf*; *Novalis*; *Famille et éducation, 1993.* (Les Carnets de Fêtes et saisons ; 6 c1)
ISBN 2-204-04919-0. ISBN 2-89088-623-9. ISBN 2-902987-08-0. *25 F / 3,81 €*

33150 **MORIN D.** Les grandes intuitions du concile Vatican II. *Cerf, 1996.* (Les Carnets de Fêtes et saisons ; 17 c1)
ISBN 2-204-05346-5. *25 F / 3,81 €*

33151 **MORIN D.** Le Mal et la souffrance. *Cerf*; *Novalis*; *Famille et éducation, 1993.* (Les Carnets de Fêtes et saisons ; 2 c1)
ISBN 2-204-04915-8. ISBN 2-89088-631-X. ISBN 2-902987-04-8. *25 F / 3,81 €*

33152 **N** **MORIN D.** Que se passe-t-il après la mort ?. Réimpr. *Cerf, 2001.* (Les Carnets de Fêtes et saisons ; 24 c1)
ISBN 2-204-05631-6. *25 F / 3,81 €*

33153 **Mosaïques :** anthologie des sources chrétiennes. *Cerf, 1993.* (Foi vivante ; 326. Les classiques c5)
ISBN 2-204-04943-3. *65 F / 9,91 €*

33154 **MOUNIER E.** L'Engagement de la foi. *Seuil, 1968.* (Livre de vie ; 87 c2)
ISBN 2-02-000541-7. *39 F / 5,95 €*

33155 **MUNDY L., ALLEY R.** Tenir debout. *Cerf, 1996.* (Un temps pour ; 2)
ISBN 2-204-05446-1. *40 F / 6,10 €*

33156 **MUSASHI M.** Traité des cinq roues : Gorin-no-sho. Nouv. éd. *Albin Michel, 1991.* (Spiritualités vivantes poche ; 39 c2)
ISBN 2-226-01852-2. *39 F / 5,95 €*

33157 **Le mystère du Christ chez saint Thomas d'Aquin.** *Cerf, 1999.* (Foi vivante ; 409. Pensée chrétienne c3)
ISBN 2-204-06303-7. *50 F / 7,62 €*

33158 **NADAUS R.** Prières pour les jours ordinaires. *Ed. de l'Atelier : Cerf, 1999.* (Foi vivante ; 408. Vie spirituelle)
ISBN 2-7082-3441-2. ISBN 2-204-06294-4. *40 F / 6,10 €*

33159 **N** **NAGARJUNA** Conseils au roi : avec un commentaire d'après Guièltsap darma Rintchen. *Seuil, 2000.* (Points. Sagesses ; 155 c11)
ISBN 2-02-037810-8. *48 F / 7,32 €*

33160 **NAGARJUNA** Traité du milieu. *Seuil, 1995.* (Points. Sagesses ; 88 c4)
ISBN 2-02-021754-6. *52 F / 7,93 €*

33161 **NAHON G.** La Terre sainte au temps des kabbalistes, 1492-1592. *Albin Michel, 1997.* (Présences du judaïsme poche ; 22 c4)
ISBN 2-226-09546-2. *49 F / 7,47 €*

33162 **NAN H-C.** L'expérience de l'éveil. *Seuil, 1998.* (Points. Sagesses ; 136 c11)
ISBN 2-02-033013-X. *48 F / 7,32 €*

33163 **NEHER A.** Jérémie. *Seuil, 1998.* (Points. Sagesses ; 139 c9)
ISBN 2-02-033611-1. *42 F / 6,40 €*

33164 **NEHER A.** Moïse et la vocation juive. *Seuil, 1977.* (Microcosme. Maîtres spirituels ; 8 c1)
ISBN 2-02-000263-9. *49 F / 7,47 €*

33165 **A** **NESMY C-J.** Saint Benoît et la vie monastique. *Seuil, 2001.* (Points ; 163. Sagesses ; 19)
ISBN 2-02-040765-5

33166 **NEUSCH M.** Aux sources de l'athéisme contemporain : cent ans de débats sur Dieu. Nouv. éd. *Cerf : Bayard Editions-Centurion, 1993.* (Foi vivante ; 329. Formation c5)
ISBN 2-204-04962-X. *65 F / 9,91 €*

33167 **NEWMAN J. H.** Douze sermons sur le Christ. *Seuil, 1995.* (Livre de vie ; 144)
ISBN 2-02-025856-0. *35 F / 5,34 €*

33168 **NEWTON I.** Ecrits sur la religion. *Gallimard, 1996.* (Tel ; 276)
ISBN 2-07-073814-0. *70 F / 10,67 €*

33169 **NGUYEN H. K.** Petite histoire du Tchan. *Seuil, 1998.* (Points. Sagesses ; 130 c10)
ISBN 2-02-029942-9. *45 F / 6,86 €*

33170 **NIQUET K.** Mémoire de Chartres : le pèlerinage des étudiants, 1935-1995. *Cerf, 1995.* (Foi vivante ; 352. Etudiants c4)
ISBN 2-204-05144-6. *55 F / 8,38 €*

33171 **NISENBAUM H.** Qu'est-ce que le hassidisme ?. *Seuil, 1997.* (Points. Sagesses ; 124 c11)
ISBN 2-02-022590-5. *48 F / 7,32 €*

33172 **NISIN A.** Histoire de Jésus. *Seuil, 1968.* (Livre de vie ; 90 c3)
ISBN 2-02-000543-3. *48 F / 7,32 €*

33173 **NOLAN A.** Jésus avant le christianisme : l'Evangile de la libération. *Cerf : Ed. de l'Atelier, 1995.* (Foi vivante ; 353. Formation c4)
ISBN 2-204-05167-5. *55 F / 8,38 €*

33174 **NORBU N. (.** Dzogchen et Tantra : la voie de la lumière du bouddhisme tibétain. *Albin Michel, 1995.* (Spiritualités vivantes poche ; 135 c4)
ISBN 2-226-07991-2. *49 F / 7,47 €*

33175 **Notre-Père :** introduction à la foi et à la vie chrétienne. *Cerf, 1988.* (Foi vivante ; 231. Vie spirituelle c1)
ISBN 2-204-02954-8. *40 F / 6,10 €*

33176 **Le Nouveau Testament.** *Seuil, 1978.* (Points. Sagesses ; 15)
ISBN 2-02-004980-5. *48 F / 7,32 €*

33177 **Nouveaux récits d'un pélerin russe.** *Seuil, 1979.* (Points. Sagesses ; 19 c1)
ISBN 2-02-005185-0. *32 F / 4,88 €*

33178 **ODIER D.** Tantra : l'initiation d'un Occidental à l'amour absolu. *Pocket, 1998.* (Pocket ; 4805 c6)
ISBN 2-266-07481-4. *38 F / 5,79 €*

33179 **N** **ODIER D.** Tantra, spontanéité de l'extase. *Actes Sud, 2000.* (Le souffle de l'esprit)
ISBN 2-7427-2800-7. *39 F / 5,95 €*

33180 **ODIER D., SMEDT M. d.** Essais sur les mystiques orientales. *Albin Michel, 1984.* (Spiritualités vivantes poche ; 46 c4)
ISBN 2-226-02122-1. *49 F / 7,47 €*

33181 **L'Offrande liturgique. Nouv. éd.** *Cerf, 1988.* (Foi vivante ; 232. Vie spirituelle c2)
ISBN 2-204-02956-4. *45 F / 6,86 €*

33182 **OLIER J-J.** Sainteté chrétienne. *Cerf, 1992.* (Foi vivante ; 293. Les classiques c2)
ISBN 2-204-04557-8. *45 F / 6,86 €*

33183 **ORAISON M.** Une Morale pour notre temps. *Seuil, 1970.* (Livre de vie ; 100 c1)
ISBN 2-02-000551-4. *32 F / 4,88 €*

33184 **ORAISON M.** Le Mystère humain de la sexualité. *Seuil, 1972.* (Livre de vie ; 115 c1)
ISBN 2-02-000566-2. *32 F / 4,88 €*

33185 **ORIGÈNE** Les Ecritures, océan de mystères. 1, La Genèse. *Cerf, 1998.* (Foi vivante ; 399. Les classiques c4)
ISBN 2-204-05990-0. *65 F / 9,91 €*

33186 **N** **ORIGÈNE** Exégèse spirituelle. 2, L'Exode, le Lévitique. *Cerf, 2000.* (Foi vivante ; 417. Les classiques)
ISBN 2-204-06462-9. *65 F / 9,91 €*

33187 **OSHO** Le Livre des secrets. Réimpr. *Albin Michel, 1991.* (Spiritualités vivantes poche ; 37 c4)
ISBN 2-226-03299-1. *49 F / 7,47 €*

33188 **OSTY E.** Le Nouveau Testament. *Seuil, 1963.* (Livre de vie ; 43 c3)
ISBN 2-02-000513-1. *48 F / 7,32 €*

33189 **OUAKNIN M-A.** Lire aux éclats : éloge de la caresse. *Seuil, 1994.* (Points. Essais ; 278 c5)
ISBN 2-02-019553-4. *55 F / 8,38 €*

33190 **OUAKNIN M-A.** Le Livre brûlé : philosophie du Talmud. Nouv. éd. re. et corr. *Seuil, 1993.* (Points. Sagesses ; 52 c7)
ISBN 2-02-019552-6. *65 F / 9,91 €*

33191 **OUAKNIN M-A.** Tsimtsoum : introduction à la méditation hébraïque. *Albin Michel : Cerf, 1992.* (Spiritualités vivantes poche ; 105 c5)
ISBN 2-226-06091-X. *55 F / 8,38 €*

33192 **PAGE R.** Mythes nordiques. *Seuil, 1993.* (Points. Sagesses ; 63 c2)
ISBN 2-02-019539-9. *39 F / 5,95 €*

33193 **PALÉOLOGUE A.** Le mont Athos, merveille du christianisme byzantin. *Gallimard, 1997.* (Découvertes ; 331. Religions)
ISBN 2-07-053413-8. *85 F / 12,96 €*

33194 **Pancatantra.** *Gallimard, 1991.* (Connaissance de l'Orient poche)
ISBN 2-07-072430-1. *56 F / 8,54 €*

33195 **Paroles des sages d'Amérique du Nord.** *Pocket, 1996.* (Pocket ; 4788. L'Age d'être c4)
ISBN 2-266-06377-4. *30 F / 4,57 €*

33196 **Paroles du Bouddha :** tirées de la tradition primitive. *Seuil, 1991.* (Points. Sagesses ; 40 c5)
ISBN 2-02-013182-X. *55 F / 8,38 €*

33197 **Partir en pèlerinage.** *Cerf, 1999.* (Les Carnets de Fêtes et saisons ; 35 c1)
ISBN 2-204-06288-X. *25 F / 3,81 €*

33198 **PASCAL B.** Abrégé de la vie de Jésus-Christ. *Desclée De Brouwer, 1992.* (Les carnets DDB)
ISBN 2-220-03302-3. *61 F / 9,30 €*

33199 **PASCAL B.** Le mystère de Jésus. *Cerf, 1998.* (Un temps avec)
ISBN 2-204-05732-0. *40 F / 6,10 €*

33200 **PATANJALI** Yoga-Sutras. *Albin Michel, 1991.* (Spiritualités vivantes poche ; 89 c4)
ISBN 2-226-05247-X. *49 F / 7,47 €*

33201 **PATIN A.** Celui qu'on appelle Jésus. Nouv. éd. *Cerf : Ed. de l'Atelier, 1990.* (Foi vivante ; 259. Vie spirituelle c3)
ISBN 2-204-04265-X. *50 F / 7,62 €*

33202 **PAUTREL R.** Vers toi ils ont crié. Nouv. éd. *Cerf : Vie chrétienne, 1992.* (Foi vivante ; 306. Bible c6)
ISBN 2-204-04690-6. *75 F / 11,43 €*

33203 **N** **Le pays cathare :** les religions cathares médiévales et leurs expressions méridionales. *Seuil, 2000.* (Points. Histoire ; 279)
ISBN 2-02-040435-4. *48 F / 7,32 €*

33204 **PEETERS J.** Dette du Tiers Monde et Jubilé. *Fidélité, 1998.* (Que penser de...? ; 35 c1)
ISBN 2-87356-150-5. *15 F / 2,29 €*

33205 **PELIKAN J.** Jésus au fil de l'histoire : sa place dans l'histoire de la culture. *Hachette Littératures, 2000.* (Pluriel ; 900 c8)
ISBN 2-01-278900-5. *60 F / 9,15 €*

33206 **PELLETIER D.** Les catholiques en France depuis 1815. *La Découverte, 1997.* (Repères ; 219 c1)
ISBN 2-7071-2721-3. *52 F / 7,93 €*

33207 **PELLETIER N. B.** Petite vie de Pierre-Julien Eymard, 1811-1868. *Desclée De Brouwer, 1995.* (Petite vie)
ISBN 2-220-03729-0. *62 F / 9,45 €*

33208 **PERCHERON M.** Le Bouddha et le bouddhisme. *Seuil, 1974.* (Microcosme. Maîtres spirituels ; 6 c1)
ISBN 2-02-000261-2. *49 F / 7,47 €*

33209 **Les Pères apostoliques.** *Seuil, 1980.* (Points. Sagesses ; 22 c4)
ISBN 2-02-005512-0. *52 F / 7,93 €*

33210 **Les pères de la Gaule chrétienne.** *Cerf, 1996.* (Foi vivante ; 373. Les classiques c5)
ISBN 2-204-05457-7. *65 F / 9,91 €*

33211 **La perfection de sagesse :** soutras courts du Grand Véhicule ; L'enseignement d'Akshayamati. *Seuil, 1996.* (Points. Sagesses ; 103 c12)
ISBN 2-02-023918-3. *50 F / 7,62 €*

33212 **PERNOUD R.** Petite vie de Jeanne d'Arc. *Desclée De Brouwer, 1990.* (Petite vie)
ISBN 2-220-03164-0. *50 F / 7,62 €*

33213 **PERRIER J.** Porter la communion aux malades. *Cerf*; *Novalis*; *Famille et éducation, 1993.* (Les Carnets de Fêtes et saisons ; 5 c1)
ISBN 2-204-04918-2. ISBN 2-89088-629-8. ISBN 2-902987-07-2. *25 F / 3,81 €*

33214 **PERRIN L.** L'Affaire Lefebvre. *Cerf*; *Fides, 1989.* (Bref ; 17)
ISBN 2-204-03128-3. *50 F / 7,62 €*

33215 **PERRIN M.** Le chamanisme. 2e éd. *PUF, 1998.* (Que sais-je? ; 2968 c1)
ISBN 2-13-046995-7. *42 F / 6,40 €*

33216 **A** **PERRIN M.** Le chamanisme. 3e éd. mise à jour. *PUF, 2001.* (Que sais-je? ; 2968)
ISBN 2-13-051843-5. *42 F / 6,40 €*

33217 **PERRONT N.** Etre juif en Chine : l'histoire extraordinaire des communautés de Kaifeng et de Shanghai. *Albin Michel, 1998.* (Présences du judaïsme poche ; 23 c6)
ISBN 2-226-09970-0. *59 F / 8,99 €*

33218 **PERROT C.** Jésus. 5 éd. mise à jour. *PUF, 2000.* (Que sais-je? ; 3300 c1)
ISBN 2-13-050620-8. *42 F / 6,40 €*

33219 **Petit dictionnaire des dévotions.** *Cerf, 1999.* (Les Carnets de Fêtes et saisons ; 37 c1)
ISBN 2-204-06354-1. *25 F / 3,81 €*

33220 **Petite philocalie de la prière du coeur.** *Seuil, 1979.* (Points. Sagesses ; 20 c3)
ISBN 2-02-005348-9. *48 F / 7,32 €*

33221 **PEYRIGUÈRE A.** Laissez-vous saisir par le Christ. *Seuil, 1981.* (Livre de vie ; 140 c3)
ISBN 2-02-006036-1. *52 F / 7,93 €*

33222 **PÉZERIL D.** Pauvre et saint curé d'Ars. *Seuil, 1965.* (Livre de vie ; 56 c3)
ISBN 2-02-000523-9. *48 F / 7,32 €*

33223 **PHILIPPE B.** Les Juifs à Paris à la Belle Epoque. *Albin Michel, 1992.* (Présences du judaïsme poche ; 9)
ISBN 2-226-06130-4. *49 F / 7,47 €*

33224 **PINCKAERS S. T.** La Morale catholique. *Cerf*; *Fides, 1991.* (Bref ; 38)
ISBN 2-204-04351-6. ISBN 2-7621-1784-4. *50 F / 7,62 €*

33225 **PORETE M.** Le miroir des âmes simples et anéanties : et qui seulement demeurent en vouloir et désir d'Amour. *Albin Michel, 1997.* (Spiritualités vivantes poche ; 147 c3)
ISBN 2-226-08947-0. *49 F / 7,47 €*

33226 **PORTIER P.** Eglise et politique en France au XXe siècle. *Montchrestien, 1994.* (Clefs. Politique)
ISBN 2-7076-0564-6. *60 F / 9,15 €*

33227 **POUPARD P.** Le Concile Vatican II. 2e éd. *PUF, 1997.* (Que sais-je? ; 2066 c1)
ISBN 2-13-048308-9. *42 F / 6,40 €*

33228 **POUPARD P.** La Foi catholique. 2e éd. *PUF, 1993.* (Que sais-je? ; 2050 c1)
ISBN 2-13-045201-9. *42 F / 6,40 €*

33229 **POUPARD P.** Le pape. 3e éd. *PUF, 1997.* (Que sais-je? ; 1878 c1)
ISBN 2-13-048463-8. *42 F / 6,40 €*

33230 **POUPARD P.** Le Vatican. 2e éd. *PUF, 1994.* (Que sais-je? ; 1913 c1)
ISBN 2-13-046150-6. *42 F / 6,40 €*

33231 **Pourquoi se repentir ?.** *Cerf, 1999.* (Les Carnets de Fêtes et saisons ; 33)
ISBN 2-204-06286-3. *25 F / 3,81 €*

33232 **POUSSET E.** Foi et liberté : présentation des Exercices spirituels de saint Ignace de Loyola. Nouv. éd. *Cerf : Vie chrétienne, 1992.* (Foi vivante ; 296. Vie spirituelle c4)
ISBN 2-204-04576-4. *55 F / 8,38 €*

33233 **N** **Première épître de saint Paul aux Corinthiens.** *Mille et une nuits : Serpent à Plumes, 2000*
ISBN 2-84205-530-6. *10 F / 1,52 €*

33234 **Premiers chrétiens de Russie.** *Cerf, 1988.* (Foi vivante ; 235. Témoins c2)
ISBN 2-204-03032-5. *45 F / 6,86 €*

33235 **PRESSOUYRE L.** Le Rêve cistercien. *Gallimard : CNMHS, 1990.* (Découvertes ; 95. Philosophies et religions)
ISBN 2-07-053124-4. *75 F / 11,43 €*

33236 **Prier avec l'Ancien Testament.** *Cerf, 1994.* (Foi vivante ; 335. Etudiants c2)
ISBN 2-204-05007-5. *45 F / 6,86 €*

33237 **Prier avec le Nouveau Testament.** *Cerf, 1994.* (Foi vivante ; 344. Etudiants c2)
ISBN 2-204-05078-4. *45 F / 6,86 €*

33238 **Prier dans les villes :** textes et témoignages. Nouv. éd. *Cerf, 1994.* (Foi vivante ; 332. Vie spirituelle c3)
ISBN 2-204-04976-X. *50 F / 7,62 €*

33239 **N** **La prière de Jésus :** sa genèse, son développement et sa pratique dans la tradition religieuse byzanto-slave. *Seuil, 2000.* (Livre de vie ; 122 c6)
ISBN 2-02-040645-4. *32 F / 4,88 €*

33240 **Prières à saint Antoine. Réimpr.** *Ab éditions, 2000.* (Prières à... ; 1)
ISBN 2-930052-14-7. *3,69 € / 24,20 F*

33241 **Prières à saint Joseph.** *Ab éditions, 2000.* (Prières à... ; 3)
ISBN 2-930052-32-5. *3,69 € / 24,20 F*

33242 **Prières pour les jours ordinaires.** *Cerf, 1999.* (Foi vivante ; 408. Vie spirituelle)
40 F / 6,10 €

33243 **Prions le rosaire.** *Saint-Augustin, 1999.* (Spiritualité en poche)
ISBN 2-88011-166-8. *49 F / 7,47 €*

33244 **N** **Les Proverbes.** *Mille et une nuits : Serpent à Plumes, 2000*
ISBN 2-84205-531-4. *10 F / 1,52 €*

33245 **Proverbes de la sagesse juive.** *Seuil, 1994.* (Points. Sagesses ; 70 c3)
ISBN 2-02-014436-0. *48 F / 7,32 €*

33246 **Les proverbes de Salomon.** *Mille et une nuits, 1995.* (La petite collection ; 81 cA)
ISBN 2-84205-010-X. *10 F / 1,52 €*

33247 **A** **Qu'est-ce qu'un fils de Dieu ?.** *Prosveta, 2001.* (Izvor ; 240 c1)
ISBN 2-85566-809-3. *57 F / 8,69 €*

33248 **Les quatre Evangiles.** *Gallimard, 1998.* (Folio ; 3144. Classique c6)
ISBN 2-07-040098-0. *29,50 F / 4,50 €*

33249 **QUEFFÉLEC H.** Celui qui cherchait le soleil. *Seuil, 1963.* (Livre de vie ; 38 c2)
ISBN 2-02-000510-7. *39 F / 5,95 €*

250 **QUEFFÉLEC H.** Récits du temps du Pâques. *Seuil, 1967.* (Livre de vie ; 73 c1)
SBN 2-02-000533-6. *32 F / 4,88 €*

51 **QUÉRÉ F.** Les femmes de l'Evangile. *Seuil, 1996.* (Livre de vie ; 148 c9)
SBN 2-02-029165-7. *42 F / 6,40 €*

252 **N** **QUESNEL M.** L'histoire des Evangiles. Réimpr. *Cerf ; Fides, 2000.* (Bref ; 1)
ISBN 2-204-02684-0. ISBN 2-7621-1370-9.
50 F / 7,62 €

253 **La Quête du Graal.** *Seuil, 1982.* (Points. Sagesses ; 30 c6)
ISBN 2-02-006217-8. *48 F / 7,32 €*

33254 **QUOIST M.** Quand la vie devient prière. 2e éd. *Cerf : Ed. de l'Atelier, 1990.* (Foi vivante ; 254. Vie spirituelle c3)
ISBN 2-204-04228-5. *50 F / 7,62 €*

33255 **QUOIST M.** Un temps pour Dieu. *Cerf : Ed. de l'Atelier, 1997.* (Foi vivante ; 388. Vie spirituelle c2)
ISBN 2-204-05763-0. ISBN 2-7082-3303-3.
50 F / 7,62 €

33256 **RABANNE P., BOKAR (rinpoché)** Les lumières du bouddhisme : méditer pour mieux vivre, entretiens avec Bokar Rimpoché. *J'ai lu, 1997.* (J'ai lu ; 4391. Littérature générale c3)
ISBN 2-290-04391-5. *29 F / 4,42 €*

33257 **RABANNE P., WALLACE BLACK ELK** La leçon indienne : les secrets d'un homme-médecine : conversations avec Wallace Black Elk. *J'ai lu, 1998.* (J'ai lu ; 5012. Littérature générale c3)
ISBN 2-290-05012-1. *29 F / 4,42 €*

33258 **RACINE J.** Abrégé de l'histoire de Port-Royal. *Table ronde, 1994.* (La petite vermillon ; 24)
ISBN 2-7103-0604-2. *35 F / 5,34 €*

33259 **RAGUIN Y.** Alpha, oméga. *Cerf : Vie chrétienne, 1991.* (Foi vivante ; 284. Vie spirituelle c2)
ISBN 2-204-04459-8. *40 F / 6,10 €*

33260 **RAHNER K., VORGRIMLER H.** Petit dictionnaire de théologie catholique. *Seuil, 1995.* (Livre de vie ; 99 c7)
ISBN 2-02-026374-2. *65 F / 9,91 €*

33261 **RAHULA W.** L'Enseignement du Bouddha : d'après les textes les plus anciens. *Seuil, 1978.* (Points. Sagesses ; 13 c1)
ISBN 2-02-004799-3. *32 F / 4,88 €*

33262 **RÂMAKRISHNA** L'Enseignement de Râmakrishna. *Albin Michel, 1991.* (Spiritualités vivantes poche ; 13 c6)
ISBN 2-226-04791-3. *59 F / 8,99 €*

33263 **RAMANA (maharshi)** Enseignement de Ramana Maharshi. *Albin Michel, 1986.* (Spiritualités vivantes poche ; 58 c5)
ISBN 2-226-02314-3. *55 F / 8,38 €*

33264 **RAMDAS (swami)** Carnet de pèlerinage. Réimpr. *Albin Michel, 1993.* (Spiritualités vivantes poche ; 18 c7)
ISBN 2-226-04792-1. *65 F / 9,91 €*

33265 **RAMDAS (swami)** Présence de Râm. *Albin Michel, 1997.* (Spiritualités vivantes poche ; 148 c3)
ISBN 2-226-09433-4. *49 F / 7,47 €*

33266 **RANCÉ A-J. d.** Florilège de lettres. *Cerf, 1999.* (Foi vivante ; 405. Les classiques)
ISBN 2-204-06241-3. *50 F / 7,62 €*

33267 **RANKE-HEINEMANN U.** Des Eunuques pour le royaume des cieux : l'Eglise catholique et la sexualité. *Hachette Littératures, 1992.* (Pluriel ; 8591 c5)
ISBN 2-01-019006-8. *65 F / 9,91 €*

33268 **RATH N.** La réincarnation. *Cerf, 1998.* (Les Carnets de Fêtes et saisons ; 26 c1)
ISBN 2-204-06006-2. *25 F / 3,81 €*

33269 **RAY M-C.** Les Catholiques aux Etats-Unis. *Cerf ; Fides, 1996.* (Bref ; 54)
ISBN 2-204-05500-X. ISBN 2-7621-1570-1.
50 F / 7,62 €

33270 **RECH R.** Zen, l'éveil au quotidien. *Actes Sud, 1999.* (Le souffle de l'esprit)
ISBN 2-7427-2422-2. *39 F / 5,95 €*

33271 **RECH R., SOLT B.** Moine zen en Occident. *Albin Michel, 1994.* (Spiritualités vivantes poche ; 123 c2)
ISBN 2-226-06957-7. *39 F / 5,95 €*

33272 **Récits d'un pèlerin russe. Réimpr.** *Seuil, 1999.* (Livre de vie ; 63 c6)
ISBN 2-02-036214-7. *32 F / 4,88 €*

33273 **Récits d'un pélerin russe.** *Seuil, 1978.* (Points ; 14. Sagesses ; 14 c1)
ISBN 2-02-004775-6. *32 F / 4,88 €*

33274 **Le recueil de la falaise verte :** kôans et poésies du zen. *Albin Michel, 2000.* (Spiritualités vivantes poche ; 174 c3)
ISBN 2-226-11539-0. *45 F / 6,86 €*

33275 **REEBER M.** Le dico des religions. *Milan, 1998.* (Les dicos essentiels Milan)
ISBN 2-84113-739-2. *58 F / 8,84 €*

33276 **REEBER M.** Les grandes religions dans le monde. *Milan, 1998.* (Les essentiels Milan ; 109 c1)
ISBN 2-84113-677-9. *20 F / 3,05 €*

33277 **REEBER M.** L'islam. *Milan, 1996.* (Les essentiels Milan ; 26 c1)
ISBN 2-84113-257-9. *25 F / 3,81 €*

33278 **RÉGAMEY P. R.** Portrait spirituel du chrétien. *Cerf, 1988.* (Foi vivante ; 227. Vie spirituelle c1)
ISBN 2-204-02808-8. *40 F / 6,10 €*

33279 **Règles des moines :** Pacôme, Augustin, Benoit, François d'Assise, Carmel. *Seuil, 1982.* (Points. Sagesses ; 28 c3)
ISBN 2-02-006095-7. *48 F / 7,32 €*

33280 **REIFLER S.** Yi king : le plus ancien traité divinatoire. *Albin Michel, 1992.* (Spiritualités vivantes poche ; 31 c3)
ISBN 2-226-01437-3. *45 F / 6,86 €*

33281 **RÉMOND R.** L'Anticléricalisme en France : de 1815 à nos jours. Ed. rev. *Complexe, 1985.* (Historiques ; 20 cM)
ISBN 2-87027-153-0. *69 F / 10,52 €*

33282 **RÉMOND R.** Les crises du catholicisme dans les années trente. Nouv. éd. rev. et augm. *Seuil, 1996.* (Points. Histoire ; 227 c9)
ISBN 2-02-026386-6. *42 F / 6,40 €*

33283 **RENAN E.** Histoire des origines du Christianisme : Marc Aurèle et la fin du monde antique. *LGF, 1984.* (Le Livre de poche ; 4015. Biblio essais ; 4015 c10)
ISBN 2-253-03357-X. *40 F / 6,10 €*

33284 **RENAN E.** Histoire des origines du christianisme. 1. *Laffont, 1995.* (Bouquins)
ISBN 2-221-05805-4. *149 F / 22,71 €*

33285 **RENAN E.** Histoire des origines du christianisme. 2. *Laffont, 1995.* (Bouquins)
ISBN 2-221-05806-2. *149 F / 22,71 €*

33286 **RENAN E.** Vie de Jésus. *Gallimard, 1974.* (Folio ; 618. Classique c8)
ISBN 2-07-036618-9. *37 F / 5,64 €*

33287 **RENAULT E.** Thérèse d'Avila et l'expérience mystique. *Seuil, 1979.* (Microcosme. Maîtres spirituels ; 38 c1)
ISBN 2-02-000293-0. *49 F / 7,47 €*

33288 **RENOU L.** L'hindouisme. 13e éd. mise à jour. *PUF, 2000.* (Que sais-je? ; 475 c1)
ISBN 2-13-050658-5. *42 F / 6,40 €*

33289 **REVEL J-F., RICARD M.** Le moine et le philosophe : le bouddhisme aujourd'hui. Nouv. éd. rev. et corr. *Pocket, 1999.* (Pocket ; 10346 c7)
ISBN 2-266-07990-5. *42 F / 6,40 €*

33290 **REY B.** Vivre, mourir... et après ?. *Cerf, 1999.* (Les Carnets de Fêtes et saisons ; 38 c1)
ISBN 2-204-06352-5. *25 F / 3,81 €*

33291 **REY-MERMET T.** Laissez-vous réconcilier : la confession aujourd'hui?. Nouv. éd. *Cerf : Bayard Editions-Centurion, 1992.* (Foi vivante ; 291. Vie spirituelle c1)
ISBN 2-204-04543-8. *40 F / 6,10 €*

33292 **RICHIR M.** La naissance des dieux. Réimpr. *Hachette Littératures, 1998.* (Pluriel ; 896 c3)
ISBN 2-01-278896-3. *35 F / 5,34 €*

33293 **RIGAL J.** Services et responsabilités dans l'Eglise : les ministères. *Cerf, 1987.* (Foi vivante ; 221. Formation c1)
ISBN 2-204-02707-3. *40 F / 6,10 €*

33294 **RIHOIT C.** La Petite princesse de Dieu. *Pocket, 1994.* (Pocket ; 2969 c6)
ISBN 2-266-05733-2. *38 F / 5,79 €*

33295 **RINCKEL H-P.** La Prière du coeur. *Cerf ; Fides, 1990.* (Bref ; 30)
ISBN 2-204-04166-1. *50 F / 7,62 €*

33296 **Rire avec Dieu :** aphorismes et contes soufis. *Albin Michel, 1995.* (Spiritualités vivantes poche ; 130 c3)
ISBN 2-226-07814-2. *45 F / 6,86 €*

33297 **RIVIERE J.** De la foi. *Desclée De Brouwer, 1998.* (Les carnets DDB)
ISBN 2-220-04149-2. *58 F / 8,84 €*

33298 **ROBERT F.** La Religion grecque. 3e éd. *PUF, 1992.* (Que sais-je? ; 1969 c1)
ISBN 2-13-044672-8. *42 F / 6,40 €*

33299 **ROBERTI J-C.** Les Uniates. *Cerf ; Fides, 1992.* (Bref ; 44)
ISBN 2-204-04555-1. ISBN 2-7621-1531-0. *50 F / 7,62 €*

33300 **ROBINET I.** Méditation taoïste. *Albin Michel, 1995.* (Spiritualités vivantes poche ; 134 c4)
ISBN 2-226-07971-8. *49 F / 7,47 €*

33301 **ROCQUET C-H.** Petite vie de Saint Martin. *Desclée De Brouwer, 1996.* (Petite vie)
ISBN 2-220-03847-5. *62 F / 9,45 €*

33302 **N** **RODUIT J.** Chrétiens jusqu'au bout des doigts. *Saint-Augustin, 2001.* (Spiritualité en poche)
ISBN 2-88011-218-4. *49 F / 7,47 €*

33303 **ROGUET A-M.** Initiation à l'Evangile. *Seuil, 1973.* (Livre de vie ; 116 c2)
ISBN 2-02-000567-0. *39 F / 5,95 €*

33304 **ROGUET A-M.** La Messe : approches du mystère. Nouv. éd. *Seuil, 1961.* (Livre de vie ; 9)
ISBN 2-02-000486-0. *31 F / 4,73 €*

33305 **ROGUET A-M.** Les Sacrements. *Seuil, 1962.* (Livre de vie ; 28 c1)
ISBN 2-02-000502-6. *32 F / 4,88 €*

33306 **ROMMELUERE E.** Guide du zen. *LGF, 1997.* (Les guides Sélène ; 17003)
ISBN 2-253-17003-8. *79 F / 12,04 €*

33307 **ROSENSTIEHL M., ZUBER H.** Pour raconter la Bible. *Cerf ; Société des écoles du dimanche, 1997.* (Foi vivante ; 385. Bible c3)
ISBN 2-204-05683-9. *50 F / 7,62 €*

33308 **ROUET A.** Aimer pour vivre. *Cerf, 1999.* (Les Carnets de Fêtes et saisons ; 34 c1)
ISBN 2-204-06287-1. *25 F / 3,81 €*

33309 **ROUET A.** La confiance du veilleur. *Cerf, 1996.* (Paroles pour vivre)
ISBN 2-204-05403-8. *50 F / 7,62 €*

33310 **ROUGIER S.** Dieu était là et je ne le savais pas. *Pocket, 1999.* (Autobiographie spirituelle; 1)(Pocket ; 10625 c5)
ISBN 2-266-08950-1. *35 F / 5,34 €*

33311 **ROUGIER S., CARTIER J-P., CARTIER R.** Accroche ta vie à une étoile : entretiens avec Jean-Pierre et Rachel Cartier. *Albin Michel, 1996.* (Espaces libres ; 64 c2)
ISBN 2-226-08658-7. *39 F / 5,95 €*

33312 **RUZBEHAN BAQLI A. M. i. A. N. F. S.** L'ennuagement du coeur ; suivi de Les éclosions de lumière de l'affirmation de l'unicité. *Seuil, 1998.* (Points. Sagesses ; 133 c12)
ISBN 2-02-033029-6. *50 F / 7,62 €*

33313 **SA'DI** Le Jardin de roses. Nouv. éd. *Albin Michel, 1991.* (Spiritualités vivantes poche ; 92 c4)
ISBN 2-226-04888-X. *45 F / 6,86 €*

33314 **SAGAZAN B. d.** Le dialogue interreligieux. *Cerf, 1998.* (Les Carnets de Fêtes et saisons ; 28 c1)
ISBN 2-204-06008-9. *25 F / 3,81 €*

33315 **La Sagesse de Balavar :** une vie christianisée du Bouddha. *Gallimard, 1993.* (Connaissance de l'Orient poche ; 60)
ISBN 2-07-073421-8. *62 F / 9,45 €*

33316 **La Sagesse de l'éveil :** textes pour la méditation. *Albin Michel, 1991.* (Spiritualités vivantes poche ; 49 c2)
ISBN 2-226-02249-X. *39 F / 5,95 €*

33317 **La Sagesse du désert :** apophtegmes des Pères du désert du IVé siècle. *Albin Michel, 1987.* (Spiritualités vivantes poche ; 65 c2)
ISBN 2-226-03015-8. *39 F / 5,95 €*

33318 **La sagesse vivante de l'Egypte ancienne.** *Pocket, 2000.* (Pocket ; 10699 c4)
ISBN 2-266-09390-8. *30 F / 4,57 €*

33319 **SAILLEY R.** Les déesses de l'Inde. *Cerf ; Fides, 1999.* (Bref ; 55)
ISBN 2-204-06236-7. ISBN 2-7621-2173-6. *48 F / 7,32 €*

33320 **N** **SAINT-ANDRÉ A. d.** Archives des anges. *Gallimard, 2000.* (Folio ; 3355 c8)
ISBN 2-07-040971-6. *37 F / 5,64 €*

33321 **SAINTE-MARIE F. d.** Présence à Dieu et à soi-même. *Seuil, 1995.* (Livre de vie ; 145 c1)
ISBN 2-02-025864-1. *32 F / 4,88 €*

33322 **SANSON H.** L'Islam. *Fidélité, 1993.* (Que penser de...? ; 17)
ISBN 2-87356-063-0. *15 F / 2,29 €*

33323 **SANTIDEVA** Vivre en héros pour l'éveil : Bodhisattvacharyavatara. *Seuil, 1993.* (Points. Sagesses ; 56 c3)
ISBN 2-02-019663-8. *48 F / 7,32 €*

33324 **SAUNERON S.** Les prêtres de l'ancienne Egypte. *Seuil, 1998.* (Points. Histoire ; 253 c11)
ISBN 2-02-034779-2. *48 F / 7,32 €*

33325 **N** **SCHELL D. W.** Le pardon. Réimpr. *Cerf, 2006.* (Un temps pour ; 3)
ISBN 2-204-05448-8. *40 F / 6,10 €*

33326 **SCHEUER J.** La Réincarnation. *Fidélité, 1990.* (Que penser de...? ; 3)
ISBN 2-87356-003-7. *15 F / 2,29 €*

33327 **SCHIÉLÉ R.** Petite vie de don Bosco. *Desclée De Brouwer, 1992.* (Petite vie)
ISBN 2-220-03257-4. *56 F / 8,54 €*

33328 **SCHILLEBEECKX E.** Le Christ, sacrement de la rencontre de Dieu : étude théologique du Salut par les sacrements. Rééd. *Cerf, 1997.* (Foi vivante ; 133. Formation c3)
ISBN 2-204-05605-7. *50 F / 7,62 €*

33329 **N** **SCHIMMEL A.** L'islam au féminin : la femme dans la spiritualité musulmane. *Albin Michel, 2000.* (Spiritualités vivantes poche ; 175 c3)
ISBN 2-226-10985-4. *45 F / 6,86 €*

33330 **SCHMIDT J.** Dictionnaire de la mythologie grecque et romaine. *Larousse, 1998.* (Les référents)
ISBN 2-03-720336-5. *110 F / 16,77 €*

33331 **SCHNETZLER J-P.** La Méditation bouddhique : une voie de libération. *Albin Michel, 1994.* (Spiritualités vivantes poche ; 118 c3)
ISBN 2-226-06875-9. *45 F / 6,86 €*

33332 **SCHOLEM G.** Le Messianisme juif : essais sur la spiritualité du judaïsme. *Pocket, 1992.* (Agora ; 115 cM)
ISBN 2-266-04846-5. *65 F / 9,91 €*

33333 **SCHOLTES T.** L'euthanasie. Nouv. éd. *Fidélité, 1998.* (Que penser de...? ; 37 c1)
ISBN 2-87356-153-X. *15 F / 2,29 €*

33334 **SCHUON F.** Comprendre l'Islam. *Seuil, 1976.* (Points. Sagesses ; 7 c2)
ISBN 2-02-004514-1. *39 F / 5,95 €*

33335 **SCHUTZ R.** Dynamique du provisoire. *Seuil, 1977.* (Livre de vie ; 127)
ISBN 2-02-004569-9. *31 F / 4,73 €*

33336 **SCHWARZFUCHS S.** Rachi de Troyes. *Albin Michel, 1991.* (Présences du judaïsme poche ; 3 c2)
ISBN 2-226-05146-5. *39 F / 5,95 €*

33337 **SCHWEITZER A.** Vivre : paroles pour une éthique du temps présent. *Albin Michel, 1995.* (Espaces libres ; 55 c3)
ISBN 2-226-07752-9. *45 F / 6,86 €*

33338 **SCOUARNEC M.** Les sacrements. *Cerf, 1998.* (Les Carnets de Fêtes et saisons ; 32 c1)
ISBN 2-204-06149-2. *25 F / 3,81 €*

33339 **SCOUARNEC M.** Vivre, croire, célébrer. *Cerf : Ed. de l'Atelier, 1995.* (Foi vivante ; 349. Formation c5)
ISBN 2-204-05105-5. *65 F / 9,91 €*

33340 **SELLIER P.** Pascal et Saint-Augustin. *Albin Michel, 1995.* (Bibliothèque de l'évolution de l'humanité ; 12)
ISBN 2-226-07623-9. *85 F / 12,96 €*

33341 **Sentences et proverbes de la sagesse chinoise.** *Albin Michel, 1995.* (Espaces libres ; 54 c3)
ISBN 2-226-07754-5. *45 F / 6,86 €*

33342 **Sept Upanishads.** *Seuil, 1981.* (Points ; 25. Sagesses ; 25 c4)
ISBN 2-02-005872-3. *52 F / 7,93 €*

33343 **Sermons sur le zen :** réflexions sur la Terre Pure. *Albin Michel, 1993.* (Spiritualités vivantes poche ; 108 c3)
ISBN 2-226-06237-8. *45 F / 6,86 €*

33344 **SESÉ B.** Petite vie de Catherine de Sienne. *Desclée De Brouwer, 2000.* (Petite vie)
ISBN 2-220-04698-2. *68 F / 10,37 €*

33345 **SESÉ B.** Petite vie de Elisabeth de la Trinité. *Desclée De Brouwer, 1993.* (Petite vie)
ISBN 2-220-03417-8. *62 F / 9,45 €*

33346 **SESÉ B.** Petite vie de François de Sales. *Desclée De Brouwer, 1995.* (Petite vie)
ISBN 2-220-03602-2. *66 F / 10,06 €*

33347 **SESÉ B.** Petite vie de Jean de la Croix. *Desclée De Brouwer, 1990.* (Petite vie)
ISBN 2-220-03165-9. *62 F / 9,45 €*

33348 **SESÉ B.** Petite vie de saint Augustin. *Desclée De Brouwer, 1992.* (Petite vie)
ISBN 2-220-03325-2. *60 F / 9,15 €*

33349 **SESÉ B.** Petite vie de Thérèse d'Avila. *Desclée De Brouwer, 1991.* (Petite vie)
ISBN 2-220-03224-8. *62 F / 9,45 €*

33350 **SEVIN M.** La Bible dit-elle la vérité ?. *Cerf, 1995.* (Les Carnets de Fêtes et saisons ; 16 c1)
ISBN 2-204-05218-3. *25 F / 3,81 €*

33351 **SEVIN M.** Les paroles provocantes de Jésus. *Cerf, 1997.* (Les Carnets de Fêtes et saisons ; 23 c1)
ISBN 2-204-05630-8. *25 F / 3,81 €*

33352 **SHAH I.** Chercheur de vérité. *Albin Michel, 1992.* (Spiritualités vivantes poche ; 98 c4)
ISBN 2-226-05752-8. *55 F / 8,38 €*

33353 **SHAH I.** Sages d'Orient. Réimpr. *Pocket, 1999.* (Pocket ; 4768. L'Age d'être c5)
ISBN 2-266-09299-5. *35 F / 5,34 €*

33354 **SHINRAN** Sur le vrai bouddhisme de la terre pure. *Seuil, 1994.* (Points. Sagesses ; 80 c1)
ISBN 2-02-022753-3. *32 F / 4,88 €*

33355 **Shiva, le seigneur-du-sommeil :** hymne du Xe siècle. *Seuil, 1993.* (Points. Sagesses ; 53 c2)
ISBN 2-02-019123-7. *39 F / 5,95 €*

33356 **SIAT J.** Les grandes religions monothéistes. *Seuil, 1999.* (Mémo ; 112)
ISBN 2-02-035848-4. *29 F / 4,42 €*

33357 **SIBONY D.** Les trois monothéismes : juifs, chrétiens, musulmans, entre leurs sources et leurs destins. Nouv. éd. rev. et augm. *Seuil, 1997.* (Points. Essais ; 348 c10)
ISBN 2-02-032210-2. *48 F / 7,32 €*

33358 **SIDDHESWARANANDA (swami)** Le yoga et saint Jean de la Croix : pensée indienne et mystique carmélitaine. *Albin Michel, 1996.* (Spiritualités vivantes poche ; 140 c3)
ISBN 2-226-08621-8. *45 F / 6,86 €*

33359 **SILLARD A.** Bouddhismes : les voies du bonheur ; le guide des écoles du bouddhisme en France, Suisse, Belgique. *LGF ; Lesir, 1999.* (Le Livre de poche ; 16503. Pratique c6)
ISBN 2-253-16503-4. *26 F / 3,96 €*

33360 **SIMON B.** Les Chiffonniers d'Emmaus. *Seuil, 1971.* (Livre de vie ; 105 c3)
ISBN 2-02-000556-5. *48 F / 7,32 €*

33361 **SION V.** Chemin de prière avec Thérèse de Lisieux. Réimpr. *Cerf, 1998.* (Foi vivante ; 204. Témoins c1)
ISBN 2-204-05959-5. *40 F / 6,10 €*

33362 **SION V.** Réalisme spirituel de Thérèse de Lisieux. Ed. rev. et corr. *Cerf, 1994.* (Foi vivante ; 143. Témoins c3)
ISBN 2-204-05038-5. *55 F / 8,38 €*

33363 **SIVANANDA (swami)** La pratique de la méditation. *Albin Michel, 1970.* (Spiritualités vivantes poche ; 4 c5)
ISBN 2-226-01447-0. *55 F / 8,38 €*

33364 **SJOESTEDT M-L.** Dieux et héros des Celtes. *Terre de brume, 1998.* (Bibliothèque de poche ; 3. Essais c2)
ISBN 2-84362-008-2. *44 F / 6,71 €*

33365 **SKALI F.** Traces de lumière : paroles initiatiques soufies. *Albin Michel, 1996.* (Spiritualités vivantes poche ; 141 c2)
ISBN 2-226-07610-7. *39 F / 5,95 €*

33366 **SKALI F.** La Voie soufie. *Albin Michel, 1993.* (Spiritualités vivantes poche ; 106 c4)
ISBN 2-226-06236-X. *49 F / 7,47 €*

33367 **SMEDT E. d.** La lumière du Satori : commentaire du Komyo zo zanmai, suivant l'enseignement de Maître Taisen Deshimaru. *Albin Michel, 1999.* (Spiritualités vivantes poche ; 167 c3)
ISBN 2-226-10907-2. *45 F / 6,86 €*

33368 **SMEDT E. d.** Zen et christianisme : et l'enseignement de maître Deshimaru. *Albin Michel, 1990.* (Spiritualités vivantes poche ; 84 c3)
ISBN 2-226-03966-X. *45 F / 6,86 €*

33369 **SMEDT M. d.** La Clarté intérieure : écrits des pères de l'Eglise primitive du Ier au XIIIe siècle. *Albin Michel, 1993.* (Espaces libres ; 42)
ISBN 2-226-06741-8. *49 F / 7,47 €*

33370 **SMEDT M. d.** Le rire du tigre : voyages avec un maître zen. *Pocket, 1996.* (Pocket ; 4804. L'Age d'être c6)
ISBN 2-266-07135-1. *38 F / 5,79 €*

33371 **SMEDT M. d.** Sur les pas du Bouddha. *Albin Michel, 1991.* (Espaces libres ; 15 c3)
ISBN 2-226-05271-2. *45 F / 6,86 €*

33372 **SOREL R.** Les Cosmogonies grecques. *PUF, 1994.* (Que sais-je? ; 2882 c1)
ISBN 2-13-046384-3. *42 F / 6,40 €*

33373 **SOREL R.** Orphée et l'orphisme. *PUF, 1995.* (Que sais-je? ; 3018 c1)
ISBN 2-13-047210-9. *42 F / 6,40 €*

33374 **SORKIN D.** Moïse Mendelssohn : un penseur juif à l'ère des Lumières. *Albin Michel, 1996.* (Présences du judaïsme poche ; 18 c4)
ISBN 2-226-08689-7. *49 F / 7,47 €*

33375 **Le soûtra de l'estrade du sixième patriarche Houei-Neng, 638-713.** *Seuil, 1995.* (Points. Sagesses ; 99 c10)
ISBN 2-02-023175-1. *45 F / 6,86 €*

33376 **SOUZENELLE A. d.** Alliance de feu. 1. *Albin Michel, 1995.* (La bibliothèque spirituelle ; 3)
ISBN 2-226-07737-5. *120 F / 18,29 €*

33377 **SOUZENELLE A. d.** Alliance de feu. 2. *Albin Michel, 1995.* (La bibliothèque spirituelle ; 6)
ISBN 2-226-07875-4. *92 F / 14,03 €*

33378 **SOUZENELLE A. d.** L'Egypte intérieure ou Les dix plaies de l'âme. *Albin Michel, 1997.* (Espaces libres ; 74 c3)
ISBN 2-226-09350-8. *45 F / 6,86 €*

33379 **N** **SOUZENELLE A. d.** Le féminin de l'être : pour en finir avec la côte d'Adam. *Albin Michel, 2000.* (Spiritualités vivantes poche ; 178 c5)
ISBN 2-226-12055-6. *55 F / 8,38 €*

33380 **SOUZENELLE A. d.** Job sur le chemin de la lumière. *Albin Michel, 1999.* (Spiritualités vivantes poche ; 168 c3)
ISBN 2-226-10984-6. *45 F / 6,86 €*

33381 **SOUZENELLE A. d.** La parole au coeur du corps : entretiens avec Jean Mouttapa. Nouv. éd. *Albin Michel, 1997.* (Espaces libres ; 79 c3)
ISBN 2-226-09372-9. *45 F / 6,86 €*

33382 **SPIRIDON (archimandrite)** Mes missions en Sibérie. *Cerf, 1968.* (Foi vivante ; 91. Témoins c1)
ISBN 2-204-03633-1. *40 F / 6,10 €*

33383 **STAMM A.** La parole est un monde : sagesses africaines. *Seuil, 1999.* (Points ; 143. Sagesses)
ISBN 2-02-034035-6. *45 F / 6,86 €*

33384 **STAMM A.** Les religions africaines. *PUF, 1995.* (Que sais-je? ; 632 c1)
ISBN 2-13-047212-5. *42 F / 6,40 €*

33385 **A** **STEINSALTZ A.** Personnages du Talmud. *Pocket, 2001.* (Pocket ; 11265)
ISBN 2-266-11129-9

33386 **STEINSALTZ A.** La rose aux treize pétales : introduction à la Cabbale ; suivi de Introduction au Talmud. *Albin Michel, 1996.* (La bibliothèque spirituelle ; 10)
ISBN 2-226-08697-8. *98 F / 14,94 €*

33387 **A** **STEINSALTZ A.** Le Talmud. 1, Guide et lexique. *Pocket, 2001.* (Pocket ; 11242)
ISBN 2-266-11000-4

33388 **STRAPPAZZON V.** Petite vie d'Antoine de Padoue. *Desclée De Brouwer, 1994.* (Petite vie)
ISBN 2-220-03471-2. *58 F / 8,84 €*

33389 **STRICHER J.** La foi qui sauve : d'après saint Luc. *Cerf, 1995.* (Les Carnets de Fêtes et saisons ; 15 c1)
ISBN 2-204-05217-5. *25 F / 3,81 €*

33390 **SUHARD E.** Essor ou déclin de l'Eglise. *Seuil, 1962.* (Livre de vie ; 32 c1)
ISBN 2-02-000505-0. *32 F / 4,88 €*

33391 **SULAMÎ M. i. a-H.** Futuwah : traité de chevalerie soufie. *Albin Michel, 1989.* (Spiritualités vivantes poche ; 74 c1)
ISBN 2-226-03532-X. *35 F / 5,34 €*

33392 **SULAMÎ M. i. a-H.** La lucidité implacable : épître des hommes du blâme. *Arléa, 1999.* (Retour aux grands textes poche ; 46)
ISBN 2-86959-456-9. *30 F / 4,57 €*

33393 **SULPICE SÉVÈRE** Vie de saint Martin. *Cerf, 1996.* (Foi vivante ; 376. Les classiques c2)
ISBN 2-204-05462-3. *45 F / 6,86 €*

33394 **SUZUKI D. T.** Les chemins du zen. *Albin Michel, 1995.* (Espaces libres ; 57 c3)
ISBN 2-226-07938-6. *45 F / 6,86 €*

33395 **SUZUKI D. T.** Essai sur le bouddhisme zen. 1. Nouv. éd. *Albin Michel, 1987.* (Spiritualités vivantes poche ; 9 c4)
ISBN 2-226-02951-6. *49 F / 7,47 €*

33396 **SUZUKI D. T.** Essai sur le bouddhisme zen. 2. Nouv. éd. *Albin Michel, 1972.* (Spiritualités vivantes poche ; 10 c3)
ISBN 2-226-04793-X. *45 F / 6,86 €*

33397 **SUZUKI D. T.** Essai sur le bouddhisme zen. 3. Nouv. éd. *Albin Michel, 1972.* (Spiritualités vivantes poche ; 11 c3)
ISBN 2-226-04794-8. *45 F / 6,86 €*

33398 **SUZUKI S.** Esprit zen, esprit neuf. *Seuil, 1977.* (Points. Sagesses ; 8 c2)
ISBN 2-02-004545-1. *39 F / 5,95 €*

33399 **SUZUKI SHÔSAN** Zen et samouraï. *Albin Michel, 1994.* (Spiritualités vivantes poche ; 119 c3)
ISBN 2-226-06799-X. *45 F / 6,86 €*

33400 **SYMÉON LE NOUVEAU THÉOLOGIEN (saint)** Prière mystique. *Cerf, 1979.* (Foi vivante ; 195. Les classiques c1)
ISBN 2-204-01421-4. *40 F / 6,10 €*

33401 **TAKUAN** Mystères de la sagesse immobile. *Albin Michel, 1987.* (Spiritualités vivantes poche ; 64 c2)
ISBN 2-226-02930-3. *39 F / 5,95 €*

33402 **TALBOT A.** Les Solidarités chrétiennes. *Cerf, 1991.* (Foi vivante ; 270. Formation c3)
ISBN 2-204-04338-9. *50 F / 7,62 €*

33403 **TALEC P.** Les Choses de la foi : croire à l'essentiel. *Cerf : Bayard Editions-Centurion, 1991.* (Foi vivante ; 275. Vie spirituelle c5)
ISBN 2-204-04365-6. *65 F / 9,91 €*

33404 **TALEC P.** Dieu vient de l'avenir : transmettre l'espérance. Nouv. éd. *Cerf : Bayard Editions-Centurion, 1992.* (Foi vivante ; 304. Vie spirituelle c4)
ISBN 2-204-04688-4. *50 F / 7,62 €*

33405 **TANG YI JIE, LE PICHON X.** La mort. *Desclée De Brouwer ; Presses littéraires et artistiques de Shanghai, 1999.* (Proches lointains)
ISBN 2-220-04402-5. *65 F / 9,91 €*

33406 **TAUBE K.** Mythes aztèques et mayas. *Seuil, 1995.* (Points ; 86. Sagesses c2)
ISBN 2-02-022047-4. *39 F / 5,95 €*

33407 **N** **TAULER J.** Aux amis de Dieu : sermons. *Cerf, 2001.* (Foi vivante ; 421)
ISBN 2-204-06702-4. *50 F / 7,62 €*

33408 **TAVARD G.** La Trinité. *Cerf ; Fides, 1991.* (Bref ; 40)
ISBN 2-204-04433-4. ISBN 2-7621-1786-0. *50 F / 7,62 €*

33409 **TCHOUANG TSEU** Aphorismes. *Albin Michel, 1986.* (Spiritualités vivantes poche ; 55 c2)
ISBN 2-226-02469-7. *39 F / 5,95 €*

33410 **TEILHARD DE CHARDIN P.** Comment je crois. *Seuil, 1998.* (Points. Sagesses ; 140 c11)
ISBN 2-02-035509-4. *48 F / 7,32 €*

33411 **TEILHARD DE CHARDIN P.** Etre plus : directives extraites des écrits publiés ou inédits du père, de sa corrrespondance et de ses notes. *Seuil, 1995.* (Points ; 96. Sagesses c6)
ISBN 2-02-025815-3. *32 F / 4,88 €*

33412 **TEILHARD DE CHARDIN P.** Hymne de l'Univers. *Seuil, 1993.* (Points. Sagesses ; 57 c3)
ISBN 2-02-020135-6. *48 F / 7,32 €*

33413 **TEILHARD DE CHARDIN P.** Le Milieu divin : essai de vie intérieure. *Seuil, 1993.* (Points. Sagesses ; 58 c2)
ISBN 2-02-020136-4. *39 F / 5,95 €*

33414 **TEILHARD DE CHARDIN P.** Science et Christ. *Seuil, 1999.* (Points ; 148. Sagesses)
ISBN 2-02-038197-4. *52 F / 7,93 €*

33415 **TEILHARD DE CHARDIN P.** Sur la souffrance. Rééd. / préf. Pierre-Jean Labarrière. *Seuil, 1995.* (Livre de vie ; 142 c1)
ISBN 2-02-023971-X. *32 F / 4,88 €*

33416 **TEILHARD DE CHARDIN P.** Sur le bonheur ; Sur l'amour. *Seuil, 1997.* (Points ; 128. Sagesses c7)
ISBN 2-02-032456-3. *35 F / 5,34 €*

33417 **Un Temps pour tout :** l'Ecclésiaste. *Arléa, 1995.* (Retour aux grands textes poche ; 4)
ISBN 2-86959-230-2. *35 F / 5,34 €*

33418 **TERESA (missionnaire de la Charité)** De la souffrance à la joie. Nouv. éd. *Cerf, 1993.* (Foi vivante ; 318. Témoins c2)
ISBN 2-204-04845-3. *45 F / 6,86 €*

33419 **TERESA (missionnaire de la Charité)** Il n'y a pas de plus grand amour. *Pocket, 1998.* (Pocket ; 10592 c4)
ISBN 2-266-08392-9. *30 F / 4,57 €*

33420 **TERESA (missionnaire de la Charité)** La joie du don. Réimpr. *Seuil, 1997.* (Livre de vie ; 132 c7)
ISBN 2-02-032611-6. *35 F / 5,34 €*

33421 **TERTULLIEN** Traité du baptême : le premier traité chrétien. *Cerf, 1976.* (Foi vivante ; 176. Les classiques c1)
ISBN 2-204-01044-8. *40 F / 6,10 €*

33422 **TEUNDROUP D., KERFORNE P.** Le Dharma et la vie : entretiens avec Philippe Kerforne. *Albin Michel, 1993.* (Spiritualités vivantes poche ; 114 c4)
ISBN 2-226-06599-7. *49 F / 7,47 €*

33423 **Théologiens et mystiques au Moyen Age :** la poétique de Dieu, Ve-XVe siècle. *Gallimard, 1997.* (Folio ; 2998. Classique c15)
ISBN 2-07-040355-6. *61 F / 9,30 €*

33424 **THÉRÈSE D'AVILA (sainte)** Le château de l'âme ou Le livre des demeures. *Seuil, 1997.* (Points. Sagesses ; 127 c10)
ISBN 2-02-031194-1. *45 F / 6,86 €*

33425 **THÉRÈSE D'AVILA (sainte)** Le chemin de la perfection. Nouv. éd. *Seuil, 1996.* (Livre de vie ; 15)
ISBN 2-02-028911-3. *52 F / 7,93 €*

33426 **THÉRÈSE DE L'ENFANT-JÉSUS (sainte)** Aimer jusqu'à mourir d'amour. 3e éd. *Cerf : Desclée De Brouwer, 1995.* (Pensées; 2)(Foi vivante ; 171. Les classiques c1)
ISBN 2-204-01623-3. *40 F / 6,10 €*

33427 **THÉRÈSE DE L'ENFANT-JÉSUS (sainte)** Conseils et souvenirs. Réimpr. *Cerf, 1996.* (Foi vivante ; 149. Les classiques c1)
ISBN 2-204-03419-3. *50 F / 7,62 €*

33428 **THÉRÈSE DE L'ENFANT-JÉSUS (sainte)** Histoire d'une âme : manuscrits autobiographiques. *Pocket, 1998.* (Pocket ; 10459 c4B)
ISBN 2-266-08342-2. *32 F / 4,88 €*

33429 **THÉRÈSE DE L'ENFANT-JÉSUS (sainte)** J'entre dans la vie : derniers entretiens. *Pocket, 1999.* (Pocket ; 10460 c4)
ISBN 2-266-08343-0. *30 F / 4,57 €*

33430 **THÉRÈSE DE L'ENFANT-JÉSUS (sainte)** Lettres à mes frères prêtres. *Cerf, 1997.* (Foi vivante ; 389. Les classiques c3)
ISBN 2-204-05772-X. *50 F / 7,62 €*

33431 **THÉRÈSE DE L'ENFANT-JÉSUS (sainte)** Manuscrits autobiographiques. Nouv. éd. *Seuil, 1995.* (Livre de vie ; 8 c3)
ISBN 2-02-023609-5. *48 F / 7,32 €*

33432 **THÉRÈSE DE L'ENFANT-JÉSUS (sainte)** Qui a Jésus a tout : prières et poésies. *Cerf, 1991.* (Foi vivante ; 279. Les classiques c2)
ISBN 2-204-04374-5. *45 F / 6,86 €*

33433 **THÉRÈSE DE L'ENFANT-JÉSUS (sainte)** Une Tendresse ineffable. Rééd. *Cerf : Desclée De Brouwer, 1980.* (Pensées; 1)(Foi vivante ; 170. Les classiques c1)
ISBN 2-204-01622-5. *40 F / 6,10 €*

33434 **THÉRÈSE DE L'ENFANT-JÉSUS (sainte)** Les Yeux et le coeur. Rééd. *Cerf : Desclée De Brouwer, 1980.* (Pensées; 3)(Foi vivante ; 172. Les classiques c1)
ISBN 2-204-01624-1. *45 F / 6,86 €*

33435 **THICH NHAT HANH** L'enfant de pierre et autres contes bouddhistes. *Albin Michel, 1997.* (Spiritualités vivantes poche ; 144 c4)
ISBN 2-226-08944-6. *49 F / 7,47 €*

33436 **N** **THICH NHAT HANH** L'esprit d'amour : la pratique du regard profond dans la tradition bouddhiste mahayana. *Pocket, 2000.* (Pocket ; 10406 c3B)
ISBN 2-266-08121-7. *28 F / 4,27 €*

33437 **THICH NHAT HANH** La respiration essentielle ; suivi de Notre rendez-vous avec la vie. *Albin Michel, 1996.* (Spiritualités vivantes poche ; 139 c3)
ISBN 2-226-08540-8. *45 F / 6,86 €*

33438 **THICH NHAT HANH** Le silence foudroyant. *Albin Michel, 1997.* (Spiritualités vivantes poche ; 151 c3)
ISBN 2-226-09435-0. *49 F / 7,47 €*

33439 **THICH NHAT HANH** Sur les traces de Siddhartha. *Pocket, 1998.* (Pocket ; 10207 c11)
ISBN 2-266-07539-X. *55 F / 8,38 €*

33440 **THICH NHAT HANH** Transformation et guérison : le Sutra des quatre établissements de l'attention. *Albin Michel, 1999.* (Spiritualités vivantes poche ; 166 c3)
ISBN 2-226-10906-4. *45 F / 6,86 €*

33441 **THICH NHAT HANH** La vision profonde : de la pleine conscience à la contemplation intérieure. *Albin Michel, 1995.* (Spiritualités vivantes poche ; 131 c3)
ISBN 2-226-07813-4. *45 F / 6,86 €*

33442 **THIRY G.** Les Vocations. *Fidélité, 1992.* (Que penser de...? ; 11 c1)
ISBN 2-87356-046-0. *15 F / 2,29 €*

33443 **THOMAS D'AQUIN (saint)** L'homme chrétien. *Cerf, 1998.* (Foi vivante ; 392. Les classiques c3)
ISBN 2-204-05887-4. *50 F / 7,62 €*

33444 **THOMAS J.** Appeler à la liberté : l'enjeu de toute éducation. *Cerf : Vie chrétienne, 1995.* (Foi vivante ; 354. Formation c4)
ISBN 2-204-05180-2. *50 F / 7,62 €*

33445 **THOMAS J.** Le Concile de Vatican II. *Cerf ; Fides, 1989.* (Bref ; 21)
ISBN 2-204-04033-9. ISBN 2-7621-1493-4. *50 F / 7,62 €*

33446 **THOMAS J.** Ignace, pèlerin de Dieu : jalons. *Cerf : Vie chrétienne, 1991.* (Foi vivante ; 266. Témoins c1)
ISBN 2-204-04284-6. *40 F / 6,10 €*

33447 **THOMAZEAU G.** La Présence de Dieu. Nouv. éd. *Cerf, 1993.* (Foi vivante ; 315. Vie spirituelle c1)
ISBN 2-204-04825-9. *40 F / 6,10 €*

33448 **THURIAN M.** L'Essentiel de la foi. *Seuil, 1973.* (Livre de vie ; 117 c2)
ISBN 2-02-000568-9. *39 F / 5,95 €*

33449 **N** **TIMMERMANS F.** La harpe de saint François. Nouv. éd. *Seuil, 2001.* (Livre de vie ; 4 c12)
ISBN 2-02-048197-9. *50 F / 7,62 €*

33450 **TORRELL J-P.** Dieu qui es-tu ? : un homme et son Dieu. *Cerf, 1999.* (Foi vivante ; 407. Pensée chrétienne c3)
ISBN 2-204-06275-8. *50 F / 7,62 €*

33451 **TORRELL J-P.** La Théologie catholique. *PUF, 1994.* (Que sais-je? ; 1269 c1)
ISBN 2-13-046210-3. *42 F / 6,40 €*

33452 **La tradition primordiale de l'Egypte ancienne :** selon les textes des pyramides. *Pocket, 1999.* (Pocket ; 10619 c5)
ISBN 2-266-09012-7. *35 F / 5,34 €*

33453 **Le traité de Bodhidharma :** première anthologie du bouddhisme chan. *Seuil, 2000.* (Points ; 150. Sagesses)
ISBN 2-02-036737-8. *45 F / 6,86 €*

33454 **Traité du vide parfait :** Lie Tseu (Liezi). *Albin Michel, 1997.* (Spiritualités vivantes poche ; 149 c3)
ISBN 2-226-09426-1. *49 F / 7,47 €*

33455 **TRAUNECKER C.** Les Dieux de l'Egypte. 2e éd. corr. *PUF, 1993.* (Que sais-je? ; 1194 c1)
ISBN 2-13-045889-0. *42 F / 6,40 €*

33456 **TRESMONTANT C.** Le Christ hébreu. *Albin Michel, 1992.* (Espaces libres ; 35)
ISBN 2-226-05972-5. *55 F / 8,38 €*

33457 **TRESMONTANT C.** Comment se pose aujourd'hui le problème de l'existence de Dieu. *Seuil, 1971.* (Livre de vie ; 108 c5)
ISBN 2-02-000559-X. *65 F / 9,91 €*

33458 **TRESMONTANT C.** L'Enseignement de Ieschoua de Nazareth. *Seuil, 1980.* (Livre de vie ; 135 c3)
ISBN 2-02-005585-6. *48 F / 7,32 €*

33459 **TRESMONTANT C.** Saint Paul et le Mystère du Christ. Nouv. éd. *Seuil, 1978.* (Microcosme. Maîtres spirituels ; 5 c1)
ISBN 2-02-000260-4. *49 F / 7,47 €*

33460 **Le Trésor de la prière à travers le temps.** *Cerf, 1976.* (Foi vivante ; 173. Vie spirituelle c1)
ISBN 2-204-01013-8. *40 F / 6,10 €*

33461 **TREVISAN-SEMI E.** Les Caraïtes : un autre judaïsme. *Albin Michel, 1992.* (Présences du judaïsme poche ; 10)
ISBN 2-226-06129-0. *49 F / 7,47 €*

33462 **TRICHET L.** Le Synode diocésain. *Fides* ; *Cerf, 1992.* (Bref ; 42)
ISBN 2-7621-1789-5. ISBN 2-204-04482-2. *50 F / 7,62 €*

33463 **TROCMÉ E.** L'enfance du christianisme. *Hachette Littératures, 1999.* (Pluriel ; 938 c4)
ISBN 2-01-278938-2. *40 F / 6,10 €*

33464 **VALLET O.** Jésus et Bouddha : destins croisés du christianisme et du bouddhisme. *Albin Michel, 1999.* (Espaces libres ; 97 c4)
ISBN 2-226-11097-6. *49 F / 7,47 €*

33465 **VALLET O.** Qu'est-ce qu'une religion ? : héritage et croyances dans les traditions monothéistes. *Albin Michel, 1999.* (Espaces libres ; 93 c4)
ISBN 2-226-09993-X. *49 F / 7,47 €*

33466 **VAN BREEMEN P.** Tu as du prix à mes yeux. Ed. rev. et corr. / par l'auteur. *Cerf* ; *Bellarmin, 1998.* (Foi vivante ; 390. Vie spirituelle)
ISBN 2-204-05885-8. ISBN 2-89007-612-1. *55 F / 8,38 €*

33467 **VAN DIJK W-C.** Au fil des ans, l'héritage franciscain. *Ed. franciscaines, 1995.* (Présence de saint François ; 37)
ISBN 2-85020-054-9. *60 F / 9,15 €*

33468 **VAN RAEMDONCK A.** Le renouveau charismatique. *Fidélité, 1995.* (Que penser de...? ; 24 c1)
ISBN 2-87356-098-3. *15 F / 2,29 €*

33469 **VANEIGEM R.** Les Hérésies. *PUF, 1994.* (Que sais-je? ; 2838 c1)
ISBN 2-13-046051-8. *42 F / 6,40 €*

33470 **VANIER J.** Ouvre mes bras. *Cerf* ; *Bellarmin, 1989.* (Foi vivante ; 234. Témoins c3)
ISBN 2-204-03071-6. *50 F / 7,62 €*

33471 **VANNIER M-A.** Saint Augustin et le mystère trinitaire. *Cerf, 1993.* (Foi vivante ; 324. Les classiques c2)
ISBN 2-204-04912-3. *45 F / 6,86 €*

33472 **VAUCHEZ A.** La Spiritualité du Moyen Age occidental : VIIIe-XIIIe siècle. Nouv. éd. rev. et augm. *Seuil, 1994.* (Points. Histoire ; 184 c3)
ISBN 2-02-020822-9. *48 F / 7,32 €*

33473 **VAZEILLES D.** Les Chamanes, maîtres de l'univers : persistances et exportations du chamanisme. *Cerf* ; *Fides, 1991.* (Bref ; 33)
ISBN 2-204-04253-6. ISBN 2-7621-1780-1. *50 F / 7,62 €*

33474 **VÉRICOURT G. d.** Jean-Paul II, le pape pèlerin. *Milan, 2000.* (Les essentiels Milan ; 160 c1)
ISBN 2-84113-996-4. *25 F / 3,81 €*

33475 **VERMES P.** Martin Buber. *Albin Michel, 1992.* (Présences du judaïsme poche ; 6 c2)
ISBN 2-226-05867-2. *49 F / 7,47 €*

33476 **VERNANT J-P.** La mort dans les yeux : figures de l'Autre en Grèce ancienne. Nouv. éd. augm. *Hachette Littératures, 1998.* (Pluriel ; 894)
ISBN 2-01-278894-7. *40 F / 6,10 €*

33477 **VERNANT J-P.** Mythe et pensée chez les Grecs : études de psychologie historique. Nouv. éd. *La Découverte, 1996.* (La Découverte poche ; 13. Sciences humaines et sociales)
ISBN 2-7071-2628-4. *85 F / 12,96 €*

33478 **VERNETTE J.** L'athéisme. *PUF, 1998.* (Que sais-je? ; 1291 c1)
ISBN 2-13-049301-7. *42 F / 6,40 €*

33479 **VERNETTE J.** La réincarnation. *PUF, 1995.* (Que sais-je? ; 3002 c1)
ISBN 2-13-047161-7. *42 F / 6,40 €*

33480 **VERNETTE J.** Les Sectes. 2e éd. *PUF, 1991.* (Que sais-je? ; 2519 c1)
ISBN 2-13-043894-6. *42 F / 6,40 €*

33481 **VÉZÈRE J.** Saint Antoine de Padoue. *Ab éditions, 1993.* (La vie des saints ; 1)
ISBN 2-930052-10-4. *5,95 € / 39,03 F*

33482 **VÉZÈRE J.** Sainte Rita. *Ab éditions, 1994.* (La vie des saints ; 2 c1)
ISBN 2-930052-12-0. *5,95 € / 39,03 F*

33483 **N** **VICARI J.** La tour de Babel. *PUF, 2000.* (Que sais-je? ; 3555 c1)
ISBN 2-13-050701-8. *42 F / 6,40 €*

33484 **VIDAL J.** L'Eglise et les religions ou le Désir réorienté. Nouv. éd. *Cerf : Albin Michel, 1992.* (Foi vivante ; 301. Formation c2)
ISBN 2-204-04639-6. ISBN 2-226-03968-6. *45 F / 6,86 €*

33485 **VIDAL M.** Un juif nommé Jésus : une lecture de l'Evangile à la lumière de la Torah. *Albin Michel, 2000.* (Espaces libres ; 99 c4)
ISBN 2-226-11395-9. *49 F / 7,47 €*

33486 **VIGÉE C., MALKA V.** Le Puits d'eaux vives : entretiens sur les cinq rouleaux de la Bible. *Albin Michel, 1993.* (Spiritualités vivantes poche ; 116 c4)
ISBN 2-226-06601-2. *49 F / 7,47 €*

33487 **VIGNOT B.** Les Eglises parallèles. *Cerf* ; *Fides, 1991.* (Bref ; 35)
ISBN 2-204-04294-3. ISBN 2-7621-1781-X. *50 F / 7,62 €*

33488 **VILLEMINOT J.** Vivre la fidélité. *Cerf, 1998.* (Grandir c1)
ISBN 2-204-05884-X. *50 F / 7,62 €*

33489 **VITRAY-MEYEROVITCH E. d., CARTIER R., CARTIER J-P.** Islam, l'autre visage : entretiens avec Rachel et Jean-Pierre Cartier. *Albin Michel, 1995.* (Espaces libres ; 52 c2)
ISBN 2-226-07753-7. *39 F / 5,95 €*

33490 **VIVEKANANDA S.** Jnâna-Yoga. *Albin Michel, 1973.* (Spiritualités vivantes poche ; 12 c3)
ISBN 2-226-04795-6. *45 F / 6,86 €*

33491 **Vivre en bonne entente avec Dieu :** Baal Shem Tov. *Seuil, 1995.* (Points ; 95. Sagesses c1)
ISBN 2-02-024702-X. *32 F / 4,88 €*

33492 **VLACHOS H.** Entretiens avec un ermite de la sainte Montagne sur la prière du coeur. *Seuil, 1994.* (Points. Sagesses ; 78 c3)
ISBN 2-02-014606-1. *48 F / 7,32 €*

33493 **VOILLAUME R.** Au coeur des masses. 2. *Cerf, 1969.* (Foi vivante ; 101. Témoins c1)
ISBN 2-204-03271-9. *40 F / 6,10 €*

33494 **VOILLAUME R.** La Contemplation aujourd'hui. *Cerf, 1979.* (Foi vivante ; 193. Vie spirituelle c1)
ISBN 2-204-01364-1. *40 F / 6,10 €*

33495 **VOILLAUME R.** L'Eternel Vivant. Réimpr. *Cerf, 1981.* (Foi vivante ; 201. Vie spirituelle c1)
ISBN 2-204-01700-0. *40 F / 6,10 €*

33496 **VORREUX D.** Un symbole franciscain, le tau : histoire, théologie et iconographie. Nouv. éd. *Ed. franciscaines, 1996.* (Présence de saint François ; 30)
ISBN 2-85020-066-2. *69 F / 10,52 €*

33497 A **WALDENFELS H.** La méditation en Orient et en Occident. *Seuil, 2001.* (Points. Sagesses ; 161)
ISBN 2-02-049035-8. *32 F / 4,88 €*

33498 **WANGYAL T.** Les prodiges de l'esprit naturel : l'essence du Dzogchen dans la tradition bön originelle du Tibet. *Seuil, 2000.* (Points ; 151. Sagesses c11)
ISBN 2-02-034950-7. *48 F / 7,32 €*

33499 **WEBER M.** L'éthique protestante et l'esprit du capitalisme : les sectes protestantes et l'esprit du capitalisme. Réimpr. *Pocket, 1998.* (Agora ; 6 c8)
ISBN 2-266-03402-2. *45 F / 6,86 €*

33500 **WEIL S.** Lettre à un religieux. Réimpr. *Seuil, 1999.* (Livre de vie ; 120 c1)
ISBN 2-02-036215-5. *32 F / 4,88 €*

33501 **WESTERMANN C.** L'Ancien Testament et Jésus-Christ. *Cerf, 1998.* (Foi vivante ; 394. Bible)
ISBN 2-204-05891-2. *45 F / 6,86 €*

33502 **WESTERMANN C.** Une histoire d'Israël. 1, Les patriarches. *Cerf, 1996.* (Foi vivante ; 374. Bible c2)
ISBN 2-204-05458-5. *45 F / 6,86 €*

33503 **WESTERMANN C.** Une histoire d'Israël. 2, Les rois et les prophètes. *Cerf, 1996.* (Foi vivante ; 375. Bible c4)
ISBN 2-204-05459-3. *55 F / 8,38 €*

33504 **WIESEL E.** Célébration biblique : portraits et légendes. *Seuil, 1991.* (Points. Sagesses ; 42 c3)
ISBN 2-02-013514-0. *48 F / 7,32 €*

33505 **WIESEL E.** Célébration hassidique : portraits et légendes. *Seuil, 1976.* (Points. Sagesses ; 3 c3)
ISBN 2-02-004396-3. *48 F / 7,32 €*

33506 A **WIJAYARATNA M.** Les entretiens du Bouddha : la traduction intégrale de 21 textes du canon bouddhique. *Seuil, 2001.* (Points. Sagesses)
ISBN 2-02-047553-7. *50 F / 7,62 €*

33507 **WOLFF P.** Non, Dieu n'est pas sourd : et nous? essai sur la prière. *Cerf : Vie chrétienne, 1991.* (Foi vivante ; 274. Vie spirituelle c1)
ISBN 2-204-04285-4. *40 F / 6,10 €*

33508 **WOODROW A.** Les Jésuites : histoire de pouvoirs. *Hachette Littératures, 1991.* (Pluriel ; 8572 c3)
ISBN 2-01-018110-7. *49 F / 7,47 €*

33509 **Le Yoga de l'amour.** *Albin Michel, 1992.* (Spiritualités vivantes poche ; 100 c3)
ISBN 2-226-05753-6. *49 F / 7,47 €*

33510 **YOKA DAISHI** Le Chant de l'immédiat satori : Shodoka. *Albin Michel, 1992.* (Spiritualités vivantes poche ; 99 c4)
ISBN 2-226-05737-4. *49 F / 7,47 €*

33511 **YONTEN GYATSO** Tantra de l'union secrète. *Seuil, 1997.* (Points. Sagesses ; 121 c10)
ISBN 2-02-026181-2. *45 F / 6,86 €*

33512 **Le Zen en chair et en os.** *Albin Michel, 1993.* (Espaces libres ; 41 c2)
ISBN 2-226-06516-4. *39 F / 5,95 €*

33513 **Le Zohar :** le livre de la splendeur. *Seuil, 1980.* (Points. Sagesses ; 21 c2)
ISBN 2-02-005418-3. *39 F / 5,95 €*

33514 **ZUNDEL M.** Croyez-vous en l'homme?. Réimpr. *Cerf, 1996.* (Foi vivante ; 288. Vie spirituelle c2)
ISBN 2-204-04512-8. *50 F / 7,62 €*

33515 **ZUNDEL M.** Notre-Dame de la Sagesse. 3e éd. *Cerf, 1995.* (Foi vivante ; 192. Vie spirituelle c1)
ISBN 2-204-01338-2. *45 F / 6,86 €*

33516 **ZUNDEL M.** La Pierre vivante. *Cerf, 1993.* (Foi vivante ; 311. Vie spirituelle c2)
ISBN 2-204-04774-0. *45 F / 6,86 €*

Santé Médecine Services sociaux

33517 **ABGRALL J-M.** La mécanique des sectes : manipulations mentales et pratiques coercitives. *Pocket, 2000.* (Pocket ; 10772 c5)
ISBN 2-266-09572-2. *35 F / 5,34 €*

33518 **ABU-JAMAL M.** En direct du couloir de la mort. Nouv. éd. *La Découverte, 1999.* (La Découverte poche ; 77. Essais)
ISBN 2-7071-3127-X. *56 F / 8,54 €*

33519 N **Accompagner.** *Erès, 2000.* (Mille et un bébés ; 31)
ISBN 2-86586-830-3. *35 F / 5,34 €*

33520 **L'accueil des tout-petits.** *Erès, 1998.* (Mille et un bébés ; 10)
ISBN 2-86586-638-6. *45 F / 6,86 €*

33521 **AIMARD P., MORGON A.** L'Enfant sourd. *PUF, 1985.* (Que sais-je? ; 2240 c1)
ISBN 2-13-039016-1. *42 F / 6,40 €*

33522 **AIVANHOV O. M.** Harmonie et santé. 7e éd. *Prosveta, 1999.* (Izvor ; 225 c1)
ISBN 2-85566-428-4. *57 F / 8,69 €*

33523 N **ALBERT L.** Quinze méthodes pour rester jeune. *De Vecchi, 2000.* (De Vecchi poche ; 4634)
ISBN 2-7328-4634-1. *33 F / 5,03 €*

33524 **ALLARD P., BLANCHI J-P.** La biomécanique. *PUF, 1999.* (Que sais-je? ; 3456 c1)
ISBN 2-13-049809-4. *42 F / 6,40 €*

33525 **ANDLAU G. d.** L'action humanitaire. *PUF, 1998.* (Que sais-je? ; 3403 c1)
ISBN 2-13-049430-7. *42 F / 6,40 €*

33526 **ANDRÉ C., LÉGERON P., LELORD F.** La gestion du stress. Réimp. *Bernet-Danilo, 1998.* (Essentialis ; 13 c1)
ISBN 2-912663-15-6. *33 F / 5,03 €*

33527 **ANDRÉ J.** La Sexualité féminine. *PUF, 1994.* (Que sais-je? ; 2876 c1)
ISBN 2-13-046386-X. *42 F / 6,40 €*

33528 **ANDRIEU B.** Médecin de son corps. *PUF, 1999.* (Médecine et société ; 10 c1)
ISBN 2-13-049897-3. *55 F / 8,38 €*

33529 **ANTIER E.** Attendre mon enfant aujourd'hui. *LGF, 1999.* (Le Livre de poche ; 16511. Pratique c12)
ISBN 2-253-16511-5. *44 F / 6,71 €*

33530 **APIOU M.** Maigrir une bonne fois pour toutes avec Weight Watchers. *LGF, 1997.* (Le Livre de poche ; 8164. Pratique c8)
ISBN 2-253-08164-7. *33 F / 5,03 €*

33531 **ARCAT-SIDA (France)** Le sida, comprendre pour mieux lutter. Ed. mise à jour. *Milan, 1999.* (Les essentiels Milan ; 9 c1)
ISBN 2-84113-262-5. *25 F / 3,81 €*

33532 **ARON-BRUNETIÈRE R.** La Beauté et le progrès de la médecine. *J'ai lu, 1992.* (J'ai lu ; 7006. Bien-être c4)
ISBN 2-277-07006-8. *36 F / 5,49 €*

33533 **ARVIGNES G.** Quelques mois pour l'aimer. *J'ai lu, 1996.* (J'ai lu ; 4289. Littérature générale c2)
ISBN 2-290-04289-7. *22 F / 3,35 €*

33534 N **ASSOCIATION ESCABELLE (Versailles)** Signes de souffrances en périnatalité. *Erès, 2000.* (Mille et un bébés ; 36)
ISBN 2-86586-834-6. *58 F / 8,84 €*

33535 **ATTALI F.** Le Temps qui tue, le temps qui guérit : santé et météorologie. *Seuil, 1982.* (Points. Actuels ; 53 c2)
ISBN 2-02-006219-4. *39 F / 5,95 €*

33536 **AUBRY M.** Le Choix d'agir. *LGF, 1994.* (Le Livre de poche ; 13580 c5)
ISBN 2-253-13580-1. *23 F / 3,51 €*

33537 N **AUDOIN L.** La sophrologie. *Milan, 2000.* (Les essentiels Milan ; 170 c1)
ISBN 2-7459-0045-5. *25 F / 3,81 €*

33538 **AUDOLLENT D-G., FAYARD D.** Combattre l'exclusion. *Milan, 1999.* (Les essentiels Milan ; 152 c1)
ISBN 2-84113-959-X. *25 F / 3,81 €*

33539 **AVRIL J-L.** Les Antibiotiques. *PUF, 1980.* (Que sais-je? ; 1803 c1)
ISBN 2-13-036215-X. *42 F / 6,40 €*

33540 **BADINTER R.** La prison républicaine ; 1871-1914. *LGF, 1994.* (Le Livre de poche ; 13634 c12)
ISBN 2-253-13634-4. *44 F / 6,71 €*

33541 **BARATAUD B.** L'effet Téléthon. *Milan, 1999.* (Les essentiels Milan ; 155 c1)
ISBN 2-84113-963-8. *25 F / 3,81 €*

33542 **N** **BARBAULT M., DUBOY B., MOUTON A-M.** Coffret future maman. *J'ai lu, 2001.* (J'ai lu. Bien-être)
ISBN 2-277-60217-5. *88 F / 13,42 €*

33543 **N** **BARRAQUÉ P.** Se relaxer pour mieux vivre : prendre conscience de soi. *Jouvence, 2001.* (Pratiques Jouvence c1)
ISBN 2-88353-226-5. *29 F / 4,42 €*

33544 **BARRAT C-F.** La pauvreté. *PUF, 1998.* (Que sais-je? ; 3408 c1)
ISBN 2-13-049463-3. *42 F / 6,40 €*

33545 **BARROUX J., DESSAL R.** L'Assurance. *PUF, 1983.* (Que sais-je? ; 76 c1)
ISBN 2-13-037702-5. *42 F / 6,40 €*

33546 **A** **BASDEKIS J-C.** L'obésité, un mal américain qui grignote l'Europe : comment s'en prémunir. *Privat, 2001.* (Questions de santé)
ISBN 2-7089-3642-5. *160 F / 24,39 €*

33547 **N** **BATIFOULIER P., TOUZÉ V.** La protection sociale. *Dunod, 2000.* (Les topos. Eco gestion c1)
ISBN 2-10-003983-0. *52 F / 7,93 €*

33548 **N** **BAWA J.** Santé et ordinateur : le guide quotidien. *J'ai lu, 2000.* (J'ai lu ; 7207. Bien-être cG)
ISBN 2-290-30351-8. *29 F / 4,42 €*

33549 **BEATTIE M.** Vaincre la codépendance. Nouv. éd. *Pocket, 1998.* (Pocket ; 4728. Best c7)
ISBN 2-266-07634-5. *42 F / 6,40 €*

33550 **A** **BEAUREGARD J.** Des hommes en cavale. *Mille et une nuits* ; *Arte Editions, 2001.* (Les petits libres ; 37)
ISBN 2-84205-560-8. *10 F / 1,52 €*

33551 **Un bébé est battu.** *Erès, 1998.* (Mille et un bébés ; 14)
ISBN 2-86586-642-4. *38 F / 5,79 €*

33552 **BEIGBEDER Y.** L'Organisation mondiale de la santé. *PUF, 1997.* (Que sais-je? ; 3234 c1)
ISBN 2-13-048277-5. *42 F / 6,40 €*

33553 **A** **BÉLEC L.** La transmission sexuelle du sida. 2e éd. mise à jour. *PUF, 2001.* (Que sais-je? ; 3314)
ISBN 2-13-051397-2. *42 F / 6,40 €*

33554 **N** **BELLEMARE P.** Les aventuriers du XXe siècle. 3, Journées d'enfer : soixante récits des tréfonds de l'horreur au sommet du sacrifice. *LGF, 2000.* (Le Livre de poche ; 14883 c10)
ISBN 2-253-14883-0. *40 F / 6,10 €*

33555 **BELLEMARE P.** Les dossiers d'Interpol. 1. *J'ai lu, 1999.* (J'ai lu ; 2844. Littérature générale cl)
ISBN 2-290-30378-X. *36 F / 5,49 €*

33556 **N** **BELLEMARE P., ANTOINE J.** Les dossiers d'Interpol. 2. *J'ai lu, 2000.* (J'ai lu ; 2844. Littérature générale ; 2845 cl)
ISBN 2-290-30710-6. *36 F / 5,49 €*

33557 **N** **BELLEMARE P., NAHMIAS J-F.** L'enfant criminel. *LGF, 2001.* (Le Livre de poche ; 14981 c10)
ISBN 2-253-14981-0. *40 F / 6,10 €*

33558 **BELLO P., DOLTO-TOLITCH C., SCHIFFMANN A.** Contraception, grossesse, IVG. *Seuil, 1983.* (Points. Actuels ; 57 c3)
ISBN 2-02-006395-6. *48 F / 7,32 €*

33559 **N** **BELORGEY J-M.** Cent ans de vie associative. *Presses de Sciences Po, 2000.* (La Bibliothèque du citoyen c1)
ISBN 2-7246-0836-4. *75 F / 11,43 €*

33560 **BENHAMOU G.** La chirurgie digestive. Nouv. éd. *PUF, 1998.* (Que sais-je? ; 2239 c1)
ISBN 2-13-048934-6. *42 F / 6,40 €*

33561 **BENOLIEL S.** Le laser en dermatologie et esthétique. *PUF, 1998.* (Que sais-je? ; 3429 c1)
ISBN 2-13-049602-4. *42 F / 6,40 €*

33562 **BENSAID N.** La Lumière médicale : les illusions de la prévention. *Seuil, 1982.* (Points. Actuels ; 54 c3)
ISBN 2-02-006242-9. *48 F / 7,32 €*

33563 **BERTHERAT T.** Le corps a ses raisons : auto-guérison et anti-gymnastique. Réimpr. *Seuil, 1998.* (Points ; 493 c11)
ISBN 2-02-033654-5. *48 F / 7,32 €*

33564 **BICHOT J.** Retraites en péril. *Presses de Sciences Po, 1999.* (La Bibliothèque du citoyen c1)
ISBN 2-7246-0762-7. *75 F / 11,43 €*

33565 **BINET L.** Gérontologie et gériatrie. *PUF, 1969.* (Que sais-je? ; 919)
ISBN 2-13-030760-4. *42 F / 6,40 €*

33566 **BLANC D., BLANQUET P.** La Médecine nucléaire. *PUF, 1976.* (Que sais-je? ; 1667 c1)
ISBN 2-13-034774-6. *42 F / 6,40 €*

33567 **BLÉANDONU G.** Les hôpitaux de jour et les accueils thérapeutiques partiels pour enfants. *PUF, 1997.* (Nodules)
ISBN 2-13-048401-8. *55 F / 8,38 €*

33568 **N** **BODY-GENDROT S.** Les villes : la fin de la violence ?. *Presses de Sciences Po, 2001.* (La Bibliothèque du citoyen c1)
ISBN 2-7246-0840-2. *75 F / 11,43 €*

33569 **N** **BOËDEC M.** L'homéopathie au quotidien. Réimpr. *J'ai lu, 2000.* (J'ai lu ; 7021. Bien-être cG)
ISBN 2-277-07021-1. *29 F / 4,42 €*

33570 **BONDIL A., KAPLAN M.** L'âge d'or de votre corps : manger mieux pour vivre plus longtemps selon les recettes du docteur Kousmine. Réimp. *J'ai lu, 1999.* (J'ai lu ; 7108. Bien-être c6)
ISBN 2-290-30423-9. *42 F / 6,40 €*

33571 **BONDIL A., KAPLAN M.** L'alimentation de la femme enceinte et de l'enfant selon l'enseignement du Dr Kousmine. *J'ai lu, 1995.* (J'ai lu ; 7089. Bien-être c5)
ISBN 2-277-07089-0. *39 F / 5,95 €*

33572 **BONDIL A., KAPLAN M.** Votre alimentation selon l'enseignement du docteur Kousmine : 90 recettes de santé. *J'ai lu, 1992.* (J'ai lu ; 7010. Bien-être c5)
ISBN 2-277-07010-6. *39 F / 5,95 €*

33573 **BONNICI B.** La Politique de santé en France. *PUF, 1993.* (Que sais-je? ; 2814 c1)
ISBN 2-13-045906-4. *42 F / 6,40 €*

33574 **BONNICI B.** Politiques et protection sociales. *PUF, 1997.* (Que sais-je? ; 2333 c1)
ISBN 2-13-048253-8. *42 F / 6,40 €*

33575 **BOUCHER F., BINETTE A.** Bien vivre le stress : guide d'autogestion. *Mortagne, 1992.* (Poche)
ISBN 2-89074-519-8. *39 F / 5,95 €*

33576 **N** **BOULET J.** Se soigner par l'homéopathie : la consultation, le médicament, les conseils pratiques. Réimpr. *J'ai lu, 2000.* (J'ai lu ; 7165. Bien-être cK)
ISBN 2-290-07165-X. *42 F / 6,40 €*

33577 **BOUTAULT J.** L'assurance-chômage en France : UNEDIC-ASSEDIC. *PUF, 1999.* (Que sais-je? ; 3459 c1)
ISBN 2-13-049812-4. *42 F / 6,40 €*

33578 **BOUTON J.** Sommeil et joie de vivre. *Cerf, 1999.* (Paroles pour vivre)
ISBN 2-204-06196-4. *50 F / 7,62 €*

33579 **N** **BRANDT J.** La cure de raisin : pour prévenir et guérir de nombreuses maladies. *Jouvence, 2000.* (Pratiques Jouvence ; 47)
ISBN 2-88353-198-6. *29 F / 4,42 €*

33580 **BRAZELTON T. B.** Points forts : les moments essentiels du développement de votre enfant. Nouv. éd. *LGF, 1999.* (Le Livre de poche ; 3899. Pratique c14)
ISBN 2-253-08198-1. *48 F / 7,32 €*

33581 **BRAZELTON T. B.** Trois bébés dans leur famille, Laura, Daniel et Louis : les différences du développement. *LGF, 1987.* (Le Livre de poche ; 6285 c10)
ISBN 2-253-04068-1. *40 F / 6,10 €*

33582 **BRENOT P.** L'éducation sexuelle. *PUF, 1996.* (Que sais-je? ; 3079 c1)
ISBN 2-13-047483-7. *42 F / 6,40 €*

33583 **BRENOT P.** Les médecins de l'amour. *Zulma, 1998.* (Grain d'orage)
ISBN 2-84304-054-X. *59 F / 8,99 €*

33584 **BUISSON J-P., GIORGI D.** La politique du médicament. *Montchrestien, 1997.* (Clefs. Economie c1)
ISBN 2-7076-0758-4. *60 F / 9,15 €*

33585 **CAHANE J-P., NARBONNE-FONTANIEU C. d.** Nourritures essentielles : premier guide médical de l'alimentation familiale. *J'ai lu, 1999.* (J'ai lu ; 7168. Bien-être c6)
ISBN 2-290-07168-4. *42 F / 6,40 €*

33586 **CAMPOS E.** Le crime. *Milan, 1998.* (Les essentiels Milan ; 108 c1)
ISBN 2-84113-676-0. *25 F / 3,81 €*

33587 **CARR A.** La méthode simple pour en finir avec la cigarette : arrêter de fumer, en fait c'est facile !. *Pocket, 1997.* (Pocket ; 10246 c6)
ISBN 2-266-07664-7. *38 F / 5,79 €*

33588 **A** **CARR A.** La méthode simple pour perdre du poids. *Pocket, 2001.* (Pocket ; 11141)
ISBN 2-266-10671-6

33589 **Le carrefour des angoisses :** soixante récits où la vie ne tient qu'à un fil. *LGF, 1999.* (Les aventuriers du XXe siècle; 1)(Le Livre de poche ; 14648 c10)
ISBN 2-253-14648-X. *40 F / 6,10 €*

33590 **CCMM-CENTRE ROGER IKOR (France)** Le dico des sectes. *Milan, 1998.* (Les dicos essentiels Milan)
ISBN 2-84113-712-0. *58 F / 8,84 €*

33591 **CENTRE DE VULGARISATION DE LA CONNAISSANCE (Saint-Aubin, Essonne)** Les prisons. *Milan, 1999.* (Les essentiels Milan ; 137 c1)
ISBN 2-84113-797-X. *25 F / 3,81 €*

33592 **CHABIRON C.** Extraordinaires pouvoirs des céréales : une meilleure santé avec les céréales. *De Vecchi, 1999.* (De Vecchi poche ; 4623)
ISBN 2-7328-4623-6. *29 F / 4,42 €*

33593 **CHAMPAGNE G.** Après la drogue. *Seuil, 1974.* (Points. Actuels ; 8 c2)
ISBN 2-02-000683-9. *48 F / 7,32 €*

33594 **CHARDIN D.** Les Surdités. *PUF, 1982.* (Que sais-je? ; 1148 c1)
ISBN 2-13-037439-5. *42 F / 6,40 €*

33595 **CHARPENTIER F.** Les fonds de pension. *Economica, 1996.* (Economie-poche ; 37 c1)
ISBN 2-7178-3156-8. *49 F / 7,47 €*

33596 **CHASTONAY P., PAPART J-P., ROUGEMONT A.** La santé en Europe 1. 4, La formation et la recherche. *Actes Sud, 1999.* (L'Europe en bref ; 6)
ISBN 2-7427-2219-X. *35 F / 5,34 €*

33597 **CHAUCHARD P.** La Douleur. 6e éd. *PUF, 1981.* (Que sais-je? ; 252 c1)
ISBN 2-13-036861-1. *42 F / 6,40 €*

33598 **CHAUCHARD P.** La Médecine psychosomatique. 6e éd. *PUF, 1974.* (Que sais-je? ; 656)
ISBN 2-13-033102-5. *42 F / 6,40 €*

33599 **A** **CHEVREAU C., SAUVAGE M., CANAL P.** Questions sur le cancer. *Milan, 2001.* (Les essentiels Milan ; 193 c1)
ISBN 2-7459-0263-6. *25 F / 3,81 €*

33600 **CLERGEAUD C.** Un ventre plat pour la vie. *J'ai lu, 1998.* (J'ai lu ; 7136. Bien-être c4)
ISBN 2-290-07136-6. *36 F / 5,49 €*

33601 **N** **COHEN-SOLAL J.** Comprendre et soigner son enfant. 1. Nouv. éd. *J'ai lu, 2000.* (J'ai lu ; 7096. Bien-être cK)
ISBN 2-290-30552-9. *42 F / 6,40 €*

33602 **N** **COHEN-SOLAL J.** Comprendre et soigner son enfant. 2. Nouv. éd. *J'ai lu, 2000.* (J'ai lu ; 7097. Bien-être cK)
ISBN 2-290-31088-3. *41 F / 6,25 €*

33603 **N** **COHEN-SOLAL J.** Comprendre et soigner son enfant. *J'ai lu, 2001.* (J'ai lu. Bien-être)
ISBN 2-277-60216-7. *84 F / 12,81 €*

33604 **N** **COHEN-SOLAL J.** Les deux premières années de la vie. *J'ai lu, 2000.* (J'ai lu ; 7203. Bien-être cK)
ISBN 2-290-30336-4. *42 F / 6,40 €*

33605 **COLLINOT J-F.** Gréer son association. *Milan, 1995.* (Les essentiels Milan ; 14 c1)
ISBN 2-84113-253-6. *25 F / 3,81 €*

33606 **COLOMBO A., GIORCELLI F.** Les 50 régimes les plus célèbres. *De Vecchi, 1994.* (De Vecchi poche)
ISBN 2-7328-4605-8. *29 F / 4,42 €*

33607 **COMBY B.** Tabac, libérez-vous!. *J'ai lu, 1992.* (J'ai lu ; 7012. Bien-être c4)
ISBN 2-277-07012-2. *36 F / 5,49 €*

33608 **COMITI V-P.** Histoire sanitaire et sociale. *PUF, 1997.* (Que sais-je? ; 3203 c1)
ISBN 2-13-048003-9. *42 F / 6,40 €*

33609 **CONTICINI P.** J'ai perdu 120 kilos. *J'ai lu, 1997.* (J'ai lu ; 4630. Littérature générale c3)
ISBN 2-290-04630-2. *29 F / 4,42 €*

33610 **Un Contrat entre les générations :** demain, les retraites. *Gallimard, 1991.* (Folio ; 23. Actuel ; 23 c1)
ISBN 2-07-032636-5. *29,50 F / 4,50 €*

33611 **CORNUT G.** La voix. 5e éd. *PUF, 1996.* (Que sais-je? ; 627 c1)
ISBN 2-13-045720-7. *42 F / 6,40 €*

33612 **COTONAT J.** La toxicologie. *PUF, 1996.* (Que sais-je? ; 61 c1)
ISBN 2-13-047521-3. *42 F / 6,40 €*

33613 **COUDERC C., VENISSE J-L.** Nos enfants face à la drogue. *Pocket, 1994.* (Pocket ; 3242 c5)
ISBN 2-266-00097-7. *35 F / 5,34 €*

33614 **COUDRON L.** Mieux vivre par le yoga. *J'ai lu, 1999.* (J'ai lu ; 7115. Bien-être c6)
ISBN 2-290-07115-3. *42 F / 6,40 €*

33615 **COUDRON L.** Stress, comment l'apprivoiser. Réimp. *J'ai lu, 2000.* (J'ai lu ; 7027. Bien-être cJ)
ISBN 2-290-30559-6. *39 F / 5,95 €*

33616 **COURET A., IGALENS J.** L'Audit social. 2e éd. *PUF, 1994.* (Que sais-je? ; 2399 c1)
ISBN 2-13-041682-9. *42 F / 6,40 €*

33617 **COURQUET J.** L'Hôpital aujourd'hui et demain. *Seuil.* (Société ; 43 c1)
ISBN 2-02-000421-6. *15 F / 2,29 €*

33618 **CURTET F.** La drogue. *Milan, 1995.* (Les essentiels Milan ; 6 c1)
ISBN 2-84113-264-1. *25 F / 3,81 €*

33619 **DAFFOS F.** La vie avant la vie : la découverte du foetus. *Hachette Littératures, 1997.* (Pluriel ; 856 c6)
ISBN 2-01-278856-4. *50 F / 7,62 €*

33620 **DALET R.** Supprimez vous-même vos douleurs par simple pression d'un doigt. *LGF, 1982.* (Le Livre de poche ; 7838. Pratique c4)
ISBN 2-253-03146-1. *23 F / 3,51 €*

33621 **DARNAUD C., DARNAUD J.** Le diabète. 10e éd. *PUF, 1999.* (Que sais-je? ; 124 c1)
ISBN 2-13-044207-2. *42 F / 6,40 €*

33622 **DAUDIER P.** Les radicaux libres : voleurs de jeunesse et de vitalité. *Jouvence, 1994.* (Pratiques Jouvence ; 6)
ISBN 2-88353-064-5. *29 F / 4,42 €*

33623 **N** **DAUGE I., VÉRICOURT G. d.** Les soins palliatifs. *Milan, 2000.* (Les essentiels Milan ; 184 c1)
ISBN 2-7459-0163-X. *25 F / 3,81 €*

33624 **DAVID P.** Enfants sans enfance. *Hachette Littératures, 1995.* (Pluriel ; 8724 c4)
ISBN 2-01-278724-X. *58 F / 8,84 €*

33625 **DE MARCHI A.** Perdre son ventre en 30 jours. *De Vecchi, 1991.* (De Vecchi poche ; 4152 c2)
ISBN 2-7328-4152-8. *29 F / 4,42 €*

33626 **DE MOLA G.** 23 méthodes pour vaincre l'insomnie. Réimpr. *De Vecchi, 1999.* (De Vecchi poche ; 4181 c2)
ISBN 2-7328-4181-1. *29 F / 4,42 €*

33627 **DECLERCQ M., MONFILS T.** Les Drogues. *Fidélité, 1997.* (Que penser de...? ; 31 c1)
ISBN 2-87356-127-0. *15 F / 2,29 €*

33628 **DELAISI DE PARSEVAL G., JANAUD A.** L'Enfant à tout prix. *Seuil, 1985.* (Points. Actuels ; 66 c4)
ISBN 2-02-008817-7. *52 F / 7,93 €*

33629 **DELAPORTE F.** Les épidémies. *Pocket, 1995.* (Pocket ; 4245. Explora c12)
ISBN 2-266-06301-4. *60 F / 9,15 €*

33630 **DELCROIX M., CHUFFART M.** La grossesse et le tabac. *PUF, 1999.* (Que sais-je? ; 3490 c1)
ISBN 2-13-050108-7. *42 F / 6,40 €*

33631 **DELORME T.** La douleur, un mal à combattre. *Gallimard, 1999.* (Découvertes ; 370. Sciences c4)
ISBN 2-07-050724-6. *75 F / 11,43 €*

33632 **DÉMIER F.** Histoire des politiques sociales : Europe, XIXe-XXe siècle. *Seuil, 1996.* (Mémo ; 31)
ISBN 2-02-023125-5. *36 F / 5,49 €*

33633 **DENJEAN A., SERRE L.** Kousmine au gré des saisons : l'art de vivre sain. *Jouvence, 1998.* (Pratiques Jouvence ; 26 c1)
ISBN 2-88353-153-6. *29 F / 4,42 €*

33634 **DENJEAN A., SERRE L.** Kousmine au quotidien : l'art de vivre sain. *Jouvence, 1994.* (Pratiques Jouvence ; 1)
ISBN 2-88353-070-X. *29 F / 4,42 €*

33635 **N** **DEVIERS-JONCOUR C.** Opération Bravo. *Pocket, 2000.* (Pocket ; 11139 c4B)
ISBN 2-266-10633-3. *32 F / 4,88 €*

33636 **DHÔTEL G.** Les enfants dans la guerre. *Milan, 1999.* (Les essentiels Milan ; 154 c1)
ISBN 2-84113-961-1. *25 F / 3,81 €*

33637 **DIAZ C.** La police technique et scientifique. *PUF, 2000.* (Que sais-je? ; 3537 c1)
ISBN 2-13-050522-8. *42 F / 6,40 €*

33638 **N** **DIDIERJEAN-JOUVEAU C.** Pour une naissance à visage humain. *Jouvence, 2000.* (Pratiques Jouvence ; 51 c1)
ISBN 2-88353-216-8. *29 F / 4,42 €*

33639 **DIDIERJEAN-JOUVEAU C.** La voie lactée : l'allaitement maternel. *Jouvence, 1999.* (Pratiques Jouvence ; 42)
ISBN 2-88353-180-3. *29 F / 4,42 €*

33640 **DIETRICH E., CUDICIO P.** Harmonie et sexualité du couple. *J'ai lu, 1994.* (J'ai lu ; 7061. Bien-être c5)
ISBN 2-277-07061-0. *39 F / 5,95 €*

33641 **N** **DOCTOR BAREFOOT** Le guerrier urbain : manuel de survie spirituelle. *J'ai lu, 2000.* (Equilibres ; 6030)
ISBN 2-290-30487-5. *69 F / 10,52 €*

33642 **A** **DOLLINGER A., DOLLINGER M.** La femme et le tabac : histoires d'une mésalliance. *Pocket, 2001.* (Pocket ; 11107)
ISBN 2-266-10571-X

33643 **DORION G., GUIONNET A.** La Sécurité sociale. 6e éd. rev. *PUF, 1997.* (Que sais-je? ; 294 c1)
ISBN 2-13-048732-7. *42 F / 6,40 €*

33644 **N** **DORION G., GUIONNET A.** La Sécurité sociale. 7e éd. mise à jour. *PUF, 2000.* (Que sais-je? ; 294 c1)
ISBN 2-13-050907-X. *42 F / 6,40 €*

33645 **DREVET J-G., GALLIN-MARTEL C.** Bien vivre avec son dos. *J'ai lu, 1992.* (J'ai lu ; 7002. Bien-être c4)
ISBN 2-277-07002-5. *36 F / 5,49 €*

33646 **DROUOT P.** Guérison spirituelle et immortalité : les voies thérapeutiques du futur. *Pocket, 1997.* (Pocket ; 4797 c7)
ISBN 2-266-06633-1. *42 F / 6,40 €*

33647 **DUBIER J-L., INCHAUSPÉ I.** Le stress. *Milan, 2000.* (Les essentiels Milan ; 159 c1)
ISBN 2-84113-995-6. *25 F / 3,81 €*

33648 **DUBOIS S.** Maigrissons ensemble. *J'ai lu, 1997.* (J'ai lu ; 7120. Bien-être c4)
ISBN 2-290-07120-X. *36 F / 5,49 €*

33649 **DUBOIS S.** Restons minces ensemble !. *J'ai lu, 1999.* (Equilibres ; 6009)
ISBN 2-277-26009-6. *75 F / 11,43 €*

33650 **N** **DUBOIS S.** Restons minces ensemble !. *J'ai lu, 2000.* (J'ai lu ; 7187. Bien-être)
ISBN 2-290-30200-7. *36 F / 5,49 €*

33651 **DUBOYS FRESNEY C., PERRIN G.** Le métier d'infirmière en France. *PUF, 1996.* (Que sais-je? ; 3052 c1)
ISBN 2-13-047377-6. *42 F / 6,40 €*

33652 **A** **DUKAN P.** Dictionnaire de diététique et de nutrition. *LGF, 2001.* (Le Livre de poche ; 16567. Pratique)
ISBN 2-253-16567-0

33653 **A** **DUMAY R.** Comment bien faire l'amour à un homme. *J'ai lu, 2001.* (J'ai lu ; 7239. Bien-être)
ISBN 2-290-31380-7

33654 **A** **DUMAY R.** Comment bien faire l'amour à une femme. *J'ai lu, 2001.* (J'ai lu ; 7227. Bien-être)
ISBN 2-290-31068-9

33655 **DUNAND M.** Les sept péchés capitaux de notre alimentation : la santé par l'alimentation vivante. *Jouvence, 1998.* (Pratiques Jouvence ; 38 c1)
ISBN 2-88353-166-8. *29 F / 4,42 €*

33656 **DUPONT M., SALAÜN F.** L'Assistance publique hôpitaux de Paris. *PUF, 1999.* (Que sais-je? ; 3505 c1)
ISBN 2-13-050322-5. *42 F / 6,40 €*

33657 **DURBEC R.** Un amour de citron : un aliment miracle. *Jouvence, 1998.* (Pratiques Jouvence ; 28 c1)
ISBN 2-88353-152-8. *29 F / 4,42 €*

33658 **DURIEZ M., LEQUET-SLAMA D.** Les systèmes de santé en Europe. *PUF, 1998.* (Que sais-je? ; 3343 c1)
ISBN 2-13-048879-X. *42 F / 6,40 €*

33659 **N** **DURUPT B.** La police judiciaire, la scène de crime. *Gallimard, 2000.* (Découvertes ; 403. Histoire c5)
ISBN 2-07-053475-8. *75 F / 11,43 €*

33660 **DYER W. W.** Vos zones erronées. Réimpr. *Mortagne, 1993.* (Poche)
ISBN 2-89074-534-1. *39 F / 5,95 €*

33661 **EDDE G.** Méditation et santé selon les traditions chinoises. *Albin Michel, 1988.* (Spiritualités vivantes poche ; 68 c3)
ISBN 2-226-03301-7. *45 F / 6,86 €*

33662 **EDOU E.** Les HLM. *Economica, 1998.* (Société-poche ; 2 c1)
ISBN 2-7178-3569-5. *49 F / 7,47 €*

33663 **EDOU E.** Le logement en France : économie, politique et société. *Economica, 1996.* (Société-poche ; 1)
ISBN 2-7178-3116-9. *49 F / 7,47 €*

33664 **EGÉ M.** Le régime anti-cholestérol. *Bernet-Danilo, 1996.* (Essentialis régimes c1)
ISBN 2-909509-46-X. *33 F / 5,03 €*

33665 **EGÉ M.** Le régime dissocié. *Bernet-Danilo, 1996.* (Essentialis régimes c1)
ISBN 2-909509-44-3. *33 F / 5,03 €*

33666 **ELIA D.** Le bonheur à cinquante ans : le passage de la ménopause. *J'ai lu, 2000.* (J'ai lu ; 7184. Bien-être cJ)
ISBN 2-290-30048-9. *39 F / 5,95 €*

33667 **ELIA D.** Comment rester jeune après 40 ans : version femmes. Réimp. *J'ai lu, 2000.* (J'ai lu ; 7111. Bien-être cJ)
ISBN 2-290-30561-8. *39 F / 5,95 €*

33668 **ELIA D.** Comment rester jeune après 40 ans : version hommes. Nouv. éd. *J'ai lu, 1996.* (J'ai lu ; 7110. Bien-être c5)
ISBN 2-277-07110-2. *39 F / 5,95 €*

33669 **EMMANUELLI X.** Dernier avis avant la fin du monde. *Albin Michel, 1999.* (Espaces libres ; 96 c3)
ISBN 2-226-11096-8. *45 F / 6,86 €*

33670 **EMMANUELLI X., EMMANUELLI J.** Au secours de la vie, la médecine de l'urgence. *Gallimard, 1996.* (Découvertes ; 281. Sciences c4)
ISBN 2-07-053324-7. *85 F / 12,96 €*

33671 **EUZÉBY C.** Le Revenu minimum garanti. *La Découverte, 1991.* (Repères ; 98 c1)
ISBN 2-7071-2004-9. *52 F / 7,93 €*

33672 **EWALD F.** Histoire de l'Etat-providence. *LGF, 1996.* (Le Livre de poche ; 4222. Biblio essais c12)
ISBN 2-253-94222-7. *44 F / 6,71 €*

33673 **FABIANI G., TOMA B.** Les Zoonoses : maladies animales transmissibles à l'homme. *PUF, 1983.* (Que sais-je? ; 2094 c1)
ISBN 2-13-037943-5. *42 F / 6,40 €*

33674 **N** **FATTORUSSO V.** Dictionnaire de poche des médicaments : 4.000 médicaments répertoriés pour mieux se soigner. 3e éd. *Pocket, 2001.* (Pocket ; 10352)
ISBN 2-266-11020-9. *80 F / 12,20 €*

33675 **FAUBERT G., CRÉPON P.** La chronobiologie chinoise. *Albin Michel, 1995.* (Espaces libres ; 53 c2)
ISBN 2-226-07617-4. *39 F / 5,95 €*

33676 **FAVIER L.** Les métiers de la santé. *Milan, 1995.* (Les essentiels Milan ; 4 c1)
ISBN 2-84113-252-8. *25 F / 3,81 €*

33677 **FELLUS C.** La gym anti-stress : récupérer équilibre et harmonie physique et mentale grâce à la gymnastique. *De Vecchi, 1999.* (De Vecchi poche ; 4624)
ISBN 2-7328-4624-4. *29 F / 4,42 €*

33678 **FELLUS C.** Vaincre la cellulite : règles d'hygiène, régimes alimentaires, techniques de pointe. *De Vecchi, 1993.* (De Vecchi poche ; 4610 c2)
ISBN 2-7328-4610-4. *29 F / 4,42 €*

33679 **FERGUSON M.** La révolution du cerveau. *J'ai lu, 1996.* (J'ai lu ; 4307. Aventure secrète c8)
ISBN 2-290-04307-9. *49 F / 7,47 €*

33680 **FERRARO F.** La grossesse et les drogues. *PUF, 1998.* (Que sais-je? ; 3411 c1)
ISBN 2-13-049464-1. *42 F / 6,40 €*

33681 **N** **FERRARO F.** Les infections chez l'enfant. *PUF, 2001.* (Que sais-je? ; 3588 c1)
ISBN 2-13-050755-7. *42 F / 6,40 €*

33682 **FERRÉ J-L.** L'action humanitaire. *Milan, 1995.* (Les essentiels Milan ; 10 c1)
ISBN 2-84113-270-6. *25 F / 3,81 €*

33683 **N** **FIGNON A.** La grossesse et le sida. *PUF, 2000.* (Que sais-je? ; 3561 c1)
ISBN 2-13-050863-4. *42 F / 6,40 €*

33684 **FILIZZOLA G., LOPEZ G.** Victimes et victimologie. *PUF, 1995.* (Que sais-je? ; 3040 c1)
ISBN 2-13-047307-5. *42 F / 6,40 €*

33685 **FLUCHAIRE P.** Bien dormir pour mieux vivre. *J'ai lu, 1992.* (J'ai lu ; 7005. Bien-être c4)
ISBN 2-277-07005-X. *36 F / 5,49 €*

33686 **Le foetus à l'hôpital.** *Erès, 1997.* (Mille et un bébés)
ISBN 2-86586-548-7. *30 F / 4,57 €*

33687 **FONTAINE J.** Médecin des trois corps : de la faculté de médecine de Paris à l'Ashram philippin. *J'ai lu, 1993.* (J'ai lu ; 3408. Aventure secrète)
ISBN 2-277-23408-7. *42 F / 6,40 €*

33688 **FONTAINE J.** Médecin des trois corps, vingt ans après. *J'ai lu, 1997.* (J'ai lu ; 4489. Aventure secrète c6)
ISBN 2-290-04489-X. *42 F / 6,40 €*

33689 **FONTAINE J.** Notre quatrième monde. *Pocket, 1997.* (Pocket ; 4795 c8)
ISBN 2-266-06631-5. *45 F / 6,86 €*

33690 **FONTAINE J.** Terrain acidifié, source de maladies actuelles : petit manuel de détoxication acido-basique. *Jouvence, 1994.* (Pratiques Jouvence ; 3)
ISBN 2-88353-043-2. *29 F / 4,42 €*

33691 **Forme et santé. Réimpr.** *Mango-Pratique, 1999.* (101 trucs et conseils ; 13 c1)
ISBN 2-910635-89-9. *35 F / 5,34 €*

33692 **FOUCAULT M.** Naissance de la clinique. 6e éd. *PUF, 2000.* (Quadrige ; 100)
ISBN 2-13-045306-6. *62 F / 9,45 €*

33693 **FOUGEREAU M.** L'Immunologie. 3e éd. *PUF, 1995.* (Que sais-je? ; 1358 c1)
ISBN 2-13-047202-8. *42 F / 6,40 €*

33694 **FOUSSARD-BLANPIN O.** Les médicaments de confort. *PUF, 1998.* (Que sais-je? ; 3376 c1)
ISBN 2-13-049242-8. *42 F / 6,40 €*

33695 **FRANCE. Haut Comit de la sant publique** Haut comité de la santé publique : la santé des Français. Nouv. éd. *La Découverte, 1998.* (Repères ; 261 c1)
ISBN 2-7071-2943-7. *52 F / 7,93 €*

33696 **FRYDMAN R.** Les Procréations médicalement assistées. *PUF, 1991.* (Que sais-je? ; 2635 c1)
ISBN 2-13-044223-4. *42 F / 6,40 €*

33697 **GARMA L.** Clinique de l'insomnie. *PUF, 1994.* (Nodules)
ISBN 2-13-045695-2. *48 F / 7,32 €*

33698 **A** **GAY C., GÉRARD A.** Le guide des médicaments psy. *LGF, 2001.* (Le Livre de poche ; 16658. Pratique c10)
ISBN 2-253-16558-1. *40 F / 6,10 €*

33699 **GAY M.** Se soigner par le magnésium. Réimpr. *De Vecchi, 1999.* (De Vecchi poche ; 4630)
ISBN 2-7328-4630-9. *33 F / 5,03 €*

33700 **N** **GAYRAUD J-F., SÉNAT D.** Le vol. *PUF, 2001.* (Que sais-je? ; 3587 c1)
ISBN 2-13-050716-6. *42 F / 6,40 €*

33701 **N** **GENETET B.** Histoire de l'immunologie. *PUF, 2000.* (Que sais-je? ; 3551 c1)
ISBN 2-13-050554-6. *42 F / 6,40 €*

33702 **N** **GENETET B.** Histoire de l'immunologie. *PUF, 2000.* (Que sais-je? ; 3551 c1)
ISBN 2-13-050544-9. *42 F / 6,40 €*

33703 **GÉRIN S.** Bien dormir c'est facile. *LGF, 1998.* (Le Livre de poche ; 8169. Pratique c4)
ISBN 2-253-08169-8. *20 F / 3,05 €*

33704 **GIDE A.** La séquestrée de Poitiers ; suivi de L'affaire Redureau. *Gallimard, 1997.* (Folio ; 977 c11)
ISBN 2-07-036977-3. *29,50 F / 4,50 €*

33705 **GILBERT G.** Jusqu'au bout. *LGF, 1995.* (Le Livre de poche ; 13629 c6)
ISBN 2-253-13629-8. *26 F / 3,96 €*

33706 **GRANDJEAT P.** La Santé gratuite. *Seuil, 1965.* (Société ; 5 c1)
ISBN 2-02-000383-X. *15 F / 2,29 €*

33707 **GRANGER L.** Vaincre la dépression : pour retrouver la joie de vivre. *De Vecchi, 1993.* (De Vecchi poche ; 4186 c3)
ISBN 2-7328-4186-2. *33 F / 5,03 €*

33708 **GRIBENSKI A.** L'Audition. 6e éd. *PUF, 1994.* (Que sais-je? ; 484 c1)
ISBN 2-13-045690-1. *42 F / 6,40 €*

33709 **N** **GRIMAL J-C.** Drogue : l'autre mondialisation. *Gallimard, 2000.* (Folio ; 78. Actuel c10)
ISBN 2-07-041292-X. *41 F / 6,25 €*

33710 **GROC DE SALMIECH C.** Relaxation et détente par la méthode Vittoz. *De Vecchi, 1995.* (De Vecchi poche ; 4617)
ISBN 2-7328-4617-1. *33 F / 5,03 €*

33711 **N** **GUILLAUME M. J., TYMOWSKI J-C. d., FIÉVET-IZARD M.** L'acupuncture. 7e éd. *PUF, 2000.* (Que sais-je? ; 705 c1)
ISBN 2-13-051089-2. *42 F / 6,40 €*

33712 **GUILMET D.** Le coeur qui bat : l'extraordinaire aventure de la chirurgie cardiaque. *LGF, 1999.* (Le Livre de poche ; 14748 c10)
ISBN 2-253-14748-6. *40 F / 6,10 €*

33713 **HALIOUA B., MALKIN E.** Les maladies sexuellement transmissibles. *PUF, 1997.* (Que sais-je? ; 58 c1)
ISBN 2-13-047681-3. *42 F / 6,40 €*

33714 **N** **HAMONET C.** Les personnes handicapées. 3e éd. mise à jour. *PUF, 2000.* (Que sais-je? ; 2556 c1)
ISBN 2-13-050819-7. *42 F / 6,40 €*

33715 **HANNOUN C.** La vaccination. *PUF, 1999.* (Que sais-je? ; 1618 c1)
ISBN 2-13-050089-7. *42 F / 6,40 €*

33716 **HARDY P.** Epidémiologie des associations entre troubles mentaux et affections organiques. *PUF, 1993.* (Nodules)
ISBN 2-13-045086-5. *48 F / 7,32 €*

33717 **N** **HARENGER L.** La planète des pauvres : voyage initiatique autour du monde à travers les communautés d'Emmaüs. *J'ai lu, 2001.* (J'ai lu ; 5800. Littérature générale c4)
ISBN 2-290-30999-0. *32 F / 4,88 €*

33718 **HAROUEL V.** Histoire de la Croix-Rouge. *PUF, 1999.* (Que sais-je? ; 831 c1)
ISBN 2-13-049627-X. *42 F / 6,40 €*

33719 **HARRIS M.** Un jardin pour l'âme : les pouvoirs bienfaisants de la nature. *J'ai lu, 1998.* (J'ai lu ; 7149. Bien vivre cG)
ISBN 2-290-07149-8. *29 F / 4,42 €*

33720 **HARY S.** L'arthrose. *PUF, 1998.* (Que sais-je? ; 3404 c1)
ISBN 2-13-049433-1. *42 F / 6,40 €*

33721 **HENNEZEL M. d., MONTIGNY J. d.** L'amour ultime : l'accompagnement des mourants. Nouv. éd. *LGF, 1997.* (Le Livre de poche ; 14118 c6)
ISBN 2-253-14118-6. *26 F / 3,96 €*

33722 **HÉRIL A.** La sexothérapie. *Bernet-Danilo, 1997.* (Essentialis ; 33 c1)
ISBN 2-909509-79-6. *33 F / 5,03 €*

33723 **HÉRIL A.** La sophrologie analytique. *Bernet-Danilo, 1998.* (Essentialis ; 39 c1)
ISBN 2-912663-05-9. *33 F / 5,03 €*

33724 **HERKERT R.** La pause de 90 secondes : maîtriser le stress. *Jouvence, 1996.* (Pratiques Jouvence ; 11)
ISBN 2-88353-104-8. *29 F / 4,42 €*

33725 **N** **HILLEMAND B.** L'alcoolisme. 2e éd. mise à jour. *PUF, 2000.* (Que sais-je? ; 634 c1)
ISBN 2-13-051000-0. *42 F / 6,40 €*

33726 **HIPPOCRATE** Connaître, soigner, aimer : Le Serment et autres textes. *Seuil, 1999.* (Points. Sagesses ; 142)
ISBN 2-02-029328-5. *48 F / 7,32 €*

33727 **HIRSHBERG C., BARASH M. I.** Guérisons remarquables : nous avons tous en nous un système guérisseur. *J'ai lu, 1998.* (J'ai lu ; 4907. Aventure secrète c5)
ISBN 2-290-04907-7. *39 F / 5,95 €*

33728 **HOBSBAWM E. J.** Les bandits. *La Découverte, 1999.* (La Découverte poche ; 67. Sciences humaines et sociales)
ISBN 2-7071-2959-3. *37 F / 5,64 €*

33729 **N** **HORDÉ P.** Histoires extraordinaires de la médecine : 100 cas insolites. *J'ai lu, 2000.* (J'ai lu ; 5554. Littérature générale cJ)
ISBN 2-290-30255-4. *39 F / 5,95 €*

33730 **N** **HORNBACHER M.** Piégée : mémoires d'une anorexique. *Pocket, 2000.* (Pocket ; 10798 c5)
ISBN 2-266-09778-4. *35 F / 5,34 €*

33731 **HORVILLEUR A.** 101 conseils pour vous soigner par l'homéopathie. *LGF, 1980.* (Le Livre de poche ; 7772. Pratique c8)
ISBN 2-253-02594-1. *33 F / 5,03 €*

33732 **HORVILLEUR A.** Guide familial de l'homéopathie. *LGF, 1983.* (Le Livre de poche ; 7833. Pratique c8)
ISBN 2-253-03076-7. *33 F / 5,03 €*

33733 **HORVILLEUR A.** L'Homéopathie pour mes enfants. *LGF, 1990.* (Le Livre de poche ; 7791. Pratique c10)
ISBN 2-253-05172-1. *40 F / 6,10 €*

33734 **HUBERT A.** Pourquoi les Eskimos n'ont pas de cholestérol. *J'ai lu, 1997.* (J'ai lu ; 7125. Bien-être c7)
ISBN 2-290-07125-0. *45 F / 6,86 €*

33735 **IMBERT J.** Les Hôpitaux en France. 6e éd. rev. *PUF, 1994.* (Que sais-je? ; 795 c1)
ISBN 2-13-046237-5. *42 F / 6,40 €*

33736 **N** **ION J., RAVON B.** Les travailleurs sociaux. 5e éd. *La Découverte, 2000.* (Repères ; 23 c1)
ISBN 2-7071-3242-X. *52 F / 7,93 €*

33737 **IOVINE V.** Grossesse, le guide des copines : tout ce que votre médecin ne vous dira pas. *J'ai lu, 1999.* (J'ai lu ; 5289. Bien-être c6)
ISBN 2-290-07176-5. *42 F / 6,40 €*

33738 **IRELAND M.** Jusqu'au bout du chemin : l'accompagnement de fin de vie, une histoire d'amour. *Pocket, 2000.* (Pocket ; 10769 c4B)
ISBN 2-266-09579-X. *32 F / 4,88 €*

33739 **ISRAËL L.** Destin du cancer : nature, traitement, prévention. *LGF, 1999.* (Le Livre de poche ; 14718 c6)
ISBN 2-253-14718-4. *26 F / 3,96 €*

33740 **JACOB A.** La Nutrition. 2e éd. *PUF, 1981.* (Que sais-je? ; 1602 c1)
ISBN 2-13-036881-6. *42 F / 6,40 €*

33741 **JAEGER C. d.** La Gérontologie. *PUF, 1992.* (Que sais-je? ; 2695 c1)
ISBN 2-13-044957-3. *42 F / 6,40 €*

33742 **JAEGER C. d.** Les techniques de lutte contre le vieillissement. *PUF, 1999.* (Que sais-je? ; 3463 c1)
ISBN 2-13-049825-6. *42 F / 6,40 €*

33743 **JAMES M., BORY R.** La Gynécologie. *PUF, 1984.* (Que sais-je? ; 1758 c1)
ISBN 2-13-038477-3. *42 F / 6,40 €*

33744 **N** **JOËL M-E.** La protection sociale des personnes âgées en France. *PUF, 2000.* (Que sais-je? ; 3577 c1)
ISBN 2-13-050688-7. *42 F / 6,40 €*

33745 **KEESLING B.** Comment faire l'amour toute la nuit : l'orgasme multiple au masculin. *J'ai lu, 1998.* (J'ai lu ; 7140. Bien-être c4)
ISBN 2-290-07140-4. *42 F / 6,40 €*

33746 **KEESLING B.** Le plaisir sexuel : vers de nouveaux horizons dans l'art de l'amour. *J'ai lu, 1999.* (J'ai lu ; 7170. Bien-être cH)
ISBN 2-290-07170-6. *32 F / 4,88 €*

33747 **N** **KERMOAL J., BARTOLOMEI M.** La Mafia se met à table : histoires et recettes de l'honorable société. *Actes Sud, 2000.* (Babel ; 451)
ISBN 2-7427-2922-4. *45 F / 6,86 €*

33748 **KOUSMINE C.** Sauvez votre corps. *J'ai lu, 1994.* (J'ai lu ; 7029. Bien-être c8)
ISBN 2-277-07029-7. *49 F / 7,47 €*

33749 **KREMER J-M., LEDERLÉ E.** L'orthophonie en France. 3e éd. mise à jour. *PUF, 2000.* (Que sais-je? ; 2571 c1)
ISBN 2-13-050686-0. *42 F / 6,40 €*

33750 **LA ROSA E.** Le dépistage chez l'adulte. *PUF, 1996.* (Que sais-je? ; 3154 c1)
ISBN 2-13-047859-X. *42 F / 6,40 €*

33751 **LACROIX N.** Savoir se relaxer. Réimpr. *Mango-Pratique, 1999.* (101 trucs et conseils c1)
ISBN 2-84270-067-8. *35 F / 5,34 €*

33752 **A** **LAFFONT G., BERTOLETE M.** Les bienfaits de l'ail. *LGF, 2001.* (Le Livre de poche ; 16566. Pratique c7)
ISBN 2-253-16566-2. *30 F / 4,57 €*

33753 **LAFOND F.** L'adoption. *Milan, 1999.* (Les essentiels Milan ; 148 c1)
ISBN 2-84113-872-0. *25 F / 3,81 €*

33754 **LAHAIE B.** Les chemins du mieux aimer. *J'ai lu, 1997.* (J'ai lu ; 7128. Bien-être c3)
ISBN 2-290-07128-5. *29 F / 4,42 €*

33755 **LAMBRICHS L. L.** La Vérité médicale : Claude Bernard, Louis Pasteur, Sigmund Freud : légendes et réalités de notre médecine. *Hachette Littératures, 1994.* (Pluriel ; 8690 c5)
ISBN 2-01-278690-1. *65 F / 9,91 €*

33756 **LAMY M.** Les Maladies héréditaires. 3e éd. *PUF, 1976.* (Que sais-je? ; 1177 c1)
ISBN 2-13-034171-3. *42 F / 6,40 €*

33757 **LAPIERRE D.** Plus grands que l'amour : le plus grand thriller médical de tous les temps : l'épopée de la recherche du virus du sida. *Pocket, 1997.* (Pocket ; 10318)
ISBN 2-266-07938-7. *42 F / 6,40 €*

33758 **N** **LARMET J-D.** Se relaxer pour mieux vivre : prendre conscience de soi. *Jouvence, 2001.* (Pratiques Jouvence c1)
ISBN 2-88353-227-3. *29 F / 4,42 €*

33759 **LAROCHE-WALTER A.** Lait de vache : blancheur trompeuse : méfiez-vous des faux amis !. *Jouvence, 1998.* (Pratiques Jouvence)
ISBN 2-88353-144-7. *29 F / 4,42 €*

33760 **A** **LAROCHE-WALTER A.** Le sel, source de vie : un allié de toujours. *Jouvence, 2099.* (Pratiques Jouvence)
ISBN 2-88353-183-8. *29 F / 4,42 €*

33761 **LASCOUMES P.** Corruptions. *Presses de Sciences Po, 1999.* (La Bibliothèque du citoyen c1)
ISBN 2-7246-0773-2. *75 F / 11,43 €*

33762 **LASSALLE J-Y.** La violence dans le sport. *PUF, 1997.* (Que sais-je? ; 3222 c1)
ISBN 2-13-048364-X. *42 F / 6,40 €*

33763 **N** **LAVAL R. d.** La chirurgie esthétique. *Milan, 2000.* (Les essentiels Milan ; 178 c1)
ISBN 2-7459-0153-2. *25 F / 3,81 €*

33764 **A** **LAVÉDRINE A.** Les vertus des tisanes. *LGF, 2001.* (Le Livre de poche ; 16565. Pratique c7)
ISBN 2-253-16565-4. *30 F / 4,57 €*

33765 **LAVÉDRINE A.** Les vertus du vinaigre. *LGF, 1999.* (Le Livre de poche ; 8193. Pratique c8)
ISBN 2-253-08193-0. *33 F / 5,03 €*

33766 **LE CORRE F., DINARD G.** La Kinésithérapie. *PUF, 1985.* (Que sais-je? ; 2188 c1)
ISBN 2-13-038518-4. *42 F / 6,40 €*

33767 **LE CORRE F., TOFFALONI S.** L'ostéopathie. *PUF, 1996.* (Que sais-je? ; 3139 c1)
ISBN 2-13-047775-5. *42 F / 6,40 €*

33768 **LE GALL A.** L'Anxiété et l'angoisse. 4e éd. *PUF, 1992.* (Que sais-je? ; 1661 c1)
ISBN 2-13-044174-2. *42 F / 6,40 €*

33769 **LE HER-SEZNEC D.** Nous, les Seznec. Nouv. éd. *J'ai lu, 1994.* (J'ai lu ; 3823. Littérature générale c9)
ISBN 2-277-23823-6. *52 F / 7,93 €*

33770 **LE LANN R.** Ces ondes qui nous soignent : la géobiologie. *J'ai lu, 1995.* (J'ai lu ; 3990. Aventure secrète c6)
ISBN 2-277-23990-9. *42 F / 6,40 €*

33771 **LE LOUARN P.** L'aromathérapie. *De Vecchi, 1999.* (De Vecchi poche)
ISBN 2-7328-4625-2. *29 F / 4,42 €*

33772 **N** **LEBOYER F.** Pour une naissance sans violence. *Seuil, 2001.* (Points ; 816)
ISBN 2-02-048155-3. *35 F / 5,34 €*

33773 **LEBRUN M.** L'Amour en partage. *Pocket, 1994.* (Pocket ; 3316 c4)
ISBN 2-266-00587-1. *30 F / 4,57 €*

33774 **LEBRUN M.** Interpol. *PUF, 1997.* (Que sais-je? ; 3250 c1)
ISBN 2-13-048416-6. *42 F / 6,40 €*

33775 **LEBRUN M.** Médecins du ciel, médecins de la terre. *Pocket, 1993.* (Pocket ; 4665 c6)
ISBN 2-266-05334-5. *35 F / 5,34 €*

33776 **A** **LECONTE M.** Maigrir, le nouveau bon sens : régime gourmand, aliments protecteurs et santé. *J'ai lu, 2001.* (J'ai lu ; 7221. Bien-être)
ISBN 2-290-31016-6

33777 **LEFORT C.** Maigrir à volonté... ou sans volonté !. Réimp. *J'ai lu, 1998.* (J'ai lu ; 7003. Bien-être c4)
ISBN 2-277-07003-3. *36 F / 5,49 €*

33778 **LELEU G.** Amour et calories : quand manger remplace aimer. *J'ai lu, 1998.* (J'ai lu ; 7139. Bien-être c4)
ISBN 2-290-07139-0. *36 F / 5,49 €*

33779 **LELEU G.** Le traité des caresses. Réimpr. *J'ai lu, 1998.* (J'ai lu ; 7004. Bien-être cJ)
ISBN 2-290-07004-1. *39 F / 5,95 €*

33780 **LELEU G.** Le traité du désir. *J'ai lu, 1999.* (J'ai lu ; 7167. Bien-être c6)
ISBN 2-290-07167-6. *42 F / 6,40 €*

33781 **LELEU G.** Le traité du plaisir ou Comment caresser la vie dans le bon sens. Réimp. *J'ai lu, 1999.* (J'ai lu ; 7093. Bien-être c5)
ISBN 2-290-30151-5. *39 F / 5,95 €*

33782 **LEMAIRE J-F.** Le tabagisme. 5e éd. mise à jour. *PUF, 1999.* (Que sais-je? ; 1859 c1)
ISBN 2-13-048496-4. *42 F / 6,40 €*

33783 **LENOIR D.** L'Europe sociale. *La Découverte, 1994.* (Repères ; 147 c1)
ISBN 2-7071-2338-2. *52 F / 7,93 €*

33784 **LEPLÈGE A.** Les mesures de la qualité de vie. *PUF, 1999.* (Que sais-je? ; 3506 c1)
ISBN 2-13-050323-3. *42 F / 6,40 €*

33785 **LEREDE J.** La Suggestopédie. *PUF, 1983.* (Que sais-je? ; 2072 c1)
ISBN 2-13-037746-7. *42 F / 6,40 €*

33786 **N** **LESUEUR V.** Nous, les infirmières : les femmes en blanc témoignent. *Pocket, 2000.* (Pocket ; 10816 c4B)
ISBN 2-266-09756-3. *32 F / 4,88 €*

33787 **LETEURTRE H., QUARANTA J-F.** La qualité des soins médicaux. *PUF, 1999.* (Que sais-je? ; 3431 c1)
ISBN 2-13-049594-X. *42 F / 6,40 €*

33788 **N** **LEVINE M. J.** Le choix de la minceur. *J'ai lu, 2001.* (Equilibres ; 6056)
ISBN 2-290-31281-9. *79 F / 12,04 €*

33789 **LIBERMAN R.** Handicap et maladie mentale. 3e éd. *PUF, 1996.* (Que sais-je? ; 2434 c1)
ISBN 2-13-042766-9. *42 F / 6,40 €*

33790 **LIPPERT H.** De la tête aux pieds : toute la chirurgie, rien que la vérité. *Laffont, 1989.* (Bouquins)
ISBN 2-221-05378-8. *120 F / 18,29 €*

33791 **N** **LOCKIE A.** Homéopathie. *Mango-Pratique, 2000.* (101 trucs et conseils ; 56)
ISBN 2-84270-208-5. *35 F / 5,34 €*

33792 **LONDRES A.** Au bagne. *Arléa, 1997.* (Arléa-poche ; 18)
ISBN 2-86959-325-2. *40 F / 6,10 €*

33793 **LONDRES A.** Le chemin de Buenos Aires : la traite des Blanches. *Arléa, 1998.* (Arléa-poche ; 49)
ISBN 2-86959-424-0. *35 F / 5,34 €*

33794 **LONDRES A.** Dante n'avait rien vu (Biribi). *Arléa, 1997.* (Arléa-poche ; 32)
ISBN 2-86959-365-1. *40 F / 6,10 €*

33795 **N** **LONDRES A.** En prison. *Arléa, 2000.* (Arléa-poche)
ISBN 2-86959-505-0. *140 F / 21,34 €*

33796 **LÔO H., CUCHE H.** Je suis déprimé mais je me soigne. *J'ai lu, 1992.* (J'ai lu ; 7009. Bien-être c4)
ISBN 2-290-30148-5. *36 F / 5,49 €*

33797 **LOPEZ G.** Les violences sexuelles sur les enfants. 2e éd. *PUF, 1999.* (Que sais-je? ; 3309 c1)
ISBN 2-13-048740-8. *42 F / 6,40 €*

33798 **LUNEL P.** 40 ans d'amour. *LGF, 1994.* (Le Livre de poche ; 13525 c11)
ISBN 2-253-13525-9. *42 F / 6,40 €*

33799 **MAIGNE J-Y.** Le Mal de dos. *PUF, 1994.* (Que sais-je? ; 1749 c1)
ISBN 2-13-046262-6. *42 F / 6,40 €*

33800 **MAILLARD C.** Massage détente : guide des techniques. *Jouvence, 1998.* (Pratiques Jouvence ; 31 c1)
ISBN 2-88353-143-9. *29 F / 4,42 €*

33801 **MAILLARD C.** Tabac, j'arrête ! : les méthodes qui font un tabac. *Jouvence, 1997.* (Pratiques Jouvence ; 18)
ISBN 2-88353-127-7. *29 F / 4,42 €*

33802 **MAISTRE G. d., MAISTRE M-C. d.** Interdit d'enfance. Réimpr. *J'ai lu, 1999.* (J'ai lu ; 3515. Littérature générale c5)
ISBN 2-290-13515-1. *39 F / 5,95 €*

33803 **MAJNONI D'INTIGNANO B.** La protection sociale. *LGF, 1993.* (Le Livre de poche ; 502. Références sciences politiques et sociales c10)
ISBN 2-253-06432-7. *40 F / 6,10 €*

33804 **MANNONI M.** Un Lieu pour vivre. *Seuil, 1984.* (Points ; 155. Essais c4)
ISBN 2-02-006690-4. *52 F / 7,93 €*

33805 **A** **MARCHAT P.** La médecine déchirée, entre le désir de savoir et la volonté de guérir. *Privat, 2001.* (Questions de santé)
ISBN 2-7089-3641-7. *160 F / 24,39 €*

33806 **MARIACCIA S.** Solidarité internationale. *Dakota, 2000.* (Créer-réussir son projet, guides Défi jeunes)
ISBN 2-910932-49-4. *34 F / 5,18 €*

33807 **MARSAUDON E.** Les infections hospitalières. *PUF, 1998.* (Que sais-je? ; 3386 c1)
ISBN 2-13-049302-5. *42 F / 6,40 €*

33808 **MARTIN D.** Les fichiers de police. *PUF, 1999.* (Que sais-je? ; 3461 c1)
ISBN 2-13-049813-2. *42 F / 6,40 €*

33809 **N** **MARTINO B.** Enquête d'immortalité : le rêve du fond des âges à l'épreuve de la science. *J'ai lu, 2000.* (J'ai lu ; 5601. Aventure secrète)
ISBN 2-290-30302-X. *42 F / 6,40 €*

33810 **N** **MASSOL M.** La nutrimédecine. *PUF, 2000.* (Alimentation préventive et curative; 3)(Médecine et société ; 16)
ISBN 2-13-050770-0. *59 F / 8,99 €*

33811 **MASSOL M.** La nutrithérapie. *PUF, 1998.* (Alimentation préventive et curative; 2)(Médecine et société ; 7 c1)
ISBN 2-13-049445-5. *55 F / 8,38 €*

33812 **MAZARS G.** La médecine indienne. *PUF, 1995.* (Que sais-je? ; 2962 c1)
ISBN 2-13-046984-1. *42 F / 6,40 €*

33813 **N** **Les médecins doivent-ils prescrirent des drogues ?.** *PUF, 2000.* (Forum Diderot ; 12)
ISBN 2-13-050860-X. *49 F / 7,47 €*

33814 **N** **MEIDINGER W.** Les vertus du citron. *LGF, 2000.* (Le Livre de poche ; 16533. Pratique)
ISBN 2-253-16532-8. *29 F / 4,42 €*

33815 **MÉRIEN D.** La détoxination par paliers : prévention et auto-guérison sans violence. *Jouvence, 1994.* (Pratiques Jouvence ; 4)
ISBN 2-88353-066-1. *29 F / 4,42 €*

33816 **MÉRIEN D.** Equilibrez votre poids : la voie des compatibilités alimentaires. *Jouvence, 1994.* (Pratiques Jouvence ; 5)
ISBN 2-88353-067-X. *29 F / 4,42 €*

33817 **MÉRIEN D.** Maigrir durablement : un mode de vie équilibré. *Jouvence, 1996.* (Pratiques Jouvence ; 10)
ISBN 2-88353-103-X. *29 F / 4,42 €*

33818 **MÉRIEN D.** Renaître par le souffle : dynamiser ses énergies vitales. *Jouvence, 1994.* (Pratiques Jouvence ; 7)
ISBN 2-88353-072-6. *29 F / 4,42 €*

33819 **MESSÉGUÉ M.** C'est la nature qui a raison. *J'ai lu, 1994.* (J'ai lu ; 7028. Bien-être c7)
ISBN 2-277-07028-9. *45 F / 6,86 €*

33820 **MILLER S. S.** Symptômes et maladies. Réimpr. *Laffont, 1998.* (Bouquins)
ISBN 2-221-08830-1. *129 F / 19,67 €*

33821 **MILLIEZ P.** Médecin de la liberté. *Seuil, 1982.* (Points. Actuels ; 47 c3)
ISBN 2-02-006063-9. *48 F / 7,32 €*

33822 **MILOT P.** Mangez à volonté, maigrissez sans problème par les combinaisons alimentaires. *Mortagne, 1992.* (Poche)
ISBN 2-89074-511-2. *39 F / 5,95 €*

33823 **N** **MIMOUN S.** Des maux pour le dire. Ed. rev. et augm., réimpr. *J'ai lu, 2000.* (J'ai lu ; 7135. Bien-être cJ)
ISBN 2-290-07135-8. *39 F / 5,95 €*

33824 **MINKOWSKI A.** Un Juif pas très catholique. *Seuil, 1982.* (Points. Actuels ; 48 c3)
ISBN 2-02-006101-5. *48 F / 7,32 €*

33825 **MINKOWSKI A.** Pour un nouveau-né sans risque. *Seuil, 1983.* (Points. Actuels ; 59 c3)
ISBN 2-02-006423-5. *48 F / 7,32 €*

33826 **MITCHELL S.** Initiation au massage. *J'ai lu, 1997.* (J'ai lu ; 7119. Bien-être c4)
ISBN 2-290-07119-6. *36 F / 5,49 €*

33827 **MOLE P.** Acupuncture. *J'ai lu, 2000.* (J'ai lu ; 7189. Bien-être cF)
ISBN 2-290-30156-6. *26 F / 3,96 €*

33828 **MONTIGNAC M.** Boire du vin pour rester en bonne santé. *J'ai lu, 2000.* (J'ai lu ; 7188. Bien-être cJ)
ISBN 2-290-30155-8. *39 F / 5,95 €*

33829 **MONTIGNAC M.** Comment maigrir en faisant des repas d'affaires : pour une meilleure gestion de son équilibre pondéral et de sa vitalité. *J'ai lu, 1995.* (J'ai lu ; 7090. Bien-être c5)
ISBN 2-277-07090-4. *39 F / 5,95 €*

33830 **MONTIGNAC M.** Je mange donc je maigris !. *J'ai lu, 1994.* (J'ai lu ; 7030. Bien-être c5)
ISBN 2-277-07030-0. *39 F / 5,95 €*

33831 **MONTIGNAC M.** La méthode Montignac, spécial femme. *J'ai lu, 1996.* (J'ai lu ; 7104. Bien-être c5)
ISBN 2-277-07104-8. *39 F / 5,95 €*

33832 **MONTIGNAC M.** Mettez un turbo dans votre assiette ou Comment être productif, efficace et performant en mangeant. *J'ai lu, 1997.* (J'ai lu ; 7117. Bien-être c7)
ISBN 2-290-07117-X. *45 F / 6,86 €*

33833 **MONTIGNAC M.** Montignac de A à Z : le dictionnaire de la méthode. *LGF, 1996.* (Le Livre de poche ; 8150. Pratique c7)
ISBN 2-253-08150-7. *30 F / 4,57 €*

33834 **MONTIGNAC M.** Restez jeune en mangeant mieux. *J'ai lu, 1998.* (J'ai lu ; 7137. Bien-être c6)
ISBN 2-290-07137-4. *42 F / 6,40 €*

33835 **MORABIA A.** Les déterminants de la santé. *Actes Sud, 1999.* (L'Europe en bref ; 6)
ISBN 2-7427-2217-3. *35 F / 5,34 €*

33836 **MORABIA A.** L'épidémiologie clinique. *PUF, 1996.* (Que sais-je? ; 3158 c1)
ISBN 2-13-047913-8. *42 F / 6,40 €*

33837 **MOREL B., RYCHEN F.** Le marché des drogues. *Ed. de l'Aube, 1997.* (L'Aube poche ; 44 c5)
ISBN 2-87678-334-7. *49 F / 7,47 €*

33838 **N** **MOUTON A-M.** 500 conseils pour réussir votre grossesse. *J'ai lu, 2000.* (J'ai lu ; 7023. Bien-être cl)
ISBN 2-290-31086-7. *35 F / 5,34 €*

33839 **MULLER M-F.** L'argile facile : une thérapie naturelle millénaire. *Jouvence, 1998.* (Pratiques Jouvence ; 35 c1)
ISBN 2-88353-158-7. *29 F / 4,42 €*

33840 **MULLER M-F.** Bien dormir, enfin : pour un sommeil naturel et réparateur. *Jouvence, 1998.* (Pratiques Jouvence ; 36 c1)
ISBN 2-88353-165-X. *29 F / 4,42 €*

33841 **MULLER M-F.** Le chlorure de magnésium : un remède-miracle méconnu. *Jouvence, 1998.* (Pratiques Jouvence ; 34 c1)
ISBN 2-88353-157-9. *29 F / 4,42 €*

33842 **MULLER M-F.** Remèdes maison : préparer soi-même huiles macérées, vins médicinaux, pommades, onguents. *Jouvence, 1999.* (Pratiques Jouvence ; 44)
ISBN 2-88353-175-7. *29 F / 4,42 €*

33843 **MULLER M-F.** Le vinaigre santé : une fontaine de Jouvence. *Jouvence, 1999.* (Pratiques Jouvence ; 43)
ISBN 2-88353-174-9. *29 F / 4,42 €*

33844 **N** **MURARD N.** La protection sociale. *La Découverte, 2001.* (Repères ; 72 c1)
ISBN 2-7071-3390-6. *52 F / 7,93 €*

33845 **N** **Naître.** *Erès, 2000.* (Mille et un bébés ; 29)
ISBN 2-86586-827-3. *35 F / 5,34 €*

33846 **NOAH Y.** Secrets, etc. *J'ai lu, 1998.* (J'ai lu ; 7150. Bien-être c6)
ISBN 2-290-07150-1. *42 F / 6,40 €*

33847 **Le nouveau dictionnaire des médicaments.** *LGF, 1998.* (Le Livre de poche ; 8172. Pratique c17)
ISBN 2-253-08172-8. *60 F / 9,15 €*

33848 **A** **NUGON-BAUDON L.** Toxic-bouffe, le dico : mauvaises habitudes, fausses modes et vrais poisons : tout sur la santé et l'alimentation de A à Z. *J'ai lu, 2001.* (J'ai lu ; 7216. Bien-être cH)
ISBN 2-290-30937-0. *45 F / 6,86 €*

33849 **N** **O'CONNOR D.** Comment faire l'amour à la même personne pour le reste de votre vie !. Réimpr. *J'ai lu, 2000.* (J'ai lu ; 7102. Bien-être cJ)
ISBN 2-277-07102-1. *39 F / 5,95 €*

33850 **N** **ODY P.** Plantes médicinales. *Mango-Pratique, 2000.* (101 trucs et conseils ; 57)
ISBN 2-84270-209-3. *35 F / 5,34 €*

33851 **OGRIZEK M., GUILLERY J-M., MIRABAUD C.** La communication médicale. Nouv. éd. *PUF, 1998.* (Que sais-je? ; 3094 c1)
ISBN 2-13-047577-9. *42 F / 6,40 €*

33852 **OSSIPOW L.** Le Végétarisme : vers un nouvel art de vivre?. *Cerf ; Fides, 1989.* (Bref ; 18)
ISBN 2-204-03081-3. ISBN 2-7621-1455-1. *50 F / 7,62 €*

33853 **A** **OTTINO H.** Dictionnaire de médecine chinoise. *Larousse, 2001.* (Les référents)
ISBN 2-03-573000-7. *110 F / 16,77 €*

33854 **PACCALIN J.** Une pilule nommée désir : Viagra : tout savoir sur un médicament qui peut bouleverser la vie amoureuse. *J'ai lu, 1998.* (J'ai lu ; 4715. Bien-être c3)
ISBN 2-290-07180-3. *29 F / 4,42 €*

33855 **PALLARDY F., PALLARDY P.** La grande forme après 40 ans. *LGF, 2000.* (Le Livre de poche ; 16535. Pratique)
ISBN 2-253-16535-2. *38 F / 5,79 €*

33856 **PALLARDY P.** Les chemins du bien-être : une méthode concrète pour se soigner seul. *J'ai lu, 1992.* (J'ai lu ; 7001. Bien-être c3)
ISBN 2-290-30149-3. *29 F / 4,42 €*

33857 **PALLARDY P.** Maigrir là où vous voulez : avec les énergies du corps et de l'esprit. *LGF, 1999.* (Le Livre de poche ; 8194. Pratique c8)
ISBN 2-253-08194-9. *33 F / 5,03 €*

33858 **PALLARDY P.** Plus jamais mal au dos. *LGF, 1991.* (Le Livre de poche ; 7999. Pratique c9)
ISBN 2-253-05556-5. *36 F / 5,49 €*

33859 **PALLARDY P., PALLARDY F.** La forme naturelle. *J'ai lu, 1992.* (J'ai lu ; 7007. Bien-être)
ISBN 2-277-07007-6. *42 F / 6,40 €*

33860 **PALLARDY P., PALLARDY F.** Maigrir avec Pierre Pallardy. *LGF, 1998.* (Le Livre de poche ; 8182. Pratique c8)
ISBN 2-253-08182-5. *33 F / 5,03 €*

33861 **PANSIER F-J., JEZ E.** La criminalité sur Internet. *PUF, 2000.* (Que sais-je? ; 3546 c1)
ISBN 2-13-050510-4. *42 F / 6,40 €*

33862 **A** **PAPIERNIK E.** Le guide de la grossesse. 2e éd. *LGF, 2001.* (Le Livre de poche ; 16559. Pratique c14)
ISBN 2-253-16559-X. *48 F / 7,32 €*

33863 **N** **Paroles de détenus.** *Librio ; Radio-France, 2000.* (Librio ; 409 c1)
ISBN 2-290-30746-7. *10 F / 1,52 €*

33864 **PASTEUR J-L.** Toutes les vitamines pour vivre sans médicaments. *J'ai lu, 1994.* (J'ai lu ; 7081. Bien-être c6)
ISBN 2-277-07081-5. *42 F / 6,40 €*

33865 **PECOLLO J-Y.** La sophrologie : chemin vers la conscience. Réimpr. *J'ai lu, 2000.* (J'ai lu ; 3314. Bien-être)
ISBN 2-290-30835-8. *39 F / 5,95 €*

33866 **PECOLLO J-Y.** La sophrologie au quotidien : de la relaxation à la méditation. *J'ai lu, 1996.* (J'ai lu ; 7107. Bien-être c3)
ISBN 2-277-07101-3. *29 F / 4,42 €*

33867 **PELICIER Y., THUILLIER G.** La Drogue. 7e éd. rev. *PUF, 1992.* (Que sais-je? ; 1514 c1)
ISBN 2-13-044843-7. *42 F / 6,40 €*

33868 **PELTRIAUX P.** Maigrir avec la méthode Peltriaux. *J'ai lu, 1999.* (J'ai lu ; 7156. Bien-être c5)
ISBN 2-290-07156-0. *39 F / 5,95 €*

33869 **N** **PERCIN L. d.** Allocations chômage 2001. *Rebondir, 2001.* (Guides pratiques)
ISBN 2-84593-116-6. *39 F / 5,95 €*

33870 **N** **PERCIN L. d.** Tout savoir sur sa retraite. *Rebondir, 2000.* (Guides pratiques ; 504)
ISBN 2-84593-012-7. *49 F / 7,47 €*

33871 **N** **PERREAL L.** J'ai vingt ans et je couche dehors. Réimp. *J'ai lu, 2000.* (J'ai lu ; 4309. Littérature générale cE)
ISBN 2-290-30717-3. *22 F / 3,35 €*

33872 **PERRON R.** Les Enfants inadaptés. 5e éd. corr. *PUF, 1992.* (Que sais-je? ; 1506 c1)
ISBN 2-13-044172-6. *42 F / 6,40 €*

33873 **N** **PERUCCA F., POURADIER G.** La bouffe d'égout. *J'ai lu, 2000.* (J'ai lu ; 5714. Littérature générale cF)
ISBN 2-290-30569-3. *26 F / 3,96 €*

33874 **N** **PES J-P.** Gérer ses performances : l'approche de l'endurance. *Jouvence, 2000.* (Pratiques Jouvence ; 52)
ISBN 2-88353-217-6. *29 F / 4,42 €*

33875 **N** **PES J-P.** Se régénérer le corps et l'esprit : la maîtrise du stress. *Jouvence, 2000.* (Pratiques Jouvence ; 53)
ISBN 2-88353-215-X. *29 F / 4,42 €*

33876 **PHILIPPON J.** La Neurochirurgie. Nouv. éd. *PUF, 1988.* (Que sais-je? ; 1369 c1)
ISBN 2-13-041676-4. *42 F / 6,40 €*

33877 **PIGNIER D.** La respiration. *PUF, 1998.* (Que sais-je? ; 1441 c1)
ISBN 2-13-049373-4. *42 F / 6,40 €*

33878 **PINSON C.** La diététique, un art de vivre. *Milan, 1999.* (Les essentiels Milan ; 126 c1)
ISBN 2-84113-771-6. *25 F / 3,81 €*

33879 **PINSON C.** Les médecines parallèles : un nouveau défi. *Milan, 1998.* (Les essentiels Milan ; 115 c1)
ISBN 2-84113-682-5. *25 F / 3,81 €*

33880 **N** **PISSAS A.** Le système lymphatique. *PUF, 2000.* (Que sais-je? ; 3553 c1)
ISBN 2-13-050518-X. *42 F / 6,40 €*

33881 **A** **PITMAN V.** La phytothérapie. *J'ai lu, 2001.* (J'ai lu ; 7212. Bien-être cl)
ISBN 2-290-30923-0. *36 F / 5,49 €*

33882 **PLANTÉ A.** Créer et gérer une association loi 1901. *Rebondir, 1998.* (Guides pratiques)
ISBN 2-910325-50-4. *95 F / 14,48 €*

33883 **POMMIER L.** Dictionnaire homéopathique. *LGF, 1986.* (Le Livre de poche ; 7857. Pratique c12)
ISBN 2-253-03815-6. *44 F / 6,71 €*

33884 **N** **PRADARCI F., ZENONI G.** 200 médicaments à moins de 30 francs : soigner ses petits maux à petits prix. Nouv. éd., réimpr. *Pocket, 2001.* (Pocket ; 10068 c4)
ISBN 2-266-10153-6. *30 F / 4,57 €*

33885 **PRESTON R.** Virus. *Pocket, 1997.* (Pocket ; 4448 c6)
ISBN 2-266-06938-1. *38 F / 5,79 €*

33886 **QUARANTA J-F., REBOULOT B., CASSUTO J-P.** Les hépatites. *PUF, 1995.* (Que sais-je? ; 2990 c1)
ISBN 2-13-047099-8. *42 F / 6,40 €*

33887 **RAOULT D.** Les nouvelles maladies infectieuses. *PUF, 1999.* (Que sais-je? ; 3499 c1)
ISBN 2-13-050256-3. *42 F / 6,40 €*

33888 **RAUFER X., QUÉRÉ S.** Le crime organisé. *PUF, 2000.* (Que sais-je? ; 3538 c1)
ISBN 2-13-050540-6. *42 F / 6,40 €*

33889 **La Recherche sur le cancer.** *Seuil, 1982.* (Points. Sciences ; 30 c4)
ISBN 2-02-006094-9. *52 F / 7,93 €*

33890 **La Recherche sur les grandes maladies.** *Seuil, 1981.* (Points. Sciences ; 25 c5)
ISBN 2-02-005933-9. *55 F / 8,38 €*

33891 **REINBERG A.** Les Rythmes biologiques. 6e éd. rev. *PUF, 1993.* (Que sais-je? ; 734 c1)
ISBN 2-13-045717-7. *42 F / 6,40 €*

33892 **RENAUD A.** Statistique épidémiologique. *PUF, 1985.* (Que sais-je? ; 2226 c1)
ISBN 2-13-038878-7. *42 F / 6,40 €*

33893 **N** **RÉVÉLANT O.** La médecine de demain, le gène apprivoisé. *Milan, 2001.* (Les essentiels Milan ; 190 c1)
ISBN 2-7459-0213-X. *25 F / 3,81 €*

33894 **REY R.** Histoire de la douleur. *La Découverte, 2000.* (La Découverte poche ; 84. Sciences humaines et sociales)
ISBN 2-7071-3196-2. *85 F / 12,96 €*

33895 **REYNAUD M., CHASSAING J-L., COUDERT A-J.** Les Toxicomanies médicamenteuses. *PUF, 1989.* (Nodules)
ISBN 2-13-042597-6. *35 F / 5,34 €*

33896 **RICHARD D.** Le Coca et la cocaïne. *PUF, 1994.* (Que sais-je? ; 2920 c1)
ISBN 2-13-046615-X. *42 F / 6,40 €*

33897 **RICHARD D., SENON J-L.** Dictionnaire des drogues et de la toxicomanie. *Larousse, 1999.* (Les référents)
ISBN 2-03-720324-1. *130 F / 19,82 €*

33898 **ROBERT D.** Pendant les affaires, les affaires continuent. *LGF, 1999.* (Le Livre de poche ; 14704 c8)
ISBN 2-253-14704-4. *33 F / 5,03 €*

33899 **ROBERT J-M.** Comprendre notre cerveau. *Seuil, 1984.* (Points. Sciences ; 41 c3)
ISBN 2-02-006693-9. *48 F / 7,32 €*

33900 **ROCHE L., SABATINI J., SERANGE-FONTERME R.** L'Economie de la santé. 3e éd. *PUF, 1997.* (Que sais-je? ; 2054 c1)
ISBN 2-13-047451-9. *42 F / 6,40 €*

33901 **RODHAIN F.** Les maladies à vecteurs. *PUF, 1999.* (Que sais-je? ; 3494 c1)
ISBN 2-13-050216-4. *42 F / 6,40 €*

33902 **A** **ROMIEN SURLEAU H.** La sophrologie : s'épanouir au quotidien. *Privat, 2001.* (Questions de santé)
ISBN 2-7089-3643-3. *115 F / 17,53 €*

33903 **ROSENZWEIG E.** L'association. *Dakota, 2000.* (Créer-réussir son projet, guides Défi jeunes)
ISBN 2-910932-47-8. *34 F / 5,18 €*

33904 **ROSNAY S. d., ROSNAY J. d.** La Malbouffe : comment se nourrir pour mieux vivre. *Seuil, 1981.* (Points. Actuels ; 46 c3)
ISBN 2-02-005974-6. *48 F / 7,32 €*

33905 **ROSSANT L., ROSSANT-LUMBROSO J.** Votre santé. *Laffont, 1993.* (Bouquins)
ISBN 2-221-05692-2. *230 F / 35,06 €*

33906 **ROUGEMONT A.** Les politiques de santé. *Actes Sud, 1999.* (L'Europe en bref ; 6)
ISBN 2-7427-2216-5. *40 F / 6,10 €*

33907 **A** **ROUGER P.** La transfusion sanguine. 2e éd. mise à jour. *PUF, 2001.* (Que sais-je? ; 3136 c1)
ISBN 2-13-051399-9. *42 F / 6,40 €*

33908 **RUBIN S.** Apprivoiser les maladies de bébés. *Erès, 1998.* (Mille et un bébés)
ISBN 2-86586-646-7. *55 F / 8,38 €*

33909 **N** **RUEFF D.** Hormones végétales : mode d'emploi. *Jouvence ; Sully, 2000.* (Pratiques Jouvence ; 48)
ISBN 2-88353-200-1. *29 F / 4,42 €*

33910 **N** **RUEFF D.** Le régime paléolithique : mode d'emploi. *Jouvence, 2000.* (Pratiques Jouvence ; 49)
ISBN 2-88353-201-X. *29 F / 4,42 €*

33911 **N** **RUEFF D.** Vitamine C : pour tous et pour la vie. *Jouvence, 2000.* (Pratiques Jouvence ; 54 c1)
ISBN 2-88353-224-9. *29 F / 4,42 €*

33912 **SACKS O.** L'Eveil. Nouv. éd. augm. *Seuil, 1993.* (Points. Essais ; 263 c7)
ISBN 2-02-018912-7. *65 F / 9,91 €*

33913 **SACKS O.** Des yeux pour entendre : voyage au pays des sourds. Nouv. éd. augm. *Seuil, 1996.* (Points ; 337. Essais c12)
ISBN 2-02-023981-7. *50 F / 7,62 €*

33914 **N** **SACKSICK H.** Les hormones. *J'ai lu, 2000.* (J'ai lu ; 7205. Bien-être cH)
ISBN 2-290-30339-9. *32 F / 4,88 €*

33915 **SALDMANN F.** Les nouveaux risques alimentaires. *J'ai lu, 1998.* (J'ai lu ; 4504. Littérature générale c4)
ISBN 2-290-04504-7. *36 F / 5,49 €*

33916 **SAMSON B.** On n'est pas sérieux quand on a dix-sept ans. *LGF, 1996.* (Le Livre de poche ; 13947 c7)
ISBN 2-253-13947-5. *30 F / 4,57 €*

33917 **N** **SANDIFER J.** L'acupression. *J'ai lu, 2000.* (J'ai lu ; 7204. Bien-être)
ISBN 2-290-30338-0. *26 F / 3,96 €*

33918 **La santé en Europe:** *Actes Sud; Centre européen de la culture, 1999.* (L'Europe en bref ; 6)
ISBN 2-7427-2215-7. *150 F / 22,87 €*

33919 **SANTINI G.** Maigrir sans effort et rester mince. Réimpr. *De Vecchi, 1999.* (De Vecchi poche ; 4627 c1)
ISBN 2-7328-4627-9. *29 F / 4,42 €*

33920 **SAREMBAUD A.** L'homéopathie. *PUF, 1999.* (Que sais-je? ; 677 c1)
ISBN 2-13-049372-6. *42 F / 6,40 €*

33921 **SARRAZIN C-G., CHAMBERLAND C.** Marche tonique et jogging : vitalité et santé. *Jouvence, 1997.* (Pratiques Jouvence ; 16)
ISBN 2-88353-125-0. *29 F / 4,42 €*

33922 **SARTORI F., PUNZO M.** Toujours en forme avec 5 minutes de gymnastique par jour. Réimpr. *De Vecchi, 1999.* (De Vecchi poche ; 4042 c3)
ISBN 2-7328-4042-4. *33 F / 5,03 €*

33923 **SCHLEMMER A.** Vivre mieux et guérir par les couleurs. *Albin Michel, 1991.* (Espaces libres ; 14 c4)
ISBN 2-226-05180-5. *49 F / 7,47 €*

33924 **A** **SCHLESSER-GAMELIN L.** Le langage des sectes : déjouer les pièges. *J'ai lu, 2001.* (J'ai lu ; 5863. Littérature générale)
ISBN 2-290-31059-X

33925 **N** **SCHWARTZ L.** Métastases : vérités sur le cancer. *Hachette Littératures, 2001.* (Pluriel ; 9016 c5)
ISBN 2-01-279016-X. *45 F / 6,86 €*

33926 **N** **SECOURS POPULAIRE FRANAIS** Des mots pour la vie. *Pocket, 2000.* (Pocket)
ISBN 2-266-10636-8. *90 F / 13,72 €*

33927 **A** **La sécurité sociale :** organisation et financement. *LGDJ, 2001.* (Systèmes)
ISBN 2-275-02032-2. *100 F / 15,24 €*

33928 **SENON J-L.** Les tranquilisants et les hypnotiques. *PUF, 1997.* (Que sais-je? ; 1066 c1)
ISBN 2-13-048307-0. *42 F / 6,40 €*

33929 **SEROG P., BORYS J-M.** Les kilos des ados. *LGF, 2000.* (Le Livre de poche ; 16526. Pratique)
ISBN 2-253-16526-3. *25 F / 3,81 €*

33930 **SEVIN A.** La Ménopause. *PUF, 1994.* (Que sais-je? ; 2029 c1)
ISBN 2-13-046503-X. *42 F / 6,40 €*

33931 **SIEGEL B. S.** L'amour, la médecine et les miracles. Réimp. *J'ai lu, 1996.* (J'ai lu ; 2908. Aventure secrète c4)
ISBN 2-277-22908-3. *36 F / 5,49 €*

33932 **SIEGEL B. S.** Vivre la maladie : trouver ses propres réponses pour l'affronter. *J'ai lu, 1997.* (J'ai lu ; 7131. Bien-être c5)
ISBN 2-290-07131-5. *39 F / 5,95 €*

33933 **SIMMONS R.** Stress. *J'ai lu, 2000.* (J'ai lu ; 7190. Bien-être cF)
ISBN 2-290-30157-4. *26 F / 3,96 €*

33934 **SIMON N.** Mangez beau, mangez forme. *J'ai lu, 1997.* (J'ai lu ; 7126. Bien-être c6)
ISBN 2-290-07126-9. *42 F / 6,40 €*

33935 **SIMONTON C. O., HENSON R.** L'aventure d'une guérison. *J'ai lu, 1994.* (J'ai lu ; 3765. Aventure secrète c4)
ISBN 2-277-23765-5. *36 F / 5,49 €*

33936 **SNYDER S. H.** La Marijuana. *Seuil, 1981.* (Points. Actuels ; 40 c2)
ISBN 2-02-005740-9. *39 F / 5,95 €*

33937 **N** **Soigner.** *Erès, 2000.* (Mille et un bébés ; 33)
ISBN 2-86586-831-1. *35 F / 5,34 €*

33938 **Le sommeil.** *Mango-Pratique, 1999.* (Tout ce que vous voulez savoir sur...)
ISBN 2-84270-169-0. *39 F / 5,95 €*

33939 **SOMMIER I.** Les mafias. *Montchrestien, 1998.* (Clefs. Politique c1)
ISBN 2-7076-1093-3. *70 F / 10,67 €*

33940 **SOUCCAR T.** La révolution des vitamines. *J'ai lu, 1998.* (J'ai lu ; 7138. Bien-être c8)
ISBN 2-290-07138-2. *49 F / 7,47 €*

33941 **SOURNIA J-C.** Histoire de la médecine. *La Découverte, 1997.* (La Découverte poche ; 41. Sciences humaines et sociales)
ISBN 2-7071-2783-3. *79 F / 12,04 €*

33942 **STÉBÉ J-M.** Le logement social en France. 5e éd. mise à jour. *PUF, 1998.* (Que sais-je? ; 763 c1)
ISBN 2-13-049093-X. *42 F / 6,40 €*

33943 **STÉBÉ J-M.** La réhabilitation de l'habitat social en France. *PUF, 1995.* (Que sais-je? ; 2987 c1)
ISBN 2-13-047113-7. *42 F / 6,40 €*

33944 **STINGRE D.** Le service public hospitalier. *PUF, 1997.* (Que sais-je? ; 3049 c1)
ISBN 2-13-047365-2. *42 F / 6,40 €*

33945 **STORA J. B.** Le stress. 3e éd. mise à jour. *PUF, 1991.* (Que sais-je? ; 2575 c1)
ISBN 2-13-048568-5. *42 F / 6,40 €*

33946 **STRÜBIN C. B.** Le reiki. *Bernet-Danilo, 1998.* (Essentialis ; 40 c1)
ISBN 2-912663-06-7. *33 F / 5,03 €*

33947 **SULITZER P-L.** Le régime Sulitzer. *LGF, 1995.* (Le Livre de poche ; 8144. Pratique c9)
ISBN 2-253-08144-2. *36 F / 5,49 €*

33948 **SULITZER P-L.** Le tour de taille en 80 jours. *LGF, 1996.* (Le Livre de poche ; 8157. Pratique c10)
ISBN 2-253-08157-4. *40 F / 6,10 €*

33949 **Le système de santé en France. 2e éd.** *PUF, 1999.* (Que sais-je? ; 3066 c1)
ISBN 2-13-047450-0. *42 F / 6,40 €*

33950 **TAURAN T.** Les régimes spéciaux de sécurité sociale. *PUF, 2000.* (Que sais-je? ; 3534 c1)
ISBN 2-13-050564-3. *42 F / 6,40 €*

33951 **N** **TAVERNIER M.** Les soins palliatifs. 4e éd. mise à jour. *PUF, 2000.* (Que sais-je? ; 2592 c1)
ISBN 2-13-050833-2. *42 F / 6,40 €*

33952 **TCHOBROUTSKY G., WONG O.** La santé. *PUF, 1995.* (Que sais-je? ; 2960 c1)
ISBN 2-13-046907-8. *42 F / 6,40 €*

33953 **TEISSON J.** L'enfant plume. *J'ai lu, 1999.* (J'ai lu ; 5330. Littérature générale c3)
ISBN 2-290-05330-9. *29 F / 4,42 €*

33954 **THÉROND C.** 101 réponses à propos de l'allergie. Nouv. éd. mise à jour. *LGF, 1992.* (Le Livre de poche ; 7903. Pratique c7)
ISBN 2-253-03584-X. *30 F / 4,57 €*

33955 **THÉVENET A.** L'aide sociale en France. 7e éd. corr. *PUF, 1998.* (Que sais-je? ; 1512 c1)
ISBN 2-13-044902-6. *42 F / 6,40 €*

33956 **THÉVENET A.** Les institutions sanitaires et sociales de la France. 5e éd. rev. *PUF, 1999.* (Que sais-je? ; 2319 c1)
ISBN 2-13-046004-6. *42 F / 6,40 €*

33957 **N** **THOMASSON N.** Le vieillissement cérébral. *PUF, 2000.* (Que sais-je? ; 3570 c1)
ISBN 2-13-050874-X. *42 F / 6,40 €*

33958 **THUILLIER J.** Dictionnaire des médicaments. Nouv. éd. mise à jour. *Laffont, 1996.* (Bouquins)
ISBN 2-221-07975-2. *199 F / 30,34 €*

33959 **A** **THURNELL J.** Les harmonies magnétiques. *J'ai lu, 2001.* (J'ai lu ; 7228. Bien-être)
ISBN 2-290-31173-1

33960 **TONNELLIER F., VIGNERON E.** Géographie de la santé en France. *PUF, 1999.* (Que sais-je? ; 3435 c1)
ISBN 2-13-049628-8. *42 F / 6,40 €*

33961 **TUBIANA M.** Le Cancer. 3e éd. rev. *PUF, 1994.* (Que sais-je? ; 11 c1)
ISBN 2-13-046055-0. *42 F / 6,40 €*

33962 **TURGEON M.** Découvrons la réflexologie. *Mortagne, 1992.* (Poche c2)
ISBN 2-89074-515-5. *39 F / 5,95 €*

33963 **UMMEL M., MAURON A.** La question bioéthique. *Actes Sud, 1999.* (L'Europe en bref ; 6)
ISBN 2-7427-2218-1. *40 F / 6,10 €*

33964 **UYTTENHOVE L.** Comment transformer le stress en énergie positive. Nouv. éd. *De Vecchi, 1998.* (De Vecchi poche ; 4613 c3)
ISBN 2-7328-4613-9. *33 F / 5,03 €*

33965 **VAGA E.** Soigner son foie par les plantes médicinales. *De Vecchi, 2000.* (De Vecchi poche ; 4635)
ISBN 2-7328-4635-X. *33 F / 5,03 €*

33966 **N** **Vaincre la fatigue et le stress.** *Mango-Pratique, 2000.* (101 trucs et conseils ; 59)
ISBN 2-84270-145-3. *35 F / 5,34 €*

33967 **VALLI F.** Alimentation de la femme enceinte. Nouv. éd. *De Vecchi, 2000.* (De Vecchi poche)
ISBN 2-7328-4632-5. *29 F / 4,42 €*

33968 **VALNET J.** Aromathérapie : traitement des maladies par les essences de plantes. 10e éd. rev. et corr. *LGF, 1984.* (Le Livre de poche ; 7885. Pratique)
ISBN 2-253-03564-5. *45 F / 6,86 €*

33969 **VALNET J.** Phytothérapie : se soigner par les plantes. *LGF, 1986.* (Le Livre de poche ; 7889. Pratique c12)
ISBN 2-253-03790-7. *44 F / 6,71 €*

33970 **VALNET J.** Se soigner par les légumes, les fruits et les céréales. 9e éd. *LGF, 1985.* (Le Livre de poche ; 7888. Pratique c11)
ISBN 2-253-03655-2. *42 F / 6,40 €*

33971 **VAN PARIJS P.** Refonder la solidarité. *Cerf, 1997.* (Humanités c1)
ISBN 2-204-05529-8. *62 F / 9,45 €*

33972 **VASEY C.** La cure de petit-lait : purifiez votre corps!. Nouv. éd. rev. et augm. *Jouvence, 1998.* (Pratiques Jouvence ; 32)
ISBN 2-88353-152-2 (rron) 2-88353-155-2. *29 F / 4,42 €*

33973 **VASEY C.** Un hiver sans grippe : renforcer son immunité. *Jouvence, 1997.* (Pratiques Jouvence ; 17)
ISBN 2-88353-115-3. *29 F / 4,42 €*

33974 **VATIMBELLA A.** Santé et économie. *Syros, 1993.* (Alternatives économiques. Poches)
ISBN 2-86738-883-X. *59 F / 8,99 €*

33975 **A** **VERGNES J.** Comprendre le malade alcoolique : la cabine d'ivrogne. *Privat, 2001.* (Questions de santé)
ISBN 2-7089-3640-9. *135 F / 20,58 €*

33976 **VÉRICOURT G. d.** Les mafias. *Milan, 1998.* (Les essentiels Milan ; 106 c1)
ISBN 2-84113-674-4. *25 F / 3,81 €*

33977 **Vers de nouvelles maladies.** *PUF, 1998.* (Forum Diderot ; 6)
ISBN 2-13-049411-0. *45 F / 6,86 €*

33978 **VIDOCQ F.** Considérations sommaires sur les prisons, les bagnes et la peine de mort. *Mille et une nuits, 1999.* (La petite collection ; 222)
ISBN 2-84205-380-X. *10 F / 1,52 €*

33979 **VIGARELLO G.** Histoire des pratiques de santé. Nouv. éd. rev. et augm. *Seuil, 1999.* (Points ; 258. Histoire)
ISBN 2-02-037123-5. *50 F / 7,62 €*

33980 **VIGARELLO G.** Le Propre et le sale : l'hygiène du corps depuis le Moyen Age. *Seuil, 1987.* (Points. Histoire ; 92 c4)
ISBN 2-02-009452-5. *52 F / 7,93 €*

33981 **VIVET P.** Les enfants maltraités. *Milan, 1998.* (Les essentiels Milan ; 113 c1)
ISBN 2-84113-680-9. *25 F / 3,81 €*

33982 **VONK R.** L'appétit des bébés ou Comment le goût vient aux tout-petits. *Milan, 1999.* (Du côté des parents ; 7 c1)
ISBN 2-84113-891-7. *48 F / 7,32 €*

33983 **N** **WAISMANN R.** Le don d'organes. *PUF, 2001.* (Médecine et société)
ISBN 2-13-051401-4. *59 F / 8,99 €*

33984 **WAYNBERG J.** Le dico de l'amour et des pratiques sexuelles. *Milan, 1999.* (Les dicos essentiels Milan)
ISBN 2-84113-864-X. *58 F / 8,84 €*

33985 **WAYNBERG J.** La sexualité. *Milan, 1996.* (Les essentiels Milan ; 29 c1)
ISBN 2-84113-265-X. *25 F / 3,81 €*

33986 **WAYNBERG J., JARROUSSE N.** La sexualité. *LGF, 1995.* (Le Livre de poche ; 8141. Pratique c10)
ISBN 2-253-08141-8. *40 F / 6,10 €*

33987 **WEBER O.** Soudan, les enfants esclaves. *Mille et une nuits, 1999.* (Les petits libres ; 27)
ISBN 2-84205-403-2. *13 F / 1,98 €*

33988 **WEIGHT WATCHERS (France)** Maigrir au fil des saisons. *LGF, 2000.* (Le Livre de poche ; 16533. Pratique c12)
ISBN 2-253-16533-6. *44 F / 6,71 €*

33989 **N** **WEIL A.** Le corps médecin : comment développer son potentiel d'autoguérison. *J'ai lu, 2000.* (J'ai lu ; 7210. Bien-être cL)
ISBN 2-290-30548-0. *45 F / 6,86 €*

33990 **N** **WEIL A.** Huit semaines pour retrouver une bonne santé : une méthode naturelle pour optimiser nos défenses immunitaires. *J'ai lu, 2000.* (J'ai lu ; 7193. Bien-être cL)
ISBN 2-290-30166-3. *45 F / 6,86 €*

33991 **WILDWOOD C.** Aromathérapie. *J'ai lu, 2000.* (J'ai lu ; 7192. Bien-être cF)
ISBN 2-290-30159-0. *26 F / 3,96 €*

33992 **YAÏCH J-L., APFELDORFER G.** Kilos de plume, kilos de plomb. *Seuil, 1989.* (Points. Actuels ; 87 c4)
ISBN 2-02-010940-9. *52 F / 7,93 €*

33993 **YUDKIN J.** Dictionnaire de l'alimentation. *Laffont, 1988.* (Bouquins)
ISBN 2-221-05475-X. *75 F / 11,43 €*

33994 **ZARAÏ R.** Ces émotions qui guérissent. *J'ai lu, 1996.* (J'ai lu ; 7114. Bien-être c7)
ISBN 2-290-07114-5. *45 F / 6,86 €*

33995 **ZI N.** L'art de respirer. *J'ai lu, 2000.* (Equilibres)
ISBN 2-277-26017-7. *65 F / 9,91 €*

33996 **ZIEGLER J.** Les seigneurs du crime : les nouvelles mafias contre la démocratie. *Seuil, 1999.* (Points ; 631)
ISBN 2-02-037230-4. *42 F / 6,40 €*

33997 **N** **ZWANG G.** Eloge du con : défense et illustration du sexe féminin. *la Musardine, 2001.* (L'attrape-corps)
ISBN 2-84271-105-X. *69 F / 10,52 €*

33998 **ZWANG G.** Le sexe de la femme. Nouv. éd. rev. et corr. *la Musardine, 1997.* (Lectures amoureuses de Jean-Jacques Pauvert ; 7 c6)
ISBN 2-84271-006-1. *45 F / 6,86 €*

Sciences de l'information

33999 **N** **ALBERT P.** Histoire de la presse. 9e éd. mise à jour. *PUF, 2000.* (Que sais-je? ; 368 c1)
ISBN 2-13-050949-5. *42 F / 6,40 €*

34000 **ALBERT P.** La Presse. 11e éd. *PUF, 1996.* (Que sais-je? ; 414 c1)
ISBN 2-13-046714-8. *42 F / 6,40 €*

34001 **ALBERT P., KOCH U. E.** Les médias en Allemagne. *PUF, 2000.* (Que sais-je? ; 3523 c1)
ISBN 2-13-050430-2. *42 F / 6,40 €*

34002 **ASSOULINE P.** Albert Londres : vie et mort d'un grand reporter, 1884-1932. *Gallimard, 1990.* (Folio ; 2143)
ISBN 2-07-038226-5. *61 F / 9,30 €*

34003 **AUBENAS F., BENASAYAG M.** La fabrication de l'information : les journalistes et l'idéologie de l'information. *La Découverte, 1999.* (Sur le vif)
ISBN 2-7071-3112-1. *42 F / 6,40 €*

34004 **BAMBERGER M.** La radio en France et en Europe. *PUF, 1997.* (Que sais-je? ; 3218 c1)
ISBN 2-13-048081-0. *42 F / 6,40 €*

34005 **BERTRAND A-M.** Les bibliothèques. *La Découverte, 1998.* (Repères ; 247 c1)
ISBN 2-7071-2874-0. *52 F / 7,93 €*

34006 **BERTRAND C-J.** La déontologie des médias. 2e éd. corr. *PUF, 1999.* (Que sais-je? ; 3255 c1)
ISBN 2-13-048494-8. *42 F / 6,40 €*

34007 **BERTRAND C-J.** Les médias aux Etats-Unis. 4e éd. ref. *PUF, 1995.* (Que sais-je? ; 1593 c1)
ISBN 2-13-047335-0. *42 F / 6,40 €*

34008 **BERTRAND C-J.** Les médias en Grande-Bretagne. *PUF, 1998.* (Que sais-je? ; 3415 c1)
ISBN 2-13-049502-8. *42 F / 6,40 €*

34009 **La Bibliothèque idéale.** *LGF, 1992.* (La Pochothèque ; 3107. Encyclopédies d'aujourd'hui)
ISBN 2-253-06043-7. *130 F / 19,82 €*

34010 **BLASSELLE B.** Histoire du livre. 1, A pleines pages. *Gallimard, 1997.* (Découvertes ; 321. Histoire c4)
ISBN 2-07-053363-8. *85 F / 12,96 €*

34011 **BLASSELLE B.** Histoire du livre. 2, Le triomphe de l'édition. *Gallimard, 1998.* (Découvertes ; 363. Histoire)
ISBN 2-07-053364-6. *85 F / 12,96 €*

34012 **BLASSELLE B., MELET-SANSON J.** La Bibliothèque nationale de France : mémoire de l'avenir. *Gallimard, 1996.* (Découvertes ; 88. Mémoire des lieux c6)
ISBN 2-07-053406-5. *90 F / 13,72 €*

34013 **BOELCKE J., STRAUB B., THIÈLE P.** Dictionnaire de l'allemand économique, commercial et financier. *Langues pour tous, 1982.* (Langues pour tous ; 3087 c12)
ISBN 2-266-05863-0. *60 F / 9,15 €*

34014 **BOISSEAU J.** Stratégie et tactiques de la presse territoriale. *LGDJ, 1996.* (Systèmes)
ISBN 2-275-00219-7. *95 F / 14,48 €*

34015 **CASSEYRE J-P., GAILLARD C.** Les bibliothèques universitaires. 2e éd. mise à jour. *PUF, 1996.* (Que sais-je? ; 2714 c1)
ISBN 2-13-046109-3. *42 F / 6,40 €*

34016 **CEDRO J-M.** Le multimédia. *Milan, 1996.* (Les essentiels Milan ; 23 c1)
ISBN 2-84113-342-7. *25 F / 3,81 €*

34017 **CHARDON J-M., SAMAIN O.** Le journaliste de radio. *Economica, 1995.* (Médias-poche ; 1 c1)
ISBN 2-7178-2938-5. *49 F / 7,47 €*

34018 **CHARON J-M.** Le journalisme. *Milan, 1995.* (Les essentiels Milan ; 7 c1)
ISBN 2-84113-263-3. *25 F / 3,81 €*

34019 **CHARON J-M.** La Presse en France : de 1945 à nos jours. *Seuil, 1991.* (Points. Politique ; 142 c14)
ISBN 2-02-012870-5. *55 F / 8,38 €*

34020 **CHARON J-M.** La presse magazine. *La Découverte, 1999.* (Repères ; 264 c1)
ISBN 2-7071-3028-1. *52 F / 7,93 €*

34021 **CHARON J-M.** La presse quotidienne. *La Découverte, 1996.* (Repères ; 188 c1)
ISBN 2-7071-2535-0. *52 F / 7,93 €*

34022 **CHAUMIER J.** La gestion électronique de documents. *PUF, 1996.* (Que sais-je? ; 3087 c1)
ISBN 2-13-047766-6. *42 F / 6,40 €*

34023 **N** **CHAUMIER J.** Les techniques documentaires. 8e éd. mise à jour. *PUF, 2000.* (Que sais-je? ; 1419 c1)
ISBN 2-13-050935-5. *42 F / 6,40 €*

34024 **CHEVASSU F., BERMAN J-P., GILLOT C.** Dictionnaire anglais-français des medias et du multimédia. *Langues pour tous, 1995.* (Langues pour tous ; 3654 c15)
ISBN 2-266-04019-7. *80 F / 12,20 €*

34025 **COLOMBAIN J.** Internet. *Milan, 1996.* (Les essentiels Milan ; 53 c1)
ISBN 2-84113-456-3. *25 F / 3,81 €*

34026 **COLOMBAIN J.** Surfer sur Internet. *Milan, 1999.* (Les essentiels Milan ; 142 c1)
ISBN 2-84113-844-5. *25 F / 3,81 €*

34027 **DARNTON R.** L'Aventure de l'Encyclopédie : 1775-1800, un best-seller au siècle des lumières. *Seuil, 1992.* (Points. Histoire ; 159 c8)
ISBN 2-02-014028-4. *67 F / 10,21 €*

34028 **DELPORTE C.** Histoire du journalisme et des journalistes en France. *PUF, 1995.* (Que sais-je? ; 2926 c1)
ISBN 2-13-046778-4. *42 F / 6,40 €*

34029 **Dictionnaire de poche français :** 40000 mots de la langue française, annexes grammaticales et encyclopédiques. Réimp. *LGF, 1998.* (Pratique ; 8528. Dictionnaires c6)
ISBN 2-253-08528-6. *26 F / 3,96 €*

34030 **Dictionnaire des médias.** *Larousse, 1998.* (Les référents)
ISBN 2-03-720327-6. *110 F / 16,77 €*

34031 **Dictionnaire universel de poche.** *LGF, 1999.* (Le Livre de poche ; 8530)
ISBN 2-253-08530-8. *39,50 F / 6,02 €*

34032 **DUFOUR A.** Internet. *PUF, 1995.* (Que sais-je? ; 3073 c1)
ISBN 2-13-047469-1. *42 F / 6,40 €*

34033 **FAMERY P., LEROY P.** Réaliser un journal d'information. *Milan, 1996.* (Les essentiels Milan ; 43 c1)
ISBN 2-84113-378-8. *25 F / 3,81 €*

34034 **FEBVRE L., MARTIN H-J.** L'apparition du livre. *Albin Michel, 1999.* (Bibliothèque de l'évolution de l'humanité)
ISBN 2-226-10689-8. *98 F / 14,94 €*

34035 **FORTIER D.** Les autoroutes de l'information. *Pocket, 1997.* (Pocket ; 10312. Explora c12)
ISBN 2-266-07875-5. *60 F / 9,15 €*

34036 **GAILLARD P.** Technique du journalisme. 6e éd. rev. *PUF, 1992.* (Que sais-je? ; 1429 c1)
ISBN 2-13-045021-0. *42 F / 6,40 €*

34037 **Grand usuel Larousse.** *Larousse, 1997.* (In extenso)
ISBN 2-03-750029-7. *735 F / 112,05 €*

34038 **N** **Le guide du Web francophone 2001.** *Micro application, 2000.* (PC poche c1)
ISBN 2-7429-1787-X. *62 F / 9,45 €*

34039 **GUYOT J.** Les techniques audiovisuelles. *PUF, 1997.* (Que sais-je? ; 3076 c1)
ISBN 2-13-048562-6. *42 F / 6,40 €*

34040 **A** **HANDELZALTS M.** Histoire(s) d'en lire (TP). *Gallimard, 2001.* (Arcades)
ISBN 2-07-075785-4

34041 **HUNTER M.** Le journalisme d'investigation. *PUF, 1997.* (Que sais-je? ; 3239 c1)
ISBN 2-13-048383-6. *42 F / 6,40 €*

34042 **N** **IMMLER C., IMMLER C.** Sites Internet : le guide 2001. *Micro application, 2000.* (Dossier spécial ; 2795)
ISBN 2-7429-1795-0. *132 F / 20,12 €*

34043 **JEANNENEY J-N.** Une histoire des médias des origines à nos jours. *Seuil, 1998.* (Points. Histoire ; 252 c12)
ISBN 2-02-034841-1. *50 F / 7,62 €*

34044 **KENNEDY A. J.** Internet et le Web faciles : guide pour MAC et PC. 4e éd. *Mille et une nuits, 1999.* (Guide Mille et une nuits)
ISBN 2-84205-398-2. *45 F / 6,86 €*

34045 **LAFFONT R., BOMPIANI V.** Dictionnaire des personnages. réimpr. *Laffont, 1999.* (Bouquins)
ISBN 2-221-09076-4. *149 F / 22,71 €*

34046 **N** **LAUBIER C. d.** La presse sur internet. *PUF, 2000.* (Que sais-je? c1)
ISBN 2-13-051339-5. *42 F / 6,40 €*

34047 **LE COADIC Y-F.** La Science de l'information. *PUF, 1994.* (Que sais-je? ; 2873 c1)
ISBN 2-13-046381-9. *42 F / 6,40 €*

34048 **N** **LEE FONG D.** Types aux graphies. *Zulma, 2000.* (Grain d'orage)
ISBN 2-84304-108-2. *49 F / 7,47 €*

34049 **LEYMERGIE W.** William Leymergie présente Fréquence mômes. *J'ai lu, 1996.* (J'ai lu ; 4331. Littérature générale c3)
ISBN 2-290-04331-1. *29 F / 4,42 €*

34050 **LOCHARD G., BOYER H.** La communication médiatique. *Seuil, 1998.* (Mémo ; 95)
ISBN 2-02-030867-3. *36 F / 5,49 €*

34051 **Les manipulations de l'image et du son.** *Hachette Littératures : Fondation pour les études de défense, 1996.* (Pluriel ; 8803)
ISBN 2-01-278803-3. *98 F / 14,94 €*

34052 **MARCHAND-ENNERY R.** Dictionnaire de la Bible hébraïque. 6e éd. *Colbo, 1996.* (Judaïca-poche)
ISBN 2-85332-178-9. *69 F / 10,52 €*

34053 **MARCINIAK R., ROWE F.** Systèmes d'information, dynamique et organisation. *Economica, 1997.* (P.I.Q.-poche ; 5)
ISBN 2-7178-3488-5. *49 F / 7,47 €*

34054 **MARTIN H-J.** Histoire et pouvoirs de l'écrit. *Albin Michel, 1996.* (Bibliothèque de l'évolution de l'humanité ; 19)
ISBN 2-226-08472-X. *85 F / 12,96 €*

34055 **MASSON A., PALLIER D.** Les Bibliothèques. 7e éd. ref. *PUF, 1986.* (Que sais-je? ; 944 c1)
ISBN 2-13-046867-5. *42 F / 6,40 €*

34056 **MATHÉ M.** La radio. *Milan, 1996.* (Les essentiels Milan ; 33 c1)
ISBN 2-84113-355-9. *25 F / 3,81 €*

34057 **N** **MERMET D.** Là-bas si j'y suis : carnets de routes. *Pocket, 2000.* (Pocket ; 11049 c7)
ISBN 2-266-10424-1. *42 F / 6,40 €*

34058 **MONDE, LE (Paris)** L'année 1999 dans Le Monde : les principaux événements en France et à l'étranger. *Gallimard, 2000.* (Folio ; 74. Actuel)
ISBN 2-07-041188-5. *52 F / 7,93 €*

34059 **N** **MONDE, LE (Paris)** L'année 2000 dans Le Monde : les principaux événements en France et à l'étranger. *Gallimard, 2001.* (Folio ; 83. Actuel c12)
ISBN 2-07-041750-6. *52 F / 7,93 €*

34060 **MOULIS A-M.** Les bibliothèques. *Milan, 1996.* (Les essentiels Milan ; 37 c1)
ISBN 2-84113-372-9. *25 F / 3,81 €*

34061 **MOURIQUAND J.** L'écriture journalistique. *PUF, 1997.* (Que sais-je? ; 3223 c1)
ISBN 2-13-048104-3. *42 F / 6,40 €*

34062 **Multitudes. 1, Biopolitique et biopouvoir.** *Exils, 2000*
ISBN 2-912969-12-3. *100 F / 15,24 €*

34063 **NETZ R.** Histoire de la censure dans l'édition. *PUF, 1997.* (Que sais-je? ; 3260 c1)
ISBN 2-13-048438-7. *42 F / 6,40 €*

34064 **OCKRENT C.** La liberté de la presse. *Milan, 1997.* (Les essentiels Milan ; 74 c1)
ISBN 2-84113-518-7. *25 F / 3,81 €*

34065 **PALLIER D.** Les bibliothèques. 8e éd. *PUF, 2000.* (Que sais-je? ; 944 c1)
ISBN 2-13-050738-7. *42 F / 6,40 €*

34066 **N** **Prêter - un livre - n'est pas voler - l'auteur -.** *Mille et une nuits, 2000.* (Les petits libres ; 35)
ISBN 2-84205-543-8. *10 F / 1,52 €*

34067 **RÉMOND B.** Sirius face à l'histoire : morale et politique chez Hubert Beuve-Méry. *Presses de la Fondation nationale des sciences politiques, 1990.* (Références)
ISBN 2-7246-0582-9. *60 F / 9,15 €*

34068 **REVÉRET R., MOREAU J-N.** Les médias et la communication de crise. *Economica, 1997.* (Médias-poche ; 6 c1)
ISBN 2-7178-3485-0. *49 F / 7,47 €*

34069 **REY A.** Encyclopédies et dictionnaires. *PUF, 1982.* (Que sais-je? ; 2000 c1)
ISBN 2-13-037447-6. *42 F / 6,40 €*

34070 **Le Robert de poche :** langue française et noms propres. *Le Robert, 1995*
ISBN 2-85036-373-1. *49 F / 7,47 €*

34071 **SABBAGH A.** La radio : rendez-vous sur les ondes. *Gallimard, 1995.* (Découvertes ; 234. Techniques c4)
ISBN 2-07-053175-9. *75 F / 11,43 €*

34072 **TERROU F.** L'Information. 7e éd. *PUF, 1992.* (Que sais-je? ; 1000 c1)
ISBN 2-13-045018-0. *42 F / 6,40 €*

34073 **THOVERON G.** Histoire des médias. *Seuil, 1997.* (Mémo ; 66 c2)
ISBN 2-02-030204-7. *36 F / 5,49 €*

34074 **TRISTANI-POTTEAUX F.** Les journalistes scientifiques : médiateurs des savoirs. *Economica, 1997.* (Médias-poche ; 5 c1)
ISBN 2-7178-3457-5. *49 F / 7,47 €*

34075 **VASSEUR F.** Les Médias du futur. 2e éd. rev. *PUF, 1993.* (Que sais-je? ; 2685 c1)
ISBN 2-13-045718-5. *42 F / 6,40 €*

34076 **VAUCAIRE M.** La Bibliophilie. 2e éd. *PUF, 1980.* (Que sais-je? ; 1406 c1)
ISBN 2-13-036668-6. *42 F / 6,40 €*

34077 **WINOCK M.** Esprit, des intellectuels dans la cité, 1930-1950. Nouv. éd. *Seuil, 1996.* (Points. Histoire c16)
ISBN 2-02-028222-4. *59 F / 8,99 €*

Sciences de la nature
Mathématiques

34078 **N** **ACKERMAN D.** Le naufrage de Noé : ces animaux qui disparaissent. *LGF, 2000.* (Le Livre de poche ; 14876 c9)
ISBN 2-253-14876-8. *36 F / 5,49 €*

34079 **Adansonia. 19-1,.** *Muséum national d'histoire naturelle, 1997*
255,25 F / 38,91 €

34080 **Adansonia. 19-2,.** *Muséum national d'histoire naturelle, 1997*
255,25 F / 38,91 €

34081 **Adansonia. 20-1,.** *Muséum national d'histoire naturelle, 1998*
255,25 F / 38,91 €

34082 **Adansonia. 20-2,.** *Muséum national d'histoire naturelle, 1998*
255,25 F / 38,91 €

34083 **Adansonia. 21-1,.** *Muséum national d'histoire naturelle, 1999*
255,25 F / 38,91 €

34084 **Adansonia. 21-2,.** *Muséum national d'histoire naturelle, 1999*
255,25 F / 38,91 €

34085 **N** **Adansonia. 22-1,.** *Muséum national d'histoire naturelle, 2000*
255,25 F / 38,91 €

34086 **N** **Adansonia. 22-2,.** *Muséum national d'histoire naturelle, 2000*
255,25 F / 38,91 €

34087 **ALLÈGRE C.** Dieu face à la science. *LGF, 1998.* (Le Livre de poche ; 14492 c7)
ISBN 2-253-14492-4. *30 F / 4,57 €*

34088 **ALLÈGRE C.** L'Ecume de la terre. *Hachette Littératures, 1985.* (Pluriel ; 8443 c5)
ISBN 2-01-010662-8. *65 F / 9,91 €*

34089 **ALTER A., HAGENE B.** Mille et une lunes. *Pocket : Cité des sciences et de l'industrie, 1991.* (Pocket ; 3595. Explora c11)
ISBN 2-266-03984-9. *55 F / 8,38 €*

34090 **N** **ALVAREZ W.** La fin tragique des dinosaures. *Hachette Littératures, 2000.* (Pluriel c6)
ISBN 2-01-279007-0. *50 F / 7,62 €*

34091 **ANDRIEU B.** La neurophilosophie. *PUF, 1998.* (Que sais-je? ; 3373 c1)
ISBN 2-13-049121-9. *42 F / 6,40 €*

34092 **ANTOINE C.** Les moyennes. *PUF, 1998.* (Que sais-je? ; 3383 c1)
ISBN 2-13-049305-X. *42 F / 6,40 €*

34093 **ARAMBOURG C.** Genèse de l'humanité. *PUF, 1969.* (Que sais-je? ; 106)
ISBN 2-13-030598-9. *42 F / 6,40 €*

34094 **ATLAN H.** A tort ou à raison : intercritique de la science et du mythe. *Seuil, 1994.* (Points. Sciences ; 99 c7)
ISBN 2-02-022071-7. *65 F / 9,91 €*

34095 **ATLAN H.** Entre le cristal et la fumée : essai sur l'organisation du vivant. *Seuil, 1986.* (Points. Sciences ; 51 c4)
ISBN 2-02-009362-6. *52 F / 7,93 €*

34096 **ATLAN H.** La fin du tout génétique ? : vers de nouveaux paradigmes en biologie : une conférence-débat organisée par le groupe Sciences en questions Paris, INRA, 28 mai 1998. *INRA, 1999.* (Sciences en questions)
ISBN 2-7380-0863-1. *39 F / 5,95 €*

34097 **Atlas de l'écologie.** *LGF, 1993.* (La Pochothèque ; 3007. Encyclopédies d'aujourd'hui)
ISBN 2-253-06452-1. *75 F / 11,43 €*

34098 **AUBERT G., BOULAINE J.** La Pédologie. 3e éd. *PUF, 1980.* (Que sais-je? ; 352 c1)
ISBN 2-13-036465-9. *42 F / 6,40 €*

34099 **N** **AUDOUZE J.** L'Univers. 2e éd. mise à jour. *PUF, 2000.* (Que sais-je? ; 687 c1)
ISBN 2-13-051398-0. *42 F / 6,40 €*

34100 **AUDOUZE J., VAUCLAIR S.** L'Astrophysique nucléaire. Nouv. éd. *PUF, 1995.* (Que sais-je? ; 1473 c1)
ISBN 2-13-046985-X. *42 F / 6,40 €*

34101 **Aux frontières de la science :** dictionnaire de l'ignorance. *Hachette Littératures, 2000.* (Pluriel ; 942)
ISBN 2-01-278942-0. *55 F / 8,38 €*

34102 **Aux origines de l'homme.** *Pocket, 1996.* (Agora ; 147 c12)
ISBN 2-266-05470-8. *60 F / 9,15 €*

34103 **BACHELARD G.** Le nouvel esprit scientifique. 6e éd. *PUF, 1999.* (Quadrige ; 47)
ISBN 2-13-044374-5. *55 F / 8,38 €*

34104 **BALIBAR F.** Einstein : la joie de la pensée. Réimpr. *Gallimard, 1993.* (Découvertes ; 193. Sciences c4)
ISBN 2-07-053220-8. *75 F / 11,43 €*

34105 **BALIBAR F.** Einstein, 1905 : de l'éther aux quanta. *PUF, 1992.* (Philosophies ; 35)
ISBN 2-13-044298-6. *38 F / 5,79 €*

34106 **BARREAU H.** Le temps. 2e éd. rev. *PUF, 1998.* (Que sais-je? ; 3180 c1)
ISBN 2-13-047934-0. *42 F / 6,40 €*

34107 **BARROW J.** Les origines de l'Univers. *Hachette Littératures, 2000.* (Pluriel ; 960)
ISBN 2-01-278960-9. *40 F / 6,10 €*

34108 **BARUK S.** Echec et maths. *Seuil, 1977.* (Points. Sciences ; 11 c3)
ISBN 2-02-004720-9. *48 F / 7,32 €*

34109 **BEISSON J.** La Génétique. 3e éd. *PUF, 1981.* (Que sais-je? ; 113 c1)
ISBN 2-13-036943-X. *42 F / 6,40 €*

34110 **BEN-DOV Y.** Invitation à la physique. *Seuil, 1995.* (Points ; 107. Sciences c9)
ISBN 2-02-020476-2. *42 F / 6,40 €*

34111 **BENEST D.** Les planètes. *Seuil, 1996.* (Points ; 112. Sciences ; 112 c9)
ISBN 2-02-022951-X. *42 F / 6,40 €*

34112 **BERLIOZ J.** Les Oiseaux. *PUF, 1969.* (Que sais-je? ; 1012)
ISBN 2-13-030718-3. *42 F / 6,40 €*

34113 **BERNARD J.** De la biologie à l'éthique : nouveaux pouvoirs de la science, nouveaux devoirs de l'homme. *Hachette Littératures, 1991.* (Pluriel ; 8554 c3)
ISBN 2-01-016833-X. *49 F / 7,47 €*

34114 **BERROIR A.** La Météorologie. 2e éd. rev. *PUF, 1991.* (Que sais-je? ; 89 c1)
ISBN 2-13-042968-8. *42 F / 6,40 €*

34115 **BIÉMONT E.** La lumière. *PUF, 1996.* (Que sais-je? ; 48 c1)
ISBN 2-13-047580-9. *42 F / 6,40 €*

34116 **BINDER E.** La Génétique des populations. 3e éd. *PUF, 1978.* (Que sais-je? ; 1283 c1)
ISBN 2-13-035626-5. *42 F / 6,40 €*

34117 **La biologie est-elle un humanisme?.** *PUF, 1999.* (Forum Diderot)
ISBN 2-13-049929-5. *45 F / 6,86 €*

34118 **BIQUARD P.** Les Ultrasons. 9e éd. *PUF, 1983.* (Que sais-je? ; 21 c1)
ISBN 2-13-037640-1. *42 F / 6,40 €*

34119 **BLANC D.** La Chimie nucléaire. *PUF, 1987.* (Que sais-je? ; 2304 c1)
ISBN 2-13-039463-9. *42 F / 6,40 €*

34120 **BLANC D.** La Physique nucléaire. *PUF, 1984.* (Que sais-je? ; 2139 c1)
ISBN 2-13-038237-1. *42 F / 6,40 €*

34121 **BLAY M.** Les Principia de Newton. *PUF, 1995.* (Philosophies ; 62)
ISBN 2-13-047162-5. *45 F / 6,86 €*

34122 **BLONDEL C.** Histoire de l'électricité. *Pocket : Cité des sciences et de l'industrie, 1994.* (Pocket ; 3614. Explora c12)
ISBN 2-266-05014-1. *60 F / 9,15 €*

34123 **BOHR N.** Physique atomique et connaissance humaine. *Gallimard, 1991.* (Folio ; 157. Essais ; 157 c9)
ISBN 2-07-032619-5. *71 F / 10,82 €*

34124 **BONNEMAIN J-L., DUMAS C.** La biologie végétale. *PUF, 1998.* (Que sais-je? ; 492 c1)
ISBN 2-13-048103-5. *42 F / 6,40 €*

34125 **BOORSTIN D.** Les Découvreurs. *Laffont, 1988.* (Bouquins)
ISBN 2-221-05587-X. *139 F / 21,19 €*

34126 **BOUCHON-MEUNIER B.** La logique floue. 3e éd. *PUF, 1999.* (Que sais-je? ; 2702 c1)
ISBN 2-13-045007-5. *42 F / 6,40 €*

34127 **BOURDIEU P.** Les usages sociaux de la science : pour une sociologie clinique du champ scientifique : une conférence-débat, Paris, 11 mars 1997. *INRA, 1997.* (Sciences en questions)
ISBN 2-7380-0793-7. *39 F / 5,95 €*

34128 **BOURDU R.** L'if. *Actes Sud, 1997.* (Le nom de l'arbre c1)
ISBN 2-7427-1051-5. *69 F / 10,52 €*

34129 **BOURDU R., DESSAILLY T.** Le hêtre. *Actes Sud, 1996.* (Le nom de l'arbre)
ISBN 2-7427-0706-9. *69 F / 10,52 €*

34130 **N** **BOURGOING J. d.** Le calendrier, maître du temps ?. *Gallimard, 2000.* (Découvertes ; 400. Histoire c5)
ISBN 2-07-053440-5. *85 F / 12,96 €*

34131 **BOURSIN J-L.** Les Structures du hasard : les probabilités et leurs usages. *Seuil, 1986.* (Points. Sciences ; 50 c3)
ISBN 2-02-009235-2. *48 F / 7,32 €*

34132 **BOUSSARD D.** Les Accélérateurs de particules. 2e éd. *PUF, 1984.* (Que sais-je? ; 1316 c1)
ISBN 2-13-038410-2. *42 F / 6,40 €*

34133 **BRAHIC A.** Les Comètes. *PUF, 1993.* (Que sais-je? ; 1236)
ISBN 2-13-044526-8. *42 F / 6,40 €*

34134 **N** **BREUER H.** Atlas de la chimie. *LGF, 2000.* (La Pochothèque. Encyclopédies d'aujourd'hui)
ISBN 2-253-13022-2. *149 F / 22,71 €*

34135 **BREUER H.** Atlas de la physique. *LGF, 1997.* (La Pochothèque ; 13016. Encyclopédies d'aujourd'hui)
ISBN 2-253-13016-8. *135 F / 20,58 €*

34136 **BROAD W., WADE N.** La Souris truquée : enquête sur la fraude scientifique. *Seuil, 1994.* (Points. Sciences ; 98 c4)
ISBN 2-02-021768-6. *52 F / 7,93 €*

34137 **BROSSE J.** La Magie des plantes. Nouv. éd. rev. et corr. *Albin Michel, 1990.* (Espaces libres ; 5 c5)
ISBN 2-226-03911-2. *55 F / 8,38 €*

34138 **BRY X.** Analyses factorielles simples. *Economica, 1995.* (Techniques quantitatives-poche ; 1 c1)
ISBN 2-7178-2859-1. *49 F / 7,47 €*

34139 **BUFFETAUT E.** Les Dinosaures. *PUF, 1994.* (Que sais-je? ; 2827 c1)
ISBN 2-13-046003-8. *42 F / 6,40 €*

34140 **BUFFETAUT E.** Histoire de la paléontologie. *PUF, 1998.* (Que sais-je? ; 2190 c1)
ISBN 2-13-048557-X. *42 F / 6,40 €*

34141 **BUFFON G-L. d.** Histoire naturelle. *Gallimard, 1984.* (Folio ; 1569. Classique c10)
ISBN 2-07-037569-2. *46 F / 7,01 €*

34142 **BUICAN D.** Dictionnaire de la biologie : notions essentielles. *Larousse, 1997.* (Les référents)
ISBN 2-03-720320-9. *110 F / 16,77 €*

34143 **BUICAN D.** La Génétique et l'évolution. 2e éd. corr. *PUF, 1993.* (Que sais-je? ; 2273 c1)
ISBN 2-13-039316-0. *42 F / 6,40 €*

34144 **CABANES N.** Petit guide de la Terre. *Seuil, 1998.* (Points ; 127. Sciences c2)
ISBN 2-02-023780-6. *39 F / 5,95 €*

34145 **N** **CABROL N. A., GRIN E.** La recherche de la vie dans l'Univers. *PUF, 2000.* (Que sais-je? ; 3573 c1)
ISBN 2-13-051020-5. *42 F / 6,40 €*

34146 **CABROL N. A., GRIN E.** La Terre et la Lune. *PUF, 1998.* (Que sais-je? ; 875 c1)
ISBN 2-13-049426-9. *42 F / 6,40 €*

34147 **CAILLEUX A.** Les Roches. 8e éd. *PUF, 1980.* (Que sais-je? ; 519 c1)
ISBN 2-13-036676-7. *42 F / 6,40 €*

34148 **CAMPBELL R.** La Trigonométrie. 6e éd. *PUF, 1983.* (Que sais-je? ; 692 c1)
ISBN 2-13-037699-1. *42 F / 6,40 €*

34149 **CAPDEVIELLE J-N.** Les Rayons cosmiques. *PUF, 1985.* (Que sais-je? ; 729 c1)
ISBN 2-13-038387-4. *42 F / 6,40 €*

34150 **CARAÇA J.** Science et communication. *PUF, 1999.* (Que sais-je? ; 3502 c1)
ISBN 2-13-050261-X. *42 F / 6,40 €*

34151 **CARLES J.** La Découverte de l'univers. *Cerf ; Fides, 1988.* (Bref ; 8)
ISBN 2-204-02893-2. ISBN 2-7621-1410-1. *50 F / 7,62 €*

34152 **CARLES J.** Le Premier homme. 3e éd. *PUF, 1981.* (Que sais-je? ; 1413 c1)
ISBN 2-13-036849-2. *42 F / 6,40 €*

34153 **CARRIÈRE J-C.** Quelques questions sous les étoiles. *Zulma, 1996.* (Grain d'orage)
ISBN 2-909031-85-3. *39 F / 5,95 €*

34154 **CECCATTY M. d.** La Vie, de la cellule à l'homme. *Seuil, 1978.* (Points. Sciences ; 16 c3)
ISBN 2-02-005023-4. *48 F / 7,32 €*

34155 **CENTRE DE VULGARISATION DE LA CONNAISSANCE (Saint-Aubin, Essonne)** Le génie génétique. *Milan, 1999.* (Les essentiels Milan ; 153 c1)
ISBN 2-84113-960-3. *25 F / 3,81 €*

34156 **Le cerveau, un inconnu. Réimp.** *Laffont, 2000.* (Bouquins)
ISBN 2-221-05752-X. *199 F / 30,34 €*

34157 **CHABERT J-L.** Chaos et déterminisme. *Seuil, 1992.* (Points. Sciences ; 80 c7)
ISBN 2-02-015182-0. *65 F / 9,91 €*

34158 **CHABOUD R.** Pleuvra, pleuvra pas : la météo au gré du temps. *Gallimard, 1994.* (Découvertes ; 227. Sciences c05)
ISBN 2-07-053275-5. *85 F / 12,96 €*

34159 **CHALINE J.** L'Evolution biologique humaine. Nouv. éd. *PUF, 1996.* (Que sais-je? ; 1996 c1)
ISBN 2-13-046383-5. *42 F / 6,40 €*

34160 **CHANGEUX J-P.** L'homme neuronal. Réimpr. *Hachette Littératures, 1998.* (Pluriel ; 892 c8)
ISBN 2-01-278892-0. *60 F / 9,15 €*

34161 **CHAUVIN R.** Les sociétés animales. *PUF, 1999.* (Quadrige ; 278)
ISBN 2-13-049728-4. *69 F / 10,52 €*

34162 **CHERNI A.** Buffon : la nature et son histoire. *PUF, 1998.* (Philosophies ; 101 c1)
ISBN 2-13-048963-X. *48 F / 7,32 €*

34163 **A** **Le ciel et les étoiles.** *Ouest-France, 2001.* (Guide pratique de poche)
ISBN 2-7373-2717-2. *35 F / 5,34 €*

34164 **CLARKE R.** De l'univers à nous ou les Hasards de la vie. *Seuil, 1985.* (Point-virgule ; 37 c2)
ISBN 2-02-008942-4. *39 F / 5,95 €*

34165 **A** **CLARKE R.** Naissance de l'homme : nouvelles découvertes, nouvelles énigmes. Nouv. éd. *Seuil, 2001.* (Points. Sciences ; 32)
ISBN 2-02-049137-0. *48 F / 7,32 €*

34166 **CLARKE R.** Naissance de l'homme. *Seuil, 1982.* (Points. Sciences ; 32 c3)
ISBN 2-02-006191-0. *48 F / 7,32 €*

34167 **CLAVELIN M.** La philosophie naturelle de Galilée : essai sur les origines et la formation de la mécanique classique. *Albin Michel, 1996.* (Bibliothèque de l'évolution de l'humanité ; 23)
ISBN 2-226-08759-1. *85 F / 12,96 €*

34168 **CLÉMENCE J-F.** Le chêne forestier. *Actes Sud, 1995.* (Le nom de l'arbre)
ISBN 2-7427-0627-5. *69 F / 10,52 €*

34169 **CLÉMENCE J-F., PÉRON F.** Le charme. *Actes Sud, 1996.* (Le nom de l'arbre c1)
ISBN 2-7427-0947-9. *69 F / 10,52 €*

34170 **CLEYET-MICHAUD M.** Le Nombre d'or. 8e éd. *PUF, 1993.* (Que sais-je? ; 1530 c1)
ISBN 2-13-043839-3. *42 F / 6,40 €*

34171 **N** **COHAT Y.** Vie et mort des baleines. Nouv. éd. *Gallimard, 2000.* (Découvertes ; 2. Histoires naturelles c6)
ISBN 2-07-053513-4. *75 F / 11,43 €*

34172 **COHEN I. B.** Les Origines de la physique moderne. Nouv. éd. *Seuil, 1993.* (Points. Sciences ; 95 c4)
ISBN 2-02-012422-X. *52 F / 7,93 €*

34173 **COHEN-TANNOUDJI G.** Les constantes universelles. Nouv. éd. rev. et augm. *Hachette Littératures, 1998.* (Pluriel ; 877 c4)
ISBN 2-01-278877-7. *40 F / 6,10 €*

34174 **COLINVAUX P.** Invitation à la science de l'écologie. *Seuil, 1993.* (Points. Sciences ; 89 c3)
ISBN 2-02-019608-5. *48 F / 7,32 €*

34175 **COLLET A.** Danse avec les baleines. *Pocket, 1999.* (Pocket ; 10565 c4)
ISBN 2-266-08790-8. *30 F / 4,57 €*

34176 **N** **COLLINS H., PINCH T.** Tout ce que vous devriez savoir sur la science. *Seuil, 2001.* (Points. Sciences ; 142)
ISBN 2-02-043795-3. *42 F / 6,40 €*

34177 **COMBARNOUS Y.** Les hormones. *PUF, 1998.* (Que sais-je? ; 63 c1)
ISBN 2-13-049273-8. *42 F / 6,40 €*

34178 **COMTE A.** Philosophie des sciences. *Gallimard, 1996.* (Tel ; 271)
ISBN 2-07-074097-8. *86 F / 13,11 €*

34179 **N** **COSTARD F.** La planète Mars. *PUF, 2000.* (Que sais-je? ; 3568 c1)
ISBN 2-13-050894-4. *42 F / 6,40 €*

34180 **COUDERC P.** Le Calendrier. 6e éd. *PUF, 1986.* (Que sais-je? ; 203 c1)
ISBN 2-13-039959-2. *42 F / 6,40 €*

34181 **COUDERC P.** Les Eclipses. 2e éd. *PUF, 1971.* (Que sais-je? ; 940 c1)
ISBN 2-13-031690-5. *42 F / 6,40 €*

34182 **N** **Coup de chaud sur la planète.** *Librio : Le Monde Editions, 2001.* (Librio)
ISBN 2-290-31093-X. *10 F / 1,52 €*

34183 **COUSTEAU J-Y., DIOLÉ P.** Les Dauphins et la liberté. *J'ai lu, 1990.* (J'ai lu ; 2854. Littérature générale)
ISBN 2-277-22854-0. *45 F / 6,86 €*

34184 **COUSTEAU J-Y., DUMAS F.** Le Monde du silence. *Pocket, 1993.* (Pocket ; 4667. Best c5)
ISBN 2-266-05331-0. *30 F / 4,57 €*

34185 **N** **CROCQ C.** Le pin arolle. *Actes Sud, 2000.* (Le nom de l'arbre c1)
ISBN 2-7427-2646-2. *69 F / 10,52 €*

34186 **CROZON M.** L'univers des particules. *Seuil, 1999.* (Points ; 134. Sciences)
ISBN 2-02-032087-8. *50 F / 7,62 €*

34187 **CYRULNIK B.** La naissance du sens. *Hachette Littératures, 1998.* (Pluriel ; 891 c3)
ISBN 2-01-278891-2. *35 F / 5,34 €*

34188 **DAGORNE A., DARS R.** Les risques naturels. *PUF, 1999.* (Que sais-je? ; 3533 c1)
ISBN 2-13-050542-2. *42 F / 6,40 €*

34189 **DAHAN-DALMÉDICO A., PEIFFER J.** Une Histoire des mathématiques : routes et dédales. *Seuil, 1986.* (Points ; 49. Sciences ; 49 c4)
ISBN 2-02-009138-0. *52 F / 7,93 €*

34190 **DARS R.** La géologie des planètes. *PUF, 1995.* (Que sais-je? ; 3028 c1)
ISBN 2-13-047314-8. *42 F / 6,40 €*

34191 **DARWIN C.** L'expression des émotions chez l'homme et les animaux : avec vingt et une gravure sur bois et sept planches photographiées. *Ed. du CTHS, 1998.* (Format ; 29)
ISBN 2-7355-0386-0. ISBN 2-7355-0379-8. *90 F / 13,72 €*

34192 **Le Darwinisme aujourd'hui.** *Seuil, 1979.* (Points. Sciences ; 18 c2)
ISBN 2-02-005284-9. *39 F / 5,95 €*

34193 **DAVIES P.** L'esprit de Dieu. *Hachette Littératures, 1998.* (Pluriel ; 859)
ISBN 2-01-278859-9. *45 F / 6,86 €*

34194 **DAWKINS R.** Qu'est-ce que l'évolution ? : le fleuve de la vie. *Hachette Littératures, 1999.* (Pluriel ; 954 c3)
ISBN 2-01-278954-4. *35 F / 5,34 €*

34195 **DEHEUVELS P.** L'Intégrale. *PUF, 1986.* (Que sais-je? ; 2250 c1)
ISBN 2-13-039173-7. *42 F / 6,40 €*

34196 **DEHEUVELS P.** La Probabilité, le hasard et la certitude. 2e éd. *PUF, 1990.* (Que sais-je? ; 3 c1)
ISBN 2-13-043197-6. *42 F / 6,40 €*

34197 **DELACHET A.** Calcul différentiel et intégral. 9e éd. *PUF, 1980.* (Que sais-je? ; 466 c1)
ISBN 2-13-036294-X. *42 F / 6,40 €*

34198 **DELACHET A.** La Géométrie projective. 18e éd. *PUF, 1964.* (Que sais-je? ; 1103)
ISBN 2-13-027673-3. *42 F / 6,40 €*

34199 **DELACHET A.** Les Logarithmes et leurs applications. 5e éd. *PUF, 1977.* (Que sais-je? ; 850 c1)
ISBN 2-13-034849-1. *42 F / 6,40 €*

34200 **DELAHAYE T., VIN P.** Le pommier. Réimpr. *Actes Sud, 2000.* (Le nom de l'arbre c1)
ISBN 2-7427-1248-8. *69 F / 10,52 €*

34201 **DELÉAGE J-P.** Une Histoire de l'écologie. *Seuil, 1994.* (Points. Sciences ; 96 c4)
ISBN 2-02-019344-2. *52 F / 7,93 €*

34202 **DELORT R.** Les Animaux ont une histoire. *Seuil, 1993.* (Points. Histoire ; 174 c7)
ISBN 2-02-019514-3. *67 F / 10,21 €*

34203 **DELSOL M.** L'hérédité des caractères acquis. *PUF, 1998.* (Que sais-je? ; 3348 c1)
ISBN 2-13-048915-X. *42 F / 6,40 €*

34204 **DEMOLON A., MARQUIS A.** Le Phosphore et la vie. 2e éd. *PUF, 1961.* (Que sais-je? ; 373)
ISBN 2-13-026250-3. *42 F / 6,40 €*

34205 **DÉRIBÉRÉ M.** La Couleur. Nouv. éd. *PUF, 1996.* (Que sais-je? ; 220 c1)
ISBN 2-13-045636-7. *42 F / 6,40 €*

34206 **DESALLE R., LINDLEY D.** Comment fabriquer un dinosaure : la science de Jurassic Park. *Seuil, 1999.* (Points. Sciences ; 132)
ISBN 2-02-036706-8. *45 F / 6,86 €*

34207 **DESIT-RICARD I.** La physique : évolution et enjeux. *Milan, 1998.* (Les essentiels Milan ; 124 c1)
ISBN 2-84113-758-9. *25 F / 3,81 €*

34208 **DESSUS B., PHARABOD F.** L'énergie solaire. *PUF, 1996.* (Que sais-je? ; 1294 c1)
ISBN 2-13-047824-7. *42 F / 6,40 €*

34209 **Dictionnaire du règne animal.** *Larousse, 1999.* (Les référents)
ISBN 2-03-152125-X. *130 F / 19,82 €*

34210 **DIEUDONNÉ J.** Pour l'honneur de l'esprit humain : les mathématiques aujourd'hui. *Hachette Littératures, 1988.* (Pluriel ; 8515 c5)
ISBN 2-01-014000-1. *65 F / 9,91 €*

34211 **N** **DOUZOU P.** Les biotechnologies. 4e éd. mise à jour. *PUF, 2001.* (Que sais-je? ; 2127 c1)
ISBN 2-13-051123-6. *42 F / 6,40 €*

34212 **DRAPIER N.** Sorbiers et alisiers. *Actes Sud, 1997.* (Le nom de l'arbre c1)
ISBN 2-7427-0944-4. *69 F / 10,52 €*

34213 **DROESBEKE J-J., TASSI P.** Histoire de la statistique. *PUF, 1990.* (Que sais-je? ; 2527 c1)
ISBN 2-13-043014-7. *42 F / 6,40 €*

34214 **Du fer dans les épinards et autres idées reçues.** *Seuil, 1998.* (Points ; 565 c1)
ISBN 2-02-035291-5. *32 F / 4,88 €*

34215 **N** **DUPUY J-P.** Les savants croient-ils en leur théorie : une lecture philosophique de l'histoire des sciences cognitives. *INRA, 2001.* (Sciences en questions)
ISBN 2-7380-0944-1. *39 F / 5,95 €*

34216 **DUVIOLS J-P., MINGUET C.** Humboldt, savant-citoyen du monde. *Gallimard, 1994.* (Découvertes ; 199. Invention du monde c4)
ISBN 2-07-053198-8. *75 F / 11,43 €*

34217 **EHRHARDT J-P., SEGUIN G.** Les dangers de la vie marine. *PUF, 1998.* (Que sais-je? ; 3413 c1)
ISBN 2-13-049483-8. *42 F / 6,40 €*

34218 **EKELAND I.** Au hasard : la chance, la science et le monde. *Seuil, 2000.* (Points ; 136. Sciences)
ISBN 2-02-040064-2. *45 F / 6,86 €*

34219 **EKELAND I.** Le Calcul, l'imprévu : les figures du temps de Kepler à Thom. *Seuil, 1987.* (Points. Sciences ; 53 c2)
ISBN 2-02-009557-2. *39 F / 5,95 €*

34220 **Eléments d'histoire des sciences.** *Larousse, 1997.* (In extenso c1)
ISBN 2-03-750038-6. *160 F / 24,39 €*

34221 **Encyclopédie des sciences.** *LGF, 1998.* (La Pochothèque ; 13020. Encyclopédies d'aujourd'hui)
ISBN 2-253-13020-6. *180 F / 27,44 €*

34222 **Est-ce qu'on naît fou ?.** *PUF, 1999.* (Forum Diderot ; 11)
ISBN 2-13-050558-9. *49 F / 7,47 €*

34223 **ETIÉVANT C.** L'Energie thermonucléaire. 3e éd. *PUF, 1976.* (Que sais-je? ; 1017 c1)
ISBN 2-13-034027-X. *42 F / 6,40 €*

34224 **A** **FABRE J-H.** Histoires d'insectes. *Librio, 2001.* (Librio ; 465 c1)
ISBN 2-290-31306-8. *10 F / 1,52 €*

34225 **FABRE J-H.** Sixième à dixième série. Réimpr. *Laffont, 1998.* (Souvenirs entomologiques : étude sur l'instinct et les moeurs des insectes; 2)(Bouquins)
ISBN 2-221-05463-6. *169 F / 25,76 €*

34226 **FABRE J-H.** Souvenirs entomologiques. 1, Première à cinquième série. *Laffont, 1998.* (Bouquins)
ISBN 2-221-05462-8. *169 F / 25,76 €*

34227 **FEBVRE L.** La Terre et l'évolution humaine. Nouv. éd. *Albin Michel, 1970.* (L'Evolution de l'humanité poche ; 23)
ISBN 2-226-04725-5. *45 F / 6,86 €*

34228 **FERRIS T.** La nuit du temps : histoire du cosmos, de l'Antiquité au big-bang. *Hachette Littératures, 1999.* (Pluriel ; 955)
ISBN 2-01-278955-2. *60 F / 9,15 €*

34229 **FEYERABEND P.** Adieu la raison. *Seuil, 1996.* (Points. Sciences ; 115 c13)
ISBN 2-02-030057-5. *52 F / 7,93 €*

34230 **FEYNMAN R. P.** Lumière et matière : une étrange histoire. *Seuil, 1992.* (Points. Sciences ; 86 c2)
ISBN 2-02-014758-0. *39 F / 5,95 €*

34231 **FEYNMAN R. P.** La Nature de la physique. *Seuil, 1980.* (Points. Sciences ; 23 c4)
ISBN 2-02-005658-5. *52 F / 7,93 €*

34232 **FLEURY G.** Koumbala : bataille pour un paradis. *LGF, 1993.* (Le Livre de poche ; 9687 c9)
ISBN 2-253-06411-4. *36 F / 5,49 €*

34233 **FORTIER D.** Les Mondes sonores. *Pocket, 1992.* (Pocket ; 3601. Explora c12)
ISBN 2-266-04256-4. *60 F / 9,15 €*

34234 **N** **FOUTS R., MILLS S. T.** L'école des chimpanzés. *J'ai lu, 2000.* (J'ai lu ; 5596. Littérature générale cL)
ISBN 2-290-30295-3. *45 F / 6,86 €*

34235 **FRANKEL C.** La mort des dinosaures : l'hypothèse cosmique. Nouv. éd. *Seuil, 1999.* (Points ; 133. Sciences)
ISBN 2-02-036173-6. *48 F / 7,32 €*

34236 **FRONTIER S.** Les écosystèmes. *PUF, 1999.* (Que sais-je? ; 3483 c1)
ISBN 2-13-050072-2. *42 F / 6,40 €*

34237 N **GALILEI G.** Dialogue sur les deux grands systèmes du monde. *Seuil, 2000.* (Points ; 139. Sciences ; 51)
ISBN 2-02-041635-2. *77 F / 11,74 €*

34238 **GALLO A.** Les animaux, psychologie et comportement. *Milan, 1999.* (Les essentiels Milan ; 135 c1)
ISBN 2-84113-795-3. *25 F / 3,81 €*

34239 **GARDNER M.** L'Univers ambidextre : les symétries de la nature. *Seuil, 1994.* (Points. Sciences ; 97 c5)
ISBN 2-02-021147-5. *55 F / 8,38 €*

34240 N **GAYRARD-VALY Y., THOMAS H.** Les fossiles : empreinte des mondes disparus. Nouv. éd. *Gallimard, 2000.* (Découvertes ; 19. Sciences c6)
ISBN 2-07-053525-8. *85 F / 12,96 €*

34241 **GENDRY J.** Le Cheval. 4e éd. *PUF, 1981.* (Que sais-je? ; 360 c1)
ISBN 2-13-036958-8. *42 F / 6,40 €*

34242 **GENNES P-G. d., BADOZ J.** Les objets fragiles. *Pocket, 1996.* (Pocket ; 10039 c6)
ISBN 2-266-06813-X. *38 F / 5,79 €*

34243 **Geodiversitas. 19-1,.** *Muséum national d'histoire naturelle, 1997*
255,25 F / 38,91 €

34244 **Geodiversitas. 19-2, Peri-Tethys :** stratigraphic correlations 1. *Muséum national d'histoire naturelle, 1997*
255,25 F / 38,91 €

34245 **Geodiversitas. 19-3,.** *Muséum national d'histoire naturelle, 1997*
255,25 F / 38,91 €

34246 **Geodiversitas. 19-4,.** *Muséum national d'histoire naturelle, 1997*
255,25 F / 38,91 €

34247 **Geodiversitas. 20-1,.** *Muséum national d'histoire naturelle, 1998*
255,25 F / 38,91 €

34248 **Geodiversitas. 20-2,.** *Muséum national d'histoire naturelle, 1998*
255,25 F / 38,91 €

34249 **Geodiversitas. 20-3, Pliocene vertebrate locality of Çalta, Ankara, Turkey.** *Muséum national d'histoire naturelle, 1998*
255,25 F / 38,91 €

34250 **Geodiversitas. 20-4, Peri-Thethys :** stratigraphic correlations 2. *Muséum national d'histoire naturelle, 1998*
255,25 F / 38,91 €

34251 **Geodiversitas. 21-1,.** *Muséum national d'histoire naturelle, 1999*
255,25 F / 38,91 €

34252 **Geodiversitas. 21-2,.** *Muséum national d'histoire naturelle, 1999*
255,25 F / 38,91 €

34253 **Geodiversitas. 21-3, Peri-Tethys :** stratigraphic correlations 3. *Muséum national d'histoire naturelle, 1999*
255,25 F / 38,91 €

34254 **Geodiversitas. 21-4, InterRad VIII, Paris-Bierville 8-13 septembre 1997.** *Muséum national d'histoire naturelle, 1999*
255,25 F / 38,91 €

34255 **Geodiversitas. 22-1,.** *Muséum national d'histoire naturelle, 2000*
255,25 F / 38,91 €

34256 N **Geodiversitas. 22-2,.** *Muséum national d'histoire naturelle, 2000*
255,25 F / 38,91 €

34257 N **Geodiversitas. 22-3,.** *Muséum national d'histoire naturelle, 2000*
255,25 F / 38,91 €

34258 N **Geodiversitas. 22-4,.** *Muséum national d'histoire naturelle, 2000*
255,25 F / 38,91 €

34259 **GEYMONAT L.** Galilée. Nouv. éd. rev. et augm. *Seuil, 1992.* (Points. Sciences ; 82 c5)
ISBN 2-02-014753-X. *55 F / 8,38 €*

34260 **GILLI E.** Eaux et rivières souterraines. *PUF, 1999.* (Que sais-je? ; 455 c1)
ISBN 2-13-049769-1. *42 F / 6,40 €*

34261 **GINGLINGER E., HASQUENOPH M.** Mathématiques financières. *Economica, 1995.* (Gestion-poche ; 13 c01)
ISBN 2-7178-2738-2. *49 F / 7,47 €*

34262 **GIROUD F.** Une Femme honorable. *LGF, 1982.* (Le Livre de poche ; 5647 c9)
ISBN 2-253-02963-7. *36 F / 5,49 €*

34263 **GLASHOW S.** Le charme de la physique : la recherche des secrets de la matière. *Hachette Littératures, 1999.* (Pluriel ; 868 c6)
ISBN 2-01-278868-8. *50 F / 7,62 €*

34264 **GODAUX E.** Le cerveau. *Milan, 1996.* (Les essentiels Milan ; 21 c1)
ISBN 2-84113-339-7. *25 F / 3,81 €*

34265 **GOHAU G.** Une Histoire de la géologie. *Seuil, 1990.* (Points. Sciences ; 66 c3)
ISBN 2-02-012347-9. *48 F / 7,32 €*

34266 N **GONTIER J.** L'oranger. *Actes Sud, 2000.* (Le nom de l'arbre c1)
ISBN 2-7427-2645-4. *69 F / 10,52 €*

34267 **GOUDOT-PERROT A.** Les Oligoéléments. *PUF, 1967.* (Que sais-je? ; 1010)
ISBN 2-13-029771-4. *42 F / 6,40 €*

34268 **GOULD S. J.** Aux racines du temps. *LGF, 1997.* (Le Livre de poche ; 4247. Biblio essais c10)
ISBN 2-253-94247-2. *40 F / 6,10 €*

34269 **N** **GOULD S. J.** Comme les huit doigts de la main : réflexions sur l'histoire naturelle. *Seuil, 2000.* (Points ; 137. Sciences c18)
ISBN 2-02-040065-0. *67 F / 10,21 €*

34270 **GOULD S. J.** Darwin et les grandes énigmes de la vie. Réimpr. *Seuil, 1996.* (Points ; 43. Sciences ; 43 c5)
ISBN 2-02-006980-6. *52 F / 7,93 €*

34271 **A** **GOULD S. J.** L'éventail du vivant : le mythe du progrès. *Seuil, 2001.* (Points. Sciences ; 143)
ISBN 2-02-049093-5. *48 F / 7,32 €*

34272 **GOULD S. J.** La foire aux dinosaures : réflexions sur l'histoire naturelle. *Seuil, 1997.* (Points ; 121. Sciences c17)
ISBN 2-02-032420-2. *65 F / 9,91 €*

34273 **GOULD S. J.** Un hérisson dans la tempête : essais sur des livres et des idées. *LGF, 1996.* (Le Livre de poche ; 4227. Biblio essais c9)
ISBN 2-253-94227-8. *36 F / 5,49 €*

34274 **GOULD S. J.** Quand les poules auront des dents : réflexions sur l'histoire naturelle. Nouv. éd. *Seuil, 1991.* (Points. Sciences ; 71 c15)
ISBN 2-02-012886-1. *65 F / 9,91 €*

34275 **GOULD S. J.** Le Sourire du flamant rose : réflexions sur l'histoire naturelle. *Seuil, 1993.* (Points. Sciences ; 87 c8)
ISBN 2-02-019416-3. *67 F / 10,21 €*

34276 **GOULD S. J.** La vie est belle : les surprises de l'évolution. *Seuil, 1998.* (Points. Sciences ; 128 c14)
ISBN 2-02-035239-7. *55 F / 8,38 €*

34277 **GOUX J-M.** Les Applications de la génétique. *PUF, 1975.* (Que sais-je? ; 1621 c1)
ISBN 2-13-033847-X. *42 F / 6,40 €*

34278 **GRANIER J.** Les Phénomènes vibratoires. 6e éd. *PUF, 1959.* (Que sais-je? ; 323)
ISBN 2-13-025582-5. *42 F / 6,40 €*

34279 **GROS F.** Regard sur la biologie contemporaine. *Gallimard, 1993.* (Folio. Essais ; 213 c3)
ISBN 2-07-032743-4. *41 F / 6,25 €*

34280 **GUEDJ D.** L'empire des nombres. *Gallimard, 1996.* (Découvertes ; 300. Sciences c6)
ISBN 2-07-053373-5. *90 F / 13,72 €*

34281 **GUÉRIN-MARCHAND C.** Les manipulations génétiques. *PUF, 1998.* (Que sais-je? ; 3152 c1)
ISBN 2-13-048254-6. *42 F / 6,40 €*

34282 **GUILLEN M.** Invitation aux mathématiques : des ponts vers l'infini. *Seuil, 1995.* (Points ; 104. Sciences ; 104 c11)
ISBN 2-02-022674-X. *48 F / 7,32 €*

34283 **HALLAM A.** Une Révolution dans les sciences de la terre : de la dérive des continents à la tectonique des plaques. *Seuil, 1976.* (Points. Sciences ; 5 c2)
ISBN 2-02-004356-4. *48 F / 7,32 €*

34284 **HARRISON E.** Le noir de la nuit : une énigme du cosmos. *Seuil, 1998.* (Points. Sciences ; 123 c12)
ISBN 2-02-033433-X. *50 F / 7,62 €*

34285 **Le Hasard aujourd'hui.** *Seuil, 1991.* (Points. Sciences ; 69 c4)
ISBN 2-02-012955-8. *52 F / 7,93 €*

34286 **N** **HAWKING S.** Une brève histoire du temps : du big-bang aux trous noirs. Réimp. *J'ai lu, 2000.* (J'ai lu ; 3361. Littérature générale cG)
ISBN 2-290-30711-4. *29 F / 4,42 €*

34287 **HEISENBERG W.** La nature dans la physique contemporaine. *Gallimard, 2000.* (Folio ; 360. Essais)
ISBN 2-07-040975-9. *46 F / 7,01 €*

34288 **HERBERT T.** L'Homme avant l'homme : le scénario des origines. *Gallimard, 1994.* (Découvertes ; 215. Sciences c5)
ISBN 2-07-053216-X. *84 F / 12,81 €*

34289 **HERMANT A., LESAGE C.** L'électricité atmosphérique et la foudre. *PUF, 1997.* (Que sais-je? ; 3127 c1)
ISBN 2-13-048007-1. *42 F / 6,40 €*

34290 **HERNERT P.** Les Algorithmes. *PUF, 1995.* (Que sais-je? ; 2928 c1)
ISBN 2-13-046767-9. *42 F / 6,40 €*

34291 **HERRMANN J.** Atlas de l'astronomie. *LGF, 1995.* (La Pochothèque ; 3008. Encyclopédies d'aujourd'hui)
ISBN 2-253-06453-X. *85 F / 12,96 €*

34292 **HERVÉ A.** Le palmier. *Actes Sud, 1999.* (Le nom de l'arbre c1)
ISBN 2-7427-2147-9. *69 F / 10,52 €*

34293 **HIGNARD L.** L'eucalyptus. *Actes Sud, 1998.* (Le nom de l'arbre c1)
ISBN 2-7427-1249-6. *69 F / 10,52 €*

34294 **HIGNARD L.** Le micocoulier. Réimpr. *Actes Sud, 2000.* (Le nom de l'arbre c1)
ISBN 2-7427-0770-0. *69 F / 10,52 €*

34295 **HIRIART-URRUTY J-B.** L'optimisation. *PUF, 1996.* (Que sais-je? ; 3184 c1)
ISBN 2-13-047981-2. *42 F / 6,40 €*

34296 **Histoire générale des sciences. 2, La science moderne.** *PUF, 1995.* (Quadrige ; 187)
ISBN 2-13-046887-X. *129 F / 19,67 €*

34297 **Histoire générale des sciences. 3-1, La science contemporaine :** le XIXe siècle. *PUF, 1995.* (Quadrige ; 188)
ISBN 2-13-046888-8. *118 F / 17,99 €*

34298 **Histoire générale des sciences. 3-2, La science contemporaine :** années 1900-1960. *PUF, 1995.* (Quadrige ; 189)
ISBN 2-13-046889-6. *133 F / 20,28 €*

34299 **HOFFMANN B.** Albert Einstein créateur et rebelle. *Seuil, 1979.* (Points. Sciences ; 19 c3)
ISBN 2-02-005347-0. *48 F / 7,32 €*

34300 **HOFFMANN B., PATY M.** L'Etrange histoire des quanta. *Seuil, 1981.* (Points. Sciences ; 26 c4)
ISBN 2-02-005417-5. *52 F / 7,93 €*

34301 **IFRAH G.** Histoire universelle des chiffres. 1. *Laffont.* (Bouquins)
ISBN 2-221-05779-1. *149 F / 22,71 €*

34302 **IFRAH G.** Histoire universelle des chiffres. 2. *Laffont.* (Bouquins)
ISBN 2-221-07837-3. *149 F / 22,71 €*

34303 **L'Invention de la préhistoire :** une anthologie. *Pocket, 1992.* (Agora ; 86. Les Classiques cK)
ISBN 2-266-04243-2. *55 F / 8,38 €*

34304 **ITARD J.** Arithmétique et théorie des nombres. 3e éd. *PUF, 1973.* (Que sais-je? ; 1093 c1)
ISBN 2-13-032430-4. *42 F / 6,40 €*

34305 **JACOB F.** Le Jeu des possibles. *LGF, 1986.* (Le Livre de poche ; 4045. Biblio essais c5)
ISBN 2-253-03907-1. *23 F / 3,51 €*

34306 **JACQUARD A.** Au péril de la science? : interrogations d'un généticien. *Seuil, 1984.* (Points. Sciences c2)
ISBN 2-02-008518-6. *39 F / 5,95 €*

34307 **JACQUARD A.** Eloge de la différence : la génétique et les hommes. *Seuil, 1981.* (Points. Sciences ; 27 c2)
ISBN 2-02-005972-X. *39 F / 5,95 €*

34308 **JACQUARD A.** L'équation du nénuphar : les plaisirs de la science. *LGF, 2000.* (Le Livre de poche ; 14811 c5)
ISBN 2-253-14811-3. *23 F / 3,51 €*

34309 **JACQUARD A.** L'Héritage de la liberté : de l'animalité à l'humanitude. *Seuil, 1991.* (Points. Sciences ; 68 c3)
ISBN 2-02-012874-8. *48 F / 7,32 €*

34310 **JACQUARD A.** La matière et la vie. *Milan, 1995.* (Les essentiels Milan ; 8 c1)
ISBN 2-84113-267-6. *25 F / 3,81 €*

34311 **A** **JACQUARD A.** Moi et les autres. Nouv. éd. *Seuil, 2001.* (Point-virgule ; 10 c6)
ISBN 2-02-048237-1. *39 F / 5,95 €*

34312 **JACQUARD A.** Pour une terre de dix milliards d'hommes. *Zulma, 1998.* (Grain d'orage)
ISBN 2-84304-031-0. *49 F / 7,47 €*

34313 **N** **JACQUARD A.** Les probabilités. 6e éd. *PUF, 1992.* (Que sais-je? ; 1571 c1)
ISBN 2-13-044667-1. *42 F / 6,40 €*

34314 **JACQUARD A.** Voici le temps du monde fini. *Seuil, 1993.* (Points. Essais ; 261 c2)
ISBN 2-02-019471-6. *39 F / 5,95 €*

34315 **JACQUARD A., LACARRIÈRE J.** Science et croyances : entretiens. *Albin Michel, 1999.* (Espaces libres ; 94 c3)
ISBN 2-226-10872-6. *45 F / 6,86 €*

34316 **JARROSSON B.** Humanisme et technique. *PUF, 1996.* (Que sais-je? ; 3194 c1)
ISBN 2-13-047966-9. *42 F / 6,40 €*

34317 **JARROSSON B.** Invitation à la philosophie des sciences. *Seuil, 1992.* (Points. Sciences ; 74 c4)
ISBN 2-02-013315-6. *52 F / 7,93 €*

34318 **JEANNEL B.** Le ginkgo. Réimpr. *Actes Sud, 1999.* (Le nom de l'arbre c1)
ISBN 2-7427-2148-7. *69 F / 10,52 €*

34319 **JULLIEN V.** Descartes, la Géométrie de 1637. *PUF, 1996.* (Philosophies ; 76)
ISBN 2-13-047829-8. *45 F / 6,86 €*

34320 **KAHAN T.** La Structure des atomes : physique des basses énergies. *PUF, 1979.* (Que sais-je? ; 1741 c1)
ISBN 2-13-035763-6. *42 F / 6,40 €*

34321 **KANDEL R.** L'incertitude des climats. *Hachette Littératures, 1998.* (Pluriel ; 876)
ISBN 2-01-278876-9. *45 F / 6,86 €*

34322 **KELLER J.** Les Champignons. *LGF, 1991.* (Le Livre de poche ; 7847. Pratique c7)
ISBN 2-253-03268-9. *30 F / 4,57 €*

34323 **KEPLER J.** Le Secret du monde. *Gallimard, 1993.* (Tel ; 228)
ISBN 2-07-073449-8. *85 F / 12,96 €*

34324 **KLEIN E.** Conversations avec le sphinx : les paradoxes en physique. *LGF, 1994.* (Le Livre de poche ; 4204. Biblio essais c9)
ISBN 2-253-94204-9. *36 F / 5,49 €*

34325 **N** **KLEIN E., LACHIÈZE-REY M.** La quête de l'unité : l'aventure de la physique. *LGF : Albin Michel, 2000.* (Le Livre de poche ; 4298. Biblio essais)
ISBN 2-253-94298-7. *38 F / 5,79 €*

34326 **KOJÈVE A.** L'Idée du déterminisme dans la physique classique et dans la physique moderne. *LGF, 1990.* (Le Livre de poche ; 4113. Biblio essais c15)
ISBN 2-253-05190-X. *50 F / 7,62 €*

34327 **KORDON C.** Le Cerveau. *Pocket : Cité des sciences et de l'industrie, 1993.* (Pocket ; 3609. Explora c12)
ISBN 2-266-04807-4. *60 F / 9,15 €*

34328 **KOYRÉ A.** Etudes d'histoire de la pensée scientifique. *Gallimard, 1985.* (Tel ; 92)
ISBN 2-07-070335-5. *61 F / 9,30 €*

34329 **KRUH J.** La Biologie moléculaire. *PUF, 1994.* (Que sais-je? ; 2893 c1)
ISBN 2-13-046573-0. *42 F / 6,40 €*

34330 **KUHN T. S.** La Révolution copernicienne. *LGF, 1992.* (Le Livre de poche ; 4146. Biblio essais c15)
ISBN 2-253-05933-1. *50 F / 7,62 €*

34331 **LA COTARDIÈRE P. d., PENOT J-P.** Dictionnaire de l'astronomie et de l'espace. Nouv. éd. rev. *Larousse, 1999.* (Les référents)
ISBN 2-03-720332-2. *130 F / 19,82 €*

34332 **La Recherche (Paris)** La Recherche sur la génétique et l'hérédité. *Seuil, 1985.* (Points. Sciences ; 45 c6)
ISBN 2-02-008649-2. *62 F / 9,45 €*

34333 **LABEYRIE J.** L'Homme et le climat. Nouv. éd. mise à jour. *Seuil, 1993.* (Points. Sciences ; 88 c7)
ISBN 2-02-019549-6. *65 F / 9,91 €*

34334 **LABORIT H.** Biologie et structure. *Gallimard, 1987.* (Folio. Essais ; 74 c1)
ISBN 2-07-032434-6. *29,50 F / 4,50 €*

34335 **LABORIT H.** Dieu ne joue pas aux dés. *LGF, 1994.* (Le Livre de poche ; 4196. Biblio essais c9)
ISBN 2-253-94196-4. *36 F / 5,49 €*

34336 **LABORIT H.** La Nouvelle grille. *Gallimard, 1985.* (Folio ; 27. Essais ; 27 c5)
ISBN 2-07-032337-4. *52 F / 7,93 €*

34337 **LAISSUS Y.** Le muséum national d'histoire naturelle. *Gallimard, 1995.* (Découvertes ; 249. Mémoire des lieux c5)
ISBN 2-07-053323-9. *85 F / 12,96 €*

34338 **LANGANEY A.** Le Sexe et l'innovation. *Seuil, 1987.* (Points. Sciences ; 54 c2)
ISBN 2-02-009811-3. *39 F / 5,95 €*

34339 **LANIER C.** Les éclipses : mythes et symboles. *Peuples du monde, 1999.* (Les guides Peuples du monde)
ISBN 2-907629-55-7. *120 F / 18,29 €*

34340 **LANTOS P.** Le Soleil. *PUF, 1994.* (Que sais-je? ; 230 c1)
ISBN 2-13-046023-2. *42 F / 6,40 €*

34341 **N** **LASZLO P.** Chemins et savoirs du sel. *Hachette Littératures, 2001.* (Pluriel ; 9017 c6)
ISBN 2-01-279017-8. *50 F / 7,62 €*

34342 **LASZLO P.** La découverte scientifique. *PUF, 1999.* (Que sais-je? ; 3473 c1)
ISBN 2-13-049941-4. *42 F / 6,40 €*

34343 **LASZLO P.** La Vulgarisation scientifique. *PUF, 1993.* (Que sais-je? ; 2722 c1)
ISBN 2-13-045241-8. *42 F / 6,40 €*

34344 **LATOUR B.** Petites leçons de sociologie des sciences. *Seuil, 1996.* (Points. Sciences ; 114 c10)
ISBN 2-02-029503-2. *45 F / 6,86 €*

34345 **LATOUR B.** La science en action : introduction à la sociologie des sciences. *Gallimard, 1995.* (Folio ; 267. Essais c10)
ISBN 2-07-073829-9. *76,50 F / 11,66 €*

34346 **LATOUR B., WOOLGAR S.** La vie de laboratoire : la production des faits scientifiques. *La Découverte, 1996.* (La Découverte poche ; 18. Sciences humaines et sociales)
ISBN 2-7071-2644-6. *79 F / 12,04 €*

34347 **LAURENT F.** Le Froid. *PUF, 1972.* (Que sais-je? ; 122)
ISBN 2-13-032121-6. *42 F / 6,40 €*

34348 **LEAKEY R.** L'origine de l'humanité. *Hachette Littératures, 2000.* (Pluriel ; 992)
ISBN 2-01-278992-7. *45 F / 6,86 €*

34349 **LEBORGNE D.** Calcul différentiel complexe. *PUF, 1991.* (Que sais-je? ; 2560 c1)
ISBN 2-13-043417-7. *42 F / 6,40 €*

34350 **LECOURT D.** Contre la peur. *PUF, 1999.* (Quadrige ; 289)
ISBN 2-13-050093-5. *55 F / 8,38 €*

34351 **LECOURT D.** Lyssenko, histoire réelle d'une science prolétarienne. *PUF, 1995.* (Quadrige ; 199)
ISBN 2-13-047302-4. *69 F / 10,52 €*

34352 **LEGAY J-M.** L'expérience et le modèle : un discours sur la méthode : une conférence-débat, Paris, 24 octobre 1996. *INRA, 1997.* (Sciences en questions)
ISBN 2-7380-0778-3. *39 F / 5,95 €*

34353 **LEMOINE C.** Les champignons. *Ouest-France, 1999.* (Guide pratique de poche)
ISBN 2-7373-2544-7. *35 F / 5,34 €*

34354 **LENAY C.** La Découverte des lois de l'hérédité : 1862-1900. *Pocket, 1990.* (Agora ; 73 c8)
ISBN 2-266-03767-6. *45 F / 6,86 €*

34355 **LENGELLÉ M.** Connaissez-vous le spatialisme, selon l'itinéraire de Pierre Garnier?. *A. Silvaire, 1979.* (Connaissez-vous? c1)
60 F / 9,15 €

34356 **LEVASSEUR-REGOURD A-C., LA COTARDIÈRE P. d.** Les comètes et les astéroïdes. *Seuil, 1997.* (Points ; 117. Sciences c10)
ISBN 2-02-025411-5. *45 F / 6,86 €*

34357 **LÉVÊQUE C.** La biodiversité. *PUF, 1997.* (Que sais-je? ; 3166 c1)
ISBN 2-13-048325-9. *42 F / 6,40 €*

34358 **LÉVÊQUE C.** L'Environnement et la diversité du vivant. *Pocket : Cité des sciences et de l'industrie, 1994.* (Pocket ; 4246. Explora c12)
ISBN 2-266-06302-2. *60 F / 9,15 €*

34359 **LÉVY-LEBLOND J-M.** L'esprit de sel. Réimpr. *Seuil, 1996.* (Points. Sciences ; 39 c13)
ISBN 2-02-006692-0. *52 F / 7,93 €*

34360 **LÉVY-LEBLOND J-M.** La pierre de touche : la science à l'épreuve... *Gallimard, 1996.* (Folio ; 301. Essais c5)
ISBN 2-07-032933-X. *52 F / 7,93 €*

34361 **LEWIN R.** L'Evolution humaine. *Seuil, 1991.* (Points. Sciences ; 71 c7)
ISBN 2-02-012616-8. *65 F / 9,91 €*

34362 **LLOYD G. E. R.** Une Histoire de la science grecque. *Seuil, 1993.* (Points. Sciences ; 92 c5)
ISBN 2-02-017765-X. *55 F / 8,38 €*

34363 **LORENZ K.** Trois essais sur le comportement animal et humain : les leçons de l'évolution de la théorie du comportement. *Seuil, 1974.* (Points ; 51. Essais c2)
ISBN 2-02-000626-X. *39 F / 5,95 €*

34364 **LORIOT N.** Irène Joliot-Curie. *LGF, 1992.* (Le Livre de poche ; 4321 c8)
ISBN 2-253-05984-6. *33 F / 5,03 €*

34365 **LOVERINI M-J.** L'atome, de la recherche à l'industrie : le Commissariat à l'énergie atomique. *Gallimard, 1996.* (Découvertes ; 282. Sciences c4)
ISBN 2-07-053381-6. *75 F / 11,43 €*

34366 **LUMINET J-P.** Les Trous noirs. *Seuil, 1992.* (Points. Sciences ; 85 c5)
ISBN 2-02-015948-1. *55 F / 8,38 €*

34367 **LURÇAT F.** Le chaos. *PUF, 1999.* (Que sais-je? ; 3434 c1)
ISBN 2-13-049629-6. *42 F / 6,40 €*

34368 **MAGNIN P.** Les Vitamines. *PUF, 1992.* (Que sais-je? ; 12 c1)
ISBN 2-13-044759-7. *42 F / 6,40 €*

34369 **MAITTE B.** La Lumière. *Seuil, 1981.* (Points. Sciences ; 28 c5)
ISBN 2-02-006034-5. *65 F / 9,91 €*

34370 **La Matière aujourd'hui.** *Seuil, 1981.* (Points. Sciences ; 24 c3)
ISBN 2-02-005739-5. *48 F / 7,32 €*

34371 **MATRAS J-J.** Le Son. 9e éd. *PUF, 1990.* (Que sais-je? ; 293 c1)
ISBN 2-13-043465-7. *42 F / 6,40 €*

34372 **MATRICON J.** Vive l'eau. *Gallimard, 2000.* (Découvertes ; 389. Sciences c4)
ISBN 2-07-053510-X. *85 F / 12,96 €*

34373 **MATRICON J., ROUMETTE J.** L'Invention du temps. *Pocket : Cité des sciences et de l'industrie, 1991.* (Pocket ; 3603. Explora c12)
ISBN 2-266-04463-X. *60 F / 9,15 €*

34374 **MAURY J-P.** Comment la terre devint ronde. *Gallimard, 1989.* (Découvertes ; 52. Sciences c5)
ISBN 2-07-053074-4. *90 F / 13,72 €*

34375 **MAURY J-P.** Galilée, le messager des étoiles. Réimpr. *Gallimard, 1999.* (Découvertes ; 10. Sciences c5)
ISBN 2-07-053019-1. *85 F / 12,96 €*

34376 **MAURY J-P.** Newton et la mécanique céleste. *Gallimard, 1990.* (Découvertes ; 91. Sciences)
ISBN 2-07-053116-3. *75 F / 11,43 €*

34377 **MAVRIDÈS S.** La Relativité. 2e éd. *PUF, 1990.* (Que sais-je? ; 37 c1)
ISBN 2-13-042839-8. *42 F / 6,40 €*

34378 **MAYR E.** Histoire de la biologie. 1, Des origines à Darwin. *LGF, 1995.* (Le Livre de poche ; 426. Références sciences c17)
ISBN 2-253-90426-0. *60 F / 9,15 €*

34379 **MAYR E.** Histoire de la biologie. 2, De Darwin à nos jours. *LGF, 1995.* (Le Livre de poche ; 425. Références sciences c16)
ISBN 2-253-90425-2. *55 F / 8,38 €*

34380 **La Mémoire de la Terre :** entretiens. *Seuil, 1992.* (Points. Sciences ; 75 c5)
ISBN 2-02-014587-1. *55 F / 8,38 €*

34381 **MERLIN P., COUZY A.** La Topographie. 4e éd. *PUF, 1990.* (Que sais-je? ; 744 c1)
ISBN 2-13-043380-4. *42 F / 6,40 €*

34382 **A** **Météo.** *Ouest-France, 2001.* (Guide pratique de poche)
ISBN 2-7373-2718-0. *35 F / 5,34 €*

34383 **MEYER P.** Les progrès du progrès. *Seuil, 1995.* (Points ; 23 c9)
ISBN 2-02-023552-8. *42 F / 6,40 €*

34384 **MICHARD J-G.** Le Monde perdu des dinosaures. *Gallimard, 1989.* (Découvertes ; 69. Sciences c5)
ISBN 2-07-053087-6. *85 F / 12,96 €*

34385 **MINVIELLE F.** La sélection animale. *PUF, 1998.* (Que sais-je? ; 215 c1)
ISBN 2-13-048933-8. *42 F / 6,40 €*

34386 **N** **MITOV M.** Les cristaux liquides. *PUF, 2000.* (Que sais-je? ; 1296 c1)
ISBN 2-13-050514-7. *42 F / 6,40 €*

34387 **MOLES A.** Les Sciences de l'imprécis. *Seuil, 1995.* (Points. Sciences ; 105 c5)
ISBN 2-02-023693-1. *59 F / 8,99 €*

34388 **Le Monde quantique.** *Seuil, 1985.* (Points. Sciences ; 46 c5)
ISBN 2-02-008908-4. *55 F / 8,38 €*

34389 **MONOD J.** Le Hasard et la nécessité : essai sur la philosophie naturelle de la biologie moderne. *Seuil, 1973.* (Points ; 43. Essais c2)
ISBN 2-02-000618-9. *39 F / 5,95 €*

34390 **N** **MONOD T.** Les carnets de Théodore Monod. Rééd. *Pocket, 2000.* (Pocket ; 10441 c5)
ISBN 2-266-10680-5. *35 F / 5,34 €*

34391 **MORAND G.** Matière, électricité, énergie. 4e éd. *PUF, 1973.* (Que sais-je? ; 291 c1)
ISBN 2-13-032658-7. *42 F / 6,40 €*

34392 **MORCAUX S.** L'olivier. Réimpr. *Actes Sud, 1999.* (Le nom de l'arbre c1)
ISBN 2-7427-1071-X. *69 F / 10,52 €*

34393 **MORGAN E.** Les cicatrices de l'évolution. *10-18, 1999.* (10-18 ; 3031. Bibliothèques c7)
ISBN 2-264-02688-X. *50 F / 7,62 €*

34394 **MORIN E.** Science avec conscience. *Seuil, 1990.* (Points. Sciences ; 64 c4)
ISBN 2-02-012088-7. *52 F / 7,93 €*

34395 **MOTEL G.** L'érable. *Actes Sud, 1995.* (Le nom de l'arbre)
ISBN 2-7427-0625-9. *69 F / 10,52 €*

34396 **MOTEL G.** Le frêne. *Actes Sud, 1996.* (Le nom de l'arbre)
ISBN 2-7427-0767-0. *69 F / 10,52 €*

34397 **La Naissance de la vie :** une anthologie. *Pocket, 1991.* (Agora ; 92. Les Classiques cL)
ISBN 2-266-04302-1. *60 F / 9,15 €*

34398 **NEVEUX M., HUNTLEY H.** Le nombre d'or, radiographie d'un mythe. *Seuil, 1995.* (Points. Sciences ; 108 c11)
ISBN 2-02-025916-8. *48 F / 7,32 €*

34399 **NEWTON I.** De la gravitation ; suivi de Du mouvement des corps. *Gallimard, 1995.* (Tel ; 255)
ISBN 2-07-072560-X. *75 F / 11,43 €*

34400 **NOËL E.** L'Espace et le temps aujourd'hui. *Seuil, 1983.* (Points. Sciences ; 36 c5)
ISBN 2-02-006463-4. *55 F / 8,38 €*

34401 **N** **NOTTALE L.** La relativité dans tous ses états : du mouvement aux changements d'échelle. *Hachette Littératures, 2000.* (Pluriel c8)
ISBN 2-01-279002-X. *60 F / 9,15 €*

34402 **NOVI M.** Pourcentages et tableaux statistiques. *PUF, 1998.* (Que sais-je? ; 3337 c1)
ISBN 2-13-048880-3. *42 F / 6,40 €*

34403 **NURIDSANY C., PÉRENNOU M.** Microcosmos, le peuple de l'herbe. *Seuil, 1998.* (Points ; 124. Sciences c12)
ISBN 2-02-032737-6. *50 F / 7,62 €*

34404 **OMNÈS R.** Philosophie de la science contemporaine. *Gallimard, 1994.* (Folio ; 256. Essais ; 256 c7)
ISBN 2-07-032857-0. *60 F / 9,15 €*

34405 **ONIMUS J.** Teilhard de Chardin et le mystère de la Terre. *Albin Michel, 1991.* (Espaces libres ; 21)
ISBN 2-226-05431-6. *45 F / 6,86 €*

34406 **ORTOLI S., PHARABOD J-P.** Le cantique des quantiques : le monde existe-t-il ?. *La Découverte, 1998.* (La Découverte poche ; 48. Essais)
ISBN 2-7071-2824-4. *40 F / 6,10 €*

34407 **ORTOLI S., WITKOWSKI N.** La baignoire d'Archimède : petite mythologie de la science. *Seuil, 1998.* (Points. Sciences ; 125 c6)
ISBN 2-02-033844-0. *32 F / 4,88 €*

34408 **PARRET J.** L'arbre. Réimpr. *Actes Sud, 2000.* (Le nom de l'arbre c1)
ISBN 2-7427-0926-6. *69 F / 10,52 €*

34409 **PASCOLI G.** La Gravitation. *PUF, 1989.* (Que sais-je? ; 2489 c1)
ISBN 2-13-042659-X. *42 F / 6,40 €*

34410 **PECKER J-C.** Le soleil est une étoile. *Pocket : Cité des sciences et de l'industrie, 1992.* (Pocket ; 3617. Explora c12)
ISBN 2-266-05069-9. *60 F / 9,15 €*

34411 **PELLEQUER B.** Petit guide du ciel. *Seuil, 1990.* (Points. Sciences ; 61 c3)
ISBN 2-02-011556-5. *48 F / 7,32 €*

34412 **PELT J-M.** Les langages secrets de la nature : la communication chez les animaux et les plantes. *LGF, 1998.* (Le Livre de poche ; 14435 c7)
ISBN 2-253-14435-5. *30 F / 4,57 €*

34413 **PELT J-M.** Plantes en péril. *LGF, 1999.* (Le Livre de poche ; 14720 c7)
ISBN 2-253-14720-6. *30 F / 4,57 €*

34414 **La pensée est-elle le produit de la sélection naturelle ?.** *PUF, 1996.* (Forum Diderot ; 3)
ISBN 2-13-048136-1. *45 F / 6,86 €*

34415 **Penser les mathématiques :** séminaire de philosophie et mathématiques de l'Ecole normale supérieure. *Seuil, 1982.* (Points. Sciences ; 29 c6)
ISBN 2-02-006061-2. *62 F / 9,45 €*

34416 **PETER R.** Jeux avec l'infini : voyage à travers les mathématiques. *Seuil, 1977.* (Points. Sciences ; 6 c5)
ISBN 2-02-004568-0. *55 F / 8,38 €*

34417 **N** **PETIT J-P.** On a perdu la moitié de l'Univers. *Hachette Littératures, 2001.* (Pluriel ; 935 c5)
ISBN 2-01-278935-8. *45 F / 6,86 €*

34418 **PICHOT A.** Grèce présocratique. *Gallimard, 1991.* (La Naissance de la science; 2)(Folio ; 155. Essais ; 155 c9)
ISBN 2-07-032604-7. *76,50 F / 11,66 €*

34419 **PICHOT A.** Histoire de la notion de vie. *Gallimard, 1993.* (Tel ; 230)
ISBN 2-07-073136-7. *110 F / 16,77 €*

34420 **PICHOT A.** Mésopotamie, Egypte. *Gallimard, 1991.* (La Naissance de la science; 1)(Folio ; 154. Essais ; 154 c9)
ISBN 2-07-032603-9. *71 F / 10,82 €*

34421 **PIETTRE B.** Philosophie et science du temps. 2e éd. corr. *PUF, 1996.* (Que sais-je? ; 2909 c1)
ISBN 2-13-046655-9. *42 F / 6,40 €*

34422 **N** **La plus belle histoire de l'homme :** comment la Terre devint humaine. *Seuil, 2000.* (Points ; 779)
ISBN 2-02-040345-5. *32 F / 4,88 €*

34423 **PONTOPPIDAN A.** Le cèdre. Réimpr. *Actes Sud, 2000.* (Le nom de l'arbre c1)
ISBN 2-7427-1177-5. *69 F / 10,52 €*

34424 **PONTOPPIDAN A.** Le cyprès. *Actes Sud, 2000.* (Le nom de l'arbre c1)
ISBN 2-7427-2385-4. *69 F / 10,52 €*

34425 **PONTOPPIDAN A.** Le figuier. Réimpr. *Actes Sud, 1999.* (Le nom de l'arbre c1)
ISBN 2-7427-1052-3. *69 F / 10,52 €*

34426 **PONTOPPIDAN A.** L'orme. *Actes Sud, 1995.* (Le nom de l'arbre)
ISBN 2-7427-0629-1. *69 F / 10,52 €*

34427 **PONTOPPIDAN A.** Le pin parasol. *Actes Sud, 1995.* (Le nom de l'arbre)
ISBN 2-7427-0628-3. *69 F / 10,52 €*

34428 **PONTOPPIDAN A.** Le platane. *Actes Sud, 1996.* (Le nom de l'arbre c1)
ISBN 2-7427-0769-7. *69 F / 10,52 €*

34429 **POPELARD M-D., VERNANT D.** Les grands courants de la philosophie des sciences. *Seuil, 1997.* (Mémo ; 58 c2)
ISBN 2-02-030299-3. *36 F / 5,49 €*

34430 **PRANTZOS N., MONTMERLE T.** Naissance, vie et mort des étoiles. *PUF, 1998.* (Que sais-je? ; 330 c1)
ISBN 2-13-048968-0. *42 F / 6,40 €*

34431 **PRIGOGINE I., STENGERS I.** La Nouvelle alliance : métamorphose de la science. *Gallimard, 1986.* (Folio ; 26. Essais ; 26 c5)
ISBN 2-07-032324-2. *52 F / 7,93 €*

34432 **PROUST D., BREYSACHER J.** Les étoiles. *Seuil, 1996.* (Points ; 113. Sciences ; 113 c9)
ISBN 2-02-023781-4. *42 F / 6,40 €*

34433 **PROUST D., VANDERRIEST C.** Les galaxies et la structure de l'univers. *Seuil, 1997.* (Points. Sciences ; 119 c10)
ISBN 2-02-030115-6. *45 F / 6,86 €*

34434 **N** **Qu'est-ce que la matière ? :** regards scientifiques et philosophiques. *LGF, 2000.* (Le Livre de poche ; 4295. Biblio essais)
ISBN 2-253-94295-2. *45 F / 6,86 €*

34435 **RADVANYL P., BORDRY M.** La Radioactivité artificielle et son histoire. *Seuil, 1984.* (Points. Sciences ; 42 c3)
ISBN 2-02-006835-4. *48 F / 7,32 €*

34436 **RAULIN-CERCEAU F.** Vie et mort des espèces. *Pocket : Cité des sciences et de l'industrie, 1994.* (Pocket ; 3343. Explora c12)
ISBN 2-266-00657-6. *60 F / 9,15 €*

34437 **RAULIN F.** L'Apparition du vivant. *Pocket, 1991.* (Pocket ; 3599. Explora c12)
ISBN 2-266-04146-0. *60 F / 9,15 €*

34438 **RAULIN F., RAULIN-CERCEAU F., SCHNEIDER J.** La bioastronomie. *PUF, 1997.* (Que sais-je? ; 3316 c1)
ISBN 2-13-048757-2. *42 F / 6,40 €*

34439 **La Recherche en biologie moléculaire.** *Seuil, 1975.* (Points. Sciences ; 1 c4)
ISBN 2-02-004237-1. *52 F / 7,93 €*

34440 **La Recherche en neurobiologie. Nouv. éd. mise à jour.** *Seuil, 1977.* (Points. Sciences ; 57 c6)
ISBN 2-02-010294-3. *62 F / 9,45 €*

34441 **La Recherche en paléontologie :** articles. *Seuil, 1989.* (Points. Sciences ; 58 c5)
ISBN 2-02-010483-0. *55 F / 8,38 €*

34442 **La Recherche en physique nucléaire.** *Seuil, 1983.* (Points. Sciences ; 34 c6)
ISBN 2-02-006381-6. *62 F / 9,45 €*

34443 **RECHERCHE (Paris)** La Recherche en astrophysique. Nouv. éd. *Seuil, 1990.* (Points. Sciences ; 7 c6)
ISBN 2-02-011515-8. *62 F / 9,45 €*

34444 **RECHERCHE (Paris)** La Recherche sur les origines de l'Univers. *Seuil, 1991.* (Points. Sciences ; 72 c5)
ISBN 2-02-013534-5. *55 F / 8,38 €*

34445 **REEVES H.** Compagnons de voyage. *Seuil, 1998.* (Points ; 542 c10)
ISBN 2-02-034417-3. *45 F / 6,86 €*

34446 **REEVES H.** Dernières nouvelles du cosmos. 1, Vers la première seconde. *Seuil, 1999.* (Points. Sciences ; 130 c10)
ISBN 2-02-036495-6. *45 F / 6,86 €*

34447 **REEVES H.** Dernières nouvelles du cosmos. 2, La première seconde. *Seuil, 1999.* (Points ; 135. Sciences ; 135 c10)
ISBN 2-02-038196-6. *45 F / 6,86 €*

34448 **REEVES H.** L'Heure de s'enivrer : l'Univers a-t-il un sens. *Seuil, 1992.* (Points. Sciences c3)
ISBN 2-02-014400-X. *48 F / 7,32 €*

34449 **REEVES H.** Malicorne : réflexions d'un observateur de la nature. *Seuil, 1995.* (Points ; 144 c7)
ISBN 2-02-020625-0. *35 F / 5,34 €*

34450 **REEVES H.** Patience dans l'azur : l'évolution cosmique. Nouv. éd. mise à jour. *Seuil, 1988.* (Points. Sciences ; 55 c4)
ISBN 2-02-009917-9. *50 F / 7,62 €*

34451 **REEVES H.** Poussières d'étoiles. Nouv. éd. mise à jour. *Seuil, 1994.* (Points. Sciences ; 100 c5)
ISBN 2-02-022407-0. *55 F / 8,38 €*

34452 **REID R.** Marie Curie derrière la légende. *Seuil, 1983.* (Points. Sciences ; 35 c4)
ISBN 2-02-006422-7. *52 F / 7,93 €*

34453 **REINHARDT F., SOEDER H.** Atlas des mathématiques. *LGF, 1997.* (La Pochothèque ; 3013. Encyclopédies d'aujourd'hui)
ISBN 2-253-13013-3. *149 F / 22,71 €*

34454 **REUSS P.** La neutronique. *PUF, 1998.* (Que sais-je? ; 3307 c1)
ISBN 2-13-048722-X. *42 F / 6,40 €*

34455 **REVAULT D'ALLONNES M.** Les océans. *PUF, 1995.* (Que sais-je? ; 92 c1)
ISBN 2-13-046682-6. *42 F / 6,40 €*

34456 **REYSS D.** Dans la nuit des abysses : au fond des océans. *Gallimard, 1990.* (Découvertes ; 78. Nature c4)
ISBN 2-07-053100-7. *75 F / 11,43 €*

34457 **REYSS D.** La Découverte des abysses. *Pocket, 1991.* (Pocket ; 3594 c11)
ISBN 2-266-03979-2. *55 F / 8,38 €*

34458 **RIVAL M.** Les grandes expériences scientifiques. *Seuil, 1996.* (Points. Sciences ; 110 c9)
ISBN 2-02-022851-3. *42 F / 6,40 €*

34459 **ROMANOVSKY V.** Physique de l'océan. *Seuil, 1966.* (Microcosme. Le Rayon de la science ; 25 c1)
ISBN 2-02-000214-0. *49 F / 7,47 €*

34460 **RONAN C.** Histoire mondiale des sciences. *Seuil, 1999.* (Points ; 129. Sciences)
ISBN 2-02-036237-6. *74 F / 11,28 €*

34461 **RONDEAU A-S.** Le noyer. Réimpr. *Actes Sud, 2000.* (Le nom de l'arbre c1)
ISBN 2-7427-1352-2. *69 F / 10,52 €*

34462 **RONDEAU A-S., LOCOSTE N.** L'amandier. *Actes Sud, 1998.* (Le nom de l'arbre c1)
ISBN 2-7427-1460-X. *69 F / 10,52 €*

34463 **ROQUEPLO P.** Entre savoir et décision, l'expertise scientifique : une conférence-débat, Paris, 9 avril 1996. *INRA, 1997.* (Sciences en questions)
ISBN 2-7380-0713-9. *39 F / 5,95 €*

34464 **ROSE J.** Le Hasard au quotidien : coïncidences, jeux de hasard, sondages. *Seuil, 1993.* (Points. Sciences ; 91 c2)
ISBN 2-02-019345-0. *39 F / 5,95 €*

34465 **ROSMORDUC J.** Une Histoire de la physique et de la chimie : de Thalès à Einstein. *Seuil, 1985.* (Points. Sciences ; 47 c5)
ISBN 2-02-008990-4. *55 F / 8,38 €*

34466 **ROSNAY J. d.** L'Aventure du vivant. *Seuil, 1991.* (Points. Sciences ; 73 c5)
ISBN 2-02-013511-6. *55 F / 8,38 €*

34467 **N** **ROSNAY J. d.** L'homme symbiotique : regards sur le troisième millénaire. Nouv. éd. *Seuil, 2000.* (Points ; 357 c11)
ISBN 2-02-041399-X. *48 F / 7,32 €*

34468 **N** **ROSTAND J., TESTART J.** Des grenouilles et des hommes : conversations avec Jean Rostand. *Seuil, 2000.* (Points. Sciences ; 138 c9)
ISBN 2-02-041400-7. *42 F / 6,40 €*

34469 **N** **ROUGER P.** Les empreintes génétiques. *PUF, 2000.* (Que sais-je? ; 3569 c1)
ISBN 2-13-050821-9. *42 F / 6,40 €*

34470 **ROUSSEAU P.** De l'atome à l'étoile. 14e éd. *PUF, 1980.* (Que sais-je? ; 2 c1)
ISBN 2-13-036677-5. *42 F / 6,40 €*

34471 **ROUSSILLAT M.** Le bouleau. *Actes Sud, 1995.* (Le nom de l'arbre)
ISBN 2-7427-0626-7. *69 F / 10,52 €*

34472 **ROUSSILLAT M.** Le noisetier. Réimpr. *Actes Sud, 2000.* (Le nom de l'arbre c1)
ISBN 2-7427-0945-2. *69 F / 10,52 €*

34473 **ROUSSILLAT M.** Le prunier. *Actes Sud, 2000.* (Le nom de l'arbre c1)
ISBN 2-7427-2616-0. *69 F / 10,52 €*

34474 **ROUSSILLAT M., LOCOSTE N.** L'acacia. *Actes Sud, 1997.* (Le nom de l'arbre c1)
ISBN 2-7427-1461-8. *69 F / 10,52 €*

34475 **N** **RUCKER R.** La quatrième dimension. *Seuil, 2001.* (Points. Sciences ; 141)
ISBN 2-02-047799-8. *55 F / 8,38 €*

34476 **RUSSELL B.** ABC de la relativité. Rééd. *10-18, 1997.* (10-18 ; 233. Bibliothèques c4)
ISBN 2-264-02575-1. *38 F / 5,79 €*

34477 **SAADA M.** Mathématiques financières. 2e éd. *PUF, 1985.* (Que sais-je? ; 2192 c1)
ISBN 2-13-043135-6. *42 F / 6,40 €*

34478 **SABOURAUD C.** Les Archives de la Terre. *Pocket : Cité des sciences et de l'industrie, 1991.* (Pocket ; 3597. Explora c11)
ISBN 2-266-03982-2. *55 F / 8,38 €*

34479 **SACHE A.** La Théorie des graphes. *PUF, 1974.* (Que sais-je? ; 1554)
ISBN 2-13-033046-0. *42 F / 6,40 €*

34480 **SCHRÖDINGER E.** Physique quantique et représentation du monde. *Seuil, 1992.* (Points. Sciences ; 78 c4)
ISBN 2-02-013319-9. *52 F / 7,93 €*

34481 **SCHRÖDINGER E.** Qu'est-ce que la vie? : de la physique à la biologie. *Seuil, 1993.* (Points. Sciences ; 94 c4)
ISBN 2-02-020223-9. *52 F / 7,93 €*

34482 **SCHUBNEL H-J.** Les Pierres précieuses. 3e éd. *PUF, 1984.* (Que sais-je? ; 592 c1)
ISBN 2-13-038415-3. *42 F / 6,40 €*

34483 **La Science antique et médiévale :** des origines à 1450. Réimpr. *PUF, 1994.* (Histoire générale des sciences; 1)(Quadrige ; 173)
ISBN 2-13-044785-6. *118 F / 17,99 €*

34484 **La science face au racisme.** *Complexe, 1986.* (Complexe poche ; 2 c2)
ISBN 2-87027-179-4. *47 F / 7,17 €*

34485 **La Science sauvage :** des savoirs populaires aux ethnosciences. *Seuil, 1993.* (Points. Sciences ; 93 c3)
ISBN 2-02-020106-2. *48 F / 7,32 €*

34486 **Les Sciences de la forme aujourd'hui.** *Seuil, 1994.* (Points. Sciences ; 102 c3)
ISBN 2-02-022649-9. *48 F / 7,32 €*

34487 **Les sciences de la prévision.** *Seuil, 1996.* (Points. Sciences ; 116 c10)
ISBN 2-02-030020-6. *45 F / 6,86 €*

34488 **SCRIBE C.** Le poirier. *Actes Sud, 1999.* (Le nom de l'arbre c1)
ISBN 2-7427-2019-7. *69 F / 10,52 €*

34489 **SCRIVE M., BOISSIER J-M.** Mille milliards de microbes. *Pocket : Cité des sciences et de l'industrie, 1991.* (Pocket ; 3598. Explora c11)
ISBN 2-266-03981-4. *55 F / 8,38 €*

34490 **SEGUIN G.** La génétique fondamentale. *PUF, 2000.* (Que sais-je? ; 3524 c1)
ISBN 2-13-050446-9. *42 F / 6,40 €*

34491 **SÉRALINI G-M.** L'Evolution de la matière : de la naissance de l'Univers à l'ADN. *Pocket : Cité des sciences et de l'industrie, 1994.* (Pocket ; 3623. Explora c12)
ISBN 2-266-05651-4. *60 F / 9,15 €*

34492 **SIGNOLLET S.** L'aubépine. *Actes Sud, 1998.* (Le nom de l'arbre c1)
ISBN 2-7427-1670-X. *69 F / 10,52 €*

34493 **SIGNOLLET S.** Le houx. *Actes Sud, 1999.* (Le nom de l'arbre c1)
ISBN 2-7427-2384-6. *69 F / 10,52 €*

34494 **N** **SIGNOLLET S.** Le sapin. *Actes Sud, 2000.* (Le nom de l'arbre c1)
ISBN 2-7427-3119-9. *69 F / 10,52 €*

34495 **SILK J.** Le big bang. *LGF, 1999.* (Le Livre de poche ; 4265. Biblio essais c20)
ISBN 2-253-94265-0. *80 F / 12,20 €*

34496 **SINACEUR H.** Jean Cavaillès : philosophie mathématique. *PUF, 1994.* (Philosophies)
ISBN 2-13-046550-1. *45 F / 6,86 €*

34497 **SINGH S.** Le dernier théorème de Fermat. *Hachette Littératures, 1999.* (Pluriel ; 921 c6)
ISBN 2-01-278921-8. *50 F / 7,62 €*

34498 **SLANSKY M.** Les roches sédimentaires. 8e éd. *PUF, 1999.* (Que sais-je? ; 595 c1)
ISBN 2-13-049500-1. *42 F / 6,40 €*

34499 **SOKAL A. D., BRICMONT J.** Impostures intellectuelles. *LGF, 1999.* (Le Livre de poche ; 4276. Biblio essais c15)
ISBN 2-253-94276-6. *50 F / 7,62 €*

34500 **STENGERS I., SCHLANGER J.** Les Concepts scientifiques : invention et pouvoir. *Gallimard, 1991.* (Folio ; 161. Essais ; 161 c9)
ISBN 2-07-032624-1. *71 F / 10,82 €*

34501 **N** **STEWART I.** La nature et les nombres. *Hachette Littératures, 2000.* (Pluriel)
ISBN 2-01-279008-9. *40 F / 6,10 €*

34502 **STRUM S. C.** Voyage chez les babouins. *Seuil, 1995.* (Points ; 106. Sciences c13)
ISBN 2-02-024020-3. *52 F / 7,93 €*

34503 **La Symétrie aujourd'hui.** *Seuil, 1989.* (Points. Sciences ; 59 c3)
ISBN 2-02-010523-3. *48 F / 7,32 €*

34504 **La synchronicité, l'âme et la science.** *Albin Michel, 1995.* (Espaces libres ; 51 c3)
ISBN 2-226-07609-3. *45 F / 6,86 €*

34505 **TAZIEFF H.** Les Volcans et la dérive des continents. 2e éd. *PUF, 1991.* (Quadrige ; 59)
ISBN 2-13-043492-4. *47 F / 7,17 €*

34506 **TENENBAUM G., MENDÈS FRANCE M.** Les nombres premiers. Nouv. éd. *PUF, 1997.* (Que sais-je? ; 571 c1)
ISBN 2-13-048399-2. *42 F / 6,40 €*

34507 **TERRIEN J., DESVIGNES P.** La Photométrie. *PUF, 1972.* (Que sais-je? ; 1467 c1)
ISBN 2-13-031966-1. *42 F / 6,40 €*

34508 **THÉODORIDÈS J.** Histoire de la biologie. 7e éd. corr. *PUF, 2000.* (Que sais-je? ; 1 c1)
ISBN 2-13-043930-6. *42 F / 6,40 €*

34509 **Le théorème de Gödel.** *Seuil, 1997.* (Points ; 122. Sciences c10)
ISBN 2-02-032778-3. *45 F / 6,86 €*

34510 **THOMAS J-P.** Les fondements de l'eugénisme. *PUF, 1995.* (Que sais-je? ; 2953 c1)
ISBN 2-13-046842-X. *42 F / 6,40 €*

34511 **THUILLIER P.** D'Archimède à Einstein : les faces cachées de l'invention scientifique. *LGF, 1996.* (Le Livre de poche ; 4237. Biblio essais c12)
ISBN 2-253-94237-5. *44 F / 6,71 €*

34512 **THUILLIER P.** Science et société : essais sur les dimensions culturelles de la science. *LGF, 1997.* (Le Livre de poche ; 4252. Biblio essais c15)
ISBN 2-253-94252-9. *50 F / 7,62 €*

34513 **TORDJMAN N.** Le cerisier. *Actes Sud, 1999.* (Le nom de l'arbre c1)
ISBN 2-7427-2020-0. *69 F / 10,52 €*

34514 **TORDJMAN N.** Le marronnier. *Actes Sud, 1999.* (Le nom de l'arbre c1)
ISBN 2-7427-2436-2. *69 F / 10,52 €*

34515 **TORDJMAN N.** Le peuplier. *Actes Sud, 1996.* (Le nom de l'arbre c1)
ISBN 2-7427-0946-0. *69 F / 10,52 €*

34516 **TORDJMAN N.** Le saule. *Actes Sud, 1996.* (Le nom de l'arbre c1)
ISBN 2-7427-0768-9. *69 F / 10,52 €*

34517 **TORDJMAN N.** Le tilleul. Réimpr. *Actes Sud, 2000.* (Le nom de l'arbre)
ISBN 2-7427-0624-0. *69 F / 10,52 €*

34518 **TORDJMAN N., DARNET V.** La Communication animale. *Pocket, 1992.* (Pocket ; 3608. Explora c12)
ISBN 2-266-04673-X. *60 F / 9,15 €*

34519 **N** **TORT P.** Darwin et la science de l'évolution. *Gallimard, 2000.* (Découvertes ; 397. Sciences c5)
ISBN 2-07-053520-7. *85 F / 12,96 €*

34520 **A** **TOUTAIN S-C.** Les catastrophes naturelles. *Milan, 2001.* (Les essentiels Milan ; 196 c1)
ISBN 2-7459-0267-9. *25 F / 3,81 €*

34521 **N** **TRINH X. T.** Le chaos et l'harmonie : la fabrication du Réel. *Gallimard, 2000.* (Folio ; 366. Essais c8)
ISBN 2-07-041370-5. *66 F / 10,06 €*

34522 **TRINH X. T.** Le Destin de l'Univers : le big bang, et après. *Gallimard, 1992.* (Découvertes ; 151. Sciences c6)
ISBN 2-07-053145-7. *90 F / 13,72 €*

34523 **TRINH X. T.** La Mélodie secrète : et l'homme créa l'Univers. *Gallimard, 1991.* (Folio ; 160. Essais ; 160 c6)
ISBN 2-07-032623-3. *56 F / 8,54 €*

34524 **TUBIANA M., DAUTRAY R.** La radioactivité et ses applications. Nouv. éd. *PUF, 1996.* (Que sais-je? ; 33 c1)
ISBN 2-13-047908-1. *42 F / 6,40 €*

34525 **TURING A. M., GIRARD J-Y.** La machine de Turing. *Seuil, 1999.* (Points. Sciences ; 131 c10)
ISBN 2-02-036928-1. *45 F / 6,86 €*

34526 **VAN EERSEL P.** Le cinquième rêve : le dauphin, l'homme, l'évolution. Nouv. éd. revue et augm. *LGF, 1995.* (Le Livre de poche ; 13823 c11)
ISBN 2-253-13823-1. *42 F / 6,40 €*

34527 **VARELA F. J.** Invitation aux sciences cognitives. Nouv. éd. mise à jour et augm. *Seuil, 1996.* (Points. Sciences ; 111 c1)
ISBN 2-02-028743-9. *32 F / 4,88 €*

34528 **VAUCLAIR J.** L'intelligence de l'animal. Nouv. éd. *Seuil, 1995.* (Points. Sciences ; 109 c9)
ISBN 2-02-025840-4. *42 F / 6,40 €*

34529 **N** **VERDET J-P.** Le ciel, ordre et désordre. Nouv. éd. *Gallimard, 2001.* (Découvertes ; 26. Traditions)
ISBN 2-07-076083-9. *89 F / 13,57 €*

34530 **VERDET J-P.** Histoire de l'astronomie ancienne et classique. *PUF, 1998.* (Que sais-je? ; 165 c1)
ISBN 2-13-048667-3. *42 F / 6,40 €*

34531 **VERDET J-P.** Une histoire de l'astronomie. *Seuil, 1990.* (Points ; 62. Sciences)
ISBN 2-02-011557-3. *62 F / 9,45 €*

34532 **VERDET J-P.** Penser l'univers. *Gallimard, 1998.* (Découvertes texto ; 2 c2)
ISBN 2-07-053423-5. *52 F / 7,93 €*

34533 **VERDIER N.** A quoi servent les mathématiques ?. *Milan, 1998.* (Les essentiels Milan ; 96 c1)
ISBN 2-84113-607-8. *25 F / 3,81 €*

34534 **VERDIER N.** Le dico des sciences. *Milan, 1999.* (Les dicos essentiels Milan)
ISBN 2-84113-816-X. *58 F / 8,84 €*

34535 **VERLEY X.** Mach, un physicien philosophe. *PUF, 1998.* (Philosophies ; 104 c1)
ISBN 2-13-049251-7. *48 F / 7,32 €*

34536 **VIDAL B.** Histoire de la chimie. Nouv. éd. *PUF, 1998.* (Que sais-je? ; 35 c1)
ISBN 2-13-048353-4. *42 F / 6,40 €*

34537 **VILLAIN J.** L'aventure millénaire des fusées. *Pocket : Cité des sciences et de l'industrie, 1993.* (Pocket ; 3620. Explora c12)
ISBN 2-266-05242-X. *60 F / 9,15 €*

34538 **VOGEL G., ANGERMANN H.** Atlas de la biologie. Ed. rev. et augm. *LGF, 1994.* (La Pochothèque ; 3006. Encyclopédies d'aujourd'hui)
ISBN 2-253-06451-3. *149 F / 22,71 €*

34539 **VOITURIEZ B.** Les Climats de la terre. *Pocket, 1992.* (Pocket ; 3610. Explora c12)
ISBN 2-266-04830-9. *60 F / 9,15 €*

34540 **WARUSFEL A.** Les Mathématiques modernes. *Seuil, 1969.* (Microcosme. Le Rayon de la science ; 30 c1)
ISBN 2-02-000219-1. *49 F / 7,47 €*

34541 **WARUSFEL A.** Les Nombres et leurs mystères. *Seuil, 1980.* (Points. Sciences ; 21 c3)
ISBN 2-02-005479-5. *48 F / 7,32 €*

34542 **WATSON J-D.** La double hélice : compte-rendu personnel de la découverte de la structure de l'ADN. Réimpr. *Hachette Littératures, 1999.* (Pluriel ; 8420 c8)
ISBN 2-01-278975-7. *60 F / 9,15 €*

34543 **WEINBERG S.** Les trois Premières Minutes de l'univers. *Seuil, 1988.* (Points. Sciences ; 20 c12)
ISBN 2-02-010485-7. *48 F / 7,32 €*

34544 **Zoosystema. 19-1,.** *Muséum national d'histoire naturelle, 1997*
255,25 F / 38,91 €

34545 **Zoosystema. 19-2,3,.** *Muséum national d'histoire naturelle, 1997*
255,25 F / 38,91 €

34546 **Zoosystema. 19-4,.** *Muséum national d'histoire naturelle, 1997*
255,25 F / 38,91 €

34547 **Zoosystema. 20-1,.** *Muséum national d'histoire naturelle, 1998*
255,25 F / 38,91 €

34548 **Zoosystema. 20-2,.** *Muséum national d'histoire naturelle, 1998*
255,25 F / 38,91 €

34549 **Zoosystema. 20-3,.** *Muséum national d'histoire naturelle, 1998*
255,25 F / 38,91 €

34550 **Zoosystema. 20-4,.** *Muséum national d'histoire naturelle, 1998*
255,25 F / 38,91 €

34551 **Zoosystema. 21-1,.** *Muséum national d'histoire naturelle, 1999*
255,25 F / 38,91 €

34552 **Zoosystema. 21-2,.** *Muséum national d'histoire naturelle, 1999*
255,25 F / 38,91 €

34553 **Zoosystema. 21-3,.** *Muséum national d'histoire naturelle, 1999*
255,25 F / 38,91 €

34554 **Zoosystema. 21-4,.** *Muséum national d'histoire naturelle, 1999*
255,25 F / 38,91 €

34555 **Zoosystema. 22-1,.** *Muséum national d'histoire naturelle, 2000*
255,25 F / 38,91 €

34556 **N** **Zoosystema. 22-2, PRORIFERA 2000 :** volume in honour of professor Claude Lévi. *Muséum national d'histoire naturelle, 2000*
255,25 F / 38,91 €

34557 **N** **Zoosystema. 22-3,.** *Muséum national d'histoire naturelle, 2000*
255,25 F / 38,91 €

34558 **N** **Zoosystema. 22-4,.** *Muséum national d'histoire naturelle, 2000*
255,25 F / 38,91 €

Société Sociologie

34559 **ABDALLAH-PRETCEILLE M.** L'éducation interculturelle. *PUF, 1999.* (Que sais-je? ; 3487 c1)
ISBN 2-13-049989-9. *42 F / 6,40 €*

34560 **ABOU S.** L'identité culturelle : relations interethniques et problèmes d'acculturation. Nouv. éd. *Hachette Littératures, 1995.* (Pluriel ; 8735 c3)
ISBN 2-01-278735-5. *49 F / 7,47 €*

34561 **ACKERMAN D.** Le livre de l'amour. *LGF, 1997.* (Le Livre de poche ; 14130 c13)
ISBN 2-253-14130-5. *46 F / 7,01 €*

34562 **A** **AGACINSKI S.** Politique des sexes. *Seuil, 2001.* (Points ; 846)
ISBN 2-02-049096-X. *35 F / 5,34 €*

34563 **ALAIN** Propos sur l'éducation ; Pédagogie enfantine. 2e éd. *PUF, 1990.* (Quadrige ; 87)
ISBN 2-13-043422-3. *78 F / 11,89 €*

34564 **ALBERONI F.** L'amitié. *Pocket, 1995.* (Pocket ; 4223. Best c3)
ISBN 2-266-06224-7. *26 F / 3,96 €*

34565 **ALBERONI F.** L'Erotisme. *Pocket, 1994.* (Pocket ; 4216 c5)
ISBN 2-266-06182-8. *35 F / 5,34 €*

34566 **ALBERONI F.** Vie publique et vie privée. *Pocket, 2000.* (Pocket ; 10829 c3)
ISBN 2-266-09799-7. *26 F / 3,96 €*

34567 **ALEKSIEVITCH S. A.** La supplication : Tchernobyl, chroniques du monde après l'apocalypse. *J'ai lu, 2000.* (J'ai lu ; 5408. Littérature générale cH)
ISBN 2-290-30031-4. *32 F / 4,88 €*

34568 **N** **ALEXANDER J. C.** La réduction : critique de Bourdieu. *Cerf, 2000.* (Humanités c1)
ISBN 2-204-06416-5. *95 F / 14,48 €*

34569 **ALEXANDRE B.** Le Horsain : vivre et survivre en pays de Caux. *Pocket, 1990.* (Pocket ; 3027. Terre humaine c9)
ISBN 2-266-03787-0. *48 F / 7,32 €*

34570 **N** **ALEXANDRIAN** La magie sexuelle : bréviaire des sortilèges amoureux. *la Musardine, 2000.* (L'attrape-corps ; 3)
ISBN 2-84271-101-7. *79 F / 12,04 €*

34571 **ALLARD G., LEFORT P.** Le masque. 2e éd. corr. *PUF, 1998.* (Que sais-je? ; 905 c1)
ISBN 2-13-038350-5. *42 F / 6,40 €*

34572 **ALLÈGRE C.** Economiser la planète. *LGF, 1992.* (Le Livre de poche ; 4162. Biblio essais c14)
ISBN 2-253-06133-6. *48 F / 7,32 €*

34573 **ALTET M.** Les pédagogies de l'apprentissage. *PUF, 1997.* (Pédagogues et pédagogies ; 13)
ISBN 2-13-048016-0. *52 F / 7,93 €*

34574 **AMNESTY INTERNATIONAL** Les Assassinats politiques : rapport sur la responsabilité des Etats. *Seuil, 1983.* (Points. Politique ; 119 c8)
ISBN 2-02-006464-2. *39 F / 5,95 €*

34575 **AMROUCHE M. T.** Le grain magique : contes, poèmes, proverbes berbères de Kabylie. *La Découverte, 1996.* (La Découverte poche ; 5. Littérature et voyages)
ISBN 2-7071-2578-4. *67 F / 10,21 €*

34576 **Analyses, hypothèses, perspectives.** *Seuil, 1993.* (Face au racisme; 2)(Points. Essais ; 275 c4)
ISBN 2-02-020979-9. *52 F / 7,93 €*

34577 **ANSART P.** Les Sociologies contemporaines. *Seuil, 1990.* (Points ; 211. Essais c5)
ISBN 2-02-011587-5. *55 F / 8,38 €*

34578 **ANTELME R.** L'Espèce humaine. *Gallimard, 1979.* (Tel ; 26)
ISBN 2-07-029779-9. *62 F / 9,45 €*

34579 **Anthologie des mythes, légendes et contes populaires d'Amérique.** *Albin Michel, 1989.* (Bibliothèque Albin Michel poche ; 19 c2)
ISBN 2-226-03536-2. *49 F / 7,47 €*

34580 **Archives d'un procès :** Klaus Barbie. *LGF, 1987.* (Le Livre de poche ; 4078. Biblio essais c15)
ISBN 2-253-04469-5. *50 F / 7,62 €*

34581 **ARDOINO J., LOURAU R.** Les Pédagogies institutionnelles. *PUF, 1994.* (Pédagogues et pédagogies ; 1)
ISBN 2-13-046046-1. *46 F / 7,01 €*

34582 **ARENDT H.** La tradition cachée : le Juif comme paria. *10-18, 1997.* (10-18 ; 2802. Bibliothèques c6)
ISBN 2-264-02522-0. *47 F / 7,17 €*

34583 **ARIES P.** Essais sur l'histoire de la mort en Occident : du Moyen Age à nos jours. *Seuil, 1977.* (Points. Histoire ; 31 c2)
ISBN 2-02-004736-5. *39 F / 5,95 €*

34584 **ARIES P.** Histoire des populations françaises et de leurs attitudes devant la vie depuis le 18e siècle. Nouv. éd. *Seuil, 1971.* (Points. Histoire ; 3 c5)
ISBN 2-02-000648-0. *67 F / 10,21 €*

34585 **ARMAND D.** L'eau en danger ?. *Milan, 1998.* (Les essentiels Milan ; 110 c1)
ISBN 2-84113-678-7. *25 F / 3,81 €*

34586 **ARON J-P., KEMPF R.** Le pénis et la démoralisation de l'Occident. *LGF, 1999.* (Le Livre de poche ; 4286. Biblio essais c11)
ISBN 2-253-94286-3. *42 F / 6,40 €*

34587 **ARON R.** Les désillusions du progrès : essai sur la dialectique de la modernité. *Gallimard, 1996.* (Tel ; 268)
ISBN 2-07-073628-8. *82 F / 12,50 €*

34588 **ARON R.** Dix-huit leçons sur la société industrielle. *Gallimard, 1986.* (Folio. Essais ; 33 c4)
ISBN 2-07-032347-1. *46 F / 7,01 €*

34589 **ARON R.** Les Etapes de la pensée sociologique. *Gallimard, 1987.* (Tel ; 8)
ISBN 2-07-029518-4. *98 F / 14,94 €*

34590 **ARON R.** La Sociologie allemande contemporaine. 4e éd. *PUF, 1981.* (Quadrige ; 18)
ISBN 2-13-041290-4. *42 F / 6,40 €*

34591 **ASSÉO H.** Les Tsiganes : une destinée européenne. *Gallimard, 1994.* (Découvertes ; 218. Histoire c5)
ISBN 2-07-053156-2. *85 F / 12,96 €*

34592 **ASTOLFI J-P., DEVELAY M.** La didactique des sciences. 5e éd. *PUF, 1998.* (Que sais-je? ; 2448 c1)
ISBN 2-13-043469-X. *42 F / 6,40 €*

34593 **ASTURIAS M. A.** Légendes du Guatemala. *Gallimard, 1985.* (Folio ; 1624 c11)
ISBN 2-07-037624-9. *29,50 F / 4,50 €*

34594 **ATTALI J.** Chemins de sagesse : traité du labyrinthe. *LGF, 1998.* (Le Livre de poche ; 14547 c7)
ISBN 2-253-14547-5. *30 F / 4,57 €*

34595 **ATTIAS J-C., BENBASSA E.** Dictionnaire de la civilisation juive : auteurs, oeuvres, notions. *Larousse, 1997.* (Les référents)
ISBN 2-03-720319-5. *110 F / 16,77 €*

34596 **Au coeur de l'ethnie :** ethnie, tribalisme et Etat en Afrique. *La Découverte, 1999.* (La Découverte poche ; 68. Sciences humaines et sociales)
ISBN 2-7071-2955-0. *63 F / 9,60 €*

34597 **Au jardin des malentendus :** le commerce franco-allemand des idées. Nouv. éd. augm. et actual. *Actes Sud, 1997.* (Babel ; 287 c7)
ISBN 2-7427-1377-8. *69 F / 10,52 €*

34598 **AUTHIER M., LÉVY P.** Les arbres de connaissances. Nouv. éd. *La Découverte, 1999.* (La Découverte poche ; 9. Sciences humaines et sociales)
ISBN 2-7071-3044-3. *54 F / 8,23 €*

34599 **Aux sources de l'ethnologie française :** l'Académie celtique. *Ed. du CTHS, 1995.* (Format ; 19)
ISBN 2-7355-0322-4. *90 F / 13,72 €*

34600 **AVANZINI G.** Alfred Binet. *PUF, 1999.* (Pédagogues et pédagogies ; 22)
ISBN 2-13-049816-7. *52 F / 7,93 €*

34601 **N** **BÂ A. H.** Contes initiatiques peuls : Njeddo Dewal, mère de la calamité, Kaïdira. *Pocket, 2000.* (Pocket ; 10756 c6)
ISBN 2-266-09550-1. *38 F / 5,79 €*

34602 **N** **BACQUÉ M-F., HANUS M.** Le deuil. *PUF, 2000.* (Que sais-je? ; 3558 c1)
ISBN 2-13-050553-8. *42 F / 6,40 €*

34603 **BADINTER E.** XY, de l'identité masculine. *LGF, 1994.* (Le Livre de poche ; 9783 c9)
ISBN 2-253-09783-7. *36 F / 5,49 €*

34604 **BAGLA-GÔKALP L.** Sociologie des organisations. *La Découverte, 1998.* (Repères ; 249 c1)
ISBN 2-7071-2887-2. *52 F / 7,93 €*

34605 **BAIROCH P.** De Jéricho à Mexico : villes et économie dans l'histoire. *Gallimard, 1985.* (Arcades ; 4)
ISBN 2-07-070363-0. *115 F / 17,53 €*

34606 **BALANDIER G.** Anthropologie politique. 4e éd. *PUF, 1999.* (Quadrige ; 54)
ISBN 2-13-043996-9. *62 F / 9,45 €*

34607 **BALANDIER G.** Sens et puissance : les dynamiques sociales. 3e éd. *PUF, 1986.* (Quadrige ; 7)
ISBN 2-13-039718-2. *55 F / 8,38 €*

34608 **BALANDIER G.** Sociologie des Brazzavilles noires. 2e éd. rev. *Presses de la Fondation nationale des sciences politiques, 1985.* (Références ; 15)
ISBN 2-7246-0524-1. *60 F / 9,15 €*

34609 **BALIBAR E., WALLERSTEIN I.** Race, nation, classe : les identités ambiguës. *La Découverte, 1997.* (La Découverte poche ; 42. Sciences humaines et sociales)
ISBN 2-7071-2790-6. *75 F / 11,43 €*

34610 **BALLE F., EYMERY G.** Les nouveaux médias. 4e éd. mise à jour. *PUF, 1996.* (Que sais-je? ; 2142 c1)
ISBN 2-13-047941-3. *42 F / 6,40 €*

34611 **BARBIER R.** La recherche-action. *Anthropos, 1996.* (Ethno-sociologie-poche ; 3)
ISBN 2-7178-3062-6. *49 F / 7,47 €*

34612 **BARBIER R., LARÉDO P.** L'internalisation des déchets : le modèle de la communauté urbaine de Lille. *Economica, 1997.* (Environnement-poche ; 9 c1)
ISBN 2-7178-3366-8. *49 F / 7,47 €*

34613 **BARDET M.** Le suicide. *Milan, 1996.* (Les essentiels Milan ; 62 c1)
ISBN 2-84113-465-2. *25 F / 3,81 €*

34614 **BARILARI A.** Réussir vos dissertations. *LGDJ, 1995.* (Systèmes)
ISBN 2-275-00341-X. *95 F / 14,48 €*

34615 **A** **BARRAL E.** Otaku : une génération virtuelle. *J'ai lu, 2001.* (J'ai lu ; 5969. Littérature générale)
ISBN 2-290-31205-3

34616 **BARREAU J-M., LEGRAND L.** L'école unique de 1914 à nos jours. *PUF, 1998.* (Pédagogues et pédagogies ; 19)
ISBN 2-13-049299-1. *52 F / 7,93 €*

34617 **N** **BARROT A.** L'enseignement mis à mort. *Librio, 2000.* (Librio ; 427 c1)
ISBN 2-290-30802-1. *10 F / 1,52 €*

34618 **BARTHES R.** Mythologies. *Seuil, 1970.* (Points ; 10. Essais c2)
ISBN 2-02-000585-9. *39 F / 5,95 €*

34619 **BARTHES R.** Le Système de la mode. *Seuil, 1983.* (Points ; 147. Essais c4)
ISBN 2-02-006379-4. *59 F / 8,99 €*

34620 **BARUK S.** L'Age du capitaine : de l'erreur en mathématiques. *Seuil, 1992.* (Points. Sciences ; 83 c4)
ISBN 2-02-018301-3. *52 F / 7,93 €*

34621 **BARUK S.** Fabrice ou l'Ecole des mathématiques. *Seuil, 1994.* (Points. Sciences ; 101 c3)
ISBN 2-02-022686-3. *48 F / 7,32 €*

34622 **BASTIDE R.** Images du Nordeste mystique en noir et blanc. *Actes Sud, 1995.* (Babel ; 154 c3)
ISBN 2-7427-0542-2. *45 F / 6,86 €*

34623 **BAUDELOT C., ESTABLET R.** Allez les filles !. Rééd. *Seuil, 1998.* (Points ; 559 c2)
ISBN 2-02-034969-8. *39 F / 5,95 €*

34624 **BAUDELOT C., ESTABLET R.** Durkheim et le suicide. 5e éd. *PUF, 1998.* (Philosophies ; 3)
ISBN 2-13-045694-4. *48 F / 7,32 €*

34625 **BAUDELOT C., ESTABLET R.** Maurice Halbwachs : consommation et société. *PUF, 1994.* (Philosophies ; 51)
ISBN 2-13-046368-1. *45 F / 6,86 €*

34626 **BAUDELOT C., ESTABLET R.** Le niveau monte : réfutation d'une vieille idée concernant la prétendue décadence de nos écoles. *Seuil, 1990.* (Points. Actuels ; 98 c2)
ISBN 2-02-012469-6. *39 F / 5,95 €*

34627 **BAUDRILLARD J.** Amérique. *LGF, 1988.* (Le Livre de poche ; 4080. Biblio essais c7)
ISBN 2-253-04557-8. *30 F / 4,57 €*

34628 **BAUDRILLARD J.** La société de consommation : ses mythes, ses structures. Réimpr. *Gallimard, 1996.* (Folio. Essais ; 35 c3)
ISBN 2-07-032349-8. *41 F / 6,25 €*

34629 **BAUDRILLARD J.** Le Système des objets : essai. *Gallimard, 1978.* (Tel ; 33)
ISBN 2-07-028386-0. *55 F / 8,38 €*

34630 **BAUDRILLARD J., PETIT P.** Le paroxyste indifférent : entretiens avec Philippe Petit. *LGF, 1999.* (Le Livre de poche ; 4280. Biblio essais c9)
ISBN 2-253-94280-4. *36 F / 5,49 €*

34631 **BAUER A., RAUFER X.** Violences et insécurités urbaines. 4e éd. *PUF, 2000.* (Que sais-je? ; 3421 c1)
ISBN 2-13-049564-8. *42 F / 6,40 €*

34632 **BAUGNET L.** L'identité sociale. *Dunod, 1998.* (Les topos. Psychologie c1)
ISBN 2-10-003566-5. *52 F / 7,93 €*

34633 **BAUMAN Z.** Le coût humain de la mondialisation. *Hachette Littératures, 2000.* (Pluriel ; 995)
ISBN 2-01-278995-1. *45 F / 6,86 €*

34634 **BEAUVOIR S. d.** L'Expérience vécue. *Gallimard, 1986.* (Le Deuxième sexe; 2)(Folio ; 38. Essais ; 38 c6)
ISBN 2-07-032352-8. *56 F / 8,54 €*

34635 **BEAUVOIR S. d.** Les Faits et les mythes. *Gallimard, 1986.* (Le Deuxième sexe; 1)(Folio ; 37. Essais ; 37 c5)
ISBN 2-07-032351-X. *52 F / 7,93 €*

34636 **BÉDARIDA C.** L'Ecole qui décolle. *Seuil, 1992.* (Points. Actuels ; 124 c2)
ISBN 2-02-018168-1. *39 F / 5,95 €*

34637 **BEGAG A., CHAOUITE A.** Ecarts d'identité. *Seuil, 1990.* (Point-virgule ; 86 c1)
ISBN 2-02-012158-1. *32 F / 4,88 €*

34638 **BEGAG A., DELORME C.** Quartiers sensibles. *Seuil, 1994.* (Point-virgule ; 415 c1)
ISBN 2-02-022381-3. *39 F / 5,95 €*

34639 **BEGAG A., ROSSINI R.** Du bon usage de la distance chez les sauvageons. *Seuil, 1999.* (Point-virgule)
ISBN 2-02-037491-9. *35 F / 5,34 €*

34640 **BÉGHAIN P.** Le patrimoine : culture et lien social. *Presses de Sciences Po, 1998.* (La Bibliothèque du citoyen c1)
ISBN 2-7246-0753-8. *75 F / 11,43 €*

34641 **BEHR E.** Une Amérique qui fait peur. *Pocket, 1996.* (Pocket ; 10056. Best c5)
ISBN 2-266-06963-2. *35 F / 5,34 €*

34642 **BELLEMARE P.** L'année criminelle. 1. *LGF, 1993.* (Le Livre de poche ; 9670 c8)
ISBN 2-253-06368-1. *33 F / 5,03 €*

34643 **BELLEMARE P.** L'année criminelle. 2. *LGF, 1993.* (Le Livre de poche ; 9671 c8)
ISBN 2-253-06369-X. *33 F / 5,03 €*

34644 **BELLEMARE P.** L'année criminelle. 3. *LGF, 1995.* (Le Livre de poche ; 13684 c8)
ISBN 2-253-13684-0. *33 F / 5,03 €*

34645 **BELLEMARE P.** L'année criminelle. 4. *LGF, 1995.* (Le Livre de poche ; 13685 c7)
ISBN 2-253-13685-9. *30 F / 4,57 €*

34646 **BELLEMARE P.** Instant crucial : les stupéfiants rendez-vous du hasard. *LGF, 1997.* (Le Livre de poche ; 14147 c10)
ISBN 2-253-14147-X. *40 F / 6,10 €*

34647 **BELLEMARE P.** Instinct mortel. 1. *LGF, 1996.* (Le Livre de poche ; 13963 c6)
ISBN 2-253-13963-7. *26 F / 3,96 €*

34648 **BELLEMARE P.** Instinct mortel. 2. *LGF, 1996.* (Le Livre de poche ; 13975 c7)
ISBN 2-253-13975-0. *30 F / 4,57 €*

34649 **BELLEMARE P.** Issue fatale : 75 histoires inexorables. *LGF, 1998.* (Le Livre de poche ; 14446 c11)
ISBN 2-253-14446-0. *42 F / 6,40 €*

34650 **BELLEMARE P.** La Peur derrière la porte. 1. *Pocket, 1992.* (Pocket ; 4618. Best c4)
ISBN 2-266-04711-6. *30 F / 4,57 €*

34651 **BELLEMARE P.** La Peur derrière la porte. 2. *Pocket, 1992.* (Pocket ; 4619. Best c4)
ISBN 2-266-04708-6. *30 F / 4,57 €*

34652 **N** **BELLEMARE P., ANTOINE J.** Les Dossiers extraordinaires. 1. Réimp. *J'ai lu, 2000.* (J'ai lu ; 2820. Littérature générale cl)
ISBN 2-290-30715-7. *36 F / 5,49 €*

34653 **N** **BELLEMARE P., ANTOINE J.** Les Dossiers extraordinaires. 2. Réimp. *J'ai lu, 2000.* (J'ai lu ; 2821. Littérature générale cl)
ISBN 2-290-30696-7. *36 F / 5,49 €*

34654 **BELLEMARE P., ANTOINE J., CUNY M-T.** Dossiers secrets. 1. *LGF, 1987.* (Le Livre de poche ; 6327 c7)
ISBN 2-253-04141-6. *30 F / 4,57 €*

34655 **BELLEMARE P., ANTOINE J., CUNY M-T.** Dossiers secrets. 2. *LGF, 1987.* (Le Livre de poche ; 6363 c6)
ISBN 2-253-04197-1. *26 F / 3,96 €*

34656 **BELLEMARE P., EPINOUX J-M., MORAND R.** Possession : l'étrange destin des choses. *LGF, 1998.* (Le Livre de poche ; 14485 c9)
ISBN 2-253-14485-1. *36 F / 5,49 €*

34657 **BELLEMARE P., EPINOUX J-M., NAHMIAS J-F.** Les génies de l'arnaque : 80 chefs-d'oeuvre de l'escroquerie. *LGF, 1996.* (Le Livre de poche ; 14022 c10)
ISBN 2-253-14022-8. *40 F / 6,10 €*

34658 **BELLEMARE P., NAHMIAS J-F.** Les tueurs diaboliques. *LGF, 1999.* (Le Livre de poche ; 6554 c10)
ISBN 2-253-04798-8. *40 F / 6,10 €*

34659 **BELMONT N.** Comment on fait peur aux enfants. *Mercure de France, 1999.* (Le petit Mercure)
ISBN 2-7152-2166-5. *22 F / 3,35 €*

34660 **BELOTTI E. G.** Du côté des petites filles. 6e éd. *Des femmes-Antoinette Fouque, 1994.* (Pour chacune ; 2 c2)
ISBN 2-7210-0449-2. *39 F / 5,95 €*

34661 **BEN ABDALLAH C.** Khorafet. *Alyssa, 1997*
ISBN 9973-758-18-8. *50 F / 7,62 €*

34662 **BEN JELLOUN T.** La plus haute des solitudes : misère affective et sexuelle d'émigrés nord-africains. *Seuil, 1997.* (Points ; 377 c8)
ISBN 2-02-031986-1. *39 F / 5,95 €*

34663 **BÉNÉTON P.** Les Classes sociales. Nouv. éd. *PUF, 1991.* (Que sais-je? ; 341 c1)
ISBN 2-13-043544-0. *42 F / 6,40 €*

34664 **N** **BENGUIGUI Y.** Mémoires d'immigrés : l'héritage maghrébin. *Pocket, 2000.* (Pocket ; 10576 c4)
ISBN 2-266-08807-6. *30 F / 4,57 €*

34665 **BENLAKHEL N.** L'école maternelle : comme si vous y étiez... *Milan, 1999.* (Du côté des parents ; 5 c1)
ISBN 2-84113-822-4. *48 F / 7,32 €*

34666 **BERLIN I.** Trois essais sur la condition juive. *Pocket, 1993.* (Agora ; 106 c6)
ISBN 2-266-04681-0. *38 F / 5,79 €*

34667 **BERNARD J.** Les métiers qui font voyager. *Rebondir, 1996.* (Guides pratiques ; 40)
ISBN 2-910325-40-7. *39 F / 5,95 €*

34668 **BERNOUX P.** La sociologie des entreprises. *Seuil, 1995.* (Points ; 308. Essais c13)
ISBN 2-02-023632-X. *52 F / 7,93 €*

34669 **BERNOUX P.** La sociologie des organisations : initiation théorique suivie de douze cas pratiques. Nouv. éd. *Seuil, 1999.* (Points. Essais ; 180 c11)
ISBN 2-02-011570-0. *62 F / 9,45 €*

34670 **BERQUE J.** Les Arabes ; suivi de Andalousies. *Actes Sud, 1997.* (Babel ; 250. Sindbad c3)
ISBN 2-7427-0923-1. *45 F / 6,86 €*

34671 **BERQUE J., SUR J.** Les Arabes, l'Islam et nous : entretien avec Jean Sur. *Mille et une nuits ; Arte Editions, 1996.* (La petite collection ; 110 cA)
ISBN 2-84205-047-9. *10 F / 1,52 €*

34672 **BERTHELOT J-M.** La Construction de la sociologie. 2e éd. *PUF, 1993.* (Que sais-je? ; 2602 c1)
ISBN 2-13-045609-X. *42 F / 6,40 €*

34673 **BERTHIER P.** L'ethnographie de l'école : éloge critique. *Anthropos, 1996.* (Ethno-sociologie-poche ; 1)
ISBN 2-7178-2994-6. *49 F / 7,47 €*

34674 **BERTOLINI G.** La double vie de l'emballage. *Economica, 1995.* (Environnement-poche ; 3)
ISBN 2-7178-2891-5. *49 F / 7,47 €*

34675 **BEST F.** L'échec scolaire. 2e éd. corrigée. *PUF, 1999.* (Que sais-je? ; 636 c1)
ISBN 2-13-048361-5. *42 F / 6,40 €*

34676 **BETTELHEIM B., ZELAN K.** La Lecture et l'enfant. *Hachette Littératures, 1992.* (Pluriel ; 8608 c5)
ISBN 2-01-019855-7. *65 F / 9,91 €*

34677 **BIGOT E.** Le gourmand émotif. *Seuil, 1997.* (Point-virgule c7)
ISBN 2-02-029198-3. *39 F / 5,95 €*

34678 **BIRNBAUM P.** Le peuple et les gros : histoire d'un mythe. Ed. rev. et augm. *Hachette Littératures, 1995.* (Pluriel ; 8749 c3)
ISBN 2-01-278749-5. *49 F / 7,47 €*

34679 **BLANCHARD P., BANCEL N.** De l'indigène à l'immigré. *Gallimard, 1998.* (Découvertes ; 345. Histoire)
ISBN 2-07-053429-4. *76 F / 11,59 €*

34680 **BLANCHOT M.** Le Livre à venir. *Gallimard, 1986.* (Folio ; 48. Essais ; 48 c5)
ISBN 2-07-032397-8. *52 F / 7,93 €*

34681 **BLANQUART P.** Une histoire de la ville : pour repenser la société. Nouv. éd. *La Découverte, 1998.* (La Découverte poche ; 59. Essais)
ISBN 2-7071-2910-0. *45 F / 6,86 €*

34682 **BLEY D., BOETSCH G.** L'anthropologie démographique. *PUF, 1999.* (Que sais-je? ; 3441 c1)
ISBN 2-13-049644-X. *42 F / 6,40 €*

34683 **N** **BLIND R., POOL M.** Eduquer l'homo zappiens : l'enfant et la télévision. *Jouvence, 2000.* (Pratiques Jouvence ; 50)
ISBN 2-88353-202-8. *29 F / 4,42 €*

34684 **BLOFELD J.** Thé et tao : l'art chinois du thé. *Albin Michel, 1997.* (Espaces libres ; 73 c4)
ISBN 2-226-09291-9. *49 F / 7,47 €*

34685 **BLOSS T., FRICKEY A.** La Femme dans la société française. *PUF, 1994.* (Que sais-je? ; 2856 c1)
ISBN 2-13-046192-1. *42 F / 6,40 €*

34686 **BOELCKE J., JIMENEZ E., MOREL P.** Score français : 200 tests pour contrôler et améliorer votre français. *Langues pour tous, 1989.* (Langues pour tous ; 3167 c5)
ISBN 2-266-02558-9. *35 F / 5,34 €*

34687 **BOLOGNE J-C.** Histoire de la pudeur. Réimpr. *Hachette Littératures, 1997.* (Pluriel ; 880)
ISBN 2-01-278880-7. *60 F / 9,15 €*

34688 **BOLOGNE J-C.** Histoire du mariage en Occident. *Hachette Littératures, 1998.* (Pluriel ; 922 c8)
ISBN 2-01-278922-6. *60 F / 9,15 €*

34689 **BOMBARDIER D.** La déroute des sexes. *Seuil, 1996.* (Points ; 194 c5)
ISBN 2-02-028135-X. *29 F / 4,42 €*

34690 **BONARDI C., ROUSSIAU N.** Les représentations sociales. *Dunod, 1999.* (Les topos. Psychologie c1)
ISBN 2-10-004589-X. *52 F / 7,93 €*

34691 **BONELLO Y-H.** Le secret. *PUF, 1998.* (Que sais-je? ; 3244 c1)
ISBN 2-13-048384-4. *42 F / 6,40 €*

34692 **BONNANGE C., THOMAS C.** Don Juan ou Pavlov. *Seuil, 1991.* (Points. Essais ; 218 c3)
ISBN 2-02-012852-7. *48 F / 7,32 €*

34693 **N** **BONNEMAISON J.** La géographie culturelle : cours de l'Université Paris-Sorbonne Paris IV, 1994-1997. *Ed. du CTHS, 2000.* (Format ; 38)
ISBN 2-7355-0458-1. *90 F / 13,72 €*

34694 **BONTEMS P., ROTILLON G.** Economie de l'environnement. *La Découverte, 1998.* (Repères ; 252 c1)
ISBN 2-7071-2906-2. *52 F / 7,93 €*

34695 **BOREL F.** Le vêtement incarné : les métamorphoses du corps. *Pocket, 1998.* (Agora ; 192 c6)
ISBN 2-266-08092-X. *38 F / 5,79 €*

34696 **N** **BORRILLO D.** L'homophobie. *PUF, 2000.* (Que sais-je? ; 3563 c1)
ISBN 2-13-050718-2. *42 F / 6,40 €*

34697 **N** **BOTTE M-F., MARI J-P.** Le prix d'un enfant : 4 ans dans l'enfer de la prostitution enfantine à Bangkok. Réimp. *J'ai lu, 2000.* (J'ai lu ; 3983. Littérature générale cl)
ISBN 2-290-30672-X. *36 F / 5,49 €*

34698 **BOUCHER F., AVARD J.** Réussir ses études. *Mortagne, 1995.* (Poche c4)
ISBN 2-89074-554-6. *49 F / 7,47 €*

34699 **BOUDON R.** L'Art de se persuader des idées douteuses, fragiles ou fausses. *Seuil, 1992.* (Points. Essais ; 242 c6)
ISBN 2-02-013141-2. *62 F / 9,45 €*

34700 **BOUDON R.** Effets pervers et ordre social. 2e éd. *PUF, 1993.* (Quadrige ; 98)
ISBN 2-13-045307-4. *69 F / 10,52 €*

34701 **BOUDON R.** Etudes sur les sociologues classiques. 1. *PUF, 1998.* (Quadrige ; 273)
ISBN 2-13-049708-X. *69 F / 10,52 €*

34702 **N** **BOUDON R.** Etudes sur les sociologues classiques. 2. *PUF, 2000.* (Quadrige ; 273)
ISBN 2-13-051062-0. *79 F / 12,04 €*

34703 **BOUDON R.** L'idéologie ou L'origine des idées reçues. Réimpr. *Seuil, 1992.* (Points ; 241. Essais)
ISBN 2-02-017735-8. *55 F / 8,38 €*

34704 **BOUDON R.** L'Inégalité des chances : la mobilité sociale dans les sociétés industrielles. Nouv. éd. rev. et augm. *Hachette Littératures, 1985.* (Pluriel ; 8440 c5)
ISBN 2-01-010544-3. *65 F / 9,91 €*

34705 **BOUDON R.** La Logique du social : Introduction à l'analyse sociologique. *Hachette Littératures, 1983.* (Pluriel ; 8417 c4)
ISBN 2-01-009802-1. *58 F / 8,84 €*

34706 **BOUDON R.** Les méthodes en sociologie. 11e éd. *PUF, 1998.* (Que sais-je? ; 1334 c1)
ISBN 2-13-045388-0. *42 F / 6,40 €*

34707 **BOUDON R.** La place du désordre : critique des théories du changement social. 2e éd. *PUF, 1998.* (Quadrige ; 128)
ISBN 2-13-043859-8. *58 F / 8,84 €*

34708 **BOUDON R.** Le sens des valeurs. *PUF, 1999.* (Quadrige ; 280)
ISBN 2-13-049786-1. *78 F / 11,89 €*

34709 **BOUDON R., BOURRICAUD F.** Dictionnaire critique de la sociologie. *PUF, 2000.* (Quadrige ; 303)
ISBN 2-13-050616-X. *128 F / 19,51 €*

34710 N **BOUFFARTIGUE P., GADEA C.** Sociologie des cadres. *La Découverte, 2000.* (Repères ; 290 c1)
ISBN 2-7071-3179-2. *52 F / 7,93 €*

34711 **BOUGLÉ C.** Essais sur le régime des castes. Nouv. éd. *PUF, 1993.* (Quadrige ; 158)
ISBN 2-13-044932-8. *62 F / 9,45 €*

34712 **BOUGNOUX D.** La communication par la bande. Nouv. éd. *La Découverte, 1998.* (La Découverte poche ; 56. Sciences humaines et sociales)
ISBN 2-7071-2867-8. *69 F / 10,52 €*

34713 A **BOUGNOUX D.** Introduction aux sciences de la communication. Nouv. éd. *La Découverte, 2001.* (Repères ; 245 c1)
ISBN 2-7071-3471-6. *52 F / 7,93 €*

34714 N **BOUHDIBA A.** La sexualité en Islam. 6e éd. *PUF, 2001.* (Quadrige)
ISBN 2-13-051510-X. *65 F / 9,91 €*

34715 **BOULET M.** Dans la peau d'un intouchable. *Seuil, 1995.* (Points ; 82 c2)
ISBN 2-02-024652-X. *39 F / 5,95 €*

34716 **BOUNAN M.** La vie innommable. *Allia, 2000.* (Petite collection)
ISBN 2-84485-025-1. *40 F / 6,10 €*

34717 **BOURDIEU P.** Esquisse d'une théorie de la pratique ; précédé de Trois études d'ethnologie kabyle. *Seuil, 2000.* (Points ; 405. Essais ; 405 c15)
ISBN 2-02-039266-6. *59 F / 8,99 €*

34718 **BOURDIEU P.** Raisons pratiques : sur la théorie de l'action. *Seuil, 1996.* (Points. Essais ; 331 c10)
ISBN 2-02-030026-5. *45 F / 6,86 €*

34719 **BOURDIEU P.** Sociologie de l'Algérie. 7e éd. *PUF, 1985.* (Que sais-je? ; 802 c1)
ISBN 2-13-039040-4. *42 F / 6,40 €*

34720 N **BOURDON J.** Introduction aux médias. 2e éd. *Montchrestien, 2000.* (Clefs. Politique c1)
ISBN 2-7076-1188-3. *70 F / 10,67 €*

34721 **BOURSEILLER C.** Tous les coups sont permis. *J'ai lu, 1998.* (J'ai lu ; 4751. Littérature générale c2)
ISBN 2-290-04751-1. *22 F / 3,35 €*

34722 **BOUTINET J-P.** Psychologie des conduites à projet. 3e éd. *PUF, 1999.* (Que sais-je? ; 2770 c1)
ISBN 2-13-045644-8. *42 F / 6,40 €*

34723 **BOUVIER A.** Le conseiller principal d'éducation au centre de la vie scolaire. *CRDP de Lyon, 1999.* (Champ de réflexion, champ d'actions)
ISBN 2-86625-227-6. *90 F / 13,72 €*

34724 **BOUVIER A.** Eclairages métaphoriques sur l'établissement scolaire à l'usage des conseillers principaux d'éducation. *CRDP de Lyon, 1997.* (Champ de réflexion, champ d'actions)
ISBN 2-86625-220-9. *90 F / 13,72 €*

34725 **BOYER M.** Histoire du tourisme de masse. *PUF, 1999.* (Que sais-je? ; 3480 c1)
ISBN 2-13-050012-9. *42 F / 6,40 €*

34726 **BOYER M., VIALLON P.** La Communication touristique. *PUF, 1994.* (Que sais-je? ; 2885 c1)
ISBN 2-13-046501-3. *42 F / 6,40 €*

34727 **BOYES D.** Initiation et sagesse des contes de fées. *Albin Michel, 1988.* (Spiritualités vivantes poche ; 71 c3)
ISBN 2-226-03421-8. *45 F / 6,86 €*

34728 **BRAMLY S.** Terre sacrée : l'univers sacré des Indiens d'Amérique du Nord. *Albin Michel, 1992.* (Espaces libres ; 24 c6)
ISBN 2-226-05668-8. *59 F / 8,99 €*

34729 **BRÉBISSON G. d.** Le Mécénat. *PUF, 1993.* (Que sais-je? ; 2331 c1)
ISBN 2-13-045539-5. *42 F / 6,40 €*

34730 **BRÉE J.** Le comportement du consommateur. *PUF, 1994.* (Que sais-je? ; 2917 c01)
ISBN 2-13-046661-3. *42 F / 6,40 €*

34731 **BRENOT J., TUVÉE L.** Le changement dans les organisations. *PUF, 1996.* (Que sais-je? ; 3114 c1)
ISBN 2-13-047689-9. *42 F / 6,40 €*

34732 **BRETON P.** L'argumentation dans la communication. *La Découverte, 1996.* (Repères ; 204 c1)
ISBN 2-7071-2623-3. *52 F / 7,93 €*

34733 N **BRETON P.** Le culte de l'Internet : une menace pour le lien social ?. *La Découverte, 2000.* (Sur le vif)
ISBN 2-7071-3302-7. *42 F / 6,40 €*

34734 N **BRETON P.** La parole manipulée. *La Découverte, 2000.* (La Découverte poche ; 88. Essais)
ISBN 2-7071-3058-3. *49 F / 7,47 €*

34735 **BRETON P.** L'utopie de la communication : le mythe du village planétaire. *La Découverte, 1997.* (La Découverte poche ; 29. Essais)
ISBN 2-7071-2702-7. *45 F / 6,86 €*

34736 **BRETON P., PROULX S.** L'explosion de la communication. *La Découverte, 1996.* (La Découverte poche ; 10. Sciences humaines et sociales)
ISBN 2-7071-2606-3. *79 F / 12,04 €*

34737 **BROUSSE H.** Le Niveau de vie en France. 3e éd. *PUF, 1969.* (Que sais-je? ; 371 c1)
ISBN 2-13-030387-0. *42 F / 6,40 €*

34738 **BRUCKNER P.** Le Sanglot de l'homme blanc : tiers monde, culpabilité, haine de soi. *Seuil, 1986.* (Points. Actuels ; 73 c3)
ISBN 2-02-009139-9. *48 F / 7,32 €*

34739 **BRUCKNER P.** La tentation de l'innocence. *LGF, 1996.* (Le Livre de poche ; 13927 c8)
ISBN 2-253-13927-0. *33 F / 5,03 €*

34740 **BRUCKNER P.** Le vertige de Babel. *Arléa, 2000.* (Arléa-poche ; 65)
ISBN 2-86959-497-6. *25 F / 3,81 €*

34741 **BRUCKNER P., FINKIELKRAUT A.** Au coin de la rue, l'aventure. *Seuil, 1982.* (Points. Actuels ; 50 c3)
ISBN 2-02-006127-9. *48 F / 7,32 €*

34742 **BRUCKNER P., FINKIELKRAUT A.** Le nouveau désordre amoureux. *Seuil, 1997.* (Points ; 423 c12)
ISBN 2-02-032661-2. *50 F / 7,62 €*

34743 **BUARQUE DE HOLANDA S.** Racines du Brésil. *Gallimard, 1998.* (Arcades ; 56)
ISBN 2-07-074683-6. *90 F / 13,72 €*

34744 **BUFORD B.** Parmi les hooligans. *10-18, 1996.* (10-18 ; 2788. Domaine étranger c6)
ISBN 2-264-02274-4. *47 F / 7,17 €*

34745 **BURGEL G.** La ville aujourd'hui. 2e éd. *Hachette Littératures, 1995.* (Pluriel ; 8765)
ISBN 2-01-278765-7. *49 F / 7,47 €*

34746 **BUSINO G.** Sociologie des sciences et des techniques. *PUF, 1998.* (Que sais-je? ; 3375 c1)
ISBN 2-13-049241-X. *42 F / 6,40 €*

34747 **BUSQUET J.** Le Droit de la vendetta et les paci corses. *Ed. du CTHS, 1994.* (Format ; 14)
ISBN 2-7355-0296-1. *90 F / 13,72 €*

34748 [A] **CACOUAULT M., OEUVRARD F.** Sociologie de l'éducation. Nouv. éd. *La Découverte, 2001.* (Repères ; 169 c1)
ISBN 2-7071-3489-9. *52 F / 7,93 €*

34749 **CAILLET L.** La Maison Yamazaki : la vie exemplaire d'une paysanne japonaise devenue chef d'une entreprise de haute coiffure. *Pocket, 1994.* (Pocket ; 4291. Terre humaine cJ)
ISBN 2-266-06397-9. *50 F / 7,62 €*

34750 **CAILLOIS R.** L'Homme et le sacré. *Gallimard, 1988.* (Folio ; 84. Essais ; 84 c2)
ISBN 2-07-032457-5. *37 F / 5,64 €*

34751 **CAILLOIS R.** Les Jeux et les hommes : le masque et le vertige. *Gallimard, 1991.* (Folio ; 184. Essais c2)
ISBN 2-07-032672-1. *41 F / 6,25 €*

34752 **CALAFERTE L.** Droit de cité. *Gallimard, 1994.* (Folio ; 2670 c9)
ISBN 2-07-038702-X. *20,50 F / 3,13 €*

34753 **CAMBY P.** L'Erotisme et le sacré. *Albin Michel, 1989.* (Espaces libres ; 2 c4)
ISBN 2-226-03814-0. *49 F / 7,47 €*

34754 **CAMPORESI P.** Les baumes de l'amour. *Hachette Littératures, 1997.* (Pluriel ; 849)
ISBN 2-01-278849-1. *30 F / 4,57 €*

34755 [N] **CAMUS J-Y., DERCZANSKY A-P.** Le monde juif. *Milan, 2001.* (Les essentiels Milan ; 192 c1)
ISBN 2-7459-0226-1. *25 F / 3,81 €*

34756 **CANDAU J.** Anthropologie de la mémoire. *PUF, 1996.* (Que sais-je? ; 3160 c1)
ISBN 2-13-047874-3. *42 F / 6,40 €*

34757 **CAPDEVIELLE J.** France de gauche, vote à droite?. Nouv. éd. *Presses de la Fondation nationale des sciences politiques, 1988.* (Références ; 16 c2)
60 F / 9,15 €

34758 **CARSIN J-L., CHASSARD-BOUCHAUD C.** L'environnement de la Méditerranée. *PUF, 1998.* (Que sais-je? ; 3306 c1)
ISBN 2-13-048684-3. *42 F / 6,40 €*

34759 [N] **CARTIER J-P., CARTIER R.** Les gardiens de la terre. *Pocket, 2000.* (Pocket ; 10620 c7)
ISBN 2-266-08915-3. *42 F / 6,40 €*

34760 **CASTANEDA C.** L'art de rêver : les quatre portes de la perception de l'univers. *Pocket, 1996.* (Pocket ; 4796 c6)
ISBN 2-266-06632-3. *38 F / 5,79 €*

34761 **CASTANEDA C.** Le don de l'aigle. *Gallimard, 1997.* (Folio ; 310. Essais c4)
ISBN 2-07-040277-0. *46 F / 7,01 €*

34762 **CASTANEDA C.** Le feu du dedans. *Gallimard, 1998.* (Folio ; 324. Essais ; 324 c4)
ISBN 2-07-040509-5. *46 F / 7,01 €*

34763 **CASTANEDA C.** La force du silence : nouvelles leçons de don Juan. *Gallimard, 1999.* (Folio ; 346. Essais c4)
ISBN 2-07-040880-9. *46 F / 7,01 €*

34764 **CASTANEDA C.** L'Herbe du diable et la petite fumée : une voie yaqui de la connaissance. *10-18, 1977.* (10-18 ; 1113 c5)
ISBN 2-264-00725-7. *44 F / 6,71 €*

34765 **CASTANEDA C.** Le second anneau de pouvoir. *Gallimard, 1996.* (Folio. Essais c3)
ISBN 2-07-032915-1. *41 F / 6,25 €*

34766 **CASTANEDA C.** Voir : les enseignements d'un sorcier yaqui. *Gallimard, 1985.* (Folio ; 22. Essais ; 22 c2)
ISBN 2-07-032310-2. *37 F / 5,64 €*

34767 **CASTARÈDE J.** Le Luxe. *PUF, 1992.* (Que sais-je? ; 2687 c1)
ISBN 2-13-044923-9. *42 F / 6,40 €*

34768 **CASTEL R.** Les métamorphoses de la question sociale : une chronique du salariat. *Gallimard, 1999.* (Folio ; 349. Essais c11)
ISBN 2-07-040994-5. *79,50 F / 12,12 €*

34769 **CASTELAIN-MEUNIER C.** La paternité. *PUF, 1997.* (Que sais-je? ; 3229 c1)
ISBN 2-13-048105-1. *42 F / 6,40 €*

34770 **CASTELLAN Y.** La famille. 5e éd. rev. *PUF, 1996.* (Que sais-je? ; 1995 c1)
ISBN 2-13-046724-5. *42 F / 6,40 €*

34771 **CASTORIADIS C.** Les carrefours du labyrinthe. 1. *Seuil, 1998.* (Points ; 369. Essais c15)
ISBN 2-02-035236-2. *59 F / 8,99 €*

34772 **CASTORIADIS C.** Domaines de l'homme. *Seuil, 1999.* (Les carrefours du labyrinthe; 2)(Points ; 399. Essais c15)
ISBN 2-02-037233-9. *59 F / 8,99 €*

34773 **CASTORIADIS C.** L'institution imaginaire de la société. Nouv. éd. rev. et actualisée. *Seuil, 1999.* (Points ; 383. Essais)
ISBN 2-02-036562-6. *65 F / 9,91 €*

34774 **N** **CASTORIADIS C.** Le monde morcelé. *Seuil, 2000.* (Les carrefours du labyrinthe; 3)(Points ; 441. Essais c13)
ISBN 2-02-047574-X. *52 F / 7,93 €*

34775 **CATTELAIN J-P.** L'Objection de conscience. 3e éd. *PUF, 1982.* (Que sais-je? ; 1517 c1)
ISBN 2-13-037650-9. *42 F / 6,40 €*

34776 **CAUNE J.** Esthétique de la communication. *PUF, 1997.* (Que sais-je? ; 3259 c1)
ISBN 2-13-048493-X. *42 F / 6,40 €*

34777 **CAUNES A. d., ARGOUD A.** Vous permettez que je vous appelle Raymond?. *Seuil, 1990.* (Point-virgule ; 83 c2)
ISBN 2-02-010931-X. *39 F / 5,95 €*

34778 **CAYROL R.** Médias et démocratie, la dérive. *Presses de Sciences Po, 1997.* (La Bibliothèque du citoyen c1)
ISBN 2-7246-0710-4. *75 F / 11,43 €*

34779 **N** **CAYROL R.** Sondages, mode d'emploi. *Presses de Sciences Po, 2000.* (La Bibliothèque du citoyen c1)
ISBN 2-7246-0835-6. *75 F / 11,43 €*

34780 **CAZENEUVE J.** Dix grandes notions de la sociologie. *Seuil, 1976.* (Points ; 75. Essais c3)
ISBN 2-02-004466-8. *48 F / 7,32 €*

34781 **CAZES G., POTIER-INRETS F.** Le tourisme urbain. *PUF, 1996.* (Que sais-je? ; 3191 c1)
ISBN 2-13-047962-6. *42 F / 6,40 €*

34782 **CENTRE REGIONAL DE DOCUMENTATION PEDAGOGIQUE (Lyon)** Enseigner, concevoir, réaliser la technologie à l'école. *CRDP de Lyon, 1995.* (Guide pour)
ISBN 2-86625-200-4. *95 F / 14,48 €*

34783 **CENTRE REGIONAL DE DOCUMENTATION PEDAGOGIQUE (Lyon)** Utiliser le magnétoscope en classe d'anglais. *CRDP de Lyon, 1995.* (Guide pour)
ISBN 2-86625-832-0. *95 F / 14,48 €*

34784 **CERTEAU M. d.** Arts de faire. Nouv. éd. *Gallimard, 1990.* (L'Invention du quotidien; 1)(Folio ; 146. Essais c4)
ISBN 2-07-032576-8. *45 F / 6,86 €*

34785 **CERTEAU M. d.** La Culture au pluriel. Nouv. éd. *Seuil, 1993.* (Points. Essais ; 267 c4)
ISBN 2-02-020274-3. *52 F / 7,93 €*

34786 **CERTEAU M. d., GIARD L., MAYOL P.** Habiter, cuisiner. Nouv. éd. rev. et augm. *Gallimard, 1994.* (L'Invention du quotidien; 2)(Folio ; 238. Essais ; 238 c7)
ISBN 2-07-032827-9. *60 F / 9,15 €*

34787 **CHALMEL L.** Le pasteur Oberlin. *PUF, 1999.* (Pédagogues et pédagogies ; 23)
ISBN 2-13-050215-6. *52 F / 7,93 €*

34788 **CHAMBERLAIN M.** Paysannes des marais. *Des femmes-Antoinette Fouque, 1979.* (Pour chacune ; 9)
40 F / 6,10 €

34789 **CHAMPAGNE G.** J'étais un drogué. *Seuil, 1973.* (Points. Actuels ; 2 c2)
ISBN 2-02-000677-4. *39 F / 5,95 €*

34790 **CHAMPAGNE P.** La sociologie. *Milan, 1998.* (Les essentiels Milan ; 102 c1)
ISBN 2-84113-613-2. *25 F / 3,81 €*

34791 **A** **CHAMPY F.** Sociologie de l'architecture. *La Découverte, 2001.* (Repères ; 314 c1)
ISBN 2-7071-3470-8. *52 F / 7,93 €*

34792 **CHANNOUF A.** Les images subliminales : une approche psychosociale. *PUF, 2000.* (Médecine et société ; 15)
ISBN 2-13-050619-4. *59 F / 8,99 €*

34793 **CHARLE C., VERGER J.** Histoire des universités. *PUF, 1994.* (Que sais-je? ; 391 c1)
ISBN 2-13-046530-7. *42 F / 6,40 €*

34794 **CHARLOT B.** Du rapport au savoir : éléments pour une théorie. *Anthropos, 1997.* (Education-poche ; 1)
ISBN 2-7178-3322-6. *49 F / 7,47 €*

34795 **CHARNAY J-P.** Sociologie religieuse de l'islam. *Hachette Littératures, 1994.* (Pluriel ; 8710 c7)
ISBN 2-01-278710-X. *79 F / 12,04 €*

34796 **CHASSARD-BOUCHAUD C.** L'écotoxicologie. *PUF, 1995.* (Que sais-je? ; 2931 c1)
ISBN 2-13-046733-4. *42 F / 6,40 €*

34797 **Châteaux fantastiques de Bretagne.** *Terre de brume, 1999.* (Bibliothèque de poche ; 11. Les plus beaux contes c4)
54 F / 8,23 €

34798 **Châteaux fantastiques de Bretagne.** *Terre de brume, 1999.* (Bibliothèque de poche ; 10. Les plus beaux contes c4)
ISBN 2-84362-059-7. *54 F / 8,23 €*

34799 **CHATELET G.** Vivre et penser comme des porcs : de l'incitation à l'envie et à l'ennui dans les démocraties de marché. *Gallimard, 2000.* (Folio ; 73. Actuel c3)
ISBN 2-07-041070-6. *41 F / 6,25 €*

34800 **CHATWIN B.** Le Chant des pistes. *LGF, 1990.* (Le Livre de poche ; 3145. Biblio c12)
ISBN 2-253-05477-1. *44 F / 6,71 €*

34801 **A** **CHAULET-ACHOUR C., FONKOUA R.** Esclavage : libérations, abolitions, commémorations. *Séguier, 2000.* (Les Carnets Séguier ; 5)
ISBN 2-84049-208-3. *129 F / 19,67 €*

34802 **CHEBEL M.** Le corps en Islam. *PUF, 1999.* (Quadrige ; 279)
ISBN 2-13-049724-1. *62 F / 9,45 €*

34803 **CHENU A.** Les Employés. *La Découverte, 1994.* (Repères ; 142 c1)
ISBN 2-7071-2303-X. *52 F / 7,93 €*

34804 **CHERKAOUI M.** Sociologie de l'éducation. 5e éd. *PUF, 1999.* (Que sais-je? ; 2270 c1)
ISBN 2-13-045349-X. *42 F / 6,40 €*

34805 **CHESNAIS J-C.** Le crépuscule de l'Occident : dénatalité, condition des femmes et immigration. *Hachette Littératures, 1996.* (Pluriel ; 8795 c4)
ISBN 2-01-278795-9. *58 F / 8,84 €*

34806 **CHESNAIS J-C.** La démographie. 4e éd. corr. *PUF, 1998.* (Que sais-je? ; 2546 c1)
ISBN 2-13-044842-9. *42 F / 6,40 €*

34807 **CHESNAIS J-C.** Histoire de la violence. *Hachette Littératures, 1982.* (Pluriel ; 8386 c4)
ISBN 2-01-008811-5. *65 F / 9,91 €*

34808 **CHEVALIER J., GHEERBRANT A.** Dictionnaire des symboles : mythes, rêves, coutumes, gestes, formes, figures, couleurs, nombres. Réimpr. *Laffont, 1999.* (Bouquins)
ISBN 2-221-08716-X. *129 F / 19,67 €*

34809 **CHOVIN P., ROUSSEL A.** La Pollution atmosphérique. 4e éd. *PUF, 1979.* (Que sais-je? ; 1330 c1)
ISBN 2-13-036139-0. *42 F / 6,40 €*

34810 **CICCHELLI-PUGEAULT C., CICCHELLI V.** Les théories sociologiques de la famille. *La Découverte, 1998.* (Repères ; 236 c1)
ISBN 2-7071-2819-8. *52 F / 7,93 €*

34811 **CIFALI M., IMBERT F.** Freud et la pédagogie. *PUF, 1998.* (Pédagogues et pédagogies ; 21)
ISBN 2-13-049566-4. *52 F / 7,93 €*

34812 **CLEARY T.** La Voie du samouraï : pratiques de la stratégie au Japon. *Seuil, 1992.* (Points. Sagesses ; 46 c3)
ISBN 2-02-013498-5. *48 F / 7,32 €*

34813 **CLEMENT N.** Réussir sa correspondance amoureuse. Nouv. éd. *De Vecchi, 1999.* (De Vecchi poche ; 4812 c1)
ISBN 2-7328-4826-3. *29 F / 4,42 €*

34814 **CLOSETS F. d.** Le bonheur d'apprendre. *Seuil, 1997.* (Points ; 342 c9)
ISBN 2-02-031428-2. *42 F / 6,40 €*

34815 **CLOSETS F. d.** Toujours plus!. *LGF, 1984.* (Le Livre de poche ; 5842 c9)
ISBN 2-253-03286-7. *36 F / 5,49 €*

34816 **COENEN-HUTHER J.** Tocqueville. *PUF, 1997.* (Que sais-je? ; 3213 c1)
ISBN 2-13-048025-X. *42 F / 6,40 €*

34817 **COHEN-SOLAL J.** Etre heureux à l'école. *J'ai lu, 1999.* (J'ai lu ; 7173. Bien-être cH)
ISBN 2-290-07173-0. *32 F / 4,88 €*

34818 **COIGNARD S., GUICHARD M-T.** Les bonnes fréquentations : histoire secrète des réseaux d'influence. *LGF, 1998.* (Le Livre de poche ; 14443 c9)
ISBN 2-253-14443-6. *36 F / 5,49 €*

34819 **COLIN S., KOSAR S.** Voyager en Turquie : guide de conversation. *Langues pour tous, 1991.* (Langues pour tous ; 3508 c4)
30 F / 4,57 €

34820 **N** **COLLANGE C.** Merci, mon siècle. *LGF, 2000.* (Le Livre de poche ; 14873 c6)
ISBN 2-253-14873-3. *26 F / 3,96 €*

34821 **COLLANGE C.** Moi, ta fille. *LGF, 1991.* (Le Livre de poche ; 7312 c6)
ISBN 2-253-05789-4. *26 F / 3,96 €*

34822 **COLLANGE C.** La politesse du coeur. *LGF, 1995.* (Le Livre de poche ; 13860 c9)
ISBN 2-253-13860-6. *36 F / 5,49 €*

34823 **COLLANGE C.** Toi, mon senior. *LGF, 1998.* (Le Livre de poche ; 14455 c6)
ISBN 2-253-14455-X. *26 F / 3,96 €*

34824 **COLLECTIF ITALIEN** Etre exploitées : Elena, Gabriella, Giorgio, Silvia, Luisa. *Des femmes-Antoinette Fouque, 1976.* (Pour chacune ; 1 c3)
ISBN 2-7210-0034-9. *45 F / 6,86 €*

34825 **Le Collège de sociologie :** 1937-1939. Nouv. éd. *Gallimard, 1995.* (Folio ; 268. Essais c10)
ISBN 2-07-032763-9. *76,50 F / 11,66 €*

34826 **COLOMBAIN J.** La cyberculture. *Milan, 1997.* (Les essentiels Milan ; 79 c1)
ISBN 2-84113-525-X. *25 F / 3,81 €*

34827 **COMAR P.** Les Images du corps. *Gallimard, 1993.* (Découvertes ; 185. Sciences c5)
ISBN 2-07-053253-4. *85 F / 12,96 €*

34828 **COMBES J.** Histoire de l'école primaire élémentaire en France. *PUF, 1997.* (Que sais-je? ; 3192 c1)
ISBN 2-13-048321-6. *42 F / 6,40 €*

34829 **A** **COMBESSIE J-C.** La méthode en sociologie. 3e éd. *La Découverte, 2001.* (Repères ; 194 c1)
ISBN 2-7071-3490-2. *52 F / 7,93 €*

34830 **A** **COMBESSIE P.** Sociologie de la prison. *La Découverte, 2001.* (Repères ; 318 c1)
ISBN 2-7071-3469-4. *52 F / 7,93 €*

34831 **N** **Comment peut-on être vivant en Afrique ?.** *PUF, 2000.* (Forum Diderot ; 16)
ISBN 2-13-051155-4. *49 F / 7,47 €*

34832 **COMPAGNON B., THEVENIN A.** L'école et la société française. *Complexe, 1995.* (Questions au XXe siècle ; 76 c11)
ISBN 2-87027-558-7. *65 F / 9,91 €*

34833 **COMTE F.** Les Héros mythiques et l'homme de toujours. *Seuil, 1993.* (Points. Sagesses ; 59 c4)
ISBN 2-02-015380-7. *52 F / 7,93 €*

34834 **N** **Contes d'Asie Mineure. Nouv. éd.** *Actes Sud, 2001.* (Babel ; 243 c4)
ISBN 2-7427-3159-8. *51 F / 7,77 €*

34835 **Les Contes des arts martiaux. Réimpr.** *Albin Michel, 1992.* (Spiritualités vivantes poche ; 45 c2)
ISBN 2-226-02120-5. *39 F / 5,95 €*

34836 **Contes du diable.** *Terre de brume, 1998.* (Bibliothèque de poche ; 5. Les plus beaux contes c3)
ISBN 2-84362-030-9. *49 F / 7,47 €*

34837 **Contes du vampire.** *Gallimard, 1985.* (Connaissance de l'Orient poche)
ISBN 2-07-070532-3. *40 F / 6,10 €*

34838 **CONTRERAS J., FAVRET-SAADA J.** Corps pour corps : enquête sur la sorcellerie dans le bocage. *Gallimard, 1993.* (Folio. Essais ; 222 c3)
ISBN 2-07-032771-X. *41 F / 6,25 €*

34839 **La correspondance :** 500 modèles de lettres. Nouv. éd. *Larousse, 1999.* (Guides pratiques)
ISBN 2-03-560201-7. *85 F / 12,96 €*

34840 **CORVISIER A.** Les danses macabres. *PUF, 1998.* (Que sais-je? ; 3416 c1)
ISBN 2-13-049495-1. *42 F / 6,40 €*

34841 **COT J-P., MOUNIER J-P.** Pour une sociologie politique. 1. *Seuil, 1980.* (Points. Politique ; 65 c11)
ISBN 2-02-000369-4. *48 F / 7,32 €*

34842 **COUDERC C.** Les Enfants de la violence. *Pocket, 1991.* (Pocket ; 3710 c4)
ISBN 2-266-04262-9. *30 F / 4,57 €*

34843 **COULON A.** L'Ecole de Chicago. *PUF, 1991.* (Que sais-je? ; 2639 c1)
ISBN 2-13-044324-9. *42 F / 6,40 €*

34844 **COULON A.** L'Ethnométhodologie. 3e éd. rev. *PUF, 1993.* (Que sais-je? ; 2393 c1)
ISBN 2-13-043556-4. *42 F / 6,40 €*

34845 **COUPRY F.** Les Gitans. *Milan, 1999.* (Les essentiels Milan ; 141 c1)
ISBN 2-84113-843-7. *25 F / 3,81 €*

34846 **COURTINE D.** Décharge proscrite. *Economica, 1996.* (Environnement-poche ; 5 c1)
ISBN 2-7178-3022-7. *49 F / 7,47 €*

34847 **CRETIN N.** Fêtes et traditions occidentales. *PUF, 1999.* (Que sais-je? ; 3518 c1)
ISBN 2-13-050363-2. *42 F / 6,40 €*

34848 **CROS C. R.** La civilisation afro-brésilienne. *PUF, 1997.* (Que sais-je? ; 3170 c1)
ISBN 2-13-047919-7. *42 F / 6,40 €*

34849 **CROSSMAN S., FENWICK E.** Californie : le nouvel âge. *Seuil, 1983.* (Points. Actuels ; 55 c3)
ISBN 2-02-006348-4. *48 F / 7,32 €*

34850 **CROUZET M.** L'Epoque contemporaine : à la recherche d'une civilisation mondiale. *PUF, 1994.* (Quadrige ; 168)
ISBN 2-13-045041-5. *145 F / 22,11 €*

34851 **CROZIER M.** La crise de l'intelligence : essai sur l'impuissance des élites à se réformer. *Seuil, 1998.* (Points. Essais ; 361 c9)
ISBN 2-02-032906-9. *42 F / 6,40 €*

34852 **CROZIER M.** Le Phénomène bureaucratique : essai sur les tendances bureaucratiques des systèmes d'organisation modernes et sur leurs relations en France avec le système social et culturel. Nouv. éd. *Seuil, 1971.* (Points ; 28. Essais c4)
ISBN 2-02-000603-0. *52 F / 7,93 €*

34853 **CROZIER M.** La société bloquée. Nouv. éd. remaniée. *Seuil, 1995.* (Points ; 316. Essais c9)
ISBN 2-02-025653-3. *42 F / 6,40 €*

34854 **A** **CUBERO J-R.** Les mères, un nouvel acteur politique ?. *Privat, 2001.* (Questions d'histoire immédiate)
ISBN 2-7089-0631-3. *78 F / 11,89 €*

34855 **A** **CUCHE D.** La notion de culture dans les sciences sociales. Nouiv. éd. *La Découverte, 2001.* (Repères ; 205)
ISBN 2-7071-3443-0. *52 F / 7,93 €*

34856 **CUISENIER J.** Ethnologie de la France. 2e éd. rev. *PUF, 1993.* (Que sais-je? ; 2307 c1)
ISBN 2-13-045216-7. *42 F / 6,40 €*

34857 **CUISENIER J.** La tradition populaire. *PUF, 1995.* (Que sais-je? ; 1740 c1)
ISBN 2-13-047058-0. *42 F / 6,40 €*

34858 **CURTIUS E-R.** Essai sur la France. *Ed. de l'Aube, 1995.* (L'Aube poche ; 7 c8)
ISBN 2-87678-203-0. *69 F / 10,52 €*

34859 **DANIEL J.** Dieu est-il fanatique ? : essai sur une religieuse incapacité de croire. *Arléa, 1997.* (Arléa-poche ; 30)
ISBN 2-86959-362-7. *40 F / 6,10 €*

34860 **DANIEL J.** L'Ere des ruptures. *LGF, 1988.* (Le Livre de poche ; 5420 c10)
ISBN 2-253-02500-3. *40 F / 6,10 €*

34861 **DAVID-NÉEL A.** Magie d'amour et magie noire ou le Tibet inconnu. *Pocket, 1990.* (Pocket ; 3536 c4)
ISBN 2-266-03758-7. *30 F / 4,57 €*

34862 **DAVID-NÉEL A., YONGDEN** La vie surhumaine de Guésar de Ling, le héros tibétain : racontée par les bardes de son pays. *Pocket, 1995.* (Pocket ; 2914 c6)
ISBN 2-266-05601-8. *38 F / 5,79 €*

34863 **N** **DAVIS M.** City of quartz : Los Angeles, capitale du futur. *La Découverte, 2000.* (La Découverte poche ; 89. Sciences humaines et sociales)
ISBN 2-7071-3246-2. *85 F / 12,96 €*

34864 **N** **De la différence des sexes entre les femmes.** *PUF, 2000.* (Forum Diderot ; 15)
ISBN 2-13-051154-6. *49 F / 7,47 €*

34865 **De la violence et des femmes.** *Pocket, 1999.* (Agora ; 201)
ISBN 2-266-08612-X. *38 F / 5,79 €*

34866 **De serpents galants :** et d'autres contes folkloriques du Japon. *Gallimard, 1992.* (Connaissance de l'Orient poche)
ISBN 2-07-072732-7. *91 F / 13,87 €*

34867 **DEBAT (Paris)** Les Idées en France : 1945-1988, une chronologie. *Gallimard, 1989.* (Folio ; 25. Histoire ; 25 c9)
ISBN 2-07-032535-0. *71 F / 10,82 €*

34868 **N** **DEBRAY R.** Cours de médiologie générale. *Gallimard, 2001.* (Folio ; 377. Essais cF)
ISBN 2-07-041651-8. *55 F / 8,38 €*

34869 **DEBRAY R.** Le Pouvoir intellectuel en France. *Gallimard, 1986.* (Folio ; 43. Essais ; 43 c5)
ISBN 2-07-032369-2. *52 F / 7,93 €*

34870 **DEBRAY R.** Vie et mort de l'image : une histoire du regard en Occident. *Gallimard, 1994.* (Folio ; 261. Essais c6)
ISBN 2-07-032872-4. *56 F / 8,54 €*

34871 **DÉCAMPS E., TOUBON P.** La qualité de l'air. *PUF, 1998.* (Que sais-je? ; 3384 c1)
ISBN 2-13-049327-0. *42 F / 6,40 €*

34872 **DECELLE J.** Aider les candidats adultes à l'épreuve de français du CAP. *CRDP de Lyon, 1998.* (Guide pour)
ISBN 2-86625-221-7. *85 F / 12,96 €*

34873 **DÉCORET B.** Familles. *Anthropos, 1998.* (Ethno-sociologie-poche ; 12 c1)
ISBN 2-7178-3585-7. *49 F / 7,47 €*

34874 **DECOURT N., RAYNAUD M.** Contes et diversité des cultures : le jeu du même et de l'autre. *CRDP de Lyon, 1999.* (Argos démarches)
ISBN 2-86625-228-4. *95 F / 14,48 €*

34875 **N** **DEFRANCE J.** Sociologie du sport. 3e éd. *La Découverte, 2000.* (Repères ; 164 c1)
ISBN 2-7071-3318-3. *52 F / 7,93 €*

34876 **DEJOURS C.** Souffrances en France : la banalisation de l'injustice sociale. *Seuil, 2000.* (Points ; 715 c10)
ISBN 2-02-039915-6. *45 F / 6,86 €*

34877 **DELEDALLE G.** John Dewey. *PUF, 1995.* (Pédagogues et pédagogies ; 5)
ISBN 2-13-046801-2. *46 F / 7,01 €*

34878 **DELIÈGE R.** Le Système des castes. *PUF, 1993.* (Que sais-je? ; 2788 c1)
ISBN 2-13-045709-6. *42 F / 6,40 €*

34879 **DELLOYE I.** Femmes d'Afghanistan. *Des femmes-Antoinette Fouque, 1981.* (Femmes en luttes de tous les pays)
38 F / 5,79 €

34880 **DELSOL C.** L'Autorité. *PUF, 1994.* (Que sais-je? ; 793 c1)
ISBN 2-13-046580-3. *42 F / 6,40 €*

34881 **N** **Demain l'établissement scolaire :** séminaire de la MAFPEN et de l'IUFM de l'académie de Lyon (novembre 1994-avril 1995). *CRDP de Lyon, 2000.* (Documents, actes et rapports pour l'éducation)
ISBN 2-86625-231-4. *90 F / 13,72 €*

34882 **DEMAZIÈRE D.** Sociologie du chômage. *La Découverte, 1995.* (Repères ; 179 c1)
ISBN 2-7071-2500-8. *52 F / 7,93 €*

34883 **DENIS M.** Comenius. *PUF, 1994.* (Pédagogues et pédagogies ; 2)
ISBN 2-13-045819-X. *45 F / 6,86 €*

34884 **DESCOLA P.** Les lances du crépuscule : relations Jivaros, haute Amazonie. *Pocket, 2000.* (Pocket ; 10985. Terre humaine c9)
ISBN 2-266-10223-0. *48 F / 7,32 €*

34885 **DESHORS C.** Guide du collège. *Milan, 1996.* (Les essentiels Milan ; 49 c1)
ISBN 2-84113-452-0. *25 F / 3,81 €*

34886 **N** **DESROSIÈRES A.** La politique des grands nombres : histoire de la raison statistique. *La Découverte, 2000.* (La Découverte poche ; 99. Sciences humaines et sociales)
ISBN 2-7071-3353-1. *88 F / 13,42 €*

34887 **DESROSIÈRES A., THÉVENOT L.** Les catégories socio-professionnelles. Réimpr. *La Découverte, 2000.* (Repères ; 62 c1)
ISBN 2-7071-3221-7. *52 F / 7,93 €*

34888 **N** **DIBIE P.** Ethnologie de la chambre à coucher. *Métailié, 2000.* (Suite sciences humaines ; 5)
ISBN 2-86424-367-9. *75 F / 11,43 €*

34889 **DIBIE P.** Le village retrouvé. *Ed. de l'Aube, 1995.* (L'Aube poche ; 9 c06)
ISBN 2-87678-208-1. *59 F / 8,99 €*

34890 **Dictionnaire de l'ethnologie et de l'anthropologie.** *PUF, 2000.* (Quadrige ; 308)
ISBN 2-13-050687-9. *149 F / 22,71 €*

34891 **Dictionnaire de sociologie. Nouv. éd.** *Larousse, 1999.* (Les référents)
ISBN 2-03-720343-8. *110 F / 16,77 €*

34892 **Dictionnaire des peuples.** *Larousse, 1998.* (Les référents)
ISBN 2-03-720240-7. *110 F / 16,77 €*

34893 **Dits de la nuit :** anthologie de contes et légendes de l'Afrique centrale (Zaïre, Rwanda et Burundi). *Labor, 1994.* (Espace Nord ; 99 c3)
ISBN 2-8040-1013-9. *54 F / 8,23 €*

34894 **DJURA** La saison des narcisses. *LGF, 1995.* (Le Livre de poche ; 13667 c6)
ISBN 2-253-13667-0. *26 F / 3,96 €*

34895 **DOLLOT L.** Culture individuelle et culture de masse. 5e éd. rev. *PUF, 1993.* (Que sais-je? ; 1552 c1)
ISBN 2-13-045038-5. *42 F / 6,40 €*

34896 **DOMENACH H., PICOUET M.** Les migrations. *PUF, 1995.* (Que sais-je? ; 224 c1)
ISBN 2-13-047016-5. *42 F / 6,40 €*

34897 **N** **DOMENACH H., PICQUET M.** Population et environnement. *PUF, 2000.* (Que sais-je? ; 3556 c1)
ISBN 2-13-050507-4. *42 F / 6,40 €*

34898 **DOMENACH J-M.** Enquête sur les idées contemporaines. Ed. rev. et augm. *Seuil, 1987.* (Points ; 157. Essais c1)
ISBN 2-02-006723-4. *32 F / 4,88 €*

34899 **DONNET P-A.** Tibet mort ou vif. Nouv. éd. augm. *Gallimard, 1993.* (Folio ; 33. Actuel ; 33 c7)
ISBN 2-07-032802-3. *60 F / 9,15 €*

34900 **DONZELOT J.** L'Invention du social : essai sur le déclin des passions politiques. *Seuil, 1994.* (Points. Essais ; 287 c4)
ISBN 2-02-022054-7. *52 F / 7,93 €*

34901 **El Dorado :** poèmes et chants des Indiens précolombiens. *Seuil, 1999.* (Points ; 144. Sagesses)
ISBN 2-02-032997-2. *45 F / 6,86 €*

34902 **DORST J.** La Nature dé-naturée. *Seuil, 1970.* (Points ; 9. Essais c1)
ISBN 2-02-000584-0. *32 F / 4,88 €*

34903 **DOSSE F.** L'empire du sens : l'humanisation des sciences humaines. *La Découverte, 1997.* (La Découverte poche ; 36. Sciences humaines et sociales c1)
ISBN 2-7071-2754-X. *85 F / 12,96 €*

34904 **La douce vie des fées des eaux.** *Actes Sud, 1999.* (Babel ; 397 c4)
ISBN 2-7427-2406-0. *51 F / 7,77 €*

34905 **N** **DOUGLAS M.** De la souillure : essai sur les notions de pollution et de tabou. Nouv. éd. *La Découverte, 2001.* (La Découverte poche ; 105. Sciences humaines et sociales)
ISBN 2-7071-3388-4. *52 F / 7,93 €*

34906 **DOURNON J-Y.** Le Dictionnaire des proverbes et des dictons de France. *LGF, 1988.* (Le Livre de poche ; 7938. Pratique c11)
ISBN 2-253-04679-5. *42 F / 6,40 €*

34907 **DROUIN-HANS A-M.** L'éducation, une question philosophique. *Anthropos, 1998.* (Education-poche ; 4 c1)
ISBN 2-7178-3592-X. *49 F / 7,47 €*

34908 **DUBET F.** La Galère, jeunes en survie. Nouv. éd. *Seuil, 1995.* (Points c4)
ISBN 2-02-024490-X. *52 F / 7,93 €*

34909 **DUBET F.** Les lycéens. *Seuil, 1996.* (Points ; 303 c11)
ISBN 2-02-030110-5. *48 F / 7,32 €*

34910 **DUBIED A., LITS M.** Le fait divers. *PUF, 1999.* (Que sais-je? ; 3479 c1)
ISBN 2-13-049871-X. *42 F / 6,40 €*

34911 **DUBY G.** Le chevalier, la femme et le prêtre. Reimpr. *Hachette Littératures, 1999.* (Pluriel ; 8376 c6)
ISBN 2-01-278965-X. *50 F / 7,62 €*

34912 **DUCHET M.** Anthropologie et histoire au siècle des lumières. *Albin Michel, 1995.* (Bibliothèque de l'évolution de l'humanité ; 16)
ISBN 2-226-07872-X. *85 F / 12,96 €*

34913 **DUCLOS D.** Le complexe du loup-garou : la fascination de la violence dans la culture américaine. Réimpr. *Pocket, 1998.* (Agora ; 188 c6)
ISBN 2-266-07741-4. *38 F / 5,79 €*

34914 **DUCO M-C.** Papa, maman l'école et moi. *Fleurus, 1999.* (Le métier de parents)
ISBN 2-215-04255-9. *59 F / 8,99 €*

34915 **DUFOUR J-F.** La Chine aujourd'hui. *Milan, 1996.* (Les essentiels Milan ; 52 c1)
ISBN 2-84113-455-5. *25 F / 3,81 €*

34916 **DUHAMEL A.** Les Peurs françaises. *Gallimard, 1994.* (Folio ; 39. Actuel c3)
ISBN 2-07-032837-6. *41 F / 6,25 €*

34917 **N** **DUITS E. J.** L'autre désir, du sadomasochisme à l'amour courtois. *la Musardine, 2000.* (L'attrape-corps)
ISBN 2-84271-103-3. *69 F / 10,52 €*

34918 **DUMAZEDIER J.** Vers une civilisation du loisir. *Seuil, 1972.* (Points ; 29. Essais c3)
ISBN 2-02-000604-9. *48 F / 7,32 €*

34919 **DUMONT L.** Essais sur l'individualisme : une perspective anthropologique sur l'idéologie moderne. *Seuil, 1991.* (Points. Essais ; 230 c4)
ISBN 2-02-013415-2. *52 F / 7,93 €*

34920 **DUMONT L.** Groupe de filiation et alliance de mariage : introduction à deux théories d'anthropologie sociale. *Gallimard, 1997.* (Tel ; 284)
ISBN 2-07-074759-X. *52 F / 7,93 €*

34921 **DUNETON C.** A hurler le soir au fond des collèges : l'enseignement de la langue française. *Seuil, 1985.* (Points. Actuels ; 69 c3)
ISBN 2-02-008946-7. *48 F / 7,32 €*

34922 **DUNETON C.** Je suis comme une truie qui doute. *Seuil, 1979.* (Points. Actuels ; 22 c1)
ISBN 2-02-005076-5. *32 F / 4,88 €*

34923 **DUPÂQUIER J.** La Population française aux 17e et 18e siècles. 2e éd. rev. *PUF, 1993.* (Que sais-je? ; 1786 c1)
ISBN 2-13-045381-3. *42 F / 6,40 €*

34924 **DUPÂQUIER J.** La population mondiale au XXe siècle. *PUF, 1999.* (Que sais-je? ; 3509 c1)
ISBN 2-13-050348-9. *42 F / 6,40 €*

34925 **DUPONT P., OSSANDON M.** La Pédagogie universitaire. *PUF, 1994.* (Que sais-je? ; 2891 c1)
ISBN 2-13-046545-5. *42 F / 6,40 €*

34926 **N** **DURAND G.** Introduction à la mythodologie : mythes et sociétés. *LGF, 2000.* (Le Livre de poche ; 4300. Biblio essais c11)
ISBN 2-253-94300-2. *42 F / 6,40 €*

34927 **DURAND J-P.** La sociologie de Marx. *La Découverte, 1995.* (Repères ; 173 c1)
ISBN 2-7071-2460-5. *52 F / 7,93 €*

34928 **DURKHEIM E.** De la division du travail social. 5e éd. *PUF, 1998.* (Quadrige ; 84)
ISBN 2-13-043970-5. *92 F / 14,03 €*

34929 **DURKHEIM E.** Education et sociologie. 7e éd. *PUF, 1999.* (Quadrige ; 80)
ISBN 2-13-044779-1. *49 F / 7,47 €*

34930 **DURKHEIM E.** L'Evolution pédagogique en France. *PUF, 1990.* (Quadrige ; 109)
ISBN 2-13-042460-0. *75 F / 11,43 €*

34931 **DURKHEIM E.** Les Formes élémentaires de la vie religieuse : le système totémique en Australie. *LGF, 1991.* (Le Livre de poche ; 4613. Classiques de la philosophie c15)
ISBN 2-253-05849-1. *50 F / 7,62 €*

34932 **DURKHEIM E.** Leçons de sociologie. 3e éd. *PUF, 1997.* (Quadrige ; 119)
ISBN 2-13-043287-5. *62 F / 9,45 €*

34933 **DURKHEIM E.** Les Règles de la méthode sociologique. 9e éd. *PUF, 1997.* (Quadrige ; 2)
ISBN 2-13-044794-5. *55 F / 8,38 €*

34934 **DURKHEIM E.** Sociologie et philosophie. *PUF, 1996.* (Quadrige ; 227)
ISBN 2-13-047987-1. *58 F / 8,84 €*

34935 **DUSSAIX A-M., GROSBRAS J-M.** Les Sondages : principes et méthodes. *PUF, 1993.* (Que sais-je? ; 701 c1)
ISBN 2-13-045367-8. *42 F / 6,40 €*

34936 **EHRENBERG A.** Le culte de la performance. Réimpr. *Hachette Littératures, 1999.* (Pluriel ; 8783 c7)
ISBN 2-01-278972-2. *55 F / 8,38 €*

34937 **EHRENBERG A.** L'individu incertain. Réimr. *Hachette Littératures, 1999.* (Pluriel ; 8784 c8)
ISBN 2-01-278964-1. *60 F / 9,15 €*

34938 **ELIADE M.** Initiation, rites, sociétés secrètes : naissances mystiques : essai sur quelques types d'initiation. *Gallimard, 1992.* (Folio ; 196. Essais ; 196 c3)
ISBN 2-07-032696-9. *37 F / 5,64 €*

34939 **ELIADE M.** Le Mythe de l'éternel retour : archétypes et répétition. Nouv. éd. rev. et augm. *Gallimard, 1989.* (Folio ; 120. Essais ; 120 c2)
ISBN 2-07-032512-1. *37 F / 5,64 €*

34940 **ELIAS N.** La Civilisation des moeurs. *Pocket, 1989.* (Agora ; 49 c7)
ISBN 2-266-03282-8. *42 F / 6,40 €*

34941 **ELIAS N.** Du temps. *Pocket, 1999.* (Agora ; 191)
ISBN 2-266-08026-1. *42 F / 6,40 €*

34942 **ELIAS N.** Engagement et distanciation. *Pocket, 1996.* (Agora ; 164 c6)
ISBN 2-266-06576-9. *38 F / 5,79 €*

34943 **ELIAS N.** Qu'est-ce que la sociologie?. *Pocket, 1993.* (Agora ; 123)
ISBN 2-266-05013-3. *38 F / 5,79 €*

34944 **ELIAS N.** La société des individus. *Pocket, 1997.* (Agora ; 163 c7)
ISBN 2-266-06577-7. *42 F / 6,40 €*

34945 **ELIAS N., DUNNING E.** Sport et civilisation : la violence maîtrisée. *Pocket, 1998.* (Agora ; 169 c9)
ISBN 2-266-07044-4. *48 F / 7,32 €*

34946 **N** **ELIAS N., SCOTSON J. L.** Les logiques de l'exclusion. *Pocket, 2001.* (Agora ; 199 c8)
ISBN 2-266-08531-X. *45 F / 6,86 €*

34947 **ELLUL J.** Métamorphose du bourgeois. *Table ronde, 1998.* (La petite vermillon ; 97)
ISBN 2-7103-0881-9. *55 F / 8,38 €*

34948 **ELWIN V.** Maisons des jeunes chez les Muria. *Gallimard, 1978.* (Tel ; 35)
ISBN 2-07-029953-8. *62 F / 9,45 €*

34949 **N** **Encyclopédie des symboles. Nouv. éd.** *LGF, 2000.* (La Pochothèque ; 3010. Encyclopédies d'aujourd'hui)
ISBN 2-253-13024-9. *149 F / 22,71 €*

34950 **ERBÈS-SEGUIN S.** La sociologie du travail. *La Découverte, 1999.* (Repères ; 257 c1)
ISBN 2-7071-2932-1. *52 F / 7,93 €*

34951 **N** **ETCHEGOYEN A.** Eloge de la féminité. *Arléa, 2000.* (Arléa-poche ; 68)
ISBN 2-86959-514-X. *40 F / 6,10 €*

34952 **ETCHEGOYEN A.** Le temps des responsables. *Pocket, 1997.* (Agora c6)
ISBN 2-266-06748-6. *38 F / 5,79 €*

34953 **EVANS-PRITCHARD E.** Les Nuer : description des modes de vie et des institutions politiques d'un peuple nilote. *Gallimard, 1994.* (Tel ; 247)
ISBN 2-07-073991-0. *75 F / 11,43 €*

34954 **FABRE D.** Carnaval ou la Fête à l'envers. *Gallimard, 1992.* (Découvertes ; 135. Traditions c5)
ISBN 2-07-053163-5. *85 F / 12,96 €*

34955 **FALCONNET G., LEFAUCHEUR N.** La Fabrication des mâles. *Seuil, 1977.* (Points. Actuels ; 17 c1)
ISBN 2-02-004714-4. *32 F / 4,88 €*

34956 **FALUDI S.** Backlash : la guerre froide contre les femmes. *Des femmes-Antoinette Fouque, 1993.* (Pour chacune c5)
ISBN 2-7210-0448-4. *49 F / 7,47 €*

34957 **FAUCHE X.** Roux et rousses : un éclat très particulier. *Gallimard, 1997.* (Découvertes ; 338. Art de vivre)
ISBN 2-07-053438-3. *65 F / 9,91 €*

34958 **FAUCHER F.** Frantisek Bakule : l'enfant terrible de la pédagogie tchèque. *PUF, 1998.* (Pédagogues et pédagogies ; 18)
ISBN 2-13-049112-X. *52 F / 7,93 €*

34959 **FAVRE H.** Les Incas. 6e éd. *PUF, 1997.* (Que sais-je? ; 1504 c1)
ISBN 2-13-045387-2. *42 F / 6,40 €*

34960 **A** **Les femmes et la politique.** *Librio : Le Monde Editions, 2001.* (Librio ; 468 c1)
ISBN 2-290-31321-1. *10 F / 1,52 €*

34961 **FERRAS R.** CAPES d'histoire géographie : l'épreuve sur dossier. *Economica, 1998.* (Géographie-concours-poche ; 4)
ISBN 2-7178-3557-1. *49 F / 7,47 €*

34962 **FERRÉOL G.** Vocabulaire de la sociologie. *PUF, 1995.* (Que sais-je? ; 2943 c1)
ISBN 2-13-046836-5. *42 F / 6,40 €*

34963 **FERRY L.** Le Nouvel ordre écologique : l'arbre, l'animal et l'homme. *LGF, 1994.* (Le Livre de poche ; 13565 c8)
ISBN 2-253-13565-8. *33 F / 5,03 €*

34964 **A** **FERRY L., RENAUT A.** Philosopher à 18 ans : faut-il réformer l'enseignement de la philosophie ?. *LGF, 2001.* (Le Livre de poche ; 4309. Biblio essais)
ISBN 2-253-94309-6. *36 F / 5,49 €*

34965 **FEUILLET M.** Le Carnaval. *Cerf*; *Fides, 1991.* (Bref ; 39)
ISBN 2-204-04408-3. ISBN 2-7621-1785-2. *50 F / 7,62 €*

34966 **FILLOUX J-C.** Durkheim et l'éducation. *PUF, 1994.* (Pédagogues et pédagogies ; 3)
ISBN 2-13-046047-X. *46 F / 7,01 €*

34967 **FILLOUX J-C., TOLSTOÏ L.** Tolstoï pédagogue. *PUF, 1996.* (Pédagogues et pédagogies ; 10)
ISBN 2-13-047629-5. *46 F / 7,01 €*

34968 **FINE A., SANGOÏ J-C.** La Population française au XIXe siècle. *PUF, 1991.* (Que sais-je? ; 1420 c1)
ISBN 2-13-044025-8. *42 F / 6,40 €*

34969 **FINE A., SANGOÏ J-C.** La population française au XXe siècle. 9e éd. corr. *PUF, 1998.* (Que sais-je? ; 1167 c1)
ISBN 2-13-048622-3. *42 F / 6,40 €*

34970 **FISCHER G-N.** La psychologie sociale. *Seuil, 1997.* (Points ; 346. Essais c16)
ISBN 2-02-020926-8. *62 F / 9,45 €*

34971 **FISHER H.** Histoire naturelle de l'amour : instinct sexuel et comportement amoureux à travers les âges. *Hachette Littératures, 1994.* (Pluriel ; 8711 c5)
ISBN 2-01-278711-8. *65 F / 9,91 €*

34972 **FITOUSSI J-P., ROSANVALLON P.** Le nouvel âge des inégalités. *Seuil, 1998.* (Points. Essais ; 376 c9)
ISBN 2-02-035508-6. *42 F / 6,40 €*

34973 **FOHLEN C.** Les Indiens d'Amérique du Nord. 4e éd. corrigée. *PUF, 1999.* (Que sais-je? ; 2227 c1)
ISBN 2-13-044214-5. *42 F / 6,40 €*

34974 **FONTETTE F.** Le Racisme. 7e éd. mise à jour. *PUF, 1992.* (Que sais-je? ; 1603 c1)
ISBN 2-13-044558-6. *42 F / 6,40 €*

34975 **FORSÉ M.** Le changement social. *Seuil, 1998.* (Mémo ; 88)
ISBN 2-02-030853-3. *29 F / 4,42 €*

34976 **FOUCAULT M.** Le souci de soi. *Gallimard, 1997.* (Histoire de la sexualité; 3)(Tel ; 280)
ISBN 2-07-074674-7. *58 F / 8,84 €*

34977 **FOUCAULT M.** L'usage des plaisirs. *Gallimard, 1997.* (Histoire de la sexualité; 2)(Tel ; 279)
ISBN 2-07-074673-9. *55 F / 8,38 €*

34978 **FOUCAULT M.** La Volonté de savoir. *Gallimard, 1994.* (Histoire de la sexualité; 1)(Tel ; 248)
ISBN 2-07-074070-6. *52 F / 7,93 €*

34979 **N** **FOURIER C.** Hiérarchie du cocuage. *Presses du réel, 2000.* (L'écart absolu poche)
ISBN 2-84066-044-X. *30 F / 4,57 €*

34980 **Le français en 3e.** *Edicef, 2000.* (Nouveaux programmes)
ISBN 2-84129-639-3. *24 F / 3,66 €*

34981 **FRANZ M-L. v.** La Femme dans les contes de fées. *Albin Michel, 1993.* (Espaces libres ; 36)
ISBN 2-226-06168-1. *49 F / 7,47 €*

34982 **FRAZER J. G.** Balder le Magnifique. *Laffont, 1984.* (Le Rameau d'or; 4)(Bouquins)
ISBN 2-221-01251-8. *85 F / 12,96 €*

34983 **FRAZER J. G.** Le dieu qui meurt ; Adonis, Atys et Osiris. *Laffont, 1983.* (Le Rameau d'or; 2)(Bouquins)
ISBN 2-221-08847-6. *139 F / 21,19 €*

34984 **FRAZER J. G.** Esprits des blés et des bois ; Le Bouc émissaire. *Laffont, 1983.* (Le Rameau d'or; 3)(Bouquins)
ISBN 2-221-01140-6. *139 F / 21,19 €*

34985 **FRAZER J. G.** Le roi magicien dans la société primitive ; Tabou et les périls de l'âme. Réimpr. *Laffont, 1998.* (Le Rameau d'or; 1)(Bouquins)
ISBN 2-221-08846-8. *149 F / 22,71 €*

34986 **FREYRE G.** Maîtres et esclaves : la formation de la société brésilienne. *Gallimard, 1978.* (Tel ; 34)
ISBN 2-07-028387-9. *72 F / 10,98 €*

34987 **FRIEDBERG E.** Le pouvoir et la règle : dynamiques de l'action organisée. Nouv. éd. rev. augm. *Seuil, 1997.* (Points ; 341. Essais c15)
ISBN 2-02-031006-6. *59 F / 8,99 €*

34988 **GACHON L.** La Vie rurale en France. 3e éd. *PUF, 1977.* (Que sais-je? ; 242 c1)
ISBN 2-13-034885-8. *42 F / 6,40 €*

34989 **GAILLARD J.** Beau comme l'antique. *Actes Sud, 1995.* (Babel ; 176 c3)
ISBN 2-7427-0276-8. *45 F / 6,86 €*

34990 **GAILLARD J-M.** Un siècle d'école républicaine. *Seuil, 2000.* (Points ; 266. Histoire)
ISBN 2-02-038938-X. *45 F / 6,86 €*

34991 **Galéjades et joyeuses histoires de Provence.** *Terre de brume, 2000.* (Bibliothèque de poche ; 11. Les plus beaux contes)
ISBN 2-84362-075-9. *54 F / 8,23 €*

34992 **GALLAND O.** Les jeunes. Nouv. éd. *La Découverte, 1999.* (Repères ; 27 c1)
ISBN 2-7071-3126-1. *52 F / 7,93 €*

34993 **GALLAND O., OBERTI M.** Les étudiants. *La Découverte, 1996.* (Repères ; 195 c1)
ISBN 2-7071-2569-5. *52 F / 7,93 €*

34994 **GARCIA J-F.** Jacotot. *PUF, 1997.* (Pédagogues et pédagogies ; 15)
ISBN 2-13-048623-1. *52 F / 7,93 €*

34995 **GARI M.** Le Vinaigre et le fiel : la vie d'une paysanne hongroise. *Pocket, 1992.* (Pocket ; 3030. Terre humaine c10)
ISBN 2-266-04941-0. *50 F / 7,62 €*

34996 **GARRIER G.** Histoire sociale et culturelle du vin. *Larousse, 1998.* (In extenso c1)
ISBN 2-03-750042-4. *160 F / 24,39 €*

34997 **GASPARD F., SERVAN-SCHREIBER J-J.** La Fin des immigrés. *Seuil, 1985.* (Points. Politique ; 128 c8)
ISBN 2-02-008722-7. *39 F / 5,95 €*

34998 **GASPARINI W.** Sociologie de l'organisation sportive. *La Découverte, 2000.* (Repères ; 281 c1)
ISBN 2-7071-3177-6. *52 F / 7,93 €*

34999 **GAUDIN J-P.** Les Nouvelles politiques urbaines. *PUF, 1993.* (Que sais-je? ; 2839 c1)
ISBN 2-13-046093-3. *42 F / 6,40 €*

35000 **GAULUPEAU Y.** La France à l'école. *Gallimard, 1992.* (Découvertes ; 147. Histoire c5)
ISBN 2-07-053215-1. *85 F / 12,96 €*

35001 **GAUTHIER N., GUIGON C., GUILLOT M-A.** Les Instits : enquête sur l'école primaire. *Seuil, 1987.* (Points. Actuels ; 80 c3)
ISBN 2-02-009729-X. *48 F / 7,32 €*

35002 **GENDROP P.** Les Mayas. 7e éd. *PUF, 1999.* (Que sais-je? ; 1734 c1)
ISBN 2-13-044668-X. *42 F / 6,40 €*

35003 **GENLIS S. F. d. C. (. d.** De l'esprit des étiquettes. *Mercure de France, 1996.* (Le petit Mercure)
ISBN 2-7152-1965-2. *24 F / 3,66 €*

35004 **N** **Genre et politique :** débats et perspectives. *Gallimard, 2000.* (Folio ; 370. Essais cH)
ISBN 2-07-041525-2. *66 F / 10,06 €*

35005 **GENTILESCHI A.** Actes d'un procès pour viol en 1612 ; Lettres. *Des femmes-Antoinette Fouque, 1984.* (Ecrits d'hier)
ISBN 2-7210-0261-9. *125 F / 19,06 €*

35006 **GENTZBITTEL M.** La cause des élèves. Réimpr. *Seuil, 1998.* (Points ; 478 c8)
ISBN 2-02-033426-7. *39 F / 5,95 €*

35007 **A** **GENTZBITTEL M., HAMON H.** Madame le proviseur. Nouv. éd. *Seuil, 2001.* (Points. Actuels ; 100 c2)
ISBN 2-02-023417-3. *39 F / 5,95 €*

35008 **GEORGE P.** Géographie des inégalités. *PUF, 1981.* (Que sais-je? ; 1062 c1)
ISBN 2-13-037053-5. *42 F / 6,40 €*

35009 **La gestion des ressources humaines dans les systèmes éducatifs :** problématique générale et regards croisés : du monde des administrations et des entreprises à celui de l'éducation. *CRDP de Lyon, 1999.* (Documents, actes et rapports pour l'éducation)
ISBN 2-86625-222-5. *100 F / 15,24 €*

35010 **GHASARIAN C.** Introduction à l'étude de la parenté. *Seuil, 1996.* (Points. Essais ; 318 c11)
ISBN 2-02-024701-1. *48 F / 7,32 €*

35011 **GILBERT G.** Aventurier de l'amour. *LGF, 1988.* (Le Livre de poche ; 6453 c7)
ISBN 2-253-04519-5. *30 F / 4,57 €*

35012 **N** **GILBERT G.** Cris de jeunes. *J'ai lu, 2001.* (J'ai lu ; 5778. Littérature générale cl)
ISBN 2-290-30935-4. *36 F / 5,49 €*

35013 **GILBERT G.** L'Espérance aux mains nues. *LGF, 1985.* (Le Livre de poche ; 6120 c7)
ISBN 2-253-03774-5. *30 F / 4,57 €*

35014 **GIRARD R.** Des choses cachées depuis la fondation du monde. *LGF, 1983.* (Le Livre de poche ; 4001. Biblio essais c14)
ISBN 2-253-03244-1. *48 F / 7,32 €*

35015 **GIRARD R.** La violence et le sacré. Nouv. éd. *Hachette Littératures, 1998.* (Pluriel ; 8461 c8)
ISBN 2-01-278897-1. *60 F / 9,15 €*

35016 **GIRARD R., TREGUER M.** Quand ces choses commenceront : entretiens avec Michel Treguer. *Arléa, 1996.* (Arléa-poche ; 8)
ISBN 2-86959-300-7. *35 F / 5,34 €*

35017 **GIRAUD C.** Histoire de la sociologie. *PUF, 1997.* (Que sais-je? ; 423 c1)
ISBN 2-13-048558-8. *42 F / 6,40 €*

35018 **GIROD R.** L'illettrisme. 2e éd. rev. *PUF, 1998.* (Que sais-je? ; 3193 c1)
ISBN 2-13-047963-4. *42 F / 6,40 €*

35019 **GIROD R.** Les Inégalités sociales. 2e éd. rev. *PUF, 1993.* (Que sais-je? ; 2154 c1)
ISBN 2-13-046016-X. *42 F / 6,40 €*

35020 **N** **GIROUD F.** Les Françaises : de la Gauloise à la pilule. *LGF, 2000.* (Le Livre de poche ; 14889 c8)
ISBN 2-253-14889-X. *33 F / 5,03 €*

35021 **GIROUD F., LÉVY B-H.** Les Hommes et les femmes. *LGF, 1994.* (Le Livre de poche ; 13562 c6)
ISBN 2-253-13562-3. *26 F / 3,96 €*

35022 **GLISSANT E.** Le discours antillais. *Gallimard, 1997.* (Folio ; 313. Essais)
ISBN 2-07-074622-4. *71 F / 10,82 €*

35023 **GLOBE (Paris)** Globe, les années tournantes : le meilleur du mensuel 1985-1992. *Seuil, 1992.* (Points. Actuels ; 126 c8)
ISBN 2-02-017744-7. *67 F / 10,21 €*

35024 **GLOWCZEWSKI B.** Les rêveurs du désert : peuple warlpiri d'Australie : essai. Réimpr. *Actes Sud, 1999.* (Babel ; 217 c4)
ISBN 2-7427-0846-4. *51 F / 7,77 €*

35025 **GODBOUT J.** L'esprit du don. Nouv. éd. *La Découverte*; *Boréal, 2000.* (La Découverte poche ; 86. Sciences humaines et sociales)
ISBN 2-7071-3190-3. *79 F / 12,04 €*

35026 **GODELIER M.** L'Idéel et le matériel : pensée, économies, sociétés. *LGF, 1992.* (Le Livre de poche ; 4147. Biblio essais c13)
ISBN 2-253-05936-6. *46 F / 7,01 €*

35027 **GONG G., ARIÈS P.** Le goût. *Desclée De Brouwer*; *Presses littéraires et artistiques de Shanghai, 2000.* (Proches lointains)
ISBN 2-220-04405-X. *62 F / 9,45 €*

35028 **GONNET J.** Education et médias. *PUF, 1997.* (Que sais-je? ; 3242 c1)
ISBN 2-13-048414-X. *42 F / 6,40 €*

35029 **GONON A.** La vie japonaise. Nouv. éd. *PUF, 1996.* (Que sais-je? ; 1564 c1)
ISBN 2-13-047969-3. *42 F / 6,40 €*

35030 **GORZ A., BOSQUET M.** Ecologie et politique. *Seuil, 1978.* (Points. Politique ; 89 c11)
ISBN 2-02-004771-3. *48 F / 7,32 €*

35031 **GOTOVITCH L.** Makarenko. *PUF, 1996.* (Pédagogues et pédagogies ; 9)
ISBN 2-13-047300-8. *46 F / 7,01 €*

35032 **GOUGAUD H.** L'arbre à soleils : légendes du monde entier. *Seuil, 1996.* (Points ; 304 c11)
ISBN 2-02-030103-2. *48 F / 7,32 €*

35033 **GOUGAUD H.** L'arbre aux trésors : légendes du monde entier. *Seuil, 1997.* (Points ; 361 c11)
ISBN 2-02-031718-4. *48 F / 7,32 €*

35034 **GOUGAUD H.** L'arbre d'amour et de sagesse : légendes du monde entier. *Seuil, 1997.* (Points ; 360 c11)
ISBN 2-02-031719-2. *48 F / 7,32 €*

35035 **GOUGAUD H.** La Bible du hibou : légendes, peurs bleues, fables et fantaisies du temps où les hivers étaient rudes. *Seuil, 1995.* (Points ; 78 c9)
ISBN 2-02-025288-0. *42 F / 6,40 €*

35036 **GRATACOS I.** Femmes pyrénéennes : un statut social exceptionnel en Europe. Nouv. éd. *Privat, 1998.* (Pages Grand Sud)
ISBN 2-7089-5408-3. *49 F / 7,47 €*

35037 **GRAU F-M.** Histoire du costume. *PUF, 1999.* (Que sais-je? ; 505 c1)
ISBN 2-13-049645-8. *42 F / 6,40 €*

35038 **GRENADOU E., PREVOST A.** Grenadou, paysan français. *Seuil, 1978.* (Points. Histoire ; 33 c3)
ISBN 2-02-004825-6. *48 F / 7,32 €*

35039 **GRESLE F., CUIN C-H.** Avant 1918. 2e éd. *La Découverte, 1996.* (Histoire de la sociologie; 1)(Repères ; 109 c1)
ISBN 2-7071-2122-3. *52 F / 7,93 €*

35040 **GRESLE F., CUIN C-H.** Depuis 1918. *La Découverte, 1992.* (Histoire de la sociologie; 2)(Repères ; 110 c1)
ISBN 2-7071-2123-1. *52 F / 7,93 €*

35041 **GROETHUYSEN B.** L'Eglise et la bourgeoisie. *Gallimard, 1977.* (Origines de l'esprit bourgeois en France; 1)(Tel ; 21)
ISBN 2-07-029784-5. *51 F / 7,77 €*

35042 **GROSSER A.** L'Allemagne en Occident. Nouv. éd. rev. et augm. *Hachette Littératures, 1987.* (Pluriel ; 8492 c4)
ISBN 2-01-012427-8. *58 F / 8,84 €*

35043 **GROSSER A.** Les identités difficiles. *Presses de Sciences Po, 1996.* (La Bibliothèque du citoyen)
ISBN 2-7246-0685-X. *75 F / 11,43 €*

35044 **GROSSER A.** La République fédérale d'Allemagne. 9e éd. *PUF, 1992.* (Que sais-je? ; 1069 c1)
ISBN 2-13-044482-2. *42 F / 6,40 €*

35045 **GUÉRIN-HENNI A.** Les Pollueurs : luttes sociales et pollution industrielle. *Seuil, 1980.* (Points. Politique ; 106 c14)
ISBN 2-02-005680-1. *55 F / 8,38 €*

35046 **GUÉRIN S.** Internet en questions. *Economica, 1997.* (Médias-poche ; 3 c1)
ISBN 2-7178-3296-3. *49 F / 7,47 €*

35047 **GUERRAND R-H.** Les lieux : histoire des commodités. Réimpr. *La Découverte, 1997.* (La Découverte poche ; 25. Essais)
ISBN 2-7071-2691-8. *45 F / 6,86 €*

35048 **GUILLAIN R.** Les geishas ou Le monde des fleurs et des saules. *Arléa, 1997.* (Arléa-poche ; 23)
ISBN 2-86959-340-6. *40 F / 6,10 €*

35049 **N** **GUILLEBAUD J-C.** La refondation du monde. *Seuil, 2000.* (Points ; 795)
ISBN 2-02-041947-5. *48 F / 7,32 €*

35050 **GUILLON J.** Cet enfant qui se drogue, c'est le mien. *Seuil, 1980.* (Points. Actuels ; 31 c2)
ISBN 2-02-005419-1. *39 F / 5,95 €*

35051 **GUILLOU S.** Comment va-t-il apprendre à lire : itinéraire d'un apprenti lecteur. *Milan, 1999.* (Du côté des parents ; 8 c1)
ISBN 2-84113-893-3. *48 F / 7,32 €*

35052 **GUIMELLI C.** La pensée sociale. *PUF, 1999.* (Que sais-je? ; 3453 c1)
ISBN 2-13-049777-2. *42 F / 6,40 €*

35053 **GUINGOUAIN G.** Psychologie sociale et évaluation. *Dunod, 1999.* (Les topos. Psychologie c1)
ISBN 2-10-003574-6. *52 F / 7,93 €*

35054 **HAARSCHER G.** La laïcité. *PUF, 1996.* (Que sais-je? ; 3129 c1)
ISBN 2-13-047719-4. *42 F / 6,40 €*

35055 **HABER S.** Habermas et la sociologie. *PUF, 1998.* (Philosophies ; 109 c1)
ISBN 2-13-049470-6. *48 F / 7,32 €*

35056 **N** **HABIB C.** Le consentement amoureux. *Hachette Littératures, 2001.* (Pluriel ; 9015 c7)
ISBN 2-01-279015-1. *55 F / 8,38 €*

35057 **HAKIM T. E.** Un Substitut de campagne en Egypte : journal d'un substitut de procureur égyptien. Nouv. éd. *Pocket, 1993.* (Pocket ; 3035. Terre humaine cJ)
ISBN 2-266-05685-9. *50 F / 7,62 €*

35058 **HALBWACHS M.** Les Cadres sociaux de la mémoire. *Albin Michel, 1994.* (Bibliothèque de l'évolution de l'humanité ; 8)
ISBN 2-226-07490-2. *68 F / 10,37 €*

35059 **HALBWACHS M.** La mémoire collective. *Albin Michel, 1997.* (Bibliothèque de l'évolution de l'humanité ; 28)
ISBN 2-226-09320-6. *62 F / 9,45 €*

35060 **HALL E. T.** Au-delà de la culture. *Seuil, 1987.* (Points. Essais ; 191 c3)
ISBN 2-02-009812-1. *48 F / 7,32 €*

35061 **HALL E. T.** La Danse de la vie : temps culturel, temps vécu. *Seuil, 1992.* (Points. Essais ; 247 c3)
ISBN 2-02-016480-9. *48 F / 7,32 €*

35062 **HALL E. T.** Le Langage silencieux. *Seuil, 1984.* (Points ; 160. Essais c3)
ISBN 2-02-006774-9. *48 F / 7,32 €*

35063 **HAMELINE D., JORNOD A., LEMDANI BELKAÏD M.** L'école active, textes fondateurs. *PUF, 1995.* (Pédagogues et pédagogies ; 6)
ISBN 2-13-046785-7. *46 F / 7,01 €*

35064 **HAMON H.** Nos médecins. *Seuil, 1996.* (Points ; 193 c9)
ISBN 2-02-026420-X. *42 F / 6,40 €*

35065 **HANNA N.** Le guide du millénaire : an 2000, les événements dans le monde. *Mille et une nuits, 1999*
ISBN 2-84205-412-1. *45 F / 6,86 €*

35066 **HANNOUN M.** Nos solitudes : enquête sur un sentiment. *Seuil, 1992.* (Points. Actuels ; 127 c3)
ISBN 2-02-018315-3. *48 F / 7,32 €*

35067 **HANS M-F., LAPOUGE G.** Les Femmes, la Pornographie, l'Erotisme. *Seuil, 1980.* (Points. Actuels ; 32 c4)
ISBN 2-02-005426-4. *52 F / 7,93 €*

35068 **HAROUEL J-L.** Culture et contre-cultures. *PUF, 1998.* (Quadrige ; 260)
ISBN 2-13-049384-X. *69 F / 10,52 €*

35069 **HARRISON S.** Jack l'Eventreur ; Le dossier de Shirley Harrison. *LGF, 1995.* (Le Livre de poche ; 13764. Policier c8)
ISBN 2-253-13764-2. *33 F / 5,03 €*

35070 **HATZFELD J.** L'air de la guerre : sur les routes de Croatie et de Bosnie-Herzégovine. *Seuil, 1995.* (Points ; 60 c9)
ISBN 2-02-023213-8. *42 F / 6,40 €*

35071 **HEERS J.** Fêtes des fous et carnavals. *Hachette Littératures, 1997.* (Pluriel ; 8828 c4)
ISBN 2-01-278828-9. *58 F / 8,84 €*

35072 **HEINICH N.** La sociologie de Norbert Elias. *La Découverte, 1998.* (Repères ; 233 c1)
ISBN 2-7071-2810-4. *52 F / 7,93 €*

35073 **HELLER M.** La Machine et les rouages : la formation de l'homme soviétique. *Gallimard, 1994.* (Tel ; 241)
ISBN 2-07-073250-9. *75 F / 11,43 €*

35074 **N** **HÉNAFF M.** Claude Lévi-Strauss et l'anthropologie structurale. *Pocket, 2000.* (Agora ; 219 c11)
ISBN 2-266-09641-9. *55 F / 8,38 €*

35075 **HERMAN J.** Les Langages de la sociologie. 3e éd. *PUF, 1984.* (Que sais-je? ; 2076 c1)
ISBN 2-13-042111-3. *42 F / 6,40 €*

35076 **A** **HERPIN N.** Sociologie de la consommation. *La Découverte, 2001.* (Repères ; 319 c1)
ISBN 2-7071-3492-9. *52 F / 7,93 €*

35077 **HERR M.** Putain de mort. *Ed. de l'Olivier, 1996.* (Petite bibliothèque américaine ; 3)
ISBN 2-87929-100-3. *69 F / 10,52 €*

35078 **HERVIEU B.** Les agriculteurs. *PUF, 1996.* (Que sais-je? ; 3048 c1)
ISBN 2-13-047583-3. *42 F / 6,40 €*

35079 **HESS R.** Des sciences de l'éducation. *Anthropos, 1997.* (Education-poche ; 2 c1)
ISBN 2-7178-3421-4. *49 F / 7,47 €*

35080 **N** **HINTON W. H.** Fanshen : la révolution communiste dans un village chinois. *Pocket, 2000.* (Pocket ; 11119. Terre humaine c12)
ISBN 2-266-10857-3. *60 F / 9,15 €*

35081 **Histoire de la population française.** *PUF, 1995.* (Quadrige)
ISBN 2-13-046820-9. *396 F / 60,37 €*

35082 **Histoire de la population française. 1, Des origines à la Renaissance.** *PUF, 1995.* (Quadrige ; 181)
ISBN 2-13-046821-7. *99 F / 15,09 €*

35083 **Histoire de la population française. 2, De la Renaissance à 1789.** *PUF, 1995.* (Quadrige ; 182)
ISBN 2-13-046822-5. *99 F / 15,09 €*

35084 **Histoire de la population française. 3, De 1789 à 1914.** *PUF, 1995.* (Quadrige ; 183)
ISBN 2-13-046823-3. *99 F / 15,09 €*

35085 **Histoire de la population française. 4, De 1914 à nos jours.** *PUF, 1995.* (Quadrige ; 184)
ISBN 2-13-046824-1. *99 F / 15,09 €*

35086 **Histoire des pères et de la paternité.** *Larousse, 2000.* (In extenso c1)
ISBN 2-03-505049-9. *160 F / 24,39 €*

35087 **HOURDAKIS A.** Aristote et l'éducation. *PUF, 1998.* (Pédagogues et pédagogies ; 20)
ISBN 2-13-049379-3. *52 F / 7,93 €*

35088 **HUGO V.** Ecrits sur la peine de mort. *Actes Sud, 1992.* (Babel ; 58 c3)
ISBN 2-86869-931-6. *45 F / 6,86 €*

35089 **HUGUENIN J.** Seniors, l'explosion. *Gallimard, 1999.* (Folio ; 68. Actuel. Le Monde cC)
ISBN 2-07-041110-9. *41 F / 6,25 €*

35090 **HUISMAN D.** L'Age du faire : pour une morale pour la communication de demain. *Hachette Littératures, 1994.* (Pluriel ; 8679)
ISBN 2-01-278679-0. *98 F / 14,94 €*

35091 **N** **HULOT N., BARBAULT R., BOURG D.** Pour que la Terre reste humaine. *Seuil, 2001.* (Points ; 830)
ISBN 2-02-048496-X. *32 F / 4,88 €*

35092 **ILLICH I.** La Convivialité. *Seuil, 1975.* (Points ; 65. Essais c1)
ISBN 2-02-004259-2. *32 F / 4,88 €*

35093 **ILLICH I.** Libérer l'avenir. *Seuil, 1972.* (Points ; 36. Essais c1)
ISBN 2-02-000611-1. *32 F / 4,88 €*

35094 **ILLICH I.** Une Société sans école. *Seuil, 1980.* (Points ; 117. Essais c2)
ISBN 2-02-005551-1. *43 F / 6,56 €*

35095 **INSTITUT NATIONAL DE LA RECHERCHE AGRONOMIQUE (France)** Les chercheurs et l'innovation : regards sur les pratiques de l'INRA. *INRA, 1998.* (Sciences en questions)
ISBN 2-7380-0820-8. *90 F / 13,72 €*

35096 **Internationale de l'imaginaire, nouvelle série. 1, Le métis culturel.** *Actes Sud, 1994.* (Babel ; 109 c2)
ISBN 2-7427-0216-4. *39 F / 5,95 €*

35097 **N** **Internationale de l'imaginaire, nouvelle série. 13, Jeux de dieux, jeux de rois.** *Actes Sud, 2000.* (Babel ; 424)
ISBN 2-7427-2657-8. *45 F / 6,86 €*

35098 **Internationale de l'imaginaire, nouvelle série. 6, Le Liban second.** *Actes Sud, 1996.* (Babel ; 205 c2)
ISBN 2-7427-0800-6. *39 F / 5,95 €*

35099 **Internationale de l'imaginaire, nouvelle série. 7, Cultures, nourriture.** *Actes Sud, 1997.* (Babel ; 245)
ISBN 2-7427-0997-5. *45 F / 6,86 €*

35100 **Internationale de l'imaginaire, nouvelle série. 9, Deux millénaires et après.** *Actes Sud, 1998.* (Babel ; 342 c2)
ISBN 2-7427-1891-5. *39 F / 5,95 €*

35101 **IRIGARAY L.** Je, tu, nous : pour une culture de la différence. *LGF, 1992.* (Le Livre de poche ; 4155. Biblio essais c8)
ISBN 2-253-06031-3. *33 F / 5,03 €*

35102 **JACCARD R.** L'Exil intérieur : schizoïdie et civilisation. *Seuil, 1978.* (Points ; 95. Essais c1)
ISBN 2-02-005010-2. *32 F / 4,88 €*

35103 **JACCARD R., THÉVOZ M.** Manifeste pour une mort douce. *LGF, 1993.* (Le Livre de poche ; 4177. Biblio essais c7)
ISBN 2-253-06416-5. *30 F / 4,57 €*

35104 **JACQUARD A.** Un Monde sans prisons?. *Seuil, 1993.* (Point-virgule ; 124 c2)
ISBN 2-02-012233-2. *39 F / 5,95 €*

35105 **JAMA S.** Anthropologie du rêve. *PUF, 1997.* (Que sais-je? ; 3176 c1)
ISBN 2-13-048319-4. *42 F / 6,40 €*

35106 **JASPARD M.** La sexualité des Français. *La Découverte, 1997.* (Repères ; 221 c1)
ISBN 2-7071-2735-3. *52 F / 7,93 €*

35107 **JAULIN R.** La Mort sara. *Pocket, 1992.* (Pocket ; 3031. Terre humaine c7)
ISBN 2-266-05060-5. *42 F / 6,40 €*

35108 **JAVEAU C.** Prendre le futile au sérieux : microsociologie des rituels de la vie courante. *Cerf, 1998.* (Humanités c1)
ISBN 2-204-05868-8. *65 F / 9,91 €*

35109 **N** **JELEN C.** La guerre des rues : la violence et les jeunes. *Pocket, 2000.* (Pocket ; 10802 c6)
ISBN 2-266-09770-9. *38 F / 5,79 €*

35110 **JOSEPH I.** Erving Goffman et la microsociologie. *PUF, 1998.* (Philosophies ; 99 c1)
ISBN 2-13-048964-8. *48 F / 7,32 €*

35111 **JOUVENET L-P.** Eduquer l'élève au choix professionnel. *CRDP de Lyon, 1995.* (Champ de réflexion, champ d'actions)
ISBN 2-86625-197-0. *100 F / 15,24 €*

35112 **JOUVENET L-P.** Préparer l'insertion professionnelle et sociale de l'élève. *CRDP de Lyon, 1997.* (Champ de réflexion, champ d'actions)
ISBN 2-86625-218-7. *100 F / 15,24 €*

35113 **JULLIEN F.** Eloge de la fadeur : à partir de la pensée et de l'esthétique de la Chine. *LGF, 1993.* (Le Livre de poche ; 4175. Biblio essais c9)
ISBN 2-253-06379-7. *36 F / 5,49 €*

35114 **JUNGHANS P.** Guide du lycée. *Milan, 1996.* (Les essentiels Milan ; 50 c1)
ISBN 2-84113-453-9. *25 F / 3,81 €*

35115 **KAPFERER J-N.** Rumeurs : le plus vieux média du monde. Réimpr. sous une nouv. couv. *Seuil, 1995.* (Points ; 71 c4)
ISBN 2-02-024743-7. *52 F / 7,93 €*

35116 **KAPLANIAN P., RABOUAN J-B.** Ladakh : de la transe à l'extase. *Peuples du monde, 1991.* (Domaine tibétain)
ISBN 2-907629-14-X. *190 F / 28,97 €*

35117 **KARSENTI B.** Marcel Mauss : le fait social total. *PUF, 1994.* (Philosophies ; 49)
ISBN 2-13-046140-9. *45 F / 6,86 €*

35118 **KAUFFMANN J-C.** Corps de femmes, regards d'hommes : sociologie des seins nus. *Pocket, 1998.* (Agora ; 196 c7)
ISBN 2-266-08347-3. *42 F / 6,40 €*

35119 **KAUFMANN J-C.** Le coeur à l'ouvrage : théorie de l'action ménagère. *Pocket, 2000.* (Pocket ; 10975 c5)
ISBN 2-266-10006-8. *35 F / 5,34 €*

35120 **KAUFMANN J-C.** Sociologie du couple. 3e éd. corr. *PUF, 1999.* (Que sais-je? ; 2787 c1)
ISBN 2-13-045706-1. *42 F / 6,40 €*

35121 **KAUFMANN J-C.** La trame conjugale : analyse du couple par son linge. *Pocket, 1997.* (Agora ; 178 c7)
ISBN 2-266-07514-4. *42 F / 6,40 €*

35122 **KAYSER B.** Ils ont choisi la campagne. *Ed. de l'Aube, 1996.* (L'Aube poche ; 35 c5)
ISBN 2-87678-289-8. *59 F / 8,99 €*

35123 **KÉHAYAN J.** Mes papiers d'Arménie. *Ed. de l'Aube, 1995.* (L'Aube poche ; 14 c3)
ISBN 2-87678-229-4. *39 F / 5,95 €*

35124 **KELLERHALS J., MODAK M., PERRENOUD D.** Le sentiment de justice dans les relations sociales. *PUF, 1997.* (Que sais-je? ; 3301 c1)
ISBN 2-13-048685-1. *42 F / 6,40 €*

35125 **KEPEL G.** Les Banlieues de l'islam. *Seuil, 1991.* (Points. Actuels ; 99 c5)
ISBN 2-02-012849-7. *55 F / 8,38 €*

35126 **KEPEL G.** La Revanche de Dieu : chrétiens, juifs, musulmans à la reconquête du monde. *Seuil, 1992.* (Points. Actuels ; 117 c3)
ISBN 2-02-014581-2. *48 F / 7,32 €*

35127 **KESSLER C.** Petit dictionnaire du Japon. *Desclée De Brouwer, 1996.* (Petits dictionnaires)
ISBN 2-220-03659-6. *58 F / 8,84 €*

35128 **KHELLIL M.** Sociologie de l'intégration. *PUF, 1997.* (Que sais-je? ; 3292 c1)
ISBN 2-13-048601-0. *42 F / 6,40 €*

35129 **KHÔÏ LÊ THANH** Marx, Engels et l'éducation. *PUF, 1991.* (Philosophies ; 31)
ISBN 2-13-043751-6. *35 F / 5,34 €*

35130 **KLAICH D.** Femme et femme : attitudes envers l'homosexualité. *Des femmes-Antoinette Fouque, 1976.* (Pour chacune ; 6)
48 F / 7,32 €

35131 **KLATZMANN J.** L'humour juif. 2e éd. *PUF, 1999.* (Que sais-je? ; 3370 c1)
ISBN 2-13-049141-3. *42 F / 6,40 €*

35132 **KNIBIEHLER Y.** Histoire des mères et de la maternité en Occident. *PUF, 2000.* (Que sais-je? ; 3539 c1)
ISBN 2-13-050425-6. *42 F / 6,40 €*

35133 **KODSI R.** Apprendre avec l'écran : qu'est-ce que cela change pour nos enfants?. *Milan, 1999.* (Du côté des parents ; 2 c1)
ISBN 2-84113-819-4. *48 F / 7,32 €*

35134 **KONOPNICKI G.** Eloge de la fourrure : petit traité du poil lustré. *Seuil, 1995.* (Point-virgule c7)
ISBN 2-02-025715-7. *35 F / 5,34 €*

35135 **KRISTEVA J.** Etrangers à nous-mêmes. *Gallimard, 1991.* (Folio. Essais ; 156 c2)
ISBN 2-07-032618-7. *40 F / 6,10 €*

35136 **KROEBER T.** Ishi : testament du dernier Indien sauvage de l'Amérique du Nord. *Pocket, 1989.* (Pocket ; 3021. Terre humaine c7)
ISBN 2-266-02875-8. *42 F / 6,40 €*

35137 **L'HENORET A.** Le clou qui dépasse : récit d'un prêtre-ouvrier au Japon. *La Découverte, 1997.* (La Découverte poche ; 37. Essais)
ISBN 2-7071-2755-8. *48 F / 7,32 €*

35138 **N** **LABBÉ M-H.** La grande peur du nucléaire. *Presses de Sciences Po, 2000.* (La Bibliothèque du citoyen c1)
ISBN 2-7246-0774-0. *75 F / 11,43 €*

35139 **LABORDE-MILAA I.** Ecrire un rapport de stage. *Seuil, 1999.* (Mémo ; 122)
ISBN 2-02-030855-X. *29 F / 4,42 €*

35140 **LACOSTE-DUJARDIN C.** Des mères contre les femmes. *La Découverte, 1996.* (La Découverte poche ; 11. Essais ; 11)
ISBN 2-7071-2607-1. *79 F / 12,04 €*

35141 **LADSOUS J.** Janusz Korczak. *PUF, 1995.* (Pédagogues et pédagogies ; 8)
ISBN 2-13-047216-8. *45 F / 6,86 €*

35142 **A** **LAGRANGE H.** Les jeunes, le sexe et l'amour. *Pocket, 2001.* (Pocket ; 10930)
ISBN 2-266-10080-7

35143 **LALLEMENT M.** Sociologie des relations professionnelles. *La Découverte, 1996.* (Repères ; 186 c1)
ISBN 2-7071-2533-4. *52 F / 7,93 €*

35144 **LAMARQUE G.** L'exclusion. *PUF, 1995.* (Que sais-je? ; 3077 c1)
ISBN 2-13-047511-6. *42 F / 6,40 €*

35145 **LAMOUR C., LAMBERTI M.** Les Grandes manoeuvres de l'opium. *Seuil, 1975.* (Points. Actuels ; 9 c2)
ISBN 2-02-000684-7. *39 F / 5,95 €*

35146 **LANCASTER R.** Piegan. *Pocket, 1999.* (Pocket ; 10655. Terre humaine c9)
ISBN 2-266-09096-8. *48 F / 7,32 €*

35147 **LANCEMENT L.** Aider les personnels de laboratoire en biologie : pour leurs concours et dans leurs fonctions. *CRDP de Lyon, 1999.* (Guide pour)
ISBN 2-86625-225-X. *90 F / 13,72 €*

35148 **LAPASSADE G.** Microsociologie de la vie scolaire. *Anthropos, 1998.* (Education-poche ; 5 c1)
ISBN 2-7178-3720-5. *49 F / 7,47 €*

35149 **LAPASSADE G.** Les microsociologies. *Anthropos, 1996.* (Ethno-sociologie-poche ; 2)
ISBN 2-7178-3025-1. *49 F / 7,47 €*

35150 **LAPASSADE G.** Les rites de possession. *Anthropos, 1997.* (Ethno-sociologie-poche ; 6 c1)
ISBN 2-7178-3157-6. *49 F / 7,47 €*

35151 **LATOUR B.** Nous n'avons jamais été modernes : essai d'anthropologie symétrique. Nouv. éd. *La Découverte, 1997.* (La Découverte poche ; 26. Sciences humaines et sociales)
ISBN 2-7071-2692-6. *55 F / 8,38 €*

35152 **LAVILLE B., LEENHARDT J.** Villette-Amazone : nouveau manifeste pour l'environnement au XXIe siècle. *Actes Sud, 1996.* (Babel ; 229 c7)
ISBN 2-7427-0907-X. *69 F / 10,52 €*

35153 **LAZEGA E.** Réseaux sociaux et structures relationnelles. *PUF, 1998.* (Que sais-je? ; 3399 c1)
ISBN 2-13-049376-9. *42 F / 6,40 €*

35154 **LE BON G.** Psychologie des foules. 4e éd. *PUF, 1991.* (Quadrige ; 14)
ISBN 2-13-044243-9. *55 F / 8,38 €*

35155 **LE BRAS H.** Marianne et les lapins : l'obsession démographique. *Hachette Littératures, 1993.* (Pluriel ; 8629 c4)
ISBN 2-01-020324-0. *58 F / 8,84 €*

35156 **LE BRAS H.** Le sol et le sang. *Ed. de l'Aube, 1996.* (L'Aube poche ; 24 c3)
ISBN 2-87678-261-8. *39 F / 5,95 €*

35157 **LE BRAZ A.** La Bretagne d'Anatole Le Braz. *Terre de brume, 1998.* (Bibliothèque de poche ; 1. Les plus beaux contes c2)
ISBN 2-84362-009-0. *44 F / 6,71 €*

35158 **LE BRAZ A.** La légende de la mort. *Coop Breizh ; J. Laffitte, 1995.* (Les textes fondateurs)
ISBN 2-909924-30-0. *58 F / 8,84 €*

35159 **LE BRAZ A.** Magies de la Bretagne. 1. *Laffont, 1994.* (Bouquins)
ISBN 2-221-07792-X. *159 F / 24,24 €*

35160 **LE BRAZ A.** Magies de la Bretagne. 2. *Laffont, 1997.* (Bouquins)
ISBN 2-221-07793-8. *159 F / 24,24 €*

35161 **N** **LE BRETON D.** Anthropologie du corps et modernité. *PUF, 2000.* (Quadrige ; 312)
ISBN 2-13-050888-X. *69 F / 10,52 €*

35162 **N** **LE BRETON D.** Eloge de la marche. *Métailié, 2000.* (Suite sciences humaines)
ISBN 2-86424-351-2. *60 F / 9,15 €*

35163 **LE BRETON D.** Passions du risque. *Métailié, 2000.* (Suite sciences humaines ; 2)
ISBN 2-86424-334-2. *60 F / 9,15 €*

35164 **LE CLÉZIO J-M. G.** Le Rêve mexicain ou la Pensée interrompue. *Gallimard, 1992.* (Folio. Essais ; 178 c3)
ISBN 2-07-032680-2. *41 F / 6,25 €*

35165 **LE GOFF J-P.** La barbarie douce : la modernisation aveugle des entreprises et de l'école. *La Découverte, 1999.* (Sur le vif)
ISBN 2-7071-3032-X. *42 F / 6,40 €*

35166 **LE ROY LADURIE E.** Le Carnaval de Romans : de la Chandeleur au mercredi des Cendres : 1579-1580. *Gallimard, 1986.* (Folio. Histoire ; 10 c4)
ISBN 2-07-032343-9. *46 F / 7,01 €*

35167 **LECARME P., MAS M., SWIATLY F.** Ecrire au collège : l'apport des ateliers d'écriture et de leurs pratiques. *CRDP de Lyon, 1999.* (Champ de réflexion, champ d'actions)
ISBN 2-86625-229-2. *90 F / 13,72 €*

35168 **LECHERBONNIER M-F.** Le guide du savoir-vivre : protocole et convivialité. *LGF, 1996.* (Le Livre de poche ; 8155. Pratique c8)
ISBN 2-253-08155-8. *33 F / 5,03 €*

35169 **LEENHARDT M.** Do kamo : la personne et le mythe dans le monde mélanésien. *Gallimard, 1985.* (Tel ; 95)
ISBN 2-07-070412-2. *65 F / 9,91 €*

35170 **LEGARDINIER C.** La prostitution. *Milan, 1996.* (Les essentiels Milan ; 54 c1)
ISBN 2-84113-457-1. *25 F / 3,81 €*

35171 **N** **LEGRAIN D.** Le Conservatoire du littoral. Nouv. éd. *Actes Sud ; Ed. locales de France, 2000.* (Conservatoire du littoral)
ISBN 2-7427-2846-5. *65 F / 9,91 €*

35172 **LEGRAND L.** Les différenciations de la pédagogie. *PUF, 1995.* (Pédagogues et pédagogies ; 4)
ISBN 2-13-046691-5. *46 F / 7,01 €*

35173 **LEIRIS M.** Cinq études d'ethnologie. *Gallimard, 1988.* (Tel ; 133)
ISBN 2-07-071402-0. *48 F / 7,32 €*

35174 **LELEUX C.** Repenser l'éducation civique : autonomie, coopération, participation. *Cerf, 1997.* (Humanités c1)
ISBN 2-204-05663-4. *62 F / 9,45 €*

35175 **LEMOGODEUC J-M., MOYANO F.** Le Flamenco. *PUF, 1994.* (Que sais-je? ; 1588 c1)
ISBN 2-13-046398-3. *42 F / 6,40 €*

35176 **LEMOINE-LUCCIONI E.** Partage des femmes. *Seuil, 1982.* (Points ; 144. Essais c2)
ISBN 2-02-006283-6. *39 F / 5,95 €*

35177 **LENGELLÉ M.** L'esclavage moderne. *PUF, 1999.* (Que sais-je? ; 3470 c1)
ISBN 2-13-049842-6. *42 F / 6,40 €*

35178 **LÉON A.** Histoire de l'enseignement en France. 9e éd. *PUF, 1999.* (Que sais-je? ; 393 c1)
ISBN 2-13-045806-8. *42 F / 6,40 €*

35179 **LERBET G.** Pédagogie et systémique. *PUF, 1997.* (Pédagogues et pédagogies ; 12)
ISBN 2-13-047978-2. *46 F / 7,01 €*

35180 **LERIDON H.** Les enfants du désir : une révolution démographique. *Hachette Littératures, 1998.* (Pluriel ; 899 c5)
ISBN 2-01-278899-8. *45 F / 6,86 €*

35181 **LEROI-GOURHAN A.** Le Fil du temps : ethnologie et préhistoire. *Seuil, 1986.* (Points. Sciences ; 48 c5)
ISBN 2-02-009104-6. *55 F / 8,38 €*

35182 **LEROI-GOURHAN A.** L'Homme et la matière. Réimpr. *Albin Michel, 1992.* (Science d'aujourd'hui poche ; 1)
ISBN 2-226-06213-0. *69 F / 10,52 €*

35183 **LEROI-GOURHAN A.** Milieu et techniques. Réimpr. *Albin Michel, 1992.* (Science d'aujourd'hui poche ; 2)
ISBN 2-226-06214-9. *65 F / 9,91 €*

35184 **LEROI-GOURHAN A., ROCQUET C-H.** Les Racines du monde : entretiens avec Claude-Henri Rocquet. *LGF, 1991.* (Le Livre de poche ; 4141. Biblio essais c13)
ISBN 2-253-05848-3. *46 F / 7,01 €*

35185 **LEROY J-B.** La Pollution des eaux. 2e éd. cor. *PUF, 1992.* (Que sais-je? ; 983 c1)
ISBN 2-13-044549-7. *42 F / 6,40 €*

35186 **Lettres d'Algérie.** *Gallimard, 1998.* (Folio ; 60. Actuel c1)
ISBN 2-07-040498-6. *29,50 F / 4,50 €*

35187 **LEVEAU R.** Le Fellah marocain, défenseur du trône. Nouv. éd. rev. *Presses de la Fondation nationale des sciences politiques, 1985.* (Références ; 12 c2)
ISBN 2-7246-0509-8. *60 F / 9,15 €*

35188 **LÉVI-STRAUSS C.** Anthropologie structurale. 1. Nouv. éd. *Pocket, 1998.* (Agora ; 7)
ISBN 2-266-04227-0. *50 F / 7,62 €*

35189 **LÉVI-STRAUSS C.** Anthropologie structurale. 2. *Pocket, 1997.* (Agora ; 189 c10)
ISBN 2-266-07754-6. *50 F / 7,62 €*

35190 **LÉVI-STRAUSS C.** Histoire de lynx. *Pocket, 1993.* (Agora ; 156 c8)
ISBN 2-266-00694-0. *45 F / 6,86 €*

35191 **LÉVI-STRAUSS C.** L'Identité. 2e éd. *PUF, 1987.* (Quadrige ; 48)
ISBN 2-13-040220-8. *69 F / 10,52 €*

35192 **LÉVI-STRAUSS C.** La Pensée sauvage. *Pocket, 1985.* (Agora ; 2 c3)
ISBN 2-86917-001-7. *26 F / 3,96 €*

35193 **LÉVI-STRAUSS C.** La Potière jalouse. *Pocket, 1991.* (Agora ; 28 c7)
ISBN 2-266-03183-X. *42 F / 6,40 €*

35194 **LÉVI-STRAUSS C.** Tristes tropiques. Nouv. éd. *Pocket, 1998.* (Pocket ; 3009. Terre humaine c2)
ISBN 2-266-02612-7. *45 F / 6,86 €*

35195 **LÉVI-STRAUSS C., POUILLON C.** Race et histoire. *Gallimard, 1987.* (Folio ; 58. Essais ; 58 c2)
ISBN 2-07-032413-3. *37 F / 5,64 €*

35196 **LÉVY B-H.** Les Indes rouges. *LGF, 1985.* (Le Livre de poche ; 4031. Biblio essais c10)
ISBN 2-253-03742-7. *40 F / 6,10 €*

35197 **LÉVY-BRUHL L.** L âme primitive. *PUF, 1996.* (Quadrige ; 207)
ISBN 2-13-047472-1. *92 F / 14,03 €*

35198 **LÉVY-BRUHL L.** Carnets. *PUF, 1998.* (Quadrige ; 220)
ISBN 2-13-047974-X. *69 F / 10,52 €*

35199 **LÉVY P.** L'intelligence collective : pour une anthropologie du cyberespace. *La Découverte, 1997.* (La Découverte poche ; 27. Essais)
ISBN 2-7071-2693-4. *59 F / 8,99 €*

35200 **LÉVY P.** Qu'est-ce que le virtuel ?. *La Découverte, 1998.* (La Découverte poche ; 49. Essais)
ISBN 2-7071-2835-X. *45 F / 6,86 €*

35201 **LEWIS O.** Les Enfants de Sanchez : autobiographie d'une famille mexicaine. *Gallimard, 1978.* (Tel ; 31)
ISBN 2-07-029978-3. *90 F / 13,72 €*

35202 **LIPOVETSKY G.** Le crépuscule du devoir : l'éthique indolore des nouveaux temps démocratiques. *Gallimard, 2000.* (Folio ; 361. Essais)
ISBN 2-07-041187-7. *41 F / 6,25 €*

35203 **LIPOVETSKY G.** L'Empire de l'éphémère : la mode et son destin dans les sociétés modernes. *Gallimard, 1991.* (Folio. Essais ; 170 c2)
ISBN 2-07-032642-X. *41 F / 6,25 €*

35204 **LIPOVETSKY G.** L'Ere du vide : essais sur l'individualisme contemporain. *Gallimard, 1989.* (Folio ; 121. Essais ; 121 c3)
ISBN 2-07-032513-X. *41 F / 6,25 €*

35205 **LOBRY-BUHANNIC V.** Devenir commercial. *Rebondir, 1995.* (Guides pratiques ; 26)
ISBN 2-910325-26-1. *39 F / 5,95 €*

35206 **LOPEZ G., PIFFAUT-FILIZZOLA G.** Le Viol. 2e éd. rev. et corr. *PUF, 1996.* (Que sais-je? ; 2753 c1)
ISBN 2-13-047682-1. *42 F / 6,40 €*

35207 **LORRAIN J-L.** Les violences scolaires. *PUF, 1999.* (Que sais-je? ; 3529 c1)
ISBN 2-13-050504-X. *42 F / 6,40 €*

35208 **LOURAU R.** La clé des champs : introduction à l'analyse institutionnelle. *Anthropos : Economica, 1997.* (Ethno-sociologie-poche ; 9 c1)
ISBN 2-7178-3294-7. *49 F / 7,47 €*

35209 **LOVE B. B.** Dictionnaire des fantasmes, perversions et autres pratiques de l'amour. *Blanche, 2000.* (Bibliothèque blanche ; 1)
ISBN 2-911621-71-9. *99 F / 15,09 €*

35210 **LUGAN J-C.** La systémique sociale. 2e éd. mise à jour. *PUF, 1996.* (Que sais-je? ; 2738 c1)
ISBN 2-13-048013-6. *42 F / 6,40 €*

35211 **M'SAKMIA S.** Regards de femme. *Alyssa, 1999*
ISBN 9973-758-16-1. *50 F / 7,62 €*

35212 **MAFFESOLI M.** Au creux des apparences : pour une éthique de l'esthétique. *LGF, 1993.* (Le Livre de poche ; 4184. Biblio essais c12)
ISBN 2-253-06508-0. *44 F / 6,71 €*

35213 **MAFFESOLI M.** La contemplation du monde : figures du style communautaire. *LGF, 1996.* (Le Livre de poche ; 4223. Biblio essais c7)
ISBN 2-253-94223-5. *30 F / 4,57 €*

35214 **MAFFESOLI M.** Du nomadisme : vagabondages initiatiques. *LGF, 1997.* (Le Livre de poche ; 4255. Biblio essais c7)
ISBN 2-253-94255-3. *30 F / 4,57 €*

35215 **MAFFESOLI M.** L'Ombre de Dionysos : contribution à une sociologie de l'orgie. *LGF, 1991.* (Le Livre de poche ; 4131. Biblio essais c11)
ISBN 2-253-05589-1. *42 F / 6,40 €*

35216 **N** **MAFFESOLI M.** Le temps des tribus : le déclin de l'individualisme dans les sociétés postmodernes. *Table ronde, 2000.* (La petite vermillon)
ISBN 2-7103-0994-7. *55 F / 8,38 €*

35217 **MAHMOODY B.** Pour l'amour d'un enfant. *Pocket, 1994.* (Jamais sans ma fille; 2)(Pocket ; 2995 c5)
ISBN 2-266-05753-7. *35 F / 5,34 €*

35218 **MAISONNEUVE J.** La Dynamique des groupes. Nouv. éd. *PUF, 1997.* (Que sais-je? ; 1306 c1)
ISBN 2-13-045510-7. *42 F / 6,40 €*

35219 **MAISTRE J. d.** Eclaircissements sur les sacrifices : soirées de Saint-Pétersbourg deuxième et neuvième entretiens. *Pocket, 1994.* (Agora ; 93 c7)
ISBN 2-266-04401-X. *42 F / 6,40 €*

35220 **MALINOWSKI B.** Les Argonautes du Pacifique occidental. *Gallimard, 1989.* (Tel ; 145)
ISBN 2-07-071273-7. *95 F / 14,48 €*

35221 **MALINOWSKI B.** Une Théorie scientifique de la culture et autres essais. *Seuil, 1970.* (Points ; 2. Essais c1)
ISBN 2-02-000577-8. *39 F / 5,95 €*

35222 **MALOUX M.** Dictionnaire des proverbes, sentences et maximes. *Larousse, 1994.* (Références)
ISBN 2-03-710220-8. *75 F / 11,43 €*

35223 **MALSON L., ITARD J.** Les enfants sauvages : mythe et réalité. Nouv. éd. *10-18, 1983.* (10-18 ; 157. Bibliothèques c5)
ISBN 2-264-02561-1. *44 F / 6,71 €*

35224 **MANCINI J-G.** Prostitution et proxénétisme. 5e éd. *PUF, 1979.* (Que sais-je? ; 999 c1)
ISBN 2-13-035887-X. *42 F / 6,40 €*

35225 **MANNONI M.** Education impossible : avec une contribution de Simone Benhaïm, Robert Lefort et d'un groupe d'étudiants. *Seuil, 1994.* (Points. Essais ; 291 c4)
ISBN 2-02-022879-3. *52 F / 7,93 €*

35226 **MANNONI P.** Les représentations sociales. *PUF, 1998.* (Que sais-je? ; 3329 c1)
ISBN 2-13-048830-7. *42 F / 6,40 €*

35227 **MANTOUX T.** BCBG, le guide du bon chic bon genre. *Seuil, 1986.* (Points. Actuels ; 74 c2)
ISBN 2-02-009140-2. *39 F / 5,95 €*

35228 **MARIA SABINA** La Sage aux champignons sacrés. *Seuil, 1994.* (Points. Sagesses ; 67 c2)
ISBN 2-02-021541-1. *39 F / 5,95 €*

35229 **MARIE V.** Les grandes écoles. *Milan, 1996.* (Les essentiels Milan ; 51 c1)
ISBN 2-84113-454-7. *25 F / 3,81 €*

35230 **MARIGNY J.** Sang pour sang : le réveil des vampires. *Gallimard, 1992.* (Découvertes ; 161. Traditions c4)
ISBN 2-07-053203-8. *75 F / 11,43 €*

35231 **MARIN M.** Le Quartier des maudites. *J'ai lu, 1992.* (J'ai lu ; 3214. Littérature générale c4)
ISBN 2-277-23214-9. *36 F / 5,49 €*

35232 **MARINO G., FORTIER F.** La nouvelle famille. *J'ai lu, 1997.* (J'ai lu ; 7122. Bien-être c4)
ISBN 2-290-07122-6. *36 F / 5,49 €*

35233 **MARKALE J.** Contes de la mort des pays de France. *Albin Michel, 1992.* (Espaces libres ; 33)
ISBN 2-226-05970-9. *55 F / 8,38 €*

35234 **MARKALE J.** Mélusine. *Albin Michel, 1993.* (Espaces libres ; 37)
ISBN 2-226-06169-X. *55 F / 8,38 €*

35235 **MARKALE J.** Merlin l'Enchanteur ou l'Eternelle quête magique. *Albin Michel, 1992.* (Espaces libres ; 31 c6)
ISBN 2-226-05903-2. *59 F / 8,99 €*

35236 **N** **MARTEL F.** Le rose et le noir : les homosexuels en France depuis 1968. *Seuil, 2000.* (Points ; 780)
ISBN 2-02-041948-3. *59 F / 8,99 €*

35237 **MARTIN C., DENAMUR A-F., UDEKEM I. d.** Le sida. *Fidélité, 1996.* (Que penser de...? ; 27 c1)
ISBN 2-87356-113-0. *15 F / 2,29 €*

35238 **MARTINIELLO M.** L'ethnicité dans les sciences sociales contemporaines. *PUF, 1995.* (Que sais-je? ; 2997 c1)
ISBN 2-13-047149-8. *42 F / 6,40 €*

35239 **MARTUCCELLI D.** Sociologie de la modernité : l'itinéraire du XXe siècle. *Gallimard, 1999.* (Folio ; 348. Essais c12)
ISBN 2-07-041050-1. *87 F / 13,26 €*

35240 **MARUANI M., REYNAUD E.** Sociologie de l'emploi. Nouv. éd. *La Découverte, 1999.* (Repères ; 132 c1)
ISBN 2-7071-2390-0. *52 F / 7,93 €*

35241 **A** **MARUANI M., REYNAUD E.** Sociologie de l'emploi. Nouv. éd. *La Découverte, 2001.* (Repères ; 132)
ISBN 2-7071-3416-3. *52 F / 7,93 €*

35242 **MASCHINO M. T.** L'Ecole, usine à chômeurs. *Hachette Littératures, 1994.* (Pluriel ; 8639 c3)
ISBN 2-01-020697-5. *49 F / 7,47 €*

35243 **MASCHINO M. T.** Voulez-vous vraiment des enfants idiots? ; vos enfants ne m'intéressent plus. *Hachette Littératures, 1984.* (Pluriel ; 8437 c4)
ISBN 2-01-010536-2. *58 F / 8,84 €*

35244 **MASSON N.** L'Ecole normale supérieure : les chemins de la liberté. *Gallimard, 1994.* (Découvertes ; 221. Mémoire des lieux c2)
ISBN 2-07-053284-4. *59 F / 8,99 €*

35245 **MASUREL E.** L'Année 1986 dans Le Monde. *Gallimard, 1987.* (Folio ; 10. Actuel ; 10 c2)
ISBN 2-07-032403-6. *37 F / 5,64 €*

35246 **MASUREL E.** L'Année 1987 dans Le Monde. *Gallimard, 1988.* (Folio ; 13. Actuel ; 13 c2)
ISBN 2-07-032470-2. *37 F / 5,64 €*

35247 **MATHIAS P.** La cité Internet. *Presses de Sciences Po, 1997.* (La Bibliothèque du citoyen c1)
ISBN 2-7246-0729-5. *75 F / 11,43 €*

35248 **MATHIEU J-L.** La Défense de l'environnement en France. 2e éd. rev. *PUF, 1994.* (Que sais-je? ; 2662 c1)
ISBN 2-13-045939-0. *42 F / 6,40 €*

35249 **MATTELART A.** La communication-monde : histoire des idées et des stratégies. Nouv. éd. *La Découverte, 1999.* (La Découverte poche ; 80. Sciences humaines et sociales)
ISBN 2-7071-3145-8. *79 F / 12,04 €*

35250 **N** **MATTELART A.** Histoire de la société de l'information. *La Découverte, 2001.* (Repères ; 312)
ISBN 2-7071-3415-5. *52 F / 7,93 €*

35251 **MATTELART A.** L'invention de la communication. *La Découverte, 1997.* (La Découverte poche ; 43. Sciences humaines et sociales)
ISBN 2-7071-2791-4. *79 F / 12,04 €*

35252 **MATTELART A.** La mondialisation de la communication. 2e éd. corr. *PUF, 1998.* (Que sais-je? ; 3181 c1)
ISBN 2-13-047945-6. *42 F / 6,40 €*

35253 **MATTELART A., MATTELART M.** Histoire des théories de la communication. Nouv. éd. *La Découverte, 1999.* (Repères ; 174 c1)
ISBN 2-7071-2469-9. *52 F / 7,93 €*

35254 **MAURY L.** L'enseignement de la morale. *PUF, 1999.* (Que sais-je? ; 3497 c1)
ISBN 2-13-050015-3. *42 F / 6,40 €*

35255 **MAURY L.** Freinet et la pédagogie. *PUF, 1988.* (Philosophies ; 14)
ISBN 2-13-041538-5. *45 F / 6,86 €*

35256 **MAUSS M.** Essais de sociologie. *Seuil, 1971.* (Points ; 19. Essais c2)
ISBN 2-02-000594-8. *48 F / 7,32 €*

35257 **MAUSS M.** Sociologie et anthropologie. 7e éd. *PUF, 1997.* (Quadrige ; 58)
ISBN 2-13-045288-4. *92 F / 14,03 €*

35258 **MAYO C.** Devenir bon en maths : y a pas de problème !. *Milan, 1999.* (Du côté des parents ; 9 c1)
ISBN 2-84113-894-1. *48 F / 7,32 €*

35259 **MCLUHAN M.** Pour comprendre les média : les prolongements technologiques de l'homme. *Seuil, 1977.* (Points ; 83. Essais c4)
ISBN 2-02-004594-X. *52 F / 7,93 €*

35260 **MÉDA D., SCHOR J.** Travail, une révolution à venir. *Mille et une nuits*; *Arte Editions, 1997.* (La petite collection ; 143 cA)
ISBN 2-84205-112-2. *10 F / 1,52 €*

35261 **La Méditerranée, frontières et passages.** *Actes Sud, 1999.* (Babel ; 403)
ISBN 2-7427-2510-5. *45 F / 6,86 €*

35262 **MEILLASSOUX C.** Anthropologie de l'esclavage. *PUF, 1998.* (Quadrige ; 262)
ISBN 2-13-049414-5. *78 F / 11,89 €*

35263 **MELCHIOR-BONNET S.** Histoire du miroir. *Hachette Littératures, 1998.* (Pluriel ; 916 c6)
ISBN 2-01-278916-1. *50 F / 7,62 €*

35264 **MELLON C., SEMELIN J.** La non-violence. *PUF, 1994.* (Que sais-je? ; 2912 c1)
ISBN 2-13-046638-9. *42 F / 6,40 €*

35265 **MEMMI A.** La Dépendance : esquisse pour un portrait du dépendant. *Gallimard, 1993.* (Folio ; 230. Essais ; 230 c2)
ISBN 2-07-038788-7. *37 F / 5,64 €*

35266 **MENDRAS H.** La Fin des paysans : essai. *Actes Sud, 1991.* (Babel ; 38 c4)
ISBN 2-86869-802-6. *51 F / 7,77 €*

35267 **MENDRAS H.** La Seconde Révolution française : 1965-1984. Nouv. éd. refond. et mise à jo. *Gallimard, 1994.* (Folio ; 243. Essais ; 243 c7)
ISBN 2-07-032834-1. *60 F / 9,15 €*

35268 **MENDRAS H.** Les sociétés paysannes : éléments pour une théorie de la paysannerie. Nouv. éd. ref. *Gallimard, 1995.* (Folio ; 70. Histoire ; 70 c6)
ISBN 2-07-032907-0. *56 F / 8,54 €*

35269 **MENSION-RIGAU E.** Aristocrates et grands bourgeois. *Hachette Littératures, 1996.* (Pluriel ; 8798 c6)
ISBN 2-01-278798-3. *75 F / 11,43 €*

35270 **MERCIER A.** Un conservatoire pour les arts et métiers. *Gallimard, 1994.* (Découvertes ; 222. Mémoire des lieux)
ISBN 2-07-053276-3. *75 F / 11,43 €*

35271 **MERIC L.** Les politiques européennes de l'environnement. *Actes Sud, 1997.* (L'Europe en bref)
ISBN 2-7427-1190-2. *30 F / 4,57 €*

35272 **MERLE P.** Sociologie de l'évaluation scolaire. *PUF, 1998.* (Que sais-je? ; 3278)
ISBN 2-13-048599-5. *42 F / 6,40 €*

35273 **MERLIN P.** Les banlieues. *PUF, 1999.* (Que sais-je? ; 3465 c1)
ISBN 2-13-049841-8. *42 F / 6,40 €*

35274 **MERLIN P.** La Croissance urbaine. *PUF, 1994.* (Que sais-je? ; 1843 c1)
ISBN 2-13-046451-3. *42 F / 6,40 €*

35275 **MERLIN P., TRAISNEL J-P.** Energie, environnement et urbanisme durable. *PUF, 1996.* (Que sais-je? ; 2044 c1)
ISBN 2-13-047720-8. *42 F / 6,40 €*

35276 **MERLLIÉ D., PRÉVOT J.** La mobilité sociale. Nouv. éd. *La Découverte, 1997.* (Repères ; 99 c1)
ISBN 2-7071-2619-5. *52 F / 7,93 €*

35277 **MESCHONNIC H.** Modernité, modernité. *Gallimard, 1994.* (Folio ; 234. Essais ; 234 c5)
ISBN 2-07-032778-7. *52 F / 7,93 €*

35278 **METRAUX A.** L'Ile de Pâques. Ed. rev. *Gallimard, 1980.* (Tel ; 46)
ISBN 2-07-028751-3. *45 F / 6,86 €*

35279 **MEYNAUD H. Y., DUCLOS D.** Les sondages d'opinion. Nouv. éd. *La Découverte, 1996.* (Repères ; 38 c1)
ISBN 2-7071-1567-3. *52 F / 7,93 €*

35280 **MIALARET G.** La pédagogie expérimentale. 3e éd. *PUF, 1996.* (Que sais-je? ; 2155 c1)
ISBN 2-13-044091-6. *42 F / 6,40 €*

35281 **MIALARET G.** Le plan Langevin-Wallon. *PUF, 1997.* (Pédagogues et pédagogies ; 16)
ISBN 2-13-048713-0. *52 F / 7,93 €*

35282 **MIALARET G.** La Psycho-pédagogie. 4e éd. corr. *PUF, 1998.* (Que sais-je? ; 2357 c1)
ISBN 2-13-043976-4. *42 F / 6,40 €*

35283 **MIALARET G.** Psychologie de l'éducation. *PUF, 1999.* (Que sais-je? ; 3475 c1)
ISBN 2-13-049973-2. *42 F / 6,40 €*

35284 **N** **MIALARET G.** Les sciences de l'éducation. 8e éd. mise à jour. *PUF, 2000.* (Que sais-je? ; 1645 c1)
ISBN 2-13-051046-9. *42 F / 6,40 €*

35285 **MICHAUD Y.** La violence. 5e éd. *PUF, 1999.* (Que sais-je? ; 2251 c1)
ISBN 2-13-049582-6. *42 F / 6,40 €*

35286 **MICHAUX A.** Dictionnaire misogyne. *LGF, 1995.* (Le Livre de poche ; 13708 c7)
ISBN 2-253-13708-1. *30 F / 4,57 €*

35287 **MICHEL A.** Le Féminisme. 5e éd. corr. *PUF, 1992.* (Que sais-je? ; 1782 c1)
ISBN 2-13-048097-7. *42 F / 6,40 €*

35288 **MILLETT K.** La Politique du mâle. *Seuil, 1983.* (Points. Actuels ; 56 c5)
ISBN 2-02-006384-0. *55 F / 8,38 €*

35289 **MILLS C. W.** L'imagination sociologique. *La Découverte, 1997.* (La Découverte poche ; 39. Sciences humaines et sociales)
ISBN 2-7071-2774-4. *65 F / 9,91 €*

35290 **MILOSZ C.** La Pensée captive : essai sur les logocraties populaires. *Gallimard, 1988.* (Folio ; 108. Essais ; 108 c5)
ISBN 2-07-032495-8. *52 F / 7,93 €*

35291 **MIMOUNI R.** Chroniques de Tanger : janvier 1994-janvier 1995. *Pocket, 1998.* (Pocket ; 10078 c4B)
ISBN 2-266-07204-8. *32 F / 4,88 €*

35292 **MINC A.** Le nouveau Moyen Age. *Gallimard, 1995.* (Folio ; 43. Actuel c2)
ISBN 2-07-032874-0. *37 F / 5,64 €*

35293 **MINCES J.** Le Coran et les femmes. *Hachette Littératures, 1996.* (Pluriel ; 8802 c4)
ISBN 2-01-278802-5. *58 F / 8,84 €*

35294 **MINCES J.** La Femme voilée. *Hachette Littératures, 1992.* (Pluriel ; 8575 c3)
ISBN 2-01-018339-8. *49 F / 7,47 €*

35295 **MINCES J.** La génération suivante : les enfants de l'immigration. *Ed. de l'Aube, 1997.* (L'Aube poche ; 43)
ISBN 2-87678-343-6. *59 F / 8,99 €*

35296 **La misère du monde.** *Seuil, 1998.* (Points ; 466 c19)
ISBN 2-02-033416-X. *69 F / 10,52 €*

35297 **MITCHELL J.** Psychanalyse et féminisme. 1. *Des femmes-Antoinette Fouque, 1978.* (Pour chacune ; 15)
ISBN 2-7210-0125-6. *35 F / 5,34 €*

35298 **MITCHELL J.** Psychanalyse et féminisme. 2. *Des femmes-Antoinette Fouque, 1978.* (Pour chacune ; 15)
ISBN 2-7210-0126-4. *45 F / 6,86 €*

35299 **MITSCHERLICH A.** Vers la société sans pères. *Gallimard, 1981.* (Tel ; 59)
ISBN 2-07-023993-4. *52 F / 7,93 €*

35300 **N** **MITTERRAND D.** Echanger la vie. *Actes Sud, 2000.* (Le souffle de l'esprit)
ISBN 2-7427-2671-3. *39 F / 5,95 €*

35301 **MOATI S., ZYLBERMAN R.** Le septième jour d'Israël : un kibboutz en Galilée. *Mille et une nuits ; Arte Editions, 1998.* (Les petits libres ; 23 c2)
ISBN 2-84205-320-6. *10 F / 1,52 €*

35302 **MOLLARD C.** L'Ingénierie culturelle. *PUF, 1994.* (Que sais-je? ; 2905 c1)
ISBN 2-13-046606-0. *42 F / 6,40 €*

35303 **MONGIN O.** Face au scepticisme : les mutations du paysage intellectuel (1976-1998). *Hachette Littératures, 1998.* (Pluriel ; 901 c9)
ISBN 2-01-278901-3. *65 F / 9,91 €*

35304 **MONTAIGNE M. d.** L'éducation des enfants. *Arléa, 1999.* (Retour aux grands textes poche ; 43)
ISBN 2-86959-444-5. *25 F / 3,81 €*

35305 **MONTANDON A.** Politesse et savoir-vivre. *Anthropos : Economica, 1997.* (Ethno-sociologie-poche ; 10 c1)
ISBN 2-7178-3293-9. *49 F / 7,47 €*

35306 **MORALI-DANINOS A.** Sociologie des relations sexuelles. 5e éd. *PUF, 1982.* (Que sais-je? ; 1068 c1)
ISBN 2-13-037408-5. *42 F / 6,40 €*

35307 **MORIN E.** Commune en France : la métamorphose de Plozevet. Nouv. éd. *LGF, 1984.* (Le Livre de poche ; 4023. Biblio essais c13)
ISBN 2-253-03525-4. *46 F / 7,01 €*

35308 **MORIN E.** L'Homme et la mort. *Seuil, 1976.* (Points ; 77. Essais c4)
ISBN 2-02-004488-9. *52 F / 7,93 €*

35309 **MORIN E.** Les Idées : leur habitat, leur vie, leurs moeurs, leur organisation. *Seuil, 1995.* (La Méthode; 4)(Points. Essais ; 303)
ISBN 2-02-023960-4. *48 F / 7,32 €*

35310 **MORIN E.** Journal de Californie. *Seuil, 1983.* (Points ; 151. Essais c3)
ISBN 2-02-006590-8. *48 F / 7,32 €*

35311 **MORIN E.** La Nature de la nature. Nouv. éd. *Seuil, 1981.* (La Méthode; 1)(Points. Essais ; 123 c4)
ISBN 2-02-005771-9. *52 F / 7,93 €*

35312 **MORIN E.** Le Paradigme perdu : la Nature humaine. *Seuil, 1979.* (Points ; 109. Essais c3)
ISBN 2-02-005343-8. *48 F / 7,32 €*

35313 **MORIN E.** Pour sortir du XXe siècle. *Seuil, 1984.* (Points ; 170. Essais ; 170 c4)
ISBN 2-02-006994-6. *52 F / 7,93 €*

35314 **MORIN E.** La Rumeur d'Orléans. *Seuil, 1982.* (Points ; 143. Essais c3)
ISBN 2-02-006280-1. *48 F / 7,32 €*

35315 **MORIN E.** Sociologie. Nouv. éd. rev. et augm. *Seuil, 1994.* (Points. Essais ; 276 c5)
ISBN 2-02-020633-1. *55 F / 8,38 €*

35316 **MORIN E.** Terre-patrie. *Seuil, 1996.* (Points ; 207 c7)
ISBN 2-02-028515-0. *35 F / 5,34 €*

35317 **MORIN E.** La Vie de la vie. Nouv. éd. *Seuil, 1985.* (La Méthode; 2)(Points. Essais ; 175 c6)
ISBN 2-02-008648-4. *62 F / 9,45 €*

35318 **MORIN E., PIATTELLI-PALMARINI M.** L'Action sociale. *Seuil, 1970.* (L'Unité de l'homme; 1)(Points ; 13. Essais c2)
ISBN 2-02-000588-3. *39 F / 5,95 €*

35319 **MORIN E., PIATTELLI-PALMARINI M.** Le Changement social. *Seuil, 1970.* (L'Unité de l'homme; 3)(Points ; 15. Essais c3)
ISBN 2-02-000590-5. *48 F / 7,32 €*

35320 **MORIN E., PIATTELLI-PALMARINI M.** L'Organisation sociale. *Seuil, 1970.* (L'Unité de l'homme; 2)(Points ; 14. Essais c2)
ISBN 2-02-000589-1. *39 F / 5,95 €*

35321 **MORIN E., WULF C.** Planète, l'aventure inconnue. *Mille et une nuits* ; *Arte Editions, 1997.* (La petite collection ; 157 cA)
ISBN 2-84205-131-9. *10 F / 1,52 €*

35322 **MORON P.** Le Suicide. 5e éd. rev. *PUF, 1993.* (Que sais-je? ; 1569 c1)
ISBN 2-13-045902-1. *42 F / 6,40 €*

35323 **MORRIS D.** Le Singe nu. *LGF, 1970.* (Le Livre de poche ; 2752 c8)
ISBN 2-253-00305-0. *33 F / 5,03 €*

35324 **MORTON A.** Diana, sa vraie histoire. *Pocket, 1993.* (Pocket ; 2607 c5)
ISBN 2-266-05516-X. *35 F / 5,34 €*

35325 **Morts, fantômes et revenants.** *Terre de brume, 2000.* (Bibliothèque de poche ; 12. Les Contes du monde entier)
ISBN 2-84362-074-0. *49 F / 7,47 €*

35326 **MOSCOVICI S.** L'Age des foules. Nouv. éd. *Complexe, 1991.* (Historiques ; 23 cM)
ISBN 2-87027-154-9. *69 F / 10,52 €*

35327 **MOSCOVICI S.** Psychologie des minorités actives. *PUF, 1996.* (Quadrige ; 216)
ISBN 2-13-047745-3. *69 F / 10,52 €*

35328 **MOSCOVICI S.** La Société contre nature. Nouv. éd. rev. et corr. *Seuil, 1994.* (Points. Essais ; 289 c5)
ISBN 2-02-022157-8. *55 F / 8,38 €*

35329 **MOSSE G. L.** L'image de l'homme : l'invention de la virilité moderne. *Pocket, 1999.* (Agora ; 203)
ISBN 2-266-08913-7. *38 F / 5,79 €*

35330 **Les Moyens d'agir.** *Seuil, 1993.* (Face au racisme; 1)(Points. Essais ; 274 c3)
ISBN 2-02-017736-6. *48 F / 7,32 €*

35331 **MOZZANI E.** Le livre des superstitions : mythes, croyances et légendes. Réimpr. *Laffont, 1998.* (Bouquins)
ISBN 2-221-06830-0. *199 F / 30,34 €*

35332 **MUCCHIELLI A.** Les Méthodes qualitatives. 2e éd. corr. *PUF, 1994.* (Que sais-je? ; 2591 c1)
ISBN 2-13-043750-8. *42 F / 6,40 €*

35333 **A** **MUCCHIELLI L.** Violence et insécurité : fantasmes et réalités dans le débat français. *La Découverte, 2001.* (Sur le vif)
ISBN 2-7071-3408-2. *42 F / 6,40 €*

35334 **MUHSEN Z., CROFTS A.** Vendues! : document. *Pocket, 1993.* (Pocket ; 4613. Best c5)
ISBN 2-266-05243-8. *35 F / 5,34 €*

35335 **Les Musulmans dans la société française.** *Presses de la Fondation nationale des sciences politiques, 1988.* (Références ; 19 c2)
ISBN 2-7246-0558-6. *60 F / 9,15 €*

35336 **NATTA M-C.** La mode. *Anthropos, 1996.* (Ethno-sociologie-poche ; 5)
ISBN 2-7178-3084-7. *49 F / 7,47 €*

35337 **NEILL A. S.** Libres enfants de Summerhill. *Gallimard, 1985.* (Folio ; 4. Essais ; 4 c6)
ISBN 2-07-032284-X. *56 F / 8,54 €*

35338 **NELLY, MENEY P.** J'étais sa petite princesse. *Pocket, 1996.* (Pocket ; 4336 c4)
ISBN 2-266-06489-4. *30 F / 4,57 €*

35339 **A** **NEVEU E.** Une société de communication ?. 3e éd. *Montchrestien, 2001.* (Clefs. Politique c1)
ISBN 2-7076-1241-3. *70 F / 10,67 €*

35340 **NEVEU E.** Sociologie des mouvements sociaux. Nouv. éd. *La Découverte, 2000.* (Repères ; 207 c1)
ISBN 2-7071-3220-9. *52 F / 7,93 €*

35341 **A** **NEVEU E.** Sociologie du journalisme. *La Découverte, 2001.* (Repères ; 313)
ISBN 2-7071-3062-1. *52 F / 7,93 €*

35342 **NICOLE-DRANCOURT C., ROULLEAU-BERGER L.** L'insertion des jeunes en France. *PUF, 1995.* (Que sais-je? ; 2977 c1)
ISBN 2-13-047028-9. *42 F / 6,40 €*

35343 **NISBET R. A.** La Tradition sociologique. Nouv. éd. *PUF, 1993.* (Quadrige ; 140)
ISBN 2-13-044403-2. *78 F / 11,89 €*

35344 **N** **NOËL B.** Quelques guerres. *Talus d'approche, 2000.* (Libre choix ; 9)
ISBN 2-87246-079-9. *57 F / 8,69 €*

35345 **Les Noëls bretons.** *Terre de brume, 1998.* (Bibliothèque de poche ; 6. Les plus beaux contes c3)
ISBN 2-84362-031-7. *44 F / 6,71 €*

35346 **NORA D.** Les conquérants du cybermonde. Nouv. éd. rev. et corr. *Gallimard, 1997.* (Folio ; 52. Actuel c8)
ISBN 2-07-032946-1. *66 F / 10,06 €*

35347 **N** **La nouvelle communication. Nouv. éd. rev. et corr.** *Seuil, 2000.* (Points. Essais ; 136)
ISBN 2-02-042784-2. *59 F / 8,99 €*

35348 **NOWAK F.** Le prix de l'eau. *Economica, 1995.* (Environnement-poche ; 4 c1)
ISBN 2-7178-2979-2. *49 F / 7,47 €*

35349 **OCKRENT C.** Portraits. *Ed. de l'Aube, 1995.* (L'Aube poche ; 17 c6)
ISBN 2-87678-230-8. *55 F / 8,38 €*

35350 **OCKRENT C.** Les Uns et les autres : de Montand à Balladur. *Seuil, 1994.* (Points. Actuels ; 146 c1)
ISBN 2-02-021342-7. *32 F / 4,88 €*

35351 **OE K.** Notes de Hiroshima. *Gallimard, 1996.* (Arcades ; 48)
ISBN 2-07-074277-6. *90 F / 13,72 €*

35352 **OFFERLÉ M.** Sociologie des groupes d'intérêt. 2e éd. *Montchrestien, 1998.* (Clefs. Politique)
ISBN 2-7076-0785-1. *70 F / 10,67 €*

35353 **ORTOLI F. d., AMRAM M.** L'Ecole avec Françoise Dolto : le rôle du désir dans l'éducation. *LGF, 1992.* (Le Livre de poche ; 9501 c9)
ISBN 2-253-06144-1. *36 F / 5,49 €*

35354 **N** **ORWELL G.** Le quai de Wigan. *10-18, 2000.* (10-18 ; 3250. Domaine étranger c6)
ISBN 2-264-03034-8. *47 F / 7,17 €*

35355 **Outils de pilotage dans les systèmes éducatifs.** *CRDP de Lyon, 1996.* (Documents, actes et rapports pour l'éducation)
ISBN 2-86625-204-7. *90 F / 13,72 €*

35356 **OZOUF J.** Nous les maîtres d'école : autobiographies d'instituteurs de la Belle Epoque. *Gallimard, 1993.* (Folio ; 50. Histoire ; 50 c6)
ISBN 2-07-032749-3. *56 F / 8,54 €*

35357 **N** **OZOUF J., OZOUF M.** La république des instituteurs. *Seuil : Ecole des hautes études en sciences sociales : Gallimard, 2001.* (Points. Histoire ; 284 c13)
ISBN 2-02-047962-1. *52 F / 7,93 €*

35358 **PADOVANI M.** Les Dernières années de la mafia. *Gallimard, 1987.* (Folio. Actuel ; 11 c3)
ISBN 2-07-032415-X. *41 F / 6,25 €*

35359 **PAILLAT P.** Vieillissement et vieillesse. 4e éd. corr. *PUF, 1996.* (Que sais-je? ; 1046 c1)
ISBN 2-13-045254-X. *42 F / 6,40 €*

35360 **PALMADE G.** Les Méthodes en pédagogie. 15e éd. *PUF, 1994.* (Que sais-je? ; 572 c1)
ISBN 2-13-044228-5. *42 F / 6,40 €*

35361 **Partition rouge :** poèmes et chants des Indiens d'Amérique du Nord. *Seuil, 1995.* (Points. Sagesses ; 87 c10)
ISBN 2-02-023690-7. *45 F / 6,86 €*

35362 **N** **PAUGAM S.** La disqualification sociale : essai sur la nouvelle pauvreté. *PUF, 2000.* (Quadrige ; 318)
ISBN 2-13-050905-3. *69 F / 10,52 €*

35363 **PAULME D.** La Mère dévorante : essai sur la morphologie des contes africains. *Gallimard, 1986.* (Tel ; 104)
ISBN 2-07-070564-1. *52 F / 7,93 €*

35364 **PEBAYLE R.** Le Brésil. *PUF, 1992.* (Que sais-je? ; 628 c1)
ISBN 2-13-044870-4. *42 F / 6,40 €*

35365 **PELT J-M.** L'Homme re-naturé. Nouv. éd. mise à jour. *Seuil, 1990.* (Points. Sciences ; 63 c3)
ISBN 2-02-012119-0. *48 F / 7,32 €*

35366 **PERETZ H.** Les méthodes en sociologie, l'observation. *La Découverte, 1998.* (Repères ; 234 c1)
ISBN 2-7071-2817-1. *52 F / 7,93 €*

35367 **PERNOUD R.** La Femme au temps des cathédrales. *LGF, 1982.* (Le Livre de poche ; 5690 c9)
ISBN 2-253-03034-1. *36 F / 5,49 €*

35368 **PÉRONCEL-HUGOZ J-P.** Une Croix sur le Liban. Ed. augm. *Gallimard, 1985.* (Folio. Actuel ; 3 c4)
ISBN 2-07-032313-7. *46 F / 7,01 €*

35369 **A** **PERRET B., ROUSTANG G.** L'économie contre la société : affronter la crise de l'intégration sociale et culturelle. *Seuil, 2001.* (Points ; 455. Essais)
ISBN 2-02-049374-8. *55 F / 8,38 €*

35370 **PERTEK J.** La reconnaissance des dipômes en Europe. *PUF, 1999.* (Que sais-je? ; 3419 c1)
ISBN 2-13-049560-5. *42 F / 6,40 €*

35371 **PETINARAKIS J-P., GENTILI F., SÉNORE D.** La discipline est-elle à l'ordre du jour ?. *CRDP de Lyon, 1997.* (Champ de réflexion, champ d'actions)
ISBN 2-86625-215-2. *90 F / 13,72 €*

35372 **Petits contes licencieux des provinces de France.** *Terre de brume, 1999.* (Bibliothèque de poche ; 9. Les plus beaux contes c3)
ISBN 2-84362-058-9. *49 F / 7,47 €*

35373 **N** **PETROVIC I.** Petit manuel de savoir-vivre : toutes les règles de bienséance en toutes circonstance. *De Vecchi, 2000.* (De Vecchi poche c3)
ISBN 2-7328-4843-3. *33 F / 5,03 €*

35374 **PIAGET J.** Où va l'éducation?. *Gallimard, 1988.* (Folio. Essais ; 104 c1)
ISBN 2-07-032482-6. *29,50 F / 4,50 €*

35375 **PICARD D.** Politesse, savoir-vivre et relations sociales. *PUF, 1998.* (Que sais-je? ; 3380 c1)
ISBN 2-13-049272-X. *42 F / 6,40 €*

35376 **PICCA G.** Pour une politique du crime. *Seuil, 1966.* (Société ; 16 c1)
ISBN 2-02-000394-5. *15 F / 2,29 €*

35377 **N** **PIERRELÉE M-D., BAUMIER A.** Pourquoi vos enfants s'ennuient en classe : une place pour chacun dans un collège pour tous. *Pocket, 2000.* (Pocket ; 10822 c4)
ISBN 2-266-09750-4. *30 F / 4,57 €*

35378 **PIERRON A.** Voulez-vous caresser l'angoulême avec moi ? : dictons locaux, expressions régionales et proverbes historiques. *Seuil, 1998.* (Point-virgule ; 192 c7)
ISBN 2-02-031976-4. *39 F / 5,95 €*

35379 **PIETRASANTA Y., BONDON D.** Le Lagunage écologique. *Economica, 1994.* (Environnement-poche ; 1)
ISBN 2-7178-2636-X. *49 F / 7,47 €*

35380 **N** **PINÇON M., PINÇON-CHARLOT M.** Sociologie de la bourgeoisie. *La Découverte, 2000.* (Repères ; 294 c1)
ISBN 2-7071-2951-8. *52 F / 7,93 €*

35381 **PITIÉ B., SCHILTZ P.** Le tabac. *PUF, 1999.* (Que sais-je? ; 87 c1)
ISBN 2-13-049691-1. *42 F / 6,40 €*

35382 **PITIÉ J.** L'Exode rural. *PUF, 1979.* (Que sais-je? ; 1747 c1)
ISBN 2-13-035780-6. *42 F / 6,40 €*

35383 **PITT-RIVERS J. A.** Anthropologie de l'honneur : la mésaventure de Sichem. Nouv. éd. augm. *Hachette Littératures, 1997.* (Pluriel ; 8840 c4)
ISBN 2-01-278840-8. *58 F / 8,84 €*

35384 **PLAISANCE E.** Pauline Kergomard et l'école maternelle. *PUF, 1996.* (Pédagogues et pédagogies ; 11)
ISBN 2-13-047724-0. *46 F / 7,01 €*

35385 **PLAISANCE E., VERGNAUD G.** Les sciences de l'éducation. Nouv. éd. *La Découverte, 1999.* (Repères ; 129 c1)
ISBN 2-7071-3124-5. *52 F / 7,93 €*

35386 **PLENEL E.** La République inachevée : l'Etat et l'école en France. *LGF, 1999.* (Le Livre de poche ; 4281. Biblio essais c17)
ISBN 2-253-94281-2. *60 F / 9,15 €*

35387 **POCHET P.** Les personnes âgées. *La Découverte, 1997.* (Repères ; 224 c1)
ISBN 2-7071-2758-2. *52 F / 7,93 €*

35388 **N** **POIVRE D'ARVOR P., ZEMMOUR E.** Les rats de garde. *LGF, 2000.* (Le Livre de poche ; 14916 c5)
ISBN 2-253-14916-0. *23 F / 3,51 €*

35389 **POLLAK M.** L'expérience concentrationnaire : essai sur le maintien de l'identité sociale. *Métailié, 2000.* (Suite sciences humaines ; 1)
ISBN 2-86424-333-4. *75 F / 11,43 €*

35390 **PONT-HUMBERT C.** Dictionnaire des symboles, des rites et des croyances. *Hachette Littératures, 1997.* (Pluriel ; 8813 c5)
ISBN 2-01-278813-0. *65 F / 9,91 €*

35391 **POPPER K. R.** La télévision, un danger pour la démocratie. *10-18, 1996.* (10-18 ; 2709. Bibliothèques c1)
ISBN 2-264-02403-8. *25 F / 3,81 €*

35392 **POPPER K. R., BOSETTI G.** La leçon de ce siècle : entretien avec Giancarlo Bosetti. *10-18, 1996.* (10-18 ; 2708. Bibliothèques c3)
ISBN 2-264-02103-9. *38 F / 5,79 €*

35393 **PORCHER L., GROUX D.** L'apprentissage précoce des langues. *PUF, 1998.* (Que sais-je? ; 3289 c1)
ISBN 2-13-048626-6. *42 F / 6,40 €*

35394 **POURRAT H.** Contes. *Gallimard, 1987.* (Folio ; 1892 c9)
ISBN 2-07-037892-6. *41 F / 6,25 €*

35395 **PRADES J. A.** Durkheim. *PUF, 1990.* (Que sais-je? ; 2533 c1)
ISBN 2-13-043152-6. *42 F / 6,40 €*

35396 **PREJEAN H.** La dernière marche : une expérience du couloir de la mort. *Pocket, 1996.* (Pocket ; 4479. Best c5)
ISBN 2-266-07094-0. *35 F / 5,34 €*

35397 **PROLONGEAU H.** Sans domicile fixe. Ed. remise à jour. *Hachette Littératures, 1997.* (Pluriel ; 878)
ISBN 2-01-278878-5. *45 F / 6,86 €*

35398 **PROST A.** Education, société et politiques : une histoire de l'enseignement en France, de 1945 à nos jours. Nouv. éd. augm. *Seuil, 1997.* (Points. Histoire ; 242 c11)
ISBN 2-02-031478-9. *48 F / 7,32 €*

35399 **PROST A.** Eloge des pédagogues. *Seuil, 1990.* (Points. Actuels ; 93 c10)
ISBN 2-02-012111-5. *48 F / 7,32 €*

35400 **Proverbes chinois.** *Seuil, 1996.* (Points. Sagesses ; 109 c10)
ISBN 2-02-024017-3. *45 F / 6,86 €*

35401 **N** **RAUCH A.** Crise de l'identité masculine, 1789-1914. *Hachette Littératures, 2001.* (Pluriel ; 9020 c6)
ISBN 2-01-279020-8. *50 F / 7,62 €*

35402 **RAYNAUD P.** Max Weber et les dilemmes de la raison moderne. *PUF, 1996.* (Quadrige ; 217)
ISBN 2-13-047781-X. *62 F / 9,45 €*

35403 **REDONNET J-C.** L'Australie. *PUF, 1994.* (Que sais-je? ; 611 c1)
ISBN 2-13-046099-2. *42 F / 6,40 €*

35404 **REDONNET J-C.** Le Canada. *PUF, 1996.* (Que sais-je? ; 1098 c1)
ISBN 2-13-047685-6. *42 F / 6,40 €*

35405 **RENARD J-B.** Rumeurs et légendes urbaines. *PUF, 1999.* (Que sais-je? ; 3445 c1)
ISBN 2-13-049692-X. *42 F / 6,40 €*

35406 **La République et l'école.** *Pocket, 1991.* (Agora ; 94. Les Classiques cJ)
ISBN 2-266-04474-5. *50 F / 7,62 €*

35407 **N** **Réseaux et contrats de réussite :** l'éducation prioritaire redéfinie. *CRDP de Lyon, 2000.* (Documents, actes et rapports pour l'éducation)
ISBN 2-86625-230-6. *90 F / 13,72 €*

35408 **RESWEBER J-P.** Les Pédagogies nouvelles. 3e éd. corr. *PUF, 1992.* (Que sais-je? ; 2277 c1)
ISBN 2-13-044681-7. *42 F / 6,40 €*

35409 **REVEL J-F.** La Connaissance inutile. Ed. poche rev. et augm. *Hachette Littératures, 1990.* (Pluriel ; 8533 c5)
ISBN 2-01-015379-0. *65 F / 9,91 €*

35410 **REY H.** La peur des banlieues. *Presses de Sciences Po, 1996.* (La Bibliothèque du citoyen c1)
ISBN 2-7246-0702-3. *75 F / 11,43 €*

35411 **N** **REYNAERT F.** Nos années vaches folles. *Pocket, 2001.* (Pocket ; 11103 c4B)
ISBN 2-266-10549-3. *32 F / 4,88 €*

35412 **REYNAUD J-D.** Sociologie des conflits du travail. *PUF, 1982.* (Que sais-je? ; 2035 c1)
ISBN 2-13-037628-2. *42 F / 6,40 €*

35413 **RICHTA R.** La Civilisation au carrefour. *Seuil, 1974.* (Points. Politique ; 62 c11)
ISBN 2-02-000366-X. *48 F / 7,32 €*

35414 **RIEFFEL R.** Les intellectuels sous la Ve République. 1. *Hachette Littératures, 1995.* (Pluriel ; 8727 c3)
ISBN 2-01-278727-4. *49 F / 7,47 €*

35415 **RIEFFEL R.** Les intellectuels sous la Ve République. 2. *Hachette Littératures, 1995.* (Pluriel ; 8728 c3)
ISBN 2-01-278728-2. *49 F / 7,47 €*

35416 **RIEFFEL R.** Les intellectuels sous la Ve République. 3. *Hachette Littératures, 1995.* (Pluriel ; 8729 c3)
ISBN 2-01-278729-0. *49 F / 7,47 €*

35417 **RIPELLINO A. M.** Praga magica : voyage initiatique à Prague. *Pocket, 1995.* (Pocket. Terre humaine ; 19 c8)
ISBN 2-266-06687-0. *45 F / 6,86 €*

35418 **RIST G.** Le développement : histoire d'une croyance occidentale. *Presses de Sciences Po, 1996.* (Références inédites)
ISBN 2-7246-0694-9. *85 F / 12,96 €*

35419 **RODINSON M.** L'Islam, politique et croyance. *Pocket, 1995.* (Agora ; 161 c8)
ISBN 2-266-06458-4. *45 F / 6,86 €*

35420 **A** **ROGÉ T.** La vie lycéenne. *Milan, 2001.* (Les essentiels Milan ; 198 c1)
ISBN 2-7459-0272-5. *25 F / 3,81 €*

35421 **A** **ROJZMAN C.** Savoir vivre ensemble : agir autrement contre le racisme et la violence. *La Découverte, 2000.* (La Découverte poche ; 106. Essais)
ISBN 2-7071-3407-4. *52 F / 7,93 €*

35422 **ROMILLY J. d.** Le trésor des savoirs oubliés. *LGF, 1999.* (Le Livre de poche ; 14587 c7)
ISBN 2-253-14587-4. *30 F / 4,57 €*

35423 **RONCAYOLO M.** La Ville et ses territoires. *Gallimard, 1990.* (Folio. Essais ; 139 c4)
ISBN 2-07-032559-8. *46 F / 7,01 €*

35424 **RONSIN F.** La population de la France de 1789 à nos jours. *Seuil, 1997.* (Mémo ; 80 c2)
ISBN 2-02-030627-1. *36 F / 5,49 €*

35425 **ROSNAY J. d.** Le Macroscope : vers une vision globale. *Seuil, 1977.* (Points ; 80. Essais c3)
ISBN 2-02-004567-2. *52 F / 7,93 €*

35426 **ROUGEMONT D. d.** L'amour et l'Occident. Réimpr. *10-18, 1996.* (10-18 ; 34. Bibliothèques c7)
ISBN 2-264-02562-X. *50 F / 7,62 €*

35427 **ROUGET G.** La Musique et la transe : esquisse d'une théorie générale des relations de la musique et de la possession. Nouv. éd. rev. et augm. *Gallimard, 1990.* (Tel ; 170)
ISBN 2-07-072010-1. *95 F / 14,48 €*

35428 **ROULAND N.** L'Anthropologie juridique. *PUF, 1990.* (Que sais-je? ; 2528 c1)
ISBN 2-13-042995-5. *42 F / 6,40 €*

35429 **ROUMAJON Y.** Enfants perdus, enfants punis : histoire de la jeunesse délinquante en France : huit siècles de controverses. *Hachette Littératures, 1991.* (Pluriel ; 8561 c3)
ISBN 2-01-017427-5. *49 F / 7,47 €*

35430 **ROUQUETTE M-L.** La communication sociale. *Dunod, 1998.* (Les topos. Psychologie c1)
ISBN 2-10-003753-6. *52 F / 7,93 €*

35431 **ROVILLÉ G., ZIMBARDO X.** Vietnam : au pays des routes contraires. *Peuples du monde, 1994.* (Domaine Asie du Sud-Est)
ISBN 2-907629-09-3. *150 F / 22,87 €*

35432 **N** **SAFRAN S.** L'amour gourmand : libertinage gastronomique au XVIIIe siècle. *la Musardine, 2000.* (L'attrape-corps ; 5)
ISBN 2-84271-104-1. *79 F / 12,04 €*

35433 **N** **SAGE L., DUCHEN P.** L'orientation des jeunes, les clés du succès. *Milan, 2000.* (Les essentiels Milan ; 182 c1)
ISBN 2-7459-0161-3. *25 F / 3,81 €*

35434 **SAHEBJAM F.** La Femme lapidée. *LGF, 1992.* (Le Livre de poche ; 4328 c4)
ISBN 2-253-05991-9. *20 F / 3,05 €*

35435 **SAINTYVES P.** Les Contes de Perrault ; En marge de la Légende dorée ; Les Reliques et les images légendaires. *Laffont, 1987.* (Bouquins)
ISBN 2-221-05331-1. *120 F / 18,29 €*

35436 **SANCTON T., MACLEOD S.** Mort d'une princesse : l'enquête. *J'ai lu, 1998.* (J'ai lu ; 5051. Littérature générale c6)
ISBN 2-290-05051-2. *42 F / 6,40 €*

35437 **SARDE M.** Regard sur les Françaises : les Françaises..trop aimées?. *Seuil, 1985.* (Points. Actuels ; 68 c6)
ISBN 2-02-008814-2. *62 F / 9,45 €*

35438 **SARTRE J-P.** Réflexions sur la question juive. *Gallimard, 1985.* (Folio ; 10. Essais ; 10 c2)
ISBN 2-07-032287-4. *37 F / 5,64 €*

35439 **SAULOY M., LE BONNIEC Y.** A qui profite la cocaïne?. *Hachette Littératures, 1995.* (Pluriel ; 8719 c4)
ISBN 2-01-278719-3. *58 F / 8,84 €*

35440 **SAUVY A.** L'opinion publique. *PUF, 1997.* (Quadrige ; 235)
ISBN 2-13-048094-2. *49 F / 7,47 €*

35441 **SAUVY A.** La Prévention des naissances. 3e éd. *PUF, 1967.* (Que sais-je? ; 988 c1)
ISBN 2-13-029851-6. *42 F / 6,40 €*

35442 **N** **SAUVY A.** La vieillesse des nations. *Gallimard, 2000.* (Tel ; 308)
ISBN 2-07-075844-3. *98 F / 14,94 €*

35443 **Le savoir-vivre.** *Mango-Pratique, 1999.* (Tout ce que vous voulez savoir sur...)
ISBN 2-84270-170-4. *39 F / 5,95 €*

35444 **Le savoir-vivre. Nouv. éd.** *Larousse, 2000.* (Guides pratiques)
ISBN 2-03-560211-4. *85 F / 12,96 €*

35445 **SCHERRER V.** La France paresseuse. Ed. augm. *Seuil, 1992.* (Points. Actuels ; 119 c3)
ISBN 2-02-014608-8. *48 F / 7,32 €*

35446 **SCHNAPPER D.** L'Epreuve du chômage. Nouv. éd. rev. *Gallimard, 1994.* (Folio. Actuel ; 42 c3)
ISBN 2-07-032852-X. *41 F / 6,25 €*

35447 **SCIASCIA L.** L'Affaire Moro. *Grasset, 1991.* (Les Cahiers rouges ; 128)
ISBN 2-246-42362-7. *44 F / 6,71 €*

35448 **SCIASCIA L.** En future mémoire : si la mémoire a un futur. *LGF, 1996.* (Le Livre de poche ; 3263. Biblio c6)
ISBN 2-253-93263-9. *26 F / 3,96 €*

35449 **Sciences de l'information et de la communication.** *Larousse, 1993.* (Textes essentiels)
ISBN 2-03-741010-7. *150 F / 22,87 €*

35450 **Les sciences humaines sont-elles des sciences de l'homme ?.** *PUF, 1998.* (Forum Diderot ; 5)
ISBN 2-13-049410-2. *45 F / 6,86 €*

35451 **SEGALEN V.** Les immémoriaux. *Seuil, 1998.* (Points ; 454 c8)
ISBN 2-02-033304-X. *39 F / 5,95 €*

35452 **A** **SEGALEN V.** Les immémoriaux. *LGF, 2001.* (Le Livre de poche ; 16057. Classiques de poche)
ISBN 2-253-16057-1. *30 F / 4,57 €*

35453 **SEGALEN V.** Les Immémoriaux. *Pocket, 1983.* (Pocket ; 3006. Terre humaine c1)
ISBN 2-266-01294-0. *41 F / 6,25 €*

35454 **SEIGNOLLE C.** Les évangiles du diable ; suivi de Le grand et le petit Albert. Réimp. *Laffont, 2000.* (Bouquins)
ISBN 2-221-08508-6. *169 F / 25,76 €*

35455 **SEMPRINI A.** Le multiculturalisme. *PUF, 1997.* (Que sais-je? ; 3236 c1)
ISBN 2-13-048387-9. *42 F / 6,40 €*

35456 **N** **SENON J-L., RICHARD D.** Le cannabis. 3e éd. mise à jour. *PUF, 2000.* (Que sais-je? ; 3084 c1)
ISBN 2-13-051059-0. *42 F / 6,40 €*

35457 **SERRES M.** Le Tiers-instruit. *Gallimard, 1992.* (Folio ; 199. Essais c2)
ISBN 2-07-032723-X. *37 F / 5,64 €*

35458 **SERVIER J.** Les Berbères. 2e éd. *PUF, 1994.* (Que sais-je? ; 718 c1)
ISBN 2-13-042931-9. *42 F / 6,40 €*

35459 **SERVIER J.** L'Ethnologie. 3e éd. corr. *PUF, 1994.* (Que sais-je? ; 2312 c1)
ISBN 2-13-046110-7. *42 F / 6,40 €*

35460 **SERVIER J.** Méthode de l'ethnologie. 2e éd. rev. *PUF, 1993.* (Que sais-je? ; 2313 c1)
ISBN 2-13-045905-6. *42 F / 6,40 €*

35461 **La sexualité a-t-elle un avenir?.** *PUF, 1999.* (Forum Diderot)
ISBN 2-13-049930-9. *49 F / 7,47 €*

35462 **SFEZ L.** La communication. 4e éd. corr. *PUF, 1997.* (Que sais-je? ; 2567 c1)
ISBN 2-13-044393-1. *42 F / 6,40 €*

35463 **SFEZ L.** Critique de la communication. Nouv. éd. rev. et corr. *Seuil, 1992.* (Points. Essais c8)
ISBN 2-02-018314-5. *67 F / 10,21 €*

35464 **SFEZ L.** Critique de la décision. 4e éd. rev. et corr. *Presses de la Fondation nationale des sciences politiques, 1992.* (Références ; 1)
ISBN 2-7246-0607-8. *80 F / 12,20 €*

35465 **SFEZ L.** La Décision. 2e éd. *PUF, 1988.* (Que sais-je? ; 2181 c1)
ISBN 2-13-042163-6. *42 F / 6,40 €*

35466 **SFEZ L.** La Politique symbolique. Nouv. éd. *PUF, 1993.* (Quadrige ; 148)
ISBN 2-13-044540-3. *92 F / 14,03 €*

35467 **SHAYEGAN D.** Le regard mutilé : schizophrénie culturelle : pays traditionnels face à la modernité. *Ed. de l'Aube, 1996.* (L'Aube poche ; 38)
ISBN 2-87678-305-3. *69 F / 10,52 €*

35468 **N** **SIBONY D.** Le racisme, une haine identitaire. *Seuil, 2001.* (Points. Essais ; 444)
ISBN 2-02-048131-6. *52 F / 7,93 €*

35469 **SICHROVSKY P.** Naître coupable, naître victime. *Seuil, 1991.* (Points. Actuels ; 101 c3)
ISBN 2-02-012637-0. *48 F / 7,32 €*

35470 **SIEBURG F.** Dieu est-il français?. *Grasset, 1991.* (Les Cahiers rouges ; 135)
ISBN 2-246-36012-9. *58 F / 8,84 €*

35471 **SIMMEL G.** Les pauvres. *PUF, 1998.* (Quadrige ; 250)
ISBN 2-13-048846-3. *49 F / 7,47 €*

35472 **SIMMEL G.** Philosophie de l'argent. *PUF, 1999.* (Quadrige ; 285)
ISBN 2-13-049940-6. *118 F / 17,99 €*

35473 **SLAMA A-G.** L'angélisme exterminateur : essai sur l'ordre moral contemporain. *Hachette Littératures, 1995.* (Pluriel ; 8734 c3)
ISBN 2-01-278734-7. *49 F / 7,47 €*

35474 **SOARES M. P.** Histoire de Marli : des femmes brésiliennes, entretien de Maria Teresa Moares et Maria Alice Rocha. *Des femmes-Antoinette Fouque, 1982.* (Femmes en luttes de tous les pays c4)
ISBN 2-7210-0243-0. *45 F / 6,86 €*

35475 **SOBOUL A.** La maison rurale. Rééd. *Ed. du CTHS, 1995.* (Format ; 18)
ISBN 2-7355-0313-5. *50 F / 7,62 €*

35476 **Une société fragmentée ? :** le multiculturalisme en débat. *La Découverte, 1997.* (La Découverte poche ; 33. Essais)
ISBN 2-7071-2731-0. *75 F / 11,43 €*

35477 **La sociologie. Réimpr.** *Larousse, 1996.* (Textes essentiels)
ISBN 2-03-741024-7. *150 F / 22,87 €*

35478 **SOËTARD M.** Pestalozzi. *PUF, 1995.* (Pédagogues et pédagogies ; 7)
ISBN 2-13-046776-8. *46 F / 7,01 €*

35479 **SOLANAS V.** Scum : manifesto. *Mille et une nuits, 1998.* (Les petits libres ; 21 c2)
ISBN 2-84205-318-4. *10 F / 1,52 €*

35480 **SOLÉ J.** L'Age d'or de la prostitution : de 1870 à nos jours. *Hachette Littératures, 1994.* (Pluriel ; 8709 c6)
ISBN 2-01-278709-6. *79 F / 12,04 €*

35481 **SOLÉ J.** L'Amour en Occident à l'époque moderne : 1500-1800. *Complexe, 1984.* (Historiques ; 9 c4)
ISBN 2-87027-132-8. *52 F / 7,93 €*

35482 **SORMAN G.** Le bonheur français. *Hachette Littératures, 1996.* (Pluriel ; 8797 c5)
ISBN 2-01-278797-5. *49 F / 7,47 €*

35483 **SORMAN G.** En attendant les Barbares. *LGF, 1994.* (Le Livre de poche ; 13514 c9)
ISBN 2-253-13514-3. *36 F / 5,49 €*

35484 **N** **SOUCHARD M.** Liberté, égalité, imaginez ! : la culture est un combat. *Seuil, 2001.* (Point-virgule c5)
ISBN 2-02-042626-9. *29 F / 4,42 €*

35485 **SOUFFRON K.** Les violences conjugales. *Milan, 2000.* (Les essentiels Milan ; 167 c1)
ISBN 2-7459-0038-2. *25 F / 3,81 €*

35486 **A** **SOULET J-F.** La révolte des citoyens : de la Guerre des Demoiselles à José Bové. *Privat, 2001.* (Questions d'histoire immédiate)
ISBN 2-7089-0632-1. *78 F / 11,89 €*

35487 **SOULLEZ C.** Les violences urbaines. *Milan, 1999.* (Les essentiels Milan ; 130 c1)
ISBN 2-84113-788-0. *25 F / 3,81 €*

35488 **SPENCER C.** Histoire de l'homosexualité : de l'Antiquité à nos jours. *Pocket, 1999.* (Agora ; 211 c7)
ISBN 2-266-09076-3. *50 F / 7,62 €*

35489 **SPERBER D.** Le Structuralisme en anthropologie. *Seuil, 1973.* (Qu'est-ce que le structuralisme?; 3)(Points ; 46. Essais c1)
ISBN 2-02-000621-9. *32 F / 4,88 €*

35490 **STADEN H.** Nus, féroces et anthropophages. *Seuil, 1990.* (Points. Essais ; 209 c3)
ISBN 2-02-011627-8. *48 F / 7,32 €*

35491 **STANKE L.** Un prénom pour toujours. *Mortagne, 1991.* (Poche)
ISBN 2-89074-509-0. *39 F / 5,95 €*

35492 **STÉBÉ J-M.** La crise des banlieues. *PUF, 1999.* (Que sais-je? ; 3507 c1)
ISBN 2-13-050326-8. *42 F / 6,40 €*

35493 **STEINER G.** Dans le château de Barbe-Bleue : notes pour une redéfinition de la culture. *Gallimard, 1986.* (Folio ; 42. Essais ; 42 c1)
ISBN 2-07-032367-6. *37 F / 5,64 €*

35494 **N** **STEINER P.** La sociologie de Durkheim. 3e éd. *La Découverte, 2000.* (Repères ; 154 c1)
ISBN 2-7071-3339-6. *52 F / 7,93 €*

35495 **STEINER P.** La sociologie économique. *La Découverte, 1999.* (Repères ; 274 c1)
ISBN 2-7071-3148-2. *52 F / 7,93 €*

35496 **SULITZER P-L.** Laissez-nous réussir. *LGF, 1996.* (Le Livre de poche ; 8154. Pratique c7)
ISBN 2-253-08154-X. *30 F / 4,57 €*

35497 **SULLEROT E.** La crise de la famille. Nouv. éd. *Hachette Littératures, 2000.* (Pluriel ; 988)
ISBN 2-01-278988-9. *55 F / 8,38 €*

35498 **SULLEROT E.** Quels pères? Quels fils?. *LGF, 1995.* (Le Livre de poche ; 13670 c10)
ISBN 2-253-13670-0. *40 F / 6,10 €*

35499 **Sur l'individualisme :** théories et méthodes. *Presses de la Fondation nationale des sciences politiques, 1991.* (Références ; 27)
ISBN 2-7246-0594-2. *60 F / 9,15 €*

35500 **SZTOKMAN N.** Population et société françaises. *Dunod, 1998.* (Les topos. Sciences économiques c1)
ISBN 2-10-003662-9. *52 F / 7,93 €*

35501 **TAGUIEFF P-A.** La Force du préjugé : essai sur le racisme et ses doubles. *Gallimard, 1990.* (Tel ; 162)
ISBN 2-07-071977-4. *95 F / 14,48 €*

35502 **TALAYESVA C.** Soleil hopi. *Pocket, 1984.* (Pocket ; 3010. Terre humaine c2)
23 F / 3,51 €

35503 **TAPINOS G.** La démographie : population, économie et sociétés. *LGF, 1997.* (Le Livre de poche ; 524. Références sciences politiques et sociales c10)
ISBN 2-253-90524-0. *40 F / 6,10 €*

35504 **TARNERO J.** Le racisme. *Milan, 1996.* (Les essentiels Milan ; 22 c1)
ISBN 2-84113-279-X. *25 F / 3,81 €*

35505 **TCHAKHOTINE S.** Le viol des foules par la propagande politique. *Gallimard, 1992.* (Tel ; 217)
ISBN 2-07-072727-0. *85 F / 12,96 €*

35506 **TEMIME E.** France, terre d'immigration. *Gallimard, 1999.* (Découvertes ; 380. Histoire)
ISBN 2-07-053485-5. *85 F / 12,96 €*

35507 **Le temps des merveilles :** contes populaires des pays de France. *Librio, 1999.* (Librio ; 297 c1)
ISBN 2-277-30297-X. *10 F / 1,52 €*

35508 **THARAUD J., THARAUD J.** La fête arabe. *Ed. de l'Aube, 1997.* (L'Aube poche c7)
ISBN 2-87678-317-7. *59 F / 8,99 €*

35509 N **THOMAS R.** Sociologie du sport. 4e éd. mise à jour. *PUF, 2000.* (Que sais-je? ; 2765 c1)
ISBN 2-13-050603-8. *42 F / 6,40 €*

35510 A **THORAVAL Y.** Dictionnaire de civilisation musulmane. Nouv. éd. *Larousse, 2001.* (Les référents)
ISBN 2-03-573027-9. *110 F / 16,77 €*

35511 **THUDEROZ C.** Sociologie des entreprises. *La Découverte, 1997.* (Repères ; 210 c1)
ISBN 2-7071-2660-8. *52 F / 7,93 €*

35512 **THUILLIER G.** La Promotion sociale. 3e éd. *PUF, 1977.* (Que sais-je? ; 1218 c1)
ISBN 2-13-035156-5. *42 F / 6,40 €*

35513 **THUILLIER P.** La grande implosion : rapport sur l'effondrement de l'Occident, 1999-2002. *Hachette Littératures, 1996.* (Pluriel ; 8810 c6)
ISBN 2-01-278810-6. *75 F / 11,43 €*

35514 **TILLION G.** Le Harem et les cousins. *Seuil, 1982.* (Points ; 141. Essais c2)
ISBN 2-02-006195-3. *48 F / 7,32 €*

35515 **TISSIER B.** Education, formation, environnement. *Economica, 1998.* (Environnement-poche ; 11 c1)
ISBN 2-7178-3583-0. *49 F / 7,47 €*

35516 **TODD E.** Le destin des immigrés : assimilation et ségrégation dans les démocraties occidentales. *Seuil, 1997.* (Points ; 345. Essais c14)
ISBN 2-02-031450-9. *55 F / 8,38 €*

35517 **TODD E.** La Nouvelle France. Nouv. éd. mise à jour. *Seuil, 1990.* (Points. Politique ; 136 c14)
ISBN 2-02-012108-5. *55 F / 8,38 €*

35518 **TODOROV T.** Les abus de la mémoire. *Arléa, 1998.* (Arléa-poche ; 44)
ISBN 2-86959-405-4. *20 F / 3,05 €*

35519 **TODOROV T.** Les morales de l'histoire. *Hachette Littératures, 1997.* (Pluriel ; 866)
ISBN 2-01-278866-1. *60 F / 9,15 €*

35520 **TOMATIS A.** Les Troubles scolaires. *Pocket, 1990.* (Pocket ; 3409 c5)
ISBN 2-266-03237-2. *35 F / 5,34 €*

35521 **TOUATI-CASTANDET V., CEYSSON P.** Pratiquer la lecture-feuilleton. *CRDP de Lyon, 1997.* (Guide pour)
ISBN 2-86625-216-0. *80 F / 12,20 €*

35522 **TOUDOUZE G-G.** Les derniers jours de la ville d'Ys. *Terre de brume, 1998.* (Bibliothèque de poche. Les plus beaux contes c4)
ISBN 2-84362-024-4. *54 F / 8,23 €*

35523 **TOURAINE A.** Critique de la modernité. *LGF, 1995.* (Le Livre de poche ; 4217. Biblio essais c19)
ISBN 2-253-94217-0. *70 F / 10,67 €*

35524 **TOURAINE A.** Lettres à une étudiante. *Seuil, 1976.* (Points. Politique ; 77 c11)
ISBN 2-02-004325-4. *48 F / 7,32 €*

35525 **TOURAINE A.** Pour la sociologie. *Seuil, 1974.* (Points ; 55. Essais c3)
ISBN 2-02-000630-8. *48 F / 7,32 €*

35526 **TOURAINE A.** Pourrons-nous vivre ensemble ? : égaux et différents. *LGF, 1999.* (Le Livre de poche ; 4274. Biblio essais c18)
ISBN 2-253-94274-X. *65 F / 9,91 €*

35527 **TOURAINE A.** Qu'est-ce que la démocratie?. *LGF, 1997.* (Le Livre de poche ; 4243. Biblio essais c10)
ISBN 2-253-94243-X. *40 F / 6,10 €*

35528 **TOURAINE A.** Sociologie de l'action : essai sur la société industrielle. Nouv. éd. rev. *LGF, 2000.* (Le Livre de poche ; 4284. Biblio essais c16)
ISBN 2-253-94284-7. *55 F / 8,38 €*

35529 N **TOURNEMIRE P.** La Ligue de l'enseignement. *Milan, 2000.* (Les essentiels Milan ; 175 c1)
ISBN 2-7459-0123-0. *25 F / 3,81 €*

35530 **Le transfert des connaissances en formation initiale et en formation continue :** actes du colloque. *CRDP de Lyon, 1996.* (Documents, actes et rapports pour l'éducation)
ISBN 2-86625-211-X. *90 F / 13,72 €*

35531 **Le travail, quel avenir ?.** *Gallimard, 1997.* (Folio ; 55. Actuel c5)
ISBN 2-07-032982-8. *52 F / 7,93 €*

35532 A **Le travail sociologique de Pierre Bourdieu :** dettes et critiques. Nouv. éd. *La Découverte, 2001.* (La Découverte poche. Sciences humaines et sociales ; 110)
ISBN 2-7071-3493-7. *75 F / 11,43 €*

35533 **Les très filoutes histoires de Jha. Réimpr.** *Alyssa, 1999*
ISBN 9973-758-14-5. *40 F / 6,10 €*

35534 **TRIGANO S.** La Demeure oubliée : genèse religieuse du politique. Nouv. éd. rev. et augm. *Gallimard, 1994.* (Tel ; 239)
ISBN 2-07-073227-4. *78 F / 11,89 €*

35535 **TRISELEC, la bonne affaire :** la collecte sélective des déchets ménagers. *Economica, 1997.* (Environnement-poche ; 7 c1)
ISBN 2-7178-3220-3. *49 F / 7,47 €*

35536 **TROLLIET P.** La diaspora chinoise. 2e éd. *PUF, 1999.* (Que sais-je? ; 2879 c1)
ISBN 2-13-046450-5. *42 F / 6,40 €*

35537 **TURNBULL C.** Les Iks : survivre par la cruauté, Nord Ouganda. Réimpr. *Pocket, 1996.* (Pocket ; 3024. Terre humaine c9)
ISBN 2-266-03502-9. *48 F / 7,32 €*

35538 **USHTE T., ERDOES R.** De mémoire indienne. Réimpr. *Pocket, 1998.* (Pocket ; 3014. Terre humaine c7)
ISBN 2-266-03050-7. *45 F / 6,86 €*

35539 **N** **VAGNOUX I.** Les Hispaniques aux Etats-Unis. *PUF, 2000.* (Que sais-je? ; 3564 c1)
ISBN 2-13-050760-3. *42 F / 6,40 €*

35540 **VAILLANT E.** L'immigration. *Milan, 1996.* (Les essentiels Milan ; 39 c1)
ISBN 2-84113-374-5. *25 F / 3,81 €*

35541 **VALLET O.** Femmes et religions : déesses ou servantes de Dieu?. *Gallimard, 1994.* (Découvertes ; 206. Religions c5)
ISBN 2-07-053257-7. *85 F / 12,96 €*

35542 **VALLIN J.** La Démographie. Rééd. *La Découverte, 1995.* (Repères ; 105 c1)
ISBN 2-7071-2097-9. *52 F / 7,93 €*

35543 **A** **VALLIN J.** La population française. Nouv. éd. *La Découverte, 2001.* (Repères ; 75 c1)
ISBN 2-7071-3491-0. *52 F / 7,93 €*

35544 **A** **VALLIN J.** La population mondiale. 6e éd. *La Découverte, 2099.* (Repères ; 45 c1)
ISBN 2-7071-3350-7. *52 F / 7,93 €*

35545 **Valorisation des usages de l'eau.** *Economica : INRA, 1995.* (Environnement-poche ; 2)
ISBN 2-7178-2857-5. *49 F / 7,47 €*

35546 **Valorisation des usages de l'eau.** *INRA : Economica, 1995.* (Environnement-poche ; 2 c1)
ISBN 2-7380-0616-7. *49 F / 7,47 €*

35547 **VAN DAELE H.** L'Education comparée. *PUF, 1993.* (Que sais-je? ; 2786 c1)
ISBN 2-13-045741-X. *42 F / 6,40 €*

35548 **VAN GENNEP A.** Le folklore français. 1, Du berceau à la tombe : cycles de carnaval, carême et de Pâques. Réimpr. *Laffont, 1999.* (Bouquins)
ISBN 2-221-08342-3. *169 F / 25,76 €*

35549 **VAN GENNEP A.** Le folklore français. 2, Cycle de mai, cycle de Saint-Jean et Saint-Pierre : cérémonies agricoles de l'été, cérémonies agricoles de l'automne. *Laffont, 1999.* (Bouquins)
ISBN 2-221-08343-1. *179 F / 27,29 €*

35550 **VAN GENNEP A.** Le folklore français. 3, Cycle des douze jours, de Noël aux Rois. *Laffont, 1999.* (Bouquins)
ISBN 2-221-08344-X. *169 F / 25,76 €*

35551 **VAN GENNEP A.** Le folklore français. 4, Bibliographies, questionnaires, provinces et pays. *Laffont, 1999.* (Bouquins)
ISBN 2-221-08345-8. *179 F / 27,29 €*

35552 **VAN GENNEP A.** Le folklore français. *Laffont, 1999.* (Bouquins)
ISBN 2-221-91192-X. *696 F / 106,10 €*

35553 **VAN GENNEP A.** Traité comparatif des nationalités. *Ed. du CTHS, 1995.* (Format ; 20)
ISBN 2-7355-0327-5. *60 F / 9,15 €*

35554 **VAN PARIJS P.** Sauver la solidarité. *Cerf, 1995.* (Humanités c1)
ISBN 2-204-05178-0. *62 F / 9,45 €*

35555 **A** **VANDENBERGHE F.** La sociologie de Georg Simmel. *La Découverte, 2001.* (Repères ; 311 c1)
ISBN 2-7071-3307-8. *52 F / 7,93 €*

35556 **VANEIGEM R.** Avertissement aux écoliers et lycéens. *Mille et une nuits, 1998.* (La petite collection ; 69 c2)
ISBN 2-84205-346-X. *10 F / 1,52 €*

35557 **VANEIGEM R.** Nous qui désirons sans fin. *Gallimard, 1998.* (Folio ; 59. Actuel c2)
ISBN 2-07-040337-8. *37 F / 5,64 €*

35558 **A** **VANEIGEM R.** Pour une internationale du genre humain. *Gallimard, 2001.* (Folio. Actuel)
ISBN 2-07-041333-0. *71 F / 10,82 €*

35559 **VANESSE A.** Le suicide des jeunes. *Fidélité, 1995.* (Que penser de...? ; 23 c1)
ISBN 2-87356-097-5. *15 F / 2,29 €*

35560 **VASCONCELLOS M.** Le système éducatif. Nouv. éd. *La Découverte, 1999.* (Repères ; 131 c1)
ISBN 2-7071-3149-0. *52 F / 7,93 €*

35561 **VEBLEN T. B.** Théorie de la classe de loisir. *Gallimard, 1979.* (Tel ; 27)
ISBN 2-07-029928-7. *52 F / 7,93 €*

35562 **VERGELY B.** Pour une école du savoir. *Milan, 2000.* (Les essais essentiels Milan)
ISBN 2-7459-0015-3. *89 F / 13,57 €*

35563 **VERGER J.** Les universités au Moyen Age. *PUF, 1999.* (Quadrige ; 288)
ISBN 2-13-050014-5. *62 F / 9,45 €*

35564 **VERNETTE J.** Le New Age. *PUF, 1992.* (Que sais-je? ; 2674 c1)
ISBN 2-13-044781-3. *42 F / 6,40 €*

35565 **VERNIER J.** Les énergies renouvelables. 2e éd. *PUF, 1998.* (Que sais-je? ; 3240 c1)
ISBN 2-13-048323-2. *42 F / 6,40 €*

35566 **A** **VERNIER J.** L'Environnement. 5e éd. mise à jour. *PUF, 2001.* (Que sais-je? ; 2667 c1)
ISBN 2-13-051495-2. *42 F / 6,40 €*

35567 **VERNY F.** Mais si, Messieurs, les femmes ont une âme. *LGF, 1997.* (Le Livre de poche ; 14343 c5)
ISBN 2-253-14343-X. *23 F / 3,51 €*

35568 **VÉRON J.** Population et développement. *PUF, 1994.* (Que sais-je? ; 2842 c1)
ISBN 2-13-046103-4. *42 F / 6,40 €*

35569 **VIARD J.** La société d'archipel. *Ed. de l'Aube, 1996.* (L'Aube poche ; 25 c3)
ISBN 2-87678-260-X. *39 F / 5,95 €*

35570 **VICTOR P-E., VICTOR J-C.** Planète antarctique : nouvelle Terre des hommes. *Hachette Littératures, 1994.* (Pluriel ; 8640 c5)
ISBN 2-01-020698-3. *65 F / 9,91 €*

35571 **VIÉ M.** Le Japon contemporain. 5e éd. mise à jour. *PUF, 1991.* (Que sais-je? ; 1459 c1)
ISBN 2-13-044327-3. *42 F / 6,40 €*

35572 **La Vie, tu parles :** 160 lettres du courrier des lecteurs de Libération, roman collectif, 1973-1983. *Seuil, 1984.* (Points. Actuels ; 60 c4)
ISBN 2-02-006735-8. *52 F / 7,93 €*

35573 **VIEILLARD-BARON H.** Banlieue, ghetto impossible. *Ed. de l'Aube, 1996.* (L'Aube poche ; 36 c6)
ISBN 2-87678-294-4. *55 F / 8,38 €*

35574 **Vies et moeurs des lutins bretons.** *Actes Sud, 1998.* (Babel ; 334)
ISBN 2-7427-1783-8. *51 F / 7,77 €*

35575 **VIGNERON J., FRANCISCO L.** La communication environnementale. *Economica, 1996.* (Environnement-poche ; 6 c1)
ISBN 2-7178-3018-9. *49 F / 7,47 €*

35576 **Vive l'école républicaine ! :** textes et discours fondateurs. *Librio, 1999.* (Librio ; 310 c1)
ISBN 2-277-30310-0. *10 F / 1,52 €*

35577 **VOISARD J., DUCASTELLE C.** La Question immigrée dans la France d'aujourd'hui. Ed. poche rev. et mise à jour. *Seuil, 1990.* (Points. Politique ; 140 c8)
ISBN 2-02-012210-3. *39 F / 5,95 €*

35578 **VOS R. d.** Le bizutage. *PUF, 1999.* (Médecine et société ; 11)
ISBN 2-13-049909-0. *55 F / 8,38 €*

35579 **VOVELLE M.** L'Heure du grand passage : chronique de la mort. *Gallimard, 1993.* (Découvertes ; 171. Traditions c5)
ISBN 2-07-053161-9. *85 F / 12,96 €*

35580 **WAQUET D., LAPORTE M.** La mode. *PUF, 1999.* (Que sais-je? ; 3426 c1)
ISBN 2-13-049546-X. *42 F / 6,40 €*

35581 **WARNIER J-P.** La mondialisation de la culture. *La Découverte, 1999.* (Repères ; 260 c1)
ISBN 2-7071-2938-0. *52 F / 7,93 €*

35582 **WASSERMAN F.** La Grenouille dans tous ses états. *Gallimard, 1990.* (Découvertes ; 92. Histoires naturelles)
ISBN 2-07-053109-0. *59 F / 8,99 €*

35583 **WATZLAWICK P.** La Réalité de la réalité : confusion, désinformation, communication. *Seuil, 1984.* (Points ; 162. Essais ; 162 c3)
ISBN 2-02-006804-4. *48 F / 7,32 €*

35584 **WATZLAWICK P., HELMICK-BEAVIN J., JACKSON D.** Une logique de la communication. *Seuil, 1979.* (Points ; 102. Essais c3)
ISBN 2-02-005220-2. *48 F / 7,32 €*

35585 **WEBER M.** Economie et société. 1, Les catégories de la sociologie. *Pocket, 1995.* (Agora ; 171. Les Classiques ; 171 c8)
ISBN 2-266-06907-1. *45 F / 6,86 €*

35586 **WEBER M.** Economie et société. 2, L'organisation et les puissances de la société dans leur rapport avec l'économie. *Pocket, 1995.* (Agora ; 172. Les Classiques ; 172 c8)
ISBN 2-266-06987-X. *45 F / 6,86 €*

35587 **WEBER M.** Essai sur la théorie de la science. *Pocket, 1992.* (Agora ; 116 cO)
ISBN 2-266-04847-3. *80 F / 12,20 €*

35588 **WEBER M.** Le judaïsme antique. *Pocket, 1998.* (Agora ; 193 c11)
ISBN 2-266-08030-X. *55 F / 8,38 €*

35589 **WEIL P.** A quoi rêvent les années 90 : les nouveaux imaginaires, consommation et communication. Nouv. éd. rev. et augm. *Seuil, 1994.* (Points. Essais ; 286 c2)
ISBN 2-02-022076-8. *39 F / 5,95 €*

35590 **WIEVIORKA M.** La France raciste. *Seuil, 1993.* (Points. Actuels ; 134 c5)
ISBN 2-02-019603-4. *55 F / 8,38 €*

35591 **WILLAIME J-P.** Sociologie des religions. Nouv. éd. *PUF, 1998.* (Que sais-je? ; 2961 c1)
ISBN 2-13-046941-8. *42 F / 6,40 €*

35592 **N** **WINKIN Y.** Anthropologie de la communication : de la théorie au terrain. Nouv. éd. *Seuil, 2001.* (Points ; 448. Essais c11)
ISBN 2-02-040284-X. *48 F / 7,32 €*

35593 **WINOCK M.** Parlez-moi de la France. Ed. rev. et augm. *Seuil, 1997.* (Points ; 336 c9)
ISBN 2-02-028511-8. *42 F / 6,40 €*

35594 **A** **WORTLEY MONTAGU M.** L'Islam au péril des femmes : une anglaise en Turquie au 18e siècle. 5e éd. *La Découverte, 2001.* (La Découverte poche ; 109. Littérature et voyages)
ISBN 2-7071-3496-1. *65 F / 9,91 €*

35595 **XYPAS C.** Piaget et l'éducation. *PUF, 1997.* (Pédagogues et pédagogies ; 17)
ISBN 2-13-048808-0. *52 F / 7,93 €*

35596 **ZEGHIDOUR S.** Le Voile et la bannière. *Hachette Littératures, 1994.* (Pluriel ; 8700)
ISBN 2-01-278700-2. *45 F / 6,86 €*

35597 **ZELDIN T.** Les Français. Rééd. *Seuil, 1984.* (Points. Actuels ; 63 c6)
ISBN 2-02-008520-8. *65 F / 9,91 €*

35598 **ZIEGLER J.** Les Vivants et la mort. *Seuil, 1978.* (Points ; 90. Essais c3)
ISBN 2-02-004796-9. *52 F / 7,93 €*

Techniques Industries

35599 **ADER M.** Le Choc informatique. *Gallimard, 1985.* (Folio. Actuel ; 4 c4)
ISBN 2-07-032318-8. *46 F / 7,01 €*

35600 **AMIABLE R.** Les matériaux énergétiques. *PUF, 1998.* (Que sais-je? ; 259 c1)
ISBN 2-13-048922-2. *42 F / 6,40 €*

35601 **ARMAND D.** Le nucléaire, progrès ou danger ?. *Milan, 1997.* (Les essentiels Milan ; 68 c1)
ISBN 2-84113-491-1. *25 F / 3,81 €*

35602 **AUFIN C. d., DUTOIT C.** La télévision par satellite. *PUF, 1999.* (Que sais-je? ; 3462 c1)
ISBN 2-13-049870-1. *42 F / 6,40 €*

35603 **AUGER D.** La Typographie. *PUF, 1980.* (Que sais-je? ; 1862 c1)
ISBN 2-13-036507-8. *42 F / 6,40 €*

35604 **AUGIER M.** HTML, le langage du Web. *PUF, 1999.* (Que sais-je? ; 3420 c1)
ISBN 2-13-049563-X. *42 F / 6,40 €*

35605 **AUGIER M.** Les logiciels. *PUF, 1997.* (Que sais-je? ; 3162 c1)
ISBN 2-13-048306-2. *42 F / 6,40 €*

35606 **AYACHE M., FLORY A.** Approche orientée objet : concepts et utilisation. *Economica, 1996.* (P.I.Q.-poche ; 4)
ISBN 2-7178-3153-3. *49 F / 7,47 €*

35607 **BAILET J-M.** L'éducation routière. *PUF, 1999.* (Que sais-je? ; 3522 c1)
ISBN 2-13-050450-7. *42 F / 6,40 €*

35608 **BARIETY M., COURY C.** Histoire de la médecine. *PUF, 1978.* (Que sais-je? ; 31)
ISBN 2-13-035496-3. *42 F / 6,40 €*

35609 **BARRÈRE I., LALOU E.** Le Dossier confidentiel de l'euthanasie. *Seuil, 1975.* (Points. Actuels ; 11 c2)
ISBN 2-02-004302-5. *39 F / 5,95 €*

35610 **BEAUCIRE F.** Les transports publics et la ville. *Milan, 1997.* (Les essentiels Milan ; 64 c1)
ISBN 2-84113-467-9. *25 F / 3,81 €*

35611 **N** **BEAUCIRE F., LEBRETON J.** Transports publics et gouvernance urbaine. *Milan, 2000.* (Les essentiels Milan ; 85)
ISBN 2-7459-0154-0. *48 F / 7,32 €*

35612 **N** **BENENSON J., JUANALS B.** Dictionnaire bilingue Internet et multimédia. *Langues pour tous, 2000.* (Langues pour tous ; 10793 c10)
ISBN 2-266-09653-2. *50 F / 7,62 €*

35613 **BERNARD C.** Principes de médecine expérimentale. *PUF, 1987.* (Quadrige ; 91)
ISBN 2-13-040135-X. *58 F / 8,84 €*

35614 **BIASI P-M. d.** Le papier : une aventure au quotidien. *Gallimard, 1999.* (Découvertes ; 369. Techniques c5)
ISBN 2-07-053445-6. *85 F / 12,96 €*

35615 **BIENVENU C.** L'aventure nucléaire. *Pocket : Cité des sciences et de l'industrie, 1995.* (Pocket ; 4272. Explora c12)
ISBN 2-266-06354-5. *60 F / 9,15 €*

35616 **BIRRIEN J-Y.** Histoire de l'informatique. 2e éd. rev. *PUF, 1992.* (Que sais-je? ; 2510 c1)
ISBN 2-13-044607-8. *42 F / 6,40 €*

35617 **BLANC D.** L'Electronique nucléaire. 2e éd. *PUF, 1981.* (Que sais-je? ; 1438 c1)
ISBN 2-13-036963-4. *42 F / 6,40 €*

35618 **BLAYO F., VERLEYSEN M.** Réseaux de neurones artificiels. *PUF, 1996.* (Que sais-je? ; 3042 c1)
ISBN 2-13-047355-5. *42 F / 6,40 €*

35619 **BOBIS L.** Les Neuf vies du chat. *Gallimard, 1991.* (Découvertes ; 105. Histoires naturelles c5)
ISBN 2-07-053126-0. *84 F / 12,81 €*

35620 **N** **BOHY A.** Perl. *OEM, 2000.* (Mini-référence)
ISBN 2-7464-0185-1. *69 F / 10,52 €*

35621 **BOMBAL J., CHALMIN P.** L'Agro-alimentaire. *PUF, 1980.* (Que sais-je? ; 1884 c1)
ISBN 2-13-036655-4. *42 F / 6,40 €*

35622 **BOUCHON-MEUNIER B., NGUYEN H. T.** Les incertitudes dans les systèmes intelligents. *PUF, 1996.* (Que sais-je? ; 3110 c1)
ISBN 2-13-047584-1. *42 F / 6,40 €*

35623 **BOUROCHE J-M., SAPORTA G.** L'Analyse des données. 5e éd. corr. *PUF, 1992.* (Que sais-je? ; 1854 c1)
ISBN 2-13-045083-0. *42 F / 6,40 €*

35624 **BRELET C.** Les Médecines sacrées. *Albin Michel, 1991.* (Espaces libres ; 12 c7)
ISBN 2-226-05173-2. *65 F / 9,91 €*

35625 **BRETON P.** Une Histoire de l'informatique. *Seuil, 1990.* (Points. Sciences ; 65 c3)
ISBN 2-02-012348-7. *48 F / 7,32 €*

35626 **N** **BRETSCHNEIDER U.** Le guide de l'internaute. *Micro application, 2001.* (Guidexpress c1)
ISBN 2-7429-2012-9. *72 F / 10,98 €*

35627 **BRETSCHNEIDER U.** Office 2000. *Micro application, 1999.* (PC poche ; 2460)
ISBN 2-7429-1460-9. *67,99 F / 10,37 €*

35628 **BRETSCHNEIDER U.** Office 97. *Micro application, 1996.* (PC poche ; 1706 c1)
ISBN 2-7429-0706-8. *59 F / 8,99 €*

35629 **N** **BRETSCHNEIDER U.** PC mode d'emploi. *Micro application, 2000.* (PC poche)
ISBN 2-7429-1940-6. *52 F / 7,93 €*

35630 **BRETSCHNEIDER U.** Word 2000. *Micro application, 1999.* (Guidexpress ; 2472 c1)
ISBN 2-7429-1472-2. *72 F / 10,98 €*

35631 **BRULLER B.** Les réseaux locaux informatiques. *PUF, 1998.* (Que sais-je? ; 3381 c1)
ISBN 2-13-049275-4. *42 F / 6,40 €*

35632 **BURLET J-E.** La Laine et l'industrie lainière. *PUF, 1972.* (Que sais-je? ; 464 c1)
ISBN 2-13-031909-2. *42 F / 6,40 €*

35633 **CARLE R.** L'Electricité nucléaire. 2e éd. maj. *PUF, 1993.* (Que sais-je? ; 2777 c1)
ISBN 2-13-046808-X. *42 F / 6,40 €*

35634 **CARLES J.** La Chimie du vin. 3e éd. *PUF, 1977.* (Que sais-je? ; 908 c1)
ISBN 2-13-034778-9. *42 F / 6,40 €*

35635 **CARRÉ P-A.** Du tam-tam au satellite. *Pocket, 1991.* (Pocket ; 3606. Explora c12)
ISBN 2-266-04571-7. *60 F / 9,15 €*

35636 **CARRÈRE G.** Le transport en France. *PUF, 1997.* (Que sais-je? ; 3246 c1)
ISBN 2-13-048439-5. *42 F / 6,40 €*

35637 **La carte à puce. 2e éd. mise à jour.** *PUF, 2000.* (Que sais-je? ; 3492 c1)
ISBN 2-13-050628-3. *42 F / 6,40 €*

35638 **CHARMOT C.** L'échange de données informatisées (EDI). *PUF, 1997.* (Que sais-je? ; 3321 c1)
ISBN 2-13-048801-3. *42 F / 6,40 €*

35639 **N** **CHARTON E.** Animer son site avec Flash 5. *CampusPress France, 2000.* (Web Book)
ISBN 2-7440-1062-6. *59 F / 8,99 €*

35640 **CINOTTI E., TRÉBOUL J-B.** Les TGV européens. *PUF, 2000.* (Que sais-je? ; 3540 c1)
ISBN 2-13-050565-1. *42 F / 6,40 €*

35641 **COHEN L.** Moteurs et propulsions. *Pocket, 1992.* (Pocket ; 3619. Explora c12)
ISBN 2-266-05134-2. *60 F / 9,15 €*

35642 **COLAS A.** Le Sel. 2e éd. *PUF, 1985.* (Que sais-je? ; 339 c1)
ISBN 2-13-045346-5. *42 F / 6,40 €*

35643 **COLLIEX C.** La microscopie électronique. *PUF, 1998.* (Que sais-je? ; 1045 c1)
ISBN 2-13-048665-7. *42 F / 6,40 €*

35644 **COUFFIGNAL L.** La Cybernétique. 5e éd. *PUF, 1978.* (Que sais-je? ; 638 c1)
ISBN 2-13-035431-9. *42 F / 6,40 €*

35645 **COUTROT D.** Le bois et ses industries. *PUF, 1997.* (Que sais-je? ; 382 c1)
ISBN 2-13-048418-2. *42 F / 6,40 €*

35646 **DAMIEN M-M.** La politique européenne des transports. *PUF, 1999.* (Que sais-je? ; 3498 c1)
ISBN 2-13-050413-2. *42 F / 6,40 €*

35647 **DAMIEN M-M.** Les transports fluviaux. Nouv. éd. *PUF, 1997.* (Que sais-je? ; 494 c1)
ISBN 2-13-048569-3. *42 F / 6,40 €*

35648 **DAVID R.** L'Electronique. 8e éd. *PUF, 1988.* (Que sais-je? ; 1126 c1)
ISBN 2-13-041844-9. *42 F / 6,40 €*

35649 **N** **DECLERCQ S.** Flash 5. *Micro application, 2000.* (E-poche)
ISBN 2-7429-1954-6. *52 F / 7,93 €*

35650 **DECOURT N.** La forêt. *PUF, 1999.* (Que sais-je? ; 3464 c1)
ISBN 2-13-049806-X. *42 F / 6,40 €*

35651 **DELVIT P.** Le temps des bateliers : gens et métiers de la rivière. *Privat, 1999.* (Pages Grand Sud)
ISBN 2-7089-5412-1. *49 F / 7,47 €*

35652 **DEMARNE P., ROUQUEROL M.** Les Ordinateurs. 9e éd. rev. *PUF, 1985.* (Que sais-je? ; 832 c1)
ISBN 2-13-039180-X. *42 F / 6,40 €*

35653 **N** **Dictionnaire de l'informatique :** acteurs, concepts, réseaux. Nouv. éd. *Larousse, 2000.* (Les référents)
ISBN 2-03-573020-1. *110 F / 16,77 €*

35654 **Dictionnaire de la micro-informatique. Nouv. éd.** *Larousse, 1997.* (Les référents)
ISBN 2-03-720236-9. *110 F / 16,77 €*

35655 **Dictionnaire des inventeurs et inventions.** *Larousse, 1996.* (In extenso c1)
ISBN 2-03-750015-7. *160 F / 24,39 €*

35656 **DION E.** Invitation à la théorie de l'information. *Seuil, 1997.* (Points. Sciences ; 118 c7)
ISBN 2-02-029940-2. *35 F / 5,34 €*

35657 **DIVET L., SCHULHOF P.** Le Traitement des eaux. *PUF, 1980.* (Que sais-je? ; 1874 c1)
ISBN 2-13-036585-X. *42 F / 6,40 €*

35658 **DOMMANGET P., LOISEAU O., MASEIRO S.** Le recyclage des matériaux. *PUF, 1998.* (Que sais-je? ; 3347 c1)
ISBN 2-13-048822-6. *42 F / 6,40 €*

35659 **DORIER M., TROADEC J-P.** Les Ovni. 2e éd. corr. *PUF, 1992.* (Que sais-je? ; 2221 c1)
ISBN 2-13-044227-7. *42 F / 6,40 €*

35660 **Le Dossier de l'énergie.** *Seuil, 1984.* (Points. Sciences ; 40 c6)
ISBN 2-02-006726-9. *62 F / 9,45 €*

35661 **Le Dossier électronucléaire.** *Seuil, 1980.* (Points. Sciences ; 4 c6)
ISBN 2-02-005403-5. *62 F / 9,45 €*

35662 **N** **DREYFUS M.** Créez votre page Web. *CampusPress France, 2000.* (Web Book)
ISBN 2-7440-1078-2. *59 F / 8,99 €*

35663 **DUCASSE P.** Histoire des techniques. 9e éd. *PUF, 1983.* (Que sais-je? ; 126 c1)
ISBN 2-13-037789-0. *42 F / 6,40 €*

35664 **L'Empire des techniques.** *Seuil, 1994.* (Points. Sciences ; 103 c3)
ISBN 2-02-022247-7. *48 F / 7,32 €*

35665 **EUDIER M.** Les Alliages métalliques. 2e éd. *PUF, 1976.* (Que sais-je? ; 173 c1)
ISBN 2-13-034181-0. *42 F / 6,40 €*

35666 **FLICHY P.** Une histoire de la communication moderne : espace public et privé. *La Découverte, 1997.* (La Découverte poche ; 24. Sciences humaines et sociales)
ISBN 2-7071-2682-9. *69 F / 10,52 €*

35667 **FLORY A., LAFOREST F.** Les bases de données relationnelles. *Economica, 1996.* (P.I.Q.-poche ; 2)
ISBN 2-7178-3115-0. *49 F / 7,47 €*

35668 **N** **FOUCHARD G., BONALAIR J-C.** Recherches sur Internet. *CampusPress France, 2000.* (Web Book)
ISBN 2-7440-1079-0. *59 F / 8,99 €*

35669 **N** **FRANTZ G.** ASP 3. *OEM, 2000.* (Mini-référence)
ISBN 2-7464-0230-0. *69 F / 10,52 €*

35670 **N** **FRANTZ G.** XML. *OEM, 2001.* (Mini-référence)
ISBN 2-7464-0229-7. *69 F / 10,52 €*

35671 **N** **FREIHOF M., KÜRTEN I. M.** MS-DOS Windows 95-98. Nouv. éd. *Micro application, 2001.* (PC poche c1)
ISBN 2-7429-2033-1. *62 F / 9,45 €*

35672 **N** **FRENCH G.** Visual Basic 6. Réimpr. *OEM, 2001.* (Mini-référence)
ISBN 2-7464-0201-7. *78 F / 11,89 €*

35673 **N** **GALLIANI H.** IRC, Chat, ICQ. *CampusPress France, 2000.* (Web Book)
ISBN 2-7440-1080-4. *59 F / 8,99 €*

35674 **N** **GERMAIN C., HERRELIER J-M., MÉRIGOT P.** Wap. *CampusPress France, 2000.* (Web Book)
ISBN 2-7440-1076-6. *59 F / 8,99 €*

35675 **GHERNAOUTI-HÉLIE S., DUFOUR A.** De l'ordinateur à la société d'information. *PUF, 1999.* (Que sais-je? ; 3541 c1)
ISBN 2-13-050586-4. *42 F / 6,40 €*

35676 **A** **GHERNAOUTI-HÉLIE S., DUFOUR A.** De l'ordinateur à la société d'information. 2e éd. mise à jour. *PUF, 2001.* (Que sais-je? ; 3541)
ISBN 2-13-051721-8. *42 F / 6,40 €*

35677 **N** **GIESEKE W.** Créez votre boutique sur le Web. *Micro application, 2001.* (E-poche)
ISBN 2-7429-2030-7. *62 F / 9,45 €*

35678 **A** **GIESEKE W.** Internet Explorer 5.5. *Micro application, 2001.* (Guidexpress c1)
ISBN 2-7429-1764-0. *72 F / 10,98 €*

35679 **GILLE B.** Les Ingénieurs de la Renaissance. *Seuil, 1978.* (Points. Sciences ; 15 c3)
ISBN 2-02-004913-9. *55 F / 8,38 €*

35680 **GOUSTY Y.** Le génie industriel. *PUF, 1998.* (Que sais-je? ; 3312 c1)
ISBN 2-13-048720-3. *42 F / 6,40 €*

35681 **GRADIAS M.** CorelDraw 9. *Micro application, 1999.* (Guidexpress ; 2597 c1)
ISBN 2-7429-1597-4. *72 F / 10,98 €*

35682 **N** **GRADIAS M.** JASC Paint Shop Pro TM 7. *Micro application, 2000.* (Guidexpress c1)
ISBN 2-7429-1947-3. *72 F / 10,98 €*

35683 **N** **GRADIAS M.** Macromedia Fireworks 3. *Micro application, 2000.* (Guidexpress c1)
ISBN 2-7429-1874-4. *72 F / 10,98 €*

35684 **N** **GRADIAS M.** Perfectionnez votre site Web. *Micro application, 2000.* (Guidexpress c1)
ISBN 2-7429-1792-6. *72 F / 10,98 €*

35685 **GRADIAS M.** PhotoDraw 2000. *Micro application, 1999.* (Guidexpress ; 2481 c1)
ISBN 2-7429-1481-1. *72 F / 10,98 €*

35686 **GRADIAS M.** Photoshop 5.5. *Micro application, 2000.* (PC poche ; 2700)
ISBN 2-7429-1700-4. *62 F / 9,45 €*

35687 **N** **GRADIAS M.** Photoshop 5.5. *Micro application, 2000.* (Guidexpress ; 2844 c1)
ISBN 2-7429-1844-2. *72 F / 10,98 €*

35688 **N** **GRADIAS M.** Photoshop 6. *Micro application, 2001.* (Guidexpress c1)
ISBN 2-7429-2021-8. *72 F / 10,98 €*

35689 **GRADIAS M.** PowerPoint 2000. *Micro application, 1999.* (Guidexpress ; 2605 c1)
ISBN 2-7429-1605-9. *72 F / 10,98 €*

35690 **N** **GRADIAS M.** Scannez facilement. Nouv. éd. *Micro application, 2000.* (Guidexpress c1)
ISBN 2-7429-1761-6. *72 F / 10,98 €*

35691 **GUEDON J-C.** Internet, le monde en réseau. Nouv. éd. *Gallimard, 2000.* (Découvertes ; 280. Techniques c4)
ISBN 2-07-053490-1. *75 F / 11,43 €*

35692 **GUERRAND R-H.** L'aventure du métropolitain. Nouv. éd. *La Découverte, 1999.* (La Découverte poche ; 78. Essais)
ISBN 2-7071-3111-3. *45 F / 6,86 €*

35693 **N** **GUILLEMAIN T.** Courrier électronique. *CampusPress France, 2000.* (Web Book)
ISBN 2-7440-1075-8. *59 F / 8,99 €*

35694 **N** **HANKE J-C.** GoLive 5. *Micro application, 2000.* (Guidexpress c1)
ISBN 2-7429-1929-5. *72 F / 10,98 €*

35695 **N** **HANKE J-C.** Microsoft Works et Works Suite 2000. *Micro application, 2000.* (Guidexpress c1)
ISBN 2-7429-1822-1. *72 F / 10,98 €*

35696 **HANKE J-C.** Office 2000 : trucs, astuces et secrets. *Micro application, 2000.* (Dossier spécial)
ISBN 2-7429-1658-X. *132 F / 20,12 €*

35697 **HANKE J-C.** Office 2000. *Micro application, 1999.* (Guidexpress ; 2471 c1)
ISBN 2-7429-1471-4. *72 F / 10,98 €*

35698 **HANKE J-C.** Outlook 2000. *Micro application, 1999.* (Guidexpress ; 2474 c1)
ISBN 2-7429-1474-9. *72 F / 10,98 €*

35699 **N** **HANKE J-C.** Works 2001. *Micro application, 2001.* (PC poche c1)
ISBN 2-7429-2024-2. *62 F / 9,45 €*

35700 **N** **HANKE J-C.** X-HTML facile. *Micro application, 2001.* (Guidexpress c1)
ISBN 2-7429-2000-5. *72 F / 10,98 €*

35701 **HANOTTE C.** Les messageries électroniques. *PUF, 1998.* (Que sais-je? ; 3412 c1)
ISBN 2-13-049472-2. *42 F / 6,40 €*

35702 **N** **HARMS F., LINDEMANN C.** Macromedia Flash 5. *Micro application, 2000.* (Guidexpress c1)
ISBN 2-7429-1937-6. *72 F / 10,98 €*

35703 **HATON J-P., HATON M-C.** L'Intelligence artificielle. 3e éd. rev. *PUF, 1993.* (Que sais-je? ; 2444 c1)
ISBN 2-13-045512-3. *42 F / 6,40 €*

35704 **N** **HEINE C.** Créez votre site Web. *Micro application, 2000.* (E-poche)
ISBN 2-7429-1916-3. *52 F / 7,93 €*

35705 **N** **HERELLIER J-M., WOLOSIN C.** Bien référencer son site Internet. *CampusPress France, 2001.* (Web Book)
ISBN 2-7440-1098-7. *59 F / 8,99 €*

35706 **HERMEL L., NICOLAS A-L.** Glossaire, multimédia et Internet. *Economica, 1997.* (Gestion-poche ; 56 c1)
ISBN 2-7178-3445-1. *49 F / 7,47 €*

35707 **N** **HILAIRE-PÉREZ L.** L'invention technique au siècle des Lumières. *Albin Michel, 2000.* (Bibliothèque de l'évolution de l'humanité)
ISBN 2-226-11537-4. *140 F / 21,34 €*

35708 **HINZ A.** Excel 2000. *Micro application, 1999.* (Guidexpress ; 2473 c1)
ISBN 2-7429-1473-0. *72 F / 10,98 €*

35709 **Histoire générale des techniques.** *PUF, 1996.* (Quadrige)
ISBN 2-13-047860-3. *590 F / 89,94 €*

35710 **Histoire générale des techniques. 1, Des origines au XVe siècle.** *PUF, 1996.* (Quadrige ; 221)
ISBN 2-13-047861-1. *118 F / 17,99 €*

35711 **Histoire générale des techniques. 2, Les premières étapes du machinisme :** XVe-XVIIIe siècle. *PUF, 1964.* (Quadrige ; 222)
ISBN 2-13-047862-X. *118 F / 17,99 €*

35712 **Histoire générale des techniques. 3, L'expansion du machinisme :** 1725-1860. *PUF, 1969.* (Quadrige ; 223)
ISBN 2-13-047863-8. *118 F / 17,99 €*

35713 **Histoire générale des techniques. 4, Les techniques de la civilisation industrielle :** énergie et matériaux. *PUF, 1979.* (Quadrige ; 224)
ISBN 2-13-047864-6. *118 F / 17,99 €*

35714 **Histoire générale des techniques. 5, Les techniques de la civilisation industrielle :** transformation, communication, facteur humain. *PUF, 1996.* (Quadrige ; 225)
ISBN 2-13-047865-4. *118 F / 17,99 €*

35715 **HUMBERT M.** La nouvelle micro-informatique du PC au NC. *Economica, 1997.* (Economie-poche ; 41 c1)
ISBN 2-7178-3297-1. *49 F / 7,47 €*

35716 **N** **IBN AL-AWWÂM Y. i. M.** Le livre de l'agriculture. *Actes Sud* ; *Sindbad, 2000.* (Thésaurus)
ISBN 2-7427-2726-4. *170 F / 25,92 €*

35717 **N** **ICHBIAH D.** Créez votre site Web. *Mille et une nuits, 2000.* (Guide Mille et une nuits)
ISBN 2-84205-497-0. *49 F / 7,47 €*

35718 **N** **ICHBIAH D.** Les nouveaux héros d'Internet : la folle histoire du Web et de la nouvelle économie. *Mille et une nuits, 2000*
ISBN 2-84205-496-2. *45 F / 6,86 €*

35719 **N** **IMMLER C.** Palm. *Micro application, 2001.* (PC poche)
ISBN 2-7429-2032-3. *62 F / 9,45 €*

35720 **IMMLER C.** 3D Studio Max 3. *Micro application, 2000.* (PC poche)
ISBN 2-7429-1699-7. *62 F / 9,45 €*

35721 **N** **Internet :** trucs, astuces et secrets. 2e éd. *Micro application, 2000.* (Dossier spécial ; 2909)
ISBN 2-7429-1909-0. *132 F / 20,12 €*

35722 **JACOMY B.** Une Histoire des techniques. *Seuil, 1990.* (Points. Sciences ; 68 c5)
ISBN 2-02-012405-X. *55 F / 8,38 €*

35723 **JACQUET-LAGREZE E.** Programmation linéaire : modélisation et mise en oeuvre informatique. *Economica, 1998.* (P.I.Q.-poche ; 7)
ISBN 2-7178-3494-X. *49 F / 7,47 €*

35724 **KÄUFER M.** Microsoft Word 97. *Micro application, 1997.* (PC poche ; 1872 c1)
ISBN 2-7429-0872-2. *59 F / 8,99 €*

35725 **KÄUFER M.** Word 2000. Nouv. éd. *Micro application, 2000.* (PC poche c1)
ISBN 2-7429-1733-0. *62 F / 9,45 €*

35726 **KDE.** *Micro application, 2000.* (Guidexpress ; 2662)
ISBN 2-7429-1662-8. *72 F / 10,98 €*

35727 **N** **KIESLICH T.** Palm. *Micro application, 2000.* (Guidexpress ; 2790 c1)
ISBN 2-7429-1790-X. *72 F / 10,98 €*

35728 **KIRSTEIN M.** Visual Basic 6. *Micro application, 1998.* (PC poche ; 2385)
ISBN 2-7429-1385-8. *62 F / 9,45 €*

35729 **KLAU P.** MP3. Nouv. éd. *Micro application, 2000.* (Guidexpress c1)
ISBN 2-7429-1766-7. *72 F / 10,98 €*

35730 **N** **KOCH M.** ICQ 2000. *Micro application, 2000.* (Guidexpress c1)
ISBN 2-7429-1756-X. *72 F / 10,98 €*

35731 **N** **KREUTZ F.** Le vocabulaire Internet. *Micro application, 2000.* (Guidexpress c1)
ISBN 2-7429-1906-6. *72 F / 10,98 €*

35732 **LAFONT R.** Les autoroutes. Nouv. éd. *PUF, 1997.* (Que sais-je? ; 2198 c1)
ISBN 2-13-048276-7. *42 F / 6,40 €*

35733 **LAMPRECHT S.** Frontpage 2000. *Micro application, 1999.* (PC poche ; 2464)
ISBN 2-7429-1464-1. *62 F / 9,45 €*

35734 **LANGE H.** BIOS : optimisation et mise à jour. *Micro application, 2000.* (PC poche ; 2704)
ISBN 2-7429-1704-7. *62 F / 9,45 €*

35735 **N** **LANGER M.** Mettre sa petite entreprise sur le Web. *CampusPress France, 2001.* (Web Book)
ISBN 2-7440-1027-8. *59 F / 8,99 €*

35736 **LAPIERRE D.** Plus grands que l'amour. *LGF, 1991.* (Le Livre de poche ; 7373 c11)
ISBN 2-253-05891-2. *42 F / 6,40 €*

35737 **LARRÈRE R., NOUGARÈDE O.** L homme et la forêt. *Gallimard, 1993.* (Découvertes ; 182. Traditions c4)
ISBN 2-07-053151-1. *75 F / 11,43 €*

35738 **LE DUC M.** Transports et voies de communication. *Actes Sud, 1997.* (L'Europe en bref)
ISBN 2-7427-1193-7. *30 F / 4,57 €*

35739 **LEDIEU P.** Planète agricole. *Pocket : Cité des sciences et de l'industrie, 1995.* (Pocket ; 4414. Explora c12)
ISBN 2-266-06778-8. *60 F / 9,15 €*

35740 **LEIERER G. A.** Excel 2000. *Micro application, 1999.* (PC poche ; 2492)
ISBN 2-7429-1462-5. *68 F / 10,37 €*

35741 **LEIERER G. A.** Excel 2000. *Micro application, 2000.* (PC poche)
ISBN 2-7429-1734-9. *62 F / 9,45 €*

35742 **LEIERER G. A.** Excel 97. *Micro application, 1997.* (PC poche ; 1874 c1)
ISBN 2-7429-0874-9. *59 F / 8,99 €*

35743 **N** **LEINHOS W., MARTINI N.** Photoimpact 6. *Micro application, 2001.* (Guidexpress c1)
ISBN 2-7429-1996-1. *72 F / 10,98 €*

35744 **N** **LENORMAND P.** Le guide de la formation en ligne. *Micro application, 2001.* (E-poche)
ISBN 2-7429-1985-6. *62 F / 9,45 €*

35745 **LÉONARD DE VINCI** Les Carnets de Léonard de Vinci. 1. *Gallimard, 1987.* (Tel ; 116)
ISBN 2-07-070844-6. *86 F / 13,11 €*

35746 **LÉONARD DE VINCI** Les Carnets de Léonard de Vinci. 2. *Gallimard, 1987.* (Tel ; 117)
ISBN 2-07-070845-4. *84 F / 12,81 €*

35747 **LEOPOLD E., LHOSTE S.** La sécurité informatique. *PUF, 1999.* (Que sais-je? ; 3460 c1)
ISBN 2-13-049807-8. *42 F / 6,40 €*

35748 **A** **LEPICK O., BINDER P.** Les armes biologiques. *PUF, 2001.* (Que sais-je? ; 3599 c1)
ISBN 2-13-051588-6. *42 F / 6,40 €*

35749 **LEROY J-B.** Les Déchets et leur traitement. 2e éd. ref. *PUF, 1994.* (Que sais-je? ; 1946 c1)
ISBN 2-13-046149-2. *42 F / 6,40 €*

35750 **LEROY P.** Des forêts et des hommes. *Pocket, 1991.* (Pocket ; 3605. Explora c12)
ISBN 2-266-04572-5. *60 F / 9,15 €*

35751 **LÉRY F.** Le Cacao. 3e éd. *PUF, 1971.* (Que sais-je? ; 644 c1)
ISBN 2-13-031653-0. *42 F / 6,40 €*

35752 **LÉVY P.** La Machine univers : création, cognition et culture informatique. *Seuil, 1992.* (Points. Sciences c3)
ISBN 2-02-013092-0. *48 F / 7,32 €*

35753 **LEWIS C.** Découvrir l'Internet. Réimp. *Mango-Pratique, 1999.* (101 trucs et conseils ; 27 c1)
ISBN 2-84270-025-2. *35 F / 5,34 €*

35754 **LINANT DE BELLEFONDS X.** L'Informatique et le droit. 3e éd. mise à jour. *PUF, 1992.* (Que sais-je? ; 1923 c1)
ISBN 2-13-044527-6. *42 F / 6,40 €*

35755 **N** **LINDHORST A.** Wap. *Micro application, 2000.* (Guidexpress ; 2855 c1)
ISBN 2-7429-1855-8. *72 F / 10,98 €*

35756 **N** **Linux.** *Micro application, 2000.* (PC poche)
ISBN 2-7429-1992-9. *84 F / 12,81 €*

35757 **LORD W.** La nuit du Titanic. *J'ai lu, 1998.* (J'ai lu ; 4928. Littérature générale c5)
ISBN 2-290-04928-X. *39 F / 5,95 €*

35758 **MACAREZ N., LESLÉ F.** Le multimédia. 2e éd. *PUF, 1999.* (Que sais-je? ; 3390 c1)
ISBN 2-13-049343-2. *42 F / 6,40 €*

35759 **MAINIE P.** Les Exploitations agricoles en France. 2e éd. *PUF, 1982.* (Que sais-je? ; 354 c1)
ISBN 2-13-037246-5. *42 F / 6,40 €*

35760 **MAISTRE A.** Le canal des deux mers. *Privat, 1998.* (Pages Grand Sud)
ISBN 2-7089-5404-0. *49 F / 7,47 €*

35761 **MAOUI G.** Un siècle d'aviation. *Pocket, 1995.* (Pocket ; 4252. Explora c12)
ISBN 2-266-06316-2. *60 F / 9,15 €*

35762 **MARTIN G.** L'Imprimerie. 8e éd. ref. *PUF, 1993.* (Que sais-je? ; 1067 c1)
ISBN 2-13-045792-4. *42 F / 6,40 €*

35763 **MARTIN G.** Le Papier. 5e éd. *PUF, 1990.* (Que sais-je? ; 84 c1)
ISBN 2-13-042783-9. *42 F / 6,40 €*

35764 **MARTY D.** L'astronautique et les techniques spatiales. *PUF, 1996.* (Que sais-je? ; 3135 c1)
ISBN 2-13-047800-X. *42 F / 6,40 €*

35765 **MATHELOT P.** L'informatique. 10e éd. *PUF, 1998.* (Que sais-je? ; 1371 c1)
ISBN 2-13-047169-2. *42 F / 6,40 €*

35766 **N** **MATHEY U.** Access 2000. *Micro application, 2000.* (PC poche c1)
ISBN 2-7429-1732-2. *62 F / 9,45 €*

35767 **MATTHEY U., MEISER U.** Microsoft Access 97. *Micro application, 1997.* (PC poche ; 1873 c1)
ISBN 2-7429-0873-0. *59 F / 8,99 €*

35768 **MEINADIER J-P.** L'intégration de systèmes. *PUF, 1997.* (Que sais-je? ; 3183 c1)
ISBN 2-13-047937-5. *42 F / 6,40 €*

35769 **MERGOIL G., GÉRARD P., DELVIT P.** Garonne, de la rivière à l'homme. *Privat, 1998.* (Pages Grand Sud)
ISBN 2-7089-5407-5. *49 F / 7,47 €*

35770 **MORRIS D.** Le Chat révélé : guide essentiel du comportement de votre chat. *LGF, 1988.* (Le Livre de poche ; 7935. Pratique c6)
ISBN 2-253-04658-2. *26 F / 3,96 €*

35771 **MULLER A.** L'informatique dans l'entreprise. 2e éd. *PUF, 1998.* (Que sais-je? ; 2665 c1)
ISBN 2-13-049252-5. *42 F / 6,40 €*

35772 **NEEDHAM J.** La Science chinoise et l'Occident : le grand titrage. *Seuil, 1977.* (Points. Sciences ; 9 c3)
ISBN 2-02-004656-3. *48 F / 7,32 €*

35773 **NEGROPONTE N.** L'homme numérique. *Pocket, 1997.* (Pocket ; 10095 c5)
ISBN 2-266-07352-4. *35 F / 5,34 €*

35774 **NORA S., MINC A.** L'Informatisation de la société : rapport à M. le Président de la République. *Seuil, 1978.* (Points. Politique ; 92 c8)
ISBN 2-02-004974-0. *39 F / 5,95 €*

35775 **OBSERVATOIRE DES SCIENCES ET DES TECHNIQUES (France)** Les chiffres-clés de la science et de la technologie : édition 1998-1999. 2e éd. mise à jour. *Economica, 1998.* (Economie-poche ; 39 c1)
ISBN 2-7178-3667-5. *49 F / 7,47 €*

35776 **Paint Shop Pro 6.** *Micro application, 2000.* (Guidexpress ; 2706)
ISBN 2-7429-1706-3. *72 F / 10,98 €*

35777 **PATIN J-L.** Le Guide du chat heureux : encyclopédie pratique. *LGF, 1992.* (Le Livre de poche ; 8018. Pratique c7)
ISBN 2-253-05997-8. *30 F / 4,57 €*

35778 **PELT J-M.** Plantes et aliments transgéniques. *Pocket, 2000.* (Pocket ; 10902 c4B)
ISBN 2-266-10007-6. *32 F / 4,88 €*

35779 **N** **PETRAUSCH A.** XML. *Micro application, 2000.* (Guidexpress ; 2836 c1)
ISBN 2-7429-1836-1. *72 F / 10,98 €*

35780 **N** **PICCARD B., JONES B.** Le tour du monde en 20 jours. *Pocket, 2000.* (Pocket ; 11012 c6)
ISBN 2-266-10304-0. *38 F / 5,79 €*

35781 **PIERMONT L.** L'Energie verte. *Seuil, 1982.* (Points. Sciences ; 31 c4)
ISBN 2-02-006192-9. *52 F / 7,93 €*

35782 **POMIAN J.** L'Intelligence artificielle. *Pocket, 1993.* (Pocket ; 3611. Explora c12)
ISBN 2-266-04933-X. *60 F / 9,15 €*

35783 **N** **POTT O., VOLKER S.** Gravez vos CD. Nouv. éd. *Micro application, 2000.* (Guidexpress ; 2283 c1)
ISBN 2-7429-1748-9. *72 F / 10,98 €*

35784 **N** **PRINTZ J.** Le génie logiciel. 2e éd. *PUF, 2000.* (Que sais-je? ; 2956 c1)
ISBN 2-13-050749-2. *42 F / 6,40 €*

35785 **PROCHIANTZ A.** Claude Bernard, la révolution physiologique. *PUF, 1990.* (Philosophies ; 25)
ISBN 2-13-042909-2. *37 F / 5,64 €*

35786 **N** **QUÉMÉNER J-M.** L'empoisonnement alimentaire. *Milan, 2000.* (Les essentiels Milan ; 173 c1)
ISBN 2-7459-0048-X. *25 F / 3,81 €*

35787 **RAPP L.** Le courrier électronique (E-mail). *PUF, 1998.* (Que sais-je? ; 3409 c1)
ISBN 2-13-049461-7. *42 F / 6,40 €*

35788 **La Recherche ; La Recherche en histoire des sciences.** *Seuil, 1983.* (Points. Sciences ; 37 c5)
ISBN 2-02-006595-9. *55 F / 8,38 €*

35789 **Recherche et technologie.** *Seuil, 1982.* (Points. Sciences ; 33 c4)
ISBN 2-02-006233-X. *52 F / 7,93 €*

35790 **RECHERCHE (Paris)** La Recherche en intelligence artificielle. *Seuil ; La Recherche, 1987.* (Points. Sciences ; 52 c6)
ISBN 2-02-009451-7. *62 F / 9,45 €*

35791 **La Recherche sur les énergies nouvelles.** *Seuil, 1980.* (Points. Sciences ; 22 c5)
ISBN 2-02-005617-8. *55 F / 8,38 €*

35792 **N** **REIBOLD H.** Windows 98. 2e éd. *Micro application, 2000.* (Guidexpress ; 2240 c1)
ISBN 2-7429-1749-7. *72 F / 10,98 €*

35793 **Reliez vos PC en réseau.** *Micro application, 2000.* (Guidexpress c1)
ISBN 2-7429-1737-3. *72 F / 10,98 €*

35794 [A] **REUL M.** Trouvez tout sur Internet. *Micro application, 2001.* (Guidexpress c1)
ISBN 2-7429-1771-3. *72 F / 10,98 €*

35795 **REUSS P.** L'Energie nucléaire. *PUF, 1994.* (Que sais-je? ; 317 c1)
ISBN 2-13-046105-0. *42 F / 6,40 €*

35796 **REYNE M.** Les plastiques. *PUF, 1998.* (Que sais-je? ; 312 c1)
ISBN 2-13-048593-6. *42 F / 6,40 €*

35797 [N] **ROSEC R.** AutoCad 2000. *OEM, 2000.* (Mini-référence)
ISBN 2-7464-0161-4. *62 F / 9,45 €*

35798 **ROSNAY J. d.** Le Cerveau planétaire. *Seuil, 1988.* (Points ; 193. Essais c3)
ISBN 2-02-009828-8. *48 F / 7,32 €*

35799 **RUBISE P., GAUTIER Y.** Risques technologiques. *Pocket, 1995.* (Pocket ; 4243. Explora c12)
ISBN 2-266-06299-9. *60 F / 9,15 €*

35800 [N] **RUDOLPH M. T.** Internet Explorer 5.5. *Micro application, 2000.* (E-poche)
ISBN 2-7429-1879-5. *52 F / 7,93 €*

35801 [N] **RUDOLPH M. T.** Internet facile. Nouv. éd. *Micro application, 2000.* (Guidexpress c1)
ISBN 2-7429-1821-3. *72 F / 10,98 €*

35802 [N] **RUDOLPH M. T.** Internet. *Micro application, 2000.* (E-poche)
ISBN 2-7429-1892-2. *52 F / 7,93 €*

35803 **RUNNER J.** Le Thé. 2e éd. *PUF, 1974.* (Que sais-je? ; 1392 c1)
ISBN 2-13-033053-3. *42 F / 6,40 €*

35804 **SAGAN C.** Cosmic Connection ou l'appel des étoiles. *Seuil, 1978.* (Points. Sciences ; 14 c3)
ISBN 2-02-004943-0. *48 F / 7,32 €*

35805 **SANDORI P.** Petite logique des forces : constructions et machines. *Seuil, 1983.* (Points. Sciences ; 38 c6)
ISBN 2-02-006635-1. *62 F / 9,45 €*

35806 [N] **SCHÄFFER F.** Construction de sites Web : trucs, astuces et secrets. 2e éd. *Micro application, 2000.* (Dossier spécial ; 2928)
ISBN 2-7429-1928-7. *132 F / 20,12 €*

35807 [N] **SCHÄFFER F.** Protection et anonymat sur Internet. *Micro application, 2001.* (Guidexpress c1)
ISBN 2-7429-2001-3. *72 F / 10,98 €*

35808 **SCHIFFERMÜLLER S.** CorelDraw 9. *Micro application, 1999.* (PC poche ; 2582 c1)
ISBN 2-7429-1582-6. *62 F / 9,45 €*

35809 [N] **SCHILLING A. v.** Gravez vos CD audio. Nouv. éd. *Micro application, 2000.* (Guidexpress ; 2282 c1)
ISBN 2-7429-1762-4. *72 F / 10,98 €*

35810 **SEBILLOTTE M.** Les mondes de l'agriculture : une recherche pour demain. *INRA, 1996.* (Sciences en questions)
ISBN 2-7380-0669-8. *120 F / 18,29 €*

35811 **SENNEQUIER N.** Les satellites de télécommunication. *PUF, 2000.* (Que sais-je? ; 3544 c1)
ISBN 2-13-050452-3. *42 F / 6,40 €*

35812 [A] **SFEZ L.** Le rêve biotechnologique. *PUF, 2001.* (Que sais-je? ; 3598 c1)
ISBN 2-13-050615-1. *42 F / 6,40 €*

35813 **SHEPARD A., SLAYTON D.** Ils voulaient la Lune : l'histoire des Etats-Unis dans la course à la Lune racontée par ses acteurs. *J'ai lu, 1996.* (J'ai lu ; 4115. Littérature générale c7)
ISBN 2-277-24115-6. *45 F / 6,86 €*

35814 **SILGUY C. d.** L'agriculture biologique. 3e éd. *PUF, 1998.* (Que sais-je? ; 2632 c1)
ISBN 2-13-048033-0. *42 F / 6,40 €*

35815 [N] **SIMON P.** Les pêches maritimes françaises. *PUF, 2000.* (Que sais-je? ; 199 c1)
ISBN 2-13-050555-4. *42 F / 6,40 €*

35816 **SIZAIRE P.** Les Termes de marine. 2e éd. *PUF, 1978.* (Que sais-je? ; 1479 c1)
ISBN 2-13-035429-7. *42 F / 6,40 €*

35817 [N] **STEYER R.** HTML 4, XML, XHTML. *Micro application, 2000.* (PC poche)
ISBN 2-7429-1809-4. *62 F / 9,45 €*

35818 **TAURISSON A.** Du boulier à l'informatique. *Pocket : Cité des sciences et de l'industrie, 1991.* (Pocket ; 3593. Explora c11)
ISBN 2-266-03980-6. *55 F / 8,38 €*

35819 **Des Technologies pour demain :** biotechnologies, fusion nucléaire, laser, supraconducteurs. *Seuil, 1992.* (Points. Sciences ; 77 c5)
ISBN 2-02-013641-4. *55 F / 8,38 €*

35820 **TIFFON G.** Le Charbon. 3e éd. *PUF, 1983.* (Que sais-je? ; 193 c1)
ISBN 2-13-037683-5. *42 F / 6,40 €*

35821 **VAN HOEGEN H.** Corel Linux. *Micro application, 2000.* (Guidexpress c1)
ISBN 2-7429-1731-4. *72 F / 10,98 €*

35822 [A] **VANDOORSELAERE Y., GOLOVANIVSKY A., LANGLOIS P.** Chevaliers d'Internet et pirates informatiques. *J'ai lu, 2001.* (J'ai lu ; 5618. Littérature générale)
ISBN 2-290-30344-5

35823 [N] **VOSS A.** Dictionnaire de l'informatique et de l'Internet. *Micro application, 2000.* (Dossier spécial ; 2814)
ISBN 2-7429-1814-0. *132 F / 20,12 €*

35824 **VOSS A.** Guide du dépannage : édition Windows 1998. 2e éd. *Micro application, 1998.* (Dossier spécial ; 2311)
ISBN 2-7429-1311-4. *104 F / 15,85 €*

35825 **WALLSTEIN R.** Le téléphone. *PUF, 1996.* (Que sais-je? ; 251 c1)
ISBN 2-13-047783-6. *42 F / 6,40 €*

35826 [N] **WALTER U.** Macromedia Dreamweaver 3. *Micro application, 2000.* (Guidexpress ; 2927 c1)
ISBN 2-7429-1927-9. *72 F / 10,98 €*

35827 **N** **WELTNER T.** Microsoft Windows Millennium. *Micro application, 2000.* (Guidexpress c1)
ISBN 2-7429-1866-3. *72 F / 10,98 €*

35828 **N** **WELTNER T.** Reliez vos PC en réseau. *Micro application, 2000.* (Guidexpress c1)
ISBN 2-7429-1971-6. *72 F / 10,98 €*

35829 **WELTNER T.** Trucs, astuces et secrets Windows 98. *Micro application, 1999.* (Dossier spécial ; 2242)
ISBN 2-7429-1242-8. *104 F / 15,85 €*

35830 **WELTNER T.** Windows 2000 professionnel. *Micro application, 2000.* (PC poche c1)
ISBN 2-7429-1739-X. *62 F / 9,45 €*

35831 **WELTNER T.** Windows 98. 2e éd. *Micro application, 1999.* (PC poche ; 2655 c1)
ISBN 2-7429-1655-5. *62 F / 9,45 €*

35832 **N** **WELTNER T.** Windows Millennium. *Micro application, 2000.* (PC poche)
ISBN 2-7429-1865-5. *52 F / 7,93 €*

35833 **WERLE R.** Créez votre site Web. *Micro application, 2000.* (Guidexpress c1)
ISBN 2-7429-1767-5. *72 F / 10,98 €*

35834 **WILLMS G.** C++. *Micro application, 2000.* (PC poche ; 2530)
ISBN 2-7429-1530-3. *62 F / 9,45 €*

35835 **N** **WILLMS G.** Langage C. *Micro application, 2001.* (PC poche)
ISBN 2-7429-2008-0. *84 F / 12,81 €*

35836 **N** **WIMMEROTH U.** PC et Internet de A à Z. *Micro application, 2000.* (Dossier spécial ; 2772)
ISBN 2-7429-1772-1. *132 F / 20,12 €*

35837 **WINGHART J-A.** L'Europe des autoroutes. *PUF, 1997.* (Que sais-je? ; 3282 c1)
ISBN 2-13-048592-8. *42 F / 6,40 €*

35838 **N** **ZOLLER B.** JavaScript facile. *Micro application, 2000.* (Guidexpress ; 2837 c1)
ISBN 2-7429-1837-X. *72 F / 10,98 €*

Tourisme Géographie Voyage

35839 **ABRAHAM J-P.** Cap Sizun : la pointe du raz. *Actes Sud* ; *Ed. locales de France, 1997.* (Conservatoire du littoral)
ISBN 2-7427-1252-6. *39 F / 5,95 €*

35840 **ALEXANDRE-BIDON D., BON P., BOITEL P.** Guide de la France médiévale. *LGF, 1997.* (Les guides Sélène ; 17004)
ISBN 2-253-17004-6. *79 F / 12,04 €*

35841 **ALLIÈRES J.** Les Basques. 6e éd. corr. *PUF, 1999.* (Que sais-je? ; 1668 c1)
ISBN 2-13-044435-0. *42 F / 6,40 €*

35842 **N** **ALTMAN J.** Berlin. *JPM, 2000.* (Cap sur c1)
ISBN 2-88452-201-8. *39 F / 5,95 €*

35843 **N** **ALTMAN J.** Cuba. Nouv. éd. *JPM, 1999.* (Cap sur c1)
ISBN 2-88452-088-0. *39 F / 5,95 €*

35844 **N** **ALTMAN J.** Egypte. Réimpr. *JPM, 2000.* (Cap sur)
ISBN 2-88452-009-0. *39 F / 5,95 €*

35845 **N** **ALTMAN J.** Israël. Nouv.éd. *JPM, 1999.* (Cap sur c1)
ISBN 2-88452-031-7. *39 F / 5,95 €*

35846 **ALTMAN J.** Istanbul : et la côte ouest de Turquie. Nouv. éd. *JPM, 1999.* (Cap sur c1)
ISBN 2-88452-048-1. *39 F / 5,95 €*

35847 **N** **ALTMAN J.** Jordanie. Nouv. éd. *JPM, 2000.* (Cap sur c1)
ISBN 2-88452-112-7. *39 F / 5,95 €*

35848 **ALTMAN J.** Ouest du Canada. *JPM, 1999.* (Cap sur c1)
ISBN 2-88452-127-5. *39 F / 5,95 €*

35849 **ALTMAN J.** Sardaigne. Nouv. éd. *JPM, 1999.* (Cap sur c1)
ISBN 2-88452-057-0. *39 F / 5,95 €*

35850 **ALTMAN J.** Sicile. *JPM, 1999.* (Cap sur c1)
ISBN 2-88452-167-4. *39 F / 5,95 €*

35851 **N** **ALTMAN J.** Turquie : la côte méditerranéenne et Cappadoce. *JPM, 1998.* (Cap sur c1)
ISBN 2-88452-154-2. *39 F / 5,95 €*

35852 **AMALRIC J-P.** Espagne. Nouv. éd. remaniée et mise à j. *Seuil, 1988.* (Points. Planète ; 5 c14)
ISBN 2-02-010043-6. *55 F / 8,38 €*

35853 **APRILE-GNISET J.** Colombie. 2e éd. *Seuil, 1977.* (Microcosme. Petite planète ; 42 c1)
ISBN 2-02-000139-X. *49 F / 7,47 €*

35854 **ARLON M-F., PASA M., PAJER O.** Prague, la ville dorée. *ACR, 1994.* (Pochecouleur ; 3)
ISBN 2-86770-063-9. *120 F / 18,29 €*

35855 **ARROU-VIGNOD J-P.** Safari : l'Afrique intérieure. *Arléa, 1998.* (Arléa-poche ; 51)
ISBN 2-86959-429-1. *35 F / 5,34 €*

35856 **ARSÉNIEV V.** Dersou Ouzala : la Taïga de l'Oussouri. *Pocket, 1996.* (Pocket ; 4323 c6)
ISBN 2-266-06461-4. *38 F / 5,79 €*

35857 **Atlas départemental de la France :** tous les départements, les DOM et les TOM, les renseignements administratifs. *Larousse, 1998.* (Larousse de poche)
ISBN 2-03-521125-5. *49 F / 7,47 €*

35858 **Atlas du monde. Nouv. éd.** *Larousse, 1997.* (Larousse de poche)
ISBN 2-03-521130-1. *49 F / 7,47 €*

35859 **AUJAC G.** Claude Ptolémée, astronome, astrologue, géographe : connaissance et représentation du monde habité. Réimpr. *Ed. du CTHS, 1998.* (Format ; 8)
ISBN 2-7355-0284-8. *70 F / 10,67 €*

35860 **AUNET L. d.** Voyage d'une femme au Spitzberg. *Actes Sud, 1995.* (Babel ; 149. Terres d'aventure c4)
ISBN 2-7427-0497-3. *51 F / 7,77 €*

35861 **AUSCHER C.** Portugal. *Seuil, 1992.* (Points. Planète ; 17 c16)
ISBN 2-02-014764-5. *62 F / 9,45 €*

35862 **AVALOS R.** Le Chili. 5e éd. refondue. *PUF, 1992.* (Que sais-je? ; 730 c1)
ISBN 2-13-044411-3. *42 F / 6,40 €*

35863 **BÉAL J.** Baie de Somme : Marquenterre. *Actes Sud* ; *Ed. locales de France, 1997.* (Conservatoire du littoral)
ISBN 2-7427-1250-X. *39 F / 5,95 €*

35864 **N** **BÉAL J.** Baie de Somme : Marquenterre. *Actes Sud* ; *Ed. locales de France, 2001.* (Conservatoire du littoral)
ISBN 2-7427-2714-0. *39 F / 5,95 €*

35865 **N** **BENET P., HOLZBACHOVA R.** Prague. Nouv. éd. *JPM, 2000.* (Cap sur c1)
ISBN 2-88452-121-6. *39 F / 5,95 €*

35866 **BENET P., HOLZBACHOVA R.** Thaïlande. *JPM, 2000.* (Cap sur c1)
ISBN 2-88452-040-6. *39 F / 5,95 €*

35867 **BENET P., HOLZBACHOVA R.** Vienne. *JPM, 1999.* (Cap sur c1)
ISBN 2-88452-183-6. *39 F / 5,95 €*

35868 **BERDOULAY V.** La formation de l'École française de géographie : (1870-1914). *Ed. du CTHS, 1995.* (Format ; 17)
ISBN 2-7355-0311-9. *70 F / 10,67 €*

35869 **BERNSTEIN K.** Algarve. *JPM, 1998.* (Cap sur c1)
ISBN 2-88452-024-4. *39 F / 5,95 €*

35870 **BERNSTEIN K.** Grande Canarie : Fuerteventura, Lanzarote. Nouv. éd. *JPM, 1999.* (Cap sur c1)
ISBN 2-88452-005-8. *39 F / 5,95 €*

35871 **BERNSTEIN K.** Majorque et Minorque. *JPM, 1998.* (Cap sur c1)
ISBN 2-88452-027-9. *39 F / 5,95 €*

35872 **BERNSTEIN K.** Malte : Gozo et Comino. Nouv. éd. *JPM, 2000.* (Cap sur c1)
ISBN 2-88452-047-3. *39 F / 5,95 €*

35873 **N** **BERNSTEIN K.** Maroc. *JPM, 1998.* (Cap sur c1)
ISBN 2-88452-004-X. *39 F / 5,95 €*

35874 **BERNSTEIN K.** Ténérife : la Goméra, la Palma, el Hiero. *JPM, 1999.* (Cap sur c1)
ISBN 2-88452-012-0. *39 F / 5,95 €*

35875 **N** **BERNSTEIN K.** Tunisie. *JPM, 1998.* (Cap sur c1)
ISBN 2-88452-002-3. *39 F / 5,95 €*

35876 **N** **BERTH V., SAINT-CHRISTOPHE E.** L'Ecosse. *Peuples du monde, 2000.* (Les guides Peuples du monde)
ISBN 2-907629-61-1. *120 F / 18,29 €*

35877 **BITTER M.** Haïti. Ed. rev. *Seuil, 1976.* (Microcosme. Petite planète ; 41 c1)
ISBN 2-02-000138-1. *49 F / 7,47 €*

35878 **BLACQUE-BELAIR P., BLACQUE-BELAIR L.** New York. *Seuil, 1977.* (Microcosme. Petite planète ; 101 c1)
ISBN 2-02-004621-0. *49 F / 7,47 €*

35879 **BLOCH C.** Inde du Nord. *JPM, 1999.* (Cap sur c1)
ISBN 2-88452-180-1. *39 F / 5,95 €*

35880 **N** **BLOCK M.** New York. Nouv. éd. *JPM, 1999.* (Cap sur c1)
ISBN 2-88452-151-8. *39 F / 5,95 €*

35881 **BOITEL P.** Guide de la France préhistorique. *LGF, 1998.* (Les guides Sélène ; 17036)
ISBN 2-253-17036-4. *79 F / 12,04 €*

35882 **BONELLS J.** Catalogne, Barcelone. *Seuil, 1992.* (Points. Planète ; 18 c14)
ISBN 2-02-014750-5. *55 F / 8,38 €*

35883 **BOUGAINVILLE L. A. d.** Voyage autour du monde par la frégate La Boudeuse et la flûte l'Etoile. *La Découverte, 1997.* (La Découverte poche ; 30. Littérature et voyages)
ISBN 2-7071-2709-4. *65 F / 9,91 €*

35884 **BOUGAINVILLE L. A. d.** Voyage autour du monde. *Gallimard, 1982.* (Folio ; 1385. Classique c12)
ISBN 2-07-037385-1. *52 F / 7,93 €*

35885 **BOYER M.** L'invention du tourisme. *Gallimard, 1996.* (Découvertes ; 288. Art de vivre c5)
ISBN 2-07-053355-7. *85 F / 12,96 €*

35886 **A** **BRIGAND L.** L'archipel de Chausey. *Actes Sud ; Conservatoire de l'espace littoral et des rivages lacustres, 2001.* (Conservatoire du littoral)
ISBN 2-7427-2728-0. *39 F / 5,95 €*

35887 **A** **BRISBOIS E.** Le Laos. Nouv. éd. *Peuples du monde, 2001.* (Les guides Peuples du monde)
ISBN 2-907629-51-4. *100 F / 15,24 €*

35888 **A** **BRUNET G.** Le massif de la Colle noire (Var). *Actes Sud, 2001.* (Conservatoire du littoral)
ISBN 2-7427-3252-7. *39 F / 5,95 €*

35889 **BYRON R.** De la Russie au Tibet. *10-18, 1993.* (Odyssées c6)
ISBN 2-264-01845-3. *47 F / 7,17 €*

35890 **N** **CABANEL P.** Histoire des Cévennes. 2e éd. mise à jour. *PUF, 2000.* (Que sais-je? ; 3342 c1)
ISBN 2-13-050605-4. *42 F / 6,40 €*

35891 **CABEZA DE VACA A. N.** Relation de voyage : 1527-1537. *Actes Sud, 1994.* (Babel ; 124. Terres d'aventure c3)
ISBN 2-7427-0289-X. *45 F / 6,86 €*

35892 **CAILLIÉ R.** Voyage à Tombouctou. 1. *La Découverte, 1996.* (La Découverte poche ; 7. Littérature et voyages)
ISBN 2-7071-2586-5. *75 F / 11,43 €*

35893 **CAILLIÉ R.** Voyage à Tombouctou. 2. *La Découverte, 1996.* (La Découverte poche ; 8. Littérature et voyages)
ISBN 2-7071-2587-3. *75 F / 11,43 €*

35894 **CANETTI E.** Les voix de Marrakech : journal d'un voyage. *LGF, 1986.* (Le Livre de poche ; 3073. Biblio c6)
ISBN 2-253-03928-4. *26 F / 3,96 €*

35895 **N** **Caraïbes.** *JPM, 2000.* (Cap sur)
ISBN 2-88452-219-0. *39 F / 5,95 €*

35896 **A** **CASTA J-M.** Les Agriates. *Actes Sud, 2001.* (Conservatoire du littoral)
ISBN 2-7427-2667-5. *39 F / 5,95 €*

35897 **CASTER G.** Les routes de Cocagne. *Privat, 1998.* (Pages Grand Sud)
ISBN 2-7089-5405-9. *49 F / 7,47 €*

35898 **CATARIVAS D.** Israël. *Seuil, 1974.* (Microcosme. Petite planète ; 14 c1)
ISBN 2-02-000111-X. *49 F / 7,47 €*

35899 **CATINUS J.** La Colombie. *Peuples du monde, 1998.* (Les guides Peuples du monde)
ISBN 2-907629-49-2. *150 F / 22,87 €*

35900 **CATINUS J.** L'Equateur et les Galapagos. *Peuples du monde, 1999.* (Les guides Peuples du monde)
ISBN 2-907629-56-5. *150 F / 22,87 €*

35901 **CATINUS J.** Pérou. *Peuples du monde, 1996.* (Les guides Peuples du monde)
ISBN 2-907629-38-7. *150 F / 22,87 €*

35902 **CATINUS J., FORTON J.** La Patagonie et la Terre de Feu. *Peuples du monde, 1999.* (Les guides Peuples du monde)
ISBN 2-907629-58-1. *150 F / 22,87 €*

35903 **CAUMES E.** Les Maladies en voyage. Nouv. éd. rev. et corr. *Seuil, 1988.* (Points. Planète ; 4 c8)
ISBN 2-02-010098-3. *39 F / 5,95 €*

35904 **CAZES G.** Le Tourisme en France. 4e éd. rev. *PUF, 1993.* (Que sais-je? ; 2147 c1)
ISBN 2-13-045918-8. *42 F / 6,40 €*

35905 **CHAUVEAU L.** Ile Sainte-Lucie : étang de Bages et de Sigean. *Actes Sud, 1998.* (Conservatoire du littoral)
ISBN 2-7427-1759-5. *39 F / 5,95 €*

35906 **CIVARDI C.** Ecosse. *Seuil, 1990.* (Points. Planète ; 13 c14)
ISBN 2-02-012070-4. *52 F / 7,93 €*

35907 **CLARY D.** La Normandie. *PUF, 1987.* (Que sais-je? ; 2367 c1)
ISBN 2-13-040150-3. *42 F / 6,40 €*

35908 **CLÉMENT G.** Jardins du Rayol. *Actes Sud ; Ed. locales de France, 1999.* (Conservatoire du littoral)
ISBN 2-7427-2184-3. *39 F / 5,95 €*

35909 **Le clos de Chenôve :** la cuverie et les pressoirs des ducs de Bourgogne : histoire, archéologie, ethnologie (XIIIe-XXe siècle). *Faton, 1999.* (Itinéraire du patrimoine)
ISBN 2-87844-039-0. *58 F / 8,84 €*

35910 **COLLIN-DELAVAUD C.** Pérou. *Seuil, 1976.* (Microcosme. Petite planète ; 53 c1)
ISBN 2-02-004490-0. *49 F / 7,47 €*

35911 **COLWELL D.** Amsterdam. Nouv. éd. *JPM, 1999.* (Cap sur c1)
ISBN 2-88452-148-8. *39 F / 5,95 €*

35912 **N** **COLWELL D.** Australie. *JPM, 1999.* (Cap sur c1)
ISBN 2-88452-145-3. *39 F / 5,95 €*

35913 **COLWELL D.** Brésil. *JPM, 1999.* (Cap sur c1)
ISBN 2-88452-118-6. *39 F / 5,95 €*

35914 **N** **COLWELL D.** Budapest. *JPM, 2000.* (Cap sur c1)
ISBN 2-88452-142-9. *39 F / 5,95 €*

35915 **N** **COLWELL D.** Maldives. *JPM, 1999.* (Cap sur c1)
ISBN 2-88452-115-1. *39 F / 5,95 €*

35916 **N** **COLWELL D.** Milan. *JPM, 1999.* (Cap sur c1)
ISBN 2-88452-195-X. *39 F / 5,95 €*

35917 **COLWELL D.** Sri Lanka. *JPM, 1999.* (Cap sur c1)
ISBN 2-88452-198-4. *39 F / 5,95 €*

35918 **A** **Comment s'orienter.** *Ouest-France, 2001.* (Guide pratique de poche)
ISBN 2-7373-2706-7. *35 F / 5,34 €*

35919 **COOK J.** Relations de voyages autour du monde. *La Découverte, 1998.* (La Découverte poche ; 50. Littérature et voyages)
ISBN 2-7071-2836-8. *79 F / 12,04 €*

35920 **CORNEVIN R.** Haïti. 2e éd. ref. *PUF, 1993.* (Que sais-je? ; 1955 c1)
ISBN 2-13-045820-3. *42 F / 6,40 €*

35921 **CRANAKI M.** Grèce. *Seuil, 1974.* (Microcosme. Petite planète ; 6 c1)
ISBN 2-02-000103-9. *49 F / 7,47 €*

35922 **CRANAKI M.** Iles Grecques. *Seuil, 1979.* (Microcosme. Petite planète ; 57 c1)
ISBN 2-02-005218-0. *49 F / 7,47 €*

35923 **CULLEN C.** Londres. *Seuil, 1989.* (Points. Planète ; 7 c11)
ISBN 2-02-010688-4. *48 F / 7,32 €*

35924 **DABIN D.** Presqu'île de Saint-Tropez : les caps Camarat, Taillat, Lardier. *Actes Sud ; Ed. locales de France : Conservatoire de l'espace littoral et des rivages lacustres, 1997.* (Conservatoire du littoral)
ISBN 2-7427-1256-9. *39 F / 5,95 €*

35925 **DARDEL E.** L'homme et la Terre. *Ed. du CTHS, 1990.* (Format ; 6)
ISBN 2-7355-0200-7. *50 F / 7,62 €*

35926 **DARS S.** Mongolie. *Seuil, 1979.* (Microcosme. Petite planète ; 55 c1)
ISBN 2-02-005068-4. *49 F / 7,47 €*

35927 **DAVID-NÉEL A.** Au pays des brigands gentilshommes : grand Tibet. *Pocket, 1991.* (Pocket ; 3701 c5)
ISBN 2-266-04205-X. *35 F / 5,34 €*

35928 **DAVID-NÉEL A.** Sous des nuées d'orages : récit de voyage. *Pocket, 1993.* (Pocket ; 2977 c4)
ISBN 2-266-05721-9. *30 F / 4,57 €*

35929 **DAVID-NÉEL A.** Voyages et aventures de l'esprit. *Albin Michel, 1994.* (Espaces libres ; 44)
ISBN 2-226-06904-6. *45 F / 6,86 €*

35930 **DEBARDIEUX B.** Tourisme et montagne. *Economica, 1995.* (Géographie-poche ; 3 c1)
ISBN 2-7178-2728-5. *49 F / 7,47 €*

35931 **DEBAYLE C.** Pakistan. *Seuil, 1978.* (Microcosme. Petite planète ; 54 c1)
ISBN 2-02-004994-5. *49 F / 7,47 €*

35932 **DECRAENE P.** Le Sénégal. *PUF, 1985.* (Que sais-je? ; 597 c1)
ISBN 2-13-039110-9. *42 F / 6,40 €*

35933 **DEL CASTILLO M.** Andalousie : Séville, Grenade, Cordoue, Ronda... *Seuil, 1991.* (Points. Planète ; 16 c12)
ISBN 2-02-012713-X. *52 F / 7,93 €*

35934 **DELAUGÈRE M.** Cap Corse. *Actes Sud, 1998.* (Conservatoire du littoral)
ISBN 2-7427-1727-7. *39 F / 5,95 €*

35935 **DELVERT J.** Géographie de l'Asie du Sud-Est. 2e éd. *PUF, 1974.* (Que sais-je? ; 1242 c1)
ISBN 2-13-033259-5. *42 F / 6,40 €*

35936 **DENÈGRE J., SALGÉ F.** Les systèmes d'information géographique. *PUF, 1996.* (Que sais-je? ; 3122 c1)
ISBN 2-13-047932-4. *42 F / 6,40 €*

35937 **DHÔTEL G.** Paris. *Milan, 1996.* (Les essentiels Milan ; 17 c1)
ISBN 2-84113-255-2. *25 F / 3,81 €*

35938 **DIENER J.** Venezuela. *Seuil, 1973.* (Microcosme. Petite planète ; 29 c1)
ISBN 2-02-000126-8. *49 F / 7,47 €*

35939 **N** **DOLLFUS O.** La nouvelle carte du monde. 2e éd. mise à jour. *PUF, 2000.* (Que sais-je? ; 2986 c1)
ISBN 2-13-050655-0. *42 F / 6,40 €*

35940 **DOLLFUS O.** Le Pérou. 4e éd. *PUF, 1975.* (Que sais-je? ; 1284 c1)
ISBN 2-13-037886-2. *42 F / 6,40 €*

35941 **DOMENACH J-M., PONTAULT A.** Yougoslavie. *Seuil, 1975.* (Microcosme. Petite planète ; 25 c1)
ISBN 2-02-000122-5. *49 F / 7,47 €*

35942 **DORGELÈS R.** La route des tropiques. *Actes Sud, 1997.* (Babel ; 253. Terres d'aventure c5)
ISBN 2-7427-1006-X. *51 F / 7,77 €*

35943 **DRAIN M.** Géographie de la Péninsule ibérique. 4e éd. rev. *PUF, 1993.* (Que sais-je? ; 1091 c1)
ISBN 2-13-044973-5. *42 F / 6,40 €*

35944 **DUMAS A.** Voyage en Calabre. *Complexe, 1989.* (Le Regard littéraire ; 24 c9)
ISBN 2-87027-297-9. *59 F / 8,99 €*

35945 **DUMOULIN M., KERGREIS S.** Les offices de tourisme et les syndicats d'initiative. *PUF, 1998.* (Que sais-je? ; 3425 c1)
ISBN 2-13-049559-1. *42 F / 6,40 €*

35946 **DUROU J-M.** L'exploration du Sahara. *Actes Sud, 1996.* (Babel ; 236. Terres d'aventure c6)
ISBN 2-7427-0914-2. *63 F / 9,60 €*

35947 **ELIADE M.** L'Inde. *Pocket, 1990.* (Agora ; 51 c6)
ISBN 2-266-03386-7. *38 F / 5,79 €*

35948 **Encyclopédie géographique.** *LGF, 1991.* (La Pochothèque ; 3004. Encyclopédies d'aujourd'hui)
ISBN 2-253-05304-X. *155 F / 23,63 €*

35949 **ETIENNE J-L.** Transantarctica : la traversée du dernier continent. *J'ai lu, 1992.* (J'ai lu ; 3232. Littérature générale c5)
ISBN 2-277-23232-7. *39 F / 5,95 €*

35950 **FAKINOS A.** La Grèce. *Seuil, 1988.* (Points. Planète ; 3 c11)
ISBN 2-02-010099-1. *48 F / 7,32 €*

35951 **FARAMOND G. d., BASTIDE F-R.** Suède. *Seuil, 1954.* (Microcosme. Petite planète ; 2 c1)
ISBN 2-02-000099-7. *49 F / 7,47 €*

35952 **FAYEIN C.** Yemen. *Seuil, 1975.* (Microcosme. Petite planète ; 49 c1)
ISBN 2-02-004218-5. *49 F / 7,47 €*

35953 **FERNANDEZ D.** Amsterdam. *Seuil, 1977.* (Microcosme. Petite planète ; 103 c1)
ISBN 2-02-004741-1. *49 F / 7,47 €*

35954 **FERRAS R.** Les modèles graphiques en géographie. *Economica* ; *RECLUS, 1993.* (Géographie-poche ; 1 c1)
ISBN 2-7178-2476-6. *49 F / 7,47 €*

35955 **FIERRO-DOMENECH A.** Le Pré carré : géographie historique de la France. *Hachette Littératures, 1989.* (Pluriel ; 8535 c4)
ISBN 2-01-015381-2. *58 F / 8,84 €*

35956 **Florence. Nouv. éd.** *JPM, 1999.* (Cap sur c1)
ISBN 2-88452-064-3. *39 F / 5,95 €*

35957 **FORSTER E. M.** Alexandrie. *10-18, 1993.* (Odyssées c5)
ISBN 2-264-01924-7. *47 F / 7,17 €*

35958 **FORTON J.** Le Chili. Réimpr. *Peuples du monde, 1994.* (Domaine latino-américain)
ISBN 2-907629-25-5. *100 F / 15,24 €*

35959 **A** **FORTON J.** Le Chili. 2e éd. *Peuples du monde, 2001.* (Les guides Peuples du monde)
ISBN 2-907629-57-3. *150 F / 22,87 €*

35960 **FORTON J.** Le Guatemala. *Peuples du monde, 1998.* (Les guides Peuples du monde)
ISBN 2-907629-47-6. *140 F / 21,34 €*

35961 **FOUCAULT P.** Ile d'Aix : fort Liédot. *Actes Sud* ; *Ed. locales de France, 1997.* (Conservatoire du littoral)
ISBN 2-7427-1253-4. *39 F / 5,95 €*

35962 **A** **FOURNIER V.** Le voyage en Scandinavie. *Laffont, 2001.* (Bouquins)
ISBN 2-221-09462-X

35963 **FRAIGNEAU A.** Les Enfants de Venise. *Arléa, 1997.* (Arléa-poche ; 26)
ISBN 2-86959-351-1. *35 F / 5,34 €*

35964 **FREUCHEN P.** Aventure arctique : ma vie dans les glaces du Nord. *Ed. du CTHS, 1997.* (Format ; 23)
ISBN 2-7355-0347-X. *60 F / 9,15 €*

35965 **N** **GAROUSTE F.** La Guyane. *Peuples du monde, 2001.* (Les guides Peuples du monde)
ISBN 2-907629-64-6. *130 F / 19,82 €*

35966 **A** **GATINUS J.** L'Argentine. 2e éd. *Peuples du monde, 2001.* (Les guides Peuples du monde)
ISBN 2-907629-59-X. *150 F / 22,87 €*

35967 **GAUTIER T.** Voyage en Espagne ; Espana. *Gallimard, 1981.* (Folio ; 1295. Classique c10)
ISBN 2-07-037295-2. *46 F / 7,01 €*

35968 **GAY J-C.** Les discontinuités spatiales. *Economica, 1995.* (Géographie-poche ; 4 c1)
ISBN 2-7178-2732-3. *49 F / 7,47 €*

35969 **GEORGE P.** Avignon d'hier et d'aujourd'hui. *Ed. du CTHS, 1990.* (Format)
ISBN 2-7355-0194-9. *90 F / 13,72 €*

35970 **GEORGE P.** Géographie agricole du monde. 9e éd. *PUF, 1975.* (Que sais-je? ; 212 c1)
ISBN 2-13-033889-5. *42 F / 6,40 €*

35971 **GEORGE P.** Géographie de l'Italie. 4e éd. *PUF, 1980.* (Que sais-je? ; 1125 c1)
ISBN 2-13-036421-7. *42 F / 6,40 €*

35972 **GEORGE P.** Les Méthodes de la géographie. 2e éd. *PUF, 1978.* (Que sais-je? ; 1398 c1)
ISBN 2-13-035629-X. *42 F / 6,40 €*

35973 **GERLACHE DE GOMERY A.** Quinze mois dans l'Antarctique : l'expédition de la Belgica (1897-1899). *Labor, 1998.* (Espace Nord ; 134 c6)
ISBN 2-8040-1313-8. *74 F / 11,28 €*

35974 **GERMAIN-THOMAS O.** La Tentation des Indes. *Albin Michel, 1993.* (Espaces libres ; 38)
ISBN 2-226-06395-1. *59 F / 8,99 €*

35975 **GHEERBRANT A.** Orenoque-Amazone : 1948-1950. Nouv. éd. rev. et augm. *Gallimard, 1993.* (Folio ; 210. Essais ; 210 c8)
ISBN 2-07-032698-5. *66 F / 10,06 €*

35976 **GIACOTTINO J-C.** Les Guyanes. *PUF, 1985.* (Que sais-je? ; 1315 c1)
ISBN 2-13-038327-0. *42 F / 6,40 €*

35977 **N** **GICQUEL R.** La Côte d'Emeraude. *Actes Sud ; Ed. locales de France, 2000.* (Conservatoire du littoral)
ISBN 2-7427-2666-7. *39 F / 5,95 €*

35978 **N** **GLACKEN C. J.** Histoire de la pensée géographique. 1, L'Antiquité. *Ed. du CTHS, 2000.* (Format ; 37)
ISBN 2-7355-0429-8. *100 F / 15,24 €*

35979 **GOLDENCHSTEIN Y.** Samarcande, Boukhara, Chakhrisiabz, Khiva. *ACR, 1995.* (Poche-couleur ; 14)
ISBN 2-86770-074-4. *120 F / 18,29 €*

35980 **GORIN F.** L'Améryque. *Ed. de l'Olivier, 1998.* (Petite bibliothèque américaine ; 20)
ISBN 2-87929-164-X. *59 F / 8,99 €*

35981 **N** **GOSTELOW M.** Andalousie. *JPM, 1998.* (Cap sur c1)
ISBN 2-88452-139-9. *39 F / 5,95 €*

35982 **GOSTELOW M.** Corse. *JPM, 1999.* (Cap sur c1)
ISBN 2-88452-177-1. *39 F / 5,95 €*

35983 **N** **GOSTELOW M.** Est américain. *JPM, 1999.* (Cap sur c1)
ISBN 2-88452-188-7. *39 F / 5,95 €*

35984 **N** **GOSTELOW M.** Norvège. *JPM, 1999.* (Cap sur c1)
ISBN 2-88452-158-5. *39 F / 5,95 €*

35985 **GOSTELOW M.** Syrie. Nouv. éd. *JPM, 2000.* (Cap sur c1)
ISBN 2-88452-106-2. *39 F / 5,95 €*

35986 **N** **GOUVENAIN M. d.** Retour en Ethiopie. *Actes Sud, 2001.* (Babel ; 466. Terres d'aventure)
ISBN 2-7427-3113-X. *45 F / 6,86 €*

35987 **GOUVERNE L.** Le parc national des Cévennes. *Actes Sud, 1998.* (Parc national c1)
ISBN 2-7427-1753-6. *79 F / 12,04 €*

35988 **GOUVERNE L.** Le parc national des Ecrins. *Actes Sud, 1998.* (Parc national c1)
ISBN 2-7427-1756-0. *79 F / 12,04 €*

35989 **GOUVERNE L.** Le parc national du Mercantour. *Actes Sud, 1998.* (Parc national)
ISBN 2-7427-1755-2. *79 F / 12,04 €*

35990 **GRANDPIERRE V., BATTINI L.** Syrie. Réimpr. *Peuples du monde, 1999.* (Les guides Peuples du monde)
ISBN 2-907629-39-5. *120 F / 18,29 €*

35991 **GRENIER J.** Voir Naples. *Gallimard, 1997.* (L'imaginaire ; 367)
ISBN 2-07-074799-9. *68 F / 10,37 €*

35992 **GRESSIER C.** Pékin. *Seuil, 1981.* (Microcosme. Petite planète ; 107 c1)
ISBN 2-02-005722-0. *49 F / 7,47 €*

35993 **GUÉGAN R.** Ile de Tatihou : Cotentin. *Actes Sud ; Ed. locales de France, 1997.* (Conservatoire du littoral)
ISBN 2-7427-1255-0. *39 F / 5,95 €*

35994 **GUEVARA E.** Voyage à motocyclette : Latinoamericana. *Mille et une nuits, 1997.* (La petite collection ; 169 cC)
ISBN 2-84205-151-3. *20 F / 3,05 €*

35995 **GUILLEBAUD J-C.** Sur la route des croisades. *Seuil, 1995.* (Points ; 84 c7)
ISBN 2-02-024676-7. *35 F / 5,34 €*

35996 **GUILLEBAUD J-C.** Un Voyage vers l'Asie. *Seuil, 1980.* (Points. Actuels ; 37 c2)
ISBN 2-02-005619-4. *39 F / 5,95 €*

35997 **GUITARD O.** Les Rhodésies et le Nyassaland. *PUF, 1973.* (Que sais-je? ; 1094)
ISBN 2-13-032768-0. *42 F / 6,40 €*

35998 **HAMON H.** Crète. *Seuil, 1989.* (Points. Planète ; 9 c11)
ISBN 2-02-010770-8. *48 F / 7,32 €*

35999 **N** **HAMSUN K.** Au pays des contes : choses rêvées et choses vécues en Caucasie. *Grasset, 2000.* (Les Cahiers rouges ; 301)
ISBN 2-246-58751-4. *58 F / 8,84 €*

36000 **HANRION R.** Belgique. *Seuil, 1980.* (Microcosme. Petite planète ; 18 c1)
ISBN 2-02-005516-3. *49 F / 7,47 €*

36001 **HARDY J.** Floride : et les Bahamas. Nouv. éd. *JPM, 1999.* (Cap sur c1)
ISBN 2-88452-103-8. *39 F / 5,95 €*

36002 **HARDY J.** Indonésie. Nouv. éd. *JPM, 1999.* (Cap sur c1)
ISBN 2-88452-097-X. *39 F / 5,95 €*

36003 **HARISSON J.** Chypre. *JPM, 1998.* (Cap sur c1)
ISBN 2-88452-015-5. *39 F / 5,95 €*

36004 **N** **HARISSON J.** Crète. Nouv. éd. *JPM, 1999.* (Cap sur c1)
ISBN 2-88452-018-X. *39 F / 5,95 €*

36005 **HART A.** Alaska. Nouv. éd. *JPM, 2000.* (Cap sur c1)
ISBN 2-88452-052-X. *39 F / 5,95 €*

36006 **HERVÉ-BAZIN C.** Antilles françaises : et la Guyane. *JPM, 2000.* (Cap sur c1)
ISBN 2-88452-094-5. *39 F / 5,95 €*

36007 **HERVÉ-BAZIN C.** Kenya et la Tanzanie. *JPM, 1998.* (Cap sur c1)
ISBN 2-88452-082-1. *39 F / 5,95 €*

36008 **A** **HERVÉ-BAZIN C.** Mexique. Nouv. éd. *JPM, 1999.* (Cap sur c1)
ISBN 2-88452-109-7. *39 F / 5,95 €*

36009 **N** **HERVÉ-BAZIN C.** Ouest américain. *JPM, 2000.* (Cap sur c1)
ISBN 2-88452-042-2. *39 F / 5,95 €*

36010 **N** **HERVÉ-BAZIN C.** Québec. *JPM, 1999.* (Cap sur c1)
ISBN 2-88452-124-0. *39 F / 5,95 €*

36011 **N** **HERVÉ-BAZIN C.** République Dominicaine. *JPM, 1999.* (Cap sur c1)
ISBN 2-88452-174-7. *39 F / 5,95 €*

36012 **HERVÉ-BAZIN C.** Roumanie. *JPM, 1999.* (Cap sur c1)
ISBN 2-88452-125-9. *39 F / 5,95 €*

36013 **HERVÉ-BAZIN C.** Tahiti et la Polynésie française. Réimp. *JPM, 1998.* (Cap sur c1)
ISBN 2-88452-170-4. *39 F / 5,95 €*

36014 **HERVÉ F., HERVÉ C.** Le tour du monde à vélo. *J'ai lu, 1997.* (J'ai lu ; 4440. Littérature générale c6)
ISBN 2-290-04440-7. *42 F / 6,40 €*

36015 **HOLLIER R.** Canada. *Seuil, 1975.* (Microcosme. Petite planète ; 37 c1)
ISBN 2-02-000134-9. *49 F / 7,47 €*

36016 **HUET P.** L'archipel des Sept-Iles. *Actes Sud ; Ed. locales de France, 1999.* (Conservatoire du littoral)
ISBN 2-7427-2181-9. *39 F / 5,95 €*

36017 **HUGON A.** L'Afrique des explorateurs : vers les sources du Nil. *Gallimard, 1991.* (Découvertes ; 117. Invention du monde c5)
ISBN 2-07-053130-9. *85 F / 12,96 €*

36018 **HUGON A.** Vers Tombouctou. *Gallimard, 1994.* (L'Afrique des explorateurs; 2)(Découvertes ; 216. Invention du monde c6)
ISBN 2-07-053226-7. *90 F / 13,72 €*

36019 **N** **HUGON P.** Histoires insolites de Toulouse. *Privat, 2000.* (Pages Grand Sud)
ISBN 2-7089-5419-9. *49 F / 7,47 €*

36020 **HUMBERT M.** Le Mexique. 4e éd. *PUF, 1994.* (Que sais-je? ; 1666 c1)
ISBN 2-13-046235-9. *42 F / 6,40 €*

36021 **IBN BATTUTAH M. I. '. A.** Voyages. 1, De l'Afrique du Nord à La Mecque. *La Découverte, 1997.* (La Découverte poche ; 19. Littérature et voyages)
ISBN 2-7071-2677-2. *79 F / 12,04 €*

36022 **IBN BATTUTAH M. I. '. A.** Voyages. 2, De La Mecque aux steppes russes et à l'Inde. *La Découverte, 1997.* (La Découverte poche ; 20. Littérature et voyages)
ISBN 2-7071-2678-0. *79 F / 12,04 €*

36023 **IBN BATTUTAH M. I. '. A.** Voyages. 3, Inde, Extrême-Orient, Espagne et Soudan. *La Découverte, 1997.* (La Découverte poche ; 21. Littérature et voyages)
ISBN 2-7071-2679-9. *79 F / 12,04 €*

36024 **N** **Île Maurice et la Réunion.** *JPM, 2000.* (Cap sur)
ISBN 2-88452-222-0. *39 F / 5,95 €*

36025 **Les Indes florissantes :** anthologie des voyageurs français (1750-1820). *Laffont, 1991.* (Bouquins)
ISBN 2-221-06566-2. *130 F / 19,82 €*

36026 **Italies ; anthologie des voyageurs français aux XVIIIe et XIXe siècles.** *Laffont, 1988.* (Bouquins)
ISBN 2-221-05588-8. *159 F / 24,24 €*

36027 **JAMES H.** Voyage en France. *Seuil, 1992.* (Points. Roman ; 535 c3)
ISBN 2-02-012693-1. *48 F / 7,32 €*

36028 **JOLIAT B.** Afrique australe : Afrique du Sud, Namibie, Bostwana, Zimbabwe. Nouv. éd. *JPM, 1999.* (Cap sur c1)
ISBN 2-88452-036-8. *39 F / 5,95 €*

36029 **JOLIAT B., VIAN S.** Viêt-Nam. *JPM, 1998.* (Cap sur c1)
ISBN 2-88452-091-0. *39 F / 5,95 €*

36030 **JOLY F.** La cartographie. 3e éd. *PUF, 1999.* (Que sais-je? ; 937 c1)
ISBN 2-13-046521-8. *42 F / 6,40 €*

36031 **KALFON P.** Argentine. *Seuil, 1973.* (Microcosme. Petite planète ; 36 c1)
ISBN 2-02-000133-0. *49 F / 7,47 €*

36032 **A** **KAPLANIAN P.** Le Cambodge-Laos. Nouv. éd. *Peuples du monde, 2001.* (Les guides Peuples du monde)
ISBN 2-907629-52-2. *100 F / 15,24 €*

36033 **KAUFFMANN J-P.** La chambre noire de Longwood : le voyage à Sainte-Hélène. *Gallimard, 1998.* (Folio ; 3083)
ISBN 2-07-040327-0. *41 F / 6,25 €*

36034 **N** **KERGUELEN DE TRÉMAREC Y-J. d.** Relations de deux voyages dans les mers australes et des Indes faits en 1771, 1772, 1773 et 1774. *le Serpent de mer, 2000.* (Le serpentin)
ISBN 2-913490-03-4. *59 F / 8,99 €*

36035 **LA PÉROUSE J-F.** Voyage autour du monde sur l'Astrolabe et la Boussole : 1785-1788. Rééd. *La Découverte, 1997.* (La Découverte poche ; 40. Littérature et voyages)
ISBN 2-7071-2782-5. *79 F / 12,04 €*

36036 **LABAT J-B.** Voyage en Italie. *Complexe, 1989.* (Le Regard littéraire ; 27 c9)
ISBN 2-87027-295-2. *59 F / 8,99 €*

36037 **LACARRIÈRE J.** En cheminant avec Hérodote. Rééd. *Hachette Littératures, 1998.* (Pluriel ; 8379 c5)
ISBN 2-01-278888-2. *45 F / 6,86 €*

36038 **LACOUTURE S.** Egypte. *Seuil, 1976.* (Microcosme. Petite planète ; 30 c1)
ISBN 2-02-000127-6. *49 F / 7,47 €*

36039 **LANDER X-Y.** Vienne. *Seuil, 1989.* (Points. Planète ; 8 c11)
ISBN 2-02-010689-2. *48 F / 7,32 €*

36040 **LANQUAR R.** Sociologie du tourisme et des voyages. 2e éd. *PUF, 1990.* (Que sais-je? ; 2213 c1)
ISBN 2-13-042939-4. *42 F / 6,40 €*

36041 **LANQUAR R.** Le Tourisme international. 5e éd. rev. *PUF, 1993.* (Que sais-je? ; 1694 c1)
ISBN 2-13-045822-X. *42 F / 6,40 €*

36042 **LANQUAR R., RAYNOUARD Y.** Le Tourisme social et associatif. 4e éd. ref. *PUF, 1991.* (Que sais-je? ; 1725 c1)
ISBN 2-13-043803-2. *42 F / 6,40 €*

36043 **LARA O. D.** Les Caraïbes. *PUF, 1986.* (Que sais-je? ; 2267 c1)
ISBN 2-13-039263-6. *42 F / 6,40 €*

36044 **LARBAUD V.** Aux couleurs de Rome. *Gallimard, 1997.* (L'imaginaire ; 368)
ISBN 2-07-074821-9. *48 F / 7,32 €*

36045 **LE CLÉZIO J-M. G., LE CLÉZIO J.** Gens des nuages. *Gallimard, 1999.* (Folio ; 3284 c7)
ISBN 2-07-041216-4. *32,50 F / 4,95 €*

36046 **LE DANTEC J-P.** Bretagne. *Seuil, 1990.* (Points. Planète ; 14 c17)
ISBN 2-02-012107-7. *65 F / 9,91 €*

36047 **LE LANNOU M.** La Bretagne et les Bretons. 3e éd. corr. *PUF, 1992.* (Que sais-je? ; 1750 c1)
ISBN 2-13-044490-3. *42 F / 6,40 €*

36048 **LECONTE D.** Pays de Lorient, île de Groix. *Actes Sud ; Ed. locales de France, 1999.* (Conservatoire du littoral)
ISBN 2-7427-2182-7. *39 F / 5,95 €*

36049 **N** **LEE B.** Chine. Nouv. éd. *JPM, 1999.* (Cap sur c1)
ISBN 2-88452-085-6. *39 F / 5,95 €*

36050 **LEFEUVRE J-C.** La baie du Mont-Saint-Michel. *Actes Sud ; Ed. locales de France, 1999.* (Conservatoire du littoral)
ISBN 2-7427-2180-0. *39 F / 5,95 €*

36051 **LEFORT I.** Crises et mutations des espaces ruraux dans les pays anciennement industrialisés. *Economica, 1997.* (Géographie-concours-poche ; 3 c1)
ISBN 2-7178-3313-7. *49 F / 7,47 €*

36052 **LEIRIS M.** L'Afrique fantôme. *Gallimard, 1988.* (Tel ; 125)
ISBN 2-07-071188-9. *98 F / 14,94 €*

36053 **LÉRY J. d.** Histoire d'un voyage faict en la terre du Bresil, 1578 : 2e édition, 1580. *LGF, 1994.* (Le Livre de poche ; 707. Bibliothèque classique c19)
ISBN 2-253-90707-3. *70 F / 10,67 €*

36054 **A** **LEWINO F.** Les rives de l'étang de Berre (Bouches-du-Rhône). *Actes Sud ; Conservatoire de l'espace littoral et des rivages lacustres, 2001.* (Conservatoire du littoral)
ISBN 2-7427-2864-3. *39 F / 5,95 €*

36055 **LEWIS N.** La nuit du dragon. *10-18, 1996.* (Odyssées c6)
ISBN 2-264-02197-7. *47 F / 7,17 €*

36056 **LEWIS N.** Terre d'or. *10-18, 1996.* (Odyssées c7)
ISBN 2-264-02196-9. *50 F / 7,62 €*

36057 **LIVINGSTONE D.** Dernier journal de Livingstone. *Arléa, 1999.* (Arléa-poche ; 53)
ISBN 2-86959-449-6. *40 F / 6,10 €*

36058 **LOBEZ B.** Cap Gris-nez et Cap Blanc-nez. *Actes Sud ; Ed. locales de France, 1997.* (Conservatoire du littoral)
ISBN 2-7427-1257-7. *39 F / 5,95 €*

36059 **Londres. Nouv. éd.** *JPM, 2000.* (Cap sur c1)
ISBN 2-88452-022-8. *39 F / 5,95 €*

36060 **LONDRES A.** Dans la Russie des soviets. *Arléa, 1996.* (Arléa-poche ; 12)
ISBN 2-86959-313-9. *30 F / 4,57 €*

36061 **LONDRES A.** Marseille, porte du Sud. *Arléa, 1999.* (Arléa-poche ; 55)
ISBN 2-86959-446-1. *25 F / 3,81 €*

36062 **LONDRES A.** Pêcheurs de perles. *Arléa, 1998.* (Arléa-poche ; 48)
ISBN 2-86959-423-2. *35 F / 5,34 €*

36063 **LONDRES A.** Terre d'ébène. *Arléa, 1998.* (Arléa-poche ; 34)
ISBN 2-86959-378-3. *40 F / 6,10 €*

36064 **LOPEZ B.** Rêves arctiques. *10-18, 1993.* (Odyssées c7)
ISBN 2-264-01843-7. *60 F / 9,15 €*

36065 **LOTI P.** Voyages : 1872-1913. *Laffont, 1991.* (Bouquins)
ISBN 2-221-06567-0. *189 F / 28,81 €*

36066 **MA JIAN** La mendiante de Shigatze. *Actes Sud; Labor; Aire, 1993.* (Babel ; 77. Terres d'aventure c1)
ISBN 2-7427-0039-0. *33 F / 5,03 €*

36067 **MARABINI J.** Venise. Nouv. éd. augm. et mise à jour. *Seuil, 1988.* (Points. Planète ; 2 c11)
ISBN 2-02-010044-4. *48 F / 7,32 €*

36068 **MARION J.** La Hague : Cotentin. *Actes Sud; Ed. locales de France, 1999.* (Conservatoire du littoral)
ISBN 2-7427-2179-7. *39 F / 5,95 €*

36069 **MASPERO F.** Balkans Transit. *Seuil, 1999.* (Points ; 683)
ISBN 2-02-038629-1. *52 F / 7,93 €*

36070 **MATTHIESSEN P.** Le Léopard des neiges. *Gallimard, 1991.* (L'imaginaire ; 254)
ISBN 2-07-072275-9. *59 F / 8,99 €*

36071 **N** **MAUGHAM W. S.** Un gentleman en Asie : relation d'un voyage de Rangoon à Haiphong. *10-18, 2000.* (10-18 ; 3238. Domaine étranger)
ISBN 2-264-02919-6. *50 F / 7,62 €*

36072 **A** **MAYES F.** Bella Italia. *Gallimard, 2001.* (Folio)
ISBN 2-07-041169-9. *41 F / 6,25 €*

36073 **MELVILLE H.** La Vareuse blanche. *Gallimard, 1994.* (L'Etrangère)
ISBN 2-07-073900-7. *83 F / 12,65 €*

36074 **MEYER P.** Québec. *Seuil, 1980.* (Microcosme. Petite planète ; 60 c1)
ISBN 2-02-005473-6. *49 F / 7,47 €*

36075 **MICHAUX H.** Un Barbare en Asie. *Gallimard, 1986.* (L'imaginaire ; 164)
ISBN 2-07-070622-2. *50 F / 7,62 €*

36076 **MICHAUX H.** Ecuador : journal de voyage. Nouv. éd. rev. et corr. *Gallimard, 1990.* (L'imaginaire ; 242)
ISBN 2-07-072020-9. *44 F / 6,71 €*

36077 **MILLER T.** La Filière des panamas. *10-18, 1994.* (Odyssées c5)
ISBN 2-264-01915-8. *47 F / 7,17 €*

36078 **MILLEY J., THORAVAL Y.** Kenya ; Afrique des grands lacs. *Seuil, 1980.* (Microcosme. Petite planète ; 38 c1)
ISBN 2-02-005569-4. *49 F / 7,47 €*

36079 **MINELLE F.** Représenter le monde. *Pocket, 1992.* (Pocket ; 3612. Explora c12)
ISBN 2-266-04932-1. *60 F / 9,15 €*

36080 **MOITESSIER B.** Tamata et l'alliance : mémoires. *J'ai lu, 1996.* (J'ai lu ; 4138. Littérature générale c6)
ISBN 2-277-24138-5. *42 F / 6,40 €*

36081 **MOITESSIER B.** Vagabond des mers du Sud. Réimpr. *J'ai lu, 1995.* (J'ai lu ; 3935. Littérature générale c6)
ISBN 2-290-03935-7. *42 F / 6,40 €*

36082 **MOLLAT DU JOURDIN M.** Les Explorateurs du XIIIe au XVIe siècle : premiers regards sur des mondes nouveaux. Nouv. éd. *Ed. du CTHS, 1992.* (Format ; 9)
ISBN 2-7355-0251-1. *60 F / 9,15 €*

36083 **Mongolie, Sibérie, Mandchourie.** *Peuples du monde, 2000.* (Les guides Peuples du monde)
ISBN 2-907629-62-X. *90 F / 13,72 €*

36084 **N** **MONOD T.** L'émeraude des Garamantes : souvenirs d'un saharien. *Actes Sud, 2001.* (Babel ; 391. Terres d'aventure c6)
ISBN 2-7427-2400-1. *63 F / 9,60 €*

36085 **A** **MONOD T.** L'émeraude des Garamantes : souvenirs d'un saharien. *J'ai lu, 2001.* (J'ai lu ; 5838. Littérature générale)
ISBN 2-290-31018-2

36086 **N** **MONOD T.** Maxence au désert ; Méharées ; L'émeraude des Garamantes. Réimpr. *Actes Sud, 2001.* (Thésaurus ; 5)
ISBN 2-7427-1165-1. *180 F / 27,44 €*

36087 **A** **MONOD T.** Maxence au désert : souvenirs de Mauritanie. *Actes Sud, 2001.* (Babel ; 478)
ISBN 2-7427-3200-4. *39 F / 5,95 €*

36088 **N** **MONOD T.** Méharées. Réimpr. *Actes Sud, 2000.* (Babel ; 102. Terres d'aventure c4)
ISBN 2-7427-0134-6. *51 F / 7,77 €*

36089 **MONOD T.** Méharées. Réimp. *J'ai lu, 1999.* (J'ai lu ; 4868. Littérature générale c4)
ISBN 2-290-14868-7. *36 F / 5,49 €*

36090 **N** **MONOD T.** Plongées profondes : bathyfolages. Réimpr. *J'ai lu, 2000.* (J'ai lu ; 5565. Littérature générale cG)
ISBN 2-290-30263-5. *29 F / 4,42 €*

36091 **MONTEIL V-M.** Indonésie. *Seuil, 1972.* (Microcosme. Petite planète ; 44 c1)
ISBN 2-02-000146-2. *49 F / 7,47 €*

36092 **MONTEIL V-M.** Maroc. *Seuil, 1975.* (Microcosme. Petite planète ; 31 c1)
ISBN 2-02-000128-4. *49 F / 7,47 €*

36093 **N** **MORAND P.** Rien que la Terre. *Grasset, 2000.* (Les Cahiers rouges ; 302)
ISBN 2-246-36052-8. *55 F / 8,38 €*

36094 **MORAVIA A.** Promenades africaines. *LGF, 1995.* (Le Livre de poche ; 13880 c8)
ISBN 2-253-13880-0. *33 F / 5,03 €*

36095 **MOULIN F.** Fermes-auberges en Lorraine. *Nuée bleue, 1997.* (Guide poche)
ISBN 2-7165-0389-3. *39 F / 5,95 €*

36096 **MUSSOT-GOULARD R.** Histoire de la Gascogne. *PUF, 1996.* (Que sais-je? ; 462 c1)
ISBN 2-13-047519-1. *42 F / 6,40 €*

36097 **NAIGEON G.** Le Groenland. Réimpr. *Peuples du monde, 1999.* (Les guides Peuples du monde)
ISBN 2-907629-37-9. *110 F / 16,77 €*

36098 **NAIPAUL S.** Voyage inachevé. *10-18, 1998.* (Odyssées c4)
ISBN 2-264-02099-7. *41 F / 6,25 €*

36099 **NAIPAUL V. S.** L'Inde, un million de révoltés. *10-18, 1994.* (Odyssées c9)
ISBN 2-264-01995-6. *60 F / 9,15 €*

36100 **NAIPAUL V. S.** La traversée du milieu : aperçus de cinq sociétés, britanniques, françaises et hollandaises aux Indes occidentales et en Amérique du Sud. *10-18, 1999.* (10-18 ; 3068. Domaine étranger c5)
ISBN 2-264-02269-8. *44 F / 6,71 €*

36101 **NICOLAS N.** Ile de Noirmoutier : les marais du Müllembourg. *Actes Sud, 1998.* (Conservatoire du littoral)
ISBN 2-7427-1728-5. *39 F / 5,95 €*

36102 **Océan Indien :** Ile Maurice, La Réunion, Seychelles, Comores, Madagascar. Nouv. éd. *JPM, 2000.* (Cap sur c1)
ISBN 2-88452-033-3. *39 F / 5,95 €*

36103 **ODIER D.** Népal. *Seuil, 1976.* (Microcosme. Petite planète ; 50 c1)
ISBN 2-02-004324-6. *49 F / 7,47 €*

36104 **ORMIERES J-L.** Histoire de l'Anjou. *PUF, 1998.* (Que sais-je? ; 934 c1)
ISBN 2-13-048831-5. *42 F / 6,40 €*

36105 **PADOVANI M.** Sicile. *Seuil, 1991.* (Points. Planète ; 15 c10)
ISBN 2-02-012934-5. *48 F / 7,32 €*

36106 **N** **Paris. Réimpr.** *JPM, 2000.* (Cap sur)
ISBN 2-88452-055-4. *39 F / 5,95 €*

36107 **PARK M.** Voyage dans l'intérieur de l'Afrique : 1795-1797. Nouv. éd. *La Découverte, 1980.* (La Découverte poche ; 14. Littérature et voyages)
ISBN 2-7071-2629-2. *79 F / 12,04 €*

36108 **N** **Pays du Golfe :** Koweit, Bahreïn, Qatar, Oman, Emirats arabes, Yémen. *JPM, 2000.* (Cap sur c1)
ISBN 2-88452-100-3. *39 F / 5,95 €*

36109 **Les pays du monde.** *Larousse, 1996.* (Larousse de poche)
ISBN 2-03-521128-X. *49 F / 7,47 €*

36110 **PERCHERON D.** L'air de Paris. *Zulma, 1998.* (Grain d'orage)
ISBN 2-84304-051-5. *49 F / 7,47 €*

36111 **PÉRIGORD M.** Le paysage en France. *PUF, 1996.* (Que sais-je? ; 1362 c1)
ISBN 2-13-047680-5. *42 F / 6,40 €*

36112 **PERRAULT G.** Les gens d'ici. *LGF, 1999.* (Le Livre de poche ; 14590 c13)
ISBN 2-253-14590-4. *46 F / 7,01 €*

36113 **PERRIN A-M.** Syrie. *Seuil, 1979.* (Microcosme. Petite planète ; 58 c1)
ISBN 2-02-005325-X. *49 F / 7,47 €*

36114 **PERRUCHOT A.** Corse. *Seuil, 1993.* (Points. Planète ; 19 c11)
ISBN 2-02-013645-7. *48 F / 7,32 €*

36115 **N** **PESSOA F.** Lisbonne. Réimpr. *10-18, 2000.* (10-18 ; 2860. Domaine étranger c2)
ISBN 2-264-02642-1. *25 F / 3,81 €*

36116 **PEZEU-MASSABUAU J.** Géographie du Japon. 6e éd. *PUF, 1996.* (Que sais-je? ; 1292 c1)
ISBN 2-13-044740-6. *42 F / 6,40 €*

36117 **PICARD J.** Le parc national de la Guadeloupe. *Actes Sud, 1999.* (Parc national c1)
ISBN 2-7427-2383-8. *79 F / 12,04 €*

36118 **PICON B.** Camargue : Les marais du Vigueirat, le domaine de la Palissade. *Actes Sud, 1998.* (Conservatoire du littoral)
ISBN 2-7427-1730-7. *39 F / 5,95 €*

36119 **PILLET F.** Le patrimoine industriel minier du bassin de Blanzy, Montceau, Le Creusot. *Faton, 2000.* (Itinéraire du patrimoine)
ISBN 2-87844-041-2. *39 F / 5,95 €*

36120 **PITTE J-R.** Histoire du paysage français. 2, Le profane : du XVIe siècle à nos jours. Réimpr. *Hachette Littératures, 1998.* (Pluriel ; 8649 c6)
ISBN 2-01-278931-5. *50 F / 7,62 €*

36121 **N** **POISSON H., LE MAT J-P.** Histoire de Bretagne. Nouv. éd. augm. *Coop Breizh, 2000.* (Les textes fondateurs)
ISBN 2-84346-091-3. *63 F / 9,60 €*

36122 **POLO M.** La description du monde. *LGF, 1997.* (Le Livre de poche ; 4551. Lettres gothiques c16)
ISBN 2-253-06664-8. *55 F / 8,38 €*

36123 **POLO M.** Le devisement du monde. 1. *La Découverte, 1998.* (La Découverte poche ; 45. Littérature et voyages)
ISBN 2-7071-2815-5. *55 F / 8,38 €*

36124 **POLO M.** Le devisement du monde. 2. *La Découverte, 1998.* (La Découverte poche ; 46. Littérature et voyages)
ISBN 2-7071-2816-3. *55 F / 8,38 €*

36125 **A** **Pologne.** *JPM, 2001.* (Cap sur c1)
ISBN 2-88452-234-4. *38 F / 5,79 €*

36126 **POMMERET X.** Mexique. Nouv. éd. *Seuil, 1972.* (Microcosme. Petite planète ; 34 c1)
ISBN 2-02-000131-4. *49 F / 7,47 €*

36127 **PONS P.** Japon. *Seuil, 1988.* (Points. Planète ; 6 c14)
ISBN 2-02-010109-2. *55 F / 8,38 €*

36128 **POSTEL-VINAY O.** Danemark. *Seuil, 1982.* (Microcosme. Petite planète ; 15 c1)
ISBN 2-02-006161-9. *49 F / 7,47 €*

36129 **RAAD G.** L'Argentine. Réimpr. *Peuples du monde, 1991.* (Domaine latino-américain)
ISBN 2-907629-12-3. *100 F / 15,24 €*

36130 **RECLUS E.** L'homme et la terre. *La Découverte, 1998.* (La Découverte poche ; 47. Sciences humaines et sociales)
ISBN 2-7071-2823-6. *85 F / 12,96 €*

36131 **Regards froids sur la Chine.** *Seuil, 1976.* (Points. Politique ; 82 c13)
ISBN 2-02-004451-X. *52 F / 7,93 €*

36132 **REGNARD J-F.** Voyage en Laponie ; précédé de La provençale. *10-18, 1997.* (Odyssées c4)
ISBN 2-264-02558-1. *41 F / 6,25 €*

36133 **REKACEWICZ P.** Atlas de poche tout en couleur. Nouv. éd. mise à jour. *LGF, 1999.* (Pratique ; 8524. Dictionnaires c13)
ISBN 2-253-08524-3. *46 F / 7,01 €*

36134 **N** **RENUCCI J.** La Corse. 6e éd. mise à jour. *PUF, 2001.* (Que sais-je? ; 1981 c1)
ISBN 2-13-051124-4. *42 F / 6,40 €*

36135 **RETAILLÉ D.** Le monde du géographe. *Presses de Sciences Po, 1997.* (Références inédites)
ISBN 2-7246-0718-X. *80 F / 12,20 €*

36136 **REYMANN R.** Ile de Batz, jardin de Georges Delaselle. *Actes Sud ; Ed. locales de France, 1997.* (Conservatoire du littoral)
ISBN 2-7427-1251-8. *39 F / 5,95 €*

36137 **ROLIN O.** En Russie. *Seuil, 1997.* (Points ; 327 c7)
ISBN 2-02-031244-1. *35 F / 5,34 €*

36138 **ROMANO S.** Italie. Nouv. éd. *Seuil, 1979.* (Microcosme. Petite planète ; 3 c1)
ISBN 2-02-005360-8. *49 F / 7,47 €*

36139 **ROMANO S.** Toscane : Florence. *Seuil, 1988.* (Points. Planète ; 1 c13)
ISBN 2-02-010097-5. *52 F / 7,93 €*

36140 **N** **Rome.** *JPM, 1999.* (Cap sur c1)
ISBN 2-88452-076-7. *39 F / 5,95 €*

36141 **RONDEAU D.** Alexandrie. *Gallimard, 2000.* (Folio ; 3341 c7)
ISBN 2-07-040749-7. *32,50 F / 4,95 €*

36142 **RONDEAU D.** Tanger. *Gallimard, 2000.* (Folio ; 3342 c9)
ISBN 2-07-040750-0. *37 F / 5,64 €*

36143 **RONDOT P.** La Syrie. 3e éd. corr. *PUF, 1998.* (Que sais-je? ; 1704 c1)
ISBN 2-13-045509-3. *42 F / 6,40 €*

36144 **ROUGERIE G.** La Côte-d'Ivoire. 5e éd. *PUF, 1982.* (Que sais-je? ; 1137 c1)
ISBN 2-13-037148-5. *42 F / 6,40 €*

36145 **ROVILLÉ G.** Le Vietnam. 2e éd. rev. et corr. *Peuples du monde, 1997.* (Domaine Asie du Sud-Est)
ISBN 2-907629-40-9. *150 F / 22,87 €*

36146 **A** **ROY O.** L'Asie centrale contemporaine. *PUF, 2001.* (Que sais-je? ; 3601)
ISBN 2-13-051036-1

36147 **SACKVILLE-WEST V.** Une Anglaise en Orient. Réimpr. *10-18, 1998.* (Odyssées c4)
ISBN 2-264-02662-6. *41 F / 6,25 €*

36148 **SAGLIO C.** Sénégal. Nouv. éd. mise à jour et augm. *Seuil, 1990.* (Points. Planète ; 11 c16)
ISBN 2-02-010913-1. *62 F / 9,45 €*

36149 **N** **SALQUAIN P.** Autrefois Anglet. *Atlantica, 2000.* (Autrefois)
ISBN 2-84394-282-9. *120 F / 18,29 €*

36150 **N** **SALQUAIN P.** Autrefois Biarritz : la collection Robert Lamouliatte-Claverie. *Atlantica, 2000.* (Autrefois)
ISBN 2-84394-265-9. *120 F / 18,29 €*

36151 **A** **SALQUAIN P.** Autrefois Cambo. *Atlantica, 2001.* (Autrefois)
ISBN 2-84394-300-0. *120 F / 18,29 €*

36152 **SCHIFANO J-N.** Naples. *Seuil, 1981.* (Microcosme. Petite planète ; 108 c1)
ISBN 2-02-005901-0. *49 F / 7,47 €*

36153 **N** **SCHNEIDER M.** Paris, lanterne magique. *LGF, 2000.* (Le Livre de poche ; 14940 c8)
ISBN 2-253-14940-3. *33 F / 5,03 €*

36154 **SEGALEN V.** Lettres de Chine. Réimpr. *10-18, 1993.* (Odyssées c5)
ISBN 2-264-01869-0. *44 F / 6,71 €*

36155 **SETH V.** Le lac du ciel : voyage du Sin-K'iang au Tibet. *LGF, 1998.* (Le Livre de poche ; 14495 c6)
ISBN 2-253-14495-9. *26 F / 3,96 €*

36156 **STANLEY H. M., BELON DE LAUNAY J.** Comment j'ai retrouvé Livingstone : voyage abrégé par J. Belon de Launay. *Actes Sud, 1994.* (Babel ; 118. Terres d'aventure c3)
ISBN 2-7427-0288-1. *45 F / 6,86 €*

36157 **N** **STEINBECK J.** Voyage avec Charley. Réimpr. *Actes Sud, 2000.* (Babel ; 273. Terres d'aventure c4)
ISBN 2-7427-1286-0. *51 F / 7,77 €*

36158 **STEVENSON R. L.** En canoë sur les rivières du Nord. *Actes Sud, 1994.* (Babel ; 128. Terres d'aventure c2)
ISBN 2-7427-0340-3. *39 F / 5,95 €*

36159 **STEVENSON R. L.** Voyage avec un âne dans les Cévennes. Réimpr. *10-18, 1998.* (Odyssées c5)
ISBN 2-264-02641-3. *44 F / 6,71 €*

36160 **SUARÈS A.** Voyage du condottière. *LGF, 1996.* (Le Livre de poche ; 3259. Biblio c18)
ISBN 2-253-93259-0. *65 F / 9,91 €*

36161 **TAINE H.** A Venise. *Complexe, 1990.* (Voyage en Italie; 3)(Le Regard littéraire ; 43 c8)
ISBN 2-87027-347-9. *56 F / 8,54 €*

36162 **TAINE H.** D'Assise à Florence. *Complexe, 1990.* (Voyage en Italie; 2)(Le Regard littéraire ; 42 c9)
ISBN 2-87027-346-0. *59 F / 8,99 €*

36163 **TAINE H., ZOLA E.** A Rome. *Complexe, 1990.* (Voyage en Italie; 1)(Le Regard littéraire ; 41 cL)
ISBN 2-87027-345-2. *65 F / 9,91 €*

36164 **TEMIME E.** Voyages en Provence, Alpes, Côte d'Azur. *Gallimard, 1997.* (Découvertes ; 309. Histoire)
ISBN 2-07-053402-2. *76 F / 11,59 €*

36165 **TERRASSE J-F.** Le domaine d'Abbadia : corniche basque. *Actes Sud, 1998.* (Conservatoire du littoral)
ISBN 2-7427-1729-3. *39 F / 5,95 €*

36166 **TESNIÈRES J.** Estuaire de l'Orne. *Actes Sud ; Ed. locales de France, 1999.* (Conservatoire du littoral)
ISBN 2-7427-2178-9. *39 F / 5,95 €*

36167 **THEROUX P.** Les colonnes d'Hercule : voyage autour de la Méditerranée. *LGF, 1999.* (Le Livre de poche ; 14744 c16)
ISBN 2-253-14744-3. *55 F / 8,38 €*

36168 **THEROUX P.** Voyage excentrique et ferroviaire autour du Royaume-Uni. *Grasset, 1993.* (Les Cahiers rouges ; 182)
ISBN 2-246-34412-3. *65 F / 9,91 €*

36169 **THOUEZ J-P.** L'Union européenne, précis géographique. *Economica, 1998.* (Géographie-concours-poche ; 5)
ISBN 2-7178-3590-3. *49 F / 7,47 €*

36170 **Le Tibet. Nouv. éd. mise à jour.** *Peuples du monde, 1999.* (Domaine tibétain)
ISBN 2-907629-46-8. *190 F / 28,97 €*

36171 **TILLINAC D.** Le bar des Palmistes. *Arléa, 1997.* (Arléa-poche ; 25)
ISBN 2-86959-350-3. *35 F / 5,34 €*

36172 **TOCQUEVILLE A. d.** Quinze jours dans le désert américain. *Mille et une nuits, 1998.* (La petite collection ; 218)
ISBN 2-84205-368-0. *10 F / 1,52 €*

36173 **TRASSARD J-L.** Campagnes de Russie. *Gallimard, 1992.* (Folio ; 2356 c8)
ISBN 2-07-038477-2. *37 F / 5,64 €*

36174 **TROCHET J-R.** La géographie historique de la France. *PUF, 1997.* (Que sais-je? ; 3263 c1)
ISBN 2-13-048572-3. *42 F / 6,40 €*

36175 **TROLLIET P.** Géographie de la Chine. 3e éd. mise à jour. *PUF, 2000.* (Que sais-je? ; 1738 c1)
ISBN 2-13-050627-5. *42 F / 6,40 €*

36176 **TRYSTRAM F.** En route ! : la France... par monts et par vaux. *Gallimard, 1996.* (Découvertes ; 286. Art de vivre c4)
ISBN 2-07-053335-2. *75 F / 11,43 €*

36177 **TSYBIKOV G. T.** Un Pèlerin bouddhiste au Tibet. *Peuples du monde, 1992.* (Domaine tibétain)
ISBN 2-907629-13-1. *150 F / 22,87 €*

36178 **VADROT C-M.** Le parc national de la Vanoise. *Actes Sud, 1998.* (Parc national c1)
ISBN 2-7427-1757-9. *79 F / 12,04 €*

36179 **VADROT C-M.** Le parc national de Port-Cros. *Actes Sud, 1998.* (Parc national)
ISBN 2-7427-1754-4. *79 F / 12,04 €*

36180 **VADROT C-M.** Le parc national des Pyrénées. *Actes Sud, 1998.* (Parc national c1)
ISBN 2-7427-1758-7. *79 F / 12,04 €*

36181 **A** **Valence, Murcie :** guide de l'Espagne méditerranéenne. *Peuples du monde, 2001.* (Les guides Peuples du monde)
ISBN 2-907629-60-3

36182 **VAN HULLE J-C., VIZCAYA S. d.** Bienvenue à Marrakech. *ACR, 1994.* (Pochecouleur ; 4)
ISBN 2-86770-062-0. *120 F / 18,29 €*

36183 **VANIER D.** Montaine, l'enfant des neiges. *J'ai lu, 1997.* (J'ai lu ; 4443. Littérature générale c4)
ISBN 2-290-04443-1. *36 F / 5,49 €*

36184 **N** **VANIER N.** L'odyssée blanche. *Pocket, 2000.* (Pocket ; 11013 c4B)
ISBN 2-266-10303-2. *32 F / 4,88 €*

36185 **VAXELAIRE D.** Pointe au Sel. *Actes Sud ; Ed. locales de France, 1999.* (Conservatoire du littoral)
ISBN 2-7427-2186-X. *39 F / 5,95 €*

36186 **Venise. Réimpr.** *JPM, 1999.* (Cap sur c1)
ISBN 2-88452-070-8. *39 F / 5,95 €*

36187 **N** **VERCKEN P.** Sur la nationale 7. *Zulma, 2000.* (Grain d'orage)
ISBN 2-84304-099-X. *49 F / 7,47 €*

36188 **VERNET D.** URSS. *Seuil, 1990.* (Points. Planète ; 12 c16)
ISBN 2-02-010372-9. *62 F / 9,45 €*

36189 **VIDAL DE LA BLACHE P.** Tableau de la géographie de la France. *Table ronde, 1994.* (La petite vermillon ; 42)
ISBN 2-7103-0642-5. *65 F / 9,91 €*

36190 **VIGNERON E.** Géographie et statistique. *PUF, 1997.* (Que sais-je? ; 3177 c1)
ISBN 2-13-048318-6. *42 F / 6,40 €*

36191 **VILLERS C.** Les voyageurs du rêve. *Pocket, 1999.* (Pocket ; 10387 c5)
ISBN 2-266-08046-6. *35 F / 5,34 €*

36192 **VILLIER F.** Portugal. Ed. rev. *Seuil, 1976.* (Microcosme. Petite planète ; 16 c1)
ISBN 2-02-000113-6. *49 F / 7,47 €*

36193 **A** **VILOTEAU N.** Bivouacs : carnets de brousse. *J'ai lu, 2001.* (J'ai lu ; 5946. Littérature générale)
ISBN 2-290-31191-X

36194 **VINCENT J-Y.** Dunes de Flandre. *Actes Sud ; Ed. locales de France, 1999.* (Conservatoire du littoral)
ISBN 2-7427-2177-0. *39 F / 5,95 €*

36195 **VOGLER B.** Histoire culturelle de l'Alsace. *Nuée bleue, 1997.* (La Bibliothèque alsacienne)
ISBN 2-7165-0273-0. *88 F / 13,42 €*

36196 **A** **Le voyage à Constantinople :** voyage à la ville aux mille et un noms, Byzance, Constantinople, Istanbul : Byzance, Constantinople, Istanbul. *Complexe, 2000.* (Bibliothèque Complexe)
ISBN 2-87027-707-5. *159 F / 24,24 €*

36197 **Le voyage en Asie centrale et au Tibet :** anthologie des voyageurs occidentaux du Moyen Age à la première moitié du XXe siècle. *Laffont, 1992.* (Bouquins)
ISBN 2-221-05912-3. *179 F / 27,29 €*

36198 **Le Voyage en Chine :** anthologie des voyageurs occidentaux du Moyen Age à la chute de l'Empire chinois. *Laffont, 1992.* (Bouquins)
ISBN 2-221-06431-3. *189 F / 28,81 €*

36199 **Le voyage en Espagne :** anthologie des voyageurs francophones, XVIe-XIXe. *Laffont, 1998.* (Bouquins)
ISBN 2-221-08078-5. *169 F / 25,76 €*

36200 **Le voyage en France. 1, Du Moyen-Age à la fin de l'Empire.** *Laffont, 1995.* (Bouquins)
ISBN 2-221-07261-8. *169 F / 25,76 €*

36201 **Le voyage en France. 2, 1815-1914.** *Laffont, 1997.* (Bouquins)
ISBN 2-221-07262-6. *199 F / 30,34 €*

36202 **Le voyage en Polynésie :** anthologie des voyageurs occidentaux de Cook à Segalen. Réimpr. *Laffont, 1999.* (Bouquins)
ISBN 2-221-06703-7. *179 F / 27,29 €*

36203 **Le Voyage en Russie :** anthologie des voyageurs français aux XVIIIe et XIXe siècles. Réimpr. *Laffont, 1998.* (Bouquins)
ISBN 2-221-05974-3. *159 F / 24,24 €*

36204 **Le voyage en Suisse :** anthologie des voyageurs français et européens de la Renaissance au XXe siècle. *Laffont, 1998.* (Bouquins)
ISBN 2-221-07239-1. *189 F / 28,81 €*

36205 **Le voyage outre-Manche :** anthologie de voyageurs français de Voltaire à Mac Orlan : du XVIIIe au XXe siècle. *Laffont, 1999.* (Bouquins)
ISBN 2-221-06829-7. *179 F / 27,29 €*

36206 **N** **Voyages de découvertes en Afrique :** anthologie 1790-1890. *Laffont, 2000.* (Bouquins)
ISBN 2-221-07868-3. *179 F / 27,29 €*

36207 **WHARTON E.** Voyage au Maroc. *Gallimard, 1998.* (L'Etrangère)
ISBN 2-07-040393-9. *65 F / 9,91 €*

36208 **ZERAFFA M.** Tunisie. *Seuil, 1974.* (Microcosme. Petite planète ; 8 c1)
ISBN 2-02-000105-5. *49 F / 7,47 €*

36209 **ZIVIE-COCHE C.** Egypte. *Seuil, 1990.* (Points. Planète ; 10 c16)
ISBN 2-02-010890-9. *62 F / 9,45 €*

36210 **ZWEIG S.** Pays, villes, paysages : écrits de voyage. *LGF, 1998.* (Le Livre de poche ; 14458 c8)
ISBN 2-253-14458-4. *33 F / 5,03 €, VEYRENC C-J.*
Histoire de la langue russe. *PUF, 1970.* (Que sais-je? ; 1368 c1). ISBN 2-13-030787-6. *42 F / 6,40 €*

TABLE ALPHABÉTIQUE DES TITRES

A

B

D

E

F

G

H

I

J

K

M

N

O

P

Q

R

S

T

U

W

X

Y

Z

TABLE
ALPHABÉTIQUE
DES AUTEURS

A

B

D

E

F

G

I

K

L

M

N

O

P

Q

S

T

W

TABLE ALPHABÉTIQUE DES SUJETS

A

C

D

E

F

G

I

J

K

L

M

N

O

P

Q

R

S

T

U

V

W

X

Y

Z

Table des éditeurs

10-18
2 encres
Ab Editions
Actes sud
Actes sud junior
Aire
Albin Michel
Alire
Alternatives
Alyssa éditions
Ancrage
Anthropos
Arche éditeur
Arléa
Artabras
Assimil
Atlande
Atlantica éditions diffusion
Aube
Autres temps
Baleine
Bayard Jeunesse
Belles lettres
Bernet-Danilo éditeurs
Blanche
BRM éditions
Cahiers du cinéma-Editions de l'Etoile
CampusPress France
Cercle
Cerf
Chambers Harrap Publishers Ltd
Chambon (Jacqueline)
Champs-Elysées
Colbo
Comité des travaux historiques et et scientifiques
Complexe
CRDP de Lyon
Dakota
De VecchiSA
Découverte
Des femmes / Antoinette Fouque
Desclée De Brouwer
Diamantel
Disney Hachette Edition SNC
D'Orbestier
Droguet et Ardant
Dunod Editeur
Economica
Edicef
Editions franciscaines
Editions maritimes et d'outre-mer
Eolienne
Epigones
Erès
Esprit du temps
Exils
Fallois
Faton
Fidélité
Flammarion-Père Castor
Fleurus
Fleuve noir
Gallimard
Gallimard-Education
Gallimard-Jeunesse
GlénatSA
Grasset et Fasquelle
H & O éditions
Hachette Littératures
Hachette-Jeunesse
Hemma SA
Infrarouge
INRA
J & D
J'ai lu

Jotim
Jouvence
JPM publications
Kana
Labor
La Joie de lire
La plume et l'encrier
Laffont (Robert)
Langues pour tous
Lansman
Laquet
Larousse
Le Robert
LGDJ
LGF
Librio
Liv'éditions
Magnard
Mal élevés
Malko productions
Mango-Jeunesse
Mango-Pratique
Masque
Mercure de France
Métailié
Micro application
Milan
Mille et une nuits
Minuit
Mnémos
Montchrestien
Mortagne
Musardine
Muséum national d'histoire naturelle
Nuée bleue
Osman Eyrolles multimédia
Ouest-France-Edilarge
PARC
Paris-Méditerranée
Patrimoine vivant en Claise tourangelle
Père Castor
Perrin (Rémi)
Petit Musc
Peuples du monde
Pocket
Pocket Jeunesse
Presses de la Fondation nationale des sciences politiques
Presses de Sciences Po
Presses du réel
Presses universitaires de France
Privat SA
Prosveta
Publications de l'Ecole moderne française
Rageot éditeur
Rebondir
Renaissance du livre
Retz
Rue d'Ulm
Saint-Augustin
Séguier
Serpent de mer
Seuil
Silvaire (André)
Sindbad
SophiaKalia
Sorbier
Stock
Syros
Table ronde
Talus d'approche
Terre de brume
UNESCO
Vauvenargues
Verger
Villiers (Gérard de)
Visibilis
Zulma

Table alphabétique des collections

Collection	*Editeur*
10-15	PARC
101 trucs et conseils	Mango-Pratique
11 ans et +	Grasset et Fasquelle
11-13 ans	Rageot éditeur
6-8 ans	Retz
7 ans et +	Grasset et Fasquelle
7-9 ans	Rageot éditeur
8-10 ans	Retz
9 ans et +	Grasset et Fasquelle
9-11 ans	Rageot éditeur
Actuel	Gallimard
Actuel. Le Monde	Gallimard
Actuels	Seuil
Adansonia	Muséum national d'histoire naturelle
Adolescents	Grasset et Fasquelle
Age d'être (L')	Pocket
Agora	Pocket
Aire bleue (L')	Aire
Amour et destin	J'ai lu
Angle mort	Mnémos
Animorphs	Gallimard-Jeunesse
Appel de la vie (L')	10-18
Arcades	Gallimard
Archéologie	Gallimard
Architecture	Gallimard
Argos démarches	CRDP de Lyon
Arléa-poche	Arléa
Art de vivre	Gallimard
Arthur Sacarbure	Flammarion-Père Castor
Arts et littérature	Larousse
Astrologie christique	SophiaKalia
Athéna	Bayard Jeunesse
Attrape-corps (L')	Musardine
Aube poche (L')	Aube
Autrefois	Atlantica éditions diffusion

Collection	Editeur
Autres mondes	Mango-Jeunesse
Aventure	Syros
Aventure insensée (L')	10-18
Aventure secrète	J'ai lu
Aventures	Gallimard
Aventures de Barbe verte (Les)	Seuil
Aventures et passions	J'ai lu
Azymut	D'Orbestier
Babel	Actes sud
Babel noir	Actes sud
Barbara Cartland	J'ai lu
Battletech	Fleuve noir
BD	J'ai lu
BD poche	Bayard Jeunesse
Beaumarchais	Lansman
Belles histoires (Les)	Bayard Jeunesse
Benjamin	Flammarion-Père Castor
Benjamin	Hachette-Jeunesse
Best	Pocket
Bestiaire sentimental	Mercure de France
Bible	Cerf
Biblio	LGF
Biblio essais	LGF
Bibliothèque Albin Michel poche	Albin Michel
Bibliothèque alsacienne (La)	Nuée bleue
Bibliothèque blanche	Blanche
Bibliothèque classique	LGF
Bibliothèque Complexe	Complexe
Bibliothèque cosmopolite	Stock
Bibliothèque de l'évolution de l'humanité	Albin Michel
Bibliothèque du citoyen (La)	Presses de Sciences Po
Bibliothèque du citoyen (La)	Presses de Sciences Po
Bibliothèque du décideur (La)	Presses de Sciences Po
Bibliothèque Gallimard (La)	Gallimard-Education
Bibliothèque major	Presses universitaires de France
Bibliothèque médiévale	10-18
Bibliothèque rose	Hachette-Jeunesse

Collection	*Editeur*
Bibliothèque spirituelle (La)	Albin Michel
Bibliothèque verte	Hachette-Jeunesse
Bibliothèques	10-18
Bien vivre	J'ai lu
Bien-être	J'ai lu
Bilingue	LGF
Biographie	Seuil
Blanche	Pocket
Bonjour l'histoire	Publications de l'Ecole moderne française
Bouquins	Laffont (Robert)
Bref	Cerf
Brèves histoires d'humour	Mercure de France
Cadet	Hachette-Jeunesse
Cahiers de la Claise tourangelle (Les), hors-série	Patrimoine vivant en Claise tourangelle
Cahiers rouges (Les)	Grasset et Fasquelle
Canaille-revolver	Baleine
Cap sur	JPM publications
Carnets DDB (Les)	Desclée De Brouwer
Carnets de Fêtes et saisons (Les)	Cerf
Carnets de nature	Milan
Carnets du sport	Milan
Carnets Séguier (Les)	Séguier
Carré d'art	Séguier
Carré musique	Séguier
Cascade	Rageot éditeur
Castor doc	Flammarion-Père Castor
Castor-Poche	Flammarion-Père Castor
Cauchemar	Hachette-Jeunesse
Cercle poche (Le)	Cercle
C'est ça la vie !	Pocket Jeunesse
Chair de poule	Bayard Jeunesse
Chambon-Poche	Chambon (Jacqueline)
Champ de réflexion, champ d'actions	CRDP de Lyon
Chant du monde (Le)	Aire
Chauve-souris	Syros

Collection	*Editeur*
Christosophie	SophiaKalia
Chroniques crétoises	Gallimard-Jeunesse
Chroniques du potager	Actes sud
Cinéma	Gallimard
Cinéma	Pocket Jeunesse
Ciné-Poche	Disney Hachette Edition SNC
Classique	Gallimard
Classique théâtre	LGF
Classiques	Pocket
Classiques (Les)	Cerf
Classiques (Les)	J'ai lu
Classiques (Les)	Pocket
Classiques d'aujourd'hui (Les)	LGF
Classiques de la philosophie	LGF
Classiques de poche	LGF
Classiques modernes	LGF
Clefs	Montchrestien
Club des baby-sitters (Le)	Gallimard-Jeunesse
Club des masques (Le)	Champs-Elysées
Coeur grenadine	Bayard Jeunesse
Collection mystère	Disney Hachette Edition SNC
Collection pour le poche	Ab Editions
collection pour le poche	Alyssa éditions
Collection pour le poche	Assimil
Collection pour le poche	Editions franciscaines
Collection pour le poche	Erès
Collection pour le poche	Le Robert
Collection pour le poche	Mille et une nuits
Collection pour le poche	Nuée bleue
Collectivités locales	LGDJ
Commandeur (Le)	Rageot éditeur
Comment réussir au quotidien	2 encres
Complexe poche	Complexe
Conférences des Midis de la poésie	Renaissance du livre
Connaissance de l'Orient poche	Gallimard

Collection	*Editeur*
Connaissez-vous?	Silvaire (André)
Conservatoire du littoral	Actes sud
Contemporains (Les)	Seuil
Contes	Pocket Jeunesse
Contes	Rageot éditeur
Contes à croquer	Verger
Contes classiques	Mango-Jeunesse
Contes du monde entier (Les)	Terre de brume
Contes et récits	Flammarion-Père Castor
Contes philosophiques (Les)	Actes sud junior
Contes, nouvelles récits, témoignages	Lansman
Contre-enquête	Seuil
Côté court	Hachette-Jeunesse
Couleurs de l'histoire (Les)	Actes sud junior
Coup de foudre	Hachette-Jeunesse
Coups de coeur	Mango-Jeunesse
Courts toujours !	Hachette-Jeunesse
Cracker	Fleuve noir
Créer-réussir son projet, guides Défi jeunes	Dakota
Cuisine	Librio
Culture générale	Seuil
Cyclope-poche	Economica
Daemonicon	Mnémos
De A à Z	Albin Michel
De Vecchi poche	De VecchiSA
Découvertes texto	Gallimard
Défis et sortilèges	Gallimard-Jeunesse
Défis fantastiques	Gallimard-Jeunesse
Délires	Bayard Jeunesse
Destins	Gallimard-Jeunesse
Dicos essentiels Milan (Les)	Milan
Dictionnaire	Seuil
Dictionnaires	Hachette-Jeunesse
Dictionnaires	LGF
Dictionnaires Repères	Découverte
Documents	10-18
Documents	Syros

Collection	*Editeur*
Documents, actes et rapports pour l'éducation	CRDP de Lyon
Domaine Asie du Sud-Est	Peuples du monde
Domaine étranger	10-18
Domaine français	10-18
Domaine latino-américain	Peuples du monde
Domaine tibétain	Peuples du monde
Dossier spécial	Micro application
Dossiers de Scotland Yard	Villiers (Gérard de)
Double	Minuit
Double jeu	Gallimard-Jeunesse
Dramatis personnae	Infrarouge
Droit communautaire	LGDJ
Droit constitutionnel	LGDJ
Droit des affaires	Economica
Droit fiscal	LGDJ
Droit international	LGDJ
Droit privé	LGDJ
Droit public	LGDJ
Droit public fondamental-poche	Economica
Droit-sciences politiques	Seuil
Droit social pratique-poche	Economica
Drôles d'aventures	Gallimard-Jeunesse
Du côté de chez Freud	Actes sud junior
Du côté des parents	Milan
Ecart absolu poche (L')	Presses du réel
Ecrivains de toujours	Seuil
Eco gestion	Dunod Editeur
Ecole des lettres (L')	Seuil
Economie	Montchrestien
Economie	Seuil
Economie appliquée-Poche	Economica
Economie des services-poche	Economica
Economie-poche	Economica
Ecrits d'hier	Des femmes / Antoinette Fouque
Ecriture	La Joie de lire
Ecritures	Alternatives
Edition spéciale	Gallimard-Jeunesse

Collection	*Editeur*
Education-poche	Anthropos
Empreintes	Atlantica éditions diffusion
Enigmes	Flammarion-Père Castor
En poésie	Gallimard-Jeunesse
Encyclopédies d'aujourd'hui	LGF
Environnement-poche	Economica
Envol	Bayard Jeunesse
Epée de légende (L')	Gallimard-Jeunesse
Epistolaires (Les)	Actes sud
E-poche	Micro application
Epouvante!	Gallimard-Jeunesse
Equilibres	J'ai lu
Erotiques (Les)	Actes sud
Espaces libres	Albin Michel
Espace Nord	Labor
Espace Nord junior	Labor
Espace Nord Zone J	Labor
Espionnage	Alire
Essais	Découverte
Essais	Gallimard
Essais	Seuil
Essais	Terre de brume
Essais essentiels Milan (Les)	Milan
Essentialis	Bernet-Danilo éditeurs
Essentialis régimes	Bernet-Danilo éditeurs
Essentiels Milan (Les)	Milan
Essentiels Milan junior (Les)	Milan
Ethno-sociologie-poche	Anthropos
Etrangère(L')	Gallimard
Etudes littéraires	Presses universitaires de France
Etudiants	Cerf
Europe en bref (L')	Actes sud
Europe-poche	Economica
Evasion	Assimil
Evolution de l'humanité poche (L')	Albin Michel
Explora	Pocket

Collection	*Editeur*
Faits divers	Vauvenargues
Fantastique	Hachette-Jeunesse
Fantastique	J'ai lu
Fantastique	Pocket Jeunesse
Fantastique, horreur	Alire
Fantastiques (Les)	Actes sud
Fantastiques (Les)	Magnard
Fantasy	Alire
Fantasy	J'ai lu
Femmes en luttes de tous les pays	Des femmes / Antoinette Fouque
Ferme des jumelles (La)	Mango-Jeunesse
Fiches cuisine de Femme actuelle (Les)	LGF
Films	Seuil
Finances publiques-poche	Economica
Fins de siècles	10-18
Fleurs d'encre	Hachette-Jeunesse
Fleuve noir crime	Fleuve noir
Fleuve noir SF	Fleuve noir
Foi vivante	Cerf
Folio	Gallimard
Folio benjamin	Gallimard-Jeunesse
Folio bilingue	Gallimard
Folio cadet	Gallimard-Jeunesse
Folio junior	Gallimard-Jeunesse
Foliothèque	Gallimard
Fonds de cartes et documents de travail	CRDP de Lyon
Format	Comité des travaux historiques et scientifiques
Formation	Cerf
Fortunio	Fallois
Forum Diderot	Presses universitaires de France
Fou rire	Hachette-Jeunesse
Frissons	Pocket Jeunesse
Frontières	Gallimard-Jeunesse

Collection	*Editeur*
Furet enquête (Le)	Albin Michel
Gai savoir	Hachette-Jeunesse
GEM	Le Robert
Geodiversitas	Muséum national d'histoire naturelle
Géographie-concours-poche	Economica
Géographie-poche	Economica
Géopolitique des Etats du monde	Complexe
Géopolitique-poche	Economica
Gestion-poche	Economica
Goûters philo (Les)	Milan
Grain de sésame	Alyssa éditions
Grain d'orage	Zulma
Grand galop	Bayard Jeunesse
Grandir	Cerf
Grands détectives	10-18
Grands philosophes (Les)	Seuil
Grands reporters	10-18
Granit noir	Terre de brume
Gros caractères	Visibilis
Guide de poche	Larousse
Guide des civilisations	Belles lettres
Guide poche	Nuée bleue
Guide pour	CRDP de Lyon
Guide pratique de poche	Ouest-France-Edilarge
Guides de la langue française (Les)	LGF
Guides Peuples du monde (Les)	Peuples du monde
Guides pratiques	Larousse
Guides pratiques	Rebondir
Guides psycho	Esprit du temps
Guides Sélène (Les)	LGF
Guidexpress	Micro application
H & O poche	H & O éditions
Histoire	Gallimard
Histoire	Gallimard
Histoire	Gallimard-Jeunesse

Collection	*Editeur*
Histoire	Larousse
Histoire	Montchrestien
Histoire	Seuil
Histoire	Syros
Histoires de la Bible (Les)	Gallimard-Jeunesse
Histoires de la mythologie (Les)	Gallimard-Jeunesse
Histoires naturelles	Gallimard
Historiques	Complexe
Hommes et communautés	Privat SA
Humanités	Cerf
Humour de poche	Mal élevés
Imaginaire (L')	Gallimard
In extenso	Larousse
Inspecteur Buckingham (L')	Villiers (Gérard de)
Instantanés de polar	Baleine
Intégrales du Masque (Les)	Champs-Elysées
Internet aventures	Gallimard-Jeunesse
Introuvables (Les)	Villiers (Gérard de)
Invention du monde	Gallimard
Invitation	Assimil
Itinéraire du patrimoine	Faton
Izvor	Prosveta
J et D poche	J & D
J'aime lire	Bayard Jeunesse
Jamais deux sans trois	Actes sud junior
James Bond 007	Fleuve noir
James Hadley Chase	Gallimard
Jenny et Jess	Mango-Jeunesse
J'étais enfant	Sorbier
Jeunes adultes	J'ai lu
Jeunesse	Pocket
Judaïca-poche	Colbo
Junior	Flammarion-Père Castor
Junior	Hachette-Jeunesse
Kid pocket	Pocket Jeunesse
Labyrinthes	Champs-Elysées
Labyrinthes 7-9 ans	Retz
Lalies	Rue d'Ulm

Collection	*Editeur*
Lampe de poche	Grasset et Fasquelle
Lancedragon	Fleuve noir
Langue française	Larousse
Langues modernes (Les)	LGF
Langues pour tous	Langues pour tous
Larousse de poche	Larousse
Lectures amoureuses de Jean-Jacques Pau	10-18
Lectures et aventures	Grasset et Fasquelle
Légendaire	Mnémos
Léo et Popi	Bayard Jeunesse
Lettres	Dunod Editeur
Lettres	Seuil
Lettres gothiques	LGF
Lettres médiévales	Atlande
Libre choix	Talus d'approche
Librio	Librio
Lire en allemand	LGF
Lire en anglais	LGF
Lire en arabe	LGF
Lire en espagnol	LGF
Lire en français	LGF
Lire en hebreu	LGF
Lire en italien	LGF
Lire en néerlandais	LGF
Lire en portugais	LGF
Lire en russe	LGF
Lire et délires	Hemma SA
Littérature	Gallimard
Littérature	Masque
Littérature comparée	Atlande
Littérature et voyages	Découverte
Littérature générale	J'ai lu
Littérature semi-poche	Mille et une nuits
Littératures de la voix	UNESCO
Liv'poche	Liv'éditions
Livre club jeunesse	Hemma SA
Livre de poche (Le)	LGF
Livre de poche jeunesse (Le)	Hachette-Jeunesse

Collection	*Editeur*
Livre de vie	Seuil
Livre dont vous êtes le héros (Un)	Gallimard-Jeunesse
Livre dont vous êtes le héros (Un). Le challenge des étoiles	Gallimard-Jeunesse
Livres bijoux (Les)	Petit Musc
Livres du Livre (Les)	Mille et une nuits
Lola	Sorbier
Loup Ardent	Gallimard-Jeunesse
Loup solitaire	Gallimard-Jeunesse
Macno	Baleine
Maître de stage	Lansman
Maître du destin (Le)	Gallimard-Jeunesse
Maîtres du roman policier (Les)	Champs-Elysées
Maîtres spirituels	Seuil
Major bac	Presses universitaires de France
Manga	GlénatSA
Manga	J'ai lu
Mangas	Kana
Manuscrit	2 encres
Marcantour	Bayard Jeunesse
Masque (Le)	Champs-Elysées
Maudit manoir	Bayard Jeunesse
Maximes et pensées	Silvaire (André)
Médecine et société	Presses universitaires de France
Médias-poche	Economica
Mémo	Seuil
Mémoire	Micro application
Mémoire des lieux	Gallimard
Mémoire des siècles (La)	Complexe
Mémoire du siècle (La)	Complexe
Mes premiers J'aime lire	Bayard Jeunesse
Métamorphoses	Gallimard-Jeunesse
Méthode 90 de langue	LGF
Métier de parents (Le)	Fleurus
Métier en poche (Un)	Seuil

Collection	*Editeur*
Milan poche benjamin	Milan
Milan poche cadet	Milan
Milan poche junior	Milan
Mille et un bébés	Erès
Millenaires	J'ai lu
Mini Souris aventure	Syros
Mini Souris document	Syros
Mini Souris humour	Syros
Mini Souris noire	Syros
Mini Souris poésie	Syros
Mini Souris sentiments	Syros
Mini-club	Hemma SA
Mini-référence	Osman Eyrolles multimédia
Mini-rose	Hachette-Jeunesse
Mon bel oranger	Hachette-Jeunesse
Mondes imaginaires (Les)	Bayard Jeunesse
Morales	Seuil
Multitudes	Exils
Musique	Gallimard
Musique	Librio
Musique	Rageot éditeur
Musique	Seuil
Mysteria	Bayard Jeunesse
Mythologies	Pocket Jeunesse
Nature	Gallimard
Nocturnes théâtre	Lansman
Nodules	Presses universitaires de France
Noël	Arléa
Noir	Librio
Noir	Métailié
Noir	Pocket
Noir mystère	J'ai lu
Noir sur site	Jotim
Noirs (Les)	Fleuve noir
Nom de l'arbre (Le)	Actes sud
Nos compagnons	Bayard Jeunesse
Notre livre club pour la	

Collection	*Editeur*
jeunesse	Hemma SA
Nouveaux programmes	Edicef
Nouvelle approche	LGF
Nouvelles	La plume et l'encrier
Nouvelles fiches-cuisine Elle (Les)	LGF
Novelisation	Disney Hachette Edition SNC
Nuit grave	Fleuve noir
Nuits blêmes	10-18
Odyssées	10-18
OFCE	Presses de la Fondation nationale des sciences politiques
P.I.Q.-poche	Economica
Page blanche	Gallimard-Jeunesse
Page noire	Gallimard-Jeunesse
Pages Grand Sud	Privat SA
Panique	Gallimard-Jeunesse
Parc national	Actes sud
Paroles pour vivre	Cerf
Partage	Jouvence
Patapoésie	Eolienne
Paul Nature	Epigones
Pays de	Privat SA
PC poche	Micro application
Pédagogues et pédagogies	Presses universitaires de France
Peinture	Gallimard
Pensée chrétienne	Cerf
Pensées pour vivre	Desclée De Brouwer
Pensées quotidiennes	Prosveta
Petit carré	Artabras
Petit Lapin	Sorbier
Petit Mercure (Le)	Mercure de France
Petit Point	Seuil
Petit point loufoque	Seuil
Petit point des connaissances	Seuil
Petite bibliothèque (La)	Perrin (Rémi)

Collection	*Editeur*
Petite bibliothèque arabe	Paris-Méditerranée
Petite bibliothèque de Sindbad (La)	Sindbad
Petite bibliothèque des Cahiers du cinéma	Cahiers du cinéma-Editions de l'Etoile
Petite collection (La)	Mille et une nuits
Petite planète	Seuil
Petite vermillon (La)	Table ronde
Petite vie	Desclée De Brouwer
Petites stars	Grasset et Fasquelle
Petits bonheurs (Les)	Actes sud junior
Petits classiques Larousse	Larousse
Petits compagnons (Les)	Bayard Jeunesse
Petits dictionnaires	Desclée De Brouwer
Petits libres (Les)	Mille et une nuits
Petits livres pour dire non (Les)	Bayard Jeunesse
Petits polars (Les)	Actes sud junior
Peur bleue	J'ai lu
Philosophie	Gallimard
Philosophie	Seuil
Philosophies	Presses universitaires de France
Philosophies et religions	Gallimard
Philosophiques (Les)	Actes sud
Pierre de Gondol	Baleine
Planète	Seuil
Pluriel	Hachette Littératures
Pluriel	Rageot éditeur
Plus	Gallimard
Plus beaux contes (Les)	Terre de brume
Poche	Ancrage
Poche	Le Robert
Poche	Le Robert
Poche	Mortagne
Poches	Syros
Poche-Souris noire	Syros
Pocket	Pocket

Collection	*Editeur*
Pocket junior	Pocket Jeunesse
Pocket séries	Pocket Jeunesse
Poésie	Gallimard
Poésie en poche	Autres temps
Points	Seuil
Point-virgule	Seuil
Poisse (La)	10-18
Polar	Alire
Polar gothique	Bayard Jeunesse
Polars	Alyssa éditions
Policier	Gallimard
Policier	Hachette-Jeunesse
Policier	J'ai lu
Policier	LGF
Policier	Pocket Jeunesse
Policier	Rageot éditeur
Policier	Seuil
Policiers (Les)	Magnard
Politique	Montchrestien
Politique	Seuil
Politiques	Complexe
Politiques locales	LGDJ
Popi-Pomme d'api Petit Ours Brun	Bayard Jeunesse
Portes interdites (Les)	Gallimard-Jeunesse
Poulpe (Le)	Baleine
Pour chacune	Des femmes / Antoinette Fouque
Pratique	LGF
Pratique	Mille et une nuits
Pratique	Seuil
Pratiques Jouvence	Jouvence
Prénoms de Zulma (Les)	Zulma
Présences du judaïsme poche	Albin Michel
Prières à...	Ab Editions
Proches lointains	Desclée De Brouwer
Psychanalyse-poche	Anthropos
Psychanalystes d'aujourd'hui	Presses universitaires de France

Collection	*Editeur*
Psychologie	Dunod Editeur
P'tits fantastiques (Les)	Magnard
P'tits policiers (Les)	Magnard
Quadrige	Presses universitaires de France
Quasar	Hachette-Jeunesse
Quatre-bis	Zulma
Que penser de...?	Fidélité
Que sais-je?	Presses universitaires de France
Questions au XXe siècle	Complexe
Questions de santé	Privat SA
Questions d'histoire immédiate	Privat SA
Quête du Graal (La)	Gallimard-Jeunesse
Qui suis-je?	La Joie de lire
Ravenloft	Fleuve noir
Rayon de la science (Le)	Seuil
Récit, des jeux pour découvrir ses classiques (Un)	Retz
Récits	La Joie de lire
Récits	La Joie de lire
Récits de mer	Editions maritimes et d'outre-mer
Références	Larousse
Références	LGF
Références	Pocket Jeunesse
Références	Presses de la Fondation nationale des sciences politiques
Références académiques	Presses de Sciences Po
Références Antiquité	LGF
Références art	LGF
Références économie	LGF
Références histoire	LGF
Références inédites	Presses de Sciences Po
Références littérature	LGF
Références philosophie	LGF
Références psychologie	LGF

Collection	*Editeur*
Références sciences	LGF
Références sciences politiques et sociales	LGF
Références-Facettes	Presses de Sciences Po
Références-OFCE	Presses de Sciences Po
Référents (Les)	Larousse
Regard littéraire (Le)	Complexe
Regards sur l'histoire	Privat SA
Reines du crime (Les)	Champs-Elysées
Religions	Gallimard
Repères	Découverte
Répertoire pour un théâtre populaire	Arche éditeur
Répliques	Actes sud
Réponses philosophiques	Erès
Retour aux grands textes poche	Arléa
Révolutions	Actes sud
Roman	Pocket
Roman	Seuil
Roman jeunesse	Laquet
Roman-cheval	Flammarion-Père Castor
Romans	Alire
Romans (Les)	Magnard
Romans de Je bouquine (Les)	Bayard Jeunesse
Romans de Julie (Les)	Milan
Rouge	Disney Hachette Edition SNC
Rougemuraille	Mango-Jeunesse
Royaumes oubliés (Les)	Fleuve noir
Rue de la peur	Bayard Jeunesse
Sagesses	Seuil
Saisons d'Alsace éditions	Nuée bleue
San-Antonio	Fleuve noir
SAS	Malko productions
Scène ouverte	Arche éditeur
Science d'aujourd'hui poche	Albin Michel
Science-fiction	Alire
Science-fiction	Hachette-Jeunesse

Collection	*Editeur*
Science-fiction	J'ai lu
Science-fiction	LGF
Science-fiction	Mnémos
Science-fiction	Pocket
Sciences	Gallimard
Sciences	Seuil
Sciences économiques	Dunod Editeur
Sciences en questions	INRA
Sciences humaines	Larousse
Sciences humaines et sociales	Découverte
Scripta	Erès
Sculpture	Gallimard
Senior	Flammarion-Père Castor
Senior	Hachette-Jeunesse
Sentiments	Syros
Serge Brussolo	Villiers (Gérard de)
Serial thriller	Villiers (Gérard de)
Série Allemagne	Nuée bleue
Série grise	Baleine
Séries TV	J'ai lu
Serpentin (Le)	Serpent de mer
Service de surveillance des planètes primitives	10-18
SF	Gallimard
SF	Pocket Jeunesse
SF legend	Fleuve noir
SF metal	Fleuve noir
SF mystère	Fleuve noir
SF polar	Fleuve noir
SF space	Fleuve noir
Shadowrun	Fleuve noir
Sherlock Holmes	Gallimard-Jeunesse
Si près, si loin	Baleine
Sindbad	Actes sud
Solfèges	Seuil
Société-poche	Economica
Sorcellerie	Gallimard-Jeunesse
SOS animaux	Bayard Jeunesse
SOS animaux	Gallimard-Jeunesse

Collection	Editeur
SOS planète	Pocket Jeunesse
Souffle de l'esprit (Le)	Actes sud
Souris	Syros
Souris aventure	Syros
Souris contes	Syros
Souris histoire	Syros
Souris humour	Syros
Souris noire	Syros
Souris sentiments	Syros
Souris verte	Syros
Spécial chiens	Bayard Jeunesse
Spécial poneys	Bayard Jeunesse
Spécial suspense	BRM éditions
Spiramed	Diamantel
Spiritualité en poche	Saint-Augustin
Spiritualités vivantes poche	Albin Michel
Sports et jeux	Gallimard
Star Wars	Fleuve noir
Statistiques	Seuil
Stephen King	J'ai lu
Suite allemande	Métailié
Suite brésilienne	Métailié
Suite espagnole	Métailié
Suite hispano-américaine	Métailié
Suite portugaise	Métailié
Suite sciences humaines	Métailié
Suites	Métailié
Super fiction plus	Albin Michel
Super poche	Fleuve noir
Super-Sherlock	Gallimard-Jeunesse
Sur le vif	Découverte
Surnaturel	Mnémos
Systèmes	LGDJ
Techniques	Gallimard **Techniques**
quantitatives-poche	Economica
Tel	Gallimard
Télévision	Pocket Jeunesse
Témoins	Cerf

Collection	*Editeur*
Temps avec (Un)	Cerf
Temps brefs	Autres temps
Temps de penser (Le)	Seuil
Temps jeunesse	Autres temps
Temps pour (Un)	Cerf
Temps qui court (Le)	Seuil
Temps retrouvé (Le)	Mercure de France
Ténèbres	J'ai lu
Terre humaine	Pocket
Terres d'aventure	Actes sud
Terreur	Pocket
Texte rêve (Le)	Presses universitaires de France
Textes essentiels	Larousse
Théâtre	Gallimard
Théâtre	Gallimard-Jeunesse
Théâtre à l'affiche	Lansman
Théâtre à vif	Lansman
Théo poche	Droguet et Ardant
Thésaurus	Actes sud
Thriller	LGF
Thriller	Pocket
Thriller historique	Alyssa éditions
Timothy MacLean	Hachette-Jeunesse
Tom-Tom et Nana	Bayard Jeunesse
Topos (Les)	Dunod Editeur
Tourisme et polar	Baleine
Tout ce que vous voulez savoir sur...	Mango-Pratique
Traditions	Gallimard
Transmutazors (Les)	Hachette-Jeunesse
Travaux	Arche éditeur
Trésors	Hachette-Jeunesse
Ultimes	Baleine
Vallée fantôme	Bayard Jeunesse
Vampire	Fleuve noir
Velours	Baleine
Verte aventure	Hachette-Jeunesse
Vertige	Hachette-Jeunesse

Collection	*Editeur*
Vie des affaires (La)	Chambers Harrap Publishers Ltd
Vie morale	Cerf
Vie spirituelle	Cerf
Voie du tigre (La)	Gallimard-Jeunesse
Web Book	CampusPress France
Week-end d'enfer	Hachette-Jeunesse
XIXe siècle	Atlande
XVIIe siècle	Atlande
XVIIIe siècle	Atlande
XXe siècle	Atlande
Z'azimut	Fleurus
Zodiaque	Seuil
Zone d'ombre	Bayard Jeunesse
Zone rouge	Fleuve noir
Zoosystema	Muséum national d'histoire naturelle
Zygomatiques	Mango-Jeunesse

Livres au format de poche.
Répertoire 2001

Index des annonceurs

NOTES

NOTES

NOTES

NOTES

NOTES

NOTES

NOTES

NOTES

NOTES

NOTES

NOTES

NOTES

NOTES

NOTES

NOTES

NOTES

NOTES

NOTES

NOTES

NOTES

NOTES

NOTES

NOTES

NOTES

NOTES

NOTES

NOTES

NOTES

NOTES

NOTES

NOTES

NOTES

NOTES

NOTES

NOTES